西洋经济思想史新编

——从汉穆拉比到凯恩斯

The History of Economic Thought in Western World

上 卷

◎ 张旭昆 编著

浙江大学出版社
ZHEJIANG UNIVERSITY PRESS

前　言

宽容、开放、多元

——经济学理论发展的必由之路
经济思想史研究的应有准则

一、为何需要了解经济思想的历史？

经济思想史就是介绍、研究经济思想发展演化的历史。

为何需要了解经济思想的历史？

一门学科的逻辑体系越完善，对其发展历史的了解就显得越不必要，思想史的课程就越无地位。从单纯学以致用的目标出发，逻辑体系完善之学科，学生掌握其逻辑推导过程，就足以掌握其基本原理。只有逻辑体系欠完善的学科，似乎才有必要了解其思想史。但是，从发展一门学科的目标出发，即便是逻辑体系完善之学科，仅仅掌握其逻辑推导过程也仍然不够。

尤其是社会科学，它与自然科学的最大不同，在于后者的发展不会改变自然法则，而社会科学的发展会引起人们行为方式的改变、制度的演化，从而引起许多社会法则的变化，导致许多前所未有的社会现象和社会问题。因此，根据先前社会现象发展起来的社会科学，即便具有完善的逻辑体系，也往往难以解释新的社会现象，解决新的社会问题。

经济学是一门会改变人们行为方式的学科，它与实际经济生活处于一种正反馈的互动过程。在此过程中经常会出现一些原有经济理论难以解释的新现象和难以解决的新问题。19世纪德国的经济发展使古典经济学的自由贸易主张失灵，20世纪30年代的大萧条使马歇尔的理论难堪，70年代的滞胀让凯恩斯的理论蒙羞。

当主流经济学可以为当时的经济现象提供令人信服的解释、为当时的经济政策提供有效论证时，了解经济思想史似乎没有多大必要。然而一旦主流经济学不能胜任时，了解经济思想史的必要性就突显出来。居安需要思危，从长远看，为了推进经济科学的发展，那些愿意献身于经济学的学子完全有必要了解经济思想的发展历史。因为在经济思想的发展过程中常常会出现一些在当时未能取得主流地位,但对于解释以后出现的经济现象颇有启示作用的思想"基因"。整个经济思想史就是一个经济思想的"基因库",作为一个丰富的宝库,其中有许多暂时不为当时的主流思想所接纳的理论观点。但是它们在社会面临新问题的时候,往往能够给人以启迪,帮助经济学家解释新现象,解决新问题。面对人类社会不确定的未来,许多曾经非常有效的主流观点会由于新现象的出现而失去解释能力,而以往被人们认作是无用的甚至错误的异端思想却反而会发挥效力。所以,了解历史上曾经产生过哪些经济思想,对于经济学家在面临前所未有的新问题时发挥创造性、推出新的思想产品,具有重要意义。马歇尔的供求均衡价格论在 17 世纪的洛克和 19 世纪的马尔萨斯、萨伊等人那里就已经萌生,凯恩斯的有效需求理论也早在 17 世纪的曼德维尔、19 世纪的马尔萨斯和 20 世纪初的桑巴特那儿草创。马歇尔和凯恩斯对于经济学发展的巨大贡献实际上在一定程度上都是他们在熟谙经济思想史的基础上推陈出新的结果。

同时,了解经济思想的历史,有助于了解思想产品的生产规律,了解经济思想发展演化的特征,了解在什么样的社会制度和学术环境下,才能够有效地生产思想产品,了解政府何种政策才能有效促进思想产品的生产。从 16 世纪以来,为什么经济思想主要起源并繁荣于欧洲,尤其是英国?而在此之前,中国的经济思想未必比欧洲落后多少。汉代产生的《管子》一书,其包含的经济思想如果不说是领先于欧洲同时代的经济思想,起码不会落后。19 世纪是经济思想在欧洲大发展的年代,英国与法德两国相比,明显占有优势,是什么样的学术环境造成英国经济学大家人才辈出,而法德两国相形见绌呢?诸如此类现象仍然可以列举许多。为了促进经济科学的发展兴旺,难道不应该从经济思想发展的历史中考察最有利于其发展的社会制度和学术环境么?

自 2008 年美国金融危机以来使世界经济难以复苏的欧洲主权债务病症,似乎再次表明,经济学永远不可能得到一劳永逸解释所有经济现象、解决所有经济问题的通用原理,永远需要通过重温历史寻求新的知识。

二、应当如何研究经济思想的历史?

经济思想史属于广义思想史的一部分,其研究对象是各种历史文本尤其是经济学历史典籍所包含的经济思想。研究这些文本典籍,就是要搞清它们"所言何物、所言为何、所言为谁、所言对否、所言要否"。首先是要搞清它们"所言何物",这是其他研究的基础。

所言何物,就是要搞清楚这些文本究竟包含有哪些经济思想。这些文本及其所包含的经济思想,对于研究者来说已经是一种客观存在的对象。它们构成一种按时间排序的"客观的"经济思想史。但是研究者不可能对其单纯按时间先后进行录记,而是必须从这些文本中提炼出研究者所认可的文本作者的经济学思想精华。这个"提炼"过程意味着经济思想史不可能是对于经济思想历史的纯客观描述,因为什么是思想精华,有着大量研究者的主观判断。这种经过提炼的经济思想史可以称之为"主观的"经济思想史。

承认经济思想史的研究无法完全避免研究者的主观判断,并不意味着研究者可以随意"打扮"经济思想史这个"姑娘",而是必须遵循一定的规则。对于所必须遵循的规则的具体内容,每个研究者都可以有自己一定的独特看法,这就产生了从形式到内容都各有千秋的"主观的"经济思想史。

本书作者认为以下规则是重要的。当然这些规则未必得到每个研究者的认同。

应当尽可能全面、如实地介绍文本作者的经济思想精华。

所谓精华,起码的一点是不能简单重复文本作者的前人已经提出过的经济思想,必须具有一定的创新性。这种创新不应该只是对于前人已经表达过的思想观点,通过同义词置换来重新表达;即不能是文字表达上的创新,而是必须要有思想观点上的创新。它可以是与前人不同甚至对立的思想观点,也可以是对前人观点的补充、深化、引申、发挥,还可以涉及前人未曾讨论的问题或论域。

全面介绍文本作者的思想精华,就是不要刻意遗漏。比如作者有 A、B、C 三方面的思想精华,就不应该只介绍 A 而遗漏 B、C。当然,不同时代的研究者,或者同一个时代的不同研究者,对于什么是文本作者的思想精华,会有不同的看法。有的人认为有 A、B、C 三方面,有的可能认为只有 A。这种分歧往往起因于研究者把思想观点的重要性、正误性与创新性混淆了,往往不承认一些他认为不重要、不正确的观点是精华。本书坚持以创新性为标准来判断文本作者思想观点是否精华,即便这种观点似乎不重要、或许也不正确。因为历史告诉我们,曾经不重要不正确的思想观点后来变得重要又正确的现象并不罕见。而曾经被普遍认为重要且正确的思想观点后来变得无足轻重的现象也同样不罕见。

当然,如果需要专门研究某一个方面的经济思想史,即下面所说的专题史,那么对于文本作者的思想精华按需选取,也未必不行。比如专门研究 A 专题的经济思想史,那么不介绍文本作者 B、C 两方面的思想精华也是可以的。

如实介绍,就是不能走样,要基本符合文本作者的原意,尽最大努力避免误读误释。当然,要做到没有一丝一毫走样也是困难的,但力求减少走样是应该的。这就好像是把文本作者的思想精华 A、B、C 介绍成 a、b、c,但是不能介绍成 x、y、z。同时,最好也不要借题发挥,对文本作者的思想随意引申发挥,把 A、B、

C 介绍成 A^+、B^+、C^+；更不能借壳"上市"，把文本作者原本没有的想法强加于他，借介绍文本作者思想之机兜售研究者自己的思想观点。思想史的研究不能为尊者讳，隐瞒自己所尊重喜欢的文本作者的不足和错误；也不能为恶者扬，夸大自己所厌恶不屑的文本作者的不足和错误，回避其正确的观点。

如实介绍，还必须如实反映文本作者关注的重点，即便这个重点对于以后的时代已经不再重要。例如，在介绍亚当·斯密的《国富论》时，就必须指出国民财富的性质和原因以及致富的对策是斯密关注的重点，而并非价值论和分配论；而在介绍李嘉图时则必须指出价值论分配论是他关注的重点，虽然他这两方面理论的学术价值在今天已经远远不如他关于比较优势的国际贸易理论。

如何把握文本作者的原意、真实想法？如何全面如实介绍文本作者的经济思想？即如何理解文本及其作者？这是一个关于理解的方法论问题。由此将引出一个更深刻的问题："理解"是什么或什么是"理解"？这是一个关于"理解"的本体论问题。这两个问题的提出，意味着需要以解释学作为经济思想史研究的哲学基础方法论基础。

然而，全面如实介绍文本作者的原意，并不是一件容易的事。

首先，文本作者的原意可能并没有在文本中得到准确表达，言不达意是常有的现象。这种现象不仅存在于普通学者身上，就是高手大家也往往在所难免。熊彼特就曾经哀叹："我觉得，我实际上想说的东西将永远说不出来。"[1]

其次，一个文本作者随着年龄的增长在不同文本中表达的经济思想是会变化的，或者是所关注问题的变化，或者是对同一个问题观点的变化。例如亚当·斯密起初关心个人的道德修养，写下了《道德情操论》；后来关心国富民强，写下了《国富论》；两本书对于人性就有了不同的提法。于是对于斯密究竟如何看待人性，后来的学者之间就有了旷日持久的争论。

第三，有的文本只是文本作者未定的文稿，它在多大程度上反映了文本作者最终的想法，后人是难以确定的。例如马克思《资本论》的第二、三卷，谁能说如果马克思再多活几年不会进行修改呢？

第四，文本所用词汇的含义会随着时间的推移而发生变化。"一个语词的基本意义有时随着时间而改变，以致作品原来固有的意义将会失掉，而一种非固有的意义在阅读的过程中取代了它。"[2]这往往给后来的研究者带来不小的麻烦。例如威廉·配第的《政治算术》，其内容其实是社会经济统计与预测，之所以如此命名，是因为配第生活的年代，"政治"一词的含义远比今天要丰富得多，

---

① 转引自[瑞典]理查德·斯威德伯格：《熊彼特》，江苏人民出版社 2005 年版，第 199 页。

② [德]弗里德利希·施莱尔马赫：《诠释学箴言》，载洪汉鼎主编：《理解与解释 诠释学经典文选》，东方出版社 2001 年版，第 27 页。

几乎就是今天"社会"一词的含义。了解了"政治"一词在过去的含义,就可以理解葛德文为何把他那本探讨社会正义的书取名为《政治正义论》。

第五,文本经过翻译,其原意就更加难以把握了。因为两种语言的词汇之间不存在一一对应的关系。正是由于存在上述五方面的原因,厘清文本作者的原意,搞清他言之何物,就成为经济思想史研究者一件艰难然而又是必须要做的工作。

只有把每个文本所言何物搞清了,才能看清楚各个文本有什么区别,才能看清楚整个经济思想是如何发展演化的。

搞清楚文本作者言之何物,是经济思想史研究的基础,其他方面的研究,都依赖于此。

所言为何,就是要研究文本作者为什么会提出和持有此种经济思想。这就需要研究者不仅要了解文本,更要知晓文本作者所处的时代背景、社会地位,文本作者的师承关系、人际网络、知识结构和宗教信仰,等等。

文本作者之所以具有某种经济思想是一系列复杂因素的结果,任何简单化地把它归咎于某个单一因素的做法都是会出错的。尤其是曾经广泛存在的把某个文本作者的经济思想与其社会地位阶级属性相关联的所谓阶级分析法,往往会闹出笑话。例如李嘉图按其社会地位,应当是属于拥有大量地产的地主阶级,而马尔萨斯则是一个没有多少财产的穷知识分子,然而两人的思想观点恰好相反,李嘉图主张废除谷物法,这将损害地主利益;而马尔萨斯则为地主收取地租作辩护。

这里需要指出的一点是,经济思想的发展往往与其邻近学科有关。经济学的邻近学科有两类:一类是研究对象的邻近:社会学,政治学,历史学,心理学;另一类是对经济学研究方法有帮助:数学,统计学,计算机科学,社会调查与实验,神经科学,认知科学。对经济学研究方法有帮助的学科发展,会较快影响经济学。研究对象邻近的学科发展,往往对同时代的经济学影响有限;①但很可能对后一时代的经济学有影响,即有滞后影响。但滞后期多久?影响什么?有待进一步研究。

只有把每个文本所言为何搞清了,才能看清楚整个经济思想发展演化的原因和动力。

所言为谁,就是要研究文本作者的经济思想主观上是想为什么人服务,而客观上又会有益于谁。所言为谁与所言为何有区别,所言为何是探究经济思想的来源,所言为谁是探究经济思想的目的和效果。文本作者有的会明确宣布其

① ［美］约瑟夫·熊彼特:《经济分析史》第 3 卷,商务印书馆 1995 年版,第四编第三章。

目的,而有的则秘而不宣;并且目的和客观效果也往往并不一致。这就需要研究者仔细探究,切记简单地贴标签。例如,亚当·斯密的《国富论》是为谁服务?过去说他是为新兴资产阶级服务的,实在是太牵强了。从《国富论》可知,斯密对那个阶级绝无好感,他怎么可能为了那个阶级的利益而提出自由主义的经济政策主张。从《国富论》所主张的经济自由主义的客观效果来看,斯密是为所有消费者服务的。

所言对否,就是要研究文本作者的经济思想作出正确与否的评价。这种评价需要区分文本作者对于他所处时代的经济现象的理论解释、对于所面临的经济问题的解决对策以及他所采用的分析技术或分析工具。熊彼特在这个问题上做出了很好的表率。

经济理论和经济对策正确与否,判定标准只能是长时期的实践,而不能是任何某个权威的观点意见。因为文本作者的观点与某个权威不一样,就认为这个观点是错误的,这种判断标准实在太落伍,是中世纪经院学者如阿奎纳等人所惯用的手法,不足为训。实践才是检验真理的唯一标准。但是这个实践必须是长时间的实践,不能单凭短期的实践就宣称某种理论或对策是正确的或错误的。因为一种理论或政策的短期效应有时会与其长期效应不一致。例如,对于一种落后经济来说,计划经济的短期效果确实不错,但如果因此便认为主张计划经济的理论和政策就是持久的真理,那就大谬了。同时要注意到,一种理论或对策的正确与否,往往是相对于特定的时空而言的。例如,自由贸易的理论和政策,对于发达国家和地区,无疑是正确的;但对于发展中经济或落后经济就未必是金科玉律。还要注意到,一种理论或对策的正确与否,往往还要相对于特定的社会群体而言。例如,自由贸易的理论和政策,对于具有相对劣势的产业群体来说,就未必是好事。

在评价判断一种经济理论或经济政策正确与否时,必须看到经济理论和经济制度、经济政策之间关系的复杂性:一是从长期看,经济理论不能是智力游戏,不能推导和论证经济制度、经济政策的经济理论终将被淘汰。任何一种经济理论,不论其纯学术色彩如何浓,归根结底要能够推导和论证经济制度、经济政策。因此在长期中,公众和政府对经济制度、政策的需求最终制约着经济理论的发展演化。但在短期中,经济理论的发展有其内在逻辑,其发展和演进主要受纯理论考虑的影响,许多时候是看不出它的发展与制定制度、政策有什么关系。二是经济理论与经济制度、经济政策之间并不存在着一一对应关系。同样的经济制度、经济政策也许可以从不同的经济理论推导而来,同样的经济理论也许可以推出不同的经济制度、经济政策。三是经济理论往往不是、也不可能是制定经济制度、政策的唯一依据。经济理论作为一种推论,为了符合逻辑往往要依靠一些并不太符合现实的前提假定。在大多数情况下,经济制度、经济政策的制定在依据经济理论的同时还要依据政治学、社会学等方面的理论或经验。于是,一种经济政策的成败不能简单地作为一种判断依据,判断它所依据的经济理论的成败。

文本作者的分析技术或分析工具正确与否,应当从两个角度去进行分析。一个角度是技术或工具是否适应文本作者所研究的问题;另一个角度是技术或工具是否具有先进性。如果技术或工具不适应所研究的问题,那么就可以说技术或工具使用得不正确,虽然技术或工具本身没有问题甚至可能还具有先进性。例如在研究小样本问题时采用计量方法。

所言要否,就是要分析文本所包含经济思想的重要性如何。重要性需要区分两个方面:一是它对于整个经济思想发展的重要性,或历史重要性,它是否发挥了承上启下的作用,是否开辟了新的研究方向研究领域;二是它对于当下的现实重要性。有些经济思想具有两方面的重要性,例如李嘉图的比较优势原理,在历史上它推进了国际贸易理论,在当代它也依然具有指导实践的重要意义。有些经济思想则只具有历史重要性而不具有现实重要性,例如斯密区分生产性和非生产性劳动的观点,只具有历史重要性,因为这种区分为斯密强调资本积累的重要性和节俭的重要性提供了理论依据;但是这种观点已经不具有现实的重要性。

三、经济思想史的三种研究视角

经济思想如何发展演化,这既是一个科学考古学问题,又是一个科学心理学问题,也是一个科学社会学问题。

从科学考古学的视角出发,首先需要厘清基本史实:何时何地何人出版发表了何种论著何种观点,以后又在何时何地影响到何人。这就需要以编年史为基础,进一步梳理各种经济思想观点的传承脉络,为各位经济学家和经济观点建立"家谱"。

作为科学考古学的经济思想史,可以大体分为通史和专题史两大类。

通史需要阐述古今中外整个经济思想发展演化的历史过程,其代表作现有蒋自强先生领衔著述、浙江大学出版社 2003 年出版的四卷本《经济思想通史》;还有专门阐述某个地区自古至今的经济思想史,如外国经济思想史、中国经济思想史等,其代表作有熊彼特三卷本的《经济分析史》,胡寄窗的《中国经济思想史》,赵靖、石世奇的《中国经济思想通史》等。

专题史有两种。一种是把整个经济思想分解成若干组成部分,然后专注于某个经济学论域或论点、某个流派的发展历史,其代表作有马克思的《剩余价值学说史》,张培刚、厉以宁的《微观宏观经济学的产生和发展》,陶大镛的《马克思主义经济思想史——外国经济思想史新编》,布留明的《政治经济学中的主观学派》,安道尔·马加什的《现代非马克思主义经济学史》,晏智杰的《经济学中的边际主义》,杨德明的《当代西方经济学基础理论的演变》等。另一种则是把时间加以分段,专门研究某个时段(往往是一些重要时段)的经济思想,其代表作有布莱克等人的《经济学的边际革命》等。

从科学心理学的视角出发,主要是研究单个经济学家(往往是一些重要经济学家)的思想脉络和心路历程,其成果往往是一些重要经济学家的个人生平传记和思想传记,如凯恩斯的《艾尔弗雷德·马歇尔传》等。当然,从这一视角出发,还应当研究那些重要经济学家是如何涌现出新观点的心理过程,即创新的心理过程,以便概括出经济学家创新活动的一般规则。这是一个亟待进一步开发的研究领域。

从科学社会学的视角出发,就要探讨导致经济思想发展演化的社会因素、探讨什么样的社会环境(制度环境、经济环境、政治环境、文化环境)更加有利于经济思想的创新和发展。

四、科学社会学视角的一种分析模式——思想市场

在非常抽象的层次上,可以借助"思想市场"或思想产品的供求模式来分析经济思想的发展演化。[①]

与物质产品相比较,思想产品具有五方面特征:公共性、单件性(或斥重复性)、意义的模糊性、效用的不确定性和外部性。

经济学思想市场上的需求方大体可以分为相对独立的三类主体:政府、公众和学术团体。三类主体的需求既相对独立,又有一定的交集。前两类主体的需求往往在决定经济思想发展的长期趋势上起着主要作用。三类主体的需求通常包含两个方面:(1)需要解释哪些经济现象,需要解决哪些经济问题,即需求指向。三类主体需求指向的并集就构成整个社会的课题集合。(2)用哪种理论来解释这些经济现象,用哪种政策来解决这些经济问题,即需求落点。决定需求指向和需求落点的因素是有所不同的,因此在分析需求的决定因素时,必须区分需求指向的决定因素与需求落点的决定因素。

经济学思想市场上的供给方就是经济学家。供给所需的投入包括经济学家(人数和素质)和经济学家所掌握的知识资本。

① 参阅张旭昆:《思想市场论——分析知识产品演化的一个模式:以经济学为例》,浙江大学出版社 2001 年版。

从整个社会来看,生产经济学思想产品与生产其他学科思想产品,以及从事科学活动与从事实际部门(政府、工商等)活动的相对收益(包括声誉、金钱和纯粹兴趣满足),是决定经济学家人数和素质的重要因素之一。决定经济学家人数和素质的另一个重要因素,是从事经济科学的相对难易程度。

经济学家的知识资本可以区分为两大部分:经济学知识和非经济学知识。经济学知识首先包括以往对各种经济现象的解释说明,对各种经济问题的解决方法,但更重要的是以往分析经济现象和解决经济问题时所提出的各种概念、假设和分析方法,即熊彼特所谓的分析技术或分析工具。非经济学知识,包括经济学家的哲学观念,包括其他学科的专业知识,还包括各种基本能力,如发现问题尤其是发现重大问题的能力、分析问题的能力、形成概念的能力、提出恰当假设的能力,以及为问题提供基本正确的答案或指出解决问题的基本正确方向的洞察力,等等。

经济学家及其所掌握的知识资本决定了思想产品的生产可能性集合。它包括了在既定的资源条件下所可能生产的一切思想产品。它表明一定的经济学家和知识资本能够解释哪些经济现象、解决哪些经济问题,而无法解释哪些现象、解决哪些问题。但是思想产品的生产可能性集合还要进一步受到思想市场性质的约束。那些受到世俗政府或宗教组织的意识形态控制的非自由的思想市场,能够被允许生产的思想产品的范围一般都要小于其生产可能性集合。这个受到约束的范围可以称作思想产品的可允许生产集合,它一般是思想产品生产可能性集合的真子集。只有在自由的思想市场中,两者才会一致。

新思想产品总是出现在可允许生产集合与课题集合的交集之中。

可允许生产集合表明,在资源和思想市场性质的约束下,有哪些思想产品可能被生产出来。但这些思想产品中究竟有哪些被实际生产出来,则取决于经济学家们在追逐声誉、金钱和纯粹兴趣满足时的选题行为。

五、经济思想史的基本发展脉络

经济思想自16世纪以来的发展,说明了供求模式在分析经济学说演化时的有效性。由于难以得到直接反映历史上公众和政府的需求指向和需求落点的资料,只能从那些留传至今的经济学论著所解决的课题来间接推断当时当地公众和政府的需求。可以说,凡是适应公众和政府需求指向并成为需求落点的论著,往往受到公众和政府的关注。凡是没有迎合公众和政府需求指向的论著,往往发表后不会被公众和政府所注意。当然这并不是说它也不会引起专业学术团体的关注,也不意味着它永远不会引起公众和政府的关注。

(一)富国裕民:16 世纪至 19 世纪初经济学的主题

1. 富国裕民的需求指向

从 16 世纪到 19 世纪初,英法两国公众和政府的需求指向主要是如何富国裕民,如何实现经济发展。在理论上,他们要求说明财富的性质和原因;在政策上,他们要求能增加国民财富的政策。围绕富国裕民这一主课题,形成若干派生子课题,如怎样增加王室和政府收入的财政问题、货币问题、对外贸易问题等。

公众和政府的这种富国裕民的需求指向,与那三个世纪英法两国的社会经济政治状况、价值观念和知识背景密切关联。从经济上看,那时英法两国都还未成为世界上最富强国家。在这种国力相对落后的情况下,很容易(但远不是肯定)形成追求富国裕民的价值观念。从政治上看,英法两国都已摆脱中世纪封建状态,建立了统一民族国家。追求国家的富强以及王室或政府财政收入的充足,成为统治者关注的首选问题。

2. 发展论而非价值论分配论

与这一阶段公众和政府的需求指向相对应,经济学的主要内容其实是发展论而非价值论分配论。英法两国的重商主义(包括早期重商主义和晚期重商主义),英国从配第到斯密的早期古典主义,法国从布阿吉尔贝尔到重农主义再到西斯蒙第(指发表《政治经济学新原理》以前)、萨伊和巴斯夏,他们要解决的课题都是如何富国裕民,发展本国经济。区别在于对财富性质的不同看法,对致富原因的不同看法,如何致富的不同方法。只有紧紧抓住富国裕民、发展经济这一主线,才能全面准确理解他们的论著,把握其历史意义。

在这一阶段,价值论分配论并非经济学家考虑的主要问题,只是他们在考虑发展问题、富国裕民问题时的副产品。把价值论分配论当作这一阶段经济学家尤其是早期古典经济学家的主要论题,其实是 19 世纪经济学家的理解和解释。而这种理解和解释受到 19 世纪公众和政府需求指向的强烈影响。在这种需求指向影响下,19 世纪经济学家更注重更强调第一阶段的经济学论著中的价值论分配论内容,以至于直到今天,大多数经济学说史论著仍然是以价值论分配论为主线来叙述从 16 世纪开始的经济思想发展,而严重忽略这些早期经济思想中富国裕民发展经济这一主线。

若要尽量避免对前人论著的主要内容的理解偏差,可以采用内容定量分析法来分析前人论著的主要内容,即根据不同内容在论著中所占篇幅的绝对量和相对量(对于书来说,可按页数计算)来确定一部论著的主要内容。该方法假设作者总是在他自认为最重要的内容上花费最多笔墨。当然这一前提未必完全无误,但在没有更好的定量方法来判定作品的主要内容时,显然是一种可行方法。

　　由于篇幅所限,不可能对每位经济学家的论著都严格采用内容定量分析法来判定其主要内容。但任何一位阅览过英法两国从16世纪到19世纪初的主要经济学论著的人,只要他不再过分偏重价值论分配论,则总会发现发展论是这一阶段经济学的主题。以威廉·配第为例,遍读他的五部主要经济学论著——《赋税论》、《献给英明人士》、《政治算术》、《爱尔兰的政治解剖》、《货币略论》——就可看出,他所考虑的主要问题是如何改革税制、如何发展英国经济、如何改变殖民地落后面貌、如何正确看待货币。而价值论分配论只是他考虑上述问题时的副产品。再比如说法国的布阿吉尔贝尔、魁奈,他们论著中可以算作价值论分配论的内容比重很小,而可算作发展论的内容则触目皆是。

　　作为古典经济学理论体系的创立者——亚当·斯密,其经济学论著的名称便是《国民财富的性质和原因的研究》。可见他关心的首先是经济增长。对经济增长的这种关心构成他看不见手的理论及经济自由政策主张的基础。他看不见手的理论所关注的并非资源的静态最优配置,而是促进增长的条件。

　　《国富论》按中文版计算,上下两册共893页,各种内容的绝对量和相对比重列表如下:

内容主题	页　数	比重(%)	备　注
价值论分配论	180	20	上册第26～169页,第208～229页,第235～251页。
经济发展理论	398	45	上册第5～19页,第253～382页,下册第1～253页。
财政理论	258	29	
其　他	57	6	

　　由此可见,发展论或富国裕民论在斯密体系中占主导地位,而价值论分配论只占次要地位。价值论与整个《国富论》的规模与意义相比,似乎只是一个相对小的分析点。

　　从斯密写作《国富论》的过程也可以看到他更重视发展论而非价值论分配论。一般认为,《国富论》的前身是《关于法律、警察、岁入及军备的演讲》。《演讲》中价值论分配论都并不占据主要地位,这可从价值论分配论在《演讲》中的排序(第二篇第二部分第七节)及所占篇幅看出来。由《演讲》内容来看,斯密分配学说最初并不是《国民财富的性质和原因的研究》第一篇的主要内容,尽管第一篇标题提到分配问题。显然斯密未去法国以前,早已写好分工、货币、价值和职业工资差异的原因等内容,但分配计划是个空白。后来他从重农学派处得到必须补充一个分配研究的意见,因此他把自己所想的内容附在已写好的价值学说之内。而且斯密的价值理论完全是他的发展论或富国裕民论的附论。在《演讲》中,这一点特别明显,斯密认为使商品市场价格永远停留于自然价格之上,会减少国家的财富。使市场价格跌到自然价格之下的措施也有相同影响。由此可知,斯密是把市价对自然价格的背离看作减少国民财富的原因。因此他就要探讨自然价格的决定因素和衡量尺度,以及市价对自然价格产生背离的原因,这种探讨就构成了他的价值论。

至于斯密体系在欧洲大陆的最初传播者萨伊,也可用内容定量分析法分析其初版于 1803 年的《政治经济学概论》。全书按中文版计算为 534 页。分析结果列表如下:

内容主题	页 数	比重(%)	备 注
财富的生产	260	49	第一篇
财富的分配	118	22	第二篇
财富的消费	114	21	第三篇
其 他	42	8	绪 论

从上表可以看出,被后人概括为三位一体公式的分配理论在萨伊这本书中所占据的地位。应该说,萨伊首先关注的是财富的生产和经济的发展,其次才是财富的分配和消费。

3. 斯密革命:经济理论长期逐步演化的结果——从供给角度的说明

在长达三个世纪的时间内,英法两国有如此众多的经济学家,始终围绕富国裕民问题发表论著,这只能从公众和政府的需求指向中得到解释。在这段时间里,围绕如何富国裕民这一问题,经济学由重商主义发展到古典主义。这是经济学演化中的第一次革命。这场革命以斯密的《国富论》为主要标志。这场革命是经济理论长期逐步演化的结果,是应当从供给角度去加以解释的。若把这场革命成功的标志定为两条:(1)斯密的政策主张为公众和政府所普遍接受。(2)理论体系在专业学术团体中得到广泛传播和认可。则成功原因要从公众、政府和专业学术团体需求落点的变化上去说明,从造成需求落点变化的因素上去说明。

斯密革命的要点是对于国民财富的性质和原因,提出了一整套不同于重商主义的论点。(1)财富不是金银货币,而是由生产性劳动所生产出来的有用物品。(2)导致国民财富增长的首要原因是生产性劳动者人数的增加及他们之间的分工,而这两者都有赖于资本积累,而资本积累有赖于节俭。(3)导致国民财富增长的第二个原因是生产性劳动者生产出来的商品能够在市场上按其自然价格出售,或者说商品市价能够自动趋向其自然价格。这就需要减少政府对经济的干预,因为干预总会使市场价格长期偏离自然价格;而减少干预就要在外贸方面实现自由贸易,在国内消除妨碍资本和生产性劳动自由流动的各种障碍,让市场调节进出口贸易和资本与劳动的流动。(4)为了说明自然价格的决定和衡量,他提出了价值论和分配论。(5)为了论述市场机制的有效性,他提出了经济人假设和看不见的手。

　　斯密的上述论点对于重商主义是一次真正的革命。但它并非一场格式塔转换,它是斯密在继承前人所创立的知识资本的基础上进行创新的结果。斯密关于财富性质的看法,在他之前的一些英国经济学家那儿已经出现。在法国,由于约翰·劳计划的破产,斯密的观点也已被重农主义者们所特别强调,甚至在布阿吉尔贝尔那儿就早已被提出。对于分工的意义,配第早已谈到,斯密的新意见主要是分析了分工促使劳动生产率提高的原因。这属于对原有理论的深化。生产性劳动和非生产性劳动,是重农主义者提出的一对概念,斯密对它们进行了重新解释,改变了它们的内涵。斯密的资本理论恐怕与重农主义者也有千丝万缕的联系,因为在《演讲》中,几乎没有生产性劳动及资本方面的内容,而在《国富论》中,它们却占据了重要地位。关于节俭的意义,休谟已经充分肯定。只是没有把节俭与资本积累明确联系起来并加以强调;而斯密则补上了这一环。主张自由放任,反对政府干预,是法国人最早提出并产生影响的(虽然严格地讲,英国商人诺思更早提出这一主张,但在当时并未产生影响。它被重新发现是在法国人自由放任的主张早已传遍英法两国之后)。但对这一主张何以能增进财富的原因所进行的分析,当属英国经济学家。在休谟之前,英国经济学家康替龙和范德林特就已经看到一国所拥有的货币数量对该国物价水平的影响,但他们基本上还仍然坚持重商主义的外贸顺差观。休谟在他们的基础上前进了非常关键的一步,就是以货币数量论为基础,建立了进出口贸易自动平衡理论。由此证明在自由放任条件下,重商主义的顺差论是一个无法长期实现的目标,同时也证明一国的货币不会长期被输出,而是会自动趋向某一与该国经济实力相适应的水平,因此政府干预完全没有必要。可以说康替龙和范德林特提出了最终将置重商主义于死地的理论——货币数量论,但仍然坚持重商主义的政策目标——外贸顺差。而休谟则运用货币数量论,指出了重商主义政策目标的不可实现性,以及其政策手段——政府干预——的不必要性和不合理性。斯密则进一步将休谟对货币所作的上述分析,推广到所有商品上。斯密是与休谟有交往的,他不可能不从休谟那儿受到启示。用今天控制论的术语来讲,休谟提出了一国货币的供求在其价格的作用下自发趋向均衡的负反馈机制,而斯密则指出这一负反馈机制存在于一切商品中。因此,不仅在外贸方面,政府干预是不必要的,在一切商品中,政府干预同样不必要。自由放任条件下一切商品自发趋向供求平衡,市场价格自发趋向自然价格,而这又将是最有利于财富生产的状态。

综上所述,斯密革命是经济思想逐步演化的结果。在相当长时间里,不少经济学家或者在基本理论上,或者在政策主张上,或者在这一问题上,或者在那一问题上,陆续提出了一些否定重商主义的命题。斯密的作用便是把这些分散的命题连接成一个有机的体系。当然在这一过程中,斯密并不是简单地把前人的东西拿来堆在一起。由此可知,斯密革命并非一种顿悟,一种格式塔转换。它只是长期演变过程中的最后一环。

4. 斯密革命:需求落点的转移

经济理论在长期演化过程中积累起来的知识资本,有助于说明斯密革命是如何发生的,但还不能说明斯密革命何以成功。有两个例子说明单凭理论本身的特征并不能保证它取得成功。一个例子是英国商人达德利·诺思在 1691 年匿名发表《贸易论》,第一部鼓吹自由贸易的小册子。李嘉图在 1822 年对它评价甚高。但它竟被埋没一个多世纪,何以如此?生不逢时。17 世纪末,英国国力尚不强大,仍需借助政府干预来发展经济,一本鼓吹自由放任的小册子自然不可能成为公众和政府的需求落点,尽管它迎合了他们富国裕民的需求指向。另一个例子是德国经济学家李斯特于 1841 年发表反对斯密自由贸易主张的论著《政治经济学的国民体系》,随之成为世界著名经济学家。难道自由贸易主张不正确?非也。原因在于当时的德国,斯密的主张无助于经济发展,故不能成为公众和政府的需求落点。当时的需求落点只能是李斯特的贸易保护主义。

斯密革命的成功,首先在于 1776 年以后的英国已不再像 17 世纪和 18 世纪初期那样仅仅是二流国家。它已经开始成为超过荷兰和法国的一流强国,18 世纪最后 20 年中出现的工业革命,使英国终于成为整个 19 世纪的一流强国。在这样一种国势之下,自由放任无疑是比政府干预更有效地促进经济发展的政策。因此公众和政府的需求落点便逐步由重商主义的干预政策转变为以斯密为代表的古典主义放任政策,为自由放任政策提供理论依据的斯密体系便为公众和政府所普遍接受。

斯密革命成功的又一因素是把以往零散出现的经济思想综合成一个理论体系。正如熊彼特所指出的,《国富论》一书取得成功的原因是因为斯密极为出色地完成了协调整理这一工作。在他之前,英国的经济学论著大多是商人、哲学家们所写,不成体系。斯密是第一个以学者身份建立经济学体系的人。这使他比其他具有类似思想的人更容易为专业学术团体所接受。当然,单凭一个体系并不能被专业学术团体所接受。重商主义者詹姆士·斯图亚特曾于 1767 年发表《政治经济学原理研究》，但由于政策主张不适合时代需要，故未能在公众、政府和专业学术团体中取得成功。所以，政策主张提出的适时，是斯密革命取得成功的根本原因；而能建立一个为其政策主张进行论证的理论体系，是斯密革命取得成功的必要条件。

（二）解释和消除收入分配不均、论证市场机制的有效：19 世纪至 20 世纪初经济学的主题

1. 收入分配：新的需求指向

英法两国公众和政府需求指向发展的第二阶段大致从 19 世纪初到 20 世纪 30 年代。18 世纪最后 20 年开始的工业革命，到这时已取得重大成果，随着 1815 年拿破仑战争的结束，英国最终确立自己一流强国的地位。但广大劳动人民却并未享受到经济发展的果实，仍处于贫困状态之中，富国的目标实现了，裕民的目标却依旧遥远。在这样一种背景之下，公众和政府的目标逐渐由富国和发展转变为收入分配的公正。政府之所以关注收入分配问题，是因为这个问题处理不当，将造成政局的失稳。代替富国和发展这一课题，如何解释工业革命以来收入分配中出现的贫富不均现象，能否改善这种现象，如何改善这种现象，便成为新的热门课题。这种新的需求指向使该阶段中英法经济学的主题由发展论变为价值论分配论。

当然，这种新的需求指向虽然是主要的，但绝不是唯一的。在这一阶段，如何解释经济波动，如何通过货币政策克服波动，如何说明国际贸易，同样也成为公众和政府的需求指向。围绕这些课题，经济理论也获得长足的发展。因篇幅所限，下面一般不展开论述这些领域经济理论的发展演化。

1817 年李嘉图《政治经济学与赋税原理》的出版，可以看成是这一阶段开始的标志。《原理》一书中提出把收入分配作为研究重点，认为政治经济学的主要问题是确立支配收入分配的法则。李嘉图在写给马尔萨斯的一封信中，反对马尔萨斯关于经济学是研究财富性质和原因的科学的说法，强调经济学应当探讨决定产品在共同制造这种产品的各阶级当中进行分配的法则。李嘉图在经济学的研究内容上与斯密有重大差别。斯密强调的是富国裕民、经济发展，价值论分配论只是附论。李嘉图则相反，把发展论抛在一边，突出强调了价值论分配论。当然他也谈到发展，谈到资本主义经济发展的长远趋势。但其目的是为了分析经济发展对收入分配的影响，说到底还是以分配论为中心。[1] 在经济学的研究内容方面，还是马尔萨斯更符合斯密的原意。但这恐怕也是他不如李嘉

① ［美］哈里·兰德雷斯、大卫·C.柯南德尔：《经济思想史》，人民邮电出版社 2011 年版，第 419 页。

图在 19 世纪享有那么高声誉的原因之一。当公众和政府的需求指向已经不再是财富的性质和原因,而是收入分配时,马尔萨斯显得落伍,而李嘉图则迎合了新的需求指向。

2. 价值论、分配论成为经济学的主要内容

自李嘉图的《原理》发表以来,收入分配问题吸引了整个 19 世纪乃至 20 世纪初 20 年的绝大多数英国经济学家。作为分配论基础的价值论,开始成为经济学的主要内容之一。对此不需要运用内容定量分析法来进行严格判定,任何一位通读过李嘉图之后的重要英国经济学家(麦克库洛赫、詹姆士·穆勒、西尼尔、约·斯·穆勒、杰文斯、马歇尔等)主要论著的人,都会肯定这一断言。

在法国,自西斯蒙第 1819 年发表《政治经济学新原理》之后,发展论的主题也逐渐让位于价值论分配论,还有周期理论。在法国,主题由发展论转变为价值论分配论和周期论,是以对发展论的反思为开端,突出表现在西斯蒙第的《新原理》中,该书对经济学说以财富增长为目标提出了质疑,对斯密学说提出了质疑。

在英国,上述主题的转变是潜移默化进行的。在斯密那儿,资本积累是增进分工和增加生产性劳动者人数的基本因素;而节俭则是积累资本的主要手段。循此思路,李嘉图很自然把发展论的主题转换成价值论分配论的主题。在工人只赚取维生工资的条件下(这仅仅是工业革命初期的现实,斯密显然并不具有这种观点),要依靠工人节俭来积累资本是无望的。而由于地主阶级天性挥霍,依靠地租来积累资本也勉为其难。于是,唯一能履行积累职能的便是资本家阶级,积累的源泉便只能是利润。于是,收入分配便成为支配资本积累的一个主要因素,对增长因素的研究就这样转变为对收入分配的研究。同时,斯密也在李嘉图等人的笔下,被解释为一个主要是研究价值论分配论的经济学家。

实际上应当以李嘉图为界,把英国古典经济学家划分为主要研究发展问题的早期古典经济学家(如配第、康替龙、诺思、范德林特、休谟以及斯密)和主要研究价值论分配论的后期古典经济学家(如李嘉图、穆勒父子、麦克库洛赫、西尼尔,等等)。后期古典经济学家与早期古典经济学家不仅在研究重点上存在着差异,而且在方法上两者也存在显著区别。亚当·斯密的方法兼顾归纳与演绎,《国富论》中抽象的演绎推理与具体的历史分析保持了一种微妙平衡。李嘉图的方法则是纯粹的演绎法,从一些高度抽象的假设前提出发,推导出理论结论和政策结论。他的《原理》可以说完全没有历史。李嘉图的抽象演绎法对其身后的经济学说,尤其是英国经济学说产生重要影响,除了德国历史学派。因此英国学者哈奇森认为李嘉图(连同老穆勒)造成了一次方法论上的革命,认为

李嘉图与亚当·斯密相比较,研究主题方面的变化还不如方法上的改变更重要,对后人的影响更大。

方法上的变革显然不能从社会需求指向变化作出解释,它显然与李嘉图所掌握的知识资本有关。据说李嘉图在钻研政治经济学之前,曾钻研过自然科学,大概是自然科学在叙述上的抽象演绎法影响到他研究经济学的方法。

研究重点的转移,尤其是在李嘉图之后长达一个多世纪的时间里,有那么多英法经济学家专注于价值论分配论,这不能不以公众、政府以及专业学术团体三者的需求指向来加以说明。需求指向由发展问题转换为分配问题的缘由,只能以工业革命造成的英法两国的社会经济政治状况来解释。工业革命一方面改变了英法两国的国力,使之成为世界上的强国;另一方面则造成贫富两极分化,在初期甚至造成劳苦大众生活水平绝对下降。两方面的强烈反差不能不使公众及政府关注收入分配,使经济学家去迎合这种需求指向。西斯蒙第、马歇尔等人都是目睹了劳动群众的贫困现象之后而改变观点或投身于经济学研究的。

德奥两国的经济学同样经历从发展论到价值论分配论的过程。当两国经济相对落后时,公众和政府关注的首先是如何富国,如何发展经济。奥地利重商主义经济学家霍尼克 1684 年发表《奥地利富强论》,再版 12 次,享誉达一个世纪之久,其主要内容并非价值论分配论,而是发展论富国论。德国经济学家李斯特 1841 年发表《政治经济学的国民体系》,其主要内容也不是价值论分配论,而是发展论富国论。斯密和李嘉图的学说在德语世界已经得到传播的时期,李斯特几乎完全不研究价值论分配论,而致力于研究富国和发展,这很难单纯从他个人偏好上去解释,只能看作是德国公众和政府需求指向影响的结果。李斯特之后的德国历史学派,其论著虽然充满学究气,但透过这层学究气可以发现,他们所关心的仍然是一个发展问题、富国问题。他们与英法早期古典经济学家的区别在于研究发展的方法不同。他们喜欢采用个案描述,而早期古典经济学家则侧重于综合归纳。这种区别源于两国经济学家的知识背景的差异。当德奥两国经济发展到一定程度,工业化进程开始之后,公众和政府的需求指向也逐渐变化,由关心发展和富国转变为关心收入分配。马克思主义在两国的广泛传播,以及奥地利学派的兴起,都标志着公众和政府的需求指向由原来的发展问题转移为价值问题和分配问题。

对于价值论分配论在经济学文献中一个多世纪的统治地位,罗宾逊夫人在其《资本积累论》的前言中认为,关于国民财富的性质和原因的经济分析,被人用价值论替代了。这一更替之所以发生,有种种根深蒂固的政治原因,也有一种纯粹技术的、知识上的原因。可惜她重点分析的是纯粹技术的知识上的原因,而没有分析她所说的种种根深蒂固的政治原因。其实她所说的政治原因就是由社会经济政治状况、价值观念和知识背景三者决定的公众和政府的需求指向。她正确地看到了古典学派(严格讲是早期古典学派)的主题是发展论、富国论,看到了这一主题被转换成价值论。

3. 19 世纪初围绕价值论分配论的争论及小穆勒的综合

在价值论分配论成为经济学主题的一个多世纪里,西方经济学经历了二次综合和一次革命:穆勒所进行的第一次综合、边际革命、马歇尔及威克塞尔所进行的第二次综合。对于这两次综合和一次革命,不能用公众和政府的需求指向的变化来说明,只能用思想产品供给的变化及需求落点的转移来说明。

第二阶段初期,即从李嘉图发表《赋税原理》到小穆勒进行第一次综合为止,经济思想的演化表现为三个方面:一是围绕价值论、分配论(还有危机论),李嘉图、萨伊、马尔萨斯和西斯蒙第四人之间展开争论。二是一些英国经济学家(麦克库洛赫、詹姆士·穆勒,等等)围绕在李嘉图周围,改造、深化和拓展李嘉图体系。三是小穆勒在综合前人观点的基础上,于 1848 年发表《政治经济学原理以及对社会哲学的某些应用》,建立了经济思想史上的第一个综合性体系。下面分别分析这三个方面。

在第二阶段开始以前,斯密学说得到政府认可,成为制定政策的依据。这种情况可称作思想市场的均衡。但这种均衡在第二阶段被打破了,因为公众和政府的需求指向变了,斯密时代的课题与 19 世纪初由工业革命和都市化带来的课题截然不同。新课题需要新思想产品。于是在第二阶段开始之后不久,便出现了经济学家们围绕价值论和分配论展开的激烈争论。

争论中经济学家通常都从斯密学说中为自己的论点寻找根据。这是因为第二阶段的经济学家们在分析价值问题、分配问题时,所能依靠的知识资本主要是《国富论》中有关价值和分配问题的论述。斯密在解决发展问题时提出的价值论和分配论观点,成为第二阶段初期经济学家们共同的知识资本。所以在第二阶段中经济学家们研究价值论、分配论,不仅由于公众和政府的需求,也由于斯密从供给方面为他们提供了可用的知识资本。前面讲过,《国富论》中价值论和分配论是在写作过程中逐步发展充实起来的,具有很大的模糊性,即进行多种解释的可能性。所以第二阶段初期的经济学家,几乎都通过改变斯密的部分命题,坚持另外一些命题,来建立独立的价值论分配论。斯密就好比是一柄打开的纸扇的扇轴,而那些以他为出发点的经济学家就像是各个扇骨。围绕新的需求指向而出现的分化现象、竞争现象,表明思想市场处于失衡状态。

在第二阶段初期的各种价值论分配论中,李嘉图的论点曾在一段时间里更好地适应了公众和政府的需求,成为他们的需求落点。究其原因,首先是因为李嘉图的价值论分配论更好地适应了当时资产阶级反对地主阶级、要求实行谷物自由贸易的愿望；其次是因为他关于工资的维生论观点也正好符合当时的现实，这使他的理论带有强烈的逼真性；第三是因为他的劳动价值论成为不满现状的工人群众的思想武器；第四是因为他把经济学改造成一个依存少数几条公理而推导出来的演绎体系，在方法论上表现出创新精神，给其他经济学家造成了良好的印象，使他们中的不少人愿意集合在他的旗帜下，以他作为新的起点，来彻底解决价值论分配论问题。当时与李嘉图展开争论的其他经济学家，没有一个成为某个学派的领袖人物，由此可见李嘉图体系的魅力。

李嘉图学派对李嘉图体系的深化和拓展，在国际贸易理论方面取得一定成功，这主要是詹姆士·穆勒的功劳；但在价值论和分配论方面，则未能取得预想的成功，这是由于麦克库洛赫等人对"劳动"概念所作的重新解释无法使人信服，从而无法消除李嘉图体系的两个内在矛盾。这逐步削弱了专业学术团体对李嘉图体系的信任。

同时，随着时间推移，无产阶级与资产阶级之间的对立日益明显，资产阶级对价值论分配论的需求落点开始变化，他们日益需要那种能证明资本收益具有经济上合理性的价值论分配论，而不是李嘉图那种认为一切财富源于劳动的理论。西尼尔的节欲论恰好是对李嘉图价值论分配论的过激成分的一种抵消因素。

同样，随着英国工业革命给社会带来的阵痛逐渐消失，工人阶级（尤其是其上层）开始享受工业革命的红利。这使李嘉图的维生工资论逐渐失去逼真性。

这一切都使得思想市场越来越不可能在李嘉图的价值论和分配论的基础上实现均衡。但由于李嘉图体系的巨大声望，要完全抛开李嘉图来实现均衡也不可想象。

于是，一个在多年的行政工作中养成妥协和习惯的经济学家——约·斯·穆勒，以李嘉图、马尔萨斯和西尼尔的经济学为知识资本，以法国空想社会主义者圣西门的思想为其社会哲学背景，建立起一个在理论上折中调和，在政策主张上提倡渐进改良的综合体系。这一体系在政策主张上迎合了英国社会中大多数公众和政府的需求，在理论特征上迎合了专业学术团体希望实现理论内部协调的需求，因此它导致了思想市场的均衡。19 世纪 70 年代以前的一段时间里，它实际上接近于垄断了当时整个英国经济思想的市场。它的这种权威地位与英国 1845 年废除谷物法之后出现的经济繁荣局面大有关系，这种局面如果不是证实起码也是表示了它所主张的自由贸易政策的成功。公众和政府以至于专业学术团体，通常总是愿意信服那种在他们看来带来经济成效的理论。经济状况越好，越是令人满意，思想市场中出现自然垄断（区别于由政府强制推行某种思想所导致的垄断)的可能性便越大。

穆勒的综合体系为以后马歇尔对微观经济学进行的第二次综合提供了重要的知识资本。

4. 边际革命的发生：供给角度的说明

由小穆勒的综合体系所导致的思想市场的均衡局面及它所处的垄断地位，被 1870 年以后的边际革命所打破。在英法两国，边际革命并非是公众和政府的需求指向发生重大变化的结果，需求指向依然和 19 世纪初期一样，是要求经济理论说明收入分配现象。因此，边际革命是公众和政府的需求落点发生重大变化的结果。但在德国和奥地利是否也同样如此尚待考察。

要运用供求模式来分析边际革命，首先要把它看作是一个从 19 世纪最后 30 年开始到 20 世纪的一个绵延连续的过程，而不能把它看作是发生在 1871 年的一个事件。从过程的角度看问题，就必须对边际主义的起源和传播扩散的原因分别进行分析。它的起源多半要从供给方面去找原因，其传播扩散的原因则多半要从需求方面去找。其次，必须破除一种成见：相同的思想只能在相同的环境中涌现。其实殊途可以同归，既然相同的社会环境和学术背景会产生不同乃至对立的经济思想，为何相同的经济思想就不能源自不同的环境呢？1870 年以前，经济学远不像今天这样能进行跨国传播，各国经济学家之间多少有点处于隔离状态。正如英国学者哈奇森所指出的，在经济理论方面不存在任何一种世界市场，甚至也没有西欧共同市场。

边际革命的最初成果是边际效用价值论。杰文斯、瓦尔拉斯和门格尔之所以选择研究价值问题而非其他课题，显然与他们所处时代及国度的公众和政府的需求指向有关。但他们提出边际效用价值论而非其他价值论，则与他们各自的学术环境有关，与他们在这种环境中积累的知识资本有关。

从学术环境和可供使用的知识资本来看，边际革命三位奠基人的情况既有不同又有相似之处。在英国，虽然早在 19 世纪 30 年代，西尼尔和劳埃德就已经提出了边际效用价值论的一些萌芽观点(它们是否成为杰文斯的知识资本尚待考查)，但当时处于正统地位的是以小穆勒的综合体系为代表的古典经济学。但到 19 世纪 60—70 年代，它的正统地位由于其工资理论(维生工资论和工资基金论)所受到的攻击而削弱。英国 1845 年废除谷物法之后，尤其是 1870 年前后英国由美国进口的廉价食品大量增加，导致绝对工资水平的稳步上升。这无疑是对维生工资论所依存的前提——马尔萨斯人口论——的一大冲击。维生工资论和工资基金论都无法解释绝对工资水平的上升。同时这两种工资理论也无法有效解释相对工资差异，而这种差异随着工业革命的深入、职业分化的加剧、劳动技术档次的拉开，而变得日益明显。如果说维生工资论和工资基金论大体上符合 19 世纪初工业革命初期的现实,则随着现实本身的变化,这两种工资理论显然不再符合 19 世纪中叶以后的英国现实的工资情况和变化趋势。除了工资理论以外,古典学派的生产费用价值论也由于缺乏对需求的重视而显得不够完美。在古典经济学正统地位大为削弱的背景下,杰文斯从边沁的功利主义哲学出发提出的边际效用价值论确实是针对古典经济学的革命。

但用"革命"一词来表征瓦尔拉斯和门格尔的贡献便不妥当了。法国有着效用价值论的悠久传统,连传播斯密理论的萨伊也是效用价值论者。瓦尔拉斯的父亲更是一位主张效用价值论并提出稀缺性概念的经济学家,但他无法对稀缺性进行定量描述,把这个悬而未决的问题留给了瓦尔拉斯。法国数学家古尔诺于 1838 年发表《财富理论的数学原理之研究》,用数学方法研究和表述了商品的供求与其价格之间的相互关系,同时指出各种商品价格之间的相互影响,但把为这种影响建立数学模型的任务遗留了下来。瓦尔拉斯正是继承了他们两人的知识资本,用边际效用衡量稀缺性,解决了他父亲未解决的问题;用联立方程建立一般均衡模型,解决了古尔诺留下的课题。可以说瓦尔拉斯的贡献完全不是对法国已有经济思想(当然并非主流)的革命,而是发展和完善。

至于门格尔,从他 1871 年的《国民经济学原理》的引证情况来看,德国旧历史学派和其他一些德国经济学家都对他影响非浅。他谦恭地认为自己的见解是以这些德国经济学家的观点为基础的进一步改进,是对卓越的德国同行的一个微弱回声。因此可以说门格尔的贡献是德国 19 世纪初期和中期的经济思想的发展和延伸,并非一次对抗德国旧历史学派的革命。只是在是否要建立抽象演绎理论这一更深层次的问题上,门格尔才在 12 年之后与德国新历史学派展开对抗。

虽然三位奠基人面临的学术背景各有不同,但有一个共同因素可能对边际效用价值论的同时提出起催化作用。这就是数学微积分的发展和普及。有确凿证据表明,这一因素对于杰文斯和瓦尔拉斯是起作用的,也有一定(但尚待确定)的证据表明它对门格尔的创造有影响。杰文斯完全以标准的导数形式表述边际效用概念,瓦尔拉斯通过与洛桑大学一位显然精通微积分的力学教授的交流,解决了从边际效用递减率推导出需求函数的难题。

5. 边际主义的传播:需求落点转移的结果

边际主义的传播,或者说边际主义最终成为公众、政府和专业学术团体的需求落点的原因,主要应从需求方面寻找。一种社会科学方面的思想要成为需求落点,须具备两个条件:一是该思想所显含或隐含的政策主张要符合需求者的利益和价值取向。二是该思想所采取的分析工具和表达方式要符合需求者的知识素质。

有利于边际主义成为需求落点的重要因素之一，是西方资本主义国家中 19 世纪末 20 世纪初工人运动的发展，以及马克思主义和其他社会主义思想的广泛传播。边际效用价值论成为对抗马克思主义的思想武器，因为边际效用价值论并非简单地说明商品价值由主观效用决定，而是深刻有力地论证了市场机制在资源配置方面的有效性。这一点在奥地利学派和洛桑学派的理论中表现得特别明显。这就为那些反对马克思主义的人提供了精神支持和理论武器。起码在三个国家：美国、奥地利、日本，边际主义的传播带有意识形态上的浓厚火药味。在美国，J. B. 克拉克提出边际生产力论是为了对抗社会主义思想，在奥地利和日本，由于马克思主义得到广泛传播，两国的边际主义都采取激烈的反马克思主义的态度：庞巴维克对马克思经济学的经典性诘难；日本小泉信三在 20 世纪 20 年代挑起的，由河上肇应战的关于马克思劳动价值论的大论战。

但是单纯从对抗马克思主义或其他社会主义思想这一角度来寻找边际主义传播的原因，就难以解释它何以在英国得到传播并获得重大发展。在英国，马克思主义从未在工人运动中产生过它在德语国家中的那种巨大影响，并且英国一些非马克思主义的社会主义如费边社会主义，甚至欢迎边际主义。英国社会环境中有利于边际主义成为需求落点的重要因素是中产阶级的兴起和改良主义思潮的强大。英国资本主义发展到 19 世纪末 20 世纪初，出现了垄断，但并未使社会截然分化为暴富和赤贫两个极端，而是形成了资本主义社会所特有的中产阶级：技术工人、熟练工人、白领雇佣者、自由职业者、知识分子，等等。这些人并不喜欢马克思的暴力革命和无产阶级专政，更喜欢用费边式的改良来改善资本主义。同时他们也对垄断造成的祸害表示不安，对社会的贫富悬殊感到不满。边际主义蕴含的政策主张——自由竞争和收入再分配——正好符合他们的利益和价值取向。

理论研究领域，边际主义与后期古典主义都是价值论分配论，当然观点大不相同。首先，对于价值源泉、价值决定因素有完全不同意见，是主观价值论与客观价值论之间的根本分歧；其次，更重要的是两者对于价值问题的研究重点有重要差别，主要是对于市场价格机制的功能有不同看法。后期古典主义侧重研究价值的决定因素，更加注重市场竞争的激励功能，强调同一行业内的竞争将导致优胜劣汰的结果，促使企业家不断提高效率；而边际主义则不仅局限于探讨决定因素，更注重研究市场价格机制的配置功能——既定稀缺资源的有效配置机制，研究经济主体（消费者和厂商）目标值最大化的条件，以及经济主体追求目标函数最大化的行为与稀缺资源有效配置之间的关系，从而清楚地论证了亚当·斯密的无形之手，说明经济主体的自利行为如何实现稀缺资源的有效配置。从理论上讲,边际革命的最大意义就是深化对稀缺资源配置问题的研究,对于竞争性市场的资源配置功能进行了深入分析,有力地论证了竞争性市场的有效性。同时,边际主义的分析工具比古典主义的分析工具能够更有效地说明垄断条件下的价值决定及垄断不如竞争之处,从而能更好地分析公用事业(经常处于自然垄断之中)问题。

在政策主张方面,两者虽一致要求自由竞争反对垄断,但对于收入分配政策、济贫政策有不同看法。后期古典主义的分配理论推导出来的分配政策其实是主张无为而治。李嘉图的维生工资论及后来的工资基金论,与马尔萨斯的人口论相结合,意味着任何人为改变收入分配状况、提高工人收入的做法以及救济穷人的做法,最终效应是增加工人人口,从而使工资压降至原有水平。边际主义则从货币收入边际效用递减这一现象出发,论证收入由富人手中移转到穷人手中将增加社会总效用,因此主张政府通过收入累进税等再分配措施来干预收入分配。同时,边际主义的分配理论也不蕴含着贫困是必然的思想,这就为以后出现用救济工程消除失业、克服主要由失业引起的贫困现象这类思想打开了绿灯。由此可见,边际革命绝不仅仅是一次理论上的革命,同时也是一次政策上的革命——收入分配政策和济贫政策上的革命。

边际主义成为专业学术团体需求落点的重要因素之一,是经济学学术环境的迅速优化。19 世纪 70 年代以后,经济学日益成长为一门独立学科,不再是伦理学或政治学的组成部分;开始开设经济学专业的大学不断增多;专门的经济学刊物开始大量印行,经济学家之间的通讯渠道有了质的变化;经济学家开始在一国之内,尔后很快在国际范围内组成各种专业团体;这些团体也越来越多地由受过高等教育、研习过高等数学的人员组成。边际分析所采用的数学分析方法和表述方式,无疑更适合这些人的知识素质。相比之下,古典主义和历史主义便不太受欢迎了。

6. 马歇尔与威克塞尔的综合:20 世纪经济学发展演化所依存的主要知识资本

遭到边际革命破坏的思想市场的均衡,大约到 19 世纪末,通过马歇尔和威克塞尔的综合工作再次得以恢复。

马歇尔综合体系最主要成果是供求均衡价格论,使边际效用价值论与生产费用价值论不再互相对立,而是互相补充。同时供求模式也使价值论与分配论在分析方法上得以统一。可以说供求均衡价格论在西方经济学说的演化中起到承前启后的作用,一方面它是对以前各种价值论分配论的一个综合,另一方面它为以后微观经济学的发展提供了最重要的知识资本。

马歇尔综合体系是微观经济学极为重要的知识资本。从那以后,微观经济学的发展演化大都以对马歇尔体系的改造和拓展的方式进行。在英语世界中直到大萧条为止,这始终是经济学家的主要活动。马歇尔综合体系虽然综合了古典经济学和边际效用论,但他主要是对边际革命的初期成果进行了综合。对边际革命的几乎全部成果加以总结的工作,由后来的希克斯和萨缪尔逊完成。

瑞典经济学家威克塞尔在大致相同的时间里,建立了综合古典经济学和边际效用论的理论体系。他的价值论以瓦尔拉斯一般均衡分析为主干,综合了边际效用论和生产费用论。他的分配理论综合了边际主义者内部的两种理论:边际生产力论和时差利息论。他在宏观经济领域,通过综合李嘉图的货币数量论和庞巴维克、杰文斯的资本利息理论,提出了解释一般物价水平波动的累积过程论。

威克塞尔在宏观领域建立的综合体系,由于语言壁垒,长时间内只在瑞典经济学家中间得到传播和改造。直到 20 世纪 30 年代前后,才传输到英语世界,成为大萧条后凯恩斯宏观经济理论最重要的知识资本之一。

(三)解释和消除失业与通货膨胀:20 世纪 30 至 80 年代经济学的主题

20 世纪 30 年代的大萧条,造成西方国家公众和政府需求指向的重大转折。经历了工业革命一个多世纪的经济发展之后,收入分配问题已经不像工业革命初期那么令人注目、令人愤懑了。工业革命造成的物质生产大发展使得社会底层的人也可得到温饱。收入差别仍然很大,但已不再使人感到过于残忍。同时,经济学家为克服收入分配不平等所提出的各种收入再分配政策也日益为政府所采纳,进一步降低了分配不平等的程度,缓和了公众的不满情绪。但大萧条却使公众和政府突然意识到,还有比收入分配问题更重要的经济问题有待解释和解决。于是公众和政府的需求指向发展到了第三阶段,把国民收入、就业水平和物价水平作为待释现象,把稳定增长作为待解问题,主要课题由微观领域转移到了宏观领域。

需求指向的转变使得 20 世纪 30 年代以后西方经济学的发展演化主要发生在宏观经济领域。凯恩斯革命标志着这一阶段的开始,不仅意味着经济政策的重大转折,还意味着经济学研究主题的重大转折。第二次世界大战以后,宏观经济学的发展演化在很大程度上是以改造深化和拓展凯恩斯体系的形式出现的。当然,非凯恩斯主义的宏观经济学如货币主义、新古典宏观经济学也在发展。它们之间的竞争成为推动宏观经济学不断发展的动力之一,迫使竞争双方不断提高自己体系的质量。

20 世纪 70 年代以后,由于西方国家经济政治形势与 30 年代有了巨大的变化,人们的价值观念也有了巨大的变化。通货膨胀代替单纯的萧条成为人们关注的中心,这使得公众和政府的需求落点由凯恩斯主义转向货币主义。

在宏观经济学领域,除了针对经济萧条和通货膨胀的短期分析之外,对于长期经济增长的分析在远离经济学舞台近一个世纪之后又再次吸引了众多经济学家的关注。这一方面是由于西方国家的政府和公众,在 20 世纪中期社会主义国家经济强劲增长的刺激下,开始关注长期经济增长的需求指向;另一方面是因为凯恩斯革命为研究长期经济增长准备了新的知识资本。

虽然 20 世纪 30 年代凯恩斯革命以后,宏观经济学在经济学的舞台上长期扮演主角;但在微观经济学领域,发展演化也并未停顿。由于马歇尔终结了贯穿 19 世纪的价值论之争,以及 20 世纪初期对于各种类型市场的成功分析,微观经济学的研究主题渐渐发生了转移,从主要研究市场变为主要研究组织,尤其是企业内部的等级结构和利益关系。而在 19 世纪主要研究市场机制时,企业往往只是被看作是市场中的一个"原子",其内部结构往往被看作是一个"黑箱",只有其外部市场行为被关注。20 世纪以后,随着交易成本概念的提出、委托—代理理论和公司治理理论的发展,企业作为一种组织,其存在的原因,其内部结构和内部各个主体的相互关系,得到了经济学家日益加强的关注,可以说基本形成与市场研究并行的组织研究。

以上运用供求分析模式简略概述了西方经济学的演化。这一过程可简要图示如下:

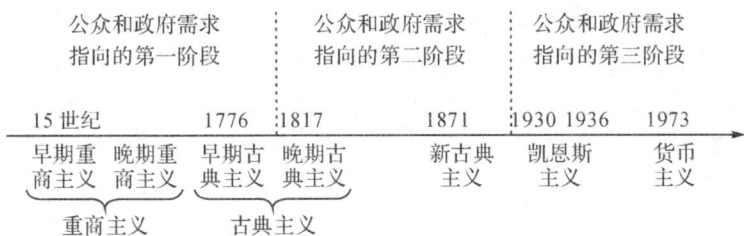

公众和政府需求 指向的第一阶段			公众和政府需求 指向的第二阶段		公众和政府需求 指向的第三阶段	
15 世纪		1776	1817	1871	1930 1936	1973
早期重 商主义	晚期重 商主义	早期古 典主义	晚期古 典主义	新古典 主义	凯恩斯 主义	货币 主义
重商主义		古典主义				

六、本书内容、特点与结构

本书主要介绍从古代两河文明开始一直到 20 世纪 30 年代凯恩斯革命为止,西方非马克思主义经济学的发展过程。介绍的内容有古代(包括古代两河文明、古埃及、古印度、古希伯来、古希腊、古罗马)经济思想,中世纪欧洲及阿拉伯世界的经济思想,资本主义早期的重商主义思潮,18 世纪 70 年代到 19 世纪 70 年代的古典经济学体系和德国的历史主义思潮,边际革命以后一直到凯恩斯革命的经济思想。它涉及几乎所有重要的西方经济学家,包括经济学鼻祖亚当·斯密、当代微观经济学的奠基人马歇尔、宏观经济学的奠基人凯恩斯等。

本书的特点:一是力求以原生态介绍西方经济学家的思想;二是尽可能以今天的眼光重新评价他们的功过是非。

以原生态介绍西方经济学家的思想，理想的做法当然应当是依据他们的所有原作，而且是未经翻译的原作。因为只有从一个经济学家的全部论著中，才有可能全面把握他的思想及其发展。根据部分论著，就有可能产生片面性，不能窥其全貌。以往的类似书籍经常拘泥于某一专题来介绍其发展脉络，结果往往一叶障目，使读者不能了解那些经济学家的主要思想。例如对于亚当·斯密的介绍往往侧重于其价值理论，而对于其主要的关于如何发展经济的观点反而语焉不详。同样，对于亚当·斯密，如果只了解其《国富论》，不了解其《道德情操论》，就可能对于他关于人性的看法产生误解。再比如对于马尔萨斯，如果只阅读其《人口论》第一版，不了解他修订后的版本，就容易认为他丝毫不关心穷人，并非常冷酷地主张用贫困、战争来淘汰所谓的过剩人口。殊不知他以后通过在欧洲的实地调查，在修订后的版本中删去了冷酷的段落，并开始主张通过道德抑止来降低出生率。那么为何要阅读未经翻译的原作呢？因为前面已经讲过，不同语种的词汇不存在一一对应的关系，译作有可能并不完全反映作者的原意。根据译作来介绍经济学家的思想，就有可能误读误解。例如在对马克思思想的解读中，如何准确理解马克思的"市民社会"和"资产阶级法权"，中国学者中间就存在一定的不同意见，有人就认为这种分歧源于对于这两个词汇的翻译不够精确。

但是这种理想的做法要求太高，工作量太大，单个人几乎不可能做到。退而求其次的做法自然就是要尽可能阅读西方经济学家已有的全部译作，并适当地参考原作。同时，也要参考那些著名经济学家所写的经济思想史方面的专著，包括人物传记，也就是要参考高质量的第二手材料。如熊彼特的《经济分析史》等。当然，对于第二手材料，即便质量很高，也务必保持警惕，不能全部采信。比如熊彼特的《经济分析史》，对于亚当·斯密和李嘉图的介绍，就有一些瑕疵。

本书力求按照这种次优的方法，同时始终保持谦虚谨慎的态度，没有自认为完全准确地介绍了那些经济学家的思想。因为我毕竟依据的是译本。即便是依据原本，也不能自以为完全了解了那些经济学家的思想。同时，某位经济学家论著的一个新译本，就很可能部分改变对他原有的看法。例如对于奥地利学派的维塞尔，起先根据他的《自然价值》，认为他只是一个主张边际效用论的自由主义经济学家，直到译完他的《社会经济学》，才知道他还是一位同情劳工并主张政府适度干预市场的经济学家。所以，本书的介绍和评论都不是定论，永远存在着改进的可能。

虽然本书以介绍经济学家思想为要旨，不以评论为主，更不对那些经济学家搞简单化的阶级定性。但还是会对于他们所取得的成就和不足，按照今天的眼光去进行简短的评论。这里特别强调的是按照今天的眼光,而不是把一个多世纪以前某些权威人物的看法作为评价是非功过的标准。例如,马克思曾经因为萨伊主张三位一体的分配理论而贬斥他庸俗,多年来受此束缚,对于萨伊的分配理论往往作负面评价,但从今天的眼光来看,收入分配中各个生产要素论功行赏有何不对。再比如,布哈林曾经认定主张边际效用价值论的奥国学派是垄断资本主义条件下食利者阶层的代表,是符合垄断资产阶级利益的经济学说;从今天的眼光来看,完全不着边际。

本书的章节安排,首先考虑时间分期,然后是按国别分类,最后是在一国之中按照观点学派分类;共分为十编,四十章。

第一编古代和中世纪前期的经济思想,涵盖从远古至 15 世纪末 16 世纪初,包括四章:第一章古代两河流域、埃及、印度和希伯来的经济思想,第二章古希腊著作家、思想家的经济思想,第三章古罗马著作家、思想家的经济思想,第四章中世纪的经济思想。

第二编西欧中世纪后期封建社会解体和资本主义产生时期的经济思想,涵盖 15 世纪至 18 世纪中叶,包括五章:第五章重商主义时代的经济思想与经济政策综述,第六章重商主义时代西欧各国经济思想(16—17 世纪),第七章重商主义时代西欧各国经济思想(18 世纪),第八章法国重农主义与西班牙启蒙经济学,第九章古典政治经济学体系的形成:亚当·斯密的自由主义革命。

第三编欧洲工业革命时代的古典经济学(英国篇),包括五章:第十章英国工业革命与社会阶级矛盾,第十一章马尔萨斯的经济理论,第十二章李嘉图的经济理论,第十三章古典经济学时期英国其他经济学家的经济思想,第十四章约·斯·穆勒的经济理论体系:古典经济学的综合。

第四编欧洲工业革命时代的古典经济学(法国篇),包括三章:第十五章萨伊的经济理论,第十六章西斯蒙第的经济理论,第十七章古典经济学时期法国其他经济学家。

第五编欧洲工业革命时代的德国经济学——古典学派与历史学派,包括三章:第十八章杜能的经济理论,第十九章李斯特的经济理论,第二十章德国历史学派和其他重要经济学家。

第六编美国与俄国工业化时代的经济学,包括三章:第二十一章古典经济学时期美国的经济学,第二十二章 18 世纪中叶至 19 世纪中叶俄国反农奴制思想家的经济思想,第二十三章古典经济学概览。

第七编 19 世纪 70 年代至 20 世纪初西方经济学的演进,包括六章:第二十四章边际主义经济学的产生及其先驱,第二十五章英国边际主义者的经济理论,第二十六章英国历史主义经济学家,第二十七章奥地利和德国边际主义者的经济理论,第二十八章德国新历史学派,第二十九章瓦尔拉斯和意大利边际主义者的经济理论。

第八编西方经济学的第二次综合与新古典经济学的形成,包括五章:第三十章马歇尔的综合经济理论体系,第三十一章英国剑桥学派对马歇尔经济理论体系的发展,第三十二章英国伦敦学派,第三十三章威克塞尔的综合经济理论体系,第三十四章北欧学派的形成与发展。

第九编 20 世纪初期美、奥、德、俄四国经济学的发展,包括五章:第三十五章美国边际主义者的经济理论及对马歇尔经济理论体系的发展,第三十六章美国制度学派,第三十七章 20 世纪初奥地利学派的新发展,第三十八章 20 世纪初德国经济理论的新发展,第三十九章俄国经济思想的起步和发展。

第十编凯恩斯革命,包括一章:第四十章西方经济学演进中的凯恩斯革命。

对于这种章节安排及其标题,需要作出如下一些说明。

第一,全书较早的两编及其章节的标题往往出现"经济思想"、"经济思想观点"等词汇,以后的各编及章节的标题则往往出现"经济理论"这样的词汇。在通常的谈话中,"经济学说"、"经济思想"、"经济理论"、"经济观点"这些词汇经常互换混用。但仔细斟酌,它们似乎还是有一些区别。当然这些区别也可以每个人各有自己的看法。本书认为"经济思想"是最广义的概念,"经济理论"、"经济学说"是指有一定体系的经济思想,而"经济观点"则是指比较零散未必成体系的经济思想。故较早的编、章、节的标题中较多使用"经济思想"、"经济观点",而自亚当·斯密起,编、章、节的标题中较多使用"经济理论"一词。

第二,书中第一、二编是严格按照时间划分的。第二、三编的划分以英国工业革命为界,所以把亚当·斯密放到第二编的最后一章,而他的后继者都进入第三编。这样处理,也是为了突显斯密与其后继者之间的区别,把斯密看作是早期古典主义的主要代表,而把工业革命以后他的后继者称作后期古典主义,因为两者关心的主题有很大差别。

第三,对于后期古典主义又按照国别分为四编,更加确切地讲,是把英国工业革命以后到 1870 年之前这一时期(又可以称作是后期古典经济学时代)的经济学按照国别进行分章。之所以这样处理,是因为考虑到不同经济学流派并不是完全以时间来分界的,这个时代虽然后期古典经济学影响很大,但德国历史学派的影响也不容小觑,同时也出现了不少边际学派先驱。因此按照国别分章,就可以把德国历史学派作为后期古典经济学时代不同于古典经济学的流派来进行介绍。

第四,按照马克思的意见,古典经济学家只能是那些认可(起码是不反对)劳动价值论或(和)强调阶级利益冲突的人;在英国就是配第、斯密、李嘉图等有限的几位，在法国就是布阿吉尔贝尔、西斯蒙第等几位。其他反对劳动价值论、否定阶级利益冲突的经济学家，都是庸俗经济学家，如英国的马尔萨斯、西尼尔，法国的萨伊，等等。而另一种定义的古典经济学则要广义得多、模糊得多，它包括了自斯密革命以后，马歇尔综合之前，一切反对历史主义同时又不认可边际主义的经济学家。本书在介绍古典经济学家时，采用的是广义的概念。

由此引起的一个问题是，经济学家的归类应当如何进行，流派应当如何划分，有没有一定的规则？

没有任何两个经济学家在思想上是完全相同的，但是总有一些经济学家的思想存在一定的共性。这种共性，可以是研究领域的相同，或者说是论域相同，可以是方法相近，还可以是观点相近。而这种共性的形成，往往与师承关系有关，或者是间接的师承关系，如斯密之与李嘉图、马尔萨斯、萨伊、杜能，共同形成了古典经济学派；或者是直接的师承关系，如奥国学派的形成，就有着非常清晰的师承脉络；马歇尔与剑桥学派、威克塞尔与瑞典学派，都有一定的直接的师承脉络。但是师承关系也并不保证一定属于同一个流派，如凡勃伦就是 J. B. 克拉克的嫡系弟子，却完全不同属一派。在不存在师承关系的经济学家之间，也可能出现论域、方法、观点方面的共性。如旧历史学派的三个代表人物、边际学派的三个代表人物、洛桑学派的两个代表人物，等等。

思想共性的存在是经济学家可以归类、流派得以划分的基础。进一步的问题是，经济学家在归类分派时所依据的具体共性是什么。例如按照马克思的分类标准，具体的共性就是要坚持劳动价值论并强调不同阶级之间的利益冲突。而按照广义的古典经济学概念，尤其是后期古典经济学，具体的共性就是共同的论域——商品价值理论和收入分配理论，且在一定程度上同意抽象演绎方法。而在具体观点方面，可以差别巨大。再比如，如果把奥国学派的共性确定为三条具体内容：曾经就学于维也纳大学、赞同边际效用价值论、坚持彻底的经济自由主义，那么维塞尔恐怕就要不属于奥国学派，因为他赞同有节制的自由主义；熊彼特恐怕也会有点问题；罗斯巴德也会有问题，因为他似乎未曾就学于维也纳大学。但如果把奥国学派的共性确定为前面两条具体内容：曾经就学于维也纳大学、赞同边际效用价值论，那么维塞尔和熊彼特就肯定属于奥国学派，但罗斯巴德还会有问题。如果取消第一条具体内容，保留后两条具体内容，那么罗斯巴德就肯定属于奥国学派了。由此可见，经济学家如何归类分派，取决于思想共性的具体内容如何确定，以及这些具体内容的权重分布。

在确定了一个经济学家类别和流派的具体共性之后，评判一个经济学家究竟是否属于某个类别和流派，也许需要引进模糊数学中的隶属度概念。这个概念用来判断某个元素在多大程度上隶属于某个特定性质的集合。根据这个概念,就可以判断某个经济学家隶属于某个流派的程度,他可能是该流派隶属度很高的核心成员,也可以是隶属度很低的边缘成员。例如马克斯·韦伯和桑巴特是否属于德国新历史学派,是一个颇有争议的问题,而借助于隶属度概念,就可以把他们两位看作是隶属度较低的新历史学派晚期成员。

为何要对历史上的经济学家进行归类分派?经济学家在推进经济学说的发展变化时,并不是像一个个孤立的游魂那样行动的,他们都是在一定的相互关系的网络中行动的,或者聚成一派相互激励相互学习,或者站在对立营垒相互批判相互指责,或者作为一个特立独行的异端向正统主流挑战。因此需要对经济学家进行一定的归类划派来加以介绍。这既是一种集约的介绍方式,同时也有助于读者了解经济思想是如何在不同经济学家互补和竞争的相互关系中发展变化的。

第五,一些越时代人物的章节安排。所谓越时代人物,是指那些发表的观点在下一个时代才成为主流思想的经济学家,以及那些符合前一时代主流思想的经济学家。前者如德国的杜能,后者如美国的乔治·亨利。德国的杜能,他的贡献既有属于边际学派的,又有属于古典学派的,所以还是把他放到后期古典经济学时代的章节中加以介绍。美国的乔治·亨利,虽然其学术成就发表在边际革命以后,但考虑到他所处时代正是美国工业化时代,他关注的问题与后期古典经济学如出一辙,都是价值论尤其是分配论问题,其观点也没有丝毫边际主义的影子,所以就把他放在后期古典经济学时代加以介绍了。而对于后期古典经济学时代出现的一些边际主义先驱,如古诺、戈森等人,则考虑到他们的贡献基本上属于边际学派,因而放到了边际革命以后的章节中去。

第六,章节的肥瘦不匀。本书在介绍经济学家的思想理论时,有的比较详尽,而有的则非常简略。这实在是无奈之举。对于一些其论著已经有中译本的经济学家,本书的介绍一般比较详细,而对于那些目前尚无中译本的经济学家,由于只能依靠第二手材料,介绍不得不从略,并往往以某一章或某一节的附录的形式出现。如第二章、第十七章第二节等都有一个简单的附录。①

在此只能请读者谅解。同时也希望有年轻学者能够不辞辛劳,在未来的日子里把那些尚未有中译本的经典名著,尽早译成中文,以弥补遗珠之憾。

同时更希望,今后社会能够重视经典名著的翻译,从工作考核、物质待遇、社会名望等方面激励年轻人乐于翻译经典名著。毕竟中国近代以来的重大思想进步,几乎都可以看到经典译著的影响,可以毫不夸张地说,近代中国的思想

---

① 当然有时附录也用于介绍通常不被看作是经济学家但对于经济学发展很有影响的人物的思想,如第九章就有一个附录介绍边沁。

走向，基本上是译作导向的。也有人认为，现在一般学者的外文功底都不错，都可以直接阅读外文，所以不必再翻译那些经典名著了。窃以为，阅读效率总是以母语为高，如果学者们既能够阅读中文经典名著，同时又能够参照外文原文解疑释惑，岂不更好。试问，若非国内若干富有远见的出版社近百年来翻译出版众多世界经典名著，中国思想界能有今天之状况么？

七、西洋经济思想史研究之展望

未来经济思想史的研究，尤其是对其发展演化机理的研究，很可能需要扩大视野，把经济思想史、经济制度经济政策史、经济（发展）史、经济学邻近学科史统摄起来，以便更好地了解它们之间的互动关系，找到经济思想史的演化法则。

经济思想、经济制度和经济政策、经济状况三者之间存在着一定的反馈关系：

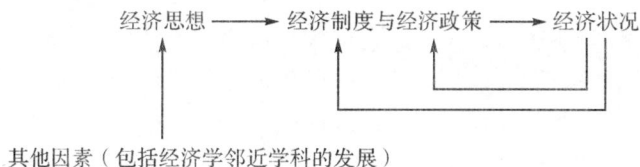

英国经济思想史专家英格拉姆就曾经写道："政治经济学史须与人类的任何一部分民族的经济史有区别。研究经济事实本身之递变是一事，研究关于事实的理想学说之递变又是一事。……可是这两类研究虽是界限分明，然而它们彼此的关系却是严密的。经济学说之发生和形成大半决定于当时的实际情形，需要和倾向。凡是一种重要的社会变迁发生，新经济问题也随之而显露；每个时代盛行的学说，其获取力量，乃缘于它们似乎可解决当时紧切问题之故。又是，一个思想家，不管他是站在当代人们的上面或前方，也不过是他时代的产儿，他不能脱开他所生息游处的环境的。他一定会受他周围情景的影响，并特别受他同时代人们所共觉的实际事变的影响。"①以往那种把经济思想史和经济史割裂开来进行研究的做法，显然无助于加深对经济思想史发展演化机制的研究。而经济思想影响经济状况是通过经济制度和经济政策作为中介的，因此研究经济思想史与经济史之间的互动关系，不考虑经济制度和经济政策的影响和互动也是不行的。同时，其他因素（包括经济学邻近学科的发展）对于经济思想的影响也是值得重视的。

---

① 因格拉门：《经济学史》，商务印书馆1932年版，第3页。

要研究经济思想史与经济史之间的互动关系,离不开对于经济史状况的了解,这种了解可以通过以下一些观察指标来进行:

经济发展主要观察指标(1)

国民收入 GDP(水平、增长率);

通货膨胀率 CPI;

就业率;

国际收支(总量、占比、变化),该指标反映国际竞争力;

财政收支(总量、占比、变化),该指标反映政府影响力、干预经济的程度。

经济发展主要观察指标(2)

配第—克拉克系数(水平及变化),该指标反映产业结构、工业化、后工业化水平;

霍夫曼系数(水平及变化),该指标反映第二产业内部结构;

城市化系数(水平及变化),该指标反映社会结构;

基尼系数(水平及变化),该指标反映社会收入分配结构;

恩格尔系数(水平及变化),该指标反映社会发展状况。

通过这些观察指标的变化,分析这些指标变化背后的制度、政策因素,再分析影响这些制度、政策的经济思想,以及经济思想所受制于的经济状况,就能把握它们之间复杂的互动关系。举一个最简单的例子,斯密的古典经济学思想无疑受到当时英国经济状况的影响,而他的思想又无疑影响到了英国的经济制度和经济政策,使英国在 19 世纪中期走向全面的经济自由主义;而这种自由主义的经济制度和政策又影响到了英国 19 世纪后期经济状况的走势,而这种走势最后又导致英国经济学界的反思,引起英国经济学界的历史主义,以及马歇尔的主张一定程度政府干预的新古典经济学。

张旭昆

2014 年 6 月 25 日

杭州市西湖区嘉绿西苑醉仙斋

目　录

第一编
古代和中世纪前期的经济思想
（远古至 15 世纪末 16 世纪初）

第一章　古代两河流域、埃及、印度和希伯来的经济思想

第一节　古代两河流域体现在《汉穆拉比法典》中的经济思想

古代两河（即幼发拉底河和底格里斯河）流域是人类文明最早的发源地,古希腊人称之为"美索不达米亚"（意为河间之地）。它对波斯和其他许多地方文明的发展,尤其是对希腊和罗马文明的发展产生过重要影响。

古代两河流域文明,最先是由定居在该地区的苏美尔人创造的。约在公元前 5000—前 3500 年,苏美尔人已建立起一批人数达数百以至数千的居民点和城市。约在公元前 3500—前 2900 年,苏美尔人已实行牛耕灌溉农业,并形成都邑、中心市镇、小镇和农村格局的城邦（国家）。

约公元前 1894 年,古巴比伦王国建立,在其雄才大略的第六位国王汉穆拉比（Hammurapi,约公元前 1792—前 1750 年在位）的领导下,统一了两河流域全境,建立起经济文化发达的中央集权的奴隶制大国。汉穆拉比的文治武功皆取得了空前成就,以他名字命名的《汉穆拉比法典》,就是他留给后人的一份极其珍贵的文化遗产。

《汉穆拉比法典》是迄今完整保存下来的最早的一部较完备的成文法典。该法典由引言、法律条文 282 条和结尾咒语三部分构成。它是汉穆拉比即位后的第 30 年（即公元前 1763 年）刻在由三块黑色玄武岩合成的石碑上公布于世的。此碑于 1901 年被法国考古队发现,现存于巴黎卢浮宫博物馆。

体现在《汉穆拉比法典》中的古代两河流域的经济思想观点概述以下几点。

（一）维护奴隶制,保护奴隶主对奴隶的所有权,是贯穿于该法典的一个基

本思想。法典规定拐带奴隶或窝藏逃亡奴隶者,就要"被处死"①;如果理发师剃掉奴隶的发式标记,那理发师的手就要被"砍掉"②;奴隶只要对其主人说一句"你不是我的主人",就要被割掉耳朵③,如有进一步的反抗,则定被打死无疑。奴隶在该法典中完全失去了人的价值,他和牲口一样按时价而定。该法典规定奴隶若被他人伤害致死,凶手无需偿命,只需向其主人赔偿"三分之一米那银子"④即可,约相当于一头牛的价格,这是当时一个奴隶的平均价格。由于当时奴隶买卖已相当流行,因此,从市场购买奴隶,已成为一般奴隶主取得奴隶的主要途径。但王室、贵族拥有的众多奴隶,则多数来自战俘。此外,那时的债务奴隶也较普遍。该法典的第 117 条规定:"作为债务奴隶"在"买主或债务奴主的家里工作三年",第四年即可"获得自由"⑤。但这条规定只适用享有全权的公民,即阿维鲁等级的自由民,其他较低等级的自由民或依附民,则不在此列。

这些关于奴隶制的法律,鲜明体现了《汉穆拉比法典》所具有的时代特色。

(二)重视农业和水利。在汉穆拉比时代,两河流域南部的生产力有了相当高的发展。青铜器已广泛使用,装有播种漏斗的改良犁已出现在田野上,从而扩大和改善了灌溉系统。在古巴比伦的经济生活中,农业具有头等重要的意义。当时的一个文献中写道:"难道你不知道田地是国家的生命吗?"⑥汉穆拉比也自称是"扩大农业生产的人,为强大的乌拉什堆起粮仓的人。"⑦

汉穆拉比深感水利是两河流域灌溉农业的"命脉",据记载他开凿了名为"天神所爱的汉穆拉比民丰运河",为尼普尔等地区提供了充足的水源,并进一步将原分散灌渠联结成网,重新组织了统一的灌溉系统。⑧ 汉穆拉比为建立这样伟大的水利工程而自豪,他自称"为其人民带来丰盛水源的人"⑨。

法典条文亦有涉及水利与灌溉管理的,如第 53、54 条规定,臣民如有"懒得加固他田的河堤……使河堤开口的那个人应赔偿损失"⑩;又如,臣民若有"打开

---

① 《汉穆拉比法典》,高等教育出版社 1992 年版,第 18 页。
② 《汉穆拉比法典》,高等教育出版社 1992 年版,第 122 页。
③ 《汉穆拉比法典》,高等教育出版社 1992 年版,第 144 页。
④ 《汉穆拉比法典》,高等教育出版社 1992 年版,第 118 页。米那,是古巴比伦的重量单位,一米那含 60 舍客勒,1/3 米那,即 20 舍客勒,约 168 克(见《汉穆拉比法典》注 32)。
⑤ 《汉穆拉比法典》,高等教育出版社 1992 年版,第 64—66 页。
⑥ 转引自崔连仲:《世界史·古代史》,人民出版社 1983 年版,第 108 页。
⑦ 《汉穆拉比法典》,高等教育出版社 1992 年版,第 6 页。
⑧ 参见朱龙华:《世界历史》上古部分,北京大学出版社 1991 年版,第 187—188 页;并参见崔连仲主编:《世界史·古代史》,人民出版社 1983 年版,第 106—107 页。
⑨ 《汉穆拉比法典》,高等教育出版社 1992 年版,第 4 页。
⑩ 《汉穆拉比法典》,高等教育出版社 1992 年版,第 38 页。

灌渠灌溉,但偷了懒,而致使水冲坏其邻人的田,那么他应按照他的邻人(的收成)","(按)每布尔十古尔(的)比率称出大麦"作为赔偿①,这仅是惩处民间水利纠纷的一种办法。至于若有人破坏、侵夺由国王主持修建的运河、水渠等国家命脉的水利工程,则要按保护宫廷财产的条例处以极刑。

(三)关于等级和阶级的观念。依据《汉穆拉比法典》的记载,当时巴比伦尼亚的居民分为自由民和奴隶两大类。而自由民按其政治法律地位的不同,又分成两个等级:其一是称为"阿维鲁"的全权公民;其二是称为"穆什钦努"的非全权自由民或依附民。前者为上等自由民,后者为下等自由民。法典对他们区分明显,分别对待,如"弄瞎了"一个阿维鲁的"眼睛",或"折断了"一个阿维鲁的"骨头",就必须受到同样损害的惩罚,这就是通常所说的"以眼还眼"、"以牙还牙";但若伤害的是穆什钦努,惩罚就较轻,无需受刑审,只需交付一定赔金即可。该法典第 198 条规定:"如果他弄瞎了穆什钦努的眼睛或是折断了穆什钦努的骨头,那么他应付出一米那银子。"②这种区别对待的条文贯穿着整个法典,反映了当时的等级观念。

同一等级内还有不同的等第或阶级。就"阿维鲁"这个全权自由民等级而言,它既包括奴隶主贵族、僧侣、高级官吏、富商和高利贷者,也包括自耕农、佃农、独立手工业者、小奴隶主,以及各行各业中的雇工等。就"穆什钦努"这个非全权自由民或依附民而言,其中属于较高等第或阶级的,包括下层官吏和王室商人,他们拥有众多的奴隶和财产;其中称为"里都"、"巴衣鲁"的中层群众,约相当于中农和小奴隶主;其中称为"依沙席"的下层群众,约相当于贫农佃户。

(四)土地的分配、私有和买卖。古巴比伦王室拥有的土地,约占全国可耕地的一半以上。它吸取了以前乌尔第三王朝那种王室直接经营的奴隶制大经济难以管理、容易引起奴隶反抗的教训,王室的土地除了部分直接分配给神庙和依附民耕种外,其大部分以份地形式,分配给对王室负有不同义务的人经营。这些人分为三类:第一类是祭司,称为"塔木卡"的宫廷商人、为王室服务的各种手工业者和各种公务人员。法典规定:这类对王室负有"义务之人"的份地可以买卖,只是"买主将服他所买田园房屋上的役务"③。这类人中所得份地较多的富有者,自己并不劳动,而是由其奴隶或雇工进行耕作的。第二类是称为"里都"和"巴衣鲁"的士兵。这类人领取份地作为他服役的报酬。法典规定:士兵的份地不能买卖,如果士兵在服役中"被俘",其子可接替父亲服役,就可继承份

---

① 《汉穆拉比法典》,高等教育出版社 1992 年版,第 40 页。
② 《汉穆拉比法典》,高等教育出版社 1992 年版,第 112 页。
③ 《汉穆拉比法典》,高等教育出版社 1992 年版,第 30 页。

地;如果其子年幼,不能替父服役,其妻可领回"三分之一"的份地以抚养孩子。[①]第三类是纳贡人。纳贡人从王室地产领取份地,进行耕种,缴纳的贡赋约占土地收入的1/3至1/2。纳贡人的份地不得买卖,也不得由其妻子女儿继承。

法典虽明文规定:"里都、巴衣鲁及纳贡人的田园房屋不得出卖","不得把与他的役务有关的田园房屋写(契约)给他的妻子女儿,也不得交出去抵当债务",但是法典也规定,他们自己买得之地有私有权并可出卖,他们"买来的,或(用其他方式)得到的田园房屋","可以写(契约)给他的妻子女儿,也可以交出去抵债"[②]。可以说,这后两类人是在国家义务外有一定私有地的小生产者。

总的看来,法典对土地私有和买卖,采取了肯定的积极的态度。这也可从汉穆拉比给辛·伊丁那姆总督的诏令中得到证实。在汉穆拉比诏令书中提到有一位名叫伊阿·鲁·巴尼的人,因故丧失了某一城区的土地所有权,经调查属实。对此,汉穆拉比诏令这位总督:"伊阿·鲁·巴尼的土地所有权是自古就有的,因在文书上是让渡给他的。因此,你应把这块土地给予伊阿·鲁·巴尼。"[③]这表明国家对私有土地完全承认的态度。

从法典有关条文看来,只要不是有条件地(因服役)占有的土地,只要不是直接属于国王或村社的土地,就容许自由出卖、出租和抵押。

(五)关于租赁、雇佣、高利贷和自由民的分化。在古巴比伦时代,随着土地私有的出现与发展,租赁、雇佣与高利贷亦随之活跃起来。从法典条文看来,当时的租赁关系主要有两类:一类是租赁房屋、车、船、牲畜等,另一类是租佃土地。法典规定:租耕牛一年"租金是四古尔大麦"(合1010.4公升),如果耕牛在租用期间,"由于疏忽或殴打而导致牛死亡,那么他应以一头牛顶一牛赔偿牛主人"。如果弄断了耕牛的脚或割断了耕牛的颈腱,那么他应以牛顶牛赔偿牛主人。如果弄瞎了耕牛的眼睛,那么他应给牛主人相当于其价格一半的银子。如果折断了耕牛的角或割断了耕牛的尾巴,或是弄伤了耕牛的背,那么他应给牛主人相当其价格四(五?)分之一的银子。[④] 法典规定租佃土地的地租标准,一般是其收成的1/3至1/2,与纳贡人租种王室土地所交之租相当。如果遇上自然灾害或其他原因歉收时,其"损失"则由承租人承担,[⑤]可见,法典是竭力维护出租人利益的。

雇佣关系和租佃关系一样是以契约为基础的。雇主按契约付给不同劳动

① 《汉穆拉比法典》,高等教育出版社1992年版,第24页。
② 《汉穆拉比法典》,高等教育出版社1992年版,第28—30页。
③ 崔连仲:《世界史·古代史》,人民出版社1983年版,第110页。
④ 《汉穆拉比法典》,高等教育出版社1992年版,第128—130页。
⑤ 《汉穆拉比法典》,高等教育出版社1992年版,第32—34页。

者以不同的报酬。例如，"一个人雇了一个雇农，一年他应给他八古尔大麦"。"如果一个人雇了个牛倌，他应一年给他六古尔大麦"[①]。雇佣手工业者，则按日计酬，一般手工业者每日酬金 5～6 乌得。雇佣和租佃这两种关系，在促使自由民分化方面为奴隶制服务。因为在奴隶制起主导作用的社会条件下，虽有少数自由民上升为奴隶主，多数人的生活则日趋恶化，沦为佃户和佣工的人，境况再趋恶化就会变为奴隶。当时高利贷活动的猖獗，则是促进这一变化的有力杠杆。因此维护奴隶制的法典对高利贷采取了宽容的态度。法典明文规定的最低利率也高得惊人：贷谷之利为 33.3％，贷银则为 20％。[②] 这种规定反映了汉穆拉比时代奴隶制经济已达到了高度的发展。

第二节　古埃及的经济思想

古埃及是人类文明的又一个发源地，它位于非洲东北部的尼罗河下游。古埃及的地理范围大约和今日埃及国家相当，即东临红海，西接利比亚，南邻努比亚（今苏丹），北濒地中海，东北通过西奈半岛可达西亚的巴勒斯坦和叙利亚等地，它处于亚、非两大陆的连接处。

约在公元前 5000—前 4000 年，古埃及的氏族部落已开始在尼罗河两岸定居进行农耕；约在公元前 4000—前 3500 年，古埃及已出现私有制和阶级关系的萌芽；约在公元前 3500—前 3100 年，在古埃及，私有制已逐步确立，阶级已逐渐形成，并出现了一批奴隶制小国。

公元前 332 年，马其顿的亚历山大率军占领埃及，结束了波斯人的统治，使埃及历史进入马其顿—希腊人统治的新时期，古埃及文明史也就宣告结束。

严格地讲，古埃及没有表达在文献中的经济思想，只能从当时的经济体制、经济活动和社会结构中推测其所具有的经济思想，现简述如下。

（一）关于治水发展农业的思想。古埃及文明是一个以农耕为基础的文明，国家的命脉和人民的生活完全依赖于农业收成的好坏，而农业收成的好坏，又依赖于对尼罗河的认识与治理。为了掌握尼罗河水涨落的规律，古埃及很早就有专人测定和记录水位的情况了。

当古埃及的历史进入王朝时期，国王就不再由推选产生，而改为世袭，但作为一国之王，治理尼罗河仍然是其主要职责之一，许多国王便由于建造了有益

---

① 《汉穆拉比法典》，高等教育出版社 1992 年版，第 134 页。
② 引自朱龙华：《世界历史》上古部分，北京大学出版社 1991 年版，第 191 页。

于后代的水利工程而名垂青史。如第十二王朝的开创者——阿门涅赫一世开始在法雍地区建造的水利工程,便是古埃及治水发展农业和其他经济事业的一个范例。

正由于古埃及人掌握了尼罗河水涨落的规律性,并对这条母亲河进行了有效的治理,促进了农业和其他经济事业的发展,从而使古埃及成为当时世界几个在经济上处于领先的区域之一。古埃及人这一发展经济的思想,对当今的某些国家和地区,仍具有一定的借鉴意义。

(二)关于等级、阶级和土地关系。建立起统一专制王朝后的古埃及社会结构,人们常常把它比喻为一座金字塔:高居塔顶的是法老和王室要员;其次是军政贵族大官吏和神庙祭司组成的上层统治者,按阶级身份而论,他们都是大奴隶主。这些人物构成了古埃及社会金字塔的上层。中层则是由中小官吏、中下级军官、中下层祭司、医生、建筑师、书吏、管家等等的中等阶层组成,按阶级身份而论,他们都是中小奴隶主。他们都是为王室和贵族服务的各种管理人员。在这些人之下,处于社会金字塔底层的则是广大劳动群众:农民、手工业者和奴隶,其中奴隶处于最底层。但奴隶在整个劳动大军中所占的比重,目前尚难确定;一般而言,使用于生产劳动中的奴隶在数量上不及农民和手工业者多,这是古埃及等东方古代社会的一个特征。古埃及奴隶的主要来源是战俘或被掳掠的外族人,如第十八王朝的第九位国王阿蒙霍特普二世,一次远征叙利亚就掳掠奴隶达 101218 人。战俘奴隶的后代,就是家生奴隶,他们也是古埃及奴隶的一个来源。此外,特别是在古埃及的后期,随着商品货币经济的发展和高利贷的猖獗,农民破产日益严重,债务奴隶亦随之增多。古埃及的奴隶多为国家所有,主要用于采石场,建造金字塔、神庙和水利工程等,也有用于王庄或官营手工业作坊劳动,也有战俘奴隶由法老赐给神庙和贵族,作为他们农庄的劳动力。奴隶除从事生产外,还有一部分被用作各奴隶主家庭的奴婢。

构成社会底层大多数劳动群众的农民和手工业者,也和奴隶一样是上层统治阶级剥削压迫的对象,只是还保持着一定的庶民身份罢了。

古埃及全国土地的最高所有者是专制君主——法老。但是,除法老直接控制的由王室派人经营的一部分"王庄"外,大部分土地实际上为神庙、贵族、公社所有或占有。公社占有的土地,由公社农民使用,通过公社向法老缴纳租税,并向国家服役,这就是通常所谓的古代东方国家存在的土地国有制。古埃及每两年一次的全国土地大清查,就是这种土地国有观念的表现形式。因为法老对土地的普查,可以视作国家对领土的统治权和对土地的最高所有权的综合体现,其中涉及农村普通农民的部分,自然意味着国家对他们的直接控制。

由于这种国有地是沿袭原始公社土地而来,生活在公社中的农民对这些土地有世代使用的权利,随着整个社会私有化的加深,这种祖传的土地使用权,也就逐渐带有所有权的意味——在一定情况下可以转让买卖,这就形成了土地国有制下的农民对土地不完全所有的私有权。拥有这种权利而在国有或公社土地上耕作、并向国王缴纳赋税的农民,在古埃及被称为"尼苏提乌";如果这种权利被转让出卖,丧失了土地,此类农民就沦为佃户、雇工,甚至农奴,在古埃及,这类农民称为"麦尔特"。但无论哪一类农民,都受到法老专制政权的直接控制,每次全国土地调查都登录在案,法老可把他们连同耕作之地任意分封给神庙或他的臣属。因此,法老是全国土地的最高所有者。

(三)关于集中管理的经济体制——法老经济模式。古埃及的经济乃至政治、文化的发展,都是以对尼罗河的有效治理和灌溉农业的发展为基础的。正由于统一治理尼罗河和统一管理水利工程,发展灌溉农业,促使了古埃及早在公元前 3100 年至前 2686 年,就形成了统一的中央集权的奴隶制国家;同时也促使集中管理的经济体制的形成。这是世界上最早的一种集中管理的经济体制,现代一些经济学家将其称为古埃及法老经济模式。

关于这种经济模式特征,这里仅简述如下:

(1)法老对全国土地具有最高所有权。法老除直接拥有大量遍布全国各地的在经济上具有重要地位的王室农庄、牧场外,还通过每两年一次的全国土地大清查,有权对全国土地征收赋税,有权将大片土地赏赐给贵族官僚和神庙,并规定神庙土地不得买卖,作为禄田赐给官僚的土地,罢官之后必须交还。

(2)法老不仅直接控制全国土地,还直接控制着关乎古埃及农业命脉的水利工程。

(3)以法老为代表的古埃及奴隶制国家在历次扩张、掠夺战争中所获得的大量战俘和财物等,均为法老所有。战俘和被掳掠的外族人是古埃及奴隶的主要来源。法老主要就是利用战俘奴隶和其他奴隶来发展为王室服务的各种经济事业的。

(4)实行劳工注册制度。古埃及法老和各级政府为了对劳动者进行有效管理与监督,实行劳工注册制度。该项制度规定:每个劳动者居于何地,从事何种职业谋生,都要向该地官府申报、登记,并定期向指定官府陈述自己的劳动工作、生活状况,并要报出自己的名字、住所、职业及生存方式,该地方官府的书记官,要将每位劳动者的定期陈述一一记录在案。在检验过程中,如发现某人陈述不实或谎报,或做了违法事情,就要遭受鞭杖或判刑。这种劳工注册制度,具有现代的户籍制度、身份证制度、职业登记、营业注册等含义。古埃及实行这种制度的目的,不仅是为了保护劳动者的勤劳工作,监督或惩处劳动者的懒惰、游手好闲或违法乱纪行为,更重要的是为了统筹安排、合理调配全国的劳动力。

古埃及的金字塔、神庙和大型水利工程,都是在招募、征集、调配了全国的劳动力和广大的奴隶劳动的基础上建造的。

(四)对重要物资的专控权。法老和政府对国计民生有重要作用的物资如纸草、制砖和矿山等实行专控,不准任何个人随意使用或经营。纸草是生长在尼罗河畔的一种芦苇科沼泽植物,其三角形茎秆可长到手腕那么粗,高可达3米,有多种用处,其最大用处是经加工后,可成为一张张轻便、容量大的书写纸,其优越性是石头、泥版和羊皮纸等所无法达到的。古埃及每年大量的土地登记,尼罗河水位记录,王室和神庙财产记录,建造金字塔、神庙和水利工程的设计、预算等均需大量的纸草。制砖和开采石矿是建造金字塔、神庙、宫殿和其他工程、建筑等所必需的,对其他宝石矿山的专控,更是理所当然。对这些重要物资实行专控,禁止乱开采,可以使其合理利用,保证长期供给,且做到目前利益与长远利益的结合。

(五)调查资源物产,确定税收。由于古埃及的税收基本上是实物税,而各地的资源物产又很不相同,因此政府经常派出大量官员到各地调查、了解土地的耕种,作物的生长,河道、湖泊堤坝、沟渠的整治,树木的生长,牲畜的饲养、成长,以及纸草的生长砍伐等等,及时掌握各种资源物产的变动情况,以制定合理可靠的税额标准,不致造成税入和税出的失衡。

(六)储备财物,平衡经济。在集中管理的经济体制下,政府必须直接控制和储备一定的财物,为此,古埃及设立了王室谷仓和敬神基金会。经调查确定税额后,地方长官就要限期将实物税收集、运往都城,再经核定记账,存入王室谷仓。敬神基金会是专为维持神庙祭拜活动而储存财物的,其财物来源有二:一为王室和地方政府的捐赠;二是通过与地方签约,由地方以纳税形式维持基金会。由王室谷仓和敬神基金会所储存的财物除了用作王室、政府机构、神庙祭司的消费和供建造金字塔等大型公共工程外,亦用于弥补和应付灾荒之不足。这种储备对平衡全国经济有重要作用。

(七)在法老集中管理的经济体制中,对外贸易由官府直接控制。王室政府常将通过税收征集来的不宜长期储存的、多余的实物,或由他们处置的生产物,由法老派遣商业远征队将其运往国外销售,采购王室所需的或建金字塔等所需的物资。组织和派遣商业远征队进行外贸活动,差不多成为古埃及每个王朝的惯例。此外,政府还在南方与努比亚交界的边境线上,建立可战可商的要塞进行边境贸易。到古埃及后期,政府还在北部的三角洲地区建起专供与外国商人进行贸易的特区。

(八)在集中管理的经济体制下,法老经济体系中的商品货币关系不发达。到古埃及奴隶制经济鼎盛的时期,物物交换仍很普遍,衣服、牛、谷物、各种器皿等都可作为交换物;租赁或买卖土地、奴隶等都以实物进行交易(只是注明值多少银子)。这时,虽已出现作为交换媒介物的金银和钱串在流通,但仅限大宗货物的交易;商人虽已出现,但为数很少,在经济生活中的作用不大,在政治上的作用更是微乎其微。古埃及商品货币关系不发达的原因,主要是由于大部分生产资料控制在王室、神庙和贵族奴隶主手中;他们与市场联系不密切;他们所控制的大量的金银贵金属,主要不是用作货币投入流通,而是用于制作各种装饰品;官吏和手工业者的报酬也都是实物,而不是货币;古埃及实行的基本上是实物税制度;还有对外贸易控制在官府手中,等等。直到王权衰落的后期埃及社会,商品货币关系才得到较大的发展,但大量资金用于经营高利贷,使土地抵押和债务奴隶制盛行。

古埃及所实行的这种世界上最早的集中管理的经济体制,其优越性和弊端都很明显。在这种体制下,法老控制着全国的人力、物力和财力,创建了大型水利工程、金字塔和神庙等古代世界的奇迹。治理尼罗河的水利工程,直接繁荣了古埃及经济,并为其子孙后代造福。其弊端主要是形成了庞大的官僚机构,造成极大的浪费,并给广大劳动群众带来极大的苦难。这种体制的优点或缺点,还能在以后的各种集中管理体制中找到。

第三节 古印度的经济思想

古印度是稍晚于古代两河流域和古埃及的又一个人类文明发源地。它位于亚洲南部(地理学上称为南亚次大陆),北依喜马拉雅山,南濒印度洋,东临孟加拉湾,西接阿拉伯海,包括当今巴基斯坦、印度、孟加拉和尼泊尔等国的领土。

约从公元前 30 世纪起,居住在南亚次大陆的达罗毗荼人开始创造印度河文明。古印度文明是人类文明的摇篮之一。古印度文明早就与两河流域、埃及、希腊、罗马和中国等文明古国相互交流与影响,它对东、西方文明的发展起过重要作用。

关于古印度的经济思想,这里简述如下。

(一)关于古印度的种姓制度。约在公元前 20 世纪中叶属印欧语系的雅利安人入侵南亚次大陆后,他们出于雅利安征服者的种族优越感,将他们自己"白皮肤"的雅利安人称为"雅利安瓦尔那",而将被征服的"黑皮肤"土著居民称为"达萨瓦尔那"。"瓦尔那"(Varna)一词,在梵文中是"颜色"或"品质"的意思,汉译为"种姓"。在那时,种姓的肤色因素被强调为种族高贵与低贱的主要标志,并深深扎根于北印度的雅利安文化中。古印度最早的等级区分,就是白皮肤的雅利安征服者与被征服的黑皮肤达萨人。古印度种姓制度即源于此。

随着雅利安人氏族社会的解体,社会分化的加剧,少数氏族部落的成员成了祭司贵族和武士贵族,而多数氏族部落成员则成了平民。这样,在雅利安人部落内部就形成了三个集团,即祭司贵族、武士贵族和一般平民,再加上被征服的"达萨",便形成了四个等级或种姓。

第一等级婆罗门,是掌握神权的僧侣贵族集团,他们研究并传授宗教经典,研究并解释法律,"执行祭祀,主持他人的献祭,并授以收受之权"①,占有大量财富。他们不需从事任何生产劳动,也不要承担任何赋税和徭役,他们的人身神圣不可侵犯。他们不仅垄断了宗教、法律和文化方面的权力,而且还可以以国王顾问的身份和武士贵族一起分享政权,参与处理国家大事,因此,其地位最高。

第二等级刹帝利,由先前的王族和军事行政贵族集团组成,作为最高统治者的国王亦属刹帝利等级。他们掌握军政大权,可以征收各种赋税,并可通过战争,掠夺大量财富和奴隶。

第三等级吠舍,是雅利安自由平民大众,主要从事农、牧、商等职业,政治上没有任何特权,但必须以布施和纳税方式供养婆罗门和刹帝利。

第四等级首陀罗,绝大多数是被征服的土著居民,也有少量是被征服或沦落的雅利安人。他们从事各种当时视为低贱的职业,如养猪、清扫污物、抬尸、做佣人,等等。他们或是奴隶,或是接近于奴隶的平民下层。他们处于社会的最底层,几乎被剥夺了一切的政治经济权利,过着十分悲惨的生活。

种姓制度是以等级关系作为表现形式的阶级关系,在它的四个等级中,前两个等级是奴隶主统治阶级,后两个等级是处于不同地位的被统治阶级。古印度的历代统治阶级都为巩固其统治地位而竭力维护种姓制度,并使之成为古代世界完备、森严的等级制度。它具有以下一些特征:

首先,种姓制度规定各种姓职业一律世袭,特别严禁低级种姓的人从事高级种姓的职业。

其次,在宗教生活方面,只有婆罗门、刹帝利和吠舍有参加宗教活动的权利,他们是"再生族",可以过宗教生活,举行宗教上所谓重生的"再生仪式";而首陀罗则无权参加任何宗教活动,他们是"一生族",不能举行宗教上所谓重生的再生礼,即使听一听或看一看婆罗门教的圣典吠陀,也被严格禁止。不仅首陀罗与婆罗门、刹帝利、吠舍之间,在宗教生活上有严格界限,就是在前三个种姓之间也有差别,以外出所携的木杖为例,有关法典规定:婆罗门的杖长须达发

---

① 《摩奴法典》,商务印书馆 1996 年版,第 21 页。

端,刹帝利须达前额,吠舍须达鼻端。

第三,在法律上,对于各种姓之间的侮辱、伤害、通奸、盗窃、杀人等刑事犯罪的惩处,有着明显的差别。如果高级种姓伤害了低级种姓的人,处分一般都较轻;相反,如果低级种姓伤害了高级种姓的人,那就要遭到严厉的处罚。如《摩奴法典》规定:"刹帝利辱骂婆罗门应处一百钵那罚金;吠舍处一百五十或二百,首陀罗处体刑。"相反,"婆罗门辱骂武士种姓的人处五十钵那罚金;辱骂商人种姓处二十五;辱骂首陀罗处十二"。如果"一生族"的人"辱骂再生族,应割断其舌"①。

第四,在婚姻方面,为了维护高级种姓的纯洁性,有关法典规定,各种姓间必须实行内婚制,即实行同一种姓通婚。但随着人口杂居的增加和城市的出现,混血已不可避免,再加上婆罗门、刹帝利男人们的贪色,往往违背内婚制的规定,将低级种姓的姿色女子强占为妻。在这种情况下,为了维护高级种姓的社会等级不致因混血而改变,于是,有关法典又制定了所谓"顺婚"与"逆婚"的规定,即高级种姓的男子可以依次娶低级种姓之女子为妻,此即所谓"顺婚";低级种姓的男子则绝对不能娶高级种姓之女子为妻,此即所谓"逆婚"。如果有人胆敢违反"顺婚"与"逆婚"的规定,那就犯了不可饶恕的罪行,其子女则将成为"贱民"。"贱民"在古印度的社会地位最低,最受歧视,被认为是"不可接触的人"。

随着社会分工的发展,在吠舍和首陀罗中间,又繁衍出许多从事不同职业的集团。这些被称作"迦提"(印地语 Jati 的音译)的集团,乃是古印度种姓制度的亚种姓,它是职业世袭化的并实行"内婚制"的独立集团。在公元前 2 世纪至公元 2 世纪编成的《摩奴法典》中,记载有 59 种迦提,其中最受压迫的有 6 种。以后,迦提的数目越来越多,到 1931 年,据英国殖民当局的人口调查,全印度的迦提数目达到 3500 种,其中受压迫的迦提有 429 种,约有 6000 万人。这样,随着迦提的增多,原来 4 个种姓的区分也就逐渐失去了存在的意义,并最终为迦提所取代。

古印度这种等级森严的种姓制度,造成了社会各种姓及亚种姓之间的隔阂,这无疑"对印度社会起着有害的影响"②,从而"阻碍了印度社会经济的发展"。③ 但同时,正如有些学者所指出的,"印度种姓制度的作用并非一概是消极的。它的积极一面是使印度民众在异己的文化或征服者面前有一种一致感。它还使个人在自己的团体中有一种安全感,从而促使各种形式的互相帮助。尽

---

① 《摩奴法典》,商务印书馆 1996 年版,第 195—196 页。

② E. M. 伯恩斯、P. L. 拉尔夫:《世界文明史》第 1 卷,商务印书馆 1990 年版,第 158 页。

③ 《中国大百科全书·经济学Ⅲ》,中国大百科全书出版社 1988 年版,第 1158 页。

管种姓内部存在斗争,但各个种姓都知道互相合作,特别是在各地村民议事会的立法和行政上。种姓终于被认为正常的、必需的制度,这在种姓受到宗教法规约束的观念上表现得尤其明显。特别有效的是两种孪生的信念,即羯磨和生死轮回或灵魂转世。……尽管种姓的区分似乎很不公平,但却被人们作为对个人功罪的恰当而明确的评定而接受下来。一个受到凌辱的人只能怪自己,只有在他现属种姓的规定限度内尽量多做好事,才能求得下一次灵魂转世时改善生活条件。由于生死轮回中可能上升也可能下降,忍耐、勤奋和服从成为最高美德"①。

(二)关于阿育王的治国"大法"。阿育王在公元前3世纪中叶前后,承袭了一个由单一权力控制广大地区的帝国。在这个广大地区居住着许多种文化的民族,而且其发展水平各不相同,这是一个充满着各种风俗习惯、信仰和对抗的社会。面对着如何治理好这样一个帝国的挑战,作为人类文明史上杰出统治者的阿育王,在当时流行的佛教思想影响下,提出了一套治国安邦的"Darma"(大法)②。

阿育王在位期间,颁发了大量的铭文谕令,来阐述其治国"大法"的思想和政策,并将其刻在岩石和石柱上。刻在大小岩石上的,称为"大小岩谕",刻在特地竖立起来的石柱上的称为"柱谕"。这些谕令全都设立在群众可能聚集的场所,明显的是对一般公众的宣告,以付诸实施。他颁发、宣扬"大法"的目标,在于树立一种心境态度,一种社会责任感,使人们聚集在一起并给予他们一种团结的感受;这也是一种呼吁,呼吁承认人的尊严,呼吁社会活动中的人道主义精神。在他看来,确立人们彼此之间的行为准则和社会秩序是最为重要的治国之道。因此,他颁发谕令宣扬治国"大法",并不是用条例、规章来作定义,而只是指明其概括的原理、原则和政策。

在阿育王的治国"大法"中,他竭力强调的是以下几个互相关联的内容:

第一,阿育王竭力宣扬仁慈。他教导人们要"遵从父母,慷慨对待朋友、知己、亲戚,以及对待祭司和僧侣",即使对待"奴隶和仆从"也要"体谅"③。他教导人们不要"伤害有情之物"④。阿育王宣扬这种仁慈为怀的德行,当然是为统治阶级服务的,但对稳定社会和提高民族素质肯定是有积极意义的。

---

① E. M. 伯恩斯、P. L. 拉尔夫:《世界文明史》第1卷,商务印书馆1990年版,第159—160页。

② 梵语Dharma一词的含义很广泛,除了汉译为"大法"外,也有些译者译为"圣法"、"正法"、"正义"、"正直"、"德行"、"诚实"、"原则"、"宇宙之法"等。

③ R. 塔帕尔:《印度古代文明》,浙江人民出版社1990年版,第82页。

④ 渥德尔:《印度佛教史》,商务印书馆1995年版,第239页。

第二,阿育王竭力强调宽容,"尊重一切教派"①。阿育王自己虽然是信仰佛教的佛教徒,他支持佛教但也支持和尊重其他教派。他教导人们不要"在不合适的时机吹捧自己的教派,毁谤他人的教派。……在每个场合人人应尊重他人的教派"②。在他看来,这样的结果不仅提高了自己教派的影响,"而且阐扬了大法"③。美国学者 E. M. 伯恩斯和 P. L. 拉尔夫认为,阿育王"把宗教信仰自由作为一项国策,……他所关心者主要的不是臣民们信仰什么,而是他们的行为和态度"④。

第三,阿育王的治国"大法",不仅强调仁慈、宽容,他还强调非暴力。他认为这三者不仅是道德上合乎需要的东西,而且因为它们会促进他那个庞大、复杂帝国的和谐。当他用武力征服羯陵伽后深表忏悔。他在那次流血战役后所颁发的诏谕中写道:"当天亲仁颜大王(阿育王通常用于敕旨的名号)登极八年,羯陵伽国被我们征服了,从那里俘虏十五万人,在那里屠杀了十万人。死亡者还数倍于此。此后,既然羯陵伽打下来了,天亲大王深切关怀正法(Dharma),热爱正法,宣扬教诲正法。天亲大王为征服羯陵伽现在深感悲痛;……而且天亲大王更加难过的是他想到:婆罗门、沙门、其他宗派徒众,或家主们,他们都听信长官、父母和长者的教导,对待朋友、熟人、同事、亲戚、奴隶和仆人行为善良,而且赤胆忠诚,……然而当打了羯陵伽的时候,许多人民被杀了,死了,带走了,即使只有那个数目百分之一或千分之一,今天对于天亲大王也是一种沉痛的不安。"⑤阿育王对这次使用暴力征服羯陵伽所作的感人的忏悔,蕴含着他放弃依靠暴力发动战争进行征服的主张,即采用非暴力的主张,这标志着阿育王政策思想的大转变。但阿育王不主张机械地要求完全非暴力。他承认某些时刻暴力或许不可避免。他宣称:"由于遵从'大法',他将严格地限制使用武力,并要求他的子孙们也不使用武力征服,但当子孙不得不使用武力征服时,也应由最大的宽容和仁慈作指导。"⑥

第四,阿育王还强调与公众福利有关的一些措施。阿育王是一位勤于政事的国君。他在一处"岩谕"中写道:"不管在任何时候、任何地方,即使我在就餐、在后宫闺房、在内室、在厕所、在(抬着的)轿上、在花园,都必须(及时地)向我报

---

① 渥德尔:《印度佛教史》,商务印书馆 1995 年版,第 239 页。
② R. 塔帕尔:《印度古代文明》,浙江人民出版社 1990 年版,第 82 页。
③ 渥德尔:《印度佛教史》,商务印书馆 1995 年版,第 239 页。
④ E. M. 伯恩斯、P. L. 拉尔夫:《世界文明史》第 1 卷,商务印书馆 1990 年版,第 168 页。
⑤ 渥德尔:《印度佛教史》,商务印书馆 1995 年版,第 225—226 页。
⑥ 参见 R. 塔帕尔:《印度古代文明》,浙江人民出版社 1990 年版,第 82—83 页。

告有关人民的事务。我到处都要处理人民的事务。"①他在勤于处理臣民的各种政事中,也包括关注和兴办有关公众的各种福利事业。他曾说过,为全体人民兴办"福利是我的职责"②。他在一个"柱谕"中宣告:"我已下令在路边种植榕树,给牲畜和人们以荫凉。我已下令种芒果园林,我下令每隔九哩挖水井和建憩亭……我处处设立许许多多的供水点,以供牲畜和人们享用。然而这样得益是重要的,确实,世界在许多方面从以前的国王们也从我这儿,已享受到关怀。但是,我之所以做这些事情,是为了我的臣民能遵从'大法'。"③

阿育王为了贯彻实施他的治国"大法",他还任命了许多"大法"官员,以监督、检查"大法"的贯彻实施,以让"大法"家喻户晓。他在诏谕中写道:"从前未设置大员掌管大法。在我登极三十年后已经设置。他们负责与各教派交涉,监察大法,提高大法,以促进……居民中与大法有关者的利益和幸福。他们负责主仆之间,婆罗门和富人、穷人、老人的利益和幸福,扫除阻挠大法的障碍。"④

阿育王所倡导的这种治国"大法",带有明显的当时正在兴起的佛教思潮的影响。印度学者 R. 塔帕尔指出,在阿育王那个时代,"佛教不仅仅是一种宗教信仰,在许多方面,还是一种社会的和理智化的运动,影响了社会的许多方面",因此阿育王也被"佛教所吸引,并成为一名实践的佛教徒"⑤。他试图寻找一种能使他那庞大复杂的社会得以和谐发展的途径,"是值得称道的"⑥。美国学者 H. G. 威尔士认为,在阿育王统治期间,"是苦难的古代印度历史中最光明的时期"⑦。

（三）关于体现在《政事论》中的一些社会经济思想观点。《政事论》(Arthashastra)亦译作《利论》、《实利论》或《政治经济理论》,是古印度的一部重要文献。相传为公元前 4 世纪后期至公元前 3 世纪初叶古印度政治家、政论家考底利耶(Kautilya)所撰。考底利耶是旃陀罗笈多的首席顾问,他辅佐了旃陀罗笈多驱逐了希腊—马其顿入侵者,推翻了摩揭陀的难陀王朝,建立了印度历史上第一个大一统的孔雀王朝。旃陀罗笈多死后,考底利耶又辅佐了旃陀罗笈多王位继承者宾头沙罗,继续工作了一段时间。考底利耶的这部《政事论》,实际

① 朱庭光:《外国历史名人传》(古代部分)上册,中国社会科学出版社、重庆出版社 1982 年版,第 113 页。

② 渥德尔:《印度佛教史》,商务印书馆 1995 年版,第 236 页。

③ R. 塔帕尔:《印度古代文明》,浙江人民出版社 1990 年版,第 83 页。

④ 渥德尔:《印度佛教史》,商务印书馆 1995 年版,第 236 页。

⑤ R. 塔帕尔:《印度古代文明》,浙江人民出版社 1990 年版,第 80 页。

⑥ A. L. 巴沙姆:《印度文化史》,商务印书馆 1997 年版,第 61 页。

⑦ H. G. 威尔士:《文明的溪流》,江苏人民出版社 1997 年版,第 144 页。

上是孔雀王朝头两个王朝的政事指南;同时,它又是那个时候对古印度政治历史经验的概括与总结。

《政事论》是一部巨著,内容涉及国家组织、政治、经济、军事、外交、科学等各个方面。在好多世纪以来,它引起不少政治家和研究者的关注。到 20 世纪初,它的完整手抄本被发现后,更引起学者们的注目。许多学者认为,这部巨著不可能是考底利耶一个人的观点,是经过后世人士的修订和增删的。如该书曾提到中国的丝绸,据考证,在考底利耶生活的时代,印度还没有与中国接触。但多数研究者认为,该书所论述的基本内容是孔雀王朝的情况和制度,后世人士对此书作了多次修改,约在公元 2 世纪最后修订,它最初出于考底利耶之手是可信的。

关于体现在《政事论》中的社会经济思想观点,这里,仅简述以下几点。

(1)关于国家组织问题。在考底利耶看来,国家是为国王而设的。他认为,国王是至高无上的,国王是国家的最高统治者、军队的统帅、法律的颁发者,拥有任命国家官吏的最高权力。他指出,构成国家的要素有七种,即国王、大臣、土地、要塞、国库、军队和同盟者。① 他认为,作为国家最高统治者的国王,必须头脑清醒,精力充沛,因为国王要调配军队,注意核算国家财政的收支,留心城市和乡村的发展事务,任命高级官员,及时搜集和掌握全国情况,下达命令。因此,他主张国王要学习有关知识,并花些时间用于自省。在考底利耶看来,建立一个高效率的官僚政治社会,必须采用严酷的惩罚手段。他在《政事论》中曾列有 18 种惩罚手段,这充分体现了考底利耶说过的那句名言:"政治学是惩罚的科学。"②

(2)关于田赋、税收、奴隶劳动、财产的买卖以及商业利润。考底利耶认为,维持这样一个庞大国家所需的大量经费,主要是靠对肥沃的恒河、印度河平原田赋进行有效的征收。他在《政事论》中详细地论述了税收征集的方法和有关问题。除了农耕和田赋之外的其他事业与活动,他也给予应有的关注或鼓励。根据《政事论》,从农业到赌博和卖淫等一切活动,国家均可征税。他指出,未经国家允许,任何人不得占有任何荒地,不得砍伐森林中的任何一棵树木,因为这些最终都是税源。他认为,凡在国家资助兴建水利的地区,就可定期征收水税;尤其是沿海地区的那些商民,都应置于政府的监督之下,随时均可征税,而各种税收制度又都源于田赋制度。印度学者 R. 塔帕尔指出,考底利耶"可以看作是

---

① 参见朱庭光:《外国历史名人传》(古代部分)上册,中国社会科学出版社、重庆出版社 1982 年版,第 103 页。

② 斯塔夫里阿诺斯:《全球通史——1500 年以前的世界》,上海社会科学院出版社 1988 年版,第 267 页。

这种制度的理论家"①。考底利耶在《政事论》中提出了一个国家财政的积极平衡原则,即"增加收入和减少支出"②。考底利耶在《政事论》所作的有关论述,其目的在于巩固奴隶制国家。在这里,奴隶被看作是下层种姓的注定命运,奴隶劳动是一项公认的习俗。奴隶劳动被用于生产、生活的各个领域,但它主要集中于王室和僧侣贵族的农庄、牧场、工场、作坊和家庭。在王室纺织作坊中还使用一部分女奴劳动。据《政事论》记载,她们在天一亮时就得进入作坊劳动,不准随便谈话,如果未完成任务或浪费了原料,就会受到割去大拇指的惩罚;在月光明亮的夜晚,监工们还要把她们赶进工场,借助月光进行劳动。③

考底利耶在《政事论》中论述土地和其他财产的买卖原则时,写道:"亲属、邻居、富人应依次购买土地和其财产。应有四十个门第良好而与上述买主不同家族的邻人,集聚在要出卖的建筑物之前,宣布这样的事。应该当着村庄长老或邻里长老面前,宣布田地、园圃、任何一种建筑物、湖泊或水池的确定边界的正确记载。如果三次高呼:'谁愿意以这样的价格购买它?'而无人提出反对,那末买主便可以购买这种财产。如果这时候财产的价值被人出价增多了,即使是同一个公社的人出的价,那末所增数额也应和价值税一并归于王库。出价人应缴纳赋税。物主不在而出价购买其财产者,应被处以二十四朋那罚金。如果七夜期满而没有真实的物主出场,那末出价者便可占有这个财产。把建筑物等卖给出价者以外的任何人,应被处二百朋那罚金,如果财产是建筑物等以外的东西,上述违法之罚金则应为二十四朋那。"④

由于商人阶级的存在,引起考底利耶对商业利润的关注。他把商业利润作为"其他费用"包括在商品价格之中,并且预先规定其利润。他将经营地方商品的利润"规定为价格的 5％",而外国商品的利润"则是 10％"。⑤

(3)对美好国家的描述。考底利耶为国家献身于"成千上万的国王所拒绝接纳的财富之神",其目的是要将"像不妊的母牛那样不结果实"的荒原改变成一个"美好的国家"。他在《政事论》中曾对这个美好的国家,作过如下的描述:"在王国的中心区和边围地区拥有首府和省会……力量强大,足以压服邻近地区的国王;没有一片片泥泞的、多岩石的、凹凸不平的荒芜的土地,也没有阴谋家、虎狼之徒、野兽和大片的旷野……拥有肥沃的土地、矿山、树林、成群的大象

---

① R.塔帕尔:《印度古代文明》,浙江人民出版社 1990 年版,第 70 页。
② M.H.雷金娜等:《经济学说史教科书》,武汉大学出版社 1987 年版,第 4 页。
③ 参见崔连仲:《世界史·古代史》,人民出版社 1983 年版,第 172 页。
④ 周一良、吴于廑:《世界通史资料选辑》上古部分,商务印书馆 1963 年版,第 214— 215 页。
⑤ M.H.雷金娜等:《经济学说史教科书》,武汉大学出版社 1987 年版,第 4 页。

和牧场……用水不靠下雨……商品丰富多样；能够承担起供养庞大的军队和交纳繁多的赋税重担；居住的农民都具有乐善好施、积极肯干的品质……——这些就是一个美好的国家所应有的优点。"①

第四节　古希伯来—犹太体现在《圣经》和《塔木德》中的经济思想

与古代两河流域、古埃及和古印度相比较，古希伯来—犹太与后来的欧洲文明有着更为密切的关系，古希伯来—犹太人是为人类奉献了《圣经》的民族，《圣经》对人类文明产生过重大而深远的影响。

古希伯来人原是生活在阿拉伯沙漠地区的游牧民族。约在公元前 3000 年左右，他们离开沙漠，来到美索不达米亚北部的吾珥一带游牧而居。随着希伯来人演化为犹太人，信奉耶和华为唯一真神的希伯来宗教，也就演化成犹太教了。

犹太教的口传律法集——《塔木德》就是对希伯来《圣经》的"律法书"的阐发、释义、补充和实施。"律法书"就是由《圣经》前 5 卷《创世纪》、《出埃及记》、《利未记》、《民数记》和《申命记》构成，又称《摩西五经》。

对犹太教说来，《圣经》是"根本大法"，是永恒的圣书；而《塔木德》则是犹太人生活实用的经书，它给犹太人提供了宗教生活的准则与为人处世的伦理道德规范。

体现在古希伯来《圣经》和早期犹太教经典《塔木德》中的经济思想，简述如下。

（一）关于古希伯来和早期犹太人的财富观。古希伯来人在长期为生存和发展的斗争中充分认识到财富的重要性。他们所认识的财富含义广泛，既包括家产、货物、牲畜和积蓄，也包括劳动所得钱财，以及知识、技能等。据《圣经》记载，天地山川、鸟兽虫鱼等一切"上帝的造物"都是财富。体现在《圣经》中的财富观点，主要有：

（1）一切财富皆来自上帝。在古希伯来人看来，上帝在创造天地万物的同时，也就创造了一切财富。因此，一切财富皆来自上帝，上帝是财富的最高拥有者和赐予者。因此，上帝就有权力对财富进行剥夺。当人类的始祖亚当和夏娃

---

① 斯塔夫里阿诺斯：《全球通史——1500 年以前的世界》，上海社会科学院出版社 1988 年版，第 266－267 页。

因偷吃禁果而犯下原罪后,上帝便行使了这一权力。他对亚当说:"你既听从妻子的话,吃了我所吩咐你不可吃的那树上的果子,地必为你的缘故受诅咒;你必终身劳苦才能从地里得吃的。地必给你长出荆棘和蒺藜来,你也要吃田间的菜蔬。你必汗流满面才得糊口,直到你归了土,因为你是从土而出的。你本是尘土,你要归于尘土。"①一切财富皆来源上帝的思想,直接出自古希伯来人的宇宙观及宗教信仰的母体意识,并包含于这一母体意识之中。

(2)财富是上帝对其选民的嘉许与赏赐,因而是荣耀的,值得赞美的。对游牧时代的希伯来人来说,从战争中掠取财物是正当的,也是荣耀的,上帝所恩准的。这种财富观,成为那时希伯来人攻城略地的动力和旗帜。《圣经》所载希伯来人的古圣先贤,大多是家财万贯的富翁。其中以希伯来王国的第三任国王所罗门最为富有,他一生以智慧与财富而驰名。

(3)财富体现着信仰的意志。《圣经》对财富的充分肯定与对上帝的绝对信仰融为一体,从而构成了希伯来人财富观的基调。

(4)知识就是财富。希伯来—犹太民族是个智慧的民族,希伯来—犹太人的上帝是一个智慧之神。在希伯来—犹太人看来,无论是以"智"取胜,还是以"智谋"致富,都是离不开知识的。因此,"宁得知识,胜过黄金"②。后来,犹太人在世界各地流散而居的过程中,更加体会到知识这种财富形态的优越性和重要性。由于他们不时遭受迫害而流散四方,他们的不动产是带不走的,钱币虽可带走,但往往是被暴徒们或当权的统治者们掳掠走的。真正不被抢夺且可以自己随身带走的,只有他们的信仰和知识,以及由知识和求知探索而生成的智慧。当他们在流散途中或新居住点可以转化为物质财富形态的,就只有知识了。因此,长期以来,流传着"犹太人的财富在脑袋里"的说法。

(二)关于古希伯来和早期犹太人的生财之道。希伯来—犹太民族既是一个智慧的民族,又是一个善于生财理财的民族。

(1)希伯来—犹太人将知识这种形态的财富看得比任何物质形态的财富、甚至比黄金、宝石等都更珍贵,因此,他们非常重视学习以及由知识和求知探索而生成的智慧。《塔木德》把勤奋好学看成是一切美德的本源。正是因为如此,结果使这个多灾多难的民族,形成了勤奋好学、尊师重教、几乎全民都有文化的传统。这就为他们生财理财、求知探索、增进智谋提供了一种知识基础。

(2)希伯来—犹太人十分重视合同,并且在履行合同过程中巧做手脚,这被称为是雅各的致富经。希伯来—犹太人有"契约之民"的称誉,据传《圣经》就是

---

① 《圣经·旧约全书·创世纪》3:17—19。

② 《圣经·旧约全书·箴言》8:10。

希伯来人与耶和华上帝订立的契约。根据著名的犹太学者迈蒙尼德的权威统计,《圣经》中包含着 613 条具体诫命,其中 368 条是"不准做的",245 条是"必须做的"。希伯来—犹太人无形中成为一个极为重视契约、律法的民族。早在希伯来人定居迦南之前,这个地方就已经是商品聚散之地,商人和商队川流不息地从这里经过,希伯来人也自然而然地参加了贸易行列,他们通过从基列贩运香料、乳香等赚钱。此时,希伯来人已经形成了商业"合同"这种契约形式的观念。从迦南定居后的王国兴衰,到犹太人的流散而居,进一步加深了这一观念。

(3)关于"勤劳致富"①。在希伯来—犹太人看来,世界上之所以存在着富者和贫者的不同,是因为耶和华上帝所造之人有不同,那些敬畏上帝而又勤劳的人,其报偿是富裕,那些不虔敬上帝而又懒惰的人,其恶果是贫穷。《圣经·箴言》上说:"手懒的,要受贫穷;手勤的,却要富足。"②这意味着重视劳动,尊重劳动。

古希伯来和早期犹太人的生财之道,除了上述之外,还有如爱惜钱财,善找财源,精于谋算,和气生财等。

(三)其他经济观点。除了上述两方面外,体现在《圣经》和《塔木德》中较重要的经济思想观点,主要还有以下一些:

(1)物以稀为贵。《圣经后典·以斯拉下》中写道:"'世上银比金多,铜比银多,铁比铜多,铅比铁多,土比铅多。这样你就自己判断一下吧,普通的东西和稀罕的东西,哪一样更令人羡慕而又值钱呢?'我回答说:'主啊,主,普通的东西是便宜的,值钱的是那些稀罕的东西。''完全正确'他回答说。"③

(2)从禁止贷放取息到按"百分"比率计算利率。古希伯来在《摩西五经》中曾禁止人们贷放收取利息。在《申命记》中写道:"你借给你弟兄的,或是钱财或是粮食,无论甚么可生利的物,都不可取利。借给外邦人可以取利,只是借给你弟兄不可取利。这样,耶和华——你上帝必在你所去得为业的地上和你手里所办的一切事上赐福与你。"④到公元前 5 世纪,带领"巴比伦之囚"返回巴勒斯坦,重建耶路撒冷城墙的民间领袖之一尼希米改变以往禁止贷放取息的办法,提出了按"百分"比率计算利率的主张。尼希米第一次提出了按"百分"比率计算利率的见解。这一思想观点对以后具有重要影响。

(3)"什一金"和"怜悯贫穷"、"向上帝贷款"以及安息年与禧年。据《圣经·旧约全书·创世纪》第 14 章记载,希伯来人的祖先亚伯拉罕参加了一次战争,

---

① 《圣经后典·便西拉智训》10:27。

② 《圣经·旧约全书·箴言》10:4。

③ 《圣经后典·以斯拉下》7:54—59。

④ 《圣经·旧约全书·申命记》23:19—20。

当他胜利归来时,将其所得的收获拿出十分之一来,给麦基洗德。麦基洗德既是撒冷国的国王,又是宗教祭司。后来,亚伯拉罕的孙子雅各效法他的祖父,也将自己收入的十分之一献给上帝以表虔诚。这种做法一直为其后人所承袭,逐渐成为犹太律法,规定每年将地上长的、树上结的和牛羊牲畜等收成的十分之一,作为"什一金"交付。所交的"什一金",主要用于祭神和供养专门从事宗教活动的人,其中第一受益人是"那些把时间都花在研究《圣经》和其他典籍上的人"①。其次是用于救济孤儿寡妇和穷苦人。在希伯来—犹太人看来,为穷苦捐献行善,是一种履行义务的行为。这就是"慈善乃公义"的实质。② 这种价值观念,在犹太人的散居过程中,发挥了重要作用。

希伯来—犹太教的拉比,在开导希伯来—犹太人踊跃捐献参加行善活动时,除了堂堂正正地弘扬向穷苦人捐献行善的神圣性外,还大大方方地宣传"向上帝贷款"的有利性。在《圣经·旧约全书·箴言》上写道:"怜悯贫穷的,就是借给耶和华,他的善行,耶和华必偿还。"③既然称之为借,而不是送,那当然是要收回的。因此,耶和华上帝对人们的"善行",是"必偿还"的。在这些《圣经》的作者们看来,怜悯贫穷,捐献施舍,绝不是单纯的赠予,而是一种特殊形式的投入。

除了"什一金",怜悯贫穷,为穷苦人捐献,"向上帝贷款"外,古希伯来还有一项制度性安排,那就是安息年和禧年制。据《圣经》记载,上帝用6天时间创造了天地万物和人类本身,第7天休息,于是第7天就成了希伯来人的安息日,7这个数字对他们就有着特殊的意义。

古希伯来人将第7天定为安息日,这天大家不做工;将第7年定为安息年,当然大家不能一年不做工,但地要休息一年。因此,安息年实际上是休耕年。这一年希伯来人不耕作。这一年,地里长的东西,无论多少,地的主人不得干涉。经过7个安息年后的第50年,希伯来人称为"禧年",即大喜之年。这一年,除了同样休耕并全体同吃地上自生自长之物外,希伯来人相互所欠债务也一笔勾销,以前卖出的土地也归原主,以前卖身为奴的也自行获得自由。这意味着要定期解放犹太族奴隶。

在《圣经》的作者们看来,"谨守遵行"了耶和华上帝关于"什一金"、"怜悯贫穷"、为穷苦人捐献、"向上帝贷款"、安息年和禧年等等"这一切的命令,就必在你们中间没有穷人了"④。这里体现了古希伯来人完美正义的社会理想。

---

① 顾晓鸣:《世界智慧大观》第1册,浙江人民出版社1995年版,第106页。
② 顾晓鸣:《世界智慧大观》第1册,浙江人民出版社1995年版,第193页。
③ 《圣经·旧约全书·箴言》19:17。
④ 《圣经·旧约全书·申命记》15:4—5。

　　概括地讲,《圣经》中的经济思想,主要是对社会弱势群体进行关照的一些具体措施,它们可以被看作是后来一系列社会政策和社会保障措施的源头;而《塔木德》中的经济思想,则主要涉及个人如何致富的问题。

参考文献

[1]《汉穆拉比法典》,高等教育出版社 1992 年版。

[2]李海峰:《〈汉穆拉比法典〉中的社会"正义"观》,《中国社会科学报》2014 年 1 月 15 日 A05。

[3]《摩奴法典》,商务印书馆 1996 年版。

[4]崔连仲:《世界史·古代史》,人民出版社 1983 年版。

[5]朱龙华:《世界历史》上古部分,北京大学出版社 1991 年版。

[6]朱庭光:《外国历史名人传》(古代部分)上册,中国社会科学出版社、重庆出版社 1982 年版。

[7]斯塔夫里阿诺斯:《全球通史——1500 年以前的世界》,上海社会科学院出版社 1988 年版。

[8]赵立行:《古埃及的智慧:太阳神的现世王国》,浙江人民出版社 1993 年版。

[9]顾晓鸣:《世界智慧大观》第 1 册,浙江人民出版社 1995 年版。

[10]朱寰:《世界上古中古史》上册,高等教育出版社 1997 年版。

[11]A. L. 巴沙姆:《印度文化史》,商务印书馆 1997 年版。

[12]R. 塔帕尔:《印度古代文明》,浙江人民出版社 1990 年版。

[13]渥德尔:《印度佛教史》,商务印书馆 1995 年版。

[14]E. M. 伯恩斯、P. L. 拉尔夫:《世界文明史》第 1 卷,商务印书馆 1990 年版。

[15]H. G. 威尔士:《文明的溪流》,江苏人民出版社 1997 年版。

[16]周一良、吴于廑:《世界通史资料选辑》上古部分,商务印书馆 1963 年版。

[17]罗竹风:《宗教通史简编》,华东师范大学出版社 1990 年版。

[18]《圣经后典》,商务印书馆 1996 年版。

[19]罗伯特·M. 塞尔茨:《犹太的思想》,上海三联书店 1994 年版。

[20]《阿奎那政治著作选》,商务印书馆 1963 年版。

第二章　古希腊著作家、思想家的经济思想

第一节　古希腊奴隶制度的产生与发展

古希腊位于欧洲南部，包括巴尔干半岛的南端和附近的一些岛屿。它是欧洲文明发达最早的地区。公元前 12 世纪到公元前 9 世纪，古希腊开始由原始公社制度向奴隶占有制度过渡。荷马的两部史诗——《伊利亚特》和《奥德赛》，反映了这个时期的社会经济制度。因此，历史上称这个时期为荷马时代。根据这两部史诗的描绘，当时已经使用铁器，经济生活已经建立在较为发达的农业和畜牧业的基础上，手工业、建筑业、航海业也开始发展起来。氏族社会已经开始解体，出现了以财富多少为依据的社会等级，氏族贵族已经有了土地和畜群等私有财产，并出现了奴隶。当时的奴隶制度具有家长奴隶制的性质，奴隶数量不多，主要用于家务劳动。失去土地的农民常沦为雇工。管理公共事务的是部落军事首长、议事会和由成年男子组成的人民大会。从史诗中可以看出，随着私有财产的出现，以及社会分工和生产力的发展，物物交换也逐渐扩大起来。在《伊利亚特》中就有这样的描述："长发的希腊人，拿着葡萄酒用来换黄铜，有些用来换发光的铁，有些用来换兽皮，有些用来换牛，有些用来换奴隶。"[①]但是在荷马看来，贸易只是获取财富的次要手段和低等手段，主要手段是农业和军事掠夺。[②]

荷马时代之后，公元前 8 世纪到公元前 6 世纪之间，古希腊进入了奴隶制国家形成的时期。这个时期希腊社会的生产力有了进一步的发展。铁矿的开采和铁器的使用日益普遍。农业方面，木犁都装上了铁铧，耕地面积逐渐扩大。工业中矿冶、制陶、造船等行业已有了一定的发展。希腊各地特别是小亚细亚沿岸与东方的贸易已相当兴盛，商业已经有了较大的发展。希腊在公元前 7 世纪时已开始使用由城邦政府铸造的硬币。这是当时商品经济发达的重要标志。

---

① 转引自沈志求等：《〈资本论〉典故注释》，中国人民大学出版社 1980 年版，第 47 页。

② 罗斯·E.巴克豪斯：《西方经济学史》，海南出版社、三环出版社 2007 年版，第 2 页。

工商业的发展加速了阶级分化过程，阶级矛盾日益尖锐，国家随之产生。古希腊的国家很小。一个城市和它的近郊便构成一个国家，所以古希腊的国家也称为城邦。这样的城邦很多，它们之间不断进行争斗，逐渐形成了两个互相敌对的集团——一个是以雅典为首的联盟，另一个是以斯巴达为首的联盟。

斯巴达是奴隶主寡头制国家，政权掌握在少数显要的氏族贵族（包括国王）所组成的长老会手中。斯巴达的居民分为斯巴达人、庇里阿西人和希洛人。斯巴达人是统治者，他们组织军队操练，镇压奴隶起义和出征，不从事生产劳动。庇里阿西人有人身自由，但没有政治权利，经营手工业、农业和商业，向斯巴达人纳贡。希洛人是奴隶，但不属于个别主人，而是属于整个斯巴达国家。

斯巴达长期保留原始公社制度残余，商品货币经济不发达。从公元前 8 世纪开始，由政治家莱客古士制定法律，实行了约 600 年的土地公有制。同时，为了遏制人的贪欲，他废除了金银货币的使用，代之以铁币，进而禁止了商业和航海，实行公共用餐。当然这种公有制仅仅局限于斯巴达人，希洛人作为斯巴达人的奴隶，是被排除在外的。斯巴达的公有制，到公元前 370 年左右，由于各种原因而趋于崩溃。

雅典在开始时的政权，也是掌握在氏族贵族手里。公民主要分为三个阶层：贵族、农民和手工业者。由于殖民、商业和手工业的发展，出现了新的富裕的工商业阶层。公元前 6 世纪初，平民与贵族之间的斗争达到非常尖锐的程度。公元前 594 年，梭伦（约公元前 638—前 559）开始执政，实行一系列的改革。最主要的是通过立法承认和允许财产的转让与分割，取消债务，按照财产和收入的多少来划分等级与规定政治权力，并实行了有利于农业、手工业和商业发展的改革措施。公元前 509 年，克利斯梯尼开始执政，他废除了按照氏族血统关系划分的 4 个旧部落，重建了按照地域划分的 10 个新部落。部落之上的雅典国家，由 10 个部落选出的 500 名代表组成的人民议会来管理，但是，贵族议会仍有权否决人民议会的决议案。由于希腊对波斯战争（公元前 499—前 449）的胜利，雅典成了海上强国，执掌海上霸权，进一步促进了雅典海上贸易的发展和雅典经济的繁荣。在手工业、商业和海上航运发展的基础上，雅典的奴隶主民主政治在伯里克利执政时期（公元前 445—前 430）得到了高度发展。伯里克利制定了雅典奴隶主民主政治的宪法，最终确立了雅典国家的最高权力机关是人民大会。

总之，经过梭伦、克里斯梯尼和伯里克利的改革，终于消灭了氏族贵族制度残余，使雅典从贵族政治变成了民主政治。雅典的民主政治，是奴隶主的民主政治，奴隶是没有分的。在奴隶主民主制的雅典国家里，商业和信贷获得了显著的发展，一些银行业务也开始产生。

公元前 5 世纪是古希腊奴隶制经济高度发展的时期,农业、手工业和商业都相当繁荣。这种经济繁荣是奴隶劳动创造的。在手工业方面,奴隶劳动占重要地位。使用奴隶最多的是矿山,如雅典的劳里昂银矿就使用 1 万以上的奴隶。在农业方面,则主要是自由小农,使用奴隶劳动的多为贵族大田庄,有的富裕小农也有一两个奴隶。当时奴隶的来源主要依靠战争掳掠和贩卖人口。由于大量战争俘虏被卖为奴隶,而使希腊城邦的奴隶数目大为增加。据统计,公元前 431 年,雅典人口为 40 万人,其中雅典人 16.8 万,外邦人 3.2 万,奴隶 20万。其他工商业大城邦如科林斯、米利都、叙拉古等,也大体相似。

由于工农业的发展和贸易的兴盛,商品经济在希腊奴隶制经济中占有较大的比重。但总的说来,古希腊奴隶制经济基本上仍是自然经济,大部分产品不是商品,不进入流通。

随着奴隶制和商品货币经济的发展,大多数希腊城邦的土地私有制也得到了发展。但各城邦的土地制度是有差别的,雅典在公元前 6 世纪末到公元前 4世纪初这 100 多年中,以自耕农的小土地所有制形态为主;而斯巴达则是斯巴达人共同占有土地,不分给公民个人占有,是整个奴隶主阶级集体占有土地和剥削奴隶。

古希腊由盛到衰的转折点,是伯罗奔尼撒战争(公元前 431—前 404 年)。这是由奴隶主寡头制的斯巴达与奴隶主民主制的雅典之间,为了争夺霸权而爆发的战争。经过这次战争,斯巴达虽然战胜了雅典,但是,无论是战败者或战胜者,都由于长期的战争,广大农民和手工业者陷于破产,财富集中在少数富裕的奴隶主手中,贫富之间的对立进一步加深。奴隶反对奴隶主和贫者反对富者的斗争不断激化。各城邦都面临着经济衰竭、贵族富豪专横的局面。从此,古希腊奴隶制城邦陷入深刻的危机之中。公元前 338 年,希腊北部马其顿国王菲力浦二世(公元前 382—前 336 年)征服了希腊各城邦。公元前 334 年,菲力浦二世的儿子亚历山大(公元前 356—前 323)率领侵略军侵入亚洲,公元前 330 年消灭了波斯帝国,并侵入埃及。亚历山大建立了一个地跨欧、亚、非三洲的大帝国。公元前 323 年,亚历山大病死后帝国迅速瓦解。公元前 146 年古希腊被并入古罗马的版图。

古希腊经济史上有四件主要事实:(1)腓尼基字母于公元前 9 世纪初开始采用,这对于商业和贸易的发展无疑有着主要作用。(2)公元前 8 世纪晚期希腊在地中海和黑海沿岸开始建立殖民地,这无疑刺激了商品生产和城邦与殖民地之间的贸易。(3)公元前 7 世纪早期,小亚细亚的吕底亚王国发明了铸币,并迅速传入希腊,这对于商业贸易无疑是如虎添翼。(4)几乎与铸币传播同时发生的是利息借贷的出现。① 这四件事既是商品经济的发展所促成的,也反过来推进了商品经济的进一步发展。

第二节 色诺芬的经济思想

在古希腊持续数百年的时间里,产生了一批对日后西方文明具有重大影响的思想家,他们中间虽然没有现代意义上专门研究经济问题的经济学家,但是他们在探讨自然、社会、人生诸问题时,往往涉及对经济现象的看法,对社会经济问题的解决也提出过一些意见。他们的见解对于后人产生重大影响。这些思想家有赫西奥德(约公元前 8 世纪)、德谟克里特(约公元前 460—前 370)、色诺芬(约公元前 440—前 355)、柏拉图(公元前 427—前 347)、亚里士多德(公元前 384—前 322)等。

赫西奥德②是公元前 8 世纪的一位农庄主兼诗人,与荷马大致同时代。他用口述的方法阐述了他的一些经济观点,主要是后来于公元前 800 年左右出版的《工作与时日》中的观点。他已经意识到资源的稀缺性,并指出稀缺性并非源于有限资源与无限欲望之间的矛盾,而是源于人的邪恶。这种观点在尔后 1000 多年的时间里,在世界各地都反复出现,预示了人类社会在很长一段技术进步非常缓慢的时间里,都将倾向于通过遏制欲望来消解稀缺带来的问题。他认为致富的方式是勤劳、诚实与和平,反对战争掠夺。这一点与荷马不同。③ 作为一位农庄主,他认为自给自足的农业是理想状态,并开启了对许多经济问题的探讨,尤其是考虑了农庄的生产效率问题,或者说是农庄管理或家政管理问题。他所考虑的问题为两个世纪以后的色诺芬所延续。

德谟克里特曾经写过一些经济学方面的论著,可惜都已经失传,只有在其他人的引文中保留下来一部分。从这部分保留下来的引文来看,他已经有了初步的主观效用价值理论,有了效用递减的观念和时间偏好的观念。在产权制度上,他更主张财产私有制,认为私有制能够激励人们进取、节俭并使人愉快。④

---

① [美]亨利·威廉·斯皮格尔:《经济思想的成长》上,中国社会科学出版社 1999 年版,第 7 页。

② [美]哈里·兰德雷斯、大卫·C.柯南德尔:《经济思想史》,人民邮电出版社 2011 年版,第 33 页。

③ 罗斯·E.巴克豪斯:《西方经济学史》,海南出版社、三环出版社 2007 年版,第 3 页。

④ [美]亨利·威廉·斯皮格尔:《经济思想的成长》上,中国社会科学出版社 1999 年版,第 11 页。

色诺芬①(Xenophon,约公元前 440—前 355),古希腊奴隶主阶级的著名著作家。他出身于雅典富有的奴隶主家庭,受过贵族教育,是古希腊著名思想家苏格拉底的学生。在当时斯巴达联盟与雅典联盟的斗争中,他拥护斯巴达奴隶主贵族政治,反对雅典奴隶主民主政治。公元前 401 年,他以希腊雇佣军领袖之一的身份,参加了波斯王子小居鲁士与其兄争夺王位的战争。小居鲁士失败被杀之后,他被推举为希腊雇佣军首领,率领希腊军队经过长途行军,撤退到拜占庭。此后,他在小亚细亚又加入斯巴达军队。后来他在斯巴达获得了奥林匹亚附近一份领地,在这块领地上居住了 20 余年,亲自经营和管理庄园并从事写作。后来迁居哥林斯,病死。

色诺芬的著作很多,内容涉及历史、哲学、政治和经济等各个方面。他的经济思想主要表现在《居鲁士的教育》、《经济论,雅典的收入》等著作中。他的《经济论》是古希腊流传下来的最早的一部经济学著作。在现有文献中,他最早使用"经济"②一词。在古希腊"经济"这个词,原来是家政管理的意思。古希腊奴隶制的生产管理和财产占有是以家庭为单位的,因此他用"经济"一词来概括奴隶主阶级对生产的经营和财产的管理。他认为奴隶主的经济任务,就在于管理好自己庄园的财产,并使之不断增加。他的《经济论》实际上是一部奴隶主经济学。他说,"财产管理也像医药、金工、木工一样,是一门学问的名称","一个好的财产管理人的工作就是管理好他自己的财产"。在他看来,财产管理也是一门技艺。他说,"一个懂得这门技艺的人,即使自己没有财产,也能靠给别人管理财产来挣钱,正像他靠给别人盖房子挣钱一样";"而且在他接管一份财产以后,如果能够继续支付一切开支,并获有盈余使财产不断增加,他就会得到很优厚的薪给"③。可见,按照今天的学科分类,他的经济学就是管理学。

关于色诺芬的经济(管理)思想,这里仅简述以下几点。

(一)关于财富的观点。在色诺芬看来,一切对其所有者有用的东西,都是财富;一切对其所有者有害的东西,就不是财富,而是累赘。他曾举例论证如下:"如果一个人买了一匹马,不懂得怎样驾御它,在骑它的时候总是摔下来弄伤自己,那末,这匹马对于他就不是财富";"如果土地只能使我们挨饿,不能维持生活,就连土地也不是财富";"如果一个人由于不会养羊而受到损失,他的羊也就不是他的财富"。由此,他得出结论,"凡是有利的东西都是财富,而有害的

---

① 《新帕尔格雷夫经济学大辞典》第 4 卷,经济科学出版社 1996 年版,第 1013—1014 页。

② "经济"一词的希腊文是 Oikonomicus,英文 Economy 一词就是从这个希腊词演变而来。

③ 色诺芬:《经济论,雅典的收入》,商务印书馆 1981 年版,第 1 页。

东西就不是财富"，"那就是说，同一种东西是不是财富，要看人会不会使用它"①。

色诺芬在论述什么是财富的问题时，已认识到财富的主观性，认识到作为财富的物品具有使用和交换两种功用，具有了主观价值论的初步思想。他认为，"例如，一支笛子对于会吹它的人是财富，而对于不会吹它的人，则无异于毫无用处的石头"；"对于不会使用笛子的人们来说，一支笛子只有在他们卖掉它时是财富，而在保存着不卖时就不是财富"。但他又认为，即使卖掉对自己没有用的东西而获得货币，对于不会使用货币的仍不是财富。而且，他还认为，"如果一个人不懂得怎样用钱，对于钱就要敬而远之"②。在他看来，交换的目的仅仅是为了获得具有使用价值的东西。总之，色诺芬虽然肯定了简单商品交换，但他基本上是一个自然经济的拥护者。

关于财富的主观性和主观价值论的思想，可以进一步溯源于另一位比色诺芬更早的古希腊思想家普罗塔古拉斯（公元前 480—前 411），他的名言是"人是万物的尺度"③。

（二）关于重农的见解。在色诺芬看来，农业是增加财产、锻炼身体、训练士兵的重要手段，也是各行各业发展的基础。他说："最富足的人也不能离开农业。因为从事农业在某种意义上是一种享乐，也是一个自由民所能做的增加财产和锻炼身体的手段。因为第一，土地给种地的人生产人们赖以生活的食粮，此外她也生产人们所享用的奢侈品。第二，她供给人们装饰祭坛、雕像和他们自己的一切东西，并且提供最优美的景色和香味。第三，她生产或供给许多美味食品的原料；因为饲养牲畜的技艺是与农业密切相连的，所以人们就有了祭神所用的牺牲和自己使用的牲畜。虽然她所供给的美好的东西十分丰富，她却不让人们不劳动就得到它们，而是使人们习惯于忍受冬季的严寒和夏季的炎热。她通过训练给那些用自己双手劳动的人增加力气；她锻炼那些监工们，其方法是让他们早起，迫使他们行动敏捷。因为在农场上和在城市里一样，一些最主要的活动都是有其固定时间的。而且，如果一个人愿意当骑兵，耕种乃是为他的马匹供应饲料的最有用的伙伴；如果他愿意当步兵，耕种也能使他身体灵活。土地在某种程度上还可以促使人喜好狩猎活动，因为她为豢养猎狗提供便利，同时又给那些在地面上觅食的野禽野兽供应食品……土地还能鼓励农民武装保卫国家，因为庄稼都生长在露天里，易于受到强者的劫夺。什么技艺能

---

①　色诺芬：《经济论，雅典的收入》，商务印书馆 1981 年版，第 2—3 页。
②　色诺芬：《经济论，雅典的收入》，商务印书馆 1981 年版，第 3 页。
③　参阅［英］罗素：《西方哲学史》上卷，商务印书馆 1963 年版，第 111 页。［美］小罗伯特·B.埃克伦德等：《经济理论和方法史》，中国人民大学出版社 2001 年版，第 13 页。

比农业训练出更好的跑手、投掷手和跳高手呢？""而且，土地诚心诚意地教育那些能够学习的人，使他们公平正直；因为你服侍得她越好，她报偿你的好东西就越多……""还有，农业有助于训练人们共同努力……"①和其他技艺相比，他认为农业还有这样一个优点："别种技工都或多或少地把他们的技艺里面最重要之点隐藏起来，而最会栽秧的农人却最高兴人们去看他工作，最会播种的农人也是如此……农业似乎能使从事农业的人具有豁达的胸襟，任何其他行业都赶不上它。"②

由此，色诺芬得出农业是各行各业基础的重要结论。他说："农业是其他技艺的母亲和保姆，因为农业繁荣的时候，其他一切技艺也都兴旺；但是在土地不得不荒废下来的时候，无论是从事水上工作或非水上工作的人的其他技艺也都将处于垂危的境地了。"③这句名言后来成为法国重农主义理论体系的创建者——魁奈的主要著作《经济表》的题词。

从对农业的这种极端重要性出发，色诺芬认为："靠农业谋生乃是最光荣、最好和最愉快的事情"④；因此，国家对于农业必须给予最大的重视。他说："对于一个高尚的人来说，最好的职业和最好的学问就是人们从中取得生活必需品的农业。因为这种职业似乎最容易学，而且从事这一职业也最为愉快，它能在最大程度上使身体健美，它能给心力留出最多的空闲时间去照管朋友和城市的事情。而且，由于庄稼在城外生长，农场的牲畜也在城外放牧，我们觉得农业在某种程度上可以使从事这种工作的人勇敢刚毅。所以这种谋生方法似乎应该受到我们国家的最大重视，因为它可以锻炼出最好的公民和最忠实于社会的人。"⑤

（三）为了实现对农庄的有效管理，色诺芬认为一个好的管理者应当能够努力增加经济剩余，因此对于一个有效率的管理者有两点基本要求：（1）必须通晓农业和军事等相关来源的知识；（2）建立秩序，有效地组织生产和计算产品库存。⑥

（四）关于商品货币经济的见解。色诺芬基本上是一个奴隶制自然经济的

①　色诺芬：《经济论，雅典的收入》，商务印书馆1981年版，第16—18页。
②　色诺芬：《经济论，雅典的收入》，商务印书馆1981年版，第48页。
③　色诺芬：《经济论，雅典的收入》，商务印书馆1981年版，第18页。
④　色诺芬：《经济论，雅典的收入》，商务印书馆1981年版，第20页。
⑤　色诺芬：《经济论，雅典的收入》，商务印书馆1981年版，第20页。
⑥　罗斯·E.巴克豪斯：《西方经济学史》，海南出版社、三环出版社2007年版，第8页。
[美]小罗伯特·B.埃克伦德、罗伯特·F.赫伯特：《经济理论和方法史》，中国人民大学出版社2001年版，第11页。

拥护者,但由于当时的商品货币经济已有一定程度的发展,奴隶主在经营田庄时已不能不与市场发生一定的联系,因此,他在维护奴隶制自然经济时,就不能不涉及商品货币经济。他对待商品货币经济的态度是矛盾的,他一方面贬低商品货币经济的意义,把农业看得高于其他经济部门,其目的之一就在于反对雅典奴隶主民主政治所采取的扶植商品货币经济的方针;另一方面,他又承认发展商品货币经济的必要性。一般说来,他是在有利于奴隶主贵族和土地所有者的范围内拥护发展商业和货币经济的。他希望"有更多的人更愿意同我们贸易",主张把"带来大批值钱商品因而有利于国家的商人和船主尊为上宾","因为他们受到如此敬意的款待,就会很快地像到朋友那里去一样再回到我们这里来,不仅是为了赚钱,而且是为了受到尊敬。寄居在我国和来我国访问的人越多,显然就会有越多的商品进口、出口和出售,并且也会使我们获得更多的利润和贡赋"。他还主张,"在目前各港口原有宿舍之外,再建筑一些宿舍安顿海员,对于国家是光荣的,也是有利的;在便利买卖的场所为商人建造房屋,并为来到雅典的各种人物建造一些公共招待所,也是适当的。此外,如果在培雷埃斯和城里为零售商人建造一些房屋和店铺,那它们不但对雅典是一种装饰品,而且也可以由此获得大量的收入。我还认为应该去试一试,国家是不是可以像拥有公共战舰一样,也拥有运输商货的公共船只,并且像出租公共所有的其他东西一样,只要有人提出保证,就把它们出租。如果此事可行,那么从这个泉源也可以获得大量的收入"①。

色诺芬还高度评价了货币的作用,强调开采白银的好处。他认为一切其他物品都会因供过于求而跌价,只有白银不怕过多,有多少产量,便有多少需求。白银随时可以用来购买商品,因此人们不会嫌白银多,如果真有人觉得白银太多,那就可以把多余部分储藏起来。他说:"在我所熟悉的各行业中,只有银矿业,其中没有人嫉视别人扩张其经营范围。一切拥有农田的人都能够说出他们的土地需要多少对牡牛和多少人手。如果送到田里的牛和人手多于需要,他们就会认为是一种损失。但开采银矿的人却总说他们经常缺少工人。因为在这种情况下所产生的结果,不同于黄铜业中人数过多所产生的结果,当黄铜器皿的价格必然变得低廉时,工人就破产了;同样,也不同于铁匠过多时所产生的结果;也不同于五谷和酒类过剩时所产生的结果,当土地产品价格低廉时,农业就无利可图,许多农民就会放弃耕耘而从事商业、旅店业或借贷业;然而,谈到银矿,发现银矿愈多,采掘的白银也愈多,从事开采银矿的人数也愈多。当人们拥有足够的供住宅使用的家具时,他们不十分想添置更多的家具;可是谁也不会

---

① 色诺芬:《经济论,雅典的收入》,商务印书馆1981年版,第69—70页。

有多到不希望再多的白银；如果他们拥有的白银太多，他们就把它储藏起来，他们喜欢储藏白银不亚于他们喜欢使用白银。而且，当社会繁荣时，白银的用途是很大的，因为男人准备购买优良的武器、骏马、豪华的宅第和家具，而女人也急于购置贵重的服装和金饰。另一方面，如社会处于灾难的境地时——不论是由于歉收或受战争的影响——人们对于白银的需要更为迫切，因为土地闲置未耕，就更需要白银来购买粮食和支付外来援军的费用。"①这里他不仅已经意识到了供求变动对价格所产生的影响，也意识到了供求变动而产生的价格变动会影响到社会劳动的分配，而且还认识到了白银作为货币特别是作为储藏手段的职能。

（五）关于分工的观点。色诺芬认为一个人不可能精通一切技艺，因此劳动分工是必要的。他说："很难找到一个精通一切技艺的工人，而且也不可能变成一个精通一切技艺的专家。"②由于他参加过波斯王子小居鲁士与其兄争夺王位的战争，有机会曾和波斯国王一起就餐。他感到从波斯国王餐桌上得到的食物比别的食物更加可口得多，由此他进一步得到体会说："这是毫不奇怪的，因为如同其他手艺在大城市里特别完善一样，国王的食物也是特别精美的。在小城市里，同一个人要制造床、门、犁、桌子；有时还要造房子，如果他能找到使他足以维持生活的主顾，他就很满意了。一个从事这么多种工作的人，是绝不可能把一切都做好的。但在大城市里，每一个都能找到许多买者，只从事一种手艺就足以维持生活。有时甚至不必从事整个手艺，一个人做男鞋，另一个人做女鞋。有时，一个人只靠缝皮鞋为生，另一个人靠切皮鞋的皮为生；有的人只裁衣，有的人只缝纫。从事最简单工作的人，无疑能最出色地完成这项工作，这是必然的。烹调的手艺也是这样。"③在这里，他注意到分工对提高产品质量的作用；意识到后来被亚当·斯密所重视的分工受市场范围的限制的现象。

第三节　柏拉图的经济思想

柏拉图（Plato，公元前427—前347），古希腊著名的著作家、思想家。他出生在雅典一个显赫的奴隶主贵族家庭。他虽幼年丧父，母亲改嫁，但仍受到了当时最好的教育。柏拉图原名阿里斯托克勒（Aristocls），他的一位老师见他身

---

① 色诺芬：《经济论，雅典的收入》，商务印书馆1981年版，第71—72页。

② 色诺芬：《经济论，雅典的收入》，商务印书馆1981年版，第12页。

③ 色诺芬：《居鲁士的教育》第8卷第2章，转引自《马克思恩格斯全集》第23卷，人民出版社1972年版，第405页。

材高大,体格丰美,前额宽大,谈吐广博,于是就给他起了一个绰号——"柏拉图",意即"大块头"。柏拉图对这个名字很满意,并用了一生。

按照雅典宪法规定,柏拉图在 18 岁参加军事训练,并服两年兵役。公元前 407 年,即当柏拉图 20 岁时投到苏格拉底门下,成为当时最有智慧、最有学问的苏格拉底的学生。他被苏格拉底的哲学和为人所吸引,放弃了原来对文学、诗歌的爱好,专心致志地跟随苏格拉底学习哲学,达 8 年之久。后来,他在回忆这段生活时,得意地写道:"我感谢上帝,使我生活在苏格拉底年代,使我做了苏格拉底的学生。"[①]

公元前 399 年,当权的雅典民主派"诬告苏格拉底以渎神之罪,陪审团竟处以极刑"[②]。苏格拉底被雅典民主派害死之后,28 岁的柏拉图愤然离开雅典,开始了他长达 12 年的游历生涯。他先到邻邦麦加拉,从那里渡海去北非。到过希腊的殖民城邦居勒尼,又去了金字塔之乡——埃及。埃及的古老文明给柏拉图留下了深刻的印象。经过充满神话故事的克里特岛,然后到达南意大利。公元前 387 年,他最后到达西西里的希腊人城邦叙拉古。当时的叙拉古正处在僭主狄奥尼修一世的寡头统治下,柏拉图本想说服这位僭主实现自己的政治理想。不料,当柏拉图和狄奥尼修一世见面谈起僭主政体的弊端时,却惹恼了这位僭主。僭主痛斥柏拉图是老糊涂,而柏拉图则说他是暴君,这位僭主恼羞成怒,于是,柏拉图被掳去卖为奴隶,后来幸得朋友相救,方于公元前 387 年返回雅典。

经过这 12 年的游历考察,柏拉图得出结论说:"我反复思之,唯有大声疾呼,推崇真正的哲学,使哲学家获得政权,成为政治家,或者政治家奇迹般地成为哲学家,否则人类灾祸总是无法避免。"[③]后来,他在其代表作《理想国》中,详细阐述了他的这一政治理想。

此时,柏拉图年已 40,坎坷半生,感到无法实施其政治理想,于是就想仿照他老师苏格拉底的办法,在雅典创办学园,培养一批既懂哲学和自然科学、又能治理国家的人才(即政治家与哲学家合一的"哲学王"),并通过他们去改变社会现状,实现其政治理想。

公元前 387 年,柏拉图在雅典西北郊的阿卡德米亚圣林中创办了一所学园,世称"柏拉图学园"。从此,他即在该学园一面教学,一面著书立说,宣传其哲学思想和政治主张。

---

①　转引自周新廉、彭琦:《柏拉图和他的〈理想国〉》,商务印书馆 1985 年版,第 8 页。

②　柏拉图:《书札》第七,转引自柏拉图:《理想国》,商务印书馆 1996 年版,译者引言,第 ii 页。

③　柏拉图:《书札》第七,转引自柏拉图:《理想国》,商务印书馆 1996 年版,译者引言,第 ii 页。

公元前 347 年,81 岁的柏拉图应邀参加一位学生的婚礼,在热闹的喜庆气氛中,这位伟大的思想家静静地离开了人世,安葬在他创办的学园内。

柏拉图的著作很多,他的经济思想观点,主要体现在他的《理想国》和《法律篇》中。这两部著作是在公元前 431—前 404 年伯罗奔尼撒战争之后写成的。在这场争夺希腊霸权的战争之后,古希腊的社会矛盾更加尖锐了,奴隶反对奴隶主、穷人反对富人的斗争更加剧烈,古希腊陷入深刻的危机之中。针对这种情况,他试图探寻新的社会制度和理想国家,以消弭社会矛盾,克服城邦危机,维护奴隶主贵族的统治。

柏拉图的经济思想,简述以下几点。

(一)关于社会分工和国家产生的学说。柏拉图在《理想国》中,借用苏格拉底和阿得曼托斯对话,生动论述了社会分工,以及在分工基础上国家的产生。值得注意的是,柏拉图是从个人需要的多样性、个人才能的片面性和不同人之间才能的差异性来阐明社会分工的必要性和效率性,并且在分工基础上,从妥善处理人们之间利益矛盾的需要出发,描述了国家的产生。

(二)关于交换、市场、货币、商业和高利贷的观点。柏拉图在分工的基础上阐述国家产生的同时,也提出了分工与交换、市场与货币、商业和商人产生的因果联系。他认为,城邦之间和城邦内部既然存在着分工,因此就必须有专司输入和输出,从事购买和售卖的商业和商人,有了商业就有市场,就需要货币。他认为货币是为日常交换服务的,他已经意识到货币可以作为价值尺度和流通手段,铸币是交换的象征。

柏拉图肯定商业的必要性,但对商人采取鄙视的态度,认为雅典人不应该从事这种不体面的事业,而应该让住在雅典的野蛮人去干。他攻击商人唯利是图,他认为国家应该制定法律,使商人只能得到适当的利润。他更反对高利贷,主张禁止放款取利和抵押放债。他的这些主张,都是为了防止商业资本和高利贷资本对奴隶制自然经济的侵蚀和破坏。

(三)关于理想国家和所谓"共产"。柏拉图把分工看作是社会分裂为等级的基础,并在分工学说的基础上描述了他的理想国家的组织结构。他认为,在社会分工中,每个人所从事的行业和担任的职务,是由其天生的秉性决定的。他企图证明,奴隶主贵族是天生的脑力劳动者和统治者,而从事农业、手工业的平民则是天生的体力劳动者和被统治者。他所描述的理想国家,是按照严格的社会分工原则,由三个等级组成。第一个等级是执政者等级,即富有理性和知识的哲学家,负责制定法律,教育人民和治理国家。柏拉图特别强调贤人治国的极端重要性。在他看来,只有哲学家与政治家合一的"哲学王",才能把国家治理好。他指出:"除非哲学家成为我们这些国家的国王,或者我们目前称之为国王和统治者的那些人物,能严肃认真地追求智慧,使政治权力与聪明才智合而为一;那些得此失彼,不能兼有的庸庸碌碌之徒,必须排除出去。否则的话,……对国家甚至……对人类都将祸害无穷,永无宁日。"①他的理想国家中的第二个等级,是保卫者等级,即武士,负责执行法律,保卫国家和打仗。第三个等级是供应营养者等级,即农民、手工业者和商人,他们必须服从统治者的命令,负责生产和供应生活资料。在这个以剥削奴隶劳动为基础的国家里,哲学家和武士都被取消私有财产和个人家庭,实行共产共妻共子。在他看来,实行共产制将有助于优生,并防止统治阶级出现腐败和内部冲突。因此,柏拉图可能是人类社会最早重视统治集团的腐败问题并考虑相应解决方案的思想家。

柏拉图关于统治阶级实行共产主义的思想,在很大程度上来源于古希腊斯巴达的实践,对于以后的种种公有制的思想具有重要影响。当然他的这种统治阶级共产主义与后来马克思的全民共产主义是有巨大差别的。按照熊彼特和罗宾斯的看法,它更加接近于法西斯主义。②他的这种思想可以说是当代经济体制理论的先驱。

第四节 亚里士多德的经济思想

亚里士多德③(Aristotelēs,公元前384—前322),古希腊著名著作家、思想家。他的父母亲家庭均为祖传世医,他父亲尼可马科为马其顿王室御医。亚里士多德自幼好学,17岁只身来到雅典,进柏拉图学园学习。他在该学园学习、研究、执教达20年之久,成为古希腊第一位博览群书的学者。

公元前347年,柏拉图逝世后,37岁的亚里士多德应友人赫米亚斯之邀赴小亚细亚的阿塔尔纽斯讲学和研究。公元前343年,他应马其顿国王菲力浦二世的邀请来到米耶萨,成为王太子亚历山大的老师。从此他与马其顿结下了永恒友谊。公元前339年,他离开马其顿宫廷,回到自己的故乡斯塔吉拉城。

公元前335年,亚里士多德重新回到雅典,仿照他老师柏拉图,在城外东北部吕克昂的阿波罗神庙附近,创办学园,从事讲学、研究和著书立说。吕克昂学园风景秀丽,他经常和学生在林荫道上,边散步边议论各种哲学问题,因此,人

---

① [古希腊]柏拉图:《理想国》,商务印书馆1997年版,第214—215页。

② [美]熊彼特:《经济分析史》第1卷,商务印书馆1991年版,第90页。[英]莱昂内尔·罗宾斯:《经济思想史:伦敦经济学院讲演录》,中国人民大学出版社2008年版,第28页。

③ 《新帕尔格雷夫经济学大辞典》第1卷,经济科学出版社1996年版,第121页。值得注意的是词条作者否定亚里士多德进行过经济分析,提出过经济学观点。

们称他和他的学生为"逍遥学派"。当时,亚历山大大帝向希腊派遣最高管理官员,也将自己的儿子送到吕克昂学园学习。他的大量著作,主要是在他主持吕克昂学园的十二三年间写成的。

在公元前4世纪中叶,雅典形成了两个对立的党派:亲马其顿党和反马其顿党。亚里士多德由于其与马其顿的特殊关系,自然也就被列入亲马其顿党的行列。公元前323年,马其顿国王亚历山大死后,雅典掀起了反马其顿的运动。他便成了这次运动打击的对象,他和苏格拉底一样,被控以"亵渎神灵"的罪名。为了不使雅典人犯第二次处死无辜哲学家的错误,他不等公开审理,便放弃学园教职,逃往他母亲的故乡埃维亚岛的哈尔基斯。翌年,在孤独中病故,享年62岁。

亚里士多德生活在古希腊城邦衰落的年代,他继柏拉图之后,力图克服当时希腊奴隶制的危机,并提出了自己的理想国家方案。他的理想国家和柏拉图的理想国家不同。柏拉图理想的是严格区分社会各等级,以实现奴隶主贵族占统治地位的寡头政体。亚里士多德希望用加强中等阶层的势力,以实行奴隶主阶级的民主政体来巩固奴隶制度。

亚里士多德著作浩瀚,在社会人文领域,涉及政治学、伦理学、经济学等数个学科。他的目的是发掘美好社会的公共秩序。他的经济思想,主要体现在《政治学》和《尼可马科伦理学》两书中。这里简述以下几点。

(一)对奴隶制的辩护。亚里士多德认为,国家是由许多家庭组成的,要研究国家,就要先研究家庭。因此,他把奴隶主阶级的家庭管理即"经济"纳入了他的政治学,把"经济"作为政治学的内容之一。他比色诺芬更进一步规定了"经济"即家庭管理的研究对象和任务。在他看来,家庭管理即"经济"主要包括两个内容:一个是研究家庭关系,除夫妻关系、父子关系外,主要研究奴隶主和奴隶的关系;另一个是研究奴隶主阶级的"致富技术"。[①]

亚里士多德在研究家庭关系时,认为奴隶制度是自然的和合理的制度,是以人的生理差别为基础的,适合做脑力劳动的人,能运用精神而具有先知,自然应该成为主人;适合做体力劳动的人,只能用体力去实现主人的先知,"就自然地应该成为奴隶"。他认为奴隶只是为奴隶主提供生活资料的一种有生命的工具,是主人的财产。[②]

亚里士多德为奴隶制的辩护,在很大程度是以种族优劣论为基础的。在他看来,劣等种族在生理上就劣于优等种族,他写道:"寒冷地区的人民一般精神

① 亚里士多德:《政治学》,商务印书馆1981年版,第10页。
② 亚里士多德:《政治学》,商务印书馆1981年版,第11—16页。

充足,富于热忱,欧罗巴各族尤甚,但大都拙于技巧而缺少理解;他们因此能长久保持其自由而从未培养好治理他人的才能,所以政治方面的功业总是无足称道。亚细亚的人民多擅长机巧,深于理解,但精神卑弱,热忱不足;因此,他们常常屈从于人而为臣民,甚至沦为奴隶。唯独希腊各种姓,在地理位置上既处于两大陆之间,其秉性也兼有了两者的品质。他们既具热忱,也有理智;精神健旺,所以能永保自由,对于政治也得到高度的发展;倘使各种姓一旦能统一于一个政体之内,他们就能够治理世上所有其他的民族了。"①因此他认为劣等部落是天生的自然的奴隶,而如果这些"原来应该服属于他人的卑下部落,倘使竟然不愿服属,人类向它进行战争(掠取自然奴隶的战争),也应该是合乎自然而正当的。"②但值得注意的是,他并不完全认可强制形成的主奴关系。"人类确实原来存在着自然奴隶和自然自由人的区别,前者为奴,后者为主,各随其天赋的本分而成为统治和从属,这就有益而合乎正义。……在合乎自然的奴隶体系中,两者各尽自己的职分,这就存在着友爱和共同利益。但是凭借权力和法律所造成的强迫奴役,情况恰恰相反[那里将充塞着仇恨和利害的冲突]。"③

由此可见,亚里士多德认同的奴隶制度是以不同种族之间他所认为的自然差异为基础的、一种温和的主奴关系。他并不认同同一种族内部的主奴关系,这从他力挺中产阶级上就可以肯定。他似乎赞同种族内部的平等,反对分化,反对建立强制性的主奴关系(这一点与柏拉图不同,后者更加强调一个城邦内部社会身份的分化);但他并不反对优等种族通过战争来强制劣等种族为奴。从这一点来看,他在一定程度上是种族主义思潮的先驱。

亚里士多德认为,替代体力劳动的机器将最终废除奴隶制:"倘使每一无生命工具都能按照人的意志或命令而自动进行工作,……倘使每一个梭都能不假手于人力而自动地织布,每一琴拨都能自动地弹弦,……匠师才用不到从属,奴隶主(家主)才可放弃奴隶。"④

(二)关于经济与敛财的区别。亚里士多德在研究"致富之术"时,拿经济与敛财作对比。他认为经济作为一种谋生术,只限于取得生活所必要的并且对家庭或国家有用的物品。他说:"获得财产这一种自然方式[广义的狩猎方式]的确应该是家务技术的一个部分。……这种致富方式和技术不但有益于家庭团体,也有益于城邦团体。真正的财富就是这些物品。……这类真正的财富就供应一家的人的良好生活而言,实际上该不是无限度的。……但获得财产的技术

---

① 亚里士多德:《政治学》,商务印书馆 1981 年版,第 360—361 页。
② 亚里士多德:《政治学》,商务印书馆 1981 年版,第 23 页。
③ 亚里士多德:《政治学》,商务印书馆 1981 年版,第 18—19 页。
④ 亚里士多德:《政治学》,商务印书馆 1981 年版,第 11—12 页。

另外还有一类,即通常所谓'获得金钱(货币)的技术',……世人对财富没有止境的观念是从这个第二类的致富方式引出来的。……前述那一类方式是自然的[人们凭借天赋的能力以觅取生活的必需品],后者是不符合自然的,这毋宁是人们凭借某些经验和技巧以觅取某种[非必需品的]财富而已。"①

亚里士多德认为,商品交易的最初形式是物物交换,但是随着交换的扩大,必然产生货币。随着货币的出现,物物交换必然发展成商品交易,形成敛财。他进一步作了如下说明:"获得财富的自然方法和家务管理相适应[以寻求一切生活资料为主];而另一种从事在货物交换之间,贩卖致富的方法则以寻求并积蓄金钱为主。后一种方法完全依靠金钱的权威;金钱是交易的要素,也是交易的目的。还有另一点差别:由这后一方式的方法所获得的财富是没有限度的。……另一方面,致富技术要是纳入家务管理范围以内,就应该有限度;家务管理的功能[主要在必要数量的生活所需]不追求无限度的非必要财富。"②

这或许是文献中第一次出现关于货币起源的论述。

亚里士多德认为"敛财"是违反自然的。他反对以追求货币财富为目的的商业,更反对高利贷。他说:"治产(致富)有两种方式,一种是同家务管理有关系的部分(农、牧、渔、猎),另一种是指有关贩卖的技术(经商)。……前者顺乎自然地由植物和动物取得财富,事属必需,这是可以称道的;后者在交易中损害他人的财货以牟取自己的利益,这不合自然而是应该受到指责的。至于[由贩卖发展起来的致富的极端方式]'钱贷'则更加可憎,人们都厌恶放债是有理由的,这种行业不再从交易过程牟利,而是从作为交易的中介的钱币身上取得私利。……为了交易的方便,人们引用了货币,而钱商竟然强使金钱[做父亲来]进行增殖。……在致富的各种方法中,钱贷确实是最不合乎自然的。"③但是他似乎并不反感通过垄断来致富,认为垄断"可以普遍应用于致富的各个门径"④。

在亚里士多德的论证中,自然与不自然的对比起着决定性的作用。他认为互通有无的交易是自然的,而为了敛财而贩卖是不自然的。"'交易'[物物交换以适应相互的需要]原来是自然地发展起来的。……'贩卖'[收购他人的财物,继而把它出售给另外一些人,以牟取利润]已是致富技术中不合乎自然的一个部分了。"⑤

关于货币和利息。亚里士多德指出了货币作为价值尺度、流通手段和积累

① 亚里士多德:《政治学》,商务印书馆 1981 年版,第 24—25 页。
② 亚里士多德:《政治学》,商务印书馆 1981 年版,第 27—28 页。
③ 亚里士多德:《政治学》,商务印书馆 1981 年版,第 31—32 页。
④ 亚里士多德:《政治学》,商务印书馆 1981 年版,第 35 页。
⑤ 亚里士多德:《政治学》,商务印书馆 1981 年版,第 25 页。

手段的职能，认为把货币用作价值尺度和流通手段是自然的，货币只是为了便利交换而由人们制定或废弃。他说："制币即为公然代表此种需求者。因其生也，原出人制，而非自然变动废弃，权在吾人，名曰制币，职是故也。"[①]他指出贵金属由于其同质性、可分割性、便于携带和价值相对稳定性而充当了货币材料。同时他也强调贵金属本身就具有内在价值。[②]　关于利息，他认为是一种"非自然的收入"，而把货币用作产生新价值的手段是不自然的。这种观点反映了他担心不受制约的高利贷会使中产阶级分化，威胁社会和经济的稳定。这种观点对后来中世纪有重大影响。

亚里士多德关于自然的概念与18世纪思想家关于自然的概念是根本不同的。18世纪思想家把商品市场关系看作是唯一自然的关系。而在他看来，只有同自然经济相适应的关系才是自然的关系，因此，敛财是不自然的，是应加以谴责的。

（三）区分物品的使用和交换。亚里士多德写道："我们所有的财物，每一件都可以有两种用途。财物是同一财物，但应用的方式有别，一种就是按照每一种财物的本分而作正当的使用，另一种则是不正当的使用。以鞋为例：同样是使用这双鞋，有的用来穿在脚上，有的则用来交易。"[③]这里他比色诺芬更明确地提出物品具有使用和交换这两种属性的思想。

（四）关于交换与价值的学说。亚里士多德是在双边交换的背景下考虑交换和价值问题的。关于交换，他提出了如下四个基本命题：（1）只有存在剩余时才会出现交换；（2）交易双方对于所交换的物品有不同的主观估价；（3）交换双方对于交换的互惠性具有一定的共识；（4）交换双方争执不下时，应当由行政当局按照公平规则确定交换比例。[④]

亚里士多德比色诺芬、柏拉图等人更深刻地研究了商品交换中的比例或者说价值问题。他假设以甲代表房屋，乙代表10明尼[⑤]，丙代表1张床，甲等于乙的一半，即1间屋值5明尼，而1张床等于乙的十分之一，即值1明尼。所以多少张床等于1间屋是明白的，那就是5张床等于1间屋。他说："显然……还没有货币的时候，就已经有交换了，因为用5张床换1间屋，或者换5张床所值的

---

① 亚里士多德：《伦理学》，商务印书馆万有文库版，第107页。

② ［美］熊彼特：《经济分析史》第1卷，商务印书馆1991年版，第100—101页。

③ 亚里士多德：《政治学》，商务印书馆1981年版，第25页。

④ 转引自［美］小罗伯特·B.埃克伦德等：《经济理论和方法史》，中国人民大学出版社2001年版，第16页。

⑤ 明尼是当时雅典的一种货币。

货币,是没有区别的。"①他对价值的这个表述,说明了他已经看到包含着这个价值表现的价值关系本身,要求屋必须在本质上与床等同,这两种感觉上不同的物,如果没有这种本质上的等同性,就不可能作为可通约的量而互相发生关系。他说:"没有等同性,就不能交换,没有可通约性,就不能等同。"②但是,这种本质上等同的东西究竟是什么呢? 在他看来,商品之所以彼此能等同,是因为一切商品都以货币来表示。他说:"一切物都必须有一个价格,这样才会始终有交换……事实上,货币就是像尺度一样,使物品可以通约,从而使它们相等。"③他并且承认,这些用货币来衡量的不同物品,是一些完全不可能通约的量。他说:"固然,在本质上,这样不同的物是不能通约的,但由于实际需要,这种情况就发生了。"④他在商品的价值表现中发现了等同关系。

至于能够使不同物品通约的价值由什么决定,亚里士多德提到了稀缺性,"稀少的东西比丰裕的东西具有更大的好处。这样,黄金是比铁更好的东西,虽然它的用途较小;它难以得到,因此得到它更有所值"⑤。

(五)关于产权制度的观点。⑥ 亚里士多德反对柏拉图的理想国中统治阶级的共产制,他已经看到了后人所谓的"公地悲剧","凡是属于最多数人的公共事物常常是最少受人照顾的事物,人们关怀着自己的所有,而忽视公共的事物;对于公共的一切,他至多只留心到其中对他个人多少有些相关的事物。"⑦他主张的产权制度是私有制,但同时要求私有者能够慷慨慈善。他提出财产私有制的五大优越性:(1)私有制有更高的生产力,从而有助于进步。(2)财产共有会导致人们在报酬方面的攀比和争执。(3)私有财产给人以愉快。(4)如果财产共有优于私有,那么它应该早就实行了。但是人类经验表明私有制更普遍。(5)财产私有有助于慈善活动。⑧ 他还批评了柏拉图的共妻主张,认为那将导致乱伦和凶杀。⑨

在基本肯定私有制的基础上,亚里士多德也提到为了一些公共目标的实

① 转引自《马克思恩格斯全集》第13卷,人民出版社1962年版,第58页。
② 转引自《马克思恩格斯全集》第23卷,人民出版社1972年版,第74页。
③ 转引自《马克思恩格斯全集》第13卷,人民出版社1962年版,第58页。
④ 转引自《马克思恩格斯全集》第13卷,人民出版社1962年版,第58页。
⑤ 转引自[美]小罗伯特·B.埃克伦德等:《经济理论和方法史》,中国人民大学出版社2001年版,第16页。
⑥ [美]亨利·威廉·斯皮格尔:《经济思想的成长》上,中国社会科学出版社1999年版,第23—24页。
⑦ 亚里士多德:《政治学》,商务印书馆1981年版,第48页。
⑧ 亚里士多德:《政治学》,商务印书馆1981年版,第53—60页。
⑨ 亚里士多德:《政治学》,商务印书馆1981年版,第52页。

现,一个城邦的土地也应当留一部分作为公地。同时,分给每个私人的土地,也最好搭配城邦中心的土地和靠近边境的土地,以激励每个公民保卫疆土。①

(六)关于公平的观点。② 亚里士多德首先看到了财产绝对平均的危害,指出"所有公民之间财产的平均分配固然有助于国内的安宁,但就在这一方面而论,利益也未必很大。有才能的人对于这种制度将有所抱憾,他们感觉自己应该比一般公民多得一些,却竟然被限制了;实际上,这些人就常常因为胸中不平,以致激起一国的内乱"③。他区分了分配性公平和补偿性公平,分配性公平是指社会的财富和荣誉按照各个公民的贡献的比例进行分配。这种分配势必造成不同人收入的差别,这就需要进行补偿性分配以缩小这种差距。

在讨论分配性公平和补偿性公平之后,他又讨论了交换公平。毕达哥拉斯(约公元前 582—前 507)对于数学的重视和研究影响了后来亚里士多德的公平交换理论,他用数学语言表达了公平交换的观念。他设 A 是建筑商、B 是鞋匠、C 代表一座房子、D 代表一双鞋子,则公平交换就是 $A/B = xD/C$。联系他的分配性公平的思想,④他在这个交换方程的左边显然是指两个人对于社会的贡献之比,而这个比值就决定了方程右边的 x 的大小。这也许是经济学理论中最早的数理模型。

亚里士多德关于公平交换的思想深深影响了以后中世纪关于公平价格的讨论。

(七)关于人口。亚里士多德已经看到人口与贫穷之间的关联,指出"繁殖如无限制,势必导致贫穷,……跟着贫穷,又导致内乱和盗贼"⑤。他预示了后来马尔萨斯的人口原理。他提出了一个城邦最适度人口的概念,认为最适度人口就是既能够实现自给自足,又能够使得各个公民充分熟悉的最大数额。⑥

---

① 亚里士多德:《政治学》,商务印书馆 1981 年版,第 373—374 页。
② [美]亨利·威廉·斯皮格尔:《经济思想的成长》,中国社会科学出版社 1999 年版,第 25—28 页。
③ 亚里士多德:《政治学》,商务印书馆 1981 年版,第 73 页。
④ 亚里士多德:《政治学》,商务印书馆 1981 年版,第 73 页。
⑤ 亚里士多德:《政治学》,商务印书馆 1981 年版,第 64 页。
⑥ 亚里士多德:《政治学》,商务印书馆 1981 年版,第 356 页。

附　录

犬儒主义、斯多噶主义、伊壁鸠鲁主义

古希腊衰亡时期,普遍频繁的政治动乱,城邦国家陆续遭到毁灭。对个人命运的关注,成为当时大多数人考虑问题的出发点。当时产生了对后世颇有影响的三股思潮:犬儒主义、斯多噶主义和伊壁鸠鲁主义。

犬儒主义代表了一种新思想极端,其奠基人狄奥根尼(约公元前412—前323)以桶为家,弃绝文明生活,使自己习惯于一切种类的艰辛。他们提倡禁欲主义,免除对世俗利益的依赖,企图由此来解决稀缺性问题。

斯多噶主义的奠基人是芝诺(约公元前336—前264)。它最初是犬儒主义的一个分支,同样蔑视世俗利益,以后逐渐接受了财产概念。它对于后世经济学的主要影响之一是提出了自然法概念。这个概念成为18世纪古典经济学初创阶段的基本概念。

伊壁鸠鲁主义提倡追求个人的快乐,而快乐只能通过内心宁静来实现,因此就要节制个人的欲望。这使他在一定意义上成为19世纪功利主义的先驱。

上述各位古希腊思想家在涉猎经济领域时所得出的这些见解和观点,对后世经济思想的发展有着重大影响。

参考文献

[1]沈志求等:《〈资本论〉典故注释》,中国人民大学出版社1980年版。

[2]色诺芬:《经济论,雅典的收入》,商务印书馆1981年版。

[3]柏拉图:《理想国》,商务印书馆1996年版。

[4]亚里士多德:《政治学》,商务印书馆1981年版。

[5]亚里士多德:《伦理学》,商务印书馆万有文库版。

[6]周新廉、彭琦:《柏拉图和他的〈理想国〉》,商务印书馆1985年版。

[7]陈村富等:《古希腊名著精要》,浙江人民出版社1989年版。

第三章　古罗马著作家、思想家的经济思想

第一节　古罗马奴隶制度的产生与发展

古罗马是稍晚于古希腊的又一文明古国。它原是欧洲南部亚平宁半岛上的一个小城邦,大约从公元前 8 世纪开始由原始公社制度向奴隶占有制度过渡。在这个过渡时期的古罗马,相传经历了 7 个国王的统治,史书称之为"王政时代"(公元前 8 世纪到公元前 6 世纪末)。罗马奴隶制国家的形成是通过塞尔维乌斯·土里乌斯(公元前 578—前 534)的改革实现的。

塞尔维乌斯·土里乌斯是相传的第 6 个罗马国王,他参照古希腊梭伦的改革,将全体罗马人按财产划分为五个等级。每个等级按财力提供不同的军队,以百人团为单位,第一级出 80 个步兵百人团,外加 18 个骑兵百人团;第二级出 22 个;第三级出 20 个;第四级出 22 个;第五级出 30 个;不入级的无产者则是象征性地出 1 个。投票以百人团为单位,一团一票,组成百人团大会,用它代替原有的库里亚大会(即大氏族会议)的政治职能,并把三个旧的血族部落改为四个地区部落。这次改革是罗马从氏族社会过渡到奴隶制国家的标志。

公元前 510 年版,第 7 个国王塔克文尼乌斯·苏必布斯(公元前 534—前 510)被人民起义推翻,从此罗马不再设立国王,而由百人团会议选举一年一任的两名执政官作为行政首脑。这样,古罗马就进入了共和时代(公元前 6 世纪末到公元前 1 世纪后半期)。

罗马共和国建立之初,仍然是贵族掌握政权,作为国家首脑的两名执政官,只有贵族才能担任。在王政时代就已掌握实权的元老院,在共和国成立以后便进一步发展为贵族统治的核心机构,作为国家行政和军事指挥中心。贵族占有大量的国有土地,平民则不能参与国有土地的分配,平民不得不到被贵族霸占的土地上劳动,受贵族的剥削。平民往往还欠下贵族的高利贷,许多平民由于负债而沦为奴隶。当时,平民是罗马军队的骨干力量,因此平民常利用抗拒作战等形式和贵族展开斗争,以争取经济利益和政治权利。

从公元前 5 世纪到公元前 3 世纪初,经过 200 多年的斗争,平民取得了一

些胜利,如建立了保民官和保民会议。规定保民官只能由平民担任,平民也有
担任执政官和其他高级官职的权利;取消了平民不能和贵族通婚的限制;制定
了废除债务奴隶的法令等。平民与贵族斗争的结果,是在公元前 3 世纪上半期
形成了平民上层分子与贵族联合组成新的贵族统治。

　　罗马经过长期发展与扩张,逐渐成为拉丁族诸城邦的霸主。从公元前 4 世
纪中期至公元前 3 世纪初期,罗马经历了三次萨姆奈战争(约公元前 343—前
341 年,前 328—前 304 年,前 298—前 290 年),最后打败了萨姆奈人,统治了整
个亚平宁半岛,一跃而为西部地中海的强国。公元前 3 世纪中期至前 2 世纪中
期,罗马发动了一系列的扩张、侵略战争。为了争夺资源、奴隶和西地中海的霸
权,罗马同腓尼基人在北非建立的奴隶制国家——迦太基进行了三次“布匿战
争”(公元前 264—前 241 年,前 208—前 201 年,前 149—前 146 年)[①],结果迦太
基战败,从而罗马占领了原属迦太基的广大领土,成为西部地中海的统治者。
罗马在征服西部地中海的同时,也向东部地中海地区扩张。经过三次马其顿战
争(公元前 214—前 205 年,前 200—前 197 年,前 171—前 168 年)和叙利亚战
争(公元前 192—前 188 年),先后征服了希腊马其顿王国、埃及托勒密王国和叙
利亚塞琉古王国等,从而罗马成了整个地中海地区的统治者。

　　罗马在征服各地区的过程中,攫取了大量的财物、土地和奴隶。罗马使用
奴隶劳动的广泛性,在古代历史上是空前的。从公元前 2 世纪中叶起,由于大
量战俘奴隶的涌现,奴隶制大庄园的形成,工商业的兴盛,高利贷资本的增长,
使奴隶制经济获得了前所未有的发展。

　　随着罗马奴隶制经济的发展,奴隶群众反抗奴隶主阶级的斗争也随之爆
发、高涨起来。公元前 137 年和公元前 104 年,在罗马统治的西西里岛先后爆
发了两次大规模的奴隶起义。公元前 73 年,在罗马的心脏地区爆发了古代世
界最伟大的奴隶起义——斯巴达克领导的奴隶大起义。在大规模奴隶起义的
同时,罗马平民反对贵族的斗争也掀起了新的高潮。原来已在平民群众中间普
遍流传的平分土地的要求,得到了提比略·格拉古(公元前 162—前 132 年)为
代表的民主改革派的支持。提比略·格拉古出身于奴隶主贵族,他支持平民运
动是想通过加强小农的地位以改进罗马的军队,保障奴隶主阶级的长远利益。
公元前 133 年,他担任保民官。他提出的土地法案规定:每人占有公地不得超
过 500 犹格(每犹格约合 1/4 公顷),全家不得超过 1000 犹格;余数收回,按 30
犹格一份,分与破产农民使用。法案获通过后,设“三人委员会”执行。曾遭到
豪门贵族的激烈反对。他在选举下年度保民官时,械斗被杀,而平民群众继续

---

　　① 迦太基系腓尼基人建立的国家,因罗马人称尼基人为布匿(Poeni),故名。

进行斗争。公元前 123 年和公元前 122 年平民又继续选举提比略·格拉古的弟弟盖约·格拉古(公元前 153—前 121 年)为保民官,继续进行土地改革。盖约恢复了他哥哥的土地改革法,并提出一些新法案,如降低粮食价格,把小亚细亚的收税权包给骑士,向外省移民以分配土地给无产者等。他力求联合骑士和平民共同反对贵族元老。贵族元老猖狂反扑,用武力杀死盖约和他的追随者,改革于是失败。

罗马由一个狭小的城邦发展成囊括整个地中海的大国,贵族元老垄断的政权已不能适应形势需要。于是罗马出现了扩大政权基础、加强国家机器的一场斗争。它通过绵延近一个世纪的反复争夺的血腥内战,经过恺撒(公元前 100—前 44 年)、庞培(公元前 106—前 48 年)、克拉苏(约公元前 115—前 53 年)第一次三头政治和恺撒独裁,到安东尼(约公元前 82—前 30 年)、屋大维(公元前 63—公元 14 年)、雷必达(约公元前 13 年)第二次三头政治和屋大维建立元首政治,终于导致共和制度的瓦解。从公元前 27 年屋大维就任第一任皇帝起,古代罗马就进入帝国时代(公元前 27—公元 476 年)。在罗马帝国的前期(公元前 27—公元 284 年),罗马的奴隶制经济继续发展。到图拉真皇帝统治的时代(公元 98—117 年),是罗马帝国版图最大的时期,它西起西班牙、不列颠,东达幼发拉底河上游,南抵非洲北部,北迄多瑙河与莱茵河一带。

从公元前 2 世纪到公元 2 世纪是古罗马的全盛时期。那时的罗马不仅是地中海地区的政治、军事强国,其经济文化也得到了高度的发展。古代罗马的文化,是古典文化的重要组成部分。这个时期古罗马的经济思想,主要体现在一些农学家、哲学家、法学家和早期基督教神学家的著作中。下面对他们的经济思想观点作一概述。

第二节 古罗马农学家的经济思想

从公元前 2 世纪到公元 1 世纪间,在古罗马出现了一批论农业的著作家,其中最主要的代表有加图、瓦罗和科路美拉。

马尔库斯·波尔齐乌斯·加图(M. P. Cato,公元前 234—前 149),古罗马政治活动家和著作家,是一个经营农庄的大奴隶主。他出生于意大利图斯库鲁姆城的一个殷实的平民农家。加图少时即在农村务农。公元前 217 年,17 岁的加图,便履行公民义务,从军打仗。从此,他依靠自己的品质、才干和当权贵族的提携,在罗马奴隶主阶级的军队和仕途阶梯上不断晋升,历任财务官(公元前 204 年)、平民市政官(公元前 199 年)、萨丁尼亚的行政长官(公元前 198 年)、执政官(公元前 195 年)、西班牙总督(公元前 194 年)、监察官(公元前 184 年)等要职。他以一名普通士卒的身份,逐步跻身于罗马最高官员的行列,成为一个新贵族的典型代表。作为政治家的加图,顽固地坚持共和传统,恪守古风古制。他视希腊文化影响为奢靡之风而加以抵制。他所喜欢的格言是:"快乐是邪恶的主要诱饵;躯体是灵魂的主要灾难。"[①]罗马的党争中,他成为贵族共和保守派的一面旗帜,被用来与改革派相抗衡。但他在农业经济领域,却是一个既重视实践,又不守陈规的农学家,而且是一个精打细算、讲究经济效益的奴隶主农庄的管理人。

加图的经济思想,主要体现在他约于公元前 160 年所撰写的《农业志》一书中。他生活在罗马奴隶制兴盛的年代,那时奴隶主阶级力图巩固和扩大奴隶制经济,以榨取更多的剩余产品。他的著作集中表现了奴隶主阶级的这种经济要求。

加图认为从事农业是罗马人最重要的职业。他主张奴隶制农庄应该基本自给自足,奴隶生活的一切用品都应该在本农庄生产。但由于加图生活的年代,商品交换和商业已经开始发展起来,因此,他也趋向于发展商品生产和从事商业活动。他认为农庄生产应以满足自己需要为主,即以生产使用价值为主;出卖只限于剩余产品,购买只限于本农庄不能生产的物品。他说:"庄主来到田庄……要即日巡视田产……一了解到田产如何耕种,哪些工作完成,哪些工作未完成时,要在翌日召见庄头,询问他什么工作完成了,什么工作留下来,工作完成得及时与否,余下的工作能不能完成,以及出产了多少酒、多少粮食和其他所有物品。了解了这些,要算一算工作量和日数。如果觉得工作不显著,而庄头说他尽力而为了,奴隶们不健康,气候恶劣,奴隶逃亡,不得不服劳役;庄头一说这些和其他许多原因时,要叫他算完成的工作量和雇用的人数。遇雨天,有雨天可以完成的工作:刷洗酒桶,涂上石脑油,整洁田庄,搬运谷物,送肥,积肥,清理种子,修理绳索打新绳索;奴隶们应补缀自己的百结衣和短外衣。祭典日可以清理旧沟渠,修筑公路,削平棘丛,挖掘园地,清理牧场,扎枝,拔除荆棘,磨小麦,清除宅院。奴隶有病,就不应该给他那么多食物了。一经心平气和地获悉这些情况,就要设法使留下来的工作得以完成,要查银、粮的账,为饲料准备了哪些东西;查酒、油的账,什么卖出去了,什么付款了,什么剩下了,什么是要出卖的;应该收足的,要收足;欠下的,要查核。年内缺少什么,要备办;多余的,要售出;需要包出去的,要包出去;想完成和想包给别人做的工作,要吩咐,其书

---

① 引自王阁森:《加图及其〈农业志〉》,见加图:《农业志》,商务印书馆 1986 年版,前言,第 3 页。

面文据，要保留。要关心牲畜，要进行竞卖；油价好时，要卖出；酒粮有余剩，要出售；老的牛，衰老的牲畜，衰老的羊，羊毛，兽皮，旧车，旧铁器，老奴，病奴，以及其他多余的东西，要卖掉。庄主应当是有卖癖而不是有买癖的人。"[1]这就是加图给农庄经营规定的"多卖而少买"的原则。[2] 他主张不买不需要的东西，而多余的无用之物，即使卖一文钱也要卖出。他表面上鄙夷财富，但实际上，他却锱铢必较，广置田产，积累财富。在这里，他所提出的这个"多卖少买"，经过若干世纪以后，就成了重商主义者的座右铭。但由于历史条件的不同，他并没有像后来的重商主义者那样，把财富和货币混为一谈。在他看来，财富主要是使用价值的积累。

马可·铁伦提乌斯·瓦罗（M. T. Varro，公元前116—前27），古罗马著作家和学者，曾任大法官，公元前47年受恺撒之命筹建罗马第一所公立图书馆。研究历史、拉丁语和农业，著作广泛，主要有《古代》、《拉丁语论》和《论农业》等。

瓦罗在《论农业》中谈到农业生产工具时，曾把奴隶看作是一种生产工具。他说："有些人把农具分成两类，即（一）干活儿的人和（二）人干活儿时必不可少的工具；还有一些人把它们分成三类，即（一）能讲话的农具，（二）只能发声的农具和（三）无声的农具。奴隶属第一类，牛属第二类，车子属第三类。"由于奴隶受着奴隶主十分残酷、野蛮的剥削与压迫，奴隶对生产劳动没有兴趣和积极性。在当时，他就在农业生产上看到了雇佣劳动比奴隶劳动优越的问题。他说："在整个农业里面，人是需要的。这或是奴隶，或是自由民，或是二者都有。使用自由民的情况有两种：一种情况是农庄主人自己耕地，由他家里的人协助，自己有地的大多数农民都这样做。另一种情况是，一些比较重要的农活儿，如收获葡萄或收割干草，要有大批雇工来做的时候，人们便雇佣自由民；干这种活儿的还有我们本国人称为债务人的那些人。这种人在亚洲、埃及和伊利里库姆至今还有很多。关于作为一个阶级的这些人，我要说的话是这样：在不适于健康的地区，使用雇工比使用奴隶对我们更有利；而在有益于健康的地区，对于农庄上比较重要的活儿，诸如收获葡萄或谷物，情况也是这样。"[3]

科路美拉（Columella，约生活于公元1世纪中期），生卒年月不详，著有《论农业》十二卷。当时奴隶制大农庄的劳动生产率很低，如何提高劳动生产率成为发展奴隶制经济的中心问题。这种情况明显地反映在科路美拉的著作中。他一方面非常关心使奴隶能对劳动感兴趣，他劝告奴隶主要改变对奴隶的态

---

① 加图：《农业志》，商务印书馆1986年版，第3—4页。

② 转引自王阁森：《加图及其〈农业志〉》，见加图：《农业志》，商务印书馆1986年版，前言，第5页。

③ 瓦罗：《论农业》，商务印书馆1981年版，第48页。

度;另一方面他又感到以奴隶劳动为基础的大土地占有制已不能为奴隶主提供有利的收入,因此,他提出把农业交给隶农①经营的主张。他认为把农业交给隶农去经营胜于交给奴隶的管家去经营。他在公元1世纪中期就已经发现了隶农制比奴隶制优越的现象。

第三节　古罗马哲学家的经济思想

从公元前2世纪末至公元1世纪末,在古罗马出现的关注经济问题的哲学家,主要有西塞罗和卢克莱修。

马尔库斯·杜利乌斯·西塞罗(M. T. Cicero,公元前106—前43),古罗马奴隶主贵族政治家、演说家、哲学家,出生于骑士家庭。公元前63年曾任执政官,公元前51年又任西里西亚(在小亚细亚)总督。在古罗马由共和制转到帝制的过渡时期,追随庞培反对恺撒,恺撒死后热衷于恢复共和政体,曾发表14篇演说反对安东尼,曾居元老院之首。后被杀。

西塞罗著作很多,主要有《论善与恶的定义》《论神性》《论国家》《论法律》《论公职》等,以及大批书简。他的著作资料丰富,文体通俗、流畅,曾被誉为拉丁语的典范,文艺复兴时期成为学校中的必读课本,影响较大。他还把色诺芬的《经济论》译成拉丁语文流传于世。

西塞罗认为从事农业是罗马人最高贵的职业。他说:"生财之道不一,而业有高低。可敬者为高,可耻者为低。……聚敛之臣与盘剥重利之徒皆背其天良而行事,乃最低之业,不可以作。次之,得资纯赖手足之劳而毫无技能贡献,亦不足取。其他贱入贵出,世所称为商贾的,专为牟利,更可耻笑。至于百工之所事亦多无足贵者,尤以德伦施所说的鱼贩、鸡贩、屠夫、庖丁和渔人等之所为,足以纵欲而伤德。再有如制香之工人、跳舞之优伶和嗜赌之博徒更不足道了。然若技业有赖于专精,利泽能施于社会,像幼童之教师和医士工匠皆为可敬之人。我虽说小商为牟利之徒而可耻,大商则足以通一国之有无,免锱铢之比较,未可厚非……然生财之道未有强于农业者。以生产为比,未有能及农业之多者;以

---

① 隶农(拉丁文为Coloni,音译"高伦"),原指罗马奴隶制社会小块土地耕种者。通常指罗马帝国时期,依附于大土地所有主的佃耕者。公元1、2世纪,在罗马帝国境内,广大奴隶继续以怠工、逃亡、起义等形式反抗奴隶主的统治和剥削,罗马奴隶制度日益出现危机。一部分奴隶主为了寻求出路,遂将大庄园分成小块租给原来的奴隶耕种,允许他们有自己的家室和微薄的经济,但不认为是自由人,不得离开土地,并且可以连同土地一起出卖。这种人称之为"隶农"。隶农有别于奴隶而近似中世纪的农奴。

娱乐为比，未有能及农业之久者；以人之性情为比，亦未有能及农民之宽大者。"①这里他提出了与古希腊著作家不同的对待商业的看法。色诺芬、柏拉图和亚里士多德都是赞成小商业反对大商业的，而他却反对小商业赞扬大商业。这种观点反映了当时罗马的许多奴隶主靠经营大商业来积累自己财富的情况。

西塞罗不仅论述了大商业的作用，还论及商品价格的决定。他说："物价的决定随我们的欲望而转移。使我们对于一物欲望不定，则对此物之价亦必难定。"②他还精辟论述劳动与社会分工的作用。他说："诚哉，我所谓无生命之物多半出之于人力；使无手工业及技巧之扶助，我们必不能得到这些东西，使无人力之支配，我们也能享有其效用。卫生之事，耕田之事，以及收割与储藏谷米或其他土地之产物，皆非人力莫办。使无人以为主宰，则多余货物之运出及缺乏货物之运入亦必不可能了。使社会不求助于人以筑房屋，房屋……何由而建筑？使世无多种技术，人类生活必难维持，我又何能尽述其种类！使无此多种技术贡献，我们何能疗治疾病，何能享有健康，何能取得食物或生活方法。人之所以离开禽兽生活而进于人类文明生活者，皆此多种技术之功也。城市建设亦由于此。……然其进步甚为和缓，结果人类生活之所需必可得较优供给，且可由授受货物及交换货物方法供给我们一切之所需。"③他的这种观点影响很大。对亚当·斯密经济理论体系的形成起过一定作用的哈其生（1694—1746年）就说过，他的分工观点就来自西塞罗。

卢克莱修（Lucretius，约公元前99—前55），古罗马杰出的诗人，唯物主义哲学家。他在自己的著作《物性论》中，以诗歌的形式系统地阐述并发挥了古希腊哲学家伊壁鸠鲁的原子学说，反映了当时自然科学的成就。他对经济思想发展具有一定影响的，是他把社会发展看成是连续不断的自然过程的思想。他在《物性论》中写道："世界并不停留在一种状态上。一切都是暂时的。一切都在改变着性质，一切都倾向于转变。""一种事物腐朽了，因衰老而消亡，但另一种事物则恰恰相反，它在成长，力图走出黑暗。"④

卢克莱修对所谓黄金时代的看法也值得注意。一些古希腊罗马学者曾把人类过去的原始生活看作是黄金时代，是人类幸福的青年时代。卢克莱修的看法则与他们不同，他认为，人类的黄金时代不在过去，而在未来。他认为，人类在青年时代由于缺乏劳动工具受着自然的压迫，过着禽兽般的生活。只有随着

---

① 转引自汉纳：《经济思想史》上册，（台湾）正中书局1969年版，第60页；参见巫宝三：《古希腊、罗马经济思想资料选辑》，商务印书馆1990年版，第312—313页。

② 转引自汉纳：《经济思想史》上册，（台湾）正中书局1969年版，第62页。

③ 转引自汉纳：《经济思想史》上册，（台湾）正中书局1969年版，第64页。

④ 转引自卢森贝：《政治经济史》上册，三联书店1961年版，第35页。

新的生产工具的创造,人类才开始取得对自然界的控制,因此,黄金时代并没有过去,而是在我们的前面。

第四节　古罗马法学家及其体现在
罗马法中的经济思想观点

公元前541年,罗马元老院设立了一个由贵族和平民各5人组成的法典编订委员会,并派赴希腊考察法制,从而制定了著名的《十二铜表法》。《十二铜表法》是罗马法的起点。随着罗马奴隶制经济的大规模发展,罗马法不断得到充实。公元2世纪中叶确立了皇帝的立法权。在皇帝立法活动不断加强的过程中,一个新的法学家派别随之崛起。他们为加强皇权作辩护,皇帝也格外报以恩宠,皇帝独揽立法权,法学家则享有公开解释法律的特权,大法官也充当皇帝立法的助手。在司法实践过程中罗马法日臻完备。公元529年到535年,东罗马皇帝查士丁尼亲自主持编订了罗马法全书。它包括《查士丁尼法典》、《查士丁尼学说汇编》和《查士丁尼法学总论》等60册。罗马法对古罗马社会的商品货币经济的一切重要法律关系,如买主和卖主、债权人和债务人、契约、债务等等,都作了明确规定。可以说,罗马法是古罗马帝国对于人类世界历史的最大贡献。

关于罗马法学家以及体现在罗马法中的经济思想观点,这里仅简述以下几点。

(一)关于自然法。古罗马法学家常常把法律区分为人为法和自然法。古罗马法学家沿袭古希腊斯多噶派哲学家。斯多噶派从所谓宇宙的理性引导出自然法观念,认为世界上存在着由理性支配的不变的规律;人类的行为和社会都要服从它。自然法超出于国家规定的法之上,国家规定的法必须以自然法作为指导原则。他们认为依据自然法,人们的本质是一样的,有着共同的感情,因此应该拥有平等和自然的权利。他们甚至提出财产公有的思想。同时他们号召人们听天由命,顺从命运,抛弃仇恨,恬淡寡欲,摈弃人生乐趣。这些思想对古罗马法学家产生了很大影响,对以后18世纪自然秩序学说的形成和经济学的产生具有一定的影响。

(二)关于私有财产及自由契约。罗马人早就具有狭义的个人私有财产的观念(即财产被看作是家族中各个人的),及至罗马法学家则公然不以家族为社会单位,而以个人为社会单位,并进而规定个人的财产权利。个人财产权利既定,则个人财产的处理和自由契约就必须相伴而立。罗马法中所确立的私有财产制度和自由契约制度,对于资本主义制度及资产阶级思想的影响,英国经济学家阿尔弗里德·马歇尔曾有如下评说:"我们今天经济制度的得失,间接受罗马思想之影响不少;个人有勤治其事之精神为今天经济制度之所长,过于注重权利观念为今天经济制度之所短;二者皆与罗马法律制度有极深关系。"[①]

(三)关于利率的规定。罗马初期,法律完全禁止取利。到《十二铜表法》出来,才有利息的规定,然仍禁重利。这时"取利"与"重利"已有明显的区分。到公元前 357 年,利率规定为百分之十,公元前 347 年减为百分之五,到公元前 343 年,又完全禁止取利。然而利息在法律上的禁止,却因借款困难而利率更加提高了,有的甚至高达百分之四十八。此后,几经变革,到公元 535 年《查士丁尼法典》编成,制定利率使适合于阶级的差别:显要人物及农民为百分之四,未从事企业之普通人为百分之六,商人及企业者为百分之八。禁止重利,最高不得超过百分之十二,一般利率为百分之四到百分之八,高下之差各随其贷款之性质而异。然这仅仅是法律条文之规定,社会上的实际利率仍以市场情形而转移。

(四)关于货币和价格。公元 3 世纪初期。罗马法学家包卢斯曾对货币和价格作过论述。他说:"买卖起于交易;昔日原没有今天的货币,也没有货物与价格的区别。甲所多有常为乙所未有,故人未就其所需,以其所认为无用之物而易其所认为有用之物。然因甲之所缺未为乙之所有,乙之所欲取又未为甲之所愿予,遂不得不由国家择一可持久而有定值之物,均其值于一定之量,以救济交易之困难。更将物铸成公用形式(即铸成货币)以代表其效用;然其效用之决定由于物量(即人所定之物)者多,由于'由内值'者少。至时,货物与价格有了区别。"[②]他认为货币是交易的媒介,但除了作为交易的媒介外,货币自身亦为一有交易值之物,其值每随其效用而异。这里,包卢斯引用皮底阿斯的话说:"当时价格既不受个人感觉的判定,亦不受其物原有效用的判定,判定价格的是公共意见。"[③]事实上,当时罗马在私有财产制度和自由契约制度下,就自然会产生价格由买卖当事者的意见决定的观念。

在罗马法学家以及罗马法中,也提出过"公平价格"的概念。[④] 根据罗马法

① 转引自汉纳:《经济思想史》上册,(台湾)正中书局 1969 年版,第 56 页;参见马歇尔:《经济学原理》下卷,商务印书馆 1981 年版,第 381 页。

② 转引自汉纳:《经济思想史》上册,(台湾)正中书局 1969 年版,第 57 页。

③ 转引自汉纳:《经济思想史》上册,(台湾)正中书局 1969 年版,第 62 页。

④ 在远古时代,希伯来的拉宾尼加法和印度的婆罗门法就已规定,商人售货所规定之价,不得低于货之所值,也不得高于货之所值,违者则绳之以法。这种货物买卖的平价说,反映了当时商业的进步(参见汉纳:《经济思想史》上册,(台湾)正中书局 1969 年版,第 30—31 页)。

学家的解释,所谓"公平价格"或"真正价格"是指某个时期不受市场变动影响的价格。大多数从事交换的人就是按照这个价格买卖的,因而这个价格也被称为"通行的价格"。

第五节　早期基督教神学家的经济思想

公元 3 世纪开始,古罗马帝国开始了缓慢的衰退过程,其原因迄今仍然争论不休,但肯定是多方面的。蛮族入侵导致的破坏,以及人口下降达三分之一。由于帝国扩张的终止导致黄金来源的枯竭,引起贸易的萎缩和城镇的衰落。为了维持军队和安抚城市中的穷人,税负不断加重。为了增加政府收入,几个皇帝都不断降低铸币成色,奥古斯都时代铸币还是纯银,到公元 250 年,银含量降低到 40%,公元 270 年更是降低到 4%,由此引起持续不断的通货膨胀。[①]

在古罗马帝国的衰落时期,形成了古代向中世纪过渡的经济关系,即原先由奴隶耕种的大庄园,被分成小块由隶农耕种。这个时期是奴隶占有制生产方式向封建主义的过渡时期。与此相适应,在古罗马的晚期形成了从古代向中世纪过渡的新的思想和新的经济思想观点。这便是早期基督教神学家的经济思想观点。

在古罗马奴隶与平民反对奴隶主的斗争最终总是遭到血腥镇压而陷入失败,然而这并没有扑灭被压迫被奴役的劳动群众从苦难的处境中寻找出路的愿望。他们幻想上帝的拯救,期望上帝改善他们的困苦境遇。早期基督教就是在这种情况下产生的。

在公元 1 世纪的上半叶,基督教最先出现在当时属于罗马帝国叙利亚行省的巴勒斯坦,但很快就传播到罗马帝国的其他地区。基督教因袭了早期犹太教的某些教义,特别是一个上帝的观念,即每个人都是上帝的儿子,同时是其他人的兄弟。这种观点使基督教不但对犹太人,而且也对罗马人和罗马帝国以内的其他人,都有吸引力,尤其对穷人和战败者更具有吸引力。

在早期基督教教会中,教徒绝大部分是奴隶和下层劳动人民。他们主张财产公有和人人平等,尊重穷人,仇恨富人,反对罗马统治者的压迫和剥削。在最早的基督教文献《启示录》(约写于公元 68 年前后)中,作者以"大淫妇"影射罗马帝国,以七头十角的怪兽影射当时的罗马皇帝尼禄(据记载,公元 64 年尼禄曾以火烧罗马的罪名对基督教徒进行疯狂的迫害),并把罗马统治者比作魔鬼。

---

① 罗杰·巴克豪斯:《西方经济学史》,海南出版社、三环出版社 2007 年版,第 23 页。

《启示录》预言,救世主耶稣很快就要降临,帝国末日已为期不远。基督降临后将无情地审判和惩罚罗马统治者:火烧尼禄,把魔鬼"捆绑一千年";此后,罗马帝国被以基督为王的"千年王国"所代替。"千年王国"将是奴隶和劳动人民的天堂,在那里主人变成奴隶,被投进无底的深渊;奴隶变成主人,与基督一起过着幸福美好的生活。

从公元1世纪下半叶开始,有产者和富人陆续渗入基督教,早期基督教的阶级基础开始发生变化。富有的教徒力图按照奴隶主阶级的思想面貌改造基督教,逐渐把它篡改成适合统治阶级政治需要的宗教。到公元4世纪末,基督教终于变成了与罗马帝国的政权相结合的、官方的意识形态,帝国政府并确定基督教为罗马帝国的国教,强迫人民信奉。从而基督教就由罗马的被压迫被奴役的劳动群众的宗教演变成为罗马统治阶级服务的宗教。

早期基督教作者的经济思想主要涉及对于财富、私有制以及劳动的看法。在这方面,旧约和新约是有所不同的。旧约把抑止欲望作为解决稀缺问题的主要手段,因此对商业贸易不信任,对放债取息更是充满敌意。但是它依然把人类看作是上帝托付的管家,要精心耕作土地,要勤劳工作以获得财富。但不能刻意追求财富,尤其是不能通过商业贸易和放债来追求财富。所以它禁止取息。另外,它还规定每到第七年就要取消一切债务;每到第五十年,所有土地的所有权都将归还其最初的所有者。新约则不重视经济问题,要求信徒放弃财富甚至劳动,因为世界末日即将来临。[1] 在将要到来的千年王国中是无须考虑生产和物质福利的。耶稣在说教中毫不重视经济问题,追随耶稣的人放弃了职业和财产,当十二使徒被派去布道时不准带钱。但是随着基督教逐步渗入富人阶层,对于财富、私有制就开始需要有个说法了。

由于旧约和新约对于财富和私有制的看法有一定差异,导致早期基督教作者一直有不同意见。最早的基督教徒是放弃个人财产,将一切归于公有的。[2] 公元2世纪末期,亚历山大的克雷芒[3]把财富叫作上帝用于增进人类福利的礼物,是一种工具,能用对也能用错。富人需要正确地使用财富。这就在一定程度上肯定了私人财富的合法性。但是也有一些基督教信徒强烈谴责财富和私有制,提倡平均主义,如希腊神父约翰·克吕索斯托(约347—407)认为私有制来自人有缺陷的天性,导致了大量的冲突,指出富人必须散财才能自救。哲罗姆(约347—419)认为一切财富都有不公平的色彩。巴西尔(约330—379)建立了实行平均主义制度的修道院。安布鲁斯(约339—397)——他的布道使奥古

---

① 罗杰·巴克豪斯:《西方经济学史》,海南出版社、三环出版社2007年版,第24—27页。

② 巫宝三主编:《欧洲中世纪经济思想资料选辑》,商务印书馆1998年版,第181页。

③ 亚历山大基督教学校第二任校长,基督教亚历山大学派奠基人之一。

斯丁归顺基督教——认为大自然把一切产品共同给了一切人,富人的施舍不是馈赠而是义务,富人清偿了贷款,穷人得到应得的东西。[①] 奥勒利乌斯·奥古斯丁(A. Augustine,约345—430)认为私有财产要为各种罪恶——不和、非正义、战争——负责。这些信徒虽然指责私有制,但是一般并不主张废除私有制,只是主张愿意进修道院的人实行公有制平均主义,而一般人所要做的是抑止对财富的贪欲和更加慷慨的捐赠。他们对于捐赠的原则也进行了系统的探讨,就是要根据被捐赠者的具体情况来决定捐赠力度,即对于极端困难者要不顾自己的重大不变来进行捐赠,对于一般困难者进行适当捐赠,对于没有困难者不予捐赠。[②] 一般地讲,这些早期基督教神父主要关心的只是表现为生活用品的财富在使用过程中的平等分配,而非其生产和交换。

早期的基督教神父们一般也都反对放债取息,哲罗姆和奥古斯丁都表示了这种观点。[③]

为了使基督教教义不再与财富和私有制冲突,公元4世纪40年代在里海沿岸举行过一次主教会议,宣称富人不放弃一切财富就不能得救的观点是错误的。于是私有财产得到容忍,但是并不神圣。关于私有财产是否符合基督教教义的问题,一直是基督教主教神父们苦苦思索的问题,一直到13世纪,才由圣托马斯·阿奎那解决。

在基督教演变的过程中,也改变了基督教对劳动的观念。基督教徒原先依靠化缘度日,信奉基督教的人对劳动和经济生活抱着虚无主义的态度。福音书上曾把基督教比拟成鸟,不播种,不收获,由天父养活着。这种情况只适合于信教人不多,化缘尚能度日的时候,到教徒人数成千上万的时候,这种生活就不能维持了。同时,从奴隶占有制生产方式过渡到封建主义生产方式,在思想意识方面就必须扭转奴隶主统治阶级蔑视体力劳动的风气。因此,时代和教会本身的发展要求改变对劳动的看法。许多基督教教会的著作家和思想家都为改变这种观念作过努力。被称为基督教"教父"的奥古斯丁是这种新的经济观点的出色表述者。

奥古斯丁是早期基督教神学家,宗教世界观的狂热宣扬者,生于北非的塔加斯特(即今阿尔及利亚的苏克阿赫腊)。他一度曾为摩尼教信徒,后皈依基督教,曾任基督教北非希波(在今阿尔及利亚的安纳巴)的主教。他用新柏拉图主义哲学来论证基督教教义,把哲学和神学结合起来。他的主要著作有:《忏悔录》、《论自由意志》、《论宿命和神恩》、《论三位一体》、《上帝之城》和《论僧侣的

---

① 巫宝三主编:《欧洲中世纪经济思想资料选辑》,商务印书馆1998年版,第181—182页。
② 巫宝三主编:《欧洲中世纪经济思想资料选辑》,商务印书馆1998年版,第348页。
③ 巫宝三主编:《欧洲中世纪经济思想资料选辑》,商务印书馆1998年版,第207页。

劳动》等。后来的基督教教会把他的著作和"圣经"一起奉为经典。

在奥古斯丁生活的年代,怎样激发奴隶和隶农的劳动积极性成为当时统治阶级的迫切经济任务。为了适应统治阶级的这种需要,奥古斯丁发表了与古代奴隶主思想家不同的对劳动的看法。他认为所有的人都应当劳动。他在注释圣经《创世纪》时说,在上帝创造世界的时候,上帝就命令人劳动。上帝把乐园交给人,要人"保卫它,耕种它"。在他看来,那时劳动还不是负担,而是愉快。他说:"那时没有不堪忍受的劳动,只有愉快的自愿活动;上帝所创造的万物,也由于人的活动而欣欣向荣……"他像尊重精神劳动那样尊重体力劳动,"只从事精神活动而不从事体力劳动,乃是懒惰的标志"①。

奥古斯丁在《论僧侣的劳动》一文中,在驳斥僧侣们援引圣经来为自己的闲散辩护时说:"圣保罗已经说过'不劳动者不得食'。你们引证鸟儿干什么呢?它们没有装满了谷仓,而你们却想手儿不动就得到满仓的粮食……靠双手劳动来养活自己这一本分乃是使徒留传下来的不可破坏的戒律。"他称铁匠、木匠的劳动为"纯洁的正直的行业"。然而他又把农业看作是"所有手艺中最纯洁的手艺"。他说:"哪里有这样广阔场所可以让人的灵魂和自然交流呢?难道还有别的活动比这种活动更纯洁吗?上帝把人安置在乐园里,为的是让人以农业劳动来耕种它……从事农业劳动可以使人的灵魂得到极大的乐趣,所以对一些人来说,不从事农业劳动才是真正的惩罚。"但是他却没有把商业列入"值得人"去从事的众多的行业中去。在他看来,为了糊口谋生而从事小商业还是情有可原的,但是以营利为目的的大商业是绝对不能容忍的。他说:"以'坦然的心境'从事体力劳动,既不是欺骗,不自私,又不贪财,像一个手工业者有时做的那样,这是一回事;一点体力劳动也不做,灵魂深处充满怎样赚钱的念头,像商人所做的那样,这是完全另一回事。"而商人的职务是"买贱卖贵……因为这是显然的败行,所以谁想成为正直的人,谁就应该起来反对它……"②

奥古斯丁还提出过"公平价格"的概念。他说:"我知道有这样的人,即当购求抄本时,看见卖主不知抄本的价值,而他却自然而然地给与卖主以公平价格。"③他虽然提出"公平价格"的概念,但并没有论证。"公平价格"这个概念,为后来的中世纪基督教神学家所继承和发挥。

最后,还应该指出,早期基督教虽然具有反对罗马奴隶主统治者的某些进步思想,但是绝不能把早期基督教理想化。他们并不反对奴隶制度。奥古斯丁认为奴隶作为本来应该被杀掉的战俘或作为对犯罪之人的处罚是合理的,其他

---

① 转引自卢森贝:《政治经济学史》上册,三联书店 1961 年版,第 36 页。
② 转引自卢森贝:《政治经济学史》上册,三联书店 1961 年版,第 36—37 页。
③ 转引自鲁友章、李宗正:《经济学说史》上册,人民出版社 1979 年版,第 34 页。

一些神父也依循亚里士多德的看法,认为人与人之间存在天然差别,因此应当分为主人和奴隶。① 他们只是希望改善奴隶的处境,如奥古斯丁就说过:"教会的任务不在于解放奴隶,而在于使奴隶善良。"②

参考文献

[1]加图:《农业志》,商务印书馆 1986 年版。

[2]瓦罗:《论农业》,商务印书馆 1981 年版。

[3]巫宝三:《古希腊、罗马经济思想资料选辑》,商务印书馆 1990 年版。

[4]巫宝三主编:《欧洲中世纪经济思想资料选辑》,商务印书馆 1998 年版。

[5]马歇尔:《经济学原理》下卷,商务印书馆 1981 年版。

---

① 巫宝三主编:《欧洲中世纪经济思想资料选辑》,商务印书馆 1998 年版,第 352—358 页。

② 转引自卢森贝:《政治经济学史》上册,三联书店 1961 年版,第 37 页。

第四章 中世纪的经济思想

第一节 西欧封建制度及其意识形态

从公元 476 年西罗马帝国灭亡①,到公元 1500 年,这相继 1000 多年的历史,史称西欧"中世纪"。西欧中世纪占统治地位的是封建主义,它是在西罗马帝国的废墟上建立起来的。早在西罗马帝国灭亡以前,封建主义就已开始萌芽。当时居住在罗马帝国北部的日耳曼部落正处于原始公社制向奴隶制过渡的阶段。日耳曼部落对罗马的征服,加速了这些地区封建主义的形成,同时也促进了日耳曼部落内部的阶级分化。到 8—9 世纪,封建土地所有制完全确立起来了。在封建土地所有制基础上形成了庞大而复杂的封建等级机构。国王是最高封建主,下面依次是公爵、伯爵、子爵、男爵和骑士,处于整个封建等级机构底层的,则是遭受剥削和压迫的农奴。这种封建制度的形成,是因为在频繁的战乱下,人们为了人身安全而需要得到军事力量的保护。但由于战乱导致的高额交易成本使得商品市场经济基本瘫痪,自然经济大行其道,而任何军事力量的维护都只能够依靠当地的资源。于是封建制度便成为那种特定条件下最有效的逐层承包的委托—代理机制。国王把统辖范围内各地的安全、司法和行政等公共服务委托给各个一级诸侯,而这些诸侯再依法炮制层层分包。

日耳曼人在罗马境内的奴隶和隶农起义的配合下,在摧毁了奴隶制的西罗马帝国后,先后建立了一些封建王国。北非是汪达尔王国,西班牙是西哥特王国,意大利是东哥特王国,高卢是法兰克王国,不列颠是盎格鲁撒克逊人的王国等等。其中以法兰克王国存在较久,在 6 世纪中叶,它是西欧最强大的封建国家。它遗留下来一部 6 世纪颁布的与经济有关的重要的《萨利克法典》。

在 8 世纪末 9 世纪初,法兰克王国达到了全盛时期。国王查理曼(约公元

---

① 关于古罗马的衰亡时期,历史学家有几种不同看法。第一种意见是公元 256 年日耳曼人第一次进攻罗马。第二种意见是公元 284 年戴克里先登基做皇帝,他为东西罗马的分裂准备了基础。第三种意见是公元 476 年,最后一位罗马皇帝死于该年。第四种意见是公元 8 世纪穆斯林的入侵。主流意见是第三种。

742—814年)为了抢夺土地和农奴,不断发动侵略战争。国家版图东抵易北河与多瑙河,西南抵厄布罗河,北达北海,南临地中海,并占有意大利半岛的大部,成为庞大的封建帝国。查理曼建立的帝国,历史上叫作查理曼帝国。查理曼还和罗马教皇相勾结,于公元800年,由教皇为他举行加冕礼,授以"罗马人皇帝"的称号。查理曼想利用过去罗马帝国的名义,提高自己的威信,以巩固其统治。查理曼大帝于8世纪末颁布了《庄园敕令》,以巩固当时的封建土地制度。

查理曼死后,公元843年,查理曼的子孙们把帝国分成三部分,各占一块。到9世纪末,在查理曼帝国的旧境上形成了三个封建王国,即法兰西王国、德意志王国和意大利王国。在每个王国内,各地封建领主割据,王权微弱。由此,西欧各封建王国都为加强王权而进行了长期的斗争。到13、14世纪时,西欧的一些国家建立了等级君主制,如法国建立了由教士、贵族和市民参加的三级会议,英国建立了由下议院组成的国会,通过这种政权形式,强化了王权的封建统治。16世纪中叶以后,这种等级君主制又为君主制王权所代替。英国女王伊丽莎白一世在位时期(1558—1603),英国的君主制王权达到了极盛时期。法国自国王路易十四(1638—1715)亲自主持朝政起,就加强专制统治,自称"朕即国家",使法国封建专制制度达到了顶点。

在西欧封建社会的早期,曾一度发生过经济衰退的现象。原先罗马帝国的那些人口稠密和繁荣的城市,因遭到日耳曼部落的侵占,几乎完全消失了。手工业衰落,商业停顿或被迫中断,货币流通缩小到最低限度。当时西欧被分割成许多小块领地,在这种小块领地中,停滞的自然经济占统治地位。那时封建主和农奴的主要生活必需品,基本上都由庄园自己生产,只有少数产品才到庄园以外去交换,这种交换显然不会改变自然经济状态。

11世纪,西欧封建社会的生产力有了明显的提高。农业的发展促进了人们对手工业品的需要,从而促进了手工业技术的进步。手工业逐渐脱离了农业,手工业者逐渐脱离庄园,聚居到城堡或交通方便的地方。在这些地方,由于人口增加,来往商人增多,逐渐形成了城市。伦敦、巴黎、威尼斯和热那亚等是当时著名的城市。城市的兴起是西欧封建社会生产力发展的重要标志之一。城市居民主要是手工业者和商人,他们都在行会中,并按照行会章程进行活动。11世纪开始的十字军东征,也极大地推动了商业,尤其是长途贸易的发展。

13—14世纪,欧洲形成两个贸易区。一是地中海地区,以意大利诸城,特别是威尼斯、热那亚、比萨等为中心。这些城市联系西欧和东方的市场,成为东西方贸易的枢纽。另一贸易区是北海和波罗的海地区,以佛兰德各城,特别是布鲁日为中心。德国、尼德兰、英国、斯堪的纳维亚诸国和俄罗斯都参加这一区域的贸易。城市的兴起和贸易的发展,对中世纪农村的影响也很大,许多庄园加入了市场交换。例如,在 13 世纪和 14 世纪时,英国庄园广泛地经营羊毛、谷物、牲畜等贸易,把大宗的这一类货物运到伦敦和欧洲大陆。法国勃艮第寺院制造的葡萄酒,出口到很远的地方。农民与地方市场的关系也日益密切。大约从 13 世纪起,货币地租开始在西欧流行起来,但在 15 世纪以前,西欧各国占统治地位的经济仍然是庄园制自然经济。许多城市用武力或用金钱购买的方式摆脱了封建依附,可是很大一部分居民还是不自由的。商品生产和流通的范围还受到很大限制,生产规模和价格还是由市政当局或行会规定。而且商业的发展也未必一定导致封建制度的崩溃和资本主义的兴起。因为同一时期商业的发展在东欧却伴随了封建农奴制的强化。

　　14 世纪到 15 世纪发生的一系列事件,加速了封建农奴制的崩溃和资本主义的兴起。首先是 1347—1351 年肆虐欧洲的黑死病,使人口减少三分之一,有的地区人口减少一半。据估计,欧洲人口 1300 年为 7300 万,1400 年降为 4500 万。在英国,黑死病之前人口约为 400 万,到 15 世纪初,由于瘟疫和战争,人口下降为 250 万。人口下降引起劳动力极度稀缺,劳动工资迅速上涨,以致英国于 1351 年颁发了接近于规定最高工资的劳工法令。其次,14 世纪晚期一直到 16 世纪早期,整个欧洲爆发了此起彼伏的反抗封建剥削的农民起义。英国、法国、德国概莫能外。

　　从 15 世纪末叶起,随着社会生产力和商品货币经济的发展,西欧资本主义经济才获得长足的发展。

　　西欧中世纪占统治地位的意识形态是基督教神学。基督教教会是中世纪西欧的巨大国际中心。到 4 世纪,随着罗马帝国东西两部分的分裂,当时作为罗马帝国国教的基督教教会也逐渐分为东西两大支,分别以君士坦丁堡和罗马为中心。1054 年,基督教教会东、西两部分正式分裂。以罗马教皇为首的西部教会主要流行于西欧各国,通常被称为"天主教"。而以君士坦丁堡为中心的主要流行于东南欧的教会被称作东正教会。由于东罗马与西罗马历史发展的不同,基督教教会在两处的发展也逐渐有所区别。东罗马帝国保持统一的皇权,所以各地主教仍服从皇帝领导,依附于国家政权。西欧封建初期王权微弱,封建割据严重,天主教乘机扩展势力。罗马主教从 4 世纪起被称为教皇,要求在基督教教会事务中具有最高统治权。8 世纪时,法兰克国王丕平把意大利中部土地送给教皇,奠定了教皇领地的基础。以后教皇更是伪造文件,说罗马皇帝君士坦丁曾把对西欧各地的统治权赠送教皇,从而要求教皇对世俗政权也有最高权力。于是教会逐渐成为强大的政治势力。

基督教神学在西欧中世纪的一切知识领域具有至高无上的权威。其表现形式是经院哲学。所谓经院哲学，就是用哲学的形式为基督教神学作论证。由于学习这种东西的僧侣和信徒，终年圈在天主教的学院里读经学道，因此被称为经院哲学。在经院哲学家看来，一切真理都已由《圣经》提出来了，他们的主要任务就是运用抽象的思维和逻辑推理的方法来论证和维护基督教教义。因此，他们在观察实际生活的一切现象时，并不是观察事物之间的内在联系，而是观察它是否适合"圣经"和神学家所制定的信条。他们总是削足适履地把社会实际生活中产生的新现象、新问题纳入神学概念的范围来说明，这就决定了他们的理论与实际生活根本脱节，甚至他们所宣扬的教义同他们自己的实际生活完全背道而驰。例如，教会一方面宣传博爱与平等，另一方面则对劳动群众残酷地剥削与压迫；一方面宣传禁欲和不贪婪，另一方面则过着极度奢侈淫佚的生活和拼命榨取农民的剩余产物；一方面宣传禁止取利，另一方面则大肆从事商业高利贷活动。教会所宣扬的教义与其实际活动相脱离的程度，随着西欧封建社会的发展而愈益加剧，从而遭到异教徒的攻击。

在 13 世纪时，西欧封建社会达到了相当高的发展程度，天主教教会的统治也达到了极盛时期。封建社会的发展和教会势力的增强，要求经院哲学更加系统和完善。同时，教会为了维护封建统治并同异教徒进行斗争，除了采用残酷的镇压手段以外，也力图加强自己的组织，并适应新的情况来修改自己的某些教义。为此，13 世纪初出生于西班牙的高斯曼·多米尼克(1170—1221)建立了多米尼克教团。该教团的教规在 1216 年获得教皇的批准。多米尼克教团在修订天主教教义时，遇到了很大的矛盾，如果公开承认现实情况，那就要放弃过去的教义，而使自己在群众面前威信扫地。因此，教团为了维护自己的统治，就不得不仍然假借上帝的名义，并以基督教的教义和神学家制定的信条为出发点，这就使教团神学家采取了折中调和的态度，即用教义、信条去迁就人间的现实生活。

多米尼克教团中最著名的代表人物是托马斯·阿奎那。他把经院哲学加以系统化并使之发展到了巅峰，他的学说在西欧封建社会的兴盛时期占据统治地位。

16 世纪，天主教内部发生了反对教皇统治的宗教改革运动，陆续产生了脱离天主教会的新教各宗派，如路德教、加尔文教等，通常被称为"基督教"或"耶稣教"。

第二节　中世纪阿拉伯—伊斯兰世界的经济思想①

公元 476 年西罗马帝国灭亡,作为标志性时间,意味着西欧中世纪的开始,但是欧洲社会的现状基本未变,西欧出现的野蛮王国依然尊敬远在君士坦丁堡的东罗马皇帝。导致古代西欧社会终结的重大事件并非罗马的陷落,而是伊斯兰教的兴起和穆斯林征服阿拉伯、波斯、北非和西班牙的大部分疆土。穆斯林对欧洲的进军于 732 年被查理·马特所阻截。但是西欧社会与地中海的联系被中断,从此进入了长达近千年的所谓"黑暗时代"。

与欧洲中世纪的衰落相对照的是伊斯兰阿拉伯世界的兴起和繁荣。从 750 年到 1500 年,伊斯兰阿拉伯世界事实上替代古罗马成为环地中海地区的文明中心。它接受并传承了古希腊文明,保留了大批古希腊典籍,为欧洲后来的文艺复兴准备了基本的文献条件。这段时期伊斯兰阿拉伯可以分为两个阶段:(1)"黄金时代"(750—1250);(2)"危难时代"(1250—1500)。

以往人们往往认为中世纪是科学(包括经济学)发展的停滞时期。其实这种观点是一种西欧中心论的派生见解,以为西欧停顿了全世界也就没有发展了。其实中世纪是文明和科学中心的转移,由古罗马转移到了阿拉伯世界。当欧洲结束"黑暗时代",再次清醒时,它实际上受到阿拉伯文明的很大启发,古希腊文明通过阿拉伯世界重新回到欧洲。其具体的过程是因为当时占据西班牙南部的摩尔人是接受阿拉伯语教育的,通过这一渠道,当然很可能还有其他一些渠道,亚里士多德回到了欧洲。这一点现在也已经被越来越多的欧洲经济思想史专家所认可。

据估计,在中世纪大约有 30 名阿拉伯—伊斯兰思想家创作了大量关于经济问题的论著。但由于资料和语种的限制,我们所能够了解的中世纪阿拉伯世界的经济思想非常有限,只能作一点简单的介绍。

(一)作为伊斯兰世界的基本教义,古兰经并未系统考虑经济学,但是它依然涉及了一些孤立的现实经济问题。这些有限的考虑基本上是着眼于社会公平。它也像圣经一样禁止放债取息;主张对收入和财产征税,以扶助穷人;遗产受到限制,地产必须分为几份,不能独传给一个后人。

伊斯兰黄金时代的文献主要分为两类:一类是可称作"国君之镜"的对统治

---

① 本节内容参考罗杰·巴克豪斯:《西方经济学史》,海南出版社、三环出版社 2007 年版,第 28—33 页。[美]哈里·兰德雷斯、大卫·C.柯南德尔:《经济思想史》,人民邮电出版社 2011 年版,第 35—37 页。

者的建言，类似于中国的策论。另一类是关于城市和家庭管理的文献。前一类
文献中涉及进军问题的主要有9世纪阿勒迪马什基(Al-Dimashqi)，他认可商人
调剂余缺的正面功能，但反对商人的投机行为，要求商人抑止自己过度的谋利
欲望。后一类文献常常讨论如何控制市场、规定价格、保证城市必需品的供给
等等问题。

（二）加扎利(Al-Ghazali,1058—1111)，生于波斯的中东哲学家，是中世纪
伊斯兰最重要的知识分子之一。他在1110年出版的《圣学复苏》一书中，描述
了市场通过自愿交换而不断发展，论述了专业化分工的演化，分析了物物交换
之困难所引起的货币需求，此外还考虑了公共支出与征税、高利贷与利息、铸币
等问题。据说他的著作曾经影响了后来13世纪欧洲经院学派的托马斯·阿
奎那。

（三）特别值得指出的是阿威罗伊(Averroës,1126—1198)，又名伊本·拉
什德，他是伊斯兰杰出哲学家中的最后一位。他身处黄金时代的末期，曾经当
过地方法官，晚年还当过医生。他对亚里士多德的著作作过大量评注，揭示了
古希腊文明与伊斯兰文明之间的潜在冲突。而正是通过他的这些评注，亚里士
多德的许多论著才从阿拉伯文译为拉丁文，从而才为基督教世界所了解。

在评注亚里士多德的过程中，阿威罗伊表达了一些异于亚里士多德的经济
观点。亚里士多德指出了货币的三种职能：价值尺度、交换媒介和储藏手段，但
同时又认为货币与其他商品并无二致，统治者可以依其意愿而改变货币价值。
而阿威罗伊主要是强调了货币的特殊性，认为货币与其他商品不同，是独一无
二的价值尺度、交换媒介和储藏手段。因此货币的价值必须保持不变，否则便
不能理想地履行其职能。于是统治者便不能也不应该随意改动货币的价值。
统治者降低铸币成色是一种类似于放债取息的行为，是不公正的。

（四）伊本·赫勒敦(1332—1406)，危难时代的阿拉伯历史哲学家、历史学
家、社会学家，是摩尔人与西班牙安达卢西亚人的混血儿，当过公务员，并随从
埃及苏丹与蒙古征服者帖木儿商谈过和平条约。他生活的年代，伊斯兰阿拉伯
世界从两方面受到挤压：(1)东面是塞尔柱王朝和蒙古征服者，前者占领了波斯
的大部分和小亚细亚；后者几乎征服了欧亚大陆的一半。(2)北面是西班牙信
奉天主教的各位国王，他们都力图收复被信奉伊斯兰教的摩尔人占领的西班牙
地盘，把阿拉伯人赶回北非。

生活在这样一个动荡的年代，目睹王朝的兴衰更替，伊本追求对社会及其
变化兴衰作出解释。他指出了王朝盛衰的周期：一个王朝出现并强大起来，疆
域随之扩张。内部政通人和，分工发达，市场繁荣，文明兴旺。人口增长，人均
收入增加，人们的需求品位也不断提升。然而奢侈和闲适之风逐渐弥漫，消解

了吃苦耐劳的习惯,动摇了士气,停止了增长,削弱了王朝。三、四代人之后,王朝往往被新兴的王朝所挤兑,乃至颠覆。其衰退过程也往往伴随经济状况的恶化。他看到了分工、市场、经济增长、需求偏好的变化等等经济因素在王朝循环周期中的作用。这种观点可以说是对人类社会周期变化的一种从经济因素(当然还包括其他因素)出发的说明解释,这在那个年代是非常出色罕见的。

第三节　中世纪西欧的经济思想

中世纪西欧的经济思想主要体现在公元 6 世纪颁布的《萨利克法典》、公元 8 世纪颁布的《庄园敕令》,以及中世纪中后期城市兴起后出现的一系列法规。

一、《萨利克法典》的经济思想

公元 6 世纪形成的《萨利克法典》比较清晰地反映了公元 5 世纪和 6 世纪西欧封建社会初期的社会经济制度。从经济思想的角度来看,该法典有如下特色。

首先,保护日耳曼人的公社土地集体所有制。日耳曼人按地域关系组成被称作马克的农村公社,土地归公社所有,本公社的农民拥有一份耕地和草地的使用权,使用权可以由男性后裔世袭,但不许转让和出售。土地的最终处置权属于公社。森林、池沼、道路、河流、桥梁等归公社集体所有。

为了保护公社稀缺的土地,对外来人口的迁入实行一票否决制,即只要有一个农户反对就不准许。

其次,保障公社成员人身自由及私人财产。与封建社会鼎盛时期的情况不同,当时大部分公社成员仍然具有自由民身份,多为独立的自耕农。法典非常重视保护公社成员的生命财产和人身自由,对于杀害行为和偷盗及损害私人财产的行为实行严厉制裁。

上述两条表明了法典的产权意识。

第三,法典仍然保留氏族社会的残留痕迹。法典规定公社成员必须为同族罪人支付部分罚金。同时在财产的继承上也依然保留许多氏族社会的传统。

第四,法典已经具有封建主义的倾向。法典对于居民划分了等级,除自由民之外,还有半自由民、隶农、奴隶等。另外,法典确立了国王至高无上的地位,以及国王的扈从比一般人更优越的社会地位。

二、《庄园敕令》的经济思想

西欧大规模的封建化过程主要始于公元 6 世纪末,在 7、8 两个世纪加速进行,到 8 世纪末,自给自足的封建大庄园经济已经成为经济活动的主体。8 世纪末颁布的《庄园敕令》就反映了这种状况。它与《萨利克法典》有许多不同之处。

首先,《庄园敕令》不再提土地的公社集体所有制,只确认庄园主的所有权。农民虽然还有一份份地的使用权,但领主随时可以收回。在土地使用权的继承方面,农民必须取得领主同意,并交纳继承金之后,才能够继承。这反映独立的自耕农已经不再是农业生产的主体。

其次,《庄园敕令》详细规定了大庄园的生产管理问题,对农作物春耕秋收的各个环节,都有定规,对庄园内部的各种手工业如酿酒等也都有规定,还有监工对农奴的监管,以及如何有效地管理农民,防止他们偷懒游堕,等等。而这些内容在《萨利克法典》中根本没有。

第三,《庄园敕令》对于地租的形式作出了非常具体的规定,以劳役地租为主,辅之以实物地租。这也反映了当时商品市场经济的不发达。

第四,《庄园敕令》规定了领主对于奴隶、农奴,乃至自由民的绝对的政治管辖权。

总之,《庄园敕令》所包含的经济思想,更多地属于今天所说的管理学的范围。

三、伴随城市兴起而形成的行会经济思想

西欧从 11 世纪末开始,在尔后的两个世纪当中,在各地陆续兴起了一些城市,伴随着这些城市的兴起,开始形成了一些新的经济制度和经济思想。

首先,在城市的领地内消除了农奴制度,实行市民自治。于是城市往往成为逃亡农奴的归宿。这就开始动摇了封建制度的基础,并开始产生一系列的新观念。

其次,城市往往起源于商品市场,于是市场法成为城市一系列法规的重要组成部分。市场法通常保护商品所有者对于所拥有的商品的产权不受侵犯,包括债权人也不得侵犯。同时规定对于在市场中所犯罪行给予更严厉的惩处。这些法规有效保护了市场交易的顺利进行。

第三,城市中手工业行会组织大行其道,由于其早期的成员多为从农村村社逃亡出来的农奴,由此衍生出来强烈的平等精神和互助原则。行会会长及管理机构多由选举产生,其职责通常是代购原料和粮食,举办集体福利,建立保安队伍,等等。行会经济思想的特征之一是内部的平均主义,主要是禁止其成员之间的竞争,如不许通过广告吸引客户,不许使用廉价原料以降低成本,限制产量,限制从业人数,包括学徒和帮工。特征之二是对外的垄断,不许行会以外的人从事本行业商品的生产,限制外地商品进入本地市场,对外来手工业者的定

居和婚姻作出各种限制性规定,等等。特征之三是各种关于产品质量的严格规定,如原料采购、生产程序、加工工艺、产品品种规格、产品销售的时间地点,等等。这些规定固然有保障产品质量的好处,同时也有不利于产品创新的一面。特征之四是价格管制,在当时流行的"公平价格"的理念支配下,行会所认可的是能够给每个行会会员带来平等收入的价格。

总之,中世纪贯穿行会精神的经济思想是排斥竞争,实行垄断,实现均富。这种思想在早期使城市手工业成为一种具有稳定不菲收入,从而令人向往的行业,有助于发展城市手工业;但由于它压抑了正常的竞争,后来则成为束缚城市工业发展的桎梏。

第四节　西欧中世纪最著名的经院学者托马斯·阿奎那的经济思想

托马斯·阿奎那①(Thomas Aquinas,约 1224—1274),西欧中世纪最著名的经院学者、神学家。他生于意大利南部那不勒斯附近的一个伯爵家庭。早年在意大利蒙德·卡西诺修道院和那不勒斯大学学习,22 岁时不顾家庭强烈反对,加入了多米尼克僧侣团。作为多尼米克教团的修道士,他被派往巴黎,跟从当时著名的神学家亚尔贝兹·马格努(约 1206—1280)研究哲学和神学,并于1248 年随之赴科伦。他于 1252 年回巴黎完成神学研究,于 1256 年取得教师资格。他在巴黎的执教生活只持续了 3 年。1259 年回到意大利,担任罗马教廷的神学顾问。1269 年他又到巴黎,参加当时奥古斯丁主义与亚里士多德主义之间的论战。1272 年,他又回到意大利,主持那不勒斯多米尼克教团的研究室工作。1274 年 3 月 7 日,他在赴里昂参加宗教会议途中,死于福萨诺瓦的修道院。

阿奎那生活的年代,城镇逐渐兴起,其中的手工业者需要出售产品,同时十字军东征带动了修建教堂的热潮,两者都需要交换和货币,商品经济开始缓慢复苏。于是,商品公平交换的问题、放债取息是否合理的问题,都开始引起经院学者的注意。他们一般都认为商品应当按照公平价格交换,对何谓公平价格,他们进行了艰苦的探索;他们一般也都认为不承担风险的放债取息尤其是高利贷是罪恶行为。② 而阿奎那就是他们中间最著名的代表。

阿奎那被天主教教会奉为"神学泰斗"。他的著作甚多,其中最著名的是

---

① 《新帕尔格雷夫经济学大辞典》第 1 卷,经济科学出版社 1996 年版,第 107 页。

② 巫宝三主编:《欧洲中世纪经济思想资料选辑》,商务印书馆 1998 年版,第 185—186 页。

《神学大全》(1266—1273年出版),它是集中世纪经院哲学之大成的著作。《神学大全》是根据中世纪典型的三段论法编成的。全书共探讨了几百个问题,而每个问题又分成许多条。在每一条下他先提出他不认同的论点,再从《圣经》或教父的著作中援引权威说法,对这些论点作一般性的否定;然后提出自己的意见,这些意见大多是折中的,最后逐点驳斥开头提出的反面论点。

阿奎那特别利用亚里士多德哲学中关于"第一推动者"、"第一原因"、"最高的目的"等错误观点来论证上帝创造万物、创造世界的思想,论证教权与神学高于一切。在他看来,整个世界就是一个以上帝为最终目的的严格的等级系统。在这个系统中,一切事物都以质料对形式,亦即手段对目的的关系,以下级隶属上级而上级统摄下级的关系,层层上升,最后隶属和统摄于上帝。因此,地上的秩序必须服从天上的秩序,政治必须服从宗教,现世必须服从来世,哲学必须服从神学,知识必须让位于信仰。他的哲学和神学体系被称为托马斯主义。1879年天主教教皇列奥十三世颁布了一道教谕,宣称托马斯·阿奎那是整个哲学和神学的导师,他的神学是天主教教会的"唯一真实"的哲学,不容动摇的"权威"。

托马斯·阿奎那的经济思想,这里简述如下。

(一)关于自然法。自然法的观念最初出于古希腊斯多噶派,罗马法学家根据天主教教义而进一步发挥了自然法的观念。阿奎那将支配宇宙秩序和社会秩序的法律划分为四种:(1)永恒法;(2)自然法;(3)人法;(4)神法。

阿奎那认为,永恒法是基本法,是"上帝对于创造物的合理领导,……是被认为指导一切行动和动作的神的智慧所抱有的理想"[1],是支配世界的上帝的理性在自然现象中表现出来的必然秩序,为其他诸法之首。它支配自然的趋向并支配能够揭示真理的那种思维活动。"一切法律只要与真正的理性相一致,就总是从永恒法产生的"[2]。

自然法是永恒法在一切生物界中的反映,它"不外乎是永恒法对理性动物的关系"[3]。"自然法包含着一切有利于保全人类生命的东西,也包含着一切反对其毁灭的东西。……所有那些本能,如性关系、抚养后代等等,与自然法有关"[4]。自然法是真正立法的基础,由于有了自然法才确立了道德规范,等等。

人法源于自然法,"人类的推理也必须从自然法的箴规出发,仿佛从某些普通的、不言自明的原理出发似的,达到其他比较特殊的安排。这种靠推理的力

① 《阿奎那政治著作选》,商务印书馆1963年版,第106页。
② 《阿奎那政治著作选》,商务印书馆1963年版,第111页。
③ 《阿奎那政治著作选》,商务印书馆1963年版,第107页。
④ 《阿奎那政治著作选》,商务印书馆1963年版,第112页。

量得出的特殊的安排就叫作人法"①。人法就是实在法。例如,对杀人行为加以惩治的要求包括在自然法内,但惩治的性质却由实在法来加以规定。"实在法可以分为万民法和市民法,……属于万民法的,是所有那些……直接从自然法得出的结论。"而市民法则是从自然法产生的、根据任何城市的特殊需要而规定的标准。人法的目标应当是公共福利。②

神法就是表现于"圣经"中的启示,用以修正人法的不足。③ 尤其是抑止那些人法所无法束缚的人类恶习,培养德行。④

根据自然法,一切都属于上帝。因此在阿奎那看来,"'所有的人得共同占有一切物品并享有同等的自由权'这句话,可以说是属于自然法的。这是因为,无论私有权或地役权都不是自然所规定的;它们是人类的理性为了人类的生活而采用的办法。在这些情况下,自然法不是有所改变,而是有所增益"⑤。同时,他又认为,"公有制可以归因于自然法,这并不是说,自然法规定一切东西都应公有,不准有所有权存在,而是说,并没有以自然法为根据的所有权之分,只有通过人们的协议才有这种区别;…… 人们的协议是属于实在法的。由此可见,私有权并不违背自然法。它只是由人类的理性所提出的对于自然法的一项补充而已"⑥。私有财产不仅符合自然法观念,而且是人类生活所不可缺的基础。他说:"关于有形的东西,有两点是人们必须加以考虑的:首先是有关取得和处置的权力;在这方面,私人占有是准许的。有三个理由足以说明这对于人类的生活来说也是必要的。第一,因为每一个人对于获得仅与自身有关的东西的关心,胜过对于所有的人或许多别人的共同事务的关心。各人在避免额外劳动时,总把共同的工作留给第二个人;像我们在官吏过多的情况下所看到的那样。第二,因为当各人有他自己的业务需要照料时,人世间的事务就处理得更有条理。如果每一个人什么事情都想插一手,就会弄得一团糟。第三,因为这可以使人类处于一种比较和平的境地,如果各人都对自己的处境感到满意的话。所以我们看到,只有在那些联合地和共同地占有某种东西的人们中间,才往往最容易发生纠纷。"按照他的说法,私有制是人类理性创造出来的,而理性则是出自上帝的意志。但是他对于私有财产是有保留的,"人们只应当在有利于公共幸福的情况下把有形的东西保留下来作为他们自己的东西;各人都愿意在必要

① 《阿奎那政治著作选》,商务印书馆1963年版,第107页。
② 《阿奎那政治著作选》,商务印书馆1963年版,第117页。
③ 《阿奎那政治著作选》,商务印书馆1963年版,第108页。
④ 《阿奎那政治著作选》,商务印书馆1963年版,第127页。
⑤ 《阿奎那政治著作选》,商务印书馆1963年版,第115页。
⑥ 《阿奎那政治著作选》,商务印书馆1963年版,第142页。

时同别人共享那些东西。……由人法产生的划分财产并据为己有的行为,不应当妨碍人们对这种财富的需要的满足。……一个人无论有什么多余的东西,自然应该给予穷人,供他们生活的需要"。他甚至认为,"如果一个人面临着迫在眉睫的物质匮乏的危险,而又没有其他办法满足他的需要,……那么,他就可以公开地或者用偷窃的办法从另一个人的财产中取得所需要的东西。严格地说来,这也不算是欺骗或盗窃"①。由此可知,他一方面从效率角度认可私有财产,另一方面又从自然法出发主张必要时应当财产共享;要求富人慈善,否则就赞同穷人的偷盗。

阿奎那不仅利用自然法观念为私有制辩护,而且,他还利用自然法观念竭力为封建等级制辩护。他认为上帝的意志是"永恒的"、"自然的",人们之分为贵贱、高低,是上帝意志表现的结果。他以性别、年龄、体力等方面的自然不平等②为依据,把社会解释成为一个受统一的造物主的支配的有机体。他说:"在自然界,支配权总是操在单一的个体手中的。在身体的各器官间,有一个对其他一切器官起推动作用的器官,那就是心;在灵魂中有一个出类拔萃的机能,那就是理性。蜜蜂有一个王,而在整个宇宙间有一个上帝,即造物主和万物之主。这是完全合乎理性的;因为一切多样体都是从统一产生的。"③按照他的看法,上帝创造宇宙万物原是有"高级"和"低级"之分,"所以,像在上帝所建立的自然秩序中,低级的东西必须始终服从高级的东西的指示一样,在人类事务中,低级的人也必须按照自然法和神法所建立的秩序,服从地位比他们高的人。"④人类社会有"上等人"和"下等人"之分,前者应该统治后者。"犹如在一个人,灵魂是统治着肉体的,而在灵魂本身之内,冲动的和情欲的部分,则又受制于理性。"⑤如果肉体不服从灵魂是不可想象的,情欲不服从理性是要遭到毁灭的。因此,为了使社会不至陷于分崩离析的境地,"下等人"服从"上等人"的统治是必要的也是有益的。在他看来,这是符合于上帝所安排的自然秩序的,因而也是符合于作为上帝意志表现的自然法的。他既赞同亚里士多德以人与人之间的天然不平等为奴隶制进行的辩护,也赞同奥古斯丁以惩治罪犯为理由为奴隶制的辩护。⑥

---

① 《阿奎那政治著作选》,商务印书馆 1963 年版,第 141—143 页。
② 《阿奎那政治著作选》,商务印书馆 1963 年版,第 100—101 页。
③ 《阿奎那政治著作选》,商务印书馆 1963 年版,第 49 页。
④ 《阿奎那政治著作选》,商务印书馆 1963 年版,第 146 页。
⑤ 转引自吴恩裕《托马斯·阿奎那的政治思想》,见《托马斯·阿奎那政治著作选》,第 viii 页。
⑥ 巫宝三主编:《欧洲中世纪经济思想资料选辑》,商务印书馆 1998 年版,第 353—355 页。

阿奎那认为劳动也有贵贱之分:体力劳动是低贱的,是"下等人"即奴隶和农奴①所做的事情;只有脑力劳动才是高尚的,才适合于"上等人",即适合于奴隶主和封建主的身份。他把体力劳动和脑力劳动之间的分工,说成是封建社会等级划分的基础。他说:"正像蜜蜂一样,有些采蜜,有些用蜡建造蜂房,而蜂王则完全不参加物质劳动,人们也是如此:有些应该种地,有些应该盖房,而另有些则由于摆脱了世俗的操劳,应该为了拯救其余的人而献身于精神劳动。"②

(二)关于商业。在阿奎那以前,中世纪早期的基督教神学家对赚取利润为目的的商业,一般都采取否定的态度。他们认为商业是一种贱买贵卖的行为,它的罪恶甚至超过盗窃。11世纪中叶以后,商业在西欧封建社会内部逐渐发展起来,这就不得不引起人们对商业和商业利润的看法的改变。阿奎那关于商业的双重见解,明显反映了13世纪时人们对商业看法的逐渐改变。

首先,阿奎那把自然经济提到首要地位。他说:"有两种方法可以使一个国家的财富增加起来。一种是比其他一种尊贵的,这就是利用肥沃的土地来生产大量必需品;另一种就是使用商业来把必需的东西从各地运到一个共同的市场上。前一种是比较适宜,因为一个国家最好能够从自己土地上生产丰足的财富;如果人民的需要是要靠商人来维持,那末在战争时期,当交通线被堵塞时,他们就会蒙受损失。而且,外来的客商会使任何人民的道德受到腐化的影响。"③在他看来,只有自给自足的自然经济才是一种正常的现象,才是人类幸福的根本。

阿奎那也同意中世纪早期基督教神学家关于商业和赚取利润是一种罪恶的说法,他从亚里士多德的观点出发,认为有两种不同的交换:"第一种可以称为自然的和必要的交换;当物品与物品交换或物品与货币交换以应生活所需时,就盛行这种交换。严格地说来,这种交换并不是商人的事情,而宁可说是管家或政治家的职分,因为他们的任务是设法使家庭或国家获得生活必需品。另一种交换是货币交换货币或任何种类的物品交换货币,它不是为了必要的生活问题而是为了牟利而进行的。严格地说来,正是这种交换似乎才算是商人的事情。按照亚里士多德的说法,因为第一种交换有利于自然的需要,它是值得称赞的。第二种交换理应受到谴责,因为它势必只会助长利欲,而利欲是漫无止境,总是得寸进尺的。因此,从本质上看,贸易总含有某种恶劣的性质,因为它本身并没有任何诚实的或必要的目的。"但是他又说:"虽然牟利本身并不包含

---

① 托马斯·阿奎那和其他中世纪神学家,都把农奴称为奴隶。
② 转引自卢森贝:《政治经济史》上册,三联书店1961年版,第41页。
③ 托马斯·阿奎那:《论君主政治》第二编第二章。转引自鲁友章、李宗正:《经济学说史》上册,人民出版社1979年版,第49页。

任何诚实的或必要的目标,它却也并不包含任何有害的或违反道德的事情。所以没有什么东西能够阻碍它转向某种诚实的或必要的目标。这样,贸易就变成合法的了。"①

阿奎那还进一步指出,一个人在以下两种情况下从事贱买贵卖可以免受道义的谴责。第一,是把收入用于某种必需的或正当的用途,例如,"当一个人使用他从贸易中求得的适度的利润来维护他的家属或帮助穷人时,或者,当一个人为了公共福利经营贸易,以生活必需品供给国家时"②,等等。第二,是原来买进时并无转手卖出的意图,而只是后来才希望卖掉它,并且在这个时期内,"他曾经对这些物品作了一些改进",或者"由于时间地点的改变而价格有了变动",或者由于"把这件物品从一个地方运到另一个地方时担负了风险"③,等等。他认为从这样一些商品中赚取的利润,只是一种"劳动的报酬",而且这些利润的数量,必须足以保证商人有相当于他的等级地位的生活条件。

在阿奎那以后,西欧中世纪的许多宗教神学家,事实上都逐渐放弃了对商业和商业利润的非难态度,虽然有时也反对商人的贪图高利。中世纪宗教神学家对商业和商业利润态度的转变,反映了13世纪以后商业的发展。

(三)关于公平价格。阿奎那关于公平价格的理论,在他的经济思想中占有重要的地位。他及其同代人对于公平价格的刻意强调,似乎与那个商业初兴时代由于市场竞争不够充分而存在大量的欺诈现象有关,是针对这些欺诈而提出来的。

早期基督教神学家奥古斯丁和罗马法学家所制定的法律中都曾提出过"公平价格"或"真正价格"的概念,但他们并没有展开论证。随着商品货币关系的扩大,商品交换中的价格现象引起了中世纪神学家、经院学者进一步注意和研究。他们从宗教伦理观念出发,认为应该防止贱买贵卖的行为。他们主张由封建君主、地方当局或特定团体来规定使买卖双方都不吃亏的"公平价格"。

在中世纪的天主教神学家、经院学者中,较早论述公平价格的是阿奎那的老师——亚尔贝兹·马格努。他是中世纪亚里士多德派第一个拉丁学者。他把公平价格看成是与生产上劳动的耗费相等的价格。他在《〈尼可马科伦理学〉注释》中写道:"因为制造床的人,如果不能得到相当于他对于床所耗费的数量和品质,那末他在将来就不可能重新制造一张床,从而制床业也就会消失。其

---

① 《阿奎那政治著作选》,商务印书馆1963年版,第143—144页。

② 《阿奎那政治著作选》,商务印书馆1963年版,第144页。

③ 转引自鲁友章、李宗正:《经济学说史》上册,人民出版社1979年版,第52页。参阅巫宝三主编:《欧洲中世纪经济思想资料选编》,商务印书馆1998年版,第13—14页;熊彼特:《经济分析史》第1卷,商务印书馆1991年版,第143页。

他的职业也是如此。"在他看来,只有劳动耗费相等的物品,才能互相交换;农民和手工业者生产的继续存在,就是以"按比例的报偿",即按劳动的等价交换作为基础的。①

阿奎那接受了他老师的观点,认为公平价格就是商品与商品或商品与货币之间的均等。他说:"在交换中,正像主要在买卖中看到的那样,付给某个人一些东西是由于收到他的一些东西……因此有必要在物物之间等价交换,使某人应该付还给别人的东西,恰恰与他从别人所有中取得的东西相等。"②在他看来,这种均等是以生产上所耗劳动量为转移的。他认为这种与生产上耗费的劳动量相等的价格,就是"公平价格"。他以房屋和鞋子相交换为例,说明房屋的价格要高于鞋子的原因,就在于建造房屋时,"在劳动耗费和货币的支出上都超过鞋匠"③。如果物品在出卖时隐瞒它的缺陷,或高于它的价值,都是对"公平价格"的破坏,因而是不道德的行为。

阿奎那不仅继承了他老师关于"公平价格"的观点,而且发展了他老师的观点,加上了主观因素。他力图用公平价格来证明封建贵族有权从劳动等价交换以外获得补充的收入。他从等级制出发,断言公平价格必须保证卖主有相当于他的等级地位的生活条件。他认为同一种物品,由于各个等级的地位不同,可以按照不同的价格出卖。为了证明这样做并不违反公平价格的原则,他又认为公平价格不只是取决于劳动,还由物品提供的效用决定,"可售物品的价格并不取决于它们在自然界的等级,……而是取决于它们对购入者的有用程度"④。"因为物品的公平价格并不绝对准确,可以说只是一种估算"。如果"一个人亟需某物,可另一方却会因为丧失此物而受到损害。……一件物品可以按高于其本身之值出卖,这是合法的"。因为"公平价格的确定,不但应考虑到出售的物品本身,还须考虑到卖方因失去它而遭到的损失"。所以,物品的卖价比它所耗费的劳动"稍微有些出入,似乎并不至于破坏公平精神所要求的均等"。⑤

阿奎那对于公平价格还有另一种解释,即认为公平价格是由供求关系决定

① 亚尔贝兹·马格努:《〈尼可马科伦理学〉注释》,第五卷,第二篇,第七章和第九章。转引自鲁友章、李宗正:《经济学说史》上册,人民出版社1979年版,第45—46页。

② 托马斯·阿奎那:《神学大全》第二部分,第三篇,第61题,第2条。转引自埃德蒙·惠特克:《经济思想流派》,上海人民出版社1974年版,第22—23页。

③ 托马斯·阿奎那:《亚里士多德〈尼可马科伦理学〉诠释》。转引自鲁友章、李宗正:《经济学说史》上册,人民出版社1979年版,第47页。

④ 巫宝三主编:《欧洲中世经济思想资料选编》,商务印书馆1998年版,第8页。

⑤ 巫宝三主编:《欧洲中世经济思想资料选编》,商务印书馆1998年版,第5页。

的。他说,当"一个卖主把小麦拿到粮价较高的地方以后,发现还有很多人带来更多的小麦",这时小麦的价格就会下降,而卖主所得到的价格仍然是公平价格。①

阿奎那针对当时存在的商业欺诈现象,专门考虑了两个问题:出售有缺点的物品是否使销售成为不合法? 卖方是否有义务说明出售物品的缺点?他区分了物品的三种缺点,(1)本质上的欠缺,即掺假物品;(2)分量上的欠缺;(3)质量上的欠缺。他认为卖主如果明知这些欠缺而不告诉买者,那就"不仅犯着不公平的销售的罪行,他还有赔偿之责"②。他强调卖者应当向买者说明物品的欠缺,并降价销售,否则将有违公平。③ 他还提到政府有责任规定物品的量具。④

在托马斯·阿奎那前后的几位经院学者,为了说明什么是公平价格,对于商品的价值决定因素,进行了初步的分析。部分人比较侧重强调成本、强调劳动耗费,另部分人则侧重强调需求的作用、强调效用。他们是弗里埃马·亨利(Henry of Friemar,1245—1340),巴黎大学校长基恩·布里丹(Jean Bridan,1295—1358),杰拉德·奥多尼斯(Gerald Odonis,1290—1349),以及约翰·克雷尔(1590—1633)。⑤ 亨利提出价值由"对稀缺的东西的共同需要"决定。布里丹强调消费者的数量和购买力的结合决定价值。奥多尼斯反对简单的劳动价值论,认为不同劳动的不同稀缺性决定不同劳动的不同工资,以及不同产品的不同稀缺性,从而决定不同产品的不同价值。这预示了价值理论在尔后几百年之间的分化发展。可以用以下图形来简要展示价值理论在中世纪的发展演化:⑥

---

① 托马斯·阿奎那:《神学大全》第二部分之二,第 77 题,第 2 条,第 1 条。转引自鲁友章、李宗正:《经济学说史》上册,人民出版社 1979 年版,第 48 页。

② 巫宝三主编:《欧洲中世纪经济思想资料选编》,商务印书馆 1998 年版,第 7 页。

③ 巫宝三主编:《欧洲中世纪经济思想资料选编》,商务印书馆 1998 年版,第 10—11 页。

④ 巫宝三主编:《欧洲中世纪经济思想资料选编》,商务印书馆 1998 年版,第 8 页。

⑤ [美]小罗伯特·B.埃克伦德等:《经济理论和方法史》,中国人民大学出版社 2001 年版,第 25—28 页。

⑥ [美]小罗伯特·B.埃克伦德等:《经济理论和方法史》,中国人民大学出版社 2001 年版,第 28 页。关于中世纪经院学者围绕公平价格(包括法定价格和非法定价格的公平问题)的讨论,可以参阅巫宝三主编:《欧洲中世纪经济思想资料选编》,商务印书馆 1998 年版,第 358—377 页。

```
                        ┌─────────────────────┐
         成本法则        │     亚里士多德        │      需求法则
    ┌───────────────────│  (公元前384—前322)   │───────────────────┐
    │                    └─────────────────────┘                    │
┌──────────────┐                                          ┌──────────────┐
│  劳动和成本    │                                          │   人的欲望     │
│ 亚尔贝兹·马格努 │                                          │ 托马斯·阿奎那  │
│ (1206—1280)  │                                          │ (1225—1274)  │
└──────────────┘                                          └──────────────┘
    ┆                                                              │
    ┆                                                     ┌──────────────┐
    ┆                                                     │  总量与稀缺    │
    ┆                                                     │ 弗里埃马·亨利  │
    ┆                                                     │ (1245—1340)  │
    ┆                                                     └──────────────┘
    ┆                                                              │
    ┆                                                     ┌──────────────┐
    ┆                                                     │   有效需求     │
    ┆                                                     │  基恩·布里丹   │
    ┆                                                     │ (1295—1358)  │
    ┆                                                     └──────────────┘
    ┆                ┌────────────────────────────┐               ┆
    ┆                │            综合             │               ┆
    └ ┄ ┄ ┄ ┄ ┄ ┄ ┄ │ 杰拉德·奥多尼斯(1290—1349)  │ ┄ ┄ ┄ ┄ ┄ ┄ ┄ ┘
                     │ 约翰·克雷尔(1590—1633)      │
                     └────────────────────────────┘
```

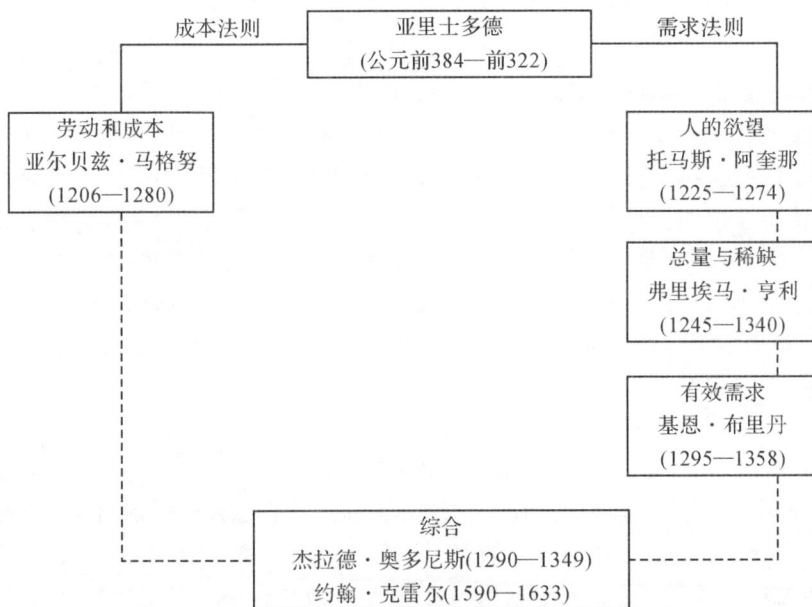

（四）关于货币。阿奎那从其公平价格理论出发，认为商品的价格既然应该是公平的，那么作为表现商品价格的货币就只能是便利交换，起辅助和从属的作用，而不能成为社会财富的代表。

对于货币的起源和本质论的论述，阿奎那从亚里士多德的观点出发，认为货币是人们协议的结果，是为交换而发明创造出来的。他在援引亚里士多德的著作时说：人们发明货币是为了用"它所定的价格"来衡量"物品的价值"。[①] 在他看来，统治者既有权铸造货币，因而也有权规定货币的重量、成色和购买力。这种见解，具有明显的货币名目论倾向，这与当时的历史条件有着密切的联系。因为在中世纪的西欧，政治权力四分五裂，每一个封建主都在自己的领地内铸造专门的货币，因此货币就被认为只具有纯粹属于想象的价格，或所谓"指定的价值"。他和其他一些中世纪思想家，都利用这种货币名目论的观点，来为统治者贬损铸币的政策辩护。

托马斯·阿奎那一方面认为货币似乎只具有纯粹属于想象的价值，它只是一种君主给予的"指定的价值"；另一方面，当商品交换越出铸造该货币的封建主领地的范围，要求具有足值的货币时，他又认为货币是商品，要求货币具有一定的重量和稳定的内在价值。他在《论君主政治》一书中，明显地反映了对这种货币价值的二重性的认识。他认为货币一旦丧失稳定的价值尺度，就不能成为

---

① 巫宝三主编：《欧洲中世纪经济思想资料选编》，商务印书馆 1998 年版，第 4 页。

财富的可靠担保了。"那时,贫困将打击所有在商业和交换中视货币为可靠尺度的人民。因此,贬损铸币无异于伪造重量和长度。"他劝告君主说:"在改变重量和成色或加以贬损时,必须以适度为目的。"①

(五)关于利息。借贷是否应当收取利息,这是西欧封建社会中发生争论的一个重要经济问题。阿奎那以前的中世纪早期神学家,都是引"圣经"和宗教信条,断言放债取利是一种不义行为。公元 325 年的尼西亚(Nicaea)宗教会议曾严禁僧侣们放高利贷,违者将被贬黜神职。② 这种禁令在那个时代有它的正当理由,因为那时生产性投资机会极少,人们借钱往往是为了应付天灾人祸,借来的钱经常用于消费性活动,并不产生利得,因此支付利息尤其是高额利息对于借款者,尤其是穷人就是一种极大的负担。所以高利贷禁令实际上是保护了借款者尤其是应付急需的穷人。

13 世纪以后,商品货币关系逐渐发展起来,以阿奎那为代表的基督教神学家,就不得不对禁止高利贷的教理作新的论证。他在《神学大全》中对"放债取利是否罪恶"的问题采取了肯定的答复。他说:"贷出款项而接受高利,按其本质来说是不公道的。"③但要根据不同的情况,作具体说明。他把物品分为两类:一类是在使用中就被消费掉的物品,如酒、小麦等,这类物品称为"消费物";另一类是在使用中并不被消费掉的物品,如房屋、土地等,这类物品称为"代替物"。他认为第一类物品的使用权和所有权"是不能分别考虑的,所以无论什么时候,只要把那件东西的使用权给与某一个人,也就同时把那件东西本身给了他。由于这个缘故,所有权就在这种情况下通过借贷的行为而有所转移。如果一个人分别地出卖酒和酒的使用权,他就是重复出卖同一件东西,即出卖并不存在的东西,他也就是显然违反了正义。根据同样的理由,谁要是要求拿两件东西来偿还酒或小麦的借贷,即偿还等量的东西本身和它的使用权的代价,他就是干了不正当的勾当。这种勾当就叫高利贷"。按照他的意见,出借第一类物品是不应当收取利息的,只有在出借第二类物品的时候,才可能收取利息。因为第二类物品使用权和所有权"是可以分别让与的。例如,有人把一所房屋的所有权让给另一个人,但自己保留着在那里居住一个时期的权利;或者,在另一方面,有人答应另一个人使用一所房屋,却自己保留它的所有权。因此,可以允许一个人接受一笔让与房屋使用权的代价,另外还可以允许他出售房屋本身

① 托马斯·阿奎那:《论君主政治》第二编第十三章.转引自鲁友章、李宗正:《经济学说史》上册,人民出版社 1979 年版,第 50 页。
② 巫宝三主编:《欧洲中世纪经济思想资料选编》,商务印书馆 1998 年版,第 199 页。
③ 《阿奎那政治著作选》,商务印书馆 1963 年版,第 144 页。

的产权,像我们在出售和出租房屋的手续中所看到的那样"①。

如果出借的东西是货币,那又怎么办呢? 在阿奎那看来,货币是属于第一类物品的"消费物",因此借贷货币也是不应该收取利息的。他说:"货币主要是为了便利交换而发明出来的;所以,货币的真正的和主要的用处在于它在交换这一业务中的消费或支出。因此,由于这个缘故,接受一笔代价或金钱为使用所借出的一宗款项的条件,乃是错误的。正如一个人必须归还他所非法取得的其他东西一样,他也必须归还他靠放高利贷获得的金钱。"②他还援引了亚里士多德关于"货币不能生育货币"以及这种"生育"是违反自然的说法,驳斥了认为利息是对时间支付的观点,断言单纯债务偿还的延迟是不能作为应当增加偿还数额的依据。他说:"时间是众人共有的财产,是上帝公平地赐给众人的,因而当高利贷者对时间索取报酬时,他既欺骗了他的邻人,也欺骗了上帝。"③

但是,在阿奎那的时代,信贷活动已相当流行,教会本身也积极参加了高利贷活动。在这种情况下,他为了迎合当时教会和世俗高利贷者的利益,又为放债取利提供了许多理由。据他说,如果出借的人由于出借而蒙受损失,那么"贷方可以毫无罪咎地与借方订立合同,对由于他放弃了属于自己的某些东西而产生的损失予以补偿,因为这并不是出卖金钱的用途,而是为了避免损失"。此外,他还为放债取利开辟了另一门路:如果出借的人以合伙形式,把货币委托给商人或手工业工匠,那么货币的所有权仍然属于出借人,出借人冒着丧失本金的危险,因此在这种情况下,货币所有者可以索取一部分利息,以作为合伙经营并担负风险的报酬。④

阿奎那关于利息是赔偿损失和报酬风险的说法,逐渐被后来的宗教神学家当作应该遵守的公平原则而加以承认。随着高利贷活动的进一步发展,教会禁止放债取利法规也就愈来愈松弛了。到 15 世纪,特别是 16 世纪上半期,虽然教会法规仍然保留着反对高利贷活动的条文,但事实上许多教会人士都认为收取利息是可以允许的。

---

① 《阿奎那政治著作选》,商务印书馆 1963 年版,第 144—145 页。

② 《阿奎那政治著作选》,商务印书馆 1963 年版,第 145 页。

③ 托马斯·阿奎那:《略论高利贷》第 1 卷,第四章。转引自鲁友章、李宗正:《经济学说史》上册,人民出版社 1979 年版,第 55 页。

④ 巫宝三主编:《欧洲中世纪经济思想资料选编》,商务印书馆 1998 年版,第 21—22 页。

第五节　西欧 14 世纪经院学者的代表人物 尼科尔·奥雷斯姆的货币学说

尼科尔·奥雷斯姆①（Nicol Oresme，约 1320—1382），14 世纪法国著名教士，被列为当时经院哲学唯名论②的三大代表之一③，其学术思想"直接追随"④弗兰西斯教团的经院哲学家、唯名论最著名的代表威廉·奥卡姆（William Occam，约 1285—1349）。他是当时杰出的数学家和物理学家，还是法国国王查理五世的密友和顾问。

奥雷斯姆生于法国卡昂，早年到巴黎求学，1356 年成为纳瓦尔大学硕士，六年后任鲁昂学院院长，1377—1382 年被任命为利泽尔地区的主教。他兴趣广泛，在神学、数学、天文学方面的论著均卓有成效。他还应法国国王查理五世的邀请，将多种古典拉丁著作译成法文，有不少抄本和印本，获得广泛流传。在经济学说方面，他于 1360 年前后，著有一本专门论述货币问题的著作——《论货币的最初发明》。这本著作，"通常被认为是第一本专门讨论某一经济问题的专著"⑤，它是针对当时严重的货币贬损而撰写的。

自 12 世纪以来，西欧各封建君主和庄园主，都利用当时盛行的货币名目论观点，即把货币的价格看作是属于纯粹想象或所谓"指定的价值"。他们为了满足自己的贪欲，或弥补财政困窘，而大肆贬损货币，即在不变更货币面值的情况下，减低金属货币的重量和成色，以攫取财富收入。从此，货币贬损问题困扰了西欧各国达数百年。从 14 世纪中叶起，这种货币贬损情况，尤以法兰西更为严重，几乎使货币制度濒于崩溃。于是一些有识之士为反对货币贬损而起来著书立说，进行斗争。而奥雷斯姆的这本论述货币问题的专著，就是"这方面最著名

---

① 《新帕尔格雷夫经济学大辞典》第 3 卷，经济科学出版社 1996 年版，第 807—808 页。

② 唯名论是与实在论相对立的一个中世纪哲学派别，它认为事物先于一般概念而存在，一般概念就是事物的名称，它承认事物的第一性和概念的第二性。

③ 当时唯名论的三大代表，除奥雷斯姆外，还有两位：一位是奥雷斯姆的老师琼·比里当（Jean Buridan，1300—1358）；另一位是德国神学家加布里埃尔·别尔（Gabriel Biel，1430—1495）。熊彼特将琼·比里当和尼科尔·奥雷斯姆两人"挑选"为 14 世纪经院学者的"代表性人物"（约瑟夫·熊彼特：《经济分析史》第 1 卷，商务印书馆 1991 年版，第 148 页）。

④ 罗素：《西方哲学史》上卷，商务印书馆 1982 年版，第 577 页。

⑤ 约瑟夫·熊彼特：《经济分析史》第 1 卷，商务印书馆 1991 年版，第 148—149 页。

的权威"。① 这里,仅就这本专著的内容,作一概述。②

（一）关于货币的起源和性质以及用作货币的材料。奥雷斯姆指出,事物常常是"在一地区存量极其丰足,而在别一地区则极其稀缺",于是就产生物物交换方式;但这种物物交换"会引起许多困难和争执,结果终于使某些才华出众的人设计出一种比较方便的交换事物方式——使用货币。借助于这个手段,对于那些自然财富,彼此之间就可以进行衡量和交换,从而使我们可以极其方便地获得其必需品的供应。我们可以把一切货币叫作人造的财富"。因此,一些"黑心人"为了获得这种财富而施尽种种"阴谋诡计",干出"许多罪恶"勾当,其中"包括数不清的谋杀案件,即由此而起,……所以会发生这种结果,是由于恶人的贪财好利,而不是货币自身所造成,货币自身对人类生活大有助益而且是必不可少的,货币的使用是件好事"。虽然,在货币的"通常使用中似乎是个鄙俗的东西",但如同亚里士多德所说,"货币对全体国民说来是极其有用的,是须臾不可离的";又如卡西奥多拉斯所说,"货币的发明,特别是对公共福利来说,是必不可少的"③。

在奥雷斯姆看来,货币是"用以便于交换自然财富的一种人为手段"。既然"货币是用以互相交换自然财富的一种手段,……这个手段就应当便于授受,便于携带,以便于使用时只须以其较小的部分,就可以购买或交换自然财富的较大数量,此外还有若干别的条件……"。他认为,金、银这两种贵金属最符合这种要求,"因为贵金属对一个国家的供额说来,既不会过多,也不会过少"。如果金、银这两种贵金属不足,那就可用铜或贱金属的合金。他还指出,"并不是一切珍贵之物都宜于制成货币,像宝石、胡椒、料器等等就不相宜,只有如上所述,金、银和铜才能供作这方面的用途"④。

（二）关于货币的铸造问题。奥雷斯姆指出,最初的货币是以金属的原形态来流通,每次交换使用这种货币时,均需"过秤是很麻烦的,而且这种以重量计的货币与所需购入的商品未必能铢两悉秤,在许多情况下卖主也无法确定货币所含金属的质量。于是就有些明智人士提出主张,可以把原来轻重不等的一块一块的货币统一起来,规定某一固定的品质和重量,然后在这样的货币上加上

---

①　约瑟夫·熊彼特:《经济分析史》第 1 卷,商务印书馆 1991 年版,第 156 页。

②　参阅巫宝三主编:《欧洲中世纪经济思想资料选编》,商务印书馆 1998 年版,第 422—423 页。

③　A. E. 门罗:《早期经济思想——亚当·斯密以前的经济文献选集》,商务印书馆 1985 年版,第 72—73 页。卡西奥多拉斯(Cassiodorus,死于公元 175 年)为罗马政治家。

④　A. E. 门罗:《早期经济思想——亚当·斯密以前的经济文献选集》,商务印书馆 1985 年版,第 73—76 页。

大家所熟悉的印记,标明所含金属的品质和重量,以解除人们的疑虑"。① 这种用金属铸造盖有印记的硬币,就是铸币。

奥雷斯姆强调指出,货币铸造的"通则"是,"除了用价值较低的金属铸造的低值币外,铸造货币决不可使用合金。例如,某一国使用的如果是金币和银币,只要其地黄金是可以在不搀杂质的情况下铸成硬币的,金币内就决不可搀用较贱的金属。理由是这样的混合币必然要引起猜疑,对于其中所含黄金的质量和数量都不容易辨认"②。在他看来,这是任何一个健全的政府所必须遵循的原则,这是大众利益之所在。

奥雷斯姆认为,只有"享有最高威望和权力的"一国国王,才有"行使铸币之权",才能在铸币上"打上博得大众信任的印记。这种在国王命令下打上的印记应当是制作精美,不容易伪造的。并且应严格禁止本国臣民,甚至邻国君王铸造印记相同或价值较低的货币,以致使一般老百姓无法辨认真伪,此等不法行为一经发现,将处犯者以死刑。……倘使作祟者是外国君王,由此将成为宣战的正当理由"。他进而指出,虽然"货币的铸造和压印标记之权"属于国王,"但这并不是说国王是,和应当是在其境内流通的货币的所有人,因为……货币是人与人之间交换自然财富的合法手段。因此,货币事实上属于拥有这类财富的那些人的,因为某人如果为了换取货币而付出了他的粮食或体力劳动,那么这项货币当然应归他个人所有,就像他的粮食和劳动力在提供交换以前,他有随他之意全权处理的情况一样"③。

在奥雷斯姆看来,既然货币是属于拥有自然财富的社会团体或个人所有,那么铸造货币的费用,就应由这些团体或个人自己负担。他说:"费用可以从货币本身扣除……假定硬币所用的材料是黄金,供作铸币用的生金的收买价格,可略低于已铸成的硬币的价格,……假定1马克白银可用以铸成62苏,每马克的必要的成本是2苏,那么,1马克生银只应值60苏,其间的差额是铸币费用。经过这样扣除的数额,用以供作铸币费,在任何时候都应当是足够的。"因此,他认为扣作铸币费的余额,"不宜过大,……如果扣除过多,就将有害于整个社团,

① A.E.门罗:《早期经济思想——亚当·斯密以前的经济文献选集》,商务印书馆1985年版,第76页。

② A.E.门罗:《早期经济思想——亚当·斯密以前的经济文献选集》,商务印书馆1985年版,第75页。

③ A.E.门罗:《早期经济思想——亚当·斯密以前的经济文献选集》,商务印书馆1985年版,第77页。

这是任何人一想就会明白的"①。

（三）关于货币的稳定和变革以及当时君主们贬损货币通常所采用的方式。奥雷斯姆在阐述这一问题时，他首先同意亚里士多德的原则，如无绝对的必要或全社会公认有效的场合，不能改铸货币或改变币值。他说："一切薪水和岁入都是按固定的货币镑、苏和丹尼尔的数目计的，这就很明显，除非是出于整个社团的要求，作出改动有其明显的必要和利益，否则不可轻易改革。关于这一点，亚里士多德在《伦理学》第五卷谈到货币时说：当然，在性质上最需要稳定的事物就是货币。"②

奥雷斯姆认为，要保持货币稳定，必须严格遵循货币变革的条件。他在谈到变革货币的比率时，明确指出："以金币与银币之间的比率言，彼此在价值与重量上应当始终有一个确定的关系。由于黄金生来优于白银，因此，一定量黄金的价值比同一定量白银的价值要大得多，比白银更加珍贵，采取时也比较困难，因此黄金的价值比同一定量白银的价值要大得多。以具体的比率表示，大致为二十比一，就是说，一磅黄金，其价值达 20 磅白银，一马克黄金，可值 20 马克白银，等等。比率有时也未尝不会变动，如二十五比三等，但这应以金银之间自然的比率或比例为依据。这个比率一经确定以后，除非由于比较罕见的材料自身的变动，因此有充分理由改变其比例关系外，对于这个比率不宜随意抹煞或改变。比方说，如果黄金的供额不及币制建立以前那样丰富，此时与白银相比其价值应较高，其价应有所变动，但是，如果变动不大或是所变动的程度几乎等于零，国王就无权作出改变。"③

在阐明上述观点的基础上，奥雷斯姆进而详细地揭露了当时君主们贬损货币所采用的方式，并将其归结为如下几点：

首先，是君主们"任意改变"金银之间的"比率"，用这种"不正当手段把大众的货币和财富引归己有。假定他对黄金评价偏低，用白银尽量买进，然后将金价提高后售出，或者用以铸成硬币，按新价格发行，这就等于对他国内的谷物规定一种价格，按价全部买进，然后再提高价售出。任何人一眼即可看出，这种勒

---

① A. E. 门罗：《早期经济思想——亚当·斯密以前的经济文献选集》，商务印书馆1985 年版，第 78—79 页。

② A. E. 门罗：《早期经济思想——亚当·斯密以前的经济文献选集》，商务印书馆1985 年版，第 79—80 页。

③ A. E. 门罗：《早期经济思想——亚当·斯密以前的经济文献选集》，商务印书馆1985 年版，第 80 页。

索是真正的残暴行为,比埃及的暴君更差"①。

其次,是货币的"名称和价格都无变动,而重量有了改变",即"他得的是分量十足的货币,然后用以铸成并发行分量较轻的货币",这显然是一种"欺诈行为"。关于这一点,他引证罗马政治家卡西奥多拉斯的话说:"度量的标准是专用以体现公正这一概念的,如果在这上面弄虚作假,那还有什么是比此更恶劣的罪行? 通过这个方式,作为一位国王,就可以把别人的钱财攘为己有。"这是"上帝所深恶痛绝的"。《旧约·申命记》里,就谴责这类行为,并指出"这样得来的财富不久便会被消耗和丧失掉"。因为"作为一位国王如果降低附有他自己图像的货币的重量或成色,还有谁信任他"②。

第三,是国王擅自改变货币的材料或货币材料的混合比率。奥雷斯姆指出,这是"非法的",是"伪造货币"。他说:"如果一位国王改变了盖有印记的货币的重量和成色,他就似乎在不声不响地进行欺骗,犯了伪证罪,……前面已提到,国王借口于更改货币的重量,可以用这种不正当手段向人民侵夺很大一部财产,由此还会引起许多别的不良后果。这里所说的欺骗行为比改变货币重量更为恶劣,因为它手段更为狡猾,不易被人觉察,对社团的危害性更大。"③

除了改变金银之间的比率、货币的重量和质量外,奥雷斯姆指出,当时的君主还通过改变货币形式、体积、名称、印记和价格等方式,来诈骗、攫取别人的财富;此外,他们还有通过货币经营以牟利的方式,如兑换、受托保管或进行货币买卖、高利贷等。

奥雷斯姆谴责君主们通过这种方式的"利得是不义之财",是"不法行为","盗窃行为","勒索行为";是"赤裸裸的专横表现","名副其实的暴君的行动"④。

(四)关于贬损货币的后果。在奥雷斯姆看来,君主们贬损货币会造成以下三方面严重的不利影响:第一个方面,就是对国王本人不利。首先,"作为一位国王而作奸犯科,伪造他的货币,把不是金子说成金子,把不是一磅说成一磅,就未免太说不过去。……他知法犯法,自己犯了应由他对别人判处死刑的那样的罪行,将使他感到何等可耻"。其次,"作为一位国王而容许他国境内的货币

---

① A. E. 门罗:《早期经济思想——亚当·斯密以前的经济文献选集》,商务印书馆1985年版,第80页。

② A. E. 门罗:《早期经济思想——亚当·斯密以前的经济文献选集》,商务印书馆1985年版,第82页。

③ A. E. 门罗:《早期经济思想——亚当·斯密以前的经济文献选集》,商务印书馆1985年版,第83—84页。

④ A. E. 门罗:《早期经济思想——亚当·斯密以前的经济文献选集》,商务印书馆1985年版,第84—86页。

可以没有固定价值,可以按照拥有者的意愿随时波动,……这样的作风是非常恶劣的。……结果使得应当高度稳定的东西陷于极其不稳定和混乱状态,使国王丢脸,而他是应当注意到惩罚那些犯有造成这样波动的罪行的人的"。再次,"一位国王不尊敬他的前任者是很不光彩的,因为尊敬双亲是每个人必须遵守的圣诫。当他禁止使用原来的货币,用镌有他自己的肖像,并用降低了成色的货币来代替原来的金币时,他似乎毁损了他祖先的荣誉。……这对他的后代说来是非常危险和有害的"①。

第二个方面,会造成"对整个社团的损害"。首先,"由于货币的改革和减低成色,尽管在价值较高的地区实行时加意小心谨慎,而黄金和白银的数量在国内仍然会日趋减少,这是因为人们喜欢把货币带到其值更为高的那些市场。因此,在实行降低成色的那些国家,其货币材料的供额将日趋减少。在外国的人有时会伪造这种低值货币把它运到通用这种货币的国家,通过这种欺诈行为取得国王所预期的利益。此外,通过这些改革过程引起的对货币材料的一再熔化,材料将部分地消耗。因此,通过这样的降低成色和改变质量,货币材料将在三个方面逐渐减少。……还有,出于货币变质和降值的结果,国外的商人既知那里通用劣质货币,将相戒裹足不前,不再以他们的优质商品和自然资源运往这个国家,因为最足以鼓励商人把自然资源和优质货币运往一个国家的是在那里使用的货币质优而价格稳定这一事实"。从而大大减少了"良币在国内流通",市场充斥"质量较差的货币"。这就是思想史上最初对劣币驱逐良币规律的阐述。其次,正由于良币减少,劣币充斥市场,就必然使该国的商品买卖"陷于那样的混乱状态,其他商人和手艺人在彼此之间做交易时将不知何所适从。……国王和贵族的岁入以及一切年金、薪水和应付款项,将无法作出公平的核定的支付……更糟的是,将无法以货币安全地贷给任何人。世界已被这种货币改革困扰到这样地步,甚至为上帝子孙中的贫困者进行的神圣慈善事业,也受到妨碍。然而,货币材料、商品和上面提到的一切事物,对人类来说都是必要的或极其有用的,缺少了它们,对整个社会团体来说将是莫大的损害"②。

第三个方面,会造成对社会真正有贡献的人遭受损失而贫困,而另一些不配享有巨大财富的人或不法分子却大发横财。首先,"社团中有些人所从事的是受到尊敬的、对全体国民有益的事业,如自然资源的取得、向上帝做祷告、法律的执行,以及为公共需要或公共利益而进行的任何其他事务。这些事务的实

---

① A. E. 门罗:《早期经济思想——亚当·斯密以前的经济文献选集》,商务印书馆1985年版,第86—87页。

② A. E. 门罗:《早期经济思想——亚当·斯密以前的经济文献选集》,商务印书馆1985年版,第86—88页。

践者就是教士、修道士、法官、军人、商人、手艺人、农业劳动者这类人"。这类人是社团中的"大多数和最优秀的那部分人",他们对社会作出了"最有价值的贡献"。而他们所创造的价值,"却被以卑鄙龌龊、狼狈为奸为营生的那些人所得"。因此,这类人在货币贬损情况下"蒙受损失",而"处于贫困状态"。但在"社团中的另一些人可以自由自在地用卑鄙手段增加其财富,如货币兑换商、以经营货币为业的商人、货币熔化者……大宗款项的管理者和经手者,于货币改革时即可从中渔利,所依靠的是机会或巧诈手段,这是违反上帝的旨意和公平原则的,这样的人是不配享受这样巨大的财富的"。有些人还会"玩弄手腕或通过友好,事先设法侦知内情,然后用劣币囤积商品,伺机转售,以易取良币,借此手段,顷刻可以致富,其所得比用通常经营方式所能致者倍蓰不止"。其次,当君主们采用种种方式或手段贬损货币时,还会"引起一些坏分子伪造货币,这是由于'既然国王这样做,我也不妨跟着做'的想法,或者是由于认为其所作所为一时不易觉察。结果,将货币改革频繁时期与始终使用优质货币时期相比,作恶多端的情况会变本加厉,在账目收付和款项进出上会引起无数纠纷和贪污行为,以致争执,甚至诉讼纷纷而起。此外还有更加严重的弊害,恕我笔难尽述,这就难怪亚里士多德要说,一事失策则百弊丛生"①。

奥雷斯姆的上述货币学说,与在西欧中世纪占统治地位的阿奎那的货币观点是相对立的。阿奎那是把货币看作纯粹属于想象的或"指定的价值",并利用这种货币名目论观点来为封建统治者贬损货币作辩护的,而奥雷斯姆则不仅是理论上的货币金属论者,而且他还在实践上坚决反对君主减低货币金属的重量和成色,反对君主用贬损货币的办法来掠夺公众财富的。因此,奥雷斯姆对货币的这种论述,在早期西方经济思想史上,是具有"革命性的"。② 他明确显示了对货币研究的"非宗教观点和公正立场的开始"③。埃里克·罗尔在谈到奥雷斯姆的这本论述货币学说的专著时,指出:"在奥雷斯姆著作中通篇浸染着以后时代的精神。贸易被看成是理所当然的事;虽然奥雷斯姆信奉神学信条,他主要侧重研究商人的问题。他所关心的是保护商业阶级免受君侯的种种压迫。这已成为日益现实的问题,虽然那时还没有引起其他思想家们的重视。奥雷斯姆不仅预示了后来一阶段教会对于经济问题的看法所经历的改变,也预示了世俗

---

① A. E. 门罗:《早期经济思想——亚当·斯密以前的经济文献选集》,商务印书馆1985年版,第88—89页。

② 《新帕尔格雷夫经济学大辞典》第3卷(K—P),经济科学出版社1996年版,第808页。

③ A. E. 门罗:《早期经济思想——亚当·斯密以前的经济文献选集》,商务印书馆1985年版,第71页。

思想最终所遵循的方向。"①所以熊彼特认为,当时奥雷斯姆的这本专著,"获得了巨大成功"②。

第六节 西欧 15 世纪经院学者

在这个世纪,似乎与意大利的经济繁荣相关,西欧主要的经济思想家都出现在意大利。

一、圣·伯纳迪诺

圣·伯纳迪诺③(1380—1444),意大利西耶那的晚期经院学者,神学家。1484 年出版了他的《永久的福音》,其中部分内容涉及商业、契约、交换和价格等问题。

在所有制问题上,伯纳迪诺追随亚里士多德,肯定了私有制。但有趣的是,他像中世纪的许多神学家一样,反对寺院外面的公有制,但支持寺院内的公有制。

在对待商业的问题上,伯纳迪诺与托马斯·阿奎那不同,完全认同贸易和制造业,只是反对商业欺诈。这种态度也许是他生活在一个比阿奎那更晚从而商业更加发达的时代的结果。对于商品的价值,他认为由三种成分决定:商品的内在有用性、稀缺性和合意性。他的合意性似乎是为了强调商品的伦理性质。他认为市场价格是市场集体议价的结果。他认为决定商品价格的规则也同样决定着劳动工资。在利息问题上,他也像大多数经院学者一样持反对态度。

二、迪奥梅德·卡拉法

迪奥梅德·卡拉法④(1406—1487),意大利的行政官员,在《论王权和好国王……的作用》一书中,他首先讨论了一般政策原理和防务原理,然后讨论了司法裁判,再往后讨论了财政问题,最后讨论了经济政策。书中他提出了一系列

---

① 埃里克·罗尔:《经济思想史》,商务印书馆 1981 年版,第 52 页
② 约瑟夫·熊彼特:《经济分析史》第 1 卷,商务印书馆 1991 年版,第 148 页。
③ 参阅[英]莱昂内尔·罗宾斯:《经济思想史:伦敦经济学院讲演录》,中国人民大学出版社 2008 年版,第 47—49 页。
④ 参阅[美]约瑟夫·熊彼特:《经济分析史》第 1 卷,商务印书馆 1991 年版,第 248—249 页。

值得注意的经济观点:(1)希望政府保持预算平衡,并且有节余用于福利开支。(2)政府应当避免强制性借款,因为强制性借款类似于抢劫和偷盗。(3)赋税应当公平、确定和适中,以避免资本外流和压迫劳动,因为劳动是财富的源泉。(4)工商业自由发展,不要政府干预。(5)应当用贷款和其他方法鼓励发展工商业和农业。(6)不要为难外国商人。

三、卢卡·帕乔利的复式簿记

卢卡·帕乔利(Luca Pacioli,1445—1514),15 世纪意大利的修道士达·芬奇的好朋友。他于 1494 年出版了《有关簿记的论文》和《算术、几何及比例性质摘要》,第一次系统介绍了复式簿记的基本原则,包括日记账、总分类账、银行结单、更正账目、结算,等等。① 被誉为"会计学之父"。从今天的眼光来看,他的贡献更多的属于管理学而非经济学,但是考虑到古希腊的经济学实际上就是今天人们所说的管理学,因此把他列入对经济学有贡献的经院学者并无不妥。今天在意大利设有帕乔利奖,专门奖励世界各国那些在哲学人文学科作出杰出贡献的学者。②

当然帕乔利可能并非复式簿记的原创者,因为在他出版《算术、几何及比例性质摘要》前一个世纪的 1395 年,意大利的一家公司的总账中就已经包含了复式簿记的基本特征。但是他作为复式簿记原则的系统介绍者,其功劳不可小觑,是对企业管理经济学的一大贡献。这个贡献出现的年代非常值得注意,那时资本主义的曙光正在出现,一个以商业为主的社会形态正在兴起,对利润的追逐正在逐渐成为经济主体的目标,而复式簿记的推广就为这些追逐利润的企业提供了正确计算利润的技术手段。19—20 世纪的德国经济学家松巴特就写道:"复式簿记诞生于和伽利略、牛顿同样的精神中,像现代物理学和化学学说一样重要。"③瓦尔特·奥伊肯作了更高的评价:"没有复式簿记就没有资本主义。"④

总体上看,中世纪的欧洲和阿拉伯—伊斯兰世界,它们的学者并未把经济作为一个独立于政治、宗教领域的问题来对待,对商品市场问题的分析更是凤毛麟角地依附于对其他问题的考虑中。而且即便考虑,那也只是从伦理规范的

---

① 沃尔夫冈·霍夫曼:《资本的代数学》,载尼格拉斯·庇巴、维夫赫德·海兹主编:《46 位大经济学家和 36 本名著》,海南出版社 2003 年版。

② 见汪晖:《公理、时势与越界的知识》,《中华读书报》2013 年 10 月 23 日,第 13 版。

③ 转引自沃尔夫冈·霍夫曼:《资本的代数学》,载尼格拉斯·庇巴、维夫赫德·海兹主编:《46 位大经济学家和 36 本名著》,海南出版社 2003 年版。

④ 转引自沃尔夫冈·霍夫曼:《资本的代数学》,载尼格拉斯·庇巴、维夫赫德·海兹主编:《46 位大经济学家和 36 本名著》,海南出版社 2003 年版。

角度去告诉人们应当做什么、怎么做，而非对经济现象是什么、怎么样、为什么进行实证分析。但是，他们对公平正义的追求，启发后人的伦理思考。他们对什么是公平价格的探索，引起了后人对于市场价格的实证分析。他们关于所有制的并不一致的论断，为后来的自由主义思潮和社会主义思潮都准备了一定的出发点。

参考文献

[1]姚子范:《西欧中古的经济思想》，载《外国经济思想史讲座》，中国社会科学出版社 1985 年版。

[2]《阿奎那政治著作选》，商务印书馆 1963 年版。

第二编
西欧中世纪后期封建社会解体和
资本主义产生时期的经济思想
（15世纪至18世纪中叶）

第五章　重商主义时代的经济思想与经济政策综述

第一节　重商主义产生的时代背景

从15世纪中期开始,一直到19世纪中叶,西欧意大利,伊比利亚半岛的葡萄牙、西班牙,荷兰,英国,法国等国家,中世纪以农业为基本产业的封建社会逐渐衰落,以工商业为基本产业的资本主义开始萌芽,并艰难地,有时甚至是曲折反复地成长起来。这一时期的经济思想,作为主流的是一种被称作重商主义的思潮。它于18世纪中叶以后为古典主义所替代,但是重商主义的经济政策,则进一步延伸至19世纪中叶。①

从15世纪中叶到18世纪中叶这一长达300年左右的时期,从经济思想史的角度,可以称作重商主义时代。如果进一步考虑到经济政策转变的滞后,那么从经济政策的角度,似乎也可以把重商主义时代延伸到19世纪中叶。这样,重商主义政策的延续时间就长达400年左右。这样的时间跨度值得注意,因为从18世纪中叶到今天也不过约250年左右,而从19世纪中叶到现在更只有150年左右。由此可知,要对这一长时段的经济思想作一个综合性的说明,概括的程度必定很高,从而也就往往会不够精确细致。

由上述说明可知,重商主义时代,可以有广义和狭义的区分。广义的重商主义时代,可以是指重商主义政策的持续时间,它大致可以从15世纪中叶的1453年伊斯兰奥斯曼帝国攻占君士坦丁堡,东正教的拜占庭帝国灭亡开始,到

---

① 《新帕尔格雷夫经济学大辞典》第3卷,经济科学出版社1996年版,第477—481页。

1845 年英国废除谷物法为止。狭义的重商主义时代,大致可以从 17 世纪初开始,到 1776 年亚当·斯密发表《国富论》结束。因为欧洲各国重商主义文献的大量涌现始自 17 世纪,而《国富论》的发表则意味着重商主义思想主流地位的丧失,虽然其政策仍然延续了 70 多年。

用一些确定的时间来为连续变化的历史划分不同的阶段,往往有武断之嫌。然而只要不把历史看作是截然分段的过程,选择一些确定的时间作为历史发生重大变化的标志,还是有益于人们加深对历史变化的转折点的认识的。

1300 年前后,作为中世纪十字军运动的后果之一,从地中海的意大利开始,西欧和北欧渐渐开始了一场商业革命。意大利的威尼斯、比利时的布鲁日、荷兰的安特卫普曾经相继成为这场革命的执牛耳者。

15 世纪上半期与航海有关的技术的进步(其突出表现就是当时中国明朝的郑和七下西洋),为 15、16 世纪之交出现的远洋探险和贸易,奠定了技术基础。

1453 年,土耳其人占据君士坦丁堡后,封闭了欧洲基督徒通往东方的传统的陆上贸易道路,即中国人通常所说的丝绸之路。伊斯兰教的商人通过垄断欧亚大陆东西方之间的贸易,获取了丰厚的利润。由于当时欧洲国家同东方贸易中,输出的黄金多于输入的黄金,贵金属大量从欧洲流出,而欧洲开采出来的金银又极为有限。欧洲各国深切感到缺乏金银,于是金银就成为人们渴望的万能之宝。

传统商路的中断、贵金属的匮乏,迫使欧洲各国的商人,尤其是地中海沿岸各国的商人,必须寻找新的通商路线,寻找能够带来金银财富的贸易对象。

15 世纪,伊斯兰奥斯曼帝国在欧洲的东南方得到了扩张。但是在同一个世纪里,基督徒在欧洲西南方的伊比利亚半岛却不断驱逐伊斯兰势力,甚至跨越地中海,渗入到北非一些地区。1415 年,西班牙的航海家亨利王子攻占了直布罗陀海峡西部南岸的要塞城市休达。1492 年,具有强烈宗教信念的西班牙伊莎贝拉女王占领了伊斯兰穆斯林在伊比利亚半岛的最后的据点格拉纳达。

征服异教徒的宗教狂热和发财致富的贪欲,作为两股动力,推动着欧洲的基督徒去寻求通往东方的新途径。在这一即将开始的海洋冒险时代,欧洲西南角伊比利亚半岛的葡萄牙和西班牙,作为曾经受到伊斯兰教统治的基督教国家,迈出了最初的一步。

1492 年,哥伦布与西班牙的伊莎贝拉女王达成协议,开始探寻到达东方的新航路。对金银的追求无疑是最主要的动机之一。哥伦布曾这样喊道:"金真是一个奇妙的东西!谁有了它,谁就成为他想要的一切东西的主人。有了金,甚至可以使灵魂升入天堂。"①紧随其后,1497年,西班牙人达·伽马,开始绕过非洲探寻到达东方的新航路。葡萄牙人和的西班牙人就在这种"求金欲"的驱使下,发现了通往美洲新大陆和东方的新航路。

15世纪末16世纪初,新大陆和新航路的发现,在尔后的250年左右的时间里,极大地促使西欧各国开始向外殖民,并对殖民地展开掠夺,从而开辟了一个世界性的市场,大大加速了西欧资本主义的产生与发展。为了适应地理大发现后资本主义经济的迅速发展,必须具备两个基本条件:(1)有大批人身自由而又丧失了生产资料、只能依靠出卖劳动力为生的劳动者的存在。(2)有大量的为组织资本主义生产所必需的货币财富。这两个条件是通过所谓的资本原始积累实现的。

在资本原始积累促使封建社会解体和资本主义建立的过程中,商业资本曾起过非常突出的作用。商业和商业资本的发展,促进了小商品生产者的两极分化,促进了国内市场的统一和世界市场的形成。世界市场为商业资本的活动开辟了广阔的场所,推动了对外贸易的迅速发展。当时西欧各国采取各种措施发展对外贸易,并在对外贸易中结合着海盗行径和对殖民地人民的血腥掠夺,以及各国在争夺殖民地过程中的战争。从1600年到1667年,欧洲只有一年的和平。

在商业资本发展和壮大的同时,西欧国家建立了以农商经济为基础的中央王权国家。在中央集权较弱的国家如英国,国王和商业资产阶级为了双方各自的利益而结成联盟。各个商业公司不断通过寻租活动谋求特权,国王则往往赋予一些商业公司特许垄断的地位。而在王权专制程度较高的中央集权国家如法国,政府甚至直接从事商业活动。

中央王权国家的崛起,往往伴随着争夺海外市场的日益发展的海外贸易,以及国内争夺商业特权的寻租竞争和政府直接经营商业,这些就是西欧重商主义思潮发生发展的具体的国内外背景。

在资本主义经济发展的基础上,产生了资产阶级的意识形态。新兴的资产阶级为了从事商业、工业和其他方面的活动,就要求摆脱封建制度的压迫和宗教神学的束缚。于是从13世纪末开始,一直到1527年西班牙国王查理五世洗劫罗马止,意大利兴起了生气蓬勃的文艺复兴运动。新兴资产阶级的思想家,开始研究古代的古典著作,想从古代文化遗产中,找出反对中世纪教会所宣扬的禁欲、超尘和出世的思想。他们打起了人文主义的思想旗号。人文主义以人为注意的中心,反对一切遵从上帝的旨意。人文主义者用人性来和神性相对

---

① 转引自《马克思恩格斯全集》第23卷,人民出版社1972年版,第151页。

抗,以人权来反对神权,以个性自由来反对宗教规范的束缚。这种新兴的资产阶级思想,支配了资本主义初期的文学、艺术、科学技术以及各个思想领域的发展。

当时的重商主义者,在文化复兴运动的影响和推动下,抛弃了从神学的角度来观察经济现象的方法,用人的观点,更确切地说,用商人的观点,来研究与商品货币有关的"世俗利益",从而迈出了经济科学研究的第一步。因此,重商主义就是在中世纪晚期为适应资本原始积累的需要而产生的一种代表商业资产阶级利益和中央集权的君主利益的经济学说和政策体系。重商主义经济学说和政策体系的形成,标志着经济学说的产生。

重商主义时代经历了将近300年左右。在如此漫长的时间里,西欧各国的发展是存在很大差异的,由此导致各国的重商主义思潮的不同表现。

首先是位于地中海中部的意大利。新商路的出现改变了世界贸易的走向,地中海的重要地位逐渐被大西洋所代替。意大利明显衰落了,以至于到17世纪,意大利的重商主义更多地表现为如何挽救一个衰败国家的经济的对策。

然后是西南欧的葡萄牙西班牙,替代意大利成为世界贸易执牛耳者。西班牙在几乎整个16世纪成为西方霸主。16世纪初的地理大发现和随之而来的对于美洲的阿兹特克(现墨西哥)、玛雅(现中美洲)和印加(现秘鲁)各国的征服和殖民掠夺,给它带来了巨额的金银财富。同时通过欧洲皇族之间的联姻,伊莎贝拉将其女儿嫁给哈普斯堡王室的腓力,西班牙成为除了英国和法国之外控制几乎大半个欧洲的帝国。然而由于一系列对内对外的错误政策,西班牙于16世纪即将结束之时趋于衰落,其标志性事件就是1588年与英国海上作战时无敌舰队的惨败。自那以后,西班牙又经历了将近350年左右的时间,到20世纪中期才再次进入现代化的行列。因此,西班牙的重商主义,以主要活动于17世纪的人物为代表,更多地表现为对于不发达经济的特征的分析,以及解决不发达问题的对策。①

第三个是荷兰。伴随着大西洋北部波罗的海贸易的发展,荷兰替代西班牙成为17世纪的西方霸主。波罗的海周边地区的经济和贸易的发展使荷兰在17世纪成为欧洲继西班牙之后最强大的国家,其重要标志就是替代葡萄牙人成为远东贸易的主要国家。但是由于英法两国的崛起,到18世纪,它相对衰退为二流的欧洲国家。在这个国家逐渐开始兴起的17世纪初,出现了一个后来被称作国际法之父的格劳秀斯。面对葡萄牙对于远东贸易的垄断,在欧洲近代史上

---

① 参阅科西莫·佩罗塔:《早期西班牙的重商主义:欠发达的首次分析》,载拉尔松·马格努松主编:《重商主义经济学》,王根蓓、陈雷译,上海财经大学出版社2001年版。

第一个喊出了自由贸易的政策主张。① 而这一呼喊,一直要到近 150 年之后才在英国得到回声。

第四个是英国,这是重商主义大获全胜的一个国家,虽然重商主义的主流地位最后被古典经济学所替代,但是重商主义对于英国经济的发展,使英国在 18 世纪的英法竞争中得以胜出的作用,是不容低估的。同时这个国家也是重商主义思想得到清楚表述的国家,后人在介绍重商主义思想时往往要以英国的重商主义者作为典型。

第五个是法国,它是重商主义最终带来悲剧性结果的一个国家,虽然在最初的时期,它曾经导致一度的繁荣。因此,以 17 世纪的财政大臣柯尔贝尔为代表的法国重商主义往往被后人所诟病,认为他们要为法国在 18 世纪的衰败和由此诱发的大革命负责。当然重商主义并非导致法国在 18 世纪与英国的角力中败北的唯一原因。

最后是德语世界(包括今天的德国和奥地利)。作为当时欧洲的落后地区,重商主义思想作为一种克服落后状态的对策,也得到了很好的,甚至是不亚于英国的阐述。当然由于种种原因,德语世界要在重商主义时代结束以后再等待近一个世纪之后,才在重商主义的一种新翻版——李斯特的贸易保护主义——的影响下,迈入现代化的进程。

重商主义时代经历了将近 300 年左右。在如此漫长的时间里,虽然重商主义是经济思潮和政策的主流,但是同时在各国也时断时续地出现过许多具有古典经济学思想萌芽的思想家。如 17 世纪荷兰的格劳秀斯、英国的威廉·配第等,18 世纪英国的曼德维尔、法国的布阿吉尔贝尔。

虽然可以把 1776 年作为世界范围中重商主义时代的结束之年,但是这并不意味着重商主义思潮在世界范围中永远销声匿迹。相反,在以后的年代里,可以一次又一次地发现重商主义思想以不断翻新的面容,出现在那些力图从原来的落后状态中挣扎出来,进入现代化行列的国家中。这就是今天仍然需要仔细研究重商主义思想的原因。

第二节　重商主义的基本观点、政策及发展阶段

重商主义时代经历了 300 年左右的时间。在如此漫长的时间里,重商主义思潮既体现为特定的经济观点,也表现在那时不同国家的对内对外的经济政策

① [荷]格劳秀斯(1608):《论海洋自由》,上海人民出版社 2005 年版,第 64 页。

上。既有占据主流地位的重商主义思潮,也有不少不同程度摆脱重商主义的经济思想和政策。因此介绍重商主义时代的经济思想,就要兼顾观点和政策;要区别不同的国家分别加以介绍;既要介绍主流的重商主义,也要介绍不同程度摆脱重商主义的经济思想和政策。

"重商主义"一词由法国的老米拉波①于 1763 年创造,用以概括从 15 世纪中叶到 18 世纪中叶西欧的主流经济思想。在这一长达 300 年左右的时间里,对经济问题感兴趣且对经济思想有所贡献的主要是四类人:经院学者、世俗的政治学家(包括法学家)、从事商业活动的商人和一些政府官员。

介绍和评论重商主义时代的经济思想,并不是一件非常容易的事情。困难首先在于,这一时期的经济学并不像今天那样,已经成为一门独立的学科,而是作为一种混杂于,甚至依附于神学、哲学、史学、政治学或庞杂而未分化的社会科学(曾被称作道德哲学)的并非太重要的部分而存在的。它不是哪一个思想家系统的理论体系,往往只是若干学者的一些零散的见解。要在这些散布于许多学者论著中的零散见解中发现或建立起内在的逻辑结构,几乎是不可能的。而如果这样做了,也一定会极大地扭曲当时的真实状况,给人以假象。

困难之二在于,虽然这一时期主流的经济思想和政策是重商主义的,但是要准确地确定每一位具体的思想家是否属于重商主义者,却困难多多。有一些思想家也许可以算作完全的重商主义者,如英国的托马斯·孟,法国的柯尔贝尔,等等;一些则可以称作完全的古典主义者,如荷兰的格劳秀斯,英国的达德利·诺斯;而另外一些思想家则往往同时具有重商主义的观点和古典主义的观点,如英国的威廉·配第、约翰·洛克,等等,如何判定他们的归属着实不易。虽然以往的经济思想史论著通常把他们两人判定为古典主义的先驱,但是他们的重商主义观点似乎并不比其他一些习惯上被称作重商主义者的人逊色。

因此,本书在介绍这段时间的思想家的经济思想时,不是先把他们简单地分为两大类——重商主义者和具有古典经济学思想萌芽的思想家,而是基本上按照时间顺序,分国别介绍他们的观点和政策主张,同时分别指出他们思想中的重商主义成分和古典主义成分。

一、重商主义的基本理论和政策

围绕着什么是财富、财富的来源,以及如何积累财富等问题,大约从 14 世纪末开始,西欧国家的一些封建统治者和有识之士,为了摆脱财政困境与发展商品经济,已开始在发展对外贸易上寻找出路,提出了重商主义的政策建议。

---

① 法国重农主义者,魁奈的朋友,大革命时期重要政治家米拉波之父。

当时的英王理查二世(1377—1405)为了克服财政困难的袭扰,曾问计于他的大臣。当时英国皇家造币厂一位名叫理查德·艾尔斯伯里(R. Aylesbury)的官员,于1381—1382年给国王的奏折中建议:由于英国国内没有金银矿藏,国内的金银都是从国外输入的;因此,如果国王能对进出口贸易加以统制,使从国外购买商品的数额小于出售给外国的商品数额,即实行"少买多卖"的外贸政策,那么,大量的金银货币就会源源不断地从国外流回英国。

在理查德·艾尔斯伯里提出这个政策建议后的四个世纪里,围绕着什么是财富、财富的来源,以及如何积累财富等问题,西欧各国的许多商界要人、银行家、官吏、学者展开了一系列的探讨和争论。在他们之中,涌现出一大批替统治者出谋划策的智谋之士。他们把与商品货币有关的经济现象作为专门研究对象,著书立说,谋求依靠国家力量,扩展商业,增加财富之路。于是,在西欧诸国形成了一股长期流行的重商主义思潮。

重商主义者并没有把他们自己的见解作为一个完整的经济理论体系加以阐述,他们的著作都是以专题或小册子的形式发表的。但他们的见解、观点是互相联系的。重商主义的基本观点是:只有能实现并且真正实现为货币的东西才是财富,因此,财富就是货币,货币就是财富;于是他们把国家的经济政策和一切经济活动统统归结为从外国攫取金银。

从这种基本观点出发,重商主义经济学说和政策体系的要点是:(1)财富的直接源泉是流通领域,即生产物转化货币的领域,因此,商业是财富之源。(2)并不是一切流通都是财富的源泉,国内贸易虽有用处,但不能增加国内的货币量,只有通过将本国商品输出国外,换回金银的对外贸易,才能增加一国的货币量。(3)流通是利润的源泉,利润只是一种让渡利润,即商品贱买贵卖的结果,而只有对外贸易才能为一个国家带来真正的利润,因为国内的贱买贵卖只会使一部分人占便宜而另一部分人吃亏,甲之所得恰为乙之所失。(4)对外贸易必须是顺差,即应尽量少向国外购买而尽量多向国外售卖。(5)商品生产只是对外贸易的先决条件,工业是为商业服务的,国内商品生产应服从于商品输出的需要,应竭力发展工场手工业,生产在国外可高价畅销的商品。(6)政府必须积极干预经济生活,通过制定法令以保护国内的工商业,以促进对外贸易的发展。(7)政府积极干预经济生活的一个重要方面,就是干预对外贸易:对制成品出口实行补贴,对国内有加工能力的原材料和半成品征收出口税乃至禁止出口。例如英国在18世纪早期就禁止纺织业所需的大多数原料——羊毛、毛线等的出口。对进口商品则加以限制,有的实行高额进口关税,有的则干脆禁止进口。例如英国于1651年和1660年两次颁布的航海条例就禁止外国商船出入英国港口,货物的进出口必须由英国的船只装运。(8)政府积极干预经济生活的另一个重要方面,就是设立对外贸易特权,建立行政特许的外贸垄断公司,如英国的东印度公司,或者是政府直接经营的经济活动。① 以便在对外贸易中通过独买抑止进口商品价格和通过独卖抬高出口商品价格。这种设立对外贸易特权的做法,激发了大量的寻租行为,也在一定程度上增加了政府的收入。(9)政府积极干预经济生活的第三个重要方面,就是由政府对出口商品进行监督检查,以保证其质量,促进出口。如法国就针对产品质量制定了大量且详尽的规章制度。(10)政府积极干预经济生活的第四个重要方面,就是设法维持低工资政策,以通过贫困来强制劳动者工作,同时通过由此引起的低成本来加强本国产品在国际市场上的竞争力。②

二、重商主义的发展阶段

重商主义思潮在欧洲诸国是逐渐兴起和逐渐衰落的。一般说来,它在 15 世纪中叶以后逐步流行,至 18 世纪中叶开始逐步衰落。但它在欧洲各个不同国家和地区的兴衰情况又是迥然相异的。

虽然在 14 世纪末叶就已经有人提出重商主义的政策,但重商主义在英国作为一股思潮的形成,通常都是从"玫瑰战争"结束、英王亨利七世即位的 1485 年算起的;英国重商主义的高潮是在伊丽莎白女王统治的时代(1558—1603)和斯图亚特王朝时期(1603—1649,1660—1714),到 18 世纪的下半期,英国重商主义已处于衰落时期。

从政策主张上看,英国重商主义思潮在发展过程中有两个阶段:早期重商主义和晚期重商主义。

早期重商主义者主张严禁金银出口,在对外贸易上奉行绝对的"少买多卖"原则。他们认为只有尽量少买或不买,才能做到少花钱而将金银货币积累起来,使国家富裕;反之,货币就会离手,使财富丧失,国家贫困。早期重商主义者以守财奴的眼光看待货币,主张销售量大于购买量,在经济政策上严格禁止货币出口,力图在国内把货币以贮藏的形式积累起来,达到发财致富的目的。因

---

① [美]小罗伯特·B.埃克伦德、罗伯特·F.赫伯特:《经济理论和方法史》,中国人民大学出版社 2001 年版,第 41—49 页。

② 需要提醒读者的是,并非所有人都认同上述关于重商主义观点和政策的米拉波—斯密界定。德国新历史学派的主要代表施穆勒就认为重商主义思潮反映的是整整一个时代的变迁,"即社会及其组织的总的转变,国家及其制度的总的转变,地方的经济政策被国家的经济政策所取代",而并非狭窄的贸易规制政策。英国的经济史专家阿斯莱、瑞典的经济史专家赫克歇尔等人都持有类似的观点。见[英]莱昂内尔·罗宾斯:《经济思想史:伦敦经济学院讲演录》,中国人民大学出版社 2008 年版,第 66—68 页。

此,早期重商主义被称为"重金主义"或"货币差额论"。①

晚期重商主义者主张在保证货币进口多于货币出口,有更多的金银运回本国的前提下,允许金银出口以发展对外贸易,他们重视扶植工场手工业的发展以扩大商品出口,并容许货币出口以发展殖民地转运贸易,主张降低物价同外国竞争,还容许借贷,但要求对外贸易出超,获得顺差,使更多的金银流回本国。因此,晚期重商主义被称为"重工主义"或"贸易差额论"。由于贸易差额论与商业资本的要求最相适应,所以晚期重商主义又称为"真正的重商主义"。

法国重商主义大概在17世纪下半期,特别是在法国国王路易十四起用柯尔培尔任财政大臣推行重商主义政策期间(1665—1683)达到了高潮。

德国和奥地利,不仅重商主义思潮兴起较晚,而且表现形式也与英、法等国不同。

由于各国的历史条件不同,重商主义者的学说和政策主张在各国具有不同的特点。这些不同的特点,表现在各国重商主义代表人物的著作中。

第三节　重商主义的历史地位

重商主义思潮,对于批判地继承古代著作家的经济思想和近代经济学作为一门独立科学的产生,都曾起过重大的影响。因此,在经济思想史上,重商主义处于承前启后的地位。

重商主义者深受文艺复兴思潮的影响,他们从人文主义的思想出发,主张用人的观点,更确切地说,用商人的观点,观察事物和考察社会生活的一切现象。他们反对古代奴隶主封建主阶级思想家维护自然经济和反对货币财富的观念。

古代世界经济思想的基本原则,是亚里士多德的二分法,即将经济活动分为经济与敛财两类。他们对经济加以肯定和赞扬,而对敛财加以否定和痛斥,至多也不过把它当作一种无法避免的罪恶加以容忍而已。重商主义者依据对周围现实经济的考察,批判了古代著作家的这种赞扬自然经济和贬低商品货币经济的观点,继承和发挥了古代著作家反映商品生产、商品交换、贸易、货币、生息资本等现象的经济观点。重商主义者注意和研究的中心恰恰就是被亚里士多德称之为敛财术的方面。

---

① 西班牙作为美洲贵金属的最大输入国,也在很长一段时期实施重金主义政策,严禁金银出口,违者处死。

重商主义者反对中世纪神学家把"圣"书、宗教规范伦理观念作为人们行为的准则，反对从宗教规范伦理观念中寻找经济论证的根据。他们力图从中世纪的宗教神学和伦理观念的束缚中解放出来，把经济现象作为独立的研究对象。他们认为衡量一切经济事物的尺度是人，更确切地说，是渴望发财致富的商人。

重商主义者是把商业实践反映到理论上来的经济研究者。他们把注意和研究的中心放在论证与商品货币关系发展有关的"世俗利益"上，对社会经济现象进行实际研究，并在研究中开始注意寻找经济现象之间的因果关系。这在经济思想的发展史上，是一个大进步。

重商主义作为最早的经济思潮出现在西方经济学史上。重商主义者对财富及其源泉的理解虽然是片面肤浅的，但是它在人类历史上第一次将经济活动作为一个专门研究对象，在方法上注意寻找经济现象之间的因果关系。所有这些都为经济学这门科学的产生准备了条件。

重商主义作为中世纪晚期出现的一种经济思潮，是中央王权的农商社会替代分封制农业社会以后，一些商人、官员，以及学者，对于一个相对落后的国家如何实现经邦治国、富国强兵、富国裕民目标的最初思考。这些思考以及在它影响下的经济政策，对于资本主义生产方式的勃兴，产生过非常重大的影响，在许多地方（尤其是英国）促进了资本主义市场经济的产生和发展，推动了资本主义工场手工业的成长，为资本主义生产方式所需要的大量货币财富的积累准备了条件，从而加速了资本主义的产生和发展。而随着西欧资本主义的发展兴盛，主张加强政府干预的重商主义思潮便逐步失去市场，退出历史舞台。

然而，重商主义并没有销声匿迹。不少后发展国家往往在其发展的某一个阶段要以不同的形式重复重商主义的观念和政策。如 18 世纪后期的美国和 19 世纪前期的德国的贸易保护主义。而且凯恩斯经济学也在主张政府干预方面与重商主义具有某些"显著类同处"。[①] 凯恩斯曾赞扬过重商主义者关于增加货币量、降低利率、刺激投资以扩大就业的政策的主张。他说："重商主义者从禁止高利贷，维持国内货币数量，防止工资单位上涨等数方面，竭力设法压低利率；若国内货币数量，因为不可避免的贵金属外流、工资单位上涨等原因，过形不足，则不惜诉诸货币贬值以恢复之。这种都表示重商主义者之智慧。"[②]

参考文献

[1]拉尔松·马格努松主编：《重商主义经济学》，上海财经大学出版社 2001 年版。
[2][荷]格劳秀斯：《论海洋自由》，上海人民出版社 2005 年版。

---

① 转引自杨雪章：《凯恩斯主义》，商务印书馆 1963 年版，第 14 页。
② 凯恩斯：《就业、利息和货币通论》，商务印书馆 1963 年版，第 288 页。

第六章　重商主义时代西欧各国经济思想(16—17世纪)

第一节　16世纪西欧法学家、政治学家的经济思想

16世纪是西欧的商品经济开始逐渐发展的时期,这个世纪或许也是经院哲学占据重要地位的最后一个世纪。

首先需要关注的是16世纪初期意大利著名政治学家马基雅维利(1469—1527)对于日后经济学方法论的影响。虽然他研究的领域不是经济学,但是他在其写于1513年的名著《君主论》中所采用的方法,对于以后的社会科学包括经济学都产生了深远的影响。他因此被称作是近代第一位社会科学家。[①]

不同于中世纪经院哲学家那种单纯的规范分析方法,《君主论》完全摆脱了从宗教伦理出发去要求人们应当如何作为的套路。它的方法是实证分析,即以人性恶劣且认知有限为基本前提假设,通过对大量历史案例的分析,探讨君主们实际上是如何取得政权、维持政权或失去政权。在总结历史经验的基础上对君主们提出劝诫。[②] 日后,弗朗西斯·培根赞同并采纳了马基雅维利的经验分析方法,彻底抛弃了经院学者的教条主义方法。而《君主论》中对人性恶劣的假设,或许通过17世纪的霍布斯、18世纪初的曼德维尔,以及17世纪中期的亚当·斯密,演化成为经济学中的经济人假设。

其次需要关注的是16世纪的宗教改革对经济生活和经济思想的影响。马丁·路德(1483—1546)和约翰·加尔文(1509—1564)这两位宗教改革的旗手,似乎前者对于宗教思想的解放和改革具有重大影响,而后者对于经济生活和经济观念的影响更大。

加尔文复活了古代的预定论学说,认为上帝预先就已经选定一些人得以拯救,而另外人将被抛弃。但是这种宿命论的观点却被引向一种积极入世的行

---

① ［美］亨利·威廉·斯皮格尔:《经济思想的成长》上,中国社会科学出版社1999年版,第66页。

② ［意］马基雅维利:《君王论》,湖南人民出版社1987年版。

为,因为它强调每个人是被上帝青睐还是抛弃,必须通过在世俗生活中的成功与否来知晓。而这种成功的标志在当时的条件下就表现为商业活动的成就。这样,加尔文就把新教徒的兴趣引向了商业领域,起码是认可新教徒的商业活动。人们不必再像中世纪那样为从事商业而心存内疚,反而可以为商业上的成功而感到宽慰。加尔文的这种新教观念无疑为欧洲尤其是西欧自那时起出现的商业革命提供了部分解释,尤其是心理层面的解释。伴随着对于商业活动的认可,加尔文对于利息现象也采取了比较宽容的态度,从而为整个欧洲思想界逐步改善对于利息的看法,进行了一定的铺垫。[①]

16世纪欧洲思想界逐步活跃的一个不可忽视的技术原因是德国人古登堡于1454年发明的活字印刷。它降低了书籍的成本,促进了思想的传播。

从总体上看,16世纪经院学者和世俗的政治学家、法学家的经济思想还没有明显的重商主义的特征,他们虽然关注由于商品经济的发展所带来的一些新问题,但是受制于中世纪思想传统的影响,往往是从规范伦理的角度去分析考虑这些问题。因此他们最关注的经济问题是赋税的公平问题,与商业的发展密切相连的债息的公平问题,以及货币与物价水平问题,还不是18世纪中期以后及19世纪那些萦绕在经济学家头脑中的与民族国家的强盛有关的各类问题。[②]公平,或者说公道,是这个世纪经院学者和世俗的政治学家、法学家考虑政府(往往是国王)与公民之间关系,公民相互间的商品交换关系和借贷关系的基本准则。围绕这一准则,他们对经济现象做出了大量的规范性研究,当然也不可避免地进行了一些实证性分析。规范研究始终是他们考虑问题的出发点和主要目的,而实证分析则不过是顺手捎带的产物。这一点与当代经济学是有重大差异的。他们的公平观念的核心便是所谓的"公共利益",而这种"公共利益"实际上不过是有关各方的经济利益的总和与平衡。从这种公共利益观出发,经院学者如莫利纳和卢戈提出了价值的效用理论,把效用认作是价值的根源,认为成本仅仅是决定价值的一个因素。他们实际上列举了决定价格的所有因素,只

---

① 〔美〕亨利·威廉·斯皮格尔:《经济思想的成长》上,中国社会科学出版社1999年版,第68—69页。

② 介绍16世纪经济思想的主要困难在于这一时间的经济论著很大一部分尚未译成中文,中文文献中缺乏关于这些思想的第一手资料,就连第二手资料也少得可怜。目前国内比较像样的第一手资料主要是门罗编辑的《早期经济思想》,第二手资料主要是熊彼特的《经济分析史》第1卷。根据二手资料作介绍和评论,难免有遗漏曲解之误。例如,熊彼特在《经济分析史》第1卷(商务印书馆1991年版,第149页)中,指出16世纪经济思想的代表人物为梅尔卡多,莱西于(1554—1623)、莫利纳(1535—1600)和德·卢戈(1583—1660)。可惜国内这四位代表性人物的译作一无所见,于是我们在具体介绍16世纪的经济思想时,便只能以门罗的《早期经济思想》中所介绍的两位人物(莫利诺斯和博丹)为主了。

是未把它们整理归纳为供求两个方面。而且莫利纳等人与亚里士多德及早期经院学者不同,不是把公平价格等同于正常价格,而是等同于任何竞争价格,因此他们反对任何私人操纵价格或政府干预价格的行为。

关于货币问题,这些后期经院学者和世俗的政治学家、法学家几乎一致提出了严格意义上的金属货币理论,都从物物交换的困难推论出货币的起源,都反对降低货币成色,其中个别人如梅尔卡多、波兰的哥白尼、西班牙的纳瓦鲁斯、法国的博丹和英国的约翰·黑尔斯还明确提出了货币数量论,用货币数量来解释一般物价水平的高低。关于分配问题,由于当时的生产力水平和产业组织的状况,他们还不可能提出地租、工资和利润理论,也不可能建立实物资本的理论,因此主要是关于利息的理论。而利息理论的重点也还不是利息的决定机制、利息的根源,以及利率的决定、利率的经济功能等实证性问题,而主要是利息和利率是否公正、是否应当存在等诸如此类的规范性问题。与之相应,他们所关注的主要是对于个人经济行为(诸如交换和放款等)的价值判断,而很少涉及对整个经济体制的价值判断。从个人行为的公正观念出发,他们探讨了何为公正的问题,于是自然状态就往往被看作是导致公正的状态。那么什么是自然状态呢? 从这一问题入手,他们便打开了通向实证分析的大门。

把公正解释为自然,这是从规范研究转向实证分析的关键一步。它预示了以后年代的经济学将以实证分析作为自己的主要内容。

下面分别介绍 16 世纪政治学家、法学家等关于利率和货币物价的观点。

一、法国法理学家莫利诺斯和英国民法学家威尔逊关于利率的不同观点

卡罗律斯·莫利诺斯[①](Carolus Molinaeus,1500—1566),16 世纪最优秀的法学家之一,曾在巴黎当过法国宫廷和议会的法律顾问。1539 年因发表《巴黎人的风俗习惯》一书而获得很大名声,但在 1546 年发表《论契约与高利贷》[②]一文后却遭到强烈反对。以后他又发表了《批评亨利二世滥用罗马法例》,批评教会滥用权力,结果遭到猛烈攻击,致使他不得不远走他乡去了德意志,辗转于各大学任教,并参与一些宗教上的争论。1564 年他又发表了《关于三十条教规的建议》,开罪了宗教争论的双方。两年后逝于巴黎。

莫利诺斯的《论契约与高利贷》一文,逆着中世纪对高利贷行为的一派谴责

---

① 卡罗律斯·莫利诺斯是夏尔·杜默林(Dumoulin)的拉丁文名字。

② 该文的另一种译名为《论商业和货币利得》(见熊彼特:《经济分析史》第 1 卷,商务印书馆 1991 年版,第 156 页注 1)。据本人看法,更恰当的译名应是《论契约与货币利息》。熊彼特对该文的评价不高,认为它并未对经济分析作出任何贡献。

之声,明确肯定高利贷行为是一种符合《圣经》教义的行为,同时又对债息应有的高低提出了自己的见解。他首先引证《圣经》,表明"依据神的律令,只要不背于仁爱之道,高利贷并不是受禁止的和非法的。使用高利贷的方式种类繁多,要禁止和谴责的只是有乖仁爱和睦邻之道的那种方式"①。然后他从正面论证了放债取息的合理合法之处,认为双方自愿的借贷行为并未违反《圣经》规定的仁爱之旨,反倒是以互爱为出发点的。因为债权人答应帮助债务人,从自有资金中给出一笔贷款供债务人使用,而债务人则答应从使用这笔资金所获取的收益中拿出一部分酬答债权人。双方均未因此而遭受损失,相反双方尤其是债务人还将获得无此借贷行为便不可能获取的利益。因此,只要"债务人是有力量还本付息的,而且可以得心应手地保留其大部分利得。……这种利息对之并无损害,也没有讹诈性质,反而对之大有裨益,因此绝不悖于仁爱和和睦之道,也不违背神的令和自然法则,而且在良心上也是心安理得的"②。同时他又指出,如果债务人因确有困难而不能偿付利息甚至本金,债权人也应当以仁爱之心对待债务人,不应伤害他。在作完正面论证之后,莫利诺斯又对数种反对放款取息的论点一一提出了反驳意见。首先是托马斯·阿奎那的论点,即放贷者出售的东西并不存在,或是同一事物出售了两次,或是一件东西得到了双份报酬。对于这种观点,他认为应当把货币本身和货币的使用看作是两件事。借款者向放款者归还本金,表示偿还货币本身,而支付利息则表示借款者使用货币所付的报酬。第二种论点认为借贷关系是把所借之物的所有权转移给了借款方,因此他不必为使用这笔款项而向放款方支付报酬。对此,他认为放款方是把货币的使用权借给了对方,因此就像借钱还钱一样,借去了使用权也必须付出相应的回报。第三种论点认为借款人承受着风险,其收益是风险报酬,不必再从中取出部分交给放款人。对此他认为,借款人用借到的本金所获取的收益并未全部由不担风险的放款人得到,民法也并未规定放款人需承担风险,因此将利润的一部分作为利息付给放款人是合理的。第四种论点认为放债取息会导致人们普遍弃农弃商弃工,只想放款赚钱。对此,他认为这个论点并未说明放债取息不行,只是说其规模和范围要受到限制。第五种论点认为放债取息是乘人之危趁火打劫。对此,他认为这种论点也并未说明一切放债取息行为都不好,只

---

① 巫宝三主编:《欧洲中世纪经济思想资料选辑》,商务印书馆 1998 年版,第 49 页。参阅 A. E. 门罗:《早期经济思想——亚当·斯密以前的经济文献选集》,商务印书馆 1985 年版,第 93 页。

② 巫宝三主编:《欧洲中世纪经济思想资料选辑》,商务印书馆 1998 年版,第 50 页。参阅 A. E. 门罗:《早期经济思想——亚当·斯密以前的经济文献选集》,商务印书馆 1985 年版,第 95 页。

是说明一部分过分的和不合理的放债取息行为不好。①

在批驳了反对放债取息的种种论点之后,莫利诺斯强调,借贷关系对于需要资金周转的商人,就像货币对于进行交易的人一样是必不可少的,因此是不应当取消的。②

莫利诺斯的结论是:第一,要在一定程度上容忍和保留放债取息行为;第二,应当用一定的规则来节制这种行为;第三,符合规则的放债取息行为是合法的;第四,以放债取息为幌子损害借款者利益的行为是非法的。③ 关于利息的高低,他也谈了三点意见:第一,利息应当高于资金收益的最低额,否则债务人将倾向于延期还款,从而损害债权人利益;第二,为对延期付款付息加以惩处,利息应当比资金的平均收益为高;第三,利息的上限以资金的最大收益为好,因为超过这一上限,则借款人的利益将受到损害。④ 概括这三点,可知他的看法是在延期支付不受惩罚的条件下,利息应当高于资金的平均收益但低于最高收益。

莫利诺斯上述为放款取息辩护的观点遭到当时舆论的反对,但同时也为他赢得了国际性的声誉。

与莫利诺斯相反,英国国会议员、法官、外交官和国务大臣托马斯·威尔逊⑤(Thomas Wilson,1525—1581)于 1572 年出版《论高利贷》一书,书中坚决反对任何利率,但这已经是中世纪反对利率思想的尾声。⑥

二、货币数量论萌芽:天文学家哥白尼、西班牙牧师纳瓦鲁斯和法国政治学家博丹

16 世纪出现的一个重要现象就是美洲贵金属大量流入欧洲和欧洲大规模持续的通货膨胀。

1492 年哥伦布(1451—1506)发现了美洲。1518—1521 年西班牙贵族科尔迪茨(1485—1554)摧毁美洲阿兹特克王国(即今天的墨西哥)。1531 年西班牙殖民者毕萨罗征服秘鲁。不久,其他西班牙殖民者分别征服智利(1536)、哥伦比亚(1538)、阿根廷(1549),以及巴拉圭、乌拉圭等地。在短短半个世纪左右的

---

① 巫宝三主编:《欧洲中世纪经济思想资料选辑》,商务印书馆 1998 年版,第 52—58 页。

② 巫宝三主编:《欧洲中世纪经济思想资料选辑》,商务印书馆 1998 年版,第 58—59 页。

③ 巫宝三主编:《欧洲中世纪经济思想资料选辑》,商务印书馆 1998 年版,第 60 页。

④ 巫宝三主编:《欧洲中世纪经济思想资料选辑》,商务印书馆 1998 年版,第 61—62 页。

⑤ 《新帕尔格雷夫经济学大辞典》第 4 卷,经济科学出版社 1996 年版,第 1000 页。

⑥ [美]亨利·威廉·斯皮格尔:《经济思想的成长》,中国社会科学出版社 1999 年版,第 71 页。

时间里,西班牙就征服了几乎整个拉丁美洲。只有巴西于1500年落入葡萄牙人手中。葡西两国在新大陆大肆掠夺贵金属。其中西班牙在1521—1544年间,平均每年运回黄金二千九百公斤,白银三万零七百公斤。1544—1560年间,数量激增,黄金平均每年五千五百公斤,白银二十四万六千公斤。到16世纪末,全世界贵金属开采量的83%为西班牙所有。[①]

16世纪贵金属爆发性地大量输入欧洲,与此相伴随的现象就是欧洲大规模持续通货膨胀。1510年欧洲开始出现货币贬值通货膨胀。[②] 以西班牙南部的安达卢西亚为例,从1500年到1600年,物价上涨了5倍。

指出美洲贵金属大量流入与欧洲大规模持续通货膨胀之间的关系,即货币数量论,也许是这个世纪经济学最重要的发现。货币数量论与高利贷是否公正这类问题的不同之处,在于它是一个实证性论断。

16世纪最早提出货币数量论的是天文学家哥白尼,早在1522年(也有人认为是1538年),他就已经在手稿《货币铸造比例》中提出了货币在过多时会贬值的论点,而且这还是在美洲贵金属大量流入欧洲之前。但是他的这部手稿直到1816年才出版,可以认为其影响也许有限,当然不排除他与其他人有口头或书信交流。[③]

16世纪中期,西班牙的纳瓦鲁斯(Navarrus,1493—1586)通过观察西班牙的现实情况,再次提出了货币数量论的观点。他是西班牙多明我会的一位牧师,教授教规法,曾经在法国图卢兹大学与下面将要介绍的博丹一起工作过,属于西班牙的萨拉曼卡学派[④]。这个学派强调商品价格的决定因素既有主观估计又有客观的生产成本,接近供求价格论。他们认为,货币也是一种商品,其价格由供求决定。由此他们推导出货币数量论。纳瓦鲁斯谈到"所有商品若面临强烈需求而供给短缺则会变得更贵。货币,既然它可以出售、讨价还价,或者依某种形式的契约相互交易,也就是商品,因而当它面临强烈需求而供给短缺时也会变得更贵"。同样,他以供求价格论为基础,论证了外汇交易,以及从中获利

---

①　朱寰主编:《世界通史》中古部分,人民出版社1972年版,第350—359页。

②　对此有不同看法,也有人认为欧洲的通货膨胀从16世纪30年代开始。见朱寰主编:《世界通史》中古部分,人民出版社1972年版,第354页。[英]约翰·米尔斯:《一种批判的经济学史》,商务印书馆2005年版,第96页。不妨采用一种折中观点,即16世纪30年代之前,通货膨胀主要由降低铸币成色引起;而30年代之后,则主要源自大规模贵金属输入。

③　[美]亨利·威廉·斯皮格尔:《经济思想的成长》,中国社会科学出版社1999年版,第76页。[英]莱昂内尔·罗宾斯:《经济思想史:伦敦经济学院讲演录》,中国人民大学出版社2008年版,第58页。因格拉门:《经济学史》,商务印书馆1932年版,第48页。

④　萨拉曼卡是西班牙西部的一个城市,16世纪,那里一些多明我会的修士非常出色地研究了货币、价格和高利贷等经济问题,被后人称作萨拉曼卡学派。

的合理性。①

多明我会的经院学者弗兰西斯科·德·维多利亚及其继承人,也都以货币数量论为基础分析了美洲黄金对于贸易的影响。② 萨拉曼卡学派的经济学家马丁·阿斯皮利奎塔(Martin de Azpilcueta)于 1556 年(比下面介绍的博丹早 13 年)就明确表达了货币数量论的观点,该派另一位学者路易斯·摩利纳也阐述了货币数量论和供求价格论。③

尽管有哥白尼和西班牙学者的贡献,人们一般还是把发现货币数量论归功于法国政治学家博丹。④ 出生于法国翁热的让·博丹⑤(Jean Bodin,1530—1596)被认为是亚里士多德以后最重要的政治学家之一。大学时攻读法律,毕业后先是在图卢兹从事法学教学,尔后赴巴黎当律师,旋又投身政界。1576 年在布卢瓦当选为议会议员,致力于信仰自由和和平事业,后因反对国王的财务计划而得罪国王,遭贬退居拉昂担任一次要职务。作为一个学识广博的人,他的主要著作是《国家论(六卷)》(1576),《研究历史的捷径》(1566),他对经济学的主要贡献是在一篇名为《对马莱斯特罗特侈谈物价高昂及其补救办法的答复》(1568,以下简称《答复》)的论文中第一次明确提出货币数量论。

马莱斯科特(de Malestroit)是当时的一位官员,似乎曾经主持调查物价上涨的原因,并于 1566 年出版《关于货币价值过程的悖论》,书中认为金银的大量增加并未引起其真实价值的变化,它们和其他商品的真实交换价值不变,只是铸币的贬值(成色不足)才导致物价的上涨。即把物价上涨的原因完全归咎于铸币贬值(成色不足),与金银贵金属的数量无关。⑥ 这种论点引起了博丹的反驳。

博丹在《答复》一文中首先肯定法国的物价在几百年中有了明显上涨,理由

---

① [美]亨利·威廉·斯皮格尔:《经济思想的成长》,中国社会科学出版社 1999 年版,第 77 页。[英]莱昂内尔·罗宾斯:《经济思想史:伦敦经济学院讲演录》,中国人民大学出版社 2008 年版,第 59 页。罗杰·E. 巴克豪斯:《西方经济学史》,海南出版社、三环出版社 2007 年版,第 59—61 页。

② 参阅科西莫·佩罗塔:《早期西班牙的重商主义:欠发达的首次分析》,载拉尔松·马格努松主编:《重商主义经济学》,王根蓓、陈雷译,上海财经大学出版社 2001 年版。

③ 参阅哈里·兰德雷斯、大卫·C. 柯南德尔:《经济思想史》,人民邮电出版社 2011 年版,第 67—70 页。

④ [美]亨利·威廉·斯皮格尔:《经济思想的成长》,中国社会科学出版社 1999 年版,第 78 页。

⑤ 《新帕尔格雷夫经济学大辞典》第 1 卷,经济科学出版社 1996 年版,第 276 页。

⑥ [英]莱昂内尔·罗宾斯:《经济思想史:伦敦经济学院讲演录》,中国人民大学出版社 2008 年版,第 59 页。

是土地价格上涨了。然后他分析了物价上涨的五个原因："主要的也几乎是唯一的一个原因(至今还无人提起过)是金银的充盈。……第二个原因,部分是由于垄断操纵所致。第三个原因是物资匮乏,这部分由于出口,部分由于浪费所致。第四个原因是王公们随心所欲提高他们所癖爱的物品的价格。第五是由于货币的质量被贬低,不及原有标准高。"①

博丹强调第一个原因是最主要的。② 至于货币之所以增加的原因,他认为这是法国和西班牙、意大利等货币充裕的国家进行商品贸易,以及法国在里昂设立银行吸引外资的结果。③

博丹的上述观点在经济学说史上有着重要地位,被认为是休谟日后所提出的货币数量论的先驱。除货币数量论之外,博丹在《答复》一文中关于对外贸易也发表了一些有价值的见解。他不同意某些人闭关锁国的主张,主张法国与别国开展贸易,其理由:一是因为贸易能够促使双方"互相联系和保持彼此之间的友谊"④,二是为了教化落后无知的弱小民族⑤,三是因为交易"对进行交易的双方都改善了原来的处境"⑥。在主张开展贸易的同时,他又主张对小麦的出口加以限制,以免导致过高的国内价格。⑦

值得一提的是,在16世纪的后期,一位意大利银行家加斯帕罗·斯卡鲁菲(Gasparo Scaruffi,1515—1584),于1582年发表《货币概论》,大胆地提出了世界统一货币的主张。⑧

三、英国早期重商主义的主要代表:约翰·黑尔斯

英国是资本主义生产方式的产生和发展最早的国家,因此重商主义在英国的产生和发展比较典型。英国产生过许多重商主义理论家,约翰·黑尔斯是英国早期重商主义的主要代表。约翰·黑尔斯(J. Hales,? —1571)的重商主义理论和政策主张,主要体现在他于1549年写成的《论英国本土的公共福利》一

---

① 巫宝三主编:《欧洲中世纪经济思想资料选辑》,商务印书馆1998年版,第67页。
② 巫宝三主编:《欧洲中世纪经济思想资料选辑》,商务印书馆1998年版,第67页。
③ 巫宝三主编:《欧洲中世纪经济思想资料选辑》,商务印书馆1998年版,第70—72页。
④ 巫宝三主编:《欧洲中世纪经济思想资料选辑》,商务印书馆1998年版,第79页。参阅 A. E. 门罗:《早期经济思想——亚当·斯密以前的经济文献选集》,商务印书馆1985年版,第122页。
⑤ 巫宝三主编:《欧洲中世纪经济思想资料选辑》,商务印书馆1998年版,第79页。
⑥ A. E. 门罗:《早期经济思想——亚当·斯密以前的经济文献选集》,商务印书馆1985年版,第123页。
⑦ 巫宝三主编:《欧洲中世纪经济思想资料选辑》,商务印书馆1998年版,第80页。
⑧ 参阅因格拉门:《经济学史》,商务印书馆1932年版,第45页。

书中。由于该书是用对话体写成的,因此该书又可译为《英吉利王国公共福利对话集》。该书手稿在约翰·黑尔斯死后,由威廉·斯泰福(1554—1612)对原稿作了增删,把书名改为《对近来我国各界同胞常有一些抱怨的简单考察》,署名 W. S. ,于 1581 年出版。① 该书在英国重商主义文献中占有重要地位。黑尔斯的许多观点是超前的、有影响的。②

黑尔斯在《英吉利王国公共福利对话集》(以下简称《对话集》)中宣称,道德哲学告诉人们个人应当如何管理自己和家庭,以及一个城市或者一个国家应当如何管理和统治。③ 在他那个年代,还没有独立的经济学,许多人常常在道德哲学的名义下讨论经济问题。他对道德哲学所探讨问题的上述界定,实际上就是确定了后来经济学和政治经济学的研究领域。他在讨论上述问题时的一般性基础假设是个人受自身利益驱动,即后来人们所说的经济人假设。他在分析圈地运动的原因时指出,"每个人都会谋求最有利的生财之道"。④

黑尔斯的《对话集》主要分三个部分:(1)指出了当时英国存在的问题;(2)分析问题的原因;(3)探讨了解决问题的对策。

黑尔斯指出当时英国的主要问题:"首先,这种普遍的、全面的物价上涨现象,是所有的人对之颇有怨言的最主要的不幸事件。其次是我国财富的耗竭。第三是圈地和把可耕地变为牧场的行径。第四是城镇、教区和乡村的凋敝。最后,人们对宗教的意见分歧和差异。"⑤

黑尔斯描述物价高涨对各阶层人民的影响,并分析了其原因。他写作《对话集》的年代,正是西欧各国物价高涨的年代。据估计,英国 1600 年的物价约

① 《对近来我国各界同胞常有一些抱怨的简单考察》,1581 年出版于伦敦。很长时期内,人们一直不知道这本书的作者是谁。由于这本书是用对话体写的,又署名为 W. S. ,所以最初有人推测是出自英国著名剧作家威廉·莎士比亚的手笔。后来有人认为这本书的作者是威廉·斯泰福,但是近来证实威廉·斯泰福不过是该书的出版者,这本书的真正作者是约翰·黑尔斯。剑桥大学出版社按原作者的原书名为《英吉利王国公共福利对话集》,于 1929 年出版。另一种说法是该书由英国当时著名的政治学家托马斯·史密斯(Thomas Smith, 1513—1577)所写,并在其去世后由其侄子威廉·史密斯公之于世。见[英]莱昂内尔·罗宾斯:《经济思想史:伦敦经济学院讲演录》,中国人民大学出版社 2008 年版,第 62 页。罗杰·E. 巴克豪斯:《西方经济学史》,海南出版社、三环出版社 2007 年版,第 62 页。
② [美]亨利·威廉·斯皮格尔:《经济思想的成长》,中国社会科学出版社 1999 年版,第 72—74 页。
③ [英]伊丽莎白·拉蒙德编:《论英国本土的公共福利》,商务印书馆 1997 年版,第 41 页。
④ [英]伊丽莎白·拉蒙德编:《论英国本土的公共福利》,商务印书馆 1997 年版,第 64 页。
⑤ [英]伊丽莎白·拉蒙德编:《论英国本土的公共福利》,商务印书馆 1997 年版,第 104 页。

比 1500 年高出 6 倍。他描绘了物价上涨对各个阶层的危害。他通过虚构的博士与骑士、农民、商人和手工业者的对话,说明物价高涨引起社会各阶层人民的相互埋怨。①

至于物价上涨的原因,黑尔斯认为根本上是因为英国的铸币降低了成色,使得通货贬值。"硬币的改变是一切灾难的最根本的原因。……因为这种物价上涨的现象甚至是在改变硬币之后才开始发生的;新币一出现,各种物价随之上涨。"②16 世纪的欧洲,许多封建国家为了获取大量的货币收入,铸造成色不良和分量不足的劣币几乎是普遍现象,而尤以英国最为突出。当时拥有铸币权的封建国家规定,在铸造新币之前,居民必须交出旧的足值货币。这些货币经过熔化再铸,掺进了相当数量的非贵金属如铅等,而居民所得到的则是成色不良、分量不足的铸币;同时封建国家还要扣留一定数量的铸币费用。这样新铸造的货币便只是名义上与旧铸币相同,而在内容上却是不足值的劣币。这种不足值的货币按照法令规定,名义上仍等于过去足值的货币而流通。在这种情况下,不畏惩罚和威胁的人,主要是商人和其他有特权的人物,就不把足值货币交去兑换新的不足值的铸币,也不拿到市场上去使用,却将其贮藏起来,或输出到国外改铸,或在有利情况下将其兑换成外国货币,这就使不足值的劣币充斥于国内市场。

关于降低铸币成色引起物价上涨的具体机制,黑尔斯指出:"虽然国王陛下可以使任何种类的货币在国内流通,他却不能强迫外国人接受它们。"③"硬币的改变是外国人开始以高价向我们出售商品的最根本的原因;它又使所有培植任何农作物的农民和佃户也同样高价出卖他们的商品;由此而产生的物价上涨的情况使乡绅们提高他们的地租,并把农田掌握在他们自己手里以争取改善供应的条件,结果就把更多的土地圈了起来。"④即进口商品价格上涨,迫使国内商品价格也随之上升。同时外国人还伪造英国劣质铸币,运入英国脱手,从而进一步加剧了英国的物价上涨。⑤ 他认为不足值铸币的出现,足值货币的外流,是导

① ［英］伊丽莎白·拉蒙德编:《论英国本土的公共福利》,商务印书馆 1997 年版,第 31—34 页。

② ［英］伊丽莎白·拉蒙德编:《论英国本土的公共福利》,商务印书馆 1997 年版,第 110 页。

③ ［英］伊丽莎白·拉蒙德编:《论英国本土的公共福利》,商务印书馆 1997 年版,第 95 页。

④ ［英］伊丽莎白·拉蒙德编:《论英国本土的公共福利》,商务印书馆 1997 年版,第 110—111 页。

⑤ ［英］伊丽莎白·拉蒙德编:《论英国本土的公共福利》,商务印书馆 1997 年版,第 87 页。

致国内商品价格高涨的"一大原因"。① 关于足值良币被不足值劣币所驱逐的现象,他已经察觉到并提出来加以描述,在他的《对话集》稍后几年,英国财政家托马斯·格莱辛进一步论述了"劣币驱逐良币"的必然性。后来被称为"格莱辛定律"②。

物价高涨的另一个原因是贵金属大量流入。写作《对话集》的年代,正是大批贵金属从美洲新大陆流到欧洲的时期。黑尔斯写道:"我对此想出的另一个原因,是金银财宝的大量贮藏和丰富出产,在我们这些年代里,泛滥在世界这些角落的数量,要远比以往我们祖先时代多得多。谁不知道有无数的金银从东印度群岛和其他国家搜集得来,然后年年运到这些海岸? 这就是我把它作为这种普遍缺货(亦即物价高涨时期)现象得以继续的十足可能原因中的第二个要素的道理。"③他在这里所论述的货币数量的增加引起物价上涨的观点,就是后来西方经济学中的货币数量论。在英国他是第一个提出货币数量论的人。

概括地讲,黑尔斯指出了物价上涨的两个原因:铸币成色下降和贵金属增加。

黑尔斯认为圈地的发展其实比物价上涨更加可怕,它"很可能大大地瓦解和削弱我国国王的实力",由于圈地,许多人失去了生计,生活无着,"他们当然要对富足之人表示不满,并激起这些骚动"④。所以圈地是一桩"一人得利,多人受害"的事情。⑤ 而之所以发生圈地运动,是因为"大规模的放牧和饲养牲畜比从事耕耘要有利得多"⑥。

黑尔斯解决问题的对策,充满着早期重商主义的精神。他强调只有金银才是一国的真正财富。"金钱是你想得到的任何商品的货栈。"⑦他对于物价高涨

———————————

① [英]伊丽莎白·拉蒙德编:《论英国本土的公共福利》,商务印书馆1997年版,第45页。

② 格莱辛定律,亦称"劣币驱逐良币定律"。它的意思是说:凡两种名义价值相同而实际价值不同的金属货币,如果按名义价值同时流通,则实际价值较高的良币必被收藏、熔化或输出,而逐渐绝迹于市场,而实际价值较低的劣币,则必充斥市场。最后把这个道理明确论述的是托马斯·格莱辛(1519—1579,英国金融家,伦敦皇家证券交易所创建人,伊丽莎白一世女王的顾问),因此得名。

③ 《英吉利王国公共福利对话集》,剑桥大学出版社1929年版,第187页。

④ [英]伊丽莎白·拉蒙德编:《论英国本土的公共福利》,商务印书馆1997年版,第60—61页。

⑤ [英]伊丽莎白·拉蒙德编:《论英国本土的公共福利》,商务印书馆1997年版,第63页。

⑥ [英]伊丽莎白·拉蒙德编:《论英国本土的公共福利》,商务印书馆1997年版,第64页。

⑦ [英]伊丽莎白·拉蒙德编:《论英国本土的公共福利》,商务印书馆1997年版,第119页。

引起的货币外流感到不安,因此,如何将货币保持在国内,保证国家的金银货币供应,就成为他关注的中心。他从货币差额论的观点出发,坚决反对铸造不足值的劣币。他论述了国家保存足值金银铸币的好处,即在一旦发生战争时可以从海外购进军火,在农作物歉收时可以从国外买进谷物。① 这种观点也常常表现在以后其他重商主义的文献中。

为了增加英国的金银货币,黑尔斯提出:"首先,我们可以禁止输入我们以前讲到的从海外运来的那么许多没有什么价值的东西,并规定只准出售我们自己的商品,不得销售舶来品;其次,我们不能不管未经加工的商品,因为如果把那些商品及时地就地加工后卖到国外去,它们就会在短时期内带来无数的财富了。"② 同时,在对外贸易中要坚持少买多卖原则,"务必使我们向外国人购买的货物不超过我们销售给他们的货物,要不然我们就会自趋贫穷,让他们发财致富"③。要实行保护性关税,提倡使用国货,以促进本国加工工业。他提出,即便本国产品价格偏贵,"我们最好还是付出较高的代价向我们自己人购买那些货物,而不要以低价向外国人购买;因为不管多么少的收益流往国外,对我们来说总是一项损失。可是,不论多大的收益从一个人的手里转到另一个人的手里,毕竟还是保留在国内"。④ 他特别提到,"我特别希望不要使用海外任何以我们的原料如羊毛、兽皮、锡等制造的、返销到这里来的商品",以促进国内的就业,留住货币。⑤ 对于其他国家的报复性关税,他认为只要英国出口的是其他国家的必需品,而其他国家进口到英国的是非必需品,英国就不必担心别国的报复。⑥ 他不仅提出了重商主义的关税政策,还提出了重商主义的产业政策,认为一国存在三类商人或者技工,一是进口产业和商人,二是从事内贸的产业和商人,三是生产出口物品的产业和商人。他认为第一类不重要,因为他们把货币输出国外;内贸产业和商人有存在必要,但他们并没有给国家增加财富;只有第三类才是必须保护的,而保护的办法之一就是采取各种优惠政策吸引第三类产业的优秀人才。⑦

---

① [英]伊丽莎白·拉蒙德编:《论英国本土的公共福利》,商务印书馆1997年版,第95页。
② [英]伊丽莎白·拉蒙德编:《论英国本土的公共福利》,商务印书馆1997年版,第96页。
③ [英]伊丽莎白·拉蒙德编:《论英国本土的公共福利》,商务印书馆1997年版,第73页。
④ [英]伊丽莎白·拉蒙德编:《论英国本土的公共福利》,商务印书馆1997年版,第75—76页。
⑤ [英]伊丽莎白·拉蒙德编:《论英国本土的公共福利》,商务印书馆1997年版,第130—131页。
⑥ [英]伊丽莎白·拉蒙德编:《论英国本土的公共福利》,商务印书馆1997年版,第77页。
⑦ [英]伊丽莎白·拉蒙德编:《论英国本土的公共福利》,商务印书馆1997年版,第99—100页。

对于圈地祸害,黑尔斯提出的对策是要"限制未经加工的羊毛运往海外,……或者增加未经加工的羊毛出境的关税",同时要允许农民在国内外市场自由出售农产品,同时对畜牧业课以更重的税收。① 这样就能降低生产羊毛的收益,或者提高外国购买羊毛的成本。这样就有可能使得生产羊毛和生产小麦的收益持平,削弱圈地的动力。②

对于人们对宗教的意见分歧和差异。黑尔斯认为主要是因为教会的敛财腐败、言行不一,要解决这个问题,必须依靠教会人士和教会组织的自我改造。③

黑尔斯的经济思想主要是早期重商主义的,强调发展出口贸易的重要性,反对出现外贸逆差;同时兼有些许古典经济学的自由主义观点,例如主张农产品自由贸易。

第二节　17 世纪西欧各国的经济思想

从 17 世纪开始,逐渐摆脱神学阴影的自然法观念开始成长起来。自然法观念的源头是亚里士多德,经历了斯多葛学派和古罗马一些思想家的阐发,后来又由中世纪经院学者尤其是托马斯·阿奎那的系统阐述,其确切含义已经变得模糊不清。但它基本上有三种含义:一是指事物的本性,包括人的本性,至于这个本性是什么,则不同的学者会有不同的解释。二是指事物的原始状态,尤其是指人类社会的原始状态,至于这种状态究竟怎么样,则不同学者亦会有不同解释。三是指事物的理想状态,至于这种状态是什么,则不同学者亦会有不同解释,有不少人强调是公正和正义。④

自然法观念在 17 世纪的主要代表有发表《战争与和平法》的荷兰法学家雨果·格劳秀斯,发表《利维坦》的英国政治学家托马斯·霍布斯⑤（Thomas Hobbes,1588—1679）,英国哲学家约翰·洛克（1632—1704）,以及德国法学家

---

① ［英］伊丽莎白·拉蒙德编:《论英国本土的公共福利》,商务印书馆 1997 年版,第127 页。

② ［英］伊丽莎白·拉蒙德编:《论英国本土的公共福利》,商务印书馆 1997 年版,第66 页。

③ ［英］伊丽莎白·拉蒙德编:《论英国本土的公共福利》,商务印书馆 1997 年版,第135－145 页。

④ 自然法观念的详细历史和解读,可参阅熊彼特在《经济分析史》第 1 卷,商务印书馆 1991 年版,第 166－218 页。《新帕尔格雷夫经济学大辞典》第 3 卷,经济科学出版社 1996 年版,第 646－647 页。

⑤ 《新帕尔格雷夫经济学大辞典》第 2 卷,经济科学出版社 1996 年版,第 716 页。

塞缪尔·冯·普芬道夫①(Samuel von Pufendorf,1632—1694)。18世纪的主
要代表则为法国哲学家孔迪亚克(Etienne Bonnot De Condilac,1715—1780)、
爱尔维修②(Claude Adrien Helvetius,1715—1771),英国哲学家休谟(1711—
1776)和耶利米·边沁(1748—1832)。这些思想家在研究社会时,常常按照自
然法观念的第一种含义,实行方法论个人主义,把个人的心理因素放在最基本
的位置上的,认为个人的心理状态和心理过程是解释个人行为、集体行为乃至
整个社会的状态和过程的最终的"原子"。因此他们往往以个人一定的心理状
态作为整个研究的出发点,而这种心理状态,他们大多并未通过现代意义上的
心理学受控实验来认识,而主要是通过观察和内省来确定。于是虽然也有个别
人如沙夫茨伯里三世伯爵(1671—1713)提出并由哈奇森③(1694—1746)系统阐
述的心理状态的利他主义假说,但是占主导地位的是由霍布斯④提出而由边沁
系统建立的利己主义假说。后者把这一假说发展为一整套功利主义哲学,强调
个人都是以追求自身利益为目标的趋乐避苦的主体,其一切行为都可以从这一
假设前提去作出解释和说明,而个人的幸福或效用也完全取决于趋乐避苦的成
功程度;同时社会的福利不过是所有人幸福的总和。只要让大家都能受到足够
的教育并拥有选举的自由,则将在政治上保证个人幸福与所有人总和的幸福不
发生冲突。于是"最大多数人的最大幸福"便成为功利主义的规范原则。由此
可知,跨度长达两个世纪之久的自然法观念及作为自然法观念的一个特殊果实
的功利主义哲学,对经济学的最大意义是从方法论角度提供了今天人们常常提
到的"经济人"假设。这个假设是整个现代经济学体系这个大厦得以矗立的最
根本的基石之一。

　　自然法观念的发展意味着古典经济学的源头已经萌芽于重商主义时代,格
劳秀斯的自由贸易理论就是一个鲜明的例证。

一、雨果·格罗秀斯的产权思想和自由贸易思想

　　长期以来,荷兰17世纪最著名的思想家雨果·格劳秀斯一直被看作是纯
粹的法学家而未能引起经济学界的充分重视,其实他可以算作是当代产权经济
学和古典经济学自由贸易政策主张的先驱。

①　《新帕尔格雷夫经济学大辞典》第3卷,经济科学出版社1996年版,第1146—1147页。
②　《新帕尔格雷夫经济学大辞典》第2卷,经济科学出版社1996年版,第687页。
③　《新帕尔格雷夫经济学大辞典》第2卷,经济科学出版社1996年版,第756—758页。
④　[英]罗杰·巴克豪斯:《西方经济学史》,海南出版社、三环出版社2007年版,第75—
76页。

雨果·格劳秀斯①(Hugo Grothus,1583—1645)生活在尼德兰(现荷兰)反抗西班牙的独立战争(1581—1609)和欧洲三十年战争(1618—1648)期间,经历了荷兰和欧洲历史上非常重要的时期。他天赋颇高,被人称为神童,前半生一帆风顺,事业辉煌,后半生由于受到政治迫害,命运坎坷,颠沛流离。但其学术贡献非常重大,被誉为国际法之父。其主要论著有:《捕获法》(写于1604—1605),《论海洋自由或荷兰参与东印度贸易的权利》(1608,有中译本),《战争与和平法》(1625,有中译本)等。下面主要介绍他在《论海洋自由或荷兰参与东印度贸易的权利》及《战争与和平法》中与经济学有关的思想。

格劳秀斯为了论证荷兰有权通过海上航行参与东印度贸易的自由,提出了共有物品的思想,认为海洋不属于私有财产,而是归于整个人类所有。② 他首先说明了产权的含义就是"绝对排除了任何他人的相同占有"③。而产权源于占有,"那些不能被占有,或从未被占有的东西,不能变为任何人的财产"④。对于那些虽为某个人服务,但是仍足以为其他所有人共用的东西,⑤即无法排他地占有的东西,便只能是共有的。而对于可以排他地占有的东西,他又提出了两种产权,公共产权即整个国家的私有产权和个人的私人产权。⑥ 他区分了共有物品和具有公共产权的物品,指出海洋是共有的物品,而一个国家领域内的河流属于公共产权,即国人可以自由使用但是外人将被排除。⑦ 他提出了共有物品得以存在的两项理由,任何使用者无法排斥他人的同样使用,即不可能建立产权;任何使用者无须排斥他人的同样使用,即不必要建立产权,因为他人的使用不会减少该物品从而妨碍自己的使用。⑧ 他实际上是看到了资源的稀缺性及建立产权的成本与产权制度的关系。一切不稀缺或者不会由于使用而稀缺的资源和物品(如海洋和空气)不必建立产权,一切无法(可以看作是成本太高)建立产权的资源和物品,即便有可能出现稀缺,也不可能建立产权。这样他实际上就把当代产权经济学关于建立产权制度的充分必要条件都指出了。

格劳秀斯还分析了产权制度的形成演化过程,他认为私有产权首先发生

① 《新帕尔格雷夫经济学大辞典》第2卷,经济科学出版社1996年版,第613页。
② [荷]格劳秀斯(1608):《论海洋自由》,上海人民出版社2005年版,第23页。
③ [荷]格劳秀斯(1608):《论海洋自由》,上海人民出版社2005年版,第23页。
④ [荷]格劳秀斯(1608):《论海洋自由》,上海人民出版社2005年版,第30页。
⑤ [荷]格劳秀斯(1608):《论海洋自由》,上海人民出版社2005年版,第30页。
⑥ [荷]格劳秀斯(1608):《论海洋自由》,上海人民出版社2005年版,第33页。
⑦ [荷]格劳秀斯(1608):《论海洋自由》,上海人民出版社2005年版,第37页。
⑧ [荷]格劳秀斯(1608):《论海洋自由》,上海人民出版社2005年版,第41页。

在一般的生活用品上,然后渐渐过渡到生产这些物品的资源上。"可以肯定的是,在自然指引之下,由古到今的所有权过渡,是渐进而非剧烈的。……某些所有权与使用密不可分,……譬如,食物和饮料一类东西。……接着就延伸到第二类物品,诸如衣服、动产和其他生活用品。……一旦出现上述情况,……土地之类不动产也不可能不被分配了。尽管这类物的使用不只是耗用,但还是与后来的消耗休戚相关"①。在《战争与和平法》一书中,他进一步指出了资源的稀缺性变化在产权制度演化中的作用。他认为在人类早期是不存在私有产权的,以后虽然牲畜私有了,但是土地仍然是共有的,因为"广袤的土地足够所有的占有者加以利用,因为他们的人数很少,所以不会互相干扰。……不过,由于人口数量的增长以及牲畜的数量也以同样的比例增长,人们在对共有土地共同加以利用上就不再方便了。于是,将土地一小块一小块地分给每个家庭就变得必要起来"②。他认为私有产权的形成方式有两种:"财产权必定要么是通过明确的协议,如对财产的分割而确立的;要么是通过默示的同意,如占有而确立的。"③

格劳秀斯并不认为私有产权一定是不能侵犯的,他指出:"如果为危急情势所迫,任何人都可以从他人那里拿走对于维持其生命来说必不可少的东西。"④当然前提是这种权利要防止被滥用,并且一旦有偿还能力就应当及时偿还。

格劳秀斯认为,"根据国际法,……任何人不能被剥夺的从事贸易的机会对所有人来说是平等的"⑤。"贸易自由是基于国家的原始权利,它有着自然的和永久的原因"⑥。而这个原因在他看来,就是因为各地的禀赋差异,"上帝……要求某些民族在某一方面具有优势,而另一民族在另一个方面胜出。……上帝希望人类通过彼此间互为需要和资源共享来促进人类友谊"⑦。他指出商品自由流通会增进整个社会的福利。为此,他反对对贸易商品进行征税,除非是为了弥补对贸易安全和保护而支出的费用。⑧ 由此可知,他是自由贸易政策的先驱,而且能够初步运用资源禀赋的差异来说明贸易的原因。

产权理论和自由贸易理论,是格劳秀斯对于经济学的两大贡献。在那么早

---

① ［荷］格劳秀斯(1608):《论海洋自由》,上海人民出版社 2005 年版,第 24 页。
② ［荷］格劳秀斯(1625):《战争与和平法》,上海人民出版社 2005 年版,第 124—125 页。
③ ［荷］格劳秀斯(1625):《战争与和平法》,上海人民出版社 2005 年版,第 125—126 页。
④ ［荷］格劳秀斯(1625):《战争与和平法》,上海人民出版社 2005 年版,第 129 页。
⑤ ［荷］格劳秀斯(1608):《论海洋自由》,上海人民出版社 2005 年版,第 62 页。
⑥ ［荷］格劳秀斯(1608):《论海洋自由》,上海人民出版社 2005 年版,第 64 页。
⑦ ［荷］格劳秀斯(1608):《论海洋自由》,上海人民出版社 2005 年版,第 9 页。
⑧ ［荷］格劳秀斯(1625):《战争与和平法》,上海人民出版社 2005 年版,第 136 页。

的年代,他就非常出色地说明了产权的概念和分类,论证了产权形成的原因;提出了自由贸易的思想,并从要素禀赋出发来解释贸易的原因。

二、西班牙(包括意大利)重商主义的主要代表:安东尼奥·塞拉

17 世纪时,意大利仍然受到西班牙的控制,因此 17 世纪的西班牙包括了意大利。

意大利是农奴制关系瓦解最早,资本主义发展最早的国家。随着经济的发展,原先从事工商业的实业家,逐步改变经营内容从事银行信贷业务,在相当长一个时期内意大利保持欧洲货币中心的地位。因此,货币流通、信贷和外汇管理问题成了意大利一般重商主义者注意的中心。但在地理大发现后,随着通商航路的转移,意大利失去了欧洲贸易中心的地位,经济出现衰退局面。

同时,西班牙在 17 世纪也陷入困境。这首先是由于西班牙的国内制度。长子继承权抑止了土地的商业化。伊达尔贵族的免税特权刺激了全社会对土地资产的追求和对非生产性职业的向往以及对于工商业的轻视。伊达尔贵族的炫耀性消费又激发了社会的消费需求和抑止了资本积累。牧羊团的特权对于农业生产活动产权的破坏使生产性活动一蹶不振。在对外政策方面,连绵不断的对法国和英国的战争消耗了大量的资源,导致严重的财政赤字。巨额公债和大量涌入的美洲金银引起国内的物价上涨,削弱了产品的国际竞争力,使国际贸易长期处于逆差状态。

在这种背景下,西班牙(17 世纪时包括意大利)的重商主义主要表现为对欠发达经济的特征和原因的分析,表现为对于改善欠发达状态的对策的探讨。[①]

安东尼奥·塞拉[②](A. Serra,生卒年月和身世不详)是意大利那不勒斯人,在 1613 年他由于参加康帕内拉反抗西班牙统治的密谋组织而蹲监狱[③]时发表了《略论可以使无矿之国金银充裕的成因》一书,第一次阐述了"重商主义理论"。[④] 他认为使国家获得充足金银的手段,可以分为两类:自然手段和人为手段。他认为自然手段只有在国家具有矿藏时才能采用。由于意大利一般不具备这一条件,因此,他把这个手段排除在他的论述之外。

塞拉又将人为手段分为特殊的和普通的两种。他认为特殊手段是为一定

---

① 参阅科西莫·佩罗塔:《早期西班牙的重商主义:欠发达的首次分析》,载拉尔松·马格努松主编:《重商主义经济学》,王根蓓、陈雷译,上海财经大学出版社 2001 年版。

② 《新帕尔格雷夫经济学大辞典》第 4 卷,经济科学出版社 1996 年版,第 337 页。

③ 因格拉门:《经济学史》,商务印书馆 1932 年版,第 49 页。

④ 参阅 A.E. 门罗:《早期经济思想——亚当·斯密以前的经济文献选集》,商务印书馆 1985 年版,第 125 页。

国家所特有而为其他国家所没有或不可能有的手段。他把这种手段归结为两个:一个是国内生产的超过本国需要的农产品,将这些剩余农产品输出国外就可以换回金银;另一个是国家占据了特殊优越的地理位置,它可以成为繁荣贸易并使国家获得充足金银的重要条件,他说威尼斯就具有这种优越的地理条件。他认为这两个特殊手段,并不是每个国家都具备的,而"行业的多样化"、"人民的素质"、"商业活动的广泛程度"和"主政者的管理方式"等四个普通手段①,却是任何一个国家都能具有的。他认为,如果能很好地发挥这四个普通手段的作用,就可以使国家有充足的金银,从而成为富足的国家。

在这四个普通手段中,塞拉首先论述了"行业的多样化"。他认为各式各样的和为数众多的手工业,如果能生产出超过本国需要的生活资料、享乐用品和奢侈品,就给国家换回充足的货币。他把发展手工业与扩大对外贸易联系起来考察,认为发展手工业生产是使国家金银充足的强有力的手段之一。他还认为发展手工业在许多方面比发展剩余农产品生产更为有利:(1)农业的收入不仅取决于人的劳动,还取决于天气的变化,而天气的变化不取决于人的意愿,因而他认为农业收入不可靠,手工业的利益却经常是可靠的。(2)手工业的产量可以通过人的努力而增加,利润也可以相应地增多,而农业却往往并不如此。(3)出口手工业品比出口农产品可靠,农产品不宜长期保存,很难预防损坏,而手工业品却不易损坏,易于保管,因此利润比较可靠。所以销售手工业品比销售农产品的收益要大得多。他认为发展更多的手工业生产并使之达到完美的地步,就可在输出手工业产品后换回充足的金银。他以拿波里和威尼斯两地的条件作对比,指出威尼斯虽然在农业上不如拿波里,但在贸易和手工业方面却超过拿波里,因此威尼斯比拿波里拥有更多的货币。

其次,塞拉论述了"人民的素质"。他认为一个国家的居民所有的勤劳、智慧、不惜劳苦和不畏艰险的性格是致富的重要手段,这一手段在任何国家或城市都是存在的。在他看来,一个国家的居民除了在本国从事贸易,还同其他国家进行贸易,就可使国家获得充足的金银。他认为热那亚运用这种手段已达到完善的程度。因此,它所拥有的货币,比意大利其他任何城市都充足。而拿波里的居民很懒惰,不到国外去进行贸易,他们生产的工业品连供应自己的需要还不够。因此,拿波里的土地虽然肥沃,那里的人民却很贫困。在他看来,只要依靠商人的活动,国家就可获得大量现金,达到富有境地。

第三,塞拉论述了"商业活动的广泛程度"。他认为只靠国内贸易不仅不能

---

① 参阅 A. E. 门罗:《早期经济思想——亚当·斯密以前的经济文献选集》,商务印书馆 1985 年版,第 127 页。

使贸易繁荣,使国家获得充足的货币,而且会使货币更加缺乏;要使贸易繁荣,就必须发展对外贸易,才能使国家获得充足的货币。但他又认为,并不是任何一种对外贸易都可以使国家富足,只有发展从事转运业务的对外贸易,才能使国家获得充足的货币。他举例说,从亚洲运往欧洲的商品都要经过威尼斯,由欧洲运往亚洲的商品同样要经过威尼斯,因此,威尼斯的贸易极其繁荣,因而国家获得极大的好处。反之,如果进口外国商品不转运出去,只满足本国的需要,这种贸易不仅不能给国家带来更多的货币,而且会使国家更贫困。他认为,凡是贸易繁荣的地方,就必然拥有充足的货币,因为没有货币就不能进行贸易,进行贸易就是为了货币。他还认识到了繁荣贸易会促进手工业发达,手工业的发达也会进一步促进贸易的发展。

最后,塞拉论述了"主政者的管理方式"。他非常强调政府干预经济生活的特殊作用,把这一手段看作比其他一切手段更为重要。他认为国家完善地运用这一手段,不仅可以防止货币外流,而且可以汲取大量的货币。只要国王执行英明的外贸政策,就能使国家获得充足的货币。他认为拿波里之所以贫困,就是由于那里的政府没有积极干预经济,没有采取适当的措施发展对外贸易。

塞拉认为,国家致富之道,除了上述手段之外,别无其他。他断言,正由于具备上述手段,才使意大利的某些城市货币充足,某些城市由于缺乏上述手段而贫困。前者他举了威尼斯的例子,后者他举了拿波里的例子。

此外,塞拉还批判了禁止输出货币和限定汇率的主张。他认为禁止货币输出,从表面看来,似乎可以防止已经流入本国的货币输出国外,但实际上这样做,对本国有害无益;因为商人输出货币是为了购买大量商品然后出卖,汇率适当,输出货币到国外比在本国获利更多。在他看来,只应该限制商品流动,而不应该限制货币流动。他认为只要在对外贸易中保持顺差,就会增加国家的货币收入。

三、英国重商主义:早期代表米尔斯、马利尼斯、米塞尔登与晚期代表托马斯·孟

资本主义原始积累过程最典型的国家是英国,它开始于15世纪末16世纪初,完成于18世纪下半期。由于这种使生产者和生产资料相分离的资本积累过程发生在资本主义生产方式完全确立之前,所以叫作资本原始积累,它加速了封建主义生产方式向资本主义生产方式转变的历史过程。

大体上看,17世纪上半期,是英国早期重商主义非常活跃的时期,后半期则由晚期重商主义唱主角。

(一)早期代表

1620—1624年,英国经历了一次经济危机,表现为英国销往欧洲大陆的布

匹数量减少,从伦敦出口的数量从 1618 年的 102300 匹减少到 1620 年的 85700 匹,再减少到 1622 年的 75600 匹。直到 1628 年才回升到 1618 年的水平。伴随出口减少,是失业增加,外贸逆差,货币短缺。危机的直接原因可能是德国 30 年战争(1618—1638)引起的欧洲市场的萎缩。围绕这场危机,出现了一大批分析其原因和提供对策的小册子。

因此早期重商主义要求实行外汇管制防止货币外流,因此被后人称作"金块主义者"。主要代表有托马斯·米尔斯(约 1550—1627),杰勒德·德·马利尼斯(Gerard de Malynes,1586—1641),爱德华·米塞尔登(1608—1654)。

米尔斯除了要求禁止铸币和金块出口之外,还要求把出口贸易限定到特定的公司和城镇,由地方官员监督外国商人,强迫外国出口商把在英国赚到的钱用于购买英国商品,由政府监督外汇兑换。他力图用加强政府管制的措施来防止货币的外流。①

马利尼斯于 1601 年同时发表两部小册子《圣乔治保卫英国,喻言式的叙述》、《英国公有财产的弊害》。把国家比喻为家庭,认为家庭不能入不敷出,所以国家也不能出现外贸逆差,以免减少国家的财富。为此他特别关心进出口商品的汇率,认为是外汇交易商压低了英国白银铸币的价格,导致外贸逆差。因此他要求重建皇家外汇局,管制外汇交易,提升英国白银铸币的汇价。同时,他已经初步指出了货币流动对于汇率、一般物价水平,从而对于进出口贸易的影响,包含了初步的货币数量论观念。这是在休谟提出反对重商主义的货币数量论之前 150 多年以前。他要求对汇率实行综合管制,实行固定汇率。②

米塞尔登是个职业多变的商人,在 1622 年出版的小册子《自由贸易或实现贸易繁荣的手段》中,他认为贸易的衰退源于政府硬币贬值、过度消费外国商品尤其是奢侈品、东印度公司出口贵金属,等等;他要求实现一种免于竞争的自由出口,反对出口贸易由像东印度公司那样的垄断公司所把持。他同时也反对东印度公司输出货币进行贸易的做法。③

① [美]亨利·威廉·斯皮格尔:《经济思想的成长》上,中国社会科学出版社 1999 年版,第 86—87 页。
② [美]亨利·威廉·斯皮格尔:《经济思想的成长》,中国社会科学出版社 1999 年版,第 87—90 页。[英]莱昂内尔·罗宾斯:《经济思想史:伦敦经济学院讲演录》,中国人民大学出版社 2008 年版,第 69—70 页。罗宾斯认为他不应当被归于重商主义者。《新帕尔格雷夫经济学大辞典》第 3 卷,经济科学出版社 1996 年版,第 316 页。
③ [美]亨利·威廉·斯皮格尔:《经济思想的成长》,中国社会科学出版社 1999 年版,第 90—92 页。《新帕尔格雷夫经济学大辞典》第 3 卷,经济科学出版社 1996 年版,第 516 页。

(二)晚期代表

晚期重商主义的主要代表托马斯·孟①(Thomas Mun,1571—1641),出生于伦敦一个商人的家庭,继承父业而成为大商业资本家,曾任东印度公司董事和英国政府贸易委员会委员。当时英国的工商业,特别是殖民地转运贸易,已有很大发展,早期重商主义的理论与政策,已不能适应经济进一步发展的需要,但是仍有许多人为这种过时的理论和政策辩护,攻击东印度公司为经营转运贸易而大量输出货币的做法。为了驳斥这种攻击,说明发展东印度贸易是增加英国财富的重要源泉,托马斯·孟就在1621年发表了《贸易论——论英国东印度贸易:答对这项贸易的常见的各种反对意见》(简称《论英国东印度贸易》),驳斥了对东印度公司发展对外贸易的反对意见,论述了晚期重商主义者的观点和主张。1630年,托马斯·孟将他的《论英国东印度贸易》重新改写,在他死后于1664年改名《英国得自对外贸易的财富》出版,他在《英国得自对外贸易的财富》中,进一步发挥和论述了他在《论英国东印度贸易》中所提出的贸易差额论,因此《英国得自对外贸易的财富》是晚期重商主义理论和政策主张的最著名的著作。

托马斯·孟在《英国得自对外贸易的财富》中所阐明的重商主义观点和主张,主要有以下几点:

1. 以一国财富的增减作为研究对象。托马斯·孟指出:"我在这篇关于财富的探讨中,正像我已肯定写下的一样,是要讨论那些可以增加或减少一国财富的真正原因"②,"指出可以使一个国家的财富增加的真正途径"③。

2. 贸易差额论的基本观点。这是贯穿于《英国得自对外贸易的财富》的中心思想。托马斯·孟把国内商业看作是对外贸易的一种辅助,并不能使国家致富。在他看来,只有发展对外贸易并保持顺差,才能达到致富的目的。他说:"除了通过对外贸易以外,我们就没有其他手段可以用来获得现金,这是任何一个有判别力的人所不能否认的。因为我们并没有出产金银的矿藏,而我已指出如何在经营我们所说的贸易上获得金银,那就是要使我们每年出口的商品超过我们所消费的进口货。"④又说:"对外贸易是增加我们的财富和现金的通常手段,在这一点上我们必须时时谨守这一原则,在价值上,每年卖给外国人的货

① 《新帕尔格雷夫经济学大辞典》第3卷,经济科学出版社1996年版,第618—619页。
② 托马斯·孟:《英国得自对外贸易的财富》,商务印书馆1978年版,第57—58页。
③ 托马斯·孟:《英国得自对外贸易的财富》,商务印书馆1978年版,第61页。
④ 托马斯·孟:《英国得自对外贸易的财富》,商务印书馆1978年版,第13页。

物,必须比我们消费他们的为多。"①他认为,发展对外贸易是增加社会财富的手段,而使出口多于进口则是进行对外贸易所必须遵循的原则。这种"少买多卖"的原则,不是短期的、对某一个国家的、对某一笔交易来看的,而是从全年贸易最后的总结果来看的。他以农夫播种谷物的收获来比喻对外贸易最后的总结果差额。他说:"我们倘使只看到农夫在下种时的行为,只看到他将许多很好的谷粒抛在地上,我们就会说他是一个疯子而不是一个农夫了。但是当我们按照他的收获,也就是他的努力的最终结果,来估值他的劳动的时候,我们就会知道他的行动的价值及其丰富的收获了。"他强调指出,人们的贸易行动"特别是应该按照其最后结果来估价"②。他认为只有待到年终结算,出口多于进口,贸易顺差,金银财富才能源源不断地流回本国。这种着眼于最终的贸易顺差的观点,被称为"贸易差额论"。虽然另一个英国重商主义者米塞尔顿在 1623 年出版的《商业的循环》一书里已经提出过"贸易差额"一词,但是,真正系统地阐明这一理论并积极加以倡导的则是托马斯·孟。因此,他的代表作《英国得自对外贸易的财富》就被称为"重商主义的圣经"。

3. 为了保持并扩大对外贸易顺差,以增进国家的金银财富,托马斯·孟提出扩大本国商品出口,减少外国货物进口的十二条纲领:

(1)充分利用荒地,扩大耕地面积,增加生产,以抵制外国商品进口。

(2)"纠正"人们使用外国货的"恶习",认真节约,使"自己的产品供应自己的需用,以抵制别国商品入口"③。

(3)努力提高本国生产商品的质量并尽量降低价格,使本国商品在国际市场的竞争中获胜,以保证出口商品在国外市场上畅销。为此,需要政府规范厂商,建立贸易委员会为政府出谋划策。

(4)重视本国航运业的发展,使出口商品能用自己的船只运输,从而使国家的收入增多。

(5)尽量节省原材料的消耗,以制成更多的商品扩大出口。

(6)充分利用渔业资源,发展渔业生产,扩大出口贸易。

(7)大力发展转运贸易,使英国成为一切外国商品的"货栈",以增加货币收入。

(8)发展同"偏僻地区"或"遥远国家"的贸易,会带来特别大的好处。

(9)输出货币发展转运贸易以带来更多的货币。托马斯·孟认为如果把货币保存起来不投入流转的话,不仅不能使货币增多,而且在国内保存大量的货

---

① 托马斯·孟:《英国得自对外贸易的财富》,商务印书馆 1978 年版,第 4 页。
② 托马斯·孟:《英国得自对外贸易的财富》,商务印书馆 1978 年版,第 19 页。
③ 托马斯·孟:《英国得自对外贸易的财富》,商务印书馆 1978 年版,第 6 页。

币还会"使本国的商品更为昂贵"①。相反地,只有把货币投入流转,不断地购买,又不断地把购买的商品在有利可图的时机在国外市场上出售,才能换回比以前更多的货币。由此,他得出结论说:"货币产生贸易,贸易增多货币。"②

(10)进口原料,进行加工,可以增加就业,扩大商品出口,从而给国家带来很大的利益。

(11)发展本国工业和发展对外贸易,必须实行保护性的税收政策,鼓励出口,抑止进口,以实现贸易顺差,使国家积累更多的财富。

(12)从发展对外贸易出发,认为生产者人数愈多,技艺愈高超,生产出来的产品就愈多,从而可换回的货币也就愈多。由于当时的资本主义生产还处在刚刚产生和发展的阶段,在发展工业和对外贸易时深感劳动力不足,因此,托马斯·孟主张鼓励人口增长。

托马斯·孟认为除了采取上述手段发展对外贸易以外,就没有其他任何手段可以使国家致富。如果靠提高或贬低货币价值的办法,既不能使国家的现金增多,也不能防止现金外流。他深信对外贸易的经济力量,即使在商人获利较小的情况下,国家仍然可以通过关税等获得很大的利益。

4. 外贸商人的作用及其必须具备的品质。托马斯·孟认为一个"国家可以致富","只有靠着商人们所掌握的秘诀才行的"③。因此,我们应该把商人"列在这样一种受人尊重的地位;因为商人肩负与其他各国往来的商务而被称为国家财产的管理者,实在是受之无愧的。这种工作所得的荣誉与所负的责任同样巨大,应该以极大的技巧和责任心去履行才好"④。为此,他认为一个对外贸易商人,必须具备"全才"的"品质"。

四、威廉·配第:具有浓厚重商主义色彩的英国古典经济学的创始人

威廉·配第⑤(William Petty,1623—1687),英国经济思想史上具有重要影响的人物,兼具重商主义色彩和古典主义的思想萌芽。

(一)时代、生平、著作及其研究方法

威廉·配第生活在 17 世纪中叶。当时,农业还是英国的主要产业,但造成"自由"劳动者的圈地运动持续进行,大农场逐渐替代小农经济,农业生产技术

---

① 托马斯·孟:《英国得自对外贸易的财富》,商务印书馆 1978 年版,第 16 页。
② 托马斯·孟:《英国得自对外贸易的财富》,商务印书馆 1978 年版,第 14 页。
③ 托马斯·孟:《英国得自对外贸易的财富》,商务印书馆 1978 年版,第 3 页。
④ 托马斯·孟:《英国得自对外贸易的财富》,商务印书馆 1978 年版,第 1 页。
⑤ 《新帕尔格雷夫经济学大辞典》第 3 卷,经济科学出版社 1996 年版,第 913—916 页。

不断进步。

同时,雇佣几百人的工场手工业在纺织、采煤、冶金等行业已经相当普遍,取代封建的行会组织,成为英国工业生产的主要形式。工场手工业的发展为即将到来的工业革命准备了物质、技术和组织条件。英国的毛织品开始畅销欧洲,而其煤产量已经占了欧洲煤产量的五分之四。

英国工农业的发展,与它的对外贸易密切相关。当时英国的对外贸易主要是与其殖民地的贸易。这种贸易与殖民掠夺、商业战争、海盗行径、贩卖黑奴等等罪恶勾当紧密相连,为英国积累了巨额资本。

但是17世纪中叶的英国,与号称"海上马车夫"的荷兰相比,国力还稍逊一筹,尤其是航海业,还无法与之抗衡,不能取代荷兰成为海上贸易的主宰。

随着资本主义经济的发展,英国社会的阶级结构发生了重大变化,逐渐形成了资产阶级化的新贵族、工商业资产阶级和资本主义租佃农场主。他们要求取消封建专制制度,建立资产阶级民主制度,以保障工商业和农场的自由发展。当时,英国斯图亚特王朝力图加强君主专制制度的各项政策,同经济力量日益增长的资产阶级产生了尖锐的矛盾。但当时资产阶级在政治上和经济上都不如新贵族强大,他们在反对封建王朝的斗争中,同新贵族结成联盟。深受封建压迫和剥削的广大农民群众,尤其是遭受圈地运动打击的广大独立小农,以及手工业者和城市贫民,也纷纷起来参加反对封建制度的斗争。所有这些不断增长的革命力量,终于在1640年爆发了新贵族和资产阶级领导的、以广大独立小农和城市贫民为主力军的英国革命。但是经过克伦威尔独裁,很快又复辟了封建君主制度。当时的许多制度,包括税收制度,都极不能适应资本主义的发展,如何改进是一大问题。

当时政府的财政收入,主要为王室领地的地租、关税、封建特权收入及各种临时征课。其中王室领地的收入比重最大。但随着国王开支的不断增加,原有的收入不敷支出,迫使国王出卖王室领地,但这又进一步减少了地租收入,迫使国王另辟财源,征收各种新税。由于征收方法不当,征收额又过高,引起了社会各个阶层的不满。

爱尔兰问题当时也是英国的一大难题,由于英国对它这块第一个殖民地进行了不当的管理,进行了残酷的经济剥削和严酷的政治压迫,使爱尔兰处于极端穷困、极不安宁的状态,亟待妥善处理。

英国革命从1640—1688年,经历了将近半个世纪革命和反革命、复辟和反复辟的斗争。英国光荣革命的胜利为英国树立世界工业霸权和建立殖民帝国奠定了基础。

上述经济状态和政治状态所造成的各种问题便构成配第著书立说时的主

要背景和所考虑的主要问题。而他的研究方法则是从当时的先进思潮中汲取而来的。

16 世纪与 17 世纪之交,近代科学的开创者弗朗西斯·培根(1561—1626)提倡在自然科学研究中运用观察和实验的方法。同时,霍布斯(1588—1679)在社会科学领域提出了自己的人性假设和国家学说。它们都对配第的研究方法有不小影响。配第在 22 岁就认识了霍布斯,深受其感染。他曾经说过"以霍布斯之心为心"①。

当时的经济思潮,重商主义占据统治地位,虽然已经开始有所削弱。由于重商主义对英国经济的发展起到了较好的作用,不像在法国,所以配第对重商主义没有采取截然对立的态度,而是在一定程度上受其影响,虽然这种影响逐渐淡化。

配第出生在英国汉普郡的一个贫困裁缝家庭,14 岁时就出外谋生,当过水手、小商人、手工业者以及英语教师等。1643 年到荷兰学医,1645 年移居巴黎,结识了英国哲学家霍布斯,过从甚密。回到英国后,开业行医,后获得医学博士学位,担任过解剖学和音乐教授。②

在伦敦,配第加入以研究培根哲学为目的的伦敦哲学学会,由此深受培根研究方法的影响。同时,在这个学会中,他结识了当时英国军事独裁统治的首领克伦威尔(1599—1658)的义弟——牛津大学惠登姆学院院长威斯金博士和曾任克伦威尔随从医生的戈太德博士等。从此,他不论在学术活动方面还是在政治活动方面,都得到这两个人的不少帮助,使他从一个穷水手爬上了贵族统治者的宝座。

1651 年,配第担任英国侵略爱尔兰的侵略军司令艾尔顿的随从医生,前往爱尔兰。起初,他由威斯金介绍任英国驻爱尔兰总督的私人秘书,以后,又在爱尔兰议会当书记。当时英国侵略者决定把从爱尔兰掠夺到的土地分配给侵略军的军人和有关人员。由于配第得到克伦威尔的赏识和宠信,被任命为土地分配总监,负责测量爱尔兰的土地和主持分配工作。他从中为自己掠夺到 5 万英亩的土地,成为新兴的土地贵族。同时,他在土地分配工作中,积累了许多经济知识,这为他后来从事经济理论研究工作创造了条件。

1658 年,威廉·配第被选为国会议员。1660 年斯图亚特王朝复辟后,他又

---

① 转引自陈冬野:《威廉·配第》,商务印书馆 1964 年版。

② 配第在其行医经历中,据说曾经救活过一位因杀害私生子而被判处绞刑致"死"的妇人。他是一个非常聪明的人,曾经发明过一种可以同时写下两行字,从而免去抄写的装置。见[英]莱昂内尔·罗宾斯:《经济思想史:伦敦经济学院讲演录》,中国人民大学出版社 2008 年版,第 77—78 页。

投靠复辟王朝的国王——查理二世,并得到查理二世的宠信,被封为爵士,仍被任命为爱尔兰的土地测量总监。查理二世不仅发还了他在爱尔兰的土地,又赐给了他一大批土地。配第在晚年已经成为拥有27万英亩土地的新兴贵族大地主。此外,他在爱尔兰还先后创办了铁厂、铅矿、渔场,以及经营木材买卖等。1667年后,他除了担任爱尔兰议会的议员外,还兼任殖民执行委员。

1673年,他由爱尔兰回到英国,又被选为英国皇家学会会员。1679年,他又回到爱尔兰住了5年。1682年,他奉召回伦敦参加枢密院关于爱尔兰税收制度改革的会议。1687年12月16日,配第病死于伦敦匹卡迪利寓所。死后的遗产是15000英镑,这在当时是一笔相当多的钱。其儿子成为后来的兰斯多恩(Lansdowne)勋爵,一直延续到当代。

配第是一个多才多艺的聪明人,可以说是智慧之神的宠儿,但其政治品德极为低下。马克思对其为人十分鄙薄,说他"是个轻浮的、掠夺成性的、毫无气节的冒险家"[1],但马克思并没有因人废言,对于配第在经济科学上所作出的贡献,仍给予很高的评价,称他为"英国政治经济学之父,在某种程度上也可以说是统计学的创始人"[2]。配第身上这种低劣的政治品德与卓越的学术才华的奇妙结合,也许正是英国资产阶级于封建贵族相妥协的一个缩影。

配第的著作手稿有53大箱,内容非常丰富,发表过的著作,不过是其中的一部分。截至1851年,配第已发表的著作,共有34部,其中15部是在他死后出版的。关于经济学方面的著作主要有:《赋税论》(1662年出版),《献给英明人士》(1664年写成,1691年出版),《政治算术》(1672年前后写成,1690年出版),《爱尔兰的政治解剖》(1672年前后写成,有手抄本流传于世,1691年出版),《货币略论》(1682年写成,1695年出版)。这5部经济著作,分别写于17世纪的60年代、70年代和80年代,虽各有重点,但在理论上却保持了一定的联系。还有一部于1662年以其好友约翰•格朗特(John Graunt)名义出版的《对死亡报表的自然的和政治的考察》,普遍认为它标志着人口学的诞生。

《赋税论》是一部研究如何筹措政府或公共经费的论著,《献给英明人士》也有类似性质。在这两本论著中,他检讨了查理二世复辟时期不合理的税收制度,从这一点入手,他研究了财富的来源、财富的衡量尺度,以及财富的分配等等问题。在考虑如何增加国家财富时,他初步提出了生产劳动和非生产劳动的区分。最后他根据自己的理论,提出了符合新兴市民阶级利益的新税制。

《政治算术》分析比较了英法荷三国的基本经济政治状况,讨论了英国成为

---

[1]　《马克思恩格斯全集》第13卷,人民出版社1962年版,第44页。

[2]　《马克思恩格斯全集》第13卷,人民出版社1962年版,第43页。

世界第一流强国所具备的各种客观因素和所需要的各种主观条件,预见到英国将替代荷兰成为海上强国。

《爱尔兰的政治解剖》着重分析爱尔兰的基本状况,提出了改变爱尔兰民穷财匮的方法。

《货币略论》分析了当时币制改革后出现的一些理论问题。在配第 60—70 年代的著作中,显示出不少重商主义观点。例如,他认为经营商业的利益要比经营农业和工业的利益多得多,一国生产金银、珠宝比经营任何经济事业都有利。在他看来,金银、珠宝就是财富。他非常重视对外贸易和海上航运业,并主张对外贸易必须遵守出超的原则。他还主张国家干预经济生活,拥护殖民制度等。但在他的《货币略论》等晚期著作中,已最终摆脱重商主义束缚,完全否定重商主义的理论观点。

概括地说,配第在其著作中考虑的主要是如何改革税制,如何发展国民经济,如何改变殖民地的落后面貌,以及如何看待货币。而价值论和分配论只是他考虑上述问题时的副产品。然而正是这些副产品在尔后的一段时期却成为经济学的主题,以至于人们忽略了他研究经济问题的初衷(如何发展英国经济)。

在经济研究方法上,配第深受培根和霍布斯的影响(他曾经做过霍布斯的助手,而霍布斯曾经做过培根的助手),他力图运用培根的经验主义方法即观察和实验来研究经济问题,从而确立了他的研究方法——政治算术方法。所谓政治算术方法就是通过分析统计(估计)数据来研究社会经济现象,从中发现经济现象之间的内在联系。他说:"我进行这项工作所使用的方法,在目前还不是常见的。因为和只使用比较级或最高级的词语以及单纯作思维的论证相反,我却采用了这样的方法(作为我很久以来就想建立的政治算术的一个范例),即用数字、重量和尺度的词汇来表达我自己想说的问题。"[1]他运用初步的统计学方法——主要是简单平均数——估计(更确切讲是猜测)了当时英国的国民收入和财富。从而成为国民经济统计的先驱之一。

配第虽然重视数量分析,但他并不是单纯地描述现象,而是力求透过现象去探索各种现象背后的性质。例如,他在研究地租时写道:"在联系到赋税来详细论述各种租金之前,我们需要对前述的土地和房屋的租金以及货币(我们把它的租金叫作利息)所具有的神秘的性质加以分析。"[2]他所要研究的"神秘的性质",显然是指现象的基础,而不是研究现象本身。他正是通过政治算术方法,

① 威廉·配第:《政治算术》,商务印书馆 1960 年版,第 8 页。
② 威廉·配第:《赋税论、献给英明人士、货币略论》,商务印书馆 1978 年版,第 40 页。

从经济现象的表面深入到经济现象的本质,从而发现许多重要的经济原理。他的政治算术方法对古典经济学的建立,起过重要作用。

显然,配第的研究方法是培根-霍布斯注重观察现实的新认识论即唯物论的反映论方法在经济领域中的运用。

(二)经济发展思想

17世纪的英国,在许多方面仍然落后于荷兰。因此,配第探讨了经济发展问题。他关于经济发展问题的研究,主要集中在两个方面:(1)决定经济发展的基本因素;(2)经济发展战略。

配第认为,决定经济发展的基本因素并不是土地和人口的绝对数量,而是土地和人口的素质以及人口的构成与密度。他通过比较尼德兰联省共和国①和法兰西王国,指出一个国土小人口少的国家,之所以在"财富和力量方面可以同人口远为众多,领土远为辽阔的国家相抗衡"②,其原因之一,就是由于该小国的土地和人口的素质较高之故。

关于人口构成对经济发展的意义,配第通过对英国和法国的比较后指出,虽然法国的人口绝对数超过英国,但在法国,只消费不生产的神职人员却大大超过了英国,而最具有生产性的海员则英国比法国多。这样,"英国能获取盈余收益的人,要多过法国"③。这里,他提出了生产人员和非生产人员在总人口中所占的比例构成对社会经济发展的重大意义。

配第提到人口密度对经济发展的作用。他认为,"人口少是真正的贫穷"④,配第所说的"人口少"指的是人口密度太小。他认为如果人口密度小得"使人们只须靠天然的产物或只须作轻微劳动(像从事畜牧之类的作业)就能维持生活,那么,他们就会变得没有任何技能"⑤。他看到了人口密度对提高劳动技能的重要作用。此外,他还谈到提高人口密度对提高消费水平的作用。在他看来,人口密度增大所引起的外部经济效果对经济发展是有重要作用的。

除了土地和人口这两个基本因素外,配第认为地理位置、产业结构和所行政策是决定经济发展的更为重要的因素。他通过尼德兰和法国的对比后指出,尼德兰虽然领土小人口少,但在财富与力量方面,却可以同人口远为众多、领土远为辽阔的法国相抗衡,究其原因,除了土地和人口的素质,以及人口的构成与

①　尼德兰联省共和国大体相当于今天的荷兰。

②　威廉·配第:《政治算术》,商务印书馆1978年版,第11页。

③　威廉·配第:《政治算术》,商务印书馆1978年版,第62页。

④　威廉·配第:《赋税论、献给英明人士、货币略论》,商务印书馆1978年版,第32页。

⑤　威廉·配第:《赋税论、献给英明人士、货币略论》,商务印书馆1978年版,第33页。

密度等因素之外,主要还由于尼德兰的"位置、产业和政策优越"①。

配第在谈到尼德兰地理位置的优越性时指出,尼德兰的地理环境使它有更肥沃平坦的土地,便于利用风力资源;沼泽众多,便于防守,节省了防务费用;位于三条大江的入海口,濒临海洋,便于开展海运业,且运费低廉,适于从事全球贸易;渔业发达,又为航海业培养了众多水手。总之,"荷兰人完成他们宏伟事业的基础,根源于该国的位置;因为有这种良好的基础,所以荷兰人完成了他国人民所不能做到的业绩,得到了他国人民所不能得到的利益"②。

配第在谈到尼德兰产业的优越性时指出,由于所处的地理位置,促使尼德兰人"最擅长于航海业"③,从而"适合于从事全球贸易"④,尼德兰人很少从事获利较少的农业。在他看来,航海业是最能致富的事业。因为:(1)海员是最富有生产性的职业;(2)航海业不会受个别地方个别时候商业萧条的不利影响;(3)航海业通过海员的劳动和船只的运费能带来充足的金银;(4)航海业易于实行专业化分工。

配第认为尼德兰人所制定的诸如"信教自由、资产转让登记制的采用、关税税率低、银行、贷款业的经营和创设以及商法的制定"⑤等政策,是符合他们的实际情况的,这些政策有力地促进了荷兰经济的发展。他特别分析了信教自由、资产转让登记制、银行的创立这三项政策措施的功用。他认为信教自由使得当时主要由具有异端思想的人所从事的商业得以不受阻抑地发展;资产转让登记制将各种资产的所有权规定为与土地一样不能变动的东西,保护了私有财产,鼓励人们通过勤勉增加私有财产;银行的创设使零星的资金发挥巨额资金的功用。⑥

配第在分析了经济发展的各种因素后,提出了经济发展战略,包括英国的经济发展战略和改善爱尔兰状况的发展战略。

关于英国的发展战略,配第首先详细分析了英国发展经济的有利条件和不利条件。他按照自己的政治算术方法,通过检验和比较伦敦和巴黎在三年内的平均葬礼数,发现前者的数量大于后者,于是推断出前者人口的数量大于后者,并进一步推断英国的财富水平高于法国。其暗含的前提是人口死亡率在两地

① 威廉·配第:《政治算术》,商务印书馆1978年版,第11页。
② 威廉·配第:《政治算术》,商务印书馆1978年版,第18页。
③ 威廉·配第:《政治算术》,商务印书馆1978年版,第23页。
④ 威廉·配第:《政治算术》,商务印书馆1978年版,第22页。
⑤ 威廉·配第:《政治算术》,商务印书馆1978年版,第26页。
⑥ 威廉·配第:《政治算术》,商务印书馆1978年版,第一章。

一致,且人口数量与财富水平正相关。① 但是他认为当时英国的税制在妨碍经济发展,主要问题一是税基不清,君主不知道人民能负担多少赋税,也不知道什么时候是合适的征税季节。② 二是征课对象不合理。三是税额的不确定性。③ 四是征税方式不合理,手续繁,费用大。④ 他提出了合理征的两条基本原则:一是要摸清税基。⑤ 二是要公平,对所有人都按适当比例征税。⑥ 因此他反对人头税,认为这是累退税;主张累进税和消费比例税。⑦ 为了发展英国的经济,他提出了三个就业方向和一项原则,三个就业方向是:"第一,本国所缺少的事业;第二,需要劳动多而需要技术少的事业;第三,一些在英国新创办的事业。"⑧ 即今天人们通常所说的劳动密集型产业和新兴产业。一项原则是"这些多余的人的工作,最好是无需耗用外国商品的工作。即使叫他们在索尔兹布里平原建筑无用的金字塔,……都没有关系"⑨。

配第在摸清国情并回顾英国近 40 年来的发展情况后指出,英国具有进一步发展的潜力。"阻止英国强大的各种障碍,只是暂时的和能够消除的。"⑩于是,他提出了英国在经济上完全可以超过法国和尼德兰而称霸于世界的战略目标。他说:"对英国国王的臣民说来,掌握整个商业界的世界贸易,不但不是不可能的,而且是完全可以做到的事情。"⑪在一个多世纪后,配第为英国提出的这个战略目标被历史证实。正如马克思所指出的:"当荷兰作为一个贸易国家还占着优势地位,而法国似乎要变成一个称霸于世的贸易强国的时候,他在'政治算术'的一章中就证明英国负有征服世界市场的使命。"⑫这就充分表现了配第的"天才"预见。

至于爱尔兰,配第首先对其情况进行了详细分析,进而提出了改变爱尔兰

---

① ［美］史蒂文·普雷斯曼:《思想者的足迹:五十位重要的西方经济学家》,江苏人民出版社 2001 年版,第 10 页。

② 威廉·配第:《赋税论、献给英明人士、货币略论》,商务印书馆 1978 年版,第 20 页。

③ 威廉·配第:《政治算术》,商务印书馆 1978 年版,第 72 页。

④ 威廉·配第:《政治算术》,商务印书馆 1978 年版,第 81 页。

⑤ 威廉·配第:《政治算术》,商务印书馆 1978 年版,第 37 页。

⑥ 威廉·配第:《赋税论、献给英明人士、货币略论》,商务印书馆 1978 年版,第 30 页。

⑦ ［美］史蒂文·普雷斯曼:《思想者的足迹:五十位重要的西方经济学家》,江苏人民出版社 2001 年版,第 11 页。

⑧ 威廉·配第:《赋税论、献给英明人士、货币略论》,商务印书馆 1978 年版,第 28 页。

⑨ 威廉·配第:《赋税论、献给英明人士、货币略论》,商务印书馆 1978 年版,第 29 页。

⑩ 威廉·配第:《政治算术》,商务印书馆 1978 年版,第 68 页。

⑪ 威廉·配第:《政治算术》,商务印书馆 1978 年版,第 87 页。

⑫ 《马克思恩格斯全集》第 13 卷,人民出版社 1962 年版,第 42 页。

落后状况的具体主张。这些主张概括地讲,最主要的就是要发展商品市场经济。

配第在考虑英国和爱尔兰经济发展问题时所提出的见解,总体上看还相当粗糙,缺乏系统严谨的理论论证,主要是通过各国的对比来找出对本国有用的措施建议。但是这已经足够清楚地表明他不愧为发展经济学的先驱。

(三)价值与货币

价值与价格问题,在配第的著作中并非考虑的重点,然而在经济思想以后的发展中却成为整个古典经济学的主要内容之一,更严格讲是直到 20 世纪 30 年代为止经济学考虑的主要内容。正如罗尔所指出的"价格与价值这一新问题的提出,对于改变经济思想的研究方向与内容,具有无比重大的意义"[1]。价格与价值问题的提出并成为经济学的主要内容,是与下列经济事实相联系的:产品的商品化,新兴市民阶级的成长。产品的商品化意味着财富不仅要被生产出来,而且必须通过交换才能实现其价值。而君主的税收不仅取决于产品数量的多少,还取决于商品价格的高低。因此,即便是维护君主利益的思想家,也不能忽视价值与价格问题。新兴市民阶级的成长使得代表其利益的思想家把在生产中生产并在交换中实现的价值当做社会的财富。这样,价值与价格问题自然替代赋税问题成为这些思想家考虑的中心问题。同时,受到市场力量而非某个人控制的价格成为深受自然法思想影响的思想家饶有兴味的课题。于是,从配第开始,价值与价格问题不仅其重要性发生了变化,而且问题的提法也完全变了。中世纪时候问题的提法是价格应当如何,答案是应当公正。而配第以后问题的提法变为价格是什么、它由什么决定、如何决定。

关于商品的价值,配第的名言是:"土地为财富之母,而劳动则为财富之父。"[2]在另一处他也谈到"船和上衣都是土地和投在土地上的人类劳动所创造的"[3]。这清楚地表明了他对于财富源泉和价值决定的看法。

配第在寻求商品交换的规律性时,区分了自然价格和政治价格,他所说的政治价格,就是有时比较昂贵有时比较便宜、经常发生涨落的市场价格。他曾这样给自己提出问题:政治价格的涨落有没有一个中心?如果有的话,它又以什么为中心?他认为政治价格的涨落是有中心的,这个中心就是自然价格。

那么,商品的自然价格是由什么度量呢?配第认为是劳动,即在生产商品

---

① 埃里克·罗尔:《经济思想史》,商务印书馆 1981 年版,第 98 页。

② 威廉·配第:《赋税论、献给英明人士、货币略论》,商务印书馆 1978 年版,第 66 页。

③ 威廉·配第:《赋税论、献给英明人士、货币略论》,商务印书馆 1978 年版,第 42 页。

时所耗费的劳动时间。他在《赋税论》中曾举出下面的例子来说明这一论点。他说:"假定有人从秘鲁地下获得一盎司银并带到伦敦来,他所用的时间和他生产一蒲式耳谷物所需要的时间相等,那末,前者就是后者的自然价格。"①这里,配第把一盎司白银的价值当作一蒲式耳谷物的自然价格,即用生产一盎司白银的劳动时间来度量这一蒲式耳谷物的价值。这说明他已认识到在生产中耗费劳动时间可以度量商品价值。他把生产谷物和生产白银的不同种劳动进行比较,从而得出各种商品相交换的共同基础,就是由于它们生产中都耗费了人的劳动的结论。他说:"假定这一个人前往生产白银的地方,在那里采掘和提炼白银,然后把它运到另一个栽培谷物的地方铸造货币,并假定这一个人在从事这些工作的同时,也能得到生活所必需的食物和衣服。我认为这个人的白银和另一个人的谷物,价值一定相等。假定前者所有的白银为二十盎司,后者所有的谷物为二十蒲式耳,那么,一蒲式耳谷物的价格就等于一盎司白银。""即使从事白银的生产可能比从事谷物的生产需要更多的技术,并有更大的危险,但是结局总是一样的。假定让一百个人在十年中生产谷物,又让同数的人在同一时期中生产白银。我认为白银的纯产量就是谷物全部纯收获量的价格,前者的等同部分,就是后者等同部分的价格。"②这说明他是把劳动作为"各种价值相等和权衡比较的基础"③,把劳动作为度量价值的尺度。

配第不仅认识到商品价值由劳动度量,而且认识到商品价值量和劳动生产率的关系。他接着上面的例子写道:"假定现在由于开采更丰富的新矿,获得两盎司银像以前获得一盎司银花费一样多,那末在其他条件相同的情况下,现在一蒲式耳谷物值 10 先令的价格,就和它以前值 5 先令的价格一样便宜。"④这就是说,生产谷物的劳动生产率没有变化,而生产白银的劳动生产率提高了 1 倍,那么谷物的自然价格也就提高 1 倍。这说明配第已经理解到商品的自然价格与开采白银的劳动生产率是成正比的,即开采白银的劳动生产率提高 1 倍,谷物的自然价格也就提高了 1 倍。同时,配第还认识到,商品价值同生产该商品的劳动生产率是成反比的。他说:"一百个农民所做的工作,如果由二百个农民来做的话,谷物的价格就会上涨一倍。"⑤

①　转引自《马克思恩格斯全集》第 23 卷,人民出版社 1972 年版,第 110 页;参见《赋税论、献给英明人士、货币略论》,商务印书馆 1978 年版,第 48 页。

②　威廉·配第:《赋税论、献给英明人士、货币略论》,商务印书馆 1978 年版,第 41 页。

③　威廉·配第:《赋税论、献给英明人士、货币略论》,商务印书馆 1978 年版,第 42 页。

④　转引自《马克思恩格斯全集》第 23 卷,人民出版社 1972 年版,第 110 页;参见《赋税论、献给英明人士、货币略论》,商务印书馆 1978 年版,第 48 页。

⑤　威廉·配第:《赋税论、献给英明人士、货币略论》,商务印书馆 1978 年版,第 88 页。

配第理解分工是提高劳动生产率的因素,会促使商品的成本和价值的下降。他以织布为例来说明这一点。他说,如果制呢的各种工作由几个人来分工操作,"一人梳清,一人纺纱,另一人织造,又一人拉引,再一人整理,最后又一人将其压平包装,这样分工生产,和只是单独一个人笨拙地负责上述全部操作比起来,所花的成本一定较低"①。

联系配第的名言"土地为财富之母,而劳动则为财富之父",可以猜测他更多的是从度量的意义而非源泉的意义上强调劳动在商品价值决定上的重要意义。但是他的表达不是十分清晰的,这就使后人既可以在度量的意义上,也可以在源泉的意义上解释他的劳动价值论。

配第在说明了商品的价值可以由劳动度量以后,进而分析货币的价值问题。他看到了货币的价值尺度和流通手段的功能。他说:"生产一蒲式耳这种谷物所需要的劳动,和生产一盎司白银所需的劳动相等。"②这就是说,一定数量的商品和一定数量的货币之所以能够相交换,就是由于这二者所体现的劳动量相等。这表明他已意识到货币本身的价值,也是由劳动度量的,从而货币也就成为衡量其他商品价值的尺度,成为商品的一般等价物。

配第生活的时代,虽然重商主义已经渐渐不再适应经济发展的需要,但其影响依然不小。由于英国实行重商主义促进了经济的发展,所以在配第这个英国古典经济学的创始人身上,还保留了重商主义的痕迹。在《政治算术》一书中,他还依然认为"金、银、珠宝是一般的财富",并把是否能够增加金、银、珠宝作为判断一个产业是否有利的根据。③ 虽然还有重商主义的痕迹,但他已经不再把财富看作是窖藏中的货币,而是认为只有在不断的流通中,货币才能够使财富增加。④ 由于他看到了把货币投入流通的重要性,于是就进一步考虑流通所需要的货币量,从而得出了与重商主义截然不同的结论。

配第探讨了货币作为流通手段,满足一国流通所需货币量的问题。在他最后的经济学论著《货币略论》中,他把货币比喻为人身上的脂肪,认为一国流通所需的货币量是有一定限度的。他说:"经营一国产业所需要的货币要有一定的标准和比率;过多或过少,都会对产业有害。"⑤他指出英国所需的货币量要由交换次数和支付额来决定⑥,给出了计算货币需求量的粗糙形式。他

① 威廉·配第:《政治算术》,商务印书馆1960年版,第24页。
② 威廉·配第:《赋税论、献给英明人士、货币略论》,商务印书馆1978年版,第87页。
③ 威廉·配第:《政治算术》,商务印书馆1960年版,第24页。
④ 威廉·配第:《赋税论、献给英明人士、货币略论》,商务印书馆1978年版,第30页。
⑤ 威廉·配第:《赋税论、献给英明人士、货币略论》,商务印书馆1978年版,第34页。
⑥ 威廉·配第:《赋税论、献给英明人士、货币略论》,商务印书馆1978年版,第34页。

已经具有了货币流通速度的初步概念,并明确指出:一国流通所需的货币量是与货币流通速度成反比例的。① 根据对货币需求量的初步认识,他尝试具体计算当时英国所需的货币量,在《政治算术》中,他认为英国只需要六百万镑货币。② 在《货币略论》中,他指出英国所需的货币量只要能够支付英国全部土地半年的地租、一季的房租、全体人民一周的开销、全部出口商品四分之一的价值,就足够了。③ 他还谈到了货币不足和过多时的补救办法,通过开办银行来缓解货币不足,通过熔化铸币制作金银器皿或出口等办法来消除过多货币。④ 上述这些观点表明他已经否定了重商主义一味崇拜货币的观点,具有了古典主义的货币观。

配第不仅认识到货币作为流通手段的功能,还认识到货币的价值尺度的功能,并以此为根据反对降低同名货币的成色,认为这不会增加财富,只会提高物价水平。⑤

由于考虑到了货币,配第指出了商品价值与价格的差别。他指出劳动"是各种价值相等和权衡比较的基础"⑥。但引起价格变动的各种因素,除了货币生产中劳动生产率的变化之外,还有需求的大小,代用品的竞争,同一种商品的各种用途之间的竞争,等等。⑦

（四）工资、地租和利息

配第生活的时代,工资的最高限额由法律规定,若超出这个限额,支付者和领受者都将遭受惩罚。

配第力图在法律规定的工资背后寻找工资的自然基础。他在研究过程中,把工资与维持工人生活所必需的生活资料联系了起来,认为工资是由劳动者"为了生存、劳动和传宗接代而吃的东西"决定的。⑧ 由此,他认为劳动者的工资只应等于维持工人生活必需的生活资料的价值。他说:"法律应该使劳动者只能得到适当的生活资料。因为如果你使劳动者有双倍的工资,那么劳动者实际所做的工作,就只等于他实际所能做和在工资不加倍时所做的一半。这对社会

---

① 威廉·配第《赋税论、献给英明人士、货币略论》,商务印书馆1978年版,第107页。

② 威廉·配第:《政治算术》,商务印书馆1960年版,第84页。

③ 威廉·配第:《赋税论、献给英明人士、货币略论》,商务印书馆1978年版,第124页。

④ 威廉·配第:《赋税论、献给英明人士、货币略论》,商务印书馆1978年版,第34页。

⑤ 威廉·配第:《赋税论、献给英明人士、货币略论》,商务印书馆1978年版,第85页。

⑥ 威廉·配第:《赋税论、献给英明人士、货币略论》,商务印书馆1978年版,第42页。

⑦ 威廉·配第:《赋税论、献给英明人士、货币略论》,商务印书馆1978年版,第46页。

⑧ 威廉·配第:《爱尔兰的政治解剖》,商务印书馆1974年版,第57页。

来说,就损失了同等数量的劳动所创造的产品。"① 这种观点具有重商主义时代一般重商主义者的特色。

配第肯定了法定工资,但强调法律要随时势的变迁而变化,否则"有害于为改善本国产业情况的所有努力"②。

配第的工资要等于维生的生活资料的价值的观点,为他的地租理论准备了逻辑前提。

关于地租。配第在论证了劳动者所得到的工资,仅仅是产品价值的一部分后,就进而探讨地租的来源。他认为工资加上种子等生产资料的价值,就是农产品的生产费用,如果从农产品的价值中扣除了这种生产费用后的剩余,就是地租。③ 由此,他认为工资上涨,地租就相应下跌。反之,地租增加,工资就必然下降。④ 配第关于地租和工资相对立的见解,是李嘉图关于工资和利润相对立观点的先驱。

配第探讨了级差地租的两种形态。他从同等肥力的地段的不同位置,从它们对市场的不同距离引出级差地租。⑤ 这就是所谓级差地租的第一形态。他也从土地的不同肥力,以及由此而来的同等面积的土地上劳动的不同生产率引出所谓级差地租的第二形态。⑥

配第通过地租来说明地价,认为"土地的价值也大约等于二十一年的年租"⑦。21年是他估算的英格兰人三代同堂的平均时间,而没有人会关心更以后的子孙。

配第定义利息为对出借货币而不能随时索取所引起的不方便的补偿。⑧ 这意味着他与以后的大多数古典经济学家不同,把利息与货币相联系。他认为利息的高低与货币的数量反向变化。⑨ 同时,在安全不可靠的情况下,除了自然利息之外,还必须加上一笔保险费;而在安全时,利息要等于用借来的货币所能够买到的土地所产生的地租。⑩ 他把利息与地租相比拟,实际上是为利息寻找合理性,以反驳对利息的质疑。

---

① 威廉・配第:《赋税论、献给英明人士、货币略论》,商务印书馆 1978 年版,第 85 页。
② 威廉・配第:《赋税论、献给英明人士、货币略论》,商务印书馆 1978 年版,第 50 页。
③ 威廉・配第:《赋税论、献给英明人士、货币略论》,商务印书馆 1978 年版,第 40—41 页。
④ 威廉・配第:《政治算术》,商务印书馆 1978 年版,第 34 页。
⑤ 威廉・配第:《赋税论、献给英明人士、货币略论》,商务印书馆 1978 年版,第 46 页。
⑥ 威廉・配第:《赋税论、献给英明人士、货币略论》,商务印书馆 1978 年版,第 88 页。
⑦ 威廉・配第:《赋税论、献给英明人士、货币略论》,商务印书馆 1978 年版,第 93 页。
⑧ 威廉・配第:《赋税论、献给英明人士、货币略论》,商务印书馆 1978 年版,第 43 页。
⑨ 威廉・配第:《政治算术》,商务印书馆 1978 年版,第 76 页。
⑩ 威廉・配第:《赋税论、献给英明人士、货币略论》,商务印书馆 1978 年版,第 46 页。

为了发展对外贸易,配第主张降低利率,因为高利率会抬高价格,降低商品在国际市场的竞争力。① 同时他也反对法定利率,认为"制定违反自然法则的成文民法是徒劳无益的"②。

(五)赋税与政府支出

赋税问题是配第考虑的一个重点问题。随着中世纪的封建制度逐渐被资本主义所代替,财产形式也逐渐由不动产(主要是地产)向动产转变。这就要求税制能够适应这种转变。如何建立适应新情况的赋税制度就成为配第所瞩目的重要问题。

配第首先数落了当时英国税制的不合理之处:(1)政府对人口、财富、产业的情况一无所知,君主不知道人民能够负担多少赋税,也不知道什么时候适宜征税。③ (2)征课对象不合理,不是对消费行为,而是对全部财产征税;不是同时对土地、劳动及资本征税,而是主要对土地课税。(3)税率由一时掌权的政党和派系来决定。(4)征税方式不合理,层层包税,手续繁,费用大。④ (5)在商品经济不发达、货币缺乏的情况下,不允许人民缴纳实物税。⑤

配第提出了合理征税的两个基本原则:(1)要彻底了解人民的状况和就业状况,了解从事生产的人有多少,公务人员有多少。⑥ (2)要公平,对所有人都按适当比例征税。⑦

配第特别推崇消费税,因为它使"每个人都应该按照他所得到和实际享受的多少而纳税"⑧。他的这种主张是为了抑止消费,促进资本积累。

配第初步认识到税收的再分配功能,认为税收能够使财富从占有土地而游手好闲的人手里转移到聪明而勤勉的人手里。⑨ 他还认为,如果通过税收把资金从用于消费的人手里转移到用于生产的人手里,那将是有益的。他还进一步分析了转移到哪些产业最好。他认为转移到那些能够从国外运回金银的产业更好,转移到耐久产品的生产比不耐久产品的生产更好,转移到能够促使失业者生产一向需要进口的产品生产更好。

---

① 威廉·配第:《爱尔兰的政治解剖》,商务印书馆 1974 年版,第 64 页。
② 威廉·配第:《赋税论、献给英明人士、货币略论》,商务印书馆 1978 年版,第 46 页。
③ 威廉·配第:《赋税论、献给英明人士、货币略论》,商务印书馆 1978 年版,第 20 页。
④ 威廉·配第:《政治算术》,商务印书馆 1978 年版,第 72 页。
⑤ 威廉·配第:《赋税论、献给英明人士、货币略论》,商务印书馆 1978 年版,第 20 页。
⑥ 威廉·配第:《政治算术》,商务印书馆 1978 年版,第 37 页。
⑦ 威廉·配第:《赋税论、献给英明人士、货币略论》,商务印书馆 1978 年版,第 30 页。
⑧ 威廉·配第:《赋税论、献给英明人士、货币略论》,商务印书馆 1978 年版,第 89 页。
⑨ 威廉·配第:《赋税论、献给英明人士、货币略论》,商务印书馆 1978 年版,第 35 页。

对于商品经济不发达的地方,配第主张实行实物税。①

配第也看到了过多的税收对生产的不利之处。②

在政府支出方面,配第主张削减国防支出、行政官员的俸禄、宗教费用和教育经费,要求增加贫民救济,增加公共设施如公路、航道、桥梁等所需的经费。③

配第财政收支观点的基本精神就是税收要有助于发展生产,支出要节俭,实现廉价政府。同时,由政府开支创设有利于生产发展的基本经济设施。

（六）就业

当时英国存在一定的失业人口,配第考虑了他们的就业问题。他的目的一是为了增加国家的财富,二是为了提升他们的劳动能力并养成服从的习惯。④他提出了三个就业方向和一项原则。三个方向是:"第一,本国所缺少的事业;第二,需要劳动多而需要技术少的事业;第三,一些在英国新创办的事业。"⑤一项原则是:"这些多余的人的工作,最好是无需耗用外国商品的工作。即使叫他们在索尔兹布里平原建筑无用的金字塔,……或做其他类似的工作,都没有关系。"⑥针对爱尔兰贸易不振货币缺乏的情况,他认为可以让失业者修建有益于贸易的桥梁、港口、河道、公路等。这些观点表明他也是凯恩斯就业思想的先驱。

（七）国民收入核算

在《政治算术》和《爱尔兰政治解剖》这两本书中,他开创性地对国民收入进行了非常初步从而也非常粗浅的估算。在估算中包含了如下一些思想:⑦(1)国民支出(或产出)等于国民收入。(2)国民收入等于一切生产要素收入之和。(3)一切财产的价值按照一个共同的折扣率与收入相联系。

总之,配第运用政治算术方法,几乎对经济学的"一切领域"都作了"最初的勇敢尝试"。他的一系列观点,"都一一为他的英国后继者所接受,并且作了进一步的研究",在 17 世纪下半期至 18 世纪中期,"比较重要的经济著作,无论赞成或者反对配第,总是涉及配第的"⑧。所以马克思称配第为"政治经济

① 威廉·配第:《政治算术》,商务印书馆 1978 年版,第 40 页。

② 威廉·配第:《赋税论、献给英明人士、货币略论》,商务印书馆 1978 年版,第 34 页。

③ 威廉·配第:《赋税论、献给英明人士、货币略论》,商务印书馆 1978 年版,第 19—30 页。

④ 威廉·配第:《赋税论、献给英明人士、货币略论》,商务印书馆 1978 年版,第 29 页。

⑤ 威廉·配第:《赋税论、献给英明人士、货币略论》,商务印书馆 1978 年版,第 28 页。

⑥ 威廉·配第:《赋税论、献给英明人士、货币略论》,商务印书馆 1978 年版,第 29 页。

⑦ ［英］罗杰·巴克豪斯:《西方经济学史》,海南出版社、三环出版社 2007 年版,第 70 页。

⑧ 《马克思恩格斯全集》第 20 卷,人民出版社 1971 年版,第 259 页。

学之父"。①

五、乔塞亚·蔡尔德：带有自由主义色彩的重商主义者

乔塞亚·蔡尔德爵士②(Josiah Child,1630—1699)，偶尔在政府任职,靠给皇家海军供货发了财,曾经担任东印度公司总裁。他的经济思想主要体现在1668年以《关于贸易和货币利息的简要看法》名义初版,而于1693年更名出版的《贸易新论》中。这是他一生许多短论的汇总。他与上一节所介绍的威廉·配第和下一节将要介绍的洛克一样,都几乎是同时代人,都开始在重商主义的时代萌发了自由主义的若干观念。

蔡尔德没有像他过去半个多世纪前的同事托马斯·孟那样,突出强调论证重商主义的贸易差额论,而是考虑了范围广阔的诸种问题,包括工资政策、人口、贫困、殖民地等,尤其是利率问题。他是第一个提出"一般经济进步"观念的人。③

从托马斯·孟到蔡尔德这半个多世纪里,人们关注的问题的变化,反映了英国经济的发展。人们似乎已经认识到,贸易差额未必是唯一的致富之路。同时政府重商主义式地干预经济的弊端也渐渐被越来越多的人所意识,一种自由主义的倾向开始自小而大逐步蔓延。可以说,从17世纪后半期开始,在配第、蔡尔德、洛克、达维南特这些人那里,重商主义色彩不断减退,而自由主义倾向不断明晰。直到18世纪中期亚当·斯密给予重商主义最后一击。在这个漫长的过程中,蔡尔德无疑是一个重要的中间环节。

蔡尔德的自由主义观念,突出表现在他对各种政府规制的反感,主张人们自由择业、自由竞争。他反对限制学徒数量的法律,反对限制一个行业内工人人数的法律,反对禁止工人兼职的法律,反对限制工资,反对织物标准化的法律,反对禁止囤积谷物的法律,反对对啤酒实行价格限制,反对对国内必需品征收出口税,反对限制宗教宽容的法律。他其实是对于重商主义年代的许多政府干预行为提出了异议。

蔡尔德对于人口的增加表示了一种乐观态度,同时像其他大多数重商主义者那样对于人们的懒惰表示了反感,并认为那是导致贫困的主要原因。他对人口增加的乐观看法与他对社会渐进进步的信念密切关联。他或许是第一个在

---

① 《马克思恩格斯全集》第23卷,人民出版社1972年版,第302页。

② 本节内容主要参考[美]亨利·威廉·斯皮格尔:《经济思想的成长》上,中国社会科学出版社1999年版,第126—134页。《新帕尔格雷夫经济学大辞典》第1卷,经济科学出版社1996年版,第455—456页。

③ [英]约翰·米尔斯:《一种批判的经济学史》,商务印书馆2005年版,第100页。

经济学文献中表达了这种渐进进步观的人。

关于殖民地贸易的看法,则充分表明了蔡尔德的重商主义倾向,他反对殖民地与其他国家进行贸易,只应当与其母国进行贸易。

关于利率,蔡尔德继承了托马斯·卡尔佩伯的观点,后者于1621年发表《反对高息放贷》的小册子,认为利息是进行商业活动的成本,因此以低为好。[1]蔡尔德特别强调了低利率的种种优点,认为低利率是财富的源泉,认为荷兰和意大利的富裕都源于它们的低利率,而比较穷的西班牙则是由于其高利率。这些国家"或穷或富,与它们所付和通常付的货币利息恰好成比例"[2]。因此他主张把利率限制在6%~4%之间,关键是不要高于当时荷兰的利率,以便于英国的企业家能够与荷兰人竞争,否则高利率将提高英国商人的成本,使之丧失竞争力。但是对于如何降低利率,他似乎并未给出有力的措施,只是强调要限制。似乎是希望政府出手规定最高利率。

六、哲学家约翰·洛克的经济思想

约翰·洛克[3](John Locke,1632—1704),17世纪末英国著名哲学家和政治学家、经济学家。他出身于律师家庭,就学于牛津大学,研究哲学、物理、化学和医学。早年便结识著名科学家波义耳和牛顿,70年代多次赴巴黎广泛结交学术界人士。他在政治上倾向于代表资产阶级利益的辉格党,与第一代沙夫茨伯里伯爵过往甚密,由于反对皇室而受保皇党的迫害,于1683年逃亡荷兰,在此后的五年中从事著述工作。1688年"光荣革命"后,他返回英国,尔后担任过英国贸易和殖民事务大臣,并于1694年成为英格兰银行的发起人和大股东。他的经济思想主要集中在1691年出版的《论降低利息和提高货币价值的后果》(以下简称《后果》)以及1689年出版的《政府论》下篇。

从时间上看,《政府论》下篇出版时间较早,但《后果》一书的基本思想是在很早以前就形成了的。该书是一篇争论性的论著,前一部分的中心思想是反对蔡尔德用法律人为地压低利率的主张,认为压低利率将引起货币供应量的减少,从而对贸易产生不利影响,最终导致国家财富减少。在这一部分他提出了关于财富、贸易、货币、利率等一系列观点。为了加强自己的论点,他反对那种

---

① [英]约翰·米尔斯:《一种批判的经济学史》,商务印书馆2005年版,第100页。

② 转引自[英]罗杰·巴克豪斯:《西方经济学史》,海南出版社、三环出版社2007年版,第81页。

③ 《新帕尔格雷夫经济学大辞典》第3卷,经济科学出版社1996年版,第248—249页。[英]马克·布劳格、保罗·斯特奇斯:《世界重要经济学家辞典》,经济科学出版社1987年版,第396页。

认为降低利率会提高商品价格,尤其是土地价格的观点,并分析了当时英国地价跌落的原因。在这一部分,他提出了供求价值论。该书后一部分的中心思想是反对降低铸币成色,反对人为规定金银比价。当时英国的白银硬币已经发生磨损,针对这种情况,出现了两种主张,一种按照硬币的名称重新铸造足值的硬币,另一种则认为可以容忍不足值硬币的继续流通。洛克是第一种主张的极有影响的领军人物。1695年,当时英国财政部的秘书朗迪斯发表论文《论白银硬币的改进》,洛克当即回应,写了题为《关于提高货币价值的进一步思考》,坚持按足值重铸硬币。[①]

《政府论》一书主要是政治学说,其基本论点是认为政府的目的在于保护私有财产。为了阐明这一论点,洛克分析了私有财产的产生过程,提出了劳动创造财富的思想,提出这一思想的主要目的是论证私有财产的合理性。

洛克的经济思想兼具重商主义和古典主义的色彩。

关于财富与贸易。洛克在《后果》一书中提出"财富就在于黄金和白银丰足",因为虽然它们本身的用处不多,但能换得一切生活用品。[②] 这说明他已经意识到金银之所以成为财富的代表,不在于它们本身的用途。

既然财富在于金银丰足,那么如何获得丰足的金银呢?他认为英国只能通过对外贸易来获得,而且主要是通过对外贸易的出超来获得[③],"货币之所以能流入英国,只有依靠英国消费外国商品少于我们能够送到市场上去偿付这些商品的本国货物"[④]。而为了做到这一点,他主张节俭的消费观念,安于享用本国自产的生活用品,不去追求那些奢侈浪费的外国货。[⑤]"国家情况与一个家庭一样。用钱少于我们自己商品的收入,乃是国家致富的唯一可靠法门。"[⑥]他之所以希望增加本国的货币数量,是因为他认识到国内货币偏少将使国内商品价格低廉,而外国货币丰富将使其商品价格高昂,从而使本国的贸易条件恶化。[⑦] 而

---

① [英]莱昂内尔·罗宾斯:《经济思想史:伦敦经济学院讲演录》,中国人民大学出版社2008年版,第90—91页。

② 约翰·洛克:《论降低利息和提高货币价值的后果》,商务印书馆1962年版,第9页。

③ 约翰·洛克:《论降低利息和提高货币价值的后果》,商务印书馆1962年版,第10—11页。

④ 约翰·洛克:《论降低利息和提高货币价值的后果》,商务印书馆1962年版,第18页。

⑤ 约翰·洛克:《论降低利息和提高货币价值的后果》,商务印书馆1982年版,第16—18页。

⑥ 约翰·洛克:《论降低利息和提高货币价值的后果》,商务印书馆1982年版,第70页。

⑦ 约翰·洛克:《论降低利息和提高货币价值的后果》,商务印书馆1982年版,第46—47页。

且这种情况还会由于工资偏低而导致人才外流。① 这种观点说明他只是静态地看待这种现象,没有像后来的休谟那样认识到这种情况将在动态过程中导致本国的贸易顺差。洛克的上述观点,带有浓厚的重商主义气味。

关于商品价值。洛克在《后果》一书中提出商品的市场价格由它的供求关系决定,决定商品价格的"就是它们的数量与销路的比例"②。商品的销路"决定于它的必要性或有用性,而这种必要性或有用性是为人们的爱好或风尚所决定的"③。他所说的数量和销路就是今天人们所说的供给与需求。他看到了商品的稀缺性对于价格的重要影响。④ 而商品性能的改善和质量的提高,除非会改变其数量与销路的比例,否则不会改变价格。⑤ 他提出了商品价格的供求规律,即如果卖者多买者少,则价格下跌;而如果卖者少而买者多,则价格上升。⑥ 他区分了货币数量变动对商品价格的影响与商品本身供求比例变化对商品价格的影响⑦,即区分了一般物价与相对价格。

洛克认为商品的供求决定的是商品的市场价格,而除了这种市场价格之外,商品还有一种内在的自然价格,即它能够满足人们生活的需要或有益于人们的福利。他的自然价值,实际上就是效用价值论。概括地说,在他看来,商品的内在价值由效用决定,而市场价格由商品的数量和销路共同决定,而销路又取决于商品的效用。在这里,已经可以看到后来马歇尔的均衡价格论的萌芽。

关于货币。洛克认为货币是一种普遍通用的商品⑧,是一种可保存、能耐久的物品,可用来交换真正有用但易于败坏的生活必需品。⑨ 由于没有区分资本和货币,他认为货币具有双重价值,一是能够提供利息收入,二是可以换得生活用品。⑩

关于货币的价值,洛克认为其价值的源泉在于人们的想象和约定,"它们只

---

① 约翰·洛克:《论降低利息和提高货币价值的后果》,商务印书馆 1982 年版,第 41 页。
② 约翰·洛克:《论降低利息和提高货币价值的后果》,商务印书馆 1982 年版,第 48 页。
③ 约翰·洛克:《论降低利息和提高货币价值的后果》,商务印书馆 1982 年版,第 28 页。
④ 约翰·洛克:《论降低利息和提高货币价值的后果》,商务印书馆 1982 年版,第 38 页。
⑤ 约翰·洛克:《论降低利息和提高货币价值的后果》,商务印书馆 1982 年版,第 39 页。
⑥ 约翰·洛克:《论降低利息和提高货币价值的后果》,商务印书馆 1982 年版,第 36 页。
⑦ 约翰·洛克:《论降低利息和提高货币价值的后果》,商务印书馆 1982 年版,第 38 页。
⑧ 约翰·洛克:《论降低利息和提高货币价值的后果》,商务印书馆 1982 年版,第 4 页。
⑨ 约翰·洛克:《政府论》下篇,商务印书馆 1983 年版,第 31 页。
⑩ 约翰·洛克:《论降低利息和提高货币价值的后果》,商务印书馆 1982 年版,第 30—32 页。

有一种想象的虚构价值"①,它们是"由人们的爱好或协议给以比它们的实际用处和对生活之需的价值更高的价值"②。这种观点属于货币名目论,强调货币并无自身内在的价值。但是货币的价值并非固定不变,他从他的供求价格论出发去说明货币的价格。由于货币可以换取一切物品,故其销路永远很大,于是其价值便完全由其数量决定了。③ 由此可知,他的货币数量论只不过是供求价格论的一个特例。由于货币数量比较稳定,其数量与销路之间比例的变化比其他商品要慢,所以"人们一般把它看成是一个固定的尺度,用来判断一切东西的价值"④。

洛克注意到了货币在贸易中所起的作用,指出贸易是获取财富所必需的,而货币又为进行贸易所必需,因为需要进行短期的现金支付。⑤ 他一方面把获取货币当作是贸易的目的,另一方面则又把货币看成是进行贸易的必需品,这正好表明他兼有重商主义和古典主义两种观点,也表明英国重商主义是怎样渐变为古典主义的,即从把金银当作贸易目的逐渐转变为把金银当作贸易工具。他认为贸易所需货币是有一定比例的,这个比例不仅取决于货币数量,也取决于货币流通速度。⑥ 而流通速度则取决于劳动工资、土地地租,以及一般商人的支付习惯。⑦ 这个观点可能是货币流通速度概念的最早表述之一。由此他认为制造业应当得到鼓励的原因是它能够加快货币流通。⑧

针对当时存在的政府降低铸币成色的做法,他明确地表示了反对态度,认为如果只是降低某一种铸币的成色,那将使外国人制造这种成色低的铸币以换走其他足值的铸币,最终使国家受损。⑨ 如果同比例地降低所有铸币的成色,那将使物价同比例上涨,使债权人受损。⑩ 同时他也反对由政府强制规定两种货

① 约翰·洛克:《政府论》下篇,商务印书馆1983年版,第114页。约翰·洛克:《论降低利息和提高货币价值的后果》,商务印书馆1982年版,第19页。

② 约翰·洛克:《政府论》下篇,商务印书馆1983年版,第30页。

③ 约翰·洛克:《论降低利息和提高货币价值的后果》,商务印书馆1982年版,第19页。

④ 约翰·洛克:《论降低利息和提高货币价值的后果》,商务印书馆1982年版,第42页。

⑤ 约翰·洛克:《论降低利息和提高货币价值的后果》,商务印书馆1982年版,第20页。

⑥ 约翰·洛克:《论降低利息和提高货币价值的后果》,商务印书馆1982年版,第19—21页。

⑦ 约翰·洛克:《论降低利息和提高货币价值的后果》,商务印书馆1982年版,第21—26页。

⑧ 约翰·洛克:《论降低利息和提高货币价值的后果》,商务印书馆1982年版,第26页。

⑨ 约翰·洛克:《论降低利息和提高货币价值的后果》,商务印书馆1982年版,第83页。

⑩ 约翰·洛克:《论降低利息和提高货币价值的后果》,商务印书馆1982年版,第84—85页。

币的偏离自然比价的交换价值①,"如果制定法律的意图实现,英国将遭受损失;如果人们感到并躲避了这种害处,那么这条法律又等于一纸空文"②。因为货币是商品价格的尺度,应当保持稳定,人为改变两种货币的比值,将破坏这种稳定性。③ 同时他也指出由金银同时充当货币是不适当、不方便的。④

关于利率。洛克认为利息收入类似于土地的地租。⑤ 考虑到中世纪人们通常对于利息的反对态度,这实际上是为利息收入进行辩护。针对当时一些商人要求政府强制降低利率的主张,他表示了明确的反对意见,认为它将导致流通货币转入窖藏而使借贷更加困难,尤其是那些最需要借款的孤儿寡妇等将无处借钱;将使那些老练的银行家和放利者获利,因为他们总有办法使实际利率提高;将使借钱者获益而使一般贷款者受损;将使贸易由于缺乏资金而受到阻碍。⑥ 由此可知,他是从法定低利率将导致货币供给的下降来论证政府强制降低利率的坏处的。而且他还认为政府强制降低利率的法律将得不到人们的遵守,并使国内许多人变得不诚实,犯伪誓罪。⑦ 他还认为法定低利率将阻碍外国人放款,而外国人放款取息并不一定是坏事,只要它能促进贸易,就是好事。⑧ 他认为由市场决定的利率将比政府法定的利率更合理,低利率只能是市场供求关系的结果,而不能是政府强制的结果。他把利率看作是一个与货币供求有关的现象,认为市场利率偏高的原因是因为货币偏少。而要降低市场利率就必须设法增加货币,而不能要求由政府强制规定低利率。这种观点也正好为他的追求贸易顺差的重商主义观点提供了依据。

关于私有财产。洛克对于经济思想的最大贡献,是论证了私有财产的合理性。⑨ 当时正在蓬勃发展的私人商业活动与人们中世纪的传统观念发生了冲突。传统观念认为地球上的一切资源都是上帝赐予所有人的,私有财产的观念

① 约翰·洛克:《论降低利息和提高货币价值的后果》,商务印书馆 1982 年版,第 97—98 页。

② 约翰·洛克:《论降低利息和提高货币价值的后果》,商务印书馆 1982 年版,第 99—100 页。

③ 约翰·洛克:《论降低利息和提高货币价值的后果》,商务印书馆 1982 年版,第 100 页。

④ 约翰·洛克:《论降低利息和提高货币价值的后果》,商务印书馆 1982 年版,第 100 页。

⑤ 约翰·洛克:《论降低利息和提高货币价值的后果》,商务印书馆 1982 年版,第 30 页。

⑥ 约翰·洛克:《论降低利息和提高货币价值的后果》,商务印书馆 1982 年版,第 2—9 页。

⑦ 约翰·洛克:《论降低利息和提高货币价值的后果》,商务印书馆 1982 年版,第 3 页。

⑧ 约翰·洛克:《论降低利息和提高货币价值的后果》,商务印书馆 1982 年版,第 12—13 页。

⑨ [美]史蒂文·普雷斯曼:《思想者的足迹:五十位重要的西方经济学家》,江苏人民出版社 2001 年版,第 16 页。

与之相悖。而当时英国的保皇主义者罗伯特·菲尔默爵士在 1640 年左右发表的《辩护天赋王权,驳民众的非自然的自由》一书中,论证上帝把地球上的一切都给了亚当及其后继的统治者,否定一般民众的私有产权。洛克面临的问题是如何使上帝把地球给予全体人民的观点与私人产权的主张相协调。在分析私有财产的起源时,洛克以自然法为依据,强调了劳动创造财富的作用,以这种作用来论证私有财产的合理性。他写道:"土地和一切低等动物为一切人所共有,但是每人对他自己的人身享有一种所有权,除他以外任何人都没有这种权利。他的身体所从事的劳动和他的双手所进行的工作……是正当地属于他的。所以只要他使任何东西脱离自然所提供的和那个东西所处的状态,他就已经掺进他的劳动,在这上面掺加他自己所有的某些东西,因而使它成为他的财产。"[1]由此可知,他虽然强调劳动创造了绝大部分价值[2],但劳动价值论(更确切地讲是劳动财产论或劳动私产论)在他那里是一种为私有制辩护的理论。在他看来,私有产权是一种自然权利,而这种权利的表现就是个人可以自由地对待和处理他所有的东西。

洛克从私有产权和个人自由的观点出发,认为"君主不能以自己的权威来合法征税。他需要人民或者是他们的合法代表的同意,以便不致'侵犯财产的基本法律'"。他说:"除非获得本人的同意,最高权力不能剥夺任何人的任何财产。"[3]这就是后来私人财产神圣不可侵犯观念的源头。当然他也承认财产权不是绝对的,要受到道德义务的约束。[4]

洛克还指出,在没有货币之前,私有财产的多少受到每个人劳动所得和满足需要的所费这两方面的限制,但随着货币的出现,随着人们把容易变坏的物品换成耐久的货币,私有财产的数量开始突破以往的限制,尤其是一个人储存的东西不能多于他所用的东西这一限制。[5] 他认为私有财产的重要意义在于当人们可以通过劳动和货币而积累财产时,会更具有生产的积极性。

洛克虽然承认劳动会导致归劳动者本人所有的私有财产,但并不认为仆人的劳动会导致仆人的私有财产,相反,他认为仆人的劳动所创造的财富应当归主人所有。[6] 他还区分了雇佣劳动制下的主仆关系和奴隶制下的主仆关系,前者意味着主人对仆人暂时的支配权,而后者则意味着主人可以长久地支配仆人

---

① 约翰·洛克:《政府论》下篇,商务印书馆 1983 年版,第 19 页。
② 约翰·洛克:《政府论》下篇,商务印书馆 1983 年版,第 27,28-29 页。
③ 转引自[美]格瑞特·汤姆森:《洛克》,中华书局 2002 年版,第 105-106 页。
④ [美]格瑞特·汤姆森:《洛克》,中华书局 2002 年版,第 106 页。
⑤ 约翰·洛克:《政府论》下篇,商务印书馆 1983 年版,第 32 页。
⑥ 约翰·洛克:《政府论》下篇,商务印书馆 1983 年版,第 20 页。

的一切。①

　　洛克的私人产权理论与格劳秀斯的共有产权理论是 17 世纪关于产权问题的两个互补的思想,它们共同为以后西方国家产权制度的发展演化奠定了初步的理论基础。②

　　关于税收。洛克主张直接向土地课税,反对征收商品税,因为商品税将减少消费,导致物价低落,地租减少,地价下跌,国家财富减少。但从重商主义观点出发,他并不反对对进口奢侈品课税。③

　　洛克对于经济思想的又一个重要贡献是提出了减少政府对私人经济活动干预的观点。④ 他把政府类比于一个股份公司,股东就是广大的人民大众。政府只应当负责保护人民的生命和财产,而不必干预私人的具体商业活动。如果政府不能履行这些职责,人民将有权推翻之并另择政府。而为了促使政府正确行使职权,防止其违背人民的意志,就需要实行分权,让政府各个部分相互制约。

　　洛克关于政府职责的上述观点无疑对亚当·斯密有着重要影响;关于权力制衡的观念对于后来政治学的发展具有深远的影响,成为英国君主立宪制度和美国建国后权力制衡制度的理论基础。

七、诺思、巴尔本、格朗特、金

(一)诺思的自由贸易思想

　　达德利·诺思⑤(D. North,1641—1691),在重商主义时代彻底摈弃重商主义观点的英国商人,是古典经济学的初期代表之一。他出生于一个男爵的家庭,少年时对学业无兴趣,12 岁时辍学到土耳其伊斯坦布尔跟一个商人当学徒。21 岁时,已成为伊斯坦布尔著名的商人,积累了巨额财富。1680 年秋回到英国,相继担任伦敦市参议员、关税委员、财政委员等职,后又被推选为国会议员。在政治活动中,他是托利党人,是洛克的政敌。在他担任伦敦一个州的州长时,陷害了洛克的政治保护人沙夫茨伯里,迫使其流放并最后死于荷兰。洛克也受

---

　　① 约翰·洛克:《政府论》下篇,商务印书馆 1983 年版,第 52 页。

　　② [美]凡勃伦:《企业论》,商务印书馆 2012 年版,第 49—56 页。凡勃伦认为洛克是关于财产的现代理论的源头。

　　③ 约翰·洛克:《论降低利息和提高货币价值的后果》,商务印书馆 1982 年版,第 53—59 页。

　　④ [美]史蒂文·普雷斯曼:《思想者的足迹:五十位重要的西方经济学家》,江苏人民出版社 2001 年版,第 17 页。

　　⑤ 《新帕尔格雷夫经济学大辞典》第 3 卷,经济科学出版社 1996 年版,第 730—731 页。

到牵连而避难于荷兰。① 1688 年光荣革命以后,他可能在政治上失势。因此他的名著《贸易论》,是在他 1691 年逝世的那一年匿名发表的。

诺思的《贸易论》匿名发表后,即被埋没和遗忘了一个多世纪,直到 19 世纪初由于银行限制法和谷物法的辩论,引起了人们研究经济问题的兴趣,英国经济学家麦克库洛赫重新发现了它。从此,这本名著及其作者才开始得到评价。1822 年,李嘉图看了此书后指出:"我没有想到,在这么早的年代,竟有人具有像这本书表达的如此正确的观点。"②

诺思的《贸易论》由前言、论降低利息、论铸币和附录四部分构成,共 39 页,是一本篇幅不大的出色小册子。它主要是讨论当时大家所关心的利息问题,但它不是研究这两个问题的具体方面,而是以贸易问题为中心探讨其理论原则。他说:"在这方面,一项正确的见解可以纠正一大堆谬误。"③全书论证严密而有系统。麦克库洛赫认为这本书的体系是"脉络一贯而且是完全的",并称它是"没有腱的 Achilles"④。现将其中所阐明的自由贸易思想作一概述。

诺思是英国第一个提出自由贸易思想的经济学家。他的自由贸易思想是在反驳重商主义观点时阐述的。

首先,他反对重商主义者认为只有金银才是财富的观点。在他看来,财富乃是在人们手头的剩余物品。他说:"有些人由于勤劳和精明从地里生产出超过供应自己消费需要的果实,于是他们把剩余的东西留下来,这就是财产或财富。"⑤他认为即使金银或类似金银的物品都不存在,只要通过交换就可使别人的剩余物品变成自己的,这就成了自己的财富。他认为金银绝不就是财富而只是财富的一种形态,他认为金银成为货币的原因是因为它们质地优良、数量稀少、不易损耗、便于贮藏和携带。⑥ 当作货币的金银只是交换的媒介。他认为金银的增减,乃是一般财富增减的结果,绝不是一般财富增减的原因。

---

① ［美］亨利·威廉·斯皮格尔:《经济思想的成长》上,中国社会科学出版社 1999 年版,第 144－146 页。

② 转引自达德利·诺思:《贸易论》,商务印书馆 1976 年版,第 4 页。

③ 达德利·诺思:《贸易论》,商务印书馆 1976 年版,第 16 页。

④ 转引自《西洋经济学者及其名著辞典》,第 697－698 页。Achilles 即希腊神话中的阿基里斯,或译阿喀琉斯。相传他出生后,被其母倒提着在冥河水中浸过,除未浸到水的脚踵外,浑身刀枪不入。故希腊神话称 Achilles 除腱外,全身刀枪不伤,意谓十全十美。

⑤ 达德利·诺思:《贸易论》,商务印书馆 1976 年版,第 17 页。

⑥ 达德利·诺思:《贸易论》,商务印书馆 1976 年版,第 17 页。

从财富是剩余物品这一观点出发,诺思认为"利息不过是资本的租金"①,并且把利息和地租相提并论,以说明利息的合理性,反对人为压低利息。

其次,诺思坚决反对早期重商主义者禁止金银出口而把金属货币保存在国内的主张。他认为把货币储存起来,并不能增加国民财富,只有把货币流通才能使财富增加。因此他反对早期重商主义者反对货币输出的论点。②

第三,诺思也反对晚期重商主义者借对外贸易的出超以增加货币的主张。他指出,一个国家流通所需要的货币量,是由商品流通量决定的。如果货币不足,必然会从货币多的国家流入;如果有余,也就必然有一部分货币退出流通界。它会自行调节,不必借对外贸易而强求货币的增加。③ 他分析了当时时常出现的所谓货币缺乏现象,指出所谓的货币缺乏其实或者是因为商品供大于求,或者是流通渠道堵塞,或者是由于消费缩减。④

第四,诺思坚决反对重商主义者关于政府干预经济生活的主张。他认为无论是国内贸易或对外贸易都应该自由地进行。任何阻碍自由贸易的立法,都是不利于财富增长的。他说:"阻碍贸易的法律,不论是关于对外贸易或是国内贸易,不论是关于货币或其他商品,都不是使一个民族富裕、使货币和资本充裕的要素。但是如果获得和平,如果维持公正的司法制度,航行不被阻挠,勤勉得到鼓励,让勤勉的人得到荣誉,根据财富和品质在政府中就业,那么国家的资本将会增加,结果金银将会丰富,获利将会容易,货币不会缺乏。"⑤因此,为了促进贸易和财富的增长,他坚决反对人为干涉,反对法定利率⑥,反对法定价格⑦,主张自由放任。他说:"我们可以费力筑篱去围杜鹃鸟,但这是徒劳的,因为从来也没有一个人是靠政策致富的;而和平、勤劳和自由却能促进贸易和财富,此外别无其他途径。"⑧

第五,诺思指出了家庭致富与国家致富的不同之处,指出了奢侈消费对于生产的促进作用,"禁止奢侈的办法对于维持家庭生活也许是可行的,但国家财富的增长却因此受到阻碍"⑨。他在凯恩斯以前250年就看到节俭对于家庭和

① 达德利·诺思:《贸易论》,商务印书馆1976年版,第18页。
② 达德利·诺思:《贸易论》,商务印书馆1976年版,第14页。
③ 达德利·诺思:《贸易论》,商务印书馆1976年版,第31页。
④ 达德利·诺思:《贸易论》,商务印书馆1976年版,第25—26页。
⑤ 达德利·诺思:《贸易论》,商务印书馆1976年版,第35页。
⑥ 达德利·诺思:《贸易论》,商务印书馆1976年版,第10页。
⑦ 达德利·诺思:《贸易论》,商务印书馆1976年版,第14页。
⑧ 达德利·诺思:《贸易论》,商务印书馆1976年版,第39页。
⑨ 达德利·诺思:《贸易论》,商务印书馆1976年版,第29页。

国家的不同作用,确实不简单。

(二)巴尔本的经济观点

尼古拉斯·巴尔本①(N. Barbon,1640—1698),17世纪英国经济学家,古典经济学的先驱者之一,火灾保险的创始人。他生于伦敦,获医学博士。在1690年和1695年,两度当选为国会议员。他的著作很多,其中最重要的经济理论著作是1690年发表的《贸易论》一书。下面简述巴尔本在《贸易论》中所阐明的经济观点:

第一,批判限制贸易的看法,强调发展贸易的重要性。巴尔本认为过去许多人对贸易大都是从各自的私利出发,其"心思都放在他们主要利益所在的那些特定贸易部分上……不考虑整体与部分之间的各种比例标准"②,这就使他们不可能正确全面地了解贸易。在他看来,发展贸易不仅可使"一般居民吃得好、穿得好、住得好,而且比较富有的居民还享有促进生活的舒适、愉快和豪华的一切东西"③;发展贸易不仅对国民有好处,而且对国家也有很多好处,因为发展贸易可以"增加政府的收入,提供人民的就业机会",可以保卫国家"提供战争的军火库",并"有助于帝国的扩大","如果一个世界性的帝国或者一块非常辽阔的版图能够在世界上重新建立起来,那么,这看来很可能是靠贸易实现的"④。

第二,分析促进贸易的原因,"促进贸易的主要原因(且不谈好政府、和平、地理位置和其他有利条件)是穷人的勤劳和富人的慷慨。慷慨就是自由使用由穷人的勤劳所创造的一切供身体和精神之用"⑤。他认为与慷慨"这一美德相反的两个极端是挥霍和贪婪",但是挥霍仅仅对本人有害而对贸易无害,而贪婪对本人和贸易都有害。"对一个贸易国家来说,富人都贪婪而不花费,就会像一场对外战争那样危险。因为……他们会使国家变穷,使政府在由消费而

---

① 《新帕尔格雷夫经济学大辞典》第1卷,经济科学出版社1996年版,第204页。

② 托马斯·孟、尼古拉斯·巴尔本、达德利·诺思:《贸易论》(三种),商务印书馆1982年版,第50页。

③ 托马斯·孟、尼古拉斯·巴尔本、达德利·诺思:《贸易论》(三种),商务印书馆1982年版,第64页。

④ 托马斯·孟、尼古拉斯·巴尔本、达德利·诺思:《贸易论》(三种),商务印书馆1982年版,第65页。

⑤ 托马斯·孟、尼古拉斯·巴尔本、达德利·诺思:《贸易论》(三种),商务印书馆1982年版,第73—74页。

来的关税和货物税方面遭受巨大的损失。"①这一思想后来由曼德维尔在《蜜蜂的寓言》一书中作了系统全面的阐述。他还强调了城市化和建筑业对于贸易的贡献。②

第三,对重商主义的贸易差额论进行批判。巴尔本从本国生产的主要商品构成该国的财富和对外贸易基础的观点出发,认为各国未必都能在其国内生产其所必需的商品,这样,各国就必须发展对外贸易以交换各自所需要的商品;如果不输出本国的产品,就无法输入本国所需要的外国产品。因此,欲谋富国裕民,就必须让各国自由交易。他说:"一切从事贸易的国家都细心研究它们贸易的好处,并且知道用加工过的货物去换取未加工的货物所得到利润的差额。所以,任何国家制定禁止一切外国货物(只有那些能够给它带来最大好处的货物可以幸免)的法律,都会使其他国家也制定同样的法律,后果将是毁掉一切对外贸易。"③于是,他批判了某些人以为禁止输入外国产品就可扩大同类本国产品消费的观点。他指出:"这是一个错误的理由,这一错误理由之所以产生,是由于没有考虑究竟是什么引起贸易的。不是身体的需要引起消费,很少的东西就能满足人体的需要。引起贸易的是精神的需要、时髦、对新奇事物和稀有物品的想望等。英国的花边、手套或丝绸一个人想买多少就可以买多少,因而他不想再买它们,而想花钱买威尼斯的针绣花边、杰斯明的手套或者法兰西的丝绸。他可能在不想吃英国火腿的时候却想吃威斯特伐利亚的火腿。所以禁止外国商品并不必然会引起英国同类商品的更多的消费。"④他认为,即使输入外国货物将会妨碍本国货物的制造和消费的少数情况发生时,"纠正这种不利情况的办法不是禁止那些货物,而是对它们征收重税,使它们总是比我们国家制造的货物昂贵"⑤。

巴尔本既反对禁止外国产品输入,也反对重商主义者过分重视金银。他说:"有人非常重视金银,因此认为金银本身具有一种内在价值,并用金银来计算任何物品的价值。这个错误产生的原因,是因为货币由金银铸造,以致他们

---

① 托马斯·孟、尼古拉斯·巴尔本、达德利·诺思:《贸易论》(三种),商务印书馆1982年版,第74页。

② 托马斯·孟、尼古拉斯·巴尔本、达德利·诺思:《贸易论》(三种),商务印书馆1982年版,第76页。

③ 托马斯·孟、尼古拉斯·巴尔本、达德利·诺思:《贸易论》(三种),商务印书馆1982年版,第79页。

④ 托马斯·孟、尼古拉斯·巴尔本、达德利·诺思:《贸易论》(三种),商务印书馆1982年版,第77页。

⑤ 托马斯·孟、尼古拉斯·巴尔本、达德利·诺思:《贸易论》(三种),商务印书馆1982年版,第79页。

未能辨别货币与金银。"①在他看来,货币的价值是由"法律规定的",货币的用途是"计算一切其他物品的价值",充当"一切其他物品的价值的替换物"。他由此推论说:"货币并不是绝对需要由金银制造。"他认为值若干先令或若干英镑的"标记打在什么金属上并不重要。如果货币是由黄铜、铜和锡或任何别的东西制造,它也具有同样的价值,起着同样的作用"②。他指出,"只有稀少性才能保持价值,而不是金属中任何内在的长处或质量保持价值"③。由此,他认为重商主义者主张贸易差额论之所以错误,就是由于把金银当作了唯一的财富。在他看来,贸易对一国的好处,并非来自贸易出超而流入的金银,而是"来自关税和来自使用很多人手的货物"④。

第四,巴尔本在论述贸易问题时,还论述了与贸易有关的商品价值问题。他说:"一切商品的价值来自商品的用途,没有用的东西是没有价值的。"⑤又说:"商品的用途在于满足人们的需要。人生来就有两种总的需要,即身体的需要和精神的需要。世界上满足这两种需要的一切东西都是有用的,因此都有价值。"⑥当谈到人的精神需要与商品价值的关系时,又说:"大多数物品的用途是满足精神的需要,而不是满足身体的需要。而且这些需要的绝大部分是由于想象而产生的,精神发生变化,物品变得没有用了,也就失去了它们的价值。"这就是说,人们主观爱好和需要决定商品的价值。至于商品价值量的大小,他强调了商品的稀缺性,"在考虑到需要的情况下,丰富使商品便宜,稀少则使商品昂贵"⑦。他的这种价值观,可谓是边际效用论的先驱。

第五,巴尔本认识到利率并非与货币相关联,而是与资本相关联,"利息是财货的租金,正像它是土地的租金一样,前者是加工过的,或人工的财货的租

---

① 托马斯·孟、尼古拉斯·巴尔本、达德利·诺思:《贸易论》(三种),商务印书馆1982年版,第59—60页。

② 托马斯·孟、尼古拉斯·巴尔本、达德利·诺思:《贸易论》(三种),商务印书馆1982年版,第58页。

③ 托马斯·孟、尼古拉斯·巴尔本、达德利·诺思:《贸易论》(三种),商务印书馆1982年版,第60页。

④ 托马斯·孟、尼古拉斯·巴尔本、达德利·诺思:《贸易论》(三种),商务印书馆1982年版,第78页。

⑤ 托马斯·孟、尼古拉斯·巴尔本、达德利·诺思:《贸易论》(三种),商务印书馆1982年版,第55页。

⑥ 托马斯·孟、尼古拉斯·巴尔本、达德利·诺思:《贸易论》(三种),商务印书馆1982年版,第55页。

⑦ 托马斯·孟、尼古拉斯·巴尔本、达德利·诺思:《贸易论》(三种),商务印书馆1982年版,第57页。

金,后者是未加工的或自然财货的租金。利息通常被看成是货币,……但这是一个错误,因为利息是为财货支付的"①。这种观点在以后的几个世纪里逐渐站稳了,直到 20 世纪凯恩斯为止。

(三)统计学家约翰·格朗特和格雷高利·金

约翰·格朗特②(John Graunt,1620—1674),17 世纪英国统计学家,配第的好友。他于 1662 年发表《自然与政治的评论……关于伦敦地区出生与死亡周报表》,研究了人口的出生和死亡数据,估算了伦敦的人口,制定了第一份存活率表,显示活到各个年龄的人数。文章采用的方法就是后来作为统计学基本方法的大数定理,即单个现象有偶然性,但是整体却受制于严格的规律性的支配。它被认为标志着人口学的诞生。

格雷高利·金③(Gregory King,1648—1712),17 世纪英国统计学家和经济学家,达维南特的好友。他的著作一直到 1802 年才出版,但是他的观点被达维南特和亚当·斯密多次引用。他的研究涉及人口、国民收入的估计,以及小麦价格与销售量之间的统计关系。通过这种研究,他提出了后来罗德代尔所命名的金氏定律,即小麦收成的减少会引起其价格更大幅度的提高。

收获的减少	价格的上升
1/10	3/10
2/10	8/10
3/10	16/10
4/10	28/10
5/10	45/10

收获减少一半,价格将上升近 5 倍。

金的这一研究涉及了后来马歇尔所说的需求法则和需求价格弹性,表明他是需求理论和统计研究的先驱。

---

① 托马斯·孟、尼古拉斯·巴尔本、达德利·诺思:《贸易论》(三种),商务印书馆 1982 年版,第 62 页。

② 《新帕尔格雷夫经济学大辞典》第 2 卷,经济科学出版社 1996 年版,第 603 页。参考[美]亨利·威廉·斯皮格尔:《经济思想的成长》上,中国社会科学出版社 1999 年版,第 126 页。

③ 《新帕尔格雷夫经济学大辞典》第 3 卷,经济科学出版社 1996 年版,第 56—57 页。[英]马克·布劳格、保罗·斯特奇斯:《世界重要经济学家辞典》,经济科学出版社 1987 年版,第 338—339 页。参考[美]亨利·威廉·斯皮格尔:《经济思想的成长》上,中国社会科学出版社 1999 年版,第 126 页。

八、达维南特的经济思想

查尔斯·达维南特①(Charles Davenant,1656—1714),英国经济学家和统计学家。1678—1689年任英国国内货位税专员,1702—1714年任英国进出口总监察官,1698—1707年曾连续三次被选为下议院议员。其主要论著有:《论筹措战费的方法》(1695)、《关于英国谷物的备忘录》(写于1695年,发表于1942年)、《论东印度贸易》(1696,有中译本)②、《关于信贷的备忘录》(写于1696年,发表于1942年)、《论英国的公共收入与贸易》(1698,有中译本)③、《论使一国人民在贸易差额中成为得利者的可能的方法》(1699)、《论如何开展与管理同非洲的贸易》(3卷)和《有关王国贸易状况的报告》(2卷,1710,1712)。

达维南特虽然于18世纪初去世,但是他主要的经济论著多发表于17世纪末,其经济思想具有重商主义的外表,但其实质是主张古典主义的自由贸易。虽然他没有像后来的亚当·斯密那样把分析的重点放到生产过程,而是继续以对外贸易为主要考察对象,但是把他划为重商主义者是不够准确的。他的思想反映了17世纪后半期18世纪上半期许多英国经济学家思想的共同特点,即反映了英国经济思想正在经历从重商主义到古典主义的渐进转变。因此不必给他们贴上明确的标签:重商主义者或者古典主义者。下面将主要根据有中译本的《论东印度贸易》和《论英国的公共收入与贸易》介绍达维南特的经济思想。

达维南特1696年发表的《论东印度贸易》一文,主要是论证了东印度贸易给英国带来的利益,强调了禁止贸易或者禁止国内消费东印度的进口商品将引起的不利后果,同时进一步指出了英国和东印度之间应有的贸易格局,就是发展英国的毛织品生产和出口,进口东印度的丝绸和棉麻布。他于1698年出版的《论英国的公共收入与贸易》一书,分上下两卷。上卷主要讨论英国的税收和公债问题,下卷主要讨论英国得自对外贸易的收益及如何增进这种收益。

根据达维南特的这两部论著,可以把他的经济思想大致概括为两部分内容:关于财富和外贸的观点,关于公共财政尤其是政府筹资的观点。

达维南特在分析方法上继承了威廉·配第和格雷高利·金的政治算术方

---

① 《新帕尔格雷夫经济学大辞典》第1卷,经济科学出版社1996年版,第809—810页。[英]马克·布劳格、保罗·斯特奇斯:《世界重要经济学家辞典》,经济科学出版社1987年版,第137—138页。

② [英]查尔斯·达维南特:《论英国的公共收入与贸易》,商务印书馆1995年版。

③ [英]查尔斯·达维南特:《论英国的公共收入与贸易》,商务印书馆1995年版。

法,就是"运用数字对与政府有关的事情进行推理",并且认为这种方法的基础"是充分了解人口数",不仅"了解本国的情况,而且……了解敌国和友邦的力量和弱点"。他认为通过政治算术,可以使政府了解一国财富的不同组成部分,同时也可以了解各种交易如何互相依赖。[1]

但是配第、金和达维南特的重视经济数据的研究方法后来并没有得到继承,因为当时并不存在系统完整的经济统计数据。

(一)关于财富与外贸

达维南特探讨了财富的定义和源泉。他定义年收入和年支出,"所谓年收入,指的是某一国家得自土地及其产品,得自对外贸易,得自手工业、制造业等国内产业的全部收入。所谓年支出,指的是为一国人民的穿衣吃饭,为在战时保卫他们,为在和平时期给其增光添彩所必须支出的一切费用"。而财富或国民资本就是年收入超过年支出的剩余。[2] 他明确指出,"一个国家的真正和实际的财富是其国内的生产物",是"供养君主和全体人民过富裕、舒适、太平日子的东西,……有助于使人民在国内获得安全、在国外处于重要地位的东西"。他还进一步认为"海运知识、种种技艺的改进和军事艺术的提高,以及智慧、势力和结盟等"也都是财富。"增进土地和地理位置的优势的勤劳和技艺,对人民来说是甚至比拥有金银矿更为确实的财富"[3]。

达维南特对于上述这些财富与货币之间的关系,有着正确的认识。他认为:"众多的人口、勤劳刻苦的精神、有利的地理位置、良好的港口、航海技艺以及得自土地的丰厚年收入,无疑是一个国家真正而持久的财富;但要使所有这一切具有价值,使它们都具有生命和活力,在人民中间就必须有一笔迅速流动的资本。哪个国家这种资本增加,哪个国家就肯定富强;哪个国家这种资本明显减少,一般说来它也就会衰落。"[4]而这笔迅速流动的资本就是货币和信用。

上述这些观点表明,达维南特的财富观是相当超前的,甚至包括了后人所说的人力资本。同时,虽然他否定了重商主义的财富观,但是并未低估货币的作用。正是基于这种正确观点,他强调了货币的重要性。因此他的重视货币并

---

[1] [英]查尔斯·达维南特:《论英国的公共收入与贸易》,商务印书馆1995年版,第1页。

[2] [英]查尔斯·达维南特:《论英国的公共收入与贸易》,商务印书馆1995年版,第95—96页。

[3] [英]查尔斯·达维南特:《论英国的公共收入与贸易》,商务印书馆1995年版,第144页。

[4] [英]查尔斯·达维南特:《论英国的公共收入与贸易》,商务印书馆1995年版,第217页。

非重商主义思想。

达维南特明确反对“金银是一个国家唯一的或最有用的财富”的观点，认为金银只是贸易的手段，是交易中进行结算的筹码，是贸易的仆从，它的本源是国家的自然或人工的产物。他指出，在货币“流入过快以致抑止了勤劳的地方，或者在它陷入停滞不动的地方，它的害处多于好处”①。从这一观点出发，他认为输出货币的贸易未必一定是有害的，“这种贸易是有益的，它们带回的货币要多于带出国的货币”②。这种观点与英国早期重商主义禁止货币输出的观点是对立的。但是他这种主张并不意味着他是一个晚期重商主义者，他与晚期重商主义者的根本区别在于他根本不认为只有货币才是财富。

关于财富的源泉，达维南特认为“各国的财富，均产生于人民的勤奋劳作”③。同时他指出，“财富逃避妄想用欺骗手法和法律羁绊它的地方，而渴求进入能给它最大自由的那些地方”④。由此表明了自由的社会体制对于财富的重要意义。

至于如何增加一国的财富，达维南特强调了对外贸易的重要性，认为“对外贸易有利于英格兰”。因此他主张立法机构和行政机关“运用全部聪明才智积极干预”对外贸易，主要“是为贸易的管理制定出合理、公平而方便的规则”。为此，他建议成立一个得到立法机构授权的精通业务的贸易委员会，其职责主要就是照管和监督贸易活动，“勿使英国的贸易遭受损害”⑤。具体工作包括：为了维护英国商品的信用和声誉而调查和纠正出口商品的“弄虚作假行为”。采取措施恢复信用，与邻国签订稳固的贸易条约，以军事实力建立和维持海外殖民地和贸易据点，成立商业法庭，专门处理贸易纠纷。⑥ 从他所提出的这些具体措施来看，他并不是像重商主义者那样主张通过抑止进口怂恿出口来获取金银。因此，认为他主张由政府对贸易进行照管和监督就是重商主义是不合适的。重商主义的核心特征在于政府干预的目的(获取金银)和干预的特定措施(限进促出)。而他显然不具有这些特征。

---

① [英]查尔斯·达维南特:《论英国的公共收入与贸易》,商务印书馆 1995 年版,第 143 页。

② [英]查尔斯·达维南特:《论英国的公共收入与贸易》,商务印书馆 1995 年版,第 17 页。

③ [英]查尔斯·达维南特:《论英国的公共收入与贸易》,商务印书馆 1995 年版,第 9 页。

④ [英]查尔斯·达维南特:《论英国的公共收入与贸易》,商务印书馆 1995 年版,第 167 页。

⑤ [英]查尔斯·达维南特:《论英国的公共收入与贸易》,商务印书馆 1995 年版,第 176 页。

⑥ [英]查尔斯·达维南特:《论英国的公共收入与贸易》,商务印书馆 1995 年版,第 201 页。

相反,达维南特反对各种限制性的法规,他认为:"贸易就其本性而言是自由的,它自行寻找航道,并且最为妥善地自行引航。因此,为贸易制定规则和方向,并加以限制和约束的一切法律,……对社会来说裨益殊少。……关于贸易,政府应当在总体上像上帝那样加以仁慈的照管,然而一般地说,其他一切则应听其自然;而且,考虑到各种贸易是紧密结合在一起的,……大体说来,无论哪种贸易对于国家都是有利的。……很少有关于贸易的法律能使一个国家通过贸易而繁荣昌盛。"①这些话如果不考虑它们的出处,往往容易使人们以为他反对一切对于贸易的政府干预,这就与他关于政府应当照管和监督贸易的意见相左。其实这些文字是他在反对关于禁止进口和消费东印度棉丝麻织品法案时写下的。他反对的主要是政府对于具体贸易行为的干预。他认为,由英国生产并向东印度出口毛织品而换回东印度的棉丝麻织品,比通过禁令而由英国自己生产棉丝麻织品,更为有利于英国。② 这个一国根据优势进行分工和交换将获利的思想可以说是后来斯密的绝对优势理论和李嘉图的比较优势理论的萌芽。他正是以此为根据反对政府干预具体贸易活动。他的这种反对政府干预具体贸易活动的观点与他主张政府应当照管和监督一般贸易的见解并不矛盾。

达维南特反对政府干预具体贸易活动的理由,是一切贸易之间的相互依存性。他强调要从总体上看待不同的贸易和不同对象的贸易,即便有的贸易似乎没有盈利,也不要简单地加以限制,因为与它相联系的贸易就可能带来收益。他反对出现贸易逆差时对于贸易对象国课征高额关税或禁止进口,因为那不起作用,反而招致报复,"最好的补救方法,很可能是用出口本国产品来回敬外国产品的进口"③。这里再次表明,他所主张的政府对于贸易的照管和监督,并不是重商主义所要求的限制或者禁止外国商品的进口。

达维南特认为,"使对外贸易毫无疑义地有利于一国的最好的方法是,提倡和鼓励节俭"。而在提倡节俭方面,"宫廷的表率作用总是极其有效的"。他指出:"哪里的制度愈自由,地方行政长官的生活愈有节制,哪里的人民就愈勤劳,

---

① [英]查尔斯·达维南特:《论英国的公共收入与贸易》,商务印书馆 1995 年版,第301 页。

② [英]查尔斯·达维南特:《论英国的公共收入与贸易》,商务印书馆 1995 年版,第304 页。

③ [英]查尔斯·达维南特:《论英国的公共收入与贸易》,商务印书馆 1995 年版,第171 页。

各项事业也发展得愈快。"①

　　达维南特分析了政治体制对于国民财富的影响,指出"在共和政体的国家,贫穷会使政府精明节俭;而在君主政体的国家,贫穷却往往使政府更加绝望,更加轻率"。同时他又指出,无论是共和政体还是君主政体,都需要有一位出色的政治家,才能使一个国家繁荣昌盛。②

　　达维南特还强调了宗教和法律的作用,认为"人类社会是靠宗教和法律的纽带维系的"③。"世界上所有国家的繁荣昌盛,就取决于其人民的道德精神水平"。而为了在北美殖民地维持节俭、勤劳、谦恭、温顺的道德,他主张依靠宗教的力量。同时他认为"济贫法是毁灭和破坏英格兰的整个制造业的真正根源。因为它明显地鼓励怠惰和行乞"④,希望由法律强迫穷人去工作。

　　达维南特还联系国家的外交政策和殖民地政策来考虑贸易问题。他非常明智地提出英国应当尽量避免依仗陆军的内陆战争,而应当尽力控制对外贸易所需要的海洋。他认为,"对外战争和陆军决不是我国的要务和利益所在",因此他反对由陆军去攻城略地,因为那将耗费大量的财富。他认为西班牙衰落的重要原因之一就是花费巨资入侵英国和企图征服荷兰。"最能耗竭一个国家的,莫过于一场要为海外驻军支付费用的对外战争;这样的战争会夺走硬币(这正是贸易的真正生命所在),占用干活儿的人手(否则他们会增加国家的财富),而且刀剑和疾病会消耗人口,而人口正是一个国家最重要的财富。"他主张加强海军,发展能够保护贸易的海上军事力量。"如果我们把主要力量用在建立强大的海军上,用于在海上称雄(我们的天赋与地理位置都有利于做到这一点),如果我们以这种方式进行战争,则我们的货物就会保留在国内;因为这样支出的费用,与其说是对国家金银的消耗,毋宁说是国家金银的流通"⑤。

　　达维南特分析了殖民地给英国带来的好处以及如何防止其负面影响。他认为殖民地可以让那些对政府不满的人离开英国,同时应当放宽入籍条件允许

---

　　① [英]查尔斯·达维南特:《论英国的公共收入与贸易》,商务印书馆1995年版,第172页。

　　② [英]查尔斯·达维南特:《论英国的公共收入与贸易》,商务印书馆1995年版,第193页。

　　③ [英]查尔斯·达维南特:《论英国的公共收入与贸易》,商务印书馆1995年版,第268页。

　　④ [英]查尔斯·达维南特:《论英国的公共收入与贸易》,商务印书馆1995年版,第261页。

　　⑤ [英]查尔斯·达维南特:《论英国的公共收入与贸易》,商务印书馆1995年版,第156页。

外国人成为英国公民以防止人口的减少。为了防止殖民地给别国带去利益,他主张坚持航海条例。为了防止殖民地的分离倾向,他强调抑止殖民地总督的腐败,限制殖民地发展自己的海陆军。为了使殖民地能够给英国带来利益,他强调殖民地的产品不应当与母国相同,同时各个殖民地的产品也不应当相同,要根据母国的能力建立殖民地,数量不宜过多,因为历史上许多帝国就是由于过分扩大版图而灭亡的,还有就是要建立和尊重私人财产权。[①]

达维南特还根据别人的意见,仿造古希腊的邦联制度,对于北美殖民地的政治结构提出了具有君主立宪色彩的建议。他认为君主专制往往使个人滥用权力、专横暴虐,而共和政体往往导致党争甚至内战,而君主立宪则可以避免上述两者的弊端。同时他也提出要警惕民选代表的贿选行为、帮派倾向和谋取私利,警惕能言善辩的蛊惑家挑动党派斗争。[②]

上述这些观点表明,他的财富观已经摆脱了重商主义关于财富只是货币金银,获取财富只能依靠从外国获取金银的看法;并且已经具有了初步的自由主义的观点。他虽然强调对外贸易的重要性,但是这并不意味着他把外贸看作是财富的唯一源泉,也不意味着他只是希望通过外贸获取更多的货币金银。而且他关于如何增加财富的观点,也具有非常广阔的视野,能够从经济、政治、外交、军事、法律、道德各个方面考虑问题。他在表面上似乎还有一点重商主义色彩,但是实质上他更具有古典主义的特征。

(二)关于公共财政

达维南特考虑公共财政问题的背景,是英国政府在刚刚结束的英与法之间的奥格斯堡联盟之战或者威廉王之战(1689—1697)中发行了公债。因此,如何看待公债,如何偿还,就成为需要认真考虑的问题。

达维南特认为,累积增长的公债将妨碍一个国家的富强,"最有效地增进国家福利与繁荣的方法,莫过于把各项公共收入管理得井井有条,使其能偿还公债"。他认为西班牙王国的衰退的主要原因就是它自 1588 年以后不断增加的公债。[③] 他把政府能否偿还公债的问题提升为一个国家能否全面建立或者恢复信用的问题,而"无论是收入还是贸易都严重依赖于信用"。他认为信用的特征在于"信用从来不是强迫的,而是自觉自愿的,依赖于期望和担心这样一些感

---

① [英]查尔斯·达维南特:《论英国的公共收入与贸易》,商务印书馆 1995 年版,第 231 页。

② [英]查尔斯·达维南特:《论英国的公共收入与贸易》,商务印书馆 1995 年版,第 259 页。

③ [英]查尔斯·达维南特:《论英国的公共收入与贸易》,商务印书馆 1995 年版,第 34 页。

情；信用常常不用争取而自行出现，又总是无缘无由地消失；而信用一旦丧失，就很难完全恢复"。而信用的功能在于，它"同服从、仁爱、友谊和交谈一样，是把一国人民联系和维系在一起所必不可少的条件"①。他是比较早又比较少见的对于信用的特征和功能进行分析的经济学家。至于信用与货币的关系，他指出："货币和信用肯定是相互彼此帮助的；货币是信用的基础；哪里没有货币，哪里就没有信用；哪里信用通行，哪里的货币就流通得好。"②

达维南特认为，当国家由于战争而入不敷出时，将不得不发行公债，但是不能过量。"公债只要发行得有节制，就不会给人民带来很大危害"。而公债的偿还主要应当依靠税收，通过不断增长的税收逐步还本付息，将使人民恢复对于政府的信用，愿意进一步借钱给政府。"如果私人看到政府极为细心地管理各种税收(私人正是把税收看作是其放款的担保品)，税收状况不断改善，他们会受到很大鼓舞，因此而更加愿意借钱给政府"。他把能否尽快偿还公债，看作是关系国力强盛的大问题，"如果本来需要10年偿清的债务，通过妥善管理上述各种税，7年便偿清了，则国家也就因此而较快地摆脱了债务负担；……则在未来爆发战争时，我们便拥有比过去大得多的实力。"他进一步归纳出一条原则："哪个国家能最迅速地偿清公债，哪个国家就能最迅速地兴旺发达，就最有能力保护其帝国的疆土，并能最迅速地获得和平带来的利益。"③

达维南特认为偿清公债有两种方法，"一是通过很好地管理和改善现有的税收，二是通过课征新捐税"④。他进一步指出，"人民厌恶政府养活大批税收官员，厌恶政府课征多如牛毛的新税；人民总是感到新捐税带来的负担要比旧税重"。由此可知，他更主张加强对于旧税的征管而不是开征新税，更主张改善管理而不是增加征税官员。他指出，"若想通过放松对税收的管理来赢得人民的欢心，那是徒劳的；严格而认真地管理税收或许会得罪少数人，但却会保护……全体人民的利益"⑤。他认为管理和改善现有税收的关键是提高地方税收官员和检查税收工作的督察官员的素质。而要保证他们的素质，就要防止党派纷争对于管理工作和管理人员任免的干扰。⑥

对于税收工作管理不善所带来的不良后果，达维南特谈道："当一国君主无

①　[英]查尔斯·达维南特：《论英国的公共收入与贸易》，商务印书馆1995年版，第20页。

②　[英]查尔斯·达维南特：《论英国的公共收入与贸易》，商务印书馆1995年版，第217页。

③　[英]查尔斯·达维南特：《论英国的公共收入与贸易》，商务印书馆1995年版，第22页。

④　[英]查尔斯·达维南特：《论英国的公共收入与贸易》，商务印书馆1995年版，第36页。

⑤　[英]查尔斯·达维南特：《论英国的公共收入与贸易》，商务印书馆1995年版，第81页。

⑥　[英]查尔斯·达维南特：《论英国的公共收入与贸易》，商务印书馆1995年版，第39页。

力养活国家官吏,无力维持其适当的地位与尊严时,国家官吏就会贪污腐化;当一国君主无力支付军饷时,士兵就必然会靠揩老百姓的油,欺压老百姓维生。当国家无力支付文官薪俸,无力给予司法人员或税收人员以充分报酬时,社会正义就会被出卖,税收的管理就很不严,就会有欺诈行为。"①

达维南特进一步分析了具体的税收方法,重点是探讨私人包税制与政府管理税收这两种方法的利弊。他指出包税制的流弊是容易使私人发财引起公愤,而且包税人可以通过乞求国王豁免而包盈不包亏,容易发生横征暴敛的现象;但是其好处是能够保证国家有一笔比较稳定的收入,而且私人有充分的动力积极组织税收。政府管理税收容易导致不负责任,任人唯亲。他认为正确的做法应当采取中庸之道,兼用两种方法,"把旧税和新税适当区别开来,把管理得不好的税收同管理得好的税收区别开来,把收入偶然减少的税同完全因为管理不善而收入减少的税区别开来,把数额为已知的税收同完全不知道数额或至少数额不确定的税收区别开来,把有限的包税同完全的包税区别开来"②。他倾向于对管理不善的税种、数额不清的新税,实行包税制。

为了防止包税的流弊,达维南特建议一是缩短包税期,二是在约定交给政府的定额租金和归私人所有的管理费的基础上实行分成制,即对于所得税收超过租金和管理费的部分由私人和政府按照一定比例分配。他认为,"采用这种混合管理税收的方法,即一方面把税包出去,一方面又对其进行管理,政府将可以得到固定数额的资金,使用起来很方便。而且,假如私人的勤奋能大大改善税收状况的话,所获得的绝大部分利润将归国库所有"③。他认为这种混合管理制对于新的消费税是最可靠的。至于包税制是否会导致横征暴敛的现象,他认为包税人如果具有长远眼光,就不会横征暴敛;相反,政府官员如果无能或者怠惰导致税收下降,就会为了掩饰自己的无能和怠惰而横征暴敛。④

达维南特上述包税制的想法有点类似于今天人们所说的承包制,在税收工作中引进承包制的设想,也许对于改进税收工作,降低税收成本,会有一定的效果,值得深入研究。

关于征税的对象,达维南特从税负公平的角度出发,认为一种税不要"过重地落在某一阶层的人身上,也不要过重地落在土地或对外贸易上"。⑤ 要"减轻

---

① [英]查尔斯·达维南特:《论英国的公共收入与贸易》,商务印书馆 1995 年版,第 35 页。
② [英]查尔斯·达维南特:《论英国的公共收入与贸易》,商务印书馆 1995 年版,第 66 页。
③ [英]查尔斯·达维南特:《论英国的公共收入与贸易》,商务印书馆 1995 年版,第 69 页。
④ [英]查尔斯·达维南特:《论英国的公共收入与贸易》,商务印书馆 1995 年版,第 79 页。
⑤ [英]查尔斯·达维南特:《论英国的公共收入与贸易》,商务印书馆 1995 年版,第 122 页。

土地和贸易的负担;……不能对任何一种商品课征的货物税过重,就得减轻进口税而课征消费税"①。消费税"应尽可能远地避开土地;诚然,这样课征消费税带来的收入较少,因为向最前面的制造商课税带来的收入最多;但是,若对最后面的制造商或销售商课税,全体人民承受的税务负担最为平均,消费税不会那么直接地落在土地上"②。针对一些人担心课征消费税会引起零售商趁机哄抬物价的忧虑,他指出市场在一段时间后会使价格恢复到自然价格水平。至于是否需要通过政府的限价来稳定价格,他提出,对于质量划一无法改进的商品,如普通面包和食盐等等,限价也许对国家有利;但是对于质量可以不断改进的商品,限价将抑止生产者改进的积极性。③

关于税率,达维南特认为,"一国人民生活的自在程度,是视缴纳给政府的赋税的多寡而定的"。因此他主张较低的税率,要求"给农业、贸易和制造业带来尽可能少的负担,因为这三项产业是我国赖以生存的三个支柱"④。为此,他认为对于日常用品课征高额消费税是不妥的,因为这将损害有关的制造业,从而有损于国家利益。同时,征收高额进口税也是不妥的,因为这将使贸易萎靡不振。⑤

总体上看,达维南特关于公共财政尤其是政府筹资的观点可以概括为以下几点:(1)政府尽量不要发行公债,只有在不得已的时候才发行,而一旦发行了就要尽快设法偿清。(2)要尽力改进税收征管工作,把私人包税制和政府官员征收妥当结合。(3)在包税制中实行类似于今天人们所说的承包制的混合管理制。(4)要尽可能减轻税负,尽可能实现公平负担。为此,应当采用消费税来替代进口税。

概括地说,达维南特关于财富的定义完全是超越了重商主义的,与后来的古典主义别无二致。他关于获取财富的途径、方法的观点,虽然具有重商主义的外表,但是其实质是古典主义的。

九、法国重商主义的主要代表:蒙克来田和柯尔培尔

自从地理大发现以后,欧洲到东方的贸易通道逐渐转移到了大西洋,法国的一些沿海城市,如南特、波尔多、罗赛尔和马赛等,逐渐成为商业资本活动的

---

① [英]查尔斯·达维南特:《论英国的公共收入与贸易》,商务印书馆1995年版,第113页。

② [英]查尔斯·达维南特:《论英国的公共收入与贸易》,商务印书馆1995年版,第77页。

③ [英]查尔斯·达维南特:《论英国的公共收入与贸易》,商务印书馆1995年版,第124页。

④ [英]查尔斯·达维南特:《论英国的公共收入与贸易》,商务印书馆1995年版,第98页。

⑤ [英]查尔斯·达维南特:《论英国的公共收入与贸易》,商务印书馆1995年版,第80页。

中心。在 16、17 世纪，法国的资本主义工场手工业，也随着国内外贸易的发展而逐渐发展起来。同时，法国的封建专制王朝也把对殖民地的掠夺作为扩大财源的手段，先后在美洲、非洲和亚洲侵占了许多殖民地，并建立了一系列的海外贸易公司。法国国王路易十三在 1635 年还直接参加了欧洲从 1618 年到 1648 年的"三十年战争"，获得了阿尔萨斯和洛林，将领土扩张到莱茵河西岸。但是，当时法国资本主义的发展受到封建制度的阻碍，工场手工业的发展十分缓慢，绝大多数的居民都从事农业，农民仍遭受着严重的封建剥削，农业生产停滞落后，广大农村陷于十分贫困的境地。这种状况决定了法国重商主义的特点。法国重商主义的代表人物，主要有蒙克来田和柯尔培尔。

（一）安徒万·德·蒙克来田

安徒万·德·蒙克来田[①]（A. de Montchrétien，1575—1621），17 世纪初法国重商主义的主要代表人物。他出生于一个平民家庭，父亲是药剂师，受到良好教育。20 岁就发表作品，成为悲剧作家。1605 年，他因与人决斗违法，逃亡英国。在英国，他认识了培根，认识到许多侨居英国的法国能工巧匠给英国带来的好处，并得到英国国王詹姆斯一世的知遇。在其斡旋之下，于 1614 年返回法国。回国后经营工业，成为金属器具制造业主。他是一个新教徒，积极支持日内瓦的宗教改革运动，在 1621 年参加法国南部新教的起义。起义失败后，蒙克来田惨死于天主教徒的长剑之下。

蒙克来田在经济思想史上因 1615 年发表题名为《献给国王和王太后的政治经济学》一书而闻名。在这本著作中，他第一次在书名中使用"政治经济学"一词作为自己著作的名称。他为什么要把他的著作定名为《献给国王和王太后的政治经济学》呢？究其原因，大概有三：第一是想以此来说明他这本书所论述的已不是过去人们所谓的家计或家庭管理问题，而是涉及整个国家的或社会的经济问题。第二是想以此来引起统治者对他所论述的国家经济问题的重视。第三是想以此炫耀自己，扩大其社会影响。因此，他就舍简求繁，特意在自己著作的名称上，加上了"献给国王和王太后的"这一定语。该书出版之后，他随即就被任命为国家财政部的印钤保管人，发挥国王经济顾问的作用。后来又被任命为地方市政府长官，并获得贵族称号。至于他后来为何参加新教徒反抗国王和天主教的起义，已无法考证了。

蒙克来田虽然最早使用"政治经济学"一词作为书名，但他并没有建立起政治经济学的理论体系，他的这本著作实际上是一本分析经济状况，提出国家干预经济、保护本国工业、发展对外贸易的具体对策的重商主义著作。它所阐述

---

① 《新帕尔格雷夫经济学大辞典》第 3 卷，经济科学出版社 1996 年版，第 586 页。

的重商主义观点,主要有以下一些:

(1)论述了财富及其源泉。和其他重商主义者一样,蒙克来田也把财富和货币相混同,认为财富就是货币,对外贸易是财富的源泉。他写道:"第一个说出'货币是军事神经'话的人是一点不错的……金强于铁,所以大国都寻求获得黄金的办法。"①他进而证明,谋取黄金最稳妥的办法便是发展商业,尤其是对外贸易。

(2)论述了商业和商人的重要性,并为商业利润辩护。蒙克来田认为商业是国家活动的基础。他承认国家是由三个等级构成的,即僧侣和贵族两个统治阶级以及由资产阶级、手工业者和农民组成的第三等级。在这三个等级中,他认为商人最重要,他把流通置于生产之上。他虽然主张鼓励各种手工业,主张对人民实施各种职业训练,但是发展各种手工业的目的却都是为商业服务的。他认为商业利润是正常的。他说:"如果不是为了追逐利润,谁还肯出生入死,甘冒海上陆上种种风险。"②

(3)论述了政府干预经济的重要性。蒙克来田认为政府的主要任务就是使国家获得荣誉和不断致富。因此,政府应该执行有利于本国商人的政策。他极力反对外国商人享有与本国商人同等的权利,认为外国商人的活动对本国经济发展是有害的。他把外国商人比作榨取本国财富的汲筒。他主张政府对外国人购买本国的小麦、酒、化妆品和食盐等等商品时,向他们征收出口税,并主张禁止羊毛输出,以保证本国工业的需要,并提出了国家干预经济的各种具体建议。

(4)论述了农民的重要性,同情农民的处境。由于蒙克来田时代的法国经济落后于英国、荷兰等国,因此,在蒙克来田的学说中清楚地显露出要求保持本国经济,反对外国商业资本的侵入倾向。他主张不仅要保护本国商人的利益,还同情农民,要求国王注意农民的困苦状况。他说:"农民是国家的双足,他们支持着和负担着国家的全部体重。我王上允宜特别关怀他们。"③这种观点表明他已经有了后来重农主义思想的萌芽。

(二)让·巴蒂斯特·柯尔培尔

让·巴蒂斯特·柯尔培尔④(J. B. Colbert,1619—1683),出生于一个呢绒商的家庭。起初他曾充当路易十四幼年时代的执政者马扎里尼的助手,后来成

---

① 转引自徐毓鳅:《经济学说史》上册,高等教育出版社 1956 年版,第 70 页。
② 转引自徐毓鳅:《经济学说史》上册,高等教育出版社 1956 年版,第 69 页。
③ 转引自徐毓鳅:《经济学说史》上册,高等教育出版社 1956 年版,第 71 页。
④ 《新帕尔格雷夫经济学大辞典》第 1 卷,经济科学出版社 1996 年版,第 513—515 页。

了路易十四的财政大臣,成为当时法国经济生活的决策者。柯尔培尔是重商主义的实践者。一生没有什么值得注意的著作。他在当政期间(1661—1683),推行了一套极端的重商主义政策。因此,这个时期法国的重商主义被意大利公法学者孟哥第(Mengotti)称为"柯尔培尔主义"。当然,他的这种重商主义也并非是绝对的,他认为这种做法不过是暂时的,保护性关税只是扶持国内工业的拐杖,到国内工业可以自己自立时,便可放弃。[①] 柯尔培尔的重商主义政策主要有以下一些:

(1)积极扶植本国工场手工业的发展,扩大出口,发展对外贸易。柯尔培尔认为国内拥有的贵金属货币数量是国家财富的标志,它决定着国家的军事、政治实力。在他看来,西欧各国流通的货币总量是一定的,要使国家致富,就必须设法使别国手中的货币转移到本国来。他认为只有发展保证出超的对外贸易,才能使国家的财富增加。为了保证有可供出口的商品,他采取各种办法鼓励本国工业的发展,如聘请外国工匠、给工场手工业者发放贷款、豁免兵役、自由选择宗教信仰等优惠条件,以扶植工场手工业的发展。在扶持的同时,他也对工场手工业实行了严格和烦琐的政府规制,如规定来自第戎市的织品必须含有1408 根线,等等。当然这种规制也许是为了保证出口产品的质量。

(2)改善国内商业,促进本国商业的发展。法国在柯尔培尔当政以前,国内关卡林立,地方税名目繁多。他当政以后,取消了部分国内关税,并统一了税率。在他的倡议下,政府还拨出大量经费改良公路和开凿运河,从而改善了国内的运输和市场状况,促进了法国工商业的发展。

(3)实行保护关税政策。在鼓励本国商品出口的同时,柯尔培尔限制外国商品进口。为此他规定了保护性税率,对原料征收高度的输出税,对于制成品征收高度的输入税,对于原料的输入和制成品的输出予以便利。[②] 例如,在1667 年,他把英国和荷兰的呢绒、花边、饰带等商品的进口税率提高 1 倍,其目的就是为了限制外国商品进口,保护本国工业。

(4)建立海军舰队和大型商船队,进行殖民扩张,发展远洋贸易。柯尔培尔认为贸易是常年的战争,而国际市场是有限的,谁能在国际贸易中居于首位,谁就可以充当战争与和平的裁判者。他认为一个国家的海军永远同它的贸易是成正比例的。在他的倡导下,法国建立了庞大的海军舰队和大型商船队,成立了经营海外贸易的法国东印度公司、西印度公司等等,使法国走上了殖民扩张和远洋贸易的道路。

---

① 参阅因格拉门:《经济学史》,商务印书馆 1932 年版,第 43 页。
② [德]伟·桑巴特:《现代资本主义》第 1 卷,商务印书馆 1958 年版,第 252 页。

(5)用牺牲农业来发展工商业。柯尔培尔不顾农民的疾苦,下令禁止法国粮食和其他农产品输出国外,同时又准许外国的粮食和农产品输入法国。对国内农产品贸易实行严格管制,每个城市都有固定的供货渠道,由政府授权的合同经销商负责进货和销售。他认为这样既可保证资本家获得廉价的农产品,减少工资支出,降低工业品的成本;又可以保证巴黎等大城市的农产品供应。他的这种以牺牲农民利益来促进工商业发展的政策,使法国的农业陷入停滞不前以致破产的境地,从而到18世纪就造成法国财政经济的严重危机。

柯尔培尔主义起初曾促进了法国资本主义的产生和发展,但由于没有从根本上改变其封建制度的基础,加上采取了牺牲农业的错误政策,最后以导致经济崩溃而告终。因此,它是一种与英国和荷兰不同的特殊的政府主导的充满着官员腐败的商人地位低下的重商主义。但是它被后来中欧和东欧的一些国家所模仿。

十、奥地利重商主义的主要代表:霍尼克

奥地利直到17世纪下半期,商品经济才得到较大的发展,资本主义工场手工业才开始出现,于是重商主义思潮也在奥地利兴起。

菲利普·威廉·冯·霍尼克[①](Philipp Wilhelm von Hörnigk,1638—1712),出生于德国西部的梅因斯,后随其父移居奥地利首都维也纳。他于1661年获法学博士学位,长期在维也纳从事律师职业,1682年出版了两本讨论公法的小册子,猛烈抨击法国对德国的领土要求。到1683年,奥地利的部分领土被法国和土耳其人占领,于是奥地利帝国的地位大为降低。1684年,霍尼克匿名发表了他的名著《奥地利富强论》,提出用经济方法重建国家。

霍尼克在《奥地利富强论》中,探讨了一国富强的标准和途径,全面系统地阐述了他的重商主义理论和政策主张。在他看来,"构成一个国家的力量和地位"的标志,就是要看"它所拥有的丰富的黄金、白银和生活上必需或可以为生活谋利的一切其他事物"是否"尽可能地取自自己的资源,而不是依赖其他国家",并在"竭力节省"的情况下"取得",以及在取得这些事物以后是否"被适当地加以利用"[②]。在简要说明这一标准的基础上,他着重阐明了发展一国经济的

---

① ［英］马克·布劳格、保罗·斯特奇斯:《世界重要经济学家辞典》,经济科学出版社1987年版,第290页。

② A.E.门罗:《早期经济思想——亚当·斯密以前的经济文献选集》,商务印书馆1985年版,第194页。

"九条主要通则":①·

（1）要尽力开发一国的土地、矿藏等自然资源。他说："对全国土地要作一番极其仔细的检查"，"不要放过可能在农业上加以利用的任何机会，不要漏掉土地的任何一个角落"；"对世上一切有效用的植物应进行实验，看一看，它们对这个国家的土壤是否适宜"；"尤其重要的是，要不遗余力地发掘黄金和白银"②。

（2）一切要经过制作才能使用的商品，都"应在本国进行加工，因为通过制造这一过程所得报酬，一般可以超过原料价值两倍、三倍、十倍、二十倍甚至百倍"③。

（3）要充分利用资源种植原料，并把原料制成商品，就应"用尽一切方法，使人民从游手好闲转变到从事于有报酬的专业工作，应教育和鼓励他们在各方面有所发明，做到各有各的技术和行业，必要时可以从外国聘请教师进行这方面的教导"④。

（4）黄金和白银应尽可能保持在本国流通。他说："无论是从本国的矿里开采的，还是由于工作的努力而取自国外的黄金和白银，一旦既已存在于这个国家，那就应当尽可能地在任何情况下或为了任何目的也不让它们流出去，更不要把它们藏在库里或柜里，必须永远使它们处于流通状态。"⑤

（5）"应该尽一切努力在日常生活中使用国产品"，"尽可能地摒弃外国产品"。⑥

（6）当外国货物"成为必不可少"而必须输入时，"也应尽可能地直接从外国取得，取得时可用国产品交换，避免用金银购买"⑦。

① A.E.门罗：《早期经济思想——亚当·斯密以前的经济文献选集》，商务印书馆1985年版，第194页。
② A.E.门罗：《早期经济思想——亚当·斯密以前的经济文献选集》，商务印书馆1985年版，第194页。
③ A.E.门罗：《早期经济思想——亚当·斯密以前的经济文献选集》，商务印书馆1985年版，第194页。
④ A.E.门罗：《早期经济思想——亚当·斯密以前的经济文献选集》，商务印书馆1985年版，第194－195页。
⑤ A.E.门罗：《早期经济思想——亚当·斯密以前的经济文献选集》，商务印书馆1985年版，第195页。
⑥ A.E.门罗：《早期经济思想——亚当·斯密以前的经济文献选集》，商务印书馆1985年版，第195页。
⑦ A.E.门罗：《早期经济思想——亚当·斯密以前的经济文献选集》，商务印书馆1985年版，第195页。

（7）在必须输入外国货物时，也"应以未完成形态输入，然后在国内进行加工，这就可赚取由这方面的制造业务而来的工资"①。

（8）"本国的过剩商品，应不断地寻求机会，以成品形式向外推销……以换取金银。"②

（9）当"国内有充分供应"时，"除了特殊的重大原因之外"，即使外国商品价廉物美，亦应禁止输入。他说："买一件东西，与其付出 1 元而使这 1 元钱流出国境，倒不如付出两元钱而让这两元钱留在国内，不管这个说法对一些无识之士来说会显得多么不可思议。"③

霍尼克认为，只要奥地利当局对国民经济实行"有条不紊的改革"，严格执行这"九条通则"，它必将赢得"空前的，甚至是它不敢想望的财富和光荣"④。

霍尼克的《奥地利富强论》于 1684 年发表后，曾再版 12 次，至少在一个世纪内备受欢迎。许多人把这个发展经济的"九条通则"奉为经典。他的这本《奥地利富强论》，和托马斯·孟的《英国得自对外贸易的财富》一样，在重商主义史上享有重要的地位。

参考文献

[1][荷]格劳秀斯:《战争与和平法》,上海人民出版社 2005 年版。

[2]杨雪章:《凯恩斯主义》,商务印书馆 1963 年版。

[3]凯恩斯:《就业、利息和货币通论》,商务印书馆 1963 年版。

[4]《英吉利王国公共福利对话集》,剑桥大学出版社 1929 年版。

[5]托马斯·孟:《英国得自对外贸易的财富》,商务印书馆 1978 年版。

[6]威廉·配第:《政治算术》,商务印书馆 1960 年版。

[7]威廉·配第:《赋税论、献给英明人士、货币略论》,商务印书馆 1978 年版。

[8]威廉·配第:《爱尔兰的政治解剖》,商务印书馆 1974 年版。

[9]陈冬野:《威廉·配第》,商务印书馆 1964 年版。

[10]达德利·诺思:《贸易论》,商务印书馆 1976 年版。

[11]约翰·洛克:《论降低利息和提高货币价值的后果》,商务印书馆 1962 年版。

---

① A. E. 门罗:《早期经济思想——亚当·斯密以前的经济文献选集》,商务印书馆 1985 年版,第 195 页。

② A. E. 门罗:《早期经济思想——亚当·斯密以前的经济文献选集》,商务印书馆 1985 年版,第 195 页。

③ A. E. 门罗:《早期经济思想——亚当·斯密以前的经济文献选集》,商务印书馆 1985 年版,第 196 页。

④ A. E. 门罗:《早期经济思想——亚当·斯密以前的经济文献选集》,商务印书馆 1985 年版,第 198 页。

[12]约翰·洛克:《政府论》下篇,商务印书馆 1983 年版。

[13][美]格瑞特·汤姆森:《洛克》,中华书局 2002 年版。

[14]托马斯·孟、尼古拉斯·巴尔本、达德利·诺思:《贸易论》(三种),商务印书馆 1982 年版。

[15][英]查尔斯·达维南特:《论英国的公共收入与贸易》,商务印书馆 1995 年版。

第七章　重商主义时代西欧各国经济思想(18 世纪)

第一节　18 世纪 70 年代以前英语世界的经济思想

英国自 1688 年光荣革命以后,通过一系列包括经济、政治、社会的制度演化,制定了一系列有助于经济发展的经济、社会和外交政策。如 1694 年成立适应市场经济需要的英格兰银行,1696 年政府颁布了对抗荷兰实行贸易保护的航海条例,1700 年颁布了同样具有贸易保护性质的对印度印花棉织品的禁令,1701 年发动了与法国争夺霸权的西班牙王位继承战争(持续到 1713),1703 年与葡萄牙签订麦特温条约。这些制度和政策促进了英国社会在近一个世纪的时间里,保持了经济的持续增长,社会充满着一种个人奋斗、发家致富的精神。

一、丹尼尔·笛福与《鲁滨逊漂流记》

丹尼尔·笛福①(Daniel Defoe,1660—1731),出生于伦敦一个小油烛商家庭,他的一生属于在动乱年代个人奋斗但身世起伏不定的那种类型。他很早就开始自谋生路,1685 年参与反对詹姆斯二世国王的叛乱,由于一个偶然机会才逃脱惩罚。1688 年光荣革命之后,他抓住机会经商,到 1690 年他 30 岁时,已经成为一位富有的商人。但是没过两年,到 1692 年他又破产,负债 1.7 万镑。1698 年发表经济学著作《试行方案》,提出许多大胆的经济改革和行政改革设想。1703 年因发表小册子反对国教支持新教而被捕入狱。半年后因托利党人营救而出狱,为托利党服务。1715 年遭政治诬陷而再次入狱,出狱后继续用笔为当时的党争服务。1719 年发表著名小说《鲁滨逊漂流记》,由此而享誉世界。1728 年他 68 岁时发表经济著作《英国商业计划》。究其一生,根据他多次对经济问题发表的意见,笛福起码可以算是半个经济学家。但是他的纯经济学论著似乎并不太有影响,反而是他的那本文学小说《鲁滨逊漂流记》,在经济学发展的历史上发挥了可观的作用。许多经济学家在探讨经济现象时,往往把他虚构

---

①　《新帕尔格雷夫经济学大辞典》第 1 卷,经济科学出版社 1996 年版,第 829 页。

的鲁滨逊世界作为分析的出发点。因为鲁滨逊的所作所为,树立了一个作为经济学基本假设前提的经济人的文学形象,诠释一个经济人在面临稀缺性时所必需的理性行为,从而把资源合理配置问题(在鲁滨逊那里是以合理安排时间的特殊方式表达出来的)、消费—积累最优比例问题,以最简化的方式形象化地揭示了出来。有了"星期五"以后的鲁滨逊经济,更是把交易成本问题凸现了出来。

二、曼德维尔的经济观点

伯纳德·曼德维尔①(Bernard Mandevile,1670—1733),出生于荷兰鹿特丹,获医学博士。1699 年到英国行医,成为英国公民。他的主要论著有:《爱抱怨的人们或流氓变成了君子》(1704)、《蜜蜂的寓言——私人的恶德,公众的利益》(初版于 1705 年,并于 1714 年、1723 年、1728 年三次改版,有中译本)、《论忧郁情绪和歇斯底里情绪》、《关于宗教、教会和国家幸福的自由思考》(1720)、《关于荣誉起源的研究》(1732)和《为公共烦恼的中肯辩护》(1724)等。

曼德维尔并不是一个单纯的经济学家,他同时也可以被看作是一位伦理学家,但不是那种研究规范性伦理的伦理学家,而是一个对人类的实际伦理行为进行深刻分析的实证性伦理学家。鉴于本书的性质,下面将主要介绍他的经济思想。

曼德维尔的经济思想,主要体现在他的《蜜蜂的寓言——私人的恶德,公众的利益》一书中。该书包括一篇关于一窝蜜蜂的盛衰史迹的寓言诗和相应的评论,一篇论文"社会本质之研究",和数篇两个虚构人物的对话。从他的这本书来看,他基本上摆脱了重商主义财富观的束缚,他对于人性的深刻分析,为后来的经济自由主义奠定了基础。但是在关于政府的作用的问题上,他比后来的经济自由主义者如亚当·斯密更强调发挥政府的作用。

曼德维尔在其寓言诗里写到,最初因为蜜蜂们都贪婪自私地追求繁华虚荣,所以无不奢侈挥霍,炫耀自豪。整个社会兴盛繁荣,人人就业。后来,这群蜜蜂忽然改变了原有的习惯,放弃奢侈生活,崇尚节俭朴素,但结果却是宫室荒芜,货弃于地,商业萧条,民生凋敝。国家因要厉行节约,所以削减军务,以致敌人前来侵略时,无力抵御。最后这群蜜蜂只好遁逸他方。这个寓言的基本思想是要表明:"各种卑劣的成分聚合起来,便会构成一个健康的混合体,即一个秩序井然的社会,……这个寓言……乃是要表明:既享受一个勤勉、富裕和强大的

---

① 《新帕尔格雷夫经济学大辞典》第 3 卷,经济科学出版社 1996 年版,第 321—322 页。[英]马克·布劳格、保罗·斯特奇斯:《世界重要经济学家辞典》,经济科学出版社 1987 年版,第 408 页。

民族所拥有的一切最优雅舒适的生活,同时又具备一个黄金时代所能希望的一切美德与清白,此二者不可兼得。"①使人能够组成社会的,并不是人的合作和善良的天性;相反,是人的一些卑劣可憎的品行,才使人适合于幸福繁荣的社会。②

曼德维尔虽然肯定私人的恶行有助于社会公益,但是他并不主张私人从恶,并不意味着有罪的具体成员不该受到谴责甚至惩处。③ 他确定了一条原则,"即在一切社会(无论大小)当中,为善乃是每个成员的责任;美德应受鼓励,恶德应遭反对,法律当被遵守,违法当受惩罚"④。但是他并不认为政府应该消除一切不良行为,而是主张"容忍轻微的不便,以防止重大的不便"⑤。他以卖淫为例,说明这种行为虽然恶劣,但是可以防止或者起码是减少更恶劣的对于良家妇女的强暴。"贞洁可以通过放荡而得到维护,最佳的美德亦离不开最劣的恶德的帮助。"⑥

曼德维尔对于经济学的主要贡献有以下几个方面:

(1)深入揭示人性自利的一面,否定了性善论,为经济学中的经济人假设奠定了基础。曼德维尔认为,"人对事物的选择必定取决于人们对快乐的看法;任何人都不会做出当时对他似乎并不最为有益的行动"⑦。他认为追求私利是人的天性。⑧ 而对于人的道德美德,他写道:"愈仔细探究人的本性,我们就愈加深信:道德美德皆为逢迎骄傲的政治产物。"⑨即便是那些人类社会的英雄,支配他们的动机也不过是一种无法驾驭的贪婪——对声誉的渴望。⑩ 他认为"最有益于社会的品质,莫过于骄傲。要使社会富裕繁荣,最不可或缺的品质还是骄傲。"因为由于骄傲而派生出来的对于消费的攀比竞争倾向,刺激了穷人的勤奋和技师对技能的改进,刺激了贸易的发展。⑪ 他这里所说的骄傲,其实就是指人的虚荣心。他关于人的本性的看法启发了亚当·斯密,为社会科学的实证性经验性研究奠定了基础。

---

① ［荷］伯纳德·曼德维尔:《蜜蜂的寓言》,中国社会科学出版社2002年版,第3页。
② ［荷］伯纳德·曼德维尔:《蜜蜂的寓言》,中国社会科学出版社2002年版,第1,179页。
③ ［荷］伯纳德·曼德维尔:《蜜蜂的寓言》,中国社会科学出版社2002年版,第4页。
④ ［荷］伯纳德·曼德维尔:《蜜蜂的寓言》,中国社会科学出版社2002年版,第178页。
⑤ ［荷］伯纳德·曼德维尔:《蜜蜂的寓言》,中国社会科学出版社2002年版,第74页。
⑥ ［荷］伯纳德·曼德维尔:《蜜蜂的寓言》,中国社会科学出版社2002年版,第76页。
⑦ ［荷］伯纳德·曼德维尔:《蜜蜂的寓言》,中国社会科学出版社2002年版,第371页。
⑧ ［荷］伯纳德·曼德维尔(2002)《蜜蜂的寓言》,肖聿译,中国社会科学出版社2002年版,第452页。
⑨ ［荷］伯纳德·曼德维尔:《蜜蜂的寓言》,中国社会科学出版社2002年版,第37页。
⑩ ［荷］伯纳德·曼德维尔:《蜜蜂的寓言》,中国社会科学出版社2002年版,第39页。
⑪ ［荷］伯纳德·曼德维尔:《蜜蜂的寓言》,中国社会科学出版社2002年版,第100页。

（2）曼德维尔指出社会公益可以从私人追求自利的行为中萌生。"'善'正在从'恶'中萌发生长"①。他所说的"恶行"，主要就是指人的贪婪、挥霍、奢侈和虚荣。他认为"所有的社会都必定起源于人的各种需求、人的缺陷和欲望。……人的骄傲及虚荣心愈是得到展现，人的所有欲望愈是扩大，人就愈可能不得不组成数量繁多的大型社会"②。他在分析了女人为了满足虚荣心而对男人采取的种种计谋后写道："伦敦的繁荣，一般贸易的繁荣，从而国家的荣誉、实力、安全及其一切现世利益，其中相当大的部分皆要依赖女人那些欺诈的邪恶计谋；而对于有理性的丈夫们的尊重、满足、温和及服从，以及节俭和其他一切美德……，其对王国的富足、强大和我们所谓的繁荣的贡献，却不及那些最可憎品质的千分之一。"③他指出"人的种种需要，人的恶德及缺点，加上空气及其他基本元素的严酷，它们当中却孕育着全部艺术和技能、工业及劳动的种子。……我们的骄傲、懒惰、好色及变幻无常，它们是刺激一切艺术、科学、贸易、手工业和各行各业发展的主顾。而需要、贪婪、嫉妒、野心，以及人的其他类似特质，则无一不是造就伟业的大师"④。因为"野心、贪婪以及经常产生的必需，乃是使人去兢兢业业、拼命奋斗的刺马针"⑤。他看到了激励人们努力的根源并非什么造福公众的精神，大多数是渴慕荣誉希冀晋升的欲望。⑥他认为使人们组成社会的也并非人的良好品行，"人类天生追求友谊的品性和仁爱的热情也好，人依靠理性与自我克制所能获得的真正美德也罢，这些皆非社会的基础。相反，被我们称作现世罪恶的东西，无论是人类的恶德还是大自然中的罪恶，才是使人类成为社会性动物的重大根源，才是一切贸易及各行各业的坚实基础、生命与依托，概莫能外；……必须将它们视为一切艺术与科学的真正起源；一旦恶德不复存在，社会即使不马上解体，亦必定会变得一团糟。"⑦《蜜蜂的寓言》企图证明这样一个思想：如果每个人自由地做着利己的活动，其结果会增进社会全体的繁荣，其利益比做非利己活动还要大。

这种思想是后来亚当·斯密"看不见的手"的观念的源头。但是他的思想与斯密还是有一定的差别，就是他更强调政府的管理，"私人的恶德若经过老练

---

① ［荷］伯纳德·曼德维尔：《蜜蜂的寓言》，中国社会科学出版社 2002 年版，第 71 页。

② ［荷］伯纳德·曼德维尔：《蜜蜂的寓言》，中国社会科学出版社 2002 年版，第 217 页。

③ ［荷］伯纳德·曼德维尔：《蜜蜂的寓言》，中国社会科学出版社 2002 年版，第 177－178 页。

④ ［荷］伯纳德·曼德维尔：《蜜蜂的寓言》，中国社会科学出版社 2002 年版，第 233 页。

⑤ ［荷］伯纳德·曼德维尔：《蜜蜂的寓言》，中国社会科学出版社 2002 年版，第 513 页。

⑥ ［荷］伯纳德·曼德维尔：《蜜蜂的寓言》，中国社会科学出版社 2002 年版，第 514 页。

⑦ ［荷］伯纳德·曼德维尔：《蜜蜂的寓言》，中国社会科学出版社 2002 年版，第 235 页。

政治家的妥善管理，可能被转变为公众的利益"①。他认为"一切社会的确凿基础乃是政府"，而人作为"结成一个共同体的动物，首先必须是可以被治理的动物"②。

（3）肯定了贪婪、挥霍、奢侈和虚荣对于经济繁荣和发展的作用。③ 曼德维尔认为，在蜜蜂的社会里，如果劣行和奢侈风行，那么这个社会就非常繁荣；相反地，如果代之以节约和俭朴的生活，那么它们的社会就会冷冷清清，以致衰退。④ 他指出，对于金钱的贪婪虽然有许多恶果，但是它为挥霍提供了物质基础。⑤ 而对于挥霍，他把它形容为维持公众生存的"珍贵的口粮"⑥。并认为，"若一国的大多数人都挥霍，该国产品的数量就必定超过该国人口的实际所需，因而有大量的廉价产品；相反，若一国的大多数人都节俭，其生活必需品就必定稀少，因而物价昂贵"⑦。他以荷兰为例，把挥霍看作是一个国家富裕的标志，而把节俭看作是一个国家由于贫困而不得不为之的事情。⑧ 他把贪婪和挥霍比喻为两种相克的毒药，可以混合成有利于社会的良药。⑨ 因为正是由于有人挥霍，才使得许多生产挥霍品的工人有工可做有钱可赚。"富人们最昂贵的开销，其主要目的乃是为了使穷人有工作可做"⑩。针对一些人反对进口奢侈品的观点，他指出，只要始终保持贸易的平衡，"任何国家便绝不会因进口外国奢侈品而变穷"⑪。他区分了家庭和国家不同的致富原则，家庭和个人要靠节俭致富；而国家致富则要"使大多数穷人几乎从不游手好闲，并要不断地花掉自己挣到的钱"⑫。他的结论是："没有人的恶德，任何社会都不会成为……富强的王国，即使成了富强的国家，亦不可能维持长久。"⑬ 人类欲望的增长和奢侈的增长，是助长社会经济发展的原因。

曼德维尔关于挥霍奢侈促进经济繁荣的观点，当时曾被一些人认为是一种

---

① ［荷］伯纳德·曼德维尔：《蜜蜂的寓言》，中国社会科学出版社 2002 年版，第 236 页。
② ［荷］伯纳德·曼德维尔：《蜜蜂的寓言》，中国社会科学出版社 2002 年版，第 376 页。
③ ［荷］伯纳德·曼德维尔：《蜜蜂的寓言》，中国社会科学出版社 2002 年版，第 66 页。
④ ［荷］伯纳德·曼德维尔：《蜜蜂的寓言》，中国社会科学出版社 2002 年版，第 175 页。
⑤ ［荷］伯纳德·曼德维尔：《蜜蜂的寓言》，中国社会科学出版社 2002 年版，第 78—79 页。
⑥ ［荷］伯纳德·曼德维尔：《蜜蜂的寓言》，中国社会科学出版社 2002 年版，第 81 页。
⑦ ［荷］伯纳德·曼德维尔：《蜜蜂的寓言》，中国社会科学出版社 2002 年版，第 141 页。
⑧ ［荷］伯纳德·曼德维尔：《蜜蜂的寓言》，中国社会科学出版社 2002 年版，第 147 页。
⑨ ［荷］伯纳德·曼德维尔：《蜜蜂的寓言》，中国社会科学出版社 2002 年版，第 83 页。
⑩ ［荷］伯纳德·曼德维尔：《蜜蜂的寓言》，中国社会科学出版社 2002 年版，第 252 页。
⑪ ［荷］伯纳德·曼德维尔：《蜜蜂的寓言》，中国社会科学出版社 2002 年版，第 88 页。
⑫ ［荷］伯纳德·曼德维尔：《蜜蜂的寓言》，中国社会科学出版社 2002 年版，第 150 页。
⑬ ［荷］伯纳德·曼德维尔：《蜜蜂的寓言》，中国社会科学出版社 2002 年版，第 178 页。

邪说,但它对西方经济学的发展产生了巨大的影响。他的上述看法,很可能影响到后来德国历史学派的桑巴特和奥国学派的米塞斯。这种观点实际上是对于需求对经济重要性的初步意识。马尔萨斯从中吸取了关于消费不足有害于经济的观点。凯恩斯则完全承袭了他节俭有害的思想,竭力主张奢侈消费,扩大非生产性开支,以维持经济繁荣。

当然,曼德维尔也并非鼓励全社会所有人都去奢侈挥霍,"应始终让穷人去工作;缓解他们的需求乃是明智之举,但满足其需求却是愚蠢之举"①。他认为社会不能没有穷人,否则无人会去做工。因此他希望一个社会有众多的劳动者,因为这会使劳动价格低廉,便于对穷人进行管理。"应当使穷人免于饿毙,但穷人却不应得到值得去储存的东西"。他更多的是从激励的角度效率的角度而不是从公平的角度去看待穷人问题,与那个时代的一般重商主义者一样,他希望通过低收入去迫使穷人参加劳动。同时他又指出,不应该阻碍勤勉节俭的穷人去致富。② 由此可知,用今天的语言来表达,他更重视所有人机会的平等而反对结果的平等、收入的平等。因为结果平等和收入平等将抑止人们的工作意愿和工作努力。

(4)关于货币的看法。曼德维尔针对货币是罪恶之源的观点,提出:"金钱作为一种附带原因,它在这个世界上已经造成的祸患,比其他任何原因造成的都多。尽管如此,……它是文明社会的秩序、运作乃至存在所必不可少的。"③因为它能够促成人们互利的交易。并且"无论金钱是好是坏,它的力量和支配范围都非常广大,……与人类的任何其他发明相比,钱的发明乃是一件最能巧妙地迎合人的全部天然性向的事情"④。他一方面正确地指出了货币的重要意义,另一方面也反对一味追求货币金银。他以西班牙的衰落为例,说明一个国家拥有过多的货币并非益事。⑤ 他认为一国流通硬币的数量应当适应该国就业者的数量。⑥ 这种观点表明他已经摆脱了重商主义的货币财富观。

(5)曼德维尔认为,贸易并非是使一个国家致富的唯一手段,政府对于产权的保护,严格的法制,自由的思想,防止神职人员权力的过分扩张,妥善处理外

① [荷]伯纳德·曼德维尔:《蜜蜂的寓言》,中国社会科学出版社2002年版,第194页。
② [荷]伯纳德·曼德维尔:《蜜蜂的寓言》,中国社会科学出版社2002年版,第149—150页。
③ [荷]伯纳德·曼德维尔:《蜜蜂的寓言》,中国社会科学出版社2002年版,第518页。
④ [荷]伯纳德·曼德维尔:《蜜蜂的寓言》,中国社会科学出版社2002年版,第522页。
⑤ [荷]伯纳德·曼德维尔:《蜜蜂的寓言》,中国社会科学出版社2002年版,第150—151页。
⑥ [荷]伯纳德·曼德维尔:《蜜蜂的寓言》,中国社会科学出版社2002年版,第149页。

交关系,这些都是致富的必需。① 政府要促进就业,推动制造业的发展,渔业和农业的发展。②

(6)曼德维尔肯定分工的作用,认为分工将比不分工更加有利于技艺的改进。③ 这种观点影响到后来亚当·斯密关于分工的看法。

(7)曼德维尔强调稀缺性决定着价值,"稀少往往比有用更能提高东西的价值"④。这种观点表明他也可以被看作是后来的边际学派的先驱。

(8)关于渐进演化的思想。曼德维尔指出,"有些成就常被我们归因于人的卓越才能与深刻洞察力,其实它们却来自漫长的时间和许多代人的经验"⑤。他认为语言文字的发展、工艺的进步、良好习俗和法律的形成,"绝大多数都是几个世代共同努力的产物。……管理城市的法律和法规,全都经历过数不清的变更、废除、补充和修正"⑥。这种通过试错而逐步演化的思想影响到后来的哈耶克,是其自然演化秩序思想的源头。

曼德维尔的《蜜蜂的寓言》之所以会在以后产生巨大的影响,最根本的一点就在于其深刻地揭示了人的一系列本性,阐明了这种本性与经济繁荣的关系。

三、范德林特以货币数量论为基础的悖论与效应

雅各布·范德林特⑦(Jacob Vanderlint,? —1740),英国商人,经济学小册子《货币万能》的作者。他是 17 世纪移居英国的荷兰—佛兰德斯人的后裔,出生年月和生平事迹不详。18 世纪初,辉格党领袖罗伯特·沃尔波特出任首相后颁布货物税,引起了各界人士的普遍不满,从而就直接税和间接税问题展开了热烈争论。范德林特于 1734 年出版的《货币万能》一书,便是这场争论中出现的一本重要著作,并第一次提出了土地单一税的纲领。

范德林特的《货币万能》并不是一本囿于税制争论的书。作为从重商主义向古典经济学过渡时期的代表人物,他仍把海外贸易的顺差看作是国家富强、人民幸福的基础。他深切地关注着当时英国海外贸易的不景气和大量金银货

---

① [荷]伯纳德·曼德维尔:《蜜蜂的寓言》,中国社会科学出版社 2002 年版,第 88 页。
② [荷]伯纳德·曼德维尔:《蜜蜂的寓言》,中国社会科学出版社 2002 年版,第 152 页。
③ [荷]伯纳德·曼德维尔:《蜜蜂的寓言》,中国社会科学出版社 2002 年版,第 462 页。
④ [荷]伯纳德·曼德维尔:《蜜蜂的寓言》,中国社会科学出版社 2002 年版,第 520 页。
⑤ [荷]伯纳德·曼德维尔:《蜜蜂的寓言》,中国社会科学出版社 2002 年版,第 341 页。
⑥ [荷]伯纳德·曼德维尔:《蜜蜂的寓言》,中国社会科学出版社 2002 年版,第 496 页。
⑦ 《新帕尔格雷夫经济学大辞典》第 4 卷,经济科学出版社 1996 年版,第 861 页。[英]马克·布劳格、保罗·斯特奇斯:《世界重要经济学家辞典》,经济科学出版社 1987 年版,第 632 页。

币流失的困境。他的目的就是"维护贸易的利益和促进贸易的发展(它们是人类幸福康乐的重要基础)"①。为此,他首先分析了当时英国贸易不振经济衰退的直接原因,认为"主要的原因倒是在于耕种的土地实在太少了,无法提供充裕的物品"②。

范德林特提出了改善外贸,为各阶层民众提供充足货币,振兴英国经济的十五条意见:

(1)在货币等同于金银的前提下,强调货币"是贸易的独一无二的媒介",认为世界各国都把货币看成是"调节所有其他一切物品的价值,结算人们中全部账目的计算工具,以及人们获得相互交换各种商品的手段"③。

(2)增加一个没有金银矿国家货币量的唯一途径是实行贸易顺差论,即"使其出口的商品的价值超过进口的商品的价值"④。

(3)金银矿所在地拥有的货币量"最多",而金银在其产地的价值,却要"低于从产地得到金银的任何其他地方"⑤。

(4)随着一国金银货币量的增加,必然引起该国物价上涨。"一国人民中的金银增加,物价必然腾贵;因而,在金银减少的国家,所有的物价必然会按货币减少的比例下降……除非人口的数量按现金减少的比例减少。"⑥虽然货币数量论早已经由法国博丹等人提出,但是他们一般都没有给出货币数量与物价水平之间的定量关系。而范德林特这段论述是经济学者初次对货币数量论的一种定量表述。并且特别值得一提的是,他已经认识到货币流出入对于贸易的反馈机制,即国际货币流动反馈机制。"法兰西人民的生活比我们俭朴得多,其劳动也就远远地比我们廉价,因此我们生产的制造品,他们大多也能生产,而且质量完全可以和我们的相媲美。如果和他们通商,……我国的制造业将会就此停止生产,直至最后,他们通过这种途径从我们手中获得的货币,极大地抬高他们的物价,我们的物价却因货币匮乏而大幅度地下降,我们的制造业就不(疑为'又',本书作者)能开工营业了,并且成本和他们一样低廉,于是,我们和法国,又可以……重新开始通商往来了。……最终,直到每个国家都在各自的产品上获得专有的天赋优势,事情才告结束。"⑦这段话表明,如果不是他依然固执于贸

① 范德林特:《货币万能》,商务印书馆1990年版,第4页。
② 范德林特:《货币万能》,商务印书馆1990年版,第6页。
③ 范德林特:《货币万能》,商务印书馆1990年版,第7页。
④ 范德林特:《货币万能》,商务印书馆1990年版,第7页。
⑤ 范德林特:《货币万能》,商务印书馆1990年版,第7页。
⑥ 范德林特:《货币万能》,商务印书馆1990年版,第9页。
⑦ 范德林特:《货币万能》,商务印书馆1990年版,第40页。

易顺差的目标,休谟在这方面的美誉就应当让给范德林特了。

(5)如果各种形式的银行券和国家债券大量增加,必然伴随着"物价的上涨,我们王国将不可避免地沦为物价比我们低廉的各个国家倾销其商品的市场。……我们便无法向物价比我们低廉的国家输出商品",这样就会"使我国的贸易出现逆差,从而减少我国的现金"①。这里说明他认为银行券和公债等信用的增加具有与货币增加相同的物价效应。

(6)"任何一件物品的多寡,是其价格高低的唯一原因。……不管什么物品,和其本身的数量相比,需求量大就贵,需求量小就贱。"②

(7)从"世界上的一切物品,归根到底,都是土地的产物"这一观点出发,他认为,"改良、耕种的土地越多,各种物品就越丰富……其价格就越便宜"③。这会降低劳动工资,从而"一切制造品的价格也会大大降低,因为所有制造品的价值主要是由花费在它们上面的劳动的价格即费用所构成的"④。因此,增加一国货币量的途径主要是两条:一是"大幅度降低生活必需品的价格,以便有效地大幅度降低现行的劳动工资率,并进而大幅度地降低其他一切物品的价格"⑤。结果"购买这些物品所需花费的货币便按同样的比例减少,于是,货币就显得多起来了"⑥。二是随着物品的增多和价格的降低,"不仅必然会向目前已经在购买我国产品的国家输出更多的货物,而且还将扩大我国的廉价物品的销售范围,……我国的出口商品的价值超过进口的商品……贸易将出现顺差,因此,货币就会丰富起来"⑦。这里,他看到了提高生产效率增加供给降低价格引起货币增加的两种机制,一种是货币数量不变是由于其更加经用而引起的相对增加,另一种是通过贸易顺差引起的绝对增加。

(8)货币多将"必然会使贸易昌盛,因为凡是货币丰富的地方,一般的人民就能够,而且一定会增加各种物品的消费量,货币越多,消费量越大。因此,只要人民拥有的货币日益增多,……贸易便会随之兴隆起来……与此同时,国家岁入也必然会增加"⑧。

(9)"凡是贸易发达的国家(即贸易出现巨额顺差的国家),人民总是丁口兴

---

① 范德林特:《货币万能》,商务印书馆1990年版,第9页。
② 范德林特:《货币万能》,商务印书馆1990年版,第9页。
③ 范德林特:《货币万能》,商务印书馆1990年版,第9—10页。
④ 范德林特:《货币万能》,商务印书馆1990年版,第10页。
⑤ 范德林特:《货币万能》,商务印书馆1990年版,第10页。
⑥ 范德林特:《货币万能》,商务印书馆1990年版,第10页。
⑦ 范德林特:《货币万能》,商务印书馆1990年版,第10页。
⑧ 范德林特:《货币万能》,商务印书馆1990年版,第10—11页。

旺,生活总是普遍美满"。这是"毫无例外地一再为事实所证明……的常理"①。

(10)一国之强弱、荣辱和贫富,依"根据国民的幸福(即财富)的多少以及人口的众寡"来区分,"一个国家过着优越生活的国民越多,该国政府的实力越强盛,声望越显赫,权益越有保障"②。

(11)任何国家只有"万物充裕,人民才能幸福"。如果一个国家的人口"超过它拥有的国土的供养能力,于是,百姓有倒悬之苦,政府则孱弱不堪,穷人比比皆是,相互掣肘,一起陷于贫困而不能自拔,……许多人只得离乡背井,到能够获得土地养活自己的国家去落脚谋生"③。这里,他指出了人口与土地资源之间可能存在的矛盾。

(12)从"唯有土地的耕种,才能自然而然地促使贸易发展"的观点出发,认为英国"必须继续开垦、耕种大量的荒地,以便源源不断地生产出各种各样的物品,从而促使价格猛跌,劳动工资率也相应下降,直到一般人民中间的货币因此而变得充裕起来"④。他要求"每年新增加的耕地至少应该和人类的自然增长比率保持一致"⑤。

(13)坚决反对提高地租。因为"地租一提高,其他一切物品也必然会跟着涨价,于是,别国就能够占有我们的国内市场。反过来,我们的大多数商品价格昂贵,他们买不起,相比之下,我们在国际市场上出售的物品将大大减少,我国的对外贸易便出现逆差,只要尚有一分一文,我们的货币就会源源不断地被别国汲取"⑥。

(14)当时英国的"地租一直在不断提高,其唯一的根源在于对农场的需求超过了可以获得的数量。"而地租的提高"会促使一切物品的价格上涨"⑦。要扭转这种局面,"唯有大幅度地降低地租,使货币在商人中充分流动,即变得丰富起来"⑧。

(15)"降低地租的唯一途径只能是开垦大片的荒地,以便兴办众多的农场。"⑨

---

① 范德林特:《货币万能》,商务印书馆 1990 年版,第 11 页。
② 范德林特:《货币万能》,商务印书馆 1990 年版,第 11 页。
③ 范德林特:《货币万能》,商务印书馆 1990 年版,第 11 页。
④ 范德林特:《货币万能》,商务印书馆 1990 年版,第 11 页。
⑤ 范德林特:《货币万能》,商务印书馆 1990 年版,第 130 页。
⑥ 范德林特:《货币万能》,商务印书馆 1990 年版,第 12 页。
⑦ 范德林特:《货币万能》,商务印书馆 1990 年版,第 12 页。
⑧ 范德林特:《货币万能》,商务印书馆 1990 年版,第 13 页。
⑨ 范德林特:《货币万能》,商务印书馆 1990 年版,第 13 页。

上述意见的 1～5 条,论述了货币数量论的基本命题。6、7 条和 12～15 条阐明了一国获取货币的基本手段,即扩大和改良土地耕种,增加物品供给,降低农产品价格、工资和地租,最终降低所有物品价格,造成货币相对增加,并通过贸易顺差引起货币绝对增加。8～10 条论述了货币充裕的诸种好处。11 条指出了人口与土地资源之间可能存在的冲突。

范德林特全部意见的一个主要前提就是人口一定会不断增加,而土地的耕种却未必同比例增加。在这个前提的基础上,他的整个论述的逻辑就是农产品价格将由此而上涨,带动地租、工资上涨,最终导致物价全面上涨,贸易出现逆差,国内货币减少。[①] 从今天的眼光来看,他的货币数量论与他的对策之间似乎存在一定的矛盾。因为他促进出口吸引贵金属流入的对策将引起不断的贸易顺差,按照货币数量论,这将引起物价上涨,最终妨碍出口,停止贵金属的流入。这也许可以称作范德林特悖论。但从另一方面来看,他既具有以货币数量论为基础的国际货币流动反馈机制的深刻洞察,同时又有追求贸易顺差的强烈动机,于是就希望通过在不断降低成本条件下增加国内产品供给来缓解贸易顺差所带来的物价上涨压力,以实现持续的贸易顺差。用今天的货币数量论方程式 $MV=Py$ 可以更好地理解他的想法。他的对策就是通过增加 y 来化解 M 增加所引起的 P 上涨的压力。确实,若 V 不变而 M 增加一倍的同时 y 也增加一倍,P 就不必要上涨了。他也许是无意中发现了国际货币流动反馈机制的一种抵消因素,即当一个国家的技术或其他方面的进步能够有效抵消贸易顺差引起的物价上涨压力时,这个国家就能够长期保持贸易顺差。这也许可以称作范德林特效应。该效应也揭示出休谟国际货币流动反馈机制是以各国不存在技术进步或不存在相对技术进步为前提的一种静态法则。这个效应也许是范德林特对当代世界经济最重要的启示。

为了说明降低地租的必要性,范德林特还分析了地租上涨带来的物价上涨并不能够给地主带来什么真正的收益。[②]

为了降低产品价格,范德林特要求降低对商品所征收的赋税,最好是“对商品所征的税收全部取消,而只对土地和房产征税”。他认为对不动产征税而不是对商品征税将降低征税成本。[③] 他因此而可能成为后来法国重农主义,以及美国亨利·乔治土地单一税的先驱。

范德林特反驳了一种认为是奢侈消费导致贸易不振的观点,强调人民理应

---

①　范德林特:《货币万能》,商务印书馆 1990 年版,第 26—27 页。
②　范德林特:《货币万能》,商务印书馆 1990 年版,第 14—20 页。
③　范德林特:《货币万能》,商务印书馆 1990 年版,第 86—94 页。

享受和平与丰裕。① 他认为"奢侈并不是贸易萧条的原因,而是其结果,因为所谓贸易萧条只不过是说大多数人缺少他们理应拥有的物品",而"对社会有害的奢侈是以财产的极端不均为基础的"②。

值得注意的是范德林特的反战倾向,他反对为了贸易而对其他国家开战,除非一国人满为患,而另一国有富余土地却不愿按通情达理的条件转让。③

从上述 15 条意见来看,范德林特所追求的根本目标是为了"使平民百姓都成为拥有财产的主人"④,"为了便于消费者的使用和增进消费者的利益"⑤。而实现这个根本目标的派生目标是通过贸易顺差⑥来增加英国的货币数量。这一派生目标带有明显的重商主义色彩。对于生活在重商主义时代,本国又没有金银矿山的商人兼学者来说,这是完全可以理解的。但可贵的是,他实现目标的手段——增加生产和自由贸易自由放任,坚决反对重商主义的干预主义政策——却已经是古典主义的了。他指出:"贸易若摆脱了任何桎梏,不仅不会招致丝毫的害处,反而会带来极大的裨益。如果我国的现金因此而减少——实行禁运原是为了防止这种情况的出现,那些得到现金的国家,随着现金的增加,必然会发现万物价格腾贵。而我们失去了货币之后,若能极大地增加物资,以便使永远是由于食品和饮料的价格构成的劳动变得极其便宜,我们的制造品和一切其他物品不久就会跌价,因此引起贸易差额的好转,货币也就失而复得。"⑦因此,他反对贸易禁运和禁止铸币输出,并斩钉截铁地宣布,对贸易的任何限制都是荒谬的。⑧ 他最后写道:"如果不断地增加、全面地改良大量的土地,使两极(即劳动者的工资和维持家庭所必需的生活品的价格)保持一致,贸易便绝不需要政府的任何其他关心和管理,只要听任臣民根据自己的能力去经营,而不管他们采用什么方式、方法。"因为"这是关于贸易的唯一准则,任何一国政府都应加以注意,而只要得到足够的重视,这条准则总是能够使一个国家的强盛和该国人民的幸福,达到事物的本性所能允许的程度。因此,其优越性是为了促进贸易而设置的种种奖励和限制所望尘莫及的,这些奖励和限制总是以危害贸易

---

① 范德林特:《货币万能》,商务印书馆 1990 年版,第 20—23 页。
② 范德林特:《货币万能》,商务印书馆 1990 年版,第 85 页。
③ 范德林特:《货币万能》,商务印书馆 1990 年版,第 48—49 页。
④ 范德林特:《货币万能》,商务印书馆 1990 年版,第 5 页。
⑤ 范德林特:《货币万能》,商务印书馆 1990 年版,第 117 页。
⑥ 范德林特:《货币万能》,商务印书馆 1990 年版,第 34 页。
⑦ 范德林特:《货币万能》,商务印书馆 1990 年版,第 38 页。
⑧ 范德林特:《货币万能》,商务印书馆 1990 年版,第 37 页。

而告结束的"①。

范德林特的经济思想对重农主义和英国古典经济学的形成,都曾产生过一定的影响,其中可能也包括休谟。虽然货币数量论在范德林特那里只是为了实现贸易顺差所必须化解的一种约束条件,而在休谟那里则成为打碎重商主义教条的基本原理。因为两人追求的学术目标不同,范德林特的目标是如何增加英国的货币,而休谟的目标则是探讨在国际贸易中是否存在一种自我调节机制。

四、匿名者的《关于货币利息一般问题的几点意见》

在18世纪上半期关于货币和利息问题的大讨论中,有一位匿名者于1738年发表了小册子《关于货币利息一般问题的几点意见》,其突出特点就是极其明确地表达了劳动价值论。"各种生活必需品之真正的和实际的价值,是比例于它们对维持人类生活所作出的贡献;它们互相交换时所依据的价值,是由生产时它们所必要的和通常耗费的劳动数量决定的,它们用来进行买卖并用来和一个共同的交换媒介进行比较的价值和价格,是受生产时所使用的劳动数量支配的,但同时也受交换媒介物或共同尺度的数量的多少来支配。水是生活必需品,它不亚于面包和酒,但上帝赐予人类的水是那么多,每一个人都可以得到足够的水而不会有任何困难,因而一般说来它是没有价格的。可是,假设某时某地须得花费劳动来取水供应某些人需要的话,那么为供应水所花费的劳动就必须得到补偿,虽然水本身是不要代价的。因为这个道理,一吨水在某些时候或某些地方也可能和一吨酒一样贵重。"这样明确区分使用价值和价值,并且把价值完全归因于生产时通常所耗费的劳动的观点,很可能是从配第等人粗糙的劳动价值论发展到斯密、李嘉图精致的劳动价值论的中间环节。

五、马西论自然利率

约瑟夫·马西②(Joseph Massie,? —1794),一位生平事迹都不是很清楚的小册子作者,只有杂志上一段简短的讣告使人们得知他去世的时间。他曾经花费12年时间收集约1500部有关商业、硬币和殖民地的书籍,并编制了按照字母排序和年月排序的目录,总共达2377条,是亚当·斯密以前英国经济文献最好的指南。

马西大约于1750年发表《论决定自然利息率的原因及其他》,其内容主要是反驳早先配第和半个多世纪以前洛克关于利息率取决于货币数量或债务数

① 范德林特:《货币万能》,商务印书馆1990年版,第134页。

② 《新帕尔格雷夫经济学大辞典》第3卷,经济科学出版社1996年版,第427—428页。

量的观点。

马西认为,"一国的债务数量不可能是决定利息的根本原因"①。他反对把国债的利率作为判断一国自然利率的指标②,因为"自然利息率是以利润为基础,而国债的利息率是以需要为基础"③。"收取利息的合理性,不取决于借款人是否赚得利润,而取决于这些货币如果正确地加以使用,能够带来利润。……既然借款者为所借货币支付的利息,是所借货币能够带来的利润的一部分,那么,这个利息总是要由这个利润决定。"④所以一般性的结论就是:"自然利息率是由工商业企业的利润决定的。"⑤这样,他就成为第一个把利润作为有别于利息的独立经济范畴的经济学家。

马西并未止步于上述结论,而是进一步探讨企业利润的决定因素。他指出,"商业利润一般决定于商人数目同商业规模之比"⑥。商人数目多了,竞争加剧了,利润从而利息也就将降低。商业规模缩小了,利润从而利息也同样将降低。⑦

而"决定商业同商人之间比例"的又是什么呢? 马西认为有四大因素,"一,自然的必要性;二,自由;三,私人权利的保护;四,社会安全。"⑧关于自然的必要性,他认为是由于有用的物品非常不均地分布在不同的地方,而不同地方的人又需要不同的东西,于是就产生了商业贸易的需要。⑨ 关于自由的作用,他以荷兰为例,指出虽然它的地理位置并不理想,"可是那里的自由却如此令人称心,以至人们宁愿选择这块自由的土地住下来,并甘愿忍受它的一切天然的不便和不利,而不到自然条件好但却没有自由的地方去"。关于私人权利的保护,他指出,"在自由国家,人们的私人权利和对劳动成果的享有,较之独断专行的君主变化无常的意愿具有更为可靠的保障;因而专制国家的贸易不可能像自由国家的贸易那样长期地兴旺发达"。至于社会安全,他指出没有社会安全,自然也就没有私人权利的安全保护,为此他特别强调了国防的重要性。⑩ 他最后的结论

---

① [英]约瑟夫·马西:《论决定自然利息率的原因》,商务印书馆 1996 年版,第 27 页。
② [英]约瑟夫·马西:《论决定自然利息率的原因》,商务印书馆 1996 年版,第 23 页。
③ [英]约瑟夫·马西:《论决定自然利息率的原因》,商务印书馆 1996 年版,第 26 页。
④ [英]约瑟夫·马西:《论决定自然利息率的原因》,商务印书馆 1996 年版,第 40 页。
⑤ [英]约瑟夫·马西:《论决定自然利息率的原因》,商务印书馆 1996 年版,第 42 页。
⑥ [英]约瑟夫·马西:《论决定自然利息率的原因》,商务印书馆 1996 年版,第 45 页。
⑦ [英]约瑟夫·马西:《论决定自然利息率的原因》,商务印书馆 1996 年版,第 43—45 页。
⑧ [英]约瑟夫·马西:《论决定自然利息率的原因》,商务印书馆 1996 年版,第 47—48 页。
⑨ [英]约瑟夫·马西:《论决定自然利息率的原因》,商务印书馆 1996 年版,第 48 页。
⑩ [英]约瑟夫·马西:《论决定自然利息率的原因》,商务印书馆 1996 年版,第 49 页。

就是"一国的商人数目取决于必要性和对商业的鼓励程度"①。

马西认为,虽然利润的大小决定了利息的大小范围,利润大,利息也就可能比较大;利润小,利息也就可能比较小。但利润在放款者和借款者之间的分割,则取决于他们双方的谈判,由他们的一致同意而决定。②

马西还区分了利息和风险报酬或保险费。他指出,高利息中的一部分是放款者由于自己所冒无法全部收回贷款的风险而索取的报酬,"是一种风险报酬,而不是利用[贷款]的报酬。因此,……在高利息的名义下所隐藏的……是对利用和风险两者的共同报酬"③。

马西还看到了信用对于实际利息率的影响,指出由于信用不同,实际利息率会偏离自然利息率。信用好的借款人借款的实际利息率会比较低,而当商人甚至政府的信用由于种种原因而降低时,实际利息率会比较高。④

马西认为,一国之内的"许多借贷,不是货币匮乏或不足的结果,而是货币分配不均的结果;……如果2万镑属于一个人,它就会被贷出,因为它带来的利息足以供养一个家庭;如果2万镑属于十个人,它就不会被贷出,因为它的利息不能供养十个家庭"⑤。

马西并不认同利息率由货币的供求决定,但是他认同货币数量论,"货币作为一种可以交换的商品,它的价值随同它的数量的变动而增减"⑥。

六、英国哲学家大卫·休谟的经济思想

大卫·休谟⑦(David Hume,1711—1776),英国哲学家、历史学家和经济学家。他出生于苏格兰一个没落贵族家庭,1723年进入爱丁堡大学,三年后离校学习法律,1734—1737年赴法国考察,然后于1739—1740年出版了他的哲学名著《人性论》,1741—1742年出版《道德与政治论文集》,1748年出版《人类理解力研究》,1752年任爱丁堡公立图书馆管理员,出版《政治论丛》,1754—1762年出版史学专著《英国史》。1763年任英国驻法国大使馆秘书,

① [英]约瑟夫·马西:《论决定自然利息率的原因》,商务印书馆1996年版,第50页。
② [英]约瑟夫·马西:《论决定自然利息率的原因》,商务印书馆1996年版,第40—41页。
③ [英]约瑟夫·马西:《论决定自然利息率的原因》,商务印书馆1996年版,第17页。
④ [英]约瑟夫·马西:《论决定自然利息率的原因》,商务印书馆1996年版,第20—23页。
⑤ [英]约瑟夫·马西:《论决定自然利息率的原因》,商务印书馆1996年版,第20页。
⑥ [英]约瑟夫·马西:《论决定自然利息率的原因》,商务印书馆1996年版,第31页。
⑦ 《新帕尔格雷夫经济学大辞典》第2卷,经济科学出版社1996年版,第746—750页。
[英]马克·布劳格、保罗·斯特奇斯:《世界重要经济学家辞典》,经济科学出版社1987年版,第295—296页。

后任参赞,与法国著名思想家卢梭、魁奈和杜尔哥交往密切。1766 年回伦敦,不久任副国务大臣。1769 年后隐居爱丁堡。他的经济思想主要见于《政治论丛》中的经济论文。

休谟经济思想的一个重要方面是对人们经济行为动机的分析。这与他关注对人性的分析是一脉相承的。他认为人们从事经济活动的动机有四个方面:(1)消费的欲望;(2)行动的欲望;(3)快活的欲望;(4)获得的欲望。这种多重动机的观点表明他与后来发展起来的功利主义观点的一定差别。他认为这些欲望对于一个国家的经济发展都具有重要作用。

休谟经济思想的又一个重要方面是关于经济发展机制的观点,是他对于自由市场机制的阐述。这是他参加反重商主义大论战的产物。这场论战发生于1748—1758 年间,参与者多为当时英、法、德三国的学者名流,如查尔斯·汤申德、乔赛亚·塔克、凯姆斯勋爵、詹姆斯·奥斯瓦尔德、孟德斯鸠以及休谟。他们以通信方式讨论在国际社会中"是否有这样的'自然的'过程,如果有,它是如何起作用的。在这种过程中,国际经济会自然而然地保持平衡,如果平衡被打乱,不需要政府的广泛或有步骤的干预即可自行恢复平衡"。这次讨论是经济思想史上自由主义反对重商主义的一次论战。休谟在讨论中表达的观点后来曾被亚当·斯密在格拉斯哥大学编写讲义时"大量利用"①。在这方面,休谟的一个基本思想是货币数量论。他认为:"一切东西的价格取决于商品与货币之间的比例,任何一方的重大变化都能引起同样的结果——价格的起伏……商品增加,价钱便宜;货币增加,商品就涨价。反之,商品减少或货币减少也都具有相反的倾向。"②但是,商品价格的上涨或下跌,并不"取决于国内的商品和货币的绝对数量"的变动,而是取决于"进入市场的商品"和"处于流通中的货币"数量的变动。"如果铸币锁在箱子里,对于价格来说它就好像消灭了一样;如果商品堆在仓库和谷仓里,结果也会相同"③。他指出:"流通中的货币与市场上的商品之间的比例决定着物价的贵贱。"④在分析商品与货币之间的数量关系对物价的影响时,他往往强调货币数量对商品价格的决定作用,"商品的价格总是与货币的数量成比例的"⑤。

休谟货币数量论的历史背景是 16、17 世纪美洲贵金属矿山的发现,金银产量激增,大量贵金属涌入欧洲,引起欧洲大陆物价的普遍上涨。他的货币数量

---

① 约翰·雷:《亚当·斯密传》,商务印书馆 1983 年版,第 439 页。

② 《休谟经济论文选》,商务印书馆 1984 年版,第 36 页。

③ 《休谟经济论文选》,商务印书馆 1984 年版,第 36 页。

④ 《休谟经济论文选》,商务印书馆 1984 年版,第 36 页。

⑤ 《休谟经济论文选》,商务印书馆 1984 年版,第 36 页。

论的要点在于：(1)货币本身不具有什么价值，不过是劳动和商品的代表。(2)商品价格取决于国内流通的货币量的多少。当货币多时，价格高；当货币少时，价格低。(3)当一国的货币量逐渐增加时，各种商品价格的上涨不会紧跟着金银的增加而发生，而是会有一个时间上的滞后，要等到货币流通到全国各地，各行各业的人都感受到这种影响时才会出现，尤其是劳动的价格将最后上涨。因此，货币量的增加将促进国内产业的兴旺发达。这是因为工资上涨落后于物价上涨所引起的利润增加将刺激工商业主的生产热情。[①]　(4)一国如果货币过多，将引起物价上涨，从而削弱出口商品的竞争能力，引起外贸逆差，使货币外流。(5)反对银行发行纸币，反对信用。

由此可知，休谟的货币数量论具有反对重商主义的含义。重商主义者认为金银是一国真正的财富，主张一国在外贸中采取各种政策措施获得顺差，以使金银流入国内。休谟以货币数量论为理论依据批判了这种贸易差额论。他指出：第一，"货币……只是人们约定用以便利商品交换的一种工具。它不是贸易机器上的齿轮，而是一种使齿轮的转动更加平滑自如的润滑油"[②]，而"劳动产品的储备……乃是一切实力和财富的根本"[③]。第二，商品的价格总是与货币数量成正比。因此，一国货币过多引起的物价上涨不利于该国同别国的竞争，将削弱该国的出口能力，因此主张贸易差额的重商主义者追逐货币的目标是错误的，也是难以实现的。第三，担心贸易会使货币金银无止境地外流是不必要的。一国货币多了物价就上涨，廉价商品将由国外涌进，使货币流出。若货币流出过多，商品价格会低落，出口商品在国际贸易中的竞争力由此提高，从而使货币回流，直到货币数量与一国的工业水平贸易能力相适应为止。因此一国既不能长期保持贸易逆差，也不能长期保持顺差，由于货币数量对物价的影响，进出口贸易将自动趋于平衡，重商主义者想长期保持贸易顺差的目标是无法实现的。而"只要我们谨慎地爱护人力和工业，就永远不愁会失去钱币"[④]。

休谟反对重商主义那种以邻为壑的贸易观点，强调国际贸易不是一种零和博弈，认为国际贸易会使有关国家共同进步，将使穷国变富，对富国亦无害处，能逐渐消除两国的贫富差距。[⑤]　他指出，"任何一个国家的商业发展和财富

---

①　《休谟经济论文选》，商务印书馆1984年版，第33页。

②　《休谟经济论文选》，商务印书馆1984年版，第29页。

③　《休谟经济论文选》，商务印书馆1984年版，第34页。

④　《休谟经济论文选》，商务印书馆1984年版，第53页。

⑤　[美]史蒂文·普雷斯曼：《思想者的足迹：五十位重要的西方经济学家》，江苏人民出版社2001年版，第40页。

增长,非但无损于,而且有助于所有邻国的商业发展和财富增长"①。这种观点是与他所发现的可以称作经济机会不断转移的规律相吻合的,即商人会不断离开已经富裕起来,从而劳动价格较高的地方,去那些比较贫困,从而劳动价格较低的地方发展,结果使这些原先落后的地区也渐渐富裕起来。② 他的这种乐观观点是新古典世界主义国际贸易理论的先驱。他坦陈:"不但作为人类的一员,我要为德国、西班牙、意大利甚至法国的商业繁荣而祈祷,而且作为一个英国国民,我也要为它们祈祷。"③他特别强调对外贸易的教育和激励功能,指出"同外国人做生意所产生的主要好处也许就在于:它使一些饱食终日无所事事的人奋发有为,它也为这个国家里那些寻欢作乐的纨绔子弟展示了穷奢极欲的新天地,……风气一开,竞相效法,各行各业,急起直追;于是国内制造业赶超外国,提高产品质量,精益求精,力求使所有国产商品达到尽可能完美的水准"④。

通过批判重商主义,休谟提出了自己的自由贸易主张:(1)各国因自然条件不同,都会有本国的特产可供各国交流通商。(2)各国从商品交换发展为技术交换,将促进各国产业的发展。(3)国际贸易将引起国家间的自由竞争,从而促使各国改进经营和技术。(4)对外贸易要以国内工业发展为基础,因此要着力于发展工业和技术。基于以上看法,他主张发展自由贸易,反对关于货币输出和谷物出口的禁令,反对对外贸设置过多的障碍和关税,反对人们在以邻为壑心理的支配下强行限制外贸。但同时他也主张要通过适当的关税和其他保护性措施来扶植和发展国内产业。

除了货币数量论和自由贸易主张之外,休谟在利息问题上也有不少值得注意的观点。首先,他不同意洛克关于利息率取决于货币量的论点,认为利息率取决于借贷资本的供求关系。这种观点现在被称作"可贷资金利率论"⑤。该理论认为借贷资本供大于求将使利率下降,而供不应求将使利率上升。其次,利率也受到利润率的影响,两者同向变化。第三,高利率和高利润率是工商业不够发达的表现,而低利率和低利润率则是工商业发达的表现,同时也是一种条件。

---

① 《休谟经济论文选》,商务印书馆 1984 年版,第 69 页。

② [美]亨利·威廉·斯皮格尔:《经济思想的成长》,中国社会科学出版社 1999 年版,第 181 页。

③ 《休谟经济论文选》,商务印书馆 1984 年版,第 72 页。

④ 《休谟经济论文选》,商务印书馆 1984 年版,第 13 页。

⑤ [美]史蒂文·普雷斯曼:《思想者的足迹:五十位重要的西方经济学家》,江苏人民出版社 2001 年版,第 37 页。

关于赋税,休谟认为,对普通消费品征收捐税,只要税负适中,就有三种作用:使穷人节俭,增加工资转移税负,提高穷人工作积极性。[①] 他认为向奢侈品征税最合适,因为它在一定意义上是自愿的。[②] 他认为"对消费品征税,要比财产税既公平又简便"[③]。他反对过高的税负,因为它将打击劳动积极性;反对不公平的税负;反对人头税,因为它会诱使政府不断提高税负。[④] 他同样反对政府发行公债,主要原因似乎是因为大部分公债往往掌握在那些无所事事、游手好闲者手中。[⑤]

休谟的上述经济思想有许多都并非是首创,但其最大意义在于直接影响到亚当·斯密,影响到《国富论》的形成。尤其是他关于国际贸易和货币的国际流动会自动趋向均衡的思想,很可能会影响到斯密关于"看不见的手"这一市场自动均衡机制的思想。

七、重商主义衰落时期主张政府全面干预的斯图亚特[⑥]

到18世纪下半期,随着工业革命的兴起,自由放任主义的经济思潮已逐渐取代主张干预的重商主义思潮。就在重商主义思潮已处于衰落的18世纪下半期,却出现了一种对重商主义进行概括、总结的意图,这种意图明显地表现在斯图亚特的著作中。

詹姆斯·斯图亚特爵士[⑦](Sir James Steuart,1712—1780),出生于苏格兰爱丁堡世宦之家,1729年入爱丁堡大学专修法学,1735年取得律师资格。曾游历荷、法、西、意等国,1740年回到苏格兰。1745年参加反政府的叛乱活动,失败后,流亡于欧洲大陆法、意、荷、德等国达35年。在流亡期间,于1755年开始研究经济学,1762年获准返回爱丁堡,于1767年,即亚当·斯密出版《国富论》前9年,出版其主要经济著作,两卷本1300页的《政治经济学原理研究:论自由国家中对内政策的科学》。这部著作第一次在标题中用英文表明了这一新学科的名称,且第一次详细阐述了这一名词的定义,同时也是第一次以系统的政治

---

① 《休谟经济论文选》,商务印书馆1984年版,第73页。
② 《休谟经济论文选》,商务印书馆1984年版,第75页。
③ 《休谟经济论文选》,商务印书馆1984年版,第83页。
④ 《休谟经济论文选》,商务印书馆1984年版,第75页。
⑤ 《休谟经济论文选》,商务印书馆1984年版,第81—87页。
⑥ 本节内容参阅[美]亨利·威廉·斯皮格尔:《经济思想的成长》,中国社会科学出版社1999年版,第185—190页。《新帕尔格雷夫经济学大辞典》第4卷,经济科学出版社1996年版,第533—536页。
⑦ [英]马克·布劳格、保罗·斯特奇斯:《世界重要经济学家辞典》,经济科学出版社1987年版,第601页。

经济学教科书的形式,复述了广义重商主义的观点。所谓广义,就是说它不是简单地重复贸易出超论的政策,而是对整个经济问题展开了分析,当然是站在重商主义立场上。1772年,他以东印度公司顾问的身份,发表了《适用于孟加拉硬币状况的货币原则》。

斯图亚特的两卷本著作共分为五篇,分别讨论人口与农业,贸易与工业,货币与硬币,信用与债务,以及税收。他的历史观是一种发展观,认为人类历史经历了三个阶段:狩猎采集阶段、农业阶段和交易阶段。

在人口问题上,斯图亚特与以前的一些经济学家如配第等赞成人口增长的观点有所不同,强调了物质财富,尤其是农业对人口的限制,预示了30年后马尔萨斯的人口观点。

关于社会分工与商品交换的关系。在斯图亚特看来,当一个国家的居民都只是从事直接生活资料的生产,即只从事农业生产时,商品交换是不能得到发展的。他认为,只有居民中一个日益增大的部分脱离直接生活资料的生产,即只有当从事加工工业等的劳动者完全脱离农业时,才能使物品的买卖成为"繁荣的和经常的"。他说:"频繁地买卖绝对必需的物品,标志着居民分化为劳动者和自由人手。"①在他看来,社会分工是商品交换发展的前提,而这种社会分工的基础则是城乡的分离,即工业脱离农业。

在贸易与工业问题上,斯图亚特认为需求是工业发展的重要因素,而一个国家需求的发展可以分为三个阶段:幼稚贸易阶段、对外贸易阶段和内部贸易阶段。他认为幼稚贸易阶段应当鼓励奢侈品消费;对外贸易阶段应当提倡节俭,以便降低国内市场成本,减少国内需求压力,刺激出口;内部贸易阶段再次需要鼓励奢侈品消费,以便使第二阶段集聚在国内的财富得以充分使用,恢复国内的供需平衡。

而为了促进第二阶段的对外贸易,斯图亚特进一步发挥了把工资归结为最低生活资料的观点,他对生活资料的概念作了相当仔细的研究,把最低生活资料分为体力必需品和政治必需品(他所说的政治必需品,也就是通常所说的最低文化用品)。他还从动态中考察工资,考察它的变动趋势。他认为,随着社会的发展,由于农业费用的增加,农产品就会涨价,从而就必然会引起工资的提高。他说:"只要等到农业的发展需要更大的费用,而在生活资料的现行价格下,这费用不能以自然产品来补偿的时候,农业的发展便终止了。"于是"生活资料价值的上涨,必然提高一切劳动的价格"②。他还主张减少产品出口,增加劳

---

① 转引自沈志求等:《〈资本论〉典故注释》上,中国人民大学出版社1980年版,第170页。

② 转引自卢森贝:《政治经济学史》第1卷,三联书店1961年版,第135页。

务输出。

在价值理论上,斯图亚特提出了两个重要的概念:"商品的真实价值"和"让渡利润"。认为商品的真实价值由工人生产它的时间里所需要的生活费用决定,指出生产真实价值的劳动所具有的特殊的社会性质。这一思想预示了马克思的劳动价值论。同时,他也分析了供给和需求及其变化对于价格和商品的过剩和短缺的影响,初步描绘了价格运行机制。他用"供求"二字来解释价格决定的原因。

在利润理论上,斯图亚特把利润分为绝对利润和相对利润两种。他说:"绝对利润对谁都不意味着亏损;它是劳动、勤勉或技能的增进的结果,它能引起社会财富的扩大或增加⋯相对利润对有的人意味着亏损;它表示财富的天平在有关双方之间的摆动,但并不意味着总基金的任何增加。"[1]他用重商主义的眼光把"相对利润"看作是由商品价格高于商品的实际价值而产生的,换句话说,是由商品高于它的价值出卖而产生的,是流通的结果。但重要的是他强调指出了这种利润的相对性:一方的赢利总是意味着另一方的亏损。他把相对利润归结为"财富的天平在有关双方之间的摆动"。

在货币理论上,斯图亚特对货币的研究是从批判当时流行的货币数量论出发的。他认为,不是流通的货币量决定商品的价格,而是商品的价格决定流通中的货币量。他说:"商品的市场价格是由需求和竞争的复杂作用决定的,需求和竞争同一国中存在的金银数量完全无关。"又说:"商业和工业的状况,居民的生活方式和日常开支,这一切加在一起,调节并决定所需现金的数量。"[2]如果货币的数量超过流通的需要量,那么"多余的铸币会锁起来,或者制成银器"。他在批判货币数量论的过程中,论述了"货币的各种职能"[3]。他还看到了纸币、信用等"符号货币"的作用,看到了资产的货币化、符号化的趋势。

斯图亚特虽然承认私人利益在经济生活中的基本作用,并不反对个人追求私利,甚至认为公共利益就是所有私人利益的总和。他认识到对私利的追求是政治家制定政策时必须考虑的约束条件,是政治家可以加以利用的唯一动机。他特别强调政府和卓越的政治家尤其是开明君主在推进经济发展中的主导作用,强调政府对经济生活的干预,包括为了降低生产成本而限制工资上涨,保护国内幼稚工业,实行出口补贴,用公共工程增加就业,等等。而实行这些政策所需要的资金,他认为可以通过高课税和发行公债来解决。这种思想也许与他多年生活在相对落后,而政府往往发挥重要作用的欧洲大陆尤其是德国,而非相

---

① 转引自《马克思恩格斯全集》第26卷Ⅰ,人民出版社1972年版,第11页。
② 转引自《马克思恩格斯全集》第13卷,人民出版社1962年版,第156页。
③ 转引自《马克思恩格斯全集》第13卷,人民出版社1962年版,第156页。

对而言自由得多的英国有关。同时,他还否定存在普遍适用的一般经济原理,
认为每个国家都有其特殊的发展道路。因此,他虽然在英国不太受后来的经济
学家重视,但是在 19 世纪历史学派兴盛的德国却大受欢迎。同时他的一些思
想在 20 世纪 30 年代凯恩斯革命以后得到重新认可。他关于政府干预经济的
主张也不断以不同的形式重现于一些后发展国家的政策当中,例如 1957 年就
有一位重要的印度经济计划人员夸奖他是"印度政府的首席经济顾问",肯定他
对经济活动的方方面面进行复杂干预的观点。[1]

八、富兰克林的经济观点

本杰明·富兰克林[2](Benjamin Franklin,1706—1790),美国民主主义者,
美国独立战争的积极参加者,杰出的政治家、科学家和思想家。他生活在美国
从殖民地到独立的时代。富兰克林生于北美波士顿的一个制造蜡烛和肥皂的
手工业者的家庭。他家境贫寒,只上过两年学。从 12 岁起,他就到一家印刷所
当学徒,几经周折,而成为一名印刷工人。他刻苦好学,自学成才,并于 1727
年秋,同 11 位好友组织了"共读社",互相切磋,共同学习、研究社会和自然等
各方面的问题。当时的北美曾发生了关于发行纸币问题的争论。为了适应
经济日益增长的需要,广大人民群众要求增发纸币,有钱人却怕纸币贬值使
自己受损,故反对发行纸币。富兰克林站在广大人民群众一边,积极鼓吹增
发纸币。就是这场增发纸币问题的论战,促使他去研究经济理论问题,并在
22 岁时写成了《试论纸币的性质和必要性》(1729)这部重要的经济著作。这
场关于增发纸币问题的论战,不仅促使他去钻研经济理论问题,而且提高了
他的政治声誉。

在 1746—1754 年间,富兰克林对自然科学特别是电学的研究产生了浓厚
的兴趣,并取得了巨大的成就。富兰克林在从事科学研究的同时,还积极参加
了北美殖民地人民反对英国殖民统治的斗争。1775 年独立战争爆发后,他参加
了美国《独立宣言》的起草。1776 年,他奉美国国会的派遣前往巴黎,以特使的
身份促使法国助战。法国在他的努力说服下,同意在军事上、经济上支援美国,
从而加速了美国独立战争的胜利。

富兰克林不仅是一位杰出的政治家和科学家,也是新大陆"最初研究政治

① 《新帕尔格雷夫经济学大辞典》第 4 卷,经济科学出版社 1996 年版,第 536 页。

② 《新帕尔格雷夫经济学大辞典》第 2 卷,经济科学出版社 1996 年版,第 445—446 页。
[英]马克·布劳格、保罗·斯特奇斯:《世界重要经济学家辞典》,经济科学出版社 1987 年
版,第 200—201 页。

经济学的"①代表人物。他的主要经济著作除了《试论纸币的性质和必要性》外，还有《关于人类增长观察报告》(1751)、《关于美国纸币的评论与事实》(1764)、《关于国民财富有待研究的几个问题》(1769)和《贸易原理》(1774)等。在这些论著中，他论述了自己关于财富、价值、货币、贸易以及人口的看法。

富兰克林认为通过劳动而获得的维持生活的产品就是财富②，而一个民族获得财富的途径只有三条：通过战争掠夺，通过商业诈骗，依靠"农业这唯一正当的途径"③。由此可见他的财富观具有重农主义的色彩。

富兰克林认可劳动价值论，他指出，由于白银价格会由于其稀少性的变化而不稳定，所以最适合作为价值尺度的是劳动，而一国的财富是由其居民所能购买的劳动量而非货币金银来估价的。④ 这一观点，可以说是亚当·斯密的价值由"能购买或能支配的劳动量"来衡量的观点的直接先驱。他认为，"贸易无非是劳动与劳动相交换，……一切物品的价值用劳动来衡量是最公正的"⑤。马克思指出："第一次有意识地、明白而浅显地把交换价值归结于劳动时间的分析，我们是在新世界的一个人那里发现的，在新世界里，资产阶级生产关系同它的承担者一起输入进来，并且在这块由于土质肥沃而补救了历史传统贫乏的土地上迅速生长起来。这个人就是本杰明·富兰克林，他在1729年所写而在1731年付印的一本青年时代的著作中，表述了现代政治经济学的基本规律。"⑥

富兰克林从物物交易的不便，引申出货币的起源，"为了消除这种不方便，……人们发明了货币，恰当地称之为交换媒介。"⑦他认为货币的价值由获得它所花费的劳动决定，并且由于它促成商品交换中时间和劳动的节约而具有附加价值。⑧ 他分析了一个国家所需要的货币量，认为"一定比例量的货币是一个国家自由而普遍地进行贸易所必需的。多于这个数量，对贸易没有益处；而少于这个数量，如果非常少，则对贸易极其不利"⑨。因为缺乏货币会引起高利率，会使物价低迷贸易萎缩，无助于吸引人才。⑩ 为了解决货币不足的问题，他以金

---

① 《马克思恩格斯全集》第23卷，人民出版社1972年版，第677页。
② 《富兰克林经济论文选集》，商务印书馆1989年版，第41页。
③ 《富兰克林经济论文选集》，商务印书馆1989年版，第42页。
④ 《富兰克林经济论文选集》，商务印书馆1989年版，第9页。
⑤ 《富兰克林经济论文选集》，商务印书馆1989年版，第11页。
⑥ 《马克思恩格斯全集》第13卷，人民出版社1962年版，第45页。
⑦ 《富兰克林经济论文选集》，商务印书馆1989年版，第8页。
⑧ 《富兰克林经济论文选集》，商务印书馆1989年版，第13页。
⑨ 《富兰克林经济论文选集》，商务印书馆1989年版，第1页。
⑩ 《富兰克林经济论文选集》，商务印书馆1989年版，第1页。

属货币为例,指出作为交换媒介的货币,其名义价值可以与其实际价值相脱离①,因此可以通过发行纸币来增加一个国家的货币数量。

富兰克林认为贸易"既是国与国之间,也是人与人之间的交往"②,它的目的是利润,但是它的结果可以是双赢的。③ 他主张自由贸易,认为"自由和保护是贸易赖以成功的最无可置疑的原则,……强制是贸易的大敌。……为了促进一般贸易,自由和安全实质上是最必要的"④。这一观点与他所认识到的国际贸易自动平衡机制的看法有关,针对当时一些人反对谷物输出的意见,他指出:"谷物像水一样,会找到自身的水平。我们输出得愈多,它在国内就变得愈昂贵;国外接受得愈多,它在那里就变得愈便宜。一旦国内外价格均等,出口自然就会停止。……如果……一切贸易都是自由的,每一个沿海国家总能吃上平均价格的面包,……因而更平稳地促进农业发展。"⑤从这种观点出发,他不同意重商主义关于把货币保留在国内的观点,认为"惯常作为财富符号的黄金和白银,在其他方面的用处很小,几乎没有什么价值。拿它们交换……物质资料,显然是有利的"⑥。他坚决反对政府对于贸易的干预,认为"管理,指导或限制贸易的大多数法规、法令、条例、决定,以及议会、君主和国家的公告,不是政治上的愚蠢,就是那些狡猾的人,在公众利益的借口下,为了个人私利,以假公济私的手段炮制出来的东西"⑦。他非常欣赏法国商人在柯尔贝尔询问如何促进贸易时的回答,"让我们自己干……不要过多地干预"⑧,即自由放任。他是18世纪反对重商主义,主张自由贸易的重要思想家。为了促进贸易,他只是主张要促使人民勤劳,"在任何情况下,都应该采取一切手段鼓励和保护任何形式的勤劳;应该使用一切可能的方法根除懒惰"⑨,而"勤劳比货币更有益于贸易"⑩。

---

① 《富兰克林经济论文选集》,商务印书馆1989年版,第34页。
② 《富兰克林经济论文选集》,商务印书馆1989年版,第44页。
③ 《富兰克林经济论文选集》,商务印书馆1989年版,第44页。
④ 《富兰克林经济论文选集》,商务印书馆1989年版,第45页。
⑤ 《富兰克林经济论文选集》,商务印书馆1989年版,第64页。
⑥ 《富兰克林经济论文选集》,商务印书馆1989年版,第49页。
⑦ 《富兰克林经济论文选集》,商务印书馆1989年版,第58页。
⑧ 《富兰克林经济论文选集》,商务印书馆1989年版,第58页。
⑨ 《富兰克林经济论文选集》,商务印书馆1989年版,第48页。
⑩ 《富兰克林经济论文选集》,商务印书馆1989年版,第51页。

第二节　18 世纪中期以前法国经济思想

一、法国古典经济学的创始人：布阿吉尔贝尔

皮埃尔·布阿吉尔贝尔[①](Pierre le Pesant，Sieur de Boisguillebert，1646—1714)生活时代的法国社会经济，比当时的英国要落后得多。到 17 世纪末 18 世纪初，封建主义生产关系在法国仍占统治地位。当时法国基本上还是以分散的落后的小农经济为主的农业国，农村人口占全国人口数的 80％以上，广大农民还受着极其沉重的封建剥削，各种名目繁多的封建贡赋，一般要夺去农民全年收获量的四分之三以上。在政治上，资产阶级还没有形成一支独立的社会政治力量，他们还和手工业者、农民一起组成纳税的第三等级。封建王权发展到了登峰造极的地步。国王路易十四(1638—1715)为了显示自己的威严和炫耀法国的威力，在国内兴建富丽豪华的凡尔赛宫，对外发动一系列扩张领土的侵略战争。为此，路易十四在采取一切措施增加赋税收入的同时，也把工商业当作增加国库收入的重要来源。于是，路易十四采用了财政总监柯尔培尔所制定的重商主义政策。由于柯尔培尔全部经济政策的基本出发点，是应付封建王室和政府的庞大开支，为巩固封建王权服务，发展工商业和增加封建王朝的收入，都是在牺牲农业和农民利益的基础上实现的。因此，实行柯尔培尔重商主义政策的最终结果，不仅没有为法国资本主义经济的进一步发展开辟道路，反而使本来就比较落后的法国国民经济，又出现了严重的比例失调。在整个社会生产中，农业的衰败与工商业的发展严重脱节，在工业生产中，基础工业的薄弱与奢侈品工业的畸形发展不相适应，在流通领域，国内市场形成的缓慢，也与对外贸易的迅速发展不相协调，城市的繁荣与农村的贫困更是形成尖锐的对立。

1685 年，路易十四废除许可信仰自由的"南特赦令"[②]，造成天主教徒对新教徒的残酷迫害，迫使大批富有企业家精神的新教徒逃离法国，造成法国人力资本的重大损失。

---

① 《新帕尔格雷夫经济学大辞典》第 1 卷，经济科学出版社 1996 年版，第 281－282 页。[英]马克·布劳格、保罗·斯特奇斯：《世界重要经济学家辞典》，经济科学出版社 1987 年版，第 69 页。

② 南特赦令是法兰西国王亨利四世于 1598 年在南特城颁布的关于宽容异教徒的赦令。此赦令承认天主教在法国占统治地位，但给予新教徒以信教和祈祷的自由及许多政治权利。

当时法国的统治阶级,为了维持庞大的官僚军事机器,及满足穷奢极侈的享乐欲望,实行了一套极糟糕的税收制度。当时的国税有两种:直接税(如财产税、人头税、军役税等)和间接税(如盐税、酒税、烟草税等)。直接税的征收完全依中世纪方式,没有固定的税率,贵族免税,整个税负沉重地压在贫穷又无地位的农民身上。任意的征派使农民失去发展生产的动力。间接税则往往高达商品原有价格的数倍,压抑了消费需求,而征收方式又是包税制,君主为了报答借钱给他的富人,便把收税的权力转包给富人,这更加重了纳税人的负担。

伤农养工的重商主义政策和横征暴敛的税制,极其沉重地伤害了法国的农业,而农业的不景气又反过来破坏了工业的国内市场。工农业的衰败又影响了君主的财政收入,而专制君主为了维持自己的收入,又变本加厉地增加税收,整个国家的经济处于每况愈下的恶性循环当中。

到 18 世纪初,1701—1713 年,又爆发了对法国来说最糟糕的西班牙王位继承战争,战争中英国、荷兰、奥地利等国联合对付法国。显赫一时而被称为"路易大帝"的路易十四的统治,终于以军事的失败和财政的破产而告终。这时呈现在人们眼前的是一幅经济凋敝、国势日衰、土地荒芜、人口减少、人民灾难深重、社会矛盾空前尖锐的图画。

针对当时法国的这种情况,在一些有远见的思想家看来,要摆脱这种困境,就必须坚决摒弃重商主义的方针,实行把农业提到首位的发展国民经济的新方针。法国古典经济学就是在反对重商主义的斗争中产生的。在法国反对重商主义的斗争,首先是由布阿吉尔贝尔掀起的。所以,马克思认为古典经济学"在法国是从布阿吉尔贝尔开始"的。[1]

布阿吉尔贝尔生活在当时法国最大的出口贸易中心的鲁昂,曾任鲁昂地区法院的法官。他在审理大量的诉讼案件,特别是农村的案件中,对法国的民间疾苦,特别是法国农民日益悲惨的处境,有较深入的了解,对柯尔培尔主义所造成的国民经济比例严重失调的恶果,有具体的感受。他同情农民的疾苦,猛烈抨击柯尔培尔主义,"攻击路易十四的宫廷、包税人和贵族的具有盲目破坏作用的求金欲"[2],他把这些求金欲者斥为"金钱这一偶像的祭司和神甫"[3]。

布阿吉尔贝尔对社会经济问题的研究是从了解法国的详细真实情况着手的。他的经济著作主要有:《法国详情》(1695)、《货币缺乏的原因》(1697)、《谷物论》(1704)、《论财富、货币和赋税的性质》(1705)、《法国的辩护书》和《法国详

---

① 《马克思恩格斯全集》第 13 卷,人民出版社 1962 年版,第 41 页。

② 《马克思恩格斯全集》第 13 卷,人民出版社 1962 年版,第 44 页。

③ 布阿吉尔贝尔:《谷物论,论财富、货币和赋税的性质》,商务印书馆 1979 年版,第121 页。

情及补篇》(1707)。他在寻找造成法国社会经济混乱和破产的原因、探索复兴法国国民经济的方案的过程中,几乎涉及社会的生产、交换、分配和消费等各个领域。

　　布阿吉尔贝尔分析方法的一个突出特点就是注重分析各个产品、各个部门、各个地区、各个经济环节之间的相互关系。从这种相互关系中去探讨经济中存在的问题,提出解决的办法。例如,他通过分析国民经济各个部门之间的关系,认识到农业在整个经济中的重要地位;通过分析消费与生产之间的关系,指出了消费对于生产的重要影响;通过分析谷物市场,发现了谷价低廉与高昂之间的转化关系。他分析方法的这一特点,使他的理论成为以后瓦尔拉斯所创立的一般均衡理论的原始雏形。注重产品间、部门间的相互联系,由此成为法国经济学的卓越传统。

　　(一)财富、货币观

　　布阿吉尔贝尔认为,法国社会经济之所以处于如此严重的困境,主要是起因于人们对财富和货币概念的错误理解,以及由此采取了重商轻农错误政策的结果。他坚决反对重商主义者把金银货币当作唯一的社会财富、把对外贸易出超看成是财富唯一源泉的观点。他认为:"真正的财富……包括人们全部的享受,不仅是生活必需品,也包括非必需品以及能够满足人们身体官能的快乐的一切物品。"[①]即财富只能是具有一定使用价值的能满足人们的物质和精神需要的物品。由此,他自然得出了财富只能来源于生产,而不能来源于流通的观点。

　　布阿吉尔贝尔的货币观是他财富观的直接延伸。由于他是从使用价值的角度来看待财富的,所以就认为"金银本身不是、也从来都不成为一种财富"[②]。他指出,"人们日夜当作偶像来膜拜的金钱,实际上本身完全没有什么用处,既不能吃,也不能穿"[③],如果"金钱不能交换目前生活必需品……也只能使他们的所有者悲惨地死亡"[④]。但他也初步看到了货币作为一般等价物的性质和价值尺度的功能。他提到货币作为"物品的担保和估计"[⑤]的作用,在于"作为其他一切商品的等价物"[⑥]。

　　由于布阿吉尔贝尔把货币职能主要看作是流通手段,所以他得出"货币使

---

　　①　布阿吉尔贝尔:《谷物论,论财富、货币和赋税的性质》,商务印书馆 1979 年版,第 97 页。
　　②　布阿吉尔贝尔:《法国详情及补篇》,商务印书馆 1981 年版,第 9 页。
　　③　布阿吉尔贝尔:《谷物论,论财富、货币和赋税的性质》,商务印书馆 1979 年版,第 84 页。
　　④　布阿吉尔贝尔:《谷物论,论财富、货币和赋税的性质》,商务印书馆 1979 年版,第 82 页。
　　⑤　布阿吉尔贝尔:《法国详情及补篇》,商务印书馆 1981 年版,第 9 页。
　　⑥　布阿吉尔贝尔:《谷物论,论财富、货币和赋税的性质》,商务印书馆 1979 年版,第 89 页。

财富流通但并不生产财富"①的结论。并认为货币的"数量一般和一个国家的富裕无关,只须足够支付生活必需品的价格就行了"②。这说明他已初步认识到货币对促进商品流通的作用,并有了货币需求量的初步概念。

布阿吉尔贝尔尖锐地批判了拜金主义。他指出:"人们把这些金属当作一种偶像来膜拜,而把原来在商业交易中求助于金银的目的和意图置诸脑后……人们几乎离开了贵金属的媒介作用,而将它当做神明来看待了,他们为了这些神明已经有所牺牲,而且经常还在牺牲着更多的财物和宝贵的需用的东西,甚至还牺牲了人;而对于这个在最大部分人民的迷信和宗教中这样长期地形成了的假神,就是古代蒙昧的人也决没有作出过这样多的牺牲。"③他认为,把货币当作偶像来膜拜"所造成的祸害,甚至超过了那些恶名昭著、肆无忌惮、穷凶极恶的强盗"④。但是他并非笼统反对货币。他所反对的只是脱离了充当交换媒介的自然用途,变成"商业交易专横的暴君"⑤的货币。他认为只要金钱保持交换媒介的职能,就是无害的,他把充当交换媒介的金银货币,称之为"善良的金钱";把不充当交换媒介而变成商业暴君的金银货币,称之为"万恶的金钱"⑥。他认为,必须把"善良的金钱"与"万恶的金钱"加以区别对待。

(二)重农见解

布阿吉尔贝尔根据自己对财富的性质和本源的理解,得出了他的重农见解。他把农业生产看成是财富最初的、直接的来源,其他一切财产都是由它派生出来的。他自称是农业的辩护人,认为"一切的财富都是来源于土地的耕种"⑦。他断言:"欧洲一切财富的整个基础和来源就是小麦、酒、盐和布。"⑧在他看来,农业是社会其他一切行业产生和发展的基础。他指出,当时法国所出现的二百种以上的职业,"它们的诞生是来源于土地的产物,要是土地变为像非洲沙漠那样不毛之地,那么,这二百种职业中就会有一百七十种以上散伙或消灭掉"⑨。"既然各行业的产生系由于社会的富裕,而富裕通常不过是土地的产

---

① 布阿吉尔贝尔:《谷物论,论财富、货币和赋税的性质》,商务印书馆 1979 年版,第 84 页。

② 布阿吉尔贝尔:《法国详情及补篇》,商务印书馆 1981 年版,第 45 页。

③ 布阿吉尔贝尔:《谷物论,论财富、货币和赋税的性质》,商务印书馆 1979 年版,第 82—83 页。

④ 布阿吉尔贝尔:《谷物论,论财富、货币和赋税的性质》,商务印书馆 1979 年版,第 93 页。

⑤ 布阿吉尔贝尔:《谷物论,论财富、货币和赋税的性质》,商务印书馆 1979 年版,第 87 页。

⑥ 布阿吉尔贝尔:《谷物论,论财富、货币和赋税的性质》,商务印书馆 1979 年版,第 122 页。

⑦ 布阿吉尔贝尔:《谷物论,论财富、货币和赋税的性质》,商务印书馆 1979 年版,第 22 页。

⑧ 布阿吉尔贝尔:《法国详情及补篇》,商务印书馆 1981 年版,第 3 页。

⑨ 布阿吉尔贝尔:《谷物论,论财富、货币和赋税的性质》,商务印书馆 1979 年版,第 22 页。

物,那么,随着土地产物的衰落各行各业也一起衰落下去"①。由此,他得出了"耕种者的繁荣昌盛是一切其他等级的财富的必要基础"②的结论。于是,他把自己的研究重心放在农业生产领域,力图论证发展农业生产的重要性。他很赞赏亨利四世的大臣萨利(1559—1641)的说法,"农业和畜牧业是国家的两个乳头,完全可以代替秘鲁的矿山"③。

布阿吉尔贝尔认为,振兴法国经济,保护农业这个基础,关键是谷物价格问题。他指出:谷价过于低廉是当时法国经济"混乱的原因和不协调的根源。"④因为谷物价格过低会使农民破产,地主收入减少,结果就缩小了占人口大多数的农业人口的需求,从而引起其他行业的凋敝和在这些行业中的劳动者的失业。而且谷物价格过低会影响谷物生产者的积极性,并引起消费者对谷物的浪费,从而就减少以后谷物的供应,引起谷物价格的高昂。他认为,在谷价的高低、谷物的丰歉之间,就存在着一种相互转化的关系。他在分析这种转化过程时,可以说已经粗糙地提出了后来被称为"蛛网理论"的见解。

在布阿吉尔贝尔看来,必须在谷物的高价与低价之间建立平衡,具体的方法是应当允许谷物自由出口。这样,在丰收时,谷物价格就不会由于供大于求而过分跌落,从而也就不会由于这种跌落而引起以后供给的锐减和价格的高昂。这就可以缓和谷物价格高低摆动的幅度,避免谷物价格过高和过低的祸害。

(三)按比例发展社会经济和自由放任的观点

法国农业衰退引起百业凋敝,整个国民经济不振。这一现象激励着布阿吉尔贝尔去探索国民经济各个部门之间的关系。在他看来,国民经济中的各个行业都不是孤立存在的,而是"相互关联,彼此不可或缺的"⑤。这是因为"一个国家的各种职业,无论是什么,都是相互为用和相互支持的,这不仅为了供应彼此的需要,甚至还为了保持彼此本身的生存"⑥。

布阿吉尔贝尔指出,保持各部门之间的比例与均衡是增进财富,促使社会"普遍富裕的唯一的维护者"⑦。他说:"财富只是在人与人之间,行业与行业之

---

① 布阿吉尔贝尔:《谷物论,论财富、货币和赋税的性质》,商务印书馆1979年版,第23页。

② 布阿吉尔贝尔:《谷物论,论财富、货币和赋税的性质》,商务印书馆1979年版,第21页。

③ 转引自卢森贝:《政治经济学史》上册,三联书店1961年版,第95页。

④ 布阿吉尔贝尔:《谷物论,论财富、货币和赋税的性质》,商务印书馆1979年版,第102页。

⑤ 布阿吉尔贝尔:《法国详情及补篇》,商务印书馆1981年版,第72页。

⑥ 布阿吉尔贝尔:《谷物论,论财富、货币和赋税的性质》,商务印书馆1979年版,第98页。

⑦ 布阿吉尔贝尔:《谷物论,论财富、货币和赋税的性质》,商务印书馆1979年版,第110页。

间,地区与地区之间,甚至在国家与国家之间不断相互调剂、融合的结果。"①这里,他不仅把保持比例以达到均衡的思想运用到部门之间,而且推广到了更广阔的范围之中。他看到了任何一个部门的不景气都将对整个社会财富产生不利影响。他说:"没有一种行业的失调能够不同时将它的不幸立刻地或逐渐地反映到其他一切行业上去。"②

布阿吉尔贝尔不仅看到了社会经济各部门之间保持比例关系的重要意义,而且进一步分析了保持这种比例关系所需要的社会经济机制。他说:"为了维持那种稳定人民和各等级的人们,从而稳定国王收入的经济协调,就决不应该使某一部分的发展超过其他的部分;这就是说,必须使一切贸易往来这样均衡发展,每个人都能够从中同样得到好处,各得其所。"③"为使这种安排得以实现,就需要使每一个人无论是卖者或买者都同样地得到好处,就是说,使利润得以公平地分配于双方。"④这些见解已经暗含着等价交换的原则。他看到贵卖贱买并不能使任何人占便宜,因为一个人"从他的邻人的亏损中得到的商品,他就势必以同样的条件交出他自己的商品"⑤。即使各部门按比例发展的条件是"卖者将进行和买者同样多的购买,这或者是直接进行的,如像有时会遇到的那样,或者要经过许多人的转手或经过居间的行业的流传"⑥,这实际上是把需求与供给的相等作为按比例发展的条件。概括说来,他已提出了按比例发展社会经济的两个条件:即各部门有均等的利益,以及总需求等于总供给。

在实际生活中,布阿吉尔贝尔也清楚地看到买卖双方都是竭力为自己的利益打算,而不顾各部门之间应有的比例关系。那么,各部门之间的比例关系又是如何实现的呢? 在解答这个问题时,他提出了自由放任的主张。

在布阿吉尔贝尔看来,由于买卖人都是为自己的利益打算,因此社会经济秩序就需要整顿。他认为"整顿经济秩序的权力只属于大自然"⑦,而不是任何的政府权力。他说:"只有大自然能够安排这个秩序并维持和平,其他的权力,尽管是出于善意,如果要过问其事就会将全盘搞坏。"⑧"因此,只是大自然或者

① 布阿吉尔贝尔:《谷物论,论财富、货币和赋税的性质》,商务印书馆 1979 年版,第 105 页。
② 布阿吉尔贝尔:《谷物论,论财富、货币和赋税的性质》,商务印书馆 1979 年版,第 12—13 页。
③ 布阿吉尔贝尔:《谷物论,论财富、货币和赋税的性质》,商务印书馆 1979 年版,第 13 页。
④ 布阿吉尔贝尔:《谷物论,论财富、货币和赋税的性质》,商务印书馆 1979 年版,第 106 页。
⑤ 布阿吉尔贝尔:《谷物论,论财富、货币和赋税的性质》,商务印书馆 1979 年版,第 107 页。
⑥ 布阿吉尔贝尔:《谷物论,论财富、货币和赋税的性质》,商务印书馆 1979 年版,第 99 页。
⑦ 布阿吉尔贝尔:《谷物论,论财富、货币和赋税的性质》,商务印书馆 1979 年版,第 70 页。
⑧ 布阿吉尔贝尔:《谷物论,论财富、货币和赋税的性质》,商务印书馆 1979 年版,第 106 页。

神才能主持公道,无论谁人都不要干扰。"①他认为,法国社会的一切灾难,归根到底,只是由于法国政府违背"自然规律"的要求,对社会经济生活,特别对谷物生产这样"生死攸关的问题"乱加干涉的结果。他把一切贸易的自由往来看成是实现社会经济按比例协调发展的一个重要条件。他认为自由竞争是"自然规律"的基本要求,因为"大自然是酷爱自由的"②,它"总是走向自由和趋于完善"③。因此,要挽救法国的社会经济危机,就必须停止政府对经济生活的干预,恢复"自然规律"的一切权力。他说,在这里,"不是要行动的问题,成为必要的只是停止对大自然采取十分粗暴的行动"④。但是,他在主张自由输出粮食的同时,又要求禁止粮食输入。这种自相矛盾的主张,反映了他的自由贸易思想又是不彻底的。但是,他的自由放任的主张,却肯定了客观经济规律的存在,后来在重农主义者的自然秩序学说中得到了进一步的发挥。然而与以后亚当·斯密以经济人的行为动机为逻辑起点的自由主义主张相比,他的理论又带有神秘主义的色彩。

布阿吉尔贝尔是第一个阐明社会经济按比例均衡发展的古典经济学家。他不仅阐明了社会经济按比例均衡发展的重要意义,而且还分析了商品经济中实现这种按比例均衡发展的具体机制,这就是在商品流通过程中使买卖双方的利益均等,而自由放任便是达到这一均等的条件。当然,他的这种见解还是不够完善的。他没有看到在私有制商品社会中,只有通过价格变动引起各部门的利益差别,才能使整个社会经济在反复的协调中实现应有的比例关系。尽管有这些不足,但他所提出的交换双方利益均等的原则,是针对当时法国长期存在的谷物价格过于低廉的现象而发的,是完全正确的。即使对于我们今天,也不是没有教益的。

(四)重视消费

在分析法国农业衰退、经济凋敝的过程中,布阿吉尔贝尔看到了消费对于生产的重要作用。他强调,"破坏消费就是破坏收入"⑤。因为消费不足会引起土地收入和一切收入的减少,从而引起整个国家的贫困。⑥"一种大量的消费,也就是一种极大的财富"⑦。他看到了消费不足对于投资的不利影响,"因为消

---

① 布阿吉尔贝尔:《谷物论,论财富、货币和赋税的性质》,商务印书馆1979年版,第107页。
② 布阿吉尔贝尔:《谷物论,论财富、货币和赋税的性质》,商务印书馆1979年版,第69页。
③ 布阿吉尔贝尔:《谷物论,论财富、货币和赋税的性质》,商务印书馆1979年版,第124页。
④ 布阿吉尔贝尔:《谷物论,论财富、货币和赋税的性质》,商务印书馆1979年版,第124页。
⑤ 布阿吉尔贝尔:《法国详情及补篇》,商务印书馆1981年版,第27页。
⑥ 布阿吉尔贝尔:《法国详情及补篇》,商务印书馆1981年版,第12页。
⑦ 布阿吉尔贝尔:《法国的辩护书》,商务印书馆1983年版,第17页。

费的破坏,使得土地的生产日益显著减少,而最通常的投资又总是以土地为对象的;在这样的情况下,他们宁愿牺牲利息,而不拿资本去冒险,于是便减少费用,这就给整个社会带来更大的灾难。结果一切事业的收入完全停止,而钱币本来是流通多少次就造成多少收入的,如今不再离开大钱包,从而它的正常流通也就完全停止;这样,就使国家处于瘫痪状态,尽管处于各种财物丰足富裕的环境中,却贫困不堪"①。这里他从消费不足和派生的投资不足来分析经济不振的原因,并且看到了货币窖藏对经济的危害。这种观点已经包含了有效需求决定国民收入的思想萌芽。他也许是第一个指出消费不足危害经济的经济学家,可能影响到以后法国的经济学家西斯蒙第,或许还有英国的马尔萨斯。

布阿吉尔贝尔还指出消费的减少会引起国民收入数倍的减少,由于消费减少,"那些过去土地租收入一千利弗尔的人,现在只有五百利弗尔,所以雇用的工人也就只有以前的一半,而工人们也一样,只能花一半的收入来向别人购买生活必需品。……一块土地上每年五百利弗尔的纯损失,使社会每年要损失三千利弗尔以上"②。

在布阿吉尔贝尔看来,为了解决消费不足问题,必须纠正不合理的赋税制度,实现收入分配的均等化。因为货币在富人手中的集中导致货币的窖藏,所以他主张把货币分散给穷人以增加消费。③ 他实际上已经领悟到穷人的消费倾向高于富人。他的这种收入分配均等化的主张在以后的霍布斯那里得到进一步的发挥。

布阿吉尔贝尔主张增加总消费的论点与英国同期一些经济学家主张节俭的观点鲜明对立。这反映了英法两国当时不同的经济状况。英国的储蓄大多可以转化为投资,故国民收入不会受有效需求不足之累,虽然总消费同样不高;而法国的储蓄大多难以转化为投资,而是形成窖藏,故国民收入深受有效需求不足之苦。之所以如此,重要原因之一是法国的税制。

布阿吉尔贝尔对于当时法国的税收制度提出了尖锐的批评。当时法国主要有三种税:达依税、间接税和关税。达依税从法国古代因袭下来,按人口和产出向平民征收,而贵族和僧侣免税,且税率多变不稳定,也没有确定的征收对象,"变化不定,完全任意配征而无固定的税则,只有一点固定不变,即愈穷者纳税愈重"④。他抨击道:"达依税的最大的混乱,从来根本不在于它的税额,而在

① 布阿吉尔贝尔:《法国详情及补篇》,商务印书馆 1981 年版,第 46 页。

② 布阿吉尔贝尔:《法国详情及补篇》,商务印书馆 1981 年版,第 4 页。

③ 布阿吉尔贝尔:《法国详情及补篇》,商务印书馆 1981 年版,第 49 页。

④ 布阿吉尔贝尔:《法国详情及补篇》,商务印书馆 1981 年版,第 12 页。《法国的辩护书》,商务印书馆 1983 年版,第 11 页。

于它的……不稳定的税率及其征收的方式。"①

当时法国的间接税过于严苛,妨碍了消费。其中一种重要的税种是酒税。过高的酒税破坏了酒的消费和生产,并引起一系列与酿酒有关的行业的衰败。他指出:"一切只对一种产品收的单一税,是对整个国家的致命打击,因为各种产品都是息息相关的。"②他认为繁多而沉重的间接税是导致法国破产的重要原因之一。当时法国的关税不仅存在于进出口商品中,而且存在于国内跨省流转的商品中,从而阻碍了商品的自然流通和贸易。③

布阿吉尔贝尔的结论是,消费不足的"原因在于达依税变化不定,完全任意配征而无固定的税则。……由于酒税、出口关税和国内通行税的征收"④。他猛烈抨击了当时法国盛行的包税制的危害,认为繁多的税种导致庞大但低效的税务机构,引起高昂的征税费用。而税务人员和包税人的中饱私囊更加重了人民的负担。⑤

布阿吉尔贝尔要求税收不能破坏生产和交换,"君主的捐税可以征收得极高,只要不因此而损害……农业和商业的发展就行了"⑥。他还要求实行公平原则,指出捐税上的特权是导致国家破产的根本原因。⑦ 认为"只要使道路上往来自由和捐税分派公平,那么在二十四小时内人民就可以富有起来"⑧。为此他建议一种类似于沃邦元帅所提出的税种单一的十一税,以简化税制,降低税率。⑨

此外,布阿吉尔贝尔在分析价值、价格、收入、阶级等问题时,也提出了一些有价值的见解和观点。

总之,布阿吉尔贝尔的经济研究为法国古典经济学奠定了一定的基础,从而使他成为法国古典经济学的创始人。

---

① 布阿吉尔贝尔:《法国详情及补篇》,商务印书馆 1981 年版,第 62 页。

② 布阿吉尔贝尔:《谷物论,论财富、货币和赋税的性质》,商务印书馆 1979 年版,第 128 页。

③ 布阿吉尔贝尔:《法国的辩护书》,商务印书馆 1983 年版,第 66 页。

④ 布阿吉尔贝尔:《法国详情及补篇》,商务印书馆 1981 年版,第 12—13 页。

⑤ 布阿吉尔贝尔:《法国的辩护书》,商务印书馆 1983 年版,第七章。

⑥ 布阿吉尔贝尔:《法国详情及补篇》,商务印书馆 1981 年版,第 53 页。

⑦ 布阿吉尔贝尔:《法国详情及补篇》,商务印书馆 1981 年版,第 56 页。《法国的辩护书》,商务印书馆 1983 年版,第 34 页。

⑧ 布阿吉尔贝尔:《法国详情及补篇》,商务印书馆 1981 年版,第 83 页。

⑨ ［美］小罗伯特·B.埃克伦德、罗伯特·F.赫伯特:《经济理论和方法史》,中国人民大学出版社 2001 年版,第 65—66 页。［美］亨利·威廉·斯皮格尔:《经济思想的成长》上,中国社会科学出版社 1999 年版,第 149—150 页。

二、金融家约翰·劳

集花花公子、赌王、数学家、金融学家和经济学家于一身的约翰·劳①（又译约翰·罗）（John Law，1671—1729），出生于苏格兰爱丁堡一个金匠家庭，20 岁去伦敦。因参与决斗致人死亡被判死刑，随后逃亡欧洲大陆，在法国、意大利、荷兰流亡考察多年，期间形成了他关于货币与银行的重要创新思想。他的主要论著是 1705 年出版的《论货币和贸易：为国家供应货币的建议》。此外还著有《关于货币的考察》、《论数字和商业》等书。

1715 年，法国路易十四去世之后，法国财政陷入破产境地。约翰·劳向法国的摄政王奥尔良·菲利浦公爵推出了自己的建议，受邀帮助恢复法国衰败的经济。他于 1716 年成立了一家按照其准则、以土地为担保的发行可兑换纸币的“通用银行”（两年后被改组为‘皇家银行’），以及以发展路易斯安娜这块当时的法国殖民地为目标的密西西比股份公司。银行和公司初期取得一定的成功，国家财政状况大大改善，整体商业形势也有改观，这使约翰·劳的威望大增，于 1720 年出任法国财政大臣。然而由于银行无法摆脱法国摄政王奥尔良·菲利浦的不良控制，违背约翰·劳的意愿过度发行约数十亿里弗尔纸币②，导致通货膨胀和对密西西比股份公司股票的过度投机。最后当投机狂潮停息，股票价格暴跌之后，银行于 1720 年因挤兑而倒闭。他也被解除一切职务，不得不离开法国，落魄于意大利威尼斯度过余生。

约翰·劳在《论货币与贸易：为国家供应货币的建议》中为“克服国家因极度缺乏货币所遇到的困难”③而展开分析提出建议。当时的苏格兰，货币稀缺，贸易不振，产业凋零，大众贫困。④ 他通过分析货币的性质、考察货币对贸易的影响，进而提出了通过发行纸币来增加货币的主张。

约翰·劳首先以水和钻石的价格为例，论证了以稀缺性为基础的兼顾供与

---

① ［美］亨利·威廉·斯皮格尔：《经济思想的成长》上，中国社会科学出版社 1999 年版，第 150—152 页。《新帕尔格雷夫经济学大辞典》第 3 卷，经济科学出版社 1996 年版，第 154—155 页。［英］马克·布劳格、保罗·斯特奇斯：《世界重要经济学家辞典》，经济科学出版社 1987 年版，第 370 页。

② ［瑞士］克洛德·库埃尼：《大赌局》，云南出版集团公司、云南人民出版社 2010 年版，第 308—310 页。也有不同的说法，认为他是默许摄政王的做法。见［英］约翰·米尔斯：《一种批判的经济学史》，商务印书馆 2005 年版，第 101 页。

③ ［英］约翰·罗：《论货币和贸易：兼向国家供应货币的建议》，商务印书馆 2007 年版，第 1 页。

④ ［英］约翰·罗：《论货币和贸易：兼向国家供应货币的建议》，商务印书馆 2007 年版，第 86 页。

求的主观价值论。① 他由此而成为边际效用价值论和供求价格论的先驱之一。水与钻石的例子由于被以后一系列经济学家所采用而出名。

约翰·劳从物物交换的困难入手,论证了货币的产生,并通过对白银特性的分析,说明货币为何由白银来充当,以及铸币产生的原因。② 他以供求价格论为基础,否定了洛克等人关于货币的价值是想象的观点,指出白银的价值一部分由其本身的使用价值决定,另一部分则由它充当货币降低了交易成本所造成,"白银被专门当作货币之后,增加了它的价值,因为作为货币它消除了物物交换的不利和不便之处,从而增加了对它的需求"。"白银之所以被当作货币,是因为它具有价值,具有其他商品所没有的适合于当作货币的诸特性,它被铸成硬币是为了使人们得到更多的方便"③。

约翰·劳论证了货币对于一国的贸易和就业,以及致富的重要意义,指出"随着货币的增加,物物交换的不利和不便之处被消除了。穷苦人和懒散人有了工作,更多的土地得到了耕种,产量不断增加,制造业和商业获得了发展,农民的生活有了改善"④。但是他反对重商主义禁止货币出口的主张,认为导致贸易逆差的原因是国内"过量的消费"⑤,而解决之道是减少对外国商品的消费,或征收进口税,或发展本国工业。⑥ 他以阿姆斯特丹银行和英格兰银行为例,说明了银行在增加一国货币量方面的作用,以及银行实行全额准备金和部分准备金对于货币数量的不同影响。⑦

为了解决货币短缺问题,约翰·劳根据自己对货币性质和价值的分析,以

---

①　[英]约翰·罗:《论货币和贸易:兼向国家供应货币的建议》,商务印书馆2007年版,第1—2页。

②　[英]约翰·罗:《论货币和贸易:兼向国家供应货币的建议》,商务印书馆2007年版,第一章。

③　[英]约翰·罗:《论货币和贸易:兼向国家供应货币的建议》,商务印书馆2007年版,第6页。

④　[英]约翰·罗:《论货币和贸易:兼向国家供应货币的建议》,商务印书馆2007年版,第7页。

⑤　[英]约翰·罗:《论货币和贸易:兼向国家供应货币的建议》,商务印书馆2007年版,第12页。

⑥　[英]约翰·罗:《论货币和贸易:兼向国家供应货币的建议》,商务印书馆2007年版,第17页。

⑦　[英]约翰·罗:《论货币和贸易:兼向国家供应货币的建议》,商务印书馆2007年版,第三章。

及他所观察到的银价持续下跌而地价稳步上涨的现象①,主张建立一个受到议会监督的纸币管理委员会,定期限量发行以土地为担保的纸币,并根据国家的情况增发或回收之,使其供求相等,保持币值稳定。如此发行的纸币,其优点在于价值固定,携带方便,不会外流。② 这种"纸币,其供给与需求将永远相等,因而人们将得到雇用,国家的经济状况将得到改善,制造业将得到发展,国内外贸易将得以进行,财富和实力将得到保持。既然这种货币不会被输出,人们也就不会无事可干,财富和实力的不稳定性也就较少"③。

约翰·劳所设想的纸币制度,是以其发行量受到议会控制为前提的,是遵循稳健原则的。但当他在法国实施时,纸币却由于专制者的贪欲而过度发行,从而导致银行因挤兑而破产。银行的破产从反面促成了重农主义的产生。

约翰·罗虽然事业失败,却是当之无愧的管理通货思想的首创者,纸币之父。他发现银行的功能不仅仅是利用别人的存款来放贷,而且可以创造货币(主要是纸币和信用)来放贷。他认为纸币可以用于国内的商品交换和债务支付,而金属货币则用于结算国际债务。他还从管理通货的思想出发,引申出了运用货币手段调控国家经济的政策主张。他的失败在于没有看到这种纸币制度需要一定的政治制度相匹配,才有可能在数量上受到一定的限制,以防止出现通货膨胀。这种管理通货的思想和建议在又经历了近两百年之后,由于维克赛尔等人的努力,终于成为现代银行的基本原则,而利用货币来调控经济也终于成为政府的常规做法。

约翰·劳虽然强调货币的重要性,重视纸币和信用,但他的思想与当时的重商主义思潮是格格不入的。他并没有像重商主义者那样认为货币就是财富,而是认为"国家的实力和财富,是由人口和国内外货物的储存量构成的"④。所以他并不专注于通过贸易顺差从外国获得金属货币,而是反对重商主义贸易顺差的政策主张的。

---

① [英]约翰·罗:《论货币和贸易:兼向国家供应货币的建议》,商务印书馆2007年版,第五、六章。

② [英]约翰·罗:《论货币和贸易:兼向国家供应货币的建议》,商务印书馆2007年版,第七章。

③ [英]约翰·罗:《论货币和贸易:兼向国家供应货币的建议》,商务印书馆2007年版,第74页。

④ [英]约翰·罗:《论货币和贸易:兼向国家供应货币的建议》,商务印书馆2007年版,第43页。

三、坎蒂隆的经济思想

理查德·坎蒂隆[①](Richard Cantillon,1697—1734),爱尔兰金融家和经济学家。1716 年,他从原籍爱尔兰迁居法国,从事银行的民众贸易业务,在短时期内,以其特有的才能使该业务十分兴旺。1719 年,坎蒂隆放弃了贸易业务,开设了一家普通的有限公司来经营银行业务,颇为成功,乃成巨富。同时他以极大的信誉加上和蔼的态度深得上流社会的欢迎,同许多社会名流过从甚密,从而在社交上也获得了很大的成功。正由于他在金融上和社交上获得了成功,却遭到了当时巴黎权势人物约翰·劳的妒忌和威迫,不得不承购其所发行的股票,后因股票涨价,反而赚得巨利。坎蒂隆为了逃避约翰·劳猜忌而迁居荷兰,后又移居伦敦。1734 年 5 月,坎蒂隆在伦敦寓所被其解雇的厨师所谋杀。[②] 据传他曾著有大量手稿,由于被害时房屋被焚而销毁,流传下来的著作只有《商业性质概论》一书。《商业性质概论》原稿大约于 1730—1734 年间写成,在作者死后曾以草稿形式流传多年,1755 年,由后人在英国以法文出版。杰文斯在 1881 年重新发现了这部著作,他以极大的热情查考了理查德·坎蒂隆的生平,向大家推荐此书并对之作出高度评价。从此,坎蒂隆在书中所阐述的经济思想也越来越多地受到人们的重视和赞赏。

坎蒂隆在《商业性质概论》中,论述问题的条理虽然不很清楚,有的资料也较零碎,但他基本上涉及了经济学的各个领域。埃里克·罗尔认为,该书是"《国富论》出版以前关于经济原理的最系统的著作"[③]。该书由三大部分三十五章构成。第一部分共十七章,论述了经济学的一般性理论,包括人类社会组成部分、社会分工与交换、价值理论、人口理论、地租理论等;第二部分共十章,论述了货币、交换和利息等;第三部分共八章,论述了对外贸易、外汇、银行和信用等。下面择要概述。

（一）产权的重要性

坎蒂隆认为,不管人类社会以何种方式组成,不管是游牧社会或是比较稳定的社会还是新社会,人类所居住的土地的所有权必将属于人类中较杰出的少

---

① 《新帕尔格雷夫经济学大辞典》第 1 卷,经济科学出版社 1996 年版,第 345—348 页。[英]马克·布劳格、保罗·斯特奇斯:《世界重要经济学家辞典》,经济科学出版社 1987 年版,第 95 页。

② 20 世纪 80 年代以来,也有人怀疑他的被杀是一场他为了摆脱经济纠纷而精心谋划的假象。见[美]史蒂文·普雷斯曼:《思想者的足迹:五十位重要的西方经济学家》,江苏人民出版社 2001 年版,第 23 页。

③ 埃里克·罗尔:《经济思想史》,商务印书馆 1981 年版,第 120—121 页。

数人,如家族的头领、君主、将军等等。① 即便土地"由君主平分给所有居民,它最终还是要被少数人所分享"②。因为每个人的后代人数不一样,每个人节俭和奢侈的习惯不一样。他强调了产权,尤其是土地的产权的重要性。如果土地不属于任何人,则人类社会的建立是不可想象的,因为土地是人依靠自身的劳动获得财富的"源泉",财富只是人类"维持生活、方便生活和使生活富裕的资料"③。人类社会的建立和发展,必须以掌握一定的财富为基础。因此,人类必须以各种方式主宰、使用土地,而社会的领袖人物为了防止人们争夺地盘发生冲突,便以自己特有的职权占有土地,成为土地所有者并把土地分配、出租,或雇用人来进行耕种。这种重视产权的思想使他有资格成为今天产权经济学的先驱。

(二)经济区位:农村和城镇的形成

坎蒂隆分析了村庄、集镇、城市和大城市的形成过程。为了便于对土地进行耕作,村庄便在被耕种的土地上建立了起来。村庄的大小则与耕种土地所需的人力,制作农具的工匠,居住在农村的土地所有者的家仆、客房人数成比例。④由于某些富人或权贵的关心,同样也是为了交换的需要,在几座村庄的中心出现了集镇,吸引了不少小业主和商人,集镇的大小与租地农场主、农业工人、工匠、小商人、仆人的数目成比例。⑤ 许多富有的地主生活在同一个地方,这种聚集构成了城市,它会吸引许多商人、工匠、面包师、屠夫等各种行业的人来为贵族服务,同样他们之间的人数也是有比例的。"全国最大的土地所有者住在首都;国王官邸和最高政府设在首都,政府的收入是在这里支出的;最高法院也设在首都……该国的所有土地都为供养住在首都的那些人或多或少地作出了贡献"⑥。这样,由村庄、集镇、城市、首都所组成的国家,便以土地所有者为主体而建立起来了。这种思想是现代经济区位理论的先驱。

(三)社会各阶级及其功能

一个国家必定有不同阶层的人口,他们之间的关系如何呢?坎蒂隆认为,土地所有者一般把土地出租给租地农场主,而租地农场主一般将土地产品的三分之二用以供养所有生活在农村的人以及一些住在城里的工匠或业主。业主

---

① 坎蒂隆:《商业性质概论》,商务印书馆1986年版,第3—4页。
② 坎蒂隆:《商业性质概论》,商务印书馆1986年版,第4页。
③ 坎蒂隆:《商业性质概论》,商务印书馆1986年版,第3页。
④ 坎蒂隆:《商业性质概论》,商务印书馆1986年版,第6页。
⑤ 坎蒂隆:《商业性质概论》,商务印书馆1986年版,第7页。
⑥ 坎蒂隆:《商业性质概论》,商务印书馆1986年版,第9页。

和商人则担负着商品的生产和流通的任务。由于不确定因素的存在,他们得冒一定的风险,同样,其利润也带有不确定性。正是这个不确定性使他得出了"除君主和土地所有者以外,一国中所有的居民都是不独立的"[①]这一结论;并将社会上一切从事活动的居民划分成"两个阶级:企业主和受雇者;所有企业主似乎都是靠不固定的工资为生的,而其他人在能得到工资的情况下则是靠固定工资为生的,尽管他们的工作和地位可能非常不同"[②]。他特别强调那些竭力谋取更多利润收入的租地农场主、工场企业主、各种商人在社会经济发展中的作用。他说,"在欧洲,货物和商品的流通和交换以及它们的生产"都是这些冒风险的企业主"来经营的"[③]。这种重视企业家的思想被后来法国经济学家萨伊所继承,对于企业家承受风险的功能的强调也与今天的企业家理论相接近。

关于社会各阶级的地位和作用,在坎蒂隆的心目中,最重要的还是土地所有者,这与他的地租理论密切相关。他指出,租地农场主因租用农场或土地而许诺向土地所有者交纳一笔固定的货币,由土地所有者支配,这就是地租。租地农场主通常取得土地产品的三分之二,其中一半用于补偿成本,供养帮工,另一半作为自己的经营利润。他还指出,租地农场主把剩下的三分之一作为地租交给土地所有者,而土地所有者"用这三分之一不仅往往供养了那些把土地产品从乡下运到城里的脚夫,而且供养了他在城里雇用的所有工匠和其他人"[④]。在他看来,土地所有者和租地农场主供养了社会中所有的人。他说:"经过一番溯本推源之后,我们总是发现,这些生活资料不是来自租地农场主保留的三分之二,就是来自剩给地主的那三分之一,总之是来自土地所有者的土地。"[⑤]他在分析了直接为土地所有者服务的人以后,又进一步分析了那些不直接为土地所有者工作的人。他认为这些人并不靠土地所有者的资本为生,那些舞蹈演员、画家、音乐家等更是靠国家供养。但不管怎样,他们赖以生存的生活资料还是土地的产品。最后,他提出:"在这样一种经济制度中,有权处置和支配地产资本的是土地所有者,是他们推动着整个经济,使之向最有利的方向发展。"[⑥]这种观点,反映了当时土地权力在英法两国社会经济生活中的巨大作用。

从坎蒂隆的这些论述中,不仅可以看到重农主义者划分阶级的影子,而且还可以看到亚当·斯密划分阶级的痕迹。

---

① 坎蒂隆:《商业性质概论》,商务印书馆1986年版,第27页。
② 坎蒂隆:《商业性质概论》,商务印书馆1986年版,第27页。
③ 坎蒂隆:《商业性质概论》,商务印书馆1986年版,第24页。
④ 坎蒂隆:《商业性质概论》,商务印书馆1986年版,第22页。
⑤ 坎蒂隆:《商业性质概论》,商务印书馆1986年版,第23页。
⑥ 坎蒂隆:《商业性质概论》,商务印书馆1986年版,第23页。

(四)关于分工、交换和价值、价格

在坎蒂隆看来,一个国家的所有阶级和个人都是依靠土地所有者维持生活和致富的,因此,土地的性质和土地所有者的"爱好、时尚和生活方式"决定了社会的分工和交换。① 如果土地只适于养羊,在当地则会出现许多牧羊人,如果土地适于种棉花,就会相应地出现纺织工等等,土地所有者需要别人为他们服务,又会出现仆人、面包师等各行各业的人。同样,前面所提到的不管是村庄、集镇、城市还是首都,各行各业的人数要有一定的比例,而这种比例最终也要受土地所有者人数和他们占有土地数量的制约。

社会分工必然产生交换,集镇的建立也是为了交换的需要,小业主和商人充当交换的中介人,"他们在市集购买附近村庄的产品,然后运到大市镇去卖。在大市镇,他们用这些产品交换铁、盐、糖和其他商品,再在集日卖给村民"②。

随着社会分工和交换的发展,必然产生价格、价值问题。坎蒂隆认为物品的价格或内在价值一般是以生产该物品所使用的土地和劳动为尺度的。③ 物品的相对价值是不同的,因为生产物品所占的土地和劳动之间的比例不同。他举了几个实际的例子来说明这一问题。"英国钟表所用的优质发条的售价通常使原料对劳动,或者说钢材对发条的比例为一比一百万,在这种情况下,劳动几乎构成了发条的全部价值"④。同样,塞纳河的河水是天然的,其价格为零,如果脚夫把水挑到岸上出售,也只能获得一个苏,这一个苏是脚夫劳动的尺度。

坎蒂隆在一定程度上已认识到了供求规律,区分了商品的内在价值和市场价格,看到了两者之间的差异所发挥的调节作用。他指出,物品的内在价值虽然同所使用的土地和劳动成比例,可是,"在现实中,价格却并不总是符合这个比例……如果某国农民所种植的谷物比以往多,大大超过了该年消费的需要量,虽然谷物的真实价值等于生产这些谷物所使用的土地和劳动,但由于谷物过于充裕,卖者多于买者,谷物的市场价格必将跌到它的内在价格或价值以下。如果相反,农民种植的谷物少于所需要的消费量,买者多于卖者,谷物的市场价格将上升到它的内在价值以上"⑤。但只要在物品的消费较稳定的社会中,市场价格不会过于偏离内在价值。总之,市场价格一般来说是由待售产品或商品的数量同买者的数量或需求量之间的比例所决定。他的这种思想后来在亚当·

---

① 坎蒂隆:《商业性质概论》,商务印书馆 1986 年版,第 29 页。
② 坎蒂隆:《商业性质概论》,商务印书馆 1986 年版,第 6 页。
③ 坎蒂隆:《商业性质概论》,商务印书馆 1986 年版,第 15 页。
④ 坎蒂隆:《商业性质概论》,商务印书馆 1986 年版,第 14 页。
⑤ 坎蒂隆:《商业性质概论》,商务印书馆 1986 年版,第 15 页。

斯密那里得到了进一步的发挥。

坎蒂隆已经看到产品市场与要素市场之间的一般均衡关系,认识到对于生产要素尤其是劳动要素的需求是一种派生需求,指出各行各业的人数也都必须同对他们的需求成比例。他举例说,如果一个城镇只需要四个裁缝,后来又增加了一个裁缝,那么这个裁缝就会抢走其他四个裁缝的一些主顾,这样,该镇缝制衣服的工作就在五个裁缝之间分配;于是,他们就都不会有足够的工作做,每个人的生活将比以前贫困。他得出结论:"工人、手工业者和其他靠劳动为生的人,必须使自己的数目同集镇和城市的就业状况以及对他们的需求相适应。"①而且,劳动者也会"自然"适应这种需求。"如果他们找不到工作,他们就会离开自己居住的村庄、集镇或城市,使留下来的人的数目同足以维持他们生活的就业机会相适应;如果工作不断增加,这里就将有钱可赚,就会有足够的人来到这里,以分享这种收入。"②

坎蒂隆分析了不同职业收入差异的原因,认为农夫的收入低于手工业者的原因是后者需要更多的训练和承担更大的风险和责任。③

(五)关于人口

坎蒂隆认为,在土地所能供养人口的限度内,"一个国家人口数量的增减主要取决于土地所有者的趣味、时尚和生活方式"④。如果他们愿意增加人口,则可以把土地用于此目的而提供给农民充裕的生活必需品。反之,如果他们不愿增加人口,就通过操纵产品的市场价格,驱使租地农场主把土地用于养育人口以外的其他目的,这样,人口的数目必将减少。"因此,看来很清楚,一个国家的居民人数取决于分配给他们的用来维持生活的资料。因为这种生活资料取决于耕种土地的方法,而这种方法又主要取决于土地所有者的趣味、兴致和生活方式,所以,人口的增减也是建立在这同一基础之上的"⑤。

坎蒂隆比马尔萨斯早半个多世纪就对人口作过近似的论述。他在《商业性质概论》中写道:"如果人类拥有无限的生活资料,他们就会像仓廪里的老鼠那样迅速地繁殖起来;居住在殖民地的英国人口,在三代之内增加的倍数将比他们在英格兰过上三十代还要多;因为在殖民地,在把当地的野蛮人赶走之后,他们发现了可以耕种的新土地。"⑥

---

① 坎蒂隆:《商业性质概论》,商务印书馆1986年版,第13页。
② 坎蒂隆:《商业性质概论》,商务印书馆1986年版,第13页。
③ 坎蒂隆:《商业性质概论》,商务印书馆1986年版,第10—12页。
④ 坎蒂隆:《商业性质概论》,商务印书馆1986年版,第32页。
⑤ 坎蒂隆:《商业性质概论》,商务印书馆1986年版,第40页。
⑥ 坎蒂隆:《商业性质概论》,商务印书馆1986年版,第40页。

（六）关于货币、利息和利率、银行

坎蒂隆感到用土地和劳动只能说明商品内在价值的决定，但不能表现为交换价值，而交换价值须以货币来表示。这说明他已经初步意识到商品相对价格与一般物价水平之间的区别。他说："货币和硬币可以在交换中确定各种物品的价值的比例，因而是判断土地和劳动之间的平价以及两者在不同国家的相互关系的最可靠尺度。"[①]因此，"对于人类来说，找到一种易于运输、不会腐烂、可按重量分割为不同部分，使其价值可等于不同的产品和商品，在生活中必不可少而且携带方便的物质，是绝对必要的"[②]。这里，他提出了充当货币材料所必须具备的一些特征。根据这些特性，金、银、铜是通常用来制造货币的三种材料。他认为，由于金、银价值大，适合进行大宗交易，铜则适宜进行小额买卖。因此，用金、银、铜作货币是由效用和需求决定的，并不是人们的一时冲动或共同的约定。[③]

坎蒂隆认为，货币本身是具有真实价值的。他在论述商品的内在价值时就已指出金属的内在价值同样是与生产金属的土地和劳动成比例的，其市场价值也根据需求状况，随同它们的充裕与稀缺程度有时高于、有时低于它们的内在价值。[④] 对于货币流通规律，他正确地认识到了市场上货币数量的多少和货币流通速度是成反比的。如果一国城乡之间每年进行一次支付，需要的全部货币为 1 万盎司白银，如果每半年支付一次，则需 5000 盎司白银，如果每季支付一次，则只需 2500 盎司白银。同时，他也了解到了货币作为支付手段与信用相结合，可以减少货币流通量。他指出如果两个商人之间的交易由于彼此之间的信任，而把商品按各自的市场价格记入账户，那年终所需支付的货币就是双方所欠的货币差额，甚至这个差额可以被转账到下一年而无须真正支付货币。所以商业信用使流通中真正货币的需求量大为减少。另外，银行券的运用也导致了货币流通速度的提高。

在货币流通量与商品价格之间的关系上，坎蒂隆进一步发展了前人已提出的货币数量论。他指出，洛克认为货币在交易中的增加将导致一切商品价格的昂贵这一观点尽管已被事实所证明，但洛克并未说明这一结果是怎样形成的。于是他就进一步阐述了这一结果的形成过程，指出一国中真实货币的增加将导致消费的相应增加，从而造成商品价格的上涨。他说："如果在一国发现了金矿

①　坎蒂隆：《商业性质概论》，商务印书馆 1986 年版，第 21 页。
②　坎蒂隆：《商业性质概论》，商务印书馆 1986 年版，第 55 页。
③　坎蒂隆：《商业性质概论》，商务印书馆 1986 年版，第 53 页。
④　坎蒂隆：《商业性质概论》，商务印书馆 1986 年版，第 47 页。

或银矿,并且从这些矿井中采取了大量矿石,这些矿井的所有者、企业主以及所有在这里工作的人,必将根据他们所得到的财富和利润,按一定比例增加开支。他们还将把超过开支所需的那部分货币借给他人使用,从而取得一定利息。所有这些货币,无论是贷出的还是支出的,都将进入流通。它们将在自己所进入的一切流通渠道提高产品和商品的价格。"①直接从开采金银矿增加收益和支出的人,自然会增加对酒、肉、羊毛等物品的消费,穿更好的衣服,把家庭布置得更漂亮些。这就使更多的工匠得到就业,增加支出和消费。随着对酒、肉、羊毛等需求的增加,这些物品的价格也就随之提高,这就会促使租地农场主在下一年更多地生产这些东西,以增加其收入和支出。② 这样,由于消费增加和物价高昂而遭受损害的,"首先是其出租契约仍然有效的土地所有者,其次是家庭仆役和一切工人,或靠工资维持家庭生活的固定工资收入者。所有这些人必须与新消费量成比例地减少开支,这就迫使他们之中的很多人迁居到别处另谋出路"③。而且,随着物价的上涨,"这就自然诱使人们去输入外国制造的大量制造品。这在无形之中将使国内的手工业者和制造商陷于崩溃"④。

总之,"当金、银矿得到的过度充盈的货币使该国居民人数减少,使留在国内的人们习惯于过度的开支,使土地和工人劳动的产品的价格被过度抬高,并因地主和矿主使用外国产品而使该国制造业陷于破产的时候,由金、银提供的货币必将流到国外以付清进口商品的价款"⑤。

坎蒂隆除了分析由采矿而增加货币量的后果外,还分析了由对外贸易顺差而增加货币的后果问题。他指出,"如果货币的增加是由外贸顺差造成的,那么,每年货币的这种增加将使该国的大批商人和业主富裕起来。并使为外国人提供商品的大批工匠和工人得到就业机会,而货币就是从输入这些商品的外国人那里得来的。这将逐渐增加这些工业居民的消费并提高土地和劳动的价格"⑥,并进而"使百物昂贵"⑦。

最后,坎蒂隆得出结论:"在一国流通的货币量的增加总要引起消费的增

---

① 坎蒂隆:《商业性质概论》,商务印书馆 1986 年版,第 76 页。

② 坎蒂隆:《商业性质概论》,商务印书馆 1986 年版,第 77 页。

③ 坎蒂隆:《商业性质概论》,商务印书馆 1986 年版,第 77—78 页。

④ A. E. 门罗:《早期经济思想——亚当·斯密以前的经济文献选集》,商务印书馆 1985 年版,第 229 页。

⑤ 坎蒂隆:《商业性质概论》,商务印书馆 1986 年版,第 78 页。

⑥ 坎蒂隆:《商业性质概论》,商务印书馆 1986 年版,第 79 页。

⑦ A. E. 门罗:《早期经济思想——亚当·斯密以前的经济文献选集》,商务印书馆 1985 年版,第 230 页。

加,总要使支出达到较高的水平。但是,这一新增加货币所导致的价格上涨并不会与货币数量成比例的,对所有的产品和商品发生同等的影响。"①在他看来,一个国家达到它金银财富的顶峰之后都将不可避免地陷入贫困。因此他建议,当一国货币充足时,立法者应试行各种办法使货币退出流通以预防物价过分高涨,并防止由奢侈造成的种种弊端。

坎蒂隆关于增加货币量将增加消费支出从而抬升一般价格水平的这些论述,在当时是卓越的,被后人称作货币增量的"坎蒂隆物价效应"。埃里克·罗尔称"这个论证一直是货币理论中一个重要方面的最完善的阐述"②。

关于利息,坎蒂隆指出,当人们手头有充足的货币,并有完全保证或有抵押时,便会把货币贷出去,"但他至少仍要冒借款者不守信用,或卷入各种法律纠纷和遭受损失的风险。因此,需要借钱的人起先必须以利润引诱放款者。这一利润必然同借款者的需要和放款者的担心与贪欲成比例。我以为这就是利息的来源。但它在各国经常性运用则似乎是以企业主从中所能得到的利润为基础的"③。这里,他已认识到利息只是利润的一部分。

至于利息率的高低,坎蒂隆认为它与一国货币的充裕和稀缺没有必然联系,货币的多寡只是关系到一般物价水平的高低。④ 利息率的高低首先是由借贷者的供求决定的。⑤ 当一国货币充裕是贷者造成时,那么增加贷者无疑会使利息率下降,反之,就会造成相反的结果。但这个原因并不是最重要的。他认为,造成一国利息高低最常见的原因主要是土地所有者或其他富人的开支多寡。如果他们开支庞大,则利息率会提高,因为他们的消费需要各行各业的企业主和劳动者提供,为此企业主就需借钱来进行扩大生产,这就将提高利率。相反,如果土地所有者生活节俭,开支较少,则企业主能靠自有资本不需要借款就能生产出供给土地所有者使用的消费品;或者新增货币主要流向进行储蓄和投资的企业家;这样,利息率将会下降。⑥ 利息率的降低意味着能得到利润的减少;另一个后果则是不高的利润能阻止其他没有资本的人靠借款挤入这些行业。关于新增货币数量由于分布不同而对于利率从而对于整个经济的这种不确定的影响,被现代经济学家称作货币增量分布的"坎蒂隆利率效应"。

另外还有些原因也促使利息率的上下波动。例如,战争不仅需要大量的军

---

① 坎蒂隆:《商业性质概论》,商务印书馆1986年版,第84页。
② 埃里克·罗尔:《经济思想史》,商务印书馆1981年版,第121页。
③ 坎蒂隆:《商业性质概论》,商务印书馆1986年版,第93—94页。
④ 坎蒂隆:《商业性质概论》,商务印书馆1986年版,第101页。
⑤ 坎蒂隆:《商业性质概论》,商务印书馆1986年版,第93页。
⑥ 坎蒂隆:《商业性质概论》,商务印书馆1986年版,第101页。

需品,而且还要冒较大的风险,故利息率会上升;持续的贸易顺差造成一国货币的充裕,企业主手头有钱不需借款,则导致利息率的下降。同时他还认为,通过法律来调节利息率是行不通的,因为借贷双方只服从竞争的力量。①

在目睹了约翰·劳银行的兴衰之后,坎蒂隆认为"城市里的银行,无论是国家的还是私人的,其极大的好处是加速货币流通",防止积贮。② 但是他认为小国的银行比大国的银行更加有助于加速货币流通,而大国的银行通过发行虚构的货币往往导致劳动和商品价格上涨,导致投机风潮,一旦丧失信誉,就会促使失调加剧。③ 他的结论是"只有白银才是流通的真正的中流砥柱"④。他的这番分析也许是对于银行所引起的泡沫现象的最早分析。他的结论从今天的眼光来看是过于保守的,但却是对约翰·劳银行兴衰的一个自然反映。现代银行的稳健发展还需要在理论上等待 100 多年。

(七)关于对外贸易

坎蒂隆在分析贸易时指出,"当一国在对外贸易中以少量的土地产品换取更多的产品",或"以劳动换取外国的土地产品",或以"产品连同劳动换取外国人更多的产品以及同等或更多的劳动"。他认为这三种情况,对该国都是"得利的"⑤。但如果一个国家"每年习惯于向国外输出大量土地产品来换取外国制成品,那就无利可获了"⑥。他的这个结论,是通过巴黎贵妇人所需的布鲁塞尔精细网织品与比利时的布拉邦特居民所需的法国香槟酒之间的交易而得出的。

坎蒂隆认为尽管比利时的精细网织品与法国的香槟酒在价值上都值 10 万盎司白银,通过汇票的方式,双方刚好抵消各自的款项。从理论上来说,两国所得的利益是一致的,但实际上并非如此。坎蒂隆列举了一系列的数字来加以说明:

	香槟酒(巴黎)	精细网织品(布拉邦特)
需土地(英亩)	4166.5	0.25
需人力(折合土地)		6000
需牲畜(折合土地)	2000	
合　计	6166.5	6000.25

① 坎蒂隆:《商业性质概论》,商务印书馆 1986 年版,第 103 页。
② 坎蒂隆:《商业性质概论》,商务印书馆 1986 年版,第 142 页。
③ 坎蒂隆:《商业性质概论》,商务印书馆 1986 年版,第 145－146 页。
④ 坎蒂隆:《商业性质概论》,商务印书馆 1986 年版,第 149 页。
⑤ 坎蒂隆:《商业性质概论》,商务印书馆 1986 年版,第 105 页。
⑥ 坎蒂隆:《商业性质概论》,商务印书馆 1986 年版,第 109 页。

从这个总和来说,巴黎所花费的土地只稍稍高于布拉邦特,两者基本上还是一致的。坎蒂隆认为问题在于香槟酒本身是人们的生活必需品,且是少用劳动加工的土地产品。而精细网织品都是奢侈制成品,所需的是多用人力劳动加工的产品。布拉邦特人喝了法国的香槟酒,可以节省大约 4000 英亩土地来生产其他消费品。总之,布拉邦特人"得到的是生活资料的增长,而拿出来的仅仅是不能给法国带来真正利益的一种奢侈品"①。因此,吃亏的是法国,得益的是比利时。

同理,输出一切制造业产品对一国是有利的,并且,输入的最好收益是铸币②,或是包含最少劳动的外国土地产品。从这里我们可以看出这与坎蒂隆重视土地所有权是相一致的。但其分析方法是完全错误的,与其价值理论也完全不一致。因为坎蒂隆认为物品的价格和内在的价值是生产该物品所使用的土地和劳动的尺度,那价格都为 10 万盎司白银的物品所花的土地和劳动应是相一致的。而他又认为实际并非如此,因此,其间存在着矛盾。

坎蒂隆认为,一个国家如要富裕、昌盛,在任何时候都应努力输入尽可能多的白银,"人们有了金银,任何时候都可以进口国内缺乏的东西"③。从这里,我们可以看出重商主义思潮对他的影响。但是另一方面,他也看到,货币通过顺差不断增加,会引起一国土地和劳动的昂贵,进而引起商品的价格高昂,从而失去竞争力;同时货币的增加也会使一国沉湎于奢华享受;"凡是依靠贸易兴起的国家,一定会在以后衰落下去"④。他实际上已经看到了顺差是不可能长期维持的,达到了与休谟相似的结论,但是奇怪的是他并没有像休谟那样根据这个结论去反对重商主义的政策。

坎蒂隆的某些分析曾被以后的重农主义者和亚当·斯密所利用。因此,英国经济学家杰文斯把坎蒂隆的著作"看作是'政治经济学的摇篮'"⑤。

四、达让逊的自由放任

达让逊(1694—1757)是介于布阿吉尔贝尔和法国重农主义之间的一个有影响的人物,出身贵族,担任过路易十五的外交大臣。在政治观点上他是一个共和主义者和联邦主义者。他的主要经济著作是《法国的过去和现在行政的考察》,大约写于 1737 年,他死后于 1764 年出版。在经济问题上他的主要观点是

---

① 坎蒂隆:《商业性质概论》,商务印书馆 1986 年版,第 108 页。
② 坎蒂隆:《商业性质概论》,商务印书馆 1986 年版,第 109 页。
③ 坎蒂隆:《商业性质概论》,商务印书馆 1986 年版,第 109 页。
④ 坎蒂隆:《商业性质概论》,商务印书馆 1986 年版,第 110 页。
⑤ 坎蒂隆:《商业性质概论》,商务印书馆 1986 年版,第 162 页。

强调经济自由,主张自由放任,即要求国内外贸易完全自由。他把"Laissez Faire"(任它做去)作为自己的信条,认为以个人利益为指导的自由行动的总和能导致具有和谐机制的经济社会。他把这一思想作为自由放任信条的基础。他把这个一般原则表达如下:"虽然功名心和利欲心是指导各个个人的行动的,但一个总的伟大的全体也是由此产生出来的,……这样的一个全体在国家管理之下,是永远产生不出来的。"①他把农业放在百业之首,断言幸福的生活是"在于普遍的良好的农业,在于不能从事耕作的那些居民的手工业,在于健全的国内商业"②。他把政府的经济职能规定为"优秀的法官,抑止独占,对于一切居民有同一的保护,价值不变的货币"③。显然他的这些观点在亚当·斯密那里得到了进一步的发挥。

第三节　18世纪中期德国的重商主义:官房经济学

18世纪中期,德国掀起了重商主义思潮,被称作官房经济学。官房经济学的本义是关于管理官产和王室私产的学问,即关于如何管理和增加政府财富的学问。后来,它又把公共行政、法律、技术、财务管理等包括进来,形成一个广泛的体系。因此,以官房经济学为表现形式的德国重商主义,与英、法等国的重商主义相比具有较大差异。

一、德国官房经济学的创始人之一尤斯蒂

尤斯蒂④(Johann Heimrich Gottlieb von Justi,1720—1771),出身于德国图林根一个税收检察官的家庭。他是德国官方经济学的创立人之一,是德国重商主义的重要代表。年轻时在德国大学学习法学。1750年开始在维也纳讲授"商业于公共经济学",1757年始进入官场,曾先后担任过警察局长等职,1765年被任命为普鲁士采矿、玻璃和钢铁厂监察官。后于1768年被控滥用公款而下狱,三年后去世。其主要著作:《国民经济:经济学与财政学的系统研究》(1755)、《警察科学原理》(1756)、《国家权力和福利的基础或公共经济学总论》(1760—1761)和《财政学体系》(1766)。

---

① 转引自卢森贝:《政治经济史》第1卷,三联书店1961年版,第二分册第152页。
② 转引自卢森贝:《政治经济史》第1卷,三联书店1961年版,第二分册第153页。
③ 转引自卢森贝:《政治经济史》第1卷,三联书店1961年版,第二分册第152页。
④ 《新帕尔格雷夫经济学大辞典》第2卷,经济科学出版社1996年版,第1115—1116页。[美]约瑟夫·熊彼特:《经济分析史》第1卷,商务印书馆1991年版,第258—262页。

尤斯蒂认为,经济学的首要原则是从政府的角度出发来考虑经济问题,是支持政府的活动,追求共同福利,实现福利国家的目标。他认为,只有国家富强,国民个人才能获得利益。追求公共幸福就能使国民个人得到幸福。他的学说的基本出发点就是要求国家干预经济,要对生活的精神条件和经济条件承担责任,要关心每个国民的就业和生计、生产方法和组织的改进,要对城市美化、火灾保险、教育卫生等承担责任。为此,政府要有全面规划。

尤斯蒂认为要发展国际贸易。对外贸易要使金银输入量超过输出量,这可以通过减少进口和增加出口来实现,良好的国家管理和计划是国家的致富之路。同时,他也认为工商业需要自由的安全,财产的安全和兴盛的产业是一国繁荣的重要因素。

尤斯蒂高度重视国家财政,提出了赋税六原则:(1)必须让人民有能力缴纳捐税。只有当纳税不至于影响到必需品的享用、不损及资本时,才能认为是有纳税能力。(2)赋税应完全按照公平合理的比例向人民征收,就是每个人应按照其所拥有的财产负担国家支出。(3)在募集捐税时使用的方法不得损害国家和人民的福利,不得损害公民自由。(4)应按照国家的性质和政府的体制来组织税务,以保证税收的公正无私。(5)一切捐税都必须明确数额。(6)应当用最简便的方式进行征收捐税,所花费用应减至最低点。他还认为,这六条基本原则每一条都同样必要,都不可省略。实际上他提出的赋税六原则同后来斯密提出的税收"四大原则"(公平、确实、便利、经济)已十分接近。

二、宗南费尔斯

宗南费尔斯[①](Joseph von Sonnenfels,1732—1817),生于奥匈帝国摩拉维亚尼科尔斯堡的一个犹太人家庭,后于 1749—1754 年间在维也纳大学攻读法律与文学,1763 年任维也纳大学财政学教授。同时作为公职人员,参与了当时许多的立法改革,其主要论著:《论英国人政治行动的新原则》(1764)、《治安、商业和财政学原理》(1765—1767)和《行动学导论》(1776)。

宗南费尔斯继承尤蒂斯的传统,强调政府在经济发展中的责任,要求政府对保障国民基本生活水平发挥积极作用;认为人口增长是好事,并要求人口中一定比例的人最好从事商业,主张劳动密集型工业和小土地所有制。

---

① 《新帕尔格雷夫经济学大辞典》第 4 卷,经济科学出版社 1996 年版,第 454 页。[英]马克·布劳格、保罗·斯特奇斯:《世界重要经济学家辞典》,经济科学出版社 1987 年版,第594 页。[美]约瑟夫·熊彼特:《经济分析史》第 1 卷,商务印书馆 1991 年版,第 260 页。

参考文献

[1][荷]伯纳德·曼德维尔:《蜜蜂的寓言》,中国社会科学出版社 2002 年版。

[2]范德林特:《货币万能》,商务印书馆 1990 年版。

[3]约翰·雷:《亚当·斯密传》,商务印书馆 1983 年版。

[4]《休谟经济论文选》,商务印书馆 1984 年版。

[5]《富兰克林经济论文选集》,商务印书馆 1989 年版。

[6]布阿吉尔贝尔:《谷物论,论财富、货币和赋税的性质》,商务印书馆 1979 年版。

[7]布阿吉尔贝尔:《法国详情及补篇》,商务印书馆 1981 年版。

[8]布阿吉尔贝尔:《法国的辩护书》,商务印书馆 1983 年版。

[9][英]约翰·罗:《论货币和贸易:兼向国家供应货币的建议》,商务印书馆 2007 年版。

[10][瑞士]克洛德·库埃尼:《大赌局》,云南出版集团公司、云南人民出版社 2010 年版。

[11]坎蒂隆:《商业性质概论》,商务印书馆 1986 年版。

第八章 法国重农主义与西班牙启蒙经济学

第一节 时代背景及理论体系的特点

重农主义①是 18 世纪中叶在法国产生的一种主张经济自由和重视农业的经济理论体系,是作为与重商主义相对立的思潮出现在经济思想史上的。"重农主义"一词的法文为 Le physiocratie,这个法文词是由"自然"(φνδ1s)和"权力"(κρλτos)两个希腊词合成的,含有人类社会受自然规律支配的意思。因此,按本来的意义说,重农主义就是关于自然权力的学说。由于重农主义者注意的中心是农业问题,所以人们为了突出这个学说的中心内容,干脆把它称为"重农主义"。自从亚当·斯密把"重农主义"和"重商主义"作为两种相对立的"富国裕民的政治经济学体系"②以后,"重农主义"这一术语就一直被人们所沿用。

重农主义在法国 18 世纪 50—70 年代盛行的时期(约从魁奈在狄德罗等人编撰的《百科全书》发表第一批经济学论文始,到 1777 年列特隆的书问世止),正是法国大革命的准备时期。从 17 世纪开始的封建制度的崩溃过程正在持续,社会经济状况进一步恶化。

首先是农业,在柯尔贝尔重商主义思想指导下的禁止谷物出口和压低谷物价格的政策,以及沉重的税收负担使农业生产遭到极大破坏,农民生活在水深火热之中。据统计学者莫洛·台·赵奈斯计算,农民收成的四分之一归领主,四分之一归僧侣,四分之一交捐税,最后四分之一才用来补偿生产费和维持生存。当时法国农民的生活是惊人的贫困,家里没有床和家具,有半年时间只能吃杂粮。

法国的工商业,起初虽有所发展,但由于农民贫困所引起的国内市场狭小,海外市场也由于殖民地相继丧失而日益缩小,所以发展也不景气。再加上国内币制不统一,各省之间税卡林立,旧式行会制度的束缚,沉重的税赋,这一切都

---

① 《新帕尔格雷夫经济学大辞典》第 3 卷,经济科学出版社 1996 年版,第 931—938 页。
② 亚当·斯密:《国民财富的性质和原因的研究》下卷,商务印书馆 1981 年版,第 1 页。

限制了工商业的发展,加剧了资产阶级与封建统治者之间的矛盾。工商业者为了摆脱困境,便加剧压榨工人,又引起工人的强烈不满。

18世纪初期,针对法国实行柯尔贝尔式的重商主义政策所导致的不良后果,布阿吉尔贝尔发出了强烈的抗议。但是这种抗议被路易十四所忽略,也没有被继任的路易十五所重视。相反,享有无限王权的路易十五推行了更加糟糕的内外政策。他使法国陷入耗尽国库的不必要的而且往往是失败的战争中去,导致海外殖民地的丧失;同时又推行严苛多变而不确定的税收制度以便为战争和臭名昭著的庞巴杜夫人的奢侈宫廷生活筹措资金,而这种沉重的税负基本上完全压在第三等级头上,尤其是占人口大多数的农民身上。因为拥有三分之二全国土地的贵族和僧侣都享受免税的特权。中央集权式的王权统治,使法国和英国相比,资本主义的发展要缓慢得多,社会矛盾也尖锐得多。

从整体上说,中央集权的王权统治,造成了18世纪法国农业的落后,工商业发展也受到严重阻碍,导致直接生产者极端贫困,国家财政连绵不断发生危机。农民对暴虐的王权统治的不满已达极点,全国各地不断发生农民起义和市民运动。宫廷的奢侈无度、专制跋扈,教会的腐败堕落、贪得无厌,也引起了正直知识分子的愤慨。这时的法国,已处在"山雨欲来风满楼"的大革命前夕。

反封建的政治斗争,首先在思想战线上反映出来。在对法国王权专制制度进行武器的批判之前,以孟德斯鸠(1689—1755)、伏尔泰(1694—1778)和狄德罗(1713—1784)等人为代表的启蒙思想家就锻铸了批判王权专制制度的锐利武器。这些进步思想家在18世纪的20年代至1789年爆发资产阶级革命期间,在法国掀起了具有重大历史意义的启蒙运动。在当时的历史条件下,这些启蒙思想家在动员革命群众、启发革命觉悟、推动革命运动方面,都起了不同程度的作用。他们的共同点就是用"理性"这个尺度来衡量一切,主张对一切进行无情的批判。这三位启蒙思想家虽然在开启民智方面发挥了重要作用,但他们的论著基本不涉及经济问题,故本书将不予介绍。与他们基本同一时期的另一位重要思想家卢梭则有所不同,他涉及今天我们所说的经济学领域,具有初步的重农主义倾向,故下面专门介绍之。

卢梭①(Jean-Jaques Rousseau,1712—1778),出生于日内瓦一个钟表匠家庭。作为16世纪法国新教难民的后代,他受到地道的法国教育,但同时日内瓦共和国的政治体制也对他日后的思想留下深刻印记。他虽然后来主要生活于法国,成为法国国王的臣民,但始终自称是日内瓦公民。1741年,他去了巴黎,从此基本定居在那里。在巴黎期间,他开始发表其一系列具有深远影响的重要

① 《新帕尔格雷夫经济学大辞典》第4卷,经济科学出版社1996年版,第242—243页。

论著：《论科学与艺术》(1751)、《论人类不平等的起源和基础》(1755)、《政治经济学》(1755)、《道德书信》(1757)、《新爱洛伊丝》又译《朱丽》(1761)、《社会契约论》(1762)、《爱弥尔》(1762)、《忏悔录》(1770)和《关于波兰政府的思考》(1771)等。

在《论人类不平等的起源和基础》中，卢梭探讨了人类不平等的起源，他首先指出人类存在两种不平等：一种是自然或生理上的不平等；另一种是伦理或政治上的不平等，即某些人专门享受且往往有损于他人的各种特权，如比他人更富有、更高贵、更有权势。① 他认为后一种人为造成的不平等会大大加深自然的不平等。② 因此他主要探讨后一种不平等的起源。

卢梭首先假设人类社会最初存在一种人人都一无所有的自然状态，其中不可能存在人为造成的不平等。③ 他认为人为不平等的起源是私有制，尤其是土地私有制。④ 那么为什么会出现私有制呢？他认为是技术进步，是冶金和农业这两种技艺引发的伟大变革。⑤ 这两种技艺的出现，使得人们在生产活动中必须进行合作，需要别人的帮助。同时个人可以生产出超过个人需要的产品，使得土地占有变得有利可图。从而平等就消失了，财产就产生了，劳动就变得必不可少了。⑥ 他继承了洛克和格劳秀斯的观点，用劳动来论证劳动产品的私有制及劳动手段的私有制。

在研究了私有制的起源之后，卢梭进一步探讨了私有制基础上人为不平等的产生及其后果。他认为土地等生产要素的稀缺和不同个人之间自然的不平等是主要原因。而人为不平等将导致道德沦丧和贫富之间的流血斗争。"当再没有牧场来容纳更多的牲畜、再无新的土地可供人们去垦殖的时候，一些人就只能靠损害他人来发展了。那些因软弱或懒惰而未能发财致富的人就成了多余的人，……日见穷困，于是就不得不从富人手中乞讨或抢夺生活必需品。于

---

① [法]让-雅克·卢梭：《论人类不平等的起源》，广西师范大学出版社 2002 年版，第 69 页。

② [法]让-雅克·卢梭：《论人类不平等的起源》，广西师范大学出版社 2002 年版，第 102 页。

③ [法]让-雅克·卢梭：《论人类不平等的起源》，广西师范大学出版社 2002 年版，第 103 页。

④ [法]让-雅克·卢梭：《论人类不平等的起源》，广西师范大学出版社 2002 年版，第 106 页。

⑤ [法]让-雅克·卢梭：《论人类不平等的起源》，广西师范大学出版社 2002 年版，第 114 页。

⑥ [法]让-雅克·卢梭：《论人类不平等的起源》，广西师范大学出版社 2002 年版，第 114 页。

是,根据富人和穷人各自不同的性格,开始产生支配和奴役,或者产生暴力和盗窃。富人这一方面刚刚尝到支配别人的甜头,马上就……要利用手中已有的奴隶来获取更多的奴隶,一心想征服和奴役邻人。……最强者把他们的势力当作占有他人财产的权利,而最不幸的人也把他们的贫困当作这种权利,……平等被打破了,接下来就是最可怕的混乱。富人们巧取豪夺,穷人们盗窃抢劫,……人就这样变得贪得无厌、野心勃勃、凶狠毒辣了。最强者的所有权与先占者的所有权之间不断爆发冲突,只有靠流血斗争来解决。"①

卢梭还进一步分析了不平等发展的三个阶段:"法律和财产所有权的确立是第一阶段,行政官职位的设立是第二阶段,第三阶段即最后阶段,就是合法权力向专制权力的转变。……第一阶段认可富与穷的分野,第二阶段认可强与弱的分野,第三阶段则认可奴隶主与奴隶的分野——这便是最大程度的不平等了,这个阶段是其他一切阶段的归宿,直到新的一轮变革彻底摧毁这个政府,或者恢复它的合法制度。"②这表明,他并不认为不平等完全由经济上的原因所导致,他看到了政治制度尤其是政治专制也是导致不平等的重要原因。

最后,卢梭一方面从实证角度总结了人类人为不平等的起源;另一方面从规范角度对这种不平等作出了价值判断,"为人为权利所认可的伦理上的不平等,只要它和生理上的不平等不相称,就违反了自然权利。……让一小撮人富可敌国,而让大众缺吃少穿,无论这种不平等是怎样定义的,显然都是违背自然法的"③。由此可知,他并不追求绝对平等,也并不否定人与人之间生理上客观存在的不平等,他只是要求消除生理上不平等和伦理上不平等的不相称。

通过对人类不平等起源的实证分析和价值判断,卢梭实际上是痛斥了私有制和以私有制为基础的人为不平等,虽然他没有明确提出公有制的主张(这也许是后人一般不认为他是社会主义者的主要原因),但是他的分析无疑为论证公有制提供了逻辑起点。由此导致以后一代又一代的社会主义者,认为实现人类平等的目标非公有制不可,从而把公有制作为最重要的目标(其实只是实现平等目标的手段)。虽然他在法国并非第一个把人类的不平等归因于私有制的人,但他是把这种观点广泛传播的第一人。

在《政治经济学》中,卢梭主要是从规范角度探讨了今天人们所说的如何进

① ［法］让-雅克·卢梭:《论人类不平等的起源》,广西师范大学出版社 2002 年版,第118—119 页。

② ［法］让-雅克·卢梭:《论人类不平等的起源》,广西师范大学出版社 2002 年版,第132 页。

③ ［法］让-雅克·卢梭:《论人类不平等的起源》,广西师范大学出版社 2002 年版,第138—139 页。

行公共管理的问题,同时初步表达了他的重农主义倾向。

关于政治经济学所涉及的内容,卢梭基本遵循 17 世纪初法国重商主义的主要代表人物蒙克来田的看法,认为它与只涉及家庭管理的家庭经济学不同,要涉及整个国家的治理,并且分析了两种管理的区别及产生区别的根源。[①] 从今天的学科分类来看,他所谓的政治经济学更接近公共管理学。然后,他又进一步把政治经济学区分为体现人民与首领利益一致的人民经济学和体现人民与首领利益相左的暴君经济学。

对于人民与首领利益一致的政治经济学,卢梭提出了几项规范性规则:第一,政府"凡事都要遵循公意。为了遵循公意,就必须了解公意,……把公意与个别意志严加区别"。[②] 第二,政府要通过公共教育培养公民尤其是官员的良德,"教育是国家最重要的一件大事"[③]。通过教育,"使道德蔚然成风,则个别意志与公意就完全一致了"[④]。第三,政府要关心公众的生活,满足公众的生活需要。[⑤] 为此,他认为政府一是要保护好财产权这个"公民所有的权利中的最神圣的权利"[⑥],尤其是要防范政府官员的侵犯。[⑦] 二是要"防止财富极端不平等的现象的出现"[⑧]。他认为这是"政府最重要的职责之一"[⑨]。

为了落实第三条规则,卢梭考虑了政府的财政问题,提出财政管理最重要的法则是"应当在防止需要的增加方面比在增加税收方面多花心思"[⑩]。即政府节约开支比增加收入更重要。为此,他数落了政府通常为增加税收而提出的一些似是而非的理由,如战争需要,在人民中间转移收入以收揽民心,等等。[⑪] 为了防止政府的横征暴敛,他强调"捐税的征收,只有得到人民或其代表的同意,才是合法的"[⑫]。在具体的税种设置、税率安排上,他表现出了重视农业、减轻农民税赋、增加农业生产的重农主义倾向;同时也提出了通过税收缩小贫富差距、

① [法]卢梭:《政治经济学》,商务印书馆 2013 年版,第 1—4 页。
② [法]卢梭:《政治经济学》,商务印书馆 2013 年版,第 11 页。
③ [法]卢梭:《政治经济学》,商务印书馆 2013 年版,第 30 页。
④ [法]卢梭:《政治经济学》,商务印书馆 2013 年版,第 17 页。
⑤ [法]卢梭:《政治经济学》,商务印书馆 2013 年版,第 31 页。
⑥ [法]卢梭:《政治经济学》,商务印书馆 2013 年版,第 32 页。
⑦ [法]卢梭:《政治经济学》,商务印书馆 2013 年版,第 34—35 页。
⑧ [法]卢梭:《政治经济学》,商务印书馆 2013 年版,第 26 页。
⑨ [法]卢梭:《政治经济学》,商务印书馆 2013 年版,第 26 页。
⑩ [法]卢梭:《政治经济学》,商务印书馆 2013 年版,第 26 页。
⑪ [法]卢梭:《政治经济学》,商务印书馆 2013 年版,第 38—40 页。
⑫ [法]卢梭:《政治经济学》,商务印书馆 2013 年版,第 41 页。

遏制奢侈消费的主张。①

卢梭在上述两本书中所表现出来的经济思想,虽然远远超出了简单的重农主义观念,对他身后的社会主义思潮产生了巨大的影响。但他表达的重农主义观念肯定反映了他那个时代有识之士的一些共同看法,表现了重农主义学派形成时期的一般观念氛围。遗憾的是现在还无法确定以魁奈为代表的重农学派是否直接受到过卢梭的影响。

以魁奈为首的法国重农主义者的经济理论体系,就是在这些启蒙思想家的影响下形成并作为法国大革命准备时期的整个启蒙运动的一个经济分支而出现的。

法国重农主义经济理论体系的形成,还和法国在 17—18 世纪推行重商主义政策屡遭惨败的深刻教训有关。路易十四国王在 1665—1683 年推行柯尔培尔的重商主义政策,用牺牲农业的办法来发展工业和对外贸易,结果导致了国民经济的崩溃。继路易十四而统治法国的摄政王奥尔良·菲利普为挽救法国的财政经济危机,于 1718—1720 年,又根据约翰·劳的设想,开办发行纸币的银行。结果银行在摄政王的控制下过度发行纸币,引发通货膨胀、纸币贬值。银行最终因挤兑而彻底破产,从而进一步加深了法国财政经济状况的恶化。

柯尔培尔主义和约翰·劳纸币制度惨败的事实,给人们提供了一个极为深刻的教训:不在生产领域中打好基础,妄想单从流通领域内寻找致富之道,那是徒劳无功的。这就从反面促使了重农主义的产生。

此外,重农主义经济理论体系的产生和形成,不仅受到了布阿吉尔贝尔、坎蒂隆、沃邦元帅②和达让逊侯爵等人的影响,而且还在一定程度上受到古希腊和中国古代思想家的一些影响。③

总之,重农主义经济理论体系是在 18 世纪法国的经济、政治和思想发展的条件下,并在其先驱者的思想观点影响下产生和形成的。重农主义者虽然是法国大革命准备时期启蒙运动的一个分支,在经济这个领域内启发了资产阶级的头脑,但他们与别的激进启蒙思想家不同,并不想通过革命来推翻封建统治,而是企图保存封建统治的形式和实现资本主义的内容,借助于自上而下的改革来

---

① [法]卢梭:《政治经济学》,商务印书馆 2013 年版,第 41—51 页。

② 沃邦(1633—1707),法国元帅、军事工程师,同时又是一位经济学家。他于 1707 年匿名发表了《王国什一税概论》,反对重商主义。他认为"真正的财富"是充裕的商品,而不是金银的积累,农业是最重要的经济部门。

③ 关于重农学派与中国古代思想的关系,可见谈敏:《法国重农学派学说的中国渊源》,上海人民出版社 1992 年。该书详尽考证和论证了中国古代思想对于法国重农学派学说的重要影响。

避免革命大风暴。这就决定了重农主义经济理论体系的特点。

重农主义的意图是想在中央集权式的王权统治的框架下建立一个新兴的资本主义社会。于是,他们反映资产阶级利益和要求的理论观点,带有浓厚的封建外观。每当他们代表新兴资产阶级提出要求时,总把他们自己说成是王权统治阶级的代言人,好像他们是在诚心诚意地维护和巩固旧制度。在当时资产阶级与封建贵族的斗争中,他们并没有感到自己是站在资产阶级一边的。他们有一种幻觉,仿佛他们所鼓吹的不是一个与现存社会相对立的新的社会制度,他们误认为自己所要求的只是对旧制度的一种改良。这就使他们的学说体系不可避免地具有旧制度的外观。重农主义者的理论观点和政策主张,甚至能够为封建贵族的代表人物所接受,同时又引起革命的启蒙思想家们的反感。

重农主义经济理论体系虽然带有旧制度的外观,但它的实质是资产阶级的。以魁奈为首的法国重农主义者,可以称作是自由主义的先驱。他们所憧憬的实际上是资本主义社会。在这个社会里,产业资本的代表——租地农场主阶级指导着全部经济运动,农业是按资本主义方式经营的;土地的直接耕作者是雇佣工人;生产的结果就是为了被称作纯产品的剩余,而这种剩余的生产是在生产领域,不是在流通领域。

第二节　重农主义经济理论体系的创建者: 弗朗斯瓦·魁奈

一、魁奈的生平和主要经济著作

弗朗斯瓦·魁奈①(Francois Quesnay,1694—1774),一位医生,同时,他又是重农学派的领袖和重农主义经济理论体系的创建者,法国古典经济学的主要代表人物。他在 1694 年 6 月 4 日出生于巴黎近郊塞纳瓦兹的梅里村一个小商人家庭。他父亲尼古拉斯是个小商人兼地主。他的家庭经济情况虽不很困难,但因兄弟姐妹很多(据说兄弟姐妹 13 人,他排行第八),因此他未能受到很好的学校教育。但他有强烈的学习要求,自学成才。13 岁时父亲去世,对医学感兴趣的魁奈成为一名外科医生的学徒。16 岁开始,到巴黎正式开始学习医学,在大学里学习医学、化学、植物学、数学、哲学等。同时在附近行医。24 岁时回家

---

① 《新帕尔格雷夫经济学大辞典》第 4 卷,经济科学出版社 1996 年版,第 23—31 页。[英]马克·布劳格、保罗·斯特奇斯:《世界重要经济学家辞典》,经济科学出版社 1987 年版,第 517 页。

乡行医,逐渐成名,成为一个小有名气的外科医生。

在 18 世纪 20—30 年代,魁奈写过一篇关于放血的医学论文,当了外科医学院的秘书长及院刊的编辑,作为外科医生在放血技术方面享有盛誉。40 年代成为维耶瓦公爵的内科医生,并因此结识法国国王路易十五(1710—1774)的宠姬情妇庞巴杜侯爵夫人,1749 年魁奈 55 岁时,被任命为庞巴杜侯爵夫人的侍医,住进凡尔赛宫。1752 年,因治愈王太子的痘疮有功,又被任命为路易十五的侍医。由于他医学上的成绩和治好国王和王太子疾病的功劳,由国王赐封为贵族,进而被任命为路易十五的侍医,最后成为首席御医。

魁奈虽然没有接受过系统教育,但他喜欢结识当时的许多启蒙思想家,受他们影响很多。移居凡尔赛宫后,他经常和当时法国思想界的名流聚会、交谈,这就使他有更多的机会了解当时法国的经济政治情况。当时他经常聚会的哲学家、思想家有狄德罗、达兰贝尔、布丰、爱尔维修、孔狄亚克等;经常交谈的经济学家有维克多·里凯蒂·米拉波侯爵、皮埃尔·塞缪尔·杜邦·德·内穆尔、比埃尔-保罗·梅西耶·德·拉·里维埃、纪尧姆·弗朗索瓦·勒·特罗斯内、尼古拉·勃多(Nicolas Baudeau)神父、杜尔哥等。亚当·斯密在欧洲大陆旅行时,也曾和他会晤、交谈过。由于法国推行重商主义政策和信用货币制度的失败,当时法国经济问题十分严重,财政陷于绝境,人民生活极端困苦,全社会都开始关心谷物和赋税问题。这一切自然就成为人们谈论的中心。正如伏尔泰在 1750 年所说:“全国总算谈厌了诗文、喜剧、悲剧、小说、道德观念、神学等问题,而终于讨论面包问题了。”①魁奈就是在这种情况下开始研究经济问题的。

由于魁奈能出入凡尔赛宫,又出身农村,对法国上下的政治经济状况都比较熟悉。1750 年魁奈遇到了古尔内,从此兴趣从医学转到了经济学上来,开始研究经济问题,尤其是农业问题。大约在 1755 年到 1756 年之间,即在他 60 岁左右的时候。他已作为经济学家进行活动,开始撰写有关经济问题的论文,并创立了重农学派。1768 年重农学派的思想和政治影响开始衰落,他也因此广受非议。此后,他转向几何研究度过余生。

魁奈从医学、哲学和自然科学的研究转向研究经济学时,同当时大多数人的想法一样,认为法国经济问题的严重,主要是由于农业的衰退,因此,要增进国民财富,使人民富裕起来,最重要的是振兴农业。

1736 年,魁奈发表了他的第一部重要著作《动物经济论》,曾从医学的角度涉及经济问题。1750 年和 1751 年,魁奈出版了他最后一部医学著作并成为法

---

① 转引自卢森贝:《政治经济学史》上册,三联书店 1961 年版,第 102 页。

国科学院和英国皇家学会的会员。

1756 年,在狄德罗主编的《百科全书》第 6 卷上,魁奈发表了他的第一篇经济论文《租地农场主论》。论文指出,法国农村的衰落是谷物价格低、课税多、人口外流造成的。他用很多具体数字说明全国土地耕种状况,并指出马耕比牛耕经营规模更大,小农场不可能采取最有效率的生产方式,显示出他对租地农场主经营的大农场的推崇。在《租地农场主论》中,魁奈概述了资本、纯产品和再生产的概念,这些成为后来《经济表》分析的核心概念。1757 年,魁奈在《百科全书》第 7 卷上发表了《谷物论》,提出了"纯产品"的概念,以及其他重要的经济观点。接着又发表了《人口论》和《赋税论》,提出了财富优先于人口增长的观点和土地单一税的观点,并深入论述了纯产品学说。1758 年,发表了代表作《经济表》第一版并献给了国王。1759 年,又完成了经济表的第二版、第三版《经济表的说明》。1763 年的《农业哲学》以概要的形式提出了一个较为简单的经济表版本。1766 年,魁奈在《农业杂志》上发表了《经济表的算术形式的分析》,经济表的图式完全被重写了,包括对资本的各个组成部分的简要描述、一个纯产品的简洁定义以及对下一年经济再生产能够进行的必要条件的清楚分析。1766 年的《第一经济问题》、1767 年的《第二经济问题》等论文进一步对"经济表"作了说明、修改和发展,先后共有 11 个版本、46 个表之多,分为原表、略表、图式三类,还根据某些经济因素是否变动分为规范模式和变动模式。魁奈用 1766 年的《经济表》研究谷物的自由贸易等各种政策措施、各种税收形式和地主的不同消费模式。①

此外,魁奈还分别于 1758 年发表《人口论》、《赋税论》,1763 发表《农业哲学》,1765 年发表《自然权利》,1766 年发表《关于货币利息的考察》、《论商业》,1767 年发表《中国的专制制度》、《农业国经济统治的一般准则》,这篇文章曾引起人们推测中国人对重农学派的影响(例如 L. A. 马弗里克以此为题写过一篇文章,载于 1938 年 2 月份《经济杂志》的增刊《经济史》)。②

魁奈的经济学著作可以分为两组:1756—1760 年的作品和 1763—1768 年的作品。在第一时期,魁奈主要是通过为狄德罗的《百科全书》撰写的文章来表述其经济思想,这是重农学派的形成时期(《经济表》的早期"之"字形形式也属于这一时期);第二个时期开始于《农村哲学》,作品开始以文章的形式发表于《农业杂志》和《国民历书》这两种处于重农学派控制之下的期刊。③

---

① [意]瓦吉、[澳]格伦尼维根:《简明经济思想史》,长春出版社 2009 年版,第 58 页。
② 奥古斯特·翁肯编辑的《经济与哲学文集》,前面附有一篇引言(1886),全面论述了魁奈的经济思想、方法和观点。
③ 1979 年商务印书馆出版的《魁奈经济著作选集》,共选载了魁奈的 20 篇经济论著。

　　魁奈在他的一系列经济论著中,系统地阐述了重农主义的经济理论体系。据说,如果不是因为他早死于 1774 年,亚当·斯密两年后(1776)出版的《国富论》原来是打算献给他的。

二、研究方法:自然秩序、辩证思维、实证分析、抽象方法

　　自然秩序理论是魁奈考察经济问题时的社会观和方法论。重农主义的经济理论体系就是建立在他的自然秩序理论基础之上的。重农学派的重要成员杜邦·德·奈穆尔在给重农主义下定义时,曾明确宣称:"重农主义就是关于自然秩序的学说。"①

　　魁奈深受笛卡儿思想的影响,深受法国哲学家马勒伯朗士(Malebranche,1638—1715)《真理的探求》一书的影响,他关于世界的看法与被后者修订过的笛卡儿理性主义观点是一样的。在他看来,人类社会和自然界一样,也存在着不以人们意志为转移的客观规律,即自然秩序。自然秩序决定了社会的基本规律。而自然秩序和基本规律都不是人所决定的,"人根本不是能以调节自然现象和人类劳动(人类劳动和自然的力量一起促进人们所需要的财富的再生产)的这些规则的创造者"②。他认为,人类社会和自然界一样,都存在一种由上帝安排的,合乎理性的,不以人的意志为转移的"自然秩序"。他们都遵循自然规律,并且经过深刻的分析都可以理解的,人们制定的各种规则应与自然规律相一致,人类对于自然法的服从应该像生物对于自然界的服从一样。人必须遵守自然秩序所决定的基本规律,"国民明显的应该接受构成最完善的管理的自然秩序一般规律的指导"③。他强调,"只有依靠自己的智慧和相互联合,同时遵守这些自然规律,人们才能够获得他们所必需的丰富的财富"④。而"违反自然法,是使人遭受不幸的,实际罪恶的最普通,也是最一般的原因"⑤。他进一步认为国家关于对经济带来的危害是由于不了解自然秩序,"成为种种不幸的泉源的统制精神,使人类走向荒芜的境地,但是这些不幸的根源,最初大半并不是由于利欲,……相反的,不幸的最大部分,是由于不知道世界是怎样在变动的"⑥。

　　魁奈认为只有理性才能把握规律,并通过理性运用规律来指导行动。他在《自然权利》中写道:"为了认识时间和空间的规律性,控制航海,保证贸易,必须

---

①　转引自季陶达:《重农主义》,商务印书馆 1968 年版,第 33 页。
②　《魁奈经济著作选集》,商务印书馆 1981 年版,第 401 页。
③　《魁奈经济著作选集》,商务印书馆 1981 年版,第 332 页。
④　《魁奈经济著作选集》,商务印书馆 1981 年版,第 401—402 页。
⑤　《魁奈经济著作选集》,商务印书馆 1981 年版,第 298 页。
⑥　《魁奈经济著作选集》,商务印书馆 1981 年版,第 287 页。

正确地观察计算天体运动的规律。同样地,为认识结合成社会的人的自然权利的范围,必须尽可能以作为最好统治基础的自然法则为依据。这个人们必须服从的统治,对于结合成社会的人说,是最有利的自然秩序,同时也是实定法的秩序。"①又说:"对于人最有利的自然秩序,对于其他动物说,并不一定也是最有利的;但是人有着把自己的命运尽可能地安排更好一些的无限制的权利。这种优越性是根源于人类的理性,而理性又来源于自然秩序。因为人的这种优越性,受之于自然创造的神;神在形成宇宙的秩序中,由制定各种规律来作出这些决定。"②这里,他把自然秩序看做是不以人们意志为转移的客观规律,同时又给自然秩序披上宗教的外衣,认为自然秩序是上帝为了人类的幸福而安排的秩序,是神的意志的体现。这表明他在哲学本体论方面是一个客观唯心主义者。当然他的客观唯心主义在当时的特定环境下,具有一定的进步意义,是他关于自然秩序观点和主张经济自由主义反对政府干预的理论依据之一。同时他又认为,自然秩序的力量并非无比强大,不良统治和某些强有力的社会集团可以阻碍和改变规律的作用,从而导致社会的不良后果。这就需要人们去发现和了解自然秩序,而他就负有这方面的职责。因此,社会科学也和自然科学一样采用同一种方法,即从观察现象出发,通过理性分析发现事物内在联系的必然性,最终达到寻找自然秩序的目的。人们应服从自然法则和实在法则,其中自然法则又可以包括物理的法则和道德的法则。

魁奈认为政治经济学的任务就是阐明自然规律,使人为秩序符合自然秩序,唯一途径就是废除政府对经济生活的干预,实行经济自由。有一次,法国皇太子向他抱怨做国王的艰难。他说:"我认为当国王不是如此艰难。"皇太子问:"如果你当国王你会怎么做?"他答道:"不需要做任何事情。"当被问及谁将统治这个国家时,他神秘地回答道:"规律。"他的意思是指自然规律。③

魁奈按照医生检查人体的方法,把社会上实际存在的秩序分为两类:健康状态和疾病状态。他认为,如果人类认识到"自然秩序",并使"实际秩序"适应"自然秩序",即根据"自然秩序"的准则来制定"实际秩序",如组织政府和制定各种政策措施,那么这个社会就处于健康状态,人类就得到最大幸福;相反,如果违反"自然秩序",那么社会就会陷于疾病状态,人类就会遭到最大不幸。

魁奈说:"结合成社会的人们,应该服从自然法则和实在法则。自然法则可以是物体的,也可以是道德的。这里所说的物体规律,可以理解为明显地从对

---

① 《魁奈经济著作选集》,商务印书馆1981年版,第304页。

② 《魁奈经济著作选集》,商务印书馆1981年版,第304页。

③ [美]斯坦利·L.布鲁:《经济思想史》,焦国华、韩红译,机械工业出版社2003年版,第30页。

人类最有利的自然秩序所产生的一切实际事件的运行规则。这里所说的道德规律，则可以理解为明显地适应对人类最有利的实际秩序的道德秩序所产生的一切人类行为的规律。上面两个规律结合在一起，就是所谓自然法则。所有的人，以及一切人类的权利，都必须遵守这个由神所制定的最高规律……因为实在法，很明白的不过是对人类最有利的，有关自然秩序的管理的规律。所谓实在法则，是最高权力所制定的公正的规律，目的在于规定行政和统治秩序，保证社会的防卫，认真地遵守自然法，改善和维持存在于国民中的风俗习惯，根据各种情况调整国民个人的权利，在由于舆论和看法不同对于某些情况发生疑问时决定实在的秩序，以及确立起分配的正义。"①

魁奈与黑格尔有相似之处，一方面是客观唯心主义者，另一方面又有着辩证法的观念。这也许与他对医学和生物学的研究有关。从辩证的观念出发，他注重事物之间的联系，并在一定程度上把握了对立统一法则。他谈道："一切的事物，只有由种种关系的相互联结而在自然中活动。有人说种种的要素都处在相互斗争的状态中，但同时相反地，它们相互支持，相互促进。每一要素都想取得优越的地位，并且给它的对立物以抗衡与活泼的反应力量。凝聚力量和活动是斗争与对立的结果，自然的作品的再生和持续，是自然的伟大力量的凝聚和集中的结果。"②当然他的辩证法更注重的是各种事物的相互联系，而非发展。这种注重各种事物的相互联系的辩证法观念可能就是他提出经济表的方法论基础。按照这种关注相互联系的方法，他认为要认识支配人类经济活动的规律，就必须掌握人类全部经济活动的具体情况，并加以解剖分析。他总是在大量的具体材料的基础上分析各个构成部分，然后说明各个部分之间的相互关系，阐明事物发展的必然过程，推论情况变动的规律性，从而给经济学提出了认识客观经济规律的任务。他把经济学看作是一门研究"社会制度的基础的伟大学科"③。重农学派的重要成员杜邦·德·奈穆尔在魁奈的《自然权利》的序言中指出：经济科学的基本任务，首先是对"自然的法则的认识"④。

在重农主义之前，经济学家一般更多的是针对当下的经济问题提供对策，力求告诉统治者应当怎么做，很少对经济活动本身的运行机理或自然秩序进行探索，基本上属于规范性分析。而以客观唯心主义为基础的"自然秩序"观念在魁奈那儿起到了积极作用。既然经济生活不是由人的主观随意决定的，而是由自然秩序所规定的，那么经济学家就应当去分析、了解这个自然秩序；同时国家

①　[法]魁奈：《魁奈经济著作选集》，吴斐丹、张草纫译，商务印书馆1979年版，第304页。
②　《魁奈经济著作选集》，商务印书馆1981年版，第244页。
③　《魁奈经济著作选集》，商务印书馆1981年版，第404页。
④　《魁奈经济著作选集》，商务印书馆1981年版，第289页注1。

也就应当停止那种错误的不必要的干预。他宣布:"经济学的目标,在于通过研究保证人类社会能使支出再生和持续的自然规律,以使支出达到可能的最大的再生产。"①这就规定了经济学的研究对象是"自然规律",而目的是达到收入的最大化。对经济学研究对象和目的的这种表述,迄今仍为西方经济学家所接受。

从此以后,经济学不再是一门单纯研究经济对策的学问,而是开始成为一门以分析经济生活内在客观规律为主的学问了。当然这一进程从配第和布阿吉尔贝尔就已经开始,但魁奈"自然秩序"的观念为客观经济现象的分析提供了理论根据。魁奈提出要通过理性来探讨支配经济生活的客观规律,探讨自然秩序,这无疑给后来经济学的发展指出了方向,一种实证分析的方向。从那以后,经济学日益变成了一门以揭示分析经济运行机制为主,并以此为基础再推演出政策主张的实证科学。同时,经济学研究的重心也从流通领域转移到了生产领域,而在当时法国的条件下,也就是转移到了农业生产领域。这一转移,是魁奈在经济学说史上的伟大贡献之一。自然秩序的观念,使他明确了经济学的研究对象和目的,而了解自然秩序的动机,则是他作出经济表这一天才发现的原因之一。可见,自然秩序观念对于日后经济学的发展是影响巨大而且深远的。

魁奈的自然秩序,实际上就是资本主义私有制。他谈到"必须保证不动产和动产正当所有者的所有权;因为所有权的安全是社会经济秩序的主要基础"②。他进而谈到了私有制的有益之处,并反对公有制。他说:"假如土地不属于土地所有者而是归公共所有,那末土地就会荒废,因为假如他们对这种劳动所产生的盈利得不到保证,那末谁也不愿意为土地质量的改善或保持而预付。"③作为资本主义生产方式的赞助人,他批评"封建政治……所考虑的只是土地所有权。……另外方面,为耕种所必要的、唯一能使土地获得生产力的动产所有权的保障,就注意得非常少"④。从这段话可以看出,他抓住了封建社会私有制的要害,并对此提出了批评。他认为不仅要保护土地私有制,而且要保护一切动产尤其是资本的私有制。他实际上是把资本主义私有财产制度看作是不以人的意志为转移的经济秩序。

在研究自然秩序的过程中,抽象方法有着重要作用。对此,魁奈谈道:"在这些各种各样的活动的不可避免的接触中,只有依靠抽象的概念才能对这些对象加以考察、分析和研究。这些概念除了抽象地用分析的方法以外,在这一团混乱现象中对自然界的东西什么也不能确定、移动,什么也不能包括。……只

① 《魁奈经济著作选集》,商务印书馆1981年版,第245页。
② 《魁奈经济著作选集》,商务印书馆1981年版,第333页。
③ 《魁奈经济著作选集》,商务印书馆1981年版,第412页。
④ 《魁奈经济著作选集》,商务印书馆1981年版,第322页。

有依靠这种抽象作用,才能够研究和评价社会制度中的这些不同阶级的人们和工作的相互关系,为他们定下最适合于他们的作用和表达得最确切的名称……"①为了在错综复杂的关系中把握主要关系,抽象法是必不可少的。为了追寻自然秩序,他首先抽象掉了政府干预这一因素,"总之,要考虑到互相适应和互相促进的一切方面以及它们在经济组织中的作用和不同特点。这是个重要的问题,我抽去全部行政不规则干预的结果,来追寻原因和结果的自然秩序,交往的关系。这只能由单纯化的道路才能达到,但是我们只有由说明组成经济机构有关的全部要素,才能达到了解最单纯的真理的目标。这样,最先必须熟悉这个再生产机构的全部过程。因而这里的问题,是解剖这个机构,用解剖学来说明,它的一切部分,它的各部分的相互关系,及各部分相互作用的结果,以此来显示出这个机构的组织。"②从这段话可以看到魁奈研究经济学的方法,就是把抽象法、分析法、从整体水平考虑问题的方法结合在一起使用。正是追寻自然秩序的冲动加上这些方法的综合运用,才导致了经济表这一天才的发现。

魁奈还对中国文化很有兴趣,提倡中国哲学,推崇《论语》。1767 年撰写的《中国的专制制度》,表现出他对中国政治文化的关注和熟悉。在书中他把中国的制度看作建立在科学和自然规则基础上的政治制度和道德制度,认为这种制度是科学和自然规律发展的结果而应被推崇。由于他对中国文化的研究成果突出,被人誉为"欧洲的孔子"。

亚当·斯密认为,其所熟知的重农主义著作也饱受经院哲学的影响:魁奈说话常常像 18 世纪的托马斯·阿奎那。③

需要指出的是,虽然魁奈的经济思想在当时是非常前沿的,其研究方法在当时也属于高明,但是他的政治观点却是非常保守,甚至可以说是反动的。他激烈反对孟德斯鸠,主张开明专制。④ 他的政治观点明显与他当时宫廷御医的社会地位有关。保守的政治倾向给他的经济学说披上了一层封建主义的外衣,他事实上分析的是资本主义的生产方式(虽然还不太成熟),但其主观动机却是为当时的封建王朝寻找医治经济衰退的药方。封建主义的外壳使重农主义经济思想一度得到封建统治者的青睐,但同时又使它遭到启蒙学者的反感,并在以后相当一段时间里被忽视和遗忘。

---

① 《魁奈经济著作选集》,商务印书馆 1981 年版,第 369 页。

② 《魁奈经济著作选集》,商务印书馆 1981 年版,第 244 页。

③ [英]马克·布劳格:《经济理论的回顾》,中国人民大学出版社 2011 年版,第 17 页。

④ 《魁奈经济著作选集》,商务印书馆 1981 年版,第 397—399 页。

三、主要经济思想

(一)财富与价值

为了反对重商主义的财富观,魁奈提出了"真实财富"的概念。"真实的财富,就是不断地更新的财富,为了民族生活上的欲望,取得方便,获得享乐,是人们经常需要,经常能够以一定的价值取得的财富。"①可见他的真实财富就是能满足人的需求的使用价值。但他并没有把财富看成是单纯的使用价值,看成是实物。事实上他的财富观是商品社会的财富观,即认为财富不仅要具有使用价值,还要具有交换价值。他谈道:"必须把有使用价值而没有出卖价值的财物,和有使用价值和出卖价值的财富加以区别。"②他还明确写道:"在商业社会中不能以自然的标准作为指导,因为产品只是由于它的价格才成为商品财富的。"③同时,他并不忽视使用价值,"东西虽多而无价值,决不是财富。价钱虽然高,但是如果东西缺乏,那就是贫困。只有高价,同时又丰富,才是富裕。"④"因此王国的行政的目标,应该是使国民能够取得最大限度可能的丰富和最高限度可能的出卖价值,二者兼而有之。"⑤他所说的财富,实际上是存在分工与交换的商品社会中的财富。"生活在社会中的每一个人,并不能由自己的劳动,生产出满足所有欲望的财物。各人出卖自己劳动的生产物,以换取自己所缺乏的东西。就此,所有的东西,都因为是买卖的对象,由于在人与人之间的相互交换而成为财富。"⑥可见他的财富观是商品社会的财富观。

魁奈财富观的杰出之处在于他并没有满足于得到一个笼统的财富概念,而是对现实的财富进行了分类。他很自然地和布阿吉尔贝尔一样,从实物产品和收入两个角度看待财富。从实物形态上,他把每年的财富看作是"土地、工业和手工业的产品"⑦。他把实物财富分解为"能提供收入的生产性财富同非生产性的消费财富,也就是满足人们需要的财富"⑧。这也许是经济思想史上最早将产品划分为生产资料和消费资料。从收入角度,他又把每年的财富分成四类:"(1)土地所生产的收入;(2)用作抵补恢复收入所必需的费用的财富;(3)工业生产的财

① 《魁奈经济著作选集》,商务印书馆 1981 年版,第 90 页。
② 《魁奈经济著作选集》,商务印书馆 1981 年版,第 361 页。
③ 《魁奈经济著作选集》,商务印书馆 1981 年版,第 151 页。
④ 《魁奈经济著作选集》,商务印书馆 1981 年版,第 98 页。
⑤ 《魁奈经济著作选集》,商务印书馆 1981 年版,第 361 页。
⑥ 《魁奈经济著作选集》,商务印书馆 1981 年版,第 97 页。
⑦ 《魁奈经济著作选集》,商务印书馆 1981 年版,第 184 页。
⑧ 《魁奈经济著作选集》,商务印书馆 1981 年版,第 179 页。

富；(4)发行纸币的收入或无本的利息；出租房屋或其他不动产和财产，所有能从这些财产中得到的收入。"①他的这个分类并不十分合理，他自己也谈到第四类严格来讲不是财富。② 但可贵之处是他已经把收入和包括折旧在内的抵补费用区分了开来。他说："农业生产两种财富，就是作为土地所有者的收入的年产量和耕作费的补偿。"③沿着这条思路，他把财富分为用于再生产的财富和可自由支配的财富，并正确地指出："补偿支出的再生产财富不应当看作是新的财富，因为它只是抵补了为使土地生产满足人们经常需要的产品而预付的支出。"④他指出"只有收入才是可以支配的财富"⑤。并认为"盈利能引起可以自由支配的财富的增长"⑥。他认为"对于国家来说，最必需的财富，第一是耕种经营所要的财富，其次是收入和租税"⑦。对每年生产的产品的上述分类，实在是现代把国民总产值分解为两个基本部分的开端。这种分析虽然还比较粗糙，但却是在他之前所没有的，是他首创的。在这个分析的基础上，他提出了纯产品理论、资本理论和赋税理论。他的这个分析，对于亚当·斯密的影响，应当是毋庸置疑的。

由于从收入角度考察财富，魁奈也像布阿吉尔贝尔那样，不仅重视生产对于财富形成的作用，而且重视消费需求在财富形成中的作用。他说："人们通过消费可以恢复自己每年生产的财富。"⑧"因为消费能促进产品价格的提高！经常的消费引起产品的经常再生产，这就意味着国家财富的恢复。"⑨他强调指出"消费是再生产的必不可少的条件"⑩。重视消费，是对经济进行整体分析的必不可少的环节。重视消费在再生产中的作用，是魁奈制定经济表的必要思想前提。看到消费在财富形成中的作用，是他的财富观中又一有价值的成分。

魁奈还考虑了财富的计算问题，认为要知道一年的财富的大小，需要了解产品的数量和它们用货币表现出来的价格。⑪

魁奈在对财富的分析中，初步探讨了商品的价值、使用价值、交换价值等政治经济学的基本概念。

---

① 《魁奈经济著作选集》，商务印书馆 1981 年版，第 173 页。
② 《魁奈经济著作选集》，商务印书馆 1981 年版，第 173—174 页。
③ 《魁奈经济著作选集》，商务印书馆 1981 年版，第 88 页。
④ 《魁奈经济著作选集》，商务印书馆 1981 年版，第 175 页。
⑤ 《魁奈经济著作选集》，商务印书馆 1981 年版，第 253 页。
⑥ 《魁奈经济著作选集》，商务印书馆 1981 年版，第 382 页。
⑦ 《魁奈经济著作选集》，商务印书馆 1981 年版，第 336 页。
⑧ 《魁奈经济著作选集》，商务印书馆 1981 年版，第 140 页。
⑨ 《魁奈经济著作选集》，商务印书馆 1981 年版，第 155 页。
⑩ 《魁奈经济著作选集》，商务印书馆 1981 年版，第 143 页。
⑪ 《魁奈经济著作选集》，商务印书馆 1981 年版，第 248 页。

　　首先,魁奈已经从外在表现上看到了商品的两重性。他认为,"真正的财富"或"真实的财富"是能够满足人们需要的使用价值。但是他进一步指出,"有使用价值而没有出卖价值的财物"和"有使用价值又有出卖价值的财富"应该加以区别。他认为只对人们有用而没有卖出的东西,或者只有使用价值而没有出卖价值的东西,也不能成为财富。在他看来,财物要成为财富必须要经过出卖。他说:"生活在社会中的每一个人,并不能由自己的劳动生产出满足所有欲望的财物。个人出卖自己劳动生成物,以换取自己所缺的东西。就此,所有的东西,都因为是买卖的对象,由于在人与人之间的相互交换而成为财富"①。例如他谈到"把小麦作为商品来看,对于出卖者来说,是货币财富,对于购买者说,则是实物财富"②。如此看来,他不仅有使用价值的概念,还提出了交换价值的概念,认为财富必须同时具有这两种价值。这是使用价值和交换价值区分的最初形态。

　　但魁奈与布阿吉尔贝尔一样,并未耗费很大精力去专门考察个别商品价值的决定,所以在他那里,关于商品价值的观点是零散且混乱的。他虽然强调等价交换,但是,对于什么是同等价值、等价交换的基础是什么等问题,他并没有作出解释。他有时把价值、价格、使用价值等概念明确地加以区别,然而又常常把它们当作同义词使用,而且还提出"基础价格"、"真正价格"、"真正价值"等概念,与他的价值概念相混淆。他并没有把商品价值与它的货币表现——价格——严格区分开来,不仅在用词上没有严格界定,在概念上也混淆不清。这说明他在努力寻找最确切的表达价值的方式,同时也表明了他对价值问题的看法是何等的模糊和多么的摇摆不定。

　　在分析使用价值和价值的决定因素时,从总体上看,魁奈是陷入混乱和错误之中的。他认为商品的价值与其使用价值没有内在联系,因为用途不大的钻石的价格比具有重要得多的粮食的价格要高得多。③ 因此他的结论是"不应当把商品财富的价格同它的使用价值混为一谈"④。但他也并没有把这一点绝对化,他指出,当粮食稀少时,它的用途的重要性就会使它的价格无限制地提高。⑤ 这说明他在一定程度上看到了稀缺性在决定价格时的重要作用。他认为市场价格的一般原因是商品的稀少与丰富,及由此引起的售卖者和购买者的竞争的激烈程度。⑥ 他谈道:"使用价值经常是一成不变的,经常或多或少地取决于人

---

① [法]魁奈:《魁奈经济著作选集》,吴斐丹、张草纫译,商务印书馆1979年版,第97页。
② 《魁奈经济著作选集》,商务印书馆1981年版,第89页。
③ 《魁奈经济著作选集》,商务印书馆1981年版,第120页。
④ 《魁奈经济著作选集》,商务印书馆1981年版,第119页。
⑤ 《魁奈经济著作选集》,商务印书馆1981年版,第120页。
⑥ 《魁奈经济著作选集》,商务印书馆1981年版,第430页。

的因素,取决于人们的需求,以及人们对拥有该物品的愿望。"①从这段话可以看出,他很可能把商品由其自身的物理、化学、几何等特性所决定的使用价值,与人们由需求所引起的对该商品的主观评价混为一谈了。因此他有时又否定价格决定中的主观因素,甚至认为价格不受需求调节。他还明确指出了商品的价格经常与其使用价值无关。他说:"使用价值经常是一成不变的,经常或多或少地取决于人的因素,即取决于人们的需求以及人们对拥有该物品的愿望。价格却相反,是不断改变的,它取决于不以人们意志为转移的各种不确定因素。它不受人们需求的调节,但也不是任意决定的价格,也不是由商人自己的协商决定的。"②

魁奈正确地看到商品的价格不是在交换中获取的,他指出"商品和购买商品的货币在交换以前就具有自己的价格"③。这说明他已经认识到商品具有价格的根源在于生产领域,这比重商主义是一个进步。那么价格是由生产领域的什么决定的呢?他认为"商品的基础价格是由生产或创造该商品所需的费用所决定的"④。从他的大多数论述中看来,他是从同等生产费用推论出同等价值。因此他的价值理论,总的来说是一种生产费用决定价值的观点。同时,他也看到商品的销售价格并不完全由生产费用决定,即使"支出节省了,产品的销售价值还是能维持的"⑤。

魁奈否定商品价格决定中的主观因素,在很大程度上是为了反对政府对商品价格的粗暴干预,他指出"国家仍然能够利用自己的带有破坏性的措施使价格发生很大的、有害的混乱"⑥。同时,应当看到,魁奈在商品价值价格问题上的种种混乱的自相矛盾的看法,是他一方面力求探索价值价格的本性,另一方面又迷惑于当时法国农产品价格的表面现实的结果。

魁奈探讨了工业品和农产品的价格决定,工业品的基本价格包括被消耗的劳动者生存工资和原材料价值。这也是农业品基本价格的组成部分,但在大规模种植的条件下,还必须包括固定资本的分摊。然而为了继续种植,农场主也需要向地主支付地租,这是另外一个要包括在其年耗费的成本,"但基本价格必须包括税收和地租"⑦。因此,生产部门的基本价格是工资和消耗原材料的价值

① 《魁奈经济著作选集》,商务印书馆 1981 年版,第 119 页。

② [法]魁奈:《魁奈经济著作选集》,吴斐丹、张草纫译,商务印书馆 1979 年版,第 119 页。

③ 《魁奈经济著作选集》,商务印书馆 1981 年版,第 380 页。

④ 《魁奈经济著作选集》,商务印书馆 1981 年版,第 123 页。

⑤ 《魁奈经济著作选集》,商务印书馆 1981 年版,第 392 页。

⑥ 《魁奈经济著作选集》,商务印书馆 1981 年版,第 120 页。

⑦ [意]瓦吉、[澳]格伦尼维根:《简明经济思想史》,长春出版社 2009 年版,第 52 页。

(流动资本即年预付)加上固定资本(固定资本即原预付)的分摊,再加上地租;非生产部门的基本价格仅仅是纯粹的物质生产成本,即流动资本(年预付)。[①]

农产品的基本价格决定于两组条件:第一,投入的物质再生产的技术条件,也就是资本存量的更新;第二,该社会分配剩余的规则。因而相对价格一方面与生产技术密切相关,另一方面又与纯产品的分配密切相关。在两个世纪后,这种分析价格决定的方式在皮埃罗·斯拉法《用商品生产商品》的著作中再生。[②]

魁奈指出了市场价格的两种形式:买者价格和卖者价格,分别指批发价格和零售价格。他在其用数字表示的例子中指出,买者价格是由商人支付给农场主的价格,而卖者价格是最终消费者支付给商人的价格。商人的利润是这两个价格的差额,因此是一种让渡利润。农场主的利润也是一个差额,是卖者价格与基本价格之间的差额。[③] 他担心法国的卖者价格偏低及大幅度波动,这具有非常大的破坏性,因为它们会挫伤农场主进行长期固定资本投资的积极性。在他看来,英国是经济的典范,因为它在第一手交换中有更高和更稳定的卖者价格。这样的"第一手价格"足以保证农场主获得大量利润,进而鼓励进一步的农业资本投资。增加的投资既可以推进技术进步,也可以实现大规模种植。[④]

(二)交换的等价性,批判重商主义

交换的等价性理论是魁奈研究经济问题,建立其重农主义经济理论体系的出发点;他对重商主义理论和政策的批判,也是以这一理论为基础的。

魁奈认为在"自然秩序"的情况下,即在自由竞争的条件下,商品与商品之间的交换,总是按照同等价值进行的。他说:"贸易只是一种价值交换成另一种同等价值,在这些价值方面,有关双方既得不到什么,也不失去什么。"[⑤]又说:"我一直把贸易看作把一种价值交换成另一种同等价值,而没有生产,即使这种交换由于某种情况而对成交者的一方、甚至双方有利。实际上永远可以假定,它是对双方都有利的,因为双方都能使自己享受到只有靠交换才能取得的财富。然而在这种情况下,难道不总是把一种价值的财富交换成另一种同等价值的财富吗? 由此可见,这里不可能有财富的真正增加。"[⑥]他指出:"货币是在交

① ［意］瓦吉、［澳］格伦尼维根:《简明经济思想史》,长春出版社 2009 年版,第 52—53 页。
② ［意］瓦吉、［澳］格伦尼维根:《简明经济思想史》,长春出版社 2009 年版,第 53 页。
③ ［意］瓦吉、［澳］格伦尼维根:《简明经济思想史》,长春出版社 2009 年版,第 53 页。
④ ［意］瓦吉、［澳］格伦尼维根:《简明经济思想史》,长春出版社 2009 年版,第 53 页。
⑤ 《魁奈经济著作选集》,商务印书馆 1981 年版,第 378 页。
⑥ 《魁奈经济著作选集》,商务印书馆 1981 年版,第 379 页。

易时同一切种类的商品财产的售价等价的财富。"①根据他的观点,财富不能在交换活动中产生,因为商业仅仅是商人之间的等价交换。批发贸易是一种不生产的活动,也是一种带来损害的活动,因为在商人力量过大的情况下,它意味着人为的高价格。

魁奈明确指出了国民财富可以在流通的哪一个阶段上度量。财富当然不是一种存量概念,它是农产品的年流量,其价值构成国民产品。为了度量这一年产品,必须使用在初次交换中确立的价格。他称这些价格为"第一手价格"。因此,价值和新财富是在这一初次交换活动之前或在到达批发市场之前创造的。所有交换仅仅是流通产品,这些产品的价格已经被决定了,流通不会在任何程度上增加国民产品。② 第一手价格是如何决定的呢? 在其关于价值的分析中,他使用了几个概念。像他之前的配第和坎蒂隆一样,他对产品的每天市场价格和长期价值进行了区分,他称后者为"基本价格"。这是商品直接生产者的单位生产成本,包括他的全部耗费。因此,低于这个水平,生产者就会遭受损失,总体经济的再生产条件就不能被满足。③

魁奈反对重商主义者关于流通是财富源泉的观点,认为在符合"自然秩序"的制度下,即在完全的自由竞争条件下,交换总是等价物与等价物的交换,价值不可能在交换过程中产生,社会财富只能来自生产过程。货币只是一种流通工具,"它除了便利产品交换,作为买和卖的媒介物以外,没有其他用处",并不能使价值发生任何变化。他认为交换是等价的,抛弃了从流通领域转到从生产领域去寻找价值的源泉。他关于交换等价性的理论在经济学的发展上具有重大意义,因为它第一次提出了价值是不能在交换中产生的这个重要原理。

魁奈关于交换的等价性的命题给了重商主义体系以有力的打击。他从交换的等价性命题中,得出了两点正确的结论:

第一,交换既然是按照等价进行的,那么流通领域就不可能是价值增值的源泉。这不仅给重商主义者认为流通是致富之源的观点以有力的打击,更重要的是使他把研究重心从流通领域转到了生产领域,这就为科学地分析社会经济现象提供了可靠性。在他看来,只有把流通看作是生产的从属要素,才能发现社会经济的自然秩序。他的《经济表》就是这样来看待流通的。

第二,交换既然是按照等价进行的,因此,当卖者以商品换回货币时,他并没有因此而致富。魁奈在反对重商主义者把流通过程看成是财富源泉的观点

---

① 《魁奈经济著作选集》,商务印书馆 1981 年版,第 120 页。
② 〔意〕瓦吉、〔澳〕格伦尼维根:《简明经济思想史》,长春出版社 2009 年版,第 52 页。
③ 〔意〕瓦吉、〔澳〕格伦尼维根:《简明经济思想史》,长春出版社 2009 年版,第 52 页。

时,提出了"每次买都是卖,每次卖都是买"①的公式,认为买者购买商品,其实就是用货币换取商品,卖者出卖商品,其实就是用商品购买货币,因此,交换不可能使价值增值。重农学派的重要成员比埃尔-保罗·梅西耶·德·拉·里维埃在坚持魁奈关于交换的等价性学说时,更明确地指出了流通领域不可能发生价值增值。他说:"要有货币,人就必须购买货币,在这种购买之后,他并不比以前更富,他不过是把他以商品形式付出去的同一个价值,以货币形式取回来。"②因此,交换不可能成为财富的源泉。在重农学派看来,交换只是价值的形态变化,而不是价值的量的增减。重农学派的另一个重要成员吉约姆·弗朗斯瓦·勒·特朗说:"如果不然,就必得承认一百万元货币的价值大于一百万元商品的价值",或"该价值大于与它相同的价值"③,这不是很荒唐的么!

魁奈关于交换的等价性命题,把建立在贸易差额论上的整座重商主义大厦夷为平地。他认为国家同个别商品生产者一样,都不能由出售商品而致富;当一国由于贸易出超而输入货币,那是用同等价值的出口商品换来的,因此,该国并未因此而变得更富裕。他甚至认为,出超对于国家是有害的。在他的心目中,商品或货物是真正的财富,货币不过是交换的媒介,商品流通的手段。在他看来,贸易出超的国家,是把用处大的东西换取用处小的东西。因此,他百般讥嘲重商主义的"多卖少买"的训条,因为这无异于教人多拿出用处大的东西,少取回用处小的东西。在这里可以看到魁奈的货币观点。在他看来,货币只是作为流通手段;除此以外,货币便没有任何意义。因此,他认为积累货币是有害的,因为这是把货币从流通中抽出,剥夺了货币唯一有用的、作为交换媒介的职能。从以上认识出发,他反对重商主义禁止货币出口的主张。④ 他反对重商主义时的一个突出之处是指出了重商主义观念的根源在于商人的观念,商人从事商业的目标就是获得货币,增加货币。但是他认为农业国不应采纳商人的观念,应该致力于适合人们实际享用的财富的增加。⑤

魁奈反对重商主义把货币当作财富的观念,"货币并不是国民的真正的财富,即不是可以消费和不断再生产的财富"⑥。因此"如果没有实物财富,货币财富只是非生产性的无益的财富"⑦。而"在具有财富的情况下,从来不会感觉到

---

① 转引自《马克思恩格斯全集》第 26 卷Ⅰ,人民出版社 1972 年版,第 407 页。
② 转引自《马克思恩格斯全集》第 26 卷Ⅰ,人民出版社 1972 年版,第 38 页。
③ 转引自卢森贝著:《政治经济学史》上册,三联书店 1961 年版,第 110 页。
④ 《魁奈经济著作选集》,商务印书馆 1981 年版,第 90 页。
⑤ 《魁奈经济著作选集》,商务印书馆 1981 年版,第 330 页。
⑥ 《魁奈经济著作选集》,商务印书馆 1981 年版,第 354 页。
⑦ 《魁奈经济著作选集》,商务印书馆 1981 年版,第 178 页。

货币的不足,而且永远可以补充它的不足"①。他认为,一个国家财富的多少,国力的强弱,并不取决于货币数量,财富的多少是由商品的丰富程度及价格决定的。"国家的繁荣不在于它拥有的货币数量,而决定于商品财富是否丰裕,是否值钱"②。

与斯密一样,魁奈被认为是基于剩余和再生产概念的古典政治经济学奠基人。无论是斯密还是魁奈,都认为一国财富的原因是主要研究对象,且都把资本积累和提高劳动生产率看作是财富的主要源泉。重农学派对重商主义的观点——财富由贵金属构成、贸易余额是国民财富的唯一源泉——作出了分析上致命的打击。③

(三)货币的性质与职能、利息的必要性

如果货币并不是一个国家的真实财富,那么货币是什么? 发挥什么功能? 魁奈一方面否定了重商主义的货币财富观,但在货币问题上已经不再像布阿吉尔贝尔那样对货币持偏激的敌视态度,而是在一定程度上分析了货币的性质、职能。他看到了货币作为一般等价物的性质,"货币财富可以交换成任何一种商品财富"④。他指出货币不过是贸易的工具,在交换中充当价值尺度。而在执行这一职能时,只需要想象的货币,因而可以由票据来代替。⑤ 但很可能与约翰·劳所创立的银行破产有关,他对于这种替代非常谨慎。他反对用期票贴现来代替现金交易,反对用国家证券和商业证券来补充金银加入货币流通。因为它们可能导致商业投机,并且它们也并不代表真实的财富。⑥

魁奈考虑比较多的是货币的数量。他否认货币越多越好的观点,认为一个国家所需要的货币量不是无限的,而是有一定限度的;一个国家的货币量要与商品量和它们的价格相适应。⑦ 他认为"农业国家的货币总量,大体上等于土地的纯产品,也就是每年的收入"⑧。他还特别分析了每年货币应有的增加量,认为"一个国家货币数量的增加,不可多于再生产的增加"⑨。在这个问题上,他的不足是没有考虑货币流通速度对货币量的影响,但他看到了发达的信用能减少

---

① 《魁奈经济著作选集》,商务印书馆 1981 年版,第 382 页。
② 《魁奈经济著作选集》,商务印书馆 1981 年版,第 121 页。
③ [意]瓦吉、[澳]格伦尼维根:《简明经济思想史》,长春出版社 2009 年版,第 49 页。
④ 《魁奈经济著作选集》,商务印书馆 1981 年版,第 120 页。
⑤ 《魁奈经济著作选集》,商务印书馆 1981 年版,第 121 页。
⑥ 《魁奈经济著作选集》,商务印书馆 1981 年版,第 165 页。
⑦ 《魁奈经济著作选集》,商务印书馆 1981 年版,第 122 页。
⑧ 《魁奈经济著作选集》,商务印书馆 1981 年版,第 354 页。
⑨ 《魁奈经济著作选集》,商务印书馆 1981 年版,第 327 页。

货币量。① 他对于货币需求量的这些考虑,显然对亚当·斯密有一定影响。

魁奈没有把利息现象作为研究的重点,只是在《关于货币利息的考察》一文中表达了他对利息的看法。他理解借贷资本和利息的合理性,肯定利息与地租一样,是纯产品的一部分。② 他说:"对于使用出借的货币所要求的价格,即利息,公平地说来,其所根据的理由,是同土地所提供的收入以及转卖商业所获得盈利有相似之处,当然可以成立的。"③在他看来,借贷货币收取利息,犹如购买土地可以取得收入一样公平合理。这样,他就重复了配第为利息辩护的观点。但是,这种利息收入是有限度的。他说:"利息的水平同土地的收入一样,是服从于自然规律的,自然规律限制着这两者的大小。土地提供的和依靠货币取得的收入,只是纯产品的一部分,它是随同土地一起卖给地产获得者的。出售者和购买者双方都知道的这一部分纯产品,决定着这块土地的价格。由于这样,购买土地后可以获得的收入的数量,既不是任意规定的,也不是不可知的;这个明显的、受大自然限制的尺度,是买卖双方共同遵守的规律。现在我们来证明,按照公平的秩序,上述规律还应当调节利率,以及在农业国中作为永久租金的货币所带来的不断收入的水平。"④

(四)人口理论

魁奈看到了人口与财富之间的相互作用,一方面,他认识到人口的多少影响财富的大小,而且人口因素是从生产和消费两个方面来影响财富的多少的,"在增加产品的生产和消费方面,人们本身就成为自己财富的第一个创造性因素"⑤。他谈道:"土地之所以是财富,只因为土地生产物是满足人类的需要所不可缺,使这种消费成为财富的根源,实在就是需要。因此,在有肥沃土地的王国,则人口愈多,它的财富亦愈多。"⑥另一方面,他又看到财富的增加是人口增加的原因,"人口与其说它是自然的增殖,在更大的程度上是由于收入和支出增加的结果"⑦。

同时魁奈也看到,如果人口相对于从土地和外贸中取得的财富来说显得过多的话,那么人口的多就不会促进财富的增加,只会引起粮价的上涨,并降低全体人民的富裕水平。"假如人口过分的多,那末人们的消费就只能限于一些最

---

① 《魁奈经济著作选集》,商务印书馆1981年版,第328页。
② 《魁奈经济著作选集》,商务印书馆1981年版,第440页。
③ 《魁奈经济著作选集》,商务印书馆1981年版,第439页。
④ 《魁奈经济著作选集》,商务印书馆1981年版,第35—36页。
⑤ 《魁奈经济著作选集》,商务印书馆1981年版,第103页。
⑥ 《魁奈经济著作选集》,商务印书馆1981年版,第98页。
⑦ 《魁奈经济著作选集》,商务印书馆1981年版,第98页。

迫切的必需品,结果国家就会从繁荣变得贫穷。……这样的国家将不得不使土地只生产最必需的东西,并以此限制自己的消费"①。

由以上观点可知,魁奈的人口观点比重商主义的人口观全面多了,不仅看到了人口对财富的有益影响,也看到了过多人口的危害。这些观点,迄今都是有启发意义的。

(五)纯产品

魁奈关于再生产财富和可自由支配财富的区分,为其"纯产品"理论奠定了基础。"纯产品,即国民收入"②。在他的概念中,纯产品＝国民收入＝可自由支配财富。由于他的纯产品理论是以等价交换为前提的,所以纯产品的来源就不再可能是流通领域,而只能是生产领域了。这一结论是他的一大贡献,也是对重商主义关于让渡利润观点的有力批判。

纯产品理论是魁奈经济理论体系的核心,其对资本主义生产方式的考察就是建立在他的"纯产品"学说的基础上。所谓"纯产品",就是指新创造的产品超过被消耗部分的余额,实际上就是新增加的财富。他明确写道:"扣除花在作物上的劳动支出以及其他支出而剩余的产品的一个部分。从收获的产量中除去这些支出所得到的多余部分,就是纯产品,它构成国家的收入和土地所有者的收入。"③从这里可以看到,由于他把劳动者的收入当作再生产财富,故他的纯产品就是马克思称之为剩余价值的东西。可以说"纯产品"概念是马克思"剩余价值"概念的萌芽。因此,马克思研究剩余价值学说史便是从重农学派开始的。当然它只是一个相当粗糙的萌芽,因为魁奈仅仅把纯产品看作是农业的产物,否认工业也能生产纯产品。

魁奈从等价交换原则出发讨论了纯产品的产生,其"纯产品"学说同交换等价性理论密切相连。

魁奈的"纯产品"理论同他对财富的看法密切相关。在他心目中,财富不是货币,而是物质资料,即使用价值。虽然他在个别场合也说过,要把单纯具有使用价值的物品与同时具有使用价值和交换价值的物品区别开来,但是在大多数场合,他总是把交换价值实际还原为使用价值,也就是多从实物形态上去考虑纯产品。而农业恰好是实物形态的纯产品最明显的生产领域,所以他就把纯产品仅仅看作是农业的产物了。

魁奈从财富的形式上探讨了纯产品的产生。他在从生产领域考察财富的

① 《魁奈经济著作选集》,商务印书馆1981年版,第169页。
② 《魁奈经济著作选集》,商务印书馆1981年版,第347页。
③ 《魁奈经济著作选集》,商务印书馆1981年版,第411页。

来源时,把财富的生产区分为两种形式:一种是财富的相加;另一种是财富的增加。必须把财富的"增加"与财富的"相加"区别开来。他所说的财富的"增加"是指价值成倍地增加,而财富的"相加"则是指只把各种消耗掉的价值相加在一起。他认为,前者发生在农业包括畜牧业在内的生产部门,而后者发生在农业以外的其他生产部门,如工业生产部门。他认为只有农业部门才能使物质财富的数量增加,而其他经济部门,只不过是把已经存在的物质资料,变更其形态,使其重新结合起来,造成一种新的使用价值,但其数量是不会比原来增多的;它只能补偿已经消耗掉的生产资料,以及劳动者和资本家的生活资料,因此这些经济部门并没有创造出新的财富,而只引起财富的"相加"。在农业中生产出来的产品,除了补偿在生产过程中所消耗掉的生产资料,以及劳动者和农业资本家的生活资料,以外,还有剩余,所以农业会引起财富的"增加"。由此,他得出了只有农业才是财富的真正来源的结论。他说:"土地是财富的唯一源泉,只有农业能够增加财富。"①又说:"只有农业才是满足人们需要的财富的来源,只有农业才能创造保卫财富所必需的武装力量。"②又说:"一切利益的本源,实际是农业。正是农业,供给着原材料,给君主和土地所有者以收入,给僧侣以十分之一税,给耕作者以利润。正是这种不断地再生产的本源的财富,维持着王国其他一切的阶级,给所有其他职业以活动力,发展商业,增殖人口,活跃工业,因而维持国家的繁荣。"③

　　魁奈把从农业中生产出来的产品,扣除掉在生产过程中所耗费的工具、种子、肥料、饲料,以及农业工人和农业资本家的生活资料等项以后所剩余的产品,叫作"纯产品"。他说:"从收获的产量中除去这些支出所得到的多余部分,就是纯产品,它构成国家的收入和土地所有者的收入。"④由于他所注意的是使用价值,"纯产品"就表现为剩余农产品。但是,在商品生产的社会里,产品是作为商品来生产的,产品不仅具有使用价值,而且还具有价值,他认为价值和使用价值是分不开的。因此,他所说的"纯产品",就不得不以价值形式来表现。从价值上看,"纯产品"就表现为生产出来的农产品价值超过生产该产品所耗费的生产费用的余额。这样,要确定"纯产品"的数量,就必须先确定生产该产品的生产费用数量。在农业中,生产费用是由生产工具、种子等生产资料和工人的工资构成的。由于生产资料的价值是既定的,所以"纯产品"的多少,就取决于工资的多少。魁奈和配第一样,也把工资看作是维持工人生活所必需的生活资料。

① 《魁奈经济著作选集》,商务印书馆1979年版,第333页。
② 《魁奈经济著作选集》,商务印书馆1979年版,第408页。
③ 《魁奈经济著作选集》,商务印书馆1979年版,第65页。
④ 《魁奈经济著作选集》,商务印书馆1979年版,第411页。

　　魁奈认为,农业生产在扣除费用——种子、饲料、农业工人消费的谷物等之后,还会有一个剩余产品。"纯产品"是农业的收获量扣除掉它的生产费用以后的余额。他所说的生产费用指生产资料,包括种子、肥料、工具和生产用建筑等,再加上农业工人的工资。他所选择的关键因素(而在今天看来,这是重农主义学说最突出的谬误)是农业所独有的生产力。工业和服务业因为没有为纯产品作出什么贡献,就被看作是"不生产的"。而"纯产品"又被看作是实际财富的真正来源。这种推理涉及"生产"一词的特色定义。对魁奈来说,生产意味着创造剩余;在生产过程中生产了比其所消耗更多产品的行业是生产行业,工业仅仅改变产品的形式。他并不否认这种产品在生产过程中变得更为有用。但他认为,只有农业才有能力创造更多的财富。如果记住这一独特的含义,不管从现代的观点看,是多么离奇,重农主义者的学说也都比较容易理解。[①] 他进一步认为,这个不断再生产的"纯产品","维持着王国其他一切的阶级,给所有其他职业以活动力,发展商业,增殖人口、活跃工业,从而维持着国家的繁荣"。从这一观点出发,他意图主张发展资本主义租地农场经营及与之相联系的大规模农业。

　　魁奈的工业是不生产的观点争议更大。他认为工业仅仅赋予来源于初级部门的自然界产物以新的形式,而不增加其价值。他从物质形态上考察,工业只是把农业提供给它的原料变换为另一种形式,即改变为工业品的形式,工业在原料上所加的价值,只是等于工业中工人和资本家在改变原料期间所消费掉的生活资料价值。魁奈把这种生活资料看成是农业支付给工业,包括工业中工人和资本家的工资,他认为工业品只能补偿其自身的生产费用,也就是说,工业品的价值是由生产它所耗费的原材料的价值和支付给工人的工资构成。所以,工业的生产只存在着"财富的相加",工业品的价值只等于原料价值和工资价值"相加"在一起。这样一来,工业品的价值与它的生产费用之间就不存在任何差额,即不存在"纯产品"。他提出"生产或不生产"这个概念,在目前的场合下是区别基本阶级的基础。工匠仅仅改变他们从农业中得到生活必需品和原材料的形态,而不是创造物质剩余。他定义了一项活动为生产性的标准就是它创造超过必要投入的剩余的能力:"我们必须将已经存在的财富不同项目的添加……在这类制造之前已经存在的东西添加和财富的生成或创造区别开来,或者形成新财富的再生产和实际增长。"[②]他关于工业非生产性观点的使用条件应该注意,他考虑的工业主要是小规模的:小店主和手工业者,这些人几乎不使用

　　① 〔美〕小罗伯特·B.埃克伦德、罗伯特·F.赫伯特:《经济理论和方法史》,杨玉生、张凤林等译,中国人民大学出版社 2001 年版,第 68 页。

　　② 〔意〕瓦吉、〔澳〕格伦尼维根:《简明经济思想史》,长春出版社 2009 年版,第 51—52 页。

固定资本,因此不能提高其生产率和获得剩余。[1]

在魁奈这里,"纯产品"是以实物形式,即是以使用价值形式存在的。他认为商品在交换中自然而然地表现为价值,因此"纯产品"也自然而然地表现为工人所创造的价值补偿工资价值以后的剩余。因为生产资料是既定的,所以纯产品数量的大小取决于工资的大小。在这个意义上"纯产品"实际上是剩余价值,因为剩余价值正是工人劳动创造的价值补偿劳动力本身价值以后的剩余。他与配第一样,认为工人的工资等于工人最必要的生活资料。把工人的工资归结为工人最必要的生活资料具有重要意义。"纯产品"事实上被认为是工人所创造出来的产品超过工人最必要生活资料的一个余额。

魁奈认为,只有在"大耕作"中才会有"纯产品",在"小耕作"中是没有"纯产品"的。他所说的"大耕作"是指资本主义租地农场经济,当时只存在于诺曼底、皮卡尔第、伊耳德法兰西及其他很少的地方;他所说的"小耕作"是指当时在法国十分流行的还带有封建性质的分成制佃农经济。因此,他实际上把"纯产品"看成只存在于有雇佣劳动的地方。但是他虽然把"纯产品"同雇佣劳动的存在联系在一起,却并不认为它是工人劳动创造的,而认为它完全是土地,即自然界的赐予。在重农学派看来,既然"纯产品"是纯粹的自然赐予,那么它就必须作为地租支付给土地所有者。在重农学派的学说中,利润和利息作为独立的范畴是不存在的。他把利润看作是土地所有者支付给资本家的工资,而对利息则采取否定的态度,认为它是在侵占别人东西的情况下取得的,只有以土地作为抵押的借款的利息除外。因此,重农学派像配第一样把地租看成是剩余价值的真正的、唯一的形式。

魁奈认为,由于在农业部门中自然界,即土地也亲自参加工作,而在其他部门中自然界则不参加工作。他把"纯产品"看作是大自然的赐予。在他看来,在农业中,自然力也是参加工作的,因此只有农业才生产"纯产品",而其他部门由于没有自然力参加工作,所以不生产"纯产品"。正由于魁奈和重农学派把"纯产品"看作是大自然的赐予,是土地本身生产出来的,因此"纯产品"也就应该归土地所有者阶级占有。他认为:"土地的纯产品是由三种所有者,就是国家、土地所有者和十分之一税征收者所分配。"[2]这就使他事实上混同了价值和使用价值,同时又把使用价值归结为自然物质。正是在这个基础上,他把由植物自然生长和动物自然繁殖所引起的物质增加同价值的创造混为一谈。他认为"纯产品"即剩余价值只有在农业中才能创造出来的观点是不正确的。

① 〔意〕瓦吉、〔澳〕格伦尼维根:《简明经济思想史》,长春出版社 2009 年版,第 52 页。
② 《魁奈经济著作选集》,商务印书馆 1979 年版,第 340 页。

尽管有这些局限，魁奈提出的纯产品理论能够全面挑战重商主义者用贸易余额作出的财富的解释，在政治经济学的历史上，这样一种理论还是第一次出现。

纯产品理论在魁奈的经济理论体系中占有中心的地位，他的许多经济理论，如社会阶级结构理论、资本理论、再生产理论等，都是以纯产品理论为基础的。正因为如此，魁奈的著名经济学传人杜尔哥，特别是亚当·斯密，充分重视和利用了这些分析。

（六）资本理论

魁奈本人自己并未使用"资本"这一术语。他把资本叫作"预付"或"资金"。只是到了他的后继者那里，才经常地直接把"预付"叫作"资本"。他着重研究的，是投在农业上的生产资本。他认为，农业是唯一能够生产"纯产品"，增加社会财富的生产部门，因此，要增加财富就必须重视和发展农业。而要发展农业，就必须追加投资。他看到了预付的重要性，认为生产性支出是财富的根源。①

在资本理论上，魁奈最出色的创见在于把资本区分为固定资本和变动资本，这表现在他把投在农业上的生产资本划分为两部分（即他所说的"两部分预付"），其中的一部分是每年都要"预付"的费用，如种子、肥料以及雇佣劳动者的工资等等，他把这部分"预付"称为"年预付"，要使生产过程继续不断，"年预付"的全部价值就必须由每年生产物的价值中取得补偿，就必须由同类的新物材来补充。另一部分是开办农场所必须"预付"的费用，如耕畜、农具、仓库、房屋等等，他把这部分"预付"称为"原预付"。"原预付"的价值每年只部分地从生产物的价值中取得补偿，并且必须经过相当长的时期（通常是十年），才能完全取得补偿，即由相同的新物材来替换。他把对原预付的补偿称作是原预付的利息，并且提出这种补偿的两点理由。从这两点理由来看，他把由于固定资本的耗损引起的折旧和防止意外事故的保险基金混淆了。可以说，在他那里，利息、折旧、保险费这些概念还没有明确界定。"耕作者用于设备方面的预付的利息，必须包含在他们的年回收中，这个利息，是为了应付这些大灾害，以及维持耕种上所使用的和需要不断恢复的经营上使用的财富的。"②尽管有一定的混淆，他实际上还是正确地把资本区分为固定资本和变动资本。他最先提出这种区分，无疑是一个重要贡献。

对于魁奈的预付理论，马克思评论说："魁奈从来不把货币算在原始垫付内，也不把它算在常年垫付内。当作生产的垫付——那就是当作生产资本——二者是与货币和市场上出现的商品相对立的。再者，在魁奈那里，生产资本这

① 《魁奈经济著作选集》，商务印书馆1981年版，第245页。
② 《魁奈经济著作选集》，商务印书馆1981年版，第316页。

两种要素间的区别,还正确地还原为这样一种区别了:它们是以不同的方式参加完成产品的价值,它们的价值是以不同的方式和产品一起流通,并且它们的价值是以不同的方式进行补偿或再生产,因为一种要素的价值要逐年全部补偿,另一种要素的价值却是一部分一部分地在较长时间内进行补偿。"①

除了区分固定资本和变动资本之外,魁奈关于资本问题的另一个重要见解是强调了资本积累的重要性。他认为必须不断地把财富投入生产,才能增加财富,反对"滞积的财富"②,反对"不生产的储蓄"③,"因为一国的财富,并不是由财富本身来维持的,只有由它的有效使用,并由此而更新的情况之下,才能获得维持和增加"④。

在增加财富的方式中,魁奈特别强调资本积累的重要,同时强调流通中的自由贸易。他说:"农业国家的繁荣是怎样来的呢?这是由于有使收入和租税不断继续增加的巨额的预付,自由和便利的国内商业和国外贸易,年年由土地所得的财富的享受,有多额的货币作为收入和租税的支付而来的。生产物的丰富是由于有巨额的预付而获得的。消费和商业维持着生产物的贩卖和售卖价值。售卖价值是国家财富的尺度。"⑤他实际上已经看到了资本积累对于增加财富的重要作用。

魁奈看到了资本积累对财富增加的作用比人口更重要。他谈道:"大量的财富比大量的人口更能促进这些财富的增加,但另一方面,财富的增加会促使从事各种行业的人数的增多。"⑥在反对重商主义那种认为巨大的财富要靠人的丰富的观点时,他又指出:"人只有依靠财富,而且只有在人和财富之间有着适当的均衡,才能获得财富和持续地获得财富。"⑦他之所以更重视资本的积累,是因为他看到"国民用于每年财富再生产的财富愈多,则每年再生产时所使用的人力愈少,这样就可以得到较多的纯产品,政府在公务和公共事业上可以使用的人力就愈多。"⑧因为"使用驮载牲畜和机器修筑道路,利用河流和运河运送商品……。这些手段可以用来减少用于支付人们工资的巨大开支;由此就能增加收入"⑨。可见他已经认识到资本积累具有提高劳动生产率、增加收入的作用。

---

① 马克思:《资本论》第Ⅱ卷,人民出版社 1966 年版,第 192—193 页。
② 《魁奈经济著作选集》,商务印书馆 1981 年版,第 164 页。
③ 《魁奈经济著作选集》,商务印书馆 1981 年版,第 337 页。
④ 《魁奈经济著作选集》,商务印书馆 1981 年版,第 96 页。
⑤ 《魁奈经济著作选集》,商务印书馆 1981 年版,第 353 页。
⑥ 《魁奈经济著作选集》,商务印书馆 1981 年版,第 170 页。
⑦ 《魁奈经济著作选集》,商务印书馆 1981 年版,第 363 页。
⑧ 《魁奈经济著作选集》,商务印书馆 1981 年版,第 365 页。
⑨ 《魁奈经济著作选集》,商务印书馆 1981 年版,第 386 页。

概括地讲,魁奈提出了与重商主义对立的致富道路,就是依靠资本积累而非大量人口,依靠自由贸易而非禁止货币出口。

(七)社会阶级结构

魁奈从农业是唯一能增加财富的生产部门、从事耕种土地的劳动是唯一的生产劳动这个基本观点出发,依据对"纯产品"的生产、占有的不同关系,即根据人们在财富生产中的不同作用,将社会划分为生产阶级、不生产阶级和土地所有者阶级三个基本阶级。他说:"国民被分为三个阶级,即生产阶级、土地所有者阶级和不生产阶级。……生产阶级是耕种土地、逐年再生产国民财富的阶级,他们预付农业劳动上的开支,并为土地所有者提供每年的收入。他们要担负产品出卖以前的一切支出和劳动。要知道一国国民财富年再生产的价值,就要看那些年产品的出卖情况。……土地所有者阶级包括君主,土地所有者及什一税的征收者。这个阶级依靠收入,即纯产品来生活,这些纯产品是生产阶级每年从再生产财富中,先扣除补偿年预付和维持经营上使用的财富基金所必要的部分之后,把它支付给土地所有者阶级的。……不生产阶级,是由从事农业以外的其他工作和别种劳动的人组成,他们的支出,是从生产阶级和从生产阶级取得收入的土地所有者阶级取得的。"[1]

魁奈所谓的生产阶级,就是生产"纯产品"的阶级,即"耕种土地、逐年再生产国民财富的阶级"。根据他的观点,只有农业才生产"纯产品",而农业中的"纯产品"是由农业劳动者生产出来的。由此,生产阶级应该就是农业劳动阶级。然而,他所说的生产阶级,却不仅是指农业劳动者,它还包括"预付农业劳动上的开支"的租地农场主,这种租地农场主,其实就是农业资本家。

魁奈所谓的不生产阶级,就是不生产"纯产品"的阶级,它是指除从事农业以外的其他一切经济部门的人,主要是从事工业和商业的人。在他看来,在手工业和工业中,加工的原料是由生产阶级提供的,消费的生活资料也是由生产阶级提供的,他们自己是什么也不生产的。他们通过加工制造,虽然在生产阶级提供的原料上增加了价值,但所增加的价值,却只等于他们所消费的而由生产阶级所提供的生活资料的价值。他们除了改变产品的形状使之能满足需要外,并没有增加任何财富,因为他们在产品上只是添加了相当于他们工资的价值,并没有生产纯产品。[2] 这是"手工业和工业劳动的虚假的财富生产"[3]。因

[1] 《魁奈经济著作选集》,商务印书馆1979年版,第308—311页。

[2] 《魁奈经济著作选集》,商务印书馆1981年版,第144—145页。

[3] 《魁奈经济著作选集》,商务印书馆1979年版,第373页。

此他认为,必须把"财富的真正增长与虚假增长"①区别开来。

魁奈不仅认为手工业和工业是不生产的,它的发展是不能使国家的财富和收入增加的,而且它的发展反要受到这些财富和收入的限制。因为手工业和工业的生存,必须依靠生产阶级为它提供制造原料和生活资料;只有随着农业生产的发展,手工业和工业被感到必要时,才能得到发展。

魁奈所谓的土地所有者阶级,就是占有"纯产品"的阶级,"其中包括土地所有者和依附于他们的家仆、君主以及所有由国家付给薪俸的官吏,最后还包括以什一税占有者这一特殊身份出现的教会"②。他们都是依靠"纯产品"来生活的。这些"纯产品"是由生产阶级从每年再生产的财富中,扣除了生产费用之后,把剩余的部分以地租形式交给土地所有者的。对这样的土地所有者阶级,他认为既不能把它归入生产阶级,也不能把它与不生产阶级混同起来,而应该把它列为社会的第三阶级。因为这个土地所有者阶级,既没有参加土地耕作,也没有分摊土地耕作费用,因此,他们不是生产当事人,并不生产"纯产品"。他们只是根据土地所有权而占有生产阶级所生产的"纯产品"。这就是说,把土地所有者划作一个阶级其重要意义不在于不生产"纯产品",而在于占有"纯产品"。但他又认为,土地所有者阶级"也能在总的方面间接地促进财富的增加"③。他之所以不把他们算作不生产阶级有两点理由,一是因为他们为了使土地适于耕种而对土地进行了原预付;二是因为他们是生产阶级与不生产阶级发生经济联系的重要中介,他们通过取得纯产品并把它花费掉而使另外两个阶级在经济上建立了联系。④ 但有时他又认为土地所有者、君主、大臣也可以算是生产者,因为他们都参与了经济的管理。⑤ 尽管时而有这种想法,他还是意识到"土地所有者对国家的益处仅在于他们的消费"⑥。

对于魁奈来说,有必要把商人和商业纳入他上述社会阶级结构中。为此,他区分了国内商业和对外贸易,认为"只进行国内贸易的商人不能算作从事生产性劳动"。因为商业不增加物资,商人的目的只在于增加自有的货币,其手段只是贵卖贱买,损人利己。⑦ 而只要一个商人能够通过对外贸易促使大家富裕,

---

① 《魁奈经济著作选集》,商务印书馆 1979 年版,第 372 页。

② 《马克思恩格斯全集》第 20 卷,人民出版社 1971 年版,第 269 页。

③ 《魁奈经济著作选集》,商务印书馆 1979 年版,第 156—157 页。

④ 《魁奈经济著作选集》,商务印书馆 1981 年版,第 370 页。

⑤ 《魁奈经济著作选集》,商务印书馆 1981 年版,第 156—157 页。

⑥ 《魁奈经济著作选集》,商务印书馆 1981 年版,第 176 页。

⑦ 《魁奈经济著作选集》,商务印书馆 1981 年版,第 228 页。

他就是一个生产劳动者。[①]　这里说明他的划分还是有一些不清楚之处的。

魁奈的阶级结构理论，一方面是他的纯产品理论的逻辑结果，另一方面是他的政治态度的结果。他的社会地位——从第三等级进入第二等级，他的政治态度——拥护开明专制，使得他很自然地倾向于把土地所有者作为一个独立的阶级看待，虽然按其与纯产品的关系看，他们也是应该属于不生产阶级的。

魁奈从社会经济关系中引申出划分社会阶级的原则，这是非常可贵的。尽管他错误地把行业的区别看作是阶级的区别，可是他把社会阶级结构同社会经济相联系的原则却是正确的。可以说，他是从经济角度着眼划分社会阶级的首创者，虽然他的这种划分并不十分正确。但他从经济角度着眼的原则被后人接受了下来，经过杜尔哥，到亚当·斯密那里，对资本主义社会的阶级结构作出了基本正确的概括。

（八）经济表

魁奈认为，经济研究的目标之一，就在于"通过研究保证人类社会能使支出再生和持续的自然规律，以使支出达到可能的最大的再生产。为了达到这个简单的但是困难的和必须达到的目标，就要阐明支出的性质，特别是它们之间的相互关系"[②]。他认为，一个国家的国民收入，可以分为规模不变、规模扩大和规模缩小三种情况。他主要分析规模不变的情况。他认为，租地农场主每年必须支出和收回同样数额的预付，这是国民收入规模不变所必须具备的、"不可缺少的条件"[③]。国民收入规模不变的另一个不可缺少的条件，就是在流通和分配过程中需要有一定的货币量作为价值尺度和交换中介，并使这个货币量与每年的"纯产品"保持平衡。除了以上这两个不可缺少的基本条件外，国民收入规模不变还必须考虑以下这些条件：如支出和收入之间的均衡关系，如各阶级对农工产品支出之间的均衡关系，特别是土地所有者阶级在他们的"收入的支出"中对生产（或生产阶级）支出和不生产（或不生产阶级）支出之间的均衡关系，如消费和生产之间的均衡关系，以及人口和财富之间的均衡关系，等等。

经济表是魁奈最有天才的发现，是描绘整个社会再生产过程的最初尝试，《经济表》是他一部十分重要的著作。对重农主义来说，所有一切都在魁奈的《经济表》达到了顶点，是重农学派的核心和灵魂。[④]　经济表被看作是重农学派

---

① 《魁奈经济著作选集》，商务印书馆1981年版，第152页。
② 《魁奈经济著作选集》，商务印书馆1979年版，第245页。
③ 《魁奈经济著作选集》，商务印书馆1979年版，第314页。
④ ［美］小罗伯特·B.埃克伦德、罗伯特·F.赫伯特：《经济理论和方法史》，杨玉生、张凤林等译，中国人民大学出版社2001年版，第68页。

登峰造极的成就,它不仅概括了魁奈的理论和政策观点,还对社会总资本的再生产和流通过程进行了分析。经济表分析了一个国家国民收入的决定机制,即收入与支出的循环流。经济表可以算作是对于宏观经济最早的均衡分析,是经济思想史上系统的宏观经济理论的最早表述。它比重商主义更深入地考察了宏观经济,它分析的是一定时期内社会总产品、总收入在社会生产三大阶级之间的交换关系,这是进行宏观静态、总量的分析,无疑是凯恩斯经济学的先驱。《经济表》是魁奈分析社会资本再生产和流通的理论,是他全部经济理论体系的完成。《经济表》描述了在一种理想的经济中的商品流通和再生产,这种经济实行了重农学派的所有主要政策。在经济表中,魁奈的自然秩序、财富、纯产品、资本、经济结构和重农等观念都得到了体现。可以说经济表是上述理论的一个综合体现。马克思对魁奈的《经济表》给予了很高评价,认为魁奈分析社会总资本再生产过程的尝试,这是"在十八世纪三十至六十年代政治经济学幼年时期做出的,这是一个极有天才的思想,毫无疑问是政治经济学至今所提出的一切思想中最有天才的思想"[1]。

作为医生出身的魁奈,认为社会和物质机体是相似的,经济中财富和商品的流动与身体中血液的循环是相似的。坎特伯里评价说:"运用著名的《经济表》,魁奈进一步说明了农业剩余是如何流动的:地租、工资和商品通过整个经济转移出去,用以供养最低和最高端的社会阶层,就如同从蓬帕杜夫人的血管中涌出一样。"[2]

魁奈认为,探究苛严的皇家政策对法国影响的最好方式,是设想任何一年的作为收入和支出的循环流程的相互作用的过程。因此,任何有扩大该循环流程的政策都是与经济增长一致的政策。而任何限制这一循环流程的政策都是与经济增长不一致的政策。对这一概念充分加以修饰和精确化,乃是现代宏观经济理论的中心。当时,他在循环流动过程中挑选了一个关键因素,并通过考察各种政策对这一关键因素的影响来分析它们对整个经济的影响。今天的经济学家仍然在沿用这一方法论。[3]

魁奈所制作的《经济表》,至少有十几张,有人认为《经济表》多达46张。第一版《经济表》发表于1758年,第二版发表于1759年,第三版则于1759年末发表。[4]

---

[1] 《马克思恩格斯全集》26卷第I册,中央编译局,第366页。

[2] [美]E.雷·坎特伯里:《经济学简史:处理沉闷科学的奇妙方法》,中国人民大学出版社2011年版,第17页。

[3] [美]小罗伯特·B.埃克伦德、罗伯特·F.赫伯特:《经济理论和方法史》,杨玉生、张凤林等译,中国人民大学出版社2001年版,第68页。

[4] 《魁奈经济著作选集》,商务印书馆1981年版,第216页。

　　《经济表》可以归结为三种基本类型，即锯齿图式，描绘了一轮一轮的支出；提要图式和算术图式，描绘了总支出的结果。这三种基本类型反映了他对《经济表》制作的逐步改进和完善的过程。其中 1758 年的图式能够展示政府的各种不同干预对于经济的重大影响。这个表以土地所有者的收入支出为起点，把三个阶级之间的分配关系和商品货币的流通关系表现为分别属于三个阶级的三个家庭之间的关系，并且把生产阶级与不生产阶级之间的交换描绘成一个逐渐进行的过程。假定土地所有者将全部收入都用于支出，其中向生产阶级购买物品的生产性支出和向不生产阶级购买物品的不生产支出各占一半。而生产阶级和不生产阶级都分别将各自从土地所有者那里得到的货币收入的一半向对方进行购买，然后又再次将上一轮出售中得到的货币收入的一半再向对方购买，依此类推。这样，两大阶级各自在每一轮出售中所获得的收入构成一个等比递减的数列。这个数列的初项等于土地所有者支付给他们的收入额，数列的公比为二分之一。由于两大阶级之间的交换将一直进行下去，故该数列为一无穷等比递减数列。故可按公式计算两大阶级各自通过全部交换过程所获得的货币收入的总和。这一思想可以通过以下锯齿图式表达。①

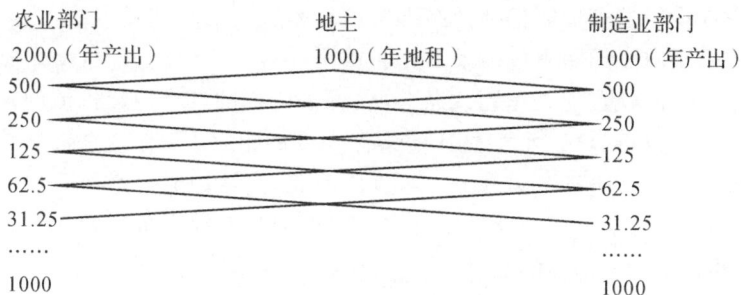

农业部门	地主	制造业部门
2000（年产出）	1000（年地租）	1000（年产出）
500		500
250		250
125		125
62.5		62.5
31.25		31.25
……		……
1000		1000

　　该图式假设农业投入会带来两倍的产出。开始地主有 1000 地租收入，将一半分别用于购买农产品和制造品，使两个部门各得 500 收入，然后两个部门都将其收入的一半向另一个部门购买，依此类推。最终，地主把 1000 的地租收入变成了食物和制成品。农业部门生产 2000 年产出，向地主和制造业部门出售 1000 产出，取得 1000 现金，作为下一年地租；保留 1000 产出作为下一年投入，再次取得 2000 年产出。制造业部门生产 1000 年产出，通过与地主交换，取得 500 现金，把这 500 现金与农业部门交换，换得 500 农产品，加上保留的 500 制造业产品，一共是 1000 产品，作为下一年的投入，再次生产 1000 年产品。于是整个生产过程年复一年持续进行。

----

　　① ［美］史蒂文·普雷斯曼：《思想者的足迹：五十位重要的西方经济学家》，江苏人民出版社 2001 年版，第 30 页。

　　由上述图式的数值可知,两大阶级各自的货币收入总和都是1000,是他们各自从土地所有者那里所获得货币收入500的两倍。而这个倍数恰好是一减去他们各自收入支出倾向(收入中用于购买的份额)二分之一的倒数。从这一点可以看到,魁奈早期的经济表已经粗略包含某种当代被称作是乘数理论的东西。而这是他后来的经济表所没有的。

　　如果地主这时突然运用大量金钱购买奢侈品而非农产品,那么农民收入将下降,地主和国王的收入也将随之下降,制造业的收入也将随之下降,最后各个阶级都遭受损失。[①] 当然这个结论与魁奈假设只有农业是生产性的有关。这时地主转移支出就意味着需求从生产性部门转向不生产的部门。因此整个社会的收入自然下降。

　　现在通常见到的经济表,也就是马克思提及过的经济表,是魁奈于1766年6月在《经济表的分析》中提出的算术图式,最能表述他的重农主义经济理论体系。与最初的表式相比,已经有了重大不同。它的重点是分析生产阶级的经营资本的再生产,把各个阶级之间的商品流通、财富分配表现为阶级与阶级之间的关系;流通过程不再像以前那样渐次进行,而是概括为几个大类商品的总体流动。它比早先的表更能把社会的再生产过程从宏观上加以描绘,但遗憾的是收入与支出倾向之间的乘数关系因此而被湮没了。对于这个表,马克思的评价是:"魁奈的《经济表》用几根粗线条表明,国民生产的具有一定价值的年产品怎样通过流通而进行分配,才能在其他条件不变的情况下,使它的简单再生产即原有规模的再生产进行下去。上一年度的收获,当然构成生产期间的起点。无数单个流通行为,从一开始就被综合成为它们的具有社会特征的大量运动——几个巨大的,职能上确定的,经济的社会阶级之间的流通。"[②]

　　关于这个表,魁奈明确提出以下假定:(1)"农业高度发达"[③],社会上普遍实行的是大规模租地农业经济。这就是说,他实际研究的是资本主义生产。(2)国民被分为三个阶级或部门:[④]一是完全由农民(或许还有渔民和采矿者)构成的生产阶级;二是由商人、制造商、家仆和手艺人组成的不生产阶级;三是所有者阶级,不仅包括地主,还包括各种有某种头衔的人。纯产品(按货币计算,即为纯收入)完全是由第一个阶级生产的,并能用于支持其自身的活动或其他

---

　　① 沃尔夫冈·灿克:"农富,则国富",载于尼格拉斯·庞巴、维夫赫德·海兹主编:《46位大经济学家和36本名著》,海南出版社2003年版。

　　② 《马克思恩格斯全集》第24卷,中央编译局,第398页。

　　③ 《魁奈经济著作选集》,商务印书馆1981年版,第311页。

　　④ 《魁奈经济著作选集》,商务印书馆1981年版,第308页。

两个阶级的活动。① 这样,复杂的交换关系就可以被简化为三个阶级之间通过商品货币的流通而完成的产品分配过程。(3)交换以固定的正常价格进行,而这种正常价格"是在能经常保持商业上的自由竞争,以及充分保证农业经营上使用的财富基金的条件下,各通商国家之间所采行的价格"②。这意味着排除了国家对再生产过程的干预。这样,表所描述的便是处于自然秩序支配下的再生产过程。(4)排除对外贸易。③ 这样,表所说明的便是不受国外市场干扰的稳定的经济状况。他实际上假定了一个有着发达的农业部门、谷物自由贸易并因此有稳定价格的大型王国。④

　　魁奈假定土地为地主所有,但由承租的农场主耕种,因此,农场主是社会上唯一真正的生产阶层。农场主生产的产品不仅要满足他们自己的需要,还要满足土地所有者的需要(包括国王、教会、公职人员,还有那些依赖土地所有者的收入生活的人)。另外,农场主的产出还要满足非生产阶级的需要(包括工业者和商人)。《经济表》表明了社会纯产品是如何在这三个阶级之间进行循环并被年复一年地再生产出来的。⑤ 这就是说,在一个理想的经济中,总产品的流通需要满足两个条件:第一,两个生产部门必须保证由技术规定的、在下一个时期继续生产所必需的投入,即再生产的资本预付;第二,纯产品必须归地主所有,因为他们创造社会的和政治的规则,这些规则调节在社会中保证再生产,以及必不可少的收入分配。⑥

　　除了上述被魁奈明确提到的假定之外,这个表事实上还暗含如下一些假定:(1)规模不变的简单再生产。(2)货币只在三大阶级之间流通,各阶级内部的流通被抽象掉。(3)土地所有者阶级的收入全部用于消费,储蓄为零。除此之外,魁奈还提出了一系列假定的数字。他假定,生产阶级每年以同一数额的年预付如 20 亿(利佛尔),每年同样继续生产 50 亿(利佛尔)农产品,这就是土地每年生产的纯产品总额。生产阶级从 50 亿(利佛尔)总产品中,向土地所有者阶级缴纳 20 亿(利佛尔)地租,另外 30 亿(利佛尔)形成"生产阶级的回收",其中 20 亿(利佛尔)由生产阶级自己保留,抵偿每年的生产费用,使年预付得到

　　① ［美］小罗伯特·B.埃克伦德、罗伯特·F.赫伯特:《经济理论和方法史》,杨玉生、张凤林等译,中国人民大学出版社 2001 年版,第 68 页。

　　② 《魁奈经济著作选集》,商务印书馆 1981 年版,第 311 页。

　　③ 《魁奈经济著作选集》,商务印书馆 1981 年版,第 324 页。

　　④ ［意］瓦吉、［澳］格伦尼维根:《简明经济思想史》,长春出版社 2009 年版,第 56 页。

　　⑤ ［美］斯坦利·L.布鲁:《经济思想史》,焦国华、韩红译,机械工业出版社 2003 年版,第 31 页。

　　⑥ ［意］瓦吉、［澳］格伦尼维根:《简明经济思想史》,长春出版社 2009 年版,第 57 页。

补偿,以便继续投资,重新再生产,另一个 10 亿(利佛尔)由生产阶级用作 100 亿(利佛尔)原预付十分之一的利息。这样,代表生产阶级的租地农场主每年就可以同样数额的预付,向土地所有者阶级租佃田地,购置生产工具和设备,雇佣劳动者,实现规模不变的生产活动。

魁奈的算术图式经济表如下:[①]

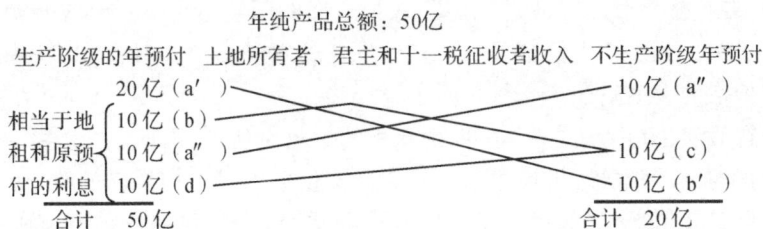

年纯产品总额: 50亿

生产阶级的年预付　土地所有者、君主和十一税征收者收入　不生产阶级年预付

```
                    20亿(a′)ᐟ                               10亿(a″)ᐟᐟ
        相当于地   ⎡ 10亿(b)    ⟍            ⟋              10亿(c)
        租和原预  ⎨  10亿(a″)ᐟᐟ  ⟍⟍       ⟋⟋
        付的利息  ⎩  10亿(d)                               10亿(b′)ᐟ
           合计    50亿                          合计    20亿
```

在这个图式中,魁奈把三个阶级之间在一年内所进行的无穷交换行为概括为几个大的交换行为。他对收入支出的过程所作的描述,是在一定的前提条件下进行的:(1)为简单起见,采用固定价格和规模不变的收入水平;(2)一个阶级内部发生的任何流通,都不予考虑,只考虑阶级与阶级之间的流通;(3)年度内各个阶级之间的一切买卖,都合算成一个总数;(4)略去对外贸易,即"假定国民只在本国进行交易"[②]。

下面分三个步骤介绍表的内容。首先介绍交换开始时各阶级所拥有的商品或(和)货币情况,然后介绍整个流通过程,最后介绍交换完成后各阶级所拥有的商品或(和)货币情况。

算术图式的经济表是以农产品收获完毕作为社会总流通的起点。其出发点是每年 50 亿利佛尔(当时法国的货币名称)的纯产品总额,列在图式的最上端。

在流通开始以前,三个阶级的经济状况如下:

生产阶级没有货币,但是持有上一年度利用 20 亿"年预付"和 100 亿"原预付"生产出来的 50 亿总产品。其中年预付与它所带来的纯产品的比例为100%。这些总产品按其价值构成来看,分为:补偿年预付的价值 20 亿,以利息形式补偿原预付的折旧 10 亿,纯产品 20 亿;按产品的使用方向看,40 亿是粮食,10 亿是原料。这 50 亿农产品,其中作为年预付的 20 亿需要保持原有的实物形态,将直接留在本阶级之内,不必投入流通;20 亿纯产品则必须全部投入流通,并转变成货币以支付当年的地租;相当于原预付的折旧的 10 亿农产品也必

---

① 《魁奈经济著作选集》,商务印书馆 1977 年版,第 319 页。
② 《魁奈经济著作选集》,商务印书馆 1979 年版,第 324 页。

须投入流通,以便转变为补偿原预付的工业品。总之,生产阶级要拿出50亿农产品中的30亿投入流通。

不生产阶级持有投下10亿年预付所生产出来的20亿工业品,这是它在上一年度生产出来的。20亿工业品的构成是:价值10亿的工业消费品和价值10亿的农业生产资料(农具)。这20亿产品都将进入流通。

土地所有者阶级持有生产阶级作为地租支付给他的20亿货币,这是生产阶级上一年度缴纳的,但是没有任何实物商品。为了维持本阶级的生存和奢侈享受,这20亿货币要全部投入流通,转变为实物商品。

50亿年总产品在三个阶级间流通,这个流通过程包括了商品流通和货币流通。魁奈把这个国家在一个经济年度内三个阶级之间所发生的无数交换行为,概括为五种具有特征的流通,可以把整个流通过程看成是按顺序进行的五个步骤,用五条线来表示:

步骤1:a—b线表示土地所有者阶级先以10亿货币向生产阶级的租地农场主购买10亿农产品。通过这个流通行为,土地所有者阶级得到了10亿农产品作为生活资料(食物),而在地租收入的20亿货币中,减少了10亿,还剩下10亿。租地农场主投入流通的30亿剩余农产品减少了10亿,还剩下20亿,但是收回了10亿货币。这个流通行为只是在三个阶级中的两个阶级之间进行的,称为"不完全的流通"。

步骤2:a—c线表示土地所有者阶级以另一个10亿货币向不生产阶级购买10亿工业品,通过这个流通行为,土地所有者阶级得到10亿消费用的工业品,但是原有20亿货币的地租收入全部花费完了。不生产阶级原有的20亿工业品减少了10亿,还剩下10亿,而取得了10亿货币。

步骤3:c—d线表示不生产阶级用他向土地所有者阶级出卖工业品所得的10亿货币,向租地农场主购买10亿农产品。通过这个流通行为不生产阶级取得了10亿农产品作为生活资料,把由土地所有者阶级向他们购买工业品付给的10亿货币又花费了。生产阶级取得了10亿货币,但原有的30亿剩余农产品又减少了10亿,只剩下10亿。

步骤4:a′—b′线表示租地农场主用他向土地所有者阶级出卖农产品所流回的10亿货币,向不生产阶级购买工业品。这是第四个流通行为。生产阶级取得10亿工业品,主要作为农业工具及其他农业生产资料,相当于租地农场主100亿原预付(即基本投资)十分之一(即10亿)的利息,补偿原预付的损耗,供本阶级生产消费之用。这时租地农场主原有的30亿剩余农产品仍余10亿,不生产阶级得到了10亿货币,但又减少了10亿工业品,使原有的20亿工业品全部售出。

步骤 5：a″—b″线表示不生产阶级用他向生产阶级的租地农场主出卖农具等生产资料所得的 10 亿货币，再向生产阶级的租地农场主购买 10 亿农产品。通过这个流通行为，不生产阶级支付了 10 亿货币，却取得了 10 亿农产品作为原料，使原来的 10 亿预付得到了补偿，这时生产阶级的租地农场主出售了最后一批的 10 亿农产品，使 30 亿的剩余农产品全部出售完毕，却又收回了 10 亿货币。连同上次不生产阶级收回的 10 亿货币，共计 20 亿，使租地农场主原来以地租形式付给土地所有者的 20 亿货币全部收回了。至此，这个年度的流通已告完成。

经过上述五个流通行为，其结果是：

土地所有者阶级通过步骤 1 和步骤 2，得到 10 亿农产品和 10 亿工业品作为粮食和生活用品，来满足一年的生活需要。

不生产阶级通过步骤 3 和步骤 5，得到 20 亿农产品，其中 10 亿是粮食，作为生活资料，用来支付他们的劳动。另一个 10 亿是原料，用以补偿 10 亿预付（即经营资本），这样又可继续进行 20 亿工业品的再生产。

作为生产阶级的租地农场主在原有的 50 亿农产品中，已保留 20 亿用作补偿年预付（即经营资本）；另 30 亿剩余农产品出售，通过步骤 3 和步骤 4，收回了 20 亿货币，同时通过步骤 5 换得了 10 亿工业品，这是租地农场主 100 亿原预付（即基本投资）十分之一的利息的转化形式。而这种利息不是从流通中产生的，它只是把剩余农产品中的 10 亿农产品通过流通转变为 10 亿工业品才得到实现的。租地农场主把这个 10 亿的利息，"大部分是用来在一年中作必要的修缮和基本投资的部分更新。其次，用来作为防灾的准备金。最后，在可能范围内，用来增加基本投资和经营资本，以及改良土壤，扩大耕种"①。租地农场主通过先后五次商品流通和货币流通的整个经济运动，保留 20 亿农产品，使年预付的经营资本得到了补偿。出售 30 亿剩余农产品，使 100 亿原预付的基本投资得到了十分之一的利息，同时收回 20 亿货币，又可以向土地所有者交付地租。有了这些条件，租地农场主又可以继续再生产 50 亿农产品。

总之，通过这一经济年度的整个经济运动，又恢复到这年度开始时三个阶级的经济状况，到了下一年度，同样的经济运动又重新继续进行下去。

魁奈在经济表中开创了把资本看作是由一系列"预付"组成的传统。首先，以原预付形式存在的是固定资本（牲畜、建筑物和工具）。原预付按 10% 所计的利息在表中被看成折旧。其次，以地主预付形式存在的是固定资本（排水、围墙以及持续的土地改良），它们没有计入表中。最后，在年预付名义下的是流动资

---

① 《马克思恩格斯全集》第 20 卷，人民出版社 1971 年版，第 275 页。

本(农业劳动过程中的工资、种子以及其他每年反复发生的成本)。这个流通过程如下:农场主的总价值是 50 亿,其中 30 亿由耕作中发生的生产费用所组成。农业生产者用他们自己产量的五分之二作为流动资本,五分之一出售给不生产的工匠以及交换补偿固定资本损耗所需的物品。因为农业生产者接受的只是"经营工资"(有生产性的是土地,而不是他们的劳动),剩余作为地租缴纳给地主。接下来地主用其收入 20 亿中的一半交换工业产品,同时,不生产的工匠从农业部门购买价值 20 亿的原料和食物。整个过程以从实物意义上进行展开,产量的五分之三进入流通。或者像魁奈所说的,它也可以同样在货币意义上被描述。在过程的开始,农业生产者握有该经济体系中的全部货币 20 亿。他们把它缴纳给地主换取租让服务,地主依次把它花在食物和工业品上;农业生产者现在花掉了 10 亿,恰好得到重置的固定资本,工匠花掉了全部收入的 20 亿买进农产品。最后,农业生产者得到 30 亿,花掉 10 亿,他们又回到起点,不生产部门的纯产品是零,20 亿货币又一次交给地主,作为新的一个生产周期的开始。[①]

在上述表中,魁奈实际上已经正确地掌握了分析再生产的基础。马克思指出:"W'…W'是魁奈'经济表'的基础。他选用这个形式,而不选用 P…P 形式,来和 G…G'(重商主义体系孤立地坚持的形式)相对立,这就显示出他的伟大的正确的见识。"[②]他把资本的全部生产过程表现为再生产过程,使流通过程仅仅表现为这种再生产的形式,而货币流通仅仅表现为资本流通的要素。他把千千万万个个别的交换行为高度概括为几个阶级之间、工农两大部门之间的交换。他又把各阶级收入的来源,各阶级在经济上的相互关系,资本和所得的交换,再生产消费对最终消费的关系,都包括在这个再生产过程中;把资本和收入间的流通包括在资本流通中;把工农两大部门之间的流通表现为再生产过程的要素。这个表不仅表现了物质的再生产,而且表现了经济关系的再生产。这一切都启迪后人科学地分析社会资本的再生产和流通。

尽管经济表是天才的创见,它仍然存在一些严重的缺陷:

其一,片面地认为只有农业才是生产部门,农业劳动才生产纯产品。由于这种重农主义偏见,即把农业看成唯一的生产部门,结果在他的算术图式中存在这样一些缺点:(1)没有把不生产部门的 20 亿工业品算入社会总产品之中;(2)把不生产阶级的 20 亿工业品看成全部卖给了土地所有者和生产阶级,而没有给自己留下任何工业品。但是这一错误观念却成为魁奈单一土地税主张的

---

①　[英]马克·布劳格:《经济理论的回顾》,中国人民大学出版社 2011 年版,第 14—15 页。

②　马克思:《资本论》第 2 卷,人民出版社 1957 年版,第 99 页。

理论依据。

其二,把资本主义再生产过程描绘成一个始终均衡的过程,不能揭示现实中出现经济危机的原因和必然性。这是因为他不现实地假定土地所有者阶级消费掉自己的全部收入而不进行储蓄,同时另外两个阶级的投资都正好等于储蓄,而折旧则保持一定。因此他事实上暗含了总供给必然与总需求相等的假定,经济危机就被这些假定排除掉了。

其三,只是划分生产部门为农业部门和工业部门,没有划分出生产资料生产部门和消费资料生产部门,这样就难以清楚准确地揭示简单再生产的均衡条件。

其四,社会总产品只包括农业的 50 亿产品,而没有包括工业的 20 亿产品。工业生产只有年预付而无原预付。

其五,除了土地所有者阶级之外,另外两大阶级都不以工业品为自己的消费资料,而且工业部门甚至完全不消耗自己的产品。

菲利普斯首次以下面的表格形式将魁奈的《经济表》表示为投入产出表。

	农业	工业	地主	GDP
农业	20	20	10	50
工业	10		10	20
地主	20			20
国民收入	50	20	20	90

前两行和前两列表述部门之间的投入,第三行可以被解释为一种增加价值,它将国民收入提高到 90 亿利弗尔。第三列的前两行表示与纯产品相等的净最终需求的构成。具有讽刺意味的是,用投入产出表表示《经济表》,表明工业提供了也是必需的 10 亿里弗尔投入。[①]

还有,魁奈的《经济表》暗示工业阶级没有留下任何制成品供自己消费。罗纳德·L. 米克对这个问题作出了回答。他发现重农学派的文章暗示着非生产阶层的规模仅是生产阶层的一半,因此,他们并不需要从农场主那里买来全部价值 20 亿里弗尔的食物和原材料。相反,他们出口一部分食物用来支付进口的制成品。[②]

这就是说在《经济表》中存在明显的形式上的缺陷。《经济表》简单地假定

---

① [意]瓦吉、[澳]格伦尼维根:《简明经济思想史》,长春出版社 2009 年版,第 57—58 页。

② [美]斯坦利·L. 布鲁:《经济思想史》,焦国华、韩红译,机械工业出版社 2003 年版,第 31 页。

不生产部门占有固定资本但不能提供资本的重置。假定竞争把该部门产品价值压低到工人和管理者的工资总额，但是在这里或别的地方都没有标明为什么农场主之间展开对工人的竞争，也没有去寻求土地地租不为零的答案。在说明工业是不生产的或证明农业必然产生纯产品上，魁奈都是不成功的。[①]

上述这些缺陷，有的是魁奈基本观点错误的逻辑后果，有的则是由于他所处时代资本主义生产方式还很幼稚，还不能把正常资本主义社会才有的经济现象充分表现出来。

尽管如此，魁奈的《经济表》仍然对一个国家宏观经济的运行机制提出了许多有价值的见解：(1)他对宏观经济的分析抽象了微观的各种细节，从而使分析能反映宏观经济收入—支出的基本联系；(2)分析显示了需求在决定国民收入水平时的重要意义；(3)分析显示了国民经济内部不同部门之间的相互联系，显示了他把整个国民经济作为一个相互联系的系统来看待。

魁奈的经济表开创了运用图表表达经济思想的先河，是经济学发展过程中第一次运用抽象模型来研究经济现实，在方法论上具有重大而深远的意义。经济表所表达的思想沿袭了法国经济学由布阿吉尔贝尔所开创的有别于英国经济学的一大特点，即注重经济各部门之间相互联系的一般均衡分析方法(至于他本人是否直接受到布阿吉尔贝尔的影响则有待进一步考证)，当然这种分析也许与他本人的医生职业而倾向于从对象的整体考虑问题的思想方法有关。由于这个表显示了货币仅仅是交换媒介，它从逻辑上预示了后来的萨伊定律：供给自动创造需求(至于萨伊是否直接受到魁奈的影响则有待进一步考证)。这个表从逻辑上看也是后来瓦尔拉斯一般均衡模型的先驱(至于瓦尔拉斯是否直接受到魁奈的影响则有待进一步考证)。它后来起码启发了马克思的两大部类分析和里昂蒂夫的投入—产出分析。它也是凯恩斯乘数理论的最初表述。

(九)发展社会经济、增加社会财富的经济政策主张：重视农业，重视消费，经济自由，地租单一税，对外贸易

魁奈针对当时法国农业衰败、人民生活和国家财政的困境，以他的经济表所表达的理论模型为依据，提出了以下一些发展社会经济、增加社会财富的政策主张：

(1)关于发展农业的主张。魁奈以高度重视农业而著称。他认为农业是财富的唯一源泉，是工商业和社会其他一切行业赖以生存和发展的基础，是最适合自由人从事的职业。[②] 他提出生产者是人口中的主要部分，而其他人则与他

---

① [英]马克·布劳格：《经济理论的回顾》，中国人民大学出版社 2011 年版，第 16 页。
② 《魁奈经济著作选集》，商务印书馆 1981 年版，第 169 页。

们的人数构成一定的比例①;提出工业、艺术的发展必须与纯产品的增加相适应②;提出工商业应当以本国的农产品为原料和对象,否则不可能稳定发展③;指出减少非生产者人数,增加生产者人数,将引起财富的增加。④ 这些观点可以归纳为一个命题,就是一定发展程度的农业,是其他各业发展的基础。为了发展农业,他提出了一套主张。

首先,魁奈主张发展资本主义大农业。这表现在两个方面:一是强调农业生产的目的是取得最大收入。⑤ 二是主张按资本主义方式进行农业生产。他把租地农场主经营的农业企业分成两类:一类是由富裕的租地农场主经营的大农业企业,即按资本主义方式经营的大农业;另一类是由较贫穷的租地农场主经营的小农业企业。在他看来,要发展农业,就需要有大量投资,这只有大农业企业才能做到。而大农业企业却比小农业企业以更低的生产费用为社会提供更多的"纯产品"。小农业企业除了维持自己的生存以外,几乎不能为社会提供什么"纯产品"。因此,他主张积极扶植和发展大农业企业。他说:"用于种植谷物的土地,应当尽可能地集中在由富裕的租地农场主经营的大农场。因大农业企业和小农业企业相比,建筑物的维修费较低,生产费用也相应地少得多,而纯产品则多得多……纯产品愈多,可以使从事于其他劳动和工作的人们取得愈多的利得。"⑥而这种"富裕租地农场主,并不是自己耕种土地的普通劳动者,他认为自己是依靠智力和财富取得收入,和经营管理企业的企业家。由富裕的耕作者所经营的农业,是非常阔绰的利润很大的企业。只有这种农业,才能够预付土地耕种所必要的大量费用,是自由人所能做的职业,并且是雇佣着农民……真正的租地农场主,即真正的资本主……只有这些租地农场主的财富,能够产出国民的生活资料,社会的安宁,君主、土地所有者和僧侣的收入,可以分配给所有职业的收入,众多的人口,国家的实力,以及国家的繁荣"⑦。这里清楚地表明他主张发展的农业,乃是采用雇工劳动,进行资本积累,以谋利为目标的资本主义大农业。

其次,魁奈主张尊重私人利益,实行自由放任,反对政府干预,反对妨碍农业发展的法律。当时的法国,有许多法律阻碍着资本主义农业的发展,甚至妨

---

① 《魁奈经济著作选集》,商务印书馆1981年版,第86页。
② 《魁奈经济著作选集》,商务印书馆1981年版,第180页。
③ 《魁奈经济著作选集》,商务印书馆1981年版,第35页。
④ 《魁奈经济著作选集》,商务印书馆1981年版,第437页。
⑤ 《魁奈经济著作选集》,商务印书馆1981年版,第17页。
⑥ 《魁奈经济著作选集》,商务印书馆1979年版,第336页。
⑦ 《魁奈经济著作选集》,商务印书馆1979年版,第68—69页。

碍一般农业的发展。他要求取消禁止农产品出口的法令,实行自由贸易,以提高谷物价格。他分析当时法国农业衰退的原因之一,是不合理的税制;另一个原因是统治者在发展工业时,不重视农业,甚至通过损害农业的方式来发展工业。这是由于统治者在重商主义思想支配下,把出口工业和商业放在首位,为了保持工业品出口的竞争力,用禁止谷物出口的办法来压低谷物价格,从而降低工业成本。限制谷物出口的结果造成了谷物价格随谷物年成的好坏而暴涨暴跌,但耕作者在谷物价格暴涨时的收益往往不能抵补暴跌时的损失,这就导致了耕作者的普遍贫困。而这种贫困的结果,就造成了消费不足和缺乏发展农业生产所必要的资金。他认为,这是造成农业衰退的直接原因。他看到,压低谷价的目的是为了保证城市居民的生活,降低工业成本。但其客观效果并非如此,因为低谷价引起的农业衰退造成了其他必需的农产品如牛油、干酪、鸡蛋、蔬菜等副食品价格的上涨,从而冲销了城市居民因谷价低廉而获得的好处。①

为了扭转农业的衰败状态,魁奈认为,除了改革税制,必须提高谷物价格,使耕作者能保证家庭生活,并有利润收入。他还从农业不像商业那样容易取得贷款这一点来论证提高谷价,使耕作者富裕起来,从而拥有充分资金的必要性。② 除了提高价格外,还必须使谷价保持稳定。而谷价稳定是农业发展的重要条件。③ 为了达到稳定的高谷价,就必须刺激国内消费,实行谷物贸易自由,以提高谷物价格。在他看来,若谷物不能出口,则多余的谷物就成为无价值之物,而谷物自由出口不仅有利于销售,而且还能稳定谷物价格,做到以丰补歉,增加耕作者的收入。④ 他认为谷物的出口是"农业复兴"的"根本条件"之一。⑤ 为了提高并稳定谷价,他还特别强调发展农村贸易。⑥

第三,魁奈主张开展合理的多种经营。他认为要发展法国的农业,必须把谷物种植、牲畜饲养、葡萄栽培三者有机地结合起来。他指出,谷物的耕种,"是农业的基础和本源,因为只有谷物的耕种才能够饲养很多的家畜……而畜牧业的发展,是丰收的保证"⑦。同时,作为法国"重要经济部门"的葡萄园和葡萄酒酿造业,与谷物种植也是"相互帮助的,并且一起促进土地产品的增长"⑧。

---

① 《魁奈经济著作选集》,商务印书馆 1981 年版,第 25 页。
② 《魁奈经济著作选集》,商务印书馆 1981 年版,第 27 页。
③ 《魁奈经济著作选集》,商务印书馆 1981 年版,第 20 页。
④ 《魁奈经济著作选集》,商务印书馆 1981 年版,第 24 页。
⑤ 《魁奈经济著作选集》,商务印书馆 1981 年版,第 80 页。
⑥ 《魁奈经济著作选集》,商务印书馆 1981 年版,第 206 页。
⑦ 《魁奈经济著作选集》,商务印书馆 1979 年版,第 18 页。
⑧ 《魁奈经济著作选集》,商务印书馆 1979 年版,第 196 页。

此外,魁奈还主张繁荣农业必须普及农业生产"知识和经济学的知识"①。

第四,增进积累资本,增加农业投资的"预付"。魁奈认为必须不断地把财富投入生产,增加预付,反对"滞积的财富",反对"不生产的储蓄",这样才能增加财富。② 这说明他已经看到了把财富转化为投资,增加资本积累对财富增加的重要意义。值得注意的是,他看到了资本积累比人口的增加对财富的增殖有更重要的作用。③ 而人口只有与财富保持适当的均衡时,才能促进财富增长。④ 他之所以更重视增加预付,促进资本积累对财富增殖的作用,是因为他认识到了资本积累能提高劳动生产率,增加收入。⑤ 可以说他提出了一种主要依靠增加预付而不是靠增加人口的方式来致富,这是与重商主义不同的方式。

(2)关于提高消费水平的主张。在财富的生产与消费的关系上,魁奈承认生产是起主导作用的,因为消费来自收入,而收入是由生产创造的,但他又认为,消费对生产是具有重大作用的。他说,产品"如果不去使用和消费,那末产品也就失去了作用。正是消费使它成为商品,并且维持着它的价格,产品的值钱的价格和巨大的数量,产生收入并促成国民财富的每年增长。因此,在增加产品的生产和消费方面,人们本身就成为自己财富的第一个创造性因素"⑥。

魁奈和其他古典经济学家一样,把人的生产看成是财富的创造因素,这是对重商主义的一个革命性进步;同时,魁奈又把人的消费也看成是财富的一个创造因素,这不能不说是一个创见。他说:"人们通过消费可以恢复自己每年生产的财富。"⑦"消费是再生产的必不可少的条件。"⑧从这种观点出发,他主张应当让有钱人自由地花钱,雇佣仆人,以增加整个社会的消费,并认为土地所有者应当花尽他们的收入,以便维持再生产的正常进行,并认为土地所有者对国家的益处仅在于他们的消费。⑨ 在他看来,土地所有者阶级的消费构成对再生产的影响是很大的。他指出,土地所有者阶级的"这些收入用于这方面或那方面,用于食物或用于家具设备,其数量大小因各人爱好而极不相等。这里假定再生产的支出平均每年能带来同样的收入。但是由于生产支出和不生产支出彼此

① 《魁奈经济著作选集》,商务印书馆1979年版,第250页。
② 《魁奈经济著作选集》,商务印书馆1981年版,第353页。
③ 《魁奈经济著作选集》,商务印书馆1981年版,第170页。
④ 《魁奈经济著作选集》,商务印书馆1981年版,第363页。
⑤ 《魁奈经济著作选集》,商务印书馆1981年版,第365页。
⑥ 《魁奈经济著作选集》,商务印书馆1979年版,第103页。
⑦ 《魁奈经济著作选集》,商务印书馆1981年版,第140页。
⑧ 《魁奈经济著作选集》,商务印书馆1981年版,第143页。
⑨ 《魁奈经济著作选集》,商务印书馆1981年版,第167页。

间所占的优势程度的不同，每年再生产的收入就可能发生变动，这是根据经济表图解中的变化而容易想象到的"①。

为了提高整个社会的消费水平，魁奈还反对降低劳动人民的生活水平，"因为如果降低他们的生活水平，就会使他们不能够充分消费掉只由国内消费的农业产品，这样就会减少一国的再生产和收入"②。他不仅从人民的贫困会减少消费的这一点来反对使人民贫困，而且从富足能刺激人的劳动热情这一点来反对使人民贫困。他指出："富足的生活能够促使人们爱好劳动。"③并指出："为了对农村居民的苛敛诛求辩护，不正当的征税者，原则上总是提倡必须使农民贫困，以免他们怠惰。傲慢的资产者是喜欢采用这个野蛮的原则的。因为这些资产者，没有注意到其他更为决定性的原则，就是没有任何积蓄的人，只是为糊口吃饱而劳动；一般的人由于渴望财富，所以凡是有积蓄能力的人，都是勤勉的。受压迫的农民所以怠惰的真实原因，在于生产物的交易不自由，使农产物陷于无价值的状态；还有由于其他原因使农业衰落的国家，工资过低和雇佣极少。苛敛诛求、生产物的低价，没有足以驱使他们去劳动的利得，使他们流于怠惰，成为违禁打猎者、流浪者和掠夺者。这样的强制的贫困状态，并不是引导农民勤勉起来的途径，总之，要给他们以勇气和活力，除了保证他们的利得的所有和享受之外，没有其他方法。"④因此，他认为，有"见识的为政者，对于徒使农村陷于荒芜，使人讨厌的破坏性原则，要愤怒地给以拒绝。因为他们并不是不知道能够使国民富裕的，是农村居民的富裕。如农民贫困则国家也贫困"⑤。

魁奈关于提高消费水平的主张，尤其是关于提高下层人民消费水平的主张，在资本主义的形成时期就提出来，确实是难能可贵的。这也是法国古典政治经济学与英国古典政治经济学的重大差别之一。在英国只是到了凯恩斯以后，消费对于财富形成的巨大作用才为人们所充分认识。

魁奈虽然重视消费，但他也反对无节度的奢侈，认为如果奢侈的结果引起预付的减少以及对生活必需品需求的减少，那么这种奢侈将毁灭国家。⑥ 同时，他也没有把提高消费水平以增进财富的主张无条件地绝对化，而是认为只有农业大国才可能通过提高消费来增进财富；而那些主要靠中转贸易为生的国家，他认为就要靠节俭来增进财富了。

① 《魁奈经济著作选集》，商务印书馆 1979 年版，第 225 页。
② 《魁奈经济著作选集》，商务印书馆 1981 年版，第 337 页。
③ 《魁奈经济著作选集》，商务印书馆 1981 年版，第 136 页。
④ 《魁奈经济著作选集》，商务印书馆 1981 年版，第 362 页。
⑤ 《魁奈经济著作选集》，商务印书馆 1979 年版，第 362 页。
⑥ 《魁奈经济著作选集》，商务印书馆 1979 年版，第 226 页。

(3)关于实行经济自由的主张。当时法国各种清规戒律严重束缚了资本主义生产的发展。其中最主要的是各种妨碍贸易自由的法令和各种苛敛诛求的税制。针对这种情况,魁奈依据他的自然秩序理论,提出了实行经济自由的主张。经济自由便成为反对封建桎梏,发展资本主义的响亮口号。在他看来,为自然权利所规定的,在不妨碍别人的情况下实行经济自由,"是增加社会财富和私人财富的重要条件"①。

魁奈主张实行经济自由的实质,是反对封建的违反习惯的不利于经济发展的法令,企图建立有利于经济发展的制度。他主张经济自由的思想基石,是自然权力和对个人主义的推崇。他的自然权力实质上是每个人自由支配自己的财产和能力的权力。② 他认为法定权力往往违背自然权力③,同时又认为如果法律符合自然秩序,则自然权力将得到充分的伸张。④ 他实际上是把每个人都追求个人利益会导致普遍幸福作为自己的前提的。在他看来,人们自己比那些决定政策的统治者更明确自己的利益。⑤ 因此,他认为"只有自由和私人利益才能够使国家欣欣向荣"⑥。认为应当尊重个人利益,反对违反习惯的不利于经济发展的法律。⑦

魁奈主张实行经济自由,包含三个方面的内容:自由选择、自由贸易和自由竞争。

自由选择是指每个人有选择职业的自由。魁奈说:"每一个人应当根据自己的才能和居住地点,根据供其取得最有利产品的土地的状况,自己决定把自己的劳动和经费花在对他最有利的生产上。如果他选择错了,那末他本身的利益会促使他很快地发现错误。"⑧在他看来,利己心会使人们选择有利的职业,而只有实行自由选择,才能使收入合理分配。

自由贸易是指国内商业和对外贸易的完全自由。在魁奈看来,自由贸易能促进航运业、农业、商业的发展,能增进法国的财富,能解决货币缺乏等问题。他在论述自由贸易时,往往是和自由竞争联系在一起的。他说:"自然的贸易政策在于建立自由的和不受限制的竞争,这种竞争能保证国家有尽可能多的购买

---

① 《魁奈经济著作选集》,商务印书馆1979年版,第393页。
② 《魁奈经济著作选集》,商务印书馆1981年版,第384页。
③ 《魁奈经济著作选集》,商务印书馆1981年版,第295页。
④ 《魁奈经济著作选集》,商务印书馆1981年版,第306—307页。
⑤ 《魁奈经济著作选集》,商务印书馆1981年版,第198页。
⑥ 《魁奈经济著作选集》,商务印书馆1979年版,第166页。
⑦ 《魁奈经济著作选集》,商务印书馆1981年版,第18页。
⑧ 《魁奈经济著作选集》,商务印书馆1979年版,第151—152页。

者和出售者,从而保证它在买卖交易时达成最有利的价格。"①在他看来,自由竞争是最有利于商业和贸易的政策。他说:"对于国民和国家最有利的国内商业和对外贸易的政策,在于保持竞争的完全自由。"②他还认为,外国商人的竞争也有助于打破本国商人的垄断,而这种垄断是会破坏农业生产的;同时,也只有实行自由竞争,才能保证实现等价交换的原则。

在魁奈看来,法国的国民财富只能通过对农业的大量投资增加,这决定法国农产品,尤其是谷物应该有一个好价钱。为了达到这一目标,他建议谷物应自由贸易,外国需求会维持法国谷物的价格,来自外国商人的竞争制约了法国交易商的权力。不断拓展的市场也扩大了有效需求,将谷物价格稳定在保证法国农场主获得高利润的水平上。

在《农业哲学》一书中,米拉波描述道,自由贸易的价格效应不仅有益于农业,而且有益于整个王国,包括地主。谷物的自由贸易能够创造一种良性循环或再生产;高利润产生高投资,产生递增的收益,降低单位生产成本,甚至可以在更低的零售价格上,导致地租和利润的增长。因此,消费者也因食物的自由贸易而大大获益。在这一设计中,提高农场主的利润水平,引发投资增长,商人要承受这样做所必需的收入在分配改革的全部负担,这种再分配通过法国谷物自由出口提高的批发价格而发生,它对农场主收入有利。就其维持法国农产品的销售不可或缺这一点而言,魁奈支持自由贸易。他反对外国工业产品的自由进口。地主(只有他们拥有真正的可支配收入)必须购买法国农产品而不是进口的奢侈品。③

魁奈主张自由贸易着眼于稳定和提高农产品价格以振兴农业,并促进国民经济均衡发展。布阿吉尔贝尔论述了自由贸易对国内经济的有利影响,魁奈则进一步深入详尽地论证了这一点。他把小麦的收成按不同丰歉分成五等,又按丰年小麦价格低、歉年小麦价格高算出不同年份的总收入,但隔年的耕作费用是相同的。他按照这种方式列出禁止谷物出口时的小麦价格和收入表,与列出的可自由出口时的小麦价格和收入表进行比较。很显然,与在禁止谷物出口情况下相比,在自由贸易情况下小麦的价格必然波动较小,在小麦价格波动小的情况下,共同售价(即五年内总收入除以总产量)按魁奈所列数字计算,要比小麦价格波动大时高。可以推断,小麦自由进出口使一国小麦歉收时价格不至于上升得过高,也可以使小麦丰收时价格不至于下跌得过低。在一定条件下,(如法国,或在大多数情况下)似乎可以使国内农业在生产上补偿一切支出有余,从

---

① 《魁奈经济著作选集》,商务印书馆 1979 年版,第 415 页。
② 《魁奈经济著作选集》,商务印书馆 1979 年版,第 338 页。
③ [意]瓦吉、[澳]格伦尼维根:《简明经济思想史》,长春出版社 2009 年版,第 58 页。

而使农业能够正常发展,同时保持国民经济的均衡发展。

魁奈关于实行贸易自由的主张同"纯产品"学说密切联系在一起。他认为,工业只是把农业提供给它的原料和生活资料转变为另一种形式,即工业品的形式,并作为等价归还给农业。因此,最好是使这种把农产品转变为工业品的过程不受任何干扰地、最便宜地进行。为了要做到这一点,他认为只有依靠实行自由竞争,即听任资本主义生产自由运行。他主张实行自由贸易政策,目的是要提高农产品的价格和压低工业品的价格,使工业产品能按等价来进行交换,从而吸收更多的资本到农业中来,促进资本主义农业的繁荣和发展。

魁奈还认为,在"在加工方面的过度奢侈浪费会很快毁掉一个强大、富裕的国家"。他主张支出应更多地花在原材料上。在一个贵族热衷于奢侈浪费、而工业在积累财富扩大投资方面远不如农业和采矿业重要的时代,这是关于经济增长的一种政策建议。但是,魁奈的思想也带有一些中世纪的痕迹。这清楚地表现在他对农业的赞扬和认为政府应该使利率保持固定这一点上。在这一方面他与其他重农学派的经济学家的观点相反。魁奈也很赞成"公平价格"的概念,但他认为自由市场而不是政府管制更容易达到"公平价格"。[1]

在魁奈等重农主义者的影响下,从 1763 年末至 1764 年 7 月,两位财政大臣贝尔坦和德拉维尔迪先后对谷物贸易实行了一定程度自由化。事实上,这是遵照重农学派处方实行的仅有的政策实践。谷物价格提高了,但却未能印证重农学派预言的农业中的资本积累,法国交易商仍然保留了其大部分权力。舆论相信谷物的自由贸易是其昂贵的原因,1770 年的一项法令取消了旧制度期间的谷物自由贸易。[2]

魁奈主张实行经济自由,并不是主张任何经济活动都自由放任,国家不予任何干涉。例如,在资本市场上,他并不主张由供求双方通过竞争,自发地确定利率。他认为自发确定的利率将会把土地收入都吸收到借贷者那里,从而有损于农业。他说:"没有任何理由以贸易的利益为借口,认为永久租金的利率应当根据债主和债务人之间竞争的大小而增减。这样只会使国家破产,因为在困难时期债务人的人数会大大超过债主的人数;利息就会因之而大大提高,最后租金会把土地收入吸取过去,土地耕作会逐渐变坏,借债的需要愈来愈大。随着收入的减少,利率会过度提高,不动产的抵押迫使土地所有者放弃自己的土地,荒废的土地成了食利者的唯一的资源,由于被他们弄得破产的人十分贫穷,他

① [美]斯坦利·L.布鲁:《经济思想史》,焦国华、韩红译,机械工业出版社 2003 年版,第 33 页。

② [意]瓦吉、[澳]格伦尼维根:《简明经济思想史》,长春出版社 2009 年版,第 58 页。

们自己也会因之而破产。"①他强调利息水平要服从自然秩序和道德秩序,主张由法律规定一个利率的最高限度。而法定利率的思想与经济自由的主张是冲突的,同时又是他重农思想的必然结论。为了使法定利率与经济自由两种观念协调起来,他强调借贷和贸易是两回事,故适应于贸易中的自由是不适合于借贷领域的。他事实上把经济自由限定在贸易领域。

(4)关于合理征税的主张。魁奈依据他的自然秩序理论,抨击了当时法国的征税制度。他认为单就征税人员来说,就超过了在不损害农业的前提下所容许的范围,从而减少了国家的财富。他同意布阿吉尔贝尔的看法:"对国家造成巨大危害的不是征税本身,而是征税的方式。"②他反对当时法国实行的租税包征制,他认为这种租税包征制给贸易和粮食生产造成了严重的损失。他要求取消一切妨碍农业和贸易发展的赋税。如果取消了妨碍贸易和农业的各种赋税,就"可以从贸易和农业丰收中得到百倍的补偿"③。

魁奈从"纯产品"理论出发,坚决反对向耕作者任意征税。他认为这将使耕作者不再愿意对农业进行投资。他尤其反对向充作预付的资金征税。④ 他也反对向农产品和商品征收间接税,认为这并不会把税负放在富裕的消费者身上,却会引起浩大的征税费用。⑤

魁奈认为,"应该直接对土地所有者的收入征税"⑥。这就是他的地租单一税的主张。他主张按确定的比例征税,使税额与国民收入保持均衡,并随后者的增加而增加。他认为实行地租单一税,可以简化税制和减少征收费用。有趣的是,尽管他认为农业生产是"生产性的",但他并没有质疑土地所有者获取地租的权利。他认为,是自然界而不是工人生产了经济剩余。因此,地主拥有对剩余产品的所有权利。这种权利是与土地所有权相一致的。这个阶级进行了使土地进行生产所必需的原始资本投资,因此,它拥有剩余产品的所有权利。所以,他自认为是地主权利的捍卫者;但是,他提出仅对地主征税的建议被地主们看作是对他们利益的一种侵犯。⑦ 对于他的地租单一税,马克思评论说:"在重农学派本身得出的结论中,对土地所有权的表面上的推崇,也就变成了对土

---

① 《魁奈经济著作选集》,商务印书馆 1979 年版,第 444 页。
② 《魁奈经济著作选集》,商务印书馆 1979 年版,第 184 页。
③ 《魁奈经济著作选集》,商务印书馆 1979 年版,第 197 页。
④ 《魁奈经济著作选集》,商务印书馆 1981 年版,第 191 页。
⑤ 《魁奈经济著作选集》,商务印书馆 1981 年版,第 186 页。
⑥ 《魁奈经济著作选集》,商务印书馆 1979 年版,第 218 页。
⑦ [美]斯坦利·L.布鲁:《经济思想史》,焦国华、韩红译,机械工业出版社 2003 年版,第 32 页。

地所有权的经济上的否定和对资本主义生产的肯定。一方面,全部赋税都转到地租上,换句话说,土地所有权部分地被没收了——而这正是法国革命制定的法律打算实施的办法,也是李嘉图派的充分发展的现代政治经济学的最终结论。"①

除了地租单一税之外,魁奈还谈到可对殖民地产品征税,只要征收开支不过大。② 还可征收人头税。③ 在谈到对工业部门征税时,他认为要特别注意合理分配税负,让工业家们自行选择合适的纳税方式。④ 他还提出对下层人民征税不可过分,以免压抑了消费不利于财富的增加。⑤

魁奈认为,探究苛严的皇家政策对法国的全部影响的最好方式,是设想任何一年的作为收入和支出的循环流程的相互作用的过程。因此,任何有扩大该循环流程的政策都是与经济增长一致的政策。任何限制这一循环流程的政策都是与经济增长不一致的政策。当时,魁奈在循环流程过程中挑选了一个关键的因素,并通过考察各自政策对这一关键因素影响来分析它们对整个经济的影响(注意,今天的经济学家仍然沿用这一我们所熟悉的方法论)。⑥

魁奈根据经济表的分析,认为社会经济要保持平衡,必须使得再生产保持一定的比例,使国家的税收与整个财富生产保持一定的适当的比例,而农产品价格也要保持在一个较高的适合水平。如果国家税收超过合适比例,并且来自土地耕作的本金(包括原预付和年预付),那么,预付的减少就会使得整个社会财富的生产缩减。再者,如果农产品价格降到较低水平,农民不能以其产品价格补偿其预付支出,那么农民的消费就会减少,并最终导致整个社会消费不足,而社会消费不足将会严重破坏农业生产以及整个社会的经济平衡。

魁奈强调征税要有通盘考虑。他说:"征税的时候,应当从可能的最大产量的总数出发,从它的各个部分的相互关系对价格、对人口增长、对农产品生产影响出发;而不应当以每一种个别产品的价格和数量作为根据,应当研究它们相互之间的支持作用。"⑦

魁奈反对单纯用征税来增加君主的收入。他提出应当以增加国民收入为

---

① 《马克思恩格斯全集》26卷I,人民出版社1972年版,第27页。
② 《魁奈经济著作选集》,商务印书馆1981年版,第202页。
③ 《魁奈经济著作选集》,商务印书馆1981年版,第203页。
④ 《魁奈经济著作选集》,商务印书馆1981年版,第200—201页。
⑤ 《魁奈经济著作选集》,商务印书馆1981年版,第139页。
⑥ [美]小罗伯特·B.埃克伦德、罗伯特·F.赫伯特:《经济理论和方法史》,杨玉生、张凤林等译,中国人民大学出版社2001年版,第68页。
⑦ 《魁奈经济著作选集》,商务印书馆1979年版,第199页。

基础来增加君主的收入。他说:"君主的巨大收入只能建立在恢复国家收入的基础上,换句话说,就是建立在恢复农业的基础上。而要达到这一点,只能通过使耕作者的财富增加的方法,并且用工资来刺激农民的劳动,使他们相信他们能得到工资。"①

魁奈还提出了国家财政和公共开支的若干原则:一是整个国家的财政收入都要建立在国民繁荣的基础上,而不能靠借债,不能依赖金融业者的信用。这反映了他由于约翰·劳所创办的银行的破产而引起的对于金融业的不信任。二是政府应少致力于节约、多致力于使国家繁荣的事业。他甚至主张:"为了增加财富,过多的支出,也不算过度。"②从这里可以看到,他已经看到了政府开支有增加财富的作用,因而主张政府进行生产性开支。由此可见,他的经济自由并不排斥政府进行生产性的投资。这在主张经济自由的古典经济学家中,确实是别具一格的。三是在兴办增加财富的公共事业时,尤其是大规模的,是必须考虑纳税人利益的。他认为,只有当纳税人能获利时方可兴办。否则"由于不规则的课税和不绝的赋役",会"变成毁灭性的事业","最后达到得不偿失的破败的结果"③。

(5)关于发展对外贸易的主张。魁奈是主张发展对外贸易的,但他反对重商主义者的外贸必须出超的主张,认为出超并不等于盈利。④ 他宣称盈利是外贸的目的,并把外贸看作是再生产财富的一种手段。⑤ 他指出,"对外贸易的利益,不在于货币财富的增加"⑥,而在于"各国之间能交换自己多余的东西,并且通过购买使自己得到各种各样的财富。真正的财富只是那些被消费的和每年恢复的东西。人们希望得到它们,它们之所以成为贸易的对象和能提供盈利,那只是因为它们是被消费的。一个国家的繁荣绝对不能从它的货币数量来判断"⑦。"如果任何东西不想买,而只想把所有的东西拿出去卖,对外贸易就要消灭,因而使本国出产的农产品输出的利益也归于消灭"⑧。

魁奈认为,对外贸易应该实行互利共富的原则。不应当有意识地妨碍别国,甚至是竞争国的贸易,而应当致力于发展本国贸易,帮助别国贸易,使各贸

① 《魁奈经济著作选集》,商务印书馆1981年版,第202页。
② 《魁奈经济著作选集》,商务印书馆1981年版,第219页。
③ 《魁奈经济著作选集》,商务印书馆1981年版,第366页。
④ 《魁奈经济著作选集》,商务印书馆1981年版,第89页。
⑤ 《魁奈经济著作选集》,商务印书馆1981年版,第143页。
⑥ 《魁奈经济著作选集》,商务印书馆1981年版,第89页。
⑦ 《魁奈经济著作选集》,商务印书馆1981年版,第141页。
⑧ 《魁奈经济著作选集》,商务印书馆1981年版,第239页。

易国富庶起来。他的论据就是贸易要靠双方的富足才能维持。"因为国家间的相互贸易,是要依靠出卖者和购买者双方的富足,才能相互维持"①。因此,"一个国家不应该妨害任何邻国的贸易,如果是妨害邻国的贸易,必然会打乱自己,搬起石头打自己的脚。特别是这个国家和邻国共同进行相互贸易时更是如此"②。

魁奈认为,发展对外贸易,应该按照国际分工,各国都根据自己的优势,扬长避短地发展本国出口商品。在他看来,各国都"不应该追求无所不包的对外贸易。对法国来说,其中最不重要的若干部门,应该为对本国最有益、能够增加和保证王国土地收入的其他部门的利益而牺牲"③。他认为,各国都应该生产那些开支较少的产品供出口,对于那些开支比外国大的产品,就应该停止生产,通过进口来满足国内的需求。他说:"拥有原料,并且可以比较其他国家以较少的支出来生产的国家,可以致力于手工业品的制造业。就是在本国能够制造的情况下,如果在外国售卖的手工商品,它的价格比较自己制造更加低廉时,就必须从外国购买。因为这种购买,可以刺激相互的贸易。"④他的这种国际贸易论,可以说是亚当·斯密的绝对成本理论的萌芽。但他又反对从外国进口原料而使本国的原料生产部门(主要是农业)受到损失。⑤ 他指出像法国这样一个农业国,出口必需品比出口奢侈品更为有利。⑥

第三节 重农学派的形成及其性质:
18 世纪 70—80 年代法国经济学界的论战

魁奈起先一个人单独研究经济问题,自从他的经济学论著发表后,许多人很快就被他的学说所吸引,在他的周围逐渐形成了一批信徒和追随者。他们自称为"经济学家",从而形成了一个特殊的学派——重农学派。⑦

---

① 《魁奈经济著作选集》,商务印书馆 1981 年版,第 91 页。
② 《魁奈经济著作选集》,商务印书馆 1981 年版,第 91 页。
③ 《魁奈经济著作选集》,商务印书馆 1981 年版,第 92 页。
④ 《魁奈经济著作选集》,商务印书馆 1981 年版,第 239 页注 1。
⑤ 《魁奈经济著作选集》,商务印书馆 1981 年版,第 156 页。
⑥ 《魁奈经济著作选集》,商务印书馆 1981 年版,第 91—92 页。
⑦ 《新帕尔格雷夫经济学大辞典》第 3 卷,经济科学出版社 1996 年版,第 931—938 页。

这个学派的历史大体分三个阶段：（1）1756—1760 年，主要是魁奈和老米拉波①发表一系列论著；（2）1760—1763 年，由于受到反对意见和打击，学派处于沉默状态；（3）1764—1777 年，一些年轻的重农主义者频繁发表论著。

重农学派的形成是从魁奈同老米拉波的会见开始的。老米拉波原来曾受重商主义的影响，于 1757 年发表了《人类之友或人口论》一书，竭力宣扬农业的重要性，并主张减轻农民的负担。但是，老米拉波在人口理论上只是重复了重商主义者的见解，即认为人口构成了每个国家的财富。他说："财富是由土地生产出来的，但受人类所支配。只有人类的劳动能增加财富。因此，人口愈多则劳动力量愈大，劳动力量愈大则财富愈多。"②老米拉波的《人类之友或人口论》出版后，曾风行一时，这也引起了魁奈的注意。当时，魁奈也正好写成了《人口论》一文，论述了他对人口问题的见解。魁奈认为，不是人口构成了国家的财富，而是财富构成了人口。老米拉波和魁奈关于人口问题的结论完全相反。在 1757 年 7 月 7 日，应魁奈的邀请，老米拉波会见了魁奈，两人就《人类之友或人口论》一书展开了激烈的争论。老米拉波认定人口的增殖先于财富的增加，而魁奈则认定财富的增加先于人口的增殖。经过一夜的辩论，魁奈战胜了老米拉波，并使老米拉波放弃了他原来的重商主义观点，而变成了魁奈重农主义理论的虔诚信徒。

在 18 世纪下半期，由信奉魁奈重农主义经济理论体系而形成的以魁奈为领袖的重农学派，其主要成员按其出身和社会地位来说都是贵族集团的代表人物，其中首推老米拉波。他不仅是魁奈重农主义理论和政策主张的忠实信奉者，而且同魁奈的友谊也很深。同时，他又是重农学派的组织者。他不仅热心宣传重农主义理论和主张，而且还积极募集成员为发展重农学派的组织而忙碌，并且以他家里的客厅作为重农学派成员开会讨论问题的场所。

老米拉波早年曾从事军旅，后来从事经济研究，成为有名的著作家。除了《人类之友或人口论》（1757）以外，他还著有《租税论》（1760）等。他在解释魁奈的理论观点和政策主张时就有忽左忽右的表现。例如，魁奈是主张实行大农业企业制度的，认为只有这种大农业企业才能生产更多的"纯产品"。这种主张正表明了他的体系的资本主义实质。而老米拉波的观点同魁奈并不一致，甚至可

①　老米拉波，即维克多·里凯蒂·米拉波侯爵（Victor Riqueti Marquis de Mirabeau，1715—1789），他是 18 世纪末法国资产阶级革命的著名活动家奥诺莱·加布里埃尔·米拉波的父亲。故通称他为老米拉波。《新帕尔格雷夫经济学大辞典》第 3 卷，经济科学出版社 1996 年版，第 513—514 页。[英]马克·布劳格、保罗·斯特奇斯：《世界重要经济学家辞典》，经济科学出版社 1987 年版，第 446 页。

②　转引自沈志求等：《〈资本论〉典故注释》，中国人民大学出版社 1980 年版，第 249 页。

以说是相反的,他是拥护小农经济制度的。法国当时的农业正是分散的小农经济占支配地位,而且这种小农经济制度实际上就是封建统治的经济基础。老米拉波拥护小农经济制度,这既表明他不懂得魁奈重农主义经济理论体系的实质,同时也说明他试图维持封建统治下的家长式农业的幻想。可是在另一方面,他又表现得比魁奈更为激进。例如在利息率问题上就是如此。魁奈并没有反对利息的合理性,而且认为利息率较高比较低更有利。老米拉波则把利息看作是违反自然的高利贷。又如,他对"自由放任"的口号比魁奈叫得更积极。这也表明了老米拉波不完全明了魁奈理论体系的本质:他不明白攻击利息会动摇土地私有制,而土地私有制则正是魁奈所力求维护的;无限制的自由竞争则必然会使封建的生产关系加速崩溃,因为老米拉波不懂得这些,所以就表现得比魁奈更为激进了。

皮埃尔·塞缪尔·杜邦·德·内穆尔①(Pierre Samuel Du Pont de Nemours,1739—1817)不仅是重农学派的另一个重要成员,重农学派的主要经济学家,同时也是一个政治活动家。他在经济学方面的活动主要是主编刊物、宣传重农主义的理论观点和政策主张,以及出版魁奈和杜尔哥等人的重要著作。如果说,老米拉波是重农学派的主要组织者,那么,杜邦可以说是重农学派宣传工作的主要负责人。

1765年,杜邦在担任当时法国政府所创办的《农业、商业和财政》杂志的主编时,曾在该杂志上发表了一篇宣传魁奈《经济表》的论文,引起了激烈的争论。根据魁奈的理论,工商业是不生产的,工商业者是属于不结果实的阶级,这就引起了代表工商业资产阶级利益的人们的猛烈反对。结果杜邦不得不辞去该杂志主编的职务。

从1767年初起,重农学派自己创办了《公民评论》杂志,仍由杜邦担任主编。杜邦不仅在该杂志上发表了重农主义者的许多重要著作和论文,而且他自己也写了许多解释重农主义的文章。重农学派企图通过他们自己的杂志来宣传魁奈的理论观点和政策主张,从而达到改变政府所实行的经济政策的目的。杜邦为该杂志的刊行,几乎耗尽了他的全部财产。但由于重农学派不愿接受政府加于该杂志的种种限制,该杂志于1772年也就停刊了。

为了扩大重农主义的思想影响和反驳反对者的攻击,重农学派组织编写了许多把魁奈的理论和主张通俗化和系统化的著作与小册子。其中从事这项工作最积极的就是杜邦。杜邦的著作,主要有《谷物的进出口》(1764)、《新科学的

① 《新帕尔格雷夫经济学大辞典》第1卷,经济科学出版社1996年版,第1023—1024页。杜邦是杜尔哥的好友、法国大革命的积极参与者;后移居美国,建立了杜邦财团。

兴起和发展》(1767)、《印度公司的贸易》(1767)和《重农主义或最有益于人类的自然的政府结构》(1768,这是一本论文集)。他的这本论文集于 1768 年出版后,"重农主义"这个名称就被广泛使用了,凡信奉魁奈的理论和主张的经济学家,因而也就被称为重农主义者。以魁奈为领袖的那个组织,也就被称为重农学派。

比埃尔-保罗·梅西耶·德·拉·里维埃①(Pierre-Paul Mercier de la Rivière,1720—1793)也是重农学派的一个重要成员。梅西耶早年曾在巴黎做过法官和地方官吏,后来成为重农学派的主要理论家之一。他的主要著作是《政治社会天然固有的秩序》,于 1767 年出版。这是一部全面宣传魁奈重农主义经济理论的通俗而系统的著作。它曾被称为"重农主义学说的经典解释"。在梅西耶看来,社会的自然秩序的主要内容,就是财产、安全和自由。所谓财产就是指私有财产,所谓安全是指财产和人身不受侵犯,所谓自由是指经济活动的自由,即自由竞争不受政府干预。很明显,他所指的社会自然秩序,其实就是资产阶级社会的秩序。但他在政治上却打着拥护专制制度的旗号。他说:"人注定要在社会内生活,单单这一点就注定他要在专制制度的统治下生活。"②

梅西耶在这部全面宣传魁奈重农主义理论的著作中,着重批评了重商主义者以下两个观点:

其一,批评了重商主义者过分重视货币的观点。在梅西耶看来,货币并没有特别值得重视的理由。他说:"这两个价值中有一个是货币,还是两个都是普通商品,这件事本身是毫无关系的。"③这里,他把货币和普通商品是同样看待的。而且,他还进一步指出,真正的财富并不是货币而是产品,货币不过是财富的一种形态而已。他说:"货币财富无非是……已经转化为货币的产品财富。"④在他看来,货币的功能只是充当交换的媒介:当出卖了产品而收取货币时,它代表出卖了的东西;当购买产品而支出货币时,它又代表购买的东西。因此,归根到底,还是产品和产品相交换。所以他驳斥重商主义者说,"人们不会用货币去交换货币"⑤,人们只会"用货币购买商品",或者"用商品购买货币"⑥。

重商主义者过分地重视价值的货币形态,这是一种偏见;重农主义者则忽视甚至轻视价值的货币形态,这也是一种偏见,他们都不理解货币的本质。不

---

① 《新帕尔格雷夫经济学大辞典》第 3 卷,经济科学出版社 1996 年版,第 481—482 页。
② 转引自《马克思恩格斯全集》第 26 卷 I,人民出版社 1972 年版,第 42 页。
③ 转引自《马克思恩格斯全集》第 23 卷,人民出版社 1972 年版,第 179 页注 16。
④ 转引自《马克思恩格斯全集》第 23 卷,人民出版社 1972 年版,第 150 页注 86。
⑤ 转引自《马克思恩格斯全集》第 23 卷,人民出版社 1972 年版,第 171 页注 4。
⑥ 转引自《马克思恩格斯全集》第 23 卷,人民出版社 1972 年版,第 168 页注 2。

过,梅西耶虽然不明白货币是一般等价物,但由于他认识到真正的财富是产品,因而认为财富的根源不是流通而是生产,这无疑是重农主义者的一个贡献。

其二,批评了重商主义者关于交换过程能够使财富增加的观点。在梅西耶看来,财富只能在生产过程中生产出来,而不能在流通领域通过交换过程来增加。他在驳斥用贱买贵卖方法使财富增加时指出:"任何一个卖者通常不能提高自己商品的价格,否则他购买其他卖者的商品时也必须付出高价。根据同样的理由,任何一个消费者通常不能以低价购买商品,否则他也必须降低他出售的商品的价格。"①在他看来,交换是等价的。参加交换的人所有的价值,在交换以后同交换以前是一样多的。他说:"一个有许多葡萄酒而没有谷物的人,同一个有许多谷物而没有葡萄酒的人进行交易,在他们之间,价值50的小麦和价值50的葡萄酒相交换了。这种交换不论对哪一方来说都不是交换价值的增多,因为每一方通过这次行为得到的价值,是和他在交换以前握有的价值相等的。"②

纪尧姆·弗朗索瓦·勒·特罗斯内③(Guillaume Fraçois Le Trosne,1728—1780),重农学派成员中的另一个主要理论家。特罗斯内早年研究自然法,原为法学家,后因受魁奈的影响而研究经济学,他的主要著作是《就价值、流通、工业、国内外贸易论社会利益》,于1777年出版。在这部著作中,特罗斯内同重农学派的反对者孔迪亚克掀起了一场论战。因此,他的名字就与孔迪亚克连在一起了。

孔迪亚克④(Etienne Bonnot de,l'Abbé de Mureau Condillac,1715—1780),法国经济学家和哲学家。1776年,他在《商业和政府》一书中,批评了重农学派关于"等价交换"和只有农业才具有生产性这两个论点。在他看来,人们追求最大限度享受的愿望在社会生活中起着决定性的作用。从这种观点出发,他认为物品之所以有价值,是由于它可以供人"享受",但也受欲望强度的影响。如果需要某种商品来满足的欲望很高,这种商品的价值就较大。根据这种理论来说,某种商品的价值取决于人们对这种商品的主观评价或效用。他用这种主观价值论来批评重农学派的等价交换原则。在他看来,既然一个人对于各种物品有不同的主观评价,就必然会用对于自己效用比较小即主观评价比较低的东西去交换对他效用比较大即主观评价比较高的东西。因此,他得出这样一个结

---

① 转引自《马克思恩格斯全集》第23卷,人民出版社1972年版,第183页注26。

② 转引自《马克思恩格斯全集》第23卷,人民出版社1972年版,第179页。

③ 《新帕尔格雷夫经济学大辞典》第3卷,经济科学出版社1996年版,第184页。

④ 《新帕尔格雷夫经济学大辞典》第1卷,经济科学出版社1996年版,第611—613页。[英]马克·布劳格、保罗·斯特奇斯:《世界重要经济学家辞典》,经济科学出版社1987年版,第124页。

论,参加交换的任何人都能够用价值比较小的东西交换到价值比较大的东西,所以交换是不等价的。

孔迪亚克在批评重农学派认为只有农业才具有生产性的观点时指出,土地固然是财富的根源,但是光靠土地而没有劳动是绝不能得到财富的。因此,农业劳动是生产的。如果是这样,那么工商业劳动更加是生产的了,因为在工商业中劳动更显得重要。

特罗斯内在驳斥孔迪亚克关于交换双方都以较小价值交换较大价值的观点时指出,"价值就是一物和另一物、一定量的这种产品和一定量的别种产品之间的交换关系"①。因此,"交换按其性质来说是一种契约,这种契约以平等为基础,也就是说,是在两个相等的价值之间订立的。因此,它不是致富的手段,因为所付和所得是相等的"②。在这里,他接近于了解交换价值是一种使用价值同另一种使用价值相交换的量的比例。但是,他没有进一步去探讨这种比例是如何决定的,事实上他把交换的比例关系看成是由供求关系决定的。

特罗斯内在同孔迪亚克的论战中坚持了"等价交换"的原则,因此也就说明了商业是不生产的。至于孔迪亚克关于工业劳动也是生产的论点,整个重农学派都是无法予以反驳的。由于重农学派没有正确的价值理论,也就使他们不仅不能正确说明劳动在工业中的作用,就是劳动在农业中的作用也是不能正确说明的。如果说,在农业中一切都是自然力作用的结果,那么劳动本身在农业中也是不结果实的了,农业经营者也跟社会其他阶级同样都是不结果实的阶级了;如果说,自然赠给他们(农业经营者)的东西比赠给其他工作者的更多,这也不足以说明只有他们才是生产性的阶级。如果认为劳动在农业中是生产性的,是因为在那里没有劳动也是什么都得不到的,那么也没有任何理由,可以认为劳动在其他经济部门中是非生产性的。因此,在这个问题上,重农主义者处于左右为难的境况中,因而对这个问题,他们总是抱回避态度。

称为"经济学家"的人所组成的重农学派,并不是一个单纯的学术派别或团体,它不仅具有较完整的理论体系、共同的阶级基础和明确的政策主张,而且还具有一定的组织原则,并按照其组织原则发展成员进行活动,定期举行会议。他们的会议有些是公开的,非成员也可参加,有些会议是不公开的,只限该学派自己的成员参加。他们不仅出版图书,而且还创办了刊物,宣传他们的理论和主张。他们还在社会上进行各种联络工作,安排自己的成员在政府机构中占据有势力的位置,从而力图改变国家的政策,以影响整个政治。因此,从实质上来

---

① 转引自《马克思恩格斯全集》第 23 卷,人民出版社 1972 年版,第 49 页注 6。

② 转引自《马克思恩格斯全集》第 23 卷,人民出版社 1972 年版,第 181 页。

看,重农学派是一种带有政党性质的组织,是一个特殊的学派。

正由于重农学派的这种性质,就使它不同于一般的学术派别,因此,重农主义者与重农学派是有区别的。如杜尔哥不仅拥护魁奈的重农主义理论,并发展了这个理论,而且还把这个理论付之于实践,可以说,杜尔哥是一个伟大的重农主义者了,但他从未参加过重农学派的组织活动。因此,他并不是重农学派的成员。

正由于重农学派的这种性质及其理论体系的资本主义实质,而遭到了左的、右的以及其他学派的攻击。在 18 世纪 70—80 年代,特别是在重农学派的领袖魁奈逝世以后,在法国经济学界主要围绕着所有制、交换是否为财富的源泉、工业是否也创造财富等问题,展开了一场激烈的论战。这场论战主要是在魁奈学说的信奉者与重农学派的反对者之间进行的。

在这场论战中,从右的方面来反对重农学派的主要代表人物,是西蒙·尼古拉·昂利·兰盖(1736—1794)。兰盖是法国历史学家和经济学家。他从维护奴隶制的立场出发,反对魁奈重农主义经济理论体系的资本主义实质。例如,魁奈认为,资本主义生产资料私有制的安全,是社会经济制度的真正基础;兰盖却认为,私有制并不是开始就存在的,社会是由暴力产生的,财产是由强力占有产生的。又如,魁奈宣扬经济自由的资本主义性质;兰盖却从劳动上、生活上、政治上等方面,揭露资产阶级自由的虚伪性。最后他作出结论说,我们必须断却自由的幻想,回到前资本主义的奴隶制去。这就充分说明,兰盖反对魁奈具有资本主义性质的重农主义经济理论体系完全出于他维护奴隶制的反动目的。

在这场论战中,从左的方面来反对重农学派的主要代表人物是加布里埃尔·马布利(1709—1785)。马布利是法国空想平均共产主义的代表人物。他反对重农学派关于私有制是自然秩序基础的观点,反对重农学派所描绘的由三个阶级组成的社会。他认为私有制是一切灾难和罪恶的根源,只有共产主义才能恢复人们之间的天然平等,当他自己想象的共产主义不能实现时,就悲观失望,走上了改良主义道路。他还反对魁奈发展资本主义大农业企业的主张,坚持维护小农经济,甚至企图用劳役和实物贡税代替货币赋税。这说明,马布利空想的农业平均共产主义思想,还在很大程度上带有原始共产主义性质,他和魁奈具有资本主义性质的重农主义经济理论体系进行论战,就不足为奇了。

在这场论战中,同重农学派相对立的还有古尔奈学派。古尔奈①(Jacques Claude Marie Vincent, Marquis de Gournay,1712—1759),原为法国商人,后为

<hr>

① 《新帕尔格雷夫经济学大辞典》第 2 卷,经济科学出版社 1996 年版,第 596 页。

商业官员。他以"自由放任,世界会自己运行"①这句名言而闻名于世。古尔奈及其信徒福博内斯②(Françòis Véron Duverger de Forbonnais,1722—1800)虽然也都倡导经济自由主义,但与重农学派却表现了不同的阶级立场。魁奈主张发展资本主义大农业企业,从农村资产阶级中去探寻君主政体的支柱,古尔奈等则反对魁奈的主张,否认农业是唯一生产的经济部门,否认魁奈关于"纯产品"的学说,企图在工商业资产阶级中探寻维护君主政体的支柱。实质上他是站在工商业的立场上来反对魁奈重农主义经济理论体系的。

　　在这场论战中,重农学派另一个劲敌是意大利的费尔迪南多·加利阿尼③(Ferdinando Galiani,1728—1787)。加利阿尼虽是意大利人,但作为意大利那不勒斯的外交官长期住在巴黎,在法国的经济学者和政治家中有着较大的影响,甚至干预了法国的"内政",参加了谷物价格和谷物输出问题的论战。他在其所写的论文《货币论》(1751)中,描写了工业国的理论,而这个工业国不仅要消费国产的全部谷物,而且还要从其他国家输入谷物。他所描述的国家,和魁奈所描述的农业国相对立。在他1770年的名为《谷物贸易对话》④的幽默文章中,机智而风趣地嘲弄重农学派是一些热衷于绝对真理而无视现实生活的人。他主要是从历史相对主义的观点批评了重农主义的教条式的理性主义,认为重农主义诉诸所有时代和地点都适用的一般原则是错误的,应该执行一种与历史和地理条件相一致的灵活的政策。他的这种观点与重农主义之间的冲突反映了意大利历史哲学家维科(1668—1774)的历史相对主义与法国哲学家笛卡儿的建构理性主义之间的对立。

　　加利阿尼发展了与效用和稀缺相联系的主观价值论,认为物品的价值,从而物品的价格,是由物品的有用性和稀缺性所决定的。他说:"价格是一种根据……物品的价格是我们对于物品需要的比例,现在还没有固定的标准,也许将来会有。据我看,可能就是人们自己。"⑤他还指出了风尚和炫耀心理对于人们欲望和偏好的影响。他从主观效用论出发,提出了"在平等的地方,没有利益

　　①　转引自埃德蒙·惠特克:《经济思想流派》,上海人民出版社1974年版,第108页。
　　②　《新帕尔格雷夫经济学大辞典》第2卷,经济科学出版社1996年版,第424页。[英]马克·布劳格、保罗·斯特奇斯:《世界重要经济学家辞典》,经济科学出版社1987年版,第197页。
　　③　《新帕尔格雷夫经济学大辞典》第2卷,经济科学出版社1996年版,第488—489页。[英]马克·布劳格、保罗·斯特奇斯:《世界重要经济学家辞典》,经济科学出版社1987年版,第211页。
　　④　又译为《关于商业的对话》、《小麦商对话》。
　　⑤　转引自沈志求等:《〈资本论〉典故注释》上,中国人民大学出版社1980年版,第53页。

可言"的结论。这就否定了重农主义者的"等价交换"原则。

加利阿尼的主观价值论可能承自约翰·劳,可能影响了重农主义者杜尔哥,和另一位重农主义的对手、法国的孔迪亚克。但是可能是由于亚当·斯密的成功,系统的主观价值论的产生并被普及大约要等到近 100 年之后的边际革命。[1]

18 世纪 70—80 年代法国经济学界的这场论战,被 1789 年爆发的法国资产阶级革命所打断。

第四节　杜尔哥对魁奈重农主义经济理论的发展

杜尔哥[2](Turgot, Anne Robert Jacques, Baron de L'Aulne, 1727—1781),出生于法国诺曼底的一个旧贵族家庭。他在沙比尔斯神学院毕业后,曾任索尔滂恩修道院的院士。从 1751 年起,杜尔哥放弃神职而从事政治工作。在 1751—1761 年间,他主要在司法机关任职,1761—1774 年间,他曾任里摩日州的州长。杜尔哥在担任州长的时间内,除从事政务工作之外,还从事经济研究和著作活动。在主持制定的文告内,往往包含有阐述重农主义经济观点的文字,试图在他所管辖的州的范围内实施重农主义的一些措施。1774—1776 年间曾被法国国王路易十六(1754—1793,于 1774—1792 年在位)任命为财政大臣。

杜尔哥在担任财政大臣期间,为了挽救当时法国严重的财政经济危机,曾采取过一些改革措施。例如,他于 1774 年取消了国内谷物贸易的限制,从而建立了国内谷物的自由贸易;1775 年,减少了对输入城市的粮食所征收的课税;同年,又实行了赋税代替徭役的办法,并确立了特权阶级亦要纳税的规定;1776 年,实行了酒类贸易自由,因而使兼营酿造的领主失掉了一种重要的专利权;这一年,他还大胆地废除了行会组织。所有这些改革只是他所拟订的整个改革计划的一些初步措施。

杜尔哥的这些改革是注定要失败的,因为其主要目的是要为资本主义生产的发展扫清道路,而横在这条道路上的一个严重的障碍就是封建专制政权;对于封建专制政权,他不但不力图摧毁,而且还要设法巩固它,结果只有弄得各方

---

① 关于加利阿尼的内容参阅[美]亨利·威廉·斯皮格尔:《经济思想的成长》,中国社会科学出版社 1999 年版,第 175—177 页。

② 杜尔哥,又译为杜阁或杜尔阁。《新帕尔格雷夫经济学大辞典》第 4 卷,经济科学出版社 1996 年版,第 763—768 页。[英]马克·布劳格、保罗·斯特奇斯:《世界重要经济学家辞典》,经济科学出版社 1987 年版,第 625 页。

面都对他不满。王室贵族对他不满，显然是因为他的改革方案侵犯了他们的特权；广大人民群众对他亦不满，因为他所实行的改革不仅没有改善大多数人的生活，而且反而要求大多数人作各种牺牲。他的改革方案也为路易十六所不满，因为他并没有解决财政困难，创造什么奇迹。因此，他当权不到两年就被路易十六罢免了。随着他在政治上的失势，他的许多改革也被逐步废止，重农学派本身的活动也因之受到官方的打击。但是杜尔哥以胜利者的姿态对待自己的下台，被免职前写了一封信给路易十六，责备他无定见，并且提醒他，英国的查理一世就是因为缺乏定见而丧失了头颅。他预示了路易十六的结局。

1789 年爆发资产阶级大革命，随着革命的深入进行，杜尔哥所拟定的许多改革措施也都先后得以付诸实现了，所以马克思把杜尔哥称为"法国革命的先导"①。

杜尔哥的著作很多，在经济方面，主要有《古尔内颂》(1759)、《关于财富的形成和分配的考察》②(写于 1766 年，1769 年发表)和《关于粮食贸易自由的通信集》(1770)等。在这些著作中，他进一步发展了魁奈的重农主义经济理论。主要有以下几个方面：

首先，发展了魁奈关于社会阶级结构的理论。在社会阶级结构观点上，杜尔哥与魁奈最大的不同之处，是他进一步把"工业中的薪资阶级再划分为资本家性质的企业家和单纯的工人"③。把"土地耕种者阶级再划分为企业家或农业经营者和单纯的工资劳动者"④。他正确地刻画了资本家的特征就在于"他们依靠资本，使别人从事劳动，通过垫支而赚取利润"⑤。工资劳动者的特征就在于"他们除了双手以外，一无所有，他们的垫支只是他们每日的劳动，他们得不到利润，只能挣取工资"⑥。这是他的一个重要贡献。可以用图式来表明他的社会阶级结构观点：

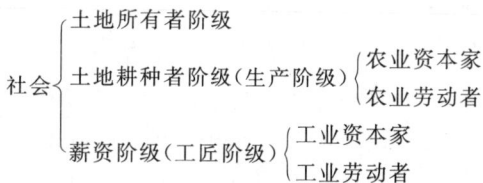

社会 { 土地所有者阶级；土地耕种者阶级(生产阶级){农业资本家，农业劳动者}；薪资阶级(工匠阶级){工业资本家，工业劳动者}

① 马克思：《剩余价值学说史》第 1 卷，人民出版社 1979 年版，第 39 页。
② 该书是杜尔哥委托两位中国留法学生高类思和杨德望带回中国进行考察的提纲。
③ 杜尔哥：《关于财富的形成和分配的考察》，商务印书馆 1978 年版，第 54 页。
④ 杜尔哥：《关于财富的形成和分配的考察》，商务印书馆 1978 年版，第 57 页。
⑤ 杜尔哥：《关于财富的形成和分配的考察》，商务印书馆 1978 年版，第 54 页。
⑥ 杜尔哥：《关于财富的形成和分配的考察》，商务印书馆 1978 年版，第 54—55 页。

从这个图式看来,杜尔哥实际上是把社会划分为五个阶级。为了便于比较,还可将魁奈和杜尔哥所划分的社会阶级列表如下:

魁奈的社会阶级划分	杜尔哥的社会阶级划分
1. 土地所有者阶级	1. 土地所有者
2. 生产阶级……	2. 农业资本家 3. 农业劳动者
3. 不生产阶级……	4. 工业资本家 5. 工业劳动者

从上表中可以很明显地看出,杜尔哥把魁奈所说的生产阶级划分为农业资本家和农业劳动者两个阶层,把魁奈所说的不生产阶级划分为工业资本家和工业劳动者两个阶层。这样杜尔哥对社会阶级的划分就比魁奈前进了一大步。

其次,杜尔哥发展了魁奈关于"纯产品"、资本和利息的理论观点。他较正确地说明了农业劳动者所创造的"纯产品"为什么会成为地租而被土地所有者所占有。他虽然也认为"纯产品"是自然的赐予,但他强调这是土地对农业劳动者的赐予。在他看来,说土地所有者之所以能占有农业劳动者生产的"纯产品",就是由于他们拥有土地私有权,由于人为的法律规定。这是他对重农主义经济理论的一个重要贡献。

在杜尔哥看来,资本是从土地的收入和工资中积累起来的。他说:"无论是谁,只要他每年从他的土地收入,或从他的劳动或辛劳所挣得的工资,收到一些多于他必须花费的价值,他就可以把这笔多余的价值作为一种储蓄而积累起来;这种积累起来的价值就是所谓资本。"[1]他是最早把资本的产生归结为节俭的经济学家。

杜尔哥认为,资本有以下五种使用法:一是"买进一份田产";二是"用作制造业和工业方面的垫支";三是"用作农业企业的垫支";四是"用作商业企业的垫支";五是"放债取息"[2]。在他看来,资本的各种不同的使用法,可以相应地取得不同的收入。当资本被用来"买进一份田产"时,资本家也就成为土地所有者了,从而就能不依靠自己的劳动而得到可以自由支配的地租;当资本被用来经营工业、农业和商业企业时,资本家就能得到利润;如果资本家把货币资本贷放出去,就可以得到利息收入。他从地租引申出利润,又从利润引申出利息。特别是关于利息,他提出了一些有价值的见解。他认为,私有权是贷款要求取得

---

① 杜尔哥:《关于财富的形成和分配的考察》,商务印书馆 1978 年版,第 51 页。
② 杜尔哥:《关于财富的形成和分配的考察》,商务印书馆 1978 年版,第 51—62 页。

利息的"真正基础"。他说："对贷款人来说，只要货币是他自己的，他就有权要求利息；而这种权利是与财产所有权分不开的。"①这样直截了当地说明利息的必要性，在当时的经济学家中是少见的。他指出利息是贷款者在借款到期以前所受损失的价格。这说明他已正确地认识到贷款的性质，就是出卖货币使用权。因此他认为利息的大小并不取决于借款人的利润，而是"像一切商品的价格一样，是通过卖主和买主双方的讨价还价，通过供给和需求的平衡来决定的"②。从这一观点出发，他反对用法律来规定利息。这种观点已比魁奈大大前进了一步。

由于杜尔哥认识到利息与借贷资本具有这种直接的关系，所以他把利息的大小看作判断整个社会资本存量状况的一个标志。他说："可以把通行的贷款利息看作是一种衡量一个国家的资本的多寡和衡量那个国家所从事的各种企业规模大小的寒暑表。"③他认为利率的下跌，意味着资本的增多，有利于农业、制造业、商业的发展。他说："使一切企业生气勃勃的是丰富的资本；而低廉的利息既是资本丰富的结果，同时也是资本丰富的标志。"④由此，他通过资本的不同使用法所产生的地租、利息和利润在量上的变动与均衡，来说明社会经济运行自动调节的情况，这可以说是对亚当·斯密所阐明的社会经济受一只"看不见的手"支配的最初论述。

第三，在价值问题上，杜尔哥强调了主观价值论，认为商品的价值取决于其效用和稀缺性。这与魁奈的观点有很大不同，但是更加接近现代的价值理论。

第四，杜尔哥最早提出了报酬递减法则。⑤

重农主义者的经济研究及其对重商主义的批判，为亚当·斯密系统地批判重商主义，创立古典经济学体系作了重要准备。马克思指出，亚当·斯密关于社会阶级结构、工资、资本和地租等许多理论观点"深受重农主义的影响"⑥，并把重农主义者看作是亚当·斯密的"开路"人。⑦

---

① 杜尔哥：《关于财富的形成和分配的考察》，商务印书馆 1978 年版，第 66 页。

② 杜尔哥：《关于财富的形成和分配的考察》，商务印书馆 1978 年版，第 63 页。

③ 杜尔哥：《关于财富的形成和分配的考察》，商务印书馆 1978 年版，第 76 页。

④ 杜尔哥：《关于财富的形成和分配的考察》，商务印书馆 1978 年版，第 77 页。

⑤ ［美］亨利·威廉·斯皮格尔：《经济思想的成长》，中国社会科学出版社 1999 年版，第 168 页。

⑥ 《马克思恩格斯全集》第 26 卷Ⅰ人民出版社 1972 年版，第 40 页。

⑦ 《马克思恩格斯全集》第 24 卷，人民出版社 1972 年版，第 399 页。

第五节 西班牙启蒙经济学①

西班牙在经历了 16 世纪(以 1527 年占领罗马为兴盛的标志和 1588 年无敌舰队的覆灭为转折)的辉煌之后,从 17 世纪开始,不断走下坡路,到 18 世纪,它已经成为一个由兴而衰国家的典型。其中的原因是多方面的,学者们经常谈到的有垄断的牧羊团对于农业部门产权的摧残,僧侣和官员等不生产部门的过度膨胀,对生产者沉重的税负,来自美洲的廉价金银对于人们生产热情的破坏,宗教裁判所对言论自由和科学发展的压抑(典型事例是 1633 年天主教会对伽利略的审判,当时的意大利臣服于西班牙),以及统治者的重商主义政策和追求领土扩张从而耗尽国家财力的外交政策,等等。

这种持续的衰退到 18 世纪后期和 19 世纪头十年,在以法国启蒙运动为参照系的情况下,终于激发了西班牙启蒙运动的兴起。当然在严苛的宗教裁判所的阴影下,启蒙运动的兴起与当时西班牙的开明君主查理三世和查理四世的庇护也不无关系。

西班牙的启蒙学者主要有:赛利斯(Manuel Rubin de Celis,1743—?)、乔维尔拉诺斯(Gaspar Melchor de Jovellanos,1744—1811)、卡巴卢斯(Francisco de Cabarrus,1753—1810)、奥拉维德(Pable de Olavide,1725—1803),以及最主要的学者坎波马内斯(Count Pedro Rodriguez de Campomanes,1723—1802)。

坎波马内斯在 1774 年(《国富论》出版前两年)出版的《讲演录:论民间工业的发展》,是 18 世纪西班牙最有影响的著作,也广泛影响到拉丁美洲。在这本书中,他提出了自由主义和自由贸易的思想,以及实际的改革建议。

坎波马内斯及其他一些学者一致认为,必须改变西班牙的土地继承制度和产权制度,因为当时不准土地分割买卖只能由长子继承的制度严重妨碍了经济效率的提高。因此他们提出了土地自由买卖的要求。

同时,坎波马内斯为自由贸易辩护,要求废除限制国内贸易的种种政策,包括限制人员流动的行会法,主张所有要素和产品在国内自由流动,并且支持与美洲的自由贸易。反对实行价格控制。同时,对于政府管制和高税收也提出了反对意见。

为了实现自由主义的政策主张,启蒙学者认识到了人力资本的重要性。为

---

① 本节内容参考[美]小罗伯特·B.埃克伦德、罗伯特·F.赫伯特:《经济理论和方法史》,中国人民大学出版社 2001 年版,第 72—75 页。

此,他们提出要打破教会对教育的垄断,使教育能够为经济发展服务。具体的做法则是通过建立各种经济协会,绕开教会控制的学校,传授各种实用性的知识和技能。

特别有趣的是卡巴卢斯(曾任西班牙第一国民银行总裁),在当时教会的严密控制下,在写于 1792 年发表于 1808 年的《卡塔斯》(意见书)中,对于两性关系尤其是离婚问题和卖淫问题从提高效用的角度进行了自由主义的分析,提出了离婚合法化和妓女合法化的主张。这一分析在当时是对教会控制个人生活的一种反抗,它说明对于两性关系的错误的人为控制与对于一般商品市场的错误的人为控制一样,都是低效的。同时这一分析也是 200 年后诺贝尔经济学奖获得者贝克尔所从事的研究的先驱。

参考文献

[1]亚当·斯密:《国民财富的性质和原因的研究》下卷,商务印书馆 1981 年版。

[2][法]让-雅克·卢梭:《论人类不平等的起源》,广西师范大学出版社 2002 年版。

[3][法]卢梭:《政治经济学》,商务印书馆 2013 年版。

[4]季陶达:《重农主义》,商务印书馆 1968 年版。

[5]《魁奈经济著作选集》,商务印书馆 1981 年版。

[6]杜尔哥:《关于财富的形成和分配的考察》,商务印书馆 1978 年版。

[7]谈敏:《法国重农学派学说的中国渊源》,上海人民出版社 1992 年版。

第九章　古典政治经济学体系的形成：
亚当·斯密的自由主义革命

　　虽然在重商主义流行的 17 世纪中叶至 18 世纪中叶，就出现了像配第、诺思、休谟、布阿吉尔贝尔和魁奈等一批不同程度地摆脱了重商主义观念束缚、主张自由放任的经济研究者，但直到 1776 年亚当·斯密的科学巨著《国富论》出版，才最终战胜了重商主义，实现了经济思想史上的第一次革命——自由主义革命，创立了古典政治经济学体系，从而经济学作为一门独立的科学开始形成。①

第一节　时代、生平、著作及其经济研究方法

一、亚当·斯密生活的时代

　　亚当·斯密②（Adam Smith，1723—1790），古典政治经济学发展到成熟阶段的代表人物。他的科学巨著《国民财富的性质和原因的研究》（以下在正文中简称《国富论》）标志着古典政治经济学体系的建立。《国富论》从 1752 年开始构思，1764 年动笔创作，直到 1776 年出版，前后共花费了他 24 年的时间和心力。这个时期，正是英国资本主义工场手工业发展的鼎盛时期，并开始出现从

---

　　①　本书把《国富论》发表的 1776 年定为古典经济学阶段开始的年份。当然，选择一些特殊的时期作为某个历史阶段的开始或者终结，总是带有一些主观色彩的，很难说是一定非常科学必须如此的。熊彼特就选择马尔萨斯发表《人口原理》的 1798 年作为古典经济学时代的开端（见其《经济分析史》第 2 卷，商务印书馆 1992 年版，第 1—3 页）。他的选择似乎与他对斯密的一种难以理解的轻视有关。但我们认为，选择 1776 年确实具有一些比选择其他年份更妥当的理由。那一年同时也是美国独立之年。《国富论》的发表与美国独立这两件事，从后来的历史发展来看，确实有着一定的内在联系，前者提出了自由主义的理念，后者逐渐展开了自由主义的实践。

　　②　《新帕尔格雷夫经济学大辞典》第 4 卷，经济科学出版社 1996 年版，第 384—402 页。[英]马克·布劳格、保罗·斯特奇斯：《世界重要经济学家辞典》，经济科学出版社 1987 年版，第 589—590 页。

工场手工业向机器大工业过渡的趋势。

英国的资本主义工场手工业,大概是 15 世纪开始产生的,到 18 世纪的 50—70 年代已发展到为机器大工业的出现创造了必要的物质技术条件的时代。工场手工业的分工,使劳动过程分解为它的最简单的操作,使劳动工具实现专门化,这就使机器的使用成为可能;工场手工业不仅为机器大工业的出现创造了必要的物质技术条件,同时也提供了经济上的准备。

当时,英国工场手工业的发展,不仅为机器的使用提供了物质技术上的准备,而且提供了经济上的准备。从 15 世纪至 18 世纪中叶的 300 余年中,英国的社会经济发生了深刻的变化。在国内,通过圈地运动实现了对农民的剥夺,从而基本上消灭了农业中的封建制度和小农经济,这就为机器大工业的发展提供了充分的劳动力和国内市场;同时,通过资产阶级革命建立了为资产阶级服务的国家机器,这就为资本主义经济的发展提供了政治上的保证。在国外,先后战胜了葡萄牙、西班牙、荷兰和法国,取得了海上霸权和世界贸易中心的地位;进行了残酷的殖民掠夺和奴隶贸易,掠夺了巨额财富,积累了为发展资本主义大工业所必需的货币资本。所有这些,都为工场手工业向机器大工业的过渡准备了必要的条件。

在亚当·斯密那个时代,标志着工业革命到来的一系列新技术,已经开始出现。作为先进阶级代表的亚当·斯密也敏锐地预感到工业革命的来临。当 1763 年格拉斯哥大学的制图仪器制造员詹姆斯·瓦特刚开始进行蒸汽机试验时,亚当·斯密就以其非凡的洞察力预见到蒸汽机的前景,并给予了有力的支持。英国的经济思想史学者埃里克·罗尔在纪念《国富论》出版 200 周年的文章中,曾用几个极富启发意义的年代数字来说明亚当·斯密所处的时代精神。他指出,1776 年的 3 月 9 日,亚当·斯密的《国富论》出版;同年的 7 月 4 日,在费城签署了美国的《独立宣言》;前 7 年,即 1769 年,詹姆斯·瓦特制造了单动式蒸汽机;后 6 年,即 1782 年,瓦特又制造了复动式蒸汽机;后 13 年,即 1789 年,爆发了法国资产阶级革命,颁发了《人权宣言》。他认为,这几个重大事件与《国富论》出版时间的接近,绝非偶然。这说明亚当·斯密就是生活在这样一个进步时代的潮流之中。[①]

可以说,18 世纪后半叶,全球范围同时形成三场意义深远的革命:以亚当·斯密的《国富论》为代表的经济自由主义思想革命,以美国独立和法国大革命为代表的政治革命,以蒸汽机为代表的工业革命。

但是,当时在英国工业中占绝对统治地位的生产方式仍然是工场手工业。

---

① 参见《现代国外经济学论文选》第 4 辑,商务印书馆 1982 年版,第 4 页。

在那里,劳动生产率的提高与其说是运用机器,不如说是依靠改进分工。正如亚当·斯密所指出的,那时技术的进步是同分工密切相关的,因此他把社会分工的发展看作是提高劳动生产率的主要因素,而机器只起"从属作用"。而且,当时英国资本主义经济的发展仍然受到封建残余势力的限制,当时英国社会的主要矛盾还是地主阶级和资产阶级的矛盾。大地主阶级和封建贵族利用在议会中的多数把持着政府和社会中的一切重要职务。他们不仅保留中世纪行会制度的陈规陋习,如学徒制度、居住法令等等,而且颁布限制资本主义经济发展的各种法令,并在对外贸易方面坚持实行一系列早已过时的重商主义政策和保护关税制度,严重阻碍了资本主义经济的自由发展,损害了资产阶级利益。在这种情况下,英国资产阶级在经济上的要求,是取消政府对经济生活的干预,解除封建主义残余和重商主义政策的束缚,实行自由竞争和自由贸易,以保证资本主义经济的自由发展和工业革命的顺利进行。从理论上论证这一时代要求的,就是亚当·斯密的古典政治经济学体系。

亚当·斯密为适应当时资产阶级的需要所建立的古典政治经济学体系,是集当时一切经济科学知识之大成而建立起来的。苏联政治经济学史学者德·伊·卢森贝曾作过这样一个比喻:"亚当·斯密的学说好比一条宽广的大河,许多大大小小的支流都和它汇合在一起。澎湃的大河掩盖着这些支流,人们的眼睛注视着主流,却看不见这些支流。亚当·斯密也像这样地长期掩盖着自己的前辈。"[1]这就是说,亚当·斯密在创立自己的经济理论体系时,曾汲取了前人所建立的知识成就;但这并没有降低他在经济思想史上的巨大贡献。他的伟大之处,正在于把已经存在的种种分散的经济思想观点,综合成一个适合于时代发展要求的经济理论体系,并在这过程中改变了某些概念的原来意义,这本身就"意味着经济思想的革命"[2]。

二、1764 年前的亚当·斯密及其名著《道德情操论》

亚当·斯密于 1723 年 6 月 5 日生于苏格兰法夫郡的卡柯尔迪。他从小就受到了良好教育,1737 年,他以出色的成绩毕业于当时苏格兰第一流的卡柯尔迪市立学校,同年,进入格拉斯哥大学学习,从此开始他思想发展的重要阶段。亚当·斯密在格拉斯哥大学学习的三年中,学完了拉丁语、希腊语、数学和伦理学等课程,其中他最喜欢的课程是数学和伦理学。在哈奇森[3]等几位名教授的

---

① 卢森贝:《政治经济学史》上册,三联书店 1961 年版,第 126 页。

② 埃里克·罗尔:《经济思想史》,商务印书馆 1981 年版,第 144 页。

③ 《新帕尔格雷夫经济学大辞典》第 2 卷,经济科学出版社 1996 年版,第 756—758 页。

[英]莱昂内尔·罗宾斯:《经济思想史》,中国人民大学出版社 2008 年版,第 147—148 页。

热心指导下,他不仅提高了拉丁语和希腊语的水平,燃起了对数学的热爱,树立了研究道德哲学的志向,而且,这些名教授的渊博的知识、治学精神及其进步的自由主义思想,都对年轻的亚当·斯密产生了深刻的影响。

1740年,亚当·斯密由于学习成绩优异,作为斯内尔奖学金(每年40英镑)的获得者而入牛津大学的巴利澳尔学院学习。他在那里学习了7年,获得学士学位。

亚当·斯密在牛津大学学习期间,广泛而深入地阅读了许多科学和多种语言的大量书籍,特别致力于拉丁语和希腊语的古典著作的学习,从中学到了广博而有益的知识。在此期间,他养成了独立思考的习惯,对各种理性问题进行了孜孜不倦的探索和钻研。这就为他以后的教学与理论研究,积累了丰富的知识,奠定了良好的理论基础。

1746年8月,亚当·斯密在牛津大学毕业后回到了故乡卡柯尔迪。1748年秋,担任了爱丁堡大学的讲师。在1748—1750年间,他连续三个冬天讲授英国文学史。他还在1749年编写过一份经济学讲义,在1750—1751年冬天还兼教过一学期的经济学。他在讲课中,曾对自由贸易学说进行了论述。[1] 这是亚当·斯密表述自己的基本经济观点的开端。

1751年,亚当·斯密受母校格拉斯哥大学之聘,从此开始了他在格拉斯哥大学13年的教授生涯。他自己感到这13年是他一生中"最有益"、"最幸福"的时期。他在格拉斯哥大学工作的第一年,即1751年,担任了逻辑学教授。从1752年起,他一直主持道德哲学讲座,直到1764年辞去教职为止。

亚当·斯密以他的教学热忱和才能而得到了师生们的爱戴和拥护。从1758年到1764年他离开该大学为止,他一直担任学校财务主管的职务。1760—1762年他还担任过学校的教务长,1762年又担任了副校长的重任,而且在担任这些职务期间,表现出很强的办事能力。[2]

1759年4月,亚当·斯密在道德哲学讲稿第二部分的基础上,进行了加工整理,出版了《道德情操论》[3],这是他的第一部成名之作。这部著作主要论述了现在所说的道德或伦理问题,属于个人如何修身的学问,同时还涉及哲学、法

---

[1] 参见约翰·雷:《亚当·斯密传》,商务印书馆1983年版,第34页。
[2] 参见约翰·雷:《亚当·斯密传》,商务印书馆1983年版,第61页。
[3] 《道德情操论》在亚当·斯密生前共出过六版,在1759年出了第一版后,于1761年又出了第二版,1767年出了第三版,1774年出了第四版,1781年出了第五版。这几版虽然作了一些修改,但均未作大的增补,直到1790年作者临终前出的第六版,才作了较大改动,特别是在第一卷第三篇的第三章中,增加了关于道德情操堕落的内容,这反映了作者在临终之前对资本主义经济发展所带来的新的社会弊病的忧虑。

学、心理学和经济学等。

在亚当·斯密那个时代,"道德情操"这个词是用来说明人(被设想为本能上是自私的动物)的令人难以理解的能力,即能作出判断克制私利的能力。亚当·斯密在《道德情操论》中,就是阐明具有利己主义本性的个人是怎样以及应当怎样控制自己的感情或行为,尤其是自私的感情或行动。亚当·斯密在《国富论》中所建立的经济理论体系,就是以他在《道德情操论》所提出的这种看法为依据的。

在亚当·斯密看来,支配人类行为的动机有:自爱、同情心、追求自由的欲望、正义感、劳动习惯和交换倾向等。他认为,人们自爱的本性是与同情心相伴随的。他在《道德情操论》的开端就写道:"无论人们会认为某人怎样自私,这个人的天赋中总是明显地存在着这样一些本性,这些本性使他关心别人的命运,把别人的幸福看成是自己的事情,虽然他除了看到别人幸福而感到高兴以外,一无所得。这种本性就是怜悯或同情,就是当我们看到或逼真地想到他人的不幸遭遇时所产生的感情。"①这就是说,当人们看到别人有不幸的遭遇时,就会向他表示同情。在同情心的驱使下,人们就能够设身处地替别人着想并对自己的私利有所克制。他指出:"每个人生来首先和主要关心自己;而且,因为他比任何其他人更适合关心自己,所以他如果这样做的话是恰当和正确的。……虽然对他来说,自己的幸福可能比世界上所有其他人的幸福重要,但对其他任何一个人来说并不比别人的幸福重要。因此,虽然每个人心里确实必然宁爱自己而不爱别人,但是他不敢……公开承认自己是按这一原则行事的。当他以自己所意识到的别人看待自己的眼光来看待自己时,他明白对他们来说自己只是芸芸众生之中的一员,没有哪一方面比别人高明。如果他愿意按公正的旁观者能够同情自己的行为——这是全部事情中他渴望做的——的原则行事,那么……他一定会收敛起这种自爱的傲慢之心,并把它压抑到别人能够赞同的程度……以致允许他比关心别人的幸福更多地关心自己的幸福,更加热切地追求自己的幸福。"②这段话表明斯密在《道德情操论》中并未否定经济人假设。个人之所以会收敛自私心,还是为了博得别人的同情。这段话同样表明,斯密并不认为人是自私的就没有同情心,同情心是与自私心并列的假设前提。正是由于同情心的存在,才促使个人的自私心有所收敛。同情心是普遍存在的,因此它也是"人的本性"之一。然而,人在本能上又是自私的,总是在自爱心理的引导下追求自己的利益,从而妨碍同情心的充分发挥。同样,在同情心和自爱之间以及和其他

① [英]亚当·斯密:《道德情操论》,商务印书馆 2006 年版,第 5 页。
② [英]亚当·斯密:《道德情操论》,商务印书馆 1998 年版,第 101—102 页。

各种动机之间,存在着相互制约的关系。他认为,正是这种制约作用自然地决定着人们的行动,从而形成了人类社会的"自然秩序"。

但是斯密更加重视正义的法律在维持社会秩序时的作用。他指出:"人类社会的所有成员,都处于一种需要互相帮助的状况之中,同时也面临相互之间的伤害。在出于热爱、感激、友谊和尊敬而相互提供了这种必要帮助的地方,社会兴旺发达并令人愉快。……但是,……社会可以在人们相互之间缺乏爱或感情的情况下,像它存在于不同的商人中间那样存在于不同的人中间;并且,虽然在这一社会中,没有人负有任何义务,或者一定要对别人表示感激,但是社会仍然可以……通过完全着眼于实利的互惠行为而被维持下去。然而社会不可能存在于那些老是相互损伤和伤害的人中间。……因此,与其说仁慈是社会存在的基础,还不如说正义是这种基础。虽然没有仁慈之心,社会也可以存在于一种不很令人愉快的状态之中,但是不义行为的盛行却肯定会彻底毁掉它。……有必要利用人们害怕受到惩罚的心理来保障和强制人们行善。行善犹如美化建筑物的装饰品,……因此作出劝诫已经足够,没有必要强加于人。相反,正义犹如支撑整个大厦的主要支柱。……虽然人天生是富有同情心的,但是……他们对同自己没有特殊关系的人几乎不抱有同情;……他们很想恃强伤害一个人,并且也许有很多东西诱惑他们这样做,因而,如果……没有在他们中间确立这一正义的原则,并且没有使他们慑服从而对被害者的清白无辜感到某种敬畏的话,他们就会像野兽一样随时准备向他发起攻击;一个人参加人们的集会犹如进入狮子的洞穴。"①这段话表明他更加重视正义的法律,而非道德感引发的仁慈心,对于维持社会的作用。而"最神圣的正义法律就是那些保护我们邻居的生活和人身安全的法律;其次是那些保护个人财产和所有权的法律;最后是那些保护所谓个人权利或别人允诺归还他的东西的法律"②。

亚当·斯密在论证人类具有同情心这一"人的本性"时,仍然肯定利己心的社会作用。③ 在这个问题上,他深受其老师哈奇森的影响。哈奇森说过,人既是自私的又是仁慈的,财富和幸福也并不是必然一致的。斯密认为,人们的行为大都受到他们想要得到别人赞赏的愿望的影响。他说:"在构成人类生活的真正幸福之中,高踞他们之上的人们差些。穷人没有一方面比似乎超过他们的富人更为逊色。在肉体的舒适和心灵的平静之中,所有不同阶层的生活,几乎处

---

① [英]亚当·斯密:《道德情操论》,商务印书馆 1998 年版,第 105—107 页。

② [英]亚当·斯密:《道德情操论》,商务印书馆 1998 年版,第 103 页。

③ [美]小罗伯特·B.埃克伦德、罗伯特·F.赫伯特:《经济理论和方法史》,中国人民大学出版社 2001 年版,第 82—85 页。

于同一水平,一个在大路旁边晒太阳的乞丐也享有那种国王们正在为战争的担心。"①那么人们为什么要拼命去追求财富呢? 在他看来,这并不是为了获得生活的必需品,因为"最低级劳动者的工资就可提供它们"②。他认为,人们之所以对追求财富感兴趣,"是虚荣而不是舒适或快乐"③。他说:"富人因富有而洋洋得意,这是因为他感到他的财富自然而然地会引起世人对他的注意,⋯⋯相反,穷人因为贫穷而感到羞辱。"④他认为,由于人们的同情心不对称,更同情快乐,所以就导致了个人的炫耀财富、隐瞒贫穷的倾向。追求财富的主要动机是由此而引起的虚荣心。正是这种荣辱之心激起了人类的勤勉心,鼓励着人们去创造物质文明和精神文明的奇迹。在这一论断中,他其实是通过人的同情心,论证了人的自利的主要表现应当是一种追求地位和名望的倾向。⑤ 这一思想是沟通《道德情操论》和《国富论》的主要渠道。他在这里对人们追求利得的论述,在《国富论》中是当作一种事实的常识而加以接受,并进行发挥的。

亚当·斯密在对利己心的论述中,十分强调"看不见的手"的作用,把它说成是影响人类命运的最初的动力。在亚当·斯密心目中的这只"看不见的手",是与法国重农主义者的"自然秩序"相似的一种社会力量,它会使个人追求利得的行动促进整个社会的繁荣。在《道德情操论》中,这只"看不见的手"被描述为对财富的追求或获取欲。这种获取欲是从荣辱之心这一类私利出发的,是受人们的个人感情和爱好驱使的。因此他认为,人们在这只"看不见的手"的指引下追求狭小的私人目的时,却始料未及地实现着增进人类福利的更大的社会目的。他说:"富人只从这大量的产品中选用了最贵重的最使人中意的东西。他们消费得比穷人还少;尽管他们的天性是自私的贪婪的,虽然他们的打算只是自己的便利,虽然他们雇用千百人来为自己劳动的唯一的目的是满足自己无聊而又贪得无厌的欲望,但是他们还是和穷人一样分享了他们在土地上的经营改良所得到的全部产品。一只看不见的手引导他们对生活必需品,作出了几乎和土地在平均分配给全体居民的情况下所能有的同样分配,就这样,不知不觉地增进了社会利益,并为不断增多的人类提供生活资料。"⑥这段话表达了"看不见的手"的思想。值得与《国富论》比较。斯密在《道德情操论》中所论述的这只

① 《亚当·斯密著作和通信集》第 1 卷,1976 年格拉斯哥版,第 185 页。
② [英]亚当·斯密:《道德情操论》,商务印书馆 2006 年版,第 60 页。
③ [英]亚当·斯密:《道德情操论》,商务印书馆 2006 年版,第 61 页。
④ [英]亚当·斯密:《道德情操论》,商务印书馆 2006 年版,第 61 页。
⑤ [美]亨利·威廉·斯皮格尔:《经济思想的成长》上,中国社会科学出版社 1999 年版,第 197—199 页。
⑥ [英]亚当·斯密:《道德情操论》,商务印书馆 1998 年版,第 229—230 页。

"看不见的手"①,在《国富论》中再度出现了。这只"手"在《国富论》里主要是用比喻来说明竞争过程的有益结果,解决效率问题,而在《道德情操论》中似乎还能解决分配公平问题。

从《道德情操论》和《国富论》对这只"看不见的手"的性质和作用的不同论述中,可以看到他这两部重要著作之间所存在的密切的不可分割的关系。而一些研究亚当·斯密的学者却在专门研究亚当·斯密这两部著作之间存在着的悬殊的不可避免的矛盾。在这些学者看来,前者是宣扬利他主义的,后者是宣扬利己主义的;他们把亚当·斯密看成是伦理学上的利他主义者,经济学上的利己主义者。这不仅完全割裂了亚当·斯密这两部重要著作之间的有机联系,而且歪曲了亚当·斯密。我们要理解亚当·斯密的经济理论体系,不仅要把《国富论》的五篇当作一个整体来看待,而且要把《国富论》和《道德情操论》、《关于法律、警察、岁入及军备的演讲》等著作当作一个整体来看待。

在《道德情操论》出版以后的 1760—1763 年间,亚当·斯密在讲授道德哲学的过程中,把重点放在了研究法学、政治学和经济学上。

1763 年,亚当·斯密在格拉斯哥大学作了《关于法律、警察、岁入及军备的演讲》(以下在正文中简称《演讲》)②。他在《演讲》中,初步分析了当时英国经济生活中的重大问题。这个《演讲》,可以说,是他后来在《国富论》中所创立的古典经济学体系的雏形。这是 18 世纪 60 年代初英国古典政治学经济史上出现的一个引人注目的事件。

《道德情操论》和《演讲》这两部著作,是亚当·斯密在教授生涯中进行理论研究所取得的两项成果。

亚当·斯密在 13 年的教授生涯中,在教学和科研上所取得的成就,同他当时在格拉斯哥等地广泛进行的社会考察和学术活动是分不开的。

三、1764 年后的亚当·斯密及其科学巨著《国富论》

由于《道德情操论》的良好影响,亚当·斯密受到邀请,作为年轻的巴克勒

---

① 亚当·斯密首次使用"看不见的手"(invisible hand)这一短语是《天文学史》Ⅲ 2 中,在写到早期的宗教思想时,他谈到,只有不合常规的偶然事件是神奇的力量引起的。"火燃烧起来,水得到补充;重的物体下降,轻的物体上升,这是他自身性质的必然;也不是丘辟特(Jupiter)的这只看不见的手曾觉察到而作用于这些物体。"(见《亚当·斯密著作和通信集》第 1 卷,1976 年格拉斯哥版,第 184 页注 7)

② 亚当·斯密亲自撰写的这份演讲稿,在他逝世前已销毁。后来,埃德温·坎南根据一个大学生的听课笔记整理成《关于法律、警察、岁入及军备的演讲》一书,于 1896 年出版。该书反映了亚当·斯密的道德哲学讲稿第三、第四部分的某些内容。

公爵出国旅行的家庭教师。1763 年 11 月,亚当·斯密辞去了大学教授职务,进行为期近 3 年(1764 年 2 月至 1766 年 10 月)的欧洲大陆之行,访问了法国和瑞士的一些重要城市。在这期间,亚当·斯密感到时间比较宽裕,于是他就在长期酝酿、构思的基础上,根据他积累的资料,开始撰写他的主要著作。1764 年 7 月 5 日,亚当·斯密在图卢兹给大卫·休谟的信中写道:"为了消磨时光,我已开始写一本书。"①他在这封信中所讲的已开始写的这本书,就是《国富论》。

1764 年,是亚当·斯密人生中的重大转折。从这一年开始,进入了他的主要著作《国富论》的创作时期。

在这次欧洲大陆之行中,亚当·斯密获益最大的是对巴黎的访问。他在巴黎逗留的 10 个月里(1765 年 12 月到 1766 年 10 月),曾会见了许多著名的思想家和政治家,其中有启蒙思想家、百科全书派成员狄德罗、达兰贝尔、孔迪亚克、爱尔维修,重农主义者魁奈、杜尔哥、内穆尔、老米拉波等。在形形色色的沙龙、定期或不定期的宴会等社交场合以至个人间交往中,亚当·斯密经常同他们交谈经济学、哲学、文学、政治等方面的问题,从中汲取了不少思想资料。在经济理论方面,对亚当·斯密影响较大的是魁奈、杜尔哥等重农主义者的意见。

亚当·斯密在法国、瑞士将近 3 年的考察,不仅扩大了视野,为创作《国富论》获得了许多启发和资料,而且大大改善了物质待遇。根据他与巴克勒公爵双亲签订的协议,他不仅在大陆旅行期间每年可领取 300 英镑,而且一直到死都可以退休金的名义每年领取 300 英镑。这就使亚当·斯密在以后能专心致志地从事著书立说,而不必再回到格拉斯哥大学去教书了。1766 年 11 月初,亚当·斯密从巴黎回到了伦敦。在伦敦停留的半年时间内,他曾利用当时刚刚建立的英国博物馆所藏的丰富资料,继续进行《国富论》中所要论述的一些重要问题的研究。1767 年 5 月他回到了自己出生地卡柯尔迪,直到 1773 年 4 月的 7 年间,他一直在从事《国富论》的著述工作。直到 1776 年 3 月 9 日,《国富论》这部科学巨著终于出版了。可以说,亚当·斯密在他的这部主要著作上倾注了毕生的精力,并为此付出了严重损害自己健康的重大代价。

亚当·斯密对《国富论》这部呕心沥血的著作感到很满意,因而在出版此书时,他在自己的姓名前加署了"法学博士、皇家学会会员、前格拉斯哥大学道德哲学教授"的称号。但是,他并不因初版所取得的成就而踌躇满志,停步不前。在晚年,他继续以顽强的意志探讨与《国富论》的主旨有关的问题,并在新版中

---

① 转引自约翰·雷:《亚当·斯密传》,商务印书馆 1983 年版,第 160 页。

加入自己的新的研究成果。①

《国富论》的出版,在经济思想史上是具有划时代意义的事件。

对《国富论》这样一部"构思巧妙"②巨著的体系结构,历来存在着不同的理解。长期以来,在经济思想史的研究上流行着这样一种观点,认为《国富论》是一部百科全书式的著作,其主要研究价值论和分配论的第一、二篇,是属于政治经济学研究范围的,第三篇是经济史,第四篇是经济学说史,第五篇是财政学。在这些研究者看来,对亚当·斯密经济理论体系的阐述,主要就是批判性地介绍其价值论和分配论。这种看法,几乎成了某种"信条"。其实,《国富论》的结构并不是几门不同经济学科的简单综合,其体系也不是简单地以价值论和分配论为主的经济范畴体系。《国富论》的全称——《国民财富的性质和原因的研究》这一书名就告诉我们,其整个五篇都是围绕着如何增进或减少国民财富这一主题而展开的:第一篇《论劳动生产力增进的原因并论劳动生产物自然而然地分配给各阶级人民的顺序》,第二篇《论资财的性质及蓄积和用途》,第三篇《论不同国家中财富的不同发展》,第四篇《论政治经济学体系》,第五篇《论君主或国家的收入》。亚当·斯密在这一科学巨著中,将当时已经形成的各种经济知识融会贯通起来,系统地论述了国民财富增进或减少的因素、条件和途径,从而建立起一个富国裕民的古典政治经济学体系。这就使《国富论》不仅在经济思想史上成为一部具有划时代意义的著作,而且对当时英国资本主义经济的发展也具有重大的促进作用,并由此得到了英国资产阶级的赞赏。它不仅在英国国内多次再版,而且被译成许多国家的文字出版。从此,人们开始用"苏格兰的贤人"来称呼亚当·斯密。

由于《国富论》所取得的成就以及巴克勒公爵的举荐,1778年1月,亚当·斯密被诺思首相任命为苏格兰海关专员及苏格兰盐税专员,在爱丁堡定居。海关的工作大部分是例行的日常事务,但他从没有停止过理论研究和著述活动。有趣的是,他在担任海关官员的时候并没有表现出按照其自由主义信念改革政府管制的倾向。③

---

① 亚当·斯密在世时,《国富论》共出了四版,每次重版都有重要的增补或改动。1778年根据他担任海关专员所获得的实际知识,增补和订正了与公共事务有关的部分,出版了第二版。在1784年出版的第三版中,他又根据从事海关专员所获得的确切资料,更详细地论述了苏格兰的渔业奖励制度,特许公司和非特许公司以及东印度公司。在1786年出版的第四版中,他又增写了置于卷首的前言。

② 《现代国外经济学论文选》第4辑,商务印书馆1982年版,第7页。

③ [美]小罗伯特·B.埃克伦德、罗伯特·F.赫伯特:《经济理论和方法史》,中国人民大学出版社2001年版,第86页。

亚当·斯密从事经济理论研究所取得的巨大成就,给他的母校格拉斯哥大学增添了光彩。为此,格拉斯哥大学在 1787 年 11 月和 1788 年 11 月两次推选他担任该校名誉校长(每次当选任期一年),给了他极高的荣誉。对此,斯密感到由衷的高兴。1787 年 11 月,他在给该校校长戴维森的信中说:"我以感激和喜悦的心情表示接受。任何晋升都没有使我感到这样真正的满足。"①

亚当·斯密热切希望以其长期积累的丰富学识在有生之年完成自己宏大的创作计划,为他所设想的"文明社会"做更多的事情。然而,天不假年,他的身体越来越衰弱,实际上已不可能实现自己的愿望了。他为此深感遗憾,并对一个朋友说:"自己做的事情太少了","我原打算写更多的东西,我的原稿中有很多可以利用的材料,但现在已经不可能了。"②

亚当·斯密预感到他不久将离开人世,于是他除了留下少量手稿(包括未发表的天文史手稿)外,将其余的手稿全部销毁。1795 年,指定的遗稿管理人布莱克和赫顿以《哲学论文集》为书名编辑出版了他未销毁的一些论文手稿。③

1790 年 7 月 17 日,亚当·斯密与世长辞,葬在卡农加蒂教堂的墓地。简朴的墓碑上写着:"《国富论》的作者亚当·斯密安眠于此。"

四、亚当·斯密的经济研究方法

亚当·斯密在研究经济问题时,主要采用抽象法进行演绎分析,同时也采用经验描述方法,在大量实际资料的基础上进行分析。他对许多艰深理论的阐述,总是联系实际旁征博引,并辅之以尽人皆知的比喻。可见其所进行的经济学研究,在当时达到了何等精通的程度。在西方颇享盛名的埃里克·罗尔在谈到这一点时指出:"在亚当·斯密以前,没有人达到同斯密一样的系统而连贯的分析水平,斯密的分析尽管经常从实际生活中引用实例,但在许多地方是高度抽

---

① 转引自约翰·雷:《亚当·斯密传》,商务印书馆 1983 年版,第 373 页。

② 转引自约翰·雷:《亚当·斯密传》,商务印书馆 1983 年版,第 393 页。

③ 亚当·斯密的遗稿,在他死后,陆续有新的发现,先后在美国和英国出版,如《亚当·斯密论美国革命:一篇未发表的论文》,载《美国历史评论》第 38 卷(1933 年);《〈国富论〉的部分早期草稿》,见 W·斯科特:《学生时期和教授时期的亚当·斯密》,格拉斯哥 1937 年版;《1762—1763 在格拉斯哥任教时有关修辞学和文学的讲稿》,约翰·洛西恩编,伦敦和爱丁堡 1963 年版;1976 年格拉斯哥大学为纪念《国富论》发表 200 周年,编辑出版了版本完善的《亚当·斯密著作和通信集》:第一卷《道德情操论》,第二卷《国民财富的性质和原因的研究》,第三卷《哲学问题论文集》,第四卷《语言修辞和纯文学讲稿》,第五卷《法学讲稿》,第六卷《亚当·斯密通信集》,此外还有两个附卷,即《论亚当·斯密》(论文集)和由 I. 罗斯所著的新传记《亚当·斯密传》。

象的。经济学第一次被公认为是一门独立的学科，一门自觉和自信的科学。"①

亚当·斯密深受牛顿力学的影响。他在《关于天文学史的论文》中写道：牛顿的体系是"人类曾经做出的最伟大的发现"②。因此，他相信人类社会也一定存在类似于牛顿在自然界所发现的自然而和谐的秩序。而对于人类社会的自然秩序的看法，他又受到17—18世纪自然法思想的影响。自然法的基本观念就是认可人的求生存谋私利的本性，要求社会秩序必须适应这种本性。因此，斯密在运用抽象演绎方法研究商品市场经济的运行机制时，出发点是由人的本性产生而又适应于人的本性的自然秩序。他从"人的本性"出发研究社会经济运行规律。在他看来，社会是由无数的个人组成的，而每个个人的行为都受一定的动机所支配。他认为支配每个人从事经济活动的动机，就是这些经济人的利己心。他认为既然个人利益是从人的本性产生的，所以它是合法的，有存在的权利，每人的个人利益只要不妨碍其他人的利益，就不应再受别的限制。

亚当·斯密并不否认社会和社会的利益，但他认为社会是由许多个人组成的，社会的利益也是由个人的利益产生的。这样，就形成了他的方法论原则：分析社会和社会利益，应当以分析个人、个人的本性和个人的利益为基础。这就是后来人们所说的方法论个人主义。他的思维过程是：（1）人的本性是利己主义的；（2）人都需要别人的帮助；（3）利己主义的人互相帮助不能没有代价；（4）利己主义者的互相帮助只有在互利的基础上进行；（5）因此人们互相帮助的最合理的办法就是交换。由此，交换是一种自然现象，因为它由人的本性决定。他把商品交换、分工协作、货币流通等经济现象都看成是从个人的利己主义本性中产生出来的。他的整个经济学体系，就是通过这种体现利己主义本性的一系列经济范畴来建立的。

亚当·斯密是经济科学中系统地运用"经济人"假设的第一个人。他把资本主义社会的一切经济现象都看成是"经济人"活动的结果。他所谓的"经济人"，其实主要就是指资本主义社会里的企业家。在资本主义社会里的每个企业家，所从事的经济活动，确确实实是从追求利润的利己主义动机出发的。因此，从个人利己主义动机出发来考察资本主义社会的经济现象，事实上就是从资本主义生产的目的和动机出发来考察资本主义社会的经济现象。这样就使他能够比较深刻地揭示出资本主义社会的一些经济规律。

在亚当·斯密看来，资本主义社会的一切经济现象都是自然而然地产生的，所有的经济过程以及体现各种经济过程的经济范畴都是"自然规律"的表

① 《现代国外经济学论文选》第4辑，商务印书馆1982年版，第7页。
② 转引自［美］亨利·威廉·斯皮格尔：《经济思想的成长》上，中国社会科学出版社1999年版，第191页。

现。他在揭示资本主义经济运行的客观规律时,对封建主义、重商主义所主张的特权、垄断和限制展开了尖锐的批判。在他看来,政府是不应当对经济生活进行干预的;如果政府制定规章制度和采取措施对经济生活加以干涉和限制的话,那就不仅没有好处,反而会对社会造成灾难。这就是说,他承认经济生活中存在着不以个人的主观意志为转移的客观经济规律。

亚当·斯密认为经济现象出于人的自利本性,提出了经济生活受"自然规律"支配的思想。由此也就不再把这些现象看作是偶然现象,而是看作有规律的、相互之间有内在联系的现象。这样,通过把经济现象看成是自然现象,看成是受客观规律支配的自然存在,就使经济学从主观主义的目的论的束缚中解放了出来,打破仅仅把经济政策作为经济学研究对象的局限,正确地把经济现象之间的内在联系的客观规律,规定为经济学的研究对象,从而使经济学发展成为一门独立的系统的科学。这是亚当·斯密的一个伟大的历史功绩。

虽然,重农主义者比斯密更早就从"自然秩序"中探索资本主义经济运行的规律了,但他们却把这种"自然秩序"看成是由上帝制定的,斯密在这个问题上的贡献,正在于他抛弃了重农主义者的这种带有封建神学色彩的神秘观念。

第二节 经济发展理论与自由主义政策

标志着古典政治经济学体系形成的《国富论》,实际上是一部当时论述经济发展理论和自由主义政策的著作。亚当·斯密在《国富论》第一篇和第二篇中阐述了增进国民财富这两个基本因素——增进受雇劳动者生产力、增进生产性劳动者在总人口中所占比重——之后,接着又在该书的第三、四、五篇中,阐述了他关于经济发展的其他有关理论和政策。

亚当·斯密在他的这部著作中,尤其是在《国富论》第三、四、五篇中,所阐述的经济发展理论和政策,主要是关于政治经济学的研究目的和国民财富的含义,关于社会经济发展的历史阶段以及对经济发展因素的分析,关于经济发展的动力与机制以及自由放任的政策主张,关于政府在经济发展中的作用和财政政策,关于经济发展的类型以及对中国经济发展的分析等。

一、关于政治经济学的研究目的和国民财富的含义

自从经济学逐渐形成以来,研究这门科学的目的就成为一切经济研究者考虑的问题。亚当·斯密认为,研究政治经济学的目的就是富国裕民。他说:"被看作政治家或立法家的一门科学的政治经济学,提出两个不同的目标:第一,给

人民提供充足的收入或生计，或者更确切地说，使人民能给自己提供这样的收入或生计；第二，给国家或社会提供充分的收入，使公务得以进行。总之，其目的在于富国裕民。"①在他看来，奖励生产，丰富产品，从而使消费便宜，这"正是政治经济学所要促进的结果"②。

亚当·斯密坚决反对重商主义者把财富与金银货币混为一谈的观点。在他看来，社会的财富就是可供消费和交换的商品。他从商品的两种不同属性，对财富提出了两种不同的看法。其一是："一个人是贫是富，看他能在什么程度上享受人生的必需品、便利品和娱乐品。"③其二是："他是贫是富，要看他能够支配多少劳动，换言之，要看他能够购买多少劳动。"④第一种看法是从使用价值的角度对个人财富所下的定义，第二种看法是从价值的角度对个人财富所下的定义。当商品价值不变时，这两种看法是一致的，一旦商品价值有了变动，这两种看法就显得不同了。对此，李嘉图肯定了斯密的第一种看法，而认为斯密第二种看法不正确，并认为斯密之所以会提出这个第二种不正确的看法，是由于他混淆了价值与财富的差别。李嘉图指出："价值与财富在本质上是不同的，因为价值不取决于数量的多寡，而取决于生产的困难或便利。制造业中一百万人的劳动永远会生产出相同的价值，但却不会永远生产出相同的财富。由于机器的发明，由于技术的熟练，由于更好的分工，由于使我们能够进行更有利的交换的新市场的发现，一百万人在一种社会情况下所能生产的'必需品、享有品和娱乐品'等财富可以比另一种社会情况下大两倍或三倍，但他们却不能因此而使价值有任何增加。因为每一种商品价值的涨落都和它的生产的难易成比例，换句话说，就是和它的生产上所使用的劳动量成比例。"⑤

其实亚当·斯密所谓的国民财富，并不是全社会的商品总额也不是国民总产值，它的真正含义就是今天所说的国民净产值和国民收入。他说："国民真实财富的大小，不取决于其总收入的大小，而取决于其纯收入的大小。"⑥他所谓的纯收入是"在总收入中减去维持固定资本和流动资本的费用，其余留供居民自由使用的……资财。这种资财，或留供目前的消费，或用来购置生活必需品、便利品、娱乐品等等"⑦。

① 亚当·斯密：《国民财富的性质和原因的研究》下卷，商务印书馆 1981 年版，第 1 页。
② 亚当·斯密：《国民财富的性质和原因的研究》下卷，商务印书馆 1981 年版，第 309 页。
③ 亚当·斯密：《国民财富的性质和原因的研究》上卷，商务印书馆 1981 年版，第 26 页。
④ 亚当·斯密：《国民财富的性质和原因的研究》上卷，商务印书馆 1981 年版，第 26 页。
⑤ 《李嘉图著作和通信集》第 1 卷，商务印书馆 1981 年版，第 232 页。
⑥ 亚当·斯密：《国民财富的性质和原因的研究》上卷，商务印书馆 1981 年版，第 262 页。
⑦ 亚当·斯密：《国民财富的性质和原因的研究》上卷，商务印书馆 1981 年版，第 262 页。

亚当·斯密在《国富论》的《序论和全书设计》中,还提出了今天所讲的人均国民收入的概念,认为人均国民收入的大小对社会经济状况的好坏有着极为重要的意义。他指出,社会每年消费的一切必需品和便利品"对消费者人数,或是有着大的比例,或是有着小的比例,所以一国国民所需要的一切必需品和便利品供给情况的好坏,视这一比例的大小而定"①。《国富论》全书所要解决的根本问题,就是要增大这一"比例",即增加人均国民收入,达到富国裕民的目的。

亚当·斯密关于用人均国民收入作为衡量一国社会经济状况的主要指标的见解,是杰出的科学见解。因为一个国家按人口平均计算的国民收入的多少,基本上是能够反映该国的生产力发展水平和国民经济发展速度的。

二、关于社会经济发展的历史阶段

亚当·斯密在《国富论》第三篇《论不同国家中财富的不同发展》中以及其他有关部分,探讨了自罗马帝国灭亡以来,中世纪欧洲农业发展停滞,城市和商业的发展如何促进了农业繁荣等问题。在他看来,罗马帝国的经济衰退和它的没落,起因于它的土地制度,而城市经济的兴起,是由于工商业所享有的自由不受限制。他在对这些经济事实的探索中,提出了社会经济发展的历史阶段。他把整个社会经济的发展划分为以下四个历史阶段:

"狩猎民族社会,属于社会第一个时期"②。在这个"最低和最原始的"阶段里,劫掠、打猎和捕鱼等是该历史阶段占主导地位的生存活动。这些生存活动几乎不或完全不需要社会组织;"因为狩猎所提供的生活资料,既不确定,许多人如长久住在一块,必无法维持"③。生产力水平十分低,没有什么剩余产品,人们过着原始共产主义的"村社"生活。由于没有提供剩余产品的可能,不存在私有财产制度,所以"没有财产不平等的可能。普遍的贫乏,造成了普遍平等的局面"④。由于没有私人财产的积累,所以只会发生较小的争端,"那种社会,当然用不着何等固定的审判官,或者何等经常的司法行政机构"⑤。在他看来,狩猎社会是不存在国家的。

"游牧民族社会,属于社会第二时期"⑥。正由于出现了财产的不平等,接着"就带来了人与人之间过去不可能存在的某种程度的权力和服从,而因此又带

① 亚当·斯密:《国民财富的性质和原因的研究》上卷,商务印书馆1981年版,第1页。
② 亚当·斯密:《国民财富的性质和原因的研究》下卷,商务印书馆1981年版,第275页。
③ 亚当·斯密:《国民财富的性质和原因的研究》下卷,商务印书馆1981年版,第255页。
④ 亚当·斯密:《国民财富的性质和原因的研究》下卷,商务印书馆1981年版,第275页。
⑤ 亚当·斯密:《国民财富的性质和原因的研究》下卷,商务印书馆1981年版,第272页。
⑥ 亚当·斯密:《国民财富的性质和原因的研究》下卷,商务印书馆1981年版,第275页。

来了保持权力和服从所必要的某种程度的民政组织"①。他还分析了作为这种原始形态的国家的实质,"就保障财产的安全说,民政组织的建立,实际就是保护富者来抵抗贫者,或者说,保护有产者来抵抗无产者"②。

社会经济发展的第三个历史阶段,就是"农业社会"。亚当·斯密指出:"在比较更进步的农业社会,即在没有对外贸易,除了几乎全在各自家中制造为自己使用的粗劣用品的制造业外,没有其他制造业。"③这就是说,在社会经济发展的这个阶段,是以农业生产为主的,土地所有权是整个社会权力的基础,自然经济占统治地位。在他看来,这个较为复杂的阶段又有早、中、晚三个时期。它的早期,就是在罗马帝国灭亡以后,一些基本上以畜牧业为主的国家,已存在某种最低程度的农耕和土地所有制,现在就使这些"现成制度"适应征服过来的土地,把这些土地加以分配,并引进更多的定居雇佣形式和初步的耕作方法。由于交通不便和缺乏强有力的中心权力,每一块土地变成了各自独立的保留着第二阶段特色的公国。其权力的基础是土地所有权,那些没有土地的人,如同在第二阶段一样,被迫成为完全对"领主的"权力负责的私人仆从,仆从也有服兵役的义务。中央权力薄弱,不能慑服地方权力。总的说来,这是一种无助经济发展的局面。任何剩余品,由于没有市场价值,习惯地消耗在仆从之中。在这个阶段的中期,以自治城市的出现为特征。随着剩余品有了买卖,这些城市就有能力向国王交付赋税。由于有了这些赋税,国王就获得了充分的财源来抵消领主的势力。这种相互的自利,导致国王保护城市,随之而来的就允许城市自治。这些城市有了安全和自治之后,就能创造有利于经济发展的环境,而城市的发展就引起了政治权力转向以国王为首的新兴的民族国家。在这个阶段的晚期,城市商业和制造业为贵族或领主提供一种利用现已可能出售的剩余品来换取消费品,通常是显示他们地位身份的奢侈品,而不再是用之于维持不必要的侍从了。为了尽量扩大这种消费形式,领主就把土地出租给更有生产力的人,同时打发走许多侍从,这些人流入城市成为新的都市劳动队伍。这种情形在权力和从属关系的形成上产生了一种分界点的变化,并使经济的、最终是政治的权力转移到新兴市民阶级。斯密指出,这些封建领主"为了满足最幼稚最可鄙的虚荣心","他就宁愿把足以维持一千人一年生活的粮食或其价格,用来换取一对金刚石纽扣或其他同样无用而无意义的东西,随而也把这粮食所能给他们带来的权威一并舍弃了"④。

---

① 亚当·斯密:《国民财富的性质和原因的研究》下卷,商务印书馆 1981 年版,第 277 页。
② 亚当·斯密:《国民财富的性质和原因的研究》下卷,商务印书馆 1981 年版,第 277 页。
③ 亚当·斯密:《国民财富的性质和原因的研究》下卷,商务印书馆 1981 年版,第 256 页。
④ 亚当·斯密:《国民财富的性质和原因的研究》上卷,商务印书馆 1981 年版,第 375 页。

社会经济发展的第四历史阶段,也是最后一个阶段,即所谓"制造业和商业社会"或"文明社会"。在这个阶段中,重要的变化是出现了制造业和商业两个主要部门构成的经济,一切货物和劳务都有一定的价格,商品经济十分发达,在这个阶段有效地解脱了封建依附关系,减弱了财产所有者的权力,扩大了财富资源的分配,形成了有利于制造业和商业发展的局面。在斯密看来,这个阶段建立了一个适应"自然"状态的私人利益与公共利益和谐一致的制度结构。

亚当·斯密对社会经济发展历史阶段的分析,是以社会分工引起的社会生产力发展水平为标准的,并结合人类社会发展过程中各个社会历史阶段上占统治地位的经济部门(狩猎—畜牧—农业—制造业和商业)的变化过程,来描述社会发展的历史概貌。他还将每个历史阶段变化的物质基础与相应的"上层建筑"联系起来考察,他基本上正确地指出了国家的产生是随着财产出现不平等,出现了贫富两极分化以后产生的,而国家产生的必要性,也正在于保护财产的私有权。他认为狩猎时期"没有财产不平等的可能",因此,也没有君主,也不存在国家。在他看来,门第的贵贱、人的贫富、统治与被统治、剥削与被剥削等关系,都"生于财产上的不平等"①。

亚当·斯密认为古罗马崩溃以后,欧洲的政治结构使大地产盛行而长子继承法和限嗣继承法又保护大地产制度,再加上农奴制。这种制度结构使得土地根本得不到有效改良。农奴制逐渐发展为对分佃农制,再发展为近代享有长期租佃权的租地农场主制。② 他认为欧洲城市商业的发展对农村的改良有三点帮助:(1)为农产品提供市场;(2)城市富民的资金投资于开发荒地;(3)逐渐改变农村居民对其领主的依附状态。③ 而对于欧洲城市的发展,他认为是因为君主与贵族之间的矛盾使君主赞助城市的发展,而城市的发展又为君主提供财源,这就使欧洲的城市逐渐发展起来了。④ 对于欧洲工商业发展的原因,他的结论是:"对于公众幸福,这真是一种极重要的革命,但是完成这种革命的,却是两个全然不顾公众幸福的阶级。满足最幼稚的虚荣心,是大领主的唯一动机。至于商人工匠,虽不像那样好笑,但他们也只为一己的利益行事。他们所求的,只是到一个可赚钱的地方去赚一个钱。大领主的痴愚,商人工匠的勤劳,终于把这

---

① 亚当·斯密:《国民财富的性质和原因的研究》下卷,商务印书馆1981年版,第275页。

② 亚当·斯密:《国民财富的性质和原因的研究》上卷,商务印书馆1981年版,第361—370页。

③ 亚当·斯密:《国民财富的性质和原因的研究》上卷,商务印书馆1981年版,第370—371页。

④ 亚当·斯密:《国民财富的性质和原因的研究》上卷,商务印书馆1981年版,第361—370页。

次革命逐渐完全了,但他们对于这次革命,却既不了解,亦未预见。"①这段话表明,他认为从中世纪向文明社会的过渡是一个自然演化的过程。这种看法可以说是"看不见的手"在分析制度演化过程中的运用。

在回顾欧洲历史的过程中,斯密对于英国率先发达的原因,也作了一些探索。首先是英国较其他国家有较多的经济自由。② 但更重要的是英国的法律制度"保证了一切人都享有自己劳动的果实"③。"最重要的是平等而公平的司法制度,使最下级英国人民的权力,为最上级英国人民所尊重,使各个人能保有各自的劳动果实,这样就对各种行业,给予最大而且最有效的鼓励"④,即保障私有产权的司法制度。在产业政策上,他认为是较其他国家更重视农业,制定了有利于租地农民的法律,并给予政治上的选举权。⑤ 他强调,"这种十分有利于农民的法律风俗,所起的促进现代英格兰伟大光荣的作用,也许比为商业而订立的所有各种夸大条例所起的作用还要大得多"⑥。

亚当·斯密在《国富论》中着重进行分析的,是社会经济发展的最后一个阶段,即制造业和商业社会阶段的经济发展问题。他对该社会经济发展的分析,主要是从供给方面分析了促进或阻碍经济发展的因素,可以称作是因素分析。它不同于现在研究经济发展的均衡分析。他之所以不注意均衡分析,是由于他感到需求不可能成为经济发展的障碍。在他看来,人的欲望是具有无限性的。他说:"各个人食欲,都受胃的狭小容量的支配,而对于住宅、衣服、家具及应用物品的欲求,似乎却无止境。所以对自己所消费不了的剩余食物有支配权的人,一定愿意用剩余食物或其代价来交换足以满足其他欲望的东西。用满足有限欲望以后的剩余物品,来换取无限欲望的满足。"⑦即特种欲望的有限性和全部欲望的无限性。他认为正是这种欲望的无限性,在生产力不断提高的情况下,造成需求对象的多样化,使需求不可能成为经济发展的制约。正是这种观念,使得他忽视对需求的分析,并反对曼德维尔的奢侈观。也正是这种欲望无限性的观念,到李嘉图那里成为否认资本过剩,否认经济危

---

①　亚当·斯密:《国民财富的性质和原因的研究》上卷,商务印书馆 1981 年版,第 378 页。

②　亚当·斯密:《国民财富的性质和原因的研究》下卷,商务印书馆 1981 年版,第 112 页。

③　亚当·斯密:《国民财富的性质和原因的研究》下卷,商务印书馆 1981 年版,第 112 页。

④　亚当·斯密:《国民财富的性质和原因的研究》下卷,商务印书馆 1981 年版,第 181 页。

⑤　亚当·斯密:《国民财富的性质和原因的研究》上卷,商务印书馆 1981 年版,第 357 页。

⑥　亚当·斯密:《国民财富的性质和原因的研究》上卷,商务印书馆 1981 年版,第357－358 页。

⑦　亚当·斯密:《国民财富的性质和原因的研究》上卷,商务印书馆 1981 年版,第 158 页。

机的论据。① 斯密把人的欲望与有支付能力的需求混为一谈,从前者的无限性错误地推论出后者的无限性,于是,他就认为产品总会有销路的,阻碍经济发展的原因不可能存在于需求方面,而只可能存在于供给方面。因此,他主要是从供给方面来分析促进或阻碍经济发展的因素。可以说,萨伊定律在他这里已经萌芽。

三、对经济发展因素的分析

亚当·斯密在《国富论》的一开头,就提出了促进人均国民收入增长的两个基本因素:其一为增进受雇劳动者的生产力;其二为增加生产性劳动者在总人口中所占的比重。他指出,人均国民收入的大小,"受下述两种情况的支配:第一,一般地说,这一国国民运用劳动,是怎样熟练,怎样技巧,怎样有判断力;第二,从事有用劳动的人数和不从事有用劳动的人数,究成什么比例。不论一国土壤、气候和面积是怎样,它的国民每年供给的好坏,必须取决于这两种情况"②。围绕这两个基本因素,他展开了详尽的分析。

首先,分析了增进受雇劳动者生产力这一重要因素。亚当·斯密作为工场手工业鼎盛时期的经济学家,特别强调分工对提高劳动者生产力的作用。他把劳动分工看成是"国家财富增长的一个大原因"③。而分工的程度又取决于市场的范围和资本的积累。同时,他又是一位处于工业革命前夕的经济学家,因此也看到了机器、设备和劳动的合理分配对提高劳动者生产力的重要作用。他说:"要增加同数受雇劳动者的生产力,唯有增加那便利劳动、缩减劳动的机械和工具,或者把它们改良。不然,就是使工作的分配,更为适当。"④"有最精良机器设备的厂坊,和工具不这么完备的厂坊比较,虽所雇工人的人数相等,产出量亦一定会大得多。适当地花在固定资本上面的任何费用,一定都能很快地带回很大的利润,而且年产物价值由此而来的增加,会比这类改良物所必要的维持费大得多。"⑤他还把科学技术的发展与应用,看作是提高劳动者生产力的重要作用。他在批判重商主义者限制自由贸易的奖励金政策时,指出"社会给予业务有专长的技术家与制造业者的奖金,也不能一概称为奖励金"⑥而加以反对,

① 李嘉图:《政治经济学与赋税原理》,商务印书馆 1976 年版,第 250 页。

② 亚当·斯密:《国民财富的性质和原因的研究》上卷,商务印书馆 1981 年版,第 1 页。

③ 亚当·斯密:《关于法律、警察、岁入及军备的演讲》,商务印书馆 1982 年版,第 187 页。

④ 亚当·斯密:《国民财富的性质和原因的研究》上卷,商务印书馆 1981 年版,第315－316 页。

⑤ 亚当·斯密:《国民财富的性质和原因的研究》上卷,商务印书馆 1981 年版,第 263 页。

⑥ 亚当·斯密:《国民财富的性质和原因的研究》下卷,商务印书馆 1981 年版,第 93 页。

他认为,设了这种奖金可以鼓励"异常技巧与技能","提高各行业中现有工人的竞争心"①,从而达到提高劳动者生产力的目的。他在分析新殖民地"往往比任何其他人类社会富强得更快"的原因时,指出其中很重要的一条就是,"此等殖民者随身带来的关于农业和有用技术的知识,自比未开化野蛮人几百年、几千年自发地成长的知识强"②。此外,他还把人口本身的数量和质量以及自然资源的贫富列为影响劳动者生产力提高和国民财富增长的因素。

其次,分析了增加生产性劳动者在总人口中所占比重这一重要因素。在亚当·斯密看来,不论是增加生产性劳动者在总人口中所占的比重,还是增进受雇劳动者的生产力,都离不开资本的增加。他说:"增加一国土地和劳动的年产物的价值,只有两个方法:一为增加生产性劳动者的数目,一为增进受雇劳动者的生产力。很明显,要增加生产性劳动者的数目,必先增加资本,增加维持生产性劳动者的基金。……无论怎样,都有增加资本的必要。要改良机器,少不了增加资本;要改良工作的分配,亦少不了增加资本。把工作分成许多部分,使每个工人一直专做一种工作,比由一个人兼任各种工作,定须增加不少资本。"③"要这样大大改进劳动生产力,预蓄资财是绝对必要的。而这种蓄积,亦自然会导致这种改进。投资雇佣劳动的人,自然希望投资方法能够尽量产出最大量的产品。所以,对工人职务的分配,必努力期其适当;在能够发明或购买的限度内,他所备置的机械,必努力期其精良。但在这两方面,他的能力怎样,往往要看他能有多少资财,看他能雇多少工人。所以,在每一国家里,不仅产业的数量随着举办产业的资财的增加而增加,而且,由于资财增加的结果,同量产业所能生产的产品亦会大增。"④他还特别强调资本积累对增加生产性劳动者人数的意义,以及资本的合理配置对促进国民财富增长的作用。他认为:"把资财一部分当作资本而投下的人,莫不希望收回资本并兼取利润。因此,他只用以雇用生产性劳动者。"⑤一年的总资财中,如果用以维持非生产性人手的部分愈小,用以维持生产性人手的部分则必愈大,从而次年生产物亦必愈多,反之则相反。

第三,除了以上这两个经济发展的基本因素外,亚当·斯密还把社会的政治经济制度和经济政策列为经济发展的重要因素。他在经济因素以外,进而分析经济发展的社会因素,这不能不说是亚当·斯密著作的一个突出优点。

---

① 亚当·斯密:《国民财富的性质和原因的研究》下卷,商务印书馆1981年版,第93页。

② 亚当·斯密:《国民财富的性质和原因的研究》下卷,商务印书馆1981年版,第136页。

③ 亚当·斯密:《国民财富的性质和原因的研究》上卷,商务印书馆1981年版,第315—316页。

④ 亚当·斯密:《国民财富的性质和原因的研究》上卷,商务印书馆1981年版,第253页。

⑤ 亚当·斯密:《国民财富的性质和原因的研究》上卷,商务印书馆1981年版,第305页。

亚当·斯密在分析英国的北美殖民地为什么比法国、荷兰、丹麦的北美殖民地繁荣得更快的原因时指出,这是由于"英国殖民地的政治制度,却比其他三国任何一国殖民地的政治制度更有利于土地的改良与耕作"[①]。他还从一般意义上概括了新殖民地繁荣的原因之一,就是由于"此等殖民者,又随身带来了统治人的习惯,关于正常政府的观念,维持政府的法制的观念以及正常司法制度的观念。他们自然要把这些在新殖民地建立起来"[②]。他进而把建立在资本主义生产关系基础上的自由竞争看成是提高生产效率,促进国民财富迅速增长的重要社会因素。他说:"完全自由是使这种每年再生产能以最大程度增进的唯一有效方案。"[③]他认为在经济发展的社会因素中,直接起着更重要作用的是经济政策。他在反对重商主义的垄断独占和封建行会的斗争中,阐明了自由放任是最能促进经济发展的政策主张。关于这一点,在下面论述经济发展的动力与机制时,再作较为详细的阐述。

关于亚当·斯密对经济发展的因素的分析,可图示如下:

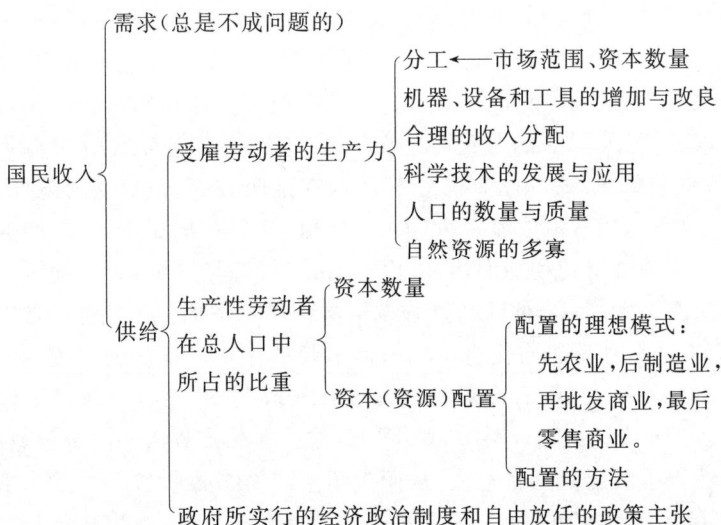

需求(总是不成问题的)

国民收入
- 受雇劳动者的生产力
  - 分工 ← 市场范围、资本数量
  - 机器、设备和工具的增加与改良
  - 合理的收入分配
  - 科学技术的发展与应用
  - 人口的数量与质量
  - 自然资源的多寡
- 供给
  - 生产性劳动者在总人口中所占的比重
    - 资本数量
    - 资本(资源)配置
      - 配置的理想模式:先农业,后制造业,再批发商业,最后零售商业。
      - 配置的方法
  - 政府所实行的经济政治制度和自由放任的政策主张

若设 R_i 为第 i 部门的劳动生产率,Y 为国民收入,C_i 为第 i 部门所用资本,W 为工资(为一常量),C_i/W 表示第 i 部门的生产性劳动者人数,则亚当·斯密对经济发展因素的分析,可用方程式简单表示如下:

$$Y = \sum R_i \frac{C_i}{W}$$

① 亚当·斯密:《国民财富的性质和原因的研究》下卷,商务印书馆 1981 年版,第 143 页。
② 亚当·斯密:《国民财富的性质和原因的研究》下卷,商务印书馆 1981 年版,第 136 页。
③ 亚当·斯密:《国民财富的性质和原因的研究》下卷,商务印书馆 1981 年版,第 244 页。

亚当·斯密对经济发展因素的这种分析,其实包含了一种经济发展模型。这种模型,可以说是一种"完全自由"的经济发展模型。完全自由的经济体制下,经济发展的动力与机制,是经济人的自利心和竞争。经济发展的基本政策主张是自由放任。

四、关于经济发展的动力与机制以及自由放任的政策主张

亚当·斯密在研究人们的经济生活时,把具有多种品质的人和作为经济上的人区分开来。他实际上是第一个系统地运用"经济人"假设的经济研究者。他把充满利己主义精神的经济人,作为分析经济问题的基本前提。他认为,在现实社会中,一切从事经济活动的人,都是为了满足自己的利益。他说:"我们每天所需的食料和饮料,不是出自屠户、酿酒家或烙面师的恩惠,而是出于他们自利的打算。"①同时,他也看到,在他那个社会里,追求自利的经济人,往往表现为追逐利润的资产者。他认为,"在一切生活比较安定的国家里,有常识的人,无不愿用可供他使用的资财来求目前享乐,或求未来利润"②。"私人利润的打算,是决定资本用途的唯一动机"③。

把追求自利的经济人作为经济分析的基本前提,是符合资本主义社会的现状的。亚当·斯密在这个问题上的缺点,不在于他选择利己主义的经济人作为分析的前提,而在于他忽略了经济人的利己精神在不同经济条件下的不同表现,不懂得追求利润只是经济人在资本主义社会的特有表现。

在亚当·斯密看来,在经济自由条件下,资产者的利己动机并不是一件坏事,相反还是一件好事,因为"各个人都不断地努力为他自己所能支配的资本找到最有利的用途。固然,他所考虑的不是社会的利益,而是他自身的利益,但他对自身利益的研究自然会或者毋宁说必然会引导他选定最有利于社会的用途"④。

个人利益与社会利益的一致性,这就是亚当·斯密颂扬个人利己动机的一个根据。然而对个人利益的追求是如何被引上对社会有益的道路的呢? 他回答说:"他受着一只看不见的手的指导,去尽力达到一个并非他本意想要达到的目的。也并不因为事非出于本意,就对社会有害。他追求自己的利益,往往使他能比在真正出于本意的情况下更有效地促进社会的利益。"⑤他还对这只"看

---

① 亚当·斯密:《国民财富的性质和原因的研究》上卷,商务印书馆 1981 年版,第 14 页。
② 亚当·斯密:《国民财富的性质和原因的研究》上卷,商务印书馆 1981 年版,第 260 页。
③ 亚当·斯密:《国民财富的性质和原因的研究》上卷,商务印书馆 1981 年版,第 344 页。
④ 亚当·斯密:《国民财富的性质和原因的研究》下卷,商务印书馆 1981 年版,第 25 页。
⑤ 亚当·斯密:《国民财富的性质和原因的研究》下卷,商务印书馆 1981 年版,第 27 页。

不见的手"的作用作了如下的说明:"个人的利害关系与情欲,自然会使他们把资本投在通常最有利于社会的用途。但若由于这种自然的倾向,他们把过多资本投在此等用途,那末这些用途利润的降落,和其他各用途利润的提高,立即使他们改变这错误的分配。用不着法律干涉,个人的利害关系与情欲,自然会引导人们把社会的资本,尽可能按照最适合于全社会利害关系的比例,分配到国内一切不同用途。"①这里他指出了经济系统在资源配置上的一种自由调节的负反馈机制。可见,这只"看不见的手",其实就是今天所说的竞争性市场机制,它消除了个人利益与社会利益之间的矛盾,使得对个人利益的追求,从伦理的角度来看,不再是一种令人难堪的行为,这只手竟成了引恶趋善的良媒。这只"看不见的手",在他的理论体系中占有重要地位,是他反对重商主义,主张自由放任的重要依据,甚至可以说是整个古典经济学资源配置理论的根本前提之一。

今天,无论是马克思主义者还是西方那些主张混合经济的经济学家,都很清楚,这只手并不像斯密所想象的那么灵,那么富有人道精神。尽管如此,他的这只"看不见的手",在当时所具有的重要性是不能忽视的。它对于把人们从封建时代的宗教伦理意识中解放出来是起着进步作用的。在欧洲的中世纪,各种私人利益都被宗教意识蒙上了一层神圣的油彩,追求个人利益,作为一种明确宣布的思想意识,是不被赞赏的。然而新兴资产阶级的利益与封建特权阶级的利益不一致,是注定要以赤裸裸的个人主义表现的,而后者则是以神秘主义的形式出现的。这样,在个人主义与社会公益之间建立一座桥梁,便成为新兴资产阶级的一个愿望。而他的这只"看不见的手"正好起了这样一种桥梁作用。根据这一点,每一个人都可以心安理得地去追求个人利益了。只要我们想一想,儒家的"耻言利"的说教是如何阻碍了中国社会经济的发展,从而就能掂出这只"看不见的手"的分量了。

亚当·斯密关于"经济人"及"看不见的手"的论述,不仅揭示了资本主义经济发展的动力与运行机制,而且还阐发了他关于经济发展的基本政策主张——自由放任。他说:"完全自由是使这种每年再生产能以最大程度增进的唯一有效方策。"②

关于自由放任的政策主张,在亚当·斯密以前的思想家,特别是重农主义者虽也作过论证,但斯密为这一政策主张奠定了理论基础,其突出贡献,主要表现在这样两点上:第一,他提出"看不见的手"会使个人追求自利的行为达到促进社会公益的结果;第二,他具体地描绘了资源配置的负反馈机制。有了这样

---

① 亚当·斯密:《国民财富的性质和原因的研究》下卷,商务印书馆1981年版,第199页。
② 亚当·斯密:《国民财富的性质和原因的研究》下卷,商务印书馆1981年版,第244页。

一只手及其作用的负反馈机制,任何人为的干预确乎是没有什么必要了。西方的一些自由主义经济学家,把斯密对市场机制的卓越分析,喻为《国富论》王冠上的宝石①。现代货币主义的主要代表米尔顿·弗里德曼认为,斯密对市场机制的分析,"是一种极其成熟而敏锐的见解"②。

亚当·斯密对自由放任这一政策主张的论述,有一个突出的优点,就是直接反对各种形式的封建特权和重商主义的独占经营。他在《国富论》第三篇中,曾设专章分析欧洲农业在封建专制制度下受到阻碍的原因。首先,他谴责了供封建贵族挥霍浪费的贡赋,是不可能大规模地为改良农业进行积累的。他说:"生在豪富人家的人,……这种人的境遇,自然而然地使他更注意悦己的装饰,而不注意自己没有多大需要的利润。"③其次,残酷的封建劳役和各种横征暴敛,严重地阻碍了农民和农业经营者对改良农业的投资。"贡税事实上几乎等于禁止农民把积蓄投资于土地"④。此外,还有其他一些不利于土地改良和耕作的政策。例如:"(一)到处都规定未经特许,谷物输出一律禁止;(二)限制谷物甚至各种农产物的内地贸易,实行禁垄断禁零售禁囤积种种谬法,确立集市市场的特权。"⑤他在分析了各种封建政策阻碍欧洲农业的原因后指出:"在这一切害农政策之下,要耕者来改良土地的可能性很小。"⑥在他看来,只有在资本主义的自由放任政策下,才能合理地经营和发展农业、制造业和商业等经济事业。可见他关于自由放任的政策主张是具有反封建性的,这就是该政策主张的历史进步性。

亚当·斯密在《国富论》第四篇中,着重批判了重商主义的垄断独占政策。由于这种垄断独占经营往往受到政府法规的保护,因此,他把批判的矛头直接指向政府的不合理干预。他认为,每个人都比政治家或立法者能更好地选择运用自己资本的产业部门,政府不必干预私人的经济活动。如果本国产业的产品在国内市场上的价格同外国产业的产品一样低廉,这样,政府的管制就显然是无用的;如果比外国进口产品贵,那么,这种管制就是有害的了。因为"那种管制的直接结果,是减少社会的收入,凡是减少社会收入的措施,一定不会迅速地增加社会的资本;要是听任资本和劳动寻找自然的用途,社会的资本自会迅速

① 《现代国外经济学论文选》第4辑,商务印书馆1983年版,第46页。
② 《现代国外经济学论文选》第4辑,商务印书馆1983年版,第130页。
③ 亚当·斯密:《国民财富的性质和原因的研究》上卷,商务印书馆1981年版,第353页。
④ 亚当·斯密:《国民财富的性质和原因的研究》上卷,商务印书馆1981年版,第359页。
⑤ 亚当·斯密:《国民财富的性质和原因的研究》上卷,商务印书馆1981年版,第360页。
⑥ 亚当·斯密:《国民财富的性质和原因的研究》上卷,商务印书馆1981年版,第359页。

地增加"①。

亚当·斯密认为,推行重商主义的奖励贸易、生产和贸易上的垄断、市场独占、关税保护等政策措施,扰乱了"看不见的手"的正确引导,从而就破坏了市场经济内部的自动机制,这是阻碍国民财富增长的。他在谈到对一些出口货物给予津贴的重商主义政策时,指出:"由于发展津贴,这种货物就变为容易出售,而且产量也增加了;但是一方面津贴破坏了所谓生产的自然平衡。人们从事这种货物生产的倾向,现在不是和自然需求相称,而是和自然需求与附加的津贴相称了。它的影响,不但限于这种货物本身,而且把从事没有得到这么大鼓励的货物的生产的人吸引去。这样,产业的平衡就被破坏了。"②因此他认为,"独占乃是良好经营的大敌。良好经营,只靠自由和普遍的竞争,才得到普遍的确立。自由和普遍的竞争,势必驱使各个人,为了自卫而采用良好经营方法"③。他把英国在爱尔兰,尤其是北美殖民地奉行扼杀工业和限制贸易的重商主义政策,斥之为"侵犯了最神圣的人权"④。他把自由竞争看作迫使企业提高劳动生产率的外在压力,至于自由竞争会对社会可能带来什么不良后果,他是没有想到的。在他看来,"一种事业若对社会有益,就应当任其自由,广其竞争。竞争愈自由,愈普遍,那事业亦就愈有利于社会"⑤。他对重商主义的这种批判,是符合时代精神的,是具有历史进步意义的。

亚当·斯密通过对封建主义与重商主义的批判,阐明了贯彻自由放任主张的一整套具体政策。这些具体政策可以概括为以下四个方面:

(一)通过废除学徒规章和居住法,实行自由选择职业,即实行劳动力的自由买卖。斯密这一观点同当时的历史情况有着密切联系。当时英国的资本原始积累过程已经过去,产业资本家强烈要求从封建主义的超经济强制中解放出来,要求有从事剥削雇佣劳动的经营活动自由,同时也要求国家不干预雇佣工人出卖劳动力的自由,因为资本的整个运动过程,是以"自由的"雇佣劳动的存在为前提的。

(二)通过废除限嗣继承法、长子继承法以及其他限制自由转让土地的规定,实行土地自由买卖。斯密在谴责土地限嗣继承等规定时,指出:"这种法律的制定,根据一种根本错误的假定:即对所有土地及其他一切所有物,人类的各

---

① 亚当·斯密:《国民财富的性质和原因的研究》下卷,商务印书馆 1981 年版,第 29 页。
② 亚当·斯密:《关于法律、警察、岁入及军备的演讲》,商务印书馆 1982 年版,第 195 页。
③ 亚当·斯密:《国民财富的性质和原因的研究》上卷,商务印书馆 1981 年版,第 140 页。
④ 亚当·斯密:《国民财富的性质和原因的研究》下卷,商务印书馆 1981 年版,第 153 页。
⑤ 亚当·斯密:《国民财富的性质和原因的研究》上卷,商务印书馆 1981 年版,第 303 页。

代后裔,没有等同的权利,当代人的所有权,要受限制于五百年前祖宗的心意。"①他在分析英国殖民地繁荣的原因时,把土地的自由买卖看成是经济发展的一个重要条件。

(三)废除地产关卡税和其他一些税收,实行国内自由贸易。斯密认为,"互通有无"、"互相交易"②的倾向是人类所共有的,也是人类所特有的,它是出于人类本性的一种自然倾向。

国家的一切经济政策应当顺应这种自然倾向,而不应当人为地加以限制。他反对利用法律或各种税章把物品价格抬高到自然价格以上,或压低到自然价格以下,因为这两种做法都会妨碍财富的增长,破坏生产的自然平衡。由此,他得出结论说:"总的说来,最好的政策,还是听任事物自然发展,既不给予津贴,也不对货物课税。"③

(四)废除关税、奖励金、对商业的禁令和政府同意给予特许公司的商业垄断,实行对外贸易自由。斯密已经初步认识到了生产与流通之间相互制约、相互促进的关系,已经看到了对外贸易、世界市场对于发展资本主义经济的重要作用。他认为这是进步社会资本运动的"自然趋势"④。因此,他反对一切阻碍对外贸易自由的政策,批判了重商主义为获取金银而垄断对外贸易的做法。他指出:"金银的输入,不是一国得自国外贸易的主要利益,更不是唯一利益。经营国外贸易的任何地方之间,毫不例外地可以从中得到两种不同的利益。那就是,输出他们所不需要的土地和劳动年产物的剩余部分,换回他们所需要的其他物品。通过以剩余物品换取其他物品来满足他们一部分的需要并增加他们的享受,这种贸易使剩余物品有了价值。利用这个办法,国内市场的狭隘性并不妨碍任何工艺或制造业部门的分工发展到十分完善的程度。由于给国内消费不了的那一部分劳动成果开拓了一个比较广阔的市场,这就可以鼓励他们去改进劳动生产力,竭力增加他们的年产物,从而增加社会的真实财富与收入。"⑤这里,他已经从发展资本主义生产的观点来看对外贸易了。他鼓吹对外贸易自由,正反映了当时工业资产阶级扩大国内外市场以发展资本主义大工业的要求。

为了论证对外贸易自由的优越性,亚当·斯密提出了"国际分工"的主张,

① 亚当·斯密:《国民财富的性质和原因的研究》上卷,商务印书馆 1981 年版,第 352 页。
② 亚当·斯密:《国民财富的性质和原因的研究》上卷,商务印书馆 1972 年版,第 12 页。
③ 亚当·斯密:《关于法律、警察、岁入及军备的演讲》,商务印书馆 1982 年版,第 196 页。
④ 亚当·斯密:《国民财富的性质和原因的研究》上卷,商务印书馆 1981 年版,第 349 页。
⑤ 亚当·斯密:《国民财富的性质和原因的研究》下卷,商务印书馆 1981 年版,第 18—19 页。

即绝对优势论。他指出,如果每个国家都根据自己的自然条件和技术条件,生产各国擅长生产的东西,然后用来交换别国所擅长生产的东西,比各国各自生产自己所需要的一切东西更为有利。在他看来,每个国家如果都根据自己的条件发展最有利的生产部门,进行合理的国际分工,劳动生产率就高,成本就低,劳动和资本就各得到最有利的使用;这样进行自由贸易就能用最少的花费换回更多的东西,从而就能增加国民财富。他的这一关于国际分工的绝对优势论,后来被李嘉图进一步发展为比较优势论。

关于亚当·斯密的自由放任主张,有一点需要加以说明,那就是他并不是主张绝对的自由放任,反对国家对经济活动的任何干预,他也赞成规定适当利息率的法律。在那个时代,像英国这样的国家,他认为"规定百分之五为法定利息率,也许是再适当没有"①。他在谈到政府应当把银行发钞的最低面额限定为五镑时指出:"从某种观点说,这限制诚然是侵犯天然的自由。但会危害全社会安全的少数人的天然自由,却要受而且应受一切政府的法律制裁,无论政府是最民主的政府或是最专制的政府,法律强迫人民筑墙以预防火灾蔓延,其侵犯天然的自由,无异于我们这里主张以法律限制银行活动。"②他并不主张立即全部撤销政府对外国货物输入的限制,特别是当某种货物的输入会影响本国某些生产部门广大职工的就业和生活时,就必须小心谨慎,逐步改变这种限制。否则"较低廉的同种类外国货物,即将迅速流入国内市场,把我国千千万万人民的日常职业与生活资料夺去"③。其实他对自由贸易是否完全建立,尚抱有怀疑态度,他曾说过:"不能期望自由贸易在不列颠完全恢复,正如不能期望理想岛或乌托邦在不列颠设立一样。不仅公众的偏见,还有更难克服的许多个人的私利,是自由贸易完全恢复的不可抗拒的阻力"④。同样,他虽然看到英国以摧毁荷兰海运业为宗旨的航海法有害于国家财富的增加,"但是,由于国防比国富重要得多,所以,在英国各种通商条例中,航海法也许是最明智的一种"⑤,即自由贸易应当以不危害国家安全为前提。

亚当·斯密的这个思想很少为人提及,也没有为古典经济学的后继者们加以发挥。其实只有了解他主张政府合理干预的一面,才能全面了解他自由放任的主张。

① 亚当·斯密:《国民财富的性质和原因的研究》上卷,商务印书馆1981年版,第328页。
② 亚当·斯密:《国民财富的性质和原因的研究》上卷,商务印书馆1972年版,第298页。
③ 亚当·斯密:《国民财富的性质和原因的研究》下卷,商务印书馆1981年版,第40页。
④ 亚当·斯密:《国民财富的性质和原因的研究》下卷,商务印书馆1981年版,第42页。
⑤ 亚当·斯密:《国民财富的性质和原因的研究》下卷,商务印书馆1981年版,第26页。

五、关于政府在经济发展中的作用和财政政策

亚当·斯密认为"在狩猎社会中",不存在财产不平等的现象,因而也不存在阶级和政府,到了牧畜社会,财产不平等现象出现了,贫富差别也发生了,阶级和政府也就出现了。他指出:"在财产私有制未出现之前,不存在政府。政府的目的,就在于保护财产,保护富人,使其免受穷人侵犯。"①在他看来,没有私有财产,就不会有政府,政府纯粹是为保护私有财产服务的。同时,他还认为,少数人的富有是建立在大多数人的贫穷的基础上的,贫富对立引起阶级斗争,一切政权机构实际上就是富人阶级对穷人阶级实行专政的工具。他写道:"有大财产的所在,就是有大不平等的所在。有一个巨富的人,同时至少必有五百个穷人。少数人的富裕,是以多数人的贫乏为前提的。富人的阔绰,会激怒贫者,贫人的匮乏和嫉妒,会驱使他们侵害富者的财产。那些拥有由多年劳动或累世劳动蓄积起来的财产的人,没有司法官保障庇护,哪能高枕而卧一夜哩。富者随时都有不可测知的敌人在包围他,他纵没有激怒敌人,他却无法满足敌人的欲望。他想避免敌人的侵害,只有依赖强有力的司法官的保护,司法官是可以不断惩治一切非常行为的。因此,大宗价值财产的获得,必然要求民政政府的建立。在没有财产可言,或顶多只有值两三日劳动的价值的财产的社会,就不这样需要设立这种政府。"②

亚当·斯密从他的自由放任主张出发,要求废除一切特权和限制,建立一个"最明白最单纯的自然自由制度"③。在这样一个制度的社会里,"每一个人,在他不违反正义的法律时,都应听其完全自由,让他采用自己的方法,追求自己的利益,以其劳动及资本和任何其他人或其他阶级相竞争。这样,君主们就被完全解除了监督私人产业、指导私人产业、使之最适合于社会利益的义务"④。他认为,在这种实行自由放任的状况下,政府的职能只有三项:"第一,保护社会,使不受其他独立社会的侵犯。第二,尽可能保护社会上各个人,使不受社会上任何其他人的侵害或压迫,这就是说,要设立严正的司法机关。第三,建设并维持某些公共事业及某些公共设施(其建设与维持绝不是为着任何个人或少数人的利益),这种事业与设施,在由大社会经营时,其利润常能补偿所费而有余,

---

①　转引自陈冬野:《亚当·斯密的经济理论体系》,上海人民出版社 1982 年版,第 31—32 页。

②　亚当·斯密:《国民财富的性质和原因的研究》下卷,商务印书馆 1981 年版,第272—273 页。

③　亚当·斯密:《国民财富的性质和原因的研究》下卷,商务印书馆 1981 年版,第 252 页。

④　亚当·斯密:《国民财富的性质和原因的研究》下卷,商务印书馆 1981 年版,第 252 页。

但若由个人或少数人经营,就决不能补偿所费。"①

关于第二项职能,亚当·斯密写道:"任何国家,如果没有具备正规的司法行政制度,以致人民关于自己的财产所有权,不能感到安全,以致人民对于人们遵守契约的信任心,没有法律予以支持,以致人民设想政府未必经常地行使其权力,强制一切有支付能力者偿还债务,那么,那里的商业制造业,很少能够长久发达。简言之,人民如对政府的公正,没有信心,这种国家的商业制造业,就很少能长久发达。"②可见他对于司法公正是何等重视。

关于第三项职能中所谓"公共事业"和"公共设施"是指些什么,则是必须略加阐述的。根据亚当·斯密对第三项政府职能所作的说明,他所谓的"公共事业"和"公共设施",首先是指为履行前两项职能(即提供防务和司法体系)所需的事业和设施。其次是指为"便利社会商业"所需的事业和设施,这里包括为"便利一般商业"所需的"良好的道路、桥梁、运河、港湾等"。③关于举办这些工程和设施所需的费用,尽管他认为可以收取通行税和其他特种费来支付,"似乎不必在通常所谓国家收入项下开支"④。但他明确指出,在政府经营的各种商业性的事业和设施,恐怕只有邮政一项是"成功了的"⑤。

亚当·斯密从便利一般商业的那些公共工程和设施进一步谈到"便利特殊商业"的工程和设施,这里,他主要关注的是为对外贸易,特别是与"未开化"的国家贸易,提供保护的问题。但随着分析的展开,他就转入对企业形式的分析。他首先分析了股份公司和合伙公司这两种形式的区别及其利弊。对企业形式的这种分析,构成了以后制度经济学的内容之一,从而也就使他成为制度学派的先驱之一。

亚当·斯密所谓"公共事业"和"公共设施",第三是指"青年教育设施"。他认为,"国家对于人民的教育",显然,"有注意的必要"⑥。他指出,"在文明的商业社会,普通人民的教育,恐怕比有身份有财产者的教育,更需要国家的注意"⑦。"普通人民虽不能受到有身份有财产者那样好的教育,但教育中最重要的几部分如诵读、书写及算术,他们却是能够在早年习得的;……国家只要以极

① 亚当·斯密:《国民财富的性质和原因的研究》下卷,商务印书馆1981年版,第252—253页。

② 亚当·斯密:《国民财富的性质和原因的研究》下卷,商务印书馆1974年版,第473页。

③ 亚当·斯密:《国民财富的性质和原因的研究》下卷,商务印书馆1981年版,第285页。

④ 亚当·斯密:《国民财富的性质和原因的研究》下卷,商务印书馆1981年版,第285页。

⑤ 亚当·斯密:《国民财富的性质和原因的研究》下卷,商务印书馆1981年版,第377页。

⑥ 亚当·斯密:《国民财富的性质和原因的研究》下卷,商务印书馆1981年版,第338页。

⑦ 亚当·斯密:《国民财富的性质和原因的研究》下卷,商务印书馆1981年版,第340页。

少的费用,就几乎能够便利全体人民,鼓励全体人民,强制全体人民使获得这最基本的教育。"他建议:"国家可在各教区各地方,设立教育儿童的小学校,取费之廉,务使一个普通劳动者也能负担得起,这样,人民就容易获得那基本教育了。这种学校教师的报酬,不可全由国家负担,国家只宜担负其一部分;因为全部甚至或大部分由国家负担了,教师马上便会习于怠惰。""有些在学业上较为优良。国家对于这种儿童,设能给以小奖赏或小荣誉奖章,必能奖励这最基本部分教育的获得。""国家如果规定,在取得加入某种同业组合权利以前,或在有资格在自治村落或自治都市中经营某种职业以前,一切人都得受国家的考试或检定,那末,国家就几乎能强制全体人民必须求得这最基本部分的教育。"①总之,在他看来,人民的教育,政府"应加以最切实的注意"。"人民有了教育,国家可受益不浅"②。

亚当·斯密强调政府应注意教育,应切实采取措施,但他并不主张教育都由政府机构或教会来办,相反,他却严厉指责政府或教会控制教育设施的效果。他说:"文科教育中最重要的有三部分,即诵读、书写和算术。迄今学习这三者,进私立学校的还比进公立学校的普遍,但学习者却都能够学得所必要学得的程度。"③

亚当·斯密虽然主张由政府直接举办一些经济、文化教育方面的"公共事业"和"公共设施",但总的说来,他所规定的政府职能,主要是保证企业有一个和平、安全地进行经济活动的环境,也就是让政府起一个"守夜人"的作用。至于企业家进行经济活动的本身,政府就不必要也不应当进行干涉,而应听其自然,让他们为了各自的利益进行自由竞争。

亚当·斯密在阐明了政府的职能后,进而论述政府为履行其职能所需的费用,即财政问题。他关于财政的理论观点和政策主张,主要有以下三个方面。

(一)关于政府开支的基本原则

亚当·斯密认为,国防费用和维持国家元首的费用,"是为社会的一般利益而支出的"④。故应由全社会成员公平负担。

司法行政的费用,也是"为全社会的一般利益而支出的",也可由"全社会一

---

① 亚当·斯密:《国民财富的性质和原因的研究》下卷,商务印书馆 1981 年版,第 341—342 页。

② 亚当·斯密:《国民财富的性质和原因的研究》下卷,商务印书馆 1981 年版,第 344 页。

③ 亚当·斯密:《国民财富的性质和原因的研究》下卷,商务印书馆 1981 年版,第 324 页。

④ 亚当·斯密:《国民财富的性质和原因的研究》下卷,商务印书馆 1981 年版,第 374 页。

般的贡献开支",不过,其中的一部分应由诉讼的"双方或其中一方支付"①。

地方费用或州区费用,只是"为了社会局部的利益",因此,"当由地方收入或州区收入开支,而不应由社会一般收入开支"②。

"维持良好道路及交通"所需的费用,当然"有利于社会全体",不过,"最直接地受这费用的利益的人,乃是往来各处转运货物的商贾,以及购用那种货物的消费者"③。因此,应由这两部分人多负担一些这种费用。

教育设施及宗教设施,"分明是对社会有利益的,其费用由社会的一般收入开支并无不当"。可是,"这费用如由那直接受到教育利益宗教利益的人支付,或者由自以为有受教育利益或宗教利益的必要的人自发地出资开支"也许更好。④

总的原则,应该是谁受益,费用就由谁来支付。这样,"社会一般人的负担就要减轻许多了"⑤。

(二)关于政府的收入及其源泉

亚当·斯密认为,政府的收入,来源于各种赋税。他在分析各种赋税之前,首先提出了四项著名的赋税原则。这四项原则如下。

"公平"原则。"一国国民,都须在可能范围内,按照各自能力的比例,即按照各自在国家保护下享得的收入的比例,缴纳国赋,维持政府。"⑥

"确定"原则。"各国民应当完纳的赋税,必须是确定的,不得随意变更。完纳的日期,完纳的方法,完纳的额数,都应当让一切纳税者及其他的人了解得十分清楚明白。如果不然,每个纳税人,就多少不免为税吏的权力所左右;税吏会借端加重赋税,或者利用加重赋税的恐吓,勒索赠物或贿赂。赋税如不确定,哪怕是不专横不腐化的税吏,也会由此变成专横与腐化;何况他们这类人本来就是不得人心的。据一切国家的经验,我相信,赋税虽再不平等,其害民尚小,赋税稍不确定,其害民实大。确定人民应纳的税额是非常重要的事情。"⑦

"便利"原则。"各种赋税完纳的日期及完纳的方法,须予纳税者以最大

① 亚当·斯密:《国民财富的性质和原因的研究》下卷,商务印书馆1981年版,第374页。
② 亚当·斯密:《国民财富的性质和原因的研究》下卷,商务印书馆1981年版,第375页。
③ 亚当·斯密:《国民财富的性质和原因的研究》下卷,商务印书馆1981年版,第375页。
④ 亚当·斯密:《国民财富的性质和原因的研究》下卷,商务印书馆1981年版,第375页。
⑤ 亚当·斯密:《国民财富的性质和原因的研究》下卷,商务印书馆1981年版,第375页。
⑥ 亚当·斯密:《国民财富的性质和原因的研究》下卷,商务印书馆1981年版,第384页。
⑦ 亚当·斯密:《国民财富的性质和原因的研究》下卷,商务印书馆1981年版,第385页。

便利。"①

"经济"原则。"一切赋税的征收,须设法使人民所付出的,尽可能等于国家所收入的。"②如人民所付出的,多于国家所收入的,那就会增加人民的负担,妨碍人民勤劳,破坏人民生活,增添人民烦恼。

亚当·斯密还强调指出:"国家在制定税法时",要"设法使赋税尽可能地保持公平。纳税日期,输纳方法,务求其确定和便利于纳税者。此外它们并曾竭力使人民于输纳正税外,不再受其他勒索"③。

亚当·斯密在提出了上述四项赋税原则后,就对各种赋税具体进行考察。他对各种赋税的考察,从三种收入决定价值的观点出发,认为一切赋税归根到底都来自三种基本收入。他说:"个人的私收入,最终总是出于三个不同的源泉,即地租、利润与工资。每种赋税,归根结底,必定是由这三种收入源泉的这一种或那一种或无区别地由这三种收入源泉共同支付的。"④

首先考察的是地租税。亚当·斯密认为,地租是最合适的征课对象。因为地租是土地所有者"不用亲自劳神费力,便可享得的收入。因此,把这种收入,提出一部分充国家费用,对于任何产业,都不会有何等妨害"⑤。

其次考察的是房租税。亚当·斯密认为房租可区分为两部分,其一,为建筑物租,其二,地皮租。他认为住户承担的税负,其性质类似消费品税。他主张地皮税是更恰当的课税对象,因为地皮税的所有者是不劳而获的。

第三考察的是利润税。亚当·斯密认为,资本收入不是合适的课税对象,因为对企业家的纯利润课税,如果他是农业资本家,他就会把税负转到地税上。如果他是工商业者,他就会抬高物价,把税负转移给消费者,或者对借来的资本付给较少的利息,即把税负转嫁到资本借贷者身上。他认为,利息虽然看起来与地租差不多,是应当成为课税对象的,但有两点理由使它不能成为良好的课税对象。其一,地产无法保密,而一个人的资产易于保密,无法确定其数量,从而也就失去了征课的依据。其二,对利息征税会引起资本外流,它不像土地那样是不可流动的。

第四考察的是特殊行为的利润税。这主要是指对商业上的小贩、酒店、出租马车及肩舆所课的税和农业上的个人贡税等。亚当·斯密认为,这种税与营业成比例时主要由消费者承担,因为商人会适当地调节出售量,通过提高价格,

① 亚当·斯密:《国民财富的性质和原因的研究》下卷,商务印书馆 1981 年版,第 385 页。
② 亚当·斯密:《国民财富的性质和原因的研究》下卷,商务印书馆 1981 年版,第 385 页。
③ 亚当·斯密:《国民财富的性质和原因的研究》下卷,商务印书馆 1981 年版,第 386 页。
④ 亚当·斯密:《国民财富的性质和原因的研究》下卷,商务印书馆 1981 年版,第 384 页。
⑤ 亚当·斯密:《国民财富的性质和原因的研究》下卷,商务印书馆 1981 年版,第 403 页。

把税负转移到消费者身上去。

第五考察的是资本转移税。主要是指遗产税、债券契约的印花税等。这种税有的与资产价值成比例,有的不成比例。亚当·斯密认为,这种税"多半是用以维持非生产性劳动者","所以多少总是不经济的"①。

第六考察的是工资税。亚当·斯密认为,工资税归根到底是要落在地主或消费者头上的。因为它或者价格提高,转移给消费者支付;或者使利润减少,但资本家为了使利润不减少,却总是要把它转移到地租上的。

第七考察的是人头税。亚当·斯密认为,该税若按个人的财产和收入征收,则将变成是任意的。因为个人的财富和收入常有变动,而且许多人还有隐瞒的习惯;若按个人的地位身份征收,则又将成为不公平的,因为每个人的财富与收入并不与他的地位身份相当。因此,这类税,"不论税率为重为轻","总是不满的大原因"②。

最后考察的是消费品税。亚当·斯密认为对消费品要区分必需品和奢侈品。他认为必需品税,与工资税的作用相当,起着提高工资的作用,而奢侈品税则除了提高奢侈品的价格外,别无其他作用,且不会妨碍劳动人民的生活。

亚当·斯密认为,课税于本国商人与外国商人是有区别的。他认为高关税目的不是取得收入,是维持独占。高关税往往造成走私。他认为"独占者的利得,随时都最适于课税的"③。

亚当·斯密认为奢侈品税与其他税比较起来,较符合四项赋税原则中的前三项,但不符合第四项.在他看来消费品税由国家征税人员直接征收,比实行包税制要节约得多。

(三)关于公债问题

亚当·斯密认为,公债从表面看,给个人以新的资财,但从整个国家看,资本非但没有增加,而且原来可用以"维持生产性劳动者"的资财,转变为"维持非生产性劳动者了"④。因此对于社会是一种损失。同时他又看到,公债若能减轻赋税,则一方面在较大程度上引起对旧资本的破坏,另一方面在较小程度上妨碍新资本的形成,并指出公债制度将导致资产的转移,这也会引起财富生产的减少。他最后得出结论说:"举债的方策,曾经使采用此方策的一切国家,都趋

---

① 亚当·斯密:《国民财富的性质和原因的研究》下卷,商务印书馆1981年版,第422页。

② 亚当·斯密:《国民财富的性质和原因的研究》下卷,商务印书馆1981年版,第428页。

③ 亚当·斯密:《国民财富的性质和原因的研究》下卷,商务印书馆1981年版,第455页。

④ 亚当·斯密:《国民财富的性质和原因的研究》下卷,商务印书馆1981年版,第488页。

于衰弱。"①

亚当·斯密上述关于政府职能和财政的理论和政策主张,无论在当时还是在以后,都曾产生过深刻的影响。

第三节　分工、交换和货币

一、关于分工和交换的理论

亚当·斯密在《国富论》中所建立的古典政治经济学体系是从分工开始进行论述的。《国富论》第一篇的第一、二、三章就是论述分工和交换问题的。在经济思想史上,亚当·斯密第一次系统地论述了分工,分工理论在他的整个经济理论体系中占有重要地位。

亚当·斯密特别强调分工,并把分工作为其经济理论体系的逻辑起点。在他看来,分工是由人们具有的互通有无的交换天性产生的。他的经济理论体系就是从这种抽象的人性出发,把人都看作为了自己的利益将产品进行交换的天性为前提而建立起来的。另一方面又和当时所处的工场手工业时代有关。

在亚当·斯密所处的那个时代,机器只起着某种从属的作用,工场手工业内部的分工,对劳动生产力的提高从而对社会财富的增长起着特别突出的作用。他说:"劳动生产力上最大的增进,以及运用劳动时所表现的更大的熟练、技巧和判断力,似乎都是分工的结果。"②

亚当·斯密根据历史事实论证了分工是怎样促进国家富裕的。他说:"在劳动没有分工的野蛮国家,一切东西全是为了满足人类的自然需要。但在国家已经开化,劳动已经分工以后,人们所分配的给养就更加丰富。正由于这个原因,不列颠普通日工的生活享受,比印第安酋长更为优裕。……检查一下普通日工所使用的便利设备,我们就可以发现就是过他那样简单平凡的生活,也需要大批的人的帮助,他的生活和君王贵人的奢侈生活相比,其优劣有天壤之别;可是,欧洲君王超过平民生活的程度,还没有欧洲平民生活超过野蛮国家元首

---

① 亚当·斯密:《国民财富的性质和原因的研究》下卷,商务印书馆 1981 年版,第 492 页。

② 亚当·斯密:《国民财富的性质和原因的研究》上卷,商务印书馆 1981 年版,第 5 页。

生活的程度那么大。"①由此他得出了"富裕起因于分工"②的结论。

分工之所以能提高劳动生产力,能促进国家富裕,在亚当·斯密看来,主要有以下原因:第一,分工可使劳动专门化,因而能提高劳动者的技巧和熟练程度。他说:"劳动者的技巧因业专而日进"③,"分工实施的结果,各劳动者的业务,既然终生局限于一种单纯操作,当然能够大大增进自己的熟练程度"④。

第二,分工使每人专门从事某项作业,可以节省与生产没有直接关系的时间,从而即使在不延长工作日的情形下,也可以增加与生产直接有关的时间。这是因为"由一种工作转到另一种工作,通常须损失不少时间,有了分工,就可以免除这种损失"⑤。

第三,分工使专门从事某项作业的劳动者比较容易改良工具和发明机械。亚当·斯密认为机械的改良和发明虽然有许多"是出自专门机械制造师的智巧",有些"是出自哲学家或思想家的智能",但在当时工场手工业上所使用的各种"机械,有很大一部分,……是普通工人为了要使他们担当的那部分工作容易迅速地完成而发明出来的"⑥。

亚当·斯密的分工理论,不仅论证了分工对提高劳动生产力和增进国民财富的重要作用,而且,通过对分工和协作的论述,他还论证了各种不同劳动的抽象化、一般化过程,这也是他分工理论的一个重要贡献。在他看来,在资本主义工场手工业制度下,任何一种商品,都是许多工人共同劳动的产物。他说:"考察一下文明而繁荣的国家的最普通技工或日工的日用物品罢!你就会看到,用他的劳动的一部分(虽然只是一小部分)来生产这种日用品的人的数目,是难以计数的。例如,日工所穿的粗劣呢绒上衣,就是许多劳动者联合劳动的产物。为完成这种朴素的产物,势须有牧羊者、拣羊毛者、梳羊毛者、染工、粗梳工、纺工、织工、漂白工、裁缝工,以及其他许多人,联合起来工作。"⑦这里他指出了有关生产呢绒上衣的各种劳动联合起来,就成为单一的生产呢绒上衣的劳动。许多不同工人的私人劳动(分工),通过联合(协作),就化为单一的共同劳动。在他看来,各种不同的私人劳动,通过协作,就化为一般的劳动。

---

① 亚当·斯密:《关于法律、警察、岁入及军备的演讲》,商务印书馆1982年版,第177—178页。

② 亚当·斯密:《关于法律、警察、岁入及军备的演讲》,商务印书馆1982年版,第177页。

③ 亚当·斯密:《国民财富的性质和原因的研究》上卷,商务印书馆1981年版,第8页。

④ 亚当·斯密:《国民财富的性质和原因的研究》上卷,商务印书馆1981年版,第8页。

⑤ 亚当·斯密:《国民财富的性质和原因的研究》上卷,商务印书馆1981年版,第8页。

⑥ 亚当·斯密:《国民财富的性质和原因的研究》上卷,商务印书馆1981年版,第10页。

⑦ 亚当·斯密:《国民财富的性质和原因的研究》上卷,商务印书馆1981年版,第11页。

不仅如此,亚当·斯密还认为,财富不仅是一个工场手工业中的许多工人共同劳动的产物,而且是社会上各种有关行业各种不同种类的工人共同劳动的产物。他接着上面所引用的这段论述继续写道:"加之,这些劳动者居住的地方,往往相隔很远,把材料由甲地运至乙地,该需要多少商人和运输者啊!染工所用药料,常须购自世界上各个遥远的地方,要把各种药料由各个不同地方收集起来,该需要多少商业和航运业,该需要雇用多少船工、水手、帆布制造者和绳索制造者啊!为生产这些最普通劳动者所使用的工具,又需要多少种类的劳动啊!复杂机械如水手工作的船、漂白工用的水车或织工用的织机,姑置不论,单就简单器械如牧羊者剪毛时所用的剪刀来说,其制造就须经过许多种类的劳动。为了生产这极简单的剪刀,矿工、熔铁炉建造者、木材采伐者、熔铁厂烧炭工人、制砖者、泥水匠、在熔铁炉旁服务的工人、机械安装工人、铁匠等等,必须把他们各种各样的技艺联结起来。"①这里他进一步把生产呢绒上衣的劳动扩大化。虽然,他把工场手工业内部的分工和社会分工混同了;但他的用意是在指出,生产一种商品,不仅是个别生产部门工人劳动的结果,而且是社会上有关生产部门工人共同劳动的结果。在他看来,任何一种商品都是凝结着社会上许多工人的劳动的;社会财富就是由这种社会劳动所创造的。

然而,社会上这许许多多不同种类的劳动,毕竟是分散工人的私人劳动。那么,是什么东西使这些分散的私人劳动结合起来,化成社会劳动的呢?亚当·斯密认为,通过交换就使许许多多的分散的私人劳动结合成社会的总劳动,从而私人劳动就构成了社会总劳动的一个部分。于是,交换的范围,或者说市场的范围,就制约了分工的程度。他指出:"分工起因于交换能力、分工的程度,因此要受交换能力大小的限制,换言之,要受到市场广狭的限制。市场要是过小,那就不能鼓励人们终生专务一业。"②这一思想非常重要,成为后来各个国家废除内贸关税,及降低国际贸易关税的理论依据。除了市场范围,分工程度还受到资本数量的限制。他指出:"按照事物的本性,资财的蓄积,必须在分工之前。预蓄的资财越丰裕,分工就能按比例地越细密,而分工越细密,同一数量工人所能加工的材料,就能按更大的比例增加。"③即资本积累越多,分工就越细化。这一思想同样非常重要,为资本积累提供了理论依据。

亚当·斯密分析了人们之间产生分工的原因,与古希腊柏拉图强调分工是

① 亚当·斯密:《国民财富的性质和原因的研究》上卷,商务印书馆 1981 年版,第 11—12 页。

② 亚当·斯密:《国民财富的性质和原因的研究》上卷,商务印书馆 1972 年版,第 16 页。

③ 亚当·斯密:《国民财富的性质和原因的研究》上卷,商务印书馆 1981 年版,第 252—253 页。

由于人的天资差异的观点不同,斯密认为人们之间的分工,并非由于不同人的天资有多大差异,"就天赋资质说,哲学家与街上挑夫的差异,比猛犬与猎狗的差异,……,少得多"①,而是人们"互通有无,物物交换,互相贸易"②的倾向,而"这种倾向,为人类所共有,亦为人类所特有"③。而人们职业才能上的差异,"在多数场合,与其说是分工的原因,倒不如说是分工的结果。例如两个性格极不相同的人,一个是哲学家,一个是街上的挑夫。他们间的差异,看起来是起因于习惯、风俗与教育,而不是起因于天性"④。亚当·斯密这种人们天性无多大差异的观点,实在是他认为自由竞争将导致普遍富裕的观点的基础。

亚当·斯密不仅充分肯定分工与交换的有益之处,也指出了它的问题,"在文明社会,虽然实行分工,但却没有平等的分工,因为许多工人没有工作。财富的分配并不是依据工作的轻重。……负担社会最艰难劳动的人,所得的利益反最少"⑤。分工的结果,使劳动者"变成最愚钝最无知的人"⑥。

亚当·斯密对分工和交换的论述比其前辈更系统。但是他的论述还存在如下缺点:他没有认识到工场手工业内部的分工与社会分工有本质上的差别。工场手工业内部的分工是在企业家指挥之下有计划地进行的,而社会分工却是通过市场交换进行的。另一方面,他忽略了由于各地自然禀赋的差异所导致的区域分工。

亚当·斯密关于分工的理论,后来在西方主流经济学中一直没有得到进一步的发展,也没有被数理化,直到杨小凯作出数理化的努力之后,才开始与主流经济学接轨。

二、关于货币的理论

亚当·斯密在论述了分工和交换以后,接着在《国富论》第一篇的第四章中,就论述货币的起源问题,而他对货币的职能、形态及其流通规律的论述,却散见于其著作的其他各部分。为方便起见,把它集中在这里进行阐述。

亚当·斯密是从物物交换的不便和困难引出货币的。他的这一思想,后来被奥国学派的门格尔阐发为制度的自然演化的典型案例。亚当·斯密对物物交换的困难,曾作过这样的描写:"假设甲持有某种商品,自己消费不了,而乙所

---

① 亚当·斯密:《国民财富的性质和原因的研究》上卷,商务印书馆1972年版,第15页。
② 亚当·斯密:《国民财富的性质和原因的研究》上卷,商务印书馆1972年版,第12页。
③ 亚当·斯密:《国民财富的性质和原因的研究》上卷,商务印书馆1972年版,第13页。
④ 亚当·斯密:《国民财富的性质和原因的研究》上卷,商务印书馆1972年版,第15页。
⑤ 亚当·斯密:《关于法律、警察、岁入及军备的演讲》,商务印书馆1982年版,第179页。
⑥ 亚当·斯密:《国民财富的性质和原因的研究》下卷,商务印书馆1981年版,第339页。

持有的这种物品,却不够自己消费。这时,甲当然乐于出卖,乙当然乐于购买甲手中剩余物品的一部分,但若乙手中,并未持有甲目下希求的物品,他们两者间的交易,仍然不能实现。比如,屠户把自己消费不了的肉,放在店内,酿酒家和烙面师,固然都愿意购买自己所需要的一份,但这时,假设他们除了各自的制造品外,没有别种可供交易的物品,而屠户现时需要的麦酒和面包,已经得到了供给,那末,他们彼此之间,就没有进行交易的可能。"①

那么,怎样克服这种不便和困难呢? 亚当·斯密指出:"自分工确立以来,各时代各社会中,有思虑的人,为了避免这种不便,除自己劳动生产物外,随时身边带有一定数量的某种物品,这种物品,在他想来,拿去和任何人的生产物交换,都不会见拒绝。"②这种拿去和任何人的生产物交换都不会被拒绝的物品,就是货币。他认为,货币就是交换的工具。在未开化的社会,曾用家畜作为交换工具,并使被交换之物都按照家畜的头数来评价,例如某物值牛几头,某物又值牛几头等。他指出,由于金属具有不易磨损、久藏不坏、易于分合、便于携带等特点,所以各国都逐渐以金属作为交换工具。他说:"进步国家为了避免此种弊害、便利交易、促进各种工商业发达起见,都认为有必要,在通常用以购买货物的一定分量的特定金属上,加盖公印。于是就有了铸币制度和称为造币厂的官衙。"③

亚当·斯密既然把货币看作是为克服交换困难而产生的,那他自然就把货币首要的基本的职能,看作是交换媒介、流通手段。他说,货币"就在这种情况下,成为一切文明国家商业上的通用媒介。通过这个媒介,一切货物都能进行买卖,都能相互交换"④。"有了它,社会上的生活必需品、便利品、娱乐品,才得以适当的比例,经常地分配给社会上各个人"⑤。

亚当·斯密在论述了货币的起源和职能的基础上,进一步承袭斯图亚特,论述了一国货币流通量的规律。他认为,一国流通所必需的货币量,取决于该国每年所流通的商品的价值,亦即取决于该国每年所销售的商品的价格总额,而不是商品的价格总额取决于流通中的货币量。他在论述流通所需货币量时,还看到由于货币流通速度的快慢,可使所需货币量减少或增加的问题。假如实际流通的货币量多于所需货币量,则必然外流。这就是他阐明的货币流通规

① 亚当·斯密:《国民财富的性质和原因的研究》上卷,商务印书馆1981年版,第20页。
② 亚当·斯密:《国民财富的性质和原因的研究》上卷,商务印书馆1981年版,第20－21页。
③ 亚当·斯密:《国民财富的性质和原因的研究》上卷,商务印书馆1981年版,第22页。
④ 亚当·斯密:《国民财富的性质和原因的研究》上卷,商务印书馆1981年版,第25页。
⑤ 亚当·斯密:《国民财富的性质和原因的研究》上卷,商务印书馆1981年版,第265页。

律。由于他忽视货币的贮藏手段职能之故,还没有认识到多余的货币可以流入这个贮藏手段的蓄水池,不足时又从这个蓄水池流出去。在超过需要的货币会流向国外这一点上,他与货币数量论的观点是一致的,但是他没有像货币数量论那样描绘出流出的具体机制。

亚当·斯密从货币的流通手段职能,正确地引出了以纸币代替金属货币行使的主张。他认为,货币虽是流通必不可少的工具,但用金银作货币材料是非常昂贵的,而且这项费用是一种非生产性的流通费用。因此,他认为若以纸币代替金银货币,那就大大节省这种流通费用,将其转用于生产,那就可以增加国民财富。他说:"以纸代金银币,可以说是以低廉得多的一种商业工具,代替另一种极其昂贵的商业工具,但其便利,却有时几乎相等。有了纸币,流通界无异使用了一个新轮,它的建立费和维持费,比较旧轮,都轻微得多。"①这里,他所称谓的作为流通界"新轮"的这种"纸币",就是银行券。于是,他进而论述银行券的发行和流通的问题。

亚当·斯密虽然忽视了货币的贮藏手段职能而没有从这个职能出发引出银行券,但他却对银行券的本质及其流通规律具有较深刻的正确理解。他首先把银行券看作银行代替私人票据所发行的银行票据,其发行方法主要为票据贴现。他说:"银行发行钞券的主要方法,是贴现汇票,换言之,是垫付货币,收买未满期的汇票。汇票不等期满,即可持票往银行预贷现金。银行方面,就计算到期应收的利息,在全部贷额中扣除。到期后,汇票的兑付,既可偿还银行预贷出去的价值,还会带来利息形式的纯利润。银行贴现汇票,是以本银行发行的钞券支付,并不是以金银支付。"②这就是以票据贴现方式发行银行券的方法。另一种发行银行券的方法,"即所谓现金结算法。随便那一个人,只要他找得到两个有确实信用并有确实地产的保证人担保,并允许在银行要求偿还时即如数还清所借金额及其法定利息,就可向银行商借一定数额的款项,……在顾客商借货币时,银行大都以本银行的钞票付给"③。这种发行方法,实际上就是以透支方式贷借款项的发行方法。

发行银行券以代替金银铸币,虽有节约流通费用,将其转用于生产,借以增进国民财富的利益,但若不依据一定的原理加以限制,以致发行过多,钞券泛滥,则其为害不浅。所以,亚当·斯密特别强调指出:"商人或企业家营业的资本,既不宜全部向银行借贷,亦不宜大部向银行借贷。商人或企业家固

① 亚当·斯密:《国民财富的性质和原因的研究》上卷,商务印书馆1981年版,第268页。

② 亚当·斯密:《国民财富的性质和原因的研究》上卷,商务印书馆1981年版,第273—274页。

③ 亚当·斯密:《国民财富的性质和原因的研究》上卷,商务印书馆1981年版,第274页。

然可以向银行借钱来应付不时的需要,省得储下现钱留着不用,但他的资本,亦只有这个部分,宜向银行借贷。企业家向银行借钱,应该限于这个部分。如果银行借出纸币,不超过这个限度的价值,那发行出去的纸币额,亦绝不会超过国内无纸币时流通所需的金银额,决不致数量过剩,决不致有一部分为国内流通界所不能容纳。"①这就是他提出的银行通过贷款发行银行券所应遵守的一般原则。

关于银行办理票据贴现,亚当·斯密认为,只贴现真实票据,而不应贴现融通票据。假如所贴现的是真实票据,是贷款给资本家作为其必须保有以应不时之需的现金,其数额小,又属于短期性质,到期一定可以兑付,这就意味着由此发行的银行券,就必然随着商品之流通而流通,随着商品之退出而退出。这样所发行的银行券总额,就不会超过无纸币时流通所必需的金银币数额。从而银行券的流通,就与金属货币流通的情形完全一样,绝无过剩之虑。假如银行所贴现的票据不是真实票据而是融通票据,那就要引起银行券的过度发行。因为这种融通票据都没有真实的商品交易作为基础,或为套取银行贷款以济急需而发,或为筹措农工商业的全部资金而发。所以,以此项票据向银行骗得的贷款,就使银行的金库流出去的多而流进来的少;从而就必使银行由此而发行的银行券,超过该国流通所必需的金银数量,而产生银行券过多的祸患。

亚当·斯密关于银行券发行和流通的这些原理,被人称之为"斯密原理",其目的是要使银行券流通与金银货币流通的情况相一致,借以适应商品流通,促进国民经济发展。因此,马克思曾肯定地指出,"亚当·斯密关于信用货币的观点是独创的而且深刻的"②。

亚当·斯密在说明货币作为流通手段的职能及与此职能有关的纸币和银行券的同时,也论证了货币作为衡量货物价值尺度的职能。他说:"在物物交换已经停止,货币已成为商业上一般媒介的时候,商品就多与货币交换,少与别种商品交换。……所以,一个商品的交换价值,多按货币量计算,少按这商品所能换得的劳动量或其他商品量计算。"③又说:"随着产业进步,商业国发现了同时使用数种金属铸币的便利:大的付款用金币;价值不大不小的买卖用银币;数额更小的买卖用铜币或比铜币更贱的金属铸币。在这三种金属中,他们往往特别选定一种作为主要的价值尺度。而他们所选择的,似乎都是最先用作商业媒介的金属。"④

---

① 亚当·斯密:《国民财富的性质和原因的研究》上卷,商务印书馆 1981 年版,第 279 页。

② 《马克思恩格斯全集》第 13 卷,人民出版社 1962 年版,第 158—159 页。

③ 亚当·斯密:《国民财富的性质和原因的研究》上卷,商务印书馆 1981 年版,第 28 页。

④ 亚当·斯密:《国民财富的性质和原因的研究》上卷,商务印书馆 1981 年版,第 34 页。

　　亚当·斯密对于货币的职能论述得最多的是流通手段职能,其次是价值尺度职能,而对于货币作为贮藏手段和支付手段的这两个职能,则几乎将其完全忽视了。

　　亚当·斯密在论述了货币的起源和职能的基础上,进一步承袭斯图亚特,论述了一国货币流通量的规律。他说:"无论在哪一个国家,每年买卖的货物的价值要求有一定数量的货币来把货物流通和分配给真正的消费者,但不能使用超过必要的数量。……国内流通的货物既已减少,为流通货物所必需的货币也必减少。"①"在一国财富增加时,换言之,在该国劳动年产物逐渐增大时,这更大量商品的流通,就需要有更大量的通货。"②那么,一国流通所需的货币量究竟是由什么决定的呢?

　　亚当·斯密认为,一国流通所必需的货币量,取决于该国每年所流通的商品的价值,亦即取决于该国每年所销售的商品的价格总额,而不是商品的价格总额取决于流通中的货币量,"一国每年所能通用的货币量,取决于每年在国内流通的消费品的价值。每年在国内流通的消费品,不是本国土地和劳动的直接生产物,就是用本国生产物购买进来的物品。国内生产物的价值减少了,每年在国内流通的消费品的价值亦必减少,因而,国内每年所能通用的货币量,亦必减少。"③"反过来说,一国年产物的价值增加了,货币量亦必自然增加。每年在国内流通的消费品的价值增加了,当然需要更多的货币量来流通。"④

　　亚当·斯密在论述流通所需货币量时,还看到由于货币流通速度的快慢,可使所需货币量减少或增加的问题。假如实际流通的货币量多于所需货币量,则如何呢?他的答案非常明确:多则必然外流。即无论是积累起来的金银或由银行兑换的金银,只要超过流通所需的数量,就必然会输往外国而不会继续停留在流通界。这就是他所阐明的货币流通规律。尽管这是他从斯图亚特那里承袭过来的,而且由于他忽视货币的贮藏手段职能之故,还没有认识到多余的货币可以流入这个贮藏手段的蓄水池,不足时又从这个蓄水池流出去。在超过需要的货币会流向国外这一点上,他与货币数量论的观点是一致的,但是他没有像货币数量论那样描绘出流出的具体机制。

　　上述情况,是金属货币流通的规律。假如是银行券流通,其规律又将如何呢?亚当·斯密对这个问题,也有正确的论述。他说:"任何国家,各种纸币能毫无阻碍地到处流通的全部金额,决不能超过其所代替的金银的价值,或(在商

　　①　亚当·斯密:《国民财富的性质和原因的研究》下卷,商务印书馆 1981 年版,第 13 页。
　　②　亚当·斯密:《国民财富的性质和原因的研究》上卷,商务印书馆 1981 年版,第 181 页。
　　③　亚当·斯密:《国民财富的性质和原因的研究》上卷,商务印书馆 1981 年版,第 312 页。
　　④　亚当·斯密:《国民财富的性质和原因的研究》上卷,商务印书馆 1981 年版,第 313 页。

业状况不变的条件下）在没有这些纸币的场合所必须有的金银币的价值。……如果超过了这个总额，那过剩的部分，既不能行于国内，又不能输往国外，结果，会马上回到银行去，兑换金银。"①这就是他创造性地阐明的银行券流通规律，以后的银行主义者所提出的过剩银行券必然立即流回于银行的这个流通规律，实即来自于他。

斯密关于一国货币流通量的观点，一方面承袭了休谟的货币数量论，是对重商主义无节制需求货币主张的批判，另一方面开创了后来一系列货币需求理论的先河。

第四节　价值理论

亚当·斯密在研究了货币之后，接着在《国富论》第一篇的第五、六、七章中，进而探讨交换按什么原则进行、交换的比例由什么决定等问题，转到了对商品的交换价值的研究。需要指出的是，价值问题并不是像后人所认为的那样是《国富论》的主要内容和主要贡献，有关价值问题的论述在整个《国富论》中所占的比重相当有限，对于价值理论的论述也推敲不足，表现出不少粗疏之处。这种疏忽也可能反映亚当·斯密没有把它作为主要内容来对待。只是后来李嘉图为了研究收入分配问题的需要，才把斯密的价值论提高到重要位置。

一、使用价值和交换价值的区分

亚当·斯密在研究商品的交换价值时，首先区分了使用价值和交换价值。他说："价值一词有两个不同的意义。它有时表示特定物品的效用，有时又表示由于占有某物而取得的对他种货物的购买力。前者可叫作使用价值，后者可叫作交换价值。"②这里他在经济思想史上第一次明确地提出了使用价值和交换价值这两个概念，并明确地说明了这两个概念包含的内容，使用价值是指物品的效用，交换价值是指物品的购买力。古希腊著作家亚里士多德和中国先秦后期的墨家，都曾提出过物品有两种用途，如草鞋，既可用来穿，也可用以交换。他们已有区分使用价值和交换价值的思想萌芽，但都没有提出过使用价值和交换价值的概念。

---

①　亚当·斯密：《国民财富的性质和原因的研究》上卷，商务印书馆1981年版，第275—276页。

②　亚当·斯密：《国民财富的性质和原因的研究》上卷，商务印书馆1981年版，第25页。

亚当·斯密不仅提出了使用价值和交换价值的概念,还分析了使用价值和交换价值的关系。他说:"使用价值很大的东西,往往具有极小的交换价值,甚或没有;反之,交换价值很大的东西,往往具有极小的使用价值,甚或没有。例如,水的用途最大,但我们不能以水购买任何物品,也不会拿任何物品与水交换。反之,金刚钻虽几乎无使用价值可言,但须有大量其他物品才能与之交换。"①这里他提出了商品交换价值的大小和使用价值大小的关系,并以此批判了那种认为商品交换价值的大小由其效用决定的观点。

亚当·斯密对商品价值的研究,主要是要探讨支配商品交换价值的原则,并为自己的研究规定了三项任务,即"商品的真实价格"由什么决定;这个"真实价格"是由哪些部分构成;什么原因使商品的市场价格与自然价格不一致。现按其顺序分别进行阐述。

二、商品价值的衡量尺度与商品真实价格的决定

亚当·斯密对商品价值的研究,是为了解决两个问题:商品交换价值的衡量尺度最好是什么? 与变动不断的商品市场价格不同的真实价值由什么决定? 作为一个关心富国裕民的经济学家,斯密自然关注这两个问题的正确答案。因为第一个问题从宏观角度考虑,涉及对国民财富的正确衡量;从微观角度考虑,涉及商品交易中长期合同的公平公正。而第二个问题则涉及如何增加财富价值。

为了解决这两个问题,亚当·斯密在论述商品价值时,提出了以下两个概念:一个概念是"交换价值的真实尺度"。他认为衡量商品"交换价值的真实尺度"的是这个商品能购买或能支配的劳动量。他说:"一个人是贫是富,就看他能在什么程度上享受人生的必需品、便利品和娱乐品。但自分工完全确立以后,各人所需要的物品,仅有极小部分仰给于自己的劳动,最大部分却须仰给于他人劳动。所以,他是贫是富,要看他能够支配多少劳动,换言之,要看他能够购买多少劳动。一个人占有某货物,但不愿自己消费,而愿用以交换他物,对他说来,这货物的价值,等于使他能购买或能支配的劳动量。因此,劳动是衡量一切商品交换价值的真实尺度。"②另一个概念是"商品的真实价格"。为了分析两者的决定因素,他区分了两种不同的情况:简单商品生产和资本主义商品生产。

（一）简单商品生产

亚当·斯密认为"商品的真实价格"在简单商品生产中(即土地归劳动者所有,不存在资本与劳动相交换时的商品生产)是由生产商品时所耗费的劳动决

---

① 亚当·斯密:《国民财富的性质和原因的研究》上卷,商务印书馆1981年版,第25页。

② 亚当·斯密:《国民财富的性质和原因的研究》上卷,商务印书馆1981年版,第26页。

定的。他指出,"任何一个物品的真实价格,即要取得这物品实际上所付的代价,乃是获得它的辛苦和麻烦"①,就是生产商品时所耗费的劳动。

亚当·斯密认为能购买或支配的劳动量是商品"交换价值的真正尺度",而在交换中能购买或能支配的劳动量,又是由生产商品时所耗费的劳动量决定的,即"商品的真实价格"决定"交换价值的真实尺度"。他认为商品生产时耗费的劳动量,决定商品交换时购买到的劳动量。于是推论就是商品价值的最好衡量尺度和决定因素都是生产商品时所耗费的劳动。这就是李嘉图后来提出的劳动价值论的由来。

在亚当·斯密看来,劳动虽然是一切商品交换价值的真正尺度,但是,"一切商品的价值,通常不是按劳动估定的",因为"要确定两个不同的劳动量的比例,往往很困难"。因此,"以一种商品所能购得的另一种商品量来估定其交换价值,比以这商品所能购得的劳动量来估定其交换价值,较为自然。而且,我们说一定分量的特定商品,比说一定分量的劳动,也更容易使人理解。因为,前者是一个可以看得到和接触得到的物体,后者却是一个抽象的概念。抽象概念,纵能使人充分理解,也不像具体物那样明显、那样自然"②。

亚当·斯密认为,在货币产生以后,商品的交换价值,就多按货币计算了。然而"像一切其他商品一样,金银的价值时有变动,时有高低,其购买也时有难易"。而"自身价值会不断变动的商品,也决不是计量他种商品价值的准确尺度"。但是,他认为,"劳动却当别论"。因为"等量劳动,无论在什么时候和什么地方,对于劳动者都可以说有同等的价值"③。所以,"只有劳动才是价值的普遍尺度和正确尺度,换言之,只有用劳动作标准,才能在一切时代和一切地方比较各种商品的价值"④。这样,他就得出了商品的交换价值应当由它交换到的劳动来衡量的结论,劳动是一切商品交换价值的真正尺度。

亚当·斯密还认识到,商品的价值量是同生产商品时所耗费的劳动时间成正比例的。他还看到了简单劳动与复杂劳动的区别,他把复杂劳动看作是倍加的简单劳动。但是这个倍数如何确定,他则语焉不详。

亚当·斯密关于商品价值由劳动决定的论述,是对威廉·配第劳动价值论的继承和发展。

---

① 亚当·斯密:《国民财富的性质和原因的研究》上卷,商务印书馆 1981 年版,第 26 页。
② 亚当·斯密:《国民财富的性质和原因的研究》上卷,商务印书馆 1981 年版,第 27—28 页。
③ 亚当·斯密:《国民财富的性质和原因的研究》上卷,商务印书馆 1981 年版,第 28—29 页。
④ 亚当·斯密:《国民财富的性质和原因的研究》上卷,商务印书馆 1981 年版,第 32 页。

（二）资本主义商品生产

亚当·斯密认为，在资本主义以前的简单商品生产条件下，劳动者都是商品生产者，生产出来的产品都归他们自己所有，因此，他们也是商品的出卖者。他们在生产商品时所耗费的劳动和在交换中所购买到的劳动，在量上是相等的，因此，生产商品时所耗费的劳动量是决定商品交换价值的唯一因素。但是，在资本积累和土地私有的资本主义条件下，当资本和劳动相交换时，商品的真实价格的决定因素就发生变化了。

在亚当·斯密看来，劳动决定价值的原理，只适用于资本主义以前的简单商品生产和交换，而不适用于资本积累和土地私有的资本主义商品生产和交换。他指出，在资本积累和土地私有的资本主义社会里，"劳动的全部生产物，未必都属于劳动者，须与雇用他的资本所有者和地主分享。一般用于取得或生产任何一种商品的劳动量，也不能单独决定这种商品一般所应交换、支配或购买的劳动量。很明显，还须在一定程度上由另一个因素决定，那就是对那劳动垫付工资并提供材料的资本的利润"。同样，劳动者在地主所占有的土地上耕种和采集时，劳动者就"必须把他所生产或所采集的产物的一部分交给地主。这一部分，或者说，这一部分的代价，便构成土地的地租。在大多数商品价格中，于是有了第三个组成部分"①。

于是在资本积累和土地私有的资本主义社会里，"商品交换价值的真实尺度"仍然取决于"商品的真实价格"，但现在"商品的真实价格"已不单纯由生产商品时所耗费的劳动构成，而是由工资、利润和地租三种收入构成了，也就是三种收入之和决定了商品的真实价格。

亚当·斯密不仅认为个别商品的价格或交换价值由这三部分构成，而且就一国的年生产物来说也是如此。他说："分开来说，每一件商品的价格或交换价值，都由那三个部分全数或其中之一构成；合起来说，构成一国全部劳动年产物的一切商品价格，必然由那三个部分构成，而且作为劳动工资、土地地租或资本利润，在国内不同居民间分配。社会上年年由劳动采集或生产的全部物品，或者说，它的全部价格，本来说是照这样分给社会不同成员中某些人的。工资、利润和地租，是一切收入和一切可交换价值的三个根本源泉。"②可见他这里所说的一国的年生产物就是今天人们所说的国民总产值。

根据以上介绍，可知亚当·斯密的价值理论实际上包括两个部分：一个是

---

① 亚当·斯密：《国民财富的性质和原因的研究》上卷，商务印书馆1981年版，第44页。
② 亚当·斯密：《国民财富的性质和原因的研究》上卷，商务印书馆1981年版，第46—47页。

关于价值尺度的理论；另一个是关于价值源泉的理论。关于价值尺度，他始终坚持商品价值由购买到的劳动决定。他之所以会有这种观点，与他生活的那个时代的特征有关。他生活的时代以及再回溯相当一段时间的重商主义时代，劳动的工资基本稳定在维持工人生存的水平上，表现得比其他所有商品包括货币金银更稳定，因此选择购得的劳动作为价值尺度无疑非常合理。关于价值源泉，他其实是一种生产成本论，只是在假设的简单商品生产中，土地和资本都无须付费（其蕴含的意义是两者都不稀缺）的条件下，这种生产成本论才退化为劳动价值论。只是由于后来的李嘉图，斯密关于价值源泉是劳动的观点才被过分地突出起来。这其实并非斯密的原意。

三、自然价格与市场价格的关系

亚当·斯密所谓的自然价格，是指与工资、利润和地租的自然率相一致的价格。他说："一种商品价格，如果不多不少恰恰等于生产、制造这商品乃至运送这商品到市场所使用的按自然率支付的地租、工资和利润，这商品就可以说是按它的自然价格的价格出售的。"又说："商品这样出卖的价格，恰恰相当于其价值，或者说，恰恰相当于出售这商品的人实际上所花的费用。"在他心目中的自然价格，就是与平均生产费用相一致的价格。他的目的在于说明市场价格怎样围绕着自然价格这个中心上下波动。他说："商品通常出卖的实际价格，叫作它的市场价格。商品的市场价格，有时高于它的自然价格，有时低于它的自然价格，有时和它的自然价格完全相同。"又说："自然价格可以说是中心价格，一切商品价格都不断受其吸引。各种意外的事件，固然有时会把商品价格抬高到这中心价格之上，有时会把商品价格强抑到这个中心价格以下。可是，尽管有各种障碍使得商品价格不能固定在这恒固的中心，但商品价格时时刻刻都向着这个中心。"①可见他对自然价格和市场价格的探讨，实际上是探究商品的价格与价格的运动，也就是研究价值规律及其作用的问题，这是斯密价值论的重要组成部分。

亚当·斯密认为市场价格围绕着自然价格上下波动的主要原因是供求关系的变化。他把市场价格围绕着自然价格上下波动，看成是一种有规律性的客观过程，并提出了价值规律对商品生产的调节作用，这种见解当然是正确的。

四、简短的评价

亚当·斯密的价值论，从今天的眼光来看，主要是一种生产成本决定价值

① 亚当·斯密：《国民财富的性质和原因的研究》上卷，商务印书馆 1981 年版，第49—52 页。

的理论,其缺陷主要是只考虑供给因素而没有考虑需求因素对于价值决定的影响。但是由于他对生产成本作了比较宽松的解释,所以与李嘉图相比,反而更加接近当前的价值理论。

亚当·斯密的生产成本价值论,从历史的眼光来看,主要是提出了一个重大的理论问题,引起他以后几代经济学家的关注。当然这种关注与伴随着工业革命而来的社会收入分配状况恶化所引起的经济学家对于分配问题的格外关注有关。当李嘉图把收入分配规律作为政治经济学唯一研究对象时,价值论自然就成为经济理论的基础了。这里也可以看出斯密关心价值论与李嘉图的区别,斯密是从增加国民财富的角度考虑价值问题,而李嘉图则是从发现既定国民财富的分配规律的角度考虑价值问题。

亚当·斯密价值理论最有价值的内容,应该是发现了市场价格由于供求变化而不断波动所引起的资源配置过程,这一发现最终在奥国学派那里导致了对价格机制的资源配置功能的出色研究。

第五节　三种收入与三个阶级

亚当·斯密在研究了商品价值之后,在《国富论》第一篇的第八、九、十、十一章中,进而探讨了产品价值是怎样在资本主义社会各阶级中进行分配的问题,即对资本主义社会中三个基本阶级的三种基本收入分别进行了研究。

一、工资理论

亚当·斯密在研究产品价值分配时,首先研究了归工人所有的那一部分产品的价值,即工资。在他看来,在简单商品生产中,商品的价值既然是由劳动生产出来的,那么,劳动生产物也就"构成劳动的自然报酬或自然工资"[1]。可是,在资本主义制度下,劳动者却只能获得他自己劳动生产物的一部分作为工资。这是因为:第一,在"土地一旦成为私有财产,地主就要求劳动者从土地生产出来或采集到的几乎所有物品中分给他一定份额。因此,地主的地租,便成为要从用在土地上的劳动的生产物中扣除的第一个项目"。第二,在资本已经积累以后,"在一切工艺或制造业中,大部分劳动者在作业完成以前都需要雇主给他们垫付原材料、工资与生活费。雇主分享他们的劳动生产物,换言之,分享劳动

---

[1]　亚当·斯密:《国民财富的性质和原因的研究》上卷,商务印书馆 1981 年版,第 58 页。

对原材料所增加的价值,而这一分享的份额便是他的利润"①。因此,他认为资本主义制度下的工资,只是劳动者自己劳动生产物的一部分,而劳动生产物的其余部分,则构成地主的地租和资本家的利润。

资本主义制度下的工资,既然只是工人劳动产品价值的一部分,那么,作为工资的这部分产品价值究竟占全部产品价值的多少?工资的高低是怎样决定的?亚当·斯密从工资是生产费用的一部分出发,认为工资就是劳动的价格。在他看来,劳动同其他商品一样,也有市场价格和自然价格。劳动的市场价格是由资本家和工人双方所订立的契约规定的,而由契约所规定的这种劳动的市场价格,是以劳动的自然价格为基础的。他所了解的劳动的自然价格,是由劳动者的生活维持费决定的。他说:"需要靠劳动过活的人,其工资至少须足够维持其生活。在大多数场合,工资还得稍稍超过足够维持生活的程度,否则劳动者就不能赡养家室而传宗接代了。"他认为只有不低于这种最低水平的工资,才"符合一般人道标准"②。而维持工人本人及其家属生活所必需的生活费用,就是生产和再生产劳动力的费用,这种费用决定劳动的价值。

亚当·斯密认为,随着对劳动力(他把劳动力说成劳动)需求的增加,工资就会超过这种最低水平以上;然而随着工资的增加,就会鼓励工人生儿育女,又会造成劳动力供给增多;而随着劳动力供给的增多,工资又会下降到它的最低水平。他通过人口增减来说明工资涨跌,预示了与后来马尔萨斯的工资基金论类似的观点。在他看来,劳动力的供求情况,也像一般商品的供求情况左右着商品售价的升降一样,对工资的涨跌起着调节作用。于是,他又进一步描述了工人和资本家在劳动市场上的相互竞争,以及这种竞争对劳动的市场价格的影响。

亚当·斯密认为,在资本主义社会中靠出卖劳动力为生的劳动者与雇佣劳动力的资本家之间的"利害关系绝不一致。劳动者盼望多得,雇主盼望少给。劳动者都想为提高工资而结合,雇主却想为减低工资而联合"③。由于资本家之间相互勾结,又加上他们控制着国家机器,而劳动者却往往出于生活所迫而屈服于资本的压力,因此在斗争中,居于有利地位的往往是资本家而不是劳动者。这里,他实际上是看到了今天人们所说的市场势力不对称不平衡现象。④ 他对

① 亚当·斯密:《国民财富的性质和原因的研究》上卷,商务印书馆 1981 年版,第 59—60 页。

② 亚当·斯密:《国民财富的性质和原因的研究》上卷,商务印书馆 1981 年版,第 62 页。

③ 亚当·斯密:《国民财富的性质和原因的研究》上卷,商务印书馆 1981 年版,第 60 页。

④ 市场势力不平衡及其所导致的问题,在奥国学派维塞尔的《社会经济学》中得到了深入详细的分析。

这种现象表达了不满。并且,他认为劳动者是财富的创造者,提高劳动者的工资,会刺激劳动者的生产积极性,有利于生产的发展。因此,尽管资本家想拼命压低劳动者的工资,但工资总不能低到维持劳动者及其家庭生活所必需的水平以下。他认为,工资菲薄是不能促进财富增长和社会前进的。他说:"劳动报酬优厚,是国民财富增进的必然结果,同时又是国民财富增进的自然征候。"①他这种把工资的变动和财富生产的变动联系起来考察,既把提高工资看作是促进生产发展的前提,又把它看作是生产发展的必然趋势的观点,与重商主义一味要求压低工人工资的观点是一种鲜明的对照,是一种有价值的见解。

亚当·斯密还认为,随着社会生产的发展,从而对劳动力需求增加而出现工资上涨,又是取决于资本积累水平的。他说:"对工资劳动者的需求,必随一国收入和资本的增加而增加。收入和资本没有增加,对工资劳动者的需求决不会增加。而收入和资本的增加,就是国民财富的增加。所以,对工资劳动者的需求,自随国民财富的增加而增加。"但他又认为:"使劳动工资增高的,不是庞大的现有国民财富,而是不断增加的国民财富。因此最高的劳动工资不在最富的国家出现,而却在最繁荣,即最快变得富裕的国家出现。今日英格兰确比北美各地富,然北美各地的劳动工资却比英格兰各地高。"②

在亚当·斯密看来,只要资本积累不断扩大,就有更多的利润转化为资本,因此,工资也就必然上升。他的这种工资论可用下述公式表示:

$$工资率 = 生活费水平 + a(\Delta K/\Delta t) \quad a>0$$

式中,$\Delta K/\Delta t$ 为资本增长速度。

这个公式概括了他的两点想法:(1)当资本增长速度大于零时,工资高于生活费水平。(2)工资的大小在很大程度上取决于资本增长速度。

斯密的这种工资论是针对当时重商主义者压低工资的政策主张的。他指出重商主义者压低工人工资的主张与资本积累的发展趋势是背道而驰的。

似乎可以总结说,斯密的工资理论包括了后来一系列工资理论的萌芽:维生工资论、工资基金论、契约工资论、效率工资论。其中,维生工资论代表了工资的长期趋势,工资基金论说明了短期中平均工资的高低,契约工资论说明了劳动市场上决定实际工资的具体机制,而效率工资论则反映了他对于工资的规范性意见。

除了分析一般工资水平的决定因素之外,亚当·斯密还分析了不同行业工资差异的决定因素。这个问题曾经由坎蒂隆作过初步研究,而斯密则进行了系

---

① 亚当·斯密:《国民财富的性质和原因的研究》上卷,商务印书馆 1981 年版,第 67 页。
② 亚当·斯密:《国民财富的性质和原因的研究》上卷,商务印书馆 1981 年版,第 63 页。

统分析。他认为决定行（职）业工资差异的有以下几点：(1)工资与就业的愉快
程度成反比，"刽子手的职业，是最可嫌恶的职业，可是，与其工作量相比，他的
报酬比任何普通职业都多"①。(2)工资与学习技能的成本成正比，"精巧艺术和
自由职业的学习需要更长时间和更大费用。所以，画家和雕刻家、律师和医生
的货币报酬当然要大得多，而实际上也是如此"②。(3)工资与就业的稳定性成
反比，"在各种熟练劳动中，泥水匠和砖匠那样的劳动似乎最容易学习。……这
类劳动者的高工资，与其说是熟练的报酬，倒不如说是不安定的报酬"③。(4)工
资与所须呈担的责任和信任成正比，"各地方金匠和宝石匠的工资，不仅比需要
同样技巧的许多其他劳动者高，而且比需要更大技巧的许多其他劳动者高。这
是因为有贵重的材料付托给他们。……我们把身体的健康委托于医生；把财
产，有时甚至把生命和名誉委托于律师或辩护士。……所以他们得到的报酬必
须使他们能够保持这重大托付所需要有的社会地位"。(5)工资与取得职业资
格及从业成功的可能性成反比，"各个学习职业的人能否胜任所学的职业，……
因职业不同而大不相同。……送子学作鞋匠，无疑他能学会……；但若送子学
法律，那么精通法律并能靠法律吃饭的可能性至少是二十对一。……所以，大
概要到将近四十岁时才能从职业取得一些收益的律师，其所得报酬应不仅足以
补偿他自己为受教育所花的那么多时间和那么大费用，而且足以补偿那些全无
所得的二十多人的教育时间和费用"④。

二、利润理论

在亚当·斯密看来，在社会的原始状态里是没有利润的，利润是随着资本
的出现而产生的。他认为利润是工人劳动生产物的扣除部分。他明确指出，当
资本积累出现以后，资本家就利用他所占有的资本，去雇佣丧失生产资料的工
人为他劳动，而他所获得的利润，就是雇佣工人的劳动所创造的价值扣除了工
资后的剩余部分。同时，从他的价值由三种收入决定的观点出发，认为利润是
资本的自然报酬，是投资所冒风险之补偿，把利润看成是生产费雇的构成部分。

亚当·斯密批判了那种把利润看作是资本家"监督指挥这种劳动的工资"
的观点。他指出："利润与工资截然不同，它们受着两个完全不同的原则的支

① 亚当·斯密：《国民财富的性质和原因的研究》上卷，商务印书馆 1972 年版，第 92 页。
② 亚当·斯密：《国民财富的性质和原因的研究》上卷，商务印书馆 1972 年版，第 94 页。
③ 亚当·斯密：《国民财富的性质和原因的研究》上卷，商务印书馆 1972 年版，第 95 页。
④ 亚当·斯密：《国民财富的性质和原因的研究》上卷，商务印书馆 1972 年版，第 97—
98 页。

配,而且资本的利润同所谓监督指挥这种劳动的数量、强度与技巧不成比例。"①
如果工厂不是直接由资本家管理,而是由他所雇用的职员管理时,这种观点的
错误就更加明显了。

亚当·斯密的利润论揭示了资本主义生产的目的就是为了追求最大利润。
他说:"把资本用来支持产业的人,既以牟取利润为唯一目的,他自然总会努力
使他用其资本所支持的产业的生产物能具有最大价值,换言之,能交换最大数
量的货币或其他货物。"②他虽然深信资本主义社会中私人利益与社会利益的增
进是基本一致的,但他又认识到资本家对利润的追求却又包含了私人利益与社
会利益的不一致性。他指出:"私人利润的打算,是决定资本用途的唯一动机。
投在农业上呢,投在工业上呢,投在批发商业上呢,或投在零售商业上呢? 那要
看什么用途的利润最大。至于什么用途所能推动的生产性劳动量最大,什么用
途所能增加的社会的土地和劳动的年产物的价值最多,他从来不会想到。"③

在亚当·斯密看来,凡是资本,就都要获取利润。他认为不仅投在农业中
的资本产生利润,而且投在任何行业中的资本都产生利润。与重农主义者不
同,他把利润看成是资本主义生产的一般范畴。在他看来,既然获取利润是资
本家投资的目的,因此,资本首先是被投向利润高的生产部门,但资本自由流动
的结果,就会导致利润的平均化。他认为,这是资本运动的必然结果。

亚当·斯密还在一定程度上揭示了利润率下降的趋势。在他看来,随着社
会的发展,资本积累的增大,利润率就趋向下降。具体原因是因为资本积累加
剧劳动市场的竞争,引起工资上涨;加剧了商品市场竞争,压低了商品价格;投
资领域的竞争使得高回报的投资机会越来越少。他还对如何阻碍利润率下降
的问题作过论述,例如,他曾指出,"新领土的获得或新行业的开展,即使在财富
正在迅速增加的国家,也会提高资本利润"④。但他对利润率的下降并不抱悲观
情绪,相反,却认为这是国民财富和社会福利增进的标志。他说:"在财富已达
到极度,而且用在各种行业上的资本都已达到最大限度的国家,普通纯利润率
便很低,因而这种利润所能负担的普通市场利息率也很低;这样,除大富豪外,
任何人都不能靠货币利息生活。小有产者和中等有产者,都不得不自己监督自
己资本的用途。几乎一切人都得成为实业家,都有从事某种产业的必要。"⑤

亚当·斯密从利润进一步论及利息,他认为利息是利润的一部分,是一种

① 亚当·斯密:《国民财富的性质和原因的研究》上卷,商务印书馆 1981 年版,第 43 页。
② 亚当·斯密:《国民财富的性质和原因的研究》下卷,商务印书馆 1981 年版,第 27 页。
③ 亚当·斯密:《国民财富的性质和原因的研究》上卷,商务印书馆 1981 年版,第 344 页。
④ 亚当·斯密:《国民财富的性质和原因的研究》上卷,商务印书馆 1981 年版,第 85 页。
⑤ 亚当·斯密:《国民财富的性质和原因的研究》上卷,商务印书馆 1981 年版,第 89 页。

派生的收入。这种观点,虽早就由马西和休谟提出过,但他们都没有像斯密那样进行发挥。

三、地租理论

在亚当·斯密看来,地租是土地被私人占有后的产物。他同时还受到重农主义的影响,因此,关于地租,他有四种不同的观点。

亚当·斯密的第一种地租观点,认为地租就是工人劳动所创造的生产物价值的扣除部分。他说:"土地一旦成为私有财产,地主就要求劳动者从土地生产出来或采集到的几乎所有物品中分给他一定份额。因此,地主的地租,便成为要从用在土地上的劳动的生产物中扣除的第一个项目。"①

亚当·斯密的第二种地租观点,认为地租是决定商品价值的一个因素,是使用土地的自然报酬。指出,地租乃是"使用土地的代价"②,"就几乎任何位置的土地说,其所产食物,除足够维持它上市所需的劳动外,还有剩余。而这剩余,又不仅仅足够补偿雇佣劳动所垫付的资本及其利润,还留有作为地主地租的余额"③。

亚当·斯密的第三种地租观点,认为地租是农产品垄断价格的结果。他说:"土地生产物中,有些物品的需求,使得它们在市场售卖的价格,总是超过其原费;有些物品的售价,或是超过或是不超过其原费。前者,总能给地主提供地租;后者,随着不同情况,有时能提供地租,有时不能提供地租。"④在他看来,农产品的出售价格,除了足以补偿生产所耗资本和提供平均利润外,还会有剩余,这种剩余就形成地租。他已经感觉到土地所有权的垄断,是形成资本主义地租的直接原因。

亚当·斯密的第四种地租观点,认为地租是自然力发生作用的结果。他说:"在农业上,自然也和人一起劳动;自然的劳动,虽无须代价,它的生产物却和最昂贵的工人生产物一样,有它的价值……所以,农业上雇用的工人与牲畜,不仅像制造业工人一样,再生产他们消费掉的价值(或者说,再生产雇用他们的资本)及资本家的利润,而且生产更大的价值。他们除了再生产农业家的资本及其利润外,通常还要再生产地主的地租。这种地租,可以说是地主借给农业家使用的自然力的产物。"⑤在他看来,地租就是由农业中所特有的自然生产力

---

① 亚当·斯密:《国民财富的性质和原因的研究》上卷,商务印书馆 1981 年版,第 59 页。
② 亚当·斯密:《国民财富的性质和原因的研究》上卷,商务印书馆 1981 年版,第 136 页。
③ 亚当·斯密:《国民财富的性质和原因的研究》上卷,商务印书馆 1981 年版,第 139 页。
④ 亚当·斯密:《国民财富的性质和原因的研究》上卷,商务印书馆 1981 年版,第 138 页。
⑤ 亚当·斯密:《国民财富的性质和原因的研究》上卷,商务印书馆 1981 年版,第 333 页。

所提供的收益形成的。这种观点显然是受重农主义思想影响的结果。

亚当·斯密的地租论尽管存在一定的混乱,不过从中也可看出,他已经注意到地租问题的各种重要特点。例如,他还指出,耕种主要农产品(例如小麦等)的土地所产生的地租决定着耕种其他农产品的土地所产生的地租。

关于级差地租,亚当·斯密虽没有作专门的研究,但还是有所论述的。他指出:"不问土地的生产物如何,其地租随土地肥沃程度的不同而不相同;不问其肥沃程度如何,其地租又随土地位置的不同而不相同。都市附近的土地,比僻远地带同样肥沃的土地,能提供更多的地租。"[①]这就为以后李嘉图深入研究级差地租开了先河。这一思想也影响了后来德国经济学家杜能的农业区位理论。

四、对资本主义社会阶级结构的分析

亚当·斯密在经济思想史上第一次比较正确地说明了古典资本主义社会阶级划分的经济根源,从而也就比较正确地分析了资本主义社会的阶级结构。他指出:"上面已经说过,一国土地和劳动的全部年产物,或者说,年产物的全部价格,自然分解为土地地租、劳动工资和资本利润三部分。这三部分,构成三个阶级人民的收入,即以地租为生、以工资为生和以利润为生这三种人的收入。此三阶级,构成文明社会的三大主要和基本阶级。"[②]可见,他对古典资本主义社会阶级结构的论述,已经克服了重农主义者关于阶级结构上的局限性和片面性,打破了在阶级划分上的部门界限,依据经济地位或收入状况来划分阶级,认为古典资本主义社会存在三个基本阶级,即工人阶级、资本家阶级和地主阶级。这在经济思想史上是第一次较正确的论述。

亚当·斯密在把古典资本主义社会复杂的阶级结构概括为三个基本阶级以后,进而分析这三大阶级与整个社会利益的关系,以及各阶级之间的关系。在他看来,"这三大阶级中,第一个阶级即地主阶级的利益,是和社会一般利益密切相关,不可分离的。凡是促进社会一般利益的,亦必促进地主利益,凡是妨害社会一般利益的,亦必妨害地主利益"[③]。他认为地主阶级是资本主义社会中的"一个特殊阶级。他们不用劳动,不用劳心,更用不着任何计划与打算,就自然可以取得收入"。而且,随着国民财富和资本的增加,地租也必然随之增加,地主阶级无论在什么时候都得到最大的好处。但是,"这一阶级所处的安乐稳定地位,使他们自然流于懒惰。懒惰不但使他们无知,并使他们不能用脑筋来

---

① 亚当·斯密:《国民财富的性质和原因的研究》上卷,商务印书馆1981年版,第140页。

② 亚当·斯密:《国民财富的性质和原因的研究》上卷,商务印书馆1981年版,第240页。

③ 亚当·斯密:《国民财富的性质和原因的研究》上卷,商务印书馆1981年版,第241页。

预测和了解一切国家规章的后果"。在他看来，"第二阶级即靠工资过活的阶级的利益，也同样与社会利益密切相关"，随着资本积累的增加，工资也必然上涨。不过他又认为，"劳动者在繁荣社会中不能享得地主阶级那样大的利益，在衰退的社会中却要蒙受任何阶级所经验不到的痛苦"。但由于劳动者"没有了解一般社会利益的能力，更没有能力理解本身利益与社会利益的关系"。因此，他认为劳动者阶级是无法理解自己所处的地位和作用的。他断言，只有"构成第三个阶级"的资产阶级，才是推动社会发展的最重要的阶级。他指出，"劳动者的雇主即靠利润为生的人，构成第三个阶级。推动社会大部分有用劳动活动的，正是为追求利润而使用的资本。资本使用者的规划和设计，支配指导着劳动者的一切最重要动作"。并且，"他们终日从事规划与设计，自比大部分乡绅具有更敏锐的理解力。……他们比乡绅高明，与其说是由于他们更理解公众利益，倒不如说是由于他们更理解自身的特殊利益。由于这种比较优越的理解，他们往往利用乡绅的宽宏施行欺骗手段，使他老老实实地相信，他自身的利益不是公众利益，唯有他们的利益才是公众利益，并使他仅仅凭了这单纯而诚笃的信念，舍弃自己的利益和公众的利益，去迁就他们"①。但是，他认为随着资本的增加，利润有下降的趋势，因此，这个阶级从社会中得到的利益不如其他两个阶级。

亚当·斯密在分析各阶级之间的关系时，一方面，他从三种收入决定价值的观点出发，认为资本主义社会里各阶级的利益都是一致的，并随社会经济的发展而增进。这种阶级利益协调的观点，被后来的萨伊等人发展成"三位一体公式"。另一方面，他又认为资本主义社会里各阶级的利益是不一致的，随着社会经济的发展，地租和工资随之而增进，利润却下降。可他当时还没有直接攻击土地权益并反对地主。他直接攻击的主要对象，其一是商业垄断者，其二是挥霍浪费的寄生者。他在指责商业垄断者对公众的"压迫"和"欺骗"时，写道："不论在一种商业或制造业上，商人的利益在若干方面往往和公众利益不同，有时甚或相反。……因为他们这般人的利益，从来不是和公众利益完全一致。一般地说，他们的利益，在于欺骗公众，甚至在于压迫公众。事实上，公众亦常为他们所欺骗所压迫。"②他在指责挥霍浪费的寄生者时，把"君主以及他的官吏和陆海军"这些"社会上等阶级人士"和"家仆"、"歌手"相提并论。③

① 亚当·斯密:《国民财富的性质和原因的研究》上卷,商务印书馆1981年版,第241—242页。

② 亚当·斯密:《国民财富的性质和原因的研究》上卷,商务印书馆1981年版,第242—243页。

③ 亚当·斯密:《国民财富的性质和原因的研究》上卷,商务印书馆1981年版,第304页。

亚当·斯密还指出,随着社会的发展,生产力的提高,财富的分配越来越不平等,贫富悬殊也越来越严重,这种情况,在资本主义社会中达到了顶点。他认为在文明社会中,"对庞大的社会劳动生产物,作公正而平等的分配的情况是完全不存在的。在一个有十万户家庭的社会中,恐怕就有一百户不从事劳动的家庭。这些家庭依仗暴力或较为和缓的法律压力,花用着这个社会中其他十万户家庭所花用的更多的这些劳动生产物,被这些人狼吞之后剩下来的东西,也不是按照每个人所支出的劳动进行分配的。相反的,劳动越多的人,得到的却越少。把他们大部分时间花在放荡生活或娱乐上面的富商,通过从他们买卖的收益中所分享到的份额,要多过实际从事经营的一切经理人员或出纳人员。这些经理人员或出纳人员有很多的游闲时间,他们除了受到工作束缚之外,几乎没有任何痛苦,但他们所分享到的生产物的份额,要比受他们驱使而劳动远比他们辛劳的人多三倍。不仅如此,工人们一般在室内劳动,不受风雨侵凌,他们安闲地而且在机器帮助之下从事劳动,然而,他们所分享到的份额,也比上述的贫穷的劳动者多。这些劳动者就是以土地和四季气候为其搏斗对手的人群,他们为这个社会中的其他一切的人提供其奢侈生活所需的资料。也就是说,他们肩负着人类社会整个结构的重担,可是,他们却被这个重担压到深渊底下,在社会最下层,被人遗忘。在这种喘不过气的不平等之下,文明社会的最底层,最受人轻视的人们,一般所过的生活和所得到的恩泽,要比最受人敬重,最活跃的野蛮人,远为优裕"[1]。

一个有趣的问题是,亚当·斯密究竟代表哪个阶级?他其实对于古典资本主义的三大阶级都各有褒贬,并不像以往人们所认为的那样仅仅是资产阶级的代表。他对于商人和企业主的批判是非常严厉的。如果一定要确定斯密所维护的人群的话,那就是市场中的消费者。亚当·斯密仅仅是所有消费者的守护神。[2]

第六节 国民收入的决定

亚当·斯密认为,虽然单个商品的价值中包含资本的转移价值,但是一个生产部门的资本总是另一个生产部门的产品,而这另一个生产部门的资本又是

---

[1] 转引自陈冬野:《亚当·斯密的经济理论体系》,上海人民出版社 1982 年版,第 33 页。

[2] [美]罗伯特·海尔布罗纳:《几位著名经济思想家的生平、时代和思想》,商务印书馆 1994 年版,第 60 页。[美]托德·G.巴克霍尔兹:《已故西方经济学家思想的新解读》,中国社会科学出版社 2004 年版,第 19 页。

再前一个生产部门的产品。……这样类推追溯上去,经过许多生产部门和生产过程,最后,就会回到人们不用生产工具,只用双手,不用原料,只利用自然界原有的劳动对象,来进行生产。他还以苏格兰海岸玛斑色小石的拾集者为例,[①]来说明这种小石的拾集者不生产任何剩余,而只生产他们自己的工资,他们是不使用任何劳动资料来进行生产的。于是从不断递归溯源的角度来看,一切资本的价值最终都是要分解为三种收入的。他说:"至于因要图利而直接转为资本的每年节省下来的部分,也同样并几乎同时被人消费掉,但消费的人是劳动者、制造者、技工。"[②]于是在一个社会全部商品的整个价值中,就只能找到工资、利润和地租这三种收入。但是在一年生产的商品的总价值中,还是应当把资本的转移价值单独列出。他写道:"一个大国全体居民的总收入,包括了他们土地和劳动的全部年产物。在总收入中减去维持固定资本和流动资本的费用,其余留供居民自由使用的便是纯收入。换言之,所谓纯收入乃是以不侵蚀资本为条件,留供居民享用的资财。"[③]他实际上是把资本的价值看作是以往年份的三种收入。在这个意义上,一国的年生产物的价值,也都是由工资、利润和地租三种收入构成。只是当年的纯收入只包括当年的工资、利润和地租。

由于斯密没有清楚地区分财产、资本和收入这些概念,也没有提出中间产品和最终产品的概念,所以他关于国民收入的定义就显得不是很清晰。但是从上面所引述的话来看,他已经具有了现代意义上的国民收入的初步概念,而且国民收入的大小就取决于当年三种收入的加总。而三种收入的决定则已经被分析了。可以说,斯密没有独立于个别商品和要素的价值决定的综合商品价值决定问题。

重农主义经济理论体系的创建者魁奈在他的《经济表》中,已经从阶级结构和综合商品的供求关系出发,对整个社会的宏观经济作过天才的探讨。与魁奈相比,斯密对宏观经济的分析则显得过于简单。可以说他的整个理论体系缺乏独立于微观分析的宏观分析。

第七节　资本理论

亚当·斯密在《国富论》第一篇中曾以资本的存在为前提来研究工资、利润和地租,但直到他分析了资本主义社会的三种基本收入和该社会的阶级结构以

---

① 亚当·斯密:《国民财富的性质和原因的研究》上卷,商务印书馆 1981 年版,第 46 页。

② 亚当·斯密:《国民财富的性质和原因的研究》上卷,商务印书馆 1981 年版,第 311 页。

③ 亚当·斯密:《国民财富的性质和原因的研究》上卷,商务印书馆 1981 年版,第 262 页。

后,才在《国富论》第二篇中对资本进行专门的研究。但是,并不能因此就认为他不重视研究资本。其实,亚当·斯密比他的前辈更重视,因而也更系统地研究了资本。他在研究资本时,主要阐明了资本的性质、资本的构成、资本积累和生产性与非生产性劳动、资本的各种用途等理论问题。

一、资本的性质与构成

亚当·斯密在《国富论》的第一篇分析资本主义社会各阶级的收入时,从分配的角度初步说明了资本的性质。他说:"资本一经在个别人手中积聚起来,当然就有一些人,为了从劳动生产物的售卖或劳动对原材料增加的价值上得到一种利润,便把资本投在劳动人民身上,以原材料与生活资料供给他们,叫他们劳作。"①在他看来,资本不是自古就有的,而是社会发展到一定阶段的产物,即把资本看作是一个历史范畴。他认为在既无分工也少交换的原始社会,人们是无须"预储资财"的,因此,也就没有发生资本;后来,由于分工的发展,一个人的劳动生产物,只能满足他自己的一小部分需要,其余大部分的需要,不得不依靠别人的劳动生产物来满足。因此,在他自己进行劳动生产直到出卖产品并购买别人的生产物之前,就不得不"预储资财",以供在这期间的生产和消费之用。他把这种"预储资财"分作两部分:一部分用以维护生活,即生活资料;另一部分用于继续进行生产,从而取得收入,即生产资料。他把个人财产中用于投入再生产以获取收入的部分,称为资本,强调这部分作为资本的资财和用作个人消费品的资财的区别。同时,他也指出资本家把资本投入生产,目的是为了侵占雇佣工人的一部分劳动产品而取得利润。

亚当·斯密认为资本最重要的特征就在于它能给企业家带来利润。于是他根据为企业家提供利润的不同方式,把资本划分为流动资本和固定资本两个部分。在他看来,固定资本的特性是不必经过流通,不必更换主人即可提供利润;流动资本的特性是要靠流通,要靠更换主人才能提供利润。他还指出,无论是固定资本还是流动资本,都是由积累起来的储备资财构成的。他认为固定资本主要由以下四项构成:第一,一切便利劳动和节省劳动的有用机器与工具;第二,一切有利润可取的建筑物,如商店、堆栈、工场、农屋、厩舍、谷仓等;第三,用开垦、排水、围墙、施肥等有利可图的方法投下的使土地变得更适于耕作的土地改良费;第四,社会上一切人民学到的有用才能。

亚当·斯密认为流动资本也包括四项:第一,货币;第二,各种食品,人们出售这种食品,可以获得利润;第三,制造衣服、家具、房屋等物的材料;第四,已经

---

① 亚当·斯密:《国民财富的性质和原因的研究》上卷,商务印书馆1981年版,第43页。

制成但仍在制造者或商人手中，未曾卖给或分配给真正消费者的物品。

关于固定资本与流动资本的划分，亚当·斯密还提出了两项原则：第一项原则是看它是否必须经过流通和交换才能带来利润。他指出，固定资本"是不必经过流通，不必更换主人，即可提供收入或利润"①。流动资本"是要靠流通、要靠更换主人而提供收入"②。第二项原则是看它是否保留在其所有者的手中。他说："求利润的方法，不是把资财保留在手里，就是把资财花用出去。在前一场合，它是固定资本；在后一场合，这是流动资本。"③

亚当·斯密在经济思想史上，第一次明确把资本区分为固定资本和流动资本。他比重农主义者对资本的划分前进了一步，魁奈只是把农业资本划分为原预付和年预付，斯密则将这种划分发展为固定资本与流动资本这两个普遍化的概念。

从斯密的上述观点可知，他的资本概念还是相当粗放的，没有细分储蓄和投资、个人资本和社会资本、资本品和存货、物质资本和人力资本。精确的资本概念一直要到100多年以后才由奥国学派的庞巴维克开始提出。

二、资本积累和生产性与非生产性劳动

关于资本积累和生产性与非生产性劳动这两个问题。亚当·斯密是放在《国富论》第二篇的第二章中一起论述的。在他的经济理论体系中，这二者是密切联系、互相制约的。他把增加生产性劳动看作是资本积累的重要因素，而资本积累又是使用和增加生产性劳动的必要条件。

亚当·斯密认为资本积累是扩大生产、增加社会财富的重要条件。他从社会历史的发展和分工、交换的产生，论述了资本积累的必要性。他指出，要"大大改进劳动生产力，预蓄资财是绝对必要的"。在他看来，随着资本积累的增加，必然会促进生产力的提高和社会财富的增长。他说："投资雇佣劳动的人，自然希望投资方法能够尽量产出最大量的产品。所以，对工人职务的分配，必努力期其适当；在能够发明或购买的限度内，他所备置的机械，必努力期其精良。但在这两方面，他的能力怎样，往往要看他能有多少资财，看他能雇多少工人。所以，在每一国家里，不仅产业的数量随着举办产业的资财的增加而增加，而且，由于资财增加的结果，同量产业所能生产的产品亦会大增。"④

亚当·斯密在论述到资本是怎样积累起来时，把节俭看作是资本积累的直

①　亚当·斯密：《国民财富的性质和原因的研究》上卷，商务印书馆 1981 年版，第 257 页。
②　亚当·斯密：《国民财富的性质和原因的研究》上卷，商务印书馆 1981 年版，第 258 页。
③　亚当·斯密：《国民财富的性质和原因的研究》上卷，商务印书馆 1981 年版，第 260 页。
④　亚当·斯密：《国民财富的性质和原因的研究》上卷，商务印书馆 1981 年版，第 253 页。

接原因和来源，"资本增加的直接原因，是节俭，不是勤劳。诚然，未有节俭以前，须先有勤劳，节俭所积蓄的物，都是由勤劳得来。但是若只有勤劳，无节俭，有所得而无所贮，资本决不能加大。节俭可增加维持生产性劳动者的基金，从而增加生产性劳动者的人数。……节俭可推动更大的劳动量；更大的劳动量可增加年产物的价值"。他在强调节俭以积累资本的同时，也坚决反对封建贵族挥霍无度的奢侈浪费。他说："资本增加，由于节俭；资本减少，由于奢侈与妄为。"①"无论就哪一个观点说，奢侈都是公众的敌人，节俭都是社会的恩人。"②他的这种观点预示了后来西尼尔的节欲论。

亚当·斯密所关心的是怎样才最有利于资本积累。他认为社会总资财中分作资本和收入的比例，直接影响到资本的积累。在他看来，增加资本就可多雇佣生产性劳动者，多增加财富；反之，增加收入部分，势必多雇佣非生产性劳动者，助长奢侈浪费，从而造成国家财富的减少。他所说的收入，就是今天经济学家所说的消费，他所说的资本就相当于今天所说的转化为投资的储蓄。由此，他得出了增长国民财富取决于参加生产劳动的人数和劳动生产率的结论。他说："增加一国土地和劳动的年产物的价值，只有两个方法，一为增加生产性劳动者的数目，一为增进受雇劳动者的生产力。很明显，要增加生产性劳动者的数目，必先增加资本，增加维持生产性劳动者的基金。"③

亚当·斯密把参加生产性劳动的人数在整个社会成员中所占比例的增长，看作是增加国民财富的重要因素之一。因此，他就自然要研究什么是生产性劳动与非生产性劳动的问题。这个问题在亚当·斯密的经济理论体系中占有重要地位。他对于生产性劳动与非生产性劳动，有两种不同的定义。

首先，亚当·斯密认为，生产性劳动是同资本相交换、能生产价值并为资本提供利润的雇佣劳动；反之，就是非生产性劳动。他把制造业工人的劳动和家仆的劳动加以对比来说明："有一种劳动，加在物上，能增加物的价值；另一种劳动，却不能够。前者因可生产价值，可称为生产性劳动，后者可称为非生产性劳动。制造业工人的劳动，通常会把维持自身生活所需的价值与提供雇主利润的价值，加在所加工的原材料的价值上。反之，家仆的劳动，却不能增加什么价值。制造业工人的工资，虽由雇主垫付，但事实上雇主毫无所费。制造业工人把劳动投在物上，物的价值便增加。这样增加的价值，通常可以补还工资的价值，并提供利润。家仆的维持费，却是不能收回的。雇佣许多工人，是致富的方

① 亚当·斯密：《国民财富的性质和原因的研究》上卷，商务印书馆 1981 年版，第 310 页。
② 亚当·斯密：《国民财富的性质和原因的研究》上卷，商务印书馆 1981 年版，第 313 页。
③ 亚当·斯密：《国民财富的性质和原因的研究》上卷，商务印书馆 1981 年版，第 315 页。

法,维持许多家仆,是致贫的途径。"①这是他关于生产性劳动与非生产性劳动的第一种见解。

其次,亚当·斯密又认为,生产性劳动不是随生随灭的,它是生产物品、商品的劳动;非生产性劳动则是随生随灭的,它是不生产物品、商品的劳动。他仍以制造工人的劳动和家仆的劳动为例来说明:"制造业工人的劳动,可以固定并且实现在特殊商品或可卖商品上,可以经历一些时候,不会随生随灭。那似乎是把一部分劳动贮存起来,在必要时再取出来使用。那种物品,或者说那种物品的价格,日后在必要时还可用以雇佣和原为生产这物品而投下的劳动量相等的劳动量。反之,家仆的劳动,却不固定亦不实现在特殊物品或可卖商品上。家仆的劳动,随生随灭,要把它的价值保存起来,供日后雇佣等量劳动之用,是很困难的。"②

这两种定义在他那个时代是并不矛盾的。因为那个时代以盈利为目标的服务性企业还几乎不存在,资本主义企业几乎都是生产物质产品的,能够为资本提供利润的劳动几乎全是生产物质产品的劳动。而一旦出现了以盈利为目标的服务性企业,很明显,他的两种定义就矛盾了。按照他的第一种定义,以盈利为目标的服务性企业里的劳动,给资本提供利润,属生产性劳动;按照他的第二种定义,这些人的劳动不是体现在物品中的劳动,则是属于非生产性劳动。

在亚当·斯密那个时代,今天人们所说的服务业几乎都是以富人的家仆的形式存在,家仆的劳动都是富人的消费,不会带来利润。于是不生产物质产品的劳动就与不带来利润的劳动相等了。因此亚当·斯密把它们通通归入非生产性劳动,并进一步认为不生产物质产品是非生产性劳动的一般特征。从资本主义生产过程的观点看来,亚当·斯密把生产物品、商品的劳动,看作是生产性劳动的见解并不错。在资本主义制度下,商品世界分为两大类:一类是物的商品;另一类商品就是劳动能力。于是他把一切不直接参加物质商品生产的人,都列为非生产性劳动者。他不仅把家仆,而且把演员、律师、牧师以及官吏,甚至君主等都列了进去,这是一个十分大胆的理论概括,是对社会"最尊贵"人士的挑战。他写道:"有些社会上等阶级人士的劳动,和家仆的劳动一样,不生产价值,既不固定或实现在耐久物品或可卖商品上,亦不能保藏起来供日后雇佣等量劳动之用。例如,君主以及他的官吏和海陆军,都是不生产的劳动者。他们是公仆,其生计由他人劳动年产物的一部分来维持。他们的职务,无论是怎样高贵,怎样有用,怎样必要,但终究是随生随灭,不能保留起来供日后取得同

---

① 亚当·斯密:《国民财富的性质和原因的研究》上卷,商务印书馆1981年版,第303页。

② 亚当·斯密:《国民财富的性质和原因的研究》上卷,商务印书馆1981年版,第303—304页。

量职务之用。他们治理国事,捍卫国家,功劳当然不小,但今年的治绩,买不到明年的治绩;今年的安全,买不到明年的安全。在这一类中,当然包含着各种职业,有些是很尊贵很重要的,有些却可说是最不重要的。前者如牧师、律师、医师、文人;后者如演员、歌手、舞蹈家。在这一类劳动中,即使是最低级的,亦有若干价值,支配这种劳动价值的原则,就是支配所有其他劳动价值的原则。但这一类劳动中,就连最尊贵的,亦不能生产什么东西供日后购买等量劳动之用。像演员的对白,雄辩家的演说,音乐家的歌唱,他们这一般人的工作,都是随生随灭的。"①

在亚当·斯密看来,这些非生产性劳动者浪费了大量的社会财富,从而妨碍了资本积累的增长。因此,他认为必须把非生产性人员限制在最低的限度。他说:"生产性劳动者、非生产性劳动者以及不劳动者,同样仰食于土地和劳动的年产物。这生产物的数量无论怎么大,决不是无穷的,而是有限的。因此,用以维持非生产性人手的部分愈大,用以维持生产性人手的部分必愈小,从而次年生产物必愈少。反之,用以维持非生产性人手的部分愈小,用以维持生产性人手的部分必愈大,从而次年生产物亦必愈多。"②他的这种见解,既反映了新兴资产阶级反对封建势力的奢侈挥霍以积累资本、发展资本主义的愿望和要求;也反映出他未能预见到后来以盈利为目标的服务性企业的大规模发展;同时还反映出他低估了消费对于一个社会收入增长的重要作用。

三、资本的各种用途

亚当·斯密认为,资本有四种不同的用途:"第一,用以获取社会上每年所须使用所消费的原生产物;第二,用以制造原生产物,使适于眼前的使用和消费;第三,用以运输原生产物或制造品,从有余的地方运往缺乏的地方;第四,用以分散一定部分的原生产物或制造品,使成为较小的部分,适于需要者的临时需要。第一种用法是农业家、矿业家、渔业家的用法;第二种用法是制造者的用法;第三种用法是批发商人的用法;第四种用法是零售商人的用法。我以为,这四种用法,已经包括了一切投资的方法。"③他在这里所讲的资本用途,其实是讲资本投资的行业。

关于哪个经济部门的收益最大、生产力最强的问题,早在古希腊时代就有

---

① 亚当·斯密:《国民财富的性质和原因的研究》上卷,商务印书馆 1981 年版,第 304 页。

② 亚当·斯密:《国民财富的性质和原因的研究》上卷,商务印书馆 1981 年版,第304—305 页。

③ 亚当·斯密:《国民财富的性质和原因的研究》上卷,商务印书馆 1981 年版,第329—330 页。

过争论。主张雅典民主制度的人，都主张提倡工商业；而反对他们的人则认为，只有农业才具有生产性。这个争论，后来在重商主义者和重农主义者之间又激烈地展开。重商主义者认为只有商业尤其是对外贸易才具有生产性，或者说，最富于生产性；重农主义者认为，只有农业才具有生产性，其他如工商业等则是非生产性的，或者说是不结果实的。亚当·斯密在研究资本的各种投资场所时，进一步探讨了这个问题。他认为应该按照各个经济部门的收益的大小和生产力强弱来进行投资，因此，他将国民经济的各个部门排了一个队。在他看来，第一是农业和采掘工业，第二是加工工业，第三是批发商业，第四是零售商业。他认为这四个部门都是给资本提供利润的，都是生产物质财富的。

亚当·斯密关于投资排序的这种观点，表明他仍受着重农主义的严重影响。他说："一国资本，要是不够同时兼营这三种事业，那末，我们就可以说，投在农业上的部分愈大，所推动的国内的生产性劳动量也愈大，同时，对社会土地和劳动的生产物所增加的价值也愈大。除了农业，当推制造业。投在出口贸易上的资本，在三者中，效果最小。"①为什么把资本投在农业上的收益最大呢？在他看来，在农业中不仅有工人劳动，而且还有牲畜和自然力在劳动并创造价值。"所以，和投在制造业上的等量资本比较，投在农业上的资本，不仅推动较大的生产性劳动量，而且，按照他所雇佣的生产性劳动的量来说，它对一国土地和劳动的年产物所增加的价值，对内居民的真实财富与收入所增加的价值，都大得多。在各种资本用途中，农业投资最有利于社会。"②这里明显地表现了重农主义对他的深刻影响。虽然他关于资本投资排序的观点有一些缺点，但仍包含着某些合理的见解。例如他已看到了农业和采掘工业在整个国民经济发展中的重要地位。他说："假设没有资本用来提供相当丰饶的原生产物，制造业和商业恐怕都不能存在。"③但是尽管他把农业和采掘工业放在国民经济首位的理由不正确，但他把农业和采掘工业放在国民经济首位的观点本身是正确的。

此外，亚当·斯密在这里所提出的关于产业划分的观点，也具有一定的合理因素，他虽把国民经济划分为农业和采掘工业、加工工业、批发商业、零售商业等四大产业，但他所谓的批发商业，其实是指交通运输业；因此，他所谓的批发商业和零售商业，也就是我们今天所讲的第三产业，他所谓的农业和采掘业、加工工业，就是我们今天所讲的第一产业、第二产业。可见他关于四个产业的划分，同我们今天三个产业的划分，虽提法不同，其基本精神是一致的。

① 亚当·斯密：《国民财富的性质和原因的研究》上卷，商务印书馆 1981 年版，第 336 页。
② 亚当·斯密：《国民财富的性质和原因的研究》上卷，商务印书馆 1981 年版，第 334 页。
③ 亚当·斯密：《国民财富的性质和原因的研究》上卷，商务印书馆 1981 年版，第 330 页。

第八节 亚当·斯密在经济思想史上的地位

亚当·斯密所建立的这个经济学体系,是以经济自由主义为中心,以富国裕民为目标的。体现这个理论体系的科学巨著《国富论》,其结构是相当巧妙的。他的分析基本上是以大量实际资料为基础的。他对许多艰深理论的阐述,总是联系实际旁征博引,并辅之以尽人皆知的比喻。可见其所进行的经济学研究,在当时达到了何等精通的程度。在西方颇享盛名的埃里克·罗尔在谈到这一点时指出,"在亚当·斯密以前,没有人达到同斯密一样的系统而连贯的分析水平,斯密的分析尽管经常从实际生活中引用实例,但在许多地方是高度抽象的。经济学第一次被公认为是一门独立的学科,一门自觉和自信的科学"。他认为《国富论》"的结构对后来所有的经济学著作都产生了极大的影响"[①]。由此,许多西方经济学者都把亚当·斯密看作是政治经济学的创始人。其实,政治经济学的创始人并不是亚当·斯密,而是威廉·配第和弗朗斯瓦·魁奈等人。亚当·斯密对经济科学的主要贡献,是他系统地批判了重商主义,实现了西方经济学演进中的第一次革命,自由主义革命,创立了古典政治经济学的理论体系。

亚当·斯密对经济科学还有一个重要贡献,就是他在继承前人研究成果的基础上,把经济生活看成是受"自然规律"支配的思想。在他看来,政府是不应当对经济生活进行干预的;如果政府制定规章制度和采取措施对经济生活加以干涉和限制的话,那就不仅没有好处,反而会对社会造成灾难。这就是说,他承认经济生活中存在着不以人们的主观意志为转移的客观经济规律。虽然,重农主义者比斯密更早就从"自然秩序"中探索资本主义经济运行的规律了,但他们却把这种"自然秩序"看成是由上帝制定的,而亚当·斯密在这个问题上的贡献,正在于他抛弃了重农主义者的这种带有封建神学色彩的神秘观念。亚当·斯密是从"人的本性"出发来研究社会经济运行规律的。在他看来,社会是由无数的个人组成的,而每个个人的行为却都受一定的动机所支配。他认为支配每个人从事经济活动的动机,就是这些经济人的利己心。他把商品交换、分工协作、货币流通等经济现象都看成是从个人的利己主义本性中产生出来的。他的整个经济学体系,就是通过这种体现利己主义本性的一系列经济范畴来建立的。亚当·斯密是经济科学中系统地运用"经济人"这个假设的第一个人。他

---

① 《现代国外经济学论文选》第 4 辑,商务印书馆 1982 年版,第 7 页。

把资本主义社会的一切经济现象都看成是"经济人"活动的结果。

自从亚当·斯密在《国富论》中创立古典政治经济学体系以来,他一直以其在经济思想史上首屈一指的鼻祖地位而受到人们的重视,这种情况直到200多年后的今天,仍没有发生多大的变化。亚当·斯密对后世经济科学发展的影响,是多方面的。

首先,亚当·斯密作为经济学家的素质及其为人,吸引着人们对他的关注。

亚当·斯密是第一个真正从大学里培养出来的经济学家,他兴趣广泛,博学多才。他对古代近代的语言文学、历史学、自然哲学、数学、社会哲学、伦理学、心理学、法学、政治学等许多门科学,都有相当的研究。在他的科学巨著《国富论》中,就体现了他所建立的这个富国裕民的古典政治经济学体系,同这许多门科学之间所具有的内在联系。这是亚当·斯密经济理论体系的一个大特色,也是他之所以能对经济学作出如此伟大贡献的一个原因。

亚当·斯密也是一位具有敏锐观察力和求实精神的学者。他除了接受学校教育、坚持勤奋读书以外,还非常注意观察社会,汲取知识。就在他做学生和当教授的时期,无论是在卡柯尔迪和格拉斯哥,还是在牛津和爱丁堡,他都经常同各种各样的人接触和交往,了解他们的生活、工作和思想,注意观察和了解那里的工场手工业、农业、商业、市场、港口和交通运输,积极参加学术团体的活动,特别注意了解人们普遍关心的经济问题、新的社会思潮,以及生产技术的改进与革新。例如,当詹姆斯·瓦特开始进行蒸汽机试验时,他就以非凡的洞察力预见到蒸汽机的前景,并给予有力的支持。后来,他又陪同年轻的巴克勒公爵,在伦敦、巴黎、图卢兹、波尔多和日内瓦等城市,进行了近三年的专门考察,并与当时的许多著名思想家和进步学者,进行了广泛的接触和交流,这就使他对英国和西欧大陆的经济状况与社会思潮,有了进一步的了解和体会。他以敏锐的眼光进行长期仔细观察、研究和思考,不仅抓住了当时英、法等国资本主义经济发展的主要问题,并为深入研究这些问题积累了第一手资料,而且把握了他所处的那个进步潮流的时代精神,从而建立了以经济自由主义为中心的富国裕民的经济理论体系。他所阐明的这种新颖的经济理论和政策主张,深刻地反映了时代的要求,因而对人们产生了强烈的吸引力和感染力,这就不能不引起人们对他的关注。

亚当·斯密还是一个富有人性的资产阶级民主派精神的知识分子。他虽然是一个单身汉,外表也不出众,身材中等略高,相貌纯朴,脸形端正,一双灰蓝色的眼睛,一个笔直的大鼻子;穿着非常俭朴,一直到死都戴着假发,走路总爱把竹手杖放在肩上;有独自出神、自言自语的习惯;但他性情温和,待人又非常友善而慷慨。除了在牛津大学那段的苦读生活外,在他生活的各个阶段,他总是喜欢同各方面的人士结识与往来,特别是同当时英、法思想界的名流——休谟、魁奈和杜尔哥等人结识与交往。这些人对其经济学体系的形成,曾产生过决定性的影响。约翰·雷在《亚当·斯密传》中写道:"同母亲、朋友和书本在一起,是斯密的三大乐趣。"①母亲是他一生中唯一的亲人,他们母子二人相依为命长达60年岁月。他对母亲极尽孝顺侍奉之心,尽管他的经济收入相当优厚,但始终过着俭朴的生活。他的钱除了购买心爱的书籍外,差不多都花在慈善事业上。他以纯朴的为人和渊博的知识,使一伙真挚的朋友和来访者经常出现在他的身旁。他的个性之所以有魅力,不仅是由于这位知识渊博的学者如此富有人情味,主要还在于他所具有的那种民主知识分子的大无畏的精神与气质。他虽不是一名战士,但对一切不公正、残暴、横行等不法行为和贪官酷吏,都深恶痛绝,对劳苦大众,深表同情。在他看来,只有产业资产阶级的利益才与发展社会生产力的利益相一致,只有这些资本家才具有增进财富、积累资本的社会职能。他在谴责浪费社会财富的寄生虫时,曾把国王与小丑、官吏与教士看作是一丘之貉。同时,科学家的良心和教授的严肃性,使他又不得不从经济学的角度把"各种文人著作家",其中也包括他本人,看作是非生产性劳动者。像这样一个具有如此大无畏精神与气质的知识分子,又怎么能不引起人们对他的关注呢?

其次,亚当·斯密所论证的自由放任经济政策,对资本主义经济发展所产生的巨大影响。

亚当·斯密在反对封建主义和重商主义的斗争中所阐明的自由贸易和自由竞争的政策主张,成为当时新兴产业资产阶级发展经济、增加财富和进行阶级斗争的锐利武器。一些西方经济学者把这种自由放任政策,看作是现代"文明的原则",并认为这是他最大的历史功绩。如埃里克·罗尔曾写道:"不管《国富论》对纯经济理论有什么样的贡献,它的划时代的性质在于它对公共政策的影响。在这点上,如同后来的一位经济学家和经济思想史学家韦斯利·米切尔所认为的那样,他是'现代历史的创造者之一'。他的书之所以值得人们注意,最重要的是由于它对当时'那些正在消亡的文明的原则'的批判,并制定了'正在出现的文明的原则'。"②他的《国富论》常常被英国政府的决策者作为制定某些政策的依据。例如,英国首相兼财政大臣诺思在编制1777年和1778年预算草案时,就是以《国富论》中有关税收的论述作为立案依据的。在英国下院以至上院讨论议案时,议员们常常引用这部著作中某些文句或段落来论证自己的观点。在不少场合,论敌往往为这种引证所折服,不再坚持己见。一些政府官员

---

① 约翰·雷:《亚当·斯密传》,商务印书馆1983年版,第298页。
② 《现代国外经济学论文选》第4辑,商务印书馆1982年版,第9页。

常常在一些重要的经济政策问题上征求他的意见。例如,1779 年,爱尔兰各地发生骚动,在强烈要求享有自由贸易权利的严重局势下,英国贸易大臣卡莱尔等人,曾一再要求他就给予爱尔兰这种权利可能产生的后果问题发表意见。他在给他们的长信中对此作了分析,认为允许爱尔兰商品自由出口和国外商品自由进口是完全合理,无损于英国的利益。1784 年上台的英国托利党领袖、年轻的首相小庇特,在执政的最初几年贯彻了他的自由放任政策。小庇特取消了对爱尔兰实行的贸易限制,同法国签订了通商条约,根据他的建议制定了简化征税方法和管理财政收入的法律,并试图将他的学说广泛用于立法实践。还有这样一件传闻:1787 年斯密在伦敦时,曾到一位达官贵人家参加政治家们的聚会。客厅里坐满了社会名流,当时的英国首相小庇特也在座。当斯密进来时,全体起立欢迎。他出于自己的教授习惯,举手说:“先生们,请坐。”小庇特首先回答说:“博士,您不坐,我们岂敢坐,我们都是您的学生啊!”斯密曾说:“庇特比我更能理解我的思想。”这件传闻,却很像是真的。资产阶级政治家确实敏锐地觉察到他的经济自由主义,对于英国产业资本的重要意义了。

亚当·斯密的经济自由主义主张,不仅影响了英国的经济政策,而且也影响到法国。一些法国的资产阶级人士认为,斯密的政治经济学就是法国大革命所确立的“法兰西原则”①。

据近年来西方学者的研究结果表明,亚当·斯密的经济自由主义对美国也产生过很大影响。美国早期的一些政治活动家和思想家,他们在进行革命活动和制定宪法时,都曾阅读过他的著作,颂扬过他的功绩,引证过他的言论。例如汉密尔顿(亚历山大·汉密尔顿(1755—1804),美国独立战争时期曾任华盛顿秘书,是美国建国初期的著名政治活动家,任财政部长多年,曾参加制定美国宪法,又是美国党政制度的创建者)的许多言论便与他的观点十分近似。杰斐逊②认为,《国富论》是现有的政治经济学中“最好的一本书”③。麦迪逊④认为,国家只应管国防、司法和公共工程,其他则一概不管。这种观点与斯密关于政府职能的规定是基本一致的。在宪政时期,斯密的经济自由主义,曾对美国的经济政策产生过压倒一切的影响,宪政会曾否决了所有赋予政府以广泛权力的法案。到 19 世纪中叶,美国大体上已达到了他所理想的“完全自由的境地”。这

---

① 参见约翰·雷:《亚当·斯密传》,商务印书馆 1983 年版,第 263 页。

② 托马斯·杰斐逊(1743—1826),美国启蒙思想家,民主革命家,参与起草《独立宣言》,美国第一任国务卿,美国第三任总统。

③ 《现代国外经济学论文选》第 4 辑,商务印书馆 1982 年版,第 62 页。

④ 詹姆斯·麦迪逊(1751—1836),美国独立战争的积极参加者,曾任美国国务卿(1801—1809)、美国总统(1809—1817)。

表明斯密的经济自由主义不仅对西欧,而且对北美以及整个资本主义世界的发展都起过重大的推动作用。

直到当代,自由派资产阶级学者认为亚当·斯密的经济自由主义仍适用于今天。他们借用英国诗人华尔渥兹(1770—1850)的一句诗:"亚当·斯密! 你现在活着该有多好:英国需要你。"①这句诗,充分表达了当代资产阶级自由派在"滞胀"困境中向斯密经济自由主义求援的急切呼声。

第三,亚当·斯密所建立的古典政治经济学理论体系,对以后经济学的发展,产生了深远的影响。体现这个理论体系的科学巨著《国富论》,其结构是相当巧妙的。埃里克·罗尔认为《国富论》"的结构对后来所有的经济学著作都产生了极大的影响"②。

在《国富论》出版初期,引起人们关注的是他针砭时弊而提出的政策主张。当时,多数人并不理解他的理论及其重要性,一些人则把他的《国富论》仅仅看成是论述贸易和赋税的著作。

19世纪上半期,英国的李嘉图、马尔萨斯,法国的萨伊、西斯蒙第,德国的杜能,纷纷以斯密学生的身份,开始诠释、补充、发展、纠正他的思想。由于他们各自观点的不同,就形成了一场学术争论的五重奏。19世纪中期,一些学者,如麦克库洛赫和约·斯·穆勒等人,尊称他为政治经济学之父。19世纪下半期,以德国历史学派的重要成员海斯贝克、莱塞和昂肯为代表,则把他作为哲学家来对待,他们所关注的"亚当·斯密问题",即《道德情操论》和《国富论》之间对比悬殊甚至矛盾的问题是那个时期的主要议题。尽管这是"一个基于无知和误解的伪题"③,但这些学者把他的著作作为一个整体来看待的观点毕竟是正确的,可以说从此开始了对斯密的现代研究。

在总体肯定的前提下,英、法、德三国对斯密的评价有一些细微的系统性区别。英国经济学家一般更喜欢强调斯密思想的原创性或者其源头的本土性,法国经济学家则更喜欢指出重农主义对斯密的影响,而德语世界似乎更喜欢挑一些毛病,尤其是熊彼特,在其大部头的《经济分析史》中只给斯密留下了与其贡献不相称的过少的章节篇幅。看来一种略有偏狭的民族主义在学者那里也不能完全免除。

亚当·斯密的经济理论体系,不仅为李嘉图等古典经济学家所继承和发展,而且直接影响到马克思。以劳动价值论为例,斯密和李嘉图对商品价值的

---

① 《现代国外经济学论文选》第4辑,商务印书馆1982年版,第15页。

② 《现代国外经济学论文选》第4辑,商务印书馆1982年版,第7页。

③ A.D.麦克菲和D.D.拉斐尔为《道德情操论》撰写的《导言》,见《亚当·斯密著作和通信集》第1卷,1976年格拉斯哥版,第20页。

研究,就为马克思创立劳动价值论奠定了基础。

亚当·斯密的经济理论体系,差不多都为近代经济学者所接受,并加以发挥和宣扬。由于《国富论》的内容十分丰富,涉及的问题很多,这就为各种不同流派的经济学家寻找根据、汲取营养提供了便利条件。正如美国佛罗里达州大学经济学教授欧文·索贝尔所说,《国富论》"是那样广泛地包含着人类在历史、伦理、经济和政治上所表现的社会行为的所有方面,以致不同的和对立的思想学派都已经能够与斯密认同"①。

亚当·斯密的古典经济理论,对当代西方经济学也有重大影响,特别是到20世纪60年代末,由于推行凯恩斯主义的结果,西方世界出现了社会动荡、大量失业、通货膨胀与经济停滞并存的局面,这种情况是正统的凯恩斯理论所解释不了的,也是凯恩斯主义的经济政策所无法对付的。在这种情况下,许多学者企图通过《国富论》出版200周年(1976年)的纪念活动来"复兴"古典经济学以摆脱困境。为这次纪念活动曾举行了三次国际性的学术讨论会,英国出版了完整的六卷本《亚当·斯密著作和通信集》,出版了新的传记和体现西方学者最新研究成果的论文集,提出了不仅要通读《国富论》的五篇,而且要"通读他的全部著作"②。在这次纪念《国富论》出版200周年的研究论文中,谈得较多的是这样三个问题:对市场机制的分析、经济发展理论和经济自由主义。他们重视对市场机制的分析和对经济自由主义的论证,是与当代资本主义国家经济政策之争有关;重视经济发展理论的研究则反映了战后经济学的发展。

亚当·斯密的经济理论和政策主张,对于我们中国,除了他对中国经济发展的直接论述外,即使就其一般理论和政策而言,也具有重要的借鉴意义。上面已经说过,斯密创作《国富论》的时代,正是资本主义工场手工业向资本主义机器大工业过渡的时代,这个时代赋予斯密等古典经济学家的任务是弘扬经济自由主义,以达到"富国裕民"的目的。尽管亚当·斯密所处的时代与社会性质和我们不同,他所强调的所富之国、所裕之民也和我们不同,但就其"清洗"经济关系上的旧社会"残污","扩大生产力",实现"富国裕民"的条件和目的来说,却具有某些类似之处。因此,亚当·斯密在资本主义工场手工业向机器大工业过渡时期所研究和总结的发展生产力、增加国民财富的一般途径与方法,对于我国的现代化建设,就不能不说具有某些可供参考和借鉴的东西。

---

① 《现代国外经济学论文选》第4辑,商务印书馆1982年版,第76页。
② 《现代国外经济学论文选》第4辑,商务印书馆1982年版,第81页。

附　录

与古典经济学同时诞生的耶利米·边沁的功利主义

耶利米·边沁①(Jeremy Bentham，1748—1832)，英国社会学家、哲学家和法学家，也是一个经济学家，是英国功利主义思潮的积极倡导者和社会改良家。他生于伦敦一个富有的律师家庭，毕业于牛津大学。大学时代的经历使他极不喜欢牛津(这一点与同样在牛津学习过的亚当·斯密对牛津的糟糕评价相映成趣)，也形成了他性格中的一些怪僻，同时也激发了他对旧制度的鄙视和对社会改良的渴望。

就在亚当·斯密(53 岁)发表《国富论》的 1776 年，边沁(26 岁)发表了《政府片论》，提出了功利主义的理念。尔后于 1789 年发表了《道德与立法原理》(成稿于 1780 年)，进一步阐述了功利主义原理，并以此为依据，研究了人的罪过行为，探讨了立法原则。所以，可以说古典经济学和功利主义基本上是同时诞生的。

作为社会改良家，边沁还提出不少关于议会制度、成年人(包括妇女)选举制度、监狱制度和济贫院制度的改革方案。

1823 年，边沁(75 岁)出资兴办《威斯敏斯特评论》，成为宣扬功利主义的重要基地。② 在度过 80 大寿之后不久，1832 年，他平静去世。临终前的一段话，从一个细小方面反映了他的功利主义观念。他对守候的一位友人说："我感到我快要死了，我们要注意的是必须减少痛苦到最小限度。不要让任何仆人到房间里来，要让所有的青年人都走开。他们看到这种情景是很难受的；他们在这里也无济于事。我当然不能单独地留在这里，你得留下来看着我，而且只要你一个人看着我。这样就可以使我们的痛苦尽可能减少到最小限度。"③他终生未娶(与斯密一样)，创办了伦敦大学，并将所有遗产捐献给了它。

边沁的思想先驱是法国法学家孟德斯鸠(1689—1755)、英国哲学家休谟(1711—1776)和意大利法学家贝卡里亚(1738—1794)。贝卡里亚在 1764 年发表的《论犯罪与惩罚》一书的导言中谈到，法律应当"是由那些对于人性做过冷

---

① 《新帕尔格雷夫经济学大辞典》第 1 卷，经济科学出版社 1996 年版，第243—247 页。[英]马克·布劳格、保罗·斯特奇斯：《世界重要经济学家辞典》，经济科学出版社 1987 年版，第52—53 页。

② [美]托德·G.巴克霍尔兹：《已故西方经济学家思想的新解读》，中国社会科学出版社 2004 年版，第93—94 页。

③ 转引自[英]边沁：《政府片论》，商务印书馆 1996 年，编者导言，第 16 页。本附录关于边沁的生平事迹，多取材于该"编者导言"，它对边沁的一生作了详细说明。

静考察的人制定的,这些人知道怎样把众人的行为归结为一点,他们只考虑一个目的,即最大多数人的最大幸福"。稍后他还写道:"如果人生的善与恶可以用一种数学方式来表达的话,那么良好的立法就是引导人们获得最大幸福和最小痛苦的艺术。"①对贝卡里亚的这两段话展开深入的阐述,也许就是边沁对于法学理论的主要贡献。虽然他的主要成就在法学领域,但他所提出的功利主义对于经济学日后的发展具有重要影响。

边沁功利主义的核心,包括两个方面:一是对人性的实证主义论断,即"避苦求乐";二是关于社会治理的规范准则,即"最大多数人的最大幸福"②。

在边沁看来,人的"本性"就是"避苦求乐",他的名言是:"自然把人类置于两位主公——快乐和痛苦——的主宰之下。只有它们才指示我们应当干什么,决定我们将要干什么。是非标准,因果联系,俱由其定夺。凡我们所行、所言、所思,无不由其支配。"③任何事情都要看它是否具有"功利"或"效用",而功利或效用的标准就是"避苦求乐"。"避苦求乐"既是区分人们行为善恶和是非的标准,也是道德和立法的原则。"功利原理是指这样的原理:它按照看来势必增大或减小利益有关者之幸福的倾向,亦即促进或妨碍此种幸福的倾向,来赞成或非难任何一项行动。……不仅是私人的每项行动,而且是政府的每项措施。"④因而立法者的任务就是计算苦乐,立法的目的就是在于追求"最大多数人的最大幸福"⑤。他进一步把这一目标具体化为生存、安全、富足和平等。⑥ 而为了实现这些目标,就需要科学的立法来束缚追求私利的个人。他的功利主义哲学蕴含的意思,就是由于每个人都是避苦求乐的,因此每个人追求个人私利未必就一定导致社会整体的利益,否则就不存在犯罪现象了。因此完全自由放任是有问题的,需要通过立法来消除个人利益之间的冲突,在这方面政府的作用是不可忽视的。⑦ 亚当·斯密相信看不见的手会使得个人追求私利的行为自动促进公益,而边沁则强调通过人为的科学立法来束缚个人以保障公益的实现。他的这一思想影响到他的许多学生,包括约·斯·穆勒(1806—1878),穆勒是19

---

① 转引自[英]边沁:《政府片论》,商务印书馆1996年,编者导言,第29页。

② [英]边沁:《政府片论》,商务印书馆1996年版,第92页。

③ [英]边沁:《道德与立法原理导论》,商务印书馆2000年版,第57页。

④ [英]边沁:《道德与立法原理导论》,商务印书馆2000年版,第58页。

⑤ [英]边沁:《政府片论》,商务印书馆1996年版,第92页。

⑥ [英]边沁:《政府片论》,商务印书馆1996年,编者导言,第39—44页。[美]亨利·威廉·斯皮格尔:《经济思想的成长》上,中国社会科学出版社1999年版,第295页。

⑦ [美]亨利·威廉·斯皮格尔:《经济思想的成长》上,中国社会科学出版社1999年版,第295页。E.K.亨特:《经济思想史》,上海财经大学出版社2007年版,第108—109页。

世纪中期积极推进社会改革的重要人物。

为了确立功利原则的权威地位,边沁批判了另外两种判别是非对错的原则,即禁欲主义原则和随意原则。① 他指出了快乐或痛苦的四种来源,即自然的、政治的、道德的和宗教的。② 他列举了 14 种幸福,其中一项"财富之乐"即获得和拥有财富所带来的享用和安全之乐;③12 种痛苦。他认为,苦或乐的价值是可以像算术一样计算的,计算的标准就是:苦或乐的强度、持久性、确定性或不确定性、在时间上接近与否,以及感受苦乐的人数多寡和这种苦乐是否会产生其他苦乐的可能性。④ 为了计算效用,他对于效用的性质进行了一定的研究,发现了货币的效用服从边际效用递减法则。⑤ 他对于效用现象的研究,为以后边际效用学派的形成和发展提供了素材,当然这还要等待约大半个世纪以后。英国的边际主义经济学家杰文斯就对他大加赞赏。

边沁的功利主义哲学对人性的实证性论断,为经济学的经济人假设提供了理论依据,使经济学家可以大胆忽略现实中人的各种复杂动机,把人看作是一部单纯追求快乐回避痛苦的机器。古典经济学以及以后的新古典经济学正是在这样一种简单化的假设下,推导出了整套理论体系。功利主义虽然并非经济人假设的源头,但是它使得这个假设得到清晰的表达。可以说,英国哲学家霍布斯是以经济人假设为基础研究了人的政治行为,亚当·斯密则是以经济人假设为基础研究了人的市场经济行为,而边沁则是以经济人假设为基础研究了人的罪过行为。

边沁对于刑法原则的分析,充满了对经济学成本—收益分析方法的运用。⑥ 可以说他是当代法经济学的先驱人物。

边沁在《政府论残篇》中,形式上是批判当时英国贵族地主与金融资产阶级联合专政的君主立宪的政治制度,实际上是反对这种政治制度的理论依据——17、18 世纪启蒙思想的社会契约论和自然法学说。他强烈要求进行议会选举制度方面的改革。在 19 世纪初,他已被认为是社会改革运动的著名理论家。

边沁的功利主义,必然导向个人主义。正是在这个意义上,法国哲学家社

---

① [英]边沁:《道德与立法原理导论》,商务印书馆 2000 年版,第二章。

② [英]边沁:《道德与立法原理导论》,商务印书馆 2000 年版,第三章第 81 页。

③ [英]边沁:《道德与立法原理导论》,商务印书馆 2000 年版,第 90 页。

④ [英]边沁:《道德与立法原理导论》,商务印书馆 2000 年版,第 86—88 页。

⑤ [美]亨利·威廉·斯皮格尔:《经济思想的成长》上,中国社会科学出版社 1999 年版,第 296 页。

⑥ [英]边沁:《道德与立法原理导论》,商务印书馆 2000 年版,第十四章。

会学家奥古斯特·孔德(1798—1857)把边沁主义称为"政治经济学的发源"。①

　　除了提出功利主义之外,边沁还发表过一些经济学论著。他于 1787 年发表《高利贷辩护》,责备亚当·斯密同意规定利率上限,认为规定上限会使穷人无处借钱,或者被迫通过黑市借钱,反而降低了穷人的福利,违背了规定利率上限的初衷。② 同时,为了使得法律能够适应工商业的需要,他还研究了经济问题,并于 1798 年发表《政治经济学手册》,其中用成本—收益分析方法来评价政府的公共支出是否合理,即要将公共支出带来的收益与赋税带来的烦恼进行比较。③ 关于货币问题,他也发表了一些接近后来的凯恩斯的观点,指出在萧条时政府应当增加货币供应量。④ 他还以边际效用递减和功利主义原则为依据,要求政府进行帮助穷人的收入再分配。⑤

　　边沁虽然经常不被认作是一位经济学家,他的主要成就也确实不在经济学领域,而是在法学领域。他对英国经济学界的影响,主要是他在《政府片论》(1776)、《道德与立法原理》(1789)等著作中所主张的功利主义。他是最先把经济学与功利主义结合起来的人。这种功利主义为经济学提供了一种方法论和基本哲学观(经济学所应当追求的目标)。这种功利主义对英国以至欧洲大陆的许多经济学家有很大影响。在它的影响下,经济学从追求国民财富最大化的古典经济学衍变成追求个人效用最大化的新古典经济学。他是一位对几代经济学家都深有影响的社会哲学家和法学家。⑥

参考文献

[1]《现代国外经济学论文选》第 4 辑,商务印书馆 1982 年版。

[2]约翰·雷:《亚当·斯密传》,商务印书馆 1983 年版。

[3][英]亚当·斯密:《道德情操论》,商务印书馆 2006 年版。

[4]《亚当·斯密著作和通信集》第 1 卷,1976 年格拉斯哥版。

---

　　① 转引自许涤新《政治经济学辞典》中册,人民出版社 1980 年版,第 431 页。

　　② [美]史蒂文·普雷斯曼:《思想者的足迹—五十位重要的西方经济学家》,江苏人民出版社 2001 年版,第 54－55 页。

　　③ [美]史蒂文·普雷斯曼:《思想者的足迹——五十位重要的西方经济学家》,江苏人民出版社 2001 年版,第 57 页。

　　④ [美]亨利·威廉·斯皮格尔:《经济思想的成长》上,中国社会科学出版社 1999 年版,第 295－296 页。E. K. 亨特:《经济思想史》,上海财经大学出版社 2007 年版,第 108－109 页。

　　⑤ E. K. 亨特:《经济思想史》,上海财经大学出版社 2007 年版,第 109 页。

　　⑥ [美]亨利·威廉·斯皮格尔:《经济思想的成长》上,中国社会科学出版社 1999 年版,第 294 页。

［5］亚当·斯密：《国民财富的性质和原因的研究》上卷，商务印书馆 1981 年版。

［6］亚当·斯密：《国民财富的性质和原因的研究》下卷，商务印书馆 1981 年版。

［7］亚当·斯密：《关于法律、警察、岁入及军备的演讲》，商务印书馆 1982 年版。

［8］［美］帕特里夏·沃哈恩：《亚当·斯密及其留给现代资本主义的遗产》，上海译文出版社
    2006 年版。

［9］陈冬野：《亚当·斯密的经济理论体系》，上海人民出版社 1982 年版。

［10］《李嘉图著作和通信集》第 1 卷，商务印书馆 1981 年版。

［11］［英］边沁：《政府片论》，商务印书馆 1996 年版。

［12］［英］边沁：《道德与立法原理导论》，商务印书馆 2000 年版。

第三编
欧洲工业革命时代的古典经济学
（英国篇）

第十章　英国工业革命与社会阶级矛盾

第一节　英国工业革命

自从亚当·斯密1776年发表《国富论》以后，在英国发生了对古典经济学最有影响的事件，那就是工业革命。所谓工业革命，就是从工场手工业到机器大工业的过渡。通过工业革命，机器生产代替了手工劳动，从而建立起与资本主义生产方式发展相适应的技术基础。这种新的技术基础，是在特定的产权制度条件下，由一系列的技术发明造成的。

在工场手工业的发展过程中，原有的技术工具已不能满足生产发展的需要，这种情况在英国棉纺织业中表现得最为明显，特别是棉纱的生产赶不上织布的需要。于是新的技术发明，首先就在棉纺工业中展开。1764年，织工兼木匠的詹姆斯·哈尔格列沃斯（约1720—1778）发明了珍妮纺纱机，能同时纺16～18根纱。由于珍妮纺纱机是以人力发动的，随着珍妮机带动的纱锭日益增多，用人力来发动越来越难以胜任，于是就产生了利用其他动力的思想，从而引起了一系列的技术发明。1767年，理查德·阿克赖特发明以水力为动力的机械纺纱机。1779年，塞缪尔·克朗普顿综合上面两人的优点，发明"骡子"纺纱机。其中最有影响的是：詹姆斯·瓦特于1769年制造了单动式蒸汽机，1782年他又制成了复动式蒸汽机，从1785年起，蒸汽机已开始应用于棉纺工厂。蒸汽机的发明，不仅使棉纺织工业发生了技术变革，而且对社会各个部门都产生了深刻的影响。1771年，阿克赖特与人合伙创办了第一所现代意义上的工厂。

由于蒸汽机的出现和广泛应用，推动了各个部门的机械化，从而就产生了机器制造业。制造机器必须以金属作材料，随着对金属材料需要的扩大，就推动了冶金工业和采掘工业的发展。英国铁产量从 1770 年的 3 万吨左右上升到 1850 年的 200 万吨。①

可以大体上把英国工业革命定位成自 18 世纪 70 年代初(以 1771 年阿克赖特与人合伙创办第一所现代意义上的工厂为标志)起至 19 世纪 40 年代末(以 1846 年英国废除《谷物法》为标志)止,英国社会经历的一场由重大技术进步所引发的经济、社会和政治的大变动。

从技术角度来看,产业革命就是以规模报酬递增型技术进步为基础,大规模采用机械方法于纺织业和化学方法于冶金业、用人工动力(蒸汽机)替代自然动力(水力和畜力)为生产提供能源,而导致的产业结构和产品种类的巨大变化。工业替代农业成为社会的支柱产业。

从经济角度来看,产业革命就是在资本集中的基础上,用大烟囱为象征的大工厂这种新型的生产组织替代以往的家庭生产和小型手工作坊。值得注意的是,产业革命并不是那种一次性的事件,而是一个绵延不断的技术进步过程。而一次技术的进步,都往往意味着掌握旧技术的劳动者人力资本的贬值,岗位的丢失,收入的下降。

从社会角度来看,产业革命导致原有的大批手工业者(手工工匠和小业主)的破产贫困,以及相伴随的新兴工厂无产阶级的兴起。导致人口的城市化,城乡在收入分配上差距的扩大,以及由于贫富悬殊和经济波动而引起的大量劳资纠纷。"在 1780 年至 1840 年之间,英国人民经受了苦难的经历,虽说从统计数字来看,物质条件有可能略有改善。……苦难的经历以成百种形式压在他们的身上,对农田劳工来说是失去公地使用权利、村社民主制;对工匠来说是失去手工业工匠师傅的社会地位;对织工来说是失去生计和独立性;对儿童来说是失去在家中的劳动和玩耍。对实际收入有所提高的各类工人来说,他们失去的是安全保障和闲暇生活,而且城市的环境在不断地恶化。"②早在 1779 年,8 万手工业者攻击一个工厂,捣毁机器。1811 年,反对机器的抗议席卷英国,出现历史上著名的毁坏机器的卢德运动。

虽然当时的工业工资要优越于农业工资,否则无法解释人口从农村向城市的大规模迁移。③ 据统计,在 1806—1846 年间,兰开夏的男性不熟练工人每天可以赚到 15~18 个值六便士的硬币,熟练工人每天可以赚到 33~42 个,而当

---

① E. 雷·坎特伯里:《经济学简史》,中国人民大学出版社 2011 年版,第 32 页。

② [英]E. P. 汤普逊(1963,2001):《英国工人阶级的形成》(上、下),译林出版社 2001 年版,第 522—523 页。

③ [法]保尔·芒图:《十八世纪产业革命》,商务印书馆 1983 年版,第 342 页。

地农业工人每天仅赚大约 13 又 1/2 个六便士。[①] 但是工人的工作条件是极其恶劣的,与资本家的利润相比较,工人的工资是极其低廉的。工人一般每天要在毫无安全和卫生可言的车间工作 14～16 小时,工厂肆无忌惮地使用五六岁的童工。而工人们得到的仅仅是勉强维持生存的工资,一旦遇到经济衰退,就连这点菲薄的工资也将由于失业而丧失。当时许多有良知的贵族、学者、文人、工厂视察员,甚至企业家都对此有大量的文字记载。工业革命时期英国普通民众生活水平的下降,也为一些统计资料所证实。[②]

英国工业革命时期工人阶级的悲惨处境在当时英国作家狄更斯的一系列小说中有着具体生动的描绘。

英国在世纪之交由于产业结构和社会结构的重大变动所引起的劳动群众尤其是工业无产阶级的贫困化,使得无产阶级与资产阶级的矛盾明显暴露。

另一方面,英国的人口从 1801 年的 1050 万上升到 1841 年的 1810 万,[③]40 年时间增加了 760 万,年均增加约 1.4%。从 1780 年到 1850 年,英国人均公民产出平均每年增长 1%～1.5%,人均产出在半个世纪翻了一番。[④]

技术、经济、社会诸方面的巨大变化,引起了在城乡和不同阶级中重新分配政治资源的需要,引起了对政府职能的重新审视。

工业革命对英国资本主义的发展,产生了两个后果:第一,由于生产技术的革命,各种机器的发明和应用,使社会生产力得到了迅速的发展,这就使英国变成了当时的"世界工厂",其商品运销到世界各地。第二,使社会阶级关系也发生了深刻的变革。机器大工业时期形成真正的无产阶级。由于无产阶级的形成,英国就成为由无产阶级、资产阶级和地主阶级构成的社会。

英国工业革命对社会生产、经济关系以及经济科学的发展,都产生了巨大的影响。工业革命的过程是产业结构大幅度改变的过程,同时也是城市化的过程,大量人口由农业转移到非农产业,由农村转移到城市。1750 年,英国人口超过 5 万的城市只有 2 个;到 1850 年已经有 29 个。到后来,三分之一的人口生活在人数超过 5 万的城市中。[⑤] 在这个过程中,大量转移到非农产业进入城市的

① E.雷·坎特伯里:《经济学简史》,中国人民大学出版社 2011 年版,第 52 页。

② Colin Clark, M. A. The Conditions of Economic Progress. Macmillan and Co., Limited St. Martin's Street, London, 1940:84. 参阅 E. K. 亨特:《经济思想史》,上海财经大学出版社 2007 年版,第 52—57 页。

③ [英]E. P. 汤普逊(1963,2001):《英国工人阶级的形成》(上、下),译林出版社 2001 年版,第 214 页。

④ E.雷·坎特伯里:《经济学简史》,中国人民大学出版社 2011 年版,第 31 页。

⑤ E. K.亨特:《经济思想史》,上海财经大学出版社 2007 年版,第 54 页。

原农村人口,其人力资本急遽贬值,从而处于严重的贫困状态。社会贫富差距迅速扩大,社会矛盾日益尖锐,从而使收入分配问题和贫困问题成为人们关注的重大社会问题。亚当·斯密时代那种以一大批小手工业主为基础的和谐社会,以及对于未来的乐观主义情绪被残酷的现实所粉碎,一种对于未来的悲观主义倾向逐渐迷漫,突出表现在马尔萨斯和李嘉图的经济思想中。古典经济学由早期主要关注富国裕民的经济发展问题,渐渐转移为主要关注收入分配问题。

第二节　当时英国社会的主要矛盾和阶级斗争

在 19 世纪 30 年代以前,英、法两国的产业资产阶级都还没有取得政权,无产阶级和资产阶级的阶级斗争还处于潜伏的状态,或只是在个别的现象上表现出来。无产阶级和资产阶级的矛盾还没有上升为社会的主要矛盾。当时的工人运动虽然已经发生,但主要带有自发的性质,表现为捣毁机器的卢德运动等。一般说来,19 世纪 30 年代以前的英国工人运动,还不能算是独立的工人运动,而只构成一般民主运动的左翼。当时,英国社会的主要矛盾仍然是资本主义和封建残余势力之间的矛盾,公开的主要的阶级斗争是产业资产阶级和贵族地主阶级之间的斗争。

当时英国产业资产阶级和贵族地主阶级的斗争,最明显表现在对于《谷物法》存废的争论上。《谷物法》是英国政府在 1773—1846 年间为提高贵族地主阶级的土地收入而实施的一种限制谷物进口的法令。根据《谷物法》,只有当国内谷物价格超过规定限价时,才允许谷物输入。英国自进入工业革命以后,国内工业企业如雨后春笋,新工业中心不断出现,工人阶级队伍也随之迅速增加。于是国内生产的农产品远远不能满足工业迅速发展需要,造成谷物价格猛烈上涨。当时,盘踞在国会里的贵族地主阶级,为了保持谷物价格的不断上涨,以便收取更多地租,不断提高谷物限价。1773 年的《谷物法》规定,当每夸脱小麦价格超过 48 先令时方准小麦进口,1791 年规定每夸脱小麦限价为 50 先令,1804 年提高到 64 先令,1815 年提高到 80 先令。地主阶级力图依靠关税壁垒政策,来堵塞国外廉价谷物的输入,从而造成国内谷物价格不断上涨,他们可以不断提高收入。在苏格兰,1793 年一英亩土地的租金是 10 先令,到 1812 年提高到 50 先令,提高了 4 倍。地租额愈大,在其他情形相同的条件下,地租在产品价值中所占的份额也就愈大,于是利润在产品价值中所占份额就愈少;同时,谷物价格提高,势必影响到工人阶级生活资料价格的提高,从而就影响产业资产阶级的利润。而且这种《谷物法》也严重妨碍英国的工业品与其他农产品输出国之间的商品自由流转，妨碍英国产业资产阶级在世界市场上获取暴利。所以产业资产阶级坚决反对《谷物法》，而贵族地主阶级为了自己的利益，坚决主张保留它。这样，产业资产阶级和贵族地主阶级之间围绕着《谷物法》的存废展开了激烈斗争。产业资产阶级在各地组织了反《谷物法》同盟，宣传《谷物法》的危害性，鼓吹贸易自由，《谷物法》终于在 1846 年被废除。《谷物法》的废除，不仅扫除了产业资产阶级发展生产的障碍，同时也促进了农业集约化经营的发展。

当时英国产业资产阶级和贵族地主阶级之间的斗争，还明显地表现在对货币信用制度的争论上。

随着工业革命的迅速发展、商品生产和商品流转的扩大，以及产业资本和商业资本的迅速积累，引起了借贷资本的迅速积累。同时，产业资本和商业资本对借贷资本的需要也就随之增大，这样，银行的存款业务和放债业务就以空前惊人的规模和速度发展起来。随着银行发行工作的加强，银行券和支票的流通也就广泛盛行。到 18 世纪末 19 世纪初，已基本形成适应资本主义生产和流通需要的统一的货币信用体系。但是拿破仑战争使这一体系经受了一次严峻的考验。

18 世纪末 19 世纪初，产业革命使英国政治、经济及社会结构发生了巨大变化，经济实力不断增强，成为当时世界上最发达的国家。而法国经济远落后于英国，到 18 世纪末，法国还是一个农业为主的国家，占统治地位的仍然是封建生产关系。开始于 1789 年的法国大革命摧毁了法国的封建统治，推动了整个欧洲的反封建斗争。法国资产阶级为了在欧洲建立法国的政治和经济霸权，同英国争夺贸易和殖民地，以及兼并新的领土，发动了著名的拿破仑战争。

1793—1813 年间，英国和法国进行了长期的拿破仑战争。虽然英国最终获得胜利，但是当时英国举国备战，军费开支巨大，导致国库空虚，政府财政濒于破产。政府为了筹措大量的军费开支，增发了大量银行券。由于银行券的发行大大超过了商业信用所需要的数量，国会于 1797 年通过法案，禁止银行券兑换黄金，限制英格兰银行以硬币作为支付手段。这样，银行券和纸币之间的差别就消失了，英国走上了纸币流通的轨道。纸币和不能兑现的银行券每发行一次，就贬值一次，从而商品价格和黄金价格不断上涨。1797 年和 1798 年两年间，黄金价格保持在每盎司三镑十七先令十又二分之一便士。1799 年，黄金价格开始上涨，1801 年 1 月高达四镑六先令。此后，黄金价格开始下跌，直到1808 年末都维持在正常水平。但是，1809 年黄金价格猛涨，达到四镑十二先令十又二分之一便士。黄金价格的再次上涨引起了社会上的激烈争论，被称为"金价论战"（1808—1811）。

因此,货币流通和信用制度就成为当时最迫切需要解决的问题。产业资产阶级和掌握政权的贵族地主阶级围绕这个问题展开激烈斗争。当时代表贵族地主阶级利益的政府,主张继续发行纸币以弥补国库的亏空;而产业资产阶级则要求货币信用制度能保证正常的商品流转,坚决反对滥发纸币危害国民经济,他们要求英格兰银行逐步回收发行过多的银行券,以恢复正常的货币流通和信用制度。

产业资产阶级和地主阶级在经济上围绕着《谷物法》和货币信用制度的斗争,引发了著名的"金价论战"及关于"谷物法"废存问题的大讨论。这场斗争反映在政治上,就表现为改革议会的斗争。因为产业资产阶级要取消《谷物法》和反对滥发纸币,就必须掌握政权,在议会中取得多数。但是,英国资产阶级在1688年光荣革命以后,政权落在资产阶级化了贵族地主和资产阶级上层分子的手里,而资产阶级的中间阶层,尤其是产业资产阶级,并未取得政权。当时议会议员的选举法,对选民资格限制极严,选区的划分也落后于经济发展的新形势,人口稀少的选区可以选出两个议员到议会中去,而许多新兴的工业城市,却连一个议员也不能选派。因此,产业资产阶级坚决主张改革议会,要求放宽对选民资格的限制,按照新的经济情况,重新划分选区。但是贵族地主阶级则拖延、反对议会改革。这样,产业资产阶级和贵族地主阶级之间的斗争,就集中在议会改革的斗争上。斗争的结果,是工业资产阶级取得了最后胜利,1832年英国议会通过了议会改革法。

可以把工业革命时期的重大历史事件简述如下:1771年,阿克赖特与人合伙创办第一所现代意义上的工厂。1773年,英国国会通过《谷物法》。1793年,爆发拿破仑战争。1811—1812年,英国爆发了在竞争中破产的手工业者毁坏机器的卢德运动。1815年,拿破仑战争结束。1819年,英国发生政府血腥镇压曼彻斯特圣彼得广场集会工人的"彼得卢屠杀",该事件标志英国工人阶级开始作为独立的政治力量登上历史舞台。同年,英国通过第一部工厂立法,对工厂卫生、学徒教育、雇工年龄、劳动时间作出了限制性规定。它是在起点为绝对放任主义,终点为国家社会主义的道路上迈出的第一步。1832年,英国颁发议会改革法,朝向政治民主化改革迈出了重要一步。1833年,英国全国总工会成立。1846年,英国废除《谷物法》。

第十一章　马尔萨斯的经济理论

第一节　生平、著作及其经济研究方法

一、生平和著作

托马斯·罗伯特·马尔萨斯①（Thomas Robert Malthus, 1766—1834），与李嘉图同时代的英国经济学家，他出生于离伦敦不远的萨立州一个乡绅的家庭，其父亲丹尼尔·马尔萨斯（Daniel Malthus, 1730—1800）是一位学识渊博、具有激进思想的上层人士，曾在牛津女王学院接受教育。老马尔萨斯十分崇拜18世纪的启蒙思想家，与休谟、卢梭等人素有往来，认为社会改良是可以实现的。马尔萨斯于1785年入剑桥大学耶稣学院，攻读哲学和神学。在校期间，他勤奋刻苦学习，于1788年以优异成绩毕业后，继续留在其父身边研究，1791年，获剑桥大学硕士学位。由于他是第三子，按照当时英国的长子继承法，他无法继承家庭的遗产，于是在1796年，他加入了僧籍，成为其家乡奥尔贝利教区的候补牧师。

当时的英国，正受到法国大革命激进思想浪潮的冲击，其中有两本书在传播这股激进思潮方面起着重要作用。一本是法国大革命时期的著名政治家马里·让·孔多塞（Marie Jean Condorcet, 1743—1794）于1795年出版的《人类精神进步史表纲要》，另一本是英国传教士威廉·葛德文（William Godwin, 1756—1836）在1793年出版的《政治正义论》。孔多塞和葛德文都认为，只要通过制度的调整或改造，人类社会将会得到极大的改善。

当时这股激进思潮是如此有力，以至于影响到了统治阶级中的不少成员，其中就包括马尔萨斯的父亲老马尔萨斯。他力图用自己的观点影响马尔萨斯。

---

①　《新帕尔格雷夫经济学大辞典》第3卷，经济科学出版社1996年版，第302—316页。[英]马克·布劳格、保罗·斯特奇斯：《世界重要经济学家辞典》，经济科学出版社1987年版，第406—407页。

马尔萨斯经常与父亲谈论政局与社会经济状况,可是父子俩往往意见相左,难以达成一致。但有趣的是,与大多数父子冲突不同,在两代马尔萨斯之间,代表了保守倾向的却是儿子。1796 年,马尔萨斯写成了其处女作《危机:一个宪法支持者对最近的有趣的大不列颠的状况的看法》,批判当时英国政府实行的自由放任经济政策。该文受到丹尼尔·马尔萨斯的阻拦而未公开发表,但是它标志着马尔萨斯的研究从关注神到关注人。这是马尔萨斯学术生涯的重要转折。

1797 年,老马尔萨斯将威廉·葛德文的著作推荐给托马斯·马尔萨斯看,但是托马斯·马尔萨斯对书中的激进思想极为不满,父子之间发生了激烈的争论。老马尔萨斯对人口问题持有乐观的态度,推崇葛德文的思想;而马尔萨斯思想保守,对社会发展前景抱着悲观的态度,极力反对葛德文的观点。在激烈的父子争执之后,马尔萨斯感到口头上的争论,还不如把自己的话写在纸上更能向对方表达清楚,其成果便是于 1798 年匿名出版的《试论人口原理——读葛德文、孔多塞及其他作者的推理,论人口原理对社会未来进步之影响》(简称《人口原理》)。这本书一出版便引起强烈反响,据说是人所不读、人人咒骂,他遭到当时英国的罗伯特·骚塞(1774—1843)、塞缪尔·泰勒·柯尔律治(1772—1834)等"湖畔派诗人"的嘲弄,马尔萨斯主义成为一个贬义词。那些怀有进步思想的人士更是把马尔萨斯叫作卖假膏药牧师。

《人口原理》问世以后,为了充实内容,论证观点,马尔萨斯于 1799—1802 年到欧洲大陆各地(包括瑞典、挪威、芬兰和俄罗斯等国)游历考察了三年,回国后于 1803 年,以自己的真实姓名,发表了从内容到形式都可以说是焕然一新的第二版,并更名为《论人口原理,或人口对人类将来和现在幸福影响的观点》。第二版与第一版相比,有很大不同,首先是目的有了一定的变化,第一版主要是为了争辩和驳斥,第二版则更加侧重于探讨人口法则;其次是方法也有了变化,第一版主要是演绎推理,第二版则突出从经验事实进行归纳推理;再次是表述方式变了,第一版可以说是恶语相向用词刻薄,第二版则删去了那些刻薄用语;最后是结论也有了一定的变化,在大量事实面前,开始强调道德抑止的作用。他以后不断修订版本,于 1826 年出版了生前的最后一版——第六版。

在《人口原理》上初露锋芒之后,马尔萨斯的学术兴趣逐渐转移到政治经济学方面。1804 年,38 岁的他因与表妹亨利·艾塔结婚而丧失神职,从 1805 年起,应聘任东印度公司创办的东印度大学海利贝里学院近代史和政治经济学教授,成为英国所设立的政治经济学教授职位的第一个获得者。随后他发表了一系列政治经济学方面的论著,其中最主要的有:《当前粮食涨价原因的研究》(1800),该文迎合了当时统治阶级的需要,因此发表不到一个月,英国首相小威廉·庇特就接见了他。此外还有《论实行谷物法的效果》(1814)、《论禁止谷物输入的政策》(1815)、《地租的性质与发展的研究》(1815)、《政治经济学原理》(1820)、《价值的尺度》(1823)和《政治经济学定义》(1827)等。在政治经济学方面,马尔萨斯与他同时代的李嘉图、西斯蒙第、萨伊等,都有不同的见解,进行过直接或间接的论争。特别是他与李嘉图的长期论战,对经济理论的形成和发展起到重要作用。1811 年 6 月,两人因关于谷物法的争论而结识,一见如故,很快成为难能可贵的挚友。两人经常一起讨论经济问题。虽然两人阶级立场截然不同,马尔萨斯维护土地贵族阶级的利益,李嘉图维护新兴工业资产阶级的利益,并且在许多重要的经济问题如商品价值决定和收入分配等问题上意见尖锐对立,但两人对彼此的思想观点直言不讳地提出批评和建议,进行了长达 12 年之久的激烈争论,留下了 170 多封信件,发展了各自的经济理论。

1819 年,马尔萨斯当选为英国皇家科学学会会员。1821 年,他与李嘉图、詹姆斯·穆勒等人共同创立经济学会。1833 年,他当选为法国伦理和政治科学院、德国柏林皇家学会院士。1834 年 12 月他因病去世。

二、经济研究的方法原则

马尔萨斯与李嘉图不同,认为政治经济学研究的主要问题应当是国民财富的性质与原因,在这一点上他更接近亚当·斯密。他进行经济研究是很注重方法的。他认为,经济问题可分作两类:一类是理论性的,这类“问题的解决虽然对这门科学的发展是显然必要的,但对这门科学的实际规律,也许并不发生根本性的影响”;另一类则是与实际联系较密切的,对这类经济问题“作这样或那样的决定,都必然会影响到个人或国家的行为”[1]。这说明他已经区分了理论性研究和应用性研究。不论是前一类还是后一类经济问题,都具有“变化多端的复合物的性质”[2]。他指出,当时经济研究中存在的主要倾向,是一些经济研究者(主要是指李嘉图)“轻率地企图把理论简单化和一般化”[3],因而“导致了浅薄的和不成熟的理论”[4],这种“理论”的错误,就在于它“不承认定律或原理可以有所修正、限制和例外”[5];不承认任何经济现象或过程都“有不止一种原因在发生作用”[6]。他认为,要克服这种错误倾向,就应重视经验,在经济研究中运用经验的方法。他指出,只有“运用广泛的、包罗万象的经验来充分考验自己的理论”;

[1]　马尔萨斯:《政治经济学原理》,商务印书馆 1962 年版,第 9 页。
[2]　马尔萨斯:《政治经济学原理》,商务印书馆 1962 年版,第 8 页。
[3]　马尔萨斯:《政治经济学原理》,商务印书馆 1962 年版,第 10 页。
[4]　马尔萨斯:《政治经济学原理》,商务印书馆 1962 年版,第 11 页。
[5]　马尔萨斯:《政治经济学原理》,商务印书馆 1962 年版,第 12 页。
[6]　马尔萨斯:《政治经济学原理》,商务印书馆 1962 年版,第 11 页。

"才能确立这些理论的真实性和有用性"。他"最坚决相信的真理是,政治经济学中有许多重要定量绝对需要限制和例外"①。他就是在价值论和实现论方面通过寻找"例外"才发现了李嘉图体系的矛盾的。

马尔萨斯重视经验的研究方法,继承了弗兰西斯·培根的经验主义传统,与李嘉图重视逻辑演绎方法有鲜明差别。但是他过度重视经验观察的结果,使他与李嘉图相比,虽然有一个抽象演绎和经验观察保持良好平衡的人口理论体系,但却不能建立起一个逻辑严密的经济学理论体系。但是也不要低估他对于抽象演绎推理的重视,他在 1814 年发表的《对谷物法影响的观察》一文中,在英语世界里第一次提出需要把微积分应用于经济学。"道德方面与政治学中的许多问题似乎在本质上都是变化之中的最大与最小的问题,其中,总有一点,某种效应达到最大化,而在其两边,该效应逐渐递减"②。

经济学缺乏逻辑结构,人口学又遭人厌恶。这也许就是马尔萨斯在 19 世纪的古典经济学中的地位一直不如李嘉图的原因。这种局面一直到 20 世纪 30 年代凯恩斯《通论》面世之后才得以改观。

第二节　人口理论

一、马尔萨斯人口原理的基本内容

在马尔萨斯以前,已有许多学者对人口问题作过探讨,并作出过一定的贡献,③但都没有建立起人口学的理论体系。第一个人口学的理论体系是马尔萨斯在继承前人成就的基础上建立起来的。

对马尔萨斯人口理论有直接影响的主要是以下四个人的观点:一是亚当·斯密关于资本(用于雇佣劳动者的生活资料)对劳动阶级人口制约的思想;二是苏格兰牧师罗伯特·华莱士(1697—1771)在 1761 年出版的《纵谈未来》一书中关于共产主义社会中人口将超过生活资料增长的思想;三是威尼斯修士扎马利亚·奥特斯(1713—1790)所提出的人口按几何级数增长,并把劳动阶级的贫困归咎于人口过分增长的思想;四是牧师唐森(1739—1816)所提出的人口增长受

① 马尔萨斯:《政治经济学原理》,商务印书馆 1962 年版,第 10 页。

② 引自[美]亨利·威廉·斯皮格尔:《经济思想的成长》上,中国社会科学出版社 1999 年版,第 254—255 页。

③ 关于马尔萨斯的先驱,见[美]亨利·威廉·斯皮格尔:《经济思想的成长》上,中国社会科学出版社 1999 年版,第 240—241 页。

生活资料的制约,并有超过生活资料增长的趋势的思想。这些观点都直接为马尔萨斯所接受。

马尔萨斯并不是从学术考虑撰写《人口原理》的,其直接动机是反驳当时关于社会改革的思潮。具体来说就是反驳英国的葛德文和法国的孔多塞的思想观点。他直言不讳地承认其目的就是要运用人口原理"来试验一下那些关于人类和社会的完善性的理论的真实性"①。

葛德文在 1793 年出版的《政治正义论》一书中,主张废除私有制,实行共产主义。为了论证共产主义的可行性,他反驳了华莱士关于共产主义将导致人口过剩的思想,提出两点理由:一是人们增加生活资料的潜力几乎可说是无穷大的;二是人们到一定时期将自觉地从理性出发限制自己的情欲,并深信理性最终将控制各种非理性的纯本能的欲望,包括繁殖的欲望。他还指出,社会的灾难和不幸,源于社会制度,源于私有制。孔多塞在 1795 年出版的《人类精神进步史表纲要》一书中,也坚信人类会无限度地进步。

马尔萨斯在《人口原理》初版中,为了反驳葛德文关于人类理性将控制情欲的观点,他提出两个公理作为他的整个人口原理的前提:"第一,食物是人类生存所必需;第二,两性间的情欲是必然的,而且几乎会保持现状。"②然后,他又假定"人口增殖力,比土地生产人类生活资料力,是无限的较为巨大。人口,在无所妨碍时,以几何级数率增加,生活资料,只以算术级数率增加"③。那么如何使占优势的人口增长受到抑制,与生活资料的增长保持平衡呢?他认为,起到抑制作用的是罪恶与贫困。于是他在初版中把自己的人口原理概括为三个相互关联的命题:"人口增加,必须受生活资料的限制;生活资料增加,人口必增加;占优势的人口增加力,为贫困和罪恶所抑压,致使现实人口得与生活资料相平衡。"④第一个命题可以称之为关于人口增加的限制原理,第二个命题可以称之为关于人口的被动增加原理,第三个命题可以称作是主动增加的人口与生活资料之间如何达到均衡的波动均衡原理。进一步分析可以看出,第一、二两个原理实际上是肯定了人口的水平和增加是依存生活资料的水平和增加的,即指出了人口对生活资料的依存关系。第三个原理实际上是指出了这种依存关系的具体形式,即人口不是按被动的方式随生活资料的变动而变动,而是经常超过生活资料的增长,但超过部分又常常为贫困和罪恶所消灭,即人口与生活资料不是始终保持均衡,而是均衡一次次被人口增殖力所打破,但又一次次由于抑

---

① 马尔萨斯:《政治经济学原理》,商务印书馆 1962 年版,第 4 页。
② 马尔萨斯:《人口论》,商务印书馆 1960 年版,第 4 页。
③ 马尔萨斯:《人口论》,商务印书馆 1960 年版,第 5 页。
④ 马尔萨斯:《人口论》,商务印书馆 1960 年版,第 43 页。

制力而达到新的均衡,即人口对生活资料的依存关系是一种波动式的均衡关系。

由此可见,马尔萨斯关于两个级数的假定是关系到人口对生活资料依存关系的具体形式的重要假定。但这并不是他的人口原理的实质,其实质在于人口对生活资料的依存,以及依存的具体形式。在初版中,他突出强调了人口依存于生活资料的具体形式,强调了贫困和罪恶在人口—生活资料之间波动式均衡过程中作为占优势的人口增殖力的一个对立因素的不可避免性,以此来反驳葛德文等人关于人类社会将达到理想境界的观点。

从1803年的第二版开始,马尔萨斯对人口原理作了大量的经验性的研究,再次重复了第一版所提出的两个公理和两个增长级数的假定,并以此为基础两次提到他那以三个命题组成的人口原理。这里,需要指出两点:(1)他并没有认为两个级数是实际生活中人口和生活资料的增长情况,仅仅把它看作是不存在任何抑制时人口的增长和最有利于人类劳动时的生活资料增长。(2)他在人口原理三命题中所谈的制约人口的生活资料,主要是可以由社会中的劳动群众所支配的生活资料。对此他在正文的注释中写道:"这里所用的生活资料增长这个术语,常常是指广大群众所能支配的增长;否则它对人口的增加是没有鼓励效果的。"①这就是说,制约人口的生活资料仅仅是全部生活资料中分配给劳动群众的那一部分,这一见解的直接推论:人口受到生活资料分配的影响,从而受到财产分配的影响,导致人口波动的不仅是既定分配份额下生活资料总量的变动,而且还有既定生活资料总量时劳动群众和上层阶级分配份额的变化。这些推论他没有明确揭示,他只是简单地提到"影响生活资料的生产和分配的诸原因必定会影响人口"②。

从第二版开始,马尔萨斯对人口原理的进一步研究,主要集中在对人口的实际抑制方式进行实证分析。他首先分析了文化落后地区和古代及中世纪人口抑制的具体方式。这一分析构成《人口原理》第一卷的主要内容。第二卷着重分析了近代欧洲各国对人口的抑制。在此基础上,他对各种抑制人口的方式进行了分类。他首先指出,由于两个增长级数所导致的食物缺乏是对人口增长的最后抑制,但并不经常是直接抑制。他指出一国的资本和人口的增加会有一极限,但由于私有财产制度,这个极限与土地生产粮食的最大可能相去甚远。于是他就把抑制区分为两个层次:最后抑制和直接抑制。直接抑制包括"一切似乎因生活资料的稀少而发生的各种风俗习惯和各种疾病,以及所有那些与生

---

① 马尔萨斯:《人口原理》,商务印书馆1961年版,第303页注。
② 马尔萨斯:《人口原理》,商务印书馆1961年版,第146页。

活资料的稀少无关的精神性质的或物质性质的,足以使人躯体未老先衰的原因"。直接抑制又可分为两大类:"预防的抑制和积极的抑制"①。预防抑制是人所特有的,是由人的推理能力产生出来的。它包括两种情况:道德的节制,即克制结婚同时又避免不正当性行为;罪恶性质的预防,即各种不正当的两性关系。预防的抑制通过降低出生率来减少人口。积极的抑制包括各种不卫生的职业、剧烈劳动、严寒酷暑、极度贫困、儿童的恶劣保育条件、城市的拥挤、各种过度行为、各种疾病传染病、战争、饥荒。积极的抑制通过提高死亡率来减少人口。积极的抑制又有两种不同的类型:一是由自然规律所造成的不可避免的抑制,即贫困;二是由人为因素造成的同样导致贫困的罪恶,如战争、暴行等。他还进一步把这两类抑制的各种具体情况综合成三条:道德节制、罪恶、贫困。下面用一简单的图形来说明他对人口抑制方式的分类。

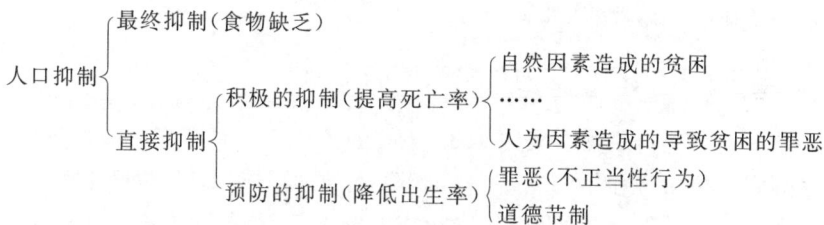

人口抑制 ┤
├ 最终抑制(食物缺乏)
└ 直接抑制 ┤
　├ 积极的抑制(提高死亡率) ┤
　　├ 自然因素造成的贫困
　　├ ……
　　└ 人为因素造成的导致贫困的罪恶
　└ 预防的抑制(降低出生率) ┤
　　├ 罪恶(不正当性行为)
　　└ 道德节制

　　马尔萨斯不仅对人口抑制的方式进行了分类,而且考察了从古代到近代,从文化落后地区到文明地区人口抑制方式的变化。他在第一卷的末尾总结了古代及文化落后地区人口抑制的特点:预防的抑制(无论是道德的节制或罪恶)一般说来,其作用要远远小于积极的抑制。在第二卷的末尾,他谈到了近代欧洲各国的人口抑制,认为与以前及比较不文明的地区相比,积极抑制有所减弱,而预防抑制相应增强。而在预防抑制中,道德的节制——出于谨慎的晚婚,起着抑制人口的主要作用。

　　从不文明到文明过程中人口抑制方式的转变,使马尔萨斯承认了人类理性的作用。他感到人口的抑制是比植物和无理性的动物的抑制更为复杂的;人一方面像其他生物一样有繁殖后代的本能,而另一方面理性又打扰这种本能。近代欧洲人口抑制的主要方式使他从第二版开始,对第一版作了一个重要的修订,即承认有一种既不属于恶习,又不属于苦难的人口抑制方法,即道德的节制。这一修订是他思想一个重要转轨,从不承认劳动群众有改善的可能到承认有这种可能,进而指出使这种可能转变为现实的具体途径。他从人口原理出发,从各种当时已经提出或已经实行的制度中,探讨了劳动群众获得改善的前

_____

① 　马尔萨斯:《人口原理》,商务印书馆 1961 年版,第 7 页。

景和途径。

马尔萨斯在谈到土耳其和波兰等国的下层人民贫困的原因时指出,这是由于土耳其政府的横暴和压迫,是由于波兰的农奴制度。这表明了他一定程度上的反封建倾向。但他的基本倾向是强调人口因素,认为人口的过快增长是比任何制度因素都更重要的导致下层阶级贫困的原因。他写道:"贫困的主要的和最难消除的原因是与政府的形式或财产的不平等分配没有多大关系或没有任何直接关系。"①下层劳动群众困苦的主要原因是他们自身的不谨慎而引起的人数超过维持劳动的基金的增长。他之所以把人口看作是导致下层人民贫困的主要因素,并不意味着他否认贫困会由于其他原因,而是相信只消除其他的制度方面的原因,不解决人口过剩问题,贫困仍不可消除。

马尔萨斯把人口的过速增长看作是劳动人民贫困的最终的原因,他是坚决反对社会革命,反对共产主义制度的。

二、马尔萨斯人口原理对济贫政策的影响

马尔萨斯的人口原理对英国1834年的济贫法修正案有着明显的影响。该修正案规定:(1)对青壮年的救济一概废除,除了类似于监狱的济贫所。(2)申请救济者必须典当他所有的财产。(3)妇女和儿童被送入纺织厂做工,以远离婚床的诱惑。该修正案意在表明,平静地饿死比接受救济更有尊严。一直到第一次世界大战,该修正案一直是英国济贫政策的基础。② 不过如此严厉的法案,好像上帝也让马尔萨斯付出了代价,修正案出台四个月之后,他就离开了人世。

三、对马尔萨斯人口原理的简要评价

马尔萨斯人口原理的各个命题,都已为他的前人所论及,他的贡献在于把前人提到过的零散的见解进行综合,形成一个完整的人口原理,这就奠定了他在人口理论发展史上的地位。马尔萨斯的人口原理揭示了人口数量对生活资料的依存关系,在人口数量的生物学意义的增长快于生活资料增加这一前提下,肯定了生活资料对人口数量的制约,指出了两者间的动态平衡。他的人口原理实际上是关于封闭社会中人口数量在相当长时间中的一般性规律。

所谓封闭社会,是指那种不存在人口的外向迁移,也没有外贸的社会。如果存在人口的外向迁移则该社会可能不存在抑制人口的机制,同时该社会人口的增长也未必超过生活资料的增长。如果存在外贸,而且是输出工业品输入农

---

① 马尔萨斯:《人口原理》,商务印书馆1961年版,第551页。

② E.雷·坎特伯里:《经济学简史》,中国人民大学出版社2011年版,第39页。

副产品型的外贸,那么食物等生活资料的增长也未必落后于人口的增长。只有在封闭社会中,他的人口原理才可能表现出来。

所谓相当长时间,是指人口已经增长到一定技术条件下封闭社会的资源(尤其是土地)所能承受的极限。在此之前,人口的增长可能带来递增的报酬。

所谓一般性,是指人口原理所揭示的人口规律存在于任何时代任何社会,是超然于特殊社会制度之外的一种规律。也正由于这种一般性,使它不能充分解释各个特殊时代特殊社会独特的人口现象,如它无法解释19世纪中叶在西欧出现的人口革命(即人口增长率下降趋势),这种一般性的规律至多为这些特殊的人口现象提供了一种背景。

马尔萨斯的人口原理作为封闭社会中人口数量在长时期中的一般性规律,它的表述并不是没有问题的。他用几何级数和算术级数来说明人口生物学意义上的增加和生活资料的增加,未免失之粗糙。这种粗糙表述无疑成为一种障碍,使人们难以接受他的见解。但人口原理最大的不足在于他忽略了人口对生活资料的影响。在他的体系中,人口只是生活资料的被动因素,人口增加对生活资料的积极作用,尤其是人口素质提高的积极作用,完全被忽略了。这样,他的人口原理便显得不完全、不全面。

尽管有这类表述上的不足,但以令人注目的方式强调人口数量对生活环境的依存关系,是他的杰出贡献。每当人口数量与生存环境之间出现紧张局面时,马尔萨斯幽灵总会出现在人们面前。同时,人口超越生活资料的增加,也是几乎所有古老国家工业化过程中的现实,这些国家先后出现他所说的那种人口和生活资料的动态平衡。可见,不考虑作为前提的各种假定,人口原理实际上是古老国家工业化过程中人口现实的反映。也就是说,人口原理(不考虑其假定前提)适应于特定国家的特定时代。这正是他人口原理的魅力经久不衰的原因,同时也是它屡遭反驳的原因。因为它适应特定国家的特定时代,所以不处于该特定国家的特定时代的人便往往倾向于反驳它。对他人口理论的不同评论,实质上正是不同国度不同时代不同的人口现实的反映。

马尔萨斯的人口原理当然是有错误的。其错误之一,就是忽视了各社会、各时代特殊的人口规律,企图直接运用一般性的人口原理来说明特殊社会特殊时代的独特人口现象,尤其是运用人口原理来直接说明资本主义社会的人口过剩。虽然人口与生活资料之间由增长的不协调到协调的动态均衡是任何时代任何社会都存在着的现象,指出这一点是他的功绩,但两者增长的具体方式和两者之间从不协调到协调的动态均衡的具体形式是以时代、社会的不同而不同的。离开了对具体的历史的社会制度分配方式的分析,就无法说明特殊的人口现象,无法说明人口数量与生活资料之间动态均衡的具体形式。因此,他对于资本主义社会人口过剩的说明,甚至是从亚当·斯密的立场上倒退,而亚当·斯密是联系资本主义的制度因素来考虑人口问题的。也不如他同时代的西斯蒙第,因为西斯蒙第对于资本主义的过剩人口是从制度因素上去寻找原因的。

马尔萨斯人口原理的错误之二,是他以为资本主义早期下层阶级的贫困只是他的一般性人口原理的必然结果。人口超过生活资料的增长,即使在一个消除了私有制的国家,也必然降低了大多数人的生活水平,这一点是无疑的。这说明他的人口原理可以成为人们贫困的一种解释。但在他的时代,人口的过快增长只能是劳动群众贫困的潜在原因,而现实的原因是资本主义制度。导致劳动群众贫困的原因是多重的,有制度的,也有人口的,每种原因的作用的重要性在不同时代不同国家是不同的。在他的时代,制度原因无疑比人口原因重要得多。[1] 人口的过快增长在任何时代,任何社会都会导致贫困(指出这一点是他的功绩),但贫困并不一定是人口过快增长的结果。人口过快增长只是贫困的充分条件,远非充分必要条件。他把绝对意义上的人口过剩与资本主义的相对人口过剩混淆了,从而把他那个时代劳动者的贫困看作是人口绝对过剩的结果,而不是制度的结果。

尽管有一些错误,马尔萨斯的人口理论所包含的生存竞争思想,在 19 世纪的生物学家当中产生了重大影响。达尔文和华莱士各自分别独立提出了进化论,他们都表示自己重点受益于马尔萨斯。[2]

第三节　供求价值论

马尔萨斯指出,价值这一术语往往有三种含义:一是指物品的使用价值或内在效用;二是指名义交换价值或价格;三是指内在交换价值或通常所说的物品的价值。他认为在贵金属被普遍用于交换媒介和价值尺度,其自身价值不变时,商品的价格就表现了价值。在货币本身价值不变时,决定商品价格的因素和决定价值的因素是一致的,这个因素就是"供求的相互关系"[3]。即"商品价值

①　参阅[美]亨利·乔治:《进步与贫困》,商务印书馆 2010 年。书中对马尔萨斯进行了批评。围绕马尔萨斯人口论引起的至 20 世纪中期的起起伏伏的争论,参阅[美]约瑟夫·熊彼特:《经济分析史》第 2 卷,商务印书馆 1992 年版,第 308—318 页。

②　[美]亨利·威廉·斯皮格尔:《经济思想的成长》上,中国社会科学出版社 1999 年版,第 245—246 页。

③　马尔萨斯:《政治经济学原理》,商务印书馆 1962 年版,第 56 页。

与需求成正比变化,并与供给成反比变化"①。他认为用供求关系说明商品价值(价格)具有普遍适用性,从时间的长短来看,无论商品的市场价格(暂时价格)或自然价格(经常价格)都取决于供求关系,区别仅在于市场价格取决于该时该地的实际的暂时的供给,自然价格取决于正常的长久的一般的供给。从商品的类型来看,无论是工业制造品、农产品,抑或垄断商品,它们的价格(价值)无一例外都由供求决定。

马尔萨斯否认商品价值单纯由生产费用决定,他认为成本和价值之间存在着重要区别。他说:"供求关系就是决定市场价格和自然价格的最主要的因素,而生产费用只能处于从属地位,也就是仅仅在影响供求的通常关系的场合,才能对价格产生影响。"②他指出,商品价值取决于生产费用这一命题要受到三种限制:一是要假定利润构成生产费用的一部分;二是要指出价值是商品的一般的价值而不是实际的市场价值;三是这一命题不适于各种垄断商品。但他又认为,不能"认为生产费用对价格没有一种极为有力的影响。正确的办法是把生产费用看作是取得所需物品的供给的必要条件"③。并且,"只有当生产费用的支付是按照有效需求的程度继续供给这些商品的必要条件时,生产费用本身才会影响这些商品的价格"④。这就是说,生产费用只有根据有效需求来支出时,才会影响商品价格。不考虑有效需求,就无法确定哪种水平的生产费用影响价值。另一方面由供求关系决定下来的商品价格,从长期来看,必须能够抵补生产费用,即能补偿不断再生产这些商品所需的工资、利润和地租。

关于供求决定价值的具体机制,马尔萨斯认为供求影响到商品的利润,而利润如上所述,是需要在价值中得到补偿的生产费用之一,于是供求关系通过决定利润进而决定了价值。

马尔萨斯进一步分析了决定商品价值的供给和需求,把供给定义为"具有出售愿望的待售商品的数量";把需求定义为"人们对于该商品的具有一般购买能力的购买愿望"⑤,即有支付能力的需求。他还进一步给有效需求下了如下定义:"商品的有效需求就是一种能满足商品供给的自然和必要条件的需求。"⑥这就是说,有效需求不是任何一种有支付能力的需求,而是支付商品生产所需要的工资、利润和地租,即能支付生产费用的需求。有效需求概念,是他经济理论

① 马尔萨斯:《政治经济学论文五篇》,商务印书馆 1961 年版,第 83 页。
② 马尔萨斯:《政治经济学原理》,商务印书馆 1962 年版,第 64 页。
③ 马尔萨斯:《政治经济学原理》,商务印书馆 1962 年版,第 65—66 页。
④ 马尔萨斯:《政治经济学原理》,商务印书馆 1962 年版,第 63 页。
⑤ 马尔萨斯:《政治经济学原理》,商务印书馆 1962 年版,第 56 页。
⑥ 马尔萨斯:《政治经济学原理》,商务印书馆 1962 年版,第 71 页。

中极重要的概念。他还区分了总是与一定价格下供给相等的需求和决定商品价格的意愿需求。他把前者称为需求程度,把后者称为需求强度。他认为只有意愿需求才与供给一起决定商品价格。在肯定需求强度决定价格之后,他进一步指出了决定需求强度大小的因素,即需求者人数、欲望和能力的变化。

马尔萨斯已经有了需求价格的概念,他写道:"正是人们赋予商品的价值……可以说几乎是形成财富的唯一原因;这种价值的基础是人类的需要以及各种商品是否适合于供给这些需要,而与采集和生产这些商品时实际所耗费的劳动量无关。这种价值不仅是一切财富生产的重大刺激,而且是决定财富将以什么形式和相对数量存在的伟大的规定者。任何一种财富除非社会上一部分人赋予它的价值等于它的自然价值或必要价格,同时愿意并有能力付出这样的代价来取得这种财富,那这种财富就不会继续供应市场。"①这里,表达了这样几层意思:(1)需求价格是财富的刺激因素;(2)需求价格决定财富的产品构成;(3)需求价格与实际劳动消耗和成本无关;(4)需求价格与自然价格相等是财富继续供给的前提,这是需求价格与供给价格相等是保证产品供给的必要条件这样一种现代观念的早期萌芽。

马尔萨斯的供求价格论,是马歇尔供求均衡价格论的前身。

第四节　地租、工资和利润

一、地租理论

马尔萨斯是以土地剩余产品这一范畴为基础来论述地租的。他指出,土地剩余产品就是"土地产品未被耕种者实际消费的部分"②,而地租则是土地剩余产品的一个重要部分。从这一认识出发,他认为地租产生的第一个原因,就是土地具有生产出多于耕种者生活所需的必需品的能力,他把这种能力称作上帝对人类的恩赐。他意识到这个原因只是土地剩余产品产生的原因,并非是剩余产品采取地租形式的原因。于是他把土地的这种能力称作地租的基础,地租可能增长的极限。他认为,产生地租的第二个原因是土地产品所具有的特殊性质,即供给能引起相应的需求,如粮食的充裕促使人口增长,创造了对粮食的需求,使需求扩大到仅凭最肥沃土地无法满足的地步。这个原因实际是他的人口

---

① 马尔萨斯:《政治经济学原理》,商务印书馆1962年版,第251—252页。
② 马尔萨斯:《政治经济学定义》,商务印书馆1960年版,第104页。

原理的一个推论。第三个原因才是土地剩余产品采取地租形式的原因。在土地耕种的初期，剩余产品以高工资高利润形式存在，只是由于肥沃土地有限，以致资本积累导致利润下降，以及人口增长导致工资下降之后，土地剩余产品中才有越来越多的部分采取地租形式。这说明他已认识到土地剩余产品采取地租形式是财富增长的结果。

马尔萨斯在分析地租的原因时正确区分了土地剩余产品及其特殊形式——地租，虽然他有时用地租这个术语来表示土地剩余产品，把地租直接称作是上帝的恩赐，认为它与土地的自然生产力和后天生产力成比例。但他分析地租产生原因的基本思路是有问题的，他实际上只是分析了土地剩余产品产生的原因，而没有分析到土地剩余产品采取地租形式的真正原因，尤其没有找到剩余产品采取归地主私人占有的地租形式的真正原因。真正的原因在于土地所有权的私人垄断和土地经营权的私人垄断。他对土地剩余产品原因的分析也不全面。只看到了自然的作用，基本上（不是完全）忽略了技术进步的作用，而这种忽略恰好是他的人口理论的不可缺少的前提之一。

马尔萨斯正确地看到了土地剩余产品的重要意义。他说："农耕者的剩余产品（从最广泛的意义来说）衡量并限制不用在土地上的那部分社会力量的发展，这是永恒的真理。在全世界任何地方，一切制造业者、商人、业主以及从事各种文武职业的人员的数目都必须完全与这种剩余产品相适应，……除非耕种者从土地上所获得的东西多于他们自己消费的东西，任何其他工业都是一筹莫展的。"[①]这里表达了农业劳动生产率一定发展是其他各种行业的一个前提的思想。他还认识到土地剩余产品对于整个社会的文明的作用，如果这种剩余产品很少，"那末社会的一大部分的劳动就要经常被用于辛辛苦苦地谋取生活必需品，而社会所获得的便利品、奢侈品和闲暇就一定极少；反之，如果这种剩余很多，制造品、外国奢侈品以及艺术、文学、闲暇等等就会跟着多起来"[②]。但他错误地把土地剩余产品的这种重要性说成是它的一种特殊形式——地租的重要性，并进而对享用这种地租的地主倍加赞赏，把增加土地剩余产品对社会的利益说成是以地租形式占有这种剩余的地主的利益与社会利益的一致。从这里可以看出，他是从土地剩余产品的积极作用出发，来为地主占有这种剩余的地租形式作辩护的。从这种观点出发，他赞成英国实施的、有助于提高地主收入的《谷物法》（该法实施于 1815—1846 年）。

马尔萨斯定义地租是"土地产品在支持一切耕种费用后留归地主的那一部

①　马尔萨斯：《人口原理》，商务印书馆 1961 年版，第 378—379 页。
②　马尔萨斯：《政治经济学原理》，商务印书馆 1962 年版，第 175—176 页。

分,耕种费用中包括所用资本的普通利润"①。他认为地租之所以归地主所有,是对地主的"勇气和智慧的报酬",也是对其先辈的"力量和才能的报酬"②。

按照马尔萨斯对地租原因的分析,以及他反对李嘉图仅仅从土地级差出发来说明地租,并指出最劣等土地也有地租,否则就不会被投入耕种,若最劣等土地无需缴租,谷价就会比要缴租时便宜。这说明他已看到了绝对地租的存在,其原因在于地主不愿无报酬地租出土地,并看到绝对地租与谷价之间的关系,这是他的地租论优于李嘉图的地方。

二、工资理论

马尔萨斯定义劳动工资"是对劳动者的努力的报酬"。他区分了名义工资和实际工资,认为无论是名义工资还是实际工资,"完全取决于和劳动供求对比的这些物品的供求情况"③,即劳动工资的大小取决于劳动的供求和充当工资的物品的供求。这就是说,他已指出了货币工资对生活必需品价格的依存关系,即不管其价格如何,货币工资所能换得的生活必需品必须能保证劳动人口或者稳定或者不断增加。

马尔萨斯从供求决定工资的见解出发,反对李嘉图关于劳动的自然价格(即维持劳动人数不变的价格)的定义,提出劳动的自然价格应当是"在社会的现实条件下,为造成足以满足有效需求的劳动者平均供给量所必需的一种价格"④。劳动的市场价格就是市场上的实际价格,它有时高于有时低于自然价格。这里他所说的自然价格,实际上就是使劳动的供给与需求在长时期中相等的价格。这种对工资的看法比李嘉图更接近当代西方经济理论关于工资的见解。

马尔萨斯认为劳动需求的大小与任何形式的资本无关,仅取决于工资基金的数量与价值。这笔基金由生活必需品构成,它的大小通常与年总产品的大小无关;但当生产劳动和私人服务的比例一定时,年总产品价值的增长通常引起工资基金的增长。

马尔萨斯所谓的劳动供给并非是短期中可劳动人数既定时,愿意在各种工资水平下就业的人数,而是指长期中的劳动人口的数量,所以他分析劳动供给的决定因素也就是分析影响劳动人口的因素。他认为影响劳动人口的因素是工资基金和劳动者的生活习惯。当生活习惯一定时,工资基金,尤其是其中的

---

① 马尔萨斯:《政治经济学定义》,商务印书馆 1960 年版,第 103—104 页。
② 马尔萨斯:《政治经济学原理》,商务印书馆 1962 年版,第 181 页。
③ 马尔萨斯:《政治经济学原理》,商务印书馆 1962 年版,第 182 页。
④ 马尔萨斯:《政治经济学原理》,商务印书馆 1962 年版,第 137 页。

主要构成成分——粮食的增加,会使劳动者由于能够得到更多粮食而迅速增加。另一方面,若劳动者的生活习惯是不断追求舒适,那么,工资基金的增加引起的高工资只会增加劳动者的享受水平而非人口。

马尔萨斯的工资理论中,工资基金是一重要概念。他认为,每期的工资基金决定着当期的劳动需求,同时又通过对人口的影响决定着未来的劳动供给。

从工资的供求决定论出发,马尔萨斯认为,人为抬高劳动价格于自然价格之上,只能导致失业。他进一步指出,劳动阶级的生活状况,部分取决于工资基金的增长速度,部分取决于人民的生活习惯。工资基金增长引起的高工资可能导致两种结果:一是人口迅速增加但享受水平不变;二是人口维持不变但享受水平提高。造成第一种结果的是"虐政、压迫和无知",造成第二种结果的是"公民自由、政治自由和教育"①。

从工资的供求决定论出发,马尔萨斯坚决反对《济贫法》。他认为《济贫法》破坏人们谨慎的美德,使劳动人口增多,超过粮食的增长,从而降低劳动者的生活水准。他的这种观点往往引起人们的误解,其实他也提出了不少有助于穷人的政策主张,如对穷人免费医疗、救济六个以上孩子的贫困家庭,等等。②

马尔萨斯的工资理论,虽然用劳动的供求来说明工资水平,但本质上仍然是一种工资基金理论,这突出表现在他用工资基金而不是劳动的边际生产力来解释劳动需求,以及用工资基金和生活习惯来说明劳动供给。

三、利润理论

马尔萨斯把利润定义为"国民所得中作为资本的报酬归于资本家的部分"③。他认为利润来源于资本,并反对亚当·斯密关于利润是劳动产品中的扣除的说法。他说,利润是"资本家对生产所作的那一部分贡献的公平报酬"④。从量上看,利润"是由商品的价值和生产这种商品所必需的各种垫支的价值之差所构成"⑤。

马尔萨斯着重分析了利润率的变动问题。他提出了决定利润变动的两个原理:限制原理和调节原理。

利润的限制原理是指最后投放在土地上的资本的生产力决定总产品价值

① 马尔萨斯:《政治经济学原理》,商务印书馆 1962 年版,第 189 页。
② [美]亨利·威廉·斯皮格尔:《经济思想的成长》上,中国社会科学出版社 1999 年版,第 242 页。
③ 马尔萨斯:《政治经济学原理》,商务印书馆 1962 年版,第 219 页。
④ 马尔萨斯:《政治经济学原理》,商务印书馆 1962 年版,第 67 页。
⑤ 马尔萨斯:《政治经济学原理》,商务印书馆 1962 年版,第 219 页。

中归资本家所有的数量。由于土地报酬递减,同时劳动者所需的谷物下降到一定程度后便无法再降低,所以报酬递减的作用便完全施加在农业利润上,而导致农业利润率的下降,这又引起资本从农业向非农业转移,这种转移最终又降低了工商业的利润率。这就是限制原理导致利润率降低的机制。

马尔萨斯的限制原理肯定了土地报酬递减是利润率下降的根本原因,这与李嘉图是一致的。但马尔萨斯与李嘉图在报酬递减率如何引起利润下降的机制上,看法并不一致:

马尔萨斯:土地报酬递减→农业利润率下降→工商业利润率下降。

李嘉图:土地报酬递减→工资上升→利润率下降。

李嘉图强调报酬递减率对工资的影响,认为工资上升是利润率下降的直接原因。马尔萨斯强调报酬递减率对农业利润的影响,认为农业资本大量转移到工商业是导致利润率下降的直接原因。可以说马尔萨斯在很大程度上是沿袭了亚当·斯密的说法。

利润的调节原理是指由于供求关系的变化,同一价值资本支配的同一数量劳动的产品的价值发生了变动,这种变动引起产品中归工人所有部分所占比例的变化,从而引起利润率的变化。在说明利润的调节原理时,他有两个重要前提:一是劳动的价值是不变的,虽然这个价值所表现的货币或实物是变化的,当劳动的货币工资增加时,他并不认为这是劳动的价值增加,而是货币的价值减少。二是工资份额与利润份额在总产品中的此升彼降关系,对此,他同意李嘉图的意见。同时他又指出,高的绝对工资和高利润率或低的绝对工资和低利润率可同时并存,因此工资份额并不能反映劳动阶级的实际生活水平。但对于工资份额的变动影响利润的相反方向运动的具体机制,马尔萨斯与李嘉图有不同意见。他写道:"利润一定是根据和李嘉图先生所说的根本不同的原理来调节,利润不是由生产中使用的一定数量的劳动的变动的价值,与所生产的商品的既定价值相对比来决定,而是由所生产的商品的变动价值与生产中所用的一定数量的劳动的既定价值相对比来决定。"[①]这就是说,在李嘉图那里,商品价值一定时,利润会由于工资的变化而反向变化。而在马尔萨斯看来,劳动的价值是不变的,利润将由于商品价格的变化而同向变化。而商品的价格以他所见又取决于供求,因此他就得出一个重要结论,即个别商品的利润取决于供求,尤其是取决于需求。另一方面,整个社会的利润则取决于资本和劳动的比例,当资本的增长快于劳动的增长时,随资本积累,一切商品包括货币,其由供求决定的价值都倾向于下降,但劳动的价值是不变的,结果劳动的货币工资和实物工资都会

① 马尔萨斯:《政治经济学原理》,商务印书馆 1962 年版,第 244 页。

增加,同时利润下降。

由上所知,调节原理实质上有两方面内容:一是个别商品由于供求关系会引起利润率下降;二是整个社会会由于资本劳动的比例关系引起利润率变动。两者间的关系马尔萨斯未作详尽分析。

从利润的调节原理出发,他提出劳动群众改善自己处境的唯一途径在于自己的谨慎俭朴,使人口增长低于资本增加。

在说明调节原理时,马尔萨斯还提出:"从经验中可以看出,尽管劳动的生产力差不多保持不变,劳动的供给与资本和产品的供给并不是彼此协调一致的,这一点与穷人的谨慎俭朴无关。实际上,它们往往有一定的距离,而且经历一个相当长的时期;有时候人口比资本和产品增长得快些,有时候资本和产品比人口增长得快些。"[①]这表明他承认:(1)是资本与人口的不同发展速度而不是劳动群众自身的问题造成了人口过剩;(2)人口有可能低于资本的增长,这是他对人口原理的一个重大修正。

马尔萨斯用利润的限制原理和调节原理来说明利润率的下降。他认为土地报酬递减是造成利润率降低的最后的有力原因,但并不是利润率下降的必要条件。在不太长的时期里,利润率实际上较多地取决于资本相对于劳动的丰裕与不足,以及影响产品供求的诸原因,较少取决于最劣等地的自然肥力。他进一步指出,土地报酬递减之所以会导致利润率下降,是因为谷物等必需品的需求不可能强大到一定程度,使价格随生产费用的上升而同比例上升,因此,利润限制原理的背后还是供求原理和利润调节原理在起作用。由于利润调节原理在起作用,所以利润率会在地租还很低时就出现下降,结果造成低地租、低利润和高工资并存的局面。他看到了利润率下降对资本积累的不利影响,"因为社会上一个人数很多的阶级是依靠资本主义利润为生的,所以在资本的一般收入实际降低以前积累就会因缺乏储蓄的能力和动力而终止"[②]。

在平均利润率下降这个问题上,马尔萨斯一方面把土地报酬递减作为重要原因,同时强调供求关系以及资本和劳动比例关系的重要作用。他实际上是看到了个别商品以及整个社会的全部资本,会由于有效需求的不足而导致利润率的下跌,这与他承认普遍过剩危机是一脉相通的。但他没有理解有效需求不足如何导致利润率下降,因此没能够说清楚其中的机制,只好借助于一个并不现实的假定,即劳动价值不变,来说明有效需求不足引起的价格下跌全部作用在利润上,使利润降低,而这一错误的解释却使他承认了工人与资本家在收入份

①　马尔萨斯:《政治经济学原理》,商务印书馆 1962 年版,第 233 页。

②　马尔萨斯:《政治经济学原理》,商务印书馆 1962 年版,第 180 页注。

额之间的对立。简单地说,马尔萨斯看到了有效需求不足对利润率的不利影响,但却没有把其中的机制解释清楚,只知其然,不知其所以然。

马尔萨斯还分析了阻碍利润率下降的诸因素:(1)农业改良阻止了土地报酬递降律的作用;(2)劳动阶级个人努力的加强提高了劳动生产率;(3)谷物价格上涨时,农场主资本品价格上涨低于谷价的上涨,从而提高了利润率;(4)机器改良,使制造品相对于谷物的价格下降,使劳动者在谷物工资降低的同时制造品不至于减少。

马尔萨斯从工资基金说和人口原理,论证了谷物工资的下降趋势,从有效需求说和土地报酬递减法则,论证了资本积累导致利润的下降,从而得出了工资和利润下降的必然结果是地租的上升。他并没有为此感到不安,相反,他从土地剩余产品在社会进步中的重要作用出发,论证了地租上升的合理性和必要性。他乐观地认为,在社会进步中,以地租形式出现的土地剩余产品的增长,将为所有人带来利益。正因为如此,他被马克思称作土地贵族的代言人。然而好像他也意识到有人将如此指责他似的,他在为地租高唱赞歌之后就赶紧申辩说:"令人感到奇怪的是像李嘉图先生这样一个大地租收入者,竟然这样低估了地租在国民经济中的重大意义。然而像我这样一个从没有收取、同时也不希望收取任何地租的人,却可能被人指责为高估了地租的重要性。在这种情况下,我们的意见分歧,至少可以说明我们相互间的诚挚,并且提供一种有力的证据,证明不论在我们的学说中,我们的思想受制于怎样一种偏见,这绝不是那种最难于防范的不能觉察的由于地位和利害关系而产生的偏见。"①而李嘉图也同样珍视他们两人之间的友谊,他写给马尔萨斯最后的一封信的最后一段话是:"我亲爱的马尔萨斯,现在,我即将离去。和其他的争论者一样,在大量的讨论之后,我们各自得到了属于自己的观点。然而,这些讨论从没有影响过我们之间的友谊;如果你赞同我的观点,那么我就不会像现在这样喜欢你了。"②

第五节　经济增长

马尔萨斯以财富的增长为题研究了经济增长问题。他认为研究这个问题是对人口原理的补充。他指出人口原理探讨限制人口,使之适应实际供应水平的机制,而对财富增长原因的研究,则回答这个实际供应水平是如何决定的。

---

① 马尔萨斯:《政治经济学原理》,商务印书馆 1962 年版,第 181 页注。
② 转引自 E.雷·坎特伯里:《经济学简史》,中国人民大学出版社 2011 年版,第 49 页。

马尔萨斯并没有忘记政治因素、道德因素在影响国家财富增长上的重要作用，但他主要分析了财富增长的直接原因。

马尔萨斯强调财富与价值是有联系又有区别的，他定义财富为"需要一部分人类劳作来取得或生产的必需、有用或喜爱的物质对象"[①]。他认为一国的财富取决于两个因素：(1)产品数量或决定产品数量的资本和劳动人口的变动；(2)产品适应人们有效需求的程度，或决定这一程度的产品分配，即取决于供给和需求。于是他就分别研究了决定供给和决定需求的因素。

在供给方面，马尔萨斯认为"对生产最有利的三种重大的因素是：资本的积累、土地的肥力和节约劳动的新发明"[②]。他没有把人口的增长作为决定供给的因素，因为"当不需要增加劳动时，人口的增加将因就业机会的缺乏和已就业的劳动者生活的恶劣而立刻受到抑制"[③]。他指出资本积累并非是无条件的促进财富增长的因素，只有当有效需求足够大，能够吸收掉积累造成的产品增量时，积累才能导致财富的增加。他指出，土地肥力是一个国家生产财富的自然潜力，但并不一定成为财富增长的刺激因素。因为如果盛行大地产制度，又没有工商业，也没有农产品的对外贸易，那么肥沃的土地往往既不能刺激财富，也不能刺激人口，而且劳动者也往往养成懒惰习惯，就像拉丁美洲和爱尔兰的情况。他指出，节约劳动的发明只有在产品市场能够扩大，消费能够增加的前提下，才能发挥增加财富的作用。他还注意到需求的价格弹性不同的商品，在以机器代替手工操作进行生产后，对劳动需求会有所不同。

马尔萨斯提出，为了保证财富的不断增长，除了增加供给的生产能力的增加之外，还需要有足够大的有效需求。有效需求能增加商品的交换价值，进而增加财富。他把人口增长当作决定需求的因素，但认为单凭人口的增加，不足以形成足够的有效需求。他把增加有效需求的方式称为产品的分配（注意，这里所说的分配不是指收入在各阶级间的分配），认为"产品数量的增加，主要取决于生产能力，而产品价值的增加决定于分配方式。生产和分配是财富的两个重大因素"[④]。他认为从分配方面造成总产品价值增加的三个原因是，"土地财产的分割，国内外贸易的扩大，以及非生产性消费者经常维持在最适应生产力的这样一个比例上"[⑤]。

马尔萨斯认为大地产制度是一种最不利于有效需求的财富分配。他提出

[①]　马尔萨斯：《政治经济学原理》，商务印书馆1962年版，第100页。

[②]　马尔萨斯：《政治经济学原理》，商务印书馆1962年版，第297—298页。

[③]　马尔萨斯：《政治经济学原理》，商务印书馆1962年版，第259—260页。

[④]　马尔萨斯：《政治经济学原理》，商务印书馆1962年版，第306页注。

[⑤]　马尔萨斯：《政治经济学原理》，商务印书馆1962年版，第347页注。

地产和动产的一定程度的分布,有助于财富增长。但超过这一程度不利于供给能力的增加,低于这一程度则造成有效需求不足。地产分割最佳程度,须依国内外贸易情况和地主以外的其他有效需求者的情况而定。

马尔萨斯认为国内贸易的发展,市场的扩大既能增加产品数量,又能增加产品总价值。因为市场扩大导致需求增加,从而提高了价格,而为了满足需求又会引起资金的积累,引起供给能力的增加,于是"一切国内贸易会直接增加全国产品的数量和价值"①。他反对重农学派关于贸易只能平衡各地的价格,不能增加产品数量的观点,也反对李嘉图关于对外贸易不增加产品价值的观点。他认为,外贸是能增加总产量的价值和数量的,因为外贸能给国家带来更多的利润,而利润依据他对价值的定义是进入商品价值的。他从需求出发说明外贸所增加的价值和来源,并认为,外贸引起价值增加的表现在于进口商品在国内所能支配的货币、劳动和其他商品往往多于换取它们的出口品在国内所能支配的货币、劳动等。他还反对李嘉图的比较成本说,因为不少进口商品是根本不能在国内生产的,无所谓国内成本,认为支配交易行为的基础原理是用比较不需要的东西换取比较需要的东西,从而使价值增加。他提出外贸的最大利益在于它会激发新的欲望,形成新的爱好和提供使人辛勤努力的新动机。他的结论是国内外市场狭隘,从而缺乏有效需求的国家,难以积累大量资本。

马尔萨斯接受了亚当·斯密按是否直接从事物质产品生产来划分生产性劳动和非生产性劳动的见解,只是主张用私人服务一词来代替非生产性劳动。他认为私人服务并不直接生产财富,但刺激财富生产。私人服务和非生产性消费者是从增加有效需求方面来增加产品价值从而刺激财富生产的。为什么需要私人服务及其他非生产性消费者呢?在他看来,资本家是倾向于积累而不注重消费的,给生产性劳动者以优厚报酬将有助于增加消费,但不利于资本积累,所以注定不能给予优厚报酬。地主的开销加上工人和资本家的开销不足以维持足够大的有效需求,即三大基本阶级的消费不足以形成充分的有效需求,所以社会必须要有一批非生产性劳动者,以增加消费,刺激生产。在非生产性劳动者中间,不同类型的人对于财富的影响也是不同的,私人仆役有助于提高有效需求,同时其报酬源于收入而非资本,故不会增加生产成本。由税收维持的非生产性劳动者也有助于提高有效需求,但租税有可能阻碍财富的增长。他指出非生产性劳动者的主要作用在于使生产与消费平衡,保证产品获得最大的交换价值,从而增进财富。当非生产性劳动者与生产性劳动者之间保持一种最佳比例时,能促进财富最有效增长。这个比例因时因地而有所不同,取决于土地

① 马尔萨斯:《政治经济学原理》,商务印书馆1962年版,第315页注。

的肥沃程度，人民的生产技能、习惯与爱好，以及生产者本身的消费程度。他提出了最优消费倾向的观念，"如果消费超过生产，一国的资本必须递减，……如果生产大大超过消费，积累和生产的动力必然停止于那些拥有主要的购买手段的人的有效需求的欲望。两个极端是明显的，并且随之而来的一定是一些中介点，……在考虑生产能力的同时也考虑消费意愿，对于增加财富的鼓励是最大的"①。

马尔萨斯的经济增长理论，是对亚当·斯密国富理论的一个重大发展，其突出表现是强调了有效需求在决定财富增长中的重要作用。他实际上看到了供给能力和有效需求均衡增长是财富增长的必要条件。他提出总供给和总需求不平衡不利于财富增长，总供给大于总需求，利润会降低，资本家要破产，劳动者也会受失业之苦；而总供给小于总需求，价格会上涨，劳动群众生活会下降，人口会因此受损失，从而影响财富增加。从这一点看，他是当代经济增长理论的先驱者。另一个杰出之处是他强调了积累与消费之间保持合理比例的重要性，反对一味积累资本，认为只有当一国的资本所产生的产品与人们的需求比较显得缺少时，才需要节制消费，增加资本。对于爱尔兰及拉美一些国家经济落后的原因，他也不乏卓越见识，认为它们不仅仅苦于资本缺乏，也苦于有效需求不足，而这又由于大地产的盛行及人民的习惯等一系列制度因素。这种分析可以称之为对不发达经济的早期分析。亚当·斯密在研究国富问题时，是单纯从供给角度出发的，主要强调了能增进供给的一些因素，马尔萨斯则比他前进了一大步。遗憾的是马尔萨斯关于财富发展的上述思想一直未受到应有的注意。

第六节　普遍过剩危机

马尔萨斯定义普遍过剩"是大宗商品的价格跌落到生产成本以下而没有其他同样大宗的货物成比例地涨价到生产成本以上作为抵补"②。他认为产生普遍过剩的原因在于资本积累往往快于劳动人口的增殖，积累与消费出现了不平衡，使总供给大于总需求。他指出，普遍过剩引起的物价跌落虽然会使归于劳动者的产品份额加大，但会造成失业，因为劳动需求由于利润降低而减少。因此普遍过剩造成的物价下跌、工人工资的相对提高不会刺激人口。

---

① 转引自［美］亨利·威廉·斯皮格尔：《经济思想的成长》上，中国社会科学出版社1999年版，第257—256页。

② 马尔萨斯：《政治经济学定义》，商务印书馆1960年版，第29—30页。

马尔萨斯指出了普遍过剩如何消除的机制，以及普遍过剩转化为长期萧条的机制。他认为工资的变动是关键因素，如果货币工资保持不变，则普遍过剩时劳动者的实际工资增加，在产品中占有的份额增加，结果利润相应降低，资本家缩减生产、裁减工人，于是总供给减少，使供给需求恢复均衡（当出现供给不足时，相反的过程将使供给增加）。如果货币工资适应物价的降低而相应调低，同时有效需求由于分配制度和人民的节俭习惯而不充分，那么利润率同样不会很高，并且在长时期中保持低水平，从而出现长期萧条。他实际上是看到宏观经济由失衡到恢复均衡的机制，看到了低于充分就业的均衡。

马尔萨斯反对萨伊、李嘉图和詹姆斯·穆勒等人否认普遍过剩危机的观点。他用经验事实来反驳萨伊定律，认为如果是供给决定需求的话，那么一些供给由战争或其他原因减少，需求亦随之减少，整个经济将由于恢复供给能力需要一定时间而难以在短期内恢复，这与现实情况不一致。他还反对萨伊等人关于商品只是用商品来交换的观点，认为有些商品是直接与生产性劳动或私人服务相交换的，如果商品相对于所要交换的劳动显得过多，价值就会下跌，出现普遍过剩。他还针对萨伊，尤其是詹姆斯·穆勒关于各种商品会自行调节相互间的数量比例从而不可能出现普遍过剩的论点，强调指出，普遍过剩可以在各种产品完全被合比例地生产出来的时候发生。即使产品的结构比例是协调的，总供给仍然可能大于总需求。这一见解确实击中了萨伊定律的要害，表明他已经把总供求与个别产品的供求区别了开来。而萨伊定律的信奉者正好不懂这种区分，通过论证个别商品由于相互间比例的调整会自动达到供求平衡，简单地推论出总供给会自动创造总需求。

马尔萨斯以资本积累作为总供给的决定因素，以劳动人口作为总需求的决定因素，通过论证两者的不同增长速度证明普遍过剩危机的必然性。他的总需求只包括了消费需求，没有投资需求。他实际上指出了长期萧条和暂时性的普遍过剩两种情况，一种是低于充分就业的均衡，另一种是暂时的失衡，但他并没有明确意识到两者的区别，把危机（暂时的供求失衡）和长期萧条（低水平的均衡）混为一谈，这是他危机理论的又一不足。肯定普遍过剩会在各种产品按比例生产时出现是一卓见，说明他已经把微观的调节机制与宏观调节机制不自觉地进行了区分，微观调节未出问题时，宏观可能失调。实际上萨伊等人注意的是产品间的横向比例关系，这一比例在完全的市场机制下是可以自动调节得很合理的，据此，萨伊等人否认危机的可能。

马尔萨斯则注意到了产品的纵向比例关系，即积累与消费的关系，指责萨伊等人没有考虑消费品与消费人数和消费欲望间的关系，认为当商品按一定比例增加时，如果消费人数不变，且消费欲望因节约而减低时，消费品就会过剩，物价普遍下跌，反过来使积累的动机和能力都受到有力的削弱。因此马尔萨斯反对过度节约，认为这会使国家贫穷，人口减少。

第七节　货币非中性及通货膨胀

马尔萨斯既反对重商主义的货币观，强调财富并非就是货币；也反对李嘉图、萨伊等人否定货币重要性的见解①，反对李嘉图、萨伊等人在讨论生产过剩问题时抽象掉货币，强调货币的重要作用。他指出："我们需要商品而不需要货币，这是抽象的真理。……在论证中撇开货币不谈，是很不妥当的。"②他指出货币对于促进商品交换、引起以大量节储为特征之一的资本积累、鼓励勤勉，都起到了重要作用。他认为货币是非中性的，会影响产量的多寡。他出色地看出了货币促进生产的具体机制，指出如果货币数量增加时能够更多地向生产者阶级集中，将有助于增加资本从而增加财富。其原因就在于货币供应量增加会引起物价上涨，这就使得不生产阶级的实际货币份额相对减少，财富份额相对下降，更多的财富集中到生产者阶级手中③。他看到了货币数量变化的分配效应。

马尔萨斯为了分析当时英国的通货膨胀，首先分析了纸币体系的基础，就是人们需要贵金属只是为了交换而非其内在效用。④ 他反对李嘉图关于黄金价值不变，纸币贬值只是由于银行过度发行纸币的观点，认为应当以可以购买到的劳动这一不变的价值尺度来判断通货是否贬值。⑤ 而根据这一尺度，他认为黄金本身的价值已经变化，所以通货贬值并不全是由于银行发行纸币过度。⑥

马尔萨斯还分析了决定外汇价格的因素，认为除了货币磨损和伪造之外，还有通商各国需求结构的变化和货币数量的相对变化；需求结构变化的影响是迅速的、暂时的；货币数量相对变化通过物价水平变化造成的影响是缓慢的、平稳的；两者对外汇价格的影响有时同向有时反向，从而有可能使得外汇价格的变化与国内物价水平的变化出现不一致。⑦

马尔萨斯反对政府对经济生活的过多干预，也反对绝对自由放任，主张适

① 马尔萨斯：《政治经济学定义》，商务印书馆 1960 年版，第 27 页注 1。
② 马尔萨斯：《政治经济学原理》，商务印书馆 1962 年版，第 268 页注 2。
③ 马尔萨斯：《政治经济学论文五篇》，商务印书馆 1961 年版，第 25—26 页。
④ 马尔萨斯：《政治经济学论文五篇》，商务印书馆 1961 年版，第 13 页。
⑤ 马尔萨斯：《价值的尺度》，商务印书馆 1960 年版，第 30 页。
⑥ 马尔萨斯：《价值的尺度》，商务印书馆 1960 年版，第 30 页。
⑦ 马尔萨斯：《政治经济学论文五篇》，商务印书馆 1961 年版，第 3—4 页。

度干预。而政府适度干预的主要内容应当是制定法律和重要经济政策,确定合适的税收体系。[1]

从总体上看,马尔萨斯的经济思想与李嘉图相比,更接近于今天微观经济学和宏观经济学的主流观点。凯恩斯曾经写道:"如果是马尔萨斯而不是李嘉图成为 19 世纪经济学领头人,今天将是一个智慧得多、富裕得多的世界!为了重新发现,为了冲破误导我们头脑的重重迷雾,我们付出了多大的努力啊,而这本来应该是显而易见的。"[2]

参考文献

[1]马尔萨斯:《政治经济学原理》,商务印书馆 1962 年版。
[2]马尔萨斯:《人口论》,商务印书馆 1960 年版。
[3]马尔萨斯:《政治经济学论文五篇》,商务印书馆 1961 年版。
[4]马尔萨斯:《政治经济学定义》,商务印书馆 1960 年版。

---

[1] 马尔萨斯:《政治经济学原理》,商务印书馆 1962 年版,第 19—20 页。
[2] [英]J. M. 凯恩斯:《精英的聚会》,江苏人民出版社 1998 年版,第 97 页。

第十二章　李嘉图的经济理论

第一节　生平、著作及其经济研究方法

大卫·李嘉图[①](David Ricardo,1772—1823)生活的时代,是英国的社会经济、政治和意识形态发生激烈变动的时代。从亚当·斯密的主要著作《国富论》的发表(1776 年),到李嘉图的主要著作《政治经济学及赋税原理》的问世(1817年),相隔仅仅 40 年;但在这短短的 40 年内,却发生了许多具有世界历史意义的重大事件,如英国的工业革命、法国的资产阶级革命和拿破仑战争等。亚当·斯密基本上是工场手工业时代的经济学家,而李嘉图则是工业革命时代的经济学家,从工场手工业到机器大工业,在经济史上刚好相差一个时代。而拿破仑战争时期(1804—1815)英国的粮价飞涨所带动的地租猛增,以及由于停止银行券兑换所引起的纸币贬值,就构成了李嘉图考虑经济问题时的一种具体事实背景。解释物价上涨的原因,说明地租上涨的原因和后果,就构成他所要回答的问题。

一、从事金融事业发财致富的前半生

李嘉图的生平事业,很明显地划分成两个时期:第一个时期是从事证券交易所活动,发财致富;第二个时期是从事科学研究活动,攀登经济科学高峰。从第一个时期转变到第二个时期的时间,大概是在 18、19 两个世纪之交。这样的两个时期表明,李嘉图登上经济科学的高峰,经历了一条不寻常的道路。

大卫·李嘉图于 1772 年 4 月 19 日出生在伦敦一个信奉犹太教的证券交易所经纪人的家庭。其父亲名为阿布拉罕·以色列·李嘉图,原籍荷兰,后移居英国,于 1771 年入英国国籍。母亲名为比盖尔·德尔瓦尔,家族经营烟草生意。李嘉图共有十七个兄弟姐妹,他排行第三。

---

① 《新帕尔格雷夫经济学大辞典》第 4 卷,经济科学出版社 1996 年版,第 196—213 页。[英]马克·布劳格、保罗·斯特奇斯:《世界重要经济学家辞典》,经济科学出版社 1987 年版,第 527—528 页。

　　李嘉图的家庭世代经营国际贸易和金融行业。其父亲阿布拉罕原任职于荷兰阿姆斯特丹证券交易所,当时荷兰人大量抢购英国公债,阿布拉罕往来于阿姆斯特丹和伦敦之间买卖英国公债,后作为荷兰证券交易所的派遣员定居伦敦。此后,阿布拉罕自行经营证券交易所。由于他勤俭能干,生意兴旺,在伦敦金融界颇有名气,并且于1773年被伦敦市指定为经纪人。不过阿布拉罕虽然在生意上颇为成功,但为人偏执,墨守成规,制定了一套家规,子女必须严格遵守。

　　李嘉图从小就被安排着要继承他父亲已获得成就和地位的金融事业。幼年的李嘉图在伦敦接受普通教育,11岁时父亲将他送回荷兰阿姆斯特丹著名的犹太教义学校学习。他在荷兰求学的两年间学习荷兰当地的语言,了解风土人情,这为他日后同荷兰进行商业往来奠定了基础。当时,荷兰的证券业十分发达,他在荷兰求学期间耳濡目染,积累了一定的证券交易业务知识。

　　李嘉图于1786年返回伦敦,进入父亲经营的证券交易所,协助其父亲经营证券买卖,开始从事证券交易业务。他聪慧机敏、勤奋好学,在短短的几年时间内就已经十分熟悉交易所的业务,到16岁时,就已经成为他父亲经营证券交易所活动的得力助手。从此以后,他父亲经常派他独立处理交易所事务,结果都很令人满意。

　　然而,李嘉图对父亲的偏狭、固执、保守、专横感到苦恼。他的父亲亚伯拉罕·李嘉图是西班牙葡萄牙犹太教堂的支柱,对犹太教的信仰异常虔诚,拘泥于祖传的犹太教仪式,一丝不苟;而且,他还强制他的子女要像自己一样绝对信仰祖先的宗教、政治和教育见解,并严格奉行宗教仪式。当时,犹太教教规规定,教徒的儿子不能同异教徒的女儿结婚。李嘉图21岁时,曾与教友会(基督教的一派)教徒——当地名医爱德华·威尔金的女儿——普利丝娜恋爱。普利丝娜小姐有"一双光亮的眼睛,她真诚、直率而仁慈,从不矫揉造作,也从不考虑自己"[1]。老李嘉图对儿子与异教徒的女儿恋爱非常恼怒。根据犹太教教规,教徒的儿子如果与异教徒女儿结婚,那就要将他的名字从家谱中除去,并要为他背诵追悼死者的祈祷文。但是李嘉图对普利丝娜的爱情坚定不移,因此,他对父亲固执专断的不满情绪与日俱增,决定背弃家庭祖辈相传的犹太教,改信单一教。单一教属基督教左派,在当时为一进步势力,它主张宗教信仰自由,反对迫害异端分子,倡导理性与共和。李嘉图改信单一教,对他的思想产生了决定性的影响,使他有机会与当时的进步思想接近,这就为他以后从事经济研究,打下了一定的思想基础。

---

　　① 雅各布·霍兰德:《大卫·李嘉图百年评价》,商务印书馆1979年版,第24页。

1793 年 12 月 20 日，大卫·李嘉图(21 岁)终于和他父亲决裂,同普利丝娜举行婚礼,从此也就被他父亲逐出了这个富裕的家庭,丧失了一切财产。这在当时是一个非常勇敢的浪漫行为。苏联学者卢森贝把此事称为"爱神战胜了财神"①。卢森贝认为李嘉图一生有几个戏剧性场面,这个浪漫行为,就是第一个戏剧性场面。

李嘉图与父亲决裂后,离开富裕的家庭独立谋生,担负起新家庭的重担,他的物质生活真有些令人担忧。在这个关头,有三个因素造成了有利的结局:第一,在交易所内,李嘉图家族一直是光荣和正直的象征;第二,一般人对李嘉图本人的品质和人格是了解的、尊敬的;第三,一般人都很清楚他脱离他父亲家庭的经过,并且对这位顽强的年轻人多少表示一些同情,许多与他父亲有来往的富有资财的人很快给了他鼓励和支持。于是李嘉图就独立经营起证券交易所业务。这个时代对于精明的金融投机和证券交易业务是有利的。李嘉图利用这些机会,出乎意料地重复了他父亲在 30 年前所获得的成功。

在法国革命和拿破仑战争时期(1793—1814),由于大陆封锁政策,农业歉收,食品短缺,再加上英格兰很不明智的钞票发行政策,引起谣言四起,物价和汇价波动极大。在这种情况下,谁能掌握市场行情,谁就能捞到大钱。李嘉图就是利用债券行情的变化,向政府投标买进债券,然后由他零售卖出,从中获利。他对于从事这种债券买卖,具有非凡的观察力和嗅觉,反应迅速,但又非常谨慎,从不蛮干,不丧失冷静和清醒的估计。他善于及时买进抛出,有时,一份债券能取得一点薄利他也心满意足,这样可通过大量周转来增加利益。到1809—1810 年,即当他 37～38 岁时,他已成为伦敦金融界的头面人物之一,所拥有的财产已达 100 万英镑。到 1815 年他 43 岁从商界退隐,资产据不同方面的估计,已经达到 50 万～160 万英镑。1823 年他去世后给后人留下了 72.5 万英镑的遗产,其中大部分是田产和抵押借款。这在当时是可以和国王媲美的财富。这些不动产按今天价格计算超过 1 亿美元。②

在从事金融事业不到 20 年的时间里,李嘉图从被他父亲逐出家门时的一无所有,变成一个百万富翁,进入"财神的王国"③。卢森贝认为这是李嘉图一生中第二个戏剧性场面。

---

① 卢森贝:《政治经济学史》第 1 卷,三联书店 1961 年版,第 381 页。
② E.雷.坎特伯里:《经济学简史》,中国人民大学出版社 2011 年版,第 42 页。[美]哈里·兰德雷斯、大卫·C.柯南德尔:《经济思想史》,人民邮电出版社 2011 年版,第 149 页。
③ 卢森贝:《政治经济学史》第 1 卷,三联书店 1961 年版,第 381 页。

二、从事科学活动及登上经济科学高峰的名著——《政治经济学及赋税原理》

李嘉图不仅热衷于赚钱、发财致富，而且还热衷于研究科学，创造精神财富。他从事科学活动，登上经济科学高峰，大体上经历了三个阶段。

(一)第一阶段，从对经济学发生兴趣到参加"金价论战"(1799—1812)

这个阶段，可以说是李嘉图学习、运用亚当·斯密经济理论、试图解决当时紧迫的实际经济问题的阶段。

李嘉图自小喜爱自然科学和文学，善于思考和推理，1797 年当他 25 岁，取得经济上独立、拥有相当大的财产以后，就急于补习他所喜爱而在青少年时代由于种种情况不被允许学习的科学知识。于是，他将自己的精力和时间，分配在以下两个方面：一方面，他继续经营证券交易所，承包政府的国债和公债券，充当政府的"债款承包人"。他所从事的这种交易所活动，直到 1819 年才完全退出。另一方面，他如饥似渴地学习、钻研文化科学知识。起初，他学习和研究的主要是当时流行的自然科学，如数学、化学、地质学和矿物学等，并积极参加有关学术活动。这些初期的科学活动，养成了他从事学术研究的一些素质，如思维严谨、逻辑推理、精确性等。这些素质，对他以后在经济学研究中所显示出的敏锐的分析和推理能力，起了不小的作用。

可见，在李嘉图从事经济学研究之前，已经不仅是一位具有丰富金融实际经验的经济实践家，而且是一位对多门自然科学具有相当研究的博学多才的思想家。李嘉图接触《国富论》并从此开始对经济学发生兴趣，是带有偶然性的。据麦克库洛赫的记述：李嘉图曾亲口对拉姆顿说，他从来没有想到过要研究经济学，直到 1799 年的一天，在陪夫人前往索梅色郡巴茨温泉胜地养病时，在一个巡回图书馆里看到亚当·斯密的《国富论》，他翻了几页，就订购了一本，他对这本书非常欣赏，因此引起了研究政治经济学的浓厚兴趣。并且，他关于股票行情和国际汇率的知识，对他进行政治经济学研究也十分有益。此后，他逐渐开始热衷于社会上的各类学术活动，对当时人们所普遍关心的货币信用制度、谷物价格、地租和利润的关系等问题进行了探讨。

18 世纪 80 年代初，英国政治界和学术界针对银行券贬值问题和对外贸易政策问题展开了激烈的争论。当时，倡导自由贸易的《爱丁堡评论报》风靡英国，李嘉图也是该刊物的忠实读者之一。

1808 年，詹姆斯·穆勒(以下称老穆勒)出版了《商业保护论》一书，倡导自由贸易，其思想深受李嘉图赞扬，因此，两人结成莫逆之交。在与老穆勒的交往过程中，李嘉图的政治经济学思想受到巨大的启发，他的代表作《政治经济学及赋税原理》一书也是在老穆勒的鼓励和帮助下完成的。

　　李嘉图虽然在 1799 年开始对经济学产生兴趣,但他真正从事经济学研究,却是从 1809 年加入货币信用问题的争论即"金价论战"开始的。当时英国政府由于对拿破仑战争的需要,大量增发银行券,这就造成银行券兑现的困难。于是英国政府在 1797 年通过《银行限制法》,停止了银行券的兑现。从 1799 年起,英国发生了金价和物价持续但温和的上涨,以及英镑汇价下跌的现象。由于其温和性,使得一些人对其原因产生了不同看法。

　　19 世纪初期英国的金价上涨、纸币贬值、通货膨胀现象引起了李嘉图的思考。他认为,产生这些现象的原因在于银行券贬值,而银行券贬值则是由于银行券发行过多而造成的。《银行限制法》的推行加剧了这一矛盾,促使银行券进一步贬值。因此,他主张恢复银行券的无限兑现。

　　1808 年,老穆勒在《爱丁堡评论报》上发表一篇评论文章,研究银行券贬值和金价上涨问题。李嘉图不同意其观点,于 1809 年 8 月 29 日,以读者来信的形式,以《黄金的价格》为题匿名在《晨报》上发表了他的经济学处女作,进行反驳。他在文中指出,由于银行券发行数量过多,导致流通中的银行券多于实际需要的数量,致使银行券发生贬值。只要银行收回流通中多余的银行券,使银行券的供给与实际需求相匹配,金价即可维持在正常水平。

　　这篇文章引起了社会各界的强烈反应,受到一些人的猛烈攻击,托罗尔最先对该文的观点提出批判,另一位是用"银行纸币之友"作笔名的作者。李嘉图认为需要加以答辩,于是,他给《晨报》写了第二篇文章——《答"银行纸币之友"》,署名 R,在 9 月 20 日《晨报》刊出。这就引起了进一步的讨论,其中也包括"银行纸币之友"的第二篇文章。同他的第一篇文章相比,仅在语调方面更强硬,但其内容却更脆弱了。11 月 23 日《晨报》刊出了李嘉图仍署名 R 的第三篇文章——《再答"银行纸币之友"》。

　　此时,李嘉图感到有必要把自己关于通货问题的观点加以系统论述,于是在 1809 年底至 1810 年初,他撰写了《黄金的高价是银行纸币贬值的明证》的小册子,这本仅有 40 多页的论著于 1810 年初出版,后一共出了四版,且每次再版他都对相关内容进行增补。在该小册子中,他指出,货币数量的多寡是一个相对的概念。倘若一国流通中的交换媒介是金属铸币,或者是可自由兑换黄金的银行券,那么,无论货币价值如何波动,都是与别国含金量相同的金属铸币等值的。因为如果流通中的货币数量不能满足实际需求,外国的金属铸币或金块就会流入本国;反之,如果流通中的货币数量超过货币的实际需求量,本国的铸币或金块就会流出。但是,倘若一国政府发行的是不能与金币自由兑换的纸币(当时英国实际上发行的是银行券),国内市场上流通的纸币数量过多,导致金价上涨、汇率下跌。因此,他建议限制纸币发行量,并且纸币的发行必须以黄金作为担保。该小册子是他的成名之作,深得各方面重视。它的出版推动了"金价论战"进入高潮,他的名声因而大振。

在1809—1811年"金价论战"期间,针对货币流通和信用制度问题,他写了一系列文章、小册子和札记。这些论著是他步入经济学殿堂的明显标志。从一个交易所商人闯入"科学之宫"①,这就是卢森贝所谓的李嘉图一生中第三个戏剧性的场面。

李嘉图的观点受到国会议员弗朗西斯·霍尔纳的赞同,提议国会设立金块委员会,并邀请李嘉图参加,调查黄金价格上涨的原因。1810年6月8日,金块委员会向下议院提交调查报告,报告指出金价上涨的主要原因正是发行了过多的纸币。这份报告使"金价论战"进入了一个新阶段,又有许多论战性的小册子出版。

在金块委员会工作期间,李嘉图在《晨间纪事报》上发表了3篇短文,并于1810年12月发表名为《对葆桑奎的对金块委员会的报告的切实研究的答复》的小册子,反驳了葆桑奎的观点,重申自己的主张,呼吁政府限制发行银行券,要求银行券发行必须以黄金为担保。

李嘉图通过对英国银行业务情况的调查,于1815年9月出版了《发行一种经济而安全的货币的建议:附论英国银行的利润》,进一步说明银行券以金块作为担保进行自由兑换的方案,并指出英格兰银行获得了过多利润,而这些利润未分配给股东,这不利于银行健康发展。此外,他在《金块价格上涨为银行券贬值的证明》一书的附录中再次强调银行券的发行应当以黄金作为担保,建议建立金块本位制,银行券作为流通中的货币可以与金块进行兑换,而非与铸币挂钩,这种制度有利于稳定币值。

1819年,议会采纳李嘉图的建议,建立金块本位制,恢复硬币兑换,实际实行是1821年。

李嘉图《黄金的价格》一文发端,导致了一场"金价论战"。这场"金价论战"使英国经济学家在货币流通和信用问题上分为两个学派:通货学派和银行学派。通货学派主张银行券的发行要以全部金属准备为保证而以无限兑现为条件。银行学派则主张银行券的发行只要以部分金属准备为保证而以限制银行放款业务为补充。李嘉图是通货学派的首领。这场论战最后以通货学派战胜银行学派而告终。这时,李嘉图已经作为通货主义派的代表闻名于世。

李嘉图的主张成为日后皮尔提案的基础。1844年英国政府通过了《皮尔法

---

① 卢森贝:《政治经济学史》第1卷,三联书店1961年版,第382页。

案》,以立法的形式巩固了这一胜利。此后一个较长的时期内,通货学派的观点成为货币流通和信用问题上的正统思想。但在实践过程中,英国政府不止一次地被迫暂停《皮尔法案》的执行。

到1811年春天,李嘉图已被公认为是一位为硬币进行论战的杰出战士;是一位敏锐的思想家,是关于通货问题的有影响的著作家。对于他以后的思想发展来说,比由此获得的名望更重要的是他结识了当时一些知名的新闻评论家和经济学家。从此以后,他与詹姆斯·穆勒、马尔萨斯、麦克库洛赫等人①经常往来或通信。他们对李嘉图的经济研究都曾或多或少给予一定的启发或帮助。

(二)第二阶段,从参加《谷物法》辩论到出版代表作《政治经济学及赋税原理》(1813—1817)

这个阶段的经济研究,是随着1813—1817年间《谷物法》的辩论展开的。在1813年3月以前,李嘉图所关切的主要是货币问题。

1813年,英国颁布《谷物法》,限制谷物进口,这引起代表贵族地主阶级的学者和代表新兴资产阶级的学者展开了激烈的争论。李嘉图作为新兴工业资产阶级的代表,认为限制谷物进口会导致谷物价格上涨,进而引起地租和工资的上涨,最终压缩资本家的利润,而资本家的利益才真正代表一个国家的利益。

1813年因农业大丰收和1814年3月宣告和平,引起谷物价格大跌,议会将在1815年2月7日开始讨论谷物价格问题。李嘉图于1815年2月出版《论低价谷物对资本利润的影响》(以下简称《论利润》),就是由于预计到下议院将讨论新谷物法问题而发表的许多小册子之一。书中极力倡导自由贸易。并认为决定商品价值的并非市场供求状况,而是生产商品耗费的劳动时间;并指出商品的价值是一定数,因此工资、地租和利润之间是此消彼长的关系。他反对《谷物法》,认为限制谷物进口会使谷物价格上涨,从而工资和地租也随之上涨,这最终会压缩资本家的利润。可见,他的劳动价值理论和分配理论在这本小册子中已经初步形成。

1815年夏天,他考虑为《论利润》一书出一个修订本,结果却写成了体现其整个经济理论体系的巨著——《政治经济学及赋税原理》。这部主要著作所阐明的理论,可以说是《论利润》这本小册子基本观点的扩大与深化。因此,《论利润》在他经济理论体系的形成过程中,具有十分重要的地位。

李嘉图在1815年10月和11月的有关信件中,只提到这部拟定要写的著作中的主要问题是地租、利润和工资,却没有提到价值。价值问题是李嘉图在1815年12月30日给老穆勒的信中第一次作为独立论题提出来的。从此以后,

① 参见《李嘉图著作和通信集》第6卷,商务印书馆1980年版,第11—26页。

价值问题越来越使他感到苦恼。1816 年 2 月 7 日,他在写给马尔萨斯的信中说:"关于我们的老问题我还没有多想——我的困难在于要把它说得使别人心里也形成和我自己同样的一套想法——如果我能克服一些障碍,使人能洞察相对价值或者交换价值的起源和法则,这一仗我可能已经打胜了一半。"他对老穆勒说:他"简直找不出价格的规律",这困难使他苦恼了整整"两个月"才弄明白怎样解决这个问题,对此,特罗尔曾向李嘉图写信致贺。①

1816 年 10 月 14 日,李嘉图终于将他已经写好的这部主要著作的头七章草稿,寄给了老穆勒。他在信中还补充说:"现在我就要考虑赋税这一问题了。"②

自从李嘉图将他这部主要著作的第一批草稿寄出以后,就紧张地投入关于赋税问题的撰写工作;到 1816 年 11 月 17 日,已完成了他对赋税问题的论述,于是他又将这部主要著作的第二批草稿寄给了老穆勒征求意见。至此,他对自己的主要著作所完成的,只是陈述"自己的意见,而不是要反驳别人的意见"③。

在寄出有关阐述赋税问题的第二批草稿之后,李嘉图重读亚当·斯密的著作,"把那些很有利于我的特殊意见的或者完全和我的意见相反的话都摘录下来"④,他还重读了萨伊的《政治经济学概论》,以及马尔萨斯论地租与谷物问题的小册子,并记下自己的批评意见,然后就在这些摘录和记下的批评意见的基础上,于 1816 年 11、12 月间,撰写了第三批草稿即对于亚当·斯密和其他作家各种理论的评论。这最后部分的草稿,大概于 1816 年 12 月底寄出。

李嘉图写作这部主要著作的特点,是按照他"自己的思想顺序写出来,而不很研究什么顺序最容易使读者吸收到头脑里去"⑤。因此,他是在写完全部草稿后,在修改过程中,才进行编排和划分章节的。大概在 1817 年的 1、2 月间,他在基本完成了该书内容的修改、补充和章节编排以后,就分批将稿件交给出版商付印了。经过近两年的紧张劳动,他这部题名为《政治经济学及赋税原理》的巨著,于 1817 年 4 月 19 日出版,真可谓是高速度了。正如美国经济学家雅各布·霍兰德所说:"它是智慧敏捷的反映。"⑥

《政治经济学及赋税原理》共由三十二章构成。许多研究者,都感到该书的结构"非常奇特",指责它没有条理,不合逻辑。因此,有些人曾企图将它的各章

---

① 《李嘉图著作和通信集》第 1 卷,商务印书馆 1981 年版,第 27—28 页。
② 《李嘉图著作和通信集》第 1 卷,商务印书馆 1981 年版,第 28 页。
③ 《李嘉图著作和通信集》第 7 卷,商务印书馆 1982 年版,第 117 页。
④ 《李嘉图著作和通信集》第 7 卷,商务印书馆 1982 年版,第 92 页。
⑤ 《李嘉图著作和通信集》第 7 卷,商务印书馆 1982 年版,第 110 页。
⑥ 雅各布·霍兰德:《大卫·李嘉图百年评价》,商务印书馆 1979 年版,第 73 页。

重新作一个合乎逻辑的安排。① 但这种努力却都毫无结果。因为只有按照它原来的样子，才能正确理解作者思想的发展及其体系。事实上，只有从作者本人上述的创作特点，才能把握这一杰作的结构。根据作者分别写成的三批手稿，将该书划分为以下三个构成部分是合适的。

第一部分，就是前七章。这七章，已包含了李嘉图体系的全部原理，即关于政治经济学原理本身的部分。在第一章中，李嘉图不仅研究了价值问题，在第四、五、六章中所讨论的资本、工资、利润、利润率以及自然价格和市场价格的区别等问题，在第一章中也讨论到了。第七章所论述的价值规律在国际贸易中的作用，其实也是第一章所论证的价值规律作用的延伸。所以，第四、五、六、七章不过是第一章的补充和发挥。而第三章对矿山租金的论述，也只是第二章地租理论的补充。

第二部分，就是中间的十一章，即第八至十八章。这十一章，差不多占全书三分之一的篇幅，它是运用前述的原理，来专门阐明赋税问题的。他认为赋税问题"是政治经济学要讨论的一切问题中最困难、最复杂的问题"②。

第三部分，就是最后的十四章，即第十九至三十二章。这一部分，是对前面两部分中的一些主要章节所作的补充，以及对亚当·斯密、马尔萨斯、萨伊等人的理论观点所作的评论。因此，这一部分可以看作是前两部分的补篇。李嘉图在给詹姆斯·穆勒的一封信中，说自己曾考虑把这一部分称为"附录"。③

如果把李嘉图的《政治经济学及赋税原理》与亚当·斯密的《国富论》比较一下，无论文辞表达或全书的结构，都相形见绌。《国富论》一眼就能看出，它是经过多年琢磨、推敲，行文修辞很讲究，结构很严谨，章节排列的次序合乎逻辑性。而李嘉图的《政治经济学及赋税原理》在修辞方面就差一些了，结构也很松散，各章次序的排列也不一定都有必然的逻辑联系，但是，这并不影响这部著作在经济理论上所作出的伟大贡献。

李嘉图在《政治经济学及赋税原理》中阐述问题的明确性、尖锐性，所用方法的一贯性、彻底性，以及议论的精辟透彻，在经济学史上都是空前的。它以劳动价值论为基本分析前提，通过一个抽象演绎的逻辑体系，详细考察收入分配（包括政府税收）问题。

《政治经济学及赋税原理》于 1817 年 4 月问世，被视为《国民财富的性质和原因的研究》之后另一部巨著。该书探析了商品价值的来源和国民财富的分配问题。认为无论在任何社会，商品的价值都取决于生产这种商品所耗费的劳动

---

① 雅各布·霍兰德：《大卫·李嘉图百年评价》，商务印书馆 1979 年版，第 73 页。
② 引自雅各布·霍兰德：《大卫·李嘉图百年评价》，商务印书馆 1979 年版，第 89 页。
③ 《李嘉图著作和通信集》第 7 卷，商务印书馆 1982 年版，第 104 页。

量,工资、地租和利润只是商品价值被分解的各个部分,并不决定商品价值。由此,工资、地租和利润之间是一种对立的此消彼长的关系。因此,工人阶级和工业资本家、贵族地主阶级和工业资本家之间在利益上是对立的。

同年,李嘉图参加了辉格党人组织的俱乐部,俱乐部为李嘉图提供了一个与马尔萨斯以及一些重要辉格党人交流的平台。不久,李嘉图在欧洲各地旅行时,曾在法国停留,与萨伊共同讨论经济问题,并对一些问题达成一致看法。1818 年,李嘉图对《政治经济学及赋税原理》进行了修改,并于 1819 年出版了第二版。

1818 年 3 月,李嘉图加入了作为议会反对党活动中心的"布鲁克斯俱乐部"。通过俱乐部的活动,他结识了许多反对党议员,这为他以后顺利进入议会打通了人脉。

李嘉图不仅是一位金融活动家、著名的经济学家,还是一位进行议会活动的政治活动家。他于 1819 年 2 月通过花钱购买当上英国议会下院议员。[1] 在当时的英国议会里,有两个主要政党——执政的托利党和在野的辉格党。李嘉图没有参加任何政党,但他是托利党政府的反对派中代表工业资产阶级利益的激进集团中的一员。当选议员之后,他积极从事议会活动,并以激进资产阶级的代表人物出现,极力提倡自由贸易,反对《谷物法》,主张修改选举法,赞同宗教信仰自由,反对一切压制人权的法律。他在参加议会近 5 年任职期内的发言达 126 次。他对所了解的一切问题都很坦率地说出他心里的话。不仅对于通货、银行、赋税、公债、偿债基金、农业萧条、关税等问题,就是对于议会改革、节约、出版自由以及公共集会的权利等问题也是如此。一个并不是他的崇拜者曾经说过,"在议会里几乎没有人比李嘉图更有力量"[2]。在议会里,他经常提出违背其自身利益的议案。他作为一个大土地所有者,却主张不利于地主的自由贸易经济政策,主张取消谷物法;作为英国最富有的人,却主张征收财产税;尽管他从未在爱尔兰待过,却代表爱尔兰的选民,提倡有可能会剥夺自己议会席位的改革。[3] 对此,只能以他品格的高尚来加以解释。在议会任职期间,他的一切言行都依据他所推崇的信条,从不随波逐流。其言行受到英国首相庇尔的赞赏,其观点受到其他议员的认同。

(三)第三阶段(1817—1823)

李嘉图在参加议会活动的同时,为进一步完善和发展他在《政治经济学及

---

[1] E.雷·坎特伯里:《经济学简史》,中国人民大学出版社 2011 年版,第 42 页。

[2] 雅各布·霍兰德:《大卫·李嘉图百年评价》,商务印书馆 1979 年版,第 45 页。

[3] E.雷·坎特伯里:《经济学简史》,中国人民大学出版社 2011 年版,第 42 页。

赋税原理》第一版中所建立的经济理论体系而努力。他在 1819 年底就出了第二版，接着在 1821 年又出了第三版，每一版他都作了修改和补充，而对价值理论的修改和补充尤为重要，其中《论机器》的第三十一章，就是在出第三版时增写的，这是第三版中最基本的一个改变。在这一新的章节里，他收回了原先认为采用机器对社会所有各阶级都有利的看法。他的新结论是："劳工阶级认为机器的采用往往有损于他们的利益的看法并非基于成见与错误，而是符合于经济学正确原理的。"①这种结论使他的友人所感到的震惊比原理本身的改变所引起的震惊更大。

李嘉图在晚年除了从事议会活动、修订再版《政治经济学及赋税原理》外，还撰写了一系列重要经济论著并参加了许多重要学术活动。

1819 年，李嘉图为 1820 出版的《大英百科全书》撰写了《偿债基金制度》辞条，研究英国当时筹集军费和公债偿还问题，主张政府征收战时税和财产税，以筹措军费和偿还公债。

1820 年，马尔萨斯出版《政治经济学原理》，批判李嘉图《政治经济学及赋税原理》中的一些观点。于是李嘉图于 1820 年 11 月写了《马尔萨斯〈政治经济学原理〉评注》一书，批判了马尔萨斯《政治经济学原理》中的关于价值尺度、地租、资本积累、经济危机等方面的论点。

1821 年 4 月，李嘉图同老穆勒、马尔萨斯、托伦斯等人创办了"伦敦政治经济学俱乐部"，此后他经常置身于这个俱乐部，参加有关经济问题的讨论。随着对英国政治经济生活状况认识的不断加深，李嘉图又对《政治经济学及赋税原理》进行了较大的修改，于 1821 年 5 月出版了第三版。

1822 年 3 月，李嘉图出版了《论农业保护》，再次论证废除谷物法的必要性。反击支持《谷物法》的一派。文中详细分析了限制谷物进口和谷物自由贸易的利弊，指出不应限制谷物进口，倡导自由贸易。认为限制谷物进口导致谷物价格上涨，工资、地租随之抬高，而利润下降，这不利于农场主和新兴工业资产阶级。摆脱英国农业萧条的唯一途径是实行谷物自由贸易，并且为防止谷物贸易的开放使谷物大量输入、谷价骤跌，谷物贸易的开放应当在政府限制的范围内进行。该文虽篇幅不长，只有八九十页，但论点清晰，可谓是一篇难得的佳作。他还于 1822 年 4 月底向下议院提交废除《谷物法》议案，但终被否决。

1822 年 7 月，李嘉图举家前往欧洲旅行。在日内瓦他与西斯蒙第讨论有关经济问题，但彼此意见对立。

这几年里，李嘉图还与马尔萨斯、萨伊、詹姆斯·穆勒、麦克库洛赫等人有

---

① 《李嘉图著作和通信集》第 1 卷，商务印书馆 1981 年版，第 336 页。

频繁的书信往来。因此,有人认为,"这几年,李嘉图成了整个欧洲经济科学的中心"①。

1823 年 8 月,李嘉图撰写了《建立国家银行的计划》,指出银行券发行业务应当从英格兰银行中分离出来,国家专门设立国家银行组织银行券的发行,以避免发行纸币的巨额利润归英格兰银行所有。同年,他还撰写了《对布莱克〈观察〉的评论》和《绝对价值与交换价值》。《绝对价值与交换价值》是他在生命的最后几周里写的。这篇最后的论文发展了在他以前的著作中已存在但只是偶尔加以暗示的一种想法,即实际价值或绝对价值是交换价值或相对价值的基础并与之形成对照的概念,并探讨了衡量绝对价值的不变价值尺度。尽管他还没有真正把价值从交换价值中抽象出来。他指出:"如果一种东西继续在和先前完全相同的情况下产生,那么,说它的自然价格(即绝对价值)有了增加,在我看来,是一种矛盾","也许有人会问我,我所谓价值是什么意思,我用什么标准来判定一种商品价值有没有发生变动。我将答道,除了为获得这种商品而作的劳动牺牲之外,我不知道别的判定一种物品贵贱的标准"②。同时,他还区分了流动资本和固定资本的差异。他在该文中还感觉到价值规律与等量资本取得等量利润规律的矛盾问题,并企图作出满意的解释,可惜没有成功,但这毕竟是一个进步。这是他晚年投入无休止的"价值尺度论战"的一个成果。

李嘉图的经济思想,除了表现在上述经济论著中外,还散见于他在英国议会所发表的演讲词和他写给有关友人的书信中。要完整准确地把握他的经济理论体系,就必须认真研究他的全部论著、演讲和书信。由彼罗·斯拉法教授编成的十卷《李嘉图著作和通信集》,从 1951 年开始在剑桥大学出版社出版。

李嘉图早年曾患有内耳炎,1823 年 9 月初内耳炎复发并影响到脑部,经过几天痛苦,于 9 月 12 日与世长辞,终年 52 岁。

三、经济研究的方法

李嘉图认为,经济学"这门科学虽然已经由于杜尔阁、斯图亚特、斯密、萨伊、西斯蒙第等人的著作而得到了很大的改进,但这些著作对于地租、利润和工资的自然过程没有提供令人满意的资料"③。因此,他提出把分配问题作为研究的重点,他说:"确立支配这种分配的法则,乃是政治经济学的主要问题。"④他在

---

① A. B. 阿尼金:《科学的春天》,黑龙江人民出版社 1985 年版,第 278 页。
② 彼罗·斯拉法:《李嘉图著作和通信集》第 4 卷,郭大力、王亚南译,商务印书馆 1981 年版,第 375 页。
③ 《李嘉图著作和通信集》第 1 卷,商务印书馆 1981 年版,第 3 页。
④ 《李嘉图著作和通信集》第 1 卷,商务印书馆 1981 年版,第 3 页。

写给马尔萨斯的一封信中,更加强调这一点。他不同意马尔萨斯关于经济学研究财富的性质和原因的一般定义,他极力主张,经济学"应当探讨决定勤劳产品在共同制造这种产品的各阶级当中进行分配的法则"①。

当然不能说李嘉图以前的经济学家没有研究过分配问题,但是可以说,分配问题不是李嘉图前辈注意的中心,尤其重要的是,他们都没有从阶级对立的角度来研究分配问题。强调地租和利润的对立、利润和工资的对立,这是李嘉图的主要观点。他以这种观点为指导来研究经济学,扩大了经济学的研究范围。

李嘉图生活在激烈的阶级斗争气氛中。首先是工业资产阶级同贵族地主阶级为争夺国民财富的份额而进行的斗争。当时出现的情况是地租不断上涨而利润趋于下跌,而土地贵族把持的议会通过的《谷物法》更是延续和加剧了这种状况。这使他得到了两大阶级利益冲突的直观印象。他认识到财富的增长不仅在于如何影响自然,如何从自然界中取得更多的财富,还在于财富如何分配。一种分配即减少利润增加地租的分配会减少财富增长,而另一种分配即增加利润减少地租的分配则能促使财富增长,因为利润是资本积累的源泉,而资本积累是财富增长的源泉。这样,他就在分配问题的研究中提出了一个重要问题,即收入分配的各个部分为何是此消彼长的。为了回答这个问题,他对斯密关于三种收入加总决定商品价值的观点感到不满,因为它意味着一种收入比如说地租的增加将引起价值的增加但并不会引起利润的减少。他感到必须在三种收入之外找到决定商品价值的因素。他在斯密的《国富论》中找到了劳动价值论。他认为分配理论必须建立在劳动时间决定商品价值这一基础上。

李嘉图以商品价值由劳动时间决定这个命题作为研究的出发点,展开对社会收入分配现象的分析考察。他是经济学家中第一位比较彻底地运用抽象演绎方法研究经济学的人。这种方法就是把现实经济高度抽象为少数几个变量之间的关系,然后在一些自明的公理性的假设前提下,通过演绎推理,得出有关变量之间关系的结论。但他的抽象演绎方法并非脱离实际的纯智力游戏,他是密切关注现实问题、具有很强问题意识的经济学家,他运用抽象演绎方法企图解决的完全是现实中的重大问题。问题的现实性和方法的抽象性在他那里得到了完美的结合。

一些学者认为这种抽象演绎方法是他从交易所中学来的。如沃尔特·巴杰特(1826—1877)就认为:"李嘉图在那里消磨了自己的生命,并在那里达到极

① 雅各布·霍兰德:《大卫·李嘉图百年评价》,商务印书馆 1979 年版,第 124 页。

大成功的那个活动部门,是一切工业部门中最抽象的一个部门。"①俄国的米哈伊尔·伊万诺维奇·杜冈-巴拉诺夫斯基(1865—1919)曾这样问道:"这一位银行家兼交易所商人,这一位实业家,如何成了经济科学抽象方法的创始人呢?"他接着回答说:"正因为他在交易所中,他才精通了这个方法。交易所中的买空卖空是人脑可以想象的最抽象的经济活动。"②当然,李嘉图的抽象演绎方法更可能是他在研究经济学之前已经大量学习自然科学的结果,而当时自然科学的理论已经常常表现为抽象演绎的逻辑体系。

不论李嘉图的抽象演绎方法源于何处,正是这种抽象演绎方法,第一次赋予经济学以统一的逻辑体系,从以往的道德哲学中独立了出来。这也许就是李嘉图(而不是马尔萨斯)能够成为后来近半个世纪英国古典经济学领军人物的重要原因之一。从他以后,主流经济学的研究重点、基本观点虽然多有变化,但是在方法上基本一脉相承了他的抽象演绎方法,以至于进一步发展为数理方法这种高度抽象的演绎方法。可以说,亚当·斯密开创了经济学这门独立学科,而李嘉图创立了这门学科的主要研究方法和技术,有经济思想史专家甚至认为,他理论的内容不如方法被后人继承得多。③

李嘉图的抽象演绎方法,其缺点也是非常明显的。他忽略了历史归纳方法,使得经济学变得似乎只是从一些前提假设演绎出来的逻辑体系,不再需要与经验事实有多大联系。他的方法打破了亚当·斯密在《国富论》中所保持的抽象演绎法与历史归纳法之间的微妙平衡。所以在当时就受到了马尔萨斯的批评,认为这种方法所推导出来的结论往往与事实相悖,具体地说就是它无法以劳动价值论为基础解释劳动与资本之间的交换和等量资本获得等量利润的现象。

同时,李嘉图的抽象演绎方法使他忽略了历史—制度因素对于经济现象的影响,使得经济学变成一种不需要考虑历史—制度因素的,研究超历史的经济规律,类似于物理学、化学的"纯粹"科学。

看一看今天经济学的现状,就可以明白李嘉图方法的这些缺陷的不良影响有多大。当然李嘉图本人并没有把他方法的缺陷发展到非常严重的地步,问题是他诱导了以后的一些(绝非全部)经济学家沿着这个方向不断跨出越来越危险的步伐,不关注现实问题(这绝不是李嘉图的风格),只陶醉于抽象的演绎推理,形成科斯所讥讽的"黑板经济学"。因此熊彼特不客气地把他的方法称作

① 徐毓丹:《经济学说史》上册,高等教育出版社 1956 年版,第 239 页。
② 卢森贝:《政治经济学史》上册,三联书店 1961 年版,第 188 页。
③ 马克·布劳格:《经济理论的回顾》,中国人民大学出版社 2009 年版,第 104 页。[美]亨利·威廉·斯皮格尔:《经济思想的成长》上,中国社会科学出版社 1999 年版,第 292 页。

"李嘉图的恶习"①。不过考虑到熊彼特对于斯密的轻视态度,这个评价虽然有点过分,但也反映了他对英国古典经济学家的一贯态度。

第二节 价值理论

一、研究的出发点——价值由耗费的劳动时间决定

李嘉图的整个理论体系是建立在价值理论的基础上的,是以劳动价值论为基本出发点的。他的价值理论是通过批判地继承亚当·斯密的价值理论而建立的。同时,他的价值理论又为马克思所批判地继承。

李嘉图首先肯定了亚当·斯密关于区分使用价值和交换价值的观点,认为亚当·斯密把使用价值归结为"某种物品的效用"、把交换价值归结为"购买他种财货的能力",是正确的。但是,亚当·斯密断言"使用价值往往极小或完全没有"的东西,也有"极大"的交换价值,则是不正确的。在李嘉图看来,一件物品如果毫无用处,谁也不要它,当然也就不可能有交换价值。因此,他认为,交换价值必须以使用价值为前提条件。他说:"效用对于交换价值来说虽是绝对不可缺少的,但却不能成为交换价值的尺度。一种商品如果全然没有用处,或者说,如果无论从哪一方面说都无益于我们欲望的满足,那就无论怎样稀少,也无论获得时需要费多少劳动,总不会具有交换价值。"②实际上他已把使用价值看成是交换价值的物质承担者了。这一观点被马克思所继承。

李嘉图在分析了商品的使用价值和交换价值的相互关系以后,就转而研究交换价值是如何决定的问题。他首先提出:"具有效用的商品,其交换价值是从两个源泉得来的,——一个是它们的稀少性,另一个是获取时所必需的劳动量。"③从表面上看,好像他是一个二元论者,似乎商品价值是由其稀少性及生产它所耗费的必要劳动这两个因素决定的。其实不然,他没有主张同一种商品由两个因素决定,他只是将商品分为两类:一类是增加劳动并不能增加其数量的商品,这类商品的数量极有限,如古钱、古画等。另一类则是可以由劳动而无限地增加其数量的商品。他认为第一类商品的价值是由其稀少性决定的,而第二类商品则是由劳动决定的。关键的问题是:对于这两类商品,他着重研究的是哪一类商品?

---

① [美]约瑟夫·熊彼特:《经济分析史》第 2 卷,商务印书馆 1992 年版,第 147 页。
② 《李嘉图著作和通信集》第 1 卷,商务印书馆 1981 年版,第 7 页。
③ 《李嘉图著作和通信集》第 1 卷,商务印书馆 1981 年版,第 7 页。

  李嘉图认为,在市场上第一类商品的种类是不多的;绝大多数种类的商品是可以由劳动无限地增加其数量的商品。他着重研究的就是这类商品。他说:"说到商品、商品的交换价值以及规定商品相对价格的规律时,我们总是指数量可以由人类劳动增加、生产可以不受限制地进行竞争的商品。"①对于这类商品,他在《政治经济学及赋税原理》的第一章,开宗明义的第一节的标题就是:"商品的价值或其所能交换的任何另一种商品的量,取决于其生产所必需的相对劳动量,而不取决于付给这种劳动的报酬的多少"②。可见他始终坚持自己研究的出发点——商品价值由劳动时间决定的原理。

  李嘉图就是在坚持商品价值由劳动时间决定这个原理的基础上,在分析批判亚当·斯密价值理论的过程中,发展了古典经济学的劳动价值论,为马克思的劳动价值论提供了素材。

  首先,李嘉图不同意亚当·斯密将耗费劳动和购得劳动混淆起来,把它们都当作价值尺度的见解。在他看来,商品价值只能由生产商品所耗费的劳动决定,并认为价值量的大小同这种劳动量成正比。他在批判斯密关于购得劳动决定商品价值的同时,提出了坚持耗费劳动决定商品价值的重大意义。他说:"除开不能由人类劳动力增加的东西以外,这一点实际上是一切东西的交换价值的基础。这是政治经济学上一个极端重要的学说。因为在这门科学中,造成错误和分歧意见最多的,莫过于有关价值一词的含糊观念。"③

  其次,李嘉图不同意亚当·斯密关于资本出现和土地成为私有财产以后,商品价值不是由劳动而是由三种收入决定的观点。他虽然也同意在资本主义社会商品的价值可以分解为工资、利润和地租三种收入,但不同意斯密关于价值就由这三种收入加总决定的观点。他始终坚持商品的价值由劳动时间决定这个出发点。他认为,工资、利润和地租只是产品价值的分割,它们相互之间处于对立地位,但它们并不影响商品价值。如果工资影响商品价值的话,那么,某种产业部门的工资上涨(亦即利润下降)会引起这一产业部门的产品价值增加,同样地,另一种产业部门工资上涨也会引起该生产部门的产品价值增大。可是如果各种产业部门都因本部门的工资上涨而提高它们产品的价值,最终结果等于商品价值没有提高。因为在他看来,价值就是交换价值,也就是商品的交换比率,各种商品因工资上涨而提高其价值,那么种种商品的交换比率还是与工资没有上涨,利润没有降低以前相同。所以,工资和利润的变动绝不会影响商品的价值。关于地租,他认为地租只是两笔或两笔以上相等数量的资本和相当

---

① 《李嘉图著作和通信集》第 1 卷,商务印书馆 1981 年版,第 8 页。
② 《李嘉图著作和通信集》第 1 卷,商务印书馆 1981 年版,第 7 页。
③ 《李嘉图著作和通信集》第 1 卷,商务印书馆 1981 年版,第 9 页。

数量的劳动投在不同质量的土地上面所得产品的差额,它是农产品价格上涨的结果。因此,地租不可能影响商品的价值。正如"人们曾经正确地指出,即使地主放弃全部地租,谷物价格也不会降低"①。由此他得出结论说:在资本主义社会里,"商品的交换价值与投在它们生产上的劳动成比例"这个原理,仍然"是正确的","如果我们看一看更为进步的、工商业都很繁盛的社会情况,便会发现商品价值仍然是根据这一原理而变动的"②。把工资、利润和地租看成是商品价值的分割,它们来自商品价值,相互之间存在此消彼长的关系,因此工资、利润和地租三项之间任何一项的变动都不会影响商品的价值,只是引起另外两项或者一项的反向变化。这是李嘉图的价值论与亚当·斯密的价值论的一个重大差别,也是深为马克思所赞赏并继承的观点。

二、创造价值的劳动和商品价值量的确定

关于创造商品价值的劳动问题,是整个古典经济学所探讨的基本论题。从威廉·配第以来的古典经济学家,差不多都感到,创造价值的劳动,并不直接就是生产该商品的劳动。威廉·配第由于没有完全摆脱重商主义的影响,因此把创造价值的劳动与生产其他商品劳动的区别,就看作是开采白银的劳动与生产其他商品劳动的区别。李嘉图彻底摆脱重商主义的影响,已看不到生产金属货币的劳动与生产其他商品的劳动有什么区别了,他不管劳动有什么具体形态,都把它归结到劳动时间上。因此,他虽然没有发现"体现在商品中的劳动二重性",但已替这种发现扫清了道路。马克思正是在他的这一观点的基础上提炼出抽象劳动形成价值的观点。

李嘉图仅仅从量的方面来研究考察创造价值的劳动。对于简单劳动和复杂劳动的区别,也只归结为量的区别。他说:"各种不同性质的劳动的估价很快就会在市场上得到十分准确的调整,并且主要取决于劳动者的相对熟练程度和所完成的劳动的强度。估价的尺度一经形成,就很少发生变动。如果宝石匠一天的劳动比普通劳动者一天的劳动价值更大,那是许久以前已经作了这样的调整,而且它的价值尺度上也已被安放在适当的位置上了。"③这里他已看到在同等时间内复杂劳动所创造的价值,大于简单劳动所创造的价值。他关于复杂劳动和简单劳动的观点,被马克思所接受。但是他们都没有仔细分析复杂劳动折算成简单劳动的比例和机制。

李嘉图认为,决定商品价值的不仅是生产时直接耗费的劳动,还有间接耗

① 《李嘉图著作和通信集》第 1 卷,商务印书馆 1981 年版,第 61 页。
② 《李嘉图著作和通信集》第 1 卷,商务印书馆 1981 年版,第 19 页。
③ 《李嘉图著作和通信集》第 1 卷,商务印书馆 1981 年版,第 15—16 页。

费的劳动。他说:"没有某种武器,就不能捕猎海狸和野鹿。"①因此,海狸和野鹿这类野物的价值,就不只是由捕猎所花费的直接劳动决定,而且还必须包括制造捕猎武器所花费的间接劳动来决定。他指出直接劳动和间接劳动在价值形成上的不同作用,认为能够创造新价值的只是直接劳动,而间接劳动不过是把原有的旧价值转移到新生产出来的商品上去而已。关于价值转移,他指出,如果耗费在生产资料上的劳动较多,则在其他条件相同的情况下,转移到利用这种生产资料所制成的商品上去的价值也必然较多;如果某种生产资料使用的时期较长,则转移到产品上的价值就比较少。他这些关于直接劳动和间接劳动在价值形成上具有不同作用的观点,被马克思所接受。

李嘉图认为决定商品价值的劳动,并非个别生产者在生产商品时实际所耗费的劳动,而是必要劳动。他所说的必要劳动,并不是指商品生产社会中,具有中等生产条件的一般熟练程度的生产者,在普通劳动强度下,生产每单位商品所耗费的抽象劳动,而是指在最不利的条件下,生产每单位商品所耗费的最大劳动。这一观点说明他在分析商品价值量时,已考虑到需求因素的影响了。因为他所说的最不利条件,用现代西方经济学的语言来说,也就是受需求限制的边际生产条件。在他看来,一个单位商品的价值量在需求既定的前提下,由该商品的边际生产条件中所耗费的劳动量确定。从这种观点出发,他推导出一个重要结论,即"劳动工资的变动不可能使这些商品的相对价值发生任何变动"②。马克思接受了他关于价值由必要劳动决定的观点,但是对于必要劳动的含义作了不同于他的规定,提出社会必要劳动决定价值的论点。

李嘉图分析了引起单位商品价值量变动的因素:"如果体现在商品中的劳动量规定商品的交换价值,那么,劳动量每有增加,就一定会使在其上施加劳动的商品的价值增加,劳动量每有减少,也一定会使之减少。"③他还指出:"这些商品不断涨价的最高限度是与其生产所需的劳动追加量成比例的。除非是生产所需的劳动增加,否则它们就不会有任何程度的上涨。"④把价值量的增加归结为所费劳动量的增加后,就可考察价值量变动的另一种情况——随着劳动生产率的提高单位商品价值的下降运动。他写道:"劳动使用的节约必然会使商品的相对价值下降,无论这种节约是发生在制造这种商品本身所需的劳动方面,还是发生在构造协助生产这种商品的资本所需的劳动方面。"⑤他还进一步指

---

① 《李嘉图著作和通信集》第 1 卷,商务印书馆 1981 年版,第 18 页。
② 《李嘉图著作和通信集》第 1 卷,商务印书馆 1981 年版,第 22 页。
③ 《李嘉图著作和通信集》第 1 卷,商务印书馆 1981 年版,第 9 页。
④ 《李嘉图著作和通信集》第 1 卷,商务印书馆 1981 年版,第 23 页。
⑤ 《李嘉图著作和通信集》第 1 卷,商务印书馆 1981 年版,第 20 页。

出,劳动生产率的提高,不仅会降低现时商品的价值,而且会降低过去生产出来的同种商品的价值,当然,后者是在更困难的条件下生产的。但是,从各种商品价值的长期变动趋势来看,在财富和人口增加的情况下,其他商品的价值会不断下降,而农产品的价值却会提高。① 他这些关于单位商品价值量变化规律的观点为马克思所接受。

三、价值和交换价值的区分

在李嘉图的著作中,对价值和交换价值这两个概念的使用,是相当混乱的。一般说来,他用价值、绝对价值、实际价值等术语来表示价值概念;用交换价值、相对价值、比较价值等术语来表示交换价值概念。尽管他所使用的概念、术语混乱,但从他所表示的基本思想来看,他是知道价值和交换价值的区别的。他已认识到,一个商品的价值,是由生产这个商品所耗费的劳动所决定的,价值是包含在这个商品内的劳动时间的表现。而交换价值则是两个商品相交换的量的关系的表现。这就是说,一个商品的交换价值,可以随着生产这个商品所耗费劳动的变化而变化,又可随着与这个商品相交换的其他商品在生产时所耗费劳动的变化而变化,也可以随着上述两种情况的同时变化而变化,但在这两种情况发生同方向同速度的变化时,这个商品的交换价值却是不变的。

李嘉图曾举了这样一个例子来说明交换价值的变化情况。他说,假定一件上衣原来只能交换四顶帽子,现在却可以交换五顶,因此,上衣的交换价值变化了。这种变化可以由上衣的价值增加而发生,也可以由帽子的价值减少而发生,或者是由上衣的价值稍有增加和帽子的价值稍有减少而发生。假如上衣和帽子的价值都增加四分之一,或者都减少五分之一,这样,它们的价值虽然都发生了变化,但它们的交换价值却仍旧没有变,一件上衣还是和四顶帽子相交换。② 可见他已基本划清了价值和交换价值的区别。这也是他进一步发展其前辈价值论的表现。威廉·配第还没有把价值和价格分开,亚当·斯密虽已把价值从价格中抽象出来,已在价值的货币表现以外考察交换价值,但由于他认为简单商品生产中生产这个商品所耗费的劳动和用这个商品所能购买到的劳动相等同,从而也就把价值和交换价值混起来了。而李嘉图由于没有混淆耗费劳动和购买劳动的区别,因而他基本上划清了价值和交换价值的区别。

四、价值规律与等量资本获取等量利润这一现实的矛盾

李嘉图认为商品的价值只是由生产商品时所耗费的劳动量决定。这种劳

① 《李嘉图著作和通信集》第 1 卷,商务印书馆 1981 年版,第 77 页。
② 参见米克:《劳动价值学说的研究》,商务印书馆 1979 年版,第 123 页。

动价值论的重要推论就是同样的劳动量只能生产同样的价值,同时工资的增减只会相应地引起利润的减增,绝不会使商品价值发生变化。但是这种劳动价值论与现实社会中雇用不等量劳动的等量资本获取等量利润这一现象产生了他无法解决的矛盾。他不得不承认,由于资本的耐久性和固定资本与流动资本的比例不同,劳动时间决定价值量的原理需要进行修正。他的《政治经济学及赋税原理》第一章第四节的标题就是这样的,"投在商品生产中的劳动量决定商品相对价值的原理,因使用机器及其耐久资本而有了很大的变更"。他承认工资变动不会影响商品价值的论断似乎只适用于如下的假定:各生产部门的资本都花费在雇用工人上,或各个生产部门的资本构成都是相同的。如果各个生产部门的资本构成有差别,那么工资的变动似乎也会影响商品的价值。[1] 并且工资上涨对于各种商品的影响并非都一样,劳动密集型的商品相对价值提高,而资本密集型的商品相对价格降低。这种现象被后人称作李嘉图效应。[2]

李嘉图承认工资变动对于各种商品价值的影响是不同的,这就宣告了价值由耗费劳动决定并非只有个别"例外"。事实上,在资本主义机器大工业时代,各生产部门的资本构成的不同,乃是普通的经常现象。马尔萨斯切中要害地指出:"李嘉图先生自己也承认他的法则有相当多的例外,……如果我们研究一下,……就会发现其为数之多,使得该法则可以看成是例外,而例外倒成为法则了。"[3]对于马尔萨斯的攻击,李嘉图回答说:"马尔萨斯表明,事实上商品的交换价值并不是恰恰同生产这些商品所耗费的劳动成正比,这一点我不但现在承认,而且从来不曾否认过。"[4]1820 年 10 月 9 日,他写信给马尔萨斯:"你说我所说的,除少数例外而外,商品上所耗用的劳动量决定其互相交换的比例这一命题根据不足,我承认它并不是完全正确的,但是我认为,作为衡量相对价值的标准来说,就我所知,它最接近于真理。"1823 年 1 月 25 日,当他还在埋头钻研绝对价值标准这一问题时,在写给麦克库洛赫的信中又说:"我完全相信,在把实现在商品中的劳动量规定为决定商品相对价值的标准方面,我们所走的道路是正确的。"[5]

为了前后一贯地坚持所耗费的劳动时间决定价值量的原理,李嘉图宣称工资和利润对商品相对价值的影响,比起劳动对商品价值的决定来说,只居次要地位。他说:"商品价值变动的这一原因(指工资与利润的变动——引者)的影

---

[1]　参见《李嘉图著作和通信集》第 1 卷,商务印书馆 1981 年版,第 23—24 页。
[2]　马克·布劳格:《经济理论的回顾》,中国人民大学出版社 2009 年版,第 72 页。
[3]　马尔萨斯:《政治经济学定义》,商务印书馆 1962 年版,第 13 页。
[4]　米克:《劳动价值学说的研究》,商务印书馆 1979 年版,第 116 页。
[5]　《李嘉图著作和通信集》第 1 卷,商务印书馆 1981 年版,剑桥版编者序言,第 50 页。

响是比较小的。……工资上涨对商品相对价格的最大影响不能超过百分之六或百分之七,因为利润在任何情况下都不能有超过这个限度的普遍和持久的跌落。"①"使商品价值发生变动的另一个主要原因——生产商品所需的劳动量的增减——情形却不是这样。……因此,在研究商品价值变动的原因时,完全不考虑劳动价值涨落所发生的影响固然是错误,但过于重视它也同样是错误的。所以在本书以后各部分中,虽然我有时提到这一引起变动的原因,但我总认为商品相对价值的一切巨大变动都是由于生产所必需的劳动量时有所增减而引起的。"②为此,乔治·施蒂格勒(1911—1991)戏称李嘉图是 93%的劳动价值论。③

价值由耗费劳动量决定与等量资本获取等量利润现象之间的矛盾,是李嘉图的劳动价值论及其整个经济理论体系的根本矛盾之一。正是由于这个矛盾,使得马尔萨斯反对他所采用的抽象演绎方法。李嘉图一直希望通过寻找不变的价值尺度或者说绝对价值来解决这一矛盾,直至去世。而这个寻找不变价值尺度的研究方向在 100 多年以后被斯拉法所继续,并得到一定的成果。这个矛盾也激发了马克思的巨大研究热忱,在坚持劳动价值论的基础上,通过提出"生产价格"这一概念来消除这个矛盾。但是马克思的研究同样遗留下一个逻辑上的问题,即价值转形问题。

第三节　分配理论

一、引　言

如果说价值理论是李嘉图理论体系的基础,那么分配理论在他的经济理论体系中占有核心的地位,价值理论是他分配理论的基础,赋税原理则是他探讨赋税对社会各阶级收入的影响。他把分配问题作为研究的中心,这不是偶然的。他生活在工业革命迅速发展的机器大工业时期,当时资本积累的规模依存于利润的大小,已成为愈来愈明显的事实。因此,工业资产阶级要求社会纯收入的绝大部分由利润构成,而不是由地租构成。于是工业资产阶级和贵族地主阶级之间,为争夺社会纯收入的份额而展开了激烈的斗争。他的经济理论体系

①　《李嘉图著作和通信集》第 1 卷,商务印书馆 1981 年版,第 28 页。
②　《李嘉图著作和通信集》第 1 卷,商务印书馆 1981 年版,第 28—29 页。
③　[美]哈里·兰德雷斯、大卫·C.柯南德尔:《经济思想史》,人民邮电出版社 2011 年版,第 143 页。

就是以这场斗争为背景而建立起来的。

李嘉图的所谓分配问题,就是指"全部土地产品在地租、利润和工资的名义下,……在土地所有者,耕种所需的资本的所有者以及进行耕种工作的劳动者这三个社会阶级之间进行分配"①。在分配问题上,他最关心研究的是以下两个问题:(1)地租、工资和利润在量上是怎样规定的?(2)这些经济范畴之间有什么关系?

关于第一个问题,李嘉图是这样解决的:地租是对农产品价值的一种扣除,它是由耕种优等和中等土地而产生的;工资则是由维持工人及其家属所必要的生活资料的价值决定的;利润是指由工人所生产的商品价值中支付工资以后的余额。

关于第二个问题的解决,则是以对第一个问题的见解为基础的。从劳动价值论出发,李嘉图认为工资的增减基本不会影响商品的价值,但会引起利润发生相反的变化。这就是说,他已经看到了工资和利润、劳动和资本之间的对立。他认为地租的变化并不直接影响工资和利润,因为地租是优等和中等土地的生产物价值大于劣等土地生产物价值的结果,而在优劣不同的土地生产物价值中,则都包含着工资和利润;但是,他又认为由于社会的发展和人口的增加,再劣等的土地也必须耕种,在这种情形下,地租增加了,实际工资虽然不变,而货币工资则由于农产品价值的增大而提高,利润就因而减低,从而,他看到了地租和利润的矛盾,地主和实业家之间的对立。他还论证了贵族地主阶级的利益不仅是和产业资产阶级的利益对立,而且是和全社会的利益对立;从而把资产阶级和贵族地主阶级在《谷物法》等具体问题上的斗争提到了理论高度,为资产阶级反对贵族地主阶级的斗争提供了理论武器。所以,在论述的次序上,他首先论证了地租。他指出,不首先阐明地租,"就不能理解财富增进对利润与工资的影响,也不能令人满意地探索赋税对社会不同阶级的影响;当课税商品是直接从地面上取得的产品时,情形尤其如此。我认为,亚当·斯密以及我所提到的其他名家由于对地租的原理没有正确的观点,所以忽视了许多唯有在彻底理解地租问题之后才能发现的重要真理"②。

二、地租理论

经济学家很早就对地租问题进行了研究。不过,威廉·配第和魁奈并没有真正建立起系统的地租理论。亚当·斯密虽然考虑了地租,但是没有建立起完

---

① 《李嘉图著作和通信集》第 1 卷,商务印书馆 1981 年版,第 3 页。

② 《李嘉图著作和通信集》第 1 卷,商务印书馆 1981 年版,第 3 页。

整统一的地租理论。李嘉图却始终一贯地从他的劳动价值论出发,建立了比较完整的地租理论。

在地租理论上,李嘉图最接近的前辈是农场经营主詹姆斯·安德森(1739—1808),他在 18 世纪 70 年代曾提出过级差地租的一些重要命题。例如,地租并不取决于土地的绝对肥沃程度,只有在耕种各种肥沃程度不同的土地的时候,才能得到地租;社会所需的粮食和原料,单凭优等土地生产物供给是不够;全部农产品的价格是由耕种劣等土地的条件决定的;同量资本投于肥沃程度不同的土地所得的结果不同,高于劣等地产量的土地,便能提供剩余利润;由于农业资本家之间竞争的结果,剩余利润就以地租的名义,全部落在地主的手中。按照安德森的观点,地租的存在是同价值规律相矛盾的。在他看来,上、中、下三块土地上所耗费的劳动相等,但上、中两块土地提供地租,劣等土地则不提供,而地租又是代表价值的,那岂不是没有劳动也能创造价值吗? 这样,就在古典经济学面前摆着一个难题:地租的存在与价值规律是否矛盾? 李嘉图论证了地租的存在非但不与价值规律相矛盾,而且正是以价值规律为基础的。他认为价值规律也就是地租形成的规律。

李嘉图完全同意安德森的观点,即地租不是土地绝对肥沃的结果,而是相对肥沃的结果。他认为地租的产生,不是由于大自然的恩赐,而是由于大自然的吝啬:所有的土地并不是同样的肥沃,而社会却非耕种贫瘠的土地不可。因此,他认为,农产品的价值和工业品的价值一样,并不是取决于优等或中等生产条件下所耗费的劳动,而是取决于耕种劣等土地所耗费的劳动。由于社会非使用劣等土地不可,因此,耕种劣等土地所需的劳动,就成为决定农产品的社会必要的劳动。正如工业资本家按照价值出售工业品,能够得到平均利润一样,租种劣等土地的农业资本家,按照价值出售其农产品,也能得到平均利润。这样,租种优等土地或中等土地的农业资本家就能得到超额利润,但由于订立租赁土地契约时的相互竞争,这些超额利润就会以地租的名义交给土地所有者。由此他就得出了地租的存在并不与劳动价值论相矛盾的结论。

李嘉图在劳动价值论的基础上,首先考察级差地租第一形态,即由于土地的优劣和位置的远近不同,使用等量资本和劳动具有不同的劳动生产率而产生的地租。他认为,这种地租的产生,是同先耕种优等地后耕种劣等地的顺序联系在一起的。在他看来,地租的存在不是农产品价格上涨的原因,而是农产品价格上涨的结果。他说:"农产品的相对价值之所以上升,只是因为所获产品的最后一部分在生产中使用了更多的劳动,而不是因为对地主支付了地租。谷物的价值是由在不支付地租的那一等土地上,或用不支付地租的那一份资本进行生产时所投下的劳动量所决定的。谷物价格高昂不是因为支付了地租,相反地,支付地租倒是因为谷物昂贵。……即使地主放弃全部地租,谷物价格也不会降低。"①

从这个观点出发,李嘉图否定了亚当·斯密把地租说成是价值源泉之一的观点。他指出,按照亚当·斯密三种收入决定价值的观点,那就要得出各阶级的收入愈大商品的价值就会愈高的荒唐结论。在这个问题上,他不仅坚持了劳动价值论,而且还论证了贵族、地主阶级从谷物价格的上涨中不劳而获地得到了更多的好处。因此,他认为,理解地租不是谷物价值的构成部分这个原理,"对于经济学说来是极为重要的"②。

同时李嘉图还批判了亚当·斯密关于农业由于自然力的作用因而劳动生产力比工业高的见解。他责问亚当·斯密:"在制造业中,自然没有替人做什么吗?那些推动机器帮助航运的风力和水力不能算数吗?那些使我们能够推动极笨重的机器的空气压力和蒸汽伸缩力不是自然的赐与吗?"③在他看来,农业中的劳动与工业中的劳动没有什么不同,他确信地租是工人劳动所创造的价值的一部分。

李嘉图还考察了级差地租第二形态,即由于在同一块土地上追加同量资本和劳动具有不同的劳动生产率而产生的地租。他认为,在同一块土地上追加投入同量的资本和劳动,产量总是以递减的比例增加,即存在土地报酬递减法则。地租就是由于土地报酬递减法则而产生的。

李嘉图还从土地报酬递减和人口增长等"自然因素"中寻找地租与利润对立的根源。他认为,随着人口的增长,人们对农产品的需求就随之增加,而由于在原有土地连续追加投资的收获量递减,就必须耕种越来越劣的土地。由于越来越劣的土地被耕种,就会使农产品的价格越来越提高。农产品价格越来越提高,地租就会越来越增加。农产品价格越来越提高,就意味着工人生活必需品的价格越来越提高,从而造成工人的名义工资越来越提高。由于地租、工资、利润都是工人所创造的价值的构成部分,地租因农产品价格上涨而提高,名义工资也因农产品价格上涨而提高,因此,利润就必然减少。于是,通过工资这个环节,地租就与利润对立起来了。

李嘉图认为,随着社会的发展,工人阶级的利益没有影响,因为他们的名义工资虽然提高了,实际工资却不会变化。可是地主阶级随着社会的发展却会得到越来越多的利益。而资产阶级所获得的利润正是由于地租和名义工资的提高而降低。因为社会的农业总产品,在一定时期内,是一个定量。在这个一定

① 《李嘉图著作和通信集》第1卷,商务印书馆1981年版,第61页。
② 《李嘉图著作和通信集》第1卷,商务印书馆1981年版,第64页。
③ 《李嘉图著作和通信集》第1卷,商务印书馆1981年版,第63页。

量的分配中,既然地租在产品的份额上和产品的价值上所占的部分越来越多,那么,留下可供劳动和资本分配的份额就必然越来越少。他就是以此来论证地主阶级的利益和劳动与资本的共同利益是对立的。他在谈到农产品价格上涨与社会各阶级利益的关系时说:"除了地主以外,一切阶级都将因为谷物腾贵而受损失。"[①]

李嘉图认为,农产品价格的上涨和利润的下降是一种"自然趋势"[②],这本来是用不着由地主阶级负责的;但是当时代表贵族地主阶级利益的英国政府所实行的《谷物法》,人为助长农产品价格的上涨,造成地租提高,利润下降,影响到社会各阶层的利益。因此必须取消这种《谷物法》,允许谷物自由进口,使谷物价格下降,以压低名义工资,提高利润。这种观点表明,他的地租理论为资产阶级反对维护地主阶级利益的《谷物法》提供了理论武器。

李嘉图认为,地租的增长会使利润下降,减少资本积累,从而阻碍社会经济的发展。后来他的一些信徒(如穆勒父子、亨利·乔治等),根据他的这种观点,提出了地租归国家掌握以代替捐税的要求。

李嘉图虽然以劳动价值论为基础论证了级差地租如何形成,但没有说明绝对地租如何形成。他非但没有论证绝对地租的形成,而且还否认绝对地租的存在。

三、工资理论

李嘉图的工资理论包括对于工资的性质的看法和工资率的决定机制的看法。

首先,从质上看,李嘉图认为工资是劳动的价值或价格,这种观点在他的劳动价值论的基础上,将导致利润的存在与等价交换规律的矛盾。如果工资是劳动的价值或价格,资本与劳动之间的交换又按照等价交换规律进行,那就无法说明利润的产生;如果认为利润是工人劳动所生产的价值的一部分,那么,资本与劳动之间的交换,显然是资本家用比较少的价值交换比较多的劳动价值,这样等价交换规律就被破坏了。这个矛盾是他的经济理论体系的另一个根本矛盾。正是这个矛盾,促使马克思以劳动价值论为基础发展出了他的剩余价值理论。

第二,关于工资率的决定,李嘉图的工资理论,主要包括以下两个方面:

(1)关于决定工资数量的基础。在李嘉图看来,劳动也是一种商品,它"像

---

① 《李嘉图著作和通信集》第 1 卷,商务印书馆 1981 年版,第 287 页。
② 《李嘉图著作和通信集》第 1 卷,商务印书馆 1981 年版,第 101 页。

其他一切可以买卖并且可以在数量上增加或减少的物品一样,具有自然价格与市场价格。劳动的自然价格是让劳动者大体上能够生活下去并不增不减地延续其后裔所必需的价格"。他断言:"劳动者维持自身生活以及供养保持其人数不变的家庭的能力,不取决于他作为工资所能得到的货币量,而取决于用这一笔货币所能购得的食物和必需品量,以及由于习惯而成为必不可缺的享用品量。因此,劳动的自然价格便取决于劳动者维持其自身与其家庭所需的食物、必需品和享用品的价格。食物和必需品涨价,劳动的自然价格也会上涨,这些东西跌价,劳动的自然价格也会跌落。"①这里他把劳动的价值,看作就是工人的劳动所能换到的工资,它由工人的生活必需品价值决定,并认为供求关系会使劳动的市场价格与工人的生活必需品价值趋于一致。

(2)关于工资变动的规律。在李嘉图看来,劳动和其他商品一样,也有自然价格和市场价格之分。劳动的自然价格已如上述;而劳动的市场价格就是工人实际获得的工资。他认为,劳动的市场价格如同其他商品的市场价格以其自然价格为中心一样,也是依劳动的自然价格为中心,随着劳动的供求变化而上下波动的。他认为劳动的市场价格,不能长久高于或者低于自然价格。在他看来,工人人数增加的快慢,是随着工资的高低而变化的,而工人人数的增减,又会引起劳动供求关系的变化,结果就会使劳动的市场价格和自然价格趋于一致。因此他认为,工人人数的增减是工人工资变动的原因。这个观点忽略了资本对劳动者的需求变动对于工资的影响。

李嘉图认为资本主义社会的实际工资有下降的趋势,他说:"在社会的自然发展中,劳动工资就其受供求关系调节的范围而言,将有下降的倾向。"②

从总体来看,李嘉图的工资理论在解释长期工资水平时是以马尔萨斯人口理论为基础的维生工资论,而在解释短期工资水平时是一种基于供求分析的工资基金论,即短期工资率等于短期中既定的工资基金(它反映对工人的需求)除以工人人数(它反映工人的供给)。

四、利润理论

在利润理论上,李嘉图进一步发展了他前辈的观点。威廉·配第和魁奈没有把利润作为一个独立的经济范畴来研究。亚当·斯密有时把利润看作是生产费用的一部分,有时又把利润看作是劳动生产物中的扣除部分。李嘉图则始终坚持以劳动价值论为基础来说明利润,认为工人以工资形式所得到的只不过

---

① 《李嘉图著作和通信集》第1卷,商务印书馆1981年版,第77页。
② 《李嘉图著作和通信集》第1卷,商务印书馆1981年版,第84页。

是他们在劳动过程中所创造的价值的一部分,其余部分的价值被资本家占有而成为利润。他说:"商品的全部价值只分成两部分:一部分构成资本利润,另一部分构成劳动工资。"①

李嘉图还以劳动价值论为基础确立了利润量变化的规律。马克思对李嘉图发现并确立的利润量变化规律,曾在《资本论》第一卷第十五章中,概括为如下三点:第一,无论劳动生产率怎样变化,从而无论生产物数量和单个生产物价值怎样变化,大小一定的工作日总是创造相同的价值。第二,工资和利润按相反方向发生变化,引起这种变化的最终原因,是生活必需品生产的劳动生产率变动。劳动生产率提高时,生活必需品价值下降,工资跟着下降,于是利润增加;相反,劳动生产率下降时,生活必需品价值上涨,工资跟着上涨,于是利润减少。第三,因为劳动生产率的变动先影响工资,再影响利润,所以工资的变化是原因,利润的变化是结果。马克思在作了上述概括以后指出:"李嘉图第一个严密地表述了上述三个规律。"②李嘉图所确立的这种利润量变化规律,表明工资和利润是按反方向变化的,从而表明工人阶级与资本家阶级之间根本利益的对立。

李嘉图在考虑利润量变化的规律时,还分析了利润的平均化倾向和利润率下降的趋势。他认为,在资本自由移动的情况下,每个资本家为了追求高额利润而互相竞争,竞争的结果,就使得利润趋向平均。他还认为,个别资本由于生产技术的改良以及其他方法,可能会得到较多利润,但是在资本的自由竞争之下,这种超额利润是保不住的。利润率的平均化是资本运动的必然结果。他说:"不同行业中的利润有彼此一致、进退与共的趋势。"③

李嘉图认为,社会发展、人口增加,引起谷物需要增大,谷物价格上升,工资上涨,从而造成利润率下降的倾向。不仅如此,他还进一步认识到,由于谷物价格上升,资本品也随之涨价,然而利润却是继续下降的,因此利润率将更加降低。在他看来,谷物价格上涨,工资上升,利润下降只对地主有利,因为工资上升只是货币工资上升,而工人的实际工资反而下降。他说:"工资之所以会增加,是因为随着资本的增加,所雇用的劳动者将成比例地增加;并且每个劳动者将得到更多的货币工资。不过前面已经说过,劳动者的生活状况将会恶化,因为他们在一国的产品量中所能支配的份额减小了。真正得到利益的只有地主。他们会得到更高的地租,这是因为:第一,产品将具有更高的价值;第二,他们在

① 《李嘉图著作和通信集》第 1 卷,商务印书馆 1981 年版,第 92 页。
② 《马克思恩格斯全集》第 23 卷,人民出版社 1972 年版,第 571 页。
③ 《李嘉图著作和通信集》第 1 卷,商务印书馆 1981 年版,第 109 页。

这种产品中所占的比例将大大增加。"①这样,他从利润率下降的趋势中,阐明了地主的利益既与资本家的利益对立,又与工人阶级的利益对立。而且他还认为,地主阶级的利益同整个社会的利益都是对立的。因为伴随着地租上升而引起的利润下降,将妨碍资本积累和财富增加,阻碍社会进步。

马克思认为,李嘉图的这种观点是符合资本主义社会的实际的,因而是正确的,无论从实际方面或历史方面来说都是对的。② 可见李嘉图关于工资与利润对立,利润与地租对立,工资、利润与地租对立的这种论证,为马克思的阶级斗争学说奠定了初步的基础。

附 录

李嘉图分配理论的现代解读③

为了更清晰地了解李嘉图的分配理论,当代经济学家从他的论著中概括总结出一个"谷物模型",运用现代的经济学表达方式来解说他的分配理论。

"谷物模型"首先包括九项假设前提:(1)劳动价值论;(2)货币中性;(3)劳动与资本之间的固定技术系数;(4)制造业收益不变、农业收益递减;(5)充分就业;(6)完全竞争;(7)经济人假设;(8)马尔萨斯人口论;(9)工资基金论。

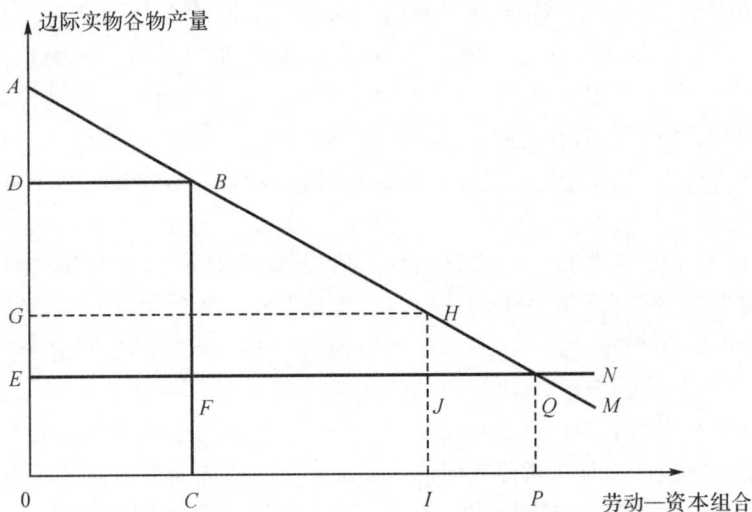

---

① 《李嘉图著作和通信集》第 1 卷,商务印书馆 1981 年版,第 106 页。
② 参阅《马克思恩格斯全集》第 26 卷 II,人民出版社 1973 年版,第 262 页。
③ [美]哈里·兰德雷斯、大卫·C.柯南德尔:《经济思想史》,人民邮电出版社 2011 年版,第 128—129 页。

"谷物模型"可以用以上图形加以说明。图中横轴代表固定技术系数的劳动—资本组合,纵轴代表边际实物谷物产量,斜线 *ABHM* 表示边际实物谷物产量随劳动—资本组合的增加而递减。水平线 *EN* 代表由马尔萨斯人口论所决定的均衡的不变的工资水平。假设初始的劳动—资本组合数量为 0*C*,则总的谷物产量由梯形面积 *ABC*0 所表示,其中矩形 *EFC*0 表示工资总量,由于每一份劳动—资本组合都要有相同的利润,同时劳动—资本组合的边际收益递减,因此矩形 *DBFE* 表示总利润,三角形 *ABD* 表示总地租。现假设由于人口增加,谷物需要量增加,需要投入更多劳动—资本组合(0*I*)来生产谷物,于是总工资现在由矩形 *EJI*0 表示,总利润由矩形 *GHJE* 表示,总地租由三角形 *AHG* 表示,表明利润减少而地租增加。如果人口进一步增加,社会需要投入谷物生产的劳动——资本组合为 0*P*,于是总工资将由矩形 *EQP*0 表示,地租将由三角形 *AQE* 表示,利润将为零。

整个图形表达了由于土地收益递减、人口增加最终将导致地租上升、利润趋零,从而资本积累以及财富增加将趋于停顿。它描绘了一幅人类社会悲惨的前景。所以英国历史学家卡莱尔把经济学称作"沉闷的科学"①。

第四节　货币理论

李嘉图在其价值论基础上,探讨了分配规律这个经济学的主题以后,就进而阐明货币及国际贸易理论。这个理论是李嘉图价值论和分配论的直接延伸和运用,在西方经济思想史上产生了重大影响。相反,李嘉图倾注了主要精力的价值论和分配论已经不再被认为是他对经济学的主要贡献了。

李嘉图是通过研究通货问题而走上政治经济学舞台的。当时英国的货币制度是金本位制,流通手段兼有金银铸币和一些银行发行的银行券。根据法律规定,金银条块可以自由输出,但是金银铸币禁止出口;银行有义务用金银铸币兑换银行券。但是由于拿破仑战争的需要,英国于 1797 年颁布了限制英格兰银行以金币兑换银行券的法令,使得银行可以更多地发行银行券。结果引起银行券贬值,英镑汇价下跌。从而引发了一场关于通货管理制度的大论战。论战在以李嘉图为代表的通货学派与真实票据学派之间展开。通货学派主张全额准备金和金币自由兑换制度,以防止出现通货膨胀。真实票据学派主张比例准

---

① 但据最新资料,卡莱尔把经济学称为"沉闷的科学"并非由于李嘉图所描绘的悲惨前景,而是因为卡莱尔带有种族优越感,不喜欢古典经济学所主张的平等交换。见[美]哈里·兰德雷斯、大卫·C.柯南德尔:《经济思想史》,人民邮电出版社 2011 年版,第 119 页。

备金但通过限制银行放贷来防止通货膨胀。李嘉图在论战中提出了自己的货币理论及与之相联系的国际金融理论。

一、货币的价值

李嘉图反对重商主义把货币直接等同于财富的观点，认为"货币……在没有被换成别的东西以前是永远不会增加国家的财富的"①。他反对那种认为金银铸币基本上不同于其他商品的观念。② 他把金银及其铸币都看作是一种商品，并以此展开关于金银及整个通货的价值决定的观点。

（一）贵金属金银的价值决定

李嘉图从内在价值（或自然价值）和交换价值两个角度考虑金银的价值决定。关于内在价值，他在 1810 年发表的《黄金的高价》中指出："黄金和白银也同其他商品一样，有其内在价值，这并不是随意决定的，而是取决于它们的稀少性、为取得这些金属而使用的劳动量，以及在开采它们的各矿所用资本的价值。"③可以说，在金银价值的决定上，他并没有严格恪守他的劳动价值论。在《政治经济学与赋税原理》一书的前面部分，他认为，货币的价值是由生产中所耗费的必要劳动量决定的，货币价值的变动，在流通中就会相应地表现在商品价格的变动上面，这时为了适应商品流通的需要，就要有数量不等的货币进入或退出流通。"黄金和白银像一切其他商品一样，其价值只与生产，以及运上市场所必需的劳动量成比例。"④他认为，黄金和白银的价值会随采矿技术和采矿机器的改良而变动，"因为有了这种改良，就可以用相同的劳动取得较大的产量"⑤。如果其他商品的价值没有变动，一定量的黄金所能交换到的上述商品的数量减少了，"那么，我就有理由说，黄金相对于其他商品的价值发生变动的原因，是它的生产已经比较便利，或获得时所必需的劳动量已经减少"⑥。

在这个基础上，李嘉图进一步发挥了他的价格理论。在他看来，商品的价格无非就是用一定数量的、具有相同价值的货币（金银）所表现出来的商品价值。因此，若不考虑由市场供求关系变化所引起的价格波动，商品价格就是由商品价值和货币价值的比例关系决定的，即商品价格既可因商品价值的变化而变化，也可由货币价值的变化而变化；但商品价值和货币价值的变化对于商品

---

① 《李嘉图著作和通信集》第 3 卷，商务印书馆 1981 年版，第 105 页。
② 《李嘉图著作和通信集》第 3 卷，商务印书馆 1981 年版，第 101 页。
③ 《李嘉图著作和通信集》第 3 卷，商务印书馆 1981 年版，第 56 页。
④ ［英］大卫·李嘉图：《政治经济学及赋税原理》，商务印书馆 1976 年版，第 301 页。
⑤ 《李嘉图著作和通信集》第 1 卷，商务印书馆 1981 年版，第 10 页。
⑥ 《李嘉图著作和通信集》第 1 卷，商务印书馆 1981 年版，第 13 页。

价格的影响,恰好是相反的。若货币价值不变,则商品价值的变化会引起其价格成正比例的变化;若商品价值不变,则其价格必随货币价值变化而发生反比例的变化。若货币价值降低,商品价格就会提高,因为在这种情况下,同量的商品可以卖得较多的货币;反之,若货币价值增加,则商品价格就会下降,因为在这种情形下,同量的商品只能换得较少量的货币。

但在《政治经济学与赋税原理》一书的后半部分,李嘉图却提出了货币数量论,认为货币的价值取决于流通中存在的货币量,货币数量如多于流通的需要,商品价格就会上涨,这时货币价值就下跌;反之,货币数量如少于流通的需要,商品价格就下降,这时货币价值就上升。他认为在纸币尚未使用时,黄金生产成本的增加引起的黄金数量的减少会成比例地提高黄金的自然价值。[①] 在该书的另一个地方,他更是直截了当地认为货币金银的价值由其数量规定。[②] "只要限制铸币的数量,它的价值就可以被提高到任何可能的程度"[③],"通货贬值与否,完全取决于其数是否过剩"[④]。在《答博赞克特先生对金价委员会报告的实际观感》一文中,他指出,"货币价值的下跌将恰恰与其数量的增加成比例"[⑤],"商品的价格会按货币增加或减少的比例而涨落,这我认为是无可争辩的事实"[⑥]。

李嘉图之所以在耗费劳动这一因素之外再提出稀少性(或金银的数量)作为价值决定的因素,是因为他认识到人们对金银的需求是必然的。[⑦] 用现代经济学术语来讲,就是人们对金银具有无限的需求弹性。

李嘉图指出,当金银同时充当法偿流通媒介时,主要的价值标准就会依金银的相对价值变化而变化,就不存在衡量价值的不变尺度。[⑧] 而任何时候实际充当价值标准的只有一种金属,及两种金属中相对于法定比价市场价值较低的那种。[⑨]

---

① ［英］大卫·李嘉图:《政治经济学及赋税原理》,商务印书馆 1976 年版,第 164 页。

② ［英］大卫·李嘉图:《政治经济学及赋税原理》,商务印书馆 1976 年版,第 162 页。

③ 《李嘉图著作和通信集》第 1 卷,商务印书馆 1981 年版,第 302 页。

④ 《李嘉图著作和通信集》第 1 卷,商务印书馆 1981 年版,第 317 页。

⑤ 《李嘉图著作和通信集》第 3 卷,商务印书馆 1977 年版,第 202 页。

⑥ 《李嘉图著作和通信集》第 3 卷,商务印书馆 1977 年版,第 180 页注。

⑦ ［英］大卫·李嘉图:《政治经济学及赋税原理》,商务印书馆 1976 年版,第 164 页。

⑧ 《李嘉图著作和通信集》第 3 卷,商务印书馆 1977 年版,第 47－48 页。［英］大卫·李嘉图:《政治经济学及赋税原理》,商务印书馆 1976 年版,第 315 页。

⑨ 《李嘉图著作和通信集》第 3 卷,商务印书馆 1977 年版,第 47－48 页。

(二)铸币及纸币的价值决定

李嘉图认为铸币的价值等于与该铸币相同重量、相同成色的金属块的价值再加上铸币税。他进一步指出:"在只有国家能铸造货币的时候,这种铸币税是没有任何限制的;因为只要限制铸币的数量,它的价值就可以被提高到任何可能的程度。"①同时他又指出,铸币税以不超出铸币过程的实际费用为宜,否则就会刺激人们私下伪造铸币而获利。②

李嘉图的纸币概念包括银行发行的兑换或不兑换的银行券,还包括政府发行的纸币。他通过对铸币价值的分析,认为纸币的价值决定类似于铸币,可以把它看作是由于造币费用很高而获得票面价值的。因此,同铸币一样,"只要限制它的数量,它的交换价值就会等于面值相等的铸币或其内含生金的价值"③。由此他得到结论,单位纸币的价值"一定完全取决于它的数量"④。因此,当作为纸币本位的黄金的价值升降变化(即商品的价格跌涨)时,可以通过减少或增加纸币的数量来使纸币的价值与它所代表的黄金价值一致。⑤

李嘉图虽然认为纸币的数量会影响商品的价格,但是他接受亚当·斯密的主张,认为利率不取决于货币数量。⑥

李嘉图提出了最优通货状态的概念,"当一种通货完全由纸币构成,而这种纸币的价值又与其所要代表的黄金的价值相等时,这种通货就处于最完善的状况。以纸币代替黄金就是用最廉价的媒介代替最昂贵的媒介"。他认为实现这种最优状态的最适当方法就是要使银行承担以金币或金块兑现纸币的义务。⑦

由于纸币的价值与纸币的发行数量有关,于是纸币的发行权掌握在谁手中就引起了李嘉图的思考。他提出了纸币发行的最优控制权概念,认为,如果能完全保证纸币发行权不被滥用,那么无论由国家还是由银行来发行,对于国家财富的影响是一样的。但由于任意增发对银行有利,而专断的政府又往往为了一时需要而不顾纸币发行的制约,所以纸币发行权掌握在银行或专断政府手中都是不安全的。最好的方法是在具有开明的立法机关的国家里,在保证纸币持

① [英]大卫·李嘉图:《政治经济学及赋税原理》,商务印书馆1976年版,第301—302页。
② 《李嘉图著作和通信集》第3卷,商务印书馆1977年版,第207—208页。
③ 《李嘉图著作和通信集》第3卷,商务印书馆1977年版,第208页。[英]大卫·李嘉图:《政治经济学及赋税原理》,商务印书馆1976年版,第302页。
④ 《李嘉图著作和通信集》第3卷,商务印书馆1977年版,第208页。
⑤ [英]大卫·李嘉图:《政治经济学及赋税原理》,商务印书馆1976年版,第163页。
⑥ 《李嘉图著作和通信集》第3卷,商务印书馆1977年版,第88页。[英]大卫·李嘉图:《政治经济学及赋税原理》,商务印书馆1976年版,第311页。
⑦ [英]大卫·李嘉图:《政治经济学及赋税原理》,商务印书馆1976年版,第304—308页。

有人随时兑现的条件下,把纸币发行权交给一些可以完全不受政府大臣支配的特派委员手中。①

(三)通货膨胀

李嘉图关于货币问题的论述,很大程度是与当时关于金价的论战中提出的通货膨胀问题有关。他认为一国商品流通所需要的货币量是一定的,当银行发行纸币替代硬币时,被排挤的硬币便倾向于输出。但由于法律禁止硬币出口,于是对于金块的需求便增加,结果就是提高了黄金的市场价格。当纸币发行过多超过流通所需的金属货币时,纸币将贬值,黄金价格将超过法定平价。这时如果可以自由兑换硬币,则人们将按平价用纸币向银行兑换硬币,然后融化成金块,再按照金块被抬高的市价向银行换取纸币,然后再重复上述过程以套利。而银行则面临金币不断减少的困境,为此将被迫按市场高价购进金块,铸成硬币以满足兑换要求。长此以往,银行将无以为继。因此,银行为自身安全考虑,将自觉采取措施减少纸币发行。因此,只要保持兑换自由,银行就不会发行过多纸币而导致通货膨胀。② 而在英国存在英格兰银行和众多地方银行的条件下,只要英格兰银行控制了纸币发行,地方银行也将相应控制。③ 他认为兑换自由是防止银行滥发纸币引起通货膨胀的关键性措施。而一旦实行了限制兑换自由的法令,则除了自律之外,就没有任何外在压力去迫使银行限制其纸币发行,银行就倾向于不断增发纸币,引起通货膨胀。④ 但是他也并不认为银行增发纸币就一定引起通货膨胀,只要流通中还有硬币,增发纸币的后果就是排挤硬币,只有当硬币被完全排挤出去以后,纸币增发才会引起通货膨胀。⑤

李嘉图指出了通货膨胀对于公众的危害,它使国家没有稳定的价值尺度,提高了生活费用,伤害了消费者的利益,损害了公私债权人的利益,损害了固定收入者的利益,降低了一切拥有货币的人的财富。⑥ 但同时他又认为,如果通货膨胀使得货币向生产者阶级集中,则通货膨胀也将有一定的正面意义。⑦ 至于已经发生的通货膨胀,他主张逐渐减少纸币发行,当金价走平以后再允许自由兑换,以避免一下子给银行造成过大的兑现压力。⑧

① [英]大卫·李嘉图:《政治经济学及赋税原理》,商务印书馆1976年版,第309—310页。
② 《李嘉图著作和通信集》第3卷,商务印书馆1977年版,第21—22页。
③ 《李嘉图著作和通信集》第3卷,商务印书馆1977年版,第32页。
④ 《李嘉图著作和通信集》第3卷,商务印书馆1977年版,第23页。
⑤ 《李嘉图著作和通信集》第3卷,商务印书馆1977年版,第111页。
⑥ 《李嘉图著作和通信集》第3卷,商务印书馆1977年版,第27页。
⑦ 《李嘉图著作和通信集》第3卷,商务印书馆1977年版,第116—118页。
⑧ 《李嘉图著作和通信集》第3卷,商务印书馆1977年版,第32页。

二、货币需要量

商品流通所需要的货币金银量,是英国古典政治经济学家为了反对重商主义无限度增加国内货币的主张,而一直考虑的问题。在这个问题上,李嘉图进一步发展了亚当·斯密关于一国投入流通的商品价格总额决定流通所需货币量的原理。他指出,在市场商品供求不变的情况下,当商品价格总额(即他所说的支付的价值数额)一定时,流通所需的货币量,就取决于货币本身的价值,"货币的需求完全由货币的价值规定"①。若货币价值降低,流通所需要的货币量就要增加;反之,若货币价值提高,流通所需要的货币量就要减少。当货币价值不变时,那么,流通所需要的货币量,就以投入流通的商品价格总额为转移。一旦流通中的商品价格总额减少了,就只需要较少量的货币;反之,一旦流通中的商品价值增大了,就需要较多量的货币。因此他认为,一国流通所需的货币量,并非只由商品价格总额一个因素决定,而是由三个因素决定的。他说:"使用金属货币的任一国家,在实际支付中用来作为货币的那项金属的量,或者是被用纸币部分地或全部地作为金属货币代用品的那项金属货币的量,必然取决于以下三项:第一,金属的价值;第二,拟作出的支付的数额或价值;第三,在完成那些支付中实行的节约程度。"②

由此可知,英国古典学派的货币需要量理论有一个重要的前提,就是全部有待交换的商品有一个独立于货币金银的总价值量。而在李嘉图这里,这个总价值量由耗费的劳动决定。另一个前提就是货币金银也有一个独立于所有商品的由某种因素(对于李嘉图来讲还是耗费的劳动)所决定的价值。于是交换所需要的货币金银数量就取决于这两个价值量,以及货币金银的流通速度和纸币(可兑换银行券)替代金银的程度。因此,这个货币需要量理论是与劳动价值论相互融洽的。

这个理论的一个重要推论就是在商品总价值和金银的价值一定、货币金银流通速度和纸币替代程度一定时,过多的货币金银不会引起物价上涨,只会引起货币金银的窖藏和储存。这就无法说明现实生活中的通货膨胀现象。除非假设出现了金银生产中耗费的劳动下降,从而金银对一般商品的比价下跌。然而当时英国现实生活中的通货膨胀并不是金银价跌一般商品价涨,而是金块价格同时上涨,因此必须解释为何原因。这就迫使李嘉图采用以纸币的数量来解释纸币的价值,并进而用货币金银的数量来解释货币的价值的货币数量论。

① [英]大卫·李嘉图:《政治经济学及赋税原理》,商务印书馆 1976 年版,第 162 页。
② 《李嘉图著作和通信集》第 4 卷,商务印书馆 1981 年版,第 53 页。

"商品的价格会按货币增加或减少的比例而涨落,这我认为是无可争辩的事实"①。从上下文来看,他这里所说的货币,并非指纸币,而是指金银。而且货币金银本身的价值"又由货币的数量规定"②。于是,李嘉图虽然在其论著的许多地方强调了货币金银价值的劳动决定论,但是在分析通货膨胀问题时却不自觉地(似乎没有意识到与劳动价值论的对立)主张了货币金银价值的数量决定论,货币金银的数量决定货币金银的价值,而货币金银的价值又决定货币金银的需求。

像李嘉图这样的一位坚持劳动价值论的经济学家,本来是不应该认可货币数量论的,但事实上这两种互相矛盾的货币理论,却并存于他的经济理论体系中。究其原因,主要有以下两点:

第一,在李嘉图看来,货币只是实现交换的媒介。正由于他把货币的职能归结为流通手段,因而认为执行这种职能的货币最好是用纸币来代替。在他看来,纸币不仅是一种价值符号,不仅能执行流通手段的职能,而且是代替金属货币的真正通货。他关于以纸币代替金属铸币流通,从节省流通费用的观点,本来是正确的,但他却把纸币与金属货币等同起来,认为纸币的流通规律也适用于金属货币的流通,因而才得出了他的货币数量论。他在货币价值问题上之所以不能坚持劳动价值论,而转向货币数量论,就是由于受当时纸币贬值的影响。

第二,实践政策上的原因。在当时的"金价论战"中,"金块论者"认为,英国的纸币价值脱离黄金价值的原因是纸币、银行券发行数量过多和银行停止兑现;"反金块论者"则认为,通货是按社会的需要发行的,银行券(纸币)纵不兑现亦不致发行过多。作为金块论者的主要代表人物李嘉图认为,英国的物价上涨和英镑汇价下跌原因在于银行券贬值。而银行券贬值则是由过去银行券的大量发行造成的。因此,他主张迅速恢复银行券的兑现,使银行券发行量受黄金数量控制,以实现货币(金本位制的货币)自动调节的理想。为了这个货币政策目的,作为政论家的李嘉图就不惜抛弃了作为理论家的李嘉图所提出的劳动量决定货币价值的理论,转而采取了货币数量论。

此外,李嘉图在货币理论上之所以从劳动价值论转向货币数量论,还与他的国际贸易理论和政策主张有关。这一点下面将要论及。

---

① 《李嘉图著作和通信集》第 3 卷,商务印书馆 1977 年版,第 180 页注。
② 〔英〕大卫·李嘉图:《政治经济学及赋税原理》,商务印书馆 1976 年版,第 162 页。

第五节　国际贸易与国际金融

一、比较成本说

出于缓解利润率下降的目的,李嘉图主张发展国际自由贸易,为此他下了一番功夫来论证国际贸易的可行性和收益性。他首先继承了亚当·斯密的观点,认为在贸易完全自由的制度下,追逐个人利益是与整体的普遍幸福结合在一起的。但他并非简单重复亚当·斯密的自由贸易理论,而是在自己的价值论和货币论基础上提出了更加系统和完善的国际贸易理论——比较成本说。①

李嘉图在国际贸易理论方面最杰出的贡献,就是提出了比较成本说。在当代,它甚至被认为是李嘉图对经济学的最大贡献。该学说认为,每个国家应该根据国内各种商品生产成本的相对差别,专门生产成本相对较低的商品出口,而在生产中成本相对较高的商品,即使生产该商品的成本绝对地低于其他国家,亦仍以从国外进口为有利。这一学说证明,即使在各种商品的生产成本方面一个国家都占有绝对优势,而另一国家都处于绝对劣势,仍然存在着有利于双方的国际分工和国际贸易的可能性。只要两国各自生产在比较成本上相对有利的商品,通过国际贸易,互相交换,彼此都能节省劳动,得到好处。

李嘉图在论述比较成本说时,举例说,假定从事国际贸易的只有两个国家:英国和葡萄牙;进入国际贸易的商品只有两种:毛呢和葡萄酒。英国生产一定数量的"毛呢需要一百人一年的劳动;而如果要酿制葡萄酒则需一百二十人劳动同样长的时间。因此英国发现对自己有利的办法是输出毛呢以输入葡萄酒"②。葡萄牙生产相同数量的葡萄酒"只需要八十人劳动一年,而生产毛呢却需九十人劳动一年。因此,对葡萄牙来说,输出葡萄酒以交换毛呢是有利的。即使葡萄牙进口的商品在该国制造时所需要的劳动虽然少于英国,这种交换仍然会发生。虽然葡萄牙能够以九十人的劳动生产毛呢,但它宁可从一个需要一百人的劳动生产毛呢的国家输入,因为对葡萄牙说来,与其挪用种植葡萄的一部分资本去织造毛呢,还不如用资本来生产葡萄酒,因为由此可以从英国换得

---

① 最新资料显示,比较成本说其实源自詹姆斯·穆勒,而李嘉图本人并未超越绝对成本说。见马克·布劳格:《经济理论的回顾》,中国人民大学出版社 2009 年版,第 104 页注 1。
② 《李嘉图著作和通信集》第 1 卷,商务印书馆 1981 年版,第 113—114 页。

更多的毛呢"①。

根据李嘉图所举的这个例子,葡、英国两个国家生产两种产品所耗费的劳动量的比例,即劳动成本比例是:

毛呢为 90/100(即 9/10)

葡萄酒为 80/120(即 2/3)

这两种比例表明,葡萄牙生产毛呢的劳动成本是英国的 90%,而生产葡萄酒的成本只有英国的 67%,前者大于后者。这就是说,虽然葡萄牙在生产这两种产品的任何一种所耗费的劳动量都比英国的少,因而它生产这两种产品的效率都比英国高,但是葡萄牙生产这两种产品的效率并不是一样的,葡萄牙生产葡萄酒的效率比生产毛呢的效率更高一些。这就是比较利益的意义所在。换一句话说,葡萄牙生产这两种产品都具有绝对优势,但两相比较,它在葡萄酒的生产方面优势更大。

从英国这方面看,英国生产葡萄酒和毛呢的单位劳动成本都比葡萄牙的高。英国的劳动成本和葡萄牙的相比较,则毛呢为 100/90＝1.1,葡萄酒为 120/80＝1.5,这表明英国生产毛呢的成本是葡萄牙的 110%,生产葡萄酒的成本是葡萄牙的 150%。英国生产这两种产品的效率都比葡萄牙的低。虽然如此,两相比较,英国生产毛呢的效率相对高一些。这就是说,英国在生产毛呢方面有相对优势。

比较利益这一概念是李嘉图国际贸易理论的核心。他认为,如果英国的劳动力全部用来生产毛呢,而葡萄牙的劳动力全部用来生产葡萄酒,也就是各国分工只生产各自具有相对优势的产品,不但各种产品的产量可以增加,而且通过贸易,双方都可以获得利益。根据前面例示的数据可以看出:

在国际分工之前的生产情况是:葡、英两国一年中,一共生产 2 单位的毛呢和 2 单位的葡萄酒。在国际分工之后,世界产量随之增加。英国专门生产毛呢,原来用于生产葡萄酒的人,现在也用于生产毛呢,一年共计生产出 2.2 单位(220 人一年/100 人一年)的毛呢。葡萄牙专门生产葡萄酒,全部 170 人一年生产 2.125 单位(170 人一年/80 人一年)的葡萄酒。两种产品的生产水平都高于未进行国际分工以前的水平。

随着世界产量的增加,通过国际贸易各自国内的消费量也是增加的。但具体情况取决于两种商品的国际交换比例,也就是取决于两者的贸易条件。李嘉图假定英、葡两国商品的交换比例是 1∶1,按照这个交换比例,如果葡萄牙出口1.100 单位的葡萄酒,并从英国进口 1.100 单位的毛呢,那么英、葡两国国内消

① 《李嘉图著作和通信集》第 1 卷,商务印书馆 1981 年版,第 114 页。

费量变化的情况是：

	英　国		葡萄牙	
	分工前	分工后	分工前	分工后
毛　呢	1	1.100	1	1.100
葡萄酒	1	1.100	1	1.025

显而易见，由于国际分工而带来的劳动量的节约，英、葡两国都可用来增加各自的相对优势产品的产量和贸易量，从而增加了英、葡两国的国内消费量。由此，李嘉图得出结论：发展对外贸易"大大有助于一国商品总量的增长，从而使享用品总量增加"①。

从这种比较成本说出发，李嘉图提出了一个国际分工模式。他说："正是这一原理，决定葡萄酒应在法国和葡萄牙酿制，谷物应在美国和波兰种植，金属制品及其他商品则应在英国制造。"②他的比较成本说从理论上为进一步扩大国际贸易，为国际范围内提高劳动生产率提供了依据。

二、比较利益的实现机制——货币数量论与全世界通货均衡分布论

李嘉图关于比较利益的实现机制，是以全世界通货在各个国家中均衡分布原理为基础的。关于这个通货均衡分布原理，他如此说明："全世界用以流通商品的贵金属，在地球上不同的文明国家之间，是按照商业和财富的情况并因而按照所须偿付的次数和常度分成一定比例的。经过这样的划分，它们在每一个地方保持同样的价值，而且既然每一国家对其实际使用的数量有同等的必要，也就不会有任何诱力促使它们进口或出口。"③即在正常的流通情况下，每一个国家的货币数量都同它的生产和财富状况相适应，这时货币在各国具有相同价值，不会发生各国间货币的输出或输入。通货在各国的分布达到均衡，各国的进出口也就同时达到均衡。

那么通货的这种均衡分布是由什么决定的呢？李嘉图认为，商业竞争使得金银货币在各国的分配比例，"能够适应于假定没有这两种金属存在，国际贸易纯然是一种物物交换时所将出现的自然贸易情况"④。那么这种"货币在各国的

---

① 《李嘉图著作和通信集》第1卷，商务印书馆1981年版，第108页。

② 《李嘉图著作和通信集》第1卷，商务印书馆1981年版，第113页。

③ 《李嘉图著作和通信集》第3卷，商务印书馆1977年版，第56页。

④ ［英］大卫·李嘉图：《政治经济学及赋税原理》，商务印书馆1976年版，第115页。

分配数量都刚好只是调节有利的物物交换所必需的数量"①的局面——货币总量的国际平衡分布局面——是如何打破的,换言之,货币如何会不再在一个国家中保持它原有的价值呢?在他看来,打破货币总量的国际平衡分布局面的原因主要有两点:(1)一国拥有的货币数量的变化(如金矿的发现导致国内金量的增加);(2)一国流通中的商品价格总额有了变化。此外,经济发展较快的国家其拥有的通货比例会增加,②技术进步会引起货币输入,必需品生产困难增加和赋税增加会引起货币输出。③

针对那些认为自由贸易会引起不利的贸易差额,从而造成国家黄金储备减少的观点,李嘉图断言根据黄金在国际间流动的规律(即从货币数量多、单位币值低、物价高的国家流向货币数量少、单位币值高、物价低的国家),对外贸易会自动地调节各国流通中所需要的货币量。货币在一国中的输出或输入可以避免由于货币过剩或不足而妨碍商品正常价格的形成。由此可知,他关于贵金属在国际间的均衡分配和货币自动调节原理是依据货币数量论建立起来的,是对休谟货币数量论的进一步发挥。从上述认识出发,他反对国家限制硬币的出口,认为"硬币的出口在任何时候都可以稳稳地让各人自己去决定"④。

从通货均衡分布原理出发,李嘉图认为一国出现外贸逆差的原因是由于通货相对于流通的商品来说太多了,通货成了廉价商品,故它最宜于被运往国外去清偿债务。⑤

从通货均衡分布原理出发,李嘉图认为一国对另外某一国出现长期高额逆差是可能的,但是一国的全部外贸不可能长期逆差,因为通货输出的结果将使通货分布趋于均衡,从而消除逆差的根源。⑥

根据李嘉图所举的例子,可以假定,当葡萄牙和英国都没有自觉认识到比较成本说的时候,国际贸易将建立在绝对成本差异基础上。最初,葡萄牙会将生产方面的优势直接转化为贸易方面的综合性优势(因为两国若都采用黄金作货币,葡萄牙的两种商品的价格均低于英国同类商品的价格),向英国出口毛呢和葡萄酒。英国在遭受连续性的贸易逆差后,要补偿这一逆差,势必要把黄金运往葡萄牙。黄金从英国流出就使英国国内的货币供给量减少,而商品进口则又使国内商品数量增加,按照货币数量说,英国所有商品以黄金表示的价格开

① 《李嘉图著作和通信集》第1卷,商务印书馆1981年版,第118页。
② 《李嘉图著作和通信集》第3卷,商务印书馆1977年版,第57—58页。
③ [英]大卫·李嘉图:《政治经济学及赋税原理》,商务印书馆1976年版,第39页。
④ 《李嘉图著作和通信集》第3卷,商务印书馆1977年版,第59页。
⑤ 《李嘉图著作和通信集》第3卷,商务印书馆1977年版,第62—67页。
⑥ 《李嘉图著作和通信集》第3卷,商务印书馆1977年版,第159页。

始下跌。相反,葡萄牙的连续贸易顺差使国内的货币供应量增加,国内商品量减少,所有的商品价格开始上涨。当这种情形发生并进一步发展时,葡萄牙的商品在国际市场上的竞争优势将逐渐被削弱。尽管葡萄牙在生产效率方面仍占有像以前一样大的优势,但这种较高的生产效率的优势由于葡萄牙商品的价格较之英国商品的价格不断地上涨,将被日益抵消。

在这个过程中,英国的两种商品中的某一种迟早将变得能够同葡萄牙的同类商品进行竞争。虽然英国的两种商品的生产效率都处于绝对劣势,但劣势的程度是不同的,当英国的所有价格下跌和葡萄牙的所有价格上涨到某种水平时,英国的劣势程度较小的商品将最先赶上葡萄牙,同它进行竞争。一旦英国毛呢的价格低于葡萄牙毛呢的价格时,双方对流的贸易就会开始。尽管这种对流的贸易并不能一举改善英国的贸易逆差地位,但逆差的存在会使两国的价格水平继续波动,加强英国商品的国际竞争能力,削弱葡萄牙商品的竞争能力,直到最后某个时期由于每个国家都输出一种对自己相对有利的商品,贸易才能达到大致平衡。上述以比较成本为基础的国际贸易的形成过程,也正是货币数量论发挥作用的过程。

可以用以下图形[①]来说明这一点:

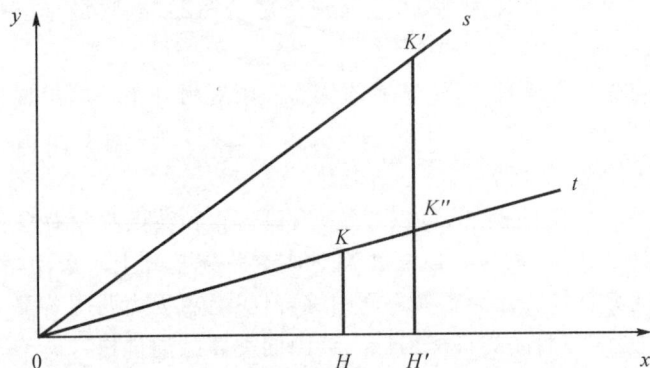

图中横轴代表 x 商品的黄金价格,纵轴代表 y 商品的黄金价格;OH 表示 t 国 x 商品的价格,HK 表示 t 国 y 商品的价格;Ot 线的斜率表示 t 国两种商品的相对价格;OH' 表示 s 国 x 商品的价格,$H'K'$ 表示 s 国 y 商品的价格;Os 线的斜率表示 s 国两种商品的相对价格。初始 t 国两种商品的绝对价格均低于 s 国,于是贸易开始后 t 国两种商品都出口到 s 国,s 国出现贸易逆差,黄金不断输出到 t 国。结果根据货币数量论,s 国两种商品的绝对价格不断下降,而 t 国两种

---

① 该图形参照[英]莱昂内尔·罗宾斯:《经济思想史》,中国人民大学出版社 2008 年版,第 214 页。

商品的绝对价格不断上升,在图形中的表现就是 H 和 H' 相互接近,直至两者重合。

李嘉图的比较成本说为各国提供了发展对外贸易的理论武器。不论这个国家处于什么发展阶段,经济力量是强是弱,都能确定各自的相对优势,即使是处于劣势的也能找到劣势中的优势。各国根据自己的相对优势安排生产,进行贸易,则贸易双方都可以用比较少的劳动耗费,交换到比闭关自守时更多的产品,并增加总的消费量。

李嘉图还考虑了汇率的决定。他定义汇率是"用他国通货估价的一国的通货的价值"[①]。汇率保持平价的条件是"当各国的货币数量都刚好是它们在实际情况下为流通所必需的数量时,它们之间的汇兑率才是平价的。如果贵金属的贸易完全自由,而货币输出又无须任何费用的话,那么各国之间的汇兑率就必然都是平价的"[②]。他还指出了金本位条件下汇率的变动幅度,它一般"并不变动到以金银办理汇款比之以购买汇票办理汇款更为有利的那种限度"[③]。具体地讲,"对外国汇价的变动,在任何长时期内都决不会超过贵重金属从一个国家运到另一个国家的运输和保险费用"[④]。他认为上述界限即便在通货膨胀时也仍然适用,不过以纸币表现出来的汇率,会相应于通货膨胀的程度而低落。[⑤]

第六节　经济发展与经济波动

一、对资本主义经济发展基本趋势和基本条件的分析

李嘉图的经济发展思想,基本是沿袭亚当·斯密观点的。亚当·斯密认为,分工引起的劳动生产率的提高和生产劳动在全部劳动中所占的比重,是决定国民财富增长的主要因素,而生产劳动的数量,则依存于资本的数量。因此,国民收入用于生产劳动的比例越大和劳动生产率越高,则国民收入的增长速度越快。在《政治经济学及赋税原理》中,李嘉图通过分析各阶级收入分配问题,

①　[英]大卫·李嘉图:《政治经济学及赋税原理》,商务印书馆 1976 年版,第 159 页。

②　[英]大卫·李嘉图:《政治经济学及赋税原理》,商务印书馆 1976 年版,第 196 页。

③　《李嘉图著作和通信集》第 3 卷,商务印书馆 1977 年版,第 106 页。

④　《李嘉图著作和通信集》第 3 卷,商务印书馆 1977 年版,第 151 页。[英]大卫·李嘉图:《政治经济学及赋税原理》,商务印书馆 1976 年版,第 196 页。

⑤　《李嘉图著作和通信集》第 3 卷,商务印书馆 1977 年版,第 26 页。[英]大卫·李嘉图:《政治经济学及赋税原理》,商务印书馆 1976 年版,第 196 页。

来论证最有利于资本主义生产发展的条件。他着重考察了劳动创造的价值在工资、利润和地租三者之间的分配及其相互关系的发展变化,即将其价值论和分配论应用于动态分析,以此来说明资本主义经济发展的基本趋势和基本条件。

李嘉图从他的价值论和分配论推导证明:随着资本积累和生产力的发展,人口相应增加,随着对谷物需求的增长,耕地将日益趋于贫瘠,以及土地收益递减规律的作用,农产品(尤其是谷物)价值的不断提高,谷物地租、货币地租和货币工资都随之日益上涨(实际工资从长期来看取决于维持劳动者及其家属生存所必需的生活资料),而利润率则相应地下降。如果没有技术进步和对外贸易的发展,谷物价格的不断提高,就会引起货币工资的持续上涨,从而使利润率下降到一定程度时,资本家积累资本的动因就会消失,资本积累就会停止。于是,社会就进入只能实现简单再生产的静止状态。李嘉图从动态到静态的这种描述,调子是低沉的。于是一些经济思想史研究者认为,"李嘉图描述的未来前景是悲观的"①,把他看作悲观派的"著名"代表②。他们断言李嘉图经济学是"失望之科学"③。

在李嘉图看来,资本积累是资本主义社会财富增长的基本原因,而资本积累规模的大小又取决于利润的多少。因此,他把维持高额利润当作发展经济、增加财富的基本条件来看待。当他发现利润有下降趋势时,就自然会担心积累源泉枯竭的问题。

李嘉图对资本主义前景的看法实际上具有二重性。一方面,他认清利润率有下降的趋势,担心资本积累的源泉是否会枯竭,因而感到悲观;另一方面,他又认为通过改进技术,提高劳动生产率,取消限制谷物进口的《谷物法》,发展对外贸易,改革赋税制度等,可提高利润。因此,他对资本主义经济发展的前景又是乐观的。总体而论,他并不是一个完全的悲观主义者。因为他深信资本主义方式是最有利于生产发展、最有利于财富增长的。他的一生可以说就是为发展资本主义生产、增加资产阶级财富而进行斗争的一生。他坚决否认社会会处于退步状态中。他指出,我们"必须记住,退步状况永远是一种反乎自然的社会状态。个人的生长过程是由青年而壮年,而老死;但是国家的发展过程却不如此。国家达到最旺盛的状态以后,再向前进时诚然可能受到阻碍,但它们的自然趋势却是永远地继续发展,使它们的财富和人口永远不会减少"④。

① 埃里克·罗尔:《经济思想史》,商务印书馆1981年版,第183页。
② 基特·里斯脱:《经济学史》,商务印书馆1926年版,第73页。
③ 基特·里斯脱:《经济学史》,商务印书馆1926年版,第72页。
④ 《李嘉图著作和通信集》第1卷,商务印书馆1981年版,第226页。

李嘉图对利润率下降趋势的论述,其目的不仅要证明利润率下降会造成资本积累源泉的枯竭,对资本家不利,而且要证明利润率下降的结果,会引起对劳动力需要的下降,工资下跌,人口减少,社会停止发展。对此,他以特有的敏感注意到了技术进步给经济带来的影响。在逝世前两年,他为《政治经济学及赋税原理》第三版增写了《论机器》这一章,论述了采用机器这一技术对社会各阶级利益的影响。他指出:"随着机器的普遍应用,产品的价格就会由于竞争而降到等于其生产成本的程度。"①在举出一些例证后,他得出结论说:"机器的发明与有效运用总会增加一个国家的纯产品。"②机器的使用,虽有利于作为纯产品的利润的增加,但对于劳动阶级却是不利的。因为随着利润的增加,每当资本增加时,更大比例的资本要使用于机器上面,至于对劳动力的需求,虽然也有增加,但却不会成比例地增加,其增加率必然是递减的。这就会造成一部分人失业,从而使劳动阶级的生活状况陷于穷困。因此他认为,"机器的采用往往是有损于"劳工阶级的"利益的"③。

李嘉图认为,取消《谷物法》,允许外国的廉价谷物进口,发展对外贸易,从而使工人的生活必需品的价格降低(亦即使工资降低),以提高利润率,这同改进技术提高劳动生产率的作用是一样的。他写道:"如果由于对外贸易的扩张,或由于机器的改良,劳动者的食物和必需品能按降低的价格送上市场,利润就会提高。如果我们不自己种植谷物,不自己制造劳动者所用的衣服以及其他必需品,而发现了一个新市场可以用更低廉的价格取得这些商品的供应,工资也会低落,利润也会提高。"④可以把他关于降低谷价促进工业发展的上述思路与亚当·斯密的思路作一番比较。斯密认为,谷价低落导致银价上升,银价上升导致所有商品价格下降,于是工业品出口增加,工业发展。李嘉图认为谷价低落导致工资低落,工资低落导致利润增加,导致积累增加,于是工业发展。

为了遏止利润率下降,他还提出了政府"不征收那种必然要落在资本上面的赋税"⑤,而应对地租和奢侈品多征税的主张。

李嘉图不仅指明在自然状态的社会中,财富和人口都会永远地继续发展,而且,他还把不同状况的国家,划分为贫富两种类型,并指出其贫富的原因和致富的方法是各不相同的。他说:"有些国家肥沃土地很多,但由于居民愚昧、懒惰和不开化而遭受着贫困与饥馑的一切灾害。"这类国家的灾害,主要来自"政

---

① 《李嘉图著作和通信集》第 1 卷,商务印书馆 1981 年版,第 331 页。
② 《李嘉图著作和通信集》第 1 卷,商务印书馆 1981 年版,第 335 页。
③ 《李嘉图著作和通信集》第 1 卷,商务印书馆 1981 年版,第 336 页。
④ 《李嘉图著作和通信集》第 1 卷,商务印书馆 1981 年版,第 111—112 页。
⑤ 《李嘉图著作和通信集》第 1 卷,商务印书馆 1981 年版,第 129 页。

治不良、财产不安全和各阶层人民缺乏教育"。因此,对这类贫穷国家的补救办法,"只要刷新政治、改良教育,便可以增进他们的幸福;因为照这样办,资本的增加便必然会超过人口的增加。人口不论怎么增加都不嫌过多,因为生产力更大"。而一些"定居已久"、"一切肥沃土地都已投入耕种"的国家,"则是由农产品供给率递减而遭受着人口过密的一切灾害"。对这类富庶国家,采用上述"补救方法既非十分实际可行,也非十分有好处"①。

关于这两类国家的资本使用和产业发展,李嘉图主张:富国发展资本密集型行业,贫国发展劳动密集型行业。他说:"在各国资本用途分配方面,贫穷国的资本自然会用于能在国内维持大量劳动的行业,因为在这种国家中要获得新增人口的食物和必需品最为容易。反之,在食物昂贵的富足国家中,在贸易自由时,资本自然会流入无须在国内维持很多劳动的行业流入利润与资本成比例而不与所雇用的劳动量成比例的行业。"②

李嘉图关于两种类型国家贫富原因和致富方法的分析,曾对现代西方经济增长和经济发展理论的建立,产生过重大影响。

二、关于否认普遍生产过剩危机的观点

李嘉图对资本主义前景的乐观态度,还表现在他对资本主义经济发展是否会发生普遍生产过剩危机的看法上。在这个问题上,他接受了萨伊关于供给会自动创造需求的理论,认为人们进行生产的目的,都是为了满足需要,而需要就必然要引起消费,消费自然要购买。于是生产、消费、购买,就形成一种连环。他说:"任何人从事生产都是为了消费或销售;销售则都是为了购买对于他直接有用或是有益于未来生产的某种其他商品。所以一个人从事生产时,他要不是成为自己商品的消费者,就必然成为他人商品的购买者和消费者。我们不能认为他总不了解为了达到自己所具有的目的——占有他种商品——生产什么商品对他最为有利。因此,他不可能总是生产没有需求的商品。"③在他看来,生产出来的商品既然都有人需要,那么,就不存在卖不出去的问题,也就不会出现生产过剩。因为"需求是无限的——资本的运用只要还能产生一些利润,便也是没有限制的"④。他认为,一个人的收入,或者用于自己的消费,或者用于生产,从而增加所雇佣的劳动者的消费,或者借给别人从事生产,这将导致同样的结

① 《李嘉图著作和通信集》第1卷,商务印书馆1981年版,第82—83页。
② 《李嘉图著作和通信集》第1卷,商务印书馆1981年版,第299页。
③ 《李嘉图著作和通信集》第1卷,商务印书馆1981年版,第247页。
④ 《李嘉图著作和通信集》第1卷,商务印书馆1981年版,第252页。

果。① 即用今天的术语来讲,就是储蓄总归等于投资,而投资会导致同样的消费。当然,他承认个别商品的生产会发生过剩,但是,他认为就整个社会而言,生产的增长,总是赶不上需要的增长,因此,不可能发生普遍生产过剩的经济危机。在他看来,"产品总是要用产品或劳务购买的,货币只是实现交换的媒介。某一种商品可能生产过多,在市场上过剩的程度可以使其不能偿还所用资本;但就全部商品来说,这种情形是不可能有的"②。只要供给结构与需求结构互相吻合,就不会出现普遍过剩或者个别商品的过剩。③

概括地讲,李嘉图否认普遍过剩经济危机的基本论据是:(1)由于需求的无限性(虽然有效需求受生产制约),引起生产(资本运用)的无限性,即只要有利润,资本就会被运用。这就否认了资本过剩的可能性,其暗含前提是生产的唯一限制条件是利润为零。(2)由于生产是为了消费和销售,故资本运用的地方不可能是产品长期过剩的行业。这就否定了不同产业之间横向比例失调的可能性,其暗含前提是生产的目的不是利润最大化而是消费和销售。(3)由于资本增大引起对劳动的需求同比例增大,故对消费品的需求也同比例增大。这就否定了资本品生产与消费品生产之间纵向比例失调的可能性,其暗含前提是资本—劳动比例保持不变。(4)由于货币只是交换媒介,收入会立即被(本人或借给别人)花掉,故生产增加一定会引起有效需求的同时增加,于是增加的产品会马上被增加的有效需求吸收。这就否定了储蓄大于投资的可能性,否定了投资需求不足造成的危机。其暗含前提是利率的自发调节必然使借贷资本供求平衡,其明确的前提是货币仅仅是转瞬即逝的交换媒介,商品交换等同于物物交换,"其实一切商业,无论是国内贸易还是对外贸易,实质上都是物物交换"④。于是卖与买必然同时相等,供给创造同样的有效需求。

李嘉图否认资本主义会发生普遍过剩的危机,可是就在他死后的第三年,即 1825 年,英国就爆发了普遍过剩的危机。这是他经济理论局限性的一个表现。

三、承认结构性危机的可能性

李嘉图虽然否认普遍过剩经济危机的可能性,但是并未排除结构性危机的可能性。他认为,由于人们的需求变化以及政府税收的变化等原因,会引起产业结构的变化。"任何一种制造品的需求都不仅要受购买者的需要支配,并且

① 《李嘉图著作和通信集》第 1 卷,商务印书馆 1981 年版,第 247—248 页。
② 《李嘉图著作和通信集》第 1 卷,商务印书馆 1981 年版,第 248 页。
③ 《李嘉图著作和通信集》第 3 卷,商务印书馆 1977 年版,第 105 页。
④ 〔英〕大卫·李嘉图:《政治经济学及赋税原理》,商务印书馆 1976 年版,第 194 页。

要受其嗜好和变化无常的欲念支配。同时一种新税也可以摧毁一个国家原先在某种商品制造方面所享有的较有利的条件;战争也可能使这种商品的运费和保险费大大上涨,以致它不能和它以前输往的国家中的当地制造品相竞争。在所有这类情况下,从事制造这种商品的人都会遭到很大的困难,并且无疑还会受到若干损失。这种情形不仅会在发生变动的时候出现,并且会在他们把他们的资本和他们所能支配的劳动由一种行业转移到另一行业的整个期间内出现。"①

而在一种稳定的产业结构向另一种稳定的产业结构的过渡过程中,由于资本品的刚性,会引发结构性危机。他指出:"资本在新环境使之成为最有利的投资场所中稳定下来以前,需要一段时间;在这一期间,很多固定资本将得不到使用,也许会完全损失,劳动者则不能充分就业。"②即过渡过程会引起资本的闲置和劳动的失业。他并且看到,由于工业发达国家往往具有更多的资本品,所以资本品的刚性会使得发达国家相对于落后国家,导致更加严重的结构性危机。

简单地讲,李嘉图看到了需求变化、税收变化等导致产业结构变动的必要性,但是资本品刚性使得这种变动往往以结构性危机的方式进行。

第七节　赋税与公债

李嘉图的主要著作是《政治经济学与赋税原理》,可见赋税问题是他考虑的一个重要问题。之所以如此,首先是因为赋税是政府的重要职能之一,而他作为一个经济自由主义者,总是力图减少政府对经济生活的影响,因此,通过研究赋税,有可能为达到这一目标提供一些思路。其次是因为他对于亚当·斯密关于赋税的一些观点感到不能完全满意,希望做一些补充完善的工作。第三是因为他认识到赋税对于收入分配的影响,希望借此厘清这个问题。③ 由于对资本积累和收入分配问题的格外关注,他的赋税理论主要集中在两个方面:赋税对资本积累的影响;赋税所引起的收入再分配,即税收的负担问题。

一、税收对资本积累的影响、对于货币影响价格的机制的影响

首先,李嘉图给出了赋税的定义,"赋税是一个国家的土地和劳动的产品中

① ［英］大卫·李嘉图:《政治经济学及赋税原理》,商务印书馆1976年版,第224页。
② ［英］大卫·李嘉图:《政治经济学及赋税原理》,商务印书馆1976年版,第225页。
③ ［美］亨利·斯皮格尔:《经济思想的成长》上,中国社会科学出版社1999年版,第288—289,290页。

由政府支配的部分;它最后总是由该国的资本中或是由该国的收入中支付的"。即税收的最终源泉是国家的资本和收入。从这种认识出发,他认为"凡属赋税都有减少积累能力的趋势"①。因为"赋税收入一般都是浪费的,总是必须牺牲人民的舒适和享受才能取得;通常不是减少资本,便是妨碍资本的积累"②。他的结论就是税收总是不利于生产的,至多不过是不会大大妨碍生产,③故赋税不利于经济增长。

由于对赋税有这样一个总的结论,所以李嘉图认为"任何形式的赋税都只是流弊与流弊之间的选择问题"④。即赋税是一种不能避免的坏事,只能选择危害较轻者。从这些观点来看,他是从经济学角度论证了自由主义所主张的小政府。

李嘉图认为,税收对货币流通量的影响是中性的,"尽管一国的税收可以有很大的增加,流通的媒介却并不一定有相应的增加"⑤。

李嘉图分析了税收在货币数量增加时对于不同商品的价格的不同影响,"在一个没有赋税的国度内,货币因数量多寡而产生的价值变动将按照相同的比例对一切商品的价格发生作用;……但这些商品中如果有任何一种被课税,情形就不会再是这样"。因为利润的平均化倾向将通过转移资本、变动相对价格来使赋税行业的利润与其他行业相同。他认为这是"一个极为重要的原理,……是前人所未道及的"⑥。他看到了货币数量变化在存在赋税的现实世界中影响商品价格水平的复杂性。可以称该原理为"税收改变货币影响价格机制原理"。

二、税负问题

总体上看,李嘉图认为公平的所得税不会改变商品价格,因此不可能被转移出去;但不公平的所得税会提高税负偏重的行业的商品价格,从而会转移给消费者。而由于利润的均等化倾向,商品税肯定会使生产者提高商品价格。⑦但税负最终由谁承担,则要看直接纳税人能否通过提高价格把税负转嫁出去

① ［英］大卫·李嘉图:《政治经济学及赋税原理》,商务印书馆 1976 年版,第 127—128 页。
② ［英］大卫·李嘉图:《政治经济学及赋税原理》,商务印书馆 1976 年版,第 188—189 页。
③ ［英］大卫·李嘉图:《政治经济学及赋税原理》,商务印书馆 1976 年版,第 159 页。
④ ［英］大卫·李嘉图:《政治经济学及赋税原理》,商务印书馆 1976 年版,第 141 页。
⑤ 《李嘉图著作和通信集》第 3 卷,商务印书馆 1977 年版,第 222 页。
⑥ ［英］大卫·李嘉图:《政治经济学及赋税原理》,商务印书馆 1976 年版,第 176—177 页。
⑦ 《李嘉图著作和通信集》第 3 卷,商务印书馆 1977 年版,第 224—225 页。［英］大卫·李嘉图:《政治经济学及赋税原理》,商务印书馆 1976 年版,第 207 页。

而定。

李嘉图考虑了用今天的术语所说的供求弹性相对大小对于税负的影响问题,初步认识到,凡是供给弹性较大的商品,其税收易于通过价格提高而转移给消费者;凡是需求弹性较小的商品,即使供给弹性不大,其税收也易于通过价格提高而转移给消费者。① 在这个问题上,他是后来马歇尔同类分析的先驱。

根据上述看法,李嘉图认为农产品例如谷物的税负完全由消费者承担,既不会落在农场主身上,也不会落在地主身上。② 只有在农产品按照垄断价格出售时,税负才落在地租上。③ 而黄金税最终由矿山所有者承担,因为把黄金作为货币使用的消费者,其需求弹性无限。④ 对必需品征税,由于它会提高工资而减少利润,所以它部分是利润税。⑤ 对奢侈品征税,他认为税负主要由那些消费它们的人承担,并且由于它是由收入而非资本支付,有助于资本积累;但缺点是它的数额不稳定,且不易短时期聚集大笔税款。⑥ 至于财产税,他认为房屋税由房东承担,房租税则由房东和房地所有者共同承担。⑦ 至于收入税,李嘉图认为普遍的利润税不改变商品价格;但是若只对个别行业征收利润税,则会提高这些行业商品的价格。⑧ 工资税完全转移为利润税,因为工资必定维持在维生的水平上。⑨ 地租税完全由地主承担。⑩

三、赋税原则

从积累资本的目标出发,李嘉图坚决反对各种资产转移税,如当时英国征收的遗嘱验证税、遗产继承税,等等。他认为资产转移税有两大害处:一是减少国家的资本;二是妨碍国家资本按照最有利于社会的方式来进行分配。⑪ 同时他认为地租税有可能妨碍土地改良,如果不区分真正的地租和以地租形式出现

① [英]大卫·李嘉图:《政治经济学及赋税原理》,商务印书馆1976年版,第161页。
② [英]大卫·李嘉图:《政治经济学及赋税原理》,商务印书馆1976年版,第219页。
③ [英]大卫·李嘉图:《政治经济学及赋税原理》,商务印书馆1976年版,第213页。
④ [英]大卫·李嘉图:《政治经济学及赋税原理》,商务印书馆1976年版,第164—168页。
⑤ [英]大卫·李嘉图:《政治经济学及赋税原理》,商务印书馆1976年版,第183页。
⑥ [英]大卫·李嘉图:《政治经济学及赋税原理》,商务印书馆1976年版,第205页。
⑦ [英]大卫·李嘉图:《政治经济学及赋税原理》,商务印书馆1976年版,第169—171页。
⑧ [英]大卫·李嘉图:《政治经济学及赋税原理》,商务印书馆1976年版,第173—174页。
⑨ [英]大卫·李嘉图:《政治经济学及赋税原理》,商务印书馆1976年版,第183页。
⑩ [英]大卫·李嘉图:《政治经济学及赋税原理》,商务印书馆1976年版,第146页。
⑪ [英]大卫·李嘉图:《政治经济学及赋税原理》,商务印书馆1976年版,第130—131页。

的地主改良土地所垫支的资本的应有利润。① 他强调征税要公平和经济。② 为此，他主张对同一种商品，不论国产还是进口，应当同率征税。③ 同时他主张征收工资税、利润税和农产品税。④

李嘉图要求对那些国内有特殊便利生产条件的出口商品征税，因为其税负将由外国人承担。⑤

四、公债妨碍资本积累、李嘉图等价原理

李嘉图强调公债会减少整个社会的资本，"如果为了一年的战费支出而以发行公债的办法征集二千万镑，这就是从国家的生产资本中取去了二千万镑"。而且通过发行公债来筹集资金不利于使公众养成节俭的习惯。他指出，巨额公债对国家不利，因为它会加重纳税人的负担，以至于迫使纳税人携资出国，从而减少国家的资本积累。由此可知，他是不主张大规模发行公债的，并且希望在和平时期要努力清偿战时所举的公债。⑥

李嘉图认为，为公债支付的利息是靠税收来筹资的，因此既不会使整个国家更富，也不会更穷。"每年为偿付这种公债利息而征课的一百万镑，只不过是由付这一百万镑的人手中转移到收这一百万镑的人手中，也就是由纳税人手中转移到公债债权人手中。"因此，取消债息支付与保留债息支付，对于整个国家来讲是等价。同时，政府用征税的方式来筹资与用发行公债的方式来筹资，对于个人来讲，也是等价的。假定一个社会有一万人，政府可以发行二千万镑公债，然后为了按照百分之五的利率每年支付一百万镑利息，需要向每个人每年征税一百镑。同时，"政府可以通过赋税的方式一次征收二千万镑；在这种情形下，就不必每年征课一百万镑。但这样做并不会改变这一问题的性质。一个人虽无须每年交付一百镑，却可能必须一次付清二千镑。对他来说，与其从自己资金中一次付清二千镑倒不如向别人借二千镑，然后每年给债主付息一百镑较为方便。"⑦

以上所述的两个等价，就是著名的李嘉图等价原理。它在 20 世纪 80 年代被理性预期学派的代表人物巴罗用来论证不存在公债的财富效应。

---

①　[英]大卫·李嘉图：《政治经济学及赋税原理》，商务印书馆 1976 年版，第 146—147 页。
②　[英]大卫·李嘉图：《政治经济学及赋税原理》，商务印书馆 1976 年版，第 142 页。
③　[英]大卫·李嘉图：《政治经济学及赋税原理》，商务印书馆 1976 年版，第 152 页。
④　[英]大卫·李嘉图：《政治经济学及赋税原理》，商务印书馆 1976 年版，第 142 页。
⑤　[英]大卫·李嘉图：《政治经济学及赋税原理》，商务印书馆 1976 年版，第 204—205 页。
⑥　[英]大卫·李嘉图：《政治经济学及赋税原理》，商务印书馆 1976 年版，第 208—211 页。
⑦　[英]大卫·李嘉图：《政治经济学及赋税原理》，商务印书馆 1976 年版，第 208 页。

第八节 李嘉图在经济思想史上的地位

李嘉图在经济思想的发展进程中,具有重要的地位和影响。他不仅影响了西方经济学的发展,也极大地影响到马克思主义经济学的发展。

一、对经济学研究主题或研究领域的影响

由亚当·斯密所开创的古典经济学传统,在研究主题或研究领域方面实际上是继承了重商主义传统的,即主要研究一个国家如何致富,或者用今天的术语来讲就是如何实现经济增长,或通俗地讲是如何把"蛋糕"做大。只是斯密提出了与重商主义不同的致富之术。这一点从斯密的书名就可以一目了然,他关心的是财富的原因。而对于财富如何分配,他虽然给予了一定关注,但这种关注的力度显然是不能与对财富原因的关注相提并论的。之所以如此,究其原因,很可能是因为斯密从事经济学研究的时代,英国社会即将进入但尚未进入工业革命,那还是一个充满了小业主的社会,虽然这些小业主也会雇佣少量工人。

如果我们设想一个理念社会,其中每个家庭都是小业主,同时存在着行业分工和市场交换,且每个行业的最优规模都不超过家庭的规模。那么,竞争性的市场交易将确保每个家庭都能够获得几乎平均的收益,收入分配不会过于悬殊;同时个人的利己心也将确实会促进他人的利益或社会公益。在这样一种社会中,可能给公众和社会经济增长造成损害的一是个人的奢侈挥霍;二是本来应该维护小业主们的产权、维持市场竞争的政府,以权谋私,阻碍国家的经济发展。亚当·斯密所生活的社会可能就比较接近这种状况,所以他坚决反对个人的奢侈挥霍,同时要求最大限度地限制政府的行为。

而李嘉图从事经济学研究的时代,正好是英国工业革命的时代。工业革命和人类历史上任何一次重大的技术进步一样,都会引起产业结构、社会结构的巨大变化,导致整个经济的飞跃发展,并伴随着各种要素的相对稀缺性的重大调整,从而引起拥有相对更加稀缺的要素的社会成员收入暴增,而拥有相对丰裕的要素的社会成员收入暴跌,整个社会贫富差距趋于悬殊,社会矛盾尖锐,社会冲突频发。

工业革命时代收入分配中格外尖锐的冲突使得李嘉图不能不关注收入分配,这样就改变了政治经济学的研究主题或研究领域。从斯密特别关注"蛋糕"如何做大,到李嘉图特别关注"蛋糕"如何切分。

　　人们往往把从斯密到李嘉图甚至更以后的一些经济学家统称作古典经济学,殊不知古典经济学在研究主题和研究领域有早期和晚期之分:早期古典经济学以斯密为代表,主要考虑"蛋糕"如何做大;晚期古典经济学以李嘉图为代表,主要考虑"蛋糕"实际如何切分和应当如何切分。

　　从英国开始的工业革命,在整个 19 世纪逐步向东西方扩散,先是 19 世纪初期的法国等西欧国家,然后是 19 世纪中期的德国等中东欧国家以及北美国家。这些国家在经济起飞的同时,收入分配也随之悬殊化,社会矛盾也随之尖锐化。所以整个 19 世纪,收入分配问题就成为各国经济学家优先考虑的重点问题。而作为最先敏感到这一问题,并力图给出解答的李嘉图,就必然成为后来考虑同一问题的经济学家的领头羊。不说那些赞成李嘉图观点的经济学家,即便是不同意李嘉图观点的经济学家,只要是考虑收入分配问题,就必须正视和重视李嘉图。赞同者阐发弘扬完善其论点,否定者则不能不批驳否定其论点。他是一个工业化城市化时代任何考虑收入分配问题的经济学家绕不开的人物。

　　所以说,李嘉图是工业革命时代审时度势,顺应社会历史发展变化的流向,抓住了新时期最重大经济问题的第一人。他引领 19 世纪的大多数经济学家把重点从研究"蛋糕"如何做大转移到"蛋糕"如何切分。然而,进入 20 世纪以后,随着工业化城市化过程在发达国家相继完成,收入分配悬殊现象逐步减弱,其他经济问题日益重要,李嘉图的研究主题或研究领域渐渐失去了它以往的重要性,他的学术地位也就相对下降了。

二、对研究方法的影响

　　李嘉图在经济思想史上,除了引领经济学家转移研究主题和研究领域之外,另一个重大的影响是建立了一套规范单一的分析方法——抽象演绎方法。在斯密那里,归纳方法和演绎方法是并用的,并没有给出其中某种方法的规范模式。而李嘉图则遵从他所了解的自然科学的研究方法之一,把抽象演绎方法运用到了经济学中间。他从耗费劳动是商品价值的唯一源泉、维生工资论和土地报酬递减这三个基本命题出发,推论出了整个分配理论和政策建议。基本命题的简洁性和推理的严密性,在经济思想史上前无古人,后有继者。尽管熊彼特贬之为"李嘉图恶习",尽管李嘉图的三个基本命题已经被后来的实践和理论的发展证明多有问题,但应当看到,经济学在整个社会科学中间有今天这种学术地位,这种方法功不可没。

　　这种方法使得经济学成为一门可以证伪也比较容易证伪的社会科学,一旦演绎推理的结论与观察事实不符,就很快可以从基本前提命题中找到可能的问题,就可以通过修正基本命题来推进经济学理论的发展。现实经济世界非常庞大复杂,要想单凭归纳法得到全称判断命题,几乎不可能。因此,首先选择一些带有全称判断性质的基本命题,如经济人理性人假设,然后通过演绎方法推出一些可以用事实检验的结论,再根据检验的结果不断修正基本命题,这才是推进经济理论发展的基本套路。当然也可以首先观察部分事实,从中归纳出一些全称判断性质的命题,然后再根据后来观察到的新事实来决定其取舍。如恩格尔法则和瓦格纳法则的发现和发展。即便是熊彼特,他的创新理论也未必是通过严格的归纳方法得到的命题,恐怕最初也是他根据有限的观察大胆提出的一个解释资本主义动态发展过程的假设。只是迄今为之尚未发现反例,即还没有发现一个没有任何创新也能发展的国家,所以创新理论才能立于不败之地。

事实上,任何一门学科,若要建立自己的理论体系,都是离不开抽象演绎方法的,重农学派的首领魁奈,实际上也是通过这种抽象演绎的方法,给出了经济思想史上的第一个理论模型。李嘉图大力推进了抽象演绎方法,为以后经济学的发展提供了一定的(当然不是唯一的)研究楷模。

今天,我们必须把李嘉图的抽象演绎方法与他运用这种方法时所依赖的具体基本命题区分开来,具体基本命题的问题不应当算作是他方法的问题。一碗菜不可口未必一定是烹饪方法有问题,很可能是原料不行。

至于今天(其实历史上也一贯有之)一些经济学家陶醉于单纯地演绎推理,沉溺于数理模型的构建,满足于命题的逻辑自恰,而不关心其是否符合事实,即科斯先生所诟病的"黑板经济学",那是不应该怪罪于李嘉图的。当年李嘉图对于马尔萨斯所指出的其理论结论与真实世界不符的问题,是非常重视的,花费了大量的精力希望消除之。他最后几年对于"价值尺度"的艰苦思索,就是明证。可惜功亏一篑。他为后来的经济学家树立了一个既重视抽象演绎方法又重视真实世界的榜样。

三、具体观点的影响

李嘉图的理论观点,主要集中在价值论、分配论、长期经济增长理论、国际贸易理论和赋税理论等五个方面。

李嘉图的劳动价值论是它分配论的基础。它的形成,源于李嘉图在现实世界里发现了产业资本家与地主在《谷物法》的废除问题上所表现出来的收入分配上的利益冲突。为了解释这种冲突,他经历了一段时间的思考,决定以劳动价值论为前提来建立他的分配理论(可以称之为冲突分配论),以说明为何地主与产业资本家会发生利益冲突。

　　虽然在今天西方经济学的主流当中,李嘉图的劳动价值论和冲突分配论已经不再有多大影响,其当年的支配地位已经被马歇尔的供求价格论所替代。因为它不能够像供求价格论那样对所有商品(供给可以通过劳动增加的商品和供给无法增加的商品)的价格都提供统一的理论说明,并且也不能够像供求价格论那样对于实际经济活动如税收、企业定价等问题提供指导性意见,即它不具有普适性和实用性。但是它也并非与供求价格论毫无关联。它经由小穆勒的改造变通,影响到了马歇尔,是供求价格论的理论源头之一。

　　值得指出的是,李嘉图为了完善劳动价值论而艰苦思索的价值尺度问题,刺激了后来为其编撰全集的斯拉法,使后者在 1960 年发表的《用商品生产商品》中,指出可以以一组具有特殊投入—产出关系的商品组合作为衡量价值的不变尺度,并提出了以生产过程中各种投入配合比例固定为假设前提,从而不需要边际概念的价值理论和分配理论。

　　李嘉图劳动价值论和冲突分配论对于后人的最大影响,莫过于马克思主义经济学。马克思的劳动价值论基本上源自李嘉图,虽然有局部性改造。同时李嘉图劳动价值论面临的两个难题(劳动市场上的等价交换如何会给资本家带来利润? 劳动—资本配合比例不同的等量资本何以会有等量利润?),催生了马克思的剩余价值理论和生产价格理论。马克思自信他解答了李嘉图面临困惑的这两个难题,使得劳动价值论摆脱了理论推论与事实不符的窘境。当然,由于马克思较早过世,没有意识到(或者是意识到但已经无力解决)由他的理论引起的又一个难题,即价值转型问题。这个问题激励了以后几代马克思主义经济学家进行了艰苦的理论探索,并取得了一定的理论性成果。

　　马克思的剩余价值理论,在 19 世纪后期和几乎整个 20 世纪,成为劳苦大众反抗资本主义社会不合理状况的理论依据。虽然由于种种原因,马克思所预见的无产阶级暴力革命和无阶级的公有制社会尚未实现,但是受到马克思影响的工人运动对于矫正 19 世纪资本主义社会贫富差距过于悬殊的弊端,建立福利社会,起到了不可否认的巨大作用。

　　不论李嘉图的劳动价值论在理论上有哪些不足,在实践上,从它诞生始,就成为劳动者削富济贫,维护自身权益的一种理论依据。不过,这是李嘉图本人所始料未及的。

　　作为李嘉图分配理论另一基石的维生工资论,已经被后来的历史事实所否定。除非牵强附会地把独立住宅、私人汽车和各种家用电器都说成是维持生存的必需品,否则无法否定上述结论。但是李嘉图分配理论的另一基石——土地报酬递减论,作为技术既定条件下的结论,已经被扩充为适用于所有要素的法则,并成为现代微观经济学的基本前提之一。

李嘉图关于长期增长的悲观趋势的预测,对于机器无益于工人的结论,关于普遍过剩不可能存在的断言,都已经被历史所证伪。

李嘉图国际贸易理论中的比较优势说已经经受住了逻辑上的反复检验,成为国际贸易理论中具有隽永价值的部分。但是以比较优势说为基础所推论出的自由贸易政策主张,似乎并不适用于所有不同发展阶段上的国家。不过必须承认,应当把比较优势理论与自由贸易政策区别开来,后者的局促性并不能否定前者的普适性。同时也必须看到,贸易保护政策也未必一定与比较优势理论相冲突,因为贸易保护很可能会改变原有的比较优势格局,使贸易双方在新的比较优势格局中实现双赢。

最后,李嘉图税收理论的债税等价原理,经过当代理性预期经济学家的发掘,重新体现出了它的价值。

总体上看,由于社会经济的发展前进,经济学所面对的主要问题的变迁,李嘉图的学术地位与19世纪上半期相比,有了一定的低落。但是他的相当一些思想观点,还是表现出来永久的学术生命力。

参考文献

[1]雅各布·霍兰德:《大卫·李嘉图百年评价》,商务印书馆1979年版。

[2]《李嘉图著作和通信集》第1卷,商务印书馆1981年版。

[3]《李嘉图著作和通信集》第3卷,商务印书馆1977年版。

[4]《李嘉图著作和通信集》第6卷,商务印书馆1980年版。

[5]《李嘉图著作和通信集》第7卷,商务印书馆1982年版。

[6]A. B. 阿尼金:《科学的春天》,黑龙江人民出版社1985年版。

[7]米克:《劳动价值学说的研究》,商务印书馆1979年版。

[8]马尔萨斯:《政治经济学定义》,商务印书馆1962年版。

第十三章 古典经济学时期英国 其他经济学家的经济思想

　　1817年李嘉图的《政治经济学及赋税原理》（以下简称《赋税原理》）出版后，特别是李嘉图逝世后，直到19世纪70年代边际革命兴起的半个世纪左右，是古典经济学向现代经济学演化的过渡阶段。①

　　这个时代，可以说是英国工业革命的晚期。一方面工业革命的成就非常辉煌，但工业革命给广大劳动群众带来的苦难也历历在目，然而改善的迹象已经开始起起伏伏地朦胧呈现。在这种背景下，李嘉图通过抽象演绎建立起来的推导出可检验的预见的理论体系，被一系列事实所证伪，开始受到多方面的挑战。工业革命的辉煌成就，使得李嘉图理论的悲观预言无法令人信服；广大劳动群众的苦难，使得许多人运用李嘉图的劳动价值论来论证当下社会的不合理，主张劳动群众有权获得全部劳动产品；起起伏伏朦胧呈现的改善迹象（主要表现为工人工资波动式的明显上升，生活开始逐渐改善）动摇了李嘉图理论的马尔萨斯基础。

　　在这个过渡阶段中，经济学在英、法、德、美四个国家都有相当的但并非革命性的发展。这些发展为1871年出现的边际革命准备了素材或批判的对象。

　　在这一阶段中，在英国，围绕李嘉图的理论尤其是劳动价值论，展开了激烈的争论，产生了以詹姆斯·穆勒和麦克库洛赫为代表的维护李嘉图的李嘉图学派，他们继续主张劳动价值论，但销蚀了该理论强调劳资冲突的锋芒；还有基本上认同李嘉图理论的拉姆齐，虽然不再坚持劳动价值论，但是对资本主义的历史局限性仍有所揭示。同时也产生了站在李嘉图和李嘉图学派对立面的一些经济学家，他们反对劳动价值论或者反对李嘉图抽象演绎方法。如力求对李嘉图理论进行补救的西尼尔，他坚持抽象演绎方法，但不同意劳动价值论。还有反对李嘉图抽象演绎方法的琼斯。在这一阶段中，围绕1820年代出现的货币

---

① 关于该过渡阶段的说明，见蒋自强主编：《当代西方经济学流派》，浙江大学出版社1988年版，第4—7页。

问题产生了通货学派和银行学派。还产生了力求对争论各方进行善意综合的约翰·穆勒。

在这一阶段中，在法国出现了宣扬各阶级利益和谐的巴师夏。

在这个过渡阶段中，一些在1870年边际革命以后才能成为经济学主流的观念，已经开始萌生，虽然暂时还不能产生重大影响。对于这些经济学家（如英国的劳埃德、朗费尔德，法国的古尔诺和以伊斯纳尔为先驱以杜普特为代表的"工程师学派"，德国的戈森）的思想观念，本卷暂不介绍，留待第三卷第一章第二节再行说明，因为他们虽然在时间上属于古典经济学时期，但是思想观念却属于下一个阶段。

本章所要考察的是在这个过渡阶段出现的：

李嘉图学派的詹姆斯·穆勒、麦克库洛赫、爱德华·韦斯特和德·昆西。

挑战李嘉图的劳德戴尔、罗伯特·托伦斯、托马斯·查默斯、萨缪尔·里德、理查德·惠特利、塞缪尔·贝利、斯克罗普、理查德·琼斯（由于他是英国历史学派的先驱，将在下卷第二十六章中介绍）。

修补李嘉图理论的西尼尔。

货币理论和管理制度大争论中的亨利·桑顿和托马斯·图克。

拉姆赛和查尔斯·巴贝杰。

至于在这个过渡阶段后期出现的约·斯·穆勒的折中主义经济理论体系，则在本卷第十四章进行专门论述。

第一节　李嘉图学派

从这一节开始，将涉及一个后面常见的概念或者名词："学派"。本书定义"学派"为具有大体相同的研究领域、大体相同的基本假设前提、大体相同的研究方法和大体相同的学术观点，并且往往认同同一个宗师的一群学者。

按照这个定义，研究领域差别很大的学者往往不可能组成同一个学派；即便研究领域相同，但如果基本假设前提差别很大，或研究方法差别很大，或学术观点差别很大的学者，依然不构成同一个学派。

按照这个定义，学派可以有紧密型和松散型之分。紧密型学派往往有一个公认的宗师，而松散型则未必。下面将要介绍的李嘉图学派就是一个紧密型的学派。而后面章节将要介绍的德国旧历史学派就很难算是一个紧密型的学派，甚至能否算一个学派都有不同意见。熊彼特就认为他们不是一个学派。① 尽管如此,本书还是遵照约定俗成的原则,继续称其为旧历史学派。

本节考察该过渡阶段出现的李嘉图学派,主要是詹姆斯·穆勒、麦克库洛赫、韦斯特和德·昆西。该过渡阶段的其他一些重要人物,将在本章其他小节专门论述。

一、概　述

19世纪20年代,英国经济学界掀起了一场围绕李嘉图学说的论战。这场论战是在两个集团中进行的,一个集团是以马尔萨斯、塞缪尔·贝利为代表的李嘉图学说的反对派,他们抓住李嘉图体系中的矛盾,力图推翻李嘉图的劳动价值论;另一个集团是以詹姆斯·穆勒和麦克库洛赫为代表的李嘉图学说的支持者或李嘉图学派,他们把李嘉图学说看成是一个完善的体系,力图修正完善李嘉图理论体系。

在这个过渡阶段中,李嘉图学派具有重要地位。该学派的形成,是与作为其宗师和领袖的李嘉图本人的学术成就和声望密切相关的。早在1809—1811年"金价论战"时期,李嘉图就结识了一批新闻评论家、经济学家和金融家,并成为"这伙人的中心"②。李嘉图的《赋税原理》于1817年出版后,其显赫声名就更加远扬。熊彼特指出,"这么灿烂的亮光自然会吸引飞蛾",于是出现了一批"自称是这个亮光的信仰者"③;而李嘉图则变成了"这一批人的中心,这一批人仰仗他的指导,而又捍卫他的意见"④。1821年4月,李嘉图和他的一些同辈经济学家朋友以及一些他的"信仰者"创办了"伦敦政治经济学俱乐部",从此他经常出现在这个俱乐部,参加有关经济问题的讨论。著名的李嘉图研究者雅各布·霍兰德教授认为,可能就在这时,人们将李嘉图及其"信仰者"这一群体称呼为"李嘉图学派"⑤。同时,这一时期各种期刊纷纷成立,包括《爱丁堡评论》(1802)、《季刊评论》(1809)、《威斯敏斯特评论》(1824)。它们共同为争论提供了舞台。

李嘉图学派同李嘉图学说反对者之间的论战,早在李嘉图在世时就已经开始进行了。李嘉图的《政治经济学及赋税原理》于1817年出版后,"第一个认真提出反对意见的人是托伦斯"⑥。罗伯特·托伦斯(Robert Torrens,1780—

---

① ［美］约瑟夫·熊彼特:《经济分析史》第3卷,商务印书馆1995年版,第87—88页。

② 安·阿尼金:《科学的青春》,陕西人民出版社1986年版,第212页。

③ ［美］约瑟夫·熊彼特:《经济分析史》第2卷,商务印书馆1992年版,第150页。

④ ［美］约瑟夫·熊彼特:《经济分析史》第2卷,商务印书馆1992年版,第147页。

⑤ 雅各布·霍兰德:《大卫·李嘉图百年评价》,商务印书馆1979年版,第43页。

⑥ 雅各布·霍兰德:《大卫·李嘉图百年评价》,商务印书馆1979年版,第95页。

1864)在1818年10月的《爱丁堡杂志与文学杂志》上发表了《对李嘉图先生的交换价值理论的非难》。继而,马尔萨斯于1820年出版了《政治经济学原理》,集中攻击李嘉图的理论。同年底,李嘉图撰写了《马尔萨斯〈政治经济学〉评注》,逐个批驳马尔萨斯的观点。从此,双方之间展开了激烈论战。1821年,一位署名为"名辞的观察者"的匿名者发表《经济学上若干名辞,尤其是关于价值与需求和供给的论争的观察》,反对李嘉图,指出李嘉图价值理论将要遇到的困难,一是关于劳动本身的价值;二是土地的价值。李嘉图在世时,论战的双方谁也没有说服谁。1823年李嘉图逝世后,这场论战继续在李嘉图的拥护者与李嘉图的反对者之间进行。论战的焦点是李嘉图理论体系中所存在的两个矛盾:一是价值规律同资本与劳动相交换的矛盾;二是价值规律同等量资本取得等量利润之间的矛盾。马尔萨斯在1823年出版的《价值的尺度》、1827年出版的《政治经济学定义》等论著中,抓住李嘉图体系中的这两大矛盾,来否定李嘉图理论体系的基础——劳动价值学说,进而反对李嘉图学派。塞缪尔·贝利(Samuel Bailey,1791—1870)在1825年出版《价值的本质、尺度和原因的批判研究,主要论李嘉图先生及其信徒的著作》,他是当时除马尔萨斯之外比较全面地反对李嘉图价值理论和分配理论的人。此外,还有劳德戴尔勋爵(1759—1839)、托马斯·查默斯(1780—1847)、萨缪尔·里德(1780—?)、乔治·波利特·斯克罗普(1797—1876)、朗菲尔德(1802—1884)等人,[1]都从价值论和分配论方面,在不同程度上反对李嘉图,甚至反对亚当·斯密。以至于在李嘉图去世后不久,俱乐部一次聚会所争论的题目就是:"李嘉图理论还有多少生命力"? 这场争论可以说是19世纪初期李嘉图、马尔萨斯、萨伊和西斯蒙第四人之间争论的伴唱和续曲。

李嘉图学派在同反对派的论战中,则将李嘉图理论体系的矛盾和缺陷,作了违背李嘉图原意的补救,事实上他们无法解决李嘉图体系存在的内在矛盾,在试图解决李嘉图经济学的理论缺陷时,离开了李嘉图的劳动价值论,转向资本和劳动共同创造价值的理论。因此,他们在肤浅地传播李嘉图理论的同时,也导致了李嘉图学派的衰落和解体。以至于1831年出版的一本小册子提到"还有一些李嘉图派成员仍然残留着",但"无论如何,很明显,当时'李嘉图主义'已经不再是一种有影响的力量了"[2]。

李嘉图学派的核心成员,除了其宗师和领袖李嘉图本人以外,熊彼特认为,它"只是由四个人组成",即詹姆斯·穆勒、麦克库洛赫、德·昆西和韦斯特;并

① [美]约瑟夫·熊彼特:《经济分析史》第2卷,商务印书馆1992年版,第168—173页。
② [美]约瑟夫·熊彼特:《经济分析史》第2卷,商务印书馆1992年版,第154页。

指出,其中的前三人"是李嘉图学说的无条件的信徒和斗志昂扬的拥护者",而韦斯特,则"是李嘉图的一个平辈,是李嘉图学说要义的独立发现者"①。有些论著把约·斯·穆勒也作为"李嘉图学派"的重要成员来论述,约·斯·穆勒自己也强调他早年是"李嘉图主义者",但熊彼特认为,到约·斯·穆勒写他的《原理》时,他实际上离开李嘉图主义已经很远了。② 因此,下面分别概述前四个人的经济思想。其他国家如德国、法国和意大利,也有一些信奉李嘉图学说的经济学家,③但本书不再介绍。

二、詹姆斯·穆勒的经济思想

詹姆斯·穆勒④(James Mill,1773—1836),出生于苏格兰蒙特罗斯市附近的一个小农庄,父亲是拥有小块土地的修鞋匠。由于得到当地乡绅约翰·斯图尔特爵士的资助,他得以进入蒙特罗斯学院和爱丁堡大学,学习神学、伦理学等课程。1798 年毕业,获牧师资格,任巡回传教士和指导教师。于 1802 年放弃神职移居伦敦,加入了一个由苏格兰的年轻人组成的团体,立志为报刊撰文,著书立说。在 1803—1806 年间,他编辑出版了《人文杂志》,该刊论述政治经济问题的多数文章,均出自他的手笔。1805 年结婚。从 1806 年起,他开始撰写三卷本《英属印度史》。1808 年,他结识了边沁,从此开始成为边沁功利主义哲学的信徒和代言人。1811 年,他结识了李嘉图,并成为终生挚友和忠诚的"李嘉图主义者";同年,他与威廉·阿伦合作创办《慈善家》杂志,并就教育、监狱处罚、出版自由等问题为该刊撰稿。从 1815 年起,他开始为《大英百科全书》(1815—1824)第四、五、六版补篇撰写论文,并由此使他成为哲学激进主义运动的领袖人物。1802—1818 年间,他一直靠写作稿酬养活全家(他有九个孩子),生活极其清苦。由于他的三卷本《英属印度史》的出版(1817)使他声名大振,从而得以于 1819 年在东印度公司供职(初为公司稽核官助理,1830 年升任首席稽核官,到 1836 年逝世前一直担任此职),从此,生活乃始安定。1821 年,他与托伦斯、李嘉图等人一起,创办了"伦敦政治经济学俱乐部"。李嘉图在世时,他是"李嘉图学派"的一名核心成员,1823 年李嘉图逝世后,他实际上成了"李嘉图学派"的领导人,率领其成员同李嘉图的反对派进行论战。

---

① [美]约瑟夫·熊彼特:《经济分析史》第 2 卷,商务印书馆 1992 年版,第 151 页。
② [美]约瑟夫·熊彼特:《经济分析史》第 2 卷,商务印书馆 1992 年版,第 155 页。
③ [美]约瑟夫·熊彼特:《经济分析史》第 2 卷,商务印书馆 1992 年版,第 155—156 页。
④ 《新帕尔格雷夫经济学大辞典》第 3 卷,经济科学出版社 1996 年版,第 499—500 页。[英]马克·布劳格、保罗·斯特奇斯:《世界重要经济学家辞典》,经济科学出版社 1987 年版,第 441 页。

詹姆斯·穆勒的经济学论著,包括大量的评论文章和三本书。第一本是参照亚当·斯密的方法撰写的《论发放谷物出口奖励金的失策》(1804);第二本取名《为商业申辩:与斯彭斯(Spence)、科贝特(Colbert)等人所持的商业并非财富来源的观点商榷》(1808),主要是反对重农主义的观点;①第三本是《政治经济学要义》(1821),这是他的主要经济学著作。关于该书的写作,他的长子约·斯·穆勒在其《自传》中说:我 13 岁时(1819 年),父亲"让我学完政治经济学的全部课程。他的挚友李嘉图"的《政治经济学及赋税原理》虽已"出版,但适合向初学者具体介绍其理论的、指导性的文章尚未问世。所以父亲开始教我这门科学时,采取这样一种讲授的办法,在散步中进行讲授,他每天详尽地讲解一部分,第二天我交给他笔录的讲稿,他让我一遍一遍重新改写,一直到文稿清楚、明确和达到一定程度的完整才算了事。这门学科的全部内容我就是在这种方式下学完的,而我每天笔录的书面概要,后来成为他写《政治经济学要义》的教材"②。

詹姆斯·穆勒的《政治经济学要义》,以简明、抽象的形式阐述了李嘉图的经济学原理,用来驳斥李嘉图反对派的观点。但他对李嘉图理论体系中存在的两个矛盾,却作了违背李嘉图原意的补救。

先看看他是怎样化解价值规律同资本与劳动相交换的矛盾的。

詹姆斯·穆勒在解释这一矛盾时,把资本与劳动的交换转化为商品与商品的交换。他认为,"劳动者对生产作出了一定贡献,资本家也作出了一定贡献;生产出来的商品以一定比例属于这两个阶级。但是情况可能是这样,双方中的一方在生产完成以前购买了另一方的份额。在这种情况下,生产出来的全部商品属于购买另一方份额的一方。事实上,资本家确实在雇用劳动者时,通过支付工资购买他们的份额。当劳动者为他们的劳动收受工资,不等待付给他们生产出来的一份商品时,显然他们出卖了他们那一份的权利"③。即工资是资本家为了购买属于工人的那一部分商品所预先支付的等价物。因此,商品产出并售卖后,其价值就全部属于资本家了,扣去预付还有一个增值额,这个价值增值额就是利润。那么这个作为利润的增值额是怎么来的呢? 在他看来,"商品是由处境不同的两种劳动量生产的:一种是直接的或基本的劳动,由劳动者的手直接运用的;另一种是贮藏的或辅助的劳动,它是前一种劳动的结果,或者用来帮助前一种劳动,或者是贮藏着劳动的东西"④。他认为,在商品生产过程中,不仅

---

① [美]亨利·威廉·斯皮格尔:《经济思想的成长》上,中国社会科学出版社 1999 年版,第 297 页。

② 《约翰·穆勒自传》,商务印书馆 1987 年版,第 24—25 页。

③ [英]詹姆斯·穆勒:《政治经济学要义》,商务印书馆 1993 年版,第 53—54 页。

④ [英]詹姆斯·穆勒:《政治经济学要义》,商务印书馆 1993 年版,第 59—60 页。

工人的活劳动创造价值,属于资本家的积累劳动也创造价值。他进而指出:"利润就是劳动的酬报。称它为工资,的确也无不可,它不是直接用手而是间接使用手制造出来的工具的那种劳动的工资。如果你可以用工资数量来衡量直接的劳动量,你也可以用资本家利润的数量来衡量那种间接的劳动量。"①显然他认为,只要把资本也说成是劳动,价值规律和资本与劳动相交换的矛盾就不存在了。他不知道,这就根本背离了李嘉图的劳动价值论。

再看看他是怎样化解价值规律同等量资本取得等量利润之间的矛盾的。

当时李嘉图理论的反对者是这样提出问题的:既然生产陈葡萄酒和新葡萄酒所耗费的劳动是相等的,为什么陈葡萄酒要比新葡萄酒贵得多?因而获得的利润也多得多呢?詹姆斯·穆勒这样回答:"如果窖中葡萄酒因放置一年而价值加 1/10,那末,认为在葡萄酒上多耗费了 1/10 的劳动,是正确的。"②他们的反对者赛米尔·贝利则指责说:"根据假定,任何人都没有接近过葡萄酒,没有为它花费一刹那时间,或稍微动一动肌肉。"③詹姆斯·穆勒认为,新葡萄酒在窖藏中变成陈葡萄酒的时期内,虽然用手去直接做的劳动已经结束,但是,生产新葡萄酒时所体现的全部积累劳动在窖藏中仍在继续"劳动",因而继续在创造新的价值,所以陈葡萄酒比新葡萄酒贵,获得的利润也多。他不知道这样的解释是根本背离李嘉图的劳动价值论的。

詹姆斯·穆勒对上述两个矛盾所作的这种违背李嘉图原意的解释,导致了李嘉图学派的衰落和解体。但是,绝不能因此就完全否定他的贡献及其在经济思想史上的地位。

首先,在 19 世纪 20 年代拥护和反对李嘉图的论战中,詹姆斯·穆勒促进了李嘉图理论的传播。同时,在这次论战中,他和麦克库洛赫等人对李嘉图学说的"无条件"信任和"斗志昂扬"的精神,使"他们所赢得的声誉,足使他们名垂后世"④。

其次,詹姆斯·穆勒首创了政治经济学研究的"四分法"的结构,即将政治经济学划分为由生产、分配、交换、消费四个部分组成的体系。在他之前的萨伊,已提出过政治经济学的"三分法"结构,即把政治经济学划分为生产、分配、消费三个部分,詹姆斯·穆勒则把交换也作为一个独立的部分。他认为"政治经济学有四大问题需要探究:1.什么是决定商品生产的规律;2.什么是社会劳动所生产的商品进行分配的规律;3.什么是商品彼此进行交换的规律;4.什么

① ［英］詹姆斯·穆勒:《政治经济学要义》,商务印书馆 1993 年版,第 58—59 页。
② 引自《马克思恩格斯全集》第 26 卷Ⅲ,人民出版社 1974 年版,第 91 页。
③ 引自《马克思恩格斯全集》第 26 卷Ⅲ,人民出版社 1974 年版,第 91 页。
④ ［美］约瑟夫·熊彼特:《经济分析史》第 2 卷,商务印书馆 1992 年版,第 151 页。

是决定消费的规律"①。他所提出的这个政治经济学研究的"四分法"结构,在相当长的时期内为许多经济学家所接受并沿用。

第三,詹姆斯·穆勒对经济科学的另一个突出贡献,是他推动、鼓励和帮助李嘉图撰写《政治经济学及赋税原理》。他的长子约·斯·穆勒在其《自传》中说,李嘉图的这本名著"要不是我父亲敦促和大力鼓励,就不可能出版,也不可能写出。因为李嘉图是最谦逊的人,他虽然坚信自己的学说是正确的,但认为自己无力作出正确的表达和解说,因而不敢想象出版的事"②。约·斯·穆勒的这一论断,现已为李嘉图与詹姆斯·穆勒的通信所证实。李嘉图在 1816 年 12 月 2 日的一封信中,总述了他在撰写《政治经济学及赋税原理》过程中詹姆斯·穆勒给了他的帮助。他说:"如果我的事业能成功的话,我的成就主要是由于你而得来的。因为如果没有你的鼓励,我想我不会进行下去,而且在对我说是最重要的问题上——在编排各章节次第以及删除繁词冗句方面——我都要仰仗你的帮助。"③

第四,詹姆斯·穆勒在阐述、传播李嘉图的学说时,"在某种程度上还是比李嘉图前进了一步,越过了李嘉图本人阐述观点时所划定的界限"④。例如,"他从地租理论作出了反对土地私有权存在的实际结论,他想或多或少直接地把土地私有变为国有"⑤。

第五,詹姆斯·穆勒在考虑如何制止银行滥发纸币时,提出了自由货币的主张,"如果允许竞争自由地进行,如果对加入某一银行的合伙人的人数不加限制,银行业务和发行钞票业务将自然地处于能对纸币提供充分保障的基础上"。这样,"银行的数目当然将大大增多,没有一家银行发行的钞票的流通范围能超出一个地区。……成立众多银行,每家银行在自由与竞争的安全保障下在一个有限地区发行银行券,这还有另外一个重大好处:那就是,倘若有一家银行倒闭,遭祸害的范围有限,只对社会的一小部分产生不利"⑥。这完全可以说是 20 世纪哈耶克自由货币主张的先声。

---

① [英]詹姆斯·穆勒:《政治经济学要义》,商务印书馆 1993 年版,第 4 页。

② 见《约翰·穆勒自传》,商务印书馆 1987 年版,第 24 页;译文引自《李嘉图著作和通信集》第 1 卷,商务印书馆 1981 年版,剑桥版编者序言,第 32—33 页。

③ 见《李嘉图著作和通信集》第 7 卷,商务印书馆 1982 年版,第 104 页;译文引自《李嘉图著作和通信集》第 1 卷,编者序言,第 33 页注 3。

④ 《马克思恩格斯全集》第 26 卷Ⅲ,人民出版社 1974 年版,第 88 页。

⑤ 《马克思恩格斯全集》第 26 卷Ⅲ,人民出版社 1974 年版,第 88 页。参阅[英]詹姆斯·穆勒:《政治经济学要义》,商务印书馆 1993 年版,第四章第五节。

⑥ [英]詹姆斯·穆勒:《政治经济学要义》,商务印书馆 1993 年版,第 84—86 页。

除上述以外,詹姆斯·穆勒还在其早期著作中,提出了一些有价值的见解。例如,他在《为商业申辩》一书中,批判了斯彭斯、科贝特等人关于商业不是财富来源的观点,捍卫了亚当·斯密的生产劳动学说,并坚持用"比较成本说"来阐述贸易利益,从而进一步阐明了资本积累和生产性消费对经济增长的重要性。他在驳斥积累过度或总体生产过度的观点时,曾援用了萨伊关于"商品生产为所生产的商品创造市场"的论点,并示意萨伊原理也适用于货币经济。这就是首次用英文阐述了最初所称的"萨伊—穆勒市场定理"①。

詹姆斯·穆勒的经济思想对约·斯·穆勒具有直接的影响。

三、麦克库洛赫的经济思想

约翰·拉姆齐·麦克库洛赫②(John Ramsay McCulloch, 1789—1864),生于苏格兰的威格顿郡,后进爱丁堡大学,先学法律,不久改学政治经济学。1816年,他以论减低国债利息的两本小册子登上经济学论坛。这两本小册子的书名,一为《论减低国债利息,证明这是解除商业界和农业界困难和唯一可能的手段;并根据政治经济学最可靠的原理证实此项措施的公正》;二为《论减低公债利息问题,充分证实这一措施的公平和得计》。他于 1817—1821 年任《苏格兰人报》编辑,并为该刊撰稿直到 1827 年;在此期间,该刊经常刊登有关政治经济学的"大块文章",为此,《爱丁堡评论》曾有评论说:"苏格兰只以一种独特的报纸——《苏格兰人报》而自豪,而这种报纸只以一个主题——政治经济学而自豪。这位编辑或许可以说是政治经济学之王。"③1818 年 6 月,麦克库洛赫在《爱丁堡评论》上发表了题为《关于李嘉图的政治经济学原理》一文,从此成为忠诚的李嘉图主义者;就从这时开始,他经常为《爱丁堡评论》撰稿,直到 1837 年,撰稿近 80 篇。在 1818—1824 年间,他还为《大英百科全书》(第 4 版)补篇撰稿。从 1820 年起,他在爱丁堡和伦敦两地讲授政治经济学,1824 年,他被挑选为伦敦李嘉图纪念会的第一位演讲人。1824 年,他出版了《政治经济学起源、发展、特殊对象和重要性演讲集》。1825 年出版了他的主要经济学著作《政治经济学原理》,1826 年又出版了他的另一经济理论著作《论决定工资律的情况》。

---

① 参见《新帕尔格雷夫经济学大辞典》第 3 卷,经济科学出版社 1992 年版,第 499—500 页。

② 《新帕尔格雷夫经济学大辞典》第 3 卷,经济科学出版社 1996 年版,第 283—285 页。[英]马克·布劳格、保罗·斯特奇斯:《世界重要经济学家辞典》,经济科学出版社 1987 年版,第 423—424 页。

③ 载《爱丁堡评论》1823 年 5 月号,第 369 页。转引自《李嘉图著作和通信集》第 6 卷,商务印书馆 1980 年版,第 20 页。

1828 年,他被任命为伦敦大学的第一位政治经济学教授,这一职务一直保持到
1837 年。1832 年,他出版了《贸易与商业航行的实践、理论和历史辞典》。1837
年,他被任命为英国皇家印刷局的主审官,在这一岗位上任职直到 1864 年去
世。他在 1837 年出版了《英帝国的情况介绍和统计资料》后,于 1845 年,他又
出版了两本有影响的著作:《政治经济学文献》与《论征税和集资系统的原理和
实际影响》。麦克库洛赫可以称得上是一位多产作家。

作为经济学家的麦克库洛赫,在捍卫李嘉图学说的论战中,在化解李嘉图
体系中的两个矛盾时,同詹姆斯·穆勒一样,也作了违背李嘉图原意的补救
解释。

例如,在化解价值规律同资本与劳动相交换的矛盾时,他把价值区分为实
际价值和交换价值,并指出前者是由耗费在商品中的劳动决定的,后者是由一
定量商品所能购买到的商品或劳动量决定的。他认为,当市场不受垄断影响,
各种商品供求平衡的情况下,商品的交换价值与实际价值是一致的,但这种情
况不常见。因此,商品一般不是根据它所耗费劳动量进行交换;"事实上,它总
是交换得多一点,这个多余的部分,便构成利润。没有一个资本家愿意把已经
制成的一定量劳动的产品,来交换尚待制造的同量劳动产品。这等于不收取利
息的贷款"①。这就是说,在现实生活中,交换价值总是高于实际价值的,把利润
完全看作是从交换中产生的,这就根本背离了李嘉图的劳动价值论,倒向马尔
萨斯的"让渡利润论"了。

再如,他在化解劳动价值论同等量资本取得等量利润之间的矛盾时,在解
释陈葡萄酒为什么比新葡萄酒贵时,除了同意詹姆斯·穆勒关于积累劳动也创
造价值的观点外,他还认为动物的行为和自然力的作用也都是劳动,都创造价
值。他把陈葡萄酒的价值增值,完全看作是自然力作用的结果。他说:"当一个
商品全部或一部分借助机器而生产时,每一个人都承认,由机器的作用而转入
到这个商品中的价值完全是由劳动得来的,但是,借助于机器的作用,与发酵的
作用,以及在桶内完成的其他过程,除了一个能看见,另一个看不见之外,在本
质上没有一点不同的影响。"②可见,他解决矛盾的方法就是首先宣布资本和自
然力都会劳动,然后再肯定劳动创造一切价值。这就比詹姆斯·穆勒更加背离
了李嘉图的原意。

尽管麦克库洛赫对李嘉图体系中的两个矛盾作了背离李嘉图原意的补救
解释,但绝不能因此就完全否定他的贡献及其在经济思想史上的地位。

---

① 麦克库洛赫:《政治经济学原理》,商务印书馆 1975 年版,第 125 页。
② 麦克库洛赫:《政治经济学原理》,商务印书馆 1975 年版,第 179 页。

首先,在扩大以李嘉图为代表的经济科学的传播方面,麦克库洛赫起了重要作用。李嘉图的《赋税原理》是一部巨著,出版后能读懂的人并不多,据李嘉图自己估计,在当时的英国,能"理解他著作的不超过 25 人"①。李嘉图的经济理论,就是通过麦克库洛赫等人对其著作的评论和阐述而得到广泛传播。在李嘉图的巨著出版不久,麦克库洛赫即在《爱丁堡评论》1818 年的 6 月号上发表评论,对李嘉图在该著作中所阐明的理论,作了高度的评价和阐述。李嘉图看了这篇书评后,"非常高兴",立即写信感谢他对自己经济学见解所作的清楚而正确的阐述。李嘉图在信中写道:"我自己的学说经过您生花妙笔的解释似乎有了双倍的说服力,并且我在这乡僻的地方已经听说,那些不能了解我的人非常清楚地了解您。您帮了这个大忙,我应该谢谢您;同时请您允许我表示满意,我自己对政治经济学一般原理的见解竟然得到您的重视。我可以引以自豪的信徒不多,可是只要其中有您和穆勒先生两位,我就认为我的成功不小。穆勒先生正在我处访问,我想您一定乐于知道他认为您的书评是关于这门科学的一篇出色的论文,很有助于传播对其中复杂的一部分的正确看法。"②

麦克库洛赫在李嘉图的如此赞许的鼓舞下,在《苏格兰人报》、《爱丁堡评论》、《大英百科全书补编》上,发表了一系列文章,并且出版教科书和专著来阐发李嘉图的经济理论。对此,李嘉图于 1822 年在给他的一封信中,进一步肯定他为正确传播政治经济学原理所作出的无与伦比的贡献。李嘉图在信中写道:"欣闻您未放松教授政治经济学原理的努力,且您考虑下一届向一个公开的而不是私人的班讲授。我不知道还有什么人在这门科学的正确原理的传播上比您更为有用。您的著作如此清晰,您的说明如此令人满意,它们不能不使人信服。您刊登在《百科全书补编》和《爱丁堡评论》上的文章包含着极其宝贵的教益。"③

著名的经济学说史专家熊彼特教授,对麦克库洛赫在传播李嘉图学说方面的作用,作过中肯的评价。他指出,麦克库洛赫"是那时经济学界最著名的人物之一,并且在几乎所有其他经济学家均离开了'李嘉图主义'的时候,仍能使'李嘉图主义'的旗帜继续飘扬,这是颇为难得的。……他写的一本教科书是英国十九世纪头四十年代所出版的最成功的普通经济学论著,该书尽管有许多缺点,却不是无足轻重的;这本书对公众比李嘉图的著作有更大的直接影响"④。

其次,麦克库洛赫是"工资基金理论"的最初创立者之一,并且是这一理论

① 《李嘉图著作和通信集》第 8 卷,商务印书馆 1987 年版,第 342 页注 3。
② 《李嘉图著作和通信集》第 7 卷,商务印书馆 1982 年版,第 278 页。
③ 《李嘉图著作和通信集》第 9 卷,商务印书馆 1986 年版,第 136 页。
④ [美]约瑟夫·熊彼特:《经济分析史》第 2 卷,商务印书馆 1992 年版,第 153 页。

的"主要阐述者"①。他在 1825 年出版的《政治经济学原理》中指出,"工资是对工人耗费了的体力、技术和才能的补偿"②。"工人所得到的工资不过是他所付出劳动的公平报酬"③,而实际工资水平则取决于资本和人口的比例。他说:"给与每个工人生活资料的数量或工资率,必须依据于全部资本数量对全部劳动人口的比例。假如资本量增加,而人口不相应增加,则给与每个人的这种资本份额即较大,或者说工资率将增加;在另一方面,假如人口的增加快于资本的增加,则给与每个人的份额即较少,或者说工资率将减少。"④1826 年,麦克库洛赫在《论决定工资律的情况》这一专著中,又对上述"工资基金理论"作了进一步的论证。熊彼特认为,"这是他在经济理论方面所作的最具雄心的努力"⑤。但是他主张实行高工资,因为高工资能够鼓励勤劳,并促使工人拥护其生活于其中的制度。⑥

第三,麦克库洛赫看到了保护产权对于提高一般生产力的重要性,指出,财产安全不仅是指财产所有者自由支配产品,而且也指要素所有者自由支配自己的生产要素。他强调,如果人们被一个不尊重和不保障财产权的政府所统治,就将变得野蛮、贫困和卑下。⑦

第四,麦克库洛赫于 1845 年发表《论征税和筹集资体系的原理和实际影响》,这是经济学界第一本单独论述公共财政的专著。从这一点来看,称他为公共财政学的先驱也是可以的。

第五,麦克库洛赫在搜集经济研究资料方面,也取得了"重大成就"⑧。他曾搜集约达 1 亿册珍贵的经济书籍,被认为可与 J. Massie 及 H. S. 福克斯韦尔并称的经济文献大收藏家。麦克库洛赫的藏书,在他死后,被他的朋友奥弗斯通勋爵买下赠送给了雷丁大学。他还编著两部具有重大资料价值的经济论著:一是 1832 年出版的《贸易与商业航行的实践、理论和历史辞典》,熊彼特认为,"这一部大胆的论著,虽然采取了辞典的形式,却把事实和分析穿插得非常好。这正是他所擅长的,实际上不应当单凭他的《原理》来评价他"⑨。二是 1845 年出

① [美]约瑟夫·熊彼特:《经济分析史》第 2 卷,商务印书馆 1992 年版,第 152—153 页。
② 麦克库洛赫:《政治经济学原理》,商务印书馆 1975 年版,第 130 页。
③ 麦克库洛赫:《政治经济学原理》,商务印书馆 1975 年版,第 180 页。
④ 麦克库洛赫:《政治经济学原理》,商务印书馆 1975 年版,第 185 页。
⑤ [美]约瑟夫·熊彼特:《经济分析史》第 2 卷,商务印书馆 1992 年版,第 152 页注 2。
⑥ 麦克库洛赫:《政治经济学原理》,商务印书馆 1975 年版,第 199 页。
⑦ 麦克库洛赫:《政治经济学原理》,商务印书馆 1975 年版,第 46—47 页。
⑧ [美]约瑟夫·熊彼特:《经济分析史》第 2 卷,商务印书馆 1992 年版,第 152 页。
⑨ [美]约瑟夫·熊彼特:《经济分析史》第 2 卷,商务印书馆 1992 年版,第 221 页。

版的《政治经济学文献》，它收录的书刊计分经济学、商业及商业政策、货币、银行、交易等 20 个项目，约 1200 种。在每项目的开头都有关于该项学说的概述及其背景，正文按出版年代排列书目，并对其中的主要著作及作者有较详细的介绍，书末附有作者及书名索引。熊彼特认为，"这是一本涉及面相当广泛的带注释的目录，是一个极为有用的参考书(该书对每位作家的评论是从一种对李嘉图学说怀抱着天真的和毫不怀疑的信仰的角度写出的，因此对于任何想要掌握李嘉图学派精神实质的人来说是一本启示录)"[①]。

四、韦斯特和德·昆西的经济思想

爱德华·韦斯特[②]（Edward West，1782—1828），出生于伦敦的近郊，就学于牛津大学哈罗学院，1804 年获学士学位，1807 年获硕士学位后，在该学院任研究人员。于 1815 年，出版了其主要经济著作《论资本在土地上的应用，并论对谷物进口严加限制的失策》(以下简称《论资本在土地上的应用》)。他取得律师资格后，于 1817 年，发表了重要论文《论全面扣押和辅助扣押的法令与实践，附令状表、扣押宣誓书、扣押诉状、法院规则以及费用表》。1822 年，他被封为爵士，并出任孟买市法院的首席法官，两年后，又出任孟买省高等法院的大法官。1826 年，又出版了另一经济专著《谷物价格与劳动工资，评斯密博士、李嘉图先生和马尔萨斯先生有关这两个主题的学说，试图阐明最近 30 年间谷物价格波动的原因》。在他的晚年，直至 1828 年去世为止，一直对经济研究怀有兴趣。

韦斯特在其经济研究的代表作《论资本在土地上的应用》一书中，先于马尔萨斯和李嘉图，也与任何先驱者无关，独立地发现并阐明了报酬递减律。他说："随着耕作方式的改进，总产品和净产品必然不断增加；因为除非土地的再生产不仅足以偿还投入的资本，而且还能使这些资本获得新收益和利润，否则就不会对土地追加费用或投入新的资本。新增加的资本所创造的利润便是净产品。但问题在于，每一笔追加资本所产生的收益在不断下降，结果是投入的资本越多，利润与资本的比例越低。例如，在任意大小的一块土地投入 100 镑资本，创造出 120 镑产值，即 20％的利润。将资本翻一番，即投入 200 镑，却不会创造出 240 镑的产值或 20％的利润，而很可能是 230 镑或小于 240 镑的一个数字。利润量无疑会增加，但利润与资本的比率会降低。"[③]韦斯特的这一阐述，与李嘉图

① ［美］约瑟夫·熊彼特:《经济分析史》第 2 卷，商务印书馆 1992 年版，第 152 页注 2。
② 《新帕尔格雷夫经济学大辞典》第 4 卷，经济科学出版社 1996 年版，第 971－972 页。
［英］马克·布劳格、保罗·斯特奇斯:《世界重要经济学家辞典》，经济科学出版社 1987 年版，第 657 页。
③ 韦斯特:《论资本用于土地》，商务印书馆 1992 年版，第 6－7 页。

对农业收益递减律的表述方式是很相似的,他们所依据的都是递减的平均产量,他们两人都是从这递减律出发,推导出一般利润率下降趋势的。熊彼特指出,韦斯特的《论资本在土地上的应用》"实际上不仅包含了'李嘉图'地租理论的系统表述,而且也包含了报酬递减律对利润理论的应用,因而也就包含了李嘉图体系的枢轴"①。马克思也认为该书"在政治经济学史上有划时代意义"②。严格说来,韦斯特并不隶属于李嘉图学派,在相当程度上是李嘉图的同辈,独立提出了李嘉图所提出的一些重要原理。③

托马斯·德·昆西④(Thomas De Quincey,1785—1859),生于曼彻斯特一个商人家庭,1803 年入牛津大学伍斯特学院学习。他博览群书,于 1821 年出版了《一个英国鸦片服食者的自白》和他为期刊写了大量涉及广泛题材的文章而出名。后由于他研读了李嘉图的《赋税原理》,引起了他对经济学的兴趣。他的经济研究成果,主要表现在他的许多经济论文和两本著作中,一本是《三位法学家关于政治经济学的对话,主要是关于李嘉图先生的〈原理〉》(1824),这是德·昆西的主要经济著作。他的另一经济著作是《政治经济学的逻辑》(1844)。他在经历了一番才华横溢的创作生涯后,于 1859 年离开人世。

德·昆西在《三位法学家关于政治经济学的对话……》中,比他的老师——李嘉图本人更大胆地解释了真实价值要以劳动量来测定的观点。他在该书的第四个对话中,借对话者中的苏格拉底(以 X 表示)之口,表述作者的观点说:"我的论题是,在这两者(获得的数量和获得的价值)之间不存在这样一种能够证明下述推断正确性的联系,即实际价值因其购买的数量大而大,因其购买的数量小而小"。反对者:"我有一辆四轮马车,现时大约值 600 畿尼。假如我将它闲置于车库达 5 年之久,到那时,它的价值由于某种原因翻了一番,我以为可以指望用它交换双倍的任何商品,无论货币、糖、扫帚或其他东西。但是,你却说不是这样。"X 答道:"你说对了。我的确是这样说的。……确定 A 的价值加倍,它不会因此支配 B 的过去的 2 倍的量(B 代表任何可交换物品)。"⑤英国经济学家 F. Y. 埃奇沃思认为,"德·昆西的某些偶然诊断,是他论著中的小小的珍珠,更由于文字的完美,肯定将保持持久的价值"⑥。例如,他发现,政治经济

① [美]约瑟夫·熊彼特:《经济分析史》第 2 卷,商务印书馆 1992 年版,第 151—152 页。
② 《马克思恩格斯全集》第 23 卷,人民出版社 1972 年版,第 595 页。
③ [美]约瑟夫·熊彼特:《经济分析史》第 2 卷,商务印书馆 1992 年版,第 151—152 页。
④ 《新帕尔格雷夫经济学大辞典》第 1 卷,经济科学出版社 1996 年版,第 876—878 页。
⑤ 《新帕尔格雷夫经济学大辞典》第 1 卷,经济科学出版社 1996 年版,第 877 页。
⑥ 《新帕尔格雷夫经济学大辞典》第 1 卷,经济科学出版社 1996 年版,第 877 页。

学的抽象论证"并不像头脑迟钝的傻瓜想象的那么晦涩难懂"①。这是具有一定启发意义的。

李嘉图学派对于李嘉图理论的拙劣辩护,标志着这个学派的信誉扫地。19世纪30年代之后,除了马克思恩格斯之外,李嘉图原版的劳动价值论已经不再为其他大多数经济学家所信奉了。正如熊彼特所说的那样,"即使在英国,李嘉图派也总是处于少数派的地位;……论战还是以'李嘉图主义'的失败而告终"②。

从经济学发展历史的角度看,李嘉图的后继者詹姆斯·穆勒和麦克库洛赫,都没有继续推进劳动价值论。相反,他们的观点偏离了李嘉图的研究轨道,从而加速了李嘉图学派的解体,并最终导致整个古典经济学的瓦解。

解体的原因,在马克思看来,是因为李嘉图提出劳动价值论,本来是为了论证三大阶级是利益冲突的,尤其是工业资本家阶级与地主阶级之间的利益冲突。但是经过詹姆斯·穆勒和麦克库洛赫对劳动价值论的诠释,它不再是论证三大阶级利益冲突的理论前提,反而成为论证三大阶级利益和谐的理论工具了。这自然引起马克思的极度愤怒和轻蔑。按照马克思的口径,只有不反对劳动价值论且坚持各个阶级利益冲突的经济学家才属于古典经济学,因此一旦李嘉图学派不再坚持阶级利益冲突的观点,就意味着古典经济学瓦解了。

但是,应当把李嘉图派的解体与整个古典经济学瓦解看成是两件有一定联系但并不相等的事件。首先应当承认,大多数后来的经济学家心目中的古典经济学范围要比马克思的范围大得多,它包括了被马克思所轻蔑地称之为庸俗经济学家的马尔萨斯、萨伊、西尼尔,以及1870年边际革命之前甚至之后的许多其他经济学家。可以称之为广义的古典经济学。广义古典经济学到19世纪后期退出西方经济学主流是一个不争的事实。要对这样一个事件作出解释,就不能仅仅局限于詹姆斯·穆勒和麦克库洛赫对劳动价值论的低劣诠释了。

实际上导致整个古典经济学退出西方经济学主流的并非仅仅是由于李嘉图学派对于劳动价值论的诠释,而是有更大范围中的原因。当然,李嘉图学派对于劳动价值论的低劣诠释削弱了李嘉图理论的权威性,是导致李嘉图乃至整个古典经济学衰败的重要原因之一。在19世纪中期,劳动价值论所激发起来的,体现在李嘉图派社会主义者的大量论著中的,要求劳动者获得全部产品的伦理要求,就已经引起了几乎所有有产者的不安。资本主义社会的发展并未像马克思所预料的那样产生日益严重的两极分化,而是始终存在着大量的中产阶

① 《新帕尔格雷夫经济学大辞典》第1卷,经济科学出版社1996年版,第876页。
② [美]约瑟夫·熊彼特:《经济分析史》第2卷,商务印书馆1992年版,第339—340页。

级、小私有者。社会自然就产生了论证有产者理应获得一部分产品、各个阶级各得其所的理论诉求。这些人迫切需要能够替代劳动价值论的价值论和分配论。所以,劳动价值论被其他理论所替代就是迟早的事了。但是劳动价值论被阉割或放弃,并非广义古典经济学终结的根本原因。

问题在于,广义古典经济学的许多观点随着社会经济的发展,开始日益不符合社会现实了。总体上讲,1870 年之前,古典经济学的基本观点在经过约翰·穆勒和西尼尔的修饰之后,能够基本吻合英国经济的现实状况。但是从 19 世纪后半期开始,英国经济的发展开始超越了英国古典经济学的视野。首先是由于德国的统一和美国内战的结束,这两个国家的经济开始起飞,大有超过英国的势头,而英国的技术进步和经济增长的步伐开始放慢,其突出表现就是英国的贸易顺差不断缩小,从出口额为进口额的五倍下降为 20 世纪初的两倍。古典经济学自由贸易的政策开始受到挑战,1881 年成立了"公平贸易同盟",1903 年时任英国贸易委员会主任的约瑟夫·张伯伦发起成立"关税改革同盟",两个同盟的旨意都在于实行一定的贸易保护。[①] 其次是英国经济中的垄断现象开始涌现,出现了大型集团公司,于是古典经济学自由竞争的政策主张也受到挑战。第三是社会收入分配状况与李嘉图为代表的古典经济学的预测渐行渐远。19 世纪最后 25 年,工资水平相对稳定而物价却有所下跌,同时在工会的作用下,工人的实际工资有了一定的提升,渐渐脱离了维持生存的低水平。李嘉图-马尔萨斯的工资理论越来越背离现实。

英国经济面临的新形势新问题一时难以在古典经济学的范围中得到解决,于是离经叛道的新思潮开始出现了,新的理论开始取代古典经济学,逐渐成长为经济学的主流。

第二节　挑战李嘉图

虽然李嘉图在当时就取得了巨大影响,形成了一个李嘉图学派,但是反对之声也不绝于耳。其反对者大体可以分为三类:(1)李嘉图基本理论观点的反对者,尤其是价值理论的反对者。这是本节所要介绍的对象。(2)李嘉图通货观点的反对者。这是下一节所要介绍的对象。(3)李嘉图抽象演绎方法的反对者,即英国历史经济学派。由于这一派大部分成员活跃于 1870 年以后,所以将在本书第二十四章第二节进行介绍。

---

① ［英］约翰·米尔斯:《一种批判的经济学史》,商务印书馆 2005 年版,第 215—216 页。

一、劳德戴尔

劳德戴尔[①](Lauderdale, James Maitland 8th Earl of, 1759—1839)，苏格兰贵族，终身议员。一位直接反对亚当·斯密的经济学家。他在 1804 年出版 (1819 年少量修改后第二版)的《公共财富的性质和起源的研究》中提出：(1)个人富裕的最大化未必等于公共福利的最大化。这个观点使他成为以后庇古福利经济学的先驱。(2)劳动不是价值的源泉，也不是衡量价值的尺度；寻找不变的价值尺度就像炼金术士寻找点金石；生产性劳动与非生产性劳动的区分是无效的。(3)劳动分工不是经济增长的主要因素。(4)节俭并非无条件的美德，它可能导致过度投资和资本过剩。这个观点使他成为马尔萨斯类似理论的先驱。[②] (5)为减少政府负债而增加税收可能减少总消费、降低利润和资本价值。(6)财富是土地、劳动、资本共同作用的结果。这个观点在英国是第一次提出，但落后于萨伊一年。(7)资本并非与劳动只有互补关系，也存在替代关系。他的观点可以说是对斯密的全面反攻，也是对李嘉图理论的挑战。

二、罗伯特·托伦斯

罗伯特·托伦斯[③](Robert Torrens, 1780—1864)，上校军官，《环球报》老板，1821 年与李嘉图、马尔萨斯、詹姆斯·穆勒等人共同组建伦敦政治经济学协会，并主持了第一次会议。他在 1808 年发表的《驳经济学家》中，早于李嘉图提出了国际贸易的比较优势原理。在 1815 年发表的《论资本在土地上的应用，并论对谷物进口严加限制的失策》中与李嘉图、马尔萨斯和韦斯特同时提出了土地报酬递减法则。

在 1821 年发表的《论财富的生产》中，托伦斯开始与李嘉图分道扬镳，对后者的劳动价值论提出了挑战，拒不承认在多部门经济中劳动价值论的有效性，拒绝寻找不变价值尺度。他认为价值只是商品之间的一种比例关系，而且不是

---

① 《新帕尔格雷夫经济学大辞典》第 3 卷，经济科学出版社 1996 年版，第 147—149 页。[英]马克·布劳格、保罗·斯特奇斯：《世界重要经济学家辞典》，经济科学出版社 1987 年版，第 367 页。[美]亨利·威廉·斯皮格尔：《经济思想的成长》上，中国社会科学出版社 1999 年版，第 260—263 页。

② [美]约瑟夫·熊彼特：《经济分析史》第 2 卷，商务印书馆 1992 年版，第 161 页注 1。

③ 《新帕尔格雷夫经济学大辞典》第 4 卷，经济科学出版社 1996 年版，第 712—713 页。[英]马克·布劳格、保罗·斯特奇斯：《世界重要经济学家辞典》，经济科学出版社 1987 年版，第 620 页。[美]亨利·威廉·斯皮格尔：《经济思想的成长》上，中国社会科学出版社 1999 年版，第 299—301 页。哈里·兰德雷斯、大卫·柯南德尔：《经济思想史》，人民邮电出版社 2011 年版，第 162 页。

它们各自所耗费的劳动的比例关系,而是它们各自所使用的资本(包括支出的工资和使用的原料和机器折旧)之间的比例关系。

在货币金融领域,托伦斯在1810年左右的金块争论时期,站在李嘉图的对立面,在1812年发表的《论货币和纸币》中强烈要求实行不可兑现的纸币制度,并且根据真实票据说否定纸币会发行过度。并且提出了自我证明预期原理。但是到1820年以后的争论中,他在1828年发表的《论建立一种廉价、安全和统一的通货系统的方法》中,转变了观点,开始赞同李嘉图所主张的通货学派的观点,不相信单靠可兑换性就可以实现混合通货与纯粹金属通货相等同。因此他可以被看作是将英格兰银行的货币发行职能与其银行业务相分离计划的创始者。

在对外贸易领域,托伦斯主张互惠对等地取消进口关税,反对单方面实行自由贸易。

三、"名辞的观察者"

当时许多文章多以笔名发表,一个署名为"名辞的观察者"的人于1821年发表了《经济学上若干名辞,尤其是关于价值与需求和供给的论争的观察》,首先指出李嘉图价值理论将要遇到的困难,一是关于劳动本身的价值,二是土地的价值。指责李嘉图把价值由相对的东西说成是绝对的东西。

四、托马斯·查默斯

托马斯·查默斯①(Thomas Chalmers,1780—1847),一名牧师出身的教授,1808年发表《国家资源的范围和稳定性的研究》,1832年发表《论政治经济学》。他赞同马尔萨斯的人口论,反对济贫法,认为它会刺激穷人增加人口,主张通过道德说教来抑止人口过快增长。在他1808年的论著中,比马尔萨斯更早关心总需求的不足,强调普遍过剩的危险性。他不同意李嘉图否定普遍过剩危机的观点。

五、萨缪尔·里德

萨缪尔·里德②(Samuel Read,1780—?),一位小册子作家,其最重要的论

---

① 《新帕尔格雷夫经济学大辞典》第1卷,经济科学出版社1996年版,第433页。[英]马克·布劳格、保罗·斯特奇斯:《世界重要经济学家辞典》,经济科学出版社1987年版,第101页。[美]约瑟夫·熊彼特:《经济分析史》第2卷,商务印书馆1992年版,第168—169页。

② 《新帕尔格雷夫经济学大辞典》第4卷,经济科学出版社1996年版,第103页。[英]马克·布劳格、保罗·斯特奇斯:《世界重要经济学家辞典》,经济科学出版社1987年版,第521—522页。[美]约瑟夫·熊彼特:《经济分析史》第2卷,商务印书馆1992年版,第170页。

著是 1829 年发表的《政治经济学：享有可售财产或财富的权利的天然根据的研究》。书中以某些道德法则来否定财富的重要性，用功利主义的微积分作为研究人类行为和决定经济公平的基础，强调穷人获取公共资助的天然权利。他否定劳动价值论，认为把生产财富所需要的资本和时间抛开，仅仅考虑劳动是荒谬的。他反对李嘉图关于工资与利润此消彼长的观点。

六、理查德·惠特利

理查德·惠特利[①]（Richard Whately，1787—1863），早先任牛津大学政治经济学教授，后任都柏林大主教。他是西尼尔的导师和终生朋友，对后者有重大影响。他在 1832 年出版的《政治经济学引论》中提出了反驳劳动价值论的名言："不是因为人们潜水捕捞珍珠而使它获得高价格，相反，是因为它的高价格才使人们去潜水。"[②]他对劳动价值论的反对态度无疑影响了西尼尔。

七、塞缪尔·贝利

塞缪尔·贝利[③]（Samuel Bailey，1791—1870），一位英格兰谢菲尔德的商人和银行家。1825 年发表《价值的本质、尺度和原因的批判研究，主要论李嘉图先生及其信徒的著作》，在李嘉图理论达到顶峰时发难、批判了它。贝利强调价值的主观性和相对性，认为商品价值并不像李嘉图所认为的那样取决于其生产过程中所耗费的劳动，也不存在不变的绝对的价值尺度。他强调价值只是商品之间的交换比例，不是商品固有的东西，因此价值只有相对意义，不是绝对的东西。从价值的相对性出发，他认为劳动的价值也是一种比例关系，即劳动和构成工资的生活资料的交换比例。而且不同的劳动有不同的价值，这取决于不同劳动的技术差别和垄断程度的差别。于是，他否认劳动和资本交换中的不等价关系，否定工人的工资取决于维生的最低生活资料在生产中所耗费的劳动量，反对李嘉图的维生工资论。同样，利润也是一种比例关系，即价格超过成本的数额对垫支资本的比例。贝利对李嘉图的批判激发了李嘉图学派对李嘉图的辩护。

---

① ［英］马克·布劳格、保罗·斯特奇斯：《世界重要经济学家辞典》，经济科学出版社 1987 年版，第 657 页。

② 转引自［美］亨利·威廉·斯皮格尔：《经济思想的成长》上，中国社会科学出版社 1999 年版，第 306 页。《新帕尔格雷夫经济学大辞典》第 4 卷，经济科学出版社 1996 年版，第 973 页。

③ 《新帕尔格雷夫经济学大辞典》第 1 卷，经济科学出版社 1996 年版，第 187—188 页。［美］约瑟夫·熊彼特：《经济分析史》第 2 卷，商务印书馆 1992 年版，第 340 页。

八、斯克罗普

斯克罗普①(George Julius Poulett Scrope,1797—1876),毕业于剑桥大学,地质学家,英国皇家学会会员。1833 年发表《政治经济学原理》。他攻击李嘉图的劳动价值论,拒绝以生产成本为价值基础,强调使用价值的重要性。他也反对马尔萨斯人口论,但赞同后者关于普遍性生产过剩的观点。他建立了节俭利息论和风险—努力利润论,引进了准租概念。

第三节　通货论战中的桑顿与图克

18 世纪开始形成的货币思想,可以大致划分为两个流派:一派可以称作货币产量论,侧重强调货币数量变化对于产量和就业的影响,其代表人物为约翰·劳和范德林特(他似乎两派都可以算);另一派可以称作货币数量论,强调货币数量变化对于物价的影响,其代表人物有洛克、坎蒂隆和休谟。到了 19 世纪,这两种意见有了初步融合的趋势,这主要表现在亨利·桑顿 1802 年的《大不列颠纸币信用的性质和作用的研究》一书中。

英国在 18 世纪的货币制度是金本位制,金银铸币和银行券同时流通于市场,纸币可以随时自由地兑换成金币。但自拿破仑战争(1794—1815)开始,因为战争需要,中止了银行券的自由兑换,出现了纸币贬值和英镑汇价下跌的局面。围绕这种局面,在 1810 年前后,英国展开了一场关于货币银行制度的大辩论,史称"金块争论"。以李嘉图为首的通货学派和以英格兰银行的银行家为代表的银行学派各执己见。通货学派要求实现全额准备金制度,同时恢复自由兑换,以消除通货膨胀的根源。而银行学派则要求实行比例准备金制度,理由是只要银行贷款都是以实际经济活动为基础而非投机性的,那么发出去的银行票据将自动返回银行,不会引起货币发行过度,即真实票据论。1810 年由桑顿起草的关于通货的报告呈交给议会,支持通货学派的观点。

拿破仑战争结束以后,英国于 1821 年恢复了金本位制,但是经历了一段紧缩时期,经济萧条,物价下跌。英国的货币依然不稳定,货币信贷扩张和收缩交替出现、银行遭遇挤兑,不少银行遭遇困境,包括亨利·桑顿的老资格银行。于是围绕货币管理制度的争论再度兴起。而那时李嘉图已经于 1823 年去世。于

---

① 《新帕尔格雷夫经济学大辞典》第 4 卷,经济科学出版社 1996 年版,第 292 页。[英]马克·布劳格、保罗·斯特奇斯:《世界重要经济学家辞典》,经济科学出版社 1987 年版,第 570 页。[美]约瑟夫·熊彼特:《经济分析史》第 2 卷,商务印书馆 1992 年版,第 170—171 页。

是争论在以托伦斯为代表的通货学派和以图克为代表的银行学派之间进行。①
争论最终以通货学派主导货币政策而告终,英国于 1844 年通过了体现通货学
派观点的《皮尔银行法案》;但是银行学派的论点也为后来 19 世纪末瑞典的维
克赛尔建立其累积过程理论准备了材料,最终体现在维克赛尔的管理通货的银
行原则之中。

以今天的眼光来看,在上述两场争论中,通货学派似乎更注意防范通货膨
胀,而银行学派则更操心于经济萧条。在这两场历时多年的争论中,除了前面
已经介绍的李嘉图和托伦斯之外,还有两位人物值得介绍,就是亨利·桑顿和
托马斯·图克。

一、亨利·桑顿

亨利·桑顿②（Henry Thornton,1760—1815）,伦敦极为成功的一位银行
家和国会议员,一位伟大的慈善家,婚前将每年收入的七分之六捐献给慈善事
业。他在 1802 年发表的《大不列颠纸币信用的性质和作用的研究》中提出了相
当成熟的货币理论,不仅涉及货币与价格的关系,而且涉及货币影响价格的路
径机制。他主要通过利率和银行的贷款活动来说明货币数量的变化影响价格
的机制。而且不仅是对价格的影响,还包括对实体经济的影响。

在书中,桑顿首先详细描述了当时英国的货币制度,说明种类繁多的信用
工具是如何发挥作用的。他指出流通媒介所包含的种种信用工具的流通速度
是不同的,并且随时间的推移而变化,因此流通速度不是一个常数。

桑顿比较详细地探讨了英格兰银行应当如何行事以减少货币波动所带来
的不利影响,主张在地方银行出现挤兑现象时,英格兰银行应当自由放款给它
们,以恢复公众的信心。当由于国际收支逆差而出现货币外流时,他认为由于
货币工资的刚性,英格兰银行的正确做法应当是尽量少收缩银根,否则可能会
引起国内实体经济的收缩而非物价的下跌;而在银行放松银根时,银行利率可
能低于厂商预期的投资收益率,于是就会刺激厂商贷款投资。这反映出他看到

---

① ［美］亨利·威廉·斯皮格尔:《经济思想的成长》上,中国社会科学出版社 1999 年
版,第 301—303 页。

② 《新帕尔格雷夫经济学大辞典》第 4 卷,经济科学出版社 1996 年版,第 684—686 页。
［英］马克·布劳格、保罗·斯特奇斯:《世界重要经济学家辞典》,经济科学出版社 1987 年
版,第 615—616 页。罗杰·E. 巴克豪斯:《西方经济学史》,海南出版社、三环出版社 2007 年
版,第 159—161 页。［美］亨利·威廉·斯皮格尔:《经济思想的成长》,中国社会科学出版社
1999 年版,第 171 页。［美］约瑟夫·熊彼特:《经济分析史》第 2 卷,商务印书馆 1992 年版,
第 495 页。

了货币数量变化的产量效应而非仅有价格效应。他还提出了通货膨胀时期的强迫储蓄现象。

桑顿区分了自然利率和银行利率,从而成为维克赛尔的先驱。他看到了实际利率与名义利率的差别,从而成为欧文·费雪的先驱。熊彼特认为他的论述"预示了未来一个世纪关于中央银行政策所发现的几乎一切东西。……他在一组规则中总结了……完全私营企业经济中信用管理的'大宪章'"[1]。

但是桑顿的贡献一段时间里被经济学界所忽视和遗忘,以至于维克赛尔都不了解他,需要重新发现银行利率与自然利率的差别。

二、托马斯·图克

托马斯·图克[2](Thomas Tooke,1774—1858),生于俄国,早年在伦敦经营从事对俄贸易的公司。1820年,他代表伦敦企业家向国会请愿,要求实现自由贸易。1821年,他与李嘉图、马尔萨斯等人发起成立经济学协会。他是主张自由贸易的经济学家,李嘉图货币理论的批判者,英国银行学派的主要代表之一。其主要论著有:《通货状况的思考》(1826)、《联系谷物贸易来讨论通货》(1829)、《通货原理研究》(1844),以及六卷本《价格史》(1838—1857)。

针对1844年英国皮尔首相向议会递交的要求改进银行管理、实行银行券100％黄金准备的《银行特许状法》,英国的"银行学派"(主要代表除图克外还有富拉顿、吉尔巴特)和"通货学派"(主要代表有皮尔、托伦斯、奥弗斯东)展开了激烈争论。"银行学派"认为只要保证银行券的可兑换性,就可以保持货币的稳定。为此,不必通过100％黄金准备来严格限制银行券的发行。"通货学派"则坚持通过100％黄金准备来严格限制银行券的发行,以实现货币稳定。为此,需要把银行发行银行券的职能与通常的存贷职能严格区分,最好是只允许英格兰银行发行纸币,而其他银行只从事非发行业务。[3]

由于当时英国纸币流通的混乱状况,争论的结果是"通货学派"的主张占了上风,议会于1844年通过了反映"通货学派"意见的英格兰银行法,要求按照100％黄金准备来发行银行券。虽然这项法案在后来经常由于实际情况的需要而中止。

针对银行法,图克于1844年发表的《通货原理研究》一书,在反对"通货学

---

① [美]约瑟夫·熊彼特:《经济分析史》第2卷,商务印书馆1996年版,第526页。

② 《新帕尔格雷夫经济学大辞典》第4卷,经济科学出版社1992年版,第709—712页。[英]马克·布劳格、保罗·斯特奇斯:《世界重要经济学家辞典》,经济科学出版社1987年版,第619—610页。

③ [英]托马斯·图克:《通货原理研究》,商务印书馆1996年版,第5页。

派"政策主张的过程中,论述了他反对自休谟以来广泛传播,并且被李嘉图所发挥的货币数量论的论点。"通货学派"的政策主张以货币数量论为理论基础,认为物价的不稳定是因为货币数量的不稳定,而货币数量的不稳定又是由于银行发行的银行券数量不稳定,因此解决办法就是通过 100% 黄金准备严格控制银行券的发行量。

为了反对"通货学派"的政策主张,图克把反对矛头直指其理论基础——货币数量论。

他明确提出,如果英国只流行金属货币,那么贵金属在国与国之间的流动不会改变金属货币的数量,从而也不会引起一般物价水平的变化。因此,那种认为贵金属的流出入将导致一般物价变化的货币数量论是不正确的。[①] 他坚持李嘉图的另一种关于贵金属价值决定的观点,"即正是贵金属的生产成本而不是它们的数量构成了它们的价值,并决定了商品的价格"[②]。

图克认为,"通货学派"的见解立足于一个错误的认识之上,即没有区分受到自由兑换约束的银行券和不受这种约束的纸币,"通货理论家们把确实可兑换成硬币的银行券同强制流通的、不可兑换的纸通货混为一谈"[③]。他强调无论是英格兰银行还是地方银行都不可能随意发行可以随时自由兑换金块的银行券,[④]只有政府强制发行的不可以自由兑换金块的纸币的数额才"能够按发行人的意愿增加"[⑤]。

在区分可自由兑换的银行券和政府强制发行的纸币这两种非金属货币的基础上,图克认为在货币数量与一般物价的关系上,不是可兑换银行券的数量影响一般物价;恰恰相反,是一般物价影响可兑换银行券的数量。[⑥] "汇票非但不是价格的原因,反而是价格的结果"[⑦]。他强调是物价涨落造成货币流通量的增减。这种观点受到马克思的赞赏,被认为是李嘉图以后英国经济学家的唯一功绩。[⑧] 至于一般物价的决定,他认为在通货自由兑换的条件下,在供给既定时,取决于需求,而需求的大小"不是取决于流通货币总量,而是取决于构成各阶层收入的货币数量,这些收入名之曰租金、利润、薪金和工资,其价值用黄金

---

① [英]托马斯·图克:《通货原理研究》,商务印书馆 1996 年版,第 116 页。
② [英]托马斯·图克:《通货原理研究》,商务印书馆 1996 年版,第 130 页。
③ [英]托马斯·图克:《通货原理研究》,商务印书馆 1996 年版,第 19 页。
④ [英]托马斯·图克:《通货原理研究》,商务印书馆 1996 年版,第 117 页。
⑤ [英]托马斯·图克:《通货原理研究》,商务印书馆 1996 年版,第 69 页。
⑥ [英]托马斯·图克:《通货原理研究》,商务印书馆 1996 年版,第 118 页。
⑦ [英]托马斯·图克:《通货原理研究》,商务印书馆 1996 年版,第 75 页。
⑧ [英]托马斯·图克:《通货原理研究》,商务印书馆 1996 年版,第 ⅲ 页。

表示,用于本期支出"①。即取决于有效需求。所以"通货学派"关于"银行券的数量会对物价产生影响"的观点,是犯了"用原因来代替结果"的错误。②

值得注意的是,图克对货币数量论的反对不是无条件的,而是建立在区分两种纸币的基础上的。对于不可兑换的纸币,他并不否定其数量对物价的影响,"就不可兑换的纸币而言,发行权可以达到使这种纸币完全丧失价值的限度"③。

图克还进一步探讨了利率与物价的关系,他反对当时普遍流行的观点,"低利率会抬高物价,高利率则会使物价下跌"④。指出,利率对证券价格的影响与对一般商品价格的影响是方向相反的,"低利率几乎是证券高价格的同义词;……低利率却必然会降低生产成本,从而降低商品的价格"⑤。因为低利率会导致使用大量固定资本,以及生产周期较长的企业的成本下降,因而会引起物价下降。⑥ 即利率与物价不是反向运动而是同向运动的。这种观点与货币数量论也是格格不入的。因为货币数量论的观点是货币数量的变化不仅将引起物价的同向变化,而且由于货币数量变化所代表的资本数量的变化,会引起利率的反向变化,于是物价水平也将与利率反向变化。除了在《通货原理研究》中从理论上反对这种观点之外,图克在其他场合还一再指出上述观点不符合事实。作为在 1838 年开始出版《价格史:1793—1856》的价格史研究专家,他的观点是值得重视的。

图克认为,物价巨大波动的源头并不是银行券和利率的变化,而是"信用的波动造成的",而信用的波动"是受商人或投机者对市场前景过于乐观或过于悲观的看法影响的"⑦。同时,政府阻碍自由贸易的各种措施如《谷物法》等等更加强了波动的力量。⑧

在批判"通货学派"的理论依据(货币数量论)和政策主张的基础上,图克提出了自己的政策见解,就是坚持亚当·斯密和李嘉图的观点,通过银行券的即期自由兑换金币与发钞银行之间的自由竞争,来防止银行券的过度发行。⑨ 反

---

① [英]托马斯·图克:《通货原理研究》,商务印书馆 1996 年版,第 73 页。
② [英]托马斯·图克:《通货原理研究》,商务印书馆 1996 年版,第 77 页。
③ [英]托马斯·图克:《通货原理研究》,商务印书馆 1996 年版,第 91 页。
④ [英]托马斯·图克:《通货原理研究》,商务印书馆 1996 年版,第 78—79 页。
⑤ [英]托马斯·图克:《通货原理研究》,商务印书馆 1996 年版,第 85 页。
⑥ [英]托马斯·图克:《通货原理研究》,商务印书馆 1996 年版,第 81—82 页。
⑦ [英]托马斯·图克:《通货原理研究》,商务印书馆 1996 年版,第 86 页。
⑧ [英]托马斯·图克:《通货原理研究》,商务印书馆 1996 年版,第 83 页。
⑨ [英]托马斯·图克:《通货原理研究》,商务印书馆 1996 年版 149 页。

对"发行业务和银行业务的完全分离"①,反对建立政府发钞银行来控制货币数量,"建立一政府发钞银行,情况也不会比这好,不会比这更安全,情况反而可能会更糟"。相对于政府银行而言,他"宁可依赖一群诚实正派、经验丰富、办事谨慎的银行董事"②。而在民间银行中,他认为联合股份银行比私人银行更加合适。③

图克是一个比较彻底的自由主义经济学家,他的政策主张说明他是 20 世纪 70 年代哈耶克自由货币思想的先驱。他对货币数量论的反对意见,提醒我们必须注意三种不同性质的货币:贵金属、可兑换纸币和不可兑换纸币,它们对于一般物价的影响可能是有不同性质不同机制不同特点的。如果不加区别地用"货币"这一词语讨论它们各自对于一般物价的影响,就有可能出现顾此失彼以偏概全的问题。正如他在第一版序言中所说的那样,"在阐述所要讨论的主题时所面临的最大困难,在于在不同的意义上使用相同的词语"④。他对于银行券 100% 黄金准备的反对意见虽然当时未能被政府采纳,但是以后的历史证明了他的正确性。他对于利率与一般物价关系的看法很可能对半个世纪以后瑞典学派创始人维克赛尔的《利息与价格》一书产生影响,促使维克赛尔在继续坚持货币数量论的前提下,提出自然利率概念来说明货币利率与物价同向运动的现象,并提出利率变动对于资本价格的两种效应,即导致资本品重置价格同向变化的效应和导致资本品资本化价值反向变化的效应。

第四节　主流之外的人物:拉姆赛与巴贝杰

一、乔治·拉姆赛

乔治·拉姆赛⑤(George Ramsay,1800—1871),出生于苏格兰,是 1826 年剑桥大学的文学硕士,19 世纪上半期的英国经济学家。他唯一的著作《论财富的分配》,于 1836 年在英国爱丁堡出版。也许由于他的观点多是对亚当·斯密和李嘉图的补充修正,少有重大创见,同时他作为一个一直生活在乡间的地主,

---

① [英]托马斯·图克:《通货原理研究》,商务印书馆 1996 年版 157 页。

② [英]托马斯·图克:《通货原理研究》,商务印书馆 1996 年版,第 154 页。

③ [英]托马斯·图克:《通货原理研究》,商务印书馆 1996 年版,第 98 页。

④ [英]托马斯·图克:《通货原理研究》,商务印书馆 1996 年版,第 2 页。

⑤ [英]马克·布劳格、保罗·斯特奇斯:《世界重要经济学家辞典》,经济科学出版社 1987 年版,第 519 页。

与其他经济学家罕有往来,可以说是完全没有进入学术圈子,所以他在当时的影响非常有限;后人也只有马克思提到了他,而且还给予比较高的评价。关于拉姆赛的理论观点,简述如下:

(一)与那个时代大多数古典经济学家一样,拉姆赛也把经济学研究的问题定为"财富的生产、分配、交换和消费"①。而把收入分配问题作为重点考虑的问题。另外,作为研究收入分配问题的基础,对于商品价值问题他也针对李嘉图劳动价值论存在的问题进行了一定的思考。最后,也许是因为身为地主,所以对于土地作为遗产的处置有着比较详细的分析。

拉姆赛定义财富为"那些为人所必需的、有用的、适合于他们需要的,而且不是由自然界自发地、无限丰富地提供的物质"②。从这里可以看到,他强调了财富的效用性和稀缺性。

(二)在财富的生产问题上,拉姆赛的特点一是强调了作为财富来源之一的资本可以分为固定资本和流动资本,前者不仅包括厂房、仓库等基础设施,以及机器、设备和工具,而且还包括各种原材料;后者"完全是由在劳动产品完成以前垫付给工人的口粮和其他必需品所组成的"③。这种划分,与后来马克思划分资本为不变资本和可变资本的做法非常接近,而离开后来马歇尔的划分更远。所以这种划分得到了马克思的认同,认为这是他的"主要功绩"④。特点之二是他对生产成本作了主观性的解释:"生产成本可以下定义为:为了增加任何商品,社会不得不作出的牺牲。……它只是由两个要素组成的:个人安逸的牺牲和称之为资本的那一部分财富的牺牲。"⑤

(三)关于商品价值的决定,拉姆赛一方面接受了李嘉图关于劳动决定价值的基本观点,另一方面也同意斯密关于不同时期价值的决定因素有所不同的观点,同时还提出了供求价格论的观点。

拉姆赛首先指出了一物具有价值的必要条件,"为了使一个物品具有价值,它必须:一、有效用;二、不是由自然界无限量地自发提供的"⑥。但是这两个条件并不决定物品价值量的大小。

而价值量的大小的决定,拉姆赛与李嘉图一致,认为要区分两种情况,物品

---

① [英]乔治·拉姆赛:《论财富的分配》,商务印书馆1984年版,第7—8页。
② [英]乔治·拉姆赛:《论财富的分配》,商务印书馆1984年版,第6页。
③ [英]乔治·拉姆赛:《论财富的分配》,商务印书馆1984年版,第10页。
④ 《马克思恩格斯全集》第26卷Ⅲ,人民出版社1974年版,第360页。
⑤ [英]乔治·拉姆赛:《论财富的分配》,商务印书馆1984年版,第15页。
⑥ [英]乔治·拉姆赛:《论财富的分配》,商务印书馆1984年版,第25页。

数量无法增加者,"价值将完全取决于稀缺"①。而对于物品数量通过努力可增加者,他又按照斯密的观点,分为两种情况,"如果产品是在没有资本参加的情况下仅仅是由劳动生产出来的,那末它的价值必将完全由劳动量来确定。……劳动是价值的唯一调节者"②。而一旦资本也参加了生产,产品价值的大小就不再唯一取决于劳动了。他的结论是"资本是一个独立于劳动之外的价值源泉"③。他进一步通过一些想象的数例来分别考察了固定资本、流动资本,以及它们两者之间的不同比例对于产品价值的影响。④ 他还用一些数例来分析单纯的工资变化对产品价值的影响。⑤ 他认为工资上涨会使得流动资本比重较大的产品的价值相对于流动资本比重较低的产品而上升。⑥ 他强调"在这种情况下,产品价值的变化,并非因为在每种产品是花费的劳动有丝毫改变,而只是由于劳动报酬有了变化"⑦。

拉姆赛实际上认同了斯密关于资本参加生产之后不再是劳动单独决定价值大小,而是劳动和资本共同决定价值大小的生产成本价值论。因为舍此便无法解释窖藏酒的价值增殖。在此基础上,他进一步认为"生产成本只是……决定价值的间接原因,而供给和需求之间的比例则是直接的调节者"⑧。他由生产成本论进一步走向了供求价值论。当然他对于供求的分析还是相当粗浅的。⑨

(四)拉姆赛在分析资本主义社会的财富分配问题时,首先区分了初次分配和二次分配。前者"是指不同财富源泉的所有者之间所进行的分配",后者则是收入在财富源泉所有者与不生产阶级之间的分配。⑩ 他主要研究的是前者。

(1)拉姆赛把当时英国通常所谓的利润划分为归资本家所有的纯利润(即利息)和归企业家所有的企业利润。把利润划分为企业利润和利息,这并不是他最早提出来的。早在 19 世纪 20 年代的一些经济学者就已这样划分了。他在这个问题上的特殊之处在于他强调了企业家在社会财富的生产和分配中的主导作用,"他们并不一定占有资本,而对产业的发展却作出了巨大的贡献"⑪。

---

① 〔英〕乔治·拉姆赛:《论财富的分配》,商务印书馆 1984 年版,第 26 页。
② 〔英〕乔治·拉姆赛:《论财富的分配》,商务印书馆 1984 年版,第 27 页。
③ 〔英〕乔治·拉姆赛:《论财富的分配》,商务印书馆 1984 年版,第 36 页。
④ 〔英〕乔治·拉姆赛:《论财富的分配》,商务印书馆 1984 年版,第 31—39 页。
⑤ 〔英〕乔治·拉姆赛:《论财富的分配》,商务印书馆 1984 年版,第四章。
⑥ 〔英〕乔治·拉姆赛:《论财富的分配》,商务印书馆 1984 年版,第 45 页。
⑦ 〔英〕乔治·拉姆赛:《论财富的分配》,商务印书馆 1984 年版,第 44 页。
⑧ 〔英〕乔治·拉姆赛:《论财富的分配》,商务印书馆 1984 年版,第 40 页。
⑨ 〔英〕乔治·拉姆赛:《论财富的分配》,商务印书馆 1984 年版,第 41—42 页。
⑩ 〔英〕乔治·拉姆赛:《论财富的分配》,商务印书馆 1984 年版,第 51 页。
⑪ 〔英〕乔治·拉姆赛:《论财富的分配》,商务印书馆 1984 年版,第 52 页。

企业家自己可以不拥有地产、资本和劳动,他可以通过在市场上购买这些生产要素,然后从社会总产品中分别"给工人支付工资,给资本家支付利息,给地主支付地租"①。而工资、利息和地租的量通过契约规定。支付工资、利息和地租后的余额,就构成了企业家的利润。他把资本主义社会分为四个阶级——工人、企业家、资本家和土地所有者。于是收入就分为工人的工资、企业家的利润、资本家的利息和地主的地租。②

(2)在工资的决定问题上,拉姆赛首先区分了实际工资和货币工资,主要研究的是实际工资的决定。他认为决定实际工资率的"直接原因是劳动的供给和需求之间存在的比例。……这种比例本身,一方面取决于生产生活必需品的产业部门的生产力,另一方面取决于气候条件所要求的,或社会舆论认为劳动人民生存所必要的生活方式"。它们是"调节工资率的根本原因"③。他特别强调劳动者生存所必要的生活方式并没有固定的内容,更多地取决于环境和历史形成的文化,因此不同地域不同时代会有很大差别。④ 他特别反对李嘉图等人关于劳动具有超越历史的自然价格的观点,"在劳动与商品之间,存在着本质上的差别。……如果价格降低到不能继续生产商品,那末这种商品就会很快完全停止上市。但劳动却不是这种情况。……自然价格这一概念,对各种商品来说是正确的,但对劳动来说则纯粹是臆造"⑤。

拉姆赛的供求决定工资论,实际上就是短期中的工资基金论和长期动态中的马尔萨斯人口论的结合。而短期中的工资基金就是他所说的可以作为工人口粮和生活必需品的流动资本,流动资本决定了对劳动的需求。⑥ 而劳动人数和工作时间决定了劳动供给。⑦ 他不无正确地指出,由于资本积累过程中固定资本比例的提高,对劳动需求的增加幅度在短期中会低于整个资本的增加幅度,从而导致失业增加;但是长期中则未必,可能出现相反趋势。⑧ 他的这种观点与后来马克思关于资本有机构成提高不利于劳动者就业的观点有部分相似。

为了缓解人口过多所引起的工资下降和劳动群众的困苦,拉姆赛认为一定要限制人口,而要限制人口,"提高劳动阶级对生活必需品的想法是一件头等重

① [英]乔治·拉姆赛:《论财富的分配》,商务印书馆 1984 年版,第 149 页。
② [英]乔治·拉姆赛:《论财富的分配》,商务印书馆 1984 年版,第 52—53 页。
③ [英]乔治·拉姆赛:《论财富的分配》,商务印书馆 1984 年版,第 58 页。
④ [英]乔治·拉姆赛:《论财富的分配》,商务印书馆 1984 年版,第 91—92 页。
⑤ [英]乔治·拉姆赛:《论财富的分配》,商务印书馆 1984 年版,第 90—91 页。
⑥ [英]乔治·拉姆赛:《论财富的分配》,商务印书馆 1984 年版,第 59 页。
⑦ [英]乔治·拉姆赛:《论财富的分配》,商务印书馆 1984 年版,第 64 页。
⑧ [英]乔治·拉姆赛:《论财富的分配》,商务印书馆 1984 年版,第 59—62 页。

要的事情。……是使人口保持在生活资料限度之内的唯一得策的办法"。因为它是使预防性限制(减少人口出生率)取代强制性限制(借各种疾苦来提高死亡率)的唯一途径。① 而在他看来,预防性限制比强制性限制占优势的国家,人口会较少,而且人口素质也较高。②

(3)拉姆赛把企业利润与利息之和称作毛利润或总利润,他强调总利润源于生产而非由交换创造,"在通常的市场情况下,利润不是由交换来创造的。如果它在以前不存在,那末在交换以后它也不可能存在"③。而利润之所以能够在生产中产生,又是由于流动资本所支配的劳动大于原先生产它所用的劳动,"流动资本所使用的劳动总量要多于先前用于它本身的劳动。因为如果它不能雇佣多于从前花费在它上面的劳动,那么所有者把它作为流动资本来使用还能得到什么好处呢?……如果确有利润,那么流动资本所能支配的劳动量就必定大于生产它的劳动量"④。马克思认为这个观点接近于正确地理解了剩余价值的来源,是他著作中最有意义的贡献。⑤

至于总利润的大小,拉姆赛认为"必须取决于两个原因:第一,取决于同生产中的总耗费'量'相比的'总收入量',换言之,取决于劳动生产率。第二,取决于总收入中给劳动者的份额,即工资率"⑥。整个社会的利润与劳动和资本的生产率同向变化。而在"劳动生产率保持不变的基础上,利润将按照劳动者在总产品中所占份额的减少或增加而上升或下降,换句话说,利润按工资下降或上升的比例而上升或下降"。总的结论就是"利润的变化显然同生产率的变化成正比,而与工资量的变化成反比"⑦。由此可知,他并未像李嘉图那样推导出工资和利润始终是无条件对立、此消彼长的结论,而是强调它们只是在劳动生产率不变时才产生对立关系。同时,他还看到利润的大小不仅取决于工资的高低,也取决于"必须留作补偿固定资本之用的部分所占的比例"⑧。他指责李嘉图忘记了总产品中用于补偿固定资本的部分。⑨ 因此,利润增减也可以与工资增减无关。⑩

---

①　[英]乔治·拉姆赛:《论财富的分配》,商务印书馆1984年版,第85页。

②　[英]乔治·拉姆赛:《论财富的分配》,商务印书馆1984年版,第77页。

③　[英]乔治·拉姆赛:《论财富的分配》,商务印书馆1984年版,第125—126页。

④　[英]乔治·拉姆赛:《论财富的分配》,商务印书馆1984年版,第31—32页。

⑤　《马克思恩格斯全集》第26卷Ⅲ,人民出版社1974年版,第363页。

⑥　[英]乔治·拉姆赛:《论财富的分配》,商务印书馆1984年版,第94页。

⑦　[英]乔治·拉姆赛:《论财富的分配》,商务印书馆1984年版,第95—96页。

⑧　[英]乔治·拉姆赛:《论财富的分配》,商务印书馆1984年版,第111页。

⑨　[英]乔治·拉姆赛:《论财富的分配》,商务印书馆1984年版,第118页注1。

⑩　[英]乔治·拉姆赛:《论财富的分配》,商务印书馆1984年版,第121页。

对于全社会利润率的下降趋势,拉姆赛不同意斯密认为那是竞争降低商品价格的结果,因为竞争降低了一个部门的价格往往也就意味着降低了其他部门的成本。[①] 他基本同意李嘉图的观点,认为是土地报酬递减法则的结果。同时他也指出了阻碍利润率降低的因素,即工商业的报酬递增。"同工业、商业相比,农业更多地依赖于自然条件而较少地取决于技艺。因此,随着社会的发展和人口的增加,后者的生产率颇有下降的趋势,而另外两个产业部门的生产率却不断增长。……在社会发展过程中,利润受到两个不同方面的影响:生产原产品方面日益增长的困难有降低利润率的趋势;而工业和商业方面的改进却有着正好相反的作用。"[②]

(4)关于利息,拉姆赛认为它与作为企业家因为"辛劳和风险,以及在指导和监督工作中所发挥的技能的补偿"的报酬即企业利润不同,"是对资本使用的补偿",是资本的利润,[③]其大小"部分地取决于毛利润率(因为全部利润的大小决定全部利润中每一个部分的大小),部分地取决于按什么比例把毛利润分为资本的利润和企业利润。这种比例又取决于资本贷放者和所有能提供可靠担保的借款者之间的竞争,这种竞争受到预期会实现的毛利润率的影响,虽然毛利润率决不能完全支配这种竞争。其所以不能完全支配竞争,一方面是因为有许多借款并不用于生产性的目的,另一方面因为借贷资本在全部国民资本中的比例随着国家的富裕而变化,而与毛利润的变动无关"[④]。非生产性目的的借款会提高如果不存在这种借款时将存在的利率,而随着国家富裕放款者增多及放款资金的增多,会降低利率。[⑤] 而政府是否能够有效保护财产的安全,也是影响利息率的重要因素。[⑥]

(5)关于企业利润,拉姆赛认为它首先取决于毛利润的大小,然后取决于毛利润在资本家和企业家之间分割的比例。[⑦] 但由于它是毛利润支付利息之后的剩余,因此是利息支配着企业利润而非相反。[⑧] 至于企业利润的实际大小,他认为:"绝大部分的企业利润与使用的资本成正比,……尽管如此,企业利润还是不完全取决于资本的数量,而是为发挥工人的才干和勤奋留下了相当大的余

---

① [英]乔治·拉姆赛:《论财富的分配》,商务印书馆1984年版,第122页。
② [英]乔治·拉姆赛:《论财富的分配》,商务印书馆1984年版,第128页。
③ [英]乔治·拉姆赛:《论财富的分配》,商务印书馆1984年版,第132页。
④ [英]乔治·拉姆赛:《论财富的分配》,商务印书馆1984年版,第141页。
⑤ [英]乔治·拉姆赛:《论财富的分配》,商务印书馆1984年版,第133页。
⑥ [英]乔治·拉姆赛:《论财富的分配》,商务印书馆1984年版,第136页注1。
⑦ [英]乔治·拉姆赛:《论财富的分配》,商务印书馆1984年版,第144页。
⑧ [英]乔治·拉姆赛:《论财富的分配》,商务印书馆1984年版,第146页。

地，……因此，企业利润是一种具有两重性的收入，即主要取决于资本量并且随资本量的变化而变化，但与此同时，又按照运用资本的那些人在智力和精神素质方面的不同，可以在一定限度内上升或者下降。"①由于企业利润是支付各种契约性开支以后的剩余，所以它既可能非常肥厚，但也可能是负数，这意味着企业家有风险。② 因此，企业利润由三个部分组成：（1）企业家劳动（即操心劳神）的报酬；（2）风险保险金；（3）剩余收益。他认为随着一个企业资本的不断增大，前两个部分在企业利润中所占比重将越来越少；而剩余收益比重将越来越高。③ "因为在指导与监督方面，每一个人所能提供的努力程度必然受个人能力的限制，而相对来说，在有着足够大的市场的情况下，投入某些行业的资本却可以是无限的。另外，指导一个大企业的素质与指导一个小企业所需要的素质，如果不是完全相同的话，那也几乎是一样的，并且……它也确实并不具有那么多的稀缺性，以至于需要给他们一个高得多的补偿费。"④他的这个观点后来得到了马克思的认可。⑤

拉姆赛指出，企业家首先"需要具备好几种精神上的和智力上的素质：活动能力、谨慎、知识，以及至少在某个产业部门中的下级职位上长期的实践经验；熟悉最有利的购销行情、善于察觉欺诈和诡计、也善于发现诚意和开诚布公的交易，因而他具有深入人类本性的实际洞察力"。其次，尽管企业家"并不用手来劳动，但是他的头脑必须经常工作，他的时间和精力必须主要用于关心他的经营管理上，如果没有他的监督，企业必定很快破产"。缺乏这些素质和勤奋的人不可能成为成功的企业家。⑥

在拉姆赛看来，企业家的利益与"工人、资本家、土地所有者"的利益是完全对立的。因为企业家"租赁劳动、资本和土地，当然设法以尽可能低的费用来使用它们，而这些财富源泉的所有者则尽力以他们所可能达到的高价来出租它们"⑦。

（6）关于地租，拉姆赛指出，地租由两个原因引起："一是最适于耕种的土地数量有限；二是土地所有权的存在。"⑧这是两个导致地租的并行发挥作用的必

---

① ［英］乔治·拉姆赛：《论财富的分配》，商务印书馆1984年版，第143页。
② ［英］乔治·拉姆赛：《论财富的分配》，商务印书馆1984年版，第147页。
③ ［英］乔治·拉姆赛：《论财富的分配》，商务印书馆1984年版，第154－155页。
④ ［英］乔治·拉姆赛：《论财富的分配》，商务印书馆1984年版，第156页。
⑤ 《马克思恩格斯全集》第26卷Ⅲ，人民出版社1974年版，第391页。
⑥ ［英］乔治·拉姆赛：《论财富的分配》，商务印书馆1984年版，第148页。
⑦ ［英］乔治·拉姆赛：《论财富的分配》，商务印书馆1984年版，第149页。
⑧ ［英］乔治·拉姆赛：《论财富的分配》，商务印书馆1984年版，第177页。

要条件。① 他的地租理论基本上是李嘉图理论的重述。但是在地租与农产品价格的关系上,他作了有一定意义的补充说明:"虽然地租的起源无疑是谷物价格或者无论何种人民所需要的主要植物类食物价格腾贵的结果,但是一旦产生了地租,它就妨碍了像家畜和饲养家畜的草料这样一类农产品的供给,直到这些价格上涨到足以提供像谷物一样优厚的地租为止。为一种产品所支付的地租就是以这种方式变成了别种产品价格提高的原因。因此,就地租的起源来说,它是价格腾贵的结果,但是后来它本身却成了各种农产品价格上涨的原因。"②

(7)对于《谷物法》的赞成态度。当时的英国,对于收入分配问题的大讨论在很大程度上是围绕着《谷物法》的存废而展开的。拉姆赛对于《谷物法》的态度是赞同。这种态度首先与他的地主身份有关,当然也有一些值得认可的地方。他主要考虑的是《谷物法》一旦废除,国内谷物价格的下降将不仅伤害大小地主,而且还将伤害农业工人和其他农业劳动者,迫使他们离乡背井,去他们不熟悉的城市谋生。③ 可以说他更加担心的是废除《谷物法》的短期不良效果,而没有深思长期影响。

(五)拉姆赛不仅从实证分析的角度探讨了资本主义的收入分配,还从规范角度探讨了应当有的收入分配。他从规模经济的事实出发,论证"资本集聚在少数雇主手里比分散在很多人的手上对积累的速度和国民财富的增加更为有利。因此,不论财产的极大平均可能在其他各方面多么可取,它总归不是一种十分有利于一国财富增长的状态"④。但同时他又认为,财富过于集聚可能会导致富人的挥霍浪费,从而未必有利于资本积累;而财富的分散却可能迫使小所有者过节俭生活。⑤

拉姆赛看到了社会财富增长与人民均富之间可能出现的不一致,"一个国家财富增长可能非常快,而人民群众的状况却没有多少改善"⑥。所以他认为"政治经济学的目的不仅要阐明怎样才能获得最大限度的财富,而且要指出怎样在社会各个阶级之间分配财富可能最为有利。因此,以尽可能少的东西分配给人口中最多的一批人即劳动者的制度应当被认为是一种奇怪的制度。显然,

---

① [英]乔治·拉姆赛:《论财富的分配》,商务印书馆1984年版,第179页。
② [英]乔治·拉姆赛:《论财富的分配》,商务印书馆1984年版,第190页。
③ [英]乔治·拉姆赛:《论财富的分配》,商务印书馆1984年版,第207页。
④ [英]乔治·拉姆赛:《论财富的分配》,商务印书馆1984年版,第163—164页。
⑤ [英]乔治·拉姆赛:《论财富的分配》,商务印书馆1984年版,第165页。
⑥ [英]乔治·拉姆赛:《论财富的分配》,商务印书馆1984年版,第169页。

这必定是一种完全违背普遍幸福的财富分配制度"①。针对那种认为财富分配倾向于利润有助于资本积累从而有助于财富增加的观点,他指出,"这样一种加速财富的发展是用剥夺大批劳动人口的舒适品甚至奢侈品的高昂代价来换取的"②。他认为,如果考虑到贫穷所带来的弊病远远超过财富集聚在少数人手中的好处,因此"可以认为并不完全依靠他们每天的劳动来维持生活的人越多对国家越有利是一条普遍的原则"。虽然在这种情况下财富积累可能放慢。③ 针对一种认为财富均分会遏制企业家精神的论点,他进行了反驳,如果越来越多的资本所有者缺乏企业家精神,他们之间的贷款竞争会压低利率,"以致他们中间许多人发现单靠利息不可能维持生活而不得不从事某些积极的职业"。因此,他认为财富均分所可能带来的企业家精神衰退的弊病,本身就有一种自我纠正的倾向。④

拉姆赛实际上已经看到了一个社会财富的集聚虽有可能加快社会资本积累的利端(当然他也清楚认识到由财富集聚所可能产生的不利于资本积累的挥霍浪费倾向),但是也有加剧社会贫富分化的弊端。他的政策建议似乎是走一条中间路线:保持一定的财富不平等来促进资本积累经济增长,同时也要牺牲一点资本积累来促进均富。

拉姆赛的具体措施似乎受到其地主身份的局限。首先,他反对公有制,他指出:"无论是谁也许都会同意建立一个分工的社会,把他们的全部劳动产品作为全体成员的公共财产,或者在他们之间进行平均分配。然而,这种制度多半会有与公社财物相关的一切不便,也缺乏足够的刺激,即由无可争辩的、与个人不可分割的劳动产品所产生的那种刺激,以及不害怕迫在眉睫的贫穷,不久便使每个人日趋懈怠,比依靠他自己更多地依赖他的伙伴的努力来供给他生活必需品。"⑤其次,他对于城市大工业条件下如何缩小贫富差别几乎没有对策,更多考虑的是如何通过遗产继承制度在农村实现他的中间路线。为了防止财富过于集聚所带来的坏处,虽然承认财富分散相对不利于经济增长,但还是主张在遗产继承制度中实行动产子女均分。⑥ 而对于土地,他既反对大地产制及与之配套的佃农制,认为那将导致大地主挥霍浪费,不利于资本积累,又压抑佃农的耕作和土地改良热情;也反对土地遗产均分,认为那将导致土地经营规模效益

① ［英］乔治·拉姆赛:《论财富的分配》,商务印书馆1984年版,第97页。
② ［英］乔治·拉姆赛:《论财富的分配》,商务印书馆1984年版,第98页。
③ ［英］乔治·拉姆赛:《论财富的分配》,商务印书馆1984年版,第167页。
④ ［英］乔治·拉姆赛:《论财富的分配》,商务印书馆1984年版,第171—173页。
⑤ ［英］乔治·拉姆赛:《论财富的分配》,商务印书馆1984年版,第23页。
⑥ ［英］乔治·拉姆赛:《论财富的分配》,商务印书馆1984年版,第170页。

的丧失,导致普遍的贫困化小农,并由此妨碍工业的发展。他还仔细分析各种土地遗产继承制度的经济后果乃至政治后果和道德后果。① 以此为基础,他的结论是"就农业来说,中等企业对国民财富和个人财富都更为可取"②。为了达到这一目的,他要求通过土地遗产继承立法来防止土地的过度分割,并初步设计土地遗产继承法的具体内容,其基本精神就是由一个后代继承,同时又要兼顾其他后人的利益。③

总体上看,拉姆赛虽然在人际关系上游离于当时的主流经济学家之外,有点边缘化,不属于主流;但是他的研究选题和主要观点仍非常属于当时的主流。他对于英国古典经济学的最主要贡献应该是论证和强调了企业家的功能作用;其次是他关于收入分配的既要考虑资本积累经济增长又要兼顾适度财富平等的规范性准则。另一方面,他也可能对马克思一些观点的形成具有一定的正面影响。对此,我们在介绍他的有关思想时都相应介绍了马克思对他的赞同。

二、查尔斯·巴贝杰

如果说拉姆赛只是在人际关系上游离于古典经济学主流之外,而其选题和观点仍属主流的话,那么下面这位英国经济学家就不论是人际关系还是关心的选题都完全是游离于古典经济学主流之外了。

查尔斯·巴贝杰④(Charles Babbage,1792—1871),毕业于剑桥大学,曾任剑桥大学数学教授,计算机研究和运筹学的先驱,数学家。同时对经济学也颇有兴趣。其经济学的代表作为1832年出版的《论机器与制造业经济》。该书是对于当时产生不久的大工业企业的初步的经济分析,涉及了机器时代的劳动分工、企业生产的合理安排和布局,强调不仅要通过机器,更要通过建立生产秩序、劳动纪律、精确安排来提高劳动生产率,还考虑了劳动报酬上的计件制和利润分成制,探讨了工会、机器和就业之间的关系。这本书在经济学由于马尔萨斯和李嘉图而被看作是沉闷的科学的时代,指出了大机器生产所将引起的报酬递增现象。也许是因为他书中的议题既不在当时古典经济学的讨论范围,也没有落入边际革命以后新古典经济学的讨论范围,所以他的书在取

---

① [英]乔治·拉姆赛:《论财富的分配》,商务印书馆1984年版,第209—215页。
② [英]乔治·拉姆赛:《论财富的分配》,商务印书馆1984年版,第227页。
③ [英]乔治·拉姆赛:《论财富的分配》,商务印书馆1984年版,第269—270页。
④ 《新帕尔格雷夫经济学大辞典》第1卷,经济科学出版社1996年版,第179—180页。
[英]马克·布劳格、保罗·斯特奇斯:《世界重要经济学家辞典》,经济科学出版社1987年版,第26页。

得短暂的成功以后逐渐被经济学界遗忘了。但它无疑可以说是当代报酬递增经济学的先驱。

第五节　西尼尔的经济思想

一、西尼尔的生平和著作

纳索·威廉·西尼尔①(Nassau William Senior，1790—1864)，19 世纪 30 年代英国很有影响的经济学家，生于英格兰巴克夏郡一个西班牙裔乡村牧师的家庭，1803 年以后就学于伊顿学院、马格达连学院、牛津大学，1811 年毕业于牛津大学法学院，获学士学位，1815 年获硕士学位，1819 年开始在伦敦任高级律师。1821 年，西尼尔因在《每季评论》上发表论谷物法的文章而受到经济学界的关注，同年被伦敦政治经济学俱乐部接受为成员。1825—1830 年，在牛津大学任第一位德拉蒙德政治经济学教授。1831 年，被委任为伦敦国王学院的政治经济学教授。从 1930 起，作为辉格党的主要经济顾问，他积极参加各种社会活动，相继参加了政府的各种专门委员会，从事社会改革活动。1832—1834 年，受聘为济贫委员会委员，1837 年受聘为工厂委员会委员，1841 年受聘为爱尔兰济贫委员会委员，1857 年受聘为教育委员会委员。他在这几个皇家委员会供职期间，曾从事过数量可观的调查研究工作，并参与制定 1834 年颁布的济贫法修正条例。1847—1852 年，再度出任牛津大学德拉蒙德政治经济学教授。1841—1855 年，为《爱丁堡评论》定期撰稿人。1860 年，任英国科学会经济分会主席，曾名重一时。他不仅对古典经济学的理论有一定贡献，同时也对 19 世纪上半期的英国经济政策具有重大影响。

西尼尔是从关心济贫问题开始从事经济理论研究的。他的主要著作是 1836 年发表于《大英百科全书》的《政治经济学大纲》(有中文本)，该书曾多次印行单行本，在其生前共出五版。此外，他还著有《政治经济学绪论》(1827)、《贵金属转运和重商的财富论三讲》(1830)、《取得货币的成本和公私纸币的功效三讲》(1830)、《工资率三讲》(1830)、《人口论二讲》(1831)、《论工厂法对棉纺织业的影响的书信》(1837)、《关于生产财富问题的演讲》(1847)、《关于政治经济学入门的四讲演》(1852)、《历史和哲学论文集》(1865)等。

---

① 《新帕尔格雷夫经济学大辞典》第 4 卷，经济科学出版社 1996 年版，第 325—327 页。[英]马克·布劳格、保罗·斯特奇斯：《世界重要经济学家辞典》，经济科学出版社 1987 年版，第 574—575 页。

下面概述其《政治经济学大纲》中的一些主要观点。西尼尔的经济理论不仅受到斯密、李嘉图、马尔萨斯等人的影响,还受到法国经济学家萨伊的影响。他具体探讨了政治经济学的研究对象,提出了纯经济学说,对价值决定及财富的要素、生产和分配等问题进行了分析。

二、为建立纯粹经济学而确立的四条基本原理

西尼尔声称政治经济学是一门类似于物理学、化学的纯粹科学,并将成为一门非价值取向的、中立的经济分析方法的学科。在该书第一章中,他说明了其方法论。这一说明具有重要意义:第一,这是第一次对方法论作出明确的交代,对后来的经济学家产生了很大影响;第二,为他自己树立了公正、客观、中立和科学的形象,使他免除了为特定阶层利益辩护的责难。

西尼尔把政治经济学看作是一门研究"财富的性质、生产和分配"的纯粹的演绎的准确的科学。他认为以往的经济学家,把政治经济学的研究范围定得过于"广泛",从里维埃、斯图亚特到西斯蒙第、萨伊和麦克库洛赫等早期政治经济学著作家,"所公开谈论的并不是财富,而是政治"。他主张将以往政治经济学著作家所涉及的关于政治、道德、立法、哲学等问题,从政治经济学中排除出去。他指出,政治经济学研究"应当以财富的性质、生产和分配为限"①。他还认为,研究财富应与研究福利区别开来,研究政治经济学应与研究经济政策区别开来。他说:"财富的占有,大致要达到什么程度和在什么样的环境下,对其占有人来说,或是对该占有人所处的社会来说,才算是有利或有害的? 对社会的各个状态来说,什么样的财富分配最合需要? 对任一国家来说,促成这样分配的手段是什么? 所有这些,都是既饶有意义也极其困难的问题,但是并不构成按照我们使用政治经济学这个词的意义来说的一个部分,正同航海术不是天文学的一个部分的情形一样。"②政治经济学家的任务,就在于排除价值判断和情感影响来客观地研究和阐明一般原理。他认为:"作为一个政治经济学家的职责,既不是有所推荐,也不是有所告诫,而只是说明不容忽视的一般原理;……他所从事的是科学,其间如果有了错误或是有了疏忽,就会产生极其严重、极其广泛的恶劣影响;因此,他就像个陪审员一样,必须如实地根据证据发表意见,既不容许同情贫困,也不容许嫉视富裕或贪婪;既不容许崇拜现有制度,也不容许憎恶现有的弊害;既不许酷爱虚名,投合时好,也不容许标新立异或固执不变,以致使他不敢明白说出他所相信的事实,或者是不敢根据这些事实提出在他看来

---

① [英]西尼尔:《政治经济学大纲》,商务印书馆 1977 年版,第 9—10 页。
② [英]西尼尔:《政治经济学大纲》,商务印书馆 1977 年版,第 11 页。

是合理的结论。"①因此,政治经济学应当是一门实证科学,其方法应是抽象演绎法,从最一般的命题推理构建起整个经济理论体系。

西尼尔是第一个明确强调经济学应当是一门实证科学、强调应当区分纯理论研究和应用对策研究的经济学家。这一思想对经济学后来的发展深有影响。

西尼尔力图把政治经济学变成一门抽象演绎从而精密的"纯粹经济学"。他的纯经济学实质上是现代实证经济学的先声。他认为,这种"纯粹经济学"的前提,只是从人们所观察或意识中得到的一般的、主要的、不变的基本命题,一切必要的理论都可从这些基本命题中引申推演出来;而这些基本命题,只不过是"那些一说出来,便为人人所承认的真理"②。在他看来,建立"纯粹经济学"只需确立"四个基本命题"就够了。他在书中为建立"纯粹经济学"而确立了"四条基本原理"。这四条基本命题以及建立其上的纯经济理论,是他把边沁的功利主义、萨伊的财富分配理论、马尔萨斯的人口论和李嘉图的土地收益递减规律等加以概括和补充的产物。下面对这"四条基本原理"分别作一概述。

(一)第一条基本原理

第一条基本原理是:"每个人都希望以尽可能少的牺牲取得更多的财富。"③西尼尔认为,这是"人类所希求的普遍目标"。他在解释这条原理时说:"没有人会感到他的全部欲望已经获得充分满足,每个人总有些未经满足的欲望,觉得再多得些财富,才可以使他满意。各人的欲望性质不同,迫切的程度不同,正和各人个性不同的情形一样。有些人求的是权势,有些人求的是荣誉,还有些人求的是闲暇;有的需要身体上的享受,有的则追求精神上的愉快;有些人急于为公众谋重大利益,……金钱似乎是共同期求的唯一目标;这是因为金钱是抽象的财富。一个人只要有了钱,就可以随其所好地满足他的种种奢望或虚荣,就可使他游惰度日,就可以发挥他急公好义的精神,或施行他私人间的恩惠,就可以千方百计地求得肉体上的快乐,避免肉体的劳苦,就可以用更大代价求得精神的愉快。"④

至于"追求财富时所遭遇的牺牲",西尼尔认为,"不论就量或质的方面说,在各个人之间,或者甚至在同一个人之间,也同样存在着差别。同样牺牲,而各人作出牺牲的严重程度不同;有些人不愿意放弃安逸或自修的空闲时间,有些人不愿意放弃新鲜空气和乡村生活,有些人则不愿意放弃娱乐和交际;不但如

① ［英］西尼尔:《政治经济学大纲》,商务印书馆1977年版,第12页。
② 转引自陈岱孙:《政治经济学史》上册,吉林人民出版社1981年版,第202页。
③ ［英］西尼尔:《政治经济学大纲》,商务印书馆1977年版,第46页。
④ ［英］西尼尔:《政治经济学大纲》,商务印书馆1977年版,第47—48页。

此,以对财富的绝对欲求为一方,以追求财富时克服困难的绝对意志为另一方,两者的坚决程度也因人而异。这些方面的差异构成了个人与民族的性格的某些主要特征。……荷兰与英国的居民,和其制度系导源于英国的那些国家的居民,以及迄今为止最高度地享有这些利益的国家,直到现在,对富裕的追求热情最高,成就也最大。但是,即使是墨西哥的印第安人,虽然由于习性懒散,……他们也未尝不愿意在无须吃苦耐劳的情况下发财致富"①。

西尼尔还强调指出,追求财富这一命题,"几乎是一切经济学推论过程中的一个基本假设。这是工资理论和利润理论——一般说来也是交换理论的基础。总之,这一命题在政治经济学中的地位,就和万有引力在物理学……中的地位一样;离开了这一基本事实,推理就无法进行,差不多一切其他命题只是对这一基本事实的注解"②。

这一假设就是今天人们所说的经济人假设。虽然在他之前已经有许多经济学家在使用经济人假设,但西尼尔是第一个明确表达这一假设并指出其基础地位的经济学家。

(二)第二条基本原理

第二条基本原理是:"限制世界上的人口或限制生存在这个世界上的人数的,只是精神上或物质上的缺陷,或者是各阶级中各个人对于在养成的习惯下所要求的那类财富可能不足以适应其要求的顾虑。"③他在阐述这一原理时,首先提出这样一个事实:"人类能够增长的速度,业经通过观察确定,就一个相当长的观测期间说,在气候温和的广泛地区内,每二十五年增加一倍。""按照这个速度,每个国家的人口,每经五个世纪,将比原数增加一百万倍以上。按照这个速度,经过五百年,英国的人口将超过十五万亿,这样多的人口,在这个国家将连立足之地都没有了。这就是人类的增长力。问题是,靠了什么样的约束,才使人口的扩张受到抑制的? 全世界的人口,现在的并不是五百年前的一百万倍,事实上,在这段时期人口增加大概还不到一倍,肯定不到三倍。这是怎么回事呢?"④于是,西尼尔进而分析了"人口受到限制的原因"⑤。

西尼尔对限制人口增长原因的分析,是从评价以往学者分析人口与生活资料关系的观点而展开的。在这个问题上,以往西方学者的观点,基本可分为两

---

① [英]西尼尔:《政治经济学大纲》,商务印书馆1977年版,第48页。
② [英]西尼尔:《政治经济学大纲》,商务印书馆1977年版,第49页。
③ [英]西尼尔:《政治经济学大纲》,商务印书馆1977年版,第46页。
④ [英]西尼尔:《政治经济学大纲》,商务印书馆1977年版,第52页。
⑤ [英]西尼尔:《政治经济学大纲》,商务印书馆1977年版,第51页。

派。一派"认为当人口增加时,必然会同时出现的不仅是生产力的绝对增长,还有生产力的相对增长,……认为'世界上每一个国家,如果都能摆脱一切对人口增长的自然制约和人为制约,以尽可能大的速度进行繁殖,即使一连经过许多世代,也决不会感到任何威胁'"。这一派可称为乐观派。另一派"则认为人口的增长有超过生活资料增长的倾向"①。这一派的主要代表人物就是马尔萨斯。他认为,"如果抑制人口的阻力不复存在,人口增势就随时会有超过粮食增势的倾向;并且,即使这类阻力是以防止人口增长对生活资料发生威胁,甚至是以使前者对后者保持较大的落后距离;然而,不管实际上是人口的增长速度高于粮食,还是粮食的增长速度高于人口,情形总是这样:除开处于有利环境的新殖民地外,人口总是在威胁着粮食,总是会随时发动攻势,使其增长速度超过粮食的实际增长速度"②。因此,"他把人口增长说成是广大人民长远幸福的不可克服的障碍"③。这一派可称为悲观派。

西尼尔和这两派的观点都不同,他一方面反对乐观派不需限制人口增长的观点,指出,如果人口不受制约的增长,那么"无论我们怎样刻苦耐劳,也无法防止我们的生活资料越来越感到缺乏,从而使我们的进展受到阻碍"④;另一方面,他更反对以马尔萨斯为代表的悲观派在人口增长趋势面前无能为力的观点。他认为,处于不同经济文化发展水平的人口增长,具有不同的制约因素和增长趋势。他说:"只要我们认识到人类的苦乐主要取决于生活资料与人口两者的相对发展,而两者的发展是有它的原因的,这些原因在人类的控制范围以内,因此是可以加以调节的。"⑤

接着,西尼尔具体分析在不同经济文化阶段制约人口增长的不同机制,以及对人口增长趋势的调节作用。他说:"物质上的缺陷发挥作用时,其决定性的和不可抗的形态是生活必需品不足——由于艰苦或饥饿而造成死亡。这几乎是无理性动物的增殖的唯一制约。至于人类,随着生活状况的降低,会越来越屈从于这一制约的势力。在最低级的野蛮状态下,这是主要的和显而易见的制约力量。在高度文明社会中,这一力量几乎是难以觉察的;但这只是由于另一替代力量在发挥作用。"⑥他还根据历史经验强调指出:"就任何人口众多而文化相当高的广大地域如欧洲、中国或印度说来,移民并不足以抑制人口。因此,看

---

① ［英］西尼尔:《政治经济学大纲》,商务印书馆1977年版,第70页。
② ［英］西尼尔:《政治经济学大纲》,商务印书馆1977年版,第74—75页。
③ ［英］西尼尔:《政治经济学大纲》,商务印书馆1977年版,第73页。
④ ［英］西尼尔:《政治经济学大纲》,商务印书馆1977年版,第54页。
⑤ ［英］西尼尔:《政治经济学大纲》,商务印书馆1977年版,第78页。
⑥ ［英］西尼尔:《政治经济学大纲》,商务印书馆1977年版,第53—54页。

来只有对结婚抱慎重态度和在消费方面保持相当水平的习惯,才能持久防止生活资料受到人口增长的过大压力,以致不断招致积极性制约的痛苦。由于只有文明社会才存在着上述前一习惯,只有富裕社会才存在着上述后一习惯;这就可以清楚地看出,当一个国家在文化程度和富裕程度上日益进展时,积极性制约就势必为防止性制约所取代。……那么,随着社会的逐步进展,人口过剩……的弊害势必逐渐缩减。"①

　　为什么随着经济文化的发展和进步,人口过剩、过多的弊害势必会逐步缩减呢？西尼尔认为有三个原因:其一,在物质文明和精神文明较高的社会里,"不可能设想,像这样一个社会会缺乏充分的明智,从而预见到人口增长过速的弊病,会不具有充分的慎重态度,从而防止这种弊病。在这种情况下,防止性制约就会充分发挥作用,就可以甚至无须接近于任何积极性制约"②。其二,人们的消费品可以分为必需品、保持社会地位的场面用品和奢侈品。③ 正是人们对场面用品的需求,顾虑过度生育会引起生活水平下降、不再能够满足对场面用品的需求,阻碍着他们放纵生育。"长期稳定的文明国家,所以不至于受到人口大大超过生活资料足量供应所引起的祸害,就是由于这种对不同于必需品的场面用品的欲求"④。其三,"知识、财产的安全、国内交换和国外交换的自由和获致权力与地位的机会均等是一些主要原因;这些原因既足以促进生活资料增长,并且由于提高了人民的品性,使他们得以在较低的速度下进行繁殖。反之,对交换和商业的限制使多数人不能享有上进机会的人为障碍,尤其是愚昧无知和人身与财产的不安全,是一些一般的原因,由此既足以降低劳动的生产力,而且会造成一种但顾眼前不计将来的野蛮状态。在这一状态下,慎重态度这一制约力量就不复存在,生殖力总是在尽力争取超过生活资料的供应限度,这时抑制着人口增势的就只是贫困和堕落。……因此,当人口增长速度高于生活资料的增长速度时,一般说来是治理失当的征兆"⑤。尽管西尼尔认为随着经济文化水平的逐步提高,人口增长对生活资料的压力逐步缩减,但他绝没有"否认在一切长期安定的国家中这一压力的普遍存在"⑥。他说:"除开其本身即殖民地所在、正在将古老国的知识应用到空闲地区的那些国家之外,这一压力在其他一切国家都是不能避免的。我们认为欧洲绝大部分的情形是这样:如果人口比现

---

① 〔英〕西尼尔:《政治经济学大纲》,商务印书馆 1977 年版,第 69 页。
② 〔英〕西尼尔:《政治经济学大纲》,商务印书馆 1977 年版,第 55 页。
③ 〔英〕西尼尔:《政治经济学大纲》,商务印书馆 1977 年版,第 60 页。
④ 〔英〕西尼尔:《政治经济学大纲》,商务印书馆 1977 年版,第 63 页。
⑤ 〔英〕西尼尔:《政治经济学大纲》,商务印书馆 1977 年版,第 79 页。
⑥ 〔英〕西尼尔:《政治经济学大纲》,商务印书馆 1977 年版,第 69 页。

有的少些,其他的人民就可以比现在富裕些;如果其人口的增长率能够降低,今后的生活就可以有所改善。"①

在上述分析的基础上,西尼尔得出的基本政策主张是,"不论什么样的社会改革方案,如果不兼顾到提高财富生产和防止人口作相应增加的两个方面,就不可能是完整的"。他并解释说:"前者的实现有赖于立法机关,后者的实现则有赖于个人的审慎和远见。前者的实现必须依靠社会中的统治阶级,而后者的实现则差不多完全取决于下层民众。作为改进的一个手段,总的说来,后者比较有效。……但是就目前欧洲的舆论及商业政策来说,坚持前者,也许可以取得较大的进展。"②

西尼尔缓解了马尔萨斯人口论的严厉性和无法避免的必然性,一方面肯定人口压力的始终存在,另一方面也肯定了存在着的各种缓解因素。

(三)第三条基本原理

第三条基本原理是:"劳动的力量和生产财富的其他手段的力量,借助于将由此所生产的产品作为继续生产的工具,可以无定限地增加。"③

在西尼尔看来,在劳动的力量加上其他工具的力量,并把它们所生产的产品当作进一步生产的工具,这样,劳动生产力和社会财富就会无限地增加。为阐明这一原理,他主要说明以下几点:

首先,是关于生产和消费的性质。西尼尔说:"就政治经济学而论,进行生产是促使现存的一些物质的状态发生变化,由于这一变化的发生,或者是由此造成的结果,可以换取某些事物。"因为"物质是不增不减的,人类所能做的,或者是我们所知道的任何其他能因所能做的,只是变更现存物质的状态",生产的结果是产品,它"被分成两类:物质的和非物质的"。他把前者称为"商品",后者称为"服务"④。

与生产相对应的是消费。西尼尔和当时的一些经济学家一样,"把消费说成是财富的任一部分的全部毁灭或部分毁灭",他认为"这是一切生产的最终目的"。他还将消费分为生产消费和非生产消费。他说:"生产性消费是对商品的这样一种使用,由此会导成另一种产品。……非生产性消费是在不会导成另一种产品的情况下的对商品的使用。"⑤

①　[英]西尼尔:《政治经济学大纲》,商务印书馆 1977 年版,第 69—70 页。
②　[英]西尼尔:《政治经济学大纲》,商务印书馆 1977 年版,第 70 页。
③　[英]西尼尔:《政治经济学大纲》,商务印书馆 1977 年版,第 46 页。
④　[英]西尼尔:《政治经济学大纲》,商务印书馆 1977 年版,第 81—82 页。
⑤　[英]西尼尔:《政治经济学大纲》,商务印书馆 1977 年版,第 85—87 页。

其次,是关于生产得以进行所必需的要素或生产手段。西尼尔认为,生产得以进行所必需的要素或生产手段可分为三类:一是劳动,二是自然要素,三是节欲。① 他说:"把生产手段分为三大类是经济学家所久已熟知的;他们大都把这三者叫作劳动、土地和资本。我们原则上同意这样的分类;虽然对第二类和第三类我们用了不同的措辞来代替。我们宁愿用自然要素而不乐于用土地这个词,借此避免用一种事物的名称来代表全体……基于种种理由,我们还打算用节制这个词来代替资本。"②关于这三要素或生产手段的含义是:"劳动是为了生产的目的、在体力或脑力方面的自觉努力";自然要素包括"其力量不是来源于人类的动作的一切生产要素";节欲则"表示个人的这样一种行为:对于他可以自由使用的那个部分,或者是不作非生产性的使用,或者是有计划地宁愿从事于其效果在于将来而不在眼前的生产"。在这三要素或生产手段中,在西尼尔看来,这个第三要素或生产手段是最重要的,没有它,第一、二类要素或生产手段就不能"充分发挥作用",没有它,"社会就无法获得进步"。因此,西尼尔说他提出第三条基本原理时,"所想到的就是这个第三生产手段的效应"③。

第三,是关于由节欲形成的资本这个第三生产手段在生产力发展和社会财富增长过程中的作用。西尼尔在谈到资本与节欲的区别和联系及其与劳动、自然要素的关系时指出:"资本这个词所指的是,出于人类努力的结果,用于财富的生产或分配中的一项财富。这里所以说'出于人类努力的结果',为的是要把我们称之为自然要素的那类生产手段除外,那类生产手段所提供的不是利润,……而是地租。"就资本的各个项目来说,它们一般都是"劳动、节制和自然要素三大生产手段相结合的结果"。而他用节欲这个词"所要表示的是这样一种要素,这跟劳动和自然要素不同,对资本的存在说来它的协助是必要的,它对利润的关系和劳动对工资的关系一样。我们晓得,节制这个词按照我们的用法,其含义比普遍习惯所认可的为广泛。一般……观察者所注意的只在于劳动那个方面,他没有想到花费劳动于遥远目的时还必须忍受额外的牺牲。我们把这种额外牺牲包括在节制这个词的含义之内"。他还强调指出,在节欲的"原则下,放弃我们力所能及的享乐,或者是放弃切近的效果而追求遥远的效果,是人类意志上最艰苦的努力之一"。它是"人类借以提高其生存地位的一切方法中……最有效的"④。而资本所获得的利息就是对于节欲的报酬。他在阐述资本积累和使用过程中,强调"节欲"的作用,把资本积累看作是资本家"节欲"的

---

① 节欲一词的原文是 abstinence,这个词也可译为忍欲或节制。
② [英]西尼尔:《政治经济学大纲》,商务印书馆 1977 年版,第 93—94 页。
③ [英]西尼尔:《政治经济学大纲》,商务印书馆 1977 年版,第 91—95 页。
④ [英]西尼尔:《政治经济学大纲》,商务印书馆 1977 年版,第 94—96 页。

结果,把利润看作是资本家"节欲"的"报酬"①。他的节欲论是针对当时社会主义者根据劳动价值论要求所有产品归劳动者所有的反应,是为资本获取利润和利息提供合理性论据。

西尼尔认为,作为生产手段的资本在生产力发展和财富增长过程中的作用,是通过机器的使用和分工的发展而实现的。在他看来,随着机器无止境的改进和分工的深化与发展,因此,生产力发展和财富增长的前景是无限美好的。

西尼尔在谈到由于机器的使用而带来的利益时,指出:"在最近六十年间,蒸汽机和棉纺织机却使英格兰和苏格兰南部的情况发生了多大的变化!两处的人口增加了将近一倍,工资增加了不止一倍,地租增加了约近两倍。……由此使我们从原料输出者变成了原料输入者,从而使我们的谷物法从奖励出口的性质变成了近于禁止进口的性质。由此使我们得以给世界披上了轻暖的衣服,而且取得这一成就时竟这样的轻而易举,以致我们也许简直没有意识到由此所提供的整个享乐。"②他还指出,"机器的最显著特征之一是能够无限地加以改进"③,"棉纺织机离开完美的境地还远得很,……它正在经历着日新月异的改进;蒸汽机处于幼稚状态,关于它的初次被应用到船舶,我们的记忆犹新,至于在车辆上的应用,简直还没有开始;此外也许还有许多别的具有同样效能的力量依然是自然界的秘密,还没有被发现,或者是,即使已经知道,还没有加以运用"④。

西尼尔对资本的使用随着分工发展而带来利益的论述,在继承亚当·斯密分工理论的基础上,又提出以下三点重要补充:

(1)西尼尔指出,亚当·斯密关于"所有那些是以大大促进劳动和缩减劳动机器的发明,似乎都是起源于分工"的说法"过于笼统"。他认为,机械的改进和分工的发展这二者"是互为因果的,……每有一次重大的机械发明,就会跟着发生进一步的分工;每经过一次进一步的分工,就会引起机械上的新发明"⑤。

(2)西尼尔指出,亚当·斯密虽很注意分工对"工作者在技术熟练程度上的提高和从一种工作转换到另一种工作时间上损失的避免",但"还有些从这一原则得到的、看来要更加重要得多的利益",他却没有作"具体说明"。例如,分工的"主要利益之一是出于这样一种事实:需要产生某一结果时所作出的努力,往往足以同时产生成千成万的同样结果。这里可以用大家所熟悉的邮政制度作为一个例证。……少数几个人专门从事于投送信件的工作所产生的效果,如果

---

① [英]西尼尔:《政治经济学大纲》,商务印书馆 1977 年版,第 138 页。

② [英]西尼尔:《政治经济学大纲》,商务印书馆 1977 年版,第 114 页。

③ [英]西尼尔:《政治经济学大纲》,商务印书馆 1977 年版,第 112 页。

④ [英]西尼尔:《政治经济学大纲》,商务印书馆 1977 年版,第 114—115 页。

⑤ [英]西尼尔:《政治经济学大纲》,商务印书馆 1977 年版,第 116—117 页。

由欧洲全部居民各个地单独进行,那就即使倾其全力也难以完成"①。

西尼尔认为,"政府的效用,所依靠的也是这个原则。在社会的极端原始状态下,每个人人身和财产的安全主要依靠他自己。为此,他必须经常武装,经常处于戒备状态;他所有的那一点点财产必须是可以移动的,以便不至于跟他离开得过远。差不多充满了他全部的思虑、占用他全部的时间的是防御还是逃亡这一问题;并且忍受了这样大的牺牲以后,收到的效果离开完美程度还是很远的"。如果每个人依靠他自己来进行保护时所花费的这份辛劳,"由社会中少数人负担,就可以除保护他们自身以外,同时保护社会中的无数成员。可以说,政府就是由此发端的"。然而,"据以建立政府的分工原则,容易发生它所特有的流弊。……如果周览一下世界各地的情况就会看到,难得有几个政府不是尽力实行压制,以致实际上损害了其国民的幸福生活的。……虐政是人类会受到的最严重的祸害。但是,这跟不存在政府的情况下所感受到的相比,还只能算是轻微的。……如果说最坏的政府总比无政府好些,那么,最好的政府所带来的利益必然是难以计量的"②。

(3)西尼尔指出,"亚当·斯密虽然提到但没有着重说明的分工的另一个重要后果是,每个国家在商业范围内、在某种程度上都可以利用世界任何其他地区的固有的和养成的优点,都具有利用这些优点的能力"。英国经济学家罗伯特·托伦斯曾提出过把国外贸易和分工联系起来,并把国际贸易叫作"地区上的分工"。西尼尔则进一步指出,尽管世界上各个地区的气候和物产存在着无穷无尽的差异,各地区的居民和各民族之间无论在欲望方面还是在生产方面也都存在着极大的差异,但是,"世界上的一切人民都应当通过相互依存而联合起来组成一个商业大家庭。……财富在现代所以超过古代,在很大程度上就是由于对这类差异的进一步广泛利用"③。

总之,西尼尔认为,资本的使用"借助于器械和分工,可以大大促进人类的努力,其促进程度,目前已经无可计量,前途显然还可以有无限发展"④。

(四)第四条基本原理

第四条基本原理是:"假使农业技术不变,在某一地区以内的土地上使用的增益劳动,一般会产生比例递减的报酬,也就是说,尽管在土地上增加劳动,虽

---

① [英]西尼尔:《政治经济学大纲》,商务印书馆1977年版,第117页。
② [英]西尼尔:《政治经济学大纲》,商务印书馆1977年版,第117—119页。
③ [英]西尼尔:《政治经济学大纲》,商务印书馆1977年版,第120页。
④ [英]西尼尔:《政治经济学大纲》,商务印书馆1977年版,第128页。

然总的报酬有所增加,但报酬不能随着劳动成比例地增加。"①

　　西尼尔在这里是要阐明:以各种生产手段运用于农业的效率与制造业的效率之间的重大差别和特征。他说:"土地所具有的优点是,以增益劳动使用于同一材料可以获得越来越多的产物,它的缺点是,产量增加对劳动增加的比率一般会逐渐降低;结果是优点敌不过缺点。制造业的缺点是产量的每一度增加需要材料作同等的增加,它的优点是,使用的材料数量越大,工作就越是可以获得不断的推进;结果是优点压倒了缺点。"②在他看来,在农业中增加劳动和资本,其一般特征是报酬递减。他指出:"就农业说,增益劳动一般会产生较低比例的成果;这就是说,使用于某一地区以内的土地上的二十个人劳动所生产的,虽然肯定要多于十个人劳动的产量,但很少会使产量增加一倍。"③他在举例说明这一"论点"后,更明确指出,"不论在哪一情况下,增益产量总不见得会与增益劳动作等比例的增加"④。随后他又说明了土地报酬递减"这一通则"是有"例外"的,"这一通则的最显著的例外是,由技术进步引起的劳力增长。器械的求精,轮作法的改善,分工的进一步贯彻,总之,农业技术上的种种改进,一般都足以提高农业劳动。当一国的资本和人口有所增加从而引起劳力增长时,与这一增长同时存在的必然是农业技术的改进;这一类改进必然足以抵消、甚至可能胜过由地力递减所引起的缺陷"⑤。由此看来,西尼尔把农业报酬递减规律,看作是一个既具有一般性又具有相对性的规律,指出了它仅仅是在技术不变条件下的法则。这就使得土地报酬递减法则有了比较精确的表述。

　　上述四条原理,就是西尼尔在《政治经济学大纲》一书中为建立"纯粹经济学"而确立的四条基本原理,也就是他所强调的"作为一个政治经济学家的职责"所应研究和阐明的"一般原理"。可以把它们简单地称作:(1)经济人假设;(2)可缓解的马尔萨斯人口假设;(3)资本积累和技术进步推进社会进步假设,或工业报酬递增假设;(4)土地报酬递减假设。熊彼特把这四条原理称之为普通经济学纯理论中的"公理"⑥。这四条基本原理,对以后西方经济学的发展演化具有相当大的影响。

---

①　[英]西尼尔:《政治经济学大纲》,商务印书馆 1977 年版,第 46 页。
②　[英]西尼尔:《政治经济学大纲》,商务印书馆 1977 年版,第 130 页。
③　[英]西尼尔:《政治经济学大纲》,商务印书馆 1977 年版,第 131 页。
④　[英]西尼尔:《政治经济学大纲》,商务印书馆 1977 年版,第 132 页。
⑤　[英]西尼尔:《政治经济学大纲》,商务印书馆 1977 年版,第 133 页。
⑥　[美]约瑟夫·熊彼特:《经济分析史》第 2 卷,商务印书馆 1992 年版,第 303 页。

三、财富、商品价值和收入分配

关于财富的性质,西尼尔认为构成财富的东西,必定具有三个性质,"可以转移的,其供给有定限的,可以直接或间接地产生愉快或防止痛苦的"。他称第三种性质为财富的效用。① 具备这三种性质的财富是有价值的。实际上他已经把财富看作是有效用且稀缺的东西。

在决定财富和其价值的三种因素中,可转移性表示物品的效用能够在一定时期内全部或部分被转移。即随着商品交换的完成,效用可由交易的一方转移到交易的另一方。他认为"供给有定限是最重要因素"。它是价值形成的基础,其根源是人性中两个最有力的要素:喜爱变换和喜爱体面。所谓供给有定限是指事物相对于人的需要而言的稀缺性。而商品效用的大小与供给密切相关。从这一认识出发,他实际上已经发现了边际效用递减现象,"同类的两件物品所提供的愉快,很少会比一件所提供的增加一倍,十件所提供的,更不会达到两件所提供的五倍"②。他用人们的主观心理来解释价值形成,为19世纪70年代以后出现的边际效用价值论提供了重要的出发点。

西尼尔并没有直接建立起主观效用价值论,但也不再坚持李嘉图的劳动价值论,而是强调价值只是商品相互交换时的一种比例关系,由商品的供求所决定。③ 他强调商品的效用表现为对该商品的需求,而商品的稀缺性则取决于商品的供给。所以,在价值决定问题上,他是古典经济学的劳动价值论经由主观价值论向新古典经济学的供求均衡价格论转变的过渡性人物之一。

西尼尔十分重视供给的研究,认为供给受三种手段制约,即劳动、自然和节欲。在这三者中,自然要素随处可得,其供给不是有限的,因而不是价值的成因。能够影响商品供给从而对商品价值决定起作用的是劳动和节欲,劳动和节欲构成商品的生产成本,而所谓生产成本是"生产所必要的劳动与节制的总和"④。在平等竞争的情况下,商品的价值或价格"相等于生产所需要的劳动与节制的总和,或者换个比较通俗的说法,其价格相等于为了使生产者愿意继续努力所必须支付的工资与利润的总量"⑤。

不同于李嘉图只考虑产品可以无限供给条件下的价值决定问题,西尼尔还分析了垄断商品的价值或价格。他将协助生产的自然要素是否被人占有作为

---

① [英]西尼尔:《政治经济学大纲》,商务印书馆1977年版,第17页。
② [英]西尼尔:《政治经济学大纲》,商务印书馆1977年版,第24—26页。
③ [英]西尼尔:《政治经济学大纲》,商务印书馆1977年版,第28—31页。
④ [英]西尼尔:《政治经济学大纲》,商务印书馆1977年版,第155页。
⑤ [英]西尼尔:《政治经济学大纲》,商务印书馆1977年版,第157页。

区分垄断和非垄断商品的标准。在他看来,垄断商品是指借助于土地或环境的特殊条件,或体力和智力方面的特殊才能,或一般所知或具有专利权的生产方法所生产的商品。这类商品在生产过程中得到了自然要素的协助,其价值一般会高于在不获得自然要素协助下、由同样的劳动和节欲所生产商品的价值。这样生产出来的商品叫作独占商品,占有这样一种自然要素的人叫作独占者。[①]

西尼尔区分了四种不同程度的垄断及其产品价值决定:(1)生产者不拥有唯一的生产力,但拥有一定的垄断便利,如生产某种产品的特许权;这时,产品价格将比任何垄断情形下都更接近生产成本。(2)生产者是唯一的垄断者,但由于产品的特性,无法随意增加产量,如法国某些地区特产的葡萄酒;这时,由于产品供给完全无弹性,价格无上限,但以生产成本为下限。(3)生产者是唯一的垄断者,并能够根据需要增加产量以谋利;这时,价格同样无上限。(4)生产者不拥有唯一的生产力,且拥有垄断便利,会随产量的增加而减少乃至消失,如农业生产中常见的情形;这时的产品价格接近于李嘉图所考虑的情景。[②] 他进而分析了这四种不同类型垄断商品的价值决定。他认为,前三类商品的价值或价格几乎不受任何法则的支配,第一类商品的价值有趋近生产成本的趋势;第二类商品的价格几乎不受任何限制,"可以无定限地超过生产成本。足以限制价格的,只是消费者的意向和财力"[③];第三类商品的价格会比较接近于生产成本;由于第四类商品产量的增加会引起生产费用的递增,因而其价格由最大生产费用来生产的那一部分商品的生产成本来决定。这里,他注意到了商品生产中有限垄断的某些问题。

西尼尔的上述分析,为后来小穆勒的三类价格理论准备了初步的材料,是价值理论从李嘉图到穆勒的中间过渡。他的价值理论对价值理论的演进起到了承上启下的作用,主要表现为:一是为萨伊效用价值论到生产成本论的转变奠定基础;二是为客观价值论转变为主观价值论奠定基础;三是为均衡价格论的产生提供了必要的养分。

在收入分配问题上,西尼尔在基本上沿袭斯密和李嘉图的基础上作了一定的修订。

西尼尔提到了劳动边际生产力在制造业会提高效率,而在农业则是降低效率。[④] 预示了后来马歇尔提出的制造业报酬递增和农业报酬递减的观点。

---

① [英]西尼尔:《政治经济学大纲》,商务印书馆1977年版,第158页。
② [美]小罗伯特·B.埃克伦德、罗伯特·F.赫伯特:《经济理论和方法史》,中国人民大学出版社2001年版,第137页。
③ [英]西尼尔:《政治经济学大纲》,商务印书馆1977年版,第160页。
④ [英]西尼尔:《政治经济学大纲》,商务印书馆1977年版,第180页。

针对以往经济学界对利息和利润区分不够,资本家和企业家界限不清的状况,西尼尔清楚地区分了利息和利润,资本家和企业家。"最适当的处理是,将工资这个词用于单纯劳动的报酬,将利息这个词用于单纯节制的报酬,将利润这个词用于⋯⋯劳动与节制互相结合之下的报酬。这就有必要将资本家再分为两个阶级,不活动的和活动的;前者所取得的单纯是利息,后者所取得的是利润。"[1]

西尼尔缓和了李嘉图关于工资与利润严格按照反比变化的结论,肯定劳动生产率的提高会"使国内流动资本和人口在相应的比例下提高,因此利润率和工资额都有了提高倾向"[2]。

由于西尼尔缓和了马尔萨斯的人口理论,李嘉图的维生工资论就有了问题,需要考虑新的工资理论。他在原来就有的用来说明短期工资决定的工资基金论的基础上,发展出一套系列清晰的工资基金论。他强调:"一般工资率是政治经济学中最重要和最困难的问题;⋯⋯决定一般工资率的是维持劳动者的基金数额对维持的劳动者人数的比例。⋯⋯决定这一基金数额的部分是劳动者使用物品的生产中——⋯⋯也就是工资品的生产中——的劳动生产率,部分是从事于工资品生产的劳动者人数对全体劳动者人数的比例。⋯⋯决定劳动生产率的,部分是劳动者的性格,或者是他从自然要素和资本中得到的协助,部分是劳动者的免受干预。⋯⋯在不存在地租,不存在不合理或分配不公平的赋税的情况下,决定从事于生产工资品的劳动者人数对全体劳动者人数的比例的,部分是利润率,部分是用于生产工资品的资本的必要的预付期间。"[3]可以用下图表明他的工资率决定机制:

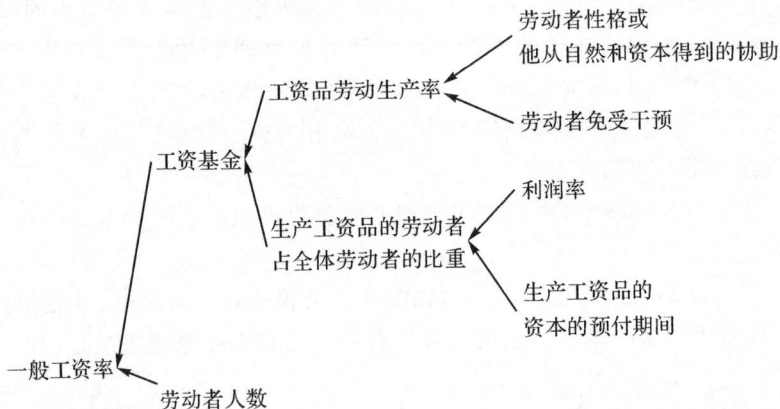

工资品劳动生产率 ← 劳动者性格或他从自然和资本得到的协助
工资品劳动生产率 ← 劳动者免受干预
工资基金 → 工资品劳动生产率
生产工资品的劳动者占全体劳动者的比重 ← 利润率
生产工资品的劳动者占全体劳动者的比重 ← 生产工资品的资本的预付期间
工资基金 → 生产工资品的劳动者占全体劳动者的比重
一般工资率 ← 工资基金
一般工资率 ← 劳动者人数

---

① [英]西尼尔:《政治经济学大纲》,商务印书馆 1977 年版,第 201 页。
② [英]西尼尔:《政治经济学大纲》,商务印书馆 1977 年版,第 287 页。
③ [英]西尼尔:《政治经济学大纲》,商务印书馆 1977 年版,第 293 页。

如此明确表达的工资基金论,为以后的经济学家们提供了批判的靶子。

四、具体政策主张

在具体经济政策方面,西尼尔参与了当时的济贫法和工厂法的讨论与修订。英国早期古典经济学家如李嘉图和马尔萨斯等人主要是参与济贫法和银行立法的讨论。他们二人去世以后,有三位经济学家比较多地参与了经济政策的讨论和制订。他们是约翰·斯图亚特·穆勒、查德威克(边沁的最后一任秘书)和西尼尔。在早期社会主义者欧文的推动下,英国 1802 年颁布了世界上第一部主要内容是限制使用童工的工厂法,尔后的工厂法主要围绕着延长还是缩短工作时间问题,展开了激烈的争论。1819 年颁布了由罗伯特·皮尔(Robert Peel)爵士倡导的第二部工厂法。1833 年颁布了由洛德·奥尔索普(Lord Althorp)提出而由查德威克草拟的第三部比较严厉的工厂法,该法禁止雇佣 9 岁以下儿童,并限制 9 岁至 13 岁之间儿童的工作时间。该法颁布以后,1835—1838 年间纺织工业 14 岁以下童工数量减少了 56%。1844 年通过的工厂法使得成年男工获得了与女工同样的对于工作时间和工作条件的限制。[1]

西尼尔在 1830 年之前,对工人基本上抱有同情态度,但是以后态度发生急遽变化。其主要原因是 1929—1940 年期间,英国经济状况恶化,劳动群众生活水平下降,激起了社会动荡,罢工、骚乱、破坏性活动爆发并蔓延。这改变了他对于工人的同情态度。[2] 为了维护资本家的利益,在工厂法的讨论中,他提出了错误的"最后一小时论"。其内容是企图证明工厂主的利润是当时工厂法所规定的 11 小时劳动日的最后一小时创造出来的,并以此来反对工人阶级为实现 10 小时劳动日工厂立法的斗争。西尼尔提出,如果把劳动日缩短为 10 小时,工厂主的利润就会消失,工厂就要倒闭,工人就要失业。他的错误在于,仅仅由于最后一小时的产值等同于利润,就误以为利润只是在最后一小时生产,完全忘记了最后一小时的产值还包括原料的价值和机器的折旧。[3] 同时,这个"最后一小时论",也是与他的"节欲论"相矛盾的,"节欲论"强调利润是资本家节欲的结果,而"最后一小时论"则等于承认利润由工人在最后一小时的劳动创造。西尼尔的这个"最后一小时"论,遭到了马克思的严厉批判。尽管有这个错误,西尼

---

① ［美］小罗伯特·B.埃克伦德、罗伯特·F.赫伯特:《经济理论和方法史》,中国人民大学出版社 2001 年版,第 167—170 页。

② E.K.亨特:《经济思想史》,上海财经大学出版社 2007 年版,第 113—114 页。

③ ［美］小罗伯特·B.埃克伦德、罗伯特·F.赫伯特:《经济理论和方法史》,中国人民大学出版社 2001 年版,第 168—169 页。

尔还是正确预见到工厂法将增加生产成本,从而有利于不受该法制约的外国企业。①

西尼尔为主参与制订的 1834 年济贫法修正案,对穷人提出了苛刻的要求。其要点有三:(1)不论工资如何和工作环境如何,工人都必须接受市场提供的工作。(2)不工作者或找不到工作者,只能得到也仅仅能够得到免于饥饿的救济。(3)救济必须低于劳动市场上的最低工资。这种济贫法实际就是用饥饿去逼迫工人工作。②

五、西尼尔在西方经济学史上的地位

在西方经济学的产生、发展、演化过程中,西尼尔是作为"纯粹经济学"倡导者之一载入史册的。熊彼特指出,"他试图根据假设法的要求去统一和表述经济理论,也就是说,试图把经济理论表述为从四个归纳性或经验性假设得出来的一系列的推论,⋯⋯这虽然远远不是完善的,却的确使得他成为那个时期的第一个'纯粹'理论家"。基于西尼尔对西方经济学所作出对这种贡献的认识,熊彼特将其在西方经济学史上的地位确定为:从亚当·斯密到约翰·穆勒的三块"主要垫脚石"之一。他说:西尼尔同马尔萨斯和李嘉图这"三个英国人的著作是从亚当·斯密到约翰·穆勒的主要垫脚石"③。

西尼尔关于利息是节欲的报酬等观点、对实证分析与规范分析的区分、对实证分析的格外强调,以及公理化的抽象演绎方法和对于清晰概念术语的强调,是他对经济学的主要贡献,不仅直接影响到约翰·穆勒,而且对其他一些西方经济学家也产生过重要影响。

西尼尔对经济学原理的研究,虽作出过一定的贡献,但也有缺点和错误。正如熊彼特所说,他和 19 世纪的许多经济学家一样"使用了并且捍卫了这样一种方法,即探求文字的意义。但是没有一个人像西尼尔走得那么远,他似乎想要通过下定义来解决他的'政治经济科学'中的全部问题"④。他在政策主张方面的主要错误论点是在《论工厂法对棉纺织业的影响的书信》中提出"最后一小时论"。

---

① [美]小罗伯特·B.埃克伦德、罗伯特·F.赫伯特:《经济理论和方法史》,中国人民大学出版社 2001 年版,第 169 页。

② E.K.亨特:《经济思想史》,上海财经大学出版社 2007 年版,第 115 页。

③ [美]约瑟夫·熊彼特:《经济分析史》第 2 卷,商务印书馆 1992 年版,第 164 页。

④ [美]约瑟夫·熊彼特:《经济分析史》第 2 卷,商务印书馆 1992 年版,第 166 页。

第六节　埃德温·查德威克的经济政策思想

埃德温·查德威克爵士[①]（Edwin Chadwick, 1800—1890），一位深受边沁功利主义影响的公共行政官员和社会改革家。他于 1830 年取得律师资格，当过边沁最后的秘书，与西尼尔是好友。他们两人共同负责了 1834 年对济贫法的彻底修改。以后的 29 年里他担任过各种行政职务。他运用功利主义和经济学的分析方法，热情研究了 19 世纪上半叶的许多经济社会问题，并提出相应的政策主张。他是改善济贫法、警察制度、都市供水排水和污水处理系统、公用事业供给、学校建设、贫困儿童教育等许多计划的推动者。

作为边沁功利主义的忠实信徒，查德威克追求公共利益的最大化。但他在政策实践中清楚看到从个人利益加总成公共利益的困难，因此从经济效率概念定义了公共利益，即任何减少公共浪费的行为都将提高公共利益。

在考虑减少公共浪费的过程中，查德威克发现在某些公用事业领域，如自来水供应、城市污水处理、城市煤气、铁路运营等，由多家厂商竞争生产是低效率的，而一家厂商提供则有可能提高效率。但若不引进某种竞争，具有垄断地位的厂商会降低社会福利。为了解决这个问题，他创造性地区别了两种竞争，即竞争性厂商在同一市场中的竞争和不同厂商争夺某个市场垄断地位的竞争。后者被他称作"占领该领域的竞争"。运用这一竞争概念，他提出了具有自然垄断性质的公用事业的政府管理机制，即政府引进招投标竞争机制，把某一公用事业的唯一供给者的地位赋予某一厂商，即赋予它特许经营权，以降低价格增加产量。这就为政府如何管制某些公用事业所必需的自然垄断提供了理论依据。因此他可以被称作具有自然垄断性质的公用事业现代管理制度的开创者。

查德威克的上述思路可以用现代方法图示如下：

[①]　《新帕尔格雷夫经济学大辞典》第 1 卷，经济科学出版社 1996 年版，第 433 页。［美］小罗伯特·B. 埃克伦德、罗伯特·F. 赫伯特：《经济理论和方法史》，中国人民大学出版社 2001 年版，第 175—183 页。

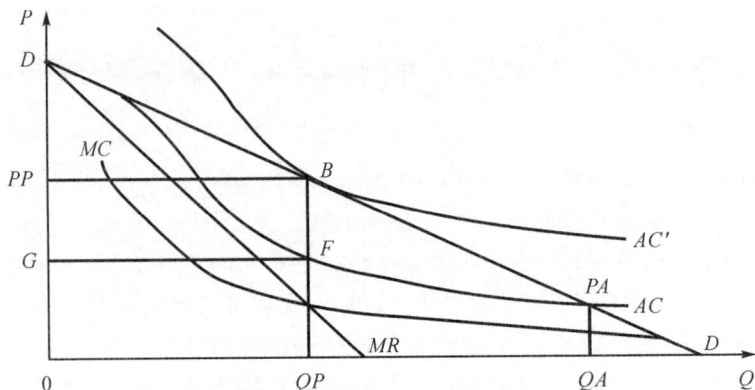

图中横轴为产品数量,纵轴为价格;DD 线为市场需求曲线,MR 为边际收益曲线;如果不存在特许权的竞争,厂商平均成本曲线将是 AC′ 线,相应的边际成本曲线为 MC;这时,若无任何管制,厂商将像一般垄断厂商那样按照利润最大化原则,确定产量为 QP,价格将为 PP;如果存在特许权竞争,厂商平均成本曲线将是 AC 线,这意味着消费者在产量为 QP 时,由于不存在特许权竞争,将把面积等于 GPPBF 的消费者剩余转给了垄断厂商;如果在存在特许权竞争的同时,政府要求产量增至 QA,于是价格将是 PA,厂商能赚到平均利润,且消费者获得的产量增加,支付的价格下降,消费者剩余大大增加。

为了减少公共浪费,查德威克提出了预防原理,即减少浪费的最好方式不是在事后减少危害,而是事先就预防其发生。按照这一思路,他构思了一整套建立警察预防犯罪的改革措施,可以说他是当代法经济学的开创性先驱。

查德威克于 1842 年发表了《劳动人民卫生状况报告》,为英国乃至全世界的公共卫生措施的现代化奠定了基础。在论证公共供水系统的过程中,他指出了私人取水的高昂机会成本。

查德威克还对于工伤事故的赔偿问题给出了基本正确的建议,即应当由雇佣企业负担。

第七节　自由贸易运动中的曼彻斯特学派①

自 18 世纪末叶以来的英国,由于推行贸易保护主义的《谷物法》,结果导致 19 世纪 30 年代后期的物价猛涨、失业和社会骚乱,于是英国各地相继成立了反

---

① 《新帕尔格雷夫经济学大辞典》第 3 卷,经济科学出版社 1996 年版,第 319—321 页。

《谷物法》协会。1840 年,曼彻斯特的一位叫理查德·科布登[①](Richard Cobden,1804—1865)的印花布厂主和另一位叫约翰·布赖特[②](John Bright,1811—1889)的企业家,将当时松散的、地区性的自由贸易协会组织成为有效的全国性"反《谷物法》同盟"。他们品德高尚,从和平主义目标出发强调自由贸易,认为自由贸易将造成各国之间的和平。他们以不知疲倦的努力,于 1844 年就募集了十万英镑的巨款,开展了大规模的富有成效的反对《谷物法》、宣传自由贸易的运动。他们散发了 900 多万本对人民群众进行宣传的小册子,在全国举办了无数次活动,其中包括在伦敦考文特花园举行的每周一次的群众集会,以及在曼彻斯特建立巨大的自由贸易大厅等。于是各阶层人民的请愿书雪片似地飞向国会,仅在 1842 年,就有 150 多万人在 2880 份请愿书上签名。在公众的巨大舆论压力下,1846 年英国议会终于宣布废除《谷物法》。[③] 但是他们对于自由主义作了过于教条的理解,因此他们对于工厂法和工团主义一概采取敌视态度。[④]

曼彻斯特的自由贸易运动是和平主义的,这不仅体现在运动的表达方式上,更表现在他们对任何帝国主义和殖民主义的批判态度上。科布登于 1842 年 4 月的一封信中写道:"……欧洲的殖民政策是过去 150 年里发生战争的主要原因。相反地,自由贸易是不可避免的,它使各国之间互相依赖的关系固定下来,并剥夺了政府把人民推入战争的权力。"他们反对滥用国家贸易垄断特权,主张同殖民地进行自由贸易,并最终终结殖民主义。[⑤]

《谷物法》的废除、1849 年取消 1651 年保护主义的《航海法》、1860 年与法国签订自由贸易协定等等 19 世纪 30—60 年代其他一些消除贸易保护主义的措施,标志着英国自由贸易政策的确立,从而促成了英国 19 世纪中叶工业的新高涨。

---

① 《新帕尔格雷夫经济学大辞典》第 1 卷,经济科学出版社 1996 年版,第 503—504 页。[英]马克·布劳格、保罗·斯特奇斯:《世界重要经济学家辞典》,经济科学出版社 1987 年版,第 118 页。

② 《新帕尔格雷夫经济学大辞典》第 1 卷,经济科学出版社 1996 年版,第 303—304 页。

③ 参阅[法]弗雷德里克·巴斯夏:《和谐经济论》,中国社会科学出版社 1995 年版,第 4—5 页。

④ [美]亨利·威廉·斯皮格尔:《经济思想的成长》上,中国社会科学出版社 1999 年版,第 311—312 页。

⑤ 参阅[法]弗雷德里克·巴斯夏:《和谐经济论》,中国社会科学出版社 1995 年版,第 21 页。

参考文献

[1][英]乔治·拉姆赛:《论财富的分配》,商务印书馆 1984 年版。

[2][英]西尼尔:《政治经济学大纲》,商务印书馆 1977 年版。

[3][英]詹姆斯·穆勒:《政治经济学要义》,商务印书馆 1993 年版。

[4][英]麦克库洛赫:《政治经济学原理》,商务印书馆 1975 年版。

[5][英]托马斯·图克:《通货原理研究》,商务印书馆 1996 年版。

第十四章　约·斯·穆勒的经济理论体系：古典经济学的综合

第一节　约·斯·穆勒生活的时代及其改良主义的社会哲学观

约翰·斯图亚特·穆勒①(John Stuart Mill,1806—1873)是李嘉图学派的主要代表人物——詹姆斯·穆勒的长子。他从未进入学校学习,一直由其父亲按照严格的计划进行教育。他3岁就开始学习希腊语和算术;不到8岁就可以阅读柏拉图、亚里士多德等人的原文;8岁起读拉丁语,然后是几何、代数、化学、物理;12岁学习逻辑学;13岁起,他父亲开始在散步中教授他政治经济学,跟随其父研读亚当·斯密和李嘉图等人的经济学著作,受古典政治经济学的熏陶。后来他父亲就是依据他的学习笔录为基础,编纂了《政治经济学大纲》一书。到20多岁时,他已经具有极渊博的知识。当时他父亲的这种强化智力训练,使他成为一个感情生活非常贫乏饥渴的人。在20岁时帮助边沁编辑出版了五卷本的《司法证明理论基础》。由于投放精力过度,再加上感情饥渴,他患上了悒郁症。他自我思考"如果你建议的关于社会改革等的一切都实现了,你将感到幸福吗?"答案是"不"。他经历一段深度绝望的时期。后来他通过阅读华兹华斯(William Wordsworth)和柯尔律治(Samuel Taylor Coleridge)的充满感情的诗篇,和与一位后来成为他妻子而当时已为人妇的哈蕾特·泰勒(Harriet Taylor)相爱,才摆脱精神困境。

在社会哲学上,穆勒起初主要受边沁功利主义哲学的影响。李嘉图以前的古典经济学家,如魁奈、亚当·斯密等人的经济学说,都是以17、18世纪启蒙思想家的自然秩序或理性观念为基础的。自然秩序和理性观念在资产阶级反对封建制度的斗争中曾起过重大的作用,但是,随着法国资产阶级革命和英国工

①　《新帕尔格雷夫经济学大辞典》第3卷,经济科学出版社1996年版,第500—511页。[英]马克·布劳格、保罗·斯特奇斯:《世界重要经济学家辞典》,经济科学出版社1987年版,第441—442页。

业革命的发展,逐渐成长起来的资本主义生产方式,并没有改变占人口绝大多数的劳动群众受压迫、受剥削的困苦状况。因此在 18 世纪末 19 世纪初,英国社会出现了一批激进的改革者,耶利米·边沁(Jeremy Bentham,1748—1832)就是他们的先驱性人物。

后来穆勒了解了萨伊、圣西门①(Claude Henri de Rouvroy Saint Simon,1760—1825)、孔德②(Comte,Auguste,1798—1857)等人,接触了孔德的实证主义,对其影响甚大,使他开始怀疑以往信奉的经济学原理,因为这些原理把私有制看作是不能破除的东西。③

1823—1858 年,他在东印度公司任职。这 30 多年的工作经历对他影响很大,使他养成了乐于在多种对立意见之中进行调和折中的习惯。用他自己的话说,就是"渐渐知道了使人赞许的种种困难,妥协的种种需要和牺牲不重要者以保持重要者的法术"④。这种妥协折中的思想习惯,深深地烙印在他的学术思想之中。据他自叙,另一位对他影响很大的是他的妻子哈蕾特·泰勒,在她的影响下,他对其主要经济学著作作出了重要的补充修改,表现出进步的倾向。⑤1865—1868 年,他曾当选为英国议会的议员。

穆勒的学术活动开始于 19 世纪三四十年代,他的经济理论体系的形成同当时英国及欧洲大陆的经济发展和阶级斗争有着密切联系。英国在进入 40 年代之初,在经济上仍然没有摆脱 1837 年爆发的经济危机的影响,工商业处于萧条状态。一些工商业城市呈现出一幅贫穷、困苦和绝望的图景。成千上万的工人流离失所,没有工作,在业工人的工资也下降了 55%。当时又值农业歉收,全国普遍饥荒,这种情况引起了工人运动的高涨。欧洲大陆的工人运动更是风起云涌。在法国,继 1831 年和 1834 年的里昂工人起义之后,于 1848 年又爆发了巴黎工人的六月起义。这些工人运动的目标,都十分鲜明地集中在反对资本的统治和剥削上。1847 年的经济危机和 1848 年欧洲革命的爆发,在英国工人中引起了强烈的反响。发端于 30 年代的宪章运动,在 40 年代又迅速恢复,并形成新的高潮。

劳动群众的苦难和斗争引起了知识界中一些先进分子的同情,他们开始思

---

① 《新帕尔格雷夫经济学大辞典》第 3 卷,经济科学出版社 1996 年版,第 249—250 页。[英]马克·布劳格、保罗·斯特奇斯:《世界重要经济学家辞典》,经济科学出版社 1987 年版,第 548 页。

② 《新帕尔格雷夫经济学大辞典》第 1 卷,经济科学出版社 1996 年版,第 609—610 页。

③ 《穆勒自传》,商务印书馆 1935 年版,第 142—143 页。

④ 《穆勒自传》,商务印书馆 1935 年版,第 72 页。

⑤ 《穆勒自传》,商务印书馆 1935 年版,第 211—213 页。

考群众贫困的原因,寻找消除社会矛盾和建设新社会的途径。于是在 19 世纪初的法国,出现了圣西门和傅立叶的社会主义,在 40 年代,卡贝和布朗基的共产主义也开始广泛流传。19 世纪上半期的英国,欧文的社会主义有着更为广泛的影响。欧文看到了资本主义经济的发展和工人提高劳动生产率所创造的财富,并没有用来改善人民的生活,因此,他认为资本主义社会和封建社会同样是不完善的。他尖锐地批判了资本主义社会的私有制,指出私有财产、宗教迷信和婚姻制度是贫困、愚昧和一切罪恶的根源。他企图消灭贫困、消灭阶级对立,建立一个人人平等地共同享受劳动成果的公有社会。在欧文思想的影响下,英国工人广泛开展组织生产合作社和工会的活动,从而掀起了一场社会改良运动。

高涨的工人运动和社会改良运动以及社会主义思潮,引起了穆勒的注意,他接受了其中的某些思想观点。他看到了资本主义虽然促进了财富的巨大增长,可是多数劳动者不仅得不到更多利益,而且处于悲惨境地。因此,他承认资本主义社会存在着矛盾,并对无产阶级表示"同情"。他说:"现在劳动产品的分配是同劳动成反比的:产品的最大部分属于从来不劳动的人,次大部分属于几乎只是名义上劳动的人,而且劳动越艰苦和越不愉快,报酬就越少,最后,从事最劳累、最费力的体力劳动的人甚至连得到生活必需品都没有保证。"①他从产品的分配方式,看到了资本主义的矛盾和不合理性,但他并不认为这是社会制度本身造成的。在他看来,这主要是由国家的法律和习惯的不合理性造成的。因此,他认为不需要改变资本主义生产资料所有制这个基础,只要通过改变分配方式的办法,就可改善工人阶级的经济状况,消除资本主义的一切不平等现象,就可建立一种新的社会关系。他曾这样明确地说过他的政治主张:"未来有一个很长时期内,政治经济学家的主要任务,是研究以私有财产及个人竞争为基础的社会存在与进步之条件。还可断言,在人类改良的现阶段中,人类所企望的主要目的,不是颠覆个人所有制,只是改良它,使社会每一个成员都充分分享它的利益。"②又说:"我只希望用普及教育来达到人口的自动控制,这样才可以使穷苦的人减除一点痛苦。总之,我是一个民主主义者,但决不是一个社会主义者。……我们害怕群众的愚昧无知,尤其群众的自私与凶暴;但是我们的最后改良理想是远过于民主思想,并且将来确实会把我们列入普遍所说的社会主义者的行伍里。"③如果不理解他的这个基本立场,就无法理解他的经济理论体系。可以说他是一个倾向于社会主义的民主主义者。或者如熊彼特所说的

①　转引自《马克思恩格斯全集》第 23 卷,人民出版社 1972 年版,第 670 页。
②　《穆勒经济学原理》,世界书局 1936 年版,第 203 页。
③　《穆勒自传》,商务印书馆 1935 年版,第 197—198 页。

是"一个信奉进化论的具有协会主义色彩的社会主义者"①。

穆勒半开玩笑地说,对功利主义者来说,他是个神秘主义者;对于神秘主义者来说,他是个功利主义者;对于逻辑学家来说,他是个多愁善感者;对于多愁善感者来说,他是个逻辑学家。另一方面,自由主义者多认为他是个社会主义者,而社会主义者又多认为他是一位自由主义者。② 其实,他既是一位思想家,同时也是一位社会改革家。

1830—1831 年间,作为受到古典经济学熏陶的思想家,穆勒深感有必要回击对李嘉图理论体系的各种挑战,同时根据新的事实和新的思潮作适当的修正和补充。他曾写过五篇经济学论文,后来在 1844 年以单行本形式出版《政治经济学中几个未决问题论文集》。他的主要经济著作是出版于 1848 年欧洲革命前夕的《政治经济学原理以及对社会哲学的某些应用》③。这部著作有七篇《序》、一篇《绪言》和五篇正文:第一篇《生产》,第二篇《分配》,第三篇《交换》,第四篇《社会进步对生产与分配之影响》,第五篇《论政府之影响》。这部著作在1848—1871 年间,曾七次重版,在相当长时间内一直被奉为经济学的圣经,政治经济学必读的教科书,直到 19 世纪最后 25 年里,才被边际效用学派逐步代替。

折中改良是穆勒社会哲学的基本特征。他的经济理论体系,是他的折中改良社会哲学观的应用与论证。他特意为其主要经济著作所加上的那个副标题,就充分说明了这一点。通过折中,他完成了对古典经济学的综合,而这个综合则标志了古典经济学的终结。他的主要原创性贡献在于区分了生产规律和分配规律、发展了国际贸易理论和提出了价值决定中的供给—需求分析。

值得指出的是,穆勒不仅是一位经济学家,同时也是一位逻辑学家、政治学家和社会哲学家。他的相应论著有《逻辑体系》(1843)、《论自由》(1859)、《关于代议制政府的探索》(1861)、《功利主义》(1863)、《奥古斯特·孔德和实证主义》(1865)、《妇女的屈从地位》(1869)和《关于宗教的三篇论文》(1874)等。

第二节　政治经济学的研究对象与研究方法

穆勒在《政治经济学原理》的《绪言》中,概述了他关于政治经济学研究对象

① [美]约瑟夫·熊彼特:《经济分析史》第 2 卷,商务印书馆 1992 年版,第 236 页。
② [美]亨利·威廉·斯皮格尔:《经济思想的成长》上,中国社会科学出版社 1999 年版,第 341 页。
③ 一般简称《政治经济学原理》,1936 年,世界书局以《穆勒经济学原理》为名出版过郭大力先生的中译本。

的观点。他和许多经济学家一样,也是把财富作为政治经济学的研究主题。他说:"经济学著作家所要教与学的,是财富的性质及其生产与分配的法则。"①他认为社会经济繁荣与衰落的原因,也属于政治经济学研究的范围,"政治经济学是一门教授或者声称教授一国如何变得富裕的科学"②。

至于什么是财富,穆勒的定义是,"一切有用的或适意的有交换价值的物品"。他承认这个定义并未说明非物质的生产物是否是财富。③ 在另一处,他又认为财富是"所有对人类有用或适用的事物总和"④。他看到了个人财富与国家财富的差别,指出债权对个人是财富,但对国家不是财富。⑤

由于在财富的生产和分配中,自然法则也发挥一定的作用,而他认为这些自然法则不在政治经济学的研究范围中。他指出,政治经济学所研究的不是财富依存于自然知识方面的原因,而是与精神、心理、制度、社会关系和人类天性等方面有关的原因。他说:"各国的经济状况,就其涉及物质知识方面来说,是自然科学的及以此为基础的技术的研究对象。可是,就其原因是精神的或心理的,依存于社会制度和社会关系或依存于人类天性因素这方面来说,它们的研究就不是属于自然科学而是属于精神和社会科学的了,因而它们就成为所谓政治经济学的对象。"⑥为此,他在另一处写道:"似乎正确和完整的政治经济学定义:——'政治经济学研究由人类本质规律所决定的财富的生产和分配。'或者——'政治经济学研究财富生产和分配中的道德或心理规律。'"⑦

由于财富的生产和分配通常都是在人们相互关联的社会中进行的,所以穆勒进一步认为,"政治经济学可以如下定义;这一定义看似完整:——'政治经济学探讨人类为财富生产所采取的联合行动中出现的社会现象的规律,那些社会现象不会因为对其他目标的追求而发生改变'"⑧。

概括上述各条定义,可以看出,穆勒实际上是把政治经济学定义为研究财富生产与分配过程中,源自于人类社会而非自然界的各项法则的科学。该定义的要点有两条:一是强调只研究与财富的生产与分配相关的法则,不研究与财

---

① 《穆勒经济学原理》,世界书局 1936 年版,第 1 页。[英]约翰·穆勒:《论政治经济学的若干未定问题》,商务印书馆 2012 年版,第 96 页。

② [英]约翰·穆勒:《论政治经济学的若干未定问题》,商务印书馆 2012 年版,第 95 页。

③ 《穆勒经济学原理》,世界书局 1936 年版,第 8 页。

④ [英]约翰·穆勒:《论政治经济学的若干未定问题》,商务印书馆 2012 年版,第 98 页。

⑤ 《穆勒经济学原理》,世界书局 1936 年版,第 7 页。

⑥ 季陶达:《资产阶级庸俗政治经济学选辑》,商务印书馆 1963 年版,第 254 页。

⑦ [英]约翰·穆勒:《论政治经济学的若干未定问题》,商务印书馆 2012 年版,第 103 页。

⑧ [英]约翰·穆勒:《论政治经济学的若干未定问题》,商务印书馆 2012 年版,第 109 页。

富无关的其他人类行为的法则;二是强调只研究与人类社会相关的法则,不研究仅仅与大自然相关的法则。

穆勒强调了政治经济学作为一门科学的实证性质,以区别于规范性的经济政策。"政治经济学是科学而非技术;政治经济学精通自然规律,而非行动规则,它教给我们事情本身如何发生,而非指导我们形成某种方式以达到某个目标"①。

由于把政治经济学定义为研究决定一国财富如何增减的人类规律的科学,所以穆勒认为政治经济学的方法与自然科学是不同的,因为在研究中无法像自然科学那样采取实验方法,阻隔其他因素的影响而单独分析某一因素的作用,"不可能试图在实验室中建立小型的政府和国家政策体系,⋯⋯很难获得⋯⋯关键性实验"②。所以内省是一项重要的方法。

穆勒认为,由于难以运用实验方法进行研究,所以以实验和观察为基础的归纳法(他称之为后验法)就无法成为政治经济学的主要方法;政治经济学的主要方法只能是从具有普遍性的一定前提假设出发进行演绎推理再加以验证的抽象演绎法(他称之为先验法)。③ 同时他也认可归纳法或后验法的作用,"我们能够证明后验法在道德科学中的巨大价值;即后验法不是发现事实的手段,而是证明事实的手段,在间接提到每种特定情况下的复杂性以及可以确定先验法难以(并非不可能)分析所有重要事实之前,后验法可以最大限度地降低不确定性"④。他也承认抽象演绎法所得到的结论有时会与特定事实不相符。他认为这是因为现实中存在着一些理论尚未考虑到的重要的扰动原因,它们引起了现实中的不确定性,从而使得理论难以完全准确地预测。但预测有误恰好提醒我们抽象演绎法或先验法的假设前提尚不完善,需要改进。因此他坚信这些扰动原因有许多最终会被纳入科学的考虑范围,从而提高先验法的准确性。⑤

为了运用抽象演绎法或先验法,穆勒认为政治经济学要以抽象的经济人假设为前提,它只能是以这个假设为前提的演绎推理体系。他谈到,政治经济学"所关注人的仅仅是,作为一个人,他有占有财富的愿望,而且他赋有判断达到这种目的的各种可能性的能力。⋯⋯它将其他每一种人类情欲或动机完全抽

---

① [英]约翰·穆勒:《论政治经济学的若干未定问题》,商务印书馆 2012 年版,第 95,96 页。

② [英]约翰·穆勒:《论政治经济学的若干未定问题》,商务印书馆 2012 年版,第 114 页。

③ [英]约翰·穆勒:《论政治经济学的若干未定问题》,商务印书馆 2012 年版,第110—114 页。

④ [英]约翰·穆勒:《论政治经济学的若干未定问题》,商务印书馆 2012 年版,第 119 页。

⑤ [英]约翰·穆勒:《论政治经济学的若干未定问题》,商务印书馆 2012 年版,第117—120 页。

象化"①。可以说,现代经济学中的理性经济人假设大致是从他那时开始明确起来的。

当然,穆勒非常清楚,虽然政治经济学以逐利的经济人假设为分析前提,但是政治经济学家并非"如此荒谬,以至于假定人类确实如此,而是因为这是继续探索政治经济学的必要模式。"②他明确指出"从来没有数学家认为他的直线定义对应于真正的直线。同样,也没有政治经济学家认为现实中除了财富再无其他欲望目标,或者是所有的动机都要为卑微的金钱动机让路。但是他们做这样的假定是事出有因的,是为了他们的研究目的;因为他们在解释这部分人类行为时,只能将金钱至上作为直接的和主要的目标;因为没有两个个体的情况是完全相同的,除非摒除一些特定的环境因素,否则,他们不能得出普遍的准则。"③

穆勒虽然把抽象的经济人作为自己分析的前提,但并没有用非历史的观点把资本主义社会看成永恒不变的制度。相反,他认为,在不同的时代,不同的国家,人们所生产的"财富的数量和种类是有差别的;社会的财富以何种方法分配于各成员,亦是有差别的"④。为了强调这一点,他在该书的绪言中差不多用了二分之一的篇幅来论述野蛮社会、游牧社会、封建社会和文明社会财富生产与分配的不同状况以及当时西欧社会与东方亚细亚社会所存在的这种差别。他认为,财富的生产与分配所呈现出的这种差别,是不能单纯从不同时代、不同国家的人民对自然法则认识程度上的差别来说明的。

第三节 对生产规律和分配规律不同性质的分析

穆勒在把财富的生产与分配规律确定为政治经济学的主题以后,就进而论述了生产规律与分配的不同性质。

在穆勒看来,生产规律具有永久的自然规律的性质。他说:"财富的生产法则与条件,具有物理学真理的性质。其中没有任意选择的要素。人类所生产的物品,无论是什么,其生产方法与条件,都由于外界事物的构造及人类肉体与精神的固有特性。无论人喜欢不喜欢,他们的生产终须受限制于他们先前的蓄积

---

① 转引自罗尔:《经济思想史》,商务印书馆 1981 年版,第 354 页。[英]约翰·穆勒:《论政治经济学的若干未定问题》,商务印书馆 2012 年版,第 106—107 页。

② [英]约翰·穆勒:《论政治经济学的若干未定问题》,商务印书馆 2012 年版,第 107 页。

③ [英]约翰·穆勒:《论政治经济学的若干未定问题》,商务印书馆 2012 年版,第 113 页。

④ 《穆勒经济学原理》,世界书局 1936 年版,第 9 页。

额,如果先前的蓄积额是已定的,他们的生产就须比例于他们有怎样的能力与熟练,他们机械是怎样完善,他们怎样利用合作的利益。无论人喜欢不喜欢,加倍的劳动,终不能在同一土地上,生产加倍量的食物,除非在耕作过程上已有某种改良。无论人喜不喜欢个人的不生产的支出,总归有使社会贫乏的趋势,只有生产的支出可使社会富裕。关于这种种问题,人们的意见或愿望,不能支配事物本身。"①

至于分配规律,穆勒认为与生产规律具有根本不同的性质。他说:"财富的分配却不然。这纯然是人类制度的问题。物品一经在那里,人类(个别的或集合的)就可随其所欲来处分。他们能以任何条件,将此种物品,为他们所高兴的任一个人支配。……所以,财富分配乃依存于社会的法律与习惯。分配所由而定的条件,是由社会统治阶级,按照他们的意见及感情制定的。那须随时代随地方而甚有变异;如果人类愿意,其变异程度还可以更大。"②

由于生产法则与分配法则的决定因素性质不同,前者以自然的必然性为基础,后者以社会制度的必然性为基础,所以生产法则是恒久的,而分配法则是暂时的。穆勒认为,混淆由自然导致的必然性与社会制度导致的必然性,是经济学中的谬误,不仅是理论上的谬误,还是实践中的谬误。因为它导致两方面的损害:一方面使经济学家把经济学里暂时的真理误认为永久的普遍真理;另一方面使许多志在改造社会制度的人,把永久性的生产法则误认为是导源于社会制度的暂时现象,而不予应有的重视。③ 他把生产规律看成是永恒的规律,把分配规律看成是具有历史性质的规律。这就为他在保持资本主义的产权制度的基础上改良收入分配的政策主张提供了理论依据。

第四节　生产理论

穆勒在《政治经济学原理》第一篇中,首先考虑了进行生产的必要条件,"生产的必要条件有二:劳动与适宜的自然物品"④。然后追随当时的一般做法,认为任何社会生产都必须具备以下三个要素:"即劳动,资本,及自然所提供的材料或动力"⑤。

① 《穆勒经济学原理》,世界书局1936年版,第187页。
② 《穆勒经济学原理》,世界书局1936年版,第188页。
③ 《穆勒经济学原理》,世界书局1936年版,第400页。
④ 《穆勒经济学原理》,世界书局1936年版,第21页。
⑤ 《穆勒经济学原理》,世界书局1936年版,第96页。

关于作为生产第一个要素的劳动,穆勒首先规定了劳动的含义。他说:"劳动是肉体的或精神的;说得明白些是筋肉的或是神经的。在劳动这个观念中,不仅包括动作,且必须包括思想或筋肉或二者同在特殊职业上所引起的一切不快意的感情,一切肉体的束缚或精神的烦恼。"①可见他所谓的劳动,不仅是指体力和脑力的支出,而且还包括由这些支出所引起的主观感受。

穆勒认为劳动的作用就是移动物至适当的位置,以便利用自然力来改变物,使之为人所需。② 他按照在最终产品生产中的不同作用把劳动分为直接生产最终产品的劳动和间接生产最终产品的劳动,并按照所起作用的不同,进一步把间接生产最终产品的劳动分成数类。③ 在对劳动进行分类时,他否定了通常按照农业、制造业和商业来划分劳动的见解。④ 他赞赏萨伊的观点,认为劳动不创造物质,只生产效用。而劳动所生产的效用有三种:第一种效用是固定并体现在外界对象物上的;第二种效用是固定并体现在人身中的;第三种效用是既不固定也不体现在任何对象上的。⑤ 他指出:生产第一种效用的劳动,就是通常讲的生产物质产品的劳动;生产第二种效用的劳动,就是一切培植自身或他人的体力和智力的劳动,不仅包括医务工作者和教育工作者的劳动,也包括政府工作人员(如果他们改良了人民)、道德家和牧师(如果他们生产了幸福)的活动;生产第三种效用的劳动,就是给人们提供一定快乐或避免烦恼痛苦的活动,它包括音乐家、演员、陆海军、法官和政府官吏(如果他们的活动对人民的改良无影响)的活动。⑥

穆勒依据萨伊的观点,分析了劳动所生产的不同效用后,又依据亚当·斯密关于生产性劳动与非生产性劳动的观点,把两者调和起来,以确定劳动的生产性与非生产性。他认为,由于人们通常认为财富是其效用可蓄积的物质财富,故生产性劳动主要包括生产第一种效用的劳动,生产第二种效用的劳动,在其有助于生产第一种效用时,也是生产性劳动,即一切直接或间接生产物质产品的劳动都是生产性劳动;反之,生产第三种效用是非生产性劳动,因为其效用不能持久。⑦ 他认为思想家的思辨活动是社会中"最有影响的生产劳动"⑧。

---

① 《穆勒经济学原理》,世界书局 1936 年版,第 21 页。
② 《穆勒经济学原理》,世界书局 1936 年版,第一篇第一章第二节。
③ 《穆勒经济学原理》,世界书局 1936 年版,第一篇第一章第一至六节。
④ 《穆勒经济学原理》,世界书局 1936 年版,第一篇第一章第九节。
⑤ 《穆勒经济学原理》,世界书局 1936 年版,第 44 页。
⑥ 《穆勒经济学原理》,世界书局 1936 年版,第 45 页。
⑦ 《穆勒经济学原理》,世界书局 1936 年版,第 47 页。
⑧ 《穆勒经济学原理》,世界书局 1936 年版,第 40 页。

穆勒进一步把消费区分为生产的和不生产的,认为对生产没有直接或间接贡献的人的消费是不生产的,而生产性劳动者的消费中,凡无助于维持和增加他们生产能力的消费(如对于享乐品、奢侈品的消费)也是不生产的,只有有助于维持和增加他们生产能力的消费才是生产性消费。① 在如此区分消费之后,他提出对劳动的另一种分类:为生产性消费提供对象的劳动和为非生产性消费提供对象的劳动。前者用于维持和增加国家的生产资源,而后者则不。他认为这种分类比划分生产劳动与非生产劳动更有意义,因为一国财富的增减,与供给生产性消费的劳动在总劳动中所占比重的大小有关。②

关于作为生产第二个要素的资本,穆勒在确定资本的含义时,否定了"资本即是货币"的观点,认为资本是先前劳动生产出来的,由蓄积而保存下来用于维持生产性劳动的物质产品。③ 他认为,资本是"蓄积的原先劳动的生产物。劳动生产物的这种蓄积名为资本"④。被蓄积的劳动产品之所以成为资本,就是"因为它是生产地被使用"⑤。因此,"资本是被用以再生产的财富"⑥。当自耕农为维持自己而把劳动产品蓄积起来时,他也把这种劳动产品称为资本。⑦

在对资本的含义作了上述说明之后,穆勒提出了关于资本的四个根本命题。第一个命题是一国的生产性劳动的多少受到该国资本(包括消费品和投资品)数量的限制。⑧ 第二个命题是资本是节蓄的结果,是生产者自身消费少于其生产的产品的结果。⑨ 第三个命题是一切资本均被使用,即便不被资本所有者自己使用,也要被别人使用,并且在使用中为资本所有者创造更多产品。⑩ 即资本不同于窖藏。第四个命题是就业水平产品数量取决于资本数量,与商品需求的大小无关,对商品的需求只决定就业方向和产品种类。⑪ 这四个命题基本上是对斯密观点的重述,强调了资本的来源、功能和重要性,表明决定国民收入水平的是资本数量而非对商品的总需求。

① 《穆勒经济学原理》,世界书局1936年版,第一篇第三章第五节。
② 《穆勒经济学原理》,世界书局1936年版,第一篇第三章第六节。
③ 《穆勒经济学原理》,世界书局1936年版,第一篇第四章第一、二节。[英]约翰·穆勒:《论政治经济学的若干未定问题》,商务印书馆2012年版,第40—41页。
④ 《穆勒经济学原理》,世界书局1936年版,第53页。
⑤ 《穆勒经济学原理》,世界书局1936年版,第59页。
⑥ 《穆勒经济学原理》,世界书局1936年版,第53页。
⑦ 《穆勒经济学原理》,世界书局1936年版,第57页。
⑧ 《穆勒经济学原理》,世界书局1936年版,第62,63页。
⑨ 《穆勒经济学原理》,世界书局1936年版,第一篇第五章第四节。
⑩ 《穆勒经济学原理》,世界书局1936年版,第70页。
⑪ 《穆勒经济学原理》,世界书局1936年版,第77页。

在资本的功能问题上，穆勒在李嘉图和萨伊之间作了一点折中，一方面否认资本具有生产力，另一方面又肯定一部分资本协助劳动进行生产。"严格来说，资本是没有生产力的。唯一的生产力是劳动，当然，这里的劳动需要借助工具并作用于一定的原材料。因此，认为包括工具和原材料的那部分资本或许具有生产力也没有什么不妥，因为他们和劳动一起完成生产。但是，包含工资的那部分资本本身没有生产力"①。

在资本的分类问题上，穆勒基本上正确地划分了生产中的流动资本和固定资本。②

关于作为生产第三个要素的"自然所提供的材料与动力"，穆勒认为自然界所提供的种种材料与动力，是进行生产所不可缺少的必要条件，它是生产的"自然要素"，因为它所包括的"都不是劳动的生产物"。他认为提供"农作物资源的土地"是各种生产要素"当中最主要的；如把名辞推广适用于矿山及渔场——适用于地中所发现的物品，适用于覆盖地面一部分的水中所发现的物品，并推广适用于地上长养的物品，土地一辞亦包括了我们现在所欲的一切"自然要素。因此，生产的自然要素"可由土地一辞代表之"。所以，他认为，把生产的三个要素说成是"劳动、资本与土地，亦未尝不可"③。

穆勒在论述了生产的一般要素以后，就进而研究影响劳动和资本这两个要素的生产力大小的诸因素：自然条件，劳动者的劳动习惯、刻苦精神、技术熟练、具有丰富知识，整个社会教育的普及，重契约讲诚实的道德风尚，政府对人身和财产安全的保障。④ 他特别强调"工人的智力是劳动生产力一个最重要的要素"⑤。他指出了分工的利益及其限制，⑥指出了大规模经营对制造业的效益，分析了规模经济的原因及大规模经营的必要条件。⑦

在分析影响生产力大小的诸因素时，穆勒看到了农业的特殊性，正确地指出农业中分工的效益和大生产的效益往往不存在；指出地租的不确定和租期的不确定不利于租地人提高经济效益；认为农户经营的土地面积过大或过小都不好，应当以劳力、畜力和农具都充分利用为适宜程度；主张小农经营和大农场并存，大农场经营谷物种植业和畜牧业，小农经营劳动密集的种植业，尤其是经济

① ［英］约翰·穆勒：《论政治经济学的若干未定问题》，商务印书馆2012年版，第69页。
② 《穆勒经济学原理》，世界书局1936年版，第87—88页。
③ 《穆勒经济学原理》，世界书局1936年版，第145—146页。
④ 《穆勒经济学原理》，世界书局1936年版，第一篇第七章。
⑤ 《穆勒经济学原理》，世界书局1936年版，第175页。
⑥ 《穆勒经济学原理》，世界书局1936年版，第一篇第八章。
⑦ 《穆勒经济学原理》，世界书局1936年版，第一篇第九章第一、三节。

作物;认为小农业和大农场并存是最有利于农业的改良。①

穆勒认为,生产的增加不仅取决于生产要素的生产效率,而且还依存于生产要素的增加。他说:"生产增加,或是这诸要素本身的结果,或是它们生产力增加的结果。生产增加的法则,必然是这诸要素法则的结果。生产增加的限制,必须是这诸法则立下的限制。"②于是,他就依次研究了生产三要素增加的规律。

穆勒认为,"生产增加第一依存于劳动";而劳动的增加,即"是人口的增加"。在他看来,劳动增加的规律就是马尔萨斯在其《人口论》中引出的"真理":在无限制时,人口的"增加率必然是几何级数率而不是算术级数率"③。在实际生活中,人口的增加虽然会受到种种限制,但由于"人口自然增加力的无限"④,因此,他认为劳动不会成为生产增加的重要障碍。

穆勒认为,生产增加"第二依存于资本"⑤,而"资本的增加必依存于两事——即,节蓄所留出的基金的多寡及节蓄欲望的强弱"⑥。所谓节蓄所留出的基金,就是从劳动产品中扣除生产当事人的生活必需品以后的剩余。他把这种剩余称为纯产品;它不仅包括利润和地租,还包括工资中的非必需品。纯产品越多,则节蓄的数额便越大,从而也将增加节蓄的欲望。因为纯产品越多,作为其重要组成部分的利润也往往越多。⑦利润的多少仅仅是影响节蓄欲望的一个因素,其他因素有是否有远虑,是否关心后代,尤其是人身和财产的安全程度,等等。⑧

因此,增加资本的基本途径便是增加生产和(或)减少消费。增加生产,尤其是提高劳动生产力,就可以在不缩减消费的同时使纯产品增多。而减少消费可以在生产物不变时增加节蓄。⑨减少消费就是要节欲,反对奢侈。他说:"节蓄致富,支费致穷,在个人为然,在社会亦然。换言之,把财富用来维持生产的劳动,将增加社会全体的财富;若把财富用在享乐上,即将增加社会全体的贫穷。"⑩只要资本家减少非生产性支出,增加生产性支出,即增加纯产品用于生产

① 《穆勒经济学原理》,世界书局 1936 年版,第一篇第九章第四节。
② 《穆勒经济学原理》,世界书局 1936 年版,第 146 页。
③ 《穆勒经济学原理》,世界书局 1936 年版,第 146 页。
④ 《穆勒经济学原理》,世界书局 1936 年版,第 150 页。
⑤ 《穆勒经济学原理》,世界书局 1936 年版,第 146 页。
⑥ 《穆勒经济学原理》,世界书局 1936 年版,第 151 页。
⑦ 《穆勒经济学原理》,世界书局 1936 年版,第 152—153 页。
⑧ 《穆勒经济学原理》,世界书局 1936 年版,第一篇第十一章第二节。
⑨ 《穆勒经济学原理》,世界书局 1936 年版,第 69 页。
⑩ 《穆勒经济学原理》,世界书局 1936 年版,第 72 页。

性支出的比重,就会把一部分原先的消费财富转变为资本。① 而只要能够增加资本的报酬,就能提高资本所有者的节蓄欲望,把非生产性支出转移到生产性支出上。② 这一观点意味着他并未坚持僵硬的工资基金说。这种僵硬的工资基金说认为作为分子的工资基金是固定不变的,因此工资的高低完全取决于作为分母的工人人数的多少。

穆勒认为,生产增加"第三依存于土地"③。在他看来,土地在生产中的基本规律,就是土地报酬递减律。关于这个规律,他曾作过如下的表述:"农业进步达到一定阶段(不必要怎样了不起的进步)以后,则按照土地生产的法则,在农业技术及农业知识的一定状况下,劳动增加,生产物不能有相等程度的增加;倍加劳动,不能倍加生产物。换句话说,生产物的每次增加,均由应用土地上的劳动之超比例的增加而取得。"并认为这"是经济学上最重要的命题"④。尽管在实际中,这个规律的作用会受到种种因素的阻碍,如农业中提高土地生产率和劳动生产率的改良;与农业生产前后阶段的服务有关的改良,如运输的改善等;其他行业的降低农业生产投入价格的技术进步;社会制度的进步,尤其是各种阻碍农业的法律、制度、习俗的改革;教育的改良,劳动者及其雇主在知识、德性方面的进步。⑤ 但他认为,土地报酬递减却是一个"趋势",一个"真理",因此,这是"土地生产的一般法则"⑥。

穆勒在分别考察了生产三要素增加的规律后,得出结论说:"按照上述的说明,生产增加的限制是二重的;即资本不足或土地不足。"⑦他认为亚洲各国由于蓄积欲望不强所造成的资本不足是阻碍生产发展的主要问题。为此,他认为这些国家应采取下述措施增加积累:(1)刷新政治,改良税制,确保财产所有权,维持更永久更有利的土地租佃制以使耕作者获利;(2)改良公众智力,破除不利于生产的习惯与迷信,使人民时常追求新的欲望对象;(3)引进外资,引进技术。⑧而西欧各国的,特别是英格兰,他认为人口增加过多,导致土地报酬递减是阻碍生产发展的主要问题。因此,他认为这些国家必须采取措施限制人口的增长。

穆勒不无正确地指出,限制人口增加的必要性不仅存在于财富分配不公的

① 《穆勒经济学原理》,世界书局 1936 年版,第 54—55 页。
② 《穆勒经济学原理》,世界书局 1936 年版,第 65 页。
③ 《穆勒经济学原理》,世界书局 1936 年版,第 146 页。
④ 《穆勒经济学原理》,世界书局 1936 年版,第 165 页。
⑤ 《穆勒经济学原理》,世界书局 1936 年版,第 171—175 页。
⑥ 《穆勒经济学原理》,世界书局 1936 年版,第 173 页。
⑦ 《穆勒经济学原理》,世界书局 1936 年版,第 177 页。
⑧ 《穆勒经济学原理》,世界书局 1936 年版,第一篇第十三章第一节。

社会,亦存在于生产资料共有、财富平等分配的社会中。因为虽然人口增加既增加"口"又增加"手",但"新的口和旧的口必须有同样的食物,但新的手不能和旧的手生产同样多的食品"。除非生产技术改良的速度能超过或不低于人口增加的速度。①

穆勒把亚当·斯密等人的资本积累规律与马尔萨斯等人的土地报酬递减规律和按几何级数增长的人口规律综合在一起进行论述,以证明生产规律是一种永久的自然性质的规律。他对生产规律的论述中,包含着一些有价值的见解,如他关于生产劳动能力的劳动也属生产性劳动的见解,普及教育提高劳动者的智力是劳动生产力最重要因素的见解,②当人口增长超过生产技术增长速度时,必须实行限制人口的主张等,③这些见解在今天仍有一定的借鉴意义。

穆勒的上述生产理论可以简单地概括为以下七个命题:④

(1)一切生产都需要劳动、资本和适宜的自然物品。

(2)土地报酬递减法则。

(3)生产的增加依存于劳动和资本的数量增加和(或)劳动生产力的提高。

(4)劳动增加的法则就是人口在无限制时按几何级数增加。故生产一般不会受到人口的限制。但是当人口增长速度快于生产技术的改良速度时,社会将趋于贫困,故限制人口增长速度是必要的。

(5)资本的增加依靠纯产品(可节蓄的对象)的增加和节蓄欲望的增强。资本靠节蓄形成,靠投入生产来保存。因此节俭使社会致富,奢侈使社会致贫。而节蓄欲望的强弱取决于利润(纯产品的一部分)的多少和人身、财产的安全和远虑。

(6)资本(而非劳动)往往决定生产规模、就业人数和劳动效率。

(7)当资本一定从而就业人数一定时,生产的增加取决于劳动者生产率,而劳动生产率取决于劳动者的能力与熟练,机械的性能,分工协作的程度,生产经营规模的大小。

上述命题涉及生产的必要条件、经济增长的促进因素和限制条件。其中有些命题是任何社会都成立的,如第1、2、4条。而第3、5、6、7条则只有在总需求充分大的情况下才成立于任何社会。穆勒显然忽略了马尔萨斯对有效需求的关注。同时,他把生产法则与分配法则加以区分的观点也是有问题的,他把生

---

① 《穆勒经济学原理》,世界书局1936年版,第179页。
② 《穆勒经济学原理》,世界书局1936年版,第175页。
③ 《穆勒经济学原理》,世界书局1936年版,第179页。
④ 《穆勒经济学原理》,世界书局1936年版,第187页。

产受资本限制作为一条法则,同时又认为资本增加受节蓄倾向的影响,而节蓄倾向又受制于利润的多少,于是生产的大小就终归要受利润多少从而收入分配的限制了。

第五节 分配理论

穆勒在《政治经济学原理》第二篇中对资本主义分配进行考察。他的分配概念包括生产要素的分配,所以他是联系着所有制来考察产品分配的,他把私有制和公有制问题、财产继承权问题放在这一篇的开首。他并不认为现存的所有制和分配方式是自古不变的,认为随着生产要素分配方式的变化,产品分配的原则也将随之变化。因此在资本主义社会和前资本主义社会,分配的决定因素是不同的。他指出"在个人私有制制度下,生产物的分割受决定于两种因素,即竞争与惯习"[1]。而在资本主义以前,支配地租额和土地租借权的不是竞争,而是惯习。[2] 他分析了奴隶制度[3]、自耕农制度[4],以及其他曾经存在于农业中的制度。

对于资本主义的分配,他首先分析的是工资。他认为工资是劳动的报酬,在资本主义制度下,"竞争是工资的主要支配者",而习惯只具有一定的"影响"。他说:"工资取决于劳动的需要与供给,即取决于人口与资本"[5]。这里所谓的人口,就是劳动阶级的人数,即是指劳动的供给;这里所谓的资本,就是指用于购买劳动力的那部分流动资本,它和其他用于雇用非生产劳动者的基金一起,代表对劳动的需求。因此,高工资只能是被雇佣的劳动者减少或雇佣劳动者的总基金增加的结果;而低工资,则是被雇用的劳动者增加或雇佣劳动者的总基金减少的结果。[6]

从劳动的供求决定工资高低的观点出发,穆勒认为,物价的涨跌,通常是通过影响劳动的供给来影响工资的,或通过影响资本的增减从而间接引起对劳动需求的变化而影响工资的。所以,在一般情况下,"工资取决于资本与劳动的比例的法则",不会因物价变化而"动摇"。关于实际工资水平的决定,他认为主要

---

① 《穆勒经济学原理》,世界书局 1936 年版,第 226 页。
② 《穆勒经济学原理》,世界书局 1936 年版,第二篇第四章第二节。
③ 《穆勒经济学原理》,世界书局 1936 年版,第二篇第五章。
④ 《穆勒经济学原理》,世界书局 1936 年版,第二篇第六、七章。
⑤ 《穆勒经济学原理》,世界书局 1936 年版,第 310 页。
⑥ 《穆勒经济学原理》,世界书局 1936 年版,第 311 页,第二篇第十一章第三节。

取决于人口的多少。他指出,"除了少数例外,高工资是以人口限制为前提"。在他看来,工资"既然取决于劳动人数及其用来购买劳动的资本及其他基金之比例,那么改变这个比例使之有利于劳动者阶级的关键,不是蓄积之绝对量,生产之绝对量",甚至也不是"分配于劳动者之间的基金额",而是"这种基金及分享这种基金的人数之比例"①。可见他实际上是赞同马尔萨斯的观点,把资本主义条件下工资低下的原因归之于劳动阶级人口过多。这一观点对他的改良主义纲领有很大影响。

穆勒特别分析了食品价格变化的影响,指出,当实际工资由于食品价格上升而下降后,劳动阶级既可以降低生育水平以恢复原有的生活标准,也可以保持生育水平从而永久性地降低生活标准;而当实际工资由于食品价格下降而上升后,劳动阶级既可以保持原有的生育水平而提高生活标准,也可以提高生育水平从而保持原有的生活标准。②

除了分析一般工资水平的决定因素,穆勒还分析了工资的职业差异和性别差异。③

穆勒不像李嘉图那样用维生的生活费用来决定工资,而是用劳动市场的供求关系来说明工资水平的决定。这种分析框架为以后的马歇尔等所接受,并一直延续至今。但他的供求均衡工资理论与后来的工资理论并不完全一致,差别主要在于对决定劳动供求的因素的分析上,他是用工资基金而不是劳动的边际生产力来说明劳动的需求,用劳动人口而不是劳动的边际负效用来说明劳动的供给。而劳动人口则由劳动阶级提高生活水平和提高生育水平这两种互斥的欲望孰强孰弱而决定。所以他的工资理论更经常被称作工资基金说。而如果劳动阶级提高生育水平的欲望更强烈的话,这种工资基金说就与维生工资说合流了。可见李嘉图的维生工资说是穆勒的工资基金说的一种特例。但由于穆勒在1869年为其朋友威廉·T.桑顿的一本书《论劳动》作书评时,承认整个社会的工资基金可以由于资本家阶级节俭与否而发生变化,虽然资本家阶级的全部收入构成工资基金的上限。因此他后来的工资基金说可以算是一种柔性工资基金说。即工资的高低既取决于作为分母的工人人数的大小,也取决于作为分子的工资基金的大小。这就等于是放弃了工资基金说。④

在分析了工资以后,穆勒转而分析利润,分析了利润的性质、利润的来源、

① 《穆勒经济学原理》,世界书局1936年版,第316页。
② 《穆勒经济学原理》,世界书局1936年版,第313—316页。
③ 《穆勒经济学原理》,世界书局1936年版,第二篇第十四章。
④ E.K 亨特:《经济思想史》,上海财经大学出版社2007年版,第160页。

利润的行业差异和平均化趋势,以及利润率的决定等问题。

在分析利润的性质时,穆勒赞同西尼尔的节欲论,认为利润是忍欲的报酬。他说:"劳动者的工资是劳动的报酬,同样,资本家的利润,照西尼尔的精当的用语,则是忍欲的报酬。他自己忍住不再自己消费自己的资本,而让给生产的劳动者为他的益处而消费,利润便是这种忍欲的所得。这种忍欲,是必然有报酬的。"①他同意萨伊的观点,认为总利润必须分成三个部分:利息、保险费和监督工资,即利息作为忍欲的报酬,保险费作为冒风险的报酬,监督工资作为管理的报酬。他说:"这三种事物是忍欲、冒险与努力。利润分成三个部分,这三个部分可分别称利息、保险费及监督工资。"②

在利润的性质问题上,穆勒经济理论体系的综合特征表现得最为明显。他一方面采纳西尼尔和萨伊的观点,把利润中的利息规定为忍欲的报酬,并把其他部分规定为监督劳动的工资和保险费;另一方面则接受李嘉图的意见,认为利润来源于劳动。在他看来,由于资本家进行了节欲,从事了监督劳动,承受了风险,就理所当然地应该从工人所创造的劳动产品中取走一大部分作为报酬。

在分析利润的来源和利润的平均化时,穆勒否定了那种认为利润是买卖的结果,是取决于价格的观点。他认为利润产生的原因,在于劳动生产力,在于劳动所生产的产品多于所耗费的产品,在于劳动者在生产了资本家以工资形式垫支的产品之后,有时间剩余为资本家工作。在他看来,利润的产生并不是由于偶然的交换,即使在不存在交换的地方,只要劳动生产力较大,利润也依然会存在。③

穆勒指出,由于不同行业中资本的风险不同以及所需要的管理能力不同,故不同行业所需要的保险费和监督工资亦根本不同,因此就会存在利润的职业差异。同时,自然垄断与人为垄断也会造成不同职业的利润差异。④ 尽管如此,不同行业中的利润却具有平均化的趋势。他说:"如果一种营业,比别种营业……有更顺利的赚钱机会,那就会有更多的人投资到这种营业上来,……反之,如果一种营业不被认为繁荣的营业,如果该业的获利机会被认为逊于其他营业;资本即将逐渐离去,至少,新资本不会吸向那里,在较少利润与较多利润的职业间,资本的分配遂发生变化……但其趋势是归向共通的

---

① 《穆勒经济学原理》,世界书局 1936 年版,第 368 页,第二篇第二章第一节。

② 《穆勒经济学原理》,世界书局 1936 年版,第 370 页。

③ 《穆勒经济学原理》,世界书局 1936 年版,第 378—379 页。

④ 《穆勒经济学原理》,世界书局 1936 年版,第 372—373 页。

平均数。"①

在分析利润率的决定时,穆勒是从总利润的决定谈起的。他认为一个国家的利润总量取决于两个要素,"第一是,生产物的数量,换言之,劳动的生产力;第二是,劳动者自己在这生产物中所得的比例。换言之,劳动者的报酬对于其生产额所保持的比例"。并认为利润率与上述第一个因素无关,"只取决于第二个要素"②。因此,利润率与劳动者的报酬成反比。对此,他还作了如下的解释:利润率不是同通常所说的工资成反比,而是同劳动费成反比;劳动费就是"劳动所费于资本家的,……是三个可变数的函数:劳动的效率;劳动的工资(指劳动者的真实报酬);这真实报酬所含的物品的生产费或获得费"③。于是利润率也就受支配于这三个可变数。"如果劳动一般更有效率,而报酬不更高;如果劳动更少效率,报酬减落,这种报酬所包含的物品的费用亦不增加;又或,如果这些物品的费用减低,劳动者所获得的这些物品不增多,在这三种的任一种情况下,利润都将腾起。反之,如果劳动的效率减少;……如果劳动者获得较少的报酬,构成这种报酬的物品不更低廉;又或,如果他不获得更多的报酬,构成这种报酬的物品不更低廉;又或,如果他不获得更多的报酬,构成这种报酬的物品已更昂贵;在这三种的任一种情况下,利润都将减落。"④关于利润率的变动,他认为每一国家任一时间都有一个诱使人们进行储蓄,并把储蓄转变为资本的最低必需的利润率,若实际利润率低于此,人们将没有储蓄投资的欲望。这种最低利润率取决于人们的远虑和投资的安全,远虑的大小决定了储蓄的多少,安全的大小决定了储蓄转化为投资的多少。⑤

关于地租,穆勒不同意重农主义者和亚当·斯密关于地租来源于自然对农业的特殊恩惠的见解,⑥基本上是重述李嘉图的级差地租理论。⑦ 不过,在说明小农制度下的地租决定时,他是用土地的供求竞争来说明的。⑧ 同时,他关于准租的初步概念为以后马歇尔明确提出准租概念作了准备。

① 《穆勒经济学原理》,世界书局 1936 年版,第 375 页。
② 《穆勒经济学原理》,世界书局 1936 年版,第 381 页。
③ 《穆勒经济学原理》,世界书局 1936 年版,第 383 页。
④ 《穆勒经济学原理》,世界书局 1936 年版,第 383 页。
⑤ 《穆勒经济学原理》,世界书局 1936 年版,第 370－372 页。
⑥ 《穆勒经济学原理》,世界书局 1936 年版,第 25 页。
⑦ 《穆勒经济学原理》,世界书局 1936 年版,第 439 页。
⑧ 《穆勒经济学原理》,世界书局 1936 年版,第 289－290 页。

第六节　价值理论

　　穆勒在《政治经济学原理》第三篇中阐述价值理论时,他不同意一些经济学家把价值论的重要性强调到不恰当的地位。他说:"我现在将要讨论的题目,在经济学上占如此重要的显著位置,所以照若干思想家的解释,价值论范围与经济学本身的范围是混同的。"[①]在他看来,价值论并不是政治经济学的主题。他认为,财富的生产是与价值无关的,只有分配才与价值相关,并且分配也只是当其由竞争而非由习惯决定时,才与价值问题有关,但交换依然不是竞争社会中决定财富分配的根本法则,"像道路车辆不是运动的基本法则,只是执行机关的一部分一样"[②],即交换并不引起分配法则的变化。同时,他又承认在商品社会中,价值问题仍是"根本问题"[③]。可见他没有意识到价格配置资源从而影响生产的功能,而对于价格的这种功能的认识,是边际革命以后才逐渐成熟的。

　　穆勒在分析商品价值时,首先区分了使用价值、价值和价格等概念。在他看来,使用价值就是商品"满足欲望或适合目的的能力"[④]。他实际上是以人们对商品的主观评价来定义使用价值的。因此,他反对亚当·斯密关于钻石只有很低的使用价值而有很高的交换价值的说法。他认为一物的交换价值是不能超过其使用价值的。他写道:"说一物的价值或交换价值,意即指它的一般购买力。"[⑤]这个一般购买力就是指拥有该商品,可以为拥有者提供多少对其他各种商品的支配能力。他实际上是把价值规定为相对价值,否定价值是商品的内在属性。他说:"价值是一种相对的名辞:一个商品的价值,不指示该物自体所固有某种实在的性质,不过指示它交换所能得到的它物的分量。"[⑥]关于价格,他说:"价格一辞表示一物与货币相对的价值;指它所换得的货币量。"[⑦]当货币的一般购买力不变时,价格就表现了该商品的一般购买力,表现了它的交换价值。把价值规定为相对价值,这就使他只承认价格会普遍地上升或下降,而否认价值(其实是相对价值)会普遍上升或下降。他说:"这是名辞的矛盾。商品 A 价

---

① 《穆勒经济学原理》,世界书局 1936 年版,第 399 页。
② 《穆勒经济学原理》,世界书局 1936 年版,第 399—400 页。
③ 《穆勒经济学原理》,世界书局 1936 年版,第 400 页。
④ 《穆勒经济学原理》,世界书局 1936 年版,第 401 页。
⑤ 《穆勒经济学原理》,世界书局 1936 年版,第 401—402 页。
⑥ 《穆勒经济学原理》,世界书局 1936 年版,第 424 页。
⑦ 《穆勒经济学原理》,世界书局 1936 年版,第 401 页。

值提高仅因其所交换的商品 B 及商品 C 的数量已加大;但在这场合,商品 B 及商品 C 所能交换的商品 A 的数量,必定会减少。物不能彼此相对而一般腾贵。"①这一观点对他分析价值量的决定因素,有很大的影响。

穆勒在区分了使用价值、价值和价格以后,就进而分析价值量的决定因素。他认为,"一物要有交换价值,有两个条件是必要的",第一,"它必须能适合某种目的,满足某种欲望";第二,"一物不仅须有某种效用,且在它的获得上须有某种困难"②。根据获得某物困难程度的不同情况,他把商品分为三类:(1)供给数量绝对有限的商品,如古代的艺术品、稀有的书籍、特殊的葡萄酒等;(2)通过劳动与支出方能获得,且当劳动与支出增加时其数量也同比例增加的商品,即其单位成本不会随其数量增加而提高的商品,如制造业的产品;(3)通过劳动与支出方能获得并可增加其数量,但其单位成本在某产量达到一定点之后,将随数量增加而提高的商品,如农产品。他认为这三类商品的价值决定因素是不相同的。

穆勒首先分析了第一类商品的价值决定因素,认为这类商品的价值由它的供求状况决定,但不是由人们以往所说的供求比例决定,而是由供求的均衡点决定。在分析有效需求时,他看到了需求会随价格的下降或上升而增加或减少,即需求与价格的反方向运动,并看到了需求的变化幅度依商品性质的不同可以大于或小于价格的变化,即他已经有了需求规律和需求的价格弹性的初步概念。他并认为供求均衡决定价值的法则,不仅适用于供给由于自然原因而绝对有限的商品,而且也适用于供给由于人为原因而有限的商品、供给暂时不能增加的商品和供给不能迅速减少的商品。因此一切商品的暂时价值或市场价值也由供求均衡点决定。

关于第二类商品的价值决定因素,穆勒认为是生产费加普通利润。他说:"一般规则是,诸物品之相交换的价值,趋向于使每一个生产者能补还其生产费加普通利润;换言之,趋向于使一切生产者,能对于其支出,取得等率的利润。"③这样决定的价值就是亚当·斯密和大卫·李嘉图所说的自然价值,它是市场价值波动的中心。他反对用供求均衡点来说明第二类商品的价值决定。他说:"需要与供给,却只在变动供给所必需的期间内,决定价值的变动。供给与需要,虽如此支配价值的变动,但仍须服从一种较优越的力,这种力,使价值引向生产费,并使价值定在那里,……比喻说,需要与供给常常会平衡,但安定平衡

① 《穆勒经济学原理》,世界书局 1936 年版,第 403 页。
② 《穆勒经济学原理》,世界书局 1936 年版,第 407 页。
③ 《穆勒经济学原理》,世界书局 1936 年版,第 417 页。

的条件是,物品按照它们的生产费,按照它们的自然价值来互相交换。"①既然一般情况下商品的价值是由生产费决定的,那么生产费由什么组成呢? 他认为生产费的"主要成分(如此主要,简直可以说是唯一要素)是劳动"。即"商品的价值,主要取决于其生产所必需的劳动量"。他又认为,当劳动者为资本劳动时,"劳动一辞也可以工资一辞来代替;生产所费于他的,即是他不得不付的工资"②。但是在他看来,工资的普遍涨落却不会影响商品的价值,只有当个别行业的工资相对于其他行业而涨落时,这种涨落才会影响该行业商品的价值。这是他把价值规定为相对价值的一个推论。同样,各种商品生产上所费的劳动量的普遍增减也不会影响价值,只有不同商品生产上所费的劳动量发生相对变动时,价值才会受影响。关于劳动量和工资在决定商品价值中的相互关系,他采纳了李嘉图对价值决定问题的最后看法,"严格说,劳动的工资和劳动量一样有影响于价值;李嘉图不曾否认这一事实,任何人都不曾否定这个事实。但在考虑价值变动的原因时,劳动量是最重要的;因为,劳动量变动时,其变动都属于一种或少数种商品,工资的变动(除暂时的变动)则通常是普遍的,对于价值没有大的影响"③。即,劳动量是价值的主要决定因素,而工资是次要的因素。在他看来,利润也和工资一样是生产费的要素,因为机器制造厂的利润将成为购买机器的人的生产费用,"所以,在生产物价值所由而定的生产费中,利润和工资一样是构成的要素"④。

关于第三类商品的价值决定因素,穆勒认为是"生产及上市所费最大的那一部分供给的费用"⑤。由于该类商品主要是一些农产品和矿产品,所以他特别提到地租与价值的关系。在他看来,农产品价格并不是像亚当·斯密所说的那样是独占价值。他认为,地租一般不是价格的原因,而是价格的结果。只有当农产品的价格由最不利的条件下的费用决定仍不能使供给满足需求,供求均衡会使农产品价格高于最不利条件的生产费用,成为独占价格时,地租才成为生产费,成为价格的原因。⑥

穆勒把第一类商品的价值称为稀少价值,把第二、三类商品的价值称为成本价值。⑦ 他在用生产成本解释商品价值时,并不是接受李嘉图关于商品价值

① 《穆勒经济学原理》,世界书局 1936 年版,第 421 页。
② 《穆勒经济学原理》,世界书局 1936 年版,第 422 页。
③ 《穆勒经济学原理》,世界书局 1936 年版,第 426 页。
④ 《穆勒经济学原理》,世界书局 1936 年版,第 427 页。
⑤ 《穆勒经济学原理》,世界书局 1936 年版,第 436 页。
⑥ 《穆勒经济学原理》,世界书局 1936 年版,第 438 页。
⑦ 《穆勒经济学原理》,世界书局 1936 年版,第 444—445 页。

完全由耗费劳动所决定的观点,而是接受了李嘉图关于价值主要是由耗费劳动决定,而工资、利润等也有次要影响的见解。为了分析工资、利润等影响价值的具体机制,他否定了绝对价值的存在,仅仅把价值看成是商品之间交换的比例。从而,工资、利润等的普遍变化不影响价值。而由于后一种情况较为少见,故价值便主要由劳动决定了。他用供求均衡点决定李嘉图所说的那种稀少性商品的价值。实际上他对于所有供给缺乏弹性的商品,都是用供求均衡点来决定价值的。由此可见,他的价值论是生产费用论和供求论的调和折中。

穆勒还考虑了联产品的价值决定,认为联产品的总价值取决于生产费用,但它们的相对价格取决于各自的供求关系,同时它们的相对价格将使它们同时达到供求均衡。[①] 这是穆勒具有的首创性贡献。

价值尺度是从配第到李嘉图都颇为重视的问题,穆勒则认为这是一个没有多大意义的问题,经济学家对它的重视,超过了其应有的程度。[②] 由于他否定绝对价值的存在,所以要想寻找一种尺度来衡量单独一种商品的价值变化,是不可能的。[③] 他提出要像区分火和温度表一样来区分价值的决定因素和价值尺度这两个概念,“价值尺度的概念,必不可与价值定素(即决定原则)的概念相混”[④]。

穆勒认为上述价值理论只适用于资本家为利润而经营生产的情况,并不适用于劳动者自耕自食的状况和存在奴隶劳动的状况,[⑤]也不适用于竞争不充分的零售业中的价值决定。[⑥] 在零售业中以及受行会影响的行业中,以及像医生、律师这类特殊行业中,支配价格的往往不是竞争而是习惯。[⑦]

从总体上看,穆勒的价值论虽然带有综合前人不同价值论的特点,但它实际上是从古典经济学的价值论过渡到马歇尔的供求均衡价值论的一个中介。在他这里供求均衡价值论还仅仅是一个萌芽,到了马歇尔那里就成长为大树了。

---

① 《穆勒经济学原理》,世界书局 1936 年版,第三篇第十六章第一节。
② 《穆勒经济学原理》,世界书局 1936 年版,第 526 页。
③ 《穆勒经济学原理》,世界书局 1936 年版,第 526—527 页。
④ 《穆勒经济学原理》,世界书局 1936 年版,第 530 页。
⑤ 《穆勒经济学原理》,世界书局 1936 年版,第三篇第六章第二、三节。
⑥ 《穆勒经济学原理》,世界书局 1936 年版,第三篇第一章第五节。
⑦ 《穆勒经济学原理》,世界书局 1936 年版,第二篇第四章第三节。

第七节 货币和利率理论

关于货币,穆勒反对重商主义把货币等同于财富的观点,认为它也不过是一种商品,其特殊之处在于它是灵活性最强的商品,"只有货币这种形式的财富,能立即化为任一种用途,而不限一种"①。

在货币的功能问题上,穆勒没有区别于其他古典经济学家的观点。但是在货币的价值决定问题上有一定的新见解。古典经济学家对于货币的价值有两种观点:成本论和数量论。亚当·斯密基本上是成本论,李嘉图则兼有成本论和数量论。穆勒对这两种观点进行了综合,指出"货币是一种商品,其价值,与其他商品的价值,受相同法则的支配;即,暂时的受决定于需要与供给,永久的平均的受决定于生产费"②。货币的供给就是流通中的货币量,而货币的需求由待售的全部商品构成。③ 当需求及其他一切条件不变时,若货币的供给增加了,则货币的价值就等比例下降。④ 他认为必须考虑货币流通速度的影响,因此货币的价值同流通中的货币量和货币流通速度之积成反比。⑤ 他用货币数量来说明短期中货币价值的决定及一般物价水平,认为货币数量论是关于通货的最基本命题。他在仔细说明货币数量论的同时也指出其限制条件,即只适用于货币为唯一交换媒介,信用尚不存在的状态。⑥ 对于货币在长期中的价值,他坚持用生产费用来说明,认为货币金银属于第三类商品,其价值由最不利条件下的生产费用决定。⑦ 而生产费用通过影响货币数量来影响其价值,"生产费结局会支配数量;很明白,每一个国家(暂时的变动除外)所有的及流通中的货币量,都恰好能够经营必须有此量货币来经营的一切交换,使货币的价值与其生产费相等"⑧。

穆勒生活的时代,金融业已经有很大的发展,出现了信用、可兑换银行券、不可兑换纸币等新的货币金融现象。他对于这些现象进行了一定的分析。他

---

① 《穆勒经济学原理》,世界书局 1936 年版,第 4—5 页。
② 《穆勒经济学原理》,世界书局 1936 年版,第 454 页。
③ 《穆勒经济学原理》,世界书局 1936 年版,第 456 页。
④ 《穆勒经济学原理》,世界书局 1936 年版,第 457—459 页。
⑤ 《穆勒经济学原理》,世界书局 1936 年版,第 460 页。
⑥ 《穆勒经济学原理》,世界书局 1936 年版,第 461 页。
⑦ 《穆勒经济学原理》,世界书局 1936 年版,第 467—468 页。
⑧ 《穆勒经济学原理》,世界书局 1936 年版,第 470 页。

指出信用有两种功能:(1)把资本转移到集中于善用者手中,使之得以更合理的使用。当然前提是要转移到生产阶级手中。[1] (2)节约货币金银的使用。他认为,信用有提高一般物价的趋势,在通常使用信用的社会中,一般物价更多取决于信用而非货币数量。[2] 他认为不同的信用形式,由于使用的范围有大小不同,故其对物价的影响也有不同,汇票比账簿信用更有影响,可兑换银行券又比汇票更有影响。[3] 他之所以分析信用对物价的影响,是为了给他的商业周期理论奠定基础。

穆勒还分析了不兑现纸币的价值决定,认为其价值取决于发行量。[4] 发行纸币将排挤金银货币,这种排挤将使金币出口,使原先不生产的金币换回可用于生产的财富。但若纸币由政府为不生产的开支而发行,就对生产无益。[5] 当金银铸币尚未被排挤完时,兑现纸币与不兑现纸币的差别不大,一旦铸币被排挤完,二者的差别就出现了。这时若发行可兑现纸币,则过多的纸币将通过兑现而返回银行;若发行不兑现纸币,则过多的纸币将引起物价上涨。[6] 他否认增发纸币可增加就业和产量,认为过度增加纸币将引起通货膨胀,那是对社会的课税,对债权人的欺骗。[7] 这里可以看到当代货币主义观点的先驱。

总体上看,穆勒在货币管理政策上综合了主张严格控制非金属货币(包括纸币和各种银行信用)发行的通货学派和主张只要遵循真实票据原则就可以放松控制的银行学派。他认为在市场不存在投机的正常时期,银行学派是正确的,因为此时贷款需求总是反映了真实的生产活动;但在出现投机性繁荣时期,贷款未必都是反映真实生产经济情况的,大量是由于投机需求引起的,因此通货学派是正确的。因此他的主张就是在市场不存在投机的正常时期,按照银行学派的原则管理货币和信贷的发行;而在投机性繁荣时期,则按照通货学派的主张管理货币和信贷的发行。[8]

穆勒认为利率与资本有关,是一种资本现象而非货币现象,[9]其高低取决于

---

① 《穆勒经济学原理》,世界书局 1936 年版,第三篇第十一章第二节。

② 《穆勒经济学原理》,世界书局 1936 年版,第 478 页。

③ 《穆勒经济学原理》,世界书局 1936 年版,第三篇第十一章第四节。

④ 《穆勒经济学原理》,世界书局 1936 年版,第 504—505 页。

⑤ 《穆勒经济学原理》,世界书局 1936 年版,第 593—594 页。

⑥ 《穆勒经济学原理》,世界书局 1936 年版,第 505—506 页。

⑦ 《穆勒经济学原理》,世界书局 1936 年版,第 511—512 页。

⑧ 马克·布劳格:《经济理论的回顾》,中国人民大学出版社 2009 年版,第 156 页。[美]哈里·兰德雷斯、大卫·C. 柯南德尔:《经济思想史》,人民邮电出版社 2011 年版,第 198 页。

⑨ 《穆勒经济学原理》,世界书局 1936 年版,第 604 页。

借贷资本的供求均衡。① 利率与货币存量无关,但受到货币存量变动的影响。政府发行不兑现纸币引起的通货膨胀会从两方面提高利率:一是贷者因预期货币贬值而提高利率;二是借者因实际资本价格上涨而增加对货币的需求,从而提高利率。银行增发可兑现券往往同时也是增发贷款,故有双重作用:一是作为通货的增加有引起通货膨胀从而提高利率的趋势;二是作为借贷资本的增加有引起利率下降的趋势。后者往往压过前者。金银的增加若增加了银行存款,就降低利率;金银的减少就提高利率。②

第八节　国际贸易和国际价值理论

穆勒发挥发展了李嘉图的比较优势论,系统阐述了国际贸易和国际金融理论,论证了自由贸易的原则。

穆勒首先考察了对外贸易的利益,反驳了重商主义关于外贸的利益在于为本国剩余产品提供市场、在于赚得外汇、能为外贸商人带来更大利润的观点,③认为国际贸易的直接利益是使整个世界的生产更有效率。若资本和劳动可以自由跨国流动,则生产能力就得到最好使用;如果无法最充分地流动,那么按照比较利益原则开展外贸将使生产能力得到次佳的使用。④ 外贸对于一个国家的利益在于原先不能生产的商品现在可以得到,原先需要较大费用生产的商品现在可以较低的费用得到。⑤ 此外,外贸的间接利益在于促进生产改良,推动不发达国家发展,增进各国人民的了解,等等。⑥

穆勒详细叙述了自由贸易条件下的比较利益原则,⑦论证自由贸易的利益,反驳重商主义的关税保护政策。⑧ 但他并非反对一切保护政策,主张对新兴国家的幼稚产业实行保护,"保护关税必须用在这情形下:即,被扶育的实业,过一个时期以后,一定用不着保护"⑨。

---

① 《穆勒经济学原理》,世界书局 1936 年版,第 598—599 页。

② 《穆勒经济学原理》,世界书局 1936 年版,第 606—607 页。

③ 《穆勒经济学原理》,世界书局 1936 年版,第三篇第十七章第四节。

④ 《穆勒经济学原理》,世界书局 1936 年版,第三篇第十七章第三节。

⑤ 《穆勒经济学原理》,世界书局 1936 年版,第 541 页。

⑥ 《穆勒经济学原理》,世界书局 1936 年版,第三篇第十七章第五节。

⑦ 《穆勒经济学原理》,世界书局 1936 年版,第三篇第十七章第二节。[英]约翰·穆勒:《论政治经济学的若干未定问题》,商务印书馆 2012 年版,第 2 页。

⑧ 《穆勒经济学原理》,世界书局 1936 年版,第 63 页。

⑨ 《穆勒经济学原理》,世界书局 1936 年版,第 852—853 页。

穆勒认为,李嘉图虽然依据比较利益原则论证了自由贸易的必要性和相对于贸易保护的优越性,但是并未分析自由贸易带来的收益如何在两国之间进行分配。为了解决这个问题,他认为必须进一步考虑自由贸易条件下商品的国际价值的决定。[①]

穆勒认为国际贸易中商品价值的决定问题,"是经济学上最复杂的问题"[②]。他首先排除了贸易中的货币因素,从两种商品的物物交换开始分析国际价值的决定。[③] 他认为,在国际贸易中由于存在以国界为标志的民族政治体设置的障碍,劳动和资本不能自由转移,因而很难形成一个统一的国际市场价值,但在国际贸易中供求规律对商品交换比例的确定作用却加强了。由此他就认为,商品的价值决定,在国际贸易中"生产费的法则是不适用的",而只能取决于"别一个法则,即供给与需求的法则"[④]。对于这个法则,他首先指出了需求随价格而反向变化的现象,"价格越高,购买的人越少,售出的数量则越少。价格越低,一般来说购买的人越多,可以售出的数量也越大"[⑤]。这也许是马歇尔之前关于需求法则的首次明确表达。他还进一步描述了供求均衡的实现过程:"无论什么商品,总是存在某一价格水平,在此价格水平上,该商品某一给定市场的供应量将恰好全部售出,不多也不少。……如果价格偏高,供应的商品不能全部售出,那么在竞争的压力下,价格会降低。反之,如果价格偏低,买方将要求增加商品供应量,购买者之间的竞争将提高商品价格。……交换价值,取决于供给和需求。……价格具有自我调节功能,需求一定足以消化供给。"[⑥]这也是马歇尔之前关于供求均衡价格论的初次表达。他强调这种供求均衡价格论就是分析国际贸易中商品价格的出发点。

对于国际贸易中的供求法则,他称之为"国际需求方程式"。对此,他作了如下表述:"一个生产物与其他诸国生产物交换,其价值,必须使该国输出品全部,恰好够支付该国输入品全部。国际价值的这个法则,其实,则是更一般的价值法则——可称之为供给与需要方程式——的引用。我们曾讲过,一商品价值,往往会这样自行调整,使其需要恰与其供给相等。但一切贸易,无论是国家间的还是个人间的都是商品的交换,在这种交换上人们各自所有的可用来售卖

① [英]约翰·穆勒:《论政治经济学的若干未定问题》,商务印书馆2012年版,第6页。
② 《穆勒经济学原理》,世界书局1936年版,第546页。
③ 《穆勒经济学原理》,世界书局1936年版,第545页。
④ 《穆勒经济学原理》,世界书局1936年版,第546页。[英]约翰·穆勒:《论政治经济学的若干未定问题》,商务印书馆2012年版,第7页。
⑤ [英]约翰·穆勒:《论政治经济学的若干未定问题》,商务印书馆2012年版,第7页。
⑥ [英]约翰·穆勒:《论政治经济学的若干未定问题》,商务印书馆2012年版,第7—8页。

的物品,便是他们各自的购买手段:一方所提出的供给,便是他方所提出的供给的需要,所以,供给与需要,不过是相互需要的另一称呼;说价值将如此调整,使需要与供给相等,实际即是说,价值将如此调整,使一方的需要与他方的需要相等。"①这就是说,在自由贸易并不计运输费用的条件下,两种进出口商品的交换比例(即它们的国际价值)不是取决于生产费用,而是取决于供求关系;而这两种商品在两个国家中的交换比例将使两种商品的出口量都正好与两个国家在此交换比例下对进口商品量的需求相等,但这两种商品在两国之间的交换比例不可能大于它们在不存在外贸时的国内交换比例。②

穆勒首先以如下一个物物交换的数例来说明这一点:假设英国用一定量劳动可生产 10 码毛呢或 15 码麻布,德国用一定量劳动可生产 10 码毛呢或 20 码麻布。在不通商时,在英国毛呢与麻布的交换比例是 10∶15,在德国则是 10∶20。而一旦按自由贸易原则通商之后,英国将倾向于用毛呢换德国的麻布,而德国将倾向于用麻布换英国的毛呢。如果当交换比例为 10 码毛呢换 17 码麻布时,英国对麻布的需要量正好与德国的供应量相等,即英国出口的毛呢量也正好与德国的需要量相等,那么 10 码毛呢的国际价值就为 17 码麻布,同样,17 码麻布的国际价值也就是 10 码毛呢。但若交换比例为 10∶17,英国对麻布的需要量小于德国的供应量,即英国出口的毛呢量小于德国的需要量,那么麻布的国际价值将降低(即毛呢的国际价值将提高)。由于需求将随价值降低而提高,于是当麻布的国际价值降低到某一点(比如说交换比例为 10∶18)时,英国对麻布的需要量(即对毛呢的出口量)正好与德国的供应量(即对毛呢的进口量)相等,那么这一点所决定的交换比例(10∶18)就决定了毛呢与麻布的国际价值:10 码毛呢值 18 码麻布,18 码麻布值 10 码毛呢。③

穆勒认为,在国际贸易中生产费决定商品价值的法则显然是不适用了,但这个法则仍制约、规定着国家间交换比例的上、下限。他说:"我们知道,变动所不能超过的界限,是此国此二商品的生产费的比例,与彼国此二商品的生产费的比例。十码毛织物不能交换二十码以上的麻布,亦不能交换十五码以下的麻布。十码毛织物将交换的麻布在十五码至二十码之间。"④他关于国际贸易中商品价值主要取决于供求关系,以及商品交换比例上、下限等方面的研究,不仅是

---

① 《穆勒经济学原理》,世界书局 1936 年版,第 555 页。

② 《穆勒经济学原理》,世界书局 1936 年版,第 549 页。

③ 《穆勒经济学原理》,世界书局 1936 年版,第 547—548 页。[英]约翰·穆勒:《论政治经济学的若干未定问题》,商务印书馆 2012 年版,第 8—9 页。

④ 《穆勒经济学原理》,世界书局 1936 年版,第 549 页。[英]约翰·穆勒:《论政治经济学的若干未定问题》,商务印书馆 2012 年版,第 10 页。

对李嘉图比较成本学说的重要补充,而且对进一步研究国际贸易理论也是有一定启发意义的。

穆勒认为每个国家生产出口商品不受限制的假定是不现实的,因此国际价值的确定不仅要考虑一定交换比例下两个国家对对方出口品的需求量,而且要考虑它们各自能够为对方提供的最大供应量。[1] 在考虑供给约束时,"一般法则是:一国与他国交换生产物的价值,取决于二事:其一,取决于外国对本国商品的需要,与本国对外国商品的需要相比较,有怎样的数量与伸张可能性;其二,取决于本国能从本国生产本国消费的商品的生产,节省多少资本"[2]。

穆勒分析了输入品的费用对交换条件的影响。他指出输入品的费用是两个变量的函数:(1)用于交换一定量输入品的出口品数量。(2)出口品的劳动生产率。前者取决于国际交换价值,取决于外国对本国出口品的需求与本国对外国出口品的需求的强度比较,与本国的劳动效率无关。"外国对本国商品的需要,越是超过本国对外国商品的需要,本国所能节省下来为外国市场生产物品的资本,与外国所能节省下来为本国市场生产物品的资本比较越是少,则交换条件越是有利于本国;换言之,一定量本国商品所能交换的外国商品,将越是加多。"[3]用今天的术语来讲,就是交换条件取决于双方对于进口品的需求价格弹性和出口品的供给价格弹性,一国与另一国相比,对进口品的需求价格弹性越大、出口品的供给弹性越小,则交换条件对其越有利。这一思想后来发展成为今天人们所说的马歇尔—勒纳条件,即利用本币贬值恢复国际收支平衡要求国外对该国出口品的需求弹性与该国对进口品的需求弹性之和要大于1。

穆勒进而考虑了货币交换条件下的情况。他首先假设未开放贸易之前,毛料在英德两国价格相同,但麻布是德国比英国便宜。两国自由贸易开发之后,起初是两国之间没有毛料交易,只有德国向英国输出麻布,英国向德国支付货币。于是德国货币数量增加,国内麻布价格上升;而英国则货币数量减少,国内毛料价格下跌,于是可以开始向德国输出毛料。但只要英国仍然处于贸易逆差(即德国仍然贸易顺差),货币就继续由英国流向德国,上述两国价格的变化趋势将依然如故。直到英国毛料价格充分下跌,德国麻布价格充分上涨,使得两国贸易收支平衡。这时毛料和麻布的国际价值将达到均衡。[4] 可见,他是以货币数量论为前提分析商品的国际价值的决定的。

[1] 《穆勒经济学原理》,世界书局1936年版,第560页。
[2] 《穆勒经济学原理》,世界书局1936年版,第566页。
[3] 《穆勒经济学原理》,世界书局1936年版,第566页。
[4] [英]约翰·穆勒:《论政治经济学的若干未定问题》,商务印书馆2012年版,第11—14页。

穆勒认为,当输入品为货币时,其价值决定法则与其他输入品是一样的。[①]当货币在国际贸易中充当支付手段时,需要分析汇率。他认为货币和汇兑现象的存在不会影响商品的国际价值决定。"货币的加入……不会在国与国间的交换法则与价值法则上,引起任何差别。因为在这诸种法则的影响下,贵金属将以如此的比例,分配于世界各国,使同样的交换,在同样的价值下进行,以至和物物交换一样。"[②]但是从失衡达到均衡的路径,物物交换与货币支付是有差别的。物物交换时,失衡状态将直接通过调整交换比例而消除;货币支付时,失衡状态首先反映到汇兑中,引起货币在国际间流动,然后引起物价变化,再引起进出口变化,最后实现均衡。[③] 他指出一个国家出现汇兑不利(即汇票有贴水)的原因有两个:(1)对外贸易的偶然入超。(2)由国内价格水平引起的持续入超。如果是第一种原因,则出口商赚得汇水增加利润而进口商支付汇水有损失,于是进出口会自行调整消除入超。若是第二种原因,则不能单纯依靠进出口的调整,只有减少国内货币量或等额信用量,以降低一般物价水平,矫正不利的汇兑。

穆勒考虑了货币数量的变化对汇兑和外贸的影响,当一国货币或信用突然大量增加后,会引起该国物价普遍上涨,然后引起外贸入超,造成不利的汇兑状态,最后引起贵金属输出。若信用的增加由银行增发兑换券引起,则在未及影响物价时会首先降低利率,引起贵金属作为寻求高利率的资本外流。[④] 不兑现纸币的发行会把等额金币逐出流通,一旦金币全部被逐之后,不兑现纸币进一步增加会引起商品纸币价格上涨,但似乎不影响实际的外贸,不会引起入超,但会影响汇率,使名义汇率(以纸币表示)与真实汇率(以金币表示)发生差异。[⑤]

在对国际价值的决定进行初步分析以后,穆勒逐步放松一开始分析时的假设条件。他认为运输费的存在不改变基本法则,但会提高商品的国际价值,并使原先有微弱比较优势的商品不再进出口。[⑥] 而商品国际价值由于运费引起的上涨所造成的损失,将视两国对另一国商品需求价格弹性的相对大小而分配于两国之间。若德国对英国毛料的需求价格弹性为零,即涨价不改变需求;同时英国对德国麻布的需求价格弹性大于零,即涨价会减少需求。那么不存在运费

　① 《穆勒经济学原理》,世界书局 1936 年版,第三篇第十九章第二节。
　② 《穆勒经济学原理》,世界书局 1936 年版,第 590 页。
　③ 《穆勒经济学原理》,世界书局 1936 年版,第 583 页。
　④ 《穆勒经济学原理》,世界书局 1936 年版,第三篇第二十二章第二节。
　⑤ 《穆勒经济学原理》,世界书局 1936 年版,第 595—596 页。
　⑥ 《穆勒经济学原理》,世界书局 1936 年版,第三篇第十八章第三节。[英]约翰·穆勒:《论政治经济学的若干未定问题》,商务印书馆 2012 年版,第 14 页。

时的供求均衡状态,将由于运费引起的国际价值上涨而使得德国出现贸易逆差(英国则出现贸易顺差),德国将向英国支付货币;货币流动的结果将使德国麻布降价,从而使英国对德国麻布的需求重新增加,直到两国贸易恢复平衡。①

穆勒分析了生产改良对贸易双方带来的利益,指出一国改良的结果若是产生一种新的出口品,则改良有利于本国。② 若改良的结果是减少一种出口品的成本,则改良对本国的利益取决于这种出口品在外国市场的需求价格弹性。若弹性为1,则该国的利益不变,外国得到廉价商品;若弹性大于1,则该国就获得更大利益,外国则由于所付价格的减少程度低于生产费的降低程度,故虽然也能够受益,但是不能充分享受改良带来的利益;若弹性小于1,则该国将不能充分享受改良带来的利益,外国则由于所付价格的减少程度大于生产费的降低程度,从而能够受益。③ 他还以机器设备的出口为例,分析了一国提高产业效率的生产改良出口于其他国家的后果,指出这可能使机器出口国受损。因为这可能使得机器进口国降低出口商品的成本取得比较优势。但他仍然认为不应当对机器出口设限。因为"所有国家的共同利益在于千方百计保证其所处商业世界的整体福利不会减少,尽管这样可能会使其自身应得的贸易利益减少"。他认为"出口机器设备的国家在贸易中受损,他将从所购买产品生产工艺的改进中获益"。他相信"总有一天,各国都会认识这条真理的重要性,并以此来指导其各种贸易政策"④。

穆勒认为两国两种商品之间的价值决定法则同样适用于多个国家多种商品的情况。⑤ 同时他也指出,两个生产相同出口商品的国家将发生竞争关系,这种竞争将对比较优势较低的国家造成损失。⑥

穆勒分析了外贸的税收效应。他提出出口税有三种情况:(1)甲国征出口税使乙国对甲国产品实物需求量减少,但乙国购买的总价值不变,则贸易额和以前一样,甲国获得全额税款,乙国损失同样数量。(2)甲国征出口税使乙国对甲国产品实物需求量减少,总价值亦减少,则乙国对甲国产生出超,货币由甲国

① [英]约翰·穆勒:《论政治经济学的若干未定问题》,商务印书馆2012年版,第14—16页。

② 《穆勒经济学原理》,世界书局1936年版,第556页。

③ 《穆勒经济学原理》,世界书局1936年版,第556—558页。[英]约翰·穆勒:《论政治经济学的若干未定问题》,商务印书馆2012年版,第23页。

④ [英]约翰·穆勒:《论政治经济学的若干未定问题》,商务印书馆2012年版,第23—24页。

⑤ 《穆勒经济学原理》,世界书局1936年版,第555页。

⑥ [英]约翰·穆勒:《论政治经济学的若干未定问题》,商务印书馆2012年版,第26—27页。

流向乙国,造成甲国物价下降,出口品亦便宜,乙国物价上升,出口品亦涨价,于是甲国的出口税有部分由甲国购买乙国商品者负担。若乙国对甲国的出超使甲国出口品的价格竟然低于未课税前的水平,则甲国出口税全由甲国购买乙国商品者负担。(3)甲国征出口税使乙国对甲国产品实物需求量略有减少,以致总价值增加,则乙国对甲国出现入超,甲国的物价将由于货币流入而更贵,则甲国的出口税将全由乙国消费甲国商品者负担。从三种情况看,出口税未必全由外国人负担,只有那种被外国人迫切需要的商品,其出口税才可能全部由外国人负担。①

穆勒指出进口税有两种:(1)保护性关税。它阻碍贸易,是有害的。(2)非保护性关税。它若不减少国内需求,则本国负担全部税负;若减少国内需求,则引起出超,导致货币流入,进口品跌价,出口品涨价,于是税负部分由外国人负担。由于非保护性关税一般减少国内需求,所以它是转移税负的有效手段。但由于各国都会采用它,故最终结果可能仍然是各国自己负担进口税,所以它也是无益的。②

第九节 经济周期理论

穆勒承认资本主义会出现经济危机,承认"一国资本中的很大一部分始终是闲置的。一国的产出永远不可能达到他将全部资源都用于再生产的产出水平,……即该国所有的资本都得到充分利用的产出水平"。③ 但他不同意马尔萨斯和西斯蒙第用供给的普遍过剩来解释它。其论据就是:卖必然导致买,储蓄必然是投资,物质欲望的普遍满足必然增加闲暇。④ 在这一点上,他基本上是信奉萨伊定律的,认为"任何产品生产出来总是存在消费需求的,直到全部生产性收入所有者的消费需求得到满足为止,然后生产就不再扩大了"。⑤ 但同时,他也承认需求的重要性,认为"大量的需求、快速的流通、反应灵敏的消费(三个等

---

① 《穆勒经济学原理》,世界书局 1936 年版,第 788—791 页。[英]约翰·穆勒:《论政治经济学的若干未定问题》,商务印书馆 2012 年版,第 17—20 页。

② 《穆勒经济学原理》,世界书局 1936 年版,第 791—794 页。[英]约翰·穆勒:《论政治经济学的若干未定问题》,商务印书馆 2012 年版,第 20—23 页。

③ [英]约翰·穆勒:《论政治经济学的若干未定问题》,商务印书馆 2012 年版,第 41 页。

④ 《穆勒经济学原理》,世界书局 1936 年版,第 520—522 页。

⑤ [英]约翰·穆勒:《论政治经济学的若干未定问题》,商务印书馆 2012 年版,第 36—37 页。

价的表达式)是一国繁荣的原因"①。他实际上是在萨伊和马尔萨斯之间作了一点折中,一方面承认由于卖与买之间时间上的分离,当人们普遍推迟购买时,会出现短时期的普遍过剩;但是在长期中是不会出现普遍过剩的。② 他认为是否相信普遍过剩的可能性,关系到对经济学目的的根本不同的见解。否认这种可能性,就将认为经济学应当关注充分的生产如何与尽可能良好的分配相结合;承认这种可能性,就将认为经济学应当关心如何为生产物创造市场,或者是如何限制生产以适合市场。③

穆勒认为经济危机的原因在于资本家对利润的预期和投机行为,以及信用的波动。当人们预期利润将由于物价上涨而大增时,往往倾向于投机性地买进货物,有待涨价后销售获利,这就造成物价的不断上涨。一旦人们预期物价将跌,又纷纷抛售以致物价下跌,这就导致经济周期。然而如果没有信用,人们即便预期物价上涨,也会由于自有货币量的限制而不可能大量购买。但有信用之后,人们就可以摆脱自有货币量的限制,大量买进看涨的货物;而一旦看跌,信用紧缩,便会引起破产,导致恐慌。当然恐慌也未必一定发生在信用大扩张之后,若借贷资本由于各种原因供不应求,导致利率上升信用紧缩,同样会引起破产和恐慌。④

鉴于信用在经济周期中的重要作用,穆勒分析了各种信用形式在造成经济周期中的影响。他指出,当人们预期价格看涨而进行投机时,若交易主要发生在商人之间,主要的信用形式是账簿信用和汇票,它们是引起物价上涨的主要信用形式。只有当交易扩展到制造商中间时,营业的扩展会促使制造商靠借贷来扩大生产,借贷主要靠银行的兑换券。所以在经济上升阶段,兑换券对物价的影响,从而对恐慌的促成,作用是有限的。当投机高潮已过,失败的投机者要求银行以兑换券透支以偿付所欠贷款,这时兑换券会大增。这种大增暂时延缓崩溃的到来,却加深恐慌的程度。但是银行不可能无限度地发放兑换券,因为通过兑换券扩张信用时,会引起通货增加物价上涨,引起利率降低债权价涨,从而导致贵金属外流。这种外流将渐渐使银行丧失兑现能力,到一定时候,银行将被迫紧缩信用,于是崩溃来临。⑤

根据以上看法,穆勒批评了英国 1844 年的限制发行兑换券的通货法案,认

---

① [英]约翰·穆勒:《论政治经济学的若干未定问题》,商务印书馆 2012 年版,第 38 页。

② [英]约翰·穆勒:《论政治经济学的若干未定问题》,商务印书馆 2012 年版,第 53—56 页。

③ 《穆勒经济学原理》,世界书局 1936 年版,第 524 页。

④ 《穆勒经济学原理》,世界书局 1936 年版,第 597 页。

⑤ 《穆勒经济学原理》,世界书局 1936 年版,第 615—616 页。

为其目的是避免恐慌,但并未达到目的,仅仅对恐慌有一定的缓和作用。[1] 他认为在经济膨胀时,信用的推广会推迟但加重崩溃,而在恐慌已经出现时,信用的推广有助于缓和恐慌。因此,应当在经济膨胀时限制信用以防止恐慌,而在恐慌真正到来时则放松限制以救济恐慌。[2] 即经济扩张时采取紧缩性货币政策,经济紧缩时采取扩张性货币政策。

第十节　经济增长、经济自由和政府职能

穆勒除了在《政治经济学原理》的第一、第二和第三篇中,对生产、分配和交换作了静态的考察外,还在该书的第四篇中,对社会经济作了动态的考察,即从动态的角度分析经济进步的长期趋势,用他自己的话讲,就是"在经济学的静力学以外,加入一种经济学的动力学"[3]。这是他受到法国社会学家孔德影响的结果,也是他对于经济学的一大贡献。迄今经济学家依然重视经济学的这一分类。他还在第五篇中论述了经济自由主义和政府作用的问题。

穆勒认为,社会经济的进步,即经济的增长,就表现为社会支配自然能力的增加,人身与财产的安全和自由支配权的增加,以及各种形式的合作能力的增加。他把经济增长的三大要素(人口增加、资本增加、技术进步)分别组合,来考察经济增长对分配的各种影响,在斯密对未来的乐观憧憬与马尔萨斯对未来的悲观预测之间保持着微妙的平衡。他认为斯密的乐观力量和马尔萨斯的悲观力量会同时起作用,所以没有对最终的结果作出单一的预测,而是分析了几种可能性。在这一点上,他是第一位认识到人们不可能准确预测经济发展长期趋势,其最终结果应当由各种不同力量互相制约来决定的经济学家。他的第一种预测是马尔萨斯的悲观力量占据主导,人口增长超过资本和技术提高产量的速度,于是工资不断下降,利润越来越高。第二种预测是斯密的乐观力量占据主导,资本积累的速度超过人口增长,于是工人生活水平不断提高。第三种预测是技术进步超过人口和资本的增长,从而工资和利润都趋于上升。第四种预测是李嘉图式的,具有最大可能性,即社会进步往往增加地主的财富,使劳动者生活水平大体上有提高的趋势,而利润则有跌落的趋势。但他又提出了种种阻碍利润下降的因素。在他看来,由于利润下降的趋势,最终会导致经济增长的静止状态。但他与其他一些古典经济学家不

---

① 《穆勒经济学原理》,世界书局 1936 年版,第 619—620 页。

② 《穆勒经济学原理》,世界书局 1936 年版,第 621—622 页。

③ 《穆勒经济学原理》,世界书局 1936 年版,第 651 页。

同,并不认为经济增长的这种静止状态是一种糟糕的状态,而是把它看作一种财富分配公平、人口得到限制、劳动不再繁重、闲暇时间大增、个人自由发展的理想社会。他不认为当时社会中那种"互相践踏、排挤,互相掣肘、暗算,是人类值得追求的命运"①。

在穆勒看来,经济增长的一般办法和基本原则,就是自由放任。他说:"当作一般原则来说,人生的事务,最好是由利害关系最切的人自由去经营,使不受法律规定的统制,亦不受政府人员的干涉。亲任其事的人或诸人,比政府,似更能判断,他们应以何法,达到他们所欲的目的。就假设政府所有的知识,和最善营业者所有的知识相等(这当然是不可能的),个人对于营业的结果究竟有更强得多,更直接得多的利害关系,所以,如让他们自由选择,方法多少会更改良,更完美。"②

穆勒虽然是经济自由主义的拥护者和倡导者,但他却反对"放任学派"把政府的职能仅仅限制在"保护人民,使不受强者侵凌,诈者欺骗"③的狭小范围之内。他说"我们赞成把政府对于社会事业的干涉,限在最狭的范围内"④,但绝不能用一个简单的定义来概括政府的一切职能。他列举了制造货币、制定度量衡、填铺街道、建修船港、建筑灯塔、筑堤以防海潮、筑岸以防河决等事例证明,即使是最反对国家干涉的人"亦不认此种设施,是政府权力不适当的运用"⑤。于是他进一步提出了政府干涉的一般原则,就是"于公众便利极有关系的事项,才应准许政府干涉"⑥。

在此可以看到,穆勒对于自由主义和干涉主义这个长期争论不休的问题,和对待其他问题一样,也是抱着调和折中的态度,既警惕政府的过多干预,也感到仅仅依靠市场和竞争不可能实现理想状态,既主张自由放任,又主张政府干涉。从其社会哲学出发,他坚持严格的自由主义,但是在经济事务上,他已经不再把自由放任看作是自然法则,不过是针对当时英国政府办事低效率的一种权宜性对策。因为在他生活的时代,早期古典经济学家所渴望的自由主义政策基本都已经实施,结果证明这并不能解决所有经济问题。这自然使他对于无条件的经济自由主义产生一定的疑虑。

---

① 尼格拉斯·庇巴、维夫赫德·海兹主编:《46位大经济学家和36本名著》,海南出版社2003年版,第49页。
② 《穆勒经济学原理》,世界书局1936年版,第880—881页。
③ 《穆勒经济学原理》,世界书局1936年版,第736页。
④ 《穆勒经济学原理》,世界书局1936年版,第878页。
⑤ 《穆勒经济学原理》,世界书局1936年版,第739页。
⑥ 《穆勒经济学原理》,世界书局1936年版,第740页。

在税收问题上,穆勒赞成亚当·斯密的赋税四原则,①并进行了补充。他提出了公平征收所得税的三项条件:(1)一定额(购买必需品所需)以下的收入免征。(2)定额以上的收入按固定比例征收。他担心累进比例会压抑人们的工作积极性。为了体现公平,他更倾向用高额遗产税而不是累进所得税。(3)收入中用于投资的部分免税。② 对于间接税,他提出以下原则:(1)在便利前提下尽量征收奢侈品税。(2)在可能程度内尽量避免向生产者征税,而应向消费者征收。(3)为保障税源而不得不向某些大众消费品征税时,为确保公平,宜按照这种商品的不同质地,优质重税。(4)在不违背上述原则时,征税与其分散于多种商品,不如集中于少数商品,以减少被干预的行业。(5)对奢侈品,征税重点应当是有刺激性的奢侈品,以减少其消费。(6)在考虑上述原则的前提下,宜征收进口品税,若国内也生产该产品,则同样征收。③

穆勒强调政府通过征税把人们用于不生产消费的收入转向生产事业。④ 认为判断税收好坏的标准就是看征税得到的财富在不征收时是用于非生产性消费还是用于维持劳动。若是前者则税收无害,若是后者则税收有害,除非政府也用税款来维持劳动。⑤

穆勒并不一概反对公债,认为只要不侵蚀原来会用于生产的资本,而只动用本来会流出国外,或将用于非生产性消费上的蓄积,公债就是适当的。而判断的标准就是公债发行是否提高利率,若提高了,就是侵蚀了原来会用于生产的资本。⑥ 值得注意的是他已经注意到政府借债开支增进国家财富的史实,并承认这种现象与古典经济学的节俭致富论相悖。但是他仍然坚持从古典经济学的立场出发去解释它。⑦

第十一节　对未来经济制度的展望

穆勒指责现存资本主义社会中财富的分配是征服与暴行的结果,是不公正的,而且现存的财富法是"故意要培养不平等,使一切人不能在赛跑中有公平的

① 《穆勒经济学原理》,世界书局1936年版,第742页。
② 《穆勒经济学原理》,世界书局1936年版,第767页。
③ 《穆勒经济学原理》,世界书局1936年版,第805—807页。
④ 《穆勒经济学原理》,世界书局1936年版,第64页。
⑤ 《穆勒经济学原理》,世界书局1936年版,第85—86页。
⑥ 《穆勒经济学原理》,世界书局1936年版,第809—812页。
⑦ 《穆勒经济学原理》,世界书局1936年版,第74—75页。

出发点"①。但他的指责是有保留的,他认为劳动者与那些由于祖先节约而能继承财产的人相比,固然处于不利地位,但如果资本家祖先不节欲,劳动者将更不利。他认为现在劳动与过去劳动(即节蓄的结果)两者是缺一不可的,"资本家没有劳动者不能做任何事,劳动者没有资本家亦不可能做任何事"②。尽管有这些看法,他还是相信把人区分为劳动阶级和不劳动阶级的社会状态,"既不是必要的,亦不是永久的。有不劳动阶级的社会状态,我决不认为是公正的或良好的;任何人,除不能劳动或已依适当方法劳苦获得休养资料者外,皆须在人类生活的必要劳动中,负担一份。"③他否认资本主义的合理性和永恒性,这种态度促使他考虑人类未来应有的合理制度,促使他考虑共产主义。

穆勒在分配理论的开端就比较了私有制和公有制。他反驳了通常用来反对共产主义的几种论点。一种论点认为共产主义社会中人们没有工作积极性。他反驳说,积极性不高的问题,现存社会同样存在,或许更甚。④ 而共产主义社会通过教育可以解决这个问题,"训练大群人民,使他们认公众的利益为自己的利益,不是不能成功。而最适于培养这样感情的地方,就莫过于共产主义的社会"⑤。针对共产主义社会人们将纵欲而导致人口过剩的指责,他认为,在共产主义社会若由于人口过多而贫困,将不再会把贫困归结于雇主的贪婪和分配的不均,而将意识到人口过多的问题,从而自觉节制生育。⑥ 他认为共产主义的真正困难是怎样把劳动合理地配置到各行各业,既不减少劳动生产率,又要符合平等观念。⑦ 但是他认为这个问题在共产主义社会也是可以解决的,且不论如何解决,总比现存社会更平等更公正。他谈到,共产主义还只存在人们的观念中,人们更了解其难点而不知其好处,而它将如何组建以克服困难取得最大利益,人们还需进一步考虑。⑧

穆勒同情共产主义,认为劳动和产品分配成反比的社会与共产主义相比,后者的困难可能都不足道。⑨ 但是他已经敏锐地觉察到共产主义将可能出现的问题,"在共产主义制度下还没有任何的个性庇护所,社会舆论是否会变成暴君

---

① 《穆勒经济学原理》,世界书局 1936 年版,第 196 页。

② 《穆勒经济学原理》,世界书局 1936 年版,第 205 页。

③ 《穆勒经济学原理》,世界书局 1936 年版,第 705 页。《穆勒自传》,商务印书馆 1935 年版,第 198 页。

④ 《穆勒经济学原理》,世界书局 1936 年版,第 192 页。

⑤ 《穆勒经济学原理》,世界书局 1936 年版,第 193 页。

⑥ 《穆勒经济学原理》,世界书局 1936 年版,第 194 页。

⑦ 《穆勒经济学原理》,世界书局 1936 年版,第 194—195 页。

⑧ 《穆勒经济学原理》,世界书局 1936 年版,第 195 页。

⑨ 《穆勒经济学原理》,世界书局 1936 年版,第 195 页。

的桎梏,每个人完全依存于所有的人和所有的人监督一个人,是否会把所有人的思想感情和行动弄成单调的清一色的……否定精神独创的社会不能称谓健康的社会。"①同时,他又认为现存的私有制都不是理想的私有制,而理想的私有制尚无出现过。他认为理想的私有制是把生产工具适当地分配于各个人,并且每个人都能得到自己劳动和节欲的结果,不存在现存社会中那种不劳而获,多劳少获的弊病,实行报酬与劳动保持比例的公平规则,且普及教育,社会的人数亦适中。②　他认为必须以这种理想的私有制与共产主义相比较,才能判定私有制和公有制谁更优越。③

对现存资本主义制度的不满,对共产主义的同情,对理想的私有制的垂恋,这三者的结合使穆勒选择了改良主义道路。他是一个热心的社会改革者,同时是为了尽可能保护和强化个人自由和尊严的目的来参与社会改革的。他在《原理》第三版的序言中谈道:"我希望,把社会主义当作人类进步的最后结果,这种论调,不至于被视为反对社会主义。对于社会主义,这一版认为重要的唯一反对,是人类一般尚无准备,特别是劳动阶级尚无准备。必须他们有充分智力或德性的制度,他们现在还是极不适宜的。现在的所有权法,不要使劳动的结果公平分配,但在我看,社会改良的伟大目的,就应该是教育人类,使个人有最大自由而劳动结果又有公平分配的社会状态,适合于他们。理智的及道德的教养一旦达到这种状态,最适于幸福又最能使人性止于至善的状态,是个人所有制度(这种制度,与现在的财产制度当然相去极远)抑是社会共有生产工具而实行计划分配的制度,是必须留给且亦可以安然留给那时候人去解决的问题。现在的人,没有资格解决它。"④这段话可以认为是穆勒改良主义的总纲。

穆勒认为现存社会中许多被社会主义者痛恨的罪恶现象,其实并非理想私有制的必然结果。⑤　针对财富分布不均的现象,他主张通过立法来限制财产的继承权和赠予权,促成财富的分散而不是集中。⑥　也就是用法律手段来促成财富的均等化。同时他又认为,单靠平等制度是不够的,这种制度可以降低社会

①　转引自[美]罗伯特·海尔布罗纳:《几位著名经济思想家的生平、时代和思想》,商务印书馆1994年版,第121—122页。

②　《穆勒经济学原理》,世界书局1936年版,第190页。

③　《穆勒经济学原理》,世界书局1936年版,第195—196页。

④　《穆勒经济学原理》,世界书局1936年版,第3页。《穆勒自传》,商务印书馆1935年版,第197—200页。

⑤　《穆勒经济学原理》,世界书局1936年版,第196页。

⑥　《穆勒经济学原理》,世界书局1936年版,第74—75页。

上层的生活水平,但不一定提高下层的社会水平。① 因此还必须限制人口。他认为只有限制人口,才有助于提高工资,保障劳动阶级。② 他反对用法定最低工资来提高工资,认为那将导致失业。③ 他以美国为例说明雇佣劳动制度与人口过剩和劳动者的贫困没有必然联系,④因而强调用普及教育的方法,用普遍地持续地提高整整一代人的生活水平,使之更重视生活水平的提高而不是生儿育女的方法,用解放妇女的方法,而不是用改变雇佣劳动制度的方法,来限制人口。⑤

穆勒指责取缔工人联合的法律反映了奴隶主的非人道的精神,认为工人的联合不会妨碍劳动市场的自由。⑥ 他认为工会是改良的发端。⑦

穆勒考虑了经济制度的未来发展趋势,认为社会的进一步发展不是回复到以家庭为中心的产业制度,同时,大生产的效率与经济也无须继续把人分为利害冲突感情敌视的雇主雇工两大阶级,进步的趋势是以人人独立但互相合作的制度来代替雇佣劳动制度。⑧ 第一步是建立利润分成的劳资合作制度,最终则是建立劳动者自行合作的制度。⑨ 他以赞赏的态度描绘了工人生产合作社的发展,肯定这是未来经济制度的发展方向。同时他也反对社会主义者对竞争的指责,强调造成罪恶的不是竞争,而是劳动隶属于资本,因而主张在未来的劳动合作社制度中,继续依靠竞争来促进生产的改良,经济的发展。⑩ 这表明他的社会主义与马克思的社会主义有很大区别,或许与后来兰格的市场社会主义更接近。

关于土地制度,穆勒提出了他的改革计划:(1)国家应当通过土地税占有将来的地租;(2)为了确定土地税税额,国家要对土地进行估值,以后还要定期进行;(3)如果地主认为自己受到不公平待遇,有两种选择,或者缴土地税,或者把土地按照估值出售给国家。他希望通过这种方式把土地的增值收益掌握到政府手中。⑪

① 《穆勒经济学原理》,世界书局 1936 年版,第 703 页。
② 《穆勒经济学原理》,世界书局 1936 年版,第 323 页。
③ 《穆勒经济学原理》,世界书局 1936 年版,第 327 页。
④ 《穆勒经济学原理》,世界书局 1936 年版,第 344 页。
⑤ 《穆勒经济学原理》,世界书局 1936 年版,第二篇第十三章第三、四节。
⑥ 《穆勒经济学原理》,世界书局 1936 年版,第五篇第十章第五节。
⑦ 《穆勒经济学原理》,世界书局 1936 年版,第 7 页。
⑧ 《穆勒经济学原理》,世界书局 1936 年版,第 713—714 页。
⑨ 《穆勒经济学原理》,世界书局 1936 年版,第 714—718 页。
⑩ 《穆勒经济学原理》,世界书局 1936 年版,第 731—733 页。
⑪ [法]夏尔·季德、夏尔·利斯特:《经济学说史》下册,商务印书馆 1986 年版,第 644 页。

第十二节　约·斯·穆勒在西方经济学史上的地位

综上所述,约·斯·穆勒在《政治经济学原理》中所建立的这个庞大的经济理论体系,从政治经济学的研究对象、经济规律的性质到生产、分配、交换和经济增长各个方面的一些主要问题,都是通过综合两种或两种以上的对立观点来进行阐述的。因此,折中综合是其经济理论体系的基本特征。

穆勒在 19 世纪中叶所建立的这个折中综合的经济理论体系,是西方经济学演进过程中的第一次大综合,它在西方经济学史上具有承前启后的重要地位。

穆勒为适应当时英国社会的需要,接受了亚当·斯密、李嘉图等人的经济理论,也容纳了萨伊、马尔萨斯、詹·穆勒、巴师夏、西尼尔等人的经济理论,还汲取了改良主义和社会主义思潮的某些观点。这样的一个理论体系,好像是一个兼容并包的"大拼盘"。他自己认为,他的这个经济理论体系,概括了亚当·斯密以来曾提出的"许多新的思想及思想的新应用",并"使其与最上流经济思想的原理相调和,而在经济学的范围内,全部重新考察一遍"[1]。他认为,他的《政治经济学原理》是模仿亚当·斯密的《国富论》而作的,并以当代的亚当·斯密自居。他说:"《国富论》在许多方面已经过时,……但尚无人试用他的实际研究方法,结合于此后增加的经济学的理论知识","参照当时的哲学",来分析"社会的经济现象"[2]。他认为,只有他的《政治经济学原理》才"填补"了这个"缺陷"[3],认为这是他的"一种必要的贡献"[4]。

约·斯·穆勒在西方经济学史上是有其重要地位的,他综合当时各种经济理论知识所建立起来的这个折中综合经济理论体系,曾流行近半个世纪。作为对于从亚当·斯密提供理论体系、在马尔萨斯和李嘉图等人手中发展成长的古典经济学的最终综合,它结束了马尔萨斯和李嘉图给古典经济学带来的沉闷和对未来经济前景的悒郁悲观,展示了一种谨慎乐观的希望,社会可以通过改良而避免马尔萨斯—李嘉图所预言的凶兆。它不仅对当时的经济思想产生过巨大的影响,并对以后经济学的进一步演变和发展,也具有相当大的影响。他把精神、心理等主观因素纳入政治经济学的研究对象,用支出劳动的主观感受来

---

① 《穆勒经济学原理》,世界书局 1936 年版,第 1 页。
② 《穆勒经济学原理》,世界书局 1936 年版,第 2 页。
③ 《穆勒经济学原理》,世界书局 1936 年版,第 1 页。
④ 《穆勒经济学原理》,世界书局 1936 年版,第 2 页。

看待劳动,用资本家"欲望的强弱"来解释资本积累等,这对以后奥地利学派、数理经济学派等强调用主观心理因素来解释社会经济现象的思潮的兴起,曾起过相当大的影响。又如,他用供求均衡点来解释稀少性商品的价值决定时,已提到了后来马歇尔所系统论证的需求规律和需求弹性的初步概念。他的这种价值理论,可以说是从李嘉图的价值论连接到马歇尔均衡价格的一座桥梁。他关于供求关系对确定国际贸易商品交换比例的作用,以及劳动生产率的提高对国际价值影响的见解等,对于国际贸易理论的研究,也具有一定的启发意义。此外,他关于"经济静力学"和"经济动力学"的划分以及"静态"和"动态"的分析方法,对后来"静态经济学"和"动态经济学"的建立,也具有一定的影响。最后,他关于生产规律与分配规律的区分,虽然在学理上存在诸多问题,主要问题在于生产的技术型规律如边际报酬递减规律、规模报酬规律等确实与收入分配无关,但是生产过程所采纳的要素组合肯定与收入分配有关。也就是说生产规律有两类,其一无关分配,其二与分配相关。虽然存在这些问题,但是他的两分法为以后英国社会的渐进改良提供了理论依据,具有重大影响。

附 录

约·斯·穆勒的三位后继人

穆勒在19世纪的英国具有重大影响,以至于形成了一个穆勒学派的雏形。他们包括三位教师。

在爱尔兰和伦敦大学供职的约翰·埃利奥特·凯尔恩斯[①](John Elliott Cairnes 1823—1875),穆勒的朋友和同事。他1857年的《政治经济学的性质和逻辑方法》,师承西尼尔和穆勒,坚持经济学的中立性,强调演绎法的重要性,认为经济学并非预见确定性的事件而是预见或然性的趋势。这是说明英国古典经济学方法的最佳作品之一。他1856年的《奴隶权利》,运用经济学的演绎分析方法解释美国南部出现奴隶制度的原因,说明了奴隶制度运行的条件和结果。该书对奴隶制度的批判,对英国舆论在美国南北战争中支持北方发挥了重要影响。在1870年的一篇重要文章《政治经济学与自由竞争》中,他力图撇清古典经济学与自由竞争政策之间的逻辑联系,主要是想割断古典经济学与曼彻斯特学派的理查德·科布登、约翰·布赖特以及法国巴斯夏等人所竭力倡导的

---

① 《新帕尔格雷夫经济学大辞典》第1卷,经济科学出版社1996年版,第338页。[英]马克·布劳格、保罗·斯特奇斯:《世界重要经济学家辞典》,经济科学出版社1987年版,第92页。[美]亨利·威廉·斯皮格尔:《经济思想的成长》上,中国社会科学出版社1999年版,第342页。

自由贸易自由竞争政策的关系,强调英国社会当时出现的问题并非古典经济学之错,而是那些他所谓的通俗经济学的错误。① 他 1874 年的《政治经济学的某些主要原理》,作出了支持古典经济学的最后努力,被称作英国最后一位古典经济学家。他在书中抵制杰文斯的主观价值论;坚持工资基金论;同时提出了劳动市场的分层理论,认为在不同层级的劳动者之间是没有竞争关系的,竞争只发生在同一层级的劳动者之间,而这又是因为劳动者很难进行跨层级的流动。② 这一理论对于后来劳动经济学的发展具有启示意义。他对经济学的最大贡献是描述了一个国家国际经济地位的变化轨迹,"不成熟的债务人—成熟的债务人—不成熟的债权人—成熟的债权人"。

剑桥大学第一位领薪的政治经济学教授亨利·福赛特③(Henry Fawcet 1833—1884),马歇尔的前任。他 1863 年的《政治经济学指南》对穆勒的思想进行了通俗化的阐述。他是工资基金论的坚决捍卫者。他曾经担任过国会议员和邮政大臣。令人震撼的是他从 25 岁起就因为事故而成为一位盲人。

剑桥大学哲学家亨利·西奇威克④(Henry Sidgwick 1838—1900),英国历史上最后一位伟大人物,最后一位功利主义者,最后一批古典经济学家之一,与马歇尔并列的剑桥大学经济学派的两位创始人之一,被马歇尔尊称为"精神父母"。他一生主要有三本专著:1874 年的《伦理学方法》、1883 年的《政治经济学原理》和 1891 年的《政治学精义》。他 1883 年的《政治经济学原理》主要是阐述穆勒的思想,而这已经是边际革命十年以后。

值得注意的是西奇威克对经济学的新贡献,主要关于公共物品的概念的提出和由政府提供公共物品的政策建议。他以灯塔为例,说明具有正外部性的产品容易刺激人们的"搭便车"行为,从而需要政府干预。⑤ 这是为政府干预市场

---

① 杰拉德·M.库特:《英国历史经济学:1870—1926》,中国人民大学出版社 2010 年版,第 21 页。

② 因格拉门:《经济学史》,商务印书馆 1932 年版,第二册第 90 页。

③ 《新帕尔格雷夫经济学大辞典》第 2 卷,经济科学出版社 1996 年版,第 318 页。[英]马克·布劳格、保罗·斯特奇斯:《世界重要经济学家辞典》,经济科学出版社 1987 年版,第 180 页。[美]亨利·威廉·斯皮格尔:《经济思想的成长》上,中国社会科学出版社 1999 年版,第 342 页。

④ [美]亨利·威廉·斯皮格尔:《经济思想的成长》上,中国社会科学出版社 1999 年版,第 342 页。《新帕尔格雷夫经济学大辞典》第 4 卷,经济科学出版社 1996 年版,第 353—354 页。[英]马克·布劳格、保罗·斯特奇斯:《世界重要经济学家辞典》,经济科学出版社 1987 年版,第 583 页。

⑤ [美]威廉·布雷特、罗杰·L.兰塞姆:《经济学家的学术思想》,中国人民大学出版社、北京大学出版社 2004 年版,第 52—53 页。

经济提供理论依据的整个发展过程中具有重要意义的一步。因此他是后来
庇古完整的外部性理论的重要先驱。他的另一个重要观点是区分的"财富"
一词的两个含义：一是作为财富的物品和服务的市场价格总和；二是财富给
所有人带来的效用的总和，即福利。通过这种区分，他论证整个社会的福利
会在财富的市场价格总和不变的情况下，通过劫富济贫的再分配而增加。这
种观点使他成为旧福利经济学的开创者。他一系列认可政府干预的观点影
响到马歇尔，并为庇古所接收且作了进一步的系统阐述，从而为政府干预提
供了理论依据。[①]

参考文献

[1]《穆勒自传》，商务印书馆 1935 年版。

[2]《穆勒经济学原理》，世界书局 1936 年版。

[3][英]约翰·穆勒：《论政治经济学的若干未定问题》，商务印书馆 2012 年版。

---

① 罗杰·E.巴克豪斯：《西方经济学史》，海南出版社、三环出版社 2007 年版，第 292—
293。

第四编
欧洲工业革命时代的古典经济学
（法国篇）

第十五章 萨伊的经济理论

第一节 时代、生平、著作及其对政治经济学的基本看法

一、19世纪的法国：经济、政治

19世纪（更一般讲是1789—1914年）的法国，在经济上经历了一场渐进式的工业化，即没有工业革命的工业化。[①] 在这100年左右的时间里，法国的经济增长大体上经历了快—慢—快三个长时段。从拿破仑战争结束的1815年到缔结《英法通商条约》实行两国自由贸易的1860年，是经济增长不断增速的阶段，从1860年到1896年，是经济增长相对缓慢的阶段，从1896年到1913年，是经济增长重新加速的年代。在上述三个长时段当中，法国还经历了若干次经济危机。

在这个工业化的世纪里，法国的产业结构，社会结构发生了重大转型。到30—40年代，现代化工业迅猛发展，共有12.4万家大中企业和154.8万家小企业。这种转型的结果之一，就是社会贫富差距一度迅速扩大。1830年以前，工人一天工作16小时。1831年，巴黎有4万失业个人。19世纪30年代，是法国工业迅速发展的时期，蒸汽机数量增加了7倍，棉花需求量增加了1倍，煤炭采掘量增加了2倍，铁路网迅速布满法国。工人人数达到100多万。然而，与经济迅速增长相对照的是，从1820年到第二帝国时期的30年时间里，工人的实

---

① 沈坚：《近代法国工业化新论》，中国社会科学出版社1999年版，第12页。

际工资徘徊不前。① 作为工业革命过程的典型特征之一,雇主严酷地剥削工人,工作时间经常达到一天 18 个小时,而工资则只有 18 个苏。并且企业大量使用童工,直到 1841 年才颁布禁止雇佣未满 8 周岁儿童的法律。

19 世纪(更一般讲是 1789—1914 年)的法国,与经济上的渐进工业化相对照,在政治却是经历了一系列的起义、革命和复辟。首先是 1789 年大革命。1792 年废除帝制,建立第一共和国,1794 年热月政变,1799 年拿破仑雾月政变建立第一帝国,1815 年波旁王朝复辟,1830 年革命,建立了奥尔良王朝。1831年和 1834 年,里昂纺织工人两次举行武装起义。1848 年革命建立第二共和国,实现了普选权,选民人数从 24 万增加到 900 万。1851 年 12 月 2 日,路易—拿破仑·波拿巴发动政变,建立个人独裁的第二帝国。1871 年巴黎公社。

二、生平和著作

萨伊和李嘉图、西斯蒙第、马尔萨斯是同时代人,他们的经济理论都是从亚当·斯密经济理论出发的。但他们的经济理论体系之间存在着很大差别。

让·巴蒂斯特·萨伊②(Jean Baptiste Say, 1767—1832),出生于法国里昂一个新教商人家庭。不到 12 岁时,他的普通教育因父亲营业破产而中断,于是就被迫到一家商店当学徒,学习经商。1786 年,不到 20 岁的萨伊随其兄到了英国,在那里受到完备的商业教育,目睹了英国工业革命的现状。在英国学习和生活期间,他学习了英语,能熟练阅读英文原著。在此期间,他读了《国富论》这本在法国还没有被翻译且没有被注意的著作,激发了他对政治经济学的兴趣。同时在英国的所见所闻给他很大震动,他看到了英国工业革命先进的生产力所带来的技术进步、工业繁荣,以及英国的全球销售市场为英国经济发展带来的巨大利益。

萨伊从英国毕业回国后,于 1787 年进入法国一家人寿保险公司担任总经理克拉维(此人信奉亚当·斯密的学说,1792 年时任法国财政部长)的秘书。

1789 年,法国大革命爆发,大革命的爆发对萨伊产生了深刻影响,他积极参加政治活动,为著名活动家奥诺莱·加布里埃尔·米拉波主编的杂志《普罗温斯通讯》撰稿。1792 年他曾投笔从戎,远征香槟,参加了由文艺界和学者人士组成的"学艺中队",与入侵法国的军队展开激战,颇有微功。但在雅各宾党人上台实行专政之后,他对其施政纲领颇有不满,开始对革命失望并反对革命,且逐

---

① 沈坚:《近代法国工业化新论》,中国社会科学出版社 1999 年版,第 49 页。
② 《新帕尔格雷夫经济学大辞典》第 4 卷,经济科学出版社 1996 年版,第 267—270 页。[英]马克·布劳格、保罗·斯特奇斯:《世界重要经济学家辞典》,经济科学出版社 1987 年版,第 555 页。

步脱离了革命。

1793 年,萨伊解甲归田,转而从事自己的文学之路。1794 年,萨伊出任法国《哲学、文艺和政治旬刊》的主编,任职达 6 年之久。他在该期刊上发表经济文章,批评当时国民大会活动,在学术界确定了一定的地位。

法国爆发"雾月政变"之后,拿破仑成为法国的统治者。由于萨伊的文章颇受拿破仑一世(1769—1821)的欣赏和重视,他于 1799 年被任命为法兰西法制委员会委员,同时又被委派到财政委员会工作。

上述这些经历使萨伊对法国的社会经济和政治状况有了全面了解,而他的家庭背景及早年英国的留学经历又为他提供了研究经济学理论很多难得的第一手资料。1803 年,他的主要著作《论政治经济学,或略论财富是怎样产生、分配和消费》(简称《政治经济学概论》)出版。该书宣扬亚当·斯密的自由主义经济思想,主张推行自由贸易政策。这与拿破仑当时实行的大陆封锁政策相对立。尤其是,书中认为拿破仑实行的保护关税政策和通货膨胀政策对法国国民是有害的。

拿破仑阅读了萨伊此书之后,曾召见他,示意修改其著作。但他断然拒绝。因而遭到拿破仑的惩罚,萨伊的所有著作被禁止发行,被禁止从事学术研究工作;并被解职,改任为海关税收征管员。萨伊没有屈服,向拿破仑自动请辞。

1805—1813 年,萨伊与人在巴黎近郊合伙创办了一座现代化的纺纱厂,由于工厂管理得当,业绩蒸蒸日上,吸纳了当地大量劳动力。

1814 年,萨伊到英国访问,结识了当时英国经济学界的泰斗,与李嘉图、马尔萨斯、边沁等人交流学术观点,他们相谈甚欢,成为终身朋友。

1815 年,波旁王朝复辟,拿破仑被推翻。复辟后的波旁王朝,十分赞赏萨伊的经济理论及其反对拿破仑的政治态度,派他去英国进行考察,以便把英国的经验应用于法国的工业发展。英国考察期间,他曾在格拉斯哥大学讲授政治经济学。同年萨伊回国,写了《论英国和英国人民》一书。

从 1816 年开始,萨伊成为法国第一个系统讲授政治经济学的教授。开始是任巴黎工艺美术学院工业经济学教授(该教席的继承人为他的学生 J. A. 布朗基),尔后于 1830 年任巴黎法兰西学院政治经济学教授。法国学校开始出现经济学的课程。1817 年,他再把他的经济理论凝缩成一本名为《政治经济学精义》的小册子。同时,他还在民营大学开设新课程。但当时的波旁政府认为萨伊在民营大学开设新课程干扰了高等教育的正常秩序,担心萨伊等学者乱议国政,颠覆政府,因此他的教学工作开展不到两年即被当时的统治者取缔。

1820 年,萨伊将自己开设的课程名称改名为"产业经济学",从而成为法国高等教育机构中的第一位产业经济学教授。以后他又写了一部六卷本的《政治经济学教程》(1828—1830)。但其基本观点却都反映在他 1803 年出版的《政治经济学概论》中了。

1830 年,萨伊被聘为法兰西学院政治经济学教授。他直到逝世前一直从事教学工作。在从事教学工作期间,他对其主要著作《政治经济学概论》进行了多次改写,生前共出版过五版,几乎每一版都有修改。该书还被翻译成多国语言,成为当时欧美大学最受欢迎的经济学教材。《政治经济学概论》的英文版曾经多年为美国高校所使用,如哈佛大学就一直使用到 1850 年。美国政治家杰弗逊和麦迪逊也都对萨伊表示了好感,愿意为他提供教席。其中的重要原因就是他的《概论》把斯密的思想作了系统性条理化的整理,使之更容易为人所接受。[①]萨伊在法国开设的经济学课程影响很大,吸引很多学生不远万里前往法国向萨伊请教。

1832 年 11 月 15 日,萨伊在法国巴黎逝世,终年 66 岁。

萨伊在欧洲大陆最早系统传播亚当·斯密经济理论,是法国最早系统讲授政治经济学的教授。在欧洲大陆,人们最初是通过他的介绍才了解亚当·斯密的经济理论的。由于他的经济思想对以后欧洲经济学的发展产生重要影响,他又被称为欧洲的"科学王子"。

三、对政治经济学的基本看法

萨伊把政治经济学看作是一门"阐明财富是怎样生产、分配与消费"的科学,[②]并指明,政治经济学只涉及各行业中增加财富的一般法则,与它们所采用的具体方法无关。从这一基本看法出发,他提出了有名的关于政治经济学的三分法,即财富的生产、财富的分配和财富的消费,这三个部分分别考察生产法则、分配法则和消费法则。[③] 然而,这种划分并不意味着他把生产、分配和消费看成是互不联系、孤立存在的三个方面。在他的体系中,这三者是有着逻辑联系的。

萨伊在考察政治经济学的性质时,首先把科学分为叙述科学和实验科学两大类,前者涉及物体及其性质的正确知识,如植物学或博物学,后者考察事件的因果联系,如化学、物理学和天文学。在如此分类的基础上,他认为政治经济学类同于化学、物理学,属于实验科学。他把政治经济学和统计学加以区分,认为

---

① [美]亨利·威廉·斯皮格尔:《经济思想的成长》上,中国社会科学出版社 1999 年版,第 224 页。

② 萨伊:《政治经济学概论》,商务印书馆 1982 年版,第 15 页。

③ 这一划分后来经过詹姆斯·穆勒补充了交换之后,成为 19 世纪直到 20 世纪初主流经济学的标准划分。

政治经济学告诉人们关于因果关系的一般知识,统计学只是给出了事物的数量指标,并不告诉人们各种事实的来源与后果,它只为一般知识提供例证。可见,他实际上把政治经济学看作是一门探索财富现象的因果联系的科学。他还区别了政治学和政治经济学。在他看来,政治学就是研究政体的科学。这样,把政治学与政治经济学区别开来以后,就有助于集中力量探索财富现象的因果联系。他认为"财富本来不依存于政治组织。一个国家不管政体怎样,只要国家事务处理得完善,就能够达到繁荣。许多由专制君主统治的国家富裕起来,而许多由平民委员会治理的国家都弄得山穷水尽"①。

萨伊指出了政治经济学的演绎性质。他指出:"政治经济学是由几个基本原则,和由这几个基本原则所演绎出来的许多系统或结论组成的。"②同时,他也看到了它的归纳性质,强调政治经济学的基本原则必须"是从无可否认的一般事实正确地推断出来"③,并且演绎出来的结论也必须与实际经验的结果相比较,以验证其正确性。据此,他指责李嘉图从无可非议的假设出发,却不去比较推论的结果与事实情况。他虽然承认政治经济学的理论结构是演绎性的,但并不认为数学方法有助于解决政治经济学中的问题。在他看来,这是因为政治经济学所涉及的许多数量受到不能精确测定的人类才能、需要和欲望的影响。

第二节　对生产和生产要素的分析

一、生产三要素论

萨伊认为,人们在生产中所创造的不是物质,而是效用。因为物质是不可创造的。他所谓的效用,并不是指物质的客观属性或用理性所能判断的有用性,而是指"物品满足人类需要的内在力量"。他强调"物品的效用就是物品价值的基础,而物品的价值就是财富所由构成的"④。

从生产创造效用这一前提出发,萨伊提出了生产三要素论。他认为财富(价值)来源于劳动、资本和自然力(主要是土地)这三种要素的协力。这种三要素论成为后来经济学的基本通识。他承认,只有通过劳动,人类才能获得产品,同时又强调劳动必须有资本的协助才能生产物品,不仅如此,劳动还必须利用

---

① 萨伊:《政治经济学概论》,商务印书馆 1982 年版,第 15 页。
② 萨伊:《政治经济学概论》,商务印书馆 1982 年版,第 26 页。
③ 萨伊:《政治经济学概论》,商务印书馆 1982 年版,第 20 页。
④ 萨伊:《政治经济学概论》,商务印书馆 1982 年版,第 59 页。

各种自然力。他认为利用自然力是比劳动分工更重要的因素。① 因此,在他看来,效用(即价值和财富)是三要素协力合作的结果。从这一认识出发,他指责亚当·斯密忽略了自然力在创造财富中的作用,并认为这种忽略使亚当·斯密错误地把财富单纯归结为积累劳动,并把劳动规定为财富(价值)的唯一尺度。

萨伊的生产三要素论说明一般性生产的必需条件。他把三要素论作为分配理论的基础。

二、关于作为生产要素的劳动

萨伊指出,劳动的实质是"役使自然力"②,这说明他把劳动单纯看作是人与自然之间的关系。他认为劳动有三种类型:一种是科学家所从事的研究自然规律、形成理论的劳动;第二种是企业主、农场主、商人运用知识从事管理提供产品的劳动;第三种是工人的劳动。即可分为建立理论、应用理论和具体执行三种劳动。他强调要重视科学研究,同时也看到了科学知识的易传播性,指出科学不发达的国家可以利用别国的科学知识来生产财富,因此,应用和执行的劳动比建立理论的劳动,对一个国家的繁荣来说是更重要的。他可能是第一个指出科学研究重要性和科研成果具有正外部性的经济学家。关于科学的这些观点,今天依然具有现实意义。

萨伊关于生产性劳动和非生产性劳动的见解是直接反对亚当·斯密的。他从生产的结果是效用这一见解出发,认为凡"能扩大效用因而能够增加产品价值"③的劳动都是生产性劳动。这样,他就把生产所谓"无形产品"(指各种服务性劳务,包括政府的服务和教会的服务)的劳动,在它们产生效用的范围中,也称作是生产性劳动了。实际上他是以劳动是否为社会所需要作为界限来划分生产性劳动和非生产性劳动的。在他看来,同一种劳动,在其不超过需求的情况下便是生产性的,而超过需求的那一部分便是非生产性的了。这样,他就通过批判斯密而间接地但又是彻底地否定了法国重农主义在这方面的观点。④

三、关于作为生产要素的资本

萨伊认为,资本是比土地更重要的生产要素,因为劳动不会受土地大小的限制,却受资本多寡的限制。并且,他认为土地的大小肥瘠在很大程度上依存

① 转引自[英]托马斯·霍吉斯金:《通俗政治经济学》,商务印书馆1996年版,第56页。
② 萨伊:《政治经济学概论》,商务印书馆1982年版,第62页。
③ 萨伊:《政治经济学概论》,商务印书馆1982年版,第129页。
④ [法]夏尔·季德、夏尔·利斯特:《经济学说史》上册,商务印书馆1986年版,第120—121页。

于地理位置,而劳动和资本的力量则依存于人类本身的管理能力。于是他花费了较大的篇幅来研究资本要素。

萨伊承认资本是以前的劳动所创造的产品。他把资本分为三类:第一类是用于生产有形产品的生产资本;第二类是处于完全不生产状态的非生产资本;第三类资本包括住宅、家具、装饰品等产生效用或愉快的物品。他认为生产性资本由工具、原料及维持劳动者的生活必需品的价值组成,甚至包括资本家维持本人生活的必需品的价值。促进产品交换的货币也是生产资本,但它只构成生产资本中很少的一部分。还有培养劳动技能所付出的费用也是生产资本,他把劳动能力也看作资本。这一点他继承了斯密的人力资本的思想。非生产资本主要是指窖藏的价值,他认为社会资本是个别私人资本的总和。

萨伊已经看到资本能够在不断的生产性消费中保存自己的价值,已经意识到了资本的运动本性。这一思想成为他反对重商主义的一个论据。

萨伊指出了生产性资本形成和增加的条件,概括起来,主要有:(1)生产的产品要超过生产过程中的消耗;(2)剩余的产品要被储蓄起来,即投入生产,用于生产性消费。因此生产资本即可以"通过扩大生产获得,也可通过扩大撙节获得"①。他不赞成亚当·斯密关于资本积累单纯依靠节约的说法,更强调生产的扩大在资本积累中的作用,认为消费和储蓄可以在生产扩大商业繁荣时同时并进,并且节约风气的形成也有赖于生产扩大造成的有利的投资机会。

萨伊认为资本积累不仅有利于资本家,而且有利于工人,增加就业机会,并且个人资本积累引起的贫富不均可以通过分割遗产而消除。在考察资本积累对工人的影响时,他特别分析了机器生产的后果。他把机器看作是人们利用自然力以节约劳动的手段。他承认机器的使用会引起收入向首先使用机器的人那里转移,并引起工人的失业,但他强调这些弊病在长时间内是可以克服的,因为机器的使用是一个缓慢的过程,可以采取预防措施,并且机器的使用会为失业工人提供新的就业机会,会降低物价从而有利于消费者(包括工人)。他认为机器的发明,技术的进步不会引起产品过剩,因为机器引起生产费用的降低,进而引起价格的降低,以致使需求的增加超过生产能力的增加。他以印刷技术的发明为例,来论证这一点。他的结论是:机器的使用从长期来看是能够补偿工作一时所遭受的损失的,是有利的。他对于采用机器的后果的看法显然比李嘉图正确。②

在如何按最有利的方式使用资本这个问题上,萨伊认为,对资本家最有利

---

① 萨伊:《政治经济学概论》,商务印书馆 1982 年版,第 122 页。
② [法]夏尔·季德、夏尔·利斯特:《经济学说史》上册,商务印书馆 1986 年版,第 124 页。

的使用方式未必对社会亦最有利。他指出,资本家倾向于把资本使用在同样风险下能生出最大利润的用途上,但对社会来说,资本最有利的使用方向是农业,其次是机器制造业,再次是制造业、国内商业、国外贸易、转运贸易。

四、发展生产的合理政策

萨伊认识到私有产权的激励功能,认为保障私有产权有助于生产发展。他说:"安稳地享有自己的土地、资本和劳动的果实,乃是诱使人们把这些生产要素投于生产用途的最有力动机。"[①]

萨伊反对重商主义的国家干预政策,认为"产业和财富的健全状态,乃是绝对自由,即听任各种事业各自照顾自己的利益"[②]。因为个人利益是最可靠、最节省的指针。而政府仅须保护人民不受欺骗,不受暴力迫害。他剖析了法国重商主义政策的出发点及其危害。他指出,政府干预的目的无非是两条:使人们生产政府认为更重要的产品;使人们采用政府认为更合适的方法。他认为政府干预的结果并不能达到上述两个目的,反而会使人们生产次要产品,采用更浪费的生产方法。他强调阻碍人们自由运用其生产手段的做法,就是侵犯私有产权。他同意亚当·斯密的看法,认为政府干预外贸将形成独占,不利于消费者,也不利于资本和劳动的合理配置。从反对独占的态度出发,他反对工会,认为那也是一种独占,于别人不利。他指出政府直接从事生产事业往往是低效率的,且往往与同行的私人企业发生竞争,窒息私人企业。他反对法定价格,认为法定价格将打乱生产与需要之间的自然比例,而法定最高价格将加剧货物的短缺。他对重商主义的国家干预政策的揭露和批判,是有进步意义的,适应当时法国社会的发展趋势。这种批判,既是对重商主义干预政策的抨击,也是对拿破仑的穷兵黩武政策的谴责。

萨伊虽然反对重商主义的政府干预政策,但并不笼统反对一切国家干预。他认为政府除了尽到保护私人财产的责任以外,还应当建设公共交通,创办学校等普及知识的设施、场所。政府还应当保护有助于国防的行业、有前途的新兴行业。

从理论上看,由于重商主义在英法两国的表现有所不同,所以萨伊对重商主义的批判与亚当·斯密也有所不同,他更侧重批判政府对生产对象和生产方法的不合理干预。在国家的经济职能方面,他也比亚当·斯密有更全面的看法,如他看到了保护有前途的新兴行业的必要性,等等。

---

① 萨伊:《政治经济学概论》,商务印书馆 1982 年版,第 137 页。
② 萨伊:《政治经济学概论》,商务印书馆 1982 年版,第 184 页。

第三节 萨伊定律

在反对重商主义的过程中,萨伊反对人们为了解决产品滞销问题而要求政府保护。为此他提出了著名的萨伊定律。他认为,"在以产品换钱,钱换产品的两道交换过程中,货币只一瞬间起作用。当交易最后结束时,我们将发觉交易总是以一种货物交换另一种货物"[①]。即商品交换实质上不过是物物交换。以此为据,他认为"销路呆滞决不是因为缺少货币,而是因为缺少其他产品"[②]。他的结论是"生产给产品创造需求"[③],"单单一种产品的生产,就给其他产品开辟了销路"[④]。在他看来,由于某种产品的过剩实质上是其他产品的生产不足,所以当该产品亏本的同时,必有别的货物赚得过度利润,只要没有政府的不合理干预,那么这种现象就不会持久。只要实行自由放任的政策,就能有效地消除个别商品的生产过剩。而产品的普遍过剩,按萨伊定律推论,是不可能出现的。综上所述,萨伊定律所依据的前提是,货币只是交易媒介,只在交换中起瞬间作用,因此商品交换不过是物物交换;萨伊定律的中心论点是,供给自动创造需求,个别产品的过剩实际上是其他产品的不足,自由放任可自动消除这种过剩与不足;萨伊提出该定律的直接动机是反对重商主义论证自由放任,这个定律的不可避免的推论是,不可能出现商品的普遍过剩。

萨伊从该定律出发演绎出四条重要结论:(1)在一切社会,生产者越多,产品越多样化,产品的行销便越快、越多和越广泛,而生产者所得的利润也越多,因为价格总是跟着需求增长。(2)每一个人都和全体的共同繁荣有利害关系。一个企业办得成功,就可帮助别的企业也达到成功。事实上无论一个人从事哪一种职业或哪一门生意,他的周围的人越发达,他就越能够得到丰厚的报酬,越容易找到工作。因此城市居民能从乡村居民的富裕中受益,反之亦然。一个国家也同样能从邻国的富裕中受益。(3)购买和输入外国产品绝不会损害国内或本国的生产,因为购买外货总是用同价值的本国产品为支付手段。(4)激励生产的政策是贤明的,而鼓励消费的政策是拙劣的。

萨伊提出萨伊定律来反对重商主义,有其合理性。但萨伊定律要依存于一般情况下非常不现实的前提条件:货币只是交换媒介,只在瞬间起作用。法国

① 萨伊:《政治经济学概论》,商务印书馆 1982 年版,第 144 页。
② 萨伊:《政治经济学概论》,商务印书馆 1982 年版,第 143 页。
③ 萨伊:《政治经济学概论》,商务印书馆 1982 年版,第 142 页。
④ 萨伊:《政治经济学概论》,商务印书馆 1982 年版,第 144 页。

大革命以后出现的通货膨胀、纸币贬值,使货币在交易中只在瞬间起作用。这一历史背景构成了萨伊定律的事实依据。但资本主义社会的典型现象是买与卖在时空上的分离,是货币不仅充当交易媒介,而且充当价值贮藏手段。萨伊定律的提出,激发了后人对他的前提条件的不断思考,起码形成了数种观点,如物物交换说、储蓄与投资相等说、货币面纱说,等等。① 因为它成立与否,关系到政府在市场经济中发挥什么作用的重大问题,所以,萨伊定律一直是自由主义者和政府干预论者争论的焦点。

第四节　价值理论

萨伊把价值规定为效用,认为效用是价值的基础,价值是衡量效用的尺度,但他无法从效用出发去决定价值量。例如,无法说明极有效用的空气如何价值为零,也无法从效用出发去说明价值量的变动规律;例如,无法解释当物品的效用未变时,为什么生产率的提高会减低它的价值。为了说明价值量的决定和变动,萨伊被迫离开了效用这一价值的基础,从其他方面来说明价值的量的规定。首先,他否认了绝对价值的存在,只承认相对价值,认为价值只不过是用其他物品来表现的相对价值。由于用货币表现的相对价值就是价格,于是他便用价格来说明价值量,"价格是测量物品的价值的尺度"②。而价格,在他看来,是依存于供求,随供求的变动而变动的,"物价上升和需求成正比例,但和供给成反比例"③。

萨伊进一步考察了需求和供给,认为个人对某一特殊物品的需要或想望,依其体质和品性、居住地的气候、社会的法律、习惯和生活方式而定。他指出人们的需求是受到他们每个人自己所生产的产品的限制的,"一件物品的效用和购买者的财富共同决定需要的程度"④。有支付力的需求随价格的变化而反方向运动,因为需求者人数和每个人的需求数量都依价格的变化而变化。至于供给,它是一定时间内可用以满足需求的商品数量,它随价格的变化而同方向变动。除了供求的一般影响之外,他认为人的情欲和美德,乃至纯政治因素都将

---

① ［美］亨利·威廉·斯皮格尔:《经济思想的成长》上,中国社会科学出版社 1999 年版,第 226－230 页。［美］约瑟夫·熊彼特:《经济分析史》第 2 卷,商务印书馆 1992 年版,第 364－378 页。

② 萨伊:《政治经济学概论》,商务印书馆 1982 年版,第 60 页。

③ 萨伊:《政治经济学概论》,商务印书馆 1982 年版,第 326 页。

④ 萨伊:《政治经济学概论》,商务印书馆 1982 年版,第 354 页。

影响价格。

萨伊并没有前后一贯地用供求关系来说明价格和价值,他还试图用生产成本来说明价格和价值。他承认一物之所以有价值,不仅在于其有效用,而且在于获得它要付出代价,这个代价就是生产费用。因此价格受到生产费用的约束,生产费用决定了价格的下限,当价格低于生产费用时,货物就停止供给,当价格高于生产费用时,供给就增加。供给增加引起物价下跌,达至生产费用的水平。于是生产费用就成为价格的决定者了。他认为生产费用的减少是人们在更大程度上利用无代价的自然力的结果。

萨伊认为价格会由于商品的相对价值比率或生产费用变动而发生两种后果不同的变化。他把由于相对价值比率变动引起的价格变动称为相对变动,认为这种变动不引起社会财富总量的变化,只引起社会财富在各种产品所有者中间分配份额的变化。他把由于生产费用的变化而引起的价格变动称为实际变动,认为这种变动引起社会财富总量的变化。

萨伊是亚当·斯密之后用效用而不是用劳动来说明价值现象的第一位经济学家,他的价值理论包含了以后西方的各种价值理论的萌芽。后来的那些价值理论,从某种意义上说,都是通过消除他的价值理论的缺陷而建立起来的。边际效用价值论正是在他的效用价值论的基础上,通过稀少性这一概念说明了空气等有效用而无价值的现象,通过边际效用这一概念解决了价值量的决定问题,摆脱了他以效用规定价格,但却无法用效用说明价值量的难堪处境。马歇尔的均衡价格论则是他的供求价格论的进一步发展和完善,通过把生产费用看作是影响供给进而影响价格的因素,这就消除了供求价格论和生产费用价格论在萨伊手中的不和谐。瓦尔拉斯的一般均衡论可以说是萨伊关于商品价值与要素价格相互制约思想的精致表述,是一个代替了萨伊的不合理的循环决定论的精致表述,它说明了商品价格与要素价格的同时决定性。

第五节　分配理论

萨伊已经看到了收入的分配与生产要素的分配两者之间的关系,"处理收入的专有权利乃是生产手段专有权利或生产手段所有权的结果"①。那么,生产要素的专有权或所有权是如何给所有者带来收入的呢?他认为,这是因为生产要素在生产过程中提供了生产性服务,三种要素协同创造了价值(效用),所以

---

① 萨伊:《政治经济学概论》,商务印书馆 1982 年版,第 328 页。

它们必须取得收入,以报酬它们的服务,这就是劳动取得工资,资本取得利息,土地取得地租。

萨伊把工资、利息和地租统称为要素价值。从效用价值论出发,他认为要素的价值取决于产品的价值,而产品价值则取决于效用。这样,要素的价值实际就由要素最终所生产的产品的效用所决定。而特定要素的价值和该要素在生产中所提供的服务的重要性成比例。由于效用的不可定量性,使他以产品效用说明生产要素价值的做法面临如何确定收入量的难题。为了解决这个困难,他再一次求助于供求关系,用要素的供求来说明要素的价值。"生产力的相对价值随需求的增大而上升,并随供应的增多而下降"[①]。

在对收入的一般来源和量的决定法则作了如上探讨之后,萨伊开始分析各种收入范畴。他首先分析了工资。由于他把劳动能力也看作是资本,所以把工资称作是劳动的利润,认为工资的高低决定于劳动要素的供求。他指出,科学家工资往往较低,因为他们的劳动成果极易传播不易消灭,故供大于求。这一观点预示了知识产权问题的提出。他认为简单劳动的工资,因为它的供给总是充分的,所以常常维持在可保持生存的水平;而复杂劳动的工资较高,这是因为劳动能力的训练费用相当于累积资本,须有利息报酬。他认为老板、经理和冒险家由于监督活动和管理劳动而得到的利润也属于工资范畴,应把这部分利润与纯粹由资本所带来的利润加以区别。他认为这些人的工资同样由供求决定,因为冒险家通常需自备资金,并且要具有特别的品质与技能,所以他们的高级劳动的供给是有限的,从而使这种劳动的价格保持在高水平。他是在坎蒂隆之后比较早区分资本家和企业家职能并承认企业家职能的人。在这一点上他再次走在了他同时代英国同行的前面。这也许是因为他本人就是一个企业家,而那些英国同行没有一个是企业家。

萨伊提到了劳工工资决定中劳资利益的对立,认为"劳工的工资是调和雇主与工人不相容的利益而订定合同的结果"[②]。他复述了亚当·斯密关于雇主在订立工资合同时的有利地位及工人的不利地位的观点。

萨伊把资本要素的收入称作利息,认为企业利润包括利息收入和企业家劳动的管理工资,但是两者往往被混淆。他反对亚当·斯密关于利润与监督劳动无关的论点,认为管理水平的不同会使同量资本获得不等量的利润。他力图从量上划分资本收入与企业家的劳动收入,认为同行业中各厂商利润差额的平均值是企业家劳动的收入,而同行业中总利润的平均值减去资本家劳动收入的那

①　萨伊:《政治经济学概论》,商务印书馆1982年版,第353页。
②　萨伊:《政治经济学概论》,商务印书馆1982年版,第382页。

部分利润,便是资本收入。作为资本收入的利息,他认为包括了纯利息和保险费两部分。纯利息与借贷资本的供求有关,保险费则取决于风险。他没有分析利润的决定,只是把利润分解为纯利息、保险费和企业家管理工资三部分。概括地讲,他认为资本利润与风险和周转期成比例,它是资本的生产性服务的等值报酬。利润率则取决于资本的供求比率。因此,他反对亚当·斯密把资本当作累积劳动加入产品价值的看法,强调资本本身的价值与资本生产力的价值完全不同。这样,他就预示了资本的原始价值与资本化价值的区别。

萨伊认为土地不是唯一有生产性的自然力,但它是唯一可以为人所占有的自然力。他认为土地所有者专有有助于土地的改良。他把地租也常常叫作利润,认为地租的来源在于人们对农产品的需求足够大,使农产品的价值除抵补成本之外,还能超过资本的通常利息。他把土地这样产生地租的能力,称作土地的生产力,而地租便是土地生产力的价值,同时又是土地生产性服务的报酬,它的大小和其他商品一样,取决于土地生产力的供求。不同性质的土地的地租同样取决于人们对它们的特殊的供求。他还认为,地租中包括地主改良土地所费资本的利息。他看到地主能够无偿享有租地人改良土地所带来的好处,因此长租期将有助于土地改良。他还谈道,如果土地的地租为零,只要土地的耕种刚好给劳动和资本带来足够报酬,土地就会被土地所有者自己耕种。

在分析收入分配的过程中,萨伊对个人收入与社会收入的联系和区别也谈了一些看法。他强调个人收入的大小与产品的相对价值的变动有关,而总收入则否,它取决于产品的数量而不是产品的相对价值。因为产品相对价值的变动并不引起总价值的变化。他正确地看到社会总收入等于个人收入总和,并认为这个总收入等于社会的土地、资本和劳动的总产品。

萨伊是用三要素在创造效用的生产中的协力作用来论证三要素所有者取得各自报酬的必要性,用三要素在创造效用的生产中所谓生产性服务来说明三要素所有者各自收入的来源。这样,他就建立了关于收入分配的"三位一体公式"。为了说明收入量是如何决定的,他求助于供求决定论,或者用要素产品的效用来说明要素的价格。从今天的眼光来看,为了激励人们把生产要素投入生产性活动,他的按要素贡献决定要素所有者收入的见解是非常正确的。

由于当时法国社会存在大量小土地所有者,萨伊时常混淆地主和租地农场主。当他把地租称作利润,认为没有地租土地也会被地主耕种时,都表现了这种混淆。

萨伊的分配论是后来边际生产力论的基础和萌芽。他的生产性服务论被演化为要素的边际生产力论,而他的供求决定论则发展成以边际生产力论为基础的供求均衡论。可以简单地说,萨伊以后的分配理论无非是在他已经建立的理论建筑中,进行修补完善工作而已。然而在同时代,萨伊的收入分配理论并没有像李嘉图、马尔萨斯的分配理论那样给人留下深刻影响,成为古典经济学分配理论的代表。这也许是因为他的分配理论没有能够说明当时人们普遍关注的平均利润率下降趋势。

第六节　消费理论

萨伊把消费规定为效用的消灭与价值的消灭。他从消费的结果上把消费分为生产性消费与非生产性消费,认为生产性消费不满足什么欲望,但创造新的价值;而非生产性消费则能满足某种欲望,却没生产什么新的价值。他从消费的主体上又把消费分为公共消费与私人消费,认为它们可以是生产性消费,也可以是非生产性消费。他还区分了个人年消费与国家年消费,认为前者是个人的一年内所消费的一切价值的总和,后者则是组成国家的个人与团体在一年内所消费的价值总和。

萨伊认为非生产消费也是一种交换,即以现有财富交换个人欲望的满足。他提出理想的消费方式是有助于满足实际需要,是消费耐久的、质量好的产品,是实行集体消费,是提供符合道德标准的消费。他主张提高人民的鉴赏力和富裕程度,认为这有助于人民进行消费选择。他反对时常变换消费式样,认为那会导致浪费。他指出,贫富不均妨碍实现最适宜的消费,因为穷人与富人即使消费的价值相同,但满足不一样,前者的满足将是真实的、充分的和长时间的,而后者的满足则是微不足道的。这一论点是以后福利经济学中一个主张收入均等化的重要论点的萌芽。他特别强调,政府的举动对全国的消费性质影响很大。

萨伊指出了个人消费是以满足家庭与个人需要为目的。它所应遵循的原则,就是要避免奢侈和鄙吝,因为前者导致浪费,不利于资本积累,而后者不利于欲望的满足。他提出节约是美德,而奢侈是社会的大敌。他提出了家庭经济规律,即在合理的限度内消费,细心比较消费所牺牲的价值与消费所提供的满足。并认为只有个人自己才能正确估量每一消费行为所产生的损益。

萨伊认为公共消费是为了满足社会作为整体的需要。它包括民政司法费用、陆海军费用、公共教育费用、公共慈善费用。他反对不合理的公共消费,强调消费必须能为利益所补偿。在分析公共消费的过程中,萨伊还探讨了课税和公债这两个属于财政学的问题。

　　萨伊建立经济理论的主观愿望是想增加国家的财富,消灭分配不平等的现象。他憎恶当时社会中存在着的贫富不均。他写道:"无论在什么地方,赤贫和豪富都成为鲜明的对照,一些人的劳动被剥削来养活另一些闲散人,丑陋茅屋和堂皇公馆毗连邻接,穷人褴褛衣衫和富人华丽衣服混在一起。总之,一边是酒肉臭腐,另一边是三餐不给。"[1]他认为,研究政治经济学就是要克服这种现象,使国王和人民都意识到他们的利益无冲突,从而使国王不再压迫人民,人民更加信任国王。萨伊看到了分配不均的现象,把它归咎于重商主义干预政策的结果,于是猛烈地攻击重商主义的干预主义,赞美自由放任的资本主义制度。

参考文献

[1]萨伊:《政治经济学概论》,商务印书馆 1982 年版。

---

① 　萨伊:《政治经济学概论》,商务印书馆 1982 年版,第 48 页。

第十六章 西斯蒙第的经济理论

第一节 时代、生平及其论著

让·沙尔·列奥纳尔·西蒙·德·西斯蒙第①(Jean Charles Leonarde Simonde de Sismondi，1773—1842)，西方经济思想史上一个占有特殊地位的人物，以对亚当·斯密古典政治经济学的怀疑为其思想特色，是现代福利主义思潮的先驱。

西斯蒙第与李嘉图差不多是同时代人，他的代表作《政治经济学新原理》，仅比李嘉图的代表作《政治经济学及赋税原理》晚出版两年。但他们二人在经济理论上却是针锋相对的。这是当时英、法两国不同社会状况的反映，同时也是由他们二人不同的生活经历所造成的。

李嘉图生活时的英国，资本主义生产方式已经充分发展，当时的英国社会已经基本上由资产阶级、无产阶级和地主阶级这三大阶级所构成，小生产者已经几乎不存在了。西斯蒙第生活时的欧洲大陆，尤其是法国，1789年的大革命给它造就了一个广泛的小农阶层，革命后迅速发展的资本主义生产方式，又使这一阶层处于濒临破产的境地，工人阶级也由于机器的使用而经常处于失业状态，而小土地所有者由于贫困和破产引起的不满，工人对于经常失业产生的愤恨，自然会在法国经济学的发展中得到反映。工业革命造成人类社会出现前所未有的两个现象：大规模集聚的工人阶级的令人难以置信的悲惨境况，以及生产过剩。这两个现象自然引起一些正直人士的高度关注。

西斯蒙第是佛罗伦萨一个古老家族的后裔，他父亲是一个同旧贵族有密切

---

① 《新帕尔格雷夫经济学大辞典》第4卷，经济科学出版社1996年版，第374—376页。[英]马克·布劳格、保罗·斯特奇斯:《世界重要经济学家辞典》，经济科学出版社1987年版，第587页。

往来的有势力的新教牧师。1685 年南特赦令①废除后,由于宗教迫害,举家搬迁至日内瓦。他生在日内瓦湖畔的一所庄园,他的童年是在保守、宗法的环境中度过的,曾在 16 世纪瑞士宗教改革运动领袖加尔文创办的新教中学接受传统教育,中学毕业后去巴黎上大学,因父亲破产而辍学,到里昂一家银行去供职。

1792 年里昂爆发革命,西斯蒙第从法国回到故乡日内瓦。当革命蔓延到瑞士以后,革命党人推翻了贵族政权,他父亲因同贵族交往密切而被捕入狱,部分财产被充公。他父亲被释放出狱后,全家离开瑞士,迁居英国。在英国期间,他研究工业和各种制度,开始学习经济学,特别是了解和研究亚当·斯密的经济理论。一年半以后他重回故乡,变卖了瑞士的大部分家产,移居意大利。他在意大利买了田庄,在经营田庄的同时开始研究经济学和历史,开始了其著述生涯。在那里生活的五年时间里,他出版了几部历史学巨著,包括 1801 年出版的第一部著作《托斯卡纳的农业》等。

拿破仑帝国崩溃后,瑞士恢复独立。1800 年西斯蒙第重返瑞士,成为日内瓦市商会的秘书。此后他一直从事著述活动,写下了众多学术著作,包括 16 卷的《意大利共和史》和 29 卷的《法国民族史》。这些学术著作使他成为著名的历史学家。在此期间,他曾两度随旅游团赴意大利、德国、奥地利等处游历。也曾参加过一些政治活动,担任过日内瓦政府成员并写过一些政治论文。

1803 年,西斯蒙第出版了第一部政治经济学著作《商业财富或政治经济学原理在商业立法上的应用》(以下简称《论商业财富》),作为亚当·斯密的忠实信徒,该书系统介绍了亚当·斯密的《国富论》,完全赞同亚当·斯密的观点,赞美经济自由主义。同时在书中,他还提出了类似于 20 世纪俄林所发展的观点,认为国际贸易源于不同国家要素禀赋的差异和由此引起的要素价格的差异。②

但以后随着资本主义经济的发展,英国于 1815 年和 1818 年爆发了两次经济危机。英国的经济危机引起了当时许多经济学家的注意。同时他看到与资本主义快速发展相伴随的是小生产者陷入破产并沦为无产者。英国的经济危机和小生产者的破产分化使他成为英国古典政治经济学的激烈反对者。

1819 年,西斯蒙第出版了主要经济学著作《政治经济学新原理或论财富同人口的关系》(以下简称《政治经济学新原理》)。书中他对英国古典经济学提出

---

① 南特赦令是法兰西国王亨利四世于 1598 年在南特城颁布的宽容异教徒的赦令。赦令承认天主教为法国占统治地位的宗教,但给予新教徒以信教和祈祷的自由,以及许多政治权利。1685 年被路易十四废除。

② 转引自[美]亨利·威廉·斯皮格尔:《经济思想的成长》上,中国社会科学出版社 1999 年版,第 264 页。

质疑:"自从我写了《论商业财富》以后,已经十五星霜,在这期间,我很少阅读政治经济学著作,但我并没有停止观察事实。有些事实我觉得与我所采取的原理大相径庭。但是,当我把自己的原理向前推进一步的时候,我就能区别和分析这些事实了,一切都迎刃而解。我越往深处钻研,就越相信我对于亚当·斯密的学说所作的修正是必要和正确的。"①该书从小生产者的立场出发,对斯密的经济学说提出了修正,对李嘉图的经济学说进行了尖锐批判,提出了自己独创的经济学说,形成了小生产者经济浪漫主义的思想体系。故其著作以《政治经济学新原理》命名,以表示他所提出的观点或理论与当时流行的见解是根本不同的。该书中所讨论的资本同收入和人口之间关系的学说,是西斯蒙第新政治经济学原理中最突出的特点,因而该著又以"或论财富同人口的关系"作为副标题。该书使他名声大振,奠定了他在西方经济学史上的特殊地位。

后来西斯蒙第通过对大量历史和现状的研究,于 1837—1838 年又出版了一部两卷本的《政治经济学研究》,进一步论证了他在《政治经济学新原理》中所阐明的理论观点。它是西斯蒙第最后一部经济学著作。

西斯蒙第在不同时期对待英国古典经济学的态度存在极大差异,是由于他所代表的小生产者在资本主义发展的不同阶段有不同的要求。西斯蒙第在1803 年出版第一部经济学著作时,欧洲资本主义浪潮正席卷欧洲,小生产者与资产阶级的利益诉求是一致的,即都要求推翻阻碍资本主义经济发展的封建制度,自由发展商品经济。而代表资产阶级利益的英国古典经济学提倡自由竞争与自由贸易,在很大程度上也反映了小资产阶级的愿望,因而西斯蒙第赞同斯密的一切学说。后来他通过对英国的实地考察,发现英国资本主义的快速发展带来的是大批小生产者破产,沦为一无所有的无产者。为了拯救小生产者被覆灭的命运,他从小资产阶级立场出发,在《政治经济学新原理》中反对代表资产阶级利益的英国古典经济学,主张国家干预经济,以延缓甚至停止资本主义发展对中世纪宗法式农业和行会手工业为主导的和谐社会的"破坏"。

西斯蒙第在主观愿望上是真诚地忠实于劳动人民的,在他的著作中充满着对劳动者的深切同情。他还抨击奴隶贸易。

在政治上,西斯蒙第拥护拿破仑,积极为赞助自由主义运动的拿破仑辩护,在"百日政变"期间还曾受到拿破仑的接见。他把反拿破仑联军的胜利称作是反动势力的胜利。

在学术上,西斯蒙第的学术思想继承法国学术教养的传统,属于法国学者

---

① [瑞士]西斯蒙第:《政治经济学新原理或论财富同人口的关系》,何钦译,商务印书馆 1964 年版,第 16 页。

的行列。他一生勤于著述,著作很多,既是一个经济学家,又是一个历史学家。作为一个思想家,他特别看重独立思考的精神,他曾因担心不能自由阐述自己的观点而拒绝担任大学经济教授的邀请,同时,他也为保持思想的独立性而拒绝接受拿破仑授予的荣誉勋章。他受到同时代著名学者如李嘉图、巴顿的尊敬。

1833 年,西斯蒙第由于学术上所取得的成就被选进法兰西道德与政治科学院。1842 年,被法国政府授予十字勋章。同年因病去世,终年 70 岁。他的一些信件在他死后被夫人和遗嘱执行人焚毁,这为研究他的生平和学术观点留下了遗憾。

本章主要论述他在《政治经济学新原理》中所提出的经济观点。

第二节　对政治经济学对象、目的和性质的基本看法

西斯蒙第写《论商业财富》一书时,曾是亚当·斯密学说的忠实信徒,随着岁月的流逝,他发现许多事实与他原来所信赖的斯密经济学原理不相符合。他通过对英国社会经济的研究,看到"生产增加了,可是享受的收入却减少了"[①]。"英国所积累的如此巨大的财富究竟带来什么结果呢?除了给各个阶级带来忧虑、困苦和完全破产的危险以外,另外还有什么呢?"他认为英国的"一切灾难的产生只是由于它遵循了错误的经济方针"[②]。而这种错误方针在他看来是来源于正统的经济学,即亚当·斯密和李嘉图的经济学。他指出,这种"学说不管应用在什么地方,当然可以增加物质财富,不过,那些学说也会使每个人应得的享受量减少;如果说那些学说的目的在于使富者更富,那末它也同样使穷者更加贫困,更加处于依附地位,更加被剥削得一干二净"[③]。因此他感到有必要对亚当·斯密的学说作出修正。他说:"我们同亚当·斯密都一致认为:劳动是财富的唯一源泉,节约是积累财富的唯一手段;但是,我们还要补充一句:享受是这种积累的唯一目的。"[④]

西斯蒙第对亚当·斯密学说的修改,是从经济学的研究对象和目的开始的。他责备亚当·斯密没有始终保持自己的主要宗旨——财富与国民享受的关系,他"给政治经济学下的定义是:研究一定的国家绝大多数人能够最大限度

---

① 　西斯蒙第:《政治经济学新原理》,商务印书馆 1977 年版,第 7 页。

② 　西斯蒙第:《政治经济学新原理》,商务印书馆 1977 年版,第 9 页。

③ 　西斯蒙第:《政治经济学新原理》,商务印书馆 1977 年版,第 6 页。

④ 　西斯蒙第:《政治经济学新原理》,商务印书馆 1977 年版,第 45 页。

地享受该国政府所能提供的物质福利的方法的科学"。他指出:"事实上,有两个因素是立法者必须永远同时考虑的,即如何大量增加幸福和如何使幸福普及到各阶级中去。"①简单说来,"从政府的事业来看,人们的物质福利是政治经济学的对象"②。在他看来,研究政治经济学的目的是增进人的物质福利。他反对李嘉图关于研究政治经济学的目的是无限制增加财富的观点,并反对李嘉图用增加生产和减少消费来增加财富的方法。他认为,增加财富并不是政治经济学的目的,而只是使大家享福的手段。在他看来,政治经济学应当教导我们"谋求大家福利的道理"③。从这种观点出发,他认为政治经济学的研究对象是收入,是全民收入的确定及这种收入的分配。他说:"收入既然给国家带来莫大的幸福,那末通过研究收入就能够最好地达到这门科学的目的。"④

从西斯蒙第对政治经济学所下定义来看,他不像其他古典经济学家把经济过程当作自然过程来研究,而是把它看作政府管理的过程,经济学的目的不是告诉人们经济本身的运行机制及如何利用这种机制,而是告诉人们合理的经济应当如何运行。从这种观点出发,他强调了政治经济学的规范伦理性质。他说:"政治经济学不是单纯计算的科学,而是道德的科学。"⑤强调这门科学"需要良心正如需要理智一样"⑥。他反对李嘉图的抽象方法,反对单纯的数字计算。

西斯蒙第对经济学的对象、目的和性质的这种看法,是与他对财富的看法密切关联的。他认为,财富是可以为了人的享受而被消费的(但不是立即就消费)、可以积累保存的劳动产品。他认为财富不是目的,只是达到目的的手段。他反对为了财富这个手段而牺牲目的。他认为财富这个手段所要达到的目的是人们的物质享受,享受是积累财富的唯一目的。他把财富看作是"人的一切物质享受的标志"⑦。他认为,"只有增加了国民享受,国民财富才算增加"⑧。

在西斯蒙第的《政治经济学新原理》中,没有专门探讨价值价格问题的章节。忽略对价值价格问题的专门研究,是法国古典时期许多经济学家的共同特点。而这种忽略在他那儿又有着特殊的原因,与他对经济学性质的看法密切关联。他认为经济学应当具有伦理性质,主要任务是解决政府如何提高人民福利

① 西斯蒙第:《政治经济学新原理》,商务印书馆1977年版,第414页。
② 西斯蒙第:《政治经济学新原理》,商务印书馆1977年版,第22页。
③ 西斯蒙第:《政治经济学新原理》,商务印书馆1977年版,第481页。
④ 西斯蒙第:《政治经济学新原理》,商务印书馆1977年版,第12页。
⑤ 西斯蒙第:《政治经济学新原理》,商务印书馆1977年版,第191页。
⑥ 西斯蒙第:《政治经济学新原理》,商务印书馆1977年版,第13页。
⑦ 西斯蒙第:《政治经济学新原理》,商务印书馆1977年版,第10页。
⑧ 西斯蒙第:《政治经济学新原理》,商务印书馆1977年版,第45页。

的问题。因此他所注重的便是那些与人民福利直接相关的经济现象,强调通过政府干预来提高人民福利,而对于自由竞争条件下调节经济的价值价格机制,便自然忽略了。同样,在收入分配问题上,他也没有专门的章节进行讨论,基本上只是重复亚当·斯密的观点。

第三节　生产均衡进行的条件

　　由于西斯蒙第把财富看成是满足人们物质欲望的手段,因此,他特别重视需求因素对财富形成和增长的重要意义。首先,他在谈到鲁滨逊式的自给自足经济时指出:"如果没有劳动,如果没有劳动所应满足的愿望或需要,财富就不能存在。"①在这里,他把愿望或需要与劳动并提,当作形成财富的一个条件。然后,他进而指出在商品生产社会中财富形成的条件,与鲁滨逊式经济中的条件是一样的。因为"这个人的历史就是人类的历史"②。唯一的区别在于,在单个人的情况中,生产直接就是为了满足自己的各种需要,生产与消费有直接联系,而在商品生产的社会中,这种直接联系不存在了。一个人的劳动产品要供给别人消费,而他自己却要消费别人生产的东西。虽然生产与消费之间的直接联系对商品生产社会中的个人来说不再存在,生产与消费之间的种种比例不再固定,也不为人所清楚地了解,但对于整个社会来说,"它的全部生产都应该用来消费;如果它生产的年产品送到市场上找不到消费者,再生产就会陷于停顿,国家也就会由于过剩产品而陷入灭亡"③。因此,生产的增加只有在相应的消费也随着增加时,才是稳定的增加,才是对社会有益的。他把生产与消费的均衡当作再生产的条件,并指出了当生产超过消费,出现失衡状况时,物价会下跌,生产会缩减,因而国家就会遭受困苦。

　　西斯蒙第认为,在商品生产社会中对生产起约束作用的消费并非欲望意义上的消费,而是受收入调节的有支付力的消费。"即使社会上有很多人吃不饱,穿不暖,没有合适的房子住,社会也只需要它所能购买的数量;……社会只能用自己的收入来购买这些东西"④。

　　西斯蒙第把个人收入定义为"每人用于每年再生产的垫支之外的部分"⑤,

　　①　西斯蒙第:《政治经济学新原理》,商务印书馆 1977 年版,第 49 页。
　　②　西斯蒙第:《政治经济学新原理》,商务印书馆 1977 年版,第 50 页。
　　③　西斯蒙第:《政治经济学新原理》,商务印书馆 1977 年版,第 63 页。
　　④　西斯蒙第:《政治经济学新原理》,商务印书馆 1977 年版,第 82 页。
　　⑤　西斯蒙第:《政治经济学新原理》,商务印书馆 1977 年版,第 418 页。

具体说来,就是地租、利息、利润和工资。至于国民收入,他认为由两部分构成,一部分是利润(他把地租、利息等都包括在利润之中),另一部分是工资。对于国民收入中的工资这一部分,他有时用劳动能力一词来表示,认为国民收入包括的是利润和劳动能力。

西斯蒙第肯定收入调节着消费,但对于消费与收入之间的关系,他只考虑了两种可能,即消费等于收入和消费大于收入。他认为消费大于收入将侵蚀资本,如果是个人,那就要破产,如果是国家,那就要致穷。所以"不论是穷人或富人都不应该使自己的开支超过实际收入"①。为此,他强调要区别收入和资本,并认为这种区别对社会极为重要,他认为消费应当与收入相等。至于消费少于收入将出现什么情况,他似乎并没有加以考虑。

当消费与收入相等时,他认为生产与消费均衡的再生产条件就变形为生产与收入相等。他认为年产品仅由两部分构成:"一部分……是财富所生的利润;另一部分是……劳动阶级的生活资料。"②这样,生产与收入相等的再生产条件就变形为年收入与年产品相等,即年收入全部用于交换年产品。由于他忽略了消费少于收入的可能性,因此年收入全部与年产品相交换的再生产条件,就包含着年产品全是消费品的含义。他写道:"受到收入限制的国民开支,就必须把生产总额吸收到消费基金中来。"③

综上所述,可以把西斯蒙第关于静态(即年收入不增加)条件下的均衡条件表示如下:总需求(≡总消费≡总收入)=总供给(≡消费基金≡年产品)。

西斯蒙第并没有满足于给出静态条件下再生产的均衡条件,他还考虑了动态条件下,即收入增长情况下的均衡问题。要考虑收入增长时的均衡,就必须分析投资需求对均衡的影响。他在考虑这一问题时,实际上只考虑了资本家把全部的资本增加额都用于雇用追加劳动这一情况。他写道:"去年所节约下来的东西将在次年分成两份:作为收入的一份将提高富人的享受,作为工资的一份则将提高穷人的享受。这样明智而有节制的生产就可以持续进行。……应该用去年的收入来支付今年的生产。"④这就是说,资本家在第一年增加的收入,一部分用于提高自己在第二年的消费,另一部分则形成资本的增加量,用于在第二年增加雇佣劳动。这样,资本的增加最终只是引起消费的增加。按照这种新增资本全数用于雇佣劳动的假定,可以把他关于动态条件下再生产的均衡条件表示如下:

---

① 西斯蒙第:《政治经济学新原理》,商务印书馆1977年版,第81页。
② 西斯蒙第:《政治经济学新原理》,商务印书馆1977年版,第75页。
③ 西斯蒙第:《政治经济学新原理》,商务印书馆1977年版,第83页。
④ 西斯蒙第:《政治经济学新原理》,商务印书馆1977年版,第84页。

　　t 年总需求的增量（≡t 年总消费的增量≡t－1 年总收入的增量）＝t 年总供给的增量（≡t 年消费基金的增量≡t 年年产品的增量）。用符号可表示为：

$$\triangle D_t(\equiv \triangle C_t \equiv \triangle Y_{t-1}) = \triangle S_t = (\equiv \triangle C_t \equiv \triangle Q_t)$$

　　他的这个均衡条件，受到熊彼特高度评价，因为它表明"经济生活是受到序列的制约的，序列的每一个单位均为过去所决定，它本身又决定着未来"[1]。他是时期动态分析的先驱。

　　简单说来，西斯蒙第的均衡条件，不论静态或动态，最主要的就是生产必须与收入相等；"一旦生产不能和收入交换，生产就会陷于停顿"[2]。他进而分析了收入的决定因素和从供给方面决定生产的因素。对于收入，他指出："收入是从再生产中来的；但生产本身还不是收入，因为生产只有在实现之后，只有在每一件产品找到需要它或享受它的消费者、因而把它从流转中抽出来使它变成消费基金之后，才能获得这一名称，才能具有这种性质。"[3]这就是说，生产出来的产品在商品生产社会中并不直接形成生产者的收入，只有当它被别人所需要，它的价值才能实现，才能转化为生产者的收入。简单说来，收入不仅取决于产品多少，而且取决于这些产品是否为社会需要，有多少为社会需要。

　　从供给方面影响生产的因素中，主要是资本的数量。西斯蒙第基本上正确地划分了固定资本和流动资本。但他在考虑再生产的均衡问题时，时常把资本仅仅当作是支付给劳动者的工资。这样，资本量的大小便决定了雇佣劳动量的大小，从而决定了年产品的多少。根据他的再生产均衡条件，决定了年产品的资本也必须与收入保持一定的比例关系，或者说资本应当与消费需要保持一定的比例关系，以便使资本所引起的年产品与消费需要相等。"一个国家，只有它自己所积累的流动资本完全能够在商业或是农业方面进行一切有利事业的时候，才是真正繁荣的国家。"[4]他认为资本不足时，由于资本所带来的收入较高，故能够促进节约和鼓励节约，促进资本形成。但如果现有资本由于资本家或政府的挥霍而突然减少，那就会引起灾难。它一方面使减少的资本所引起的年产品将低于消费需求，另一方面将使一部分工人失业。他认为资本不足虽然不好，但资本超过消费需要则更坏，它导致利率下降；资本家竞争激烈，不顾需求；对劳动的需求不稳定，先是需求大，尔后需求减少，从而引起人口过剩。在他看来，资本不足和过多都不好，只有与消费需求保持一定比例的资本数量，才是均衡生产发展所必需的。

---

① ［美］约瑟夫·熊彼特：《经济分析史》第 2 卷，商务印书馆 1992 年版，第 182 页。
② 西斯蒙第：《政治经济学新原理》，商务印书馆 1977 年版，第 62 页。
③ 西斯蒙第：《政治经济学新原理》，商务印书馆 1977 年版，第 84 页。
④ 西斯蒙第：《政治经济学新原理》，商务印书馆 1977 年版，第 194 页。

由于西斯蒙第常常把资本仅仅当作是资本家准备支付给工人的工资,所以他认为资本的数量决定了劳动需求;因此,资本与人口也要保持合适的比例。西斯蒙第把资本看作是资本家节约不消费的结果,所以资本家挥霍,使消费超过收入,侵蚀资本,或资本过多,都不利于在资本和人口之间保持适当的比例。

总之,在西斯蒙第看来,生产均衡进行的条件就是消费等于生产,年收入等于年产品;从这两个等效的基本条件中推出的派生条件是资本与消费相互间保持一定的比例,以及资本与人口相互间保持一定的比例。

西斯蒙第的上述观点,继承了法国古典经济学的创始人——布阿吉尔贝尔及重农主义者魁奈等人重视国民经济重大比例关系的思想,表现了法国古典经济学独特的优良传统。他的上述观点,从今天的眼光来看,属于宏观经济学的范围。他不像英国古典经济学家那样注重分析一种商品的价值决定,而是研究整个社会生产水平的决定,他用年产品和年收入这两个宏观经济变量的均衡来决定生产水平。由于他没有考虑收入中的储蓄因素,暗中假定全部收入用于消费需求,故实际上他是用总供给与总需求的均衡来决定国民生产水平的。从这个意义上讲,他是当代西方宏观经济学的一个早期表述者。他的上述论点,可以看成是他关于国民经济生产水平决定的宏观经济理论。他的宏观经济理论有许多不足,但这些不足并不在于他强调消费先于生产,因为从宏观的角度来看,总供给与总需求是无所谓谁先谁后、谁决定谁的。况且他也没有说消费要先于生产,只是强调生产不能脱离消费的增长而孤立发展。他的宏观理论的真正不足在于:(1)把总需求归结为消费需求,忽略了投资需求,他这种忽略的合理意义在于肯定了生产的规模最终要受制于消费,但当我们考虑每一时期(比如一年)的生产规模时,忽略投资需求就不能得到正确的结论。忽略投资需求对他的危机理论产生了极为不利的影响。(2)对收入与消费之间的关系作了不合现实的假定。他只考虑了消费大于收入和等于收入的两种情况,没有考虑第三种可能,消费小于收入,没有考虑总储蓄这一宏观变量。这使他的危机理论表现出内在的矛盾,并使他的宏观理论以不准确的形式表现出来,即以年收入=年产品,而不是以总需求=总供给的等式来表示均衡条件,而年收入=年产品的形式包含着循环论的逻辑错误。因为他强调收入是取决于生产的,而生产取决于消费,最终又取决于收入。尽管有这些不足,他仍然是第一个用总量均衡方法研究宏观经济的经济学家。

第四节　资本主义经济危机的必然性

西斯蒙第认为上述生产均衡进行的条件,并不是任何时候都自然存在着的。他坚决反对萨伊所提出而为李嘉图所笃信的供给自动创造需求的定律。他强调指出："消费决不是生产的必然结果。"①他注意到,在资本主义社会中,有支付能力的消费需求经常低于生产所可能达到的高度,生产是在经常的失衡状态中进行的。他分析了消费需求低于生产的原因。概括起来说,这个原因就是在资本主义社会中随着生产的增长,收入从而消费却没有同比例上升。而这又是由于劳动者与生产资料的分离,资本家对市场缺乏了解,以及竞争所引起的技术进步所造成的。

在西斯蒙第看来,正由于工人与生产资料相分离,在劳动市场上就处于不利地位,差不多总是把自己的要求压到最低限度,结果工人的收入以及消费"需要必然变得极其有限"②。

西斯蒙第意识到,整个社会的生产要受到整个社会的有支付能力的需求的限制,因此"社会一定要根据需要来调整生产,以便使市场扩大,使任何生产者都不陷于困境,但是,每个生产者并不是根据普遍的需求而是按照他所掌握的资本来安排他的生产的"③。他认为,在资本主义社会中,每个生产者"财产的整个发展完全靠他的市场的扩大"④。但他并不能决定增加整个社会的收入以便增加总的社会需求,因此便力图增加总需求中对自己那部分产品的需求,这样他就与自己的同行展开争夺顾客的价格竞争。这种部分的手段就是加强分工、使用机器等。

西斯蒙第分析了分工和大机器的发展给资本主义带来的巨大影响。他承认,分工和大机器的发展导致科学的巨大进步和生产力的巨大发展。但是机器和发明所产生的生产能力,只有当消费和它按比例发展时,才是有利的,或者它能增加劳动者更多的休息时间,那也是有利的。"如果消费者需要更多的产品,技术发明就是有利的,……如果消费者不需要更多的产品,只要技术发明能给生产者带来较多的休息时间,也是有益的"⑤。他还谈道,如果"被机器代替的人能在其他地方找到工作,这种代替就是有利的事情"⑥。如果"一个国家附近有一个足以使它的全部产品确实获得迅速而有利的销路的大市场,每一项发明就都是一种利益,因为这种发明增加劳动及其产品的数量,却不减少工人的人数"。换言之,只要机器发明不导致劳动者的失业,那就是一件好事。但他清醒

①　西斯蒙第:《政治经济学新原理》,商务印书馆 1977 年版,第 223 页。
②　西斯蒙第:《政治经济学新原理》,商务印书馆 1977 年版,第 59 页。
③　西斯蒙第:《政治经济学新原理》,商务印书馆 1977 年版,第 207 页。
④　西斯蒙第:《政治经济学新原理》,商务印书馆 1977 年版,第 206 页。
⑤　西斯蒙第:《政治经济学新原理》,商务印书馆 1977 年版,第 211 页。
⑥　西斯蒙第:《政治经济学新原理》,商务印书馆 1977 年版,第 238 页。

地看到,如果整个社会的消费量不变,如果没有对外贸易,那么机器发明的结果就是在提高生产力的同时导致工人的失业。即使有对外贸易,可输出过剩产品,那么"最后又产生了这样一个时期:整个文明世界完全变成了一个市场,这时,在一个新的国家里再也找不到新的顾客"①。因此,外贸只不过把机器发明所必然引起的失业灾难暂时推迟而已。他承认,虽然机器发明会降低商品的价格,使消费者能以更便宜的商品来满足需求。但是,"这点小利比起它带来的劳动的缩减是得不偿失的"②。他指出,由于劳动被缩减了,那种认为机器发明"能使穷困阶级买到所生产的商品,从而也就能增加消费量,是极端荒谬的"。他承认,个别商品会由于机器发明而增加消费量,但"绝对不能增加总消费量"③,因为机器发明引起失业,而失业引起整个国家收入的减少,而收入减少引起的消费缩减必然使国家更贫困。由此,他认为在资本主义社会中,机器发明,工业的进步,"能大大加强人类不平等现象的趋势"④。而整个社会的总消费也将由于收入分配的不平等而减少,"消费上的平等结果总是扩大生产者的市场;不平等,总是缩小市场"⑤。因为富人对奢侈品需求的增加并无助于弥补穷人消费需求的减少,只不过增加了对进口奢侈品的需求。于是,他指出,财富集中到少数私有者手中,会使国内市场缩小,迫使工业寻求国外市场,从而要使工业受到更加巨大的波动的威胁。

西斯蒙第认为,与分工和大机器同步发展的资本积累,虽然由于流动资本变为固定资本,无须有相应的消费就能创造将来的一项生产,即对资本品的投资需求也有助于维持生产,但终将导致生产与消费之间可怕的不平衡。他认为这种不平衡引起的危机有助于恢复资本主义社会中的生产秩序。他说:"看来,这些可怕的灾难似乎负有恢复人类社会秩序的使命,正如雷电、冰雹和暴风雨可以恢复空气的清新一样;正如瘟疫、战争和饥饿能维持新生的人和土地所能提供的粮食之间的平衡一样。"⑥这说明他已看到了经济危机在资本主义社会中的特有作用。

西斯蒙第看到了分工、大机器和技术进步给社会带来的危害,但并没有把这些危害归于技术进步本身。他反诘那些指责他反对技术进步的人说:"我们所反对的决不是机器,决不是发明,决不是文明,我们反对的是现代的社会组

---

① 西斯蒙第:《政治经济学新原理》,商务印书馆 1977 年版,第 449 页。
② 西斯蒙第:《政治经济学新原理》,商务印书馆 1977 年版,第 208 页。
③ 西斯蒙第:《政治经济学新原理》,商务印书馆 1977 年版,第 213 页。
④ 西斯蒙第:《政治经济学新原理》,商务印书馆 1977 年版,第 61 页。
⑤ 西斯蒙第:《政治经济学新原理》,商务印书馆 1977 年版,第 215 页。
⑥ 西斯蒙第:《政治经济学新原理》,商务印书馆 1977 年版,第 412 页。

织,这个社会组织剥夺了劳动者的一切财产,使他除了自己的双手,其他一无所有,他没有任何抵抗竞争的保障,没有任何避免疯狂的竞争的危害的保障,他是注定要遭到牺牲的。假使大家彼此平分大家共同劳动所生产的产品,那末任何技术发明在任何情况下都对大家有利;因为技术每向前发展一步,每人都能自由选择是少劳动多休息,还是同样劳动多享受一些。在今天,并不是发明不好,而是劳动果实的分配不合理。"①他看到了,正是雇佣劳动制度使技术进步给社会带来灾难。他的结论是,市场占人口大多数的工人的消费需求极其有限,而资本家为了得到市场又不断采用增加生产的分工和大机器,这样,"市场的饱和才是人们所竭力追求的生产方式的必然结果"②。而"工业产品的过剩,在前几个社会阶段是不可能发生的"③。

西斯蒙第的巨大功绩是早在 1819 年就指出了资本主义社会中生产过剩经济危机的必然性。正是由于这一点,他才在经济思想史上占有特殊的地位。他在论证危机必然性的过程中,猛烈地抨击了供给自然创造需求的萨伊定律,并对李嘉图把生产的增长当作唯一目标的见解表示了疑问。这样,西斯蒙第就以他对正统经济理论的怀疑成为西方经济学史上早期异端派的代表。

西斯蒙第在分析经济危机的根源时,已经在一定程度上触及了资本主义的基本矛盾,这表现在他把危机的根本原因归结于劳动群众与生产资料的分离,以及以这种分离为基础的劳资对立之上。他也触及了整个社会生产的无政府状态对危机的影响。在分析危机的根源时,因为他的宏观理论忽略投资需求(或者称作生产资料的实现),所以无法认识到正是投资需求的巨大波动才使资本主义产生周期性的危机。投资需求的巨大波动是以群众的消费不足为深刻背景的,因此,他用消费不足来直接说明危机的成因,就无法解释为什么持续存在的消费不足会引起周期性的危机。因为他忽略投资和储蓄,所以他暗含的假定是收入全部用于消费。在这种假定下,如果说群众消费不足,就是说群众收入不足,但这不一定导致危机,只要富人花掉全部收入。如果说消费不足是指全社会的,那就是说全社会收入不足。而他又认为劳动群众收入的减少是因为富人收入的相应增多。这就与全社会收入不足的论点发生了冲突。如果他的见解是随生产增加,收入也相应增加,但主要集中在富人手中,而富人将把收入花费在进口的奢侈品上,从而缩小国产消费品的市场,于是剩余的国产消费品将输出,但最后会在整个世界都饱和后重新出现过剩。那么,他的上述见解暗含的假定就是生产国产消费品的部门,在出现过剩之后仍难以撤出资本。且不

---

①　西斯蒙第:《政治经济学新原理》,商务印书馆 1977 年版,第 514 页。

②　西斯蒙第:《政治经济学新原理》,商务印书馆 1977 年版,第 223 页。

③　西斯蒙第:《政治经济学新原理》,商务印书馆 1977 年版,第 517 页。

说这种假定的现实性如何,即使它是成立的,那么他的理论也只能证明个别产品的过剩是可能的,却无法证明产品的普遍过剩。由此可见,他分析危机原因时的基本假定,即收入全部用于消费,从逻辑上讲,蕴含着否定普遍过剩危机的结论。这说明,他关于危机必然性的理论,虽然符合事实,但关于危机原因的分析,在逻辑上是缺乏严谨性的。

尽管有种种不足,考虑到西斯蒙第是在 1825 年以前提出危机理论的,那这些不足就都是可以谅解的,他毕竟是第一个阐明危机理论的经济学家。为了克服危机,他认为可以采取三种办法:"第一,利用准备出售的富裕产品养活无处出卖劳动力的工人,让他们建造世俗或宗教的公共建筑物;第二,鼓励富人过奢华的生活,让他们消费穷人的劳动;第三,给所有的公众提供一项脑力劳动或一种爱国的工作,以便打发由于技术进步而节省下来的劳动时间"[1]。

第五节　人口过剩的制度原因

西斯蒙第把人口作为生产均衡进行的一个要素,在其《政治经济学新原理》中专门分析了人口问题。他首先分析了决定人口数量的因素,认为人类的繁殖并不取决于动物性的生殖能力,而是取决于人的意志。[2] 他认为决定一个人是否建立家庭繁衍后代的是他的收入水平,虽然有种种例外情况,但"就社会整体来看,……独身者只有在认为他的收入足以维持新地位的需要时,才能作丈夫或父亲。所以,人口只能由收入来调节"[3]。他谈到,只要社会是健全的,人们能了解自己的收入状况,那么整个社会的人口就会随着整个国民收入的变化而合比例地变化。[4] 他认为在收入与人口之间存在着一定的相互约制关系,"根据事物的自然发展进程,增加一份财富,就应增加一份收入,增加一份收入,就应增加一份消费,随后是应增加一份再生产的劳动,和增加一定的人口;最后,这种新的劳动反过来又增加财富"[5]。但这个自然的循环在社会不健全的情况下就会被打乱,例如当社会中的某些阶层不了解自己的收入状况时,就会出现人口和收入失调的现象。[6]

---

① 西斯蒙第:《政治经济学新原理》,商务印书馆 1977 年版,第 518 页。
② 西斯蒙第:《政治经济学新原理》,商务印书馆 1977 年版,第 415 页。
③ 西斯蒙第:《政治经济学新原理》,商务印书馆 1977 年版,第 416 页。
④ 西斯蒙第:《政治经济学新原理》,商务印书馆 1977 年版,第 417 页。
⑤ 西斯蒙第:《政治经济学新原理》,商务印书馆 1977 年版,第 434—435 页。
⑥ 西斯蒙第:《政治经济学新原理》,商务印书馆 1977 年版,第 417 页。

在肯定人口受收入制约后,西斯蒙第进而分析资本主义社会出现人口过剩的原因,认为是由于劳动者与生产资料的分离,结果工人要保持自己的收入,单凭劳动意愿是不够的,还必须为社会所需要。[①] 于是在资本主义社会,人口就是按劳动需求来调节了。[②] 但这种需要完全不取决于工人自身,"现代社会组织的巨大缺陷,就是穷人永远不能知道,他能指望哪一种劳动的需求,……他的劳动能力永远不能成为一项稳妥可靠的收入"[③]。对劳动的需求永远取决于富人们谁有用于雇佣工人的资本量。因此可以说,是资本在调节着人口。[④]

西斯蒙第认为,资本调节人口是难免出现人口过剩的。当富人们任意挥霍,使当年消费超过当年收入,从而减少了下一年用于生产的资本时,他的挥霍会引起当年对劳动的需求增加,从而引起劳动阶级人口的增长,但由于第二年资本的减少,对劳动的需求又会降低,从而导致人口过剩。[⑤] 因而他认为富人节约,增加资本,对工人有益。[⑥] 但富人实行节约的当年,对劳动的需求还会降低。[⑦] 并且,资本形成过多,超过消费所需要的比例时,同样会导致人口过剩。"人们因为有足够的资本作长期的垫支,而建立了新工业,却不顾是否一定能够出售这些产品;他们向家长要求子女;许下给他们一项不能连续支付的工资。由于他们给人指出可以找到一个不会永远有人需要的工作,新的人口便诞生下来。劳动力的数目很快就会超过需要,同时也会很快超过资本的数目。"[⑧]由此可知,资本过多和资本减少同样会引起人口过剩,因为它们都会引起劳动需求与劳动供给不合比例的变化。他谈到,资本主义社会人口过剩的原因"正是由于劳动需求的变化和贫穷的手工业者的生活经常动荡不定"[⑨]。

西斯蒙第还指出,在雇佣劳动制度下,技术进步会在人口不变时减少对劳动的需求,从而造成人口过剩。[⑩]

除了资本主义特有的导致人口过剩的因素之外,西斯蒙第还指出了其他一

① 西斯蒙第:《政治经济学新原理》,商务印书馆 1977 年版,第 419 页。
② 西斯蒙第:《政治经济学新原理》,商务印书馆 1977 年版,第 434 页。
③ 西斯蒙第:《政治经济学新原理》,商务印书馆 1977 年版,第 420 页。
④ 西斯蒙第:《政治经济学新原理》,商务印书馆 1977 年版,第 77 页。
⑤ 西斯蒙第:《政治经济学新原理》,商务印书馆 1977 年版,第 77 页。
⑥ 西斯蒙第:《政治经济学新原理》,商务印书馆 1977 年版,第 76—77 页。
⑦ 西斯蒙第:《政治经济学新原理》,商务印书馆 1977 年版,第 419 页。
⑧ 西斯蒙第:《政治经济学新原理》,商务印书馆 1977 年版,第 195 页。
⑨ 西斯蒙第:《政治经济学新原理》,商务印书馆 1977 年版,第 443 页。
⑩ 西斯蒙第:《政治经济学新原理》,商务印书馆 1977 年版,第 447 页。

些因素,如政府从国防需要鼓励人口增加,[①]公共慈善事业也鼓励人口增加,[②]还有宗教也一直破坏人口与劳动需求之间的平衡。[③]

西斯蒙第没有认为资本主义社会人口过剩是生活资料绝对贫乏下的绝对人口过剩,而认为是由于资本对劳动的需求不足所引起的相对人口过剩,因此把它归罪于资本主义制度。[④] 因此他坚决反对马尔萨斯的人口论。他指出,从理论上讲,植物和动物的增长倍数都要大于人类,马尔萨斯断言人口增长一定快于食物增长是没有道理的。人口从未达到生活资料所允许的极限。因为需要食物的人无权向土地要求食物,土地所有者也不愿意土地生产量达到最大,除非能够同时使他们的收益也最大。因此,限制人口的不是食物生产的极限,而是土地所有权限制了食物的生产,是土地所有者追求最大收入的个人意愿。[⑤]由此推断,劳动群众的贫困就不是人口增长超过了食物的增长,而是不合理制度的结果。他进一步指出,人类社会的进步,生产技术的改进,一定会使人们生存所需要的土地面积不断缩小。[⑥]

第六节　批判资本主义,否定自由放任,经济福利主义的改良纲领

西斯蒙第是一位目光敏锐的观察家,一位对人类富有同情心的严厉的批评家。他看到了资本主义社会是一个充满着各种矛盾的社会,他尖锐地批判了资本主义制度的各种弊端。比如,指出资本主义生产的目的,只是为了财富而忘记了人;指出自由竞争和追逐个人利益乃是资本主义一切罪恶与祸害的根源;指出资本主义使用机器的矛盾性;指出人口过剩乃是资本主义制度所固有;指出资本主义分配的不公平、不合理,大量揭示了资本主义社会的两极分化和无产阶级贫困化的过程及事实。

西斯蒙第对古典经济学主流思潮的批判是强调了它们所忽略的一些社会现象,主要是分配不当所造成的极度贫困和与之对应的生产过剩。他是古典经济学主流思潮的第一个批判者。他否定了古典经济学主流思潮的主要政策主

---

① 西斯蒙第:《政治经济学新原理》,商务印书馆 1977 年版,第 441 页。
② 西斯蒙第:《政治经济学新原理》,商务印书馆 1977 年版,第 444 页。
③ 西斯蒙第:《政治经济学新原理》,商务印书馆 1977 年版,第 437 页。
④ 西斯蒙第:《政治经济学新原理》,商务印书馆 1977 年版,第 436—437 页。
⑤ 西斯蒙第:《政治经济学新原理》,商务印书馆 1977 年版,第 424—427 页。
⑥ 西斯蒙第:《政治经济学新原理》,商务印书馆 1977 年版,第 429—430 页。

张——自由放任。他认为,他与斯密学说的主要差别就是"斯密一直反对政府
干预一切有关增加国民财富的事,我们却一再呼吁政府对此进行干预"①。因为
他不相信最自由的竞争会导致经济最有利的发展,不相信每个人对自己利益了
解得比政府更清楚,不相信每个人的利益就是大家的利益。② 针对李嘉图关于
自由竞争能够使资本合理配置,平衡自动恢复的观点,他指出,"一定的平衡的
确可能自动恢复,但必须逐渐恢复,而且还要经过一场可怕的灾难"③。因为资
本和劳动从过剩产业中转移出去,并非轻而易举之事。④ 他强调了资本重新配
置过程中的摩擦,否认自由放任自由竞争中资本能够合理配置,工业能够最好
地发展。

西斯蒙第反对自由放任自由竞争最有力的论据,是强调自由竞争并非能够
同时达到个人利益和社会利益的最大化。他指出自由竞争往往导致强者胜弱
者败,强者受益而弱者受损。工厂主的个人利益往往促使他损害大多数人的利
益。⑤ 他最先指出,在资本主义的发展中,自由竞争导致了中产阶级的消亡,形
成无产阶级和大资产阶级的两极分化。在自由竞争中,社会财富的发展对无产
阶级特别不利,这个不幸的阶级没有任何生活享受,饥饿和痛苦窒息了他们的
道德感情,繁重的劳动损坏了他们的智能。⑥ 为此,他"请求社会力量的干预,以
便使财富的进步正常化,而不使政治经济学遵循一个最简单的,在表面上好像
最自由的所谓'自由放任自由竞争'的方针"⑦。

西斯蒙第承认政府对经济的干预,曾经有许多是不适当的、效果不好的,
"政府一旦要保护商业,往往操之过急;并且不理解真正的利益所在,往往利用
专横的暴力危害大部分私人的利益,同时几乎一贯完全不考虑消费者的利
益"⑧。他看到政府许多重商主义性质的干预措施,如很多专卖令和很多禁令,
起着妨碍经济发展的作用,但同时又认为,以此为根据,不要政府干预的说法是
错误的。⑨ 他指出政府可以发挥许多有利于经济发展的作用,如培养节约的习
惯,给予工厂和工业活动以荣誉或信用,把科学家的注意力引导到使科学发明

① 西斯蒙第:《政治经济学新原理》,商务印书馆 1977 年版,第 460 页。
② 西斯蒙第:《政治经济学新原理》,商务印书馆 1977 年版,第 243 页。
③ 西斯蒙第:《政治经济学新原理》,商务印书馆 1977 年版,第 306 页。
④ 西斯蒙第:《政治经济学新原理》,商务印书馆 1977 年版,第 396－397 页。
⑤ 西斯蒙第:《政治经济学新原理》,商务印书馆 1977 年版,第 243 页。
⑥ 西斯蒙第:《政治经济学新原理》,商务印书馆 1977 年版,第 420 页。
⑦ 西斯蒙第:《政治经济学新原理》,商务印书馆 1977 年版,第 5 页。
⑧ 西斯蒙第:《政治经济学新原理》,商务印书馆 1977 年版,第 273 页。
⑨ 西斯蒙第:《政治经济学新原理》,商务印书馆 1977 年版,第 246 页。

应用到技术方面去,充当主顾购买工业产品,干预私人银行。除了这些间接影响外,政府还可以进行交通等方面的基础设施建设,保证所有权和正确司法,合理课税等。① 但他最注重的,还是政府通过干预分配来保护弱者,抵御强者的欺负,保护穷人不受到竞争的伤害,保护长期而稳定的集体利益不受暂时而又强烈的个人私欲所侵犯。②

西斯蒙第是古典经济学家中唯一反对自由放任自由竞争,力主政府干预的经济学家,他既反对政府对经济的重商主义性质的干预,又反对自由放任自由竞争所造成的收入分配不平等。他的政府干预与重商主义的政府干预截然不同,重商主义实际上是主张政府为了商人的利益而干预流通,而西斯蒙第则为了工人的利益而主张政府干预收入分配。他是主张依靠政府来改善资本主义社会中工人生活状况的最早的经济学家。他的这些主张,为以后主张改良主义的经济学家如约翰·穆勒等所继承和发扬。

至于具体的措施,西斯蒙第承认:"在指出我认为什么是原则、什么是正义以后,我并没有制定执行手段的能力。"③有时他主张改变生产资料的所有制,使生产关系适应生产力,但并不主张建立公有制。他反对同时代的社会主义者,认为他们的原则是不值一驳的。他强调平分财产不能鼓舞人的劳动热情。他留恋过去的时代,主张用小私有制来代替资本主义的大私有制。他提出:"必须消灭的不是贫苦阶级,而是短工阶级;应使他们回到私有者阶级那里去。"④具体说来,他主张在农业中由政府扶持宗法式农业,在工业中反对大工业制度,主张建立为数众多的小作坊,让工人分享老板的利润,得到较长的受雇用时间。他主张用法律来实现他所希望的改良。他确信,"只有当人们能够设法建立一个彼此关心的集体,来代替工业企业家和被他们雇用者彼此对立的制度,使农业工人分享土地收入,使产业工人分享自己产品的时候,……产业阶级才能幸福,才有实际而持久的繁荣进步"⑤。

西斯蒙第以为小私有制可以实现消费与生产的均衡;但他不了解,他所主张的小私有制由于不可违背的规律,是终归要导致他所谴责的资本主义社会的。有时他又主张国家去控制生产力以适应生产关系。他要求由政府去调节消费、生产、收入、资本及人口的发展,使它们合于比例。如果一个国家"只能用自己的产品换取不如生产增加得那么快的收入,它就应该限制本国的生产;如

---

① 西斯蒙第:《政治经济学新原理》,商务印书馆 1977 年版,第 273 页。
② 西斯蒙第:《政治经济学新原理》,商务印书馆 1977 年版,第 46 页。
③ 西斯蒙第:《政治经济学新原理》,商务印书馆 1977 年版,第 475 页。
④ 西斯蒙第:《政治经济学新原理》,商务印书馆 1977 年版,第 445 页。
⑤ 西斯蒙第:《政治经济学新原理》,商务印书馆 1977 年版,第 446 页。

果它应该用资本来保证的工程已经不能应用更大的数目时,它就应该限制本国资本的积累"①。他是工业革命以后第一个政府干涉主义者。为了避免生产与消费之间的冲突,他甚至反对促进技术进步、生产增加的专利制度。

　　源于对工人的深刻同情,西斯蒙第提出了不少旨在维护工人利益的改良主义主张,除了前面已经提到过的利润分成之外,他还是在法国第一个主张制定工厂法的人。他主张给予工人结社的自由。他要求政府采取措施,使劳动者能避免竞争的危害,实行休息日制度,缩短工时,在工资中包括对疾病、失业和老年生活的补贴,等等。

　　西斯蒙第的这些改良主张,虽然在当时根本无法实行,他自己在临终前不久,也万念俱灰地写道:"我要走了,一生没有对这个世界产生哪怕是微不足道的影响,以后也将一无所成。"②然而历史是公道的,他的福利主义的政策主张最终在欧洲得到了实现,并且将在更多的地方实现。

　　同时,西斯蒙第的学术影响也非常壮观。一方面,他重视尊重经验事实的方法是历史学派的先声,为后来德国和英国的历史学派所继承;另一方面,他对资本主义的批判、对自由放任主义的质疑,也影响到后来的社会主义思潮,影响到法国的布朗基、路易·勃朗,以及德国的洛贝尔图斯和马克思;最后,他的改良主义法案最后表现成为德国的国家社会主义或讲坛社会主义,在 19 世纪后期德国社会保障体系的形成中得到了充分的体现。③

参考文献

[1]西斯蒙第:《政治经济学新原理》,商务印书馆 1977 年版。

---

　　①　西斯蒙第:《政治经济学新原理》,商务印书馆 1977 年版,第 196 页。
　　②　引自[美]亨利·威廉·斯皮格尔:《经济思想的成长》上,中国社会科学出版社 1999 年版,第 266 页。
　　③　[法]夏尔·季德、夏尔·利斯特:《经济学说史》上册,商务印书馆 1986 年版,第 225—227 页。

第十七章　古典经济学时期法国其他经济学家

第一节　萨伊学派简介

在法国,经济学家之间似乎并没有发生像英国那样围绕基本经济理论,尤其是价值理论展开的不同观点的争论。争论只是发生在主张自由贸易的学者与反对自由贸易的商人之间。也许是由于萨伊的巨大影响,法国经济学家中间形成了一个在政策层面上强烈支持经济自由主义的强大传统。这个传统也许可以从 1803 年萨伊发表《政治经济学概论》始,至 1860 年法英签订实施自由贸易的科布登—舍瓦利埃条约达到顶峰。

这个传统尤其体现在萨伊在法兰西学院所创设的政治经济学讲座的连续几任教授身上。他们形成了以萨伊为奠基人的萨伊学派,维持了将近一个世纪的时间,占据着法国经济学的主流地位。萨伊学派的共同特点就是极度关心现实经济问题,为自由贸易摇旗呐喊,制定政策。他们中间许多人都具有高尚的人格、超群的智力和处理实际事务的丰富经验。也许由于把注意力大量投放在政策制定方面,他们对纯粹理论往往缺乏兴趣,贡献贫乏。[1]

萨伊的第一位接任者是意大利人罗西[2](Pellegrino Luigi Edoardo Rossi, 1787—1840),他的基本观点是萨伊和李嘉图的拼盘,未见在理论上有什么突破,只是编写了一部很成功的《政治经济学教程》(1840)。

下一位继承人是笃信自由主义的舍瓦利埃[3](Michel Chevalier, 1806—

---

①　[美]约瑟夫·熊彼特:《经济分析史》第 2 卷,商务印书馆 1992 年版,第 184 页。

②　《新帕尔格雷夫经济学大辞典》第 4 卷,经济科学出版社 1996 年版,第 239 页。[英]马克·布劳格、保罗·斯特奇斯:《世界重要经济学家辞典》,经济科学出版社 1987 年版,第 540 页。

③　《新帕尔格雷夫经济学大辞典》第 1 卷,经济科学出版社 1996 年版,第 449—450 页。[英]马克·布劳格、保罗·斯特奇斯:《世界重要经济学家辞典》,经济科学出版社 1987 年版,第 105—106 页。[美]约瑟夫·熊彼特:《经济分析史》第 2 卷,商务印书馆 1992 年版,第 183 页。

1879），他早年是圣西门的信徒，后来主要继承了圣西门的自由主义观点。他的主要活动就是为法国政府服务，解决各种各样的实际问题。他的主要功绩是在1860年代表法国与英国签订了实施自由贸易的英法条约（科布登—舍瓦利埃条约），而在理论上则相当平平。

第三位继承人是舍瓦利埃的女婿保尔·勒鲁瓦-博留①（Paul Leroy-Beaulieu，1843—1916），大地主，自由主义经济学家，但是反对李嘉图的地租理论和马尔萨斯的人口论，不同意以这两种理论为基础的悲观主义，表示了对于人类降低出生率的乐观看法。反对在经济学中运用数理方法。

在法国，当时坚持自由贸易的经济学家除了萨伊学派的那些教授以外，还有迪努瓦耶（Charles Dunoyer，1786—1862），库塞尔-塞纽尔②（Jean Gustave Courcelle-Seneuil，1813—1892），萨伊的学生 J. A. 布朗基③（Jérôme-Adolphe Blanqui，1798—1854），布朗基的学生约瑟夫·加尼埃④（Joseph Clement Garnier，1813—1881）。还有一位下面值得专门介绍的经济学家巴斯夏。

迪努瓦耶⑤于1825年发表《论工业和道德与自由的关系》及《论劳动自由或人类劳动更好地发挥力量的条件》（该书经重大修改后于1845年最后一版）。他有着把经济学扩张为研究社会所有秩序的学科的倾向，即把经济学社会学化。在方法上他主张把理论建立在观察和经验事实的基础上。他把所有生产活动分为两大类：物的生产与人的生产。前者又分为农业、矿业、制造业和运输业。后者则分为增进人的体力的产业、陶冶人的想象力和情感的产业、教育人的知识的产业和改良人的道德习惯的产业。据此，他研究了医生、美术家、教育家及僧侣的社会功能。他是法国经济自由主义的重量级人物，笃信自由竞争会

---

① 《新帕尔格雷夫经济学大辞典》第3卷，经济科学出版社1996年版，第183页。

② 《新帕尔格雷夫经济学大辞典》第1卷，经济科学出版社1996年版，第764—765页。［英］马克·布劳格、保罗·斯特奇斯：《世界重要经济学家辞典》，经济科学出版社1987年版，第130—131页。［美］约瑟夫·熊彼特：《经济分析史》第2卷，商务印书馆1992年版，第185页。因格拉门：《经济学史》，商务印书馆1932年版，第二册第102—104页。

③ 《新帕尔格雷夫经济学大辞典》第1卷，经济科学出版社1996年版，第274—275页。［英］马克·布劳格、保罗·斯特奇斯：《世界重要经济学家辞典》，经济科学出版社1987年版，第66页。［美］约瑟夫·熊彼特：《经济分析史》第2卷，商务印书馆1992年版，第185页。

④ 《新帕尔格雷夫经济学大辞典》第2卷，经济科学出版社1996年版，第518页。［英］马克·布劳格、保罗·斯特奇斯：《世界重要经济学家辞典》，经济科学出版社1987年版，第213—214页。［美］约瑟夫·熊彼特：《经济分析史》第2卷，商务印书馆1992年版，第185页。

⑤ 《新帕尔格雷夫经济学大辞典》第1卷，经济科学出版社1996年版，第1019—1020页。［英］马克·布劳格、保罗·斯特奇斯：《世界重要经济学家辞典》，经济科学出版社1987年版，第164页。［美］约瑟夫·熊彼特：《经济分析史》第2卷，商务印书馆1992年版，第185页。

解决一切问题,因此反对政府对经济生活的形形色色的干预,反对劳动立法、保护政策、对财产的限制、甚至反对政府管理森林。[①] 他是巴斯夏的前辈,对后者有影响。

第二节 巴斯夏的经济思想

一、巴斯夏的生平与论著

弗雷德里克·巴斯夏[②](Frédéric Bastiat,1801—1850),法国经济学家,19世纪40—50年代西欧诸国最伟大而且深刻的自由主义思想家,自由贸易的旗手,"和谐经济论"的主要倡导者,同时也是一位空前绝后的经济学幽默讥讽大师。

巴斯夏1801年6月29日出生于法国南部巴约纳一个相当富裕的商人家庭,他虽9岁时父母双亡,但仍受到良好的初等和中等教育。他年轻时的职业理想是当一名诗人。他17岁(1818年)时离开了学校,到他舅舅的公司做事,继承家族的出口商贸易事业,做诗人的梦想也随之终结。这段时间的工作经验使得他逐渐领悟了贸易及管制的影响等知识。他的一个叔叔介绍他阅读了亚当·斯密的《国富论》和萨伊的《政治经济学概论》等著作。从此,他对经济学产生了兴趣。在这些倡导自由主义思想著作的影响下,他开始针对当时政府的种种限制措施发表文章,予以抨击,要求实行自由贸易,降低关税。1825年,他因祖父逝世得到一笔遗产,成为一个酿制葡萄酒的制造业主,并经营一个农场。那时,他还与一些朋友成立了一个学习、研究俱乐部,广泛阅读、讨论当时许多经济学著作,研究自由贸易等经济问题,并开始介入社交活动。1830年法国革命后,他就任一个区的法官。1831年,他成为朗德地区初级法院的名誉法官、地方议会议员。1834年,他发表了第一篇反对贸易保护主义的文章。[③]

1840年,巴斯夏离开法国,去西班牙和葡萄牙学习,并试图在那里建立一家

---

① [法]夏尔·季德、夏尔·利斯特:《经济学说史》下,商务印书馆1986年版,第396页。
② 《新帕尔格雷夫经济学大辞典》第1卷,经济科学出版社1996年版,第220—221页。[英]马克·布劳格、保罗·斯特奇斯:《世界重要经济学家辞典》,经济科学出版社1987年版,第43页。
③ [法]弗雷德里克·巴斯夏:《财产·法律与政府》,贵州人民出版社2003年版,第406页。

保险公司,但未成功。回国后,在为他的俱乐部搜寻、整理资料过程中,发现了英国的科布登和布赖特所发动的自由贸易运动并成立"反《谷物法》同盟"的报道,深为他们所倡导的这一运动所折服,于是便潜心研究起自由贸易问题。1844 年,他在享有盛誉的《经济学家杂志》上发表一篇题为《法国和英国的关税对两国国民前途的影响》的文章。这篇清算贸易保护主义的文章发表后,立即引起了轰动,读者纷纷要求该刊发表更多此类文章。

1845 年,巴斯夏来到英国,实地考察科布登和布赖特所倡导的自由贸易运动,并与科布登结下了密切的友谊。他回国后出版了《科布登与同盟》这一专著,对英国以反《谷物法》为主要内容的自由贸易运动作了深入细致的描述,把科布登及其战友的重要言论都译成法文,从而该专著成了曼彻斯特自由贸易运动的一座纪念碑。

1846 年,英国废除《谷物法》时,巴斯夏已移居巴黎,并在那里组建了全国性的自由贸易协会,他自任巴黎协会的秘书,他还为该协会创办了《自由贸易》周刊。在科布登的鼓励下,他不知疲倦地投身于自由贸易运动,写了一本又一本小册子,几乎在所有有较大影响的刊物上发表了一篇又一篇文章,从一个地方跑到另一个地方去作演讲,他很快被人们称为"法国的科布登"。

1847 年,巴斯夏将他揭露、批判贸易保护主义的部分小册子和文章结集成册出版,取名为《经济学诡辩》。他在这本文集中汇集了一连串的讽刺作品,从各个方面揭露了贸易保护主义的种种荒谬行径,妙趣横生,使当时的许多法国读者笑得前仰后合。他所反对的不仅是贸易保护主义,对任何背离经济自由主义的观点或行为都加以讽刺和奚落。

巴斯夏也用反对贸易保护主义的同样干劲,来反对当时的各种社会主义共产主义思潮。19 世纪上半叶,各种社会主义思潮在法国汹涌澎湃,圣西门、傅立叶、路易·勃朗、蒲鲁东等人纷纷发表论著,倡导形形色色的理想社会。针对这种局面,巴斯夏发表一系列文章,批判主张公有制和半公有制的社会主义思潮。他的《财产与剥夺》是针对傅立叶主义者孔西德朗的,他的《正义与友爱》是针对圣西门主义者比埃尔·勒鲁的,他的《财产与法律》是针对社会主义者路易·勃朗的,他的《资本与利息》是针对社会主义者蒲鲁东的。

1848 年法国二月革命后,巴斯夏作为朗德地方代表参加立宪会议,次年当选为立法议会议员。早年他游遍法国宣传自由主义时,染上了肺结核,严重的病况使得他无法再进行演讲,尤其是在他于 1848 年和 1849 年选上立法议会议员之后。1850 年,在因肺结核而临终前一个月,巴斯夏写下了最后一篇反映其思考问题的方法并揭露贸易保护主义在方法论上的错误的著名论文《看得见的与看不见的》。1850 年 12 月 24 日,巴斯夏死于意大利的罗马。临死前他宣布由他的生前好友古斯塔夫·德·莫利纳里(Gustave de Molinari,1819—1912)作为他思想的继承人。

巴斯夏阐明其经济自由主义理论体系的主要经济学著作有《和谐经济论》(1850),第一版在逝世前几个月出版,这是一个不足本。他在世时只发表了该书的前10章。该书的后15章是在1851年出版的第二版增补本中发表的。这个版本由"巴斯夏友人联合会"根据其已完成的手稿出版。巴斯夏的其他主要论文和专著有:《国库与葡萄园》(1841)、《关于酿酒业的回忆录》(1843)、《法英税率对两国人民未来的影响》(1844)、《科布登与同盟》(1845)和《保护主义与共产主义》(1849)等。1854—1855年七卷本《弗雷德里克·巴斯夏全集》出版。

二、以自由贸易为核心的自由主义思想

巴斯夏的经济思想与19世纪40—50年代西欧诸国掀起的自由贸易运动密切关联。这场自由贸易运动首先在英国曼彻斯特由企业家科布登和布赖特发起,对英国以外的法国、德国、意大利等都曾产生过不同程度的影响。在法国,这场运动的旗手就是巴斯夏。

巴斯夏的自由贸易思想,与李嘉图为代表的英国古典学派根据比较优势理论正面肯定自由贸易有所不同,突出表现在他对贸易保护主义各种论点的批判上。这种批判有四个基本出发点:(1)观察和思考经济现象的正确方法。(2)强调消费者主权,坚持从消费者利益出发考虑政策的是非对错。(3)对自由竞争的市场机制高度信任。(4)对私人产权的高度尊重。

巴斯夏观察和思考经济现象的方法可以简单地称作全面考虑后果法,即在判断一个事件一项政策的优劣时,不仅要考虑看得见的后果,还要考虑看不见的后果;不仅要考虑当前的后果,还要考虑长远的后果;不仅要考虑直接后果,还要考虑间接后果。他在其著名论文《看得见的与看不见的》中指出:"在经济领域,一个行动、一种习惯、一项制度或一部法律,可能会产生不止一种效果,而是会带来一系列后果。在这些后果中,有些是当时就能看到的,……而有些后果则得过一段时间才能表现出来,……如果我们能够预知它们,我们就很幸运了。"①更重要的是,这些后果并非全部都是好的。因此"一个好经济学家与一个坏经济学家之间的区别就只有一点:坏经济学家仅仅局限于看到可以看得见的后果,而好经济学家却能同时考虑可以看得见的后果和那些只能推测到的后果。这种区别可太大了,因为一般情况都是,当时的后果看起来很不错,而后续的结果却很糟糕,或者恰恰相反。……坏经济学家总是为了追求一些当下的好

---

① [法]弗雷德里克·巴斯夏:《财产·法律与政府》,贵州人民出版社2003年版,第1页。

处而不管随之而来的巨大的坏处,而好经济学家却宁愿冒当下的小小的不幸而追求未来的较大的收益"①。他在文中虚构了一个场景:一个陌生人打碎了一面橱窗,一帮看热闹的人开始从经济方面来思考这一事件,认为这个初看起来是一件有害破坏行为,但玻璃装配行业却由此可获得额外的收益,它从破坏中产生了经济增长。他反驳这种看法说,这件事的全部积极效应只是对玻璃装配商而言的。殊不知打碎了橱窗的主人却要为重新装配付钱,而这位橱窗的主人因此也许就不去买新书或新鞋了,从而受损失的书商或鞋商却永远不为人们所知了。② 他用类似的方法批驳了关于军队是否需要减员、赋税是否应当增减、政府是否应当补贴艺术、公共工程是否对公众有利、商人是否寄生虫、贸易是否应当管制、机器对工人是否有利、政府是否应当干预资金市场、政府是否应当在殖民地投资、节俭和奢侈孰是孰非等问题上他所认为的错误观点。③

在揭露贸易保护主义方法论的错误时,巴斯夏特别强调,一切都要用"人们看到了什么和没有看到什么"的公式来审查。贸易保护主义虽促进了部分工业的发展,这是人们所看到的,但它破坏了其他许多东西,因为实施贸易保护政策的费用来自纳税人增加的税收,这却是人们没有看到的。④ 他认为,"国家是以牺牲最有效率的部门为代价扶持效率低下的部门"⑤。对于出口补贴,他一针见血地指出,"出口补贴不是别的,纯粹就是法国人无偿送给外国人的礼物"⑥。因为它用法国纳税人的钱,降低了外国消费者的购买成本。对于进口限制,他认为虽然它使得受保护者获益,但它提高了所有消费者的购买成本,并且它减少了本来可以转移出来生产其他产品的资源。总体上看是净损失。⑦ 他还进一步

---

① 〔法〕弗雷德里克·巴斯夏:《财产·法律与政府》,贵州人民出版社 2003 年版,第1—2页。

② 〔法〕弗雷德里克·巴斯夏:《财产·法律与政府》,贵州人民出版社 2003 年版,第2—5页。

③ 〔法〕弗雷德里克·巴斯夏:《财产·法律与政府》,贵州人民出版社 2003 年版,第5—60页。

④ 〔法〕弗雷德里克·巴斯夏:《财产·法律与政府》,贵州人民出版社 2003 年版,第31—32页。〔法〕弗雷德里克·巴斯夏:《经济学诡辩》,机械工业出版社 2010 年版,第ⅪⅤ页。

⑤ 〔法〕弗雷德里克·巴斯夏:《财产·法律与政府》,贵州人民出版社 2003 年版,第265页。

⑥ 〔法〕弗雷德里克·巴斯夏:《财产·法律与政府》,贵州人民出版社 2003 年版,第266页。〔法〕弗雷德里克·巴斯夏:《经济学诡辩》,机械工业出版社 2010 年版,第158页。

⑦ 〔法〕弗雷德里克·巴斯夏:《财产·法律与政府》,贵州人民出版社 2003 年版,第266—274页。

谈到了贸易保护的分配效应,"贸易保护一开始就使穷人唯一的财产——他们的技能和劳动——受富人的支配;它对所有人带来一种净损失,最后以富人与穷人一起破落而告终"①。

以全面考虑后果法为武器,巴斯夏不仅考虑了贸易保护对生产者的后果,更考虑了对消费者的后果。他反对贸易保护主义的第二个基本出发点就是坚持从消费者利益出发考虑政策的是非对错。他指出,如果把生产者的利益作为最重要的目标,那就必然赞成贸易保护主义,以提高生产者的收益。但是如果把消费者的利益作为最重要目标,那就必然反对贸易保护主义,以提高消费者的收益。而消费者的利益恰恰反映了社会整体利益。② 他的结论斩钉截铁,"只考虑生产者的直接利益就会违背社会利益;而将消费者的直接利益作为考虑的基准,就是将整体利益作为制定社会政策的依据"③。因为财富的生产并非最终的目标,只是手段;只有财富的消费才是最终目标。④

巴斯夏也承认并非一切消费需求都正当健康,在人们的基本需求得到满足后,"其他方面则更多地取决于各人的意愿了。这是个爱好问题,在这个领域,道德观念和理性大有用武之地"⑤。他说:"人类要自我完善,那不是靠生产者的道德观,而是消费者的道德观。"⑥

巴斯夏反对贸易保护主义的第三个出发点就是对于自由竞争的市场机制高度信任。他在谈到巴黎时指出,是成千上万种商品的巨大市场在维持着巴黎,"没有合作计划、没有统一安排,却成功地为巴黎供货。主导这一复杂活动有序进行的智慧而神秘的力量是什么呢?"是"自由贸易"的市场,是人们的"利己主义"。而如果以政府的人为专制干预来代替这种力量,由政府来"决定由谁、何地、如何以及在什么样的条件下进行商品的生产、运输、交换和消费",那就将会使得巴黎人的"痛苦放大无数倍"⑦,就会"建立一个最易犯错误、最广泛、最直接、最专横、最无法忍受、最实际、最深刻、最荒谬,甚至连古时的帕夏或伊

---

① [法]弗雷德里克·巴斯夏:《财产·法律与政府》,贵州人民出版社 2003 年版,第274 页。

② [法]弗雷德里克·巴斯夏:《经济学诡辩》,机械工业出版社 2010 年版,第 3—7 页。[法]弗雷德里克·巴斯夏:《和谐经济论》,中国社会科学出版社 1995 年版,第 319 页。

③ [法]弗雷德里克·巴斯夏:《经济学诡辩》,机械工业出版社 2010 年版,第 7 页。

④ [法]弗雷德里克·巴斯夏:《经济学诡辩》,机械工业出版社 2010 年版,第 11 页。[法]弗雷德里克·巴斯夏:《和谐经济论》,中国社会科学出版社 1995 年版,第 97 页。

⑤ [法]弗雷德里克·巴斯夏:《和谐经济论》,中国社会科学出版社 1995 年版,第 330 页。

⑥ [法]弗雷德里克·巴斯夏:《和谐经济论》,中国社会科学出版社 1995 年版,第 331 页。

⑦ [法]弗雷德里克·巴斯夏:《经济学诡辩》,机械工业出版社 2010 年版,第 74—75 页。

斯兰教的穆夫提都想不出来的专制体制"①。

巴斯夏为市场自由竞争作了强有力辩护。他认为："上帝在人的特性中加进了个人利益，……上帝在社会秩序中又安置了另一个原动力，……这一原动力就是竞争。……个人利益是不可战胜的个人主义力量，它促使我们……去寻求和发现进步并设法垄断之。竞争同样是一种不可战胜的人道主义力量。随着进步的完成，竞争从个人手中夺取进步，使其成为人类大家庭的共同财富。上述两种力量，孤立地看待它们时是可以指责的，但合在一起，从总体上说，它们构成了社会协调。"②他深刻认识到竞争是对个人自私心的一种牵制。没有竞争，个人的利己心会使生产者千方百计垄断技术进步带来的高价格和超额利润，而市场竞争将普及新技术，降低产品价格，普惠所有消费者。他指出，只要给予人们自由，竞争就将存在。③ 他承认竞争会伤害生产者，但它给所有消费者带来普遍的平等的利益。④ "从生产者的立场出发，竞争无疑会毁掉我们直接的私利，不过如果从所有劳动的目的即全人类，换言之从消费者立场出发，就会发现竞争对道德社会的作用与对物质世界的作用一样：使之达到均衡状态"⑤。他指出，若考虑竞争最终对消费者的影响，而非仅仅考虑对生产者的影响，那就会发现"竞争是国内、国际平等与进步的最强大的推动者"⑥。竞争中"人追求自身利益，但他不知不觉无意中遇到的是什么呢？是总体利益"⑦。

针对一些社会主义者对竞争的指责，巴斯夏强调"竞争只意味着是无压迫。……竞争就是不需要一个对交换进行裁决的专制当局，……竞争（我们也可称之为自由）……从本质上讲它是民主法则。民主法则是上帝为使人类社会发展的诸多法则中最进步、最平等、最共同的法则。……竞争远非像被人指责的那样是不平等的，……一个大喇嘛与贱民之间的差别之深远远超过美国总统与一名工匠之间的差距，这是因为竞争（或者说是自由）在亚洲受到压制，而在美洲却不是那样"⑧。他指出竞争是实现平等和博爱的必要条件，"没有竞争，也就是说没有自由，这将是实现平等的不可逾越的第一个障碍。

---

① ［法］弗雷德里克·巴斯夏：《和谐经济论》，中国社会科学出版社·1995 年版，第 288 页。
② ［法］弗雷德里克·巴斯夏：《和谐经济论》，中国社会科学出版社 1995 年版，第 291 页。
③ ［法］弗雷德里克·巴斯夏：《和谐经济论》，中国社会科学出版社 1995 年版，第 287 页。
④ ［法］弗雷德里克·巴斯夏：《和谐经济论》，中国社会科学出版社 1995 年版，第 304 页。
⑤ ［法］弗雷德里克·巴斯夏：《经济学诡辩》，机械工业出版社 2010 年版，第 29 页。
⑥ ［法］弗雷德里克·巴斯夏：《财产·法律与政府》，贵州人民出版社 2003 年版，第 177 页。
⑦ ［法］弗雷德里克·巴斯夏：《和谐经济论》，中国社会科学出版社 1995 年版，第 293 页。
⑧ ［法］弗雷德里克·巴斯夏：《和谐经济论》，中国社会科学出版社 1995 年版，第 289 页。

没有平等就谈不上任何博爱，……有了竞争，我们就绝不可能再看到一方独占市场，把上帝的赏赐占为己有，无限评估其劳务的价值和交换中的不平等现象了"①。

针对那种认为自由竞争会导致不平等的观念，巴斯夏指出，社会的不平等远非竞争所为，"当我们寻思条件的不平等是否因存在竞争或者缺乏竞争造成时，只要看看是哪些人占据着要位，是谁在向我们炫耀他们可耻的财富，即可证实不平等是人为造成的，是不公正的，其基础是征服、垄断、限制、特权、高职、大商界、行政交易、公债，然而这一切与竞争毫不相干"②。他认为不平等恰恰是因为破坏了自由，"凡妨碍自由必然破坏劳务的等价，而破坏劳务的等价一定会引起极端的不平等，一些人的暴富，另一些人不应有的贫困，结果是财富普遍减少，仇恨、不和、斗争、革命接踵而至"③。他承认自由状态下"不平等依然存在，因为它是偶然情况的产物，是对错误、弊端的惩罚，是虽无财产但在其他方面得到弥补的结果，因此不会在公民中间引起反感"④。

巴斯夏反对贸易保护主义的第四个出发点就是要高度尊重私人财产权。因此，他绝不仅仅是简单要求降低进口关税，促使资本和劳动流向最具优势的地方，实现资源的优化配置。他反对的是贸易保护主义背后所潜伏的一个一般性准则，即人们可以依靠法律通过伤害一部分人的财产权和自由来满足自己的利益。他认为，正是这条准则使得贸易保护主义与形形色色的主张重新安排财产权的社会主义共产主义成为一路货色，从而都受到他的批判。⑤

以上述四个基本出发点为基础，巴斯夏针锋相对地批判形形色色的贸易保护主义论点。

针对保护主义者担心自由贸易将使得法国生产全面停顿的忧虑，巴斯夏运用货币数量论反驳了贸易保护主义。⑥ 并且他坚信"如果两个国家生产条件不同，则自然禀赋处于劣势的国家从自由贸易中受益更大"。⑦ 他把自由贸易对于劣势国家的作用比喻为该国发生了技术进步，他分析了技术进步的短期后果，

---

① [法]弗雷德里克·巴斯夏：《和谐经济论》，中国社会科学出版社 1995 年版，第293 页。

② [法]弗雷德里克·巴斯夏：《和谐经济论》，中国社会科学出版社 1995 年版，第 305 页。

③ [法]弗雷德里克·巴斯夏：《和谐经济论》，中国社会科学出版社 1995 年版，第 437 页。

④ [法]弗雷德里克·巴斯夏：《和谐经济论》，中国社会科学出版社 1995 年版，第 438 页。

⑤ [法]弗雷德里克·巴斯夏：《财产·法律与政府》，贵州人民出版社 2003 年版，第146 页。

⑥ [法]弗雷德里克·巴斯夏：《经济学诡辩》，机械工业出版社 2010 年版，第 21 页。

⑦ [法]弗雷德里克·巴斯夏：《经济学诡辩》，机械工业出版社 2010 年版，第 24 页。

即发明者一时的暴利和被技术进步淘汰的人一时的痛苦；同时他也看到了技术进步的长期后果，即竞争最终将使得产品价格由于技术进步而下落，从而给全体消费者带来利益。① 他认为贸易保护与反对机器是一丘之貉，它们的错误都在于"按照直接的、短期的效果来评价，而不是从其总体的最终的结果来分析"②。

巴斯夏批驳了保护主义会增加工人工资和就业的论点。③ 但同时他也主张建立特殊基金来解决从贸易保护转变为自由贸易时出现的短期失业问题。④

针对那种认为贸易保护将提高国内产品价格从而有利于生产者的观点，巴斯夏指出"高价格和低价格都有两种类型"，差的高价格是由于供给减少，而好的高价格是由于需求增加；差的低价格是由于需求减少，而好的低价格是由于供给充裕。而贸易保护所造成的恰好是由于供给减少而带来的差的高价格和由于需求减少而导致的差的低价格。⑤

针对那种把国际产业竞争比喻为战争的观点，巴斯夏认为不宜把竞争比喻为战争，"在战争中，强者征服弱者。在商业竞争中，强者将优势传导给弱者"⑥。为了阻止这类不恰当的比喻，他甚至要求"取缔政治经济学中所有借用的军队用语"⑦。

针对那种为了国防安全而主张限制贸易的观点，巴斯夏也进行了批驳。"人们因为战争预期而把自己孤立起来，实际上正是孤立行为本身引发了战争。……如果所有的国家都在世界市场上相互交易，如果互通有无的关系并未破裂且人们免于遭受短缺和过剩的双重痛苦……，战争就会因为缺钱少物、无动机无借口、得不到广泛支持而无迹可循。"⑧他认为，贸易"保护主义完全是一个民族对另一个民族的侵略行为，因而是一种破坏经济和谐的行径"⑨。

当然，巴斯夏也并非完全反对关税，只要不是为了保护国内落后产业，而是为了筹集财政收入。⑩ 而如果确要保护国内某个产业，他认为与其对外国同类

---

① ［法］弗雷德里克·巴斯夏：《经济学诡辩》，机械工业出版社 2010 年版，第 25 页。
② ［法］弗雷德里克·巴斯夏：《经济学诡辩》，机械工业出版社 2010 年版，第 80 页。
③ ［法］弗雷德里克·巴斯夏：《经济学诡辩》，机械工业出版社 2010 年版，第 55—58 页。
④ ［法］弗雷德里克·巴斯夏：《经济学诡辩》，机械工业出版社 2010 年版，第 142 页。
⑤ ［法］弗雷德里克·巴斯夏：《经济学诡辩》，机械工业出版社 2010 年版，第 131—132 页。
⑥ ［法］弗雷德里克·巴斯夏：《经济学诡辩》，机械工业出版社 2010 年版，第 225 页。
⑦ ［法］弗雷德里克·巴斯夏：《经济学诡辩》，机械工业出版社 2010 年版，第 227 页。
⑧ ［法］弗雷德里克·巴斯夏：《经济学诡辩》，机械工业出版社 2010 年版，第 76 页。［法］弗雷德里克·巴斯夏：《和谐经济论》，中国社会科学出版社 1995 年版，第 369 页。
⑨ ［法］弗雷德里克·巴斯夏：《和谐经济论》，中国社会科学出版社 1995 年版，译者的话第 2 页。
⑩ ［法］弗雷德里克·巴斯夏：《经济学诡辩》，机械工业出版社 2010 年版，第 30 页。

产品征税,不如对国内公众征税以补贴该产业,后者"更公正、更经济、更诚恳"①。他对于那种主张原材料进口免关税但阻止最终产品进口的观点也进行了批驳。②

巴斯夏对于贸易保护主义的批判,则大量采用了为大众所喜闻乐见的揶揄讽刺手法。

巴斯夏说,看看一个发疯的世界,两个国家先花大力气在边界的山下开隧道,以便可以互通有无,然后却在隧道两端设立关卡搜缴关税。当听说法国议会在辩论建筑巴黎到马德里的铁路时,有位议员主张铁路在法国波尔多中断,以便为波尔多的搬运工、旅馆、商店等创造就业和盈利机会。他立刻讽刺说,建议把铁路在法国境内沿途的每个城市都中断,这样就会为所有这些城市都创造就业和盈利机会。③

巴斯夏的名篇《蜡烛商的请愿书》更是对贸易保护主义进行讽刺挖苦的上乘之作。这篇作品是针对法国下院为保护国内工业而通过的提高一切外国货进口税的决议案而撰写的。它用蜡烛制造者祈求消除来自阳光的不公平竞争作比喻,讽刺性地抨击了贸易保护主义。④ 在另一篇讽刺性作品《右手(权利)和

---

① [法]弗雷德里克·巴斯夏:《经济学诡辩》,机械工业出版社 2010 年版,第 32—33 页。

② [法]弗雷德里克·巴斯夏:《经济学诡辩》,机械工业出版社 2010 年版,第 83—90 页。

③ [法]弗雷德里克·巴斯夏:《经济学诡辩》,机械工业出版社 2010 年版,第 71—72 页。

④ [法]弗雷德里克·巴斯夏:《财产·法律与政府》,贵州人民出版社 2003 年版,第 397—402 页。巴斯夏以蜡烛商的口吻写道:"我们正在遭受一个外部竞争者的毁灭性的竞争,他生产光线的自然禀赋要比我们的优越得多,他以一种难以置信的低廉价格向国内市场倾销光线;只要他一出现,我们的生意就完蛋了,所有的消费者都去用他,法国的一个工业部门——其派生出的影响是数不胜数的——就完全陷入停顿状态。这个竞争者,不是别人,正是太阳。……

"我请求你们发善心通过一部法律,要求关闭所有窗户,老虎窗、天窗、内外百叶窗,拉上窗帘,关上窗扉,关上船上的圆玻璃窗,舷窗盖,拉上遮阳篷——一句话,关上能使阳光照进屋子的所有口子、洞眼、裂口和缝隙,因为它损害了我国的这一重要产业,我们充满自豪地说,是我们向国家奉献了这一产业,而国家如果不经过一番搏斗就抛弃我们,那绝对是忘恩负义。

"如果你们下令尽可能地切断自然光照进室内的一切渠道,因而创造出对人工照明的需求,那么,法国所有行业都可以从中受益,不是吗?

"那时,法国要消耗更多的动物油脂,那就需要饲养更多的牛羊,……如果法国消耗更多的植物油,……罂粟、橄榄、油菜的种植面积会扩大。……我们的荒地也会遍布能生产油脂的树林。……船运业也会大发展。成千上万只船会出海捕鲸,……

"……请你们作出选择,但请讲究逻辑;因为,如果你们像现在这样,禁止进口外国的煤、铁、小麦和纺织品,这些进口品的价格越来越低,接近于零,那么,你们允许价格本来就是零的太阳光线一整天都在照射,就是自相矛盾的。"

左手》①中,他讽刺了限制贸易以增加就业的主张,认为那还不如限制所有人不能用右手只能用左手工作,如此将由于效率下降而增加对劳动力的需求,从而会提高工资。

巴斯夏不仅在贸易问题上坚持自由主义,在其他方面也同样坚持自由主义。在谈到机器对就业和工资的影响时,他同样反对政府的干预,强调"永远,永远不要以就业和工资为借口来干扰经济"②。关于就业问题,他也认为"就业权利的本质是自由。……自由支配自己的劳动、智力、能力、人身的权利,而不仅仅是占有土地的权利。如果要禁止一个阶层侵犯另一个阶层的这种权利,那就必然要求其劳务的自由交换,不仅在国内,也要在整个世界范围内自由交换。只要人们拥有这种自由,土地财产就不会成为一种特权;它就会跟其他自由一样,仅仅是人们对其劳动果实的权利而已"③。他反对用公共支出来解决就业问题,认为那"只能重新配置就业岗位而不可能增加工作岗位"④。他强调,"财产、公正、平等和劳务的平衡显然必须以自由为基础。而且,正是自由使大自然的贡献成为免费的,并为所有人共有;只要法律规定的特权赋予我占用大自然力量的垄断权利,那么,我就不仅会要求人们为我的劳动掏钱,也会要求人们为这种自然力量掏钱"⑤。至于分配的公平,他同样诉诸自由,"分配的公平源于下面的法则:用劳务交换劳务,前提是交换是自由的,也就是说,承认和尊重财产权"⑥。

尤其值得肯定的是,巴斯夏从自由主义的原则出发论证工人有组织工会的自由,有罢工的自由。⑦ 他不无深刻地指出,由于劳资双方存在利害冲突,无法制定出一部平等地适用于有利害关系的各方的法律,不可能给予他们法律上的平等,那么,"就给予他们自由,自由中就包括平等"⑧。"让自由发挥作用,抑制滥权行为"⑨。

---

① ［法］弗雷德里克·巴斯夏:《经济学诡辩》,机械工业出版社 2010 年版,第 216—222 页。
② ［法］弗雷德里克·巴斯夏:《财产·法律与政府》,贵州人民出版社 2003 年版,第 41 页。
③ ［法］弗雷德里克·巴斯夏:《财产·法律与政府》,贵州人民出版社 2003 年版,第 212—214 页。
④ ［法］弗雷德里克·巴斯夏:《财产·法律与政府》,贵州人民出版社 2003 年版,第 49 页。
⑤ ［法］弗雷德里克·巴斯夏:《财产·法律与政府》,贵州人民出版社 2003 年版,第 217—218 页。
⑥ ［法］弗雷德里克·巴斯夏:《财产·法律与政府》,贵州人民出版社 2003 年版,第 220 页。
⑦ ［法］弗雷德里克·巴斯夏:《财产·法律与政府》,贵州人民出版社 2003 年版,第 372—386 页。
⑧ ［法］弗雷德里克·巴斯夏:《财产·法律与政府》,贵州人民出版社 2003 年版,第 376 页。
⑨ ［法］弗雷德里克·巴斯夏:《财产·法律与政府》,贵州人民出版社 2003 年版,第 379 页。

在讨论政府是否应当补贴艺术活动时,巴斯夏认为政府应当保障艺术家的自由发展,但不应该用别人的钱来供养他们,而应当让他们在"自由的气氛中协调地发展"①。

巴斯夏从自由主义立场出发,专门针对当时法国垄断性的教育体制展开了批判。当时法国的教育体制是所有高等教育都全部集中控制在一个"大学"中,由一个"大校长"和一个最高理事会领导。虽然它允许每个老师自由进行教学,但是却牢牢控制着学位授予权。② 这就造成三重问题,"一使教育千篇一律……,二是把最糟糕的行政管理强加于教育之上,三是使教育没有灵活性"。③他承认存在某种最佳的教育模式,但只要人们尚未发现它,那么"正确的方法就是为发现和替代留下充裕的空间,在这里,有多样性,可以试错,进行试验,个人也可以努力争取对自己最有利的结果——一句话,在这里,人们享有自由。在通过法令建立的统一的教育体系中,人们却没有这样好的运气,因为在这样的体系中,错误是永久的、普遍的、无法挽回的"④。因为"取消教育方法上的竞争,其对自由的侵害,一点也不比取消人们之间的竞争更小"⑤。而且,"再也没有比无限制的权力更容易使人腐败的了"⑥。为此,他要求废除大学统一的学位制度。⑦

巴斯夏高度概括了他的自由主义:"自由不就是所有自由权利——良心自由、教育自由、结社自由、新闻自由、迁徙自由、劳动自由、交换自由——的总和吗? 自由,不就是每个人充分地发挥自己才能的自由,只要他不妨碍他人也发挥自己的才能? ……自由不就是摧毁一切专制统治吗? 哪怕是法律授权的专制统治。说到底,自由不就是把法律限制在其合理的范围内吗? 也即协调个人合法自卫和镇制不公正的权利。"⑧他认为:"任何问题——不管是宗教哲学、政治和经济问题;不管是涉及繁荣、伦理、平等、正义、公正、进步、责任、合作、财产、劳动、贸易、资本、工资、税收、人口、财政或政府——不管我们从科学的角度探讨哪个问题,我们都无一例外会得到同样的结论:各种社会问题的解决之道

---

① [法]弗雷德里克·巴斯夏:《财产·法律与政府》,贵州人民出版社 2003 年版,第 15 页。
② [法]弗雷德里克·巴斯夏:《财产·法律与政府》,贵州人民出版社 2003 年版,第 300 页。
③ [法]弗雷德里克·巴斯夏:《财产·法律与政府》,贵州人民出版社 2003 年版,第 297—298 页。
④ [法]弗雷德里克·巴斯夏:《财产·法律与政府》,贵州人民出版社 2003 年版,第 169 页。
⑤ [法]弗雷德里克·巴斯夏:《财产·法律与政府》,贵州人民出版社 2003 年版,第 300 页。
⑥ [法]弗雷德里克·巴斯夏:《财产·法律与政府》,贵州人民出版社 2003 年版,第 355 页。
⑦ [法]弗雷德里克·巴斯夏:《财产·法律与政府》,贵州人民出版社 2003 年版,第 303 页。
⑧ [法]弗雷德里克·巴斯夏:《财产·法律与政府》,贵州人民出版社 2003 年版,第 108—109 页。

都在于赋予人们自由。"①他承认给人以自由,由于人的有限理性,人会犯错误;但与自由相伴的责任感,会使人改正错误取得进步;因此他的结论就是"自由是进步的本质之所在"②。

三、产权、法律、国家、民主、革命

亚当·斯密和李嘉图甚至萨伊等古典经济学家,由于他们生活的时代,私人财产权都未受到多大质疑,所以都不需要对私人财产权进行太多辩护。巴斯夏生活在 19 世纪上半叶的法国,那是各种主张废除私有产权的观点甚嚣尘上的年代和国家。这就需要他为私人财产权作出充分论证。这就使他成为继英国的洛克之后,非常重视私人财产权并对私人财产权作出最好论证的自由主义经济学家。

巴斯夏是非常重视产权的一位经济学家,他认为"产权就是把自己的努力归于自己的权利,或以接受同等努力的让与将它出卖的权利"③。

依循英国 17 世纪哲学家经济学家洛克的思想传统,巴斯夏首先依据自然法强调"人身、自由和财产权——这就是人之为人的本质所在。……每个人当然都从自然、上帝那里获得了保卫自己的人身、自由和财产的权利,因为它们是构成或维系生命的三个基本因素"④。他指出"财产乃是人性的必然结果。……人生来就是一个所有者,因为他生来就具有一些需求,只有满足这些需求他才能维系生命,他生来就具有各种器官和官能,而要运用这些器官和官能,就必须满足这种需求。官能不过是人的延伸而已,而财产无非是人的官能的延伸而已"⑤。他论述了财产权与自由的关系,"财产权首先是支配自己人身的自由,然后是支配自己劳动的自由,最后是支配自己劳动成果的自由……从某种角度看,自由和财产权是彼此不可分割的"⑥。

巴斯夏认为与财产权相对立的是掠夺,即"财产未经其所有者的同意,未给予补偿,不管是通过暴力还是通过欺骗,将该财产从拥有它的人手里,转移到并

① ［法］弗雷德里克·巴斯夏:《财产·法律与政府》,贵州人民出版社 2003 年版,第 126 页。
② ［法］弗雷德里克·巴斯夏:《和谐经济论》,中国社会科学出版社 1995 年版,第 496 页。
③ ［法］弗雷德里克·巴斯夏:《和谐经济论》,中国社会科学出版社 1995 年版,第 234 页。
④ ［法］弗雷德里克·巴斯夏:《财产·法律与政府》,贵州人民出版社 2003 年版,第 70－71 页。
⑤ ［法］弗雷德里克·巴斯夏:《财产·法律与政府》,贵州人民出版社 2003 年版,第 131 页。
⑥ ［法］弗雷德里克·巴斯夏:《财产·法律与政府》,贵州人民出版社 2003 年版,第 261 页。［法］弗雷德里克·巴斯夏:《和谐经济论》,中国社会科学出版社 1995 年版,第 244 页。

未创造它的某个人手里"①。

在依据自然法论证了财产是个人的天然权利之后,巴斯夏分析了法律的形成,他认为,因为"每个人都有权保卫他的人身、自由和财产,甚至可以使用暴力,那么,若干人也就有权团结起来,获得某种共识,组织某种集体性暴力,以正规化地提供这种防卫服务"。而"集体性权利的基本准则,其存在的理由,其合法性基础,乃在于个人之权利;……集体性暴力除了它所替代之个人性暴力的目的和作用之外,不可能具有其他的目的和作用"。因此,法律应当是"行使天赋之正当自卫权利的组织;它是用集体性暴力替代个人的暴力,它只能……确保人身、自由和财产之安全,使正义之治降临于所有人"②。简言之,"法律就是个人行使其正当自卫权利的集体性组织"③。

在关于产权与法律的关系上,巴斯夏指出并非"由于人们制定了法律,人身、自由和财产权才得以存在,恰恰相反,是因为已经存在着人身、自由和财产权,人们才去制定法律"④。他这里所说的法律实际上是指人为法。他指出,如果认为财产源于人为法,就会导致诸多不良后果。一是为乌托邦空想家开辟了用各种法律来重新安排财产权的广阔想象空间。二是将唤醒这些空想家对权力的渴望,如果这些空想家是善良的,他们将通过权力拉平每个人的生活水平而不考虑他们各自对社会的贡献;如果这些空想家是邪恶的,他们将通过权力牺牲多数人而为少数人谋利。三是会导致人们生产劳动的结果的不确定性,而这种不确定性将摧毁人们投资、劳动的积极性,从而阻碍经济的繁荣,加剧国家的财政困难。⑤ 因此,"财产是法律创造的……所隐含的是名副其实的奴隶制,而……财产先于法律……则意味着自由。财产权就是根据自己的理解享受自己的劳动果实的权利,工作、发展的权利,发挥自己才能的权利,而国家除了对此予以保护外,不得进行其他干涉:这,才是自由的含义"⑥。一旦承认财产先与法律,国家承担起保护财产权保护自由的职责,"法律就可以为所有勤奋努力的人提供一个有充分保障的未来"⑦。于是"每个人都能够放心地投入到各种各样

①　[法]弗雷德里克·巴斯夏:《财产·法律与政府》,贵州人民出版社 2003 年版,第 86 页。
②　[法]弗雷德里克·巴斯夏:《财产·法律与政府》,贵州人民出版社 2003 年版,第 71 页。
③　[法]弗雷德里克·巴斯夏:《财产·法律与政府》,贵州人民出版社 2003 年版,第 70 页。
④　[法]弗雷德里克·巴斯夏:《财产·法律与政府》,贵州人民出版社 2003 年版,第 70 页。
⑤　[法]弗雷德里克·巴斯夏:《财产·法律与政府》,贵州人民出版社 2003 年版,第 137—142 页。
⑥　[法]弗雷德里克·巴斯夏:《财产·法律与政府》,贵州人民出版社 2003 年版,第 143—144 页。
⑦　[法]弗雷德里克·巴斯夏:《财产·法律与政府》,贵州人民出版社 2003 年版,第 144 页。

诚实的事业中,而不用担心,也避免了不确定性"①。从而资本将迅速积累,其报酬将递减,占总产品的份额也将下降,消费品价格将下降,劳动阶级的状况也将得到改善。②

　　巴斯夏强调"法律的职责不在于管理我们的良心、我们的观念、我们的意志、我们的教育、我们的意见、我们的工作、我们的生意、我们的才能和我们的娱乐。法律的正当职责是保护我们自由地行使这些权利,并防止任何人侵犯他人同样自由地行使自己的这些权利"③。他明确指出,"人们制定法律的目的就是保护或保障其财产"④。他特别强调"法律的使命绝不是压迫个人,掠夺他们的财产,即使这么做是出于博爱利他之心"⑤。因为"如果你企图通过法律追求宗教目标,实现兄弟友爱,实现社会平等、博爱,促进经济、文学和艺术发展,那么,你必然会迷失在一个未知的领域中,你必然会陷入模糊与不确定性之中,堕入某种强制的乌托邦,或者更糟糕,会搞出好多个乌托邦争相篡夺法律,并将其强加于你我。因为,兄弟友爱、博爱利他之类的东西,跟公正不一样,是没有准确明晰的界线的。那么,一旦走上这条路,什么时候才是尽头?法律的最终界线在什么地方?……立法活动将成为——事实上现在已经成为——形形色色的梦想和毫无顾忌的贪欲互相争夺的战争"⑥。而"如果法律是根据友爱的原则制定的——从而表明不管是好是坏,都是法律的结果,法律会为每个人的不幸和所有的社会不平等承担责任——那么,政府就不可能摆脱无穷无尽的抱怨、愤怒、动乱、革命了"⑦。"法律可以强迫某人行为正当,但不可以强迫他对人仁慈。法律如果要用暴力去做伦理道德靠说服做的事,那么,它决不会把人提升到慈善的世界,反而将把人抛入掠夺的世界"⑧。而"以法律的名义改变劳务交换的

　　① ［法］弗雷德里克·巴斯夏:《财产·法律与政府》,贵州人民出版社 2003 年版,第 158 页。
　　② ［法］弗雷德里克·巴斯夏:《财产·法律与政府》,贵州人民出版社 2003 年版,第 144－145 页。
　　③ ［法］弗雷德里克·巴斯夏:《财产·法律与政府》,贵州人民出版社 2003 年版,第 122 页。
　　④ ［法］弗雷德里克·巴斯夏:《财产·法律与政府》,贵州人民出版社 2003 年版,第 132 页。
　　⑤ ［法］弗雷德里克·巴斯夏:《财产·法律与政府》,贵州人民出版社 2003 年版,第 122 页。
　　⑥ ［法］弗雷德里克·巴斯夏:《财产·法律与政府》,贵州人民出版社 2003 年版,第 123 页。
　　⑦ ［法］弗雷德里克·巴斯夏:《财产·法律与政府》,贵州人民出版社 2003 年版,第 124 页。
　　⑧ ［法］弗雷德里克·巴斯夏:《财产·法律与政府》,贵州人民出版社 2003 年版,第 179 页。

平衡"就是破坏产权,也是掠夺。① 这些观点清楚地反映了他的自由主义法律观。

以上论点是巴斯夏从自由主义观念出发对于法律的规范性或应然分析。

巴斯夏虽然认为法律规范性功能应当是保护个人人身、自由和财产。他也从实证角度对当时法国的法律进行了实然分析,认为法律在当时法国社会的实际功能却是"使集体性暴力服务于那些利用他人的人身、自由和财产,为自己谋利的人没有任何风险,也不再有任何顾忌;它已经把掠夺粉饰为一种权利,旨在保障这种权利,而它也已经把正当防卫说成是一种犯罪,从而可以惩罚这种防卫行动"②。他指出了引致这种现象的两个原因:"愚蠢的自私自利和虚伪的仁爱之心"③。

在分析第一个原因时,巴斯夏坚持了经济学的经济人假设,"自我维持生存的本能和自我发展的欲望,这是人类伟大的推动力"④。而"自我维系和自我发展是所有人共同的欲望,因此,如果每个人都可以自由地发挥他的能力,自由地支配其成果,那么,社会的进步就必然会是持续的、不间断的和无穷无尽的。但是,还有一种倾向也是所有人共有的,那就是:如果可能的话,就以他人为代价来求得自己的生存和发展。……这种倾向的根源就在于人性本身,在于那种驱使人们追求自身幸福而规避痛苦的那种原始的、普遍的无法克服的天性"⑤。即人既具有劳动的天性也具有一种掠夺天性,而"历史已经证明了——不管在什么地方,只要掠夺比劳动更省劲,就必然会大行其道;在这种情况下,任何宗教或道德规范都不能阻止人们这么干"。而法律本来是应当遏制这种掠夺倾向的,然而,由于"在通常情况下,法律是由某个人或某个阶层的人制定的。……这种无法避免的现象,再加上我们看到的、存在于人内心深处的不良倾向,可以解释最常见的不正当地利用法律的现象"⑥。

除了这种由于少数人制定法律所产生的弊端,巴斯夏更指出并深刻分析了另一种导致法律失灵的根源。这就是当大众掌握立法权时所可能出现的弊端。

① [法]弗雷德里克·巴斯夏:《和谐经济论》,中国社会科学出版社1995年版,第269页。
② [法]弗雷德里克·巴斯夏:《财产·法律与政府》,贵州人民出版社2003年版,第72—73页。
③ [法]弗雷德里克·巴斯夏:《财产·法律与政府》,贵州人民出版社2003年版,第73页。
④ [法]弗雷德里克·巴斯夏:《财产·法律与政府》,贵州人民出版社2003年版,第140页。
⑤ [法]弗雷德里克·巴斯夏:《财产·法律与政府》,贵州人民出版社2003年版,第73页。
⑥ [法]弗雷德里克·巴斯夏:《财产·法律与政府》,贵州人民出版社2003年版,第74页。

他指出:"人天生就必然反抗导致他们成为牺牲者的那种不公正。因此,只要存在着立法者为了自己的利益通过法律进行的掠夺,那么,遭受掠夺的各个阶层必然会通过和平或革命的手段,寻求介入制定法律。这些阶层在努力获取自己的政治权利时,根据其所获得的文明启蒙程度之不同,可能提出两种不同的目标:他们可能会希望彻底埋葬法律中的掠夺行为,他们也可能会要求自己享有掠夺的权利。"①他认为不幸的是,法国出现的正是后一种情形,"制定法律的权利成为普遍的权利,于是,如果想做到公平合理,平衡各方利益,就必然鼓励普遍的掠夺行径。于是,社会不公正并没有被消除,反而变得更普遍了。曾经被剥夺了特权的阶级一旦获得了它们的政治权利,涌现出的第一个念头,并不是消除掠夺现象(这对它们而言应该是比较明智的),而是组织一个报复其他阶级的体系"②。而法律一旦成为掠夺的工具,其后果首先是"销蚀了每个人的良知,使他们不能区分何者是正义,何者是不正义"③。另一个后果则是激化政治斗争,④"只要我们从原则上承认,法律可能会偏离其真正的使命,它可能会侵犯财产权,而不是保障财产权,那么,每个阶层就都必然想制定法律,不管是为了保护自己不受他人的掠夺,还是想为了自己的利益而搞掠夺。于是,政治问题就必然是弥漫在社会的方方面面,在政治中占据支配地位,也最为吸引人,简而言之,人们都会不断地争相叩击立法机关的大门。而立法机关内部的斗争,也同样激烈"⑤。他的这些见解,可以说是对民主失灵的先驱性分析,深刻揭示了民主政治所可能出现的问题,即如果没有一定的制约,民主政治完全可能沦落为一种轮流分赃的机器。

由于法律失灵,巴斯夏认为"存在着两类掠夺:一类是未经法律授权的掠夺,一类是法律上的掠夺"⑥。后一种掠夺就是法律认可"将某种东西从其拥有者手中拿走,然后将其给本来不拥有这些东西的人。……关税,贸易保护,补助金,补贴,优惠政策,累进的所得税,义务教育,就业权,利润权,工资权,获得救济的权利,生产资料权,无息贷款,等等。而所有这些方案的共同特点就是,

---

① [法]弗雷德里克·巴斯夏:《财产·法律与政府》,贵州人民出版社2003年版,第74页。
② [法]弗雷德里克·巴斯夏:《财产·法律与政府》,贵州人民出版社2003年版,第75页。
[法]弗雷德里克·巴斯夏:《和谐经济论》,中国社会科学出版社1995年版,第126—127页。
③ [法]弗雷德里克·巴斯夏:《财产·法律与政府》,贵州人民出版社2003年版,第75页。
④ [法]弗雷德里克·巴斯夏:《财产·法律与政府》,贵州人民出版社2003年版,第76—77页。
⑤ [法]弗雷德里克·巴斯夏:《财产·法律与政府》,贵州人民出版社2003年版,第79—80页。
⑥ [法]弗雷德里克·巴斯夏:《财产·法律与政府》,贵州人民出版社2003年版,第81页。

它们都是法律授权的掠夺行径,在社会主义的名义下,都接踵而至了"①。他认为上述各种不同社会阶层所要求政府落实的权利,无论是单纯的贸易保护,还是各种社会主义乃至共产主义的主张,都是一种通过法律的掠夺,是违反财产权的,区别只在于程度有所不同。② 他的自由主义的核心,就是尊重财产权,反对形形色色的掠夺,尤其是通过法律实行的掠夺。

巴斯夏深刻说明不可能通过法律同时实现法国大革命三个目标——自由、平等、博爱。博爱只能建立在自愿的基础上。"绝对不能设想,互助友爱竟然可以运用法律强制地实现。如果是这样,自由不被法律摧毁、正义不被法律踩在脚下,那才叫怪事呢"③。同时,"法律要想成为实现平等的手段,就只有一个办法,那就是从一个人那儿拿走财富,送给另一个人,而这恰恰就是掠夺的办法"④。这完全违背自由这一目标。

对于寄希望于国家来资助各种活动、各个阶层以实现博爱的各种想法,巴斯夏一针见血地指出:"国家是一个庞大的虚构的实体,每个人都竭力通过它以牺牲他人为代价来维持自己的生活。"⑤"铁的事实是:国家不是、也不可能只有一只手。它有两只手,一只管拿,一只管送——换句话说,它有一只粗暴之手,也有一只温柔之手。为了干第二件,必须先得干第一件。……国家一般把它们拿到的东西给自己留下一部分,有时甚至是全部,……而国家给公众的比它从公众那儿拿的还要多,这种事情我们还从来没有看到过,也永远不可能看到,甚至根本就难以想象。"⑥政府如果"要广施博爱,就必须不断加税;如果它减免税收,它就必然会放弃博爱"⑦。因此,他指出人类历史上一直有两种政治制度,一种是政府要多为公众做事,同时它也一定要从公众那里多拿;另一种是政府既不多为公众做事,但也不从公众那儿多拿。那种既要政府多为公众做事,又要从公众那儿少拿的制度,必定是空想。⑧ 他反对无限政府的观念,反对把公众与

① [法]弗雷德里克·巴斯夏:《财产·法律与政府》,贵州人民出版社 2003 年版,第 82—83 页。

② [法]弗雷德里克·巴斯夏:《财产·法律与政府》,贵州人民出版社 2003 年版,第 86—87 页。

③ [法]弗雷德里克·巴斯夏:《财产·法律与政府》,贵州人民出版社 2003 年版,第 85 页。[法]弗雷德里克·巴斯夏:《和谐经济论》,中国社会科学出版社 1995 年版,第 46 页。

④ [法]弗雷德里克·巴斯夏:《财产·法律与政府》,贵州人民出版社 2003 年版,第 89 页。

⑤ [法]弗雷德里克·巴斯夏:《财产·法律与政府》,贵州人民出版社 2003 年版,第 185 页。

⑥ [法]弗雷德里克·巴斯夏:《财产·法律与政府》,贵州人民出版社 2003 年版,第 187 页。

⑦ [法]弗雷德里克·巴斯夏:《财产·法律与政府》,贵州人民出版社 2003 年版,第 188—189 页。

⑧ [法]弗雷德里克·巴斯夏:《财产·法律与政府》,贵州人民出版社 2003 年版,第 192 页。

政府的关系类比于羊群与牧羊人的关系。他强调"国家的职能就是维护秩序和稳定,保护人身和财产,镇制欺诈和暴力行为"①。在他看来,"政府的强力只能应用来维护秩序、保障安全和公正等等"。如果"超出这个界限的政府行为就是对人的良知、智慧和劳动的侵占,总之就是对人的自由的侵占"②。因此,"我们就应毫不迟疑地、毫不留情地把纯属个人范畴的行为,从政府权力的践踏下解脱出来。唯有如此,我们才能争得自由,才能让上帝为人类进步和发展所准备的和谐法则自由运作"③。而按照无限政府的观念,"一个人是幸运还是不幸,是富裕还是贫穷,社会是平等还是不平等,个人具有美德还是恶行,所有这些,都必然得依赖政治当局。我们把所有事物都托付给它,由它来处理一切问题,它无所不为,因此,它就要对一切负责"。他认为正是这种观念要对当时法国"革命不断的局面"负责。让国家承担广泛的而又无法胜任的各种干预任务,由此而导致的公众的失望情绪,正是法国社会动荡不停革命不断的原因。因为在这种观念的支配下,希望实现自己意愿的人都希望通过掌控政府改造社会。④ 只有按照自由主义的原则,把政府的职责严格限制在有限范围之内,才"可以彻底解决一个大难题:终结革命"⑤。

同时,巴斯夏也肯定了与私人物品不同的公共物品——他称作公共劳务——的存在。"在世界各国,有一种劳务在提供、分配和索酬方式上完全不同于私人或自由劳务,这就是公共劳务。"之所以存在公共劳务,是因为"某种需要具有普遍性和同一性",即公共需要。⑥ 他认为"社会是囊括私人劳务和公共劳务的总体,而政府只是涉及公共劳务的部分"⑦。他认为私人劳务需要自由自愿的交换,而"公共劳务就不这样交换。……强制是避免不了的,我们会见到从绝对专制主义到对所有公民最普遍、最直接参与的各种各样的形式"。因此,政府为了提供公共劳务而向公民征税,实际上也是一种交换,"公民为官吏劳动,而官吏则为公民工作,如同在自由劳务中公民相互效劳一样"⑧。可见他并不赞同无政府主义,而是从存在公共劳务出发认可政府的存在和合理的税收,虽然他

① 〔法〕弗雷德里克·巴斯夏:《财产·法律与政府》,贵州人民出版社 2003 年版,第258 页。
② 〔法〕弗雷德里克·巴斯夏:《和谐经济论》,中国社会科学出版社 1995 年版,第 46 页。
③ 〔法〕弗雷德里克·巴斯夏:《和谐经济论》,中国社会科学出版社 1995 年版,第 46 页。
④ 〔法〕弗雷德里克·巴斯夏:《财产·法律与政府》,贵州人民出版社 2003 年版,第 120 页。
⑤ 〔法〕弗雷德里克·巴斯夏:《财产·法律与政府》,贵州人民出版社 2003 年版,第 281页。〔法〕弗雷德里克·巴斯夏:《和谐经济论》,中国社会科学出版社 1995 年版,第 47 页。
⑥ 〔法〕弗雷德里克·巴斯夏:《和谐经济论》,中国社会科学出版社 1995 年版,第 417 页。
⑦ 〔法〕弗雷德里克·巴斯夏:《和谐经济论》,中国社会科学出版社 1995 年版,第 419 页。
⑧ 〔法〕弗雷德里克·巴斯夏:《和谐经济论》,中国社会科学出版社 1995 年版,第 421 页。

对于公共劳务的特征把握得并不准确。但他坚决反对无限度扩大公共劳务的范围,由政府来提供私人劳务,因为这样做会剥夺公民的自由和责任感,并扭曲劳务的价值。① 政府也将因此而变得机构臃肿,②更严重的是,这么做就排除了竞争这种推动进步的最有力的杠杆,因为"官吏没有这种促进进步的兴奋剂,……官吏不在利益的激励而是在法律的影响下行事。……经验证明……凡是受制于官僚制度的一切几乎都是固定不变"③。

巴斯夏认为政府应当承担的公共劳务只有三项:维护治安,保护公众的人身和财产安全;管理公民共同享用的财富、河流、道路等公共事务;为完成上两项任务而征税。④

四、对马克思之前各种社会主义共产主义思潮和方案的批判

巴斯夏认为"共产主义和贸易保护主义的原则是一脉相通的"⑤。因此他的自由主义不仅仅表现在对于贸易保护的指责,更表现在他对于当时各种社会主义共产主义思潮和社会改革方案的批判。他认为共产主义可以大体上分为三类:一是部分人共同劳动和生活,但并不干扰其他人。二是没收所有财产,然后平均分配;他认为这种类型太暴虐、太荒唐、太凶暴,因为它把"掠夺变成一种普遍的法律规则",不仅摧毁财产权,而且摧毁人们工作的积极性。三是通过国家出面以法律的名义"借助掠夺的手段实现平等";他认为这是当时法国最危险的共产主义类型。⑥

巴斯夏认为:"社会主义学派的那些思想家,尽管其学说形形色色,但都建立在一个共同的假设基础上,这种假设可以说有史以来人的心智所能形成的最奇怪、最自负的想法。他们把人分为两类:第一群人是普通人,除了他们自己以外,所有人都属于这个群体;而政治理论家本人,则构成第二个群体,

---

① [法]弗雷德里克·巴斯夏:《和谐经济论》,中国社会科学出版社 1995 年版,第 423, 425 页。

② [法]弗雷德里克·巴斯夏:《和谐经济论》,中国社会科学出版社 1995 年版,第 426 页。

③ [法]弗雷德里克·巴斯夏:《和谐经济论》,中国社会科学出版社 1995 年版,第426— 427 页。

④ [法]弗雷德里克·巴斯夏:《和谐经济论》,中国社会科学出版社 1995 年版,第430— 431 页。[法]弗雷德里克·巴斯夏:《财产·法律与政府》,贵州人民出版社 2003 年版,第 159 页。

⑤ [法]弗雷德里克·巴斯夏:《财产·法律与政府》,贵州人民出版社 2003 年版,第 243 页。

⑥ [法]弗雷德里克·巴斯夏:《财产·法律与政府》,贵州人民出版社 2003 年版,第 252—254 页。[法]弗雷德里克·巴斯夏:《和谐经济论》,中国社会科学出版社 1995 年版,第 243—244 页。

一个迄今为止最重要的群体。……这些理论家看待人的方式跟园丁看待其花园内的林木的方式没有什么两样。园丁可以根据自己的趣味,把树木随意修剪成金字塔形的、伞状的……,同样,每个社会主义理论家也都根据自己的奇思异想,把可怜的人类修整成不同的集团、系列、中心、次中心、细胞、社会工厂,彼此和谐、或者彼此冲突,等等,等等。……他们都把人与立法者之间的关系等同于泥土与制陶工之间的那种关系。"①"他们幻想,可以把自己置于人类之上,因而他们可以按照自己喜欢的方式安排人类、管理人类教育人类。"②但遗憾的是,这种思想一旦流行之后,"没有人想做粘土,每个人都想做制陶工"③。为此,他愤怒地对他所认为的那些不尊重别人的选择自由、妄图按自己的意愿改造社会的人喊道:"啊,你这无耻之徒,你竟然如此自负!你竟然认为人类是如此无足轻重,你竟然想改造一切。先改造你自己吧!这对你来说就是个艰巨的任务了。"④

巴斯夏指出,自由有可能导致人们犯错误并带来痛苦,而社会主义者为了避免这种错误和痛苦,就剥夺人们行动的自由、选择的自由和自由意识,因此"社会主义是专制主义的化身"。他强调社会主义者也是人,也会犯错误,"由于他力图扩展自己的科学和意志,他就更容易犯错误"。但是社会主义者往往自认为自己无比正确,比上帝还强,所以他指责社会主义"有两个成分:轻率的妄想和傲慢的狂热!"⑤他指出各派社会主义之间的"差别大得如同昼夜"。但他们中间的"每个领袖的确都想成为人世间的主神朱庇特。他们每人的确都有自己的设计,都梦想着自己的社会秩序。……他们的争斗是为了弄明白该由谁来拌和人类这堆粘土,但是他们都认为这是一块可以拌和的粘土"⑥。他承认"所有这些宗派,的确都是抱着最美好的信念,而这使他们对社会更为危险;因为真诚地献身于错误,就导致了盲信,而盲信是一股强大的力量,尤其是它可以使广大民众群起响应"⑦。他的结论就是"社会主义的一切都是虚假的。"⑧

---

①　[法]弗雷德里克·巴斯夏:《财产·法律与政府》,贵州人民出版社 2003 年版,第91—93 页。[法]弗雷德里克·巴斯夏:《和谐经济论》,中国社会科学出版社 1995 年版,第486—487 页。

②　[法]弗雷德里克·巴斯夏:《财产·法律与政府》,贵州人民出版社 2003 年版,第 109 页。

③　[法]弗雷德里克·巴斯夏:《财产·法律与政府》,贵州人民出版社 2003 年版,第 333 页。

④　[法]弗雷德里克·巴斯夏:《财产·法律与政府》,贵州人民出版社 2003 年版,第 112 页。

⑤　[法]弗雷德里克·巴斯夏:《和谐经济论》,中国社会科学出版社 1995 年版,第 462 页。

⑥　[法]弗雷德里克·巴斯夏:《和谐经济论》,中国社会科学出版社 1995 年版,第489—490 页。

⑦　[法]弗雷德里克·巴斯夏:《财产·法律与政府》,贵州人民出版社 2003 年版,第 335 页。

⑧　[法]弗雷德里克·巴斯夏:《和谐经济论》,中国社会科学出版社 1995 年版,第 494 页。

巴斯夏要求远离各种社会主义派别和贸易保护论者的"社会工厂、空想的共产村庄,远离他们的国家主义,他们的中央集权,远离他们的关税,他们的大学,他们的国家宗教,他们的无息贷款或金融垄断,他们的管制,他们的限制,远离他们虔诚的说教,也拒绝他们通过税收实现平等的计划。……让我们赶走所有这些人为的制度,而给自由一个机会——自由,正是对上帝及其作品的信心的认可"①。

巴斯夏认为形形色色的社会主义"都一致地要求法律实现博爱原则"②。对于此种观点,他进行了深入分析和批判。他指出,"社会中有些东西是法律管不了的,人们的大量活动,很多情感,都是在法律之外,超出法律管辖范围的"③。而人的博爱精神恰好就是超出法律管辖范围的。"博爱要么是自发的,要么就根本不存在。……法律确实可以强迫人维持公正,但法律如果企图强迫他们具有自我牺牲精神,只能是徒劳的。"④"博爱之心必须是完全自由、完全自发、完全自愿、最有价值、最虔诚的情感",而"如果法律条文以博爱为借口,强迫公民们互相牺牲,那么,人性就必然会被扭曲",就会以博爱的名义出现合法的掠夺。⑤而"如果人们不能确定自己享受自己的劳动果实,那么,他们就会完全放弃劳动或者少干活。众所周知,不安全感是资本市场中最主要的杀手"。而合法的掠夺"会赶走资本,会妨碍资本形成;那么,我们本来想要救助的那些阶级会从中得到什么好处呢?"⑥"因此,对劳动阶级来说,最大的灾难就是被那些讨好他们的人拖入反对资本的战争中,这不仅是荒唐的,也是可悲的。这是一种持续的掠夺威胁,比掠夺本身更可怕。"

针对共产主义者力求通过否定私有制来实现人类平等的观点,巴斯夏指出,恰恰只有通过私有制通过自由才能实现平等。他的论证是,所有物品的效用有两个来源:一是劳务,二是自然。前者具有价值,构成所有权;后者归所有人拥有,因而是免费的。而在私有制和自由的条件下,进步的法则就在于后者不断地取代前者,从而使每个人得自免费的那部分效用不断增加,趋于平等。"私人财产权,那无法阻挡的力量会逐渐在人类中间实现平等。它会建立某种共有基金,每个人可从中得到的回报会不断提高,由此,社会将逐渐趋于平等;

① [法]弗雷德里克·巴斯夏:《财产·法律与政府》,贵州人民出版社 2003 年版,第 128 页。
② [法]弗雷德里克·巴斯夏:《财产·法律与政府》,贵州人民出版社 2003 年版,第 152 页。
③ [法]弗雷德里克·巴斯夏:《财产·法律与政府》,贵州人民出版社 2003 年版,第 153 页。
④ [法]弗雷德里克·巴斯夏:《财产·法律与政府》,贵州人民出版社 2003 年版,第 154 页。
⑤ [法]弗雷德里克·巴斯夏:《财产·法律与政府》,贵州人民出版社 2003 年版,第 173 页。
⑥ [法]弗雷德里克·巴斯夏:《财产·法律与政府》,贵州人民出版社 2003 年版,第 172 页。

由于那些被抹去了的价值(大自然的力量)对每个人来说都是平等的,因此,需要支付报酬的效用会不断减少。""至于人的劳动所创造的那部分效用,……竞争会使报酬趋于均衡。唯一保留下来的不平等,是那些由于努力、劳苦、劳动、技能的不平等……;这种不平等是永远正当的,……假如没有这种不平等,人类的所有努力就都会立刻停止。"他强调指出,现实社会中造成种种不幸和痛苦的不平等,并非源于私有制,而是由于掠夺。①

五、掠夺——人类不平等的真正根源

巴斯夏为了反驳对私有制财产权的各种指责,强调导致人类不平等的并非私有制,而是形形色色的掠夺。他首先从自私自利的经济人假设出发,认为人的利己心既是人类最好的东西,也是人类最坏的东西,因为它"创造出了人类赖以生存和发展的一切东西:它刺激了劳动,形成了财产权。然而与此同时,它也给这个世界带来了形形色色的不公正。这些不公正的形态各异,但都可以用一个词来概括:掠夺。财产权和掠夺,一个是社会的救赎之道,一个是社会苦难的根源,一个是善良的天才,一个是罪恶的天才,其实是一个父亲所生的孪生姐妹,自从人类控制整个世界的命运开始,这两种力量就在争斗"②。他认为人的掠夺本性正是战争的根源。③

巴斯夏指出了掠夺的一般特征"就是利用暴力或者欺骗不让我们获得等价的劳务回报"④。因此,他所谓的掠夺并非通常人们所说的狭义的偷盗,而是广义的。尤其是那种"通过一整套法律体系进行的,并且得到了社会的默许甚至是赞成。而只有这种大面积的掠夺,才足以……在很长时间中阻止自由所推进的社会趋于平等的趋势,导致永久性的社会和经济不平等,使有些人陷入贫穷的深渊,使整个世界罪恶泛滥,而有些浅薄的人却将此归罪于财产权"⑤。他指出,这种广义的掠夺,在古代往往表现为攻城略地抢夺别国财产的战争、奴隶制、封建制,以及法国在 1789 年以前的利用公众的无知和轻信滥用宗教权威以破坏人们正确的判断力,即神权政治;在当下则表现为形形色色提高职业门槛

---

① 〔法〕弗雷德里克·巴斯夏:《财产·法律与政府》,贵州人民出版社 2003 年版,第 222—224 页。

② 〔法〕弗雷德里克·巴斯夏:《财产·法律与政府》,贵州人民出版社 2003 年版,第 225 页。〔法〕弗雷德里克·巴斯夏:《经济学诡辩》,机械工业出版社 2010 年版,第 100 页。

③ 〔法〕弗雷德里克·巴斯夏:《和谐经济论》,中国社会科学出版社 1995 年版,第 451—454 页。

④ 〔法〕弗雷德里克·巴斯夏:《财产·法律与政府》,贵州人民出版社 2003 年版,第 225 页。

⑤ 〔法〕弗雷德里克·巴斯夏:《财产·法律与政府》,贵州人民出版社 2003 年版,第 226 页。

导致垄断的从业执照、关税等形形色色的税收、贸易限制、国家低息或免息贷款、商业欺诈，等等。① "最后，还有对资本的战争，以及所有人都荒唐地要求牺牲所有人以图自己生存和发展"②。他特别谈到"政府服务的滥用，这是掠夺的重灾区"③。

对于从业执照，巴斯夏谈道："不管是谁，假如想当出庭律师，内科医生，经纪人政府债券承销商，……屠夫，甚至面包师，都会遇到法律上的种种限制。……于是，那些已经获得执照的人就可以肆意提高他们的价格，最后就变成了，仅仅拥有这种执照本身，也具有很大价值，哪怕什么劳务也不提供。"④

对于税收，巴斯夏谈道："税收已经变成了某种很吃香的谋生之道。……政府工作岗位的数量一直在稳定地增长，……想进入政府工作的申请者的增长速度比工作岗位数增长得还要快。"⑤他认为人们都陷入一种幻想，认为国家是一个不占用我们财富却可以不断向我们提供各种各样财富的东西，都希望从别人的税收中为自己提供无偿的好处。每个人都对它索要无度。他指出这是一种"致命的幻想！"因为它扭曲了劳务交换的正常价值，而由此造成的负担将由所有人包括穷人承担。因此这是一种打着团结和博爱之类的美丽旗号的"最温柔、最狡猾、最有独创性的掠夺"⑥。他特别强调，如果税收取之于民且用之于民，则税收是好的，但若税收取之于民且用之于官员自己，则税收是坏的。⑦

巴斯夏在其临终前的一次发言中甚至谈到，"政治经济学的一个重要任务是写下掠夺的历史。掠夺有着悠久的历史，从人类出现以来，征服、移民、入侵到一切破坏公正的暴力的事件一直没有消停过。这些事件留下的后遗症依然给人类带来伤害并阻碍我们解决当前的问题。如果我们不知掠夺如何发生、没有意识不公正已经深深地渗透到我们的习俗和法律之中，这个问题就无法得到

---

① [法]弗雷德里克·巴斯夏：《财产·法律与政府》，贵州人民出版社 2003 年版，第226－231 页。[法]弗雷德里克·巴斯夏：《经济学诡辩》，机械工业出版社 2010 年版，第 98 页。[法]弗雷德里克·巴斯夏：《和谐经济论》，中国社会科学出版社 1995 年版，第 395 页。

② [法]弗雷德里克·巴斯夏：《财产·法律与政府》，贵州人民出版社 2003 年版，第 233 页。

③ [法]弗雷德里克·巴斯夏：《经济学诡辩》，机械工业出版社 2010 年版，第 109 页。

④ [法]弗雷德里克·巴斯夏：《财产·法律与政府》，贵州人民出版社 2003 年版，第 228－229 页。

⑤ [法]弗雷德里克·巴斯夏：《财产·法律与政府》，贵州人民出版社 2003 年版，第 229 页。

⑥ [法]弗雷德里克·巴斯夏：《财产·法律与政府》，贵州人民出版社 2003 年版，第 230－231 页。

⑦ [法]弗雷德里克·巴斯夏：《经济学诡辩》，机械工业出版社 2010 年版，第 31 页。

解决。"①他认为政治经济学的任务之一就是"摧毁被称作'掠夺'的混乱秩序",成为"人类积蓄的防盗锁"②。

巴斯夏认为要制止人类的掠夺行为,既需要宗教的力量,也更需要经济学的理论,前者劝人为善,放弃掠夺;而后者则揭露各种掠夺行为,使被掠夺者能够清醒能够反抗。③

六、和谐经济理论体系

巴斯夏在《和谐经济论》中构建了一个和谐经济理论体系。该书由一篇代序言和 25 章正文构成。他在《致法国青年》这篇代序言中宣告,引导人们"去认识一切正当的利益彼此和谐这个真理。这便是本书的主旨"④。该书的 25 章正文就是从各个不同角度论述这一"主旨"的。概括说来,他的基本论据是两个:

其一是上帝的意志。他说:"上帝的法则是和谐。""依据上帝的法则,当人们从事……活动时,从他们的智能中自发地涌现的,只能是秩序、和谐、进步、善良、更美好,以至无限美好。"⑤他声明,遵奉上帝的法则,"并非缘自盲目和顺从,它与上帝神秘的启示无涉;它是科学的、经由推理得到的信仰,恰如我们对事实进行调查后得出的结论"⑥。因此,他大声疾呼:"我确信,上帝以其光芒四射的智慧制定了关于重力和速度的法则,至少也同样制定了有关利益和意愿的法则。我确信,社会中存在的一切,包括那些对社会造成伤害的,都是社会进步和完善的动力。我确信,不幸促使幸福早日到来,最终导致幸福,而幸福却不会导向不幸,所以最终主宰世界的必定是幸福。我确信,社会不可抗拒的趋势是人们的不断升华,在体能、智力和道德诸方面达到一个共同的水平,而这个水平又在不断提高,永无止境。我确信,只要这种趋势不被扰乱并能争得运作的自由,人类就能宁静地逐步发展。我之所以坚信不疑,并非因这一切是我的期望,能使我内心得到满足,而是因为这是我用我的智慧深思熟虑的结果。"⑦

其二是人的求利本性和有限理性。巴斯夏说:"人的本性是追求幸福和谐。"⑧"人来到世上,本身对幸福有着执着的追求,对痛苦则表示厌恶。鉴于人

---

① ［法］弗雷德里克·巴斯夏:《经济学诡辩》,机械工业出版社 2010 年版,第 230 页。
② ［法］弗雷德里克·巴斯夏:《经济学诡辩》,机械工业出版社 2010 年版,第 102 页。
③ ［法］弗雷德里克·巴斯夏:《经济学诡辩》,机械工业出版社 2010 年版,第 117-120 页。
④ ［法］弗雷德里克·巴斯夏:《和谐经济论》,中国社会科学出版社 1995 年版,第 34 页。
⑤ ［法］弗雷德里克·巴斯夏:《和谐经济论》,中国社会科学出版社 1995 年版,第 42 页。
⑥ ［法］弗雷德里克·巴斯夏:《和谐经济论》,中国社会科学出版社 1995 年版,第 47 页。
⑦ ［法］弗雷德里克·巴斯夏:《和谐经济论》,中国社会科学出版社 1995 年版,第 47-48 页。
⑧ ［法］弗雷德里克·巴斯夏:《和谐经济论》,中国社会科学出版社 1995 年版,第 440 页。

有这种本能的驱动,我们不应否认个人利益是个人、所有的个人,乃至社会的大动力。在经济范围内,既然个人利益是人类活动的动机和社会的大原动力,那么,恶与善亦产生于此。因此,必须从个人利益中寻找扰乱社会的诸多因素之间的和谐。"①他认为我们"必须承认那种卑俗的、低级的、可鄙的、受人轻视的,但也是最强大的动机,即自私自利"②。"不可改变的事实是,无论愿意与否,永无休止地推动社会前行的自然动力还是自利"③。"不管人们怎么说,个人利益是所有动机中最强大、最经常、最单一、最普遍的动机"④。同时,他也指出,有两种不同的人类关系,"一种关系隶属于同情心原则——我们将其归入道德范畴;另一种关系则是从个人利益派生出来的。这种关系是在彼此互不认识而又承认公正的人们之间完成的,这种关系是通过自愿的,并且经过自由辩论后形成的公约来规范的"⑤。这就是说,他实际上并非认为人只有利己心,而是兼有同情心,⑥只是它们所活动的领域各有不同。在市场交易中,主要是利己心在发挥作用,"如果一个买卖人开始按照博爱的原则来出卖他的商品的话,那么,我敢相信,不出一个月,他的孩子们只好沦为乞丐"⑦。他也并不否定无私忘我精神的存在,但是"忘我的存在是个例外,忘我唯其如此才是一种美德,才为我们所敬仰。……无私的努力就其数量而言,绝对无法与由我们本性严酷的必需所决定的努力相提并论"⑧。

巴斯夏认为人是有限理性的,有自由意识,因此会"作出错误的判断和选择",会认错因果关系,会追求错误的目标。⑨

巴斯夏还强调了人的本性的另一个方面,即对于确定性的追求和对于风险的回避,"在生存条件方面,人们渴望安全,寻求固定,避免不稳定状况,这是人的天性。因此,这种倾向是令人喜欢的、合乎道德的、普遍的、无法摧毁的"⑩。

---

① [法]弗雷德里克·巴斯夏:《和谐经济论》,中国社会科学出版社1995年版,第442页。
② [法]弗雷德里克·巴斯夏:《财产·法律与政府》,贵州人民出版社2003年版,第279页。
③ [法]弗雷德里克·巴斯夏:《经济学诡辩》,机械工业出版社2010年版,第77页。
[法]弗雷德里克·巴斯夏:《和谐经济论》,中国社会科学出版社1995年版,第70页。
④ [法]弗雷德里克·巴斯夏:《和谐经济论》,中国社会科学出版社1995年版,第333页。
⑤ [法]弗雷德里克·巴斯夏:《和谐经济论》,中国社会科学出版社1995年版,第334页。
⑥ [法]弗雷德里克·巴斯夏:《和谐经济论》,中国社会科学出版社1995年版,第118页。
⑦ [法]弗雷德里克·巴斯夏:《和谐经济论》,中国社会科学出版社1995年版,第335页。
⑧ [法]弗雷德里克·巴斯夏:《和谐经济论》,中国社会科学出版社1995年版,第445—446页。
⑨ [法]弗雷德里克·巴斯夏:《和谐经济论》,中国社会科学出版社1995年版,第71—72页。
⑩ [法]弗雷德里克·巴斯夏:《和谐经济论》,中国社会科学出版社1995年版,第353页。

他认为这种天性是人类社会中类似于工资、利息、年金、保险等等相对固定的收入形式能够发展出来的根源，"人类重大演变的原动力是所有人都追求安逸舒适，固定性则是舒适中最本质的部分"①。

巴斯夏从上述两个基本论据出发所构建的和谐经济理论体系，可以概述如下。

（一）政治经济学的研究对象及其性质

巴斯夏认为"政治经济学的主题是人。但是，政治经济学并不研究人的一切。……凡是涉及人的同情心的和富有感染力的领域都属于伦理学，留给姐妹学科政治经济学的只有个人利益这个冷冰冰的领域"②。但他并不认为政治经济学与伦理学是截然分开的，两者"之间存在着难以胜数的接触点"③。

那么政治经济学研究人的什么方面呢？巴斯夏认为就是人们在劳务交换中形成的自然秩序。他所说的劳务，其实就是我们今天所说的服务，而并非我们今天所说的劳动。他指出，"彼此为他人劳动是人所独具的能力，而为其他一切生物所无。努力的转移，劳务的交换，以及在时空中形成的纷繁复杂的各种交换方式的组合，这些组成了政治经济学，展示了政治经济学的根源，界定了政治经济学的范畴"④。他认为这种努力的转移、劳务的交换构成一种自然秩序，使社会"有一种巧妙的机制在起着作用，使社会呈现出种种复杂的利益结合，……这种巧妙的机制就是政治经济学的研究对象"⑤。

在巴斯夏看来，"政治经济学是一种观察和阐述的科学。它不对人们说：'我命令你们，我建议你们不要离火太近。'也不说：'我设想出一种社会组织，根据众神的启示，我设计了一些制度，可以使你们与火保持足够的距离。'不是这样。政治经济学看到火在燃烧，告诉大家着火了，并证实着火了，对于其他经济、道德方面类似的现象它也这样做，它深信这样做就行了。在政治经济学看来，人们不愿被火烧死是最基本的，早就存在的事实，它既不会创造这个事实，也不会歪曲这个事实"⑥。政治经济学"不是为了改变人的意向，……而是为了向人们指出幸福与不幸，让人作出决定"⑦。政治经济学的作用是唤醒自由意志，指出原因的结果，确信在真理的作用下'舒适和安逸将尽可能地

① ［法］弗雷德里克·巴斯夏：《和谐经济论》，中国社会科学出版社 1995 年版，第 354 页。
② ［法］弗雷德里克·巴斯夏：《和谐经济论》，中国社会科学出版社 1995 年版，第 69 页。
③ ［法］弗雷德里克·巴斯夏：《和谐经济论》，中国社会科学出版社 1995 年版，第 76 页。
④ ［法］弗雷德里克·巴斯夏：《和谐经济论》，中国社会科学出版社 1995 年版，第 74 页。
⑤ ［法］弗雷德里克·巴斯夏：《和谐经济论》，中国社会科学出版社 1995 年版，第 52 页。
⑥ ［法］弗雷德里克·巴斯夏：《和谐经济论》，中国社会科学出版社 1995 年版，第 490 页。
⑦ ［法］弗雷德里克·巴斯夏：《和谐经济论》，中国社会科学出版社 1995 年版，第 490 页。

普遍'"①。

巴斯夏指出:"与几何学、物理学不同,政治经济学不具有对那些可以计量的事物进行思考的优点,这正是它的困难之一,这也是它永远会犯错误的原因。"②

(二)需要与效用、财富与价值、交换与分工

巴斯夏指出,"政治经济学的研究对象是人,是从需要及满足需要的手段这个角度来考虑的人"③。关于人的需要,他提出了三个特性:层次性、发展性和多样性。关于层次性,他指出"物质需要排在前面。……只有在保持和维护生命的那些需要得到满足后,人才可能转而去努力满足更高层次的道德和伦理需要"④。关于发展性,他指出"一般意义上的需要产生于人的肉体和精神的本性,并与习惯的力量和自尊心有关,它具有无限的扩张性,因为它的永不枯竭的根源是欲望"⑤。因此,"人的需要不是一个固定不变的量,这一点是绝对可靠的、不容置疑的、绝无例外的事实。无论从哪方面说,十四世纪的人对饮食、住房和教育的需要,不是我们现时的需要,不难预见,现时我们的需要也不可能与我们后代的需要相同"⑥。关于多样性,他指出"需要、愿望、自然提供的物质和力量、人的体力、器官、智力、品德,所有这些都因人、因时、因地而异。就这些因素中的任何一个而言,没有一个人完全相同,若就所有这些因素而言,当然更是如此"⑦。

从人的需要的发展性出发,巴斯夏认为生产过剩只是短时期中的现象,因此并不对之加以重视并考虑,并认为对生产过剩的担忧是政治经济学的一个错误。⑧

从人的需要的多样性出发,巴斯夏认为"人与人之间巨大的不平等是不可

① [法]弗雷德里克·巴斯夏:《和谐经济论》,中国社会科学出版社1995年版,第488—489页。

② [法]弗雷德里克·巴斯夏:《和谐经济论》:中国社会科学出版社1995年版,第84页。

③ [法]弗雷德里克·巴斯夏:《和谐经济论》,中国社会科学出版社1995年版,第85页。

④ [法]弗雷德里克·巴斯夏:《和谐经济论》,中国社会科学出版社1995年版,第78—79页。

⑤ [法]弗雷德里克·巴斯夏:《和谐经济论》,中国社会科学出版社1995年版,第84页。

⑥ [法]弗雷德里克·巴斯夏:《和谐经济论》,中国社会科学出版社1995年版,第84页。

⑦ [法]弗雷德里克·巴斯夏:《和谐经济论》,中国社会科学出版社1995年版,第96页。

⑧ [法]弗雷德里克·巴斯夏:《和谐经济论》,中国社会科学出版社1995年版,第84—85页。

避免的"。因此,"平等如同财富、自由、博爱、团结一样,是一种结果,而不是起点"①。

巴斯夏把一切能够满足需求的东西都称之为"效用",他从效用的来源把它分为两类,一类是各种自然力无偿赐给人们的,可称作无偿效用;另一类则需要用劳动努力来换取,可称作有偿效用。② 他的劳动概念是广义的,是指"满足需要的人的各种能力的作用"③。

巴斯夏认为"效用……几乎总是由自然和劳动合作提供"④。所以财富并非由劳动单独创造,但价值却是劳动赋予的,"自然的赠与不论其效用如何,都不具有价值"⑤。他实际上是区分了物质财富与交换价值。

巴斯夏指出人们孜孜以求的就是在每个具体成果中"提高无偿效用与有偿效用的比例"。他认为这是"经济领域中一切进步的缘由"⑥。他所说的其实就是今天人们所讲的技术进步。他认为政治经济学如果不考虑无偿效用以及它对于有偿效用的替代,"就会在社会秩序中看到一切,唯独看不见和谐"⑦。这个观点表明,他的和谐经济论是以长期中的技术进步为基础的。

至于人们满足效用的手段,巴斯夏强调了分工与交换,他首先指出,"一个人的需要由于另一个人的努力而得到满足"⑧。"倘若我们每一个人都愿意检视一下自己得到的一切满足,那就会承认,其中大部分不是靠自己的努力得到的。与此同理,我们每个人在各自岗位上付出的劳动,几乎都用来满足那些并不属于我们自己的愿望了。"⑨因此,"社会原理和政治经济学的根源,不应到需要和满足中去寻找,而应到……人的努力中寻找"。他指出,"付出努力以满足他人的需要,就是为他人提供劳务,如果规定应以劳务为报,那就有了劳务的交换。由于这种情况最为常见,所以政治经济学也可称作交换理论"⑩。他还

---

① ［法］弗雷德里克·巴斯夏:《和谐经济论》,中国社会科学出版社 1995 年版,第 96 页。
② ［法］弗雷德里克·巴斯夏:《和谐经济论》,中国社会科学出版社 1995 年版,第 71 页。
③ ［法］弗雷德里克·巴斯夏:《和谐经济论》,中国社会科学出版社 1995 年版,第 94 页。
④ ［法］弗雷德里克·巴斯夏:《和谐经济论》,中国社会科学出版社 1995 年版,第 88 页。
⑤ ［法］弗雷德里克·巴斯夏:《和谐经济论》,中国社会科学出版社 1995 年版,第 88 页。
⑥ ［法］弗雷德里克·巴斯夏:《和谐经济论》,中国社会科学出版社 1995 年版,第 71 页。
⑦ ［法］弗雷德里克·巴斯夏:《和谐经济论》,中国社会科学出版社 1995 年版,第 75 页。
⑧ ［法］弗雷德里克·巴斯夏:《和谐经济论》,中国社会科学出版社 1995 年版,第 73 页。
⑨ ［法］弗雷德里克·巴斯夏:《和谐经济论》,中国社会科学出版社 1995 年版,第 73—74 页。
⑩ ［法］弗雷德里克·巴斯夏:《和谐经济论》,中国社会科学出版社 1995 年版,第 74—75 页。

甚至认为,"交换即社会"①。而合法的交换须满足两个条件:"首先,交易的一方当事人不被另一方歪曲事实所误导。其次,交易是自由的、自愿的。"②"只要交换是自由的,被交换的劳务总是等价的"。因此,"政治经济学也可称为价值理论"③。

在巴斯夏看来,人类社会就是交换的社会。他说:"没有交换的社会和没有社会的交换都是不可想象的","如果人与人之间不交换劳动成果和思想,如果彼此之间没有交易,那么,可能有许多人群,有许多共存的个人,但不会有社会。"④人们彼此相互帮助,相互提供劳务,人们用各自的"能力或源自能力的东西,在得到相应回报的条件下为他人提供劳务。这就是社会"⑤。这种相互劳务的交换,引起以下两种现象:"一是将人们的力量联合起来,一是促使人们进行分工"⑥。从而使人们的努力仅因分工、合作和联合就获得了更大的成果,也就是说,人们通过相互交换劳务这种形式增加了满足。由此他得出结论,"社会的本质在于人人彼此为他人劳动"。并指出,"我们提供的劳务多,我们提供的劳务受好评、需要大、报酬高,我们得到的回报也就多"⑦。

巴斯夏指出,人们相互分工交换劳务的自然秩序就是"渐进的自愿联合"。对此,他解释说:"社会不是别的,而是渐进的自愿联合。它在初始阶段并不完善,因为人本身就不完善;随着人的完善,社会日臻完善,也就是说这种联合是渐进的。劳动、资本和才能是否可能形成一种更加紧密的联合,从而使人类大家庭的成员能享有更多的幸福和分配到更为合理的财富呢?可能,但必须具备以下条件:联合是自愿的,没有暴力和强制横加干预,参加联合的人不谋求拒不参加联合的人为建立联合而支付费用。"⑧他认为这种以自由交换为基础的自愿联合,"远比社会主义学派梦想的为好。因为,由于拥有良好的机制,这种联合与个人的独立并行不悖,每个人在任何时候都可以根据对自己是否合适的原则参加和退出联合。每个人为联合作出自愿的贡献,从联合中取得满足,这是依据公正的法则,由事物的性质而不是由首领的专断决定的,所以相比之下更高、

① [法]弗雷德里克·巴斯夏:《和谐经济论》,中国社会科学出版社1995年版,第130页。
② [法]弗雷德里克·巴斯夏:《财产·法律与政府》,贵州人民出版社2003年版,第225页。
③ [法]弗雷德里克·巴斯夏:《和谐经济论》,中国社会科学出版社1995年版,第75页。
④ [法]弗雷德里克·巴斯夏:《和谐经济论》,中国社会科学出版社1995年版,第99页。
⑤ [法]弗雷德里克·巴斯夏:《和谐经济论》,中国社会科学出版社1995年版,第100页。
[法]弗雷德里克·巴斯夏:《财产·法律与政府》,贵州人民出版社2003年版,第198页。
⑥ [法]弗雷德里克·巴斯夏:《和谐经济论》,中国社会科学出版社1995年版,第105页。
⑦ [法]弗雷德里克·巴斯夏:《和谐经济论》,中国社会科学出版社1995年版,第132页。
⑧ [法]弗雷德里克·巴斯夏:《和谐经济论》,中国社会科学出版社1995年版,第62页。

更进步"①。

对于这种分工和交换的自然秩序,巴斯夏也像斯密那样对其作出了伦理上的论证。他指出,"自然对社会秩序作了巧妙的安排,使得那些不以道德为动力的行为,也能达到道德的结果。……交换的动机虽不崇高,但……都在社会中推动了崇高的趋向"②。据此,他反驳了社会主义思想家认为交换使人日益卑劣的观点。③

关于分工和自由交换的起因,巴斯夏给出了两条客观原因:(1)"人对自然力量的利用越好,就越能获得所需一切"。(2)"自然资源在地球上的分布是不均匀的",而且"自然赋予人的能力也是强弱不等的",因此"通过交换,无偿效用可以取代有偿效用"④。可见,他主要是从自然和个人能力方面禀赋的差别来探讨分工和交换的起源的。

值得注意的是,巴斯夏从交易成本的角度分析了"交换的界限"⑤。他首先从物物交换的不便论证了货币的起源。⑥ 然后他指出了社会为了方便交换而投入的人力物力,"贵金属、道路、运河、铁道、车辆、船舶……银行家、批发商、小店主、经纪人、运输商、海员等等"⑦。由于这些交易费用的存在,交换不会无限度进行下去,"当加上交换费用后的生产费用超过了直接生产所需要的努力或与之持平时",交换就会停止。而改善交易机制,降低交易费用,就会使交易大量增加。⑧ 他谈到人口密度对降低交易费用的作用,认为"人口密度是进步的原因之一"⑨。

从自由交易的优越性出发,巴斯夏论证了政府干预交易的不合理性,一是政府膨胀,官员不断增加;二是政府职能的偏离。结果"或是引起了不应有的交换,或是阻止了本应有的交换,无论前者或后者,都会导致劳动和资本的浪费和

---

① ［法］弗雷德里克·巴斯夏:《和谐经济论》,中国社会科学出版社 1995 年版,第 106 页。
② ［法］弗雷德里克·巴斯夏:《和谐经济论》,中国社会科学出版社 1995 年版,第 118 页。
③ ［法］弗雷德里克·巴斯夏:《和谐经济论》,中国社会科学出版社 1995 年版,第129—130 页。
④ ［法］弗雷德里克·巴斯夏:《和谐经济论》,中国社会科学出版社 1995 年版,第 107 页。
⑤ ［法］弗雷德里克·巴斯夏:《和谐经济论》,中国社会科学出版社 1995 年版,第 113 页。
⑥ ［法］弗雷德里克·巴斯夏:《和谐经济论》,中国社会科学出版社 1995 年版,第110—113 页。
⑦ ［法］弗雷德里克·巴斯夏:《和谐经济论》,中国社会科学出版社 1995 年版,第 114 页。
⑧ ［法］弗雷德里克·巴斯夏:《和谐经济论》,中国社会科学出版社 1995 年版,第 114 页。
⑨ ［法］弗雷德里克·巴斯夏:《和谐经济论》,中国社会科学出版社 1995 年版,第 115 页。

误用,进而引起混乱,使人口的分布违背自然规律"①。

巴斯夏认为自由交换将不仅"改善人的生活条件,并使之趋向平等"②。因此,他坚决反对政府以消除自由带来的不平等为由实行再分配,即取自于甲,赠之于乙;这种由政府实施的再分配不会带来整个社会财富的增加,但必然带来"专断而臃肿的政府、否定自由和财产、阶级对抗和民族对抗"③。他认为法国社会当时的贫困现象正是政府粗暴干预自由交换,通过授予某些人以特权,取自于甲、赠之于乙的结果。④

(三)劳务价值论

巴斯夏认为,"从经济学观点看,社会即为交换。第一次产生交换时就有价值的概念"⑤。为了说明价值,首先要将各种交换"一律简化为劳务对劳务的交换"⑥。他指出,"价值同人们为满足他们需要所作出的努力有关",而且还应"同人的已交换或可以交换的努力有关。交换不只是确认和测定价值,而且产生价值"。"世界上第一次有价值观念是这样一种情况:某人对他兄弟说,'你替我做这件事,我帮你做那事'。他们两人都同意了,因为这时人们第一次可以说:两项交换的劳务价值相等。"⑦

巴斯夏给价值一词下的定义是:"价值就是两项交换的劳务之间的比例关系。"⑧他在举出一组例子来展示什么是价值后,进一步解释说:"实际上价值完完全全只是从提供的劳务中产生","两种劳务相互交换了,于是价值出现了"⑨。"价值与劳务同时变化,而且按照劳务的变化而变化,所以价值寓于劳务"⑩,而不是寓于物本身,既不寓于面包,也不寓于钻石等等。他说:"我在这里要论证的是,所谓物的价值其实就是劳务的价值而已,实在的或假想的劳务也好,由物引起而得到的或付出的劳务也好,都是这样。"⑪

① [法]弗雷德里克·巴斯夏:《和谐经济论》,中国社会科学出版社1995年版,第116—117页。
② [法]弗雷德里克·巴斯夏:《和谐经济论》,中国社会科学出版社1995年版,第120页。
③ [法]弗雷德里克·巴斯夏:《和谐经济论》,中国社会科学出版社1995年版,第121页。
④ [法]弗雷德里克·巴斯夏:《和谐经济论》,中国社会科学出版社1995年版,第125页。
⑤ [法]弗雷德里克·巴斯夏:《和谐经济论》,中国社会科学出版社1995年版,第133页。
⑥ [法]弗雷德里克·巴斯夏:《和谐经济论》,中国社会科学出版社1995年版,第138页。
[法]弗雷德里克·巴斯夏:《财产·法律与政府》,贵州人民出版社2003年版,第205页。
⑦ [法]弗雷德里克·巴斯夏:《和谐经济论》,中国社会科学出版社1995年版,第136页。
⑧ [法]弗雷德里克·巴斯夏:《和谐经济论》,中国社会科学出版社1995年版,第136页。
⑨ [法]弗雷德里克·巴斯夏:《和谐经济论》,中国社会科学出版社1995年版,第139页。
⑩ [法]弗雷德里克·巴斯夏:《和谐经济论》,中国社会科学出版社1995年版,第141页。
⑪ [法]弗雷德里克·巴斯夏:《和谐经济论》,中国社会科学出版社1995年版,第145页。

巴斯夏认为,只有他的这种劳务价值论,才是"真正的价值论"①,才"绝对精确"②,而以往经济学所提出的种种"价值原理都只是根据造成价值增减诸多情况中的某个情况,如物质性、时间性、使用性、稀少性、劳动、为获取而遇到的困难以及判断等等",他们"都以为哪种情况最重要,就竭力突出哪种情况,结论也总是靠推理演绎得出的……以偏概全"。他指出:"价值原理对亚当·斯密来说在于物质性和时间性,对萨伊来说在于使用性,对李嘉图来说在于劳动,对西尼尔来说在于稀少性,而对施托希来说则在于判断,等等。"③

巴斯夏在评价斯密等人的劳动价值论时指出,他们的"劳动"的"含义太窄"④,只是生产过程中耗费的劳动,他认为"价值的基础主要不是转让它的人所付出的劳苦,而是得到它的人所免除的劳苦"⑤。"价值的估量至少既要根据为受让人省去的劳动,也要根据让与人付出的劳动。……因此,价值由劳动确定这一说法是不确切的。价值是由劳务一词包含的诸多因素决定。"⑥因此,"更确切的提法应该是,价值寓于劳务而不是寓于劳动,因为价值与劳务而不是与劳动成比例"⑦,"价值是对两项相互比较的劳务作出评价的结果"⑧。他坚决主张用"劳务一词代替劳动一词",因为"劳务一词考虑到了合理范围内的各种情况"⑨,"劳务"包含相互交换的"提供"和"接受"⑩,"劳务包含任何一种努力"⑪。

在巴斯夏看来,无论是木工、泥瓦工、制造商、裁缝、医生、传达员、律师、商人、画家、法官、总统等人提供相互交换的劳务,还是军人、战士、民兵、保镖、演员、歌女、教士、牧师等人提供相互交换的劳务,都是有"生产性的",都"具有价

① [法]弗雷德里克·巴斯夏:《和谐经济论》,中国社会科学出版社 1995 年版,第 136 页。
② [法]弗雷德里克·巴斯夏:《和谐经济论》,中国社会科学出版社 1995 年版,第 137 页。
③ [法]弗雷德里克·巴斯夏:《和谐经济论》,中国社会科学出版社 1995 年版,第 138 页。
④ [法]弗雷德里克·巴斯夏:《和谐经济论》,中国社会科学出版社 1995 年版,第 159 页。
⑤ [法]弗雷德里克·巴斯夏:《和谐经济论》,中国社会科学出版社 1995 年版,第 281 页。
⑥ [法]弗雷德里克·巴斯夏:《和谐经济论》,中国社会科学出版社 1995 年版,第160—161 页。
⑦ [法]弗雷德里克·巴斯夏:《和谐经济论》,中国社会科学出版社 1995 年版,第 160 页。
⑧ [法]弗雷德里克·巴斯夏:《和谐经济论》,中国社会科学出版社 1995 年版,第 169 页。
⑨ [法]弗雷德里克·巴斯夏:《和谐经济论》,中国社会科学出版社 1995 年版,第 170 页。
⑩ [法]弗雷德里克·巴斯夏:《和谐经济论》,中国社会科学出版社 1995 年版,第 169 页。
⑪ [法]弗雷德里克·巴斯夏:《和谐经济论》,中国社会科学出版社 1995 年版,第 169 页。

值"①。他说:"凡是有劳务交换的地方,我们都看到了价值"②,"我们对普天下所有的人都承认劳务具有价值,因为我们自觉自愿用一项相等的劳务偿还"③。

巴斯夏的这种劳务价值论,是他建立和谐经济理论体系的主要支柱。

(四)和谐分配论

巴斯夏在其劳务价值论的基础上论证社会各阶级利益的和谐。在他看来,社会各阶级之间都是"劳务交换劳务。人们让与和接受的东西一样,都是劳动,是努力,是辛苦,是护理治疗,是先天或后天获得的技能;人们相互给予的,是彼此的满足;交换的决定因素,是共同利益,交换的衡量标准,是对彼此提供的劳务的自由评估。由人类交易引出的种种组合需要浩如烟海的经济词汇;利润、利息、工资等字所表示的意思虽有差别,但并没有改变事物的实质。这永远是一物换一物,或说得更确切些,是一报回一报"④。这就是说,工人为社会提供劳务,得到的报酬是工资,资本家为社会提供资本(它由生产工具、材料和食物构成,即积累劳务),得到的报酬是利润,利润又分为企业家收入和利息。企业家收入就是对资本家经营企业所提供劳务的报酬。利息则是资本家"或将立即可得的满足推迟几年将它转给受让与者,或给予了受让与者可能增加其自身力量、利用自然因素和为自己提高满足与努力关系的某种工具。这些利益他不享受而是让与了别人,肯定地说这就是为别人提供劳务,……不可能认为这种劳务没有互助权"⑤。因此这种推迟"本身就是一种特别劳务",这就要有报酬,而"这种报酬在不同的情况下有不同的说法:租金、地租、定期收益,统称利息"⑥。

在巴斯夏看来,地租具有和利息相似的性质。他认为:"土地本身没有价值。"⑦在他看来,土地的价值是包含在土地中并与土地融合在一起的,人们说"土地有价值",这是一种"换喻"的说法。他指出,"生产的自然力量起初没有给予土地任何价值,现在它也同样没有价值。这种自然力以前是无偿的,现在还是,将来永远是。我们完全可以说:这块土地值钱,其实值钱是将土地改善了的人的劳动,是撒在土地上的资本。土地的所有者最终只是他所创造的价值和他

① [法]弗雷德里克·巴斯夏:《和谐经济论》,中国社会科学出版社1995年版,第147页。[法]弗雷德里克·巴斯夏:《财产·法律与政府》,贵州人民出版社2003年版,第207页。
② [法]弗雷德里克·巴斯夏:《和谐经济论》,中国社会科学出版社1995年版,第151页。
③ [法]弗雷德里克·巴斯夏:《和谐经济论》,中国社会科学出版社1995年版,第154页。
④ [法]弗雷德里克·巴斯夏:《和谐经济论》,中国社会科学出版社1995年版,第352页。
⑤ [法]弗雷德里克·巴斯夏:《和谐经济论》,中国社会科学出版社1995年版,第201页。
⑥ [法]弗雷德里克·巴斯夏:《和谐经济论》,中国社会科学出版社1995年版,第201页。
⑦ [法]弗雷德里克·巴斯夏:《和谐经济论》,中国社会科学出版社1995年版,第344页。

所提供的劳务的所有者"①，而地租就是对这种土地所有者作为社会和自然的中介、在开发和改良土地所提供劳务应得的报酬。他说，在"土地所有者自己花钱改良土地所带来的增值，无疑，这是一种资本，它将按资本的规律行事"②。但他又认为，"土地的价值不是由一种现象影响的，其他的情况如开凿运河、建设城市，可能使这一价值上升"③。因此，"随着居民更加稠密和更加富有，交通更加便利，地主从他的劳务中得到了更大的益处"④。

巴斯夏在谈到劳资关系时，首先指出，人往往具有回避风险和不确定性的天性。他认为这种天性导致了劳动与资本的分工，导致了工资和利息的起源，"一方由于承担了全部风险，因而有权独家领导这项事业，另一方则获得了对人极为宝贵的稳定地位。……即其中一方——资本——将承担全部风险和攫取全部巨大的利润，而作为另一方的劳动，将得到固定性的好处。这便是工资的起源。……如由资本负责风险，劳动的报酬则以工资的名义予以固定。如劳动愿意承担风险，不论幸与不幸，那么，就出现了资本的报酬，并以利息的名义确定下来"⑤。他认为这种分工是人类社会"进步的强大动力之一"。如果没有这种分工，"将所有有关的人都与经营风险捆在一起，人类 99％的交易活动将无法完成"⑥。

巴斯夏承认，工资制度虽然能够给予工人以收入的稳定性，但是却不能保证工人工作的稳定性。⑦ 对此，他的建议是由工人自己组建互助协会，工作时缴纳基金，失业时、老年时领取救济。⑧ 而这种互助协会欲取得成功，最重要的是实行自由自治，内部的互相监督，以防止有人滥用接受救济的权利。⑨ 他反对政府插手互助协会，"假定政府进行干预。……它要做的第一件事将是在集中管理的借口下，夺取协会的所有金库，并为了给这一行动涂上一层美丽的色彩，政府将许诺用纳税人缴纳的资金来增加协会金库的资金。……当协会的金库由赋税来提供时，当除了几个官僚之外，谁也没有兴趣去维护共同基金之时，当每个人，不是作为一项义务去防止弊端，而是乐于去助长这些弊端时，当任何相互

① ［法］弗雷德里克·巴斯夏:《和谐经济论》,中国社会科学出版社 1995 年版,第 275 页。
② ［法］弗雷德里克·巴斯夏:《和谐经济论》,中国社会科学出版社 1995 年版,第 340 页。
③ ［法］弗雷德里克·巴斯夏:《和谐经济论》,中国社会科学出版社 1995 年版,第 266 页。
④ ［法］弗雷德里克·巴斯夏:《和谐经济论》,中国社会科学出版社 1995 年版,第 268 页。
⑤ ［法］弗雷德里克·巴斯夏:《和谐经济论》,中国社会科学出版社 1995 年版,第 355 页。
⑥ ［法］弗雷德里克·巴斯夏:《和谐经济论》,中国社会科学出版社 1995 年版,第 357 页。
⑦ ［法］弗雷德里克·巴斯夏:《和谐经济论》,中国社会科学出版社 1995 年版,第 358 页。
⑧ ［法］弗雷德里克·巴斯夏:《和谐经济论》,中国社会科学出版社 1995 年版,第 362 页。
⑨ ［法］弗雷德里克·巴斯夏:《和谐经济论》,中国社会科学出版社 1995 年版,第362—363 页。

监督不再存在之时,当装病无非是给政府开了一个玩笑时,协会的道德又将变成什么样子呢?……政府再也不能依靠私人行动,只好代之以官方行动"。结果将产生又一个低效率的官僚机构。① 同时,工人也将变得"习惯于把疾病或失业救济看成是社会的债务,而不是来源于因预见而设立的有限基金。……对于分配,他们永远不会感到满意。国家将被迫要求预算不断给予补贴。……直到爆炸在某一天发生"②。

巴斯夏承认"形形色色的不幸——过度的劳累、工资菲薄、前途不定、低人一等的感觉——可能袭击我们的一部分兄弟,因为他们的财产未能使他们上升到一种较为舒适的地位"③。但他认为这只是短期现象,从长时期来看,他比较了1750年和1850年,认为富人已经大大增加,工人的满足程度也已经大大提高,如果尚有不尽如人意之处,主要是因为进步的过程被"种种错误、不公正、暴力、误解、激情等等而被或多或少地推迟,一言以蔽之,被人类的过错,被偶然的原因而推迟,而这些原因是不能同我所称之为重大的、长期起作用的社会经济法则混为一谈的"。他认为这些过错就是本可避免的战争和革命,因为它们消耗了大量的本来可以用于雇佣工人的资本;就是垄断、特权和税收分配不当。④

巴斯夏进一步指出,资本家以他积累的过去劳动与工人的现时劳动相交换,在这种交换中,由于社会机制作用的影响,在"过去的劳动和现在的劳动在一起的时候,当需要了解过去的劳动和现在的劳动按什么比例来分配它们合作的成果时,需要考虑到两种劳动各自特殊的长处,过去的劳动和现在的劳动将根据它们提供的可比劳务来参加分配"⑤。这里不可否认,"在这一关系方面,资本家的处境比工人有利"⑥。但是,由于资本这种人类文明"进步的力量"参加协作,大自然的无偿效用大大降低了社会生产中人类劳务的比重,从而带来了人类福利的普遍增长和社会产品分配的改善。⑦ 因此"资本和劳动,两者谁也不能

① [法]弗雷德里克·巴斯夏:《和谐经济论》,中国社会科学出版社1995年版,第363页。
② [法]弗雷德里克·巴斯夏:《和谐经济论》,中国社会科学出版社1995年版,第364页。
③ [法]弗雷德里克·巴斯夏:《和谐经济论》,中国社会科学出版社1995年版,第375页。
④ [法]弗雷德里克·巴斯夏:《和谐经济论》,中国社会科学出版社1995年版,第376页。
⑤ [法]弗雷德里克·巴斯夏:《和谐经济论》,中国社会科学出版社1995年版,第384页。[法]弗雷德里克·巴斯夏:《财产·法律与政府》,贵州人民出版社2003年版,第220页。
⑥ [法]弗雷德里克·巴斯夏:《和谐经济论》,中国社会科学出版社1995年版,第380页。
⑦ [法]弗雷德里克·巴斯夏:《和谐经济论》,中国社会科学出版社1995年版,第210页;在同页上,巴斯夏还指出,"资本从一开始就致力于把人们从愚昧、需要和专制的桎梏下解放出来"。

离开谁"。而如果否定这一点,"将引出不解的仇恨、激烈的斗争、种种罪恶,乃至血流成河"①。

　　巴斯夏的结论就是"人类的进步与资本的迅速形成是同时出现的,因为,新资本的形成,……就是过去用劳动去有偿克服而今天用自然去无偿克服的障碍。……这不是对资本家有利,而是对社会有利"②。因为"工人的基本利益恰恰在于资本迅速地形成;随着资本迅速积累,原材料、器具、生活必需品将陷入彼此激烈的竞争中;只有这样,才能提高大多数工人的报酬。而资本形成的根本条件是什么? 就是确保每个人都是其劳动及其储蓄的真正的所有者,不折不扣的所有者"③。他的逻辑链条就是产权得到有效保护,导致资本迅速积累,引起资本对劳动的争夺,从而提高劳动的价值,改善工人的生活。他认为,"进步的法则使得优势体现在现在的劳动中,这几乎是普遍的情况。进步总是对现在的劳动有利,贬损总是落到资本的头上"④。在他看来,社会产品分配的趋势是"随着资本的增长,资本从总产品中的绝对提取额增加了,而它的相对份额降低了。相反,劳动从中提取的绝对额和相对额都增加了"⑤。

　　巴斯夏认为,"这就是伟大的、令人钦佩的、令人快慰的、必要的和不可改变的资本规律"。他用一个自编的数字例子来说明这条规律。他说:"我们用1000,2000,3000,4000 等来表示连续几个时期的社会总产品。我说资本的提取比例将连续从 50％下降至 40％,35％,30％,而劳动的提取比例将因此从 50％上升至 60％,65％,70％",于是"资本的绝对提取额在每一个时期总是在增大,尽管它的相对份额在缩小"⑥。这样,对劳资提取额的分配,他的说明列表如下⑦:

　　　① ［法］弗雷德里克·巴斯夏:《和谐经济论》,中国社会科学出版社 1995 年版,第 378 页。
　　　② ［法］弗雷德里克·巴斯夏:《和谐经济论》,中国社会科学出版社 1995 年版,第 210 页。
　　　③ ［法］弗雷德里克·巴斯夏:《财产·法律与政府》,贵州人民出版社 2003 年版,第 221 页。
　　　④ ［法］弗雷德里克·巴斯夏:《和谐经济论》,中国社会科学出版社 1995 年版,第 384 页。
　　　⑤ ［法］弗雷德里克·巴斯夏:《和谐经济论》,中国社会科学出版社 1995 年版,第 212 页。［法］弗雷德里克·巴斯夏:《财产·法律与政府》,贵州人民出版社 2003 年版,第 159—160 页。
　　　⑥ ［法］弗雷德里克·巴斯夏:《和谐经济论》,中国社会科学出版社 1995 年版,第 212 页。
　　　⑦ ［法］弗雷德里克·巴斯夏:《和谐经济论》,中国社会科学出版社 1995 年版,第 212 页。

	总产品	资本提取额	劳动提取额
第一时期	1000	500	500
第二时期	2000	800	1200
第三时期	3000	1050	1950
第四时期	4000	1200	2800

应当承认,巴斯夏的上述资本规律是符合西方国家长期以来的历史趋势的。

如此重要的资本如何形成和积累,巴斯夏认为,"资本植根于人的三种特性之中:远见、智慧和节俭"[1]。同时,"资本是在劳动、节俭和安全三重影响下自动增长起来的。……没有安全,资本远不能形成,会藏匿起来,会逃跑和自行毁灭。……资本一开始就致力于把人们从愚昧、需要和专制的桎梏下解放出来,吓跑资本就是在人类的手臂上套上三重锁链"[2]。为此,他坚决反对政府的横征暴敛,反对对外侵略,反对用盗取和掠夺的方式获取资本。[3] 同时他也反对会导致资本逃匿的工人与资本家的对抗。[4]

巴斯夏宣称:"无产者获得解放的唯一途径是资本不断增长。如果资本增长的速度高于人口增长速度,那么必然会出现两个对多数工人改善生活都有决定性作用的效应:产品价格降低,工资提高。"[5]所以他反对劳动对资本开战,主张劳资和谐。他认为:"历史也表明,在人类成员之间,收益的分配和成本的分担越来越趋近于平等。……社会受一种自然的、上帝的力量驱使,遵循某些规律使不平等趋于消失,公正不可阻挡地成为社会的主旋律。"[6]他指出,只有实行自由贸易和竞争,才能使社会各阶级的利益趋于和谐。"只要每个人享有自己的权利,只要劳务能自由地、自愿地进行交换,利益便是和谐的"[7]。他坚信,"人类是能够自我完善的,并在经历许多摸索、错误、失望、压迫、摇摆之后,仍走向无限美好"。因为"社会世界的普遍法则是和谐协调的,这些法则从各个方向趋于完善人类"[8]。

为了强化他的上述论点,巴斯夏也批判了马尔萨斯的人口原理,他坚信工

---

① [法]弗雷德里克·巴斯夏:《和谐经济论》,中国社会科学出版社 1995 年版,第 214 页。
② [法]弗雷德里克·巴斯夏:《和谐经济论》,中国社会科学出版社 1995 年版,第 210 页。
③ [法]弗雷德里克·巴斯夏:《和谐经济论》,中国社会科学出版社 1995 年版,第 215 页。
④ [法]弗雷德里克·巴斯夏:《和谐经济论》,中国社会科学出版社 1995 年版,第 210 页。
⑤ [法]弗雷德里克·巴斯夏:《财产·法律与政府》,贵州人民出版社 2003 年版,第 232 页。
⑥ [法]弗雷德里克·巴斯夏:《经济学诡辩》,机械工业出版社 2010 年版,第 116—117 页。
⑦ [法]弗雷德里克·巴斯夏:《和谐经济论》,中国社会科学出版社 1995 年版,第 220 页。
⑧ [法]弗雷德里克·巴斯夏:《和谐经济论》,中国社会科学出版社 1995 年版,第 377 页。

人阶级会通过预防性限制而节制人口。① 他断言："人口增长趋向于与生活资料的增长持平。"②

七、对巴斯夏的各种评价

经济思想史上对巴斯夏的评价，历来颇有争议，"他的名字为同情者所赞扬，为反对者所辱骂"③。在写作风格上，几乎所有的评论家都认为巴斯夏在修辞、通俗化和政论方面是一位了不起的天才，他惯于以既优美而又富有启发的感人比喻来揭露复杂的经济学原理。奥地利经济学家米塞斯（L. E. V. Mises）说，巴斯夏是一位"光彩照人的修辞学家"，"读他的著作是一种特殊的享受"④。熊彼特则把他看作是"有史以来最有才华的经济新闻工作者"⑤。

巴斯夏的这种不枯燥的新闻风格，却被一些将艰涩难懂的表达方式奉为真正"学术味"的人看作是"肤浅"。米塞斯在谈到这一点时指出，巴斯夏"对所有保护主义的以及与此相关做法所作的批判即使在今天也是无人可超越的。保护关税者以及干预主义者们说不出一句像样的话来回答，他们只能一再结结巴巴地说：巴斯夏'肤浅'"⑥。

在学术思想上，巴斯夏是当时西欧自由贸易论者的旗帜。著名经济学家哈耶克（F. A. V. Hayek）在评价巴斯夏揭露、批判贸易保护主义的论文《看得见的与看不见的》时，指出，在这篇论文中深藏着"主张经济自由的关键论据"，单凭这一点，巴斯夏就可被称作是"一位天才"⑦。但另一位著名经济学家熊彼特则认为，巴斯夏的论著"缺乏推理力"，"缺乏运用经济分析器械的能力"，因此，他认为巴斯夏不仅不是"一个不好的理论家"，而且根本"不是一个理论家"⑧。考虑到巴斯夏对于贸易、产权、法律、政府等方面的论述，熊彼特的这个判断不能不说是有失偏颇的。也许是因为巴斯夏在批判贸易保护论时大量采用揶揄讽

---

① ［法］弗雷德里克·巴斯夏：《和谐经济论》，中国社会科学出版社 1995 年版，第401—415 页。

② ［法］弗雷德里克·巴斯夏：《和谐经济论》，中国社会科学出版社 1995 年版，第 406 页。

③ ［美］约瑟夫·熊彼特：《经济分析史》第 2 卷，商务印书馆 1992 年版，第 187 页。

④ 转引自［法］弗雷德里克·巴斯夏《和谐经济论》，中国社会科学出版社 1995 年版，导言第 1 页。

⑤ ［美］约瑟夫·熊彼特：《经济分析史》第 2 卷，商务印书馆 1992 年版，第 187—188 页。

⑥ 转引自［法］弗雷德里克·巴斯夏：《和谐经济论》，中国社会科学出版社 1995 年版，导言第 2 页。

⑦ 转引自［法］弗雷德里克·巴斯夏：《和谐经济论》，中国社会科学出版社 1995 年版，导言第 11 页。

⑧ ［美］约瑟夫·熊彼特：《经济分析史》第 2 卷，商务印书馆 1992 年版，第 188 页。

刺挖苦的文笔,较少正面立论,才使得熊彼特出此误判。

巴斯夏在他短促的一生中,尤其是在他短暂的 6 年写作生涯中,发表了七大卷生动而又具有相当大影响的经济论著,这无疑是他在这以前 20 多年的努力学习和不断思考的结果。同时也不得不承认,他是一位具有相当"才气"的人。

关于巴斯夏"剽窃"凯里的问题。巴斯夏强调阶级利益"和谐"的观点,早已有人提出过。例如,美国经济学家亨利·查尔斯·凯里在《政治经济学原理》(三卷,分别出版于 1837、1838 和 1840 年)和《过去、现在与将来》(出版于 1848年)两书中已有所阐述。凯里在 1851 年出版《农业、工业和商业利益的调和》(这一书名恰好表达了巴斯夏的和谐经济论思想)。凯里在 1850 年写信给《经济学家杂志》,指控巴斯夏的剽窃行径。当时已处于病危状态的巴斯夏写信给该刊物进行申辩,承认他曾看过凯里的第一部著作,但声明他之所以没有提到该书,只因凯里对法国人说过不少不礼貌的话,因而他不愿推荐凯里的书。[①] 在一种新思想的酝酿过程中,由几个人同时提出,这在思想史上是常有的事。

巴斯夏作为当时经济学中乐观派的首领,作为自由贸易论者的旗帜,对贸易保护主义的批判和经济自由主义的论证,从而对当时经济学悲观预期的改变,对自由贸易制度的确立,对西欧诸国,特别是对法国经济的发展,都具有相当的积极意义。他所竭力倡导的自由贸易,在他生前虽未实现,但在他去世后的第 10 年,即 1860 年,拿破仑三世终于派遣了巴斯夏的学生和亲密的合作者米歇尔·舍瓦利埃(Michel Chevalier),率领法国代表团与英国谈判签订了《基于法英产品自由交换原则的贸易协定》,最终打破了贸易保护主义,使法国经济得到了长足的发展,法兰西从此跨入了现代化国家的行列。

八、巴斯夏的理论观点对于今天的启示意义

(一)巴斯夏坚定的自由贸易信念,对形形色色贸易保护主义的严厉批评和辛辣讥讽,依然是今天批判世界上各种各样贸易保护主义论调的有力思想武器。当然,今天除了一些早已被巴斯夏所批判的贸易保护主义论点之外,一些巧妙装扮悄然兴起的新型贸易保护主义主张,尤其需要予以彻底揭露和有力抨击。

(二)全面考虑后果法,不仅是我们今天斟酌贸易政策的基本方法,也是考虑其他各种经济现象好坏对错、分析经济政策妥当与否的基本方法。

(三)对消费者主权的强调和捍卫,尤其值得今天的政策制定者特别注意。

---

① 参见季德·利斯特:《经济学说史》下册,商务印书馆 1986 年版,第 399 页。

市场经济中时常会出现生产者与消费者之间的冲突,化解冲突的基本原则应当是消费者至上。一切为了生产者的利益而损害消费者权益的行为,政策都应将其纳入禁止之列。当然也别忘记巴斯夏的提示,消费者并非全是天使。我们需要伦理学的发展,以告知我们合理的消费行为,指出和劝诫乃至禁止不良的消费行为。

（四）对于自由竞争市场机制高度信任和强有力辩护。他关于竞争是防止人的私欲走向害人斜路的论点,是对亚当·斯密"隐形之手"的深刻阐发,值得深思。它是揭露批判各种垄断尤其是行政性垄断的有力武器。竞争虽然有可能使得某些生产者（包括民营企业也包括国有企业）破产,但是在长期中确实能够给所有消费者带来普遍的利益。

（五）对于私人财产权的尊重。巴斯夏沿袭洛克传统,从自然法哲学推导出私人产权的合理性。他在这个方面的新贡献是提出了自由主义的法律观,指出法律应有的基本功能是保护私人财产权。在经历了 20 世纪人类社会建立公有制的大失败的实验之后,今天重温巴斯夏肯定私有制的论点,不得不佩服他的先见之明真知灼见。

（六）对于经济人假设的补充、丰富和发展。一直有人指责经济学的经济人假设忽略了人的同情心,从而是片面地歪曲了人性。现在请看看巴斯夏的论点吧。巴斯夏明确肯定人性中既有自利的一面,同时也有同情心一面。只是它们各自表现在不同的领域,自利心主要表现在经济社会中,而同情心则主要表现在伦理道德领域。更为深刻的是他指出了人的自利心的两种表现:或者通过生产和交换获得利益,或者通过掠夺牟取利益。

从本体论角度考虑人性,那就应当像巴斯夏那样肯定人性有善恶两个方面。但若从分析工具的角度出发,那就同样应当像巴斯夏那样在分析经济现象（生产和交换、掠夺行为）时假设人的自利心发挥着主要作用。

（七）巴斯夏对于掠夺行为的分析是极为深刻的。经济学长期以来一直从经济人假设出发,推论出消费者追求效用最大化和生产者追求利润最大化,并以此为前提分析市场经济的运行机制。这就使得经济学长于解说市场经济的优良绩效,但拙于对市场经济中许多劣行和不良现象的说明。虽然贝克尔对犯罪行为进行了经济学角度的分析,威廉姆森对人的机会主义行为倾向（逆向选择和道德风险）展开了探讨,公共选择学派从经济学角度剖析了官僚的各种不良行为。他们各自研究了人类某一方面的劣行,但是他们对于这些人类劣行的分析显然缺乏统一的理论基础。其实他们的观点都能够以巴斯夏对于掠夺的分析为共同基础。

巴斯夏从经济人假设出发推论出人的两种平行互替的行为倾向:生产倾

向和掠夺倾向。他所定义的掠夺可以用来解释人类的一切劣行:从国家之间的侵略战争到个人之间的小偷小摸,从专制君王的横征暴敛巧取豪夺到民粹暴民的重分财产抽肥补瘦,从贪官们的贪污受贿腐败堕落到奸商的假冒伪劣坑蒙拐骗,从无法无天的土匪行径到依法执行的强征褫夺。但是他关于写下人类掠夺历史的想法非常遗憾地未能实现。但是他指出了经济学发展的一个极为重要的研究方向。经济学如果不仅要解释人类的良好行为及其后果,而且要说明人类的劣行及其后果,就必须完成巴斯夏的遗愿,展开对于掠夺的经济分析。

自从卢梭发表《论人类不平等的起源》以后,私有制就成为过街老鼠,为人类社会的各种不平等现象承担了罪责。在巴斯夏看来,不平等是形形色色掠夺的结果,与财产私有制和自由竞争的市场毫无关系。

(八)如何制止掠夺行为?巴斯夏首先强调政府应当制止民间的各种不尊重私人财产权的欺诈行为。但如何制止政府的掠夺行为,他强调要建立民主政体,把政府置于公众的监控和选择之下。但是他对于民主政体并非完全放心,他高度前瞻性地指出了民主政体可能导致的轮流分赃。他的观点是对民主失灵的先驱性分析,深刻揭示了民主政治可能出现的问题,即如果没有一定的制约,民主政治完全可能沦落为一种轮流分赃机器。今天困扰南欧的主权债务危机,很可能就是他所说的轮流分赃的结果。

(九)巴斯夏对于有限政府的诉求,同样值得我们重视。大部分人总是企盼政府为大家解决各种各样的问题,却很少考虑为此将要付出的代价。他关于政府总是有"两只手"的观点太正确了。当我们企盼多一些"温柔之手"时,千万不可忘记另一只"粗暴之手"将从全体公众那里拿得更多。

(十)巴斯夏倡导和阐述的"和谐经济论",虽然并不完全符合当时以及后来许多时候西方国家短期中的实际情况,但是符合西方社会长期发展的历史趋势。西方国家的无产阶级在长时段中肯定没有出现绝对贫困化,是否存在相对贫困化也值得考虑。即便短期中存在相反的倾向,他对和谐经济的追求也有其积极意义。历史已经证明并将继续证明:劳资相斗,两败俱伤;劳资和谐,互利双方。他对于工会的认可,正是他推进劳资和谐的具体措施之一。

(十一)巴斯夏关于教育多元化,艺术自由化、自主化,反对政府对教育和艺术进行干预的论点,同样值得今天加以重视。

巴斯夏是一位一直被低估,因此需要重新充分肯定的自由主义思想家。他的精辟论著将永远是自由主义思想发展中的丰碑。他的重要性将被越来越多的人所认可,他将受到越来越多的人的尊重。

第三节　主流之外的人物：瓦尔拉斯与朱格拉

一、安托万·奥古斯特·瓦尔拉斯

安托万·奥古斯特·瓦尔拉斯[①]（Antoine Auguste Walras, 1801—1866）是里昂·瓦尔拉斯的父亲，一位业余经济学家。他的职业是教师，当过哲学教授，也从事过教育行政管理工作。他不属于萨伊学派，但似乎也没有与他们发生什么争论，只是关心的问题和观点与他们有所不同。与萨伊学派的大多数人不关心纯粹理论相比，他更加关心基本理论，就是价值问题。他出版过《关于财富的性质和价值的来源》（1831）、《社会财富理论》（1849）等书。他的主要观点之一是认为商品价值的来源不是劳动也不是效用，而是稀缺。这种观点实际上是从萨伊的效用论到他儿子的边际效用论的桥梁。因为物品单纯有效用而不稀缺，依然是没有价值的。他的另一个主要观点是在探讨财产所有权的问题时，发现了财产所有权与稀缺之间的关系，认识到只有稀缺的财产才需要所有权。但另一方面，他又从规范的角度论证了土地公有制的必要性，强调国家的税收应当从土地的地租中获取。不过他最对于经济学最重要的贡献也许是启发和鼓励了他儿子里昂·瓦尔拉斯走上了研究经济学之路，但又不是当时法国主流经济学的道路，而是一条重视纯粹原理基本理论、重视运用数理方法的道路。

二、克莱芒·朱格拉

克莱芒·朱格拉[②]（Clément Juglar, 1819—1905），早年曾经从医，1848 年以后开始研究社会和经济，是 1860 年巴黎统计协会的发起人之一。1862 年，他发表《论商业危机及其在法国、英国和美国的周期性再现》一书，根据历史时间序列数据（主要是价格、利率和中央银行决算表），最先指出了存在这些国家的十年左右一次的经济周期，被后人称作朱格拉周期。他把经济运动看作是繁荣

---

① 《新帕尔格雷夫经济学大辞典》第 4 卷，经济科学出版社 1996 年版，第 1113 页。［英］马克·布劳格、保罗·斯特奇斯：《世界重要经济学家辞典》，经济科学出版社 1987 年版，第 646 页。

② 《新帕尔格雷夫经济学大辞典》第 2 卷，经济科学出版社 1996 年版，第 1113 页。［英］马克·布劳格、保罗·斯特奇斯：《世界重要经济学家辞典》，经济科学出版社 1987 年版，第 320 页。

与衰退交替出现的循环过程,其名言是"萧条的唯一原因是繁荣",而这个过程的主要起因是银行银根的松紧波动,即货币供应量的变化。由于他的这一贡献,熊彼特认为他"必须列入所有时代最伟大的经济学家之列"。①

附 录

莫利纳里的极端自由主义

古斯塔夫·德·莫利纳里②(Gustave de Molinari,1819—1912),生于比利时列日一个医生的家庭,长期生活与工作在法国,1840—1852 年在巴黎任记者,1852—1860 年在布鲁塞尔皇家博物馆和安特卫普高等商学院教授经济学,1867—1876 年任《论战杂志》编辑,1881—1909 年任《经济学家杂志》编辑,法国政治经济学会奠基人和核心成员,后任名誉会长。其主要论著有:《产业自主行动的组织》(1846)、《论安全的生产》(1849)、《社会主义运动和公共集会》(1870)、《经济的道德》(1888)、《将来社会的政治经济组织》(1899)、《二十世纪的问题》(1901)和《经济史,进步史》(1908)等。

作为巴斯夏的学生,莫利纳里具有强烈的自由主义观点,完全相信自由竞争和自然力量对解决所有社会和经济问题的作用,在其 1849 年发表的《论安全的生产》一文中,甚至主张由竞争性私人保险公司而不是政府来提供国家安全。他坚决否定政府拥有剥夺私人财产、教育及货币发行的权力,终生致力于反对任何形式的政府干预,始终认为所有社会行为都受三大基本规律(私利规律、竞争规律、价值规律)的支配。他反对社会主义,主张推广股份公司这种经济组织,以分散财产的所有权,并主张建立国际劳动交易所以改善就业信息的传播和劳动的流动性。

莫利纳里的极端自由主义代表了 19 世纪法国经济学界的状况,当时自由派垄断了法国的高校,垄断了最主要的专业组织和杂志,以及最大的经济类书籍出版商吉约曼公司。具有讽刺意味的是这种自由主义并不宽容,不能容忍不同观点,古诺的数理经济学一直不被关注,瓦尔拉斯无法在法国立足,只能去瑞士洛桑大学教书。这种垄断,并未给法国经济学带来多少值得后人称赞的成就。在这个世纪里,法国经济学的成就,除了一直受到冷遇的古诺,一直受到排挤的瓦尔拉斯之外,主要是在一所工科学院——桥梁公路工程学院——取得

---

① [美]约瑟夫·熊彼特:《经济分析史》第 3 卷,商务印书馆 1995 年版,第 536 页。

② 《新帕尔格雷夫经济学大辞典》第 3 卷,经济科学出版社 1996 年版,第 528 页。[英]马克·布劳格、保罗·斯特奇斯:《世界重要经济学家辞典》,经济科学出版社 1987 年版,第450—451 页。

的,其代表人物有伊斯纳尔、杜普特、谢松等人。这些游离于法国经济学主流的
人物,要在 20 世纪才大放光彩。法国 19 世纪经济学的状况表明,对于思想的
发展来说,宽容比自由更重要。

参考文献

[1][法]弗雷德里克·巴斯夏:《和谐经济论》,中国社会科学出版社 1995 年版。

[2][法]弗雷德里克·巴斯夏:《财产·法律与政府》,贵州人民出版社 2003 年版。

[3][法]弗雷德里克·巴斯夏:《经济学诡辩》,机械工业出版社 2010 年版。

第五编

欧洲工业革命时代的德国经济学
——古典学派与历史学派

第十八章　杜能的经济理论

约翰・海因里希・冯・杜能①（Johann Heinrich von Thünen，1783—1850），19世纪初叶德国的一位重要经济学家，是亚当・斯密经济思想在德国的重要传播者和阐发者，同时也是在斯密经济思想的基础上建立产业区位理论的开创者。

第一节　时代、生平、著作及其经济研究方法

19世纪初叶，是德国社会由封建农奴制向资本主义工商业转型的重要时期。以普鲁士为代表，其政府颁布了一系列改革农奴制的法令：1807年的《十月法令》、1811年的《调整法令》、1821年的《义务解除法》和《公有地分割法》。社会转型促进了资本主义农业的发展，经济核算原则逐渐渗入农业生产管理过程。资本主义工商业的发展推动了德国关税同盟的建立，1834年，由北德、南德和中德各关税同盟合并组建德意志关税同盟，促进了德国从30年代开始的工业革命。与其他社会一样，工业革命的过程是一个社会的产业结构发生重大调整的过程，往往导致一个社会大多数劳动者原有人力资本的急剧贬值，使社会贫富差距迅速扩大，社会阶级矛盾日益激化。这种激化以一系列代表性事件作为标志：1836年，成立了由流亡者为核心的德国工人最早的组织"正义者同盟"；

---

① 《新帕尔格雷夫经济学大辞典》第4卷，经济科学出版社1996年版，第687—690页。[英]马克・布劳格、保罗・斯特奇斯：《世界重要经济学家辞典》，经济科学出版社1987年版，第616页。

1844 年,爆发西里西亚纺织工人起义;1847 年,马克思、恩格斯应邀加入"正义者同盟",随即把它改组成"共产主义者同盟",并于 1848 年 2 月应同盟之邀发表了著名的《共产党宣言》;1848 年,席卷欧洲的革命是社会转型工业革命所蕴积的社会矛盾的一次总爆发。

在这样一个社会大变革的时代,杜能于 1799 年进入农学院开始学习农学,毕业之后购置并亲自经营管理了一个庄园,通过自己的亲身实践,在总结农业生产经营管理经验的同时,进一步深入思考了许多经济学问题。他的学术思想,用他自己的话来讲,"在国民经济学方面亚当·斯密是我的师表,在科学的农业方面则是特尔先生"①。他的《孤立国同农业和国民经济的关系》(以下简称《孤立国》)就是斯密的经济学与特尔的农学的有机结合。

杜能是在德国比较全面继承亚当·斯密经济思想的经济学家。在研究的问题、研究的方法、研究的结论等方面,都可以看到斯密对他的影响。同时,他又不是简单地传播斯密的思想,而是力求有新的探索。他谈道:"科学绝无止境,……在我看来,这两位伟大人物的学说有未完善的地方,这些地方难以满足我的探求真理的需要,因而迫使我自行研究。"②在另一处他又谈道:"人们对这位天才(指亚当·斯密——本文作者)的景仰都不至于超过我。我认为矫正和补充斯密的学说是对科学的促进,是我研究的课题,我对斯密怀有的高度尊敬的证据恰恰就在这里。"③

值得注意的是,杜能自己所总结的九项新贡献④中,并没有提到他被后人广为称道的产业区位理论,主要还是斯密所研究过的那些问题,如价格的决定,地租、利息和工资的决定,货币数量的影响,税收的影响,等等。因此把他称作亚当·斯密在德国的主要传播者和阐发者是完全正确的。他的贡献中较有新意的两个问题是农业领域内价格变化对于产品生产方法的影响,以及技术进步的影响。农业产业区位理论是他在探讨谷物价格变化对于谷物生产方法的影响时的结果。

农业产业区位分布理论和价格决定理论主要集中在他 1826 年发表的《孤

---

① 〔德〕约翰·冯·杜能:《孤立国同农业和国民经济的关系》,商务印书馆 1997 年版,第 325 页。阿尔布雷希特·特尔是 18—19 世纪德国著名农学家。
② 〔德〕约翰·冯·杜能:《孤立国同农业和国民经济的关系》,商务印书馆 1997 年版,第 325 页。
③ 〔德〕约翰·冯·杜能:《孤立国同农业和国民经济的关系》,商务印书馆 1997 年版,第 372 页。
④ 〔德〕约翰·冯·杜能:《孤立国同农业和国民经济的关系》,商务印书馆 1997 年版,第 325－326 页。

立国》第一卷中,包括三章三十八节,反映了他对于农业生产合理布局的思考,是 19 世纪初期德国开始进入资本主义工商业社会,资本主义的求利态度开始影响实际生产经营活动的一种折射。收入分配理论集中在 1850 年发表的《孤立国》第二卷中,反映了他对于合理收入分配的思考,是社会阶级矛盾激化所引起的一种反响。在发表《孤立国》第二卷的同年,他因脑溢血去世。

杜能的《孤立国》上下两卷,反映了他两种研究能力的出色结合,"一种是精细的观察能力,另一种是合理的思维能力"[①]。这两种能力都是他刻意追求的结果,他意识到,"如果我想拿出一些真正有用的和实际需要的东西,我必须以经验作为研究的基础"[②]。为了获得对于合理农业经营的真实知识,他事必躬亲地参与庄园的管理,作出了大量细致的观察和详尽的记录。他的研究成果完全是以他的亲身经验为基础的。他写道:"在我开始作为田庄主的务农生涯时,我就精细地治理会计,力求获得在不同谷物产量和不同谷物价格时的农业成本和纯收益的计算数据。这类数据经五年的汇集,我获得了一个概貌,以此作为基础开始我的、也就是第一卷中所述的研究工作。"[③]因此可知,他的《孤立国》完全不是纯粹思维的产物,而是具有坚实实践背景的研究成果。

同时,杜能又不是单纯地记录和描述事实,他清楚地认识到,为了发现经济规律,"唯有在研究中排除一切偶然的及非本质的因素才有希望"[④]。这就意味着需要采用抽象分析方法。他具有出色的抽象思维能力,善于把次要因素与主要因素区分开来,在研究中首先抽象掉次要因素,集中研究主要因素的影响。他说:"几何学家在考虑'点'时是不计面积的,考虑'线'时是不计宽度的。两者在实际中是找不到的,同样,我们在考虑一种主导力量时可以排除一切枝节和偶然因素,唯有如此我们才能认识主导力量在我们所见现象中占多少比重。"[⑤]他的孤立国就是去轻取重运用抽象思维研究农业区位问题的卓越典范,是"一种精神的运用方法,类似于我们在物理学和农业中所运用的种种试验方法,亦

---

① 海因里希·文蒂希:《关于杜能》,载[德]约翰·冯·杜能:《孤立国同农业和国民经济的关系》,商务印书馆 1997 年版,第 15 页。

② [德]约翰·冯·杜能:《孤立国同农业和国民经济的关系》,商务印书馆 1997 年版,第 11 页。

③ [德]约翰·冯·杜能:《孤立国同农业和国民经济的关系》,商务印书馆 1997 年版,第 326 页。

④ [德]约翰·冯·杜能:《孤立国同农业和国民经济的关系》,商务印书馆 1997 年版,第 326 页。

⑤ [德]约翰·冯·杜能:《孤立国同农业和国民经济的关系》,商务印书馆 1997 年版,第 12 页。

即是我们在那里只求从数量上提高探索的能力,令其他一切因素都不变化"①。
这意味着他已经认识到抽象方法属于一种今天人们所谈的思想试验。在这种
试验中,需要在思想上假设一些因素保持不变,以集中考虑其他一些因素变化
所造成的影响。在他的孤立国里,就是假设其他一切因素如土地的肥力等都保
持一致,只考虑离中心城市距离的远近对于农业生产活动的影响,对于农作物
选择的影响,对于谷物价格的影响。他在谈论到那些由于抽象思维而设立的假
设前提时指出:"这些前提条件对于说明和了解某种力量的影响实是不可或缺
的,这种力量我们在现实中只能获得模模糊糊的印象,因为它总是处在与其他
同时发生作用的力量的冲突之中。"②对于这种抽象分析方法的局限,他有着非
常清醒的认识,"这种研究方法是只取一个因素,视为起作用的因素,而其他因
素则视为静止的或不变的,使用这种方法所获得的结果不是不确实的,而仅仅
是不完善的,因此唯有将一切起作用的其他因素都加以作类似的考察以后,才
能获得最终的结果,……,对问题中微小的一部分的研究,可以成为解答全部问
题的一个组成部分"③。

　　在运用抽象分析方法分析问题时,杜能力求通过观察和试验发现普遍规
律,同时他也认识到"要设法将普遍规律和仅对某地适用的法则区别开来,找到
识别之点,这非常重要"。而这个识别点在他看来,就是数学手段,用今天的话
来讲就是数学模型。他认为"如果某物的性质可以以字母代数计算,如果结数
(判断)与数字计算所得一致,那么这个结数(判断)就是一个普遍规律,而不是
受地方性限制的法则"④。这就是说,数学方法成为他发现普遍性规律的基本
手段。

　　杜能非常重视数学方法在研究中的作用,在《孤立国》一书中,他大量采用
数学表达方式,建立数理模型,用数学推导来表达自己的研究结论。他是第一
个把微分学应用于经济学推理的经济学家。⑤　同时,他也是比较早认识到需要
用方程体系来反映经济变量之间相互关系的经济学家。⑥　他承认数学方法可能

①　[德]约翰·冯·杜能:《孤立国同农业和国民经济的关系》,商务印书馆 1997 年版,
第 12 页。
②　[德]约翰·冯·杜能:《孤立国同农业和国民经济的关系》,商务印书馆 1997 年版,
第 18 页。
③　[德]约翰·冯·杜能:《孤立国同农业和国民经济的关系》,商务印书馆 1997 年版,
第 350—351 页。
④　[德]约翰·冯·杜能:《孤立国同农业和国民经济的关系》,商务印书馆 1997 年版,
第 48 页。
⑤　[美]约瑟夫·熊彼特:《经济分析史》第 2 卷,商务印书馆 1992 年版,第 135 页。
⑥　[美]约瑟夫·熊彼特:《经济分析史》第 2 卷,商务印书馆 1992 年版,第 136 页。

使一些人感觉厌烦和不便,但是他强调指出,"在非用数学不能求得真理的地方,使用数学是允许的。如果人们在其他知识门类像农业和国民经济学一样有厌恶数学的倾向,那么我们现在仍处于对天文学规律完全无知的境地"①。在充分肯定数学方法的同时,他也清醒地认识到数学并不是经济学的全部,而只是一种"辅助手段"②,要防止出现喧宾夺主的倾向。

杜能一方面推崇抽象分析方法,另一方面也清醒地看到抽象方法存在的"双重危险:(1)人们在思想时,将事物的相互作用切断。(2)我们的结论都根据各种前提条件,而我们对这些前提条件认识不清,所以无法阐明结论;因此,我们所认为普遍有效的结论,仅仅是在这些前提条件下才有效"③。这说明他已经意识到抽象分析方法,假设一些因素保持不变,有可能割断事物之间实际存在的内在联系。他也认识到普遍性的结论实际上是依存于前提的。

杜能对于经验研究重要性的看法,对于抽象分析方法的重要性和局限性的看法,以及对数理方法重要性的看法,表明他在研究方法上与亚当·斯密有着密切的传承关系。以今天的眼光来看,他在经济学的研究方法上远远走在同时代人的前列,与后来统治德国经济学界长达近一个世纪之久、否定抽象分析方法的历史学派有重大差别。只要我们比较一下他的《孤立国》和作为历史学派的最早代表威廉·罗雪尔于1843年发表的被称作历史学派代表作的《历史方法的国民经济学讲义大纲》,就可以清楚地看到这一点。

杜能作为亚当·斯密经济思想在德国的第一个阐发者,为德国经济学的发展奠定了一个非常好的开端。可惜由于他主要是一个农庄主而非专职学者,所以他的思想观点和研究方法未能很快在德国生根发芽。而历史学派的代表人物几乎都是学院派的专职学者,有更多的机会向学生传播自己的思想观点,从而统治德国经济学界几乎一个世纪。

第二节　价格决定理论

杜能对于经济学的最大贡献,是在研究农产品价格对于生产方法(包括区

---

① [德]约翰·冯·杜能:《孤立国同农业和国民经济的关系》,商务印书馆1997年版,第459页。

② [德]约翰·冯·杜能:《孤立国同农业和国民经济的关系》,商务印书馆1997年版,第48页。

③ [德]约翰·冯·杜能:《孤立国同农业和国民经济的关系》,商务印书馆1997年版,第330页。

位选择和耕作方式的选择)影响的过程中,提出了农业区位理论,或者说是农业布局理论。因此,为了说明他的农业区位理论,就需要首先介绍他的价格决定理论。

杜能在继承斯密价值理论的基础上,探讨同一种农产品在不同地方的价格决定。这是一个斯密涉及不多的问题。

杜能的价格决定理论重点考虑农产品的价格,它可以分为两个组成部分:首先是在假设农产品在中心城市价格已定的前提下,考虑不同地方的价格决定。然后进一步考虑了中心城市的价格决定。在这两部分内容当中,他考虑的重点是第一部分。

以黄油为例,假设中心城市是唯一市场,且价格已定为每磅9先令,假设农地自然肥力均质,假设没有便宜的河流运输,各地只能通过车辆运输黄油。在这些假设前提下每磅黄油的运输成本就取决于其产地距离中心城市的远近。由于农地自然肥力均质,因此各田庄黄油的价格就唯一地取决于离城市的远近。他以下述假设的运输成本说明这一观点:[①]

离城市(英里)	每磅运费(先令)	黄油在田庄的价值(先令)
5	$1/5$	$8^4/_5$
10	$2/5$	$8^3/_5$
20	$4/5$	$8^1/_5$
30	$1^1/_5$	$7^4/_5$
40	$1^3/_5$	$7^2/_5$
50	2	7

由该例子可知,各地田庄的黄油价格就等于中心城市的价格减去运输成本。由于离中心城市越远,运输成本越高,于是当地的价格就越低。因此,田庄离中心城市越远,农产品的当地价格就越低。[②] 当然,杜能并没有忽视黄油的生产成本,上述黄油价格必须大于或者等于其生产成本,否则田庄将停止黄油的生产。

然后,杜能开始考虑中心城市农产品价格的决定。仍然以黄油为例,他提出,"为了确定城市黄油的价格,必须首先知道需求量,以及生产这一数量所必须的土地面积"①。如果为了满足城市的需求需要离城市一定距离的田庄生产黄油,那么黄油在城市的价格就等于该田庄的生产成本加上运输成本之和。他的具体例子是:"如果为了满足城市的需要,牲畜饲养业必须延展到离城市 50 英里的地方,那么黄油的价格必须定在这样的高度,即离城市 50 英里的田庄饲养牲畜的费用能够得到补偿。……黄油在当地的价值为……每磅 3.7 先令,运费每磅为 2 先令,因此城市中黄油的平均价格为 5.7 先令。"②

杜能用同样的原理说明了城市中木材的价格决定,"为了能够确定孤立国中心城市木材的价格,还须假定城市的需求量。城市的需求量决定必须造林的面积,从这一面积的最远点能供应城市所需木材的价格,作为城市的木材价格的标准"③。对于谷物的城市价格,他也作了同样的说明。④

杜能进一步说明了城市价格的变化对于农产品区位分布的影响,指出农产品城市价格的上涨将使得该产品的生产区域扩张到原来不生产的范围。⑤

由以上介绍可以看出,杜能的价格决定理论是一种不成熟的供求价格论,因为他已经看到了需求量在决定城市价格时的作用,也看到了生产成本在决定城市价格时的作用,但是却没有看到城市的需求量并不是一个常数,而是随价格的变化而变化的。在城市价格已定的前提下,他很好地说明了不同地区的不同价格,由于假设土地自然肥力均质,各地的价格就是运输成本的递减函数了。因此,他在价值理论上的贡献就是指出了同种商品的不同地区差价这一有待解释的现象,并且作出了初步的说明。

第三节　农业产业区位理论

前面已经讲过,杜能的区位理论实际上是他在研究农产品价格变化如何影响生产方式的过程中发现的。产业区位理论在很大程度上是一个有关合理经

---

①　[德]约翰·冯·杜能:《孤立国同农业和国民经济的关系》,商务印书馆 1997 年版,第 205 页。

②　[德]约翰·冯·杜能:《孤立国同农业和国民经济的关系》,商务印书馆 1997 年版,第 205—206 页。

③　[德]约翰·冯·杜能:《孤立国同农业和国民经济的关系》,商务印书馆 1997 年版,第 155 页。

④　[德]约翰·冯·杜能:《孤立国同农业和国民经济的关系》,商务印书馆 1997 年版,第 189 页。

⑤　[德]约翰·冯·杜能:《孤立国同农业和国民经济的关系》,商务印书馆 1997 年版,第 189—190 页。

营的理论,涉及如何通过产业的区位分布来获取最大利润的问题。这个问题在亚当·斯密那里并没有得到很大关注,而杜能作为一个经济活动的实践者,势必会关注这个问题。

在这个问题上,杜能的出色之处在于他并没有拘泥于实际操作经验、就事论事地讨论产业布局问题,而是通过构造一个抽象模型来提炼问题考虑问题,从而得到了一般性的结论和分析这个问题的一般性方法,为后来的学者进一步研究这个问题奠定了基础。

杜能首先提出了一个抽象的孤立国假设:在一个平原的中央,坐落着唯一的巨大城市,供应整个国家所需要的一切工业品,而城市所需要的食品完全依靠其四周肥力均质、运输条件相同的土地。同时,他假设城市里各种农产品的价格都已经确定。① 这样的一个孤立国假设,突出了与城市距离的远近即运输成本这个因素对于农业产业布局的影响。

按照孤立国的假设,不同的农产品的生产围绕中心城市"形成一些界限相当分明的同心圈,每个同心圈内有各自的主要产品"②。而离城市最近的同心圈内将生产相对于其价值而言是笨重而体积大的产品,即运输成本在产品价格中比重很大,在远处生产不合算的产品。再就是那些易腐烂须新鲜消费的产品。随着离城市距离的逐步扩大,不同的同心圈将生产运输成本在产品价格中的比重逐步递减的产品。同时他还指出,在不同的同心圈内,即便生产相同的产品,其耕作方式也将依距城市的远近不同而不同。

根据上述观点,离城市最近的第一个同心圈内将主要生产水果、蔬菜和牛奶,而这些产品的价格则都将高达使其盈利不低于生产其他产品的程度。在这个同心圈内,生产方式有如下几个特点:(1)土地充分利用,不允许存在荒地,不实行土地休耕制度,因为地租太贵,并且城市有大量的肥料可以供该同心圈使用,故不需要休耕养地。(2)劳动密集使用,力求以最少土地生产尽可能多的产品。(3)实行自由农作制,即"作物的更换种植不按预定的计划进行",只"求种植每种作物在土地上获利相等"③。

离城市稍远的第二个同心圈将主要生产供城市所需的柴薪、木材和木炭

---

① [德]约翰·冯·杜能:《孤立国同农业和国民经济的关系》,商务印书馆 1997 年版,第 23,150,185,193 页。在这些页码中,杜能假设中心城市中黑麦、木材和黄油的价格分别为每斗 1.5 塔勒、每法登 16 塔勒和每磅 9 先令。

② [德]约翰·冯·杜能:《孤立国同农业和国民经济的关系》,商务印书馆 1997 年版,第 20 页。

③ [德]约翰·冯·杜能:《孤立国同农业和国民经济的关系》,商务印书馆 1997 年版,第 22 页。

等,即主要从事林业生产。杜能假设城市的木材价格已定,因此不可能在离城市太远的地方生产木材,因为运输费用太高。

离城市更远的第三、四、五个同心圈将主要生产供城市所需的谷物,但是耕种方式有所不同。这是因为离城市越远,运输费用越高,谷物在当地的价格越低,从而生产方式就越粗放。即谷物生产的方式由集约到粗放的变化,与谷物在当地的价格相关。

于是,在第三个同心圈,实行比较集约的轮栽作物制,即"(1)一切农田都种谷物等作物,不作纯粹休闲;(2)所产的肥料都用于饲料作物,选择肥力最高的农田区种植饲料作物;(3)谷物及饲料作物轮流种植"①。

第四个同心圈实行集约程度稍差的轮作休闲制,即"(1)全部农田面积轮流种植谷物和用作牧场;(2)每次循环中有一区为纯粹休闲;(3)所产的全部肥料用于休闲地;(4)谷物及豆荚作物成熟以后,田地接种苜蓿或豌豆青饲料,不作休闲,肥力最差的谷物区则辟为牧场"②。

第五个同心圈实行比较粗放的三区农作制,即"(1)田地的一部分是永久性的牧场;(2)农田的三分之一,每年轮流纯粹休闲;(3)所产的全部肥料都用于纯粹休闲地"③。

当然上述区分并非固定不变,当一国的财富和人口不断增多,谷物价格逐步上升时,实行集约生产的轮栽作物制的地区会不断扩张。④

离城市最远的第六个同心圈将主要从事畜牧业,因为畜牧业的主要产品黄油,其运输成本在其价格中的比重低于谷物。而比第六个同心圈更远的地方,则是地广人稀的狩猎区。

杜能对农产品生产的区位选择,还给出了以下一般性的结论:"(1)两种产品,按重量计算,等同面积获得等同的产量,要求生产费用较高的产品,应在离城最远的地方生产;(2)如果生产费用相等,按重量计算,等同面积获得较少产量的产品,应在另一种产品的后面,即在离城更远的地方生产。"⑤他用第 1 条结

---

① [德]约翰·冯·杜能:《孤立国同农业和国民经济的关系》,商务印书馆 1997 年版,第 144 页。

② [德]约翰·冯·杜能:《孤立国同农业和国民经济的关系》,商务印书馆 1997 年版,第 144 页。

③ [德]约翰·冯·杜能:《孤立国同农业和国民经济的关系》,商务印书馆 1997 年版,第 144 页。

④ [德]约翰·冯·杜能:《孤立国同农业和国民经济的关系》,商务印书馆 1997 年版,第 147 页。

⑤ [德]约翰·冯·杜能:《孤立国同农业和国民经济的关系》,商务印书馆 1997 年版,第 235 页。

论解释了为何生产黄油的乳牛业往往比牧羊业更靠近城市,用第 2 条结论解释了为何细毛羊往往比粗毛羊在更远离城市的地方牧养。

对于经济作物的区位选择,杜能给出了三条原则:"(1)如果生产费用和按重量计算的产量相等,吸收土地肥力最强的作物应在离城市最远的地方种植;(2)如果产量和吸收土地肥力相等,要求生产费用最贵的作物应在最远的地方生产;(3)如果吸收土地肥力和生产费用相等,一定面积的土地按重量计算的产量最低的作物应在离城市最远的地方生产。"[①]

杜能关于农业生产的区位理论,可以用以下图形作进一步的说明[②]。

假设 O 是均质平原的中心,OA 是生产价值一元的土豆的成本,$A'S$ 是运输土豆 OJ 距离的运输成本,$A''T$ 和 OK 代表相反方向的同样运输成本和运输距离。AS 和 AT 表明运输成本随运输距离的增大而线性增长。OB 是生产价值一元的小麦的成本,$B'M(B''N)$ 代表对于 $OX'(OX)$ 距离的运输成本。假设土豆运价高于小麦。由图可知,超过距离 $OL(OH)$,价值一元的土豆的运输成本将高于价值一元的小麦,所以土豆宜于在 HL 范围中生产,而小麦宜于在 HL 范围之外生产。农业生产的区位分布也遵从等边际原理,即土豆生产布局与小麦生产布局的边界上,两种产品的边际生产—运输成本相等。

杜能重点考虑的是农业生产的区位布局。相对农业生产,他对于工业生产的区位布局考虑较少,但是也提出一些简单的提示性的有价值的见解。他认为,"如果其他一切条件相同,工厂和手工业产品可以在工资最低的地方进行生产",[③]即人工成本是影响工业生产选址的重要因素。他还提出"大部分工厂、工

---

① [德]约翰·冯·杜能:《孤立国同农业和国民经济的关系》,商务印书馆 1997 年版,第 241 页。

② 该图形转引自[美]小罗伯特·B.埃克伦德、罗伯特·F.赫伯特:《经济理论和方法史》,中国人民大学出版社 2001 年版,第 241 页。转引时有改动。

③ [德]约翰·冯·杜能:《孤立国同农业和国民经济的关系》,商务印书馆 1997 年版,第 185 页。

场应设在原料最廉价的地方"①,即原料成本也是影响工厂选址的重要因素,并且由此推论出孤立国不可能只有一个城市,而是应当有许多城市。他已经看到了工业的发展与城市布局的关系。对于资金成本比较高的工业品,他认为将选择利率较低的地方进行生产。② 最后,他还提到了市场原则,即工业产品的生产要接近市场。③ 概括地讲,他指出了工业生产区位选择的两条基本准则,就是有利于降低成本,有利于市场销售。但是他并没有深入分析当不同的选择原则相左时应当如何处理,没有像分析农业那样分析工业区位布局问题。尽管如此,杜能对工业品生产区位选择的这些见解对于后来产业区位理论的发展还是具有重要的意义。

第四节　收入分配理论

与同时代的大多数经济学家类似,杜能也花费许多篇幅来考虑收入分配问题。在工业革命的大背景下,社会贫富差距扩大,阶级矛盾尖锐的现实,使他特别感到建立正确的收入分配理论的重要性。他看到,"当前,工人对于自己的地位和权利日益觉悟,未来他们将以不可抗拒之势参与国家和社会的组织。现在提出国民收入的分配如何合乎自然,这个问题成了国家和社会兴亡的问题"④。因为一旦工人觉醒之后开始发问自己在产品中合乎自然的份额应该是多少,"那末就可能发生野蛮蹂躏整个欧洲的战争"⑤。

杜能担忧地提出:"在较远的将来,如果不幸共产主义者在法国取得统治,他们的既有武装又有宣传口号的军队,向我们的士兵宣传共产和均产,越过我们的边境,那末我们准备怎样抵抗呢?"⑥可以说是出于对发生社会革命

---

① [德]约翰·冯·杜能:《孤立国同农业和国民经济的关系》,商务印书馆 1997 年版,第 259 页。

② [德]约翰·冯·杜能:《孤立国同农业和国民经济的关系》,商务印书馆 1997 年版,第 259—260 页。

③ [德]约翰·冯·杜能:《孤立国同农业和国民经济的关系》,商务印书馆 1997 年版,第 260 页。

④ [德]约翰·冯·杜能:《孤立国同农业和国民经济的关系》,商务印书馆 1997 年版,第 372 页。

⑤ [德]约翰·冯·杜能:《孤立国同农业和国民经济的关系》,商务印书馆 1997 年版,第 353 页。

⑥ [德]约翰·冯·杜能:《孤立国同农业和国民经济的关系》,商务印书馆 1997 年版,第 355 页。

的担心,为了与共产主义的主张相抗衡,他考虑了工人的工资决定问题,提出了一种与当时大多数经济学家不同的工资理论:类似于分享工资论的边际生产力论。

一、收益分享的边际生产力工资理论

杜能承认当时工人的工资偏低,未能享受工业进步的红利。那么为何如此? 对于这个问题的回答,他早期写于 1826 年时的一篇短文中的观点类似于马尔萨斯,"因为这个阶级早婚,繁育很快,以至于工人几乎总是供过于求,因此工资降到很低,仅仅够满足最必需的生活品的需要。……由此可见,工人劳动所得如此微薄,是自己的过错。怎样予以补救呢? 除非改变民众的习性,否则别无其他办法"[1]。同时他在那篇短文中又提出了通过国家提供教育经费实行义务教育改变工人习性的主张。这是与马尔萨斯不同的。他预想了一个通过义务教育改变整个社会阶级结构的蓝图,如果通过义务教育使"工人获得了工业企业家必须具有的学校教育,那末历来这两个阶级之间的界限就消除了。工业企业家的垄断地位不复存在,工人子弟习惯于刻苦生活,他们起来与前者竞争,工业利润将下降。工业企业家中(包括管理和辅助人员)能力较差的部分,将被迫转变为手艺工人阶级,手艺工人中能力较强的部分因报酬微薄而抛弃自己的职业,改求学问,谋求当国家官员和公务人员,因此在这一领域也将出现激烈的竞争,结果是这些人员的薪俸下降,节省了国家行政费用的支出"[2]。值得注意的是,杜能上述关于通过义务教育改进社会结构的思想确实经受住了历史的检验,尽管在它提出的当时被认为是空想。

杜能后来并不满意上述对于工人贫困的马尔萨斯式的解释,但是通过义务教育可以改变工人生活的思想也使他不再把工人的贫困看作是天经地义之事。他承认上述思想"对我的人生观和我的行为产生了极为重要的影响"[3]。他开始探索对于工人贫困的其他解释,探讨什么是合乎自然的工资水平? 他首先审视了亚当·斯密及其大多数后继者,尤其是李嘉图的观点,发现他们"隐隐约约的

---

[1] [德]约翰·冯·杜能:《孤立国同农业和国民经济的关系》,商务印书馆 1997 年版,第 356—357 页。

[2] [德]约翰·冯·杜能:《孤立国同农业和国民经济的关系》,商务印书馆 1997 年版,第 358 页。

[3] [德]约翰·冯·杜能:《孤立国同农业和国民经济的关系》,商务印书馆 1997 年版,第 359 页。

意见是,工人不可或缺的生活必需品的总数就是自然的劳动工资"①。对于这样一种观点,他自然不会感到满意。因为"由于有益地利用自然力及能大大提高工效的机器,社会上人数最多的阶级,他们的劳动效率越来越高,创造越来越多,然而却越受压迫,这是反自然的矛盾现象"②。为了探索合乎自然的工资,于是他便开始了自己的研究。

杜能运用孤立国的抽象模型来探讨工资的决定,因为这将使问题变得非常简单。他发现在孤立国可耕平原的边境地带,土地地租为零,产出除了支付利息,剩下的便是工资。如果工资提高,地租便为负数,于是土地所有者就会放弃经营,土地的耕作将向城市收缩,原先在被抛弃土地上工作的工人也将被迫到靠近城市的地方寻找工作,工人们相互之间的竞争又将把工资降到原先的水平。由此看来,提高工资似乎是不可能的。但是他马上发现,上述结论的前提是利率不变。而只要利率能够降低,工资就有可能提高。但是利率能够降低么,它的变化依存于什么规律呢? 于是合乎自然的工资就"取决于……决定利率高低和利率与工资的关系的规律"③。

为了探讨这个规律,杜能建立了以下数理模型:令某田庄的资本为 Q,雇佣的工人人数为 n,从田庄的毛收益减去种种成本后的剩余被称作劳动产品,工人人均劳动产品为 p;一个工人一年的工资为 A,其中生活必需品为 a,非生活必需品为 y,即 $A = a + y$;用 A 去除 Q,得到的是资本相当于一个工人工资的倍数,令其为 nq,其中的 q 表示资本可以使用工人劳动的年份数,当 n 为 1 时,q 就代表资本可以使用一个劳动的年份;当 q 大于 1 时,q 就代表资本可以使用全部工人的年份。于是:

$$\frac{Q}{A} = \frac{Q}{a + y} = nq, \quad Q = nq(a + y) \tag{18.1}$$

因为劳动产品总量为 np,工资总额为 $n(a + y)$,于是资本所有者的净收益为 $n[p - (a + y)]$,资本的收益率或者利率为:

$$z = \frac{n[p - (a + y)]}{Q} = \frac{n[p - (a + y)]}{nq(a + y)} = \frac{p - (a + y)}{q(a + y)} \tag{18.2}$$

由式(18.2)可得:

① [德]约翰·冯·杜能:《孤立国同农业和国民经济的关系》,商务印书馆 1997 年版,第 364 页。

② [德]约翰·冯·杜能:《孤立国同农业和国民经济的关系》,商务印书馆 1997 年版,第 401 页。

③ [德]约翰·冯·杜能:《孤立国同农业和国民经济的关系》,商务印书馆 1997 年版,第 376 页。

$$A = a + y = \frac{p}{1 + qz} \tag{18.3}$$

式(18.3)表明了工资 A 与利率 z 之间的负相关关系,说明确实可以通过降低利率而提高工资。那么是否可以让利率降低为零来最大限度提高工资呢?

假设工人用其收入中的 y 进行投资,则其所得的利息收益按照通常的利率 z 计算为:

$$zy = \frac{[p - (a + y)]y}{q(a + y)} \tag{18.4}$$

令式(18.4)对 y 的一阶导数为零,可得:

$$A = a + y = \sqrt{ap} \tag{18.5}$$

杜能把 $\sqrt{ap}$ 称作"合乎自然的工资或自然工资"[1]。即自然工资等于工人的必需品和劳动产品的几何平均值。简单假设 $a = 4$, $p = 9$,则 $A = 6$。

杜能进一步推导了使工人的利息收入 yz 最大化的利率 z^*。[2]由式(18.2)可得:

$$qz(a + y) = p - (a + y), (1 + qz)(a + y) = p$$

即

$$a + y = p/(1 + qz) \tag{18.6}$$

于是

$$y = p/(1 + qz) - a \tag{18.7}$$

假设工人贷出 y,可得利息为:

$$yz = pz/(1 + qz) - az \tag{18.8}$$

令式(18.8)对 z 的导数为零,则可得使工人所得利息最大化的 z^* 为:

$$z^* = \frac{\sqrt{ap} - a}{aq} \tag{18.9}$$

由式(18.9)可知,工人利息收入最大化要求利率不能为零,把利率降低到零未必符合工人的利益。把式(18.9)中的 z^* 代入式(18.6),则:

$$A = a + y = \sqrt{ap}$$

这就是保证工人利息收入最大化的工资收入水平。

从杜能的整个推导过程来看,其前提假设是工人能够并且愿意用其工资的一部分进行投资,并且追求投资收益的最大化。在这些假设前提下,工人最优的工资水平应当等于其必需品与其人均劳动产品的乘积的开方。这个最优水平与必需品和人均劳动产品都正相关。当人均劳动产品就等于必需品时,它也

---

① 〔德〕约翰·冯·杜能:《孤立国同农业和国民经济的关系》,商务印书馆1997年版,第442页。

② 〔德〕约翰·冯·杜能:《孤立国同农业和国民经济的关系》,商务印书馆1997年版,第443—444页。

就等于必需品。当人均劳动产品大于必需品时,它又总是低于人均劳动产品。所以本文把它称作分享工资论,因为它表明,即便为工人的利益考虑,也要求把劳动产品在工人和资本所有者之间分享,而不是全部归工人或者全部归资本所有者所有,即最优的利率必须介于 0 和 1 之间。可见这是一个主张收益分享劳资协调的工资理论。

杜能进一步从企业追求利润最大化的假设前提出发,推导出了工资决定的边际生产力论,并论证如此决定的工资水平也一定等于自然工资。

杜能首先确定,企业利润最大化要求其使用的任何要素的边际生产收益等于其边际生产成本。[①] 然后进一步明确提出增加工人的限度"以最后雇佣的工人所增产的价值等于工人所得的工资"[②]为限。按照这种观点,如果工人人数在资本保持不变的前提下不断增长,那么工资将不断下降,直至等于生活必需品为止。[③] 他实际上已经看到了生产中的边际报酬递减法则。

杜能通过一系列复杂步骤,运用数理方法论证由边际生产力决定的工资正好等于自然工资。[④] 但是他似乎没有区分关于工资问题的实证分析和规范分析,当他论证劳动的边际生产力决定工资的时候似乎是在进行实证分析,论证实际生活中工资就是这样决定的。然而在其他地方,他又对自然工资能否实行忧心忡忡。[⑤] 自然工资似乎变成了规范的要求,并认为欧洲社会的所有这些弊病,如果工资等于自然工资,实行了收益的分享制,就都能消除。[⑥]

在西方经济学史上,杜能可能是第一个提出了工资决定的边际生产力论。并且他进一步论证了如此决定的工资是一种收益分享促进劳资和谐的工资。他的论证是非常超前的,基本上以数理方法为主。他的边际生产力论可能影响到后来美国的经济学家 J. B. 克拉克,因为克拉克曾经在德国留学,完全可能受到杜能的影响。也许正是由于杜能,使克拉克从原先信奉历史学派转变为边际

---

① [德]约翰·冯·杜能:《孤立国同农业和国民经济的关系》,商务印书馆 1997 年版,第 333 页。

② [德]约翰·冯·杜能:《孤立国同农业和国民经济的关系》,商务印书馆 1997 年版,第 336 页。

③ [德]约翰·冯·杜能:《孤立国同农业和国民经济的关系》,商务印书馆 1997 年版,第 467—468 页。

④ [德]约翰·冯·杜能:《孤立国同农业和国民经济的关系》,商务印书馆 1997 年版,第二卷第一章第十七、十八、十九节。

⑤ [德]约翰·冯·杜能:《孤立国同农业和国民经济的关系》,商务印书馆 1997 年版,第 485 页。

⑥ [德]约翰·冯·杜能:《孤立国同农业和国民经济的关系》,商务印书馆 1997 年版,第 484 页。

主义者。但是在论证的形式化水平方面,克拉克远远不如杜能。但也许正是由于克拉克简单直白的叙述反而使边际生产力论得以广泛传播,使人们在很长一段时间里以为克拉克是边际生产力论的原创者。

二、地租理论

杜能首先区分了土地上的附属物所产生的利息与纯粹属于土地的地租,指出"在田庄收入项下,扣除房屋、树木、垣篱等一切可与土地分开的东西的价值所生的利息,剩余之数属于土地本身,我称它为地租"①。

杜能认为地租起源于土地由于距离城市市场的远近不同而出现的级差性质,"一个田庄的地租是由于它的位置和土地比最劣的、但为了满足城市需要又不得不从事生产的田庄优越而产生的"②。他指出孤立国中离城市市场不同距离的同心圈所需缴纳的地租是不同的,随着距离的增加而递减,在孤立国的边境是无需地租的。可见他所说的级差地租主要是李嘉图和马克思所说的第一种性质的级差地租。

杜能主张向地租征税,因为"地租不是劳动和投资的产物,而是田庄所处的位置和土地性质的偶然优势带来的,因此也可予以剥夺,这么做并不会妨碍或减少投资和劳动"③。

杜能的地租理论与李嘉图有许多相似之处,并且他是在并不了解李嘉图思想的条件下独立提出的。

三、资本与利息

杜能定义资本"是指在自然力的辅助下通过人类劳动所完成的产品,使用这种产品可以提高人类劳动效率,可以与土地相分离"④。他把资本的起源归结为劳动,与那种把资本形成仅仅归结于节欲的观点有所不同。关于资本形成的生产说与节欲说之间的关系,一直到庞巴维克那里才得到比较完整的说明。

杜能已经发现了资本边际报酬递减现象,"新投于企业或营业中的追加资

---

①　[德]约翰·冯·杜能:《孤立国同农业和国民经济的关系》,商务印书馆 1997 年版,第 28—29 页。

②　[德]约翰·冯·杜能:《孤立国同农业和国民经济的关系》,商务印书馆 1997 年版,第 191 页。

③　[德]约翰·冯·杜能:《孤立国同农业和国民经济的关系》,商务印书馆 1997 年版,第 280—281 页。

④　[德]约翰·冯·杜能:《孤立国同农业和国民经济的关系》,商务印书馆 1997 年版,第 385 页。

本,所得的息金不如原先投入的资本"①。并且认为"全部资本在出借时提供的租金是由最后投入的那部分资本的效益决定的"②。这就是利率决定的边际生产力论。他并且从这种观点出发推论出资本增加会有利于工人的结论。③

杜能认为通常所说的利息其实包括两个组成部分:在一定时期内因使用资本所支付的报酬和由于可能的损失而支付的保险金。④ 这种区分后来在马歇尔那里得到了更详细的说明。

四、利　润

杜能认为斯密及其同时代的英国学者"都把投资的利息与企业家的利润混为一谈"⑤,强调要区分两者。他把企业家收入超过投资利息和管理费用的部分,称作"营业利润",其中包括企业家的风险报酬和勤奋报酬。⑥ 他特别分析了竞争之所以不能消除企业家风险报酬的原因,指出一个既能从事企业又能从事公务员的人,如果从事公务员,风险小得多,那么他为何还要从事企业,就是因为有可能取得风险报酬。⑦ 他甚至还提出了类似于今天人们所说的效用不对称观点来论证风险报酬的正当性,"丧失一部分资产或全部,人们感到被夺走的幸福和愉快比增加一部分资产或全部所增添的幸福和愉快多些;那末在各行各业的经营中,得利的可能性必然也以同等程度大于遭受损失的可能性"⑧。

杜能的收入分配思想有许多被后人所继承。从今天的眼光来看,他的分配理论是同时代经济学家当中最出色的。这不仅是由于他的边际生产力论,还由

① [德]约翰·冯·杜能:《孤立国同农业和国民经济的关系》,商务印书馆 1997 年版,第 397 页。

② [德]约翰·冯·杜能:《孤立国同农业和国民经济的关系》,商务印书馆 1997 年版,第 400 页。

③ [德]约翰·冯·杜能:《孤立国同农业和国民经济的关系》,商务印书馆 1997 年版,第 401 页。

④ [德]约翰·冯·杜能:《孤立国同农业和国民经济的关系》,商务印书馆 1997 年版,第 385 页。

⑤ [德]约翰·冯·杜能:《孤立国同农业和国民经济的关系》,商务印书馆 1997 年版,第 387－388 页。

⑥ [德]约翰·冯·杜能:《孤立国同农业和国民经济的关系》,商务印书馆 1997 年版,第 389 页。

⑦ [德]约翰·冯·杜能:《孤立国同农业和国民经济的关系》,商务印书馆 1997 年版,第 387 页。

⑧ [德]约翰·冯·杜能:《孤立国同农业和国民经济的关系》,商务印书馆 1997 年版,第 387 页。

于他对收入分配悬殊的不满,以及由于这种不满而引发出的收益分享工资说,还由于他对企业家利润收入的正当性的肯定和论证。

第五节　其他思想

除了上面说介绍的主要思想之外,杜能还有一些思想值得关注。这些思想虽然都很简单,篇幅不大,但是从今天的眼光来看,都非常重要,有助于我们厘清这些思想的来源。

一、自由贸易思想

杜能显然完全同意亚当·斯密关于自由贸易的思想,在《孤立国》第一卷第二章第三十三节,他专门讨论了限制自由贸易的危害。他假设孤立国分裂为两个国家,一个是围绕城市的富国,另一个是远离城市的同心圈组成的穷国。假设富国设立贸易壁垒,禁止穷国的商品进口。那么最后的结果将如何呢?他的结论是,富国的限制政策一方面打击了穷国,同时给自己也造成了伤害,而且这种伤害是在穷国并没有进行任何报复的情况下发生的。

杜能对于自由贸易的赞同,表明他不仅在理论分析方面,而且在政策主张方面,都是亚当·斯密在德国的出色继承者。他的自由贸易思想,与他同时代的另一位德国经济学家李斯特大不相同。但是由于种种有待深入研究的原因,他的自由贸易思想远远不如李斯特的贸易保护思想在德国得到更广泛更持久的传播。

二、税收思想

杜能继承斯密的传统,对各种税收进行了分析。他以孤立国为案例,分析了征税的一般作用是"阻碍国家的强大,人口增长,国民资本的积聚"[1]。同时他区分了征税在增长型国家和停滞型国家的不同作用,认为数额不高的征税在前者的作用只是阻碍国民财富的增长,并不会起到破坏作用;而在后者,新税将产生破坏作用,导致财富的减少和人口的下降。[2]

---

① 〔德〕约翰·冯·杜能:《孤立国同农业和国民经济的关系》,商务印书馆1997年版,第267页。

② 〔德〕约翰·冯·杜能:《孤立国同农业和国民经济的关系》,商务印书馆1997年版,第270页。

杜能进一步分析了不同的具体税收的作用,[1]认为对谷物征税会提高谷物价格,不利于后进国家的发展和进步。认为对手工业和工厂征税,不能对某一个行业征税过重,否则在自由贸易条件下,这个行业就会凋敝。对于消费税,他主张对奢侈品征收,反对向必需品征收。

他主张征收地租税,因为地租的大小与投资和劳动无关。同时他又认为地租税的征收在操作上有一定的困难,操作不当有可能妨碍农民对土地的改良。

杜能特别强调了税收不确定的危害,"征税的不平等比经常改变税制危害小得多"[2]。

三、区分不变成本与变动成本

杜能作为一个实践家,已经观察到了不变成本与可变成本的区别,他用"耕作费用"和"收获费用"这一对术语来表达两种成本的区别,而最后是在马歇尔那里,这一对概念才获得清晰的说明。

四、社会保障思想

杜能是一个富有同情心的思想家,同情当时大多数工人的不幸遭遇,迫切希望能够改变工人阶级穷困悲惨的状况。同时他的身份和经历又使得他不愿意通过极端方式来解决问题,不赞同共产主义的解决方案,这就使他形成了一系列的社会保障思想。主要表现在要求实行义务教育,以及强制实行医疗保险和养老保险这两个方面。

杜能认为工人的贫困在很大程度上是由于缺乏教育,而工人的贫困又使得他们无力支出经费去教育培养后代,这就形成恶性循环。而打破这一循环的就是政府出资实行义务教育。

至于医疗保险和养老保险,杜能在自己的田庄进行了初步的尝试。他多年来一直想在自己的田庄实践分享工资制,但是顾虑到家庭和其他田庄的反应,难以开展。1848年以后,障碍不再存在,他开始在自己的田庄中具体实施,一是让工人分享收益;二是对工人的部分收入实行强制储蓄,晚年返还,即实行养老保险。

杜能关于社会保障的这些思想和非常初步的实践,不知是否对近半个世纪以后德国由俾斯麦普遍实施的社会保障制度有所影响。这是一个需要详细考

---

① [德]约翰·冯·杜能:《孤立国同农业和国民经济的关系》,商务印书馆1997年版,第271—283页。

② [德]约翰·冯·杜能:《孤立国同农业和国民经济的关系》,商务印书馆1997年版,第280页。

证的工作。但是在与他同时代的思想家中间,他这方面的思想无疑是最出色的。从今天的眼光来看,杜能在这方面的思想可能是他最隽永的贡献。

对于杜能的贡献,德国老历史学派的罗雪尔在 1847 年说过:"如果我们的科学衰落了,那么杜能的作品就属于那些能够使科学重新发展的作品之一。"而当代德国经济学家埃里希·施奈德称赞杜能是"德国所产生过的这一领域的最伟大的理论家"。美国经济学家保罗·安东尼·萨缪尔逊则声称"如果他用其他方式创作他的著作,那么他简直可以成为最杰出的经济学家之一了"。今天,杜能的农庄已经作为一座露天博物馆被保存下来。①

参考文献

[1][德]约翰·冯·杜能:《孤立国同农业和国民经济的关系》,商务印书馆 1997 年版。

---

① 尼格拉斯·庞巴、维夫赫德·海兹主编:《46 位大经济学家和 36 本名著》,海南出版社 2003 年版,第 103 页。

第十九章　李斯特的经济理论

第一节　李斯特时代的德国及其思想渊源

　　弗里德里希·李斯特[①](Friedrich List,1789—1846),19 世纪上半期德国著名经济学家。他生活时代的德国,仍属于工业不发达国家,大多数为农业人口。以普鲁士为例,1815 年时 73% 的人口为农民。农业中仍保留着封建农奴制度,阻碍着资本主义生产方式的发展。

　　当时德国的工业,仍盛行中世纪行会制度,资本主义工厂制度仍属罕见。在英、法等国的影响下,资本主义生产方式开始萌芽,但当时资本主义生产方式的发展,受到国家不统一的阻碍。到 19 世纪中期,德国一直分割为若干小邦,这种封建时代遗留下来的政治结构,以其不统一的复杂的税制,阻碍着商业的发展。例如 1800 年,货物由汉堡运往马德堡,须付 14 次通过税;经马因河由班堡运货至马因斯,须付 33 次通过税。除了税制不统一外,币制不统一也成为商业发展的大障碍。而同时,德国各个邦国对外国却又敞开大门,因此当拿破仑战争结束以后,英国商品大量涌入德国各邦国,给德国幼稚的工业造成极大压力。直到 1834 年德国多数邦实行关税联合之后,德国工业才开始有了长足的发展。但在当时具有工业优势的英国面前,如何促进本国工业由落后跃为先进,就成为一个引起有识之士关切的问题。正是在回答这一问题时,李斯特建立了自己独特的经济理论体系。

　　李斯特经济理论体系的形成一方面与当时德国的经济状况有着密切关系,另一方面与当时的社会思潮也有一定联系。对李斯特思想产生影响的可能有法国人杜班男爵,他在 1827 年发表的《法国各种力量的发展状况》中提到"生产力"这一概念;夏泼托尔,他在 1819 年发表的《论法国工业》中提到"幼稚工业"

---

　　① 《新帕尔格雷夫经济学大辞典》第 3 卷,经济科学出版社 1996 年版,第 234—236 页。[英]马克·布劳格、保罗·斯特奇斯:《世界重要经济学家辞典》,经济科学出版社 1987 年版,第 391 页。

概念,主张加以保护;①还有美国人亚历山大·汉密尔顿(Alexander Hamilton,1755—1804)、丹尼尔·雷蒙德(Daniel Raymond,1786—1849),这两位美国人都主张贸易保护。

第二节　生平、著作及其独特的方法论

李斯特 1789 年生于德国符腾堡一个皮革匠家庭,中学辍学后自学通过国家官吏考试,1806 年他 17 岁时进入由拿破仑建立的符腾堡王国的政府机构任书记员,后在蒂宾根担任一个中级财政官员,同时在蒂宾根大学学习法学。1815 年,符腾堡发生一场关于宪法的争论,他创办刊物发表文章要求仿照英国实行君主立宪制并实现民主与自由,解除农民的封建负担,以支持、保护和促进工商业发展。1817 年,他由保护人汪根海姆大臣任命担任蒂宾根大学国政学教授。1819 年,由于保护人失势以及被怀疑“在国外进行有组织活动”,他被免去教职并被解除公职。同年他以全德所有 5000 多名商人和工厂主的名义起草《致德意志联邦议会请愿书》,要求建立德国各邦统一关税同盟。同年他还发起成立全德国工商业协会,他实际上是该协会的领导人。他在自己创办的《德国商工界机关报》上发表文章,强调“不在德国各邦国人民之间实行自由交往便不可能有统一的德国,不建立共同的重商制度便不可能有独立的德国”②。

但是李斯特主张的关税制度改革遭到了当时德国浪漫派经济学家亚当·海因里希·缪勒的强烈反对,缪勒认为关税同盟的主张是“一场最大胆的革命”,“协会所提出的实行贸易自由或取消国内关税界线的要求的……革命性实在太明显了”。因此他要求奥地利宰相梅特涅“对这种胡作非为(这种地地道道的蛊惑阴谋)加以严厉的处置”③。梅特涅遂下令对煽动分子李斯特进行最严密的监视。

1820 年,李斯特被选为符腾堡等级议会议员,成为自由派为实现民主改革所进行的政治思想斗争的主力。他要求制定一部不仅能够体现德意志各邦君主的权利而且也能体现德意志各邦人民权利的联邦宪法。1821 年,他受选民委托起草批评符腾堡政府官僚主义和主张民主改革的报告,准备提交议会。但又在缪勒的强烈推动下被刑事诉讼,剥夺了议员资格,最后以“冒渎和污蔑符腾堡政府、司法行政当局和国家公仆罪”被判处监禁并强制劳动。他被迫逃亡法国和瑞士。1824 年,他在英国参观了世界上第一条蒸汽火车铁路线的建设并受到

① ［法］夏尔·季德、夏尔·利斯特:《经济学说史》上册,商务印书馆 1986,第 333 页注 29。
② 转引自［德］京特·法比翁克:《弗里德利希·李斯特》,商务印书馆 1983 年版,第 11 页。
③ 转引自［德］京特·法比翁克:《弗里德利希·李斯特》,商务印书馆 1983 年版,第 11 页。

启发。同年,他回到德国并被逮捕。

1825 年,李斯特被迫奔赴北美,同当时美国的主张贸易保护的经济学家凯里和雷蒙德等人来往密切,受到他们的经济思想的影响。1827 年,他发表《美国政治经济学大纲》,论证暂时实行关税保护对美国工业独立发展的必要性,从而逐渐受到美国人的重视。1928 年,他通过自己的报纸为主张实行保护性关税以发展工业的总统竞选人杰克逊助威。他的美国之行使得他清楚地看到暂时性保护关税对于一个国家工业化的重要影响,对于他经济思想的成熟具有极其重要的作用。

1830—1831 年,他受杰克逊总统委托赴巴黎,为建立法美之间密切的贸易关系和共同抵御英国的工商业优势作出贡献。期间,他对法国和比利时的国家铁路系统的建设发挥了积极的影响。

李斯特不仅是一个思想家,同时也是一个成绩斐然的实业家,由于偶然发现了煤矿,他成了拥有 70 万美元资本的煤矿公司的经营者。

1832 年,已经取得美国国籍的李斯特以美国公使的身份回到德国,但遭到大多数德意志邦国拒绝,直到 1834 年才得到萨克森王国的许可就任美国驻莱比锡的公使。回国之后,他力推德国铁路系统的建设和关税同盟的建立,希望由此推进德国的统一。他进行了大量宣传,写道:"铁路系统和关税同盟,是连体的双胞胎;它们在同一时刻诞生,彼此肢体相连,只有一个思想和一个感官,它们互相支持,追求同一个伟大的目标,即把德国各个部族联合成一个伟大、文明、富足、强大的和不可侵犯的民族。"[①]他成立了一家股份公司修建莱比锡—德累斯顿铁路,并希望以此为基础建设全德铁路系统。在他的努力和参与下,以普鲁士为主的"德国关税同盟"于 1834 年建立。但由于他曾经受到过的刑事诉讼,他为德国在铁路建设、出版事业等多方面的贡献始终不能得到公正的认可,只是由于其美国公民的身份,才使他免于牢狱之灾。他的铁路建设计划因遭到封建割据势力的反对和投机分子的排挤而失败,他的学术出版也被封建势力把持的书报检查制度所拒绝,他在德国甚至无法找到固定职业,而他在美国的煤矿也因银行危机而破产,他不得不又一次离开德国。

1837—1840 年,李斯特去了法国和比利时,在这两个国家里他继续建造全国铁路系统的努力。在比利时,他作为国家铁路的创始人而受人尊敬。法国也曾在 1840 年约请他担任政府要职,发挥他在铁路建设和贸易政策方面的作用,后因当时的法国政府对德国的不友好态度而被他拒绝。1837 年,作为对法国道德与政治科学院有奖征答的回应,他写下了《政治经济学的自然体系》。1839

---

① 转引自[德]京特·法比翁克:《弗里德利希·李斯特》,商务印书馆 1983 年版,第 14 页。

年,他发表论文《从历史观点看对外贸易自由及其局限性》。1840 年,发表《论国家工业生产力的性质与价值》。

1840 年,李斯特返回德国。1841 年,他的主要经济著作《政治经济学的国民体系》出版。1843 年,他创办《关税同盟报》宣传贸易保护学说,也为实现全德意志的政治联合经济发展提出一系列具体建议:统一货币和度量衡、建立国家银行、制定统一的工商法和专利法、建立统一的海军、建立统一的领事制度、举办全德的博览会,等等。

1844—1845 年,李斯特受邀去了匈牙利,写下了《论匈牙利国民经济改革》和《论匈牙利交通状况的改善》两篇文章,对匈牙利的经济发展提出了许多切实可行的建议。但他的进一步活动为梅特涅所阻止。

1846 年,李斯特去了英国,亲眼看到英国取消《谷物法》,实现了自由贸易。为此他写了题为《论英德联盟的价值和条件》的呈文,提出了英德政治经济合作纲领。同年底,他由于一生坎坷、健康恶化、物质生活没有保障、深受刺激以致精神失常,自杀身亡,终年 58 岁。①

李斯特一生最大的成就就是推动德国各州建立关税同盟,而这正是德国国家统一的萌芽。因此熊彼特尊称他是民族英雄。②

李斯特的经济思想集中体现在他用爱国热忱和大半生与封建势力斗争的经验写作而成的代表作《政治经济学的国民体系》中,在经济学说史上具有独特地位,书中的经济思想对德国的政治和经济发展产生过重大影响,也对美国产业政策的制定,对匈牙利、罗马尼亚、中国和印度等欠发达国家争取国家独立和工业自主发展产生过较大的影响。③

李斯特的《政治经济学的国民体系》一书,共分四编。第一编是对西欧各国经济发展的历史回顾,并从中归纳出历史教训。这一编所采用的历史归纳分析方法,使他被后人称作是德国历史学派的先驱,当然细致考察会发现他与后来的历史学派有重大区别。第二编阐述其理论观点,是全书精华所在。第三编介绍他以前各派的经济理论,是他从自己的观点出发对各学派所作的评论。第四编是具体的政策主张。

李斯特的经济理论可以概括为四大部分:(1)生产力理论;(2)关于工业对国民经济的重要作用;(3)反对英国的古典政治经济学,主张关税保护政策;(4)殖民主义的倾向。

李斯特的经济理论,无论从概念范畴、体系结构上看,还是政策主张上看,

---

① 京特·法比翁克:《弗里德里希·李斯特》,商务印书馆 1983 年版,第 9—22 页。
② [美]约瑟夫·熊彼特:《经济分析史》第 2 卷,商务印书馆 1992 年版,第 194—195 页。
③ 苗英华:《最著名的经济学家——最经典的学说》,中国经济出版社 1994 年版,第 77 页。

都与亚当·斯密所建立的古典经济学有很大不同,尤其在方法上有许多独到之处。这些独到之处使他建立了独树一帜的理论体系,并对以后经济学的发展产生了深远影响。

首先,李斯特考虑经济问题的侧重点与亚当·斯密等古典经济学家不同,他关心的是在当时德国的具体历史条件下,如何改变德国的产业结构,建立并发展工业,从而发展德国的生产力,增强经济和政治实力。他是从产业结构变化的合理方向、变动产业结构的具体措施等方面来研究国家的经济发展问题的。而亚当·斯密主要是从分工、市场机制等方面研究经济发展的机制和社会后果,李嘉图只关心价值论和分配论。研究侧重点的不同,使李斯特感到,政治经济学不仅要告诉人们交换价值怎样由个人来生产,怎样在个人之间进行分配及怎样由个人消费;还要教导人们怎样激发、增长并保护整个国家的生产力,并且提出,要建立与亚当·斯密等人的价值理论不同的生产力理论。

其次,与李嘉图不同,李斯特从历史的研究中得到启示,认为一个国家经济发展的战略,随着这个国家所处发展阶段的不同而有所不同。为此,他提出了经济发展阶段论的思想,以主导产业的不同作为划分阶段的依据。他指出:“从经济方面看来,国家都必须经过如下发展阶段:原始未开化时期,畜牧时期,农业时期,农工业时期,农工商业时期。”①他的这种划分对以后的经济学家有着深远的影响,因为他是第一个联系经济发展阶段来考虑经济发展战略的经济学家。

第三,李斯特的经济理论考虑了国家这一政治实体的存在,考虑了国家的存在对经济发展途径的影响。他说:“作为我们学说体系中一个主要特征的是国家。国家的性质是处于个人与整个人类之间的中介体,我的理论体系的整个结构就是以这一点为基础的。”②他认为,亚当·斯密等人的经济理论,抽象掉国家这一实体来谈论人类的致富,这实际上是一种世界主义的经济学,它只适应于国家不存在时的情况。他指出,政治经济学必须考虑各国的特殊情况,针对不同情况提出不同的致富方式。为此,他提出了与世界经济学相对立的国民经济学这一概念,并强调国民经济学将教导人们,“某一国家,处于世界目前形势以及它自己的特有国际关系下,怎样来维持并改进它的经济状况”③。国民经济学的提出,为他的反对自由贸易、主张保护关税制的政策提供了理论依据,它更深远的意义在于肯定了不同国家经济的不同发展途径的可能性。

第四,李斯特注意从各国,尤其是西欧各国的经济发展史中归纳出自己的理论体系。他既重视成功国家的经济发展的经验,也不忽视那些曾经是先进但

---

① 李斯特:《政治经济学的国民体系》,商务印书馆1981年版,第155页。
② 李斯特:《政治经济学的国民体系》,商务印书馆1981年版,第7页。
③ 李斯特:《政治经济学的国民体系》,商务印书馆1981年版,第109页。

后来衰落的国家的教训,从各国经济的兴衰中总结出对发展德国经济有用的政策结论。他的这种方法被称为历史归纳法,为后来的历史学派所沿用,形成整整一个学派在方法论上的特征。但李斯特与后来以罗雪尔为开端的历史学派有很大不同,一是他并不忽略演绎方法,在他的理论编中,演绎方法起着重要作用;二是他擅于驾驭历史资料,从中得出为当时德国所需的结论,可以说他是为了解决实际经济问题而去了解历史的。他的书给人以一种强烈的务实感,而历史学派的书则长于堆砌历史资料,给人以一种学究气。

第三节　生产力理论

李斯特指出,"财富的原因与财富本身完全不同",而作为财富原因的"生产力比之财富本身,不晓得要重要到多少倍"①。因为决定个人富裕程度的不是个人所占有的财富量,而是生产财富的能力;而决定一个国家的发展程度的,也不在于它蓄积的财富(交换价值)的多少,而取决于它的生产力的发展程度。他以英国的例子加以说明,英国之所以强大,是因为英国的执政者追求的不是从国外取得价廉的工业品,而是这些工业品的制造能力的形成。在这里,他忽视以物质资本形式蓄积起来的财富其本身就是生产力发展的一种要素。他其实是在消费品的意义上来理解蓄积财富的,因此他的上述见解的合理之处是显而易见的。

那么促进一个国家生产力增长的原因是什么呢? 李斯特指出:"国家生产力的来源是个人的身心力量,是个人的社会状况、政治状况和制度,是国家所掌握的自然资源,或者是国家所拥有的作为个人以全身心努力的物质产品的工具(即农业的、工业的与商业的物质资本)。"②他又说:"基督教,一夫一妻制,奴隶制与封建领地的取消,王位的继承,印刷、报纸、邮政、货币、计量、历法、钟表、警察等等事物、制度的发明,自由保有不动产原则的实行,交通工具的采用——这些都是生产力增长的丰富泉源。"③从这些论述可以看出,他是从自然资源、作为工具的物质资本、个人的身心素质、社会的法律制度、意识形态等多种角度来考察生产力增长的源泉的。通过若干欧洲国家经济发展史的回顾,对于生产力增长的原因,他反对那种只重视物质因素、忽视政治力量,只重视个人生产能力、忽视社会制度的见解,强调物质因素与政治力量、个人能力与社会制度在促进生产力增长时的难分主次的交互作用。他指出:"一切个人的生产力,在很大程

---

① 李斯特:《政治经济学的国民体系》,商务印书馆 1981 年版,第 118 页。
② 李斯特:《政治经济学的国民体系》,商务印书馆 1981 年版,第 192—193 页。
③ 李斯特:《政治经济学的国民体系》,商务印书馆 1981 年版,第 123 页。

度上是取决于国家的社会环境与政治环境的。"①他针对亚当·斯密关于创造财富的观点,认为人之所以能生产财富,不仅是"由于他能直接生产产品或创造生产力,而且是由于他能创造生产诱因、消费诱因或生产力形成的诱因"②。因此仅仅说财富起因于劳动是不够的,还必须回答促使人们劳动的动因是什么。他认为"是对个人有鼓励、激发作用的那种精神力量,是使个人在这方面的努力可以获得成果的社会状况,是个人在努力中能够利用的天然资源"③。

李斯特认为有利于生产力发展的社会状况和精神因素,有科学与艺术的发达,促进宗教品质、道德才智、人身财产安全、自由公道的公共制度和法律(在这方面,他特别提到司法公开、陪审制度、国会立法、公众监督行政、地方自治、言论自由、有益目的的结社自由),对农工商业以及教育事业和一般文化一视同仁的对待,以及足以保障国民财富和教育方面世代发展的国家力量。他通过英国和西班牙的对比,强调精神自由对生产力发展的重要意义。他说:"思想与意识的自由对国家生产力影响很大。"④他赞赏专利制度在促进创造力从而推动生产力发展上的重要作用。他看到人们致富动机对生产力的促进作用,认为社会大部分的生产力就是因这种动机而产生的。他还指出教育对未来生产力增长的重要意义,认为"一国的最大部分消耗,是应该用于后一代的教育,应该用于国家未来生产力的促进和培养的"⑤。

根据上述见解,李斯特对亚当·斯密关于生产力增长源泉的看法提出了批评。他认为斯密对生产力增长原因的分析过于狭隘,只看到分工的作用,从而把劳动,而且仅仅把体力劳动当作唯一的生产力,当作财富的源泉,忽视了社会制度、精神因素的作用。在反对劳动是财富唯一泉源这一见解时,他问道:"如果一种现象,它本身就是许多深一层原因的结果,而我们却把这种现象说成是起因,这难道可以认为是科学的推理吗?毫无疑问,一切财富总是由脑力和体力(劳动)得来的,但是并没有理由说是由这一事实就可以得出有用的结论;因为历史告诉我们,曾有许多国家,它们的国民尽管克勤克俭,还是不能免于贫困。"⑥

因为把许多制度性、意识性的东西都当作是生产力发展的源泉,李斯特反对亚当·斯密关于生产性劳动和非生产性劳动的划分标准。他指出,按照亚当·斯密的划分标准,"像牛顿、瓦特或刻普勒这样一种人的生产性,却不及一

① 李斯特:《政治经济学的国民体系》,商务印书馆1981年版,第75页。
② 李斯特:《政治经济学的国民体系》,商务印书馆1981年版,第256页。
③ 李斯特:《政治经济学的国民体系》,商务印书馆1981年版,第120页。
④ 李斯特:《政治经济学的国民体系》,商务印书馆1981年版,第123页。
⑤ 李斯特:《政治经济学的国民体系》,商务印书馆1981年版,第123页。
⑥ 李斯特:《政治经济学的国民体系》,商务印书馆1981年版,第120页。

匹马、一头驴或一头驮重的牛"①。养猪的和造乐器、造丸药的是生产者,而教师、音乐家和医生倒是非生产性的。因此,亚当·斯密的这种划分标准显然是有错误的。在他看来,划分生产劳动者和非生产劳动者的依据,不仅要看是否创造交换价值,而且要看是否生产了生产力,他写道:"那些养猪的和制丸药的当然属于生产者,但是青少年和成年人的教师、作曲家、音乐家、医师、法官和行政官也是生产者,他们的生产性比前一类要高得多。前者所生产的是交换价值,后者所生产的是生产力。就后一类来说,有些人能够使下一代成为生产者,有些能促进这一代人的道德和宗教品质,有些能提高人类的精神力量,有些能使病人继续保持他的生产力,有些能使人权和公道获得保障,有些能确立并保护公共治安,有些则由于他们的艺术给予人们精神上的愉快享受,能够有助于人们生产情绪的高涨。"②

李斯特不仅从多种角度考察了生产力源泉问题,对分工这一推动生产力的重要力量,也提出了许多有价值的创见。他认为要推进生产力,不仅要有分工(用他的话讲是动作的划分),还要有"各种活动力、智力和力量为了共同生产而进行的联合或结合"③。他实际上看到了分工和协作的互相补充对生产力发展的重要意义。他突破亚当·斯密仅仅把分工原则运用于各生产单位内部的局限,提出分工协作原则的作用可以扩及整个国家经济,并强调"一国之中最重要的工作划分是精神工作与物质工作之间的划分,两方是相互依存的"④。而在"物质生产中最重要的工作划分与最重要的生产力协作是农业与工业之间的划分与协作"⑤。这就把亚当·斯密的着眼于微观的分工法则升华为着眼于宏观的分业法则。从宏观上考察分业的结果,使他感到把社会总劳动力按比例地分配于全社会的各行各业(包括精神生产部门)之中的重要性,他称之为生产力的平衡或协调。

从宏观上考察分业的结果,使李斯特不同意亚当·斯密关于农业不如工业那样便于实行分工的见解,提出了农业实行区域分工的原则。他写道:"假使每个地区各自专门从事于它在自然条件上最适宜的那些生产事业,然后把它特有产品的剩余部分,向别的地区交换那些地区所宜于生产的那些生活必需品和原料,这样做比每一地区对一切生产事业不分好歹样样都来的办法,在人力和地

①　李斯特:《政治经济学的国民体系》,商务印书馆 1981 年版,第 126 页。
②　李斯特:《政治经济学的国民体系》,商务印书馆 1981 年版,第 127 页。
③　李斯特:《政治经济学的国民体系》,商务印书馆 1981 年版,第 132 页。
④　李斯特:《政治经济学的国民体系》,商务印书馆 1981 年版,第 140 页。
⑤　李斯特:《政治经济学的国民体系》,商务印书馆 1981 年版,第 141 页。

力方面可以获致更大的利用,可以获致大得多的生产效果。"①农业区域分工原则的提出,也许是他受到杜能影响的结果。

李斯特不仅看到了国内分工的重要性,而且指出了国际分工的意义,"如果一个国家,不去尽量利用它所有的一切自然力量,来满足本国的需要,使自己能够用生产余额,向别的国家采购自然条件不容许在它自己领土上生产的那些必需品,这种现象所表示的也同样是国家在智力上、勤恳耐劳上的缺乏"②。同时,他也没有忽视国际分工在遇到战争、政治变动、商业恐慌时中断的危险性,因此认为国内的分工协作更重要。至于决定国际国内分工的因素,他认为主要是气候和造化本身。这显然是他分工理论中比较肤浅的见解。

李斯特把资本看作是形成生产力的一个重要来源。对于资本,他认为应该对其进行分类,分为物质资本和精神资本。物质资本被规定为工商业使用的物质工具,精神资本在他看来有个人的和国家的之分。个人的精神资本是"个人所固有的或个人从社会环境和政治环境得来的精神力量和体力"③,而国家的精神资本则是"以前许多世代一切发现、发明、改进和努力等等累积的结果"④。

在物质资本形成的问题上,李斯特不同意亚当·斯密及其他一些经济学家的储蓄理论,认为适用于个人积累资本的单纯储蓄的方式对整个国家是不适宜的,国家物质资本的形成方式与个人不同,不是简单依靠储蓄,而是"主要依靠国家的精神资本与物质资本之间以及农工商业资本之间的交互作用"⑤。他还指出,当社会处于不同的产业阶段时,资本的形成方式是有所不同的。在畜牧社会中,物质资本由于牲畜的增加而增加;在农业社会中,资本由于耕地和剩余农产品的增加而增加;在工业社会中,资本则由于专门用于工业的财富的增加而增加。

李斯特不仅反对亚当·斯密等人的资本形成理论,而且否定他们关于资本可以自由转移的见解,强调具体形态的资本是很难进行跨行业的转移而不同时丧失其价值的,并指出在谈论资本的转移时必须考虑私人资本与国家资本的区别,"一个工业家或商人可以把他的厂或船卖掉,然后用所得价款买进田产;而整个国家却不能这样做,除非把大部分物质资本和精神资本付之于牺牲"⑥。

李斯特在经济学说史上,是较早把生产力问题作为政治经济学所要解决的一个重要的专门问题,并主张建立专门的生产力理论的经济学家。他的生产力

---

① 李斯特:《政治经济学的国民体系》,商务印书馆 1981 年版,第 134 页。

② 李斯特:《政治经济学的国民体系》,商务印书馆 1981 年版,第 142 页。

③ 李斯特:《政治经济学的国民体系》,商务印书馆 1981 年版,第 193 页。

④ 李斯特:《政治经济学的国民体系》,商务印书馆 1981 年版,第 124 页。

⑤ 李斯特:《政治经济学的国民体系》,商务印书馆 1981 年版,第 196 页。

⑥ 李斯特:《政治经济学的国民体系》,商务印书馆 1981 年版,第 201 页。

理论主要涉及生产力增长问题,可以说是生产力增长的因素分析。在他之前,亚当·斯密在研究财富的原因时,实际上已经研究了生产力增长的因素,并把生产力的增长首先归因于生产劳动者人数的增加,以及生产劳动者个人技能由于分工而得到的提高,且进一步认为这两个因素都与资本的形成和积累有莫大关系,所以他实质上是把生产力增长因素最后归结为资本积累。与此不同,李斯特不仅看到了分工、资本积累对生产力的影响,而且看到了自然资源的作用,尤其值得注意的是,看到了劳动者的劳动态度对生产力的影响,从而认识到政治状况、法律制度、道德、文化教育等因素对生产力的作用,他实际上涉及了今天人们所说的激励个人从事生产性活动的产权制度和各种精神文化因素。可见他对生产力增长因素的分析,具有相当开阔的视野。这种开阔的视野,是因为他当时所处的德国,生产力的发展还受到许多封建的社会制度、意识形态的束缚,因此在分析生产力增长的原因时,就自然会注意到这些因素。例如他特别强调个人自由对生产力的促进作用,这说明他的生产力理论具有一定的反封建的色彩。在分工、资本这两个传统课题上,李斯特也提出了不少有价值的新见解,这与他侧重从整个国家的角度(而不是从私人角度)考察这两个问题有很大关系。

李斯特的生产力理论中也包含不少欠缺,即没有把各种因素按不同的层次进行分类,把自然资源、分工协作、资本积累、政治状况、社会环境等因素都并列在一起。

第四节　工业化的战略思想

从增进一国生产财富的能力这一目标出发,李斯特用很大篇幅论证了发展工业的重要意义。首先,他指出工业的发展能扩大社会所用资源的范围,提高对自然资源和自然力的利用程度。他说:"工业可以使无数的自然资源和自然力量转化为生产资本,……农业国家自己建立了工业以后,就会使原为完全搁呆不动的天然力量有活跃的机会,使原来全无价值的自然资源成为宝贵的财富。"[①]其次,他指出建立工业对于增加国家的物质资本,也就是他所说的工具力的重要作用。同时,工业的建立还有助于使农业的剩余产品转化为工业的物质资本。他还提出了工业发展对科学技术发展的促进作用。他说:"工业是科学与技术的成果,也是科学与技术的支持者和保护者。"[②]因为工业社会重视创造

①　李斯特:《政治经济学的国民体系》,商务印书馆1981年版,第189页。

②　李斯特:《政治经济学的国民体系》,商务印书馆1981年版,第173页。

发明的才能,而纯农业社会则相反。他特别强调工业发展对一个国家的国民素质的有利影响,认为工业发展能够从智力、体力甚至人种诸方面提高国民的素质。他把农业社会的国民素质与工业社会的国民素质进行了比较:"一个国家所经营的假使仅仅是原始状态下的农业,在那里普遍存在的现象就必然是感觉迟钝,笨手笨脚,对于旧有的观念、风俗、习惯、方式、方法固执不化,缺乏文化、繁荣和自由。一个国家,假使能专心致志于工商业,则情况相反,在那里存在的普遍特征必然是竞胜情绪、自由意志和努力于身心发展的进取精神。"①他反对亚当·斯密关于农业劳动比工业劳动更能促进劳动者全面发展的见解,认为"假使我们把工业工作作为一个整体来看,那就立刻可以看出,这种工作能够唤起并发展多种多样的、高度的智力和能力,它在这方面的作用比农业工作不知要大多少倍"②。他还指出:"建立了工业之后,……各地区的农业人口与工业人口彼此互相通婚而掺合在一起以后,那种在智力、道德、体格上停滞不前的现象就可以消失。工业以及以工业为依据的与各国各地区之间的商业所引起的交往关系,会使整个国家以及各个社会和家族受到新血液的灌注。"③他还提到了工业发展以及与其相伴随的城市化的发展将促进政治的进步和社会的改良。还提到工业的发展会引起依靠单纯的农业所无法引起的消费动机。而这种动机将促进社会生产的发展。概括说来,李斯特从天然资源的充分利用、国家资本的有效积累、科技的发展、国民素质的提高、政治的改良等诸方面,看到了一个国家建立自己的工业的重要意义。

为了进一步论证建立并发展工业的重要性,李斯特分析了工业与其他物质生产部门和商业的关系,指出只有工业发展了,航海业、国内商业和对外贸易、农业才能获得大发展。由于当时的德国农业仍占了国民经济的主要地位,所以他着重分析了工业发展对农业的影响。

首先,李斯特指出,一个单纯经营农业的国家,与一个既有农业又有工业的国家相比,在各方面都要处于劣势。他说:"一个国家没有工业,只经营农业,就等于一个个人在物质生产中少了一只膀子。"④并且单纯的农业国,如果又与其他工农业都经营的国家有贸易往来,那么它"在经济上、政治上总是要或多或少处于从属地位的"⑤。因为它的农产品外销情况基本取决于它所无法控制的外部情况;进口国本身的农业收成状况,其他纯农业国家的竞争,与工业国的外贸

---

① 李斯特:《政治经济学的国民体系》,商务印书馆1981年版,第170—171页。
② 李斯特:《政治经济学的国民体系》,商务印书馆1981年版,第172页。
③ 李斯特:《政治经济学的国民体系》,商务印书馆1981年版,第191页。
④ 李斯特:《政治经济学的国民体系》,商务印书馆1981年版,第141页。
⑤ 李斯特:《政治经济学的国民体系》,商务印书馆1981年版,第157页。

由于关税、战争等因素，而有完全中断的危险。更为严重的是纯农业国还可能由于外贸逆差而诱发信用危机，给国民经济的发展带来极为不利的影响。在论证这一点时，他指出古典学派关于贵金属流通会促使外贸易自动均衡的理论只适用于一国之内各地区之间的交易情况，不适用于国与国之间，尤其不适用于农业国与工业国之间，因为国与国之间的贸易并不都是完全自由的，而是由各国的商业政策和国力支配的。他指出，工业国可以凭借雄厚资本，利用出口商品的商业信用，或利用关税等手段造成纯农业国的持续外贸逆差，同时农业生产自发的波动也会造成外贸逆差，从而引起贵金属的大量外流，结果造成纯农业国银行信用的破产，地产与商品价格的普遍波动，整个经济陷入混乱。待到进出口再次恢复平衡时，纯农业国的生产、消费、个人福利都已经受到了影响深远的破坏。他指出，纯农业国的货币制度也往往是从属于工业国的。他的结论是，一个大国只有建立了工业，使工农业均衡发展，才能使生产力和生活水平有大的提高，才能使外贸保持平衡，避免由外贸逆差引起的信用危机，才能使国家在经济、政治、精神诸方面保持独立。

在论证了纯农业国发展工业的必要性之后，李斯特进一步分析了工业发展对农业的影响。他认为工业的发展不会与农业争夺资源、工具力量（即物质资本）和身心力量，因为"工业在很大程度上是一个完全新生的、增出的力量"①。工业的发展非但不会妨碍农业，而且还会从各种角度促进农业。他指出，工业的发展将增加对各种农产品的需求，并且为剩余农产品的贮藏、运输提供物质条件，由此，农业的区域分工协作将发展起来，从而增进农业生产的生产力。他还指出，建立了本国工业之后，本国的剩余农产品就有了比较稳定的远较国外市场为大的国内市场，农业生产就不会由于国外市场的波动而出现波动，就会比较平稳地向前发展，就能避免波动对生产力的破坏。他还指出，随着国内工业的发展，农产品需求在数量和种类上都将大大增加，农产品的价格将得到提高，从而农业劳动者的工资，经营农业的利润、地租、地价都将相应提高。可以说，农业繁荣的根本原因主要是由于工业的存在。从这一观点出发，他反对李嘉图的级差地租理论，因为在他看来，这种理论把地租看成是由土地本身所固有的自然生产力而来的，而实际上这种生产力的提高主要是由于社会的发展，由于社会所拥有的精神资本和物质资本的量带来的。

李斯特还谈道，一个农业国转变成工业国，必须待农业发展到一定阶段才适宜，这种阶段就是农业的发展已经达到某种程度，不可能再迅速增长；同时农业人口也已经饱和，用他的话来说，就是已经出现了农业的残缺状态。

---

① 李斯特：《政治经济学的国民体系》，商务印书馆 1981 年版，第 131 页。

他指出,当一个国家开始发展工业时,应首先发展一般消费品工业,而不是奢侈品工业。

除了农业之外,还有商业。李斯特正确地指出商业是依存于工农业的,并且工业的建立和发展将给予商业(包括国内贸易和外贸)以极大的刺激,因为纯农业国的国内商业不会怎么发展,而对外贸易也有种种弊端,如无益于国内生产力的发展,容易受外国限制政策和战事的影响而中断,容易造成沿海地区与内地的发展不平衡,等等。

李斯特特别强调了工业发展对增进一国生产力的重要作用。但在其见解中,资本主义工业化给劳动人民带来的不幸被他认为是不可避免的祸害。他写道:"必须承认,新的工业组织比从前的工业组织使为数更多的个人处于依附地位,只有这一弊病是个人和各邦国无法控制的。假如仅仅因为这一物质福利和国家力量的如此重要的源泉所提供的不可估量的福利和好处同时伴有一些弊病——在这个世界上没有一样东西是没有弊病的——便放弃这一源泉,那就是愚蠢透顶了。"①但同时,他也对如何缓解劳动人民的痛苦提出了一定的措施,就是工人分享财产。他描绘了这样一种前景:"可以设想,合作精神将在文明的国度里取得愈来愈大的进展,那种让工人作为大工厂企业的股东而入股,从而保障他们终生的福利和某种程度的独立性的思想将会愈来愈多地得到实现。"②同时,为了消除地主阶级对工业化的抵抗,他又再三论证工业化将怎样提高地租和地价。

另一方面,李斯特的见解又颇有见地,如论证了工业化对一国经济、政治、文化发展的重要作用,论证了纯农业的不发达国家在国际贸易中的不利地位,论证了工业化过程中工农业之间的相互促进作用。这些见解即使在今天也还是能给人以启示。他是较早从产业结构的角度研究经济发展问题的著名经济学家,是从产业结构角度提出不发达国家发展战略的那些发展经济学家的先驱。

第五节　关税保护制的政策主张

李斯特认为,为了使工业能够在当时的德国得到顺利发展,必须取消国内关税,同时必须反对亚当·斯密等人所提倡的自由贸易制度,对外实行关税保护政策。为了证明自由贸易制度的不合理性,他首先否认了斯密那只看不见的手的功能,认为个人竭力促进自己的私利未必就一定促进社会公益,外贸商人

①　转引自[德]京特·法比翁克:《弗里德利希·李斯特》,商务印书馆1983年版,第57页。
②　转引自[德]京特·法比翁克:《弗里德利希·李斯特》,商务印书馆1983年版,第75页注1。

为了私利既可以输入药品,也同样会欣然输入毒品。同时他指出:"国家生产力的综合并不等于在分别考虑下一切个人生产力的综合。"①

李斯特并非简单地一概反对国与国之间的自由贸易制度,而是强调国与国之间的自由贸易必须具备一定的前提条件。其中之一就是要有"一个包括一切国家在内的世界联盟作为持久和平的保证"②,并且各国都实行自由贸易原则,各国商人都处于一个商业联邦之下。这实际上就是把他看来在一国之中行之有效的自由贸易推广到全世界去的前提条件。前提条件之二是实行自由贸易的国家,它们的工业水平必须有相似的发展程度,否则在自由贸易条件下,"比较落后的国家将普遍屈服于工商业与海军强国的优势之下"③。对于单独一个国家来说,是否应当实行自由贸易政策,则要视该国处于何种经济发展阶段而定。他指出:"凡是先天的禀赋不薄,在财富、力量上要达到最高度发展时所需的一切资源色色具备的那些国家,就可以,而且必须……按照它们自己的发展程度来改进它们的制度。改进的第一个阶段是,对比较先进的国家实行自由贸易,以此为手段,使自己脱离未开化状态,在农业上求得发展;第二个阶段是,用商业限制政策,促进工业、渔业、海运事业和国外贸易的发展;最后一个阶段是,当财富和力量都已经达到了最高度之后,再行逐步恢复到自由贸易原则,在国内外市场进行无所限制的竞争,使从事于农工商业的人们在精神上不致松懈,并且可以鼓励他们不断努力于保持既得的优势地位。"④

李斯特反对亚当·斯密等人的自由放任主张,认为一国的经济越发展,国家在立法和行政方面的干预就越是不可少。他还用英、美两国的实例说明国家干预的必要性。在他看来,当时的德国正处于他所说的需要实行外贸限制政策的第二阶段,因此,国家干预的主要表现就是实行保护关税制度。

李斯特指出,保护关税制度,或者说限制政策,来源于国与国之间利益的冲突,或来源于一个国家追求独立、追求强盛地位的努力;或是由于战事及优势工业国实行敌对性的商业限制政策。他针对亚当·斯密等人对保护关税制度的指责,指出保护关税制度并不会造成垄断,从而损害消费者利益,因为它并不排除国内的竞争。同时他还指出,保护关税制度也并不限制个人自由,相反,"在国际贸易方面,高度的保护政策却可以与最大限度的个人自由并行不悖"⑤。他承认保护制度会引起价格提高,但这种提高只能是暂时的,因为高的价格会刺

① 李斯特:《政治经济学的国民体系》,商务印书馆1981年版,第149页。
② 李斯特:《政治经济学的国民体系》,商务印书馆1981年版,第109页。
③ 李斯特:《政治经济学的国民体系》,商务印书馆1981年版,第112页。
④ 李斯特:《政治经济学的国民体系》,商务印书馆1981年版,第105页。
⑤ 李斯特:《政治经济学的国民体系》,商务印书馆1981年版,第16页。

激生产,保护制度保证了国内工业发展的良好环境,所以保护制度最终结果将使生产力提高。保护制度不仅保护了工业的发展,而且对农业也有促进作用,因为在保护制度下成长起来的工业,增加了社会对农产品的需求,从而提高了农产品的价格。从长期来看,保护制度将推动落后国家的经济发展,赶上先进国家,为最终实行普遍的自由贸易做好准备。他写道:"保护制度是使落后国家在文化上取得与那个优势国家同等地位的唯一方法。从这一点看起来,保护贸易制度可认为是促进各国实现最后联合,也就是促进真正自由贸易的最有效方法。"①

李斯特的保护关税政策并不是闭关锁国,并不排斥外资和外国技术的引进。相反,他提出实行保护制度有两个步骤:首先是把外国工业品从国内市场排挤出去;其次是鼓励外资和外国技术、工人的流入。同时,他的保护政策也并非对一切产品都实行保护,而是把农业和工业分别看待,对农产原料和加工工业品加以区分,肯定农产品可以实行自由贸易,但对工业品则需要限制其输入。他指出,为了实行有效的保护制度,必须实现德国的统一,因为威尼斯共和国的例子说明,"一个单独的城市或一个小邦与大国进行竞争时,绝不能成功地建立或保持保护政策"②。他还提出了实行保护关税的一些具体原则,如根据国家的特有环境和工业状况,来确定保护关税是禁止性的还是温和的,对奢侈品工业不实行保护政策,对复杂机器的输入予以免税等。

李斯特从国家利益出发,指出自由贸易的局限性,即在国力不平等时自由贸易将伤害相对落后的国家。这一见解在今天也仍然有现实意义。他关于自由贸易给各有关国家同时带来利益所必需的两个条件的看法也是值得注意的。他从相对落后国家需要保护制度这一点出发,对主张自由放任、反对国家干预的观点提出异议,表明国家干预的必要性。最可贵的是他虽然主张保护制度,但并没有把它绝对化,而只是把关税保护制度当作一个国家在经济发展中特定阶段需要的东西。这说明他对于不同发展阶段所需要不同政策这一道理,有着较深的理解。

第六节　殖民主义倾向

李斯特作为后起的德国资产阶级的代言人,有着特别强烈的毫不掩饰的殖民主义倾向。为了给自己的殖民主义倾向进行辩护,他提出了一套荒谬的

---

① 李斯特:《政治经济学的国民体系》,商务印书馆 1981 年版,第 113 页。
② 李斯特:《政治经济学的国民体系》,商务印书馆 1981 年版,第 16 页。

理论,其中之一,是所谓的温热带国家分工论。这种论调认为,只有温带国家才适宜于发展工业,而热带国家则注定只宜于发展农业。因此,亚洲和美洲的热带国家作为农业国注定要成为向温带工业国提供原料的殖民地、附属国。谬论之二,是认为文明国家的人口、智力和物质资本发展到一定规模后,理所当然要向落后国家倾销。第三种谬论,是认为"开化"落后国家是各文明国家共同的责任,由"开化"带来的利益应在各文明国家之间均分。这种谬论暴露出了后起的德国资产阶级力图与老牌的富国资产阶级平分殖民利益的用心。

李斯特把向落后国家扩展殖民地看作是发展德国生产力的一个重要步骤。他指出,一个国家为了发展生产力就要"使它道义上的、智能上的以及商业、政治上的势力扩展到比较落后的国家"①。他强调温带大国(包括德国)"应当有力量对落后国家的文化发生有利影响,用它的过剩人口以及精神与物质资本来建立殖民地,建立新国家"②。李斯特不仅对在落后国家建立殖民地颇有兴趣,还主张用关税同盟的方式吞并荷兰、比利时等工业发展国家。

李斯特是帝国主义最早的理论家之一,但同时又是欧洲统一的第一个构想者。

第七节 对李斯特经济理论体系的简要评价

李斯特的经济理论体系,一方面反映了德国工业资产阶级对内反对封建制度,对外抵抗英国资产阶级欺压,发展民族工业,提高本国生产力的合理要求;另一方面也反映了后起的德国资产阶级竭力对外扩张,力图占有殖民地的强烈的殖民主义倾向。

李斯特的经济理论体系既有短处又有长处,其短处在于它忽视对资本主义社会阶级关系的分析。其长处在于它提出了落后国家面临工业先进国家的挑战时,发展本国经济的可行道路。以生产力理论为主线,以发展工业为目标,以保护制度为手段,这就是他经济理论体系的三大支柱,也是他为当时仍然处于落后地位的德国提出的对策。

李斯特的理论可以说在一定程度上复苏了重商主义要求政府干预的观点,强调政府在经济发展中应当发挥更加积极的作用。他的观点后来被一再证明

---

① 李斯特:《政治经济学的国民体系》,商务印书馆1981年版,第124页。

② 李斯特:《政治经济学的国民体系》,商务印书馆1981年版,第153页。

是适合于几乎一切企图实现工业化的落后农业国家的。

在方法论上,李斯特注重历史事实和现实经验的以归纳为主要特征的研究方法,对日后德国历史学派的兴起,也起到了重要作用。

附　录

亚当·缪勒对亚当·斯密的质疑

亚当·海因里希·缪勒①(Adam Heinrich Müller,1779—1829),生于德国柏林,就读于哥廷根大学,是日耳曼浪漫派最重要的经济学家。1806—1809 年是德国一诸侯国王子的家庭教师,1813 年成为奥地利文职人员,为奥匈帝国的外长梅特涅服务。他自 1805 年成为天主教徒,反对启蒙进步,反对科学理性,反对自由主义;可能由于受伯克的影响,是法国大革命的死敌,强烈主张拿破仑之后的法国恢复帝制。其主要论著有:《政治策略原理》(1809)、《论文选》(1812)、《国家预算及其增长理论》(1812)、《新货币理论检验》(1816)和《关于口才的二十篇讲演及其在德国的衰落》(1817)等。

缪勒的核心思想是强调社会与国家是有机统一的整体,认为社会经济并非像斯密所说的那样单纯是其所有个别成员或私人经济的简单总和。因此他反对亚当·斯密的经济理论,质疑斯密从孤立、抽象、自私的经济人出发研究经济,把社会简化为经济人之间出于私利的交换关系,忽略了道德对于社会的维系作用。他强调一国的资本不仅有物质资本,还应有包括文明价值观和科学水平在内的精神资本。他认为国家并非一单纯维持公道的工具,而是整个民族的代表。他提出全国总劳动在各业中的分配必须合于比例。在政策主张上他反对资本主义和工业化,主张维持封建秩序,实行保护主义。

缪勒的经济思想对德国后来的历史学派有一定影响。他和李斯特虽然矛盾很深,但两者都可以算作是德国历史学派的思想先驱。

参考文献

[1]李斯特:《政治经济学的国民体系》,商务印书馆 1981 年版。
[2]京特·法比翁克:《弗里德利希·李斯特》,商务印书馆 1983 年版。

---

①　《新帕尔格雷夫经济学大辞典》第 3 卷,经济科学出版社 1996 年版,第 601—602 页。[英]马克·布劳格、保罗·斯特奇斯:《世界重要经济学家辞典》,经济科学出版社 1987 年版,第 458—459 页。因格拉门:《经济学史》,商务印书馆 1932 年版,第三册第 25—27 页。

第二十章　德国历史学派和其他重要经济学家

在德国,古典经济学时期,以罗雪尔为奠基人的历史学派逐渐成为德国经济学的主流,一直延续到第二次世界大战结束。而非历史学派的经济学家,除了前面已经介绍的杜能之外,还有劳、赫尔曼、曼戈尔特等。[1]

第一节　德国非历史学派经济学家简介

除了占主流地位的德国历史学派之外,德国还存在一些非历史学派的古典经济学家。他们的一个特点就是认可亚当·斯密,但普遍不认可起码是不重视李嘉图和马尔萨斯。这也许是后来反对抽象演绎方法的历史学派得以盛行的原因之一。

一、劳

劳[2](Karl Heinrich Rau,1792—1870),德国弗莱堡大学经济学教授,斯密信徒,自由主义理念的传播者。他的主要作为是编写了一部非常好的经济学教科书,从 1826—1869 年共出了 8 版。但是随着后来德国历史学派的兴起,他的影响衰落了。

二、赫尔曼

赫尔曼[3](Friedrich Hermann,1795—1868),1827 年工作于德国慕尼黑大学,1839 年任巴伐利亚统计局长,1832 年出版《政治经济学研究》,主要依循斯密的《国富论》,但根本不提李嘉图和马尔萨斯。书中的一个主要观点是一切经

---

① 　罗杰·E.巴克豪斯:《西方经济学史》,海南出版社、三环出版社 2007 年版,第 154 页。

② 　《新帕尔格雷夫经济学大辞典》第 4 卷,经济科学出版社 1996 年版,第 102 页。[英]马克·布劳格、保罗·斯特奇斯:《世界重要经济学家辞典》,经济科学出版社 1987 年版,第 521 页。

③ 　《新帕尔格雷夫经济学大辞典》第 2 卷,经济科学出版社 1996 年版,第 689 页。

济变化都是供求两股力量相互作用的结果,因此经济学主要应当研究支配供求的各种因素。因此,日后英国的马歇尔对其赞叹不已。同时他对英国经济学家的演绎推理方法进行了批判。他的这个论点很可能为以后历史学派的兴起扫清了道路。他对于斯密关于个人利益与社会公益一致性的论点也提出了质疑,从而认为政府应当承担比斯密所认为的更多的责任。

三、曼戈尔特

曼戈尔特[①](Hans von Mangoldt,1824—1868),曾任德国弗莱堡大学政治学和政治经济学教授。其主要著作是 1855 年发表的《关于企业利润的理论》和 1863 年发表的《国民经济大纲》。他以数学方法来论证古典经济学,考察了古典经济学的假设条件,用局部分析方法独创性地说明了价格的数学理论,超越了法国的古尔诺。他提出了类似于马歇尔的供求均衡价格论,分析了连带供求,分析了多重均衡,以一种非常现代的方式描述了从一种均衡向另一种均衡的过渡,提出了后来熊彼特所提出的企业家创新理论;强调利润是企业家创新和所冒风险的报酬,是其能力所创造的租金;独创性地发挥了李嘉图的比较成本理论。他是 19 世纪德语世界经济学的杰出先驱。

对这些经济学家的评价可以借用马歇尔的下述论断,"这个(19)世纪欧洲大陆最重要的经济理论工作是由德国人做的"[②]。

第二节　德国历史学派概述

德国历史学派[③]是比李斯特稍后产生的一个经济学流派。被称为"历史学派宣言"[④]的《历史方法的国民经济学讲义大纲》,是历史学派奠基人罗雪尔[⑤]于 1843 年发表的,仅比李斯特的主要经济著作《政治经济学的国民体系》(1841)晚

①　《新帕尔格雷夫经济学大辞典》第 3 卷,经济科学出版社 1996 年版,第 322 页。[英]马克·布劳格、保罗·斯特奇斯:《世界重要经济学家辞典》,经济科学出版社 1987 年版,第 408—409 页。

②　转引自[美]小罗伯特·B.埃克伦德、罗伯特·F.赫伯特:《经济理论和方法史》,中国人民大学出版社 2001 年版,第 244 页。

③　《新帕尔格雷夫经济学大辞典》第 2 卷,经济科学出版社 1996 年版,第 553—555 页。

④　朱绍文:《历史方法的国民经济学讲义大纲》,商务印书馆 1981 年,中译本序,第 2 页。

⑤　熊彼特并不认可罗雪尔是德国历史学派的奠基人,见[美]约瑟夫·熊彼特:《经济分析史》第 2 卷,商务印书馆 1992 年版,第 249 页正文和脚注 2,3。

出版两年。这就是说，李斯特和以罗雪尔为代表的历史学派的经济理论，都是在 19 世纪 40 年代前后德国工业化的特定历史条件下，为适应德国经济探寻新的发展道路的需要而产生的。

德国的工业化发展比英、法两国都晚；1848 年 3 月爆发的普鲁士革命，要比 1640 年的英国革命晚两个多世纪。当德国工业化登上历史舞台时，英国的工业化都已经相当成熟，接近尾声。这就使德国的工业家清楚地意识到，它的工业化道路，会遇到英、法等国的激烈竞争。

以罗雪尔为代表的德国历史学派，就是由当时反映德国工业化要求的一批经济学家组成的。他们为适应德国工业化需要而建立的经济理论体系，也就必然具有特殊的性质。

德国历史学派，就是 19 世纪 40—50 年代，在继承李斯特的理论传统，特别是他的历史归纳法的基础上，在黑格尔哲学思想体系的影响下，借鉴了萨维尼[①]创建历史法学派的方法和目的而形成的；由于这些经济学家在经济研究中特别强调应用"历史的方法"，特别强调国民经济的有机整体性和国民经济发展的历史性，因此而得名。与英、法两国的传统经济学相比，德国历史学派所阐述的经济理论，一般说来，具有如下一些特点：

（一）德国历史学派经济学家强调各民族经济发展的特殊道路，否认英国政治经济学所揭示的具有普遍意义的经济规律，尤其是关于自由贸易是所有国家发展致富不二法门的观点，主张用国民经济学来代替不认可各国发展特殊道路的英国政治经济学。

（二）德国历史学派经济学家强调要用历史方法归纳方法来代替英国政治经济学的抽象演绎方法。因此历史学派以统计学和经济史为其研究重点。希望通过经济史实归纳出一般性经济规律。[②]

（三）德国历史学派经济学家宣扬精神因素以及被认为民族精神最高体现的国家，对经济生活的干预和决定作用。他们认为国家不仅仅是一个维持秩序的机构，还是为全民族服务的机构。凡是个人不能完成的事务都应当由国家完成，具体包括向公众提供教育、提供公共卫生设施、管理交通运输、照顾社会弱

---

① 弗里德里希·卡尔·冯·萨维尼（Friedrich Karl von Savigny，1779—1861），德国法学家，历史法学的主要代表。1815 年，他在艾希霍恩（Aichhorn）及戈森（Goschen）协助下创办历史法学派的机关刊物《历史法学杂志》，他在该刊序言中宣称创立法学的历史学派。他认为只有由历史的比较的研究，法律的真正本性才能表露出来（参见《历史方法的国民经济学讲义大纲》，商务印书馆 1981 年版，第 9 页，朱绍文先生所加的译者注）。

② ［美］约瑟夫·熊彼特：《经济分析史》第 3 卷，商务印书馆 1995 年版，第 85—86 页。

势群体如妇女儿童老人等,以及工人的正当权益,等等。①

(四)德国历史学派经济学家不满英国古典经济学的经济人假设,强调人并非只是一味追求私利,而是还有其他多方面的动机。

历史学派从 19 世纪 40 年代起直到 20 世纪初,一直主宰着德国经济学界,活跃在 19 世纪 40—70 年代的历史学派代表人物,主要有罗雪尔、希尔德布兰德和克尼斯,被后人称作旧历史学派。②

这些历史学派经济学家都是大学教授。他们孜孜以求的目标是为了适应德国工业化的需要,创建一个包含一整套历史归纳方法的国民经济学体系,并希望通过历史归纳方法来发现一般经济规律。他们一般并不否定经济规律的存在,只是不同意单纯用抽象演绎的方法去发现规律,而是强调用历史归纳方法来发现规律。这一点与后来完全否定存在一般性经济规律的以施穆勒为代表的新历史学派有别。有人认为,他们长于对经济历史资料的收集,拙于对现实经济问题的对策。③ 但这种观点值得商榷。

在实际政策方面,三位历史学派经济学家一方面都反对当时的社会主义思潮,并且在一定程度上认为是李嘉图为社会主义奠定了理论基础而反对古典经济学;同时他们又都主张改善劳动阶级状况的社会政策。他们的观点或许影响到德国的铁血宰相俾斯麦,后者在 1878 年制定了"反社会党人法",从政治上迫害社会主义者,然后在 1883 年开始实施社会保障方案,成为后来全世界各国政府模仿的对象。

德国历史学派在 19 世纪 70 年代以后,演变成新历史学派。关于新历史学派,将在本书第二十八章阐述。

第三节　罗雪尔

威廉·罗雪尔④(Wilhelm G. F. Roscher, 1817—1894),德国历史学派的奠基人。他出生于德国汉诺威的一个高级法官家庭,青年时期在哥廷根大学、柏

---

① 因格拉门:《经济学史》,商务印书馆 1932 年版,第三册第 9 页。

② 熊彼特认为这三个人并未形成一个具有明显特征的学派。见[美]约瑟夫·熊彼特:《经济分析史》第 2 卷,商务印书馆 1992 年版,第 200 页。

③ [英]约翰·米尔斯:《一种批判的经济学史》,商务印书馆 2005 年版,第 150 页。

④ 《新帕尔格雷夫经济学大辞典》第 4 卷,经济科学出版社 1996 年版,第 237—238 页。[英]马克·布劳格、保罗·斯特奇斯:《世界重要经济学家辞典》,经济科学出版社 1987 年版,第 536 页。

林大学攻读历史学和政治学。他的博士论文是《伟大诡辩们的历史学说》
(1838)。他于 1840 年任哥廷根大学历史学和国家科学的讲师,1841 年开设政
治经济学讲座,并兼授政治理论史。他的《历史方法的国民经济学讲义大纲》,
就是在那时写成的讲稿。他于 1843 年任副教授,翌年升任教授。从 1848 年
起,他接受莱比锡大学之聘,主持该校的政治经济学讲座长达 40 余年。罗雪尔
是一位虔诚的新教教徒,一生未参加任何政党或政治集团。

罗雪尔写作勤奋,著述甚丰。他的经济著作,除了《历史方法的国民经济学
讲义大纲》(以下简称《讲义大纲》)以外,还有:《国民经济学与古典派之关系》
(1849)、《十六、十七世纪英国国民经济学说史》(1851—1852)、《殖民地问题》
(1856)、《国民经济学的历史观》(论文集)(1861)、《国民经济论述》(1861)、《德
国经济学说史》(1874)、《农业制度史和农业统计》,以及他在《讲义大纲》中预定
的要按照历史方法撰写的国民经济学庞大体系的巨著——五卷本《国民经济学
体系》:第一卷《国民经济学原理》(1854)、第二卷《农业及类似原始产业的经济
论》(1859)、第三卷《商业及工业的经济论》(1881)、第四卷《财政学体系》
(1886)、第五卷《济贫制度及济贫政策体系》(1894)。熊彼特认为,这是一本"极
其成功的著作"[1]。他认为罗雪尔的经济论著,都具有"很高的水平"和"深刻的
理解力"[2]。罗雪尔就在这些经济论著中,奠定了历史学派经济学体系及其方法
论的基础。

一、方法论原理

罗雪尔在给历史学派经济学制定方法论时,是从如何理解国民经济学或政
治经济学这门科学开始的。他说:"国民经济学或政治经济学照我们的理解是
一门论述一个国家的经济发展诸规律的科学,或论述它的国民经济生活的科
学。"[3]又说:"政治经济学主要的是论述各国的物质利益。它研究一国人民的各
种欲望,特别是食、衣、燃料、居住以及两性间的天性等等欲望如何可以得到满
足;这些欲望的满足如何影响总体的国民生活,并反过来,它们如何为国民生活
所影响。"[4]他还进一步指出:"我们的目的是单纯地描述人的经济本性和他的经
济欲望,考察适于满足这些欲望的各种制度的规律和性质,以及他们所达到的
大一些或小一些的成功程度。因此,我们的课题可以说是社会经济或国民经济

---

[1]　[美]约瑟夫·熊彼特:《经济分析史》第 2 卷,商务印书馆 1992 年版,第 199—200 页。

[2]　[美]约瑟夫·熊彼特:《经济分析史》第 2 卷,商务印书馆 1992 年版,第 200 页。第
3 卷,商务印书馆 1995 年版,第 85—88 页。

[3]　季陶达:《资产阶级庸俗政治经济学选辑》,商务印书馆 1963 年版,第 322 页。

[4]　季陶达:《资产阶级庸俗政治经济学选辑》,商务印书馆 1963 年版,第 323 页。

的解剖学和生理学！"①

在罗雪尔看来,国民经济学或政治经济学的任务在于说明一个国家的现有经济制度,而不是制定某种普遍适用的理想制度。他说:"一种经济理想不能适合每个国家人民的不同种类的欲望,正如一件上衣不能适合一切人的身材一样。"②因此,他强调国民经济学或政治经济学是一门实证科学,而非规范科学。他指出,在国民经济学或政治经济学的研究对象上,有两个必须区别清楚的问题,即"(一)是什么?(至今一直是什么?它怎样变成这样的?等等)(二)应该是什么?"前者是"(唯实的)历史方法",后者是"理想主义方法"③。他认为,国民经济学或政治经济学研究的是前者而不是后者。

基于以上对这门科学的理解,罗雪尔提出了贯穿于他论述国民经济学"全书并成为它的基础的独特而严密的方法——历史的方法"。他指出,"所谓历史的方法,并非只是不管什么,只要可能,就像编制年表那样,从外表上将材料拼凑成一种连续的序列,恰恰相反",它存在于一系列的"原理中"④。1843 年,他在为《讲义大纲》所作的《著者序》中,将其"历史的方法"原理,概括为以下四个基本点:

第一,"国民经济学并非单纯的货殖学或单纯的致富术,而归根结底是一种认识人类、支配人类的政治科学。我们的目的在于记述各个国民在经济方面想了些什么,要求了些什么,发现了些什么;他们做了些什么努力,有了些什么成就;以及他们为什么要努力,又为什么获得成功。这样的记述只有同有关国民生活的其他学科,特别是同法制史、政治史以及文化史紧密地结合起来,才能做到"⑤。

第二,国民经济的现状是历史发展的产物,"因此打算研究国民经济的人,就不能仅仅满足于对现代经济关系的观察。况且对过去各文化阶段的研究,任何一种情况,都是现代一切未发达国民的最好教师。对我们来说,对过去各文化阶段的研究,完全具有同观察现代经济关系一样的重要性"⑥。

第三,整体分析和类比分析是历史方法的两种最重要的手段。整体分析要求"把人类的历史作为一个整体来考虑",⑦因此对国民经济的分析,"决不要忽

---

① 季陶达:《资产阶级庸俗政治经济学选辑》,商务印书馆 1963 年版,第 327—328 页。
② 季陶达:《资产阶级庸俗政治经济学选辑》,商务印书馆 1963 年版,第 327 页。
③ 季陶达:《资产阶级庸俗政治经济学选辑》,商务印书馆 1963 年版,第 326 页。
④ 罗雪尔:《历史方法的国民经济学讲义大纲》,商务印书馆 1981 年版,第 7 页。
⑤ 罗雪尔:《历史方法的国民经济学讲义大纲》,商务印书馆 1981 年版,第 7—8 页。
⑥ 罗雪尔:《历史方法的国民经济学讲义大纲》,商务印书馆 1981 年版,第 8 页。
⑦ 季陶达:《资产阶级庸俗政治经济学选辑》,商务印书馆 1963 年版,第 330 页。

视全面,不但是公共经济的全面,而且还是国民生活的全面"①。他指出,"国民生活,像一切的生活一样,是整体的,它的各方面现象相互之间是最紧密地连接在一起的",对这种全面关系,特别要注意"法律、国家和经济"这三部分,"又自相构成一个宛然独立的并且密切联系着的部类"②。既然"现代各个国民是如此紧密地联系着,如果缺乏对总体的观察,就不可能对个别的国民作出任何根本性的观察。同时,过去的国民——已经灭亡的国民,他们的发展过程都已成为一种完结的存在摆在我们面前,给我们以特殊的启示和教训"③。他对于整体分析的重视,与他认识到李嘉图和杜能等人的抽象分析方法可能存在的不足有关。他说:"当一种经济事实是由于许多不同的因素联合起作用而产生的时候,为使调查者机智地把某一因素同事实孤立起来,为了时间的原因,这种抽象是特别有用的。……但是,应当看到,这毕竟仅仅是一种抽象。由于这种抽象,不仅存在于向实践的转变中,也存在于最后的理论中,我们必须转向无限多样性的实际生活。"④

罗雪尔认为,类比分析是发现和揭示国民经济发展规律的一个重要途径。他认为,类比分析"关心相异之点和相似之点"⑤,"从相似之点"来探寻规律,因为规律本身即表现为"各个国民发展中的类似性"⑥。他指出:"如果新的国民经济表现出一种同过去的国民经济相类似的倾向,我们在认识这种倾向时就可以从这种类比关系中得到极为宝贵的启示。"⑦至于在类比分析中发现"相异之点",那就应当"作为例外,并努力加以说明"⑧。

第四,"历史的方法对任何一种经济制度决不轻易地一律予以颂扬或一律予以否定,因为对所有国民和一切文化阶段完全有益或完全有害的这种制度差不多是绝无仅有的。幼儿的纤带,老人的拐杖,对普通人是没有用处的。而经济学的主要任务在于指出:为何以及如何逐渐发生'从合理的变为不合理的'、'从幸福的变为有害的'"⑨。

罗雪尔"坚决地认为",只有这样正确地理解国民经济学的对象、任务和性

---

① 季陶达:《资产阶级庸俗政治经济学选辑》,商务印书馆 1963 年版,第 331 页。
② 季陶达:《资产阶级庸俗政治经济学选辑》,商务印书馆 1963 年版,第 323 页。
③ 罗雪尔:《历史方法的国民经济学讲义大纲》,商务印书馆 1981 年版,第 8 页。
④ [美]小罗伯特·B.埃克伦德、罗伯特·F.赫伯特:《经济理论和方法史》,中国人民大学出版社 2001 年版,第 209 页。
⑤ 季陶达:《资产阶级庸俗政治经济学选辑》,商务印书馆 1963 年版,第 328 页。
⑥ 罗雪尔:《历史方法的国民经济学讲义大纲》,商务印书馆 1981 年版,第 12 页。
⑦ 罗雪尔:《历史方法的国民经济学讲义大纲》,商务印书馆 1981 年版,第 8 页。
⑧ 季陶达:《资产阶级庸俗政治经济学选辑》,商务印书馆 1963 年版,第 328 页。
⑨ 罗雪尔:《历史方法的国民经济学讲义大纲》,商务印书馆 1981 年版,第 8 页。

质,"彻底应用"这个"历史的方法",才能在考察、处理各种"政治经济事实时,……作出正确的判断"①。他还强调指出,我们"不愿意把某一套行动的法则强使信任我们指导的人接受。我们的最高奢望是使我们的读者们,在不受任何世俗权威的影响,公正地权衡了一切事实之后,多少能为自己发现这种指明方向的法则"②。

二、国民经济学体系与经济法则思想

罗雪尔在《讲义大纲》中,提出了一个建立国民经济学体系的庞大纲领,在其五卷的《国民经济学体系》和其他有关论著中,对这个体系纲领作了具体深入的论证和发挥。他在《讲义大纲》中提出建立的国民经济学体系,由下列五部分构成:

第一部分为"序论",论述基本概念以及国民经济学的对象与方法。

第二部分为"总论",论述财货的生产、分配和消费。这是国民经济学体系的基本理论部分。他在这里所论述的,基本上包括了萨伊的生产三要素论,亚当·斯密的三种收入论,李嘉图的地租论,马尔萨斯的有效需求不足论,李斯特的生产力论和关税保护论等。这些内容,后来他在其巨著《国民经济学体系》中就扩充成一大卷,即该书的第一卷《国民经济学原理》③,更全面系统地论述了他关于财货的生产、流通、分配和消费的理论。

第三部分为"国民经济",这一部分由四章构成:第一章为"原始生产",从古代的狩猎民族、渔业民族和游牧民族的一般特征,论到农民阶级的形成及农奴的解放。在这一章中着重论述的是农业耕作制度、土地所有关系、大农场经营方法、农业信用、谷物贸易及其政策等,此外,还论述了林业和矿业的经济特征。这些内容,后来他在其巨著《国民经济学体系》中就扩充成一大卷,即该书的第二卷《农业及类似原始产业的经济论》。第二章为"工业",第三章为"商业",在这两章中所论述的有工商业的种种问题,后来,在他的《国民经济学体系》中就扩充成一大卷,即该书的第三卷《商业及工业的经济论》。第四章为"人口",罗雪尔在该章所论述的有关人口的种种问题。后来,在他的《国民经济学体系》中就扩充成一大卷,即该书的第五卷《济贫制度及济贫政策体系》。

第四部分为"国家财政"。罗雪尔在这里所论述的有关财政的种种问题,后

---

① 季陶达:《资产阶级庸俗政治经济学选辑》,商务印书馆1963年版,第328—331页。

② 季陶达:《资产阶级庸俗政治经济学选辑》,商务印书馆1963年版,第331页。

③ 罗雪尔的《国民经济学体系》第1卷为《国民经济学原理》,该卷的第十三版译成英文时,书名改为《政治经济学原理》,分成1、2两册,于1878年出版。下面有关引文均引自《政治经济学原理》。

来,在他的《国民经济学体系》中就扩充成一大卷,即该书的第四卷《财政学体系》。这一编和上一编《国民经济》,基本上是按照德国传统的"官房学"编写的,"其目的在于叙述各种主要产业部门的现状及其最有利的经营方法"①,给各级国家官吏介绍必要的经济知识,以便他们从事有效的行政管理。因此,他的这部《国民经济学体系》,不仅是当时德国大学的教科书,而且也是当时德国文官考试的重要参考书。

第五部分为"经济学说史"。在这一编中,罗雪尔将从古代至他所处那个时代的经济学说史,分为"古代"、"重商主义"、"重商主义的反动"、"亚当·斯密,他的学派及其追随者"、"对亚当·斯密的反动"等五个部分,分别列举了各个时期、各个国家代表人物的主要经济著作,以及 19 世纪初叶研究经济学说史成果的主要文献。在这一考察的基础上,后来他写成了两部经济学说史专著,其一是《十六、十七世纪英国国民经济学说史》,其二是《德国经济学说史》。其中特别是前者,更具有学术价值。他在《十六、十七世纪英国国民经济学说史》的"绪论"中指出,从 1741—1742 年休谟的《道德政治及文学论文集》出版,至 1823 年李嘉图逝世这个时期,是英国经济学说史上的黄金时代,在该时代产生了休谟、亚当·斯密、马尔萨斯和李嘉图等经济学巨擘。他在这本专著中所探讨的是这个黄金时代到来之前,即从 1516 年托马斯·莫尔的《乌托邦》起,至休谟的那本著名的论文集出版前那个时期的英国经济学说。他分十一章论述了这 200 多年英国经济学说的发展后,在该书的结论中得出了三个重要观点:第一,在国民经济学的发展上,将重农学派以前统称为重商主义是不妥当的,这正像罗马天主教史学家把所有新教学者都列为"邪教徒"一样不妥当。他认为,将这 200 多年间的经济学说,按重商主义、重农主义加以分类是没有充分根据的。第二,亚当·斯密所论述的许多经济理论观点,在其前辈学者身上几乎都可找到,但这并没有贬低他的功绩。他继承了前人的一切成果,后人的成就来自对他的发展。罗雪尔认为,"承前启后,继往开来",是献给这位伟人的"最高赞辞"②。第三,罗雪尔在考察了那个时期的英国经济学说史后深深感到:那种认为"到 18 世纪中叶为止,只有意大利人和法国人,对经济科学享有一种单独所有权"的观点,是没有根据的。他认为,英国才是"国民经济学的正统国家。英国人当时在许多地方,其视界都比后来的重农学派广阔得多"③。

由上述五部分构成的庞大的国民经济学体系,罗雪尔认为其主题仍然是"经济发展"问题,或"国家富强"问题。他说:"如何才能最好地增进国家富强这

---

①　罗雪尔:《历史方法的国民经济学讲义大纲》,商务印书馆 1981 年版,第 14 页。

②　周宪文:《西洋经济学者及其名著辞典》,台湾银行经济研究室,1972 年,第 791—792 页。

③　周宪文:《西洋经济学者及其名著辞典》,台湾银行经济研究室,1972 年,第 792 页。

个问题,对我们来说,和别人一样,仍不失为一个主要课题。"①国民经济学的根本任务,在于"考察各国国民和整个人类的经济发展,发现现有经济文明和目前尚待解决的问题的基础"②。因此,他给国民经济学下了这样一个简明的定义:"国民经济学是关于国民经济发展规律的科学"③。

罗雪尔所阐述的经济发展思想,这里简述以下几点:

(一)关于财富的含义及其衡量标准。罗雪尔把财富区分为"财"和"富"两个不同的概念。他说:"所谓财,是指一切可以满足人类欲望的东西。这一概念是相对的,随着文化的发展,财的范围自然扩大。"④他认为,"国民经济学只研究进入交换的财,即只研究经济财"⑤。而他所谓的"经济",不外乎是"对财产的维持、增加和利用的持续行为"⑥。什么是"富"呢? 他回答说:"所谓富,是指大量财产。所谓大量是指所有者的欲望而言,是指同类人们的财产状况而言。"⑦

罗雪尔在区分了"财"、"富"、"经济"等概念含义的基础上,提出了衡量、判别一国国民财富的标准问题。他指出,"表示国民财产大小的外在标志"主要是"下层社会的稳定的生活状况,多数优秀的私人企业,巨额的国家支出,对外国的贷款"⑧。在他看来,考察一国国民经济的发展问题,就必须明确其发展的质量标准。

(二)关于财的生产诸要素和国民经济发展的三大时期。罗雪尔所说的"财的生产",即"经济生产"。他认为"所有经济生产一般都要求这三种要素,即外部自然、劳动和资本的合作"⑨。他根据这三个要素在每个国家经济发展的各个阶段是否起支配作用这一原则为标准,将每个国家的国民经济发展分成三个大时期。

第一个时期,是国民经济的"低级的文化阶段"⑩。这时,外部自然"是到处占绝对优势的要素。森林、水泽和草地几乎自然地供应稀少人口的食物"⑪。严格说来,"财富在这时期是不存在的","土地几乎是一切","而那些不占有土地

---

① 罗雪尔:《历史方法的国民经济学讲义大纲》,商务印书馆1981年版,第7页。
② 季德、利斯特:《经济学说史》下册,商务印书馆1981年版,第468页。
③ 罗雪尔:《历史方法的国民经济学讲义大纲》,商务印书馆1981年版,第14页。
④ 罗雪尔:《历史方法的国民经济学讲义大纲》,商务印书馆1981年版,第12—13页。
⑤ 罗雪尔:《历史方法的国民经济学讲义大纲》,商务印书馆1981年版,第13页。
⑥ 罗雪尔:《历史方法的国民经济学讲义大纲》,商务印书馆1981年版,第14页。
⑦ 罗雪尔:《历史方法的国民经济学讲义大纲》,商务印书馆1981年版,第13页。
⑧ 罗雪尔:《历史方法的国民经济学讲义大纲》,商务印书馆1981年版,第13页。
⑨ 谭崇台:《西方经济发展思想史》,武汉大学出版社1993年版,第201页。
⑩ 罗雪尔:《历史方法的国民经济学讲义大纲》,商务印书馆1981年版,第19页。
⑪ 季陶达:《资产阶级庸俗政治经济学选辑》,商务印书馆1963年版,第332页。

的人就有成为完全仰人鼻息者的危险,或甚至成为土地占有者的奴隶"①。

第二个时期,就是"近代各国在中世纪后期以来所经历的那个时期"。这时,随着手工业的兴起和分工的发展,"劳动这一要素达到日益重要的地位。劳动有利于城市以及市场和行会等特权的产生和发展,通过这些特权,劳动可以说是资本化了。在地主和农奴之间,一个中间阶级形成了"②。这个时期是由国民经济发展的第一个时期向第三个时期过渡的时期。

第三个时期,"则资本的要素居优势"③。这时,"在每一件事物上都嗅到资本的味道。土地的价值,由于投入大量资本,是大大地增长了,而在制造业中,机器劳动压倒了手工劳动。国富日日在增长着;而正是这'资本主义'它第一次给予人们的经济活动独立的存在;同样,可以说,法律在宪政的国家是从地主、教会和家族手中解放了出来"。但他感到,"在这一时期,有适当舒适和坚实文化的中间阶级的数目可能缩小了,而巨大的财富却面对着最贫穷的苦难"④。

罗雪尔认为,在所有高度文明国家的发展史上,虽然都可以看到这三个时期的存在,但相对而言,古代各国"即使在它们极隆盛的时候,也从未进步到超过第二个阶段。在我们当中,一大部分用资本和机器来完成的工作,在古希腊和罗马人中是由奴隶的劳动来完成的。抛开基督教不谈,在古代的公共经济与近代的公共经济之间,差不多一切次要的差别都可以归结到这个基本的歧异"⑤。

(三)关于生产以及生产要素的投入与国民经济发展的关系。罗雪尔在阐述这一问题时,主要提出了以下一些观点:

首先,罗雪尔所谓的"生产",就其广义而言,"指的是产出新的财货——新的效用的发现,已经存在的财货的改造或变形并使之具有新的效用,……就所产出的财货比在生产本身中使用的财货满足更大的人类欲望这一点而论,生产便是资源的增加"⑥。在他看来,任何生产都是自然、劳动和资本这三种要素的"合作";而由自然、劳动和资本形成的"生产三要素都构成生产成本"⑦。他把技术进步看作是降低生产成本的主要途径,并指出,同技术进步相伴随的竞争,不

① 季陶达:《资产阶级庸俗政治经济学选辑》,商务印书馆 1963 年版,第 333 页。
② 季陶达:《资产阶级庸俗政治经济学选辑》,商务印书馆 1963 年版,第 333 页。
③ 罗雪尔:《历史方法的国民经济学讲义大纲》,商务印书馆 1981 年版,第 19 页。
④ 季陶达:《资产阶级庸俗政治经济学选辑》,商务印书馆 1963 年版,第 333 页。
⑤ 季陶达:《资产阶级庸俗政治经济学选辑》,商务印书馆 1963 年版,第 333 页。
⑥ 谭崇台:《西方经济发展思想史》,武汉大学出版社 1993 年版,第 201 页。
⑦ 罗雪尔:《历史方法的国民经济学讲义大纲》,商务印书馆 1981 年版,第 24 页。

仅可以降低生产成本，而且会"增大一国财富的真实源泉和实力"①。他还看到了生产成本同国民财富之间存在着其反向的关系，"生产成本降低，国民财产的使用价值就增大"②。

其次，罗雪尔认为，外部自然对一国的经济发展是有重要影响的，但他又不赞同重农主义者"过度地将"外部自然看成财富"源泉"的观点，他始终认为外部自然、劳动和资本这三要素对生产和国民经济的发展来说是不可或缺的。他在分析外部自然同经济发展的关系时，提出了"自然力"的概念，并将自然力分成三种形态，即动物自然力、化学自然力和机械自然力。他指出，"最早被利用的是动物的自然力，最晚的是机械的自然力"③。

罗雪尔把"自然的一切恩惠"分成两类，即"直接可以消费的（例如生活用品）和只是促进生产用的（例如港湾、航运的河流）"④。他认为"自然界的恩惠，不管是极端过剩或是极端贫乏，都会妨碍文化的发展（例如，热带地方、两极地方）。在自然界的恩惠贫乏的场合，不可能富裕地维持一国的国民生活"⑤。他还认为，一国地理环境、自然条件的特征，"一般说来，不仅极为密切地同该国的动植物区系相关联，而且还极为密切地同其国民的性情相关联"。他既承认自然条件对国民经济和国民生活的重要影响，但他同时又认为，一国文明的发展可以减弱自然条件对该国国民的影响。他说："一国国民的文明程度越高，该国国民对该国自然条件的依赖就越少。"⑥

第三，罗雪尔在分析了外部自然与国民经济发展的关系后，进而分析了劳动与国民经济发展的关系。他认为，作为"经济范畴的劳动"可以分为三大类：（1）从事科学技术的劳动，即他所说的"发明"、"发现"；（2）投入物质生产中的劳动，即他所说的"对自然产物的直接占有"、"新原料的生产"、"粗制品的加工"；（3）"服务性的劳役"⑦。关于劳动的生产性与非生产性问题，他不同意亚当·斯密所说的只有生产物质产品的劳动才是生产性的说法，他指出，"如果将决定劳动生产性的基准放在它是否产生物质的成果上，整个概念就会模糊不清"⑧。在他看来，在整个国民经济体系中"所能使用的一切东西就是财"，"对这些财的总

① 谭崇台：《西方经济发展思想史》，武汉大学出版社1993年版，第202页。
② 罗雪尔：《历史方法的国民经济学讲义大纲》，商务印书馆1981年版，第24页。
③ 罗雪尔：《历史方法的国民经济学讲义大纲》，商务印书馆1981年版，第17页。
④ 罗雪尔：《历史方法的国民经济学讲义大纲》，商务印书馆1981年版，第17—18页。
⑤ 罗雪尔：《历史方法的国民经济学讲义大纲》，商务印书馆1981年版，第18页。
⑥ 谭崇台：《西方经济发展思想史》，武汉大学出版社1993年版，第205页。
⑦ 罗雪尔：《历史方法的国民经济学讲义大纲》，商务印书馆1981年版，第18页。
⑧ 罗雪尔：《历史方法的国民经济学讲义大纲》，商务印书馆1981年版，第21页。

的欲望"是由该国"国民的总劳动来满足"的,因此,"各个劳动者的产品只要为人所需要并经出售,这个劳动者的劳动就是生产的,换句话说,他是为满足社会的欲望而劳动了"①。关于劳动的生产性程度,他指出,"当生产要素的运用,伴随着生产工具的最低限度的支出并满足一国国民经济中最大限度的需要时,这种运用就最具生产性",同时,他还认为,劳动的生产性程度还同国民经济的发展程度相联系,"一般说来,农业是欠发达国家最具生产性的劳动,而工业在高度发达的国家中最具生产性"②。

罗雪尔在阐述作为劳动力资源的人口与国民经济发展的关系时指出,在消费资料数量和每人对消费资料的需求均为既定的前提下,人口的出生率和死亡率互为条件。他的结论是:"人口始终是随生活资料的增减而增减。"③在他看来,在经济高度发达的国家里多半伴随着人口稠密的趋势。他说:"稠密的人口不仅是巨大生产力对它加以利用的某个高点的征象,而且它自身就是一种生产力。"这是因为"劳动分工和组合在人口增长稠密的情况下普遍地变得更为容易"④。关于人口过剩问题,他指出,"人口过剩存在于人口和生活资料二者之间比例失调的时候"⑤,对其治理,或是增加国内生活资料的数量,或是向国外移民。

在罗雪尔看来,各国的劳动力素质存在着很大的差异,部分是由于各国自然禀赋上的差异,部分则是价值观念、伦理道德和受教育程度等因素的差异所致。他认为,文明程度愈高,"人们愈重视时间的价值,劳动就愈受尊敬"⑥。他认为,"一国人民的智力是他们最重要的素质"⑦,因此,他主张实行对"任何人都开放"的技术教育,并使这种教育与"小学教育同时实行";同样,"技术专科学校与高等学校并存,工科大学与大学并存"⑧。这一举措,在德国的国民经济发展史上无疑是有重要作用的。

第四,罗雪尔分析了外部自然、劳动和国民经济发展的关系后,就进而分析资本这一要素在国民经济发展中的作用。他说:"随着时间的发展,资本将彼此

① 罗雪尔:《历史方法的国民经济学讲义大纲》,商务印书馆1981年版,第21—22页。
② 谭崇台:《西方经济发展思想史》,武汉大学出版社1993年版,第208页。
③ 罗雪尔:《历史方法的国民经济学讲义大纲》,商务印书馆1981年版,第121页。
④ 谭崇台:《西方经济发展思想史》,武汉大学出版社1993年版,第210页。
⑤ 谭崇台:《西方经济发展思想史》,武汉大学出版社1993年版,第211页。
⑥ 罗雪尔:《历史方法的国民经济学讲义大纲》,商务印书馆1981年版,第18页。
⑦ 谭崇台:《西方经济发展思想史》,武汉大学出版社1993年版,第211页。
⑧ 罗雪尔:《历史方法的国民经济学讲义大纲》,商务印书馆1981年版,第96页。

分开的自然和劳动结合在一起,使它们共同发挥作用。"①

在罗雪尔看来,资本就是指"为维持享乐或为扩大生产的目的而准备的产品的贮藏"②。他在给资本下了这个一般性的定义之后,又根据资本的利用方式,将资本区分为生产资本和使用资本;根据资本消失的快慢,将资本区分为流动资本和固定资本。值得指出的是,罗雪尔还使用了"无形资本"这一概念。他指出,这类资本包括人们的劳动能力、机敏、灵巧和信心,厂商的信誉和名声;他还把国家包括在这类资本之中,他说:"国家本身就是每一个民族的最重要的无形资本,因为它对经济生产来说,显然是不可失缺的,或至少是间接地起作用的。"③

罗雪尔通过对浪费和储蓄这两种行为的界定及其与国民经济发展的关系,阐述了资本的形成和转移。就浪费而言,他认为浪费虽可直接或间接地增加对商品的需求,但浪费会损害资源,损害构成资本的财货,因此,它对国民经济"有害"④。关于储蓄究竟对国民经济是有益还是有害,则要看储蓄了什么以及怎样储蓄的。在他看来,如果储蓄表现为货币窖藏或财货储存而闲置,这对公益来说是有害的;如果储蓄被用来创造固定资本,这就有助于真实国民财富的增加。

罗雪尔在谈到资本转移时指出,信用是使"资本转移到最有用的地方去"、"从闲散者的手中转移到事业家的手中"的好办法⑤。在国际间,通常"资本转移到利率高的国家去",具体途径有三:"(1)资本家移居国外;(2)临时投资;(3)特别是通过信用来进行"⑥。

罗雪尔还认为,资本的形成不仅是由于"节用"或"储蓄",而且还与文明进步有密切关系。他认为,"文明进步本身可以增加现存资本的价值";"由储蓄所引起的资本增长不久就会遇到局限,除非这种局限被文明的进步所突破"。在他看来,"在文明处在最高状态的地方,一般说来,储蓄的倾向非常明显。而当文明开始衰落时,那里的国民本身也随着文明而衰落,特别是在法律保障失去效力时更是如此"⑦。

---

① 罗雪尔:《历史方法的国民经济学讲义大纲》,商务印书馆 1981 年版,第 96 页。

② 罗雪尔:《历史方法的国民经济学讲义大纲》,商务印书馆 1981 年版,第 18 页。

③ 谭崇台:《西方经济发展思想史》,武汉大学出版社 1993 年版,第 213 页。

④ 谭崇台:《西方经济发展思想史》,武汉大学出版社 1993 年版,第 213 页。罗雪尔:《历史方法的国民经济学讲义大纲》,商务印书馆 1981 年版,第 18 页。

⑤ 罗雪尔:《历史方法的国民经济学讲义大纲》,商务印书馆 1981 年版,第 27 页。

⑥ 罗雪尔:《历史方法的国民经济学讲义大纲》,商务印书馆 1981 年版,第 35 页。

⑦ 谭崇台:《西方经济发展思想史》,武汉大学出版社 1993 年版,第 215 页。

三、罗雪尔经济思想简要评价

从上述看来,罗雪尔在其所处时代的社会经济政治环境及长期的教授生涯影响下,他建立的那个国民经济学体系,实际上是对亚当·斯密、李嘉图、萨伊、马尔萨斯、李斯特等人有关理论观点综合的产物,他对农业、工业、商业、人口、财政等国民经济部门的分析,又是将他所综合的基本理论与德国传统的"官房学"相结合的产物。关于罗雪尔的贡献及其在经济思想史上的地位作以下简要评价:

首先,是罗雪尔强调在经济学研究中应用"历史的方法"原理。在经济学研究中的历史方法,虽然在他以前早已有不少经济家运用了,虽然他并不了解科学抽象法对经济学研究的意义,甚至还在一定程度上把抽象演绎法的具体运用与这种方法本身混为一谈,但在片面强调和使用抽象演绎法盛行的 19 世纪 30—40 年代,强调对国民经济学或政治经济学的研究,要"彻底应用"历史方法的整体分析和类比分析,这无论对当时德国资产阶级探寻新的资本主义发展道路,还是对那个时期的经济学研究来说,无疑都是具有积极意义的。

马歇尔论述经济学的方法时说:"差不多像其他一切科学一样,经济学的工作是收集事实,整理和解释事实,并从这些事实中得出结论。'观察和说明、定义和分类都是准备工作。但是,我们所希望由此得到的是,经济现象的互相依赖的知识。……归纳法和演绎法都是科学的思想所必须采用的方法,正如左右两足是走路所不可缺少的一样。'①这种双重的工作需要采用的方法,不是经济学所特有的,而是一切科学的共同特性。研究科学方法的论文所说到的寻求因果关系的一切方法,经济学家也都必须采用。"②

其次,是罗雪尔的经济发展思想。罗雪尔是把"增进国家富强"问题作为其建立国民经济学体系的主题来进行论述的。他在接受古典经济学价值论、生产论和分配论基本思想的基础上,依据外部自然、劳动、资本三要素在国民经济发展不同时期的支配作用来划分经济发展的阶段,以及这三要素的投入与国民经济发展的关系,来探讨国民经济发展规律并试图建立其经济理论体系。对此,我国的发展经济学家马颖先生,把罗雪尔看成是"西方经济学说史上第一位有意识地对经济发展过程系统地进行宏观的、动态的和长期的分析的学者"③。对罗雪尔的经济发展思想,权威性的《国际社会科学大百科全书》也作过如下的评价:"罗雪尔接受了古典学派的价值理论,将其用于分析经济的给定阶段,并且

---

① 这是马歇尔引述德国经济学家施穆勒曾说过的话。

② 马歇尔:《经济学原理》上卷,商务印书馆 1981 年版,第 49 页。

③ 马颖:《简论威廉·罗雪尔的经济发展理论》,《经济评论》1995 年第 1 期,第 76 页。

构想一个发生在静态地构思出来的各阶段之间的有机发展过程"①。

第三,是罗雪尔对经济思想史的研究。罗雪尔对"历史的方法"原理的论述及其对经济发展问题的探索,均与其对经济思想史的研究有关。他对古代至19世纪中叶的经济思想史有着深入的研究,提出了许多有价值的判断。例如,他认为从1741—1742年休谟的《道德、政治及文学论文集》出版,至1823年李嘉图逝世这个时期,是英国经济思想史上的"黄金时代";又如,他认为亚当·斯密在经济思想史上是一位"承前启后,继往开来"的伟人;再如,他认为不能将16世纪初至18世纪中叶的经济思想简单地归结成重商主义和重农主义这两类等。这些判断,即使在今天看来,仍是一种有价值的科学的见解。因此,熊彼特认为,罗雪尔的《十六、十七世纪英国国民经济学说史》和《德国经济学说史》,"都是不朽的学术著作"②。

总之,罗雪尔的贡献及其在经济思想史上的地位是不能轻易抹煞的。罗雪尔在继承李斯特传统的基础上,奠定的"历史的方法"原理及其所建立的以"经济发展"问题为主题的国民经济学体系,影响深远。施穆勒认为,罗雪尔为"所有后起的德国学者开辟了一条新的道路"③。他的巨著《国民经济学体系》,"从它的版数之多看来,至今还是德国流传最广的教科书,远非其他同类的书所能及"④。熊彼特也称罗雪尔"是经济学的学术舞台上的一位主要角色"⑤。

第四节　希尔德布兰德与克尼斯

一、布鲁诺·希尔德布兰德

布鲁诺·希尔德布兰德⑥(Bruno Hildebrand,1812—1878),德国历史学派的一位著名经济学家,自由和爱国运动的活动家。他出生于德国璃姆堡一个地方法院书记的家庭,1832年进莱比锡大学主修神学,后改学历史学和哲学,1836

---

① 谭崇台:《西方经济发展思想史》,武汉大学出版社1993年版,第228页。
② 熊彼特:《经济分析史》第2卷,商务印书馆1992年版,第200页。
③ 季陶达:《资产阶级庸俗政治经济学选辑》,商务印书馆1963年版,第365页。
④ 季陶达:《资产阶级庸俗政治经济学选辑》,商务印书馆1963年版,第364页。
⑤ 熊彼特:《经济分析史》第3卷,商务印书馆1994年版,第87页。
⑥ 《新帕尔格雷夫经济学大辞典》第2卷,经济科学出版社1996年版,第707—708页。
[英]马克·布劳格、保罗·斯特奇斯:《世界重要经济学家辞典》,经济科学出版社1987年版,第277—278页。

年获博士学位,任布雷斯劳大学历史学讲师,1839 年升任副教授,1841—1851 年受聘为马尔堡大学经济学教授。1849 年,他作为博肯海姆市的议员进黑森德国议会。1850 年秋,因反对预算案,国会被迫解散,他于 1851 年流亡瑞士,先任苏黎世大学经济学教授,后任伯尔尼大学经济学教授,是瑞士统计局的创建者。1861 年回到德国,任耶拿大学经济学教授。从 1862 年开始主编颇有影响的《国民经济学和统计学年鉴》。1864 年出任图林根联邦统计局局长。在去世前为魏玛议会中的耶拿市议员。希尔德布兰德一生中,除了从事经济学的教学、学术研究和政治活动外,还参加过行政实务,创办过银行、铁路等经济实务,并均有建树。

希尔德布兰德的主要经济著作是《现在和将来的国民经济学》。该书在 1848 年出版了第一卷后,终未见续卷出版。这个第一卷,主要是对当时流行的几种经济学说的评述,共分五篇:第一篇为"亚当·斯密与其学派",第二篇为"亚当·密勒与国民经济学上的浪漫主义",第三篇为"弗里德里希·李斯特与政治经济学的国民体系",第四篇为"社会经济学说",第五篇为"皮埃尔·蒲鲁东的国民经济学说"。他通过对这几种经济学说的评述,尤其是对亚当·斯密经济学说的评价,来阐明自己的观点。他认为,亚当·斯密与其学派具有的历史地位及功绩自不待言,但他与重商主义者和重农主义者在方法论上具有共同的缺点,即都想建立对任何时代、任何国民均可适用的法则,他忘掉了人类永远是文明的子孙,是历史的产物;而他们不知道人们对欲望、教育或财富的关系,绝不是完全一样的,而是不断地变化的。他认为,任何一种经济理论,只能对一定的时代与一定的国民适用,绝不可能有普遍有效的经济理论。他还在该书的序言中提出,要按照历史的方向及方法开拓一条根本途径,以使国民经济学真正成为阐明经济发展法则的学问。

希尔德布兰德的另一部重要经济著作是《自然经济、货币经济和信用经济》(1864)。该书原是发表在他主编的《国民经济学和统计学年鉴》第二卷卷首上的长篇论文。在这里,他提出按交换方式将人类社会的经济发展,划分为自然经济、货币经济和信用经济三个阶段。他认为,自给自足的自然经济,由农民民主制社会一直延续到中世纪后期,因经济停滞而被货币经济所取代;货币经济的自由发展,促使技术进步、国家制度变化和社会前进;继之而来的信用经济,使交易不靠货币也能扩大,进一步推动了经济发展,并克服了货币经济在道德上的缺陷,使普通工人也将按其道德和品格获得相应的贷款,从而使人类进入普遍繁荣的文明社会。这预示了后来美国的"人民资本主义"的思想。

在希尔德布兰德看来,只有按照这样的三个阶段的划分,才能克服已往李斯特等人划分经济发展阶段的缺陷,才能完全显示出人类社会经济发展的历史阶段。

二、卡尔·克尼斯

卡尔·克尼斯①(Karl Gustav Adolf Kniese,1821—1898),德国历史学派的另一位重要的经济学家。他出生于德国马尔堡的一个警方雇员家庭,青年时期在马尔堡大学攻读历史学和政治学,1846年获博士学位,并在该校任历史学和国家学讲师。后由于他拒绝签署忠于反动政府首相一事,被迫移居瑞士。回国后,于1855年任弗莱堡大学经济学教授,1861—1865年作为大学选举的议员进入巴登国会。1865年转任海德堡大学经济学教授,直到1898年逝世。

克尼斯的主要经济著作是《历史方法观的政治经济学》(1853)。该书分三篇:第一篇为"绪论",第二篇为"国民经济",第三篇为"国民经济学"。他认为,国民经济不是私人经济的总称。私人经济是指个别独立的经济单位,而国民经济则是相互关联的私人经济的统一综合体,它是国民经济学的研究对象。他反对已往以及当时将科学分作精神科学和自然科学两大类的观点,认为研究国民经济现象、国民经济生活和国民经济行为的国民经济学,既不是精神科学,也不是自然科学,它是位于这两大门类之间的独立的第三个门类的科学。而国民经济学的任务,就在于说明经济现象之间的因果关系及其一定联系的发展变化,即经济规律。他认为,经济规律同自然规律一样具有必然性,只是不像自然规律那样具有永恒的、绝对的、普遍的性质。对国民经济学的研究,他反对采取抽象演绎方法,主张采取历史归纳方法。他强调研究经济现象、经济生活、经济行为要结合其他各种文化现象和社会生活,他特别强调历史的统计法、归纳法和比较法。

克尼斯的另一部分重要经济著作是三卷本的《货币与信用》(1873—1879)。他在该书中对货币、资本、信贷、利息、世界货币等所作的分析,采用的仍是传统的方法;他并没有将历史方法应用于具体经济问题的分析。他对马克斯·韦伯具有重大影响。

参考文献

[1]罗雪尔:《历史方法的国民经济学讲义大纲》,商务印书馆1981年版。
[2]马颖:《简论威廉·罗雪尔的经济发展理论》,《经济评论》1995年第1期。

---

① 《新帕尔格雷夫经济学大辞典》第3卷,经济科学出版社1996年版,第59—60页。
[英]马克·布劳格、保罗·斯特奇斯:《世界重要经济学家辞典》,经济科学出版社1987年版,第344页。

西洋经济思想史新编

——从汉穆拉比到凯恩斯

The History of Economic Thought in Western World

下 卷

◎ 张旭昆 编著

浙江大学出版社

目　　录

第二十一章　古典经济学时期美国的经济学家

在古典经济学时期,美国经济学家面对的是如何发展美国经济这一大问题,围绕这一问题,他们大体上分为两派,一派以北方工业区域的经济学家为主,主张贸易保护,以扶持美国幼小的工业;另一派以南方农业区域的经济学家为主,主张自由贸易。

主张贸易保护的北方经济学家有亚历山大·汉密尔顿、丹尼尔·雷蒙德、亚历山大·埃弗雷特、威廉·菲利普斯,主张自由贸易的南方经济学家有雅克布·牛顿·卡多佐、乔治·塔克。从自由贸易转变为贸易保护的亨利·查尔斯·凯里。

还有主张土地单一税的乔治·亨利,他的主要著作《进步与贫困》发表于1879 年,从自然时间上看,已经超出了古典经济学时代,但是他的基本观点依然属于古典经济学范围,所以仍然在这一章介绍。

而另一位美国经济学家约翰·雷则有所不同,他的论著在时间上属于古典经济学时代,但是其观点则属于下一阶段。因此将把他放到第二十四章第二节介绍。

第一节　贸易保护论者与自由贸易论者

一、贸易保护论者

亚历山大·汉密尔顿①(Alexander Hamilton,1755—1804),美国著名政治

---

① 《新帕尔格雷夫经济学大辞典》第 2 卷,经济科学出版社 1996 年版,第 631—632 页。

家,第一届美国政府的财政部长,对美国资产阶级经济学的形成有一定影响的工业保护主义者。他在1791年所作的报告《工业的奖励和保护》中,反对重农主义,主张大力发展工业,并提出以下重要措施:(1)扩大"分工";(2)"扩大对机器的使用";(3)"增加一般无业的社会阶层的就业量";(4)"鼓励外来移民",吸收外国技术工人;(5)"对人们彼此在才能和性癖上的差异提出更大的活动范围";(6)"为企业提供更广阔和多样化的场所";(7)"在某些情况下,对剩余农产品获得一个更加扎实和稳定的需要";①(8)实行贸易保护以推进国内工业的发展;(9)发展金融银行业,扩大货币发行;(10)发行公债,推进经济发展。这个报告实际上成为19世纪美国发展工业的纲领,并取得了一批早期美国经济学家的同情和支持。

丹尼尔·雷蒙德②(Daniel Raymond,1786—1849),美国巴尔的摩的一位律师,是美国第一位撰写经济学论著的人。他在1820年发表的《关于政治经济学的思考》(该书1823年再版时更名为《政治经济学原理》,共两卷)中将公共财富与个人财富加以区分,认为公共财富的特点是有用性而个人财富的特点是稀缺性,他强调生产财富的能力比财富更重要,要求通过关税保护来提高生产能力。他的这种观点明显受到美国第一任财政部长亚历山大·汉密尔顿的影响。同时,这种观点也影响到德国的李斯特。

亚历山大·埃弗雷特③(A. H. Everet,1792—1847),一位生活在波士顿的在公共事务中享有声望的人。他在1823年发表的《人口新论》中反对马尔萨斯悲观的人口理论,认为人口增长将对分工和生产率产生有利影响,倡导保护主义。

威廉·菲利普斯(William Phillips,1784—1873),著有《政治经济学纲要》(1823)和《保护贸易与自由贸易》(1850),其主张的要义是"国民生产"④。

---

① 汉密尔顿:《公共信用、商业和财政言论集》,1934年纽约版,第190页;参见陶大镛《外国经济思想史新编》上册,江苏人民出版社1990年版,第339—340页。

② 《新帕尔格雷夫经济学大辞典》第4卷,经济科学出版社1996年版,第102页。[英]马克·布劳格、保罗·斯特奇斯:《世界重要经济学家辞典》,经济科学出版社1987年版,第521页。[美]亨利·威廉·斯皮格尔:《经济思想的成长》上,中国社会科学出版社1999年版,第313—314页。汉纳:《经济思想史》上册,(台湾)正中书局1969年版,第243页。

③ [美]亨利·威廉·斯皮格尔:《经济思想的成长》上,中国社会科学出版社1999年版,第316页。

④ 汉纳:《经济思想史》上册,(台湾)正中书局1969年版,第243页。

二、自由贸易支持者①

美国并非全部经济学家都主张贸易保护,也有不少以农业为主的南部人主张自由贸易。这也许是因为当时美国南部的农业确实具有比较优势,不需要关税保护。

雅克布·牛顿·卡多佐②(Jacob Newton Cardozo,1786—1873),美国南方南卡罗莱纳州的一位新闻工作者和报纸编辑。他在 1826 年发表的《政治经济学笔记》中反驳了李嘉图的悲观预言,认为李嘉图忽视了制造业的潜力,同时也批判了马尔萨斯的人口论。但同时他坚定支持自由贸易。

乔治·塔克③(George Tucker,1775—1861),弗吉尼亚大学第一位经济学教授,国会议员,统计学家。他在 1837 年发表的《工资、利润和租金法则研究》中,以供求论反对李嘉图的劳动价值论,也不同意李嘉图的分配论。他 1843 年发表的《每 10 年一次的人口普查显示的 50 年内美国人口和健康状况之进步》是美国统计学和人口统计学的开创性论著。他也主张自由贸易。

第二节　凯里的经济思想

一、凯里生活时代的美国及其生平与著作

亨利·查尔斯·凯里④(Henry Charles Carey,1793—1879),美国早期著名经济学家,经济利益调和论的倡导者。他生活在独立战争(1775—1783)后美国经济迅速发展的年代。摆脱了殖民统治的新兴美利坚合众国,由于广阔空闲的

---

① ［美］亨利·威廉·斯皮格尔:《经济思想的成长》上,中国社会科学出版社 1999 年版,第 315—316 页。

② ［英］马克·布劳格、保罗·斯特奇斯:《世界重要经济学家辞典》,经济科学出版社 1987 年版,第 96 页。

③ 《新帕尔格雷夫经济学大辞典》第 4 卷,经济科学出版社 1996 年版,第 759 页。［英］马克·布劳格、保罗·斯特奇斯:《世界重要经济学家辞典》,经济科学出版社 1987 年版,第 623 页。

④ 《新帕尔格雷夫经济学大辞典》第 1 卷,经济科学出版社 1996 年版,第 402 页。［英］马克·布劳格、保罗·斯特奇斯:《世界重要经济学家辞典》,经济科学出版社 1987 年版,第 96 页。［美］约瑟夫·熊彼特:《经济分析史》第 2 卷,商务印书馆 1992 年版,第 211—216 页。［美］亨利·威廉·斯皮格尔:《经济思想的成长》上,中国社会科学出版社 1999 年版,第 314—315 页。

肥沃土地和其他丰富的自然资源，大规模的移民，旧大陆的资本、技术及其文明成就的输入等，都为美国经济和社会的发展提供了极为有利的条件。当时，美国北部工商业资本家与南部种植园主之间的矛盾虽有所体现，但总的说来，美国国内的经济问题和阶级矛盾相对来说尚未充分暴露，而英、法等国的经济问题和阶级矛盾已相当尖锐，流行于西欧诸国的空想社会主义思潮已开始向美国传播。所有这些情况，都影响着凯里经济思想体系的形成。凯里的经济思想体系是 19 世纪上半期美国经济社会特点的一种表现。

凯里 1793 年生于宾夕法尼亚州费城，其父马修·凯里（Matew Carey，1760—1839）为爱尔兰人，因受政治迫害，移住美洲，定居费城，经营出版业，后来成为当地保护主义运动的领导人，并出版了许多作品。亨利·凯里从小受到良好教育，并随其父学习经济学，从 1814 年起协助其父经营出版业，至 1821 年该出版业完全归他自己经营，因其经营有方，而成为富有的大出版商，并相继创办了造纸厂和煤气公司等企业。1835 年，当他 42 岁时，便退出企业界，专门从事学术研究，前后长达 40 余年。在此期间，他曾多次赴欧洲游历、访问；他精通法语，与当时许多法国学者和政治家有深交。凯里的著作甚丰，主要有：《论工资率与世界工人状况不同的原因之研究》（1835）、《政治经济学原理》三卷（1837—1840）、《英、法、美三国的信用制度》（1838）、《通货、通货不稳定及其稳定之问答》（1840）、《过去、现在与将来》（1848）、《农业、工业和商业利益的调和》（1851）、《论国内外奴隶贸易的存废问题》（1853）、《论国际版权》（1853）、《社会科学原理》三卷（1857—1860）和《关于自然、社会、心理及道德诸关系之法则的统一性》（1872）等。其中三卷本的《社会科学原理》，其内容实为经济学原理，它是凯里的主要经济学著作，该著作将体现在他其他论著中的经济思想重新作了系统的表述。该著作曾由 K. 马克晋（Kate Mekean）在凯里本人同意下缩编为一册，名为《社会科学教本》（1865）。

凯里在以上著作中阐述的经济思想，是围绕着经济利益调和论这一主题展开的。

二、经济利益调和论及其特征

凯里理论的一个特征是他的经济利益调和论。他所宣扬的各阶级经济利益调和的理论基础，是他的价值论。在凯里看来，"价值是我们为了获得实现我们的目的所需要的生活必需品而必须克服的反作用的尺度，即人对自然的支配的尺度"。而随着人征服自然的能力的增强，他认为商品价值将不断下降。[①]

[①]　引自季陶达：《资产阶级庸俗政治经济学选辑》，商务印书馆 1963 年版，第 230 页。

　　凯里从他的再生产费用价值出发,进而阐述分配论。在凯里看来,在社会发展的再生产过程中,由于科学技术的发展,生产工具和生产方法的不断完善,随着劳动生产率的提高,资本的价值在再生产费用中占有的份额日益缩小,而劳动的价值则日益增大,这样,就会出现工资随着工人劳动能力的提高而增加,利润随着资本价值的减少而下降的趋势。由此,他得出了一条"分配的一般规律":随着社会的发展和劳动生产率的提高,工人在社会总产品中得到的"份额",在相对"比例上"和绝对"数量上都得到增加",资本家所得到"份额",在绝对"数量上增加",但在相对"比例上"则"减少"。由于这条规律的作用,"使人们处在平等的境地"。[1] 他还强调指出,"在科学所发现的一切规律中","支配劳动产品分配的伟大规律","可能是最美妙的,因为它正是使人类各个不同阶级之间的现实的和真正的利益达到充分和谐的基础"。[2] 他用以下编制的数例来说明这一点:

劳动生产率提高的不同阶段	总收入	工　资	资本家利润
用石斧生产	4	1	3
用铜斧生产	8	2.66	5.34
用铁斧生产	16	8	8
用钢斧生产	32	19.2	12.8

　　凯里的分配论还力图证明资本家、地主以及农业工人经济利益的调和一致。他认为,地租的产生,并不是像李嘉图所说的那样,是从耕种最肥的土地开始的,而是相反。他说:"土地的耕种,从来是从最贫瘠的土壤开始的,总是随着财富和人口的增长,人们才使用最肥沃的土地。"[3]因此,当新的更肥沃的土地被地主占有的情况下,租地者就必须交纳地租。在他看来,这种地租是地主及其祖先对土地投资的报酬。[4] 这样,他就把地租看作是投入土地的资本利息。从而把地主和资本家同等看待,认为他们之间的经济利益是一致的。

　　凯里反对马尔萨斯的人口论,认为这个理论"力图将责任从强者和富者身上推到穷人身上,即推到弱者和没有文化的人的身上"[5]。他指出:"世界上存在许多罪恶和贫困,……罪恶和贫困是人的错误造成的,……手中掌握权力和控

---

①　引自季陶达:《资产阶级庸俗政治经济学选辑》,商务印书馆 1963 年版,第 233 页。
②　引自季陶达:《资产阶级庸俗政治经济学选辑》,商务印书馆 1963 年版,第 234 页。
③　引自季陶达:《资产阶级庸俗政治经济学选辑》,商务印书馆 1963 年版,第 240 页。
④　因格拉门:《经济学史》,商务印书馆 1932 年版,第三册第 4—6 页。
⑤　引自季陶达:《资产阶级庸俗政治经济学选辑》,商务印书馆 1963 年版,第 248 页。

制社会进程的人们应当对周围的人的状况负责。"①他反对把穷人的贫困说成是自然法则,强调富人和有权的人应当尽责。

凯里的人口理论也是其经济利益调和论的组成部分。他说:"随着财富和人口的增加,人们有着越来越大的可能性把自己的努力联合和组合在一起,并且利用自然界的服务的手段也在不断地增长着,在这方面每前进一步,其特点便是劳动报酬不断增加,流通加快,生产和积累变得更加容易。"②

凯里在阐述其经济利益调和论的过程中,竭力反对英国经济学的"李嘉图-马尔萨斯学派",认为它分裂社会和制造内战,"是普遍仇恨的理论……是仇恨的体系,总是要在各个阶层之间和各个民族之间挑起战争"③,是无政府主义者、社会主义者和资本主义的一切敌人的军械库。他试图证明资本主义发展不是造成各阶级的对立,而是使各阶级的经济利益趋向调和。

凯里体系的另一个特征(与巴斯夏体系不同),是力图将经济利益调和论与保护主义相结合。在他看来,经济关系的和谐是建立在城市和乡村、工业和农业的和谐合作上的。英国在其国内瓦解了这种基本和谐以后,通过竞争在世界市场上到处都破坏这种基本和谐,所以它是普遍和谐的破坏因素。能够防御这一点的,只有保护关税,即国家用强力来抵制英国大工业的破坏力量。④ 他的这种观点,迎合了美国在与英国竞争的不利条件下,发展本国工商业的愿望和要求。

三、凯里在美国经济学史上的地位

美国是一个后起国家,该国的经济学也产生较晚,直到 19 世纪中叶才产生以凯里为首的早期美国经济学派,他是在美国建立具有一定影响的较完整的经济学体系的第一人。

凯里在 19 世纪中叶适应了美国经济发展的需要,继承了美国早期经济研究者的某些思想,建立了经济利益调和论与保护主义相结合的理论体系。他所建立的这一理论体系得到了当时美国的一批经济研究者的拥护,从而形成了早期美国经济学派,为美国的经济作论证。早期美国经济学派的成员,除凯里外,主要有以下一些:

P. 史密斯(Peshine Smith),著有《政治经济学概要》(1853),竭力推崇凯里的学说。他的这本《政治经济学概要》,就是将"凯里学说重新组织,以求适合教

---

① 引自季陶达:《资产阶级庸俗政治经济学选辑》,商务印书馆 1963 年版,第 249 页。
② 引自季陶达:《资产阶级庸俗政治经济学选辑》,商务印书馆 1963 年版,第 240 页。
③ 引自季陶达:《资产阶级庸俗政治经济学选辑》,商务印书馆 1963 年版,第 245 页。
④ 夏尔·季德、夏尔·利斯特:《经济学说史》上,商务印书馆 1986 年版,第 322—323 页。

材之用"①。

F. 鲍恩(Francis Bowen),哈佛大学经济学教授,著有《美国政治经济学》(1870)。

C. 鲁道夫(Charles Rudhoff)的"著述亦多赞颂凯里学说"②,著有《少年美国的政治学》。

H. 格里利(Horace Greeley),著有《政治经济学·论述保护国内工业政策有助于劳工的全国协作制度》(1870)。

S. 柯尔韦尔③(Stephen Colwell,1800—1871),著有《美国贸易与工业生产的关系》(1850)、《商业财政》(1858)和《劳工与贸易》(1861)等。

老威廉(Eoder William),著有《政治经济学会话》(1882)。

R. 汤普森(Robert Thompson),著有《社会科学与国民经济学》(1875)、《政治经济学要义》(1882)和《国内工业保护论》(1886)等。

第三节 乔治·亨利的经济思想

一、乔治生活时代的美国及其生平与著作

乔治·亨利④(George Henry,1839—1897),年轻时曾经当过水手、勘探者、印刷工人、记者、报纸编辑和发行人、演说家和政治活动家。他从事著述的时代,正好是美国进入工业革命的年代。1865 年南北战争结束之后,美国迅速展开了工业化和城市化的历史进程。整个社会迅速进步,财富加速积累;同时,工业化之殇在美国也日见增长,贫困现象触目惊心遍地皆是。工业化之殇在美国的一种特殊表现就是一些富人借城市化之机,大肆囤积并闲置土地,不进行开发,待价而沽,出售谋利。而在少数人暴富的同时,大量的穷人却缺吃少穿,无立锥之地。

当乔治 1869 年 30 岁时从西部来到纽约的时候,他所看到的就是这样一幅贫富差距巨大的画面。面对这种令人愤怒的场面,他于 1871 年发表《我们的土地和土地政策》,初步提出集中向地价征收单一税的主张。尔后于 1877 年发表

---

① 汉纳:《经济思想史》上册,(台湾)正中书局 1969 年版,第 252 页。

② 汉纳:《经济思想史》上册,(台湾)正中书局 1969 年版,第 252 页。

③ [英]马克·布劳格、保罗·斯特奇斯:《世界重要经济学家辞典》,经济科学出版社 1987 年版,第 122 页。

④ 《新帕尔格雷夫经济学大辞典》第 2 卷,经济科学出版社 1996 年版,第 551—552 页。

其成名作《进步与贫困》，系统考察了英国古典经济学的收入分配理论，批判了马尔萨斯的人口理论，否定了工资与利润之间的冲突，强调了地租与工资和利润两者之间的矛盾，指出"土地是私人财产时必然引起的土地投机的剧增是地租上升和工资下降的引申而得的然而是最重大的原因。……这个原因必然会造成周期性的工业萧条，……只要土地属于私人，不管人口怎样增加，物质进步的后果必然迫使劳动者得到只能维持最低生活的工资。……只有使土地成为公共财产，才能永远解脱贫困并制止工资下降到饥饿点"。进而他依据自然法论证劳动产品私有的正义性和土地私有制的非正义性，并全面阐述了实现土地公有的主要措施：地价单一税。① 该书使他声名鹊起，激进改革主义者纷纷投奔其麾下。在工会、社会主义者和少数民族的支持下，他组织了联合工党，并在 1886 年差一点竞选成功纽约市长。1897 年他再次竞选纽约市长时去世。

二、基本经济观点

（一）难解之谜，批判马尔萨斯人口理论

乔治首先指出当时美国社会的基本特征，一方面是源于快速的技术进步所带来的巨大财富，另一方面是社会下层民众的极度贫困。"贫困与进步的这种形影相随是我们时代的难解之谜"②。

为了求解这个谜，乔治首先给出了人类行动的基本原则，并认为该原则在政治经济学中的地位就相当于万有引力在物理学中的地位，就是企求用最少力量满足欲望。③ 他按照这个基本原则建立并阐述了他的分配理论。

乔治首先仔细考察了英国古典经济学用于解释工资水平的工资基金论，发现按照工资基金论的推论，工资低（高）一定对应利息高（低）；然而该推论与美国的事实不符，④与经济波动中工资与利息同向变动的事实不符。⑤ 他的结论就是"工资的决定因素是工资与生产量的比率而不是工资与资本的比率"⑥。因此，他否定了工资源于预付资本的观念，认为它不过是劳动所增加的财富的一部分，是劳动的产品。⑦ 他认为这一结论即便在劳动者并不生产生活用品的情

---

① ［美］亨利·乔治：《进步与贫困》，商务印书馆 2010 年版，第 6—8 页。
② ［美］亨利·乔治：《进步与贫困》，商务印书馆 2010 年版，第 13—17 页。
③ ［美］亨利·乔治：《进步与贫困》，商务印书馆 2010 年版，第 186 页。
④ ［美］亨利·乔治：《进步与贫困》，商务印书馆 2010 年版，第 25 页。
⑤ ［美］亨利·乔治：《进步与贫困》，商务印书馆 2010 年版，第 27 页。
⑥ ［美］亨利·乔治：《进步与贫困》，商务印书馆 2010 年版，第 26 页。
⑦ ［美］亨利·乔治：《进步与贫困》，商务印书馆 2010 年版，第 29 页。

况下同样成立,只要同时还有生产生活资料的劳动者需要他们生产的非生活用品,"不直接生产生活资料的劳动者,其生活资料来自别人在同时生产的生活资料"①。他赞同工资同时论而反对工资预付论。

资本如果不是对劳动的工资预付,那么它是什么? 乔治认为,资本的真正职能是"增加劳动生产财富的力量"②。同时他也以当时的墨西哥和突尼斯为例正确地指出,如果没有特定的制度、文化和相关技术相配套,资本并不能增加劳动的力量。③ 这是多年之后发展经济学重新发现的真理。

乔治认为只要把资本等同于食物,把劳动人数等同于人口,工资基金论便与马尔萨斯人口论合而为一了。④ 他一针见血地指出马尔萨斯人口论的广泛传播的原因是因为它把社会的贫困现象归结于穷人自身,而非社会制度,从而安抚了富人,维持了原有的社会制度。它"把不平等的责任从人制定的制度转移到造物主制定的规律上"⑤。他以当时的印度、中国和爱尔兰的事实为据,反驳了作为工资基金论基础的马尔萨斯人口论,认为这些地方的贫困并非由于大自然的吝啬,而是因为敲骨吸髓的暴政、不保护产权的恶法和战争。⑥一句话,"不是稠密的人口,而是阻止社会组织趋向自然发展的原因和阻止劳动力获得完全报酬的原因使几百万人生活在饥饿的边缘,并时时迫使几百万人陷于饥饿"⑦。同时,他通过比较美国和英国指出,"人口最稠密的地方财富最多;随着人口增加,一定量劳动生产出来的财富也增加。……在同样的文明程度、同样的技术、同样的政治发展等的阶段里,人口最多的国家总是最富裕的国家"⑧。即人口众多与富裕正相关。因此,富裕中的贫困是马尔萨斯人口说所无法解释的现象。⑨

（二）收入分配理论

在否定马尔萨斯人口论能够解释贫困之后,乔治转向用收入分配理论来解释贫困。他认可李嘉图的地租定义和级差地租理论。他给出的地租规律为"一块土地的产品超过对在使用的最贫瘠土地投入相同劳动与资本能够收获数量

---

① ［美］亨利·乔治:《进步与贫困》,商务印书馆 2010 年版,第 73 页。
② ［美］亨利·乔治:《进步与贫困》,商务印书馆 2010 年版,第 78 页。
③ ［美］亨利·乔治:《进步与贫困》,商务印书馆 2010 年版,第 80—83 页。
④ ［美］亨利·乔治:《进步与贫困》,商务印书馆 2010 年版,第 94 页。
⑤ ［美］亨利·乔治:《进步与贫困》,商务印书馆 2010 年版,第 95 页。
⑥ ［美］亨利·乔治:《进步与贫困》,商务印书馆 2010 年版,第 100—121 页。
⑦ ［美］亨利·乔治:《进步与贫困》,商务印书馆 2010 年版,第 116 页。
⑧ ［美］亨利·乔治:《进步与贫困》,商务印书馆 2010 年版,第 134—135 页。
⑨ ［美］亨利·乔治:《进步与贫困》,商务印书馆 2010 年版,第 140 页。

的部分叫地租"①。由于优质土地数量有限,而劳动之间与资本之间的竞争将使得它们所生产的超过它们在最贫瘠土地上所能生产的产品部分都成为地租。于是"工资和利息不决定于劳动和资本的产品,而决定于产品中取走地租后还留下多少;或者,决定于劳动和资本能够从在使用最下等同时上(不付地租)获得的产品。因而不管生产能力增加多少,如果地租以同样速度增加的话,工资和利息都不会增加"。他认为这就是进步国家地租不断增加而工资和利息停止不动的原因。②

关于利息,乔治按照通常的观点把利润区分为使用资本报酬的纯利息、监督管理工资和风险补偿。③他着重论证了纯利息的公正性。他认为生产有三种方式:"更动或改变自然产品的形式或地点,使它们满足人的欲望。种植或利用自然的生命力,如栽培植物和饲养动物。交换或利用因地点改变而提高的那些自然力的较高能力和因环境、职业和性格而改变的那些人力的较高能力,以求增加财富的总量。"④这三种生产方式中的每一种,资本都可以帮助劳动。第一种方式通过使用资本增加收益,第二种方式是利用自然力增值收益,第三种方式是通过交换增值收益。由于资本的流动性和逐利性,使得任何使用方式都必须从增加的收益取得报酬。这种报酬就是利息。"因此,利息产生于增值能力,这种能力是自然的生殖力,以及事实上进行交换的类似能力给予资本的。它不是专断的而是自然的事情;它不是特定社会组织的结果,而是作为社会基础的普遍规律,因而它是公正的"⑤同时他也指出,大量资本拥有者通过专横、贪婪和投机的手段获得的利润并不能与作为生产要素之一的资本所得到的合法报酬混为一谈。⑥。

乔治认为根据事实,利息与工资是同向变化的,"即在工资高的时候和地方,利息也高,在工资低的时候和地方,利息也低"⑦。究其原因,是"因为劳动和资本只是同一件事情——人力——的不同形式。资本由劳动生产出来;它事实上只是压印在物质上的劳动——储存在物质中的劳动,在需要时再释放出来,就像太阳的热储存在煤中,在火炉中释放出来"⑧。他认为,"资本只是劳动的一

① [美]亨利·乔治:《进步与贫困》,商务印书馆 2010 年版,第 156 页。
② [美]亨利·乔治:《进步与贫困》,商务印书馆 2010 年版,第 159 页。
③ [美]亨利·乔治:《进步与贫困》,商务印书馆 2010 年版,第 160—161 页。
④ [美]亨利·乔治:《进步与贫困》,商务印书馆 2010 年版,第 171 页。
⑤ [美]亨利·乔治:《进步与贫困》,商务印书馆 2010 年版,第 171—172 页。
⑥ [美]亨利·乔治:《进步与贫困》,商务印书馆 2010 年版,第 177—178 页。
⑦ [美]亨利·乔治:《进步与贫困》,商务印书馆 2010 年版,第 161 页。
⑧ [美]亨利·乔治:《进步与贫困》,商务印书馆 2010 年版,第 181—182 页。

种形式,它与劳动的区别实际上只是名词的细分罢了,正如劳动分为熟练劳动和非熟练劳动一般"①。因此他断言:"即使在一般劳动阶级和一般资本家阶级之间有最明显区别的社会里,这两个阶级在难以觉察的渐变中彼此淡化,在极端的事例中,这两个阶级融合为同一批人。"②在否定资本与劳动冲突的基础上,他强调工资与利息之间不存在此消彼长的对立关系,它们的共同涨跌一定是受制于另一个因素,就是地租。他给出的利息规律为"工资和利息的关系决定于资本作用在再生产方式中所具有的平均增值能力。随着地租上升,利息将与工资同时下降,或者利息将由耕种的边际决定"③。

关于工资,根据这个原则,他给出了工资规律:"工资决定于生产边际,或决定于劳动不需支付地租有机会从事的自然生产能力最高点而得到的产品。"④若土地不需付费,也无资本帮助,则工资就是劳动的全部产品;若土地不需付费,但有资本帮助,则工资就是全部产品减去被诱导积蓄成为资本后的剩余;若土地需要支付地租,则工资便由劳动不需支付地租而能够从事的最好机会中获得的产品决定;若土地全部被私有从而都需支付地租,那么劳动之间的竞争就可能"被迫降到劳动者同意再生产的最低点"⑤。这意味着他认为李嘉图的维生工资只是土地全部私有化后的结果,并非通则。这种观点一方面反映了当时美国的现实,即过低的工资将迫使劳动者去开垦无需付租的荒地;另一方面也是他反对土地私有化的论据。他认为由耕种边际所决定的工资是雇主和劳动者双方讨价还价所围绕的中心,实际工资不可能长期偏离之。⑥

乔治还考察了工资差别及其决定因素,认为这种差别取决于社会对各种特殊劳动的供求,但它们之间存在并非固定的相互联系和相互影响,且"所有等级的工资最终决定于最低和最普遍等级的工资,……最低和最普遍等级工资升降时,一般工资比率也随之升降"⑦。因此工资水平归根结底取决于耕种边际。

最后,乔治用对比的方法总结性地指出了他的分配理论与他认为的通常观点的区分:

---

① ［美］亨利·乔治:《进步与贫困》,商务印书馆 2010 年版,第 185 页。
② ［美］亨利·乔治:《进步与贫困》,商务印书馆 2010 年版,第 183 页。
③ ［美］亨利·乔治:《进步与贫困》,商务印书馆 2010 年版,第 185 页。
④ ［美］亨利·乔治:《进步与贫困》,商务印书馆 2010 年版,第 193 页。
⑤ ［美］亨利·乔治:《进步与贫困》,商务印书馆 2010 年版,第 193—194 页。
⑥ ［美］亨利·乔治:《进步与贫困》,商务印书馆 2010 年版,第 187 页。
⑦ ［美］亨利·乔治:《进步与贫困》,商务印书馆 2010 年版,第 189 页。

"当前政治经济学说法	正确的说法
地租取决于耕种边际,后者下降地租上升,后者上升地租下降。	地租取决于耕种边际,后者下降地租上升,后者上升地租下降。
工资取决于劳动者人数与用于雇佣劳动者的资本量之间的比率。	工资取决于耕种边际,后者下降工资下降,后者上升工资上升。
利息取决于资本供给与需求的平衡;或者,在说到利润时涉及工资(或劳动富有),工资下降利润上升,工资上升利润下降。	利息(它与工资的比率由资本的净增值力决定)取决于耕种边际,后者下降利息下降,后者上升利息上升。"[1]

可见,乔治的收入分配理论的特点是否定工资与利润之间存在此消彼长的关系,否定资本与劳动之间的矛盾和利益冲突;突出强调工资和利润为一方共同与地租之间的此消彼长关系和利益冲突,强调地租上升对工资和利润的不利影响。[2]

乔治认为,人口增加,技术进步等动态因素的作用无一例外是增加地租在总产品中的比重,而工资和利润也许绝对量增加,但它们在总产品中的比重一定下降。[3] 因为这些动态因素降低耕种边际,或(和)提高了土地的生产能力。"不断增加的人口对财富分配的后果是增加地租以及减少产品中归资本和劳动的比例。其方式有二:第一,降低耕种边际;第二显示出原来潜伏的土地特殊能力,和给予特定土地的特殊能力。"[4]还有,"即使人口不增加,发明创新的进展一直促使把产品中的较大部分给予地主,把越来越小部分留给劳动和资本"[5]。

乔治认为,除了人口增加、技术进步这些动态因素之外,另一个引起地租上升的重要因素是对于土地的投机。这个因素尤其在不断进步的国家中刺激地租上升。因为在这些国家中,"人们对今后土地价值的提高充满信心的期望。……这种期望产生于地租的稳步提高,这种期望导致投机或购买土地以待日后高价"[6]。在这种期望下,往往有大量土地被闲置,这就将迫使社会的耕种边际下降到没有投机时不会达到的低水平,从而提升了地租。[7]"土地投机对地租增加的影响是一件重要事实,进步国家财富分配的完整理论绝不可忽视这种

---

① [美]亨利·乔治:《进步与贫困》,商务印书馆 2010 年版,第 198 页。
② [美]亨利·乔治:《进步与贫困》,商务印书馆 2010 年版,第 206 页。
③ [美]亨利·乔治:《进步与贫困》,商务印书馆 2010 年版,第 208—228 页。
④ [美]亨利·乔治:《进步与贫困》,商务印书馆 2010 年版,第 219 页。
⑤ [美]亨利·乔治:《进步与贫困》,商务印书馆 2010 年版,第 226 页。
⑥ [美]亨利·乔治:《进步与贫困》,商务印书馆 2010 年版,第 229 页。
⑦ [美]亨利·乔治:《进步与贫困》,商务印书馆 2010 年版,第 230—233 页。

情况"①。

　　乔治进一步认为,土地投机是导致经济波动的主要或根本原因,"土地价值投机性上涨……是每一个文明国家越来越易遭到周期性工业萧条的主要原因"②。他分析了土地投机导致经济波动——从繁荣到突然崩溃再到缓慢复苏——的机制,强调了土地投机的根本作用,以及银行货币信用在延缓危机和导致突然崩溃中的作用。③

　　乔治强调进步所导致的地租不断上升要为下层劳动大众的贫困负责,④他指出:"文化不平等发展的原因不在于资本和劳动的关系,也不在于人口对食物的压力。财富分配不平等主要是土地所有权不平等。土地所有权是最后决定社会、政治以及与之相应的人民知识和道德水平的最重要基本事实,……因此,当土地被垄断时,即使物质有无限的进步,也不会增加工资或改善仅具有劳动力的人们的生活条件。它只能增加地价和土地占有的力量。无论何时何地,在所有民族中,占有土地是贵族政治的基础、巨大产业的根本和力量的源泉。"⑤他愤怒地指出:"对一个人赖以为生的土地的占有,实际上就是对此人的占有。允许有些个人独占地使用和享受土地,等于迫使另外一些人陷于奴隶境地,像正式罚他们做奴隶一样的完全和实在。"⑥"造成奴隶状态的原因,永远是一些人垄断了大自然为所有人设计的东西。"⑦

　　(三)解决问题的对策方案

　　乔治首先对当时流行的六种对策进行了剖析,指出它们的不可行之处。⑧然后提出了他认为正确的答案:"要消灭贫困,要使工资达到正当要求应有的数额,即劳动者的全部收益,我们必须以土地公有制取代土地私有制。……纠正财富分配不公的唯一办法是实行土地公有。"⑨

　　乔治从自然法自然权利出发,论证土地私有的不公正,论证劳动产品私人所有的合理性。⑩他指出:"因为一个人属于他自己,所以当他的劳动变成具体

① ［美］亨利・乔治:《进步与贫困》,商务印书馆 2010 年版,第 232 页。
② ［美］亨利・乔治:《进步与贫困》,商务印书馆 2010 年版,第 237 页。
③ ［美］亨利・乔治:《进步与贫困》,商务印书馆 2010 年版,第 237－252 页。
④ ［美］亨利・乔治:《进步与贫困》,商务印书馆 2010 年版,第 253－265 页。
⑤ ［美］亨利・乔治:《进步与贫困》,商务印书馆 2010 年版,第 264－265 页。
⑥ ［美］亨利・乔治:《进步与贫困》,商务印书馆 2010 年版,第 313 页。
⑦ ［美］亨利・乔治:《进步与贫困》,商务印书馆 2010 年版,第 320 页。
⑧ ［美］亨利・乔治:《进步与贫困》,商务印书馆 2010 年版,第 270－293 页。
⑨ ［美］亨利・乔治:《进步与贫困》,商务印书馆 2010 年版,第 294－295 页。
⑩ ［美］亨利・乔治:《进步与贫困》,商务印书馆 2010 年版,第 300－311 页。

物体时也属于他。……因此,凡由人力生产的任何物品,生产者有充足的无可争辩的独自占有与享受的权利,完全符合公正的原则。……除此之外不可能有其他的正当权利,因为(1)不存在能获得任何其他所有权的别的自然权利,(2)因为承认任何其他所有权就与这个道理相悖,并破坏这个道理。"①他提出,要区分"劳动产品和大自然无偿贡献的物品……第一类东西的基本特征是它体现劳动,由人力造成,……第二类东西的基本特征是它们不体现劳动,其存在与人力无关与人无关;……一旦了解这种区别,人们就知道自然的正义只属于第一类财产,不属于另一类财产;认定个人劳动产品财产的正当便暗示个人土地财产的错误;……所有人都有使用土地的平等权利的道理,就像他们有呼吸空气的平等权利一样清楚,后者是人们存在的事实所宣告的权利"②。他相信上帝让所有人(包括现世的和来世的)"有平等权利使用大自然如此公平提供的全部东西"③。这也包括不是由劳动造成的土地,因此"世界上没有任何权力可以正当地让任何人有土地的独占所有权"。为此,他否定了为土地私有制辩护的先占原则,指出它是最荒谬的理由。④ 他宣称:"只要我们承认土地私有制度,我们所夸耀的自由必然包括奴隶状态。在消灭土地私有之前,《独立宣言》和《解放法案》都不起作用。只要有一个人能够对其他人必须赖以为生的土地宣称有独占所有权,奴隶状态将一直存在,并随着物质不断进步,还必将扩大和加深!"⑤因此,"颠扑不破的真理是,对土地的独占所有权是非正义的,土地私有制是一个无耻的、巨大的、赤裸裸的错误,与奴隶制的错误毫无不同"⑥。

乔治要求无偿地把土地收归公有,并不需要对地主进行补偿,除了其改良土地的投资。⑦ 他反驳了认为土地公有将不利于土地有效使用的观点。⑧

至于土地收归公有的具体做法,乔治想到的是征收地租税和地价税。"我提议的不是收购私有土地,也不是充公私有土地。前者是不公正的;后者是不必要的。……没有必要充公土地;只有必要充公地租。"⑨他非常明智地看到充公土地再由政府出租土地所可能引起的弊端,如要建立新的政府机构,会出现

① [美]亨利·乔治:《进步与贫困》,商务印书馆 2010 年版,第 300—301 页。
② [美]亨利·乔治:《进步与贫困》,商务印书馆 2010 年版,第 303 页。
③ [美]亨利·乔治:《进步与贫困》,商务印书馆 2010 年版,第 304 页。
④ [美]亨利·乔治:《进步与贫困》,商务印书馆 2010 年版,第 309 页。
⑤ [美]亨利·乔治:《进步与贫困》,商务印书馆 2010 年版,第 320 页。
⑥ [美]亨利·乔治:《进步与贫困》,商务印书馆 2010 年版,第 321 页。
⑦ [美]亨利·乔治:《进步与贫困》,商务印书馆 2010 年版,第 322—328 页。
⑧ [美]亨利·乔治:《进步与贫困》,商务印书馆 2010 年版,第 356—359 页。
⑨ [美]亨利·乔治:《进步与贫困》,商务印书馆 2010 年版,第 362 页。

各种徇私、勾结和舞弊。① 他还从动态的角度论证,随着人口增加和技术进步,地价会越来越高,从而可保证政府的税收收入。因此可以"取消除地价税外的全部税收"②。他从税收角度论证了地租税和地价税的优越性:不会妨碍生产、交易和资本积累,不容易出现纳税人偷逃和征收者舞弊,征收成本低廉,税收负担平等。③ 他还分析了可能反对他所提出的以地租税和地价税代替其他各种税的利益集团。④ 他还从整个经济的角度论证了单一的地租税和地价税的各种好处:由于取消了其他各种税,将促进生产和交易;由于这种单一税制实际上是将土地通过竞价方式交给愿意向政府支付最高税额的人使用,因此它将抑止对土地的垄断性投机,抑止对土地的占而不用的行为,从而有助于抑止由土地投机引起的经济波动;有助于提高工资和利润,并通过用地租税和地价税作为基金向整个社会提供公共福利,从而能够促进收入分配的平等,促进整个社会的改良。⑤

三、影响与评价

乔治的土地单一税思想,在法国拥有久远的传统。一个多世纪以前的重农主义就已经提出过类似主张。19 世纪 30—40 年代,法国老瓦尔拉斯甚至主张通过政府收购实行土地国有化,作为过渡性措施,再次提出类似主张,以缓解法国工业化过程中出现的贫富差距、社会矛盾。19 世纪 50 年代正处于工业化过程中的德国的戈森同样提出土地国有化的意见。由此可知,土地国有化或土地单一税确实是为了缓解各国工业化城市化过程中出现的贫富差距社会矛盾,被一些经济学家屡次提出的一个选项。目前不清楚乔治是否曾经受到过这些先驱的影响,但不能简单地认为他只是重复了前人的观点,因为思想史上同时发现、重新独立发现某种观点的现象不在少数。

乔治的影响是深远并广阔的。在他的影响下,美国在 20 世纪的头 20 年展开了轰轰烈烈的"进步运动",对美国社会的改革和进步发挥了重要作用。他以非革命方式进行根本性收入分配改革的方案,影响了英国的费边社会主义,影响了美国和加拿大的不动产税制,影响了中国的孙中山和 50 年代台湾的农地改革。此外,他关于免费提供公共物品和社会红利、按边际成本对城市公共交通和公用事业定价的观点,关于城市经济学和按照城市规划建设城市的观点,

---

① [美]亨利·乔治:《进步与贫困》,商务印书馆 2010 年版,第 362 页。
② [美]亨利·乔治:《进步与贫困》,商务印书馆 2010 年版,第 363 页。
③ [美]亨利·乔治:《进步与贫困》,商务印书馆 2010 年版,第 365—376 页。
④ [美]亨利·乔治:《进步与贫困》,商务印书馆 2010 年版,第 382—383 页。
⑤ [美]亨利·乔治:《进步与贫困》,商务印书馆 2010 年版,第 387—420 页。

关于环境经济学的观点,关于未来的乐观主义观点,都影响到了许多后来的经济学家。

《进步与贫困》发表之际,欧洲的边际革命几年前已经发生,但边际主义的观点似乎对乔治没有多少影响。这也许是美国的工业化城市化进程仍然处在与欧洲工业化初中期相当的阶段,所以收入分配问题就像欧洲这个阶段上是经济学家最关注的问题一样,也成为他最关注的问题。所以,虽然从单纯的年代来看,乔治属于边际革命以后的经济学家,但是从他所处的美国经济发展阶段和他所关心的问题来看,他依然应当属于古典经济学时期。

比较一下乔治·亨利活动的年代和亨利·查尔斯·凯里活动的年代,就可以明了他们两人的观点何以差别巨大。亨利·查尔斯·凯里活动的年代基本上还是美国前工业化时代,美国基本上还是一个拥有辽阔土地的农业国,贫富差别并不突出。所以凯里强调社会的和谐。而乔治·亨利活动的年代却是美国工业化城市化狂飙突进的时代,整个社会的巨大进步与贫富差距的可怕悬殊同时存在。所以他对这种状况持强烈的批判态度。而比乔治更晚的 J. B. 克拉克,则属于美国工业化城市化后期,社会贫富差别已经趋向平和,所以克拉克就像他的那些处于同一发展阶段上的欧洲同事那样,开始主张边际主义,强调收入分配的边际生产力论,否认贫富差别的扩大化和社会矛盾的尖锐化。亨利·查尔斯·凯里、乔治·亨利和 J. B. 克拉克分别属于美国的前工业化时期、工业化初中期和工业化晚期。

参考文献

[1][美]亨利·乔治:《进步与贫困》,商务印书馆 2010 年版。

第二十二章　18 世纪中叶至 19 世纪中叶 俄国反农奴制思想家的经济思想

第一节　俄国的农奴制及 18 世纪中叶 至 19 世纪中叶的反农奴制斗争

俄罗斯是一个富有文化遗产的国家。大约在 9 世纪,居住在黑海北岸德涅伯河流域和伏尔加河流域一带广大地区的东斯拉夫人,以基辅为中心建立了早期封建制国家,史称基辅罗斯。在 11—12 世纪,罗斯国家分裂成 10 多个公国,各公国内部出现了许多封建领地。在 13—15 世纪,俄罗斯各公国处于蒙古人入侵后所建立的金帐汗国的控制之下,各公国内部的封建关系得到了进一步的发展,越来越多的农民沦为农奴。从 14 世纪起,莫斯科公国日益强大,扩大了自己的领土。1480 年,莫斯科大公伊凡三世摆脱蒙古人的统治,取得独立,以后又相继把蒙古人统治的俄罗斯人居住地区全部并入自己的版图。1547 年,莫斯科大公伊凡四世自称沙皇,并开始对外扩张,从而形成了一个统一的中央集权的多民族的俄罗斯国家。

在俄罗斯统一集权国家形成的同时,俄国沙皇用颁布法典的形式来确立其对广大农奴的统治。农奴制经济是俄国沙皇专制制度的基础。与西欧封建制经济相比,俄国农奴制有如下一些特点:第一,原始社会晚期遗留下来的村社组织,长期以来成为封建主用来统治和奴役农民的工具。农民的份地由村社占有,按人数分配给各户使用,农民向国家和地主交纳的各种贡赋,也由村社向各农户摊派。第二,俄国农奴制持续的时间,比西欧封建制长得多,俄国农奴所受的剥削和压迫也更为残酷。第三,俄国农奴制越出了农村和农业的范围,在城镇和工业中也长期存在大量的农奴劳动,直到 19 世纪 30—40 年代的近代工业仍有部分使用农奴、强制其劳动的现象存在。

1682—1725 年在位的沙皇彼得大帝改革图治,增强了俄国的经济、军事实力,强化了沙皇专制农奴制度。这时,在私人工场手工业中已出现了雇佣劳动,这标志资本主义经济关系的萌芽。

到叶卡捷琳娜二世(1762—1796 年在位)统治时,俄国的专制农奴制度发展到了顶峰,同时,随着商品货币关系和资本主义经济的发展,专制农奴制度也开始出现危机。1773—1775 年,爆发了俄国历史上规模最大的以普加乔夫为首的农奴起义,有力地打击了沙皇农奴制统治,促进了反农奴制斗争。

19 世纪上半期,随着俄国社会经济文化的发展,腐朽的专制农奴制度日益成为资本主义经济发展的严重障碍。于是,全国掀起了更广泛更深刻的反农奴制斗争。在国内农奴起义浪潮的推动和西方自由民主思潮的影响下,一部分贵族先进分子和平民知识分子,走上了反农奴制斗争的道路。

1825 年 12 月,俄国贵族的先进代表,其中大部分是参加过 1812 年对拿破仑作战的、并作为俄国占领军在法国驻扎过的青年军官,发动了一次有组织有纲领的试图推翻沙皇专制农奴制度的武装起义,史称十二月党人起义。他们想按照贵族的利益来解决俄国农民问题,以建立君主立宪制国家。由于他们脱离人民,起义遭到沙皇的镇压。但十二月党人反对农奴制斗争的革命精神,却激发了俄国人民更坚决地为反对腐朽反动的农奴制而斗争。

在 19 世纪中叶,以革命民主主义者为代表的平民知识分子,继承和发扬了十二月党人的革命传统,为反对沙皇专制的农奴制度有效地开展了宣传鼓动工作。他们大部分出身于低级官吏、普通商人、市民和农民的家庭,由于那时反农奴制革命运动的高涨,推动他们走上了反农奴制斗争的革命道路。他们竭力主张用革命方式消灭农奴制,推翻沙皇专制统治。

在俄国 18 世纪中叶至 19 世纪中叶的反农奴制斗争中,产生了一批先进代表和思想家,如拉吉舍夫、屠格涅夫、彼斯节里、赫尔岑、车尔尼雪夫斯基等,这里,仅简述他们的经济思想。

第二节　拉吉舍夫的经济思想

亚历山大·尼古拉耶维奇·拉吉舍夫(Александр Николаевич Радишев,1749—1802),俄国 18 世纪末叶著名的反农奴制思想家,俄国贵族革命家,十二月党人和革命民主主义者的思想先驱。

拉吉舍夫出生于萨拉托夫的一个地主贵族家庭,1762—1765 年在彼得堡贵族子弟军事学校学习,1766—1771 年被派到德国莱比锡大学学习法律。他在莱比锡大学学习期间,曾对法国启蒙思想家的著作作过深入研究,深受其民主主义思想的影响,从而使他认识到,沙皇专制农奴制度是极端违背人类本性的腐朽制度。1771 年 9 月,拉吉舍夫从莱比锡回到彼得堡,在枢密院第一厅任职。

当1773—1775年爆发以普加乔夫为首的农奴起义时,他在第九芬兰师任检察长,这使他对广大农奴的悲惨生活和起义军的斗争目标,有了更为明确的认识。1783年,他在《自由颂》的长诗中,激愤地抨击了农奴制的暴戾与黑暗,把君主称作恶魔,号召人民联合起来,"把沙皇推到断头台上"。

在18世纪的70年代后期至80年代,拉吉舍夫在商务局和彼得堡海关任职,曾任海关总管。在此期间,他对商业、外贸等经济问题很感兴趣,并连续从事十余年的经济研究。在流放之后,他仍继续研究经济问题。

1790年6月,拉吉舍夫的名著《从彼得堡到莫斯科旅行记》出版。该书深刻地揭露了沙皇专制农奴制度给人民带来的灾难,他说:"我环视四周,我的心被人们的苦难刺痛了。"他愤怒谴责贵族、地主、官僚是"穷凶极恶的野兽",是"不知餍足的吸血鬼",他把沙皇看作是俄国最大的罪犯和凶手,他歌颂农民用"热爱人类的复仇精神"进行勇敢的反抗,推翻暴政,夺取土地。该书极大地震惊了沙皇政府,叶卡捷琳娜二世在书中许多地方批上"大逆不道",说拉吉舍夫是"比普加乔夫更坏的叛乱者",并下令逮捕,亲自参加审讯。拉吉舍夫在法庭上坚持自己的观点说:"把全体农民都从地主那里收回,使他们成为自由民,这就是我的愿望。"①不久,沙皇的高等刑事法庭以蓄谋叛乱、谋害君主罪,判处拉吉舍夫死刑,以后又改判10年徒刑,流放西伯利亚。在流放期间,拉吉舍夫完成了他的主要哲学著作《论人·人的死与不死》。在该书中,他从政治哲学观上论证了反农奴制的斗争。

1796年,沙皇叶卡捷琳娜二世病死,虽颁布大赦政治犯令,但直到1801年,才准许拉吉舍夫回到彼得堡。

拉吉舍夫回彼得堡后,参加了沙皇政府法制委员会的工作。他仍继续撰写论著,抨击专制农奴制度。这时,拉吉舍夫的思想更趋于成熟。他一方面从经济学的角度深入论证消灭农奴制的必要性;另一方面,谴责沙皇颁布的压榨农民的各种法令。拉吉舍夫的言行招致法制委员会主席查瓦多夫伯爵对他进行新的迫害。1802年9月12日,拉吉舍夫服毒自尽,用自己的死发出了对专制农奴制度的最后抗议。他在临终前说:"后代将为我复仇!"

拉吉舍夫的经济思想,除了体现在上面提到的名著《从彼得堡到莫斯科旅行记》外,还体现在他晚年所撰写的《记述我的地产、领地、庄园、村庄及其他》、《记述托波尔斯克总督管区》、《论赋税》、《论1766年税率和税收》、《论人头税》、《市场与交易》和《关于中国集市的一封信》等论著中。

①　这里的几处引文,均引自朱庭光:《外国历史名人传》近代部分上册,中国社会科学出版社、重庆出版社1981年版,第351—353页。

拉吉舍夫的经济思想渗透着反农奴制的思想。他把农业看作是生产的基本形式,是人民群众的基本职业,是社会劳动分工得以产生的基础,是工业、商业、国家、政府机构及立法产生的前提。他从自然权利思想出发,论证废除农奴制的必要性及其途径。在他看来,农奴制是社会生产和经济进步的主要障碍,它对农民、对国家、对整个国民经济的发展都是极其有害的。他指出,在专制农奴制度下,种地的农民既没有耕作的支配权又没有生产的自主权,既没有土地的所有权又没有劳动产品的所有权,因此,农民对劳动没有兴趣;再加地主的强制手段和暴力,农民干起活来,马马虎虎,"磨洋工",劳动生产率低下,收成微薄。此外,还要遭受劳役租、代役租和月粮制等残酷剥削,这样农民失去了份地和自己的经济,实际上变成为奴隶。由此,他认为这样的农奴制绝不会给农民带来福利,它只会使农民遭受饥饿和死亡。

拉吉舍夫认为,地主等剥削者是通过掠夺和无偿占有农民的生产物而致富的。由此,他得出的结论是,只有通过没收地主土地并交给农民使用,才能从根本上消灭农奴制。他认为,只有耕作土地的农民才"天然具有耕作的权利",只有耕作者才享有"劳动果实"。① 在他的著作中,还可以看到关于货币、信用、赋税等的一些杰出理论见解。例如,他明确地把足值"硬"币同它的"符号"纸币区别开来,较深刻地理解到通货膨胀的危害性。他说,"纸币实际上是人民的多头蛇",而制造这种"货币的国君是公贼,如果不是贼,那末就是暴力抢劫者"。② 又如,他主张低息信贷。他说,作为"货币价格"的利息过高,就会使农民和手工业者陷于破产。再如,他将赋税区分为直接税和间接税,他认为,直接税应按纳税人的收入与财产相适应的原则摊派,并谴责人头税;关于间接税,他主张少抽生活必需品的税,而建议对奢侈品规定高税率。这在当时来说,可谓是最进步的。

第三节　十二月党人的经济思想

十二月党人经济思想的形成,深受亚当·斯密等人倡导的经济自由主义思潮的影响。它集中体现在屠格涅夫的《赋税理论》(1818)和彼斯节里的《俄罗斯真理》(1824)这两本著作中。

屠格涅夫(Н. И. Тургенев,1789—1871),就学于莫斯科大学,曾任国家经济局高级职员,后任财政部办公厅主任。他是十二月党人三个秘密团体之一的

---

① 转引自 M. H. 雷金娜等:《经济学说史教科书》,武汉大学出版社 1987 年版,第 123 页。
② 转引自 M. H. 雷金娜等:《经济学说史教科书》,武汉大学出版社 1987 年版,第 125 页。

"北方协会"的成员。他立志要为消灭俄国农奴制而奋斗。他在《赋税理论》一书的序言中提出,写作该书的目的是"尽可能地公开说明自己对农奴状况的看法"。① 因此,该书不仅只是论述赋税问题,它实际上是通过赋税分析俄国农奴制经济,说明消灭农奴制的必要性。

屠格涅夫在分析农奴制经济时,首先强调指出,每个执政者、每个国家管理者,都应该深深懂得政治经济学这门科学,如果不懂得这门科学的基本原理和规则,就会把整个国家导向崩溃。他认为,俄国的封建农奴制度是靠不平等和压迫、社会划分等级、直接生产者贫困、国民经济"衰落"来支撑的。因此,他指出,俄国的封建农奴制是不符合"时代精神"的,它是社会进步、文明、繁荣的障碍。在他看来,"新的时代精神"在经济上首先有利于地主本身。他提出的改革保留了地主所有制,并使地主经济沿着资本主义道路发展。

屠格涅夫认为,国内外贸易的自由发展是国民经济繁荣的必要因素,政府应当允许每个人独自去"寻找自己的利益并利用自己的资本去致富"②。他比亚当·斯密更坚决地反对独裁和暴政。

屠格涅夫指出,亚当·斯密所提四项赋税原则,即"公平"、"确定"、"便利"、"经济"原则,最能促进企业家的自由活动。他证明,从地主经济中征收土地税而不是征收所得税是有利的。

屠格涅夫反对用纸币来弥补国家预算赤字。他认为,只有当纸币作为流通手段具有金属货币的"同等作用"、而其发行量又与经济周转需要相适应、其价值有相应的黄金作保证时,纸币流通才能被接受。他在当时已预见到信用时代将取代纸币时代,并指出,只有在共和代议制国家体制下,信用关系的公正调节才是可能的。

屠格涅夫认为,农民的解放,首先要在法律上废除超经济强制。他指出,农民应该得到自由公民阶层的权利,以保证他们的迁徙自由和经济活动自由。只有从这种活动中,才会给农民带来幸福。

彼斯节里(П. И. Пестель,1793—1826),十二月党人三个秘密团体之一的"南方协会"的领导人。起义失败后,他和数百名起义者被捕,英勇不屈,惨死于沙皇的绞刑架下。《俄罗斯真理》一书是他为十二月党人撰写的纲领性著作,他在该著作中概括地表述了这一贵族革命团体斗争的政治、经济目标。他用了十多年时间研究和撰写这一纲领性著作。在写作过程,他还与该秘密团体成员进行过多次讨论,初稿写成后,又多次在该秘密团体成员中征求意见,进行修改后

---

① 转引自尼·康·卡拉达耶夫:《经济学说史讲义》上册,中国人民大学出版社 1957 年版,第 217 页。

② 转引自 М. Н. 雷金娜等:《经济学说史教科书》,武汉大学出版社 1987 年版,第 128 页。

定稿。因此,这部纲领性著作所拟定的废除农奴制、改造俄国社会生活的政治经济结构,在十二月党人的三个秘密团体中具有最激进的倾向。

彼斯节里的反农奴制纲领是建筑在"天赋权利"的理论基础上的。他认为,公民权利是天赋的不可剥夺的,每个公民都应该受到政府的保护,都应当享有个人自由,生活在安乐和幸福之中。他强调指出,所有权是公民权利的主要基石,"任何独裁制度也不能剥夺公民丝毫财产"[①]。他在《俄罗斯真理》中愤怒地宣布:农奴制"必须坚决废除,贵族一定要放弃占有他人的肮脏特权"[②]。

彼斯节里认为,人们在财产上存在差别是不可避免的,也是必要的,但是,这不是特权。他反对按照财产定资格。反对一切同个人的富裕或贫穷相联系的政治限制。他强调指出,通过政权和特权达到富有是一种罪孽。

彼斯节里在《俄罗斯真理》中设想,在未来社会里,全部土地应该分为两个部分,即公地和私地。公地应当由从占有 5000 俄亩或更多土地的地主那里没收来的土地,以及部分官地构成。公地必须按照平均原则在土地需要者之间分配使用,以保证每个公民的生活来源。在他看来,这是防止人民贫困的基本保证。而私地的总数,则包括大地主剩下的土地、中小地主的土地、官方剩留的土地,以及农民为了加速富裕而向地主或向官方购买的土地。在他看来,私地适于最合理地组织经济,从而刺激生产发展,并使私地所有者富裕起来。他所设想的这种土地方案,其实质是意味着俄国走向资本主义的发展道路。

十二月党人的经济、政治纲领,尽管带有局限性,但仍具有进步性质。十二月党人的英勇起义虽然失败了,但它对俄国的社会思想和解放运动,却产生了巨大的影响。

第四节　赫尔岑的经济思想

亚历山大·伊万诺维奇·赫尔岑(Александр Иванович Герцен,1812—1870),俄国革命民主主义者、思想家、作家。生于莫斯科的一个贵族地主家庭。自幼就受到十二月党人起义及其革命思想的影响。少年时代(1827)他就和尼·普·奥加辽夫(Н. Л. Огарёв,1813—1877)一起在莫斯科沃罗比约夫山上宣誓继承十二月党人的事业,毕生献身于俄国革命运动。1829—1833 年,在莫斯科大学数理系学习期间,他就组织、领导过一个宣传革命思想的小组开展

[①]　转引自 М. Н. 雷金娜等:《经济学说史教科书》,武汉大学出版社 1987 年版,第 130 页。

[②]　转引自 М. Н. 雷金娜等:《经济学说史教科书》,武汉大学出版社 1987 年版,第 130 页。

活动。

1834年,赫尔岑和莫斯科大学革命小组成员一起被捕,1835年被判流放彼尔姆,后转到维亚特卡。1838年,又转到新的流放地——弗拉基米尔。1839年被解除警察监视,1840年回到莫斯科,后迁居彼得堡,在内务部供职,继续进行革命活动。1841年,又被流放到诺夫哥罗德,后在该省公署任高级文官职务。1843年离职,回到莫斯科,在《祖国纪事》杂志上发表著名论文《科学中华而不实的作风》。1844年开始撰写《自然研究通信》一组论文。1845—1846年,在《祖国纪事》上连载《自然研究通信》及著名中篇小说《谁之罪》,并开始撰写另一部著名中篇小说《偷东西的喜鹊》。

从1847年起,赫尔岑被迫乔居国外,但他继续进行反农奴制的革命斗争。1853年,在伦敦创办了自由俄罗斯印刷所。这个印刷所在一个时期成了反对俄国农奴制斗争的中心。1855年创办文学政治丛刊《北极星》,1857年又创办政治性杂志《钟声》,进行革命的宣传鼓动。在此期间,他创作了一系列著名作品和论著,如《经过洗礼的所有权》《往事与随想》《来自彼岸》和《开端与终结》等。1859—1861年,他还参加建立作为国外宣传中心的秘密团体"土地与自由协会",后来成为这个俄国革命组织的领导人之一。1869年,即在赫尔岑逝世前一年,他在巴黎写作了《致老友书》,这表明他与无政府主义者巴枯宁决裂。

赫尔岑在许多论文、书信、日记和著作中阐述了自己的经济思想。这里概述以下几点。

一、对俄国农奴制的批判

反对俄国农奴制是赫尔岑一生中最主要的革命活动,对俄国封建农奴制的批判,在他的经济思想中居于首要地位。他把当时俄国社会发展的全部要求归结为废除农奴制,使俄国农民获得解放。他说:"全部俄国问题,至少就目前而论,是农奴制度问题。当俄国的农奴地位还没有消灭的时候,俄国是寸步难进的。俄国农民的农奴状况,就是整个俄罗斯帝国的奴隶地位。"[1]

赫尔岑认为,俄国农奴制经济的实质,不仅在于地主土地所有制,而且还在于农奴对地主的人身依附,在于超经济强制。他指出,在俄国农奴制度下,农民是"受过洗礼的所有物",在这里,地主"占有的人比土地还多,他掌握和支配的不是俄亩,而是筋肉、是呼吸……"。[2] 他深刻揭露了农奴与地主之间不可调和的阶级矛盾。他认为只有废除农奴制解放农奴,使地主不再存在,才能消除农

---

[1]　转引自吴易风:《赫尔岑的经济思想》,《光明日报》1962年5月21日,第4版。

[2]　转引自M. H.雷金娜等:《经济学说史教科书》,武汉大学出版社1987年版,第136页。

奴与地主阶级之间的矛盾。他号召农民弟兄们:"去拿起斧头吧!你们不能一辈子都被关闭,不能一辈子都去服徭役和任主人使唤,捍卫神圣的自由吧!主人从我们身上得到的欢乐够了,我们的闺女被污辱得够了,老人们的筋骨被折断得够了……喂,孩子们,把稻草搬到主人的屋边,让那些游手好闲的人们去取他们的最后的一次暖吧!"[1]

二、对资本主义制度的批判

赫尔岑的后半生是在西欧的几个主要的资本主义国家度过的,他从亲身体验中,对资本主义制度有了深刻的了解。与封建制度相比较,他认为"封建社会向资产阶级社会过渡是一个无可争议的进步"。但他又指责"靠剥削工人发财的工厂主"乃是一种"吃人的变相"。在他看来,资本主义制度也是一种吃人的制度,资本主义社会和一切阶级社会一样,也是存在着尖锐的阶级对立和充满着矛盾的;并指出无产阶级与资产阶级之间的矛盾也是不可调和的,也只有通过革命的暴力才能推翻这种暴力统治。他写道:"一方面是劳动,另一方面是资本;一方面是工作,另一方面是机器;一方面是饥饿,另一方面是刺刀。不论社会主义如何看待自己的问题,但除了铁棍和步枪以外别无解决办法。"[2]

赫尔岑还看出了资本主义制度的历史暂时性,他把这种制度称作"西方老人"。他指出,现在西方社会"所进行的斗争,已经不是反对神甫,不是反对国王,不是反对贵族,而是反对他们的继承人——工厂主,反对天字第一号的劳动工具所有主的斗争了"[3]。他预言,在这场斗争中,"西方老人"必将死亡。

三、俄国发展的非资本主义道路——农民社会主义

赫尔岑在揭露、批判农奴制危害的同时,也看到了资本主义制度的弊害,因此,他设想在俄国建立一种既摆脱农奴制灾难又不受资本主义制度痛苦的社会制度。他把俄国社会中早已存在的村社理想化,认为村社是未来社会主义社会的胚胎。他把农民连带土地的解放、把村社土地所有制和农民的"地权"思想看作社会主义。他认为俄国农民村社中已经包括了社会主义的三个原则:(1)村社每个成员的土地权;(2)村社对土地的占有;(3)村社对各项事务的管理。在他看来,只要消灭了农奴制,通过村社这一社会基层组织,依靠农民的基本力量,就可使俄国摆脱贫困与落后,从而使俄国避免资本主义的发展,由农奴制直

---

① 转引自尼·康·卡拉达耶夫:《经济学说史讲义》上册,中国人民大学出版社 1957年版,第 263—264 页。

② 转引自吴易风:《赫尔岑的经济思想》,《光明日报》1962 年 5 月 21 日,第 4 版。

③ 转引自吴易风:《赫尔岑的经济思想》,《光明日报》1962 年 5 月 21 日,第 4 版。

接走向社会主义。1859年,由他参加起草的关于秘密社团的目的的文件中明确写道:"在村社土地占有制的基础上来奠定社会主义世界的基石。"①

第五节　车尔尼雪夫斯基的经济思想

一、生平和著作

尼古拉·加甫洛维奇·车尔尼雪夫斯基②(Николай Гаврилович Чернышевский,1828—1889),俄国伟大的革命民主主义者,伟大的思想家、唯物主义哲学家、作家和文艺批评家,同时也是一位经济学家。马克思曾说过:"在所有现代经济学家中,车尔尼雪夫斯基是唯一真正具有创新精神的思想家。"③

车尔尼雪夫斯基生于萨拉托夫一个神甫的家庭。从小就受到良好的家庭教育,幼年时代在父亲的教育下学完了小学教学大纲规定的文化知识。1842—1845年在萨拉托夫正教中学学习。1846—1850年在彼得堡大学学习,研究哲学、历史、经济学和文学;在此期间,他深受当时俄国和西欧进步思想与革命运动的影响,成为坚定的革命民主主义者和沙皇专制农奴制的坚决批判者;在此期间,他还确立了唯物主义哲学信仰和先进的文学志趣。他在1851年大学毕业后,曾在彼得堡武备中学当过一段时间的语文教师。1851—1853年回到故乡,在萨拉托夫中学任教。

从1853年起,车尔尼雪夫斯基在彼得堡从事著述活动,开始为《祖国纪事》和《同时代人》杂志撰稿,1856—1862年主编《同时代人》杂志,把该杂志办成了传播革命思想的中心和团结俄国民主力量准备发动革命的特殊司令部。他在《同时代人》杂志上发表了一系列重要论著,如《艺术与现实的美学关系》(1855)、《俄国文学果戈理时期概观》(1856)、《对反对村社所有制的哲学偏见的批判》(1858)、《哲学中的人本主义原理》(1860)、《穆勒〈政治经济学〉注释》和《穆勒政治经济学概述》(1861)等。1860—1862年,他和《同时代人》杂志的战友们,创建了秘密革命组织"土地与自由协会"。该组织的彼得堡中心同莫斯科的小组,以及同乌克兰和波兰的地下组织都有联系,该组织在喀山、萨拉托夫和俄

---

① 转引自尼·康·卡拉达耶夫:《经济学说史讲义》上册,中国人民大学出版社1957年版,第269页。

② 《新帕尔格雷夫经济学大辞典》第1卷,经济科学出版社1996年版,第448—449页。

③ 转引自E.波古萨耶夫:《车尔尼雪夫斯基》,天津人民出版社1982年版,第2页。

罗斯的其他一些城市,都有分会组织。他亲自起草和组织散发革命传单,号召农民、士兵和革命青年准备武装起义,推翻沙皇专制制度,消灭地主土地所有制,把土地分给农民。

沙皇政府为了镇压革命,勒令《同时代人》杂志停刊,并于 1862 年 7 月 7 日逮捕了车尔尼雪夫斯基。从 1862 年 7 月至 1864 年 5 月,车尔尼雪夫斯基被囚禁在彼得－保罗要塞中。他在生活和斗争的各个方面,都表现出一个不屈的革命者的坚定信念和坚强意志,克服了种种困难,创作了长篇小说《怎么办》,这部小说被称作"生活的教科书"。列宁在评价这部小说时,指出:"在它的影响下,成百成千的人变成了革命家。……举例来说,它吸引了我的哥哥,也吸引了我。它使我这整个的人来了一次深刻的转变。……这部作品能使人永远充满活力。"①

1864 年 5 月,车尔尼雪夫斯基被流放到冰天雪地的西伯利亚,在那里度过了 21 个年头的苦役和监狱生活。在这整个期间,在极其困难的条件下,他都充满热情地埋头于研究和写作。他写给朋友的信往往具有独特的理论研究形式,探讨哲学、历史、自然科学、政治、经济学等问题,而文艺作品的写作尤显成效。在此期间,他又创作了长篇小说《序幕》、《霞光余晖》,中篇小说《一位姑娘的故事》,剧本《没有收场的戏》、《宽宏大量的丈夫》和《惹是生非的女人》等。1883 年 10 月,他又被流放到新的地点——阿斯特拉罕。直到 1889 年 6 月,他才被准许回到故乡——萨拉托夫,就在这一年的 10 月 29 日,车尔尼雪夫斯基与世长辞。

车尔尼雪夫斯基的经济论著,除了上面提到的《对反对村社所有制的哲学偏见的批判》(1858)、《穆勒〈政治经济学〉注释》和《穆勒政治经济学概述》(1861)外,主要还有《论土地是财富的要素》(1854)、《论土地所有制》(1857)、《评莫利纳斯的政治经济学教程》(1857)、《评威廉·罗雪尔的国民经济学原理》(1858)、《经济活动与立法》(1858)、《资本与劳动》(1860)、《没有地址的信》(1861)和《生存竞争有益论的来源》(1888)等。

二、对俄国农奴制的批判

车尔尼雪夫斯基在其有关论著中,比他以前的任何先驱者,都更全面、更深刻地批判了俄国的封建农奴制度。他指出,俄国农奴制的实质是地主和农民的这样一种关系,在这种关系下,地主既作为土地所有者,又对"居住在这块土地

____

① 转引自 E.波古萨耶夫:《车尔尼雪夫斯基》,天津人民出版社 1982 年版,第 248－249 页。

上为地主的利益而耕作的农民"实行超经济强制。①

车尔尼雪夫斯基善于通过经济、政治、文学、艺术等各种方式揭露沙皇专制和农奴制是俄国人民的最大祸害,并巧妙地表明了地主占有农民劳动成果的各种形式:劳役地租——直接占有剩余劳动;实物地租——占有剩余产品;货币地租——占有货币形式的剩余产品。正由于作为生产者的农民被剥夺了劳动和劳动产品,这就使农民不关心农业生产的发展,造成了生产技术简陋、因循守旧和劳动生产率低下。因此,他认为农奴制成了俄国农业发展的桎梏,它是农民"贫困"、"逃亡"、"状况恶化"的根源;他痛斥沙皇专制制度是"恣意妄为的极权统治"②,它同"人民生活的自然发展"是背道而驰的,是"敌对的"③。他的结论是"摆脱极其有害的现状"④,即废除沙皇专制和农奴制。为此,他利用一切机会抨击沙皇政府和地主阶级的统治,他号召农民"去抢他们的土地,从他们身上剥去一切,直到最后一件衬衣;最好让他们赤身露体,脖子上只挂着一个十字架去沿街乞讨"⑤。

三、对资本主义制度的批判和对社会主义的憧憬

车尔尼雪夫斯基把资本主义看作是一种在经济上比封建主义进步的制度,同时又把它看作是剥削那些丧失生产资料的劳动者的特殊形式。他对资本主义的剥削、掠夺性经营所产生的矛盾和冲突,曾作过这样的描绘:"生产者为推销产品彼此进行的斗争,劳动者为得到工作彼此进行的斗争……贫穷者反对夺走他们以前的工作和饭碗的机器的斗争……谁资本多,谁就发家致富,而所有其余的人就破产:从自由中产生奴役一切的百万富翁的垄断组织;土地所有者负债累累;以前自己是主人的手工业者,现在变成雇佣工人;投机风气把社会引上了以商业危机告终的实行拼命的冒险的道路……市场上堆满了找不到销路的货物,工厂倒闭,工人没有饭吃。一切科学发现都变成了奴役的手段,甚至进步本身也在加强这种奴役的手段,因为无产者简直变成了机器的摇杆,并不断地被迫以乞讨为生;……他们的女儿由于饥饿而出卖自己的肉体,他们的儿子从七岁起就呼吸开工厂有毒的空气。"⑥一切都受金钱支配,甚至连"婚姻也变成

---

① 参见 M. H. 雷金娜等:《经济学说史教科书》,武汉大学出版社 1987 年版,第 142 页。
② 转引自 E. 波古萨耶夫:《车尔尼雪夫斯基》,天津人民出版社 1982 年版,第 61 页。
③ 转引自 E. 波古萨耶夫:《车尔尼雪夫斯基》,天津人民出版社 1982 年版,第 57 页。
④ 转引自 E. 波古萨耶夫:《车尔尼雪夫斯基》,天津人民出版社 1982 年版,第 58 页。
⑤ 转引自 E. 波古萨耶夫:《车尔尼雪夫斯基》,天津人民出版社 1982 年版,第 64 页。
⑥ 转引自 E. 波古萨耶夫:《车尔尼雪夫斯基》,天津人民出版社 1982 年版,第 78—79 页。

了不过是买卖交易"①。

在车尔尼雪夫斯基看来,生产的无政府状态和生产过剩的危机是资本主义固有的现象。他指出:"资本家的生产连续不景气,不是以消费而是以销路为基础的整个经济制度遭受工业和商业危机的打击,每一次这样的危机都会丧失几百万、几千万个工作日……"②他对于资本主义的市场竞争机制进行了批判,指出:"竞争的根本缺点是,它不选取事物的本质,而是采取事物的外在属性(不是价值而是价格)作为核算标准。……竞争的另一个缺点——除了获利的好方法之外,它还留给人们相反的坏的方法:在竞争中,人们不仅因为自己工作的成就而获利,而且也由于别人工作的失败而取胜。显然,这第二个缺点是从……第一个主要缺点派生出来的。"③

车尔尼雪夫斯基认为,资本主义不能进行准确的经济核算,从而不能实现资源的有效配置和利用,"现在的生产不是以准确的核算为基础,而是以其非常不准确的财产、价格为基础的。只有当生产是以准确的计算为基础的时候,才会准确计算劳动力、准确计算为获得一定量产品、为满足一定需要所必需的劳动量"④。

车尔尼雪夫斯基在分析工资、利润、地租的性质及其相互关系时,揭示了资本主义分配的对抗性:利润的增长,势必引起工资的下降,"在工资问题上他们的利益是直接对立的"⑤。而地租的增长不仅使利润而且使工资下降。⑥

车尔尼雪夫斯基认为在资本主义制度下,工人阶级将由于过度生育而贫困,"如果不用任何手段来节制生育,工资会迅速地降到极小,只有当最低的工资不足以维持物质生活时,它才不会继续下降"⑦。同时,他又强调,资本主义条件下工资下降的"原因在于制度本身"⑧。对于利润,他分析了利润率下降的原因,认为一是因为随着资本积累企业规模不断扩大,企业所有主越来越脱离监督管理而依赖雇佣的管理人员;而后者不会尽心尽力。二是因为所有主随着富裕程度的提高,越来越倾向于挥霍和胡闹。概言之,就是雇佣管理者的"敷衍塞

① 转引自 E. 波古萨耶夫:《车尔尼雪夫斯基》,天津人民出版社 1982 年版,第 79 页。

② 转引自 M. H. 雷金娜等:《经济学说史教科书》,武汉大学出版社 1987 年版,第 145 页。

③ 尼·加·车尔尼雪夫斯基:《穆勒政治经济学概述》,商务印书馆 1984 年版,第 64—65 页。

④ 尼·加·车尔尼雪夫斯基:《穆勒政治经济学概述》,商务印书馆 1984 年版,第 77 页。

⑤ 尼·加·车尔尼雪夫斯基:《穆勒政治经济学概述》,商务印书馆 1984 年版,第 130 页。

⑥ 尼·加·车尔尼雪夫斯基:《穆勒政治经济学概述》,商务印书馆 1984 年版,第167—169,272 页。

⑦ 尼·加·车尔尼雪夫斯基:《穆勒政治经济学概述》,商务印书馆 1984 年版,第 119 页。

⑧ 尼·加·车尔尼雪夫斯基:《穆勒政治经济学概述》,商务印书馆 1984 年版,第 152 页。

责、疏忽大意"和所有主的"挥霍浪费"①。

　　车尔尼雪夫斯基指出资本主义积累的实质及其一般趋势:资产阶级一方财富的积累和劳动人民一方贫困的积累。他写道:"一方面,在英国和法国出现了几千个富翁;另一方面,却出现了几百万贫民。按照无限竞争的命中注定的规律,前一种人的财富必然日益增长日益集中于越来越少的人之手,而贫民的状况则必然越来越困苦。"②

　　车尔尼雪夫斯基还指出了资本主义制度的历史过渡性。他说:"我们在历史上看到,每次获得地租的阶级或者获得利润的阶级胜利后,不可避免地随之而来的就是推翻这个阶级的变革。"③资本主义"雇佣劳动的形式"可能还要保持"几十年",甚至几代,但它的历史命运已经注定了,社会主义将在经济生活中获得统治地位。④

　　车尔尼雪夫斯基认为,要改变资本主义社会的不准确的经济核算,就必须改变私有制,实现公有制,让工人成为企业的主人,成为企业的管理者,"为了使经济体制有成效,需要这样的生活习惯,让每个工人都是主人,……使得每个企业中不是只有一个主人,而是有成百名主人,……让所有有关的人都成为它的主人,……只有当每个消费者知道消费品的真正价值、生产用的劳动力数量,才可能实现经济计算。然而只有生产的主人才可能知道这些;因此,每个产品的消费者都应该是它的主人——生产者。可是……不仅各个人需要的全部产品,而且连其中的任何一个产品也不应该单个地成为一个人的劳动产品,而应该在其生产中经过几十双甚至几百双手(生产工序分为最简单的部分分得越细,生产就越有成效)。因而,也就要求用许多人的联合来取代各个产品的各个主人,而许多人应该联合起来按照人类的各种需要生产各种产品,并且在这种劳动联合中每个参加劳动的人都参与经济管理"⑤。

　　车尔尼雪夫斯基同样认为,要改变资本主义社会中工人的悲惨境遇,也必须改变私有制,实现公有制,"只有当工业的进程将不是建立在雇佣工人的基础上的时候,生育才可能受到应有的节制,工资才可能提到令人满意的高度;换句话说,只有当实际上不存在雇佣劳动,也即不存在工资的时候,当实际上这个要

---

　　① 尼·加·车尔尼雪夫斯基:《穆勒政治经济学概述》,商务印书馆1984年版,第153—155页。

　　② 转引自普列汉诺夫:《尼·加·车尔尼雪夫斯基》,上海译文出版社1981年版,第287页。

　　③ 转引自E.波古萨耶夫:《车尔尼雪夫斯基》,天津人民出版社1982年版,第79页。

　　④ 参见E.波古萨耶夫:《车尔尼雪夫斯基》,天津人民出版社1982年版,第82—83页。

　　⑤ 尼·加·车尔尼雪夫斯基:《穆勒政治经济学概述》,商务印书馆1984年版,第79页。

素将与利润组合在一些人的手中,当个别雇佣工人阶级和劳动雇主阶级消灭了,而代之以既是工人又是主人的同一阶级的人们时,工资数量才会令人满意"①。

四、对政治经济学的批判

车尔尼雪夫斯基认为,以亚当·斯密和李嘉图为代表所建立的早期资产阶级政治经济学,是属于资本主义形成和无产阶级同资产阶级之间的斗争尚未发展时期的经济学,他们的学说,试图深入了解资本主义经济关系的本质,并指出,劳动价值论是他们学说中特别重要的组成部分。同时,他也注意到这些早期经济学家,对资本主义的反历史见解,以及劳动价值论的不彻底性等。总的说来,车尔尼雪夫斯基认为,亚当·斯密和李嘉图等早期经济学的理论,奠定了整个资产阶级政治经济学的理论基础;并指出他们的理论代表了"经营工商业和部分地已成为不动产所有者的资本家的观点和利益,而一般说来对于战胜了的敌人即封建主阶层抱着宽容态度,在关于分配财富的问题上,封建主阶层还是他们的同盟者"②。

车尔尼雪夫斯基认为,随着资本主义社会阶级斗争的加剧和引起劳动人民兴趣的社会主义、共产主义理论的产生,资产阶级政治经济学就演化为替资本主义剥削效劳的辩护论。他指出,那时的资产阶级经济学家已经丧失了发现新事物和发展科学的能力,"在他们那里,只要抄写旧的并从中删去可能证实共产主义是对的东西的能力就够了",从而使"自己的读者防止共产主义的传染"③。在他看来,马尔萨斯、萨伊、巴斯夏、凯里等人,以及俄国的自由派经济学家,就是这样一些"因循守旧"的、为资本主义剥削效劳的辩护士。然而,他又指出,在那些向辩护论演化的资产阶级经济学家中,约翰·斯图亚特·穆勒④却是一个唯一的例外。他说:"除了米勒一人之外,人们都很有理智地沿另一个方向走去。米勒竭力在旧主义的框子内放入新意图,因而是独自站在那些坚决落后的人们和坚决前进的人们之间的。"⑤这里,他所谓的"那些坚决落后的人们",就是

---

① 尼·加·车尔尼雪夫斯基:《穆勒政治经济学概述》,商务印书馆1984年版,第135页。

② 转引自尼·康·卡拉达耶夫:《经济学说史讲义》上册,中国人民大学出版社1957年版,第344页。

③ 转引自M.H.雷金娜等:《经济学说史教科书》,武汉大学出版社1987年版,第146—147页。

④ 约翰·斯图亚特·穆勒,有的书中也译作约翰·斯图亚特·米勒。

⑤ 转引自尼·康·卡拉达耶夫:《经济学说史讲义》上册,中国人民大学出版社1957年版,第353页。

指那时为资本主义剥削效劳的辩护士们,而他所谓的"坚决前进的人们",就是指社会主义者和共产主义者。

在车尔尼雪夫斯基看来,约翰·斯图亚特·穆勒是一位具有特殊地位的人物。他既不愿与社会主义者、共产主义者一道前进,又不愿跟随那些为资本主义剥削效劳的辩护论者之后,他企图把一些新的思想与资产阶级政治经济学的旧观点结合在一起,即企图把"新意图"放入"旧主义的框子"里,他只能阐述其前辈亚当·斯密和李嘉图等人的学说。车尔尼雪夫斯基指出:"旧学派的学说已经根深蒂固地扎进他的思想中了。在他的头脑中给新概念留下的位置太少了,因为它已经被旧概念占满了。"①这就是说,资产阶级政治经济学传到约翰·斯图亚特·穆勒那里,已停滞不前、僵化了,从而也就破产了。马克思认为车尔尼雪夫斯基的这一评说是很"出色的",②并将这一评说作了如下的复述:"1848年大陆的革命也在英国产生了反应。那些还要求有科学地位、不愿单纯充当统治阶级的诡辩家和献媚者的人,力图使资本的政治经济学同这时已不容忽视的无产阶级的要求调和起来。于是,以约翰·斯图亚特·穆勒为最著名代表的毫无生气的混合主义产生了。这宣告了'资产阶级'经济学的破产。"③

车尔尼雪夫斯基批判资产阶级政治经济学,目的是要建立新的经济学理论。他把这种新的经济学理论,称之为"劳动人民的政治经济学",或"劳动人民的理论"。④在他看来,这种新理论的宗旨是为农民、手工业者和工人等劳动人民服务的。他把亚当·斯密和李嘉图等奠定理论基础的政治经济学,称之为资本家的政治经济学,其宗旨是为资本家服务的。而他自己所要建立的新的经济学理论,就是要进一步发展亚当·斯密和李嘉图等建立的旧科学理论,而新理论与旧理论又是有很大区别的。

首先,关于政治经济学的研究对象和任务。车尔尼雪夫斯基指出,亚当·斯密确定的政治经济学是关于财富的科学。他在探寻政治经济学对象的科学定义时,提出要寻找提高劳动者物质福利的方法和手段。在他看来,与资产阶级经济学不同的劳动人民政治经济学的基本任务,"不是寻求一种方法去使人们之间的鸿沟加深或使超出群众的人数增多;而只是去寻求一种条件,在这种

---

① 尼·加·车尔尼雪夫斯基:《穆勒政治经济学概述》,商务印书馆1984年版,第304页。

② 《马克思恩格斯全集》第23卷,人民出版社1972年版,第18页。

③ 《马克思恩格斯全集》第23卷,人民出版社1972年版,第17页。

④ 参见M.H.雷金娜等:《经济学说史教科书》,武汉大学出版社1987年版,第147页。

条件下使那属于人们的有益物品的数量增加"①。他认为,这种政治经济学的对象就是"对财富,或者说消费品,或者说人的物质福利方面的必需品的生产和分配的条件的研究"②。

其次,关于政治经济学的方法。车尔尼雪夫斯基在自己的经济研究中,使用了一种与资产阶级经济学不同的方法,他把它称为假设法。"这种方法在于:当我们必须确定某种因素的性质时,我们应把复杂的问题暂时搁置一旁,而去探索我们感兴趣的那种因素在其中最明显地暴露出它的性质来的那些问题,去探索最简单的问题。当我们认清了我们所研究的那个因素的性质以后,我们就能很容易地认识它在被我们暂时搁置一旁的复杂问题中所起的作用。"③这里他提出了认识社会现象的主要方法——抽象法。因为他认为在分析现象时要把那些妨碍认识基本现象的从属现象抽去。他还认为,进行抽象思维所需的抽象数字"是假定的,而且简直可以随意规定"。例如,"我们假定,一个社会有五千居民,其中有一千成年男子,整个社会就靠他们的劳动来养活。我们再假定,其中二百人出去参加战争。请问,这次战争在经济上对社会有什么关系? 它增加了还是减少了社会福利? 只有当我们把问题弄得这样极其简单,答案才成为如此简单和不容争辩,以致每一个人都能容易地找到解答,并且不可能被任何人和任何东西所驳倒……由于使用'假定'、'假设'这种术语,这个方法就称为假设法。"④正由于他在经济研究中使用了这种抽象法,使他能够深刻揭露经济现象的实质。

第三,关于政治经济学的内容。车尔尼雪夫斯基在《资本与劳动》这篇著名论文中,把他自己建立的劳动人民政治经济学的新理论,与亚当·斯密和李嘉图等人所奠定了的资产阶级政治经济学的旧理论之间的区别和联系,概括为以下几个主要方面:

其一,"旧理论宣布各族人民之间要建立协社,因为一个民族的昌盛对于另一个民族是需要的。新理论也对每类劳动者引用同样的协社原则"⑤。关于这

---

① 转引自尼·康·卡拉达耶夫:《经济学说史讲义》上册,中国人民大学出版社 1957 年版,第 356 页。

② 转引自尼·康·卡拉达耶夫:《经济学说史讲义》上册,中国人民大学出版社 1957 年版,第 356 页。

③ 转引自普列汉诺夫:《尼·加·车尔尼雪夫斯基》,上海译文出版社 1981 年版,第 323 页。

④ 转引自普列汉诺夫:《尼·加·车尔尼雪夫斯基》,上海译文出版社 1981 年版,第 324 页。

⑤ 转引自尼·康·卡拉达耶夫:《经济学说史讲义》上册,中国人民大学出版社 1957 年版,第 346—347 页。

一点,他还补充说:"在什么样的工厂中生产的产品较多:在属于一个主人即资本家的工厂中呢?还是在属于协社的工厂中呢?我不知道也不想知道这个,我只知道,协社是可以满足劳动者达到独立的愿望的唯一形式,所以我说:生产应当具有劳动者协社的形式。"①

其二,"旧理论说:一切是由劳动创造的;新理论补充道:所以一切应当属于劳动"②。

其三,"旧理论说:不能用自己的产品增加社会上财富总额的任何行业都是非生产的;新理论补充道:除了提供那些为满足社会需要(按节省原则)所必需的产品的劳动之外,任何劳动都是非生产的"③。

其四,"旧理论说:劳动的自由;新理论补充道:还有劳动者的独立"④。

五、对俄国社会主义道路的探索

车尔尼雪夫斯基认为,无论是资产阶级统治的西欧诸国,还是仍处在农奴制压迫下的俄国,都会通过其历史发展不可避免地走向社会主义。在他看来,由于俄国特殊的历史条件,可以通过村社"这种原始的旧制度残余"过渡到社会主义。列宁在描述车尔尼雪夫斯基和赫尔岑等人社会主义的观点形成时,指出他们理想的内容是"相信俄国生活的特殊方式,相信俄国生活的村社制度,由此相信农民社会主义革命的可能性"⑤。但是,车尔尼雪夫斯基不像赫尔岑那样过高地评价村社,也并不认为它同社会主义的本质是一样的。他之所以试图利用村社作社会主义的起点,是为了想利用村社这一形式的基础来组织农业劳动协社,以培养未来合理经济的协社精神。通过村社使俄国绕过资本主义过渡到社会主义,这是车尔尼雪夫斯基社会主义学说的空想成分。列宁指出:"车尔尼雪夫斯基是空想社会主义者,他幻想通过旧的、半封建的农民公社过渡到社会主义。"但是列宁又指出:"车尔尼雪夫斯基不仅是空想社会主义者,他同时还是一个革命的民主主义者,他善于用革命的精神去影响他那个时代的全部政治事

---

① 转引自尼·康·卡拉达耶夫:《经济学说史讲义》上册,中国人民大学出版社1957年版,第347页。

② 转引自尼·康·卡拉达耶夫:《经济学说史讲义》上册,中国人民大学出版社1957年版,第347页。

③ 转引自尼·康·卡拉达耶夫:《经济学说史讲义》上册,中国人民大学出版社1957年版,第347页。

④ 转引自尼·康·卡拉达耶夫:《经济学说史讲义》上册,中国人民大学出版社1957年版,第347页。

⑤ 《列宁全集》第1卷,人民出版社1955年版,第241页。

件,通过书报检查机关的重重障碍宣传农民革命的思想,宣传推翻一切旧权力的群众斗争的思想。"①他深深懂得,只有发动群众起来推翻沙皇专制的农奴主、地主的国家政权,建立起劳动人民的国家政权,并将土地归这样的国家所有,也只有在这样的国家政权的条件下,村社才能对新的社会主义制度提供合适的、广阔的基础。②

① 《列宁全集》第 17 卷,人民出版社 1955 年版,第 105 页。
② 转引自 E. 波古萨耶夫:《车尔尼雪夫斯基》,天津人民出版社 1982 年版,第 88 页。

第二十三章　古典经济学概览

古典经济学理论体系大体可以从 1776 年亚当·斯密出版《国富论》开始形成，虽然在此之前已经有许多人提出了许多未成体系的古典经济学论点，到 19 世纪 70—80 年代终结。在这 100 年左右的时间里，整个西欧社会从英国工业革命开始、然后是法国、再后是德国，先后经历了工业化、城市化的巨大变化。工业化城市化所造成的西欧社会产业结构社会结构的巨大变化，伴随着收入分配从一开始的差距扩大到尔后的缓慢缩小。这一重大社会背景使得古典经济学明显区分为两个目标明显不同的阶段，即以亚当·斯密为代表的早期古典经济学和以李嘉图为代表的晚期古典经济学。

早期古典经济学重点以如何富国裕民为主要目标，重视劳动分工、资本积累和竞争性市场在增进社会财富方面的重要作用，强调通过推行自由贸易、自由竞争的政府政策和弘扬节俭的私人伦理道德来推进劳动分工、资本积累以及扩张和改善市场。价值论和分配论其实并非考虑的重点，增长论才是理论的主要内容。但是它的价值论和分配论为晚期古典经济学准备了"原材料"。

晚期古典经济学面对工业革命所引起的巨大贫富差距，把研究的重点转移到了解释收入分配、发现收入分配的规律。它虽然也关注经济增长，但并非关注经济增长的促进因素，而是关注长期经济增长对收入分配的影响。因此，价值论和分配论成为理论的主要内容。它解释和预测收入分配有四大基本命题：(1)李嘉图劳动价值论；(2)马尔萨斯人口论；(3)土地报酬递减论；(4)工资基金论。劳动价值论用于说明可供分配的"蛋糕"的大小，马尔萨斯人口论和工资基金论用于解释工人阶级的困苦状态，土地报酬递减论用于说明长期中资本家阶级的平均利润率下降。

在理论层面上早期和晚期古典经济学的共同之处就是都对市场机制进行了初步的描绘和分析，指出了市场配置资源尤其是资本的作用，认可了竞争性市场这只"无形之手"引导经济人促进社会公益的功能。这种初步分析为下一阶段新古典经济学深入分析市场的资源配置功能准备了素材。

在政策层面上，早期和晚期古典经济学也一致主张自由竞争自由贸易。但通过自由贸易所要达到的目标两者有所不同。早期古典经济学是要通过自由贸易扩大市场增进分工增加财富,晚期古典经济学则是为了缓解利润率的下降趋势,从资本家的角度改善收入分配。

随着工业化城市化带来的收入分配巨大差距逐渐缩小,晚期古典经济学对于收入分配的解释和预测日见拙陋,于是整个古典经济学便淡出学术舞台,新的学派开始成长起来了。

在整个古典经济学时代,英法两国的古典经济学既有许多共同之处,又各有不同的特色。造成这种差异的原因部分可以通过两国的地理环境以及由此而引起的产业结构差距来解释。它们之间的异同从古典经济学诞生起就已经存在了。通过比较英国的威廉·配第和法国的布阿吉尔贝尔就可以看到这一点。

其一,两国的地理环境不同。英国是一个岛国,有许多良港,便于发展航运业,从事世界贸易;法国基本上是一个内陆国家,且缺乏良港,不便于发展航运业。

其二,由于地理环境的差异,两国产业结构也就不一样。法国便于发展农业,农产品比重较大,英国便于发展海外贸易。法国多通过自己的生产来满足对必需品的需求,英国则主要通过贸易来获取各种必需品。

其三,产业结构的差异引起英法两国税收制度上的不同。英国更多依赖进出口关税,而法国更多依赖国内的消费税、过境税等。

其四,法国存在强有力的专制王权,而英国则稍逊一些。因此英国的重商主义主要是指导商人行为的一种准则,主要是一种民间的行为;而法国的重商主义——柯尔贝尔主义则主要表现为专制政权的政府行为。

其五,英国的重商主义由于主要是民间的行为,从长期来看,更具有活力,给英国带来了基本良好的经济绩效;而法国的重商主义由于主要是政府行为,从短期来看,一时效果不错,但从长期来看,经济绩效不佳,最后给法国带来了灾难性后果。

其六,英国的重商主义限制谷物进口,因此在工商业发展过程中并未给农业造成太大麻烦;而法国的重商主义则限制谷物出口,结果在工商业发展过程中牺牲了农业,最终使得国民经济不同部门之间出现了不协调。

其七,英国的上层阶级主要通过外贸致富,而法国的上层阶级更希望通过买官、免税等方法致富。英国的制度促使人们从国外带回货币,法国的制度则促使人们从内部榨取。

其八,英国的宗教政策相对比较宽松宽容,而法国以天主教为主,尤其是1685年路易十四废除南特敕令之后,实行宗教迫害,排挤新教徒,使大量有资金有技术有管理才能的新教徒远走他乡。

重商主义在英法两国由于各种主客观原因所造成的不同后果,直接引起配第与布阿吉尔贝尔(以下简称布氏)在观点上的差异。

重商主义向古典经济学的过渡,在英国是一个观点渐变的过程,而在法国则是一种观点的激烈转变。

英国经济趋势向上,商品丰富,金银作为一般等价物,随时可以换到所需要的物品,故配第并不敌视货币。而法国经济凋敝,物品缺乏,货币难以换得所需物品,故布氏非常敌视货币。

配第和布氏都是从税收问题入手研究经济的。原因在于经济学尚未形成一门独立学科之前,经济问题总是与君主如何征集税收,加强国力有关的。资本主义的发展往往伴随着财富形式由不动产向动产转变,不同阶级经济实力发生变化,然而税制仍然是封建式的。这就要求改变税收制度。同时,统一的民族国家的建立、对外扩张建立殖民地的要求,都需要筹措维持庞大国家机器的费用。于是财税问题便成为中心经济问题。

配第和布氏两人在研究方法上有异有同。相同之处是两人都在一定程度上分析全局问题,但配第注重的是整个经济的发展;布氏注重的是整个经济的恢复。相异之处是配第注重考察单个商品价值价格的决定因素,以及地租、利息的性质;而布氏注重的是各个产业部门之间的联系,尤其是它们重要性的大小、价格之间的关联、发展中的比例关系、买者与卖者的关系、生产与消费之间的关系。一个关注分配范畴的性质,一个关注不同产业部门之间的联系。一个是局部均衡分析的开创者,一个是一般均衡分析的开创者。

尽管存在一定的差异,但是在政策主张上,两人都还是主张经济自由,以自由放任为信条,反对政府干预的。这一方面与当时欧洲兴起的以个人主义享乐主义为中心的人本主义思潮有联系,另一方面与当时这两国的统治者对经济的不良干预有关。他们的经济自由主张实际上是反对统治者错误干预与享乐主义思想相结合的产物。其实,只要统治者采取合理的经济政策,资本主义经济并非一定需要以自由放任为必要条件的。德日等后发达国家的历史表明,政府的正确干预也是可以推动经济发展的。

由配第和布氏所开创的局部均衡分析和一般均衡分析,对英法两国经济学以后的发展分别都发挥了不小的作用。重农主义者魁奈的经济表,就是一般均衡分析的第一个抽象理论模型。令人费解的是曾经与他及其他重农主义者多有交往的亚当·斯密,竟然没有受到魁奈经济表所表现出来的一般均衡分析的重大影响,以及经济表所蕴含的重视总需求在国民收入决定中重要作用的影响。

斯密主要还是继承了配第重视单个商品价值决定的思想,同时他的收入分配分析或许也受到重农主义者杜尔哥的影响或启发。他纠正了重农主义对于财富及其生产的偏狭观念,但是他也忽略了重农主义一般均衡的分析方法和重视需求的观念。由于斯密对于英国经济学发展的重大影响,局部均衡分析和忽视总需求一直是英国经济学的特点。

英国的李嘉图、马尔萨斯,法国的萨伊、西斯蒙第,或许还应当加上德国的杜能。这五个人都生活在他们各自国家的工业革命时代,都自诩为亚当·斯密的嫡传弟子,都以《国富论》中的经济发展理论、价值理论和分配理论等为依据,思考了他们所面临的现实经济问题。当时激励他们五位的现实问题是:(1)拿破仑战争期间英国的通货问题;(2)英国的谷物法问题;(3)英法德三个国家工业革命期间劳动群众的苦难问题;(4)生产过剩的经济危机问题。

李嘉图从通货问题考虑入手,建立了自己的货币理论、国际贸易和国际金融理论;从考虑谷物法问题入手,建立了自己的价值理论和分配理论。他是为了解释现实当中地租与利润之间的冲突现象而服膺劳动价值论的。因为只有肯定价值全由耗费劳动所生产,才能得出地租与利润之间此消彼长的结论。他的两条思路最后汇集成价值尺度问题。

马尔萨斯考虑的主要现实问题也是谷物法,由此他提出了与李嘉图不同的地租理论。他考虑的另一个现实问题是经济危机,由此他建立了独特的关于经济危机和经济发展的理论。这两部分内容使他在某种意义上成为凯恩斯经济学和现代发展经济学的先驱。他考虑的第三个现实问题是劳动群众的苦难,由此他提出了人口理论和工资基金论。他的工资基金论与李嘉图的维生工资论在解释劳动群众的苦难现象时,实际上是一致的。前者侧重于说明短期中工资的决定,而后者侧重于说明长期中均衡的工资水平。

李嘉图所发展出来的抽象演绎分析方法,使得他的理论具有一种逻辑上的优势,短期内征服了一大群经济学家,大家都愿意在他的旗帜下进一步修补完善理论。相比之下,马尔萨斯除了有一个理查德·琼斯继承他的教席之外,几乎没有什么传人。

法国萨伊所完成的工作主要是将斯密的体系教科书化。他面临或考虑的主要现实问题是如何发展法国的经济。为此,他在法国大力宣扬斯密的经济自由主义,把当时法国社会中几乎一切不尽如人意的经济现象都归咎于自由放任不够彻底。在这一点上他倒是忠实继承了法国重农主义的政策传统。但是在一些基本理论方面,他并没有像他的英国同行那样固执于斯密的一些观点。他的价值理论分配理论都与斯密更不用说李嘉图有许多不同。他也关注了经济危机问题,但他以经济自由不彻底来解释经济危机,并且坚信只要彻底实行自由放任政策,那么供给就会自动创造需求。在这个问题上,他与李嘉图一致,但是与马尔萨斯对立。但是他与李嘉图的另一个重要的不同观点是认为机器只是在短期中不利于工人,而在长期中会改善工人的处境。

与上述三位相比较,法国的西斯蒙第考虑的现实问题主要就是经济危机和劳动群众的苦难,由此建立了他的经济危机理论,把劳动群众的苦难所引起的消费不足看作是经济危机的根本原因。他与马尔萨斯一样,都肯定普遍过剩经济危机的可能性,但是他反对马尔萨斯的人口论,把资本主义的人口过剩看作是制度的后果,从而要求对资本主义制度做出调整。而他的对策建议是充满人道主义精神的,是后来的福利经济学的先驱。

德国的杜能在纯经济分析上发展了斯密的价值理论,解释了同一种商品区域价差的原因,提出了农业区位理论。在对策方面,他与法国的西斯蒙第颇有相似之处,主张建立社会保障体制。

总体看来,英国古典政治经济学似乎对劳动群众的苦难更加冷酷,而法德的两位则温馨不少。他们五位之间的论战是斯密建立统一理论体系之后经济学的第一次大分化。它预示了经济学后来各个流派的发展。

英法两国经济学的主流虽然同属于古典经济学,但是两者之间的差异也是非常明显的。英国古典经济学倾向于擅长于局部分析,而法国古典经济学倾向于全局思考,更接近于一般均衡分析。两种侧重点最终分别导致了马歇尔的局部均衡分析和瓦尔拉斯的一般均衡分析,两人分别代表了英法两国经济学不同分析方法的典范,对于经济学的发展都作出了重要贡献。

德国经济学的发展,由于其特殊的国情——19 世纪的落后国家,引起了与英法古典经济学大相径庭的历史学派经济学长达一个世纪左右的主流地位。他们有自己独特的方法论,有众多跟随者组成的学派,也有自己的杂志和专门论坛,还有自己的政策主张。虽然它的影响在 20 世纪中期以后逐步消失,但是客观地说,它对于德国经济的发展,使之从一个落后国家崛起成为发达国家,发挥了不可低估的作用。同时,它的影响也远远超出德国国界,在英法等国有它同行的和声,对美国经济学和经济的发展有它的影响。

这不能不使我们深思,经济学中既有普遍原理,亦有适合不同国别的特殊准则。对两者之间任何一点的否定都未免失之偏颇。

第七编

19 世纪 70 年代至 20 世纪初 西方经济学的演进

第二十四章　边际主义经济学的产生及其先驱

第一节　边际革命的兴起及其原因

　　1871 年,标志着西方经济学演进中的边际革命的发端。这一年,奥匈帝国的卡尔·门格尔、英国的杰文斯,分别发表了《国民经济学原理》和《政治经济学原理》。1873 年,瑞士洛桑的法国人瓦尔拉斯发表了《纯粹经济学要义》。这三本书被后人公认为是边际主义的开山之作,他们三个人则被公认为是边际革命的奠基人。[①]

　　与西方经济学演进中的其他几次革命相比,边际革命具有两个特征:(1)三个国家的三位经济学家,在事前并无联系的情况下,几乎同时提出了边际效用价值论的基本原理。(2)这场革命与亚当·斯密的自由主义革命和以后的凯恩斯革命不同,并不以政策主张上的标新立异为主要特征,虽然在其理论中蕴含着与古典学派相异的收入分配政策和济贫政策。由于这两个特点,如何说明边际革命兴起的原因,便成为经济思想史上一个饶有兴味但迄今未有圆满答复的课题。

　　国内的经济思想史方面的大多数的论著,一般沿袭苏联经济思想史专家布

---

　　① "边际主义"和"边际主义者"这两个词,由美国经济学家约翰·霍布森分别在其 1914 年发表的《工业与财富》和 1909 年发表的《工业制度》中所首创。见[美]理查德·豪伊:《边际效用学派的兴起》,中国社会科学出版社 1999 年版,第 1 页。

留明的论点。① 认为边际革命的兴起与西方资本主义国家由自由竞争向垄断的过渡有联系,边际主义是垄断资本主义时代资产阶级的意识形态,是资产阶级为了对抗马克思主义的传播而杜撰的新的辩护理论,同时也是为资本主义企业的生产经营服务的实用理论。但这种观点忽略了几个史实:一是杰文斯在马克思《资本论》第一卷发表(译成英文是 1887 年)之前 5 年(1862 年)就已经形成了他的基本观点;同时三位奠基人在其开山之作中都是明确地向另外一些经济学家而非马克思挑战。因此,说他们是有目的地对抗马克思主义的胜利传播,为资产阶级提供一种新的辩护理论,未免失之牵强。二是杰文斯和瓦尔拉斯都以自由竞争为分析前提,论证自由竞争的优越,门格尔虽然主要分析的是垄断状况下的交换和价格,但同样指出垄断比竞争要降低产量。他们的后继者则很快通过对货币的边际效用的分析而论证收入的再分配能实现社会满足的最大化。因此把边际主义完全归结为资产阶级(或其中某一阶层,如布哈林所说的食利者阶层或布留明所强调的垄断资产阶级)的意识形态,也未免失之牵强。②

当代西方经济思想史学者则倾向于从经济思想发展的内在逻辑,从经济学家所处的学术环境(包括专业学术团体的主导倾向及知识素质,与进行研究发表见解的机会有关的制度,学术地位的晋升制度,学者之间通讯方式的性质,以及邻近学科的诸情况,等等),从三位奠基人的个人性格及知识结构等方面来探讨边际革命的兴起。③ 但他们一般(并非每个人)比较忽略社会环境(指社会的经济政治结构及社会普遍的思想倾向)对边际革命兴起的影响。

需要同时从社会环境、学术环境、内在逻辑以及个人心理素质知识结构诸方面来探讨边际革命兴起的原因。为此,首先需要把边际革命看作是一个从 19 世纪下半叶开始到 20 世纪的一个绵延连续的过程,而不能把它看作是发生在 1871 年的一个事件。从过程的角度来看问题,就必须对边际主义起源及传播的原因分别进行分析。④ 其次,必须破除一种成见:相同的思想若为不同的人提出,则这些人一般总会处于相同的环境之中。殊途可以同归,既然相同的社会环境和学术背景会产生不同乃至对立的经济思想,那为什么相同的经济思想就不能源自不同的环境呢? 因此,不需要到英国、法国和奥地利去寻找导致边际

---

① 参阅[苏]伊·戈·布留明:《政治经济学中的主观学派》上卷,人民出版社 1983 年版,第一章第十节。

② 上述有关的史实,可参阅陈岱孙为晏智杰著《经济学中的边际主义》(北京大学出版社 1987 年)一书所写的序言。与本书类似的观点,见马克·布劳格:《经济理论回顾》,中国人民大学出版社 2009 年版,第 230—231 页。

③ 参阅 R.D.C.布莱克等编:《经济学的边际革命》,商务印书馆 1987 年版。

④ 马克·布劳格:《经济理论回顾》,中国人民大学出版社 2009 年版,第 232—233,235 页。

革命起源的共同因素,只要分别研究每位奠基者特定的环境是如何使他得到边际主义观念就行了。

一、边际主义的起源

边际主义的最早表现形式是边际效用价值论。三个奠基人对这一理论的系统阐述,显然与他们的个人境况及学术环境有更密切的联系,而与当时的社会环境少有关联。因为在他们之前的约一个半世纪中,西欧各国不断有人一而再再而三地提出边际效用价值论的思想火花。因此,如果说自由竞争向垄断的过渡是边际效用价值论产生的时代背景的话,那就很难解释何以早在 1738 年,瑞士数学家伯努力便已经提出了边际效用的概念。

从个人境况方面来讲,三位奠基人都出身于中等富裕家庭,都接受过高等教育。除了门格尔的情况有待进一步了解之外,杰文斯和瓦尔拉斯都从小就在家庭中受到经济学的启蒙。

杰文斯从他母亲那儿听到过理查德·惠特利(Richard Whately 1787—1863)的一部宣传效用价值论的小册子《货币通俗讲话》(1833)的内容,同时,他也通过英国经济学家拉德纳①(Dionysius Lardner,1793—1859)的《铁路经济学》(1850)一书,而间接受到法国的古诺和杜普特的影响。②

瓦尔拉斯则直接受其父亲老瓦尔拉斯(一位主张稀少性决定价值的经济学家)的影响。他说"我已故父亲和导师的理论指出,稀少性是交换价值的源泉。"③

上述这两位都学习过微积分。

门格尔的弟弟安东·门格尔④(Anton Menger,1841—1906)是一位数学家,门格尔也熟悉微积分。他们三人的知识结构无疑是提出边际效用价值论的必要条件。⑤

从学术环境方面来看,三位奠基人面临的学术背景差别甚大,19 世纪 70 年

---

① 《新帕尔格雷夫经济学大辞典》第 3 卷,经济科学出版社 1996 年版,第 141 页。[英]马克·布劳格、保罗·斯特奇斯:《世界重要经济学家辞典》,经济科学出版社 1987 年版,第 364 页。

② [美]理查德·豪伊:《边际效用学派的兴起》,中国社会科学出版社 1999 年版,第 4—5,9 页。

③ 转引自[美]理查德·豪伊:《边际效用学派的兴起》,中国社会科学出版社 1999 年版,第 37 页。参阅该书第 46—47 页。

④ 《新帕尔格雷夫经济学大辞典》第 3 卷,经济科学出版社 1996 年版,第 469—470 页。

⑤ [美]理查德·豪伊:《边际效用学派的兴起》,中国社会科学出版社 1999 年,《早期著作版》绪论,第 4—5 页。

代之前,经济学远不如今天这样能够跨国界地传播,各国经济学家多少有点处于隔离状态,联系是有限的。在英、法、奥匈帝国,经济学的传统是各不相同的。在英国,占据正统地位的是以穆勒为代表的古典经济学。19世纪60年代末70年代初,由于其工资理论(工资基金说和维生工资说),不符合当时的实际情况而遭受多方面的攻击,它的正统地位受到削弱,工资理论的挫折连带影响到它的价值理论(生产成本说)。从内在逻辑上讲,古典经济学缺乏对消费者行为的分析,缺乏对需求在价格决定中的作用的分析。因此,杰文斯从边沁的功利主义理论出发提出的边际效用理论,在当时确实是针对古典经济学的革命,他本人也非常清楚地意识到这一点,总是不遗余力地攻击以穆勒为代表的理论观点。杰文斯的理论在英国是以正统理论的对立面出现的。

奥地利的学术背景是另外一种情况。19世纪中期,德国旧历史学派的代表人物罗雪尔、希尔德布兰德、克尼斯的学术影响逐步上升。他们强调民族经济发展的特殊性,否认英国古典经济学所揭示的经济规律有普遍意义,主张用国民经济学代替政治经济学。他们否认理论概括的意义,主张用所谓的历史方法代替抽象方法。同时,他们也对价值问题发表了大量见解。

除了旧历史学派之外,当时还有相当一批非历史学派的德国经济学家也具有相当的学术影响。如劳、赫尔曼、曼戈尔特等人,他们有的赞同英国古典学派,有的持其他观点。对于这些非历史学派的经济学家,我们今天知之甚少。

从门格尔《国民经济学原理》的引证情况来看,旧历史学派和上述非历史学派的经济学家都对他有不可忽略的影响。他谦恭地认为自己的见解不过是以这些德国经济学家观点为基础的进一步改革,是对卓越的德国经济学家的"一个微弱的回声"[1]。他明确肯定历史学派的希尔德布兰德、克尼斯,以及非历史学派的谢夫勒对价值理论的贡献。[2] 可以说,门格尔《国民经济学原理》中许多对于只熟悉英国古典经济学的人来说的新观点,实际上大都已被那些德国经济学家提到,他的贡献在于提出"边际"这一概念并巧妙地应用于分析之中。[3]

19世纪70年代以后,以施穆勒为代表的新历史学派在德国经济学界取得正统地位。新历史学派在方法上否定普遍规律,否定建立经济理论的必要性,否定抽象方法,主张运用历史统计方法研究各国的经济史。在观点上,他们强调心理、伦理、法律、国家在经济发展中的决定作用,主张由国家实行改良主义的社会经济政策,以解决当时的经济政治问题。

---

① 门格尔:《国民经济学原理》,上海人民出版社1958年版。

② 门格尔:《国民经济学原理》,上海人民出版社1958年版,第83页注①。

③ T.W.哈奇森:《"边际革命"与英国古典政治经济学的衰落》,载《经济学的边际革命》,商务印书馆1987年版。

对于新历史学派，门格尔最初并非以自己的边际效用价值论向其挑战，只是在他发表《国民经济学原理》12年之后，才向施穆勒在方法论而非价值论方面进行挑战，主张抽象演绎的分析方法，反对新历史学派那种过于极端的归纳方法。这或许是占正统地位的新历史学派对他成就的冷漠态度造成的后果。但即便如此，在门格尔反对运用数学于经济学的态度中，反映出来的对自然科学和社会科学方法上的二元观点，仍然表明他与历史学派在方法上有某种共同之处，值得提出的是，这种二元论的方法观后来被哈耶克所继承并发挥。

所以门格尔边际效用价值论的产生，可以说是德国19世纪中期经济学（包括历史学派和非历史学派）的发展和延伸，并非对抗德国历史学派的一场革命。只是在是否要建立抽象演绎的理论这一更深层次的问题上，门格尔才在以后与新历史学派分道扬镳。

瓦尔拉斯面对的学术背景与前两人都不相同。法国有着效用价值论的悠久历史，就连宣传斯密理论的萨伊也同样把价值的决定归结于效用。瓦尔拉斯的父亲更是一位主张效用价值论、并提出稀缺性概念的经济学家。但是老瓦尔拉斯无法找到一种可以对稀少性进行定量估算的方法，就把它作为效用价值论中悬而未决的问题遗留给了瓦尔拉斯。瓦尔拉斯用边际效用作为衡量稀少性的尺度，从而解决了老瓦尔拉斯未解的问题。因此，瓦尔拉斯提出边际效用价值论完全不是对法国传统（或正统）经济理论的革命，更恰当地说，应当是对法国传统经济理论的发展和完善。瓦尔拉斯对法国经济理论的创新之处与其说是在于边际效用这一概念上，不如说是在于一般均衡观念及表述这一观念的数理方法方面。但运用数理方法，是瓦尔拉斯受到法国数理经济学家古诺等人影响的结果，因此真正具有独创性的是一般均衡的观念，以及这一观念与数学方法的完美结合。

虽然三位奠基人的学术背景差别甚大，但他们的学术环境中有一个共同的因素，可能对于边际效用价值论的同时提出起着催化作用。这就是数学的发展，当时微积分对物理学的贡献已为科学界所明了，同时微积分也已开始得到普及。有确凿的证据表明，这一因素对杰文斯和瓦尔拉斯提出边际效用价值论发挥了作用，也有一定的证据表明它对门格尔的创造有影响。① 杰文斯的边际效用概念就完全是以标准的导数形式表述的，瓦尔拉斯则通过与洛桑大学一位显然精通微积分的力学教授的交流，解决了从边际效用递减率推导出需求函数

---

① ［美］理查德·豪伊：《边际效用学派的兴起》，中国社会科学出版社1999年版，第35—36页。

的难题。① 数学的发展对经济学产生促进作用,这不是唯一的一次,20 世纪西方经济学的若干次重要发展,都得力于数学。同时,经济学也反过来推动了数学的某些分支的进步。不同学科之间的这种相互影响,也许是任何科学得以发生重大进步的少数几个共同因素之一。一门科学中的新思想往往诞生于精通(起码是了解)几个学科的人的头脑中。在边际革命中,也就是诞生于那些熟悉经济学和数学的人的头脑中。

在影响边际革命起源的因素中,还有一个值得注意的是与经济学相关邻近学科的发展。经济学的相关邻近学科,包括两个方面:一是研究对象的邻近,如社会学、政治学、历史学、心理学,等等;二是能够改善经济学研究方法的学科,如数学、统计学、计算机科学、社会调查与实验方法、神经科学、认知科学,等等。对经济学研究方法有帮助的学科发展,会较快影响经济学;而研究对象邻近的学科发展,往往对同时代的经济学影响有限。② 研究对象邻近的学科发展,很可能对后一时代的经济学有影响,即有滞后影响。但滞后期多久?影响什么?有待研究。对于边际革命来说,可能有影响的是 1870 年以前心理学的发展。1834 年德国心理学家韦伯③(Ernst Weber,1795—1878)发表《脉搏、吸收、触摸》,1858 年费希纳④(Gustav Fechner,1801—1887)发表《心理物理学原理》。两人共同创立了心理学中的韦伯—费希纳法则。该法则可以下述方程来表达,其中 S 代表感觉量,k 是常数,R 代表刺激量:

$$S = k \log R$$

表明感觉量是刺激量的对数函数,表明随着刺激量按照相同的单位增加,感觉量按照递减的速率增加。如果把刺激具体化为商品,而把感觉具体化为效用,那么该方程也就反映了边际效用递减法则。

心理学家的上述贡献是否直接影响到边际革命三剑客,有待进一步考证。但它确实影响到另一位边际主义者——英国的埃奇沃斯。⑤

应当承认,对于三位奠基者同时提出边际效用价值论的原因的分析,上面所作的分析仍然是肤浅的,仍有许多问题有待于进一步从科学心理学和科学社会学的角度去进行研究。

---

① 威廉·雅费:《莱昂·瓦尔拉斯在十九世纪七十年代的"边际革命"中的作用》,载《经济学的边际革命》,商务印书馆 1987 年版。

② [美]约瑟夫·熊彼特:《经济分析史》第 3 卷,商务印书馆 1995 年版,第四编第三章。

③ [美]杜·舒尔茨:《现代心理学史》,人民教育出版社 1981 年版,第 46—48 页。

④ [美]杜·舒尔茨:《现代心理学史》,人民教育出版社 1981 年版,第 49—55 页。

⑤ [美]理查德·豪伊:《边际效用学派的兴起》,中国社会科学出版社 1999 年版,第 125—126 页。

二、边际主义的传播

如果说社会环境对于边际效用价值论的起源并无多大关系的话,但对于边际主义的传播就不能再得出同样的结论。每一特定的时代,在某一科学领域中,总会出现许许多多思想萌芽和火花,它们可能引导这一学科的主流向不同的方向发展。这些潜在发展方向之间存在着一种竞争。竞争中究竟哪一种潜在发展方向成为实际的方向,对于社会科学,在很大程度上就取决于社会环境.社会环境起着一种筛选作用,使某些思想萌芽茁壮成长,而另外一些思想萌芽则被暂时、也许永久埋没。

一种社会科学方面的思想要得到广泛传播,要具备两个条件:一是这一思想所显含的或隐含的政策主张要符合传播者和被传播者的利益和价值取向;二是这一思想所采取的分析工具和表达方式要符合传播者和被传播者的知识素质。

社会环境方面有利于边际主义传播及发展的重要因素之一(但不是唯一因素),是西方资本主义国家中 19 世纪末 20 世纪初工人运动的发展,马克思主义和其他社会主义思想的广泛传播。由于边际效用价值论否认价值的根源是劳动,其隐含的政策主张是反对一切财产归劳动者,因此它便成为对抗社会主义和马克思主义的思想武器。起码在若干个国家:美国、奥地利、比利时、日本,边际主义的传播带有浓厚的意识形态的火药味。在美国,J. B. 克拉克提出并传播边际生产力论是为了对抗社会主义思想,而在奥地利和日本,由于马克思主义得到广泛传播,所以那里的边际主义者便采取了激烈的反对马克思主义的姿态:庞巴维克对马克思主义的经典性诘难;日本边际主义者小泉信三在 20 世纪 20 年代挑起的、由河上肇应战的关于马克思劳动价值论的大论战。[①] 比利时经济学家埃米尔·德·拉弗莱[②]直言,"当我们阅读马克思的著作、感到我们被关在他的逻辑的铁栏杆中时,我们像过去一样会经受恶魔的折磨。如果承认他的前提(都是从权威那里借用来的),就很难避开他的结论……。如果我们认可斯密、李嘉图、巴斯夏和格雷的价值理论,我们就不能不自相矛盾。"[③]因此唯一的选择就是另一种价值理论——边际效用价值论。

但是单纯从对抗马克思主义或其他社会主义思潮这一角度来寻找边际主

① 松浦保:《边际主义在日本》,载《经济学的边际革命》,商务印书馆 1987 年版。

② [英]马克·布劳格、保罗·斯特奇斯:《世界重要经济学家辞典》,经济科学出版社 1987 年版,第 368—369 页。

③ 转引自[美]理查德·豪伊:《边际效用学派的兴起》,中国社会科学出版社 1999 年版,第 246—247 页。

义传播的原因,就难以解释它何以在英国得到传播并获得重大发展。因为在英国,马克思主义从未在工人运动中产生过它在德语国家中的那种巨大影响,并且英国一些非马克思主义的社会主义,如费边社会主义,甚至欢迎边际主义。英国社会环境中有利于边际主义传播和发展的重要因素是中产阶级的兴起及其改良主义思潮的强大。英国资本主义发展到 19 世纪末 20 世纪初,逐渐出现了垄断,但并没有使社会截然分化为暴富和赤贫两个极端,而是形成了资本主义社会所特有的中产阶级:技术工人、熟练工人、白领雇佣者、自由职业者、知识分子等。同时,从 1880 年到 1900 年,英国工人的人均实际工资增长了将近 50％。① 因此这些中产阶级和大部分工人都并不喜欢马克思的暴力革命和无产阶级专政,更喜欢用费边式的改良来改善资本主义。同时他们也对垄断造成的祸害表示不安,对社会的贫富悬殊感到不满。而边际主义蕴含的政策主张——自由竞争和收入再分配——正好符合这些人的利益或价值取向。英国 1889 年初版的《费边社会主义论文集》就采纳了边际效用价值论。在德语世界和北欧诸国,边际主义也日益成为越来越倾向于改良主义的社会民主党的经济理论。因此可以说,边际主义广泛传播的阶级基础是资本主义社会中的中产阶级。那种把边际主义说成是垄断资本主义的思想意识的说法,是缺乏根据的,任何人只要读几本边际主义者的原著,就可以知道他们大多都通过经济分析证明只有竞争才能保证效率,而垄断则降低效率,反对垄断恰恰是边际主义分析的结果。只有一位受边际主义熏陶的大经济学家熊彼特,才对垄断持肯定态度,但他恰恰同时又是坚信资本主义将被社会主义所代替的极少数西方经济学家之一,对此该给他贴上什么标签呢?

　　除了上述两点之外,还有一些特殊的社会环境方面的因素,导致边际主义的传播和发展。例如意大利在 1861 年统一后的几十年中,始终面临着严重的财政问题。它成为意大利经济学者关心的主要问题,而边际主义关于有限资源合理配置的思想,提供了解决这一问题的工具。税收与个人可支配收入的比例应当如何,政府开支应当如何分配于各个方面,这些问题均可以用边际分析方法予以回答,于是通过杰文斯以及奥地利学派的埃米尔·萨克斯②(Emil Sax,

---

① ［美］约瑟夫·熊彼特:《经济分析史》第 3 卷,商务印书馆 1995 年版,第 12 页。

② 《新帕尔格雷夫经济学大辞典》第 4 卷,经济科学出版社 1996 年版,第 266－267 页。［英］马克·布劳格、保罗·斯特奇斯:《世界重要经济学家辞典》,经济科学出版社 1987 年版,第 554 页。

1845—1927),以马费奥·潘塔莱奥尼①(Maffeo Pantaleoni,1857—1924),G. 里卡·萨莱诺和德维蒂·德·马尔科为代表的意大利经济学家,迅速接受了边际主义,并且在运用中建立了当时高水平的财政理论。这一理论直接影响到当代美国的公共选择学派,成为后者的先驱。

从学术环境方面来看,导致边际主义广泛传播的重要因素之一是经济学学术环境的迅速良化。19 世纪 70 年代以后,经济学日益成为一门独立的专门学科,不再是从属于伦理学或政治学的一个组成部分;不断增多的大学开始开设经济学专业;②专门的经济学刊物开始大量发行,这意味着经济学家之间的通讯渠道有了质的变化;经济学家开始在一个国家之内,尔后很快在国际范围内组成各种专业集团;这些集团也越来越由受过高等教育,研习过高等数学的专业人员组成。边际分析所采用的数学分析方法和表述方式,无疑更能迎合这些成员的知识素质。相比之下,古典学派和历史学派便不太受欢迎了。在这里有一个正反馈机制,边际分析的数理性质使那些富有数学造诣而又有兴趣于社会科学的年轻人愿意献身于经济学,从而使经济学家团体的数学素质得到提高;而这又反过来促使边际分析所采用的数学工具更高深更复杂,使经济学的数理性质越来越强烈。这一正反馈机制可以从两件事情中看出来:第一,西方那些接受并发展了边际主义的大经济学家,大多都有较深的数学修养;马歇尔,曾是剑桥大学的数学讲师;维克赛尔,是乌普萨拉大学的数学硕士;欧文·费雪,曾是耶鲁大学的数学教师;帕累托,则具有出色的数学才能。第二,忽视数学的奥国学派,虽然在边际主义传播的初期具有较大的影响,但以后影响越来越小;而注重数学方法的数理学派的命运则完全相反。

虽然从今天的眼光来看,边际主义与当时甚至更早出现的、同样是反对古典主义的历史主义相比,得到了更广泛的传播,但是这并不意味着它的传播是一帆风顺,旋即成功的。从少数几个年青经济学家的观点变成被广泛接受的理论,其间经历了相当长时间的磨难。③

三、边际革命的意义

在理论研究的领域上,边际主义与后期古典主义(李嘉图及其以后的古典

① 《新帕尔格雷夫经济学大辞典》第 3 卷,经济科学出版社 1996 年版,第 850 页。[英]马克·布劳格、保罗·斯特奇斯:《世界重要经济学家辞典》,经济科学出版社 1987 年版,第 488—489 页。
② [美]约瑟夫·熊彼特:《经济分析史》第 3 卷,商务印书馆 1995 年版,第 4 页。
③ [美]理查德·豪伊:《边际效用学派的兴起》,中国社会科学出版社 1999 年,原序,第 1—2 页。

经济学家)是一致的,都是价值论、分配论,当然观点是大不相同的。首先,对于价值决定的因素两者有着完全不同的意见,是主观价值论与客观价值论之间的根本性分歧;更重要的是,两者对于价值问题的研究重点有重要差别。后期古典主义侧重研究价值的决定因素,以回答长期经济增长对三大阶级收入分配的影响;它关注的是土地数量既定,但劳动和资本不断增加的长期中,三大阶级收入分配的变化趋势。而边际主义则不仅探讨价值决定因素,更注重研究价值机制的经济功能——稀缺资源的配置机制,研究经济主体(消费者和厂商)在资源既定条件下目标值最大化的条件,以及经济主体追求目标函数最大化的行为与稀缺资源有效配置之间的关系;它关注的是各种资源数量都既定时,市场价格机制如何实现资源的最优配置,以最大化消费者和厂商的目标函数。从而有力地论证了亚当·斯密的无形之手,清楚地说明了经济主体的自利行为如何实现稀缺资源的有效配置。从理论上讲,边际革命的最大意义就是深化了对于既定稀缺资源配置问题的研究。同时,边际主义的分析工具比古典主义的分析工具能够更有效地说明垄断条件下的价值决定及垄断不如竞争之处,从而能更好地分析公用事业(经常处于自然垄断之中)问题。①

同时,边际革命最初的理论成果也存在不少问题,突出表现在以下几个方面:一是边际效用的概念对于不可分物品适用吗?由于现实中许多消费者品是不可分的,如何用边际效用来说明它们的价值?二是效用可测吗?边际革命的三剑客都假设了可测,或认为这个问题可以很快解决,都大大低估了这个问题解决的难度,都没有估计到这个问题直到一个多世纪以后的今天都依然未解。三是效用在不同人之间可比吗?这是上个问题的附带问题,若效用不可测,则自然不可比;若假设效用可测,则自然推论可比。但由于上个问题未解决,所以这个问题也未解。四是效用可加吗?不同人的效用可加吗?同一个人消费不同物品(吃一顿饱饭和看一场歌剧)的效用可加吗?这也要依上述第二个问题是否可解而定。这四个问题,即可分性、可测性、可比性和可加性,成为边际革命以后一些固守传统的经济学家向边际主义者挑战的主要方面,同时也成为边际革命在理论上不断深入所必须解决的问题。② 尔后的发展也表明,正是围绕着解决这些问题和其他一些问题,边际主义思潮缓慢地成长起来和扩散开来。

在政策主张方面,两者虽一致要求自由竞争反对垄断,但对于收入分配政

① 参阅[英]特伦斯·W.哈奇森:《经济学的革命与发展》,北京大学出版社1992年版,第113页。马克·布劳格:《经济理论回顾》,中国人民大学出版社2009年版,第224—226页。
② [美]理查德·豪伊:《边际效用学派的兴起》,中国社会科学出版社1999年,原序,第51—88页。

策、济贫政策是有不同看法的。后期古典主义的分配理论推导出来的分配政策其实是主张无为而治。李嘉图的维生工资论及后来的工资基金论,与马尔萨斯的人口论相结合,意味着任何人为改变收入分配状况、提高工人收入的做法以及救济穷人的做法,最终效应是增加工人人口,从而使工资压降至原有水平。边际主义则从货币收入的边际效用递减这一论点出发,论证收入由富人手中移转到穷人手中将增加社会的总效用,因此主张政府通过收入累进税等再分配措施来干预收入分配。同时,边际主义的分配理论也不蕴含贫困是必然的思想,这就为以后出现用救济工程消除失业、克服主要由失业引起的贫困现象这种思想打开了绿灯。①

由此可见,边际革命绝不仅仅是一次理论上的革命,同时也是一次政策上的革命——收入分配政策和济贫政策上的革命。正如英国学者巴克豪斯所说:"经济理论发生的诸多变化中,最重要的变化涉及收入的分配。"②

当然,边际革命在使经济学发生进步的同时,也付出了一定的代价。它使主流经济学在以后将近半个世纪的时间里放弃研究早期古典主义(主要是李嘉图以前的古典经济学家)的主要课题——长期经济增长的决定因素,以及后期古典主义(主要是李嘉图及以后的古典经济学家)的主要课题——长期经济增长的影响后果,尤其是对于三大阶级收入分配的影响后果,局限于(同时也深化于)短期静态条件下的稀缺资源最优配置的机制和条件。

第二节　边际革命的先驱者以及古诺、雷、戈森的经济思想

一、边际革命的先驱者

科学思想的发展并不表现为一种理论一旦形成之后,便会一代代地传递下去,并在传播过程中不断丰富和发展。思想的发展是会出现中断的,一种理论形成之后,也可能被世人忽视,被埋没相当一段时间,直到后来这种理论又重新形成,早先形成的那种理论才被重新发现,受到后人重视,被尊为先驱。

由此看来,思想史上的先驱者有两种类型:一类好比是一场接力赛中的先跑者,他们直接影响到后跑者的成绩;第二类好比是登山运动中的先登者,他们

---

① 参阅[英]特伦斯·W.哈奇森:《经济学的革命与发展》,北京大学出版社1992年版,第155页。

② [英]罗杰·巴克豪斯:《现代经济分析史》,四川人民出版社1992年版,第328页。

对后登者的成绩并无直接影响。第一类先驱者对后继者的思想有直接影响,第二类先驱者对后来者的思想无直接影响,很可能他们的贡献也正是由于后来者的成功才为社会所承认。第一类是对后人有启发作用的先驱者,第二类则是被后人所追认的先驱者。

由于资料限制,难以对边际革命的所有先驱者进行上述分类,只能依照惯例,按时间的先后,简介各位先驱者,同时尽可能指出他们各自属于哪一类。

根据现有资料,边际效用价值论的思想最早由塞缪尔·冯·普芬道夫(又译比方道尔夫)①(Samuel von Pufendorf,1632—1694)在 1675 年发表的《人与市民的义务》中提出。这一思想后来被比尔拉马基(1694—1748)所转述,发表在他死后(1754)出版的《自然法的基本原理》一书中。② 比尔拉马基的思想经由瓦尔拉斯的父亲,奥古斯特·瓦尔拉斯,直接影响到瓦尔拉斯。瓦尔拉斯在《纯粹经济学要义》一书中,大段引录了比尔拉马基关于边际效用价值论的论点。③因此可以说,普芬多夫和比尔拉马基是第一类先驱者。

可以称为边际革命先驱者的人及其论著,按照时间顺序,还有如下一些:

尼古拉斯·巴尔本(N. Barbon,1640—1698),1690 年发表《贸易论》,其中已有边际效用价值论的萌芽。

约翰·劳(John Law,1671—1729),1705 年出版《论货币与贸易:为国家供应货币的建议》。

瑞士数学家丹尼尔·伯努里④(Daniel Bernoulli,1700—1782),1738 年发表《测定风险新理论之解说》。他提出圣彼得堡悖论,即一个机会的期望价值往往高于人们通常给予它的价值,一张一无所有和获得两万元现金的概率各为50％的彩票,其期望价值是一万,但是一个拥有他的穷人可能会以九千元的价格把它出售。为了解决这个悖论,他提出了价值的效用决定论,并且阐述了边际效用递减法则,并以下述图形(图 24-1)说明了边际效用递减律。⑤

图中 AR 表示财富,AQ 表示效用,Aq 表示负效用,AB 表示初始拥有的财富,BC、BD 等等表示财富增量,曲线 sBS 表示效用水平随财富的增加而以递减的幅度上升。财富增量 CD 与 EF 相同,但是带来的效用增量 Hr 要大于 Mt。

① 《新帕尔格雷夫经济学大辞典》第 3 卷,经济科学出版社 1996 年版,第 1146—1147 页。
② 参阅威廉·雅费:《莱昂·瓦尔拉斯在十九世纪七十年代的"边际革命"中的作用》,载 R. D. C. 布莱克等编:《经济学的边际革命》,商务印书馆 1987 年版,第 131—132 页。
③ 参阅莱昂·瓦尔拉斯:《纯粹经济学要义》,商务印书馆 1989 年版,第 203—205 页。
④ 《新帕尔格雷夫经济学大辞典》第 1 卷,经济科学出版社 1996 年版,第 249—250 页。
⑤ [美]亨利·威廉·斯皮格尔:《经济思想的成长》上,中国社会科学出版社 1999 年版,第 124—125 页。

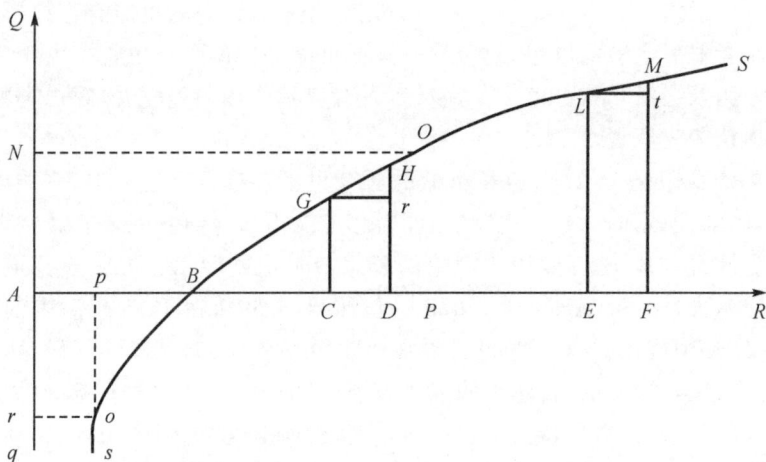

图 24-1

要获得效用 PO，需要财富增加 BP；而减少相同的效用 po，只需要减少财富 Bp。这个图可能是说明经济学原理的最早的图。

意大利经济学家费尔迪南多·加利阿尼①（Ferdinando Galiani，1728—1787），1750 年出版《货币论》。

杜尔哥，1769 年发表《关于财富的形成和分配的考察》（写于 1766 年）。

意大利经济学家杰诺维西②（Antonio Genovesi，1712—1769），1765 年出版《商业即国民经济学教程》（第二版）。

法国哲学家孔迪亚克③（Etienne Bonnot De Condilac，1715—1780），1776 年出版《商业与政府》。

法国工程师学派的先驱，阿希尔·尼古拉斯·伊斯纳尔，1781 年出版《财富论》两卷。

---

① 《新帕尔格雷夫经济学大辞典》第 2 卷，经济科学出版社 1996 年版，第 488—489 页。[英]马克·布劳格、保罗·斯特奇斯：《世界重要经济学家辞典》，经济科学出版社 1987 年版，第 211 页。

② 参阅莱昂·瓦尔拉斯：《纯粹经济学要义》，商务印书馆 1989 年版，第 205 页。《新帕尔格雷夫经济学大辞典》第 2 卷，经济科学出版社 1996 年版，第 550—551 页。[英]马克·布劳格、保罗·斯特奇斯：《世界重要经济学家辞典》，经济科学出版社 1987 年版，第 215—216 页。

③ 《新帕尔格雷夫经济学大辞典》第 1 卷，经济科学出版社 1996 年版，第 611—613 页。[英]马克·布劳格、保罗·斯特奇斯：《世界重要经济学家辞典》，经济科学出版社 1987 年版，第 124 页。

杰里米·边沁,1789 年出版《道德与立法原理》,指出货币的边际效用递减。[1]

马尔萨斯,1814 年发表《论实行谷物法的效果》,提出要对微积分在经济学中的运用予以注意。[2]

托马斯·佩罗内特·汤普森[3](Thoms Perronet Thompson,1783—1869),1824 年发表《论交易工具》,是英语世界第一个把微积分用于经济分析的经济学家。[4]

威廉·汤普逊[5](William Thompson,1785—1833),1824 年发表《最能促进人类幸福的财富分配原理研究》,运用边际效用递减法则论证最优财富分配规则。

德国经济学家杜能,1826 年出版《孤立国》第一卷。[6]

法国经济学家老瓦尔拉斯[7],1831 年出版《财富的性质和价值的起源》,强调价值的源泉是稀缺性。他主张通过政府收购实现土地国有化,并主张在国有化之前对地租和土地转让课以重税。

英国经济学家理查德·惠特利[8](Richard Whately, 1787—1863),1832 年出版《政治经济学引论》,认为"劳动并非价值的基础","不是因为人们潜水捕捞

---

① [美]小罗伯特·B.埃克伦德、罗伯特·F.赫伯特:《经济理论和方法史》,中国人民大学出版社 2001 年版,第 107 页。

② 参阅[美]亨利·威廉·斯皮格尔:《经济思想的成长》下,中国社会科学出版社 1999 年版,第 437 页。

③ 《新帕尔格雷夫经济学大辞典》第 4 卷,经济科学出版社 1996 年版,第 681—682 页。[英]马克·布劳格、保罗·斯特奇斯:《世界重要经济学家辞典》,经济科学出版社 1987 年版,第 614—615 页。

④ 参阅[美]亨利·威廉·斯皮格尔:《经济思想的成长》下,中国社会科学出版社 1999 年版,第 437 页。

⑤ 《新帕尔格雷夫经济学大辞典》第 4 卷,经济科学出版社 1996 年版,第 682—684 页。[英]马克·布劳格、保罗·斯特奇斯:《世界重要经济学家辞典》,经济科学出版社 1987 年版,第 615 页。

⑥ 杜能运用数学模型推导和表达了边际生产力分配理论。见[美]约瑟夫·熊彼特:《经济分析史》第 2 卷,商务印书馆 1992 年版,第 136 页。

⑦ 参阅莱昂·瓦尔拉斯:《纯粹经济学要义》,商务印书馆 1989 年版,第 205 页。《新帕尔格雷夫经济学大辞典》第 4 卷,经济科学出版社 1996 年版,第 920—921 页。[英]马克·布劳格、保罗·斯特奇斯:《世界重要经济学家辞典》,经济科学出版社 1987 年版,第 646—647 页。

⑧ 《新帕尔格雷夫经济学大辞典》第 4 卷,经济科学出版社 1996 年版,第 973 页。[英]马克·布劳格、保罗·斯特奇斯:《世界重要经济学家辞典》,经济科学出版社 1987 年版,第 657 页。

珍珠而使它获得高价格,相反,是因为它的高价格才使人们去潜水"①。

英国经济学家威廉·福斯特·劳埃德②(William Forster Liod,1794—1852),1833 年发表《关于价值概念的讲义》。③

爱尔兰经济学家芒蒂福特·朗菲尔德④(Mountifort Longfield,1802—1884),1834 年出版《政治经济学讲义》。

约翰·雷(John Rae,1796—1872),1834 年出版《有关政治经济学这个主题的若干新原理的陈述:对自由贸易制度和〈国富论〉中所主张的若干其他学说的谬误的揭露》。

西尼尔,1836 年出版《政治经济学大纲》。⑤

法国数学家古诺,1838 年出版《财富理论的数学原理的研究》。

法国工程师学派的经济学家杜普特,1844 年出版《公共工程效用的测量》。

英国经济学家托马斯·查尔斯·班菲尔德⑥(Thomas Charles Banfield,1800—1882),1845 年出版《工业组织》。

德国经济学家戈森,1854 年出版《人类交换规律与人类行为准则的发展》。

英国经济学家理查德·詹宁斯⑦(Richard Jennings,1814—1891),1855 年出版《政治经济学的自然要素》。该书可能是最早尝试把生理学、心理学与经济学研究相联系。

这些先驱者之间在思想上有何联系,根据现有资料难以作出判断。他们中

---

①　引自[美]亨利·威廉·斯皮格尔:《经济思想的成长》上,中国社会科学出版社 1999 年版,第 306 页。[美]理查德·豪伊:《边际效用学派的兴起》,中国社会科学出版社 1999 年版,第 5 页。

②　《新帕尔格雷夫经济学大辞典》第 3 卷,经济科学出版社 1996 年版,第 237 页。

③　[美]亨利·威廉·斯皮格尔:《经济思想的成长》上,中国社会科学出版社 1999 年版,第 306 页。

④　《新帕尔格雷夫经济学大辞典》第 3 卷,经济科学出版社 1996 年版,第 256—257 页。[英]马克·布劳格、保罗·斯特奇斯:《世界重要经济学家辞典》,经济科学出版社 1987 年版,第 397 页。[美]亨利·威廉·斯皮格尔:《经济思想的成长》上,中国社会科学出版社 1999 年版,第 307—308 页。熊彼特认为如果只考虑纯理论,他可以"和亚当·斯密相提并论。"他的功绩是"仔细考察了全部经济理论,提出了一种在 1890 年也会站得很稳的体系。特别是,他为驳斥劳动价值论所作的论证是曾经写出来的最好的论证之一。"并指出他的两项独创性贡献是预示了庞巴维克的资本理论和提出了边际生产力分配理论。见[美]约瑟夫·熊彼特:《经济分析史》第 2 卷,商务印书馆 1992 年版,第 133 页。

⑤　[英]西尼尔:《政治经济学大纲》,商务印书馆 1977 年版,第 25—26 页。莱昂·瓦尔拉斯:《纯粹经济学要义》,商务印书馆 1989 年版,第 205 页。

⑥　《新帕尔格雷夫经济学大辞典》第 1 卷,经济科学出版社 1996 年版,第 196 页。

⑦　《新帕尔格雷夫经济学大辞典》第 2 卷,经济科学出版社 1996 年版,第 1081 页。

间的老瓦尔拉斯、杰诺维西、孔迪亚克、古诺和伊斯纳尔等,因对瓦尔拉斯都有直接影响,所以可算作第一类先驱者;而杰里米·边沁、理查德·惠特利、西尼尔、杜普特、理查德·詹宁斯[1],因对杰文斯有直接或间接影响,也可以算第一类先驱者。其他人可能都只能算是第二类先驱者。尤其是戈森,他的贡献是由杰文斯在1871年以后发现并告知瓦尔拉斯的,他被两人公认为是边际效用价值论的先驱。由于资料限制,下面只能简介法国工程师学派、古诺、雷和戈森的贡献。

二、法国工程师学派古诺、雷、戈森的经济思想

(一)法国工程师学派的经济思想

1871年以前法国有一批可以称作"工程师学派"[2]的经济学家,其成员都是土木工程师,以伊斯纳尔为先驱,以杜普特为代表,还包括纳维耶(Claude Louis Marie Henri Navier,1785—1836)、米纳德(Charles Minard,1781—1870)、查理迈格尼·古托理斯(Charlemagne Courtois,1790—1863)、谢松、雷诺·塔韦尼耶(René Tavernier,1853—1932)、查尔斯·科尔森(Charles Colson,1853—1939)、埃利特。他们在工程项目的成本—收益评估中,发展出了一些相当有见地的经济思想,尤其是投资决策分析、公共物品的供给和定价、厂商利润最大化的条件、价格差别的作用,等等。[3] 但他们的经济思想是为1871年以后准备的。

1. 伊斯纳尔

作为法国工程师学派的先驱,阿希尔·尼古拉斯·伊斯纳尔[4](Achylle Nicolas Isnard,1749—1803),法国土木工程学校毕业的工程师,利用业余时间

---

① 詹宁斯对杰文斯的影响,见[美]理查德·豪伊:《边际效用学派的兴起》,中国社会科学出版社1999年版,第16—20页。

② 把下面这些经济学家归为一派,并不是因为我们已经掌握了证明他们之间就像重农学派那样有着密切私人往来的资料,只是因为他们都是工程师,有着大体相同的知识背景和研究倾向,重视运用数学方法,得到的结论都在1871年以后成为经济学的主流。参阅[美]约瑟夫·熊彼特:《经济分析史》第3卷,商务印书馆1995年版,第137页。

③ 罗杰·E.巴克豪斯:《西方经济学史》,海南出版社、三环出版社2007年版,第152—153页。[美]小罗伯特·B.埃克伦德、罗伯特·F.赫伯特:《经济理论和方法史》,中国人民大学出版社2001年版,第236—237页。

④ 《新帕尔格雷夫经济学大辞典》第2卷,经济科学出版社1996年版,第1077—1078页。[英]马克·布劳格、保罗·斯特奇斯:《世界重要经济学家辞典》,经济科学出版社1987年版,第304页。

研究经济学,并于 1781 年出版《财富论》两卷。他可能受到 18 世纪早期法国经济学家布瓦吉尔贝尔和沃邦元帅的影响,重视经济中不同部门之间的联系。他是第一个试图给经济均衡下数学定义并作出数学证明的经济学家。他以一组联立方程赋予一般均衡概念以明确的定义,看到了价格与商品数量之间的相互依存,给出了汇率和货币价值的决定。最重要的是他表明商品价值并非是其内在固有的东西,而是不同商品之间的一种交换比例。他论证了资本在不同部门实现最优配置的机制。这些思想在那个年代肯定是非常原创非常超前的,但由于他的精彩思想被淹没在其他一些东西之中,且表达上也有许多问题,所以传播有限,几近被埋没。但无论如何,从客观上讲,他肯定是瓦尔拉斯的先驱,是连接布瓦吉尔贝尔和瓦尔拉斯的桥梁。

2. 杜普特

作为法国工程师学派的主要代表,阿尔塞纳-朱尔斯-埃米尔·朱韦纳尔·杜普特[1](Arsène-Jules-Emile Juvenal Dupuit,1804—1866)也是一位土木工程师。他研究经济学的全部目标是测量公共效用即公共物品和服务所产生的社会福利。他是在对公共工程进行成本—收益评估的过程中作出他的经济学贡献的。他于 1844 年发表《公共工程效用的测量》、1849 年发表《论通行税和运输费用》、1853 年发表《论效用及其度量》。在这些论文中,他指出了边际效用递减,绘出了边际效用递减曲线,并进一步推导出市场需求曲线。以市场需求曲线为基础,给出了厂商利润最大化的条件。他分析了公共工程的福利,提出了生产者剩余和消费者剩余概念,并通过成本—收益分析,给出了公共工程最优供给的条件,证明在缺乏竞争的私人经济中,政府提供公共物品有可能改进社会福利。他分析了像铁路这样的自然垄断产生的原因(由巨额资金投入所导致的高进入壁垒)及其对社会福利的影响,分析了价格歧视对社会福利的影响。这种分析使他成为一个世纪后作出重复发现的庇古和鲁滨逊夫人的先驱。作为亚当·斯密的信徒,他相信只要有自由和公开的竞争,并配合以实施反垄断法,就能够在大多数情况下实现包括交通在内的最优供给。[2]

---

[1] 《新帕尔格雷夫经济学大辞典》第 1 卷,经济科学出版社 1996 年版,第 1024—1025 页。[英]马克·布劳格、保罗·斯特奇斯:《世界重要经济学家辞典》,经济科学出版社 1987 年版,第 165 页。

[2] [美]小罗伯特·B.埃克伦德、罗伯特·F.赫伯特:《经济理论和方法史》,中国人民大学出版社 2001 年版,第 224—235 页。

3. 谢松

让-雅克·埃米尔·谢松①(Jean-Jacques Emile Cheysson,1836—1910)同样是一位法国工程师,曾经做过一家工厂的厂长。他利用业余时间研究今天所说的微观经济学,提出了今天所说的经济计量学方法,于 1887 年以《几何统计学》为名出版。他讨论了统计需求,收入曲线和成本曲线,原料和成品的空间市场分割,工资、产品和质量差异,投资和税收,等等。1890 年后他致力于法国的社会经济学的创立,曾任三届社会经济学会会长。

4. 埃利特

查尔斯·小埃利特②(Charle Jr,Ellet,1810—1862)实际上是美国人,但由于在法国接受了土木工程师教育,受到影响,故也可以算作法国工程师学派。他于 1839 年发表《论贸易法则》。他运用微积分研究了垄断理论、投入选择、区域经济学、成本—收益分析、经济计量估计,等等。他虽然是一位工程师,但他同时也是 19 世纪推动经济学科学化的美国先驱者最杰出的代表。

(二)数理经济学之父古诺

法国数学家法国数学家安东尼·奥古斯丁·古诺③(Antoine Augustin Cournot,1801—1877),生于法国第戎,里昂大学数学、力学教授,曾担任过大学校长、高等院校总监,富有行政才干。他对数学的贡献主要集中在概率论方面。对经济学的主要贡献集中在他 1838 年出版的《财富理论的数学原理的研究》(以下简称《研究》)一书中。该书秉承法国哲学的理性主义,运用严格的数学推理方法来研究经济学,它对经济学的贡献主要有两个方面:一是涉及研究方法;二是涉及若干具体的经济理论。

在研究方法上,古诺第一个说明了数学方法对经济学的巨大用处,④与以往一些经济学家用数例来表达经济思想不同,他是运用数理模型(函数、联立方程,对函数求微分求极值)推导出经济思想。数学方法在他那儿不再是一种表

---

① 《新帕尔格雷夫经济学大辞典》第 1 卷,经济科学出版社 1996 年版,第 450 页。[英]马克·布劳格、保罗·斯特奇斯:《世界重要经济学家辞典》,经济科学出版社 1987 年版,第 106 页。

② 《新帕尔格雷夫经济学大辞典》第 2 卷,经济科学出版社 1996 年版,第 137—138 页。[英]马克·布劳格、保罗·斯特奇斯:《世界重要经济学家辞典》,经济科学出版社 1987 年版,第 174 页。

③ 又译古尔诺或库尔诺。《新帕尔格雷夫经济学大辞典》第 1 卷,经济科学出版社 1996 年版,第 766—771 页。[英]马克·布劳格、保罗·斯特奇斯:《世界重要经济学家辞典》,经济科学出版社 1987 年版,第 131 页。

④ [美]约瑟夫·熊彼特:《经济分析史》第 3 卷,商务印书馆 1995 年版,第 308 页。

达已有经济思想的方式,而是推导出新的结论的手段。

在具体经济理论上,古诺最早提出了需求函数($D=D(P)$)这一概念,[1]指出个人需求函数的间断性和市场需求函数的连续性。连续需求函数的提出为把微分方法引进经济分析求解优化问题奠定了基础。根据连续需求函数,他给出了销售额最大化的条件(以导数形式和几何图形两种方式)。他指出,需求对价格变动的反应,对于不同的商品是不相同的。这是关于需求价格弹性的思想火花。他还提出了后来马歇尔特别强调的需求随价格下降而上升的法则,并给出了后来被称作凡勃伦商品的反例。[2]

以需求函数为基础,古诺在其《研究》一书的第五、六章研究了追求利润最大化的厂商的垄断价格决定问题,给出了垄断利润最大化的条件,并分析了垄断条件下各种税收对厂商、消费者和政府的影响。在分析中,他第一次区分了固定成本和变动成本,定义了边际成本和边际收益。这两章的内容使他成为现代垄断理论的先驱。[3]

对于现代经济学来讲,古诺最为人注意的贡献是他在《研究》第七章中提出的双寡头模型。该模型在当前经济博弈论的研究中再次成为范例。该模型假设每个寡头都估计产品的需求函数,然后在其对手保持产量不变的条件下确定自己利润最大化的产量水平。这个假设在 19 世纪 80 年代受到法国数学家伯特兰的批评,认为应该假设每个寡头都认为其对手保持价格不变,然后确定自己利润最大化的价格水平。

从双寡头模型出发,通过假设生产者人数不断增多,古诺在第八章中研究了完全竞争条件下的产量和价格决定,正确地指出完全竞争的特征是个别厂商的产量变化无法影响价格,指出保持竞争的条件是各厂商的边际成本递增,否则便会由竞争导向垄断。他还在第九章用数理方法研究了复合商品(如黄铜)与其原料(铜和锌)之间的价格互动关系,从而成为马歇尔同类研究的先声。

最后,古诺研究了外汇的决定机制,说明了套利行为如何为各国货币确立了一套一般均衡的价格。他的一般均衡的分析方法很可能影响了后来的瓦尔拉斯。因为他是瓦尔拉斯父亲的好朋友。

古诺对于经济学的这些重要贡献显然完全没被他同时代的法国同行所认可,25 年以后的 1863 年,为了让人们了解他的经济思想,他出版了《财富理论的原理》,从中删去了所有的数理内容,但是依旧无人关注。之后他于 1877 年又出版了《经济学说简评》,进行了第三次也是最后一次简化,依然无人问津。

---

[1] [美]约瑟夫·熊彼特:《经济分析史》第 3 卷,商务印书馆 1995 年版,第 330—331 页。

[2] [法]奥古斯丹·古诺:《财富理论的数学原理的研究》,商务印书馆 1994 年版,第四章。

[3] [美]约瑟夫·熊彼特:《经济分析史》第 3 卷,商务印书馆 1995 年版,第 330 页。

主要问题可能出在两个方面：一是他的方法实在太超前了，当时能够懂微积分的法国经济学家除了他本人以外可能根本绝无仅有；二是他没有用他的方法去回答和解决当时法国重要的实际经济问题。尽管如此，他依然是将近 30 多年以后经济学出现的边际革命重要先驱之一。

古诺与边际革命三剑客之一的瓦尔拉斯的父亲是朋友，他对瓦尔拉斯的影响无疑是极其重要的。这种影响大致可以集中在两个方面：一是古诺在其《研究》一书第十一章中提出了与局部均衡相区别的一般均衡的观念。他写道："我们已经对各商品单纯地进行了研究：与商品的生产条件联系在一起的商品需求规律，如何确定其价格，并调节其生产者的收入。我们把其他商品的价格以及其他生产者的收入，都考虑为已知和不变的：但现实的经济系统，却是所有的部分都相互联系和影响的一个整体。……所以，要完整而严整地解答与经济系统中几个部分有关的问题，全面考虑整个系统，看来似乎是必不可少的。"[1]二是他在其书第三章分析通过套利行为实现多国均衡汇率的决定时采用的联立方程法，可以说是瓦尔拉斯展开一般均衡分析时所采用的联立方程方法的雏形。任何看过两人之书的人都不会怀疑两者之间的承继关系。可以说，古诺提出了一般均衡分析的初步观念和初步方法，而瓦尔拉斯则把一般均衡分析发展成一座宏伟的理论大厦。

古诺经济思想的历史穿透力从以下事实可见一斑，他的双寡头模型是现代经济学教科书中寿命最长的内容，已有 170 多年。

（三）约翰·雷早熟的资本理论

约翰·雷[2]（John Rae，1796—1872），一生坎坷，生于英国、后去加拿大、最后终于美国，做过医生、务过农、当过学校校长、担任过法官。他于 1834 年发表《论政治经济学的若干新原理：对自由贸易制度和〈国富论〉中所主张的若干其他学说的谬误的揭露》，这是一部发表于古典经济学时期，但却反对古典经济学，且成为下一阶段经济思想先驱的杰作。

约翰·雷指责斯密把经济发展的动力归结于人对私利的追求，忽视了发明的重要性，认为经济活动主要源于对未来的无私考虑。他发展出资本积累和技

---

① ［法］奥古斯丹·古诺：《财富理论的数学原理的研究》，商务印书馆 1994 年版，第 118 页。

② 《新帕尔格雷夫经济学大辞典》第 4 卷，经济科学出版社 1996 年版，第 42—43 页。［英］马克·布劳格、保罗·斯特奇斯：《世界重要经济学家辞典》，经济科学出版社 1987 年版，第 519 页。［美］约瑟夫·熊彼特：《经济分析史》第 2 卷，商务印书馆 1992 年版，第 139—140 页。［美］亨利·威廉·斯皮格尔：《经济思想的成长》上，中国社会科学出版社 1999 年版，第 316—317 页。

术进步的理论,提出了后来庞巴维克的资本理论的基本要点,即迂回的生产过程具有更高的生产力和人类欲望的时间偏好。其水平远远超出同时代其他人。

约翰·雷认为是人的先见之明促使人们创造资本品,而这种资本品的收益超过其成本的生产能力按照 $(1+r)^n$ 的方式增加,其中 r 代表资本品的收益率,n 代表所经历的时期。他认为,如果知识不变,资本的扩大和密集(耐久性增加)将导致递减的收益率,但只要这个收益率依然高于时间偏好率,资本就将继续积累。而时间偏好之所以存在,是因为人生无常,但它受到对后代的关心或对社会的关心等因素的制约。他谈到了各人不同的时间偏好,并认为可以通过交换达成社会的时间偏好率或社会所需要的内在收益率。当社会的时间偏好率等于社会的实际收益率时,资本积累将停顿。

约翰·雷认为炫耀性消费将妨碍资本积累,而技术进步和对外贸易都会提高资本品的生产率,从而促进资本积累。其中发明引起的技术进步起着更加重要的作用。

约翰·雷的政策主张是政府不应当消极无为,而是应当主动推进对外贸易和发明创造,鼓励知识转让,对奢侈品征税,设立关税以保护新兴产业。

约翰·雷早熟的资本理论和强调创新重要性的观点,虽然没有引起同时代人的足够重视,但使他受到西尼尔·小穆勒等人的关注和赞赏,并成为庞巴维克、维克赛尔、欧文·费雪、熊彼特等一系列大家的先驱。他书中的观点预示了庞巴维克的资本理论和欧文·费雪的利息理论。[1]

(四)戈森第一定律和第二定律

曾做过地方政府税务官和经营过保险公司的德国经济学家赫尔曼·海因里希·戈森[2](Hermann Heinrich Gossen,1810—1858),对于经济学的主要贡献,是他那本 1854 年出版的初始大受冷遇、后来久享盛名的《人类交换规律与人类行为准则的发展》一书。他在书中运用图表和数理方程,提出了边际效用价值论的几乎所有重要命题,以致杰文斯和瓦尔拉斯都推崇他为先驱。

戈森假定人以追求享乐最大化为目的,即使是禁欲主义者也不例外,因为他们是以死后进入天堂为目的。[3] 从这一基本前提假定出发,他提出后人所谓

① [英]莱昂内尔·罗宾斯:《经济思想史》,中国人民大学出版社 2008 年版,第 287—290 页。

② 《新帕尔格雷夫经济学大辞典》第 2 卷,经济科学出版社 1996 年版,第 592—596 页。[英]马克·布劳格、保罗·斯特奇斯:《世界重要经济学家辞典》,经济科学出版社 1987 年版,第 228—229 页。

③ [德]赫尔曼·海因里希·戈森:《人类交换规律与人类行为准则的发展》,商务印书馆 1997 年版,第 6 页。

的戈森第一定律,也就是边际效用递减规律。他把这一定律表述成两种形式:
一是在一次持续的消费过程中各消费品单位的效用逐次递减,如图 24-2(a)所
示。二是在隔期的重复消费时第一个消费品的效用递减,如图 24-2(b)所示。
图中横轴为消费品数量,纵轴为边际效用。图 24-2(b)表示随消费次数的增多
和消费活动的重复,边际效用曲线的位置由 AB 下移到 A_1B_1,再下移到
$A_{11}B_{11}$。[①]

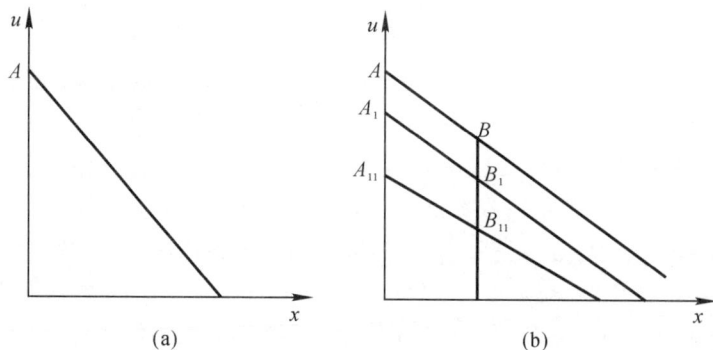

图 24-2

　　戈森的第二定律就是后人所说的消费活动中的等边际原理,即在消费时间
一定或购买消费品的货币一定,而消费项目不止一个时,要使享乐最大化,就必
须如此分配时间和货币,使各项目中获得的边际效用相等,或各项目上每单位
货币换得的边际效用相等。[②]　如果说戈森第一定律早已经有多人提出,那么戈
森第二定律则绝对是他的首创。

　　戈森否定与人的享受无关的绝对价值,认为物品的价值由它为人提供的享
受来决定,为此他把各种物品分为三大类:直接消费品、互补消费品和生产用
品。第一类物品价值由享受直接决定;第二类互补品的价值需共同由享受决
定;第三类物品价值决定也同样如此,与它们生产消费品时的贡献成正比。在
这个问题上,他已经接近但尚未达到后来门格尔等奥地利学派所达到的结论。

　　戈森分析了劳动与人的享乐之间的关系,认为劳动刚开始时对劳动者具有
正效用,但它随劳动时间的延长而不断递减至零。尔后时间的劳动将带来不断
增加的负效用。当劳动的边际负效用的绝对值与劳动所带来成果的边际效用

　　①　[德]赫尔曼·海因里希·戈森:《人类交换规律与人类行为准则的发展》,商务印书
馆 1997 年版,第 9 页。

　　②　[德]赫尔曼·海因里希·戈森:《人类交换规律与人类行为准则的发展》,商务印书
馆 1997 年版,第 16 页。

相等时,就是劳动者自愿停止劳动的临界点。这一思想后来被杰文斯以几乎完全相同的方式重新发现。

戈森以享乐定律为基础分析了交换行为,以为人们通过交换实现享乐最大化的条件,是交换后两种物品在每个交换者那儿的边际效用都恰巧相等。这可以说是以基数效用论形式表达的帕累托交换最适度。

除了在基本理论方面所作出的上述贡献外,戈森在政策主张方面的一些见解也值得注意。他主张保护私有制,指出"各民族在福利水平上所取得的进步的程度,与它们成功地保护私有制的程度几乎是一样的"①。因为公有制会导致懒惰,而"只有通过确立私有制,才能找到确定每种物品按照情况以最合理的方式应该生产出的数量的尺度。……因此,尽可能地保护私有财产——不论是占有者享用这种财产本身还是想转交其他人享用——,是人类社会存在的绝对必要的条件"②。同时,他也主张经济自由,"允许每个人具有自由支配自己财产的权利"③。主张人们相互尊重私有产权,要求每个商人以诚待客,"每个人都有义务在出卖时以诚待客,也就是说把待出卖物品的优缺点如实地告诉要购买的人"④。为了克服失业现象,他反对由政府去设立保护性关税、特许和优惠、行会制度等,主张政府应当使工人便于跨部门转移,以消除过剩部门中的失业现象。⑤ 为了克服通货膨胀,他主张废除纸币。⑥ 最有意思的是,他虽然主张私有制,却坚决主张土地国有化,主张通过政府收购使土地从私有者手中转移给国家,再由国家将它租给出租金最高的承租人使用。⑦ 这样就能保证土地资源得到最有效的使用。他认为土地国有将扫除经济自由的最后障碍,并使政府获得可观的收入。

---

① 〔德〕赫尔曼·海因里希·戈森:《人类交换规律与人类行为准则的发展》,商务印书馆 1997 年版,第 242 页。

② 〔德〕赫尔曼·海因里希·戈森:《人类交换规律与人类行为准则的发展》,商务印书馆 1997 年版,第 245 页。

③ 〔德〕赫尔曼·海因里希·戈森:《人类交换规律与人类行为准则的发展》,商务印书馆 1997 年版,第 142 页。

④ 〔德〕赫尔曼·海因里希·戈森:《人类交换规律与人类行为准则的发展》,商务印书馆 1997 年版,第 143 页。

⑤ 〔德〕赫尔曼·海因里希·戈森:《人类交换规律与人类行为准则的发展》,商务印书馆 1997 年版,第 172 页。

⑥ 〔德〕赫尔曼·海因里希·戈森:《人类交换规律与人类行为准则的发展》,商务印书馆 1997 年版,第 221 页。

⑦ 〔德〕赫尔曼·海因里希·戈森:《人类交换规律与人类行为准则的发展》,商务印书馆 1997 年版,第 264 页。

　　上述这些边际革命的先驱有一个共同的特点,就是他们几乎都被他们同时代的同行所忽略,以至于他们的许多贡献都需要以后被重新发现,而他们的价值也几乎都是他们的观点被重新发现后才得到追认。这提醒我们必须保持警惕,防止傲慢和偏见,否则将受到惩罚,即以相当的代价去重新发现先驱们早已发现的知识。

参考文献

[1][法]奥古斯丹·古诺:《财富理论的数学原理的研究》,商务印书馆 1994 年版。
[2][德]赫尔曼·海因里希·戈森:《人类交换规律与人类行为准则的发展》,商务印书馆 1997 年版。

第二十五章　英国边际主义者的经济理论

第一节　杰文斯的经济理论

威廉·斯坦利·杰文斯①（William Stanley Jevons，1835—1882），出生于英格兰利物浦一个经营钢铁的上层商人家庭，从小接受良好教育，曾师从英国著名数学家奥古斯塔·德摩根（Augustus De Morgan）。但随着英国铁路兴旺时代的结束，家庭经营破产，为了帮助家庭渡过难关，他于1854年19岁时到澳大利亚悉尼造币厂工作，1859年返回英国。1863年毕业于伦敦大学。1863—1876年任曼彻斯特欧文斯学院逻辑学与伦理学指导教师、讲师、教授。1876—1881年任伦敦大学政治经济学教授。1870年任英国科学促进协会会长。1872年当选为英国皇家学会研究员。1882年不幸溺水身亡。其主要经济学论著有：《政治经济学一般数学理论简述》(1862)、《论周期性商业波动的研究》(1862)、《黄金价值的严重跌落和由此产生的社会影响》(1863)、《煤炭问题》(1865)、《政治经济学理论》(1871，有中译本)、《太阳周期和谷物价格》、《货币与交换机构》(1875)、《政治经济学入门》(1878)、《国家与劳工的关系》(1882)、《社会改革的方法》(1883)、《通货与金融研究》(1884)等。其他方面的论著有《纯粹逻辑，或数量以外的质量逻辑》(1863)、《逻辑学基础教程》(1870)、《科学原理》(1874)、《逻辑学入门》(1876)和《演绎逻辑研究》(1880)等。他同时是一位逻辑学家、科学方法论专家和气象学家。

杰文斯对于现代经济学的主要贡献体现在他的《政治经济学理论》一书中，但其基本观点则早在1760年就已经初步形成。他在那年给他弟弟的信中写道："在过去几个月，我有幸创立的，无疑是真正的经济理论，它无比深入和连贯，这使我

---

① 《新帕尔格雷夫经济学大辞典》第2卷，经济科学出版社1996年版，第1081—1093页。［英］马克·布劳格、保罗·斯特奇斯：《世界重要经济学家辞典》，经济科学出版社1987年版，第310页。

无法心平气和地阅读这方面的其他著作。"①该书的基本观点介绍如下。

一、经济学的目的与方法

杰文斯是从作为消费者的经济人的个人角度去理解经济学的。因此他认为经济学的目的是研究如何以最小痛苦换取最大幸福,认为经济学是关于效用和自利心的力学,并认为这种经济学可以建立在三个最基本的归纳性命题上:(1)每一个人都选择较大的明白的利益;(2)人类欲望或迟或早会满足;(3)延长的劳动会愈益成为痛苦的。鉴于对经济学的目的、性质及基本前提的上述看法,他认为有必要把政治经济学更名为经济学。

杰文斯强调要用数学手段来研究经济学,理由之一是经济学所涉及的是各种经济量及其相互关系,而一切量与量的关系都属于数学的范围。理由之二是经济生活中的各种量之间有着复杂的关系,数学方法比通常的文字分析能够更好地处理这些复杂关系。他认为经济学家一向是不自觉地采用数学方法来研究经济,故错误甚多,因此,明确经济学的数学性,自觉采用数学方法,将使经济学理论获得进步。他并且进一步认定,经济学所涉及的都是变量,因此应当采用微积分法来研究经济。他反对那种认为只有其数量可精确计算的科学才能运用数学的观点,强调必须把一门科学的数学性和精确性加以区分。而经济学虽然由于缺乏完善的统计而不是精确的科学,从而使其用途较小,但它仍然具有数学性,应当而且必须采用数学方法,尤其是微积分法。同时他也冷静地看到,并不是一旦承认经济学的数学性质,采用了数学方法,便可获得真理。他关于数学与经济学的关系可以用一句话表达出来:"经济学为快乐与痛苦的微积分学。"②从以上论述可以概括如下几点:(1)经济学的本性是数学的,因此采用数学方法是其本性使然。(2)变量无法精确测定并不妨碍经济学的数学性,不妨碍数学方法的采用。(3)经济学所用的数学方法主要是微积分法。(4)数学方法是使经济科学进步的必要但非充分的条件。

对数学方法的强调,是杰文斯方法论方面的主要特点和主要优点,以今天的眼光来看,这种强调是正确的,富有远见的。数学方法从那个时候以来给经济科学带来的进步,是极其巨大的。经济科学的数学化就像物理科学的数学化一样,已经成为不可阻挡的趋势。他对经济科学的数学性与精确性的区分,从当时为经济学的数学性辩护这一点来看,是机智的。从更长远的眼光来看,这一见解预示了数理经济学与计量经济学的区分,前者具有数学性,但不考虑变

①　转引自 E. K. 亨特:《经济思想史》,上海财经大学出版社 2007 年版,第 210 页。[美]理查德·豪伊:《边际效用学派的兴起》,中国社会科学出版社 1999 年,原序,第 3 页。

②　杰文斯:《政治经济学理论》,商务印书馆 1984 年版,第 2 页。

量的精确测定,只研究各变量之间的关系;后者则以前者的研究结果为基础,通过对变量(参数)的精确测定来检验理论、预测前景,具有精确性。上述数学性不等于精确性的见解也表明他对于数学的本质有着较深的洞察力。19世纪数学的基本概念是数和形,以至于许多人认为只有可以测定数量的东西才可以成为数学的对象。只有对数学的本质有深刻洞察力的人,才能破除以上成见,坚信经济学(其研究的变量在当时几乎都难以精确测定)可以用数学方法来研究。他虽然正确地肯定了经济学的数学性,但限于当时数学发展的水平,他在采用什么数学方法研究经济学这一方面却表现出了狭隘性:只看重微积分。

除了强调数学方法之外,杰文斯在方法论方面的第二个特点是强调统计对于经济科学的重要性。他认为,要验证演绎的经济学所得出的结论,要使经济学成为不仅是数学的而且是精确的,从而具有实用价值,就必须要依靠健全的统计。虽然在《政治经济学理论》一书中,他并没有运用统计资料统计方法进行分析,但注重统计资料,运用统计资料来分析实际经济问题却是他的学术生涯的一大特征。例如,对于英国煤炭资源问题的研究,对于经济周期问题的研究。当然他在这方面也有失败的纪录(如提出太阳黑子周期论),但其注重统计,运用统计资料进行研究的方法还是值得称道的。正是由于这方面的研究,他也受到下面一章将要介绍的英国历史经济学家的认可和关注。

杰文斯在方法论方面的第三个特点是主张细分经济学科,主张各种研究方法兼容并蓄。他认为当时经济科学的混乱状态是因为它包含的内容太多,且理论研究与应用研究没有区分。因此需要从题材和研究方法方面实行分科。同时又以某种一般原理为共同的基础。这一见解显示了他的远见。今天的经济学已经发展成一个门类众多、分工细化的大家族,这种分科给经济科学带来了明显的进步。

杰文斯在方法论上的第四个特点是静态分析。他承认他的《政治经济学理论》类似于物理学中的静力学,而动态分析还有待发展。因此他在分析中抽象掉人口变动,集中力量分析人口、土地及其他资源既定时,如何配置劳动,使生产物的效用最大化。在他看来,这就是经济学要解决的问题。

杰文斯的方法论上的第五个特点是广泛运用合成推理,即认为对个人来说适用的结论也必定适用于整个社会,反之亦然。这种方法大大简化了他的分析,但也使他付出了沉重的代价。他的许多缺陷和不足,盖源于此。

二、效用理论

杰文斯认为经济研究的出发点应当是消费而非生产,因为生产的目的是消费,产品的种类和数量也要依消费需要来决定。

　　在研究消费时,杰文斯以边沁的功利主义作为自己的基础,认为人们消费的目的便是追求快乐、减免痛苦。而物品能给人带来快乐(或负痛苦)的性质便是物品的效用。因此,效用并非物品的客观属性,而是在与人发生关系时才具有的属性。

　　杰文斯用图形和数学方程,表达了边际效用递减律,以及总效用与边际效用之间的区别。他用 u 表示消费 x 量某商品所带来的总效用,而 du/dx 表示边际效用,他称之为效用程度。由此可知边际效用是总效用对消费数量的一阶导数,是消费量的函数。他认为效用程度 du/dx 会随 x 的增加而减少,即 d^2u/dx^2 <0。这样他便用数学方式表达了边际效用递减规律。图 25-1(a)、(b)分别表达了个人和全国的边际效用递减律。由于对个别人来说,某种商品的数量(x)不是无限可分的,故其边际效用曲线为阶梯形。但对于全国来说,某种商品的数量可以看成是无限可分的,故其边际效用曲线为一光滑曲线。

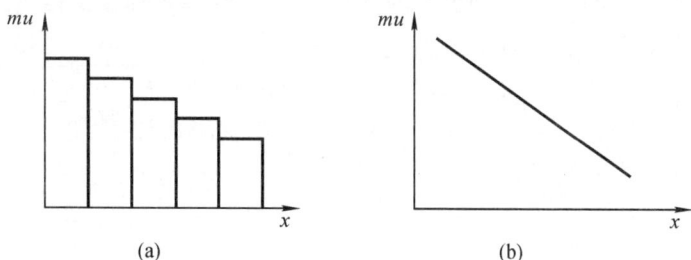

图 25-1

　　以边际效用递减律为基础,杰文斯进一步探讨消费者在既定商品数量下获取最大效用的条件。他区分了两种情况:一是商品 x 可用于若干种用途上。二是商品 x 可用于从现在起的不同时间里。

　　在第一种情况下,他假定某物的一定数量 S 可用于两种用途:第一种用途上用去 x,总效用为 u_1;第二种用途上用去 y,总效用为 u_2;且 $x+y=S$,则获取最大效用的条件为:

$$du_1/dx = du_2/dy$$

即两种用途上的边际效用相等。

　　在第二种情况下,他假定某物的一定量要分配于未来几个时期内使用。v_1,v_2,$\cdots$,v_n 分别是各期消费的边际效用;p_1,p_2,$\cdots$,p_n 分别是获得 v_1,v_2,$\cdots$,v_n 的概率;因为物品在储藏中可能损失,q_1,q_2,$\cdots$,q_n 分别是现在的快乐对于未来各期的同样程度快乐的比率,由于未来的不确定性,这个比率通常不等于1。现在获取最大效用的条件为:

$$v_1 p_1 q_1 = v_2 p_2 q_2 = \cdots = v_n p_n q_n$$

杰文斯关于效用、边际效用、边际效用递减律,以及消费者满足最大化的条件的思想,其主要特色是运用图形和公式来表达。

三、交换理论

在交换论中,杰文斯首先下了三个定义:定义使用价值为总效用,价值(或估价)为效用程度(即边际效用),价格(交换价值)为两种物品之间的交换率。然后他把市场规定为具有完全知识的自由竞争市场。为了考察这种市场中的交换规则,他提出了"贸易体"这一概念和无差别法则。贸易体是指买者或卖者所组成的集团,可以只有一个人,也可以由全体居民组成。这一概念在他的分析中具有重要作用,使他不必再区分个别的孤立交换与有众多人同时参加的交换。这一概念的提出是以下述信念为基础的:"市场虽有广狭,交换原理在性质上总是相同的。一个贸易体,或是一个人,或是一个人的团体。"[1] 即这两种情况下,交换都通行相同的原理。无差别法则的含义是,在完全知识的自由竞争市场上,两种物品的交换率在同一时间中,不论在哪两个人的交易中,都是相同的、无差别的。这一法则实际上是完全知识的自由竞争市场的必然结果。由该法则所得出的推论:任一时点上两种物品在任何局部范围中交换的比率,必与全部范围中的交换率相等。写成公式便是:

$$\mathrm{d}y/\mathrm{d}x = y/x$$

杰文斯认为交换中通用的基本原理是"二商品的交换率,是交换后诸商品量(可供消费的诸商品量)的最后效用程度的比率的反数"[2]。该原理保证了交换者通过交换获取最大利益。他用以下两个联立方程表示了这一原理,它就是有名的杰文斯交换方程式:

$$\varphi_1(a-x)/\Psi_1 y = y/x = \varphi_2 x/\Psi_2(b-y)$$

式中,a 为贸易体 A 在未交易前拥有的 A 商品量,x 为用于交易的数量;$a-x$ 为交易后拥有的 A 商品量;$\varphi_1(a-x)$ 为交易后 A 商品对贸易体 A 的边际效用;y 为通过交易贸易体 A 所得到的 B 商品量;$\Psi_1 y$ 为贸易体 A 从 y 量 B 商品中获得的边际效用;b 为贸易体 B 交易前拥有的 B 商品量;y 为用于交易的数量;$b-y$ 为交易后拥有的 B 商品量;$\Psi_2(b-y)$ 为交易后 B 商品对贸易体 B 的边际效用;$\varphi_2 x$ 为交易后 A 商品对贸易体 B 的边际效用。该方程组的推导如下:由交换的基本原理,交易后贸易体 A 和 B 都实现下述平衡式:

$$\varphi_1(a-x)\mathrm{d}x = \Psi_1 y\mathrm{d}y \quad 即 \quad \varphi_1(a-x)/\Psi_1 y = \mathrm{d}y/\mathrm{d}x$$

---

① 杰文斯:《政治经济学理论》,商务印书馆 1984 年版,第 83 页。

② 杰文斯:《政治经济学理论》,商务印书馆 1984 年版,第 87 页。

$$\varphi_2 x \mathrm{d}x = \Psi_2(b-y)\mathrm{d}y \qquad 即 \ \varphi_2 x / \Psi_2(b-y) = \mathrm{d}y/\mathrm{d}x$$

由这两个平衡式,再考虑无差别法则使 $\mathrm{d}y/\mathrm{d}x = y/x$,便可得到交换方程式。

以上述交换方程式为基础,杰文斯进一步考虑了以下几种稍微复杂的情况:(1)三种物品三个贸易体时的情况。(2)三个贸易体两种物品,其中两个贸易体提供同一种物品时的情况,即卖方竞争时的情况。(3)当交易存在着诸如运费、佣金、包装费以及关税等种种费用时的情况。(4)当物品不能无限分割时的情况。在这几种复杂情况下,交换方程式会发生不同程度的变化,对此不再作进一步的介绍。

杰文斯建立交换论的目的是想说明交换价值的决定,这从他对交换的基本原理的陈述中可以清楚地看出来,他认为二商品交换价值由二商品的边际效用之比的倒数决定。但实际上,他的交换论只是指出了消费者在既定交换价值下通过交换实现满足最大化的条件,以及个人在既定交换价值下追求满足最大化所形成的供给和需求。这个条件就是他的关于交换的基本命题的逆命题,交换后诸商品量的最后效用程度的比率的倒数,要等于二商品的交换率,用现代西方经济学的语言来说,就是消费者均衡的条件。

杰文斯在建立交换价值决定理论的过程中,无意之中建立了消费者均衡理论,这就是他的交换论的主要价值,也正因为如此,他时常被称作现代西方消费经济理论的先驱。但他的交换论作为一种交换价值决定理论,是不成功的。他没能说明交换价值的决定。作为一种交换价值决定理论,他的交换论有如下几个问题:(1)混淆孤立的两个人之间的交换与完全竞争市场中的交换,这表现在他的"贸易体"的概念上,以及两种情况下都用同一个交换方程式来说明边际效用之比的倒数决定交换价值。问题在于,当贸易体是由众多的买者或卖者组成时,如何从个人的边际效用形成贸易体的边际效用,这是他悬而未决的问题。因此用贸易体对两种物品的边际效用之比的倒数来决定交换价值,就非常可疑。(2)忽略了完全竞争条件下,个别交易者的边际效用之比与交换价值之间的相互作用,只强调边际效用之比对交换价值的决定,忽略了交换价值对边际效用之比的影响。事实上,完全竞争条件下两种商品均衡的交换价值的形成是一个交换价值与边际效用之比相互作用的过程。任何一种交换价值,都使交换双方的每一个人按满足最大化的原则(使两种物品的边际效用之比的倒数等于交换价值)形成自己的供求。这些个人的供求加总后形成整个市场的供求,这个供求可能相等也可能不相等。若不相等,则交换价值将变动,并进一步使每个交易者按照与新的交换价值的倒数相等的边际效用之比来调整自己的供求,然后加总成新的市场供求。这个过程反复进行,直到市场供求相等为止。这时,每个交易者都会通过交换活动使两种物品的边际效用之比的倒数等于均衡的交换价值。但不能仅根据这一点,不考虑整个调整过程,就断言说边际效用之比的倒数决定交换价值。他的问题恰恰是没有分析达到均衡交换价值的整个过程,于是把供求均衡时的均衡关系(交换价值与边际效用之比的倒数相等)错误地当作函数关系,认为是边际效用之比的倒数决定着交换价值。他的出发点是想用边际效用来说明交换价值,但他并没有真正搞清边际效用在交换价值决定(趋于均衡)过程中的作用。

四、劳动理论

杰文斯的劳动论主要包括两方面的内容:均衡的劳动时间的决定;劳动在各种产品生产中均衡分配的条件。

杰文斯定义劳动为:"心或身所忍受的任何含有痛苦的努力,而以未来利益为全部目的或一部目的者。"[①] 他把劳动所带来的痛苦称之为负效用,且劳动时间越久,边际负效用越大。但他也承认,只要劳动时间不超过一定长度,也会给劳动者带来正效用。另一方面,劳动时间越久,带来的成果也越多,因此这些成果的边际效用将越来越小。他认为均衡的劳动时间由劳动的边际负效用与劳动成果的边际效用相等这一点所决定。这可以用图形或数学方程来表示。图 25-2 横轴为时间,纵轴为边际效用和边际负效用。pq 曲线为劳动产品的边际效用曲线,bcd 曲线为劳动的边际负效用曲线。该曲线表明,在 $0b$ 时间内,劳动由一开始的不习惯不舒服变得有味道,在 bc 时间内劳动带来正效用,c 点之后,劳动产生边际负效用。在 m 点,劳动的边际负效用 md 正好等于劳动产品的边际效用 mq,故 m 点便是均衡的劳动时间。

均衡的劳动时间还可以由以下微分方程表示:

$$\mathrm{d}v/\mathrm{d}t = \mathrm{d}x/\mathrm{d}t \cdot \mathrm{d}u/\mathrm{d}x$$

式中,v 为劳动的负效用;$\mathrm{d}v/\mathrm{d}t$ 为劳动的边际负效用;x 为劳动产出;$\mathrm{d}x/\mathrm{d}t$ 为劳动产出对时间的导数;u 为劳动产出的总效用;$\mathrm{d}u/\mathrm{d}x$ 为劳动产出的边际效用。

杰文斯上述劳动的边际负效用的概念,以及劳动时间均衡的思想,为以后边际主义者提出劳动供给曲线准备了基础。

杰文斯认为,劳动在各种产品生产中均衡分配的条件,对于整个社会和个人来说,都是一样的,所以他就考察了个人劳动均衡分配的条件。他假定这个人能生产两种商品,则均衡分配劳动的条件可表示为一组联立微分方程:

$$(\mathrm{d}u_1/\mathrm{d}x) \cdot (\mathrm{d}x/\mathrm{d}l_1) = (\mathrm{d}u_2/\mathrm{d}y) \cdot (\mathrm{d}y/\mathrm{d}l_2)$$

---

① 杰文斯:《政治经济学理论》,商务印书馆 1984 年版,第 133 页。

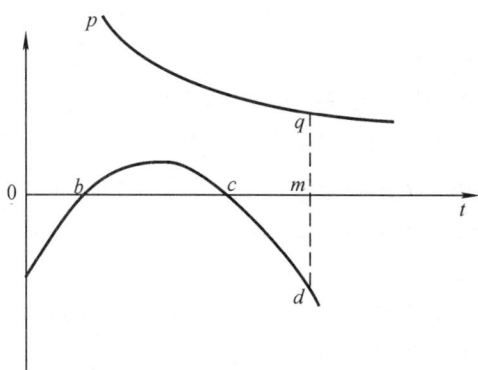

图 25-2

$$l = l_1 + l_2$$
$$(\mathrm{d}u_1/\mathrm{d}x) \cdot (\mathrm{d}x/\mathrm{d}l_1) = 1$$

式中，u_1 为 x 产品的总效用；$\mathrm{d}u_1/\mathrm{d}x$ 为 x 产品的边际效用；l_1 为用于 x 产品的劳动量；$\mathrm{d}x/\mathrm{d}l_1$ 为 x 产品对 l_1 的一阶导数，可称之为劳动的边际物质产品；u_2 为 y 产品的总效用；$\mathrm{d}u_2/\mathrm{d}y$ 为 y 产品的边际效用；l_2 为用于 y 产品的劳动量；$\mathrm{d}y/\mathrm{d}l_2$ 为 y 产品对 l_2 的一阶导数。第一个等式表示单位劳动在生产 x 产品中带来的边际效用与生产 y 产品中带来的边际效用相等。这就是均衡分配劳动的条件。第二式表示总劳动量分解为用于生产 x 和生产 y 的两部分劳动，或者说这两部分劳动之和不能超出总劳动量。第三式是劳动时间均衡的条件，即单位 x 产品带来的边际效用和造成的边际负效用（用 $\mathrm{d}l_1/\mathrm{d}x$ 表示）正好相等。三个方程，共有三个未知量，即 l、l_1 和 l_2，故整个方程组可解。

这里，杰文斯实际上是在劳动这一特殊资源上，提出了资源优化配置的一般原则。这一思想的进一步发展完善，便是边际主义的主要成就。

杰文斯从上述均衡分配劳动的条件进一步推导出劳动在 x、y 两种产品上的边际生产力的比率与 x、y 两种产品的边际效用之间的关系：

$$(\mathrm{d}u_1/\mathrm{d}x)/(\mathrm{d}u_2/\mathrm{d}y) = (\mathrm{d}y/\mathrm{d}l_2)/(\mathrm{d}x/\mathrm{d}l_1)$$

由此又进一步推导出 x、y 两种产品的交换率、价格之比、边际效用之比、生产率之比、生产费之比的关系：

交换率 $= y/x$
　　　 $= x$ 的价格 $/y$ 的价格
　　　 $= x$ 的边际效用 $/y$ 的边际效用
　　　 $= x$ 每单位的生产费 $/y$ 每单位的生产费
　　　 $= y$ 的生产率 $/x$ 的生产率

他认为这是市场均衡的条件。

杰文斯的效用论、交换论和劳动论实际是作为一个整体,考虑了完全竞争条件下,市场均衡(或资源最优配置)的条件。但他并没有完全搞清实现均衡的机制。他只是认识到了这个机制的几个要点,但并没有把它们有机地结合在一起从而对这个机制作出完整的描述。这表现在他时而用边际效用之比去决定交换率,时而又承认交换率会影响两种货物的相对消费量(也就影响了边际效用之比)和相对产量,但始终未能从交换率与边际效用之比的相互作用中看到趋向市场均衡的机制,虽然他已看到交换率与两种产品的产量之比之间的相互作用。

可以把杰文斯的这部分理论与奥地利学派[1]作一番比较。杰文斯的市场均衡条件中,不仅有消费—效用一面,而且还有生产—费用一面;而奥地利学派的市场均衡条件中只包含消费—效用一面。因此,杰文斯的市场均衡条件比奥地利学派更接近现代西方经济学。但另一方面,奥地利学派对于市场均衡的形成机制有比较详尽的分析,从个人的边际效用推论出市场的供求,然后用供求的相互作用说明均衡价格的决定;而杰文斯则失足于混同孤立的两人间交换与无数人参加的交换,从个人的边际效用直接推导出均衡价格。这就使他比奥地利学派更远离现代西方经济学。概括地说,在均衡条件的表述上,杰文斯胜过奥地利学派;但对于实现均衡的机制的说明,他不如奥地利学派。

五、分配理论

杰文斯关于分配的理论是比较简单的。他把生产要素分为劳动、土地、知识与资本。关于劳动的报酬——工资的决定,他只是明确地反对李嘉图的维生工资论和以后的古典学派的工资基金论,但并没有系统地提出自己的主张,只是简单地认为工资等于生产物减去地租、赋税及利息后的剩余。关于土地的报酬——地租的决定,他只是用数学方式重新表述了李嘉图的地租理论。

关于资本,他定义为"维持各种有工作的劳动者所必要的诸种商品的总称"。他认为资本的功能"是使劳动者能够等候长久工作的结果"[2]。这一论点与门格尔相近,是后来庞巴维克所提出的生产迂回性论点的发端。杰文斯认为资本的报酬是利率,而利率取决于资本边际生产力,并由此论证资本数量在技术不变条件下的不断增加是利率下降的原因。

在工资与利率的相对关系上,杰文斯反对李嘉图的那种认为两者处于对立状态的论点,认为两者不是此消彼长的,而是可以同向变化的。

杰文斯并没有建立起以边际分析为特征的系统的分配理论。这个工作是

[1]　这里的奥地利学派是指门格尔、维塞尔和庞巴维克三人。

[2]　杰文斯:《政治经济学理论》,商务印书馆 1984 年版,第 168 页。

由以后英国经济学家马歇尔和美国经济学家 J. B. 克拉克完成的。

六、其他观点

杰文斯不仅仅对理论经济学有着突出的贡献,对经济统计学也作出了突出贡献,主要是关于价格指数的构建方法。[①] 在 1863 年发表的《黄金价值的严重跌落和由此产生的社会影响》论文中,他详细讨论了价格指数的编制、算术平均与几何平均的优劣比较、样本商品的选择以及不同商品权重的设定,并且强调要区分价格的永久性波动和暂时性波动。他亲自构建了一个 1845—1862 年的 39 种商品的年平均价格。这是第一次构建以年度数据为测量基础的半个世纪的价格指数。通过年平均价格持续高涨的走势,他确定澳大利亚和加利福尼亚发现并开采黄金的结果是导致商品价格上涨(黄金价格下跌)的原因。

杰文斯是价格指数问题上的开路先锋。由于他以及其他一些后继者的努力,价格指数的编制逐步成熟。这在经济思想史上的重要意义是使得困扰几代古典经济学家的寻找不变价值尺度的努力不再具有实践意义。在商业实践中,为了保证交易双方能够在价格变动的条件下签订互惠的长期契约,找到不变的价值尺度确有必要。而价格指数的编制,可以在一定程度上替代不变价值尺度的功能。从此,寻找不变价值尺度的工作便只有理论意义而无迫切的实践需要了。对于他在这一方面的贡献,凯恩斯是这样评价的,"杰文斯……在这一简短的小册子中所取得的进展,毫不夸张地说,等于所有后继作者的总和。他考察了逻辑问题与辩证问题、称量问题,在算数方法与几何方法之间作出选择,考虑……选择哪些商品才能作为最佳样本。"并认为他的这本小册子在"这一领域的历史上建立了无可匹敌的地位。在统计描述的历史上,书中所附的大量图示与表格也显示出很高的价值"[②]。

通过对一般物价水平或黄金价值的研究,杰文斯认为健全的货币制度应当是一种可兑换黄金并由国家调控的通货,他强调提供这种通货必须是政府的专利。他不赞成复本位制或白银本位制。他虽然承认管理良好的不兑现纸币在理论上可行,但认为把纸币的发行权交给任何政府都有很大风险。

在国际金融领域,杰文斯主张在金本位制基础上,通过规定各国本位铸币的统一重量,来创造一种在国际上可普遍接受的货币。

杰文斯的著作《煤炭问题》,是一部带有马尔萨斯倾向的杞人忧天的著作。其要点是为了保持英国的繁荣和工业领导地位,就必须保持重工业的持续增

---

① ［美］小罗伯特・B.埃克伦德、罗伯特・F.赫伯特:《经济理论和方法史》,中国人民大学出版社 2001 年版,第 277—278 页。

② ［英］J. M. 凯恩斯:《精英的聚会》,江苏人民出版社 1998 年版,126—127 页。

长,而这将要求煤炭产量以几何级数增长。他认为煤炭的重要性已经超过了谷物,"我们的生存不再依赖于谷物生产。废止《谷物法》的严重后果是使我们由谷物转向煤炭。无论如何,这标志着最终把煤炭看作是一国主要产品的时代已经来临,标志着制造业的收益开始上升,而这不过是煤的使用将有所发展的同义语"①。在估计英国煤炭的储备量和煤炭消费的增长率的基础上,他得出了英国煤炭将要衰竭,煤价将要暴涨,从而英国经济将要停滞的悲观预测。事后证明他的预测有误,因为他低估了技术的进步和能源替代品的出现。但是他的预测失准也可能是因为他的悲观预测引起社会的警惕,及时采取防范措施的结果;是社会在他的警告下改变行为方式的结果。就像 20 世纪 70 年代罗马俱乐部的报告《增长的极限》所起的作用。所以从这个意义上讲,不能说他的预测毫无道理。因为这是一类自我否证的预测。有趣的是他为了应对预期出现的纸荒而囤积的稿纸,50 年后还未被其后代用完。

杰文斯另一个颇为有趣的理论是他的太阳黑子经济周期论。作为一位气象学家,他注意到太阳黑子的活动周期与经济周期高度相关,都是十年左右,于是便认为太阳黑子的周期活动引起天气的相应波动,进而引起农业产量的波动,粮价的波动,从而导致整个经济的波动。这个理论的错误在于把统计上的相关关系误认为因果关系。虽然他对于经济周期原因的解释显得有些好笑,但是在通过分析经济统计数据研究经济周期的过程中,他正确地发现了经济周期的组合特征,从统计数据中成功地分离了影响经济周期的三种趋势:季节波动、周期波动和长期增长的非波动趋势。因此,他无疑应当算作经济周期理论的开创者之一。

在政策主张上,杰文斯依然坚持边沁的功利主义,尤其是在劳工问题上,他一方面坚守自由主义,同时也同意一些变通。他的基本立场是,如果交易双方具有同等力量和能力并掌握同样的应有信息,那么政府就应当保障双方执行合同,而非干预合同的具体内容。但如果情况并非如此,政府的干预就是必要的。因此他赞同政府对顾客无法掌握信息的商品进行检验和作出标记,同样也赞同通过工厂法限制劳动时间和条件。他同情工会在劳动时间和条件方面所做的努力,但又反对集体工资谈判,认为那将类似于垄断。

除了劳工问题之外,杰文斯主张政府在教育、博物馆和公众娱乐方面慷慨支出,认为此举将改善公民的素质;但对政府提供医疗服务表示了保留意见,认为免费医疗将破坏公众储蓄的美德。

---

① 转引自[英]J. M. 凯恩斯:《精英的聚会》,江苏人民出版社 1998 年版,119—120 页。

七、杰文斯在西方经济学史上的地位

杰文斯是边际革命的三位奠基者中最早发表自己观点的人,同时也是观点最不严谨、最不成熟的人。所以在英国,他的影响很快被马歇尔的巨大声望所淹没。他对西方经济学的贡献可以概括为以下几点:

(1)在英语世界里虽然不是第一个运用数学来研究经济学的人,但是他突出强调了数学对经济学的重大意义。在这方面,他不像瓦尔拉斯在法语世界里那样有古诺作为自己的先驱。所以他在这方面的贡献是更为突出的。

(2)用微积分法清楚地表达了效用、边际效用概念及边际效用递减规律,并用边际效用去解释价值。他虽然不是英语世界中第一个提出边际效用价值论的人,但他却是第一个用数学方法清楚地说明了边际效用价值论的人。但是他的边际效用价值理论也像门格尔一样包含一些问题,首先是他也没有深入考虑效用的度量及度量单位,从而也没有进一步深入考虑不同人之间效用的比较是否可能;其次是单纯从边际效用这一个方面来考虑价值的决定,没有充分考虑边际效用所决定的产品需求与生产成本所决定的产品供给的相互作用对产品价值决定的影响。

(3)在建立交换理论的过程中,他给出了消费者均衡的条件。为后人进一步分析消费行为奠定了基础。

(4)在劳动理论中,他提出了边际负效用概念,它是英语世界里后来分析劳动供给的基本概念。他的劳动理论否定了古典经济学劳动理论的一些基本观点,把效用作为分析劳动者劳动决策的基础,劳动是劳动者自主选择的结果。这就从个人角度否定了生产性劳动与非生产性劳动的区分,否定了维生工资论和工资基金论,否定了劳动者在劳动市场的无奈地位。这个理论为后来从个人角度出发分析劳动市场奠定了基础。

(5)他的资本理论接近后来庞巴维克的资本理论,是后者的先驱。

(6)由于在经济统计学方面的贡献,他也常常被看作是现代计量经济学的先驱。

(7)经济周期理论的开创者之一。

从各方面来看,如果说马歇尔是使英国的主流经济学由古典经济学转变为新古典经济学的主帅的话,那么杰文斯便是这一转变的急先锋。

第二节　威克斯蒂德和埃奇沃思的经济理论

自 19 世纪 70 年代初,边际革命的三位奠基者发表他们的开山之作以后,

整个 70 年代不再有边际主义的新著问世。直到 1881 年,英国的埃奇沃思发表《数学心理学》一书,以此为开端,整个 80 年代,英国的威克斯蒂德,奥地利的维塞尔、庞巴维克、萨克斯三人,以及意大利的潘塔莱奥尼等人,相继发表专著,宣扬并发展边际主义经济学。由此形成持续到 20 世纪最初 10 年的边际主义广泛传播、迅速发展的浪潮。在 1881 年到 1911 年的这 30 年中,大多数最著名的边际主义者都已亮相,大部分最著名的边际主义专著也都问世。

本节主要介绍英国的威克斯蒂德和埃奇沃思在深化边际革命的过程中所起的作用。

一、威克斯蒂德的经济思想

菲利普·亨利·威克斯蒂德[①](Philip Henry Wicksteed, 1844—1927),生于英国利兹,伦敦大学文学硕士,1867—1897 年任牧师,1887—1918 年任伦敦大学分校讲师。早年他爱好文学、哲学及史学。中年时,亨利·乔治的《进步与贫困》引起他对经济学的兴趣,而杰文斯的《政治经济学理论》则使他成为杰文斯最早的主要追随者。他的主要贡献:一是用非数学方式阐明边际效用价值论;二是说明了边际生产力分配理论的协调。他的主要论著有:《经济学入门》(1888)、《论分配法则的协调》(1894)和《政治经济学常识》(1910)等。

在《论分配法则的协调》一书中,威克斯蒂德指出以往的分配理论往往为不同的要素建立不同的分配法则,并且不考虑按不同法则进行的分配是否正好将产品分光这一问题。他为自己的分配理论规定了两项任务:一是为各种要素建立一种统一的分配法则;二是证明按此法则进行分配,将正好将产品瓜分完毕,既不多也不少。

威克斯蒂德认为,统一的分配法则就是边际生产力论,即每种要素在总产品中所得到的份额等于该要素的边际产出与其数量的乘积。设产出 Q 的生产函数为 $Q = F(x_1, x_2, \cdots, x_m)$,$x$ 为某种要素的投入量,则该要素的分配份额为 $(\partial Q/\partial x_i)x_i (i = 1, 2, \cdots, m)$。

威克斯蒂德进一步认为,只要满足下述前提条件,则按边际生产力进行分配的结果将正好使产出在各要素之间分配完毕。这些前提条件为:(1)生产函数是线性齐次的,其经济意义是规模报酬不变;(2)自由竞争;(3)要素投入不是无限的;(4)各要素可按其价值进行比较。在这些前提下,下式成立:

$$Q = (\partial Q/\partial x_1)x_1 + (\partial Q/\partial x_2)x_2 + \cdots + (\partial Q/\partial x_n)x_n$$

① 《新帕尔格雷夫经济学大辞典》第 4 卷,经济科学出版社 1996 年版,第 991—995 页。[英]马克·布劳格、保罗·斯特奇斯:《世界重要经济学家辞典》,经济科学出版社 1987 年版,第 659 页。

抽象掉该式的经济意义,它就是欧拉定理①。

虽然比 J. B. 克拉克的边际生产力论早发表 5 年的威克斯蒂德的分配理论不如前者的名气大,但威克斯蒂德关于收入分配满足欧拉定理的前提条件的分析,以及这个问题的提出,都表现了他对边际主义经济学的发展和贡献。

此外,威克斯蒂德关于经济学性质的看法预示了后来莱昂内尔·罗宾斯关于经济学是一门选择的科学的观点。②

二、埃奇沃思的经济思想

弗朗西斯·伊西德罗·埃奇沃思③(Francis Ysidro Edgeworth, 1845—1926),出生于爱尔兰朗福德郡埃奇沃思镇一个名门望族。从小受到良好的古典文学和人文主义的教育,1877 年获牛津大学硕士学位,曾任伦敦大学国王学院逻辑学讲师,图克讲座政治经济学教授,1891—1922 年牛津大学万灵学院德拉蒙德讲座政治经济学教授、研究员,1891—1926 年《经济学杂志》编辑。他是一位多产作家,据不完全统计,他有四本书和 172 篇文章、小册子和笔记,再加上 173 篇书评。与经济学有关的主要论著有:《数学心理学》(1881)、《与政治经济学相关的论文》3 卷(1891—1921)。除了经济学之外,他在哲学和伦理学方面也有论著。

埃奇沃思早期钻研的是数学和逻辑学,研究如何应用数学于社会科学。以后受到邻居杰文斯的启发,开始对经济学产生兴趣。他的主要贡献是在《数学心理学》一书中提出无差异曲线、契约曲线、埃奇沃思盒、交换经济的"核"。这些都成为后来边际分析的基本工具。

此外,埃奇沃思以论文形式论述税收、垄断和货币价值等课题。

在《数学心理学》一书中,埃奇沃思对杰文斯的效用理论作了重要修正。在杰文斯那里,对一个交易者来说,各种商品的效用是互相独立的;一种商品的效用只由它的数量决定,是该商品数量的一元函数,不受其他商品的数量影响。从而一种商品的边际效用也只是它数量的一元函数,而与其他商品的数量无关。而埃奇沃思认为,各种商品是作为一个整体对交易者产生效用的,因此交易者的效用由各种商品的数量来决定,是各种商品拥有量的函数:

---

① 欧拉(Leonhard Euler, 1707—1783),瑞士数学家。

② [美]亨利·威廉·斯皮格尔:《经济思想的成长》下,中国社会科学出版社 1999 年版,第 454 页。

③ 《新帕尔格雷夫经济学大辞典》第 2 卷,经济科学出版社 1996 年版,第 88—106 页。[英]马克·布劳格、保罗·斯特奇斯:《世界重要经济学家辞典》,经济科学出版社 1987 年版,第 171—172 页。

$$U = F(x_1, x_2, \cdots, x_n)$$

式中,U 为总效用;$x_1, x_2, \cdots, x_n$,分别为 n 种商品的数量。于是,一种商品的边际效用便是总效用函数的一阶偏导数:$\partial U/\partial x_i (i = 1, 2, \cdots, n)$,它不仅由该商品自身的数量所决定,还受到其他商品数量的影响。

以上述修正为基础,埃奇沃思分析了交换均衡。他沿袭杰文斯,假定 A、B 二人以 a、b 两种商品的 X 量和 Y 量进行交换,成交后 A 的总效用为 $U_A = F_A(a - x, y)$,B 的总效用为 $U_B = F_B(x, b - y)$,交换均衡的条件是:

$$(\partial U_A/\partial(a - x))/(\partial U_A/\partial y) = (\partial U_B/\partial x)/(\partial U_B/\partial(b - y))$$

即 A、B 二人对两种产品的边际效用之比相等。这其实就是杰文斯的著名的交换方程式的发展,区别在于,某种商品的边际效用现在改用偏导数来表示了。

埃奇沃思进一步认为,均衡时,进一步的交换不可能使 U_A 和 U_B 同时增加,只能以一方的牺牲为代价而使另一方的效用增加,而未达到均衡时,进一步的交换则可能使 U_A 和 U_B 同时增加。在用图形说明上述道理时,他第一次提出了无差异曲线、契约曲线、埃奇沃思盒等。运用这些分析工具,他论证了交换有可能使双方都得到福利改善。在研究交换导致的增益如何在交换双方分配时,他发现在孤立交换条件下没有唯一解(交换比例),但是随着交换双方人数的不断增多,解(交换比例)的范围不断缩小,最后在完全竞争的条件下,只存在唯一解(交换比例),这个交换比例或者说价格对于每个交换者都是无法控制的外生变量。他的工作为以后边际分析的发展,福利经济学的发展,提供了基本工具,作出了重大贡献。具体地说,他对于帕累托在 25 年之后提出序数效用论起了重要作用。

埃奇沃斯在 1897 年的《寡头理论》中,改进了古诺的双寡头模型,抛弃了古诺关于一个寡头将认为其对手不会根据自己的产量决策而修改产量的假设,强调每个寡头都会考虑对方对自己决策的反应。而不同类型的反应将导致双方不同的产量和价格组合。至于寡头们实际将作出何种反应,将不是一个通过理论推导可以回答的问题,而是需要通过实际观察来回答的问题。这样,他就把古诺双寡头模型进一步一般化了,从而推进了寡头理论。

同时,埃奇沃思作为数学家,对于统计分析也作出了对经济学具有重要意义的贡献。他创造了"相关系数"这一术语,并运用统计分析估算了银行日常需要保留以应付提现的准备金,它只与银行负债的平方根成比例,等等。

参考文献

[1]杰文斯:《政治经济学理论》,商务印书馆 1984 年版。

第二十六章　英国历史主义经济学家

在英国,几乎从李嘉图一开始运用抽象演绎方法来研究经济学,就在方法论方面出现了反对的声音。首先是马尔萨斯,从一开始就质疑李嘉图单纯运用抽象演绎无视观察归纳的做法。因此,马尔萨斯也许可以称作是英国历史主义经济学派的鼻祖。然后是1835—1855年继承马尔萨斯教席,任东印度大学黑利伯里学院教授的理查德·琼斯。他被公认为是英国历史主义经济学派的奠基人。但总体上讲,在1870年之前,古典经济学的基本观点在经过约翰·穆勒和西尼尔的修饰之后,能够基本吻合英国经济的现实状况,同时也由于穆勒对历史主义作了一定程度的让步,所以并未受到历史学派观点的太大挑战。

从19世纪后半期开始,英国经济的发展开始超越了英国古典经济学的视野。首先是由于德国的统一和美国内战的结束,这两个国家的经济开始起飞,大有超过英国的势头,而英国的技术进步和经济增长的步伐开始放慢,其突出表现就是英国的贸易顺差不断缩小,从出口额为进口额的5倍下降为20世纪初的2倍。古典经济学自由贸易的政策开始受到挑战,1881年成立了"公平贸易同盟",1903年时任英国贸易委员会主任的约瑟夫·张伯伦发起成立"关税改革同盟",两个同盟的旨意都在于实行一定的贸易保护。[①] 其次是英国经济中的垄断现象开始涌现,出现了大型集团公司,于是古典经济学自由竞争的政策主张也受到挑战。第三是社会收入分配状况与李嘉图为代表的后期古典经济学的预测渐行渐远,19世纪的最后25年,工资水平相对稳定而物价却有所下跌,同时在工会的作用下,工人的实际工资有了一定的提升,渐渐脱离了维持生存的低水平。英国经济面临的新形势新问题一时难以在正统古典经济学的范围中得到解决,于是离经叛道的新思潮开始出现。

上述三方面变化催生了两股对立思潮,其一是第二十五章介绍的以杰文斯为代表的边际主义;其二就是本章介绍的英国历史主义。

---

① 　[英]约翰·米尔斯:《一种批判的经济学史》,商务印书馆2005年版,第215—216页。

英国历史主义①思潮大致从 1870 年开始,延续到 1926 年,②其鼎盛时期是 1875—1890 年。其代表人物有约翰·K.英格拉姆、克利夫·莱斯利、沃尔特·巴杰特、索罗尔德·罗杰斯、赫伯特·萨默顿·福克斯韦尔、威廉·坎宁安、约瑟夫·希尔德、尼科尔森、阿诺德·汤因比、威廉·詹姆斯·阿什利、兰福德·洛弗尔·弗雷德里克·赖斯·普赖斯、威廉·艾伯特·塞缪尔·休因斯、韦伯夫妇等,以及以利昂·莱维和罗伯特·吉芬为代表的四位经济统计学家。③ 这些人深受法国哲学家孔德④(Auguste Comte,1798—1857)、英国哲学家斯宾塞⑤(Herbert Spencer,1820—1903)和英国历史主义法学家亨利·麦恩(1822—1888)的影响。同时,这些人只是在方法论方面保持统一立场,强调历史归纳方法,反对单纯的抽象演绎方法;但是在政策主张上并不一致,有主张自由主义的,也有主张新重商主义的。他们在具体政策上支持爱尔兰社会改革、推进工农业工人条件的改善、促进工会获得承认以及关税改革,等等。

英国历史主义思潮的价值在于四个方面:一是终结了英国古典经济学的自负和偏狭,对其方法展开批判,指出了其结论的假设性和政策的相对性,对他们所认为的正统经济学过于沉溺于抽象演绎的理论、不太关注现实问题的倾向进行批判;当然他们一般也并不完全否定演绎方法。二是指出了自由竞争的局限性,推进了各项社会政策的制定,加强了政府对市场经济的干预。三是促进了经济史这一学科的形成和发展,探讨了经济发展的不同阶段,强调经济理论尤其是经济政策的时空相对性。⑥ 四是推动了统计学方法在经济学和经济史研究中的运用。

但是英国历史主义经济学家偏重于对古典经济学的批判,乐于为现实经济问题建言献策,却并未建立自己系统的理论体系。于是他们的影响虽然都曾经喧嚣一时,但更容易随着时代背景的改变和人们所面临问题的改变而被后人所淡忘。而且他们大多侧重宏观问题的研究(这一点类似于古典经济学),基本不涉猎微观经济问题(这与新古典经济学形成鲜明对照)。这也许是他们未能创

---

① 《新帕尔格雷夫经济学大辞典》第 2 卷,经济科学出版社 1996 年版,第 157—160 页。

② 这一断代是由杰拉德·M.库特确定的。参阅其《英国历史经济学:1870—1926》,中国人民大学出版社 2010 年版。

③ [美]亨利·威廉·斯皮格尔:《经济思想的成长》上,中国社会科学出版社 1999 年版,第 345—346 页。杰拉德·M.库特确定的,参阅其《英国历史经济学:1870—1926》,中国人民大学出版社 2010 年版。

④ 《新帕尔格雷夫经济学大辞典》第 1 卷,经济科学出版社 1996 年版,第 609—610 页。

⑤ 《新帕尔格雷夫经济学大辞典》第 4 卷,经济科学出版社 1996 年版,第 469—470 页。

⑥ 杰拉德·M.库特:《英国历史经济学:1870—1926》,中国人民大学出版社 2010 年版,第 222—235 页。

立一个有持久影响的能与马歇尔为代表的新古典经济学相竞争的学术传统的原因。当然,更详细具体的原因仍然有待于从科学社会学的角度深入探讨。

第一节　理查德·琼斯的经济理论

理查德·琼斯①(Richard Jones,1790—1855),英国经济学历史学派的奠基人。他出身于一个律师的家庭,1818 年毕业于剑桥大学,后任牧师,并研究经济学。1833—1835 年任伦敦大学国王学院的经济学教授,1835—1855 年继承马尔萨斯教席任东印度大学黑利伯里学院教授,讲授经济学和历史学。期间还先后担任过英国什一税委员会和慈善委员会委员。他的主要经济著作有:《论财富的分配和赋税的来源》(1831)、《政治经济学绪论》(1833)和《国民经济学教程》(1852)等。从总体上看,他思想的特点:一是纲领式的,即提出了一个研究纲领,但并未完成他的研究;二是批判式的,即主要是批判,但正面的建树较少;三是相对论的,即不承认普遍永恒的经济法则;四是进化论的,即认为经济社会是会不断进步的,从而是乐观主义的。② 以下根据《论财富的分配和赋税的来源》简述他的经济理论观点。

(一)琼斯反对李嘉图的非历史的演绎方法,主张运用历史归纳法研究经济问题。他指出:"李嘉图是有才能的人,他提出一种理论体系,很巧妙地把一些纯粹假定的真理结合在一起;但是,只需全面地看一看世界上实际存在的一切,就可以显示它和人类以往的及目前的情况完全不符。"③他认为必须对各国不同历史阶段的生产和分配进行广泛的观察与分析,才能建立起普遍适用的原则;以往经济学提出的一般原则之所以失效,就是由于缺乏对事实作广泛的观察与分析。他说,"欲求一般原理,当对一般事实先加考察",否则"一般原理"必无概括效力。④ 他不同意那种认为不可能发现具有普遍有效性的经济规律的观点,他仅仅强调在经济分析中,必须特别注意经济制度之间的历史差别和对经济事实的广泛考察。"政治经济学必须使所谓普遍适用的准则建立在经验的基础

---

① 《新帕尔格雷夫经济学大辞典》第 2 卷,经济科学出版社 1996 年版,第 1111－1112页。[英]马克·布劳格、保罗·斯特奇斯:《世界重要经济学家辞典》,经济科学出版社 1987年版,第 317－318 页。

② [美]亨利·威廉·斯皮格尔:《经济思想的成长》上,中国社会科学出版社 1999 年版,第 345 页。

③ [英]理查德·琼斯:《论财富的分配和赋税的来源》,商务印书馆 2007 年,序言第 5 页。

④ 转引自汉纳:《经济思想史》上,(台湾)正中书局 1969 年版,第 412 页。

上；……凑合在一起而产生这门学科所熟悉的那些混杂的原因,只有通过反复观察各国历史上发生过的事件才可能分析、研究和彻底了解;并且(除了在极罕见的情况下)决不能对它们进行预先计划的实验"①。

(二)琼斯应用历史归纳法,在研究社会结构的共同点及其所呈现的不同形式之间的区别时,论述了资本主义生产方式的历史进步性和过渡性。

首先,琼斯试图运用"劳动基金"这一概念来说明社会制度的不同类型。他所谓的"劳动基金",既包括劳动者占有生产品的方式,也包括各阶级对生产资料的关系。琼斯认为"劳动基金"有各种不同的形式,资本仅仅是其中的一种形式,而且是历史上出现较晚的一种形式。他指出,劳动基金可以分为三类:(1)"由劳动者自己生产并由他们自己消费的收入,这些收入绝不属于其他任何人(在这种情况下,劳动者实际上必然是他自己的生产工具的所有者,不管他的收入具有什么样的特殊形式)"。(2)"属于和劳动者不同的那些阶级的收入,这些阶级花费这些收入来直接维持劳动"。(3)"真正的资本"。②

在琼斯看来,在现实生活中这三类劳动基金都可以看到,但在当时的英国,第一、二类是极其有限的,第三类,即"真正的资本"才是劳动基金的基本形式;而在其他许多国家则是资本以前的劳动基金形式,即前资本主义的生产形态占据重要地位。即在资本主义制度下,劳动者的所得由"真正的资本"支付,在前资本主义制度下,劳动者的所得由收入支付。

其次,琼斯论述了资本主义生产形式对生产力发展的影响。他认为,资本主义生产形式对生产力的影响,主要表现为如下两个方面:(1)影响劳动的连续性,从而促进了生产力的发展。琼斯认为,当各种各样的手工业劳动者还没有成为资本家的工人时,他们经常徘徊街头,寻找雇主;当劳动者变成资本家的工人,由资本家预付给他们工资以后,工人就连续地劳动,而工人劳动的这种连续性,对于劳动生产力的影响是非常大的。(2)资本主义生产方式对分工、知识和技能的发展以及机器的使用等的影响,从而促进了生产力的发展。

第三,琼斯已接近于了解资本主义生产方式的历史过渡性。他在《国民经济学教程》中,曾把资本作为一种特殊的生产关系来描述。他把资本看作是"过去劳动的积累",它"担负起向劳动者预付工资的职能"③。这表明资本被说成是一种"关系","而且是完全确定的生产关系"④。他把资本和资本主义生产方式

---

① [英]理查德·琼斯:《论财富的分配和赋税的来源》,商务印书馆 2007 年,序言第 11—12 页。

② 转引自《马克思恩格斯全集》第 26 卷Ⅲ,人民出版社 1974 年版,第 457—458 页。

③ 转引自《马克思恩格斯全集》第 26 卷Ⅲ,人民出版社 1974 年版,第 470 页。

④ 《马克思恩格斯全集》第 26 卷Ⅲ,人民出版社 1974 年版,第 470 页。

只看作社会生产发展中的一个过渡阶段。①

(三)依据上述历史观点和研究方法,琼斯在考察社会财富的生产和分配时,在批判李嘉图地租理论的基础上,提出了自己的地租理论。

1. 琼斯把农业劳动生产率的一定水平作为地租的起源,"土地的生产如果超过耕种者本人的生活所需,这种能力就……是地租的起源"②。他进一步从各国不同时代的土地财产的不同形态中看到了农业劳动者的产出超过自己所需的剩余变成地租则起源于土地所有权。在他看来,一旦土地私有,耕种土地就必须向土地所有者交纳贡物。与李嘉图不同的是,他认为即使最坏的土地也存在地租,即存在绝对地租。

2. 琼斯研究了历史上各国先后出现的各种地租形式。他依次考察了劳役地租或农奴地租③、分成制地租、印度农民地租、爱尔兰小农地租和资本主义租地农场主地租。他通称前四种地租为农民地租,与其并列的是农场主地租。④

对于劳役地租或农奴地租,琼斯指出了它的种种弊端,包括劳动者的低效率,以及对劳动进行监督的效率、非农业人口的稀少、地主的专横、国家政治上的专制,等等,以及由于这种种弊端所导致的向产品地租的演化。⑤

对于分成制地租,琼斯研究了它的起源,指出了它相对于劳役地租或农奴地租的优越性和相对于农场主地租的落后性。⑥ 既肯定其提高劳动者耕作热情和降低地主监督成本的有利方面,同时也指出其不利于农业创新的方面。⑦

琼斯用印度农民地租这个术语来称呼印度和亚洲其他国家的农民向君主——全部土地的最高所有者——缴纳的实物租税。而爱尔兰小农地租则是指爱尔兰那些从地主那里租一小块耕地所交的货币地租。同样也主要对其弊端进行了分析,如地租负担的不确定,过于沉重,收缴地租的官员的贪腐,等等,以及由于这一切所导致的农民的普遍贫困。⑧

在上述前资本主义的农民地租的各种形式中,直接占有别人剩余劳动的人

---

① 《马克思恩格斯全集》第 26 卷Ⅲ,人民出版社 1974 年版,第 472 页。

② [英]理查德·琼斯:《论财富的分配和赋税的来源》,商务印书馆 2007 年版,第 3 页。

③ [英]理查德·琼斯:《论财富的分配和赋税的来源》,商务印书馆 2007 年版,第 14 页。

④ [英]理查德·琼斯:《论财富的分配和赋税的来源》,商务印书馆 2007 年版,第 11 页。

⑤ [英]理查德·琼斯:《论财富的分配和赋税的来源》,商务印书馆 2007 年版,第 34—50 页。

⑥ [英]理查德·琼斯:《论财富的分配和赋税的来源》,商务印书馆 2007 年版,第 52 页。

⑦ [英]理查德·琼斯:《论财富的分配和赋税的来源》,商务印书馆 2007 年版,第 70—76 页。

⑧ [英]理查德·琼斯:《论财富的分配和赋税的来源》,商务印书馆 2007 年版,第 77—110 页。

不是资本家,而是土地所有者。琼斯在考察了前资本主义农民地租的各种形式后,得出了如下两点结论:(1)这些形式都压抑土地生产力,"各种形式的农民地租所共有的又一种值得注意的后果,是在阻碍土地生产力的充分发展方面的影响"①。(2)这些形式都不会扩大非农业人口,"那些不干农业劳动而能维持生活的人的相对数目,必须完全以耕种者的生产能力为标准。……因此,凡是土地的资源是在技术和力量都不足的情况下开发的地方,各种非农业的人的相对数目决不会大得像在这些资源开发得比较完善的时候那样"②。

至于资本主义租地农场主的地租,琼斯指出,最先受资本主义生产方式支配的是手艺人和手工业者,只是到后来才使农业逐渐服从于资本主义生产方式;资本主义生产方式支配农业的直接结果之一,就是能够任意把用于农业的资本和劳动力转移到其他行业中去。在这种情况下的地租,就必然由剩余利润构成,即使是最劣等的土地亦有地租存在。③

琼斯认为,农产品价格由最不利条件下的生产费用和利润决定,他把这种价格称之为垄断价格。由此他把资本主义租地农场主地租的源泉归结为由土地所有权引起的垄断价格。④

琼斯对各种地租形式的分析,清楚地表明他已经认识到了资本主义租地农场主地租绝不是土地所有权的永恒形式,而只是土地所有权的资产阶级形式而已。

3. 琼斯在批判李嘉图等人把级差地租和土地收益递减规律相联系的论断时,阐述了地租量变化的三个原因:"第一,在土地的耕种中由于积累了较多的资本而致产品增加;第二,对已经动用的资本作更有效益的使用;第三,(资本和产品仍然一样)生产阶级在产品中分取的一份减少,而归于地主的一份相应地增多"。⑤

对于资本增加,琼斯区分了两种情况:一种是不改变劳动者人均资本的增加;另一种是伴随着技术进步,能够提高人均资本的资本(他称之为辅助资本)

---

① [英]理查德·琼斯:《论财富的分配和赋税的来源》,商务印书馆2007年版,第112页。
② [英]理查德·琼斯:《论财富的分配和赋税的来源》,商务印书馆2007年版,第113页。
③ [英]理查德·琼斯:《论财富的分配和赋税的来源》,商务印书馆2007年版,第132—133页。
④ [英]理查德·琼斯:《论财富的分配和赋税的来源》,商务印书馆2007年版,第135—136页。
⑤ [英]理查德·琼斯:《论财富的分配和赋税的来源》,商务印书馆2007年版,第134页。

增加;后者会在在增加农业总产量的同时增加租地农场主地租。① 而且他认识到这第二种增加还会增加社会的非农业人口和提高社会中间阶级的收入。②

对于资本效率的提高,琼斯同样认为那会同时提高整个年产量和租地农场主地租。③

从上述认识出发,琼斯反对李嘉图等人把地租的上涨一概归咎于土地报酬递减,因为前两种来源导致的地租增加明显与土地报酬递减无关。④ 他写道:"如果地租由于……前面研究的那两种来源而增涨,……其结果是完全有利的。"⑤

总之,琼斯更加强调技术进步条件下的资本增加对地租增加的影响,而不是像李嘉图等人那样假定技术不变条件下土地报酬递减和资本报酬递减所引起的地租增加。前一种情况下的地租增加不会以其他阶级的收益下降为代价,而后一种情况则恰恰相反。

琼斯分析了当时英国社会资本利润率下降的原因,他不像李嘉图等人那样把利润率下降归咎于土地报酬递减法则下的地租上涨,而是更加强调工资上升所发生的影响。因为他并不认为存在什么工资铁率。⑥

从以上观点出发,琼斯否定了李嘉图从其地租理论出发所推导出来的关于地主与社会所有其他阶级的利益相对立的结论,认为"无论土地所有者和耕种者之间的关系采取什么形式或者经过什么修改,地主的长期利益都不是和广大社会的长期利益对立的"⑦。同时他也指出,如果产量不变,地主通过减少农民的收入来提高地租,那么将"对社会和佃户本身都不利"⑧。而这种短期增加的地租,最终对地主本身也不利。"各个阶级能够因其他阶级的不景气而获得的繁荣,由于自然规律,是有限的和不牢靠的。各个阶级可以从财富增加的来源

---

① ［英］理查德·琼斯:《论财富的分配和赋税的来源》,商务印书馆 2007 年版,第154—160 页。

② ［英］理查德·琼斯:《论财富的分配和赋税的来源》,商务印书馆 2007 年版,第161—166 页。

③ ［英］理查德·琼斯:《论财富的分配和赋税的来源》,商务印书馆 2007 年版,第166—172 页。

④ ［英］理查德·琼斯:《论财富的分配和赋税的来源》,商务印书馆 2007 年版,第 137 页。

⑤ ［英］理查德·琼斯:《论财富的分配和赋税的来源》,商务印书馆 2007 年版,第 178 页。

⑥ ［英］理查德·琼斯:《论财富的分配和赋税的来源》,商务印书馆 2007 年版,第182—185 页。

⑦ ［英］理查德·琼斯:《论财富的分配和赋税的来源》,商务印书馆 2007 年版,序言第19 页。

⑧ ［英］理查德·琼斯:《论财富的分配和赋税的来源》,商务印书馆 2007 年版,第 115 页。

中取得的利益……，是安全以及推进到超过我们的经验或者计谋的范围。"①他进一步谈到，无论是人为压低工人工资还是人为压低资本家利润，都只能是短期使某一个阶级获利，而在长期中一定会两败俱伤。因为人为压低工资会使工人丧失工作热情，降低劳动效率；而人为压低利润会使资本外流，妨碍工人就业。②他提出，"资本家和工人的利益，尽管有时候明显地对立，就长期来说，基本上是完全协调的"③。他的一般性结论是："当一国的各种资源都处在前进过程中时，其中任何一个阶级的财富都没有理由必然会减少；没有哪个社会阶层的利益永远与另一阶层的利益处于对立状态的；无论是在人的物理构成还是他所居住的地球的构成里，都没有任何成分一定要挫伤那些努力保证社会所有阶级永久协调和共同繁荣者的希望。"④

总体上看，琼斯相信技术进步条件下的资本积累将同时增进社会上各个阶级的利益，因此从长期来看，地主、资本家和工人之间不存在利益上的冲突和对抗。

（四）否定了马尔萨斯对人口问题的悲观观点。琼斯指出："人类社会中存在着种种原因及其影响为，在物质生活丰裕和精神生活提高的过程中，有助于节制人类增殖能力的发挥，并且不会明显地化为痛苦，和几乎同样明显地不会成为纯粹的罪恶行为，或者成为一种无可指责的道德节制状态。"⑤因此，随着人类生活水平的提高，人类的生育率可能会降低。他以生育率级差现象（即穷人生育率高而富人生育率低）⑥来证明这个观点。为了论证这种观点，他区分了人的基本需要和次等需要，后者是无限的。据此，他提出了他的人口法则："次等需要在社会各阶级之间加倍，关于婚姻的谨慎动机随之加倍。"⑦即生活水平的提高会自动降低出生率。因此，他否定马尔萨斯从其人口论出发得出的关于人

① ［英］理查德·琼斯：《论财富的分配和赋税的来源》，商务印书馆2007年版，第201页。
② ［英］理查德·琼斯：《论财富的分配和赋税的来源》，商务印书馆2007年版，第202—204页。
③ ［英］理查德·琼斯：《论财富的分配和赋税的来源》，商务印书馆2007年版，第204页。
④ 转引自杰拉德·M.库特：《英国历史经济学：1870—1926》，中国人民大学出版社2010年版，第41页。
⑤ ［英］理查德·琼斯：《论财富的分配和赋税的来源》，商务印书馆2007年版，序言第10—11页。
⑥ ［美］亨利·威廉·斯皮格尔：《经济思想的成长》上，中国社会科学出版社1999年版，第344页。
⑦ 引自［美］亨利·威廉·斯皮格尔：《经济思想的成长》上，中国社会科学出版社1999年版，第247页。

类前景的悲观结论。①

　　从近 200 多年世界各国的情况来看,琼斯的生育率级差现象也许可以升格为生育率级差法则,虽然他对其原因的分析尚有待于进一步推敲。

第二节　其他历史主义经济学家

一、英格拉姆

　　约翰·K.英格拉姆②(John Kells Ingram,1823—1907),一位英国国教牧师的儿子,长期从教于爱尔兰都柏林三一学院,通晓法律、文学、和古典文献,同时还是数学家,是爱尔兰统计和社会咨询学会的创建人之一。他去世时曾被人称作是"欧洲最有教养的人"③。

　　1878 年,英格拉姆在都柏林举行的英国科学进步学会上发表以《政治经济学的现状及前景》为标题的演讲,提倡历史主义方法,反对英国政治经济学中的抽象演绎方法。他认为英国古典经济学尤其是李嘉图把社会的经济现象与政治、道德和文化割裂开来,提出了恶劣抽象的经济人概念,无限夸大演绎方法的功能,提出过于绝对的脱离实际的结论。④ 当然他也并非完全反对演绎方法,"如果不从先验的假想出发,而从已被证实的一般结论出发,演绎便是合理的过程"⑤。

　　1888 年,英格拉姆发表了其最著名的《政治经济学史》,其中完整介绍了德国、法国和比利时历史主义经济学家的思想。该书成为通行数十年的经济思想史教科书。该书也是自 1837 年法国著名经济学家 J. A. 布朗基发表世界上第

---

　　① ［英］理查德·琼斯:《论财富的分配和赋税的来源》,商务印书馆 2007 年版,序言第 20 页。

　　② 《新帕尔格雷夫经济学大辞典》第 2 卷,经济科学出版社 1996 年版,第 917－918 页。［英］马克·布劳格、保罗·斯特奇斯:《世界重要经济学家辞典》,经济科学出版社 1987 年版,第 301－302 页。［美］亨利·威廉·斯皮格尔:《经济思想的成长》上,中国社会科学出版社 1999 年版,347－349 页。

　　③ 引自［美］亨利·威廉·斯皮格尔:《经济思想的成长》上,中国社会科学出版社 1999 年版,第 348 页。

　　④ ［美］亨利·威廉·斯皮格尔:《经济思想的成长》上,中国社会科学出版社 1999 年版,第 348 页。杰拉德·M.库特:《英国历史经济学:1870—1926》,中国人民大学出版社 2010 年版,第 55－56 页。

　　⑤ 《新帕尔格雷夫经济学大辞典》第 2 卷,经济科学出版社 1996 年版,第 158 页。

一部经济思想史专著《欧洲从古代到现代的政治经济学史》以后,第二部重要的经济思想史专著。

二、莱斯利

克利夫·莱斯利[①](Cliffe Leslie,1827—1882),一位英国国教牧师的儿子,曾受教于马恩岛的威廉国王学院和都柏林的三一学院,1853 年起在贝尔法斯特的女皇学院任法理学和政治经济学教授。其主要论著有:《从经济角度看欧洲军事制度》(1856)、《爱尔兰、英格兰和大陆国家的土地制度与工业经济》(1870)、《亚当·斯密的政治经济学》(1870)、《论政治经济学的哲学方法》(1878)、《道德与政治哲学论文集》(1879)和《经济学中的已知数和未知数》(1888)等。

莱斯利与英格拉姆一起被称作英国历史经济学的先导,同时也是其中最激进者。这一方面因为他是历史主义法学家亨利·麦恩的学生,受其影响,用历史方法来研究经济学。同时也是由于他有爱尔兰的生活履历。当时爱尔兰的佃农在土地使用权方面产权残缺,地主随时可以收回土地,佃农改良土地的投入得不到充分回报。而在主张自由主义的正统经济学指导下的爱尔兰土地政策仅仅给予佃农自由贸易的权力,却不考虑佃农的产权保护。这种状况也引起他对正统经济学的极度不满,从而转向历史主义。

莱斯利在 1879 年发表的《亚当·斯密的政治经济学》一文中,认为斯密是一位善于归纳且具有历史视野的经济学家,批评了李嘉图单一的抽象演绎方法。他甚至主张把李嘉图经济学的整幢大厦夷为平地,然后才能开始谨慎的研究。他尤其对古典经济学的经济人假设提出了两方面的挑战:一是在《论政治经济学的哲学方法》中反对把具有多重追求的活生生的个人假设成为只是单纯追求财富的经济人。他批评经济人假设是"一个抽象的概念,它把许许多多不同的、异质的动机复合在一起,并且把这些动机误作为一种单一的、同质的力量"[②]。他尤其对经济人的行为可以实现互利的观点表示了质疑,"人类贪婪和自私的秉性……本质上是侵略和伤害而非互利的源泉"[③]。二是在《经济学中的已知数和未知数》中否定人具有充分信息,因此经济学家不可能依据所谓的一

---

① 《新帕尔格雷夫经济学大辞典》第 1 卷,经济科学出版社 1996 年版,第 491—492 页。[美]亨利·威廉·斯皮格尔:《经济思想的成长》上,中国社会科学出版社 1999 年版,第 349—350 页。因格拉门:《经济学史》,商务印书馆 1932 年版,第三册第 76—80 页。

② 《新帕尔格雷夫经济学大辞典》第 2 卷,经济科学出版社 1996 年版,第 158 页。

③ 转引自杰拉德·M.库特:《英国历史经济学:1870—1926》,中国人民大学出版社 2010 年版,第 49 页。

般法则对现实经济生活进行准确的预测,从而只能依靠历史主义方法来研究经济。

在爱尔兰的问题上,莱斯利强烈要求对土地制度进行改革,要求保障佃农的土地使用权,实行公平合理的地租,对佃农土地改良的投资予以补偿,废除长子继承权并加强土地的自由流动。

莱斯利反对正统经济学只考虑一般性抽象财富的做法,强调要考虑财富的历史的具体的表现形式。另外在其论著中出现了消费者主权和重视消费理论的思想萌芽,强调消费者的需要和渴望是生产的真实动机。同时他也怀疑现实经济中的流动性是否足以实现古典经济学所说的利润的平均化。他是后来对主流经济学的制度主义批判的先驱。

三、巴杰特

沃尔特·巴杰特(又译白哲特)[①](Walter Bagehot,1826—1877),一位一神教派银行家的儿子,曾受教于伦敦的大学学院,主修法学,是一位多才多艺的聪明人,涉猎多个学科。由于他娶了1843年创办《经济学家》杂志的詹姆斯·威尔逊(James Wilson)的女儿,自1859年他岳父去世以后,就成为该杂志的编辑。其主要论著有:《物理学与政治学》(1872)、《伦巴德大街》(1873)、《英国宪法》(1876)和《经济研究》(1880),等。

在方法论方面,巴杰特对于李嘉图的抽象演绎方法非常不满,认为它起码有三个缺点:(1)它忽略了不同文化对于人们行为的约束,例如它假设劳动是可以自由流动的,而这在印度是罕见的。(2)它的经济人假设只是一个抽象的人,而非真实的人,所以它研究的只是假设的人而非现实中的人。(3)由于它的非真实的假设,它只是在有限范围中是真实的,是有用的;而在此范围之外则无用。因此,他倾向于历史地归纳地从观察中取得结论的方法。但他对于历史归纳法也并未走极端,一方面反对全部案例方法,因为要完全列举一切历史经验是不可能的;另一方面也反对单一案例方法,因为它完全回避了理论的指导。

巴杰特在其方法的指引下,通过观察,写下了他的名著《伦巴德大街》。伦巴德大街是当时伦敦的金融区。该书通过对银行的观察,实际上提出了一种经济周期理论。该理论的特点是强调心理因素在经济波动中的作用,认为是人们

————————
① 《新帕尔格雷夫经济学大辞典》第1卷,经济科学出版社1996年版,第185—187页。[英]马克·布劳格、保罗·斯特奇斯:《世界重要经济学家辞典》,经济科学出版社1987年版,第28—29页。[美]亨利·威廉·斯皮格尔:《经济思想的成长》上,中国社会科学出版社1999年版,第350—353页。因格拉门:《经济学史》,商务印书馆1932年版,第三册第71—74页。

的心理波动引起银行信贷的波动,然后通过产业之间的投入—产出关系,使一个产业的起伏传递到其上游产业,进而引起整个经济的波动。他的这一观点影响到后来剑桥大学经济学家庇古对经济波动的看法,也启发了另一位剑桥大学经济学家 R. F. 卡恩提出乘数理论。

通过对经济波动的分析,巴杰特提出了一种中央银行理论,认为英格兰银行的功能应当与其他私人商业银行有所不同,要担负起稳定经济的责任。具体来讲,是要对国内外不同因素引起的银行黄金的流失采取不同措施,对于国内的挤兑用自由放贷来解决,用今天的术语来讲就是增加贷款;对于国际因素引起的黄金流失则通过提高国内利率来吸引黄金回流。

为了解决政府财政短期周转的困难,巴杰特创意了模仿商业汇票的短期国库券。由于他在金融领域的权威地位,英国政府的最高政务会议寻求并尊重他的建议,自由党人格拉斯顿称其为财政部的编外大臣。

巴杰特虽然出身富家,长于金融,但同时也关心社会问题,同情穷人。他在1848 年的一篇对穆勒的评论中认为,19 世纪欧洲尤其是英国面临的最大问题是如何提高工资率,如何改善底层穷人的生活水平。

四、罗杰斯

索罗尔德·罗杰斯[①](James Edwin Thorold Rogers,1823—1890),曾就学于伦敦皇家学院和牛津马格达莱学院,自 1859 年直至去世,一直任伦敦皇家学院统计学与经济学首届图克讲座教授,并住持牛津的德拉蒙德教授职位。在研究方向上他继承了图克的传统,注重历史数据的收集和整理,尤其是价格和工资的历史数据,其成果是里程碑式的 8 卷本《英格兰农业和价格史》(1886—1902)。书中主张将经济史的重点放在收入分配问题上,并为中世纪英国劳工的高水平生活论证,认为以后的恶化是地主操纵政府立法的结果。根据所收集的资料,他指出,18 世纪晚期工人的工资和福利与 13 世纪差别不大,但 15 世纪到 16 世纪早期是英国工人的黄金时期,尤其是黑死病过去以后,工人得以取得土地,提高了工资,并且得到稳定的租期。但在亨利八世上台以后,一直到 19 世纪,尤其是伊丽莎白女皇时期,英国贵族利用法律手段,使工人生活水平不断

---

① 《新帕尔格雷夫经济学大辞典》第 4 卷,经济科学出版社 1996 年版,第 235—236 页。[英]马克·布劳格、保罗·斯特奇斯:《世界重要经济学家辞典》,经济科学出版社 1987 年版,第 534—535 页。[美]亨利·威廉·斯皮格尔:《经济思想的成长》上,中国社会科学出版社 1999 年版,第 353 页。

恶化。由此他得出结论,工人的贫困是政府对市场进行错误干预所造成的。①

罗杰斯认为,他与古典经济学最大的不同是对农业问题的分析。根据所收集的资料,他认为李嘉图的土地报酬递减律和马尔萨斯的人口规律都站不住脚。因为从 13 世纪以来,谷物价格上升 8 倍而地租上升了 80 倍,这表明地租上涨主要不是像李嘉图所认为的那样是谷物价格上涨的结果。他继承了琼斯的观点,认为地租上升主要是农业生产率提高的结果,而这种提高又源于人们对农产品需求的增加。

在理论上,罗杰斯反对古典经济学尤其是李嘉图,他把后者称作"生活富裕的寄生虫"。他同时也反对他所认为是古典经济学所引发的社会主义,包括德国的社会主义和美国乔治·亨利主张土地国有的社会主义。他统称他们为阶级冲突论者。而他认为经济学应当论证利益的和谐。②

政策主张上,罗杰斯与其他大多数历史学派经济学家不同,在其连襟理查德·科布登的影响下,坚决反对政府进行广泛干预,包括各种妨碍土地自由流动的法律和习俗。主张由工会来解决几乎所有社会问题。

五、利昂·莱维和罗伯特·吉芬等四位经济统计学家

从 19 世纪中期开始,统计方法开始进入经济学领域,开创了运用统计数据和统计方法研究经济学的时代,为历史学派经济学提供了不同于抽象演绎方法的新工具。当然,也并非只有历史学派才采用这一工具,边际效用学派的杰文斯也是运用统计方法研究经济现象的高手。在可以算作是历史学派的经济统计学家中间,有四位值得介绍。

(一)利昂·莱维

利昂·莱维(Leone Levi,1821—1889),1852 年被任命为新设立的伦敦大学国王学院商学教授,是曼彻斯特学派科布登的好友,被称作是经济统计学界的巴斯夏。像巴斯夏一样,莱维也相信在上帝、自然和人类之间存在普遍的和谐,但却经常被人类的错误立法所破坏。他主要研究英国的立法史,在其 1872 年出版的《英国商业史:1763—1878》中,他力图运用历史归纳法证明自由贸易和自由竞争导致英国经济的快速增长,并希望其他国家也采取类似的政策。他坚持认为归纳法将使得经济学成为一门科学,"使政治经济学具有一门确定性

①　杰拉德·M.库特:《英国历史经济学:1870—1926》,中国人民大学出版社 2010 年版,第 78—79 页。

②　杰拉德·M.库特:《英国历史经济学:1870—1926》,中国人民大学出版社 2010 年版,第 81 页。

学科性质的正是对统计学的运用;通过这种运用,它不再是试验性的,而是在很大程度上成为一门归纳性或实验性的学科"①。

(二)罗伯特·吉芬

罗伯特·吉芬②(Robert Giffen,1837—1910),13 岁开始为一位律师当学徒,23 岁转行于新闻界,1868—1879 年他到《经济学家》杂志担任巴杰特的助理编辑,1876—1897 年他担任贸易委员会的统计部主任,1882 年出任该委员会助理大臣,他还出任过新成立的劳工部第一任部长,担任过一段时间的伦敦统计学会会长,两次当选为不列颠协会经济部主席(1887 年和 1901 年),英国皇家经济学会创建人之一。他是一位精力充沛的人,尤其擅长于学术行政工作。其主要论著有:《财政论文集》第一集(1880)、第二集(1886)、《经济探讨与研究》2 卷(1869—1902)、《股票交易证券》(1877)和《资本的增长》(1889)等。

吉芬的经济观点是维护古典经济学的自由主义,甚至声称再有一二代人,主张保护主义的政客将消失。但是在方法上却反对抽象演绎方法,主张运用统计学和历史学的归纳方法来论证古典经济学的自由主义结论。他在工资率、经济增长、国民收入等指标的统计方面作出了突出贡献。

吉芬 1883 年在伦敦统计学会作主席发言时,运用人口、物价等数据,论证自 1833 年以来的半个世纪里,英国工人阶级的实际工资增加了 50%至 100%,从而对工业革命的后果作出了乐观的评价。这一观点在当时引起极大争议。

围绕着 19 世纪末的英国关税改革问题,吉芬在资本形成率问题上作出了开创性的研究,其结论依然乐观。他依据英国总资本积累率的数据作出推测,认为虽然英国一些产业与其他国家相比,出现了相对衰退,但是总体形势依然乐观,只要继续坚持自由贸易政策,有形贸易出现的赤字可以由无形贸易弥补。

最后值得顺便指出的是,流传甚广的"吉芬商品"一说,虽然由马歇尔在其《经济学原理》第三版首先提出,但实际上没有文字证明确由吉芬提出,也许只是吉芬与马歇尔私下交谈的结果。

---

① 转引自杰拉德·M. 库特:《英国历史经济学:1870—1926》,中国人民大学出版社 2010 年版,第 83—84 页。

② 《新帕尔格雷夫经济学大辞典》第 2 卷,经济科学出版社 1996 年版,第 560—562 页。[英]马克·布劳格、保罗·斯特奇斯主编:《世界总要经济学家辞典》,经济科学出版社 1987 年版,第 220 页。杰拉德·M. 库特:《英国历史经济学:1870—1926》,中国人民大学出版社 2010 年版,第 84—86 页。

（三）阿瑟・莱昂・鲍利

阿瑟・莱昂・鲍利①（Arthur Lyon Bowley，1869—1957），继吉芬之后英国最主要的经济统计学家。他 1891 年毕业于剑桥大学数学专业，1900—1919 年任雷丁大学附属学院数学和经济学教授，1919—1936 年任伦敦经济学院首位统计学教授，是抽样调查方法的首倡者，1922 年成为英国科学院院士，1933 年参与发起世界计量经济学会，1938—1939 为该学会主席，1938—1940 任英国皇家统计学会主席。其主要论著有：《19 世纪英国对外贸易简论》（1893）、《生计与贫困》（1915，与人合作）、《工业产品分类》（1920）、《经济学的数学基础》（1924）、《贫穷消灭了吗?》（1925，与人合作）、《1860 年以来英国的工资和收入》（1937）和《国民收入研究》（1942）等。

鲍利是一位杰出的经济统计学家，从数理统计理论到资料收集的方法，他都有重大贡献，是发展抽样方法的先驱。他一直要求在经济学中使用统计学和数学，虽然当时没有引起多大反应，但影响了后来几代经济学家。

在其《19 世纪英国对外贸易简论》中，鲍利一方面承认英国主要产业地位有所下降，但又认为无形贸易可以弥补有形贸易；从而坚持自由贸易的立场。

（四）查尔斯・布思

查尔斯・布思②（Charles Booth），被现代社会学家称作是实证社会学研究的创始人之一。

他是一位富有同时又非常有同情心的利物浦商人，十分关心工人的福利和资产阶级的责任。在政策见解上他拥护自由主义，参加了各种自由主义的活动。他最重要的贡献是对大城市的贫困现象开展了实证调查研究。在其 17 卷的《伦敦人的生活与工作》（1902—1903）中，他根据调查指出有三分之一的人口处于贫困之中。究其原因，他认为是无限制的工业竞争，是这种竞争所引起的工人无规律的劳动和同样无规律的生活。他并未提出多少解救措施，他只是希望通过他的实际调查能够引起人们对大城市贫困问题的关注。

①　《新帕尔格雷夫经济学大辞典》第 1 卷，经济科学出版社 1996 年版，第 293－294 页。[英]马克・布劳格、保罗・斯特奇斯主编：《世界重要经济学家辞典》，经济科学出版社 1987 年版，第 74－75 页。杰拉德・M.库特：《英国历史经济学：1870—1926》，中国人民大学出版社 2010 年版，第 86 页。

②　杰拉德・M.库特：《英国历史经济学：1870—1926》，中国人民大学出版社 2010 年版，第 86－88 页。

六、福克斯韦尔

赫伯特·萨默顿·福克斯韦尔[①]（Herbert Somerton Foxwell，1849—1936），曾就读于伦敦大学，1868 年进入剑桥大学圣约翰学院，1897 年被选为该学院院士，1881 年继杰文斯之后成为伦敦大学政治经济学教授。他反对李嘉图的抽象演绎方法，认为它导致了社会主义思潮。他认为古典经济学的论点和政策主张应当受到特定时空的限制。在其 1886 年的《就业不规则性与物价波动》中，他认为竞争既产生财富也引起工人的贫困，有些竞争会提高效率，但大多数竞争并不像古典经济学所认为的那样会提高效率，而是会一方面导致垄断，另一方面导致大量企业的破产。贫困主要源于价格不稳定引起的就业不稳定。为此，他的解救方案是通过政府干预，实行受管制的垄断以避免不必要的重复投资、降低广告费用、发展工人合作社、鼓励成立工会、实行利润分享，以及在住房、医疗、教育和公共工程诸方面实行反周期政府支出的制度。他主张金银复本位制，以降低经济的波动性；并要求对国际收支实行管制。总之，他要求结束自由竞争的资本主义，建立有管制的资本主义。

福克斯韦尔在其 1887 年发表的《英国经济运动》中以赞美的口吻叙述了英国历史经济学的形成，并认为以此作为公共政策的指导比占统治地位的李嘉图传统更加优越。他对李嘉图《政治经济学与赋税原理》的评价是"这本灾难性著作的第一版，它带给我们的是马克思的社会主义和阶级斗争。这种类型的演绎玩具完全与现实相脱离"。它的危害"就像是给小孩一把剪刀玩一样"[②]。因为它一方面激发了主张一切产品归劳动所有的社会主义极端立场，另一方面又以工资铁律否定了一切改良的可能性和必要性。他站在历史主义的立场上也不完全同意马歇尔，认为后者还是过于看重演绎分析方法，以至于后者在 1908 年不能接受他为剑桥大学经济学教授的继任人。1929 年他被选为皇家经济学会主席。

---

① 《新帕尔格雷夫经济学大辞典》第 2 卷，经济科学出版社 1996 年版，第 444—445 页。[英]马克·布劳格、保罗·斯特奇斯主编：《世界重要经济学家辞典》，经济科学出版社 1987 年版，第 197—198 页。杰拉德·M.库特：《英国历史经济学：1870—1926》，中国人民大学出版社 2010 年版，第 139—150 页。

② 杰拉德·M.库特：《英国历史经济学：1870—1926》，中国人民大学出版社 2010 年版，第 144 页。

七、坎宁安

威廉·坎宁安①（William Cunningham，1849—1919），曾就学于爱丁堡大学和剑桥大学，1891 年当选为三一学院研究员，1891—1897 年为伦敦国王学院统计学图克讲座教授。其主要论著有：《英国工商业的成长》（1882）、《求知之路》（1891）、《货币的用途和滥用》（1891）、《经济方面的近代文明》（1896）、《经济方面之西方文明》（1901）和《自由贸易之消涨》（1904）等。

威廉·坎宁安认为理论经济学对于人性和体制的假设是有问题的，从而其结论不符合大多数历史现实，而且背负了不道德的名誉，其分配理论也不再符合当下的英国现实。他撰写的《英国工商业的成长》是该领域的第一本教科书，被广泛使用了几十年，为英国经济史这门学科的形成和发展作出了重要贡献。在书中，他强调，是预先的周密计划、自力更生的精神和个人进取心推动着英国经济的发展。他一方面肯定晚期重商主义对早期重商主义的替代，另一方面又批判重商主义时代用战争去谋求财富的错误政策；一方面肯定自由贸易对重商主义的替代，另一方面又对自由竞争给英国工人阶级造成的苦难和自由贸易在19 世纪后期给英国造成的问题提出了批评。他认为到 1830 年，英国的自由主义经济政策已经走到尽头，工业劳动和劳工组织的发展终结了自由竞争的时代，下一步将是政府管制的时代。

在政策主张方面，威廉·坎宁安从一个国际主义者变为民族主义者，由主张自由贸易转变为贸易保护，支持英国的帝国主义政策。他在 1905 年发表的《自由贸易运动的兴衰》中，分析了英国 19 世纪三四十年代自由贸易运动的兴起、成功和后果。他认为自由贸易运动的动因是制造商追求自身利益，而由于当时英国是世界唯一的工业国，因此自由贸易使得英国产品很容易征服外部市场。而作为自由贸易运动重要成果的《谷物法》的废除，也确实降低了工业的原材料成本和工人阶级的食品费用。但到了 19 世纪末期，随着其他国家工业的兴起，英国已经不能继续依靠自由贸易政策来为国家谋求利益了，它已经不再适应英国的现状，而应当以帝国关税同盟来取而代之，即实行新重商主义，以便维护英国的利益，同时改善工人阶级的生活条件。

---

① 《新帕尔格雷夫经济学大辞典》第 1 卷，经济科学出版社 1996 年版，第 798 页。［英］马克·布劳格、保罗·斯特奇斯主编：《世界重要经济学家辞典》，经济科学出版社 1987 年版，第 133—134 页。

八、尼科尔森

约瑟夫·希尔德·尼科尔森①(Joseph Shield Nicholson，1850—1927)，曾就学于伦敦大学国王学院、爱丁堡大学和剑桥大学三一学院，是马歇尔的学生，1880—1927年一直担任爱丁堡大学政治经济学教授。在爱丁堡大学，他把经济史发展成一门独立学科。他是一位有影响和多产的经济学家。其主要著作有：《机器对工资的影响》(1878)、《货币与货币问题》(1888)、《政治经济学原理》(1893—1901)、《历史进化与理想中的社会主义》(1894)、《罢工与社会问题》(1896)、《货币论与货币问题各论》(1901)、《关税问题与工资及雇佣》(1903)、《英国谷物法史》(1904)、《影响农业的租税》(1905)、《农业中地租工资和利润的关系及其与乡村人口减低之影响》(1906)、《英帝国计划、帝国主义经济学之评论与亚当·斯密之思想》(1909)和《通货膨胀》(1919)等。

尼科尔森反对简单的经济人假设，强调经济学原理的相对性，强调经济史的重要性，不满以马歇尔为代表的重视演绎分析的新古典经济学。他的主要贡献在货币理论和资本理论。在其《货币与货币问题》中，他对19世纪末的货币理论状况作出了非常好的阐述，是当时主张复本位制的最好论证。在其《通货膨胀》中，他强烈批判了英国在一次大战中暂停金本位制的做法，主张恢复自由兑换的金本位制，以抑制通货膨胀。在资本理论方面，他分析了人力资本，分析了劳动、资本和社会进步之间的密切联系，并且对英国的人力资本存量进行了估测。

在政策主张上，尼科尔森反对无差别的自由贸易，支持帝国关税同盟。

九、阿诺德·汤因比

阿诺德·汤因比②(Arnold Toynbee，1852—1883)，生于伦敦，是一位英国皇家学会会员的儿子。曾就学于牛津大学彭布罗克学院和伯里欧学院。毕业

---

① 《新帕尔格雷夫经济学大辞典》第3卷，经济科学出版社1996年版，第699页。[英]马克·布劳格、保罗·斯特奇斯主编：《世界重要经济学家辞典》，经济科学出版社1987年版，第472页。杰拉德·M.库特：《英国历史经济学：1870—1926》，中国人民大学出版社2010年版，第173—176页。

② 《新帕尔格雷夫经济学大辞典》第4卷，经济科学出版社1996年版，第715—716页。[英]马克·布劳格、保罗·斯特奇斯主编：《世界重要经济学家辞典》，经济科学出版社1987年版，第621页。[美]亨利·威廉·斯皮格尔：《经济思想的成长》上，中国社会科学出版社1999年版，第353—354页。杰拉德·M.库特：《英国历史经济学：1870—1926》，中国人民大学出版社2010年版，第97—101页。

后留校,讲授英国工业革命的课程,是"工业革命"这一名词的发明者。其讲课教材在他去世后于 1884 年以《英国工业革命演讲集》为名出版。书中他以大量调查为基础,揭露了工业革命时期下层劳动群众的悲惨遭遇,表达了作者的人道主义倾向;指责正统经济学只是通过假设提出结论,而没有说明这些结论与真实情况的差距。他强调了经济学的伦理责任,对李嘉图经济学否定改善工人阶级状况的可能性表示了不满。他开创性地指出 18 世纪英国的能源转换的重大历史意义。[①]

汤因比从自由主义的立场出发解释了工业化及其经济、政治和社会后果。他在实际社会活动中持自由主义立场,参与了一系列改革活动,包括通过合作社进行成人教育、农业改革、爱尔兰土地改革、实施养老金制度、政府管制工作环境,等等。

汤因比开创了对工业社会经济史的研究,直接加强了牛津大学重视经验和历史方法研究社会经济问题的倾向。他的《英国工业革命演讲集》是英国历史学派经济学家中最广为人知的著作,直接影响了当时不少的英国历史学派经济学家。

十、阿什利

威廉·詹姆斯·阿什利[②](William James Ashley,1860—1927),毕业于牛津大学,1885 年当选为林肯学院研究员,1888 年赴加拿大多伦多大学任政治经济学和宪法学教授,1892 年在美国哈佛大学成为世界上首位经济史教授。1901年回伯明翰大学组建英国第一所大学商学院。1926 年任英国经济史学会第一任会长。其主要论著有:《英国毛织业的早期历史》(1887)、《爱德华三世及其战绩》(1887)、《英国经济史与经济学说入门》(1888—1893)、《英国的庄园》(1891)、《历史的与经济的探测》(1900)、《封建制度》(1901)、《英美煤铁业之研究》(1903)、《关税问题》(1903)、《二十五年之间德国劳动阶级的进步》(1904)、《价格之增高》(1912)、《金与价格》(1912)、《我们祖先的面包:经济史探究》(1928)和《英国的经济组织:历史大纲》(1949)等。

阿什利受莱斯利和汤因比的影响,进入历史主义经济学家的行列。由于他的努力,经济史成为一门公认的学科。他认为经济史应当提供有关经济发展阶

---

① 参阅[美]本·塞利格曼:《现代经济学主要流派》,华夏出版社 2010 年版,第 42 页。

② 《新帕尔格雷夫经济学大辞典》第 1 卷,经济科学出版社 1996 年版,第 136—137 页。[英]马克·布劳格、保罗·斯特奇斯主编:《世界重要经济学家辞典》,经济科学出版社 1987年版,第 23 页。杰拉德·M.库特:《英国历史经济学:1870—1926》,中国人民大学出版社2010 年版,第 116—131 页。

段的顺序和特征的知识,它不应该仅仅关注工资和价格的历史,还应当关注经济制度的历史,以及经济思想的历史。

阿什利相信理论的相对性,认为一切经济理论都只有在一定的时空中才是正确的。古典经济学单纯运用演绎方法得到的一些结论并无普遍性,因而没有多大用途。同样单纯运用演绎法的边际效用学派也受到他的批评。但是他并不走极端,并不认为需要用归纳法来完全替代演绎法,而是希望两者并存。

在经济政策方面,他一贯反对自由主义,也反对以马克思为代表的社会主义,认为剩余价值理论是以李嘉图的理论为基础的,因而是错误的,但是他承认马克思所指出的资本集中,部分工人贫困化的趋势。他的解决办法不是消灭私有制建立公有制,而是希望通过其他方法来缓解资本主义私有制的弊端,具体讲就是主张加强社会立法和扩大国家所有制,支持工会以及国家管制下的托拉斯,反对无限度的竞争,认为这种竞争会导致危机和失业。

在 1903 年的关税大辩论中,阿什利支持贸易保护政策,认为一国经济应当以平衡和多样化为目标。他认为继续实行自由贸易将导致英国实体经济的衰退,而无形贸易、旅游等产业的发展将不能弥补实体经济所遭受的损失。因此他建议实施目标在于保护英国大宗实体产业的保护性关税,并通过帝国特惠制壮大帝国市场,以便从大规模生产中壮大英国的经济。他认为保护主义政策与社会改革措施相结合,就能有效改善工人的生活,并降低社会革命的可能性。

阿什利重视针对企业需要进行经济学教育,主张发展实用性企业经营管理知识,并普及之。所以他为自己在英国创办了第一所运用具体、描述、统计和历史的方法进行实用经济学教育的商学院而感到无比自豪。

十一、普赖斯

兰福德·洛弗尔·弗雷德里克·赖斯·普赖斯[①]（Langford Lovell Frederick Rice Price,1862—1950）,生于伦敦,1885 年以优异成绩毕业于牛津大学,尔后长期任教于牛津大学,1907 年被任命为牛津大学新设立的经济史讲师,两年后成为高级讲师,一直到退休。其主要论著有:《产业和平》（1887）和《合作与合伙》（1914）等。

作为马歇尔的授课学生,普赖斯早年信服马歇尔,以后两人逐渐分道扬镳。最后在 1903 年因为在英国关税改革问题上不满马歇尔的自由主义立场,主张贸易保护而彻底分手。普赖斯在研究方法上逐渐转向历史经济学。

[①] 《新帕尔格雷夫经济学大辞典》第 3 卷,经济科学出版社 1996 年版,第 1018—1019 页。杰拉德·M.库特:《英国历史经济学:1870—1926》,中国人民大学出版社 2010 年版,第 103—111 页。

在其学术生涯中,普赖斯在方法上不喜欢抽象演绎方法,喜欢归纳法,重视实际调查。他把注意力更多地放在应用经济学(如工业调解、合作运动与工会运动、货币与价格、关税等)问题上。通过实际调查,尤其是劳资关系的调查,他发现劳动市场的理论模型不能令人满意。在《产业和平》一书中,他通过谨慎的归纳研究得到结论,自愿的劳资调解比官方的仲裁和工会与资方之间的恶斗更加可取。他于1888年提出了一个分析劳动市场工资决定的双边垄断模型,该模型假定劳动市场上只有唯一的厂商和唯一的工会;于是存在一个由市场竞争力量所决定的工资上下限,实际决定的工资不可能越出其间;而在此区间内,则由劳资双方的讨价还价能力来决定。这个模型是20世纪30年代希克斯劳资谈判理论的先驱。他主张浮动工资。但同时他也承认,每个行业都有自己的特点,没有普适一切行业的工资决定机制。

普赖斯坚信历史经济学的基本原则是,特定理论只适用于特定时空。他认为古典经济学关于工人阶级悲惨前景的预测只适用于19世纪上半期,已经不再符合19世纪下半期的情况,他相信也主张通过工资集体谈判,来改善工人的处境。

十二、休因斯

威廉·艾伯特·塞缪尔·休因斯[①](William Albert Samuel Hewins,1865—1931),生于英格兰,就学于牛津大学,1895—1903年任伦敦经济学院第一任院长,1903—1917年任英国关税委员会秘书,1917—1919年任英国殖民次官。其主要论著有:《十七世纪的英国贸易与财政》(1892)、《帝国主义及其对英国商业政策可能产生的影响》(1901)、《平衡中的贸易》(1924)和《一个帝国主义者的辩护》(1929)等。

休因斯认为经济学是一门研究社会的经济组织、结构、历史、习俗、法律和制度的科学,因此在经济学研究更倡导历史归纳法,"历史法是研究社会科学唯一可能使用的方法"[②]。他反对古典经济学的许多观点,认为李嘉图关于资本流动性的观点太受证券交易所业务的影响,并不符合实际生活的情况;现实中劳动力的流动性也远远不如古典经济学所描绘的那么流畅。同时,现实生活中也从来不存在古典经济学作为分析前提的完全竞争状态。

[①] [英]马克·布劳格、保罗·斯特奇斯主编:《世界重要经济学家辞典》,经济科学出版社1987年版,第274页。杰拉德·M.库特:《英国历史经济学:1870—1926》,中国人民大学出版社2010年版,第185—201页。

[②] 转引自杰拉德·M.库特:《英国历史经济学:1870—1926》,中国人民大学出版社2010年版,第189页。

休因斯通过归纳研究,对资本主义持乐观态度,认为工业化会消除它所带来的苦难,只要政府加快推进社会改革,更重要的是工会运动会改善工人的状况。他一贯支持工会运动,同时也始终警惕并反对社会主义。

休因斯的主要政策主张是反对自由贸易,主张贸易保护,实行新重商主义。在他1892年的《十七世纪的英国贸易与财政》中,他对重商主义作出了带有一定同情心的评价,指出了重商主义政策在特定时期的有效性,认为不能用另一个时代的眼光来评价它,即强调了政策有效性的相对性。

十三、韦伯夫妇

西德尼·詹姆斯·韦伯(Sidney James Webb,1859—1947)和比阿特丽斯·韦伯(Beatrice Webb,1858—1943)夫妇①是19世纪至20世纪英国重要的社会主义者,但不属于马克思主义。西德尼·詹姆斯·韦伯是费边社执行委员会委员,伦敦经济学院创建人,1892—1910年伦敦乡村委员会委员,1922—1929年英国下院议员,1924年,1929—1931年工党政府成员。比阿特丽斯·韦伯是1905—1909年英国皇家贫困法委员会成员,1919年其他各种委员会成员。他们两人的主要论著有:《英国经济学的起源及其发展》(1886)、《卡尔·马克思的经济理论》(1886)、《社会主义者面临的事实》(1887)、《大不列颠的合作运动》(1891)、《工会运动史》(1894)、《工业民主》二卷(1897)、《英国地方政府》十卷(1906—1929)、《贫困法的终结》(1909)、《男女工人的工资:是否要平等?》(1919)、《消费者合作运动》(1921)、《资本主义文明的衰落》(1923)、《我的学徒生涯》(1926)、《社会研究的方法》(1932)、《苏联共产主义》(1935)和《我们的合作关系》(1948)等。这些论著对那个时代的英国思想界产生了重大影响。

韦伯夫妇主要是社会主义者,主张以渐变而非暴力的方法,通过政府干预,用多种公有制和合作社取代私有制。在他们的晚年,即20世纪30年代大萧条时代,他们参观了苏联,转而赞成苏维埃共产主义。

韦伯夫妇同时也是历史主义经济学家。他们认可亚当·斯密,但反对李嘉图的抽象演绎方法,同时也反对由这种方法推演而来的马克思主义,认为后者是一种危险的社会主义。他们认为经济学最重要的部分应当是应用经济学和经济史,因而历史归纳方法具有重要地位,虽然他们并不完全排斥抽象演绎方法。他们对历史主义经济学的主要贡献是运用历史方法研究了英国工人运动

---

① 《新帕尔格雷夫经济学大辞典》第4卷,经济科学出版社1996年版,第957—958页。[英]马克·布劳格、保罗·斯特奇斯主编:《世界重要经济学家辞典》,经济科学出版社1987年版,第651—652页。杰拉德·M.库特:《英国历史经济学:1870—1926》,中国人民大学出版社2010年版,第201—207页。

的历史和英国地方政府职能演化的历史，以及创建了伦敦经济学院，该学院早期注重用历史归纳方法研究经济。

十四、托尼

理查德·亨利·托尼①（Richard Henry Tawney，1880—1962），生于印度加尔各答，1903 年牛津大学文学士，1906—1908 年格拉斯哥大学助教，1908—1914 年牛津大学巴利奥尔学院教师，1931—1949 年伦敦经济与政治学院经济史教授。他对英国费边主义者和工党影响很大，他的许多观点都影响到英国 20 世纪的许多改革。其主要论著有：《十六世纪的土地问题》（1912）、《最低工资的研究》（1914）、《贪婪的社会》（1920）、《宗教和资本主义的兴起》（1926）、《平等》（1931）、《中国的土地和劳动》（1932）和《詹姆士一世时期的经济和政策：作为商人和部长的莱昂内尔·克兰菲尔德》（1958）等。

作为一位具有社会主义倾向的历史主义经济史学家，托尼一方面研究了宗教对于资本主义兴起的作用，独立提出了与马克斯·韦伯相近似的论点；另一方面，他又对资本主义的伦理观念、阶级特权和绝对的财产权进行了激烈的批判。为了解决资本主义的问题，他特别强调道德重建，强调建立工业民主制度，为公众提供更多的公共服务。

第三节　霍布森的经济思想

约翰·阿特金森·霍布森②（John Atkinson Hobson，1858—1940），牛津大学文学硕士。他自称是经济学的异教徒，但从他关心的问题和研究方法来看，也应当属于广义的历史主义经济学家。其主要论著：《工业生理学》（1889）（与 A. F. 马墨里合著）、《贫困问题》（1891）、《现代资本主义的演进》（1894）③、《失业问题》（1896）、《社会改良家拉斯基（John Ruskin）》（1898）、《南非战争》（1900）、

---

① 《新帕尔格雷夫经济学大辞典》第 4 卷，经济科学出版社 1996 年版，第 645－646 页。［英］马克·布劳格、保罗·斯特奇斯：《世界重要经济学家辞典》，经济科学出版社 1987 年版，第 610－611 页。［美］本·塞利格曼：《现代经济学主要流派》，华夏出版社 2010 年版，第 44－47 页。

② 《新帕尔格雷夫经济学大辞典》第二卷，经济科学出版社 1996 年，第 717－718 页。［英］马克·布劳格 保罗·斯特奇斯：《世界重要经济学家辞典》，经济科学出版社 1987 年版，第 282－283 页。

③ 该书有中译本，《近代资本主义进化论》，商务印书馆 1933 年版。

《分配经济学》(1900)、《社会问题》(1901)、《帝国主义：一个研究》(1902)、《国际贸易》(1904)、《工业体系》(1909)、《自由主义的危机：民主的新问题》(1909)、《财富科学》(1911)、《黄金、物价、工资及其他》(1913)、《工业与财富》(1914)、《新国之税收》(1919)、《失业经济学》(1922)、《社会科学中的自由思想》(1926)、《经济学和伦理》(1929)和《一个经济学异教徒的自白》(1938)等。

霍布森的《现代资本主义的演进》，大体可以分为三个部分：首先是分析现代资本主义的产生；其次是分析资本主义的现状；最后是探讨了资本主义的未来发展。

关于现代资本主义产生的原因和条件，霍布森的分析有些接近于桑巴特。他首先定义资本主义"为一个雇主或雇主团体所设立大规模的企业组织，他们握有蓄积的资金来置备工具和原料品并雇用劳力，以生产日益增多的财富，这种财富构成他们将来的赢利"[1]。即由雇主和雇员组成的以赢利为目标的大型企业。这种资本主义的产生，他认为有五个主要条件：(1)财富的生产不是为了满足财富所有者的当前需要，而是为了储蓄赢利；而蓄积财富的最初来源是农业地租和城市地租。(2)存在不拥有生产资本的无产阶级。(3)产业技术足够发达，能够使用器具或机械进行大规模生产。(4)存在广阔的市场。(5)存在以赢利为目标的企业家精神。[2]此外，他还指出货币"贵金属的发见和利用是造成资本主义的必要条件"[3]。他特别强调"西欧因武力的劫掠、不平等的贸易和强制的劳动，榨取世界上别的地方，这是西欧资本主义的发达的最要条件"[4]。即西欧的殖民活动对资本主义兴起的决定性影响。

霍布森指出了前资本主义的产业组织发展到资本主义产业组织的两个基本条件：一是雇主所拥有的非人力动力替代工人的体力；二是工人离开家庭进入工厂。[5] 他指出导致这种转变的原因是动力机械的出现。[6]

霍布森研究了机械对于生产活动的影响、对于劳工的影响和对于消费者的影响。[7] 主要有劳动生产率的提高，能源和人力的节约，新产业技术的形成。[8]

---

① J. A. Hobson:《近代资本主义进化论》第一册,商务印书馆 1933 年版,第 1 页。为方便现代读者阅读,原文中的繁体字均已改为简体字(下同)。

② J. A. Hobson:《近代资本主义进化论》第一册,商务印书馆 1933 年版,第 1—2 页。

③ J. A. Hobson:《近代资本主义进化论》第一册,商务印书馆 1933 年版,第 7 页。

④ J. A. Hobson:《近代资本主义进化论》第一册,商务印书馆 1933 年版,第 13,16 页。

⑤ J. A. Hobson:《近代资本主义进化论》第一册,商务印书馆 1933 年版,第 83 页。

⑥ J. A. Hobson:《近代资本主义进化论》第二册,商务印书馆 1933 年版,第 9 页。

⑦ J. A. Hobson:《近代资本主义进化论》第一册,商务印书馆 1933 年版,第 40 页。

⑧ J. A. Hobson:《近代资本主义进化论》第二册,商务印书馆 1933 年版,第 12—13 页。

至于机械对于劳动者就业的影响,他认为不能简单地认为机械虽然可以替代劳动,但是也会创造新的就业机会;而是强调"机械对雇工数目的影响决定于'需要的伸缩性'",即机械替代劳动引起的商品价格下跌是否能够刺激足够的需求,不能先验地断定需求一定充分扩张以至于就业不会减少。① 他进一步指出,如果机械的改良是规则的、渐进的和持续的,那么对就业不会有太大的不利影响;但如果机械的改良是不规则的、突然的和不可预计的,那就会对就业产生大的不利影响。② 同时消费时尚的突然且巨大的变化、关税的突然实施,也会对就业产生不利影响。③ 他还指出了机械改良对于就业分布的两个趋势性影响:一是越来越多的工人就业于机械制造业,或者说是更迂回的生产部门;二是越来越多的工人就业于产品需求不稳定的生产部门,如奢侈品等生产部门。④ 至于机械对于工人生活的影响,他的结论是"最多数的证据却明白地表示出;机械运转工比他们所替代的手工劳动者吃得好些,穿得好些,住得好些;及机械能率和复杂性的增进有实际工资的提高伴随着"⑤。

霍布森特别分析了英国工业革命过程中技术进步的一些特征。他总结纺织技术的进步之所以发生在棉布生产而非毛呢生产中,一是因为棉布生产在地域上比毛呢集中,二是因为棉布生产多处在不重要的地区,政府干预较少。⑥ 他指出,棉布产业的技术进步历史否定了"英雄"发明论,即一个特定方向上的技术进步是渐进累积的,从一开始到最后成形往往是要经历多个人的不断改进;而整个产业的技术进步往往是"一种发明激起另一种发明,所以新方法的应用是累积的"。产业中一个部门的技术进步往往刺激另一个相对落后的部门,促使它加快技术进步的步伐。在这整个过程中,起作用的依然是经济学中的供求法则。⑦

对于资本主义的现状,霍布森特别注意了当时出现的产业集中的趋势,即企业规模的扩大和同一产业中企业数量的减少,以及企业生产中人均资本的不断增加。⑧ 他分析了造成这种趋势的各种原因,指出了使大企业优于小企业的两类因素:"生产力的经济和竞争力的经济"⑨。前者包括原料的大量采购和运

① J. A. Hobson:《近代资本主义进化论》第四册,商务印书馆1933年版,第127页。
② J. A. Hobson:《近代资本主义进化论》第四册,商务印书馆1933年版,第139—140页。
③ J. A. Hobson:《近代资本主义进化论》第四册,商务印书馆1933年版,第142—144页。
④ J. A. Hobson:《近代资本主义进化论》第四册,商务印书馆1933年版,第148—149页。
⑤ J. A. Hobson:《近代资本主义进化论》第五册,商务印书馆1933年版,第59页。
⑥ J. A. Hobson:《近代资本主义进化论》第二册,商务印书馆1933年版,第17页。
⑦ J. A. Hobson:《近代资本主义进化论》第二册,商务印书馆1933年版,第18—26页。
⑧ J. A. Hobson:《近代资本主义进化论》第二册,商务印书馆1933年版,第72页。
⑨ J. A. Hobson:《近代资本主义进化论》第二册,商务印书馆1933年版,第97页。

输所导致的节约、最新机械设备的采用、各种相关作业的大规模集中、各种管理工作效率的提升、土地的集约使用、废弃物的有效利用、科研能力的提高等。① 竞争力的经济包括广告方面的优势、垄断商业秘密、劳动市场中的独买地位,以及融资方面的便利。② 同时,他也指出了有利于小企业继续生存的因素,主要就是原料和操作的非标准化以及消费的个性化。③ 他还专门研究了企业的最优规模问题,强调各种行业都有一个企业扩张的临界点,分析了决定企业最优规模的各种因素。④ 他特别指出企业领导人管理能力对于企业最优规模的影响,认为不同的管理能力是导致一个行业中出现不同规模企业的基本原因。⑤ 除了企业规模问题,他还研究了企业的纵向一体化和经营多元化现象,指出企业的经营范围也有一个最适度。⑥ 他分析了企业规模扩大的几种基本形式:托拉斯及其若干亚类、卡特尔、辛迪加。⑦ 他指出了托拉斯沿产业链上下游的垂直扩张和扩大经营范围的横向扩张。⑧ 这些论点表明霍布斯是企业规模经济范围经济问题的研究先驱之一。

霍布森在分析企业规模和范围的基础上,进一步分析了垄断现象,主要是分析了出现垄断的原因。他指出,规模经济是造成垄断的一个重要因素,如果企业的最优规模可以满足甚至超过整个市场的需求,那么垄断一定会出现。⑨但是他强调这并非造成垄断的唯一原因,其他还有五方面的因素会导致垄断:(1)接近原料产地;(2)对运输和配送手段特别是铁路的支配地位;(3)专利、特许、商标;(4)限制竞争的行政特许;(5)关税,他称之为"托拉斯的母亲"。⑩ 此外,他特别强调了企业家的个人能力,"一个有非常精力和才干的企业家间或出现,他的精神可使大规模经营的经济远越出常例以外,因采行卓绝的识见或精密的组织使报酬渐减公例停止适用,这个公例在别的情形下防遏企业扩大到通常限界以外。"⑪

除了分析垄断形成的原因,霍布森还以托拉斯为例,分析了垄断企业的经

① J. A. Hobson:《近代资本主义进化论》第二册,商务印书馆 1933 年版,第 97—98 页。
② J. A. Hobson:《近代资本主义进化论》第二册,商务印书馆 1933 年版,第 99—100 页。
③ J. A. Hobson:《近代资本主义进化论》第二册,商务印书馆 1933 年版,第 101—105 页。
④ J. A. Hobson:《近代资本主义进化论》第二册,商务印书馆 1933 年版,第 110—113 页。
⑤ J. A. Hobson:《近代资本主义进化论》第二册,商务印书馆 1933 年版,第 113—115 页。
⑥ J. A. Hobson:《近代资本主义进化论》第二册,商务印书馆 1933 年版,第 116—122 页。
⑦ J. A. Hobson:《近代资本主义进化论》第三册,商务印书馆 1933 年版,第 21—22 页。
⑧ J. A. Hobson:《近代资本主义进化论》第三册,商务印书馆 1933 年版,第 57 页。
⑨ J. A. Hobson:《近代资本主义进化论》第三册,商务印书馆 1933 年版,第 40 页。
⑩ J. A. Hobson:《近代资本主义进化论》第三册,商务印书馆 1933 年版,第 40 页。
⑪ J. A. Hobson:《近代资本主义进化论》第三册,商务印书馆 1933 年版,第 55 页。

济势力。包括对产业链上下游企业的价格的控制和影响,对竞争对手的打压,对所雇用劳工压低工资和减少数量,以及通过控制产品数量和价格对消费者的影响。[1] 在打压竞争对手方面,他并不认为削价竞争是不公平的,[2]而是认为最丑恶的是用金钱收买立法机构谋求特权。[3] 他认为垄断企业通常会索取比竞争条件下更高的价格,其价格策略是对于奢侈品和偏好容易变化的商品维持低价,而对于缺乏替代品的生活必需品索取高价。[4] 最有特色的是他看到了那些产业巨头的帝国主义倾向,以及这种倾向对政府对外政策的影响。[5]

除了企业规模和范围之外,霍布森还探讨了商品的市场范围问题,主要是决定市场扩张和地方化的各种因素。他认为决定一种商品市场范围的因素有:(1)需要的范围,有广泛需要的商品,其市场容易扩张;(2)运费—价格比,"运价比"越小的商品其市场越容易扩张;(3)耐久性,越耐久的商品其市场越容易扩张。[6] 同时他也指出了导致商品生产地方化的因素,主要是气候、地质地理和国民习性。[7] 他特别强调了制造和运输机械的进步推进着各种商品市场范围的扩张,[8]以及商品生产区位的不断变迁。[9] 他指出,随着商品市场范围的不断扩张,商品生产出现了全球化和专业化的趋势。[10]

霍布森探讨了今天所谓的产业结构产业集群问题,指出各种产业之间存在着各种关系,有的产业之间存在纵向投入产出关系的产业链;有的产业之间存在主导与从属的关系,并往往集聚在一起;有的产业之间存在产品使用中的互补关系;有的产业之间存在产品使用中的竞争关系。[11]

霍布森专门探讨了他那个时代的资本主义的金融机构,分析了股票市场和银行借贷市场的一些具体运行机制。[12] 他的结论是:"第一,复杂的金融机构对于近代产业的微妙调整是必不可缺少的;第二,为私自赢利运用着的这个机构

---

① J. A. Hobson:《近代资本主义进化论》第三册,商务印书馆1933年版,第78—104页。
② J. A. Hobson:《近代资本主义进化论》第三册,商务印书馆1933年版,第83—84页。
③ J. A. Hobson:《近代资本主义进化论》第三册,商务印书馆1933年版,第85页。
④ J. A. Hobson:《近代资本主义进化论》第三册,商务印书馆1933年版,第104页。
⑤ J. A. Hobson:《近代资本主义进化论》第四册,商务印书馆1933年版,第46页。
⑥ J. A. Hobson:《近代资本主义进化论》第二册,商务印书馆1933年版,第126页。
⑦ J. A. Hobson:《近代资本主义进化论》第二册,商务印书馆1933年版,第141—142页。
⑧ J. A. Hobson:《近代资本主义进化论》第二册,商务印书馆1933年版,第127页。
⑨ J. A. Hobson:《近代资本主义进化论》第二册,商务印书馆1933年版,第143页。
⑩ J. A. Hobson:《近代资本主义进化论》第二册,商务印书馆1933年版,第140页。
⑪ J. A. Hobson:《近代资本主义进化论》第二册,商务印书馆1933年版,第132—136页。
⑫ J. A. Hobson:《近代资本主义进化论》第四册,商务印书馆1933年版,第1—33页。

常能因惹起产业上的扰攘和不调整取得极大的赢利。"①

霍布森根据英国和美国的数据,指出了后来被克拉克所发现、被称为配第—克拉克法则的产业结构变化趋势。②

霍布森研究了英国和其他一些国家对外贸易与国民生产总值之间关系的变化趋势,指出对外贸易的增速初期会超过国民生产总值的增速,但是两者之差会渐渐缩小,最后会出现反向的差额。③

霍布森继承了马尔萨斯的观点,认为经济萧条的主要原因是有效需求不足,尤其是消费需求不足或储蓄过多。④"近代机械对商业疲滞的一般关系叙述如下:改良的制造和运输机械能使愈益多量的原料更迅速地更低廉地经过生产的各种历程。事实上消费者没有这般迅速地增加他们的消费,也没有增加到相等的程度。"⑤他明确指出:"生产过剩或生产的一般充斥,仅不过是真实患害的外部状态或征候。这个真实患害是消费不足或储蓄过剩。"⑥因此,他把批判的矛头指向古典经济学家和新古典经济学家,认为他们所提倡的节俭无助于经济繁荣。他指出,储蓄主要以资本品的形式存在,尤其是以不断提高生产力的大机器的形式存在,但是这些大机器所生产出来的商品却没有足够的消费需求来吸收它。他认为资本品和消费品之间会有一个均衡的比例,过多的储蓄造成的过多资本品一定会引起生产过剩。⑦ 他不相信利率会把储蓄调整到合适的水平,因为人们通常是按照惯例来进行储蓄的。⑧ 而整个社会的储蓄水平是人们分散决策的结果,因此很难协调到合理的程度。⑨

霍布森分析了消费不足的原因。他认为消费不足的原因来自收入分配,由于要素市场存在市场力量的不对称,结果是一部分人获得非劳动收入,而另一部分人则收入偏低。于是穷人无力消费,而富人则消费不动,储蓄过度。为此,他主张改善收入分配状况,增加穷人的收入,以刺激消费,克服有效需求不足。⑩

霍布森进一步分析了消费不足的后果。他认为由于国内消费不足,就迫使

---

① J. A. Hobson:《近代资本主义进化论》第四册,商务印书馆 1933 年版,第 33 页。
② J. A. Hobson:《近代资本主义进化论》第五册,商务印书馆 1933 年版,第 85—86 页。
③ J. A. Hobson:《近代资本主义进化论》第五册,商务印书馆 1933 年版,第 100—101 页。
④ J. A. Hobson:《近代资本主义进化论》第四册,商务印书馆 1933 年版,第 124 页。
⑤ J. A. Hobson:《近代资本主义进化论》第四册,商务印书馆 1933 年版,第 80 页。
⑥ J. A. Hobson:《近代资本主义进化论》第四册,商务印书馆 1933 年版,第 124 页。
⑦ J. A. Hobson:《近代资本主义进化论》第四册,商务印书馆 1933 年版,第 103 页。
⑧ J. A. Hobson:《近代资本主义进化论》第四册,商务印书馆 1933 年版,第 113—114 页。
⑨ J. A. Hobson:《近代资本主义进化论》第四册,商务印书馆 1933 年版,第 116 页。
⑩ J. A. Hobson:《近代资本主义进化论》第四册,商务印书馆 1933 年版,第 47 页。第五册第 61—62 页。

企业家到海外不发达地区去投资。而当各发达国家都如此行事时,就产生了争夺殖民地的帝国主义战争。他强调消费不足是帝国主义的经济根源。①从这一点来看,他实际上是预见到了即将出现的帝国主义战争的年代。他在20世纪初的英国和南非布尔人的战争中,站到了支持布尔人的立场上。同时,他始终坚持自由贸易的立场。

从上述认识出发,霍布森否定了亚当·斯密"看不见手"的作用。他指出:"发明的本质上不规则性,公众嗜尚的变动,市场的人为的限制,三者都能使个别的资本家以损害社会得到利益。"②他特别指出生产过剩导致的浪费、物价的波动、工人失业的痛苦、过度紧张的劳动、危险和不卫生的工作环境、妇女和儿童的过度使用等等弊害,"这些不是自由贸易和企业活动……所能医治的"③。在对现实的资本主义展开批判的同时,他也展现了一种赞成社会主义的倾向,认为机械的进步会使得相当一些企业将最终转变成公营企业;同时城市土地也应当实行公有。④ 而对于依然保留在私人手中的企业,他主张进行改造,提倡工人参与管理和分享利润。⑤ 同时还要加强政府规制,以保护工人和消费者的利益。⑥

霍布森的消费理论也值得一提。他指出"消费上品质的改善是社会进步的条件"⑦。他认为"一种欲望的满足使另一种又产生出来"⑧。而机械的进步使得普通的生活必需品得以大量生产,使得更高品质的个性化艺术化的消费欲望得以形成,从而将刺激经济不断发展。⑨

霍布森对当时主流的边际主义理论不屑一顾,并刻意强调自己的另类特征,与新古典经济学的主流拉开距离,自认为是异端经济学家。虽然他的观点在当时不入主流,但是其消费不足的观点后来得到了凯恩斯的认可;其帝国主义论受到了列宁的赞赏,为后者的观点提供了基本素材。

---

① J. A. Hobson:《近代资本主义进化论》第四册,商务印书馆1933年版,第45—46页。E. K. 亨特:《经济思想史》,上海财经大学出版社2007年,第296—301页。

② J. A. Hobson:《近代资本主义进化论》第四册,商务印书馆1933年版,第122页。

③ J. A. Hobson:《近代资本主义进化论》第五册,商务印书馆1933年版,第107页。

④ J. A. Hobson:《近代资本主义进化论》第五册,商务印书馆1933年版,第118—121,124页。第六册第72—73页。

⑤ J. A. Hobson:《近代资本主义进化论》第六册,商务印书馆1933年版,第62—65页。

⑥ J. A. Hobson:《近代资本主义进化论》第六册,商务印书馆1933年版,第74—75页。

⑦ J. A. Hobson:《近代资本主义进化论》第五册,商务印书馆1933年版,第124页。

⑧ J. A. Hobson:《近代资本主义进化论》第五册,商务印书馆1933年版,第130页。

⑨ J. A. Hobson:《近代资本主义进化论》第五册,商务印书馆1933年版,第136—140页。

附 录

社会达尔文主义者赫伯特·斯宾塞

赫伯特·斯宾塞①（Herbert Spencer，1820—1903），出生于英国的一位工程师，虽然没有上过大学，但博览群书，著述甚丰，是 19 世纪晚期最有影响的科学家和哲学家之一，社会达尔文主义的积极鼓吹者。其主要论著有：《综合哲学体系》多卷本，其中《第一原理》(1862)、《生物学原理》2 卷本(1864—1867)、《心理学原理》2 卷本(1870—1872)、《社会学原理》3 卷本(1876—1896)、《伦理学原理》2 卷本(1879—1893)和《人与国家》(1884)等。

斯宾塞之所以值得经济学重视，是因为他对于英国 19 世纪工业革命中出现的巨大贫富差距，提供了与晚期古典经济学和新古典经济学都有所不同的看法。以李嘉图和马尔萨斯为主要代表的晚期古典经济学，一般把穷人的贫困看成是无可奈何的自然法则的结果，只能听之任之；而小穆勒以及后来以马歇尔为主要代表的新古典经济学则开始同情穷人，考虑贫穷是否必然的问题，并开始设法改善穷人的状况。

斯宾塞则完全不同，1859 年达尔文《物种起源》发表之后，他很快就表示热烈拥护，并很快就用其论点来论证社会贫富差距的合理性，甚至赞成这种贫富差距现象的出现。他把他所概括的，达尔文的不同物种之间竞争中的适者生存法则，应用于人类社会本身，认为按照达尔文的生存竞争说，社会中的穷人是竞争中的弱者、不适应者，他们不能生存、不能繁荣兴旺，而这正是人类这个物种的改善之道。他写道："我只不过是把达尔文先生的观点应用到人类身上而已。……只有那些能真正（顶住制度的压力）提高自己的人……最终才会生存下来……（这些人）一定是他们那一代人中的出类拔萃者。"②这种观点的政策意蕴就是反对政府和社会对穷人实施救济措施。而当时新古典经济学已经符合逻辑地从功利主义目标和边际效用递减法则，推导出收入再分配的政策主张。

斯宾塞的社会达尔文主义，主要发表于 19 世纪后半期。当时英国工业革命的苦难期已经开始进入尾声。因此它对英国的经济学和经济政策影响有限。但是它对 19 世纪后半期刚刚开始工业化的美国影响巨大。贫富差距的迅速扩大使得美国成为社会达尔文主义传播的福地。当时美国社会达尔文主义的最

---

① 《新帕尔格雷夫经济学大辞典》第 4 卷，经济科学出版社 1996 年版，第 469—470 页。[英]约翰·米尔斯：《一种批判的经济学史》，商务印书馆 2005 年版，第 210—212 页。

② 转自[英]约翰·米尔斯：《一种批判的经济学史》，商务印书馆 2005 年版，第 211 页。

著名代表、耶鲁大学的教授格雷厄姆·威廉·萨姆纳①（Graham William Sumner,1840—1910)就声称"百万富翁是物竞天择的产物……是为某些特定的工作自然而然地选择出来的社会的代理人。他们拿着高工资,过着奢华的生活,但这种交易对社会来说却是一件好事"②。因此,在政策主张方面,他反对累进所得税。③

参考文献

[1][英]理查德·琼斯:《论财富的分配和赋税的来源》,商务印书馆 2007 年版。

[2]因格拉门:《经济学史》,商务印书馆 1932 年版。

[3]杰拉德·M.库特:《英国历史经济学:1870—1926》,中国人民大学出版社 2010 年版。

[4]J. A. Hobson:《近代资本主义进化论》,商务印书馆 1933 年版。

---

① 《新帕尔格雷夫经济学大辞典》第 4 卷,经济科学出版社 1996 年版,第 592—593 页。

② 转自[英]约翰·米尔斯:《一种批判的经济学史》,商务印书馆 2005 年版,第 212 页。

③ E.雷·坎特伯里:《经济学简史》,中国人民大学出版社 2011 年版,第 95 页。

第二十七章　奥地利和德国边际主义者的经济理论

第一节　门格尔的经济理论

卡尔·门格尔①(Carl Menger，1840—1921)，生于奥匈帝国一个缙绅家庭，其父亲为一律师。他1859年进维也纳大学读书，第二年转入布拉格大学，于1867年在克拉科夫大学得法学博士学位后，进奥国内阁新闻局从事新闻工作，主要是市场调查。正是在这份工作中，他发现传统的价格理论存在问题，不符合现实。于是他开始酝酿新的价值理论。1872年回维也纳大学任经济学讲师，第二年升任教授。1876年受聘为奥国宫廷教师，为皇太子讲授经济学和统计学。1877年随皇太子游历瑞士、英、法各国。1878年重回维也纳大学任教授，直至1903年退休，又被聘为名誉教授。他曾在政府的通货审议会、币制调查委员会工作。1900年被选为奥国上议院终身议员。门格尔一生论著甚多，其中最重要的有《国民经济学原理》(1871，有中译本)、《经济学方法论探究》(1883，有中译本)、《德国政治经济学的历史主义谬误》(1884)和《资本理论》(1888)等。

一、经济规律、研究方法

经济学史上任何一位有建树的经济学家，对诸如经济规律、经济学的目的、经济学的研究方法这类问题，通常都有自己独特的看法，这些独特的看法是他们能有所建树的必要条件。门格尔也不例外，他坚持经济现象具有规律性，认为经济科学可以像自然科学那样成为精确科学。在当时的德语世界里，只重描述、不重分析的历史学派经济学家占据着正统地位。经济学界洋溢着否认经济规律的气氛。在这样一种学术背景下，异军突起，坚持经济现象的规律性，其思想的独创性可见一斑。

---

① 《新帕尔格雷夫经济学大辞典》第3卷，经济科学出版社1996年版，第470—476页。[英]马克·布劳格、保罗·斯特奇斯：《世界重要经济学家辞典》，经济科学出版社1987年版，第437页。

　　门格尔于 1883 年发表《经济学方法论探究》一书,批判了在德国经济学界占统治地位的历史学派,旋即遭到坚持历史学派方法的施穆勒针锋相对的反驳。于是门格尔在第二年又发表《德国政治经济学的历史主义谬误》。随后两人的弟子展开了持续多年的方法论争辩。这是一次具有深远影响的关于经济学方法论的大讨论,是经济思想史上的重要争辩之一。争辩最后以奥地利学派的胜利而告终。

　　这场争论围绕两个基本问题:(1)是否存在一般性经济规律?(2)用什么方法发现一般性经济规律,抽象演绎方法还是历史归纳方法,还是两种方法都采用? 在第一个问题上,他主要是与以施穆勒为代表的新历史学派争论,因为老历史学派一般不否定一般性经济规律的存在。在第二个问题上,他则是与所有历史学派争论。

　　在《经济学方法论探究》一书中,门格尔指出:"最重大的科学成果都出自那些不怎么关心方法论探究的人士之手,而最伟大的方法论专家反倒很少能够证明自己是某门学科中非常杰出的学者,尽管他们极其清晰地阐述了这门学科的方法。"[1]既然如此,为什么要专门探究方法论呢? 他认为"只有在一种情况下,方法论的探究才确实是对于学科的发展来说最重要、最紧迫的问题"[2],那就是错误的方法在学科中取得了支配性地位。他认为德国历史学派的错误方法统治了德国经济学界,妨碍了德国经济学的发展,因此必须加以批判。

　　门格尔首先将经济学分为三类:(1)经济史学和经济统计学,它们描述具体经济现象、具体经济事件的个别性质和个别联系;(2)理论经济学,它发现时间上相继和空间上并存的一般性经济规律以用于解释经济现象、预测未来经济现象发展;(3)应用经济学,它制定经济政策,指导经济主体(包括政府、厂商和家庭)的经济行为。[3] 他要求不要混淆这三者,[4]而德国历史学派的错误就在于没有区分前两者,简单地用第一类来替代第二类。[5] 同时他也批评了混淆理论经济学与应用经济学的做法。[6]

　　承不承认经济现象的规律性,对经济学的研究方法和叙述方法有着重要的影响。门格尔认为,存在着时间上相继和空间上并存的经济规律。[7] 这些规律

　　① 　[奥]卡尔·门格尔:《经济学方法论探究》,新星出版社 2007 年版,第 5 页。
　　② 　[奥]卡尔·门格尔:《经济学方法论探究》,新星出版社 2007 年版,第 5 页。
　　③ 　[奥]卡尔·门格尔:《经济学方法论探究》,新星出版社 2007 年版,第 16—19 页。
　　④ 　[奥]卡尔·门格尔:《经济学方法论探究》,新星出版社 2007 年版,第 84 页。
　　⑤ 　[奥]卡尔·门格尔:《经济学方法论探究》,新星出版社 2007 年版,第 25—26 页。
　　⑥ 　[奥]卡尔·门格尔:《经济学方法论探究》,新星出版社 2007 年版,第 26—27 页。
　　⑦ 　[奥]卡尔·门格尔:《经济学方法论探究》,新星出版社 2007 年版,第 16 页。

也许并不严格,时而会出现例外,但这并不妨碍以发现一般性经济规律为目标的理论经济学的存在。[1] 他把这种不严格的规律称作经验性规律,[2]认为理论经济学即便只能发现经验性规律(用今天的术语应当叫统计性规律),也依然对人类生活具有重要意义。[3] 因为它能够使人们作出预测和对经济作出控制。而对于经济现象的"历史性知识和历史性理解本身,却完全不能向我们提供这样的预测(控制等),因而它们永远不可能取代理论性知识"[4]。

如果存在一般性经济规律,那么如何发现它们呢? 门格尔指出有两种不同的方法,一种他称之为"经验的—实在的取向",即主要是建立在观察基础上的归纳。[5] 他认为这种方法只能得到对现象的典型描述和一些不精确的经验性规律。[6] 它们虽然对于人类的知识和实际生活是重要的有价值的,但是"只能向我们提供有关现象的存在缺陷的理解,只能对现象作出不那么十分确定的预测,也不能保证我们能够完全控制现象"[7]。他指出了另"一种完全不同于培根的经验主义—实在主义的归纳法的方法"[8],即他所谓的"精确取向"[9],也就是我们今天所说的抽象演绎方法。这种方法要努力抽象出现实中每种东西最简单的构成因素,即便这种因素在现实不会独立存在,但是也要假设它单独存在,并且考虑它单独存在时会导致什么样的后果。[10] 他认为这种精确取向的方法会获取具有绝对性的"精确规律"[11]。他认为通过这种方法可以得到一系列社会理论,其中每一个理论都提供了关于人类活动的某一方面的理解,而把它们合在一起,就构成了对人类活动的完整理解。[12] 他写道:"使人类经济的复杂现象还原成为可以进行单纯而确实的观察的各种要素,并对这些要素加以适合于其性质的衡量,然后再根据这个衡量标准,以再从这些要素中探出复杂的经济现象是如何合乎规律地产生的。"[13]

---

[1] [奥]卡尔·门格尔:《经济学方法论探究》,新星出版社 2007 年版,第 32 页。
[2] [奥]卡尔·门格尔:《经济学方法论探究》,新星出版社 2007 年版,第 31,39 页。
[3] [奥]卡尔·门格尔:《经济学方法论探究》,新星出版社 2007 年版,第 33 页。
[4] [奥]卡尔·门格尔:《经济学方法论探究》,新星出版社 2007 年版,第 33—34 页。
[5] [奥]卡尔·门格尔:《经济学方法论探究》,新星出版社 2007 年版,第 38—39 页。
[6] [奥]卡尔·门格尔:《经济学方法论探究》,新星出版社 2007 年版,第 39 页。
[7] [奥]卡尔·门格尔:《经济学方法论探究》,新星出版社 2007 年版,第 40 页。
[8] [奥]卡尔·门格尔:《经济学方法论探究》,新星出版社 2007 年版,第 42 页。
[9] [奥]卡尔·门格尔:《经济学方法论探究》,新星出版社 2007 年版,第 43 页。
[10] [奥]卡尔·门格尔:《经济学方法论探究》,新星出版社 2007 年版,第 42 页。
[11] [奥]卡尔·门格尔:《经济学方法论探究》,新星出版社 2007 年版,第 43 页。
[12] [奥]卡尔·门格尔:《经济学方法论探究》,新星出版社 2007 年版,第 44—45 页。
[13] [奥]卡尔·门格尔:《国民经济学原理》,上海人民出版社 1958 年版,第 2 页。

在门格尔看来,承认经济现象的规律性,就意味着承认经济科学与自然科学在方法上有着相通之处,就意味着经济科学可以采用自然科学的研究方法和叙述方法,就可以强调从假设前提出发的演绎推理、抽象理论在经济学里的重要性。[①] 当时在自然科学中占统治地位的方法,可以说是一种原子论而非整体论的方法,其特征便是把研究对象分解成若干组成部分,然后分别加以研究,最后把分别研究的结果加以综合,形成对研究对象整体的看法。这种原子论的方法对他深有影响。他认为国民经济并非一个大型的单一的决策单位,而是无数个别经济的组合。[②] 因此,国民经济中最原初的因素就是各人的需求、满足需求的财货,以及追求欲望满足最大化的经济人。[③] 要理解国民经济的各种现象,就必须从经济人开始。

门格尔以至整个奥地利学派,运用方法论个人主义,把商品价值这一人类经济的复杂现象,还原成孤立的经济人对财货的主观评价,从而提出了著名的边际效用价值论。可以说他是经济学中方法论个人主义最早的自觉的运用者、倡导者和捍卫者之一。

门格尔的经济人与亚当·斯密的经济人有重大区别。这种区别是门格尔以至整个奥地利学派的理论与斯密—李嘉图的理论出现重大分歧的根本原因。斯密所假设的经济人是作为生产者的经济人,尤其是作为商品生产者的经济人。通过生产和交换使既定资产获取最大收益,是这种经济人的必然行为动机。在这种动机下,商品生产者的投入决策和产出决策都受到外生的交换价值的制约。斯密所关心的价值,就是这样一种独立于单个经济人主观意识之外,同时又约束着经济人行为的客观的经济信号。对这样一种价值的决定机制的探索,就构成了从斯密开始直到约·斯·穆勒为止的价值理论的主线。门格尔所假设的经济人是作为消费者的经济人,而且是最一般意义上的消费者,最抽象的消费者,是抽象掉制度因素约束的消费者。他们的行为动机是在财货既定的条件下追求欲望满足的最大化。而达到这种最大化的条件,便是他所认为的经济学所应研究的对象。

由于把追求欲望满足最大化的消费者作为分析的起点,门格尔便着重分析了人的主观欲望的各种特征及其对经济行为的影响,这就使他的理论具有浓厚的主观色彩。对于经济人的生产、交换、消费诸行为,他都从主观欲望这一角度去加以分析解释,从而对财富的定义、分类、价值、价格、分配、资本积累等问题,都提出一整套与以往经济理论不同的见解。

---

① ［奥］卡尔·门格尔:《经济学方法论探究》,新星出版社 2007 年版,第 208 页注 2。

② ［奥］卡尔·门格尔:《经济学方法论探究》,新星出版社 2007 年版,第 77,78 页。

③ ［奥］卡尔·门格尔:《经济学方法论探究》,新星出版社 2007 年版,第 45—46 页。

以作为消费者的经济人为分析起点,是门格尔从他的抽象演绎方法所得到的基本结果。当然,他并不否认支配人们行动的还有其他一些动机,并且在追求自利时会认知失误,但他坚持"在经济活动中,即使人们不是唯一的、无一例外的,但也是主要的、在通常情况下都受自己私人利益的支配,而总的来说,通常人们能够正确地认识自己的私人利益,尽管他们不可能在所有情况下都绝对地能做到这一点"①。他承认,在现实中确实不存在纯粹的经济人,但经济人假设在理论经济学中的地位就类似于纯粹力学中的真空假设和数学中没有长宽高的点、没有宽高的线和没有高度的面,它们都不是在现实中真实存在的东西,但对于相关的学科都是基本的前提假设。②

门格尔在突出强调抽象演绎方法的同时,并未完全否定历史归纳方法,"理论性研究之精确取向和实在主义取向都是正当的。两者都是理解、预测、控制经济现象的手段,对于这些目标来说,每一种都会以自己的方式以我们的理解作出贡献"③。他深入分析了两种方法的异同,认为它们具有共同的研究领域,经验的—实在的取向更适合于复杂现象,但只能得到不精确的有可能出现例外的经验性规律;而精确取向更适合于简单现象,但可以获得无例外地适用于任何时代任何国家的精确规律。④

门格尔认为德国历史学派在方法论方面的错误就是完全错误地理解了精确取向的性质和重要性,把抽象思考的艺术看作不如史料汇编的次要东西。⑤针对德国历史学派要求在经济理论中考虑非经济因素的观点,他一方面承认任何现象包括实际的经济现象都受到各种因素包括非经济因素的影响,因此要全面理解就需要通过所有各门社会科学;同时他又强调"一切方法论的一个基本原则是:任何一门单独的精确科学,只能向我们提供有关现实世界之某一个别方面的理论性理解"⑥。因此,经济理论只需要从经济视角去分析和理解经济现象,发现经济规律。"要求在经济理论研究中考虑非经济因素,既是对精确取向的理论性研究,也是对理论性研究之经验取向的一种奇怪的错误理解。要求'应当在与国家之整个社会、政治发展之联系中研究经济现象',实际上是植根于一种糊涂的抱负,即企图将一种特定的历史研究视角,强加于理论经济学,而

---

① [奥]卡尔·门格尔:《经济学方法论探究》,新星出版社 2007 年版,第 46 页。
② [奥]卡尔·门格尔:《经济学方法论探究》,新星出版社 2007 年版,第 69 页。
③ [奥]卡尔·门格尔:《经济学方法论探究》,新星出版社 2007 年版,第 46 页。
④ [奥]卡尔·门格尔:《经济学方法论探究》,新星出版社 2007 年版,第 49—55 页。
⑤ [奥]卡尔·门格尔:《经济学方法论探究》,新星出版社 2007 年版,第 47 页。
⑥ [奥]卡尔·门格尔:《经济学方法论探究》,新星出版社 2007 年版,第 61 页。

这是与理论经济学的性质完全相悖的。"①

门格尔一方面认为存在适用于一切时空的一般性经济规律,又承认对于不同经济发展阶段,需要不同的规范性法律和经济制度。② 他认为理论经济学的任务就是发现一般性经济规律。同时他也正确地指出,在应用经济学中,不能指望找到适用于一切时空的经济制度、经济政策、法律法规。"具体的一种政治规章、法律、制度、习俗等等,肯定不可能适合于所有的时代和国家,简而言之,不可能在各个不同的条件下都适用"③。在应用经济学领域,他充分肯定了德国历史学派的历史主义方法,"一门经济政策科学最基本的方法论要求,必须是……推进经济发展。它必须教给我们公共当局能够在考虑所有特殊的条件之后,借以推动经济发展的基本原则。这种方法正是我们历史学派经济学家所说的历史主义方法"④。

在经济理论应当是实证性的还是规范性的这一问题上,门格尔强调理论经济学主要是对各种经济现象作出实证性解释,而无须对其作出规范伦理判断。他毫不客气地指出:"政治经济学中的所谓的'伦理的取向',是个含糊不清的要求,不管是对于政治经济的理论问题,还是对于实践问题,都没有什么意义,乃是思维混乱的结果。……希望在我们的学科中采取某种伦理的取向,在一定程度上,是某种源于古典时代的哲学的残余,从另一个角度看,则是中世纪禁欲主义哲学的残余。然而,它至多也不过是对科学性不足的一种拙劣的补充,一如其在历史研究中所具有的作用一样。"⑤

由于重视抽象演绎方法,门格尔的理论在表述上的特征就是逻辑结构的连贯性。他的《国民经济学原理》,在叙述上与历史学派完全不同,采用的是从基本命题出发演绎出全部结论的方法,从而给人们强烈的体系感,它不是一些资料或若干缺乏联系的思想火花的简单堆砌,而是一座理论大厦。

二、消费欲望

作为门格尔分析出发点的消费者,是具有理性即追求欲望满足最大化的消费者。为了分析他们的行为特征,就有必要首先对他们的欲望进行分析。在门格尔的《国民经济学原理》中,虽然没有专门分析消费者欲望的章节,但全书都贯穿了这种分析。这种分析为他的价值论(含分配论)、交换论和资本理论奠定

---

① [奥]卡尔·门格尔:《经济学方法论探究》,新星出版社 2007 年版,第 64 页。
② [奥]卡尔·门格尔:《经济学方法论探究》,新星出版社 2007 年版,第 85 页。
③ [奥]卡尔·门格尔:《经济学方法论探究》,新星出版社 2007 年版,第 109 页。
④ [奥]卡尔·门格尔:《经济学方法论探究》,新星出版社 2007 年版,第 112 页。
⑤ [奥]卡尔·门格尔:《经济学方法论探究》,新星出版社 2007 年版,第 232 页。

了基础。

门格尔指出了消费欲望的多样性、层次性,以及满足上的协调性和递减规律。即消费者在每一个时点上都有多样欲望需要相互协调地同时满足,并且各种欲望的满足对于消费者具有不同的重要性,同时一种欲望已经满足的程度越高,进一步满足的重要性就越低。

门格尔用他那著名的欲望分类分级表[①],表述了上述思想:

I	II	III	IV	V	VI	VII	VIII	IX	X
10	9	8	7	6	5	4	3	2	1
9	8	7	6	5	4	3	2	1	0
8	7	6	5	4	3	2	1	0	
7	6	5	4	3	2	1	0		
6	5	4	3	2	1	0			
5	4	3	2	1	0				
4	3	2	1	0					
3	2	1	0						
2	1	0							
1	0								
0									

表中罗马数字表明重要性依次递减的十种欲望,其中第一种欲望最重要。表中的阿拉伯数字则表明同一种欲望的不同强度。其中 10 代表最高的强度。任一欲望随着满足程度的提高,其强度不断减弱,且进一步满足所具有的意义也不断递减,直至 0。需要说明的是,门格尔构造这样一个表,只是为了说明欲望满足过程中的心理规律,并非认为人类千差万别的欲望可归结为十类,而每一类的强度可依此排列。

门格尔认为,不仅任一特定时点上的各种欲望,其满足的重要性有所不同,同一欲望得到不同程度的满足后,继续满足的重要性也有所不同;而且同一种欲望的同程度的满足,如果是发生在当前或以后的不同时点上,其重要性也不一样。他谈道:"经验告诉我们,现在或最近将来的享乐,比之于遥远将来的同一程度的享乐,对于我们总是更为重要的。"[②]

对消费欲望的分析,一直是门格尔之前经济理论的薄弱之处。他从这个薄弱之处出发,分析了经济现象,于是他的价值论、交换论、价格论等便有了自己的特色。

---

① [奥]卡尔·门格尔:《国民经济学原理》,上海人民出版社 1958 年版,第 72 页。

② [奥]卡尔·门格尔:《国民经济学原理》,上海人民出版社 1958 年版,第 98 页。

门格尔关于消费者欲望的上述见解属于静态分析。静态分析的意义在于说明,当消费者的欲望系统一定时(即假定引起消费者欲望系统变化的诸因素不变时),这个系统及其满足有何法则。从静态分析的眼光来看,上述见解无疑是符合实际的。其局限性则表现在三个方面:一是偏重于静态分析,忽略(但不能说没有)了对消费者欲望的长期动态分析。他所谈的主要是欲望的种类和强度都已确定的条件下,满足的规律;而不是欲望系统在长期中发展变化的规律。这一局限性使他的整个理论体系具有静态分析的性质。第二个局限性在于他忽略了孤立状态下的消费者与存在于一定社会中的消费者在欲望上的区别。第三个局限性在于他没有意识到,他关于欲望的上述见解,仅仅适用于消费欲望,并非适应于人的全部欲望,而人且不谈其他社会身份,仅仅作为经济人,也不单纯是一个消费者,他同时还是一个要素所有者,一个生产者。而作为要素所有者和生产者,其欲望和作为消费者是不尽相同的。而那些欲望同消费欲望一样,也对人的经济活动产生影响。因此,仅仅分析人的消费欲望,即便是得到正确结论,单凭这些结论去推导整个经济现象,也仍然会失之偏颇。因此,虽然他赋予自己理论体系的功能是替代以往的体系。但实际上它们是互补的,是无法相互替代的。

在分析经济人消费欲望的基础上,门格尔认为一物之所以成为财货,并不完全依存于其自然属性,更重要的是它能满足人的某种欲望。从这种认识出发,他认为能满足人的欲望的有用人类行为(其中最主要的是劳务)也是财货,但他分析的主要是物质财货。

门格尔把经济人"为满足其欲望所必需的财货数量"叫作"个人需求"[①],并认为它与有支付能力的需求是不同的。从消费欲望的多样性和满足上的协调性出发,他认为经济人对满足不同欲望的各种财货的需求是相互制约的。作为消费者的经济人不满足于单纯拥有一种财货,而是力图拥有满足不同欲望的各种财货,并且要使不同财货在数量上保持一种有机的格局。这些思想可以说是当代消费经济学中消费者均衡思想的萌芽。

三、经济财货、私有产权

门格尔认为,并非人所需求的各种财货都能得到充分供给,经济人消费欲望的满足往往受到财货稀缺的约束。根据各种财货的不同供求状况,他把需求大于供给的财货称为经济财货,把需求小于供给的财货称作非经济财货。他所说的经济财货,就是今天人们所说的具有相对稀缺性的财货。他强调财货的经

---

① [奥]卡尔·门格尔:《国民经济学原理》,上海人民出版社 1958 年版,第 26 页。

济性质不是财货本身的属性,而是财货供求关系上的一定特征。不论财货是不是劳动的产物,都不能成为决定财货经济性质的因素。他还认为,经济财货与非经济财货的区别,并不依存于社会经济制度,对自然经济中的孤立经济主体来说,也会有经济财货。

门格尔认为,由于经济财货的存在,人们将力图使有限的经济财货得到最好的使用。首先用于满足最重要的欲望,然后再满足次要欲望。他的经济人的行为动机是追求欲望满足的最大化,而其行为方式是在财货稀缺的约束下优先满足重要欲望。即求经济财货的最佳使用,这种见解对以后经济学的发展深有影响。以后经济学的发展,在很大程度上是给出稀缺资源的最佳利用条件。

经济财货的存在,对消费者欲望的满足造成了约束,使消费者按约束最优化的原则来行事。不仅如此,经济财货的存在,在门格尔看来,还具有决定社会经济制度的作用,是财货私有权制度存在的根源。他提出,经济财货"无论怎样分配,都要使一部分社会成员的需求,经常得不到满足,或虽得到满足而不完全,这样就使这部分人对于这类财货的利害关系与那些占有这类财货的人的利害关系发生矛盾。因而就使占有这类财货的人,感觉有通过社会法制,来对可能发生的他人暴力行为,保护其所占有财货的必要。在这里,我们就发现现代法律秩序的经济起源,而尤其是发现了为所有权之基础的财产保护的经济起源"①。这就是说,经济财货是导致私有制的根源,私有制实际上不过是对经济财货的所有权的保护。

从这一见解出发,门格尔进一步肯定,只要财货的相对稀缺性没有消除,想废除所有权制度是不可能的。"因而一切社会改革方案,都只应朝着经济财货的合理分配的方向去努力,而不应企图废除所有制本身"②。这一观点为人们对私有产权作出价值判断提供了新的视角。

门格尔关于"经济财货"的概念,在他的理论体系中具有重要地位,使他能够出色地把人类经济活动概括为获求经济(稀缺)财货约束条件下的最优化,使他能正确地描绘消费者在财货约束下争取欲望最大满足的方式。它也是边际效用价值论的前提,只有经济财货才有价值这样一种观念的提出,促进了人们对价格现象的经济功能的认识。这一点在他的弟子维塞尔那里表现得非常明显。但门格尔的经济财货的概念也有如下不足:没有区分对个别消费者而言的经济财货和对整个社会而言的经济财货,前者不仅与既定财货的数量有关,而且与既定财货的分配方式有关;后者则完全依存于一定时期中的资源和生产力

---

① [奥]卡尔·门格尔:《国民经济学原理》,上海人民出版社 1958 年版,第 45 页。

② [奥]卡尔·门格尔:《国民经济学原理》,上海人民出版社 1958 年版,第 45 页。

状态,与分配方式无关。

四、资本理论

门格尔从物财与人的欲望满足的关系出发,把物财区分与人的欲望满足有直接因果关系的低级财货和有间接因果关系的高级财货。在高级财货中,根据对欲望满足保持较近和较远的因果关系,又可以分为若干级。如果把低级财货称作第一级财货,那么直接生产低级财货的财货,就是第二级财货,直接生产第二级财货的是第三级财货,以此类推。他所说的低级财货,相当于消费品。高级财货则相当于资本品,其中包括生产资料和尚未最终售于消费者的消费品存货。对财货的这样一种分类,清楚表明他的理论出发点是作为消费者的经济人。因为只有对于消费欲望而言,消费品和资本品才有直接满足与间接满足之分。

门格尔指出,某种高级财货之所以具有财货性质,是因为它所生产的低级财货能直接满足人的欲望,一旦这些低级财货不再满足人的欲望,那么生产它们的高级财货也将失去财货性质。因此,人们对低级财货的需求是第一位的,对高级财货的需求是派生的,这种派生需求的大小取决于人们对低级财货的需求,以及生产低级财货的技术条件。

门格尔指出,某种高级财货具有财货性质的另一个条件,是存在着与之相配合以生产低级财货的其他高级财货。由于高级财货之间的互补性质,人们对某种高级财货的需求是与跟它有互补关系的其他高级财货的需求同时发生的,高级财货的财货性质对低级财货的依存性,以及高级财货相互之间的互补性,对高级财货的价值决定有重要意义。

门格尔认为,高级财货对于人类的福利有重要意义,"人类愈能不断地增加对高级财货的利用,其结果就会使得人类对于支配享乐资料的能力变得愈大"[1]。

门格尔认为,高级财货转变为低级财货,"是在时间之中进行的"[2]。而且,这个时间随着高级财货级次的提高而延长。这就是说,支配高级财货,一方面使人类有可能支配更多的享乐资料,但另一方面又使人类不能立即支配这些享乐资料,需要经历一定的时间。"因此,在高级财货一阶段一阶段地转化为低级财货,以至最后达到人类欲望之满足状态的变形过程里,时间就成为我们进行考察的一个本质要素。"[3]关于这个转化时间,门格尔有两个见解:一是它是无法

---

[1]　[奥]卡尔·门格尔:《国民经济学原理》,上海人民出版社1958年版,第22页。

[2]　[奥]卡尔·门格尔:《国民经济学原理》,上海人民出版社1958年版,第97页。

[3]　[奥]卡尔·门格尔:《国民经济学原理》,上海人民出版社1958年版,第17页。

完全消灭的,虽然能够通过技术与交通的进步使其缩短。二是生产迂回程度的增加,总是伴随着生产能力的增强。因而反映不同迂回程度的各种高级财货之间,在数量上总是趋向一均衡状态,任一特定迂回程度的高级财货若有较高的现值,那么其他的高级财货都将转化为这一特定迂回程度的高级财货,从而压低其现值。直至等于其他迂回程度的高级财货的现值。这样一种均衡状态,以各种迂回期的高级财货可以无阻碍地相互转化为前提。这是他的均衡所暗含着的一个前提。

门格尔认为,由于高级财货转化为低级财货需要时间,而人们又总是注重当前和最近将来的欲望满足,较少注意遥远未来的欲望满足,因此人们积累高级财货的能力便受当前和近期欲望满足的制约,只有当前和近期欲望满足到一定程度后,人们才可能积累高级财货。

上述这些见解说明门格尔把积累看作是消费者对当前满足与未来满足进行平衡的结果。从这种见解出发,他很自然地否认资本积累是节欲的结果,并否认利息是节欲的报酬。认为利息不过是资本利用与其他财货相交换时的比例。

对西方经济学中的资本理论来说,门格尔提出了如下有价值的见解:(1)区分物财为消费品和资本品两大类;(2)提出用资本品进行生产具有高生产率但生产所需时间更多,即生产的迂回性问题;(3)积累资本品的动机不在于节欲,而在于当前满足与未来满足之间的平衡。这些见解,尤其是一、二两点,为庞巴维克系统考察资本问题奠定了基础。

在门格尔以前,经济学家大多承袭斯密的传统,依照作为生产者的经济人的眼光,按物财是用于维持生产性劳动还是非生产性劳动而区分资本和收入,而由于生产性劳动和非生产性劳动的界限难以确定,所以物质财富区分为资本和收入的界限也难以把握,而由于资本在实物形态和价值形态上的不一致,更加重了分类上的困难。门格尔使分类问题摆脱了传统的"资本"与"收入"的范畴,使分类问题的解决不再依存于生产性劳动与非生产性劳动的划分。他提出了全新的划分依据——与人(实际上仅仅是消费者)的欲望满足的关系。他所作出的这样一种分类现在已经作为基本的常识被西方经济学所广泛接受,虽然"低级财货"与"高级财货"这两个术语已经被更通俗的"消费品"和"资本品"所代替。

虽然门格尔的上述见解为后来的资本理论,尤其是庞巴维克的资本理论准备了出发点,但他本人并没有意识到这一点,他甚至认为将物财区分为生产资料和享乐资料,与把财产区分为资本与非资本是两回事。他认为资本是一种为将来的需要而于现在支配着的,并能给所有者带来收入的经济财货。他一方面受到前人资本概念的影响,把它看作是带来收益的财富。另一方面又倾向于(但并不完全)把资本看作是高级财货。他还没有像庞巴维克那样意识到"资本"一词在分配领域和生产领域的不同含义,没有意识到私人资本(获利资本)与社会资本(生产资本)之间的差别,而是力图用一个定义把两者都包含到一个"资本"概念中。正因为此,庞巴维克虽然接受了他的价值论,接受了他关于高级财货低级财货区别的观点,以及关于迂回生产的观点。但对他的资本理论却持否定态度。

五、价值理论

门格尔从作为消费者的经济人的眼光出发,定义价值为人们所意识到的财货的一定支配量,对于生命和福利所具有的意义。从这一定义出发,他认为价值的本质不在于财富的客观属性,而在于经济人对财富所具有的意义的判断,是依存于经济人意识的主观的东西。他认为"价值既不是附属于财货之物,也不是财货所应有的属性,更不是它自身可以独立存在的。经济人所支配的财货,对其生命与福利,必具有一定的意义。价值就是经济人对于财货所具有的意义所下的判断,因而它绝不存在于经济人的意识之外"①。他强调价值在于人所意识到的财货对生命和福利的意义,但并不认为任何对人生命和福利有意义的财货都有价值,只有经济财货(即具有相对稀缺性的财货)才有价值。

门格尔把财货对人的生命和福利所具有的意义,或者说对财货满足人类欲望的能力,定义为效用,于是从质上来看,价值就是具有相对稀缺性的经济财货的效用。一旦把价值的质规定为效用,那么衡量价值的尺度也自然是效用的大小了。财货价值量的差异是由于财货在满足欲望上对人们所具有的意义有大小不同,是由于人们对各种欲望的不同意义的认识。

由于各种欲望的重要性有不同,所以某种财货一单位的价值就由该种财货所能满足的各种欲望中最不重要的欲望(即边际欲望)获得满足后对人所具有的意义来决定,也就是由边际效用来决定。

门格尔把它的价值论确定为四个基本命题:(1)财货的价值源于财货导致的欲望满足意义。(2)由于各种欲望的满足在保护生命和福利方面的重要性有区别,所以各种满足的意义是不同的。(3)财货价值的差异源于财货所导致的欲望满足的意义不同。(4)边际欲望获得满足的意义决定财货的价值。从这些基本命题可以看出,他的价值论是不折不扣的主观价值论。为了论证主观价值论的正确性,他以古董、古画及旧机器为例,说明财货生产中所耗费的劳动和其

---

① 　[奥]卡尔·门格尔:《国民经济学原理》,上海人民出版社 1958 年版,第 67 页。

他财货都不决定财货价值。

"边际"这一术语并非门格尔所首创,但他是在经济分析中运用边际概念的首批经济学家之一。在他这里,边际分析方法对经济科学的重要意义得到了初步的揭示,这就是用边际效用来说明消费者对财货的主观估价,用两种财货的边际效用来说明它们的交换比例的确定。于是,边际分析方法与经济生活中一系列优化原则的关系得到披露。

由于价值的主观性质,门格尔认为人们对财货价值的认识是会出错的,会把实际上不具有任何价值,即实际上不能增进经济人福利的东西,误认为是有价值的。他把这样形成的价值称为"虚拟价值"。

到此为止,门格尔的价值论只适用于低级财货,因为只有低级财货才具有满足人类欲望的功能。为了使理论具有普适性,他在说明低级财货价值决定的基础上,进一步阐述了高级财货的价值决定。他认为,与人们通常所认为的相反,不是高级财货决定低级财货的价值,而是高级财货的价值由其所产生的低级财货的预期价值所决定。

门格尔认为虽然高级财货的价值由其所产生的低级财货的预期价值所决定。但两者并不相等,前者要略低于后者。这是因为低级财货的预期价值要减除两个项目后,才是高级财货的价值。这两个项目一是高级财货使用的价值(与高级财货本身的价值不同)。二是企业家活动的价值。这两个项目之所以也有价值,是因为要生产出一定的低级财货,单凭拥有高级财货还不够,还必须在一定时间内使用高级财货,而这种使用又离不开企业家的活动。

生产一种低级财货所需要的高级财货是多种多样的,那么每一种高级财货的价值如何决定呢?门格尔认为,不能简单地认为某种高级财货的价值由支配该种财货一单位而能生产的低级财货的预期价值所决定,而是要由支配它时所实现的欲望满足的意义与缺少它时所实现的欲望满足的意义二者的差额决定。具体说来,他考虑到两种情况:第一种情况是某种高级财货 A 与其补足财货 B 之间在生产某种产出 Q_l 时具有互替性,即财货 A 减少一单位所造成的产出 Q_l 的损失,可由其补足财货 B 的增加来弥补。这时,该高级财货 A 的价值将由其补足财货 B 从其他产出 Q_R 转移来生产该种产出 Q_l 所引起的其他产出 Q_R 的减少所造成的损失来决定。显然这里的前提是高级财货充分就业,不存在闲置。第二种情况是某种高级财货 A 与其补足财货 B 在生产某种产出 Q_l 时不具有互替性,即该高级财货 A 减少一单位所造成的产出 Q_l 的损失,不能由其补足财货 B 的增加来弥补。这时,因该高级财货 A 减少一单位而显得多余的补足财货 B,能转用于生产其他产出 Q_R,于是该高级财货 A 的价值便等于产出 Q_l 上损失的价值减去产出 Q_R 上增产的价值后的差额。他所讲的这两种情况,一种涉及配合比例可变化的生产函数,第二种涉及配合比例固定的生产函数。

关于一个高级财货的价值,门格尔最终建立了如下基本命题:"即一个高级财货的价值,在生产一个生产物所必要的其余补足财货的价值不变的条件下,与该生产物的预期价值成正比例,即该生产物的预期价值愈大,则这个高级财货的价值也愈大;同时,在其他情况相同的条件下,这个高级财货的价值,又与其余补足财货的价值成反比例,即其余补足财货的价值愈小,则这个高级财货的价值就愈大。"[①]

门格尔关于高级财货价值决定的理论,为他的分配论奠定了基础。他认为经济学在讨论地租、利息时,不应考虑它们是否公正、是否应当存在,而应当考虑它们为什么会存在。他认为地租,利息,分别是土地利用、资本利用的价格,而这种价格又来源于它们的价值,来源于它们的经济性质,即稀缺性质。于是它们的价值决定就遵从高级财货价值决定的一般原理,而不能把地租和利息还原于劳动数量或生产费。

门格尔从失业现象出发,认为劳动力不一定是财货或经济财货,不一定有价值,因而不存在最低生活费用决定劳动工资的铁则。劳动工资是具体劳动力的价格。其决定也与其他一切财货的价格相同,受制于其价值,而其价值也同样遵从于高级财货价值决定的一般原则。

门格尔认为,企业家的活动也应算作劳动,并且是一种经济财货,但它有两个特性:(1)不是商品,故没有价格;(2)其数量受到资本利用数量的限制。

门格尔反对那种认为劳动者收入低于地主和资本家的原因是由于存在剥削的见解,而认为收入悬殊的原因在于对人类欲望的满足来说,土地和资本比劳动更重要得多。

综上所述。门格尔实际上把分配看作是三类特殊高级财货的价值论,并按高级财货价值决定论的一般原理来说明分配论。他这种按统一原理来说明价值论和分配论的做法,对以后经济思想的影响很大。但总的说来,他的分配论还是非常简单的,并没有像他的价值论那样具有系统性,他只是给出了进一步研究分配问题的三个出发点:(1)收入分配问题被归结为高级财货的价值决定问题。(2)三要素的价值取决于它们的产品,而非相反。(3)要素的价值与它们的稀缺有关。维塞尔正是从这三点出发,建立了系统的分配理论。

门格尔关于要素价值决定的看法启迪了后人,但他对于分配现状的肯定态度却说明他是社会改革的反对者。他为社会贫富不均辩护的看法反映了他的保守的政治态度。但这种保守态度,在维塞尔和威克塞尔以后,即使在边际效

---

① ［奥］卡尔·门格尔:《国民经济学原理》,上海人民出版社 1958 年版,第 108 页。

用学派的范围内,也失去了理论上的合理性。门格尔的价值论与古典学派是完全不同的,但两者的区别实际上不在于对同一种经济现象的不同解释上,而在于分析了不同的经济现象。古典学派价值论的研究对象是在交换过程中形成的、带有客观性质的价值。目的是要说明客观交换价值的决定机制,而门格尔的价值论的研究对象则是消费者对其拥有的财货(不论是如何获得的)的主观估价,其研究目的则是说明这种主观估价的决定机制。可以把他的价值论正名为消费者个人估价理论,简称估价论。边际效用价值论作为一种估价理论,其合理性是显而易见的,在消费者看来,财货价值难道不是与其拥有量成反比吗?高级财货的估价不是要取决于它所参与生产的低级财货的估价吗?作为一种估价理论,边际效用价值论可以成为研究消费者行为的一个合理出发点,事实上它就是后来的消费经济学的一个出发点。

六、交换理论与价格理论

门格尔的理论体系中,真正与古典学派的价值论所对应的是他的价格理论,他的价格理论试图说明市场交换价值是如何决定的。

门格尔认为,价格是经济人在进行财货交换中的一个偶然现象,是经济活动中经济平衡的一个表征。为了说明价格的决定,门格尔首先建立了自己不同于古典学派的交换理论。

门格尔认为,交换行为之所以发生,并不是像亚当·斯密所说的那样是因为人的天性就喜欢交换。经济交换之所以发生,是因为交换能更好地满足交换双方的欲望。他这里所说的欲望,实际上仅是指消费欲望,他所说的交换者,实际上都是作为消费者的经济人。他实际上是以追求欲望满足最大化的消费者的眼光来看待交换行为的。这一点从他分析交换基础时就可以看得更清楚了。他认为经济人进行交换的基础有三点:(1)交换双方都认为,对方财货的一定量的价值超过自己财货一定量的价值;(2)双方都认识到这一点;(3)双方有力量进行交换。这就是说,交换的基础在于对交换双方来说被交换财货相互之间都是不等价的。显然,只有当交换者是追求欲望满足最大化的消费者时,换进的财货的主观估价才有可能是高于让出的财货的主观估价的,不等价交换只是在主观估价不一致的意义上才存在。

从对交换基础的这样一种认识出发,门格尔赋予"使用价值"和"交换价值"这两个术语以完全不同于古典学派的含义。他认为财货的使用价值是指财货被我们自己使用时所具有的价值(实际上是主观估价),交换价值是指财货不由我们自己使用而用于交换别种财货来满足欲望时所具有的价值。同一件财货,自己使用所带来的欲望满足和用于交换所带来的欲望满足,其意义往往是不同的,这说明财货的使用价值往往和交换价值不一致,这就产生了一个问题,财货的价值究竟应当按哪一个决定。他认为两种价值中哪一个较高,财货的价值就应当按哪一个计算。这样,他就从孤立的消费者的估价行为过渡到了有交换的消费者的估价行为了。在后一种情况下,估价已不再仅仅依存于消费者的主观欲望,还要依存于与之有交换关系的其他消费者的主观欲望,估价已不再是个人决定的了,而是由社会决定了。

当财货的交换价值高于使用价值时,消费者倾向于进行交换,门格尔认为交换会进行到一个静止点,在这个静止点上,两种财货对交换者双方的边际效用都相等。这样一个静止点之所以存在,源于边际效用递减律,交换后交换者原有的财货数量减少,从而增加了边际效用。而换得财货数量增多,从而边际效用下跌,因此最终总会达到两种财货的边际效用相同之处。他所说的这个静止点也就是后来帕累托所说的交换最适度。

从交换是不等价的这样一种信念出发,门格尔重新规定了价格理论的任务。他说:"在供给价格与需要价格间所存在的差额,绝不只是一个偶然,而实为经济的普遍现象……因此,一个正确的价格理论的任务,并不在说明在事实上并不存在的在两个财货数量间的表面上的价值相等性。……一个正确的价格理论所应说明的是经济人在企图尽可能地满足其欲望的努力上,如何以一定量的财货相互交换。"①在古典学派那里,问题是等价交换如何实现;在他这里,问题是如何通过交换来最大限度满足欲望。

门格尔从交换双方都追求欲望的最大满足这一前提来说明价格的决定。首先从两个孤立的交换者所确定的交换比例开始。这种孤立交换中所形成的交换比例。在不考虑其他条件时,是两个交换者各自的意愿的比例的中间点。然后分析垄断条件下的价格决定。如果垄断产品是唯一的,那么它将落入出价最高的买者手中,其价格将落在出价最高的买者所愿支付的最高价格和出价次高的买者所愿支付的最高价格之间的某一点上。在这样一个价格可能区间上,买卖双方将像两个孤立的交换者那样决定交换价格。如果垄断产品不是唯一的,则这些产品将落入那些出价较高的买者手中,其价格将落在购得产品的买者中出价最低的那个人所愿付出的最高价与被排除的买者中出价最高的那个人所愿出的最高价之间的某一点上。

门格尔认为,一定的财富出售量,必形成一定的价格;同时一定的价格,必产生一定的销量。这就是说,价格取决于供给量,而与供给者是垄断者或竞争者无关,价格与销量之间的关系是反比关系。

① [奥]卡尔·门格尔:《国民经济学原理》,上海人民出版社1958年版,第133页。

综上所述,门格尔分析了卖方垄断时规定销量下的价格决定。但没有分析卖方竞争时的价格决定。他实际上是把垄断当作普遍的情况,因此几乎完全没有分析完全竞争条件下均衡价格的决定,这是他与杰文斯和瓦尔拉斯的一个重大差别。对完全竞争条件下均衡价格的决定机制的忽略,据有的学者的分析,是门格尔之所以不看重数学方法的原因,因为他那时的数学手段还难以处理非均衡的现象。[①] 他看到了供给对价格以及价格对需求的决定作用,但没有考虑价格对供给的反作用。他研究的是供给既定时的价格决定,以及价格一定时的需求,而不是价格与供需相互作用下的价格决定。他的价格理论为庞巴维克用边际对偶说明双方竞争条件下的价格决定提供了基础。

七、垄断厂商理论

门格尔认为,在经济生活中垄断现象比竞争出现得更早,至于竞争是如何从垄断状态中产生的,他认为是由于文明的发展。文明发展引起需求增加,使原先处于垄断地位的产品价格上升,结果新生产者出现,原先的垄断局面被打破,代之以竞争状态。由此可知,他所说的垄断并非那种作为自由竞争高度发展的结果的垄断,而是一种与商品经济的不发达状态相联系的垄断。

门格尔指出垄断者的目的是经济利益的最大化,并指出垄断者由于其特殊地位,可以不受其他经济主体的影响,完全出于对自身利益的考虑,或者决定能产生最大收益的价格,或者决定能产生最大收益的销售量,但不可能同时决定价格和销售量。这说明他已经意识到垄断者所面临的需求曲线是外生决定的。因此,垄断者一旦决定价格(或销量),其销量(或价格)也就由外生的需求曲线唯一地决定了。垄断者不可能在价格已定条件下在需求曲线所决定的销量之外再决定另一个销量。但他没有说明,导致垄断者收益最大的价格(销量)是怎样决定的。只是指出,为了获得最大收益,垄断者会人为地毁弃部分商品,或有意闲置部分生产资料。他关于垄断者行为动机和行为方式的说明基本上是正确的。

门格尔还分析了垄断与竞争对产量和价格的不同影响。他分析了某种产品的供给者由一个垄断者变为两个竞争者时的产量价格变化,他的结论是,竞争与垄断相比,有两方面好处:(1)不会有人为毁坏部分商品和闲置部分生产资料的现象。因为这种做法虽然能为垄断者带来好处,但无益于竞争者。(2)不仅不会出现毁弃已有存货的现象,在生产资料不受自然限制的范围中,还将增

---

① 参阅(奥)埃里希·施特赖斯勒:《奥地地利学派在多大程度上是边际主义者?》,载《经济学的边际革命》,商务印书馆1987年版。

加商品总量,从而使价格低廉,造福于消费者,并使低收入阶层也能享用该商品。

门格尔的垄断理论,蕴含了他反对垄断提倡竞争的政策主张。这与亚当·斯密是一致的。

八、理论体系中的动态成分:不确定性、长期趋势

门格尔的理论体系与同时代的杰文斯和瓦尔拉斯的一大不同点,是重视长期中的动态发展现象。这一点在其 1871 年的《国民经济学原理》中已经初见端倪,而在其 1883 年的《经济学方法论探究》中则成为考虑的重点之一。

《国民经济学原理》基本上是静态性质的,但包含着一些有价值的动态成分,主要表现在两个方面:一是对经济生活中的不确定性的分析;二是对经济的某些长期趋势的判断。

门格尔谈到经济生活中两种不确定性:一种是未来消费欲望的不确定;另一种是迂回生产过程中的不确定。第一种不确定性表现在两个方面:一是"在未来的一定期间内,究竟某种欲望是否一定会发生,往往是难以确定的"[①]。二是"我们虽然知道这些欲望将要发生。但这些欲望的强度如何,……则是不能同样于事前精确知道的"[②]。这就是说,人们难以确定未来究竟有哪些欲望将发生。即使能够确定,也往往难以了解其强度。第二种不确定性的产生是因为一定量的高级财货能转变为多少低级财货,能转变为具有什么质量的低级财货,都是事先难以准确了解的。他认为这是造成人类经济不确定性之最重要因素之一。[③]

对于经济生活的长期趋势,门格尔作出了三点判断:一是人类欲望种类的发展是无限的,用他的话来说就是:"欲望的系列是无限的,但系列的每一项则是有限的。"[④]遗憾的是,他只是从后半句话出发分析消费者的行为方式,建立起关于消费者行为的静态分析理论:而没有相应地考虑欲望系列的无限发展对消费者行为的影响。可以说,他虽然看到了欲望的有限和无限两个方面,但他的理论几乎完全是围绕欲望的有限这一点展开的。他对长期趋势的第二个判断是随着文明的发展,原先的非经济财货将转变为经济财货,其原因或者是由于可支配量的减少,或者是由于需求量因人口增加、欲望发展及财货新用途的发展而增加。联系到他认为经济财货将导致私有制的见解,可以说他的第二个判断蕴

---

① ［奥］卡尔·门格尔:《国民经济学原理》,上海人民出版社 1958 年版,第 29 页。

② ［奥］卡尔·门格尔:《国民经济学原理》,上海人民出版社 1958 年版,第 30 页。

③ ［奥］卡尔·门格尔:《国民经济学原理》,上海人民出版社 1958 年版,第 20 页。

④ ［奥］卡尔·门格尔:《国民经济学原理》,上海人民出版社 1958 年版,第 31 页。

含着的结论便是私有制将随着文明的发展而永远存在下去。第三个判断是随着文明的发展,财货的种类将增多,从而社会的职业也增多,分工也就日益细化。

《经济学方法论探究》一书以大量篇幅考虑了经济现象的长期发展变化。书中首先区分了两类发展变化,一类是个体的发展,即个别具体现象(每个劳动者、每家企业、每项政策,等等)的发展变化,其共同特点是产生、成长、衰退、死亡。① 另一类是他所谓的"经验形态的发展",即一类现象不断重复出现,但是时间上相继出现和空间上同步发生的同类现象并不完全一致,而是有所差异有所变化。② 他特别举例指出了经济生活中的商品交换、货币信用、私有制等现象,它们重复出现,但不断变化。③ 他重点考虑的是第二类发展变化。

由于第二类现象经验形态的发展是有差异地重复发生,门格尔认为需要区分这类现象的两种性质:一种是这类现象具有一般意义的普遍性质,另一种是这类现象在特定时空中的特殊性质。两者不容混淆。前者是他所谓的精确取向的研究对象,后者是他所谓的经验的—实在的取向的研究对象。因此,历史主义的视角仍然具有重要意义,可以发现这类现象在特定时空中的特殊性质或经验性规律。但是千万不能把这种特殊性质误以为是一般性质。例如对于某一次经济危机的特征的认识不能被误以为是对经济危机一般性质的认识。因此,经验的—实在的取向的历史主义视角不能取代精确取向,用现代的术语就是历史归纳法不能取代抽象演绎法。在他看来,两者需要共存,但谁也不能取代谁。④

九、关于制度变化的观点⑤

门格尔对于上述第二类经济现象发展变化的研究,集中于经济制度方面。他虽然反对德国历史学派过度抬高历史归纳法否定抽象演绎法的做法,但并不否定对经济史的研究,不反对研究经济现象尤其是第二类经济现象的发展。⑥

随着近年来新制度经济学的兴起,门格尔关于制度起源及演化的观点重新引起人们的关注,他被尊称为新制度经济学的世祖。在他那儿,人们可以清楚

---

① [奥]卡尔·门格尔:《经济学方法论探究》,新星出版社 2007 年版,第 88 页。

② [奥]卡尔·门格尔:《经济学方法论探究》,新星出版社 2007 年版,第 89 页。

③ [奥]卡尔·门格尔:《经济学方法论探究》,新星出版社 2007 年版,第 89 页。

④ [奥]卡尔·门格尔:《经济学方法论探究》,新星出版社 2007 年版,第 92—100 页。

⑤ 本节内容还参阅了 Viktor Vanberg. Carl Menger's Evolutionary and John R. Commons' Collective Action Approach to Institution: A Comparison. Review of Political Economy,1989,1(3):334-360.

⑥ [奥]卡尔·门格尔:《经济学方法论探究》,新星出版社 2007 年版,第 84—85 页。

地看到新制度经济学与新古典经济学的渊源关系。新制度经济学与新古典经济学相比较而言的非正统特征,不在于前者与后者有不同的理论基础,而在于前者恢复了古典政治经济学(主要是亚当·斯密)对制度问题的关注。

门格尔区分了制度起源的两种途径,认为有些制度是人们共同愿望(协议、明确的法律等)的结果,而另一些制度则是人们各自努力追求个人目标时的无意识(或非刻意)的后果。① 他称前者为"协议"方式,称后者为"有机"方式。在他看来,协议方式和有机方式在解释制度起源时都是不可缺少的。

门格尔认为,对于"协议"方式起源的制度,需要一种他所谓的"因果性解释"或"历史的—因果的方法"来说明它的产生,"即从社会共同体及其统治者的意图、意见,他们可以利用的手段的角度,来解释社会现象的性质和起源"②。这里有几方面的因素需要考虑,社会的需求、社会共同体及其统治者的目的,他们可以动用的手段、他们将遇到的阻碍,即行为主体的目标和制约。"在每种具体情况下,就都得拿社会共同体或其统治者的真实目的与社会共同体的需求进行对照,考察各种手段在社会活动中的运用以及影响活动成功(即社会需求得到尽可能充分的满足)的种种制约因素发挥作用的情况"③。

而"有机"方式起源的制度,门格尔认为它们构成对社会科学家的智力挑战,"那些服务于公共福利,并对公共福利之发展具有极端重要意义的诸多制度,何以能够在不存在旨在建立这些制度的某种公共意志的情况下形成?"他认为这是社会科学中"最值得讨论的一个问题"④。他提出这一问题,清楚地表明他把制度的起源问题与制度的社会功能问题区分了开来,经过深思熟虑而创建的制度与出乎意料而成长起来的制度都有可能有利于社会福利,但也可能出现相反的情况。

门格尔认为,对于这类制度的起源,需要一种他所谓的"有机的"解释。⑤ 他对人们各自努力追求个人目标时的无意识(或非刻意)后果的制度的有机解释,作出了深入的探讨。他首先否定了那种认为部分社会现象与自然现象具有相似性,因而就简单地运用某些自然科学如生理学心理学原理来解释经济制度有机形成的粗鄙做法,认为这种简单的类比方法并不能真正说明制度的有机起

① ［奥］卡尔·门格尔:《经济学方法论探究》,新星出版社 2007 年版,第 116—117 页。
② ［奥］卡尔·门格尔:《经济学方法论探究》,新星出版社 2007 年版,第 133 页。
③ ［奥］卡尔·门格尔:《经济学方法论探究》,新星出版社 2007 年版,第 133 页。
④ ［奥］卡尔·门格尔:《经济学方法论探究》,新星出版社 2007 年版,第 134 页。
⑤ ［奥］卡尔·门格尔:《经济学方法论探究》,新星出版社 2007 年版,第 122 页。

源。① 他认为经验的—实在的方法和精确的方法都可以用来说明制度的有机起源。②

门格尔认为,对有机形成的制度的起源的说明,类似于对市场价格、利率等经济现象的说明,因为两者都是大量行为主体追求个人利益所导致的意料不到的结果。因此,他提出,解释有机形成的制度的起源所用的方法,与解决经济学的主要问题的方法,在本质上是相同的。具体地讲,他在解释有机形成的制度的起源时所用的方法,就是方法论个人主义,就是"原子论"的方法,即以追求自身利益的经济人为出发点。依照这种方法,他遵循以下步骤解释了货币制度的起源:

第一步:假定个人在一定约束下追求自身利益,即致力于通过交易来改进自身的处境。

第二步:假定在初始状态中,有待说明的制度即货币并不存在,只存在物物交换。

第三步:假定个人由于物物交换的困难,就倾向于寻找某种行为以更好地实现自身利益。

第四步:假设人群中有一些创新者迟早会发现,用自己较难销售的物品交换他自己虽然并不需要但较易销售,即可售性更高的物品,将使他更容易得到自己所想往的东西。

第五步:假设这种行为一旦被某些先行者发现并采纳,先行者的成功就会引起其他人去模仿他们。

第六步:某种行为被普遍模仿而扩散成为习俗和惯例之后,就将成为一种制度,即货币制度。③

门格尔对货币等制度的起源的这种说明方式的魅力在于它只依靠非常简捷的假设,只要有人能发现或发明一种有利的行为,并且这种行为能得到模仿和扩散,一种普遍的行为方式或制度便形成了。这里不需要任何深思熟虑的共同努力。

门格尔以类似的方法解释了劳动分工、市场交换、城市、国家、语言、法律、道德规范以及大量经济制度的起源。同时他也承认社会有意识的活动也将推进上述"有机"的形成过程。这类社会制度"乃是具有个人目的和社会目的的两种力量共同作用的结果,……是'有机的'和'实证的'因素共同作用的产物"④。

① [奥]卡尔·门格尔:《经济学方法论探究》,新星出版社 2007 年版,第 123—125 页。

② [奥]卡尔·门格尔:《经济学方法论探究》,新星出版社 2007 年版,第 127 页。

③ [奥]卡尔·门格尔:《经济学方法论探究》,新星出版社 2007 年版,第 141—145 页。

④ [奥]卡尔·门格尔:《经济学方法论探究》,新星出版社 2007 年版,第 145—147 页。

门格尔最后总结了制度两种起源的全部,"在社会性目的之指引下而形成社会现象的过程中,最重要的因素是社会的意图,社会创制这些现象的意图,就此而言,这些现象是社会共同意志所追求的产物,社会或者其统治者可以被视为一个行动主体。另一方面,'有机地'形成的社会现象的主要特征则是,它们是作为各个社会成员个人努力之非意图的后果而出现在我们面前的,也即它们是追求个人利益的过程的产物"①。

十、门格尔在西方经济学史上的地位

对于熟悉现代西方经济学的读者来说。门格尔的经济思想很难说有什么新奇感。因为他的理论在今天都有极为精致,往往是数理形式的表述。然而这也说明,他的思想并没有被一个多世纪的历史长河所销蚀。在经济学史上,他属于这样一类经济学家,在前人的理论似乎已经接近完善,理论家似乎已经无话可说的时候,他们洞察了以往理论的重大缺陷,从而令人意想不到地重新构造了经济理论的逻辑起点。在尔后的很长一段时期中,经济学凭借他们所创造的概念体系,循着他们所预定的方向,不断地发展着。可以毫不夸张地说,门格尔是现代西方经济学的奠基人之一。从科学动力学的角度看,他为经济学的发展提供了一个新的范型,或者说新的研究纲领,这个范型对以后西方经济学的发展产生如下几点重要影响:

(1)在德语世界里,重新确立了抽象演绎方法在经济学中的地位,使德语世界中的经济学在方法上克服了历史学派的偏狭性。

(2)以追求欲望满足最大化的消费者代替英国古典经济学中那种追求收益最大化的生产者作为经济分析的起点,详细分析了静态条件下消费欲望的特征及其满足时的规律。为消费者行为分析奠定了基础。可以说,门格尔是现代西方微观经济学中消费理论的奠基人之一。

(3)门格尔揭示了经济财货(其同义语是稀缺财货)与私有产权的内在联系。从此,财货的稀缺性成为西方产权经济学的分析前提之一。通过稀缺性这一概念,人们终于改变了单纯从平等角度对私有产权进行价值判断的做法,认识到了私有产权的经济功能——使有限的稀缺财货得到有效的保护和不断的增加。

(4)门格尔揭示了经济财货(其同义语是稀缺财货)与价值价格现象的内在联系,从此,财货的稀缺性成为西方经济学的分析前提之一。通过稀缺性这一概念,人们终于认识到了价格在配置资源、分配产品方面的经济功能——使有

---

① 　［奥］卡尔·门格尔:《经济学方法论探究》,新星出版社 2007 年版,第 148 页。

限的稀缺财货得到节约的使用。把稀缺性概念注入经济体系,改变了价值理论所研究的问题,在英国古典学派那里,价值论所要解决的主要问题是价值如何决定、如何测量。从门格尔以后,价值论所要回答的问题逐步转变为价格机制的经济功能是什么。

(5)把财货区分为低级财货和高级财货为尔后的生产理论、资本理论和周期理论的发展铺平了道路。庞巴维克的资本理论显然是以这样一种区分为前提的,他自己也承认门格尔关于财货等级的见解对后来的研究者深有启发。

(6)边际效用价值论,以及以边际效用价值论为基础的交换—价格理论,实际上是从消费者需求的角度出发说明了市场机制。从此,对价格现象的分析不能再像门格尔以前那样单纯从供给方面展开了,需求因素不再被排除于经济分析以外,而是经济分析的重要内容之一了。但是门格尔的边际效用价值理论也包含一些问题,首先是他没有深入考虑效用的度量及度量单位,从而没有进一步深入考虑不同人之间效用的比较是否可能;其次是单纯从边际效用这一个方面来考虑价值的决定,没有充分考虑边际效用所决定的产品需求与生产成本所决定的产品供给的相互作用对产品价值决定的影响。

(7)边际概念的提出对经济学所产生的深远影响也许是门格尔本人未曾预料到的。它启发后来者提出边际生产力、边际成本、边际收益等概念,最后它与微观经济的几乎所有变量都有关系,成为经济分析中一个极有用的基本概念。随着数理经济学的发展,人们最终认清了,边际概念与经济活动的优化条件有着密切关系。可以说边际概念是经济学发展过程中所提炼出的少数最有价值的概念之一,而门格尔则是首先发现它的人之一。

(8)对有机形成的制度(如货币)的起源的解释,使门格尔成为新制度经济学的世祖,成为今天人们所说的诱致性制度变迁的最早提出者。虽然他这方面的贡献被承认得晚了一些,但他关于制度起源的见解即使在今天也仍然给人以深刻启示。

新理论范型的提出,使门格尔成为西方经济学史上的一代宗师。他直接影响了维塞尔和庞巴维克,通过这两个人,他又影响了以威克塞尔为代表的瑞典学派,影响了米塞斯、熊彼特和哈耶克。他的影响远远超出了奥地利学派的范围,成为西方经济科学中难以磨灭的组成部分。

第二节　维塞尔对门格尔经济思想的发展

弗里德里希·冯·维塞尔①(Fridrich von Wieser，1851—1926)，出生于奥匈帝国的维也纳，是奥地利审计院副审计长的儿子。1874 年毕业于维也纳大学，1875—1877 赴德留学，师从历史学派的罗雪尔、克尼斯和希尔德布兰德。回国后任文官，1883 年任维也纳大学讲师，1884 年到布拉格大学，1889 年成为政治经济学教授。1903 年接替其退休的岳父卡尔·门格尔成为维也纳大学经济学教授，直至 1922 年。他还曾任奥匈帝国上院议员(1917)和帝国最后两届内阁的商业部长。其主要论著有：《经济价值的来源及其基本法则》(1884)、《自然价值》(1889)(有中译本)、《社会经济学》(1914)(有中译本)、《权利法则》(1926)。下面主要依据《自然价值》和《社会经济学》②介绍其经济思想。

维塞尔的研究方法是从经验出发进行抽象化和理想化，仔细提炼经验事实至理想化的最高完善程度。理想化假设是一种突出基本特征的典型化手法，从最抽象的理想化假设出发，然后一点一点地减少抽象程度，使假设更加具体化，更加多样化。他认为经济学的研究对象是活生生的人，因此可以采用内省方法。他对于当时正在兴起的数学方法采取了一定的保留态度，认为数学方法的适用范围是那些采用最抽象最理想化假设的部分，即那种无进步亦无退步的静态经济中的价值和价格理论。

一、价值与价格的决定

在消费品价值决定理论方面，维塞尔除了一些微小的修正外，全盘接受了门格尔的边际效用价值论，并在《经济价值的来源及其基本法则》一书中，首次提出"边际效用"这一术语。维塞尔对边际效用价值论的发展主要有：(1)关于货币的边际效用及货币对价值决定的影响；(2)用归属法求解高级财货的价值；(3)以边际效用论为基础解释成本现象及提出机会成本的概念。

---

① 《新帕尔格雷夫经济学大辞典》第 4 卷，经济科学出版社 1996 年版，第 997—999 页。[英]马克·布劳格、保罗·斯特奇斯：《世界重要经济学家辞典》，经济科学出版社 1987 年版，第 659—660 页。

② 《社会经济学》出版于第一次世界大战爆发的 1914 年，是维塞尔 1889 年出版《自然价值》后的 25 年。它一方面继承了《自然价值》对市场运行机制的深刻分析，同时又包含了《自然价值》中所没有的对市场经济所存在问题的深刻反思，尤其是对英国古典经济学自由主义观点的审慎批判，特别引人瞩目。

门格尔没有谈到货币的边际效用,维塞尔则认为货币的边际效用也遵循递减规律,进而指出同量货币对富人和穷人有不同的边际效用。这一见解后来成为收入再分配政策的理论依据。门格尔在分析价格时实际上分析的是两种商品的交换比例,即相对价格,并没有谈到货币。维塞尔则不同,他认为价格是商品与货币之间的关系,是两者的边际效用相互作用的结果。他所谈的价格,是以货币表现的价格。由于看到货币在价格决定中的作用,他指出财富分配会影响价格,因为财富分配影响人们对货币的估价。他的结论是,价格不仅取决于效用,而且取决于财富的分配状况。关于财富分配状况影响价格的见解,为门格尔和庞巴维克所没有,这是一个崭新的看法。它最终影响到人们对价格机制的局限性的看法。

门格尔关于生产要素的价值有如下基本见解:(1)高级财货的价值取决于低级财货,而非相反;(2)高级财货的价值与它们的稀缺、是经济财货有关;(3)收入分配问题被归结为高级财货的价值决定问题;(4)用类似偏微分的方法求出某种具体的高级财货的价值。

维塞尔以前三点为出发点,但提出用求解联立方程组的方法来确定某种具体的高级财货(尤其是基本生产要素)的生产贡献。他假设了一个例子,设有 x、y、z 三种要素,有下面三个产出方程:

$$x + y = 100$$
$$2x + 3z = 290$$
$$4y + 5z = 590$$

可以解出 $x = 40, y = 60, z = 70$,分别为 x、y、z 三者的生产贡献。维塞尔之所以要用联立方程组求解要素的生产贡献而不采用门格尔的偏微分方法,是因为他感到一具体高级财货的数量变化将影响与之配合的其他高级财货发挥作用,因此用门格尔的方法很可能把其他高级财货因得到某一高级财货配合而增加的作用归结为某一高级财货的价值上。用联立方程组求解各生产要素的生产贡献,被维塞尔称作归属。

维塞尔归属论的意义在于,它把由技术条件和资源条件所决定的各种要素对产出的贡献,与受社会制度,尤其是产权制度严重影响的要素所有者的收入分配,进行了严格区分。这对于他深刻认识社会主义公有制条件下的资源有效配置的条件具有重大影响。

维塞尔之所以要用联立方程组求解要素的生产贡献而不采用门格尔的偏微分方法,是因为他感到一具体高级财货的数量变化将影响与之配合的其他高级财货发挥作用,因此用门格尔的方法很可能把其他高级财货因得到某一高级财货配合而增加的作用归结为某一高级财货的价值上。

　　显然,门格尔的理论更适合生产要素配合比例可变的情况,而维塞尔的理论则更适合生产要素配合比例固定的情况。

　　维塞尔提出,由于某一要素的生产贡献会在其他条件一定时,随其数量的变化而变化,因此,决定该要素价值的是其边际生产贡献,即当要素可生产多种产品时,其边际生产贡献由这些产品中具有最小边际效用的产品价值所决定。可以用下图[①]来说明这一点。

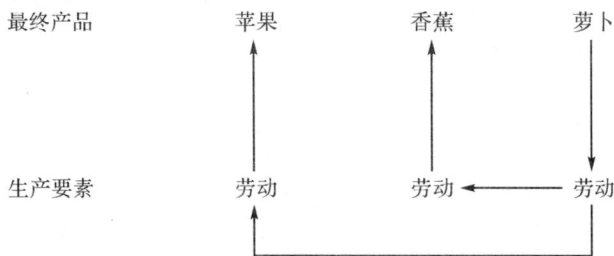

最终产品　　　　　　苹果　　　　　香蕉　　　　　萝卜

生产要素　　　　　　劳动　　　　　劳动 ← 劳动

图 27-1

　　图中有三种最终产品:苹果、香蕉和萝卜,假设它们的生产都只需要一种稀缺的生产要素:劳动。假设人们在三种最终产品中最偏好的是苹果,然后是香蕉,最后是萝卜。因此,有限的劳动首先用于生产苹果,当苹果数量足够多从而其边际效用下降到一定程度,若劳动还有多余,将用于生产香蕉,依此类推,最后生产萝卜。于是萝卜就成为三种产品中的边际产品,其边际效用将决定劳动的边际生产贡献或劳动的价格。如此决定的劳动价格又将作为成本决定香蕉和苹果的价格。图中的箭头就表明了最终产品和劳动要素的价格决定方向。

　　维塞尔还分析了影响要素的边际生产贡献大小的诸因素。它们是要素的供给量、需求量,与其他要素的互补情况,技术条件,独立程度,质量等。其他条件一定时,要素供给量越多,质量越好,其边际贡献越小。需求量越大,其边际贡献越大。社会偏好一定,补足要素更丰富时,被补足的要素的边际生产贡献将提高,即相对减少的要素其边际生产贡献将提高。技术进步若变动了互补要素之间的技术比例关系,将使相对充裕(稀缺)的要素的边际生产贡献减少(增加)。当某一要素是数量无法增加的独立财货时,其生产贡献较大。他还进一步分析了耐久高级财货的价值决定问题,认为耐久高级财货的价值是通过对其使用期中各期的生产贡献进行贴现的方法求得的。

　　由上可知,维塞尔大大丰富了门格尔关于高级财货价值决定的观点。这些

---

　　① 该图源自[美]哈里·兰德雷斯、大卫·C.柯南德尔:《经济思想史》,人民邮电出版社 2011 年版,第 250 页。

观点可以看作是后来的边际生产力论的先驱。

按照门格尔所建立的边际效用价值论,高级财货的价值由低级财货决定。由此很容易得出结论,当高级财货生产不同的低级财货时,其价值也应不同。但实际上同一高级财货总是具有相同的市场价值,如何使边际效用价值论与这种现象相协调,就成为边际效用论者必须回答的问题。与这一问题相联系,在一般人心目中,商品的价值由其成本决定。如何从边际效用论出发去说明成本现象呢?维塞尔指出,一种产品的成本是由所有与该产品使用相同要素的产品(他称之为同源产品,如图 27-1 中的三种产品)的边际效用决定的。若成本小于该产品的边际效用,就说明与该产品(记为 A 产品)同源的其他产品中,起码有一种产品(记为 B 产品),其生产中所使用的某种要素一单位所带来的边际效用,低于 A 产品生产中所使用的同样要素的一单位所带来的边际效用。在此情况下,这种生产要素便会从 B 产品的生产中流出,投入 A 产品的生产中。生产要素这样流动的结果,B 产品产量下降,生产要素一单位所带来的边际效用提高,这种提高在 A 产品那儿便反映为成本上升;同时,A 产品产量增加,生产要素一单位所带来的边际效用下降。于是 A 产品边际效用大于成本的差额趋于消失,直至成本等于边际效用为止,生产要素才停止由 B 产品生产向 A 产品生产的流动。由于上述过程在相反方向(A 产品成本大于其边际效用)上也存在,并且对所有同源产品都存在,因此最终将达到所有同源产品的成本都与其边际效用相等的局面。由此可知,所谓某种产品的效用与成本的关系,实际上是该产品的效用与其他与其同源的产品的效用之间的关系,一切成本归根结底是机会成本,即为了得到某种产品增量单位所带来的效用而牺牲的其他产品的产量所蕴含的效用。不同产品之间的成本关系实际上反映了它们的边际效用之间的互相制约关系。因此,说该产品价值由成本决定与说它由该产品的边际效用决定,两者并不矛盾。

通过这样一种说明,门格尔关于高级财货价值取决于低级财货价值的命题就不再与成本现象相冲突了。维塞尔的上述成本理论对边际效用价值论的贡献在于说明成本这种表面上直观上与边际效用论相矛盾的现象,实际上完全可以用边际效用加以说明。他还进一步证明,产品价值决定要素价值的观点不仅适用于原始社会、孤立的鲁滨逊,而且适用于存在复杂分工交换关系的现代社会。

维塞尔还指出,技术条件只是决定同源产品集合中各种产品的比价关系,并不决定绝对价值,绝对价值由边际效用决定。他认为,同源产品要用不同数量的同一要素生产,这就使人们对这些产品的主观估价之间产生一定比例,这种比例源于生产中的客观技术条件,但产品的绝对价值量始终是由主观估价决定的。

由于充分意识到非劳动资源的稀缺性，维塞尔对劳动价值论进行了评论。他认为，只有当劳动是唯一稀缺要素，劳动所需的所有其他要素都非常过剩，以至于对它们的需要都不会受到限制时，劳动创造一切价值的观点才得以成立。[①]

二、价格制度的功能

维塞尔对西方价值理论的最大贡献，也许是改变了价值论的研究目的。在门格尔那里，价值理论的目的是说明价值价格如何决定，而在维塞尔那里，目的是说明按边际效用决定的价值价格有什么经济功能，门格尔只是研究了消费品价值的功能，认为按边际效用原则决定消费品价值促使消费者合理地消费稀缺财货，达到满足最大化，但他没有进一步分析高级财货的价值有何功能。在门格尔那里，经济原则是从既定财货出发求最大满足，在维塞尔那里，经济原则则是进一步从既定要素出发求最大效益。

在维塞尔看来，价格的功能有如下几点：(1)在财富分配既定的条件下，使生产适合需要，但价格不可能改善财富分配的状况。(2)由于价格除了受边际效用影响外，还受到财富分配状况的影响，因此价格不一定能反映财货的社会重要性。这一见解指出了价格的局限性，表明单凭价格机制虽然能解决生产对需求的适应问题，但不能改变财富分配的不合理状况。这一看法是自斯密提出"看不见的手"以来，西方经济学家对市场机制的社会功能的看法的一大突破。在此之前，人们对市场机制的局限性是不清楚的。从此以后，市场机制不能改善财富分配这一局限性便成为西方经济学的常识了。(3)价格是实行经济核算的必要因素。(4)按要素的边际生产贡献决定价值，有助于促使企业采取合理的要素组合，有助于整个社会把有限资源用于最需要的产品生产上，当然这种需要是一定财富分配下形成的需要。即归属问题的解决有助于从既定要素出发取得最大的经济效益。从这一认识出发，他对收入分配现象有了新的认识，它实际上是归属问题在资本主义制度下的特定解决方式。通过收入分配所表现出来的要素价格，保证了特定财富分配方式下，稀缺资源的有效配置。实际上他并非单纯为资本主义的收入分配辩护，而是为这种分配的背后潜伏着的增进经济效益的归属现象辩护。相比之下，他比门格尔更对资本主义社会的不公正现象表示不满。(5)由于认识到价格的经济功能，他认为如果按劳动价值论来确定共产主义社会中产出的价值，那么稀缺的非劳动资源将没有价值，它们的配置将成问题。因此，他认为，即便共产主义的管理是尽善尽美的，管理者是

[①]　［奥地利］弗里德里希·维塞尔：《社会经济学》，浙江大学出版社 2012 年版，第 111 页。

廉洁的,公民是无私的,其他失误是不存在的,但只要要素、产品的相对稀缺仍然存在,那就仍然应当存在由边际效用决定的产品的自然价值,应当存在边际产品的效用所决定的资本的自然利息、土地的自然地租,就是说仍应当计算各要素的边际生产贡献,以便按最合理的方式使用产品和各种要素。当然利息和地租将不再成为私人收入,不再是分配范畴,而是经济核算的范畴。由此可知,他所探讨的自然价值(包括自然利息、自然地租),实际上是超越经济制度的,是合理分配稀缺资源所必需的纯经济范畴。

为了更加清楚地分析资源配置问题,维塞尔指出了整个社会生产的三项技术特征[①]:一是生产等级,即类似于门格尔把产品分为直接满足消费欲望的最终产品和间接满足消费的中间产品,并在中间产品中进一步区分距离最终产品的远近。二是生产主干,这个术语是他所独创的,用于描绘最终产品与生产它们的主干要素之间的垂直关系。例如,存在以煤为主干要素的系列产品:从煤开始到一切在其生产中消耗煤的产品。三是生产关系,他赋予这个概念的含义与马克思主义经济学完全不同,是指每一种产品与其他产品之间在使用和消耗主干要素方面的水平关系。例如,以煤为主干的所有产品之间都存在水平关系。

维塞尔认为现代生产技术非常复杂。它使生产关系达到非同一般的范围。每一种产品都有数种主干要素,于是形成了许多平行的主干系列。铁的一种产品很可能也是煤和其他广泛系列的生产要素的产品。所有生产主干都相互关联。有些产品拥有共同的主干要素,可以称它们为充分关系产品。例如木匠制作的桌子和箱子都源于木头。其他产品只是部分关系,它们只共同拥有某几个或者一个主干要素。不太可能有产品与其他任何产品都没有这种充分关系或者部分关系。可能存在不拥有共同主干要素的两种产品,但总是可以发现某种产品为这两种产品之间建立了间接关系,因为那种产品分别与这两种产品都共有某种主干要素。

生产等级、生产主干、生产关系这三个反映技术特征的概念,表明维塞尔清楚意识到整个社会生产过程的相互联系,意识到合理安排稀缺资源的重要性和困难度。市场经济中合理安排稀缺资源需要每个生产者在计算时要考虑各种市场后果,这形成所有其他主体计算的基础。同时在一个理想的社会主义国家里,所有这些计算都必须组合起来统一进行。

三、对现实市场的分析

在《自然价值》中,维塞尔更多的是揭示市场机制在配置稀缺资源方面的基

---

① [奥地利]弗里德里希·维塞尔:《社会经济学》,浙江大学出版社 2012 年版,第 99—101 页。

本功能,而在《社会经济学》中,他不仅分析理想市场的基本功能,同时还分析现实市场。如区分聚合市场和分离市场,聚合市场就是全部供求聚合在一起的市场;分离市场的供求在地理上分散。如果只考虑聚合市场,那么价格的形成将只能被不完全地描述。[①] 分析了买方和卖方垄断市场,分析了各种类型的垄断、准垄断组织。[②] 论证了竞争的正面影响和负面影响。强调一般商品市场与投机品市场不同。指出由于贫富不均而导致的价格分层现象,指出穷人在交换中的不利地位。[③]

维塞尔专门分析了资本主义社会各类企业,包括小型和大型的私人企业,合作企业,他称之为集团企业的国有企业,自治团体企业以及股份制企业。他把前两类企业称作所有者企业,把三、四两类称作管理者企业。所有者企业存在源于私人所有权的拥有不受约束的管理权的领导者;管理者企业存在受委任限制要对委任者负责的受约束的领导者。这是两种最主要的领导形式。股份公司体现了从所有者企业到管理者企业的转变。它联结了两种领导形式。他已经认识到管理者企业中所有者与管理者之间的委托代理关系带来的问题。[④]

维塞尔指出了合伙企业与股份公司的巨大差异。只有几个人的合伙企业是自发合作的,每个人都非常清楚其个人利益并能保护它。而在股份公司中,小股东并不能有效充分保护自己的利益。通过合同产生的领导权力有可能出现最严重的权力滥用。因此需要对这种后果进行法律控制。这些保护小股东的观点可能是当代公司治理理论的早期渊源之一。[⑤]

维塞尔还分析了企业家所需要具备的素质:必须有事业心,必须在企业发展的同时迅速洞察当前新的契机,必须具有按照自己想法控制企业的能力,需要接受与每一项投资相关的风险的能力。引发了他的进取心、驱使他不断前进的动力是一种令人欣喜的创造力。在资本主义企业中,企业家的鲜明个性提升到最高程度:大胆的技术创新者,敏锐了解人类本性的组织者,有远见的银行

[①]　[奥地利]弗里德里希・维塞尔:《社会经济学》,浙江大学出版社 2012 年版,第 248 页。

[②]　[奥地利]弗里德里希・维塞尔:《社会经济学》,浙江大学出版社 2012 年版,第287—305 页。

[③]　[奥地利]弗里德里希・维塞尔:《社会经济学》,浙江大学出版社 2012 年版,第259—260 页。

[④]　[奥地利]弗里德里希・维塞尔:《社会经济学》,浙江大学出版社 2012 年版,第417—424 页。

[⑤]　[奥地利]弗里德里希・维塞尔:《社会经济学》,浙江大学出版社 2012 年版,第417—424 页。

家,不计后果的投机者,征服世界的托拉斯领导者。① 他的这一思想,启发和影响了他的学生熊彼特,是后者创新理论和企业家理论的源头。

维塞尔分析了在决定机制上与农业地租有重大差异的城市地租,强调需求因素在决定城市地租中的主要作用。②

维塞尔认为,企业家利润作为企业毛利扣除利息和管理工资后的余额,源于企业家的特殊才能,是企业家特殊个性、卓越的领导确保企业特殊优越市场地位的结果。③

关于工资的决定,维塞尔区分了不同经济。他认为,劳动已经成为稀缺资源的发达国民经济的工资理论能够在一般价格理论的基础上简单说明。而劳动过剩经济中的工资是维生性的,通常不会超过雇主为了保持劳动者具有工作所要求的健康程度所必需的最低工资。他指出,对于劳动过剩经济中的劳动者而言,可以自由选择的劳动市场并不存在。雇主处在可以规定合同条款的地位,劳动者除了接受这些条款没有别的选择。竞争迫使工人仅仅为了生存而努力并承受风险。④

维塞尔进而指出,并不存在统一的劳动市场,由于劳动的不同个人类型和不同阶层而引起大量局部的、分层的市场,有必要区分各个局部市场的水平联系和劳动的垂直分层。因此,工资在所有劳动者之间并不趋同,只有在同一个群体中才存在一个有效的均等化趋势。⑤

维塞尔还对工会以及企业家联盟的作用进行了分析,指出组织和未组织的劳动市场的条件根本不同,工资形式相应也不同。在未组织的劳动市场,个别劳动者只能依靠自己。惯例是决定性的。劳动供给由于其巨大数量而处在强烈的过度竞争中。最糟的情况是最弱势群体只能接受一个仅仅能够满足日常最紧迫需求的维生工资。⑥

而当一个地方的企业家彼此签订协议时,其状况就几乎类似于需求垄断。

① [奥地利]弗里德里希·维塞尔:《社会经济学》,浙江大学出版社 2012 年版,第 419,421 页。

② [奥地利]弗里德里希·维塞尔:《社会经济学》,浙江大学出版社 2012 年版,第434－441 页。

③ [奥地利]弗里德里希·维塞尔:《社会经济学》,浙江大学出版社 2012 年版,第450－454 页。

④ [奥地利]弗里德里希·维塞尔:《社会经济学》,浙江大学出版社 2012 年版,第465－487 页。

⑤ [奥地利]弗里德里希·维塞尔:《社会经济学》,浙江大学出版社 2012 年版,第 468 页。

⑥ [奥地利]弗里德里希·维塞尔:《社会经济学》,浙江大学出版社 2012 年版,第471－487 页。

他们能够对经济上过于软弱的未组织工人施加很大压力。这时工资可能被保持在一个不是理论上确定的标准上。这些工资要么在更高的工资依然可能的条件下被调整到维生工资，要么是没有达到通过归属确定的劳动的边际生产力。①

维塞尔指出，在劳资冲突中，只有那些在特定局部市场中联合了所有或几乎所有劳动供给的组织，才是有影响力的。如果这个条件不成立，工会就无法成功地使用它最重要的武器——罢工。表面上，工会与卡特尔或托拉斯相类似，是通过消除竞争达到垄断。但在功能上，工会和面对消费者的垄断供给联盟根本不同。卡特尔面向没有组织的消费者；工会面向作为劳动的需求方垄断地组织起来的企业家。工人组织不能扩大生产，不能划分市场和对消费者进行分级。它必须根据生产条件调整自己，而这些条件是企业家设置的。最后，鉴于卡特尔控制了所有生产，工会仅仅控制了一个起作用的生产要素。通过维持合作，工人们显然可以通过让补充性要素不发挥作用而使生产不可能。但是造成这种影响的武器是一柄双刃剑：它会同时伤害工人，因为罢工使工人没有收入因此不能维持很长时间。企业家可能通过限制产量的垄断政策成功地迫使边际效用上升。但工人不能使用这个工具，他们受到把劳动供给全部持续放到工会中的必要性的限制。②

从而，组织最好的工人团体也只能够通过罢工获得等于边际生产力的工资。因此，工会没有为那些边际生产力仅仅达到维生收入或者工资仅能一天天维持生命的工人阶层提供一个获得更高工资的前景。

维塞尔对于工会作用的分析在古典和新古典经济学时代都是非常罕见的，甚至可以说是独一无二的。

四、对资本主义的批评和肯定

维塞尔认为社会存在阶级，存在阶级之间的统治和支配性权力。因此经济理论应当讨论阶级和每个阶级内部的等级。他区别了两种分工：水平分工和垂直分工，前者是指通常的劳动者之间的工作分化，后者是指人与人之间垂直的上下级关系，如企业家和工薪阶级。劳动分工的这两个方面——劳动按照产品集合进行划分，同时也在权威和依附的垂直关系上进行划分——应该被区分开来。如果在劳动分工中混淆了水平联系和垂直分层这两个方面，那么整个经济

---

① ［奥地利］弗里德里希·维塞尔：《社会经济学》，浙江大学出版社 2012 年版，第471—487 页。

② ［奥地利］弗里德里希·维塞尔：《社会经济学》，浙江大学出版社 2012 年版，第471—487 页。

结构就会从一个欺骗性的角度被观察。① 区分两类分工,是他能够意识到市场经济在收入和财产分配方面的局限性的理论基础。对社会经济中阶级分层和经济权力现象的重视,是他理论的一大特色,也是他质疑古典经济学的自由主义观点的出发点。他是奥地利学派中少见的正视资本主义社会阶级矛盾的经济学家。

维塞尔重视社会的垂直分层,考察了从古代到资本主义时代社会分层的变化,指出资本主义社会的两极分化,中产阶级的分化,农民阶级的苟延残喘。同时他也看到了熟练工人生存条件的改善。他指出,工业资产阶级在中世纪的城镇中以不可忽视的姿态登上历史舞台。它的重要性在其经济成就中得到体现。进而出现了作为大企业的经济领导聚敛了大量资本财富(尤其是货币资本)的个人。在他们的企业中,中世纪的工匠转变为一种靠工资生存的无产阶级。在这个阶级当中,几乎没有人能够靠运气或是才能获得经济上的独立性。由于失去了成为行业中熟练技工的机会,他们中很多人因为屈从于非独立工人的地位而被毁掉。因此充分展开并产生了现代资本主义社会全部类型的分层。②

维塞尔对于他所处时代的贫富不均现象作出了愤怒的指责,资本主义社会富足和困苦之间的对比太强烈了。观察家们不能对自己隐瞒经济持续增长背后的问题,其中绝大多数与劳动工资相关。假设现存条件变得更加尖锐直到社会最终分为两个阵营:一个拥有大量财富的少数人和极端贫困的大多数人。那么社会经济会完全失去它的意义。并且只要收入分配中的不平等变得过度,价格分层就会变得过分明显,并且从社会角度来看价格就是不公正的。收入差异存在一个界限,超过它以后增加的产出就不再对应健康的需求,增加产品就不再有意义。③

为了解决贫富差异问题,维塞尔对利润分成制表示了欣赏态度,认为它不仅改善工人的条件,同时向工人的精英团体转移了部分企业家地位。在这个方向上很可能找到一个平衡各方利益的重建大企业组织的方法。同时他也要求政府制定保护性工厂立法和建立社会保险。④

维塞尔对于他所处时代的劳资关系的结论性意见是:对资本主义劳动关系

① [奥地利]弗里德里希·维塞尔:《社会经济学》,浙江大学出版社 2012 年版,第 403 页。
② [奥地利]弗里德里希·维塞尔:《社会经济学》,浙江大学出版社 2012 年版,第411—416 页。
③ [奥地利]弗里德里希·维塞尔:《社会经济学》,浙江大学出版社 2012 年版,第480—481 页。
④ [奥地利]弗里德里希·维塞尔:《社会经济学》,浙江大学出版社 2012 年版,第485—486 页。

的历史评价只有在它未来的进化中能够清楚显示其结果时才可能作出。如果目前的时代是向劳动者的安全和人道状态的过渡,那么今天对于技术进步的颂词就是正当的。然而,如果社会被分裂成只有小部分拥有大量财富的人和大量无产者而没有中产阶级,或者即便现在的状态被凝结,那么被赞美的资本主义技术和组织就会被宣判为人类文化的终结。①

维塞尔的上述观点,在奥地利学派中间是罕见的,在整个古典经济学和边际效用学派中间也是罕见的。他对于劳动者的这种深切同情,与他对劳动的看法密切相关。他认为劳动使人成为人。不劳动的人将发现他的享受力量和能力都会衰退。再大的财富也不会再对他有利益。因此他强调指出劳动与其他生产要素的根本区别,充分发展的道德情感总是把人的劳务与无生命的有用物品加以区分。当物品进入生产,就完全被支配,其命运就一劳永逸地被决定了。但劳动者具有自己的重要目标,他总是保留着独立的生存意义。因此劳动者具有一种独立的极具重要性的不允许被牺牲的价值。他应当受到关爱并得到应有的报答。他绝不应当隶属于其雇主到丧失自主决策权利的程度。人类历史充满了劳动者为首先得到人身自由然后是劳动自由而斗争的记录,并且这种斗争在任何地方都远未结束。

虽然对贫富差距不满,但维塞尔依然肯定私有制。他指出,私人经济是社会经济的一种历史形式,几千年的实践经验证明这一体制比一致服从统一命令的体制更为成功。尽管经济具有社会性,但生产一直分工进行,以实现最大效用,这一点通过成千上万的人按照各自的意愿行动和相互比较最终取得均衡,并更加精准。如果由官员按照一些既定规则进行资源配置,将削弱配置效率;并且这种配置还需要这样或那样的高成本审议。即使赋予官员最大的行动自由,他也不会有兴趣历经失败后寻求新的资源使用方法。私人行为就有所不同,私人收入来源于冒险收益,他以追求自身利益作为行动动力。社会应该承认利己主义的合法性,不同人的利益发生在不同的经济过程中,个人在经济过程中受制于国家对不同利己主义的协调,私人经济的解放与国民经济共存。人们将利己主义看成是有关个人自由的社会权力,它被社会认可或控制,并在法律范围内得到最高程度的确认。②

针对人们对于资本主义贫富巨大差异的指责,维塞尔强调,一种法律体系即便非常不平等地分配它辅助生产的所得,但只要它能够比其他体系给大多数公民带来更多利益,同时遵照权力和理由原则支出非常少的收益救济穷人,那

---

①　[奥地利]弗里德里希·维塞尔:《社会经济学》,浙江大学出版社 2012 年版,第 487 页。

②　[奥地利]弗里德里希·维塞尔:《社会经济学》,浙江大学出版社 2012 年版,第 495 页。

就依然是一种好体系。同时,他认为,任何时候私有制的法律秩序都应当被一个广泛的博爱、慷慨和利他的慈善体系所补充,受到道德力量、宗教情感和教会命令的支撑。这些慈善活动让人们在正规法律的严厉执行中,感受到处处存在的人类同情心。[①]

维塞尔并未单纯歌颂资本主义私有制,他意识到资本主义大工业发展带来的问题。大工业的发展是社会获取最新技术成果的新途径。但若这种发展不被控制,大工业的优势就会引起独裁和专制,经济私有结构的均衡会被打破,在国家经济范围内,自由原则也就不再适用。一旦资本主义变得足够强大,它将利用历史形成的权力来反对弱小的竞争者和工人阶级。一旦大规模工业发展,这种霸权就变成了整个社会的罪恶,就会出现被压迫的工业底层人群、集中的无产阶级劳动者。

五、政府的经济职能及赋税原则

维塞尔考虑了门格尔所未考虑的问题:政府的经济职能。对这个问题,他有下述值得注意的想法:政府直接从事经济活动的范围应当是个人无力干的事,个人不愿干的事,个人不适宜干的事。前两条早已为斯密所提出,但后一条则是新的,它是指私营将导致垄断的活动应由政府出面主办。

门格尔也有反垄断的思想,但他的反垄断的思想与他的边际效用论几乎没有什么关系。维塞尔则从边际效用论出发,论证了反垄断的重要性和必要性。他指出,由于边际效用递减,故财货数量增加到一定程度后,其总效用和总价值会向相反方向变动。当企业的目标是价值而非效用,同时又具有垄断地位,那么它可以通过限制产量(即减少总效用)来达到目标。这说明,当出现垄断时,厂商的利益(总价值增加)可能与社会的利益(总效用增加)发生冲突。

因此,反垄断,由国家来从事可能导致私人垄断的事业,便成为国家干预的一个重要方面。

针对资本主义大工业所带来的问题,维塞尔认为现代国家经济政策已经与政府不干预经济的原则彻底决裂,实行了有利于工人的势在必行的大改革,这些改革在经历多次摇摆不定之后最终远离了经济完全自由的原则。个人自由保证达到社会效用最大化这一观点不再被认为绝对正确。古典经济学这一论点仅在各方势力相当的情况下成立。如果势力不均衡,经济完全自由的结果只

---

① [奥地利]弗里德里希·维塞尔:《社会经济学》,浙江大学出版社 2012 年版,第497—498 页。

能是不利于弱势方,而保护弱者是政府的天职。①

维塞尔指出,现实中大资本的利润在很大程度上是不劳而获的。因此政府可以采取强力措施反对资本的弊端,而不必担心其后果。他建议对大工业进行改革,新制度将在拥有绝对权力的资本专制与社会主义之间寻求中间道路,它类似于专制主义与共和主义之间的君主立宪政体。②

维塞尔从边际效用论出发论证了合理的税负原则及累进税制。他提出合理的税负要达到两个平衡:一是赋税额要与国家提供的服务的价值相当;二是个人收入在满足公共利益的赋税和满足私人开支两方面的平衡。即赋税给纳税人带来的边际效用应当和私人开支带来的边际效用相等。对累进税制,他从富人和穷人对财富的不同边际效用上说明其合理性。

维塞尔提出,为了兼顾平等和效率,同一社会应当保有私人经济和集体经济两部分,前者不利于平等,但有助于效率,后者则能促进平等。关于平等与效率之间的不一致,实际上导致了国家的经济政策与社会政策之间的不协调。他是较早指出公平与效率之间冲突的经济学家。

从今天的眼光来看,维塞尔这种既反对无约束的自由市场,又反对无市场的社会主义的观点,对有政府规制的市场的审慎推崇,已经经受了历史实践的检验。他对市场机制优点和缺点的深刻分析,对于劳动阶级的真诚同情,都使他思想的影响力穿透了整个 20 世纪,并且将对完善市场经济继续发挥影响力。

第三节　庞巴维克对门格尔经济思想的发展

欧根·冯·庞巴维克③(Eugen von Böhm-Bawerk,1851—1914),生于奥地利,毕业于维也纳大学法学系,曾与同班同学未来的妹夫维塞尔同赴海德堡、莱比锡和耶那大学学习政治经济学。1881—1889 年任因斯布鲁克大学教授。1889 年入奥匈帝国财政部任职,于 1895 年、1897—1898 年和 1900—1906 年三

---

① ［奥地利］弗里德里希·维塞尔:《社会经济学》,浙江大学出版社 2012 年版,第512—515 页。

② ［奥地利］弗里德里希·维塞尔:《社会经济学》,浙江大学出版社 2012 年版,第512—515 页。

③ 《新帕尔格雷夫经济学大辞典》第 1 卷,经济科学出版社 1996 年版,第 276—281 页。［英］马克·布劳格、保罗·斯特奇斯:《世界重要经济学家辞典》,经济科学出版社 1987 年版,第 68—69 页。

任奥匈帝国内阁财政部长。在任内实现了奥地利财政的高度稳定和进步。1904 年离开政府,任维也纳大学教授。1911 年曾被选为奥地利科学院院长。其主要论著有:《债权和环境》(1881)、《从国民经济财富理论的观点来看权利和关系》(1881)、《资本与利息》(1884,有中译本)、《商品价值理论纲要》(1886)、《资本实证论》(1888,有中译本)、《奥地利的经济学家》(1890)、《价值、成本和边际效用》(1892)、《财货价值的最后尺度》(1894)、《马克思主义体系的终结》(1896,有中文节译本)、《关于资本与利息的论文续集(1909—1912)》和《控制还是经济规律?》(1914)等。庞巴维克对门格尔经济思想的发展,一是对其价值论,尤其是价格论作了一定的补充完善,更主要的是在资本、利息、利率方面作出了承前启后的奠基性工作。

一、价值论

庞巴维克完全接受门格尔的边际效用价值论。他写道:"一种物品要有价值,必须既具有有用性,也具有稀缺性。"[①]一杯水对于一个住在涌泉边上的人,只有效用但不具有稀缺性,因而没有价值。但对于一个沙漠中的行人来说,一杯水是有价值的。

庞巴维克对于价值理论的发展主要是详尽论述了当物品之间存在着替代关系及互补关系时,边际效用如何决定物品的价值。他指出,一物的价值不单纯取决于其本身的边际效用,而且取决于可用来替代它的其他物的边际效用。由于人们一般是通过交换来取得替代物的,因此上述观点的提出使边际效用价值论从门格尔的孤立人那里走进了交换经济,有助于说明交换经济下物品的主观估价如何形成。

关于互补物品的价值,庞巴维克指出,一组互补物品的总价值等于它们互补使用时的边际效用,除非它们中间每种物品都可被替代。关于它们中间每种物品个别的价值,要区分几种情况:(1)若每种物品都不可替代且只有一种用途,则每种物品都具有全组的价值。(2)若每种物品虽都不可替代但都还有其他的用途,则每种物品都将有两个价值,一个是作为互补物品使用时的价值,另一个是在其他用途上的价值,但通过自由竞争下的交换会使二者趋于相等。(3)若一组互补品中有些可被替代而另一些则不可时,那些可被替代物品的价值不会高于它们独立使用时的价值,而不可被替代的物品的价值将等于全组物品的总价值减去可被替代物品价值后的剩余。互补物品价值决定的理论,为其分配论奠定了基础。

---

① [奥]庞巴维克:《资本实证论》,商务印书馆 1964 年版,第 155 页。

二、价格论

在价格理论上，庞巴维克对门格尔的主要发展是提出了买卖双方竞争时，价格由边际对偶决定。如前所述，门格尔在分析价格决定时，只看到既定的供给对价格以及价格对需求的决定作用，但没有看到价格对供给的决定作用，没有分析卖方竞争时的价格决定。庞巴维克的边际对偶正好克服了门格尔价格理论的缺点。

庞巴维克在说明边际对偶如何决定市场价格时，假定有十个买主和八个卖主，每人都打算买进或卖出一匹马，每人对一匹马所作的主观评价如下：

买主对一匹马的最高估价		卖主对一匹马的最低估价	
A1	30 镑	B1	10 镑
A2	28 镑	B2	11 镑
A3	26 镑	B3	15 镑
A4	24 镑	B4	17 镑
A5	22 镑	B5	20 镑
A6	21 镑	B6	21 镑 10 先令
A7	20 镑	B7	25 镑
A8	18 镑	B8	26 镑
A9	17 镑		
A10	15 镑		

假定这些买主和卖主同时来到市场，各匹马的优劣相同，每个人都判断准确。这时马的价格的上限由实际进行交换的最后的买主（即 A5），和被排斥在交易以外的最有能力的卖主（即 B6）的评价来决定；其下限则由实际卖出货物的能力最小的卖主（即 B5）和被排斥的最有能力的买主（即 A6）的评价来确定。A5 和 B6，以及 A6 和 B5，就构成边际对偶的四方，由这个边际对偶决定的价格将在 21 镑 10 先令和 21 镑之间。如果价格高于或等于 21 镑 10 先令，卖主将超过买主，卖主之间的竞争将压低价格；如果价格低于或等于 21 镑，买主将超过卖主，买主的竞争将抬高价格。

庞巴维克的边际对偶已经接近于两年以后马歇尔提出的均衡价格论，它已经包含着供给是价格的递增函数，需求是价格的递减函数这两方面的意思，已经看到价格由供求均衡点决定。边际对偶的思想也被庞巴维克用来说明借贷利率的决定。它与马歇尔供求均衡论的一个重要的区别在于，庞巴维克认为供给和需求在现实生活中都只能是价格的离散函数，不可能是连续函数；马歇尔则认为在人数众多的市场上，可以把供给和需求近似地看作是价格的连续函数。连续函数的假设显然不如间断函数更符合事实，但它使经济学家更容易用数理方法分析市场价格现象。这里再次出现假设的真实性与推理的便捷性之间的冲突。

边际对偶的意义在于表明价格是在许多买者与卖者的个人估价的相互冲突中形成的,但又不是依其中任何一个人的意志所能转移的。它表明社会经济现象是在无数人的意向冲突下,按平行四边形的合力原则产生的。这里既排除了个人意志决定论,也排除了宿命论。社会客观经济现象是千万人意志冲突而造成的,因此社会不存在纯客观的与任何人意志无关的经济现象,否认这一点,就是宿命论。社会客观经济规律的意义不在于规律与人的意志无关,而在于个人意志不可能扭转千万人意志的合力。边际对偶描绘了从许多个人的主观估价过渡到社会评价的机制,因此把边际对偶简单地看成主观价格理论,是值得怀疑的。边际对偶所决定的市场价格,将反过来影响个人主观估价,这就造成了替代效用,所以边际对偶实际上是他的替代效用说的逻辑前提。边际对偶决定的价格并没有排斥个人估价,只是把后者隐蔽了起来。当价格低于个人估价时,个人将按价格购买,只要价格不超过个人估价,购买将继续进行,一旦价格高于个人估价,购买行为就将停止。

边际对偶的局限性在于它只说明了暂时的均衡价格。由于庞巴维克没有分析决定供给者供给价格的种种因素,没有联系成本考虑供给价格,因此,也没有说明短期和长期均衡价格的决定。这就是说,他没有说明古典学派经常考虑的那种在或长或短的时期中社会决定的价格。尽管有此不足,但他的思路是极富有启发性的,因为它在对商品个人主观估价与社会客观评价之间建立了第一座桥梁。

三、资本与利息理论

前面已经指出门格尔在资本问题上所提出的新见解,以及由于他不能完全摆脱传统见解而导致的资本概念上的混乱。庞巴维克通过区分两类资本概念澄清了这一混乱。他把人们所说的资本分为狭义和广义,狭义资本是指生产资本或社会资本,它是中间产品的集合,包括除消费品以外的一切产品:原料、固定资本。广义资本则是指获利资本和私人资本,它除了包含中间产品外还包括用于交换的消费品(包括企业家预付给工人的生活资料等)。

上述划分的意义在于把作为中间产品的资本,与私人的获利资本,在概念上区分开来(虽然二者在实际上常常是结为一体的),从而使庞巴维克有可能从中间产品的角度去探讨资本在社会化大生产中的功能。他接受了门格尔关于使用中间产品(门格尔称之为高级财货)的迂回生产比直接生产具有更高生产力但需要更多时间的命题,进一步提出了生产期的概念,用于指称生产消费品所需要的迂回时间。

可以用图 27-2 说明迂回生产更有生产力[①]：其中纵轴为总产品，横轴为生产期，直线 tQ、$t'Q'$、$t''Q''$、$t'''Q'''$ 分别代表不同生产期的总产量，而斜线 tQ'、tQ''、tQ''' 的斜率分别代表不同生产期的边际产量。它们表明随着生产期的延长，总产量不断增加，但是边际产量递减。

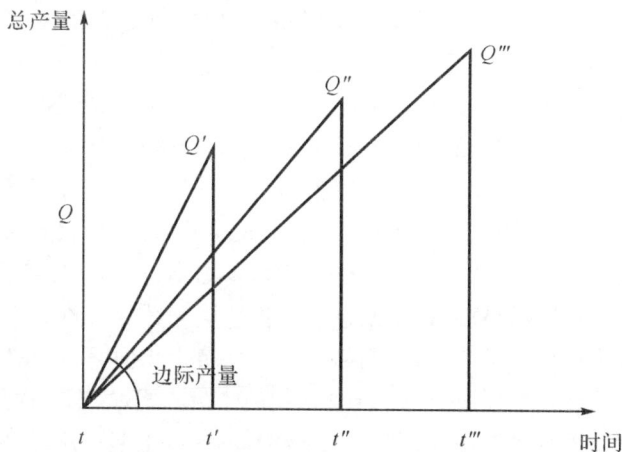

图 27-2

生产期的长短与维持基金密切相关，维持基金是庞巴维克特别提出的一个概念，指迂回生产过程中处于各个不同生产阶段上的（包括最后阶段的）、最后用于形成工人逐期所需消费品的产品（包括消费品和中间产品）总和。生产期长度与维持基金之间关系的公式如下：

$$S = [x + (x-1) + (x-2) + \cdots + 1]y/x = (x+1)y/2$$

式中，S 为总维持基金；y 为工人每年所需要的维持基金；x 为生产期长度。由该式可知，当 y 一定时，S 越大，所允许的生产期 x 便越长；或者说 x 越长，所需要的维持基金 S 便越大。

迂回生产的根本特征是使用被称作社会资本的中间产品，但这些社会资本（中间产品）从何而来呢？庞巴维克指出，社会资本（中间产品）的形成和积累既依存于生产又依存于储蓄。从整个社会来看，就是依靠储蓄行为节约一部分生产力不用于生产当年消费品，而用于生产中间产品。这就结束了以前长期存在的关于资本是生产的结果还是节约的结果的争论。

庞巴维克进一步提出了社会资本积累的三种方式：（1）减少生产当年消费

[①] 转引自[美]小罗伯特·B.埃克伦德、罗伯特·F.赫伯特：《经济理论和方法史》，中国人民大学出版社 2001 年版，第 262 页。

品的劳动力,转而生产资本品;(2)减少生产当年消费品的资本品;(3)改变资本品的用途,使原先用于生产消费品或较低层级的高级财货的资本品转而生产较高层级的高级财货。

庞巴维克还指出社会资本的积累机制在社会主义国家是比较简单的,就是分派较多的工人去从事较迁回的生产方式,减少直接生产消费品的人手。而在市场经济条件下,则是由消费者增加储蓄减少消费,于是在价格机制作用下,使消费品生产减少,资本品产量增加。

根据上述这些关于社会资本(中间产品)的功能及其形成机制看法,庞巴维克认为,作为资本收益的利息的根源不是节欲,也不是迂回生产造成的资本的较大生产力,而是由于人们对现在物品比同种同量的未来物品具有更高的主观评价。之所以如此,有三个原因:(1)预计未来生活状况会更好,供给会更充裕,故现在物品较未来物品更有价值;(2)由于缺乏想象力,意志不坚决,无法抵御当前消费享受的诱惑,人生无常而导致低估未来;(3)对将来某一特定时点而言,现在物品比未来物品允许更迂回的生产方式,例如对于今后第十年而言,现在的物品便比今后第五年的物品允许更迂回的达十年迂回期的生产方式,故现在物品在技术上有优越性。前两个因素通常在穷人身上和不经心的人身上起作用,使他们高估现在物品。富人那里前两个因素也许不存在,但第三个因素会发挥作用。结果几乎不论什么境况的人,穷困的、富有的、不经心的、节约的,或者由于前两个因素,或者由于第三个因素,都将高估现在物品,低估同种同量的未来物品。

庞巴维克认为利息的具体来源有三个:借贷利息,企业利润,耐用品租金。借贷利息是当前物品与同种同量未来物品相交换时的价格。它的决定也可以用边际对偶来说明:

现在物品买主	现在物品单位估价	来年期物品单位	现在物品卖主	现在物品单位估价	来年期物品单位
A1	100＝	300	B1	100＝	99
A2		200	B2		100
A3		150	B3		101
A4		120	B4		102
A5		110	B5		103
A6		108	B6		105
A7		107	B7		106
A8		106	B8		107
A9		104	B9		108
A10		102	B10		110

按照上表假设的情况,100 单位现在物品将值来年期物品 106 单位与 107 单位之间。借贷利息在 6 单位与 7 单位之间。

庞巴维克所分析的企业利润并不是由于经济的动态因素造成的,超过正常利息的那种企业家利润,而是资本家把钱贷给企业家后所要求获得的利息。他认为企业利润的形成是由于企业家购买的劳动及其他高级财货,虽然在物理意义上是现在财货,但在经济意义上是将来财货,即它们要到将来才能变成消费品。因此,虽然它们的未来价值与它们转变成的消费品价值一致,但由于这些未来消费品的现值将要打一个折扣,所以这些高级财货及劳动的现值也要打同样折扣。随着生产过程的进行,它们逐步转变为现在财货,于是其价值也逐步得到提高。到生产过程结束时,高级财货和劳动这些以前的将来财货和现在由它们转化成的当前财货的价值差额,就构成企业利润。

耐用品的租金在庞巴维克看来等于它在一年的使用中所获得的总收益减去所丧失的价值,即租金等于净收益。耐用品的价值决定由下式给出:

$$V = [R_0/(1+r)^0] + [R_1/(1+r)^1] + [R_2/(1+r)^2] + \cdots \\ + [R_n/(1+r)^n]$$

式中,V 为总价值;R_0 为当年服务的价值;R_1 为尔后第一年服务的价值;R_2,$\cdots$,R_n 以此类推;r 为利率;n 为耐用品的使用期限。由上式可知,即使耐用品在未来的一系列年份中提供的服务是一样的,但越遥远的服务贴现后的现值越小。当新耐用品使用一年后,得到的收益是当年服务的价值 R_0,失去的价值等于最后一年服务的价值的现值 $R_n/(1+r)^n$。再使用一年后得到的收益仍是当年服务的价值 R_0,失去的是 $R^{n-1}/(1+r)^{n-1}$。于是可由下式给出耐用品使用到第 k 年时的租金:

$$N_k = R_0 - R_{n-k}/(1+r)^{n-k}$$

如果耐用品是消费品,则租金由上式给出;如果是资本品,则其当年服务的价值还要按该服务最后转化为消费品所需要的年限来进行贴现。其租金也同样是按上述原则贴现的结果。

综合上述三种利息来源,可知在庞巴维克看来,利息的根源在于现在物品与未来物品的价值差额。

庞巴维克认为,利息的功能在于防止那种其剩余收益低于利息的过于迂回的生产方式。因此,利息是一个纯经济范畴,而非历史—法权范畴。他指出,如果社会主义计划当局不愿犯重积累而忽略当前消费的错误,社会主义也应有利息。社会主义的利息将发挥其控制生产迂回程度的经济功能。但不再像资本主义那样成为少数资产者的收入,而是作为全体人的收入,即利息在社会主义将保持资源配置功能,而不再是要素分配范畴,失去了分配功能。

庞巴维克关于社会资本(中间产品)的功能和形成机制的观点,关于利息的经济功能(防止生产过于迂回化)的观点,显然是在一般意义上考虑迂回的社会化大生产的结果。因此这些论点不仅适应资本主义也同样适应社会主义。而他关于利息来源的观点,则更像是他在资本主义这一特殊形式上考虑迂回的社会化大生产的结果。因为在他分析利息来源时,利息不再是仅仅与社会资本(中间产品)相联系的现象,而是与私人资本收益资本(即他所说的广义资本)相联系的现象了。他关于利息来源的观点,既不同于马克思主义,也相异于后来美国经济学家 J. B. 克拉克提出的,目前在西方占正统地位的边际生产力论。

庞巴维克关于资本和利息的理论,使他在西方经济思想史上占据了重要地位。因为这一理论直接影响到瑞典学派创始人威克塞尔的累积过程理论、美国经济学家费雪的利息理论,以及哈耶克的经济波动理论。他关于资本积累与储蓄相关的论点,很有可能也启发后来的拉姆齐去考虑社会最优储蓄问题,并在1928 年提出了关于最优储蓄的拉姆齐模型。

四、利率的决定

庞巴维克的利率理论,不是说明单纯的资金借贷市场上利率的决定,而是要说明资本和劳动各自的收入如何决定,因此这一理论实际上是他独特的分配理论。他认为,利率是现在物品与同样的将来物品交换时的价格,当现在物品的买卖双方对现在物品与将来物品的交换比例(贴水)都有确定看法时,利率由边际对偶决定。这就是发生在单纯的资金借贷市场上的事情。

庞巴维克进一步认为,资金借贷市场中利率的上限,在自由竞争条件下,实际上要由企业正常利润率(利率的特定形式之一)来决定。而企业正常利润率从全社会角度来看,正是以消费品形式出现的现在物品与劳动这个将来物品相交换的贴水。

因此,从整个社会来看,在现在物品与将来物品的交易中,占有重大比例且起主导作用的是劳动这个将来物品与资本家阶级拥有的消费品(现在物品)之间的交易。而劳动与其他物品不同的一个特点是它的买者没有关于它的预先决定好的主观评价,因此劳动是按照它的未来产品而评价的。但劳动所能带来的未来产品的多少是随生产迂回程度(生产期)的变化而变化的。因此,生产期未定之前劳动这个未来物品与现在物品的交换比率,即企业正常利润率,也难以确定。

庞巴维克认为,生产期的长短取决于工资率,而工资率在资本家看来恰好是劳动所能带来的未来物品的价值的贴现值。但如刚才所说,劳动所能带来多少未来物品又要定于生产期,且未来物品价值贴现时的贴现率又要定于企业正常利润率。这就陷入了循环决定之中。为了摆脱困境，他运用文字和数表，构造了一个理论模型，用来说明利率（企业正常利润率）和工资率是如何同时决定下来的。为了便于理解，下面用现代经济学常用的表达方式来说明他的模型。他给模型规定了如下前提：（1）劳资双方全体集中于一个统一市场。（2）各部门的劳动生产率，以及劳动生产率随生产期变动而变化的比率都一致。（3）资本家追求利息（利润）最大化，利率（利润率）等于最大化时的利息（利润）与资本之比。（4）对现在物品的需求完全由工资收入者形成。（5）维持基金为一常量（他称之为资本）。（6）劳动供给也为一常量。（7）通过自由竞争，劳动的供求趋于相等，即劳动需求总是趋向固定的供给。他的思路可以通过图 27-3(a)、(b) 加以说明。

图 27-3(a) 为一立体图，横轴表明实际工资率 w，纵轴为生产期 t，竖轴为利率 i。该图表明 i 是 w 和 t 的二元函数，对于任一 w，可以有许多 t，但只有一个 t（记为 t^*）才使 i 最大。而 t^* 依 w 的变化而变化，形成图中的 t^* 曲线。该图表明 i 的图是一个曲面，该曲面类似一座以 t^* 线为山脊，从右向左逐渐下降的山。它表明 i 随着 w 和 t 的增加而下降。

27-3(a) 进行与 i 轴平行的投影后，转变为平面图。即图 27-3(b) 的第二象限，其中 $t^* = t(w)$ 曲线表明，随着 w 的变化，企业家为追求 i 最大化而变动的 t 的轨迹。图 27-3(b) 第三象限中的纵轴为单位维持基金所承担的就业劳动者人数 $1/k$，$1/k$ 的倒数 k 是就业劳动者的人均维持基金。该象限中的曲线 $l/k = f(t)$ 表示单位维持基金承担的就业劳动者人数是 t 的递减函数，或者说就业劳动者的人均维持基金是 t 的递增函数。这一结论可以从前面介绍的维持基金与生产期之间关系的公式中方便地推论出来。第四象限横轴为劳动的供给和需求 L，象限中的曲线 $L_D = S(1/k)$ 表明当维持基金 S 一定时，随着 $1/k$ 的增加，劳动需求 L_D 也不断增加。第一象限中的垂线 L_s 表示固定的劳动供给，而负斜率的斜线 L_D 表示劳动需求，表明随着工资下降，劳动需求增加。

由图 27-3(b) 可知，当工资率为 w' 时，沿虚折线 $a'b'c'e'$，可得到 w' 时使 i 最大化的 t'，t' 所决定的 $(l/k)'$ 及 $(1/k)'$ 所决定的 L_D'。这时劳动需求小于供给，引起工资下降的压力，使 w' 趋于下降。当工资率为 w'' 时，沿虚折线 $a''b''c''e''$ 可得到相应 t''，$(1/k)''$，L_D''。这时劳动需求大于供给，造成工资上涨压力，使 w'' 趋于上升。当工资率为 w 时，由虚折线 $abce$ 可知，劳动供求相等。此时的 w、t 为均衡时的工资率和生产期，而由 w 和 t 所决定的利率 i 也就是均衡时的利率。由此可知，庞巴维克是以劳动市场均衡和资本不存在闲置为前提条件，同时决定了均衡的工资率、生产期及利率。它可以表达为一个非线性规划。该规划的目标函数为：

$$i = i(w,t), \partial i/\partial w \begin{cases} > 0 & w < w^*(t) \\ = 0 & w = w^*(t) \\ < 0 & w > w^*(t) \end{cases}$$

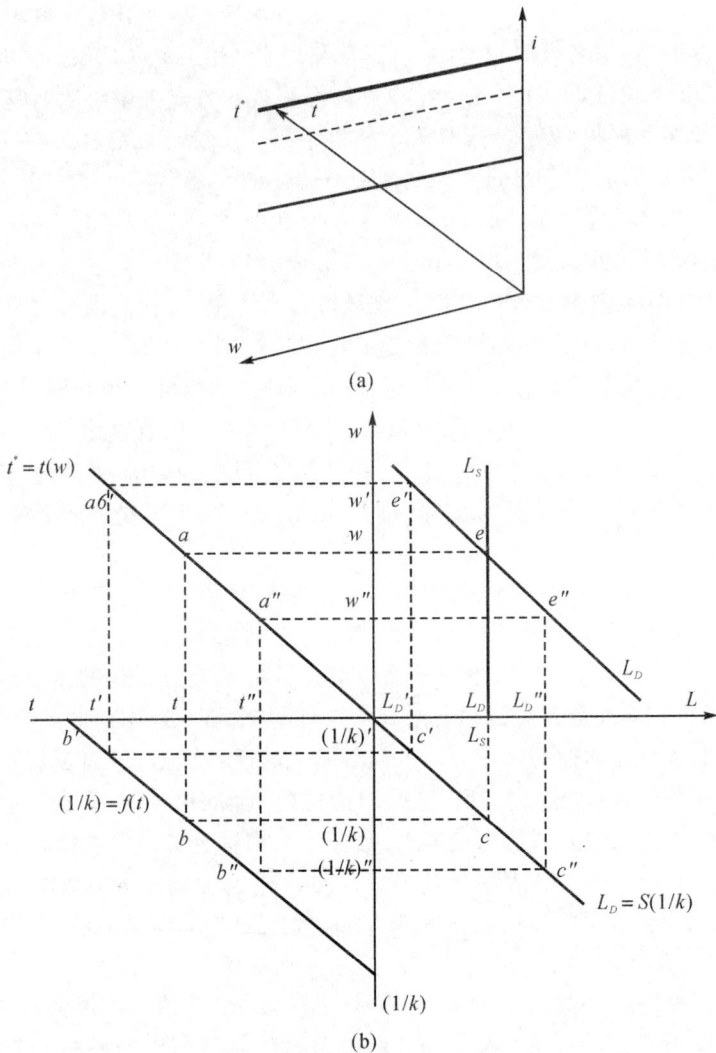

(a)

(b)

图 27-3

$$\partial i/\partial t \begin{cases} > 0 & t < t^*(w) \\ = 0 & t = t^*(w) \\ < 0 & t > t^*(w) \end{cases}$$

$$\partial^2 i/(\partial \omega \partial t) = \partial^2 i(\partial t \partial \omega) < 0$$

约束条件由劳动需求函数推导出来,劳动需求函数为:

$$L_D = S(l/k) = S \cdot f(t)$$

由于市场机制的作用劳动供求趋于相等。即:

$$L_S = L_D = S \cdot f(t)$$

由此可得充分就业时的生产期,记为 t_L。

$$t_L = f^{-1}(L_S/S), f^{-1} \text{为} f \text{的逆函数}$$

这就是约束条件。故这个非线性规划可表达为:

$$\max i = (w, t)$$

$$\text{s.t.}\quad t = f^{-1}(L_S/S)$$

该规划是说,在生产期由 L_S、S 和 f 三者(其中两个为常量,一个是函数)决定之后,寻找该生产期中使 i 最大化的 w,由此便同时求得了 w 和 i,解决了分配问题。

在建立基本模型之后,庞巴维克又进一步考虑了改变模型的参数 S, L_s 以及 t^* 曲线的斜率和其他前提对利率和工资率的影响,由此他得到如下一些结论:

(1)其他条件不变,既定的资本量(维持基金)越大,则利率越低,工资率越高。

(2)其他条件不变,既定的劳动者越多,则利率越高,工资率越低。

(3)其他条件不变,技术越是进步,则利率越高。

(4)其他条件不变,地租越高,则利率越低。

(5)其他条件不变,整个社会的储蓄欲望越高,则利率越低。

五、对马克思《资本论》的评价

马克思《资本论》第一卷于 1867 年出版,马克思 1883 年去世,《资本论》第二卷于他去世后两年的 1885 年出版,在第一卷出版 27 年之后、第二卷出版 9 年之后,马克思去世 11 年之后的 1894 年,《资本论》第三卷终于出版。

《资本论》第三卷的出版,终于打破了第一卷出版后学术界的普遍缄默现象,出现了广泛的争议,赞美声批判声此起彼伏不绝于耳。庞巴维克作为批判方的主要代表,于 1896 年发表《马克思主义体系的终结》。这可以说是对马克思《资本论》的经典诘难。

庞巴维克对于《资本论》的诘难,主要围绕他所概括的《资本论》中的两个基本命题:(1)商品的价值完全取决于其生产过程中所耗费的社会必要劳动量,即"所有价值都唯一地和单独地以体现在商品中的劳动量为基础"。[①] (2)不同商品之间的交换比率完全由它们各自在生产中所耗费的社会必要劳动量决定,即

---

① 欧根·逢·庞巴维克:《马克思体系的终结》,载《马克思主义研究参考资料》,马克思 恩格斯 列宁 斯大林 著作研究会编辑出版部 1982 年 6 月,第 28 期,总 141 期,第 20 页。

"商品交换比例的唯一的单独的基础,不外是劳动量"①。"劳动是交换价值的唯一决定基础"②。

对于第一个命题,庞巴维克指出,马克思为了使自己的命题得以成立,首先把非劳动的但具有交换价值的物品(如土地等自然资源)统统排除在商品之外,然后宣称商品都有一个共同的特性,即它们都是劳动的产品。他认为这种给商品如此狭窄定义为仅仅是劳动产品的做法"是完全错误的"③。

庞巴维克进一步指出,马克思把被他狭窄定义的商品的共同属性确定为都只是劳动产品,同样是错误的。因为即便是劳动产品,它们的共同属性除了都是劳动的结果之外,它们还都是"供求的对象"、"都被占有",也同时"都是'自然的产物'"。他指责马克思没有提出任何充分的理由,来说明价值的基础为什么只能是劳动这一共同属性而不能是其他的共同属性。④

庞巴维克对于马克思关于复杂劳动等于倍加的简单劳动的论点,同样提出了批判意见。他指出马克思在回答为什么复杂劳动等于倍加的简单劳动,以及为何是这么多倍时,即解释两者的交换比例时,陷入了循环论证,即用市场上实际存在的交换比例来说明为什么会有这种比率。而问题恰恰是要说明为什么市场决定的交换比率是如此这般。⑤

对于第二个命题,庞巴维克尖锐指出,《资本论》第一卷与第三卷之间存在矛盾,"马克思的第三卷否定第一卷"⑥。因为第一卷强调商品之间的交换比例由它们各自耗费的劳动量决定,而第三卷则强调交换比例为了满足利润平均化的要求,要按照生产价格进行交换,因此不再与它们各自耗费的劳动量成比例。他针对他概括的马克思为了否定两者之间的矛盾而提出的四个论点⑦,逐一进

---

① 欧根·逢·庞巴维克:《马克思体系的终结》,载《马克思主义研究参考资料》,马克思 恩格斯 列宁 斯大林 著作研究会编辑出版部 1982 年 6 月,第 28 期,总 141 期,第 19 页。

② 欧根·逢·庞巴维克:《马克思体系的终结》,载《马克思主义研究参考资料》,马克思 恩格斯 列宁 斯大林 著作研究会编辑出版部 1982 年 6 月,第 28 期,总 141 期,第 31 页。

③ 欧根·逢·庞巴维克:《马克思体系的终结》,载《马克思主义研究参考资料》,马克思 恩格斯 列宁 斯大林 著作研究会编辑出版部 1982 年 6 月,第 28 期,总 141 期,第 22—23 页。

④ 欧根·逢·庞巴维克:《马克思体系的终结》,载《马克思主义研究参考资料》,马克思 恩格斯 列宁 斯大林 著作研究会编辑出版部 1982 年 6 月,第 28 期,总 141 期,第 25 页。

⑤ 欧根·逢·庞巴维克:《马克思体系的终结》,载《马克思主义研究参考资料》,马克思 恩格斯 列宁 斯大林 著作研究会编辑出版部 1982 年 6 月,第 28 期,总 141 期,第 27—29 页。

⑥ 欧根·逢·庞巴维克:《马克思体系的终结》,载《马克思主义研究参考资料》,马克思 恩格斯 列宁 斯大林 著作研究会编辑出版部 1982 年 6 月,第 28 期,总 141 期,第 5 页。

⑦ 欧根·逢·庞巴维克:《马克思体系的终结》,载《马克思主义研究参考资料》,马克思 恩格斯 列宁 斯大林 著作研究会编辑出版部 1982 年 6 月,第 28 期,总 141 期,第 6 页。

行了批驳。

第一个论点是强调单个商品的生产价格虽然不再等于其价值，但是所有商品的生产价格之和将正好等于它们的价值之和。对此，庞巴维克的批评是，"如果我们询问国民经济中物的交换比例，有人拿所有商品相加的总额来回答我们，这无论如何都不是对问题的回答；当我们询问在赛跑中胜利者跑完跑场的全程要比他的竞争者少用多少分多少秒，回答我们说，所有竞赛者加起来共需要 25 分 13 秒，这同样不是回答"①。针对马克思认为生产价格会围绕价值而波动且离差会互相抵消的论点，他指出"马克思在这里混淆了两种极不相同的事物：波动的平均和永远根本不同的量之间的平均"②。用今天的术语来说，就是把一个随机变量的均值与两个常量的均值混淆了。因为按照马克思的观点，有机构成偏高（低）的商品其生产价格将始终高（低）于其价值。

第二个论点强调生产价格与劳动耗费所决定的价值变动正相关。对此，庞巴维克的批评是，按照马克思本人的观点，"在其他条件相同的情况下，资本投资时间的长短决定着价格的高低"③。因此，根本不能把劳动耗费看作是价格变化的唯一决定因素。

第三个论点强调简单商品生产中市场价格波动所围绕的中心是劳动耗费所决定的价值而不是生产价格。对此，庞巴维克的批评是"在完全竞争占统治地位的国民经济中，价值规律显然必须把自己所要求的支配作用转让给生产价格，而这种价值规律在原始状态中从未起过，而且也不可能起实际支配作用"④。

第四个论点强调商品总价值调节总剩余价值，而总剩余价值又调节平均利润从而一般利润率的水平，而工资的高低只影响剩余价值不影响商品价值。对此，庞巴维克给出一个假设的数例。⑤

假定有三个商品 A、B 和 C，它们开始时各代表 100 马克相同的生产价格，但成本部分的构成不同。假定开始时日工资为 5 马克，剩余价值率为 100%，这样 300 马克的全部商品价值中有 150 马克是工资，另 150 马克是剩余价值。假

①　欧根·逢·庞巴维克：《马克思体系的终结》，载《马克思主义研究参考资料》，马克思 恩格斯 列宁 斯大林 著作研究会编辑出版部 1982 年 6 月，第 28 期，总 141 期，第 7 页。

②　欧根·逢·庞巴维克：《马克思体系的终结》，载《马克思主义研究参考资料》，马克思 恩格斯 列宁 斯大林 著作研究会编辑出版部 1982 年 6 月，第 28 期，总 141 期，第 8 页。

③　欧根·逢·庞巴维克：《马克思体系的终结》，载《马克思主义研究参考资料》，马克思 恩格斯 列宁 斯大林 著作研究会编辑出版部 1982 年 6 月，第 28 期，总 141 期，第 9 页。

④　欧根·逢·庞巴维克：《马克思体系的终结》，载《马克思主义研究参考资料》，马克思 恩格斯 列宁 斯大林 著作研究会编辑出版部 1982 年 6 月，第 28 期，总 141 期，第 14 页。

⑤　欧根·逢·庞巴维克：《马克思体系的终结》，载《马克思主义研究参考资料》，马克思 恩格斯 列宁 斯大林 著作研究会编辑出版部 1982 年 6 月，第 28 期，总 141 期，第 15—16 页。

设按不同比例用于三个商品的总资本为 1500 马克,于是平均利润率为 10%。

商品	工作日	工资 马克	使用的资本 马克	平均利润 马克	生产价格 马克
A	10	50	500	50	100
B	6	30	700	70	100
C	14	70	300	30	100
总计	30	150	1500	150	300

现假设工资由 5 马克提高到 6 马克。按照马克思的观点,这只能通过剩余价值的相应减少来实现。于是在照旧不变的 300 马克总产品中,将有 180 马克归于工资,120 马克归于剩余价值,1500 总资本的平均利润率由 10% 降为 8%。资本构成和生产价格的变化将由下表给出:

商品	工作日	工资 马克	使用的资本 马克	平均利润 马克	生产价格 马克
A	10	60	500	40	100
B	6	36	700	56	92
C	14	84	300	24	108
总计	30	180	1500	120	300

这个数例表明"在劳动量不变的条件下,工资的提高引起了开始时相同的生产价格和交换比例的明显变化"①。这说明工资水平是独立于耗费劳动之外调节商品交换比例的因素,耗费劳动并非决定商品交换比例的唯一因素。

庞巴维克的结论性意见是"从规模上看,体系的绝大部分反映了它的值得尊敬的作者的思想力量的严密统一的逻辑。但是,很遗憾,在这一杰作中,恰恰有两个关键性的地方混入了令人难以置信的薄弱的和疏忽了的思想过程:第一次在开头的地方,在那里理论首先同事实相分离。第二次在第三卷前四分之一的地方,在那里事实又进入了读者的视野;主要是第三卷的第十章(第 193 页到第 222 页),这里对事实进行了考察"②。

庞巴维克对马克思《资本论》的诘难,引发了长达一个多世纪的被称作"转形问题"的大讨论。支持马克思和反对马克思的经济学家们围绕"转形问题"的

---

① 欧根·逢·庞巴维克:《马克思体系的终结》,载《马克思主义研究参考资料》,马克思 恩格斯 列宁 斯大林 著作研究会编辑出版部 1982 年 6 月,第 28 期,总 141 期,第 15—16 页。

② 欧根·逢·庞巴维克:《马克思体系的终结》,载《马克思主义研究参考资料》,马克思 恩格斯 列宁 斯大林 著作研究会编辑出版部 1982 年 6 月,第 28 期,总 141 期,第 31 页。

争论既是一场逻辑上不断深入的交锋,又是一场维护资本主义和反对资本主义的交战。几乎每次资本主义社会出现危机的时刻,都会出现关于"转形问题"的更深入的争论。

第四节　其他奥地利学派成员

除了维塞尔和庞巴维克,还有其他一些奥地利学派的成员,如埃米尔·萨克斯、欧根·菲力波维奇·冯·菲力普斯堡、古斯塔夫·克鲁斯、维克多·马塔佳、罗伯特·迈伊尔、罗伯特·祖克坎德、约翰·冯·柯莫津斯基,以及鲁道夫·奥斯皮茨和里查德·利本。[1]

埃米尔·萨克斯[2](Emil Sax,1845—1927),出生于当年属于奥匈帝国今天属于捷克——斯洛伐克的雅沃尼克。他曾在维也纳读书,尔后在铁路部门工作,后来于 1879 年成为布拉格大学的政治经济学教授,1879—1885 年期间,他还是维也纳下议院的议员。他是除门格尔、维塞尔和庞巴维克之外,与奥地利学派关系最密切的人。其主要论著有:《国民经济中的运输工具》2 卷(1878—1879)、《国民经济学的性质和任务》(1884)、《国家经济理论基础》(1887)、《国民经济学理论的最新发展》(1889)、《累进税》(1892)、《资本利息》(1916)和《税收估价理论》(1924)等。

萨克斯属于奥地利学派,同意主观价值论。他认为"价值"是个人与物质世界之间的一种感情上的关系,它实际上为解释一切经济问题开辟了道路。在方法论上,他强调个人主义和集体主义的结合,用方法论个人主义来解释个人行为,用方法论集体主义来解释公共决策。他尤其是运用边际效用理论分析了财政税收等公共政策问题,提出了最优税收水平的条件为私人物品与公共物品的边际效用相等。而由于社会财富分配的不平等,以及个人欲望的差异,所以政府在根据个人收入征税时,必须充分考虑个人财富和欲望的差异。这一思想后来在瑞典学派那里得到了进一步的发展。除了财政问题之外,他还研究了当时才刚刚开始的运输经济学,是运输经济学这一分支的早期代表人物。

---

① ［美］理查德·豪伊:《边际效用学派的兴起》,中国社会科学出版社 1999 年版,第 204—221 页。

② 《新帕尔格雷夫经济学大辞典》第 4 卷,经济科学出版社 1996 年版,第 266—267 页。［英］马克·布劳格、保罗·斯特奇斯:《世界重要经济学家辞典》,经济科学出版社 1987 年版,第 554 页。因格拉门:《经济学史》,商务印书馆 1932 年版,第三册第 117—118 页。

欧根·菲力波维奇·冯·菲力普斯堡[①](Eugen Philippovich von Philippsberg,1858—1917),生于维也纳,就学与维也纳和柏林,1885—1893 任弗莱堡大学教授,1893—1917 任维也纳大学教授,曾任奥地利国会上议院议员,奥地利费边社精神领袖,对奥地利的社会立法有过重大影响。其主要论著有:《英格兰银行的国家财政管理工作》(1885)、《论政治经济学的任务与方法》(1886)、《1868—1889 年的巴登预算》(1889)、《政治经济学大纲》(1893—1907)和《十九世纪政治经济思想的发展》(1910)等。

从 1893 年开始,菲力波维奇主要受庞巴维克的影响。其《政治经济学大纲》是德国一代学生的教科书,它成功地尝试在历史学派与奥地利学派之间进行沟通,边际效用理论主要是通过这条渠道而非戈森或杜能的先驱性著作而传播扩散到整个德国。

与历史学派的施穆勒等人一样,菲力波维奇也主张政府调节市场经济,坚信社会主义与市场经济之间的中间道路有助于缓和社会由于工业化过程所产生的矛盾。

鲁道夫·奥斯皮茨[②](Rudolf Auspitz, 1837—1906),里查德·利本[③](Richard Lieben,1842—1919)。他们两位与其他奥地利学派的成员不同,并非大学教师,而是经营活动的实践家。奥斯皮茨出生于维也纳,犹太人,利本的姐夫;一位成功的企业家,经营了奥地利第一家制糖厂,作为卡特尔的反对者,他经常把垄断利润分发给雇员;同时也是一位有声望的国会议员。利本同样出生于维也纳,是一位成功的银行家,从事过证券业务。他们两人合作的论著《关于价格理论的研究》(1889)所涉及的问题与他们的经营活动显然有很大关系。该书是奥地利学派对数理经济学的唯一贡献,也是 19 世纪最后 20 年间数理经济学方面的杰出成果。

《关于价格理论的研究》主要涉及局部均衡分析,运用总量曲线和边际曲线等几何方式进行讨论。在并不了解马歇尔工作的情况下,该书实际上已经给出

---

① 《新帕尔格雷夫经济学大辞典》第 3 卷,经济科学出版社 1996 年版,第 917 页。[英]马克·布劳格、保罗·斯特奇斯:《世界重要经济学家辞典》,经济科学出版社 1987 年版,第 504—505 页。

② 《新帕尔格雷夫经济学大辞典》第 1 卷,经济科学出版社 1996 年版,第 156—157 页。[英]马克·布劳格、保罗·斯特奇斯:《世界重要经济学家辞典》,经济科学出版社 1987 年版,第 25 页。

③ 《新帕尔格雷夫经济学大辞典》第 3 卷,经济科学出版社 1996 年版,第 192—193 页。[英]马克·布劳格、保罗·斯特奇斯:《世界重要经济学家辞典》,经济科学出版社 1987 年版,第 384—385 页。

了供给曲线和需求曲线,并指出两线的交点决定了竞争的均衡,由此而谈到了
消费者剩余和生产者剩余。该书还涉及了替代与互补、不可分性、技术进步、存
货、证券市场、期货市场等问题,论证了投机的正面作用,分析了垄断和部分垄
断,涉及了一般均衡分析。该书对帕累托、埃奇沃斯和费雪都有影响。

　　但他们的贡献并未得到应有的评价。这一方面是由于奥地利学派对数理
方法的轻视或者说歧视,另一方面也是因为他们不太与维也纳其他大学中的经
济学家交往,且写作风格不符合学界一般规范。

第五节　德国劳恩哈特的经济理论

　　卡尔·弗里德利希·威廉·劳恩哈特[①](Carl Friedrich Wilhelm
Launhardt,1832—1918),生于德国汉诺威市。他是 19 世纪最后 30 年间德国
最重要、实际上也是唯一的边际主义经济学家。他从一名建筑工程师开始其职
业生涯,1869 年进入汉诺威技术学院,任道路、铁路和桥梁学教授。当该学院改
为汉诺威高等技术大学时,他是第一任校长。他是皇家建筑科学院和普鲁士住
宅学会的成员。德累斯顿大学曾授予他名誉学位,以表彰他在运输经济学和技
术方面的贡献。其主要论著有:《追溯理论:配置原理讨论》(1872)、《工业设施
合理配置的确定》(1882)和《国民经济学的数学论据》(1885)等。

　　劳恩哈特在经济学方面的主要成就是在最优运输规划和企业区位上。他
提出铁路网络规划的原则应当是使运行和投资的成本最低。然而用于铁路的
垄断性质,私人投资可能会低于对社会而言的最优水平,因此他主张铁路国有
化。关于铁路的运费,他认为按照社会福利最大化的要求,应当是按照边际成
本定价,但追求利润最大化的私人垄断定价将超过边际成本,这是他主张铁路
国有化的又一论据。

　　劳恩哈特运用几何学和微积分,推导出在给定货运成本和货运量的条件
下,连接各商业中心的公路的最优方向和密度公式,指出在一个连接三个城市
的星形运输网络中,当公路连接角度的正弦值与这些路线上单位英里运输总成
本成比例时,运输成本将最低。同时,他还考虑了各种运输方式如公路、铁路、
水路的有效结合。

　　劳恩哈特于 1882 年第一个提出了工业区位的基本理论。他提出以最小运

---

　　① 《新帕尔格雷夫经济学大辞典》第 3 卷,经济科学出版社 1996 年版,第 151—153 页。
[英]马克·布劳格、保罗·斯特奇斯:《世界重要经济学家辞典》,经济科学出版社 1987 年
版,第 368 页。

输成本为目标,确定具有给定资源供给和产品销售条件的企业最优区位的方法,即他所谓的"极点原理"。他的工业区位理论实际上超过了后来的阿尔弗雷德·韦伯。

参考文献

[1]门格尔:《国民经济学原理》,上海人民出版社 1958 年版。

[2][奥]卡尔·门格尔:《经济学方法论探究》,新星出版社 2007 年版。

[3]《布哈林选集》下册,人民出版社 1983 年版。

[4]Viktor Vanberg. Carl Menger's Evolutionary and John R. Commons' Collective Action Approach to Institution: A Comparison. Review of Political Economy, 1989,(3): 334—360.

[5]维塞尔:《自然价值》,商务印书馆 1982 年版。

[6][奥地利]弗里德里希·维塞尔:《社会经济学》,浙江大学出版社 2012 年版。

[7]庞巴维克:《资本实证论》,商务印书馆 1964 年版。

[8]庞巴维克:《资本与利息》,商务印书馆 2012 年版。

[9]庞巴维克:《马克思体系的终结》,节载于《马克思主义研究参考资料》,马克思 恩格斯 列宁 斯大林 著作研究会编辑出版部 1982 年 6 月,第 28 期,总 141 期。

第二十八章　德国新历史学派

第一节　德国新历史学派概述

一、历史背景

1871 年,德意志帝国的建立,完成了德意志民族统一的历史任务。普法战争后,德国从法国得到了 50 亿法郎的战争赔款,占领了盛产煤铁的鲁尔区,建立了统一的国内市场。这一切加速了德国的工业化发展。在工业迅速发展的同时,由普鲁士所领导的"自上而下的农业改革"实现了在农业中发展资本主义的"普鲁士道路"。

与英国经济基本上在自由放任状态中发展起来的情况不同,德国经济发展是在政府进行大量干预的条件下发展起来的。这导致新历史学派强调政府在经济发展中的重要作用。

19 世纪中期以后,随着德国工业化的发展,德国工人运动也获得了巨大发展。1874 年,全德工人联合会与德国社会民主工党合并,组建了德国社会民主党。该党在 1877 年帝国议会选举中获得 50 万张选票。面对工业化城市化进程中日见分化的贫富差别和不断激化的社会冲突,以俾斯麦为代表的德国政府颁布一系列法令,兼用胡萝卜加大棒来打击瓦解工人运动。早在 1862 年俾斯麦就任首相 5 个月后,就成立一个委员会研究劳工问题。该委员会提出了工资法律、利润共享、工人住宅、劳资仲裁、工人信用合作社、劳动保险等一系列社会保障设想。1878 年俾斯麦政府颁布了《反社会党人非常法》,随后于 1881 年开始,又颁布了一系列有关劳动问题的法案和若干社会保障法令,推行了部分企业国有化的措施。19 世纪 80 年代以后,德国的社会立法和企业工业化程度远超于其他欧洲国家。俾斯麦就公开宣称:"如果我能使没有产业的人们能满足于现在他们的地位,任何物质的代价都不是太大的。这是一种消除革命的投资;革命将是一个更大的代价。"但是这种胡萝卜加大棒的策略并未有效压抑住社会主义运动。1890 年《反社会党人非常法》被废除之后,1893 年选举中有 44 个工人政党代表当选为议员。

社会主义运动的发展,不可避免地影响到了德国新历史主义的经济学家,他们一方面对劳工的苦难有一定的同情心,另一方面又不希望实行出现过于激烈的社会变迁,而是希望走改良主义的道路。这使他们获得了"讲坛社会主义"的称号。

德国新历史学派①的出现,不仅有着社会经济、政治方面的背景,同时,它也与德国哲学和法学的发展有关。黑格尔(G. W. F. Hegel,1770—1831)哲学、狄尔泰(Wilhelm Dilthey,1833—1911)解释哲学,以及萨维尼(F. K. von Savigny,1779—1861)历史法学都对新历史学派的产生深有影响。② 同时,新历史学派也是先前已有的经济理论发展演化的结果,尤其与英国古典经济学和德国旧历史学派有关。

英国古典经济学到李嘉图以后,形成一个以成本(主要是劳动)价值论为基础,运用抽象演绎法,以分配论为中心的理论体系。这个体系在李嘉图的弟子如詹姆斯·穆勒和麦克库洛赫等人手中,不再是一种解释社会现象,解决社会问题的不断发展的知识,而是成为一种教条。在这些弟子看来,重要的不是如何根据现实需要而进一步发展这个理论体系,而是尽可能防止别人对它的攻击。③ 这种自我封闭的体系自然不能很好地用来解释德国经济发展中出现的问题,也不能很好地用来解决这些问题。它自然受到了德国新旧历史学派的唾弃。

德国旧历史学派是新历史学派的直接渊源。旧历史学派代表人物对历史的强调直接影响了新历史学派的经济学家,虽然后者并不完全同意前者的一切观点。因为旧历史学派仍然承认一般性经济规律的存在,只是主张通过历史归纳法而非抽象演绎法去发现它们;而新历史学派则怀疑一般性经济规律的存在,轻视对历史发展进行一般性理论概括的努力。他们更加重视解决当下的各种实际问题,重视社会经济的改革,重视对历史上曾经存在的各种具体经济制度经济组织的研究。

同时,与旧历史学派相比,新历史学派更像一个真正的紧密型的学派,它有一个公认的宗师——施穆勒,有大体相同的研究领域、研究方法。

---

① 《新帕尔格雷夫经济学大辞典》第 2 卷,经济科学出版社 1996 年版,第 553—555 页。
② [美]本·塞利格曼:《现代经济学主要流派》,华夏出版社 2010 年版,第 4—6 页。
③ 埃里克·罗尔:《经济思想史》,商务印书馆 1981 年版。

二、代表人物

新历史学派的代表人物除了下面将要专门介绍的最主要代表施穆勒之外，还有许多，下面择要介绍几位：

阿·谢夫勒①（Albert Schäffle，1831—1903），其主要著作有：《国民经济手册和教科书》(1861)、《关于排他性销售关系的原理》(1867)、《资本主义和社会主义》(1869)、《社会主义要义》(1874)、《社会机体的结构和生活》(1875—1878年)、《没有前途的社会民主主义》(1884)、《国民经济学理论的伦理方面》(1885)和《税收》(1895—1897)等。

阿道夫·瓦格纳②（Adolf Wagner，1835—1917），其主要著作有：《银行学说论》(1857)、《皮尔银行法的货币和信贷理论》(1862)、《金融学》(1871)、《政治经济学基础》(1876)、《财政学》(1877—1901)和《社会经济学理论》(1907—1909)等。

乔治·弗里德里希·克纳普③（G. F. Knapp，1842—1926），其主要著作有：《普鲁士农民解放与农业工人的起源》(1887)、《国家货币理论》(1895)和《土地主权与骑士地产》(1897)等。

路德维希·约瑟夫·布伦坦诺④（Ludwig Joseph Brentano，1844—1931），其主要著作有：《关于行会的历史和发展，以及工会的起源》(1870)、《现代劳动行会》(1871—1872)、《劳动与今日法律的关系》(1877)、《与生产有关的小时和工资》(1894)、《农业政治》(1897)、《历史中的伦理和经济》(1901)、《价值理论的发展》(1908)、《德国谷物税》(1911)和《我为德国社会发展而奋斗的生活》(1931)等。

卡尔·毕歇尔⑤（Karl Wilhelm Bücher，1847—1930），其主要著作有：《公元前143—129年不自由工人之乱》(1874)、《十四十五世纪弗兰克斐城之人口》(1886)、《讲演与研究》(1893)、《国家经济学的起源》(1893)和《工作和节奏》(1896)等。

---

①　《新帕尔格雷夫经济学大辞典》第4卷，经济科学出版社1996年版，第275页。[英]马克·布劳格、保罗·斯特奇斯：《世界重要经济学家辞典》，经济科学出版社1987年版，第558页。

②　《新帕尔格雷夫经济学大辞典》第4卷，经济科学出版社1996年版，第914页。[英]马克·布劳格、保罗·斯特奇斯：《世界重要经济学家辞典》，经济科学出版社1987年版，第642—643页。

③　参阅[美]本·塞利格曼：《现代经济学主要流派》，华夏出版社2010年版，第34页。

④　《新帕尔格雷夫经济学大辞典》第1卷，经济科学出版社1996年版，第299—300页。[英]马克·布劳格、保罗·斯特奇斯：《世界重要经济学家辞典》，经济科学出版社1987年版，第78页。

⑤　《新帕尔格雷夫经济学大辞典》第1卷，经济科学出版社1996年版，第308页。

三、基本观点与政策主张[①]

新历史学派与旧历史学派一样,不认为从少数假设前提出发,通过演绎推理所得出的规律性命题和政策蕴涵具有普遍的有效性。他们反对英国古典经济学发现规律的方式和关于经济规律的普遍性、绝对性命题。他们认为经济规律以及以发现规律为宗旨的经济理论,在本质上都是相对的,是随时间地点和条件的变化而变化的。任何经济理论及其推导出来的政策主张都绝不可能保持其永恒的适当性,只能是暂时的有条件的适当性。这是因为历史发展中不断出现新的事物,这些新事物新现象是原有的经济理论不可能完全考虑到的。这就导致了理论和政策的适当性的暂时性。同时,一切经济理论和政策的适当性之所以是有条件的,是因为它们只有在一定的条件下才是正确的合理的,而一旦条件发生了变化,其正确性、合理性便会受到影响。

新历史学派认为英国古典经济学的基本假设前提即自私的经济人假设,是不正确的。他们认为人类行为的动机是多样而复杂的,即使在经济世界中,个人利益也决非唯一的动机,还有诸如虚荣心、荣誉感、责任心等。只承认私利动机的作用,势必导致错误结论。

新历史学派责难英国古典经济学滥用了抽象演绎法,认为经济理论不应该是从少数几条假设前提出发的演绎体系,主张用以观察为依据的归纳法来代替演绎法。这种见解,在施穆勒与门格尔之间关于方法论的论战中,得到充分表达。卡尔·门格尔 1883 年出版了《对社会科学,特别是对政治经济学的方法的研究》一书,在书中为英国古典经济学的抽象演绎方法进行了辩护,强调了这一方法在经济学研究中的重要性,攻击了历史学派的研究方法。此书引起了施穆勒的回击,他认为需要通过逐渐积累的、叙述性和统计性的历史材料,经济学才能具有新的前途。新历史学派在争论中把自己的方法称作历史统计方法,主张通过大量搜集和利用统计资料及历史资料,并运用当时已经逐渐发展起来的统计学方法,来研究经济问题。他们指出,经济学的研究在于努力搜集大量的资料,历史的和当前的,然后运用归纳法从中得出若干结论。当然,在方法论方面,历史学派也未必只有一种声音,毕歇尔就认为,"经过一段努力搜集资料的时间以后,现代商业的一些经济问题最近已重新被人们热心探讨,并试图用旧体系产生时的那种方式,但借助于丰富得多的资料纠正和发展这个旧体系。使我们能探索商业现象的复杂原因的唯一研究方法是抽象隔离法和逻辑推理法。

---

① [美]约瑟夫·熊彼特:《经济分析史》第 3 卷,商务印书馆 1995 年版,第 88—98 页; [法]夏尔·季德、夏尔·利斯特:《经济学说史》下册,商务印书馆 1986 年版,第四编第一章; 埃里克·罗尔:《经济思想史》,商务印书馆 1981 年版,第 300—304 页。

同样可以考虑的唯一的归纳法——即统计归纳法——对大多数所要研究的问题来说是不够精密和深透的,因此只能用于补充和核实"①。

对于门格尔和施穆勒之间的这场著名的方法论论战,熊彼特认为争论双方都有一定的道理,应当承认各种方法都有其一定的适用性。事实上施穆勒在别的场合也承认演绎法和归纳法一样,都是经济研究所不可少的。这就是说双方的分歧并不像争论中所表现出来的那么大。熊彼特认为争论的激烈程度并非源于意见的实质性分歧,而是由于其他三个原因:大量的相互误解;学者的气质不同,有历史气质(更注重历史过程)和理论气质(更偏爱定理的推导)之分;派别倾向。

新历史学派中间以施穆勒为代表的一部分人,认为进行理论概括还为时过早,于是在研究实践中运用他们所主张的方法,埋头于社会经济各方面史料的搜寻和整编,并在 19 世纪后半期发表了大量关于某些国家尤其是德国的经济制度、经济组织和经济生活的各种专著。而新历史学派中间以阿道夫·瓦格纳为代表的另一批人,在研究方法上采取中间立场,一方面同情赞成历史学派的方法,另一方面也并不完全反对古典经济学的抽象演绎方法,只是认为他们演绎的前提有问题。② 同时他们认为对古典经济学的批判已经完成,应当着手创立新经济理论。瓦格纳进行理论概括的一个重要成果就是发现了以他名字命名的法则——瓦格纳法则,即政府规模将随着国民经济规模的扩大而扩大。

新历史学派强调社会生活的统一性,反对从单一因素出发去说明经济现象,反对把复杂多变的经济世界纳入少数几条简单的分式,强调要用有机的系统观点而不是简单的机械观点去看待经济现象乃至全部社会现象。因此在研究中他们反对采用所谓的隔离性,即把经济现象与其他各种社会现象如法律、道德和心理等隔离起来进行研究的做法。他们强调心理、伦理道德在经济中的决定作用,从这些方面去说明资本主义的经济现象。他们认为人类的经济生活并不是仅仅局限于满足本身物质方面的欲望,而是还要满足高尚的、完美的伦理道德方面的欲望。生产、分配、分工、交换等并不仅仅是技术范畴,而且还是道德范畴。因此经济制度是被伦理道德规范所制约的一种秩序。经济问题只有与伦理道德联系起来才能得到说明,才能得到解决。③

新历史学派强调法律制度对经济生活的决定作用,否认生产力是经济关系的决定性因素。瓦格纳最系统地论述了这种观点。他认为工人的经济地位并

①　转引自[法]夏尔·季德、夏尔·利斯特:《经济学说史》下册,商务印书馆 1986 年版,第 459 页。

②　因格拉门:《经济学史》,商务印书馆 1932 年版,第四册第 8 页。

③　因格拉门:《经济学史》,商务印书馆 1932 年版,第三册第 46—47 页。

不取决于 18 世纪学者所主张的"自然权利",而是取决于法律制度,而法律制度又是历史的产物。一个时代的经济制度与法律制度是不可分割的,在财产私有的经济制度下,经济自由、财产权利、契约关系等都以当时的法律为根据,因而是立法权力所能改变的历史变数。[1]

新历史学派极力宣扬国家的超阶级性,强调国家在社会经济发展中的特殊地位和作用。施穆勒宣称人与人之间有比经济关系更为基本的一种道义上的结合,而国家就是这种道义结合的具体机构,因此国家应当成为国民经济的中心。瓦格纳则认为国家是集体经济的最高形式。

在政策主张方面,新历史学派最突出的特征就是改良主义。他们认为当时年轻帝国所面临的最危险的社会经济问题是劳工问题,是阶级矛盾的激化。但是他们反对主张阶级斗争和无产阶级革命的社会民主党。其中以布伦坦诺为代表的一些人,出于对政府的不信任,认为政府往往打着为公众的旗号而谋求私利,因而倾向于自由主义,反对政府的贸易保护政策;[2]同时主张实行工联主义,通过职工会一类组织来推行改良措施,认为由职工会和消费合作社所实行的自助是解决工人阶级贫困问题的最重大措施。同时,他还是提出"有组织的资本主义"的第一人,肯定了卡特尔组织,认为它将使经济计划化,从而有助于缓和资本主义危机;并且它也将改善工人的生活,因为它保证了商品的销路,减少了失业。[3]

而以施穆勒为代表的另一些人,反对古典经济学的自由放任,强调政府干预的作用,主张通过改良主义的手段来解决经济和社会问题。具体地讲,他们主张利用政府,通过各种法令实行自上而下的改良。他们要求修改关于自由、权利、财产和契约等法律。他们所提倡的社会经济政策涉及工厂立法、劳动保险、工厂监督、劳资纠纷仲裁、孤寡救济、干预劳动合同等。他们还要求实行河流、森林、矿产、铁路、银行等生产事业的国有化,要求限制城市土地私有权,实行财政赋税改革,等等。为了宣传这些政策主张,他们于 1872 年成立了"社会政策协会"。在协会的成立宣言中写道:"我们极力反对旨在破坏现行的经济制度,使资本主义消灭,而代之以共产主义社会的那种社会主义。……我们虽然不满意于现社会的各种关系,痛感改良的必要,但我们不是说要变革一切科学,打破一切现存的关系。我们反对一切社会主义的实验。……我们在一切方面,承认现存的东西,即经济立法、生产形态、种种社会阶级现存的教养和心理状态的基础,是我们活动的出发点。我们不但这样认识,而且要毫不犹豫地把它来改良。"由于这些改革主张,以及持有这些主张的大多数人都是大学教授,因此

① 因格拉门:《经济学史》,商务印书馆 1932 年版,第三册第 47—48 页。
② 因格拉门:《经济学史》,商务印书馆 1932 年版,第四册第 15 页。
③ 参阅[美]本·塞利格曼:《现代经济学主要流派》,华夏出版社 2101 年版,第 32—33 页。

新历史学派被人讥讽地称作"讲坛社会主义"。而他们也欣然接受了这一称号。

到 1879 年以后,瓦格纳更进一步把他们的改良主义称作"国家社会主义"。他认为经济自由主义和社会主义是两个不同的错误极端。他尤其批评了社会主义,"社会主义,依据历史和自然科学的新成果、达尔文的进化论、史前社会和初民社会的历史的材料,提出了一个他们认为对于经济不同发展阶段的唯一的解释。社会主义者认为简单的'历史唯物主义'的公式不但说明了过去和当前社会经济的情况,并且准确地预测了它将来的发展趋势。……这趋势就是从私人经济组织……走向生产资料完全公有化的社会主义、共产主义的经济组织。从心理和经济观点来说,这是一个不可想象的学说,它造成了一种幻觉,把它所认为'无可非难的科学的'而实际上不可靠的和半真实的论证提高到新的教条的地位。……社会主义并没有如恩格斯所说的,已经从空想发展到科学,而还是深深地沉滞在空想中"①。

瓦格纳宣称国家社会主义是一个"特种的政治经济学体系,在理论和应用上它处于个人主义和社会主义之间的调和地位。……它同意社会主义对于当时社会批评的部分意见,认为社会主义者对于私产制改革的要求可以局部实现。……但是它对于社会主义的要求有所保留。因为在原则上它认为个人主义即便在集体利益的范围内也是必要的和正当的"②。他认为国家社会主义在原则上承认应该限制生产资料的私有制和干涉私有经济,但是它并不主张依据某些理论或公式以集体经济来代替私人经济,只是要求依据经济和技术发展的情况,在从社会和政治观点认为可能和有利的条件下逐步进行改革。"国家社会主义并不意味着赋予国家以全部的生产和分配的职能,也不意味着对于全部私有经济制度的排斥,它只是在社会利益的前提下给与国家以管理社会经济和节制私有经济的权力"③。

四、简短的评价④

新历史学派注重运用统计资料和统计方法从事经济研究,确有可取之处,例如统计学家普鲁士统计局局长恩斯特·恩格尔⑤(Ernst Engel,1821—1896)

---

① 瓦格纳:《政治经济学纲要》第 1 卷,英文版,第 9 页。
② 瓦格纳:《政治经济学纲要》第 1 卷,英文版,第 83 页。
③ 瓦格纳:《政治经济学纲要》第 1 卷,英文版,第 87 页。
④ 布哈林:《布哈林文选》下册,人民出版社 1983 年版,第 6—11 页。
⑤ 《新帕尔格雷夫经济学大辞典》第 2 卷,经济科学出版社 1996 年版,第 152—155 页。[英]马克·布劳格、保罗·斯特奇斯:《世界重要经济学家辞典》,经济科学出版社 1987 年版,第 175—176 页。

就通过统计数据发现了以他命名的"恩格尔系数",即家庭食物开支占收入的比重,以及"恩格尔法则",它表明这个比重将随着收入的提高而逐步下降。这是一个重要的统计法则,是经济学中最早从统计数据中得到的经验法则,被世界范围内的许多调查所证实。

新历史学派注重对历史资料的整理,为后人提供了一大批经济史的研究成果。

新历史学派的方法虽然不能替代抽象演绎分析方法,但不失为后者的有益补充。

新历史学派对普遍性规律的否定虽有偏颇,但能引起人们对各国经济生活特点的研究。而且这种否定也有一定的积极意义,即不再把英国资本主义发展的具体模式当作是普遍适用的模式,而是认可不同国家会有不同的方式。

新历史学派把经济、法律、伦理及心理诸现象作为一个整体加以研究的做法,也很有可取之处。应当承认,这种研究经济现象的做法,最终在马克斯·韦伯那儿结出了硕果。

新历史学派的改良主义政策主张,从今天的眼光来看,也不必太多计较,它们很可能也是适合当时德国国情的。而且从今天的眼光开来,也未必就一定是一种次优的选择。

总之,虽然后人一般认为新历史学派在经济理论方面建树不多,[1]但不能否认他们对于促进经济科学的发展,促进德国经济的发展,起到了一定的作用。

但由于新历史学派忽视了经济理论,对于德国在第一次世界大战之后出现的天文数字般通货膨胀既给不出正确的解释,也提不出有效的对策;对于后来的大萧条同样束手无策。因此它最终被学术界所抛弃。

第二节　施穆勒的经济思想

古斯塔夫·冯·施穆勒[2](Gustav von Schmoller,1838—1917),生于德国

---

①　[英]莱昂内尔·罗宾斯:《经济思想史》,中国人民大学出版社 2008 年版,第 282—283 页。

②　《新帕尔格雷夫经济学大辞典》第 4 卷,经济科学出版社 1996 年版,第 276—277 页。[英]马克·布劳格、保罗·斯特奇斯:《世界重要经济学家辞典》,经济科学出版社 1987 年版,第 562 页。尼格拉斯·庇巴、维夫赫德·海兹主编:《46 位大经济学家和 36 本名著》,海南出版社 2003 年版,第 113—116 页。

海尔布隆一位官员家庭,23 岁获得博士学位,在财政部门工作一段时间以后,于 1864—1872 年在哈勒大学任教,1872—1882 年到斯特拉斯堡大学担任教授,1882—1913 年在柏林大学任教授。他是德国"讲坛社会主义"的领袖,是至今仍然存在的社会政策协会的成员和领导。他主持的经济学重要刊物《德国立法、管理和国民经济年鉴》被后人简称为"施穆勒年鉴"。他是普鲁士政府的官员,在普鲁士上议院代表柏林大学,1908 年被授予贵族头衔。其代表作包括:《关于宗教改革时期德国的国家经济思想史》(1861)、《十九世纪德意志手工业史》(1870)、《法律与道德问题》(1875)、《斯特拉斯堡的纺织工人协会》(1879)、《分工事例》(1889)、《分工性质与社会阶级形成》(1889)、《现代社会与实业的政策》(1890)、《企业之史的进化》(1890—1893)、《几个社会政治和国民经济学的根本问题》(1898)和《国民经济学大纲》(1900—1904)等。

据说,施穆勒是一个专横的人,对不同意他方法的人采取排斥态度。由于德国的大学属于政府,又由于他的政治地位和学术地位,从而使得不同意他方法的人无法取得大学经济学的教职。这种霸道的作风最终妨碍了德国理论经济学的发展。但到了其晚年,在《国民经济学大纲》一书中,他的态度已经平和宽容了许多。①

施穆勒认为经济活动就是获取财富,而实现这一目的的手段主要是通过节俭积累资本。他在 1904 年出版的《国民经济学大纲》中写道:"经济活动的主要目的在于获得最大量的财货。……想要在这方面取得真正的进步,必须有一个先决条件,那就是在具有经济设备的条件下牺牲目前的利益来换取更大的长远的利益,也就是说这样来换取将来的更丰富的生产或者是更能节省力量。"②他认为国民经济包括城市和农村、商品生产和市场交易,以及一切权力中心的政府。他对于国民经济提出了一个非常宽泛的定义,"国民经济,是作为一个整体去领会的和作为整体而产生作用的、受着统一的民族精神和统一的物质因素支配的、一个民族的经济和社会活动的总体"③。这里他特别强调了整体性、统一性。他强调了政府对经济活动的无可回避的影响,"企图设想有一个自然的国民经济,设想它超然存在于国家之外,完全脱离一切国家的影响,那纯粹不过是一个幻想罢了"④。这种观点为他反对英国古典经济学的自由主义观念、主张政府干预经济的政策建议提供了理论根据。

施穆勒怀疑一般性经济规律的存在,轻视对经济发展进行一般性概括的努

---

① 因格拉门:《经济学史》,商务印书馆 1932 年版,第四册第 13 页。

② 季陶达主编:《资产阶级庸俗政治经济学选编》,商务印书馆 1963 年版,第 340—341 页。

③ 季陶达主编:《资产阶级庸俗政治经济学选编》,商务印书馆 1963 年版,第 344 页。

④ 季陶达主编:《资产阶级庸俗政治经济学选编》,商务印书馆 1963 年版,第 345 页。

力。他写道："现在被称为的历史规律不是靠不住的结论，就是陈旧的心理概念。我们完全有理由怀疑今天我们能够和应该谈论历史规律。"①在 1904 年出版的《国民经济学大纲》中写道："我们不懂得历史的规律，虽然我们有时谈到经济的和统计的规律。""我们甚至不能说人类的经济生活是否有任何统一的因素，或是否显示出任何一致发展的痕迹，或者它是否在向前发展。"②这种观点是他反对英国古典经济学的自由贸易政策、主张德国发展经济的特殊道路的理论依据。

施穆勒针对英国古典经济学的经济人假设，提出了自己对于人们从事经济活动的原初动机及其表现方式发展变化的看法。在他看来，英国古典经济学把人们从事经济活动的动机看作是追求利润的赢利心，是过于粗糙简单了。他承认人们从事经济活动的原初动因确实是趋乐避害，"一些原始的感官的快乐感觉和痛苦感觉以及与其相关联的其他生存欲望，次之，还有要求表示身份显赫和从事装饰的心理，对拥有武器和工具的愿望，以及借着毕一事之功来作为自我表现的愿望，——这些才是促成经济行为的最先的和持久的动因"③。

同时，施穆勒又颇有见地地指出，这种最初的动因的具体表现形式是会随着条件的变化而变化的，是历史的。"自从有了牧畜财产、有了多妻和奴隶，尤其自从往后发生了贸易或贮藏了贵金属，以及出现了放债之后，这才产生对于积聚财产的强烈的私有愿望"④。而为了实现这种愿望，在很长一段时期里人们是不择手段的。他以日耳曼人为例，指出只有在"经历了漫长的年代之后，这种起初流行在各部落并发展成了普遍现象的尔虞我诈、强取豪夺的作风，才逐渐过渡到一个比较稳定的时代，而转变为在固定下来的法律和严峻的宗教规范以及世俗习惯所许可的范围内去殖财致富的另一作风了。这样才产生出文明民族当中的赢利心的现象；这种赢利心是伴随着个人的自信心和自觉而出现的，是伴随着现代的个人典型而出现的。自我保存和自我表现不再是通过以往的老办法了，很多人改为从集中力量搞企业、搞利润、搞财产去达到这个目的了"⑤。由此可知，被英国古典经济学当作理论前提的赢利心并非人类的天性，而是历史发展的产物。"赢利心是一切文明人类所共具，而还不是野蛮人所可能有的。……只有当自给的生产让位给为市场而生产，只有当多数的人利用错

---

① 施穆勒：《社会政策基本问题》英文版，第 356 页。
② 转引自［法］夏尔·季德、夏尔·利斯特：《经济学说史》下册，商务印书馆 1986 年版，第 448 页。
③ 季陶达主编：《资产阶级庸俗政治经济学选编》，商务印书馆 1963 年版，第 346 页。
④ 季陶达主编：《资产阶级庸俗政治经济学选编》，商务印书馆 1963 年版，第 346 页。
⑤ 季陶达主编：《资产阶级庸俗政治经济学选编》，商务印书馆 1963 年版，第 347 页。

综复杂的商品交换关系来赚取自己的主要收入,而这种分配制度并且有助于使愈坚强、愈聪明、愈勤劳的人取得愈大的份额的时候,赢利心才发展到充分的地步。"①"总之,赢利心是后起的东西;它是由感官的需求和替将来作打算的意识里边,由自我克制和聪明的饶有作为里边,成长出来的。"②"赢利心的逐步发达,第一是以技术的社会的一定发达程度为前提,第二它是建立在一定的道德观念、习惯和法律限制的基础上,第三它受到凡人皆同的原始欲望和享乐感觉的催动,不过其自私的程度却因人不同而已。"③

施穆勒针对英国古典经济学对于经济人赢利心的基本肯定态度,指出赢利心会有不同的表现方式,既可能表现为刚毅果断、饶有作为的守法合德的经营企业,也可能表现为贪得无厌、寡廉鲜耻、尔虞我诈、损人利己的赢利狂。④ 因此,他认为社会面临一个亟待解决的严重问题,即"一方面要求通过什么道德的手段和社会的措施来维护健康的赢利心,如果没有它,那么巨大的社团的经济努力(合法的自我表现)、人的自由和个性的发展,会变成是不可想象的,但另一方面又需要限制住那些私有狂和不公行为,因为这些使我们的道德的和经济的生活遭到了威胁"⑤。为了解决这个问题,他不同意社会民主党人消灭赢利心的主张。但鉴于赢利心可能会有不良的表现方式,因此他主张用"一定的道德习惯、各种法律和制度规范"来管束和制约赢利心,让不当赢利行为受到抑止,使正当赢利行为得以发扬。⑥

施穆勒一方面认为并非所有经济行为都可以用赢利心去解释,另一方面又看到了赢利心对于一个社会经济发展的重要性,也看到了一些具有赢利心的企业家既有毅力坚强、聪明能干、不屈不挠、颇有作为的一面,同时也有虚荣心重、自命不凡、缺乏同情心的一面。⑦ 他指出,"这类人时常不是属于值得亲近的、高尚的人物典型;完全让他们来统治社会,这也不是我们所希望的;但是,只要他们的毅力和才干远远大于他们的赢利野心,远远大于他们对待竞争对手和对待主顾及工人的严酷,只要是那样,那末我们就要问:比起徒然让一些不管是品质多末高尚的懦夫,比起让愚蠢的、不通业务的那种企业家来占有前一类人的地

① 季陶达主编:《资产阶级庸俗政治经济学选编》,商务印书馆 1963 年版,第 348 页。
② 季陶达主编:《资产阶级庸俗政治经济学选编》,商务印书馆 1963 年版,第 351 页。
③ 季陶达主编:《资产阶级庸俗政治经济学选编》,商务印书馆 1963 年版,第 349 页。
④ 季陶达主编:《资产阶级庸俗政治经济学选编》,商务印书馆 1963 年版,第 348 页。
⑤ 季陶达主编:《资产阶级庸俗政治经济学选编》,商务印书馆 1963 年版,第 350 页。
⑥ 季陶达主编:《资产阶级庸俗政治经济学选编》,商务印书馆 1963 年版,第 350—352 页。
⑦ 季陶达主编:《资产阶级庸俗政治经济学选编》,商务印书馆 1963 年版,第 352 页。

位,是否前一类人对于全体的福利所能做出的贡献到底还是大些?"①他的结论就是,"只要赢利心能够对于整个的积极性有所提高,但又不至于造成不公平,造成残酷,不至于造成对弱者的虐待,也就是说没有悭啬、压迫工人和奸商的那些邪恶行为,那么对于一切阶级说来,赢利心的发扬还是一个进步"②。

与英国古典经济学相比较,应该说,施穆勒对于经济人假设的看法,对于赢利心的历史性、两面性的分析,是更加深入全面的。在此基础上提出的要用道德和法律来抑止赢利心的不当表现和发挥其正面作用的主张,也是很有见地的。对于赢利心两面性的看法,也许就是他强调道德,主张政府干预,反对英国古典经济学自由放任主张的理论基础。

在经济学的研究方法上,施穆勒肯定了实证分析方法,强调经济学的"目的在于掌握事物的规律,在于阐明事物的内在联系之无可辩驳的真理"③。因此,他反对由伦理原则或社会理想如平等、自由、公正引申出来的片面的演绎的论断,强调只能根据对各种因果关系的严肃认真的揭示而归纳出的真理。④ 而为了发现真理,他强调要注重观察,要善于在观察中把各种影响因素隔离开来。⑤要通过观察,从个别对象归纳出根本性的一般法则。⑥

而对于这种一般性法则,施穆勒认为由于社会的高度复杂性,历史规律是难以认识的,只能认识国民经济的规律和统计规律,如人口法则、工资法则、价格法则、地租法则等等。⑦ 而国民经济也并非存在"一个最终的统一的法则",只能"根据不同的民族性和历史",根据实际情况去了解各个国家特殊的法则。⑧而"由于国民经济内容的复杂性,自然不可能单独依靠一个方法来进行研究"⑨。他强调"新历史学派不同于罗雪尔的地方是,新历史学派不急于求得普遍的结论,而感到有更大的需要去从历史综合的阐述出发,循序渐进,以达到特定的各个时代民族和经济状态的专项研究"⑩。他实际上是区分了一个国家的历史发展规律和经济规律,强调了前者的不可知性和后者的多样性。

施穆勒在与门格尔关于经济学方法论的争论中,反对英国古典经济学的公

---

① 季陶达主编:《资产阶级庸俗政治经济学选编》,商务印书馆 1963 年版,第 353 页。
② 季陶达主编:《资产阶级庸俗政治经济学选编》,商务印书馆 1963 年版,第 353 页。
③ 季陶达主编:《资产阶级庸俗政治经济学选编》,商务印书馆 1963 年版,第 354 页。
④ 季陶达主编:《资产阶级庸俗政治经济学选编》,商务印书馆 1963 年版,第 362 页。
⑤ 季陶达主编:《资产阶级庸俗政治经济学选编》,商务印书馆 1963 年版,第 355—356 页。
⑥ 季陶达主编:《资产阶级庸俗政治经济学选编》,商务印书馆 1963 年版,第 357 页。
⑦ 季陶达主编:《资产阶级庸俗政治经济学选编》,商务印书馆 1963 年版,第 358—359 页。
⑧ 季陶达主编:《资产阶级庸俗政治经济学选编》,商务印书馆 1963 年版,第 359 页。
⑨ 季陶达主编:《资产阶级庸俗政治经济学选编》,商务印书馆 1963 年版,第 357 页。
⑩ 季陶达主编:《资产阶级庸俗政治经济学选编》,商务印书馆 1963 年版,第 365 页。

理演绎方法,强调以归纳法为特色的历史统计方法。但是他实际上反对的是仅仅依靠一两个心理学命题去解释整个复杂的经济现象。他实际上也并不走极端,并非根本反对演绎法,反对的只是肤浅的不充分的前提。他只是在研究中更加注重历史事实,深信可以通过大量观察从历史事实中归纳出经济理论。①他曾经说过"归纳法和演绎法都是这门科学所必需的,正像左脚和右脚都是行走所需要的那样"②。"我们获得的成果既应当归功于归纳法,也应当归功于演绎法。……顶多不过是,有些时候,根据不同的认识水平,在各个不同的科学领域中,对这一方法或那一方法有所偏重罢了"③。但是需要注意,他所谓的归纳法,与我们今天赋予这个概念的含义并不完全一致,他在一处写道:"归纳是从已知的分析的或综合的真理出发,从这些真理当中通过判断和组合再去发掘新的真理;遇到复杂的现象则试验着运用已知的真理去解释;这样做的主要意义是,人们面对新的问题时只有尽多地利用已经确立的命题,就其可能的结果试验着、鉴赏着、探索着,希望从这里边找到解决的途径。"④按照这种说明,他的归纳法就不仅仅是从个别推论一般的求得结论的方法,更是一种提出假设的试错方法。

施穆勒与门格尔在方法论方面的分歧,其实并非像双方所渲染的那么严重,双方其实都认可两种方法的必要性和重要性。两者的分歧实际上源于双方研究领域的不同。施穆勒更加侧重从宏大视角研究各个国家的经济发展史、各项经济制度的历史演变,⑤而门格尔更加侧重从微观角度研究市场经济中微观主体的行为。因而前者不得不更多使用历史归纳方法、"实地考察、提问求答的办法"⑥,不得不强调各国经济发展的特殊性;而后者则可以更多使用抽象演绎方法,强调经济主体行为动机和方式的普遍性。

在经济史研究方面,施穆勒讨论了德国中世纪以来手工业和工业的发展历史,认为重商主义思潮与民族国家的兴起密切相关。

在政策层面,施穆勒既反对个人主义的自然法学说,也反对社会主义。要求保存私有制和个人自由,同时强调改观收入分配制度,缓解收入分配差距,进

---

① 季陶达主编:《资产阶级庸俗政治经济学选编》,商务印书馆1963年版,第362页。
② 转引自[法]夏尔·季德、夏尔·利斯特:《经济学说史》下册,商务印书馆1986年版,第459页。
③ 季陶达主编:《资产阶级庸俗政治经济学选编》,商务印书馆1963年版,第359页。
④ 季陶达主编:《资产阶级庸俗政治经济学选编》,商务印书馆1963年版,第359—360页。
⑤ 季陶达主编:《资产阶级庸俗政治经济学选编》,商务印书馆1963年版,第365页。
⑥ 季陶达主编:《资产阶级庸俗政治经济学选编》,商务印书馆1963年版,第365页。

行大规模社会改良,①强调政府在经济生活中的重要作用,要求加强政府与劳动阶级的联系,强调法制对于市场的重要作用,强调精神文化因素对于经济生活的重要影响。

与基本同时代英法奥等国的边际主义研究纲领相比,施穆勒及其学派的历史主义研究纲领更多关注经济发展的史实,但这种关注基本上属于对经济长期动态现象的描述,而非对其一般性规律的分析。同时,这个研究纲领太少关心静态条件下市场机制的运行。由于他们过于强调对经济史的研究,且他们对于经济史实大量发展案例的描述,并未使他们能够概括出一般性的关于经济发展的具有逻辑体系的理论体系。而施穆勒的影响力又使得德国其他经济学家也很难从事纯理论的研究探讨。现在一般认为,他应当为德国经济学在近半个世纪中停滞不前负责。当然,也不能简单认为新历史学派对于经济理论毫无建树,该学派最后的两位杰出代表人物——马克斯·韦伯和桑巴特(对于他们两位,尤其是韦伯能否属于新历史学派,学界可能会有不同意见),对于资本主义起源和发展的长期动态演化分析,不能不说是超越新古典经济学范围的对于经济理论的重大贡献。②,在当代人看来最有成就的是韦伯。下面两节分别介绍桑巴特和韦伯的观点。

第三节　桑巴特的经济思想

韦尔纳·桑巴特③(Werner Sombart,1863—1941)是德国新历史学派晚期的重要代表之一(但他本人未必承认)。他出生于德国埃姆斯勒本,其父亲是一位民族自由主义政治家和企业家。他于 1888 年获柏林大学哲学博士学位,1888—1890 年任德国布莱梅商会会长,1890—1906 年任德国布莱斯劳大学政治经济学副教授,1906—1918 年任柏林商业学院教授,1918—1941 年任柏林大学教授。他早年信奉马克思主义,晚年转向法西斯国家社会主义,政治观点剧烈变化。其主要著作有:《十九世纪的社会主义与社会运动》(1896)、《现代资本主义》(1902)、增订版(1916—1927)、《十九世纪德国国民经济》(1903)、《为什么

---

① 季陶达主编:《资产阶级庸俗政治经济学选编》,商务印书馆 1963 年版,第 367—368 页。
② 熊彼特认为 20 世纪有三位最新的历史学派学者,即马克斯·韦伯、桑巴特和斯皮索夫。见[美]约瑟夫·熊彼特:《经济分析史》第 3 卷,商务印书馆 1995 年版,第 98—103 页。
③ 《新帕尔格雷夫经济学大辞典》第 4 卷,经济科学出版社 1996 年版,第 452—453 页。[英]马克·布劳格、保罗·斯特奇斯:《世界重要经济学家辞典》,经济科学出版社 1987 年版,第 593—594 页。

美国没有社会主义》(1906,有中译本)、《犹太人与经济生活》(1911)、《奢侈与资本主义》(1912,有中译本)、《资产者》(1913)、《现代资本主义发展史研究》(1913)、《商人和英雄》(1915)、《无产阶级社会主义》(1924)、《三卷本政治经济学》(1930)、《德国的社会主义》(1934,有中译本)和《哲学人类学》(1941)等。

桑巴特的研究对象,继承德国历史学派的传统,是社会经济制度的演化,尤其是资本主义经济制度的历史演化。同时,对于当时正在兴起的社会主义,他也保持了一定的兴趣。他认为,"国民经济学是经济制度的学说。……国民经济学基本的概念是经济制度的概念。……这里所指的是一种一定种类的经济方法,即经济生活中一种一定的组织,在这种组织里面受一种一定的经济意识的支配,并有一种一定的技术的应用"①。他又认为一切经济制度都是在历史过程中逐步形成的,因此"国民经济学为一种历史的社会科学,它是以因求果的"②。

在研究对象方面,桑巴特像其他历史学派经济学家一样,对于奥地利学派所关注的市场运行机制或者说资源配置的价格机制,并无多大兴趣。可以说,虽然都被称作是经济学家,但是桑巴特等人研究的"经济"与奥地利学派所研究的"经济",实在是差别甚大。用今天的术语来讲,前者研究的是经济制度的演化,而后者研究的是某一种经济制度——市场制度。

桑巴特的研究方法,与纯粹的历史学派有一定距离,不再是单纯罗列历史事件和数据,而是有一定的理论概括,对于"抽象的理论的"和"经验的历史的"这两种研究方法,他认为必须把它们联合起来,才构成对于经济学的完整研究。③ 他力图从欧洲各国的发展过程中归纳出资本主义经济制度演化的一般性规律或一般性因素。④ 他对于导致资本主义兴起的各种因素,如奢侈、犹太人、战争等,采用了所谓的"探照灯"方法进行了聚焦式考察,"每次集中于问题的一方面"⑤。

桑巴特认为一定时期的经济制度是由该时期的精神所塑造的,因此他"尤其努力找出一种曾经支配一定经济时期的精神——这个时期的经济生活是由这种精神中形成出来的——并追求它的效果。在不同的时代中,各为一种不同的经济意识所支配,凡予自身以一种适合的形态,并因此创造经济组织的,是精

---

① [德]伟·桑巴特:《现代资本主义》第1卷,商务印书馆1958年版,第16—17页。

② [德]伟·桑巴特:《现代资本主义》第1卷,商务印书馆1958年版,第16页。

③ [德]伟·桑巴特:《现代资本主义》第1卷,商务印书馆1958年版,第二版序言 xi—xii 页。

④ [德]伟·桑巴特:《现代资本主义》第1卷,商务印书馆1958年版,第二版序言 xvi—xvii 页。

⑤ [德]伟·桑巴特:《现代资本主义》第1卷,商务印书馆1958年版,第二版序言 xi 页。

神——这是本书的根本思想"①。由此可以推断,他实际是认为意识精神的变化是经济制度变化的根源。

下面首先根据桑巴特的《现代资本主义》,介绍他对现代资本主义兴起的原因的分析。②

关于经济阶段的分期,桑巴特认为存在着经济体制纯粹的时期和混杂的时期,前者是一种经济体制占据统治地位的时期,而后者是几种经济体制同时存在相互竞争的时期,它往往是一种经济体制即将成为主导同时其他经济体制即将消失的过渡时期。③ 他反对把重大政治事件——如17世纪的英国革命和18世纪的法国大革命——作为不同经济阶段的分界点。他认为英国革命与法国革命并未促进资本主义的发展,反而是起到了迟缓作用。④ 同时,由于欧洲各国资本主义发展并不同步,因此从整个欧洲来看,广义的早期资本主义大约从13世纪中叶开始到19世纪中叶为止,即整个欧洲范围内开始出现资本主义萌芽到资本主义在几乎所有欧洲国家取得主导地位;而狭义的早期资本主义大约自15世纪中叶到18世纪中叶,即资本主义萌芽在英国开始出现到占据主导地位。⑤

一、欧洲中世纪经济

桑巴特认为,早期资本主义阶段是一个过渡阶段,其中既有将要发展壮大的资本主义的萌芽,也有即将消亡的旧经济形态——欧洲中世纪的自足经济。他对于资本主义经济制度的研究,是以欧洲中世纪的自足经济开始的。他首先描绘了欧洲中世纪的自给自足的庄园经济和修道院经济,然后分析了这种自足经济由于什么原因而转向交换经济。

桑巴特首先澄清了两组概念,指出:"自足经济与自然经济不是同一物,和交换经济与货币经济不是同一物一样,互相对峙的东西也不是自足经济与货币经济,自然经济与交换经济,而是自足经济与交换经济,货币经济与自然经济。"⑥然后,他指出了自足经济向自然经济演化的几个因素:(1)专业商业集团的兴起;

---

① [德]伟·桑巴特:《现代资本主义》第1卷,商务印书馆1958年版,第19—20页。

② 需要说明的是这本书早在1902年就出了第一版,尔后在1916—1927年间又出了与第一版差别甚大的三卷本第二版。而笔者看到的中文版只有1937年中山文化教育馆出版的第二卷第一分册,与1958年商务印书馆出版的第一卷。因此所介绍内容只能是桑巴特原著的部分。

③ 桑巴特:《现代资本主义》第2卷第一分册,中山文化教育馆1937年版,第1页。

④ 桑巴特:《现代资本主义》第2卷第一分册,中山文化教育馆1937年版,第13页。

⑤ 桑巴特:《现代资本主义》第2卷第一分册,中山文化教育馆1937年版,第13—14页。

⑥ [德]伟·桑巴特:《现代资本主义》第1卷,商务印书馆1958年版,第65页。

(2)11 世纪以后由于农业技术的进步而引起的整个社会财富的增加;(3)地主经济的演化,地租货币化,庄园管理体制的变化;(4)与东方越来越频繁和密切的关系,引起的对享乐生活的追求;(5)教会和修道院共产生活的解体;(6)10—11世纪贵金属——尤其是白银——生产的恢复。他尤其强调了贵金属的巨大影响。[1]

桑巴特分析了中世纪城市的产生和发展。他认为中世纪城市的早期都属于消费性城市,即不是用自己生产的产品交换生活用品来维持生活的城市。[2]而这种消费城市的创立者就是那些依靠地租生活的王公贵族地主教士,他们是促使城市兴起的原始因素。除了他们之外,城市中还有一批他称作是充实者的人,即那些为王公贵族地主服务的手工业者和商人。[3] 他否定城市商业起源说,认为"中古时代的城市(在经济上)是收取地租和收取赋税者的创造物;'商人'只是因他们而存在"[4]。

桑巴特用了大量篇幅描绘了中世纪的手工业和商业的各种组织形式以及各个组织之间的关系,并对它们区别于资本主义工商企业的特征进行了概括,即通过行会契约,要求"每个同伴在祖传的方法中建立他的工作,应当确得一种收入,保证一种糊口之资。努力争取一种尽可能大的销路,防止邻近的侵袭;关于同伴的份子作同等的有秩序的分配,所以对内对外都要排除任何竞争:这是一切前资本主义的商业所立足的一种基础"[5]。可以说,排除同行之间的竞争是最主要的特征。

二、现代资本主义

桑巴特首先定义"资本主义是指一种一定的经济制度,具有以下的特征:它是一种交通经济的组织,在此项组织中通常有两个不同的人口集团对峙着:给生产手段的所有人和无产的纯粹工人,前者具有指导权,为经济主体,后者则为经济客体,他们经过市场,互相结合,共同活动,此项组织并且受营利原则与经济的合理主义的支配"[6]。定义中特别强调了三点,劳资关系、营利目标和理性

① ［德］伟·桑巴特:《现代资本主义》第 1 卷,商务印书馆 1958 年版,第 56—68 页。
② ［德］伟·桑巴特:《现代资本主义》第 1 卷,商务印书馆 1958 年版,第 84 页。［德］维尔纳·桑巴特:《奢侈与资本主义》,上海人民出版社 2000 年版,第 31 页。
③ ［德］伟·桑巴特:《现代资本主义》第 1 卷,商务印书馆 1958 年版,第 84—96 页。
④ ［德］伟·桑巴特:《现代资本主义》第 1 卷,商务印书馆 1958 年版,第 103—108 页。
⑤ ［德］伟·桑巴特:《现代资本主义》第 1 卷,商务印书馆 1958 年版,第 204 页。桑巴特:《现代资本主义》第 2 卷第一分册,中山文化教育馆 1937 年版,第九章。
⑥ ［德］伟·桑巴特:《现代资本主义》第 1 卷,商务印书馆 1958 年版,第 205 页。

计算。这个定义更确切地讲是关于资本主义企业的定义。他进而从企业的活动内容、资本的形成方式、企业家对工人的地位、企业家对公共权力的地位四个方面对资本主义企业进行了分类。① 他概括了资本主义企业家的职能：组织企业生产、从事商业贸易、理性计算实现节约。②

桑巴特认为现代资本主义"是由欧洲精神的深处发生出来的"③。这种启动资本主义产生的精神，是企业家（往往同时又是外贸商人、冒险家、海盗）追求征服和营利与城市市民追求秩序和保存（勤俭、守约）这两股精神的结合，"对于那由企业的精神和市民的精神组成一个统一的整体的心情称为资本主义的精神。这种精神创造了资本主义"④。他的这种观点可以称作是资本主义起源的精神论。

当然桑巴特并非天真地认为单凭这种精神就产生了资本主义，那么这种精神又是借助于什么条件才推动了资本主义的产生呢？他提出最重要的三个条件：以军队为核心的国家、技术的进步和贵金属的生产，"国家、技术和贵金属的生产是资本主义发展的基本条件"⑤。国家凭借军队实行对外扩张，侵略殖民地，为资本主义创造了一个巨大的市场；技术进步使得大规模生产和远距离运输成为可能；贵金属增强了营利冲动，改善了计算方法，使资本主义的营利精神有了物质凭借。⑥ 这三个条件一方面直接推动了资本主义的兴起，同时又间接引发了其他一些促进资本主义的因素：市民财富的积累、社会需求的新发展、劳动力的获得，以及企业家阶层的兴起等。

可以用以下框图来表达桑巴特关于资本主义兴起的原因分析：

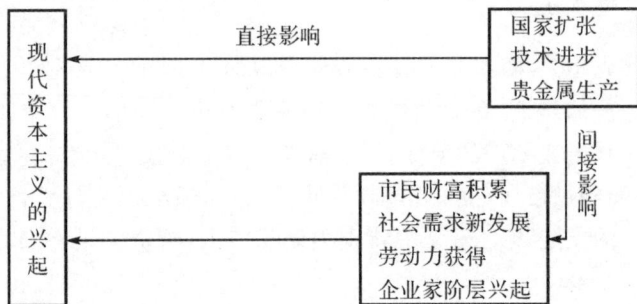

① ［德］伟·桑巴特：《现代资本主义》第 1 卷，商务印书馆 1958 年版，第 207 页。
② ［德］伟·桑巴特：《现代资本主义》第 1 卷，商务印书馆 1958 年版，第 208—209 页。
③ ［德］伟·桑巴特：《现代资本主义》第 1 卷，商务印书馆 1958 年版，第 212 页。
④ ［德］伟·桑巴特：《现代资本主义》第 1 卷，商务印书馆 1958 年版，第 215 页。
⑤ ［德］伟·桑巴特：《现代资本主义》第 1 卷，商务印书馆 1958 年版，第 217 页。
⑥ ［德］伟·桑巴特：《现代资本主义》第 1 卷，商务印书馆 1958 年版，第 217 页。

桑巴特《现代资本主义》第一卷后面的内容就是详细展开对这些影响因素及其具体影响机制的分析。下面择其要点简单介绍。

桑巴特描绘了资本主义兴起之初政府的规制理念和所制定的重商主义政策。他写道:"中古时代经济生活的第一种基本观念是:没有人得经营产业,因为他须从上面获得对于此事的权力,从君主国家接受这种权力。然第二种基本观念的严厉也不减于第一种:即每个人须按照上峰的指示去规正他的(经济)行为。为称第一种基本观念为特权的基本观念,第二种基本观念为规划的基本观念,整个早期资本主义时代仍然立于它们的拘束之下。"就是说,一个人可以做什么,如何做什么,都受到政府的干预。在这种理念的拘束下,政府的重商主义政策包括:(1)对生产活动和商业活动的特许权的颁发和规定,它往往导致独占;①在对外贸易中,这种政策就表现为贸易保护。② (2)对特定生产和商业活动进行奖励和扶助。③ (3)对产业和产品的各种具体规制,规定产业的发展,规定产品的规格和质量;而这些规制通常依赖政府控制的行会来贯彻。④

桑巴特分析了资本主义兴起之初政府的殖民政策,认为那不过是把中世纪城市与乡村的关系放大为母国与殖民地的关系。在这种关系中,政府往往规定殖民地必须按照母国的需要生产产出并只能输往母国,另一方面则是必须购买母国的产出,使用母国提供的运输工具。这种殖民政策与前述重商主义政策是互相配套的。⑤

桑巴特谈到了宗教宽容、人权观念的普及,以及商法、公司法的订立对于资本主义兴起的影响。⑥

桑巴特格外看重贵金属生产对于资本主义兴起的影响,"每当新的金矿一经开发,资本主义在新的发展中是昂首前进;每当黄金的潮流削弱的时候,资本主义即陷入虚弱的状态中;它的发育停顿了,它的气力减少了"⑦。

值得肯定的是桑巴特在分析资本主义财富的积累时,强调了海盗抢劫、奴隶贩运、奴隶劳动是重要原因,并以大量的历史资料和数据论证了这一点。⑧

桑巴特以"物品需要的新形态"为标题,考察了社会需求对于资本主义兴起

---

① [德]伟·桑巴特:《现代资本主义》第1卷,商务印书馆1958年版,第247页。
② [德]伟·桑巴特:《现代资本主义》第1卷,商务印书馆1958年版,第252页。
③ [德]伟·桑巴特:《现代资本主义》第1卷,商务印书馆1958年版,第253—254页。
④ [德]伟·桑巴特:《现代资本主义》第1卷,商务印书馆1958年版,第255—259页。
⑤ [德]伟·桑巴特:《现代资本主义》第1卷,商务印书馆1958年版,第283页。
⑥ [德]伟·桑巴特:《现代资本主义》第1卷,商务印书馆1958年版,第299—301页。
⑦ [德]伟·桑巴特:《现代资本主义》第1卷,商务印书馆1958年版,第338页。
⑧ [德]伟·桑巴特:《现代资本主义》第1卷,商务印书馆1958年版,第447—485页。

的影响。在这些社会需求中,他首先谈到了奢侈需求,由宫廷奢侈需求所带动的整个社会的奢侈需求,是刺激资本主义兴起的重要因素之一。① 他还对奢侈进行了分类,即单纯追求消费数量的增加和追求消费品品质的提升。他称前者为浪费,而称后者为精美。② 他写道:“有一点是公认的:奢侈促进了当时将要形成的经济形式,即资本主义经济的发展。”③他指出中世纪以后的几个世纪里,普通商品的需求没有什么变化,因此对资本主义的发展就没有多大影响,而“奢侈,更准确地说是对奢侈品需求的增长在现代资本主义的起源中扮演了一个重要的角色”④。之所以重要,是因为奢侈品消费促进了贸易和工业的发展,改进了贸易和工业的组织形式,在对此进行详细描绘⑤之后,他的结论是,“巨大的奢侈消费导致了工业的根本变革,而这种变革又进而对现代资本主义的发展产生极大的推动作用”⑥。针对那种认为是市场在地理上的扩张导致资本主义工业的论点,他列举了四点理由论证是奢侈品工业的发展催生了工业资本主义,“奢侈,它本身是非法情爱的一个嫡出的孩子,是它生出了资本主义”⑦。

此外,桑巴特还认为,军队对于武器、食品、服装等方面的大规模需求,⑧还有大城市的公共需求、殖民地的需求,都对资本主义的形成作用不小。⑨ 他能够看到需求尤其是奢侈对资本主义兴起的作用,确实有一定见地,比单纯从供给方考虑资本主义兴起的观点全面多了。在这方面,他可以说是强调奢侈正面功能的从曼德维尔到后来凯恩斯这一长串人物中间的一个。

桑巴特探讨了适应资本主义需要的劳动力的来源,指出在英国有两件事情特别增加了这种劳动力的数量:一是 1450—1550 年为了发展畜牧业而产生的圈地运动;二是取消赋有济贫功能的修道院。⑩ 但认为这两个原因并非全部,此外还有种种迫使劳动者成为无产阶级的原因,尤其是由于各种原因所导致的劳动群众的贫困化。⑪ 他指出重商主义时代政府的一般政策是保护企业家而不保

---

① ［德］伟·桑巴特:《现代资本主义》第 1 卷,商务印书馆 1958 年版,第 488—506 页。
② ［德］伟·桑巴特:《现代资本主义》第 1 卷,商务印书馆 1958 年版,第 488 页。［德］维尔纳·桑巴特:《奢侈与资本主义》,上海人民出版社 2000 年版,第 80 页。
③ ［德］维尔纳·桑巴特:《奢侈与资本主义》,上海人民出版社 2000 年版,第 150 页。
④ ［德］维尔纳·桑巴特:《奢侈与资本主义》,上海人民出版社 2000 年版,第 156 页。
⑤ ［德］维尔纳·桑巴特:《奢侈与资本主义》,上海人民出版社 2000 年版,第 157—211 页。
⑥ ［德］维尔纳·桑巴特:《奢侈与资本主义》,上海人民出版社 2000 年版,第 210 页。
⑦ ［德］维尔纳·桑巴特:《奢侈与资本主义》,上海人民出版社 2000 年版,第 212—215 页。
⑧ ［德］伟·桑巴特:《现代资本主义》第 1 卷,商务印书馆 1958 年版,第 506—524 页。
⑨ ［德］伟·桑巴特:《现代资本主义》第 1 卷,商务印书馆 1958 年版,第 524—537 页。
⑩ ［德］伟·桑巴特:《现代资本主义》第 1 卷,商务印书馆 1958 年版,第 538—539 页。
⑪ ［德］伟·桑巴特:《现代资本主义》第 1 卷,商务印书馆 1958 年版,第 540—541 页。

护工人。[1]

最后,桑巴特强调了企业家阶层的诞生。对于资本主义的企业家,他特别强调他们是一群冒险的、标新立异的、进取的、创造事业的人,是改革者、破坏者、创造者。[2] 这种看法似乎与后来的熊彼特差别不大。他区分了两类企业家:"一群人利用他们在国家中的特殊地位所造成的权力,另一群人……运用辩才和诱惑术……达到自己的目的。……前者是有权力者,后者是有策略者。凡从秉国政者和官吏队伍或地主的队伍中出来的……即属于前者,……凡从市民各界——无论是商人或手工业者——出身的……属于后者……。"[3]至于资本主义企业家的来源,从阶层上看,他指出在早期既有君主及其手下的官员,也有贵族、地主,甚至修道院长,还有普通市民(商人和手工业者)。[4] 他特别提到他所谓的"开基者",即今天通常所说的设计者、发明家、策划师。[5] 从民族身份上看,他特别强调异教徒、外国人成为企业家的较大比例。[6] "英国资本主义的发展也大都为外国移居者所推进,此事虽很少人知道,但是无可怀疑的。当十四世纪,遍布于英国的意大利人对于英国的经济生活留下了怎样经久的痕迹。……十六、十七世纪的移居者,特别是来自荷兰及法兰西的移居者在英国经济生活中的确留下深刻印象。"[7]最后,他指出,鉴于犹太人既是基督教世界的异教徒,又是外国人,所以有着特别高的比例成为企业家。[8] 他关于企业家性质特征的论点,在坎替隆、萨伊等人那里已经可以看到一些,然而他关于企业家分类和来源的观点却是非常新颖的。值得今天研究企业家现象的学者充分注意。

除了从宏观层面考虑资本主义的起源之外,桑巴特还从微观层面考虑了资本主义企业的起源。他提出有两个因素的出现使得资本主义企业脱颖而出,一个是区别于业主自然人的企业法人的出现;[9]另一个是复式记账的出现。[10] 他高度评价复式记账的意义,"必须将它和十六世纪以来的思想家对于自然关系所获的'认识'对比起来。复式簿记是由产生伽利略和牛顿的体系以及现代物

---

① ［德］伟·桑巴特:《现代资本主义》第 1 卷,商务印书馆 1958 年版,第 546—547 页。
② ［德］伟·桑巴特:《现代资本主义》第 1 卷,商务印书馆 1958 年版,第 554,555 页。
③ ［德］伟·桑巴特:《现代资本主义》第 1 卷,商务印书馆 1958 年版,第 557 页。
④ ［德］伟·桑巴特:《现代资本主义》第 1 卷,商务印书馆 1958 年版,第 559,564—581 页。
⑤ ［德］伟·桑巴特:《现代资本主义》第 1 卷,商务印书馆 1958 年版,第 581—585 页。
⑥ ［德］伟·桑巴特:《现代资本主义》第 1 卷,商务印书馆 1958 年版,第 585—599 页。
⑦ ［德］伟·桑巴特:《现代资本主义》第 1 卷,商务印书馆 1958 年版,第 599 页。
⑧ ［德］伟·桑巴特:《现代资本主义》第 1 卷,商务印书馆 1958 年版,第 599—614 页。
⑨ 桑巴特:《现代资本主义》第 2 卷第一分册,中山文化教育馆 1937 年版,第 79 页。
⑩ 桑巴特:《现代资本主义》第 2 卷第一分册,中山文化教育馆 1937 年版,第 92—97 页。

理化学的同一精神产生出来的"①。因为复式簿记为追求营利的企业家提供了计算利润的方法,从而使得以利润为目标的资本主义企业得以产生。

总体来看,桑巴特对于资本主义兴起的研究有他一定的独到见解,有较高的学术价值,值得今天研究同样问题的学者注意。但是在涉及资本主义现状问题时,《现代资本主义》是描绘远胜于分析,尤其是书的后半部分。用今天的术语来讲,基本上就是对资本主义一些特殊行业的特征描绘。虽然也谈到市场,但是基本上没有分析。

第四节　马克斯·韦伯的经济思想

马克斯·韦伯②(Max Weber,1864—1920),生于德国爱尔富特,1882 年入海德堡大学学习法律,1884 年入柏林大学学习法律,1889 年获博士学位,1891年在柏林大学任法学讲师,1894 年任弗莱堡大学经济学教授,1896 年转任海德堡大学经济学教授,1897—1903 年发作精神病,1904 年出任《社会科学与社会政策》杂志主编,1909 年出任《社会经济学大系》主编,1918 年任维也纳大学经济学教授,1919 受聘慕尼黑大学教授,1920 年因肺炎病卒。他是多方面学科的大家,学贯社会学、经济学、政治学、法学、历史学,是 20 世纪人文社会学科最有影响力的思想家之一,一生留下巨量学术文献,其重要代表作有:《中世纪贸易公司的历史》(1889)、《罗马农业制度的历史对罗马公法与私法的重要性》(1891)、《民族国家与经济政策》(1895,有中译本)、《古典西方文明衰落的社会原因》(1896)、《古典西方农业社会状况》(1897)、《罗雪尔的〈历史方法〉》(1903)、《论罗雪尔和克尼斯与历史的国民经济学的逻辑问题》(1903—1905)、《资本主义与农业社会》(1904)、《社会科学与社会政策的〈客观性〉》(1904)、《新教伦理与资本主义精神》(1904—1905,有中译本)、《克尼斯与非理性的问题(上)》(1905)、《克尼斯与非理性的问题(下)》(1906)、《文化科学的逻辑之批判研究》(1906)、《论俄国宪政民主的处境》(1906)、《批判斯旦慕勒对唯物主义历史观的'驳斥'》(1907)、《关于〈资本主义精神〉的最后反批评》(1910)、《论解释的社会学的若干范畴》(1913)、《诸普世宗教的经济伦理》(1915—1920)、《论德国的普选与民主》(1917)、《何谓社会学与经济学的〈价值无涉〉》(1917)、《以学

① 桑巴特:《现代资本主义》第 2 卷第一分册,中山文化教育馆 1937 年版,第 93 页。
② 《新帕尔格雷夫经济学大辞典》第 4 卷,经济科学出版社 1996 年版,第 959—960 页。[英]马克·布劳格、保罗·斯特奇斯主编:《世界重要经济学家辞典》,经济科学出版社 1987年版,第 652—653 页。

术为业》(1917)、《论新政治秩序下德国的议会与政府》(1918)、《经济通史》(1919,有中译本)、《以政治为业》(1919)、《帝国总统制》(1919)和《经济与社会》(1921,有中译本)等。欲在其浩如烟海的论著中概括经济思想,着实不易。只能根据他有限的几本中文论著,作一些并不成熟的梳理。

作为"德国历史学派的嫡系传人"①和杰出代表,韦伯与他的同事和辩友桑巴特一样,继承历史学派的传统,以经济制度和经济组织的历史演化,尤其是现代资本主义的起源作为主要研究对象。这与奥地利学派以市场运行机制作为主要研究对象形成鲜明的对照。

一、现代资本主义的兴起

19世纪后半期,马克思《资本论》三卷陆续发表,其中蕴涵的唯物史观开始广泛传播。资本主义因何而来、将向何去,成为德国思想界关注的一大问题。马克思主义从唯物史观出发对这个问题作出了自己的回答。然而它并未成为德国思想界普遍的共识。于是,现代资本主义的兴起,就成为20世纪初期德国历史学派晚期代表人物,以及其他一些学者共同关注、并力图作出不同于马克思主义的解答的重要问题。②

自从桑巴特于1902年率先发表《现代资本主义》以后,马克斯·韦伯迅疾于1904年发表《新教伦理与资本主义精神》。两个人围绕现代资本主义兴起这同一个问题,发表了各自不同的观点。比较之下,桑巴特更多的是从多种因素去说明现代资本主义的兴起,而韦伯则更加专注于分析某一个因素对于现代资本主义兴起的影响(当然他并未否定其他因素的作用)。对现代资本主义兴起的思考和探究,是韦伯经济思想中最有价值的部分。

韦伯首先定义资本主义就是理性地追求利润,"资本主义确实等同于靠连续的、理性的资本主义方式的企业活动来追求利润并且是不断再生的利润"③。他定义"资本主义的经济行为是依赖于利用交换机会来谋取利润的行为,亦即

---

① 马克斯·韦伯:《民族国家与经济政策》,生活·读书·新知三联书店、牛津大学出版社1997年版,第96页。

② 马克斯·韦伯:《新教伦理与资本主义精神》,生活·读书·新知三联书店1987年版,第149页第一章注1。

③ 马克斯·韦伯:《新教伦理与资本主义精神》,生活·读书·新知三联书店1987年版,第8页。[德]马克斯·韦伯:《新教伦理与资本主义精神》,四川人民出版社1986年版,第16页。

是依赖于(在形式上)和平的获利机会的行为"①。它区别于靠暴力来谋利的行为。他所谓的"理性"就是企业运用复式记账所提供的技术手段,通过成本—收益核算(他称之为资本核算),来作出决策,通过生产和交换,谋求最大利润。② 在后来的《经济通史》中,他进一步定义资本主义企业"是一个附有资本会计制度的企业,也就是,根据现代簿记和结算的方法来确定它的收益能力的一个机构"③。

韦伯认为,通过市场交易追求利润的企业在过去和在其他地方都存在过,④ 而现代资本主义的特点在于它是以(形式上)自由的劳动为基础的,经营活动与家庭生活相分离的,与理性的簿记密切相关的。⑤ 而资本主义时代就是这种资本主义企业成为经济生活的主体的时代。"只有需求的供应已经按资本主义方式组织到了这样突出的程度,以致如果我们设想这种形式的组织一旦取消,整个经济体系的崩溃就在意料之中,这整个时代才可以称作为典型的资本主义时代"⑥。

韦伯与桑巴特有许多共同之处。他们看待现代资本主义的共同视角就是格外关注资本主义企业的特征(尤其是通过复式簿记理性地获取利润这一特征),而相对较少关注市场的特征。这也是他们与同时代奥地利学派的一个基本差异。

韦伯刻画了现代资本主义的特点,然后开始考虑其起源,"中心的问题毋宁是:以其自由劳动的理性组织方式为特征的这种有节制的资产阶级的资本主义

---

① 马克斯·韦伯:《新教伦理与资本主义精神》,生活·读书·新知三联书店 1987 年版,第 8 页。[德]马克斯·韦伯:《新教伦理与资本主义精神》,四川人民出版社 1986 年版,第 16 页。

② 马克斯·韦伯:《新教伦理与资本主义精神》,生活·读书·新知三联书店 1987 年版,第 8—9 页。[德]马克斯·韦伯:《新教伦理与资本主义精神》,四川人民出版社 1986 年版,第 16—17 页。

③ [德]马克斯·韦伯:《经济通史》,上海三联书店 2006 年版,第 173 页。

④ 马克斯·韦伯:《新教伦理与资本主义精神》,生活·读书·新知三联书店 1987 年版,第 10 页。[德]马克斯·韦伯:《新教伦理与资本主义精神》,四川人民出版社 1986 年版,第 18 页。

⑤ 马克斯·韦伯:《新教伦理与资本主义精神》,生活·读书·新知三联书店 1987 年版,第 11—12 页。[德]马克斯·韦伯:《新教伦理与资本主义精神》,四川人民出版社 1986 年版,第 20 页。

⑥ [德]马克斯·韦伯:《经济通史》,上海三联书店 2006 年版,第 173 页。

的起源问题"①。

韦伯考虑了资本主义存在所需要的制度性条件,就是:(1)私有财产,"占有土地、设备、机器和工具等一切物质生产手段作为独立经营的私人企业可任意处置的财产"。(2)市场自由,"在市场上对贸易没有任何不合理的限制"。这种限制主要是各种消费特权和对于经营活动的特权。(3)经济核算,"资本主义的会计制度以合理的技术……为先决条件"。(4)法规可测,即存在一套对于企业行为的后果可以事先预测的法律体系。(5)自由劳动,"必须有不但在法律上容许,而且在经济上被迫到市场上不受限制地出卖自己劳动的人们的存在。……由于存在形式上自愿而事实上迫于饥饿的鞭策而去出卖劳动的工人,方有可能在事前通过协议明确规定产品的成本"。(6)商业化,即"普遍使用商业手段来表明企业和财产所有权"②。

为了说明自由劳动对于资本主义的重要性,韦伯否定了桑巴特关于16—18世纪西方殖民地的奴隶制对于资本主义形成具有重要意义的观点。他的结论是"在16—18世纪这段期间,奴隶制对于欧洲经济组织虽是无关紧要的,但是对于欧洲财富的积累却关系至巨。它固然产生了大量的年金领受人,对于促进资本主义工业组织和经济生活的发展来说其影响则微乎其微"③。

关于经济核算的含义,韦伯特别强调的一点是要消除对待本族、本部落等自己人和外族、外部落的双重伦理标准,也就是要把理性的经济核算贯穿于所有地方。不能对内不计成本无偿奉献,对外则敲骨吸髓无所不能。"西方资本主义的第二个特征就是消除内部经济和外部经济、对内道德标准和对外道德标准之间的界限,以及把商业原则连同在这个基础上的劳动组织纳入内部经济"④。

同时,韦伯也否定了桑巴特关于标准化大规模的军用品需求对于资本主义是决定性条件的见解。⑤ 对于桑巴特重视奢侈品需求的论点,他也以中国和印度的远超过欧洲的宫廷奢华并没有导致资本主义的事例来加以反驳。他认为从需求的角度来看,"走向资本主义的决定性作用,只能出自一个来源,即广大

---

① 马克斯·韦伯:《新教伦理与资本主义精神》,生活·读书·新知三联书店 1987 年版,第 13 页。

② [德]马克斯·韦伯:《经济通史》,上海三联书店 2006 年版,第 174 页。《经济·社会·宗教——马克斯·韦伯文选》,上海社会科学院出版社 1997,第 117-118 页。

③ [德]马克斯·韦伯:《经济通史》,上海三联书店 2006 年版,第 189 页。

④ [德]马克斯·韦伯:《经济通史》,上海三联书店 2006 年版,第 196 页。《经济·社会·宗教——马克斯·韦伯文选》,上海社会科学院出版社 1997 年版,第 135 页。

⑤ [德]马克斯·韦伯:《经济通史》,上海三联书店 2006 年版,第 194 页。

群众的市场需求"①。

韦伯还强调了价格革命的重要性,"16 和 17 世纪的价格大革命,为通过减少生产成本和降低价格以牟利的独特的资本主义趋势,提供了一个有力的手段"。他指出,价格革命所引起的农产品价格普遍上涨导致了农业的市场化,同时迫使工业品不断通过技术进步来降低成本以便在价格竞争中取胜。这就推进了资本主义的发展。他的结论是"发展并不是遵循先有资本主义然后价格降低这样一个顺序进行的,而恰恰相反,价格先相对地下降,然后资本主义才接踵而来"②。但是他并不认为贵金属向一个国家的流入对于现代资本主义的形成具有决定性意义,"贵金属的内流究竟会产生怎样的倾向,完全取决于劳动组织的性质"。即取决于国内的经济组织。他以古罗马时期大量贵金属流入印度只产生少量商业资本主义,以及新大陆发现后美洲金银大量流入西班牙却没有使西班牙兴起现代资本主义为例证,论证了这一点。③ 贵金属要能够促进现代资本主义的兴起,还需要其他更重要的条件。

韦伯承认逐利欲望是现代资本主义不可缺少的条件之一,但是单纯的逐利欲并不能导致现代资本主义兴起,西班牙征服墨西哥的科尔特斯和征服秘鲁的皮查罗都是逐利狂,但是他们都没有给墨西哥和秘鲁带来现代资本主义。④

虽然韦伯考虑到了影响资本主义兴起的许多因素,尤其是否定了桑巴特所提出的不少因素,但他重点分析了精神层面的因素。他首先指出科学技术和西方的法律体系对于现代资本主义都是不可或缺的,但它们都不足于解释现代资本主义的起源。确实,是现代资本主义把科学技术大规模运用于经济生活,但这种运用的激励何在? 还有,西方的法律体系又源于何方?⑤ 考虑到这些问题,他认为有必要分析"西方文化特有的理性主义"⑥。

为了说明西方理性主义的独特性,韦伯写了下面这段非常重要的话,"必须首先考虑经济状况,因为我们承认经济因素具有根本的重要性。但是与此同

① [德]马克斯·韦伯:《经济通史》,上海三联书店 2006 年版,第 195 页。

② [德]马克斯·韦伯:《经济通史》,上海三联书店 2006 年版,第 195 页。

③ [德]马克斯·韦伯:《经济通史》,上海三联书店 2006 年版,第 221－222 页。《经济·社会·宗教——马克斯·韦伯文选》,上海社会科学院出版社 1997 年版,第 120 页。

④ [德]马克斯·韦伯:《经济通史》,上海三联书店 2006 年版,第 223 页。《经济·社会·宗教——马克斯·韦伯文选》,上海社会科学院出版社 1997 年版,第 122 页。

⑤ 马克斯·韦伯:《新教伦理与资本主义精神》,生活·读书·新知三联书店 1987 年版,第 13－15 页。

⑥ 马克斯·韦伯:《新教伦理与资本主义精神》,生活·读书·新知三联书店 1987 年版,第 15 页。[德]马克斯·韦伯:《新教伦理与资本主义精神》,四川人民出版社 1986 年版,第 25 页。

时，与此相反的关联作用也不可不加考虑。因为，虽然经济理性主义的发展部分地依赖理性的技术和理性的法律，但与此同时，采取某些类型的实际的理性行为却要取决于人的能力和气质。如果这些理性行为的类型受到精神障碍的妨碍，那么，理性的经济行为的发展势必会受到严重的、内在的阻滞。各种神秘的和宗教的力量，以及以它们为基础的关于责任的伦理观念，在以往一直都对行为发生着至关重要的和决定性的影响。"①从这段话可以看出，韦伯并不像一些人所认为的那样是一个只知道从精神维度解释资本主义起源的人，他充分肯定了经济因素的根本重要性。然而他也不愿意单纯从经济因素去解释一切，而是在肯定经济因素的根本性作用的前提下，深入考虑了精神因素对于现代资本主义起源的影响。同时他不无正确地指出宗教对于人们精神和伦理的重大影响。由此，他深入分析了新教伦理对于现代资本主义起源的重大影响。

韦伯首先指出了一个基本事实，就是"工商界领导人、资本占有者、近代企业中的高级技术工人，尤其是受过高等技术培训和商业培训的管理人员，绝大多数都是新教徒"②。而这种情况与新教徒在一个地方是否占据统治地位、是多数派还是少数派无关，也就是说与他们的社会地位无关；同时，也不能从追求声色享乐的物质欲望来解释这一基本事实。③因为正是在这些新教徒身上，宗教虔诚、苦修禁欲往往与资本主义的逐利精神密切关联。④因此就需要从新教徒"宗教信仰的永恒的内在特征中，而不是在其暂时的外在政治历史处境中"，来寻求对这个基本事实的解释。⑤

为了完成上述这个任务，韦伯首先考察了资本主义精神。他并未给出资本

---

① 马克斯·韦伯：《新教伦理与资本主义精神》，生活·读书·新知三联书店 1987 年版，第 15—16 页。[德]马克斯·韦伯：《新教伦理与资本主义精神》，四川人民出版社 1986 年版，第 25—26 页。

② 马克斯·韦伯：《新教伦理与资本主义精神》，生活·读书·新知三联书店 1987 年版，第 23 页。[德]马克斯·韦伯：《新教伦理与资本主义精神》，四川人民出版社 1986 年版，第 5 页。

③ 马克斯·韦伯：《新教伦理与资本主义精神》，生活·读书·新知三联书店 1987 年版，第 30 页。[德]马克斯·韦伯：《新教伦理与资本主义精神》，四川人民出版社 1986 年版，第 15 页。

④ 马克斯·韦伯：《新教伦理与资本主义精神》，生活·读书·新知三联书店 1987 年版，第 28 页。[德]马克斯·韦伯：《新教伦理与资本主义精神》，四川人民出版社 1986 年版，第 12 页。

⑤ 马克斯·韦伯：《新教伦理与资本主义精神》，生活·读书·新知三联书店 1987 年版，第 26 页。[德]马克斯·韦伯：《新教伦理与资本主义精神》，四川人民出版社 1986 年版，第 10 页。

主义精神的标准定义,因为他看到这种精神是一个历史发展的产物,"必须逐步逐步地把那些从历史实在中抽取出来的个别部分构成为整体,从而组成这个概念"①。他以美国的富兰克林为例,说明那种理性地、富有社会责任感地追逐利润,不断增加资本积累,并以此作为个人责任的观念就是现代资本主义精神的典范。② 为了避免误解,他把这种精神与那种不计手段一味追求金钱的财迷们贪婪的拜金欲作出了区分,后者可以存在于古代和世界各地。③ 他强调在现代资本主义精神的支配下,"一种个人主义的资本主义的根本特征之一就是:这种经济是以严格的核算为基础而理性化的,以富有远见和小心谨慎来追求它所欲达的经济成功,这与农民追求勉强糊口的生存是截然相反的,与行会师傅以及冒险家式的资本主义的那种享受特权的传统主义也是截然相反的,因为这种传统主义趋向于利用各种政治机会和非理性的投机活动来追求经济成功"④。他认为这种现代资本主义精神是在与所谓的传统主义精神(不求营利只求满足个人低水平消费需求不思进取)的斗争中发展起来的,⑤它主要来自"处于上升时期的工业中产阶级"⑥,是通过与近代国家日益强大的力量联合才取得胜利的。⑦ 他特别强调,这种现代资本主义精神并非资本主义经济发展的结果,恰恰

---

① 马克斯·韦伯:《新教伦理与资本主义精神》,生活·读书·新知三联书店 1987 年版,第 32 页。[德]马克斯·韦伯:《新教伦理与资本主义精神》,四川人民出版社 1986 年版,第 19 页。

② 马克斯·韦伯:《新教伦理与资本主义精神》,生活·读书·新知三联书店 1987 年版,第 35 页。[德]马克斯·韦伯:《新教伦理与资本主义精神》,四川人民出版社 1986 年版,第 24 页。

③ 马克斯·韦伯:《新教伦理与资本主义精神》,生活·读书·新知三联书店 1987 年版,第 36 页。[德]马克斯·韦伯:《新教伦理与资本主义精神》,四川人民出版社 1986 年版,第 25 页。

④ 马克斯·韦伯:《新教伦理与资本主义精神》,生活·读书·新知三联书店 1987 年版,第 55—56 页。[德]马克斯·韦伯:《新教伦理与资本主义精神》,四川人民出版社 1986 年版,第 50 页。

⑤ 马克斯·韦伯:《新教伦理与资本主义精神》,生活·读书·新知三联书店 1987 年版,第 41—42 页。[德]马克斯·韦伯:《新教伦理与资本主义精神》,四川人民出版社 1986 年版,第 33—34 页。

⑥ 马克斯·韦伯:《新教伦理与资本主义精神》,生活·读书·新知三联书店 1987 年版,第 47 页。[德]马克斯·韦伯:《新教伦理与资本主义精神》,四川人民出版社 1986 年版,第 39 页。

⑦ 马克斯·韦伯:《新教伦理与资本主义精神》,生活·读书·新知三联书店 1987 年版,第 53 页。[德]马克斯·韦伯:《新教伦理与资本主义精神》,四川人民出版社 1986 年版,第 46 页。

相反,是资本主义经济发展的前提。"这里的因果关系正好与按唯物主义观点得出的因果关系相反"①。

值得指出的是,韦伯的现代资本主义精神不仅仅是指资产者中间的一种精神状态,它还包括工人们身上一种"以劳动为自身目的和视劳动为天职的观念"②。

由于韦伯认为现代资本主义精神是资本主义经济发展的前提而非后果,于是他面临的问题就是,他所概括的现代资本主义精神源自何方? 它与宗教,尤其是新教,到底具有什么样的关系?

韦伯首先肯定了路德宗教改革对于形成现代资本主义精神的铺垫作用。他指出路德在把拉丁语圣经译为德语时所创造的"天职"一词,提出了一种对于基督教世界来讲是全新的观念,即对于人们日常世俗活动的认可和肯定。这个词"引出了所有新教教派的核心教理:上帝应许的唯一生存方式,不是要人们以苦修的禁欲主义超越世俗道德,而是要人完成个人在现世里所处地位赋予他的责任和义务。这是他的天职"③。他认为对世俗活动的这种辩护是宗教改革最重要的成果。④ 但同时他又指出,路德并未刻意培育现代资本主义精神,甚至可以说他是不支持这种精神的。路德的天职观,尤其是在经历了 1525 年德国农民起义之后,更多的是要求劳动者安于现状,安于既定的职业和工作。⑤ 韦伯看到路德的天职观主要是要维持既定的社会秩序,与他所概括的现代资本主义精神并无多大干系。他的结论就是"虽然没有路德个人的宗教思想的发展,宗教改革是想都不可想的,而且改革从思想上长期受到路德人格的影响,但是,没有

____

① 马克斯·韦伯:《新教伦理与资本主义精神》,生活·读书·新知三联书店 1987 年版,第 39 页。[德]马克斯·韦伯:《新教伦理与资本主义精神》,四川人民出版社 1986 年版,第 29 页。

② 马克斯·韦伯:《新教伦理与资本主义精神》,生活·读书·新知三联书店 1987 年版,第 45 页。[德]马克斯·韦伯:《新教伦理与资本主义精神》,四川人民出版社 1986 年版,第 37 页。

③ 马克斯·韦伯:《新教伦理与资本主义精神》,生活·读书·新知三联书店 1987 年版,第 59 页。[德]马克斯·韦伯:《新教伦理与资本主义精神》,四川人民出版社 1986 年版,第 56—57 页。

④ 马克斯·韦伯:《新教伦理与资本主义精神》,生活·读书·新知三联书店 1987 年版,第 60 页。[德]马克斯·韦伯:《新教伦理与资本主义精神》,四川人民出版社 1986 年版,第 58 页。

⑤ 马克斯·韦伯:《新教伦理与资本主义精神》,生活·读书·新知三联书店 1987 年版,第 60 页。[德]马克斯·韦伯:《新教伦理与资本主义精神》,四川人民出版社 1986 年版,第 62 页。

加尔文主义,路德的工作也不可能会有持久和实际的成功"①。

于是,韦伯开始把注意力转向宗教改革以后出现的其他教派,尤其是以加尔文教为代表的整个新教。他指出,"预定论是加尔文教最显著的特征点"②。每个信徒是否受到上帝的恩宠都早已规定了,因此试图通过教会或者做圣事善事来获得拯救是不可能的。③ 同时,加尔文教又认为个人存在于世的意义就是服从上帝的安排,"增加上帝的荣耀"④。那么如何增加上帝的荣耀呢? 就是要在上帝安排给他的世俗事务中取得成功,就是要努力地劳动和工作,要理性地获取财富,同时又要以禁欲主义的态度对待财富,不能挥霍奢侈和放纵懈怠。⑤ 而且新教的禁欲主义不仅表现为对于财富的态度,还表现为对于工作的态度,"在一项职业中的劳动也是一种最好的禁欲活动"⑥。

韦伯认为,这样一种宗教理念为劳动的专业化分工提供了道德依据,也为私人的谋利行为提供了正当理由。⑦ 这种理念对于资本主义发展的重要性是显而易见的。⑧ "当着消费的限制与这种获利活动的自由结合在一起的时候,这样一种不可避免的实际效果也就显而易见了:禁欲主义的节俭必然要导致资本的积累"⑨。当然他并不是认可任何获利行为,对于犹太人的投机冒险,以及对待同

① 马克斯·韦伯:《新教伦理与资本主义精神》,生活·读书·新知三联书店 1987 年版,第 64 页。[德]马克斯·韦伯:《新教伦理与资本主义精神》,四川人民出版社 1986 年版,第 64 页。

② 马克斯·韦伯:《新教伦理与资本主义精神》,生活·读书·新知三联书店 1987 年版,第 74 页。[德]马克斯·韦伯:《新教伦理与资本主义精神》,四川人民出版社 1986 年版,第 78 页。

③ 马克斯·韦伯:《新教伦理与资本主义精神》,生活·读书·新知三联书店 1987 年版,第 79 页。[德]马克斯·韦伯:《新教伦理与资本主义精神》,四川人民出版社 1986 年版,第 86 页。

④ 马克斯·韦伯:《新教伦理与资本主义精神》,生活·读书·新知三联书店 1987 年版,第 82 页。[德]马克斯·韦伯:《新教伦理与资本主义精神》,四川人民出版社 1986 年版,第 90 页。

⑤ 马克斯·韦伯:《新教伦理与资本主义精神》,生活·读书·新知三联书店 1987 年版,第 93 页。[德]马克斯·韦伯:《新教伦理与资本主义精神》,四川人民出版社 1986 年版,第 104 页。

⑥ 马克斯·韦伯:《新教伦理与资本主义精神》,生活·读书·新知三联书店 1987 年版,第 103 页。[德]马克斯·韦伯:《新教伦理与资本主义精神》,四川人民出版社 1986 年版,第 117 页。

⑦ 马克斯·韦伯:《新教伦理与资本主义精神》,生活·读书·新知三联书店 1987 年版,第 128 页。[德]马克斯·韦伯:《新教伦理与资本主义精神》,四川人民出版社 1986 年版,第 152 页。

⑧ 马克斯·韦伯:《新教伦理与资本主义精神》,生活·读书·新知三联书店 1987 年版,第 134 页。[德]马克斯·韦伯:《新教伦理与资本主义精神》,四川人民出版社 1986 年版,第 160 页。

⑨ 马克斯·韦伯:《新教伦理与资本主义精神》,生活·读书·新知三联书店 1987 年版,第 135 页。[德]马克斯·韦伯:《新教伦理与资本主义精神》,四川人民出版社 1986 年版,第 162 页。《经济·社会·宗教——马克斯·韦伯文选》,上海社会科学院出版社 1997 年版,第 10 页。

族人和异族人的双重伦理标准,他深表厌恶,称之为贱民资本主义,认为它与他所谓的资本主义精神无关。他欣赏的是新教徒"合乎理性地组织资本与劳动"①。

由于新教理念,韦伯认为"一种特殊的资产阶级的经济伦理形成了。资产阶级商人意识到自己充分受到上帝的恩宠,实实在在受到上帝的祝福。他们觉得,只要他们注意外表上正确得体,只要他们的道德行为没有污点,只要财产的使用不致遭到非议,他们就尽可以随心所欲地听从自己金钱利益的支配,同时还感到自己这么做是在尽一种责任。此外宗教禁欲主义的力量还给他们提供了有节制的,态度认真,工作异常勤勉的劳动者,他们对待自己的工作如同对待上帝赐予的毕生目标一般。……最后,禁欲主义还给资产阶级一种令其安慰的信念:现世财富分配的不均本是神意天命;天意在这些不均中,……自有它所要达到的不为人知的秘密目的"②。

韦伯的《新教伦理与资本主义精神》一书充分说明了宗教改革以后,新教伦理对于现代资本主义形成的重大影响,体现了精神意识对于经济制度形成的重要作用。但值得注意的是,他并不认为现代资本主义的产生只能唯一地从新教伦理得到说明。他写道:"我们仅仅尝试性地探究了新教的禁欲主义对其他因素产生过影响这一事实和方向;尽管这是非常重要的一点,但我们也应当而且有必要去探究新教的禁欲主义在其发展中及其特征上又怎样反过来受到整个社会条件,特别是经济条件的影响。一般而言,现代人,即使是带着最好的愿望,也不能切实看到宗教思想所具有的文化意义及其对于民族特征形成的重要性。但是,以对文化和历史所作的片面的唯灵论因果解释来替代同样片面的唯物论解释,当然也不是我的宗旨。每一种解释都有着同等的可能性,但是如果不是作作准备而已,而是作为一次调查探讨所得出的结论,那么,每一种解释都不会揭示历史的真理。"③

① 马克斯·韦伯:《新教伦理与资本主义精神》,生活·读书·新知三联书店 1987 年版,第 130 页。[德]马克斯·韦伯:《新教伦理与资本主义精神》,四川人民出版社 1986 年版,第 155 页。《经济·社会·宗教——马克斯·韦伯文选》,上海社会科学院出版社 1997 年版,第 16—18 页。

② 马克斯·韦伯:《新教伦理与资本主义精神》,生活·读书·新知三联书店 1987 年版,第 139 页。[德]马克斯·韦伯:《新教伦理与资本主义精神》,四川人民出版社 1986 年版,第 166—167 页。

③ 马克斯·韦伯:《新教伦理与资本主义精神》,生活·读书·新知三联书店 1987 年版,第 143—144 页。[德]马克斯·韦伯:《新教伦理与资本主义精神》,四川人民出版社 1986 年版,第 174 页。

二、古典西方文明衰落的原因

韦伯不仅研究现代资本主义的兴起,也非常关注整个人类的经济史,当然主要是西方社会的经济史。这种关注在他的《经济通史》中表现得非常充分。在该书中他花费了大量笔墨来描绘和分析古代和中世纪的各种经济制度经济组织的兴衰。在他对经济史的研究中,尤其出色的是对古罗马衰亡原因的探讨。

韦伯首先指出,"古典西方文明的衰落并非由于罗马帝国的衰亡所造成。事实上,古典西方文明本身在此之前就已经没落,但罗马帝国作为一个政治结构却在古典文明衰落几世纪后仍然存在"[①]。

韦伯概括了古代西方文明的特征,一是城市文明,"城邦是政治生活及文学艺术的中心"[②]。二是在产业结构方面,一方面是城邦与其附近周边农村的交换,另一方面是沿海城邦之间的国际贸易。但两者的总量实际上都非常小。内陆大量存在农民的自然经济。[③] 三是社会的贫富分化以奴隶制为基础。[④] 四是自由劳动与非自由的奴隶劳动并存并对立。当自由劳动占上风时,市场扩展,交换经济发达;当非自由劳动占上风时,交易萎缩,自然经济发展,社会分工让位于庄园内分工。[⑤] 他指出古代社会晚期发生的正好是后一种情况。

韦伯分析了古代社会后一种情况发生的原因。他指出古罗马在公元前287年平民革命胜利后,实际上是一个武装农民的国家,一个由自耕农组成的征战国家。[⑥] 由于长子继承制度,农民非长子就只能到军队里去,通过对外征伐取得土地。而罗马的贵族则通过对外征伐获得土地和奴隶。[⑦] 于是就出现了两种生产方式:自由民的生产和奴隶集中管理的大庄园生产。罗马不断扩张带来的大

---

① 马克斯·韦伯:《民族国家与经济政策》,生活·读书·新知三联书店、牛津大学出版社 1997 年版,第 2 页。

② 马克斯·韦伯:《民族国家与经济政策》,生活·读书·新知三联书店、牛津大学出版社 1997 年版,第 5 页。

③ 马克斯·韦伯:《民族国家与经济政策》,生活·读书·新知三联书店、牛津大学出版社 1997 年版,第 6 页。

④ 马克斯·韦伯:《民族国家与经济政策》,生活·读书·新知三联书店、牛津大学出版社 1997 年版,第 7 页。

⑤ 马克斯·韦伯:《民族国家与经济政策》,生活·读书·新知三联书店、牛津大学出版社 1997 年版,第 7—8 页。

⑥ 马克斯·韦伯:《民族国家与经济政策》,生活·读书·新知三联书店、牛津大学出版社 1997 年版,第 10 页。

⑦ 马克斯·韦伯:《民族国家与经济政策》,生活·读书·新知三联书店、牛津大学出版社 1997 年版,第 10 页。

批廉价奴隶，"不断推动古代经济中的非自由劳动部分和劳动力的积累达到惊人的程度"①。同时，古代有限的国际贸易也不断强化奴隶制大庄园生产，结果奴隶制大庄园生产逐步取代了自由民的生产，成为主要的生产方式。② 可以想象，如果对外征战带来的廉价奴隶始终不断，奴隶制大庄园就可能长期维持下去。"罗马的种植园乃依赖于一个能源源不断供应人力的奴隶市场"③。

　　据此，韦伯认为罗马的衰落始于公元9年的条顿堡战役中败于日耳曼人。因为从此以后罗马人逐步放弃了对外扩张的政策。④ 于是廉价的奴隶来源渐渐枯竭了，奴隶的价格上升了，继续维持原有的集中管理的奴隶制开始越来越昂贵了。于是奴隶主不得不改变方式。"当奴隶主允许其奴隶有他们自己的家庭并进一步把奴隶变成世袭家奴时，他们实际是想确保奴隶的子孙可以继承其父辈的位子而为庄园劳动。这一点现在已至关重要，因为劳动人手已不可能从奴隶市场上购得。……如果说以往是种植主不得不投资以维持奴隶基本生活，那么现在这一负担已经转移给了奴隶们自身"。韦伯认为这是一个重大的转变，"社会最底层阶级有了组织家庭生活的权利和拥有私人财产的权利"。他猜测这种从奴隶集中管理到分散居住的转变，可能有助于早期基督教的传播。⑤

　　在韦伯看来，罗马衰落的另一个重要因素是随着帝国的扩张，罗马由一种"沿海文明转变成一种内陆文明"⑥。而在当时的交通技术条件下，广阔的内陆是无法发展市场经济的，只能发展基本自给自足的自然经济。⑦ 这种自然经济往往以两种形式存在：一种是奴隶集中管理的大庄园；另一种是把土地以小块方式出租给已经失去土地的自耕农的后代，即"拓殖农"，他们一方面为自己生

---

①　马克斯·韦伯：《民族国家与经济政策》，生活·读书·新知三联书店、牛津大学出版社1997年版，第8页。

②　马克斯·韦伯：《民族国家与经济政策》，生活·读书·新知三联书店、牛津大学出版社1997年版，第9页。

③　马克斯·韦伯：《民族国家与经济政策》，生活·读书·新知三联书店、牛津大学出版社1997年版，第15页。

④　马克斯·韦伯：《民族国家与经济政策》，生活·读书·新知三联书店、牛津大学出版社1997年版，第16页。

⑤　马克斯·韦伯：《民族国家与经济政策》，生活·读书·新知三联书店、牛津大学出版社1997年版，第18—19页。

⑥　马克斯·韦伯：《民族国家与经济政策》，生活·读书·新知三联书店、牛津大学出版社1997年版，第11页。

⑦　马克斯·韦伯：《民族国家与经济政策》，生活·读书·新知三联书店、牛津大学出版社1997年版，第12页。

产基本生活品,另一方面需要为地主服劳役以作为租金。①

韦伯认为,罗马后期有两个逐渐发展的趋势:一个是上面已经谈到的廉价奴隶来源枯竭,从而使得奴隶社会地位有所改善;另一个是大地主凭借经济实力越来越控制政府,尤其是地方政府。② 这后一种趋势一方面使得原来的拓殖农地位不断降低,对大地主的依附性不断加强,最终与地位提高的奴隶并轨,组成了农奴阶层;③另一方面是大地主对中央政府的政治离心力越来越强。"罗马帝国后期的大地产庄园已经具有中世纪庄园的一切特点"④。

韦伯认为,交易的困难使得庄园越来越自给自足。庄园的自给自足又反过来使得城市作为市场的功能不断萎缩,货币交易渐渐退出,实物租税不断发展。⑤ 国家面对这种局面,为了筹措政府所需要的资金,采取了与民争利的做法,"各种有利可图的贸易开始为国家所垄断,矿产开发亦为国家接管,大大充实了国库。……结果则是不利于私人资本的积累,并有碍于形成一个相当于现代资产阶级那样的阶级"⑥。同时,政府通过强制捐献和强制劳役而不是竞争性的合同来满足政府的需要。"百姓中阶级改按职业来划分,国家的需要则按连带责任的原则责成新建立的集团来分担。……征募的军队代替了雇佣兵,船舶则以强制服役来供应。凡有余粮的地区,全部收成都按需要分配给各城,私人贸易是禁止的。道路的修筑和必须提供的其他每一项服役都分别加在附着于土地继承和其职业的各个私人集团头上。最后,罗马的城市社会,……通过它的市长要求富有的市议院按财产的比例进行捐献,因为居民对于应缴国家的税捐负有连带责任。……这种制度一经确立,资本主义式的营利的政治机会就杜绝了。在以强制捐献制为基础的晚期罗马帝国中,资本主义就像在强制劳役的基础上组织起来的埃及国家中同样没有容身之地了。"⑦

---

① 马克斯·韦伯:《民族国家与经济政策》,生活·读书·新知三联书店、牛津大学出版社 1997 年版,第 13 页。

② 马克斯·韦伯:《民族国家与经济政策》,生活·读书·新知三联书店、牛津大学出版社 1997 年版,第 20 页。

③ 马克斯·韦伯:《民族国家与经济政策》,生活·读书·新知三联书店、牛津大学出版社 1997 年版,第 19 页。

④ 马克斯·韦伯:《民族国家与经济政策》,生活·读书·新知三联书店、牛津大学出版社 1997 年版,第 22—23 页。

⑤ 马克斯·韦伯:《民族国家与经济政策》,生活·读书·新知三联书店、牛津大学出版社 1997 年版,第 24—25 页。

⑥ 马克斯·韦伯:《民族国家与经济政策》,生活·读书·新知三联书店、牛津大学出版社 1997 年版,第 24 页。

⑦ [德]马克斯·韦伯:《经济通史》,上海三联书店 2006 年版,第 210—211 页。

同时,实物租税的发展使得军队的维持只能地方化,即只能依靠地方提供实物军费,随之而来的则是兵源的地方化。这种兵源地方化又受到大地主的阻碍,因为这使他失去宝贵的劳动力。于是中央政府只好从野蛮民族中征募兵源,"这种发展的结果就是,对帝国命运举足轻重的军队变成了一帮野蛮人,而与罗马本土的纽带日益疏远"①。韦伯指出:"日益衰败中的罗马帝国所面临的困难并非只是无法从罗马本民族中征兵。当帝国越来越退化为自然经济时,货币税对所有人都成为日益沉重的负担。但同时,货币却又为维持一支雇佣军所必需。在这种情况下,国家施政的目标日益集中在千方百计搜刮一切货币,但……那些大庄园主正因为现在都只为自己庄园之需要而生产,哪里有足够的货币来纳税! 诚然,我们或可认为,……皇帝只要对庄园主们这样说:'既然你们没钱交税,那你们就应该让自己的拓殖农为你们准备武器,套上你们自己的马,和我一起来保卫国家。'这对庄园主们自然不是难事。但是,若如此,那就意味着封建军队之创生;若如此,那就意味着中世纪已开始!"②

韦伯最终的结论是:"罗马帝国的瓦解乃是基本经济结构发展的必然政治结果,这就是商业的逐渐消失和物物交换经济之扩展。就其实质而言,帝国的瓦解只不过意味着,帝国之货币化的行政体制和政治上层建筑消失了,因为它们不再适应一个自然经济的下层建筑。"③

从韦伯的分析中可以看到,罗马奴隶制的衰败未必就一定意味着罗马帝国的衰败,除非能够证明奴隶制的衰败导致商品经济的衰败和自然经济的兴起。看来自然经济的兴起才是罗马帝国消亡的更加致命的原因。那么问题在于,自然经济为何在古罗马晚期会兴起呢? 这是韦伯留下有待于我们回答的问题。

三、强烈民族主义的经济政策主张

韦伯经济思想主要落点是分析重大经济制度的兴衰,通过对照比较古罗马的衰退和西方现代资本主义的兴起,他对于两者的原因都作出了非常富有启示意义的精辟论断。

但是在政策主张上,韦伯的民族主义甚至是种族主义是非常明显的。他通过回顾新大陆殖民过程的历史,指出印第安人比黑人系统地不适合种植园劳

---

① 马克斯·韦伯:《民族国家与经济政策》,生活·读书·新知三联书店、牛津大学出版社 1997 年版,第 28 页。

② 马克斯·韦伯:《民族国家与经济政策》,生活·读书·新知三联书店、牛津大学出版社 1997 年版,第 28—29 页。

③ 马克斯·韦伯:《民族国家与经济政策》,生活·读书·新知三联书店、牛津大学出版社 1997 年版,第 29 页。

动,由此他的结论就是"在经济史上是存在具体种族差别的"①。同时,在他的多部论著中,都透露出他对犹太民族的反感,由于犹太人实行对本族人和外族人的双重伦理标准,他一再斥责犹太人是贱民资本主义,并认为这种贱民资本主义对于现代资本主义的兴起没有什么贡献。② 在谈到波兰人和斯拉夫人时,他再次表现了他的日耳曼人优越感,并流露出担心优越的日耳曼人被落后的波兰人、斯拉夫人排挤的忧虑。③

在论述当下的具体经济政策方面,韦伯留下的意见并不多,主要是如何防止德国东部被更落后、生活期望更低的波兰人和斯拉夫人所蚕食排挤。他的对策非常简单,就是关闭德国东部边界,驱逐外来劳工;同时由国家大规模收购东部土地,以避免东部的地主为了自己的私利而雇佣更加廉价的波兰和斯拉夫劳工。④ 他在为自己的这种狭隘民族主义经济政策主张辩护时强调:"各民族之间的经济斗争从不停歇,这一事实并不因为这种斗争在'和平'的外表下进行就有所不同。德国农民和短工在德国东部并不是被政治上占优势的敌人以公开冲突的方式赶出自己的土地。相反,他们是在为日常经济生存而与一个劣等民族竞争并在这一无声而惨烈的斗争中变得每况愈下。……在经济的生死斗争中,同样永无和平可言。……我们能传给子孙后代的并不是和平及人间乐园,而是为保存和提高我们民族的族类素质的永恒斗争。"⑤他强调说明性和分析性的经济学可以是跨民族的,但是一旦涉及具体的经济政策,就必须指出价值判断,而这种价值判断只能是站在本民族国家的利益上。分析性的经济学是工具,是为民族国家利益服务的工具。"政治经济学是政治的仆人!"⑥

从韦伯的这些充满狭隘民族甚至种族情绪的论点和政策主张中,可以理解他去世之后20多年里德国发生的许多糟糕的事情。从这种意义上讲,他去世早是幸运的。如果他也像他的同事兼辩友桑巴特那样多活那些年的话,他在学术界的地位是否能够像现在这么高,是值得怀疑的。

---

① [德]马克斯·韦伯:《经济通史》,上海三联书店2006年版,第118页注1。
② [德]马克斯·韦伯:《经济通史》,上海三联书店2006年版,第224—226页。《经济·社会·宗教——马克斯·韦伯文选》,上海社会科学院出版社1997年版,第12—30页。
③ 马克斯·韦伯:《民族国家与经济政策》,生活·读书·新知三联书店、牛津大学出版社1997年版,第75—108页。
④ 马克斯·韦伯:《民族国家与经济政策》,生活·读书·新知三联书店、牛津大学出版社1997年版,第86—87页。
⑤ 马克斯·韦伯:《民族国家与经济政策》,生活·读书·新知三联书店、牛津大学出版社1997年版,第89—92页。
⑥ 马克斯·韦伯:《民族国家与经济政策》,生活·读书·新知三联书店、牛津大学出版社1997年版,第93页。

附　录

法国历史主义经济学家西米昂的理论

弗兰西斯·西米昂(F. Simiand,1873—1935),法国杰出的历史主义经济学家、统计学家。自 1910 年起,他在法国高等研究实践学院讲授经济史、经济学说史和统计学。他的主要研究领域是工资统计,研究方法是历史学派所提倡的经验统计。这种方法要求首先大量收集经验资料并进行分类整理,然后再得出有关的结论。他分析了工资的波动,探讨了这种波动的经济和社会原因。他的研究结论是对于工人来讲,货币报酬比实物报酬更加重要,并且希望能够有一个稳定的消费水平。

西米昂并未像他的德国和英国同仁那样在法国形成一个有势力的学派。

参考文献

[1]布哈林:《布哈林文选》下册,人民出版社 1983 年版。

[2][德]维尔纳·桑巴特:《现代资本主义》第 2 卷第一分册,中山文化教育馆 1937 年版。

[3][德]伟·桑巴特:《现代资本主义》第 1 卷,商务印书馆 1958 年版。

[4][德]维尔纳·桑巴特:《奢侈与资本主义》,上海人民出版社 2000 年版。

[5][德]W.桑巴特:《为什么美国没有社会主义》,社会科学文献出版社 2003 年版。

[6][德]桑巴特:《德意志社会主义》,华东师范大学出版社 2007 年版。

[7][德]马克斯·韦伯:《新教伦理与资本主义精神》,四川人民出版社 1986 年版。

[8]马克斯·韦伯:《新教伦理与资本主义精神》,生活·读书·新知三联书店 1987 年版。

[9][德]马克斯·韦伯:《经济与社会》上、下卷,商务印书馆 1997 年版。

[10][德]马克斯·韦伯:《经济通史》,上海三联书店 2006 年版。

[11]马克斯·韦伯:《民族国家与经济政策》,生活·读书·新知三联书店 1997 年版。

[12]马克斯·韦伯:《经济、诸社会领域及权力》,生活·读书·新知三联书店 1998 年版。

[13]郑乐平编译:《经济 社会 宗教——马克斯·韦伯文选》,上海社会科学院出版社 1997 年版。

第二十九章　瓦尔拉斯和意大利边际主义者的经济理论

第一节　瓦尔拉斯的经济理论

马利·埃斯普里·里昂·瓦尔拉斯[①](Murie Esprit Léon Walras,1834—1910),出生于法国埃夫勒。中学毕业后,曾两次申请著名的巴黎综合理工学院,但都由于数学考试未能过关而未成功。然而就是这样一个高考因为数学而不能如愿的人最后竟然成为数理经济学的创始人之一。1851 年、1853 年分别获得巴黎大学文学士和理学士。毕业后曾在巴黎从事文学创作,成为一名成功的小说家,其传记体小说的主人翁佛朗索瓦·萨富不懈地与社会弊病和保守势力作斗争。他还在一个合作社的报纸《劳动报》当记者,为土地改革和公平的税制而斗争,当过铁路管理人员。1858 年,也就是在他 24 岁的那年,他父亲奥古斯特·瓦尔拉斯(1801—1866)在一次夜间散步时指出社会科学在方法上向自然科学的逼近、数学方法在社会科学的渗透,是 19 世纪有待完成的重大课题之一,鼓励他毕生研究数理经济学。19 世纪 60 年代,他一边工作一边钻研经济学。终于在 1870 年他因为一份关于税务问题的报告而被聘任瑞士洛桑学院政治经济学教授,一直到 1892 年。

虽然当时数理经济学并不为学校重视,但是瓦尔拉斯坚持不懈,把自己的论文免费发送,并发表了《纯粹经济学要义》等重要著作。这些论著渐渐为他赢得了世界性影响,退休后继续担任瑞士洛桑学院名誉教授,生命行将结束时又被聘为美国经济学会名誉会员。其主要论著有:《政治经济学和公正:对蒲鲁东经济理论的批判和反驳》(1860)、《经济科学的哲学》(1860)、《社会理想的研究》(1868)、《纯粹经济学要义》(1874,有中译本)、《复本位制数理经济学》(1881)、《社会财富的数学理论》(1883)、《货币论》(1886)、《社会经济学研究》(1896)和

① 《新帕尔格雷夫经济学大辞典》第 4 卷,经济科学出版社 1996 年版,第 921—942 页。[英]马克·布劳格、保罗·斯特奇斯:《世界重要经济学家辞典》,经济科学出版社 1987 年版,第 647 页。

《应用经济学研究》(1898)等。

当时法国经济学的学术氛围并不有利于边际主义的存在和发展，这也许与当时法国的教育体制有关，当时法国的教育体制倾向于一元化。自从萨伊在拿破仑失败之后复出，他的自由主义政策主张就占据了法国经济学的主导地位，他的后继者热衷于推广和落实各项自由主义的具体政策，普遍忽视纯理论的研究探讨。重对策、轻理论的倾向占据了主导地位。以至于瓦尔拉斯乃至整个边际主义的思潮在法国几乎波澜不惊，没有什么人作出回应，即便有一些反应，也多半是负面的。因此，严格来说，直到 20 世纪初，法国都没有加入边际革命的行列。[①] 瓦尔拉斯虽然是法国人，但他的贡献不能算是"法国的"。他只是作为法国经济学界的另类，在长时期当中为法国经济学家争了光。排斥、轻视另类的代价往往是沉重的。直到 1909 年，法国各大学的教授和经济学家终于才在对瓦尔拉斯的献词中谈到，"如此喜爱清晰、协调和逻辑的法国精神怎么可能不被(在有朝一日理解之后)瓦尔拉斯经济学体系的优美布局所吸引呢？这个体系囊括了整个经济界，其中同一个公式包括一切产品的价格和一切劳务的价值"[②]。

瓦尔拉斯的基本思想介绍如下。

一、经济学的目的与分类

任何一位在经济学说史上进行创新活动的经济学家，都首先在经济学的目的和对象方面提出自己独特的看法，瓦尔拉斯同样如此。他提出，为了认清经济学的目的和对象，首先需要区别科学、技术和伦理学，"它们各自的标准是真、效用(指的是物质福利)和善(指的是公道)"。[③] 科学的职能是对自然现象和人类现象进行观察和解释，但并不对人类的行为进行指导。指导人类的行为是技术和伦理学的职能。而人类行为有一个基本的区分，一类涉及人与自然的关系，另一类涉及人与人之间的关系。技术对第一类行为进行指导，而伦理学则指导第二类行为。

根据上述区分，瓦尔拉斯把经济学分为纯粹经济学、应用经济学和社会经济学三部分。纯粹经济学研究社会财富本身，应用经济学研究财富的生产，社会经济学研究财富的分配。

---

① [美]理查德·豪伊：《边际效用学派的兴起》，中国社会科学出版社 1999 年版，第 21、23、24 章。

② [美]理查德·豪伊：《边际效用学派的兴起》，中国社会科学出版社 1999 年版，第 252 页。

③ 瓦尔拉斯：《纯粹经济学要义》，商务印书馆 1989 年版，第 46 页。

瓦尔拉斯定义社会财富为有用且稀缺的一切物资和劳务。有用和稀缺这两个性质造成了三个后果：(1)社会财富是可以占有的,无用的东西没人愿意占有,有用但无限的东西没有必要占有;(2)社会财富是可以交换从而具有交换价值的;(3)社会财富是可以经由生产而增加的。对占有活动和生产活动加以指导是社会经济学和应用经济学的任务,对交换现象进行观察和解释是纯粹经济学的任务。因此,纯粹经济学的研究对象是社会财富的交换价值,其目的是说明交换价值的决定。

瓦尔拉斯认为,纯粹经济学需要用数学方法来进行研究,他对自己所采用的数学方法作了如下说明:"从现实类型概念抽出经它下定义的理想类型概念,然后以这类定义为基础,在演绎推理下构成其定理和证明的整个体系。然后它又回到经验,但不是借此证实它的结论而是要应用它的结论。"[1]通过数学推理得到的并不是对现实逼真的写照,而只是对现实的近似描绘。他反对某些并不懂得数学的经济学家对于数学方法的责难,坚信他们"决不能阻止在自由竞争下确定价格的理论成为一个数学理论"[2]。

同时,瓦尔拉斯是首批倡导并坚持方法论个人主义的经济学家。他从个人的意愿和行为出发去解释市场价格现象。[3]

瓦尔拉斯的主要贡献是建立了说明交换价值的一般均衡理论。这个理论由从简到繁的几个部分所组成。这几个部分都以下述几个假设为前提:

(1)关于市场结构的假设。他假定交换总是在完全竞争的拍卖市场中进行,该市场中不存在任何摩擦,并有着最完善的组织。这意味着交易总是在均衡价格下才实际进行,而在未达到均衡时,交易各方并不实行真实的交换,只是表达各自的供求意愿,按瓦尔拉斯的说法,便是显示出表明供求数量的"票证"。

(2)关于经济人行为的假设。他假定经济人总是追求其目标值的最大化。

(3)关于需求函数和供给函数的性状的假设。他假设个人对于某种商品的需求或供给是价格的非连续函数,但整个社会对于某种商品的需求或供给(由所有个人的需求或供给加总而成),由于大数定律,是价格的连续函数。这一假设在他那儿,是运用数学方法分析交换价值的决定所必不可少的。除了上述三个共同的假设前提之外,一般均衡理论的各组成部分还有各自特殊的假设前提。随着理论由简到繁地展开,这些特殊假设逐步逼近现实,但共同的假设则始终未变。

---

① 瓦尔拉斯:《纯粹经济学要义》,商务印书馆 1989 年版,第 55 页。

② 瓦尔拉斯:《纯粹经济学要义》,商务印书馆 1989 年版,第 26 页。

③ [美]史蒂文·普雷斯曼:《思想者的足迹:五十位重要的西方经济学家》,江苏人民出版社 2001 年版,第 111 页。

二、两种商品相互交换时的均衡

瓦尔拉斯从只有两种商品这种最简单的情况开始,假定这两种商品(A 和 B)的总量是既定的,并假定交易者追求的目标是满足或效用的最大化。这两个特殊假定意味着把生产活动抽象掉了。

当两种商品(A 和 B)相交换时,在 A 商品的有效供给(O_a)、有效需求(D_a)、以 B 计的 A 的价格(P_a)与 B 商品的有效供给(O_b)、有效需求(D_b)、以 A 计的 B 的价格(P_b)之间,存在下述恒等式:

$$O_a = D_b P_b \qquad D_a = O_b P_b$$
$$O_b = D_a P_a \qquad D_b = O_a P_a$$
$$P_a P_b = 1$$

同时,有效需求是价格的函数:

$$D_a = F_a(P_a) \qquad D_b = F_b(P_b) \tag{29.1}$$

由上述恒等式和式(29.1)中两式,有效供给也可表示为价格的函数:

$$O_a = D_b P_b = F_b(P_b) P_b = F_b(1/P_a)(1/P_a)$$
$$O_b = D_a P_a = F_a(P_a) P_a = F_a(1/P_b)(1/P_b) \tag{29.2}$$

当两种商品供求均衡时,有:

$$F_a(P_a) = F_b(1/P_a)(1/P_a)$$
$$F_b(P_b) = F_a(1/P_b)(1/P_b) \tag{29.3}$$

式(29.3)是由两个方程两个未知数(P_a,P_b)组成的联立方程组,由之可解出均衡价格 P_a 和 P_b。

由式(29.2)可知,供给可表示为需求函数与价格之积,由式(29.3)可知,均衡价格取决于需求函数 F_a 和 F_b。因此瓦尔拉斯认为均衡价格取决于决定需求函数的因素,于是他便进一步分析这一因素。

瓦尔拉斯假定交易者对某种商品的边际效用(他称之为稀少性)是递减的连续函数。在此假设下,他认为个人需求函数是交易者追求满足最大化行为的结果。交易者以一种商品换取另一种商品时,满足最大化的条件是它们的边际效用之比等于既定的价格之比。设交易者以商品 B 换商品 A,d_a 为对 A 的需求量,$\Phi_a(d_a)$ 为边际效用函数,P_a 为以 B 计的 A 的价格,B 的价格为 1,q_b 为交易者初始拥有的 B 数量,$Q_b(=d_a P_a)$ 为 B 的供给量,$\Phi_b(q_b - d_a P_a)$ 为保留的 B 的边际效用函数,则该交易者实现满足最大化的条件为:

$$\Phi_a(d_a) - P_a \Phi_b(q_b - d_a P_a) = 0 \tag{29.4}$$

若交易者初始拥有的不仅有 q_b 量的 B,且有 q_a 量的 A,并且他希望以一定量的 B 换取一定量的 A,则上述条件变形为:

$$\Phi_a(q_a + d_a) - P_a\Phi_b(q_b - d_aP_a) = 0 \qquad (29.4')$$

上两式都是关于需求 d_a 与价格 P_a 的隐函数,可推出需求关于价格的显函数,并以初始拥有量为参变量。各交易者的个人需求函数加总之后,合成整个市场的需求函数。

由以上分析,瓦尔拉斯认为:是全体交易者各自的边际效用函数和初始拥有量,决定了两种商品的市场需求函数,从而决定两种商品的均衡价格。同时,均衡时两种商品的价格之比也一定等于任一交易者拥有的两种商品的边际效用之比,否则便不可能是均衡状态。由此,他得出以下三点结论:

(1)完全竞争市场中,由于两种商品在任何一对交易者之间都必定按完全相同的比率成交,即只有一种价格,故一切交易者都能在均衡时获取满足最大化,即交换均衡具有最优性。

(2)交换价值与边际效用成正比,边际效用是交换价值的起因。

(3)其他情况不变时,一种产品的均衡价格将由于某一个或某几个交易者对该产品的边际效用函数的提高(减少)而提高(减少),或由于某一个或某几个交易者对该产品的初始拥有量的增加(减少)而减少(增加),除非这两种变化对价格的影响互相抵消。

三、多种商品相交换时的均衡

在分析多种商品交换时,瓦尔拉斯假定:各种商品的总量既定,交易者追求满足或效用最大化。为了便于分析,他首先假定每个交易者只拥有一种初始商品,尔后再考虑交易者可以拥有一种或一种以上初始商品这种更一般的情形。他还指出,在多种商品相交换时,会有两种交换均衡,第一种均衡出现在下述情况中:假定每种商品与其他各商品交换是分别进行的,不允许套购活动的存在;第二种均衡是允许套购活动存在时的均衡。

瓦尔拉斯设立了下述符号:$D_{a,b}$ 为以 B 换取 A 时对 A 的有效需求,$D_{a,c}$ 为以 C 商品换取 A 时对 A 的有效需求,……$P_{a,b}$ 为以 B 计的 A 的价格。$P_{a,c}$ 为以 C 计的 A 的价格。…… 在每个交易者只拥有一种初始商品,且不允许套购活动的条件下,m 种商品会有 $m(m-1)$ 种有效需求函数:

$$D_{b,a} = F_{b,a}(P_{b,a}, P_{c,a}, P_{d,a}, \cdots)$$
$$D_{c,a} = F_{c,a}(P_{b,a}, P_{c,a}, P_{d,a}, \cdots)$$
$$D_{d,a} = F_{d,a}(P_{b,a}, P_{c,a}, P_{d,a}, \cdots)$$
$$\cdots\cdots$$
$$D_{a,b} = F_{a,b}(P_{a,b}, P_{c,b}, P_{d,b}, \cdots)$$
$$D_{c,b} = F_{c,b}(P_{a,b}, P_{c,b}, P_{d,b}, \cdots)$$

$$D_{d,b} = F_{d,b}(P_{a,b}, P_{c,b}, P_{d,b}, \cdots)$$
……

同时还有 $m(m-1)$ 个交换恒等式：

$$D_{a,b} = D_{b,a}P_{b,a}; D_{a,c} = D_{c,a}P_{c,a}; D_{a,d} = D_{d,a}P_{d,a}\cdots$$
$$D_{b,a} = D_{a,b}P_{a,b}; D_{b,c} = D_{c,b}P_{c,b}; D_{b,d} = D_{d,b}P_{d,b}\cdots$$
……

共计有 $2m(m-1)$ 个方程,这些方程共计有 $2m(m-1)$ 个未知变量,其中有 $m(m-1)$ 个价格,$m(m-1)$ 个交易量。因此可以解出均衡的价格和均衡时的供求量。

但若允许套购活动的存在,则一般均衡的实现便还要增加一个条件,m 种商品中任何一对商品,其中的一种以另一种计的价格,必须等于它们各自以任一第三种商品计的价格的比率。否则便会因套购活动的存在而破坏一般均衡。这一条件可表示为由 $(m-1)(m-1)$ 个方程组成的联立方程组,被称为全面平衡方程组：

$$P_{a,b} = 1/P_{b,a}; P_{c,b} = P_{c,a}/P_{b,a}; P_{d,b} = P_{d,a}/P_{b,a}\cdots$$
$$P_{a,c} = 1/P_{c,a}; P_{b,c} = P_{b,a}/P_{c,a}; P_{d,c} = P_{d,a}/P_{c,a}\cdots$$
$$P_{a,d} = 1/P_{d,a}; P_{b,d} = P_{b,a}/P_{d,a}; P_{c,d} = P_{c,a}/P_{d,a}\cdots$$
……

出现全面平衡方程组之后,与 $m(m-1)$ 个有效需求方程和 $m(m-1)$ 个交换恒等式一起,共有 $2m(m-1)+(m-1)^2$ 个方程,但未知数只有 $2m(m-1)$ 个。因此必须设法减少方程数。减少的方法是首先由 $m(m-1)$ 个交换恒等式列出 m 个供求平衡方程：

$$D_{a,b} + D_{a,c} + D_{a,d} + \cdots = D_{b,a}P_{b,a} + D_{c,a}P_{c,a} + D_{d,a}P_{d,a} + \cdots$$
$$D_{b,a} + D_{b,c} + D_{b,d} + \cdots = D_{a,b}P_{a,b} + D_{c,b}P_{c,b} + D_{d,b}P_{d,b} + \cdots$$
$$D_{c,a} + D_{c,b} + D_{c,d} + \cdots = D_{a,c}P_{a,c} + D_{b,c}P_{b,c} + D_{d,c}P_{d,c} + \cdots$$
$$D_{d,a} + D_{d,b} + D_{d,c} + \cdots = D_{a,d}P_{a,d} + D_{b,d}Pb,d + D_{c,d}P_{c,d} + \cdots$$

然后将全面平衡方程组得出的价格记入,并以 A 商品为通货,即其价格为 1,并以 $P_b, P_c, P_d, \cdots$ 表示以 A 计的 B、C、D 的价格,则上述供求平衡方程组变形为：

$$D_{a,b} + D_{a,c} + D_{a,d} + \cdots = D_{b,a}P_b + D_{c,a}P_c + D_{d,a}P_d + \cdots$$
$$D_{b,a} + D_{b,c} + D_{b,d} + \cdots = D_{a,b}(1/P_b) + D_{c,b}(P_c/P_b) + D_{d,b}(P_d/P_b) + \cdots$$
$$D_{c,a} + D_{c,b} + D_{c,d} + \cdots = D_{a,c}(1/P_c) + D_{b,c}(P_b/P_c) + D_{d,c}(P_d/P_c) + \cdots$$
$$D_{d,a} + D_{d,b} + D_{d,c} + \cdots = D_{a,d}(1/P_d) + D_{b,d}(P_b/P_d) + D_{c,d}(P_c/P_d) + \cdots$$

最后,在上边第二个方程两边乘上 P_b,第三个方程两端乘上 P_c;第四个方

程两端乘上 P_d，…… 然后将它们相加，便可得到第一个方程。因此可知，第一个方程是非独立的，是其他方程的线性组合，故可以略去。于是便剩下 $m-1$ 个供求恒等式，加上 $m(m-1)$ 个有效需求方程，$(m-1)2$ 个全面平衡方程。共有 $2m(m-1)$ 个方程，正好用于求解 $2m(m-1)$ 个未知数（其中一半是价格，另一半是均衡的供求量）。这就是后人所说的瓦尔拉斯法则。

在假定交易者初始拥有的商品不止一种，且允许套购的条件下，若把供给定义为负需求，并以第一种商品作为货币。则在一般均衡时，所有商品的市场需求函数必定同时等于零。即：

$$F_b(P_b, P_c, P_d, \cdots) = 0$$
$$F_c(P_b, P_c, P_d, \cdots) = 0$$
$$F_d(P_b, P_c, P_d, \cdots) = 0$$
$$\cdots\cdots$$

且作为货币的那种商品的供给对应于对其他商品的需求，货币商品的需求对应于对其他商品的供给。因此对货币商品的市场需求函数，可以看作是其他所有商品的市场需求函数的线性组合，并且在均衡时，它也同样为零。即：

$$F_a(P_b, P_c, P_d, \cdots) = P_b F_b(P_b, P_c, P_d, \cdots) + P_c F_c(P_b, P_c, P_d, \cdots)$$
$$+ P_d F_d(P_b, P_c, P_d, \cdots) + \cdots = 0$$

于是，有 $m-1$ 个互相独立的非货币商品的市场需求函数，它们在均衡时同时为 0，构成 $m-1$ 个独立方程，正好用于求解 $m-1$ 个非货币商品的以货币商品计的均衡价格，并且在此套价格中，已不存在进行套购的机会。

瓦尔拉斯认为，多种商品交换时的有效需求函数，无论在每个交易者初始只拥有一种商品的特殊情况下，还是在初始便拥有多种商品的一般情景下，都是交易者追求满足最大化行为的结果。与只有两种商品相交换时的情况相比，现在满足最大化的条件变为任何一对商品对交易者的边际效用之比等于它们各自以某种作为货币的商品计的价格的比率。或者说，不作为货币的商品与作为货币的商品的边际效用之比等于不作为货币的商品的价格（以作为货币的商品计）。

根据对需求函数成因的上述看法，瓦尔拉斯认为在多种商品的交换均衡状态中，任何一对商品以货币计的价格比率也必定等于任何一位交易者对这两种商品的边际效用之比。否则便不可能是均衡状态。因此，均衡状态同时也是交换的最优状态。

瓦尔拉斯指出，在实际的市场中，均衡价格并不是通过求解上述联立方程组得到的。而是通过他所说的摸索过程，通过价格的上下波动而逼近的。具体地讲，就是每个交易者都根据一定的价格体系（不一定是均衡的），按照满足最大化的目标,来决定自己对各种商品的供求意愿,由此形成的所有商品的市场供求状况又反过来影响价格体系,某种商品供大于求,其价格下跌;供小于求,价格上升。新形成的价格体系又改变每个交易者原先的供求意愿,形成新的市场供求状况。这种反复的调整过程终将达到所有商品供求相等的地步,此时的价格便等于用联立方程解出的均衡价格。

为了保证摸索过程必然趋向均衡,瓦尔拉斯还分析了均衡的稳定性问题。稳定的条件有两条:首先是任何一种商品的需求必须随价格上升而下降,而供给则随价格上升而起初上升尔后下降,且需求曲线必须在某一正数价格上与上升阶段的供给曲线相交。第二个条件是,其他各种商品的价格在趋于均衡时,对该商品造成的促使其趋向均衡和背离均衡的影响,大都相互抵消,且剩余的纯影响不能抵消该商品本身价格变动所造成的趋于均衡的主要趋势。

只要满足了这两个条件,则摸索过程必然趋向全面均衡。例如初始的一套以 A 计的价格$(P_b', P_c', P_d', \cdots)$ 不能实现均衡,但在其他价格不变时,总能有一 B 的价格(P_b'') 能保证商品 B 的均衡。于是得到第二套价格$(P_b'', P_c', P_d', \cdots)$。在这第二套价格下,其他价格不变,适当变动 P_c',便能实现商品 C 的均衡,于是得到第三套价格$(P_b'', P_c'', P_d', \cdots)$。以此类推,在第 m 套价格$(P_b'', P_c'', P_d'', \cdots)$ 下,第 m 种商品将实现均衡,并且在此套价格下,B 商品的供求虽不一定均衡,但其差距将比在第一套价格时小,只要满足上述两个条件。这意味着通过逐个商品的摸索,将向全面均衡逼近。

瓦尔拉斯总结了多种商品相交换时平衡价格的确定定律:"假定有多种商品,以金钱为媒介,互相进行交换;要使市场处于平衡状态,也就是,要使每一种商品以通货计的价格稳定,则必需的和充分的条件是,在这类价格下,每种商品的有效需求应等于其有效供给。如果不存在这一均等,要获得平衡价格,就得使有效需求大于其有效供给的那些商品的价格上升,使有效供给大于其有效需求的那些商品的价格下降。"①同时他还总结了均衡价格变动规律,在其他情况一定时,某种非货币商品以货币商品计的均衡价格,将由于一个或几个交易者对该商品边际效用函数的提高(降低)而提高(降低),或由于一个或几个交易者对该商品的初始拥有量的增加(减少)而减少(增加),除非这两种变化对价格的影响互相抵消。

对于多种商品交换,瓦尔拉斯还提出并证明了商品持有量等值再分配定理:"假定在处于全面平衡状态的一个市场中有多种商品,只要各个参与交换者保有量的总和的价值不变,不管这些商品的各个数量的所有权在各个参与者之

① 瓦尔拉斯:《纯粹经济学要义》,商务印书馆 1989 年版,第 167—168 页。

中有了什么样的再分配,这些商品的现期价格仍然不变。"①该定理是说,尽管一定总量的商品在各交易者之间发生了实物意义上的再分配,但只要各种商品再分配的结果不改变各交易者初始拥有的各种商品的价值(按再分配以前的均衡价格计)总和,则均衡价格将保持不变。这一定理实际上已经指出了引起均衡价格变化的第三个因素:价值意义上的财富的再分配。尽管整个社会实物财富的总量不变,但只要财富的总价值(按初始的均衡价格计)在各交易者之间的分配有了变化,则均衡价格也将变化。

四、考虑生产时的均衡

在分析了多种商品的交换均衡之后,瓦尔拉斯放弃了商品总量不变的假定,认为各类商品的数量将由于生产活动而变化。但他对生产活动的技术特征作了三条重要的假定:生产活动是不消耗时间的,生产系数(单位产品所消耗的生产要素的服务量)既定,资本品(固定资本)数量既定。

为了分析生产活动,瓦尔拉斯首先给出了他的关于资本和收入的定义。他定义资本为一切耐用品,不论它是用于生产的厂房机器或是用于消费的住宅家具。他定义收入为一切非耐用品,包括用于生产的种子、织物,亦包括用于消费的面包或肉。资本的本质在于能生产收入,收入的本质在于能直接或间接地构成资本。他把使用资本所取得的收入称作服务。他把服务分作两大类:消费服务和生产服务。前者包括房屋的居住,家具及衣物的使用,医生的会诊等;后者包括土地肥力,工人的劳动及机器的使用等。

在上述定义的基础上,瓦尔拉斯把整个社会财富分成四大类,前三类属于资本,第四类属于收入。第一类是土地资本或一切种类的土地,它产生土地服务或土地收入。第二类是人力资本或个人,它产生人力服务(即劳动)或个人收入。第三类是土地和人力之外的一切其他资本品,简称为狭义资本,它产生资本或资本收入。第四类是非耐用的消费品及生产原料。根据上述消费服务与生产服务之间的区别,瓦尔拉斯进一步将社会财富(包括资本和收入)和货币分为 13 类。

关于资本的类目是:

(1)、(2)和(3):产生消费服务的土地资本、人力资本和狭义资本品。

(4)、(5)和(6):产生生产服务的土地资本、人力资本和狭义资本品。

(7):暂时不提供任何服务从而不产生收入的,作为产品存货的新狭义资本品。

---

① 瓦尔拉斯:《纯粹经济学要义》,商务印书馆 1989 年版,第 183—184 页。

(8)：消费者家里的非耐用消费品的存货。

(9)：生产者的原料存货。

(10)：作为生产者产品存货的新消费品和新原料。

关于货币的类目是：

(11)、(12)和(13)：消费者手持现金，生产者手持现金和货币储蓄。

他认为货币具有特殊身份：对社会而言，它是资本，但对个人而言是收入。

瓦尔拉斯认为生产活动就是土地资本、人力资本和狭义资本品三者结合在一起共同提供生产性服务。生产性服务的结果是产品。他把社会上参与经济活动的人分为两大类：提供生产性服务的人（提供劳动的工人、提供土地服务的地主和提供狭义资本品服务的资本家），需要各类生产性服务来生产商品的企业家。而整个社会存在两大类市场：一是服务市场，工人、地主和资本家是卖主，企业家是买主，该市场形成三种服务的价格：工资、地租和利息。二是产品市场，企业家是卖主，而工人、地主和资本家则成为买主，该市场形成各种产品的价格。他假定工人、地主和资本家作为生产品的买主，追求的是满足最大化，作为服务的卖主，追求收入最大化，而企业家则追求利润最大化。于是服务的供给和产品的需求都是服务价格和产品价格的函数。

令 $O_t, O_p, O_k, \cdots$ 代表 n 种关于土地、劳动和资本品的服务，$D_a, D_b, D_c, \cdots$ 代表 m 种产品的需求，$a_t, a_p, a_k, \cdots; b_t, b_p, b_k, \cdots; c_t, c_p, c_k, \cdots; d_t, d_p, d_k, \cdots$，代表产品 A, B, C, D 关于投入 t, p, k 的生产系数，共有 nm 个。$P_t, P_p, P_k, \cdots; P_b, P_c, P_d, \cdots$ 代表 n 种服务和 $m-1$ 种产品价格，并令 A 商品为货币。

现在，均衡状况可以由下述四套方程给出：

关于服务的 n 个供给方程：

$$O_t = F_t(P_t, P_p, P_k \cdots P_b, P_c, P_d, \cdots)$$
$$O_p = F_p(P_t, P_p, P_k \cdots P_b, P_c, P_d, \cdots)$$
$$O_k = F_k(P_t, P_p, P_k \cdots P_b, P_c, P_d, \cdots)$$
$$\cdots\cdots$$

关于产品的 m 个需求方程：

$$D_b = F_b(P_t, P_p, P_k \cdots P_b, P_c, P_d, \cdots)$$
$$D_c = F_c(P_t, P_p, P_k \cdots P_b, P_c, P_d, \cdots)$$
$$D_d = F_d(P_t, P_p, P_k \cdots P_b, P_c, P_d, \cdots)$$
$$\cdots\cdots$$
$$D_a = O_t P_t + O_p P_p + O_k P_k + \cdots - (D_b P_b = D_c P_c + D_d P_d + \cdots)$$

关于生产的 m 个方程：

$$a_t D_a + b_t D_b + c_t D_c + d_t D_d + \cdots = O_t$$

$$a_p D_a + b_p D_b + c_p D_c + d_p D_d + \cdots = O_p$$
$$a_k D_a + b_k D_b + c_k D_c + d_k D_d + \cdots = O_k$$
$$\cdots\cdots$$

它表明各种产品生产中耗费的生产服务量等于其有效供给量。

关于产品价格的 m 个方程：

$$a_t P_t + a_p P_p + a_k P_k + \cdots = 1$$
$$b_t P_t + b_p P_p + b_k P_k + \cdots = P_b$$
$$c_t P_t + c_p P_p + c_k P_k + \cdots = P_c$$
$$d_t P_t + d_p P_p + d_k P_k + \cdots = P_d$$
$$\cdots\cdots$$

它表明产品价格等于产品生产中所用的生产服务的费用，或产品价格等于生产成本。

若生产不是通过直接消耗生产服务，而是通过消耗中间产品来进行的，可以通过一定步骤把对中间产品的消耗折算为对生产服务的消耗，则上述四套方程组仍然成立。只是生产系数不再反映产品对服务的直接消耗，而是反映产品通过中间产品对服务的间接消耗。

上述四套方程组暗含着两个重要的被后人所明确指出的假定。首先是服务的供给函数及产品的需求函数都是零次齐次的，其经济意义是说，当所有价格（包括服务和产品）都变动相同倍数时，服务的供给和产品的需求将保持原来水平。这意味着可以在所有价格上乘以某种产品（比如说产品 A）的价格的倒数 l/P_a，结果 A 的价格变为 1，不再是未知变量，而其他价格都是以 A 计的相对价格。于是四套方程组的未知变量可减少一个，为 $2m + 2n - 1$（服务供给的 n 个总量，n 个价格；产品需求的 m 个总量，$m - 1$ 个价格）。

第二个重要的暗含假定就是后人所说的瓦尔拉斯法则，即所有人购买所有产品的总支出恒等于他们出售服务的总收入。该法则由上述第二套方程组中的最后一个方程表示。它可以通过其他方程推出。推出的方法是将第三套方程的两端分别乘以 $P_t, P_p, P_k, \cdots$，然后将这些方程全部相加；将第四套方程两端分别乘以 $D_a, D_b, D_c, D_d, \cdots$，然后将方程也全部相加；如此得到两个方程，它们的左端完全一样，因此其右端也相等，这就得到第二套方程组中的最后一个方程，即瓦尔拉斯法则。因此该方程是非独立的，可以从整个体系中略去，于是四套方程组共有 $2m + 2n - 1$ 个独立方程，正好用于求解相同数量的未知变量。

由上述四套方程式，瓦尔拉斯强调指出，生产均衡与交换均衡是同时实现的，实现交换均衡的条件是服务市场与产品市场同时实现供求均衡，实现生产均衡的条件是所有产品的售价等于其成本。只要生产和交换有一个均衡尚未实现，另一个均衡也就建立不起来。

瓦尔拉斯并不认为现实生活中的均衡值是通过求解上述四套联立方程组得到的，而认为是通过摸索过程逼近的。他分析了存在生产活动时的这一摸索过程。首先假定服务的价格不变，以便集中分析达到生产均衡和产品市场均衡的摸索过程。假定企业家们先随便决定一套产量，为使该套产量正好相等于需求，就需要一套特定的价格，这套价格一方面要排除套购机会，另一方面要与产品市场上任一买者所购买的产品的边际效用之比成同一比例。因此这套价格便是既定产量下实现产品市场均衡的那套价格。达到这套价格的摸索过程在前一节分析多种产品的交换均衡时已经介绍，不再赘述。若这套价格正好等于生产成本，则生产均衡和产品市场均衡同时实现。但这套价格很可能与生产成本不一致，从而使企业家们有的获得利润，有的出现亏损。于是企业家们增产有利产品，减产亏损产品，由此形成一套新的产量。这套产量又会导致一套新的使产品市场均衡的产品价格。这套价格若仍不等于生产成本，则上述调节过程将重复开始。

瓦尔拉斯认为，在上述摸索过程中，要使每套新的产品市场均衡价格都比原先那一套更逼近生产成本，即生产均衡要具有稳定性，需要两个条件：（1）一种商品产量的变动，总归使其价格与成本相接近。（2）其他各种商品产量变动，有的使该商品价格与成本相接近，有的使它们相分离，但这两种影响大都相抵消，且剩余的纯影响不能抵消该商品产量变动造成的价格与成本相接近的趋势。只要具备这两个条件，则摸索过程将导致产品市场均衡和生产均衡同时出现。

然后，瓦尔拉斯放弃了服务价格不变的假设前提，开始分析使服务市场趋向均衡的摸索过程。分析中假定货币商品的产量不变。他认为某种服务的供给是其价格的增函数，而它的需求是由产品需求派生而来，与产品需求同向变化。产品需求是产品价格的减函数，产品价格又是服务价格（成本因素）的增函数，因此某种服务的需求是其价格的减函数。随着服务价格的变化，供给同向变化，需求反向变化，这就提供了趋向服务市场均衡的首要条件，除非在服务价格上升过程中，供给还为零时，需求已降至零以下。趋向均衡的次要条件是其他各种服务的价格变动对该服务的供求均衡的趋势的有利影响和不利影响大多相互抵消，且剩余的纯影响不能抵消该服务自身价格变动所导致的趋向供求均衡的趋势。只要具备上述两个条件，则均衡便具备了稳定性，摸索过程将趋向服务市场的均衡。由于任何一套服务价格都能导致产品市场和生产的同时均衡，所以当服务市场达到均衡时，也必然会出现与服务市场的一套均衡价格相适应的产品市场均衡和生产均衡。

最后,瓦尔拉斯放弃货币商品产量不变的假定,分析了货币商品的价格与成本趋于一致的摸索过程,这里不再细述。

通过对上述摸索过程的分析,瓦尔拉斯提出了服务和产品的均衡价格的确定定律:"假定能够用以制成各种产品的有多种服务,并且假定这些服务是以通货为媒介来交换其产品的,那么,要使市场处于平衡状态……其必要的和充分的条件是:(1)在这样的价格下,各种服务和各种产品的有效需求相等于其有效供给;(2)产品的售价相等于制造这类产品时所使用的服务的成本。如果这两种均等并不存在,那么,为了要实现第一种均等,就得提高有效需求大于有效供给的那些服务或产品的价格,降低有效供给大于有效需求的那些服务或产品的价格;为了要实现第二种均等,就得增加售价大于生产成本的那些产品的产量,减少生产成本大于售价的那些产品的产量。"①

瓦尔拉斯还指出,由自由竞争所达到的这种生产与交换同时均衡的状态,也就是各经济主体的满足或效用最大化的状态。

瓦尔拉斯还提出了服务和产品的均衡价格的变动规律。在其他情况一定时,某种服务或非货币商品的以货币商品计的均衡价格,将由于一个或几个交易者对该服务或商品边际效用函数的提高(降低)而提高(降低);或由于一个或几个交易者对该服务或商品的初始拥有量的增加(减少)而降低(提高)。除非这两种变化对价格的影响互相抵消。若其他情形不变,而一个或几个交易者拥有的某种服务的初始量增加(减少),则在生产中要使用这种服务的那些产品的价格将降低(提高);若其他情形不变,而一个或几个交易者对某种产品的边际效用函数提高(降低),则这一产品生产中所用的服务的价格将提高(降低)。

五、资本形成条件下的均衡

在上一节的分析中,瓦尔拉斯假定资本品数量既定,现在他在保留上一节的其他假定前提下放弃了这一假定,认为各类资本品的数量是在某一特定的产品市场——资本品市场中决定的,该市场中的大多数买主,购买资本品的目的是为了取得该资本品所能提供的服务。于是从需求一方来讲,资本品的价格便取决于其服务的价格,即其收入,同时还与其折旧情况及保险费用有关。可用下式给出:

$$P = p/(i + u + v)$$

式中,P 为资本品价格;p 为其服务的价格,即其总收入;u 为其折旧率;v 为其保险费与其价格 P 之比;i 为其净收入率,等于 $[p - (u + v)P]/P$,该式分子为净收入。

---

① 瓦尔拉斯:《纯粹经济学要义》,商务印书馆 1989 年版,第 263—264 页。

瓦尔拉斯认为,与整个社会新资本品形成相对应的是:地主、工人和资本家三部分人作为整体,其消费低于其收入,即存在储蓄行为,他把储蓄看作是一种能产生永久净收入的商品(E),其价格(P_e)被定义为以货币商品计的净收入率i的倒数,即 $P_e = 1/i$,其需求(D_e)亦同样以货币商品计算。

瓦尔拉斯在分析中先暂时略去存货资本(包括产品存货和原料存货),集中考虑固定资本的形成问题。现在,整个体系共有 8 套方程:

(1)关于服务的 n 个供给方程

$$O_t = F_t(p_t \cdots p_p \cdots p_k, p_{k'}, p_{k''} \cdots p_b, p_c, p_d \cdots p_e)$$
……
$$O_p = F_p(p_t \cdots p_p \cdots p_k, p_{k'}, p_{k''} \cdots p_b, p_c, p_d \cdots p_e)$$
……
$$O_k = F_k(p_t \cdots p_p \cdots p_k, p_{k'}, p_{k''} \cdots p_b, p_c, p_d \cdots p_e)$$
……
$$O_{k'} = F_{k'}(p_t \cdots p_p \cdots p_k, p_{k'}, p_{k''} \cdots p_b, p_c, p_d \cdots p_e)$$
……

式中,脚码 $k, k', k'', \cdots$ 分别代表各种资本品。

(2)关于产品的 m 个需求方程

$$D_b = F_b(p_t \cdots p_p \cdots p_k, p_{k'}, p_{k''} \cdots p_b, p_c, p_d \cdots p_e)$$
$$D_c = F_c(p_t \cdots p_p \cdots p_k, p_{k'}, p_{k''} \cdots p_b, p_c, p_d \cdots p_e)$$
$$D_d = F_d(p_t \cdots p_p \cdots p_k, p_{k'}, p_{k''} \cdots p_b, p_c, p_d \cdots p_e)$$
……
$$D_a = O_t p_t + O_p p_p + \cdots O_k p_k + O_{k'} p_{k'} + O_{k''} p_{k''} + \cdots$$
$$- (D_b p_b + D_c p_c + D_d p_d + \cdots + E)$$

(3)关于储蓄的一个需求方程

$$E = D_e p_e = F_e(p_t \cdots p_p \cdots p_k, p_{k'}, p_{k''} \cdots p_b, p_c, p_d \cdots p_e) p_e$$
$$= F_e(p_t \cdots p_p \cdots p_k, p_{k'}, p_{k''} \cdots p_b, p_c, p_d \cdots i)$$

(4)关于生产性服务的使用与供给的 n 个等式

$$a_t D_a + b_t D_b + c_t D_c + d_t D_d + \cdots + k_t D_k + k_t' D_{k'} + k_t'' D_{k''} + \cdots = O_t$$
……
$$a_p D_a + b_p D_b + c_p D_c + d_p D_d + \cdots + k_p D_k + k_p' D_{k'} + k_p'' D_{k''} + \cdots = O_p$$
……
$$a_k D_a + b_k D_b + c_k D_c + d_k D_d + \cdots + k_k D_k + k_k' D_{k'} + k_k'' D_{k''} + \cdots = O_k$$
……
$$a_{k'} D_a + b_{k'} D_b + c_{k'} D_c + d_{k'} D_d + \cdots + k_{k'} D_k + k_{k'}' D_{k'} + k_{k'}'' D_{k''} + \cdots = O_{k'}$$

......

式中，$k_t, k_t{}', k_t{}'', \cdots, k_p, k_p{}', k_p{}'', \cdots, k_k, k_k{}', k_k{}'', \cdots, k_{k'}, k_{k'}{}', k_{k'}{}'', \cdots, k_{k''}, k_{k''}{}', k_{k''}{}'', \cdots$，分别为生产资本品 $k, k', k'' \cdots$ 时对土地、劳动、资本品的服务的生产系数。

（5）关于消费品售价与其生产成本之间的 m 个等式

$$a_t p_t + \cdots + a_p p_p + \cdots + a_k p_k + a_{k'} p_{k'} + a_{k''} p_{k''} + \cdots = 1$$

$$b_t p_t + \cdots + b_p p_p + \cdots + b_k p_k + b_{k'} p_{k'} + b_{k''} p_{k''} + \cdots = p_b$$

$$c_t p_t + \cdots + c_p p_p + \cdots + c_k p_k + c_{k'} p_{k'} + c_{k''} p_{k''} + \cdots = p_c$$

......

（6）关于新资本品售价与其生产成本间的 l 个等式

$$k_t p_t + \cdots + k_p p_p + \cdots + k_k p_k + k_{k'} p_{k'} + k_{k''} p_{k''} + \cdots = P_k$$

$$k_t{}' p_t + \cdots + k_p{}' p_p + \cdots + k_k{}' p_k + k_{k'}{}' p_{k'} + k_{k''}{}' p_{k''} + \cdots = P_{k'}$$

$$k_t{}'' p_t + \cdots + k_p{}'' p_p + \cdots + k_k{}'' p_k + k_{k''}{}'' p_{k'} + k_{k''}{}'' p_{k''} = P_{k''}$$

......

（7）关于新资本与储蓄在价值上的一个均等式

$$D_k P_k + D_{k'} P_{k'} + D_{k''} P_{k''} + \cdots = E$$

（8）关于新资本品需求价格的 l 个方程

$$P_k = p_k / (i + u_k + v_k)$$

$$P_{k'} = {}_{p k'} / (i + u_{k'} + v_{k'})$$

$$P_{k''} = p_{k''} / (i + u_{k''} + v_{k''})$$

......

这 l 个方程还表示了对所有的新资本品来说，它们的净收入率是相等的。

这 8 套方程组共有 $2n + 2m + 2l + 2$ 个方程，但可以缩成为 $2n + 2m + 2l + 1$ 个方程，方法是以 $P_t \cdots P_p \cdots P_k, P_{k'}, P_{k''} \cdots$ 分别相继乘以第四套方程的 n 个方程，然后全部方程相加；再以 $D_a, D_b, D_c, D_d \cdots D_k, D_{k'}, D_{k''} \cdots$ 分别相继乘以第五、六套方程的 $m + 1$ 个方程。然后 $m + 1$ 个方程相加；由此可得两个方程，其左端完全相同，故它们的右端相等，即：

$$O_t P_t + \cdots + O_p P_p + \cdots + O_k P_k + O_{k'} P_{k'} + O_{k''} P_{k''} + \cdots$$
$$= D_a + D_b P_b + D_c P_c + D_d P_d + \cdots D_k P_k + D_{k'} P_{k'} + D_{k''} P_{k''} + \cdots$$

该方程的左端与第二套方程中第 m 个方程左端的正值部分完全相同，故由它们可推出：

$$D_k P_k + D_{k'} P_{k'} + D_{k''} P_{k''} + \cdots = E$$

这正是第七套方程组中唯一的那个方程，由此可知该方程是非独立的，是可消去的。这 8 套方程组的 $2n + 2m + 2l + 1$ 个独立方程，正好可用于求解 $2n + 2m + 2l + 1$ 个未知量；n 种服务的供给，n 种服务的价格，m 个产品的需求，以货

币商品计的 $m-1$ 种产品的价格,储蓄价值量,新资本品的 l 个产量,l 个价格、净收入率或储蓄的价格。

当然,这些变量的均衡值在实际中并非是通过求解上述 8 套联立方程组获得的,而是在自由竞争的条件下通过摸索过程逼近的。瓦尔拉斯分析了这个摸索过程。他首先假定随机决定了净收入率和 l 种新资本品产量。由上一节所分析的摸索过程可以知道,在 l 种资本品随机决定的产量为常数的条件下,通过初步的摸索过程,可以得出 $m-1$ 种非货币消费品的均衡产量和均衡价格,n 种服务的均衡价格和相应的供求量。而由 $m-1$ 种消费品和 n 种服务的价格,可推出储蓄量,以及 l 种新资本品的生产成本。但如此决定的储蓄量未必相等于 l 种新资本品的需求价格及随机决定的产量所共同决定的新资本品的总价值(即投资),并且 l 种新资本品的生产成本也未必等于它们的需求价格,即可能出现下述关系式:

$$D_k'P_k' + D_{k'}'P_{k'}' + D_{k''}'P_{k''}' + \cdots \neq E'$$
$$P_k' \neq p_k'/(i' + u_k + v_k)$$
$$P_{k'}' \neq p_{k'}'/(i' + u_{k'} + v_{k'})$$
……

这说明,$m-1$ 种非货币消费品和 n 种服务的均衡价格及其相应的供求量都是局部均衡的。同时也说明,对应任何一套新资本品的 l 种产量,都可得到相应的 $m-1$ 种非货币消费品和 n 种服务的局部均衡价格及其相应的供求量。

瓦尔拉斯进一步分析使上述不等式转化为等式的摸索过程,他指出,由于投资的总价值 $[D_k'P_k' + D_{k'}'P_{k'}' + \cdots = D_k'p_k'/(i + u_k + v_k) + D_{k'}'p_{k'}'/(i' + u_{k'} + v_{k'}) + \cdots]$ 是 i 的减函数,而 $E = F_e(p_t' \cdots p_p' \cdots p_k', p_{k'}', \cdots i)$ 是 i 的先增后减的函数,所以 i 的变动将使两者趋向均衡,这是 i 变化的第一种效果。i 变化的第二种效果在于当储蓄由于 i 的变化而增加(或减少)时,总消费将下降(或提高)。这一下降(或提高)将使一切价格(包括消费品和服务)在假定用于直接消费和用于生产的服务总量不变时,出现下降(或上升)。这种价格效应将使投资的总价值下降(或上升),也使储蓄值下降(或上升),因为整个收入值下降(或上升)了。只要第二种效果对均衡的不利影响小于第一种效果的有利影响,则摸索过程将使投资的总价值与储蓄值逐步逼近,最后在某一正数 i 值上,两者达到均衡。

瓦尔拉斯进一步认为,货币资本市场上的利息率总是向实际资本市场上的净收入率 i 看齐的。如果利息率高于净收入率,则储蓄者将倾向于将其储蓄以货币形式贷出,而不是先购买实物资本后再在服务市场贷出。而企业家将倾向于从服务市场租借实物资本而不是在货币资本市场上借入货币资本。结果货币资本的供给增加而需求减少,利息率将下降。若利息率低于净收入率,将出现相反情况。

在摸索过程使 i 向均衡值逼近,投资与储蓄逐步靠拢的同时,企业家也调整各种新资本品的产量,以使其售价与生产成本相逼近。瓦尔拉斯假定,由于这类调整使有的资本品增产,有的减产,故对于净收入率很少产生影响,故也很少使资本品售价受到显著影响,产量的这种调整主要影响生产成本;并且由于某类资本品产量变动造成的使生产成本与售价相接近的趋势,大于其他各种资本品产量变动所可能造成的,使该类资本品的生产成本与售价相分离的趋势,所以产量的调整最终将使各种资本品的生产成本等于其售价。由于前面已经说明,对任何一套资本品产量和任何一个净收入率来说,都会导致消费品市场和服务市场的均衡,以及消费品生产的均衡,所以对于均衡的资本品产量和均衡的净收益率来说,也一定存在着这种消费品市场和服务市场的均衡。这时便出现了全面均衡。

通过上述对摸索过程的分析,瓦尔拉斯总结了均衡的净收入率和新资本品均衡价格的确定定律:"假定有多种服务,并且有可能从这些服务的代价扣除收入对消费的一个超过量,使之转变成新的狭义资本品,这些资本品以通货为媒介时,就可以与各种消费品和各种新资本品进行交换。这时要使资本品市场处于平衡状态,或者是要使以通货计的新资本品价格处于稳定状态,其必要和充分的条件是:(1)于售价相等于净收入对现期净收入率之比时,以通货计的这类新资本品的有效需求须等于其有效供给;(2)新资本品的售价与其生产成本相等。如果这两种均等并不存在,那末,为了要实现第一个均等,于有效需求大于有效供给时,就必须压低净收入率来提高售价,于有效供给大于有效需求时,就必须提高净收入率来压低售价;为了要实现第二个均等,对于售价高于其生产成本的那些新资本品,就必须增加其产量,对于生产成本高于其售价的那些新资本品,就必须减少其产量。"①

瓦尔拉斯还论证,当所有新资本品的净收入率一致,即净收入率达到均衡时,则无论从产生消费服务的角度来看,还是从产生生产服务的角度来看,新资本品都达到了最大效用。

瓦尔拉斯还总结了净收入率及新资本品价格的变动定律:由于净收入的价格 P_e 是净收入率 i 的倒数,故若其他情况不变,而一个或多个参与者的净收入的效用函数有提高(降低);则净收入率将降低(提高);或者一个或多个参与者的净收入增加(减少),则净收入率将提高(降低)。除非两种变化对净收入率的

---

① 瓦尔拉斯:《纯粹经济学要义》,商务印书馆 1989 年版,第 307－308 页。

影响互相抵消。若其他情况不变，而资本品服务的价格提高（降低），则资本品本身的价格将提高（降低）；折旧率或保险费提高（降低），则资本品本身价格将降低（提高）；净收入率提高（降低），则资本品本身价格将降低（提高）。值得注意的是，他也看到了预期变化对资本品本身价格的影响。

瓦尔拉斯在对固定资本形成下的一般均衡考虑完毕之后，又进一步考虑了存在着投入（原料）存货与产出存货时的一般均衡，其做法是把存货看作是提供贮藏服务的流通资本。于是只要把各类存货的服务价格、供求量，以及它们在生产各种产品时的技术系数（存货 — 产出系数）分别纳入到前述那 8 套方程组中去，结果将增加 $3m + 2s$ 个方程，其中有关于产出存货的 m 个供给方程，关于产出存货及原料存货的 $m + s$ 个需求方程，以及关于产出存货及原料存货的服务价格的 $m + s$ 个方程。这些方程正好用于求解新增加的 $3m + 2s$ 个未知变量：产出存货的服务的 m 个交易量，产出存货与原料存货的 $m + s$ 个产量，产出存货与原料存货的 $m + s$ 个服务价格。

瓦尔拉斯还分析了那种本身并非商品因而毫无效用的流通媒介（如纸币）的价格决定。他假定流通媒介的数量（供给量）一定，它的需求由三部分构成：一是消费者出于交易动机所保留在手头的现金；二是货币储蓄；三是生产者出于交易动机所保留在手头的现金。他把前两部分之和称作理想的现金余额，它的大小由各消费者根据自己的以货币形式储备的各种产品和储蓄的效用方程决定。第三部分的大小由各生产者根据以货币形式储备的各种产出存货和原料存货的需求来决定。而流通媒介的以某种商品（例如 A）计的服务价格，由下述方程决定：

$$Q_u = (D_a + R_a + E_a)/P_{u'}$$

式中，Q_u 为流通媒介的既定供给；$P_{u'}$ 为其服务价格；$D_a/P_{u'}$，$R_a/P_{u'}$，$E_a/P_{u'}$ 分别为由消费者掌握的现金、由生产者掌握的现金和货币储蓄。瓦尔拉斯以这一方程表达了他的货币数量论，当 Q_u 增加时，若分子项不变，则 $P_{u'}$ 将减少，从而商品以流通媒介计的价格将升高。

从两种产品的交换均衡开始，到此为止，瓦尔拉斯完成了他的一般均衡的整个体系。然后，他在两个方面改变了这个体系的假设，首先是关于市场只在一般均衡时才实际成交的假设。他提出了持续市场的概念，意思是说交换会随时随地不断地进行，并不是只在达到一般均衡时才成交。因此，经济体系是不断地趋向一般均衡状态，但永远不会实际上达到这种状态。因为在特定的均衡状态尚未实现时，整个体系的参变量（商品和服务的初始拥有量、商品的边际效用函数等）可能已经变化，从而均衡状态变动了。于是经济体系又开始趋向新的均衡状态。改变的第二点假设是关于生产系数不变的假设。他指出实际生活中生产系数并非常数,而是变数。它有两种变化:一是生产某种产出所需的投入种类不变,但生产系数在数值上发生了变化,他把这种变化称作经济的发展,因为这种变化往往是经济发展过程中用一种服务替代另一种服务的结果。二是生产系数性质变了。即生产某种产出所需要的投入在种类上有了变动。他把这种变化称作技术的发展。但他并没有把作为变量而非常量的生产系数纳入其一般均衡体系,理由是如此将使他的一般均衡体系更加难以理解和掌握。

瓦尔拉斯实际上是在假设资源数量、需求偏好、生产技术和经济制度四项参数保持不变的条件下,论证了完全竞争的市场机制中一般均衡的存在性、唯一性、稳定性和最优性。同时他清醒地看到这个均衡的具体情况是由财富的分配状况决定的,因此这个最优只是效率意义上的,并不意味着财富和收入分配的公正。因此他感到不仅要建立竞争性的市场,而且要设法使财富的分配公正。

为此,瓦尔拉斯要求自然垄断行业收归国有,土地通过政府收购也实现国有,然后出租给私人使用,取消一切税收,政府依靠地租运行,主要职责是发展教育,使每个公民的能力和兴趣尽可能得到发展,并自由享用自己劳动的成果。他认为土地国有化将促进自由贸易。在 1907 年发表的论文《社会正义和自由贸易的调和》中,他写道:"自由贸易总包含着不征关税,而土地的国有化将进一步造成资本和劳动向可能对它们最有利的地方自由移动。"[1]他还分析了复本位制的利弊,要求建立一个金融机构以稳定物价,由政府管理股票市场。他自称是"科学社会主义者"[2]。应该说他是最早的市场社会主义者。他从市场社会主义的角度对马克思进行了批评,"马克思主义还需要告诉我们在他的体系中,每一产品的供求均衡是如何形成的。……在应该生产若干产品数量的完全无知的情况下,国家如何能够提出它的任务。……社会主义必须能解释为何和如何这个原理或那个原理将要引导和维持各类服务和产品的供求平衡。这样,社会主义才能从空言进入科学。这就是马克思的集体主义所没有能够做到的。……马克思主义把一个完全行不通的制度当作一个行得好的制度而宣扬。"[3]

---

① 转自[法]夏尔·季德、夏尔·利斯特:《经济学说史》下册,商务印书馆 1986 年版,第 630 页。

② 《新帕尔格雷夫经济学大辞典》第 4 卷,经济科学出版社 1996 年版,第 929 页。

③ 瓦尔拉斯:《社会经济研究》,英文版,第 229—233 页。

六、瓦尔拉斯在西方经济学说史上的地位

瓦尔拉斯的思想源泉,首先是他的父亲老瓦尔拉斯,其基础理论源于英国的亚当·斯密、约·斯·穆勒;法国的魁奈、杜尔哥、萨伊、杜普特等人;其数理分析技巧源于古诺、伊斯纳尔和路易斯·普安索(Louis Poinsot)。[①]

瓦尔拉斯的贡献是超前的。在他的祖国法国和英国,很长一段时间里他不被理解和重视,虽然在欧洲的其他国家和美国,他较早得到了认可。当时以及后来的相当一段时期里,轻视理论、专注政策的倾向在法国成为经济学的主流。[②] 但他可以宽慰的是,他的理论终于在20世纪成为经济学的主流。他自己也是领悟到这一点的。在他临终前不久的一封信中写道:"要想快些收获,人们就得种胡萝卜;如果有雄心要种橡树,就得明智地对自己说:我的孙子会为树荫而感谢我的。"[③]

瓦尔拉斯的一般均衡理论,得到了熊彼特的高度赞扬,"经济均衡理论是瓦尔拉斯的不朽贡献。这个伟大理论水晶般明澈的思路以一种基本原理的光明照耀着纯粹经济关系的结构"[④]。他的理论贡献可以概括为以下几点:(1)运用一组联立方程给出了刻画具有复杂相互关系的经济系统的数理模型;(2)强调了不同商品价格之间的相互影响,而非孤立地考虑单个商品的价格决定;(3)建立了一套厂商理论与供给理论,为现代厂商理论开辟了道路;(4)开创了多市场一般均衡的存在性分析和稳定性分析;(5)建立了一套资本理论;(6)建立了一套货币理论。他的这些贡献构成了新古典经济学的基本内核。

与另外两位边际革命的奠基人相比,虽然在强调边际效用决定价值这一点上,他们是共同的,但瓦尔拉斯的贡献更具有永久的魅力。这种魅力首先在于,他抓住了完全竞争条件下市场经济的核心问题:一般均衡问题,它的存在,最优和稳定。他说明均衡的价格体系是边际效用、要素服务的数量等一系列因素相互作用的结果,是各种商品、服务的价格相互影响的结果,这既摆脱了另外两位奠基人只注重分析个别商品均衡的局限性,也摆脱了他们过于从边际效用这一个因素去说明价值起源的局限性。其次,他在处理一般均衡问题时,选择了正确的方法:数学方法。这是他在方法上的一大创新。这一创新,使他远远走在了另外两位奠基人的前面:门格尔不欣赏数学方法,杰文斯只是运用了简单的

① 《新帕尔格雷夫经济学大辞典》第4卷,经济科学出版社1996年版,第922—923页。
② [美]约瑟夫·熊彼特:《经济分析史》第3卷,商务印书馆1995年版,第135—139页。
③ 转引自尼古拉斯·庇巴、维夫赫德·海兹主编:《46位大经济学家和36本名著》,海南出版社2003年版,第57页。
④ 熊彼特:《从马克思到凯恩斯十大经济学家》,商务印书馆1965年版,第79页。

微积分。事实上,只有数学方法,更确切地说只有数学中的大型联立方程组,才能清楚地表达经济生活中各种因素之间的相互作用、相互关系,才能回答均衡的存在性问题。因此,只有掌握了这一数学方法的瓦尔拉斯,才能解决一般均衡问题。除了所选择的问题意义重大,解决问题所采用的方法坚实有力之外,最重要的是,瓦尔拉斯的一般均衡体系,为以后几代西方经济学家提供了进一步研究市场经济甚至计划经济的出发点。

确实,瓦尔拉斯的理论体系有许多不足和错误,但正是后人克服这些不足纠正这些错误的努力,每一次都推进了西方经济学的发展。

瓦尔拉斯对均衡存在性的证明是有缺陷的,他以为只要独立方程的数量与未知量相等,体系便有解。这对于线性方程组是正确的,但对于非线性方程组来说则未必,而他体系中的方程式恰有许多是非线性的。而且即便是线性方程组,也正如冯·纽曼后来所指出的,也可能出现非正解,但是非正的价格一般是不会出现在现实的市场中的。为了纠正这些缺陷,1936 年亚伯拉罕·瓦尔德[①](Abraham Wald,1902—1950)给出了初步的证明;20 世纪 50 年代,阿罗和迪布鲁运用拓扑学的技巧完成了对均衡存在性的严格证明。

瓦尔拉斯在分析市场实现均衡的机制时,把市场假设为拍卖式市场,即只有所有商品都达到均衡价格时才实际成交,且不存在任何交易成本。这些假设虽然使问题得以简化,从而有助于问题的解决,但是也与现实相差甚大。这是远离现实的假定。对这一假定的不满,导致当代西方非均衡分析的发展,以及交易成本经济学的发展。

瓦尔拉斯对均衡稳定性条件的说明是不够严格的,这一不足引起希克斯在20 世纪 30 年代对均衡稳定性的严格分析。

瓦尔拉斯对市场结构作了高度简化的假设,假设市场是单层的,即生产者与使用者之间的直接交换,没有考虑中间商人的存在所引起的多层市场所带来的问题。

瓦尔拉斯假设所有交换的商品都是由买者直接加以使用的商品,没有考虑买者为了以后在涨价时再出售盈利的投机品的存在所引起的问题。

瓦尔拉斯的需求函数,隐含着效用可测性假定,这遭到了帕累托的反对,正是从这种反对中,产生出序数效用论及一整套的分析工具。

瓦尔拉斯体系是没有空间概念的,忽略了市场总是被空间距离所分隔的问题,对这一不足的重视和纠正,导致了 20 世纪 30 年代俄林对区间贸易和国际贸易的卓越分析。

---

① 《新帕尔格雷夫经济学大辞典》第 4 卷,经济科学出版社 1996 年版,第 917—918 页。

瓦尔拉斯体系中,生产系数是不变的,这无疑是背离现实的。但在 20 世纪初,巴罗尼和林达尔便通过把生产系数作为要素服务的价格的函数,把变化的生产系数引进了一般均衡体系。而借助于不变生产系数的假定,以及瓦尔拉斯体系中的要素服务的供求平衡方程式组,里昂惕夫在 20 世纪 30 年代开创了投入—产出分析。

瓦尔拉斯体系中,假定不存在不确定性,结果人们的储蓄行为也就同时成为投资行为。对这一假定的抛弃,构成了凯恩斯体系的基础之一。瓦尔拉斯体系长于对均衡状态的描述,短于对实现均衡的过程的分析,短于对均衡移动过程的分析。为了弥补这一不足,熊彼特提出了创新概念,建立了说明资本主义动态过程的经济发展理论。

最后有必要简单说明一下瓦尔拉斯体系对社会主义经济分析的意义。正是在瓦尔拉斯体系的基础上,巴罗尼证明了社会主义同样存在着一般均衡问题,而计划当局可以通过直接求解联立方程组(不需要通过摸索过程),使资源达到与自由竞争条件下同样好的配置。而兰格则进一步提出了资源配置的试错法和社会主义分权模式。近年来,以对社会主义经济进行实证分析而出名的科尔纳,在他的短缺经济学中,也把瓦尔拉斯均衡作为理想的参照系,来分析社会主义短缺经济中的均衡。

第二节　帕累托的经济理论

洛桑学派是从 19 世纪 80 年代开始形成的,但若没有 1893 年瓦尔拉斯退休后继任洛桑大学经济学教授的帕累托,就不可能出现洛桑学派。

维尔费雷多·帕累托[①](Vilfredo Pareto,1848—1923),出生于法国巴黎。他的父亲拉斐尔·帕累托是热那亚的贵族,是 19 世纪前半叶热烈拥护意大利统一的玛志尼主义者。他的母亲则是一位法国人。他 1852 年回到意大利,1869 年获都灵大学工艺研究所工程学博士学位,1870—1892 年期间以工程师身份从事工程和工业管理工作,曾任意大利钢铁公司总经理。期间他时常出差去英国,并加入了亚当·斯密学会,支持民主、自由贸易与竞争。1893—1906 年由瓦尔拉斯推荐为洛桑大学的政治经济学教授。其主要论著有:《政治经济学讲义》(1896—1897)、《社会主义体系》(1902—1903)、《政治经济学手册》

---

① 《新帕尔格雷夫经济学大辞典》第 3 卷,经济科学出版社 1996 年版,第 856—870 页。[英]马克·布劳格、保罗·斯特奇斯:《世界重要经济学家辞典》,经济科学出版社 1987 年版,第 490—491 页。

(1906—1909)、《思想与社会:社会学通讯》(1916)和《普通社会学纲要》(1916)等。他对于经济学的贡献,主要集中于《政治经济学手册》一书中。同时,他也是一位著名的社会学家。早先他更注重经济学的数学化,晚年则发现单纯强调经济学数学化的缺陷,从而更强调经济学的历史化和社会化,注意从社会学角度考虑经济现象。

作为经济学家,帕累托的贡献被后人所赞赏,但是作为社会学家,他由于推崇精英,忽视草根而被后人批评为法西斯主义的思想先驱。实际上他并不关心党派政治,更热衷于抽象的纯理论研究。他为这类研究辩护说:"在任何时代都有维护抽象研究有用性的人。在某种意义上这些人是有道理的。这些研究只有在它们的总体中以及通过智力习惯的形成才能在实践中是有用的。比如说,提到直接效益,纯经济学中对交换的调查符合物理学教科书中对物体的自由落体运动的调查。一枚在空气中下落的羽毛并不符合自由落体定理,同样,交换交易也不遵循交换法则。因此,在第一个案例中得出的不是机械学的无用性,在第二个案例中得出的也不是纯经济学的无用性。"①

一、序数效用论与无差异曲线

作为瓦尔拉斯教席的继承人,帕累托在很大程度上继承了瓦尔拉斯的一般均衡理论,但同时又在作出重大修正的基础上发展了这一理论。重大修正之一是用序数效用论代替基数效用论,并用无差异曲线来分析消费者的需求行为。

帕累托认为,瓦尔拉斯一般均衡理论的一大缺点是把需求函数建立在效用可测性的假定之上。他赞同费雪的观点,认为效用是难以测定的,并且一种物品的效用并非只与其本身的数量有关,还与其他物品的数量有关。效用虽不可测,但从人们日常行为来看,不同物品或不同物品组合,其效用是可比较的。即效用虽不能用基数加以测定,但完全可用序数排列其大小。而在序数效用论的基础之上,完全可以推演出瓦尔拉斯一般均衡体系所需要的需求函数。为此,他采用了埃奇沃思在多年以前所提出的无差异曲线作为分析工具,但他对埃奇沃思的观念作了重要修正。埃奇沃思的无差异曲线是以效用可测性为前提,根据测定的效用来绘制的,而他的无差异曲线则以经验事实为根据,并不需要以效用的测定为前提。用序数效用代替基数效用,就避开了个人效用的计量和不同人效用的比较等无法解决的难题。

帕累托详细列举了当两种物品具有不同关系时的无差异曲线:(1)两种物

---

① 转引自尼格拉斯·庇巴、维夫赫德·海兹主编:《46位大经济学家和36本名著》,海南出版社2003年版,第61页。

品(A、B)中只有一种(A)具有效用(见图29-1);(2)两种物品(A、B)严格互补(见图29-2);(3)两种物品(A、B)虽互补但并不严格;(4)两种物品(A、B)效用各自独立;(5)两种物品(A、B)可互替但替代比例不定(见图29-3);(6)两种物品(A、B)以不变比例互替(见图29-4)。不论这些无差异曲线有何不同,其共同特点是离原点越远的无差异曲线代表越大的效用。这些不同形状的无差异曲线,广为后人所采用的是第(2)、(5)、(6)种,尤其是第(5)种。

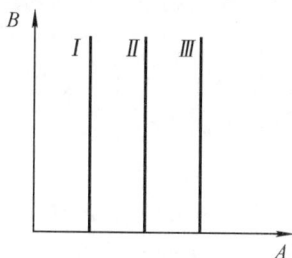

图 29-1

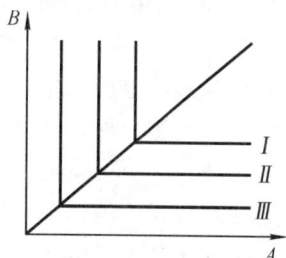

图 29-2

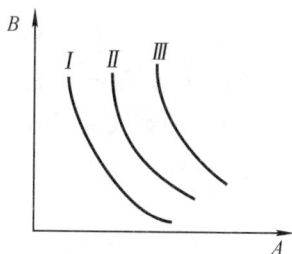

图 29-3

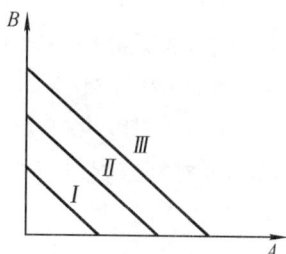

图 29-4

由埃奇沃思提出,而由帕累托(还有费雪)所修正发展的序数效用论和无差异曲线,成为以后西方经济学家分析消费者行为和市场需求的有力工具。

二、一般均衡理论

帕累托对瓦尔拉斯一般均衡理论所作出的发展之一,是大大拓展了一般均衡这一概念的内涵。在瓦尔拉斯那里,主要是分析自由竞争条件下的一般均衡,而他则进一步分析了包括自由竞争在内的各种市场条件下的一般均衡。在瓦尔拉斯那里,一般均衡仅仅是经济生活中的现象,而他则认为经济中的一般均衡只是整个社会的一般均衡的一部分。在瓦尔拉斯那里,一般均衡是个人欲望与满足欲望的资源的有限性之间的冲突的结果,而他则进一步把均衡看作是需求与满足需求时所遇到的障碍(不仅仅是资源的稀缺)之间冲突的结果。在他看来,需求是经济行为的刺激和动力,而障碍则是广义的对经济行为的限制。

帕累托同瓦尔拉斯一样,分别分析了交换均衡和生产均衡,他的新发展之一是大量借助于无差异曲线,用图示方法来分析均衡。新发展之二是把交换均衡分为两种情况加以分析,一是交换者双方都不能事先确定价格时的情况。二是有一方能决定价格(即竞争不完全)时的情况。在第一种情况下,交换均衡可由交换双方无差异曲线的切点来表示;在第二种情况下,交换均衡可由不决定价格的一方的无差异曲线与价格线(他称之为行走线)的切点决定。他的第三个新发展则是区分两种情况下的生产均衡,一是投入物的生产率随产出量的增加而增加的情况,二是投入物的生产率随产出量的增加而减少的情况。这表明他比瓦尔拉斯更深入地分析了生产活动,考虑了投入—产出系数因产量规模变动而变化时的生产均衡。而在瓦尔拉斯的一般均衡体系中,投入—产出系数完全被当作常数看待。

帕累托用五套方程式给出了生产均衡体系,第一套方程是:

$$1/P_x \cdot \psi_{1x}(x_1') = \cdots = \psi_{1a}(a_1') = 1/P_b \cdot \psi_{1b}(b_1')$$
$$1/P_x \cdot \psi_{2x}(x_2') = \cdots = \psi_{2a}(a_2') = 1/P_b \cdot \psi_{2b}(b_2')$$
$$\cdots\cdots$$
$$1/P_x \cdot \psi_{mx}(x_m') = \cdots = \psi_{ma}(a_m') = 1/P_b \cdot \psi_{mb}(b_m')$$

式中,$P_x, \cdots, P_b$ 分别为各种商品及服务的价格,假定服务 a 的价格为 1。$\psi_{1x}(x_1')$ 和 $\psi_{1a}(a_1')$ 分别为第一人关于商品 x 的边际效用及关于服务 a 的边际效用。以此类推,显然该方程组表达了满足最大化条件。

第二套方程是:

$$a_1' - a_{10} + P_b(b_1' - b_{10}) + \cdots + P_x x_1' + P_y y_1' + \cdots = 0$$
$$a_2' - a_{20} + P_b(b_2' - b_{20}) + \cdots + P_x x_2' + P_y y_2' + \cdots = 0$$
$$\cdots\cdots$$
$$a_m' - a_{m0} + P_b(b_m' - b_{m0}) + \cdots + P_x x_m' + P_y y_m' + \cdots = 0$$

式中,a_{10} 为第一人对 a 服务的初始拥有量;a_1' 为第一人对 a 的均衡拥有量;$a_1' - a_{10}$ 为第一人所买或卖的数量;x_1' 为第一人对 x 商品的均衡需求量,以此类推。显然该方程组表明任何主体的总支出相等于总收入。

第三套方程是:

$$x_1' + x_2' + \cdots = x'$$
$$y_1' + y_2' + \cdots = y'$$
$$(a_{10} - a_1') + (a_{20} - a_2') + \cdots = A'$$
$$(b_{10} - b_1') + (b_{20} - b_2') + \cdots = B'$$
$$\cdots\cdots$$

式中,A' 为市场上出售的服务 A 的数量,以此类推。显然该方程组表示产品和服务的供求平衡。

第四套方程是：

$$P_x = a_x + P_b b_x + P_c c_x + \cdots$$
$$P_y = a_y + P_b b_y + P_c c_y + \cdots$$
$$\cdots\cdots$$

式中，a_x 为单位 x 所消耗的 a 服务量，以此类推。该方程组表示价格等于生产成本。

第五套方程是：

$$A' = a_x x' + a_y y' + \cdots$$
$$B' = b_x y' + b_y y' + \cdots$$
$$\cdots\cdots$$

该方程组表示服务的供求平衡。

上述五套方程组中，第三套方程的前半部分，即关于产品供求平衡的那一部分，显然类似于费雪体系中的有关方程组，而后半部分（即关于服务的供求平衡的那一部分）近似于瓦尔拉斯生产均衡体系中的第一套方程（服务供给方程）；第一、二套方程是瓦尔拉斯的第二套方程（产品需求方程）的基础，它们显然也类似于费雪体系中的有关方程。第四套方程、第五套方程与瓦尔拉斯的价格方程、生产方程完全一致。由此可见，帕累托的生产均衡体系是综合瓦尔拉斯体系和费雪体系[①]的结果。

帕累托明确指出他和瓦尔拉斯等人用经济变量间的相互关系来决定价格的观点，与其他人用各种唯一的最终决定因素来决定价格的观点之间的区别："价格或交换价值是在经济均衡时同时决定的，交换价值来自障碍和需求之间的对抗。只看其一方面，而且只考虑需求的人认为，需求决定价格，并且相信价值的原因是效用（满足欲望的能力）。看到另一方面，而且只考虑障碍的人认为，唯有障碍决定价格，并相信价值的原因在于生产成本。如果在障碍中他只看到劳动，他发现价值的原因仅仅在于劳动。"[②]

三、帕累托最适度

帕累托适度又可以称作是集体满足最大化的状态。帕累托认为，当生产和交换同时达到均衡时，就实现了帕累托最适度。因为任何偏离均衡的状况中，都起码使个别人受损而其他人则不增加福利。所以他又把最适度看作是一种

---

① 关于费雪的一般均衡体系，可参阅本卷第五章第二节。

② 帕累托：《政治经济学讲义》，第 176－177 页，转引自晏智杰：《经济学中的边际主义》，北京大学出版社 1987 年版，第 315 页。

特定状态,任何对它的偏离都不可能在不降低某些人福利的条件下增加其他人的福利。

在帕累托之前,也曾有人探索过集体福利最大化的条件,如边沁和马歇尔,他们都是从基数效用论出发的,假定不同人之间的效用量可以进行比较。因此一定的分配状态也就成为集体福利最大化的部分条件。若其他条件不变,只是某种物品的一定量通过再分配由 A 转归 B 所有,于是 A 的总效用下降而 B 则相反,只要 A、B 两人总效用的变化额的代数和为正,则再分配以后的状况就要优于以前的状况。只有任何类型的再分配都不可能使各人总效用的变化额的代数和为正时,初始的那种分配状况才是对应于集体福利最大化的状况。帕累托最适度与这些人的区别在于它以效用不可测定,从而不同人之间效用不可比较为前提。因此,帕累托最适度并不以一定的分配状况为条件,它也无法判定分配状况不同时集体满足的大小,它只是说,在既定的分配状况下,集体福利最大化的条件是生产和交换都达到均衡。于是对应任何一种分配状况,都会有一特定的帕累托最适度,而在不同的最适度状况(对应于不同的分配状况)之间,是无法进行集体福利的大小比较的。

帕累托最适度的提出,对以后西方福利经济学的发展起了重大推动作用。它的意义在于指出了集体福利的评价和比较,要涉及两方面的标准:一方面与生产和交换有关,可以通过分析予以确定;另一方面则与分配有关,无法通过分析予以确定。因为这方面的标准取决于人们的价值观念,而这种观念往往是冲突的。

四、帕累托法则

帕累托是首位根据世界范围的统计数据研究收入分配法则的经济学家,他虽然未能指出哪一种分配状况是最优的,但却在《政治经济学讲义》一书中,根据英、法、德、美、奥等国的统计资料,提出了一个经验性的分配法则,即帕累托法则。该法则可用下述公式表示:

$$N = A/(x-a)^\alpha \quad \text{或} \quad \ln N = \ln A - \alpha \ln(x-a)$$

式中,x 表示一定量的收入;N 表示其收入不低于某一定水平的人数,A;α 和 a 分别为从统计资料中求得的参数,a 表示最低收入水平,α 反映了收入分配的不平等程度,它越大,不平等程度越高。帕累托分配法则亦可用图 29-5 中的双曲线或对数直线表示:

帕累托根据多国多个地区的资料得到的结论是 α 介于 1.2~1.9 之间,平均值为 1.5。帕累托认为,由于统计材料显示,上述法则很少因时代、地理位置和经济组织的不同而不同,因此,产生这一法则的根本原因在于人的本性。

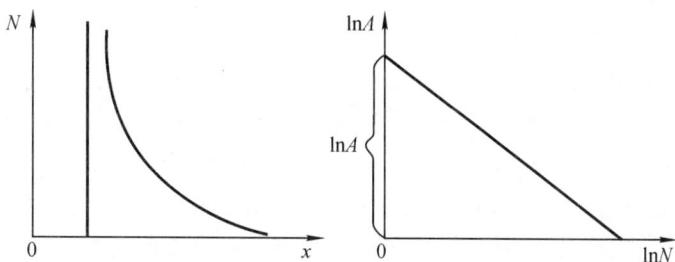

图 29-5

帕累托法则引起许多人的质疑,因为这意味着改善收入分配的努力是没有意义的。它从两个方面促进了以后西方经济学的发展,一是促进了对分配(包括收入分配和财产分配)状况的实证分析,由此产生了后来的洛伦兹曲线[①]和基尼系数等专门分析分配状况的分析工具;二是帕累托在给出该法则时所采用的方法,即不是先提出一个有待检验的理论假设,然后用经验数据加以验证,而是纯粹从经验数据推导出一定的结论,为以后经济计量学的发展提供了一定的样板。

第三节　巴罗尼的经济理论

一、概　说

意大利边际主义者对于西方经济思想发展的贡献,在通常的经济思想史论著中往往被忽略。实际上意大利是相当早便接受了边际主义思想的少数几个国家之一。早在 19 世纪 80 年代,由于杰文斯及奥地利学派(尤其是其中的萨克斯)的影响,意大利的经济学家马费奥·潘塔莱奥尼[②](Maffeo Pantaleoni,1859—1924)、德维蒂·德·埃·马尔科(De Viti de Marco)等人,以公共财政领域为出发点,开始运用边际分析方法于经济科学之中。至 19 世纪 90 年代边际

---

① 《新帕尔格雷夫经济学大辞典》第 3 卷,经济科学出版社 1996 年版,第 262—264 页。

② 《新帕尔格雷夫经济学大辞典》第 3 卷,经济科学出版社 1996 年版,第 850 页。[英]马克·布劳格、保罗·斯特奇斯:《世界重要经济学家辞典》,经济科学出版社 1987 年版,第 488 页。

主义在意大利已成为经济学的主流。①

　　意大利的著名边际主义者除了以上所提到的两位,以及后来成为洛桑学派代表人物之一的帕累托之外,还有恩里科·巴罗尼、乌戈·马佐拉②(Ugo Mazzola,1863—1899)等人。意大利边际主义者对西方经济学的贡献主要集中在两个领域:价值理论和财政理论。价值理论方面的贡献,以帕累托和巴罗尼为代表,他们发展了瓦尔拉斯所开创的一般均衡分析。财政理论方面的贡献,以马尔科及马佐拉为代表,他们的思想为当代西方以布坎南为代表的公共选择学派所继承和发展。

二、巴罗尼的生平及论著

　　恩里科·巴罗尼③(Enrico Barone,1859—1924),出生于意大利。曾任图林军事学院军官,教授,并在意大利参谋本部担任过上校。1907年48岁时退役,任罗马经济科学研究所教授,1911年被聘为罗马大学经济学教授。他于19世纪90年代初期开始,在潘塔莱奥尼等人的影响下,对经济学产生了兴趣,其主要成就在于国际贸易理论、厂商理论、福利经济学和一般均衡理论。在国际贸易理论中,他利用消费者剩余这一概念,证明保护政策有减少经济福利的趋势。在厂商理论中,他以边际生产率分析为基础,建立厂商的产出供给函数和对投入的需求函数。在财政理论中,他以帕累托法则为基础,分析了税收的分配;论证了在相同税额条件下,间接税比直接税对纳税人更有害。在一般均衡理论中,他证明在集体主义国家中,只要具备一定条件,计划部门也可能使经济达到一般均衡状态,也就是帕累托最适度状态。这是他最著名的贡献。巴罗尼的主要论著有:《政治经济学原理》(1908)、《集体主义国家中的生产部》(1908,有中译本)、《殖民地经济》(1912)、《货币与储蓄》(1920)、《运输的联合与经济》、《辛迪加(卡特尔和托拉斯)》(1921)和《经济著作集》3卷(1936—1937)等。

---

　　①　边际主义在意大利的传播过程,详见皮耶罗·巴鲁奇:《边际主义在意大利的传播(1871—1890)》,载 R.D.C.布莱克等:《经济学的边际革命》,商务印书馆1987年版。
　　②　《新帕尔格雷夫经济学大辞典》第3卷,经济科学出版社1996年版,第440页。[英]马克·布劳格、保罗·斯特奇斯:《世界重要经济学家辞典》,经济科学出版社1987年版,第420—421页。
　　③　《新帕尔格雷夫经济学大辞典》第1卷,经济科学出版社1996年版,第210—211页。[英]马克·布劳格、保罗·斯特奇斯:《世界重要经济学家辞典》,经济科学出版社1987年版,第37—38页。

三、集体主义国家中的生产部

这是巴罗尼最出名的一篇论文。文中他运用瓦尔拉斯－帕累托一般均衡分析方法,分析了集体主义制度下达到集体福利最大化的条件及其机制。

为了与集体主义制度相比较,巴罗尼首先建立了自由竞争制度(他称之为个人主义制度)下的一般均衡体系。该体系的已定量是各个人所拥有的生产要素(他统称之为资本)的数量、技术条件以及个人偏好。由此可得:(1)整个体系在一定时间内可提供的 n 种要素的总量: $Qs, Qt, \cdots$。(2)用 n 种要素生产 m 种产品($A, B, \cdots$)的技术系数: $as, at, \cdots; bs, bt, \cdots$。他强调,这些系数不仅取决于特定的技术条件,而且由于要素之间的替代性,它们还取决于生产成本最低化的条件,即取决于各种要素的相对稀缺性。因此这些系数是由既定的要素数量,既定的技术条件和既定的个人偏好三者共同决定的。(3)一定的价格体系与每个人对产品(包括生产要素直接提供的消费性服务)的需求与要素的供给之间既定的函数关系。他特别强调,这种函数关系可以经验事实为基础,不必以效用理论为基础。

以上是体系的常量和既定关系,下表给出体系的未知量:

		未知量	未知量数
产　品	需求和产量	$Ra, Rb, \cdots$	m
	生产成本	$\Pi a, \Pi b, \cdots$	m
	价格	$1, Pb, \cdots$	$m-1$
现有资本	直接用于消费性服务的量	$Rs, Rt, \cdots$	n
	服务的价格	$Ps, Pt, \cdots$	n
新资本	制造出的数量	$Rn, Rk, \cdots$	n'
	生产成本	$\Pi n, \Pi k, \cdots$	n'
	储蓄或积累的总额	E	1

注:共有 $3m+2n+2n'$ 个未知量。

巴罗尼把体系所拥有的方程分为两类:一类是以 $m+n-1$ 个价格为自变量的函数,第二类是均衡方程。他遵照瓦尔拉斯法则,认为个人在 $m+n-1$ 个价格体系下所需要的产品量($ra, rb, \cdots$)和直接消费的要素的服务量($rs, rt, \cdots$)以及储蓄量(e)与所供给的要素的服务量($qs, qt, \cdots$)之间,满足下列关系:

$$Para + Pbrb + \cdots Psrs + Ptrt + \cdots + e = Psqs + Ptqt + \cdots$$

若价格体系不同,则个人所需要的各种产品的数量,直接消费的要素服务的数量以及储蓄也将不同。由此可总给出整个社会以 $m+n-1$ 个价格为自变量的 $m+n+1$ 个需求函数,其中 m 个是产品的需求函数,n 个是关于要素服务的需求函数,还有一个是关于储蓄 E 的需求函数。关于这些需求函数,巴罗尼并未给出具体形式。

巴罗尼给出了四组均衡方程。第一组表示生产的物质条件,共有 n 个方程:

$$(1)\ Q_s = R_s + a_s R_a + b_s R_b + \cdots + h_s R_h + k_s P_k + \cdots$$
$$Q_t = R_t + a_t R_a + b_t R_b + \cdots + h_t R_h + k_t P_k + \cdots$$
$$\cdots\cdots$$

其中 $h_s, k_s, \cdots$ 分别为用 n 种要素生产 n' 种新资本的技术系数。

第二组方程只包括一个方程,它表明储蓄全部用于制造新资本品。

$$(2)\ E = \pi_h R_h + \pi_k R_k + \cdots$$

第三组方程表明最终产品和新资本的生产成本是生产要素服务的价格的函数,共有 $m+n'$ 个:

$$(3)\ \pi_a = a_s P_s + a_t P_t + \cdots \qquad \pi_h = h_s P_s + h_t P_t + \cdots$$
$$\pi_b = b_s P_s + b_t P_t + \cdots \qquad \pi_k = k_s P_s + k_t P_t + \cdots$$
$$\cdots\cdots \qquad\qquad \cdots\cdots$$

第四组方程表明自由竞争的特征之一,即最终产品的价格和新资本品的服务的价格等于其生产成本,共有 $m+n'-1$ 个:

$$(4)\ 1 = \pi_a \qquad P_h = \pi_h P_e$$
$$P_b = \pi_b \qquad P_k = \pi_k P_e$$
$$\cdots\cdots \qquad \cdots\cdots$$

式中,P_e 为周转资本(自由资本)的价格,它同时又是资本的利息。

由四组方程及 $m+n+1$ 个需求函数,共可得出 $3m+2n+2n'+1$ 个方程,但其中有一个是非独立的。于是体系的未知量与独立方程的个数都是 $3m+2n+2n'$ 体系可得到确定解。

巴罗尼的这个体系,与瓦尔拉斯那个考虑资本形成时的一般均衡体系实质上一致。形式上的区别有三点:(1) 瓦尔拉斯体系中,要素服务的供给量是价格体系的函数,而巴罗尼体系中是常数。(2) 瓦尔拉斯体系中不显现关于要素服务的消费性需求的函数,而巴罗尼体系中则显现。(3) 瓦尔拉斯体系中不区分产品的成本方程和价格方程,二者合而为一套方程,而巴罗尼体系则区分为两套方程。之所以把上述区别称之为形式上的,是因为考虑到:(1) 从巴罗尼体系中作为常数的要素服务供给量中,减去作为价格体系的函数的对要素服务的消费需求,便可得到可用于生产产品的要素服务的量,它们显然是价格体系的函数,而这套函数便正好是瓦尔拉斯体系中的要素服务的供给函数。(2) 巴罗尼体系中的产品价格方程组与生产成本方程组可合并为一个方程组,而这就是瓦尔拉斯体系中的产品价格方程组。

关于集体主义制度,巴罗尼首先作了下述制度性假定:(1)有 l 项资源仍是个人财产,记作 $M, N, \cdots$。$n-l$ 项资源为国家的集体财产,记为 $S, T, \cdots$。(2)没有货币,从而没有以货币计的价格,但生产部仍然要规定不同服务(包括社会化资源的服务)、不同产品以及产品与服务之间的相对价格。(3)由于社会化资源的服务也有相对价格(λs、λt),故整个社会由社会化资源所得到的总收益为 $Qs\lambda s + Qt\lambda t + \cdots = x$,其中 Qs, Qt 为社会化资源 S 和 T 的数量。(4)在人民意见一致的条件下,总收益 $x(= Qs\lambda s + Qt\lambda t + \cdots)$ 按一定的分配制度直接分配给每个人,每个人得到 γx 量。γ 对于每个人都可能不同,但 $\sum \gamma = 1$。(5)为了鼓励储蓄,生产部对延迟消费实行奖励,并通过奖励率(即利率)的变动来调节整个社会的储蓄量,以使之适应新资本形成的需要,同时规定个人储蓄的使用权只能由生产部行使。(6)个人收入由两部分相加而成:一是用自有资源的服务换得的,二是 γx。个人用这些收入按相对价格和延迟消费的奖金率自由地换取各种消费品和用于消费的社会化资源的服务。并自由地决定消费和储蓄之间的比例。于是对每个人来说,下述关系式成立:

$$ra + \lambda brb + \cdots + \lambda srs + \lambda trt + \cdots + e = \lambda mQm + \lambda nqn + \cdots + \gamma x$$

式中 λ 为相对价格,$\lambda a = 1, qm, \cdots$ 为个人所出售的自有资源的服务量。上式右端为收入量,左端为开支加储蓄。

在上述 6 条制度性假定下,巴罗尼首先分析了集体满足最大化的条件。他认为,当集体主义的生产部在始终满足前述方程组(1)的条件下变动相对价格时,将使每个人对产品的需求和消费服务的需求发生变化。这种变化表现为上式左端的相应变动。

$$\Delta ra + \lambda b\Delta rb + \cdots + \lambda s\Delta rs + \lambda t\Delta rt + \cdots + \Delta e$$

这一变动的总和可记为 $\Delta\theta$,当 $\Delta\theta$ 为正(负)时,意味着个人境况的改善(恶化)。

巴罗尼进一步指出,若生产部选择了这样一套相对价格,对它作任何进一步的变动,都将使所有人的 $\Delta\theta$ 为负,则这套相对价格便无疑是导致集体满足最大化的价格。但他认为这样一套相对价格是不存在的。因此他提出,只要生产部找到这样一套相对价格,对它作任何进一步的变动都将使所有人的 $\Delta\theta$ 的总和 $\sum \Delta\theta$ 小于 0,即一部分人的改善不能抵消另一部分人的恶化。则这套相对价格便可算作集体满足最大化的价格,于是 $\sum \Delta\theta = 0$ 便是集体满足最大化的条件。他指出:

$$\sum \Delta\theta = \Delta Ra + \lambda b\Delta Rb + \cdots + \lambda s\Delta Rs + \lambda t\Delta Rt + \cdots + \Delta E$$

而其中的 ΔE 又等于 $\Delta h\Delta Rh + \Delta k\Delta Rk + \cdots$。其中 $\Delta h, \Delta k, \cdots$ 分别为制造新资本品 $H, K, \cdots$ 为一单位所需要的储蓄量。由此集体满足最大化的条件又可写成:

$$\sum \Delta\theta = \Delta Ra + \lambda b\Delta Rb + \cdots + \lambda s\Delta Rs + \lambda t\Delta Rt + \cdots + \Delta h\Delta Rh + \Delta k\Delta Rk + \cdots = 0$$

巴罗尼指出,由该条件可推出四套集体满足最大化的条件:

a. 假设产品 B 增加了产量 ΔRh,生产 ΔRb 所需的资源服务只能靠减少这些资源的消费性服务来得到,于是 $\sum \Delta\theta = \lambda b\Delta Rb - (\lambda sbs + \lambda tbt + \cdots)\Delta Rb$。当 $\sum \Delta\theta = 0$ 时,$\lambda b = \lambda sbs + \lambda tbt + \cdots$。以此类推,可得到关于 $\lambda a, \lambda b, \cdots$ 的一套集体满足最大化的条件:

$$[\text{I}] \begin{matrix} \lambda a = 1 = \lambda sas + \lambda tat + \cdots \\ \lambda b = \lambda sbs + \lambda tbt + \cdots \end{matrix}$$

......

该条件的经济含义是该产品的价格要等于其生产成本。

b. 假设新资本品 H 增加了产量 ΔRh,生产 ΔRh 所需的资源服务只能靠减少这些资源的消费性服务来得到,于是 $\sum \Delta\theta = \Delta hRh - (\lambda shs + \lambda tht + \cdots)\Delta Rh$。当 $\sum \Delta\theta = 0$ 时,$\Delta h = \lambda shs + \lambda tht = \cdots$。以此类推,可得到关于 $\Delta h, \Delta k, \cdots$ 的一套集体满足最大化的条件:

$$[\text{II}] \begin{matrix} \Delta h = \lambda shs + \lambda tht + \cdots \\ \Delta k = \lambda sks + \lambda tkt + \cdots \end{matrix}$$

......

该条件的经济含义是制造新资本品 $H, K, \cdots$ 一单位所需的储蓄量等于这些资本品的生产成本。

c. 假设技术系数 bs 增加了 Δbs,由于替代关系,这意味着 bt 减少了 Δbt,即生产中用 S 替代了 T。于是 $\sum \Delta\theta = \lambda s\Delta bs + \lambda t\Delta bt$,当 $\sum \Delta\theta = 0$ 时,$\lambda s\Delta bs + \lambda t\Delta bt = 0$。以此类推,可得到关于技术系数的一套集体满足最大化条件:

$$[\text{III}] \lambda s\Delta bs + \lambda t\Delta bt = 0$$

......

d. 关于储蓄 E 的集体满足最大化的条件:

$$[\text{IV}] \lambda h/\Delta h = \lambda k/\Delta k = \cdots \lambda e$$

λe 为储蓄的利率。该条件意味着 E 在各种新资本品的生产中的配置是最佳的。

上述集体满足最大化的条件:[Ⅰ]、[Ⅱ]、[Ⅳ]恰好就是自由竞争下一般均衡体系中的均衡方程组（3）和（4）。而[Ⅲ]正是成本最低化的条件，由此巴罗尼得出三点结论：

（1）集体主义国家中的生产部为了实现集体满足最大化的目标，即 $\sum \Delta\theta = 0$，必须继续保留价格（包括非劳动的生产资源的价格）、工资、利息、地租、利润等经济范畴，必须按下述原则组织生产活动：a. 生产成本最小化；b. 最终产品和新资本品的相对价格应等于其生产成本。

（2）集体主义制度下为实现集体福利最大化所需求解的方程组体系与自由竞争制度下实现一般均衡的方程组体系完全一样。因为两者都包含以价格为自变量的 $m+n+1$ 个需求函数，以及四套平衡方程，其中第一套方程（1）是生产的物质条件，不论哪种制度都须遵守，而另外三套平衡方程则为集体主义生产部在追求集体满足最大化时所必须求解的。

（3）由第 2 点结论可知，集体主义制度下的一般均衡体系也是完全确定的：方程数等于未知量数。

巴罗尼进一步分析了集体主义制度下实现均衡，即实现集体满足最大化的机制。他指出由于集体主义制度也必须遵从的方程组[Ⅰ]（物质生产条件）共有 n 个方程，而待求的相对价格有 $m+n-1$ 个，故肯定有无限个相对价格体系都满足方程组[Ⅰ]。因此可以任选其中一个解作为出发点，然后观察由这个解过渡到另一解时，$\sum \Delta\theta$ 的变化。只要 $\sum \Delta\theta$ 不等于零，就不断地调整价格体系（在满足方程组[Ⅰ]的范围里），直至 $\sum \Delta\theta$ 等于零为止。

巴罗尼进一步指出，只要生产部进行大量的组织活动，充分了解每个人对各种产品和服务以及储蓄的需求函数，那么在技术系数不变的前提下，是可以用数学方法解出实现集体福利最大化所需要的价格体系的。因为在技术系数不变的前提下，生产部面临的只是一个线性方程体系，从理论上讲，用数学方法求解是可能的。求解时的困难只是在于众多的个人和众多种类的货物所造成的巨大数量的线性方程。然而，由于要素之间的替代性，技术系数不可能是外生的不变量。它将随着生产要素的服务价格的变化而变化，以适应生产成本最小化这一条件。于是在追求集体满足最大化时，生产部所面对的便不再是一个由线性方程组成的体系，而是一个包含着非线性方程的体系。因此，导致最大集体福利的均衡价格体系是不能用数学方法先验地解出的。只能通过试错法，通过不断地变动价格体系来逐步逼近最大集体福利的均衡状况。而在这一逼近过程中，那些高成本企业的破产将像自由竞争条件下一样不可避免。

除了上述对最大集体福利均衡的条件的分析及实现均衡的机制的分析之外，巴罗尼还有三点值得重视的看法：（1）对于最大集体福利这一目标来说，总

收益 x 的直接分配比间接分配更有利。这里的间接分配是指通过不规定社会化资源的服务价格,从而降低产品价格所实现的分配;而直接分配是指首先按均衡价格确定总收益 x 的数量,然后按某种一致同意的方式把 x 直接分配给每个人。(2)对于最大集体福利这一目标来说,取得积累资金的最好方法是首先把总收益 x 全部分配给个人,然后通过适当的利率来形成积累所需要的储蓄;而不是由生产部首先截留一部分 x 作为积累资金,再把剩余的 x 分给个人。(3)总收益 x 的分配的变动,将引起最大集体福利的均衡值的变化。这意味着 x 的分配方式是集体主义制度下最大集体福利均衡的参数变量。

巴罗尼上述思想的主要贡献之一在于证明了瓦尔拉斯-帕累托一般均衡分析不仅适用于自由竞争的个人主义经济,同样也适用于追求集体满足最大化的集体主义经济;在这两种经济中,资源合理配置的条件是相同的;从而深刻揭示了这两种经济内在的同一性。主要贡献之二在于指出了追求集体满足最大化的集体主义经济必须具备哪些制度性特征(如保留价格体系,给社会性资源同样规定均衡价格,社会性资源所带来收入的分配方式,消费者自由选择,等等)及哪些行为准则(如生产成本最小化、价格等于生产成本)。主要贡献之三是指出集体主义经济实现集体满足最大化的机制,不是通过事先的精确计算来求求均衡价格体系,而是用试错法不断逼近均衡。因此,其逻辑的结论必然是需要市场机制。由于这三方面的贡献,巴罗尼的上述思想完全可以称作是后来兰格的市场社会主义模式的先驱。

巴罗尼所缺少的只是没有给试错法规定具体准则,没有指出试错过程中价格以什么为依据进行调整,向什么方向调整。而兰格则明确指出应根据商品的供求态势来决定价格是否调整以及向什么方向调整,从而为试错法规定了具体准则。巴罗尼的重点是强调了集体主义经济中最大集体福利均衡与自由竞争均衡的同质性,而兰格的重点则是为实现均衡的试错法规定具体准则。

尽管兰格在 20 世纪 30 年代提出的市场社会主义模式极为接近巴罗尼的集体主义经济,但由于资料所限,我们无法断定兰格是在了解巴罗尼的思想之后提出市场社会主义模式,还是在事先并不了解巴罗尼的思想的情况下,独立地然而几乎是重复地提出了他的思想。但不论哪种情况,为了纪念巴罗尼的贡献,应当把市场社会主义模式称作巴罗尼-兰格模式。

附　录

阿夫塔里昂的危机理论

艾伯特·阿夫塔里昂[①](Albert Aftalion,1874—1956),生于保加利亚的法国经济学家,1904—1920 年任里尔大学教授,1920—1940 任巴黎大学教授。其主要论著有:《论总危机与周期性危机统一的理论》(1909)、《周期性生产过剩危机》(1913)、《社会主义基础:研究性评论》(1923)、《现代经济学中的货币价值》(1927)和《黄金与货币及其价值》(1938)等。

阿夫塔利昂在 1878 年以后,在法国多所大学的经济学专业中被指定为主席的教授之一。他对当时法国主流经济学的自由贸易放任主义传统提出质疑,并逐渐为法国经济学引进更为科学的内容。

阿夫塔利昂的主要贡献是在系统研究和整理西斯蒙第波动理论的基础上(他于 1899 年编辑出版了《西斯蒙第经济著作集》),提出了真实经济周期理论,指出了加速原理在经济周期中的作用,因此被认为是加速原理的提出者之一。他认为对于消费品需求增加的预期将引起消费品批发商订单增加,但由于没有闲置的生产设备,就需要增添更多机器设备。于是投资需求被传导到生产过程的各个阶段,引起价格的普遍上涨,最终也引起消费品价格上涨。当投资计划完成,设备交付之后,价格开始下跌。从批发商订单增加到新设备交付之间的时间里出现投资上升价格上涨的繁荣过程,而从新设备交付使用到消费品订单的再次增加之间的时间里出现价格下跌的衰退过程。

阿夫塔利昂的周期理论,不太重视货币银行所发挥的作用,而是强调经济中真实因素所发挥的作用,所以他可以被看作是真实周期理论的早期开拓者。

阿夫塔利昂后期的主要工作是研究了 1919—1924 年法国通货膨胀的性质,以及两次世界大战之间国际黄金流动的原因。

参考文献

[1]瓦尔拉斯:《纯粹经济学要义》,商务印书馆 1989 年版。

[2]熊彼特:《从马克思到凯恩斯十大经济学家》,商务印书馆 1965 年版。

[3]晏智杰:《经济学中的边际主义》,北京大学出版社 1987 年版。

---

① 《新帕尔格雷夫经济学大辞典》第 1 卷,经济科学出版社 1996 年版,第 40 页。[英]马克·布劳格、保罗·斯特奇斯:《世界重要经济学家辞典》,经济科学出版社 1987 年版,第 6—7 页。

第八编
西方经济学的第二次综合
与新古典经济学的形成

第三十章　马歇尔的综合经济理论体系

19 世纪末,西方经济学在其演进过程中发生了第二次综合。其特点是结合以李嘉图为代表的古典经济学与边际主义经济学,形成一种新的理论体系。这次综合实际上是由两个人完成的,一个是英国的马歇尔,另一个是瑞典的威克塞尔。但由于语言壁垒[①],后者体系的综合性历来被低估了,下一章将详尽说明威克塞尔体系的综合性质。本章则着重介绍马歇尔的思想体系。

第一节　马歇尔生活时代的英国

阿尔弗雷德·马歇尔[②](Alfred Marshall,1842—1924),出生于英国伦敦郊外克拉彭一个银行职员的家庭。1865 年毕业于剑桥大学,是剑桥大学数学学位考试甲级第二名,随即成为研究生,打算研究分子物理学。1867 年,他由开始关心物理学转而关心伦理学而最终转向献身于经济学。这一转变与他目睹了一些城市贫民窟的悲惨景象后,深思贫困是否必然这一问题有关。1868 年,为研究康德哲学,他去了德国,在那里接触了历史学派罗雪尔的经济思想。同年回国,任剑桥大学道德科学讲师。法德战争期间他再次去德国研究黑格尔哲学。

---

①　威克塞尔的思想晚至 20 世纪 30 年代才被介绍给英语世界。像这种由于语言不同而导致的各国经济学家思想交流的困难,可称之为语言壁垒。

②　《新帕尔格雷夫经济学大辞典》第 3 卷,经济科学出版社 1996 年版,第 377—392 页。[英]马克·布劳格、保罗·斯特奇斯:《世界重要经济学家辞典》,经济科学出版社 1987 年版,第 415—416 页。

1875 年,他为了研究保护主义政策而去美国考察,此行给他以重大影响。在与其学生玛丽·佩利·马歇尔①(Mary Paley Marshall,1850—1944)结婚之后,他于 1877—1882 年任布里斯托尔大学学院负责人。1881 年因病辞职赴意大利休养。1883—1884 年任牛津大学巴里奥学院经济学讲师。1885—1908 年任剑桥大学经济学教授,期间他创立了剑桥大学经济学院,形成了经济学剑桥学派的学术传统。其主要论著有:《产业经济学》(1879 年与其夫人合著)、《国际贸易纯理论》(1879)、《经济学原理》(1890,有中译本)、《产业与贸易》(1919)和《货币信用与商业》(1923,有中译本)等。

马歇尔从事学术活动的时期,正是英国由自由资本主义向帝国主义过渡的时期,自由竞争逐步被私人垄断所取代。这一转变给他的经济思想留下深刻印记,使他对资本主义经济的特征产生了不同于前人的看法,即不再把竞争看成是资本主义经济的特征,认为用"'竞争'这个名词来说明近代产业生活的特征是不甚恰当的"②。应当用"经济自由"来概括资本主义经济的特征。对于竞争,他认为既要看到它促使人们保持活力和自主精神而有益于社会的一面,又要看到它的破坏性;对于经济自由,他也同样认为,既要看到自由企业制度对英国生产力的促进作用,"自由企业给予英国的生产力量,是它抵抗拿破仑获得胜利的唯一手段"③,也要看到它被那些缺乏教养的商人滥用而导致的罪恶。④ 因此他认为,应当由政府对自由企业制度进行一定的干预,以增强自由企业制度好的作用并减少它坏的影响。他并且提出这种干预是需要由经济学家进行研究的实际问题。⑤ 由此可知,虽然他把自由竞争作为自己理论分析的前提,但并不反对由政府进行一定的干预。

马歇尔从事学术活动时期的英国,一方面仍然存在着许多贫富不均的现象,另一方面由于长期以来英国工业的发达以及废除谷物条例之后廉价农产品的大量输入,英国穷人的生活比产业革命前还是有所提高,比其他一些落后国家也要好。尤其是 1850 年以后,英国工人的平均实际工资开始上升,而工作时间则开始缩短,工人阶级的整体福利开始有所改善。⑥

---

① 《新帕尔格雷夫经济学大辞典》第 3 卷,经济科学出版社 1996 年版,第 392 页。[英]马克·布劳格、保罗·斯特奇斯:《世界重要经济学家辞典》,经济科学出版社 1987 年版,第 416 页。

② [英]马歇尔:《经济学原理》上卷,商务印书馆 1981 年版,第 31 页。

③ [英]马歇尔:《经济学原理》上卷,商务印书馆 1981 年版,第 33 页。

④ [英]马歇尔:《经济学原理》上卷,商务印书馆 1981 年版,第 32 页。

⑤ [英]马歇尔:《经济学原理》上卷,商务印书馆 1981 年版,第 60 页。

⑥ E. 雷·坎特伯里:《经济学简史》,中国人民大学出版社 2011 年版,第 82 页。

　　这种状况给马歇尔的经济思想留下了深刻烙印。由凯恩斯为他所写的传记可知①，他曾经利用假期访问数个城市的贫民区，了解穷人的生活状况。正是出于对穷人的同情心，出于对工人阶级何以无法有更好生活条件的疑问，他才转向研究经济学，并使他把"贫困是否必然的问题"当作经济学应予最大关心的问题，②把财富的分配不均看作是英国社会的一个严重缺点。③ 另一方面他又认为，大部分技术工人已经不再属于下等阶级，其中有些人所过的生活已经比一个世纪以前的大多数上等人所过的生活更美好。在上述认识下，他提出渐进的改良主义。他的改良主义表现在两个方面：一是明确宣扬劳资合作。二是主张在保持私有财产权的基础上进行谨慎的改良，反对社会主义性质的变革。因为"一般的历史，尤其是社会主义冒险事业的历史，表明普通的人不能接连长时间地实行纯粹的和理想的利人主义；只有当少数笃信宗教的人的有力的热诚，使得物质上的关心与崇高的信仰相比变为无足轻重时，才有例外"④。

　　马歇尔早年曾经同情社会主义，但随着时间的推移，年龄的增长，他最后放弃了社会主义，转向有节制的即并不反对一切政府干预的自由主义。⑤ 他反对社会主义的理由是认为公有制会挫伤人们的工作积极性和创新精神，从而阻碍经济进步，而这又是因为不可能使全体人民养成并长期保持利他主义的习惯。如若不然，公有制是会比私有制更高级的。他对于社会主义的这种态度正如熊彼特所指出的那样："他由于热心肠而愉快地同情社会主义理想，又由于有冷静的头脑而悠然自得地驳倒社会主义者。"⑥

第二节　经济学的研究对象及方法

一、经济学的研究对象：经济规律

　　马歇尔认为经济学的研究对象是财富和人，是研究人的日常生活事务方面

---

　　① J. M. 凯恩斯：《艾尔弗雷德·马歇尔传》，商务印书馆 1990 年版，第 9 页。

　　② 〔英〕马歇尔：《经济学原理》上卷，商务印书馆 1981 年版，第 25 页。

　　③ 〔英〕马歇尔：《经济学原理》下卷，商务印书馆 1981 年版，第 364 页。

　　④ 〔英〕马歇尔：《经济学原理》上卷，商务印书馆 1981 年版，第 30 页。

　　⑤ 〔澳〕彼得·格罗尼维根：《阿尔弗雷德·马歇尔》，华夏出版社 2009 年版，第 126—131 页。

　　⑥ 熊彼特：《艾尔弗雷德·马歇尔》，载《从马克思到凯恩斯十大经济学家》，商务印书馆 1965 年版，第 105 页。

最有力、最坚决地影响人类行为的那些动力和阻力，①但这些动力和阻力的强度必须是能够以货币衡量的。同时他并未否定其他的动力和阻力对于人类行为的影响。他认为货币一般购买力、物质财富，之所以能成为经济学研究的中心问题，并非因为它们是人类努力的主要目标，而是因为它们是"衡量人类动机的唯一便利的方法"②。

在马歇尔看来，经济规律的存在是毋须说明的，值得注意的是经济规律的性质。他认为经济规律"相当于较为复杂和较不精确的自然科学的规律"③，它表达的不是各种现象之间带有必然性的确切的数量关系，而是带有概率性质的大致趋向。

二、经济学的研究方法

马歇尔研究方法最主要的特征有三点：连续原理、边际分析和局部均衡分析。④

马歇尔从生物学和数学得到启示，"'自然不能飞跃'这句格言，对于研究经济学的基础之书尤为适合"⑤。他强调自己学说的特点是"注重对连续原理的各种应用"⑥。该原理的含义是说在经济现象中难以划出非此即彼的界限，任何不同的经济现象之间都存在连续关系。例如他认为在正常价值与市场价值之间没有显著的区别，对一定时间而言的正常价值，对更长时间来说不过是市场价值。地租与利息的区别，同样应视时间长短而定，没有绝对分明的界限。流动资本与固定资本、新投资与旧投资，也是同样。在算作资本与不算作资本的东西之间，必需品与非必需品之间，生产性劳动与非生产性劳动之间，也都没有明显的区别。⑦

马歇尔还把连续原理运用到经济学说史的发展上，认为"新的学说补充了旧的学说，并扩大和发展了、有时还修正了旧的学说，而且因着重点的不同往往使旧的学说具有新的解释；但却很少推翻旧的学说"。⑧ 他认为经济学研究的不同课题之间也贯穿着连续原理。例如分配问题和交换问题便不能截然分开，可

---

① ［英］马歇尔：《经济学原理》上卷，商务印书馆 1981 年版，第 34 页。
② ［英］马歇尔：《经济学原理》上卷，商务印书馆 1981 年版，第 43 页。
③ ［英］马歇尔：《经济学原理》上卷，商务印书馆 1981 年版，第 50 页。
④ ［英］马歇尔：《经济学原理》上卷，商务印书馆 1981 年版，第 8 页。
⑤ ［英］马歇尔：《经济学原理》上卷，商务印书馆 1981 年版，第 18 页。
⑥ ［英］马歇尔：《经济学原理》上卷，商务印书馆 1981 年版，第 12 页。
⑦ ［英］马歇尔：《经济学原理》上卷，商务印书馆 1981 年版，第 14 页。
⑧ ［英］马歇尔：《经济学原理》上卷，商务印书馆 1981 年版，第 11 页。

以用供求平衡的一般原理来说明这两者。①

马歇尔承认,他关于发展的连续性概念,以及在此基础上建立起来的经济学观点,从实质上讲是受到生物学、历史学和哲学的影响,而在形式上则是受到数学的影响。这一点与18世纪的经济学家大多受到牛顿机械力学的影响,从而强调固定不变的自然法则形成鲜明对照。

综上所述,马歇尔把连续原理用于两类现象上:一类是与发展变化有关的历时现象,如经济思想的变化、经济制度的变化等。对这类现象来说,连续原理意味着变化过程不存在突变和飞跃。另一类现象是指同时并存的各种共时现象,如资本和非资本、必需品和非必需品、利息和地租等。对这类现象来说,连续原理意味着它们之间不存在严格的界限。在他的体系中,连续原理导致三个主要成果:(1)他看到经济学各领域中分析方法的统一性,从而把边际分析方法贯穿到各领域的分析中。(2)他把交换理论和分配理论统一在供求均衡论的基础上,不像在古典学派那里分别受不同原理所支配,从而使他的体系具有逻辑上统一简洁的美感。(3)他把边际主义与古典学派在价值论、分配论方面的观点进行了综合,从而使得古典经济学好像变成了边际主义的一个组成部分,这便使得古典经济学失去了独立存在的地位。直到很久之后,人们才重新发现古典经济学的许多重要内容,如人口变动、经济增长,制度变迁等,在马歇尔的综合中被排斥或不再占据重要地位了。而在这些方面,古典经济学具有比马歇尔综合体系更丰富的内涵。

对连续原理的笃信,微分学在研究连续变量中的重要作用,再加上古诺和杜能的影响,使马歇尔深信对于经济学来说,增量是比总量更重要的概念,从而引起他对边际增量分析方法的广泛运用。他大大拓宽了边际分析方法的使用范围,把早期边际效用论者仅仅用于分析需求和效用的方法,用于分析经济学各个领域。他不但运用这个方法分析欲望、效用和需求,还分析成本、收益和供给,并在此基础上说明商品的价值;而且还运用这个方法来解决国民收入的分配问题,从而使他成为边际生产力论的发明者之一。在边际生产力论的基础上,他不仅解决了收入分配问题,也解决了生产过程中各类资本的配置问题以及诸生产要素配合时的替代问题。

边际分析方法的广泛使用,是马歇尔在方法上区别于早期边际主义者的主要特征之一。这一特征对西方经济学以后的发展极有影响,影响到经济学的方法甚至内容。边际分析在本质上是微分学在经济学中的表现,而微分学又与数学中的古典优化理论联系密切,所以边际分析便在以后的发展中演化成优化分

---

① [英]马歇尔:《经济学原理》上卷,商务印书馆1981年版,第14页。

析,许多经济问题最终被归结为寻求不同场合下的极值问题。而边际—优化分析方法所取得的成功,又使得经济学中那些可以运用此种方法的内容扩展起来,而难以运用此种方法的其他内容逐渐萎缩,使经济学从一门涉及制度变动、资源增减、交换价值、收入分配等诸多方面内容的学科演变为既定制度、既定资源条件下合理配置资源的学科,它以牺牲研究领域的广阔为代价换来了对某部分内容研究的深入。

局部均衡分析,是马歇尔研究方法的第三大特征。均衡概念是从力学中吸收过来的,表明各种方向相反的力互相抵消时的一种状态。他的均衡状态则是表达各种相反的经济力量相互抵消时的状态,也就是古典学派所说的"正常状态""自然状态",只是古典学派未用"均衡"这一字眼来表达之。所以注重分析均衡状态并非马歇尔方法上的创新。古典学派也注重分析均衡状态,只是对于构成均衡状态的经济力量的分析,他与古典学派有所不同。他侧重从供求两个方面来说明均衡状态,而古典学派则侧重从资本在各种产品生产之间自由流动的停止来说明市场均衡状态。

马歇尔对于均衡分析方法所增加的新东西,主要不在于提出"均衡"这一名词(当然这也是他的贡献之一),而在于提出了局部均衡的分析方法。他之所以要提出局部均衡的分析方法,以及这一方法的特征何在,最好是以他本人的话来阐明:"我们要研究的力量为数是如此之多,以致最好一次研究几种力量,作出若干局部的解答,以辅助我们主要的研究。……我们用'其他情况不变'这句话,把其他一切力量当作是不起作用的:我们并非认为这些力量是无用的,不过是对它们的活动暂不过问而已。"①由此可知,局部均衡分析方法是分析复杂的经济现象的一种近似方法。这一方法实际上一直为古典学派甚至除洛桑学派之外的边际主义者所不自觉地使用着,只是马歇尔明确指出这一方法的局限性和合理性。正因为如此,他才能非常熟练地运用这一方法,同时又不至于掉入这一方法所造成的陷阱。能够指出自己分析方法的局部性质,这正说明他已经意识到一般均衡方法的存在,正如熊彼特所指出的:"《经济学原理》的正文可以说明,它的附录更足以证明马歇尔完全掌握了一般均衡观念。"②只是他没有把一般均衡方法作为自己的分析方法。他所提出的"其他情况不变"这一研究方法,是研究复杂现象的一种利器,是他能够对于经济学作出巨大贡献的重要因素之一。正是这一方法,使得马歇尔能够提出著名的供求曲线,能够用供求曲线的交叉点来说明均衡价格的决定。当然,这一方法能否避免错误结论,关键

① [英]马歇尔:《经济学原理》上卷,商务印书馆1981年版,第19页。
② 熊彼特:《艾尔弗雷德·马歇尔》,载《从马克思到凯恩斯十大经济学家》,商务印书馆1965年版,第101页。

在于能否知晓假定不变的其他情况的具体内容。正是因为马歇尔熟知在价格决定中假定不变的其他情况的具体内容,如收入、偏好、技术、相关商品的价格等等,才能够对商品价格的决定理论作出卓越贡献。

虽然以局部均衡作为主要分析方法,但马歇尔的分析绝不仅仅是静态的,而是以静态分析为基础,大量地涉及动态成分。正如他自己所说的,他的书"常使用'平衡'这个名词,它含有静态的相似之意。这个事实以及本书中特别注意的近代生活的正常状态,都含有本书的中心概念是'静态的',而不是'动态的'之意。但是,事实上本书始终是研究引起发展的种种力量,它的基调是动态的,而不是静态的"①。他体系中的动态成分主要表现于以下三点:一是引进短期、长期这一对概念,比较了短期均衡与长期均衡的区别,分析了引起短期均衡向长期均衡变动的因素。二是分析了各种生产要素数量(有时还有质量)的变化趋势,尤其是产业组织这一要素的变化对内部经济和外部经济的影响。而这方面的变化在他看来是会改变供给曲线的形状和位置,从而最终引起均衡状态的变更的。三是分析了经济进步对收入分配的影响。

对于经济学家中间长期存在的关于抽象演绎方法和历史归纳方法之争,马歇尔采取的是他一贯的综合态度,强调两种方法同样重要。他认为"经济学需用归纳法和演绎法,但为了不同的目的,采用这两种方法的比重也不同"②。他提出,"科学,当其获得新规律时,应该说是归纳性的;当从这些新规律中进行推理并试图弄清它们之间是如何相互关联时,应该说是演绎性的;……经济学究竟是一门归纳性的学科还是一门演绎性的学科,一直以来,人们总是众说纷纭。其实,经济学两者都是:它的归纳连贯起来就是演绎;它的演绎连贯起来则是新的归纳"③。

值得特别指出的是马歇尔对于数学方法的态度。作为数学专业出身的经济学家,他似乎对于数学方法在经济学中的运用具有比其他人更多的顾虑。这种顾虑不仅仅表现在表达方法上,虽然他《经济学原理》的论点大部分都可以有相应的数理模型,但书的正文几乎全是文字和图形,所有的数理内容都作为附录或注释。据说这样做是为了让非专业的企业家等人也能够看懂他的书。他的顾虑更表现为对于在经济学探讨中能够运用数学方法取得成功的深深怀疑上。他在1906年写给专心于使用数学和统计学方法研究经济学的朋友阿瑟·

---

① [英]马歇尔:《经济学原理》上卷,商务印书馆1981年版,第19页。
② [英]马歇尔:《经济学原理》上卷,商务印书馆1981年版,第48页。
③ 转引自杰拉德·M.库特:《英国历史经济学:1870—1926》,中国人民大学出版社2010年版,第27页。

莱昂·鲍利(Arthur Lyon Bowley)①的一封信中,有如下一段文字:

"我找不到任何对你有所用途的关于'数学—经济学'的注释:对于我过去是怎样考虑这一主题的,我只有非常模糊的记忆。现在我从不阅读数学:实际上,我已经忘记怎样将很多东西结合在一起成为一个整体。

但是我知道最近几年对于我所从事的主题,我有越来越多的感觉,即一条涉及经济假设的优秀数学定理,非常不太可能是优秀的经济学:我越来越多地依靠这些规则——(1)将数学作为一种速记语言来使用,而不是作为分析的发动机来使用;(2)在你做完之前坚持使用它们;(3)转换成英语;(4)然后用实际生活中重要的例子来说明;(5)烧掉数学;(6)如果你在(4)上没有成功,就烧掉(3)。我经常遵循最后这一条。"②

从这段含义并不非常明确的文字中,还是可以看出他对于在经济学中运用数学发现真理的不信任态度的。当然,这种态度是否完全正确则应该另当别论。

第三节　需求分析

一、从边际效用递减规律到市场需求规律

对需求的分析,是马歇尔体系的基础之一。他的需求分析是建立在边际效用论的基础上的。他认为人的欲望是无止境的、多种多样的,但每一特别的欲望都是有限度的。因此,当时间足够短,以至消费者在性格和爱好上不发生变化,则"一物对任何人的边际效用,是随着他已有此物数量的每一次增加而递减"③。他进一步把上述结论推广到货币身上,其结论是"一个人越是富有,货币的边际效用对他就越小"④。

以边际效用递减规律为基础,马歇尔展开了对需求的分析。他首先分析个别消费者的需求,提出了需求价格的概念。它是消费者在货币购买力和拥有的货币量既定时,购买一定数量的商品所愿支付的最高价格。它由这一定量商品的边际效用所决定。

---

① 关于此人的介绍,见本书第二十六章第二节。

② 转引自[美]哈里·兰德雷斯、大卫·C.柯南德尔:《经济思想史》,人民邮电出版社2011年版,第292—293页。

③ [英]马歇尔:《经济学原理》上卷,商务印书馆1981年版,第112—113页。

④ [英]马歇尔:《经济学原理》上卷,商务印书馆1981年版,第115页。

由于商品的边际效用随商品数量的增加而减少,所以"一个人所有的一物的数量越大,假定其他情况不变(就是货币购买力和在他支配下的货币数量不变),则他对此物稍多一点所愿付的价格就越小,换句话说,他对此物的边际需求价格是递减的"①。这种情况便是边际需求价格递减规律,这一规律表明了需求价格对于商品数量的依存关系。

但边际需求价格递减规律从另外一种角度来看,又反映了一个人在其货币拥有量及货币购买力一定时,对某种商品的需求量与各种可能出现的价格的依存关系,这一依存关系可以看作是前面那种依存关系的逆函数。表达后一种依存关系的表便称作个人需求表。表达后一种依存关系的曲线便称作个人需求曲线。而只要把个人需求表或个人需求曲线进行加总,便可得到市场需求表或市场需求曲线。市场需求曲线可以用图 30-1 表示之:其中 DD 线便是市场需求曲线,它表达了一个普遍的市场需求规律,"需要的数量随着价格的下跌而增大,并随着价格的上涨而减少"②。这表明市场需求是价格的递减函数。

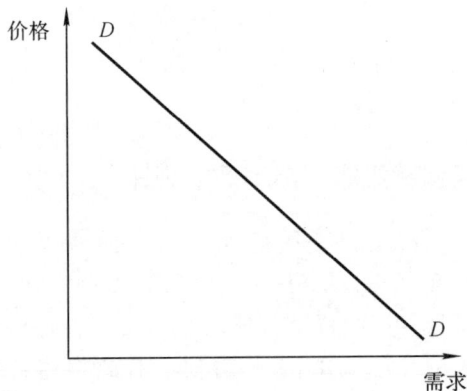

图 30-1

上述需求规律,实际上在古典学派的理论中已经存在,只是没有明确表达出来。所以马歇尔的新贡献不在于提出需求规律,而是在于以边际需求价格递减规律为中介,把市场需求规律建立在无数个人的边际效用递减规律的基础上,这就把古典学派的市场需求理论与边际效用论结合了起来。

通过对货币的边际效用的分析,马歇尔进一步认为需求还受到货币拥有量的支配。当一个人的货币拥有量(作为资财的代表)增加时,由于货币的边际效

---

① [英]马歇尔:《经济学原理》上卷,商务印书馆 1981 年版,第 114 页。

② [英]马歇尔:《经济学原理》上卷,商务印书馆 1981 年版,第 119 页。

用递减,所以他对任何一定的利益所愿支付的需求价格就随之增加,即他对既定市场价格下的商品的需求会增加。当进入市场的大多数人都增加了货币拥有量时,图 30-1 中的 DD 曲线就会相应右移。这表明古典学派理论中已经涉及的关于收入或财产变化对需求的影响,被马歇尔用货币边际效用递减规律加以说明了。除了价格和资财这两个因素外,他还简略提出了影响需求的其他因素,如风尚、替代品价格等。

综合来看,马歇尔实际上是把市场需求看成是价格、资财、风尚、替代品价格等多种因素的函数。价格及资财对于需求的影响是以商品本身的边际效用递减律和货币的边际效用递减律为基础的。所以他是在边际效用论的基础上建立起他的市场需求理论的。但与奥地利学派及杰文斯相比,两者之间的关系不再是那么直接了,而是通过一些中介环节;而且把商品的边际效用和货币的边际效用作为并列的因素来解释市场需求,不像奥地利学派及杰文斯那样只考虑商品本身的边际效用。

二、需求弹性

马歇尔用需求弹性这个概念表明需求量对市场价格的变动作出反应的程度。需求变动的百分比除以价格变动的百分比,表明了弹性的强度。当比值小于 1 时,谓之需求弹性小;当比值等于 1 时,谓之需求弹性为 1;比值大于 1 时,谓之弹性大。他还利用图 30-2 指出了在需求曲线上求某一点的弹性的方法:如 P 点的需求弹性便等于 $MT/M0$ 或 PT/Pt。

马歇尔进一步列举了影响需求弹性的诸因素,主要有:(1)消费品的性质,一般说来,用途单一的绝对必需品(如食盐)的弹性很小,而有多种用途的商品(如水)的弹性往往很大。(2)价格水平,同一种商品在不同的价格水平上有不同的弹性。随着价格的低落,需求弹性将逐步下降。[①] (3)消费者的收入水平,工人、中等阶级以及富人,他们对同一种商品的需求弹性往往是不一样的。

弹性这一概念,后来成为马歇尔体系中最富有活力的一个概念。由此引申出各种各样的弹性,成为经济分析的有力工具。需求弹性的初步概念,在约·斯·穆勒的《政治经济学原理》一书中已经出现,但从传记材料来看[②],马歇尔显然是独立发现这一概念的。并且也正是他把这一概念放在重要的地位,并进行了仔细研究,从而使这一概念成为重要的分析工具。

---

① ［英］马歇尔:《经济学原理》上卷,商务印书馆 1981 年版,第 123 页。

② 参阅凯恩斯:《艾尔弗雷德·马歇尔传》,商务印书馆 1990 年版,第 84 页。

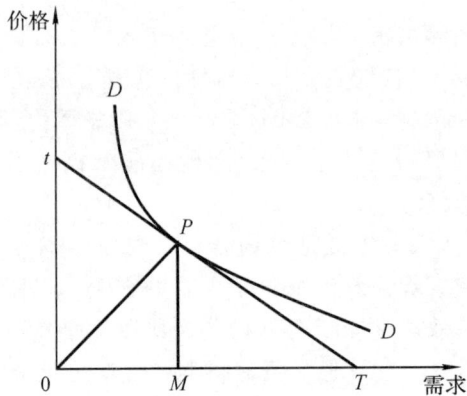

图 30-2

三、消费者选择行为与消费者剩余

马歇尔还以边际效用为基础分析了三个问题:一是一种物品在不同用途上的选择;二是一种物品在现在使用与将来使用之间的选择;三是消费者剩余。前两个问题涉及消费者的选择行为,在这两个问题上,他基本上是重复了戈森第二定律以及奥地利学派的见解。但消费者剩余却是他独创的概念。消费者在购买一定量商品时,支出的总费用等于价格与商品量之积。而这个价格在他看来等于商品的边际单位的效用。但对于消费者来说,边际单位之前的各单位商品的效用要高于边际单位的效用,所以他对边际单位之前的各单位商品所愿支付的价格也将高于边际单位的价格。这样,为了得到这一定量的商品,消费者所支出的总费用便低于他为了得到这些商品而愿意支出的最高费用。二者之差便是消费者剩余。它表明消费者在购买中获得的额外利益,可以用图 30-3 表示消费者剩余。

其中面积 $PEQ0$ 表示消费者为购买 $Q0$ 量的商品所实际支出的总费用,面积 $DEQ0$ 表示消费者为得到 $Q0$ 量商品所意愿支出的最高费用,两者之差为面积 DEP,便是消费者剩余。

消费者剩余又可看作是消费者从某商品(A)一定量中所获得的总效用(U_A)与所支付的总费用(C_A)之间的差额,设需求价格(P_A)为需求量(Q_A)的函数:$P_A = f_A(Q_A)$,则该商品(A)总效用(U_A)可由下式求得:

$$U_A = \int_0^a f_A(Q_A) \mathrm{d}Q_A \qquad 其中\ a\ 为需求量$$

该商品(A)总费用(C_A)可由下式得出:

$$C_A = P_A \times a$$

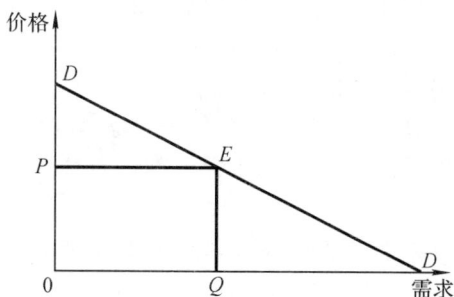

图 30-3

则该商品的消费者剩余便等于：

$$U_A - C_A = \int_0^a f_A(Q_A)\,\mathrm{d}Q_A - P_A \times a$$

消费者剩余这一概念在后来的福利分析中具有重要意义。

马歇尔还给出了一定收入条件下,消费者通过消费各种商品所获得的总效用(U)函数：

$$U = \sum_{x=1}^n U_x = \sum_{x=1}^n \int_0^a f_x(Q_x)\,\mathrm{d}Q_x$$

他承认,由于该函数形式假定总效用由各商品效用加总而成,没有考虑各商品间的替代和补充,即没有考虑其他商品的数量对某种商品效用的影响,故这一函数缺乏实用价值。虽然如此,它仍是西方经济学发展中,建立总效用函数的初步尝试。对总效用函数以后的发展来说。马歇尔的贡献不在于给出了上述形式的总效用函数,而在于指出了上述形式的总效用函数的缺点。

第四节　供给分析

一、生产四要素与报酬变动的三种情况

在对供给的分析中,马歇尔首先对决定产品供给的生产要素进行了分类,并研究了各类要素的变化对产品供给的影响。

马歇尔认为,生产要素共有四类:除了以往人们多次提过的土地、劳动和资本外,还有一类,他称之为工业组织。

关于土地,马歇尔着重论述了土地报酬递减律的含义和作用。

关于劳动要素,马歇尔认为劳动的数量取决于人口的自然增加以及移民,并肯定马尔萨斯人口论在本质上是正确的,但过低估计了生活资料对人口增加

的承受能力。他还强调了劳动要素的质量,认为使劳动者保持精神和身体上的健康状态有助于提高工业生产的效率,认为教育对于提高劳动者素质有重要作用。国家应当舍得在教育方面进行投资。

关于资本要素,马歇尔认为资本的供给来自储蓄。储蓄是消费或享乐的延期,而利息则是延期享受所受牺牲的报酬。他不赞成把利息看作是忍欲的报酬,而强调它是等待的报酬。

关于工业组织,马歇尔认为它的内容相当丰富,包括分工、机器的改良、有关产业的相对集中、大规模生产以及企业管理等。

马歇尔用"内部经济"和"外部经济"这一对概念,来说明第四类要素的变化何以能导致产量的增加。所谓内部经济,是指由于企业内部的各种因素(如劳动者工作热情工作技能的提高、内部分工协作的发展完善、先进设备的采用、管理水平的提高及管理费用的减少等)所导致的生产费用的节约。所谓外部经济,是指由于企业外部的各种因素(如企业离原料供应地和产品销售市场的远近、市场容量的大小、运输通讯的便利程度、其他相关企业的发展水平等)所导致的生产费用的减少。内部经济倾向于降低单个企业的成本并扩大其规模,而外部经济则倾向于普惠行业内所有企业。因此,内部经济有促成垄断消除竞争的作用,而外部经济则会维持竞争局面。①

马歇尔把四种生产要素的变化对产品供给的影响概括为报酬递增和报酬递减这两种基本情况。他指出:"概括地说:自然在生产上所起的作用表现出报酬递减的倾向,而人类所起的作用则表现出报酬递增的倾向。"②这是因为自然资源数量有限,若自然在生产过程中所提供的生产要素在数量上无法增加,或必须以日益昂贵的方式增加,而其他生产要素如劳动和资本又在几乎不变的工业组织下不断增加,则将出现报酬递减倾向,产品的边际生产费用将增加。然而,劳动和资本的增加,一般会引起工业组织的改进,从而提高劳动和资本的使用效率,这将导致报酬递增倾向,产品的边际生产费用将下降。

马歇尔提出,报酬递增和报酬递减这两种倾向,是不断地互相压制的。当二者的作用相互抵消时,便出现报酬不变的情况。他谈到,农业部门是报酬递减倾向占上风,非农业部门则往往出现报酬不变或报酬递增,而大多数原料费用无足轻重的工业部门中,报酬递增倾向占主导地位。

马歇尔进一步指出:"报酬递增的趋势在短期内一般是不存在的。"③因此,

---

① [美]威廉·布雷特、罗杰·L.兰塞姆:《经济学家的学术思想》,中国人民大学出版社、北京大学出版社 2004 年版,第 25—26 页。

② [英]马歇尔:《经济学原理》上卷,商务印书馆 1981 年版,第 328 页。

③ [英]马歇尔:《经济学原理》下卷,商务印书馆 1981 年版,第 446 页。

在短期中,在任何一种生产部门,都存在一个关于产量的边际水平,"在那边际之内,任何一个生产要素的使用量的增加,在一定条件下都是有利的;但是超过了这个边际,生产要素的使用量再有增加,就会产生递减的报酬,除非需要有增加,同时要与某一生产要素合用的其他生产要素随着也有适当的增加。……这个关于边际的概念不是一律的和绝对的;它是随着所研究的问题的条件而变化的,特别是随着与它有关的时间之长短而变化"①。这就是说,由于短期中工业组织这一要素往往保持不变,所以产量达到一定水平后将出现报酬递减,而在长期中由于工业组织的改进会使产量将出现报酬递减的临界水平不断增大,从而出现报酬递增。

至于长期中的报酬递增是否会导致垄断从而破坏市场竞争,马歇尔强调企业家的自然寿命是一个限制因素。"大自然以限制私人企业的创办人的寿命,甚至以对他的生命中最能发挥他的才能的那一部分限制得更严,来压制私人企业。因此,不久之后,企业的管理权就落到即使对企业的繁荣同样积极关心,但精力和创造的天才都较差的那些人手中了。如果这企业变为股份公司组织,则它可保持分工以及专门的技术和机械上的利益;如果再增加资本的话,它甚至可以增大这些利益;并且在有利的条件下,它在生产工作上就可以保持永久和突出的地位。但是,它恐怕已丧失它的伸缩性和进步的力量如此之多,以致在与新兴的较小对手竞争时,它不再完全处于有利地位了。"②由此可知,他并不认为纯粹的报酬递增就一定会导致垄断,人的自然寿命成为市场竞争的保护屏障。

由于一个行业往往同时存在许多企业,有的趋向兴盛,有的趋向衰退,有的趋向稳定。因此,为了分析报酬变动对于产品的边际生产费用的影响,马歇尔提出了代表性厂商这一概念。它是指"能正常地获得属于一定的总生产量的内部经济与外部经济"③的企业。这个代表性厂商可作为一个行业的缩影,对它来说(从而也就是对整个行业来说),产量增加所引起的边际生产费用可能会有三种变化情况:(1)费用递减(报酬递增),即随产量增加生产规模扩大,边际生产费用逐步减少。(2)费用递增(报酬递减),即随产量增加生产规模扩大,边际生产费用逐步增加。(3)费用不变(报酬不变),即随产量增加生产规模扩大,边际生产费用不变。

① ［英］马歇尔:《经济学原理》上卷,商务印书馆1981年版,第20页。
② ［英］马歇尔:《经济学原理》上卷,商务印书馆1981年版,第326页。
③ ［英］马歇尔:《经济学原理》上卷,商务印书馆1981年版,第327页。

二、供给价格、供给曲线

一种商品的供给价格是代表性厂商在提供一定数量的商品时所愿意接受的最低价格,它由这一定量商品的边际生产费用所决定。马歇尔提出了两个关于生产费用的概念:实际生产费用和货币生产费用。他的实际生产费用由"直接或间接用于生产商品的各种不同的劳作,和节欲或储蓄商品生产中所用资本所需要的等待"相加而成,即由"劳作和牺牲"组成。① 他的货币生产费用则由"对这些劳作和牺牲所必须付出的货币额"组成。② 在一定时间里,对应于同种商品的不同商品量,有不同的供给价格,二者之间存在一定的函数关系,表达这种函数关系的表称作供给表,表达这种关系的曲线称作供给曲线。

由于供给价格取决于边际生产费用,而边际生产费用如前所述,在产量变动时会有三种变化,分别以图 30-4 的(a)、(b)、(c)示之。图中的三条 ss 线分别是报酬递减(费用递增)、报酬不变(费用不变)和报酬递增(费用递减)三种情况下的供给曲线。它们表明,在报酬递减(不变或递增)的情况下,随着产量的增加,代表性厂商的供给价格将上升(不变或下降)。从另外一个角度来看,它们表明,为使代表性厂商提高产量,在报酬递减情况下,市场价格必须提高;在报酬不变情况下,市场价格可以不变但不能降低;在报酬递增情况下,市场价格可以下降。

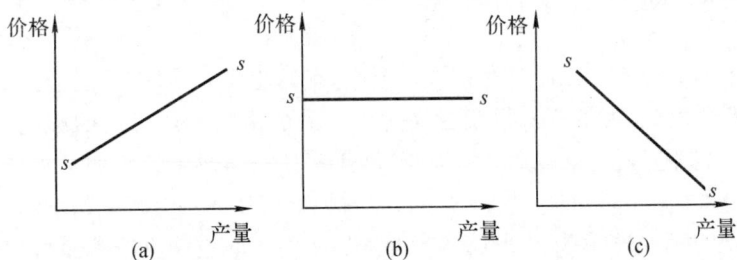

图 30-4

三、供给弹性

马歇尔用供给弹性这个概念表明供给对市场价格的变动作出反应的程度,它的强度由供给变动百分比除以价格变动百分比的值确定。他指出,在使用供给弹性这一概念时,必须注意它与需求弹性的差别。首先,需求对价格变动作

① [英]马歇尔:《经济学原理》下卷,商务印书馆 1981 年版,第 31 页。
② [英]马歇尔:《经济学原理》下卷,商务印书馆 1981 年版,第 31 页。

出反应的速度一般说来比较快,同时需求弹性一般不会因时间的长短而有不同。但供给就有所不同,因为供给的变动要涉及生产规模的变化,所以供给对价格变动作出反应所需要的时间间隔,取决于生产规模作出变动所需的时间。马歇尔指出了两种极端的情况:那些需要大型设备而原有设备已充分开工的工业部门,生产规模扩大所需时间较长;而那些工具简单的手工制品,生产规模可迅速变化。在生产规模无法作出相应变动的短时间里,供给弹性的大小要视产品的储备及卖主对市场价格进一步走向的预期而定。在生产规模可以作出相应变动的长时期中,供给弹性的大小还需视产品属于哪种报酬倾向而定。他指出,"遵守报酬递加甚或报酬不变规律的那种商品的供给弹性,对长期来说在理论上是无限大的"[①]。综上所述,产品的供给弹性将依时间的长短、报酬倾向的不同而有所不同。

第五节　均衡价格

一、供求均衡

马歇尔是以完全竞争为前提来考虑均衡价格的决定的,并且分别按照报酬递减、报酬不变和报酬递增三种情况来考虑均衡价格的确定。他认为,均衡价格就是需求价格与供给价格相等时的价格,或需求量等于供给量时的价格。三种报酬情况下均衡价格的确定可用图 30-5 中的三个图表示出来:图 30-5 中横轴都为供求量,纵轴都为价格。需求曲线和供给曲线的交点 E 为均衡点,其对应的价格为均衡价格,对应的供求量为均衡供求量。

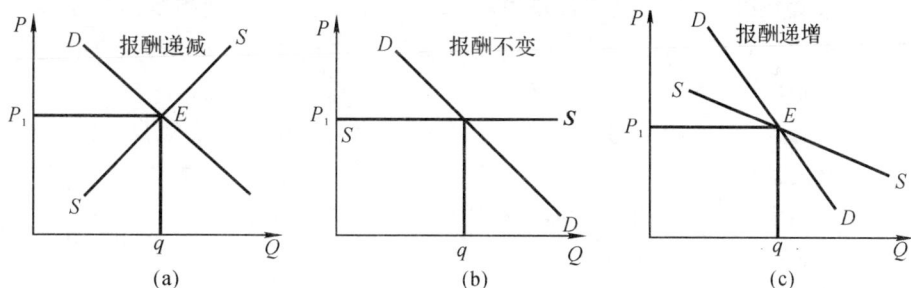

图 30-5

① ［英］马歇尔:《经济学原理》下卷,商务印书馆 1981 年版,第 137 页。

二、因时间长短而异的四种均衡

马歇尔在分析均衡价格或古典学派所说的正常价格时,强调了时间因素,认为随时间的长短不同,均衡价格也将不同。他把均衡价格分成三种类型:(1)暂时均衡价格;(2)短期均衡价格;(3)长期均衡价格。最后还有一种处于长久性运动中的正常价格。

所谓暂时,是指时间如此短暂,以致无法变动供给量,所以供给曲线为一垂直线,于是均衡价格主要取决于需求,需求增减则均衡价格也相应增减,而与生产费用无关。对此可用图 30-6 示之。

所谓短期,是指在这段时间里无法通过增加生产设备、改进生产技术和工业组织来改变产量;但设备利用率、工人人数和工作时间可以变动,从而使产量可以在一定范围中变动。在这样一段时间里形成的均衡就叫作短期均衡。

所谓长期,是指在这段时间里一切生产要素都可适应需求的变动而在数量和性质上发生变动,从而引起供给量的变动。

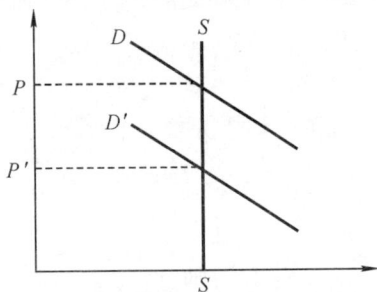

图 30-6

在这样一段时间里形成的均衡就叫作长期均衡。

马歇尔认为,短期与长期所导致的一个重要差别是供给价格的内涵不一样。他把产品的总生产费用分成直接生产费用和补充生产费用,直接生产费用一般是指工资、原材料消耗等;补充生产费用包括设备厂房的折旧维修费、高级职员的薪水等。短期中,供给价格不能低于直接生产费用,但可低于全部生产费用。这就是说,短期中只要价格可以抵补直接生产费用,则相应的产量便会被供应出来。而在长期中,供给价格要取决于除地租外的一切生产费用(包括直接生产费用和补充生产费用),甚至包括资本利息和正常利润。

所谓长久性运动中的正常价格,是指"一个世代到一个世代知识、人口和资本的逐渐增长以及需求和供给的变化"[①]的结果,所以可以把它看作是均衡价格在动态过程中的变化途径。而前三种均衡则都带有静态性质。

马歇尔四种价格的分类表示如下:

---

① [英]马歇尔:《经济学原理》下卷,商务印书馆 1981 年版,第 68 页。

$$
价格 \begin{cases} 市场价格（暂时均衡价格） \\[6pt] 正常价格 \begin{cases} 短期均衡（正常）价格 \\ 长期均衡（正常）价格 \\ 长久性运动中的正常价格 \end{cases} \end{cases}
$$

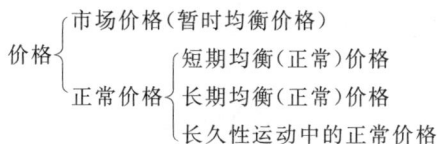

三、价值由需求和生产成本共同决定

马歇尔认为，价值由需求和生产成本共同决定。他说："我们讨论价值是由效用所决定还是由生产成本所决定，和讨论一张纸是由剪刀的上边裁还是由剪刀的下边裁是同样合理的。"[①]但对应于所考虑的时间的长短不同，需求和生产成本在价值决定中所起的作用是不同的。他的结论是："就一般而论我们所考虑的时期愈短，我们就愈需要注意需求对价值的影响；时期愈长，生产成本对价值的影响将愈加重要。因为生产成本变动对于价值的影响与需求变动的影响比较起来，一般需要更长的时间才能表现出来。"[②]因此，在暂时均衡中，价值就可以看成是单独由需求决定，而"商品的价值在长时期内有等于它的生产成本的趋势"[③]。另外，在报酬不变的场合，只要在时间允许产量相应于需求作出调整的范围中，价值也都可以看成是单独由生产成本所决定。

四、从失衡趋向均衡的产量动态调节，稳定均衡与不稳定均衡

马歇尔并不以上述静态均衡分析为满足，而是深入进行动态的均衡分析。这包括两方面内容：一是关于失衡走向均衡的调节机制；二是关于均衡的移动。

马歇尔认为市场从失衡向均衡的恢复是通过产量的调整进行的。他假定初始有一个既定的产量水平，若该产量的需求价格高于（低于或等于）供给价格，即初始产量小于（大于或等于）均衡水平，将刺激厂商增加（减少或不变动）产量水平，从而使均衡得以实现（保持）。

这种调节机制与瓦尔拉斯体系中把价格调节作为恢复均衡的机制是不同的。这种不同在报酬递减和报酬不变的场合不会造成不同的动态变化，即都会使不均衡状态趋向均衡状态，所以这两种情况下的均衡都是稳定均衡。马歇尔认为，对于这两种情况中的稳定均衡来说，如果出现对它的偏离，无论是价格的偏离还是供给量的偏离，在自由竞争条件下，由于供求双方追求自身利益，会产生一种自发运动，使偏离趋于消失。

---

① ［英］马歇尔：《经济学原理》下卷，商务印书馆 1981 年版，第 40 页。
② ［英］马歇尔：《经济学原理》下卷，商务印书馆 1981 年版，第 41 页。
③ ［英］马歇尔：《经济学原理》下卷，商务印书馆 1981 年版，第 39 页。

但在报酬递增的场合马歇尔的产量调节机制和瓦尔拉斯的价格调节机制却会导致不同的动态变化。这可用图 30-7 说明：

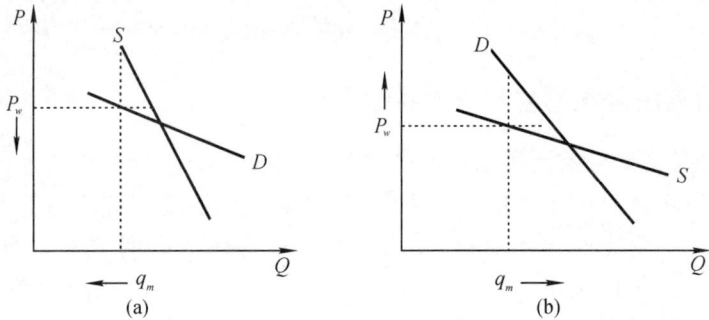

图 30-7

（a）、（b）两图分别表示报酬递增时供求曲线之间的两种不同关系。在（a）图中，马歇尔的初始产量 q 将引起背离均衡的产量运动，而瓦尔拉斯的初始价格 p 所引起的负值超额需求却引起趋向均衡的价格运动。在（b）图中情况恰恰相反，马歇尔的初始产量 q 引起趋向均衡的产量运动，而瓦尔拉斯的初始价格 p 所引起的正值超额需求却引起背离均衡的价格运动。[①] 这说明：（a）图中的均衡对于瓦尔拉斯价格调节机制是稳定均衡，但对于马歇尔的产量调节机制是不稳定均衡，即一旦出现对均衡产量的偏离，则偏离会越来越大。（b）图中的均衡对于马歇尔的产量调节机制是稳定均衡，但对于瓦尔拉斯价格调节机制是不稳定均衡，即一旦出现对均衡价格的偏离，则偏离会越来越大。

马歇尔认为，稳定的均衡价格便是古典学派所说的正常价格，它为市场价格的摆动提供了一个环绕的轴心。

五、均衡位置的移动：均衡的动态分析

马歇尔认为，除了存在着由失衡趋向均衡的运动之外，还存在着均衡位置本身的运动。他认为有许多因素都通过移动正常需求或（和）正常供给而引起均衡位置本身的运动。引起正常需求增加的因素有：商品日益时新、开发出商品的新用途或新市场，代用品供给的减少，社会财富或一般购买力的长期增长，等等；这些因素的反面将引起正常需求的减少。引起正常供给的增加的因素有：新供给来源的开辟，技术进步、新机器或新制造方法的发明，以及获得生产补贴，等等。这些因素的反面将导致正常供给的减少。

---

① 参阅布赖恩·摩根：《货币学派与凯恩斯学派》，商务印书馆 1984 年版，第 129 页。

马歇尔用图 30-8 分析正常需求增加而供给不变时对均衡价格的影响：

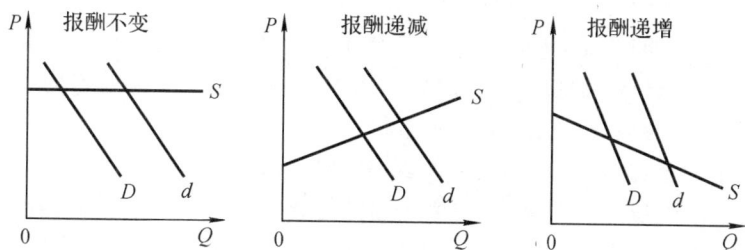

图 30-8

由图可知,需求增加(表现为需求曲线右移)时,报酬不变的产品均衡价格不变,报酬递减产品均衡价格上升,报酬递增产品均衡价格下降。

马歇尔用图 30-9 分析正常供给增加而需求不变时对均衡价格的影响：

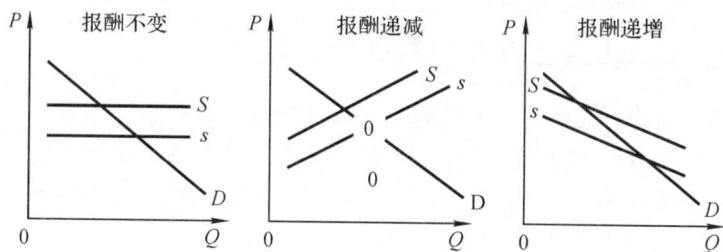

图 30-9

由图可知,供给因技术进步等原因而增加(表现为供给曲线向右向下移动)但需求不变时,报酬不变,均衡价格下降;报酬递减,均衡价格稍有下降;报酬递增,均衡价格大幅度下降。

六、满足最大化:对均衡的福利分析

马歇尔指出,巴斯夏等人所认为的自由竞争下的均衡意味着满足最大化的论点是不能接受的。他认为均衡仅仅是满足最大化的必要条件,而不是充分条件。这有两方面的原因:

首先,均衡并不会自然地导致收入的均等化,即不会使得货币的边际效用在所有人那儿都一样。因此,均衡并不意味着交换各方的满足实现了最大化,因为还可以通过收入的再分配使社会全体人的福利总和进一步增加。

其次,由于报酬递增和报酬递减这两种情况的存在,自由竞争条件下的均衡不一定意味着满足的最大化。他认为在报酬递增条件下,政府通过补贴来降低生产成本,将使消费者剩余的增加超过补贴额,并且使价格大幅度下降;在报酬递减条件下,政府通过税收来提高生产成本,将使消费者剩余的减少小于税收额,并使价格略有上升。因此,若对报酬递减的产品进行征税,再用所征税款来补贴报酬递增的产品,则消费者剩余比不这样做时增加。由此可知,通过政府的上述税收和补贴行为而形成的新均衡将比政府不采取上述行为时的均衡(即自由竞争下的均衡),导致更大的福利。[1]

马歇尔的上述分析,以消费者剩余这一概念为工具,说明了自由竞争并不一定导致社会满足的最大化,这与早期的边际效用论者是有很大差别的。正如熊彼特所指出的:"马歇尔是第一个表明,完全竞争不总是能够使产量达到最大程度。……这是一个古老城池的第一个缺口。"[2]

马歇尔的上述论点蕴含的政策主张是,可以通过政府的税收和补贴政策,使产量以及社会的满足水平超过自由竞争所能达到的水平。由此可知,他并不是无条件地主张自由竞争的,而是像约·斯·穆勒一样,主张由政府对经济进行一定的干预。

七、连带需求与复合需求,连带供给与复合供给

马歇尔清醒地意识到,局部均衡的分析方法是以忽略各种产品之间错综复杂的关系为前提的。然而现实生活中,这些关系对产品的均衡价格是会发生各种影响的。因此他在运用局部均衡方法建立了均衡价格论之后,便着手研究了产品之间的相互关系及其对价格的影响。[3]

马歇尔首先分解需求为直接需求和间接(派生)需求。前者是对直接满足人的消费需要的商品的需求,而后者则是对生产商品的原料和其他生产要素的需求,它是由对前者的需求派生而来的。因此商品的价格便影响到生产商品的原料等生产要素的价格。

马歇尔用"连带需求"和"复合供给"这两个概念表达了今天人们所说的商品之间的互补关系和替代关系,并认为具有这类关系的产品的价格会相互影响。他又用"连带供给"这一概念表达今天人们所说的联合产品之间的关系,认为具有这种关系的两种产品的价格之间也存在相互影响。他还用"复合需求"这一概念说明对一种产品的多种用途上的需求,认为各种用途上的需求之间存

---

① [英]马歇尔:《经济学原理》下卷,商务印书馆 1981 年版,第 154 页。

② 熊彼特:《艾尔弗雷德·马歇尔》,载《从马克思到凯恩斯十大经济学家》,商务印书馆 1965 年版,第 107 页。

③ 在这一研究中马歇尔受到德国经济学家曼戈尔特(1824—1868)的影响。关于曼戈尔特的情况,可参阅马克·布劳格等:《世界重要经济学家辞典》,经济科学出版社 1987 年版,第 408 页。

在着竞争,从而影响着该产品的需求价格。①

总的说来,马歇尔指出了各种产品之间的复杂关系,可以说是已经意识到了一般均衡问题,但并没有展开深入的分析。

第六节 垄断理论

在研究了自由竞争条件下的均衡价格和均衡产量之后,马歇尔又研究了垄断条件下的均衡价格和均衡产量。他首先分析了垄断者的行为目标,认为垄断者"所关注的是获得最大限度的纯收入"②,因此他们所提供的产量总是能够使他们获得最大纯收入的产量。他以这一命题为前提展开对均衡价格和均衡产量的分析。但他同时也承认,垄断者有时也会为了自己的长远利益而暂时不以纯收入最大化为其行为目标。

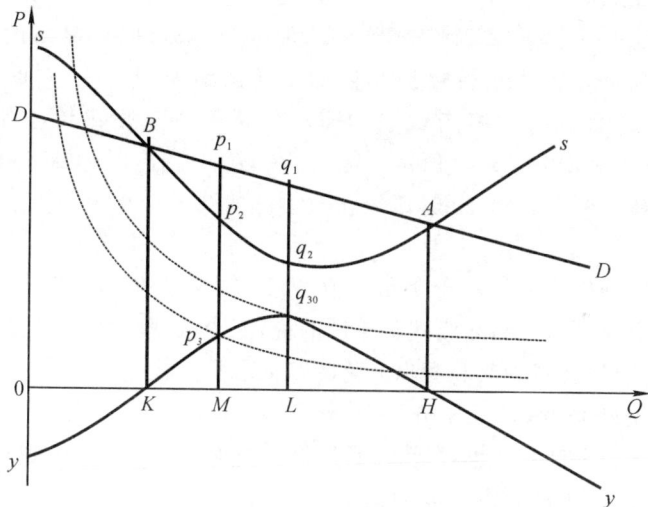

图 30-10

马歇尔以图 30-10 表述了追求纯收入最大化的垄断者的均衡产量和均衡价格。图中横轴为产量,纵轴为价格,DD 为需求曲线,ss 为供给曲线,yy 为纯收入曲线,它上面的任一点到横轴的垂距,都等于其垂足所代表的产量水平的需求价格与供给价格之间的差额,即纯收入额。当产量为 K 和 H 时,供求曲线交

---

① 〔英〕马歇尔:《经济学原理》下卷,商务印书馆 1981 年版,第 69—81 页。

② 〔英〕马歇尔:《经济学原理》下卷,商务印书馆 1981 年版,第 155 页。

于 B 和 A 纯收入为零。低于 K 和大于 H 产量,供给价格大于需求价格,纯收入为负值。图中虚线为直角双曲线,其方程为 $xy=g$,即曲线上任一点的两座标值之积为一常数 g,离原点越近的双曲线,其 g 值越小。图中 yy 曲线上的 q_3 点相切于较高的双曲线,而 yy 曲线上的其余各点,如 p_3 点则相交于较低的双曲线。由此可知,q_3 点代表最高的纯收入,由于线段 q_3L 等于线段 q_1q_2,即在产量 $0L$ 时,需求价格超过供给价格的数额最大。由此可知,均衡产量为 $0L$,而均衡价格由该产量下的需求价格决定,为 q_1L。

马歇尔进一步比较了垄断条件下的均衡产量与自由竞争条件下的均衡产量。他指出,与竞争条件下的厂商相比,"垄断者往往能够保持企业上的节约"[①]。这是因为竞争条件下的厂商无法利用大规模生产带来的内外部经济,无法拿出像垄断厂商那样多的资金来改进技术和机器设备,同时相互之间还要竞争以致用于各种广告的总费用将比一个厂大得多。因此,虽然垄断条件下的均衡产量不像竞争条件下那样由供求曲线的交点所决定,而是低于交点所对应的产量,但垄断条件下的均衡产量还是可能会大于自由竞争条件下的均衡产量。这是因为若垄断者经营有方,那么"一般可以得出结论:非垄断产品的供给表所表示的供给价格比我们的垄断供给表要高些;因此,在自由竞争下所生产的商品的均衡产量小于需求价格等于垄断供给价格的那一产量"[②]。这就是说,如图 30-10 所示,虽然 L 在 H 的左方,但若没有垄断,商品的供给曲线将高于图中的 ss 曲线,以致它与 DD 曲线的交点位于 A 点甚至 q_1 点的左方。

马歇尔还分析了税收对于垄断企业产量的影响。他指出对垄断企业征收总额不变的税或者与其利润成固定比例的税,不会改变其利润最大化的产量水平;但是产量税将会减少其利润最大化的产量水平。

从上述论断来看,马歇尔并不是无条件地认为垄断不如竞争,从理论上讲,垄断的产量可能大于也可能小于竞争的产量,垄断的价格也同样可能大于也可能小于竞争的价格。他的这一思想后来为熊彼特在《资本主义、社会主义和民主》一书中大加发挥,论证了垄断比竞争在产量和价格两方面的优越性。

---

① [英]马歇尔:《经济学原理》下卷,商务印书馆 1981 年版,第 160 页。
② [英]马歇尔:《经济学原理》下卷,商务印书馆 1981 年版,第 162 页。

第七节　收入分配理论

一、收入分配的一般原理

马歇尔认为,国民收入是生产要素共同创造的,因此收入分配问题,就是如何把国民收入分解为各生产要素的贡献份额的问题。他认为虽然纯产品作为实物是由生产要素生产的,但生产要素的需求价格取决于纯产品的价格,即要素的收入由产品价格决定,而不是要素的价格决定产品价格。这一见解与奥地利学派等边际主义者用低级财货价值决定高级财货价值是一致的。他还认为各生产要素收入的总和正好等于纯产品的总价值。那么纯产品的总价值按什么原则分解为各生产要素的收入呢? 对此,他的观点是:"一般说来,劳动、资本和土地对国民收益的分配,是和人们对它们所提供的各种服务的需要成比例的。但这种需要不是总需要,而是边际需要。所谓边际需要,是在一点上的需要,在该点,不论人们略多购买某种要素的服务(或服务成果),或用他们的额外资金购买其他要素的服务(或服务成果),对他们都毫无区别。"① 这就是说,对各种要素的服务的边际需要决定了它们的收入份额。要更深入地了解这一命题,就需要了解他的替代原理。

马歇尔的替代原理是指企业家们将不断地用相对于一定纯产品来说较便宜的生产要素来代替较贵的生产要素,从而使得生产要素不断从该要素服务价值较小的使用方面移向服务价值较大的使用方面,最后达到两点结果:一是一种要素在它的各种用途上的价值趋于一致;二是同一种用途上任何两种要素的边际纯产品之比等于它们各自的价值之比。由此可知,他的替代原理实际上就是追求收益最大化的企业家们选择最佳要素组合的行为的结果。由于这种行为,便决定了各种要素在整个经济中的边际需要,并进而决定了收入在各种要素之间的分配比例。

由上述替代原理可知,决定要素收入份额的边际需要,是由要素的边际生产力(边际纯产品)和要素的成本(要素的价格)共同决定的。边际生产力决定了企业家们对要素的需求价格,而要素的成本取决于要素的供给价格。于是要素收入的份额问题便归结为要素的均衡价格问题,归结为要素的供求问题。于是,分配的决定便与价值的决定一样,同样取决于供求均衡。任何生产要素的

---

① ［英］马歇尔:《经济学原理》下卷,商务印书馆 1981 年版,第 208 页。

需求,取决于它在替代原理作用下的边际生产力;而供给"不论什么时候都首先取决于它的现有存量,其次取决于它的所有者把它运用到生产上的意向"①。因此,虽然工资、利息、地租和利润互不相同,但它们从根本上讲都服从供求规律。

马歇尔还进一步分析了各种要素相对数量的变化对收入分配的影响,他认为任何一种要素所得份额越大,若其他条件不变,则其数量相对其他要素来说将增加(土地除外)越快,结果其边际生产力将下降,并使其在国民收入中所得份额减少,而使其他要素的收入份额增加。

二、工资理论

马歇尔用劳动的供求均衡来说明工资的决定。他写道:"需求和供给对工资起着同样的影响,其中是不容有轩轾的,如同剪刀之两边,拱门之双柱一样。工资有等于劳动纯产品的趋势,劳动边际生产力决定劳动的需求价格。从另方面来看,工资有同培养、训练和保持有效率的劳动的精力所用的成本保持密切关系(虽然是间接而复杂的)的趋势。"②他强调,在计算劳动的成本时,不仅要考虑生存和维持效率的必需品,还要考虑习惯上的必需品。从这种供求均衡论出发,他否定古典学派的工资铁律和工资基金学说,也不同意某些边际主义者单纯从边际生产力来说明工资的决定。

马歇尔认为,在现代文明中并不存在所谓一般工资率。劳动可以分为不同种类和阶层,每一劳动种类和阶层都有其自己特殊的需求价格和供给价格。"一般工资率"这种概念只是为了方便地考察劳动和资本的一般关系。

马歇尔还以供求均衡论为基础,分析了不发达国家的工资决定。他指出不发达国家的"劳动阶级所能消费的奢侈品最少,甚至习惯上的必需品也不多。他们报酬的增加引起人数的大量增加,从而使他们的报酬又迅速降低至仅能维持生活所需要的费用的原有水平线上。在世界上大多数地方,工资几乎是按所谓铁律或铜律来规定的,这个规律把工资固定在培育和维持一个效率很差的劳动阶级的费用上"③。这一论点似乎是肯定工资铁律,否定不发达国家的工资由供求决定,其实不然,他恰恰是把所谓的工资铁律建立在供求均衡论的基础之上。他的上述思想可用图30-11表达出来:横轴为劳动供求量,纵轴为工资率。$0S$ 为维生工资率,e_1 为初始的均衡,初始均衡工资率高于维生工资率,结果引起劳动供给迅速增加,使供给曲线由 SS_1 右移为 SS_2,于是新的均衡为 E_1,恢复维生工资率。当需求曲线因需求增加而从 D_1D_1 右移为 D_2D_2 后,均衡点为

① [英]马歇尔:《经济学原理》下卷,商务印书馆 1981 年版,第 199 页。
② [英]马歇尔:《经济学原理》下卷,商务印书馆 1981 年版,第 204—205 页。
③ [英]马歇尔:《经济学原理》下卷,商务印书馆 1981 年版,第 203 页。

D_2D_2 和 SS_2 的交点 e_2，工资率再次超过维生工资率，但又引起劳动供给增加，供给曲线 SS_2 右移为 SS_3，出现均衡点 E_2，又恢复维生工资率。余类推。结果从长期看，虽然不断有工资高于维生水平的事情出现，但最终总是回落到维生水平，出现工资铁律。由此可知，不发达国家维生的工资率或工资铁律现象完全可以用供求均衡论加以说明。

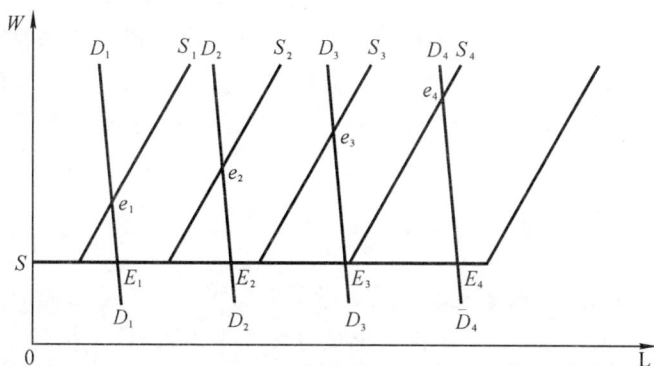

图 30-11

而西方发达国家之所以有比不发达国家高的工资率，马歇尔认为是由于发达国家中工人的必需品中不仅含有维持生存的必需品，还含有维持效率的必需品。即相对于不发达国家来说，发达国家的劳动供给曲线有更高的位置。

由此可知，无论发达或不发达国家，工资率都由劳动的供求均衡来决定。区别在于发达国家的劳动供给价格中包括了维持效率所必需的费用，而不发达国家则不包括这部分费用。

马歇尔不仅对工资问题进行了上述实证性分析，还提出了自己的规范性要求，即主张实行效率工资。因为能提高效率的高工资，"不仅能提高工资领受者的效率，而且能提高他们子孙的效率，……报酬优厚的劳动一般的是有效率的劳动，因此，不是昂贵的劳动"①。从这一认识出发，他提出："一切资本中最有价值的莫过于投在人身上面的资本。"②

三、利息理论

马歇尔认为，利息对于获得利息的人来说，是延迟享受所含有的牺牲之报酬，或等待的报酬；对于付出利息的人来说，则是使用资本的代价。他把通常的

---

① ［英］马歇尔：《经济学原理》下卷，商务印书馆 1981 年版，第 184 页。
② ［英］马歇尔：《经济学原理》下卷，商务印书馆 1981 年版，第 232 页。

利息区分为毛利和纯利,只有纯利才是等待的报酬,毛利则除了包含纯利之外,还包含风险、债权者的麻烦等因素所带来的报酬。他认为纯利的利率有趋向一致的趋势,但毛利的利率则没有这种趋势。

马歇尔认为,利息率的大小也同工资率一样,取决于资本的供求。而资本的需求取决于增量资本所提供的纯产品,即资本的边际生产力。而资本的供给从根本上讲取决于资本家对延期消费或等待所期望的报酬。但具体说来,供给情况要依据资金市场的大小、时间的长短而有所不同。对于局部地区的资金市场来说,需求增加后,可以通过向邻区抽调资金而在短期内迅速增加。但对于全国或全世界来讲,需求的增加、利率的上升,并不会在短期中引起资金供给的增加,只有在长期中才会使资本总供给缓慢增加。

四、地租与准租理论

在地租问题上,马歇尔基本上是重述了李嘉图的级差地租理论。他首先区分地租为狭义和广义。狭义地租完全是自然界的恩赐,非人力所为,而广义地租则还包括对土地进行投资改造所得的报酬。他重点分析了狭义地租的决定。他认为虽然对个人来说,土地也可以算是一种具体资本,可以变动它的数量,但对于整个社会来讲,土地是数量不变的,且无生产成本,是大自然的赐物,因此土地没有供给价格。因此地租便取决于对土地的边际投资的纯产品。他从土地报酬递减律出发,认为随投资的不断增加,最终会达到某个边际,处于该边际上的投资所生产的纯产品,仅提供正常利润而无剩余。而边际投资以前的各份投资的纯产品,则除去正常利润外尚有剩余,这些剩余便构成地租。

准租概念是马歇尔富有独创性的一个收入范畴。准租是指在短期中,因为对各种在长期中数量可变但短期中数量固定的生产要素的需求所引起的报酬。如生产设备、工业组织、管理技能、个人的特殊才能等。短期内都不会适应需求的变化而变化,像土地一样,它们在短期中的报酬完全由对其服务的需求所决定,往往高于其供给价格,类似于地租。但长期中它们数量可变,故其长期报酬又由对其服务的供求双方决定。趋于其供给价格,因此又不具有地租的性质。生产设备的准租(短期收益)可以高于也可以低于均衡的利率,但它的长期收益必须也必然趋近均衡利率。否则,若是低于均衡利率,则生产设备数量将减少;若是高于均衡利率,则其数量将增多。而这些数量变动最终将迫使其长期收益向均衡利率逼近。

准租概念使马歇尔能依据时间长短的不同来说明要素收入与产品价格之间的关系。短期中,要素收入中能否包括准租是由产品的价格决定的,因此是产品价格决定要素收入;而长期中,要素收入中不再包含准租成分,趋向于其供给价格,并且要素收入通过影响产品供给价格,成为产品均衡价格的决定因素之一,于是长期中是要素收入决定产品价格。

五、利润理论

马歇尔区分了正常利润和超额利润,他认为超额利润是企业家特有天赋的产物。正常利润则是企业家经营管理和组织企业活动的报酬。他认为企业家有两种能力:一是生产的组织者;二是人的领导者。而这两种能力是专门教育训练和天赋才能的产物。为培养这些才能而付出的代价决定着企业主"劳动"的供给价格。而企业家"劳动"的需求价格取决于企业经营的边际纯产品,这个纯产品表现为企业家在最合理地使用和安排其他各生产要素的条件下所能获得的纯收入,亦即在支付工资、利息和地租以后所能得到的正常利润。

总的说来,马歇尔的利润理论比较单薄,不像他对其他收入范畴的说明那样有力。

六、劳资调和论

马歇尔坦率承认:"分配论研究的主要意义是使我们知道:现有的社会经济力量使财富的分配日趋完善;这些力量是经常起作用的,日益壮大的;它们的影响大多是积累性的;社会经济组织比乍看起来要更加微妙而复杂;考虑不周的巨大改革会引起严重的后果。"①这表明,他相信现存制度会逐步改善,而任何大的社会变革都是不必要的。

马歇尔承认在一般资本与一般劳动之间存在着一定的竞争关系,资本会排斥劳动。但他同时又认为,资本的增加会增加国民收益,虽然从短期看,劳动者不能从这种增益中得到什么明显的好处,但从长远看,资本的增加会增加就业,更重要的是随着资本的增加,利率必然下降,从而减少资本所得在国民收益中的份额,增加劳动所得的份额。

马歇尔的结论是:"一般资本和一般劳动,在创造国民收益上是相互合作的,并按照它们各自的(边际)效率从国民收益中抽取报酬。它们的相互依存是极其密切的;没有劳动的资本,是僵死的资本;不借助于他自己或别人的资本,则劳动者势必不能久存。哪里的劳动奋发有力,则哪里资本的报酬就高,资本的增值也很快。由于资本和知识,西方国家的普通工人在许多方面都比以前的王公吃得好,穿得好,甚至住得也好。资本和劳动的合作,如同纺工和织工的合作一样重要……一方的发展是同他方的力量和活动分不开的;不过一方用牺牲

---

① [英]马歇尔:《经济学原理》下卷,商务印书馆 1981 年版,第 363 页。

他方的办法可以暂时(如果不是永久的)取得较大的国民收益份额。"①

第八节 货币理论②

马歇尔认为,货币的职能主要有两种:交换媒介和价值标准。而为了履行第二种职能,就需要保持货币价值或货币的一般购买力的稳定性。他指出,货币的一般购买力或物价水平在实际生活中会发生波动,但人们必须区分它的短期波动和长期波动。而为了知道这种波动就需要用算术加权法或几何加权法来计量货币的一般购买力,即编制物价指数。他看到了编制物价指数的各种困难,承认不能希望得到一种没有大缺点的购买力标准,但考虑到长期借贷活动的需要,应当确定一种官方的一般购买力单位,也就是由政府定期公布物价指数。

在分析了货币价值的计量问题之后,马歇尔进一步探讨了货币价值的决定因素,认为货币的价值与其他商品一样,取决于其本身的供求状况。他指出,决定货币价值的因素在供给方面是贵金属的生产成本,在需求方面是人们建立在贵金属基础上的对购买力的需求,再加上工业以及炫耀性消费对贵金属的需求。从这一看法出发,他对费雪的交易方程式 $py = MV$ 提出了异议,认为那不过是一个恒等式,并未说明决定货币流通速度 V 的原因。他认为这种原因必须从国民愿意以通货形式保存的购买力总额,即国民对货币的需求来说明。他认为这种需求的大小与人口,财富,人均交易额,货币交易占交易总额的百分比,货币的代用品如支票、汇票等发行情况,货币的交易效率,个人的职业和性情,运输,生产和交易方式等有关。若国民对货币的需求既定,则物价水平将会随着货币供给的增加,尤其是不兑现纸币的增加而上涨。他关于货币供求决定其价值的思想,为以后他的学生庇古提出货币的剑桥方程式奠定了基础。

马歇尔认为,通货要能有效地发挥交易手段的功能,就必须保持其购买力的稳定,而只要政府能防止伪币流通,并使人民绝对相信货币不会发行过多,则纸币也能够保持这种稳定性。为此,政府必须编制物价指数,并据此调节通货的数量,使物价指数保持不变。他还提出,要考虑信用正常时期和信用失常时期人们对货币的不同需求,并据此调节货币的供给。这些观点表明他已经有了管理通货思想的萌芽和相机抉择货币政策思想的萌芽。

---

① [英]马歇尔:《经济学原理》下卷,商务印书馆 1981 年版,第 215 页。

② 本节内容参考马歇尔:《货币、信用与商业》,商务印书馆 1985 年版,第一编;凯恩斯:《艾尔弗雷德·马歇尔传》,商务印书馆 1990 年版。

在分析商业信用问题时,马歇尔指出了实际利率与货币利率之间的区别,指出了货币利率的变化与货币购买力变化,从而与信用周期的关系,即物价上涨一般伴随着货币利率的上升,而物价下跌一般也伴随着货币利率的下降。这一思想可能影响到费雪关于物价与利率之间关系的看法,并经由当代的货币主义而广泛传播,成为货币主义反对凯恩斯主义以一定的利率水准为货币政策中间目标的理论依据。

马歇尔对货币理论的最后一个贡献涉及国际金融,他在穆勒关于金本位制国家之间货币汇率的决定机制的理论的基础上,进一步阐明了购买力平价论,从而解决了不可兑现的纸币在不同国家之间的汇率决定问题。

第九节　国际贸易理论[①]

马歇尔的国际贸易理论以李嘉图的比较利益说为基础。他指出,只要有利条件不是平均地分配在各个行业之间,开展贸易就对双方都有利,即使其中一方在各方面都比另一方强。同时,他也承认,在两种情况下实行进口关税有一定的合理性:一是不发达国家为了保护其新兴产业;二是地域辽阔,在内地征税成本很高的国家。但他担心为了保护新兴产业而实行的保护性关税往往在新兴产业已经成长起来之后还继续实行下去。

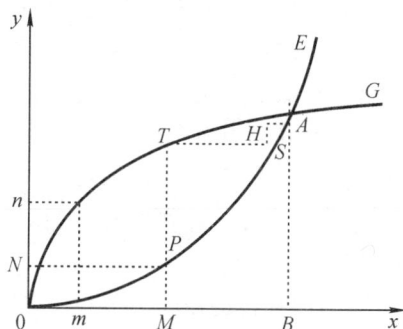

图 30-12

马歇尔以为,由于劳动和资本能够在国内自由流动而在国际间的流动受到很大障碍,所以商品在一国之内的交换价值与国际间的交换价值有很大不同,国内价值的决定机制与国际价值的决定机制两者是不一样的。他以图 30-12 表

---

① 本节内容参阅马歇尔:《货币、信用与商业》,商务印书馆 1985 年版,第三编及附录 J。

达了国际价值的决定：横轴表示 E 国的产品的数量，纵轴表示 G 国产品的数量。$0E$ 表示 E 国所意愿的贸易条件，表明 E 国用一定数量的产品所希望换得的 G 国的产品量。例如 E 国希望用 M 量的产品换得 G 国 N 量的产品。$0E$ 曲线凸向横轴表明随着 E 国出口产量的增加，它所希望换回的 G 国产品按递增速度增加。$0G$ 曲线表示 G 国意愿的贸易条件，表明 G 国用一定量的本国产品所希望换得的 E 国的产品量。例如 G 国希望用 n 量的本国产品换得 m 量的 E 国产品。$0G$ 曲线凸向纵轴表明随着 G 国出口产量的增加，其所希望换回的 E 国产品按递增速度增加。$0E$ 曲线与 $0G$ 曲线的交点 A 反映了两国产品均衡的交换比例，或两国产品的交换价值。当实际的交换比例偏离它的时候，将自发地趋向这一均衡比例。例如初始的比例为 P 点时，虽然 E 国愿意以 M 量本国产品换回 N 量 G 国产品，但 G 国却愿意以大于 N 量的本国产品去交换 E 国的 M 量产品，愿意把交换比例由 P 点移向 T 点；而 E 国进一步愿意把交换比例由 T 移向 S；G 又进而希望移为 H；……最后在 A 点达到均衡。概括地讲，当实际的交换比例落在 $0E$ 曲线的右边，则它将向左移动；若落在 $0E$ 线的左边，将右移。同理，若实际交换比例落在 $0G$ 线的上边，将下移；而落在 $0G$ 线下边，将上移。

马歇尔进一步运用上述图形为基本分析工具，研究了两个国家对对方产品的需求弹性的大小，以及关税的大小对均衡交换比例的影响。其基本结论是：当 G 对 E 的产品具有较大需求弹性（即 $0G$ 线较陡）时，E 对 G 产品需求的增加（表现为 $0E$ 曲线右移）不会引起均衡交换比例的太大变化；若 G 的需求弹性较小（即 $0G$ 线较平），则 E 对 G 产品需求的增加将使均衡的交换比例向着不利于 E 的方向变化，即 E 需要用更多的本国产品来换取一定数量的 G 国产品。当 E 对其向 G 的进出口征收关税时，会在某种程度上减少其进口，在更大程度上减少其出口，从而使均衡的交换比例变得有利于 E，即 E 可用更少的本国产品换得一定量的 G 国产品。同时，若 G 对 E 的商品有很大需求弹性，E 对进出口征收中等程度关税，将在 E 对 G 商品需求有弹性时降低双方的贸易欲望，而在 E 对 G 商品需求无弹性时将不会影响交换比例。

马歇尔还研究了关税对两国利益的影响。他指出，若 E 对其进出口征收一般性关税，并用其购买本国商品和劳务，则 E 将使 G 两方面受害，一是降低 G 的出口欲望，二是恶化 G 的交换比例，迫使 G 用更多的本国产品来交换同样数量的 E 国产品；同时，E 国本身将既有利又有弊，弊在于将减少其进口，利在于改善 E 的交换比例；若把 E 国政府和人民的利益一起计算，这种关税是有一些好处的。

马歇尔还进一步分析了关税的归属转嫁问题。他的结论与约·斯·穆勒一样，若一国对别国产品需求弹性越大，且别国对其产品需求弹性越小，则它越能将关税负担转嫁给别国。

虽然对关税的各种影响进行了广泛的分析,肯定了关税在一定条件下的各种好处,但马歇尔基本上是倾向于自由贸易的。他对自由贸易的论证首先是依据李嘉图的比较利益说,同时他也从政治角度提出了一些其他的论证。他提出,贸易保护政策会腐蚀国家的政治生活,对政治家的道德素养造成损害。因此,他以为,自由贸易的政策现在是将来或许仍然是最好的政策,因为它不是一种对策,而是无对策。为应付一时所需而制定的政策,将由于时过境迁而过时。但自由贸易这种朴素而自然的做法,将胜过操纵关税所获得的各种小利,不管税收征管的方法多么科学多么高明。他还进一步分析了关税保护政策何以比自由贸易主张更易获得成功的原因,即利益明确的小团体往往比利益模糊的大群体更容易在政治生活中实现自己的目标。主张关税保护的人能够清楚地说出这种政策将使哪些人受益,而主张自由贸易的人则往往讲不清楚关税保护将具体伤害哪些人。他因此而以为自由贸易政策在英国的实施是一件偶然的事件,因为以往对进口货课征的保护性关税碰巧都挑选得很不好,给英国公众带来了明显的伤害。

马歇尔上述从政治角度对自由贸易和关税保护所作的分析,可以说是今天的寻租理论、公共选择理论和集体行为理论的萌芽。

马歇尔也考虑了今天发展经济学所考虑的新兴国家的产业选择问题,认为它们最需要发展的是依据本国资源及人力密集的产业,而不是那种耗资甚巨,需要高度专门技术的产业。

马歇尔对国际贸易的长期趋势有下述判断,即受自然资源的差别所支配的贸易额比重将增加,而受工业发展阶段的差别和制造业种类的不同所支配的贸易额的比重将下降。

第十节　经济波动

马歇尔认为在以往商业交往不发达的时候,经济的波动往往与农业收成的变化、战争和瘟疫有关。而在现代经济中,导致商业危机的直接原因往往是少数企业的破产,但危机的真正原因还不在于少数企业的破产,而是许多信贷没有坚实的基础。可以说他基本上是从信贷因素,从现代经济的广泛交往联系来寻找波动原因的。

马歇尔对物价的波动原因也进行了分析,以为物价长期波动的主要原因是贵金属的数量相对于必须以贵金属为媒介的交易量发生了变化。而短期波动则与通货量及贴现率的变化有关,当通货增加后银行将降低贴现率以促进贷款,从而刺激投资需求,提高价格水平,而这将提升贴现率和长期贷款利率。

总体上看,马歇尔更多的是描绘了信用与经济波动的现象,考察了技术进步对就业的影响。他承认技术进步会使小部分工人暂时失业,但从长远看将利大于弊。他肯定市场机制能很好地解决不同劳动力的配置问题。他指出现代化大工业往往使失业问题表现得格外严重。

第十一节　产业经济学

马歇尔于 1919 年出版《产业与贸易》①,它是《经济学原理》的姐妹篇。该书的内容大体上属于今天人们所说的产业经济学。

该书分成三大部分,第一部分讲述国家发展的特点对产业和贸易的影响,揭示了创新、技术进步、科学研究、文化教育、交通运输、自然条件以及政府政策,以至于战争等等因素对于产业发展和集聚的影响。其中第一章强调了工业和贸易的个体发展问题,说明探讨工业发展的历史背景大有裨益。第二章讨论了工业与贸易的关系,以 17 世纪的荷兰为例,说明小国从事大规模贸易的益处,指出运输成本对于贸易的决定性作用。第三章讨论了英国工业领导地位的确立。第四章考察英国如何运用其领导地位,讨论了英国的民族特征、教育体系和研发资源。第五章分析了英国的优势是如何受到新兴工业国的挑战。第六章分析了法国,指出法国的自然资源不利于工业集中,其消费工业被划分为奢侈品工业和廉价品工业。第七章分析了德国的工业化进程,指出了关税同盟和铁路系统的建立对于其工业化的巨大作用,然后是完善的教育系统,科技尤其是化学的成就对其经济发展的作用。第八章分析了美国,指出其工业领导地位源于其地大物博、人口迅速增长、发明创造、机械化自动化的运用、财富分配的不平均导致的资本迅速积累,以及企业家精神与现代公司制度的结合。第九章总结了一个国家取得工业领导地位的决定性因素:包括信用与声誉的重要性、成功的公司合并、富于创造性和责任感的工业领导人、对特定优越环境的充分利用,等等。

第二部分主要分析了收益递增现象,以及与之相伴的大规模企业的兴起,这种大规模企业对于生产力提高的有益影响,对消除贫困、提高生活水平的有

① 由于该书尚未有中译本,故该节内容主要参考[澳]彼得·格罗尼维根:《阿尔弗雷德·马歇尔》,华夏出版社 2009 年版,第 7—12 页。

益影响。还分析了企业的市场销售行为,种种非价格竞争现象:品牌、商标和广告的发展。这些分析和讨论表明马歇尔并不是仅仅以完全竞争为前提考虑经济问题的。这一部分还强调了影响新产品供求的时间因素:消费者需要时间去了解产品和学会使用产品,供给者需要时间去安装设备、培训员工、采购原材料等等。分析了产业间关联的复杂性和相互依赖性,分析了市场投机现象,还分析了企业兼并问题、大公司的所有权与管理权分离所带来的问题、科学管理问题,等等。

第三部分主要讨论垄断企业和垄断市场,强调垄断并未排除竞争;研究了垄断的各种形式,如托拉斯和卡特尔;研究了一些特殊行业如运输业的垄断。这一部分还讨论了行业规制问题,讨论了不同的规制方式的适用性,评价了政府在行业发展中的作用。最后研究了普及教育的问题,分析了普及教育、行业工会、生产力的提高如何改善劳资关系,强调了人力资本对于经济发展的重要性。

该书的重要性在于它以《经济学原理》的基本理论为基础,分析了现实经济中存在的和新出现的大量问题。这种分析具有很强的应用性和对策性,为经济理论的实际运用树立了出色的典范。

第十二节 马歇尔综合体系的意义

马歇尔经济理论体系的主要特征是他的综合性。[1] 这一综合体系的主要思想源流当属约·斯·穆勒。只要比较一下他的《经济学原理》与约·斯·穆勒的《政治经济学原理》,便可清楚地看到二者之间的承继关系。马歇尔晚年回忆自己的思想发展过程,也承认深受穆勒上述之书的启发。[2] 熊彼特谈到他们两人之间的关系时,认为像马歇尔这样一个彻底受过数学训练并决心攻读经济学的人来说,"对于穆勒在证明的中肯性和结论的确定性方面所表现的模糊和粗疏,必然会感到惊异;其次,他马上会动手清除各种限制并使命题概括化。要把穆勒的结构转化为马歇尔的结构,除了上述两点以外,实际上不需要很多的东西了"[3]。在对穆勒体系的改造中,他加进了边际分析方法,相互作用的观念,对

① 马歇尔本人并不认可自己体系的特征是综合,是调和折中。他甚至恼怒这种说法。见[美]理查德·豪伊:《边际效用学派的兴起》,中国社会科学出版社 1999 年版,第 114 页。
② 参阅凯恩斯:《艾尔弗雷德·马歇尔传》,商务印书馆 1990 年版,第 8 页。
③ 熊彼特:《艾尔弗雷德·马歇尔》,载《从马克思到凯恩斯十大经济学家》,商务印书馆 1965 年版,第 98 页。

欲望、效用和需求的分析,以及图解表达方法。

边际分析方法,马歇尔受惠于古诺和杜能。① 相互作用的观念,他是从古诺那里获得的。② 正是这一观念,使他一方面把供求看作是价格的函数,另一方面又以供求的均衡来决定价格。而不再像穆勒那样穷究决定价值的唯一终极原因。对于欲望、效用和需求的分析,则是他自己独立发现的,虽然它们迟至1890年才发表,但从凯恩斯为他所写的传记来看,从他对杰文斯、门格尔和瓦尔拉斯等人并不感激的态度来看,这一点是无疑的。他和美国的克拉克一样,都是在不依靠边际革命的三位奠基者的贡献的情况下,独立然而重复地发现了边际效用理论。但由于他深信连续原理,所以并不像杰文斯那样把他发现的边际效用论作为反对古典学派的利器,而是把这一发现与古典学派的体系进行了综合,把边际效用和生产费用作为决定价值的两股力量。至于他的图解表达方法,则是他数学基础所导致的后果。1890年出版的《经济学原理》,是他对穆勒的体系进行上述改造的结晶。

马歇尔的思想也深受德国历史学派的影响,但这种影响在《经济学原理》一书的正文中很难找到痕迹。他对于经济史所做的研究,主要发表在《工业与贸易》一书中。该书本来是打算作为《经济学原理》的一部分的,后来才决定另行成册。

对于马歇尔的综合性体系,可以从以后两位西方经济学界的大师凯恩斯和熊彼特的下述评价中,了解他对西方经济学的重大影响。

凯恩斯认为马歇尔的《经济学原理》对西方经济学作出了七点贡献③:(1)最终澄清了经济学发展史上关于需求和生产费用哪个决定价值的争论。(2)一般均衡理论作为一种分析方法,由于马歇尔导入两个有影响的辅助概念,即边际和替代,而更有力更灵验了;边际这个概念被他引申出效用的范围之外,以说明任何一种经济因素在一定条件下的均衡点;而替代这个概念则用以描述恢复或趋向均衡的过程。运用这种方法,工资和利润等收入范畴,也像商品的价值一样,由供求均衡的机制所决定。(3)通过短期和长期这一对概念,把时间因素引入经济分析,从而进一步引出了外部经济和内部经济这一对概念,以及主要成本与辅助成本这一对概念,借助于长短期的区分给出了正常价值的确切含义。借助于准租和代表性企业这两个概念,形成了正常利润学说。(4)提出了消费者剩余这一概念,为分析自由放任条件下的福利问题提供了工具。通过这一工具,马歇尔证明在某些条件下,自由放任并不能导致社会的最大福利。这一思

---

① 参见马歇尔:《经济学原理》上卷,商务印书馆1981年版,第15页。
② 参见马歇尔:《经济学原理》上卷,商务印书馆1981年版,第15页。
③ 参阅凯恩斯:《艾尔弗雷德·马歇尔传》,商务印书馆1990年版,第37—42页。

路为日后庇古建立福利经济学开辟了通道。(5)以外部经济和报酬递增为基本分析工具建立了对垄断的分析。(6)引进弹性概念。(7)重视对经济史的研究，虽然这一点在《经济学原理》一书的正文中并不明显。

熊彼特认为马歇尔的《经济学原理》对西方经济学作出了六点贡献①:(1)这部著作的论点和分析工具指导了 1890 年以后 30 年间整整一代人的工作。(2)区分长期与短期,这最终导致经济学中的一个特殊部门的兴起,这就是短期分析。(3)由于提出报酬递增(成本递减)现象,所以马歇尔应当说是不完全竞争理论的创始人。这在斯拉法 1926 年发表的论文《生产成本和生产数量》中可以清楚地看出来。(4)在《经济学原理》第六篇里,马歇尔运用一种既别于局部均衡又异于一般均衡的"总合的"分析方法,对整个经济过程进行了广泛的概括,从而为货币理论成为关于总产量和就业的理论而开辟了道路。(5)尽管未能引起读者的充分注意,马歇尔事实上建立了一个关于经济发展的理论。(6)马歇尔是促使现代经济计量学出现的最有力的影响者之一。

但马歇尔的综合性体系,从发展西方经济学的角度来看,也并非没有缺憾。有两点不足降低了这一综合性体系的价值:一是这个体系的需求理论建立在基数效用论的基础上,没有吸收后来的序数效用论的成果,而这一成果在马歇尔在世之时已经出现。这就使这一部分理论无可避免地具有基数效用论的各种不足之处。二是这个体系过于偏重局部均衡方法,从短期来看,这是这个体系能比瓦尔拉斯的体系更能够得到广泛传播的一个优点,但从长期来看,这无论如何是一个缺憾。这两点不足表明,马歇尔实际上是以边际革命的初期成果与古典理论进行了综合,并没有对边际革命所造成的各种成果进行综合。对边际革命的几乎全部成果加以总结的工作,是由后来的希克斯和萨缪尔森完成的。

马歇尔在西方经济学史上一代宗师的特殊地位,是由三个原因造成的。首先是由于他的不懈努力,终于使经济学从伦理学和历史学当中独立出来,于1903 年创立了剑桥大学的经济系,培养了一大批学生。这些学生以后都在他的旗帜下对西方经济学的各个方面进行了广泛的研究探索。正如凯恩斯所说:"马歇尔成为当代英国经济学之父,主要是由于造就了众多的学生;有宏丰的著述,倒在其次。"②

第二个原因是马歇尔的表述方法符合当时经济学界的知识素质,这是他优于瓦尔拉斯的地方,也是他不如瓦尔拉斯的地方。与瓦尔拉斯的体系相比较,他的体系以简洁雅致见长,具有雅俗共赏的特征。而瓦尔拉斯的体系更严谨、

① 参阅熊彼特:《艾尔弗雷德·马歇尔》,载《从马克思到凯恩斯十大经济学家》,商务印书馆 1965 年版,第 106—111 页。

② 凯恩斯:《艾尔弗雷德·马歇尔传》,商务印书馆 1990 年版,第 53 页。

更全面、更富有逻辑上的美感,但也更深奥更难懂。瓦尔拉斯的体系注定主要是为20世纪的经济学专家准备的,而马歇尔的体系则在当时便适应一般公众的需要。所以在短时间里,马歇尔比瓦尔拉斯赢得了更多的追随者,但随着时间的推移,随着经济学界整体知识素质(尤其是数学水平)的提高,从20世纪开始,瓦尔拉斯所获得的声誉相对于马歇尔来说则日渐升高。目前,马歇尔的局部均衡分析基本上只是经济学本科生的微观经济学的学习内容,而瓦尔拉斯的一般均衡分析则是经济学硕士博士研究生的微观经济学的学习内容。

第三个原因是马歇尔的体系在结构上具有可分解的特征。即其中的任何一部分理论都可以相对独立地存在。这就使他的后继者们可以各自以他的某部分理论为基点,深入研究某个局部领域,如福利理论、厂商理论、消费理论,等等。而瓦尔拉斯的体系在结构上则不具备这种特征,很难设想瓦尔拉斯的后继者们可以进行局部领域的深入研究,对于他们来说,或者是发展完善瓦尔拉斯的整个体系,或者什么也别干。而发展完善整个体系所需要的知识素质,在瓦尔拉斯以后的相当一段时间里,对大多数经济学家来说,是不具备的。因此这一工作总的来看便只能推迟到20世纪。可以打一个比方,表明马歇尔体系与瓦尔拉斯体系在结构上的差别。瓦尔拉斯是盖了一座宏伟的结构联系紧密的建筑,而马歇尔则是盖了一批联系松散的建筑。瓦尔拉斯的后继者必须对那个宏伟的大建筑进行整个的装修,而马歇尔的后继者们则可以只专注于装修其中一座小建筑而不顾及其他的建筑。所以马歇尔有一大群门人弟子,而瓦尔拉斯只有一个帕累托。

第十三节　经济学演化中的两次分化、
一次革命和两次综合

19世纪是经济学蓬勃发展的一个世纪,在亚当·斯密18世纪经济自由主义革命的基础上,从19世纪一开始,面对工业革命所带来的一系列经济新现象,经济学家们围绕着价值理论和分配理论,迅速分化出多种观点。以斯密弟子自诩的英国的马尔萨斯、李嘉图,法国的萨伊、西斯蒙第,以及德国的杜能,分别依据不同国家的国情,从不同立场不同角度对斯密的学说作出了不同解读、不同诠释和不同的补充,共同演奏了一场古典经济学的五重奏。紧随这五位其后的其他经济学家,也都按照自己的思路,向某一方向拓展了经济学的研究。这种观点的分化开拓了经济学研究的视野,同时也促进了一些观点的细化和深入。

　　古典经济学这种多元化的局面对于经济学的发展大有裨益。科学理论总是在多元化的场景中,在激烈的争论中取得进步,不断前进的。

　　同时,一门学科的理论也是不愿意长期处于分化分裂状态中的。总归会有一些高手大家希望建立统一的理论体系。面对古典经济学的分化局面,约翰·斯图亚特·穆勒挺身而出,对经济学进行了历史上的第一次大规模综合,建立了统一的理论体系。

　　然而这个体系的许多见解,很快就被 19 世纪中期以后的英法等国的经济发展所证伪,尤其是它的收入分配理论以及价值理论。对于这个理论体系的不满,在很大程度上触发了经济学的边际革命。边际革命的三剑客所提出的价值理论和分配理论与古典经济学形成鲜明的对照,一种新的理论发展平台出现了,众多新一代年青经济学家纷纷沿着新的思路推进经济学的发展。

　　最后,马歇尔出现了,他以深邃的洞察力和广阔的胸怀,把古典经济学与边际主义经济学进行了一次高水平的综合。这个综合基本上结束了西方经济学围绕价值论分配论近一个世纪的争论,为经济学的新发展奠定了具有一定共识性的基础。

　　从 19 世纪经济学分化—综合—革命—分化—再综合的过程可以清楚地看到,经济学的发展不可能通过对某一部经典的唯一的注释而取得长足进步的。学术分歧和争论,观点多元和一尊的轮流更替,是理论发展的必由之路。

参考文献

[1]马歇尔:《经济学原理》上、下卷,商务印书馆 1981 年版。

[2]马歇尔:《货币、信用与商业》,商务印书馆 1985 年版。

[3]J. M. 凯恩斯:《艾尔弗雷德·马歇尔传》,商务印书馆 1990 年版。

[4][澳]彼得·格罗尼维根:《阿尔弗雷德·马歇尔》,华夏出版社 2009 年版。

[5]布赖恩·摩根:《货币学派与凯恩斯学派》,商务印书馆 1984 年版。

[6]张日波:《重读"马歇尔冲突"——经济思想史视角的梳理》,《浙江社会科学》2013 年第 2 期。

第三十一章　英国剑桥学派对马歇尔
经济理论体系的发展

自马歇尔创建剑桥学派之后，从 20 世纪初到 30 年代，剑桥大学涌现出一个经济学家群体，包括 J. N. 凯恩斯、阿瑟·塞西尔·庇古、约翰·梅纳德·凯恩斯、丹尼斯·霍姆·罗伯逊、皮罗·斯拉法、琼·罗宾逊（罗宾逊夫人）、拉姆齐等。本章只考虑这些经济学家至 20 世纪 30 年代末对西方经济学发展所作的贡献。

第一节介绍 J. N. 凯恩斯关于经济学方法论的观点。第二节介绍庇古的福利经济学、周期理论、失业理论和货币理论。第三节介绍斯拉法和琼·罗宾逊对马歇尔体系的突破。而凯恩斯所建立的货币理论体系，将放到第四十章介绍凯恩斯革命时一并介绍。罗伯逊主要研究货币和经济周期，研究方向与凯恩斯相近，将在第四十章第三节加以介绍。

除了剑桥学派的上述学者之外，20 世纪初期的英国还有两位重要经济学家：伦敦经济学院的罗宾斯教授，皇家国际事务研究所霍特里教授。罗宾斯教授的主要经济思想将在第三十二章第二节中介绍。霍特里的经济思想与凯恩斯相近，将在第四十章第三节中介绍。

同时，就在剑桥学派大行其道高歌凯进之时，一些不合拍的声音也飘然而起。一是斯宾塞的社会达尔文主义，反对新古典经济学的收入再分配政策；二是霍布森对古典和新古典经济学一些重要观点的批判。这两位已在第二十六章中介绍。

第一节　H. H. 坎宁安与 J. N. 凯恩斯

一、H. H. 坎宁安

H. H. 坎宁安①（Henry Hardinge Cunynghame，1848—1935），生于英国一

---

① 《新帕尔格雷夫经济学大辞典》第 1 卷，经济科学出版社 1996 年版，第 798—799 页。

个军人和法官的世家,1870 年进入剑桥大学学习法律,后成为马歇尔的得意门生。自 1875 年取得律师资格后在法律界和政界担任过多种职务,是一个多才多艺的人。但他始终对经济学情有独钟。其经济学论著:《一种能够画出一系列分布均匀的双曲线的工具》(1873)、《英国的政治、社会和工业状况》(1883)、《表述交换价值、垄断和地租的简单几何方法的某些改进》(1892)、《以几何方法检验的从价的和从量的进出口关税效应分析》(1903)和《几何经济学,以图解方法对经济学纯理论进行的基本论述》(1904)等。①

坎宁安对于经济学理论的主要实质性贡献,是第一次提出了生产和消费活动的外部性。这个观念后来在庇古那儿结出了硕果。另外,在传播经济学方面,他始终热衷于运用几何方法表述马歇尔经济学的基本原理,并著书立说。在他 1904 年出版的《几何经济学》中,开门见山地谈道:"本书讨论的主旨,在用几何方法来研究理论上商品需要,供给和交换的定律。"②由于他及其他一些人的共同努力,这种几何表述方法开始得到广泛流传,以至于成为今天初级经济学教科书的基本表述方法。他还为马歇尔设计了一个教具,可以画出一系列均匀分布的双曲线,大大方便了马歇尔讲授垄断理论。

二、J. N. 凯恩斯

J. N. 凯恩斯③(John Neville Keynes,1852—1949),生于英国索尔兹伯里,是马歇尔杰出的早期弟子,终生任教于英国剑桥大学。他是 20 世纪最伟大经济学家之一的凯恩斯的父亲。其 1891 年出版的《政治经济学的范围和方法》,是 19 世纪 70—80 年代英国和德奥经济学界关于方法论大争论的终结,奠定了他著名经济学家的基础。

在书中,J. N. 凯恩斯强调经济学研究应当分为三个方面和层次,其方法各有千秋。(1)纯理论部分具有实证科学的成分,它的目标是推导出具有假设性和普遍性的法则,更加适用于抽象演绎方法,因此抽象演绎方法在整个经济学研究中应当处于核心地位。(2)规范理论部分,更需要伦理角度的分析,需要历史的、统计的和归纳的方法。(3)经济政策部分,这是历史归纳方法大显身手的地方,但是他并不认为这部分经济学就像历史学派所说的那样只需要经济史和

---

① ［英］J. M. 凯恩斯:《精英的聚会》,江苏人民出版社 1998 年版,第 330—339 页。

② H. Cunynghame:《几何经济学》,商务印书馆 1939 年版,第 1 页。

③ 《新帕尔格雷夫经济学大辞典》第 3 卷,经济科学出版社 1996 年版,第 45—46 页。［英］马克·布劳格、保罗·斯特奇斯主编:《世界重要经济学家辞典》,经济科学出版社 1987 年版,第 335 页。杰拉德·M. 库特:《英国历史经济学:1870—1926》,中国人民大学出版社 2010 年版,第 146 页。

归纳方法。总体上,他强调经济学核心部分即纯理论部分更多地需要抽象演绎方法,而非核心的应用部分则需要更多的历史归纳方法。

J.N.凯恩斯认为19世纪末出现的新经济学是对方法论大争论期间出现的各种观点精华的综合,并强调了经济理论发展中的连续性。

第二节　庇古的福利经济学、周期理论、失业理论和货币理论

阿瑟·塞西尔·庇古①(Arthur Cecil Pigou,1877—1959),出生于英格兰怀特岛赖德。1900年获剑桥大学文学硕士,1901年任剑桥大学国王学院讲师,1902年任研究员,1908—1943年任政治经济学教授。他作为剑桥大学马歇尔讲座的继任者,发展了马歇尔的福利思想,提出了系统的福利经济学,并专门研究了与福利问题密切关联的失业问题、产业波动和货币问题。其主要论著有:《税率之谜》(1903)、《论保护性特惠进口关税》(1903)、《工业和平的原理与方法》(1905)、《论失业问题》(1914,有中译本)、《福利经济学》(1920)、《工业波动理论》(1927,有中译本)、《公共财政研究》(1928)、《失业理论》(1933)、《静态经济学》(1935)、《就业与均衡》(1941)和《凯恩斯的"通论"的回顾》(1950)等。

一、福利经济学

关注福利问题,是马歇尔研究经济学的出发点,但他并没有建立系统的福利经济学体系,只是提出了一些对后来庇古所建立的福利经济学深有影响的概念,如消费者剩余、生产者剩余、外部经济和不经济等。作为马歇尔的嫡传弟子,庇古继承了他关心福利问题的传统,于1912年发表《财富与福利》,后经修改充实,于1920年易名为《福利经济学》。这部巨著是庇古的代表作,是西方经济学发展中第一部系统论述福利经济学的专著。

庇古认为经济学"是改善人类生活的工具。围绕在我们周围的贫穷、痛苦和污秽,一些富有家庭的能招致损害的奢侈,笼罩在许多贫苦家庭头上的可怕的不确定性——这些都是非常的、不容忽视的罪恶。运用经济科学所探求的知识,我们有可能对这些罪恶加以控制"②。他指出,"卡莱尔宣称,求知欲是哲学

① 《新帕尔格雷夫经济学大辞典》第3卷,经济科学出版社1996年版,第938—941页。[英]马克·布劳格、保罗·斯特奇斯主编:《世界重要经济学家辞典》,经济科学出版社1987年版,第506页。
② [英]A.C.庇古:《福利经济学》上卷,商务印书馆2006年版,第2—3页。

的开端。但经济学的起源则是出于对肮脏简陋的街道以及生命中的不快乐表示厌恶的社会热忱"①。这些话表明,他认为经济学的目标应当是改变社会贫富差距过大的局面,增进社会福利。而福利经济学的目的是研究社会福利最大化的条件,是研究如何使社会经济福利达到最大化。因此,它是一种规范经济学,致力于研究"应当是什么"、"应当如何"这类问题。而不像实证经济学那样研究"是什么"、"可能是什么"、"将是什么"、"怎么样"这类问题。

庇古着重研究经济福利。他对经济福利的含义进行了几方面的说明。首先,经济福利是一种与广义福利不同的狭义福利。广义福利包括经济福利和非经济福利。经济福利是与货币尺度相关联的那一部分福利,是主要取决于经济因素的那一部分福利。② 经济福利虽然有时会与非经济福利发生不同向的变化,③但一般来说经济福利的增长很可能意味着广义福利的增长。第二,个人的经济福利与其他福利一样,是一种心理状态,一种满足感。第三,虽然非经济福利难以度量,但经济福利是可度量的,从而不同人的经济福利是可比较的,可加总的。第四,整个社会的经济福利是各个社会成员的个人经济福利的总和。由这四点可以看出,庇古的福利经济学是以边沁的功利主义哲学以及基数效用论为基础的。因此,他所建立的福利经济学后来被称作旧福利经济学,以区别于以序数效用论为基础的新福利经济学。

决定经济福利的基本因素。庇古认为,整个社会的经济福利取决于两个基本因素:国民收入(国民净产品)的大小和国民收入的分配。当国民收入分配状况一定时,国民收入越多,从而人们消费的商品和劳务越多,从中获得的满足越大,则全社会的经济福利越大。④ 当国民收入一定时,国民收入的分配越是均等化,社会的经济福利越大。这是因为人们货币收入的边际效用是递减的,而以基数效用论为基础的经济福利又可以在人与人之间进行比较,所以高收入者将自己的一部分收入转移给低收入者,将使后者增加的福利超过前者减少的福利,于是整个社会的经济福利由此增加。⑤ 他进一步依据事实,论证收入分配的均等化、穷人收入的提高,在长期中并不一定会引起穷人人口的增加,使穷人的生活复归原状。即不存在所谓的工资铁率。⑥ "穷人命运的改善不会由于引起

① 转引自[美]威廉·布雷特、罗杰·L.兰塞姆:《经济学家的学术思想》,中国人民大学出版社、北京大学出版社2004年版,第47页。
② [英]A.C.庇古:《福利经济学》上卷,商务印书馆2006年版,第16页。
③ [英]A.C.庇古:《福利经济学》上卷,商务印书馆2006年版,第一编第一章第七节。
④ [英]A.C.庇古:《福利经济学》上卷,商务印书馆2006年版,第94页。
⑤ [英]A.C.庇古:《福利经济学》上卷,商务印书馆2006年版,第101页。
⑥ [英]A.C.庇古:《福利经济学》上卷,商务印书馆2006年版,第一编第九章。

人口大量增加而被抵消"①。他还进一步依据生物学理论,强调收入分配的均等化对人口质量的有利影响。② 这样,他就既根据货币边际效用递减法则论证了收入分配均等化在短期中对于经济福利的有利影响,又通过否定工资铁率论证了收入分配均等化在长期中对于经济福利的有利作用。同时,庇古又指出在两种情况下,整个社会的经济福利是否增加是不确定的:一是国民收入增加的同时,收入分配更加背离了均等化的方向;二是收入分配趋向均等化的同时,国民收入减少了。"一般说来能增加国民所得而不损害穷人绝对份额的任何事情,或者说能增加穷人绝对份额而不损害国民所得的任何事情必然增加经济福利。任何事情只增加其中一种的分量而同时减少另一种的分量能否增加经济福利就难以断定了。"③

在肯定社会的经济福利取决于国民收入的大小和国民收入的分配这两个因素之后,庇古首先初步讨论了国民收入核算所需要遵循的原则和方法,强调不能出现重复计算。④ 同时他指出,由于国民收入只计算购买的物品和劳务,而不计算不需购买的同样的物品和劳务,因此核算中存在的许多悖论,如女工的工资算入国民收入,而她作为母亲和妻子所做的家务劳动则不计入,等等。⑤

(一)影响国民收入大小的因素

庇古认为关键因素有两个,一是既定资源在不同部门中的配置;二是劳资关系。

为了说明资源最优配置的条件,庇古首先提出了边际社会净产值这个概念,它等于边际社会净产品与售价的乘积。而边际社会净产品是个流量概念,指既定资源合理使用时,其边际增量引起的,从社会角度来看的总产品的增量。⑥ 它是有用产品和有害产品的代数和。例如火力发电厂生产电是有用产品,但其烟囱所冒之烟给环境带来的污染是有害产品,两者的代数和才构成从社会角度来看的净产品。

1. 资源最优配置的条件

庇古提出,在资源既定且不考虑资源转移成本的条件下,使国民收入达到最大化的资源配置(即最优配置)条件是:任何一种资源在每一种用途中的边际社会净产值相等。因为把资源从边际社会净产值较小的用途中转移到边际净

① [英]A.C.庇古:《福利经济学》上卷,商务印书馆2006年版,第115页。
② [英]A.C.庇古:《福利经济学》上卷,商务印书馆2006年版,第一编第十章。
③ [英]A.C.庇古:《福利经济学》下卷,商务印书馆2006年版,第669页。
④ [英]A.C.庇古:《福利经济学》上卷,商务印书馆2006年版,第一编第三章。
⑤ [英]A.C.庇古:《福利经济学》上卷,商务印书馆2006年版,第39—40页。
⑥ [英]A.C.庇古:《福利经济学》上卷,商务印书馆2006年版,第二编第二章。

产值较高的用途中,总会增加国民收入。但若考虑到转移成本,则转移到新用途所获得的增加收益应大于转移成本。①

(1)在私有制条件下,资源配置是通过私人的自发行为实现的。庇古认为,私人是在追求最大收益这一目标的支配下,根据不同用途上的边际私人净产值,来确定自有资源的投向,力求达到各种用途上的边际私人净产值相等这一状态。边际私人净产值是指在某一用途上追加一单位资源给私人带来的增量收益。② 若边际私人净产值在任何用途上恒等于边际社会净产值,则私人的自发行为将导致资源的最优配置。③

庇古认为,实际生活中存在种种障碍,使得不同用途上的边际社会净产值无法相等。

首先是资源的移动费用。④ 对此,庇古提出可以通过政府出资来降低资源移动费用,并对这种做法进行了利弊分析。⑤

其次是私人对情况的无知。而无知是因企业赢利前景客观上的不确定性、私人企业对财务状况的保密行为和一些职业金融家故意散布虚假消息,所造成的信息不完全。⑥ 它使人们对投资的预期收益估计过高或过低,从而导致资源的误置。对此,庇古主张进一步完善企业财务信息的披露制度,⑦以及改进银行制度来降低信息的不完全。⑧

第三是某些资源的不可分性。这种不可分性有时表现在企业筹资必须有一个不小的起点额度,有时表现在不同要素在生产中需要固定比例。这使得这些资源无法充分转移和配置以实现边际社会净产值处处相等。⑨

第四是不同地方不同行业需求的相对变化。⑩ 这种变化使得资源不断转移,但始终无法实现边际社会净产值处处相等。

第五是边际私人净产值背离边际社会净产值。这是庇古重点分析的一个障碍因素。他谈道:"一般说来,实业家只对其经营活动的私人净边际产品感兴趣,对社会净边际产品不感兴趣。……自利心往往会使投入不同方面的资源的

① ［英］A.C.庇古:《福利经济学》上卷,商务印书馆2006年版,第二编第三章。
② ［英］A.C.庇古:《福利经济学》上卷,商务印书馆2006年版,第二编第二章。
③ ［英］A.C.庇古:《福利经济学》上卷,商务印书馆2006年版,第二编第四章。
④ ［英］A.C.庇古:《福利经济学》上卷,商务印书馆2006年版,第157－158页。
⑤ ［英］A.C.庇古:《福利经济学》上卷,商务印书馆2006年版,第161页。
⑥ ［英］A.C.庇古:《福利经济学》上卷,商务印书馆2006年版,第二编第六章。
⑦ ［英］A.C.庇古:《福利经济学》上卷,商务印书馆2006年版,第164页。
⑧ ［英］A.C.庇古:《福利经济学》上卷,商务印书馆2006年版,第169－170页。
⑨ ［英］A.C.庇古:《福利经济学》上卷,商务印书馆2006年版,第171－172页。
⑩ ［英］A.C.庇古:《福利经济学》上卷,商务印书馆2006年版,第二编第八章。

私人净边际产品的价值相等。但是,除非私人净边际产品与社会净边际产品相等,否则,自利心往往不会使社会净边际产品的价值相等。所以,在这两种净边际产品相背离时,自利心往往不会使国民所得达到最大值;因而可以预计,对正常经济过程的某些特殊干预行为,不会减少而是会增加国民所得。"①至于造成两种净边际产品背离的原因,他指出有以下几点:

A. "某些耐用性生产工具的租赁与所有权相分离。"②庇古以农地为例,指出这种分离常使租地者不愿充分进行改良土地的投资,以致私人边际净产值低于社会边际净产值。③

B. 经济行为的外部性。"一个人 A 在向另一个人 B 提供某种有偿服务时,会附带地也向其他人(并非同类服务的生产者)提供服务或给其他人造成损害,但却无法从受益方获取报酬,也无法对受害方给予补偿。"④庇古以大量事例说明了这两种现象。⑤ 后人以"外部经济"和"外部不经济"这一对概念描述他所指出的这两种现象,若主体的行为给其他主体带来无需付酬的利益,便是外部经济;若主体的行为给其他主体带来无须补偿的损失,便是外部不经济。⑥ 外部经济使得私人边际净产值小于社会边际净产值,而外部不经济使得私人边际净产值大于社会边际净产值。如一些无益于公众健康的产业,如烟酒等,就需要政府通过税收加以抑制。⑦ 还有就是城市规划需要政府统一安排,因为建筑商追求私利的活动往往具有很大的外部不经济性,"期望投机商各自为政的建筑活动会产生一个规划良好的城市,就像期望一个独立不倚的艺术家在画布上不连贯地作画会产生一幅完美图画那样徒劳。根本不能依赖'看不见的手'来把对

---

① [英]A.C.庇古:《福利经济学》上卷,商务印书馆 2006 年版,第 185 页。

② [英]A.C.庇古:《福利经济学》上卷,商务印书馆 2006 年版,第 187 页。

③ [英]A.C.庇古:《福利经济学》上卷,商务印书馆 2006 年版,第 190 页。

④ [英]A.C.庇古:《福利经济学》上卷,商务印书馆 2006 年版,第 196 页。

⑤ [英]A.C.庇古:《福利经济学》上卷,商务印书馆 2006 年版,第 197—199 页。

⑥ 有必要指出,庇古本人并未使用"外部经济"和"外部不经济"这两个术语,这是从马歇尔那里借用的两个术语,但用来表达庇古的思想时,其所表达的含义与马歇尔赋予它们的含义并不相同。马歇尔主要提到"外部经济",其含义是指企业在扩大生产规模时,因其外部的各种因素所导致的单位成本降低(见马歇尔:《经济学原理》上卷,商务印书馆 1981 年版,第 278—280 页)。所以马歇尔的"外部经济"与庇古的"外部经济(不经济)"是两回事情。前者指企业活动从外部受到的影响,后者指企业活动对外部的影响。鉴于这一区别,应当把庇古的"外部经济"和"外部不经济"这对概念所表达的思想,看作是他的一个创新。这一对概念已成为今天分析市场机制优劣的重要工具。

⑦ [英]A.C.庇古:《福利经济学》上卷,商务印书馆 2006 年版,第 206 页。

各个部分的分别处理组合在一起,产生出良好的整体安排"①。

C. 产业投资是报酬递减、不变还是递增。庇古认为"投资的私人净边际产品的价值,究竟是大于、等于还是小于社会净边际产品的价值,取决于从社会的而不是该产业的观点看,该产业究竟是符合供给价格递增的条件、不变的条件还是递减的条件"②。因此,他主张在纯粹竞争的条件下,运用税收和奖励来克服外部影响所造成的边际私人净产值对边际社会净产值的背离。对于社会净边际产品的价值大于私人净边际产品价值的产业,政府应当予以补贴和奖励,以鼓励厂商增加产量;对于社会净边际产品的价值小于私人净边际产品价值的产业,政府应当征税,以迫使厂商减少产量。通过奖励和税收,缩小两种净边际产值的差距。③ 这类促使边际私人净产值向边际社会净产值靠拢的措施被后人称作是庇古式税收。

D. 寡头竞争(庇古在其书中称作"垄断竞争"④)中的广告支出。庇古区分了宣告性的广告与竞争性的广告。前者告诉大众存在一种可以满足某种需要的产品或引起大众新的消费欲望,是有益的。⑤ 后者往往引起竞争厂家最终结盟形成完全垄断,或者效果互相抵消,或者使得一家厂商的产品替代另一家厂商。因此竞争性广告往往使私人边际净产值大于社会边际净产值。因此,他主张政府对竞争性广告征税或者干脆禁止。⑥

E. 商业欺诈。庇古指出有两种欺诈:有关待售物品的自然性质的欺诈,如缺斤短两、掺假、以次充好和虚假广告;关于待售物品的未来收益的欺诈,主要是出售债券和股票的无良金融家操纵红利、套购、发布虚假信息。⑦ 他指出欺诈虽然会给欺诈者带来正值的私人边际净产值,但同时会造成负值的社会边际净产值。⑧

F. 标准化。庇古所说的标准化包括产品的标准化和劳动动作的标准化(即泰罗制)。他认为除了像螺丝螺母之类简单的产品之外,复杂的产品的标准化虽然可以收取大规模生产之利,但是会阻碍产品的创新,即标准化会使得企业的社会净边际产值小于私人净边际产值。而泰罗制也有同样问题,因为它会使

---

① ［英］A. C. 庇古:《福利经济学》上卷,商务印书馆 2006 年版,第 208 页。
② ［英］A. C. 庇古:《福利经济学》上卷,商务印书馆 2006 年版,第 236 页。
③ ［英］A. C. 庇古:《福利经济学》上卷,商务印书馆 2006 年版,第 238—239 页。
④ ［英］A. C. 庇古:《福利经济学》上卷,商务印书馆 2006 年版,第 209 页。
⑤ ［英］A. C. 庇古:《福利经济学》上卷,商务印书馆 2006 年版,第 210 页。
⑥ ［英］A. C. 庇古:《福利经济学》上卷,商务印书馆 2006 年版,第 211—213 页。
⑦ ［英］A. C. 庇古:《福利经济学》上卷,商务印书馆 2006 年版,第 214—216 页。
⑧ ［英］A. C. 庇古:《福利经济学》上卷,商务印书馆 2006 年版,第 217 页。

得工人失去主动性和创造性。①

G.产业形态。庇古所说的产业形态主要是指一个产业内部是以中小企业为主还是大企业为主。他认为中小企业为主的产业形态更有助于社会培育企业家,因此产业的私人净边际产品会低于社会净边际产品;而大企业为主的产业恰恰相反。因此需要政府有意识地扶持中小企业,发挥中小企业培育企业家精神的功能。②

除了税收和奖励之外,庇古还讨论了政府在战时对竞争性价格的管制和对供给的管制,仔细分析了这些管制的具体措施。③

H.在分析了竞争条件下导致私人净边际产值与社会净边际产值相分离的种种因素的之后,庇古分析各种形式的垄断如何使边际私人净产值背离边际社会净产值。

庇古正确地看到,不同行业最有利的企业规模是不同的,这个最优规模"一般说来,在劳动所起的作用比资本大的产业中是在较早的阶段达到,在劳动所起的作用比资本小的产业中则是在较后的阶段达到"。但只要这个最优规模的产量远低于整个产业的总产量,就不足以形成垄断。④

庇古并未简单地否定一切垄断,他首先肯定了在一些行业出现垄断(或通过联合实现大型企业)的必要性和必然性。他讨论了通过联合实现大型企业的优越性,如内部可以实行专业化分工、大量进货的价格优惠、拥有较多科研资金、先进工艺的共享、向银行贷款的便利、广告费用的节约、风险的分散,等等。⑤同时他也分析了阻碍联合的种种因素,主要是不同企业数量的大小、距离的远近、产品差异的大小,以及传统与习俗等。⑥ 他谈到了今天我们所说的自然垄断,如铁路运输、自来水、煤气、电力等行业。⑦ 他进一步分析了决定垄断企业收益大小的因素,主要是产品的需求价格弹性,分析了决定这个弹性大小的种种因素,主要是它本身和它的互补品是否容易被替代、产品开支占总开支的比重。⑧

庇古认为寡头市场(他称作垄断竞争)上每个厂商的投资一般不会达到使私人净边际产值等于社会净边际产值的地步,往往过低;但在残酷竞争时,又可

---

① [英]A. C.庇古:《福利经济学》上卷,商务印书馆 2006 年版,第 222—226 页。
② [英]A. C.庇古:《福利经济学》上卷,商务印书馆 2006 年版,第 218—220 页。
③ [英]A. C.庇古:《福利经济学》上卷,商务印书馆 2006 年版,第二编第十二章。
④ [英]A. C.庇古:《福利经济学》上卷,商务印书馆 2006 年版,第 266 页。
⑤ [英]A. C.庇古:《福利经济学》上卷,商务印书馆 2006 年版,第 267—271 页。
⑥ [英]A. C.庇古:《福利经济学》上卷,商务印书馆 2006 年版,第 276—278 页。
⑦ [英]A. C.庇古:《福利经济学》上卷,商务印书馆 2006 年版,第 265 页。
⑧ [英]A. C.庇古:《福利经济学》上卷,商务印书馆 2006 年版,第 272—276 页。

能过多。①

庇古指出单纯垄断(即今天我们所说的完全垄断)导致的产量总是低于对于社会来讲的理想产量。② 他进一步分析了差别价格,指出实行差别价格的条件是产品的不可转移性。③ 他区分了三类差别价格,分别分析了它们对于厂商和社会的利弊。④

庇古的总结性结论是:"在许多产业中,无论是单纯竞争(即今天所说的完全竞争——中译)或垄断竞争(即今天所说的寡头垄断——中译),还是单纯垄断(即今天所说的完全垄断——中译)或歧视性垄断(即今天所说的差别价格——中译),都不会使这些产业中社会净边际产品的价值等于一般社会净边际产品的价值,因而它们既不会使国民所得最大化,也不会使经济福利最大化。"⑤

(2)促使私人净边际产值向社会净边际产值靠拢以及促使各种用途上的社会净边际产值相等的具体措施。庇古首先考虑了购买者协会,分析了它的功能和局限,得到的"结论是,虽然购买者协会无疑有其应该发挥的重要作用,可以作为一种手段克服一般竞争性产业或一般垄断性产业的弊端,但其适用范围是有限的,因而还需研究另一些补救办法"⑥。

庇古所说的另外办法就是政府干预。他认为政府干预是实现资源最优配置必不可少的手段。但值得注意的是,他并未像今天一些人所认为的那样无条件地鼓吹政府干预,对于政府(即便是民选政府)干预的弊端,他有非常清醒的认识:"所有政府当局都有可能愚昧无知,都有可能受利益集团的影响,都有可能受私利的驱使而腐败堕落。选民中嗓门大的那部分人,若组织起来参加选举,其声音很容易压倒全体选民的声音。……一方面,特别是在实行经常的管制时,私人公司会拉拢腐蚀政府官员,不仅在获取特许经营权时会这么做,而且在运用特许经营权时也会这么做。……这种弊端有累积效应;因为它会阻止正直的人进入政府,于是腐败堕落之风更加盛行。另一方面,当政府本身办企业时,腐败堕落的可能性只是在形式上有所不同。"⑦他具体分析了英国的市参议会和国民议会控制或经营企业的四项缺陷:一是其成员缺乏控制或经营企业的特殊才能;二是其组成成员经常变动所导致的短视行为;三是政府干预的领域

① [英]A. C. 庇古:《福利经济学》上卷,商务印书馆 2006 年版,第二编第十五章。
② [英]A. C. 庇古:《福利经济学》上卷,商务印书馆 2006 年版,第 284—285 页。
③ [英]A. C. 庇古:《福利经济学》上卷,商务印书馆 2006 年版,第 291 页。
④ [英]A. C. 庇古:《福利经济学》上卷,商务印书馆 2006 年版,第 293—305 页。
⑤ [英]A. C. 庇古:《福利经济学》上卷,商务印书馆 2006 年版,第 334 页。
⑥ [英]A. C. 庇古:《福利经济学》上卷,商务印书馆 2006 年版,第二编第十九章。
⑦ [英]A. C. 庇古:《福利经济学》上卷,商务印书馆 2006 年版,第 348—349 页。

经常是由非商业考虑决定的;四是受到有害的选举压力。①

尽管有上述顾虑,庇古还是仔细探讨了政府干预的具体方式,除了前面提到过的竞争性市场中的庇古税之外,为了克服各种形式的垄断对资源配置造成的不利影响,他主张运用间接控制或直接控制手段来消除或限制垄断。

间接控制一是政府运用法律手段禁止出现垄断组织或强行拆散垄断组织。② 庇古分析了这种方法的局限:法律难以有效实施;实施的结果很可能出现寡头之间的残酷竞争,其产量未必就是对社会而言的最优产量;实施的结果可能会妨碍规模经济的出现。③ 二是政府保护潜在的而非实际的竞争,具体做法就是强迫垄断组织公开财务报表,通过舆论监督阻止垄断者采用大幅度毁灭性削价的残酷竞争等手法来驱赶竞争者。④

庇古认为,上述两种间接控制由于种种原因都不足以控制垄断,因此需要直接控制。直接控制就是由政府单纯规定销售价格或其浮动区间(即消极控制),或不仅规定价格还进一步规定最低产量最低质量(即积极控制),以限制垄断组织损害社会的产量和价格行为。⑤ 他分析这两种控制的困难,主要就是政府难以决定价格、产量和质量的最优数量,控制过宽则难以抑制垄断组织的不良行为,控制过严又会抑止企业投资扩大生产的热情。⑥ 为此,他探讨了某些公用事业的特许经营权的拍卖机制,以及管制价格的调节机制。⑦ 对于这种种控制,他最后的结论是"总而言之,管制方法,无论是积极的还是消极的,都是极为不完善的,只能使产业接近于单纯竞争条件下的价格水平和产量。而且,政府管制还往往是代价高昂的方法"⑧。

庇古对上述解决问题的方法进行了如下总结:"当竞争占优势,社会和私人净边际产品相背离时,从理论上说,可以通过征税或发放补贴来纠正;当垄断占优势时,从理论上说,可以通过价格管制(在某些情况下,结合以产量管制)来使其无害。然而,……用这些方法纠正私人利益的偏差,在实践中肯定是一项极其困难的工作,很难做得完全彻底。"⑨这就促使他进一步考虑由政府直接经营

① [英]A. C. 庇古:《福利经济学》上卷,商务印书馆 2006 年版,第 350-351 页。
② [英]A. C. 庇古:《福利经济学》上卷,商务印书馆 2006 年版,第 353 页。
③ [英]A. C. 庇古:《福利经济学》上卷,商务印书馆 2006 年版,第 353-360 页。
④ [英]A. C. 庇古:《福利经济学》上卷,商务印书馆 2006 年版,第 360-375 页。
⑤ [英]A. C. 庇古:《福利经济学》上卷,商务印书馆 2006 年版,第 378-381 页。
⑥ [英]A. C. 庇古:《福利经济学》上卷,商务印书馆 2006 年版,第 382-389 页。
⑦ [英]A. C. 庇古:《福利经济学》上卷,商务印书馆 2006 年版,第 390-395 页。
⑧ [英]A. C. 庇古:《福利经济学》上卷,商务印书馆 2006 年版,第 396 页。
⑨ [英]A. C. 庇古:《福利经济学》上卷,商务印书馆 2006 年版,第 398 页。

（即公营）某些必定处于垄断地位的企业的可能性和利弊。

　　庇古首先认为，从合理配置资源的角度来看，对于具有垄断倾向的产业，实行公营更有利。① 同时，对于那种产品质量与公众健康密切相关且难以检测的产业，最好还是建立公营企业。② 公营企业的一个优势是能够比私人企业以更便宜的费用招聘到更出色的工程师和经理。③ 但公营企业在生产效率上往往不如私人企业。④ 因为公营企业的上级管理者是政府机构，它在重大决策时往往表现出"拖延、犹豫不决和无所作为"⑤。从增加国民收入的角度来看，可能有三个因素使得公营不如前面所述的政府对私人企业的管制。一个因素是政府可能在市场竞争中偏袒公营企业，压抑私人企业。结果是"虽然政府办的企业所要达到的目的，可以由私人企业以更低的成本达到，但它们却受到维护，得以生存下去。……这些方法，往往要比乍看起来更为有效地排挤经济效率较高的竞争对手。因为这不仅直接地起作用，还通过预期间接地起作用，不仅会把现有的竞争者逐出市场，而且还会阻止新竞争者进入市场"⑥，从而弱化了市场竞争优胜劣汰的功能。另一个因素是政府机构可能会抑止公营企业的冒险精神。因为政府机构的冒险决策一旦失败，会引起选民的不满，为反对党提供攻击的炮弹。⑦ "一般说来，政府机构要比私人企业更不愿意承担风险"⑧。而抑止公营企业的冒险精神就会抑止它的创新动力，从而影响生产效率。⑨ 第三个因素是政府管辖的领域与公营企业的最优规模可能不匹配，于是公营企业的实际规模往往偏离最优规模。⑩ 他的一般性结论是："在一些产业中，典型的生产单位很小，占支配地位的是私人厂商，而不是合股公司，这些产业则不适合于由政府机构经营。……实行公营的建议仅仅对典型的生产单位很大、从而趋向于垄断的产业是可行的。与实行政府管制的理由相比，实行公营的理由，在经营活动已变为日常工作、大胆的冒险几乎没有什么施展余地的产业中，最为充分，在那些与其他私营产业激烈竞争、正常经营单位的规模迥异于现有政府机构的管辖

---

① ［英］A. C. 庇古：《福利经济学》上卷，商务印书馆 2006 年版，第 399 页。
② ［英］A. C. 庇古：《福利经济学》上卷，商务印书馆 2006 年版，第 422 页。
③ ［英］A. C. 庇古：《福利经济学》上卷，商务印书馆 2006 年版，第 404—405 页。
④ ［英］A. C. 庇古：《福利经济学》上卷，商务印书馆 2006 年版，第 400 页。
⑤ ［英］A. C. 庇古：《福利经济学》上卷，商务印书馆 2006 年版，第 405—406 页。
⑥ ［英］A. C. 庇古：《福利经济学》上卷，商务印书馆 2006 年版，第 412—413 页。
⑦ ［英］A. C. 庇古：《福利经济学》上卷，商务印书馆 2006 年版，第 414 页。
⑧ ［英］A. C. 庇古：《福利经济学》上卷，商务印书馆 2006 年版，第 415 页。
⑨ ［英］A. C. 庇古：《福利经济学》上卷，商务印书馆 2006 年版，第 416—417 页。
⑩ ［英］A. C. 庇古：《福利经济学》上卷，商务印书馆 2006 年版，第 420 页。

范围的产业中,则不那么充分。"①

庇古为政府干预提供的理由除了市场会引起资源在不同用途上净边际收益的不相等和私人净边际收益与社会净边际收益不相等之外,还有其他一些。如因为私人企业会不管未来的需要而过度开发自然资源,因此需要政府保护社会未来的收益,防止对自然资源的过度开发等。②

2. 劳资关系

在庇古看来,劳资关系的好坏是影响国民收入大小的重要因素之一。③ 为此,他首先把劳资纠纷分为三类,货币工资纠纷、工时纠纷和工人参与管理的范围纠纷。④ 另外他又把劳资纠纷分成两类,关于当前雇佣条件的纠纷和关于今后雇佣条件的纠纷。⑤

在分类的基础上,庇古考虑了解决纠纷的两种自愿的基本措施:调节和仲裁,并对这两种措施的具体操作和利弊进行了初步分析。⑥ 同时,他也承认自愿的调节和仲裁有时并不能化解纠纷,这就需要政府的强制性干预。⑦ 他指出了四种政府干预方式:(1)为双方制定解决纠纷的强制性条款;(2)把局部范围内双方解决纠纷的协议推广到整个地区和全国;(3)用法律规定把纠纷在导致罢工和关厂之前提交仲裁法院;(4)强迫性仲裁。并分析了这四种方式的利弊。⑧ 在分析了解决纠纷的措施之后,他进一步考虑了解决纠纷的具体方案。

庇古分析了集体谈判机制下工资纠纷的可行解决方案,指出在工资谈判中工人有一个不能再让步的工资下限,他称之为工人的"顶住点";同时雇主也有一个不愿再让步的工资上限,他称之为雇主的"顶住点"。如果工人的"顶住点"高于雇主的"顶住点",则谈判不可能成功,纠纷无法解决。若工人的"顶住点"低于雇主的"顶住点",两者之间的差距为谈判成功提供了可行范围,谈判可能成功,纠纷可能解决。而最终的工资靠近可行范围中哪一方的"顶住点",则取决于双方的力量对比。⑨ 而在工人无组织的地方,雇主的力量一般要大于工人。⑩

---

① [英]A.C.庇古:《福利经济学》上卷,商务印书馆 2006 年版,第 422—423 页。
② [英]A.C.庇古:《福利经济学》上卷,商务印书馆 2006 年版,第 36 页。
③ [英]A.C.庇古:《福利经济学》下卷,商务印书馆 2006 年版,第 429 页。
④ [英]A.C.庇古:《福利经济学》下卷,商务印书馆 2006 年版,第 433 页。
⑤ [英]A.C.庇古:《福利经济学》下卷,商务印书馆 2006 年版,第 436 页。
⑥ [英]A.C.庇古:《福利经济学》下卷,商务印书馆 2006 年版,第三编第三章。
⑦ [英]A.C.庇古:《福利经济学》下卷,商务印书馆 2006 年版,第 457 页。
⑧ [英]A.C.庇古:《福利经济学》下卷,商务印书馆 2006 年版,第三编第五章。
⑨ [英]A.C.庇古:《福利经济学》下卷,商务印书馆 2006 年版,第三编第六章。
⑩ [英]A.C.庇古:《福利经济学》下卷,商务印书馆 2006 年版,第 581—582 页。

关于工时。庇古认为,过长的工时将降低国民收入和经济福利,因此必须加以控制。① 同时他又看到,单纯依靠劳动市场上劳资双方出于自利心的博弈,并不足以实现最优工时,而是经常超过这个最优点。② 这就"构成国家干预显而易见的理由"③。

关于劳动报酬方式。庇古首先区分了仅仅适用于艺术创作工作、高级行政工作和自由职业的固定年薪,以及适用于一般体力劳动者的报酬方式。他强调"工人方面增加的努力得到的工资回报越接近增加努力所造成的产量增加的差额,国民所得将越大;在这件事情上,由改善的调整所产生的国民所得的增大,不言而喻将带来经济福利的增加"④。他分析了计时制、计件制和奖金制三种报酬方式各自的适用范围、实施方法及利弊比较。⑤ 他的结论是:"国民所得的利益和通过它达到的经济福利只有在目前报酬被调整到尽可能接近目前结果时才能有最大的推进,一般说来只有集体谈判控制的计件工资能最有效地达到这一点。"⑥

关于劳动报酬的地区和职业差别。庇古首先认为由于不同职业不同地区的劳动,由于种种原因(工作环境优劣不同、社会地位高低不同、职业年限长短不同,等等),会存在报酬上应有的差别。⑦ 但是由于三方面的原因,实际的差别会偏离这种应有的差别。而这种偏离会降低国民所得。⑧ 他所说的三方面原因是无知(工人对各种职业各种地区工作条件的无知、对即将就业的新工人的能力和特长的无知)、职业间和地区间移动的费用(学习新职业技能的费用、跨区域的路费和关系损失)、外部施加给工人的障碍(工会的职业界限、习俗等)。⑨ 针对这三方面的原因,他提出了三种对策:通过技术进步和观念更新降低工人移动的费用和获取职业、区域信息的费用;通过政府资助降低相关费用;通过强制使得不同职业不同地区的实际报酬差别趋近于应有差别。⑩ 在具体措施方面,为了克服无知,他提到了了解工人失业情况和向工人介绍工作岗位的劳工

---

① ［英］A. C. 庇古:《福利经济学》下卷,商务印书馆 2006 年版,第 480－482 页。
② ［英］A. C. 庇古:《福利经济学》下卷,商务印书馆 2006 年版,第 484－485 页。
③ ［英］A. C. 庇古:《福利经济学》下卷,商务印书馆 2006 年版,第 486 页。
④ ［英］A. C. 庇古:《福利经济学》下卷,商务印书馆 2006 年版,第 493 页。
⑤ ［英］A. C. 庇古:《福利经济学》下卷,商务印书馆 2006 年版,第 494－505 页,第三编第十五章。
⑥ ［英］A. C. 庇古:《福利经济学》下卷,商务印书馆 2006 年版,第 506－507 页。
⑦ ［英］A. C. 庇古:《福利经济学》下卷,商务印书馆 2006 年版,第 509 页。
⑧ ［英］A. C. 庇古:《福利经济学》下卷,商务印书馆 2006 年版,第 508 页。
⑨ ［英］A. C. 庇古:《福利经济学》下卷,商务印书馆 2006 年版,第 508－528 页。
⑩ ［英］A. C. 庇古:《福利经济学》下卷,商务印书馆 2006 年版,第 530－531 页。

介绍所。① 同时他倾向于强制提高不公正的低工资。这种不公正主要是由于工人谈判力量太弱,以及无知和移动困难而使得雇主进行了剥削,即付给工人的工资"少于他们给予企业净边际产品的价值"②。而强制提高工资,将迫使雇主依靠技术改良来追求利润,而非靠压榨工人来追求利润。③ 同时,提高工资使工人的生活条件有所改善,有助于提高工人的生产率,从而增加国民所得。他指出:"有理由预期这种利益是可以累积的。如果允许剥削,而工人与雇主谈判的不好结果将导致他们生产能力的下降,从而减少他们净边际产品的价值,他们将从较低水平开始下一轮谈判;如果他们的谈判结果再次稍微不利——因为他们力量较弱,此时更可能出现这种结果——他们将再次被以同样方式驱赶到更差处境。……国民所得由此遭受严重损害。可是,如果剥削受到阻止,工资强制上升到公平水平,对生产能力的好处将开始上升,……。高胜任导致较大生产能力,较大生产能力导致获得更高收入的力量,……这样得到的较高收入将再次起作用增加生产能力;如此渐增地重复下去。"④但是他并不主张建立全国统一的最低计时工资制度,认为这将增加失业。"建立一种有效的全国性最低计时工资制度(效果大大高于相当多的人现在获得的)从整体上 可能损害而不是有益于国民所得"⑤。相比于全国最低计时工资制度,他宁愿采取国家对低收入家庭的补助制度。

除了上述观点之外,庇古还分析了经济萧条时工人普遍缩短工时和辞退部分员工这两种做法对于国民收入的利弊;⑥分析了产品买家和政府施加压力迫使雇主提高工资的必要性和可能性;⑦分析了企业雇佣工人的三种方法:偶然随机的方法(适用于对工人的短期需求)、特权方法即已经被雇佣的人优先考虑(适用于对工人的长期稳定需求)、优先方法即择优录用,分析了这三种方法对国民所得可能的影响以及政府可以采取的行为。⑧ 最后,他主张建立随经济波动而波动的工资制度。⑨ 至于工资波动的幅度,他认为要取决于产品的性质、利率在产品成本中的比重等等因素。⑩

---

① [英]A.C.庇古:《福利经济学》下卷,商务印书馆 2006 年版,第三编第十章。
② [英]A.C.庇古:《福利经济学》下卷,商务印书馆 2006 年版,第 573 页。
③ [英]A.C.庇古:《福利经济学》下卷,商务印书馆 2006 年版,第 584 页。
④ [英]A.C.庇古:《福利经济学》下卷,商务印书馆 2006 年版,第 632—633 页。
⑤ [英]A.C.庇古:《福利经济学》下卷,商务印书馆 2006 年版,第 641 页。
⑥ [英]A.C.庇古:《福利经济学》下卷,商务印书馆 2006 年版,第三编第十一章。
⑦ [英]A.C.庇古:《福利经济学》下卷,商务印书馆 2006 年版,第三编第十二章。
⑧ [英]A.C.庇古:《福利经济学》下卷,商务印书馆 2006 年版,第三编第十三章。
⑨ [英]A.C.庇古:《福利经济学》下卷,商务印书馆 2006 年版,第 648 页。
⑩ [英]A.C.庇古:《福利经济学》下卷,商务印书馆 2006 年版,第 649—666 页。

　　总体来看,庇古认为为了保证国民收入的最大化,需要实现劳资和谐,为此需要政府在多个方面对劳动市场上的工资形成进行干预。

　　(二)政府为实现收入分配均等化对自发形成的收入分配进行干预

　　除了上述促进资源最优配置和促进劳资和睦的干预措施之外,庇古还主张政府以收入分配均等化为目标对自发形成的收入分配进行干预。

　　庇古首先对收入分配进行了分析,提出以下几个观点:第一,对收入分配不平等的原因进行了分析。他认为有两个原因,一是由于劳动能力和努力不同所导致的收入不平等;二是由于财产继承不同所导致的不平等,后者所起的作用远大于前者。① 这表明,只要改变社会继承规则,就会改变收入分配状况。因此,他否定帕累托所说的不变的分配法则。② 第二,他认为社会不同人之间的收入分配,大体上等同于不同生产要素之间的分配。③ 第三,他强调"作为整体的资本与作为整体的劳动之间的关系中占支配地位的是合作关系"④。因此,一个因素如果通过增加资本从而增加国民收入,那么它一般来说也会增加劳动要素的收入。第四,他探讨了发明创造对收入分配的影响,把发明创造区分为资本节约型、劳动节约型和中间型三类。⑤ 它们对于劳动收入的影响各有不同,但是从总体上看,"虽然可能发生发明与改进损害工人阶级实际收入的情况,但不会经常发生。绝大部分发明与改进将增加劳动的实际收入以及总的国民所得"⑥。第五,他指出在技术进步、偏好变化的动态过程中,由于每个人的能力既有类型的不同,也有程度上的差别,因此不同人之间的相对收入会发生变化。依据技术进步的类型、偏好变化的方向,有的人的相对收入会上升,而有的人的相对收入会下降。在这种变化过程中,整个社会的收入差距有可能趋于缩小,但也有可能扩大。⑦

　　在收入再分配方面,庇古基本是不赞成由政府强制提高工资、定量供应、对部分行业实行工资补贴等做法。⑧ 他比较欣赏的是富人的慷慨和慈善这类自愿转移财富的行为。⑨ 但他同时又承认这种自愿转移远远不够,"因此,需要相当

---

① ［英］A.C.庇古:《福利经济学》下卷,商务印书馆 2006 年版,第 674－676 页。
② ［英］A.C.庇古:《福利经济学》下卷,商务印书馆 2006 年版,第 673 页。
③ ［英］A.C.庇古:《福利经济学》下卷,商务印书馆 2006 年版,第 681 页。
④ ［英］A.C.庇古:《福利经济学》下卷,商务印书馆 2006 年版,第 686 页。
⑤ ［英］A.C.庇古:《福利经济学》下卷,商务印书馆 2006 年版,第 697 页。
⑥ ［英］A.C.庇古:《福利经济学》下卷,商务印书馆 2006 年版,第 702－703 页。
⑦ ［英］A.C.庇古:《福利经济学》下卷,商务印书馆 2006 年版,第 612－613 页。
⑧ ［英］A.C.庇古:《福利经济学》下卷,商务印书馆 2006 年版,第四编第五章。
⑨ ［英］A.C.庇古:《福利经济学》下卷,商务印书馆 2006 年版,第 735－738 页。

数量的强制性转移"①。强制转移的具体措施之一是征收累进的所得税和遗产税,但要注意不能损害资本形成,因此征课的对象不应当是已经积累起来的资本。② 具体措施之二是由政府向穷人转移收入。他指出转移可以分为三类:反对懒散和浪费的转移、中性的转移和支持懒散和浪费的转移。③ 他赞成前两种,反对第三种,反对施舍性质的收入转移,强调任何收入转移措施都应当防止助长懒惰和浪费。④ 具体的转移方式可以是间接的,就是补贴那些专门生产穷人的必需品的部门和厂商,以增加产量降低价格;⑤也可以是直接的,如举办社会保险、社会服务设施、提供非货币的难以转手倒卖的实物等。⑥ 他还主张建立全国实际收入的最低标准,它"包括了某个明确数量与质量的居住房屋、医药治疗、教育、食物、闲暇、从事工作的卫生与安全设施等等,而且最低条件是绝对的"⑦。他承认实施这种最低生活标准所需要的资源由富人向穷人的再分配有可能不利于国民所得,因此,为了确保经济福利在收入标准和分配标准之间取得平衡,他提出了一个确定最低生活标准的基本准则:"最低标准提高到如下一个水平时能最好地推进经济福利,这个水平就是,向穷人转移的边际英镑形式的直接好处正好抵消因转移而减少国民所得带来的间接害处。"⑧同时,他也看到了国民收入水平与这个最低标准正相关。⑨ 他也看到单独一个国家实行最低标准对本国外贸可能产生的不利影响,因此主张与其他国家一起建立国际最低生活标准。⑩

庇古相信,只要转移得当,"结果是从富人向穷人的一定资源转移……必定会增加今后的国民所得,只要向穷人的投资通过提高穷人生产能力的增加而获得的回报,不少于向有形资本投资的回报"⑪。而为了得到这一结果,"以控制购买力形式作出的给予穷人的转移,如果对给予转移的人连带某种程度的监督,就能有许多较好机会有利于今后的国民所得。……这种监督应以充分认识以下事实为基础,即人不是机器,他们的生产能力……是他们物质环境与道德环

---

① [英]A. C. 庇古:《福利经济学》下卷,商务印书馆 2006 年版,第 738 页。
② [英]A. C. 庇古:《福利经济学》下卷,商务印书馆 2006 年版,第 739—746 页。
③ [英]A. C. 庇古:《福利经济学》下卷,商务印书馆 2006 年版,第 747 页。
④ [英]A. C. 庇古:《福利经济学》下卷,商务印书馆 2006 年版,第 756 页。
⑤ [英]A. C. 庇古:《福利经济学》下卷,商务印书馆 2006 年版,第四编第十一章。
⑥ [英]A. C. 庇古:《福利经济学》下卷,商务印书馆 2006 年版,第 749—755 页。
⑦ [英]A. C. 庇古:《福利经济学》下卷,商务印书馆 2006 年版,第 787 页。
⑧ [英]A. C. 庇古:《福利经济学》下卷,商务印书馆 2006 年版,第 789 页。
⑨ [英]A. C. 庇古:《福利经济学》下卷,商务印书馆 2006 年版,第 792 页。
⑩ [英]A. C. 庇古:《福利经济学》下卷,商务印书馆 2006 年版,第四编第十三章第八节。
⑪ [英]A. C. 庇古:《福利经济学》下卷,商务印书馆 2006 年版,第 772 页。

境的函数"①。从这些话可以看出，他实际上是认为只要收入再分配能够成为对穷人的人力资本投资，国民收入就会增加。当然，他也并不否定如果转移不当，收入再分配也可能减少国民所得。②

（三）庇古福利经济学的主要贡献

庇古福利经济学的主要贡献之一，是通过对现实市场机制的细致观察和分析，发现了许多其他新古典经济学家未曾注意的市场失灵现象，对于自亚当·斯密以来的市场乐观主义提出了质疑。他谈道："古典经济学家的一些乐观追随者认为，只要政府不进行干预，'利己心的自由发挥'就会自动使任何国家的土地、资本和劳动得到很好的分配，带来比除这种'自然'机制外的任何其他安排更大的产量，从而带来更多的经济福利。"③他赞同帕累托的观点，即自私的经济人有两种行为倾向，一是生产和交换物品，二是掠夺侵占别人的物品。④ 显然后一种行为倾向不利于社会的利益。因此，放任经济人并不一定导致对社会有益的结果。他认为当斯密提倡经济自由时，其暗含的前提是社会"存在着一些法律，这些法律旨在而且也能够阻止单纯的占有行为，如盗匪和职业赌徒的所作所为"⑤。他认为"甚至亚当·斯密也没有充分认识到，天赋自由学说需要在多大程度是用特殊法律加以修正和保障，才能促进一国的资源得到最有效的利用"⑥。他引用同时代英国经济学家坎南的话："利己心的作用之所以一般说来是有益的，并不是因为每个人的自身利益与全体的利益具有某种天然的巧合，而是因为人类的各项制度安排得很巧妙，能迫使自身利益朝着有益的方向起作用。"⑦经济人的利己心未必一定促进社会公益，只有建立良好的法律秩序，才能把利己心约束在促进社会公益的道路上。

庇古福利经济学的主要贡献之二，是提出资源最优配置的条件，指出了干扰资源最优配置的种种因素，尤其是强调了外部性以及各种垄断因素。他的卓越之处在于看到了由于经济行为的外部性，即使在排除了垄断的自由竞争条件下，也无法像亚当·斯密所设想的那样，使私人追求自身利益最大化的行为，导致社会福利的最大化。

庇古福利经济学的主要贡献之三，是专门对劳动市场进行了深入细致的分

---

① ［英］A. C. 庇古：《福利经济学》下卷，商务印书馆 2006 年版，第 785 页。
② ［英］A. C. 庇古：《福利经济学》下卷，商务印书馆 2006 年版，第 786－787 页。
③ ［英］A. C. 庇古：《福利经济学》上卷，商务印书馆 2006 年版，第 139 页。
④ ［英］A. C. 庇古：《福利经济学》上卷，商务印书馆 2006 年版，第 140 页。
⑤ ［英］A. C. 庇古：《福利经济学》上卷，商务印书馆 2006 年版，第 140 页。
⑥ ［英］A. C. 庇古：《福利经济学》上卷，商务印书馆 2006 年版，第 140 页。
⑦ ［英］A. C. 庇古：《福利经济学》上卷，商务印书馆 2006 年版，第 140－141 页。

析,针对其不利于经济效率的各种问题,提出了相应的对策建议,指出了政府干预劳动市场的必要性。

庇古福利经济学的主要贡献之四,是论证了收入再分配的必要性,提出了一系列可供选择的不降低效率的具体措施。当然由于他讨论这个问题时隐含的前提是不同个人之间效用的可比性,这就削弱了他论证的力量。

庇古全面论证了由政府干预资源配置、干预劳动市场,以及收入再分配对于提高全社会经济福利的重要性。他还仔细讨论比较了针对不同情况的政府干预的各种具体方式。他可能是自亚当·斯密以后英语世界里比较清楚地指出并仔细分析自由主义的局限,要求实行政府干预的经济学家。当然,他也清醒地看到了政府干预所带来的种种问题。

庇古的体系,可以说是马歇尔体系向实用化方向的一个重大发展。马歇尔的主要理论成就在于描绘了完全竞争的市场运行机制,但他并没有详细探讨并充分论证政策主张。这一步工作则由庇古在他的福利经济学体系中完成了。通过这一分析,庇古日益倾向于主张政府广泛干预经济生活的费边社会主义。①

由于庇古的上述贡献,他实际上是福利经济学、公共财政学、劳动经济学和环境经济学的重要先驱。

二、周期理论

庇古的经济周期理论,主要见于他1927年发表的《工业波动理论》一书。书中他主要涉及两个问题:一是经济周期的一般特征、原因及周期性;二是消除波动的方法。

庇古指出,通常所说的经济波动有三种情况:一是"长期延续的广泛变动";二是"延续数年的较短波长的摆动";三是"随正常年度的季节变换而来的短期变动"。② 而他所研究的主要是第二种类型的波动。他认为可用产量指标和就业指标来衡量和描绘经济周期,但由于统计资料方面的原因,使用就业指标更合适。

庇古指出,经济周期具有五个一般性特征:一是国际性,即经济周期往往同时发生在许多国家;二是相似性,即不同的经济周期都有许多很相似的地方;三是相关性,即不同行业的周期在时间上和方向上一般是吻合一致的;四是波幅的差异性,即资本品工业比消费品工业有更大的波动幅度;五是异步性,即资本品工业的波动往往领先于消费品工业。

---

① [美]亨利·威廉·斯皮格尔:《经济思想的成长》下册,中国社会科学出版社1999年版,第491页。

② 庇古:《工业波动理论》,商务印书馆1999年版,第5页。

庇古认为,经济周期的直接原因是工商业者变动不定的预期。① 而导致获利预期变动的则有三方面的原因,"真实原因,心理上的原因,以及自发的货币原因"②。

真实原因包括农作物收成的变动,新技术新产品的发明与改进,新矿床的发现与开采,劳资纠纷,偏好改变,国外需求变动等。③ 他以为这些因素的重要性是不一样的,要清楚区分各个因素的影响也是做不到的,但有一点比较明确的就是农业收成变动在工业发达的社会中影响越来越小。同时,货币工资的刚性或劳动供给的弹性,以及劳动力的不完全流动性,对导致和加剧经济周期都起着重要作用。

心理上的原因是指工商业者"在对企业前景的预测中所犯的过分乐观或过分悲观的错误"④。工业经济中的经营决策离不开预期,而上述种种真实原因往往导致预期的失误。庇古认为决定预期错误大小的因素有以下六点⑤:一是生产力发展和社会偏好的变化莫测,变化越是莫测,则预测错误越大。二是不同智能的人在工商经营活动和其他活动中的分布,以及他们参与经营决策的程度,高智能的人参与企业经营越多,参与决策的程度越高,则预测错误越小。三是决策者可得的信息,信息越全面越真实,则预测错误可能越小。四是经营管理权的分散程度,这种分散,尤其是产销决策权的分散,往往导致供求信息沟通上的困难,以及订货的过度膨胀,从而导致预测错误。五是产品生产周期的长短,生产周期越长,则预测越可能出错。六是市场范围的大小,市场范围越大,则预测越有可能出错,而只为自己进行生产一般是不会发生大的预测错误的。他进而分析了使预测错误得以扩散或普遍化的三个因素⑥:一是企业家之间在心理上的相互依赖,相互感染。二是不同行业之间的投入产出关系,当一个行业的企业家预期乐观增加其投入时,往往导致其上游行业的销售旺势。三是企业家之间的债权债务关系链。他还指出,过于乐观的预期错误和过于悲观的预期错误并不是互相隔离的,而是相互孕育的,这是导致经济波动周而复始的重要原因之一。⑦

---

① 庇古:《工业波动理论》,商务印书馆 1999 年版,第 32 页。
② 庇古:《工业波动理论》,商务印书馆 1999 年版,第 33 页。
③ 庇古:《工业波动理论》,商务印书馆 1999 年版,第 38 页。
④ 庇古:《工业波动理论》,商务印书馆 1999 年版,第 70 页。
⑤ 庇古:《工业波动理论》,商务印书馆 1999 年版,第 71—80 页。
⑥ 庇古:《工业波动理论》,商务印书馆 1999 年版,第 83—86 页。
⑦ 庇古:《工业波动理论》,商务印书馆 1999 年版,第 87—89 页。

自发的货币原因在庇古看来,对于金本位制国家来说,主要有三个方面[①]:
一是金矿的发现和关闭及提炼黄金的新技术。二是外国货币政策及黄金储量
的变化,尤其是信贷的扩张及收缩。三是与国外金融业务有关的短期的黄金流
出入。他比较详尽地探讨了货币原因导致经济周期的一些具体机制。这些机
制之一是货币信贷的扩大与收缩引起投资的增加与减少;机制之二是货币信贷
的松紧助长了企业家过度乐观和过度悲观;机制之三是货币信贷的松紧影响一
般物价水平。他依据统计资料指出了银行信贷量的波动与就业量的波动之间
的紧密联系。他探讨了引起一般物价水平变化的因素,提出它与货币流通量同
向变化;与实际收入或劳动生产率,与货币流通期的平均长度反向变化。[②] 他提
到了价格水平变动对于企业家预期的相互影响,以及对于长期合同的收入再分
配效应,而这些因素都会影响经济周期。

庇古认为经济周期是上述三大类原因共同作用的结果,他坚决反对从单一
原因去说明周期的观点,如货币论、心理论、收成论等。

从总体上看,庇古对经济周期原因的分析是一种多因论,既强调客观原因,
也重视主观心理因素;既看到了经济实际面的影响,也承认货币面的作用。其
不足则是缺乏对于各种原因的一个清晰的层次分析,使人难以分清哪是主要原
因哪是次要原因。虽然他在书中也想进行这种分析,但效果不理想。对照一下
熊彼特的周期理论,就能清楚地看到庇古的不足。

关于消除经济周期的办法,庇古认为,首先是要认清经济周期对经济福利
的影响。他认为,如果周期是人们对工作和闲暇的偏好的周期性变化,那就不
能认为它一定是祸害。[③] 同时,如果没有经济周期,没有萧条所形成的压力,企
业家技术改进的动力便会下降,低能的企业家就不容易被淘汰,从而对整个社
会生产力的提高便不利。[④] 尽管有上述两点似乎是为经济周期辩解的看法,他总
的说来还是强调了经济周期所造成的失业对人力资本造成的危害,"大量的短期
失业可以损害一个人的技术能力,而且尤其重要的是损害他的一般性格"[⑤]。

庇古提出,在克服周期时,也要考虑成本—收益原则,要使克服周期的边际
费用与周期被克服后的边际收益两者相等。[⑥] 至于克服周期的具体措施,由于
他往往着眼于克服失业现象,故在下面失业理论中再详细介绍。

---

① 庇古:《工业波动理论》,商务印书馆 1999 年版,第 99—103 页。
② 庇古:《工业波动理论》,商务印书馆 1999 年版,第 162 页。
③ 庇古:《工业波动理论》,商务印书馆 1999 年版,第 224—225 页。
④ 庇古:《工业波动理论》,商务印书馆 1999 年版,第 232 页。
⑤ 庇古:《工业波动理论》,商务印书馆 1999 年版,第 228 页。
⑥ 庇古:《工业波动理论》,商务印书馆 1999 年版,第 236 页。

三、失业理论

作为福利经济学创始人的庇古,对于失业问题一直非常关注。早在1914年,他就发表了一本《论失业问题》的小册子。1927年又出版《工业波动理论》一书,再次讨论失业救治问题。1933年,面对大萧条的恶劣局面,他又出版《失业理论》一书。

庇古首先给"失业"下定义:"如果作出某些保留和解释,所谓失业就等于一般所了解的'非自愿赋闲'。"[①]可见他所说的失业就是非自愿失业。而这种非自愿失业有两种形式:完全失去工作和被迫缩短工时。

庇古认为,"失业现象完全是由于工资率与需求之间的关系失调而引起的"[②]。并指出,在劳动市场自由竞争的条件下,除了因不同等级的劳动需求发生变动而引起的暂时失业之外,不可能存在长期失业现象。但劳动市场并不是自由竞争的,工资率并不是在任何地方都由自由的竞争力量决定,因此便出现失业。为了分析其原因,他区分了静态和动态。在静态条件下,失业的主要原因有三点:一是由于工会或其他因素,使得工人所要求的工资率高于自由竞争条件下自发形成的工资率。二是根据人道原则制定的最低工资立法,使得一些愿意接受也只能接受更低工资的人失业。三是一部分工人的素质和教育水平低下,无法满足工作岗位所需。而在动态条件下,对劳动需求会由于季节变化和经济周期而发生有规律的变动,还会由于偏好、技术等因素的变化而发生不规则的变动,这就使均衡工资率处于不断变化之中。这时出现失业的原因还要加上工资率的刚性。工资率向下的弹性为工人所阻挠,向上的弹性则为业主所阻挠。刚性工资不能适应动态条件下均衡工资率的不断变动,于是便造成失业。此外,劳动力由于存在流动费用缺乏流动性或流动的盲目性,也是导致失业的重要因素。

根据对失业原因的上述看法,庇古提出了五条消除或减少失业的措施:(1)发展教育和培训事业,提高工人尤其是最低等级工人的素质。(2)成立调解委员会以解决劳资纠纷,并采取富有弹性的工资制度。(3)运用货币手段缓和经济波动,减缓劳工需求量的波动幅度。(4)把各地的劳工介绍所组织成全国相互联系的系统,改善劳工市场的信息状况,增加劳动的流动性,减少流动的盲目性。(5)实行政府干预。

庇古认为,政府可以调整直接与己有关的工业来控制劳工需求,也可通过

---

① 庇古:《论失业问题》,商务印书馆1959年版,第111页。
② 庇古:《论失业问题》,商务印书馆1959年版,第22页。

补助金及赋税来调节私营工业的劳工需求。政府可以调节供给,采取逆经济风向的调节措施,在萧条中增加产量,在繁荣时削减产量。但这种调节只适用于耐用品工业,不能用于非耐用品工业。因为萧条时政府若增加非耐用品的产量,从而增加就业,势必扩大供给,降低价格,结果未被政府调节的厂商更加减产,进一步减少劳工需求;而繁荣时正相反。结果是加剧了波动。而在耐用品工业中,政府在萧条时增加产量,扩大就业可增加储备而不一定增加市场供给,这样未被调节的厂商也不会减产和削减劳动需求。政府也可以调节自己的需求,使它逆经济风向而变动,当私人需求减少时,便增加政府需求,当私人需求增加时,则相应减少政府需求,如此使经济保持稳定,减少就业的波动。但这种逆风向变动政府需求的措施是否能减少失业要取决于劳动的流动性,若劳动在生产私人用品的产业与生产政府需要产品的产业之间具有流动性,则上述逆向行使的调节措施将有助于减少失业;若劳动缺乏流动性,则上述调节措施未必能减少失业。

至于政府的具体调节措施,庇古似乎更看重控制信贷进而稳定物价水平的货币手段。[1] 在萧条时增加信贷投放而在繁荣时缩小信贷规模。他进而提出了控制信贷规模的两种做法——信贷定额配给和贴现控制——并比较了它们的优劣,他的结论是贴现控制比定额配给更优越,因为后者会扭曲价格信号。[2] 他还提到了相机抉择的货币政策在效果上的不对称性,即克服过热较为有效而克服萧条不太有效。但他从繁荣孕育着萧条的观点出发,认为有效地防止了过热也就有效地预防了萧条。[3] 他还不无正确地提到货币政策的目标必须是稳定物价,而不能是保持一定数量的储备金,若以后者为目标,就难以克服萧条。[4] 他颇有预见地看到了纸币本位制由于解除了黄金对货币量的束缚,从而有助于避免通货缺乏引起的萧条,但另一方面有孕育通货膨胀的危险。[5] 为此他主张由国会给予银行发行纸币的权力以一定的制约。[6] 这两点看法在20世纪70年代以后表现出它们的价值。他还谈到金本位制条件下,稳定物价的目标与稳定汇率的目标之间的冲突:"任何一个国家自己都难自由地既能得到一个严密的稳定物价制度而同时又得到一个严密的稳定汇兑制度。"[7]这一思想可以说是当前

---

① 庇古:《工业波动理论》,商务印书馆1999年版,第239页。

② 庇古:《工业波动理论》,商务印书馆1999年版,第250—258页。

③ 庇古:《工业波动理论》,商务印书馆1999年版,第251—252页。

④ 庇古:《工业波动理论》,商务印书馆1999年版,第270页。

⑤ 庇古:《工业波动理论》,商务印书馆1999年版,第278—279页。

⑥ 庇古:《工业波动理论》,商务印书馆1999年版,第280页。

⑦ 庇古:《工业波动理论》,商务印书馆1999年版,第284—286页。

克鲁格曼"魔鬼三角关系"的先驱。

除了货币政策之外,庇古也谈到财政政策,包括相机抉择的政府订货行为、公共工程,以及相机抉择的税收和津贴行为。① 但他似乎对相机性的税收政策的可行性有所怀疑。②

此外,庇古还主张各种收入政策,比如由政府编制物价指数,并激励公众将各种契约尤其是长期的加以指数化。③ 主张由政府限制繁荣时期的加班加点,以防止过度繁荣从而加深随之而来的萧条。④ 他还希望公众自愿采取逆经济风向的行为,如萧条时自觉增加购买而在繁荣时则反向行为。⑤

庇古认为,上述各种措施并不能完全消除失业,但剩下的失业应当尽可能采取比较可取的形式,如普遍缩短工时,或轮流工作,而不要急于辞退部分工人,使失业之苦集中在少数人身上。他还具体分析了企业主采取何种失业形式的原因。⑥ 对于熟练工,使用贵重原料和精密机器的工人,掌握专利技巧的工人,业主通常是不愿解雇的;对于工资难以精确计量的计量工,业主往往倾向于解雇之;至于轮流工作,则往往由于组织困难,业主一般不愿采用。

庇古肯定了失业保险稳定整个社会消费水平的功能,⑦指出若无失业保险,工人一旦失业,消费水平将大减,而如果要使失业后的消费维持原状,就必须大大增加平时的私人储蓄,从而减少平时的消费。他还分析了失业保险中存在的今天人们称作道德风险和逆选择的问题,并指出了若干解决这两个问题的具体措施。

由以上介绍可以看出,在凯恩斯发表《通论》之前,庇古就已经肯定存在着非自愿失业,但在对失业原因的分析上,庇古完全是站在新古典的立场上,强调市场机制不健全,竞争不完全,强调工资缺乏弹性,劳动缺乏流动性。正因为此,他被凯恩斯选中,作为新古典学派的代表,在《通论》中大加鞭挞。但庇古关于消除失业的措施,则完全突破了传统理论,比凯恩斯早 20 多年便提出了用政府干预来消除失业的主张。甚至提出了相机抉择的原则。更为可贵的是他指出了相机抉择原则的有效性的微观基础是劳动力的流动性。由此看来,凯恩斯与他所批判的对手之间的区别并不像他所渲染的那么大,在消除失业的措施方

① 庇古:《工业波动理论》,商务印书馆 1999 年版,第 309 页。
② 庇古:《工业波动理论》,商务印书馆 1999 年版,第 238 页。
③ 庇古:《工业波动理论》,商务印书馆 1999 年版,第 244 页。
④ 庇古:《工业波动理论》,商务印书馆 1999 年版,第 321 页。
⑤ 庇古:《工业波动理论》,商务印书馆 1999 年版,第 306 页。
⑥ 庇古:《工业波动理论》,商务印书馆 1999 年版,第 327－329 页。
⑦ 庇古:《工业波动理论》,商务印书馆 1999 年版,第 335－336 页。

面,两者是很接近的。区别在于对失业原因的分析。庇古的不足在于他所分析的是宏观现象,但采用的方法则是微观的,缺乏总量分析工具,缺乏总需求函数,没有短期概念,没有乘数概念,没有对收入水平决定机制的说明,这就使得庇古对失业的解释不如凯恩斯,同时也使得他关于政府干预的主张缺乏充分的理论根据。

四、货币理论

庇古在货币理论方面的主要贡献,是在 1917 年发表的《货币的价值》一文中把马歇尔的货币需求理论表达为数量方程式,即著名的货币余额方程式(又称作剑桥数量方程式):

$$M_d = kPy$$

式中,M_d 为货币需求量;y 为实际收入水平;P 为一般物价水平;k 为保持在货币形态上的收入对总名义收入的比率。

庇古运用该方程式所表达的意思是:由于人们获取收入与支出收入有一定时距,因此为了便利交易,也为了应付不时之需,需要以货币形式保存收入。但由于货币形式上的资产不会给所有者带来收益,故人们往往只需要以货币形式保存部分而非全部收入。这就是人们的货币需求。这种需求的大小由上式可知,取决于名义收入水平 Py 和比例系数 k,并与这两者同向变化。

庇古所提出的上述货币余额方程式,为以后凯恩斯在《通论》中提出的货币需求函数,以及再以后弗里德曼所提出的货币需求函数,提供了最原始的基础。

第三节　拉姆齐对经济学的三项革命性贡献

拉姆齐[①](Frank Plumpton Ramsey,1903—1930),英国一位数学家之子,就学于剑桥大学三一学院,曾任剑桥大学国王学院研究员,27 岁时因病去世。他"在盛年的夭折使剑桥失去了一位知识巨匠,使当代哲学界失去了一位最深刻的思想家"[②]。在其短暂的一生中,他对于哲学、数理逻辑、经济学三个领域都作出了杰出的意义深远的贡献。他在经济学方面仅有的三篇论文为《真实与概率》(1926)、《对税收理论的贡献》(1927)和《储蓄的数学理论》(1928)。他的第

---

① 《新帕尔格雷夫经济学大辞典》第 4 卷,经济科学出版社 1996 年版,第 44－56 页。[英]马克·布劳格、保罗·斯特奇斯:《世界重要经济学家辞典》,经济科学出版社 1987 年版,第 519－520 页。

② 《新帕尔格雷夫经济学大辞典》第 4 卷,经济科学出版社 1996 年版,第 45 页。

一篇论文涉及决策者在不确定条件下的选择行为。第二篇论文是应庇古对该问题作调查研究的请求而作的,涉及最优税收原则,奠定了现代商品税理论的基础,提出了后来被广泛认可的拉姆齐定价法则。第三篇论文涉及经济最优增长路径,提出了后来成为长期动态宏观经济学基石之一的拉姆齐最优资本积累模型,凯恩斯评价这篇论文"无论在主题本身的重要性及难度方面,运用技巧方法的力度和优美方面,还是在阐述主题的清晰、简洁,使读者了解作者的思想方面,都是对数理经济学所作过的最卓越的贡献之一"[①]。

一、不确定条件下的选择理论

拉姆齐在第一篇论文中,分析了经济决策者行为结果具有不确定性时的选择。他假设经济决策者的行为目标是收益期望值的最大化。因此,如果他的行为 A 具有 n 种可能的结果 $a_i(i = 1, 2, \cdots, n)$,其价值为 v_i、概率为 P_i,则该行为的期望价值为 $\sum P_i v_i$。若决策者另一种行为 B 具有 m 种可能的结果 $bj(j = 1, 2, \cdots, m)$,其价值为 u_j、概率为 Q_j,则该行为的期望价值为 $\sum Q_j u_j$。若 $\sum P_i v_i > \sum Q_j u_j$,则决策者将选择行为 A。如果我们把行为 A 和 B 设想为分别购买两种不同的股票,上述论点就可以理解了。

拉姆齐研究了不确定条件下各种结果的主观概率的确定。通常,一系列可能结果的发生概率、决策者对其每一个的主观估价,以及主观估价的数学期望值,三者中间只要有两个既定,则第三个就自然确定了。伯努利(Danial Bernoulli)假设概率客观给定,主观估价由一个非线性的效用函数决定,于是数学期望值就确定了。贝叶斯则是通过数学期望值来反推主观概率。

拉姆齐首先假设经济决策者有一个完备的偏好序,即任何两种选择 A 和 B 所导致的后果的期望值或者相同或者不同。选择 A 时,若发生情况 e,结果是 x,效用是 $v(x)$;若不发生情况 e,结果是 y,效用是 $v(y)$。选择 B 时,若发生情况 e,结果是 r,效用是 $v(r)$;若不发生情况 e,结果是 s,效用是 $v(s)$。设发生 e 和不发生 e 的概率分别为 $P(e)$ 和 $P(e')$,则必定有:

$$P(e)v(x) + P(e')v(y) < \text{或} = \text{或} > P(e)v(r) + P(e')v(s) \quad (31.1)$$

拉姆齐进一步假设存在一定的情况 $e*$,使得决策者感到选择 A 和 B 无差异。即选择 A 时,若发生情况 $e*$,结果是 m,效用是 $v(m)$;若不发生情况 $e*$,结果是 n,效用是 $v(n)$。选择 B 时,若发生情况 $e*$,结果是 n,效用是 $v(n)$;若不发

① 《新帕尔格雷夫经济学大辞典》第4卷,经济科学出版社1996年版,第50页。[英]马克·布劳格、保罗·斯特奇斯:《世界重要经济学家辞典》,经济科学出版社1987年版,第519页。

生情况 $e*$,结果是 m ,效用是 $v(m)$ 。设发生 $e*$ 和不发生 $e*$ 的概率分别为 $P(e*)$ 和 $P(e*')$ 。则：

$$P(e*)v(m) + P(e*')v(n) = P(e*)v(n) + P(e*')v(m) \quad (31.2)$$

由于 m 不同于 n , $v(m) \neq v(n)$,因此从式(31.2)可得：

$$P(e*) = P(e*') \quad (31.3)$$

由于 $P(e*) + P(e*') = 1$,所以 $P(e*) = P(e*') = 1/2$,即发生情况 $e*$ 的主观概率为二分之一。

如果选择 A 和 B 无差异,则由式(31.1)和式(31.3)可以推论出：

$$v(x) - v(r) = v(s) - v(y) \quad (31.4)$$

同时,只要不同结果的效用函数都有一个具体的数值,且对于任何情况 e ,都有 $P(e) + P(e') = 1$,那么由式(31.1)可以得到：

$$P(e)[v(x) - v(r)] = P(e')[v(s) - v(y)]$$
$$= [1 - P(e)][v(s) - v(y)]$$

可得 $\quad [P(e)]^{-1} = 1 + [v(x) - v(r)]/[v(s) - v(y)]$

这就给出了主观概率的计算公式。拉姆齐进一步指出,只要理性经济决策者所有结果的主观概率之和等于1,就不会使他在任何情况下都失利。

如果我们把选择 A 和 B 设想为买与不买某种股票,情况 e 设想为该股价的某种变化,上述论点就可以理解了。

二、拉姆齐定价准则

拉姆齐的第二篇论文主要考虑了最优税收所需要遵循的准则。这一准则演化成了满足帕累托最优的定价原则：当一个生产者同时提供 n 种商品时,受利润约束的帕累托最优要求这些商品的价格 p_j 满足以下等式

$$\frac{p_j - mc_j}{p_n - mc_n} = \frac{mr_j - mc_j}{mr_n - mc_n}, \quad (j = 1, \cdots, n-1)$$

$$\sum_{j=1}^{n} p_j y_j = c(y_1, \cdots, y_n) + k \quad (31.5)$$

式中, mc_j 和 mr_j 分别是第 j 种商品的边际成本和边际收益; $c(y_1, \cdots, y_n)$ 是生产者的总成本函数; k 是任意常数。

在生产者的商品在需求上既无互补又无替代的特殊情况下,式(31.5)也可以具有如下特殊形式：

$$\frac{(p_j - mc_j)/p_j}{(p_n - mc_n)/p_n} = \frac{E_n}{E_j}, (j = 1, \cdots, n-1)$$

$$\sum_{j=1}^{n} p_j y_j = c(y_1, \cdots, y_n) + k$$

$$(31.6)$$

式中，E是商品的需求价格弹性。式(31.6)就是反比弹性公式。

对于(31.5)和(31.6)两式，可以给出如下简单的证明：设只有一个消费者和一种投入——劳动，一个生产者同时生产n种商品。消费者的目标函数和约束条件为

$$\max. U(y_1, \cdots, y_n, x, r)$$

$$\text{s.t.} \sum_{j=1}^{n} wC(y_1, \cdots, y_n)$$

$$C(y_1, \cdots, y_n) + K(x) + r = R$$

式中，y_j为生产者生产的第j种商品量；x为所有其他商品的产出向量；R为可用投入要素总量；r为闲置要素量；p_j为第j种商品价格；w为工资；$U()$为消费者效用函数；$C()$为生产者对投入要素的需求函数；$K()$为其他商品生产对投入要素的需求函数。根据上述目标函数和约束条件，可以建立如下拉格朗日函数：

$$L = U(\cdot) + \alpha[R - C(\cdot) - K(\cdot) - r] + \beta\left[\sum p_j y_j - wC(\cdot)\right]$$

L对产量y_j和闲置要素r求偏导数U_j、U_r，并令其等于零：

$$U_j - \alpha C_j + \beta(mr_j - wC_j) = 0 \tag{31.7}$$

$$U_r - \alpha = 0 \tag{31.8}$$

式中，mr_j和C_j分别为第j种商品的边际收益和第j种商品对投入要素的边际需求。消费者均衡要求边际效用之比等于价格之比，即

$$\frac{U_j}{p_j} = \frac{U_r}{w} = k, (j = 1, \cdots, n) \tag{31.9}$$

根据式(31.9)、式(31.8)和式(31.7)转变为

$$U_r = kw = \alpha$$

$$p_j - wC_j + (\beta/k)(mr_r - wC_j) = 0 \tag{31.10}$$

由于$wC_j = mc_j$，所以式(31.10)就等价于拉姆齐公式(31.5)。

根据商品边际收益mr_j、价格p_j和需求价格弹性E_j三者间的标准关系：

$$mr_j = p_j(1 - 1/E_j)$$

将其代入(31.10)式，可得：

$$p_j - mc_j = (\beta/k)(p_j - mc_j - p_j/E_j)$$

或 $$(1 - \beta/k)(p_j - mc_j) = -(\beta/k)p_j/E_j$$

它等价于前面的反比弹性公式(31.6)。

至于拉姆齐定价原则的经济学解释，首先可以看到，在完全竞争条件下，企业将调整企业规模至规模报酬不变水平。此时企业经济利润将等于零，于是式(31.5)、(31.6)将自动蜕变为

$$p_j = mc_j$$

按此原则所定价格是帕累托最优价格,因为追求效用最大化的消费者按此价格购买的边际单位产品所支出的货币额,正好等于企业生产该地位产品所支付的边际成本。若价格高于边际成本,生产者增加产量将既增加企业的利润又增加消费者的效用;若价格低于边际成本,则表明资源过度投入该产品的生产,没有实现合理配置。其次,在竞争不完全的情况下,利润最大化的价格将偏离边际成本,从而既使得消费者偏离最优购买额也使得生产者的产量偏离按照边际成本定价的最优产量,并且此时生产者多种产品的销售总额将不等于总成本。而按照边际成本定价将导致负利润,这就需要对按此原则定价的企业进行补贴,而补贴又需要税收。于是就要设法使得这种价格对于边际成本的偏离最小化。这就需要按照反比弹性公式(31.6),提高低需求价格弹性商品的价格。

拉姆齐定价准则也是确定最优商品税率的准则,因为商品税的作用就是使得商品价格偏离边际成本,因此最优税收就是要使得既定税收目标下的税收引起的偏离最小化。寻求最优价格与寻求最优税率在形式上是等价的。

拉姆齐定价准则给出了在现实的经常是竞争不完全的市场中,为了实现帕累托最优,企业定价和政府确定税率所应当遵循的原则。自从其提出以来,日益引起经济学家和政府有关部门的关注。今天,它已经成为微观经济学的基本命题之一,并成为企业、政府众多决策的重要依据。

三、拉姆齐最优资本积累模型

拉姆齐的第三篇论文主要考虑了一个国家的最优资本积累或最优储蓄率问题。他假设经济运用资本和劳动只生产一种商品,年产出一部分用于消费,一部分用于储蓄,以形成资本积累。令社会的目标是实现所有时期加总后的满足最大化,而每一期的这个实际满足定义为当期消费的效用 $U(C)$ 减去劳动的负效用 $V(L)$。他进一步给出三个重要假设:没有人口增长、没有技术进步、没有未来效用的贴现。他还假设存在一个消费的意愿的最大满足水平 B。根据以上假设,他建立了如下约束条件下的动态规划数理模型:

$$\min \int_0^\infty \left[B - U(C) + V(L) \right] \mathrm{d}t \tag{31.11}$$

$$\text{s. t.} \frac{\mathrm{d}K}{\mathrm{d}t} + C = F(K, L) \tag{31.12}$$

式中,C 为消费;L 为劳动;K 为资本存量;$\mathrm{d}K/\mathrm{d}t$ 为投资或年度资本存量增加值;$F(K, L)$ 为生产函数。式(31.11)为目标函数,即消费的意愿的最大满足水平与实际效用水平之差最小化。式(31.12)为约束条件,即消费水平与投资水平之和等于年产出。

拉姆齐从经济学和数学两个角度研究这一规划。从经济学角度，他首先通过劳动边际负效用的绝对值与劳动边际产品与消费品边际效用之积的相等，解决了劳动与消费之间的关系。然后建立当前消费一单位产品的边际效用与将该产品进行投资所能带来的未来产品的边际效用之间的等式。这一等式也意味着消费的边际效用等于资本的边际产出。上述两个等式与式(31.12)及时间趋向无限这一终极条件一起，构成一组微分方程。可对之积分求解。从数学角度，他运用变分法求解上述动态规划，可以推导出两个最优化条件，即劳动边际负效用的绝对值与劳动边际产品和消费品边际效用之积的相等，与当前消费一单位产品的边际效用和将该产品进行投资所能带来的未来产品的边际效用相等。

从数学角度也可以根据约束条件式(31.12)，把目标函数式(31.11)中的被积变量由时间 t 转变为资本存量 K，变换后的目标函数为：

$$\min \int_{K_0}^{\infty} \frac{B - U(C) + V(L)}{F(K,L) - C} \mathrm{d}K \tag{31.13}$$

由于 K 是 C 和 L 的函数，所以欲求式(31.13)的最小值，只需对 C 偏求导数，并令其等于零，由此可得：

$$F(K,L) - C = \frac{B - [U(C) - V(L)]}{U'(C)} \tag{31.14}$$

该式左边是年度储蓄或投资，右边是意愿最大满足水平减去年度实际满足水平之差除以消费的边际效用。它表明了凯恩斯—拉姆齐最优积累条件，即储蓄或投资乘以消费的边际效用要等于意愿最大满足与实际满足之差。

拉姆齐上述动态优化模型，从数学角度解决了庞巴维克所提出的资本最优积累问题。庞氏既强调资本积累(用他的术语是迂回生产)的益处，又指出过度积累(过于迂回)的害处，但并未给出最优积累的条件。拉姆齐用动态优化模型论证了最优资本积累的条件。他最大的贡献是指出了解决这类动态优化问题的数理工具——变分法，从而为后人指出了正确的前进道路。尔后这方面的理论发展，基本上都是围绕着放松其模型的假设前提而展开的。如放弃单一产品假设、考虑政府税收、考虑人口增长、考虑未来效用的贴现、考虑技术进步，等等。

拉姆齐创建了新古典经济学的增长理论，为最优经济增长理论的发展奠定了基础。他的最优资本积累模型，迄今都还是高级宏观经济学的基石之一。

第四节 斯拉法对马歇尔综合体系的
挑战和琼·罗宾逊的发展

皮罗·斯拉法①(Piero Sraffa,1898—1983),生于意大利都灵,毕业于都灵大学。1919 年,他参加一个社会主义学生团体,并与意大利共产党创始人之一的安东尼奥·葛兰西结为密友,并在后者于 1928 年身陷法西斯牢狱后给予其大量帮助。1921—1922 年,他赴伦敦经济学院学习,认识了凯恩斯。1924—1926 年,他回到意大利任佩鲁贾大学政治经济学教授;1926—1927 年任卡利亚里大学政治经济学教授;1927 年因受到当时意大利当权者墨索里尼的迫害,前往英国任剑桥大学讲师,后任剑桥大学三一学院研究员,马歇尔经济学图书馆负责人。其主要论著:《战时和战后意大利的通货膨胀》(1920)、《意大利的银行危机》(1922)、《意大利银行的现状》(1922)、《论成本与产量之间的关系》(1925)、《竞争条件下的收益法则》(1926)、《收益递增和代表性厂商》(1930)、《哈耶克博士论货币与资本》(1932)、《用商品生产商品》(1960)和与莫里斯·多布合编:《大卫·李嘉图著作和通讯集》共 11 卷(1951—1973)等。

一、斯拉法宣言:对马歇尔均衡价格论的挑战

斯拉法的贡献比较特殊,不是像其他人那样在马歇尔体系的基础上作出新的贡献,而是对马歇尔体系的基础提出了疑问,进而对边际主义经济学的基础进行了重新检验。他 1926 年发表的《竞争条件下的收益法则》,被后人称作斯拉法宣言。在该论文中,他对马歇尔的局部均衡的供求价格论提出了挑战。如本书第 30 章所述,马歇尔在其综合体系中,用一个行业中所有厂商供给曲线的水平加总来形成市场供给曲线,用一种商品市场上的供求均衡来决定该商品的均衡产量与均衡价格,建立了局部均衡的供求均衡价格论。同时,在分析商品的供给时,又谈到了由于存在内部经济(不经济)和外部经济(不经济),会引起收益随产量扩大而递增(递减),从而使供给曲线向下(上)倾斜和向下(上)平移。

斯拉法指出,一个行业中各个厂商的供给是相互影响的,其中一个厂商增

---

① 《新帕尔格雷夫经济学大辞典》第 4 卷,经济科学出版社 1996 年版,第 478—496 页。[英]马克·布劳格、保罗·斯特奇斯:《世界重要经济学家辞典》,经济科学出版社 1987 年版,第 598—599 页。

加产量,如果引起原料价格上涨,就可能会引起其他厂商利润下降从而减少产量。因此市场供给曲线不可能是行业内各个厂商供给曲线的简单加总。[①] 同时,马歇尔的均衡价格论与他对商品供给的分析是不和谐的,均衡价格论依赖于两个假设性前提:一是完全竞争;二是假设其他条件不变,即一部门生产条件独立于其他部门的生产条件。第一个前提保证了均衡价格取决于供求均衡的交点,第二个前提保证了局部均衡方法的合理性。但是马歇尔在分析商品供给时所提出的内部经济和外部经济,却使上述两个假设前提难以存在。他认为,内部经济使厂商的供给曲线向下倾斜,势必导致垄断,从而使均衡价格和均衡产量不再取决于供求均衡;而外部经济则意味着有关的不同部门的产量之间存在着相互影响,这就破坏了局部均衡方法的合理性。因此,内部经济与完全竞争不能并存,外部经济与局部均衡不能并存,这就是斯拉法对马歇尔体系的两难推理。

斯拉法两难推理的提出,深深影响了西方微观经济学后来的发展。这一发展表现在两个方面:一是从马歇尔以行业为基本分析对象过渡为以厂商为基本分析对象;二是从马歇尔的完全竞争分析过渡为不完全竞争分析。在斯拉法的影响和启发下作出这一发展的便是剑桥经济学家琼·罗宾逊。

二、琼·罗宾逊对马歇尔综合体系的发展

琼·罗宾逊[②](Joan Robinson,1903—1983),出生于英格兰坎伯利一个中上阶层家庭,父亲曾是一位将军,也是一位作家,后来又成为伦敦大学某学院院长;母亲是剑桥大学教授的女儿。她1925年获剑桥大学经济学博士,1929年任剑桥大学经济学助理讲师,1937年升副教授,由于其性别,一直到1948年才成为剑桥大学的全职人员,1965年升剑桥大学经济学教授。她在大学时代所受经济学教育主要是马歇尔的《经济学原理》,该教科书的结论与当时英国出现的高失业率现象有冲突。这引起她对完全竞争理论的怀疑。尔后,她主要是在斯拉法的启发下,开拓了对不完全竞争市场的研究。凯恩斯革命之后,她开始转向宏观领域的研究。她于1974年当选为美国经济学会主席,成为该会第一位女主席,也是少数几个非美国籍主席之一。她还是诺贝尔经济学奖被题名者中的第一位女性经济学家。其主要论著有:《不完全竞争经济学》(1933,有中译本)、

---

① [美]史蒂文·普雷斯曼:《思想者的足迹:五十位重要的西方经济学家》,江苏人民出版社2001年版,第231—232页。

② 《新帕尔格雷夫经济学大辞典》第4卷,经济科学出版社1996年版,第228—233页。[英]马克·布劳格、保罗·斯特奇斯:《世界重要经济学家辞典》,经济科学出版社1987年版,第533—534页。

《就业理论文集》(1937)、《就业理论引论》(1938,有中译本)、《论马克思主义经济学》(1941,有中译本)、《利率及其他论文集》(1952)、《资本积累论》(1956,有中译本)、《经济分析练习》(1960)、《经济增长理论论文》(1962)、《经济哲理》(1962)、《自由与必然》(1970)、《异端经济学》(1971)、《现代经济学导论》(1974,有中译本)、《发展与不发展》(1979)和《经济论文集》(1979)等。下面主要介绍《不完全竞争经济学》一书的内容。

(一)边际分析方法

琼·罗宾逊在分析方法上的最主要特征,也是最为当代西方经济学家所称道的特征,就是把边际分析方法广泛应用于效用、成本、收入、要素生产力诸方面。从而使厂商(无论是垄断的,还是竞争的,还是介于二者之间的)的行为分析由边际分析方法统一了起来。这对马歇尔体系来说是一个推进。马歇尔在分析垄断厂商行为时,主要通过总量(总收益总成本)概念。这与他在分析其他问题时主要运用边际方法是不一致的。琼·罗宾逊则主要运用边际概念说明了各类厂商的行为。她的分析工具现在是当代西方厂商理论的标准工具。

琼·罗宾逊指出了边际函数与平均函数之间的关系:若边际曲线位于平均曲线之下,则平均曲线必下降;若边际曲线位于平均曲线之上,则平均曲线必上升;若边际曲线与平均曲线相交,则交点必为平均曲线的最大值或最小值。如图 31-1 所示。

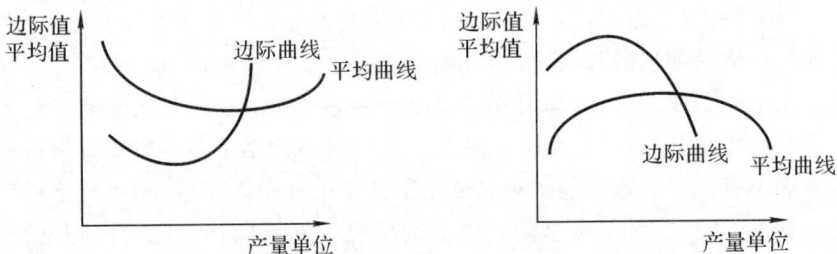

图 31-1

琼·罗宾逊进一步指出了边际曲线和平均曲线之间的基本关系,对任意产量来说(如图 31-2 中的 $0Q$),边际曲线下的面积 $AEQ0$)等于平均曲线对应的矩形($BDQ0$)。因此,当平均曲线为直线时(如图 31-3)边际曲线必定穿过 BD 线的中心 C。且三角形 ABC 全等于 EDC,线段 AB 等于 ED。

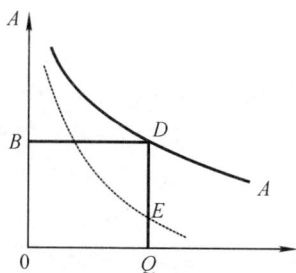

图 31-2

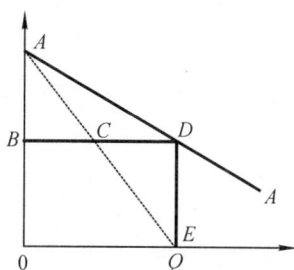

图 31-3

由上述结论,琼·罗宾逊给出了由已知平均曲线绘边际曲线的方法:对于直线性的平均曲线,其方法如图 31-3 所示。对于非线性的平均曲线,如图 31-4 所示,在曲线任一点如 D 点作一切线,交纵轴于 A,作一水平线交纵轴于 B,在 D 点下方垂线上,离 D 点距离为 AB 处,即 E 点,便是产量为 $0Q$,平均值为 QD 时的边际曲线的位置,边际值为 QE。依照此法,便可根据已知的平均曲线绘出相应的边际曲线。

琼·罗宾逊还指出了一定产量下的平均值(A)与边际值(M)以及平均曲线弹性值(ε)者之间的关系:

$$\varepsilon = A/(A-M), \quad A = M\varepsilon/(\varepsilon-1), \quad M = A(\varepsilon-1)/\varepsilon \tag{31.15}$$

这可用图 31-5 证明:图中曲线 A 为平均曲线,虚线 M 为边际曲线,设 PQ 为产量 $0Q$ 的平均值,CQ 为边际值。过 P 点作一切线,交纵轴于 A,交横轴于 E。平均曲线在 P 点的弹性为 PE/AP。因三角形 PEQ 相似于三角形 APF,故 $PE/AP = PQ/AF$,因 $AF = PC$,故 P 点的弹性 $PE/AP = PQ/PC = $ 平均值/(平均值-边际值)。

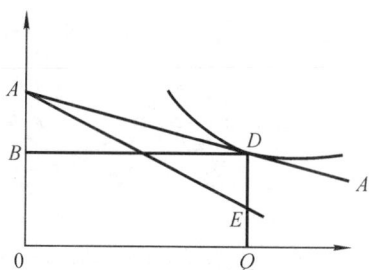

图 31-4

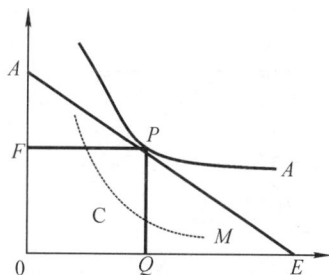

图 31-5

(二)垄断均衡与竞争均衡

琼·罗宾逊假定厂商追求利润最大化,而利润最大化的产量恰好是边际收入等于边际成本的产量,这无论对于垄断厂商还是竞争厂商都无例外。边际收入和边际成本分别是总产量增加一单位时总收入和总成本的增量。

琼·罗宾逊用图 31-6 表明了垄断厂商的均衡产量和均衡价格的决定。图中向下倾斜的需求曲线 AR 同时又是厂商的平均收入曲线。由于 AR 曲线向下倾斜,故边际收入曲线 MR 位于 AR 下方。平均成本曲线 AC 向上倾斜,故边际成本曲线 MC 在其上方。边际成本曲线与边际收入曲线相交于 C 点,决定了利润最大化的产量水平为 0Q,以及相应的价格为 PQ。垄断利润为三角形 ACL 的面积,它正好是产量为 0Q 时边际收入曲线以下的面积减去边际成本曲线下的面积后的剩余。同时,垄断利润又等于长方形 FPHG 的面积,它等于总收入(等于面积 FPQ0)减去总成本(等于 GHQ0)。

当均衡时,由前述平均值、边际值及弹性值三者关系可知,均衡价格 PQ 与边际成本 CQ 之间满足下列关系:$PQ = CQ \times \varepsilon_p / (\varepsilon_p - 1)$。$\varepsilon_p$ 为需求曲线(平均收入曲线)AR 在 P 点的弹性。由该关系式,可分析需求变动和成本变动(需求曲线移动和成本曲线移动)对价格的各种影响。

琼·罗宾逊提出,在不完全竞争条件下,厂商的均衡与整个行业的均衡是不同的,后者不仅要求行业中各厂商处于均衡状态,且要求厂商的数目固定不变,即不再有新厂商加入也没有老厂商退出。这就要求厂商只能获得正常利润而无超额利润。她把行业的均衡称作完全均衡,它需要两个条件:边际收入等于边际成本,平均收入(或价格)等于平均成本。图 31-7 表明完全均衡时厂商的价格、产量和利润:产量为 $0Q^*$,价格为 $0P^*$,该产量的平均成本也是 $0P^*$,厂商不再有超额利润,只有包含在平均成本中的正常利润。

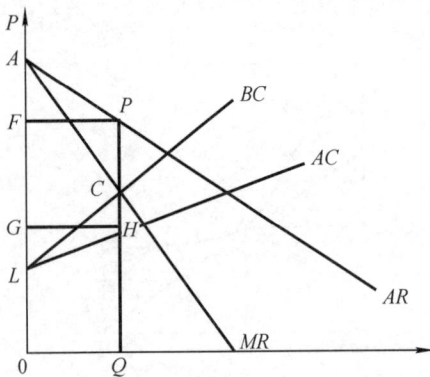

图 31-6

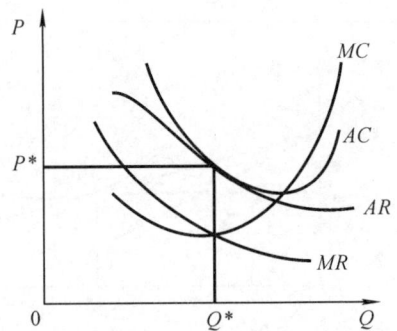

图 31-7

琼·罗宾逊分析了完全竞争条件下的厂商均衡和行业均衡。如图 31-8 所示:(a)图表示厂商均衡,(b)图表示行业均衡。由于完全竞争,厂商面临水平的需求曲线,同时又是平均收入曲线与边际收入曲线。产量仍由边际成本曲线与边际收入曲线的交点所决定。（a）图中，均衡产量的价格 PQ 大于平均成本 HQ，存在超额利润（等于长方形 $FPHG$ 的面积）。（b）图中，由于厂商数目的变动，消除了超额利润，均衡产量的价格 PQ 等于平均成本 HQ，实现了行业均衡的两个基本条件：$MC=MR$，$AC=AR$。

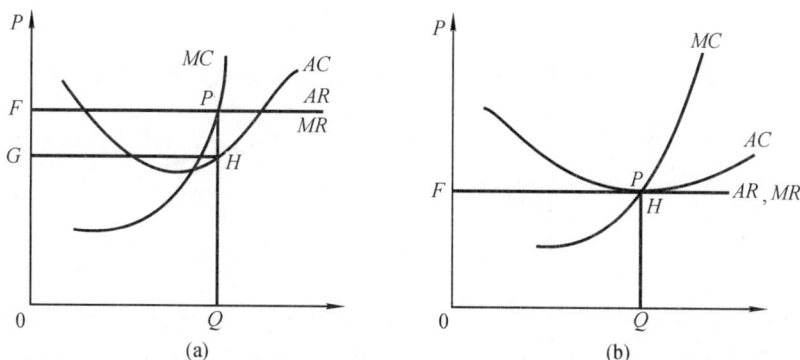

图 31-8

琼·罗宾逊在分析了垄断均衡和竞争均衡之后，比较了成本曲线和需求曲线都不变时，垄断产量和竞争产量谁低谁高。她的结论是，只有存在稀缺要素，且垄断者不必为使用稀缺要素支付全部租金，同时又有大规模生产的经济，则垄断产量方可能大于竞争产量。此外各种情况下，垄断产量总是小于或等于竞争产量。

（三）价格歧视

琼·罗宾逊把价格歧视称作是同一个厂商"生产出来的同种商品按照不同价格售于不同买主的行为"[1]。她指出，实行价格歧视需具备几个条件：（1）该厂商要具有一定的垄断地位，而在完全竞争条件下，即使市场分成各自分离的几个部分，任一厂商也无法实行价格歧视。（2）该厂商要能够为自己的同一种商品找到或人为创造出两个或更多的市场，且各市场的买者之间不可能转手倒卖。（3）不同市场的需求弹性必须有所不同。

琼·罗宾逊以图 31-9 表达了价格歧视下的厂商均衡。其中曲线 AD、D_1、D_2 分别为总的需求曲线、第 1 市场的需求曲线和第 2 市场的需求曲线。曲线 AMR、MR_1、MR_2 分别为总的边际收入曲线和市场 1 的边际收入曲线、市场 2 的边际收入曲线。MC 为边际成本曲线。均衡的产量由 MC 与 AMR 的交点 C 决定，为 $0M$。市场 1 的售量为 $0M_1$，其边际收入等于总产量的边际成本，价格

---

[1]　罗宾逊：《不完全竞争经济学》，商务印书馆 1961 年版，第 154 页。

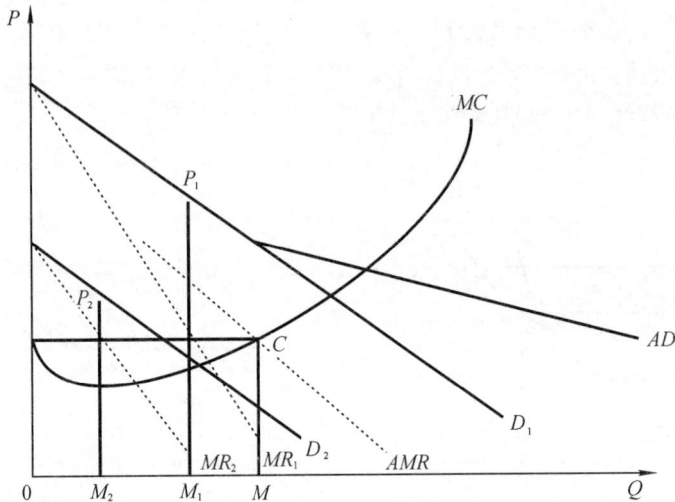

图 31-9

为 P_1；市场 2 的售量为 $0M_2$，其边际收入也等于总产量的边际成本，价格为 P_2。由此可知，产量均衡的条件是总的边际收入等于边际成本，售量分配的均衡条件是各市场上的边际收入相等。把这两个条件联系起来，便得到价格歧视下的厂商均衡条件：$MR_1 = MR_2 = MC$。满足该条件时，厂商利润最大化。由该条件及前述平均值、边际值、弹性值三者关系式可知，因两个市场的边际收入在均衡时相等，故其平均收入（价格）不同的条件只能是需求的弹性值不一致。

琼·罗宾逊进一步比较了价格歧视下的产量与单一价格下的垄断产量，得到的结论是，价格歧视下的均衡产量大于、等于、小于单一垄断价格下的均衡产量的条件是 $\varepsilon_1 x_1^2 f_1''(x_1) > 、= 、< \varepsilon_2 x_2^2 f_2''(x_2)$。[①] 式中脚码 1 代表需求弹性较大的市场，脚码 2 代表需求弹性较小的市场。x_1, x_2 为市场 1 和市场 2 的均衡售量，$f_1''(x_1)$ 和 $f_2''(x_2)$ 为市场 1 和市场 2 的需求函数的二阶导数。ε_1 和 ε_2 为市场 1 和市场 2 当售量分别为 x_1 和 x_2 时的需求弹性。由该条件可以得知，若弹性较大的需求曲线是凹形，即 $f_1''(x_1) > 0$；而弹性较小的需求曲线是凸形或直线，即 $f_2''(x_2) < 0$，则价格歧视下的均衡产量大于单一垄断价格下的均衡产量。若弹性较大的需求曲线是凸形，即 $f_1''(x_1) < 0$；或是直线即 $f_1''(x_1) = 0$，而弹性较小的需求曲线是凹形，即 $f_2''(x_2) > 0$，则价格歧视下的均衡产量小于单一垄断价格下的均衡产量。若两条需求曲线都是线性，即 $f_1''(x_1) = f_2''(x_2) = 0$，则两种情况下的产量相同。若两条需求曲线都是凹形或都是凸形，则要按照

① 罗宾逊：《不完全竞争经济学》，商务印书馆 1961 年版，第 167 页注 3。

上述条件来确定两种情况下的产量谁大谁小。

价格歧视与单一垄断价格相比,哪一个更好,取决于两种情况下的产量比较,不能一概而论。因此从增加产量这一点来看,价格歧视在一定条件下要优于单一垄断价格。指出这一点,被认为是罗宾逊对西方垄断理论作出的贡献之一。

(四)买方独占

琼·罗宾逊运用边际分析方法分析了买主的行为。她首先假定买主追求满足最大化,因此,任何买主必须按照边际效用等于边际支出的原则来决定自己对任何一种商品的购买量。然后她区分两种情况来分析买主的行为:一是许多买主情况下的行为,即买主之间存在完全竞争时的行为;二是只有一个买主,即买方独占时的行为。

买主中间的完全竞争有赖于三个条件:(1)买主人数众多。(2)每个买主面临的是水平的(或完全弹性的)供给曲线,即他在既定价格下可以买进他所需要的任何数量的商品,或他的购买行为不影响价格。(3)卖主们对任何买主一视同仁地供给商品。

琼·罗宾逊认为,在上述完全竞争条件下,买主的边际支出便等于价格,因此使买主满足最大化或边际效用等于边际支出的需求量便是边际效用等于价格的需求量。于是个别买主的边际效用曲线便是他的需求曲线,而整个市场的需求曲线便是所有买主边际效用曲线的总和。

琼·罗宾逊认为,在独买条件下,买主面临的供给曲线便是整个市场的供给曲线。若供给曲线是水平的,则该买主的需求将与竞争条件下的需求一致。若供给曲线上是上升或下降的,则该买主的需求可由图 31-10 给出。

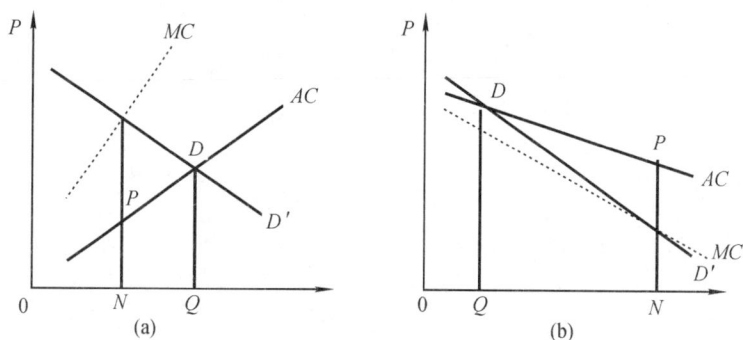

图 31-10

(a)图中 AC 是上升供给曲线或独买主的平均支出曲线,故边际支出曲线

MC 位于其上,DD' 是需求曲线。独买主将购买边际效用等于边际支出的商品量 $0N$,并支付低于竞争价格(DQ)的价格(PN)。(b)图中的 AC 是下降的供给曲线或独买主的平均支出曲线,故边际支出曲线 MC 位于其下,DD' 是需求曲线。独买主购买边际效用等于边际支出的商品量 $0N$,并支付价格(PN)。

由此可知,假定独买主的需求与完全竞争下的买主全体的总合需求相等,若供给价格递增,前者的均衡需求量和均衡价格都将低于后者;若供给价格递减,前者的均衡需求量大于后者,均衡价格低于后者;若供给价格不变,则两者的均衡需求量和均衡价格相同。

(五)一种生产要素的需求

琼·罗宾逊以劳动要素为代表,分析厂商对一种生产要素的需求。为此,她提出了四个概念:(1)平均总生产力:每人平均产值;(2)边际总生产力:相应增加其他要素条件下增加一个人而增加的产值;(3)平均纯生产力:每人平均产值减每人所用的其他要素的平均成本;(4)边际纯生产力:边际总生产力减其他要素的成本增量。

她还用图 31-11 给出了上述四个变量在个别厂商那里随人数增加而变化的情况:AGP 是平均总产值曲线,MGP 是边际总产值曲线,ANP 是平均纯产值曲线,MNP 是边际纯产值曲线。当人数为 $0Q$ 时,$AC(MGP-MNP)$ 是其他成本的边际增量,$BD(AGP-ANP)$ 是每人其他要素的平均成本。

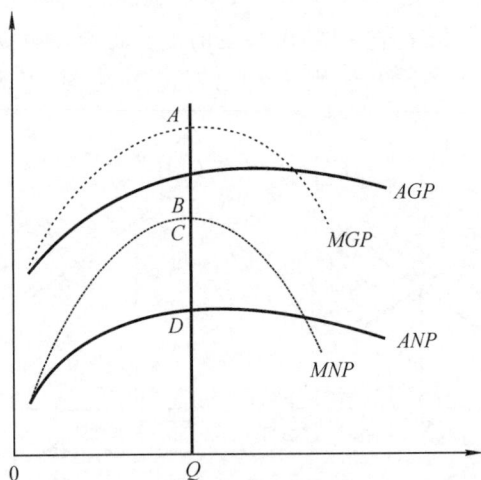

图 31-11

琼·罗宾逊首先分析了个别厂商对劳动的需求。她假定厂商追求利润最大化,因此按照劳动边际成本等于劳动的边际纯生产力的原则确定其需求。因此其劳动的需求曲线可由劳动的边际纯生产力曲线表示。如图 31-12 所示,若工资为 0C 时劳动供给完全弹性,则边际劳动成本等于工资,厂商的劳动需求 0Q,其边际纯生产力(EQ)等于工资(0C)。劳动需求为 0Q 时,其平均纯生产力 DQ 大于边际纯生产力(工资),这意味着有超额利润 BDEC。在这种情况下,将有更多厂商涌入该行业,竞争劳动要素,从而使工资上升。当整个行业均衡时,个别厂商对劳动的均衡需求和工资如图 31-13 所示为 0Q 和 0C。即均衡工资为平均纯生产力的最大值,或边际纯生产力等于平均纯生产力时的值。若个别厂商的劳动供给不是完全弹性的,则行业均衡时的劳动需求和工资如图 31-14 所示为 0Q 和 DQ。这时均衡工资将低于劳动的平均纯产值的最大值。

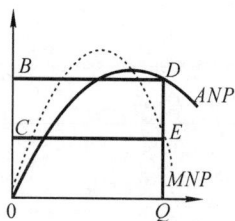

图 31-12

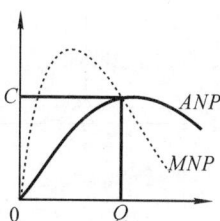

图 31-13

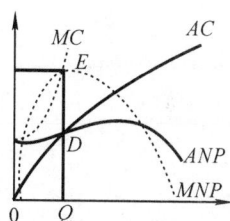

图 31-14

由上述可知,个别厂商对劳动的均衡需求取决于两个条件:劳动的边际成本等于边际纯生产力,工资(平均成本)等于平均纯生产力。

琼·罗宾逊进而分析了整个行业在完全竞争条件下对劳动的需求。她认为行业的劳动需求曲线便是行业的劳动平均纯生产力曲线,行业劳动需求曲线上的任何一点所对应的工资水平,都同时等于行业内各厂商的劳动边际纯生产力和平均纯生产力;该点所对应的劳动需求,正好是其中各企业均衡需求的总和。

琼·罗宾逊进一步分析了整个行业对劳动的需求弹性。她指出,在行业的劳动供给弹性完全,且无大规模经济的场合,若要素之间无替代可能,则劳动的需求弹性将小于其所生产的产品的需求弹性。若要素之间可以替代,则替代弹性愈大,劳动的需求弹性也愈大。替代弹性是由生产技术条件决定的,它等于要素数量比例的变化百分比除以要素价格比例的变化百分比。若存在大规模经济,则劳动的需求弹性趋向增大,即使在要素不可替代的情况下,劳动的需求弹性也可能等于甚至大于其产品的需求弹性。

琼·罗宾逊比较了垄断和竞争下的劳动需求。她指出,在各种要素之间比例固定的条件下,垄断下的劳动需求将少于竞争。如图 31-15 所示。ANP 和

MNP 分别是竞争下和垄断下的劳动需求曲线。AC 和 MC 分别是行业的劳动供给曲线和边际劳动成本曲线。竞争下所雇人数为 $0Q$，垄断下所雇人数为 $0M$，若垄断者在购买劳动时实行完全的价格歧视，则所雇人数为 $0M'$。她指出，在各种要素之间比例不固定时，垄断下所雇人数有可能大于竞争。

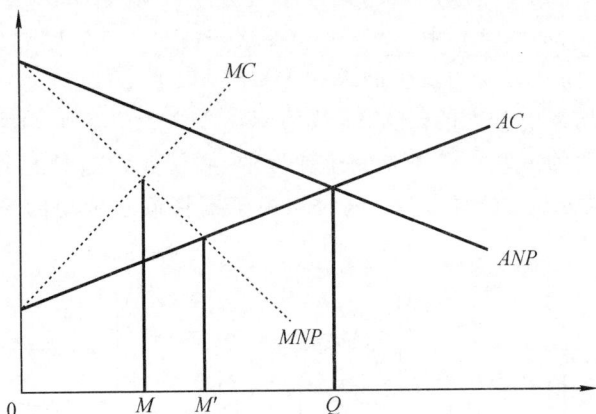

图 31-15

（六）三种剥削

琼·罗宾逊定义剥削为工资低于劳动者的边际物质产品的售价。她认为，资本主义条件下"产生剥削的根本原因在于劳动供给或商品需求缺乏弹性"①。她把由此产生的剥削分为三类：(1)劳动供给完全弹性时由商品垄断造成的；(2)商品市场完全竞争时由劳动供给的不完全弹性造成的；(3)劳动供给不完全弹性时雇主购买劳动中的价格歧视造成的。第一种剥削与商品垄断有关，第二、三种与买方独占有关。

第一、第二种剥削可由图 31-16 给出。AC 和 MC 分别为劳动的供给曲线（平均成本曲线）和边际成本曲线，ANP 和 MNP 分别为劳动的平均纯生产力和边际纯生产力。MC 和 MNP 的交点决定均衡的雇佣量 $0N$，工资率为 $0M$。FH 为单个劳动者的总剥削量，其中 FG 为商品市场的垄断造成的，GH 为劳动市场的买主独占造成的。

第三种剥削可由图 31-17 给出。假定厂商对两组工人实行价格歧视，S_1 和 M_1 分别为第一组工人（比如说男工）的供给曲线和边际成本曲线，S_2 和 M_2 分别为第二组工人（比如说女工或童工）的供给曲线和边际成本曲线，MT 为总的

---

① 罗宾逊：《不完全竞争经济学》，商务印书馆 1961 年版，第 234 页。

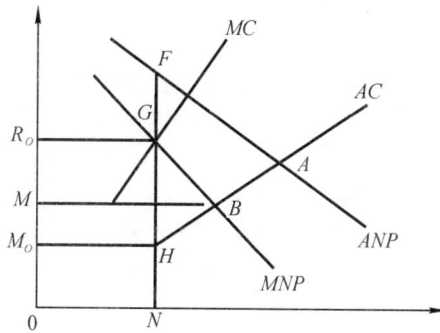

图 31-16

边际成本曲线，D 为劳动需求曲线。MT 与 D 的交点决定总的劳动需求为 $0T$，其中 $0M$ 和 $0W$ 分别为男工的雇佣量和女工(或童工)的雇佣量。在这两个雇佣量上男工和女工的边际成本相同且都等于劳动的边际纯生产力。但他(她)们的工资分别为 $0W_1$ 和 $0W_2$，都低于其边际纯生产力。

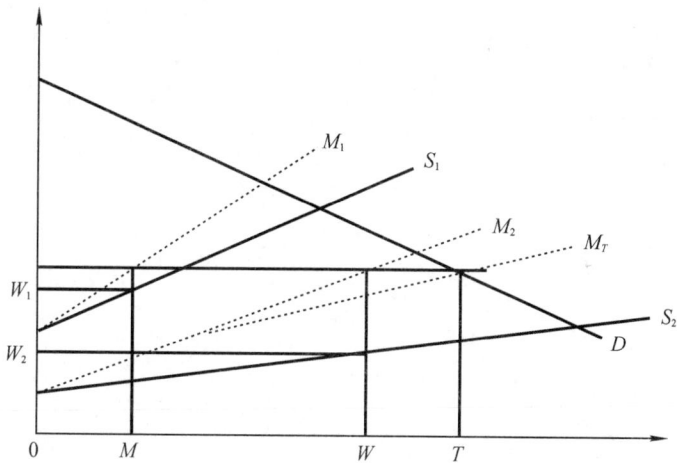

图 31-17

琼·罗宾逊认为，要消除垄断造成的剥削不能用提高工资的办法，那只能增加失业。唯一正确的做法是实行价格控制，从垄断者那儿取得竞争产量。对于买方独占造成的剥削，可能通过规定最低工资或消除市场的不完全，但前一种方法可能导致失业。

参考文献

[1]H. Cunynghame:《几何经济学》,商务印书馆 1939 年版。

[2]庇古:《福利经济学》上、下卷,商务印书馆 2006 年版。

[3]庇古:《工业波动理论》,商务印书馆 1999 年版。

[4]庇古:《论失业问题》,商务印书馆 1959 年版。

[5]乔安·罗宾逊:《资本积累论》,商务印书馆 1965 年版。

[6]罗宾逊:《不完全竞争经济学》,商务印书馆 1961 年版。

第三十二章 英国伦敦学派

就在马歇尔创的弟子不断发扬光大其基本理论的大约同一个时期,另一个具有不同观点的学派——以伦敦经济学院的埃德温·坎南为首的伦敦学派,也开始发展壮大。这个学派以坚守经济自由主义和经济政策上的保守主义为特色,在一系列问题上与剑桥学派展开了针锋相对的论战。这个学派以在伦敦经济与政治学院任教的教师为其基本成员,包括坎南、格雷戈里、罗宾斯和哈耶克等。①

第一节 埃德温·坎南与格雷戈里

埃德温·坎南②(Edwin Cannan,1861—1935),原籍苏格兰,出生于西班牙马德拉群岛,1887 年获牛津大学文学硕士,后获曼彻斯特大学荣誉文学博士,格拉斯哥大学荣誉法学博士。1897 年伦敦经济学院成立时任经济学讲师,1907 年任教授。1932—1934 年任英国皇家经济学会会长。其主要论著有:《初级政治经济学》(1888)、《1776—1848 年英国政治经济学中生产与分配理论史》(1893)、《英国地方税史》(1896)、《经济前景》(1912)、《财富论》(1914)、《货币论》(1918)、《卡塞尔教授论货币和外汇》(1922)、《通货和信贷的限制》(1924)、《一位经济学家的抗议》(1927)、《经济理论评论》(1929)、《现代通货及其价值的调节》(1931)和《对劳工的需求》(1932)等。

---

① 由于哈耶克早年就学和工作于奥地利维也纳大学,1930 年以后到伦敦经济学院,60 年代以后又去了美国芝加哥大学,所以他究竟应当归属奥地利学派,还是伦敦学派,还是芝加哥学派?似乎难以定论。按照约定俗成的做法,通常把他归为奥地利学派,所以在伦敦学派这一章就不再介绍他了。

② 《新帕尔格雷夫经济学大辞典》第 1 卷,经济科学出版社 1996 年版,第 342—344 页。[英]马克·布劳格、保罗·斯特奇斯:《世界重要经济学家辞典》,经济科学出版社 1987 年版,第 94—95 页。

格雷戈里①(Theodore Emanuel Gugenheim Gregory,1893—1971),生于伦敦,毕业于伦敦经济学院,1913年起任伦敦经济学院助教,1927年后为教授。其主要论著有:《关税:方法研究》(1921)、《英格兰1660—1713年的就业经济学》(1921)、《坎南教授和现代货币理论》(1927)、《图克和纽马奇的'价格史'入门》(1928)、《有关1832—1928年英国银行业的法规、文件和报告选集》(1929)、《黄金,失业与资本主义》(1931)、《财政学入门》(1932)和《一个世纪中的威斯敏斯特银行》(1936)等。

坎南在经济学说史上的最大贡献是对亚当·斯密著作的编辑、校订和注释。他编校出版的《国富论》被公认是最好的版本。

一、坎南《财富论》的基本观点

20世纪初期,坎南的经济观点与马歇尔等人并无太大区别,伦敦经济学院讲授的经济学与剑桥大学经济学院基本相同。现以坎南1914年出版的《财富论》(1924商务印书馆以《富之研究》为名翻译出版)为例,加以简单介绍。

坎南认为经济学研究财富的大小和财富的分配,"经济学的根本问题是在:人类为什么这样贫,这样富;又为什么贫的贫富的富,很不均匀"②。该书虽然重视财富分配,但是关注的角度以及悄然变化,不再把财富在阶级之间的分配作为主要视角,"关于工钱利润地租的议论,在百年前虽重要,在今日已嫌陈腐,且让经济学说去叙述"③。

全书共十四章,前面八章主要讨论财富的增长,探讨财富增长的决定因素;后面六章主要讨论财富的分配。

坎南在第一章中首先定义了"经济假设人类幸福之中关于物质方面的东西;简单说就是物质的幸福"④。他初步区分了物质幸福和非物质幸福,强调社会应当追求的不是物质财富的数量增加,而应当是物质财富所带来的幸福的增加。他初步区分了"财富"和"收入",指出了度量财富和收入的不易,如不用于交换的物品和家务劳动如何度量,交换物品的价值的异时和异地变化如何妨碍

---

① 《新帕尔格雷夫经济学大辞典》第2卷,经济科学出版社1996年版,第607页。[英]马克·布劳格、保罗·斯特奇斯:《世界重要经济学家辞典》,经济科学出版社1987年版,第236—237页。

② Edwin Cannan:《富之研究》,商务印书馆1924年版,原序第1页。被引之文原为繁体,现一律改为简体,下同。

③ Edwin Cannan:《富之研究》,商务印书馆1924年版,原序第2页。

④ Edwin Cannan:《富之研究》,商务印书馆1924年版,第15页。

对财富的度量,等等。① 这些观点在一定程度上预示了后来庇古的《福利经济学》的部分内容。

从第二章开始到第五章,坎南重点从供给的角度探讨了财富的源泉。他从假设的鲁滨逊开始,再过渡到整个社会,认为财富的源泉从总体上看,有财富生产者自身的改良、生产环境的改善、对人力资源和非人力资源的合理支配和使用,以及对物质财富和非物质财富的权衡。② 他特别强调的有以下几点,一是在自身改良和环境改良方面,知识的重要性,"知识的增进为第一个重要东西。"③ 二是资源安排时要兼顾当前各种需要,以及满足当前需要与满足未来需要之间的权衡。④ 三是保持人口的适度规模,人口过多或过少都不利于财富增加。⑤ 可以说他是适度人口论的创始人。四是分工协作,特别是区域分工和产业分工。他历数了分工协作的种种优点。⑥ 五是社会制度,"要想使人民固有智力增大,人民自身和环境改良得很适宜,协力制度得相当的发达,人口接近到适当的数目,人民劳动的分量和方向配合得非常适当;那就非有适当的组织,适当的机关不可"⑦。至于什么是适当的制度,他首推家庭制度,它起到了教育未来劳动者的重要作用。⑧ 第二是私有产权,他分析了土地私有产权产生于稀缺的过程,指出稀缺物品若无产权将消失以尽,而不会有财富的积累;⑨他指出"无私有制的制度,只能在人口稀少,天然物丰富,人民欲望非常简单,用不着什么准备的地方实行"⑩。第三是政府,政府可以保护私有产权,提供交通等公共物品。⑪

第六、七、八章是坎南的价值理论、储蓄理论。他的价值理论基本上是马歇尔供求均衡价值论的简写版,他的储蓄理论主要从个人储蓄倾向和财产实力方面分析决定储蓄的因素。

第九章至第十三章是坎南的收入分配理论。他基本上是重复了斯密的分配理论,简单提到了边际生产力论。有新意的地方是探讨了引起社会财富不平等不同变化趋势的因素。首先是遗产继承制度,他认为严格实行的长子继承制

① Edwin Cannan:《富之研究》,商务印书馆1924年版,第一章。
② Edwin Cannan:《富之研究》,商务印书馆1924年版,第17页。
③ Edwin Cannan:《富之研究》,商务印书馆1924年版,第27页。
④ Edwin Cannan:《富之研究》,商务印书馆1924年版,第20页。
⑤ Edwin Cannan:《富之研究》,商务印书馆1924年版,第32页。
⑥ Edwin Cannan:《富之研究》,商务印书馆1924年版,第三章。
⑦ Edwin Cannan:《富之研究》,商务印书馆1924年版,第61页。
⑧ Edwin Cannan:《富之研究》,商务印书馆1924年版,第64—66页。
⑨ Edwin Cannan:《富之研究》,商务印书馆1924年版,第66—71页。
⑩ Edwin Cannan:《富之研究》,商务印书馆1924年版,第71页。
⑪ Edwin Cannan:《富之研究》,商务印书馆1924年版,第75—80页。

比子女均分制更倾向于增进财富不平等。然后是婚姻制度,他认为贫富家庭之间不通婚将比通婚更倾向于增进财富不平等。三是富人子女的多寡,他认为富人少子女比多子女更倾向于增进财富不平等。① 四是储蓄不均等,他认为由于富人能够更多储蓄,所以"储蓄决不能缓和别种原因所生的不平等,只助长之而已"②。

在关于劳动收入差异原因的分析上,坎南基本复述了斯密的论点,有新意的是他特别分析了男女劳动收入差别的原因。他认为主要原因是妇女的职业选择范围远远小于男人,使得太多的妇女就业于有限的职业,从而压低了妇女的收入。③

第十四章是坎南的国际贸易理论。他坚持自由贸易,对各种贸易保护的弊端进行了分析。

二、第一次世界大战以后对经济自由主义的坚持

第一次世界大战之后,围绕着战后英国的经济政策,尤其是货币政策,以坎南为代表的伦敦学派与剑桥学派逐渐拉开距离。第一次世界大战使英国遭受很大经济损失。战争期间,英国停止金本位制,停止黄金兑换。结果英国货币流通量大幅增加,国内通货膨胀严重,英镑对外贬值。战后英国经济不振,出口停滞,出现巨额贸易逆差。面对此种局面,英国应当实行什么样的货币政策?是恢复战前的金本位制、恢复战前英镑与黄金的平价,还是废除金本位制,实行管理通货制度?围绕这些问题,伦敦学派与剑桥学派之间展开了争论,争论从当下的政策一直延伸到基本的货币理论。

当时剑桥学派的凯恩斯以庇古所提出的剑桥方程式为依据,指出了一般价格水平与货币数量的正相关关系,要求中央银行调节货币量来控制一般物价,这就要求放弃金本位制,使货币数量不再受制于黄金储备,实行管理通货制度。

与之相反,坎南与其学生格雷戈里主张恢复金本位制,并维持英镑与黄金的战前比价,反对实施管理通货制度。这种政策主张的理论依据就是坎南于1918年发表的《货币论》。他的观点可以概括如下:(1)人们对于通货的需求就是希望持有通货,这种需求不会因为通货数量增加而发生等比例的增加。这一观点否定了剑桥方程式。(2)物价水平实际上受到多种因素的影响,而剑桥货币数量论只是在货币数量与物价水平之间建立了简单的因果关系,忽视了其他因素的影响,因此希望单纯通过控制货币数量来稳定物价是行不通的。(3)管理通货制度不仅在理论上有错误,而且在实际操作中也会造成许多问题。因为

① Edwin Cannan:《富之研究》,商务印书馆 1924 年版,第 163 页。
② Edwin Cannan:《富之研究》,商务印书馆 1924 年版,第 165 页。
③ Edwin Cannan:《富之研究》,商务印书馆 1924 年版,第 186 页。

不论是控制利率还是控制信贷数量,都是对市场经济的人为干预,是会破坏或扭曲市场机制的。(4)力主恢复金本位制,因为金本位制可以稳定货币的数量,从而保持物价的稳定。如果金本位制下稳定国内价格与稳定英镑汇价出现冲突,则可以牺牲国内稳定而维持对外稳定。但实际上这种冲突很少发生。

格雷戈里则认为,金本位制是最好的一种货币本位制,因为它具有一种自我调节功能。当黄金供大于求时,金价下跌,黄金开采者利润下降,黄金供给自然减少,供求自动恢复均衡;当黄金供不应求时,金价上涨,黄金开采者利润上升,黄金供给自然增加,同时黄金需求者需求下降,供求自动恢复均衡。因此金价将通过这种自动调节机制而保持稳定,从而物价也将保持稳定。而一旦放弃金本位制,其他本位制都不可能实现物价的稳定。

在货币制度上,剑桥学派走向了政府干预,而伦敦学派则坚守市场自由主义。

20世纪30年代大萧条爆发以后,在对于其原因的解释上,坎南和格雷戈里以及其他一些伦敦学派成员倒是与剑桥学派的庇古保持了一致,强调劳工市场的竞争不完善引起的过高工资是导致失业的主要原因,认为通过加强劳工市场的竞争减少工资是降低失业的唯一途径。由此,他们与剑桥学派以凯恩斯为代表的新一代在自由主义和政府干预这两个方向上相距越来越远。

第二节 罗宾斯论经济学的性质与意义

罗宾斯[1](Lionel Charles Robbins,1898—1985),生于英国米德尔塞克斯,毕业于伦敦经济与政治学院,曾师从于哈罗德·拉斯基(Harold Laski),在贝弗里奇[2](Beveridge,1879—1963)手下做过一年研究助理,1929年他31岁时继阿林·杨[3](Allyn Young,1876—1929)任伦敦经济与政治学院高级教授。除了第

---

[1] 《新帕尔格雷夫经济学大辞典》第4卷,经济科学出版社1996年版,第222—223页。[英]马克·布劳格、保罗·斯特奇斯:《世界重要经济学家辞典》,经济科学出版社1987年版,第530—531页。

[2] 《新帕尔格雷夫经济学大辞典》第1卷,经济科学出版社1996年版,第254页。[英]马克·布劳格、保罗·斯特奇斯:《世界重要经济学家辞典》,经济科学出版社1987年版,第59页。

[3] 《新帕尔格雷夫经济学大辞典》第4卷,经济科学出版社1996年版,第1015—1018页。[英]马克·布劳格、保罗·斯特奇斯:《世界重要经济学家辞典》,经济科学出版社1987年版,第678—679页。

二次世界大战期间在政府部门短暂任职以外,到 1960 年止他一直担任伦敦经济与政治学院经济学系主任。其主要论著有:《论经济科学的性质与意义》(1932,有中译本)、《大萧条》(1934)、《战争的经济原因》(1939)、《阶级矛盾的经济基础》(1939)、《和平与战争时期的经济问题》(1947,有中译本)、《英国古典经济学的经济政策理论》(1952)、《罗伯特·托伦斯与古典经济学的演变》(1958)、《现代世界的大学》(1966)、《经济思想中的经济发展理论》(1968)、《现代经济学的演变》(1970)、《一位经济学家的自传》(1971)、《政治经济学的过去与现在》(1976)、《再论高等教育》(1980)和《经济学与政治经济学》(1981)等。下面主要介绍他《论经济科学的性质与意义》一书的思想。

罗宾斯在书中区分了规范分析和实证分析,认为"含有'应该'的命题与含有'是'的命题是根本不同的"①。他特别强调了经济学的实证性质,"经济学涉及的是可以确定的事实;伦理学涉及的是估价与义务。这两个研究领域风马牛不相及。在实证研究和规范研究的法则之间有一条明确无误的逻辑鸿沟,任何聪明才智都无法掩盖它,任何空间或时间上的并列也无法跨越它"②。因此不可能用一个研究领域的结论来论证、加强另一个领域的结论。③

罗宾斯在评价了以往各种关于经济学的研究对象的观点之后,提出了他自己的看法:"经济科学研究的是人类行为在配置稀缺手段时所表现的形式。……经济学家研究如何配置稀缺手段,对不同商品的不同稀缺程度如何使不同商品之间的估价比率发生变化感兴趣,对稀缺条件的变化(不论是目的的变化造成的,还是手段的变化造成的,也不论是需求造成的,还是供给造成的)如何影响这种比率感兴趣。经济学是把人类行为当作目的与具有各种不同用途的稀缺手段之间的一种关系来研究的科学。"④简单地说,经济学就是研究相对于人类的多种目的来说如何配置稀缺资源的科学。"经济学是为研究稀缺手段配置的科学。"⑤应当说这是一个具有深远影响的定义,虽然其雏形在门格尔等人那里已经初见端倪,但是能够给出如此明确清晰的概括,确是罗宾斯的一大贡献。为了加强该定义的精确性,他对稀缺性给出了严格的界定,"稀缺性并非指单纯的稀少,而是说相对于需求而言是有限的"⑥。坏鸡蛋比好鸡蛋数量少

---

① [英]莱昂内尔·罗宾斯:《经济科学的性质和意义》,商务印书馆 2000 年版,第 116 页。

② [英]莱昂内尔·罗宾斯:《经济科学的性质和意义》,商务印书馆 2000 年版,第 120 页。

③ [英]莱昂内尔·罗宾斯:《经济科学的性质和意义》,商务印书馆 2000 年版,第 121 页。

④ [英]莱昂内尔·罗宾斯:《经济科学的性质和意义》,商务印书馆 2000 年版,第 19—20 页。

⑤ [英]莱昂内尔·罗宾斯:《经济科学的性质和意义》,商务印书馆 2000 年版,第 24 页。

⑥ [英]莱昂内尔·罗宾斯:《经济科学的性质和意义》,商务印书馆 2000 年版,第 42 页。

得多,但不能说坏鸡蛋稀缺。他认为一物之所以成为财富,就是因为它稀缺。① 不稀缺的物品即便有用,仍然不是财富。

罗宾斯认为,在稀缺性前提下研究人类经济行为,需要三条公设,"经济理论中的命题,……显然都推演自一系列公设。其中的主要公设都在某种程度上涉及无可争辩的简单经验事实,这些经验事实告诉人们货物的稀缺性(这是经济学的研究对象)是如何在现实世界中表现出来的。价值理论的主要公设是,个人可以按某种顺序排列其偏好,而且实际上也正是这样做的。生产理论的主要公设是,有多种生产要素。动态理论的主要公设是,我们拿不准未来的稀缺性"②。这三条公设是没有时空相对性的,是普适的。③ 从这种观点出发,他批驳了否定一般性经济法则的德国历史学派和美国制度学派。④ 从这三条公设出发,还需要一系列普适性较低且具有时空相对性的辅助性的假设,才能够建立起解释各种具体经济现象的理论命题。⑤

罗宾斯对经济人和理性人假设作出了他的解读。他反对把经济主体假设为单纯追求快乐的自私自利者,认为"对经济学家而言,经济主体可能是纯粹的利己主义者,可能是纯粹的利他主义者,可能是纯粹的禁欲主义者,可能是纯粹的纵欲主义者,更有可能是这一切的混合体"⑥。对于经济人的理性,他否定经济学中的理性含有合乎伦理的意思(虽然在日常用语中常常包含这种意思),强调它的含义只是指主体选择的一致性,不存在自相矛盾。⑦

在研究方法上,罗宾斯反对历史学派和制度学派那种轻视理论只专注于经验研究的做法,认为"他们的努力却未产生一条名副其实的'规律',也没有产生一条具有永久正确性的数量法则。他们只是提供了一定数量的统计材料,出版了许多论述特定历史情形的有用专著,但却未提出一条'具体规律',未发现一种基本一致的'经济行为'——将现代统计方法应用于经济研究的所有真正令人感兴趣的工作,没有一件是由制度学派完成的,而全都是由擅长复杂的'正统'理论分析的人完成的"。他强调理论研究和经验研究之间的互补关系,"实

① [英]莱昂内尔·罗宾斯:《经济科学的性质和意义》,商务印书馆 2000 年版,第 43 页。
② [英]莱昂内尔·罗宾斯:《经济科学的性质和意义》,商务印书馆 2000 年版,第 67 页。
③ [英]莱昂内尔·罗宾斯:《经济科学的性质和意义》,商务印书馆 2000 年版,第 68 页。
④ [英]莱昂内尔·罗宾斯:《经济科学的性质和意义》,商务印书馆 2000 年版,第 70 页。
⑤ [英]莱昂内尔·罗宾斯:《经济科学的性质和意义》,商务印书馆 2000 年版,第 67—69 页。
⑥ [英]莱昂内尔·罗宾斯:《经济科学的性质和意义》,商务印书馆 2000 年版,第 79 页。
⑦ [英]莱昂内尔·罗宾斯:《经济科学的性质和意义》,商务印书馆 2000 年版,第 76—77 页。

际研究可以提示应该加以解答的问题,可能检验所获得的答案的适用范围,可以提示进一步改进理论所需要作的假设。但却是理论,也只有理论能够提供问题的答案"①。

按照其定义,罗宾斯认为经济学的研究范围不能包括像人口变化、技术进步、法律制度的变化等问题,虽然可以研究这些因素变化所带来的经济后果。② 用今天的术语来讲,就是他把这些因素看作是经济研究中的外生变量。对于这些因素,他认为"我们预言变化过程……的实际能力,我们若谦逊一点,或许不会过于自负。总之,经济学研究一方面向我们展示了一个有经济规律、有人类行为必须服从的必然性的领域,同时也向我们展示了一个这种必然性不起作用的领域。这并不是说在后一领域中没有规律,没有必然性。……只是说,至少从经济学的观点看,必须把某些事物视为最终的事实"③。

罗宾斯否定基数效用论,只认可序数效用论。④ 从而也就否定人际间的效用可比性,否定了收入再分配政策的依据。⑤

按照前面的定义,罗宾斯区分了技术问题和经济问题,"只有一种目的和多种手段时发生技术问题,而有多种目的和多种手段时发生经济问题"⑥。

在上述定义的基础上,罗宾斯明确宣布经济学的价值中立性,即经济学不判断人类各种目的的高下对错,不对各种目的进行价值评判。"目的可能是高尚的,也可能是卑鄙的,可能是物质性的也可能是非物质性的……但如果达到一组目的要牺牲其他目的,那就具有了经济意义"⑦。经济学只研究人类在各种目的之间如何配置稀缺资源的行为。"所有受稀缺性影响的行为都有经济意义"⑧。"只有当目的影响手段的配置时,经济学才关心目的"⑨。

这种价值中立的经济学有什么意义呢? 罗宾斯认为,虽然经济学无法解决目的的选择(这是伦理学的任务),但却可以帮助人类进行明智的不自相矛盾的选择。"经济学……能使我们明白我们可能选择的不同目的所具有的含义。它

---

① [英]莱昂内尔·罗宾斯:《经济科学的性质和意义》,商务印书馆 2000 年版,第 99 页。

② [英]莱昂内尔·罗宾斯:《经济科学的性质和意义》,商务印书馆 2000 年版,第108—109 页。

③ [英]莱昂内尔·罗宾斯:《经济科学的性质和意义》,商务印书馆 2000 年版,第 110 页。

④ [英]莱昂内尔·罗宾斯:《经济科学的性质和意义》,商务印书馆 2000 年版,第 113 页。

⑤ [英]莱昂内尔·罗宾斯:《经济科学的性质和意义》,商务印书馆 2000 年版,第114—115 页。

⑥ [英]莱昂内尔·罗宾斯:《经济科学的性质和意义》,商务印书馆 2000 年版,第 35 页。

⑦ [英]莱昂内尔·罗宾斯:《经济科学的性质和意义》,商务印书馆 2000 年版,第 27 页。

⑧ [英]莱昂内尔·罗宾斯:《经济科学的性质和意义》,商务印书馆 2000 年版,第 29 页。

⑨ [英]莱昂内尔·罗宾斯:《经济科学的性质和意义》,商务印书馆 2000 年版,第 31 页。

能使我们选择一系列彼此一致的目的"①。这就是说经济学能够使人们了解,由于稀缺性,选择一种目标所必须放弃的其他目标,从而慎重地作出选择。另外,经济学也有助于人们在实现目标时选择合适的手段。"在激烈的政治斗争中,既可能对目的产生意见分歧,也可能对达到目的的手段产生分歧。经济学和其他任何科学都无法解决第一种分歧。如果我们对目的有分歧,那不是你死我活就是相互容忍,这取决于分歧的严重程度或双方的力量对比。但是,假如我们对手段有不同意见,则科学分析常常可以帮助我们解决分歧。……值得慎重地将可以解决分歧的研究领域与不可解决分歧的领域区分开来——值得将中立的科学领域与争论较多的道德哲学和政治哲学领域区分开来。"②

罗宾斯关于经济学是研究如何配置稀缺资源的科学的观点,虽然非常重要,基本正确,但是其发表的时间非常不合适。因为当时西方国家正处于大萧条阶段,劳动、资本等稀缺资源大量闲置。剑桥学派的罗宾逊夫人曾讽刺道:"在这篇论文里,他把经济学评述为研究稀缺资源在各种可供选择的使用中间进行分配的科学。无疑地,这是一种由来已久的传统说法,可是本文发表的时间却是不幸的。在这本著作刊行的时候,英国有三百万工人失业,而美国的国民生产总值的统计数字不久前已下降到原来水平的一半。当用于各种目的的资源完全不像过去那样稀缺时,该书出版了,这是一种巧合。"③这表明,经济学不仅要研究稀缺资源的合理配置,还需要研究稀缺资源的充分利用。它不仅是研究稀缺资源合理配置的科学,还是研究稀缺资源充分利用的科学。

参考文献

[1]Edwin Cannan:《富之研究》,商务印书馆 1924 年版。

[2][英]莱昂内尔·罗宾斯:《经济科学的性质和意义》,商务印书馆 2000 年版。

---

① [英]莱昂内尔·罗宾斯:《经济科学的性质和意义》,商务印书馆 2000 年版,第 123,126 页。

② [英]莱昂内尔·罗宾斯:《经济科学的性质和意义》,商务印书馆 2000 年版,第 121—122 页。

③ 转引自《外国经济思想史讲座》,中国社会科学出版社 1985 年版,第 363 页。

第三十三章 威克塞尔的综合经济理论体系

19世纪末西方经济学在其演进过程中所发生的第二次综合,在英语世界是由马歇尔完成的,而在非英语世界,则由威克塞尔完成。威克塞尔体系的综合性质,由于语言壁垒,曾长期被人们所忽视。系统地反映了他理论体系的两本书:《价值、资本和地租》、《利息与价格》,分别发表于1893年和1898年,前者距离马歇尔发表《经济学原理》晚三年。所以从时间上看,他与马歇尔大致在同一个时期建立了各自的综合体系。从现有接触到的资料难以确定他的综合体系是否受到马歇尔体系的启示,这有待于进一步研究,但从体系的内容和渊源来看,他的体系与马歇尔的体系是有许多不同之处的。所以在没有新的资料证明之前,可以认为他是不借助于马歇尔而独立地建立起自己的综合体系的。

克努特·威克塞尔①(Knut Wicksell,1851—1926),生于瑞典斯德哥尔摩一个经营杂货店并投资于房地产的中产阶级家庭。他7岁时母亲离世,15岁时父亲去世。但父母给他的兄弟姐妹留下充足的遗产使他们能够读完高中。他于1869年在离斯德哥尔摩不远的乌普萨拉大学学习,仅两年时间就于1871年以优异成绩取得理学学士学位,拥有了数学、物理学、天文学专业知识。1876年他取得乌普萨拉大学数学硕士学位,1895年取得博士学位。

父亲死后,威克塞尔开始虔诚地信仰基督教。但自1874年始,他产生了怀疑,在23岁时终于成为一个自由思想者,在尔后的时间中再没有产生过摇摆。从1875年开始,他又怀疑自己如果把数学作为研究方向,能否作出有意义的贡献。

威克塞尔早期对经济学并无多大兴趣,只想成为一名数学家或物理学家;在读到德赖斯代尔(G. Drysdale)的《社会科学的构成》(该书副标题为"物质的、性的和自然的宗教:三个主要社会灾难——贫困、娼妓和禁欲的原因和对策")及J. S. 穆勒的一些著作后,他转向了社会问题。

和大多年轻人一样,威克塞尔开始对当时的社会和经济问题产生了兴趣,

---

① 《新帕尔格雷夫经济学大辞典》第4卷,经济科学出版社1996年版,第975—991页。[英]马克·布劳格、保罗·斯特奇斯:《世界重要经济学家辞典》,经济科学出版社1987年版,第658—659页。威克塞尔还有下述译法:魏克塞尔、维克塞尔、威克赛尔。

并愿意发表看法。1880 年,在一次以"人类酗酒的最一般原因和如何消除它们"为题目的演讲中,他认为穷人是因为对经济状况的绝望才酗酒和嫖妓。而如果这些社会弊病能够改善,人口增长能够放慢,那么资本增长率将超过人口增长率,这将导致劳动对资本相对稀缺,劳动工资相对于资本价格而提高。但是他不同意马尔萨斯只提倡道德节制,而是采纳了德赖斯代尔的新马尔萨斯主义,主张广泛发放避孕用具,后来他还鼓吹使怀孕期前三个月的堕胎合法化。这种主张在 19 世纪末是非常前卫引起轰动的。他的这些激进观点既受到许多青年工人和学生的欢迎,也受到乌普萨拉大学教授们和乌普萨拉医学协会以及一些禁酒组织的责难和警告。

19 世纪 80 年代之后,威克塞尔先后任新闻记者和小册子作家等职,曾就人口问题、社会主义、醉酒、婚姻、卖淫、贫穷和宗教信仰等问题作过一系列专题演讲,同时阅读经济方面的著作。这位未来的大经济学家直到 35 岁才开始接受正规经济学训练,转向研究经济学。1885 年和 1887—1889 年间,他两次出国研习经济理论。1887 年到斯特拉斯堡大学听布伦塔诺(Brentano)的劳动经济学,纳普(Knapp)的货币和信贷,及辛格(Singer)的经济分配;1888 年到维也纳听卡尔·门格尔的课,到柏林大学听阿道夫·瓦格纳(Adolph Wagner)的公共财政;1889 年到巴黎听勒鲁瓦-博利厄(Leroy-Beaulieu)的公共财政,德穆兰(Desmoulin)的人口理论。这些留学经历为他后来的学术发展奠定了基础。

威克塞尔于 1895 年获经济学博士学位。1898 年他向乌普萨拉大学申请经济学讲师教职。不过他被告知要有一个法学学位才能教经济学。所以在 45 岁时,他像他曾经在大学里所做的那样,把四年的学习时间压缩成两年。1899 年他通过了法律学士学位考试并在同年被聘为乌普萨拉大学的经济学讲师。1900 年任隆德大学副教授,1903 他 53 岁时任隆德大学教授。1911 年获法学博士学位。1916 年 65 岁时退休。1917 年任斯德哥尔摩经济学家俱乐部主席。

第一次世界大战期间及之后,威克塞尔发表一系列论著,研究大战时的通货膨胀及战后的货币问题,并对瑞典作为一个中立国怎样把战争的消极影响降到最低限度提出了建议。

1915 年始,威克塞尔任瑞典银行总裁顾问。1916 年始,他和另一位经济学家大卫·戴维森[①](David Davidson,1854—1942)一起任职于议会银行与信贷委员会和收入与纳税委员会。两人合作获得两项成就:1916 年瑞典银行采取了阻止通货膨胀的"废除黄金政策",对瑞典的收入和财产税进行了彻底的修正和

[①] 《新帕尔格雷夫经济学大辞典》第 1 卷,经济科学出版社 1996 年版,第 811 页。[英]马克·布劳格、保罗·斯特奇斯:《世界重要经济学家辞典》,经济科学出版社 1987 年版,第 139—140 页。

改进。

威克塞尔从青年时代起便关心社会及伦理问题,思想激进。在隆德大学,他继续提出一些引起争论的观点。在 1904 年国际劳动节的示威游行中,他发表演讲《瑞典能够维持它的独立吗?》,认为瑞典在对抗坚强有力的外国敌人时,不可能成功捍卫自己,认为瑞典应该取消自己的军队并与俄罗斯结盟。俄罗斯会提供足够的防备应付可能的攻击,同时瑞典人的职责是教育和教化野蛮落后的俄罗斯人社会自由和民主。因此引起许多人不满,他也获得了"防卫虚无主义者"的称号。一战后,他的激进观点表现为支持国家联盟。

1908 年,一个年青的无政府主义者发表演说,当局认为他的演说公然亵渎神明,是扰乱宗教和平的无政府主义者,把他投入监狱。威克塞尔认为这是因言论而获罪,认为这是对言论自由和公民自由权利的公然严重违背。为了捍卫宪法所保护的言论和出版自由,他采取了一种和平不合作主义的行动,发表了思想偏激的演说《王座、祭坛、宝剑与财货》,演说讽刺了圣灵感孕说。结果法庭不顾民主主义者、自由主义者和有组织的工人的抗议,判处其亵渎神明罪,在经过几次上诉后于 1910 年在监狱里待了两个月。

威克塞尔的主要经济学论著有:《空肚子——充足贮存品》(1890)、《生产过剩和人口过剩》(1890)、《利息与工资》(1892)、《价值、资本与地租》(1893)、《我们的税收——谁支付了税与谁应该支付税》(1894)、《财政理论考察,兼论瑞典的税收制度》(1896)、《利息与价格》(1898,有中译本)、《国民经济学讲义》(1901—1906,有中译本)、《社会主义国家与现代社会》(1905)、《人口理论、人口构成及变化模型》(1910)和《经济理论论文选集》(1958)等。

第一节　经济学的性质、分类及其研究方法

一、经济学的性质与分类

由于资料限制,无法清楚了解威克塞尔建立其理论体系时,瑞典的社会、经济和政治状况,只能大致估计是工业化和城市化时代。

威克塞尔指出,经济学的性质并非一成不变,而是随时代变迁而变化。在实行政府干预的重商主义时代,它是关于国民财富原理的科学,而在自由竞争的私有制时代,经济学"已愈来愈成为相互依存着的可视为一个整体的经济现

象的学说"①。而所谓的经济现象,便是人们利用既定手段达到尽可能大物质满足或利用尽可能少的手段达到既定物质满足的活动。概言之,经济学是关于人们在约束条件下谋取物质利益最大化的活动的学说。

从经济学的上述性质出发,威克塞尔首先区分经济学为"理论的"和"实用的"两部分,并进一步将"实用的"部分区分为:既定制度条件下基本理论的应用和对既定制度条件的评价及改进。于是,他把经济学分为三类:(1)理论经济学,主要涉及对经济规律的论述。(2)实用经济学,主要涉及经济规律在具体经济生活中的应用。(3)社会经济学,主要涉及应当如何应用经济规律及应当对现存的经济制度进行何种改革。这种分类,据他所称源自瓦尔拉斯。但两者之间关于第三部分内容的看法是有着重要差别的,两人的区别表现在他们对巴斯夏的不同态度上。瓦尔拉斯力图从新的角度论证巴斯夏的经济和谐论,而威克塞尔则认为经济和谐论恰恰是巴斯夏的错误。

对于理论经济学,威克塞尔又将其分为若干部分:(1)价值与交换理论,涉及消费和需求,及自由竞争和非自由竞争条件下的价值决定。(2)生产与分配理论,涉及生产三要素在生产中的作用及产品分配中的相对份额。但这部分内容并不包含生产要素财产权的分配问题。它属于社会经济学领域,明确区分收入分配与财产分配,是威克塞尔体系的长处之一。(3)资本理论,主要涉及动态条件下资本的积累及收益问题,而前两部分主要涉及的是静态分析。(4)货币与信用的理论。这部分内容是他综合李嘉图货币数量论与庞巴维克资本利息理论的结果。把它放进理论经济学范围,是他一大创造。

可以说,马歇尔是在价值理论上对古典学派和边际学派进行综合,提出了相对价格的决定理论;而威克塞尔则是在货币和信用理论方面对古典学派和边际学派进行综合,提出了一般物价水平的决定理论。

二、经济学的研究方法

威克塞尔认为,经济研究方法主要是抽象推理法,即从某些假设前提出发,运用演绎逻辑,推导出相应结论。他指出,采用抽象推理法所得出的结论是否符合现实,在多大程度上符合现实,取决于两点:(1)假设前提的现实性如何;(2)被抽象掉因素的相对重要性。前提的现实性越强,被抽象因素的相对重要性越小,则结论越可能接近现实。同时他也指出,在研究过程中,有时可以先把某些重要因素抽象掉,以使研究对象简单化,然后再进一步考虑开始被抽象掉的重要因素的作用。

---

① 威克塞尔:《国民经济学讲义》,上海译文出版社 1983 年版,第 8 页。

威克塞尔的抽象推理法,包含了数学方法。他认为数学方法并不能保证不产生错误的演绎,但与单纯描述的方法相比,其优点在于不会长久隐蔽错误。在推崇抽象推理法的同时,他也肯定历史学派归纳方法的作用,认为两种方法之间的关系是经济学研究中的分工关系。

第二节 价值理论

威克塞尔指出,如果对"交换"这一概念作广义的理解,理解为"人们在同一种生产资料或完成品的各种用途之间或在达到同一目的的各种手段之间一直在继续不断地进行着选择"①,则价值理论就不仅对于自由竞争的经济而且对于自然经济和集体主义经济,都具有重要意义。因此他把价值理论作为理论经济学中的基本理论。

威克塞尔的价值理论也像马歇尔一样,是供求均衡价格论。但马歇尔以局部均衡为特征,而他却以一般均衡为特征。他写道:"如我们所发现的存在于交换价值与边际生产费间的关系一样,边际效用与交换价值或价格基本上也保持着同样的相互依存关系,假如交换价值事先已定……,则边际效用就将为交换价值所调节。……假如交换价值并非事先一定而为市场本身决定,则边际效用与价格就将在一个单一的均衡体系内相互决定,而可以象征地和假设地以一个方程式体系将其表现出来。……最终的均衡问题即依靠交换以形成的生产与消费间的均衡问题,在未知数之中就包含着生产和消费的数量、货品的相对交换价值及与此成比例的对各特定个人的边际效用等数量。另一方面,已经明确知道的数量是每一特定时刻存在的生产资料量,即劳动、土地和资本……的数量以及消费者的个人脾气等。于是交换价值就决定在双方力量相平衡的水平上。在这双方力量中,一方面是消费的愿望(效用或消费的满足),另一方面是生产的困难,制造的不便利和不舒适(有时叫作负效用或反效用)。"②由此可知,他既肯定边际生产费用对交换价值的决定作用,也肯定边际效用对交换价值的决定作用,把边际生产费用和边际效用作为在一般均衡体系中与交换价值处于相互作用的关系中的两股力量,由它们的均衡决定着交换价值。因此,他的价值理论实质上也像马歇尔一样,是综合了古典学派的生产费用论和边际学派的边际效用论的结果。但由于他是以一般均衡作为基本分析框架来进行综合,同

---

① 威克塞尔:《国民经济学讲义》,上海译文出版社 1983 年版,第 19 页。

② 威克塞尔:《国民经济学讲义》,上海译文出版社 1983 年版,第 38—39 页。

时他又不像马歇尔那样对古典学派的生产费用价值论表示一定的尊重,而是在行文中时常表露出对边际学派的偏爱,所以他的价值理论的综合性从表面上看便不像马歇尔那样明显。人们往往容易把他的价值理论看作是边际效用价值论的复述,但从前面所引的那段话可以看出,他的价值理论实际上既与古典的生产费用论也与边际效用价值论保持着一定的距离。他肯定了边际效用论,但并没有完全赞同边际效用价值论(边际效用论与边际效用价值论实际上是两个有联系但又有区别的理论,前者是关于边际效用的定义、变化趋势的理论,后者则是用边际效用说明价值乃至市场价格的理论)。因此不应当把它简单地看作是边际效用价值论。他的价值理论在本质上是以一般均衡为特征的供求均衡价格论。这个理论及马歇尔的以局部均衡为前提的供求均衡价格论与古典的生产费用价值论及边际学派的边际效用价值论的根本区别在于,后两种理论实际上都认为价值有一个唯一的最终决定因素,而前两种理论则否认这一点。

上面指出了威克塞尔价值理论的一般本质特征,下面不拟详述之,只是对其一些富有特色的论点简介如下。

(一)威克塞尔不认为某种商品的边际效用仅仅依存于该商品本身的数量。而是强调各种商品的边际效用相互之间的依存关系,强调某种商品的边际效用对所有商品的数量的依存关系。虽然这种关系在奥地利学派详细说明其边际效用价值论时,已经就不少特殊情况加以分析,但他用数学方式对这种关系作出了一般性表述。他把消费者的总效用定义为在某一单位时间里一切商品的数量的函数:$U = U(X_1, X_2, X_3, \cdots)$,其中 U 为总效用,$X_1, X_2, X_3, \cdots$ 分别为各种商品的数量。这一效用函数与马歇尔的效用函数有明显的不同,后者是把总效用定义为各种商品的效用的总和,其前提实质上是否定了各种商品的效用之间的相互依存。根据上述总效用函数,威克塞尔把某种商品的边际效用定义为一阶偏导数 $\partial U / \partial X_i (i = 1, 2, \cdots)$,对总效用和边际效用的上述表达方法,一直延续到今天。

(二)威克塞尔认为以李嘉图为代表的古典学派,在价值问题上的根本错误是忽略了生产边际并非固定不变,而是依需求的变化而变化的。所以价值与生产边际上的生产费用相等,但这并不意味着价值仅仅由这种生产费用决定。两者之间不存在一种单向因果关系,而是一种相互作用的关系。

(三)威克塞尔也和马歇尔一样,认为只要财产分配不均等,货币的边际效用在穷人和富人那里有区别,那么自由竞争所形成的交换均衡就不一定意味着社会福利的最大化。这一论点同时由两位学者提出,绝不是一种偶然现象。这一论点实际上是边际效用价值论的逻辑结论,只是有些边际主义者发现了它而有些则无意或有意忽略了它。威克塞尔和马歇尔对自由竞争均衡的这一看法,影响了他们各自的弟子门人,对以后英国和斯堪的纳维亚各国的收入再分配政策产生了重要影响。从这一点来看,边际主义思潮从本质上讲是一个主张政府干预收入分配的思潮。威克塞尔对政府干预提出如下保留意见:即如果干预导致总产量减少,即便收入分配更均等化了,也未必可取。

(四)威克塞尔不仅考虑了自由竞争条件下的价值决定问题,还考虑了不完全竞争问题。他指出,在竞争与垄断之间不存在绝对的界限。他分析了垄断利润最大化的条件,假设边际成本一定,需求曲线线性,则垄断者将在纯收入函数 $f(P)(P-C)$ 的一阶导数 $f'(P)(P-C)+f(P)$ 等于零时,实现利润最大化。式中 P 为价格,C 为边际成本,$f(P)$ 为产量。他还指出,由于消费者信息不完全,以及产品的空间差别,造成了零售贸易中的不完全竞争(或用他的话讲是相对不存在的竞争),这导致比完全竞争条件下更高的价格和更多的零售商。这些思想后来为张伯伦和琼·罗宾逊所发挥。

第三节　生产—分配理论

在生产—分配理论中,威克塞尔认为不同经济制度下生产与分配之间有不同的关系。他指出,若一个国家是一个统一的经济单位,则生产将纯粹是一个追求某个目标极大化的技术问题,而分配将是独立于生产之外的问题,它要受到纯经济之外的考虑所制约。但在自由竞争的私营企业制度之下,生产者以利润最大化为目标来安排生产,而利润的大小又受到成本从而受到工资、利息及地租这些生产要素所要求的产品份额的影响。因此"生产与分配问题是不能分离的;并且在本质上是同一个问题"[①]。

威克塞尔认为,生产要素除了土地、劳动和资本之外,还包括以专利、营业秘密的形式存在着的技术发明和商誉。但在以后的分析中,他仍然坚持把三要素作为分析对象。因为他认为技术发明和商誉这类生产要素,会限制自由竞争,因此在分析自由竞争条件下的生产和分配时,不必加以考虑。

威克塞尔以产品市场价格既定为前提,对生产—分配问题进行静态分析,先研究非资本主义生产(基本上不使用工具设备的生产),再研究资本主义生产(使用工具设备的生产)。

在分析非资本主义生产时,威克塞尔的核心论点是用边际生产力递减规律来说明劳动和土地要素的增加对生产量的影响,以及这两种要素的收入份

---

① 　威克塞尔:《国民经济学讲义》,上海译文出版社 1983 年版,第 105 页。

额——工资和地租——的决定。他的论点和美国经济学家克拉克的论点基本一致。但他是独立提出这一理论的，所以他和克拉克等人并列为边际生产力论的发明者。他的独特之处是用数学方式表述了边际生产力论，从而清楚地揭示了这一理论的适用前提。

威克塞尔假定生产函数具有如下形式：$Q = W \cdot f(L/W)$，Q 为产量水平，W 为劳动要素量，L 为土地要素量。由此函数，边际生产力可表示为 Q 对于 W 和 L 的一阶偏导数。当该函数是线性齐次时（其经济含义是指规模报酬不变），则各要素按边际生产力决定的收入份额之和正好等于总产量，即：$W(\partial Q/\partial W) + L(\partial Q/\partial L) = Q$。若规模报酬递增，则 $W(\partial Q/\partial W) + L(\partial Q/\partial L) > Q$，即要素按边际生产力决定的收入份额之和大于总产量，如此则自由竞争局面将无法维持，要素报酬也无法按边际生产力支付。若规模报酬递减，则 $W(\partial Q/\partial W) + L(\partial Q/\partial L) < Q$，即要素按边际生产力决定的收入份额之和小于总产量，这意味着企业总会获得利润（它等于总产量与收入份额总和之差），因此人人争当企业家，一切企业都将最终分裂为个体企业，结果收入分配也将不再由边际生产力决定。由此可以知道，收入分配的边际生产力论要依存两个前提：一是整个经济的规模报酬不变，这保证总产出正好可以按要素的边际生产力进行分配，不多不少。二是各个企业都要在相对于市场需求的较小规模上，便达到由规模报酬递增发展为递减的临界点，这保证了完全竞争的局面。所以收入分配的边际生产力论要依赖关于整个经济和各个企业的规模报酬的特殊假定。

在分析资本主义生产时，威克塞尔关于资本和利息的观点可概括为如下几点。

（一）威克塞尔不赞成用资本的边际生产力来说明利率。他写道："进一步的研究表明，利息与工资和地租也并不完全类似。关于劳动和土地，……边际生产力规律在一定保留之下是适用于整个国民经济和任何私营企业的。……但……这个理论只有我们从个别企业家的观点……来观察时才适用于资本。假如我们考察社会总资本的增加（或减少），那就决不是随之发生的社会总产量的增加（或减少）将会决定资本的利率。"[①]

（二）威克塞尔认为要"绝对精确地规定社会资本的概念，将它作为一个确定的量，即使不是不可能，也是很困难的"[②]。在他用来说明利率决定的一个数字例子中，他指出在既定产品价格的条件下，只有先确定均衡利率，然后才能通过确定工资额再确定以货币计的社会资本的价值。而由此求得的社会总资本

---

① 威克塞尔：《国民经济学讲义》，上海译文出版社 1983 年版，第 144 页。

② 威克塞尔：《国民经济学讲义》，上海译文出版社 1983 年版，第 159 页。

额,是无法用来证明社会总资本的边际生产力决定均衡利率的。[1] 他的上述数字例子还表明,当均衡利率变动时,社会总资本的资本化价值将反向变动。这就是伪威克塞尔效应。可用下述数理方式表达这种效应。设 W 为社会总资本的资本化价值、R 为总收益、r 为利率,则:

$$W = \frac{R}{r}, \frac{\partial W}{\partial r} < 0$$

他还从另一个角度说明社会资本总额对利率的依存关系,即利率变化引起各种资本品再生产成本变化,从而引起它们的价格变化。[2]这就是利率变动的真实威克塞尔效应。它由利率变动的价格威克塞尔效应和利率变动的实际威克塞尔效应两部分相加而成。可用下述数理方式表达这两种效应。设 V 为拥有 n 种不同类型资本品的经济中的资本存量的总价值、P_i 为第 i 种资本品的价格、K_i 为第 i 种资本品的数量、r 为利率,则:

$$V = \sum_{i=1}^{n} P_i K_i, \frac{\mathrm{d}V}{\mathrm{d}r} = \sum_{i=1}^{n} \frac{\mathrm{d}P_i}{\mathrm{d}r} K_i + \sum_{i=1}^{n} P_i \frac{\mathrm{d}K_i}{\mathrm{d}r}$$

(三)威克塞尔指出,在社会资本的某些特定水平上,或者说在由此而决定的某些特定均衡利率下,"在同一产业(如在瑞典制鞋工业所发生的情况)内,可能同时存在两种或多种生产方法,这两种生产方法可能需要完全不同的资本数额和不同的生产期间(例如手工制鞋和机器制鞋)。只有随着资本(连同工资)的增加,长期投资才能在最后取代短期投资(某些专门行业可能除外)"[3]。由此可知,他并不认为企业家对生产方法(劳动力人均资本、生产期)的选择是社会资本量和利率的单值函数。

上述三点看法表明,威克塞尔是当代西方以琼·罗宾逊为代表的新剑桥学派反对新古典经济学关于边际生产力论和总量资本概念的先驱。

(四)威克塞尔认为利息是由于劳动和土地要素不直接用于生产消费品,而用于更迂回从而更有效的生产消费品的方法所造成的。在这种更迂回的生产方法中,劳动和土地以资本的形式被储存起来,所以资本在实质上"是储存的劳动和储存的土地。利息则是储存的劳动和储存的土地的边际生产力与现在的劳动和土地的边际生产力的差额"[4]。而这个差额之所以经常是正值的,则是因为储存的劳动和土地比现存劳动和土地有更大效率,而这又是因为"现在的劳动和土地相对于它所可使用的目的是丰富的;而储存的劳动和土地在同样的程

---

① 威克塞尔:《国民经济学讲义》,上海译文出版社 1983 年版,第 165—170 页。

② 威克塞尔:《国民经济学讲义》,上海译文出版社 1983 年版,第 144—145 页。

③ 威克塞尔:《国民经济学讲义》,上海译文出版社 1983 年版,第 171 页。

④ 威克塞尔:《国民经济学讲义》,上海译文出版社 1983 年版,第 148 页。

度上对于许多有利的用途则是不足的"①。由于储存意味着被储存的劳动和土地要经历更长时间才能变为消费品,所以他又把时间要素看作是资本概念的真正核心,把利率看作是"期待"的边际生产力。

由此可知,威克塞尔基本上同意庞巴维克的时差利息论,强调时间因素在说明利息现象时的重要性。他与庞巴维克的重要区别在于他抹去了后者理论中的主观估价成分,即不再用人们对同种同量现在物品与将来物品的主观估价的差异来说明利息,而是用储存的劳动和土地比现存的劳动和土地在边际生产力上的优越性来替代主观估价的时差,说明利息的产生。所以可把他的利息理论称作是强调时差客观性质的时差利息论,以区别于庞巴维克的强调时差主观性质的时差利息论。

(五)威克塞尔还分析了资本增加对收入分配的影响。他区分了两种情况:技术不变时的资本增加和技术进步时的资本增加。

他认为技术不变时的资本增加,会使得现存劳动和土地的边际生产力增加,而使资本(储存的劳动和土地)的边际生产力减少,从而首先使工资和地租增加,利率下降,但资本在总收入中的相对份额仍然会增加。但随着资本的继续增加,其相对份额将会减少,到最后其绝对份额也将减少。

他把技术进步所产生的影响归结为生产期的延长,或采用更迂回的生产方法,用他的话说便是资本的"深度"增加。因此,在技术进步时,一定量增加的资本将分散用于比以前更长期的投资中,从而使以后每年增加的资本量将少于未发生技术进步时的数量,这成为抵消资本增加对利率的不良影响的因素。若技术进步发生在资本并未增加的情况下,则资本"深度"增加,而"幅度"变小,即每年分配到的资本额变小,这甚至会使工资地租发生暂时的下降。② 所以他的结论是,"进行储蓄的资本家基本上是劳动者的朋友,而技术的发明则往往是他的敌人"③。同时他也承认,从长期来看,技术进步对工资和地租的不良影响将由于资本积累而抵消。

(六)威克塞尔认为储存的劳动与土地之间均衡的比例必须满足下述条件:储存劳动的边际生产力与现存劳动的边际生产力之比,等于储存土地与现存土地的边际生产力之比。

(七)威克塞尔认为投资于不同期限的资本相互间的均衡比例要满足下述条件:较长期投资与较短期投资的边际生产力之间,保持着按照复利计算的比

---

① 威克塞尔:《国民经济学讲义》,上海译文出版社 1983 年版,第 150 页。

② 林达尔认为这是威克塞尔在资本理论方面作出的最大贡献。参阅林达尔:《货币和资本理论的研究》,商务印书馆 1982 年版,第 241 页注。

③ 威克塞尔:《国民经济学讲义》,上海译文出版社 1983 年版,第 158 页。

例关系。于是利率的降低将使得较长期投资相对增加,较短期投资相对缩减。

从总体上看,威克塞尔的分配理论是边际生产力论(用于说明工资和地租的决定)和时差利息论的结合。它包含了不少置后者于死地的思想观点的萌芽。

第四节　一般价格水平的决定与累积过程理论

威克塞尔在西方经济思想史上的最大贡献,是在综合李嘉图货币数量论和庞巴维克资本理论的基础上,提出了以利率为基本变量的一般物价水平(以后简称物价)决定理论,以及物价在利率影响下发生变动时的累积过程理论,从而建立了前凯恩斯的宏观动态经济理论,并使得关于经济生活的实际面的理论与货币面的理论之间建立了联系,结束了以往理论中的货币中性论(即货币因素不影响经济的实际面的一种论点)。

威克塞尔研究物价水平的背景是资本主义世界从 18 世纪中叶到 1873 年,物价水平呈现持续上升,而 1878 年以后则出现持续下跌。他认为物价水平的波动与相对价格的变化不同,后者造成的损害可在一定程度上得以调整,而前者造成的危害则难以调整。因此,最好是在不影响相对价格的前提下,通过人为干预使物价水平保持稳定。这就需要研究物价水平的决定机制及其变化时的特征。

同时,19 世纪后半期,在包括杰文斯在内的众多统计学家的努力下,物价指数的概念开始被提出,并且一些国家一定时期的物价指数得到了编制,这就为经济学家研究物价指数的变化准备了相应的素材。

一、相对价格与货币价格

威克塞尔认为货币有三项职能:价值尺度、价值贮藏和交换媒介,后一职能是货币的最重要特征。为了履行这一职能,货币本身便应具有价格,而物价水平的倒数恰好是货币价格。

威克塞尔指出了相对价格和货币价格的不同决定机制。首先相对价格受到边际原理的制约,受商品供求关系的制约;而决定相对价格的因素并不决定货币价格,后者的决定须到商品市场和货币市场的关系中去寻找。其次,相对价格偏离均衡位置之后会自发受到调整,恢复均衡,而货币价格一旦脱离原来的均衡位置之后,不会产生促其恢复的自发力量。这就是说,用来说明相对价格决定的理论不足以说明货币价格的决定,为此必须探索货币价格的决定理论。

二、货币价格的两种决定理论:成本论与数量论

威克塞尔认为说明货币价格的理论主要有两种:生产成本论和数量论。他指出,在以黄金充当货币的条件下,黄金的生产费用将在相当长的时间内才会影响到货币的价格,但在这段时间之内,货币价格并非一成不变,而对商业活动有重大影响的恰恰是货币价格在这段时间内的变化。因此要说明货币价格在这段时间内的变化和决定,生产费用论便不是一种有价值的理论。

威克塞尔认为,与其他理论相比较,李嘉图等人在与以图克为代表的银行学派的争论中所提出的货币数量论,是解释货币价格的较完善的理论。但这一理论同时也包含一些严重的缺点。他指出,按照货币数量论,货币数量与货币价格之间存在直接的因果关系,货币数量的变化首先影响人们的现金准备,进而影响到各种商品的供求,最后影响到货币价格,使之发生与货币数量的变化同比例但反方向的运动。同时,货币数量的变化对经济的实际方面,即对生产总水平、生产结构、资源配置以及产品和要素的相对价格,均无任何积极作用。也就是说按照货币数量论,货币具有中性,货币数量论实质上是把货币数量当作货币价格的最终决定因素。

威克塞尔指出,货币数量论是建立在一系列不现实的假定之上的,相对于这些假定来说,它是正确的,但问题在于这些假定距现实太远,这些不现实的假定包括如下几点:(1)假定货币制度是不存在银行信用体系的几乎完全的个人现金制度。(2)假定作为交换媒介的货币与作为财富储藏的货币之间有明确界限,只讨论作为交换媒介的货币。(3)定义货币仅仅为纸币和硬币,否定与它们可互相替代的各种票据(账面信用、汇票、支票等)的货币性。(4)由以上三条假定,便得到第四条假定:货币流通速度不变。他着重分析了这条假定的非现实性,认为随着信用制度的发展,流通速度的变化范围越来越大。在纯现金经济中,流通速度的变化范围相当狭窄,理论上可以假定流通速度不变。在简单的信用经济中,流通速度已经加快,变化范围稍有扩大。在有组织的信用经济中,由于汇票的广泛使用和借贷集中于金融机构,流通速度的变化范围大为扩张。因此在理论上已没有理由再把它看作是一个常量,从而单纯用货币数量来说明物价水平是不够的。并且信用制度的发展有可能使货币完全脱离流通,因此单纯用货币数量来说明物价水平就更显得不合理。由此可见,需要对物价水平的决定作出新的说明。

通过对图克为代表的银行学派的理论的分析,威克塞尔还进一步指出,李嘉图的货币数量论的逻辑推论是随着货币数量的增加(减少),货币价格和利率将同向下降(上升),而银行学派却依据统计资料表明,两者将反向运动,即货币

价格上升(物价下跌)时,利率将下降。逻辑推论与经验事实之间的不统一,表明货币数量论包含着重大缺陷。

三、利率与物价水平、物价变动的累积过程

在以利率为基本变量说明物价水平时,威克塞尔创造性地区分了自然利率与货币利率。前者是指在实物借贷条件下,由对于实物资本的供求所决定的利率,它是投资与储蓄相一致时的利率,它等于新资本的预期收益率,"它对商品价格的关系是中立的,既不会使之上涨,也不会使之下跌"[①]。后者则是指通常由银行等金融机构所决定的贷款利率。他认为两种利率完全一致的可能性是极少的。这是因为平均来说,自然利率往往是连续变化的,而货币利率的变化往往是间断性的。自然利率的变动是由于技术变动、资本存量变化等生产领域内的因素。而货币利率的变化主要决定于银行等金融机构的政策。因此,自然利率的变动最终将牵动货币利率,在经历一段时滞之后向它靠拢。但在这个时滞过程中,货币利率很可能维持原状甚至与自然利率的变化背道而驰。

威克塞尔认为,并不是货币利率的绝对变化引起物价变动,而是货币利率相对于自然利率的变化引起物价变动。当不论是自然利率的变动或货币利率的变动还是两者的共同运动,导致货币利率低于自然利率时,物价将趋于上升。另一方面,当不论是自然利率的变动或货币利率的变动还是两者共同的运动,导致货币利率高于自然利率时,物价将趋于下降。只有当两种利率保持一致时,物价才保持稳定,才出现货币中性的局面。

威克塞尔进一步分析了货币利率与自然利率不一致时,引起物价变动的具体机制。这一分析涉及如下一些假设条件:(1)资本存量不变。(2)各个行业的生产期都为一年,且不可缩短或延长。(3)各行业的生产都始于年初终于年末而后互相交换。(4)企业家都无自有资金,都通过银行这一中介向资本家借入所需资金。(5)一年的工资和租金都在年初一次支付。(6)企业家也在年初便备好一年所需的投入存货。以上六点是他明确提出的假定。此外还有下述隐含假定:(1)消费者边际消费倾向不随货币收入变化而变化。(2)人们普遍预期本年度的物价水平在下年度将继续维持。(3)经济中不存在垄断成分。[②]

在上述假设下,威克塞尔指出,若货币利率与自然利率一致,企业家们只能获得管理报酬,无法获得利润,不会产生扩大业务的要求,不会产生对生产要素的额外需求,结果物价保持稳定。若无论什么原因使自然利率高于货币利率,

---

① 威克塞尔:《利息与价格》,商务印书馆1982年版,第83页。

② 该隐含假设由缪尔达尔指出。参阅缪尔达尔:《货币均衡论》,商务印书馆1982年版,第122—123页。

则企业家们通过贷款从事经营就会获取一定利润,利润率等于自然利率减去货币利率的差额。利润刺激了企业家们扩张业务的要求,从而使得对劳动等生产要素的需求增加。而这种追加需求所需的资金,将由企业家们按不变的货币利率从银行贷得。这又引起这些要素的价格(货币收入)的提高。这种提高并不会降低企业家的利润率从而抵消他们扩张业务的要求。这是因为要素所有者会按照货币收入提高的幅度增加其对消费品的需求。由于消费品数量一定,则消费品价格乃至一切产品的价格都将按需求增加的幅度而增加。这就使企业家们能够在要素价格上涨时继续获得因货币利率低于自然利率而造成的利润。如此,只要自然利率始终高于货币利率,则企业家们便始终在利润的刺激下不断增加贷款,不断增加对要素的需求,从而使要素价格不断上升。而要素所有者又由于货币收入增加而不断增加消费需求,从而使消费品乃至一切产品的价格不断上涨。在这一过程中,企业家们将形成产品价格上涨的预期。正是在这种预期的支配下,企业家们才可能不顾要素价格的上升而始终不减少甚至增加对要素的需求。这表明,一旦物价水平发生上涨,由此形成的预期行为将反过来进一步促进这一上涨运动,甚至在自然利率和货币利率恢复一致以后的一段时间里,预期因素仍然起着提高物价水平的作用,但实际提高的幅度将低于预期的幅度,从而使物价水平上升的过程最终停止。以上所讲的这一过程,便是物价上升的累积过程。① 另一方面,若由于无论什么原因使自然利率低于货币利率,则将发生物价下跌的累积过程。

威克塞尔还指出,由于两种利率不一致所造成的物价变化,与因为技术或其他实际方面的因素造成的物品数量变化所引起的物价变化,这两者之间的区别,在于前一种是累积性的,而后者则是一次性的。在《利息与价格》一书中,他主要是从两种利率不一致时企业家们和要素所有者的行为来说明累积过程。在《国民经济学讲义》一书中,他写道:"某一特定商品价格的上涨或下落,都以该商品的供求均衡的搅乱为前提。……凡对于每一商品是真实的,则对于一切商品的总体也必然是真实的。因此,物价之普遍上涨便只能在这个假定下才可以想象:即商品的一般需求由于某种理由已经大于其供给,或可预期其大于供给。这一点听起来好像是个矛盾的理论。因我们同萨伊一样,已经习惯于认为商品本身是相互构成其需求并相互限定其需求的。并且,最终说来,货品的确也是这样的。但是,我们在这里所研究的却正是那个首先发生的环节,即一商品与其他货品最终交换的中间环节,亦即由货币对商品的需求与商品对货币的

---

① 威克塞尔后来发现,引起物价上涨的原因不全是两种利率之间的差距,货物供应不足也可能造成物价上涨,即意识到两种利率的不吻合是物价不稳的充分条件,但并非必要条件。关于这一点可参阅《利息与价格》,商务印书馆 1982 年,附录。

供给所形成的环节。因此,凡是值得称为货币理论的任何理论,都必须能够论证在一定的条件下,货币对商品的需求是如何地并由于何种理由超过商品的供给或不足于商品的供给。"①这段话表明,他开始从总供求的不一致来说明累积过程,从而顺便指出了萨伊定律的局限性在于它只适用于物物交换经济,而不适用于货币经济。这一点,与他认识到货币不仅具有价值尺度和交换媒介职能,还具有价值贮藏职能是有密切联系的。注意到货币的存在可能导致总供求不一致,这也许是威克塞尔把货币理论与经济的实际理论相结合所产生的最可取的成果,同时也表明他早于凯恩斯反诘萨伊定律。

在上述对累积过程的分析中,威克塞尔以自然利率与货币利率始终存在差距为前提,着重分析企业家和要素所有者的行为对形成累积过程的影响。但他留下两个问题:(1)两种利率间的差距何以长期存在。(2)这种差距最终何以消失从而结束特定方向上的累积过程。对这两个问题,他主要通过对银行行为的分析来回答。

威克塞尔指出,若不考虑银行的行为动机及其所受到的行为限制,则从理论上讲,银行有可能使货币利率始终高(低)于自然利率,从而使物价的向下(上)的运动持续累积下去。但事实上银行是追求其自身利益的,且其行为受到各方的限制。

首先,单个银行必须和其他银行同步,不可能独自任意决定货币利率,若个别银行要保持过高或过低的货币利率,则将失去一切客户或破产。

第二,就单个国家来说,若其货币以金属本位为基础,则它的银行面对国外银行时,其地位也如上述。若货币利率过低,则贵金属将外流,若货币利率过高,则造成外来贵金属流入。而银行须以存款形式接受并照付利息,同时由于货币利率过高其借户又相应减少,结果银行的贷款利息收入减少而存款利息支付增加。

以上是从银行间的相互制约来说明单个银行或单个国家的银行不可能随意决定货币利率。但假设所有银行都自觉采取相同的货币利率,那么货币利率所受到的限制便具有另一种情况。这时,货币利率持续低于自然利率所造成的物价上涨的累积过程,将导致公众对作为交易媒介的货币(主要是纸币和支票)的需求不断增加,而这在金属本位制度下,便意味着银行的准备金相对来说处于越来越不足的状态。同时物价上涨的累积过程还将打击黄金生产,刺激工业增加对黄金的需求,当需求超过生产的供给时,便只能取自银行的库存。这又从另一方面使银行的黄金准备处于绝对减少的状态。上述两种状态的发展将

---

① 威克塞尔:《国民经济学讲义》,上海译文出版社1983年版,第346页。

危及银行的信用甚至生存。

另一方面,货币利率持续高于自然利率所造成的物价下跌的累积过程,将导致公众对作为交易媒介的货币的需求不断减少。储蓄存款不断增加,而银行则必须为这些存款支付略低于贷款利率的利率。这将使银行的经济利益受到危害。因此,无论是货币利率高于还是低于自然利率,都不可能永远持续下去。到一定时候银行为维护自己的经济利益或者生存,自然会采取行动消除两种利率之间任何方向上的差距,从而结束累积过程。

同时,威克塞尔又指出,虽然货币利率最终会由于银行的利己行为而趋向不断变动中的自然利率,但这个过程往往很费时间。其中的原因只有在洞悉银行技术方面的奥妙之后方能回答。但有两个突出原因,即银行家们往往按习惯和常规办理,不愿轻易变动货币利率;以及个别银行或个别国家的银行须和其他银行或其他国家的银行协调行动,而协调需要时间。

从以上分析可以看出,若不考虑银行行为,只考虑企业家和要素所有者的行为,则累积过程一旦开始便会无止境地持续下去,宏观经济的自发趋势是走向非均衡。但若同时考虑银行行为,则累积过程便不可能无止境地持续,虽然往往持续相当一段时间。同时,物价变动的累积过程现在成为恢复均衡的力量,它最终将迫使银行采取行动使货币利率趋向自然利率。于是宏观经济在失衡之后的自发趋势是依靠物价变化的累积过程来走向新的均衡。

威克塞尔指出,当货币利率等于自然利率时,物价变动的累积过程结束,此时货币价格处于均衡状态。但货币价格的均衡与相对价格的均衡是不同的。"后者或可比之于一种满足稳定平衡条件的机械装置,譬如摆锤。每一个离开平衡地位的变动,就促使一些力量发生作用,使之回复到原来地位,变动范围越大,所起的作用也随之增大,……就货币价格言,……可以比之某种容易转动的物体,譬如一个圆柱,它在所谓随遇平衡的状态下停留在平面。……需要某种力量来推动这个'价格圆柱',使它不停地运转。但是当这个力量——利率的提高和降低——在发生作用时,圆柱将依不变的方向移动。……运转迄某点为止是一个加速的过程,这时即使力量已停止发生作用,它仍将活动一个时期。圆柱一旦静止以后,就不再有恢复到原来地位的倾向"①。简言之,对于相对价格来说,均衡通常是稳定的,而对于一般物价水平来说,均衡是不稳定的。

威克塞尔认为上述理论具有理论和实践两方面的意义。

在理论上,它说明了人们争论不休的关于物价与利率之间的关系:是自然利率的独立变化所造成的两种利率间的差异引起物价的变动,而这种变动则是

---

① 威克塞尔:《利息与价格》,商务印书馆1982年版,第82页。

货币利率发生与物价同方向运动的主要原因。而银行准备金的多少、贵金属的
生产、纸币发行及信用制度的发展等等,都对货币利率的决定起次要作用,它们
对于货币利率向自然利率的移动,起着促进或阻碍作用。可以用下述环形图
(图 33-1)来表达他所提出的物价与利率之间的关系:

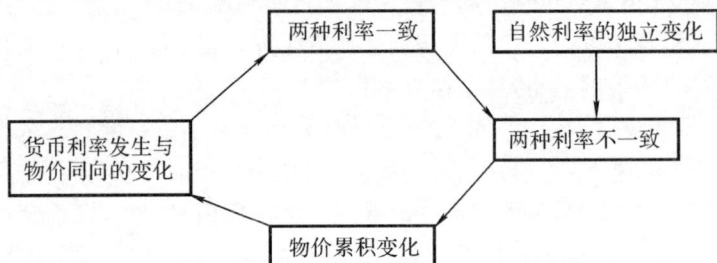

图 33-1

这样,他就解释了传统货币数量论无法说明的货币利率何以与物价水平作
同向运动的原因。

在实践上,这个理论将使银行能够自觉地采取行动,以保持物价稳定,从而
"对世界经济将发生无可争辩的利益"①。

综合来看,威克塞尔的上述理论实际上涉及两个方面:一是宏观经济均衡
条件的分析,用他的话讲便是货币均衡价格的决定理论;二是宏观经济的失衡
与复衡的过程分析,用他的话讲便是累积过程理论。第一方面的理论以静态假
设为隐含前提,不涉及技术进步和由新投资引起的资本积累。第二方面的理论
从表面上看似乎是一种动态分析,因为它涉及了时间过程,但严格来说并不是
那种涉及技术进步资本积累的动态分析,而是对于宏观经济由均衡到失衡再到
新的均衡的过程的分析。前后两个均衡从物价水平方面来看是不一致的,但从
经济的实际面来看,并无区别。因此这种失衡—复衡的过程分析仍然是以经济
实际面的静态假设为前提的。所以这部分理论虽然涉及了时间过程,具有动态
分析的外观,但实质上仍是一种静态分析,严格讲是静态假设下的过程分析。
这种静态分析的局限性后来被缪尔达尔所指出并克服。此外,这两方面的理论
都以充分就业的产量水平为当然前提,因此都是关于物价而非关于产量和就业
的理论。前一方面涉及均衡的物价水平的决定,后一方面涉及物价水平的变
化。采纳还是放弃充分就业这一前提,便构成他和凯恩斯(1936 年以后的)的分
水岭。其实他已经意识到,若尚未充分就业,则信用的松弛便可能导致产量的

---

① 威克塞尔:《利息与价格》,商务印书馆 1982 年版,第 142 页。

增加。① 他之所以采纳这一前提,很可能与他那时的瑞典的实际情况有关。他谈到,通过向实业家们进行调查,得知在萧条时出现的是存货的增加而非产量和就业的下降。②

第五节　政策主张

威克塞尔的政策目标可概括为两点:(1)保持宏观经济的均衡状态,消除经济波动。(2)改进收入分配状况,促进社会福利。作为实现目标的手段,他一方面认可市场竞争,另一方面也不排除政府干预。

威克塞尔认为,为了实现上述第一个目标需要银行随时自觉调整货币利率,使之跟上自然利率的变动。具体做法是,"只要价格没有变动,银行的利率也不变动。如果价格上涨,利率即应提高;如果价格下跌,利率即应降低;以后利率即保持在新的水平上,除非价格发生了进一步的变动,要求利率向这一方或那一方作进一步的变动"③。为此,首先需要同一国家内的各银行在规定利率时彼此合作。当这种合作不能顺利实现时,还可以由中央银行通过公开市场业务来影响整个银行体系贷款资金的数量,进而影响货币利率。④ 此外,还需要各国中央银行彼此合作,调整相互间的利率差别,共同维持物价的稳定。具体做法是,各国银行都以平价兑现汇票及各国货币,不考虑汇率的任何差异,同时以利率为手段保持国际收支平衡。⑤ 这可以说是固定汇率制度的思想萌芽。

为了防止金币数量变化对物价的影响,威克塞尔提出要废除金币的私人自由铸造制度。他指出金本位制的矛盾在于:一方面,信用的发展使黄金储备成为不必要;另一方面,对于稳定币值来说,它又是必要的。只有废止自由铸造金币的制度,使货币价值与金属分离,才能克服金本位制的上述矛盾。这可以说是主张废除金本位制的思想萌芽。

威克塞尔虽然强调物价稳定的重要,但也清醒看到,不可认为价格稳定便可克服萧条。

威克塞尔虽然看到自由放任无助于实现上述目标,但也并没有明确提出要通过政府干预来实现第一个目标,他更多的是寄希望于银行家们的良知和社会

① 威克塞尔:《利息与价格》,商务印书馆1982年版,第73页。
② 威克塞尔:《国民经济学讲义》,上海译文出版社1983年版,第388—392页。
③ 威克塞尔:《国民经济学讲义》,上海译文出版社1983年版,第152页。
④ 威克塞尔:《国民经济学讲义》,上海译文出版社1983年版,第309页。
⑤ 威克塞尔:《国民经济学讲义》,上海译文出版社1983年版,第310—312页。

责任心。

关于第二个目标,威克塞尔根据货币边际效用递减原理论证财产分配不均条件下的自由竞争并不能保证实现社会福利的最大化,为此他提到了政府干预,认为需要由政府对收入分配进行正确干预,并需要限制工人的工作时间。作为同情工会和社会民主党的经济学家,他要求减少当时瑞典具有累退性质的主要由低收入者承担的消费税和关税,同时主张以高额遗产税为开端实行个人收入和公司收入的累进税,以缩小社会阶级差别。但是他也提出了这种干预所必需的前提条件,即政府必须是建立在民主主义原则上的,并且干预的结果不应当以减少总产量为代价来实现收入再分配。他写道:"一般说来,不加限制的自由总比错误的限制和强制制度更为可取。只要一国的政府建立在民主主义的原则上,那就存在着这种措施只在其有利于大多数人时才被采取的确实(虽然不是常常可靠的)保证。而当商业和工业政策掌握在拥有特权的少数人手中时,那就很可以推定其将走上相反的方向。"①

在公共财政方面,他强调在自然垄断行业发展国有企业,以便使这些企业能够比私人控制时向消费者提供更多的商品和索取更低的价格。同时用税收来弥补这些公有企业可能出现的亏损。同时他要求政府资助教育,以缓解由市场按照边际生产力决定的个人收入的不平衡。

威克塞尔的这些政策主张,使他成为后来北欧社会民主主义的先驱之一,是瑞典混合经济理论的创立人。

第六节　威克塞尔综合体系的意义

熊彼特把威克塞尔和瓦尔拉斯、马歇尔一起并列为 1870 年至 1914 年间,在纯理论方面作出最大贡献的经济学家。这一评价恰如其分地把威克塞尔放到与马歇尔相匹敌的地位上。

威克塞尔也像马歇尔一样,在大致相同的时间里,建立了综合古典经济学和边际效用论的理论体系。关于他的价值理论的综合性质前面已经有所分析,不再赘述。他的分配理论,则是综合边际主义者内部两种理论(边际生产力论和时差利息论)的结果。他的累积过程理论(或从另一角度来看的货币均衡理论)则是在综合李嘉图货币数量论和庞巴维克、杰文斯资本利息理论的基础上

---

① 威克塞尔:《国民经济学讲义》,上海译文出版社 1983 年版,第 82 页。

建立起来的。① 所以他的体系完全可以被称作综合体系。

威克塞尔与马歇尔的又一共同之点，是他们通过各自的综合体系，分别创建了从 20 世纪初一直延续到今天的两个寿命最长的学派——瑞典学派和剑桥学派。因此，威克塞尔被誉为斯堪的纳维亚的"马歇尔"。他们二人的区别在于：(1)马歇尔综合体系的主要成就在于微观方面，而威克塞尔综合体系的主要成就在于宏观方面。(2)马歇尔以局部均衡为框架综合了古典经济学和边际主义思潮；威克塞尔以一般均衡为框架综合古典经济学和边际主义思潮，并且对边际主义思潮内部的不同观点也进行了一定的综合，如在分配理论方面。(3)对于古典经济学，马歇尔综合体系中的肯定语调较浓，威克塞尔综合体系中的肯定语调较淡。(4)马歇尔综合体系与后来的凯恩斯革命的逻辑联系较弱，威克塞尔综合体系与凯恩斯革命的逻辑联系较强。

威克塞尔综合体系的意义主要有以下几点：

(一)开辟了静态条件下的宏观均衡分析和宏观过程分析的新领域。他的宏观均衡分析，后来在缪尔达尔那里得到了更为精确的表述，并发展为动态条件下的均衡分析。他的宏观过程分析后来被奥地利的米塞斯、哈耶克发展为解释经济周期的一种理论。但他本人显然并不认为累积过程理论便是解释经济周期的全部理论。他承认货币价格波动与经济周期有联系，但认为经济周期的主要且充分的原因在于技术进步的时断时续。② 而这一思想可能影响了奥地利的熊彼特。

(二)提出了以稳定物价为目标，以银行自觉调节利息率为特征的宏观货币政策，这一政策构成凯恩斯革命之前西方宏观经济政策的核心。同时，这一政策预示了货币制度由金本位制向管理通货制的过渡。

(三)威克塞尔的分配理论和资本理论中，包含了以后新剑桥学派反对新古典主义边际生产力论的思想萌芽，新剑桥学派代表人物之一帕西尼蒂就指出："在最近技术再转折争论中已显现出来的传统资本理论中一些困难可以追溯到维克塞尔关于资本积累的分析。"③威克塞尔的资本和利息理论，并不是纯粹的边际生产力论，也不是单纯的时差利息论，它似乎是以后一种理论为主体对上述两种理论的一种综合，但实际上又包含着许多不利于这两种理论的论点。④可以说，这是威克塞尔研究中一个尚待深入的领域。

---

① 威克塞尔：《利息与价格》，商务印书馆 1982 年版，"自序"。

② 威克塞尔：《国民经济学讲义》，上海译文出版社 1983 年版，第 390 页。

③ 转引自史晋川：《斯拉法革命》，《复旦大学研究生论文》，1984 年，第 40 页。

④ 参阅乔安·罗宾逊：《资本积累论》，商务印书馆 1965 年版，第 365 页。罗宾逊指出了威克塞尔对庞巴维克资本理论的批判。

（四）威克塞尔用线性齐次的生产函数（它意味着技术系数未必是常数）代替了瓦尔拉斯体系中的固定技术系数的生产函数，从而深化了一般均衡理论。深化的另一方面便是引入了时间因素。

（五）威克塞尔的贡献，除了他具有一般均衡特点的微观经济学和分析物价水平决定机制的宏观经济学之外，还有公共财政方面的观点。

（六）在分析方法上，威克塞尔在静态分析的基础上进一步展开了比较静态分析乃至动态分析，为以后瑞典学派的宏观动态分析奠定了基础。

参考文献

[1]威克塞尔:《国民经济学讲义》,上海译文出版社 1983 年版。

[2]威克塞尔:《利息与价格》,商务印书馆 1982 年版。

[3]缪尔达尔:《货币均衡论》,商务印书馆 1982 年版。

[4]林达尔:《货币和资本理论的研究》,商务印书馆 1982 年版。

[5]史晋川:《斯拉法革命》,《复旦大学研究生论文》,1984 年。

第三十四章　北欧学派的形成与发展

与威克塞尔同一时代,瑞典还有两位著名经济学家,大卫·戴维森和卡尔·古斯塔夫·卡塞尔。他们三位共同奠定了北欧学派的基础。到 20 世纪二三十年代,以缪尔达尔 1927 年的博士论文《价格构成和变化因素》为标志,北欧学派正式形成。北欧学派早期的主要代表为赫克歇尔、缪尔达尔、林达尔、俄林、伦德堡等人。第二次世界大战之后,经济学家林德贝克[1](Assar Lindbeck, 1930—)崭露头角,成为新一代代表人物。

除上述瑞典经济学家之外,著名的挪威经济学家弗里施也是属于这一派的代表人物。北欧学派的主要特点是以一般均衡分析为基础,对封闭经济的宏观总量进行静态和动态分析,对国际贸易进行分析,从而提出了独立于凯恩斯的宏观动态理论和赫克歇尔—俄林定理;并且提出了国家从宏观和收入分配两个方面对经济进行干预的政策主张。

本章主要介绍戴维森和卡塞尔的思想,缪尔达尔、林达尔对威克塞尔理论体系的发展,以及俄林的国际贸易理论。

由于缺乏中文译作,赫克歇尔、弗里施和伦德堡三个人就只能在本章附录中简单介绍。

第一节　戴维森和卡塞尔的经济思想

一、大卫·戴维森

大卫·戴维森[2](David Davidson, 1854—1942),出生于瑞典斯德哥尔摩一

---

① [英]马克·布劳格、保罗·斯特奇斯:《世界重要经济学家辞典》,经济科学出版社 1987 年版,第 386—387 页。

② 《新帕尔格雷夫经济学大辞典》第 1 卷,经济科学出版社 1996 年版,第 811 页。[英]马克·布劳格、保罗·斯特奇斯:《世界重要经济学家辞典》,经济科学出版社 1987 年版,第 139—140 页。

个犹太商人家庭。1881 年起就读于乌普萨拉大学,学习经济学和法学。毕业后一直在大学任教,任乌普萨拉大学教授。1899 年他创办瑞典第一家《经济学杂志》,尔后 40 年间作为所有者和编辑,为瑞典经济学的发展作出了重大贡献。其主要论著有:《资本形成经济规律的理论概括》(1878)、《地租理论史概论》(1880)、《欧洲中央银行》(1886)和《所得税的纳税标准》(1889)等。由于他的论著都用瑞典文发表,这妨碍了外部世界对他思想的理解。

在《资本形成经济规律的理论概括》一文中,戴维森先于庞巴维克,探讨了资本的形成。他认为资本形成的主要原因是收入分配的不平等。在收入不平等的条件下,对于富人来讲,现在物品的增加与将来物品的增加相比,只有更小且下降的效用;因此他们愿意进行储蓄并投资,以形成资本,通过劳动生产率的提高,带来更多数量、种类和价值的将来物品。

1908—1925 年间,戴维森发表了不少关于货币问题的论文,尤其是指出了他朋友威克塞尔关于价格水平稳定性的货币标准在商品短缺条件下是不合适的,从而促使威克塞尔于 1925 年对其货币标准作了修改。

在 1889 年的小册子《所得税的纳税标准》中,戴维森主张放弃瑞典的几种财产税,而主张有单一广泛税基的累进所得税。其税基主要是居民的潜在消费能力,包括居民在一个财政年度中净资产(储蓄、资本收益、遗产)的增加值(不论是否出售),居民在该年度的实际消费支出。由于这种税基需要纳税人提供年度资产负债表和收支平衡表,有不小困难,他转而要求对资本收益征税只限于出售的升值资产,并要求其税率低于对消费指出征收的税率。他的这些税收主张为后来瑞典的税制发展奠定了理论基础。

戴维森是威克塞尔的好友,在威克塞尔进入经济学界的几个关键时刻,他都提供了充分的帮助。

二、卡尔·古斯塔夫·卡塞尔

卡尔·古斯塔夫·卡塞尔[①](Karl Gustav Cassel,1866—1945),出生于瑞典斯德哥尔摩,起先是一位数学家,后来转向经济学。1904 年任斯德哥尔摩大学经济学和财政学教授,并兼任经济系主任。第一次世界大战前后,他以专家身份频繁任职于政府,负责处理铁路运费、税收、国家预算及银行业务等;20 年代他成为国际联盟的货币问题顾问,被公认为是国际金融方面一流的国际权威。其主要论著有:《社会政策》(1902)、《利息的性质和必要性》(1903)、《社会

---

① 《新帕尔格雷夫经济学大辞典》第 1 卷,经济科学出版社 1996 年版,第 407—409 页。[英]马克·布劳格、保罗·斯特奇斯:《世界重要经济学家辞典》,经济科学出版社 1987 年版,第 99—100 页。

经济理论》(1918)、《世界货币问题》(1921)、《1914 年以后的货币和汇率》(1922)、《经济学的基本思想》(1925)、《经济学之数量研究论》(1935)、《金本位的崩溃》(1935)、《凯恩斯的〈通论〉》(1937)等。

（一）经济学的数量性质与次第近似的研究方法

卡塞尔认为，经济学应当是一门数量科学，"经济学本质上常系一数量科学，研究各种数量及其彼此间之关系，研究各种须以数量表示之势力之均衡条件"①。他认为当时经济学界的许多纷争，许多概念的模糊和多意，许多错误见解，都是因为经济学的数学性质未能得到充分认识和充分展示。因此"经济学之应彻底改造为一数量科学，乃今日所急需，实且早应完成者也"②。

为此，卡塞尔提出了加强经济学数学性的六项规定：一是基本概念的定义要统一；二是要从基本概念合乎逻辑地推导出其他概念；三是前提假设要精练，不作不必要的多余假定，以保证结论的在有限范围中的有效性；四是主要应当从经济角度出发定义概念，如"生产的"这一概念就应当从经济角度而不是从技术角度去定义；五是要区分同一个概念在社会经济中与孤立的个人经济中的不同含义；六是概念的数量性质要非常明确并具有可计算性。③ 这六项规定基本是围绕着概念和前提问题，说明他非常重视经济学的概念体系的科学性。

虽然卡塞尔在《经济学之数量研究论》一书中并未运用多少数学工具，但他对于经济学数学性质的强调，使他成为 20 世纪三四十年代经济学方法上的数理革命的有力推手之一。

卡塞尔特别指出当时经济学界比较流行的几个概念的问题。

一个概念是"生产时期"或"平均生产时期"。这个概念由庞巴维克提出，用于表明生产最终消费品所需要花费的时间，并认为资本的作用就是通过延长这个时间（迂回生产）而提高生产效率。卡塞尔认为这个概念尤其是"平均生产时期"这个概念不具有可计量性，因而应当抛弃之。代之以资本—产出系数这一可计量的概念，来衡量资本积累对于经济增长的作用。④

另一个概念是"工资基金"。他认为这个概念只适用于分析个别企业，而无助于分析整个社会经济。⑤

第三个概念是"边际生产力"。一般观念认为可以用边际生产力解释资本

① 凯塞尔（即卡塞尔——本书作者，下同）：《经济学之数量研究论》，商务印书馆 1937 年版，第 1 页。
② 凯塞尔：《经济学之数量研究论》，商务印书馆 1937 年版，原序第 1 页。
③ 凯塞尔：《经济学之数量研究论》，商务印书馆 1937 年版，第 6—10 页。
④ 凯塞尔：《经济学之数量研究论》，商务印书馆 1937 年版，第 12—17 页。
⑤ 凯塞尔：《经济学之数量研究论》，商务印书馆 1937 年版，第 16—17 页。

的利息和土地的地租。卡塞尔认为这个概念要以各种生产要素在生产中的配合比例可以灵活变动这一不现实的假设为前提,因此是错误的。他认为利息和地租都源于资本要素和土地要素的稀缺性,是使用资本和土地的价格,而其大小不能通过边际生产力来说明,只能通过一般均衡的联立方程求解。①

第四个概念是科布-道格拉斯型生产函数 $P = X^u Y^v Z^w$。卡塞尔批评用这个函数来论证边际生产力分配理论,指出这种论证所依靠的两个假设——三个指数都是常数和它们之和等于 1——都不现实。②

第五个概念是"绝对价值"。他认为一切价格都是相对价格,"经济科学自始即应认明,一物之价值,唯与他物发生关系时,始能成立:乃是两物间一实际或明晰之交换比例也。"③而绝对价值无法衡量,因此必须抛弃之。

第六个概念是"中立货币"。他认为这是一种幻想,因为货币变动如果引起一般物价变化,势必影响整个经济。④

第七个概念是马尔萨斯人口定律。他指出这个所谓的定律与现代文明的真实情况相距太远。⑤

在经济学的研究方法上,卡塞尔强调"次第近似"方法,就是首先从最简单最抽象的情况入手进行分析,然后逐步增加现实中的复杂因素,使分析一点点逼近现实。⑥ 他强调演绎方法,反对没有理论指导下的资料收集,及从中归纳出结论。⑦

(二)一般均衡的简化模型与价值无用论

卡塞尔对瓦尔拉斯考虑生产时的均衡方程组进行了简化。与瓦尔拉斯不同的是他假定生产要素服务的供给是既定常量,而瓦尔拉斯则把它看作是取决于产品和服务的价格的变量。除了要素服务的供给之外,卡塞尔方程组体系中的既定因素还有两项,技术系数和需求函数函数形式。⑧ 未知变量是 n 种产品的需求量($N_1, N_2, \cdots, N_n$)和供给量($A_1, A_2, \cdots, A_n$),n 种产品的价格(P_1,

---

① 凯塞尔:《经济学之数量研究论》,商务印书馆 1937 年版,第 21—23,41,99—101,127,129 页。

② 凯塞尔:《经济学之数量研究论》,商务印书馆 1937 年版,第 97—98,102—104,106—107 页。

③ 凯塞尔:《经济学之数量研究论》,商务印书馆 1937 年版,第 26 页。

④ 凯塞尔:《经济学之数量研究论》,商务印书馆 1937 年版,第 34 页。

⑤ 凯塞尔:《经济学之数量研究论》,商务印书馆 1937 年版,第 119—120 页。

⑥ 凯塞尔:《经济学之数量研究论》,商务印书馆 1937 年版,第 73—76 页。

⑦ 凯塞尔:《经济学之数量研究论》,商务印书馆 1937 年版,第 75 页。

⑧ 凯塞尔:《经济学之数量研究论》,商务印书馆 1937 年版,第 121—134 页。

$P_2, \cdots, P_n$), m 种要素服务的价格($q_1, q_2, \cdots, q_M$)。他的方程组体系包括下述四套方程：

(1) $a_{11}q_1 + a_{21}q_2 + a_{31}q_3 + \cdots + a_{M1}q_M = p_1$

　　$a_{12}q_1 + a_{22}q_2 + a_{32}q_3 + \cdots + a_{M2}q_M = p_2$

　　……

　　$a_{1n}q_1 + a_{2n}q_2 + a_{3n}q_3 + \cdots + a_{Mn}q_M = p_n$

式中，a_{ij} 为技术系数，表明一单位 j 产品所消耗的第 I 种要素服务量。该式表示产品价格等于生产费用。

(2) $N_1 = F_1(P_1, P_2, P_3, \cdots, P_n)$

　　$N2 = F_2(P_1, P_2, P_3, \cdots, P_n)$

　　……

　　$N_n = F_n(P_1, P_2, P_3, \cdots, P_n)$

式中，F_k 表示第 k 种产品的需求函数的形式，该式表示产品需求是产品价格的函数。

(3) $N_1 = A_1, N_2 = A_2, \cdots, N_n = A_n$

该式表示均衡时各种产品的供求相等。

(4) $R_1 = a_{11}A_1 + a_{12}A_2 + \cdots + a_{1n}A_n$

　　$R_2 = a_{21}A_1 + a_{22}A_2 + \cdots + a_{2n}A_n$

　　……

　　$R_M = a_{M1}A_1 + a_{M2}A_2 + \cdots + a_{Mn}A_n$

式中，R_h 为第 h 种要素服务的数量。该式表示要素服务的供求相等。上述四个方程组共有方式 $3n + m$ 个，而未知量也恰好是这个数字，故该体系有确定解。[①] 这一简化的方程组，得到后人广泛的传播和运用，被称作瓦尔拉斯-卡塞尔均衡模型。

根据这一体系，卡塞尔认为产品的价格实际上取决于体系中的三个既定因素：需求函数形式、技术系数和要素服务的既定供给。前一因素带有主观性质，而后两个因素则带有客观性质。于是他认为产品的价格是由主观因素和客观因素共同决定的。"因此，就力图把价格归结为一个客观因素或主观因素的理论的意义来说，'客观的'或'主观的'价值学说都是毫无意义的。因此，这些价值学说之间的全部论争，在文献中如此不相称地占了浩繁的篇幅。只不过是白费力气而已"[②]。

---

① 卡塞尔方程组转引自布留明：《政治经济学中的主观学派》下卷，人民出版社 1983 年版，第 453—454 页。转引时有改动。

② 转引自布留明：《政治经济学中的主观学派》下卷，人民出版社 1983 年版，第 464 页。

卡塞尔还进一步认为,抽象掉价格决定问题的价值理论是无用的、无意义的。因为实际上交换经济从一开始就必然是货币经济,所以研究交换就是要研究价格的形成,而抽象掉货币因素的价值理论,无论是古典经济学的具有客观意义的,还是边际效用论者的具有主观意义的,都是无用的。这种价值理论对于经济科学实在是毫无意义的。"吾人知实际生活中,在无数交换关系间,不以'价值'计算,而作普通价格之计算,各方甚感便利;故经济科学亦当放弃全部所谓'价值论',开宗明旨即解释价格论矣。"①这种价值理论无用论,使卡塞尔名噪一时。

(三)经济周期理论与政策主张

卡塞尔不认为经济萧条的原因是储蓄过度导致的有效需求不足。②他认为储蓄自会转化为投资,"故储蓄决不截去市场上之购买力。储蓄之创造有效购买力也与消费正无稍异。社会储蓄之总额,购买进款(指国民收入——本书作者)时期内实际资本所增加之产物"③。他认为储蓄过度论有否定整个资本主义私人企业制度之嫌。④

卡塞尔认为商业循环的根本原因是经济进步与资源稀缺之间的冲突,而有缺陷的货币制度会扩大循环波动。⑤他强调短期物价水平的波动"与黄金供给无关,纯由银行所创支付工具——即钞票与存款——供给之多寡,及其使用之强弱所造成"⑥。

卡塞尔认为30年代经济萧条的真正根源是私人经济活动萎缩,而这又是因为银行的货币政策出了问题,在实际利率下行之后没有及时调低货币利率,于是"人民相率偿还银行债款,支付工具之供给遂感不足。支付工具之供给不足,引起物价之普遍跌落;质言之,通货紧缩之程序开始矣"。而物价一旦下跌,货币购买力立升。这就刺激人们增加储蓄保有货币,以待物价进一步下跌。而经济萧条中,资本品生产的下降远甚于消费品生产。按照这种分析,他反对减少储蓄的政策措施,而是主张增加储蓄以增加资金供给,以降低利率,刺激资本品生产。"继续储蓄乃经济复兴一不可少之条件。故彼欲节制储蓄或蔑视其社会经济价值以谋克服产业萧条,是直南辕而北其辙也。"⑦同时,他反对用公共工

---

① 凯塞尔:《经济学之数量研究论》,商务印书馆1937年版,第29页。
② 凯塞尔:《经济学之数量研究论》,商务印书馆1937年版,第51页。
③ 凯塞尔:《经济学之数量研究论》,商务印书馆1937年版,第58页。
④ 凯塞尔:《经济学之数量研究论》,商务印书馆1937年版,第55页。
⑤ 凯塞尔:《经济学之数量研究论》,商务印书馆1937年版,第81—82页。
⑥ 凯塞尔:《经济学之数量研究论》,商务印书馆1937年版,第88页。
⑦ 凯塞尔:《经济学之数量研究论》,商务印书馆1937年版,第52页。

程来解决经济萧条,认为这就使得私人企业愈加不振。他也反对政府援助困难的私人企业,认为这将破坏竞争。[1] 总之,他主张依靠市场的力量,反对政府干预,尤其反对公共工程这类财政措施。他认为克服经济萧条只能依靠货币手段和市场机制本身,反对政府对于经济生活的粗暴干预。[2]

卡塞尔强调货币政策的目标是稳定一般物价水平。至于一般物价水平的概念,他以为生活费用指数比批发物价指数更能够反映公众实际购买力的变化。[3] 而一般物价水平的变化究竟是由货币因素引起还是商品方面生产率的变化引起,他以 1850—1910 年间的情况说明,一般物价水平的变化主要源于货币因素。[4] 因此,稳定物价的手段主要是恢复金本位制,并稳定黄金价格,同时由银行实行灵活的信用措施以缓和商业循环。[5] 他认为若货币政策不能稳定物价,会"使整个经济组织为之纷扰不安"[6]。

(四)购买力平价说

卡塞尔对西方经济学的另一贡献,是在第一次世界大战期间各国纷纷中止金本位制之后,于 1918 年提出了汇率决定的购买力平价说。[7] 该理论的要点早已为李嘉图所表述,但对它的系统说明当属卡塞尔。该理论的基本点是说,在自由贸易和运费为零这两个条件下,当用某种共同货币来表示时,一国的价格必等于另一国的价格,或者说两国货币的汇率将等于两国物价水平之比。设 γ 为以 A 国货币表示的 B 国货币价格,P_A、P_B 分别为两国的物价水平,则购买力平价说可以下式表达之:$\gamma = P_A/P_B$。该理论主要用于说明废除金本位制以后,各国出现不同程度的通货膨胀时的汇率决定。

第二节 缪尔达尔对威克塞尔理论体系的发展

冈纳·缪尔达尔[8](Gunnar Myrdal,1898—1987),出生于瑞典古斯塔夫教

---

[1] 凯塞尔:《经济学之数量研究论》,商务印书馆 1937 年版,第 70—71 页。
[2] 凯塞尔:《经济学之数量研究论》,商务印书馆 1937 年版,第 72 页。
[3] 凯塞尔:《经济学之数量研究论》,商务印书馆 1937 年版,第 43—44 页。
[4] 凯塞尔:《经济学之数量研究论》,商务印书馆 1937 年版,第 46—48 页。
[5] 凯塞尔:《经济学之数量研究论》,商务印书馆 1937 年版,第 32 页。
[6] 凯塞尔:《经济学之数量研究论》,商务印书馆 1937 年版,第 34 页。
[7] 凯塞尔:《经济学之数量研究论》,商务印书馆 1937 年版,第 140 页。
[8] 《新帕尔格雷夫经济学大辞典》第 3 卷,经济科学出版社 1996 年版,第 623—626 页。
[英]马克·布劳格、保罗·斯特奇斯:《世界重要经济学家辞典》,经济科学出版社 1987 年版,第 462—463 页。

区。1923 年毕业于斯德哥尔摩大学法学院,1927 年获斯德哥尔摩大学法学、经济学博士,担任该校政治经济学讲师,1925—1927 年留学德国和英国,1929—1930 年作为洛克菲勒基金资助的学者访问美国进行学术研究。1931—1932 年任日内瓦国际研究生院副教授,1933—1939 年任斯德哥尔摩大学拉尔斯·希尔塔讲座政治经济学教授。1932 年被社会民主党政府任命为新成立的住房与人口委员会委员,1934—1936 年、1942—1946 年被选为瑞典国会参议员;1938 年受纽约卡纳基公司委托,赴美研究美国黑人问题。1945—1947 年任瑞典战后计划委员会主席、瑞典商务部长;1947—1957 年任联合国欧洲经济委员会执行秘书;1957 年受 20 世纪基金会委托,对南亚和东南亚 11 国的经济政治问题进行了长期研究。1961 年任斯德哥尔摩大学国际经济研究所所长;1961—1965 年任斯德哥尔摩大学国际经济学教授;1962 年任斯德哥尔摩国际和平研究所理事会理事长。1974—1975 年任纽约市立大学杰出客座教授。1974 年与哈耶克同时荣获诺贝尔经济学奖金,此外他还获得 30 多项荣誉称号,是瑞典皇家科学院、英国科学院、美国艺术科学院的院士,经济计量学会会员,美国经济学会名誉会员。其主要论著有:《经济理论发展的政治因素》(1930)、《货币均衡论》(1931,有中译本)、《进退维谷的美国》(1944)、《经济理论发展中的政治因素》(1953)、《国际经济学》(1956)、《经济理论和不发达地区》(1957)、《富裕国家和贫困国家》(1957)、《超越福利国家》(1960)、《对富裕的挑战》(1962)、《亚洲的戏剧:各国贫困考察》(1968)和《世界贫困的挑战:世界反贫困计划纲要》(1972)等。下面主要介绍缪尔达尔 20 世纪 30 年代《货币均衡论》一书的思想。

一、货币均衡的条件

缪尔达尔在 20 世纪 30 年代主要是研究宏观经济,40 年代以后开始研究不发达国家问题和经济制度,成为一名制度经济学家。本节根据他的《货币均衡论》一书,介绍他作为宏观经济学家时对威克塞尔经济思想的发展。

威克塞尔建立宏观经济理论的主要目标是通过分析利率与物价的关系,说明物价水平(货币价值)的决定和变化,挽救货币数量论。这一理论可分为有着内在联系的两部分:货币价值均衡的条件;物价水平变化的特征(即累积过程理论)。第二部分是以第一部分为基础的。但他显然更偏重于第二部分,所以人们通常把他的理论称之为累积过程理论。

缪尔达尔的主要贡献在于:(1)突出强调了威克塞尔宏观理论中第一部分内容的重要地位和基础性质。(2)对这部分内容进行了重大改造,经过这番改造,原先表述不清的变清楚了,原先错误的被剔除了。更重要的是,这部分内容由原先主要用于说明静态条件下币值均衡条件的理论,转变为说明动态条件

（技术进步、资源积累）下宏观经济均衡条件的理论。虽然他的书名是《货币均衡论》，但其内容之一恰恰是说明动态条件下当宏观经济均衡时，物价未必是稳定的，即币值未必是均衡的。（3）在改造过程中所提出的一系列概念，如事先、事后、静态、动态、时点、时期、预期、风险等，为以后宏观经济科学的发展提供了有效的分析工具。

缪尔达尔认为，威克塞尔理论的主要内容是说明，若经济体系偏离了均衡，累积过程便会在这一方向或那一方向开始。因此，"货币均衡的概念在全部威克塞尔货币理论中占有极重要的地位"①。关于货币均衡的条件，威克塞尔在《利息与价格》一书中谈到两条：（1）货币利率等于自然利率；（2）物价稳定。在《国民经济学讲义》一书中又增加了一条：总供求相等。这三个条件在威克塞尔那儿是有一定的逻辑顺序的。作为基础的是第一个条件，由它保证了供求的相等这一条件，而这一条件又保证了物价的稳定。所以物价稳定这一条件是依存于前两个条件，归根结底依存于第一个条件的。但另一方面，三个条件中只有物价稳定这一条件才具有可观察性，因此威克塞尔特别注意分析这一条件，并主张银行要根据这一条件是否满足来制定利率政策，保证第一个条件的实现。

缪尔达尔根据林达尔的意见，②把威克塞尔的总供求相等这一条件，转述为储蓄与投资相等这一条件。这样，他就清楚地把威克塞尔关于货币均衡的条件概括为三条：（1）货币利率等于自然利率；（2）储蓄等于投资；（3）物价水平稳定不变。然后，他对于这三个条件的含义及相互关系进行详尽的分析。

缪尔达尔首先分析了第一个条件，在这一条件中，他认为自然利率作为一种摆脱任何货币因素的纯粹实物意义上的概念，是难以捉摸的。在现实的货币经济中，不存在这种纯实物意义上的自然利率。同时，决定企业家投资行为的也不是这种难以捉摸的自然利率，而是投资的收益率。他进一步运用"时点"、"时期"和"事前"、"事后"这两对概念，区分了事后的投资收益率和事前的投资收益率。前者是指已经过去的一段时期的会计意义上的收益率。后者则是指在当前这一时点上，对未来一段时期的预期的收益和成本进行贴现之后所得到的收益率。由于它带有预期性质，所以它包含了企业家们对风险和不确定性的估计和态度。他认为企业家正是通过这种事前的预期的投资收益率与货币利率的比较，决定是否投资。于是威克塞尔第一个均衡条件中的自然利率就应当被事前的预期的投资收益率所代替，均衡条件应当表述为货币利率与所有企业预期的投资收益率相等，即：

---

① 缪尔达尔：《货币均衡论》，商务印书馆 1982 年版，第 31 页。
② 缪尔达尔：《货币均衡论》，商务印书馆 1982 年版，第 24—25 页。

$$i(=e/c) = y(=e/r)$$

式中，i 为货币利率；e 为预期的投资收益；c 为资本价值；y 为预期投资收益率；r 为带来收益 e 的资本的再生产成本。

缪尔达尔进一步指出，实际生活中并不存在着单一的货币利率 i，它实际上是各种具体的信用条件在理论上的抽象代表。同时预期的投资收益由于在很大程度上取决于企业家的预期，所以也难以计算，故上述均衡条件最好表述为：

$$c = r$$

即"现有实际资本的资本价值与它的再生成本二者均等的条件"[①]。这一表述，避开了难以把握的货币利率和预期收益率，但资本价值这概念综合反映了以货币利率为代表的各种信用条件，以及未来的预期收益。

缪尔达尔再进一步指出，$i = y$ 或 $c = r$ 这一条件，从另一角度来看，就是说利润为零。因此，这一条件只有在不存在技术进步、不存由新投资形成资本积累的静态条件下，才是货币均衡的基本条件。而在技术进步和资本积累的动态条件下，它不可能再成为货币均衡的基本条件。这时，基本的条件将是第二个条件：投资等于储蓄。

缪尔达尔认为，威克塞尔理论中隐含的基本论点是强调投资并非任何时候都恒等于储蓄，但他本人并未明确讲清这一点；相反，他常把储蓄描绘成把生产要素从消费财货生产转移到实际资本生产上。这种含义的储蓄是不可能有别于投资的。同时，从事后的观点来看，以往发生的储蓄和投资也总是相等的。因此，与第二个均衡条件有关的是事先的与预期有关的意愿投资和意愿储蓄。前者是指将要进行的资本积累，后者则是指收入中未用于消费的部分，或者说是对于企业家而言的可自由处理的资本。这两者不像事后会计意义上的储蓄和投资，并不会必然恒等。考虑到动态条件下难以准确区分总投资中的重置部分和新投资，所以威克塞尔的第二个均衡条件就是"如果货币利率能使实际投资总额与储蓄加上实际资本预期价值变动总额（即是加上现有实际资本的预期减少的价值，减去它预期增加的价值）二者相等，这种货币利率就是正常的"[②]。用公式表示即为：

$$R_2 = W = (S + D)$$

式中，R_2 为实际投资总额，包括新投资和重置投资，它取决于各企业的预期利润状况。S 为储蓄，D 为折旧减去实际资本的增值。W 为 S 与 D 之和，表示对企业家而言的自由资本。他把这一公式称作基本均衡条件。

---

① 缪尔达尔：《货币均衡论》，商务印书馆 1982 年版，第 63 页。

② 缪尔达尔：《货币均衡论》，商务印书馆 1982 年版，第 84—85 页。

依据上述公式,缪尔达尔对威克塞尔的第三个均衡条件进行了分析,他认为在动态条件下,物价水平的稳定并不像威克塞尔所强调的那样是货币均衡的必要条件。不论物价水平向哪方面变化,变化幅度多大,变化是否被预期,只要它不使 $R_2 = W$ 不再成立,那么货币均衡就仍然保持。也就是说,$R_2 = W$ 所维持的均衡并不要求物价水平的稳定不变,而是可以和若干种不同的物价水平相适应。另一方面,基本均衡条件虽然与物价水平不相干,但却依存于若干重要的相对价格关系:制成品的价格、进入实际资本生产成本的要素价格、使用价格、营业费用等等之间的关系。

缪尔达尔认为,虽然货币均衡并不一定要求物价或消费品价格指数保持稳定,但它对物价还是有一定要求的。他谈到,各种产品的价格由于契约关系、垄断因素等,具有不同程度的刚性;同时,不同产品的价格变化对于企业家的投资决策的影响也不相同。由于这两个因素,一方面使得物价水平稳定与否不再成为判断货币均衡与否的标准;但另一方面,货币均衡要求一种特殊的价格指数具有尽可能大的稳定性,这种价格指数是根据各种产品的价格刚性程度和价格变动对企业投资决策的影响程度进行加权的一种价格指数。

通过对威克塞尔三个均衡条件的上述分析,缪尔达尔的结论是:第二个均衡条件是货币均衡的基本条件,但这一条件的实现是货币利率和计划投资的收益率相对变化的结果。因此,经过必不可少的修订后的第一个均衡条件虽然不再是均衡的基本条件,但却是第二个均衡条件必不可少的补充,至于第三个均衡条件,则完全是错误的。

二、预期变动和储蓄变动对均衡的影响

缪尔达尔运用货币均衡的基本关系式 $R_2 = W = (S+D)$,分别考察了因货币利率、预期和储蓄变动而造成的失衡现象。货币利率变动的影响已为威克塞尔所详尽考察,但预期和储蓄变动的影响则为他所忽略。对这两个因素变动的影响的考察是缪尔达尔的新贡献。

缪尔达尔假定在货币利率不变时企业家对实际资本的未来收益产生了更乐观的预期,这意味着预期利润的增加。这种预期将导致投资 R_2 的增加。另一方面,这种预期将导致资本价值增加,这既使资本收入增加从而储蓄 S 作同额增加(假定消费支出不变),又使折旧减少资本增值的余额 D 发生同量的减少,因此将使得 W 保持不变,即可自由支配的资本不变,结果 R_2 大于 W,发生向上的威克塞尔累积过程。若消费支出在资本收入增加时也出现增长,则 W 将减少,仍将发生向上的累积过程。

缪尔达尔认为,若货币利率维持不变,而储蓄增加了,则由于投资 R_2 未因

货币利率的下降而增加,相反还会出现下降。这是因为储蓄增加引起消费减少,消费品价格下降,再引起企业家悲观预期降低预期利润。结果便出现 $R_2 < W$ 的现象,引发向下的威克塞尔累积过程。在这种情况下,只有银行因储蓄增加而降低货币利率来抵消储蓄增加造成的投资 R_2 的下降,才可能使 R_2 与 W 之间重建平衡。但是在这种情况下,银行很可能因顾虑到企业的清偿能力而不愿降低货币利率放宽信用,结果累积过程便不能终止。

三、劳动市场垄断条件下的货币均衡

分析垄断条件下货币的均衡与失衡,是缪尔达尔对威克塞尔体系的又一发展。他认为,威克塞尔体系是以排除经济中的垄断因素为分析前提的。因此,一旦把垄断因素考虑进去,则将会给出一些新的结论。他把垄断定义为物品或生产要素的价格被长期维持在不能扫清市场的水平上。这种垄断现象在劳动市场上是非常典型的,而对于其他市场也有重要意义。因此他着重分析了劳动市场中的垄断对于货币均衡和失衡的影响。

缪尔达尔假定:(1)工资对于因货币政策而引起的变化反应不灵敏即工资带有粘性,但其他价格是灵活的。(2)劳动市场垄断因素仅存在于供给一方,故工资受到供方垄断的影响。(3)初始状况是货币均衡,且货币政策唯一目标是维持均衡。(4)失业为零。(5)唯一的初始变动是工人要求提高工资。在上述五点假定下,若进一步假定所有物品的预期价格都随工资的增加而立即增加,则结果将是随着工资的增加而立即出现一个物价的全面上涨。由于失业假定为零,则工人将再次要求增加工资,物价将再次全面上涨,出现一个物价—工资持续轮番上涨的过程,但这个过程并不类同于威克塞尔的累积过程。因为在这个过程中,货币均衡自始至终保持着。这说明,在上面的假定下,物价的上涨并不是货币失衡的结果。

若物品的预期价格并不会随工资增加而全部立即增加,货币利率也没有下调,则工资增加的结果将出现货币失衡,产生向下的威克塞尔累积过程。在这一过程中,工资因垄断的作用而不会充分下降,于是将出现失业的增加。这时,若降低货币利率,诱使其他价格追随工资的上升而上升,则新的货币均衡将建立起来。在建立这一新的均衡的过程中,因为并不存在着压低工资的力量,故新的均衡下工资将因垄断因素的作用而保持较高的水平。从而其他价格也比旧均衡时为高,同时存在着失业现象。

若其他假定不变,只是劳动市场上的垄断因素仅存在于需求一方,则企业家压低工资的初始变动在预期完全的情况下将出现物价的持续下降局面,但货币均衡始终维持。在预期不完全且货币利率不变的情况下将出现货币失衡,出

现向上的威克塞尔累积过程。这一过程只能通过提高货币利率才能终止。在新的货币均衡建立后,工资由于垄断(需求一方)因素仍将较低,同时企业家对劳动的需求在此种工资水平下并未充分满足。

根据上述分析,缪尔达尔得出结论,在垄断条件下,"货币均衡只能在同时存有某些商品和劳务的供给和需求之间某种差异的情况下,才能维持。更详细地说:这些差异的大小必须正好足够满足供给和需求的垄断条件"①。当这种差异表现为劳动市场中的失业时,"货币政策必须根据这种失业来决定,否则,其结果不是一个经常不变的货币均衡以及整个价格体系不终止地向上平行移动,便是一个背离均衡向下发展的威克塞尔的过程"②。上述结论表明,他已经意识到在垄断条件下,宏观经济均衡要以微观的非均衡为条件,意识到非充分就业均衡的可能性。在这一点上,他与后来凯恩斯的区别仅仅在于他把非充分就业均衡看作是劳工市场上供方垄断的结果。而后者则归咎于有效需求不足。上述结论还表明,他已经意识到,货币政策的目标若是消除与劳动市场的供方垄断相适应的失业,结果将可能导致通货膨胀。这与今天货币主义者用自然失业率和扩张性货币政策来解释通货膨胀有惊人的相似之处。

四、政策主张

在政策主张方面,缪尔达尔对威克塞尔的发展主要有如下几点:(1)强调理论分析中的货币利率在现实中是不存在的,现实中"只有各种信用条件的不同的体系"。因此在确定货币政策时,需要考虑"在一定情况下对实现货币均衡有同等影响的各种不同利率的各种组合,和利率与其他信用条件的各种组合"③。这些组合虽然在实现货币均衡这一目标方面是无区别的,但对于实际投资的方向及收入分配,则具有不同影响。这意味着银行当局在调节货币利率时,必须对一系列无区别的信用条件组合加以选择,以兼顾其他目标。(2)强调货币政策并非万能,它的功效取决于其他方面的政策,因此货币政策必须与其他政策相协调。(3)货币政策的目标应当是通过维持货币均衡来缓和(但绝不是消除)经济波动。因为经济波动的根源不在于经济的货币方面,而在于经济的实际方面。货币失衡只是加剧但绝不是制造波动。但在缓和经济波动时,不能像威克塞尔那样以稳定物价为目标,因为前面的分析已经说明稳定的物价与货币均衡之间并无必然联系。但若能在维持货币均衡的前提下尽可能稳定物价,仍是有意义的,这有助于企业家们形成稳定的预期,从而有助于减小经济波动的幅度。

---

① 缪尔达尔:《货币均衡论》,商务印书馆 1982 年版,第 128 页。
② 缪尔达尔:《货币均衡论》,商务印书馆 1982 年版,第 126 页。
③ 缪尔达尔:《货币均衡论》,商务印书馆 1982 年版,第 132 页。

第三节　林达尔对威克塞尔理论体系的发展

埃里克·罗伯特·林达尔①(Erik Robert Lindahl,1891—1960),出生于瑞典斯德哥尔摩。1919 年获隆德大学博士学位,1932 年任哥德堡大学教授,1939—1958 年任隆德大学教授。他还兼任瑞典中央银行顾问。其主要论著有:《公平税收》(1919)、《税收理论中的几个争论问题》(1928)、《货币政策的范围及手段》(1929)和《货币和资本理论的研究》(1929—1939,有中译本)。本节主要介绍《公平税收》和《货币和资本理论的研究》两书中的思想。前一本书是他的博士论文,后一本书由三部分相互独立的篇章组成,其中第三篇《资本在物价理论中的地位》发表时间最早,为 1929 年,其内容主要是把瓦尔拉斯-卡塞尔一般均衡理论与庞巴维克-威克塞尔资本理论结合起来,分析资本更新和资本形成条件下的价格决定。从今天眼光来看这是林达尔在微观方面对威克塞尔体系的发展。第二篇《利息率和物价水平》发表于 1930 年,其内容主要是在宏观方面对威克塞尔体系的发展。第一篇《动态理论研究》是该书发表时才公开印行,其内容主要是对以往经济学家运用均衡方法分析动态过程表示异议,主张运用事前—事后方法分析动态过程。这是一篇侧重探讨分析经济动态过程的方法的论文。

一、公平税收的条件

林达尔 1919 发表的《公平税收》一文对于公共经济学具有开创性贡献,其基本观点是运用边际分析方法,分析了人们对于公共物品的需求和供给。文中提出了关于公共物品的林达尔均衡概念,即均衡时每个人需要的公共物品在数量上相同,且该数量公共物品的供给所需要的费用正好等于每个人按照该公共物品带给自己的边际效用所愿意支付的价格之和。由此推导出来的一个结论是,社会对公共物品的需求曲线是由每个人的需求曲线垂直叠加形成,与之相对照的是社会对私人物品的需求曲线是由每个人需求曲线水平相加形成。另一个结论就是每个人分摊到的费用应当与其得到的边际收益成比例。于是,政府的问题就是如何确定公共物品的最优供应量,以及如何把该供应量所需的费用按照每个人从该公共物品获得的边际收益分摊给每个人。

----

① 《新帕尔格雷夫经济学大辞典》第 3 卷,经济科学出版社 1996 年版,第 211—219 页。[英]马克·布劳格、保罗·斯特奇斯:《世界重要经济学家辞典》,经济科学出版社 1987 年版,第 385—386 页。

林达尔均衡虽然只是一种局部均衡,但其理论意义重大,是研究公共物品供给、政府支出、政府税收、外部性等问题的出发点。

二、资本更新与新资本形成条件下的价格决定

林达尔认为,瓦尔拉斯虽然在《纯粹经济学要义》第 24 章中建立了考虑到资本形成的一般均衡模型,但"他把生产资料的更换比率看作已知数,因此也把生产资料的经用时间当作已知数。这样,他排除了研究投资期间与利息率的重要关系的可能性"[1]。这就是说,瓦尔拉斯忽略了生产的迂回程度对利息率的依存关系。

威克塞尔考虑了资本存量一定时生产和交换的一般均衡问题,也考虑了资本形成中利息率对投资期间的影响,但没有建立起包括资本形成的一般均衡模型,于是林达尔便把瓦尔拉斯-卡塞尔的一般均衡理论与庞巴维克-威克塞尔关于资本形成中利率对投资期间影响的理论加以综合,从而使威克塞尔体系的微观部分的两方面内容结合了起来。

林达尔首先提出了五点基本假设:(1)人人对本期中的有关价格都有充分认识。(2)企业家都追求利润最大化,消费者都追求满足最大化。(3)生产要素和产品具有完全的流动性。(4)规模报酬不变。(5)不存在垄断因素。

在上述基本前提下,第一步,林达尔用五套方程组表达了不存在资本更新和新资本形成时的瓦尔拉斯-卡塞尔一般均衡体系:

(1)$y^s = F^s(\pi^1, \pi^2, \cdots, \pi^n; p^1, p^2, \cdots, p^M)$　$s = 1, 2, \cdots, n$

(2)$x^r = F^r(\pi^1, \pi^2, \cdots, \pi^n; p^1, p^2, \cdots, p^M)$　$r = 2, 3, \cdots, m$

(3)$y^{sr}/x^r = F^{sr}(\pi^1, \pi^2, \cdots, \pi^n)$　$s = 1, 2, \cdots, n; r = 2, 3, \cdots, m$

(4)$p^r x^r = \sum_s^n = 1\pi^s y^{sr}$；　$r = 1, 2, \cdots, m$

(5)$y^s = \sum_{r=1}^M y^{sr}$；　$s = 1, 2, \cdots, n$

$x^1 \cdots x^M$,为 m 种产品和服务各自的需求。$p^1 \cdots p^M$ 为上述产品和服务的价格,$y^1 \cdots y^n$ 为 n 种生产性服务各自的供给量。$\pi^1 \cdots \pi^n$ 为 n 种生产性服务各自的价格。y^{sr} 为制造 x^r 所使用的 y^s 的总量。y^{sr}/x^r 为技术系数,有 mn 个。

该体系与瓦尔拉斯-卡塞尔同类体系的差别在于把技术系数看作是生产性服务的价格的函数,而不再是常数。该体系有 $2m + 2n + mn$ 个未知数,令 $p^1 = 1$,则剩下 $2m + 2n + mn - 1$ 个未知数;有 $2m + 2n + mn - 1$ 个独立方程式,故体系有解。

第二步,林达尔分析了存在着资本品更新但不存在新资本形成时的一般均

---

[1]　林达尔:《货币和资本理论的研究》,商务印书馆 1982 年版,第 228 页。

衡问题。在前述五点基本假设下,他又增加了下述假设前提:(1) 对未来的完全预期,即人们对未来经济状况都有完全的知识,以致他们的行动恰恰导致他们预期的结果。(2) 社会处于静止状态,即生产性服务的供给函数、消费品需求函数、技术系数的函数以及资本存量都保持不变。(3) 生产需要时间,即某一期所用的生产设备,往往是在以前几期开始建造的,而且迂回的生产具有更大的生产力,而迂回程度则与利率有关。

在上述补充假设下,林达尔进一步把生产设备分为永久的和非永久的,他把非永久的生产设备所提供的服务用生产这个设备时所投入的原始要素的服务来表示,若生产该设备的原始服务来自不同时期,则逐期的原始服务都可看成是单独的投资,于是便可把一件生产设备看作是"一束"单独投资,资本品便可按威克塞尔的意见看作是储积起来的劳动和土地的服务。

林达尔用下述七套方程组表达了资本更新条件下的一般均衡:

(1) $y^s = F^s(\pi^1, \pi^2, \cdots, \pi^n; p^1, p^2, \cdots, p^M; i)$ $s = 1, 2, \cdots, n$

(2) $x^r = F^r(\pi^1, \pi^2, \cdots, \pi^n; p^1, p^2, \cdots, p^M; i)$ $r = 2, \cdots, m$

(3) $y^{sr}/x^r = F^{sr}(\pi^1, \pi^2, \cdots, \pi^n; i)$ $s = 1, 2\cdots, n; r = 1, 2, \cdots, m$

     $y_T^{sr}/x^r = F_T^{sr}(\pi^1, \pi^2, \cdots, \pi^n; i)$ $s = 1, 2, \cdots, n; r = 1, 2, \cdots, m;$

                                $T = -1, -2, \cdots, u$

(4) $p^r x^r = \sum_{s=1}^n \pi^s [y^{sr} + y_{-1}^{sr}(1+i) + y_{-2}^{sr}(1+i)^2 + \cdots + y_{-u}^{sr}(1+i)^u]$

                                         $r = 1, 2, \cdots, m$

(5) $y^s = \sum_{r=1}^M (y^{sr} + y_{-1}^{sr} + y_{-2}^{sr} + \cdots + y_{-u}^{sr})$ $s = 1, 2, \cdots, n$

(6) $y_{-1}^s = \sum_{-1}^M (y_{-1}^{sr} + y_{-2}^{sr} + y_{-3}^{sr} + \cdots + y_{-u}^{sr})$ $s = 1, 2, \cdots, n$

     $y_{-2}^s = \sum_{-1}^M (y_{-2}^{sr} + y_{-3}^{sr} + y_{-4}^{sr} + \cdots + y_{-u}^{sr})$ $s = 1, 2, \cdots, n$

     ……

     $y_{-u}^s = \sum_{-1}^M y_{-u}^{sr}$ $s = 1, 2, \cdots, n$

(7) $\sum_{s=1}^n \pi^s y^s (1+i)^\tau$

     $= \sum_{s=1}^n \pi^s \sum_{r=1}^M [y^{sr} + y_{-1}^{sr}(1+i) + y_{-2}^{sr}(1+i)^2 + \cdots + y_{-u}^{sr}(1+i)^u]$

其中新出现的符号,i 为利率;$y_{-1}^s, y_{-2}^s, \cdots, y_{-u}^s$ 分别为以往前一期、前二期、……前 u 期储积起来的,投入到本期第 r 种产品生产中的第 s 种生产服务量。其中第(1)、(2)套方程组分别表示 n 种生产性服务的供给和 m 种产品的需求,都是生产性服务的价格、产品价格,以及利率的函数。第(3)套方程表示本期和以往前一期、前二期、……前 u 期的技术系数是生产性服务的价格以及利率的函数。第(4)套方程表示某种产品的价格均衡时将等于其成本,成本中包括按复利计算的以前各期原始服务的价格。第(5)、(6)套方程组表示本期和以往前一期、前二期、……前 u 期的生产性服务的供需平衡,表明任何一个时期积存下来的用于本期产品生产的服务的总量(等式右端),必须和该期所供给的服务量相平衡。这意味着任一期的生产性服务,不仅要有一部分用于直接生产产品,还要有一部分补偿以往各期储存下来(以资本品形式)的用于本期产品生产的生产性服务。第(7)个方程左端的指数 τ 代表投资的平均期间,它是各种期间的投资的加权平均值。该式通过第(4)套方程组可变形为 $\sum_{s=1}^{n} \pi^s y^s (1+i)^{\tau} = \sum_{r=1}^{M} p^r x^r$,表示只存在资本更新的静态社会中,一个社会的消费等于它的收入。

上述七套方程共有方程式 $2m + 2n + mn(u+1) + nu$ 个,未知数比它多一个,但只要令 $p^1 = 1$,则该体系有确定解。

第三步,林达尔分析了存在着新资本形成时的一般均衡问题。他基本保留了第二步时的各项假设前提,只是放弃了静态假设,这意味着生产性服务的供给函数、消费品需求函数、技术系数函数以及资本存量不再保持不变,从而均衡价格也处于变化之中。

为了分析动态条件下的均衡,林达尔把时间细分为一个一个的时期,每一时期本身都处于静止状态,从而均衡价格一定,只是在两个时期之交时才出现动态变化。同时他又假定经历了 V 个时期之后将进入静止状态。于是他用下述五套方程组来表达均衡体系:

(1) $y_t^s = F_t^s(\pi_1^1, \pi_1^2, \cdots, \pi_1^n; p_1^1, p_1^2, \cdots, p_1^M; i_1; \pi_2^1, \pi_2^2, \cdots, \pi_2^n; p_2^1, p_2^2, \cdots, p_2^M,$
$i_2; \cdots, \pi_v^1, \pi_v^2, \cdots, \pi_v^n; p_v^1, p_v^2, \cdots, p_v^M; i_v)$ 　　$s = 1, 2, \cdots, n; t = 1, 2, \cdots, v$

(2) $x_t^r = F_t^r(\pi_1^1, \pi_1^2, \cdots, \pi_1^n; p_1^1, p_1^2, \cdots, p_1^M; i_1; \pi_2^1, \pi_2^2, \cdots, \pi_2^n; p_2^1, p_2^2, \cdots, p_2^M,$
$i_2; \cdots, \pi_v^1, \pi_v^2, \cdots, \pi_v^n; p_v^1, p_v^2, \cdots, p_v^M; i_v)$ 　　$s = 1, 2, \cdots, n; t = 1, 2, \cdots, v$

(3) $y_{Tt}^{sr}/x^r = F_{Tt}^{sr}(\pi_1^1, \pi_1^2, \cdots, \pi_1^n; i_1; \pi_2^1, \pi_2^2, \cdots, \pi_2^n; i_2; \pi_t^1, \pi_t^2, \cdots, \pi_t^n; i_v)$
　　　　　　　$r = 1, 2, \cdots, m; s = 1, 2, \cdots, n; T = 1, 2, \cdots, t; t = 1, 2, \cdots, v$

(4) $p_1^r x_1^r = \sum_{s=1}^{n} \pi_1^s y_{11}^{sr}$ 　　$r = 1, 2, \cdots, m$

$p_2^r x_2^r = \sum_{s=1}^{n} [\pi_2^s y_{22}^{sr} + \pi_1^s y_{12}^{sr}(1+i_1)]$ 　　$r = 1, 2, \cdots, m$

　　……

$p_v^r x_v^r = \sum_{s=1}^{n} [\pi_v^s y_{vv}^{sr} + \pi_{v-1}^s y_{v-1,v}^{sr}(1+i_{v-1}) + \cdots + \pi_1^s y_{1v}^{sr}(1+i_{v-1}) \cdots (1+i1)]$
　　　　　　　　　　　　　　　　　　　　$r = 1, 2, \cdots, m$

(5) $y_1^s = \sum_{r=1}^{M} [y_{11}^{sr} + y_{12}^{sr} + y_{13}^{sr} + \cdots + y_{1v}^{sr}(1+iv)/iv]$ 　　$s = 1, 2, \cdots, n$

$y_2^s = \sum_{r=1}^{M} [y_{22}^{sr} + y_{23}^{sr} + y_{24}^{sr} + \cdots + y_{2v}^{sr}(1+i_v)/i_v]$ 　　$s = 1, 2, \cdots, n$

......

$$y_v^s = \sum_{r=1}^M [y_{vv}^{sr} + y_{v-1}^{sr}, v + y_{v-2}^{sr}, v + \cdots + y_{1v}^{sr}] \quad s = 1,2,\cdots,n$$

其中方程组(1)、(2)表示,由于各期的均衡价格不同,且由于人们都有完全的预期,所以 t 期的第 s 种生产性服务的供给和第 r 种产品的需求是 1 至 V 期中各期的服务价格、产品价格及利率的函数。方程组(3)中,y_{Tt}^{sr} 表示用于 t 期的 r 产品生产中的 $T(T < t)$ 期的 s 生产性服务。该方程组表示技术系数是自 1 至 V 期各期的服务价格与利率的函数。方程组(4)表示均衡时每一期任一种产品的价格将等于其生产成本,成本中包括按复利计算的以往各期原始服务的价格。方程组(5)表示在进入静态以前的各期中,每期的原始服务部分用于当期的消费品生产,剩余部分用于投资;而 V 期的原始服务则部分用于当期消费品生产,剩余部分用于资本更新。

上述体系共有 $V[2m + 2n + 1/2mn(1 + V)]$ 个方程式,$V[2m + 2n + 1/2mn(1 + V) + 1]$ 个未知数,未知数比方程式多 V 个。但只要假定各期皆以某一商品的价格为单位货币,则整个体系有确定解。

林达尔指出,根据上述体系可推出各期的生产要素的资本化价值,收入及储蓄。各期期初的生产要素(包括劳动)的资本化总价值 $(k_0, k_1, \cdots, k_v)$ 可用下列方程组表示:

(6) $k_0 = \sum_{s=1}^n [\pi_1^s y_1^s / (1 + i) + \pi_2^s y_2^s / (1 + i1)(1 + i_2) + \cdots + \pi_v^s y_v^s /$
$(1 + i_1)(1 + i_2) \cdots (1 + i_v) i_v$

$k_1 = \sum_{s,r=1}^{s,r=M} [\pi_1^s y_1^s - \pi_1^s y_1^{sr} + \pi_2^s y_2^s / (1 + i_2) + \pi_3^s y_3^s / (1 + i_2)(1 + i_3)$
$+ \pi_v^s y_v^s / (1 + i1)(1 + i_2) \cdots (1 + i_v) i_v]$

方程组(6)中的第 2 个方程式右端中的负项,由上面方程组(4)可知,与上期消费的价值相等。而第 2 个方程式右端中的其他各项(正项)之和,正好等于第 1 个方程式右端乘以 $(1 + i_1)$ 后的结果,

于是可以一般地把方程组(6)写成:

(6a) $k_t = (1 + i_t) k_{t-1} - \sum_{r=1}^M p_t^r x_t^r$ 或 $k_t - k_{t-1} = i_t k_{t-1} - \sum_{r=1}^M p_t^r x_t^r$

其中 $i_t k_{t-1}$ 为全部生产要素(包括劳动)在期初的资本化价值 (k_{t-1}) 在 t 期所得的利息,若把它解释为总的净收入,并把净储蓄 (S_t) 解释为净收入与消费额之差,则可得:

(7) $S_t = i_t k_{t-1} - \sum_{r=1}^M p_t^r x_t^r = k_t - k_{t-1}$

该式表明,均衡时净储蓄等于净投资或资本的增加价值。

林达尔承认,他的上述分析都依赖于完全预期这样一个不现实的假定,而现实生活中人们的预期只可能在短时期中是接近完全的。而在稍长一点的时期

中,由于存在风险和不确定性,人们只能具有不完全的预期。他对于不完全预期条件下的一般均衡问题提出了如下四点意见:(1)不能再仅仅运用一个方程式体系来描述一般均衡,而是需要起码两个方程式体系,其中一个适用于意外事件发生之前,另一个适用于意外事件发生之后。(2)人们预期的变动将导致社会的资本价值的利得和损失,这就使得资本价值不再完全由储蓄来决定其变动。(3)资本品更新所需要的重置投资不再与资本品原来的生产费用相符合,而是与各期再生产的费用相符。(4)由于每个经济主体的预期不同,一般均衡方程式体系中函数将更趋复杂。但他并没有给出不完全预期条件下的一般均衡方程体系。

由以上所述可知,林达尔上述一般均衡体系的特点在于,他按照威克塞尔的见解,把更新的和新增加的资本品,都表示为生产它们时所用的那些生产要素的服务,这样就可以把经由若干期才能建造起来,或要经由若干期才能耗尽的资本品,表示为积存的原始要素的服务。通过这种处理方法,消费、投资(储蓄)以及投资期间,便与利息率一起,作为未知变量处于一个相互依存的体系之中。这就使资本的更新与形成,尤其是投资期间(或生产迂回程度)诸问题(后一个问题正是为瓦尔拉斯所忽略而为庞巴维克所重视的),纳入了一般均衡分析,使资本积累与价格体系、各种产量水平成为同时决定的变量。这就把威克塞尔用一般均衡为分析框架构造微观体系的工作大大推进了一步。

三、利息率与物价水平

为了分析利息率与物价水平之间的关系,林达尔对货币制度规定了下述四点假设:(1)封闭经济。(2)货币制度已经脱离金本位或任何其他本位制,从而货币当局可自由执行其信用政策。(3)一切银行信贷业务集中控制在货币当局或中央银行。(4)信用制度已发达到无须保有现金。

林达尔主要分析了利息率与消费品价格之间的关系,故提出了消费品价格的基本方程式:

$$E(1 - S) = PQ$$

式中,E 代表名义国民收入;S 代表储蓄占国民收入的比率;P 代表消费品价格水平;Q 代表消费品数量。

林达尔认为,E,S,P,Q 四个因素之间存在着一定的相互作用,但 P 是比较保守的一个因素,一般规律是"P 的变动通常可看做是由其他因素的变动产生的结果"[①]。因此,大体上可以把 P 看作是 E,S,Q 三者的函数。于是对 P 的变动

---

① 林达尔:《货币和资本理论的研究》,商务印书馆 1982 年版,第 118 页。

的分析便归结为对 E, S, Q 的变化的分析。

林达尔认为 E 受到货币利率和人们预期的影响。长期利率影响到资本价值的计算,短期利率则决定各期资本价值的收入,同时利率变动还影响人们的预期,这些都影响到 E。他认为 S 也受到利息率的影响,利率变动虽然对各个人影响不一,但一般倾向是利率提高则净储蓄增加。此外,利率变更还影响其他经济因素,尤其是收入分配,从而对储蓄产生次级影响。除了利息率之外,S 还因国民收入在数额和分配上的变化而变化,因人们预期的变化而变化。他认为 Q 也受到利息率的影响,短期利率下降,会使 Q 的存货增加从而使出售下降,而长期利率下降,会使生产要素向资本品生产部门转移,首先使 Q 的出售下降,而后等增加的资本品能生产消费品时才导致 Q 的增加。除利率外,预期也是影响 Q 的一个因素。根据以上分析,影响 P 的三个因素 E、S、Q 都受到利息率的影响,因此,利息率便成为影响 P 的基本因素了。

林达尔指出,利息率降低的直接后果,一是通过提高资本价值来降低名义总收入;二是使收入在借贷双方之间发生有利于借方的再分配,而这对储蓄的影响将是不确定的。这两方面的结果倾向于稍微降低消费品价格。但除了这两条直接结果之外,利率降低还有其他的影响,这些影响将视情况的不同而不同:(1)若投资期限一定且无闲置资源,则消费品价格将因名义收入的下降而下降。(2)若投资期限不固定但无闲置资源,则消费品价格将由于消费品存货的增加,以及由于资源从消费品业转移到资本品产业而提高;若因此而形成消费品价格上升的预期,则资本品价格将随之提高;消费品和资本品价格的上升将使生产要素所有者收入增加,而这又将引起消费品价格的进一步上升,这就导致了物价上升的累积过程。(3)若投资期限不固定,资源无闲置,但利率下降引起的收入再分配使储蓄能适应投资的增加而增加,则物价上升的累积过程可能不会出现。(4)若投资期限不固定、资源有闲置,并且闲置同时存在于消费品部门和资本品部门,则将出现两个部门实际产量的增加,而物价不会有多大提高。若闲置资源只存在其中一个部门且无法流动到另一个部门,那么若闲置资源存在消费品部门,则由于资本品部门生产无法增加,收入水平和消费品物价都不会有明显增加;若闲置资源存在资本品部门,则该部门产量将增加,而消费品价格将上涨。

林达尔进一步分析了利息率上升所带来的直接影响以及依不同情况而导致的不同结果。他的结论是利率下降有可能使未充分就业资源投入使用从而增加产量,而利率上升则可能导致资源失业产量下降,因此"物价下降所带来的灾难,往往大于物价上升所带来的灾难"①。

林达尔还区分了长期贷款利率和短期贷款利率,区分了存款利率和贷款利率,考虑它们的变动对物价的影响。他的结论是,短期贷款利率变动对物价发生影响较快,但时间较短;长期贷款利率的变动则结果相反。存款利率变动对物价的影响不如贷款利率变动的影响大。

林达尔还分析了消费需求的变更、储蓄的变更、消费品生产部门及资本品生产部门生产力的变更对物价水平的影响,并认为中央银行可以采取政策来抵消这些因素的变动所能引起的物价变化。

林达尔提出,货币政策的目标可以有两个:一是物价稳定;二是使物价适应生产力的提高而降低。实现第一个目标常常需要剧烈变动利率,从而对企业产生较大的干扰;实现第二个目标则只需要和缓地变动利率。因此第二个目标比第一个更可取。

至于实现政策的手段,林达尔提出五点意见:一是要公开宣布货币政策的目标。二是通过变动贴现率及变动短期放款利率来管理物价。三是运用公开市场业务影响债券价格的变动,从而不仅达到管理物价的短期目标(在这方面这一手段可替代贴现率手段),而且通过影响长期放款利率来影响未来的生产组织。四是运用各种利率差别来达到目标。五是在上述货币政策手段无效或低效时可通过变动政府开支来实现目标,具体地讲就是在繁荣时实行盈余预算,而在萧条时实行赤字预算,以熨平周期或波动。

综上所述,林达尔对于威克塞尔宏观理论的发展主要有下述几点:(1)把威克塞尔的总供给和总需求概念分解为资本品供给(储蓄)和消费品供给,投资需求和消费需求两对概念,从而运用消费、储蓄、投资等概念代替威克塞尔的两种利率的概念,来分析宏观经济,说明威克塞尔的累积过程。② (2)提出消费品价格基本方程式,为分析消费品价格变动提供了有力的分析工具。该方程式虽然不以利率为明确变量,但包括了利率变动影响消费品价格的几个重要的中介变量,从而有助于说明利率变动影响消费品价格的机制和条件。(3)详尽分析了导致威克塞尔累积过程的各种前提条件,尤其是资源充分就业和投资期间不固定这两个条件。(4)指出非充分就业条件下利率下降对实际产量而非价格的刺激作用。这使威克塞尔宏观理论大大接近了后来凯恩斯的理论。(5)区分了不同利率尤其是长、短期放款的不同作用。(6)把物价反比例于生产力的变动而不是物价的稳定作为政策目标。(7)提出贴现率,公开市场业务等货币政策手

① 林达尔:《货币和资本理论的研究》,商务印书馆 1982 年版,第 144 页。
② 缪尔达尔:《货币均衡论》,商务印书馆 1982 年版,第 24—25 页。

段,并主张以财政政策来弥补货币政策之不足。

经过林达尔的发展补充,威克塞尔的宏观理论大大接近了后来凯恩斯所建立的宏观理论。现代宏观经济理论,对于马歇尔所进行的综合来说是一场革命,而对于威克塞尔所进行的综合来说,则是自然发展的结果。

四、动态分析方法

前面介绍林达尔关于资本更新和新资本形成条件下的一般均衡分析时已经说明,他在很大程度上依赖完全预期这一不现实的假定前提。可能正是放弃这一假定给一般均衡分析所带来的巨大困难,促使他开始考虑动态分析的方法问题。[1]

林达尔首先分析了动态分析与静态分析的关系。他指出,人们以往是以静态均衡分析为基础,展开动态分析的,这往往使得动态分析变成对围绕均衡点的变动过程的分析,而不是对均衡点本身变化的分析。这就大大束缚了动态分析的内容范围。他在肯定静态分析作为一种使复杂经济现象简单化从而近似描述经济现象的分析工具的前提下,指出不能以静态均衡分析作为经济学基础,而要以他所说的一般动态理论作为基础,然后展开静态分析和针对特殊问题的动态分析。他用图 34-1 表明了这三部分之间的关系。他认为以往的处理方法是沿虚线从 B 到 C,而正确的处理方法应当是沿实线从 A 到 B,从 A 到 C。图 34-1 表明,他对于静态分析与动态分析在经济学中的相互关系和相对重要性,有了新的看法。他明确宣布:"一切能达到说明目的的经济理论一定都具有动态的性质。"[2]

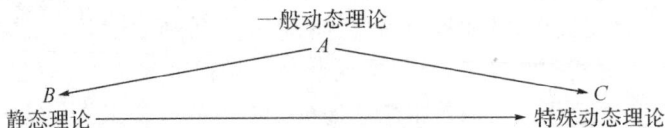

图 34-1

关于一般的动态理论,林达尔首先给出了一个作为该理论基础的关于人的活动的基本假设:"这些人在将来一个可长可短的时期内的活动,不过是为着完成某些计划,而这些计划是在该时期初订定,由某些原则决定的。……这些原则应该说明:这些计划是为了达到某种目的……而拟订的,它们是以人们对于

---

[1] 林达尔:《货币和资本理论的研究》,商务印书馆 1982 年版,第 16—17 页。

[2] 林达尔:《货币和资本理论的研究》,商务印书馆 1982 年版,第 15 页。

将来的期望为根据而这种期望又受到人们对于过去事件的看法的影响。"①根据该假设，他认为一般动态理论应由三部分构成：(1)关于决定着计划的原则及实现计划的行为的后果的技术条件、社会制度和心理状态的说明。(2)关于经济计划的理论，即计划(广义的指任何经济主体在开始行动前的任何打算和企图)的内容和修订计划所依据的原则。(3)关于经济发展过程的理论。他重点说明了后两部分内容。

关于经济计划的理论，林达尔首先指出计划者订立计划所经历的两个阶段：(1)提出各种可行方案并分析不同后果。(2)选择最优方案。他指出，计划者在一定时期所作的选择，将影响到他以后时期中的选择范围。然后他按照计划的确定程度对计划进行了三种分类：(1)不以制定计划和实施计划之间发生的事件为先决条件的计划，和以这些事件为先决条件的计划；(2)确定具体行动的计划，和只确定可采取行为的范围的计划；(3)不可变更的计划和可修改的计划。

对于可修改的计划，林达尔又提出了计划修改的四种分类：(1)由于预期变动而引起的修改和因价值判断标准变动而引起的修改；(2)起因于经济事件的修改和起因于非经济事件的修改；(3)影响到近期行动的修改和影响远期行动的修改；(4)以原计划为基础的修改和完全改变原计划的修改。根据上述分类，他认为经济学家最应关心的是那些影响到近期行动的修订。他认为修订计划的过程由四个环节组成：(1)与计划者有关的各种因素的实际变化情况；(2)计划者对这些变化的观感；(3)由这些观感引起的预期变动；(4)由预期变动造成的修订计划的行动。他认为，对计划的具体内容的分析不是一般动态理论的任务，而是特殊动态理论要做的工作。

关于发展过程的一般理论，林达尔认为应当把发展过程划分为一个个相对短的时期，他称之为"意识时期"。在该时期中，经济主体只是实施期初拟定(修订)的计划，并不进行计划的修订。意识时期中经济主体的计划行为及客观形势将导致经济变量及其他因素发生变化，经济主体在意识到经济变量和其他因素变动时将修订其计划，从而开始一个新的"意识时期"。他认为经济主体是根据事先计划的数值与事后实际数值之间的差异来修订计划，再实施修订后计划，而实施行为和各种客观因素将导致某种事后的实际值，经济主体再根据这个新的实际值与计划值之间的差异来进一步修订计划，如此不断循环，便构成了经济生活的动态过程。这种动态过程可用图 34-2 表示。

分析这种动态过程的方法，一是事前—事后方法，即重视分析事前(实施计

---

① 　林达尔：《货币和资本理论的研究》，商务印书馆 1982 年版，第 19 页。

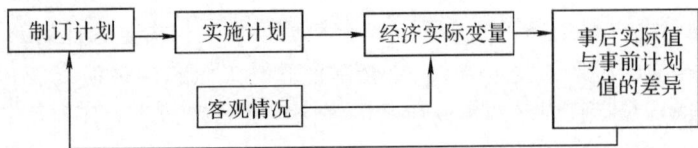

图 34-2

划之前)的计划值与事后(实施计划之后)的实际值之间的区别以及这种区别对经济主体的预期、计划和行为的影响;二是期间分析方法或序列分析方法,即重视经济实际变量逐期的变化。

林达尔将上述一般动态理论用于分析两个经济问题,建立了特殊的动态理论:一个是价格形成的动态过程分析;另一个是对于储蓄和投资的事前—事后分析。通常介绍林达尔的动态理论时往往介绍这两部分内容。但它们实际上只是他的一般动态理论的两个特殊应用。

林达尔的动态分析方法有两方面的意义:一是弥补了均衡分析的不足;二是使经济分析突破了均衡分析所适用的范围。均衡分析一般是西方经济学家的主要方法。任何均衡分析实际上都以经济主体的一定行为方式为前提,但对这种行为方式都缺乏详尽分析。林达尔的事前—事后分析方法弥补了这一不足。这一方法肯定经济主体是以一种反馈控制的方式进行行动的,而事前计划值与事后实际值之间的差别便是一种反馈信号,它影响经济主体的预期从而影响计划影响行为。除了弥补均衡分析的不足之外,林达尔的动态分析方法比均衡分析方法有更广泛的适用范围。它不但适用于趋向均衡的经济,同时也适用于并不趋向瓦尔拉斯式均衡的经济,或者适用于虽然最终会趋向均衡,但趋向均衡的过程相当漫长的经济,林达尔自己便承认,他的分析动态过程的方法,"对于研究社会主义经济也许特别适合"①。

第四节　俄林的国际贸易理论

贝蒂尔·戈特哈德·俄林②(Bertil Gotthard Ohlin,1899—1979),出生于

---

① 林达尔:《货币和资本理论的研究》,商务印书馆 1982 年版,第 47 页。

② 《新帕尔格雷夫经济学大辞典》第 3 卷,经济科学出版社 1996 年版,第 747—749 页。[英]马克·布劳格、保罗·斯特奇斯:《世界重要经济学家辞典》,经济科学出版社 1987 年版,第 480—481 页。

瑞典克利班。1924 年获斯德哥尔摩大学文科博士学位,1925—1930 年任丹麦哥本哈根大学经济学教授,1930—1965 年任斯德哥尔摩经济学和商业学院教授;1938—1970 年任瑞典议会议员,1944—1967 年任瑞典自由党首领,1944—1945 年任瑞典贸易部长。1977 年获诺贝尔经济学奖。其主要论著有:《贸易理论》(1924)、《世界经济萧条的过程与阶段》(1931)、《地区间贸易和国际贸易》(1933,有中译本)、《货币政策与公共工程:解决失业的工具》(1934)、《重建国际经济》(1936)、《资金市场与利率政策》(1941)、《就业稳定问题》(1949)和《对外贸易政策》(1955)等。

俄林在西方经济学史上的贡献主要有两点:一是与缪尔达尔、林达尔等人一起,继承了威克塞尔的传统,注重分析宏观经济问题,运用总需求、总供给等概念,通过事先—事后分析方法,在凯恩斯《通论》发表之前,便提出了凯恩斯在《通论》中所建立的理论。在 1934 年发表的《货币政策与公共工程:解决失业的工具》一书中,他强调了公共工程对收入和就业的影响,并研究了乘数问题。但是他关于宏观经济的许多论著尚未译成英文,更未译成中文,所以关于他在这一方面的贡献,便无法作更详细的介绍了。俄林的第二点贡献是发展了国际贸易理论。[①] 下面展开介绍。

一、区间贸易的基本模型

俄林的国际贸易理论,按他自己的说法,是汇合两股经济思想的结果:一股是哈佛经济学院以陶西格、范伊纳、威廉斯等人为代表的国际贸易理论;另一股是作为他理论的一般背景的是瑞典经济学家,尤其是卡塞尔、赫克歇尔、缪尔达尔以及威克塞尔等人的经济思想。

俄林把国际贸易看作是广义的地区间(包括国与国之间和一国之内不同地区之间)贸易的特殊类型,并进而把国际贸易理论看成是一般的生产布局理论的一部分。这一思想使他能够从生产的角度去考虑区间贸易问题。

俄林认为,要有效地分析国际贸易及更一般的区间贸易,必须采取一般均衡分析这种充分考虑各种价格相互依存关系的方法,以一般均衡分析为基础建立国际贸易及广义区间贸易的理论。

俄林以经过卡塞尔简化的瓦尔拉斯一般均衡模型(参阅本章第一节)作为基础,但认为这个模型忽略了市场的空间分布,暗中假定所有商品和要素都集中在一个区域中成交。因此该模型基本上排除了生产布局问题,以及由布局问

---

① 在俄林提出其国际贸易理论的同一年,英国经济学家哈罗德和奥地利经济学家哈伯勒分别出版了《国际经济学》和《国际贸易》,这两本书与俄林的《地区间贸易和国际贸易》一起,并列为国际贸易理论上的三大名著。

题而带来的区间贸易问题。为了以一般均衡分析为基础建立区间贸易理论,他建立了如下模型:

假定只存在两个地区 A 和 B;假定每个地区之内要素具有完全的流动性和可分性,这就排除了规模经济现象,即假定生产函数具有规模报酬不变的性质;假定两个地区之间不存在要素的流动,只存在商品的流动;假定各生产要素的供给既定不变;假定两个地区具有相同的技术知识,从而具有同样的生产函数形式,即如果两个地区所采用的生产技术有所不同,那并非由于技术知识不同,而是由于各种要素的相对比价不同;假定不存在与商品的空间位移有关的任何费用。

规定两个地区有关变量的符号如下:

	A	B
技术系统	$a = f(\ )$	$\alpha = f(\ )$
要素价格	q	g
商品价格	p	v
个人收入	$I = \sum_1^r t_h q_h$ t_h 为某人拥有的第 h 种要素量	$J = \sum_1^r d_h g_h$ d_h 为某人拥有的第 h 种要素量
商品需求	$D = F(\ )$	$\delta = \Phi(\ )$
要素供给	R	S

在两地区互相孤立时,可各自建立自己的均衡体系,以 A 区为例,该体系由五套方程组组成:

(1)$a_{11} = f_{11}(q_1 q_2 \cdots q_r)$

……

$anr = fnr(q_1 q_2 \cdots q_r)$

(2)$a_{11}q_1 + a_{12}q_2 + \cdots + a_{1r}q_r = p_1$

$a_{21}q_1 + a_{22}q_2 + \cdots + a_{2r}q_r = p_2$

……

$a_{n1}q_1 + a_{n2}q_2 + \cdots + a_{nr}q_r = p_n$

表明商品价格等于成本。

(3)$D_1 = F_1(p_1 \cdots p_n, I_1 \cdots I_s)$

$D_2 = F_2(p_1 \cdots p_n, I_1 \cdots I_s)$

……

$D_n = F_n(p_1 \cdots p_n, I_1 \cdots I_s)$

表明商品的需求是各种商品的价格和各个人的收入的函数。

(4) $I_1 = t_{11}q_1 + t_{12}q_2 + \cdots + t_{1r}q_r$

$\quad I_2 = t_{21}q_1 + t_{22}q_2 + \cdots + t_{2r}q_r$

$\quad \cdots\cdots$

$\quad I_s = t_s 1q_1 + t_2 q_2 + \cdots + t_{sr}q_r$

表明某个人(i)的收入由其拥有的各种要素(t_{ij} $j = 1, \cdots, r$)量及其价格所决定。

(5) $a_{11}D_1 + a_{21}D_2 + \cdots + a_{n1}D_n = R_1$

$\quad a_{12}D_1 + a_{22}D_2 + \cdots + a_{n2}D_n = R_2$

$\quad \cdots\cdots$

$\quad a_{1r}D_1 + a_{2r}D_2 + \cdots + a_{nr}D_n = R_r$

表明各种要素的供求平衡。

孤立条件下均衡的相对价格体系由要素供给、物质生产条件所决定的技术系数函数和消费者欲望所决定的商品需求函数所唯一决定。

现假定原先孤立的两个地区 A 和 B 现在开始商品交易，于是出现一新的变量：汇率 $x(= v_1/p_1 = v_2/p_2 = \cdots = v_n/p_n)$。当 x 处于均衡时，假定从 1 到 m 种商品在 A 区的生产成本从而价格较低，而从 $m+1$ 到 n 种商品在 B 区的生产成本从而价格较低。这样便会出现商品交易，现在两个地区存在商品交易时的均衡价格体系由如下六套方程组给出：

(1) $a_{11} = f_{11}(q_1 \cdots q_r)$

$\quad \cdots\cdots$

$\quad a_{mr} = f_{mr}(q_1 \cdots q_r)$

$\quad \alpha_{m+1,1} = f_{m+1,1}(g_1 \cdots g_r)$

$\quad \cdots\cdots$

$\quad \alpha_{nr} = f_{nr}(g_1 \cdots g_r)$

这是技术系数函数，包括了两个地区的技术系数。

(2) $a_{11}q_1 + \cdots + a_{1r}q_r = p_1$

$\quad \cdots\cdots$

$\quad a_{m1}q_1 + \cdots + a_{mr}q_r = p_m$

$\quad \alpha_{m+1,1}g_1 + \cdots + \alpha_{m+1,r}g_r = v_{m+1}$

$\quad \cdots\cdots$

$\quad \alpha_{n1}g_1 + \cdots + a_{nr}g_r = v_n$

表明两个地区的商品价格都等于其成本。

(3) $D_1 = F_1(I_1 \cdots Is, p_1 \cdots p_m, v_{m+1} \cdots v_n, x)$

$$\delta_1 = \Phi_1(J_1 \cdots Js, p_1 \cdots p_m, v_{m+1} \cdots v_n, x)$$

$$\cdots\cdots$$

$$D_n = F_n(I_1 \cdots Is, p_1 \cdots p_m, v_{m+1} \cdots v_n, x)$$

$$\delta_n = \Phi_n(J_1 \cdots Js, p_1 \cdots p_m, v_{m+1} \cdots v_n, x)$$

表明两个地区对各种商品的共同需求。

(4) $I_1 = t_{11}q_1 + t_{12}q_2 + \cdots + t_{1r}q_r$

$$\cdots\cdots$$

$$I_s = t_{s1}q_1 + t_{s2}q_2 + \cdots + t_{sr}q_r$$

$$J_1 = d_{11}g_1 + d_{12}g_2 + \cdots + d_{1r}g_r$$

$$\cdots\cdots$$

$$J_s = d_{s1}g_1 + d_{s2}g_2 + \cdots + d_{sr}q_r$$

决定了两个地区所有人的个人收入。

(5) $a_{11}(D_1 + \delta_1) + \cdots + a_{m1}(D_m + \delta_m) = R_1$

$$\cdots\cdots$$

$$a_{1r}(D_1 + \delta_1) + \cdots + a_{mr}(D_m + \delta_m) = R_r$$

$$\alpha_{m+1,1}(D_{m+1} + \delta_{m+1}) + \cdots + \alpha_{n1}(D_n + \delta_n) = S_1$$

$$\cdots\cdots$$

$$\alpha_{m+1,r}(D_{m+1} + \delta_{m+1}) + \cdots + \alpha_{nr}(D_n + \delta_n) = S_r$$

表明两个地区的所有各种要素的供求平衡。

(6) $\delta_1 p_1 x + \delta_2 p_2 x + \cdots + \delta_m p_m x = D_{m+1} v_{m+1} + \cdots + D_n v_n$

为区间交易方程式,表明两个地区各自的进出口平衡。

上述六套方程组便是前述五个假定条件下区间(国际)贸易的基本模型。由该模型可以推断出,当两个地区要素的相对价格一致从而技术系数一致,或所有商品的生产要素都以相同比例结合时,则区间贸易将不出现。由该模型还可以推断出,即使 A 和 B 两个地区具有完全不同的生产要素,且各自产品也不相同,但仍然会出现区间(国际)贸易的均衡。而这后一论断恰好是古典的比较成本说所无法得出的。

二、区间(国际)贸易的原因及其后果

由上述基本模型可知,两个地区出现分工和贸易的直接原因是起码有部分商品在两个地区孤立条件下的价格不一致,而这种不一致又是源于生产要素的相对价格在两个地区不一致,而生产要素相对价格的差异又是由于两个地区各自所拥有的各种生产要素的比例或禀赋有所不同,且这种要素供给上的差别又无法为两个地区在商品需求上的差别所抵消。简单地讲,不同地区(国家)分工

和贸易的产生,源于它们在生产要素的相对稀缺性的差异。这种要素相对稀缺性的差异,使得每个地区(国家)进口那些生产中需用较多本地区缺乏从而昂贵的生产要素的商品,生产并出口那些生产中需用较多本地丰富从而便宜的生产要素的商品。这就是所谓的赫克歇尔-俄林定理。

除了不同地区(国家)要素的相对稀缺性的差异之外,导致地区(国家)间分工和贸易的另一个重要原因,俄林认为是由于生产要素的不可分性所导致的大规模生产的节约,或者说是规模报酬递增法则。由于这一原因,即使两个地区(国家)的要素的相对稀缺性完全一致,但仍然可以出现区域分工和贸易,只要地区内部某些物品的市场不够大到足以容许最有效的生产规模。由此可知,他事实上是提出了区间(国际)贸易的两个原因:一是生产要素相对稀缺性的差异;二是大规模生产的节约。但通常介绍他的国际贸易思想时往往略去他对后一原因的分析。这不能不说是一种缺憾。

俄林认为,通过区间(国际)贸易,会产生三个后果:一是需求的变化;二是要素供给的变化;三是所谓要素价格的均等化趋势,及由该趋势引起的产量增长。他指出,贸易通过改变个人嗜好来影响他的需求,商人不仅提供人们所需要的东西,而且促使人们向往得到他们打算出售的东西。

俄林认为,从长期来看,各个地区的生产要素禀赋并不是一成不变的,而是深深受到区域分工和贸易影响的。但对于这种影响的性质,他承认这是一种复杂的问题,尚无法进行扼要的概括。他只是指出了两种可能的情况:一是建立在要素相对稀缺性差异基础上的贸易,有可能进一步发展这种差异,因为贸易会提高一个地区原先丰富的要素的价格,从而使它更加丰富,会降低一个地区原先缺乏的要素的价格,使它更加缺乏。二是建立在大规模生产的节约基础上的贸易,会使一个地区的要素供给发生更适于这种大规模生产的变化。

俄林认为,区间(国际)贸易作为要素跨地区(国际)流动的替代,会减少同地区(国家)要素相对稀缺性之间的差异,从而产生要素价格的均等化趋势。而这种均等化趋势会给贸易双方带来利益。这有两方面的原因:(1)这可以改善各个地区(国家)内部生产要素的配合比例,从而增加产量。(2)它使地区(国家)内部的交换比例比贸易前更为有利。

俄林同时也指出,这种要素价格均等化的趋势,以及由此给双方带来的利益,并不是必然出现的。这是因为不同地区(国家)生产要素之间质的差异,不同地区(国家)使用完全不同的技术的可能性,大规模生产的节约,经济稳定性及税收的差异,将使要素价格的均等化趋势变得不确定。

以后的西方经济学家把俄林关于要素相对稀缺性差异造成区域分工和区间(国际)贸易,以及贸易导致要素价格均等化的论点,称作广义的赫克歇尔-俄林定理。这一定理概括了俄林区间（国际）贸易理论的重要部分，但并不全面。它遗漏了俄林关于大规模生产节约对区域分工和贸易的影响的观点，以及要素价格均等化趋势可能由于种种原因而受阻的观点。而正是这些观点可以用来解释许多不能用赫克歇尔-俄林定理来说明的区域分工和区间（国际）贸易现象。因篇幅所限对此不再细述。

三、转运费用与要素流动

俄林首先是在假定不存在转运费用、不存在要素流动的条件下分析区间（国际）贸易的原因及后果，然后进一步分析转运费用和要素流动对区间（国际）贸易的影响。转运费用是指运费、关税、运输损耗等等一切与商品的空间位移有关的费用。其中运费往往是主要的。

俄林关于转运费用对区域分工和贸易的种种影响可以概括为两点：一是缩小贸易的规模，并进而缩小许多产业的生产规模，使得大规模生产的节约无法充分实现。二是改变贸易的构成。在不存在转运费用时，两个地区之间几乎任何商品都可进入交易，通过交易使几乎任何商品在两地的价格都相同。转运费用使得同一种商品的价格在两地会保持一定的差距，以不高于转运费用为界。转运费用使得所有商品分为两大类：区内市场商品和区间市场商品，前者是指孤立状态下两地的价格差异不超过转运费用的商品，后者是指情况相反的商品。区间（国际）贸易只在区间市场商品中进行。在不存在转运费用时，区间（国际）贸易的对象可以是原料、最终产品，或某个中间阶段的半成品，但转运费用使得生产纵向各阶段的产品中，只有转运费用最低的才成为贸易对象。

俄林关于要素流动对贸易影响的论点可概括为两点：（1）由要素相对稀缺性的差异所造成的贸易，与要素流动具有替代性，即当要素的转运费用相对低于商品时，则要素的流动将替代商品贸易，反之则是商品贸易替代要素流动。这种替代关系是因为要素流动（商品交易）造成的要素（商品）价格均等化使得商品交易（要素流动）不再有必要。（2）由大规模生产节约造成的贸易，与要素流动会互相促进。

俄林认为，在生产三要素中，自然这一要素是不会流动的，能流动的只是劳动和资本。他还进一步分析这两种要素流动的原因和阻碍，以及两者流动之间的相互影响，尤其是分析了与资本国际间流动有关的种种问题。

关于俄林的上述区间（国际）贸易理论，西方经济学者一直有两种偏向：一是缩小这一理论的涵盖面，把它仅仅看作是关于国际贸易的理论；二是扩大它的涵盖面，把它看作是说明一切国际贸易现象的基础理论。俄林本人在《地区间贸易和国际贸易》一书修订版中加入的附录Ⅱ：《对当代国际贸易理论的看法》中,表明了自己对这两种偏向的不满。首先他认为国际贸易实在只是生产布局(或区域分工)问题的一个特殊部分,而他的理论在很大程度上是说明布局问题,所以远远不只是关于国际贸易的理论。其次,他明确承认他的基本模型(他称之为生产要素比例模型)是静态模型。并主要适用于说明像英国和新西兰、澳大利亚这类国家之间的贸易关系,不适用于说明发达国家与发展中国家之间的贸易关系。其实生产要素比例模型只是他分析的起点,他书中后来的分析远远突破这一模型的限制条件,具有动态成分。他的整个理论是不能用赫克歇尔-俄林定理来完全概括的,这一定理只是他的生产要素比例模型的定理,是静态性质的。

附　录

其他一些重要经济学家的理论贡献

赫克歇尔

伊莱·菲利普·赫克歇尔①(Eli Filip Heckscher,1879—1952),生于瑞典斯德哥尔摩一个犹太人家庭,1897年进乌普萨拉大学随戴维森学习经济学,1909年任经济学和统计学教授,1929年任学校新成立的经济史研究所所长。其主要论著有:《经济学原理》(1910)、《大陆制度:经济的解释》(1918)、《外贸对收入分配的影响》(1919)、《经济学和历史》(1922)、《间歇性免费商品》(1924)、《重商主义》(1931)、《古斯塔夫王朝以来的瑞典经济史》(1935—1950)、《经济史研究》(1936)、《自中世纪到今天的瑞典的生活与工作》(1941)、《历史的唯物主义解释及其他解释》(1944)和《瑞典经济史》(1954)等。

作为一名研究经济史的学者专家,赫克歇尔对于经济理论的主要贡献是在《外贸对收入分配的影响》一文中,为今天人们所说的赫克歇尔-俄林定理奠定了基础。该定理解释了商品自由贸易、但要素不能流动条件下,不同贸易国家比较优势的基础在于要素禀赋的差异;指出每个国家将出口较多使用本国相对丰裕要素的产品,进口较多使用本国相对稀缺要素的产品;并强调如此开展的贸易将使得两国同一种要素所有者的收入趋同,使得一国内部不同要素所有者的收入差距缩小。该定理成为国际贸易纯理论的重要定理之一,围绕该定理的前提条件、适用范围等等问题,国际经济学界展开了深入持久的讨论,这种讨论

---

① 《新帕尔格雷夫经济学大辞典》第2卷,经济科学出版社1996年版,第666—675页。[英]马克·布劳格、保罗·斯特奇斯:《世界重要经济学家辞典》,经济科学出版社1987年版,第268页。

极大地推进了国际经济学的发展。

在《间歇性免费商品》中,赫克歇尔早于罗宾逊和张伯伦九年,就已经考察了不完全竞争问题,探讨了技术进步如何通过市场竞争导致寡头垄断的局面。同时还考察了公共物品的私人生产不足现象,指出政府提供的必要性。

赫克歇尔 1931 年发表的《重商主义》一书,迄今为止依然是研究重商主义思想和政策的权威性著作。

弗里施

拉格纳·安东·基特尔·弗里施[①](Ragnar Anton Kittel Frisch,1895—1973),出生于挪威奥斯陆。奥斯陆大学 1919 年经济学博士,1931—1965 年经济学教授。1930 年计量经济学会创始人之一,1933—1935 年《经济计量学》编辑。1969 年首次诺贝尔经济学奖获得者之一。其主要论著有:《衡量边际效用的新方法》(1932)、《动态经济学的传播和促进问题》(1933)、《运用完全回归系统的统计合流分析》(1934)、《生产理论》(1965)和《经济计划研究论文集》(1976)等。

要对弗里施的贡献进行概括,非常困难,因为他的研究涉及了经济学的几乎所有领域,而且都出手不凡;同时,他的许多研究成果在生前并未正式发表,仅仅以会议论文或油印本的形式面世;并且在中国大陆也一直未见其论著的中文版。

弗里施的贡献,最重要的或许是经济学方法论。当代经济学的许多重要术语源自于他:计量经济学、宏观经济学与微观经济学、静态分析与动态分析、外生变量与内生变量,等等。在方法论方面的基本贡献就是通过不懈努力,把经济学改造成精确科学。

此外,弗里施在需求分析、生产理论、宏观经济学、国民收入核算体系、投入—产出分析等方面都作出了出色的贡献。

作为诺贝尔经济学奖首位获奖人之一,弗里施当之无愧。

---

① 《新帕尔格雷夫经济学大辞典》第 2 卷,经济科学出版社 1996 年版,第 459—462 页。[英]马克·布劳格、保罗·斯特奇斯:《世界重要经济学家辞典》,经济科学出版社 1987 年版,第 204—205 页。

伦德堡

埃里克·菲利普·伦德堡[①](Erik Filip Lundberg,1907—),生于瑞典斯德哥尔摩,1937 年获斯德哥尔摩大学哲学(经济学)博士学位,1946—1965 年斯德哥尔摩大学经济学教授,1965—1970 年斯德哥尔摩经济学院教授,1973—1976 年瑞典皇家科学院院长,1975—1980 年诺贝尔经济学奖委员会主席。其主要论著有:《经济发展理论研究》(1937)、《经济周期和经济政策》(1953)、《投资利润率》(1959)、《生产率和利润率》(1961)、《货币分析研究》(1963)、《不稳定与经济增长》(1968)、《生产率和结构变革——瑞典的政策问题》(1972)、《通货膨胀与失业》(与 L. 卡尔姆福斯合作)(1974)和《世界性通货膨胀和国家政策》《台湾的财政货币政策》(1977)等。他的上述论著在中国大陆均无中文版。

伦德堡对经济理论的主要贡献是建立了宏观经济波动模型,分析了经济政策,尤其是经济稳定政策与资源配置和收入分配政策之间的冲突。

1937 年的《经济发展理论研究》,在分析经济发展的不稳定性方面有高度独创性。书中使用宏观经济的乘数—加速数差分方程体系,指出投入、产出、收入形成和支出之间的滞后(后被称作"伦德堡滞后")对于经济的不稳定具有关键作用。书中提出的说明存货周期的存货模型引起一系列后续的研究,如劳埃德·梅茨勒(Loyd Metzler)、霍尔特(Holt)、莫迪利亚尼(Modigliani)等人的研究。

参考文献

[1]凯塞尔:《经济学之数量研究论》,商务印书馆 1937 年版。
[2]缪尔达尔:《货币均衡论》,商务印书馆 1982 年版。
[3]林达尔:《货币和资本理论的研究》,商务印书馆 1982 年版。
[4]俄林:《地区间贸易和国际贸易》,商务印书馆 1986 年版。

---

① 《新帕尔格雷夫经济学大辞典》第 3 卷,经济科学出版社 1996 年版,第 272 页。[英]马克·布劳格、保罗·斯特奇斯:《世界重要经济学家辞典》,经济科学出版社 1987 年版,第401—402 页。

第三十五章 美国边际主义者的经济理论及对马歇尔经济理论体系的发展

　　在美国,边际主义思潮部分是自发形成的,部分是从英国和奥地利引进的。自边际革命以后至 20 世纪 30 年代,具有边际主义倾向的经济学家,大体有西蒙·纽科姆、弗朗西斯·A.沃克尔、约翰·贝茨·克拉克、费雪、陶西格、阿林·杨格、奈特、张伯伦等人。他们从事经济研究的年代,大体上是美国工业化城市化狂飙突进的时期,贫富差距凸现,收入分配成为他们关注的主要问题。

　　对马歇尔综合体系的传播是 19 世纪 90 年代开始的。这一时期也正好是美国边际主义者开始逐渐占据经济学正统地位的时期,同时也是美国经济学不再步欧洲大陆各派经济学的后尘,开始提出自己独立见解,形成自己独立流派的时期。从那个时期到 20 世纪 30 年代这一段时间中,对马歇尔的综合体系的传播和发展起着重大作用的美国经济学家有陶西格、奈特和张伯伦等人。陶西格主要是复述了马歇尔的体系,但在国际贸易领域有其独特贡献,后来俄林在建立其国际贸易理论体系时,无疑受益于他。奈特以提出风险和不确定性之间的本质区别,并以此为基础建立起利润理论而著名。张伯伦则参与建立了垄断竞争市场理论。

第一节 先驱纽科姆和沃克尔

　　美国第一位数理经济学家兼天文学家、数学家西蒙·纽科姆①(Simon

---

　　① 《新帕尔格雷夫经济学大辞典》第 3 卷,经济科学出版社 1996 年版,第 697—698 页。[英]马克·布劳格、保罗·斯特奇斯:《世界重要经济学家辞典》,经济科学出版社 1987 年版,第 469—470 页。

Newcomb,1835—1909),生于加拿大新斯科舍省的一个小镇一位乡村穷教师的家庭,基本依靠自学,于 1858 年获哈佛大学理学士,1861—1897 年任美国海军天文台数学教授,1884—1893 年任约翰·霍普金斯大学数学、天文学教授,曾被授予海军少将军衔,1877 年任美国科学进步协会会长。由于依靠自学而获得的多学科的知识,他被弗里德曼称作是"一个真正的文艺复兴式的人物"①。其主要经济学论著有:《对南方叛乱期间我国财政政策的批评性审查》(1865)、《财政学入门》(1878)、《明白人谈劳工问题》(1886)和《政治经济学原理》(1886)等。

纽科姆早在 1872 年 4 月份的《北美评论报》上登载了他对杰文斯《政治经济学原理》的评论,预见到了马歇尔的均衡价格论:"我们担心商品对卖者或生产者的效用会从方程式中完全消失,所有的关系将作为一边是生产条件和另一边是商品对买者的效用之间的关系。"②

纽科姆主要关注的是美国的通货问题,在研究该问题的过程中,他提出了货币数量论的数理公式:$VR = KP$。其中 V 是货币流通速度,R 是流通中的货币数量,K 是交易的商品数量,P 是物价水平。该式表明,如果 V 和 K 保持不变,R 的增加将引起 P 同比例增加。因此,它可以看作是后来费雪方程式的先驱。③ 他也确实被费雪认可为先驱。

在收入分配问题上,纽科姆带有强烈的社会达尔文主义倾向,他写道:"如果以为我们看到财富的极端不平等就是意味着这个制度允许存在某种不好的东西,这种看法就是很大的错误。"④他认为慈善会增加乞丐数量,使下层阶级堕落,"如果堕落阶级中的儿童在他们的不良习惯形成以前的幼儿期就被管教,被训练去谋生,他们中的一部分就会恢复从善。如果让那些不能这样受训练的人饿死,成为社会包袱的数量就会大为减少。"⑤同时,在他 1886 年的《明白人谈劳工问题》一书中,他分析了工会对工人利益的影响。

与纽科姆大体同时的弗朗西斯·A. 沃克尔⑥(Francis Amasa Walker,

① 《新帕尔格雷夫经济学大辞典》第 3 卷,经济科学出版社 1996 年版,第 698 页。
② 转引自 R. D. C. 布莱克等:《经济学中的边际革命》,商务印书馆 1987 年版,第 305 页。
③ 罗杰·E. 巴克豪斯:《西方经济学史》,海南出版社、三环出版社 2007 年版,第 202—203 页。
④ 转引自[美]亨利·威廉·斯皮格尔:《经济思想的成长》下,中国社会科学出版社 1999 年版,第 525 页。
⑤ 转引自[美]亨利·威廉·斯皮格尔:《经济思想的成长》下,中国社会科学出版社 1999 年版,第 525—526 页。
⑥ 《新帕尔格雷夫经济学大辞典》第 4 卷,经济科学出版社 1996 年版,第 918—919 页。[英]马克·布劳格、保罗·斯特奇斯:《世界重要经济学家辞典》,经济科学出版社 1987 年版,第 644—645 页。

1840—1897),生于美国波士顿,其父亲是一位政治经济学教师,1860 年获阿默斯特大学文学士,1869—1870 年美国财政部统计局局长,1870 年、1880 年美国人口普查负责人,1872—1881 年耶鲁大学政治经济学、历史学教授,1881—1897年麻省理工学院院长,1883—1889 年美国统计学会会长,1886—1892 年美国经济学会第一任会长。从国际影响来看,他是他那一代人中最著名的美国经济学家。在他去世 50 年后,美国经济学会把它的最高奖定名为"沃克尔奖",以确认和纪念他的贡献。其主要论著有:《工资问题》(1876)、《货币》(1878)、《货币及其对贸易和工业的关系》(1879)、《土地与地租》(1883)、《政治经济学》(1883)、《国际复本位制》(1896)和《经济学与统计学讨论》(1899)等。

沃克尔在分配理论上的主要工作就是对工资基金论予以毁灭性打击,从而为后来的边际生产力工资理论扫清了障碍。

在通货问题上,沃克尔清醒地看到相对于经济的增长,黄金供给的不足,为了补救,他在其生前发表的最后一本书《国际复本位制》中,主张建立复本位制,用白银来补充黄金。虽然后来世界各国货币制度的发展没有遵循这个方向,但他对金本位制存在问题的分析是正确的。同时,他反对通货膨胀的见解也接近于 20 世纪的观点。

作为一名统计学家,沃克尔鼓励建立人口调查的常设机构,并推动经济学家运用统计数据。

第二节　约翰·贝茨·克拉克的经济理论

约翰·贝茨·克拉克[①](John Bates Clark,1847—1938),出生于美国罗得岛。1872 年毕业于阿默斯特学院,获文学士学位。后留学于德国海德堡大学和瑞士苏黎世大学,曾与庞巴维克一同师从历史学派代表人物克尼斯三年。返美后历任斯密学院教授(1891—1893)、阿默斯特学院教授(1893—1895)、哥伦比亚大学教授(1895—1923)。作为 1888 年美国经济学会三个创始人之一,于1893—1895 年任该会会长。他早期学术倾向受德国学术界社会主义者的影响,批评资本主义。到哥伦比亚大学任教后,学术观点逐渐转变为全力支持资本主义。他被称作是边际主义的美国学派的创始人。其主要论著有:《财富的哲学》(1886)、《资本及其利润》(1888)、《发现科学的工资法则的可能性》(1889)、《经

---

① 《新帕尔格雷夫经济学大辞典》第 1 卷,经济科学出版社 1996 年版,第 467—470 页。[英]马克·布劳格、保罗·斯特奇斯:《世界重要经济学家辞典》,经济科学出版社 1987 年版,第 114 页。

济发展理论》(1896)、《财富的分配》(1899,有中译本)、《托拉斯的管制:一种赞成用自然办法控制垄断的主张》(1901)和《经济理论要义》(1907年)等。

在美国边际主义自发形成的过程中,约翰·贝茨·克拉克起了主要作用。他系统阐述了边际生产力论,为当代西方经济学的分配理论奠定了基础。虽然瓦尔拉斯、威克斯蒂德、马歇尔、威克塞尔等人也分别以不同形式提出了这一理论,但由于克拉克对分配问题的格外强调,以及对这一理论系统、详尽并且直白的阐述,使他成为这一理论的主要创建人。此外,他还独立提出了别具特色的边际效用价值论,提出了静态分析与动态分析的差别。这一区分大大丰富了西方经济学的分析工具。

在《财富的哲学》一书中,克拉克还深受德国历史学派的影响,其基本倾向是基督教社会主义,反对古典学派,虽然认可能够为顾客提供更好更便宜服务的良性竞争,但反对不受道德约束的恶性竞争,主张社会改良,主张合作性企业、利润分享,等等。[1] 在《财富的分配》中,克拉克一改年轻时的思想倾向,为了反驳亨利·乔治和马克思,[2]以系统的边际生产力论为资本主义辩护。把19世纪中期美国经济学家凯里的经济调和论与70年代以后的边际概念融合起来,运用边际生产力概念来说明收入分配,从而论证不同阶级利益的一致性,论证现存制度的合理性,是克拉克经济理论的主要特色。

一、静态与动态:经济学新的分类

由萨伊创始,经穆勒父子的修正,经济学习惯上分为四个组成部分:生产、分配、交换和消费。克拉克反对这种传统的划分。他指出,若从整个社会的角度来看待生产活动,则它包括了交换和分配。首先,通常在交换理论中所讨论的价值问题,实质上是收入在各产业团体之间的分配问题。交换论实际上是关于社会产业组织的理论,因此应划归分配理论。这样分配理论便涉及两种分配现象:收入在各要素所有者之间的分配及其在各产业团体之间的分配。其次,不论哪种类型的分配,都与分配者(要素所有者或产业团体)在收入生产过程中的贡献份额或创造财富的功能有关。因此研究分配便是研究贡献份额或创造财富的功能,分配问题实质上是一个生产问题。

在破除了传统的划分之后,克拉克首先把经济学划分为两部分:研究生产和消费的一般规律为第一部分;研究这些一般规律在各种经济中的具体表现为

---

① 　罗杰·E.巴克豪斯:《西方经济学史》,海南出版社、三环出版社2007年版,第199—200页。

② 　[美]史蒂文·普雷斯曼:《思想者的足迹:五十位重要的西方经济学家》,江苏人民出版社2001年版,第153页。

第二部分。他认为主要的一般规律有三条：消费品级差效用规律、生产工具的级差效用规律和劳动的级差效用规律。这里的"级差"一词，实际上就是"边际"概念。他认为这三条一般规律存在于任何经济之中。

克拉克把经济划分为不存在分工交换从而不存在分配问题的原始自然经济，存在分工交换从而也存在分配问题的所谓有组织的经济（即今天人们所说的市场经济）。对这两种经济，他认为又可以从两种角度去进行研究，分为静态分析和动态分析。他用图 35-1 表述了他的上述划分。3 区是静态有组织社会经济，4 区是动态有组织社会经济。他重点分析了静态有组织社会经济和动态有组织社会经济。

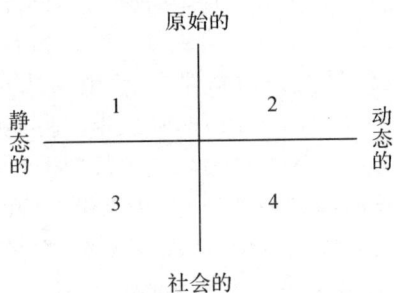

原始的

静态的　　1　｜　2　　动态的

　　　　　3　｜　4

社会的

图 35-1

按照克拉克的看法，所谓静态，就是人口、资本、生产方法、产业组织和消费者偏好这五个动态因素保持不变，从而产品的品种和产量也不变；但生产不断持续，劳动和资本要素自由流动的状态。这实际上就是今天人们所说的自由竞争条件下的均衡状态。而静态分析则要研究上述三条一般规律在静态有组织经济中的具体表现。他认为，三条一般规律在有组织经济中成为分配的自然规律的基础，消费品级差效用规律成为自然价值的基础，生产工具级差效用规律和劳动级差效用规律分别成为自然利息和自然工资的基础。因此，静态分析就是要研究静态条件下自然价值、自然利息和自然工资的决定。他承认，静态并不是一种实际存在的状态，但是静态分析所确定的自然价值、自然利息和自然工资，为并非静态的实际经济生活提供了变化的标准和变化的方向。

克拉克认为，有组织社会经济的动态分析包括两方面的内容：一是研究实际状态与静态标准存在偏离的原因及后果，以及偏离将以什么方式、什么速率趋于消失；二是研究五个动态因素分别变化或同时变化时，静态标准本身如何变动及这种变动所导致的后果。他认为第二方面的内容是更重要的。

克拉克对经济学的上述划分，有两点值得肯定：一是区分了一般规律与其在不同经济中的特殊表现。当然对于什么是一般规律，我们不一定要同意他的看法。二是区分了静态分析与动态分析。这一区分一直影响到今天西方经济学的分类,虽然在以后的发展中,静态和动态,尤其是后者的含义有了很大变化。从边际革命的角度来看,静态与动态的划分实际上是揭示了边际革命的局限,虽然他本人并未意识到这一点。整个边际革命在很大程度上是在静态假定的前提上重新构造价值理论。他的作用在于既肯定了静态分析的意义也指出其局限。他力图打破这一局限建立动态分析,但并未成功,只是指出了一个有待于进一步研究的课题。

二、要素所有者之间的分配规律:边际生产力论

克拉克主要分析了静态条件下的分配(包括生产和交换)问题。而在前面所说的两种分配现象中,他首先分析了收入在要素所有者之间的分配。他认为,收入在要素所有者之间的分配,从生产的角度来看,就是各种要素在收入的生产中的贡献份额的确定。他把各种生产要素归结为劳动和资本两大类。所以收入分配也就是劳动和资本这两大类要素在收入生产过程中的贡献份额的确定。

克拉克特别强调把资本与资本货物加以区分。这一区分是他的利息理论区别于庞巴维克的利息理论的关键所在。他把资本理解为体现在生产财富所用的各种手段中的一笔基金,而资本货物则是各种具体的生产手段(包括土地)。两者之间有两点重要区别:首先,资本是永久存在的,而资本货物则是不能流动的。资本,作为一笔基金,而且在静态条件下是一笔数额固定的基金,可以随时根据情况的变化而改变自己的存在方式,即改变其所体现的资本货物的具体形态,这就是资本的流动性;而资本货物则不具备这种可能,因此是不流动的。资本与资本货物之间的区别,也反映在它们各自不同的收入范畴上,资本的收入是利息,而资本货物的收入则是租金。从整个社会来看,利息和租金在总数上是相等的。而且租金的多少基本上是受到利息规律的支配,因此对租金这一收入范畴的研究就可以归结为对利息范畴的研究。

在区分资本和资本货物的基础上,克拉克反对庞巴维克的利率决定理论,认为利率的决定仅仅与资本相对于劳动的数量有关,与庞巴维克所说的生产期的长短(或生产的迂回程度)无关。因为在静态条件(意味着资本存量不变)下,生产的迂回程度仅仅与资本货物从而与租金有关,而与资本从而与利息无关。他认为,同样的资本可以体现为不同的资本财货(这些不同的资本财货可以体现不同的生产迂回程度),但这两组不同的资本财货所提供的总租金将是一样的。

由于区分了资本和资本货物,克拉克不再把土地作为一种与劳动和资本并

列的生产要素,而把它看作是一种特殊的资本货物,和其他资本货物处于同等的地位,而地租也就自然成为一种特殊的租金了。

克拉克的边际生产力论,可概括为如下三点:(1)在静态条件下,自由竞争(要素可无阻碍地流动)将使工资趋向于劳动要素的边际生产力(他称之为最后生产力),利息则趋向于资本要素的边际生产力。(2)由于资本和劳动的边际生产力递减这个存在于任何社会中的一般规律,所以当劳动(资本)在资本(劳动)不变时逐渐增加,将导致工资(利息)的下降。(3)静态条件下资本边际生产力决定的利息乘以资本量等于资本要素的总收入,劳动边际生产力决定的工资乘劳动量等于劳动要素总收入,两种要素收入之和等于两种要素在一起所生产的收入总和。

对第二个命题,克拉克作了如下补充说明:(1)当劳动要素增加时,劳动组织不能被改善,否则就相当于出现了技术进步,且各单位劳动要素是同质的,相互间具有完全的替代性。(2)当资本要素逐渐增加时,资本将体现在价值日益贵重质量不断提高的资本货物上,使数量不变的劳动与数量越来越多质量越来越好的资本货物相结合。即资本增加表现为劳动者人均资本增加,表现为资本货物具体形态的变化。由此可知,他谈到劳动边际生产力递减时,以劳动要素的质量不随数量变化而变化为前提,但谈到资本边际生产力递减时,则以资本要素的质量随数量变化而变化为前提。这意味着资本货物质量的改进不能抵消资本边际生产力递减的趋势。这一结论不同于当代西方经济学的结论。同时,这一结论显然也违背静态假定,因为这意味着技术进步,资本货物性能随其数量增多而改进。由此可知,他关于资本边际生产力递减规律的论述是不够严谨的。

克拉克用如下图形(图 35-2)表达了以上所述的命题:图中横轴代表要素(劳动或资本)数量,纵轴代表边际生产力。BC 曲线表明当要素由 A1 增加到 A6 时,边际生产力递减的状况。线段 AE 表示只有 6 单位要素时的报酬(工资或利息)率,矩形 AECD 表示要素(劳动或资本)的总收入,三角形 EBC 表示另一种要素(资本或劳动)的总收入。

值得指出的是,虽然西方经济学界时常把上述边际生产力论与克拉克的名字联系在一起,并时常把它看作是克拉克的主要成就,但这一理论并非克拉克首创,虽然这无疑是由克拉克在并不了解其他人的贡献的基础上独立提出的。[①]在克拉克之前,德国的经济学家杜能已经提出了类似的理论。[②] 尔后法国的瓦

---

① 参阅克拉克:《财富的分配》,商务印书馆 1981 年版,序。
② 参阅克拉克:《财富的分配》,商务印书馆 1981 年版,序。

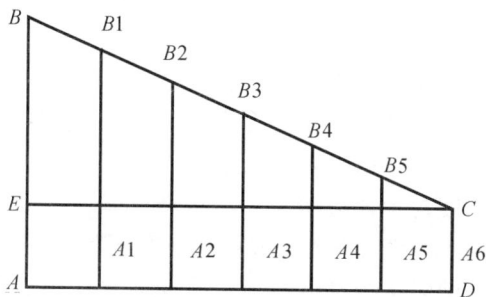

图 35-2

尔拉斯在 1874 年出版的《纯粹经济学要义》中所建立起来的一般均衡体系中，也已经蕴含了边际生产力论的基本要点。意大利经济学家巴罗尼则进一步根据帕累托所修订过的一般均衡体系，给出了边际生产力论的严谨的数理表述。[1]克拉克独立发现边际生产力论的时间显然要早于《财富的分配》出版的 1899年，因为该书在很大程度上只是他对以往发表的一系列论文加以整理的结果。但他发现的时间也不会早于 1881 年，因为他在《财富的分配》一书的序言中谈到该书是 1881 年以来发表的一系列论文的综述。由于资料限制，无法断定他是在 1881—1899 年这 18 年中的哪一年发现边际生产力论的。与他大致同时提出边际生产力论的则还有英国的威克斯蒂德[2]、J. A. 霍布森以及美国的 S.伍德[3]。

克拉克对边际生产力论的主要贡献集中在两个方面：一是明确指出了它的静态前提，即肯定它是说明静态条件下的分配规律。二是区分了资本与资本货物，即明确肯定是资本而非资本货物的边际生产力决定利息。边际生产力论之所以更经常地与克拉克的名字联系在一起，很可能是由于两个原因：一是他用比其他人都更通俗的方式表达了这一理论，而这种表达方式正好适应当时英语世界中大多数经济学家的知识素质。二是他为捍卫这一理论而与庞巴维克等人展开了激烈的论战。其实，他与庞巴维克的分配理论并非像表面所看到的那样水火难容。从表面上看，他认为利率由资本相对于劳动的数量来决定，而庞

---

[1]　参阅瓦尔拉斯：《纯粹经济学要义》，商务印书馆 1989 年版，附录三。

[2]　英国经济学家威克斯蒂德 1894 年发表《论分配法则的协调》，提出边际生产力论。见本书第二十五章第二节。

[3]　参阅瓦尔拉斯：《纯粹经济学要义》，商务印书馆 1989 年版，第 256 页注 2。关于霍布森及伍德的生平情况，可参阅马克·布劳格等：《世界重要经济学家辞典》，经济科学出版社 1987 年版。

巴维克则主张利率由生产的迂回程度（或生产期）决定，似乎无法统一，但从本书前面第二十七章第三节所介绍的庞巴维克的利率决定理论（即他的分配理论）来看，他并不认为静态条件下可以出现任何一种迂回程度（生产期），只有能导致劳动供求均衡的生产期才会稳定存在。可以把这种导致劳动供求均衡的生产期称作均衡的生产期，只有均衡的生产期才决定稳定的利率水平。而生产期的长短又可体现为劳动者人均资本的多少，而后者又与资本相对于劳动的数量相关。所以均衡的生产期的长短可以看作是资本相对于劳动的数量的函数。均衡生产期决定利率的说法与资本相对于劳动的数量决定利率的说法实质上是一致的。当资本相对于劳动而言增加时，均衡的生产期也将延长，于是无论按克拉克的观点还是庞巴维克的观点，利率都将下降。两人的差别在于资本相对增加后引起利率下降的传导机制方面。克拉克认为资本相对增加将直接引起资本边际生产力从而引起利率的下降。虽然他也看到资本相对增加对资本体现形式——资本货物的具体形态的影响，但他认为这种形态的变化不是引起利率变化的因素。庞巴维克则认为资本相对增加首先引起资本体现形式的变化：用具有更高的生产力但建造更费时间的资本货物代替较低生产力但建造较少费时的资本货物。正是这种资本财货的具体形态的变化才引起利率下降。两人传导机制方面的差别如图 35-3 所示。

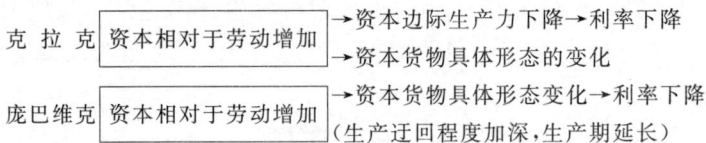

克 拉 克　资本相对于劳动增加　→资本边际生产力下降→利率下降
　　　　　　　　　　　　　　→资本货物具体形态的变化

庞巴维克　资本相对于劳动增加　→资本货物具体形态变化→利率下降
　　　　　　　　　　　　　　（生产迂回程度加深，生产期延长）

图 35-3

三、产业团体之间的分配规律：克拉克规律

克拉克认为，产业团体之间的分配取决于产品的价值或价格，因此他关于产业团体之间的分配理论，就相当于通常所说的价值理论。他认为产品的价值由边际效用决定。他的边际效用价值论是在 1881 年，在并不了解奥地利学派和杰文斯的价值理论的条件下独立发展起来的。[①] 他的边际效用价值论与奥地利学派和杰文斯的价值理论的共同特征是承认边际效用递减率，并用边际效用来说明价值。但除此之外，他们之间有着重大区别。首先，在奥地利学派和杰文斯那里，一单位某商品往往只具有一方面的效用，而在克拉克看来，在大多数情况下，一单位某商品往往同时具有多方面的效用。例如一艘豪华游艇便具有

---

① 参阅克拉克：《财富的分配》，商务印书馆 1981 年版，第 283 页注 1。

五方面的效用：使人能浮在水上；使人能渡过很深的水流；使坐船的人能安逸地渡过水去，而不至于被打湿衣服；能轻快地航行；能满足它的所有者的爱好。因此大多数商品都可以看作是一个多方面用途的组合，确定价值的基本单位不应是这样一个组合，而应当是商品的某方面的用途。所以克拉克不是以单位商品为基本价值单位，而是以商品所具有的属性为基本价值单位。

第二个区别是，在奥地利学派和杰文斯那里，商品的价值由边际单位的效用商定。而在克拉克看来，商品的价值由其多方面用途上的边际效用的总和来决定。克拉克认为，人们在收入增加时，典型的行为不是增加对同一种商品的消费，而是用性能更好质量更优的商品来代替性能较差质量较低的商品。在这种情况下，许多商品往往是只需要一单位而不需要第二单位的，如手表等。因此谈论边际单位是无意义的，无法用边际单位的效用来决定商品的价值，只能用该商品多种用途上的边际效用之和来决定其价值。

第三个区别是，在奥地利学派和杰文斯那里，商品的价值取决于个人的主观评价；价格则由交换双方的竞争决定，即由社会决定。而在克拉克看来，商品价值应当由社会来决定。因此，财富的分配情况也就成为影响商品价值的因素了。并且在他看来，商品的价值和价格是没有区分的。

可以用下面图 35-4 来说明克拉克的价值决定。[①]

	A	B	C	D	E	F	ΣU
Ⅰ	100	90	80	70	60	50	450
Ⅱ	90	80	70	60	50	40	390
Ⅲ	80	70	60	50	40	30	330
Ⅳ	70	60	50	40	30	20	270
Ⅴ	60	50	40	30	20	10	210
Ⅵ	50	40	30	20	10	5	155

图 35-4

字母 A,B,C,D,E,F 分别表示效用顺次递减的六种不同商品或同一种商品的六种用途（或性能），罗马数字 Ⅰ，Ⅱ，Ⅲ，Ⅳ，Ⅴ，Ⅵ表示富裕程度顺次递减的各级买主。阿拉伯数字表示具有六种性能的商品的某种性能或只具有该性能的某种商品对某一级买主的效用，或该买主对该性能所愿支付的最高价格。如 100 表示第 Ⅰ 级买主购买性能 A 所愿支付的最高价格（或 A 对于 Ⅰ 的效

---

① 该图式及其说明取自伊·戈·布留明：《政治经济学中的主观学派》上卷，人民出版社 1983 年版，第 321—322 页，有修改。

用）。任何一行阿拉伯数字都表明 $A,B,\cdots$ 等性能对某一级买主递减的效用。任何一列（除最右边一列）阿拉伯数字则表明某一种性能对Ⅰ,Ⅱ,$\cdots$各级买主具有递减的效用。最右边一列阿拉伯数字则分别表示各种性能对各级买主的总效用。

现假设具有 A 性能的商品有 6 单位,则其价格由边际买主Ⅵ的效用决定,为 50;具有 B 性能的商品有 5 单位,其价格由边际买主Ⅴ的效用决定,为 50;……具有 F 性能的商品有 1 单位,其价格由边际买主Ⅰ的效用决定,为 50,在上述假设下,A—F 这六种性能的市场价值都是 50,于是对于同时具有这六种性能的商品的价值便等于 $50\times6=300$。当Ⅰ购买这种同时具有六种性能的商品时,得到的消费者的剩余为 $450-300=150$。

克拉克的上述价值决定理论被西方经济学家称之为克拉克规律。克拉克和奥地利学派同样是以基数效用论来说明商品的价值,但克拉克规律显然更适合说明那种每单位都能同时满足消费者多方面欲望的商品的价值,而奥地利学派的价值理论则更适合说明那种每单位只能满足消费者一方面欲望的商品的价值。克拉克规律一直未得到西方经济学界的充分重视。但他那种分析商品性能的价值而非分析整件商品的价值的做法,在当代西方经济学家兰开斯特所提出的消费经济学的属性分析方法[①]中,得到了再现。

四、动态分析初探

在完成静态分析的基础上,克拉克对经济的动态进行了初步分析。他进行动态分析的一个基本前提,是假定只要静态标准不变,则无论实际状态初始对静态标准有多大偏离,最终都趋向标准。这说明他把静态均衡的稳定性作为不言而喻的前提。他的动态分析大致含有三部分内容:(1)说明实际状况偏离静态标准的原因;(2)说明动态因素对收入分配和产业结构的影响;(3)用动态分析方法说明世界划分为发达地区和不发达地区的原因。

在上述假定前提下,造成实际状况偏离静态标准的原因有两个:一是存在着各种阻力,使实际状况不能迅速逼近静态标准。但他认为这个原因不是主要的,故对阻力没有展开说明,但从他的全文来看,阻力主要是指妨碍各种生产要素自由流动(行业之间及区域之间)即妨碍自由竞争的各种因素。二是静态标准本身的变化。他认为这才是导致实际状况偏离静态标准的主要原因。[②] 正是由于静态标准本身的变化速度快于实际状态向任何既定静态标准逼近的速度,

---

① 关于消费理论中的属性分析方法,可参阅周寿萱:《微观经济学》,云南人民出版社1988 年版。

② 参阅克拉克:《财富的分配》,商务印书馆 1981 年版,第 304 页。

才使得实际状况始终不能与静态标准达到一致。

克拉克认为静态标准的变化起源于五种动态因素：人口不断增长、资本不断增长、生产方法不断改良、产业不断集中、人们的欲望不断增长。他进一步考察了五种因素分别变化和同时变化对静态标准的不同影响。若其他因素不变，只是人口（或资本）增加了，由于这种增加通常总是带有局部性的，故一定会引起劳动力（或资本）发生跨地区跨行业的流动。若其他因素不变，只是生产方法改良了，若这种改良只发生在个别部门，则该部门产品的标准价值将相对下降；若改良同时发生在各部门，则产品相对价值（标准意义上的）的变动将小得多。若其他因素不变，只是人们的欲望变化了，若这种变化只是对原有产品的质量性能方面的要求提高，则对原有产品结构产业结构的冲击不会太大；若这种变化是要用一种完全新的产品来满足一种新的欲望，则将对产业结构产生很大的扰乱作用。

克拉克还指出，实际状态向既定静态标准逼近所需要的时间，随两者的差别由哪种因素的变动引起而有很大不同。一般说来，新生产方法普及所需要的时间较短，工人跨地区移动所需时间甚长。若前一种调整约需 5 年，后一种调整可能需 50 年。他认为，实际生活中这五种动态因素往往同时变化，这就使它们对静态标准的影响往往互相抵消一些，使静态标准的变化不如个别因素单独变动时来得大。他进一步分析了五种动态因素同时变化以及实际状况向静态标准的调整，对收入分配和产业结构的影响。

首先，生产方法的改良会提高工资的静态标准，但由于实际工资不会迅速调整到提高了的标准上去，这就造成企业家的利润。正是这种生产方法的改良和工资调整的滞后，构成企业家利润的源泉。而这种利润又是企业家进行改良的动机。由于改良连续出现，工资调整的滞后持续存在，就使得企业家利润始终存在，所以利润是经济动态的结果。同时，改良的连续出现也使得实际工资尾随持续提高的工资静态标准而不断提高。其次，由于在长期中，资本增长快于劳动增长，在边际报酬递减率的作用下，利率相对于工资来说处于下降趋势中，但利息总额会增加。

克拉克对产业结构长期变动趋势的分析值得注意。为便于分析，他用图 35-5 表示一个经济社会的产业结构[①]：$A, B, C, \cdots$ 表示各种产品的初级产业或基础产业，如粮食生产、森林、金属矿产等。$A, A', A'', \cdots$ 表示加工程度逐渐深化的各部门。例如棉花生产、纺纱、织布、印染、服装等部门。B 系列，C 系列，$\cdots$ 表示其他各种最终产品从原料生产到最后成品的各级部门。

---

① 参阅克拉克：《财富的分配》，商务印书馆 1981 年版，第 11 页。引用时有修改。

$$A \qquad B \qquad C \qquad \cdots$$
$$A' \qquad B' \qquad C' \qquad \cdots$$
$$A'' \qquad B'' \qquad C'' \qquad \cdots$$
$$\cdots \qquad \cdots \qquad \cdots \qquad \cdots$$

图 35-5

克拉克认为,在动态因素的长期变动下,劳动和资本在各部门之间的流动有两种方式:一种是从基础部门(如 A)向加工部门(如 A')的流动,由初加工部门(如 A')向深加工部门(如 A'',…)的流动,这种流动是单向的,另一种是在加工程度差不多的各部门(如 A'' 与 B'',B'' 与 C'')之间的平行流动,这种流动是双向的。他认为前一种流动是规则的,而后一种则是不规则的。前一种流动之所以存在的原因有两条:一是基础产业部门与后续加工部门相比,生产方法和生产组织的改良速度较慢;二是人们对基础产业部门的产品的需求与后续加工部门的产品的需求相比,只有较弱的伸缩性。他指出,若改良导致更多的原有产品和更新的产品,则劳动和资本会出现第一种流动。若改良只是节约劳动,并不导致旧产品的增多和新产品的出现,则资本和劳动将因上述第一个原因而由后续加工部门流向基础部门。即出现与第一种流动反向的流动。由此可知,他实际上是用基础部门与后续加工部门的技术进步速度的相对差异,以及两大部门产品的需求弹性的相对差异,来论证第一种流动的存在原因。

克拉克认为,要素的第二种流动,即在加工层次差不多的各部门之间的平行的来回流动,是由于这些部门改良的非同步性。当 A'' 部门出现节约劳动和资本的改良时,要素便流向 B'' 和 C''。尔后若 B'' 出现了节约劳动和资本改良,则要素又将从 B'' 中流出。

克拉克认为,生产组织这一动态因素的变化,在长期中导致集中化的趋势。但这种集中化并不会破坏竞争局面,只是使竞争的方式发生变更。因此,他以竞争为前提所建立起来的静态和动态分析,将长期有效。

克拉克最后还运用其动态分析方法来说明世界上存在文明中心(即今天人们所说的发达国家)与不发达地区的原因。他认为这是由于要素尤其是劳动要素的跨国界流动受到阻碍。同时也是由于生产方法和生产组织的改良速率在上述两个地区有差别。这就使文明中心出现一种相对于本地区而言的局部静态社会,他称之为准静态。准静态下的工资标准,包含着一部分准利润,它们是由于文明中心与不发达的外界的界限而保留下来的,因此它们和企业家利润一样,都是由于动态过程中调整的滞后所造成的收入。但他相信,从更长远的眼光来看,准静态终究要向全世界范围中的完全静态逼近。因此,不发达地区工人的工资最终会赶上文明中心的工资水平。

克拉克是西方经济学家中较早关心世界范围中的发达与不发达问题的。他把不发达现象看作是世界范围中的动态过程所导致的后果，是由于各种阻力妨碍要素充分自由流动所导致的后果，这种阻力存在于实际状况向全世界意义上的静态标准接近的调整过程中。所以从长远看，他是乐观的。他的乐观态度虽然不会为今天的许多发展经济学家所接受，但他把不发达看作是动态过程中的现象，这还是一种可取的论点。

总的看来，克拉克的动态分析不如他的静态分析那么成熟，但其中包含不少有价值的有待于发展的思想萌芽。

第三节　欧文·费雪的经济理论

欧文·费雪①（Irving Fisher，1867—1947），生于美国纽约州。1891年、1898年分别获得耶鲁大学文学士和哲学博士；此后一直在耶鲁大学任教直至退休，1892—1895年为数学教师，1895—1935年为经济学教授；1930年与弗瑞希等人一起创立了经济计量学会，并任第一任会长；1926—1947年曾在雷明顿·兰德公司任职。他在价值理论、资本理论、货币理论及统计学方面，都作出了重要贡献。此外，他还投身于各种活动，发明了便于查阅的卡片索引系统，参加了世界和平运动、禁酒运动、预防医学及优生学等活动。其主要论著有：《价值和价格理论的数理研究》（1892）、《价值和利息》（1896）、《资本和收入的性质》（1906）、《利息率》（1907）、《货币的购买力》（1911）、《经济学基本原理》（1912）、《稳定美元》（1920）、《指数的制定》（1922）、《货币幻觉》（1928）、《利息理论》（1930，有中译本）、《繁荣和萧条》（1932）、《通货膨胀》（1933）、《100%的货币》（1935）和《稳定货币运动史》（1935）等。

费雪在只了解杰文斯交换方程式的条件下，独立发展了与瓦尔拉斯相接近的一般均衡体系，该体系在某些方面显然优于瓦尔拉斯体系。同时，他作为边际效用论由基数论向序数论转变中的过渡性人物，促进了这一转变。此外，他的利息理论和货币数量方程式也都名噪一时。

费雪在其研究生涯中主要研究了货币与经济的关系——货币如何影响利

---

① 《新帕尔格雷夫经济学大辞典》第2卷，经济科学出版社1996年版，第395—403页。[英]马克·布劳格、保罗·斯特奇斯：《世界重要经济学家辞典》，经济科学出版社1987年版，第190—191页。欧文·费雪在陈彪如先生所译《利息理论》中，译为菲歇尔。在宁嘉风先生所译《从马克思到凯恩斯十大经济学家》中，译为欧文·费希尔。在王梦奎先生等所译《政治经济学中的主观学派》中，译为伊尔文·费雪。

率、通货膨胀率和整个经济。因此他被誉为货币经济学之父。但有趣的是,他凭借其经济学货币理论知识在 20 年代通过股票交易迅速成为千万富翁,然而却在 30 年代的大萧条中丧失殆尽,并终生负债累累。

本节简介其价值理论、利息理论及货币数量论。

一、价值理论

费雪的价值理论发表于 1892 年出版的《价值和价格理论的数理研究》一书中。该书是他的博士论文。他是继瓦尔拉斯之后,较早运用一般均衡方法研究价值决定问题的经济学家之一。他的一般均衡理论包括四套方程组[①]。

(1)供求平衡方程组:

$$D_{a,1} + D_{a,2} + D_{a,3} + \cdots + D_{a,n} = A$$
$$D_{b,1} + D_{b,2} + D_{b,3} + \cdots + D_{b,n} = B$$
$$D_{c,1} + D_{c,2} + D_{c,3} + \cdots + D_{c,n} = C$$
$$\cdots\cdots$$
$$D_{m,1} + D_{m,2} + D_{m,3} + \cdots + D_{m,n} = M$$

式中,$A, B, C, \cdots, M$ 为 M 种商品各自的总量,假定为常数;$D_{a,1}, D_{a,2}, \cdots, D_{a,n}$,分别为第一人、第二人 …… 第 n 人各自对 A 商品的需求量,$D_{b,1}, D_{b,2}, \cdots, D_{b,n}$,分别为各人对 B 商品的需求量,以此类推。

(2)收支平衡方程组:

$$D_{a,1} P_a + D_{b,1} P_b + D_{c,1} P_c + \cdots + D_{m,1} P_m = Y_1$$
$$D_{a,2} P_a + D_{b,2} P_b + D_{c,2} P_c + \cdots + D_{m,2} P_m = Y_2$$
$$D_{a,3} P_a + D_{b,3} P_b + D_{c,3} P_c + \cdots + D_{m,3} P_m = Y_3$$
$$\cdots\cdots$$
$$D_{a,n} P_a + D_{b,n} P_b + D_{c,n} P_c + \cdots + D_{m,n} P_m = Y_n$$

式中,$Y_1, Y_2, Y_3, \cdots, Y_n$ 为 n 个交易者各自的收入总量,假定为常数;$P_a, P_b, P_c, \cdots, P_m$ 分别为 m 种商品的价格。

(3) 边际效用方程组:

$$du_1/dD_{a,1} = F(D_{a,1});$$
$$du_1/dD_{b,1} = F(D_{b,1}); \cdots;$$
$$du_1/dD_{m,1} = F(D_{m,1}) du_2/dD_{a,2} = F(D_{a,2});$$
$$du_2/dD_{b,2} = F(D_{b,2}); \cdots; du_2/dD_{m,2} = F(D_{m,2})$$

---

① 这四套方程组转引自布留明:《政治经济学中的主观学派》下卷,人民出版社 1983 年版,第 407—409 页。转引时符号有变化。

……

$$\mathrm{d}u_n/\mathrm{d}D_{a,n} = F(D_{a,n})\,;\mathrm{d}u_n/\mathrm{d}D_{b,n} = F(D_{b,n})\,;\cdots;\mathrm{d}u_n/\mathrm{d}D_{m,n} = F(D_{m,n})$$

式中，$u_1,u_2,\cdots,u_n$，分别为 n 个交易者的总效用函数；$\mathrm{d}u_1/\mathrm{d}D_{a,1},\cdots$，分别为 n 个交易者对 m 种商品的边际效用，它是总效用函数的一阶导数，本身又是需求量的函数；$F(D_{a,1}),\cdots$，分别为 n 个交易者对 m 种商品的边际效用函数，假定为已知的。

（4）满足最大化条件：

$$(\mathrm{d}u_1/\mathrm{d}D_{a,1})/(\mathrm{d}u_1/\mathrm{d}D_{b,1})/\cdots/(\mathrm{d}u_1/\mathrm{d}D_{m,1})$$
$$= (\mathrm{d}u_2/\mathrm{d}D_{a,2})/(\mathrm{d}u_2/\mathrm{d}D_{b,2})/\cdots/(\mathrm{d}u_2/\mathrm{d}D_{m,2})$$
$$= \cdots = (\mathrm{d}u_n/\mathrm{d}D_{a,n})/(\mathrm{d}u_n/\mathrm{d}D_{b,n})/\cdots/(\mathrm{d}u_n/\mathrm{d}D_{m,n})$$
$$= P_a : P_b : P_c : \cdots : P_m$$

该条件可分解成 $n(m-1)$ 个方程式。

上述四套方程组共有 $2mn+m$ 个方程式（m 个供求平衡方程式、n 个收支平衡方程式、mn 个边际效用方程式，以及 $n(m-1)$ 个满足最大化条件），正好可用于求解 $2mn+m$ 个未知变量（mn 个需求量、mn 个边际效用值以及 m 个价格）。

值得指出的是，费雪是在除了阅读杰文斯的著作之外未接触任何其他数理经济学家（包括瓦尔拉斯）的论著的情况下，提出他的一般均衡的四套方程式的。[①] 因此，他的理论可以看成是对杰文斯著名的交换方程式的发展。杰文斯的交换方程式只涉及二人二商品间的交换均衡，而费雪则推广到 n 人 m 商品间交换的均衡。他的边际效用方程，正是杰文斯的最后满足程度理论，两者所用的数学表达方式也几乎完全一致。他的满足最大化条件，也正是杰文斯的交换方程式推广到 n 人 m 商品交换时的结果，区别只在于杰文斯认为与边际效用之比相等的是交易量之比，而他认为是价格之比。但这两个比例实质上是一回事。他的供求平衡方程与杰文斯的交换方程式有共同的前提：商品的总量既定。其实杰文斯的交换方程式也蕴含着同样的供求平衡方程（但只是二人二商品交换的情况中的），他把杰文斯蕴含着的这个供求平衡方程推广到了 n 人 m 商品的交换中。他的收支平衡方程则是一个创新。所以他对杰文斯理论的发展表现在两个方面：一是把杰文斯交换方程式推广到 n 人 m 商品交换的情况中；二是提出了收支平衡方程组。

从形式上看，费雪的四套方程组与瓦尔拉斯的体系有不少差别，但他的体系与瓦尔拉斯多种商品交换时的均衡体系是同样的。首先，他的供求平衡方程

---

① 参阅熊彼特：《欧文·费希尔（1867—1947）》。该文载于熊彼特：《从马克思到凯恩斯十大经济学家》，商务印书馆 1965 年版。

组与瓦尔拉斯的供求平衡方程组实质上是一致的,尽管两者在供给的表达方式上有一定区别。其次,他的价格显然满足瓦尔拉斯的全面平衡方程组,即不允许存在套购机会。其三,他的边际效用函数的反函数,在他的满足最大化条件以及他的收支平衡方程组的约束下,便可转化为瓦尔拉斯的有效需求方程组。满足最大化条件决定了各种商品需求的相对比例,而收支平衡方程组则进一步决定了各种商品需求的绝对量。这一思想就是通过消费者均衡分析来推导出个别乃至全体消费者对各种商品的需求。他以无差异曲线和现在人们所说的"预算线"(他称之为部分收入线)为工具分析了消费者均衡。①

费雪体系与瓦尔拉斯体系的主要差别之一,是他明确地把各人的收入水平,各种商品的总量和各个人对各种商品的边际效用函数三者并列为决定均衡价格的参变量。而瓦尔拉斯只明确承认后两个因素的作用,至于收入水平对价格的影响,只是在证明商品持有量等值再分配定理时间接地隐含地提到。明确肯定各人收入水平(也就是肯定收入的分配状况)对价格的决定作用,是他的体系优于瓦尔拉斯体系的地方。另一个重要差别是他把边际效用值作为体系的未知变量,而瓦尔拉斯体系中,边际效用只是决定需求这一未知变量的因素之一,本身并不作为一个明显变量出现在体系之中。这是他的体系劣于瓦尔拉斯体系的地方。因为这意味着他的价值理论必须解决一个瓦尔拉斯所不会面临的难题:边际效用值的测量。他对于这一难题的回答表现了他的两面性。② 一方面,他在任何一种或至少一种商品的效用只定于它自身的数量而和其他商品的数量无关这一前提下来说明效用的单位,研究测量的方法;另一方面,他又承认一商品的效用应看作是一切商品数量的函数,这接近后来的序数效用论。他的这种两面性表明他是从基数效用论向序数效用论转变的过渡人物。他和埃奇沃思一起,对于后来帕累托提出序数效用论具有重要影响。

二、利息理论

费雪首先定义了收入和资本。他把个人收入分作三种形态:享用收入(由满足的感觉或体验所构成)、实际收入(由带来满足的种种物品和服务组成,用生活费用来进行加总和衡量)和货币收入(个人用来支付生活费用所得到的货币)。由此可知,他的收入概念类似于今天西方经济学中的消费。他认为资本就其价值而言,是将来收入的贴现,或将来收入的资本化。他用图35-6表明了

---

① 参阅[匈]安道尔·马加什:《现代非马克思主义经济学史》,商务印书馆 1992 年版,第二篇第二章。

② 参阅熊彼特:《欧文·费希尔(1867—1947)》。该文载于熊彼特:《从马克思到凯恩斯十大经济学家》,商务印书馆 1965 年版。

资本与收入之间的关系：即资本财货导致从现在起到未来的一系列收入流量，这一流量决定了收入的价值，而收入价值再反转来决定资本财货的价值。把收入看作是流量和把资本看作是存量，这是他对西方经济学所作出的重要贡献之一。他声称是在阿尔卑斯山的一次旅游中观看瀑布时领悟到这一点的。瀑布的水流落进水潭，增加了水潭的水存量。而收入就相当于瀑布的流水，资本就相当于水潭的积水。①

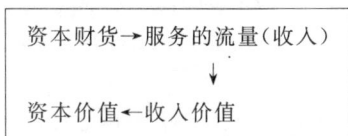

图 35-6

费雪倾向于对资本作最广义的理解，他认为一切能带来收入的东西都可以称作资本，这些东西的价值取决于它所带来的收入流量的资本化。甚至人本身也可以称作资本，只要他能带来收入流量。与这种对资本概念的广义解释相对应，他反对把利息作为与地租、工资及利润并列的收入范畴，而认为利息作为广义资本的收入，包括了地租、工资和利润。

费雪把利率看作是联系收入与资本之间的桥梁，他认为资本的价值与利率呈反向运动，而与储蓄呈同向运动。他把利率定义为："对某一日期的货币所支付的贴水的百分率，这一贴水是以一年后货币来表示的。"②因此，利率实质上是把各市场上的不同时点联系起来的一种价值。所以各种产品，只要其所提供的服务是跨时间的，则其价值便要受到利率的影响。跨越的时间越长，利率影响越大。同时任何生产要素，只要是运用于迂回生产的，其价格也要受到利率的影响，生产越是迂回，利率影响越大。"只要有时间的因素存在，便有利率的问题存在。利率是整个价格结构中之最为普遍的价格"③。

费雪认为，作为现在财货与将来财货相交换时的价格，利率由两大因素决定：一是主观心理因素，即人性不耐或时间偏好（现在财货优于将来财货的边际偏好）；二是客观因素，即投资机会。

费雪认为，一个人的时间偏好主要由其收入川流的四大特征决定。这四大特征是：（1）流量的大小。（2）川流的时间形态，即收入是随时间而不变、递增、

① ［美］史蒂文·普雷斯曼：《思想者的足迹：五十位重要的西方经济学家》，江苏人民出版社 2001 年版，第 194 页。

② 菲歇尔：《利息理论》，上海人民出版社 1959 年版，第 11 页。

③ 菲歇尔：《利息理论》，上海人民出版社 1959 年版，第 28 页。

递减抑或波动。(3)川流量构成,即收入由哪些实际项目(饮食、住所、娱乐和教育等)组成。(4)川流量的或然性,即风险大小或不确定的程度。他认为,在其他条件一定时,收入流量越小,时间偏好越强;其他条件一定时,递增的收入流量将提高时间偏好;其他条件一定时,当前的风险或不确定以及在时间上均匀分布的风险或不确定,将提高时间偏好,而未来的风险或不确定将降低时间偏好。除了收入流量的四大特征之外,其他影响时间偏好的是下述个人因素:远见、自制、习惯、寿命预期、对后人的关怀以及时尚。这些个人因素中,导致时间偏好增强的是目光短浅、缺乏自制、乱花钱的习惯、预期寿命短或不确定、不关心后人以及盲目追随时尚。

费雪首先分析了不存在投资机会(即每个人只面临一条唯一的收入川流,无法通过变动资本(广义的)的使用方式来改变之,只能经由借贷改变之)时的利率决定,他称之为利息的第一近似理论。他假定:(1)每个人的收入川流在开始时是确定的固定的;(2)借贷市场是完全竞争的,即单个人的借贷行为不影响利率;(3)每个人可以自由进出借贷市场,并依据市场利率借贷任何数额;(4)个人只能通过借贷和资产的买卖来变更收入川流,即不存在投资机会,不能通过变动资本(广义)的使用方法来变更收入川流。在此四项假定下,每个人将依据初始的市场利率来决定自己的借贷行为,变更收入川流,以调整自己的时间偏好使之接近市场利率;由此造成整个借贷市场上的借贷总量,而市场利率将依据借贷总量之间的差额而调整。最终实现均衡时,市场上所有人的时间偏好将相等并与均衡的市场利率一致,同时借贷总量之间实现均衡。

费雪用下述四套方程组来表达利息第一近似理论。第一套方程组是时间偏好方程组,共有 $n(m-1)$ 个:

$$f_1' = F_1'(c_1' + X_1', c_1'' + X_1'', \cdots, c_1^{(m)} + X_1^{(m)})$$
$$f_2' = F_2'(c_2' + X_2', c_2'' + X_2'', \cdots, c_2^{(m)} + X_2^{(m)})$$
$$\cdots\cdots$$
$$f_n' = F_n'(c_n' + X_n', c_n'' + X_n'', \cdots, c_n^{(m)} + X_n^{(m)})$$
$$f_1'' = F_1''(c_1'' + X_1'', c_1'^{\prime\prime} + X_1'^{\prime\prime}, \cdots, c_1^{(m)} + X_1^{(m)})$$
$$f_2'' = F_2''(c_2'' + X_2'', c_2'^{\prime\prime} + X_2'^{\prime\prime}, \cdots, c_2^{(m)} + X_2^{(m)})$$
$$\cdots\cdots$$
$$f_n'' = F_n''(c_n'' + X_n'', c_n'^{\prime\prime} + X_n'^{\prime\prime}, \cdots, c_n^{(m)} + X_n^{(m)})$$
$$\cdots\cdots$$

$f_1', f_2', \cdots, f_n'$ 分别为 n 个人的第一年收入与第二年收入相比较的时间偏好率,$f_1'', f_2'', \cdots, f_n''$ 分别为 n 个人的第二年收入与第三年收入相比较的时间偏好率 $\cdots$;$c_1', c_2'', \cdots, c_n'$ 分别为 n 个人第一年的初始收入,$c_1'', c_2'', \cdots, c_n''$ 分别

为 n 个人第二年的初始收入 …；$X_1', X_2', \cdots, X_n'$ 分别为 n 个人第一年的借款（贷款）量，$X_1'', X_2'', \cdots, X_n''$ 分别为 n 个人第二年的借款（贷款）量，…… 它们可以是正值，也可以是负值，也可以为零；$c_1' + X_1', c_2' + X_2', \cdots, c_n' + X_n'$ 分别为 n 个人第一年的经过借贷调整后的收入，$c_1'' + X_1'', c_2'' + X_2'', \cdots, c_n'' + X_n''$ 分别为 n 个人第二年的经借贷调整后的收入，…… 该套方程组表明时间偏好是收入川流的函数。

第二套方程组为时间偏好率均等方程组，共有 $n(m-1)$ 个：

$$i' = f_1' = f_2' \cdots = f_n'$$
$$i'' = f_1'' = f_2'' \cdots = f_n''$$
$$\cdots\cdots$$
$$i^{(m-1)} = f_1^{(m-1)} = f_2^{(m-1)} \cdots = f_n^{(m-1)}$$

式中，$i', i'', \cdots, i^{(m)}$ 分别为 m 年中各年的均衡利率。

第三套方程组是借贷平衡方程组，共有 m 个：

$$X_1' + X_2' + \cdots + X_n' = 0$$
$$X_1'' + X_2'' + \cdots + X_n''n = 0$$
$$\cdots\cdots$$
$$X_1^{(m)}1 + X_2^{(m)} + \cdots + X_n^{(m)} = 0$$

该方程组表明每年的借贷额的代数和为零，即借贷平衡。

第四套方程组是借贷现值平衡方程组，共有 n 个：

$$X_1' + X_1''/(1+i') + \cdots + X_n^{(m)}/(1+i')(1+i'')\cdots(1+i^{(m-1)}) = 0$$
$$X_2' + X_2''/(1+i') + \cdots + X_2^{(m)}/(1+i')(1+i'')\cdots(1+i^{(m-1)}) = 0$$
$$\cdots\cdots$$
$$X_n' + X_n''/(1+i') + \cdots + X_n^{(m)}/(1+i')(1+i'')\cdots(1+i^{(m-1)}) = 0$$

式中，$X_1''/(1+i')$ 为第一人第二年借（贷）款额的贴现值，以此类推。该方程组表明每人在 m 年中的借贷额的现值的代数和为零。

四套方程共有 $2mn + m - n$ 个方程式，但可化简为 $2mn + m - n - 1$ 个方程，方法是将第四组所有方程加总，由此可得第三组的第一个方程式：因此可将其略去。未知数正好也有 $2mn + m - n - 1$ 个（包括 $n(m-1)$ 个 f，mn 个 X，以及 $m-1$ 个 I）。整个体系有确定解。

费雪进一步考虑存在投资机会时的利率决定，他称之为利息的第二近似理论。他把投资机会定义为投资者经由选择从一种收入川流移向另一种收入川流的机会。这种收入川流的转移与单纯的借贷（它也具有改变收入川流的作用）不同，它涉及投资者所拥有的要素的使用方法的变更、技术的变更。

当存在投资机会时，资本（广义）所有者将从许多不同的收入川流中选择一条依据既定利率其现值最大的收入川流,然后通过借贷来变更其时间形态。所有人的借贷行为将调整利率,利率的变化将引起所选择的收入川流的变化。如此不断地反复调整,最终实现均衡时,将满足下述条件:所有人的时间偏好相等并与均衡的利率相一致;借贷总量均等;每个人所选择的收入川流按均衡利率计算,具有最大现值,即每个人所选择的收入川流的边际收获超过成本率(r)将相等并与均衡利率相一致。收入川流的边际收获超过成本率(r)是指该收入川流带来的边际效益与其机会成本的比例。它会由于投资数量的变化而变化,一般是随投资数量的增加而递减。上述这些条件可用下述六套方程组表示出来。

第一套时间偏好方程组共有 $n(m-1)$ 个:

$$f_1' = F_1'(Y_1' + X_1', Y_1'' + X_1'', \cdots, Y_1^{(m)} + X_1^{(m)})$$
$$f_2' = F_2'(Y_2' + X_2', Y_2'' + X1'', \cdots, Y_2^{(m)} + X_2^{(m)})$$
$$\cdots\cdots$$
$$f_n' = F_n'(Y_n' + X_n', Y_n'' + X_n'', \cdots, Y_n^{(m)} + X_n^{(m)})$$
$$f_1'' = F_1''(Y_1'' + X_1'', Y_1'^" + X_1'^", \cdots, Y_1^{(m)} + X_1^{(m)})$$
$$f_2'' = F_2''(Y_2'' + X_2'', Y_2'^" + X_2'^", \cdots, Y_2^{(m)} + X_2^{(m)})$$
$$\cdots\cdots$$
$$f_n'' = F_n''(Y_n'' + X_n'', Y_n'^" + X_n'^", \cdots, Y_n^{(m)} + X_n^{(m)})$$
$$\cdots\cdots$$

式中,$Y_1', Y_2', \cdots, Y_n'; Y_1'', Y_2'', \cdots, Y_n''; \cdots; Y_1^{(m)}, Y_2^{(m)}, \cdots, Y_n^{(m)}$ 分别为 n 个人第一年、第二年、…… 第 m 年的初始收入,它们取决于投资者对收入川流的选择,不再是常量而是变量。其他符号照旧。该套方程表明时间偏好是收入川流的函数,而这些收入川流是投资者在众多投资机会中进行选择再由借贷加以调整的结果。

第二套是时间偏好率均等方程组,共有 $n(m-1)$ 个:

$$i' = f_1' = f_2' \cdots = f_n'$$
$$i'' = f_1'' = f_2'' \cdots = f_n''$$
$$\cdots\cdots$$
$$i^{(m-1)} = f_1^{(m-1)} = f_2^{(m-1)} \cdots = f_n^{(m-1)}$$

第三套是借贷平衡方程组,共有 m 个:

$$X_1' + X_2' + \cdots + X_n' = 0$$
$$X_1'' + X_2'' + \cdots + X_n'' = 0$$
$$\cdots\cdots$$
$$X_1^{(m)} + X_2^{(m)} + \cdots + X_n^{(m)} = 0$$

第四套是借贷现值平衡方程组,共有 n 个:

$$X_1' + X_1''/(1+i') + \cdots + X_1^{(m)}/(1+i')(1+i'')\cdots(1+i^{(m-1)}) = 0$$
$$X_2' + X_2''/(1+i') + \cdots + X_2^{(m)}/(1+i')(1+i'')\cdots(1+i^{(m-1)}) = 0$$
$$\cdots\cdots$$
$$X_n' + X_n''/(1+i') + \cdots + X_n^{(m)}/(1+i')(1+i'')\cdots(1+i^{(m-1)}) = 0$$

第五套是投资机会方程组,共有 n 个:

$$\Psi_1(Y_1', Y_1'', \cdots, X_1^{(m)}) = 0$$
$$\Psi_2(Y_2', Y_2'', \cdots, X_2^{(m)}) = 0$$
$$\cdots\cdots$$
$$\Psi_n(Y_n', Y_n'', \cdots, X_n^{(m)}) = 0$$

它表明每个人的收入川流的变动所必须遵守的界限。即某一川流在某一年的流量若比另一川流同一年的流量要大,则前一川流必定在另外某些年中,其流量要小于后一川流。至于那些任一年的流量都小于其他某一川流的川流,是被排除于选择之外的。

第六套是表明收入川流的最优选择的方程组,共有 $n(m-1)$ 个:

$$i' = r_1' = r_2' = \cdots = r_n'$$
$$i'' = r_1'' = r_2'' = \cdots = r_n''$$
$$\cdots\cdots$$
$$i^{(m-1)} = r_1^{(m-1)} = r_2^{(m-1)} = \cdots = r_n^{(m-1)}$$

式中,$r_1', r_2'', \cdots, r_1^{(m-1)}; r_2', r_2'', r_2^{(m-1)}; r_n', r_n'', \cdots r_n^{(m-1)}$ 分别为第一个人在相继 m 年中各年的边际收益超过成本率,第二个人在相继 m 年中各年的边际收益超过成本率,…… 第 n 个人在相继 m 年中各年的边际收益超过成本率。

上述六套方程共有方程 $3mn + m - n$ 个,未知数 $4mn + m - 2n - 1$ 个(包括 $n(m-1)$ 个 f,mn 个 x,$m-1$ 个 i,mn 个 Y,以及 $n(m-1)$ 个 r)。从上述第三、四套方程组中可以减去一个方程,故独立的方程式共有 $3mn + m - n - 1$ 个。同时,任一个 r 都不过是相邻两年的 Y 进行替代时的替代率,因此它们并不是独立的变量,可以从确定的 mn 个 Y 中推导出来,因此可以从 $4mn + m - 2n - 1$ 个变量中减去 $n(m-1)$ 个 r,剩下 $3mn + m - n - 1$ 个未知量,与方程数恰好相等,故该体系有解。

最后,费雪考虑了存在风险和不确定性时的利率决定,他称之为利息的第三近似理论。当存在风险和不确定性时,每个人面临的各种收入川流都将带有或然性,而不是确定性,从而这些川流的边际收益超过成本率也将是不确定的,时间偏好率也将带有或然性。同时整个借贷由于呆账风险而未必一定平衡,个人在一个长时期中的借贷的现值的代数和也未必一定为零。由此造成的后果是任一时点上的利率决定,是难以用数学方法加以说明的。他把风险和不确定性称作利率决定中的搅乱因素,并认为尽管实际生活中大量存在这类搅乱因素,但还是可以用他的第二近似理论说明实际生活中利率的基本倾向。

在众多的导致风险和不确定性的因素中,费雪重点分析了发明与发现对利率的影响,以及起因于货币的物价变动对利率的影响。他认为发明与发现对利率的最初影响是促其升高,因为发明与发现所导致的投资机会会促使借款增加。但发明与发现对利率的最终影响是促其下降,因为收入川流在数量上增加了,这将减低时间偏好。

对于货币、物价对利率的影响,费雪花费了较多的篇幅进行考察。他首先是区分了货币利率(名义利率)与实际利率,实际利率就是由时间偏好和投资机会所决定的利率,而货币利率往往等于实际利率与币值变动率(一般物价水平变动率)之和。[①] 当币值变动率为零时,货币利率便等于实际利率。当币值变动时,货币利率才会与实际利率发生差异,除非币值变动被准确地预见,并在契约中加以考虑。但由于人们普遍存在货币幻觉,币值变动不会很快被人们所觉察,所以币值变动在短期中难以影响货币利率。货币幻觉这个概念是他首先引入经济学的。

费雪还进一步根据英美两国的统计资料,运用计量分析方法,考察了货币利率对币值水平和币值变动的依存关系,得到四点结论:(1)物价水平上升时货币利率一般有增高的倾向,物价水平下降时利率一般有降低的倾向。(2)货币利率变动往往落后于物价变动率,因而对两者进行同期的直接比较时,两者间的关系往往模糊不清。(3)货币利率与物价变动的滞后分布的加权平均值(权数依滞后期的延伸而递减,滞后期的长短依具体情况而言)高度相关。这是关于分布滞后现象的先驱性研究。(4)物价水平高时货币利率也肯定地倾向于高,物价水平低时利率也肯定地倾向于低,同时也指出物价水平依货币利率的变动而反向变动的另一种因果关系,即人为压低(提高)货币利率将提高(下降)物价水平。他强调后一种因果关系发生在较短时期中,而较长时间中是前一种因果关系起支配作用。"在一定限度内,利率下跌可以而且往往几乎是促使物价即刻地上涨,商业活动即刻地增加。这种影响可以延续到好几个月,一直到上涨的物价又占取了优势,从而再度提高利率为止"[②]。

费雪的利息理论,最初面世于1907年发表的《利息率》一书之中,尔后修订

---

① I. Fisher:《货币的购买力》,商务印书馆1934年版,第61—62页。

② 菲歇尔:《利息理论》,上海人民出版社1959年版,第367页。

于1930年出版的《利息理论》一书中。这个理论在很大程度上是继承了约翰·雷①和庞巴维克乃至杰文斯的资本理论。他对时间偏好的分析,可以说几乎完全源自庞巴维克,但他在几个方面不同于庞巴维克:一是他把利息看作是一种与时间有关的广义资本的收入,利率是一种把不同时点联系起来的特殊价格,不赞成把利息与工资、地租和利润并列起来;而庞巴维克则赞同后一种论点。二是他把利率看作是与其他有关变量在相互作用过程中决定的。所以运用联立方程组来同时求解利率及其他有关变量;而庞巴维克显然不赞同这种相互作用说,倾向于用主观心理因素来作为利率的最终决定者。三是把投资机会或边际收益超过成本率作为客观因素,并列于时间偏好这一主观因素,两者共同决定利率;而庞巴维克则只承认时间偏好这一主观因素,而其他客观性的因素不是与时间偏好并列,而是通过时间偏好才对利率发生影响。四是他认为决定时间偏好的主要是收入川流的特征,而庞巴维克则认为是另外三种原因。

费雪的利息理论,按他的本意,也是对瓦尔拉斯、帕累托一般均衡理论的补充。他认为瓦尔拉斯的一般均衡理论解决了同一地区同一时间中的价格决定问题,但没有回答不同时间的同一货物之间交换的价格决定,而解决后一问题便是利息理论的目的。从更广阔的视野来看,从边际革命开始,西方经济学家关于利息利率的决定问题,一直有两种基本的思路:一种是忽略时间因素来说明利率的决定,如维塞尔、瓦尔拉斯、克拉克、马歇尔等人,他们或者是用资本的边际生产力或者是用资本的供求平衡来说明利率的决定。另一种是强调时间因素来说明利率,把利率看作是经济活动需要在时间之流中进行的结果,如庞巴维克、费雪等人。但他们重视时间与后来凯恩斯及其后人重视时间因素又有区别,他们更侧重于确定性条件下的分析,因而总是把利率看作是资本现象而非货币现象;而凯恩斯则开始重视时间过程中的不确定性,把它看作是对经济生活有重大影响的因素,并以此为依据把利率看作是货币现象而非资本现象;而凯恩斯的学生之一琼·罗宾逊则干脆把时间看作是不确定性的代名词。

总而言之,庞巴维克-费雪的传统比瓦尔拉斯-克拉克-马歇尔的传统更接近于凯恩斯,凯恩斯自己也认为他的资本边际效率与费雪的边际报酬超过成本率是很接近的。②

从今天的眼光来看,费雪利息理论中另一个有价值的贡献是他关于物价水

---

① 约翰·雷(John Rae,1796—1872),生于苏格兰,曾在加拿大、加利福尼亚和夏威夷任校长。主要论著是1834年出版的《论政治经济学的若干新原理》。其主要贡献是在几乎完全孤立的状态中成功地创造出使庞巴维克和其他人受益匪浅的资本理论。

② 参阅凯恩斯:《通论》,熊彼特:《欧文·费希尔》,载于熊彼特:《从马克思到凯恩斯十大经济学家》,商务印书馆1965年版。

平与利率之间关系的见解,这些见解以及他得到这些见解时所采用的计量经济学方法,表明他不仅是计量经济学的先驱,同时也是现代货币主义关于这方面见解的先驱。[1] 其次,他虽然未能充分阐述风险对于利率的影响,但他对风险的重视,很可能启发了 20 世纪耶鲁大学的詹姆士·托宾,后者完成了他未完成的事业,建立了考虑风险因素的数理模型,说明利率等变量的决定。

三、费雪方程式:对一般物价水平影响因素的分析

费雪经济思想中对后人最有影响的当属他对一般物价水平影响因素的分析。这一理论主要发于 1911 年的《货币的购买力》一书之中。在该书中,他首先定义了什么是货币,"无论何种商品在交易上为一般所愿意收受的,皆可称为货币"[2]。即货币是交易当中能够被人们普遍接收的商品。由于各种商品在交易中被人普遍接收的程度或"交易力"是渐变的,所以他给出了交易力(即今天人们所说的流动性)逐渐递增的一系列商品:不动产、著名稳健公司的债券、公债、商业票据、汇票、支票、流通媒介(包括不存放于各银行和国库,而处于流通过程的货币和银行存款)。而货币则包括本位币(金币)、信用币(银行券)和小额的辅币。[3] 他要研究的是流通媒介的购买力的决定因素,或者说是物价水平的决定因素。

为此,费雪提出了以他命名的著名方程式:$MV=PT$,M 为包括金属货币和纸币在内的货币数量,V 为每单位货币的平均流速,V 为社会总交易量,P 为一般物价水平。[4] 据此,他指出了三项定理:(1)若流通率 V 和交易量 T 不变,物价 P 必随货币数量 M 的变动而同比例同方向涨跌;(2)若货币数量 M 和交易量 T 不变,物价 P 必随流通率 V 的变动而同比例同方向涨跌;(3)若货币数量 M 和流通率 V 不变,物价 P 必随交易量 T 的变动而同比例但反方向涨跌。[5] 因此,当政府把货币的票面价值增加一倍、减低铸币的一半成色或增加货币供给一倍,都将使得物价上涨一倍。[6]

当考虑银行支票存款时,费雪方程式变为:$MV+M'V'=PT$,M' 为支票存

---

[1] 参阅 M. 弗里德曼:《货币政策的任务》,载《美国经济评论》第 8 卷第 1 期,1968 年 3 月。该文是弗里德曼就任美国经济学会第 80 届年会会长的演讲稿。

[2] I. Fisher:《货币的购买力》,商务印书馆 1934 年版,第 2 页。

[3] I. Fisher:《货币的购买力》,商务印书馆 1934 年版,第 10—15 页。

[4] I. Fisher:《货币的购买力》,商务印书馆 1934 年版,第 17—18 页。

[5] I. Fisher:《货币的购买力》,商务印书馆 1934 年版,第 20 页。

[6] I. Fisher:《货币的购买力》,商务印书馆 1934 年版,第 30—32 页。

款量，V' 为支票存款的平均流速。[①] 他认为一般情况下货币数量 M 与支票存款 M' 保持一定的比例关系。因为银行准备金与存款的比例，私人和公司的现金交易与支票交易的比例、现金与存款的比例，一般都保持一定。[②] 于是，若现金流通率 V 和存款流通率 V' 保持不变，物价将随着货币 M 和存款 M' 的数量变化而同比例同方向变化。[③] 为了证明这一点，他回顾了近千年的世界物价史尤其是英国自 1789 年以后的物价史，指出"在流通率变动甚微的时候，物价的历史实际上就是流通媒介(M 与 M')的增加与交易量的增加的竞争史。……流通媒介有时先交易量而变动，物价随即增涨。……反之，流通媒介的变动有时较交易量更迟缓、物价随即跌落，……"[④]

费雪提出该方程式的目的，在于说明均衡状态下物价水平(货币的币值)的决定，其结论就是"货币的购买力——或均价即是他的倒数——完全视下列五项确定的份子为转移：(1)流通货币数量，(2)他的流通率，(3)用支票提取的银行存款的数量，(4)他的流通率及(5)交易量"[⑤]。

费雪认为，除 M 外，其实影响物价水平的因素非常之多，但是这些因素皆通过影响 T 和 V 而影响 P。[⑥] 他列举了通过影响 T 和 V 而间接影响 P 的诸因素：

Ⅰ.影响 T 从而影响 P 的因素：(一)生产方面：(1)天然资源地区分布状况；(2)劳动分工状况；(3)技术知识；(4)资本积累。(二)消费方面：人类欲望的种类、程度及其变动。(三)生产和消费的共同因素：(1)交通运输的便利状况；(2)贸易的自由程度；(3)货币银行制度；(4)商业信心。[⑦]

Ⅱ.影响 V 从而影响 P 的因素：(一)个人习惯：(1)节俭与储藏的习惯；(2)记账的习惯；(3)使用支票的习惯。(二)社会支付制度：(1)收支次数的多寡；(2)收支的规律化程度；(3)收支间距与金额的大小。(三)一般社会背景：(1)人口密度；(2)交通运输的快速程度。[⑧]

值得注意的是，费雪已经发现了通货膨胀预期对于流通率从而对于实际通货膨胀的影响，"若币价有将增涨的预兆，存有货币的人必就将继续储藏，存有

---

①　I.Fisher：《货币的购买力》，商务印书馆 1934 年版，第 51 页。

②　I.Fisher：《货币的购买力》，商务印书馆 1934 年版，第 53—55 页。

③　I.Fisher：《货币的购买力》，商务印书馆 1934 年版，第 55—56 页。

④　I.Fisher：《货币的购买力》，商务印书馆 1934 年版，第 265 页。

⑤　I.Fisher：《货币的购买力》，商务印书馆 1934 年版，原序第 1 页。

⑥　I.Fisher：《货币的购买力》，商务印书馆 1934 年版，第 79 页。

⑦　I.Fisher：《货币的购买力》，商务印书馆 1934 年版，第 79—85 页。

⑧　I.Fisher：《货币的购买力》，商务印书馆 1934 年版，第 85—96 页。

货物的人必将赶速售出;结果必使流通率减少,交易量增加,物价因而跌落。反之,币价如有跌落的预兆,存有货币的人必将赶速用出,存有货物的人必将继续存留以待物价的增涨;价格必使流通率增加,交易量减少,物价因而增涨。换言之,预料物价将增涨或将跌落即是物价立时增涨或立时跌落的原因"①。这一观点对于 20 世纪后半期的货币主义深有影响。

在列举并分析影响 T 和 V 而间接影响 P 的诸因素之后,费雪还分析了影响 M 而间接影响 P 的因素。主要有:(1)货币的输出及输入;(2)铸造或镕化货币;(3)货币金属的生产及消费;(4)货币制度及银行制度。② 他指出关税保护阻碍货币输出,会提高国内物价。③ 至于货币制度,他主要讨论了复本位制,认为这种制度下将由于劣币驱逐良币的格莱欣法则,使币值相对较低的货币充斥市场。因此格莱欣法则的"显著的影响在随时减低货币购买力"④,即提高物价水平。同时,他指出复本位制实际上是不能持久的,只要劣币的数量足够多,就可能把良币全部驱逐出市场,出现实际上的单本位制;除非劣币的数量不够多,不足以单独支撑所有交易。⑤

在讨论复本位制下的格莱欣法则时,值得注意的是费雪指出了法则得以存在的条件,就是"使用货币的选择权操于交易中的付款的人,非操于受款的人。……若选择权在受款的人,不在付款的人,情形必正相反;价高的货币或良币必将驱逐价低的货币或劣币"⑥。用今日的术语来说,可能就是格莱欣法则存在于买方市场或过剩市场,而相反的法则存在于卖方市场或短缺市场。

为了确定货币数量变化与物价水平变化之间的同比例同方向关系,费雪还探讨了货币数量变化对流通率和交易量的影响。他的结论是,除了过渡时期,"货币或存款的流通率是不受他们的数量的影响的"⑦。同样也不会影响交易量,"除过渡时期以外,交易量与流通率相同,皆不受货币数量的影响。货币膨胀不能增加农产物与制造品,亦不能增进火车与轮船的速力。商业的状况视天然原料与专门技术为转移,不恃在货币数量。生产,运输及贸易的全部机械是一种物质的能力与技术的问题,其中没有与货币数量有关系的"⑧。

---

① I. Fisher:《货币的购买力》,商务印书馆 1934 年版,第 282—283 页。
② I. Fisher:《货币的购买力》,商务印书馆 1934 年版,第 97 页。
③ I. Fisher:《货币的购买力》,商务印书馆 1934 年版,第 100—101 页。
④ I. Fisher:《货币的购买力》,商务印书馆 1934 年版,第 122 页。
⑤ I. Fisher:《货币的购买力》,商务印书馆 1934 年版,第 122—133 页。
⑥ I. Fisher:《货币的购买力》,商务印书馆 1934 年版,第 120—121 页。
⑦ I. Fisher:《货币的购买力》,商务印书馆 1934 年版,第 164—164 页。
⑧ I. Fisher:《货币的购买力》,商务印书馆 1934 年版,第 165 页。

　　而在费雪交易方程式的各个变量之间的关系上,若不考虑过渡时期的种种特殊情况,费雪的结论是:(1)货币数量增加使存款同比例增加,两者的增加又使物价同比例上涨。(2)一国货币的增加,将使物价上涨,从而引起本国货币输出;若金块价格也上涨至一定程度,就引起铸币的镕化。(3)存款对货币比例的增加,会引起货币输出或镕化。(4)流通率的增加亦有同样效果。(5)交易量增加有可能降低物价,但由于它会提高流通率及存款对货币的比例,因此可能会抵消它降价的作用。(6)虽然其他变量之间可能互相影响互为因果,但物价水平只能是其他变量的结果而不会成为原因。[1]　同时,他特别指出,物价水平的决定机制不同于个别商品价格的决定机制。[2]　他的总结论就是:"总之,我们对于因果关系的结论是:平时均价是交易方程中其他各份子的结果;在这些份子中,存款大半受货币的影响,它们有一定的常比;这个比例半受交易量的影响;两个流通率亦半受交易量的影响;M、M'、V、V' 及各个 Q 等份子又是方程式以外无量数的影响它们的原因的结果。"[3]

　　费雪指出,在趋向但尚未达到均衡的过渡时期,并不能简单地运用上述交易方程式来说明物价的决定。所以只有在均衡状态下,物价水平才正比于货币数量 $M+M'$,而在过渡时期,这种正比关系并不存在。因在过渡时期,M 的增加并非全部作用于 P,而是会导致 M' 对 M 的比例趋大,且使 V 和 V' 增加,结果又进一步引起 T 的变动,而 P 是否相应增加以至与 M 同比例增加,取决于以上种种变动的结果。[4]　由此可知,不区分均衡时期和过渡时期,简单地依据他的交换方程式,认为 P 将与 M 作同比例变动,是不符合他的原意的。

　　而在过渡时期,费雪认为"M 的增加不特发生对于各个 P 的影响,且发生对于方程式中各个份子的影响"。他指出了几种情况:(1)经济危机时,人们会提出存款,从而改变 M 与 M' 的比例。(2)M 减少时,物价下跌,交易量会由于商人惜售等原因而下降。(3)由于生产的季节性,货币流通率会发生季节性波动。[5]　(4)由于流通货币、准备金、存款三者的比例在不同产业之间有区别,故产业结构的变动会引起三者比例的变化。[6]　(5)存款增加将导致铸币镕化或输

①　I. Fisher:《货币的购买力》,商务印书馆 1934 年版,第 180—185 页。
②　I. Fisher:《货币的购买力》,商务印书馆 1934 年版,第 185—192 页。
③　I. Fisher:《货币的购买力》,商务印书馆 1934 年版,第 194 页。
④　I. Fisher:《货币的购买力》,商务印书馆 1934 年版,第 59—60 页。
⑤　I. Fisher:《货币的购买力》,商务印书馆 1934 年版,第 170—172 页。
⑥　I. Fisher:《货币的购买力》,商务印书馆 1934 年版,第 172—173 页。

出。① （6）流通率 V 和 V' 的变化将引起货币输出。② （7）交易量的增加,会引起 V 和 V' 的增加以及 M' 对 M 比例的上升,从而引起物价增加或不变。③

鉴于费雪全面考虑了影响一般物价水平的各种直接因素和间接因素,并且区分了均衡状态下与过渡时期的不同情况,所以熊彼特正确地指出,把费雪简单地看作是一个货币数量论者是不妥当的。因为极端的货币数量论把货币数量看作是决定一般物价水平的唯一因素。④

费雪进一步分析了过渡时期出现的各种现象。这个分析也可以看作是他的经济波动理论。他认为货币数量的增加首先会引起物价开始上涨,但是厂商的成本尤其是利息成本并不会随即跟进,于是厂商利润增加。这刺激厂商为扩大生产而增加贷款,这笔贷款大部分旋即转变为存款,引起存款的增加,并使得存款对货币的比例增大,且货币和存款的流通率也上升,从而进一步引起物价上涨。而物价的上涨又进一步引起厂商为扩大生产而增加贷款,从而重复上述过程,导致物价持续上涨的过程。与此同时,生产规模也会扩大,失业也会减少。他认为出现这种物价持续上涨过程的原因是由于货币利率虽然会随着物价上涨而上升,但是过于迟缓,从而导致厂商利润增加,产生扩张倾向。⑤

而货币利率上升迟缓的原因,在费雪看来,主要是由于人们往往误以为物价没有上涨,以及利率的变化受到法律和习惯的约束。⑥ 只要利率的上升迟迟不能达到与物价上涨相适应的程度,就不会结束物价上涨的过程。

但是,费雪认为,利率的上涨虽然滞后,终究会上升至与上涨的物价相适应的水平。这是因为银行在物价上涨过程中放款过甚,最后危及准备金,这就迫使银行较快地提高利率,使之追上物价的上涨。⑦ 而利率的上升会引起作为贷款抵押物的公债等的价值的低落,这就阻止了银行的放款,而放款的减少势必又引起存款的下降。同时,利率上升引起厂商贷款成本的增加,利润随之下降,进一步贷款困难,并且一些欠款较多的厂商会歇业乃至破产。这又引起存款者的恐慌,担心银行无法收回放款,从而出现存户由于不信任银行而产生的挤兑现象。这又使得银行进一步抽紧银根,一些银行甚至会由于挤兑而破产,于是

① I. Fisher:《货币的购买力》,商务印书馆 1934 年版,第 173—174 页。

② I. Fisher:《货币的购买力》,商务印书馆 1934 年版,第 175 页。

③ I. Fisher:《货币的购买力》,商务印书馆 1934 年版,第 176—179 页。

④ ［美］约瑟夫·熊彼特:《经济分析史》第 3 卷,商务印书馆 1995 年版,第 504—507 页。

⑤ I. Fisher:《货币的购买力》,商务印书馆 1934 年版,第 62—67 页。

⑥ I. Fisher:《货币的购买力》,商务印书馆 1934 年版,第 61—62 页。

⑦ I. Fisher:《货币的购买力》,商务印书馆 1934 年版,第 67 页。

经济危机爆发。[①] 他强调,经济从扩张最后转变成危机的根本原因是货币利率对于物价上涨的适应过于迟缓。"一般的人皆以为无论社会不信任商业前途的原因何在,信任一失,银行信用必告崩蹶,每次酿成商业危殆的主因皆在此。但他们未明了在一般的商业危殆中,商业信任的丧失又是利率适应迟缓的结果。"[②]

而一旦危机爆发,将出现物价下跌的持续过程。对此,费雪认为物价一旦下跌,货币和存款的流通率也随之下降,利率也会下跌但不够充分,厂商利润因此而下降,生产萎缩,厂商借款和对应的银行放款也随即下降,存款对货币的比例降低,物价进一步下落,上述过程不断重复,物价持续下跌,直至利率下跌至与物价下跌相适应的程度。[③]

因此,在费雪看来,物价起伏涨跌的根源,都是因为货币利率变化迟缓适应不灵。[④]

由以上所述可知,费雪的经济波动理论与维克赛尔大致相同。但是需要指出的是,他并不像威克塞尔那样只考虑货币利率与自然利率不一致所引起的物价变化的累积过程,而是肯定经济危机还有除货币因素以外的原因,"无论何种可以变动固定状态的原因,皆能引起起伏的运动。最普通的原因为货币数量的增加,其次为商业上信任被动摇(影响营业借款及存款),又其次为农收减少,影响各个 Q(指各种商品数量——本书作者)。最后即为发明"。但是他对于除货币以外的其他原因未作分析。[⑤]

在货币数量论的基础上,费雪进一步考虑了一般物价水平的测量问题。首先,他指出,当货币数量增加时,并非所有东西的价格都同步上升。他将价格最不易变化至最能变化的东西一共分为 10 类。其中最不易变化的是"产业权与利益的价值在长期契约上规定的,包括公债券,典押票据及不动产的租借"。而最易变化的是多数商品的零售价、批发价,以及股票价格。[⑥] 各种东西价格变动不能一致的原因,主要有三条:"(1)许多物价受以前契约的、法律的及习惯的限制;(2)有几种物价与货币金属有密切的关系;(3)每种物价皆受供给与要求的特别的影响,发生特别的变动。……一类物价不能与影响均价的原因相适应

①　I. Fisher:《货币的购买力》,商务印书馆 1934 年版,第 67—69 页。
②　I. Fisher:《货币的购买力》,商务印书馆 1934 年版,第 69 页。
③　I. Fisher:《货币的购买力》,商务印书馆 1934 年版,第 70—73 页。
④　I. Fisher:《货币的购买力》,商务印书馆 1934 年版,第 75 页。
⑤　I. Fisher:《货币的购买力》,商务印书馆 1934 年版,第 69 页。
⑥　I. Fisher:《货币的购买力》,商务印书馆 1934 年版,第 200 页。

时,他类物价必因而变动更巨。"①

由于不同的东西的价格随货币数量变化的难以不同,所以货币购买力的衡量就需要编制物价指数,以衡量通货膨胀率。费雪认为指数可以有许多形式,各种形式的比较需要注意两点:"(1)形式,包括权衡的方法及选择基础年份的方法,(2)选择应当并入的各项物价。"②关于第一点,他认为:"最完善的物价指数是以在基础年份值一元的货物为单位计算的已售出各项货物的平均数;或照实价计算的售出数的总值对照基础年份的物价计算的同一售出数量的总值的比例;或各种物价比例的有权衡数的数学平均数,每个比例以基础年份的物价计算的已售出数量的价值为权衡数。"③至于基础年份的选择,他主张"顺次移易的基础年份的方法",即某一年都将上一年作为基础年份。其优点是能够随时加入新商品并淘汰落伍的旧商品,并使权衡的方法与市场一致。④ 这也就是今天所谓的环比指数。至于进入指数的商品的选择,他认为要根据指数的用途而定。若目的是测量实际工资的变化,则应当考虑工人购买的物品的价格。⑤ 若目的是测量资本的变化,则应当考虑资本品的价格。⑥ 若目的是避免借贷双方因为物价变动而引起的货币购买力上的损失,且从实用便利的角度考虑,则进入物价指数的既要有一些消费品的批发价,也要有一些资本品的批发价。⑦

费雪还在《指数的制定》(1922)一文中进一步考虑了如何衡量整个经济的通货膨胀率的难题。在他之前各国测算通货膨胀率一般根据价格变动之前人们购买的商品系列,其暗含假设是人们不会由于价格变化而改变购买数量,实际情况当然与此不符。因此这种方法往往高估通货膨胀率。费雪也意识到按照价格变化后人们购买的商品系列来测算通货膨胀率将导致低估。因此他主张衡量通货膨胀率最好采用价格变动前后的平均值。⑧

费雪对于如何稳定货币购买力,提出了相应的对策。首先他区分了货币购买力的两种变化:其一是随信用循环而起伏,它与银行制度有关;其二是长期变动趋势,它与货币金属的供给变化有关。⑨ 他认为要稳定货币购买力,对于上述

① I. Fisher:《货币的购买力》,商务印书馆 1934 年版,第 211 页。

② I. Fisher:《货币的购买力》,商务印书馆 1934 年版,第 213 页。

③ I. Fisher:《货币的购买力》,商务印书馆 1934 年版,第 218 页。

④ I. Fisher:《货币的购买力》,商务印书馆 1934 年版,第 220 页。

⑤ I. Fisher:《货币的购买力》,商务印书馆 1934 年版,第 221 页。

⑥ I. Fisher:《货币的购买力》,商务印书馆 1934 年版,第 224 页。

⑦ I. Fisher:《货币的购买力》,商务印书馆 1934 年版,第 224—244 页。

⑧ 美]史蒂文·普雷斯曼:《思想者的足迹:五十位重要的西方经济学家》,江苏人民出版社 2001 年版,195—196 页。

⑨ I. Fisher:《货币的购买力》,商务印书馆 1934 年版,第 353 页。

第一种变化,关键是普及关于货币购买力的相关知识,使人们尤其是银行家能够尽可能对于货币购买力的变动作出正确预测,并通过利率调整减缓货币购买力的变化。[①] 对于上述第二种变化,他在分析复本位制、不兑现纸币、变动铸币税、可兑现但不固定金价的纸币等诸种方案利弊的基础上,建议实行考虑物价指数的金汇兑本位制。[②]

对于复本位制,费雪的意见是两种或多种本位币的比价关系不可能长期固定,也不可能被政府准确把握,因此实际实行的结果通常会由于格莱欣法则而退化为单本位制,且会由于本位币比价的变化而使不同本位币轮换充当实际交易媒介,并不利于物价稳定。[③] 对于不兑换纸币,他虽然承认如果其数量受到限制是可能实现物价的稳定,但他担忧的是政府或特定利益集团会使其数量失控,反而引起物价的上涨。[④] 对于变动铸币税,即物价上涨时提高铸币税以减少铸币数量,而物价下跌时降低铸币税以增加铸币数量,他担心的是这种稳定方法的力度可能不够。[⑤]

费雪的金汇兑本位制就是允许本国纸币通过汇票与存放在外国的黄金建立联系,于是便可通过汇票交易变动本国货币供给,以得到稳定物价的目标。而对于拥有黄金的国家来说,则可以通过银行与公众之间的黄金交易控制货币供给。当物价上涨时就相应降低金价,吸引公众购买黄金,减少流通货币量;当物价下跌时就相应提高金价,吸引公众抛售黄金,增加流通货币量。[⑥] 同时要求各种长期契约要列入指数条款,以减少物价波动对契约任何一方的损失。[⑦]

费雪的上述主张,可以说是后来美国货币主义思想的萌芽,也是后来国际金融秩序中布雷顿森林体系的萌芽。

---

① I. Fisher:《货币的购买力》,商务印书馆 1934 年版,第 353—354 页。
② I. Fisher:《货币的购买力》,商务印书馆 1934 年版,第 355—380 页。
③ I. Fisher:《货币的购买力》,商务印书馆 1934 年版,第 355—360 页。
④ I. Fisher:《货币的购买力》,商务印书馆 1934 年版,第 361—362 页。
⑤ I. Fisher:《货币的购买力》,商务印书馆 1934 年版,第 362—363 页。
⑥ I. Fisher:《货币的购买力》,商务印书馆 1934 年版,第 369—378 页。
⑦ I. Fisher:《货币的购买力》,商务印书馆 1934 年版,第 364—366 页。

第四节　陶西格在传播马歇尔经济学中的作用

弗兰克·威廉·陶西格[1](Frank William Taussig,1859—1940),出生于美国密西西比州圣路易斯。哈佛大学 1879 年获文学士,1883 年获哲学博士,1886 年获法学学士。1885—1892 年任哈佛大学讲师,1892—1935 年任经济学教授。1896—1936 年任《经济学季刊》编辑。1904—1905 年任美国经济学会会长。1917—1919 年美国关税委员会首任主席。曾任威尔逊总统顾问,并先后担任数项公职。其主要论著有:《美国关税史》(1888)、《美国的白银状况》(1892)、《工资与资本》(1896)、《经济学原理》(1911)、《关税问题面面观》(1915)、《发明家与会赚钱的人》(1915—1916)、《国际贸易》(1927)和《美国企业领袖》(1932,与人合著)等。

一、国际贸易

陶西格在学术领域的主要成就是在国际贸易尤其是在关税问题方面。他于 1888 年出版,尔后至 1931 年重版 8 次的《美国关税史》一书,是美国关税历史和一般关税问题的古典名著。其中的内容包括美国早期对幼稚产业的保护与贸易保护运动的发展、南北战争前的关税立法及自南北战争至 1888 年的关税立法动向;书中作者特别重视纺织、钢铁等产业的发展与关税的关系。该书通俗地介绍了国际贸易和关税理论,不仅考虑了贸易和关税问题的经济方面,还考虑到政治及社会方面。熊彼特指出:"这部经典著作确立了他是这一领域中美国第一位权威的声誉,并且,作为一种政治的和经济的分析,事实上在任何领域中都无出其右者。"[2]作为国际贸易学说中新古典学派最主要的代表人物,陶西格将李嘉图、穆勒等人关于国际贸易的理论加以汇总概括,形成内容广泛的国际贸易通论。它的主要内容有:把 100 多年以来的国际贸易理论进行汇集整理;修正补充李嘉图的比较成本说,使之尽量符合实际情况;分析不兑换纸币下国际贸易的自动调节机制:把贸易中的交换比率区分为"总物物交换比率"与"净物物交换比率"。其核心是以修订过的"比较成本说"为依据

---

[1]　《新帕尔格雷夫经济学大辞典》第 2 卷,经济科学出版社 1996 年版,第 644—645 页。[英]马克·布劳格、保罗·斯特奇斯:《世界重要经济学家辞典》,经济科学出版社 1987 年版,第 610 页。

[2]　熊彼特:《弗兰克·威廉·陶西格》,载《从马克思到凯恩斯十大经济学家》,商务印书馆 1965 年版,第 196 页。

提倡自由贸易。

陶西格认为,两国间商品成本的比较可分为三种差别:成本的绝对差、成本的同等差和成本的比较差。同时认为,国际贸易是以货币为媒介的,应将货币因素纳入"比较成本说"。他还认为,商品成本由工资和利息组成,这并不影响"比较成本说",但为了简略,他假定商品的国内供应价格单纯由货币工资决定,然后他首先举例分析了存在成本绝对差的情况下两国的贸易格局:

	每日工资	总工资	10 个劳动日产品	国内供给价格(每磅或每码)
美国	1.5 元	15 元	铜　　30 磅 麻布　15 码	0.50 元 1.00 元
德国	1.0 元	10 元	铜　　15 磅 麻布　15 码	0.67 元 0.33 元

由该例可知,在德、美两国中,美国对铜、德国对麻布各享有绝对利益。且当美国日工资多于德国 50% 时,铜的国内价格美国低于德国,麻布的国内价格则是德国低于美国。于是美国将向德国出口铜,而德国向美国出口麻布。

陶西格第二步分析了存在成本同等差情况下两国贸易的格局:

	每日工资	总工资	10 个劳动日产品	国内供给价格(每磅或每码)
美国	3.0 元	30 元	铜　　30 磅 麻布　15 码	1.00 元 2.00 元
德国	1.0 元	10 元	铜　　20 磅 麻布　10 码	0.50 元 1.00 元

在这种情况下,两种商品的相对价格在两个国家内部正好相等,进行贸易无利可图。

陶西格又以下例分析了存在成本比较差时两国贸易的格局:

	每日工资	总工资	10 个劳动日产品	国内价格
美国	1.5 元	15 元	小麦　20 蒲式耳 麻布　20 码	0.75 元 0.75 元
德国	1.0 元	10 元	小麦　10 蒲式耳 麻布　15 码	1.00 元 0.66 元

在两种商品的生产上,美国都优于德国,但程度不同,在小麦生产上,美国优势更为明显,产量比例为 20∶10,而在麻布生产上比例是 20∶15。这意味着美国在小麦生产上有比较利益,即美国与德国相比生产小麦比生产麻布更为有

利。德国在两种商品的生产上效能都比美国差,但程度有不同,在麻布生产上不利程度较低。美国工资与德国相比多50％时,美国将向德国出口小麦进口麻布。

通过上述三个例子,陶西格说明,当用货币工资代替李嘉图的劳动时间作为比较基础时,"比较成本说"依然成立。他进一步论证说,假使各国内部不同生产部门的货币工资不同,"比较成本说"依然成立。他还指出,当商品的单位成本发生变动时,成本递增相当于比较利益下降,成本递减相当于比较利益增加,其结果都不妨碍"比较成本说"的同样成立。

陶西格以比较成本说为核心论点的国际贸易理论,成为后来瑞典经济学家俄林的以要素禀赋说为核心的国际贸易理论的两大来源之一。[①]

二、传播马歇尔综合体系

在马歇尔1890年出版《经济学原理》后的第三年,即1893年,陶西格便在这一年的《美国经济学会丛刊》上发表了论文《马歇尔教授的价值论和分配论》,这"表明了他在当时和以后同马歇尔的理论结成联盟,并把马歇尔的理论作为他自己课堂讲义的主要来源之一"[②]。熊彼特的这段话,表明陶西格在哈佛自1885—1935年的50年教师生涯中,以很大一部分时间向学生传播了马歇尔的体系。这使他对于美国许多经济学家和政府经济部门的文职人员的影响远远超过同时代的其他美国经济学家。

1911年,陶西格经过多年的教学和深思熟虑,出版了自己的教科书《经济学原理》。这部得到广泛使用的教科书被认为是介于老的古典著作(斯密—李嘉图—穆勒)和当代理论著作之间的过渡,在很大程度上是复述了马歇尔的综合体系。

除了从事长时间的教学之外,陶西格在长达40年的时间里担任《经济学季刊》的编辑。由于他的出色工作,使这份刊物成为具有世界影响的刊物,对西方经济学的发展作出了重要贡献。

由于陶西格及其他一些美国经济学家多年的努力,使19世纪末还显得落后于欧洲大陆的美国经济学,到20世纪30年代,便达到了与欧洲大陆同等程度的水平,并涌现出一大批出色的经济学家,为第二次世界大战以后西方经济学在美国的大发展奠定了基础。

---

① 参阅俄林:《地区间贸易和国际贸易》,商务印书馆1986年版,第3页。
② 熊彼特:《弗兰克·威廉·陶西格》,载熊彼特:《从马克思到凯恩斯十大经济学家》,商务印书馆1965年版,第198页。

第五节 阿林·杨格的经济思想

阿林·杨格[①]（Allyn Abbott Young，1876—1929），生于美国俄亥俄州，1902年获美国威斯康星大学哲学博士学位，曾任美国利兰大学、斯坦福大学、华盛顿大学、科内尔大学、哈佛大学和英国伦敦经济学院教授。他是奈特和张伯伦后来成为两部名著（《风险、不确定性与利润》、《垄断竞争理论》）的博士论文的指导老师。他的学术水平，受到他同时代顶尖学者的一致认可，熊彼特、凯恩斯等人都对其赞誉有加。但是由于疏于发表论著，他对于后世的影响明显与其水平不相称。其主要论著有：《新旧经济问题》（1927）、《美国银行统计分析》（1928）和《报酬递增与经济进步》（1928，有中译本）等。

杨格对于经济思想的最重要贡献是他在英国科学促进协会F分部（经济科学与统计学）主席的就职演说——《报酬递增与经济进步》。该文被认为是第二次世界大战以后发展起来的发展经济学、20世纪80年代兴起的新增长理论，以及当前演化经济学的共同先驱。

《报酬递增与经济进步》一文，重点考虑了经济进步即今天人们所说的经济增长的主要原因，分析了报酬递增与经济增长的关系，导致报酬递增的原因，以及分工与市场之间的互动关系。

杨格分析经济进步从马歇尔关于内部经济与外部经济的区分入手，但认为从单个企业入手无法看清内部经济和外部经济，需要从整个产业入手。[②]

杨格从整个产业入手，认为引起报酬递增的原因有两个，"间接或迂回生产方法与产业间的分工"[③]。他指出，"表现为报酬递增的主要经济是生产的资本化或迂回方法的经济。这些经济又主要与现代形式的劳动分工的经济相等同"[④]。与亚当·斯密主要强调分工有所不同，他特别强调了资本化的作用，即机器化大生产的作用。对于产业分工，他认为不仅要关注产业的一体化现象，同时更要关注产业的分化现象，"现在人们谈论较多的是产业一体化，认为它是工业产出增加的伴侣或自然结果。……但是，与此相反的过程即产业的分化现

---

① 《新帕尔格雷夫经济学大辞典》第4卷，经济科学出版社1996年版，第1015—1018页。[英]马克·布劳格、保罗·斯特奇斯：《世界重要经济学家辞典》，经济科学出版社1987年版，第678—679页。

② [美]阿林·杨：《报酬递增与经济进步》，《比较》1996年第2期，第52页。

③ [美]阿林·杨：《报酬递增与经济进步》，《比较》1996年第2期，第53页。

④ [美]阿林·杨：《报酬递增与经济进步》，《比较》1996年第2期，第54页。

在和将来仍然是与生产增长相联系的典型的变化类型"①。他指出,"在大部分工业领域中,在原料生产者和最终产品消费者之间所插入的专业化企业的网络越来越复杂"②。

那么是什么原因引起了资本化和分工呢?杨格首先认可亚当·斯密关于分工依存于市场的观点,认为"劳动分工取决于市场范围的原理……在全部经济学文献中是最有阐述力并富有成果的基本原理之一"③。他进一步认为资本化也同样依存于市场,"迂回方法的经济,比其他形式的劳动分工的经济更多地取决于市场的规模"④。这个观点与当时主流经济学认为资本化主要取决于利率的观点还是有很大不同的。他强调"假定一国的经济禀赋是既定的,不管怎样,决定其产业效率的一个最重要的因素看来是市场的规模"⑤。

那么一国的市场规模又取决于什么呢?杨格对这个问题的回答,是他对于经济学的最重要贡献,被称作杨格定理。他写道:"构成大市场的又是什么呢?不是单纯的面积或人口,而是购买力,即吸收大量的年产出的能力。……市场规模是由生产的数量决定的和确定的。……市场概念在包容的意义上是与商贸联系在一起的生产活动的总和,因而含有这样的意思,即它必须是某种平衡,不同的生产活动必须是成比例的。根据这种广义的市场概念,亚当·斯密的定理可以改为分工一般地取决于分工。"⑥这是对于斯密关于分工受制于市场观点的一个重大补充:市场也受制于分工。

在阐述分工与市场的这种互动关系时,杨格强调了科学技术对于经济增长的作用,指出经济增长的非均衡性质。"在生产组织上的每一重要进步,不论它是基于狭义或技术意义上的一个新发明,还是涉及科学进步在产业上的应用,都改变了产业活动的条件,并对产业结构的其他方面发生反应,而这些反应进一步发生的作用又永无止境。因此,变化是累积的,以累进的方式自我繁殖。"⑦

除了分工和资本化之外,杨格还指出引起报酬递增的另外一些重要因素,"其中最有力的因素可能是新自然资源及其应用的发明,科学知识的增加"⑧。它们或者表现为生产老产品的新方法,或者表现为新产品。他强调了经济增长

---

① [美]阿林·杨:《报酬递增与经济进步》,《比较》1996年第2期,第56页。
② [美]阿林·杨:《报酬递增与经济进步》,《比较》1996年第2期,第57页。
③ [美]阿林·杨:《报酬递增与经济进步》,《比较》1996年第2期,第53页。
④ [美]阿林·杨:《报酬递增与经济进步》,《比较》1996年第2期,第54页。
⑤ [美]阿林·杨:《报酬递增与经济进步》,《比较》1996年第2期,第54页。
⑥ [美]阿林·杨:《报酬递增与经济进步》,《比较》1996年第2期,第54页。
⑦ [美]阿林·杨:《报酬递增与经济进步》,《比较》1996年第2期,第55页。
⑧ [美]阿林·杨:《报酬递增与经济进步》,《比较》1996年第2期,第55页。

于科学进步之间的互动关系,并认为两者之间不存在哪一方占优势。他还认为人口增长在一定条件下也是促进经济增长的因素之一,"人口的增长仍然被看作是形成更多的人均产量的一个因素——虽然这种谨慎的说法仍然需要说明,并加以限定"①。

在论文的最后,杨格总结了三点:"首先,通过观察个别企业和个别产业的规模的变化效应,是弄不清楚报酬递增机制的,因为,产业的不断分工和专业化是报酬递增得以实现的过程的一个基本组成部分。……其次,报酬递增取决于劳动分工的发展,现代形式的劳动分工的主要经济,是以迂回或间接方式使用劳动所取得的经济。第三,劳动分工取决于市场规模,而市场规模又取决于劳动分工。"②

第六节　弗兰克·奈特的经济理论

奈特③(Frank Hyneman Knight,1885—1972),生于美国伊利诺伊州,1911年米利根学院文学士,1913年田纳西大学文学硕士,1916年康奈尔大学哲学博士;长期任教于康奈尔大学、依阿华大学和芝加哥大学;美国经济学会1950年会长。其主要论著有:《风险、不确定和利润》(1921,有中译本)、《长期与短期的生产成本和价格》(1921)、《竞争伦理学》(1923)、《社会成本解释中的一些错误》(1924)、《关于现代资本主义问题的历史的与理论的争端》(1928)、《最新经济学与经济活动的控制》(1932)、《经济组织》(1933)、《资本、时间和利率》(1934)、《竞争的伦理学及其他文论》(1935)、《李嘉图的生产与分配理论》(1935)、《资本数量与利率》(1936)、《费雪教授的利息论:恰当的例子》(1937)、《什么是经济学的'真理'?》(1940)、《投资的递减收益》(1944)、《需求理论的现实性和实用性》(1944)、《经济秩序与宗教》(1945,与 T. W. 梅里安合著)、《自由与改革:经济学与社会哲学论文集》(1947)、《科学与社会:法律的形式》(1956)、《论经济学的历史与方法》(1956)和《智力与民主行为》(1960)等。本节将主要介绍《风险、不确定和利润》一书的思想。

奈特强调该书的"主要目的是对企业家的作用,即对已获认可的这一组织

---

① 〔美〕阿林·杨:《报酬递增与经济进步》,《比较》1996年第2期,第55—56页。

② 〔美〕阿林·杨:《报酬递增与经济进步》,《比较》1996年第2期,第57页。

③ 《新帕尔格雷夫经济学大辞典》第3卷,经济科学出版社1996年版,第60—64页。〔英〕马克·布劳格、保罗·斯特奇斯:《世界重要经济学家辞典》,经济科学出版社1987年版,第344—345页。

体系中的'中心人物'以及决定其职能报酬的各种力量,进行更全面更仔细的研究,以求对自由企业理论做出具体的技术贡献。"①为此,他区分了实证分析与规范分析,要求区分对经济现象的描述解释和对它的批评或辩护。②

奈特对经济学的性质和研究方法提出了自己的看法。他认为"基于功利主义假设的经济学理论,……讨论的是给定的'所有者',根据给定的技术体系对给定资源的使用以满足给定的欲望的过程,如何通过完全的市场体系组织起来"③。同时,他又强调"经济学不能只是经济的而不包括政治和伦理学的内容在内"④。他还认为经济学不仅要研究均衡,还要研究趋向均衡的过程。⑤ 对于新古典的价格理论,他一方面认为"传统思路的价格理论(由于实证—计量的内容而更为完备)显然是研究有目的的人类行为的最为科学的学科,在引导社会行为方面也是最为实用的一种理论"⑥。同时他也看到了它的局限性,"它实际上只适用于经济上按照资本主义或自由企业模式组织起来的社会"⑦。他指出了经济理论的严谨性与现实性之间的矛盾,⑧认为需要兼用抽象演绎方法和经验归纳方法。⑨

一、利润理论

奈特主要分析了利润产生的机制,他指出理论上的完全竞争的"基本特征,就是消除利润或损失并使经济物品的价值与其成本相等的一种'趋势',……一种趋向于在对生产做出贡献的各种要素之间进行产品的无剩余分配的趋势。但在现实社会中,成本和价值仅仅是'趋向于'均等,事实上,只有在偶然情况下,它们才能确切相等,通常情况下,它们都是由一个或正或负的利润额区别开来。因此,利润的问题是考虑完全竞争和现实竞争之间差别的一个途径"⑩。

那么理论上的完全竞争与现实竞争之间的差距是如何产生的呢?利润又是如何从这种差距中出现的呢?奈特针对以往认为利润是企业家承担风险的

---

① [美]弗兰克·奈特:《风险、不确定性与利润》,商务印书馆 2007 年版,前言第 2 页。
② [美]弗兰克·奈特:《风险、不确定性与利润》,商务印书馆 2007 年版,前言第 1 页。
③ [美]弗兰克·奈特:《风险、不确定性与利润》,商务印书馆 2007 年版,前言第 5 页。
④ [美]弗兰克·奈特:《风险、不确定性与利润》,商务印书馆 2007 年版,前言第 8 页。
⑤ [美]弗兰克·奈特:《风险、不确定性与利润》,商务印书馆 2007 年版,前言第 13 页。
⑥ [美]弗兰克·奈特:《风险、不确定性与利润》,商务印书馆 2007 年版,前言第 41 页。
⑦ [美]弗兰克·奈特:《风险、不确定性与利润》,商务印书馆 2007 年版,前言第 35 页。
⑧ [美]弗兰克·奈特:《风险、不确定性与利润》,商务印书馆 2007 年版,第 3 页。
⑨ [美]弗兰克·奈特:《风险、不确定性与利润》,商务印书馆 2007 年版,第 6—8 页。
⑩ [美]弗兰克·奈特:《风险、不确定性与利润》,商务印书馆 2007 年版,第 17 页。

报酬的观点,首先区分了三种概率:(1)先验概率;(2)统计概率;(3)估计。① 他称第三种概率为不确定性,认为它是被经济理论所忽视的。② 对于前两种概率事件给厂商带来的风险,由于其分布可知,他认为可以通过保险来规避;而不确定性由于其分布不可知,因此其所造成的可能损失是不能通过保险来加以规避的,而其可能带来的收益也是无法通过竞争来消解的。③ 这样他就区分了厂商能够保险的风险和不能保险的不确定性,例如厂商可以通过购买保险来减轻甚至消除火灾的损失,但是厂商不大可能为市场的意外变化购买保险。因为前者的损失可以通过精算来大致估算,而后者则不能通过精算计算其均值和方差。因此针对前者的保险费是成本,可以保险的风险就不再是利润的来源。而与后者相连的不确定性则是利润的来源。不确定性是市场动态的一部分结果。于是,他把利润的源泉之一认作是由市场动态所导致的不确定性。④

针对那种认为利润是经济动态变化的结果的观点,奈特认为并非任何变化都会导致利润,"如果变化的规律是众所周知的,……利润就不可能产生。……如果对变化带来的未来结果一无所知,变化或许会产生一种能产生利润的条件。……由这种变化产生的误差,才是利润的来源。……引起利润的不是动态变化,不是任何一种变化,而是实际情况与预期情况的一种偏差,……要对利润有一个满意的解释,我们似乎要从'动态'理论转向未来的不确定性"⑤。他特别强调,即便是引起经济动态的各种进步性变化,只要是可以预知的,也未必成为利润的来源。⑥ "不可预测意义上的量的变化独立于进步意义上的量的变化,因为它们的结果极不相同,所以在因果关系的分析中,这两个因素必须分开进行研究"⑦。

奈特对于利润的风险理论和动态理论作出的评价是"'动态'理论和'风险'理论中都有真理之原,真正的理论在很大程度上一定是这两种观点的调和。一方面,利润实际上与经济变化有密切的联系(只因为变化是不确定性的条件),另一方面,利润则显然是风险或无论用什么习惯用法来称之的风险的结果,而

---

① [美]弗兰克・奈特:《风险、不确定性与利润》,商务印书馆 2007 年版,第 204 页。
② [美]弗兰克・奈特:《风险、不确定性与利润》,商务印书馆 2007 年版,第 210 页。
③ [美]弗兰克・奈特:《风险、不确定性与利润》,商务印书馆 2007 年版,第 211 页。
④ [美]弗兰克・奈特:《风险、不确定性与利润》,商务印书馆 2007 年版,第 17—18 页。
⑤ [美]弗兰克・奈特:《风险、不确定性与利润》,商务印书馆 2007 年版,第 34—35 页。
⑥ [美]弗兰克・奈特:《风险、不确定性与利润》,商务印书馆 2007 年版,第 180 页。
⑦ [美]弗兰克・奈特:《风险、不确定性与利润》,商务印书馆 2007 年版,第 157 页。

且只是不可度量的那种风险的结果"①。他特别强调:"导致利润的唯一'风险',是一种产生于履行终极责任的绝无仅有的不确定性,即一种本质上不能进行保险、不能资本化、也无法付给工资的绝无仅有的不确定性。利润是从事物内在的、绝对的不可预见性中产生的,即,利润产生于一种绝对蛮横的事实,就人类活动的结果无法预期,甚至对这些结果进行概率计算也是不可能的,甚至毫无意义的。"②

奈特认为,不确定性影响利润的主要原因是它会通过改变预期而引起资产价值的变化,"决定性的因素是资产价值的变化——变化可能会是因为资产增值或贬值、投资或减少投资所致"③。

至于不确定性的产生,奈特认为一方面与经济的迅速变化有关,另一方面则与企业家经营能力的差异有关。④ 而从根本上讲,是因为人们只具有不完全的知识,"因此,正是不完全的知识,即对未来和变化的结果的不完全知识,才是理解我们问题的关键所在"⑤。而这种不完全的知识,他认为会表现在两个方面:一是不能完全了解用既定的资源最终能够生产多少产品和什么质量的产品;二是不能完全了解未来需要用产品去满足的需求和欲望。⑥ 这方面的不确定性会由于生活标准的提高而加剧。"我们的标准抬得越高,与动机相关的审美因素和社会含义的比例越大,与预测欲望和满足欲望相关的不确定性也越大。"⑦而在企业等组织内部,他认为"真正的不确定性,是对人的才能——即应对不确定性的才能——进行估计的不确定性"⑧。

除了不确定性之外,奈特认为垄断和买方垄断也是利润的来源。⑨

二、企业理论

奈特不仅以不确定性来说明企业利润的源泉,还从风险和不确定性出发去说明企业的产生及各种类型。他认为,由于不确定性的存在,社会需要从几个

---

① [美]弗兰克·奈特:《风险、不确定性与利润》,商务印书馆 2007 年版,第 44—45 页。
② [美]弗兰克·奈特:《风险、不确定性与利润》,商务印书馆 2007 年版,第 279 页。
③ [美]弗兰克·奈特:《风险、不确定性与利润》,商务印书馆 2007 年版,前言第 25 页。
④ [美]哈里·兰德雷斯、大卫·C. 柯南德尔:《经济思想史》,人民邮电出版社 2011 年版,第 275—276 页。
⑤ [美]弗兰克·奈特:《风险、不确定性与利润》,商务印书馆 2007 年版,第 180 页。
⑥ [美]弗兰克·奈特:《风险、不确定性与利润》,商务印书馆 2007 年版,第 215 页。
⑦ [美]弗兰克·奈特:《风险、不确定性与利润》,商务印书馆 2007 年版,第 239 页。
⑧ [美]弗兰克·奈特:《风险、不确定性与利润》,商务印书馆 2007 年版,第 278 页。
⑨ [美]哈里·兰德雷斯、大卫·C. 柯南德尔:《经济思想史》,人民邮电出版社 2011 年版,第 275—276 页。

方面去降低不确定性,一是通过对具有概率的事实进行合并和归组来减少不确定性;二是通过专业化让更善于处理不确定性的机构和个人去承受不确定性;三是分散不确定性的不利后果。①

因此,奈特认为,尽管每个消费者未来的欲望是一个概率事件,但是一旦把他们归并在一起,许多方差就可能相互抵消。于是,就需要由企业为众多消费者提供商品,而不是每个消费者自己去预测自己的未来需求并向生产者发出购物指令。② 这就是说,在他看来,企业就是社会用来归并消费者具有概率性的未来需求以减少不确定性的一种机制和机构。"企业家组织制度和集中管理的出现,是因为这种制度优于任何其他的自由契约制度,更能全面满足人们的需要"③。

奈特指出不同的人在决策时有若干方面的不同:一是对未来的判断能力不同;二是为了适应未来预期进行调整的能力不同;三是实施决策的能力不同;四是对决策的自信程度不同;五是对风险的态度不同。④ 由于这些不同,中世纪末期那种"每个个人都是某一最终商品的独立生产者,同时也是种类繁多的产品的消费者"的"社会组织的纯粹'手工业阶段'",就逐渐转变为另一种社会生产组织,即由少数企业家处理具有概率性的未来需求,而多数人"则以一种固定的契约价格将自己置于企业家的独立指挥之下"⑤。这就是说,在他看来,人们之所以分化为承担风险的企业家和不承担风险的工资劳动者,是因为他们作出决策、实施决策的能力和承担风险的意愿不同。

奈特进一步从风险和不确定性角度分析了各种企业组织的不同特点及其演化。他指出,为了"减少借用资本的风险",个体企业被合伙企业所替代,而合伙企业又进一步被股份公司所替代。股份公司的一大优点是能够分散所有者的亏损风险。他指出股份公司"最重要的特征就是分散的所有权与集中管理的结合。理论上,这种组织是一种间接形式的代议民主制"⑥。他还分析了股份公司和合伙企业各自适应的产业领域。同时,他也指出股份公司会带来新的问题,一是公司有可能侵害外部公众利益;二是公司内部各类成员有可能相互损

---

① ［美］弗兰克·奈特:《风险、不确定性与利润》,商务印书馆 2007 年版,第 216—217 页。
② ［美］弗兰克·奈特:《风险、不确定性与利润》,商务印书馆 2007 年版,第 217—218 页。
③ ［美］弗兰克·奈特:《风险、不确定性与利润》,商务印书馆 2007 年版,第 315 页。
④ ［美］弗兰克·奈特:《风险、不确定性与利润》,商务印书馆 2007 年版,第 219 页。
⑤ ［美］弗兰克·奈特:《风险、不确定性与利润》,商务印书馆 2007 年版,第 221 页。
⑥ ［美］弗兰克·奈特:《风险、不确定性与利润》,商务印书馆 2007 年版,第 262 页。

人利己。① 他认为公司的经理人很可能希望通过操纵公司资产的价值变化而谋取私利,而这种操纵往往源于他们对公司信息的优越地位,往往通过欺诈来进行。这种行为"对于一个在私人财产和自由契约基础上组织起来的生产机制的有效运行来说,确实是一个严重的威胁"②。他要求通过强化企业道德规范和严格实施刑法来遏制这种行为。③ 这些观点表明他是现代企业理论和公司治理理论的先驱。

三、企业家理论

奈特认为,如果没有任何不确定性,那么企业经理和主管的工作就将与机械操作工没有区别,"他们执行的纯粹是一种日常的职能,不用对任何事情负责"④。而一旦存在不确定性,经理和主管就要对决策负责,从而就要对决策的实行者进行监督和管理,企业的"内部组织就不再是一件无关紧要的事情或一种机械琐事了"⑤。企业内部就分工为进行决策实施管理和对风险承担责任的企业家和执行决策但不承担决策风险的获取契约工资的劳动者。⑥ 因此,"企业的本质就是对经济生活进行有效管理的职能的专业化,……这一职能的特点是这样两个不可分割的因素:责任和管理"⑦。这就是企业家要承担的职能。在另一个地方,他进一步强调了企业家担保被雇佣的要素所有者的收入不受不确定性和波动的影响这一职能。"由于人性使然,担保的职能显然一定与管理的职能同时出现,实际上,从管理的根本意义上看,两者在理论上是分不开的"⑧。

奈特强调,正是由于存在不确定性,就需要有人承担不确定性所导致的后果,于是那些愿意承担这种后果的人就成了企业家,而利润就成为这些愿意承担不确定性后果的企业家的报酬。"正是这种通过阻止竞争趋势理论上的完美结果而产生的真正的不确定性,赋予了整个经济组织独特的'企业'形式,说明了企业家特有的收入"⑨。他通过一个假设的例子来说明这一点:"两个人打算一起做一项工作,其间不涉及任何其他'要素'。他们也会有选择:要么他们事

---

① [美]弗兰克·奈特:《风险、不确定性与利润》,商务印书馆 2007 年版,第 228—230 页。
② [美]弗兰克·奈特:《风险、不确定性与利润》,商务印书馆 2007 年版,第 301 页。
③ [美]弗兰克·奈特:《风险、不确定性与利润》,商务印书馆 2007 年版,第 300—301 页。
④ [美]弗兰克·奈特:《风险、不确定性与利润》,商务印书馆 2007 年版,第 241 页。
⑤ [美]弗兰克·奈特:《风险、不确定性与利润》,商务印书馆 2007 年版,第 242 页。
⑥ [美]弗兰克·奈特:《风险、不确定性与利润》,商务印书馆 2007 年版,第 242 页。
⑦ [美]弗兰克·奈特:《风险、不确定性与利润》,商务印书馆 2007 年版,第 244 页。
⑧ [美]弗兰克·奈特:《风险、不确定性与利润》,商务印书馆 2007 年版,第 250 页。
⑨ [美]弗兰克·奈特:《风险、不确定性与利润》,商务印书馆 2007 年版,第 210 页。

先会就每个人应做工作的诸项细节一一达成协议,并分享工作的成果;要么会采用一种更为简单的解决方法,即其中的一人负责这项工作,并确保另一人会得到一定的回报,他自己的'那份'(正的或负的)则取决于工作的结果。在自由契约社会制度下,除非双方当事人存在一种'家族'关系,否则,后者似乎是一种更合乎常情的办法。这一假设的例子说明了企业家职能与利润的所有理论实质。"①这样,他就把不确定性所造成的利润为何要归属于企业家的原因作出了说明。

为了更加清晰地说明利润,奈特分析了企业家的收入。他认为"企业家收入的性质是复杂的,其组成部分的关系也非常微妙"②。它大体可以分解成两部分:一是为企业提供了管理性质的劳动而获取的工资收入和为企业提供了资本而获取的利息收入及租金收入,这部分收入通常由市场(经理人市场和资本市场)的供求关系决定;二是由不确定性所造成的利润(亏损)。③他指出,要完全清楚地区分这两者是非常困难的。④他指出,第二部分收入实际上是一种剩余,它"根本不是由谁'决定'的,它是其他人的收入'被确定'了之后所'剩下的部分'"⑤。"利润是从产品销售所实现的价值中,扣除掉生产中能被估价的所有要素的价值之后的余额,或者说,是把所有的产出都归于能通过竞争机制估算价值的生产要素之后的结余"⑥。"这一剩余无法通过竞争机制归于与其创造有关的任何要素"⑦。

奈特提出了对企业家素质的要求,企业家必须对自己的成功有坚定的自信心,同时要有出色的判断力。而这种判断力在很大程度上是对人的判断能力。⑧企业家职能只能由那些熟悉行业业务、擅长管理并勇于承担风险的人来承担。⑨

奈特进一步考虑了企业家职能的分割,"企业家职能的最简单的分割,就是管理与担保这两个要素的分割以及由不同的人来执行的情况"⑩。而企业家的管理,最重要的是对人的选择,"我们所谓'管理',主要包括选择某个其他人来

①　[美]弗兰克·奈特:《风险、不确定性与利润》,商务印书馆 2007 年、前言第 48 页。

②　[美]弗兰克·奈特:《风险、不确定性与利润》,商务印书馆 2007 年版,第 249 页。

③　[美]弗兰克·奈特:《风险、不确定性与利润》,商务印书馆 2007 年版,第 249—250 页。

④　[美]弗兰克·奈特:《风险、不确定性与利润》,商务印书馆 2007 年版,第 250 页。

⑤　[美]弗兰克·奈特:《风险、不确定性与利润》,商务印书馆 2007 年版,第 252 页。

⑥　[美]弗兰克·奈特:《风险、不确定性与利润》,商务印书馆 2007 年版,第 277 页。

⑦　[美]弗兰克·奈特:《风险、不确定性与利润》,商务印书馆 2007 年版,第 280 页。

⑧　[美]弗兰克·奈特:《风险、不确定性与利润》,商务印书馆 2007 年版,第 252 页。

⑨　[美]弗兰克·奈特:《风险、不确定性与利润》,商务印书馆 2007 年版,第 242—243 页。

⑩　[美]弗兰克·奈特:《风险、不确定性与利润》,商务印书馆 2007 年版,第 260 页。

'从事管理'。商业判断主要是对人的判断"①。而大规模管理的本质就是用对于人的认识去替代对于物的认识。② 从这一论点出发,他认为股份公司的股东既是公司的决策者,也是决策风险的承担者。"因为一旦正确地定义了管理并确定了管理的界限,我们就会发现,决策职能和承担决策的正确性的责任,是一个不可分割的整体"③。

奈特充分强调了企业家的重要性,"发现能有效管理企业的人才,并将他们放到承担责任的管理职位上,恐怕是经济组织在效益方面最为重要的一个问题。一个社会中企业家素养的供给,是决定这一个社会生产单位的数量和规模的主要因素之一"④。因为一个社会企业的数量显然受到企业家人数的限制,而企业的规模则受到企业家领导能力的限制。而对于企业家的遴选,他指出了三条途径:(1)拥有资本从而能够为被雇佣者提供稳定收入担保或拥有某种专业技能的人自动成为企业家;(2)虽然不拥有资本或技能但却能够使别人相信他能够承受担保责任的人;(3)受到别人推荐的人。⑤

奈特充分肯定了企业家的社会功绩,"毋庸置疑的是,企业家的活动产生了大量的社会节余,因此极大地增加了经济生产的效益。如果没有管理职能的专业化,大规模的生产活动、高度组织起来的产业以及精密的分工都是不可能的"⑥。

四、产权理论

奈特认为,在一个存在不确定性的社会里,社会的进步、资本的积累,都要依存于私有制。"在一个没有进步的社会里,现代意义上的私人财产没有存在的必要。私人所有权存在的社会根据是,人们认为,资源控制与享用资源使用成果相结合,会鼓励人们在生产中有效地使用财产"⑦。但是,私有制的理由并不仅仅是消费品生产中资源将得到更有效使用,而是"通过诱使人们冒险增加包括物资和技术知识及技能在内的生产资源的供给,对进步产生出更大的刺激"⑧。私有制的合理性在于"拥有财富的欲望会引导人们牺牲消费,并为了增

① [美]弗兰克·奈特:《风险、不确定性与利润》,商务印书馆 2007 年版,第 262 页。
② [美]弗兰克·奈特:《风险、不确定性与利润》,商务印书馆 2007 年版,第 268 页。
③ [美]弗兰克·奈特:《风险、不确定性与利润》,商务印书馆 2007 年版,第 264 页。
④ [美]弗兰克·奈特:《风险、不确定性与利润》,商务印书馆 2007 年版,第 254 页。
⑤ [美]弗兰克·奈特:《风险、不确定性与利润》,商务印书馆 2007 年版,第 251 页。
⑥ [美]弗兰克·奈特:《风险、不确定性与利润》,商务印书馆 2007 年版,第 250 页。
⑦ [美]弗兰克·奈特:《风险、不确定性与利润》,商务印书馆 2007 年版,第 288 页。
⑧ [美]弗兰克·奈特:《风险、不确定性与利润》,商务印书馆 2007 年版,第 333 页。

加自己的财产而承担全部损失"①。

奈特承认私有财产"制度并不完美,甚至不能称之为良好;但是,公正地考虑一下根本性改革的困难,尤其是考虑一下我们对我们所期望之事情的无知和纷争,在讨论重建的提议时,我们尤应持审慎和谦恭的态度"②。

对于社会主义公有制的问题,奈特认为公有企业的经理不论是上级政府任命还是民主选举,都不可能使他们拥有私人企业经理的责任心。③ 并且"官僚们真正的毛病不在于他们轻率莽撞,而是相反。实际上,只要没有由于不诚实和腐败而堕落下去,通常他们都会有一种'小心行事'的趋向,并无可救药地成为保守者"④。而社会一旦以官场竞争去替代了商业社会的市场竞争,后果将是灾难性的。⑤

奈特认为,企业的最高管理权之所以要由物质财产所有人掌握而不是由人力服务的所有人掌握,财产所有者不愿意在没有适当担保的情况下,把财产托付给别人管理。⑥ 这就是他对于为什么总是资本雇佣劳动而非劳动雇佣资本的解释。

五、其他观点

奈特已经看到了人们在面对不同的不确定性时的不同选择,即人们往往偏好于大概率小收益与小概率大损失的组合,而不喜欢小概率大收益与大概率小损失的组合,虽然两个组合的期望值一样。⑦

奈特分析了保险的社会功能以及它的局限,指出概率可计算的风险可以通过保险来分散,但需防止败德骗保现象,而对于概率无法计算的不确定性造成的损失,则无法通过保险来分散,只能由企业家自己处理。⑧ 他谈到这一点时指出:"通常,把保险原则运用于企业风险的情况非常有限,……第一,典型的不能保险(因为不可量度,且由于不可量度而不可分类)的企业风险,适合于企业家运用判断进行决策;第二,虽然这种估计趋向于分成一个个组,在这些组的范围内,不一致性也趋向于相互抵消,从而接近于稳定并具有了可量度性,但这只能

---

① [美]弗兰克·奈特:《风险、不确定性与利润》,商务印书馆2007年版,第333页。
② [美]弗兰克·奈特:《风险、不确定性与利润》,商务印书馆2007年版,第337页。
③ [美]弗兰克·奈特:《风险、不确定性与利润》,商务印书馆2007年版,第322页。
④ [美]弗兰克·奈特:《风险、不确定性与利润》,商务印书馆2007年版,第324页。
⑤ [美]弗兰克·奈特:《风险、不确定性与利润》,商务印书馆2007年版,第324页。
⑥ [美]弗兰克·奈特:《风险、不确定性与利润》,商务印书馆2007年版,第320页。
⑦ [美]弗兰克·奈特:《风险、不确定性与利润》,商务印书馆2007年版,第213页。
⑧ [美]弗兰克·奈特:《风险、不确定性与利润》,商务印书馆2007年版,第222—227页。

在事后发生,由于人生短暂,它也只能在有限的范围内作为预测的基础。此外,由于这类风险与败德风险有根深蒂固的联系,所以这种分类或者归组,只能由决策者以外的其他机构来做。在大部分决定性因素都依据于决策者内心活动的情况下,归组的'事实'无法经受客观描述的检验,也无法对其进行外部控制。"①

奈特分析了投机的正面功能,他写道:"在现代经济社会中,用专业化对付不确定性的手段,除了自由企业制度本身,最重要的就是投机。"②因为投机有可能把对付风险和不确定性的职责集中到那些在这方面有特长的人手中。他进一步指出,除了"与生产和证券交换相关的有组织的投机外,专业化原则还被用来解释产业的高度不稳定性或投机的方面逐渐与稳定且可预测的方面相分离,并分别由不同的企业接办的趋向"③。即那些风险投资者倾向于创办新企业,而一旦创办成功,就把它转卖给那些倾向于正常经营的企业家。而风险投资者的"收益是通过归组将不确定性转化为可量度的风险而获得的,……可量度的风险完全是可确定的"④。他看到了企业家之间风险投资者与正常经营者的分工,看到了这种分工会减轻不确定性给社会带来的不利影响。他的这种分析使他成为当代研究风险投资现象的先驱。

奈特还从风险和不确定性现象出发,解释了土地和一些大型设备的租赁现象。⑤

奈特认为,"处理不确定性的最彻底的方法,即凭借获得对未来的更多的知识以及对未来的控制来处理不确定性的方法"⑥。他指出了有关的商业信息的重要性,"与现代大规模社会组织相关的棘手问题之一,就是对便于使用的经济信息的收集、整理和传播"⑦。他肯定和预见了信息产业咨询产业的发展。⑧ 从这一点看,他也是信息经济学的先驱。

奈特谈到了要素价格变化对商品价格变化的滞后,"这一滞后的主要原因,还是人们了解这一滞后的困难和不确定性,因为,这需要生产服务的所有者和

---

① [美]弗兰克·奈特:《风险、不确定性与利润》,商务印书馆 2007 年版,第 227 页。
② [美]弗兰克·奈特:《风险、不确定性与利润》,商务印书馆 2007 年版,第 230 页。
③ [美]弗兰克·奈特:《风险、不确定性与利润》,商务印书馆 2007 年版,第 231 页。
④ [美]弗兰克·奈特:《风险、不确定性与利润》,商务印书馆 2007 年版,第 232 页。
⑤ [美]弗兰克·奈特:《风险、不确定性与利润》,商务印书馆 2007 年版,第 232 页。
⑥ [美]弗兰克·奈特:《风险、不确定性与利润》,商务印书馆 2007 年版,第 234 页。
⑦ [美]弗兰克·奈特:《风险、不确定性与利润》,商务印书馆 2007 年版,第 235 页。
⑧ [美]弗兰克·奈特:《风险、不确定性与利润》,商务印书馆 2007 年版,第 235—236 页。

企业家花一些时间，才能了解这一客观事实"①。

上述这些观点，虽然不像前面所介绍的理论那么系统，但都是对以后经济理论的发展有影响的。

奈特 1921 年的《风险、不确定性与利润》与熊彼特 1912 年的《经济发展理论》，共同构成了新古典收入分配理论的收官之作。熊彼特把利润看作是社会对于企业家创新的报酬，奈特把利润（亏损）看作是不确定性的结果。创新的结果也是一种不确定性，所以可以说奈特的解释涵盖了熊彼特的解释。当然奈特的解释更侧重于客观状况对企业家的青睐或者制裁，利润（亏损）似乎更像是运气的结果；而熊彼特的解释更强调企业家的主观努力。

奈特通过对于利润（亏损）的解释，结束了古典和新古典关于要素收入分配理论的讨论。从此，收入分配理论在主流经济学理论中达成共识，即用三种要素的边际生产力来解释工资、利息和地租，用不确定性（包括企业家的创新）来解释利润。而随着西方国家经济状况的改变，收入分配理论逐渐淡出大多数经济学家的视野。由于现实生活中收入分配的差距不再严格以阶级为界，贫富差距也不再与一个人的阶级地位密切相关，即便继续研究收入分配的人，其研究视角也多发生变化，不再单纯考虑要素收入分配的决定机制，而是更多地去测算社会收入分配的不平等程度。

19 世纪末的马歇尔结束了主流经济学中间的价值理论之争，并奠定了新古典收入分配理论的基础，但是依然留下一些漏洞，例如对于利润的解释就不尽如人意。奈特为新古典经济学的收入分配理论打好了最后一块补丁。从此，新古典经济学就基本成型了。

同时，奈特又是 20 世纪微观经济学诸多研究方向的预示者，如企业理论、企业家理论、委托—代理理论、公司治理理论、信息经济学，甚至人力资源管理，等等。从此，微观经济学在研究领域上翻开了崭新的一页。

第七节　张伯伦的垄断竞争理论

爱德华·黑斯廷斯·张伯伦②（Edward Hastings Chamberlin，1899—1967），出生于美国华盛顿州。毕业于依阿华大学，1922 年获密执安大学文学硕

---

① ［美］弗兰克·奈特：《风险、不确定性与利润》，商务印书馆 2007 年版，第 309 页。

② 《新帕尔格雷夫经济学大辞典》第 1 卷，经济科学出版社 1996 年版，第 434—436 页。［英］马克·布劳格、保罗·斯特奇斯：《世界重要经济学家辞典》，经济科学出版社 1987 年版，第 102 页。

士,1927 年获哈佛大学哲学博士。曾师从于弗兰克·奈特教授和阿林·杨教授。1927—1967 年任哈佛大学教授。1948—1958 年任《经济学季刊》编辑。其主要论著有:《垄断竞争理论》(1933,有中译本)、《关于更加一般的价值理论》(1957)。

本节主要介绍他的《垄断竞争理论》。这部使他跻身于 20 世纪六位最有影响的经济学家之列的专著,是以他 1927 年的博士论文为基础的。它与琼·罗宾逊的《不完全竞争经济学》同于 1933 年出版,被并列为西方厂商理论的两部开山之作。与琼·罗宾逊不同的是,后者是在斯拉法 1926 年 12 月发表的论文的启发下建立自己的理论的,而张伯伦则最迟在 1927 年 4 月便已经独立完成了自己的博士论文,他并未受惠于斯拉法,主要是从陶西格 1891年发表的论文《论铁路运费理论》及马歇尔《经济学原理》的一个脚注中受到启发,①经过努力,建立了垄断竞争理论体系。陶西格的论文使他认识到产品差别在价值论中的重要意义,马歇尔的脚注使他认识到分析厂商的供求曲线的重要性。

张伯伦的垄断竞争理论,无论是从其思想渊源来说,还是从其内容来看,与其说是对马歇尔价值理论的革命,不如说是一种补充。它并不是在马歇尔所考虑的问题中提出与马歇尔相对立的意见,而是涉及了马歇尔所未涉及的现象,提出了可以补充马歇尔体系的理论观点。所以我们并不把它以及琼·罗宾逊的不完全竞争理论看作是对于马歇尔综合体系的革命或突破,而是把它看作是对于马歇尔综合体系的深化和拓展。

值得指出的是,张伯伦后来曾与其学生一起进行模拟市场运行的实验研究,并发表所取得的成果。因而他又是当代实验经济学的先驱。

一、纯粹竞争下的价值论

张伯伦以纯粹竞争作为研究的起点。纯粹竞争是指没有任何垄断因素掺杂其中的竞争。他认为如此定义的纯粹竞争有别于完全竞争,因为后者除了排除垄断之外,还可解释为包含其他方面的完全性,如要素的完全流动性,对未来的完全了解等等。指出市场的纯粹性与完全性的区别,是张伯伦市场理论的一大特征。

张伯伦指出,纯粹竞争需要两个必要条件:(1)有大量的卖者与买者;(2)产品是标准化的同质的,卖主也是标准化的,即任何卖主对购买者所贡献的效用

---

① 晏智杰:《经济学中的边际主义》,北京大学出版社 1987 年版,第 360—361 页;杨德明:《当代西方经济学基础理论的演变》,商务印书馆 1988 年版,第 274 页。

是一致的。这两个必要条件合为一体就是没有一个卖主能通过控制市场的供给从而控制价格。

张伯伦认为,在纯粹竞争市场中,均衡的条件是供求相等,这与马歇尔的意见一样,但他更进一步指出:纯粹竞争下价格之所以等于供求平衡点,是因为它正好是使每个卖者获得最多利润的一点,即是使每个卖者的边际收入等于边际成本的一点。这是因为在纯粹竞争条件下,每个卖主所面临的是水平的需求曲线,其高度等于当时的市价,于是这条需求曲线便同时又是每个卖主的平均收入和边际收入曲线。他的上述观点实际上是通过分析个别厂商的行为来说明纯粹竞争下的价格何以由供求均衡决定。这种对厂商行为的分析为进一步分析垄断和垄断竞争下的价格决定打下了基础。同时也揭示了各种市场条件下厂商行为的一致性:以边际收入等于边际成本来决定利润最大化的产量水平。

张伯伦进一步从个别厂商的角度分析了纯粹竞争条件下实现长期均衡的条件:(1)每个厂商都在均衡价格下获得最多利润,即边际收入等于边际成本;(2)每个厂商都实现了最有效的生产规模,即都在长期平均成本的最低点处进行生产;(3)整个市场处于供求均衡状态。这三个条件如图 35-7 所示。(a)图表示整个市场在价格为 $0M$ 时达到供求均衡;(b)图表示均衡价格为 $0M$ 时,某一厂商的产量为 $0a$,它是整个市场的均衡产量 $0A$ 中的很小一部分。当该厂商产量为 $0a$ 时,其边际成本曲线 MC 正好与边际收入曲线 Md 相交,即边际成本等于边际收入,实现利润最大化。同时,$0a$ 产量也正好是平均成本曲线 AC 最低点上的产量,即实现了生产的最佳规模。

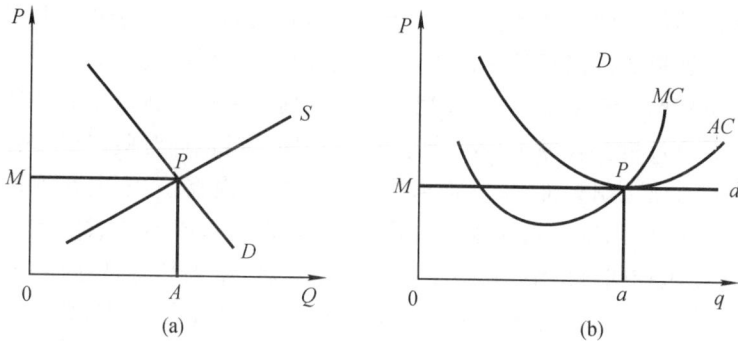

图 35-7

张伯伦指出,纯粹竞争市场中出现实际价格背离均衡的原因在于各种不完全性。而趋向均衡的调整所依靠的,不是拍卖性的减价,而是实际价格的波动。

二、非纯粹竞争下的价值论

张伯伦认为,以往的价值理论大多只是研究了两种极端情况下的价格决定:纯粹竞争和垄断,不承认介于这两者之间的中间状态,没有探讨中间状态下的价格决定理论。而他的任务便是要探讨这种中间状态下的价值理论。

张伯伦把介于纯粹竞争和垄断的中间状态分为两种:一是起因于售卖人数过少以致售卖者可操纵价格的双头垄断和寡头;二是起因于众多厂商存在一定的产品差别时的垄断竞争。对于双头垄断现象,前人如古诺和埃奇沃思已经提到并进行了一定的研究,故他只是对前人的分析进行了概略的述评。垄断竞争现象则是他首先提出并进行了重点研究。

张伯伦在述评前人的双头垄断理论后,提出如下五点结论:(1)前人如古诺和埃奇沃思对双头垄断的分析之所以会得到不同结论是因为他们所依据的前提不一样。由此可知,双头垄断和寡头垄断问题不存在单一答案。需要把它细化,分为不同的问题,在不同的假设前提下得出不同答案。(2)假如双头垄断和寡头垄断下的售卖者们注意到他们对于价格的总影响,则价格将与垄断条件下的价格一致。这里所谓的总影响包括直接影响和间接影响。直接影响是指一个售卖者作出决策时不顾及其决策对其竞争者的影响,单纯只考虑自己所作决策对价格的影响。间接影响则是指一个售卖者的决策影响到其竞争者后,其竞争者的行为对价格的影响。(3)若假定售卖者不考虑其决策的间接影响,都以其竞争者不会受其影响为前提来作出决策,则价格的决定要依据下述不同的假设而有不同。若每人假定其竞争者的供给一定,则均衡价格随着竞争人数的增多而由垄断条件下的价格逐步下降,当人数无限多时,降至纯粹竞争下的均衡价格水平。若每人假定其竞争者的价格一定,并假定可以重订契约直至对任何人都没有不利而不需要进一步变动价格为止,则均衡价格在双垄断条件下也将等于纯粹竞争价格。若每人假定其竞争者价格一定;但同时假定售卖者可以不顾买者的利益而控制其价格,则价格将在一定限度内摇摆,该限度将随竞争者的增多而逐步缩小,接近纯粹竞争价格。(4)若售卖者既不考虑他对价格的直接影响,也不考虑间接影响,则不论有多少售卖者,结果都将是纯粹竞争价格。(5)由以上四点可知,双头垄断和寡头垄断下的均衡价格的确定,依存于一个售卖者对其竞争者的行为作何假定。因此便产生了下述不确定因素:(1)别的竞争者是否保持其产量和价格不变。(2)其他竞争者是否有远见。(3)其他竞争者可能的市场份额,等等。由于这些不确定性,实际生活中双头垄断和寡头垄断下的价格是捉摸不定的。

张伯伦重点分析了与众多厂商的产品差别相联系的垄断竞争。他指出,实际生活中许多厂商的产品之间存在着一定的差别,同时又都存在着程度不同的替代性。产品差别的存在使得售卖者能在一定程度上控制价格,即具有一定的垄断性;替代性又使得不同产品的卖者之间存在着竞争性。这就造成了垄断竞争的局面。他指出,产品之间的差别可以是产品本身之间存在的差别,也可以是产品的售卖条件方面的差别。前一种差别包括独有的专利权,商标、商店名称、包装特点、品质、设计、颜色、式样等。后一种差别包括售卖者区位的便利程度,商店的一般风尚和特点,做生意的方法,公平交易的信誉,待人接物的方式、工作效率、维修等售后服务等。

张伯伦认为,在产品差别造成的垄断竞争中,厂商不再像纯粹竞争中那样单纯通过调整产量来谋求利润最大化,也不再像垄断厂商那样通过操纵产量从而操纵价格来谋求利润最大化,而是一方面通过产量和价格行为,另一方面通过改变产品品质,即制造产品差别,以及通过广告和其他各类销售费用,来谋求利润最大化。

张伯伦首先分析了个别售卖者调整其产量和价格的行为,假定一切替代品的性质和价格已知,厂商的产品既定。这种调整可以图35-8示之。

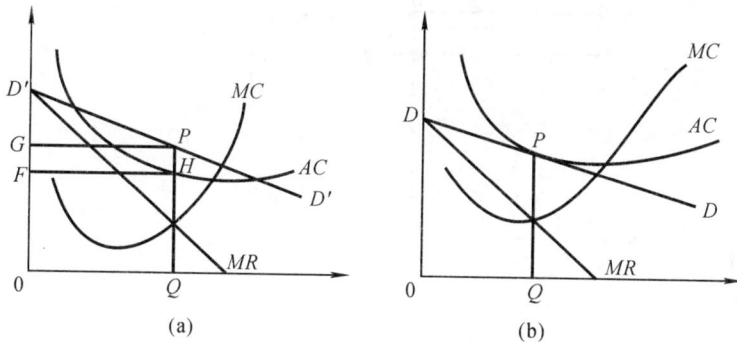

图 35-8

(a)、(b)两图中均衡产量都由边际收入曲线(MR)和边际成本曲线(MC)的交点决定,为$0Q$,从而均衡价格由需求曲线上相应的点决定,为PQ。(a)图中均衡价格(PQ)高于该产量上的平均成本(HQ),存在超额利润为$GPHF$。(b)图中均衡价格(PQ)等于该产量上的平均成本,不存在超额利润但保证了正常利润。若进一步考虑到其他厂商的反应行为,当现出(a)图的情景时,因存在超额利润,吸引了新厂商的加入,原有的其他厂商也会开始生产富有替代性的产品,结果该厂商面临的需求曲线会向左向下移动,同时成本曲线会因此而移动,可能上升、下降,也可能保持不动,依据通常成本理论中所分析的各种情况而定。最终,需求曲线和成本曲线移动的结果,将使单个厂商的产量和价格的状况如（b）图所描绘的一致，即不再获得超额利润，但能获得正常利润。

由图 35-8 可知，由于存在垄断因素，厂商面临的需求曲线不是水平而是向下倾斜的，从而使厂商利润最大化的产量水平 $0Q$ 不再是平均成本最低点上的水平，而是要低于之，同时均衡的价格也不再是平均成本的最低点，而是要高于之，这表明与纯粹竞争相比，垄断竞争下的厂商的产量较低，价格较高。

张伯伦进而分析了个别售卖者调整产品的行为。假定价格一定，其他售卖者的产品和价格也既定，这一分析说明在价格一定时，个别厂商如何选择能带来最高利润的产品。这种调整可以图 35-9 表示。假定价格为 $0E$，AC_A 为产品 A 的平均成本曲线，AC_B 为产品 B 的平均成本曲线，$0Q_A$ 为产品 A 在价格为 $0E$ 时的需求量，$0Q_B$ 为产品 B 在价格为 $0E$ 时的需求量。A 产品的利润为 $EMRC$，B 产品的利润为 $ENGD$，大于 A 产品。显然厂商将选择 B 产品。

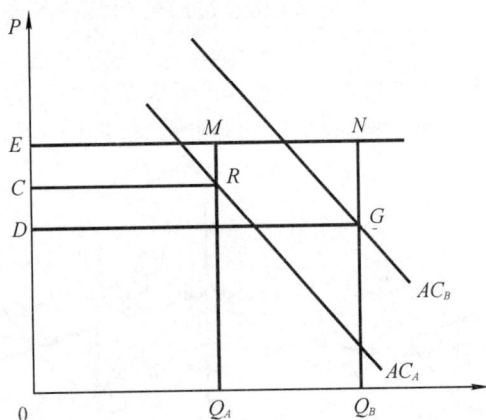

图 35-9

若考虑到其他厂商的反应行为，当该厂商选择 B 产品从而获得超额利润时，将引起新厂商的加入，原有的其他厂商也将选择生产对 B 具有替代性的商品，结果导致该厂商的需求由 $0Q_B$ 下降，同时也可能使 B 产品的平均成本曲线右移上移。最终将使该厂商的超额利润消失。

在分别分析了厂商的产量—价格行为和产品行为之后，张伯伦把两种调整行为结合在一起进行分析。并充分考虑到其他售卖者的反应。这时，个别厂商的均衡可以图 35-10 示之。AC^* 为充分考虑其他厂商反应时，对该厂商来说最有利（"最好"）的产品的平均成本曲线。dd 为充分考虑到其他厂商反应的需求曲线。$0E$ 为均衡价格。$0Q^*$ 为最好产品的均衡产量。若厂商变动其产量，无论是大于还是小于 $0Q^*$，都将使其成本超过价格，招致亏损。若厂商选择其他成本曲线位置更高（低）的更好（坏）的产品，则更好产品的需求量增加将不会超

过更高成本曲线与 EZ 线的交点,或更坏产品的需求量的减少将超过更低成本曲线与 EZ 线的交点,从而两种情况都将给该厂商带来损失。

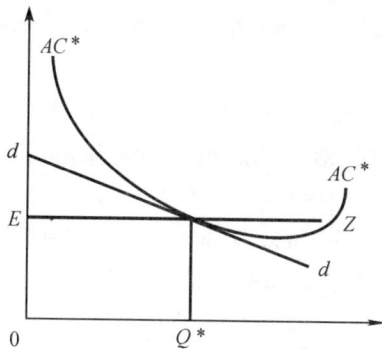

图 35-10

根据上述分析,张伯伦认为,与纯粹竞争相比,若产品既定,则垄断竞争下的均衡价格较高,不等于平均成本的最低点;若价格既定,则垄断竞争下的产品较差。但同时他也指出,垄断竞争与纯粹竞争相比较时的这些弱点,由于前者较之后者能增加产品种类从而扩大消费者自由选择的范围而得到弥补。

在垄断竞争厂商三种调整行为中,张伯伦重点分析了厂商调整销售成本的行为对价格的影响。他指出销售成本是非纯粹竞争情况下的特有现象,在纯粹竞争条件下,厂商是不需要销售成本的。

张伯伦分析了销售成本与生产成本的区别。他指出,生产成本使产品适应需求,满足需求;销售成本使需求适应产品,影响需求。生产成本影响厂商的供给曲线,而销售成本则影响需求曲线,使需求曲线富有弹性,并向右上方移动。销售成本是如何影响需求的呢? 他认为销售成本对于需求的影响依存于两个因素:(1)购买者对商品了解的不完全。(2)广告等销售方法能改变人们的欲望。广告及其他销售方法使人们对某种商品增加了解,结果便使这种商品的需求曲线富于弹性,并向右方移动。同时广告等销售方法也会制造出某种新的需求,为厂商所生产的产品打开销路。所以广告往往起到两种作用:一是增进购买者的商品知识;二是帮助厂商在与其他厂商的竞争中处于有利地位,提高其垄断程度,使购买者对某类可互相替代的商品的总需求发生有利于该厂商的变化。

张伯伦认为,由于两方面的理由,使单位产品的销售成本随产量的增加先是递减而后递增。一是重复宣传和宣传手段的改进往往使单位销售成本曲线开始呈下降局面;二是由于市场潜力的逐渐减少和其他欲望的重要性逐渐增加,使曲线最终要出现上升。在考虑到销售成本之后,厂商的平均成本不能再仅仅包括生产成本,而是要同时包括生产成本和销售成本,成为生产—销售综合成本。这意味着考虑销售成本与不考虑销售成本相比,将使厂商的平均成本曲线向右上方移动。同时,销售成本也往往使需求曲线向右上方移动,于是厂商的均衡价格和均衡产量便由如此移动后的边际成本曲线与边际收入曲线的交点所决定。

张伯伦关于产品差异和广告作用的分析,是使经济学理论更加逼近现实的重大进步,是他相对于其他对于垄断竞争理论作出贡献的经济学家的独特贡献。他关于销售成本和广告的分析,后来从不同于凡勃伦的角度引发了对消费者至上的主流经济学观点的挑战。人们自然会问,消费者既然会受到广告的诱惑,他的消费选择就一定给他带来福利的改进么?

在考虑销售成本之后,张伯伦沿用前面已使用过的分析方法,先假定其他厂商行为既定,分别考虑个别厂商进行价格(产量)调整、产品种类调整、销售费用调整时的均衡,再综合考虑三方面调整同时进行时的均衡,然后在考虑其他厂商反应行为的前提下考虑个别厂商的均衡。由于篇幅所限,这部分的内容不再赘述。

第八节 其他美国经济学家的贡献

自从马歇尔和威克塞尔于 19 世纪末对西方经济学进行了第二次综合之后,在美国,除了陶西格和张伯伦之外,还有不少美国经济学家在深化第二次综合中作出了值得重视的贡献,并且开创了经济计量学的先河。

一、亨利·L. 穆尔

亨利·L. 穆尔[①](Henry L. Moore,1869—1958),生于美国马里兰州,曾师从维也纳大学的卡尔·门格尔,以及美国约翰·霍普金斯学院的西蒙·纽科姆和 J. B. 克拉克。1902—1929 年在哥伦比亚大学讲授数理经济学和统计学。其主要论著有:《工资规律:一篇统计经济学论文》(1911)、《经济周期规律及其原因》(1914)、《棉花产量和价格预测》(1917)、《经济周期的发生》(1923)和《综合经济学》(1929)等。

穆尔采纳了统计学家弗朗西斯·高尔顿(Sir Francis Galton)和卡尔·皮尔

---

① 《新帕尔格雷夫经济学大辞典》第 3 卷,经济科学出版社 1996 年版,第 588 页。[英]马克·布劳格、保罗·斯特奇斯:《世界重要经济学家辞典》,经济科学出版社 1987 年版,第452—453 页。

森(Karl Pearson)在受控实验中所用的统计研究方法,并作出了推进,即假设在受控实验中使用的统计方法,在不受控条件下同样可以采用。

穆尔运用统计数据检验了 J. B. 克拉克的工资理论,确认工资与个人的能力正相关。作为经济计量学的先驱,他定量估计了供求弹性、生产率的变化、成本和工资的决定因素,是对需求进行统计学研究的开路先锋。他还研究了经济周期,试图以八年一次的降雨周期解释美国的农业周期,以及整个经济的周期;后来又试图用金星的运动来解释经济周期。他最后一本著作是企图为瓦尔拉斯一般均衡制订统计估价的研究计划。虽然他关于经济周期的观点受到其他经济学家的批评,但是对于美国农业经济学的发展作出了贡献;同时他对于理论经济学的经验研究,以及经济计量学在美国及全世界的发展发挥了先驱性的作用。

二、J. M. 克拉克

J. M. 克拉克[①](John Maurice Clark,1884—1963),出生于美国马萨诸塞州,其父亲就是经济学家 J. B. 克拉克。他 1910 年获哥伦比亚大学哲学博士,1910—1915 年任阿默斯特学院副教授,1915—1926 年任芝加哥大学教授,1927—1957 年接替其父成为哥伦比亚大学经济学教授,1935 年任美国经济学会会长,1952 年获美国经济学会 F. A. 沃克奖。其主要论著有:《地方运费差别的合理标准》(1910)、《企业间接费用的经济学研究》(1923)、《企业的社会控制》(1926)、《美国人民的世界大战代价》(1931)、《经济周期的战略因素》(1934)、《社会经济学前言》(1936)、《关于可行性竞争的概念》(1940)、《战时经济控制政策的复归》(1944)、《农奴制的替代》(1948)、《经济自由的伦理基础》(1955)和《作为动态过程的竞争》(1961)等。

小克拉克的学术派系不是很确定,既受到其父主流经济学的熏陶,又受到制度学派凡勃伦等人的影响。他的研究领域也非常广阔,从微观的企业理论到宏观的经济波动理论到社会经济学制度经济学。

小克拉克继承其父未竟的夙愿,致力于发展动态经济学,尤其是经济波动理论。在 1934 年发表的《经济周期的战略因素》中,他从米切尔的开创性研究中获得许多证据,发现了可以解释经济波动的加速原理。虽然这个原理在当时法国的阿夫塔利翁、德国的斯皮索夫、英国的庇古等人那里都有所提及,但小克拉克对其作出了突出贡献,提出了对于该原理极为重要的引致投资概念,把该

---

① 《新帕尔格雷夫经济学大辞典》第 1 卷,经济科学出版社 1996 年版,第 470—471 页。[英]马克·布劳格、保罗·斯特奇斯:《世界重要经济学家辞典》,经济科学出版社 1987 年版,第 114—115 页。

原理看作是解释经济周期的中心观念。同时,他还在一定程度上发现了乘数概念。

小克拉克对于现实生活中的竞争现象展开了深入研究,提出了"可行性竞争"的概念,强调了竞争所需要的法律约束。他指出了企业的各种间接费用对于企业产量和价格决策的影响,强调企业应当接受社会的管制。

在1923年发表的《企业间接费用的经济学研究》中,小克拉克指出现实中许多企业存在闲置资本和劳动的原因是存在企业间接成本,间接成本就是企业运营过程中发生的不能简单归结到单位产品上的成本,包括企业固定成本、销售成本等。他指出,尤其是固定资本的大规模投资导致企业管理成本的大幅度上升,以至于要全面实现生产能力就必须将产品价格降至不能充分弥补企业全部成本。为了解决这个问题,企业或者实现价格差别策略,制造产品差异,实行品牌战略;或者进行残酷的价格竞争以摧垮对手。这种分析表明他已经意识到后来张伯伦所深入研究的问题。

在1926年发表《企业的社会控制》中,小克拉克指出,由于大型企业的出现和日益发展,许多市场中完全竞争的局面早已不复存在,单纯依靠市场竞争已经不再能够充分实现社会福利。他指出,个人的企业自由一旦威胁到普遍利益,就不再是神圣不可侵犯的了,所以必须由社会对那些具有一定垄断势力的企业进行控制,其中包括反托拉斯法、公用事业条例,劳动立法、最低工资法、食品标准、城市规划、还有许多法院的具体判例,等等。他主张在企业自由与社会控制之间找到最佳的结合。

三、亨利·舒尔茨及其蛛网模型

美国经济学家亨利·舒尔茨[①](Henry Schultz,1893—1938),出生于移民美国的波兰犹太人家庭,曾师从哥伦比亚大学国际著名的经济计量学家亨利·L.穆尔,以及英国伦敦经济学院著名的统计学家 A. L. 鲍利[②](A. L. Bowler,1869—1957)和卡尔·皮尔森(Karl Pearson),1925年获哥伦比亚大学哲学博士,次年受聘于芝加哥大学,讲授数理经济学和统计学。1938年不幸遇车祸而

---

① 《新帕尔格雷夫经济学大辞典》第4卷,经济科学出版社1996年版,第281—282页。[英]马克·布劳格、保罗·斯特奇斯:《世界重要经济学家辞典》,经济科学出版社1987年版,第564页。

② 《新帕尔格雷夫经济学大辞典》第1卷,经济科学出版社1996年版,第293—294页。[英]马克·布劳格、保罗·斯特奇斯主编:《世界重要经济学家辞典》,经济科学出版社1987年版,第74—75页。杰拉德·M.库特:《英国历史经济学:1870—1926》,中国人民大学出版社2010年版,第86页。

全家丧生。其主要论著有：《需求的统计规律：以蔗糖需求为佐证》（1925）、《供给的理论考虑》（1927）、《供给和需求的统计规律》（1928）、《边际生产率和一般定价过程》（1929）、《需求的相互关系》（1933）、《需求、价格和收入之间的相互关系》（1935）和《需求测量理论》（1938）等。

作为经济计量学家的早期先驱之一，亨利·舒尔茨的主要贡献在需求的计量和统计方面，正确地指出区分自变量与因变量的重要性。

亨利·舒尔茨在 1930 年提出了蛛网模型。同年提出这一理论的还有荷兰经济学家丁伯根①（Jan Tiebougen，1903—）和意大利经济学家里西②（Umberto Ricci，1879—1946）。

蛛网模型是对马歇尔供求均衡价格论的进一步发展。马歇尔的供求均衡价格论主要局限于静态均衡分析和比较静态分析（虽然他本人把这种比较静态分析看作是动态分析），对于市场实现供求均衡的动态过程和必要条件，并没有展开深入的分析，蛛网模型在一定程度上弥补了这一缺陷。

该模型假定：（1）非垄断市场，即供求双方人数众多，无人能影响价格。（2）市场供给对价格变动反应滞后，即 t 期供给 S_t 定于 $t-1$ 期的价格 P_{t-1}。（3）市场需求对价格变动反应及时，即 t 期需求 D_t 定于该期价格 P_t。市场价格总是能扫清市场。该模型可由下述三个方程组成：

$$D_t = D(P_t)$$
$$S_t = S(P_{t-1})$$
$$D_t = S_t$$

该模型揭示了市场是趋于均衡还是不趋于均衡的条件：若 $dD/dP > dS/dP$，则市场趋向均衡；若 $dD/dP \leqslant dS/dP$，则市场不趋向均衡。假定供求都是线性函数，则可用图 35-11 来表明上述结论：（a）图中价格和产量通过阻尼振荡而收敛于均衡；（b）图中是扩散振荡不收敛于均衡；（c）图中是等幅振荡，也不收敛于均衡。

蛛网模型属于早期的动态分析，可用于说明农产品和其他需要较长生产时间的产品的市场趋势。

---

① 《新帕尔格雷夫经济学大辞典》第 4 卷，经济科学出版社 1996 年版，第 704—706 页。[英]马克·布劳格、保罗·斯特奇斯：《世界重要经济学家辞典》，经济科学出版社 1987 年版，第 616—617 页。

② 《新帕尔格雷夫经济学大辞典》第 4 卷，经济科学出版社 1996 年版，第 214 页。[英]马克·布劳格、保罗·斯特奇斯：《世界重要经济学家辞典》，经济科学出版社 1987 年版，第 528 页。

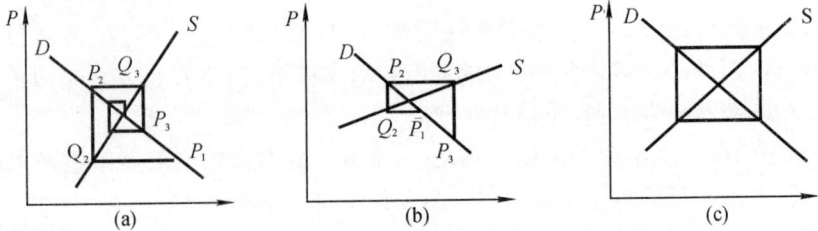

图 35-11

四、道格拉斯与柯布－道格拉斯生产函数

保尔·霍华德·道格拉斯[①]（Paul Howard Douglas，1892—1976），生于美国马萨诸塞州，曾师从于美国经济学家 J.B 克拉克，1921 年获哥伦比亚大学哲学博士，先后任教于芝加哥大学等多所大学，1948 年任美国经济学会会长。他曾经在第二次世界大战期间服兵役，并参加了登陆硫璜岛的战役。他曾经担任代表伊利诺伊州的美国参议员，同情穷人。其主要论著有：《生产理论》(1928)、《美国的实际工资》(1930)、《工资理论》(1934)、《有生产规律吗？》(1948)、《政府的伦理学》(1952)、《评柯布-道格拉斯生产函数》(1967)和《再论柯布-道格拉斯生产函数：它的历史、测试及其若干经验性价值》(1976)等。

道格拉斯的主要贡献是与其友人、数学家查尔斯·柯布（Charles W. Cobb）合作，运用经济计量学方法，根据其老师克拉克的边际生产力论，在 1928 年发表的《生产理论》中提出著名的柯布-道格拉斯生产函数。

前面第三十三章已经谈到，威克塞尔在建立其综合体系时，提出了线性齐次的生产函数 $P=a \cdot f(b/a)$，P 为产量，a 为劳动要素，b 为土地要素。这一生产函数在逻辑上是柯布-道格拉斯生产函数的先驱，但目前还无法判定道格拉斯在提出其生产函数时是否曾受到威克塞尔的启发。

柯布－道格拉斯生产函数的最初形式：$Q=AL^aC^{1-a}$。Q 为产量，L 为劳动，C 为资本，A 为广义技术系数，a 和 $1-a$ 分别为产量对于劳动和资本的弹性，同时又分别是劳动和资本各自的收入份额。

柯布和道格拉斯还具体测算了 A 和 a，使该函数具体化为 $Q=101L^{3/4}C^{1/4}$。它表明劳动要素增加一个百分点，产量增加 0.75 个百分点；资本要素增加一个

---

① 《新帕尔格雷夫经济学大辞典》第 1 卷，经济科学出版社 1996 年版，第 998－1000 页。[英]马克·布劳格、保罗·斯特奇斯主编：《世界重要经济学家辞典》，经济科学出版社 1987 年版，第 160 页。

百分点,产量增加 0.25 个百分点。

柯布—道格拉斯生产函数具有下述两条性质:(1)其一阶偏导数大于零而二阶偏导数小于零,这被认为是反映了边际生产力递减法则。(2)线性齐次性,这被认为是反映了规模报酬不变法则,而该法则保证各要素按边际生产力所分得的收入之和,正好等于总产出。由于这两条性质,该函数被认为是验证了边际生产力论。

柯布—道格拉斯生产函数的提出,对以后经济理论的发展和计量检验,都起到了重要的作用。它的最一般形式:

$$y = A\prod_{i=1} x_i^{a_i}$$

在这种一般形式下,它既可以是生产函数,也可以是效用函数,取决于自变量和函数的定义。[①]

参考文献

[1]克拉克:《财富的分配》,商务印书馆 1981 年版。

[2]瓦尔拉斯:《纯粹经济学要义》,商务印书馆 1989 年版。

[3]I. Fisher:《货币的购买力》,商务印书馆 1934 年版。

[4]费雪:《稳定货币运动史》,商务印书馆 1938 年版。

[5]菲歇尔:《利息理论》,上海人民出版社 1959 年版。

[6][美]阿林·杨格:《报酬递增与经济进步》,《比较》1996 年第 2 期。

[7]贾根良:《杨格定理与经济发展理论》,《比较》1996 年第 2 期。

[8][美]弗兰克·H.奈特:《风险、不确定与利润》,商务印书馆 2007 年版。

[9]伊·戈·布留明:《政治经济学中的主观学派》上卷,人民出版社 1983 年版。

[10]M.弗里德曼:《货币政策的任务》,《美国经济评论》1968 年第 8 卷第 1 期。

[11][美]爱德华·张伯伦:《垄断竞争理论》,华夏出版社 2009 年版。

[12]周寿萱:《微观经济学》,云南人民出版社 1988 年版。

---

① 《新帕尔格雷夫经济学大辞典》第 1 卷,经济科学出版社 1996 年版,第 500—502 页。

第三十六章　美国制度学派

　　制度经济学是 19 世纪末 20 世纪初一个主要流行于美国的,对当时的资本主义持一定批判态度的,并主张社会改良的经济学流派。它与人们今天经常谈到的以科斯、诺思等人为代表的新制度经济学没有渊源关系。制度经济学三位早期代表为凡勃伦、康芒斯和米契尔。三人在研究方向、方法及观点上各有特点,形成三个流派:凡勃伦代表制度经济学中的社会学派,重视分析社会制度的稳定与演化;康芒斯代表制度经济学中的法律学派,重视法律制度对经济生活的决定作用;米契尔代表经验统计学派,主张通过统计资料来研究经济现象。

　　1865 年美国南北战争结束之后,到 20 世纪初,是美国工业化城市化狂飙突进的年代,19 世纪 70 年代约 70％的人还是农村人口,到 20 世纪 30 年代,城市人口已经达到 60％。同时,这个时期也是工业化之殇充分表现的年代,贫富差距迅速扩大,阶级冲突异常尖锐,工人和小农场主不断建立各种组织以维护自己的利益。同时也是美国从自由竞争向垄断发展,工商巨头们恶意竞争、尔虞我诈的年代。[①] 在这样一个年代中,正统经济理论(主要是以 J.B. 克拉克和陶西格等人为代表的新古典经济学)拙于解释现实经济生活中的许多阴暗面,人们迫切需要一种能对现实生活中的这些现象作出解说的理论。[②] 凡勃伦《有闲阶级论》的巨大成功,正反映了公众的这一情绪。在这样一个大变幻的年代里,美国社会今后的发展趋向将是什么,也成为一个蛮有挑战性的问题,凡勃伦的《企业论》便是对这个问题的解答。在这样一个年代里,劳资关系问题也成为一个重要的问题,如何调整这一关系,构成康芒斯学术研究的主旨。

　　制度经济学的直接思想渊源是德国的新历史学派,同时它还受到社会达尔文主义及职能主义心理学的影响。因此它在所关注的问题,所采用的方法,以及所得到的结论诸方面都与新古典经济学的主流思潮不一致。

　　美国制度经济学的传统,由于 20 世纪 30 年代的凯恩斯革命和四五十年

---

　　① [美]本・塞利格曼:《现代经济学主要流派》,华夏出版社 2010 年版,第 133－136 页。

　　② [美]罗伯特・海尔布罗纳:《几位著名经济思想家的生平、时代和思想》,商务印书馆 1994 年版,第 201－206 页。

代数理经济学的井喷式发展,而没有在经济学家团体中得到广泛有效的传承。但是如果以为那仅仅是可以一把火烧掉的废品,则显然低估了这个传统的价值。

第一节　凡勃伦的经济思想

托尔斯坦·本德·凡勃伦[①](Thorstein Bunde Veblen,1857—1929),美国制度学派的创始人,出生于美国中部威斯康星州农村的挪威移民家庭。1880 年获卡尔顿学院文学士,1884 年获耶鲁大学哲学博士。他在卡尔顿学院时曾受业于 J. B. 克拉克,但显然未继承克拉克的新古典经济学的衣钵。在约翰——霍普金斯大学读研究生时,他师从于著名哲学家、实用主义学派创始人查理斯·桑德斯·皮尔斯(Charles Sanders Peirce)。在耶鲁大学,他在美国著名社会达尔文主义者威廉·格雷厄姆·萨姆纳(William Graham Sumner)指导下学习经济学。1884—1891 年间,他失业在家,广泛阅读。1891 年开始,他入康奈尔大学,跟随 J. 劳伦斯·劳克林学习经济学,而后在芝加哥、斯坦福、密苏里等大学和纽约社会研究新学院任教和研究,但教学生涯并不如意。他曾广泛阅读考古学、心理学、生物学、哲学等方面的论著,具有广泛的知识面。其主要代表性论著有:《有闲阶级论》(1899,有中译本)、《经济科学的先入之见》(1899)、《企业论》(1904)、《追求工艺的本能》(1914)、《德意志帝国与工业革命》(1915)、《和平的本质》(1917)、《美国高等教育》(1918)、《科学在现代文明中的地位》(1919,有中译本)、《既得利益和工业艺术的国度》(1919)、《工程师和价格制度》(1921)和《不在所有权制度》(1923)等。

一、对有闲阶级起源和特征的分析

《有闲阶级论》是凡勃伦的成名之作,该书以今天标准经济学的眼光来看,更像是社会学的论著,其"主旨在于讨论作为现代生活中一个经济因素的有闲阶级的地位和价值",同时涉及"制度的起源和演进"[②]。

凡勃伦首先考察了有闲阶级的起源,认为它源于人类社会早期未开化时代

---

① 《新帕尔格雷夫经济学大辞典》第 4 卷,经济科学出版社 1996 年版,第 862—864 页。[英]马克·布劳格、保罗·斯特奇斯:《世界重要经济学家辞典》,经济科学出版社 1987 年版,第 634 页。

② [美]凡勃伦:《有闲阶级论——关于制度的经济研究》,商务印书馆 1981 年版,第 3 页。

的较低级阶段的"风俗、习惯、动机和环境"①。他认为在人类社会的早期阶段,尤其是狩猎时代开始,人们的活动区分为掠夺或侵占和劳役或生产,前者包括狩猎和通过部落之间的战争获取奴隶,以及"人对人的强制利用";而后者则是指利用非人类的事物来获取物品,"是通过制作者施之于不作抵抗的('死物')素质的技巧、从事创造性事物、使之具有新用途的一种努力"②。他进一步认为侵占和劳役的区别,就构成了男女之间的分工。③ 而且这种区别成为一种歧视性区别,侵占活动是"可敬的,光荣的,高贵的",而劳役则是"不值得尊敬的,低贱的,不体面的"④。同时,他也清楚地看到,侵占活动要以劳役活动的效率的一定发展为前提。⑤

凡勃伦认为,侵占或掠夺活动导致所有权的出现,首先是男人对于女人的所有权,进而是对于女人劳役所生产的物品的所有权,最后产生了对人和对一切事物的所有权。⑥ 而随着私人所有权的出现,有闲阶级也就涌现出来了。"在文化演进的过程中,有闲阶级的涌现与所有制的开始是同时发生的"⑦。在私人所有权的基础上,他认为侵占活动给侵占者带来荣誉的大小就取决于他拥有的财富的大小,但并非绝对量的大小,而是相对量的大小。因此人们并不满足于财富的绝对水平的提高,而是相对水平的提高,即以比别人更加富有而满足。这就导致了人们追逐金钱财富的竞赛,从而导致了个人对金钱财富的无限度追求。⑧ 而在以后的社会发展中,由于侵占或掠夺的机会渐渐减少,侵占或掠夺给人带来的荣耀逐渐被占有财富的荣耀所替代。"财产与英勇的战绩或卓越的功业不同,它现在已经成为衡量成就的可敬程度时最容易被认明的确凿证据;因此它就成了博得尊崇的习惯依据。如果要在社会上获得相当地位,就必须保有相当财产。如果要在社会上获得相当声望,就必须从事于取得财产,累积财

① [美]凡勃伦:《有闲阶级论——关于制度的经济研究》,商务印书馆 1981 年版,第 6 页。
② [美]凡勃伦:《有闲阶级论——关于制度的经济研究》,商务印书馆 1981 年版,第 11—13 页。
③ [美]凡勃伦:《有闲阶级论——关于制度的经济研究》,商务印书馆 1981 年版,第 13 页。
④ [美]凡勃伦:《有闲阶级论——关于制度的经济研究》,商务印书馆 1981 年版,第 15 页。
⑤ [美]凡勃伦:《有闲阶级论——关于制度的经济研究》,商务印书馆 1981 年版,第 19 页。
⑥ [美]凡勃伦:《有闲阶级论——关于制度的经济研究》,商务印书馆 1981 年版,第 20—21 页。
⑦ [美]凡勃伦:《有闲阶级论——关于制度的经济研究》,商务印书馆 1981 年版,第 20 页。
⑧ [美]凡勃伦:《有闲阶级论——关于制度的经济研究》,商务印书馆 1981 年版,第 26—28 页。

产"①。

凡勃伦认为，富人们为了显示自己的财富，表明自己是金钱财富竞赛中的优胜者，就需要摆脱各种粗鄙的劳役，过悠闲的生活，即通过明显的有闲来表明自己是拥有财富的人。这一点在继纯掠夺阶段之后的准和平阶段，开始表现出来，"从这个时候起，有闲阶级生活的主要特征是明显地不参加一切有实用的工作"②。他进一步认为，除了富人本人所表现出来的明显有闲之外，富人的妻子和奴仆也日益脱离生产性劳役，表现出一种代理性有闲，他们"构成了一种附属的或派生的有闲阶级"③。这种代理性有闲同样是富人显示财富的手段。有闲阶级男人的妻子虽然表面上似乎与丈夫有着平等地位，但是她们的代理有闲依然表明了她们附属于丈夫的地位。④

凡勃伦认为，随着社会的发展，人们交往范围的扩大，富人们为了更好地表现自己占有财富的优越地位，明显有闲进一步发展为明显消费，即以大量消费尤其是奢侈品消费以及豪华的宴会和炫耀性的馈赠，甚至参与体育活动、讲究礼仪规矩来显示自己的身份地位。同时代理有闲也进一步发展成为代理消费，以便为主人增添荣耀。⑤"在任何高度组织起来的工业社会，荣誉最后依据的基础总是金钱力量；而表现金钱力量从而获得或保持荣誉的手段是有闲和对财物的明显消费"⑥。

凡勃伦分析了人们消费行为的若干特征。他认为"除了自卫本能以外，竞赛倾向大概是纯经济动机中最强烈的，而且是最活跃、最持久的"⑦。这种竞赛动机导致了人们消费的下述特点：(1)消费的炫耀性和等级性，即消费成为一个人表明和炫耀自己身份地位的必要方式。于是不同身份地位的人便形成了不同等级的消费方式和消费物品。⑧ 消费的这种炫耀性和等级性对于消费品的价

① ［美］凡勃伦：《有闲阶级论——关于制度的经济研究》，商务印书馆 1981 年版，第24—25 页。

② ［美］凡勃伦：《有闲阶级论——关于制度的经济研究》，商务印书馆 1981 年版，第 33 页。

③ ［美］凡勃伦：《有闲阶级论——关于制度的经济研究》，商务印书馆 1981 年版，第 47 页。

④ ［美］凡勃伦：《有闲阶级论——关于制度的经济研究》，商务印书馆 1981 年版，第 52 页。

⑤ ［美］凡勃伦：《有闲阶级论——关于制度的经济研究》，商务印书馆 1981 年版，第53—75 页。

⑥ ［美］凡勃伦：《有闲阶级论——关于制度的经济研究》，商务印书馆 1981 年版，第 64 页。

⑦ ［美］凡勃伦：《有闲阶级论——关于制度的经济研究》，商务印书馆 1981 年版，第 81 页。

⑧ ［美］凡勃伦：《有闲阶级论——关于制度的经济研究》，商务印书馆 1981 年版，第85—137 页。

格、美感和适用性都深有影响,高价格由于具有炫耀功能,反而会刺激需求;①并不具有实用性能的豪华美感出现在用于炫耀的商品上,特别是服装上。② 由此产生了"明显浪费定律"和"明显有闲原则",即凡无助于炫耀消费者财富和有闲的物品,不论其是否具有实用功能,都将被淘汰。③ 与之相反的是"金钱荣誉准则",即有助于炫耀消费者财富从而给他带来荣誉的物品,将大行其道。④ 他指出有闲阶级通过这种炫耀性的消费显示自己的优越性,从而获得心理上的满足和快感。(2)消费变化的单向性,即"由俭入奢易,由奢入俭难",消费水准在收入提高时容易上升,但在收入降低时难以下调。⑤ 而有些方面的消费格外难以下调。⑥ 这是因为人们不愿意降低消费以避免被别人看作是竞赛的失败者。(3)外在消费和内在消费的二元性,外在消费是指荣誉性消费,即将要表现在外人面前以博取荣誉的消费,内在消费是指家庭内部不为外人所知的消费。内在消费往往比外在的荣誉性消费要节俭,这是因为外在的荣誉性消费是要和别人竞赛的。⑦ 他指出外在的荣誉性消费的压力往往起到抑止生育的作用。⑧(4)消费水准的同类模仿性,即为了避免被人看作是竞赛失败者,一个人的消费水平"大部分决定于他所隶属的那个社会或那个阶级所公认的消费水准"⑨。(5)消费水准的向上攀比性,即同别的竞赛一样,人们渴望的消费标准就是在荣誉上高于自己一等的那些人的习惯。⑩ 因此社会最高阶级的消费方式往往具有很强的示范性。⑪ 他指出,虽然工人与资本家之间存在利益冲突,但社会上层与下层并不是始终处在剑拔弩张状态。因为下层人总是竭力仿效有闲的上层,为他们的炫耀性消费所吸引,力图使自己通过社会等级的阶梯走到上层社会中

---

① [美]凡勃伦:《有闲阶级论——关于制度的经济研究》,商务印书馆 1981 年版,第 113 页。

② [美]凡勃伦:《有闲阶级论——关于制度的经济研究》,商务印书馆 1981 年版,第 93—100 页。

③ [美]凡勃伦:《有闲阶级论——关于制度的经济研究》,商务印书馆 1981 年版,第 121,126 页。

④ [美]凡勃伦:《有闲阶级论——关于制度的经济研究》,商务印书馆 1981 年版,第 122 页。

⑤ [美]凡勃伦:《有闲阶级论——关于制度的经济研究》,商务印书馆 1981 年版,第 76 页。

⑥ [美]凡勃伦:《有闲阶级论——关于制度的经济研究》,商务印书馆 1981 年版,第 79 页。

⑦ [美]凡勃伦:《有闲阶级论——关于制度的经济研究》,商务印书馆 1981 年版,第 83 页。

⑧ [美]凡勃伦:《有闲阶级论——关于制度的经济研究》,商务印书馆 1981 年版,第 83 页。

⑨ [美]凡勃伦:《有闲阶级论——关于制度的经济研究》,商务印书馆 1981 年版,第 82 页。

⑩ [美]凡勃伦:《有闲阶级论——关于制度的经济研究》,商务印书馆 1981 年版,第 77 页。

⑪ [美]凡勃伦:《有闲阶级论——关于制度的经济研究》,商务印书馆 1981 年版,第 77 页。

去。因此有闲阶级论也为阶级社会的稳定性提供了注解。① 另一方面，一旦上等人的消费习惯被下一级的人广泛接受之后，这种习惯便失去了炫耀性，从而迫使上等人的发展新的消费习惯。②（6）消费发展的无限性，即由于竞赛动机，消费类型消费方式的发展永无止境，因此生产效率的提高并不会使工作时间缩短，而是刺激人们发展出更新的消费。③

凡勃伦对于有闲阶级的分析，其实也是以经济人假设为前提的，不过这种经济人追求的是相对效用最大化，即与别人相比较的效用最大化，或者大于别人效用的差距最大化。从相对效用最大化这一目标出发，个人才产生了竞赛动机、炫耀动机；进而派生出明显有闲和明显消费的行为方式，以及对于财富的无限追求。这种追求相对效用最大化的经济人可以称作是凡勃伦型经济人，与主流经济学所假设的追求绝对效用最大化（即不考虑不比较别人效用只顾及自己本人效用）的经济人有所不同。这两种经济人假设都是纯粹理念型的，实际生活中的人往往既追求绝对效用最大化也追求相对效用最大化。但这两种经济人的抽象假设都有各自的用途，可以解释不同的经济现象。按照相对效用最大化的假设，个人效用函数的自变量将不仅包括个人所消费的不同商品，还应当包括别人的效用。这样，相对效用最大化假设便可以解释由羡慕嫉妒所引起的许多行为，而这是绝对效用最大化假设所不便处理的。这种相对效用最大化假设，也为后人所说的炫耀性商品或凡勃伦商品的价格与需求量的正相关关系提供了理论依据。同时，这种相对效用最大化假设所引申出来的消费行为，往往具有浪费的性质。因此主流经济学所强调的消费者至上，尊重消费者主权，通过消费者自由选择来配置稀缺资源以实现社会福利最大化的见解和政策主张，便不再具有正确性和合理性了。凡勃伦型经济人的提出，应当看作是他对于经济学中经济人假设的重要补充。

凡勃伦以批评资产阶级的角色出现，揭露有闲阶级的寄生性，批判资产阶级奢侈浪费的生活方式，揭示这种炫耀性消费的心理和社会根源。他对有闲阶级消费方式的批判，在很大程度上反映了他那个时代一般公众对于美国社会中的暴发户和强盗贵族的反感。

二、诘难主流经济学与倡导进化经济学

凡勃伦把整个科学纵向划分为前达尔文主义时代和后达尔文主义时代，认

---

① 罗伯特·海尔布罗纳：《几位著名经济思想家的生平、时代和思想》，商务印书馆1994年版，第222页。

② ［美］凡勃伦：《有闲阶级论——关于制度的经济研究》，商务印书馆1981年版，第78页。

③ ［美］凡勃伦：《有闲阶级论——关于制度的经济研究》，商务印书馆1981年版，第82页。

为前达尔文主义时代的科学关注的是研究对象的初始状态及其变化过程的最终确定的同时也是理想的均衡状态,是一种简单的因果状态罗列;而后达尔文主义时代的科学关注的是研究对象的变化过程,并确信变化的未来趋向带有不确定性,除了短期趋势之外,其他都是不可预期的。"一个初始起点和一个最终结果的问题在现代科学中被束之高阁,科学家已全然不主张考虑这样的问题。现代科学正在抛弃自然法——死板的因果关系规则——关注的是发生了什么以及正在发生什么。"①在他开来,前达尔文时代的科学是一种非进化的科学,即便它们也研究事物的过程,但是它们往往把过程视为按照某种既定规律或自然法,趋向某个既定的同时也是美好的均衡结果的过程。② 他把它称作"分类科学"③。而后达尔文时代的科学则是一种与之不同的进化科学。

在区分前达尔文时代科学和后达尔文时代科学的基础上,凡勃伦对他认为的主流经济学的三个派别——英国古典经济学派、德国历史学派和奥地利学派——展开了分析。

对于英国古典经济学,他一方面承认以小穆勒和凯尔恩斯等人为代表,虽然也研究了经济过程,但是这种对于经济过程的研究并没有使得它成为一门进化的科学,④因为它像前达尔文时代的科学那样,过于关注经济变化过程的既定规律或自然法则,以及由该法则所决定的最终状态、自然状态或均衡状态。⑤

对于德国历史学派,他承认他们关注了经济事实,但只是罗列描述,并未提出一种解释性理论。⑥

至于以门格尔为代表的奥地利学派,他认为仅仅是价值理论方面的一个派别,其基本特征并未摆脱前达尔文时代的科学,依然以关注均衡状态为主,不关注发展和进化。他不同意奥地利学派那样把人看作是仅仅追求满足既定欲望的消费者,而是强调人的欲望和目的本身也是累积变化的。"个人的经济生活史是一个手段适应目的的累积过程,当这个过程进行时,目的本身也在累积性地变化着,行为人和他所处的环境,在任何一点上都是前一个过

---

① [美]托尔斯坦·凡勃伦:《科学在现代文明中的地位》,商务印书馆 2008 年版,第30—31 页。

② [美]托尔斯坦·凡勃伦:《科学在现代文明中的地位》,商务印书馆 2008 年版,第49 页。

③ [美]托尔斯坦·凡勃伦:《科学在现代文明中的地位》,商务印书馆 2008 年版,第65 页。

④ [美]托尔斯坦·凡勃伦:《科学在现代文明中的地位》,商务印书馆 2008 年版,第47 页。

⑤ [美]托尔斯坦·凡勃伦:《科学在现代文明中的地位》,商务印书馆 2008 年版,第51—52 页。

⑥ [美]托尔斯坦·凡勃伦:《科学在现代文明中的地位》,商务印书馆 2008 年版,第47 页。

程的结果。"①

凡勃伦认为当时的主流经济学有两个先入为主未经检验的预设：一是追求快乐的经济人假设，他称之为快乐主义；二是社会发展过程的改良趋势。"本世纪中叶那种政治经济学形而上学的或者先入之见的……两种真理标准是：（一）快乐主义—联想心理学；（二）不加批判地确信除了社会个体成员有意识的目标之外，事件的进程中还有一种改良的趋势。"②他批评主流经济学的经济人假设只考虑人的金钱动机，没有考虑影响人的行为的其他动机，也没有考虑个人面对金钱刺激时的不同类型的反应和不同程度的反应。③ 对于主流经济学的第二条预设，他批评它具有目的论宿命论的色彩，"事件的趋势学说把目的归因于事件的序列；……它赋予序列一种自主的、目的论的特征，这种特征约束着序列的所有步骤，使其达到那个假定的目标。……从而实现目标的中介条件就没有自主性。因此作为中介条件的人没有自主性，否则就会违背这一假定。因此，给定一个固有的事件改良趋势，人就只是序列中的一个机械的中介"④。据此，他认为主流经济学只是一个考察过程结果的理论，以及如何趋向既定结果的理论，"这门科学探讨的是一种平衡系统，而不是一种扩散系统。这正是它与后来的进化科学典型的区别"⑤。他批评主流经济学研究的只是收敛过程而非发散过程，并认为在这一方面，以门格尔为代表的奥地利学派和以马歇尔为代表的新古典学派没有区别。⑥ 它们"都没有对经济生活的起源、发展、序列、变迁、过程等理论作出任何明显的贡献"⑦。他批评主流经济学从上述两条预设所推导出来的自由主义政策主张，认为个人的谋利行为未必一定实现生活公益。⑧ "个

①　[美]托尔斯坦·凡勃伦：《科学在现代文明中的地位》，商务印书馆 2008 年版，第 58 页。

②　[美]托尔斯坦·凡勃伦：《科学在现代文明中的地位》，商务印书馆 2008 年版，第 118 页。

③　[美]托尔斯坦·凡勃伦：《科学在现代文明中的地位》，商务印书馆 2008 年版，第 119—122 页。

④　[美]托尔斯坦·凡勃伦：《科学在现代文明中的地位》，商务印书馆 2008 年版，第 122—123 页。

⑤　[美]托尔斯坦·凡勃伦：《科学在现代文明中的地位》，商务印书馆 2008 年版，第 129 页。

⑥　[美]托尔斯坦·凡勃伦：《科学在现代文明中的地位》，商务印书馆 2008 年版，第 133—135 页。

⑦　[美]托尔斯坦·凡勃伦：《科学在现代文明中的地位》，商务印书馆 2008 年版，第 180 页。

⑧　[美]托尔斯坦·凡勃伦：《科学在现代文明中的地位》，商务印书馆 2008 年版，第 215—216 页。

别的个人利益的总和绝不表示静态利益"①。

凡勃伦强调,如果经济学仅仅研究经济事实和经济过程,且认为经济过程存在既定法则,发展有着既定的均衡且理想的结果,是不能成为进化科学的。"事件进程中有某种合理趋势这一看法是一种非进化的先入之见,不属于对任何过程的因果序列的考察之列。因而,无论是在经济学中还是在其他学科中,进化观都没有为根据确定常态来阐述自然法这种做法留下任何空间,也没有为常态的其他问题留有余地"②。

那么什么是进化经济学呢? 对此,凡勃伦首先强调,"进化科学最重要的假设,也就是始终作为考察基础的先入之见,是一种累积性的因果序列观念"③。这种累积性的因果序列"没有趋势,没有最终状况,没有完美状态"④。他进一步定义"进化的经济学一定是一种由经济利益所决定的文化发展的过程理论,一定是一种由过程本身来说明的经济制度的累积性序列理论"⑤。为了对此定义加以说明,他指出:"经济利益在塑造所有社会的文化发展中关系重大。主要地、最明显的是,它引导着那些现在被称为经济制度的惯例和生活方式及其累积性的发展;但即使在那些并非主要地、最直接地与经济相关的结构性特征上,经济利益同样弥漫于社会的生活和社会的文化发展之中。经济利益……影响着文化结构的各个方面,以至于可以说在某种程度上任何制度都是经济制度。……因此,在经济制度的名称下不存在可以严格地分开的纯粹孤立的文化现象,虽然'经济制度'这一范畴可以当作一个方便的名词来使用,它包括那些最直接、最一致地表现经济利益,并且最直接具有经济意义的制度。……进化经济学的目标,必然是探索文化序列中的经济利益是如何累积式地产生的。它一定是关于人类或者社会的经济生活过程的理论。"⑥从这段话可以看出,他的经济制度有狭义和广义之分,狭义的经济制度就是直接与经济利益有关的制度,而广义的经济制度则几乎包括所有制度。他的进化经济学是要研究由经济利益所决定的经济制度乃至整个社会文化的发展,而且这种发展是没有定规没有预定的均衡理想结果的。

那么为什么需要进化经济学呢? 凡勃伦认为"对现代科学家来说,发展和

---

① [美]托尔斯坦·凡勃伦:《科学在现代文明中的地位》,商务印书馆 2008 年版,第 231 页。
② [美]托尔斯坦·凡勃伦:《科学在现代文明中的地位》,商务印书馆 2008 年版,第 60 页。
③ [美]托尔斯坦·凡勃伦:《科学在现代文明中的地位》,商务印书馆 2008 年版,第 136 页。
④ [美]托尔斯坦·凡勃伦:《科学在现代文明中的地位》,商务印书馆 2008 年版,第 325 页。
⑤ [美]托尔斯坦·凡勃伦:《科学在现代文明中的地位》,商务印书馆 2008 年版,第 61 页。
⑥ [美]托尔斯坦·凡勃伦:《科学在现代文明中的地位》,商务印书馆 2008 年版,第 60—62 页。

变迁现象是经济生活中可以观察到的最明显、最重要的事实。要理解现代经济生活,过去两个世纪的技术进步——比如生产技术的发展——是最为重要的事实"①。他指责主流经济学(包括古典和新古典以及边际效用学派)都没有把技术进步和制度变迁这些最重要的事实纳入研究的对象。②

总体上看,凡勃伦关于经济学的研究对象与主流经济学大不相同。他那个时代的主流经济学往往以刻画分析市场运行机制为己任,以研究描绘均衡状态为要务,关注的是价值论分配论问题;而凡勃伦则认为经济学应当以研究技术进步和制度演化为中心,不承认演化的方向是均衡状态收敛状态,而是一种非均衡的发散过程。他强调了演化过程的无目的性和随机性。

三、制度演化分析

凡勃伦认为经济学应当是一门进化论的科学,其研究对象应当是经济制度的发展变化。

凡勃伦展开了他关于制度进化的看法,力图构造一个抽象理论模型来说明人类社会制度的演化。

凡勃伦把制度定义为:"个人或社会对有关的某些关系或某些作用的一般思想习惯;……从心理学的方面来说,可以概括地把它说成是一种流行的精神态度或一种流行的生活理论。"③制度是广泛存在的社会习惯、公认的生活方式。

凡勃伦是第一位运用达尔文进化论来分析制度演化的经济学家,把制度演化看作是一个累积因果过程,是各项制度的"一个自然淘汰过程"④。

凡勃伦认为制度演化的动因是人口增加、人们支配自然的知识和技巧的扩大和提高。这些动因使得原有的推进整个集体生活的习惯方式、处理集体中不同成员之间关系的习惯方式都不如以前有效,因此需要改变。他认为制度发展的表现是人类的思想习惯的改变,并认为制度发展的特征是只有渐进而无飞跃,当前的制度"总是从过去逐渐改进、逐渐遗留下来的"⑤。

凡勃伦指出有闲阶级是制度演化过程中的保守势力,"在社会进化过程中,

① [美]托尔斯坦·凡勃伦:《科学在现代文明中的地位》,商务印书馆 2008 年版,第 180 页。
② [美]托尔斯坦·凡勃伦:《科学在现代文明中的地位》,商务印书馆 2008 年版,第 185—193 页。
③ [美]凡勃伦:《有闲阶级论——关于制度的经济研究》,商务印书馆 1981 年版,第 139 页。
④ [美]凡勃伦:《有闲阶级论——关于制度的经济研究》,商务印书馆 1981 年版,第 138 页。
⑤ [美]凡勃伦:《有闲阶级论——关于制度的经济研究》,商务印书馆 1981 年版,第 141—142 页。

有闲阶级的作用是对社会的动向从中阻挠,保留腐朽、落后的事物"①。认为他们反对进步的主要原因是一种对违反习惯的事物的本能的反对,并非主要是出于物质利益的考虑。② 而且有闲阶级的这种保守态度,还会由于两方面的原因而影响整个社会。一个原因是因为"属于任何一种文化或任何一个民族的制度系统总是一个整体,其间任何一项制度都不是孤立的",这使得任何一项制度的变化都会牵动多项制度的变化,由此带来的骚扰和混乱足以使人们感到不便和不满。③ 而牵动面大的制度变化尤其如此。另一个原因是有闲阶级对下层阶级的压迫使得他们无暇顾及制度演化,只能冷漠对待。④

凡勃伦提出人有两种基本本能:工作本能和掠夺本能。前者导致物质生产技术,后者导致私有财产制度。这两种基本本能在不同时期有不同的表现,在资本主义社会中分别表现为"机械操作"⑤和"企业原则"⑥,即以机器为代表的生产技术制度和以财产所有权所代表的企业营利制度。他用它们之间的矛盾和协和来说明制度的演化。⑦

凡勃伦认为机械操作是当代企业经营的物质基础,⑧并指出它有两个特征,一是机械和操作的标准化,二是整个社会联系紧密的分工协作。⑨ 由此可知,他所说的机械操作就是存在复杂投入—产出关系的工业化大生产。关于企业原则,他认为"企业在精神上的基础则出于所有权制度"。因此企业原则就是"财

---

① [美]凡勃伦:《有闲阶级论——关于制度的经济研究》,商务印书馆 1981 年版,第 145 页。

② [美]凡勃伦:《有闲阶级论——关于制度的经济研究》,商务印书馆 1981 年版,第 145 页。

③ [美]凡勃伦:《有闲阶级论——关于制度的经济研究》,商务印书馆 1981 年版,第 148 页。

④ [美]凡勃伦:《有闲阶级论——关于制度的经济研究》,商务印书馆 1981 年版,第 149 页。

⑤ [美]凡勃伦:《企业论》,商务印书馆 2012 年版,第 6 页。

⑥ [美]凡勃伦:《企业论》,商务印书馆 2012 年版,第 46 页。

⑦ [美]凡勃伦:《有闲阶级论——关于制度的经济研究》,商务印书馆 1981 年版,第 151—153 页。

贾根良:《重新认识旧制度学派的理论价值》,《天津社会科学》1999 年第 4 期,第 48—53 页。文章强调旧制度学派对当代经济学的影响和贡献。

侯荣华:《制度经济学方法论》,《财经研究》2000 年第 7 期。文章在概括制度经济学方法的基础上,强调了以凡勃伦为代表的制度经济学对于当今制度研究的贡献。

⑧ [美]凡勃伦:《企业论》,商务印书馆 2012 年版,第 66 页。

⑨ [美]凡勃伦:《企业论》,商务印书馆 2012 年版,第 8—15 页。

产的原则—金钱的原则"①。企业的目标就是追求利润。②

　　凡勃伦认为机械操作与企业原则这两者之间存在着矛盾,机械操作要求工业各个部门之间相互配合,维持投入—产出之间的平衡;但是这种平衡并不有利于企业利润。③ 因此,企业经常为了追求利润而不顾乃至破坏产业间的平衡,其表现方式之一就是与其对手之间展开你死我活的竞争,而这种竞争一般都是有害于整个工业的平衡和效率的。④ 并且这种竞争也是导致经济周期性恐慌和萧条的根源。⑤ 于是,在他那里企业家的社会功能主要是负面的,这与主流经济学强调企业家的正面社会功能形成鲜明对照。但他对企业家的负面评价确实反映了他所处的那个美国盛产强盗贵族的时代(工业化初期)企业家之间钩心斗角尔虞我诈活动的真实一面。⑥

　　为了减少及消除这种竞争带来的恶果,凡勃伦主张通过企业之间的合并建立托拉斯来消除竞争,认为合并将不仅减少生产成本,而且还将减少管理成本和交易成本。⑦ 他还认为,广告等推销手段也仅仅是一种浪费资源的竞争手段,需要通过合并来减少这种浪费。⑧

　　凡勃伦认为"机械操作"的结果是无限制的商品生产,而企业经营的目的却是利润最大而非产量最大。两者之间的矛盾导致商品过剩、利润下降这种长期的慢性萧条。为了克服萧条,他提出"这种可恼的、折磨人的萧条,只有在垄断的基础上才能把它干脆地推开"⑨。由此可知,他是主张通过垄断来消除竞争,消除经济恐慌和萧条的。这与主流经济学反对垄断的态度形成鲜明对照。

　　凡勃伦认为企业原则或金钱原则在法律上的反映就是金钱至上天赋自由缔约自由,由此造成劳资纠纷时偏袒企业主牺牲工人利益的法律裁决。⑩ 同时,他深刻地洞察到,企业原则或金钱原则在政治上就是政府为企业服务,尤其是在议会政治制度下,"一个立宪政府就是一个企业政府"⑪。他指出,政府将支持

---

①　[美]凡勃伦:《企业论》,商务印书馆 2012 年版,第 46 页。
②　[美]凡勃伦:《企业论》,商务印书馆 2012 年版,第 18—19 页。
③　[美]凡勃伦:《企业论》,商务印书馆 2012 年版,第 20—21 页。
④　[美]凡勃伦:《企业论》,商务印书馆 2012 年版,第 21—25 页。
⑤　[美]凡勃伦:《企业论》,商务印书馆 2012 年版,第七章。
⑥　[美]罗伯特·海尔布罗纳:《几位著名经济思想家的生平、时代和思想》,商务印书馆 1994 年版,第 224—226 页。
⑦　[美]凡勃伦:《企业论》,商务印书馆 2012 年版,第 32 页。
⑧　[美]凡勃伦:《企业论》,商务印书馆 2012 年版,第 39—45 页。
⑨　[美]凡勃伦:《企业论》,商务印书馆 2012 年版,第 169 页。
⑩　[美]凡勃伦:《企业论》,商务印书馆 2012 年版,第 175—185 页。
⑪　[美]凡勃伦:《企业论》,商务印书馆 2012 年版,第 186 页。

企业参与国际竞争,为此而不惜扩张军备,采取帝国主义的政策。① 他在一定程度上预见到了不久以后爆发的第一次世界大战。

凡勃伦认为"机械操作"与"企业原则"之间的冲突将导致后者的衰落。"企业没有了机械操作就无法进行。但机械操作的锻炼足以破坏企业在精神上、制度上的基础,……企业与机械操作是不能和平共处、携手并进的。……因为机械系统如果受到有力的破坏或抑制,将逐渐使企业处于绝境;然而机械系统如果获得自由发展,则企业原则不久也仍然将陷于停滞状态。"②其原因据他看来是因为社会主义和无政府主义的不满情绪将动摇企业原则的自然权利基础,破坏天赋自由的制度。"天赋自由制是手工业和小商业和平制度下的产物;但继续不断的和平与工业发展势必引起机械操作与大规模企业,从而使文化发展越出自然权利的局面;这样对于自然权利就一方面使它失去效力,一方面切断了它的精神基础,从而破坏了它的结构。"③

至于"机械操作"与"企业原则"之间冲突最终的结局,凡勃伦认为有两种可能,一种是企业推动政府走向对外扩张的好战道路,最终将导致国家的军事专制和民间的沙文主义,企业所需要的自由将不复存在,企业的利益也将受到政府扩张军备的挤压,企业原则将受到压制。④ 他预见到了法西斯极权主义发展的可能性。另一种是出现"技术工程人员苏维埃"。技术工程人员已经日趋控制生产过程,只是暂时尚未控制经营过程。但总有一天技术工程人员将根据大规模有秩序的原则来管理经济,消除"机械操作"与"企业原则"之间的矛盾。⑤他不像马克思那样把未来的希望寄托于工人阶级。

凡勃伦在制度演化分析中提出的一些概念(如对习惯的定义,关于礼仪性行为和工具性行为的两分法等)及一套分析方法,启发后人去建立更富有解释力的制度演化理论。

凡勃伦对制度的重视,对制度进化的关注,对资本主义的批判,及对其矛盾的揭示,对技术工程人员未来社会功能的预想,与正统经济学相比确有格外引人注意的地方,对美国经济学非主流思潮产生了长远的影响。

---

① [美]凡勃伦:《企业论》,商务印书馆 2012 年版,第 191−196 页。
② [美]凡勃伦:《企业论》,商务印书馆 2012 年版,第 244−245 页。
③ [美]凡勃伦:《企业论》,商务印书馆 2012 年版,第 245 页。
④ [美]凡勃伦:《企业论》,商务印书馆 2012 年版,第 256−262 页。
⑤ [美]罗伯特·海尔布罗纳:《几位著名经济思想家的生平、时代和思想》,商务印书馆 1994 年版,第 227−228 页。

四、资本理论

凡勃伦看到,由于金融信贷体系的发展,出现了与企业有形资本不同的虚拟资本,它的大小变化往往与实际有形资本的变化脱节,"企业资本……的量值和变动,同工业设备物质的量当然没有严格的牢固的关系;企业资本在量值上的变化也并不反映工业设备在量值上或效率上的变化,即使有所反映的话,它的情况也是极模糊、极不肯定的"①。他看到了资产和整个经济的泡沫化倾向,以及这种泡沫化导致的经济波动。

凡勃伦认为,由此引起的后果就是社会利益与公司管理者利益的分离,前者需要企业有效率地长期运行,后者则需要企业资本价值的短期虚高,并为此而不惜采用欺骗手段对公司的股票进行投机。② 由此也产生了有形资本所有者与拥有无形资本的管理者之间的分离。③ 他是最早关注公司所有者与管理者之间权力分离的经济学家之一。为后来 1932 年 A. A.贝利和米恩斯的《现代公司和私有财产》一书提供了思想源泉。

凡勃伦区分了有形资本和无形资本。④ "'有形资产'指的是在金钱上有用的资本品,被视为能为所有者带来收益的一种有价值的占有物。……'无形资产'是财富的非实物形式,是通过其占有物产生的收益而被占有、评价和资本化的非物质对象。"⑤两者的共同特点就是它们的"价值都由预期产生收益的能力的资本化来决定的"⑥。他认为无形资本主要由关于技术的一系列共有知识体系组成,对于一个社会的维持和发展具有重要意义。⑦ 无形资产还包括商誉、专利等等。⑧ 并且在"现代公司资金融通中,商誉是资本估值的核心"⑨。他这方

---

① ［美］凡勃伦:《企业论》,商务印书馆 2012 年版,第 70 页。

② ［美］凡勃伦:《企业论》,商务印书馆 2012 年版,第 104—111 页。

③ ［美］凡勃伦:《企业论》,商务印书馆 2012 年版,第 116 页。

④ ［美］托尔斯坦·凡勃伦:《科学在现代文明中的地位》,商务印书馆 2008 年版,第 245—288 页。

⑤ ［美］托尔斯坦·凡勃伦:《科学在现代文明中的地位》,商务印书馆 2008 年版,第 264—265 页。

⑥ ［美］托尔斯坦·凡勃伦:《科学在现代文明中的地位》,商务印书馆 2008 年版,第 278—279 页。［美］凡勃伦:《企业论》,商务印书馆 2012 年版,第 101—102 页。

⑦ ［美］托尔斯坦·凡勃伦:《科学在现代文明中的地位》,商务印书馆 2008 年版,第 245 页。

⑧ ［美］托尔斯坦·凡勃伦:《科学在现代文明中的地位》,商务印书馆 2008 年版,第 272 页。

⑨ ［美］凡勃伦:《企业论》,商务印书馆 2012 年版,第 79 页。

面的思想后来在康芒斯那里得到了很大的发挥和发展。

第二节　康芒斯的经济思想

约翰·洛吉斯·康芒斯①(John Rogers Commons,1862—1944),生于美国俄亥俄州。其父母是思想开明的废奴主义者。康芒斯当过排字工人,入大学后受到奥伯林学院的经济学家凯里的教诲和另一位经济学家霍普金斯大学的伊利的影响。他曾任教于多所大学,因同情社会主义而被迫多次转校,最后在威斯康星大学获得稳定的教席。他一直关心劳工问题,参与制定了一系列劳工立法,被人称作劳工问题专家。他曾担任过美国货币学会会长、经济学会会长等。其代表作有:《财富的分配》(1893)、《社会改良与教会》(1893)、《比例代表制》(1896)、《工会主义与劳动问题》(1905)、《政治经济与工商经济》(1907)、《美洲的人种与侨民》(1907)、《劳工与行政》(1907)、《美国工业社会的历史纪实》10卷(1910—1911)、《劳工法原理》(1916,与他人合作)、《美国劳工史》4卷(1918—1935)、《工业好感》(1919)、《工业管理》(1924)、《资本主义的法律基础》(1924,有中译本)、《企业能防止失业么?》(1925,与他人合作)、《制度经济学》(1934,有中译本)和《集体行动经济学》(1950)等。

下面侧重介绍《资本主义的法律基础》和《制度经济学》这两本书的经济观点。由于康芒斯有深厚的法学知识,同时他的一些用语似乎与经济学主流约定俗成的习惯用语不太一致,这使得理解他的观点有一定的难度。

康芒斯在《资本主义的法律基础》的序言中谈到该书的"宗旨是想设计出一种既具有进化主义又具有行为主义色彩的,或更确切地说,属于一种注重意志的价值学说。……这种探讨必然会涉及一个关键性的问题,即法院所谓的合理价值究竟是什么意思?……我们试图调和自魁奈以至卡塞尔等经济学家及自科克以至塔夫脱等律师的见解,结果我们遇到了难题。我们最后发现,我们不只是在研究合理价值的学说,而是在说明资本主义本身的法律基础"②。从今天的眼光来看,该书主要探讨了"财产"概念的制度和历史的演化,"财产概念从为所有人个人使用而绝对占有物质对象的原则改变成为他人所需而控制有限资源的原则,再进一步成为纯然产生于为控制经济业务活动的立法规定的那种无

---

① 《新帕尔格雷夫经济学大辞典》第1卷,经济科学出版社1996年版,第550—551页。[英]马克·布劳格、保罗·斯特奇斯:《世界重要经济学家辞典》,经济科学出版社1987年版,第123页。

② [美]约翰·R.康芒斯:《资本主义的法律基础》,商务印书馆2003年版,序言。

形的和非物质的财产概念"①。他对于价值的研究,重点不在于分析一种商品在市场上的交换价值的决定,而是研究一个企业或一家公司的财产价值实际上如何决定和应当如何决定。而这个问题的研究与企业兼并、政府征收公司财产税和征用公司财产有关,与围绕这些问题发生的法律诉讼有关。而他也正是通过对美国曾经发生过的一系列这类诉讼案件的研究来得出结论的。可以说,在方法论上,他是案例归纳分析的典范。这或许在一定程度上反映了德国历史学派的方法对于美国制度派的影响。

一、财产与自由

康芒斯在考虑财产的价值如何合理确定的过程中,探讨了财产与自由的关系,强调只有自由,才能合理确定财产价值。因此"自由就是财产"②。他所讲的自由主要是经济自由尤其是交易自由。他指出交易自由包括两个方面:机会和力量。机会就是交易者可以有不同的选择,没有选择机会的交易是不自由的;力量就是交易者讨价还价的能力,没有这种力量或这种力量受到遏制,交易也不可能是自由的。③ 因此,财产的价值离不开财产所有者进入市场的自由定价权,"如果财产所有者在销售其财产的产品时,被剥夺了确定价格的自由,那么财产所有者的所有权或物质财产的占有权在作为营业资产时当然都是空的。"④而如果政府剥夺了财产所有者的自由定价权,就是剥夺了他的财产。⑤ 与当时主流经济学在自由竞争的假设前提下分析商品价值如何决定的理论相比较,他的价值理论更侧重分析了交易自由这个前提的具体内涵。

但是,康芒斯也清醒地认识到交易自由并不是不需要受到任何限制的。他认识到交易自由会引起交易双方的争执、矛盾甚至冲突,会引发无政府状态。因此就需要能够保证交易和平进行而不会由于争执而诉诸暴力的社会机构。它们可能是酋长、牧师、仲裁者、法官、政府官员,等等。他们凌驾于交易各方之上,限制各方的行为,以维持正常的交易。⑥ 他深入考虑了限制自由的理由,这就是人与人之间在各种能力上的不相等。他说:"现代经济和法律的理论,不仅以自由而且也以平等学说为基础。……如果所有个人在物质、经济和说服的力量上完全相等,那就没有理由限制他们的自由,因为在这种情况下无论如何谁

---

① ［美］约翰·R.康芒斯:《资本主义的法律基础》,商务印书馆2003年版,第10页。
② ［美］约翰·R.康芒斯:《资本主义的法律基础》,商务印书馆2003年版,第37页。
③ ［美］约翰·R.康芒斯:《资本主义的法律基础》,商务印书馆2003年版,第37—39页。
④ ［美］约翰·R.康芒斯:《资本主义的法律基础》,商务印书馆2003年版,第20页。
⑤ ［美］约翰·R.康芒斯:《资本主义的法律基础》,商务印书馆2003年版,第22页。
⑥ ［美］约翰·R.康芒斯:《资本主义的法律基础》,商务印书馆2003年版,第88页。

也不能损害或欺骗别人。但真正的现实情况是极端的不平等,所以……就必须对权力较大者的自由,加以某些限制,以便可以保持比较合理的平等。"①他指出劳动市场上雇主与工人的地位是不平等的,因此这个市场上业主的交易自由是应当受到限制的,包括来自政府的限制。②

康芒斯进一步从历史视角探讨了交易自由的起源和发展,指出了英国社会中交易自由的两种不同的起源。一是来源于封建时代由国王恩准的"特惠权、特免权、审判权、特许状或特许权",这种自由往往是受恩准者所独占的;二是来源于习惯法,这种自由是非独占的。这两种来源的自由是不一致的,甚至是矛盾的。③ 他回顾描述了英国社会的交易自由与私有财产的历史起源和发展过程。④

二、财产的三种类型及产权保护

康芒斯把企业或公司的财产定义为三种:物质财产,即所有者所占有的具体的物质的东西;非物质财产,即由政府强制执行的别人对于所有者的"一种付款承诺"或债款,包括银行存款、期票、债券、股票等等;无形财产,即在自由选择的条件下"使一个人在买卖、借贷、雇佣或受雇、租入或租出或在现代商业的任何交易过程中获得的任何东西"的交换价值,包括"专卖权、出版权、商誉、营业信誉、好的信用、继续经营的权利、商店牌号、进入劳动力市场的权利、进入商品市场和货币市场的权利等等"。他进一步把非物质财产简称为别人的付款"义务",把无形财产简称为自己的自由选择"机会"。⑤

康芒斯对商誉进行了格外仔细的研究。他分析了商誉的性质,认为商誉是一种资产,不过是一种"非常容易消失的资产"。同时又是"一切资产中最讲信用的资产"⑥。他强调商誉就是公众对一家企业的信任。而信任在他看来,则是市场经济能够发展繁荣的必要条件。"对他人的信任是一切效用中最大的效用,因为如果没有了它,每一个人就必须直接从大自然或通过一个小小的家庭或氏族来满足他本身的需要,因为只有这些成员才是他所能看到的和左右

---

① [美]约翰·R.康芒斯:《资本主义的法律基础》,商务印书馆 2003 年版,第 166 页。
② [美]约翰·R.康芒斯:《资本主义的法律基础》,商务印书馆 2003 年版,第 81—82 页。
③ [美]约翰·R.康芒斯:《资本主义的法律基础》,商务印书馆 2003 年版,第 63—66 页。
④ [美]约翰·R.康芒斯:《资本主义的法律基础》,商务印书馆 2003 年版,第七章。
⑤ [美]约翰·R.康芒斯:《资本主义的法律基础》,商务印书馆 2003 年版,第 24 页。
[美]康芒斯:《制度经济学》上册,商务印书馆 1981 年版,第 11—12 页。
⑥ [美]约翰·R.康芒斯:《资本主义的法律基础》,商务印书馆 2003 年版,第 347 页。

的。"①他的结论就是"财富的生产,也就是艺术、科学、工程及伦理的密切结合。伦理就是那种无形的效用,即信心的生产领域,没有无形的效用,有形的效用根本就不会产生。伦理的使用价值就是对别人的信任,而伦理的交换价值则为它们的商誉的市场机制"②。他探讨了商誉的来源,强调商誉不同于特许权,前者来源于市场竞争,来源于在市场竞争中诚实的态度和良好的服务;而后者来源于君主的恩惠。③ 他探讨了商誉的归属,强调商誉作为一种无形资产,并不仅仅属于业主,而不属于职工、代理人、债券持有者及其他投资者。"所以商誉不仅是股东的,也是所有参加这一机构的人的商誉,它使这些人集体地和个别地共同获得一个总的收入。"④

康芒斯认为资本主义的实质就是财产的含义从物质的使用价值发展成交换价值,"从增加使用价值的生产能力转向增加交换价值的讨价还价能力"⑤。而资本主义的法律基础就是对这种扩张了的财产的合法性认可。他描述和分析了这个认可的发展过程。⑥

康芒斯再三强调财产概念的扩张和发展,主要是为了分析政府征税的依据,以及政府征用私人财产时应有的补偿。他指出:"美国的宪法禁止以公共目的征用私有财产而不给以合理的补偿。所谓合理的补偿是指在当时的市场上一个愿意购买的买主和一个愿意出售的卖主对这种财产所定的价值。所以宪法把私人间的自愿交易作为衡量合理价值的标准,以便根据财产征用法的权力,在征用私有财产时,把它应用于强制性的交易。"⑦

康芒斯把各类社会组织称之为"继续经营的机构",并根据它所主要依托的力量分为三类,即依托于暴力的政府、依托于经济力量的工商企业和依托于道德力量的宗教文化组织。⑧ 而工商企业作为"继续经营的机构,它包括两个不可分割的组成部分,一个是产生着使用价值的生产组织,另一个是带来交换价值的继续经营企业"⑨。因此,一家工商企业的价值既要包括其物质性财产的残值,又要考虑其继续生产继续经营将会带来的收益,还要包括商誉这种不享有

---

① ［美］约翰·R.康芒斯:《资本主义的法律基础》,商务印书馆 2003 年版,第 261 页。

② ［美］约翰·R.康芒斯:《资本主义的法律基础》,商务印书馆 2003 年版,第 263 页。

③ ［美］约翰·R.康芒斯:《资本主义的法律基础》,商务印书馆 2003 年版,第 248 页。

④ ［美］约翰·R.康芒斯:《资本主义的法律基础》,商务印书馆 2003 年版,第 206 页。

⑤ ［美］约翰·R.康芒斯:《资本主义的法律基础》,商务印书馆 2003 年版,第 27－28 页。［美］康芒斯:《制度经济学》上册,商务印书馆 1981 年版,第 316 页。

⑥ ［美］约翰·R.康芒斯:《资本主义的法律基础》,商务印书馆 2003 年版,第 400－407 页。

⑦ ［美］约翰·R.康芒斯:《资本主义的法律基础》,商务印书馆 2003 年版,第 235 页。

⑧ ［美］约翰·R.康芒斯:《资本主义的法律基础》,商务印书馆 2003 年版,第 83 页。

⑨ ［美］约翰·R.康芒斯:《资本主义的法律基础》,商务印书馆 2003 年版,第 29 页。

特权的无形资产和特惠权这种有特权的无形资产。①

康芒斯认为"财产与财产的权利是不能分离的"②。因此财产就是一种权力,即占有并排除他人使用的权力。③ 他考虑了政府如何保障公民财产权的问题,提出了公民的两种权力:实质性权力和补救性权力。两者的共同之处在于"都是公民要求官吏顺从他的意志",即公民有权要求政府保护自己的财产,这就是公民的实质性权力;而如果公民未能得到有效保护,将有权提出诉讼,这就是补救性权力。④ 他强调说:"就是依靠这种实质性和补救性权力,现代资本主义的力量才得以发展,正是因为这些权力,才使工商业者作为一个伟大和永久国家的公民,能把他的势力,从北极扩大到南极,从西方扩大到东方;使他能建立起一种在几年以至几十年内约束着他、他的继承人和他的债务人的信用制度;并使具有向他的继续经营的企业注入公司不朽的精神。"⑤

三、制度:定义、演化与功能

康芒斯把制度定义为"集体对个人交易关系的控制"⑥,或者"集体行动控制个人行动"⑦就是由"集体行动抑制、解放和扩张个体行动"⑧。他认为主流经济学从亚当·斯密到20世纪一直只注意个体行为而忽视研究集体行为。⑨ 他把集体行为解释为从无组织的习俗,到各种组织机构的广泛系列,包括家庭、公司、行会、工会、银行、法院乃至国家等。⑩ 可见,他的制度含义更接近中文里的"组织"。他认为集体行为之所以要控制个人行为,一是因为利益冲突,二是因为资源稀缺性。⑪

康芒斯把制度的起源分为两类,自发形成和强制实施。他说:"通过每天的经验和长者的教育人们接受了语言和许多其他的实用规则,这些后来都变成了习惯和风俗,大部分实用惯例是由此而来的。但是经过一定的时间,其中很多的实用规则是通过军事征服和压制各阶级和各国人民的方式强加于

---

① [美]约翰·R.康芒斯:《资本主义的法律基础》,商务印书馆2003年版,第254—256页。
② [美]约翰·R.康芒斯:《资本主义的法律基础》,商务印书馆2003年版,第200页。
③ [美]约翰·R.康芒斯:《资本主义的法律基础》,商务印书馆2003年版,第70—71页。
④ [美]约翰·R.康芒斯:《资本主义的法律基础》,商务印书馆2003年版,第148—150页。
⑤ [美]约翰·R.康芒斯:《资本主义的法律基础》,商务印书馆2003年版,第156页。
⑥ [美]康芒斯:《制度经济学》上册,商务印书馆1981年版,第12页。
⑦ [美]康芒斯:《制度经济学》上册,商务印书馆1981年版,第87页。
⑧ [美]康芒斯:《制度经济学》上册,商务印书馆1981年版,第92页。
⑨ [美]康芒斯:《制度经济学》上册,商务印书馆1981年版,第12页。
⑩ [美]康芒斯:《制度经济学》上册,商务印书馆1981年版,第86页。
⑪ [美]康芒斯:《制度经济学》上册,商务印书馆1981年版,第12—13页。

他们的。"①他把制度（他称之为实用规则）的发生发展分为四种情况，一是权力拥有者制定并解释制度，而普通人则出于信仰和顺从而接受；二是普通人对制度产生怀疑和抗议，但经过解释不满消除；三是普通人抗拒、革命，要求参与修订和重订制度；四是对制度发生纠纷时，由独立的司法机关对制度加以解释。②

在制度演化理论上，康芒斯不同意他以前的两种理论：一种是以魁奈、斯密和马克思为代表的自然秩序或自然权力理论，即制度会不依人的意志而自然演化趋向某种结局；另一种是凡勃伦的盲目进化理论，即制度的演化没有既定目标，完全是一种随机变化。他认为这两种制度演化理论都忽略了人的意志对于制度演化的影响。他把自己的制度演化理论称作是意志理论，即强调人的意志在制度演化中的重要作用。③ 他的制度演化意志理论，兼顾惯例的产生和法律的形成，一方面强调公众自发行为所不断产生的各种惯例和习俗，以及它们的自发变化；另一方面则指出各种惯例和习俗有好坏优劣之分，并且可能相互冲突，因此需要有人从中作出选择。而这些作出选择的人就是法典制定者，他们的意志无疑影响着制度演化。④ 因此，他认为习俗的演化与法律尤其是习惯法的演化并不是分离的，而是交互影响的，从个人惯例到习俗，再从民间习俗到法院判例，最后形成成文法。"惯例、习俗和判例——总之，这种不成文法——是活的法律。这是习惯法的创造法律的方法。"⑤

康芒斯认为习俗将由于社会情况的变化而作出适应性变化，旧习俗被淘汰，新习俗产生，类似于达尔文的生物进化。⑥ 但他认为达尔文的生物进化有两种选择淘汰机制，自然的和人为的。⑦ 他用狼和蛇的进化与人类有目的培养改造的狗和牛的进化之间的区别来说明两种演化机制的不同。⑧ 制度演化存在许多人为因素，因此与任何人都无法影响的纯粹自然的从而盲目的过程不同；当然存在人为因素也并不意味着会有人能够预先唯一地决定制度演化的必然的最终方向和目标，并不意味着不存在不确定性。也许可以概括地讲，康芒斯的

---

① ［美］约翰·R.康芒斯：《资本主义的法律基础》，商务印书馆 2003 年版，第 175 页。

② ［美］约翰·R.康芒斯：《资本主义的法律基础》，商务印书馆 2003 年版，第 182 页。

③ ［美］约翰·R.康芒斯：《资本主义的法律基础》，商务印书馆 2003 年版，第 476—477 页。［美］康芒斯：《制度经济学》上册，商务印书馆 1981 年版，第 317 页。

④ ［美］约翰·R.康芒斯：《资本主义的法律基础》，商务印书馆 2003 年版，第 378—388 页。

⑤ ［美］康芒斯：《制度经济学》下册，商务印书馆 1981 年版，第 373—374 页。

⑥ ［美］康芒斯：《制度经济学》上册，商务印书馆 1981 年版，第 58 页。

⑦ ［美］康芒斯：《制度经济学》下册，商务印书馆 1981 年版，第 317 页。

⑧ ［美］康芒斯：《制度经济学》下册，商务印书馆 1981 年版，第 294 页。

制度演化意志理论认为制度演化是一种既受到人的意志尤其是法律工作者意志的影响,但又不完全取决于人的意志,不能完全预定演化方向和演化程序的随机过程。

作为制度演化意志理论的例子,康芒斯在分析社会信任的建立以及货币起源和发展时,指出亚当·斯密等人把它们看作是纯粹由于追求私利者之间自由交易而演化出来的观点是过于简单了。他指出单凭自由交易可能会导致劣质商品,会出现欺诈。"经验告诉我们,正是这只看不见的手生产了消费者不得不忍受的'廉价而极坏'的货物"①。他写道:"我们在分析交易时,发现在每一笔交易中总存在着一个第三方面,他就是法官,他根据适用于所有类似交易的共同规则的原则解决争端或期望解决争端。"②他所说的这个第三方就是维持市场交易秩序的司法等机构,他强调了这个第三方在市场经济中的重要性。

康芒斯认为制度的基本功能便是利益协调。而利益协调的基本成分便是交易。他认为交易而非商品应当成为经济学的基本范畴,是"经济研究的基本单位,一种合法控制权的移转的单位"③。他把交易分为三类:买卖交易,即物品所有权的转移;管理交易,即上级对下级的命令和下级对上级的服从;限额交易,即政府部门对公众的管理,权力的分派。④ 他认为交易双方存在三种关系:冲突,即利益的不一致;依存,即双方的相互依赖;秩序,即双方通过协商达成旨在消除冲突的一系列行为规定。⑤ 他写道:"每一件交易本身是一种从利益的冲突和对冲突的集体节制中可能产生的利益协调。"⑥他认为有三种协调利益的方式:经济方式、法律方式和伦理方式。⑦ 他认为法律方式具有决定性作用。在评论亚当·斯密那只看不见的手时,他写道:"不是有一只看不见的手在引导个人的利己心走向公共的福利,而是那只看得见的普通法庭的手在采取当时和当地的良好习俗,使一些顽强不驯的个人必须遵守,符合休谟所谓'公共效用'。"⑧他认为资本主义制度的产生和发展都应当归功于法制,资本主义的弊病也可以通

---

① [美]约翰·R.康芒斯:《资本主义的法律基础》,商务印书馆 2003 年版,第 261 页。

② [美]约翰·R.康芒斯:《资本主义的法律基础》,商务印书馆 2003 年版,第 308—309 页。

③ [美]康芒斯:《制度经济学》上册,商务印书馆 1981 年版,第 11 页。

④ [美]康芒斯:《制度经济学》上册,商务印书馆 1981 年版,第 14 页。

⑤ [美]康芒斯:《制度经济学》上册,商务印书馆 1981 年版,第 144 页。

⑥ [美]康芒斯:《制度经济学》上册,商务印书馆 1981 年版,第 288 页。

⑦ [美]康芒斯:《制度经济学》上册,商务印书馆 1981 年版,第 89—90 页。

⑧ [美]康芒斯:《制度经济学》上册,商务印书馆 1981 年版,第 195—196 页。

过法律制度的调整而得以克服。他认为制度是调解经济利益冲突的产物,制度演化的主要原因是个人和组织为追求自己的利益而对现行规则的改进,在这个过程当中,法院的裁决具有重要作用。

四、制度的比较分析

康芒斯在其《制度经济学》的最后一章中,对共产主义、法西斯主义和资本主义的经济制度、政治制度和社会制度进行了比较分析。① 据此,他也许可以称作是 20 世纪西方比较经济学的开创性者,起码是开创者之一。

康芒斯以苏联的共产主义、意大利的法西斯主义和美国的金融资本主义为基本案例进行比较分析。他认为资本主义的思想渊源是亚当·斯密的个人主义,共产主义的思想渊源是马克思主义,而法西斯主义的渊源稍为复杂一点,是对亚当·斯密的个人主义的一种反动,同时又是对 18 世纪末以英国的葛德文为代表的无政府主义和 20 世纪初以法国的乔治·索雷尔为代表的工团主义的一种扬弃和发挥。②

康芒斯认为共产主义和法西斯主义的分野源于资本主义社会中工资劳动者的分野,即通常所谓的脑力劳动与体力劳动,或白领劳动与蓝领劳动的分野。共产主义更多代表了蓝领体力劳动者,而法西斯主义以白领脑力劳动者为社会基础,但代表了企业家、银行家和农场主。③ 在政治统治模式上,这两种主义都是实行行政统治权,而不是英国的立法统治权和美国的司法统治权。④ 他以意大利被法西斯所废除的原议会为例,说明比例代表制所引起的议员们的拉帮结派和相互扯皮是如何导致议会的无能。但是他庆幸美国通过建立议会中的各种专门委员会避免了这种无能状态。⑤

在经济上,康芒斯认为意大利的法西斯主义实行的是工团主义的变种,以职业联合组织为特征的各种辛迪加,如资本家辛迪加、农业辛迪加、劳工辛迪加和专门职业辛迪加。它们规定必须遵守的章程,规定工资以及产量等。整个国家以各种辛迪加法人组织为基本组成单位。⑥ 而在苏联,则是由一个至高无上的计划委员会控制几乎全部经济活动。⑦

---

① ［美］康芒斯:《制度经济学》下册,商务印书馆 1981 年版,第十一章。
② ［美］康芒斯:《制度经济学》下册,商务印书馆 1981 年版,第 559—561 页。
③ ［美］康芒斯:《制度经济学》下册,商务印书馆 1981 年版,第 561—563 页。
④ ［美］康芒斯:《制度经济学》下册,商务印书馆 1981 年版,第 566 页。
⑤ ［美］康芒斯:《制度经济学》下册,商务印书馆 1981 年版,第 583—586 页。
⑥ ［美］康芒斯:《制度经济学》下册,商务印书馆 1981 年版,第 566—567 页。
⑦ ［美］康芒斯:《制度经济学》下册,商务印书馆 1981 年版,第 568 页。

在具体的经济政策方面，尤其是在对付失业威胁时，康芒斯指出意大利法西斯政府可以强制使全部工资和薪水同时降低一定百分比；而苏联政府则通过工农业产品价格剪刀差攫取资金，通过实行工业化来消除失业。①

康芒斯认为美国代表了资本主义的最新发展趋势，在经济领域发展出以规避反垄断法为初衷控股公司，和同样规避反垄断法的中小企业对行业内大企业在定价方面的追随制度。② 同时在金融领域，美国建立了联邦储备体系。③ 在对付失业威胁时，美国也通过制定劳动立法、复兴工会、创造条件鼓励任何人白手起家等等，来解决问题。

在对三种主义进行比较的基础上，康芒斯展望了未来，对于美国，他认为可以肯定的是经济上的金融资本主义发展趋势和政治上的最高法院统治，而立法机构的未来趋势则不甚明了。④ 他指出要避免立法机构无能的关键是要约束其决策领域于一般性法律和一般性行政规则，而把具体事务的决定留给具有半立法功能的各种专门委员会。而继续保持立法机构的基本理由则是为了保护公民的各项自由权利以及保护自愿的社团组织。⑤ 至于整个世界的未来发展，他并未给出明确答案，因为他发现，虽然共产主义和法西斯主义会遏制个人的自由，但是却能够给社会大多数人以安定。"对绝大多数的人来说，很可能共产主义或者法西斯主义的专政也许比美国的金融资本主义较为可取。没有疑问，那种专政马上会消除学术自由和出版自由，可是一方面经济学家暂时在苏联、意大利和美国有三套新的大规模的实验室，可以试验他们的古典的、快乐主义的和制度的学说。"⑥

康芒斯对集体行为集体规则和组织的分析、对财产和产权的分析、强调这种分析在经济学中的应有地位，对交易和交易概念的重要性的看法以及对法律的重视，使他与现代的以科斯、诺思为代表的新制度经济学有了一定的渊源关系。他提出的交易概念对日后新制度经济学的形成具有重要作用，成为分析制度特征的有力工具。他对于各种制度的优劣比较和趋势判断，这都是他对经济学的主要贡献。

---

① [美]康芒斯：《制度经济学》下册，商务印书馆1981年版，第570—571页。
② [美]康芒斯：《制度经济学》下册，商务印书馆1981年版，第565—566页。
③ [美]康芒斯：《制度经济学》下册，商务印书馆1981年版，第574—575页。
④ [美]康芒斯：《制度经济学》下册，商务印书馆1981年版，第583页。
⑤ [美]康芒斯：《制度经济学》下册，商务印书馆1981年版，第586页。
⑥ [美]康芒斯：《制度经济学》下册，商务印书馆1981年版，第589—590页。

第三节　米契尔的经济思想

韦斯利·C. 米契尔[①]（Wesley C. Mitchell, 1874—1948），生于美国，1896年芝加哥大学文学士、1899年哲学博士，曾任加利福尼亚大学和哥伦比亚大学教授，1920—1945年任全国经济研究局局长。其主要论著有：《美钞的历史》（1903）、《美钞本位下的黄金、价格和工资》（1908）、《经济周期》（1913）、《经济学与人类行为》（1914）、《指数的编制和使用》（1915）、《货币在经济理论中的地位》（1916）、《经济学的展望》（1924）、《经济理论的定量分析》（1925）、《商业循环问题及其调整》（1927，有中译本）、《零花钱的回流办法》（1937）、《经济周期的计量》（1946，与 A. F. 伯恩斯合著）和《经济周期中发生的现象》（1951）等。

与凡勃伦和康芒斯不同，米契尔终生远离制度演化问题，偏重于既定制度条件下的经济变量（尤其是宏观总量）的时序分析，聚焦于商业循环问题。在其《商业循环问题及其调整》一书中，他首先是在该书第一章回顾和介绍了自西斯蒙第以来的各种关于商业循环或经济周期的理论。[②] 然后在第二章展开了他对于商业循环问题的分析。他的分析结论可以概括为以下几点：（1）关于商业循环的一般状态和特殊状态，"商业循环就是商业活动上升和下降反复出现的循环，凡具有高度发展的商业组织的社会，其大部分经济活动都受到商业循环的影响；商业循环不能分为变动幅度和循环本身变动幅度大约相等的若干不同阶段；商业循环的平均期间，在经济发展程度不同的社会，从三年到六七年不等"。[③] （2）商业循环有四个阶段：景气、危机或衰退、不景气和复兴。[④] （3）"商业循环是由许多经济过程中非常复杂的相互作用所组成的；要明白这种相互的作用，就得把历史研究和量的分析、质的分析结合起来"。

---

① 《新帕尔格雷夫经济学大辞典》第 3 卷，经济科学出版社 1996 年版，第 517—518 页。[英]马克·布劳格、保罗·斯特奇斯：《世界重要经济学家辞典》，经济科学出版社 1987 年版，第 448—449 页。

② ［美］韦斯利·C. 米契尔：《商业循环问题及其调整》，商务印书馆 2012 年版，第 9—80 页。

③ ［美］韦斯利·C. 米契尔：《商业循环问题及其调整》，商务印书馆 2012 年版，第 582—583 页。

④ ［美］韦斯利·C. 米契尔：《商业循环问题及其调整》，商务印书馆 2012 年版，第 472，477 页。

(4)"商业循环是一定的经济组织所特有的现象;要了解循环变动,就必须了解这种经济制度"①。

在经济制度方面,米契尔特别强调了商业循环与高度发展的货币经济的关系,"无论哪个社会,总要等到大部分居民已经开始依靠赚取和使用货币收入来生活的时候,商业循环才会成为它的经济生活的一个显著特征"②。其次,大企业的出现也是商业循环的另一个主要原因,起码是商业循环表现得非常明显的一个原因。③

在更加具体的因素方面,米契尔认为企业的固定资产投资是引起商业循环的重要的实际方面的原因。④ 同时,各个企业之间的相互依赖,各种商品价格之间的相互关联,也是导致循环波动从个别企业个别产品扩散到整个经济的重要原因。⑤ 他肯定气候和社会情绪会产生一定的影响。⑥ 他特别强调企业预期利润的变化是引起商业循环的关键因素。⑦

值得注意的是,米契尔否定黄金数量是影响商业循环的主要因素,"我们不可以认为商业循环和黄金产量是密切相关的。我们如果研究好几年的统计资料,就还感到否定的看法似乎是符合经验的"⑧。究其原因,他认为是因为"除在严重的危机时期,商业主要是依靠银行汇票、活期存款和汇票来调整流通媒介供应量,使得流通媒介供应量能够和变动的营业额相适应"⑨。由此可见,他所谓的货币是指狭义的贵金属。他一方面否定狭义货币对商业循环有重要影响,另一方面又肯定银行信贷行为的作用,"银行和货币适应商业不景气所做的调整,是促使商业活动恢复的条件的一种。低的贴现率、充裕的银行借贷能力、过多的硬币与纸币以及低的流通速度,这一切都意味着,商业交易的增加不会受

① [美]韦斯利·C.米契尔:《商业循环问题及其调整》,商务印书馆2012年版,第7页。
② [美]韦斯利·C.米契尔:《商业循环问题及其调整》,商务印书馆2012年版,第82—83页。
③ [美]韦斯利·C.米契尔:《商业循环问题及其调整》,商务印书馆2012年版,第112—113页。
④ [美]韦斯利·C.米契尔:《商业循环问题及其调整》,商务印书馆2012年版,第129页。
⑤ [美]韦斯利·C.米契尔:《商业循环问题及其调整》,商务印书馆2012年版,第130—135页。
⑥ [美]韦斯利·C.米契尔:《商业循环问题及其调整》,商务印书馆2012年版,第230页。
⑦ [美]韦斯利·C.米契尔:《商业循环问题及其调整》,商务印书馆2012年版,第135—136页。
⑧ [美]韦斯利·C.米契尔:《商业循环问题及其调整》,商务印书馆2012年版,第152页。
⑨ [美]韦斯利·C.米契尔:《商业循环问题及其调整》,商务印书馆2012年版,第154页。

到流通媒介不足的限制"①。另一个值得注意的是,他在讨论货币对商业循环的影响时,顺便指出了货币数量论的适用范围。他认为按照通常所理解的货币数量论,把物价看作是被动接受货币数量影响的观点,只能适用于一年以上的长时期,而在短期当中,物价水平也可能成为积极主动因素,影响到货币数量和货币流通速度。② "所以,在考虑价格和'货币量'之间的关系时,时间是非常重要的。这种关系,在长期中是一样,在短期中又是一样。而且,这种关系,在各个短时期中也是不相同的。它在某些循环阶段中是这样,而在其他循环阶段中就不是这样"③。他的这些论点指出了货币数量与物价水平之间的复杂关系。

除了提出以上一些解释商业循环的观点之外,米契尔的其他贡献是突出强调了统计方法在研究商业循环问题时的重要性,回顾了统计学的发展,以及其方法被引入英美经济学研究尤其是运用于时间数列分析的大致过程。通过运用统计学方法,区分了时间数列的长期趋势、循环变化、季节波动以及不规则变化。④ 这对于日后推进对于商业循环问题的实证研究起了很好的作用,奠定了一定的基础。同时,他还通过运用统计学方法,对于各种商情指数进行了分析比较,指出了各种商情指数在研究商业循环中的作用。⑤ 在研究方法上,他的一般性结论是"要尽可能得到关于商业循环的知识,我们必须把所有能从理论、统计和历史中学得的东西结合起来"⑥。

从总体上看,米契尔的商业循环理论还是比较浅显的,主要以对于各种商业循环的描述见长,对其原因的分析则相对薄弱。但是它代表了商业循环或经济周期理论的一个转折点,从单纯偏重于纯理论探讨向重视统计数据分析的转折。它预示了商业循环或经济周期理论一个新时代的开始。在米契尔1927年发表该论著之后的十年之间,由于大萧条的刺激,商业循环或经济周期理论便有了长足的进步,表现为从纯理论角度深入发掘经济萧条原因的凯恩斯的有效需求不足理论,和萨缪尔逊分析经济波动的数理模型:乘数—加速数原理。

在经济思想史上,经济学并非都是一刀切的,而是既有主流亦有另类。从古典经济学时代开始,英国有李嘉图为主要代表的主流,也有马尔萨斯、琼斯、

---

① ［美］韦斯利·C. 米契尔:《商业循环问题及其调整》,商务印书馆2012年版,第170—171页。

② ［美］韦斯利·C. 米契尔:《商业循环问题及其调整》,商务印书馆2012年版,第174页。

③ ［美］韦斯利·C. 米契尔:《商业循环问题及其调整》,商务印书馆2012年版,第175页。

④ ［美］韦斯利·C. 米契尔:《商业循环问题及其调整》,商务印书馆2012年版,第三章。

⑤ ［美］韦斯利·C. 米契尔:《商业循环问题及其调整》,商务印书馆2012年版,第三章第六节。

⑥ ［美］韦斯利·C. 米契尔:《商业循环问题及其调整》,商务印书馆2012年版,第451页。

劳德戴尔和霍布斯等另类;法国有萨伊自由主义学派主流,亦有古诺、瓦尔拉斯父子等另类,瓦尔拉斯当年在法国甚至不能谋得一个教席,不得不远走他乡;德语世界同样如此,主流很长时间里是历史学派,奥地利学派最初只是德语国家中的另类;本章介绍的制度学派,也是美国经济学界的另类。

从今天的眼光来看,上述这些主流和另类对于经济学的发展都有一定的贡献,有的另类甚至会随时间的推移而升格为主流。由此可知,多元和宽容才是科学发展的人间正道。

参考文献

[1][美]凡勃伦:《有闲阶级论》,商务印书馆 1981 年版。

[2][美]托尔斯坦·凡勃伦:《科学在现代文明中的地位》,商务印书馆 2008 年版。

[3][美]康芒斯:《制度经济学》上下册,商务印书馆 1981 年版。

[4][美]约翰·R.康芒斯:《资本主义的法律基础》,商务印书馆 2003 年版。

[5][美]韦斯利·C.米契尔:《商业循环问题及其调整》,商务印书馆 2012 年版。

第三十七章　20世纪初奥地利学派的新发展

自从门格尔、维塞尔和庞巴维克于19世纪末创建了奥地利学派之后,在他们的熏陶之下,20世纪初从维也纳大学又走出四位后来享有国际声誉的经济学家:路德维希·埃德勒·冯·米塞斯、约瑟夫·阿洛伊斯·熊彼特、弗里德里希·A.冯·哈耶克、戈特弗里德·哈伯勒,其中米塞斯和哈伯勒还曾任教于维也纳大学。由于种种原因,20世纪二三十年代,他们先后离开了奥地利,因此人们通常不把他们全都看作是奥地利的经济学家。但实际上从他们所遵循的传统来看,他们在30年代及之前所作出的学术成就,可以称作是奥地利学派的新发展。这一新发展主要表现在三个领域:货币理论、经济波动理论和国际贸易理论。而在货币理论和波动理论方面的新发展,又在很大程度上受到北欧学派的奠基人威克塞尔经济思想的影响。[①] 所以本书把这一新发展看作是深化第二次综合(尤其是威克塞尔所完成的综合)的一部分工作。本章分别介绍米塞斯、哈耶克、熊彼特和哈伯勒的有关思想。

第一节　米塞斯的经济思想

路德维希·埃德勒·冯·米塞斯[②](Ludwig Edler von Mises,1881—1973),出生于奥匈帝国伦贝格(今位于乌克兰境内),其父亲是一位铁路工程师。他于1900年入学维也纳大学,曾师从于庞巴维克,属于第三代奥地利学派成员,与熊彼特是同学。他于1906年获博士学位,1909—1934年任奥地利商会经济顾问,1913—1938年任维也纳大学教授。第一次世界大战期间曾服军役,战后至1920年任国际联盟奥地利赔偿委员会主任。1926年任新成立的奥地利经济周期研究所副所长。1934—1940年迁居瑞士日内瓦,任国际研究生院教

---

① 参阅缪尔达尔:《货币均衡论》,商务印书馆1982年版,第12页。

② 《新帕尔格雷夫经济学大辞典》第3卷,经济科学出版社1996年版,第514—516页。[英]马克·布劳格、保罗·斯特奇斯:《世界重要经济学家辞典》,经济科学出版社1987年版,第447—448页。

授。1940 年为躲避纳粹迫害，从日内瓦经法国、西班牙和葡萄牙迁居美国，在国家经济研究所做研究工作。1942 年赴墨西哥国立大学任教授。1945—1973 年任美国纽约大学客座教授（并非纽约大学正式员工，依靠私人基金会资助）。他在担任奥地利商会经济顾问期间，曾于 1921 年到 1934 年间主持过双周讨论会，培养了第四代奥地利学派，除哈耶克外，还有戈特弗里德·哈伯勒、弗里茨·马克鲁普、奥斯卡·摩根斯特恩等人。在纽约大学期间，他培养了第五代奥地利学派，如罗斯巴斯等人。他的主要论著有：《货币与信贷理论》（1912）、《国家、民族和经济》（1918）、《社会主义：经济学和社会学分析》（1922）、《自由主义》（1927，中译本名《自由与繁荣的国度》）、《币值稳定与经济周期政策》（1928）、《经济危机的起因》（1931）、《经济学的认识论问题》（1933）、《国民经济学：有关买卖和经济的理论》（1940）、《人类行为》（1949）和《经济科学的根本基础》（1962）等。

一、货币与波动

米塞斯关于货币与波动的理论，主要见之于其《货币与信贷理论》一书。他在该书中提出了后人所称之为纯货币的波动理论，这一理论在他的学生哈耶克那里得到充分展开和说明。该书分为四篇：（1）货币的本质；（2）货币的价值；（3）流通手段及其与货币的关系；（4）关于货币及流通手段之将来的管见。他把货币定义为在交换过程中最能完成交换目的的财货，或最能发挥一般交换手段这一功能的财货。他认为货币价值由其购买力所决定，而这种购买力有历史的连续性，由过去，经现在而达于将来。溯本求源，货币的交换价值取决于被用作货币的财货其当初所有的价值。至于货币价值变动的原因，他认为取决于作为货币的财货的价值的变动，而导致这种变动的因素之一是货币数量，另一因素是对该财货的主观需要。由此可见，他并不完全赞同货币数量说。他区分了货币和银行或其他经济主体发行的可充作流通手段的信用凭证。在此区分的基础上，他提出了关于流通手段或信用的理论，认为银行不仅仅是信用的媒介，即不单是以别人托存的货币转贷他人，同时也自行创造流通手段。这种流通手段可替代货币，但与货币的区别在于其数量富于高度弹性。正是作为流通手段的银行信用的这一特征，在银行信用不要什么限制可自由变化的条件下，会引起货币利率与均衡利率（使投资与储蓄相等的利率）的差异。而这种差异对消费品价格具有不同影响，从而引起通货膨胀或紧缩，造成繁荣与萧条的周期性波动。

这种关于经济周期的观点，与威克塞尔的相同之处在于强调两种利率的差异在形成周期中的作用。区别在于：（1）米塞斯认为造成两种利率差异的主要是银行信用的高度弹性,是货币利率的变化造成差异;而威克塞尔则认为是自然利率因技术进步等原因造成的时断时续的变化引起两种利率之间的差异。(2)米塞斯的周期理论突出强调了两种利率不一致所引起的消费品、资本品相对价格的变化在形成周期中的作用。① 对这一论点的深入展开,便构成哈耶克的周期理论。

　　基于上述纯货币的周期理论,米塞斯认为,能控制信用数量的金本位制是最好的币制。在 1928 年出版的《币值稳定与经济周期政策》中,他进一步分析了经济周期反复出现的原因,认为是"因为企业家和政治家普遍存在着这样的思想,把利息率降低看作是经济政策的一个重要目标,把膨胀式信用扩张看作是实现这一目标最好的方法"②。"因此,经济周期接二连三地出现。这一现象的根本原因是属于思想性的"③。他还进一步指出,商业银行之所以能一次次地扩张信用,是由于中央银行的支持,而中央银行之所以能有力量支持,是由于它垄断了纸币的发行权。假使纸币发行不由中央银行垄断,各银行都有权发行可自由兑换法偿币(黄金)的纸币,则人为增发货币扩张信用的现象将大大减少。因为不稳健的银行将被淘汰,只有稳健的银行才能存在下去。④ 这一废除中央银行纸币发行垄断权的思想,无疑对哈耶克后来于 70 年代提出的自由货币的主张,⑤有着直接影响。

二、经济自由主义

　　米塞斯 1927 年发表的《自由主义》(中文版译名为《自由与繁荣的国度》⑥),全面概述了他的自由主义观点。他认为自由主义纲领可以概括为三个字:私有制,即生产资料的私有制。他强调,在实行劳动分工的社会里,人类相互合作的唯一可行的制度是生产资料的私有制。私有制为个人创造了一个不受政府控制的领域,成为个人自由和自治的基础,对人类物质进步和精神文明发挥了深远影响。在这种意义上可以将私有财产称之为个人发展的基本条件。同时,他强调,是资本主义中的自由导致技术进步,而不是技术进步导致资本主义。这种观点可以说是新制度经济学的先驱。

---

①　海约克(即哈耶克):《物价与生产》,上海人民出版社 1958 年版,第 26—27 页。

②　哈伯勒:《繁荣与萧条》,商务印书馆 1980 年版,第 81—82 页。

③　哈伯勒:《繁荣与萧条》,商务印书馆 1980 年版,第 81—82 页。

④　哈伯勒:《繁荣与萧条》,商务印书馆 1980 年版,第 81—82 页。

⑤　厉以宁:《哈耶克的自由货币学说》,《国外经济学评价》第 2 辑,上海人民出版社 1982 年版。

⑥　米塞斯:《自由与繁荣的国度》,中国社会科学出版社 1994 年版。

米塞斯主张自由劳动、自由贸易以及自由迁徙。他认为自由劳动之所以比奴隶制劳动更值得追求，并非是出于慈善观点，而是因为自由劳动可以创造远远高于奴隶劳动的生产率。同样，他为自由贸易和劳动力自由迁徙所提供的依据也是它们比贸易保护制度、禁止劳动力迁徙制度更具有效率。

米塞斯从自由主义观点出发，强调法律面前人人平等，反对任何形式的特权，认为人人都有参与经济生活和社会生活的权力。但他并不主张收入平等和财富平等，因为收入平等将降低财富的总量。财富的总量是与收入分配方式密切相关的。同时，他认为收入分配的不平等还有第二个功能，即它造成富人的奢侈行为，而这种行为鼓励了消费水平的提高，刺激了工业的发展，是经济生活的动力源之一。概括地讲，他主张法律面前的平等，但反对收入的均等化。他认为只要废除了特权，私有制并不会导致不同地位的凝固化。在自由社会中，有钱的富有人也必须不断改进自己的生产方式，以确保自己的财富，否则便会被竞争所淘汰。

米塞斯从自由主义观点出发，认为政府的任务是：保护私有财产，保护自由，保卫和平。他坚决反对政府对私人活动领域的干预，认为这种干预一旦开始，就意味着要有越来越多的干预，直至接受极权主义的经济计划原则。政府一旦干预商品的价格，为之规定最高水平，就会导致短缺。为了消灭短缺，政府就必须进一步干预供给，干预生产，最终将发展为对各种商品的生产和价格进行干预。

米塞斯从自由主义观点出发，认为要有效地限止政府对私人生活的干预，就必须实行民主制度，使一般的公众有权力选择政府。他认为民主是一种使公民能够在不使用暴力的前提下让政府符合自己意愿的形式。否则，人民只能通过暴力、革命和内战来选择政府，而这将意味着极高的社会成本。

米塞斯从自由主义出发，主张在思想领域实行宽容，建立一个个人可以按照自己所选择的世界观和道德标准来塑造个人生活的社会，政府在世界观上保持中立和宽容的态度，同时制止任何人任何团体将自己的观念强加给别人的企图。概括地讲，他认为自由主义就是要允许思想观念上的多元化。

三、共产主义经济运行机制

奥地利学派有一个分析共产主义经济运行机制的传统，这一传统在门格尔那里已初见端倪，他提出共产主义的物质基础是所有财货都不再具有稀缺性。[①]维塞尔和庞巴维克对共产主义的物质基础的看法不像门格尔那么苛刻，承认共

---

① 门格尔：《国民经济学原理》，上海人民出版社1958年版，第48页。

产主义仍然可能存在着稀缺财货。他们主要是对共产主义经济应当如何运行进行了推测。维塞尔重点考虑了资源配置问题。根据对产品价格和要素价格的经济功能的看法，他提出即使共产主义的管理是尽善尽美的，管理者都是廉洁的，公民都是无私的，同时其他失误也不存在。但只要产品和生产要素（尤其是土地和资本）具有稀缺性，那就仍然应当有由边际效用决定的产品的自然价值，应当有由边际生产力决定的自然利息和自然地租。若不按稀缺的非劳动资源的边际生产力确定其价值，不把这种价值记入产品价值中，单纯按劳动耗费决定产品价值，则将无助于稀缺的非劳动资源的有效利用，无法合理解决它们的配置问题。当然共产主义的地租和利息将不再成为私人收入，不再是分配范畴，而是纯粹的经济核算范畴。① 庞巴维克重点分析了共产主义社会中的积累问题和利息的功能。他提出利息具有控制生产迂回程度的经济功能，因此共产主义也应当有利息，如果计划当局不愿犯重积累轻当前消费的错误的话。共产主义的利息将具有控制生产迂回程度的经济功能，但不再是少数人的收入，而是全体人的收入。同时，若个人收入的分配按工作成果的大小来进行，则利息还将具有另一功能，即把需要较长时间才能获得的工作成果贴现为现值，以便比较在不同迂回方式中进行工作的劳动者的工作成果。② 维塞尔、庞巴维克两人对共产主义经济应当如何运行的上述看法无疑对米塞斯有着重大影响。

　　米塞斯于 1922 年，也就是苏俄战时共产主义接近尾声的时候，发表了《社会主义：经济学和社会学分析》一书。该书共分五编，分别从社会、政治、经济、文化诸方面分析了社会主义。在 1927 年，他又出版了《自由主义》一书。在这两本书中，他关于社会主义经济制度的基本结论是③：由于每个工作者的收入并不取决于其贡献，因为他的全部工作量只是整个社会工作量的一个极小部分，故全社会的工作总量不会因他们懒惰而受到明显影响。一旦这种想法普遍化，社会总产量将受到明显影响，社会主义将因为普遍的偷懒而降低效率。他对于社会主义经济的基本结论是，由于缺乏生产资料的私有制，缺乏建立在私有制基础上的市场，缺乏在市场中自发形成的、反映了消费者主观偏好和资源的客观制约的、商品和生产资料（要素和半成品）的价格，社会主义经济在动态条件下不可能做到合理的经济计算，从而不可能合理配置稀缺资源，使既定资源条件下消费者的满足最大化。因此，社会主义经济不可能是一种合理的经济。他还进一步论证说，社会主义也无法通过建立人为的产品市场，并让经理人员追

---

① 维塞尔：《自然价值》，商务印书馆 1982 年版，第 119 页。
② 庞巴维克：《资本实证论》，商务印书馆 1981 年版，第 356 页。
③ 米塞斯：《自由与繁荣的国度》，中国社会科学出版社 1994 年版，第二章第四节。

求利润最大化来实现资源的有效配置。因为社会主义不可能允许存在资本市场,不可能允许存在活动于资本市场上的资本家。这就使资本这一最重要的稀缺资源的合理配置无法实现,社会主义可以做到使企业经理们模仿资本主义条件下的同行的行为,但却不能找到执行资本主义条件下的资本家所执行的职能的人。这种职能便是权衡收益和风险来决定积累多少资本,以及把这些积累的资本投向何方。① 他通过对官僚主义的分析,对国有企业的低效率作出了深刻分析。他认为国有企业往往不能像私营企业那样以利润为唯一目标,必须兼顾其他政府认为主要的目标,这就导致了经营效率的低下。同时,作为官僚机构的一部分,上级部门很难对国有企业的工作业绩作出客观公允的判断。最后,上级部门很难对国有企业领导人的业绩作出公正判断,因为他们往往是上级指令的执行者,而不是独立决策人。政府对经济生活的干预将导致企业的官僚化倾向,而这种倾向将导致经济活动的低效率。

米塞斯对社会主义的批评,直接引发 30 年代西方经济学家中关于社会主义经济的一场大论战。这场论战一方面导致后来哈耶克对社会主义所作的深刻批评,②另一方面则使意大利经济学家巴罗尼对社会主义经济运行机制的分析③得到后人应有的重视,第三方面则是使既精通西方经济学也熟谙马克思主义经济学的波兰经济学家奥斯卡·兰格④(Oskar Lange,1904—1965),提出了他那著名的社会主义经济的分权运行模式。兰格以半是讥讽半是感激的心情写道:"一方面表示承认他的贡献,一方面经常提醒健全的经济会计的头等重要性。麦昔斯(即米塞斯)教授的像应当在社会化部或者社会主义国家的中央计划局的大厅里占一个光荣的位置。"⑤

① 米塞斯:《社会主义制度下的经济计算》,转载于外国经济学说研究会《现代国外经济学论文选》第九辑,商务印书馆 1986 年版。

② 哈耶克:《通向奴役的道路》,商务印书馆 1962 年版。

③ 本书第二十九章第三节。

④ 《新帕尔格雷夫经济学大辞典》第 3 卷,经济科学出版社 1996 年版,第 133—141 页。[英]马克·布劳格、保罗·斯特奇斯:《世界重要经济学家辞典》,经济科学出版社 1987 年版,第 363—364 页。

⑤ 奥斯卡·兰格:《社会主义经济理论》,中国社会科学出版社 1981 年版,第 1 页。

第二节　哈耶克论中性货币和经济波动

弗里德里希·A.冯·哈耶克①(Friedrich A. von Hayek，1899—1992)，出生于奥地利维也纳，其父亲是一位药剂师，哲学家维特根斯坦是其远亲。他于1921年和1923年分别获得维也纳大学法学和政治学博士学位，1927年获经济学博士学位。1921—1926年在米塞斯为主任的国际联盟奥地利赔偿委员会中任职。1927年受聘为新成立的奥地利经济研究所所长。1929年兼任维也纳大学经济学讲师。1931年移居英国应聘任伦敦经济学院教授。1940年获该校经济学博士学位。1950年赴美任芝加哥大学教授，直至1962年。1962—1969年受聘任联邦德国弗赖堡大学政治经济学终身教授。1969年退休返回奥地利，仍任萨尔茨堡大学教授。1974年获诺贝尔经济学奖。其主要论著有：《货币理论与经济周期》(1929)、《物价与生产》(1931，有中译本)、《货币的国家主义与国际稳定》(1937)、《利润、利息与投资》(1939)、《资本的纯理论》(1941)、《通向奴役的道路》(1944，有中译本)、《个人主义与经济秩序》(1948，有中译本)、《感觉的规律》(1952)、《自由宪章》(1960，有中译本)、《哲学、政治学与经济学研究》(1967)、《法律、立法与自由》第一卷《法则与秩序》(1973)、《货币的非国有化》(1976)、《法律、立法与自由》第二卷《社会公平的幻想》(1976)和第三卷《自由人的社会秩序》(1978)、《哲学、政治学、经济学与思想史新研究》(1978)和《致命的自负》(1988)等。本节将主要介绍哈耶克在《物价与生产》一书中的货币和经济波动理论。

一、中性货币

"中性货币"是北欧学派创始人威克塞尔首倡的概念，其含义是指货币数量使货币利率等于自然利率，投资等于储蓄，货币的币值(即一般物价水平)保持稳定，从而货币对实际的经济过程保持一种中立状态，不是一种影响实际经济过程的因素。

哈耶克接受了"中性货币"这一术语，但不同意威克塞尔对它的定义，因此对这一术语的含义作了相当大的变动。这种变动，与他对当时流行的货币理论持不同的看法密切相关。他指出，以约·穆勒和费雪为代表的流行的货币理

---

① 《新帕尔格雷夫经济学大辞典》第2卷，经济科学出版社1996年版，第655—661页。[英]马克·布劳格、保罗·斯特奇斯：《世界重要经济学家辞典》，经济科学出版社1987年版，第265页。

论,以及威克塞尔的货币理论,都认为货币数量的变化只有在引起一般物价水平变动时才会影响相对价格;而只要币值稳定(即保持威克塞尔意义上的中性),一般物价水平不变,货币就不会影响相对价格,从而也不会影响经济过程的实际方面。他认为,这种货币理论无法说明货币数量变化如何影响经济中个人的决策,所以与研究个人经济决策为中心的一般经济理论发生了隔离。

哈耶克认为,货币对物价和生产的影响,完全与一般物价水平的影响无关,几乎货币数量的任何变动,无论它对物价水平有无影响,总会影响到相对价格,从而影响到受相对价格制约的生产数量和方向。因此,他要建立的货币理论,主要是要说明货币在什么条件下对商品相对价格,从而对生产数量和方向发生影响,说明这种影响的具体机制。可以把他的上述观点与其他当时流行的货币理论的区别,简示如下:

其他货币理论:货币数量变动→一般物价水平变动→相对价格及生产变动;哈耶克的理论:货币数量变动→相对价格及生产变动(一般物价可能变动也可能不变)。在其他货币理论中,一般物价水平是联系货币与生产的必不可少的逻辑中介;而在哈耶克那里,这个中介是不需要的。

由于相信货币数量变动会直接影响相对价格,哈耶克的中性货币的含义就不再是威克塞尔所强调的一般物价水平不变,而是指货币对商品的相对价格不发生影响,不引起相对价格的失衡,不引起生产方向的误导,即货币对商品的相对价格保持中性或保持中立。在如此规定货币中性的含义(可以把这种含义的中性称作哈耶克中性,以别于威克塞尔中性)后,他认为,构成货币影响生产的理论分析的出发点的,不是币值是否稳定,而是货币是否保持中性。于是货币理论的目标是说明使货币保持哈耶克中性的三个条件:(1)货币总流量一定;(2)一切价格随供求状况的变化而完全伸缩自如;(3)一切长期契约都建立在对未来价格运动正确预测的基础上。这三个条件对于保持货币的哈耶克中性缺一不可。

其中第一个条件,并不意味着货币总流量绝对不变。哈耶克指出,为了保持经济过程的均衡,保持货币的中性,在一定的条件下,必须变动货币总流量。这些条件之一就是他所命名的"货币交易系数"的变化。货币交易系数指货物总流量与其中以货币成交的那一部分之间的比例。他强调,货币交易系数不能与货币支付数量对贸易的实物量的比例相混淆,后者受物价水平变化的影响,而前者则不然,整个社会的货币交易系数只取决于企业组织的纵向综合程度(即一个完整的生产过程是由一个企业来完成还是由若干有着纵向联系的企业来完成),生产者自给性生产的比重、物物交易占整个交易量的比重,以及货币在经济体系中各个货币交易系数互不相同的部分之间的分布。显然,当整个社会的货币交易系数发生变化时,货币流通量应发生反方向的变化。

　　除了货币交易系数的变化以外,需要货币总流量在保持中性的前提下发生变化的另一个条件是货币流通速度。哈耶克提出,当流通速度变化时,必须以货币总流量的相反变化来加以抵消,以便使货币对相对物价与生产保持中性。由此可见,货币保持哈耶克中性的第一个条件应当表述为:在货币交易系数和流通速度一定时,使货币流通量保持不变。

　　哈耶克的中性货币概念,首先是一个理论概念,用来分析货币因素是如何影响实际的经济过程。他指出:“任何试图解决理论问题的必要的出发点,就是承认这一事实,即在物物交易条件下必然存在的供求相等的情况,当货币成为交易中介时,就不复存在了。物物交易被分为两个单独的交易以后,一个交易发生时并不辅以另一个交易,这时就出现了货币的‘一面’的影响。因此,此时的问题就是把货币的这种影响游离开来加以考察。”①由此可见,货币中性概念主要是一个把货币影响抽象出来进行考察的一个分析工具。

　　同时,哈耶克的中性货币概念对他的货币政策主张也很有影响。他认为中性货币概念为判断实际货币政策是否合理提供了一个虽非唯一但也许是最重要的准则。从这一准则出发,他反对当时颇为流行的“弹性货币”的政策(即中央银行应当使货币量随生产的增长而相应增长)。因为这种政策不是像他所要求的那样按货币交易系数和流通速度的变化而相应变动货币流通量,而是使货币量随生产规模的变化而变化。这在他看来,必然导致相对价格和生产结构的扭曲,破坏货币的中性。他还分析了导致“弹性货币”主张的两个认识上的原因:一是混淆了开放经济和封闭经济。在开放经济条件下,如果生产规模的变化引起一国经济在世界范围中的比重变化,那么该国货币数量的变化是自然而然的;但在封闭经济条件下,不能认为还有同样的事情。弹性货币的提倡者没有区分开放经济和封闭经济对货币数量的不同要求。二是弹性货币的提倡者混淆了人们对某一种货币的需求与对一般通货的需求之间的区别。事实上,随商业循环而变化的是人们对某种货币,尤其是现金的需求,而一般通货则不但包括现金,而且包括各种起着流通媒介作用的信用。他否定了“弹性货币”的政策主张,而他关于货币政策的正面建议,与其波动理论联系密切,后面再专门介绍。

　　哈耶克的中性货币理论是他经济波动观点的基础,他的波动理论是以货币保持中性的第一个条件遭到破坏,货币量变动破坏相对价格的均衡为前提的。他的自由主义观点,则与他的货币保持中性的第二个条件有逻辑关系,完全伸缩自如的价格体系只有在自由竞争条件下才能实现。他的第三个条件,即一切

---

①　海约克(哈耶克,下同):《物价与生产》,上海人民出版社 1958 年版,第 104 页。

长期契约都以对未来价格运动的正确预测为基础,实质上要求经济决策者对未来具有完全的信息,而这在实际上是做不到的。这也就意味着实际生活中货币是难以保持中性的,从而周期的波动,作为货币中性被破坏的结果,是不可避免的。这是他的中性货币理论没有明确表述但却逻辑蕴含着的结论。

二、经济波动

哈耶克的经济波动理论,主要表述于他 1931 年出版的《物价与生产》一书之中。它直接受启示于奥地利经济学家米塞斯的信用波动学说,其学术渊源则是威克塞尔的货币理论和庞巴维克的资本理论。他是从某种均衡状态出发来分析经济波动的。

哈耶克的均衡,是在"一切可用的资源都被使用"(即充分就业),[①]货币数量一定,整个社会的消费—储蓄比例一定,从而生产的纵向结构一定时,用于购买消费品的货币和用于购买资本品的货币之间的比例(这一比例也反映了对这两类产品需求之间的比例),等于消费品产量与资本品产量之间的比例,[②]即两类产品的需求之比等于供给之比,可把这个比例称作均衡比例。

哈耶克的均衡,是充分就业条件下的均衡。在他看来,均衡必然意味着充分就业,至于非充分就业现象,只是经济失去均衡的结果,正是波动理论所要加以说明的现象。非充分就业均衡,在他的理论体系中是不成立的。充分就业不仅是他的均衡的组成要素,也是他波动理论的逻辑前提之一,他整个波动理论的推导,如下所述,是离不开这个前提的。

哈耶克的生产结构,就是生产的迂回程度或资本化程度,这个概念在他的波动理论中具有重要地位。在他看来,迂回的生产包括若干顺次相继的生产阶段,其中每一阶段都以上一阶段的产出为投入,又以自己的产出为下一阶段的投入。除了最后一个阶段以外,其他阶段生产的都是中间产品,这种具有纵向顺序的诸生产阶段全体,就是他所说的生产结构。当生产的迂回程度不变时,生产结构一定;当生产的迂回程度增加时,就意味着出现了新的生产阶段,使生产的纵向结构不断扩张。生产迂回程度(或资本化程度)的变化,在他看来意味着生产结构的变化。他强调这种变化对于经济波动的出现有重大关系。而生产结构是稳定还是变化,皆取决于各生产阶段上的企业家的盈利情况,而盈利

---

① 海约克:《物价与生产》,上海人民出版社 1958 年版,第 35 页。

② 海约克:《物价与生产》,上海人民出版社 1958 年版,第 35 页,第二讲。这一均衡状态可用如下方程式来表示: $Mc/Mi:(=Cd/Id)=Cs/Is$, Mc, Cd, Cs 分别代表用于购买消费品的货币,对消费品的需求量和消费品产量, Mi, Id, Is 分别代表用于购买资本品的货币,对资本品的需求量和资本品产量。

情况又取决于各阶段产品的成本和相对价格。因此,相对价格是决定生产结构的最重要因素。

哈耶克认为,生产结构的变化,会引起均衡比例的变动,生产结构会由于两种原因而变化:一是货币数量不变时社会的消费与储蓄之间的比例发生自愿的变化;二是消费与储蓄之间意愿的比例不变,但货币数量有了变动。

哈耶克认为,当生产结构由于比如说自愿储蓄增加而变化时,只要货币数量一定,经济体系就会经过一个平稳的自发过程建立起新的均衡。从某一均衡状态出发,若消费者决定把收入中的较大份额用于储蓄,即出现自愿储蓄的增加,则这种自愿储蓄的增量在哈耶克看来将毫无疑问地全部转变为投资。因此,自愿储蓄增加的结果是减少消费需求,增加资本品需求,从而引起消费品相对价格下降和资本品相对价格上升。但各种资本品的价格不会等量上涨,也不会全部上涨。较晚的接近消费品生产阶段的那些阶段,其产出的资本品的价格由于受消费品价格下降的影响,可能下降,但下降幅度必然小于消费品价格的下降幅度。而较早阶段产出的资本品的相对价格则肯定上升。相对价格的这种变化,导致较晚阶段所用资金的利润相对下降,而较早阶段所用资金的利润则相对上升;从而使资金及非专门性货物①由较晚阶段向较早阶段转移,甚至导致新生产阶段的出现,即使得生产方法更加资本化或更加迂回。生产的迂回程度加深的结果,是消费品产量相对减少(绝对量则未必下降,因为更迂回的方式将提高生产效率,增加消费品产量),而资本品产量则相对增加。与此同时,用于消费品生产阶段和接近消费品生产的其他较晚阶段上的货币量将减少,用于较早生产阶段上的货币量将增加。结果,随着自愿储蓄的增加,消费品的需求和供给都趋于相对减少,用于购买消费品的货币也趋于相对减少。因此,只要自愿储蓄的增加是稳定的,那么最终将建立新的均衡,消费品需求与资本品需求之间的比例将再次等于它们之间在供给方面的比例。但这一比例将小于自愿储蓄未增加时的比例。当自愿储蓄减少时,将出现相反结局,新的均衡比例将大于储蓄未变动时的比例。

除了自愿储蓄的变化外,生产结构还会由于货币数量的变化而引起变化。但自愿储蓄变化引起生产的结构变化,如上所述,将引起均衡比例的移动,但这种移动是平稳的,不会造成经济波动。而货币数量变化引起的生产结构变化则不同,一旦货币数量发生变动而消费—储蓄之比不变,且货币交易系数和货币流通速度也不变时,旧的均衡将被打破,而新的均衡只有在经历了波动之后才

---

① 非专门性货物是指那种可用于一个以上生产阶段的原始生产要素和中间产品;与之对应的是专门性货物,指那种只能专门用于某一个生产阶段的原始生产要素和中间产品。这是哈耶克所用的两个概念。

能出现。

哈耶克认为,货币数量变动对均衡的扰动,会因为新增货币首先用于购买资本品还是首先用于购买消费品而有所不同,由旧均衡走向新均衡的途径也会有所不同。

如果是以银行向生产者放贷的形式增加货币数量,为此必须使货币利率低于均衡利率(即威克塞尔的自然利率)。货币利率降低使原有各生产阶段的企业家实行要素替代,用资本品替代原始生产要素。这种行为导致两种结果:一是在初始的充分就业状态中释放出一部分原始生产要素,并投入更早的生产阶段,使生产阶段增加,迂回程度加深;二是引起资本品生产,尤其是较早生产阶段的利润相对增加,非专门货物从消费品生产阶段和其他较晚生产阶段向较早生产阶段流动,在经历一段耗尽消费品原有储备所需要的时间后,非专门货物的这种流动将引起消费品减少。

如果这种消费品减少伴随着消费者自愿储蓄的相应增加,那么货币数量变动引起的经济扰动将平稳过渡到新均衡。但现在的问题是消费者并不打算改变原有的消费水平和原有的消费—储蓄比例,即消费需求并没有减少,消费需求维持原状,消费品供给却减少了,结果便是消费品价格上涨。

如果这种价格上涨没有被消费者货币收入的相应提高所抵消,消费者将被迫减少消费水平(实物意义上的)。这就是出现强迫储蓄。但消费者货币收入最终将由于货币数量增加而提高,这是因为经济始终保持充分就业状态,即原始生产要素的使用量并没有减少,只是改变了使用方向:所以企业家用新增货币进行投资的结果将使新增货币逐渐转移到原始要素所有者(同时也是消费者)手中。这就使消费者们有可能用更多货币购买消费品,结果消费品价格相对于资本品将更快上涨。

如果这种消费品相对价格上升的势头被银行对企业家的进一步放款所抵消,那么,已经拉长的生产过程将继续保持。但是由于法律或营业习惯的限制,银行不可能持续地扩张信用,于是出现货币资本供给的短缺。

如果企业家在银行供给的货币资本出现短缺之前,借助于新增加的货币,已经胜利完成了新的更迂回的生产过程,那就可以生产出较多消费品以供给消费,于是消费者增加货币收入后恢复原先消费水平(实物意义)的行为,也不会改变已经加深的生产迂回程度;如果企业家尚未完成为时较长的迂回生产,而货币资本已告短缺,那么只要自愿储蓄不增加,银行增加货币贷给企业家将引起资本品相对价格的一度提高,生产迂回程度的一度加深;但最终将由于货币资本供给的短缺而出现消费品相对价格上升,非专门性货物又从较早生产阶段流回消费品生产阶段和较晚的资本品生产阶段,剩下的那部分非专门性货物不够完成较长生产过程之用,曾经一度拉长的生产过程将出现纵向收缩。[①] 在生产过程收缩之后,较早生产阶段将出现专门性货物尤其是专用设备的闲置,这正是萧条的特征。哈耶克认为,正是生产过程这种一伸一缩的情况,使经济出现繁荣与萧条的交替波动。

以上是新增货币首先用于购买资本品时的情况。如果从某种均衡状态出发,新增加货币首先用于购买消费品,那将出现相反的过程。这时消费品价格以及较晚阶段中生产出的资本品的价格将相对提高,在短期中甚至超过最后将达到的均衡水平。于是大量非专门性货物由较早生产阶段流向较晚和最终的生产阶段,生产过程将缩短,在短期中甚至有过分缩短的倾向,即实际生产过程在短期中甚至比新的均衡比例出现后会有的生产过程还要短。原先一些较早阶段中的专门性货物将由于与之配合的非专门性货物的不足而闲置,不仅专门性货物会闲置,在原先较迂回的生产方式已无法维持,而新的较短的生产方式又没有充分完成到足以吸取全部非专门性货物的程度时,连非专门性货物也会出现一定的闲置,于是整个经济出现萧条现象。

哈耶克认为,专门性货物,尤其是耐用设备的闲置,并不能证明消费不足,如果没有足够的非专门性货物可以使耐用设备达到充分利用的话。他比喻说,一个孤岛上的居民打算制造一部巨大机器以供应他们的一切必需品,结果发现在这部新机器能够生产出它的产品之前,已经耗尽了他们所有的储蓄和可以动用的自由资本。于是居民们便只好放下这项工程,而把他们的劳动力在没有任何资本的情况下,全部用来生产他们每天的食物。只有当食物供应解决之后,他们才能继续原来的工程。在这个例子里,工程的停顿,设备的闲置,生产过程的缩短,并不是因为消费不足,而是由于非专门性货物——劳动——不得不投入消费品生产中去。由此可见,在他看来,萧条或者说资本品闲置,并不是因为消费品生产部门因生产过剩而减少其对资本品需求,而是因为消费品相对来说太多,消费品生产抽光了使较早阶段的专用资本品得以发挥作用的非专门性货物。所以他的波动理论被人称作消费过度论。而消费品生产之所以能够抽去大量的非专门性要素,又源于银行不肯充分供应货币资本以支持企业家的投资,所以他的波动理论又被人称作资本短缺理论。

根据这一理论,哈耶克提出了关于对付经济波动的政策主张。他认为避免波动的方法是使货币保持中性。这就要求货币当局只能在不干扰消费品需求和资本品需求的比例的条件下变动货币量。但他认为,这一要求实际上是无法

---

① 关于生产过程被增加的货币拉长之后的两种后果,参阅海约克:《物价与生产》,上海人民出版社 1958 年版,第 51—52 页。

满足的。因此,"对货币政策能够得出的唯一的实际准则,也许是一个消极的准则,那就是:生产和贸易的增加这个简单的事实并不能成为扩张信贷的正当理由;除了严重的危机时期以外,银行家用不着顾虑到过于谨慎会妨害生产。……如果要作超出这个范围的尝试,也只能由一个具有全世界性的货币当局来做;任何单独一个国家的行动,是注定要失败的"。① 这就是说,一个国家的货币当局,不能因产量变化而变动货币量,尤其不能在经济的上升阶段增加货币量,以免人为增进繁荣。同时要求建立完全竞争的市场体制,以保证各种商品的价格完全伸缩自如。一旦萧条已经出现,则不能寄希望用小小的通货膨胀来克服萧条,这将是危险的。也不能用增加消费和公共开支的政策来对付萧条,因为这将使生产结构更加缩短,使萧条拖得更长。唯一的办法是让生产结构去缓慢地自发地适应自发形成的消费品需求与资本品需求之间的比例。

概括地讲,哈耶克反对建立当时许多人如卡塞尔、庇古、凯恩斯等所主张的弹性货币制度(又称管理货币制度),主张继续维持半自动化的金本位制度,依靠这种货币制度下的自由竞争,来避免经济的波动。

哈耶克的上述经济波动理论,从逻辑上看,是放弃威克塞尔累积过程理论的一个不现实的假定的结果。这个假定是说各个行业的生产期都固定为一年,不可缩短也不可延长。② 在此假定下,自然利率与市场利率之间的差异自然不可能引起生产迂回程度的变化,从而不导致消费品和资本品相对价格的变化。于是这种变化在形成经济波动时的作用便被排除出威克塞尔的累积过程理论。哈耶克的波动理论放弃了上述不现实的假定,从而说明了相对价格变化在形成经济波动时的作用。

哈耶克波动理论的命运,在西方经济学界呈现为随时间而变化的 U 形线。凯恩斯革命以前,他已经是西方著名的经济波动理论专家,因他在 1929 年 2 月就已经警告人们提防即将来临的经济大危机而使世人感到震惊。③ 后来由于凯恩斯革命的影响在西方经济学家中逐渐占了上风,而他由于出版了《通向奴役的道路》而在知识分子中丧失了信誉,他的波动理论也就成了被殃及的池鱼了。④ 到 20 世纪 70 年代,滞胀证明了凯恩斯主义的局限性之后,哈耶克的波动理论才重新为人们所重视。他本人也部分由于对经济波动的出色分析而获得 1974 年诺贝尔经济学奖。

哈耶克的波动理论,有两个重要前提:充分就业和忽略技术进步。关于充

---

① 海约克:《物价与生产》,上海人民出版社 1958 年版,第 99—100 页。
② 参阅本书第三十三章第四节。
③ 《哈耶克——经济学家和政治哲学家》,《国外社会科学》1983 年第 10 期。
④ 《哈耶克论通往自由的道路》,《国外社会科学动态》1981 年第 4 期。

分就业这一前提,前面已作介绍;关于忽略技术进步这一前提,这里简单介绍一下。他在《物价与生产》一书中,两次提到他所说的引起经济波动的生产结构变化,并不是由于技术知识的进步所引起的,而完全是由于社会的消费—储蓄比例的自愿或强制变化而引起的。①

这两个前提既造成哈耶克波动理论的短处,也造成其长处。

忽略技术进步,使他的理论不能说明技术进步这一常见现象对经济波动有无影响和如何影响(解决这一问题是熊彼特的周期理论的长处),这是短处;但忽略技术进步却使他有力地证明了即使不存在技术进步,现代资本主义经济也不会平稳发展,仍会由于其他原因而出现波动,这是长处。

充分就业这一前提并不意味着他否认非充分就业状态的出现,而是说他的波动理论不承认会出现非充分就业的均衡状态。哈耶克的均衡,是由他的结构分析方法得到的,并不是一种总量均衡,而是一种结构均衡,即对产品的需求结构(需求比例)与供给结构(供给比例)相等。但产品结构均衡实际上可以在不同的总产量水平中实现,即结构均衡不给出任何关于总量的结论。这一点从数学上看是一目了然的:$C_d/I_d = C_s/I_s$,在此等式中,是无法得知关于 C_d 和 C_s 或 I_d 和 I_s 的水平的。因此,从逻辑上看,他必须为自己的理论体系确定一个关于总量的假设性前提,他选择了充分就业作为自己的结构均衡的前提。这一前提的短处是他的理论无法说明产品的总量是如何决定的,把总产量的决定这个需要分析说明的问题用一个假定处理掉了。

充分就业这个前提在哈耶克体系中的作用不仅仅是提供了分析的出发点,而且还在于他体系的内在逻辑是基本上不承认在经济失衡和均衡移动时,会出现闲置的非专门性生产要素(包括劳动这种原始生产要素),只会出现非专门性要素的配置变动和专门性要素的闲置。即他基本上不承认失衡会导致劳动者的大量持续失业,只会造成专用设备的闲置。于是他的理论就不能像凯恩斯的有效需求不足论那样更有说服力地解释 30 年代那种持续出现劳动者大量失业的萧条。

哈耶克关于结构失衡和均衡位置变动时,非专门性要素只会出现配置情况的变化而不会出现闲置的论点,与他只注意货币因素的变动对相对价格的影响,忽视对一般价格水平的影响的观点是有联系的。确实,如果一般价格水平不变,只有相对价格变动了,那么总量就没有什么理由变化,只有结构会变化。所以他的充分就业前提蕴含着一般物价水平不会因货币因素而变动的结论。

充分就业前提的长处在于,哈耶克证明了,即使非专门性要素不出现闲置,

---

① 海约克:《物价与生产》,上海人民出版社 1958 年版,第 35 页,第 76 页注 1。

即经济保持充分就业,也并不能避免经济波动。这一结论对于凯恩斯以后的世界,具有重要意义。哈耶克实际上分析了另一种类型的经济萧条。与凯恩斯所分析的经济萧条不同,凯恩斯所分析的是由于总需求不足引起的非充分就业萧条,其特征是各种要素(包括专门性和非专门性两类生产要素)都出现闲置现象。这种萧条可以通过扩大总需求来消除。但克服了凯恩斯分析的萧条并不一定能避免哈耶克分析的萧条,哈耶克分析的萧条是在充分就业基础上发生的,是结构均衡被货币因素破坏而造成的,其特征是只出现专门性生产要素的闲置,不出现非专门性要素的闲置。

哈耶克分析的萧条的这种特征,使他的波动理论更适用于那种由于各种原因而能保持劳动者充分就业的国家。明确地说,他的理论对于研究转型前的社会主义国家的经济波动也许比凯恩斯的理论更有借鉴意义,因为由于制度性的原因,转型前的社会主义国家的劳动者往往是充分就业的。他在比喻中所提到的那个孤岛上发生的情况,不正是我们在经济建设中经常看到的现象吗?他的结构均衡用我们的术语来说就是两大部类之间、积累中的固定资金和流动资金之间、简单再生产和扩大再生产之间具有均衡的比例关系。他的波动理论给我们的启示是:不仅要注意货币因素对经济总量的影响,还要注意货币因素对结构的影响;不仅要注意保持总量均衡,还必须保持结构的均衡。

不仅如此,哈耶克的波动理论,对于资本主义经济何以会突然之间由盛转衰,作出了有说服力的解说。但它的不足在于无法解说为何经济危机爆发之后会进一步出现非专门性生产要素(包括劳动)的大量闲置。而他推导出的克服危机的对策——进一步紧缩消费,以便腾出非生产性生产要素完成更迂回的生产过程——也显然不是克服萧条的良策。而对于非生产性生产要素(包括劳动)大量闲置现象的解释,恰恰是凯恩斯经济波动理论的长项。

第三节　熊彼特的经济创新理论和周期理论

约瑟夫·阿洛伊斯·熊彼特[①](Joseph Alois Schumpeter,1883—1950),出生于奥匈帝国摩拉维亚省(今捷克境内)特利希镇。1906 年获维也纳大学法学博士学位。当时的法律系要求学生学习政治和经济,他是奥地利学派著名代表人物庞巴维克的学生,深受奥地利学派经济理论的影响。在大学期间,他又结

---

① 《新帕尔格雷夫经济学大辞典》第 4 卷,经济科学出版社 1996 年版,第 283—286 页。[英]马克·布劳格、保罗·斯特奇斯:《世界重要经济学家辞典》,经济科学出版社 1987 年版,第 567 页。

识了德国社会民主党人希法亭和奥托·鲍威尔等人，并由此接触了马克思主义理论。1906年毕业于维也纳大学之后，他来到了英国，求教于著名的经济学家马歇尔和埃奇沃思。1907—1908年，在埃及开罗的国际混合法庭从事短时期的法律工作。1909年回到维也纳，由庞巴维克推荐，任奥地利布科文纳省捷尔诺维茨大学教授。1911年任葛拉兹大学教授。1913—1914年作为奥地利的交换学者去纽约哥伦比亚大学访问，并被授予博士学位。第一次世界大战前夕，他回到了维也纳。第一次世界大战结束以后，奥地利成立了由社会民主党和基督教社会党组成的联合内阁。经当时政府的外交部部长鲍威尔的推荐，他以经济学家身份出任财政部长。1920年，由于反对与德国结盟和反对工业国有化政策而被迫去职。1921年他担任了维也纳私营彼得曼银行总经理，但该银行于1924年破产，使他多年都不得不用自己的薪水还债，直到1935年。1925年，他应德国政府教育部的邀请赴波恩大学任教，任教期间，他两次到哈佛大学讲学。1932年他移居美国任哈佛大学教授，直至1950年去世。

熊彼特一生著有15本书和2000多篇文章。其主要经济理论著作有：《理论经济学的本质与主要内容》(1908)、《经济发展理论》(1912年初版，1935年第4版，有中译本)、《经济理论与方法史上的阶段》(1914年初版，1924年第2版)、《租税国家的危机》(1918)、《帝国主义的社会学》(1918—1919)、《古斯塔夫·冯·施穆勒和当前问题》(1926)、《同源种族环境中的社会阶级》(1927)、《经济计量学常识》(1933)、《经济变化的分析》(1935)、《经济周期：资本主义过程之理论的、历史的和统计的分析》(1939)、《帝国主义和社会阶级》(1941)、《资本主义、社会主义与民主》(1942，有中译本)、《经济学者和统计学者需用的数学初步》(1946，与统计学教授克卢姆合著)。熊彼特去世以后，他所著的《从马克思到凯恩斯十大经济学家》(有中译本)和《经济分析史》(有中译本)，由他的夫人、经济学家伊丽莎白·布迪·熊彼特整理后，分别于1952年和1954年出版。

除了著书立说之外，熊彼特还从事了大量的学术活动。1930年，他与世界上一些著名的经济学家共同倡导成立了计量经济学会，并于1931—1941年间担任主席。1948—1949年，他第一个以非美国人的身份被选为美国经济学会会长。1949年西方经济学界筹设国际经济学会，曾一致推选他为第一届会长。虽然是一名出色的经济学家，但他的政治观点却是颇有问题的，蔑视犹太人和斯拉夫人，憎恨美国总统罗斯福，却又对希特勒表示理解。[1]

---

[1]　尼格拉斯·庞巴、维夫赫德·海兹主编：《46位大经济学家和36本名著》，海南出版社2003年版，第85页。

一、理论体系的方法论特征

熊彼特理论体系的方法论特征,可以用三句话作一简洁的概括,这就是以一般均衡为出发点,以创新概念为中心,以历史的、统计的、理论的分析相融合为特点。

熊彼特虽然直接师承奥地利学派的代表人物庞巴维克,但他最推崇的还是瓦尔拉斯,认为他的经济均衡体系把"革命的"创造性的优点与古典学派的综合的优点统一起来,这是唯一可与理论物理学成就媲美的一个经济学家的作品。瓦尔拉斯的一般均衡,给予熊彼特以极为深刻的印象。但他并没有像一个循规蹈矩的高才生那样,只满足于对先师的庞大建筑物作一些使其尽善尽美的修补工作;而是像那些最出色的学生那样,一方面给先师的建筑物以充分肯定,同时立即在其基础上,着手修造更宏伟的大厦。

熊彼特的理论体系,迥然不同于瓦尔拉斯体系,但前者无疑是以后者为其逻辑上和分析上的起点的。没有一般均衡这样一个出发点,很难预计熊彼特是否能构筑成他的宏伟体系。关于熊彼特的体系与一般均衡理论之间的关系,最好引用熊彼特自己的话来加以阐明:"……然而,当我着手研究瓦尔拉斯的概念以及瓦尔拉斯的分析技术时(我要强调指出,我作为一名经济学家,与其他任何影响相比,受惠最大的就是这个概念和这个技术),我发现这个概念以及分析技术不仅在性质上纯系静态性质,而且只适用于一定不变过程。……所谓静态理论,不外乎是阐明均衡的条件和均衡在受到任何微小的扰乱之后能再生出来的道理,别无其他。……所谓一定不变过程,是指实际上不以它自己的起动力而变化的过程,毋宁说它是在与时间相伴随的循环流转中再生产出实质收入的一定率的过程。纵使这个过程有变化,那也是在诸如自然灾害、战争等与过程本身无关的外在事物的现象的影响下发生变化的。……我痛感这种看法是错误的,深信在经济体系内部存在一种能源,正是这个东西本身使得将要达到的均衡遭到破坏。假如事情果真如此,那么在这种情况下,就必须有一种理论,一种能阐明并非由于经济以外的因素而使经济体系发生从一个均衡推向另一个均衡的变化的纯经济理论。我打算创立的就是这样的理论。"①熊彼特虽然把一般均衡理论作为体系的起点,但他决心跨越静态的一般均衡理论,建立一套从经济体系的内部因素来说明经济动态现象的理论,因为他深信经济体系内部必定存在一种由它自己打乱均衡的动源。

---

① 熊彼特 1937 年为《经济发展的理论》日文版撰写的序言,转引自日本伊达邦春:《瓦尔拉斯与熊彼特》,载《经济学译丛》1981 年第 9 期。

重视经济发展的动态过程,注意从经济体系内部去寻找造成发展的因素,这是熊彼特理论体系方法论中一个重要的因素。没有这种对"发展"、对"内部因素"的重视,就不会有创新理论,就不会有熊彼特引以自豪的整个体系。

熊彼特重视"发展"和"内部因素",这很可能与他在维也纳大学时曾接触过马克思主义有关。据考证,他当时的同班好友中有三位年青的马克思主义者,后来成为著名的社会主义理论家的莱德勒、鲍威尔和希法亭。在同学之间的辩论中,耳濡目染,他可能无形中受到马克思主义的影响。多年以后,熊彼特自己也谈到,关于应当从经济体系内部寻找促进经济体系发展的动力源的观点,他和马克思是完全相同的,并且"我的结构只包括他的研究领域的一小部分"①。

熊彼特的创新理论,便是他从经济体系内部寻找发展动力源的结果。他认为经济体系从一种均衡走向另一种均衡的发展,其根源就在于企业家的创新活动,并且经济生活中的周期现象,也与创新活动的特点有重大的关系。他不仅用创新活动来说明经济的周期波动和发展,还用以论证资本主义的最终崩溃和社会主义的自动实现。总之,"创新"成为熊彼特说明资本主义经济一切动态现象——资本主义条件下经济的发展和波动到资本主义崩溃新制度出现——的中心概念。

"创新",按照熊彼特的解释,并不是一个技术概念,不是单纯的技术上的新发明,它是一个经济概念,是指经济生活中出现的新事物。它包括下述五种情况:(1)引进新产品或提供某种产品的新质量;(2)采用新的生产方法;(3)开辟新的市场;(4)发掘原料或半成品的新供给来源;(5)建立新的企业组织形式,如建立垄断地位或打破垄断地位。概言之,就是指"企业家实行对生产要素的新的结合"②,"对从事活动方法方面的这种历史的和不可逆转的变化"③,就是"创新"。为使创新能够实现,一是要靠银行信贷,二是要靠企业家。按照他的解释,进行创新活动的企业家不等同于一般的经理,他们必须具有创新思想、冒险精神、先见之明。按照他的看法,研究静态经济需要假设经济人作为经济主体,而研究动态经济则需要假设具有创新精神的企业家作为经济主体。具有创新精神的企业家所从事的创新活动,这在他看来就是理解资本主义经济动态过程的基本线索。

把历史分析、统计分析和理论分析融为一体,是熊彼特方法论的特征。他

---

① 约瑟夫·熊彼特:《经济发展理论》,商务印书馆1991年版,第68页注。

② 熊彼特:《经济发展理论》,哈佛大学出版社1934年版,第66页。转引自胡代光、厉以宁:《当代资产阶级经济学主要流派》,商务印书馆1982年版,第254页。

③ 熊彼特:《经济变化分析》,载《现代国外经济学论文选》第十辑,商务印书馆1986年版,第26页。

的两大卷关于经济周期巨著的副标题,就是"资本主义过程之理论的、历史的和统计的分析"。

熊彼特的理论分析,大致包括两方面的含义:一是"指创造和使用概念与原理,并且用它们去理解事实的艺术"①。他提出"创新"概念并用以说明资本主义经济的动态现象,就是一个典型例证。第二方面的意思便是强调采用数学方法。当他还只有 23 岁时,就写文章呼吁在经济理论中使用数学方法,以后也一直提倡。1946 年,他还与别人合写了《经济学者和统计学者需用的数学初步》一书,以便在经济学界推广使用数学。熊彼特对数学方法的推崇,与他对经济科学以及一般科学的看法是密切相连的。他认为经济科学中之所以还存在大量的分歧意见,就是因为它的精密程度还不够,而数学化是提高精密程度的可靠途径。同时,他还认为,经济科学采用数学方法,有助于提高经济科学的成熟程度。在积极倡导运用数学方法的同时,他也清醒地认识到,数学方法并不是经济学家所需要的全部,而"仅仅是一种极其重要的辅助手段"②。

在经济学中采用历史分析方法,是德国新旧历史学派的一贯主张,作为历史学派对立面的奥地利学派的弟子,熊彼特在这个问题上并没有门户之见。相反,他对于新历史学派的代表人物施穆勒"所采用的方法的程序及其成果却给予了极高的评价"③。

熊彼特明白,单纯运用理论分析,必须要排除掉许多对经济现象起着重要作用的社会、制度和文化方面的因素,这就不免使经济学在反映现实时受到损害。补救的办法就是引进历史学派所采用的历史分析方法,在分析经济现象时不忽略社会、制度和文化的因素的影响。

熊彼特除了进行理论分析、历史分析之外,还重视统计分析。这表现在他重视统计数字,注意用统计资料来印证或矫正理论分析的结果。更重要的是,三种分析方法在熊彼特那儿并不是孤立存在的,而是相互融合,形成一个互补的三位一体结构。他的每本重要著作,可以说都是体现了这三种分析方法的出色结合。他从这种三位一体的方法中,确实获益不少,提出了一些不同凡响的论点。例如对于垄断现象,单纯的理论分析总是给予不利的评价。而熊彼特运用他三位一体的方法来分析垄断现象,就提出了全新的见解,且不论他对垄断

① 熊彼特:《现代经济学家的思想态度和科学装备》,载《现代外国哲学社会科学文摘》1984 年第 1 期,商务印书馆 1986 年版,第 4 页。

② 熊彼特:《现代经济学家的思想态度和科学装备》,载《现代外国哲学社会科学文摘》1984 年第 1 期,商务印书馆 1986 年版。

③ 大野忠男:《熊彼特的经济学体系与方法》,载《现代外国哲学社会科学文摘》1984 年第 1 期,商务印书馆 1986 年版。

的看法是对还是错,能够一反众议提出新论,就充分反映了熊彼特三位一体方法的作用之所在。

二、创新与经济周期

熊彼特的经济波动理论,主要表述于他 1939 年出版的二卷本巨著《经济周期:资本主义过程之理论的、历史的和统计的分析》。他在该书序言中强调,这本书有三个特点:第一,是从理论分析、历史过程和统计资料三个方面对资本主义的经济波动进行分析。第二,以创新活动为中心,对经济波动的起因和过程进行实证分析。第三,不给出任何有关对策的建议。除了这部巨著之外,熊彼特的波动理论在 1935 年发表的论文《经济变化分析》中,也得到了简略的叙述。

经济波动通常是指在资本主义制度下,一些经济数据依时间的变化而发生波动变化。熊彼特定义说:"从统计上来说,'周期'这个术语含有两个意思:第一,历史时间上的(与理论时间相区别)经济数量价值的连续并不表现为单调的增或减,而是表现为这些价值本身或者其一阶或二阶导数重复出现(不规则);第二,在每个这种时间系列中,这些'波动'都不是独立地发生的,而相互间总是表现出有着短暂的或较长的联系。"①这个定义强调了经济数据的波动性,以及各个"波"之间的联系性。

现实世界中,引起经济数据变化的因素是众多的,有的引起波动,有的单纯引起单调变化。熊彼特把引起经济数据变动的因素分为三类:外部因素、增长因素和创新。其中增长因素是指人口增加这类变化,其特点是不会引起经济生活的波动。因此熊彼特强调在分析波动问题时,应当把这类非波动的增长因素排除掉。

外部因素是指战争、革命、自然灾害、制度变化、经济政策变化、银行和货币管理、支付习惯,以至黄金生产变化,等等。熊彼特认为这些外部因素是导致经济波动的一个明显的重要根源。但他强调指出,仅仅从外部因素去探索经济波动的原因是远远不够的,问题是"是否从根本上存在着任何产生于商业社会行为本身、并在制度的和自然的社会结构保持绝对不变的情况下也能观察得到的波动"②。他认为,即使把外部因素造成的波动排除掉了,资本主义经济仍将呈现出波动现象。之所以如此,是因为存在着创新活动。

熊彼特在应用"创新"概念来说明商业和社会内在的波动现象时,首先提出

---

① 熊彼特:《经济变化分析》,载《现代国外经济学论文选》第十辑,商务印书馆 1986 年版,第 24 页。

② 熊彼特:《经济变化分析》,载《现代国外经济学论文选》第十辑,商务印书馆 1986 年版,第 22 页。

了一个只包括上升期和下降期两阶段的单纯模型。他首先假定一个一般均衡的经济体系,在该体系中,每个家庭都处于长期均衡状态,即收支相抵,且支出的格局长期不变;每个企业也都处于长期均衡状态,即收入与成本正好相等,利润为零,且不存在任何获取利润的机会;而整个经济不存在非自愿的闲置资源。在这样一种静态均衡中,企业家的创新活动会给他带来利润。而一个企业家成功的创新活动所造成的盈利机会,会促使其他企业纷纷起来模仿他,结果就形成了创新掀起的风暴。这个风暴扩大了对生产资料的需求,而由于在初始的均衡状态中,是不存在非自愿闲置的资源的,因此,企业家只有支付更高的价格,才能获取生产资料,于是生产资料的价格便出现了涨势。而为了进行支付,企业家便扩大了对银行信贷的需求,引起信贷的扩张。物价上涨和信贷扩张,便造成了经济的上升阶段。他特别强调了信贷在导致创新活动时的作用,认为信贷的作用在于为进行创新活动的企业家提供了实现要素新组合所需要的购买力,在于把资源从循环流转过程中转移出来投入创新。[①] 但是,这种由创新掀起的风暴无疑是对初始的均衡状态的一次大搅乱,因此,经济必然向着新的均衡发展,结果,就导致了经济的下降阶段。他认为,下降阶段之所以出现,是因为创新掀起的风暴使企业家们为获得创新或模仿所需的生产资料而展开竞争,使生产资料的价格上升,成本提高;同时创新和模仿造成产品的产量大量增加,以致价格下降;于是创新企业的利润趋向于零,守旧企业则趋向消失,与此相伴随,对银行信用需求也开始紧缩。经济出现了下降阶段,直至达到新的均衡状态。

熊彼特认为,创新活动之所以只能造成波动而不是经济的持续繁荣,是因为创新活动的特征之一是它的不连续性,它是集中在一个时期,时断时续地出现的。因此一次创新造成的下降就不能被下一次创新造成的上升所抵消,于是经济生活就呈现出波动。[②]

上述经济周期的单纯模式只包括上升和下降两个阶段。在这个单纯模式中,抽象掉了创新所诱发的各种从属现象,如创新者的投资活动所引起的各种连锁反应,以及随着繁荣的逐渐到来而造成的投机心理和投机活动。熊彼特认为这种种从属现象将大大加强周期的振幅。他把这种诱发出来的各种从属现象的总和称为"从属波"。[③]

为了把从属波引起的后果考虑到周期理论中,熊彼特建立了关于经济周期

---

① 熊彼特:《经济发展理论》,商务印书馆 1991 年版,第 116 页。
② 熊彼特:《经济发展理论》,商务印书馆 1991 年版,第 249 页。
③ 熊彼特:《经济变化分析》,载《现代国外经济学论文选》第十辑,商务印书馆 1986 年版,第 28 页。

的四阶段模式,该模式把经济周期分为"繁荣"、"衰退"、"萧条"和"复苏"四阶段。他认为,由于从属波的作用,即由于创新所引起信贷扩张和对生产资料需求的扩张,促成了新工厂的建立,新设备的增多,也增加了社会的消费需求;整个社会出现大量投资机会,出现过度投资,出现大量投机活动;因此,创新活动所引起的上升将越过新均衡,以致形成虚胀或过度繁荣。

熊彼特认为,从属波造成的许多投资机会发生于与创新活动无关的部门,这时的信贷扩张也与创新无关,仅仅是为一般企业和投机活动提供资金。这意味着从属波看来声势颇大,但并无或很少有自身的推动力,它的动力源于创新活动。而一旦创新活动促使高涨的推动力消失,从属波便往往戛然而止。这就使经济的下降过程越过单纯因创新停止而造成的衰退阶段,进入萧条。在萧条阶段,不仅投机活动消失,许多正常的活动也受破坏。在萧条阶段,从属波的影响逐渐消失,于是便进入复苏阶段。复苏阶段将使经济由低于均衡的水平趋向均衡。如果要使经济由"复苏"走向"繁荣",那就需要新的创新活动,以便使经济越出复苏阶段所达到或将要达到的均衡水平,趋向新的高涨。他强调指出,虽然复苏和繁荣两个阶段,经济都趋于上升,但造成上升的动力在两个阶段是不同的。正是这种不同使上升运动有可能构成两个性质不同的阶段。

以上便是熊彼特对资本主义经济周期的四阶段的解释。从中可以看出,主要是由于从属波的存在,才使周期由单纯因创新造成的两阶段变为四阶段。图37-1 和图 37-2 直观地展示两阶段模式与四阶段模式的区别,两图的横轴都表示时间,纵轴都表示总产量水平,具有正斜率的直线都代表均衡水平随时间推移的轨迹。

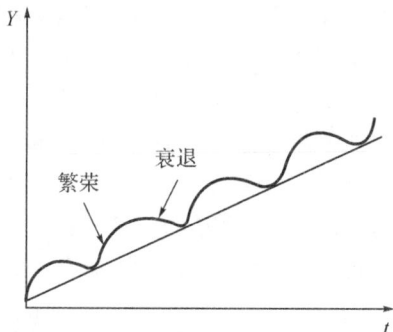

图 37-1

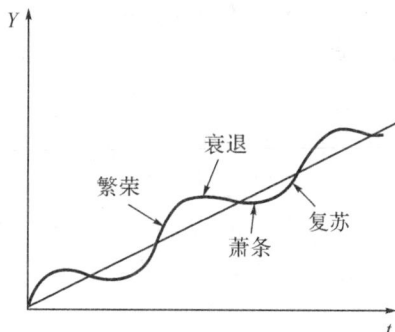

图 37-2

图 37-1 中的波形线表明了两阶段周期,其特点是完全居于直线之上,表明繁荣是因创新活动使经济跃出原有的均衡,而衰退则意味着回到新的均衡位置。图 37-2 中的波形线表明了四阶段周期。其特点是繁荣和衰退两阶段位于直线之上。而萧条和复苏两阶段则位于直线以下,表明从属波的作用使经济在

下降阶段出现过度行为,以致越过新的均衡位置,从而需要一个复苏阶段来恢复均衡。

对于熊彼特的四阶段周期模式,西方经济学家斯托尔泼有一个相当精练的评价:"熊彼特相信每一个周期包括四个阶段。他把复苏阶段和衰退阶段看成是适应的过程,而繁荣阶段和萧条阶段则表现为离开均衡位置的一种运动。繁荣阶段和萧条阶段分别由创新和诸如投机、恐慌、经济政策不当之类的外生的非实质性的现象所引起。繁荣阶段和衰退阶段对于资本主义过程说来是本质的,而萧条阶段和复苏阶段则不是本质的,由于尖锐的社会和个人障碍发生于非本质阶段内,所以政策能够消除它们。"①

熊彼特指出,不同的创新活动,所需要的时间可能是不同的,对经济的影响范围和程度也不同。它们有的"带来较短的波动",有的则"导致较长的潜在高涨"②。因此,如果认为只存在一种周期,并以为它会以非常显著的规则表现出来,那是不现实的。同时,创新的进行也不是连续平稳的,而是有时密集,有时稀疏,一次成功的创新活动会在一定时间里引起一个创新"群集",即引起一连串的创新活动,如汽车工业的出现。而由于创新群集的大小不同,所引起的波动也有所不同。因此,资本主义经济所实际表现出来的波动实在是若干个时间跨度各不相同的波动相互叠加的结果。

于是,为了有效地说明现实的周期运动,熊彼特提出"把三个周期图式提出来作为一个很有效的解决问题的假设"③。这句话表明他并不肯定就只有三种周期,也没有排除存在其他周期的可能性,事实上他也提到了其他周期。三种波动的图式,实际上只是熊彼特为了分析现实的波动现象而选择的一种理论假设。他认为这种假设有助于人们分析复杂的波动现象。作为一种假设,三种波动图式比四阶段模式更接近现实。因为四阶段模式虽然刻画了每个现实波动所经历的路程,但并不能说明现实生活中各个波动何以在时间跨度、波动幅度等方面会有千差万别。而三种波动的图式则能够较好地回答这一问题,起码是朝着回答这一问题的方向迈出了有意义的一步。

在熊彼特所提到的三种波动中,第一种是长达五十多年的经济长波。因它由苏联经济学家康德拉捷夫于 1926 年首先提出,又称为"康德拉捷夫波动"。

---

① 斯托尔泼:《熊彼特》,载《国际社会科学百科全书》第 14 卷,1968 年版,第 69 页。转引自胡代光、厉以宁:《当代资产阶级经济学主要流派》,商务印书馆 1982 年版,第 259 页。

② 熊彼特:《经济变化分析》,载《现代国外经济学论文选》第十辑,商务印书馆 1986 年版,第 31 页。

③ 熊彼特:《经济变化分析》,载《现代国外经济学论文选》第十辑,商务印书馆 1986 年版,第 31 页。

他沿袭康德拉捷夫的观点,认为资本主义的第一个长波大约是从 1783 年到 1842 年,即第一次产业革命。第二个长波大约从 1843 年到 1897 年,即蒸汽机和钢铁时代,或者可以称之为世界铁路化时代。第三个长波大约从 1898 年到 20 世纪 30 年代末,被称作电气、化学和汽车的时代。他并且尝试给出了每个长波中的不同阶段:

"产业革命的康德拉季耶夫阶段如下:

繁荣:	1787—1800 年
衰退:	1801—1813 年
萧条:	1814—1827 年
复苏:	1828—1842 年

布尔乔亚康德拉季耶夫阶段是:

繁荣:	1843—1857 年
衰退:	1858—1869 年
萧条:	1870—1884/1885 年
复苏:	1886—1897 年

新商业主义者康德拉季耶夫阶段是:

繁荣:	1898—1911 年
衰退:	1912—1924/1925 年
萧条:	1926—1938 年"[1]

第二种波动是平均 9 年到 10 年的中周期,又称为中波。因它由法国经济学家朱格拉于 1860 年首先提出,故又被叫作"朱格拉波动"。

第三种波动是平均 40 个月(3 年到 4 年)的短波。因它由美国经济学家基钦于 1923 年首次提出,又名为"基钦波动"。

除了上述三种波动之外,熊彼特还提到"其他形式的周期波"[2]。如库兹涅茨波动及存货波动等。

熊彼特认为,一个康德拉捷夫波动大约包括 6 个朱格拉中波和 18 个基钦短波;一个中波中包含约三个短波。长波是对中波起制约作用的因素,并影响着中波借以发生的背景。中波的繁荣和萧条的程度,受到长波的特定阶段的影响。中波与短波之间也有类似的关系。上述三种波动并存且相互交织的情况,在他看来,正好证明了他的创新理论的正确性。三种波动中的任何一种都与一定的创新活动相联系。尤其是长波,与重大创新群集有相当密切的关系。至于

---

[1]　转引自[瑞典]理查德·斯威德伯格:《熊彼特》,江苏人民出版社 2005 年版,第 207 页。

[2]　熊彼特:《经济变化分析》,载《现代外国经济学论文选》第十辑,商务印书馆 1986 年版,第 34 页。

中波,他根据另一位经济学家罗伯逊的研究成果,认为把它们与一些特殊工业和特殊创新相联系也是可能的。[①] 只是对于短波,虽然从理论上讲也是创新活动的结果,但要把某个特定的短波与某项特定的创新活动联系起来,似乎是不太容易的。

在用创新活动说明资本主义经济波动的同时,熊彼特对于各种倾向于用货币因素,用信贷的扩张收缩来说明波动的理论,表示了不同的意见。首先,他把银行和货币管理看作是导致经济变化的外部因素,并认为单纯用外部因素来解释波动是不够的。第二,他认为单纯用投资和信贷的变动来解释波动,将导致错误的政策主张。"如果我们停在对投资过程的分析,并假设投资本身有自己的机制之上,我们不仅不能抓住事情的本质,而且还会发现在作结论上难以避免作出如下极端的推理,即由于投资的增长和信贷扩张与繁荣阶段的联系,因此我们可以通过扩大信贷来造成繁荣"[②]。第三,他并不否认投资和信贷这些与货币密切相关的因素在波动中起着一定的作用,但倾向于把它们与他所谓的"从属波"联系在一起。他希望最终能够建立起一种以创新活动为中心,兼顾货币因素影响的说明资本主义波动的理论模式。他认为波动理论的目标是"确立创新图式的有效性和说明创新是如何与货币的补充作用一起导致在资本主义社会经济生活内部产生一种特殊形式的波,而且这种波是与人类活动其他领域的类似现象并行发生的"[③]。

综上所述,熊彼特的经济波动理论的最大特色是强调创新活动所起的作用。这样,经济波动就不像他以前以及他同时代的另外一些经济学家所认为的那样,是资本主义罪恶的表现,或自发势力造成的不必要的痉挛;而是经济进步在资本主义条件下的必然表现形式。同时值得指出的是,他并没有否认其他所谓的外部因素,包括货币政策等人为因素对波动的影响作用(虽然他对创新活动的大肆渲染往往给人以这种印象)。实际上他指出了造成资本主义经济波动的两个振源,内生振源——创新活动,外生振源——各种外部因素。其中一部分外部因素,主要是与信贷、投机等相联系的投资活动,以从属波的形式影响着经济波动。他用细腻的笔触刻画了一幅内生振源作用机制的工笔画,同时对外生振源的作用机制也留下了一幅粗略的画面和不少伏笔。他并没有对波动现

---

① 熊彼特:《经济变化分析》,载《现代外国经济学论文选》第十辑,商务印书馆 1986 年版,第 33 页。

② 熊彼特:《经济变化分析》,载《现代外国经济学论文选》第十辑,商务印书馆 1986 年版,第 33 页。

③ 熊彼特:《经济变化分析》,载《现代外国经济学论文选》第十辑,商务印书馆 1986 年版,第 37 页。

象提出什么政策建议,但从他的分析中,我们可以冒昧地推断出,他可能承认人为的政策干预会有助于缓解或消除来自外生源的影响,但除非禁止创新活动,来自内生源的振动将不能被任何人为政策加以消除。第二次世界大战以来的宏观经济政策熨平而非消除西方经济波动的史实,是否能够成为上述推论的证据,是有待于进一步分析的。

三、创新与经济发展

熊彼特强调资本主义是一个发展的变化过程,他把资本主义的经济发展过程看作是一个创造性的毁灭过程,而过程的基本动力源便是创新活动。甚至可以说,在他看来,"资本主义"这一概念的内涵就包括经济发展。研究经济发展,就是研究资本主义。

为了充分论证创新活动在经济发展中的作用,熊彼特分析了创新活动发生的原因,创新活动促进经济发展的具体机制。为此,他首先假定在经济生活中存在一种所谓"循环流转"的"均衡"状态,其中不存在具有创新精神的企业家,从而也没有创新的发展,企业收支相抵,经理们只获得管理工资,没有利润,也无利息,整个经济在同一产出水平上不断循环,显然在这样一种状态中是无发展可言的。

为了说明发展,熊彼特在市场机制的纯粹理论中增加了有关企业家的创新活动的假设。他认为企业家是和通常意义上按照常规进行活动的企业经理不同的人,他把企业家定义为专门从事创新活动,对生产要素进行新的组合的人。[①] 在他看来,创新活动之所以发生,是因为富有创新精神的企业家看到,通过创新活动打破循环流转的均衡状态,能够给他带来额外的盈利机会。即追求利润的动机是导致创新活动的重要原因。在强调利润动机的同时,他也并不忽略其他文化、心理上的因素对创新活动的刺激作用。他认为追求事业成功,争取出类拔萃的那种非物质的精神力量在推动企业家的创新活动中的作用是不可忽视的。[②] 他把这种精神称之为企业家精神。这种从多方面追寻企业家创新动机的思想,反映了他思想中历史学派的影响。

熊彼特认为,利润是企业家因为进行成功的创新活动而获得的功能性报酬。它在循环流转的均衡状态中是不存在的。而创新所导致的生产要素的新的更合理的组合,就构成了利润的源泉。因此,他反对把利润看作是承担风险的报酬,强调承担风险是资本所有者的职能,而非企业家的职能。[③] 至于利息,

① 熊彼特:《经济发展理论》,商务印书馆 1991 年版,第 87 页。
② 熊彼特:《经济发展理论》,商务印书馆 1991 年版,第 103—105 页。
③ 熊彼特:《经济发展理论》,商务印书馆 1991 年版,第 152 页。

他认为其来源是利润,就如同对利润的一种"课税"。① 因此在循环流转的均衡状态中,它也由于利润的不存在而消失。至于资本,他认为那是企业家为了进行创新活动的一种杠杆和控制手段,为创新活动提供必要的条件。② 总之,在他这里,利润、利息和资本这些概念都具有了新的意义,它们不再是经济理论的中心概念(如在以往的经济理论中),而是成为他的创新概念的一些辅助概念,一些仅仅与创新的动机和条件有关的概念。

创新活动引起经济增长的具体机制,可以用熊彼特的"创造性的毁灭过程"这一概念来概述。带来额外利润的创新活动,将导致为分享这种利润而开始的"模仿",并进一步引起那些采用旧方式的企业为保卫自己的生存而进行的"适应"。这是一个激烈的竞争过程。这种因创新而引起的竞争,"所打击的不是现存企业的利润和产量,而是在打击这些企业基础,危及它们的生命。这种竞争和其他竞争在效率上的差别,犹如炮击和徒手攻门间的差别,因此,按其通常意义来考虑竞争能否更敏捷地发挥作用,就变得比较不重要了;长时期由扩大产量降低价格的强有力的杠杆,无论如何总是用通常竞争以外的其他材料制成的"③。在这个竞争过程中,许多新资本投入了,同时那些"适应"能力太差的企业被淘汰了,毁灭了。创新所掀起的风暴,通过创造生产要素的新组合,推进了经济增长,同时也造成了对旧资本、对守旧企业的毁坏。这就是创造性毁灭过程的含义。

熊彼特认为,经济的发展和经济的波动是密切相联系的,经济增长是通过经济周期来实现的,可以说周期性的波动正好体现了经济增长中那种创造性的毁灭过程。他提出,创新和创新成果的吸收,就组成了商业周期。创新和模仿造成了经济的繁荣,但由于创新活动的不连续性,繁荣终将结束。随之而来的衰退和萧条将造成那些适应性差的企业的毁灭(伴随着旧资本的破坏)。这样,一个周期就构成一次创造性的毁灭过程。

熊彼特从资本主义是一个由创新活动引起的变化过程这一认识出发,对自由竞争状态和垄断状态作出了与前人迥然不同的评价。

熊彼特首先提出,完全竞争的假设是一个不现实的假设,到此为止,他并没有提供多少新观点。他进一步提出,只有在生产方法既定,产品既定,产业结构既定,除了新增的人力新增的储蓄联合起来以便设立现存类型的新商行而外什么也不发生变化的条件下,也就是在静态条件下,完全竞争才作为一种最有效配置资源的机制,有其理论上和实践上的合理性。但资本主义在本质上是一个

---

① 熊彼特:《经济发展理论》,商务印书馆1991年版,第196页。
② 熊彼特:《经济发展理论》,商务印书馆1991年版,第129—136页。
③ 熊彼特:《资本主义、社会主义与民主》,商务印书馆1979年版,第107页。

创造性的毁灭过程,在这种变化的过程中,完全竞争不利于刺激创新活动,因为任何由创新所引起的新事业立即被过多的企业所模仿,新行业立即被过多的企业所涌入,以至于创新者得不到应有的利益,挫伤创新的动力。同时,在完全竞争时,各企业的内部效益要小于垄断企业。此外,完全竞争的行业比垄断行业更易受到萧条的打击。因此完全竞争状态并不是创造性毁灭过程所依存的理想环境。他承认,从某个时点看,完全竞争可能比其他市场组织更有效率,但从一个长时期看,它在效率上不如垄断,因为它不利于创新活动的开展。

熊彼特提出,以往的经济理论断言垄断不如竞争有效率,是以"既定的需求状态和成本状态在竞争情况下和垄断状况下是一样的"这一不现实的假定为前提的。"可是现代大实业极为重要的一点是,由于它出产数量的巨大,它的需求状态和成本状态比完全竞争制度下同一产业部门的需求状态和成本状态远为有利,并且这是不可避免的"①。他提出,人们之所以对垄断如此深恶痛绝,是因为由历史所形成的一种习惯,"即他们实际上把自己不喜欢的商业上的任何东西都归于垄断这种恶势力"②。为了澄清概念,他定义垄断者"只是面对着一定的需求表的独家卖主,而需求高低既绝对地不受垄断者们自己行动的影响,也不受其他企业对垄断者们的行动的反行动的影响"③。而按此定义,纯粹的长期垄断的事例比完全竞争的事例还要少见,除非是受到政府保护。

熊彼特一方面否认个别企业可以不依靠政府而长期保持垄断地位以致影响社会的总产量,另一方面也承认个别企业会在短期内处于垄断地位。而这种短期的垄断地位,在他看来,不仅不是社会的祸害,相反是创新活动和经济发展的不可缺少的前提条件。他指出统计资料表明,现代生产的发展,群众性消费的出现,是与人们通常所说的垄断——即大规模生产、大企业——的出现并行的,因此断言垄断不利于生产发展、社会进步是没有根据的。他认为,各种垄断行为,诸如专利权、长期合同、限制产量、刚性价格等等,在静态经济条件下,确实造成完全竞争时不出现的对消费者利益的损害。但在创造性毁灭的过程,它们都是经济进步的推进剂。这些行为,实际上都是针对不确定的未来而设立的一种保险机制,没有这种保险机制,创新活动是大受阻碍的。他特别分析了人们经常所指责的刚性价格和技术垄断,指出,从创造性毁灭的过程看,刚性价格并不像人们通常想象的那么坏,因为:(1)新产品的出现、质量的提高,是无法从衡量价格刚性的指标上反映出来的;(2)刚性价格通常是短期的,因为旧产品终究要为新产品所代替;(3)刚性价格措施,是大企业为了避免季节性的不规则的

---

①　熊彼特:《资本主义、社会主义与民主》,商务印书馆 1979 年版,第 3 页。
②　熊彼特:《资本主义、社会主义与民主》,商务印书馆 1979 年版,第 125 页。
③　熊彼特:《资本主义、社会主义与民主》,商务印书馆 1979 年版,第 124 页。

周期性的价格波动给自己造成伤害而采用的保护性措施。人们之所以痛恨刚性价格是以为它在萧条时期加剧了萧条,但这种指责要以萧条时期需求的价格弹性大于 1 为前提,因为只有这一前提成立,萧条时的刚性价格才会压抑总产量,但这一前提是不存在的。存在的是相反的情况:需求的价格弹性小于 1,因此刚性价格可能比非刚性的价格更有益于扩张总产量。因此一概反对刚性价格是不行的。至于技术垄断,他认为,人们对大企业的阻碍技术进步的指责忽略了一个事实,这就是大企业有能力,通常也极愿意建立研究机构,研究新技术,开发新产品。大企业暂时不用新技术的现象是存在的,但这是出于其他方面的合理考虑,主要是对成本,对保持旧有资产价值的考虑。而只要新技术导致的全部未来成本低于原有技术的相应成本的话,大企业是不会拒绝新技术的。另一方面的考虑是,如果某一方面的技术进步不是一次性的,在可以预见的未来,是接连发生的,那么大企业就没有理由不顾原有资本的相继损失,在技术进步的每一个环节上都采用很快又变旧的新技术,大企业的通常做法是暂时不采用尚在完善过程中的新技术,而采用最后相对定型的新技术。所以,人们对大企业垄断专利,阻碍技术进步的指责也是站不住脚的。

熊彼特还进一步指出,新产品的独家生产者是不能称作垄断者的,因为他面临着旧产品生产者的竞争,没有自己既定的需求表,需要创立自己的需求表。他们的垄断性质,是创新行为的成功所必不可少的,为创新者争取到了发展所需的时间和市场空间。这些人所获得的超额利润,实际上是资本主义颁给革新者的奖金。他进一步肯定说,如果没有各种垄断行为给大企业带来的垄断利润,创新行为将不会出现,大规模生产也无法形成。也就是说,垄断利润不再是以往人们所说的那样一种剩余性质的报酬,而是一种刺激创新的功能性报酬。

熊彼特对垄断行为的肯定,并不是毫无选择的。实际上,他所赞成的主要是那些与大规模生产并行出现的垄断。对于缩小规模的垄断,例如不完全竞争条件下的垄断现象,他是持否定态度的。但他认为,不完全竞争只是一种短期现象,不是资本主义的本质的稳定现象,创造性的毁灭过程会通过创新活动来扫除这种现象。而对于寡头,他却认为,虽然从短期来看,寡头的限产和维持刚性价格等做法是损害消费者利益的,但以创造性的毁灭过程为背景来看,却可以得出相反的结论。他以第一次世界大战之后美国汽车工业和人造丝工业中的寡头现象来证明这一点,指出这两个行业如果不是出现寡头而是存在完全竞争的话,就不会给消费者带来由于出现寡头而带来的那么多的利益。对处于不完全竞争地位上的规模缩小的厂商的反感和对于寡头的偏爱,反映了他对于垄断的选择倾向。

在熊彼特那儿,垄断与创新的关系实际上是双重的:一方面,创造性的毁灭过程将使任何厂商都无法保持垄断地位,除非借助政府帮助;相反,它使厂商之间的竞争突破传统教科书所说的价格竞争的范围,出现质量竞争和销售竞争,企业面临的是创新造成的更高层次的竞争,"也就是占有成本上或质量上的决定性有利地位的竞争"①。这些非价格竞争比价格竞争更有力地推动经济发展。也就是说,创造性毁灭过程从长期看是深化竞争,排除垄断。另一方面,短期的垄断地位、垄断行为虽然从短期来看是不利于生产发展,但却是创新活动,从而是经济长期发展的必要条件,没有这种短期的垄断地位和垄断行为,创新活动是难以出现的。也就是说创造性毁灭过程是以创新者的短期垄断地位为基础的,而这个过程又使任何人无法使自己的垄断地位长期保持下去。

熊彼特以下述意见总结了他对垄断的看法,与大规模生产相联系的垄断行为:"已经成为经济进步的最有力的发动机,尤其已成为总产量长期扩张的最有力的发动机,总产量的长期扩张不仅不管这种在个别事例中或个别时点看来那么富有限制性的战略而进行,而且在很大程度上正是通过这种战略而实现的。就这点来说,完全竞争不仅是不可能的,而且是低劣的,它没有权利被树立为理想效率的模范。因此,把政府管理产业的学说置于下列原则的基础上是错误的:应该让大企业像各个完全竞争的企业在完全竞争制度下面那样工作。"②

如果把熊彼特的经济发展理论与亚当·斯密的经济发展理论作一番比较,就更容易看出其特征。在斯密那儿,生产性劳动人口和资本的增加,是经济发展的基本要素;资源的有效配置,是经济发展的主要方式;因此,促进有效配置的自由竞争和反对垄断,是他所力主的经济政策。而在熊彼特这里,单纯的人口和资本的增加,并不能打破循环流转的静滞状态,不造成发展。只有创新活动才是经济发展的基本要素,而资源的重新组合,则是经济发展的主要方式,因此,有助于创新活动的垄断,而不是自由竞争,才是能最有效促进经济发展的理想状态。我们可用以下表来表示熊彼特与斯密的发展理论的区别:

	发展的基本要素	发展的主要途径	发展所需要的经济环境
亚当·斯密	生产性劳动者、资本	资源有效配置	自由竞争
熊彼特	创　新	资源重新组合	短期垄断

也可以把熊彼特的经济发展理论与第二次世界大战以后哈罗德-多玛模型所表述的经济增长理论作一比较。在分析增长问题时,哈罗德-多玛模型偏重从宏观、从总量方面去考虑;而熊彼特则偏重从微观、从企业行为方面去考虑。

---

① 熊彼特:《资本主义、社会主义与民主》,商务印书馆 1979 年版,第 106—107 页。

② 熊彼特:《资本主义、社会主义与民主》,商务印书馆 1979 年版,第 133—134 页。

在经济增长与经济波动的关系上,哈罗德-多玛模型虽然承认波动难以避免,但并不是必定与增长过程相伴随的现象,通过合理选择的宏观经济政策,有可能使经济在免除波动的情况下获得增长;而熊彼特则把经济波动看作是经济增长的实现形式。

强调创新活动,强调经济发展与经济波动之间的密切关系,强调经济发展与垄断之间的密切关系,这三点可以说构成了熊彼特经济发展理论的主要特征。

第四节　哈伯勒对经济周期理论的总结

戈特弗里德·哈伯勒①(Gottfried Haberler,1900—1995),出生于奥地利维也纳。1923年、1925年分别获维也纳大学政治学和法学博士,1927—1929年任伦敦大学、哈佛大学洛克菲勒基金会研究员,1928—1936年任维也纳大学经济学统计学讲师、教授,1931—1932年任哈佛大学客座讲师,1934—1936年在日内瓦国际联盟金融处工作,1936年受纳粹威胁去美国,1936—1957年任哈佛大学经济学教授,1950—1951年任国际经济学会第一任会长,1955年任全国经济研究局局长,1957—1971年任盖伦·L.斯通讲座国际贸易教授,1963年任美国经济学会会长,1965—1978年任美国财政部顾问。其主要论著有:《指数的意义》(1927)、《国际贸易》(1933)、《国际贸易理论及其在商业政策上的应用》(1936)、《繁荣与萧条》(1937,有中译本)、《外汇市场与国际收支的稳定性》(1949)、《国际贸易纯理论中的若干问题》(1950)、《国际贸易与经济发展》(1959)、《展望世界经济一体化与增长》(1964)、《经济增长与稳定》(1974)和《世界经济、货币的1929—1939年的大萧条》(1976)等。

一、国际贸易理论

哈伯勒在《国际贸易》一书中,以奥地利学派的机会成本说为根据,引进传统的古典学派贸易理论,建立起现代国际贸易理论。古典学派主要根据劳动价值论或真实成本论来建立比较成本学说,但无法解决价值或真实成本的衡量和计算。他在书中首先以古典学派的劳动价值论为出发点,论证比较成本说的正确性,而后改用机会成本说来论证比较成本说的正确。这就避免了价值或真实

---

① 《新帕尔格雷夫经济学大辞典》第2卷,经济科学出版社1996年版,第625—626页。
[英]马克·布劳格、保罗·斯特奇斯:《世界重要经济学家辞典》,经济科学出版社1987年版,第245—246页。

成本的衡量和计算问题。

二、经济周期理论

哈伯勒对经济周期理论的总结主要表述于 1937 年出版的《繁荣与萧条》一书中。该书主要分为两篇，第一篇系统全面地介绍了到凯恩斯《通论》发表为止西方经济学家关于经济周期的各种观点，其中包括英国经济学家霍特里的纯货币论、米塞斯、哈耶克的货币投资过度论、斯庇索夫、卡塞尔等人的非货币投资过度论、消费不足论、心理理论以及农业收获论。[①] 第二篇则是他在综合各派观点的基础上，对经济周期的分析。他强调：(1)像经济周期这样一种复杂现象，是不能用任何一种个别因素来说明的；(2)各派观点的差异与其说是他们各自列举的原因有所不同，不如说是他们各自强调的重点有所不同；(3)在造成周期的因素分类上，重点应当区分可控因素与不可控因素，而不必区分内生因素与外生因素、经济因素与非经济因素；(4)经济体系自身便存在着固有的不稳定性，外生因素作为内生程序的发动者或干扰者，起着加速、推迟、阻碍或扭转周期运动的作用。

哈伯勒主要分析了封闭经济条件下的经济周期，只在最后才涉及经济周期的国际方面。他把经济周期区分为扩张和收缩两个阶段，以及危机和复苏两个转折点。他首先分析了扩张和收缩这两个过程，然后再分析扩张过程何以终结——出现危机，以及收缩过程何以终结——出现复苏。

关于扩张过程，哈伯勒主要回答了两个问题：(1)为什么扩张过程具有累积性；(2)为什么资本品和耐用消费品比非耐用消费品在扩张过程中有更快的增长。对第一个问题，他分别从实际面和货币面进行了分析。

在实际方面，哈伯勒认为，扩张过程通常始于各种资源处于未充分就业的状态下，故一旦开始扩张之后的一段时期中，各种资源的价格将不会上升或很少上升，而产出价格将不再下降，同时各企业的固定成本将分摊到越来越大的产量上，这就造成厂商的利润的上升，造成乐观预期，这种预期导致进一步的扩张。另外，因资源未充分就业，故资本品生产与消费品生产之间是相互促进，消费品生产的扩张推动资本品生产更大的扩张，资本品生产扩张引起的各要素所有者收入的提高又反过来推动消费品生产的进一步扩张。扩张过程持续到大多数资源充分就业之后，扩张将可能因生产方法的改进，资本存量的增加而继续下去，但扩张的落点将逐渐由产量提高转移为价格提高，且资本品生产与消费品生产之间的相互促进将转变为相互牵制，相互争夺资源。这就预示了扩张

[①]　该书 1939 年的第二版还进一步包括了凯恩斯在《通论》中的周期理论。

的终点即将到来。

在货币方面,哈伯勒认为,扩张过程意味着总需求的不断增长,他重点强调了弹性货币供给对扩张过程的重要性,分析了可投资金市场在扩张过程中的变化,由于总需求不断增长,导致可投资金需求曲线不断右移。而可投资金供给曲线也将发生相同的右移,这是因为可投资金供给来源于总储蓄(折旧加净储蓄)以及纸币和银行信用的增加、贮藏资金的外流(反贮藏)。资金需求曲线右移引起的利率上升虽然不一定导致储蓄的增加,但扩张过程导致的乐观预期肯定会刺激公众和银行的反贮藏行为,这就导致资金供给曲线的不断右移。

关于扩张过程中资本品和耐用消费品比非耐用消费品有更快增长的原因,哈伯勒是用加速原理来加以解释的,但他不同意固定系数的加速原理,认为在扩张初期存在闲置设备多余存货时,加速系数应当等于零。当扩张使设备都投入使用、非意愿存货消除之后,加速系统的大小还要考虑利率的影响,不同的利率会导致生产的不同迂回程度,从而导致不同的加速系数。最后,当扩张使大多数资源充分就业后,加速原理将受到阻碍。同时,他还指出,弹性货币供给是加速原理发挥正常作用所必不可少的条件。

关于收缩过程,哈伯勒同样回答了两个问题:(1)为什么收缩过程具有累积性;(2)为什么资本品和耐用消费品比非耐用消费品有更猛烈的缩减。

关于第一个问题,从实际面来说,收缩过程中资本品生产和消费品生产之间会出现相互制约的关系,消费品生产下降导致资本品生产下降,后者引起公众收入下降,又引起消费品生产的进一步下降。另外,由于收缩造成的产品价格下跌,会导致企业利润下降,又进一步引起悲观预期,又引起企业削减产量,而这种削减将因为固定成本的存在而进一步提高平均产品成本,进一步降低利润,如此累积下去。从货币面来说,收缩意味着总需求不断萎缩,可投资金需求曲线因悲观预期而不断左移,可投资金供给曲线也因公众、企业、商业银行出于各自的各种动机而追求资产的灵活性而不断左移。至于资本品和耐用消费品的更剧烈的下跌,他同样用加速原理来说明。

在分析了扩张和收缩这两个阶段之后,哈伯勒才进一步分析为何在扩张过程和收缩过程的终点会出现危机和复苏这两个转折点。他首先指出导致转折的有两种因素:一种是偶发的,不是扩张和收缩过程本身招致的;另一种是扩张和收缩过程本身招致的。

关于危机,哈伯勒认为,扩张过程以弹性的要素供给和货币供给为必要条件,而扩张越到后期,货币供给和要素供给便越是缺乏弹性。这就使整个经济体系对各种导致收缩的冲击越来越敏感,而一旦发生这种冲击,收缩也就越来越加剧。所以扩张到后期是极易发生危机的,而且具体导致危机的有三种因素:一是扩张到后期,很可能会有某些局部行业由于需求相对饱和而出现衰退。这种局部行业的衰退若是引起其相关行业的连锁反应,或引起银行贷款回收的阻碍,就可能触发全面衰退。第二个因素是扩张后期往往出现国际贸易的逆差,导致硬通货的外流,使银行系统准备金下降,迫使其收缩信用,这就触发了危机。第三个因素是扩张后期往往生产迂回程度过长,资本品生产和消费品生产之间比例失调,所以一旦银行紧缩银根之后,就无法使总需求维持原来的状况,必须通过一场收缩来矫正被扩张过程扭曲的生产结构。

关于复苏,哈伯勒认为,收缩越到后期,货币供给和要素供给的弹性便越是恢复,要素供给弹性的恢复是由于收缩使大量生产要素处于闲置状态。货币供给弹性的恢复是由于公众和银行对其资金灵活性的要求由于收缩过程中的贮藏行为及价格下跌造成的实际财富的增加而得到了满足,从而愿意采取反贮藏行为。所以收缩后期只要有导致扩张的因素出现,便会出现复苏。而导致扩张的因素有的是由于收缩过程本身招致的,如货币工资乃至实际工资的下跌所引起的成本下降,货币贮藏的累积所引起的反贮藏倾向,因价格下跌实际财富增加所引起的消费支出的回升,被推迟的重置投资,新涌出的投资机会,以及收缩后期价格跌势的趋缓,厂商信心的恢复。另一方面,政府扩大公共开支,提高关税(以别人不报复为前提)等行为,也会导致复苏。

哈伯勒的经济周期理论在西方经济周期理论史上处于一个转折点的地位。30年代以前,西方的经济周期理论大多以文字形式表述,30年代以后,则主要通过数理模型和计量模型来研究周期。他的周期理论正是那些到30年代为止以文字形式表述的周期理论的一个系统综合,所以可以把它看作是西方经济周期理论一个时代结束的标志。

参考文献

[1][奥]路德维希·冯·米瑟斯:《自由与繁荣的国度》,中国社会科学出版社1994年版。
[2]海约克:《物价与生产》,上海人民出版社1958年版。
[3]哈伯勒:《繁荣与萧条》,商务印书馆1980年版。
[4]约瑟夫·熊彼特:《经济发展理论》,商务印书馆1991年版。
[5]熊彼特:《经济变化分析》,载《现代国外经济学论文选》第十辑,商务印书馆1986年版。
[6]熊彼特:《现代经济学家的思想态度和科学装备》,载《现代外国哲学社会科学文摘》1984年第1期,商务印书馆1986年版。
[7]熊彼特:《资本主义、社会主义与民主》,商务印书馆1979年版。
[8]大野忠男:《熊彼特的经济学体系与方法》,载《现代外国哲学社会科学文摘》1984年第1期,商务印书馆1986年版。

第三十八章　20世纪初德国经济理论的新发展

　　进入20世纪以后,虽然历史学派的影响依然强大,但是德国经济学开始出现了一些新的研究动向。首先是关于经济危机的理论探讨,19世纪周期性的经济危机即便对于隶属于历史学派的经济学家,也是一个颇有吸引力的研究课题,30年代的大萧条更是刺激经济学家去分析危机的成因。于是就出现了斯皮索夫和莱德勒的危机理论。第二,素有区位经济理论传统的德国,在工业化城市化时代出现的工业区位问题和城市区位问题再次吸引了三位经济学家的注意,他们是阿尔弗雷德·韦伯、沃尔特·克里斯塔勒和奥古斯特·勒施。最后,在19世纪大多数时间里德国经济学在历史学派的主导下,与其他国家的主流经济理论隔绝多时的局面临近结束,一个具有国际一流水准的经济学家施塔克尔贝格对寡头市场的分析标志了这一点。

第一节　斯皮索夫的危机理论

　　阿瑟·斯皮索夫[①](Arthur August Kaspar Spiethoff,1873—1957),生于德国杜塞尔多夫,曾是德国历史学派经济学家阿道夫·瓦格纳的学生和该派领袖施穆勒的研究助手,任教于柏林、布劳格和波恩大学,1899—1908年任《施穆勒年鉴》助理编辑、编辑,是德国新历史学派最后一位大家。其主要论著有:《生产过剩理论导论》(1902)、《经济周期》(1923)、《作为历史理论的一般国民经济学:论经济类型》(1932)、《经济理论的'历史'性质》(1952)和《纯理论和经济形态理论》(1953)等。他的主要研究领域是方法论和经济周期。

　　在方法论研究中,斯皮索夫深受德国历史学派的影响,强调两种方法的区别。一种是纯经济理论,以魁奈、李嘉图、杜能、门格尔、杰文斯和帕累托为代表。他认为这种方法主要用于研究无历史性的、在所有经济生活中都存在的经

---

　　① 《新帕尔格雷夫经济学大辞典》第4卷,经济科学出版社1996年版,第471页。[英]马克·布劳格、保罗·斯特奇斯主编:《世界重要经济学家辞典》,经济科学出版社1987年版,第597页。

济现象,其特点是为了特定的理论目的而进行抽象和隔离的分析。另一种方法他称之为经济类型理论,以重商主义者、李斯特、施穆勒和桑巴特为代表。他认为这种方法主要用于研究具有历史性的经济现象,主要是通过对经济历史过程的观察,排除偶然因素,分离出经济发展过程中的规律性和本质性特征。其一般性结论的确实性和可适应性往往依存于某一历史阶段占据主导地位的特定经济类型,如中世纪的城市经济类型、政府干预的经济类型和自由主义的经济类型,等等。他的最终目的是要建立能够包括各种经济类型的理论以及无历史的纯经济理论。他的经济类型概念对以后德国各派经济学的发展均深有影响。[1]

斯皮索夫运用他的经济类型理论对经济周期进行了经验性研究,他从法国经济学家和统计学家克莱芒·朱格拉的论著出发,强调了三点:(1)不应当把注意力仅仅聚焦于经济周期过程中的某一阶段,如危机阶段;而应当关注经济周期波动的整个过程。(2)资本投资被认为是经济周期的主要解释因素。(3)不应当把繁荣与萧条看作是经济生活中的偶然现象,而应当把经济周期看作是资本主义经济本质的一部分。通过经验研究,他提炼出了"典型经济周期"的概念,它区分为三个阶段:上升阶段(包括投资急遽增长的复苏时期和利率逐渐增高的繁荣时期)、危机阶段、下降阶段(包括投资减少的衰退时期和投资不再减少的萧条时期)。经验研究还使他预示了后来的康德拉季耶夫(Kondratieff)长波。这些见解使他成为现代经济周期理论的奠基人之一,尤其是侧重用固定资产更新来解释经济周期的那一派的主要代表之一。[2]

第二节 莱德勒的危机理论

埃米尔·莱德勒[3](Emil Lederer,1882—1939),出生于德国比尔森,在维也纳和柏林攻读法律和经济学时,曾参加门格尔、庞巴维克和施穆勒主持的高级研讨班,与熊彼特等同学。1918—1931年在德国海德堡大学任教,1931—1933年继任桑巴特成为柏林大学经济学教授,曾与桑巴特、熊彼特,以及韦伯兄弟等人合作,主编《社会科学和社会政治文献》杂志。这是当时德国最重要的经

---

[1] 参阅[美]本·塞利格曼:《现代经济学主要流派》,华夏出版社2010年版,第35—37页。

[2] 参阅[美]本·塞利格曼:《现代经济学主要流派》,华夏出版社2010年版,第37—41页。[美]约瑟夫·熊彼特:《经济分析史》第3卷,商务印书馆1995年版,第540—541页。

[3] 《新帕尔格雷夫经济学大辞典》第3卷,经济科学出版社1996年版,第170—171页。[英]马克·布劳格、保罗·斯特奇斯:《世界重要经济学家辞典》,经济科学出版社1987年版,第371页。

济学刊物。1933 年因为受德国纳粹迫害,移居美国纽约,担任了政治和社会科学新社会研究院第一任院长。该学院接纳很多到美国避难的欧洲大陆学者为师资。他是德国魏玛共和国时期杰出的经济学家和社会学家,第一次世界大战之后他曾经应邀参加了德国的社会化委员会和奥地利的社会化委员会,主张对垄断经济部门如采矿业和重工业实行国有化。其主要论著有:《当代经济发展中的私营企业职工》(1912)、《经济组织》(1913)、《经济理论的基本特征》(1922)、《技术进步与失业》(1931)、《经济理论纵览》(1933)和《民众的国家:无阶级社会的凶兆》(1939)等。

莱德勒的经济危机理论主要表达在西方大萧条之后他于 1931 年发表的《技术进步与失业》中。他区分了节约劳动型技术进步和吸收劳动型技术进步,认为节约劳动型的技术进步和垄断性市场结构是解释大萧条时期严重失业现象的关键性因素。在经济繁荣时期,企业往往采取高度机械化从而节约劳动的新技术,以便谋求超过平均水平的利润率。这就引起产量增加的同时就业减少和工资下降;同时,由于企业在产品市场上的垄断地位,商品价格的下降将低于劳动工资的下降。这就导致国民收入分配向资本倾斜,整个社会消费需求随之减少,又进一步引起对资本品派生需求的下降,资本品生产能力过剩。[①] 他把这种情况下产生的失业称作是节约劳动型技术进步导致的失业。

莱德勒认为,如果没有并不替代老产品的产品创新、没有新市场的开发、没有劳动密集型的新投资,这种节约劳动型技术进步导致的失业就可能长期持续下去。他认为各种类型的技术进步和创新活动不会搭配完美,使得经济自动沿着充分就业的路径发展。

由此可知,在对经济萧条成因的解释上,与凯恩斯强调经济的需求面不同,莱德勒强调经济的供给面,强调技术偏向的作用。他看到了一定类型的技术进步对失业和萧条的重大影响。这种观点表明他在一定程度上受到马克思失业理论的影响。这种观点在逻辑上也许成立,但是否就是对 30 年代大萧条的准确解释则另当别论。

对于凯恩斯扩大政府开支刺激经济的政策主张,莱德勒认为确属必要,但远远不够。他认为应当实行混合经济,以市场经济为基础,并制定经济计划引导资本投入新产业,以减少失业。这意味着他解决萧条的对策,不仅包括刺激总需求的宏观经济政策,还包括了产业政策。

除了危机理论,莱德勒在帮助人们理解大型私人企业内部等级制管理结构的社会、政治和经济意义方面,也作出了开创性贡献。

---

① [美]哈伯勒:《繁荣与萧条》,商务印书馆 1980 年版,第 154 页。

第三节　阿尔弗雷德·韦伯的工业企业区位理论

区位经济理论,曾经是德国的理论特产。自从杜能于 1826 年发表的《孤立国》第一卷中提出了农业区位理论之后,劳恩哈特作为 19 世纪最后 30 年间德国最重要、实际上也是唯一的边际主义经济学家,于 1882 年第一个提出了工业企业区位的基本理论。他提出以最小运输成本为目标,确定具有给定资源供给和产品销售条件的企业最优区位的方法,即他所谓的"极点原理"。然后是阿尔弗雷德·韦伯于 1909 年出版《工业区位纯理论》第一部,系统探讨了工业企业的区位问题。1932 年,克里斯塔勒完成其博士论文《德国南部中心地原理》,系统研究了城镇的区位分布问题。1939 年,勒施发表《经济空间秩序》,对于在他之前的德国区位经济理论进行了概括和总结。因此可以说德国存在着一个以区位经济问题为研究对象的区位经济学派。

今天,区位经济问题再次以新经济地理学的名义引起世界范围的注意。鉴此,系统回顾德国早期区位经济学派的理论贡献,确属必要。

阿尔弗雷德·韦伯[①](Alfred Weber,1868—1958),生于德国埃尔富特,是著名社会学家马克斯·韦伯的弟弟,其父曾任柏林市长。他在柏林大学读书时,是新历史学派首领施穆勒的学生,1895 年获柏林大学博士学位,后曾在柏林大学等数所大学任教授。在学术上,除了经济学之外,他更关注社会学,尤其是政治社会学和文化社会学。在政治上,他同情社会主义等左翼力量,反对纳粹。其主要论著有:《工业区位理论》(1909)、《德国和欧洲的文化危机》(1924)、《欧洲现代国家思想的危机》(1925)、《悲剧与历史》(1934)、《作为文化社会学的文化史》(1935)、《向以往的历史告别》(1946)和《第三者或第四者》(1953)等。以下主要介绍他的《工业区位理论》。这是他关于工业区位问题系统研究的纯理论部分。虽然劳恩哈德研究工业区位问题比韦伯早,但是经济学界一般认为韦伯是工业区位研究的先驱。

韦伯在该书的序言中指出,以往的政治经济学基本上忽略了一个问题,就是生产活动的区位问题。[②] 而他的目标就是应用演绎分析方法,首先从一些相当简单的假设前提出发,推导出决定工业企业区位选择的纯规律,然后研究德

---

① 《新帕尔格雷夫经济学大辞典》第 4 卷,经济科学出版社 1996 年版,第 958 页。[英]马克·布劳格、保罗·斯特奇斯主编:《世界重要经济学家辞典》,经济科学出版社 1987 年版,第 652 页。

② [德]阿尔弗雷德·韦伯:《工业区位论》,商务印书馆 2010 年版,第 22 页。

国工业区位的实际情况。① 同时他明确提出,在纯规律的研究中,他抽象掉了制度和政策以及种族、气候和环境的影响,虽然他并未否定这些因素的作用。②

韦伯对于影响工业企业(以下一般简称企业)区位选择的因素(使企业能够在某个区位节省成本的因素),从三个角度进行了分类。一是一般性因素(即对所有企业都有影响的因素)与特殊性因素(即只是对特定工业企业有影响的因素,如是否靠近水源,等等)之分;二是决定企业趋向某个区位的因素与决定企业是否集聚(分散)的因素;三是决定企业区位选择的自然技术因素与社会文化因素。③ 他重点研究的是前两种类型。

韦伯列举了生产活动中影响成本的种种因素,认为能够从区位角度影响成本的可以概括为"两个一般的区域性要素——运输成本和劳动成本"④。他认为,决定企业区位的首先是运输成本,企业有一个运输成本最低的最优区位;但如果这个区位并非劳动力成本最低点,那么企业的实际区位将可能偏离运输成本最低的区位,因此劳动力成本是第二位的影响因素;而各种引起集聚的因素也会引起对最低运输成本区位的偏离,是第三位的影响因素。⑤

一、运输成本的影响

为了分析运输成本对企业区位的影响,韦伯假设引起企业运输成本的原料和动力燃料的产地既定,企业产品的销售地既定,同时暂时不考虑劳动力和其他集聚因素的影响。⑥ 在这些假设下,"工业被吸引到那些具有最低运输成本的地方,既要顾及到消费地,又要顾及到原料地"。他指出,"决定运输成本的基本因素是运载重量和运载距离"⑦。此外还有一些其他因素,如道路的不同类型和运输工具的不同类型等等,它们可以在理论分析中加以忽略,当然企业在实际选址会考虑这些其他因素。⑧ 如果只考虑运量和运距,且假设运价一定,那么企业所选择的区位一定是它所需运输的全部东西(包括所有原料、燃料和产品)吨公里最小的区位。

韦伯为了深入分析原料燃料对运输成本的影响,把它们分为两个基本类

---

① [德]阿尔弗雷德·韦伯:《工业区位论》,商务印书馆 2010 年版,第 30—32 页。
② [德]阿尔弗雷德·韦伯:《工业区位论》,商务印书馆 2010 年版,第 33—34 页。
③ [德]阿尔弗雷德·韦伯:《工业区位论》,商务印书馆 2010 年版,第 38—39 页。
④ [德]阿尔弗雷德·韦伯:《工业区位论》,商务印书馆 2010 年版,第 51 页。
⑤ [德]阿尔弗雷德·韦伯:《工业区位论》,商务印书馆 2010 年版,第 51—52 页。
⑥ [德]阿尔弗雷德·韦伯:《工业区位论》,商务印书馆 2010 年版,第 53—54 页。
⑦ [德]阿尔弗雷德·韦伯:《工业区位论》,商务印书馆 2010 年版,第 56 页。
⑧ [德]阿尔弗雷德·韦伯:《工业区位论》,商务印书馆 2010 年版,第 57 页。

型:到处都有的"广布原料"如空气(若原料数量大于需求,就是绝对广布原料。若原料数量小于需求,就是相对广布原料),只存在一定区域的地方性原料。[①]而在地方性原料中又可以分为"纯原料"和"粗原料"或"失重原料",前者在加工成产品的过程中不会减少重量,后者则会减少重量。[②] 广布原料处处存在所以不影响企业区位选择,尤其是绝对广布原料。因此影响企业区位选择的只是地方性原料。

如果企业只使用一种地方性原料,且这种原料正好存在于企业产品的销售地,那么企业的最优区位就是该地。若企业使用的唯一地方性原料不存在于企业产品的销售地,那么企业的最优区位将取决于这种地方性原料是纯原料还是失重原料。若是纯原料,则企业区位可以选择原料地,也可以选择销售地,或者是联结两地连线上的任何一点;若是失重原料,则企业区位将选择原料地。一般原则就是"如果原料产地具有较大的重量,区位就会位于原料产地。如果产品具有更大的重量,区位就会位于消费地。如果重量相等,区位就会处在这条线的任何位置上"[③]。如果广布原料不影响产品的重量,则广布原料对企业区位没有影响,但如果广布原料增加产品重量,就有可能使的区位趋向于销售地。[④]

韦伯用"原料指数"(MI)和"区位重"(LW)这两个概念来说明上述思想。他定义前者为地方性原料与产品的重量之比,后者为区位图中每单位产品需要运输的总重量(包括原料重量)。当生产中只使用广布原料时,原料指数(MI)为零,区位重(LW)具有最小值1;且区位重(LW)随原料指数(MI)的增加而单调增加,是后者的线性函数,$LW = 1 + MI$。按照如此定义的原料指数(MI)和区位重(LW),他认为"一般地说,具有高区位重的工业被引向原料地,那么低区位重的工业被引向消费地;前者原料指数高,后者原料指数低。…… 从数学结论看,原料指数(MI)不大于1因而区位重(LW)不大于2的所有工业都配置在消费地"[⑤]。

若企业使用两种地方性原料,且原料地不在产品销售地。如果两种原料在同一地方,则企业的区位选择与上面分析的一样;如果两种原料不在一地,这时就需要用韦伯所提出如图 38-1 所示的区位图[⑥]来表示两个原料地与一个销售地的关系。

---

① [德]阿尔弗雷德·韦伯:《工业区位论》,商务印书馆 2010 年版,第 65-66 页。
② [德]阿尔弗雷德·韦伯:《工业区位论》,商务印书馆 2010 年版,第 67 页。
③ [德]阿尔弗雷德·韦伯:《工业区位论》,商务印书馆 2010 年版,第 73。
④ [德]阿尔弗雷德·韦伯:《工业区位论》,商务印书馆 2010 年版,第 73 页。
⑤ [德]阿尔弗雷德·韦伯:《工业区位论》,商务印书馆 2010 年版,第 75 页。
⑥ [德]阿尔弗雷德·韦伯:《工业区位论》,商务印书馆 2010 年版,第 64 页。

图中 C 点表示销售地，M_1 和 M_2 分别表示两个原料地。这时，企业的区位显然不会位于三角形之外，只会在三角形以内（包括三条线）。[①]至于具体的区位，则取决于原料指数（MI）和区位重（LW）。只要原料指数（MI）始终不大于1，区位重（LW）始终不大于2，企业区位就始终在销售地 C。[②]但如果原料指数（MI）大于1，区位重（LW）大于2，这时，如果一种原料是纯原料，而另一

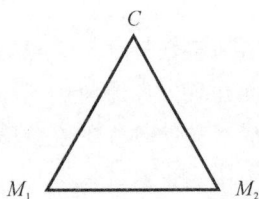

图 38-1

种是失重原料，则区位将向失重原料地靠拢；如果两种原料都是失重的，则区位将向失重程度较大（即在区位重中比重较大）的原料地靠拢。[③]

设生产一吨产品需要 a_1 吨原料 M_1、a_2 吨原料 M_2，P 为三角形（包括三条线）内某个区位点，r_1 为 P 到 M_1 点的距离、r_2 为 P 到 M_2 点的距离、r_3 为 P 到 C 点的距离，且在三角形（包括三条线）内 r_3 是 r_1 和 r_2 的递减函数，则生产一吨产品并送达销售地的全部运输吨公里为：

$$K = a_1 r_1 + a_2 r_2 + r_3 = a_1 r_1 + a_2 r_2 + r_3(r_1, r_2)$$

则企业区位 P 的位置要求 K 最小化，即要求 $\partial K/\partial r_1 = \partial K/\partial r_2 = 0$。[④]

当原料地更多时，企业区位的选择原则依然如此。

上面一直假设一种原料只有一个产地。若一种原料有多个产地，同时又是占区位重比重最高的原料，那么离销售地最近的那个产地将成为实际的原料地，除非其产量不足于满足需求，这时离销售地第二近的产地也将成为实际原料地；如果一种原料有多个产地，但它不是失重最厉害的原料，那么离失重最厉害原料最近的产地，将成为实际原料地。如图 38-2 所示。

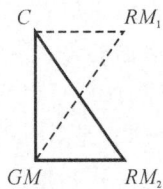

图 38-2

图中 C 为销售地，RM_1 和 RM_2 为同一种原料的两个产地，GM 是失重最厉害的原料产地。RM_1 比 RM_2 更接近 C，但 RM_2 比 RM_1 更接近 GM，因此是实际原料地。"一般说来，在形成区位图时，能否选用某给定的原料地其决定因素是形成区位图的运输成本指标的高低。运输成本指数最低的区位图在竞争中取胜，……在理论上它被推崇为具有实际应用的价值。"[⑤]

韦伯指出，各国工业化过程中，由于科学技术的进步，越来越多的失重原料进入生产，从而使得企业区位越来越远离产品销售地，接近原料地。他认为这

---

① ［德］阿尔弗雷德·韦伯：《工业区位论》，商务印书馆 2010 年版，第 217－218 页。
② ［德］阿尔弗雷德·韦伯：《工业区位论》，商务印书馆 2010 年版，第 75－77 页。
③ ［德］阿尔弗雷德·韦伯：《工业区位论》，商务印书馆 2010 年版，第 70－72 页。
④ ［德］阿尔弗雷德·韦伯：《工业区位论》，商务印书馆 2010 年版，第 218 页。
⑤ ［德］阿尔弗雷德·韦伯：《工业区位论》，商务印书馆 2010 年版，第 81 页。

种趋势引起中世纪城市手工业行会的衰退。[①]

在运输成本影响企业区位选择的问题上，韦伯还考虑了运价体系、多种运输方式、原料在不同产地的价格等因素的影响。[②]

二、劳动力成本的影响

韦伯首先指出，只有当劳动力成本存在地区差异时，它才可能成为影响企业区位的因素。[③] 他分析了引起劳动力成本地区差异的两大原因：(1)主观原因，即劳动者不同的效率水平和工资水平；(2)客观原因，即不同的组织管理水平和机器设备水平。[④] 为了分析劳动力成本的影响，他假设不同地区劳动力成本不同，同一地区劳动力成本不变，且劳动力供给不受限制。[⑤] 在这些假设下，他分析了劳动力成本对于企业区位的影响。如果劳动力成本最低之处同时也是运输成本最低点，那么企业区位就是该点。如果两者不同一，则企业区位就可能偏离运输成本最低点，"区位从运输成本最小点能够移到一个更有利的区位，只有在新地点劳动力成本可能产生的节约比为此追加的运输成本大的情况下才能发生"[⑥]。他提出了等运费线的概念，即围绕运输成本最低点的等运费点所组成的连线。若劳动力成本最低点位于某一条等运费线范围之内，且劳动力成本的节约大于该运费，则企业区位将从运输成本最低点移到劳动力成本最低点。[⑦]

韦伯指出，劳动力成本最低点能够成为企业区位点的决定因素：(1)工业劳动力指数(即每吨产品的劳动力成本)：劳动力指数越大，劳动力成本最低点的吸引力也就越大；(2)产品区位重：区位重越小，劳动力成本最低点的吸引力也就越大；(3)运价：运价越低，劳动力成本最低点的吸引力也就越大。[⑧] 他进一步提出了劳动力系数这一概念，即每吨产品的劳动力成本除以区位重。劳动力系数越大，为了节约劳动力成本所允许的区位对于运输成本最低点的偏离就越大。[⑨] 根据这一点，他说明了大部分工业在区位上的集中现象。

①　[德]阿尔弗雷德·韦伯：《工业区位论》，商务印书馆 2010 年版，第 86—87 页。

②　[德]阿尔弗雷德·韦伯：《工业区位论》，商务印书馆 2010 年版，第 87—102 页。

③　[德]阿尔弗雷德·韦伯：《工业区位论》，商务印书馆 2010 年版，第 103 页。

④　[德]阿尔弗雷德·韦伯：《工业区位论》，商务印书馆 2010 年版，第 104 页。

⑤　[德]阿尔弗雷德·韦伯：《工业区位论》，商务印书馆 2010 年版，第 109 页。

⑥　[德]阿尔弗雷德·韦伯：《工业区位论》，商务印书馆 2010 年版，第 110—111 页。

⑦　[德]阿尔弗雷德·韦伯：《工业区位论》，商务印书馆 2010 年版，第 111 页。

⑧　[德]阿尔弗雷德·韦伯：《工业区位论》，商务印书馆 2010 年版，第 115 页。

⑨　[德]阿尔弗雷德·韦伯：《工业区位论》，商务印书馆 2010 年版，第 118 页。

韦伯谈到了人口密度和文化差异对于企业区位的影响,指出在人口稀少的地方,主要是运输成本决定企业区位选择;而在人口密集的地方,主要是劳动力成本决定企业区位选择。① 从发展的趋势来看,他认为由于运输技术不断进步,运价不断降低,企业区位选择中劳动力成本的作用越来越具有决定性。②

三、集聚的影响

韦伯还分析了工业集聚(包括同行集聚和行业不同生产阶段的集聚)所可能造成的节约对于企业区位的影响。若工业集聚引起的企业生产成本下降,大于企业区位偏离运输成本最低点所引起的运输成本上升,那么企业区位就将由于工业集聚而偏离运输成本最低点。③

韦伯研究了大工业兴起之后日益重要的工业企业的区位选择问题,从而在杜能的农业区位理论之后,为区位理论树立了又一个里程碑。但是他的工业区位理论基本上是以原料地、劳动力聚集地和消费地都已经既定为前提的。然而,劳动力聚集地和消费地往往是一些城市和集镇,对于城市和集镇的形成法则,韦伯的研究基本上并未涉及。这就为下一个区位理论的大家沃尔特·克里斯塔勒留下了发挥理论创造力的巨大空间。

第四节　克里斯塔勒的中心地原理

沃尔特·克里斯塔勒④(Walter Christaller,1893—1969),生于德国巴伐利亚州贝尔内克一个牧师家庭,1913—1914 年海德堡大学学生,后因一次大战被征兵入伍而中断学业,战后从事过多项实际工作,1928 年入埃尔兰根大学,1932 年获博士学位。曾获得美英等国地理学会的多项奖项。其主要论著有:《德国南部中心地原理》(1933,有中译本)、《我如何发现中心地原理》(1968)。

在《德国南部中心地原理》一书中,克里斯塔勒(以下简称克氏)试图回答的问题是:(1)城镇为何出现?(2)城镇为何会有大小之分?(3)城镇的分布如何

---

① [德]阿尔弗雷德·韦伯:《工业区位论》,商务印书馆 2010 年版,第 124 页。
② [德]阿尔弗雷德·韦伯:《工业区位论》,商务印书馆 2010 年版,第 126 页。
③ [德]阿尔弗雷德·韦伯:《工业区位论》,商务印书馆 2010 年版,第 5 章。
④ 《新帕尔格雷夫经济学大辞典》第 1 卷,经济科学出版社 1996 年版,第 461—462 页。
[英]马克·布劳格、保罗·斯特奇斯主编:《世界重要经济学家辞典》,经济科学出版社 1987 年版,第 111 页。

不均匀?① "即是否确有某些'规律'决定了城市的规模和分布,以及是否可能认识这些规律"②。他强调"经济因素是城镇存在的决定性因素"③。他确信"存在着某些专门的经济地理的规律,……它们支配着城镇的大小、分布和数量"④。

克氏强调中心地并非简单地就是人口集中地,中心地的关键特征是生产或提供中心商品(包括非物质的服务,下同)。⑤ 而中心商品就是生产(供给)地集中,而消费(使用)分散的商品;与之对应的是分散生产(供给)分散消费(使用)的分散商品。⑥ 他特别强调中心商品不仅仅是物质产品,还要包括"非经济的、文化、卫生以及政治方面的"服务。⑦ 他还定义了环绕中心地接收中心商品的补充区域。⑧

克氏定义了经济距离和商品范围,经济距离并非简单的公里长度,它是"由运输、保险、储存等成本,时间长短,以及运输过程中的重量或空间损失等因素所决定;就客运而言,则取决于运输成本、时间长短以及舒适程度等因素"⑨。经济距离决定了商品范围,商品范围是分散人口到中心地购买中心商品所愿意到达的最远距离,它受中心商品在中心地的价格的影响,还取决于中心地的居住人数、补充区域的人口密度、收入条件和社会构成、距其他中心地的距离,等等。⑩ 在上述这些定义的基础上,他分析了中心地发展和具有不同重要性的静态决定因素和动态决定因素。

克氏首先分析了静态决定因素,指出决定中心地发展的是中心商品的消费数量、消费范围和其销售收入。中心商品的消费数量、消费范围依赖于:(1)人口的分布尤其是人口在中心地的集聚程度;(2)人们的职业构成、社会结构和收入结构;(3)中心商品的类型和价格;(4)补充区域的地理状况和规模;(5)交通

---

① [德]沃尔特·克里斯塔勒:《德国南部中心地原理》,商务印书馆1998年版,第6页。
② [德]沃尔特·克里斯塔勒:《德国南部中心地原理》,商务印书馆1998年版,第9页。
③ [德]沃尔特·克里斯塔勒:《德国南部中心地原理》,商务印书馆1998年版,第10页。
④ [德]沃尔特·克里斯塔勒:《德国南部中心地原理》,商务印书馆1998年版,第10页。
⑤ [德]沃尔特·克里斯塔勒:《德国南部中心地原理》,商务印书馆1998年版,第26—27页。
⑥ [德]沃尔特·克里斯塔勒:《德国南部中心地原理》,商务印书馆1998年版,第28页。
⑦ [德]沃尔特·克里斯塔勒:《德国南部中心地原理》,商务印书馆1998年版,第29页注3。
⑧ [德]沃尔特·克里斯塔勒:《德国南部中心地原理》,商务印书馆1998年版,第31页。
⑨ [德]沃尔特·克里斯塔勒:《德国南部中心地原理》,商务印书馆1998年版,第32页。
⑩ [德]沃尔特·克里斯塔勒:《德国南部中心地原理》,商务印书馆1998年版,第32—33页。

运输条件。① 他强调更为重要的是中心商品的销售收入尤其是纯收入。因为纯收入越高,中心地的人们便越富裕,从而促进中心地的繁荣发展。若纯收入低,人们便贫困,中心地就处于不景气状态。②

关于人口的分布尤其是人口在中心地的集聚程度,克氏的结论是:"在总人口相同的情况下,中心发展较差的区域内虽然其中心商品的消费总量比中心发展较好的区域内低,但却比那些没有任何中心的区域高。如果在中心生活的人口分布在两个中心地方,那么,中心商品的消费在一定的情况下比这些人口只分布在一个中心地的高。"③即中心商品的消费在人口既定时,有人口聚集的中心地的区域比人口平均分布的区域要好,中心地发展较好的区域比中心地发展较差的区域要好,有两个中心地的区域比只有一个中心地的区域要好。

关于人们的职业构成、社会结构和收入结构,克氏的结论是工人比农民对于中心商品有更大需求,独立工商业者又比工人需求更大;收入较高区域比收入较低区域对于中心商品有更大需求,而"大量的中等收入对中心商品的消费从而对中心地的发展,起着决定性的作用"④。

关于中心商品的类型,克氏区分了四种类型:"(1)具有固定价格的确定数量的商品;(2)具有市场价格的确定数量的商品;(3)具有固定价格、可随时增加数量的商品;(4)具有市场价格、可随时增加数量的商品。"⑤他分别以医生的服务、电影院、运输设施和零售商业代表这四类中心商品。⑥ 他强调"商品现有总量与总需求正好相等的中心地形势最为有利"⑦。关于中心商品的价格,他认为低价格弹性中心商品的高价格有利于中心地,而高价格弹性中心商品的低价格有利于中心地。⑧ 他还指出,同时提供多种中心商品比只提供一种中心商品更有利于中心地。⑨

关于区域的影响,克氏首先把区域的特征理解为"区域的规模和数学面积、

---

① [德]沃尔特·克里斯塔勒:《德国南部中心地原理》,商务印书馆1998年版,第34页。
② [德]沃尔特·克里斯塔勒:《德国南部中心地原理》,商务印书馆1998年版,第35页。
③ [德]沃尔特·克里斯塔勒:《德国南部中心地原理》,商务印书馆1998年版,第39—40页。
④ [德]沃尔特·克里斯塔勒:《德国南部中心地原理》,商务印书馆1998年版,第42—43页。
⑤ [德]沃尔特·克里斯塔勒:《德国南部中心地原理》,商务印书馆1998年版,第45页。
⑥ [德]沃尔特·克里斯塔勒:《德国南部中心地原理》,商务印书馆1998年版,第45—49页。
⑦ [德]沃尔特·克里斯塔勒:《德国南部中心地原理》,商务印书馆1998年版,第45页。
⑧ [德]沃尔特·克里斯塔勒:《德国南部中心地原理》,商务印书馆1998年版,第51页。
⑨ [德]沃尔特·克里斯塔勒:《德国南部中心地原理》,商务印书馆1998年版,第52页。

地貌及可通行道路情况；区域的自然基础——土壤肥力和矿产资源；……究竟是整个区域，还是区域的一部分属于一个中心地"①。他认为较大的、人口密度较高的区域往往需要较大的中心地。② 为了说明区域面积和人口密度对于中心地的综合影响，他给出了如下计算中心地重要性的理论公式：

$$Z = D(2a + 1.5b + 1c + 0.5d)$$

式中，Z 表示中心商品消费总和，反映中心地的重要性；D 表示人口密度；a、b、c、d 分别代表离中心地越来越远的环的面积；2、1.5、1、0.5 分别代表离中心地越来越远的环中人均消费的中心商品。③ 他认为土壤肥力和矿产资源并不直接影响中心地，而是通过影响人口密度和人均收入来影响中心地。④ 他认为地貌和道路情况决定了交通可达性，在面积和人口密度相同时，交通可达性强的区域比交通可达性弱的区域往往有发展得更好的中心地。⑤ 因为交通条件的改进会深化分工，而分工的深化会增加中心商品的数量和类别，从而提高中心地的重要性。⑥ 他认为如果一个区域存在多个中心地，那么较低等级的中心商品消费会增加，但是这种情况对于较高等级的中心商品的消费不利。⑦

克氏总结了中心商品范围的决定因素，"(1)中心地的规模和重要程度以及人口的分布状况；(2)购买者的价格意愿；(3)主观经济距离；(4)中心地商品的类型、数量和价格"⑧。他指出这个范围呈现环绕中心地的环状，这种环状有其外限(上限)和内限(下限)，上限由距离中心地的最远距离决定，超出这一上限，或者是得不到该中心商品，或者是会从其他中心地购买该商品。前一种上限是绝对界限(理想范围)，后一种上限是相对上限(实际范围)。下限"取决于中心商品的最小消费量"，即保持成本的消费量，低于此下限，中心商品将由于亏损而停止生产。上下限之间的区域，是能够给中心商品带来利润的范围。⑨ 他进

① ［德］沃尔特·克里斯塔勒：《德国南部中心地原理》，商务印书馆1998年版，第53页。
② ［德］沃尔特·克里斯塔勒：《德国南部中心地原理》，商务印书馆1998年版，第53—54页。
③ ［德］沃尔特·克里斯塔勒：《德国南部中心地原理》，商务印书馆1998年版，第55页。
④ ［德］沃尔特·克里斯塔勒：《德国南部中心地原理》，商务印书馆1998年版，第56页。
⑤ ［德］沃尔特·克里斯塔勒：《德国南部中心地原理》，商务印书馆1998年版，第55页。
⑥ ［德］沃尔特·克里斯塔勒：《德国南部中心地原理》，商务印书馆1998年版，第59—61页。
⑦ ［德］沃尔特·克里斯塔勒：《德国南部中心地原理》，商务印书馆1998年版，第57—58页。
⑧ ［德］沃尔特·克里斯塔勒：《德国南部中心地原理》，商务印书馆1998年版，第66页。
⑨ ［德］沃尔特·克里斯塔勒：《德国南部中心地原理》，商务印书馆1998年版，第66—69页。

一步指出,"每一类中心商品都有自己的特定范围"。若其上下限都很高,商品就是较高级中心商品,将在较大区域销售;若其上下限都很低,商品就是较低级中心商品,只能在许多地方分散生产和销售;若其上限高而下限低,商品仍然是较低级中心商品,将可以在许多地方生产,同时在广大地区销售,并且不同的生产中心地将在销售区域方面展开竞争;若其上限低而下限高,商品就只能在较高级的中心地生产和销售。①

由于中心地的重要性有所不同,就形成了由于不同中心商品的不同范围所造成的具有不同重要性的中心地所构成的体系。克氏认为"中心地体系是按一定中心规则围绕着一个中心地(即构成体系的中心地)的一定数量中心地组成的群体"②。而"中心地体系是建立在以下事实的基础上的,即存在多种中心商品(从最低级到最高级),而且每一中心商品都有特定的范围"③。这种中心地体系的要素包括:(1)体系的构成形状;(2)围绕中心地的组合;(3)不同中心地的间距;(4)各中心地的位置。④

为了分析这种中心地体系,克氏提出了以市场为原则的著名的理想化的中心地空间分布的六边形结构,如图38-3⑤所示:该图的蕴含假设是一个广邈的平原,其中心有一个提供多种中心商品的高级中心地,以图中心的圆表示。该中心地有一种中心商品(A)其范围的上限最大,比如说有20公里。那么这种中心商品(A)的范围就是以该中心地为圆心以20公里为半径的一个圆。该范围以外,这种中心商品(A)就需要其他中心提供。而为了使得所有地方都能够得到中心商品(A),就需要在这个高级中心地周边有六个等距的中心地都提供中心商品(A)。由于最中心的中心地中心商品(A)的范围与其他六个中心地的中心商品(A)的范围有了交叉,于是最中心的中心地中心商品(A)的范围便变成了一个正六边形。

同时最中心的中心地还有其他中心商品比如说(B),其范围上限为15公里,于是在其周围就还需要六个以中等圆所表示的中级中心地,以满足最中心的中心地中心商品(B)范围之外的对于(B)的需求。如果最中心的中心地还有其他中心商品比如说(C),其范围上限为10公里,于是在其周围就还需要六个

① [德]沃尔特·克里斯塔勒:《德国南部中心地原理》,商务印书馆1998年版,第142—143页。

② [德]沃尔特·克里斯塔勒:《德国南部中心地原理》,商务印书馆1998年版,第189页。

③ [德]沃尔特·克里斯塔勒:《德国南部中心地原理》,商务印书馆1998年版,第131页。

④ [德]沃尔特·克里斯塔勒:《德国南部中心地原理》,商务印书馆1998年版,第190页。

⑤ [德]沃尔特·克里斯塔勒:《德国南部中心地原理》,商务印书馆1998年版,第75—89页。本书图有改动。

以小圆所表示的低级中心地,以满足最中心的中心地中心商品(C)范围之外的对于(C)的需求。低级中心地不仅围绕最中心高级中心地,也围绕其他高级中心地,以满足整个区域对于中心商品(C)需要。如果高级中心地还有范围更小的中心商品,那就会环绕它形成范围更小的正六边形。克氏原图给出了从大到小的六级中心地。

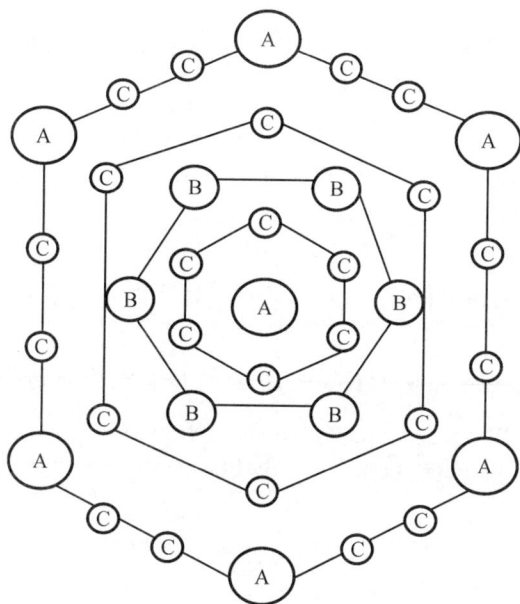

图 38-3

克氏认为,按照经济原则或市场原则,决定"中心地规模、数量和分布的基本要素是中心商品的范围"①。同时他又指出,除了经济或市场原则之外,还有其他原则起着决定作用。他特别强调了交通原则,即沿交通主干线往往形成较高级的中心地,而沿次要交通线往往形成较低级的中心地。而中心地分布的经济原则与交通原则可能存在一定的不一致,究竟哪种原则占据主导,取决于多种因素。一般情况是居住稠密、工业人口为主且文化水平较高的地区往往以交通原则为主导;而居住分散、贫穷的农业区域往往以经济原则为主导。② 此外,

---

① [德]沃尔特·克里斯塔勒:《德国南部中心地原理》,商务印书馆 1998 年版,第 88 页。
② [德]沃尔特·克里斯塔勒:《德国南部中心地原理》,商务印书馆 1998 年版,第 89—95 页。

他认为还存在着决定中心地规模、数量和分布的社会政治原则。① 而社会政治原则往往造成偏离经济原则的中心地体系。② 他还分析了导致偏差的其他种种因素,如历史、地貌、民族、军事等。③

在静态分析之后,克氏进一步展开动态分析。他认为影响中心地的动态因素有人口的变化、中心商品供求的变化、中心商品价格的变化、生产成本、技术进步、交通条件、中心商品范围的变化、经济波动,等等。

克氏认为一个地区人口的增加或者引起新中心地的出现,或者引起原有中心地地位的增强;而人口的下降则有相反的作用。④

克氏认为中心商品供给和需求的增加,如果伴随着价格下降,销售者利润下降,那么中心地地位下降;如果利润保持不变,则中心地地位不变;若利润增加,则中心地地位增强。⑤ 同时,"在大多数情况下,如果需求增加导致现存中心地的地位加强,则供应扩大主要导致新中心地的形成或过去'消失'的中心地的复兴,从而使中心地的数量增加"⑥。而中心商品供求的下降,有可能导致中心地地位的下降。⑦

克氏认为中心商品价格的长期变化"在历史上对中心地的发展一直拥有重要的影响"⑧。尤其是19世纪工业品价格的持续下降和农产品价格初始的持续上升尔后的持续下降,导致高级中心地地位的不断增强和低级中心地地位的不断下降。⑨

克氏认为"资本成本对中心地的发展具有重大意义,这是因为它们主要决定着中心商品,特别是资本成本在总成本中所占比例较大的中心商品的需求范围下限。资本成本相对较高的中心商品必须是销售范围广阔、消费区域较大且

---

① [德]沃尔特·克里斯塔勒:《德国南部中心地原理》,商务印书馆1998年版,第95—100页。

② [德]沃尔特·克里斯塔勒:《德国南部中心地原理》,商务印书馆1998年版,第313—314页。

③ [德]沃尔特·克里斯塔勒:《德国南部中心地原理》,商务印书馆1998年版,第314—319页。

④ [德]沃尔特·克里斯塔勒:《德国南部中心地原理》,商务印书馆1998年版,第101—107页。

⑤ [德]沃尔特·克里斯塔勒:《德国南部中心地原理》,商务印书馆1998年版,第108页。

⑥ [德]沃尔特·克里斯塔勒:《德国南部中心地原理》,商务印书馆1998年版,第109页。

⑦ [德]沃尔特·克里斯塔勒:《德国南部中心地原理》,商务印书馆1998年版,第109—110页。

⑧ [德]沃尔特·克里斯塔勒:《德国南部中心地原理》,商务印书馆1998年版,第112页。

⑨ [德]沃尔特·克里斯塔勒:《德国南部中心地原理》,商务印书馆1998年版,第112页。

等级较高的中心商品"①。而地租成本的作用相反,"地租对强有力的中心化过程起着一种刹车闸的作用,因此它是分散因素"②。

克氏认为,技术进步通过促进各种商品的专门化生产和大批量市场,有助于中心商品种类增加,从而强化已有中心地的地位,并推动小中心地向大中心地的发展。③

克氏认为,交通条件的改善尤其是汽车的发展会增强中心地的地位,促进大城市的发展和小城镇的解体。④

克氏认为中心商品的范围会由于"四大因素:中心地的规模大小于地位,购货者的价格意愿,主观经济距离和商品的种类、数量与价格"的变化而变化,从而引起中心地地位的变化。⑤ 他还认为经济波动会引起中心地地位的波动变化。⑥

至于中心地体系的变化,克氏指出,"任一地方,任一中心商品范围的每一变化,都会同时引起中心地体系"的变化。⑦

在上述静态和动态分析的基础上,克氏认为他所提出的中心地体系的理论,给出了"一个最佳经济合理性占优势、促使整个经济朝着实现目标方向发展的最高原则"⑧。按照这个原则,他提出了他的政策措施:(1)在行政体制方面,应当使得高、中、低各级行政中心与按照经济原则所确定的不同级别的中心地相符合。(2)财政和关税制度应当促进按照经济原则所确定的中心地的发展,必要时可以实行减税。(3)在交通规划方面应当充分考虑按照经济原则所确定的中心地,避免按照交通原则确定的中心地与按照经济原则确定的中心地出现不一致。(4)对于整个国土需要划分专业化区(以某些个行业为主)和综合区(包含若干个互补协调的行业),使整个国家的区位安排和中心地体系的安排符

---

① 〔德〕沃尔特·克里斯塔勒:《德国南部中心地原理》,商务印书馆1998年版,第115页。
② 〔德〕沃尔特·克里斯塔勒:《德国南部中心地原理》,商务印书馆1998年版,第117页。
③ 〔德〕沃尔特·克里斯塔勒:《德国南部中心地原理》,商务印书馆1998年版,第120页。
④ 〔德〕沃尔特·克里斯塔勒:《德国南部中心地原理》,商务印书馆1998年版,第124—126页。
⑤ 〔德〕沃尔特·克里斯塔勒:《德国南部中心地原理》,商务印书馆1998年版,第127—131页。
⑥ 〔德〕沃尔特·克里斯塔勒:《德国南部中心地原理》,商务印书馆1998年版,第150—154页。
⑦ 〔德〕沃尔特·克里斯塔勒:《德国南部中心地原理》,商务印书馆1998年版,第132页。
⑧ 〔德〕沃尔特·克里斯塔勒:《德国南部中心地原理》,商务印书馆1998年版,第147页。

合经济原则。[1]

为了理论联系实际地分析德国南部的中心地体系,克氏提出了一种实用的衡量中心地重要性的"极其简单而又相当精确的方法:只须数一下电话线路的数量,就能相当准确地显示出一地方的重要性"[2]。他进而提出一个"中心性"概念,把它定义为一个地点"对于隶属于它的一个区域的相对重要性"[3]。并提出了一个地点的中心性公式:

$$Z = T_z - E_z(T_g/E_g)$$

式中,Z 是一地的中心性;T_z 是该地的电话线路数;E_z 是该地人数;T_g 是整个区域的电话线路数;E_g 是整个区域的人口数;T_g/E_g 是以人口为基础的电话密度;$E_z(T_g/E_g)$ 是该地按平均应当拥有的电话线路数,它与该地实际拥有的电话线路数 T_z 之差就反映了该地的相对重要性。[4] 按照这个公式,他把德国南部的中心地划分为九个级别。[5]

虽然克里斯塔勒的学术贡献在很长一段时期由于各种原因(如学术成果的学科交叉性、曾经服务于纳粹的工作履历,等等)而备受冷落,但是今天他已经被公认为是把服务业纳入经济分析的先驱,是城市经济学的开创者。他指出并肯定了人类社会经济活动在空间上的非均衡分布,提出了空间结构的六边形单元,为区位理论耸立了又一个里程碑。

第五节　勒施的经济空间秩序

奥古斯特·勒施[6](August Lösch,1906—1945),生于德国厄林根,曾在海登海姆上学,在弗莱堡时与欧根(Eucken)是同学,在波恩时与熊彼特和斯皮托夫(Spiethoff)是同学。他先后两次在美国任洛克菲勒(Rockefeller)基金会研究员。纳粹统治时期,他由于反纳粹的政治态度而被剥夺了在大学任教的权利,只能在德国基尔大学经济研究所当研究员。其主要论著有:《人口波动之外经

---

① ［德］沃尔特·克里斯塔勒:《德国南部中心地原理》,商务印书馆 1998 年版,第148—149 页。

② ［德］沃尔特·克里斯塔勒:《德国南部中心地原理》,商务印书馆 1998 年版,第165 页。

③ ［德］沃尔特·克里斯塔勒:《德国南部中心地原理》,商务印书馆 1998 年版,第169 页。

④ ［德］沃尔特·克里斯塔勒:《德国南部中心地原理》,商务印书馆 1998 年版,第170 页。

⑤ ［德］沃尔特·克里斯塔勒:《德国南部中心地原理》,商务印书馆 1998 年版,第174—182 页。

⑥ 《新帕尔格雷夫经济学大辞典》第 3 卷,经济科学出版社 1996 年版,第 264—265 页。

济波动的原因》(1936—1937)、《经济区位的性质》(1938)、《经济空间秩序》(1939,有中译本)。下面主要介绍《经济空间秩序》一书的思想。

《经济空间秩序》一书共分为区位论、经济区论、贸易论和例证四篇。区位论主要分析单个工业企业的区位选择和单个农业企业对于不同农产品的区位安排,以及城镇的区位选择。这部分内容主要是继承、修补、完善 A. 韦伯的工业区位理论、杜能的农业区位理论和克里斯塔勒的城镇区位理论,同时提出了产业带的区位理论。经济区论主要研究经济区的疆界是否存在,该疆界所环绕的经济区为何会形成,影响经济区的因素有哪一些。[1] 贸易论主要研究的并非通常所说的商品贸易,而是个人的职业选择和整个社会的劳动分工。

勒施强调了区位理论在理论经济学中的重要地位,他指出:"理论经济学的中心课题,现在正在进行再一次的移动,即是说,重点最初放在价格理论上,忽略时间与空间,然后把重点放在利息论与经济循环论上,导入了时间要素。而今第三个时期已经发端,它是从把空间加以严肃考虑而开始的。"[2]这就是说,他认为空间经济学是理论经济学发展的第三阶段。

对于空间经济学的研究目标,勒施强调对于区位问题的实证分析与规范分析的区别,前者涉及现实中区位的特征和原因,后者涉及应有的合理区位。不能认为现存的区位总是合理的。他认为"经济学者真实的任务,不在于解释我们可怜的现实,而在于改善它。最优区位的解决,比一个现实区位的解决具有更重大的意义"[3]。

勒施是抽象描述一切区位相互依存,提出区位一般均衡模型的第一人。他指出以前的区位理论,包括杜能的农业区位理论和 A. 韦伯的工业区位理论,都是一种局部均衡分析,即在假设其他条件既定时一个企业或一种产品的最优区位选择。[4] 而他认为需要考虑决定区位选择的各种因素的相互作用,用联立方程组来刻画一般均衡的区位选择。[5]

为了进行区位分析,勒施提出了一系列概念组合:1a,供给区域,即若干消费者集聚在一个生产者周围;1b,销售区域,即若干生产者集聚在一个消费者周围。供给区域概念在工业区位理论中有重要作用,销售区域概念在农业区位理

---

[1]　[德]奥古斯特·勒施:《经济空间秩序》,王守礼译,商务印书馆1995年版,第115页。

[2]　[德]奥古斯特·勒施:《经济空间秩序》,王守礼译,商务印书馆1995年版,第104页脚注2。

[3]　[德]奥古斯特·勒施:《经济空间秩序》,王守礼译,商务印书馆1995年版,第3页。

[4]　[德]奥古斯特·勒施:《经济空间秩序》,王守礼译,商务印书馆1995年版,第4页。

[5]　[德]奥古斯特·勒施:《经济空间秩序》,王守礼译,商务印书馆1995年版,第5—8页。

论中有重要作用。① 2a,点状集积,即同类商品或不同商品的生产高度集中在某个地点如某个城镇;2b,平面集积,即生产相对分散在一定的区域中。3a,相互竞争的商品境界线,即划分生产或消费不同商品的境界线,如不同杜能圈的边界;3b,相互竞争的区位的境界线,即划分同种商品不同市场的境界线,如生产同种商品的不同企业的销售区的边界。4a,境界线,即两个竞争区域的边界线,对企业而言就是等利润线,对消费者而言就是等价格线;4b,境界地带,即两个竞争区域之间的中间地带,其中没有哪个区域有绝对优势。②

一、区位理论

勒施的区位理论主要涉及单个企业的区位选择,包括工业企业的区位选择和农业企业的区位选择;它还涉及城镇的区位决定和产业带的区位决定。

关于工业区位,勒施指出,企业家选择区位的根本目的是"保证获得最大限度的效用"③。但在一些效用无法估价的情况下,一个替代的目标就是利润最大化。④ 在充分肯定 A. 韦伯等人重视运输费用和生产费用的影响的同时,他也批评了 A. 韦伯等人把费用(包括生产成本和运输成本)最低作为企业区位选择的目标,指出企业并非以费用最低为准则,也并非以收入最大为准则来选择区位,而是以收入与费用之差即利润最大为准则来选择区位的。⑤

关于农业区位,勒施基本上是继承和修补杜能的观点,在某些方面放松了杜能的条件,如考虑了土地不匀质的情况,突出强调了农业企业的各种农作物的总利润对于各种农作物区位的影响,"只有总利润才具有决定的意义,对于任何个别作物,不可能有任何补充的主要标准。……一块农田的作物栽培不是由农田上所提供的最大利润所决定,……而是由能保证作为整体农场获得最大利润的产品所决定的"⑥。

关于城镇区位,勒施考虑了两个问题:城镇形成的理由和城镇形成的位置。

关于城镇形成的理由,勒施强调"即使地表是完全均一的,城镇仍然会产

---

① [德]奥古斯特·勒施:《经济空间秩序》,王守礼译,商务印书馆 1995 年版,第 9 页。
② [德]奥古斯特·勒施:《经济空间秩序》,王守礼译,商务印书馆 1995 年版,第 9—14 页。
③ [德]奥古斯特·勒施:《经济空间秩序》,王守礼译,商务印书馆 1995 年版,第 16 页。
④ [德]奥古斯特·勒施:《经济空间秩序》,王守礼译,商务印书馆 1995 年版,第 17 页。
⑤ [德]奥古斯特·勒施:《经济空间秩序》,王守礼译,商务印书馆 1995 年版,第 30—31 页。
⑥ [德]奥古斯特·勒施:《经济空间秩序》,王守礼译,商务印书馆 1995 年版,第 68—69 页。

生"①。在这种情况下,城镇形成的原因有:(1)具有大规模经济的单个企业的出现。(2)同类企业的集积,这是由于存在马歇尔意义上的外部经济,或者是由于存在重要生产要素的集中供应源,或者是由于在一个地方存在只能依靠当地企业满足的特殊需求,或者是因为霍特林所分析的集积原因。②　(3)不同类型企业的集积,这是因为存在不同类型企业可以共享的基础设施,如铁路车站等等,或者是因为不同产业之间的互补性,或者是因为消费者所需产品的差异性,或者是因为不同类型企业具有不同的波动周期从而有助于缓解单一产业波动带来的危害,或者是因为不同产业的精英之间存在知识的互补和外溢。③　(4)偶然的集积,这是因为存在向行政中心集聚的倾向,或者是向主要道路集聚的倾向,等等。④　(5)纯消费者的集积,这是由于皇室、宫廷、驻军等大型消费者群体的存在。⑤　(6)历史原因引起的集积,即城镇的形成中历史因素(包括先前已经存在的城镇、道路等等)也在起作用。⑥　他的总结性结论是:"即使地球是一平坦而均等的球体,城市仍会为了种种理由而产生出来。区位的这些集积,当我们不是从全体人民的观点而是从关系者的观点看,一部分是偶然的,一部分是由于不参加城市建设的人所提供的利益的结果。利益可以分为企业的数目和它们的结合的利益,便利的位置与供应源的利益。所有这些利益从别的角度,又可细分为消费、销售和生产的利益。生产的利益可分同一生产物的生产的利益和异种生产物的生产的利益。最后又可分为企业内部的利益和外部的利益。最初所有有利于城市建立的因素,到处起着同等的作用,但首府城市和主要交通干线一旦布定以后,它们便集中于特定地点而起作用了。……它们一旦被固定了以后,不问是基于历史的优越性或者为了政治的行为而设定的,追加的城镇将在什么地方诞生和为什么诞生,没有更多专擅的余地了。"⑦

关于城镇形成的位置,勒施认为,分析城镇位置的决定比分析企业位置的决定难度要大。决定城镇形成的上述因素同样决定城镇的位置。⑧　对于城镇位

---

①　[德]奥古斯特·勒施:《经济空间秩序》,王守礼译,商务印书馆1995年版,第76页。

②　[德]奥古斯特·勒施:《经济空间秩序》,王守礼译,商务印书馆1995年版,第76—84页。

③　[德]奥古斯特·勒施:《经济空间秩序》,王守礼译,商务印书馆1995年版,第84—87页。

④　[德]奥古斯特·勒施:《经济空间秩序》,王守礼译,商务印书馆1995年版,第87页。

⑤　[德]奥古斯特·勒施:《经济空间秩序》,王守礼译,商务印书馆1995年版,第87页。

⑥　[德]奥古斯特·勒施:《经济空间秩序》,王守礼译,商务印书馆1995年版,第88—89页。

⑦　[德]奥古斯特·勒施:《经济空间秩序》,王守礼译,商务印书馆1995年版,第88页。

⑧　[德]奥古斯特·勒施:《经济空间秩序》,王守礼译,商务印书馆1995年版,第90页。

置问题,他区分了个别城镇的位置选择和城镇群的位置选择。前者是以其他条件包括其他城镇的位置已定为假设前提,考虑个别城镇的最优位置;后者则要考虑一批城镇的最优位置。对这两个问题,他的分析相对薄弱,只是强调一般说来,存在许多历史性的偶然决定因素。同时他也承认平原的中心、重要交通干线的交点,以及重要生产要素的聚积地往往成为城镇的优先选择。①

关于产业带问题,即关于平面集积如何形成的问题,勒施首先考虑了农业产业带的形成,认为它"是以与城镇同样的理由形成的:位置、供给源和大量生产的利益"②。关于位置所带来的利益,可以用杜能圈加以解释;因此他重点分析了后两个因素。他指出大量生产的利益则来源于各种引起规模经济的因素。③ 而供给源的利益包括"土壤、气候和人口对于某种商品生产的特别适宜性"④。虽然同样的条件也适合其他农作物的生产,但是对利润的追求一定会使得特别适宜的农作物被生产。他用图 38-4 表达了这一思想:图中 a 线代表成本线,$e1$ 线代表第一种农作物随投入费用的增加而带来的收益,$e2$ 线代表第二种农作物随投入费用的增加而产生的收益,两条收益线都在某一点上有着与成本线相同斜率的切线,两条切线的切点分别对应了两种农作物利润最大化的费用投入,它们与成本线之间的垂直距离分别为 $g1$ 和 $g2$。显然,$g1$ 大于 $g2$,表明第一种农作物利润最大化的水平要高于第二种农作物,于是第一种农作物便成为追求利润最大化的最优选择。至于工业产业带的形成,他认为同样取决于"位置的、供给源的、规模的和联合的等利益"⑤。

勒施还分析了阻碍产业带专业化单一化的各种因素,但是他的结论是"虽然专业化的不利并没有在实际上阻止地带的形成,但它们却阻止在这些地带只生产该地带成名的单一生产物"⑥。

在区位理论部分的最后,勒施给出了空间一般均衡的条件。⑦ 他认为空间一般均衡由两种趋势促成,"这就是个别企业的立场来看的努力获得最大利益

① [德]奥古斯特·勒施:《经济空间秩序》,王守礼译,商务印书馆 1995 年版,第 90—95 页。

② [德]奥古斯特·勒施:《经济空间秩序》,王守礼译,商务印书馆 1995 年版,第 95 页。

③ [德]奥古斯特·勒施:《经济空间秩序》,王守礼译,商务印书馆 1995 年版,第 97—98 页。

④ [德]奥古斯特·勒施:《经济空间秩序》,王守礼译,商务印书馆 1995 年版,第 95 页。

⑤ [德]奥古斯特·勒施:《经济空间秩序》,王守礼译,商务印书馆 1995 年版,第 101—102 页。

⑥ [德]奥古斯特·勒施:《经济空间秩序》,王守礼译,商务印书馆 1995 年版,第 101 页。

⑦ [德]奥古斯特·勒施:《经济空间秩序》,王守礼译,商务印书馆 1995 年版,第 105—109 页。

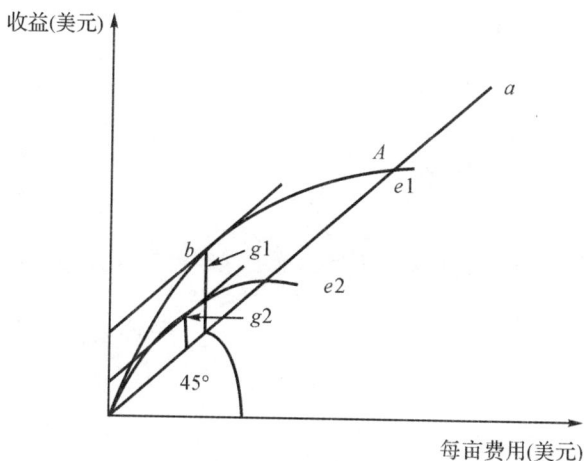

图 38-4

的倾向……和从整体经济的立场出发、力图使独立经济单位之数达到最大多数的倾向。后者受到从外部来的竞争之影响,前者则受工业内部斗争的影响"①。

二、经济区理论

关于经济区,勒施并未给出明确的正面定义,但在他的行文中可以看出,就是指一种商品的市场区或这种商品的销售区域。② 他指出,经济区与国界及一国内部的行政区未必一致,同时,同一个国家内部也可能存在多个经济区。③ 他认为经济区的决定因素主要是经济因素,"市场区不是任何种类的自然上或政治上不平等的结果,不是派生的,只是通过各种纯经济力量的相互作用而产生的",这些因素有些促成经济活动的集中,如专业化和大规模生产所能够带来的利益;而有些则促成分散,如低廉运费和多样化所能够带来的利益。④

为了分析这些经济因素的作用,勒施首先从最简单的情况入手进行分析,假设有一块人口平均分布的匀质土地,其中只有一家企业生产一种商品。于是,该企业的商品将销售于以该企业为中心以一定距离为半径的一个圆形区域内。这个区域就是这种商品的经济区或市场区。在这个区域中,随着销售地与生产企业所在地距离的增加,运费也不断提高,从而需求也随之下降,直至为零。这可由图 38-5 表现。

---

① [德]奥古斯特·勒施:《经济空间秩序》,王守礼译,商务印书馆1995年版,第105页。
② [德]奥古斯特·勒施:《经济空间秩序》,王守礼译,商务印书馆1995年版,第九章。
③ [德]奥古斯特·勒施:《经济空间秩序》,王守礼译,商务印书馆1995年版,第114页。
④ [德]奥古斯特·勒施:《经济空间秩序》,王守礼译,商务印书馆1995年版,第116页。

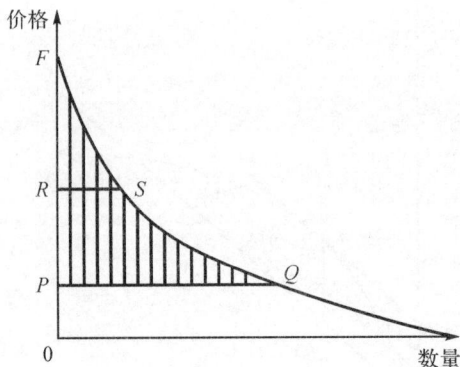

图 38-5

图中 OP 为企业生产成本或出厂价，PQ 为企业所在地单个人的需求，OR 为某一远离企业的销售地由于运费所增加的价格，RS 为该销售地单个人的需求，OF 为离生产地最远的销售地的价格，在此价格下，需求已经降至 0。在该区域内，企业商品的总需求 D 将等于以 PQ 为轴，旋转曲边三角形 PQF 而得到的圆锥体的体积，再乘以由人口密度所决定的一个常数 $b/2$，即：

$$D = b\pi \int_0^R \mathrm{d}(p+t)t\mathrm{d}t$$

式中，π 为圆周率；p 为商品出产地价格或离岸价格；t 为单位商品运费；$\mathrm{d}(p+t)$ 是作为当地价格或到岸价格的函数的单个人的需求；R 是最大可能的运费，更大的运费下需求为零。[①]

然后，勒施放弃了只有一家企业的假设，允许存在生产同一种商品的多家企业。由于每个企业都存在一个最远销售距离，因此他认为多家企业不会集中在同一个地点进行竞争，而是会相互保持一定的距离。于是，竞争的结果将使得每一家企业的销售区域都构成一个规整的六边形，六边形的中间是某个企业所在地，整个市场区呈现一种均匀的蜂巢状态。[②] 可以用以下图形[③]表明企业的市场区从圆形通过竞争而最后发展成六角形：

第一阶段：只有一家企业，其市场区为下图中的圆，方框中的空白部分为未被满足的需求。

① ［德］奥古斯特·勒施：《经济空间秩序》，王守礼译，商务印书馆 1995 年版，第 117—118 页，该式由圆锥体求积公式导出。

② ［德］奥古斯特·勒施：《经济空间秩序》，王守礼译，商务印书馆 1995 年版，第 120—126 页。

③ ［德］奥古斯特·勒施：《经济空间秩序》，王守礼译，商务印书馆 1995 年版，第 122 页。

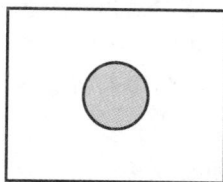

第二阶段:出现第二家企业,但仍然存在未被满足的需求。

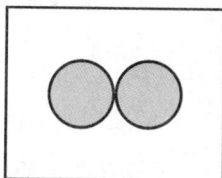

第三阶段:出现第三家企业,但仍然存在未被满足的需求。

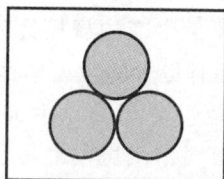

第四阶段:出现第四家企业,但仍然存在未被满足的需求。

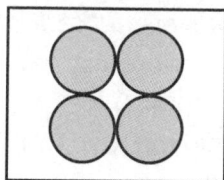

············

最终,由于不断出现新增企业去满足原有企业未能满足的需求,到均衡状态,企业的市场区将由于其他企业的竞争而被挤压成六边形。

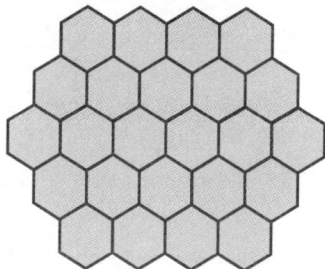

勒施的上述分析表明,在考虑空间因素以后,企业之间的竞争除了价格竞争、产品质量(包括售后服务)竞争和品种竞争等之外,还增加了一个新的维度,即区位竞争。而在人口均布、土地同质的假设下,企业区位竞争的均衡状态是企业均匀分布的蜂巢状态。

由于引进了空间因素,即便有众多企业生产同质商品,该商品市场也不再是完全竞争的市场,而变成为不完全竞争的市场,其中的企业不再是被动的价格接受者,而是在一定程度上成为商品价格的决定者。商品的价格可以有三种定价方式:(1)对所有购买者实行固定的出厂价或离岸价,完全由企业承担运费。(2)由于运费随着对生产地的远离而不断提高,实行不同的消费地价格或到岸价,完全由购买者支付运费。(3)实行差别价格,生产者与消费者平分运费。① 他用了相当篇幅来分析不同定价方式下商品的需求价格弹性。②

然后,勒施又放弃了人口平均分布的假设,于是,整个市场区将出现重心区位,而不再呈现均匀状态。同时,不同企业销售的六边形区域也不再一致,处于人口密集地的企业,只要拥有大量生产的规模经济引起的较低生产成本,从而可能承担更高的运费,就可能拥有更大的六边形销售区。③

然后,勒施放弃了单一商品假设,由于各种商品的生产成本和运输成本从而市场区并不相同,于是具有相同市场区的商品就归为一类,而具有不同市场区的商品就共同组成了一个他所谓的"网状组织体系"。该体系存在一个所有市场区共同的中心;围绕这个中心,依次分布着不同规模的次中心;他把该体系取名为"经济景观"④。他认为这些所谓的"经济景观"就体现了他所说的经济空间秩序。

勒施进一步研究了影响经济区的各种因素。为此,他放弃匀质土地假设,分析了自然条件的不一致(主要是自然条件不同对生产率的不同影响和交通便利方面的不同所造成的影响)对于经济区所产生的影响。⑤ 他特别强调了人的因素的不同对于经济区的影响,包括企业家精神的不同以及普通国民素质的不

① [德]奥古斯特·勒施:《经济空间秩序》,王守礼译,商务印书馆1995年版,第156—157页。

② [德]奥古斯特·勒施:《经济空间秩序》,王守礼译,商务印书馆1995年版,第157—201页。

③ [德]奥古斯特·勒施:《经济空间秩序》,王守礼译,商务印书馆1995年版,第126—135页。

④ [德]奥古斯特·勒施:《经济空间秩序》,王守礼译,商务印书馆1995年版,第136—144页。

⑤ [德]奥古斯特·勒施:《经济空间秩序》,王守礼译,商务印书馆1995年版,第201—216页。

同对于经济区的影响。① "不仅个人而且种族和国民——在例如胆怯或勇敢、谨慎或鲁莽、传统的喜好或发明的热爱、保守的思考或弹性的思考、基础的训练或表面上肤浅的训练、稳重性或轻薄性——关于这些品质方面有着多么大的差异,而且这些差异如何强烈地支配着他们经济的性质,就是说支配着他们所有生产的对象,他们企业的规模,企业家与其劳动者的关系,劳动和资本的移动性,垄断企业者的营业策略,区位以及对经济危机的抵抗力等等,……所有这些不但依存于企业家个人的性格,而且也取决于企业家进行活动的环境,以及在空间意义上的环境"②。最后他提到了政治因素尤其是国界及其他一些因素对于经济区的影响。③

三、贸易论

勒施的贸易论,实际是劳动分工理论或个人职业选择理论,"贸易论有两个课题:第一,它必须阐明劳动分工的原理;第二,必须指出这些原理借以克服各种扰乱的结构"④。这个理论的重点不在于劳动分工如何形成,而在于个人在面对社会劳动分工的现状时,如何作出自己的职业选择。

勒施从劳动者异质性这一点出发考虑问题。从这一假设出发考虑问题,他指出边际分析方法的无用性,"如果劳动能划分为均质的群,那么,边际考察法便会有效"⑤。但由于劳动异质性的存在,"除少数例外,边际考察法既不适用于群,也不适用于个人"⑥。他认为可以解释个人职业选择行为的是类似于国际贸易理论中的比较优势原理,"职业的选择是根据有关国际间劳动分工的决定所展开的早期的国际贸易论的原理而进行的,这就是比较生产费用原理"⑦。即个人总是根据自己的比较优势来选择自己的职业的。⑧ 同时,他也强调,个人的职

① ［德］奥古斯特·勒施:《经济空间秩序》,王守礼译,商务印书馆1995年版,第216—221页。

② ［德］奥古斯特·勒施:《经济空间秩序》,王守礼译,商务印书馆1995年版,第219—220页。

③ ［德］奥古斯特·勒施:《经济空间秩序》,王守礼译,商务印书馆1995年版,第222—248页。

④ ［德］奥古斯特·勒施:《经济空间秩序》,王守礼译,商务印书馆1995年版,第300页。

⑤ ［德］奥古斯特·勒施:《经济空间秩序》,王守礼译,商务印书馆1995年版,第255页。

⑥ ［德］奥古斯特·勒施:《经济空间秩序》,王守礼译,商务印书馆1995年版,第256页。

⑦ ［德］奥古斯特·勒施:《经济空间秩序》,王守礼译,商务印书馆1995年版,第256页。

⑧ ［德］奥古斯特·勒施:《经济空间秩序》,王守礼译,商务印书馆1995年版,第256—266页。

业选择并不是单纯考虑货币收入,而是还要考虑其他一些无法货币化的收益。①
同时他还提出了个人从事多种职业时的等边际原理,即个人倾向于把他的时间
分布得使各项工作的边际收益相等。②

除了个人的职业选择,勒施还分析了个人的区位选择。为此,他提出了类
似于帕累托最优的个人区位最优原则,"个人会在这样考虑之下选择区位:没有
其他任何地方会使他感到能更多地补偿迁移的费用,而且如有必要能补偿他住
惯了的环境的丧失"③。

勒施的贸易理论的突出之处在于他把国际贸易理论与国内劳动分工理论
尤其是个人职业选择理论建立在同一的理论基础之上,就是比较优势原理。国
家的比较优势决定了国际贸易和分工,个人的比较优势决定了个人的职业选择
和劳动分工。

第六节　施塔克尔贝格的寡头理论

海因里希·冯·施塔克尔贝格④(Heinrich von Stackelberg,1905—1946),
生于俄国莫斯科附近的库迪诺奥,父亲是当地一位工厂主,祖籍爱沙尼亚的德
国人,母亲生于阿根廷,属西班牙血统。俄国十月革命后全家迁居至德国科隆。
他于1935年在科隆大学取得哲学博士学位。二战期间一度服兵役。1941—
1943年波恩大学教授,1943—1946年马德里大学教授。其主要论著有:《纯成
本理论基础》(1932)、《市场形式和均衡》(1934)、《对个人储蓄理论的贡献》
(1939)、《静态流通经济中的资本与利息》(1941)和《理论国民经济学纲要》
(1943)等。

施塔克尔贝格在当时是德国最有才华的理论经济学家,在德国,是他把数
学引入经济学,使新古典主流经济学开始在德国得到传播,他1943年的《理论
国民经济学纲要》在德国是第一部现代的经济学导论。他不仅向其同胞介绍了
国际主流的经济学,使得德国经济学界逐步摆脱历史学派的影响,他也为新古

---

① [德]奥古斯特·勒施:《经济空间秩序》,王守礼译,商务印书馆1995年版,第266—
267页。

② [德]奥古斯特·勒施:《经济空间秩序》,王守礼译,商务印书馆1995年版,第267页。

③ [德]奥古斯特·勒施:《经济空间秩序》,王守礼译,商务印书馆1995年版,第276页。

④ 《新帕尔格雷夫经济学大辞典》第4卷,经济科学出版社1996年版,第505—506页。
[英]马克·布劳格、保罗·斯特奇斯:《世界重要经济学家辞典》,经济科学出版社1987年
版,第599页。

典经济学的市场理论的发展作出了杰出的贡献,就是他在《市场形式和均衡》一书中提出的,以他名字命名的"施塔克尔贝格非对称寡头垄断模型"。但由于他思想倾向于纳粹,1931 年加入德国国家社会主义工人党,后参加党卫队。这是他不能得到广泛认可的主要原因。从他的这种情况也可以得知,学术成就与政治倾向之间并不存在简单的线性关系,错误的政治倾向未必就一定伴随低下的学术水平。

　　施塔克尔贝格的寡头理论是对近一百年前古诺寡头理论的一个真正出色的推进。前面介绍过古诺寡头理论的前提假设是两个寡头都依据对方的产量来决定自己的利润最大化的产量水平。施氏假设每个寡头都有两种选择:一是作为领导者,独立决定自己利润最大化的产量水平;二是作为所谓的追随者,根据对方的产量行为决定自己的产量。如果两个寡头都选择做追随者,就会出现古诺均衡解。由此可知,古诺寡头模型只是施氏寡头模型的一个特例。如果一个寡头选择做领导者而另一个选择做追随者,也会有均衡解。但是如果两个寡头都选择做领导者,将不再有均衡解。由于理论无法确定现实中两个寡头的具体选择,所以施氏把寡头市场称作是没有均衡的市场形式。这个"施塔克尔贝格非对称寡头垄断模型"极大地丰富了寡头市场理论,可以说是博弈论出现之前最高水准的寡头理论。可以用下述数理模型说明施氏的寡头理论:

　　设 π_1, π_2 为寡头 Ⅰ 和寡头 Ⅱ 的利润,q_1, q_2 为两个寡头的产量。一般来说,每个寡头的利润都是双方产出水平的函数:

$$\pi_1 = h_1(q_1, q_2) \quad \pi_2 = h_2(q_1, q_2) \tag{38.1}$$

　　古诺解假定 $q_2(q_1)$ 是常数,调整 $q_1(q_2)$ 最大化 $\pi_1(\pi_2)$。一般讲,每个厂商都可能确定关于其竞争对手反应的某些其他假定。

　　两个寡头垄断者的利润最大化要求:

$$\frac{\partial \pi_1}{\partial q_1} = \frac{\partial h_1}{\partial q_1} + \frac{\partial h_1}{\partial q_2} \frac{\partial q_2}{\partial q_1} = 0$$

$$\frac{\partial \pi_2}{\partial q_2} = \frac{\partial h_2}{\partial q_2} + \frac{\partial h_2}{\partial q_1} \frac{\partial q_1}{\partial q_2} = 0 \tag{38.2}$$

$\partial q_2/\partial q_1$ 和 $\partial q_1/\partial q_2$ 代表推测变量,即每个寡头变动自己产量后对其竞争对手产出的推测。

　　施氏假设寡头有两种选择:领导者或追随者。追随者遵循反应函数:

$$q_1 = \phi_1(q_2) \quad q_2 = \phi_2(q_1) \tag{38.3}$$

　　根据其假定为领导者的竞争对手给定的产量,调整自己的产出水平,以最大化利润。领导者并不遵循反应函数,他假定其竞争对手像追随厂商一样行动,根据给定的其对手的反应函数,最大化自己的利润。

　　如果 Ⅰ 想充当领导者,那他假定 Ⅱ 的反应函数是有效的,并把这种关系代入其利润函数：

$$\pi_1 = h_1[q_1, \psi_2(q_1)] \qquad \pi_2 = h_2(q_2, q_1)$$

现在，Ⅰ的利润只是自己产量 q_1 的函数，可以根据这唯一的变量最大化自己的利润。

若Ⅰ遵循反应函数并像追随者一样行动的，Ⅱ也能从领导者角度决定其最大利润。

每个寡头都从领导者和追随者两个角度决定其最大利润，有四种可能结果：

（1）Ⅰ想当领导者，Ⅱ想做追随者。Ⅰ假定Ⅱ将像追随者那样行动，他也确实那样做；Ⅱ假定Ⅰ将像领导者那样行动，他也确实那样做。结果形成一致的行为模型，因而达到一种明确的均衡。

（2）Ⅱ想当领导者，Ⅰ想做追随者。同样也形成一种明确的均衡。

（3）二者均想做追随者，但都假定另一个人为领导者，他们的期望就会落空。这时，寡头们必须改变他们的期望。施氏假定如果每个人都期望像追随者那样行动，并知道另一个人也将像追随者那样行动，就能实现古诺解。否则要能够实现均衡，一个人必须也只能一个人改变其行为模式，像领导者那样行动。

（4）二者均想当领导者，并都假定其对手的行为由其反应函数制约，但事实上没有一个人遵循反应函数，这时就会出现施氏不均衡。施氏相信这种不均衡是最常出现的结果。施氏不均衡的最终结果不可能先验地预测。这种情形将导致经济激战，直至一个屈服于另一个的领导或达成共同协议，均衡不会实现。

施塔克尔贝格的寡头理论，从时间上看，是与琼·罗宾逊夫人的不完全竞争理论和张伯伦的垄断竞争理论几乎同时出现的，他们三位在 20 世纪 30 年代共同推进了微观经济学的市场理论，使市场理论基本定型在目前教科书的样式中。

除了寡头理论，施塔克尔贝格对于奥地利学派的资本理论以及储蓄理论也都有一定的推进。

参考文献

[1][德]阿尔弗雷德·韦伯：《工业区位论》，商务印书馆 2010 年版。

[2][德]沃尔特·克里斯塔勒：《德国南部中心地原理》，商务印书馆 1998 年版。

[3][德]奥古斯特·勒施：《经济空间秩序》，商务印书馆 1995 年版。

第三十九章 俄国经济思想的起步与发展

第一节 1861 年的农奴制改革及其以后俄国的经济政治概况

俄国是从不发达的奴隶制进入封建农奴制的,原始公社瓦解时遗留下的农民村社,作为一种社会组织形式继续保存了下来。从 19 世纪开始,俄国的农奴制进入衰落和瓦解时期。这时的村社,在形式上虽是农民组织,实质上则是封建主用来统治和奴役农民的工具。在 19 世纪上半期,俄国工农业中的资本主义关系有了一定的发展,并与占统治地位的农奴制度发生了尖锐矛盾。农奴制经济的矛盾特别反映在农民与地主之间的斗争尖锐化上,农民反对地主的斗争、起义,日益频繁发生。据统计,1826—1861 年,农民起义达 1000 次以上。在农奴制工场手工业中,也爆发了农奴的反抗运动。特别是 1853—1856 年沙皇政府在克里米亚战争中的溃败,这次俄国战败,充分暴露了农奴制度的腐败性。这次战败,全国群情激怒,使原来已经危机四伏的农奴制,可能被立即爆发的革命所推翻。在克里米亚战败后即位的沙皇亚历山大二世,意识到农奴制再也不能维持下去,与其让农奴们自下而上地爆发革命,还不如采取自上而下地改革农奴制的办法,来继续维持其统治。于是,沙皇亚历山大二世在 1861 年 3 月 3 日(俄历 2 月 19 日)颁布了废除农奴制法令,其主要内容是:(1)宣布农奴获得人身自由,地主不得买卖和交换农奴,农民可以拥有动产和不动产;(2)宣布农民可以获得土地,但必须交付比实际地价高出两三倍的赎金,农民可先缴纳全部赎金的 20%～25%,其余由国家垫付,在 49 年内按年偿还并付利息;(3)沙皇政府利用农村原有的村社组织,重新设管理农民的组织机构,将几个村社组成 300～2000 注册人口的乡,村社和乡名义上实行自治,实际上仍处于地方贵族势力的严密控制之下。

从这次农奴制改革的内容来看,这是一次很不彻底的资产阶级改革,实质上是对农民土地、财物和金钱的一次有组织有计划的大掠夺,以致使广大农民在改革后无力独立进行农业生产经营,而成为"对分制农民",或者外出打工,或者向地主、商人告贷,做零工度日。这样,农民从人身依附于地主,变成了在经济上依附于地主,从而农奴制残余被保存了下来。因此,这次改革远远不能满足农民的需要,致使农民暴动和骚乱事件有增无已。但是,这次改革,毕竟使农民获得了人身自由,为资本主义经济的大发展提供了充足的廉价劳动力,扩大了国内商品市场。改革后的地主经济也逐渐转化为资本主义经营,巨额赎金则成为俄国资本原始积累的一个重要来源。因此,1861年农奴制改革,成为俄国历史发展中的一个重要里程碑,它标志着俄国从封建主义生产方式过渡到资本主义生产方式的大转变。这次改革,使上层建筑也发生了相应的变化,但是,俄国沙皇封建君主专制的实质并没有改变,沙皇政府奉行有利于资本主义发展的政策,是以不危害沙皇统治为限的。

在这次农奴制改革后,俄国的农业经济日益走上了资本主义的发展道路。在农村中产生了大批靠出卖劳动力为生的贫雇农和使用雇佣劳工、采用新式农具从事资本主义经营的富农。到19世纪80年代,占农户总数20%的富农在各个不同的州里占有耕地面积的29%～36.7%;而占有农户总数50%的贫农却只占耕地面积的33.2%～37.7%。同时,由于国内外市场对农业原料与商品粮食需要的逐年增多,有不少地主为了牟取高额利润,也采用了资本主义经营方式,从而使俄国的地主经济逐渐向资本主义经济转化。从19世纪80年代起,资本主义经济在农业中逐渐开始占据优势。随着农业中资本主义关系的发展,俄国的农业技术和农业生产都有了较大的提高。

在这次农奴制改革后,俄国工业革命的进程大大加速。到19世纪80年代末,在俄国各主要工业部门中,机器生产已逐渐排挤手工劳动而占据统治地位,基本上完成了从工场手工业向机器大工业的过渡。随着工业革命的进展,俄国的工业生产有了显著的提高。在1866—1890年间,欧俄大工厂(100工人以上)的生产额,由20107万卢布增加到58797万卢布,差不多增加了2倍;工人由23万增加到46万人。纺织、食品等轻工业生产,在商业性农业发展的基础上迅速地增长起来。棉织品的产值,由1860年的5000万卢布增加到1890年的2亿卢布。重工业增长的速度更快,1890年的煤产量比1860年增加19倍,钢产量增加3倍。这时,除彼得堡和莫斯科等工业中心外,还出现了许多新的工业部门和工业区。例如,顿巴斯成为煤炭工业和冶金工业区,巴库成为石油工业区,克利沃罗格成为铁矿工业区,波罗的海沿岸成为机器制造业和纺织工业区等。

随着城乡资本主义经济的迅速发展,俄国的社会结构发生了明显变化。首先,贵族地主阶级虽然仍旧是统治阶级,但它不论在经济方面还是政治方面,都发生了某种分化。许多地主不能适应新的条件和情况,很快花掉了赎金,出卖或抵押了自己的土地和庄园,从而使贵族地主阶级的领地减少了许多。而在俄国中部地区却保持了自己半封建半资本主义经营的大领地贵族地主,是那些有爵位的贵族和服公职的上层官僚,成为俄国经济、政治上最保守的力量,那些大权在握的省长、总督、高级军官和大臣也都是从他们中间出来的,他们还把持了参政院这个从农奴制时代保存下来的沙皇咨询机构。同时,也出现了新兴的资本主义型的地主,他们在政治方面的势力比较小,在60年代改革中建立的地方自治局是他们的支柱,这个所谓的"自由贵族"集团企图同执政的上层分子达成协议,进一步推进改革,以及在专制制度范围内建立代议制机关。其次,俄国现代工商业资产阶级形成,昨天的商人、包税者、粮食贸易者、发财的乡村富农和高利贷者,变成了铁路、工业、银行的巨头。另外,从"被解放"的农民中分化出来的资产阶级,也加入了工商业资产阶级的队伍。这个工商业资产阶级的政治势力极其薄弱,缺乏阶级组织,同他们的经济力量不相适应,他们中的大多数追随"自由贵族",希望在沙皇领导下继续推进有利于工业化的改革和代议制改革。而实行贵族地主阶级专政的沙皇专制国家,也不能不在越来越大的程度上考虑这个新兴资产阶级的利益和要求。第三,俄国现代无产阶级形成,随着俄国工业革命的进展,俄国工业无产阶级亦随之形成和发展,这是改革后俄国社会生活中最有意义的重要现象。到19世纪末,据可靠计算,在俄国的人口中,属于无产阶级各阶层的总数不下2200万人,其中农业雇佣工人,工厂、矿山及铁路工人,建筑工人,木材工人,以及在家庭中工作的工人,约为1000万人。俄国无产阶级身受本国资本主义、封建主义和外国资本的剥削和压迫,并且高度地集中在大企业,它的组织性和革命性很强,是一支强大的政治力量。第四,俄国居民的绝大多数仍然是农民。尽管1861年农奴制改革后俄国的资本主义经济,尤其是工业生产有了迅速的发展,出现了许多大城市和新兴工业区。但是,俄国经济的发展程度仍远远落后于其他资本主义国家。19世纪下半叶的俄国仍旧是一个农业国,它的绝大多数居民还是农民。直到1899年,俄国的农业人口仍占全国人口的六分之五。俄国的广大农民群众,在农奴制改革时就被剥夺得一贫如洗,在改革后他们又遭受着资本主义与封建主义的双重剥削与压迫。因此,俄国农民始终是19世纪60—70年代,即无产阶级登上政治舞台以前,俄国革命运动的主要动力。

从1861年农奴制改革起,到19世纪90年代中期,俄国社会的发展,明显地走上了资本主义的发展道路。在这样一场巨大的社会转变中,新的和旧的社会力量的代表,都提出了他们各自的主张。俄国社会上层利益的代表者,一部分留恋传统村社世界的宗法权威与等级权益,害怕自由分化冲垮等级壁垒;另一部分则痛感村社的老传统阻碍资本积累与契约关系,主张仿效西方,实行市场经济与立宪政治。俄国社会下层利益的代表者,一部分醉心于传统村社世界的"平均"与"集体主义",害怕资本主义与贵族沙皇的"占有"与"个人主义"破坏了宝贵的村社传统因素;另一部分则痛感村社传统成为专制与奴役之源,要求把人从村社中解放出来,发展为独立、自由的个性。他们之间在19世纪70—90年代围绕着村社的命运问题展开了论战,从而形成了四派,即官方正统派、自由派、民粹派和社会民主派,这就构成了那时俄国政治思想界的四个基本营垒。按照逻辑划分,这四个基本营垒可以相对应于贵族地主(官方正统派)、资产阶级(自由派)、农民(民粹派)和工人(社会民主派)四个阶级。

　　1861年农奴制改革后的俄国,首先爆发的革命运动,即由民粹派所发动的民粹主义运动。

第二节　俄国的民粹主义运动

　　1861年农奴制改革后的俄国,由于农村中资本主义与农奴制残余的紧密结合,广大农民遭受着资本主义与封建主义的双重压迫和剥削,农村阶级矛盾日益尖锐,农民反对地主土地所有制的斗争日益高涨。正是在这一斗争中,一批代表农民、小资产阶级利益的青年知识分子冲上俄国的政治舞台,掀起了声势浩大的"到民间去"的运动,力图通过发动农民来推翻沙皇政府的反动统治,从而建立一个社会主义社会。这批青年知识分子以人民的"精粹"和农民的代表自居(当时所谓"人民"一般就是指农民),他们穿着农民的服装到农村去(即所谓"到民间去"),身体力行地做发动农民的宣传鼓动工作,因此他们被称为"民粹主义者",或"民粹派"。他们鼓吹的这种民粹主义,是一种带有浓厚空想社会主义色彩的小资产阶级农民社会主义,它是在俄国这样一个小生产者占有优势的特定历史时代的产物,曾在俄国历史上产生过举足轻重的影响。

　　民粹派的基本思想、理论,就是把俄国的村社制度理想化,肯定俄国的非资本主义发展道路。这种将俄国村社制度理想化的思想、理论观点,最早是由俄国伟大革命民主主义者赫尔岑和车尔尼雪夫斯基提出的。因此,民粹派把赫尔岑和车尔尼雪夫斯基当作他们的精神领袖,并不是偶然的,尽管赫尔岑和车尔尼雪夫斯基本人不是民粹派。

　　民粹主义在俄国经历了一个产生、发展和衰落的过程(从19世纪60年代至20世纪初)。在这半个世纪发展、演化中的民粹主义运动,大体上可以划分为以下两个阶段:

　　第一个阶段表现为革命民粹主义即旧民粹主义(19世纪60—70年代)。70年代是俄国解放运动的高涨时期,革命民粹派思想得到最广泛的传播。这个阶段,民粹派思想家的主要代表人物是拉甫罗夫、巴枯宁和特卡乔夫。他们在基本思想、理论上虽然是一致的,但在革命策略上却截然不同。

彼·拉·拉甫罗夫(П. Л. Лавоpов,1823—1900),出生于俄国一个陆军上校军官的家庭,曾任彼得堡炮兵学校教员。他于 1862 年参加秘密革命团体"土地和自由社",1866 年被捕,次年被流放到沃洛格达省。在那里,他匿名撰写了对俄国民粹主义知识界有很大影响的《历史信札》。该名著成为 19 世纪 70 年代俄国进步知识分子的圣经。1870 年,他从流放地逃到巴黎,加入第一国际,积极参加了巴黎公社的活动。1871 年 5 月,他受公社的委托去伦敦与马克思、恩格斯相识。1873 年,他在巴黎创办了民粹主义运动的主要理论刊物《前进》杂志。他把人类的进步视为"具有批判头脑的个人"活动的结果,因此,他被认为是民粹主义"英雄"和"群氓"理论的精神始祖。拉甫罗夫始终认为农民是俄国的革命阶级。他同其他民粹主义者一样,认为俄国农民村社的传统足以使它成为俄国直接过渡到社会主义的基础;但他同时又认为,由于俄国农民仍然相信并期待沙皇来改善他们的经济状况,因此,俄国人民起义的时机尚未成熟,革命需要一个较长时间的准备,以便将来经过人民革命实现社会主义。由于他的这种"长期宣传"的主张,而被视为"宣传派"的代表人物。

米·亚·巴枯宁①(Mikhael Alexandrovitch Bakunin,1814—1876),出生于俄国提维省一个贵族家庭,从他父亲那儿继承了对法国百科全书派和卢梭思想的兴趣,深受别林斯基的影响。他于 1844 年到了法国巴黎,结识了许多法国的社会主义者,尤其受到普鲁东的影响,逐步成长为社会主义者和革命家,提出了一整套无政府主义的思想观点和行动纲领。他不满足于提供思想,更热衷于从事革命行动,到处宣传游说,组织秘密团体,支持他那个时代的每次政治暴动,无论其大小和能否成功。虽然在第一国际内部与马克思不和,甚至发生严重冲突,但他还是把《资本论》翻译为俄文。

这位被公认为国际无政府主义的领袖,在 19 世纪 70 年代曾对俄国革命者产生过重大影响。在这个阶段的巴枯宁,除了相信俄国群众本能的社会主义之外,还提出了俄国农民生来就具有革命气质的新观念。他劝告俄国的秘密团体不要谋求与沙皇妥协,而要摧毁这个专制国家。他认为农民始终反对国家这个最大的祸害,俄国到了任何乡村随时可能发生起义的程度。因此,他号召知识青年到农村去,去启发农民的潜在革命意识,唤起他们被沙皇制度压制了几十年的革命本能,立即组织起义,推翻沙皇专制国家。他写道:"你们这些年青人,赶快抛弃这个注定要灭亡的世界吧,抛弃这些大学、学院和学校吧,……到民间

---

① 《新帕尔格雷夫经济学大辞典》第 1 卷,经济科学出版社 1996 年版,第 189—190 页。

去吧！你们的战场，你们的生活和你们的科学就在那里。"①那时的一些革命民粹派相信巴枯宁关于农民在任何时候都无条件地准备起来反对沙皇专制的观念。巴枯宁及其追随者宣称："为了人民得到政治解放，我们主张首先彻底摧毁国家，废除一切国家制度，包括它的一切宗教的、政治的、军事官僚的和非军事官僚的、法律的、学术的、财政经济的设施。"②由于巴枯宁的这种"立即组织起义"的主张，而被称为"暴动派"的代表人物。

彼·尼·特卡乔夫（П. Н. Ткачев 1844—1886），他既不同意拉甫罗夫"准备革命"方略，也不同意巴枯宁反对一切国家的主张，他是民粹派中主张由少数革命者组织密谋团体和采取恐怖手段去夺取政权的代表人物。他认为，资本主义的火焰已经燃烧到俄国的社会制度，正在毁灭着未来社会主义社会基石的村社原则。因此，他主张现在必须立即"敲起警钟"，毫不迟延地实行变革。他大声疾呼："任何犹豫不决、任何拖延耽搁都是犯罪！"他针对拉甫罗夫派"准备革命"的方针说："你们总是说准备，准备，这已经够了！""革命家不是准备革命，而是干革命。"③同时，他还针对巴枯宁派到民间去发动农民起来暴动的主张，指出群众的特点是惰性。因此，革命应当由职业革命家组成的集中的有战斗性的组织来进行。他主张由知识分子组成的密谋团体，来摧毁沙皇专制国家，建立人民的新国家和以自治村为基石的新社会。特卡乔夫的这种主张，是从沙皇政府在俄国没有牢固的基础，与各个阶级的利益没有联系这一错误推测出发的。在他看来，俄罗斯国家是"悬在空中"的，只要组织训练少数几个密谋恐怖分子就可摧毁它。特卡乔夫的这种错误观点，曾遭到恩格斯的尖锐批判。恩格斯在《流亡者文献》中指出："既然特卡乔夫……硬要我们相信，俄罗斯国家'在人民的经济生活里没有任何根基，它自身并不体现任何阶层的利益'，它是'悬在空中'的，那就不禁使我们开始觉得，悬在空中的与其是俄罗斯国家，倒不如说是特卡乔夫先生自己。"④

在民粹主义运动兴起时，拉甫罗夫派在知识青年中影响很大；但在革命高涨的形势下，组织农民起义、暴动的巴枯宁派对革命青年来说，比长期准备起义的拉甫罗夫派更能引起共鸣，尤其是特卡乔夫派的主张在一部分激进的民粹主义者中具有较大的影响。但这两派在实践中也没有取得成功。这说明民粹派发动"到民间去"的运动，并没有把农民真正发动起来，反而遭到了沙皇政府的镇压。这一运动的失败，证明民粹派关于俄国村社农民具有"社会主义本能"的

① 《俄国民粹派文选》，人民出版社 1983 年版，第 52 页。
② 《俄国民粹派文选》，人民出版社 1983 年版，第 47 页。
③ 《俄国民粹派文选》，人民出版社 1983 年版，第 376 页。
④ 《马克思恩格斯全集》第 18 卷，人民出版社 1964 年版，第 614 页。

认识是幼稚的。在 1875—1876 年间,民粹派采取了比较实际的最低纲领,即争取土地和自由,并建立了"土地和自由社",拟定了《土地和自由纲领》,出版了《土地和自由》杂志。该社提出的要求是:"土地成为耕者的共同财产;自由成为人人能自己管理自己事务的普遍权利。"①该社的建立,标志着民粹主义运动由分散进入集中领导的阶段;同时,这个团体的名称也表明,它要继承并发扬 60 年代革命民主主义者车尔尼雪夫斯基所领导的"土地与自由协会"的革命传统。

在"土地和自由社"成立时,仅仅把采取个人恐怖行动作为次要的自卫手段,但随着沙皇的镇压以及由此产生的憎恨情绪的增长,恐怖行动愈来愈显得突出,尤其是在 1878—1879 年间,民粹派的谋杀行动接连不断,这在"土地和自由社"内引起了关于斗争策略的严重分歧,从而引起了民粹派的分化和蜕化。有些人因此离开"土地和自由社",另外组成"土地平分社",走上了马克思主义道路;大多数民粹派革命家则组成了"民意党",他们活动的重心很快就转到个人恐怖行动方面。1881 年 3 月 1 日,沙皇亚历山大二世被民意党人炸死,沙皇政府出动全部军警进行镇压。于是民粹主义运动一度趋于沉寂。至此,19 世纪 60—70 年代的革命民粹主义阶段就告结束。

到 19 世纪 80—90 年代,民粹主义运动进入了它的第二个发展阶段。这个阶段的特点是自由民粹主义占了上风,从而革命民粹派也就演化成自由主义民粹派,即新民粹主义;旧的革命民粹主义"以发动农民进行反对现代社会基础的社会主义革命为目标的政治纲领,已经变成以在保存现代社会基础的条件下去补缀和'改善'农民状况为目标的纲领了"②。尽管自由主义民粹派,倾向于资产阶级自由主义,有时甚至追随资产阶级自由主义运动,但他们仍然是代表农民和资产阶级利益的民主主义者;然而在新的条件下民粹主义对维护俄国社会生活的旧的封建基础却起了反动的作用。列宁要求把民粹主义的反动方面和进步方面严格区别开来。他指出:"民粹主义是反动的,因为它提出的措施旨在把农民束缚在土地上,束缚在旧的生产方式上面,如禁止转让份地等等,……对民粹派纲领的这类条款当然必须无条件地反对。但民粹派纲领中还有另一些条款,如实行自治,使'人民'能自由而广泛地取得知识,用发放低利贷款、改良技术、调整销路等方法'振兴''人民'经济(即小经济)等等。这类一般民主的措施是进步的。"③

19 世纪 80—90 年代的自由主义民粹派的主要代表有尼·康·米海洛夫斯基(Н. К. Михайловский, 1842—1904)、瓦·巴·沃龙佐夫(В. П. Воронцов

① 《俄国民粹派文选》,人民出版社 1983 年版,第 447 页。

② 《列宁全集》第 1 卷,人民出版社 1984 年版,第 229—230 页。

③ 《列宁全集》第 1 卷,人民出版社 1984 年版,第 462 页。

1847—1918)、谢·尼·尤沙柯夫(С. Н. Южаков，1849—1910)和尼·弗·丹尼尔逊(Н. Ф. Даниелъсон，1844—1918)。他们仍坚持俄国村社可以作为向社会主义过渡的基础，否认资本主义在俄国的发展，断言剩余价值因找不到国外市场来实现，因而资本主义会自动垮台，因此鼓吹改良主义。他们宣扬的这种自由民粹主义是马克思主义在俄国传播的严重障碍。

尽管各个阶段的民粹主义有着不同的代表人物，他们具有各种不同的观点和主张，但列宁把民粹主义的一般特点，概括为具有这样三个特点的世界观体系：第一，"认为资本主义在俄国是一种衰落，退步"；第二，"相信俄国的独特性，把农民和村社理想化等等"；第三，"忽视'知识分子'和全国法律政治制度与一定社会阶级的物质利益的联系"①。这种特点的民粹主义是一种矛盾的结合，其中既有社会主义的空想成分，同时又表达了农民的革命民主要求。

第三节　俄国经济学说的初步发展

19 世纪末 20 世纪初，俄国的经济思想一方面表现为对于经济制度变迁方向和变迁方式的关注上，如上一节所介绍的那样；另一方面，随着市场经济的逐步发展，对于市场运行机制的研究也渐渐展开。虽然从总体上看，俄国经济学家对于市场经济的研究还落在西欧经济学家的后面，但是也有一些贡献值得介绍。本节主要叙述三位俄国经济学家的学术贡献。

一、杜冈-巴拉诺夫斯基

杜冈-巴拉诺夫斯基②（Mikhaillvanovich Tugan-Baranovsky，1865—1919)，出生于俄国哈尔科夫，1888 年毕业于哈尔科夫大学，1890 年获文学硕士；1894—1899 年、1905—1915 年圣彼得堡大学讲师，期间曾经因为政治信仰而被解雇几年；1917—1919 年基辅大学法律系主任；乌克兰科学院成员，1918年乌克兰共和国财政部长。其主要论著有：《周期性工业危机》(1894，有中译本)、《俄国的工厂》(1898)、《现代社会主义的历史发展》(1906)、《政治经济学原理》(1909，有中译本)和《土改与合作》(1918)等。

杜冈早年曾经接触并信奉马克思主义，后来改变了信仰。他的主要见解，

---

①　《列宁全集》第 2 卷，人民出版社 1984 年版，第 407—413 页。

②　《新帕尔格雷夫经济学大辞典》第 4 卷，经济科学出版社 1996 年版，第 760—761 页。[英]马克·布劳格、保罗·斯特奇斯：《世界重要经济学家辞典》，经济科学出版社 1987 年版，第 624 页。

一是反对俄国民粹派关于俄国可以绕过资本主义而通过农村村社直接实现社会主义的观点；二是通过研究英国经济危机建立了自己的危机理论。下面首先介绍其经济危机理论。

（一）经济危机理论

杜冈的危机理论既解释经济危机的必然性，又解释经济危机的周期性。

关于经济危机的必然性，杜冈认为，经济危机并非取决于特定历史时期的偶然因素，而是取决于"经济制度所固有的、经常发生作用的共同因素"①。他指出："定期重演的工业危机是资本主义制度的特点；工业危机发展的必要条件是：货币经济压倒自给经济，大生产蓬勃发展，信用普及，工商业活动自由而不受法律上的限制，等等。"②他明确指出："危机的必然性根源于资本主义经济制度的下面三个特点：一、资本主义经济是对抗性的经济，在这种经济中工人是资本主义企业领导人的简单的生产手段；二、资本主义经济与其他对抗性经济（奴隶制和封建制的经济）不同，有无限扩大生产（作为积累资本的手段）的趋势；三、资本主义经济整个说来是无组织的经济，在这种经济中社会生产在各个行业之间缺乏有计划的安排。由于资本主义经济制度的这三个特点，必然产生经济危机。"③

在谈到经济危机的具体原因时，杜冈否认以往那种认为生产过剩是由于消费不足的观点。他模仿马克思，建立了三部门（生产资料生产部门、工人消费品生产部门和资本家消费品生产部门）的简单再生产和扩大再生产表式，④通过这些表式表明"社会生产扩大，而同时社会消费缩减，但社会供给和社会需求毫不失衡。……只要社会生产比例适当，无论消费需求怎样减少，也不会使市场上产品供给总量超过需求"⑤。甚至在工人工资下降、资本家消费不变的情况中，扩大的再生产依然可以保持总供求的均衡。⑥"资本主义经济即使在国民消费绝对大量减少的情况下也不会有崩溃的危险"⑦。究其原因，他认为资本主义是一种对抗性经济制度，其经济活动的目标不是为了社会所有成员的消费，而是

---

① ［俄］杜冈-巴拉诺夫斯基：《周期性工业危机》，商务印书馆1982年版，第181页。

② ［俄］杜冈-巴拉诺夫斯基：《周期性工业危机》，商务印书馆1982年版，第111页。

③ ［俄］杜冈-巴拉诺夫斯基：《周期性工业危机》，商务印书馆1982年版，第289页。
［俄］M. N. 杜冈-巴拉诺夫斯基：《政治经济学原理》下册，商务印书馆1989年版，第677页。

④ ［俄］杜冈-巴拉诺夫斯基：《周期性工业危机》，商务印书馆1982年版，第218页。

⑤ ［俄］杜冈-巴拉诺夫斯基：《周期性工业危机》，商务印书馆1982年版，第225页。

⑥ ［俄］杜冈-巴拉诺夫斯基：《周期性工业危机》，商务印书馆1982年版，第228-230页。

⑦ ［俄］杜冈-巴拉诺夫斯基：《周期性工业危机》，商务印书馆1982年版，第231页。

通过追求利润来实现资本无止境的积累。① 而"技术进步却有不顾社会消费而用生产资料的生产性消费代替人的消费的趋向"②。用现代术语来说,他的意思就是消费需求的减少可以通过增加投资需求来弥补,从而使得社会的总供求保持平衡。"对生产资料的需求和对消费品的需求一样可以为商品开辟市场,所以消费品比重无论怎样缩小也不会使资本主义生产品的销售发生任何新的困难"③。他的结论就是"总之,社会生产比例适当时,无论社会消费需求怎样减少,社会需求和社会供给都会保持平衡"④。

既然如此,那么资本主义为何还会出现经济危机呢? 杜冈认为关键原因是资本主义无法做到使社会生产的比例适当,"资本主义生产拥有巨大的生产力,总是极力增加产品产量。但是这些产品只有在社会生产比例适当的条件下才能够销售出去。而资本主义却没有任何办法来这样……按比例地安排生产,……这就是资本主义经济制度下产品销售困难的根源。资本主义经常感到市场不足,并不是由于资本主义产品消费者太少,而是由于这样有比例地安排生产在资本主义经济条件下根本行不通,甚至资本主义接近这样的比例时也要经过极大的周折,经过危机和一些过度膨胀的企业的倒闭"⑤。

杜冈承认"马克思和恩格斯学派对危机的解说最精辟,……商品生产的无组织性和自由竞争是产生工业危机的根本原因"⑥。但同时他又指出,生产的无组织性是资本主义始终存在的现象,似乎还不足以解释危机的周期性发生。⑦ 在回答为何危机周期性发生时,他强调经济危机的周期性并非在时间上是严格固定的。⑧ 他否定了杰文斯太阳黑子论;⑨否定了朱格拉等人把商品市场和金融市场中周期起伏的投机活动作为危机原因的观点,认为有必要找到投机活动周期起伏的决定因素;⑩否定了从货币方面和银行信用体系方面寻找危机原因

---

① [俄]杜冈-巴拉诺夫斯基:《周期性工业危机》,商务印书馆1982年版,第227页。
② [俄]杜冈-巴拉诺夫斯基:《周期性工业危机》,商务印书馆1982年版,第232页。
③ [俄]杜冈-巴拉诺夫斯基:《周期性工业危机》,商务印书馆1982年版,第236页。
④ [俄]杜冈-巴拉诺夫斯基:《周期性工业危机》,商务印书馆1982年版,第235页。
⑤ [俄]杜冈-巴拉诺夫斯基:《周期性工业危机》,商务印书馆1982年版,第235页。[俄]M. N. 杜冈-巴拉诺夫斯基:《政治经济学原理》下册,商务印书馆1989年版,第648页。
⑥ [俄]杜冈-巴拉诺夫斯基:《周期性工业危机》,商务印书馆1982年版,第260页。
⑦ [俄]杜冈-巴拉诺夫斯基:《周期性工业危机》,商务印书馆1982年版,第260页。
⑧ [俄]M. N. 杜冈-巴拉诺夫斯基:《政治经济学原理》下册,商务印书馆1989年版,第669页。
⑨ [俄]杜冈-巴拉诺夫斯基:《周期性工业危机》,商务印书馆1982年版,第254页。[俄]M. N. 杜冈-巴拉诺夫斯基:《政治经济学原理》下册,商务印书馆1989年版,第668—669页。
⑩ [俄]杜冈-巴拉诺夫斯基:《周期性工业危机》,商务印书馆1982年版,第260—261页。

的观点；①还否定了洛贝尔图斯等人从工人的低工资来解释危机的观点。② 那么危机周期性的原因何在呢？他认为在于生产性固定资本更新和积累的周期性。③ 他指出在不景气时期，生产性固定资本不会大规模更新和积累，但货币资本却随时随地在积累并闲置，"货币借贷资本不断增加；但生产的扩大，即这种资本的投入工业，却遇到阻力，积累的资本必须克服这种阻力。……投不出去的资本不能给其所有者带来收入，所以十分自然，这样的资本越多，往工业部门渗透的劲头就越大。……最后，闲置的货币资本积累得非常多，以致工业的阻力被克服，资本渗入工业，找到出路。于是工业高涨时期开始。"④由于工业部门之间的联系，一旦经济开始高涨，就会迅速扩散到各个部门，引起商品畅销，价格上涨，信用也随之膨胀。⑤ 在这个上涨的过程中，固定资本大规模进行更新和积累，闲散的货币资本逐渐被工业吸收转化为生产性固定资本，到后期将出现货币资本不足的现象，贴现率随之上涨。⑥ 同时，随着生产性固定资本完成一轮更新和扩大，于是投资开始下降，又由于部门间的相互关联，经济危机出现，进入下行的衰退阶段。"危机的发生，是由于高涨阶段资本的耗费快于资本的形成；因此，一国在高涨阶段支援工业的资本越少，高涨终止得就越快"⑦。关于危机的周期性，他的结论是"总之，在商业进一步繁荣之后紧跟着就是商业普遍衰落，于是工业周期以不景气告终。在不景气时期，闲置的货币资本不断积累；接着是新的工业繁荣时期，积累的资本逐渐使用；然后是危机，如此反复不绝"⑧。

由于杜冈认为经济由繁荣迅即转变成危机的直接原因归咎于资本不足，所以他的危机理论后来就被称作资本不足危机论。

杜冈还进一步研究了经济波动对于工人阶级生活状况的影响，⑨他的结论是"英国工业周期地动荡（厉害时表现为工业危机），……引起英国工人阶级的生活也周期地动荡。工业高涨和衰退，使结婚率、死亡率、犯罪率和贫民也跟着

---

①　［俄］杜冈-巴拉诺夫斯基：《周期性工业危机》，商务印书馆 1982 年版，第 261—270 页。［俄］M. N. 杜冈-巴拉诺夫斯基：《政治经济学原理》下册，商务印书馆 1989 年版，第 671 页。

②　［俄］杜冈-巴拉诺夫斯基：《周期性工业危机》，商务印书馆 1982 年版，第 275 页。

③　［俄］杜冈-巴拉诺夫斯基：《周期性工业危机》，商务印书馆 1982 年版，第 289—304 页。

④　［俄］杜冈-巴拉诺夫斯基：《周期性工业危机》，商务印书馆 1982 年版，第 295—296 页。

⑤　［俄］杜冈-巴拉诺夫斯基：《周期性工业危机》，商务印书馆 1982 年版，第 296 页。

⑥　［俄］杜冈-巴拉诺夫斯基：《周期性工业危机》，商务印书馆 1982 年版，第 297 页。

⑦　［俄］杜冈-巴拉诺夫斯基：《周期性工业危机》，商务印书馆 1982 年版，第 303 页。

⑧　［俄］杜冈-巴拉诺夫斯基：《周期性工业危机》，商务印书馆 1982 年版，第 299 页。

⑨　［俄］杜冈-巴拉诺夫斯基：《周期性工业危机》，商务印书馆 1982 年版，第三篇第一章。

激增和锐减"①。

(二)其他理论

杜冈的价值理论,基本上属于新古典经济学,强调供求关系对于价格的决定作用。② 同时,他也谈到人并非完全理性,因此习惯具有重要影响,包括对于商品价格的影响。"人的行为在经济上不总是合理的。因循守旧和顽固的、几乎是一成不变的习惯决定了绝大多数人的生活。消费者按规定的价格去购买一定的商品是因为他确信用那些钱买到的物品能够满足自己最大的享乐,但却简单地仿照他人而已,因为所有的买者都是按这种价格去购买该商品。可见,习惯是对价格形成整体的和局部无意识的过程产生重大影响的一种力量"③。

但是在货币理论上,杜冈固守古典经济学观点,坚决反对新古典经济学的货币数量论,反对用货币数量的增加来解释一般物价水平的影响。"我们应当坚决反对货币数量理论,因为该理论所设的'永恒的同等条件',实际上不是同等的,而是十分变化无常的"。他的理由是一般物价水平存在大致十年一次的上下波动,而货币数量则不存在类似的波动。因此,是"商品价格的一般水平调节周转中的货币数量,而不是货币贮备量调节商品价格的一般水平"④。他强调,通常所说的欧洲16世纪的价格革命,其根源并非欧洲货币数量的增加,因为在美洲白银大量流入欧洲之前,欧洲的物价就已经开始上涨;他认为价格革命真正的原因是人口的增加和城市化。⑤ 他认为一个国家货币流出以后出现的一般物价下跌也不应归因于货币数量的减少,而应该归因于外贸逆差所引起的国内商品数量的增加;以及银行为了应对货币外流而提高贴现率,促使商人压缩库存,增加商品供给。⑥ 同理,他以英国19世纪中期的情况为例,说明货币流入一国也只有在银行降低贴现率之后才可能推动一般物价上涨,但这并不表明

---

① [俄]杜冈-巴拉诺夫斯基:《周期性工业危机》,商务印书馆1982年版,第332页。

② [俄]M. N. 杜冈-巴拉诺夫斯基:《政治经济学原理》下册,商务印书馆1989年版,第三篇第一章。

③ [俄]M. N. 杜冈-巴拉诺夫斯基:《政治经济学原理》下册,商务印书馆1989年版,第308页。

④ [俄]M. N. 杜冈-巴拉诺夫斯基:《政治经济学原理》下册,商务印书馆1989年版,第324—326页。

⑤ [俄]M. N. 杜冈-巴拉诺夫斯基:《政治经济学原理》下册,商务印书馆1989年版,第327—329页。

⑥ [俄]M. N. 杜冈-巴拉诺夫斯基:《政治经济学原理》下册,商务印书馆1989年版,第331页。

货币数量增加是物价上涨的唯一或主要原因。①

杜冈在货币理论方面的另一项贡献,是指出了格列欣法则——劣币驱逐良币——的一个重要前提条件,即各种货币尤其是劣币不受限制的自由铸造;否则劣币不能完全满足流通需要,就不可能完全驱逐良币。②

在收入分配理论方面,杜冈显示了他的独立性,既不完全认同古典经济学的观点,也不赞同新古典经济学的边际生产力论,同时对马克思也保持了一种既尊重又不盲从的态度。对于工资水平的决定,他认为"取决于两个要素:一是社会劳动生产率,它决定社会各阶级应分得的社会产品数量;一是工人阶级的社会力量,它决定归工人所有的社会产品的份额"③。关于利润,他批判了西尼尔的节欲论,也不同意庞巴维克的时差论,受马克思的影响,他认为"利润是由于工人没有生产资料和生活资料而遭受资本家剥削的结果所产生"的,④同时又认为利润率的高低取决于"社会劳动生产率、资本家和工人社会力量的对比关系以及社会资本的周转速度"⑤。因此他不同意马克思的观点,而是认为利润和工资并非完全是此消彼长的关系,也可能出现高工资和高利润并存两者同方向变化的现象。⑥ 他同意马克思关于利润性质的观点,但不同意马克思关于利润量决定因素的观点。⑦ 而关于地租,他基本接受李嘉图的理论。而在收入分配发展趋势问题上,他依据统计数据否定了马克思关于无产阶级日益贫困化的观点,以及中产阶级日益消亡的观点。⑧

作为曾经信奉马克思主义的经济学家,杜冈对于马克思主义经济学所关注的阶级分析问题也作出了有意义的新探讨。他指出资本主义社会除了地主阶

---

①　[俄]杜冈-巴拉诺夫斯基:《周期性工业危机》,商务印书馆 1982 年版,第 99 页。

②　[俄]M. N. 杜冈-巴拉诺夫斯基:《政治经济学原理》下册,商务印书馆 1989 年版,第 335 页。

③　[俄]M. N. 杜冈-巴拉诺夫斯基:《政治经济学原理》下册,商务印书馆 1989 年版,第 505 页。

④　[俄]M. N. 杜冈-巴拉诺夫斯基:《政治经济学原理》下册,商务印书馆 1989 年版,第 590 页。

⑤　[俄]M. N. 杜冈-巴拉诺夫斯基:《政治经济学原理》下册,商务印书馆 1989 年版,第 595 页。

⑥　[俄]M. N. 杜冈-巴拉诺夫斯基:《政治经济学原理》下册,商务印书馆 1989 年版,第 594 页。

⑦　[俄]M. N. 杜冈-巴拉诺夫斯基:《政治经济学原理》下册,商务印书馆 1989 年版,第 601 页。

⑧　[俄]M. N. 杜冈-巴拉诺夫斯基:《政治经济学原理》下册,商务印书馆 1989 年版,第 619—623 页。

级、资本家阶级和无产阶级之外,还包括小资产阶级和农民阶级。① 对于知识分子,他强调"不能把知识分子划入任何一个阶级。但从另一方面说,知识分子也不能形成一个与众不同的独立的阶级,……知识分子是没有一定阶级色彩的社会职业集团的总和。……所以脑力劳动者就其利益和意志来说,可以归附于现代社会所有的阶级。……一部分知识分子把劳动人民群众的事业看作自己的事业,而另一部分却同有产阶级一道走"②。同时,他指出了阶级利益关系的复杂性,"利益对抗现象大量存在并多种多样"③,"社会发展的现实过程是各阶级为维护相互对立的经济利益而斗争的结果(虽然不是唯一的结果),要比简单的贫富之间的斗争复杂得多得多。……这是因为不仅富人同穷人要斗争,而且富人同富人,穷人同穷人也要斗争。"④最后,他强调指出政党与阶级之间不存在简单的一一对应关系,"严格意义上的阶级政党是根本不存在的,任何政党就其实质而言,应当是一种超阶级的组织,因为政党力求包括尽可能多的不管属于任何阶级的人。……这是因为阶级利益不论多么巨大,也只是激发现代社会许多利益之一。人们联合为一个政党,不仅考虑到阶级利益,而且考虑到该党所维护的其他方面的全部利益。……除国民感情外,宗教利益是影响政党构成另一个强大的超阶级因素。……极其复杂好多种多样的感情、利益、传统、习惯和动机决定着居民的政党派别,而在这些因素中,阶级利益并不是永远都起着首要的作用"⑤。

同时,作为一个同情穷人和工人阶级的经济学家,杜冈对于工会和工人运动也进行了一定的分析研究,既肯定工会在改善工人生活状况上的作用,如实行互助合作好失业救济;也指出工团主义运动的不足。⑥ 而对于工会和工运的分析,是当时一般主流经济学家不屑于为之的。

在企业理论方面,杜冈也许属于较早关注各类企业的经济学家之一。他分

---

① [俄]M. N. 杜冈-巴拉诺夫斯基:《政治经济学原理》下册,商务印书馆1989年版,第461页。

② [俄]M. N. 杜冈-巴拉诺夫斯基:《政治经济学原理》下册,商务印书馆1989年版,第464页。

③ [俄]M. N. 杜冈-巴拉诺夫斯基:《政治经济学原理》下册,商务印书馆1989年版,第463页。

④ [俄]M. N. 杜冈-巴拉诺夫斯基:《政治经济学原理》下册,商务印书馆1989年版,第466页。

⑤ [俄]M. N. 杜冈-巴拉诺夫斯基:《政治经济学原理》下册,商务印书馆1989年版,第469页。

⑥ [俄]M. N. 杜冈-巴拉诺夫斯基:《政治经济学原理》下册,商务印书馆1989年版,第四篇第四章。

析了股份有限公司的利弊,既肯定它有利于集资的优点,也指出所有权与管理权分立所引起的问题,尤其是指出大股东损害小股东的可能性。[①] 他在企业主联盟的名下,分析了卡特尔和托拉斯等现象。[②] 尤其值得指出的是,他花费了比较多的篇幅研究了合作性企业,在规定合作企业定义的基础上,指出合作企业与资本主义企业不同的特点在于,"(1)目的在于扩大自己成员的劳动收入或减少用于消费需要的支出;(2)自愿组建;(3)公共经营"[③]。他对合作企业进行了详细的分类,共分为九种。[④] 其中他主要分析了信用和储蓄贷款合作社[⑤]、消费合作社[⑥]、农业合作组织[⑦],以及生产的、劳动的和辅助生产的组合。[⑧] 他对于各种合作企业的优劣进行了分析,既肯定它们有助于改善劳动阶级状况的作用,也指出它们的局限,指出它们并不能完全替代资本主义企业。他的这些分析,在同时代的经济学家中间还是比较少见的。当大多数经济学家依然把市场作为主要分析研究的对象时,他就已经开始关注市场中的重要"原子"——企业组织。这意味着他可能应当算作20世纪微观经济学研究的一个重要主题——组织理论——的先驱者之一。

最后值得指出的是,杜冈可以说是当今所谓的霍夫曼法则的早期发现者之一。他既通过三部门的理论模型,也通过统计数据,指出随着一国经济的发展,重工业的发展速度将快于轻工业,从而比重不断上升。"消费品生产增长较慢,而生产资料生产增长较快,是资本主义发展的特点。……因此,从事消费品生

---

① 〔俄〕M. N. 杜冈-巴拉诺夫斯基:《政治经济学原理》下册,商务印书馆1989年版,第402—403页。

② 〔俄〕M. N. 杜冈-巴拉诺夫斯基:《政治经济学原理》下册,商务印书馆1989年版,第404—411页。

③ 〔俄〕M. N. 杜冈-巴拉诺夫斯基:《政治经济学原理》下册,商务印书馆1989年版,第414—415页。

④ 〔俄〕M. N. 杜冈-巴拉诺夫斯基:《政治经济学原理》下册,商务印书馆1989年版,第416页。

⑤ 〔俄〕M. N. 杜冈-巴拉诺夫斯基:《政治经济学原理》下册,商务印书馆1989年版,第416—422页。

⑥ 〔俄〕M. N. 杜冈-巴拉诺夫斯基:《政治经济学原理》下册,商务印书馆1989年版,第422—429页。

⑦ 〔俄〕M. N. 杜冈-巴拉诺夫斯基:《政治经济学原理》下册,商务印书馆1989年版,第429—433页。

⑧ 〔俄〕M. N. 杜冈-巴拉诺夫斯基:《政治经济学原理》下册,商务印书馆1989年版,第433—443页。

产的人口比重日趋下降,而从事生产资料生产的人口比重却不断增长"①。这个观点他应当说是受益于马克思在《资本论》第二卷中对于两大部类关系的分析的。因此,似乎应当把霍夫曼法则正名为马克思—杜冈—霍夫曼法则。在这个问题上,杜冈的唯一不足是把这种产业结构变化的趋势仅仅看作是资本主义经济的法则,没有认识到它是现代社会的普遍法则。

二、斯卢斯基

斯卢斯基②(Eugen Slutsky,1880—1948),生于俄国雅罗斯拉夫省,基辅大学 1911 年法律系毕业、1918 年政治经济系毕业,学生时代曾经因为参与学生造反活动被学校开除;1911—1918 年工艺学院法学教师,1918—1926 年基辅商学院政治经济学教授,1926—1931 年任职于莫斯科经济周期研究所,1931—1934 年任职于苏联中央气象研究所,1934—1948 年任职于莫斯科大学数学研究所。作为数学家、统计学家和经济学家,他的主要论著有:《论回归线定位准确的标准及使其适应数据的最优方法》(1913)、《论消费者预算理论》(1915)、《作为周期过程来源的随机起因综述》(1937)。其中《论消费者预算理论》是他对于经济学的唯一然而却是非常重要的贡献。同时,他在数理统计和概率论方面也有重要贡献,是随机过程和时间序列分析理论的创始人之一,这些数学理论为今天经济学的发展提供了重要的研究方法。

斯卢斯基对于消费理论的贡献通常被称作斯卢斯基方程。该方程对于价格和收入变动对消费者支出组合的影响进行比较静态分析。

斯卢斯基方程的假设前提是理性的消费者希望购买商品 Q_1 和 Q_2 的一种组合,以达到最高满足水平。该消费者的效用函数为:

$$U = f(q_1, q_2) \qquad (39.1)$$

式中,U 代表效用;q_1、q_2 分别表示两种商品的购买量。

然而消费者收入有限,不可能购买无限数量的商品。其预算约束为:

$$y^0 = p_1 q_1 + p_2 q_2 \qquad (39.2)$$

式中,y^0 是其既定收入;p_1 和 p_2 分别是 Q_1 和 Q_2 的价格。他在第一种商品上的支付量 $p_1 q_1$ 加上他在第二种商品上的支付量 $p_2 q_2$,等于他的收入 y^0。

消费者在式(39.2)的约束下把式(39.1)最大化,列出拉格朗日函数:

---

① [俄]M. N. 杜冈-巴拉诺夫斯基:《政治经济学原理》下册,商务印书馆 1989 年版,第 649 页。[俄]杜冈-巴拉诺夫斯基:《周期性工业危机》,商务印书馆 1982 年版,第 228—238 页。

② 《新帕尔格雷夫经济学大辞典》第 4 卷,经济科学出版社 1996 年版,第 382—384 页。[英]马克·布劳格、保罗·斯特奇斯:《世界重要经济学家辞典》,经济科学出版社 1987 年版,第 588—589 页。

$$V = f(q_1, q_2) + \lambda(y^0 - p_1 q_1 - p_2 q_2) \qquad (39.3)$$

λ 是未定的拉格朗日乘子。一阶条件可以通过令式(39.3)关于 q_1, q_2 和 λ 的一阶偏导数等于零来取得：

$$\frac{\partial V}{\partial q_1} = f_1 - \lambda p_1 = 0$$
$$\frac{\partial V}{\partial q_2} = f_2 - \lambda p_2 = 0 \qquad (39.4)$$
$$\frac{\partial V}{\partial \lambda} = y^0 - p_1 q_1 - p_2 q_2 = 0$$

为了求出价格和收入变动对消费者购买量的影响，对式(39.4)求全微分，得：

$$f_{11} dq_1 + f_{12} dq_2 - p_1 d\lambda = \lambda dp_1$$
$$f_{21} dq_1 + f_{22} dq_2 - p_2 d\lambda = \lambda dp_2 \qquad (39.5)$$
$$- p_1 dq_1 - p_2 dq_2 = - dy + q_1 dp_1 + q_2 dp_2$$

其矩阵形式：

$$\begin{bmatrix} f_{11} & f_{12} & -p_1 \\ f_{21} & f_{22} & -p_2 \\ -p_1 & -p_2 & 0 \end{bmatrix} \begin{bmatrix} dp_1 \\ dp_2 \\ d\lambda \end{bmatrix} = \begin{bmatrix} \lambda dp_1 \\ \lambda dp_2 \\ - dy + q_1 dp_1 + q_2 dp_2 \end{bmatrix}$$

令 D 为系数矩阵的行列式，D_{ij} 为系数矩阵第 i 行第 j 列元素的余子式，则由克莱默法则：

$$dq_1 = \frac{\lambda D_{11} dp_1 + \lambda D_{21} dp_2 + D_{31}(- dy + q_1 dp_1 + q_2 dp_2)}{D}$$
$$dq_2 = \frac{\lambda D_{12} dp_1 + \lambda D_{22} dp_2 + D_{32}(- dy + q_1 dp_1 + q_2 dp_2)}{D} \qquad (39.6)$$

以上述第一式为例，假定 p_2 和 y 不变，即 $dp_2 = dy = 0$，则：

$$\frac{\partial q_1}{\partial p_1} = \frac{\lambda D_{11}}{D} + q_1 \frac{D_{31}}{D} = \left. \frac{\partial q_1}{\partial p_1} \right|_{U=常数, 收入不变} - q_1 \left. \frac{\partial q_1}{\partial y} \right|_{价格不变} \qquad (39.7)$$

证明：

$$q_1 \frac{D_{31}}{D} = - q_1 \left. \frac{\partial q_1}{\partial y} \right|_{价格不变} \qquad (39.8)$$

是收入效应。若令式(39.6)中 dp_1、$dp_2 = 0$，则 $\partial q_1/\partial y = - D_{31}/D$，所以得证。

证明：

$$\frac{\lambda D_{11}}{D} = \left. \frac{\partial q_1}{\partial p_1} \right|_{U=常数, 收入不变} \qquad (39.9)$$

是替代效应。若价格变化所引起的实际收入变化被抵消，意味着价格变化的收入效应为零,即 $q_1 D_{31}/D = 0$,所以 $\lambda D_{11}/D$ 就完全体现了价格变化的替代效应。因为 U 不变时,$dU = 0$,

于是 $f_1 dq_1 + f_2 dq_2 = 0$,$f_1/f_2 = -dq_2/dq_1$。由于均衡时 $f_1/f_2 = p_1/p_2$,所以,

$$- dq_2/dq_1 = p_1/p_2, p_1 dq_1 + p_2 dq_2 = 0$$

于是由式(39.5) 可知:

$$- p_1 dq_1 - p_2 dq_2 = -dy + q_1 dp_1 + q_2 dp_2 = 0$$

同时考虑到 $dp_2 = 0$,于是由式(39.6),可得:

$$dq_1 = \frac{\lambda D_{11} dp_1 + \lambda D_{21} dp_2 + D_{31}(-dy + q_1 dp_1 + q_2 dp_2)}{D} = \frac{\lambda D_{11} dp_1}{D}$$

$$\left(\frac{\partial q_1}{\partial p_1}\right)_{U=常数} = \frac{\lambda D_{11}}{D}$$

所以 $\lambda D_{11}/D$ 就完全体现了价格变化的替代效应。

式(39.7) 就是著名的斯卢斯基方程。它从价格变动对于需求量的影响中所分离出来的替代效应和收入效应,也可以用图 39-1 表示出来。

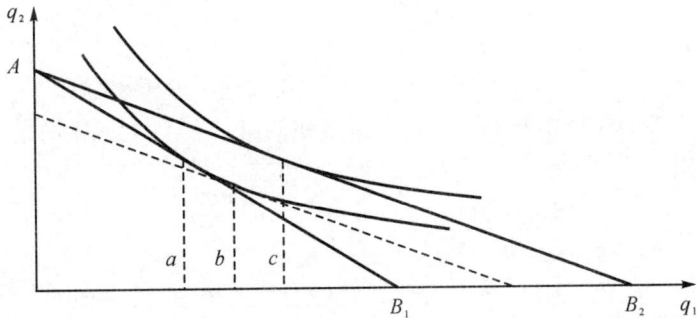

图 39-1

图 39-1 中的 ac 表明 q_1 价格下降以后,需求的增加量;ab 表明 q_1 价格下降以后,替代效应导致的需求变化;bc 表明 q_1 价格下降以后,收入效应导致的需求变化。

式(39.7) 右边第一项是替代效应,或者说是在 q_1 价格发生变动,而消费者又要沿着一既定的无差异曲线移动时,他用 q_1 替代其他商品的数量。右边得第二项是收入效应,它表明在价格保持不变时,消费者对 q_1 的购买量应该随他的收入变动而变动的数量,两个比率的总和,就是价格 p_1 变动时 q_1 变动的总数量。

根据式(39.7),替代效应是 $D_{11}\lambda/D$。根据式(39.5),D 是正的。展开 D_{11},$D_{11} = -p$。它显然是负的。这说明替代效应的符号总是负的。

实际收入的变动也许引起消费者资源的重新分配,哪怕价格不变,或者价格以同一比例变动。收入效应是 $- q_1(\partial q_1/\partial y)_{价格=常数}$,它可以是正的,也可能是负的。因此,价格变动对商品购买的最终效应是个未知数。然而,仍可得出一条重要结论:Q_1 的数量越少,收入效应的影响越小。

对于商品 Q_1,如果消费者的购买量因收入增加而下降,随收入减少而上升,那 Q_1 就叫作劣等物品,这时 $\partial q_1/\partial y$ 是负的,因而收入效应是正的。吉芬物品就是一种劣等物品,它的收入效应之大,足以抵销负的替代效应,并使 $\partial q_1/\partial y$ 为正。这意思是说,当 Q_1 的价格下跌时,消费者购买的 Q_1 数量也将下降。

斯卢斯基方程通过分解价格变动的替代效应和收入效应,很好地解释了为何有些商品价格变化引起需求的反向变化,而有些商品价格变化却引起需求的同向变化,从而把对于这两类商品的需求变化的解释,建立在了统一的理论基础上。

三、康德拉季耶夫

康德拉季耶夫[①](Nikolai Dmitrievich Kondratieff,1892—1938),出生于俄国,曾任 1917 年克伦斯基政府粮食部副部长,1920—1928 年创立并领导莫斯科商情学会,参与了苏联第一个农业五年计划的编制,后来由于其主张与官方政策相左,于 20 世纪 30 年代被监禁,1938 年被枪杀。其主要论著有:《第一次世界大战期间和战后的世界经济及状况》(1922)、《经济生活中的长波》(1925)、《大经济周期》(1928)和《经济静力学与动力学中的主要问题——第一卷》(1981)等。

康德拉季耶夫在经济学方面的主要贡献是在杜冈-巴拉诺夫斯基的影响下,发现了以他名字命名的经济长波。在他 1925 年发表的论文中,采用经验分析方法来检验价格和产量的长波是否存在。他应用最小二乘法处理价格和产量的实际统计数据,同时使用九年的移动平均值来消除朱格拉的十年经济周期,并且分离了长期趋势和周期波动,结果发现,在经验研究的 140 年时期内(1780—1920),存在三个长波:

第一个长波:上升阶段　　18 世纪 80 年代—1810/1817 年
　　　　　　下降阶段　　1810/1817 年—1844/1851 年
第二个长波:上升阶段　　1844/1851 年—1870/1875 年
　　　　　　下降阶段　　1870/1875 年—1890/1896 年

---

① 《新帕尔格雷夫经济学大辞典》第 3 卷,经济科学出版社 1996 年版,第 65—68 页。[英]马克·布劳格、保罗·斯特奇斯:《世界重要经济学家辞典》,经济科学出版社 1987 年版,第 345—346 页。

第三个长波：上升阶段　　1890/1896 年—1914/1920 年
　　　　　　下降阶段　　1914/1920 年—？

在这篇论文中，他对于长波产生的原因和机制探讨不多，主要是进行了特征描绘，提出了长波的五个特点：(1)上升阶段繁荣年份居多，下降阶段萧条年份居多；(2)下降阶段农业问题特别严重；(3)下降阶段创新发明层出不穷，然后在下一个长波的上升阶段得到大量运用；(4)上升阶段初期，黄金生产增加，且世界市场将由于新国家特别是新殖民地国家的加入而扩大；(5)战争与革命往往发生在上升阶段。

在以后的研究中，康德拉季耶夫分析了波动产生的原因，认为主要是因为存在着一些长期的投资周期，一些耐用资本品具有长达三四十年的使用寿命，于是这些资本品的周期性更替就引起了经济长波。在长波的上升阶段，需要具备以下四个条件：(1)高储蓄倾向；(2)充沛的低息贷款；(3)强有力企业和金融集团的资本积累；(4)诱致储蓄的低物价水平。而上升阶段终结于资本最终短缺所引起的利率提高。至于下降阶段最后的转折点，他没有给出明确说明。

康德拉季耶夫的长波理论是经济学界第一次对于经济长波现象的系统考察，虽然在他之前已经有一些人指出或提到这一现象。他的理论后来也受到不少人从理论角度和经验角度提出的批评和挑战。作为一种假说，充分肯定的证据虽然依然不够充分，但完全否定似乎更加缺乏理由，它依然有待于进一步的检验和证实(伪)；同时，它将继续激发人们深入研究各种经济周期的学术热情。

第十编

凯 恩 斯 革 命

第四十章　西方经济学演进中的凯恩斯革命

第一节　凯恩斯的生平及论著

约翰·梅纳德·凯恩斯(John Maynard Keynes,1883—1946),生于英国剑桥。他于 1936 年发表《就业、利息和货币通论》,建立了现代宏观经济学的理论体系,从而实现了西方经济学演进中的第三次革命。这在西方经济学说史上是具有重大意义的事件,本章将对此作简单叙述。

凯恩斯的父亲约翰·尼维尔·凯恩斯(John Neville Keynes,1852—1949)是剑桥大学班伯露克学院的院士,任剑桥大学讲师达 27 年之久,并曾写过两本当时颇有名气的著作:《形式逻辑》(1884)和《政治经济学的范围与方法》(1891)。母亲是剑桥大学女子学院的毕业生,热心社会事务,曾担任过市参议员和剑桥市长。可以说,凯恩斯从小就生活在一种兼有学术和政务活动气氛的家庭环境中。受他母亲的影响,他熟知当时的社会问题。他父亲又时常和当时剑桥大学的一些经济学家如马歇尔等讨论学术上的各种问题。这些因素对凯恩斯以后活动的特点——密切联系现实问题展开学术研究——不能说没有关系。

在凯恩斯的早期教育中,伊顿公学的影响是不容忽视的。在那里他受到传统的也是最好的英国教育,表现出多方面的兴趣,尤其长于数学和古典文学。在伊顿毕业后,他以这两方面的奖学金进入剑桥大学专攻数学。在大学里他开始意识到自己在数学方面并不是第一流的,而对于现实政治问题却有日益浓厚的兴趣,经常参加学生会举办的辩论会,围绕当时政府的各项政策展开辩论,并曾经一度担任过学生会主席。大学生活使他看到自己今后的出路是到政府部门中去做“文官”,而非做一个纯数学家,并使他形成了研究问题、解决问题的固有思路,就是从政府的角度出发去解决当前的实际问题。

1905 年,凯恩斯以全校数学学位考试第 12 名的优异成绩毕业。毕业后,他继续留在剑桥跟随马歇尔和庇古攻读经济学,以应付英国文官考试。马歇尔曾在他的一份试卷上留下如下批语:"……深信你今后的发展前途,决不会仅止于一个经济学家而已。"①

1906 年他参加了文官考试,高中第二名,被分派到印度事务部去工作。在那里他工作了两年,为日后撰写他的第一部专著《印度的通货与财政》(1913)做了一些准备工作。1908 年,他辞去印度事务部的工作,回剑桥大学任经济学讲师直至 1915 年。在此期间,他讲授经济学原理和货币原理,并以一篇关于概率的论文取得了剑桥大学皇家学院院士资格。1911 年(时年 28 岁)他担任了《经济学杂志》主编,并于 1913 年受聘担任皇家经济学会秘书。

第一次世界大战爆发后不久,他被征召入英国财政部工作。由于他的精明干练,到 1918 年时,他的职位是执行秘书长,在财政部坐第四把交椅。由于他在财政部的地位和他对国际金融的专门知识,于 1919 年以英国财政部首席代表身份参加巴黎和会。由于不能同意也无法改变巴黎和约关于战败国德国的赔款的规定,他愤然辞去和会代表的职务,返回剑桥大学任教,并于 1919 年 12 月发表了《和约的经济后果》一文,引起欧美各界的争论,使他一时成为欧洲经济复兴问题的重要人物。该文认为和约规定的赔偿是德国无法承受的,其经济后果是导致德国的贫困,加剧德国人对英法的仇恨;其政治后果将是崛起一个仇恨且好战的德国。后来的历史不幸被他所言中。

1919 年以后,凯恩斯进入了他著书立说的丰产时代。1922 年,出版《和约的修改》,作为《和约的经济后果》的续篇;1923 年,出版了一本理论性著作《货币改革论》;1925 年,出版《丘吉尔先生政策的经济后果》;1926 年,出版《放任主义的终结》;1928 年,出版《英国工业的前途》;1929 年,与韩德森合撰一本小册子《劳埃德·乔治能做到吗?》;1930 年出版了两卷集的《货币论》;以后一直至 1936 年,凯恩斯出版了他最杰出的著作《就业、利息和货币通论》(以下简称为《通论》)。除了著书立说之外,在这段时间里,凯恩斯还担任过不少厂家的金融顾问和董事,担任皇家学院的总务长。他自己也从事金融投资方面的活动,收获甚大。1926 年,他与原俄国圣·彼得堡皇家芭蕾舞团的舞蹈演员露波可娃结婚。

《通论》的出版成为他事业的峰巅,一时曾引起众多非议,但经过不到十年的时间,《通论》所表述的思想便成为西方经济学中的正统观念了。

---

① 琼·罗宾逊:《凯恩斯传》,商务印书馆 1980 年版,第 17 页。

1937 年,凯恩斯得了严重的心脏病,直至第二次世界大战爆发,他仍在病中。1940 年,他再次步入政界,担任财政部顾问,并于同年发表了小册子《如何筹措战费》,为战时英国规划了新的预算政策。从 1943 年开始,由于英国的战时财政工作已经步入正轨,他便开始把主要精力放在战后的经济复兴问题上,参与拟订了该年发表的英国的国际清算联盟计划,即所谓的凯恩斯计划。1944 年 7 月,凯恩斯又作为英国的代表参加著名的布雷顿森林会议。在会议中,他居于领导地位,并成为新成立的国际货币基金组织及世界复兴开发银行的英国理事。

1946 年 3 月,他出席了在美国佐治亚州召开的国际货币基金组织和世界银行的第一次会议,因疲劳过度,心力交瘁,在返回英国后不久,即于 1946 年 4 月 21 日因心脏病突发而逝世于家中。

综观凯恩斯的一生,舍弃他的政治信仰不论,可以说那是由两个声部交织而成的出色的合唱。一个声部是他作为经济学家的学术活动,另一个声部是他作为政府官员和顾问的政务活动。他既不像一些学院派经济学家那样忘返于象牙塔中,也不像一些政客那样醉心于仕途。可以说他是一个同时活跃于书斋和办公桌的“两栖”经济学家,围绕实际经济问题展开理论研究,根据研究的结果指导实际经济工作。他使学术活动和政务活动相得益彰、交相辉映。务实是他作为一个经济学家的最重要素质之一。[①] 行政官员的经历使他富有行政感,即不会提出学院派经济学家时常提出的那种为政府所无法实行的政策建议。不了解这一点,便不能明白为什么《通论》会出自他而非别人之手。

第二节　凯恩斯生活时代的英国

凯恩斯生活在从自由竞争到私人垄断的过渡时代。当历史进入 20 世纪以后,作为自由放任的私人企业制度典范的英国开始染上今天人们所说的“英国病”,第一次世界大战,是英国国运的转折点。由于大战中政府开支剧增,英国(及其他交战国)被迫中止实行多年的金本位制。在摆脱“金”锁链之后,通货出现迅速的膨胀。它意味着完全依存市场机制保护币值稳定时代开始结束。大战之后,英国开始从殖民帝国、世界工厂的峰顶一步步衰退了下来。

一个国家在世界文明中的领先地位往往成为阻碍它进一步发展的历史重负。英国在维多利亚时代(1837—1901)取得的巨大成就,拖拽了它在新世纪中

---

① 琼·罗宾逊:《凯恩斯传》,商务印书馆 1980 年版,第 35 页。

的前进步伐。世界工厂、大殖民帝国的特殊历史地位,通过种种机制使英国在产业结构的调整、工业组织的完善和经营管理方式的改进等方面,逐渐落到后起资本主义国家的后面。① 这一潜移默化的过程最终削弱了英国在国际贸易中的优越地位,而第一次世界大战给英国海军和商船队造成的损失更加剧了这一过程。

对于英国这样一个国内市场并不广阔的岛国来说,一旦在国际贸易的竞争中丧失在产品构成和劳动生产率方面的优势,必然给国内经济造成不良影响。所以从 1920 年开始,英国经济就陷入了停滞状态,煤炭、棉纺织品、造船工业等重要部门因国内市场狭窄和出口不顺利而无法恢复元气。

英国经济在 20 年代初期的不景气由于统治者的错误决策而更加加深。当时的英国政府并没有意识到英国经济已经开始走下坡路,依然按照维多利亚时代行之有效的原则来制定经济政策。为了提高英国在国际金融界的信誉,巩固伦敦作为世界金融中心的地位,英国政府于 1925 年恢复了金本位制,使英镑价值固定在黄金上,结果是提高了英镑的汇率,造成进口增加,出口减少。在这种情况下,为了维持国际收支的平衡,只能通过提高利率以减少资本净输出,来平衡外贸方面的净输出的减少。但提高利率却造成国内投资需求不振,失业人数增加。

庞大的失业大军造成一系列社会问题,如何降低失业率便成为英国朝野共同关心的问题。由于金本位制的恢复,很难用扩张性的货币政策来刺激就业,因此从 20 年代起,就不断有人提倡以公共工程来减少失业,也就是靠扩张性的财政政策来刺激就业。但是以新古典学派的理论为基调的"财政部观点"反对用公共工程缓和失业。结果英国经济在 20 年代的萧条状态一直持续到大危机爆发。

20 年代的英国病,虽然不是凯恩斯《通论》的直接社会原因,但它对《通论》的出台起了如下的作用:(1)使他较早便开始考虑失业问题;(2)20 年代英国恢复金本位制的后果使他更清楚地看到了通货紧缩与失业增加之间的关系;(3)公共工程问题的讨论使他考虑了财政政策与失业之间的关系,而卡恩提出的乘数概念,为他日后的乘数理论奠定了基础。

1929—1933 年资本主义世界大危机是资本主义有史以来最严重的一次危机。与以往的历次危机相比,它有以下新特点:首先是持续时间长达五年,实际上造成了长期萧条的局面;而以往的危机,生产下降的持续时间不过几个月、十几个月,如何解释长期萧条的形成,便成为经济学面临的一大课题。其次,这次

---

① 参阅罗志如、厉以宁:《二十世纪的英国经济:"英国病"研究》,人民出版社 1982 年版。

危机所造成的生产下降、失业增加，都是以往的危机所难以相比的。1932 年，整个资本主义世界的工业生产比 1920 年下降三分之一以上，其中美国下降了将近一半（46％）。在五年时间里，整个资本主义世界总失业人数由 1000 万增加到 3000 万，加上半失业人数共达 4000 万至 5000 万。其中美国失业人数由 150 万增加到 1300 多万，失业率接近 25％。这次危机使整个资本主义世界的工业生产倒退到 1908—1910 年的水平，其中美国倒退到 1905—1906 年，英国甚至倒退到 1897 年。而以往的经济危机，生产水平通常只倒退一两年。第三，这场危机不仅仅是一场生产危机，同时也是一场金融危机。它的开端便是纽约股票市场于 1929 年 10 月行情暴跌，嗣后不少国家的股票交易所宣告破产。美国的股票价格平均下跌了 79％。整个资本主义世界有许多银行由于猛烈而持续地爆发挤提存款、抢购黄金的风潮而破产倒闭。整个银行信用系统基本瘫痪，金本位制再度垮台。更为严重的是，在以往的危机中时常采用的旨在摆脱危机的金融货币政策完全失灵。例如英国政府由于危机使贸易逆差增大，国外投资收入和海运收入锐减，国际收支赤字猛增，被迫于 1931 年 9 月再度放弃金本位制，并实行英镑贬值，但这并没能阻止英国的危机在 1932 年第三季度达到最严重地步，失业人数高达 300 万，失业率高达 23％。这一现象不能不使人怀疑单凭货币政策是否能克服危机。

大危机表明，单凭私人企业在自由放任的市场条件下的利润冲动，无法使失业减少到不威胁私人企业制度的程度；单凭货币政策同样无济于事。

1929—1933 年世界性的大危机，与以往危机的最大区别在于它实际上宣告了一个时代的终结，即完全自由放任的私人企业—市场交易制度的历史使命在世界范围内的终结，但这并不意味着西方社会将不可避免地经历一场无产阶级革命而转变为公有制社会。历史从来不会沿着单一的必然性道路发展，而是经常面临着若干具有不同概率的走向。当时的西方经济制度实际上处于一个十字路口：或者彻底消灭私人企业—市场交易制度，代之以由统一计划管理全部经济的公有制经济，走苏联之路；或者在经济系统的宏观调节层次上抛弃自由放任原则，实行政府干预，同时保留私人企业制度。这样一个西方社会历史发展中的十字路口，便是以《通论》为标志的凯恩斯经济学得以产生的基本历史背景。只有把握了这一时代的脉搏，才可能深刻理解《通论》的意义及它为何得到迅速广泛传播的原因。

第三节　凯恩斯理论的先行者与同路人

凯恩斯并不是孤立地研究和考虑宏观经济问题的。从 20 世纪初期开始，就有比利时出生的德裔阿根廷经济学家格塞尔开始关注经济危机和经济萧条问题,提出了摆脱危机和萧条的对策。在英国,也许是受到瑞典学派创始人威克塞尔的影响,以及英国经济相对下滑所产生的刺激,一些与剑桥大学联系密切的英国经济学家在一定程度上脱离马歇尔所关注的微观经济问题,开始考虑货币理论和经济周期理论等宏观经济问题。他们所形成的理论氛围蕴育了凯恩斯的理论革命。这些经济学家当中最著名的当属霍特里和罗伯逊。而同一时期也在英国的波兰经济学家卡莱斯基也对国民收入的决定和经济波动问题进行了卓有成效的研究。同时,美国的柯里和德国的沙赫特也提出了解决经济萧条与凯恩斯类似的对策。他们的成就表明,凯恩斯革命并非凯恩斯一人之功劳,《通论》作为这场革命的标志性成果,实在是一批研究者共同孕育的思想产品。

一、格塞尔的自然经济秩序

西尔维奥·格塞尔①(Silvio Gesell,1862—1930),生于比利时,在西班牙度过其学生年代,之后移民阿根廷经商,成功之后回到欧洲瑞士,潜心研究经济学。于1916年出版《通过自由土地与自由货币建立起的自然经济秩序》(亦有该书分两部分于1906年和1911年分别出版之说)。该书当时影响颇大,以至于他于1919年被推选为德国巴伐利亚苏维埃政府的财政部长。苏维埃政府失败之后,他曾经短期遭受牢狱之灾。

格塞尔的中心思想是主张通过一定的货币政策,刺激经济增加生产。具体而言,他要求引进没有黄金准备的纸币,这种纸币需要定期向政府交付印花税并加贴印花来保持其购买力,可以简称为"加印纸币"。这种"加印货币"将抑制人们的货币窖藏行为,从而压低利率,刺激需求。同时,他要求通过政府向所有者支付国债的方式实行土地国有化,国有土地的年金将分配给各个家庭。他的加印纸币在20世纪30年代曾经在德国巴伐利亚、奥地利、法国、西班牙和加拿大等国的局部地区短期实行过,都成功地提高了需求和就业,但都很快被政府所禁止。

格塞尔的"加印纸币"思想和实践对于凯恩斯和美国的费雪都深有影响。

---

① 《新帕尔格雷夫经济学大辞典》第2卷,经济科学出版社1996年版,第557—558页。[英]马克·布劳格、保罗·斯特奇斯:《世界重要经济学家辞典》,经济科学出版社1987年版,第218页。尼格拉斯·庇巴、维夫赫德·海兹主编:《46位大经济学家和36本名著》,海南出版社2003年版,第127—131页。

二、霍特里的货币理论与经济周期理论

拉尔夫·霍特里①（Ralph George Hawtrey，1879—1975），生于英国伦敦附近的斯劳，1898 年由伊顿公学升入剑桥大学三一学院，1904—1945 年为英国财政部官员，1947—1952 年为皇家国际事务部研究所国际经济学普赖斯讲座教授，1946—1948 皇家经济学会会长。他虽然没有直接受教于马歇尔，但与剑桥学派尤其是凯恩斯关系密切，是凯恩斯的"政治经济学俱乐部"的座上宾。其主要论著有：《经营有方与经营不善的贸易》（1913）、《通货与信贷》（1919）、《币制改造》（1923）、《贸易与信贷》（1928）、《商业萧条和解脱的方法》（1931）、《中央银行业务的艺术》（1932）、《金本位制理论与实践》（1933）、《资本与就业》（1937）和《经济命运》（1944）等。

霍特里是 20 世纪初期考虑货币理论的主要英国经济学家之一。他的主要贡献是在货币数量论和经济周期理论。他是最早强调信用货币而非金属货币的首要地位的英国经济学家之一。他指出了银行系统的运行与货币对 20 世纪经济的主要作用，强调了银行利率和信用制度的影响。他也预见到了后来宏观经济学的核心论点，认为"所有的生产成本都是某些人的收入"②。

在货币数量论方面，霍特里认为是货币收入而非单纯的货币数量决定了支出，支出决定需求，而需求决定价格。③ 这样就把货币理论与收入—产出理论紧密结合起来了。他指出"如果没有某种形式的货币数量论，科学地论述通货这个问题是不可能的……但单靠货币数量论本身是不够的，它导向一种基于我称之为消费者收入和消费者支出的论述方法——那就是说，个人收入的总和与个人收入支出的总和。"④与今天的概念不同的是，他的消费者概念包括了投资者，于是消费者支出概念包括了投资支出。消费者收入与消费者支出的差额就构成消费者的货币需求。而这种货币需求由三种动机引起：交易动机、谨慎动机和余额动机。余额动机是指由于消费者投资所需要的大笔资金是需要逐渐积累的，这些逐渐积累的货币就构成短期窖藏。而银行系统的功能就在于使得消费者可以提供向银行借款来代替对货币的余额需求或短期窖藏。

---

① 《新帕尔格雷夫经济学大辞典》第 2 卷，经济科学出版社 1996 年版，第 652－655 页。[英]马克·布劳格、保罗·斯特奇斯：《世界重要经济学家辞典》，经济科学出版社 1987 年版，第 264－265 页。

② 转引自[英]约翰·米尔斯：《一种批判的经济学史》，商务印书馆 2005 年版，第 208 页。

③ [美]亨利·威廉·斯皮格尔：《经济思想的成长》下，中国社会科学出版社 1999 年版，第 500 页。

④ 转引自《新帕尔格雷夫经济学大辞典》第 2 卷，经济科学出版社 1996 年版，第 652 页。

霍特里的经济周期理论,被称作是纯货币周期论。在他看来,经济周期是一种纯粹的货币现象,是完全由于货币流动引起的。当以货币计算的商品需求增加时,即货币流动增加时,商业活跃,生产提高,价格上涨,经济趋向繁荣;当以货币计算的商品需求减少时,商业呆滞,生产萎缩,价格下滑,经济趋向衰退。他认为货币流动的增减变化,与银行信用有很大关系。因为银行体制的发展已经使得数量相对稳定的金属货币不再成为主要流通媒介,而银行所创造的富有伸缩弹性的信用已经成为主要交易媒介。银行信用体系的发展为经济波动提供了制度性基础,在这个基础上,商人的存货行为成为引起波动的主要因素。当银行利率足够低,使商人的利润为正时,他将通过向生产企业采购来增加存货,从而刺激生产增加和价格上涨,而这种价格上涨的预期将激励商人进一步向银行贷款以增加存货,由此引起不断繁荣的局面。但是由于银行受到法律和习惯的限制,不可能无限度放贷,迟早会收紧信贷,于是商人被迫停止进一步向生产企业采购并抛售存货,引起价格下跌,诱发经济的衰退趋势。这种衰退趋势一直要到银行的资金充分回收,重新放松信贷时,才会结束;并引起另一个繁荣趋势。

霍特里纯货币周期论的特点是强调银行信用的重要性,这一点与威克塞尔的累积过程理论有一定的相似之处;另一方面,这个理论强调商人存货投资的重要性,与强调固定资产投资的周期理论有很大不同。[①]

在政策主张方面,霍特里希望进一步摆脱金本位制,以便银行系统可以更加灵活地运用货币信用手段以推迟和缓解经济萧条;同时,他虽然曾经不主张利用公共工程来避免经济衰退,但后来还是认可了这种做法。

霍特里的货币理论与经济周期理论虽然与后来凯恩斯的理论有不小差别,但是考虑到他与凯恩斯的密切联系,他的理论肯定会对凯恩斯深有影响,起码是触发凯恩斯去考虑货币问题和经济周期问题。而在凯恩斯的《通论》中,这种影响的蛛丝马迹还是随处可见的。

三、罗伯逊的经济周期理论

丹尼斯·霍姆·罗伯逊[②](Dennis Holme Robertson,1890—1963),生于英格兰,其父是一位牧师兼小学校长。他在伊顿公学和剑桥三一学院读书,是剑桥大学文学硕士,1914—1918 年剑桥大学三一学院研究员,1930—1938 年经济

---

① [美]约瑟夫·熊彼特:《经济分析史》第 3 卷,商务印书馆 1995 年版,第 532—533 页。

② 《新帕尔格雷夫经济学大辞典》第 4 卷,经济科学出版社 1996 年版,第 223—226 页。[英]马克·布劳格、保罗·斯特奇斯:《世界重要经济学家辞典》,经济科学出版社 1987 年版,第 531—532 页。

学讲师,1939—1944 年伦敦大学经济学教授,1944—1957 年剑桥大学经济学教授。1948—1950 年皇家经济学会会长。他曾是凯恩斯的学生,后来成为凯恩斯的合作者,1936 年以后,他主要从事凯恩斯《通论》的阐释工作。其主要论著有:《工业波动研究》(1915)、《货币》(1922)、《工业管制》(1923)、《金融政策和价格水平》(1926)、《货币理论论文集》(1940)、《世界经济中的英国》(1954)和《增长、工资与货币》(1961)等。

罗伯逊开始其经济学研究时,选择的问题是宏观经济波动的性质和原因,这是马歇尔也很少论述的问题。他认为应该运用马歇尔所发展出来的方法来分析研究这个问题。他在 1915 年发表的《工业波动研究》的导言里写道:"在本文的一些比较抽象的部分,我将使用(但不加以进一步的解释或辩驳)一些过程和术语,这些过程和术语是主要与马歇尔博士的名字相联系的我国经济思想学派所常用的。我审慎地考虑了如下意见,这个问题含糊难解的一个原因在于,迄今从未充分、系统地利用过由这个特定智力武库里提供的武器来攻克它。"[①]在尔后的 20 年时间里,他一直试图建立说明经济波动的理论模型。这个工作由于 1936 年凯恩斯发表《通论》而中止。从此以后,他主要以阐释凯恩斯的理论为己任。当然这种阐释并非是以无疑义地信奉为特征的。他的理论研究工作使他成为后来经济增长理论的先驱、均衡动态时期分析的先驱、储蓄—投资分析的先驱,以及事前—事后分析的先驱。[②]

在近 20 年的研究中,罗伯逊建立了分析研究经济波动的初步理论模型。这个模型的基本假设是经济中存在生产和交换,生产和交换由一些竞争性生产者团体通过理性决策来进行。他假设生产可能由两种方式进行,即合作方式或非合作方式。合作方式是指生产者团体的成员共同制定和执行决策,而非合作方式则是由企业家制定决策,工人执行决策。交换也有两种方式,即直接的物物交换或货币交换。于是整个经济的运行方式可以有四种可能的组合:合作生产—物物交换、合作生产—货币交换、非合作生产—物物交换、非合作生产—货币交换。

罗伯逊首先分析合作—物物交换组合。他认为在这种组合中,每个生产者团体内部成员在决策过程中地位平等。生产消费品的团体与生产资本品的团体之间的交换,即消费品与资本品之间的交换,会由于两类产品生产的不同时滞,以及资本品的耐久性是引起的资本品需求变动而出现一定的周期性波动。他进一步分析了非合作—物物交换组合,认为这种组合将比前一种组合有更加

---

① 转引自《新帕尔格雷夫经济学大辞典》第 4 卷,经济科学出版社 1996 年版,第 224 页。

② 〔美〕亨利·威廉·斯皮格尔:《经济思想的成长》下,中国社会科学出版社 1999 年版,第 501 页。

严重的波动。因为在非合作经济里,企业家与工人有着不同的利益,这明显表现在两个阶级对于闲暇的不同效用上,企业家比工人更希望在繁荣时增加产量而在萧条时减少产量。这就会导致这种非合作经济比合作经济有更大的波动,源于资本品耐久性的波动由于企业家和工人利益的差异而进一步被放大了。

在上述分析的基础上,罗伯逊进而分析了合作货币经济和非合作货币经济。他认为合作货币经济不仅由于资本品的耐久性引起的资本品需求变动而产生周期性波动,还会进一步由于流动资本尤其是消费品需求的变动而放大波动。而对于非合作货币经济,他的看法是价格上涨造成的利润增加将使得企业家在繁荣时扩大产量,而在萧条时则会因为价格下跌利润下降而减少产量。这就放大了波动。

总体来看,罗伯逊认为资本品的耐久性引起的资本品需求变动是经济周期性波动的根本原因,而企业家和工人两大阶级的利益分化和货币因素则有着放大波动的作用。

罗伯逊认为适当的货币政策有可能缓解经济波动,但不可能完全消除之。同时,他也看到经济波动具有推进经济进步的可能性,并且两者之间存在着替代关系,即较大的稳定伴随较慢的增长,而较小的稳定则伴随较快的增长。这也就是说,较大的稳定与较快的增长是无法同时实现的两个目标,如何进行选择已经不再是经济学问题而是一个伦理学问题。

四、卡莱茨基的国民收入决定理论和经济周期理论

米哈尔·卡莱茨基[①](Michal Kalecki,1899—1970),生于俄国罗兹(现属波兰)的一个贫困犹太家庭,因为贫困,于 1923 年肄业于格但斯克工艺学校。后来自学经济学,并于 1929—1937 年成为波兰经济周期与价格研究学会雇员,1937—1945 年在剑桥大学和牛津大学进行研究和教学,1946—1954 年任职于国际劳工局和联合国,1955—1968 年为波兰政府经济顾问、兼任一所学校的经济学教师。其主要论著有:《整体经济发展理论框架》(1933)、《论经济波动理论》(1939)、《经济动态学研究》(1943)、《1933—1939 年经济周期理论研究》(1964)、《社会主义经济增长理论导论》(1969,有中译本)、《1933—1970 年资本主义经济动态文选》(1971)、《资本主义改造的最后阶段》(1972)和《社会主义经济与混合经济增长文选》(1972)等。

卡莱茨基在 20 世纪 30 年代所撰写的一批讨论投资、收入分配及经济周期

---

① 《新帕尔格雷夫经济学大辞典》第 3 卷,经济科学出版社 1996 年版,第 9—15 页。[英]马克·布劳格、保罗·斯特奇斯:《世界重要经济学家辞典》,经济科学出版社 1987 年版,第 325 页。

的论文中,在与凯恩斯及西方经济学几乎毫无接触的条件下,和凯恩斯几乎同时提出了国民收入决定理论,用数学方式阐述了有效需求原理,并探索解决一国贸易平衡问题的分析方法。[1] 他的国民收入决定理论的思想渊源是波兰著名马克思主义者罗莎·卢森堡的《资本积累论》。

卡莱茨基沿袭马克思的方法,划分资本主义经济为两大部类(生产资料部类和消费资料部类),第Ⅰ部类又进一步划分为生产资本家所用消费品的部门与生产工人所用消费品的部门。于是,国民净产品在价值形态上等于工资和利润之和,分别成为工人和资本家的收入;在使用价值上等于总消费(由工人消费和资本家消费组成)加上净投资。假定工人不进行储蓄,则工资等于生产工人所用消费品部门的产品价值之和,即等于工人的消费;利润等于生产资本家所用消费品部门的产品与第Ⅰ部类净产品的价值之和,即等于资本家的消费加上储蓄。

根据上述分析,卡莱茨基认为,体现在第Ⅰ部类净产品中的剩余价值能否实现取决于资本家的投资。于是国民净产品的实现程度或国民收入的大小,便取决于投资和消费(资本家的和工人的)这两种需求的大小,即取决于有效需求的大小。他还认为,投资的变化会带动消费的同向变化,因此投资波动便成为资本主义经济波动的主要原因。

虽然同样提出了有效需求原理,但与凯恩斯不同,卡莱茨基不仅看到投资和储蓄对于国民收入水平的决定作用,还看到投资和储蓄对于国民收入分配份额的决定作用。他的名言是:"工人花费他所得到的,资本家得到他所花费的。"[2]即在工人没有储蓄的前提下,资本家的消费和投资将决定其利润的大小,于是可以得到两点结论:(1)若两大阶级消费倾向既定,则投资占国民总产值的比重越大,利润在国民收入中的份额也越大。(2)若两大阶级储蓄倾向越大,则工资在国民收入中所占份额也越大。

卡莱茨基的国民收入决定理论,可以用以下数理模型表达。[3] 令 R、C、S 分别表示资本家的利润、消费和储蓄,则下述恒等式成立:

$$R = C + S \tag{40.1}$$

设资本家的消费函数为

$$C = C_1 + \lambda R + V_1 \tag{40.2}$$

式中,C_1 为资本家最低消费;λ 为资本家利润的边际消费倾向;v_1 为随机扰动。

令 Ⅰ 表示资本品的定货量,L 表示交货量,设资本品从订货到交货要经过 θ

① 参阅琼·罗宾逊:《卡莱茨基和凯恩斯》,载《经济学译丛》1983 年第 1 期。

② 转引自罗志如:《当代西方经济学说》上,北京大学出版社 1989 年版,第 199 页。

③ [美]劳伦斯·克莱因:《经济计量学教科书》,商务印书馆 1983 年版,第 21—23 页。

单位时间,进一步考虑到随机扰动 v_2,于是:

$$L(t) = I(t-\theta) + v_2 \tag{40.3}$$

在期间 t,订货未交的平均额可以看作是未消费的利润或资本家的储蓄,考虑随机扰动 v_3,则:

$$S(t) = \frac{1}{\theta} \int_{-\theta}^{t} I(\tau) d\tau + v_3 \tag{40.4}$$

令每期的折旧为 U,则资本存量与投资的关系为:

$$\frac{dK}{dt} = L(t) - U(t) \tag{40.5}$$

设投资订货为总利润和现有资本存量的函数,进而考虑到随机扰动 v_4,则:

$$\frac{I}{K} = \alpha \frac{R}{K} + \beta + v_4 \tag{40.6}$$

在以上模型中,共有六个未知变量(R、C、S、L、I、K),六个关系式,因此是一个有解的封闭系统。它包含了差分、微分和积分。进一步假设模型的变量是离散的,则式(40.4)将变成求和式而非积分式,式(40.5)将变为差分式而非导数式。于是该模型可以表达成下述微分 — 差 分方程组:

$$J(t) = \frac{\alpha}{(1-\lambda)\theta} [J(t) - J(t-\theta)] + \beta J(t-\theta)$$

$$J(t) = I(t) - U(t)$$

卡莱茨基的国民收入决定理论,无论从分析方法还是从观点结论来看,都不能算是西方经济学,而应当看作是对马克思主义经济学的发展。但他在分析中考虑阶级关系,考虑收入分配,这就对西方经济学的第三次革命产生了重要影响。它深深影响到以琼·罗宾逊为代表的新剑桥学派对凯恩斯革命的理解和发展,使琼·罗宾逊等常常带着卡莱茨基的"眼镜"去看待凯恩斯革命,去阐发和深化凯恩斯革命。对于战后凯恩斯"左派"的形成,卡莱茨基是起了重要作用的。相对来说,卡莱茨基对美国凯恩斯主义者影响较小。

五、美国的柯里和德国的沙赫特

除了霍特里和罗伯逊,在美国和德国也有凯恩斯理论和政策的同路人。美国主要是劳克林·伯纳德·柯里[①](Lauchlin Bernard Currie,1902—1993)。他1925 年获伦敦经济学院硕士,1931 年获哈佛大学博士。他于 1934 年出版《美国的货币供应和控制》。1934—1945 年,他一直向美国新政当局就货币和财政的复兴政策、充分就业、物价稳定等问题提供建议,并早于凯恩斯主张用赤字财

---

① 《新帕尔格雷夫经济学大辞典》第 1 卷,经济科学出版社 1996 年版,第 802—803 页。

政来刺激经济摆脱萧条,实现充分就业。由于他的努力,美国于 1940 年开始设立总统经济顾问,而他成为第一人。

德国主要有霍勒斯·格里列·希尔玛·沙赫特①(Horace Greely Hjalmar Schacht,1877—1970)。他于 1933—1939 年间被纳粹任命为德意志国家银行总裁。作为第三帝国早期经济政策最有影响的人,他采取了一系列政府干预经济的政策,实现了充分就业和物价稳定。德国 1932 年 30% 的失业率,到 1938 年被降低到 2% 多一点;同期国民生产总值年均增长率为 9%;同期消费支出几乎提高 25%;消费品物价从 1933 年到 1939 年一共增加 7%,年均 1%。②

第四节　从笃信传统到进行革命:凯恩斯思想的演化

作为一个跨时代的经济学家,时代的特征折射为凯恩斯个人思想的演化。以凯恩斯革命为标志的西方经济思想的大转变,并不是在《通论》中突然出现的东西,而是凯恩斯个人思想长期演化的最终结果。对这个演化过程加以分析,有助于我们了解为什么处于相同的环境中,其他不少经济学家却无法完成凯恩斯所完成的思想飞跃。当然,要完全说明这一问题,就必须把凯恩斯与其他经济学家,比如庇古的思想发展过程加以比较,这将是思想史研究中一个颇有趣味的课题。但这里我们只能着重描述凯恩斯个人的思想演化了。

凯恩斯作为经济学家的第一本论著,是 1913 年出版的《印度的通货与财政》。这本书,按克莱因的说法,“丝毫没有预示出他以后的才华和睿智”③。但这本书中有两点值得注意,就是它表达了作者对货币窖藏现象的忧虑,以及作者宁愿采取管理通货制度而不愿接受“自动”的金本位制。④

一、1919—1930 年

1919 年以后,凯恩斯围绕凡尔赛和约写了一批使他声名远扬的文章。这些文章同样没有预示他以后的思想。尽管如此,这些著作和文章仍然值得注意,因为它们表明他从一进入经济学家的行列,就表现出他注重分析和解决现实问题的特征。这一特征他一直保持终身。从这些著作和文章中表现出来的另一点就是他从一开始就比较注意考虑宏观性的全局性的问题。这种特点无疑使

①　《新帕尔格雷夫经济学大辞典》第 4 卷,经济科学出版社 1996 年版,第 274—275 页。

②　[英]约翰·米尔斯:《一种批判的经济学史》,商务印书馆 2005 年版,第 234—235 页。

③　克莱因:《凯恩斯的革命》,商务印书馆 1962 年版,第 8 页。

④　狄拉德:《凯恩斯经济学》,上海人民出版社 1963 年版,第 25 页。

他比那些注意微观问题的经济学家在分析诸如通货膨胀和萧条这类问题时具有一定的优势,因为后者往往习惯从微观出发去分析宏观上的问题,[①]而他却往往撇开微观上的细节,直接运用一些总量概念进行分析。

大约从 1919 年开始,凯恩斯对战时和战后初期欧洲许多国家出现的通货膨胀问题产生了兴趣,写下了题为《通货膨胀》的短文,谈到通货膨胀将改变财富的分配,其后果是导致资本主义制度的不稳定。[②] 以后整个 20 年代,他都把注意力放在与币值稳定有关的问题上。

1923 年,凯恩斯把自己多年来思考货币问题的观点整理成一部小册子:《货币改革论》。按照熊彼特的说法,这是他通向《通论》的第一块跳板。在《货币改革论》中可以看到不少对他以后的思想发展深有影响的见解。首先是他不再单纯分析通货膨胀,而是同时分析通货紧缩,认为"缩"也和"胀"一样,既影响分配又影响生产,但"胀"对分配影响更大,而"缩"对生产影响更大。[③] 这意味着作者不仅看到了货币与一般价格水平的关系,而且注意到了货币与产量水平之间的关系。这是他在以后的《货币论》中从价格的货币论走向产量的货币论的最初一步。而注意到货币与产量之间的关系,用货币来说明产量水平,这正是凯恩斯与传统的货币数量论(以及威克塞尔货币理论)的重大区别。

其次,凯恩斯以新的社会集团划分来取代英国经济学从斯密以来的传统划分(地主、资本家、工人),把社会分为债权人(他把它称作投资者)和债务人(他把它称作商业阶级)以及工资劳动者,并把债权人称作社会中的不活动分子,而称后两部分人为活动分子。[④] 这种划分,在分析币值变动引起的财富再分配时,比传统的划分更实用。这种新划分的实质是把传统的资本家阶级一分为二,分成现代意义的资产者和企业家这样两部分具有不同经济功能的集团。把社会分成不活动分子和活动分子的新划分,为他以后出现的反食利阶层(即《货币改革论》中的投资者)的思想作了铺垫。但当时他对食利阶层的态度还是中性的,既反对"胀"使债权人吃亏,也反对"缩"使他们获利。这种态度与后来在《通论》中所表现出来的态度,距离还是不小的。

第三,凯恩斯在 1923 年就已经注意到了劳工市场上的新特点,即工人的组织性集团性。这种集团性使工人在"胀"的时候实际工资未必一定下降,而"缩"的时候又会导致货币工资的向下刚性,导致失业增加。[⑤] 对劳工市场这一新特

---

① 庇古的《论失业问题》是这种做法的一个典型。
② 参阅凯恩斯:《劝说集》,商务印书馆 1962 年版。
③ 参阅凯恩斯:《劝说集》,商务印书馆 1962 年版,第 65 页。
④ 参阅凯恩斯:《劝说集》,商务印书馆 1962 年版,第 70—76 页。
⑤ 参阅凯恩斯:《劝说集》,商务印书馆 1962 年版,第 76—77 页。

点的认识,使他后来不像其他一些经济学家那样,把降低货币工资率作为对付萧条的有效对策。

第四,凯恩斯认为应当把国内物价稳定作为追求的目标,而稳定的方法不是恢复金本位,而是在币值方面放弃自由放任的原则,实行通货管理。[①] 依据下述货币数量公式,凯恩斯给出了实行通货管理的具体措施:

$$n = p(k + rk')$$

式中,n 为货币流通量;p 为消费品价格;k 是公众要求以货币形式取得的消费品;k' 是公众想以活期存款形式保持的消费品;r 是银行的储备比例。这个公式表明当 k, rk' 一定时,p 与 n 成正比。当 k, k' 和 n 一定时,p 与 r 成反向运动。他用这个公式表明,n 和 r 是直接受货币当局控制的,而 k 和 k' 的比例虽然随公众的消费 — 储蓄心理而变动,但也可以通过利率来影响。因此货币当局可以通过变动利率(影响 k 和 k'),r 和 n 来使 p 保持稳定。[②] 利率、准备率和流通货币量,便是货币当局手中可用以稳定币值的三件武器。他还进一步考虑了通货管理的原则,当币值预期将发生变动时,货币当局应当发动与当前趋向相反的因素来抵消这种变动,以稳定币值。[③] 这也就是今天人们所说的"逆经济风向"行事的原则。

在上述货币数量公式中,货币仅仅是一种交易媒介,这表明凯恩斯这时的货币理论还承袭了马歇尔的传统,没有进一步认识到货币的价值保存功能,没有认识到对货币的投机需求。[④] 运用通货管理来达到稳定币值的目标,这就是在《货币改革论》中凯恩斯提出的政策手段和政策目标。这对当时那种主张恢复金本位,按自由放任原则来保持币值稳定的主张来说,无疑是激进的,但它终究是威克塞尔在《利息与价格》(1898 年出版)中已经提出了的主张,[⑤]从思想史角度来看并不新颖。但《货币改革论》包含着新思想的萌芽,这就是凯恩斯不再单纯把货币看作是说明一般价格水平变动的因素,还把它看作是产量变动的因素。循着这一思路,他终于超过了威克塞尔。

1923 年以后,凯恩斯针对现实问题发表了《丘吉尔先生政策的经济后果》(1925)等文章。这些文章就其论点来说基本上没有超出《货币改革论》,他思想进程中下一个值得重视(但往往被人们所忽视)的发展表现在他于 1925 年和

①　参阅凯恩斯:《劝说集》,商务印书馆 1962 年版。

②　参阅罗志如、厉以宁:《二十世纪的英国经济:"英国病"研究》,人民出版社 1982 年版,第 220 页。

③　参阅凯恩斯:《劝说集》,商务印书馆 1962 年版,第 80—84 页。

④　参阅克莱因:《凯恩斯的革命》,商务印书馆 1962 年版,第 14 页。

⑤　参阅威克塞尔:《利息与价格》,商务印书馆 1982 年版,第十二章。

1926 年发表的三篇文章中。这就是 1926 年发表的《给法国财政部长的一封公开信》,1925 年发表的《我是不是一个自由党员?》和 1926 年发表的《放任主义的终结》。

在上述第一篇文章中,凯恩斯对降低币值问题有了新的看法。从以前主张币值稳定变为主张降低币值。当然目的还不是为了打击食利阶级,而是为了减轻法国政府的债息负担。① 在上述第二篇文章里,他确提出 19 世纪那种个人主义和自由放任的制度已经过时,因为随着各种集团(工会、各行业协会等)的形成,自由竞争的局面已经不复存在(起码在劳工市场上),因此不可能单纯依靠自发势力解决各种经济问题。政府将过问过去所不过问的事情,并明确宣布,旧的理论教条必须有所背弃。② 在上述第三篇文章中,他进一步发挥了这些论点。可以说这篇文章是他关于政府干预的简略而全面的纲领。对这篇文章的内容,有必要详加介绍。(1)文章否定了自由放任原则的伦理基础,指出私人利益与社会公益并非一致,利己主义并不会必然导致社会公益。(2)文章认为经济学家目前的任务是重新确定政府干预经济的范围,并寻找出在民主政体下合适的干预方式。(3)政府干预的范围,从原则上讲,是要区分"在技术上是属于社会性的"事业和"技术上是宜于个人经营的"事业。具体说来,政府要对经济波动实行控制。方法部分是由政府对通货进行审慎的管理,部分是用法律规定,将一切企业的实际情况公诸社会,以便于监督。政府对于储蓄和投资的规模,储蓄中国内投资在各部门中的分配都要进行一定的干预,而不能完全听凭个人决定。政府还应当用审慎的政策来干预人口的数量和质量。(4)至于政府干预的方式,文章认为要借助于那些在管理单位和组织单位的规模上介于个人与现代国家之间的那些自治半自治团体,而这些团体最后须服从民主制度的统制,而这种统制是通过议会来实现的。具体地说要借助于股份公司这类组织来进行管理,因为股份公司使资本所有权与管理权分离,管理者的目标是组织的稳定和信用,而不是股东的最高红利,这就使它产生一种考虑各方面利益的趋向。(5)进行国家干预并不是削弱资本主义,因为资本主义最本质的特征是依靠个人图利本能作为经济机器的主要动力,而国家干预并不改变这一特征。国家干预改进资本主义,而改进后的资本主义在高度有效的管理下,将比目前为止所看到的任何其他制度都能更有效地实现经济目的。③ 以上简略介绍了《放任主义的终结》这篇文章。作者在《劝说集》中把这篇文章放入政治篇中,但它实质上是作者关于政府干预问题的一份纲领性意见。和上述第二篇文章一起,

① 参阅凯恩斯:《劝说集》,商务印书馆 1962 年版。
② 参阅凯恩斯:《劝说集》,商务印书馆 1962 年版。
③ 参阅凯恩斯:《劝说集》,商务印书馆 1962 年版。

它们表明作者具有敏锐的时代感,较早觉察到时代已经发生变化,自由放任的
19 世纪已经结束,新世纪需要新的对策——有管理的资本主义,需要新的理论。
从这两篇文章来看,《通论》背弃传统绝不仅仅是大萧条的结果,也是他 1925 年
就已具有的渴望建立新理论的结果。关于国家干预的思想也并非在《通论》中
才形成,而是在上述两篇文章中就已经有系统的考虑,可以说,即使没有大萧
条,没有《通论》,作者也会沿着上述两篇文章的思路进一步论证政府干预的必
要性和干预的范围及妥善方式。事实上,在《放任主义的终结》一文中,作者对
国家干预问题的考虑,其广度远远超过《通论》。只是由于 1926 年以后经济形
势的严峻,促使作者把注意力集中于面临的一系列迫切问题,着重考虑与克服
当时与萧条有关的政府干预问题,于是《放任主义的终结》一文中所考虑过的不
少问题,便没有得到进一步的探讨,如政府对人口数量的管理,政府干预的妥善
方法等。1925 年、1926 年的这两篇文章也说明,他《通论》中所提出的政府干
预,在他心目中也绝非克服萧条的临时对策,而是出于他对于新时代经济特征
的深刻认识而提出的一种长期措施。

可以说,从 1925 年开始到 1930 年,凯恩斯的思想一直处于一种矛盾状态
中。一方面,他已经嗅到了新时代的气息,从直觉上感到需要新政策、新理论。
对新政策他已经有了一个大致的轮廓——国家干预,对新理论他还处于茫然之
中。另一方面,他还没有摆脱传统理论的束缚,还不能从经济分析入手,为国家
干预的必要性,干预的方式、范围,提出有力论证。这一矛盾的具体表现就是当
他提出克服萧条的具体改革主张时,往往背离传统,而在对萧条原因进行学术
研究时,又回到传统。

1929 年,为了为主张用公共工程克服英国萧条的观点辩护,凯恩斯与韩德
森合写了一本小册子《劳埃德・乔治能做到吗?》。在这本提出具体政策主张的
小册子里,为了抨击财政部观点,给公共工程辩解,他提出了一系列在以后的
《通论》中得到进一步发挥的反传统见解。在分析公共工程的资金来源时,他提
出了:(1)个人储蓄不一定全部转化为投资。在《货币改革论》中,他已经提出储
蓄和投资是由不同的人作出的决策。① 在这里他进一步指出投资取决于银行所
创造的信用量,取决于企业家的投资热望,而政府在当前是具有最重要地位的
投资者。由于储蓄者与投资者的分离,总投资与总储蓄不一定相平衡。这种不
平衡是当前许多困难问题的根源。这种见解是《通论》中否定萨伊法则的萌芽。
(2)当投资走在储蓄前面时,就获得繁荣,获得高度就业,但也会出现通货膨胀
的倾向,当投资落在储蓄后面时,就陷入萧条,出现失业。这种见解表明了投资

---

① 参阅克莱因:《凯恩斯的革命》,商务印书馆 1962 年版,第 14—15 页。

与储蓄的关系决定了宏观经济。(3)单凭个人的节约行为并不能使国家富裕起来,如果国内投资没有相应跟上的话。(4)单靠放松银根不足以克服英国的长期萧条,因为私人投资引诱不足。放松银根只会引起资金外流增加。单靠增加政府开支也不行。因银行若不同时放松银根,必然出现高利率,出现排挤效应,因此必须是银行与政府相配合,一方放松银根,另一方增加支出,才能克服萧条。这是财政政策与货币政策相互配合的观点的萌芽。在分析公共工程的效应时,他运用了乘数原理,认为一笔用于公共工程的政府支出,在当时存在大量失业的情况下,会使就业和产量都发生数倍的增加。[1] 1929 年的这本小册子,表明他政策主张上已经与传统观点决裂,而为了论证新政策,他提出了不少新的理论见解,它是凯恩斯走向《通论》途中的又一里程碑。

1930 年,凯恩斯出版了他准备已久的一本重要理论专著《货币论》。这本专著是他在 1923 年发表《货币改革论》之后就开始着手准备的,又是他在《通论》发表前的最后一部专著。因此它对《货币改革论》的发展、对《通论》的影响,是我们考察的重点。

与《货币改革论》相比,《货币论》最大的变化在于对物价水平的看法上。在《货币改革论》中,消费品物价水平取决于货币流通量、银行准备率;而在《货币论》中,消费物价由下式决定:[2]

$$P = E/O + (I' - S)/R = W_1 + (I' - S)/R$$

式中,P 为物价,O 为产量,E 为生产要素收入,R 为消费者购买的物品和劳务量。W_1 为平均每单位产量的收入,他称之为效率报酬率。I' 为新投资生产成本,S 为储蓄。这一关系式表明,当 W_1 和 R 一定时,消费品物价 P 取决于投资 I' 与储蓄 S 的关系。他把 $I' - S$ 定义为整个社会由消费品生产的利润 Q_1,当 $I' = S$ 时,Q_1 等于零。这时经济便处于均衡状态,P 便完全等于 W_1。当 $I' > S$ 或 $I' < S$ 时,$Q_1 > 0$ 或 $Q_1 < 0$,这时经济处于失衡状态,P 也偏离均衡。W_1 决定了 P 的均衡水平。$I' - S$ 和 R 决定了 P 偏离均衡的程度。

至于社会总产品的价格水平,凯恩斯用下式给出:[3]

$$\pi = W_1 + Q/O = W_1 + (I - S)/O$$

式中,π 为一般物价;Q 为总利润,为消费品利润 Q_1 和资本品利润 Q_2 之和;I 为投资的市场价值。其他如上,由该式可知 π 取决于 W_1、$I - S$ 和 Q,W_1 决定 π 的均衡水平,而离差由 $I - S$ 和 O 决定,有无离差关键要看 $I - S(= Q)$ 是否为零。于是一般物价水平便更多地和投资与储蓄的关系发生了联系,把一般价格水平区分

---

[1] 参阅克莱因:《凯恩斯的革命》,商务印书馆 1962 年版,第 19—20 页。
[2] 参阅凯恩斯:《货币论》上卷,商务印书馆 1986 年版,第 114 页。
[3] 参阅凯恩斯:《货币论》上卷,商务印书馆 1986 年版,第 114 页。

为由效率报酬率 W_1 决定的均衡水平与由 $I-S$ 决定的离差两部分,是《货币论》的一大发展。

投资与储蓄的关系现在成为决定物价水平的重要因素了。那么它们的关系又是如何决定的呢?凯恩斯认为这取决于自然利率与市场利率之间的关系,当两种利率一致时,$I=S$;当市场利率高于自然利率时,$I<S$;市场利率低于自然利率时,$I>S$。而当 I 小于(大于)S 时,企业部门出现亏损(利润),这使企业家们缩减(提高)生产和生产要素的报酬率,从而使效率报酬率 W_1 下降(上升)。结果,W_1 便和 $I-S$ 同向下降(上升),导致物价水平的低落(上升)。这意味着银行体系所决定的市场利率,通过影响投资与储蓄的关系,再影响企业部门的盈利情况,影响效率报酬率,最终影响物价水平。他指出,虽然市场利率不是决定物价水平的唯一因素,但却是诸因素中的可控制因素。他关于市场利率和自然利率的关系影响物价水平的上述理论可图示如下。

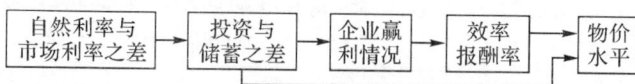

自然利率与市场利率之差 → 投资与储蓄之差 → 企业赢利情况 → 效率报酬率 → 物价水平

图 40-1

根据上述分析,他为银行体系可以通过调节市场利率使之相符于自然利率,使投资等于储蓄,并间接影响效率报酬率,从而使物价水平趋于稳定。

与《货币改革论》中强调物价水平与货币流通的需求量之间存在稳定关系不同,凯恩斯在《货币论》中否认物价水平与货币流通的需求量之间存在稳定不变的关系。[①] 这是因为物价水平同样的上涨,由 $I-S$ 上升(即利润上升)引起和由 W_1 上升(即收入上升)引起,所需要的货币量是不同的。同时,货币的流通速度绝不是稳定的常数。

为了分析货币流通速度的决定因素,凯恩斯把全部现金余额分为收入存款 M_1、营业存款 M_2 和储蓄存款 M_3,M_1+M_2 为活期存款,M_2 又可分为用于工业流通的存款部分 M_{2A} 和用于金融交易的存款部分 M_{2B}。他认为,收入存款 M_1 的流通速度 V_1 是工薪发放间隔等其他一些社会习惯和例规的函数,因此是比较稳定的。营业存款 M_2 的流通速度 V_2 取决于工业存款 M_{2A} 的流通速度 V_{2A} 和金融存款 M_{2B} 的流通速度 V_{2B},以及 M_{2A} 和 M_{2B} 之间的比例。而 V_{2A}、V_{2B} 和 M_{2A} 与 M_{2B} 之间的比例是随着经济周期而变动的,因此 V_2 是不稳定的。整个活期存款 M_1+M_2 的流通速度 V,取决于 V_1 和 V_2 以及 M_1 和 M_2 之间的比例,因此 V 也

① 参阅凯恩斯:《货币论》上卷,商务印书馆 1986 年版,第 184—187 页。

是不稳定的。至于整个现金存款 $M(=M_1+M_2+M_3)$ 与货币周转总量 B 之间的比例关系，他不称其为流通速度，而称之为效能 E，因为 M_3 是价值贮藏不是流通货币。鉴于上述认识，他建立了下述关于 V、V_1、V_2 和 E 的关系式：$E = M_1V_1 + M_2V_2 = V(M_1+M_2) = E(M_1+M_2+M_3) = E(M)$。由该关系式可知，$V$ 和 E 是两个复合量，它们的变化既可能因真正的速度 V_1 和 V_2 的变化引起，也可能因 M_1/M、M_2/M 和 M_3/M 的变化引起，由于 V_2、M_1/M、M_2/M 和 M_3/M 都不是稳定的，所以 V 也不是稳定的。并且 V 或 E 在短期中的变化，往往主要是不同存款比例方面的变化造成的。他指出活期存款 (M_1+M_2) 与储蓄存款 (M_3) 之间的比例关系取决于市场利率，所以 M_1+M_2 及 V 对物价水平的影响最终还是受到利率的支配。

在《货币论》中，凯恩斯还进一步分析了开放经济条件下宏观经济的均衡条件：$I = S$，$B = L$，B 代表对外贸易顺差，L 代表资本净输出。前一个条件是内部均衡条件，后一个是对外均衡条件。他指出市场利率一方面可作为实现内部均衡的调节手段，另一方面也可作为实现对外均衡的调节手段。例如当 B 小于 L 时，提高市场利率最终会恢复对外平衡。利率提高对 L 的作用是迅速引起 L 的减少，但提高市场利率增加 B 的作用是缓慢的：利率上升使 $I-S$ 下降，再引起 W_1 下降，再引起国内一般物价水平的下降，再引起 B 的增加，假定不存在摩擦和时滞，尤其是 W_1 能自由地升降，则总归存在着某种市场利率能同时实现内部均衡和对外均衡。

凯恩斯通过对内部均衡和外部均衡所需条件的上述分析，指出可以通过银行体系调节市场利率而实现内部均衡和对外均衡。而调节的手段是再贴现率，公开市场业务，以及银行准备率。同时他也承认，由于时滞和摩擦的存在，内部均衡所需的市场利率可能与对外均衡所需的市场利率不一致。同时，在金本位制度下，一国实现均衡所需的市场利率很可能会妨碍别国实现均衡。为此他主张对货币体系实行国际管理，并提出一整套管理方法，这些方法后来成为第二次世界大战以后西方国际货币体系发展的蓝图。

在主要诉诸货币手段的同时，凯恩斯在《货币论》中的个别地方也谈到，[①]运用货币手段降低利率并不能刺激投资，或只能引起资本输出时，便需要由政府采取投资行动，投资于各种公用事业。这表明，他并未忽略财政政策。

从总体上看，《货币论》突出强调自然利率与市场利率的关系对宏观经济（封闭条件和开放条件）均衡的影响，突出强调银行体系通过利率手段实现宏观均衡。从这两点来看，凯恩斯的《货币论》与其说是发展了马歇尔和庇古的货币

---

① 参阅凯恩斯：《货币论》下卷，商务印书馆 1986 年版，第 145—146 页。

思想,不如说是对威克塞尔理论体系的深化发展。正如缪尔达尔所指出的,与剑桥学派的马歇尔、庇古、罗伯逊等人以及另一位英国经济学家霍特里不同,凯恩斯是了解威克塞尔的。① 从《货币改革论》强调货币流通量对物价水平的影响到《货币论》中否定货币流通量对物价水平的确定影响、强调利率对物价水平的影响,标志着凯恩斯对剑桥学派(马歇尔、庇古)货币理论的背离,对威克塞尔理论的靠拢,标志着他从主张货币数量论转为主张货币均衡论。

由于主要强调由货币当局运用利率杠杆来控制宏观局势,所以《货币论》在1930 年的萧条面前,不能算是一部生逢其时的成功作品。但这部著作对于后来的《通论》还是有影响的,这种影响可概括为四点:(1)凯恩斯分析了人们持有货币的各种动机:交易动机、谨慎动机、营业动机和投机动机。区别了收入存款、营业存款(其中又分为工业存款和金融存款)和储蓄存款。这为他后来在《通论》中建立灵活偏好理论(货币需求理论)有重要作用。(2)他分析了投资与储蓄之间的关系对利润从而对企业行为的影响。1920 年时他已经提到 I 与 S 的关系对宏观经济的影响,在《货币论》中他进一步分析了这种影响的微观基础。然而他仍然把储蓄主要看成是利率而非收入水平的函数,也没有区分充分就业和非充分就业两种情况下的投资等于储蓄。② 这一区分是《通论》的主要贡献之一。(3)他在《货币论》中已经意识到货币不单纯影响物价,还影响产量,认为在货币工资不能自由变化时,物价的变化可能为产量和就业量的变化所代替。这表明他已经开始从解释物价水平的货币理论转向解释产量和就业量的货币理论。③ 虽然这一转变在《货币论》中并未完成,物价水平仍是全书考虑的重点,但这预示了他的一个发展方向,而这个方向对于《通论》是必不可少的。(4)他在《货币论》中已经看到当货币政策失灵时通过政府干预来克服萧条的必要性,但对于货币政策何以失灵的原因分析不足;在《通论》中,他通过提出灵活陷阱回答了这一问题,从而为政府干预提供了理论依据。

除了《货币论》之外,1930 年还有两篇后来编入《劝说集》的文章值得注意,这就是《1930 年的严重萧条》和《经济前途展望》。在这两篇文章中他分析了产生萧条的原因,提出了克服当时萧条的对策。

关于萧条的原因,在前一篇文章中凯恩斯主要依据《货币论》中的分析,强

---

① 参阅缪尔达尔:《货币均衡论》,商务印书馆 1986 年版,第 13 页。关于威克塞尔对凯恩斯思想的影响,还可参阅琼·罗宾逊:《凯恩斯传》,商务印书馆 1980 年版,第 44—45 页。

② 参阅克莱因:《凯恩斯的革命》,商务印书馆 1962 年版,第 31—32 页。

③ 参阅迪拉德《货币经济理论》,载肯尼斯·栗原:《凯恩斯学派经济学》,商务印书馆 1964 年版,第 14—15 页。

调利率在造成萧条中的作用；①在后一篇文章中，他认为萧条的原因是节约劳动的技术进步太快，导致劳动过剩。② 这显然远离《通论》的见解。

至于克服萧条的对策，凯恩斯依据《货币论》中的分析，主张英、美、法三国中央银行联合行动，使国际长期贷款市场恢复信心。③ 这表明他还是寄希望于货币政策，但对一个国家的货币政策失去了信心，担心个别国家的低利率导致资金外流而非增加国内投资，故寄希望于各国联合采取货币政策。

总的看来，凯恩斯1930年的思想比1929年有一点倒退。1929年时，凯恩斯主要是寻求克服英国长期萧条的对策，提出了背离传统的政策主张，并由此引出若干新的理论见解；1930年，凯恩斯以分析萧条原因为主，依据的是传统思想，推导出传统的对策。

二、1931—1936 年

1931年，凯恩斯的思想继续处于矛盾状态之中。在6—7月份出席美国芝加哥大学召开的哈里斯基金圆桌会议上，他认为应当以降低市场利率（尤其是长期利率）为主要手段来克服萧条，同时辅之以公共工程，但不能把它当作唯一药方，担心它的长期效果不如货币政策，也担心它会导致社会主义。同时他还认为，实行公共工程的理由在英国比在美国更充分，因为英国是国际金融中心，降低利率往往导致资金外流而非投资增加；而美国则相当于一个封闭经济，降低利率不会出现上述不良后果。④ 由此可知，与货币政策相比，财政政策尚处于从属地位。

这一年，凯恩斯还发表了两篇值得注意的文章：《关于节约》和《通过关税政策来求得事态的缓和》，表露了他背离传统的思想倾向。在这两篇文章中，他提出了如下一些观点：(1)在大量失业的情况下，节俭不能使国家致富，而将导致失业的连锁反应。⑤ 这里他运用乘数思想分析了节俭的恶果，这种反对节俭的思想是背离传统的。(2)为了克服萧条，政府不可避免地要举债投资。⑥ 这与1929年的思想是一脉相承的，并进一步转变了对公债的传统看法。(3)明确提出克服萧条可用两种方法：提高产品需求或降低生产成本。第二种方法意味着

---

① 参阅凯恩斯：《劝说集》，商务印书馆1962年版，第109—110页。
② 参阅凯恩斯：《劝说集》，商务印书馆1962年版，第273页。
③ 参阅凯恩斯：《劝说集》，商务印书馆1962年版，第113页。
④ 参阅《圆桌会议报告：失业是一个世界性问题》。转引自张培刚、厉以宁：《微观宏观经济学的产生和发展》，湖南人民出版社1986年版，第388—390页。
⑤ 参阅凯恩斯：《劝说集》，商务印书馆1962年版，第117页。
⑥ 参阅凯恩斯：《劝说集》，商务印书馆1962年版，第124页。

削减工资,难以实行,因此宜采用第一种方法,即提高产品需求。① 这一观点的提出在凯恩斯思想发展中具有重要意义,它表示作者开始走向以有效需求不足来说明萧条。为了证明提高产品需求可以克服萧条,就自然要从需求这一方面探索造成萧条的原因。这一观点还表明,作者虽然同意降低劳动成本可以在理论上成为克服萧条的对策,但在实际上却难以实行。这与他早在 1923 年就已经认识到劳动市场的结构性特征是有关联的。这一观点在以后的《通论》中得到了进一步的完善,形成系统的有效需求理论。(4)在当时金本位制尚未取消的情况下,用提高需求的方法来克服萧条,将引起收支逆差,因此在提高需求的同时,要配合以关税。而一旦金本位制取消了,关税也就可以不需要了。② 从上述四个观点可知,他在 1931 年已经把考虑萧条问题的重点从 1930 年时的利率转到产品需求上来了。这是极为重要的一个转折。虽然 1930 年他也考虑产品需求,但那时是把产品需求看作是由利率决定的现象,考虑的问题是利率如何决定产品需求(投资需求和消费需求)。现在把重点放到了产品需求上,就必然要改变问题的提法,不是利率如何决定产品需求,而是产品需求由哪些因素如何决定。问题的转变意味着思维结构的重新组合,思维方向的重新确定。如果没有这样一个转变,他对萧条的分析就不会跳出威克塞尔的范型;有了这一转变,便有了凯恩斯革命。可以毫不夸张地说,《通论》中有效需求理论的源头,就在于 1931 年发表的《通过关税政策来求得事态的缓和》一文。

1933 年,凯恩斯又发表了四篇值得注意的文章。一篇是论及马尔萨斯的,在这篇文章中,他肯定了马尔萨斯的有效需求理论,这是他 1931 年开始重视产品需求的必然结果;同时他把有效需求的大小与货币的非中性及利率联系起来。另一篇用德语发表在斯庇索夫纪念文集中,这篇文章着重强调了货币的非中性,强调了非中性的货币对萧条的影响,同时又认为单凭货币政策不足以克服萧条。③ 这两篇文章表明,凯恩斯当时正在考虑有效需求与非中性的货币之间的关系。这是朝着《通论》方向前进的又一步,搞清有效需求与货币、利息之间的关系,是《通论》的一大贡献。第三篇文章即《获致繁荣的方法》,在这篇文章中,他提出了"漏出"概念,即一笔收入不会全部流向增加就业的方向,而会有一定的漏出。他还把造成"漏出"的原因分为五项:(1)一部分收入成为储蓄;(2)一部分收入在支出后提高了物价,使别人的消费减少;(3)一部分收入支出在进口品上;(4)一部分收入只是替代以前的失业救济、私人施舍和个人负储

① 参阅凯恩斯:《劝说集》,商务印书馆 1962 年版,第 209 页。
② 参阅凯恩斯:《劝说集》,商务印书馆 1962 年版,第 209—210 页。
③ 转引自达德利·迪拉德:《货币经济理论》,载肯尼斯·栗原:《凯恩斯学派经济学》,商务印书馆 1964 年版,第 16 页。

蓄;(5)一部分收入成为税赋流入财政部。同时,他还广泛运用乘数概念来论证公共支出对增进就业的作用,并估计当时的乘数大约为 2。但这时他还没有把"漏出"概念与"乘数"概念联系起来考虑,因此对乘数值的决定因素——边际消费倾向或边际储蓄倾向——还没有足够的认识。① 在这篇文章中,他也改变了对贸易保护政策的看法。在 1931 年,他曾经主张以保护关税配合政府开支以克服失业,现在他认识到,英国如通过关税克服失业,将牺牲别国的利益。而如果其他国家也采取保护措施,则大家都蒙受其害。② "漏出"概念的提出意味着凯恩斯向《通论》的方向又前进了一步。

《获致繁荣的方法》一文引起了批评,主要意见在于乘数的计算是先验的,为此凯恩斯发表了《论乘数》一文,在文中他提出消费支出占收入的比例和"漏出"是决定乘数大小的两个决定因素。这就向着用边际消费倾向说明乘数前进了一大步。

概括地说,凯恩斯在 1933 年形成通向《通论》的两条尚未交织的思想线索。一条是关于货币、利率与有效需求的关系,即货币经济条件下的有效需求决定;另一条是关于乘数的决定因素,即乘数与漏出的关系。这两条思想线索的交点,便是《通论》。

1934 年,凯恩斯在《通论》的草稿中提出"边际消费倾向"概念并把它作为基本心理法则之一.

1935 年,凯恩斯终于用边际消费倾向来说明乘数并提出了乘数的计算公式,这标志着凯恩斯乘数理论的完成。他在《新共和》杂志上发表了一篇颇为后人注意的文章:《一个自行调整的经济体系?》。这篇文章提出了新理论的要点,也是新理论与传统理论的根本分歧点,即现存的货币经济不存在着趋向充分就业的自动过程。这一论点被克莱因正确地称作是"全部凯恩斯经济学的要点"③。1936 年出版的《通论》便是对上述论点的全部论证。

从以上简述的凯恩斯思想演化过程来看,从 1925 年开始便潜伏在凯恩斯思想中的矛盾,到 1929 年以后进入一个新的阶段。这表现在每当他主要考虑克服萧条的对策时,就表现出鲜明的背离传统的精神;每当他以理论分析为主时,则又因袭传统,但大萧条的紧迫形势迫使他用主要精力寻求对策,并为背离传统的对策寻求理论根据。因此,凯恩斯革命实际上是一个延续达 10 年左右的思想演变过程,一个屡经反复的思想过程。《通论》只是革命的最后结晶,而

---

① 参阅克莱因:《凯恩斯的革命》,商务印书馆 1962 年版,第 15 页。
② 参阅克莱因:《凯恩斯的革命》,商务印书馆 1962 年版,第 45 页。
③ 参阅克莱因:《凯恩斯的革命》,第 46 页;迪拉德:《货币经济理论》,载肯尼斯·栗原:《凯恩斯学派经济学》,商务印书馆 1964 年版,第 18 页。

非革命本身。

从 20 年代开始,凯恩斯对于经济萧条和波动的看法就处于不断发展的过程中:从单纯用利率来说明萧条和波动,发展到用三大基本心理法则来说明;从单纯从投资与储蓄的关系出发,到从总需求、总供给的关系出发。最后的解释并没有排斥早先的解释,而是包含了早先的解释。

在关于国家干预的问题上,凯恩斯也是从 20 年代开始就已经认识到 19 世纪那种个人放任主义的制度已告结束,需要经过改良的有管理的资本主义。至于如何管理,在 20 年代初是主张货币当局控制信用。1926 年提出国家干预的全面纲领。1929 年以后开始越来越倾向于用财政政策来克服萧条。可以说,《通论》在国家干预问题上并没有特别的新意,只是为国家干预,尤其是为财政政策干预提供了分析的依据。

从以上简述的凯恩斯思想演化过程来看,他思想转变的特征是政策导向,即由于传统理论演绎出的对策无法解决实际经济问题,导致新政策的产生,而为了论证新政策,最终引起理论的变革。这种思想转变可以称之为政策导向型的转变。政策革命先于理论革命,决定了理论革命的方向。1929 年关于用公共工程克服萧条的对策,孕育了 1936 年的《通论》。这种政策导向型的思想转变,是经济社会需要大变动时经济理论发展的常态模式。

从以上简述的凯恩斯思想演化过程还可以看到,《通论》是他多条思想线索长期平行发展,最终交织的结果。看不到凯恩斯思想发展中的这种多线式结构,就无法全面理解《通论》。凯恩斯思想中比较大的线索可分为两条:一条是以币值问题为发端,始于 20 年代初;另一条是以公共工程问题为发端,始于 1929 年。对币值问题的分析使他认识到旧时代的结束,新时代的开始,而新时代是需要政府广泛进行干预的;使他认识到利率对投资从而对萧条与波动的作用,认识到货币政策的必要性;使他把社会按活动分子和非活动分子来划分,这种划分最终影响到他的社会哲学,影响到他对食利阶层的看法。对公共工程问题的分析使他形成"漏出"的概念,使他执着于乘数理论,这两者又使他认识到了消费函数和边际消费倾向。最后,在有效需求或总需求函数这一概念下,两条思想线索交织起来了,形成有效需求理论。其中从公共工程出发的线索最终说明了总消费、总储蓄,从币值问题出发的线索最终说明了总投资,两条线索原先在逻辑上似乎是分离的,现在它们的互补性质则一目了然。单凭消费函数理论,不足以说明投资何以不能与储蓄相抵,从而无法建立有效需求理论;单凭对货币、利率问题的分析,也无法说明消费需求的决定因素,从而也无法建立有效需求理论。

认识到凯恩斯思想发展中的这样两条主要线索,便能理解为什么汉森把凯恩斯在理论上的最主要贡献看作是提出了消费函数,①而迪拉德则认为是建立了货币经济理论。② 其实他们两人都不过是抓住了凯恩斯思想发展中的一条主要线索及其最终结果。

从提出总需求函数到提出非充分就业均衡,在凯恩斯那里除了上述提到的两条思想线索的交织以外,还有另外一条思想线索也加入了进来,这就是他早在 20 年代初便已认识到的劳工市场的集体谈判引起的工资刚性。这一认识在他思想发展中,对于他坚信非充分就业均衡的存在是起着重要作用的。没有这一认识,他很可能一开始便会沿着另一条思路去分析萧条问题。工资刚性这一假设,虽然不是他最终建立的理论大厦的一个必需的组成部分,但却是这座大厦得以建立的先决条件之一,它对最后的理论体系所起的作用就好比是建造高楼大厦时的脚手架。对于类似这种次要的思想线索,也是我们分析凯恩斯思想演化时不能忽略的。凯恩斯关于国家必须用财政政策干预经济的思想同样是多种思想线索交织的结果,其一便是他认为放任主义已经过时的看法,另一个便是非充分就业均衡的观念,第三个是对货币政策有效性的怀疑。

凯恩斯对于食利者阶层的反感,是当他认识到非充分就业均衡之后才产生的,但如果他没有把社会划分为活动分子和非活动分子的认识,这种反感也难以出现。所以这也是几种思想交织的结果。

凯恩斯思想演化过程中的这种多线式结构,造成了《通论》的多面性,使后人可以从多种角度、多种方面去把握去概括《通论》的精义,向不同方向去发展《通论》的思想,形成不同的凯恩斯主义者,塑造出不同的"凯恩斯"来。

第五节 凯恩斯《通论》的基本内容

经过 10 年左右的思想演化,凯恩斯于 1936 年出版了《就业、利息和货币通论》这一在西方经济思想史上划时代的著作,下面介绍这一著作的基本内容。

一、充分就业概念的含义

在 20 世纪 30 年代大萧条所导致的大量失业的背景下,凯恩斯认为充分就业是值得追求、应当追求的经济目标。在他看来,充分就业这个概念可以从两个不同的角度下两个等价的定义:(1)当社会的有效需求进一步增加不再导致

---

① 参阅克莱因:《凯恩斯经济学的经验基础》,载于肯尼斯・栗原:《凯恩斯学派经济学》,商务印书馆 1964 年版,第 310 页。

② 汉森:《凯恩斯学说指南》,商务印书馆 1963 年版,第 32 页。

追加的就业量时的就业水平;(2)各生产要素的边际产出等于这些生产要素为维持一定产量所要求的最低真实报酬(等于边际负效用)时的就业水平。在图 40-2 中充分就业水平就是由劳动的需求曲线 D_n 与供给曲线 S_n 的交点所对应的就业水平 N_f。

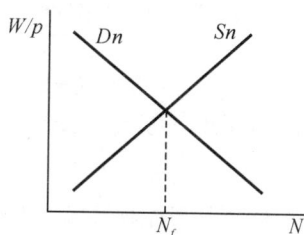

图 40-2

凯恩斯认为,充分就业并不意味着所有有劳动能力的人都有工作,充分就业状态并不排除自愿失业和摩擦失业。所谓自愿失业是指劳动者不愿接受现行的真实工资率而造成的失业,是由劳动者自己造成的。所谓摩擦失业是指因季节性生产、机器故障、原料不足、工作转换等生产过程中的局部的暂时的失调所造成的失业。

大萧条的现实使凯恩斯认识到,在现实的资本主义社会中,除了自愿失业和摩擦失业之外,还经常存在着第三种失业:非自愿失业,它是指失业者愿意接受等于或低于现行真实工资率的工资,但仍然找不到工作。非自愿失业的存在表现为当消费品价格相对于货币工资率上升(即真实工资率下降)时,劳动的总供给和总需求都将上升。而在不存在非自愿失业时,真实工资率的下降是不会引起劳动供给的增加的。

凯恩斯认为,当社会存在非自愿失业时,就不存在充分就业,因为存在非自愿失业就意味着劳动的边际真实报酬(等于边际生产力)高于边际负效用。非自愿失业的存在意味着就业水平不是像传统理论所认为的那样是由劳动市场的供求力量所决定的,这就需要建立新的理论来说明就业水平的决定机制。

二、有效需求概念的含义

有效需求概念,是凯恩斯就业和收入决定理论的逻辑起点。这一概念要借助总供给函数和总需求函数两个概念来加以说明。

凯恩斯认为,在社会全体雇主的心目中,一特定的就业量总应有一最低的预期收益(包括正常成本和正常利润)。若实际收益低于此,则雇主们将使实际就业量低于该特定就业量。这一最低预期收益,可称之为特定就业量所产出的总供给价格,不同的就业量具有不同的总供给价格,两者之间的对应关系就构成了总供给函数,形如图 40-3 中的 $S = S(N)$,其特征是随着就业 N 的增加,总供给价格也不断上升。

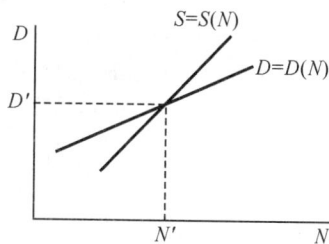

图 40-3

凯恩斯认为,在社会全体雇主的心目中,一特定的就业量还会有一个最高的预期收益,这一预期收益等于该特定就业量所可能生产的最大产出的价格总和,可称之为总需求价格。不同的就业量具有不同的总需求价格,两者之间的对应关系构成了总需求函数,形如图 40-3 中的 $D = D(N)$。其特征也是随着就业 N 的增加,总需求价格不断上升。他认为,一特定的就业量的总需求价格的高低,取决于该就业量之下的消费需求和投资需求。

凯恩斯认为,有效需求就是总需求价格与总供给价格相等时的社会总需求,在图 40-3 中,就是总需求函数与总供给函数相交时所决定的总需求 D'。由此可知,有效需求首先是指有支付能力的需求,但不仅如此,它还必须是能保证全体雇主获得最大利润的有支付能力的需求。在图 40-3 中,两条函数相交之前的总需求函数上的各点都可算作有支付力的需求,但只有在交点上的总需求 D',才能为雇主们提供最大利润。

凯恩斯认为,社会的实际就业量是由有效需求所决定,在图 40-3 中,就是 N',比 N' 更高的就业量,将导致比总需求价格更高的总供给价格,因此是不会为雇主们所采纳的。而低于 N' 的就业量,虽然使总需求价格高于总供给价格,但增加就业还会使雇主们增加利润,所以雇主们不会满足于比 N' 低的就业量。

凯恩斯认为,有效需求不仅决定了就业水平,还决定了收入水平,因为有效需求,从雇主的角度来看,就等于当就业量为 N' 时,他们所可取得的总收益(包括利润和各种要素的收入即雇主的要素成本)。

因此,要说明资本主义社会中收入和就业水平的决定,在凯恩斯看来,就要研究决定有效需求大小的诸因素。

三、有效需求的决定 —— 收入和就业理论概要

凯恩斯的收入和就业理论是在下述一系列因素既定条件下,探索收入和就业的决定因素。这些既定的因素为:现有劳动力的数量和技能,现有资本设备的数量和质量,现有生产技术、竞争程度、消费者偏好、各种劳动的边际负效用,以及社会结构等等在短时期中不会发生变动的因素。由此可知,他采用的是短期分析,主要分析在短期中收入和就业的决定。下面用一图表①直观地再现上面说过的论点。

---

① 迪拉德:《货币经济理论》,载于肯尼斯·栗原:《凯恩斯学派经济学》,商务印书馆 1964 年版。

表 40-1 ①

就业(N)，收入(Y)，和有效需求(D)的决定
- 消费(C)
  - 消费倾向
    - 平均消费倾向(C/Y)
    - 边际消费倾向(dC/dY)
  - 收入大小
- 投资(I)
  - 利率
    - 流动偏好
      - 交易动机
      - 谨慎动机
      - 投机动机
    - 货币数量
  - 资本边际效率(r)
    - 投资预期利润收益
    - 重置成本或资本设备的供给价格

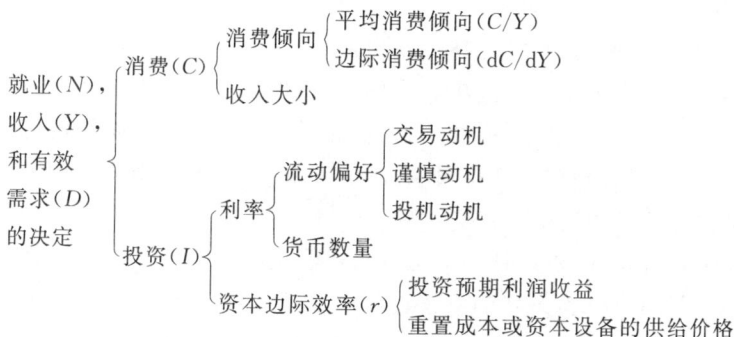

　　由于上述因素被假定为不变，故总供给函数也就是既定的了，如果把总供给函数绘成曲线的话，就是说曲线的位置和斜率是既定的。总供给函数作为一个既定的因素参与收入和就业水平的决定。

　　在总供给函数既定之后，收入和就业水平的高低便取决于总需求函数。总需求越高，则收入和就业水平也越高。由图 40-3 可知，在总供给函数 $S = S(N)$ 一定时，总需求函数 $D = D(N)$ 位置越高，则两条曲线的交点位置也越高，所对应的有效需求 D' 和均衡的就业量(N')就越高。

　　而总需求由两部分构成：总消费和总投资。因此研究总需求大小的决定因素，便是研究决定总消费和总投资的因素。

　　总消费的大小决定于收入的大小和消费倾向。消费倾向分为平均消费倾向（即消费与收入之比）和边际消费倾向（即消费增量与收入增量之比）。在消费倾向一定时，总消费随收入的增减而增减。在收入水平一定时，总消费随消费倾向的高低而高低。

　　总投资的大小定于两个因素：资本边际效率和利率。资本边际效率可用下列公式来定义：

$$K = R_1/(1+r) + R_2/(1+r)^2 + R_3/(1+r)^3 + \cdots + R_n/(1+r)^n$$

$$(40.7)$$

式中，K 为资本设备的重置成本或供给价格；R_i 为该资本设备在第 i 年所带来的预期利润收益；r 就是资本边际效率。当资本边际效率大于利率时，投资便是有利可图的。由式(40.7)可知，资本边际效率与资本重置成本反方向变动，与预期利润收益同方向变动。总投资在利率一定时，随资本边际效率的提高而提高，而在资本边际效率一定时，随利率的降低而提高。

---

　　①　该表源于美国经济学家狄拉德所著《凯恩斯经济学》，这里有变动。

利率的高低则取决于流动偏好(即人们对货币的需求)和由中央银行决定的货币供给量。当流动偏好一定时,利率与货币供给量呈反向变动。当货币供给量一定时,利率与流动偏好呈同向变动。

流动偏好则取决于人们需求货币的三种动机:交易动机(即由于货币收进与支出在时间上的不一致所引起的,人们为了进行日常交易而保留货币)、谨慎动机(即为了应付各种意外之事而保留货币)和投机动机(即为了不失去有利的投资机会而保留货币)。

根据上述分析,凯恩斯认为决定收入和就业水平的自变量主要有三个基本心理倾向,即消费倾向,预期的资本边际效率和流动偏好,以及由中央银行所决定的货币数量。他认为,由这些自变量所决定的收入和就业水平往往低于充分就业时的水平,整个宏观经济出现非充分就业的均衡状态,出现大量的持续的非自愿失业。为了说明何以如此,就要对三个基本心理倾向及货币数量的影响展开进一步的分析。

四、消费函数与边际消费倾向递减规律

凯恩斯在《通论》中相当详尽地分析了影响消费的各种因素。这些因素是:收入数量,收入与净收入之间的差额(折旧)变化,收入的分配,个人对未来收入的预期,资产价值的实际损失,利率短期变动引起的资产价值变动,长期利率对消费习惯的影响,社会成员的消费习惯,政府公债政策的变化,消费品存货的积累,个人和社团公司进行储蓄的各种动机等。在对上述各种因素进行了仔细分析之后,他认为总收入是决定消费的基本变量,且两者之间存在着相当稳定的函数关系,$C = C(Y)$。建立以收入为主要自变量的消费函数,被西方经济学家看作是凯恩斯的一大贡献。

凯恩斯在建立了消费函数之后,进一步对该函数的性质进行了探讨。他认为,由于基本的心理法则,随着收入的增加,整个社会的消费也将增加,但是,它是以递减的幅度增加,结果消费在收入中的比重随收入的增加而不断减少,这就是边际消费倾向递减规律。这一规律用数理形式来表述,就是:

$$0 < \mathrm{d}c/\mathrm{d}y < 1, \mathrm{d}^2c/\mathrm{d}y^2 < 0$$

即消费函数的一阶导数大于 0 小于 1,二阶导数小于 0。

由于边际消费倾向递减规律的存在,储蓄在收入中的比重随收入的增加而不断增加。如果投资能够自动地与储蓄相等,则收入和就业水平将不断趋于上升,直到充分就业为止。但由于资本边际效率和利率方面的原因,投资并没有自动地与各种收入和就业水平上的储蓄相平衡的功能,结果收入和就业水平便只能趋向某一非充分就业的水平,在该水平上,投资与储蓄相平衡。

五、资本边际效率与预期

凯恩斯认为,在决定投资需求的两因素中,资本边际效率是比利率更重要的因素。决定资本边际效率的主要是两个因素:资本设备的供给价格和资本设备的预期收益。

供给价格并不一定等于现时的市场价格,它是保证该资本品能重新生产出来的最低价格,所以供给价格又可称为重置成本。

资本设备的预期收益,只能依靠推测,这种推测一是要依据现有的事实,主要是目前各类资本以及一般资本的数量和还有哪些消费品工业需要增加资本设备。推测的另一个根据就是对未来所作的长期预期,主要是对未来资本的类型及数量、消费者的偏好、有效需求的强度等因素的预期。长期预期还不仅是对上述各种因素的预期,而且还包括这些预期的信任程度。他强调,对这些预期的信任程度是决定资本边际效率的重要因素之一。而这种信任程度首先取决于一条成规,即除非预料到今后将有变化,否则便假定现在的状态将无限延续。除了这条成规以外,信任程度还受到各种不稳定的投机因素的影响以及投资者的心理情绪波动的影响。

凯恩斯认为,长期预期是决定收入和就业水平的重要因素。以往的预期通过转化为耐久的资本品而参与决定了今日的收入和就业水平,今日的预期又以同样方式影响来日的收入和就业水平,特定时间的收入和就业水平实际上是以往许多预期与该时间的预期一同决定的。

在《通论》中,凯恩斯实际上分析了资本边际效率的两种变动:一种是由于资本数量的变化所引起的变动;另一种是在资本数量一定时的变动(可称之为资本边际效率表的移动)。

在图 40-4 中,第一种变动表现为当资本量由 A 增加到 B 时,资本边际效率沿曲线 r_1r_1 由 a 减至 b。第二种变动表现为当资本量既定为 A 时,资本边际效率因曲线由 r_1r_1 上移至 r_2r_2 而由 a 升至 c。第一种情况是指一定时间中随着资本数量的增加,在短期中资本的供给价格会上升,在长期中资本的产出物的价格预期会下降,于是预期收益下降,从而资本边际效率趋于下降。这种资本边际效率随资本数量增加而减少的现象可称作资本边际效

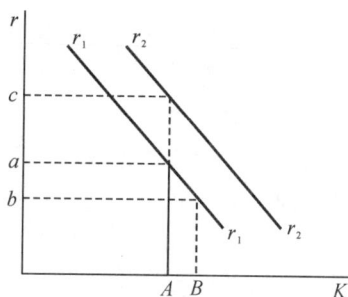

图 40-4

率递减规律。第二种变动则主要由长期预期(包括信任程度)的变化引起,它是

导致经济波动的重要源泉,下面将进一步分析。

由于资本边际效率递减规律的存在,使得投资很难随储蓄的增加而一直增加下去,除非利率在资本边际效率下降的同时也同样下降。资本边际效率递减规律,是继边际消费倾向递减规律之后,造成有效需求不足的第二个原因。

并且凯恩斯还提到,今日投资不足,将无法提高今日的收入水平;今日投资充足,将增加来日的困难。因为投资增加虽然提高了今日的收入水平,但来日的供给能力也因今日投资的增加而增加。在边际消费倾向递减规律的作用下,这意味着来日充分就业条件下的储蓄将在绝对量和比重上更大,从而必须有更大的投资需求。但投资需求的增大却受到资本边际效率递减规律的限制。

六、货币利率的决定、流动偏好与货币数量

按照凯恩斯的看法,在一定时间内,当资本的边际效率表一定时,企业主们将把投资扩张到边际效率等于利率的程度。如图 40-5 所示。

资本边际效率表现在是投资需求曲线 rr。当利率为 i' 时,投资为 I',其边际效率等于利率 i'。因此当利率下降时,既定的资本边际效率表将导致更大的投资需求。可见,利率是决定投资需求的又一因素。

凯恩斯认为,利息是放弃流动性偏好的报酬。所谓流动偏好就是人们对具有流动性的资产形式的偏好。"流动性"指某种资产转换为其他资产形式的难易程度,难者为流动性小,易者为流动性大。显然货

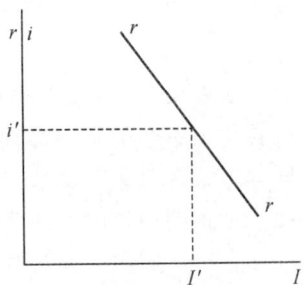

图 40-5

币具有最大的流动性,所以流动偏好就是以货币形式保存资产的偏好,放弃流动偏好就是以非货币形式保存资产,而这将为资产所有者带来许多不便,尤其是不能尽快地、及时地按资产所有者的意愿转换资产形式。因此放弃流动偏好就必须要有利息作为报酬。把利息看作是放弃流动偏好的报酬,意味着他把利息看作是一种货币现象。

凯恩斯把利率的功能看作是一种使货币供求相等的"价格",认为利率的决定取决于流动偏好(对货币的需求)和货币数量(货币的供给)。

凯恩斯认为流动偏好取决于三种心理动机:交易动机、谨慎动机和投机动机。前两种动机所引起的货币需求与收入水平和货币流通速度有关,与利率的关系不直接。利率的变动是通过影响收入才影响这两种动机支配的货币需求的。货币流通速度取决于银行及工商业的组织结构、社会支付习惯、收入分配格

局以及持有货币的机会成本,这些因素在短期中是变化不大的,从而流通速度在短期中也是稳定的。因此在短期中决定前两种动机所支配的货币需求的主要是收入水平。收入水平越高,则交易所需货币量也越大,故货币需求也越大。

投机动机所引起的货币需求取决于实际市场利率与投机者的预期利率。市场利率的提高意味着证券价格的下降,从而持有现金的机会成本增加,因此较高的市场利率通常总是对应较低的货币需求。如图40-6中,当市场利率由 i_1 升至 i_2 时,货币需求(M_d)由 a 降至 b。对应不同的市场利率,有不同的货币需求,由此构成一流动偏好表,反映在图40-6中就是曲线 l_1l_1 和 l_2l_2。投机者利率预期的变化,将引起流动偏好

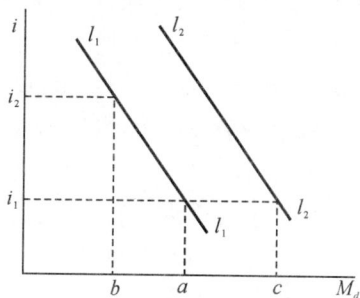

图 40-6

曲线的移动,当预期利率将上升(即证券价格将下降)时,投机者们将倾向于做空头,抛出证券持有货币,以便日后市场利率果然上升时再做多头,低价购进证券,从一出一进中获取纯收益。如图40-6所示,当市场利率为 i_1 时,若人们普遍预期利率将上升,则货币需求将由 a 增至 c,由此可知,市场利率的变化使人们的货币需求沿曲线 l_1l_1 变化,而预期的改变则使人们的货币需求因曲线移动而变化。

凯恩斯强调指出,由投机动机所引起的货币需求,归根结底起因于人们对未来利率水平的不确定。如果没有这种不确定性,人们将普遍以不同期限的债券来代替货币以保持资产。

根据货币需求对收入和利率的上述依存关系,凯恩斯认为流动偏好是一个表明了货币需求对收入和利率的依存关系的函数,这个函数又可称之为货币需求函数:

$$M_d = M_{d1} + M_{d2} = L_1(y) + L_2(i) = y/V + L_2(i) \tag{40.8}$$

式中,V 为货币流通速度;L_1 为对货币的交易需求;L_2 为对货币的投机需求。

凯恩斯认为,在货币供给量一定时,若收入提高了,对货币的交易需求将增加。这时利率将提高,因为只有提高利率,才能使投机所需的货币适应于交易需求的增加而相应减少,使货币的需求和既定的供给依然保持平衡。由此可知,在货币供应量一定时,利率将随收入的提高而提高,这就阻碍了投资需求的增加。

由于随着收入的增加,边际消费倾向递减,资本边际效率下降,流动偏好增加,利率提高,这就使消费需求和投资需求都不可能随收入的增加而自动增加,

这就造成有效需求不足,造成非充分就业的均衡的收入和就业水平。

那么货币供给量的增加是否会降低利率从而刺激投资增加有效需求呢?凯恩斯认为,一般情况下增加货币供给量确有降低利率的作用,因为只有利率降低了,才会使收入增加,引起货币的交易需求增加;才会使货币的投机需求增加。结果货币需求的总增加量与货币供给的总增加量相等,货币供求达到新的平衡。但在某些条件下,货币供给量的增加并不能起到降低利率及增加国民收入和就业水平的作用,当利率低到某种超过常规的程度,以至人们普遍预期利率将上升(证券价格下降)时,流动偏好会变得无穷大,形成所谓的流动陷阱,无论如何增加货币供给量,都无法使利率再进一步降低。另一种可能是,即使货币供给量增加使利率下降了,若资本边际效率下降得更快,则货币供给量增加依然不能增加有效需求。第三种可能是货币供给量增加通过降低利率而增加了投资,但若消费倾向下降了,则总有效需求还是不能增加。根据上述这些可能发生的情况,凯恩斯认为单凭中央银行的货币政策不一定能增加有效需求,消除非自愿失业的现象。

在对利率的决定及利率对投资的影响作了上述分析之后,凯恩斯在《通论》第十七章中进一步探讨了利息与货币的特性,回答了三个问题:是否只有货币才有利率?货币与其他资产的区别何在?在非货币经济中情形如何?

凯恩斯认为,并非只有货币才有利率,任何一种耐久商品,如铜、房屋、麦子以至钢铁厂,都有利率。它们的利率等于期货价格与现货价格之差除以现货价格。他进一步认为,各种耐久商品都可用来作为标准,衡量资本品的边际效率。两种不同的标准所计算的资本品的边际效率,会因为作为标准的两种商品之间的相对价值变动而变动。但这种变动并不会改变不同资本品的边际效率的大小顺序。

凯恩斯认为,货币与其他资产的区别在于它供给的价格弹性低,替代的价格弹性小,保藏费用低,流动升值高,从而货币的资产边际效率下降得最慢。所谓供给的价格弹性低,是指若金融当局不增加货币供应,则货币价值提高时,雇主们并不能用其所雇劳动力来增加生产。所谓替代的价格弹性小,是指货币价值提高时,人们不能用其他物品来替代它;而其他资本品若价格提高了,人们迟早总会找到替代品。所谓保藏费用低,是指它在保藏过程中不大会有损耗,也不会像其他资本品那样需要大笔的仓储费用。所谓流动升值高,是指货币的流动性强,具有处置的便利和潜在的安全。由于上述特征,当各种资产数量增加时,其他许多资产本身的边际效率都不断下降,唯有货币的边际效率下降得最慢,结果当其他各种资产的边际效率下降到与货币的边际效率(利率)齐平时,各种资产的数量便不再增加,人们将主要选择货币作为资产储存,从而产量和就业就受到了货币利率的限制。

凯恩斯认为，在非货币的经济中，也依然会有某种边际效率下降最慢的物品，这种物品的利率便成为产量和就业扩大的障碍。因此，真正妨碍充分实现就业的并非货币，而是各种形式资产的边际效率的降低速度有快慢。

七、乘数理论

凯恩斯认为，一笔投资增量会引起一笔收入的增量，收入增量与投资增量之间的比值，就是投资乘数。同样，一笔投资也会引起就业的增量，两者之间的比值就是就业乘数，在短期中，就业乘数等于投资乘数。

凯恩斯认为，投资乘数等于边际储蓄倾向的倒数，或1减去边际消费倾向的倒数。其简单的推导如下：

$$\Delta y = \Delta c + \Delta I$$
$$1 = \Delta c / \Delta y + \Delta I / \Delta y$$
$$\Delta y / \Delta I = 1/(1 - \Delta c / \Delta y)$$

从经济机制上讲，一笔投资增量最终必定要引起一笔收入，其中的储蓄正好与投资相等，以便实现宏观均衡。这样一笔收入必定等于储蓄（与投资相等）除以边际储蓄倾向。因此这笔收入与它所引起的储蓄之比（也就是这笔收入与投资之比）必定等于边际储蓄倾向的倒数，而边际储蓄倾向又等于1减去边际消费倾向的差，于是乘数便如上述定义。

凯恩斯认为，投资增量要起到增加收入和就业的作用，是需要一些前提条件的，一是消费品生产行业各部门资本设备既定，且都有闲置，二是有非自愿失业的存在。如果这两个条件都不具备，经济已经达到充分就业，则投资的进一步增加不会按乘数增加收入（实际产量），只会引起物价水平的上涨。如果仅仅第一个条件不具备，投资的结果需要消费品生产部门增加资本设备，则初始投资对收入和就业的影响便不能完全用乘数来解释了。

凯恩斯还指出，虽然穷国比富国有更大的边际消费倾向从而有更高的乘数，但由于穷国的平均消费倾向也大大高于富国，从而投资增量大大低于富国，所以穷国利用乘数原理通过投资来增加收入的可能性并不比富国大。他还指出，在一个国家中，在商业循环的不同阶段上，边际消费倾向从而乘数也会有所不同。一般在失业严重时乘数值较大，而在接近充分就业时则较小。

八、商业循环理论

凯恩斯认为，商业循环主要是由于投资率波动，而投资率的波动又主要由于资本边际效率的变动。当繁荣趋向顶点时，对于资本品工业的逐渐加强的巨大需求压力,导致资本设备的重置成本的提高。这是造成资本边际效率趋于下降的一个原因。更为重要的原因是由于趋向繁荣的过程中,资本品逐渐丰裕,从而边际生产率趋于下降;同时过多的资本品使得维持充分就业所需要的新投资机会日益减少。在这样一种客观背景下面,雇主们的悲观预期油然而生,迅速蔓延,成为降低资本边际效率的主要因素。

资本边际效率一旦崩溃,人们的流动偏好随即增强,利率随之上升,于是在下降的资本边际效率和上升的利率的两面夹击下,投资锐减。同时,若资本边际效率下降得很厉害,则边际消费倾向也要受到不利影响,结果消费需求也由此而下降(而本来是需要它提高以抵消投资的下降的)。

投资需求和消费需求的下降导致萧条。凯恩斯认为从萧条到复苏主要依存于资本边际效率的复升。所以资本边际效率复升的快慢,便决定了复苏的快慢,而资本边际效率复原的快慢,主要依存于:(1)耐久资本品平均寿命的长短,平均寿命越长,设备更新越慢,则复苏越不易于出现;(2)人口增加的情况,人口增加越慢,则复苏越不易于出现;(3)存货情况,过剩存货越多,则复苏越不易于出现,并且大量过剩存货的存在还将使政府举债支出的扩张效果被抵消;(4)折旧率的高低,折旧率越高,越是超出正常重置的需要,则储蓄越多、消费越少,越不利于复苏的早日到来。

凯恩斯认为,尽管可能存在着种种阻碍或延迟复苏到来的因素,但随着时间的推移,过剩存货终将告尽。设备又由于使用、折旧、损毁贬值而变得稀少起来,于是资本边际效率重又提高,投资开始增加,复苏逐渐出现,并趋向繁荣。

凯恩斯强调指出,从繁荣折向萧条,并非因为资本品真正已多到社会全体无法合理运用的程度,而是因为投资者处于不确定的环境中对未来的预期不能实现。

凯恩斯认为,为了避免商业循环,最好的办法是双管齐下,即一方面设法由社会来统制投资量,防止资本边际效率的突然崩溃;另一方面用各种政策(包括收入再分配)来增加消费倾向,同时提高投资和消费,以防止萧条的突然到来。如果在统制投资或消费倾向方面没有什么良策,则可以采取控制利率的政策,当经济趋向繁荣时使利率高至阻碍最过火的乐观主义者,防止出现繁荣过度以及随后到来的深度萧条,即用利率为手段来缓和经济波动的幅度。但总的说来,他更主张采用财政政策而非货币政策来熨平波动。

九、物价理论

凯恩斯的物价理论不是研究相对价格如何决定,而是研究一般物价水平如何决定。他认为,以前把经济学分为价值论、分配论和货币论两大块是错误的。

正确的区分应当是关于一厂或一业的理论与社会全体的产量论及就业论。从这一思想出发,他认为,在短期中,一般物价水平的决定和一个行业中的产品的价值决定一样,也是部分取决于边际成本中各生产要素的价格(主要是工资率),部分取决于生产规模(即就业水平)。而就业水平按凯恩斯的观点是取决于有效需求的,因此有效需求的高低也就是影响一般物价水平的部分因素了。

凯恩斯对以往的货币数量论提出了异议,但并不是抛弃之,而是指出它能够成立所需要的各种条件。他认为在设备与技术都不变的短期中,货币数量是通过影响工资单位和就业量这两条渠道来影响一般物价水平的。他提出,在短期中,只有具备了下述四个前提条件,货币数量论才可以有一个正确的表述。这四个条件是:(1)边际成本中各要素的报酬同比例变动;(2)同类的失业资源效率相同,不同类失业资源可替换;(3)各要素只要尚未全部就业,便不要求货币收益增加;(4)有效需求与货币数量同比例变化。当具备如此条件时,则货币数量的增加在非充分就业时,保持物价不变而产品供给有完全弹性;在充分就业后,产品的供给弹性为0,物价与货币同比例增加。

凯恩斯进一步指出,上述四个前提条件在现实生活中是不具备的,因此传统的货币数量论认为物价与货币数量之间存在简单的比例关系的想法是过于简单了。他给出了反映物价与货币数量之间关系的弹性公式:

$$e = e_d(1 - e_e \cdot e_o{'} + e_e \cdot e_o{'} \cdot e_w)$$

$e = dP/dM \cdot M/P$,即物价的货币弹性;$e_d = dD/dM \cdot M/D$,即需求的货币弹性;$e_e = dN/dD \cdot D/N$,即就业的需求弹性;$e_o{'} = dO/dN \cdot N/O$,即产量的就业弹性;$e_w = dW/dD \cdot D/W$,即工资的需求弹性,由该式可知,当上述四个条件具备时,若是非充分就业状态,则 e_e 和 $e_o{'}$ 分别等于 1,e_w 等于 0,e_d 等于 1,结果 $e = 0$,若是充分就业状态,则 e_d 等于 1,e_e 等于 0,结果 $e = 1$,即物价和货币数量同比例上升。若上述四个条件不具备,则在非充分就业状态中,e 的值就不是那么简单地等于 0。

根据上述见解,凯恩斯给出了关于通货膨胀与半通货膨胀的定义,即当有效需求再增加(即货币数量再增加)时,已无增加产量之作用,仅使成本单位作同比例上升时,就是真正的通货膨胀;当未达充分就业时,有效需求上涨会引起一系列的"瓶颈",在克服这些瓶颈的过程中,一方面产量增加,同时物价也由于成本上升而增加。产量和物价都上涨,便是半通货膨胀的特征,半通货膨胀的又一特征是产量增加时工资单位和物价都上涨,但前者不及后者上涨之比例,原因在于工资单位的上涨往往是非连续性的,也在于边际报酬递减规律的存在。

凯恩斯认为,上述见解主要是关于短期的立论,而在长期中,物价稳定与否,须看工资单位(更精确说是成本单位)的上升速度与生产效率的增长速度之间的关系。一般说来,长期中的物价总是上涨的,因为货币丰裕时,工资单位会因此而上涨;货币稀少时,工资单位却不易下降,这时社会总会通过其他办法来增加货币量。

概括地讲,在凯恩斯看来,在短期中,物价定于工资单位和就业量的高低,货币数量变动是通过影响它们才对物价发生作用的。在未达充分就业时,货币数量变化既作用于物价也作用于产量;而在充分就业后,货币数量变动则完全影响物价。在长期中,物价的变动定于工资单位的增长率与生产效率的增长率之比,但总趋势是上涨,货币是通过影响工资单位增长率来影响物价的。

十、关于国际贸易的看法

凯恩斯对重商主义的通过外贸顺差获取货币金银的主张,作出了与古典经济学不同的评价。他指出,贸易顺差意味着对外投资,因此具有扩大有效需求,从而增加就业和收入的作用,而贸易顺差所造成的货币金银的输入,又意味着国内货币增加,有助于降低利率,刺激国内投资。但如果利率下降所导致的总需求扩大引起工资单位的上升,造成物价的上涨,将对外贸差额产生不良影响。另一方面,若国内利率下降至低于别国利率的水准,则将刺激对外贷款,发生货币金银外流的危险。

凯恩斯认为,虽然贸易顺差对于提高国内的就业和收入水平有上述好处,但各国应当尽量通过扩大国内需求来提高收入和就业水平,不应该过分依靠贸易顺差。因为一国的顺差便是别国的逆差,用顺差来消灭失业也就意味着将失业输出,并且各国追逐出口顺差的结果,势必引起贸易限制,结果大家都未必能实现预期目的,大家都遭受损失。

十一、工资理论

凯恩斯概括了古典学派工资理论的两大论点:(1)真实工资等于劳动的边际产品;(2)真实工资的效用正好等于劳动的边际负效用。他接受了第一个论点,但依据存在非自愿失业的事实,否定了第二个论点。他认为,并不是劳动市场供求均衡时的真实工资水平决定就业量;相反,是有效需求所决定的就业水平在决定着真实工资。它等于该就业量的劳动边际产物,高于该就业量的边际负效用(非充分就业时)。

根据就业水平决定真实工资的见解,凯恩斯认为,劳资双方关于货币工资的争执,主要作用是决定如何将既定的真实工资总额分配于各劳工团体,即决定各劳动团体中个人的相对真实工资,而不在于决定平均真实工资。

　　凯恩斯认为,货币工资的变动,并不会直接影响到就业,它对就业的影响要视它对有效需求(消费和投资)的影响而定,而这种影响的结局是相当复杂、难以确定的。以货币工资减低为例,首先,物价会因此而下降,导致真实收入的重新分配,从工资阶级转移到其他要素所有者,从雇主阶级转移给利息阶级。这将减低整个社会的消费倾向。其次,物价因货币工资减低而下降后,有可能增加出口,增加就业,但贸易条件会趋于恶化。第三,货币工资减少,物价降低,会降低流动偏好表,从而减低利率,促进投资。第四,货币工资减少,物价降低,加重雇主的债务负担,不容易确立雇主对未来的信心,降低资本边际效率。第五,货币工资减少会产生各种预期,如进一步减少的预期和不再减少的预期,从而对资本边际效率产生不定的影响。第六,货币工资减少往往引起工人的反抗,从而不利于确立雇主的信心。综上所述,货币工资降低对有效需求从而对就业的影响是非常不确定的。这种不确定的影响,使凯恩斯强调在短期中不宜用伸缩性的工资政策来实现充分就业的目标,而应当用伸缩性的货币政策;或者说,应当使货币工资稳定,使物价上升,通过物价上升来降低真实工资,增加就业。

　　凯恩斯认为,在长期中,可以有两种政策:一是令货币工资稳定,让物价随技术与设备的进步慢慢下降;二是令物价稳定,让货币工资慢慢上涨。他赞成后一种政策,因为这种政策会造成未来工资会上涨的预期,这种预期有助于实现充分就业。同时,这后一种政策比第一种政策更有助于逐步减轻雇主的债务负担,有利于社会;有助于劳动力从衰退行业转向兴旺行业,有助于对劳动者造成一种心理上的鼓励。

十二、对自由放任的私人企业制度的批判

　　凯恩斯认为,自由放任的私人企业制度最大的弊端有两条:一是不能实现充分就业;二是财富与收入的分配太不公平。同时,后一种弊端通过降低消费倾向而加重第一个弊端。虽然正视了自由放任资本主义的弊端,但凯恩斯并不主张消灭私有制。相反,他认为私有财产制度对于保持经济的效率和个人的自由是不可少的。他只是主张,必须抛弃自由放任的主张,实行国家干预,国家一方面干预收入分配,促进收入均等化提高消费倾向,另一方面对投资进行社会控制,以保证足够的投资需求。国家干预投资的结果是,短期内有助于实现充分就业,长期中使整个社会的资本存量逐渐增加。在资本存量渐增的同时,政府设法使利率也相应地下降。如此经过一个足够长的时间,资本的边际效率将降至 0,社会将不再有人获得财产收益,食利者阶级将逐渐消亡。但个人仍然可以自由地使用自己的体力和脑力,同时由于经济生活仍然存在着不确定性,企

业家仍然有用武之地,资本主义的各种弊端将由于国家干预经济生活而逐渐消除,但资本主义的优点将持续保存。

第六节　凯恩斯《通论》的革命性质

在《通论》发表之前,西方经济学的主流是以马歇尔为代表的新古典经济学,在所研究的问题上,实际上是继承了李嘉图以来的(包括边际革命的)传统。这个传统的基本特征就是不重视,甚至不讨论国民收入总量的决定问题,把充分就业的收入水平当作不言而喻的前提,考虑既定资源的配置和国民收入的分配问题。可以说新古典学派的理论主要是一种在自由放任的市场机制下稀缺资源的配置理论,是一种微观经济学。当然新古典学派也并非完全忽视现实生活中时常出现的非自愿失业现象,例如马歇尔的嫡传、剑桥大学的庇古教授,就已经在其 1914 年发表的《失业论》中,谈到了非自愿失业的存在。[①] 但他把它看作是市场机制受到破坏,货币工资缺乏向下弹性的结果。

新古典学派的资源配置理论,一方面以充分就业状态为分析前提。因为若就业是不充分的,就无所谓资源的稀缺性,配置问题也就不再存在,不再有分析研究之必要。另一方面,充分就业状态的收入水平,充分就业状态下的宏观经济均衡(总供给等于总需求)又是资源配置理论所蕴含的结论。因为按这一理论,劳动市场的供求力量自发作用的结局是实现充分就业、带来充分就业的产量水平(或供给水平);而按照供给决定需求的萨伊法则,充分就业的产量水平会自动形成相应的需求。同时,按照新古典学派的资源配置理论,资本市场中的利率会自动调节,使充分就业时的投资等于储蓄,实现充分就业的均衡。

在研究方法上,新古典经济学把经济现象区分为实物的和货币的两个方面,把货币仅仅看作是价值尺度和交易媒介,忽视其作为价值储存的职能,因此货币的存在并不妨碍萨伊法则的成立,从而并不影响国民收入的决定,它仅仅是影响一般物价水平的因素。

凯恩斯的《通论》不是新古典经济学的自然延伸,不是在承认新古典理论的所有基本前提下对新情况作出新的结论,而是根本改变某些前提,革新旧的推论方法,考虑过去不予考虑的因素,提出新的研究课题。因此它不是理论发展过程中渐变意义上的递进,而是突变,是西方经济学的主流在发展过程的"中

---

① 庇古:《论失业问题》,商务印书馆 1960 年版,第 3,97,111 页。由该书可知,非自愿失业的概念并非由凯恩斯在 1936 年出版的《通论》中所首创,它起码在 1914 年就已经为庇古所提出了。

断"。西方经济学家把《通论》的出版称作是经济学发展过程中的革命,并认为这场革命包括两个方面,或者说有两个革命,一个是经济理论上的革命,另一个是经济政策上的革命。①

凯恩斯在经济理论上的革命包括如下几个方面。

一、提出经济学新的研究课题

各种宏观总量的决定机制,即宏观经济学问题。凯恩斯《通论》发表以前,新古典学派关于宏观经济的论点是蕴含在他们的微观分析之中,并没有形成一个独立的与微观分析相并行的研究课题。瑞典学派创始人威克塞尔于1898年发表的《利息与价格》,只是探讨了一个宏观总量——物价水平的决定,并没有全面地探讨宏观经济问题,而且也是把充分就业作为分析前提。凯恩斯在《通论》中实际上已经接受了系统论的基本命题:整体不等于部分的简单总和。他在论证过程中提出了宏观与微观的差别,指出新古典学派把微观中成立的结论直接推广到宏观上去是错误的。② 他明确意识到宏观经济学与微观经济学的区别,提出经济理论应当分为两部分:"一面是关于一厂或一业之理论,研究如何把一特定量资源分配于各种用途,其报酬为如何等;另一方面是适用于社会全体的产量论及就业论。"③可以说,《通论》是建立当代宏观经济理论的最重要的尝试。

二、提出有效需求决定收入水平、就业水平的见解

最早提出有效需求对收入水平的决定作用的是马尔萨斯。马尔萨斯在与李嘉图、萨伊等人的论战中,反对萨伊法则,提出有效需求不足会造成暂时性的普遍过剩和长期萧条,造成失业,降低收入水平。但马尔萨斯关于有效需求的观点并没有受到后人的重视,萨伊法则一直占据统治地位。凯恩斯的《通论》可以说是重新发掘了有效需求概念,给流传一个多世纪的萨伊定律以有力的批驳。

三、建立消费函数

在新古典学派那里,消费是利率的递减函数,利率通过决定储蓄而影响消费。在马尔萨斯那里,虽然有效需求主要是指消费需求,但他并没有把收入水

---

① 詹姆士·米德:《凯恩斯革命》,载米洛·凯恩斯:《关于约翰·梅纳德·凯恩斯的论文集》,剑桥大学出版社1975年版,第82页。

② 参阅凯恩斯:《通论》,商务印书馆1977年版,第23—24页。

③ 参阅凯恩斯:《通论》,商务印书馆1977年版,第249—250页。

平当作是决定消费需求的主要自变量。凯恩斯在《通论》中把收入水平作为决定消费的主要自变量,建立了消费函数,并提出边际消费倾向大于 0 小于 1,提出边际消费倾向递减律。这样,消费不足的原因便得到了新的说明。消费函数的提出,对建立乘数理论有重要影响,因为没有消费函数,就没有边际消费倾向,那么乘数的数值只有臆测。如果乘数数值不能用经济学概念来说明,只能通过臆测的话,那么乘数理论便缺乏说服力。所以说,虽然乘数概念并非凯恩斯所创,但乘数理论的建立,却与他极有关系。消费函数的建立使乘数得到说明,即它只不过是边际储蓄倾向的倒数。美国经济学家汉森认为,消费函数是凯恩斯对经济理论的重要贡献之一。①

四、指出非充分就业均衡的存在

在凯恩斯《通论》发表之前,已有不少经济学家研究了现实生活中存在的经济周期现象,研究了在周期的萧条阶段存在着的失业现象。但一般观点认为收入和就业偏离充分就业水平的现象是经济偏离均衡的结果,一般不承认非充分就业均衡的存在。这种观点之所以流行,是因为瓦尔拉斯的一般均衡体系指出,在竞争条件下,虽然会出现偏离充分就业均衡的现象,但任何偏离了这一均衡的状态,都是非稳定的状态,其自发趋势都是趋向均衡。这就是瓦尔拉斯一般均衡的稳定性。凯恩斯则指出,宏观经济的均衡,总储蓄与总供给的相等,可以在劳动市场并未均衡时达到,即存在着非瓦尔拉斯式的均衡。之所以如此,是因为决定储蓄和投资的因素是不同的,并不像新古典学派所认为的那样是取决于同一个因素——利率。储蓄主要取决于收入,收入通过决定消费来决定储蓄,而投资则是由其他因素决定的。因此在充分就业时由收入所决定的储蓄,往往找不到与其相等的投资,因为利率不可能下降到如此程度,使投资大到与充分就业时的储蓄相等。② 把收入水平看作是决定储蓄的基本变量,也是凯恩斯与瑞典学派的一大区别,因此也是《通论》与他深受威克塞尔影响的《货币论》的一大区别。

五、节俭有害论

从亚当·斯密一直到马歇尔,西方经济学的主流一直把消费当作是与储蓄从而与资本积累相对立的因素,其隐含前提就是充分就业。显然,在充分就业条件下,消费的增加只能以储蓄从而资本积累的减少为前提。因此,消费是不

---

① 参阅汉森《凯恩斯学说指南》,商务印书馆 1963 年版。
② 参阅克莱因:《凯恩斯的革命》,商务印书馆 1962 年版。

利于家庭和国家财富增加的因素,而节俭是美德。并且收入分配的巨大不平等也因其能增加储蓄从而促进资本积累而具有合理性。而凯恩斯指出了非充分就业状态的存在。在这种状态下,由于消费需求会增加国民收入,因此只要边际消费倾向小于 1,则消费的增加便同时会引起储蓄的增加,从而引起资本积累的增加。相反,消费的减少将由于减少了收入而减少储蓄。因此凯恩斯便认为对一个国家来说,如果处于非充分就业状态,则节俭并非美德,相反会导致贫困。可以说凯恩斯对消费和节俭的经济功能有了全新的认识,这就是它们在充分就业状态下和非充分就业状态下,其功能是不一样的。在非充分就业状态下,消费增加可以增加国民收入,可以增加资本积累,消费可以致富,节俭反而致贫。因此,能增加储蓄的收入分配不均等便不再有存在的合理性。

六、新的就业理论

在新古典学派那里,就业取决于劳动市场的供求力量,取决于劳动市场的结构性质以及是否有完全竞争,而收入水平则是由就业水平所决定的,就业是自变量,收入水平是函数。凯恩斯则认为,就业和收入都是有效需求的函数,有效需求才是决定就业水平的决定性因素。在新古典学派的庇古等人看来,非充分就业是由于劳动市场的竞争不完全,货币工资缺乏弹性。而在凯恩斯看来,货币工资的刚性固然有碍于充分就业的实现,但弹性的货币工资并不能一定保证充分就业,因为萧条时货币工资的下降引起工人收入减少,从而降低整个工人阶级的消费需求。即使雇主的收益因货币工资下降而上升,由于其边际消费倾向低于工人,所以社会的总消费将减少,消费减少对于就业的增加显然是不利的,个别企业或行业中货币工资的减少会促使雇主增加雇佣量(这是以总需求不变为前提的)。但普遍的降低货币工资却不会使就业增加。

七、新的利息理论

在新古典学派那里,利息被看作是节欲(延迟消费)的报酬,利率被看作是借贷资本的价格,是借贷资本的供求所决定的。凯恩斯用消费函数说明了储蓄主要取决于收入而非利率,结果就面临着重新说明利息和利率的任务。他解决这一任务的方法便是把利息利率说成是一种与货币而非资本有关的现象,这也是他与瑞典学派的又一大区别,同时也是《通论》与他的《货币论》的又一大区别。他把经济生活中的预期和不确定性现象引进了经济分析。他认为,利息不是节欲(延迟消费)的报酬,而是放弃流动性即暂时放弃货币的报酬,而人们之所以要在有报酬的情况下才肯暂时放弃货币,是因为货币不仅具有新古典学派所承认的价值尺度和交易媒介的职能,还具有价值储存的职能,而人们之所以要通过不盈利的货币来储存一部分财富,是因为人们对未来的预期具有不确定性,正是这种不确定性,使人们认为用货币形式来保持一部分财富要胜过以其他形式来保持财富,因为它能够使人们非常灵活地随时变动自己的财富结构,既避免风险又获得收益。未来的不确定性使持有货币成为必要,使暂时让渡货币要收取报酬。而利率就决定了这个报酬的大小,利率的大小则取决于货币的供求。于是由预期的不确定性引起的持有货币的行为,便影响到利率进而影响投资,同时,预期的不确定性也直接影响到厂商的投资决策。由于投资取决于预期的收益率,而预期带有不确定性,因此厂商的投资决策往往不是以理性选择为基础,而是以推测、惯例以及模仿为基础,结果造成投资往往不能与一定收入下(尤其是充分就业收入下)的储蓄相均衡,并且常常发生巨大的波动。

把不确定性引进经济分析,实在是从根本上摧毁了萨伊定律。在凯恩斯之前,一些非主流的西方经济学家往往只是诉诸直观来否定萨伊定律,用现实中存在的失业来否定萨伊定律。实际上萨伊定律能够成立所依赖的正是确定性。因为在一个未来具有确定性的世界中,经济人是没有必要持有货币来保存财富的。货币不具有价值储存功能,它将真正是实物经济中的面纱,仅仅充当价值尺度和交易媒介。同时,储蓄作为一种延期消费,也必然造成同等数量的投资,它所带来的产出将正好被延期的消费吸收完毕。于是产品的供给必定自动导致需求,卖自动导致同样数量的买。而在一个未来具有不确定性的世界中,如上所述,保存货币便成为经济人的合理行为了,投资在不确定预期的支配下也不再会自动等于储蓄了,卖就不再自动导致同样数量的买了。

强调不确定性对人们经济行为的影响,就能立即发现货币具有在确定性世界中所未曾有的功能,即价值储存的功能。依此而建立起来的货币的利息理论,就成为沟通经济的实物理论和货币理论的渠道,未来不确定世界中的货币不再仅仅是实物关系的面纱,而是影响到实物关系的。因此,把经济分为实物方面和货币方面,把经济理论分为实物理论和货币理论的传统的两分法,就此告终了。把不确定性引进经济分析,强调货币(更一般地讲,是强调流动升值降低最慢的财富形式)对经济的实物方面的巨大影响,从而结束自亚当·斯密以来的传统二分法,是凯恩斯在《通论》中对经济理论的又一重大贡献。[①]

八、新的物价理论

在新古典学派那儿,物价水平取决于货币数量。因此在货币数量一定时,

---

① 参阅狄拉德《货币经济理论》,载肯尼斯·栗原:《凯恩斯学派经济学》,商务印书馆1964年版。

货币工资下降不会引起物价下跌。这种论点的政策含义便是可以通过降低货币工资而增加就业。凯恩斯认为在非充分就业状态下，物价水平定于货币工资率，因此后者的降低将导致前者同比例的下降，所以用降低货币工资率并不能刺激厂商增加产量增加就业。

以上简介了凯恩斯《通论》在理论上的革命。从上述理论上的革命可以看出，新理论在逻辑上的起点是两条，消费函数和预期的不确定性。从这两点出发，整个新理论的主要论点都可推演出来。对此，凯恩斯在他 1937 年所写的一篇论文《就业的一般理论》中作了明确的说明。这两点也分别由美国经济学家汉森在《凯恩斯学说指南》一书和狄拉德在《货币经济理论》一文中指出，而新理论的中心论点则如美国经济学家克莱因在《凯恩斯的革命》一书中所指出的，在于强调自由放任条件下，即使存在完全竞争（工资非刚性），储蓄与投资也不会在任何产量水平下相等，尤其不会在充分就业水平下相等，因此非充分就业的宏观均衡状态低于充分就业的收入水平，是完全可能并经常出现的。

九、革命与传承

当然，凯恩斯的经济理论体系与新古典理论也并非绝缘，在强调他的理论的突变性质时，也不能忽略他与新古典理论相连续的一面。他自己就认为新古典理论并非全无道理，只不过是他通论的一种特例。当国家对经济的总量进行管理之后，新古典理论还是可以成立的。[1] 不仅如此，不仅在理论内容上两者存在着相通之外，在分析方法上，凯恩斯也多有得益于新古典学派之处。凯恩斯继承了新古典理论重视心理因素的传统，这表现在他对消费倾向、资本的预期收益、商业周期的成因等问题的分析中，新古典理论的边际分析方法、均衡分析方法也是他进行总量分析的工具。资本边际效率递减便是他运用边际分析得出的结论。新古典的均衡观念使他认为，"就业量决定于总需求函数与总供给函数相交之点"[2]。在这些方面，新体系与旧传统之间表现出一定的连续性。

在 20 世纪 30 年代，像凯恩斯那样主张国家干预的经济学家在美国已经存在。1933 年开始，罗斯福和希特勒事实上都已经开始对经济进行国家干预，但美国和德国都未能产生类似于凯恩斯《通论》的理论体系。《通论》所表达的思想出自受新古典理论熏染几十年的凯恩斯之手，虽然是一曲反调，但也能看到新古典学派的分析传统所起的作用。

凯恩斯在《通论》中并没有提出具体的政策实施方针。凯恩斯自己也认为，

---

[1]　参阅凯恩斯：《通论》，商务印书馆 1977 年版，第 322 页。

[2]　参阅凯恩斯：《通论》，商务印书馆 1977 年版，第 28 页。

《通论》的主旨是理论上的分析,至于理论在实际上的应用是第二位的。尽管如此,凯恩斯在政策主张上的革命还是非常引人注目的。

流行见解认为凯恩斯革命在政策上的主要表现就是主张国家干预。实际上这是不确切的,因为要求国家干预的主张,已经在19世纪末20世纪初的一些经济学文献中出现,如威克塞尔于1898年在《利息与价格》一文中提出管理通货的主张,其实质就是要求国家通过银行,运用货币手段来调节宏观经济。而在《通论》中被凯恩斯当作对手的庇古,也早在1914年发表的《论失业问题》中,要求通过国家对生产和需求的调节来减少失业。① 由此可见,要求国家干预并非凯恩斯在《通论》中的独创。《通论》的意义在于为国家干预提出了有力的理论依据,从而突出了国家干预的必要性。

凯恩斯在政策主张上的革命,主要不在于提出国家干预,而在于提出了干预的手段不应当以货币政策为主,而应当以财政政策为主,提出在萧条时期要革除传统的健全财政政策(即量入为出、收支平衡和力求节约),采用膨胀性的财政政策;扩大政府开支、实行赤字预算和发行公债。同时他认为国家干预的方向是指导投资,以消除私人投资造成的波动性;是推进收入均等化增加消费需求。收入均等化在《通论》发表以前,也曾被不少经济学家提出过,但大多是从社会公正的原则出发提出的。他通过提出节俭在未达充分就业时对财富生产的不利影响,指出依靠收入不均等来增加社会储蓄,不仅有悖于社会公正原则,也不符合增进国家财富的目标。这就不仅为收入均等化提出了伦理方面的根据,还提出了经济学方面的根据。

把国家干预的手段由货币政策转向财政政策,这才是凯恩斯的《通论》在政策主张方面革命的最主要特色。这一转变对西方经济生活以至政治生活和对西方经济理论的影响都是极为深远的。

30年代的严酷现实,使新古典经济学遭受灭顶之灾。一时间各种异端经济思想,如琼·罗宾逊所谓的各种"奇谈怪论"纷至沓来。然而随着时间的推移,其他经济思想都在舞台上消失了,而凯恩斯经济学却擢升为西方经济学的正统。这是因为它指明了西方社会向国家干预型私人企业制度发展的趋势,而该趋势又深为统治阶级所赏识。《通论》之所以能够反映这一趋势,是因为凯恩斯在一定程度上看到了私人企业制度在自由放任条件下的弊端,看到了资源不可能在自由放任条件下得到充分利用。他写道:"我们生存其中的经济社会,其显著缺点,乃在不能提供充分就业,以及财富与所得之分配有欠公平合理。"②他认

---

① 参阅庇古:《论失业问题》,商务印书馆1960年版,第11章。
② 参阅凯恩斯:《通论》,商务印书馆1977年版,第317页。

为,在自由放任条件下难以实现充分就业。他的结论是:"我们不能把决定当前投资量之职责放在私人手中。"①可以说,他认识到资本主义的最主要症状:由分配欠公平引起的总消费不足,由私人投资的盲目性投机性引起的总投资不足。这两种不足合成社会的有效需求不足,以致不能充分发挥社会所已经达到的生产潜力。从这一认识出发,他认为不能单由私人来决定经济活动的总量,而必须由社会来决定,而一旦总量由社会决定了,总量的具体构成则由私人去决定。他实际上让国家和私人在经济决策上做如下分工:国家决定总的供求平衡,保证充分就业,私人去解决个别商品的供求平衡;由国家决定总产量,由"看不见的手"去决定总产量的具体构成。

正因为凯恩斯对自由放任的私人企业制度的弊端及其成因有了一定深度的认识,并提出了用国家干预解除弊端的对策,所以,《通论》的出版不仅是描绘了客观存在着的向国家干预型私人企业制度发展的可能趋势,更重要的是它加强了这种可能性实现的概率。从此,国家干预不再被认为仅仅是一种临时的应急措施,而是私人企业制度继续生存所不可缺少的支柱了。于是从自由放任向国家干预的过渡不再带有盲目性,而是统治阶级的自觉行为了。战后英、美等国制定的就业法案就是这种自觉行为的典型例证。

第七节　如何筹措战费与如何建立国际金融新秩序②

第二次世界大战爆发以后,凯恩斯对于英国政府如何筹措战费的问题提出了自己的见解,首先,不是提高税收,因为这会减少公众的收入;其次,也不是袖手旁观,因为这会导致通货膨胀。他的主张是义务储蓄和战后支付,即所有收入超过一定水平的英国公民都从收入中取出一部分作为特殊的银行存款,充作战费。这些存款战时一般不得取出,但是产生利息。战后可以自由存取。这一措施一方面可以在保持公众财富水平的前提下解决政府的战时经费,另一方面又可以在战后刺激消费,防止出现需求不足引发经济衰退。

为了防止战后世界各国通过货币贬值来刺激本国经济对外输出衰退,出现竞争性的货币贬值,导致全球经济衰退,凯恩斯提出了各国货币与黄金建立固定比价,从而使各国货币维持固定汇率的主张。这一主张在布雷顿森林会议得以通过,从而建立了持续约 25 年之久的关于国际金融的布雷顿森林秩序,在此

---

① 参阅凯恩斯:《通论》,商务印书馆 1977 年版,第 272 页。

② 参阅[美]史蒂文・普雷斯曼:《思想者的足迹:五十位重要的西方经济学家》,江苏人民出版社 2001 年版,第 217—219 页。

期间,全球贸易得到了空前的大发展。同时,为了防止各国因追求贸易顺差而引发贬值冲突,凯恩斯还要求建立国际清算银行,对贸易持续顺差的国家实行惩罚,同时对贸易持续逆差的国家进行贷款。这一建议由于美国的反对未获通过,因为当时的美国是几乎唯一的贸易顺差国家。尽管如此,在布雷顿森林会议期间还是通过了成立国际货币基金组织和世界银行的建议。在《国际清算联盟的建议》中,凯恩斯还主张发行被称作"巴布可"(Babcor)的世界货币,这是 20 世纪 70 年代以后被称作国际货币基金组织的"特别提款权"的最初设想。这些也许是凯恩斯留给世界的最后遗产。

参考文献

[1]琼·罗宾逊:《凯恩斯传》,商务印书馆 1980 年版。

[2]罗志如、厉以宁:《二十世纪的英国经济:"英国病"研究》,人民出版社 1982 年版。

[3]克莱因:《凯恩斯的革命》,商务印书馆 1962 年版。

[4]狄拉德:《凯恩斯经济学》,上海人民出版社 1963 年版。

[5]肯尼斯·栗原:《凯恩斯学派经济学》,商务印书馆 1964 年版。

[6]汉森:《凯恩斯学说指南》,商务印书馆 1963 年版。

[7]凯恩斯:《劝说集》,商务印书馆 1962 年版。

[8]凯恩斯:《货币论》,商务印书馆 1986 年版。

[9]凯恩斯:《就业、利息和货币通论》,商务印书馆 1977 年版。

参考文献

[1]《新帕尔格雷夫经济学大辞典》第一、二、三、四卷,经济科学出版社 1992 年版。

[2][英]马克·布劳格、保罗·斯特奇斯主编:《世界重要经济学家辞典》,经济科学出版社 1987 年版。

[3]约瑟夫·熊彼特:《经济分析史》第 1 卷,商务印书馆 1991 年版。

[4]约瑟夫·熊彼特:《经济分析史》第 2 卷,商务印书馆 1992 年版。

[5]约瑟夫·熊彼特:《经济分析史》第 3 卷,商务印书馆 1995 年版。

[6]熊彼特:《从马克思到凯恩斯十大经济学家》,商务印书馆 1965 年版。

[7]《马克思恩格斯全集》第 2 卷,人民出版社 1957 年版。

[8]《马克思恩格斯全集》第 13 卷,人民出版社 1962 年版。

[9]《马克思恩格斯全集》第 20 卷,人民出版社 1971 年版。

[10]《马克思恩格斯全集》第 21 卷,人民出版社 1965 年版。

[11]《马克思恩格斯全集》第 23 卷,人民出版社 1972 年版。

[12]《马克思恩格斯全集》第 24 卷,人民出版社 1972 年版。

[13]《马克思恩格斯全集》第 26 卷 I,人民出版社 1972 年版。

[14]《马克思恩格斯全集》第 26 卷 II,人民出版社 1973 年版。

[15]《马克思恩格斯全集》第 30 卷,人民出版社 1975 年版。

[16]马克思:《剩余价值学说史》第 1 卷,人民出版社 1979 年版。

[17]卢森贝:《政治经济史》上册,三联书店 1961 年版。

[18]M. H. 雷金娜等:《经济学说史教科书》,武汉大学出版社 1987 年版。

[19][俄]阿尼金:《改变历史的经济学家》,华夏出版社 2007 年版。

[20]因格拉门:《经济学史》,商务印书馆 1932 年版。

[21]汉纳:《经济思想史》上册,(台北)正中书局 1969 年版。

[22][法]夏尔·季德、夏尔·利斯特:《经济学说史》,商务印书馆 1986 年版。

[23]A. E. 门罗:《早期经济思想——亚当·斯密以前的经济文献选集》,商务印书馆 1985 年版。

[24]埃德蒙·惠特克:《经济思想流派》,上海人民出版社 1974 年版。

[25]埃里克·罗尔:《经济思想史》,商务印书馆1981年版。

[26]罗杰·E.巴克豪斯:《西方经济学史》,海南出版社、三环出版社2007年版。

[27]尼格拉斯·庇巴、维夫赫德·海兹主编:《46位大经济学家和36本名著》,海南出版社2003年版。

[28]E.雷·坎特伯里:《经济学简史》,中国人民大学出版社2011年版。

[29]E.K.亨特:《经济思想史》,上海财经大学出版社2007年版。

[30]马克·布劳格:《经济理论回顾》,中国人民大学出版社2009年版。

[31][匈]安道尔·马加什:《现代非马克思主义经济学史》,商务印书馆1992年版。

[32][英]特伦斯·W.哈奇森:《经济学的革命与发展》,北京大学出版社1992年

[33][英]罗杰·巴克豪斯:《现代经济分析史》,四川人民出版社1992年版。

[34][英]罗素:《西方哲学史》上卷,商务印书馆1963年版。

[35][英]莱昂内尔·罗宾斯:《经济思想史:伦敦经济学院讲演录》,中国人民大学出版社2008年版。

[36][英]约翰·米尔斯:《一种批判的经济学史》,商务印书馆2005年版。

[37][美]罗伯特·海尔布罗纳:《几位著名经济思想家的生平、时代和思想》,商务印书馆1994年版。

[38]J.M.凯恩斯:《精英的聚会》,江苏人民出版社1998年版。

[39][美]亨利·威廉·斯皮格尔:《经济思想的成长》上,中国社会科学出版社1999年版。

[40][美]亨利·威廉·斯皮格尔:《经济思想的成长》下,中国社会科学出版社1999年版。

[41][美]小罗伯特·B.埃克伦德、罗伯特·F.赫伯特:《经济理论和方法史》,中国人民大学出版社2001年版。

[42][美]史蒂文·普雷斯曼:《思想者的足迹:五十位重要的西方经济学家》,江苏人民出版社2001年版。

[43][美]托德·G.巴克霍尔兹:《已故西方经济学家思想的新解读》,中国社会科学出版社2004年版。

[44][美]威廉·布雷特、罗杰·L.兰塞姆:《经济学家的学术思想》,中国人民大学出版社、北京大学出版社2004年版。

[45][美]本·塞利格曼:《现代经济学主要流派》,华夏出版社2010年版。

[46][美]哈里·兰德雷斯、大卫·C.柯南德尔:《经济思想史》,人民邮电出版社2011年版。

［47］［美］哈伯勒：《繁荣与萧条》，商务印书馆1980年版。

［48］徐毓丹：《经济学说史》上册，高等教育出版社1956年版。

［49］季陶达：《资产阶级庸俗政治经济学选辑》，商务印书馆1963年版。

［50］鲁友章、李宗正：《经济学说史》上册，人民出版社1979年版。

［51］沈志求等：《〈资本论〉典故注释》上，中国人民大学出版社1980年版。

［52］陈岱孙：《政治经济学史》上册，吉林人民出版社1981年版。

［53］胡代光、厉以宁：《当代资产阶级经济学主要流派》，商务印书馆1982年版。

［54］《外国经济思想史讲座》，中国社会科学出版社1985年版。

［55］杨德明：《当代西方经济学基础理论的演变》，商务印书馆1988年版。

［56］宋承先：《西方经济学名著提要》，江西人民出版社1989年版。

［57］谭崇台：《西方经济发展思想史》，武汉大学出版社1993年版。

［58］王志伟：《经济思想史》，中国财政经济出版社1999年。

［59］葛扬、李晓蓉：《西方经济学说史》，南京大学出版社2003年版。

［60］吴宇晖、张嘉昕：《外国经济思想史》，高等教育出版社2007年版。

［61］张林：《经济思想史》，科学出版社2008年版。

索　引

后　记

随着我国市场经济的逐步建立，以研究市场经济为专长的西方经济学，对于一般国民了解市场经济的运行机制，政府如何调控宏观经济、规制微观市场，都具有重要的参考价值。而今天的西方经济学是西方经济思想长期发展的结果，要深入了解今天的西方经济学，离不开对它历史的了解和掌握。

本书写作力求通俗易懂，深入浅出，在介绍经济思想的同时，适当介绍当时的社会背景，以便于读者更好地理解这些思想形成的社会原因。

本书可供经济学专业的本科生、研究生作参考读物，还可供学习、研究一般思想史的人员作入门读物。

本书不少内容取材于蒋自强先生领衔本人参与著述的四卷本《经济思想通史》。该书于2003年由浙江大学出版社出版，后获得2005年度浙江省哲学社会科学优秀成果一等奖和2006年度国家教育委员会优秀成果三等奖。蒋先生现年事已高，是我恩师。本人就是在他的引领下步入经济思想史的研究领域。我还有两位西方经济学的启蒙良师，北京的吴易风教授和上海的宋承先教授。前者依然健在，后者惜已作古。本书如果有点成就，首先应当感谢他们三位。

本书在写作过程中也参考了不少研究经济思想史的先贤和同仁朋友的大作，受益匪浅。它们都已列入参考文献。故在此向他们一并致谢。

最近，承蒙武汉的颜鹏飞教授的推荐，参加了顾海良教授、颜鹏飞教授等领衔主编的多卷本经济思想史中某一卷的编写。当中颇受启发，本书若干章节也据此进行了部分修改。在此也表示对于颜教授和顾教授等人的感谢。

当然书中存在的一切不足和遗憾，皆由本人负责。

本人于2007年调来浙江工商大学经济学院。经济学院院长何大安，以及学校的历任领导胡祖光、胡建淼、张仁寿等，对本人关照有加。何院长精心打造的良好工作环境使本人得以安心教书、认真读书、积极写书；使本人在近八年时间里编写出版了经济思想史方面的两本教材和一本译著。本书完稿之际，也要感谢他们以及单位的其他同事。

最后，还要感谢我的慈母和夫人周萍，她们营造了有利于写作本书的和谐家庭氛围。

就在本书定稿前不足一周之际,本人 6 月 4 日递交的退休申请报告于 6 月 19 日得到单位批准。因此本人已经彻底成为闲云野鹤。回顾 1982 年杭州大学毕业留校工作至今,已有 32 个年头,虽碌碌但还算略有所为,叹年华但尚未完全虚度,本书正好聊以自慰。

今后的岁月,虽不敢以"老骥壮心"自许,然"天山沧州"之心常在,当不至身处"采菊南山"之境地,愿时有抛砖引玉之作供笑谈。

张旭昆
2014 年 6 月 25 日
于西湖区嘉绿西苑 醉仙斋

图书在版编目（CIP）数据

西洋经济思想史新编：从汉穆拉比到凯恩斯：全 2
册／张旭昆编著. —杭州：浙江大学出版社，2015.6
ISBN 978-7-308-14375-2

Ⅰ.①西… Ⅱ.①张… Ⅲ.①经济思想史－西方国家
Ⅳ.①F091

中国版本图书馆 CIP 数据核字（2015）第 022874 号

西洋经济思想史新编
——从汉穆拉比到凯恩斯

张旭昆　编著

责任编辑	田　华	
封面设计	刘依群	
出版发行	浙江大学出版社	
	（杭州市天目山路 148 号　邮政编码 310007）	
	（网址：http://www.zjupress.com）	
排　　版	杭州中大图文设计有限公司	
印　　刷	杭州丰源印刷有限公司	
开　　本	710mm×1000mm　1/16	
印　　张	82	
字　　数	1560 千	
版 印 次	2015 年 6 月第 1 版　2015 年 6 月第 1 次印刷	
书　　号	ISBN 978-7-308-14375-2	
定　　价	198.00 元（上、下卷）	